万国通史
THE HISTORY OF WORLD

THE HISTORY OF JAPAN

日本通史
【修订本】

上册

冯玮／著

上海社会科学院出版社
SHANGHAI ACADEMY OF SOCIAL SCIENCES PRESS

前言

中学时代,为了鞭策自己,我在笔记本上写了这么一句话:"书山有路勤为径,学海无涯苦作舟。"问心无愧地说,我做到了。我不属于聪明的学生,但我肯定属于勤奋的学生。

大学时代,为了勉励自己,我在笔记本上写了这么一句话:"板凳要坐十年冷,文章不写半句空。"问心无愧地说,后半句我没做到,但前半句我做到了。从大学一年级到博士研究生毕业,整整十年。那十年里,有间屋子经常呈现北窗夜夜进寒风,窗下有个读书人的"景观"。那个读书人就是我。那时的我,心里一直萦绕着一句诗:"面壁十年图破壁,难酬蹈海亦英雄。"这是周恩来总理的诗句。我在吉林长春赴日留学生预备学校完成了一年强化训练,将要负笈东瀛之际,代表全体学生发言。当时,我引用了周恩来总理在赴日留学前说的一句话:"愿相会于中华腾飞世界时。"

以治学为业后,我为自己确立了十六字治学原则:"博采众长,标新立异,史论结合,经世致用。"是否做到,我难以自我评判。但是,我可以问心无愧地说,我始终关注学术动态,不人云亦云,努力言必有据,弘扬"以史为鉴",可以算作对这十六个字的实践。

2008年,我出版了《日本通史》。2012年,拙著得以重印。之后承蒙上海社会科学院出版社的错爱和广大读者的支持,拙著多次重印并出了平装和精装两种版本。在拙著最后的"未了章 平成时代",我写了这么一句话:"再过20年,我将把'未了章'补充完整。"如今,我提前兑现了承诺。明仁天皇生前退位、平成时代已经结束,固然是我这么做的重要原因,但不是我撰写《日本通史(修订本)》的根本原因。不然,我只需要将平成时代补充完整即可,不必颠覆性地全部重写。恕我直言,我这么做的根本原因是想写一本"传世之作"。传世之作？或许有人说："好不自量力！"是的，但按照我的理解，想写一部"传世之作"是态度，不是结果。"'高山仰止，景行行止。'虽不能至，然心向往之。"至于是不是"传世之作"，必须在经历了岁月的洗涤和淘汰后，才能由社会判定。复旦大学鼓励和支持"坐得住冷板凳的人"，鼓励写学术精品，并从中产生"传世之作"。我作为复旦人，理应以实际行动回应这种鼓励和支持。令我修订《日本通史》的另一个重要原因，是拙著出版后，在获得肯定的同时，也收到了一些批评指正。例如，有一位读者专门写信给出版社，指出了拙著引用中国古籍的讹误，令我感动和感激。因为读者的关心爱护和鞭策是我治学精益求精的强大动力。本书写于在日四年时间，引文大多采用当时的日本版本，此次修订，又再加核对。

学术研究如同"滚雪球"，是一个不断累积的过程。经过十多年的学习研究，我取得了一些新的认识和体会。这些认识和体会，也是对这本新版《日本通史》和旧版《日本通史》存在哪些差别的说明。

第一，法国哲学家笛卡儿在《方法论》一书中提出："最有价值的知识是关于方法的知识。"日本通史的书写必须首先确定方法论原则。概括而言，世界历史的书写有两种基本方式：一种是按照古代、中世纪、近代、现代的顺序，即"断代"地进行书写。这种书写方式以古希腊历史学家希罗多德为始祖，迄今仍是最"正统"的写法。另一种是将世界划分为若干文明或文化区域进行书写。这种方式书写的历史，被称为"文明形态史"或"文化形态史"，由俄国学者尼古拉·达尼莱夫斯基振翩，由英国学者阿诺德·汤因比集大成。中国传统的历史书写也有两种基本方式：一种是以《春秋》为滥觞的"编年体式"，另一种是以《史记》为嚆矢的"纪传体式"。经过近些年的学习和研究,我认为日本通史,最恰当的写法应该是"在历史坐标上"进行书写。中国有强调"经世致用"的学术传统。所谓"经"就是纵向的历史。因此,历史学在中国始终具有"兴替之鉴"的功能。但是,正如第二代"京都学派"代表宫崎市定所言,作为历史,不仅要关注"经"即纵向的政权"兴替",而且要关注"纬",即不同国家民族的经济文化交流及其影响。这样,既能取得通史应有的"贯通古今"的效果,又能取得将重大事件和人物置于特定时空中进行研究评判的效果。这是我最近十多年的学习和研究体会的"新发现"。当年写《日本通史》,我没有按照这个构架进行铺陈,我为之感到遗憾并决意弥补,而弥补这一遗憾最有效的方法,就是重新建构框架,重新谋篇布局,呈现一本全新的《日本通史》。

第二,人是历史舞台的主角。古希腊哲学家普罗泰戈拉有句名言:"人是万物的尺度,是存在者存在的尺度,也是不存在者不存在的尺度。"因为只有人才能理解社会,说明和解释社会,评判和驾驭社会,按照人的目的、需要、意志、能力,去建立或改变社会。毋庸赘言,人在这种建立和改变中必然或隐或现地显示人的本性,包括人性的善和人性的恶。按唐代刘知几在中国第一本系统性的史学理论著作《史通》中的说法,治史或书写历史的目的,就是要"惩恶扬善"。所谓的善恶当然是指人的善恶。日本历史风云激荡,历史人物如过江之鲫,如何显现他们的善恶,理应成为《日本通史》的重要内容。然而,遗憾的是,我在此前的《日本通史》中缺乏这方面的"问题意识"。因此,在这本新版《日本通史》中,我对一些重要人物,特别是作为日本统治阶级的天皇、将军、首相,做了扼要介绍和评述。马克思、恩格斯在《德意志意识形态》中论述了统治阶级的重要地位:"统治阶级的思想在每一时代都是占统治地位的思想。这就是说,一个阶级是社会上占统治地位的物质力量，同时也是社会上占统治地位的精神力量。"

第三，英国评论家马修·阿诺德认为，"历史是一条充满谬误的浩渺的密西西比河"。但我认为，历史是一片充满谬误的汪洋大海，故被称为"史海"。为什么充满谬误？哲学家黑格尔说得好，"人类从历史中学到的唯一教训，就是人类没有从历史中吸取任何教训"。就日本而言，他们从历史中吸取教训了吗？"史海"不是"死海"，日本历史和整个世界历史一样，时而风平浪静，时而波涛汹涌，有顺流，有逆流，有海沟，有浅滩。作为世界历史一个篇章的日本通史，应该写出"史海"的这种特性。

第四，迄今为止，日本通史类著作就篇幅而言，主要存在两个偏向：一是卷帙浩繁但缺乏通史应有的"通达"，而是如专题研究和论文汇编。毋庸讳言，日本学者撰写的日本通史类论著，大都存在这种偏向。究其原因，我认为主要是多人合著，学术兴趣和评判标准各异。正如日本著名史学家久米邦武所言："学者应该禁戒以个人好恶判断是非。然而，历史书写就是好恶聚集的仓库，其中会有个人好恶的情感起伏。"一是篇幅过于简略，以致原本应该是"风情万种"的"少女"，被描绘成"瘦骨嶙峋"的"老妪"，让人无法"一见钟情"。更关键的是，通史应该是"连续剧"，不是"系列剧"。历史事件的发生基本不会离因果律太远，尽管偶然性也是历史的要素。但很多日本通史类著作，往往将政治、经济、文化、外交分门别类，从而无异于政治史、经济史、文化史、外交史的"汇编"。拙著老版《日本通史》也存在类似问题。例如，每个时代我大都将外交放在最后，这显然不利于读者理解"外交是内政的延续"这一基本原理。在这本全新的《日本通史》中，我努力将日本历史写成"连续剧"而不是"系列剧"。不过，我对每个时代的文化特点都做了扼要论述。这不仅为了使内容更完整并使各时代论述均衡，前后一贯，而且为了强调文化和文明的差别。按照德国学者埃利亚斯在《文明的进程》中提出的观点，"文明"是"求同"的，即文明使人类趋于"一致"，而"文化"是"存异"的，使不同的国家和民族存在"差异"。虽然日本总体而言不断趋向"文明"，但日本"文化"特点始终鲜明。

第五，历史学一代宗师兰克在其处女作《拉丁和条顿民族史》一书序言中称，他写作该书的目的，"仅仅在于说明史实之真相"，并由此确立"兰克史学"的一项基本原则："史料本身会说话。"按照西方史学的观点，"历史学就是史料学"。这种说法或有偏颇，但对于史学研究者而言，纵然有敏锐的洞察能力和独到的分析能力，没有史料终究是"巧妇难为无米之炊"。因此，西方史学认为，"史料沉默的地方，历史也在沉默"。史料之于史学，犹如皮之于毛的关系。"皮之不存，毛将焉附？"在过去十多年里，诸如《大正天皇实录》和《昭和天皇实录》等原始文献的公开，为我重新认识和评价这两位天皇及其时代，提供了新的史料，使我感到必须重写这两章。因为这两个时代前承明治时代，后启平成时代，其间还隔着战前和战后这个"分水岭"，在日本历史上是非常厚重的两个篇章。我在这本新版《日本通史》中充分运用了这些原始文献，因此较之旧版《日本通史》有显著不同。

韩愈在《师说》中写道："闻道有先后，术业有专攻。"虽然三十余年在日本史这块土地上的耕耘，使我自认为有些心得，写了这么一部自认为融知识性和可读性于一体的专著，但日本通史上下数千年，涉及广泛领域，以我绵薄学力，要深入正确地阐述拙著所涉及的每一个问题，显然是不现实的。有鉴于此，后学哪怕是我的学生，或许也能够凭一得之见，指出拙著中因学识的浅陋所产生的讹误，更何况学术精湛的学长和学术前辈，肯定能够赐教于我。我真诚地欢迎和期待读者诸君能不吝赐正。当然，这么做的前提是您先花时间读一读拙著。

我相信,您在发现问题的同时还会发现我问心无愧的这句话:拙著涵盖了日本史的主要知识点,信息量不小,而且相对很多类似史书的"严肃",拙著大多数章节都比较"活泼",略有文学色彩。我这么做是为了增强可读性。"自古文史不分家",深受中国文化影响的日本,文和史的关系同样如此。"严肃"未必"严谨","严谨"未必一定要"严肃"。古希腊哲学家普罗塔克说:"以轻松活泼的方式完成别人必须严肃认真才能完成的事,需要一种智慧。"我并不具有这种智慧,但我想努力这么做。这也是我撰写本书的一项原则。当然,本书略有文学色彩,但绝没有文学的虚构。

迄今为止,中国的日本史著述未形成统一的纪年格式,本书的年份在1873年(明治六年)日本采用公元纪年前,均以日本年号附括号注公元纪年表示,1873年后采用公元纪年,除必要情况,不加括号附注日本年号。这样做,一是为了显示日本史的特点(改用公历纪年,也是日本明治维新的一项重要内容),二是有利于区分公历和阴历的差别,使读者能一目了然。特此说明。

最后做一个友情提示:读了"前言",建议您再读"后语",看我是否"前言不搭后语",然后决定是否有必要读一读这本篇幅不小的著作。如果您真这么做了,我谨向您表示敬意。因为,这说明您尊重我的意见。

冯 玮 敬识

目录(上)

1　前言

史前和古代篇

3　**第一章　史前时代**

3　　第一节　列岛、祖先的神话和考古
　　　日本的"创世记"神话/列岛形成的科学结论/日本先民的由来

14　　第二节　无土器时代(新石器时代)
　　　石器在日本的发现/日本石器时代发展阶段

22　　第三节　绳文时代三要素：陶器·贝冢·竖穴住宅
　　　绳文文化的跨度/绳文文化的特征/绳文文化的分布

33　　第四节　"弥生"四要素：陶器·铜器·铁器·水稻
　　　陶器·铜器·铁器的发现/水稻的传入

44　**第二章　大和时代**

44　　第一节　倭·邪马台·古坟
　　　史籍中的"倭"和"日本"/邪马台的历史/作为时代标志的古坟

56　　第二节　"神话时代的天皇"与大和政权
　　　天皇诞生的神话/"天皇"号的由来/大和政权的形成

67　　第三节　"倭五王"和"部民制"
　　　倭五王时代/部民制的建立

76　　第四节　汉字和儒教：日本的路标
　　　日语的语源/"真名"和"假名"/"去汉字化"历史/儒教的传入

88　　第五节　内政外交的激变
　　　乙巳之变/大化改新/白江之战

98　　第六节　佛教的传入和"三宝"的兴隆
　　　佛教传入/飞鸟文化/白凤文化

| 113 | 第七节　宫闱内斗和法制滥觞 |

壬申之乱/天武天皇的统治/持统天皇治国理政

| 122 | 第八节　律令制的确立与"万叶时代"的开启 |

《大宝律令》和社会管理/"万叶时代"前期

| 133 | **第三章　奈良时代** |
| 133 | 第一节　律令国家的象征 |

都城奈良的建成/和同开珎的铸造

| 144 | 第二节　女皇掌权的时代 |

女皇当朝和权臣主政/政变频发的时局

| 154 | 第三节　统治的强化和版图的拓展 |

强化统治的举措/软硬兼施收纳熊袭/大军压境平定虾夷

| 163 | 第四节　遣唐使的"荣光"和"屈辱" |

遣唐史的历史/遣唐风险和遭遇炎凉/大臣·朝衡·鉴真

| 174 | 第五节　"天平文化"和"南都六宗" |

佛教兴隆的天平/天平留存的文献/"万叶时代"后期/"南都六宗"

| 185 | **第四章　平安时代** |
| 185 | 第一节　光仁·桓武之治和《弘仁格式》 |

迁都平安京/光仁·桓武之治/"三代格式"的完成

| 195 | 第二节　"摄关政治"的形成和演变 |

"弱帝和幼帝接连登基"/"摄关政治"正式登场/醍醐新政/承平·天庆之乱/巅峰期的藤原氏

| 210 | 第三节　院政：太上天皇治国理政 |

从摄关政治向院政转型/上皇成为权力核心/保元·平治之乱

| 222 | 第四节　"唐风文化"与"国风文化" |

唐风文化/和歌·日记·随笔/物语和艺术

| 232 | 第五节　平安佛教:天台·真言·融通念佛 |

天台宗的创立/真言宗的创立/融通念佛宗/平安佛教的特征及神佛融合

中 世 篇

| 249 | **第五章　镰仓时代** |
| 249 | 第一节　"源平争乱":时代的序幕 |

武士与平氏政权的形成/强势的平氏政权/源赖朝举兵

| 259 | 第二节　"镰仓幕府":二元政治的滥觞 |

镰仓幕府问世/源氏将军三代而绝

| 271 | 第三节　执权:无冕的"将军" |

承久之乱/北条泰时改革/镰仓幕府灭亡

| 284 | 第四节　镰仓幕府的支柱:御家人制和庄园制 |

御家人制的结构/庄园制的"名"与"实"/经济结构的转型

| 294 | 第五节　"忽必烈征伐" |

"忽必烈征伐"的历史原因/"文永·弘安之役"/"忽必烈征伐"的败因

| 304 | 第六节　镰仓时代的社会文化和文学 |

武家文化的形成和演变/军记物语的兴起/佛教文化和传统艺能的进步

| 314 | 第七节　镰仓新佛教:佛教的日本化 |

本土的始祖及其宗派/禅宗与日本文化

| 330 | **第六章　室町时代** |
| 330 | 第一节　"建武中兴"和武家叛乱 |

皇朝复辟和"元弘之乱"/建武中兴/"中先代之乱"/足利尊氏谋反

342	第二节 "一天两帝"和幕府奠基
	一国两"号"和《建武式目》/"观应扰乱"
352	第三节 两朝统一和幕府盛衰
	幕府的特性和"内讧"/从动荡走向安宁/走向"战国时代"
365	第四节 "一揆"频发 "恶党"四起
	"一揆"起因/"一揆"频发/"恶党"四起
376	第五节 日明复交与"勘合贸易"
	倭寇猖獗/册封与堪合/外交波折
385	第六节 文学与文化的繁荣和"神佛融合"
	五山文学的兴起和繁荣/佛教神道的嬗变
395	第七节 "传承至今的日本独特的文化"
	公家武家"文化换位"/传统艺能承先启后/和式教科书与连歌

408　第七章　战国时代

408	第一节 战国序幕："应仁之乱"
	"应仁之乱"的"伏笔"/将军继嗣难题/"应仁之乱"爆发
420	第二节 "一揆"频起 体制巨变
	"国一揆"/"一向一揆"/"明应政变"和幕府分裂/"大名领国制"的质变
430	第三节 织田信长"天下布武"
	"近世的曙光"/织田废立将军/将军借刀杀人/落日余晖
443	第四节 安土桃山时代
	本能寺之变/重建"日本之治"
455	第五节 检地、刀狩令和侵略朝鲜
	"太阁检地"和《刀狩令》/秀吉侵朝原因/"文禄之役"/"庆长之役"
468	第六节 西商东进 西教东传
	东西方变动的共时性/西学东渐的序幕/禁教投鼠忌器
480	第七节 "安土桃山文化"和"南蛮文化"
	"安土桃山文化"/内涵丰富的"南蛮"文化

近世篇

第八章 江户时代 — 495

第一节 "元和偃武":走向和平 — 495
关原之战/家康生平和家世/"大坂之阵"

第二节 "法度"的颁布和"锁国"的序幕 — 507
"法度"的颁布/"锁国"的序幕

第三节 "幕藩体制三大支柱"的确立 — 520
石高制和兵农分离制/"锁国"目的和真相/家纲和纲吉的"反差"

第四节 "江户时代三大改革" — 533
享保改革和"弛禁令"/田沼政治和宽政改革/天保改革和"大盐之乱"

第五节 "开国":江户时代的挽歌 — 549
培理叩关和"日美亲善"/条约敕许和将军继嗣/"幕末的京都时代"

第六节 文久二年:"历史里程碑" — 564
樱田门外之变/萨英战争/西学嬗变

第七节 江户幕府"谢幕" — 575
民族主义的形成/萨长联盟/大政奉还/王政复古

第八节 "儒学四大学派"的共性和个性 — 589
作为"官学"的朱子学/日本阳明学/独具特色的古学/日本的国学

第九节 神道的成熟和武士道的确立 — 600
神道的释义和演进/神道的体系/武士道的历史和源泉/"武士道者,死之谓也"

第十节 兰学:"如滴油入水而布满全池" — 614
兰学的形成/兰学外延和内涵/兰学遭遇的磨难

第十一节 "争奇斗艳"的文化艺术 — 628
多元素融合的"大和绘"/浮世绘:日本的"国画"/传统文艺的繁荣

第十二节 市井"风俗"和"四民"风情 — 639
江户时代的衣食住/"行"与"宿"/将军后宫:大奥/风吕和钱汤

近代篇

第九章　明治时代

657 第一节　"圣人南面而听天下,向明而治"
定制·迁都·改元／废藩置县:建立中央集权制／重建经济秩序

671 第二节　明治维新"三大方针"
殖产兴业／文明开化／富国强兵

685 第三节　1871年:分别派出两个使节团
赴欧美使节团的任务／《中日修好条规》的签署

696 第四节　明治前期的"维权"和扩张
"修约"的曲折历程／阿伊努和北海道／占有东北和西南岛屿／吞并朝鲜第一步

709 第五节　"明治六年政变"的前因后果
"征韩论"的动因／"明治六年政变"／西南战争

721 第六节　自由民权运动和明治宪法体制
自由民权运动／立宪思想的分歧／《明治宪法》与《皇室典范》《教育敕语》

735 第七节　"超然主义"·政党内阁·桂园体制
超然主义表象和实质／政党内阁的"胎动"／政党内阁的"出生"／"1900年体制"

751 第八节　甲午战争和甲午战后经营
甲午战争的起因／甲午战争过程／《马关条约》的签署／甲午战后经营

763 第九节　日英同盟和日俄战争
日俄矛盾加剧／日英结盟和"满韩交换"论／日俄战争"三功臣"／从开战至媾和

778 第十节　文明开化后的社会风俗
祭祀·混浴·裸体／关于通奸和卖淫／形形色色的"风俗店"

791　第十章　大正时代

791　第一节　"大亨以正,天之道也。"
天皇制的"阿喀琉斯之踵"/大正天皇的象征性/"天皇机关说"/大正政变

807　第二节　元老、藩阀、政党"三足鼎立"
山本权兵卫的改革/大隈重信再度组阁/寺内内阁的兴亡

818　第三节　"真正的政党内阁"的建立
"平民首相"原敬/"铁腕首相"原敬/"四大政纲"和选举制改革/原敬被刺身亡

831　第四节　"普选"和"宪政之常道"的开启
"关东大地震"及其影响/《普选法》的颁布/步入"宪政之常道"

842　第五节　加入"华盛顿体系"的前因后果
日本"趁火打劫"/各有算计的华盛顿会议/华盛顿体系的建立

856　第六节　"裁军"和"兵营国家"的形成
偷梁换柱的"山梨裁军"/暗度陈仓的"宇垣裁军"/"兵营国家"的建立/"币原外交"的登场

868　第七节　日本经济体制"四大特征"的确立
"日本株式会社"/日本式经营"三大神器"/间接金融体制/企业的"二重结构"和"互相控股"

881　第八节　大正社会文化与大正民主运动
大正时代的衣食住行/大正时代"新风"和"旧俗"/维护天皇制的思潮/民本主义和共产主义思潮/理想主义和无政府主义思潮

898　第十一章　昭和时代(战前)

898　第一节　"百姓昭明,协和万邦"
裕仁登基和若槻下台/"宪政之常道"的实施/"田中外交"出笼/皇姑屯事件及其影响

912　第二节　实施"黄金解禁"和签署"裁军协议"
"金解禁"/围绕"裁军"的各方博弈/"干犯统帅权"之争

926 　第三节　十四年抗战的开端：九一八事变
"明治大帝的遗业"/九一八事变真相/日本当局对事变的"善后"处理/伪满洲国的建立

943 　第四节　"青年军官运动"与"协和外交"
"青年军官运动"的兴起/"五一五兵变"/军人专横跋扈/对华扩张的强化/"二二六兵变"

960 　第五节　从试图分裂中国到全面侵略中国
全面侵华前的中日政局/卢沟桥事变真相/蓄谋已久的侵华战争

974 　第六节　外交困境和体制嬗变
对"日德结盟"的纠结/外交困境和政局动荡/构筑"大东亚共荣圈"/政治经济体制的嬗变

990 　第七节　太平洋战争前夕的日苏、日美关系
签署《日苏中立条约》/日美谈判的"预演"/日美和谈的开始

1004 　第八节　"帝国决定对美英荷开战"
东条内阁的组成/日美谈判的破裂/偷袭珍珠港

1020 　第九节　从"旭日东升"到"夕阳西下"
日军军旗如"落日残阳"/孤注一掷的"特攻作战"/接连战败和最后挣扎

1037 　第十节　蘑菇烟云中开启的"终战"帷幕
"天皇地位未定"/"曼哈顿计划"/核攻击：对日本的最后一击/天皇的"两次圣断"

现 代 篇

1059　第十二章　昭和时代(战后)

1059 　第一节　战败投降和战后初期的政治变革
盟军占领政策的形成/受降仪式和"间接管理"/天皇"走下神坛"

1074　第二节　战后改革:两个"三根支柱"的树立

围绕修宪的舆论和动向/《日本国宪法》的颁布实施/战后经济民主化改革

1088　第三节　"东京审判"的真相及影响

东京审判的法律依据/认定甲级战犯的内幕/对甲级战犯的抓捕和审判/东京审判的"回音"

1105　第四节　经济的恢复和"旧金山体制"的建立

战后严峻的经济状况/"贸易立国"和美国对日政策逆转/朝鲜战争对日本的影响/"旧金山体制"的形成

1122　第五节　1955年:政治经济外交的"界石"

"1952年体制"的形成/多党联合政权的建立/"逆反路线"的推行/"1955年体制"的形成/日苏邦交正常化

1138　第六节　1960年:"新安保条约"和"国民收入倍增计划"

岸信介登台执政/《新日美安保条约》的签署/从"政治季节"转向"经济季节"/《国民收入倍增计划构想》

1155　第七节　"昭和熟透期"的外交

《日韩基本条约》的签署/MT贸易取代LT贸易/《冲绳归还协定》的签署

1165　第八节　"昭和熟透期"的日本经济政治社会

经济和政治变化/环境污染和公害问题/"三岛事件"和"赤军事件"

1177　第九节　毁誉参半的"今太阁"与"诚实和廉洁"的三木

中日邦交正常化的实现/因绯闻而下台的田中/"椎名裁定"三木执政

1190　第十节　从福田到竹下:昭和最后十七年

强化对华对美关系的"福田"/"悲情首相"大平正芳/"原社会党议员的变种"铃木善幸/政坛"不倒翁"中曾根康弘/善于笼络人心的竹下登

1207　第十一节　战后"传统文化"的复兴和繁荣

未被知晓的"国家卖春命令"/"赤线地带"和"蓝线地带"/"风俗营业"日趋繁荣/"粕取文化"

第十三章　平成时代 — 1220

第一节　"平成时代"开幕和"1955年体制"闭幕 — 1220

昭和天皇裕仁驾崩/民众心目中的天皇和天皇制/明仁天皇二三事/"十年九相"的"首"相/"清廉"和"鸽派"的海部俊树/"1955年体制"的谢幕

第二节　日本"泡沫经济"的形成和崩溃 — 1239

"泡沫经济"的形成/房地产热得"冒泡"/"泡沫"被刺破及其影响

第三节　"联合政权"的兴亡 — 1252

社会党的"转向"/"七党一派联合政权"的兴亡/"自社"联手的"村山内阁"

第四节　"改革年代"：桥本和小渊执政时期 — 1266

桥本内阁的"六大改革"/桥本内阁的外交/小渊的"行政改革"和"法制建设"

第五节　"十年九相"的终结和小泉"长期执政" — 1279

森喜朗的内政外交/"怪人"小泉/"小泉改革"/"小泉外交"

第六节　"政权更替"前三任首相的内政外交 — 1295

安倍首度问鼎相位/安倍面临的难题/"子承父业"的福田康夫/"大嘴"麻生

第七节　民主党"三世而终"和自民党"东山再起" — 1309

"理工男"鸠山执政/"蓝领政治家"菅直人的抱负/从"奉行"到"将军"的野田/安倍重返相府

第八节　平成文化的"光影"和"一亿中流"的分流 — 1325

"国家文化"和科技创新/AV产业光影重叠/"平成废柴"和"下流社会"

附录　历代天皇、首相、幕府将军在位时间 — 1338

后语 — 1346

史前和古代篇

第一章 史前时代

第一节 列岛、祖先的神话和考古

"**史**地不分家"。历史上任何人物的活动和事件的发生,都离不开特定的空间。因此,了解日本历史必须了解日本的地理位置。日本位于亚洲东部,而"亚洲"的英语 Asia 这个单词源于希腊语 Ασία,原义为"东方"。日本在"东方的东部",因而有个表明其地理位置的同义语:远东。日本主要由带着"历史胎记"的本州、九州、四国、北海道四大岛组成。论述它们"历史胎记"的形成和如何汇聚到"日本"名下,是本书有关章节的内容。除了四大岛,日本的版图还包括 6 800 多个小岛,总面积约 37.8 万平方公里,其大致确定于明治初年,经历了漫长的历史过程。日本陆地面积不大,而且约 75% 是山地和丘陵,但专属经济海域的面积相当广袤,有丰富的海洋资源。日本地势狭长,北部属温带季风气候,南部属亚热带季风气候,大部分地区常年温和湿润,春季樱花自西南向东北开放,夏季梅雨也自西南向东北前行(分别被称为"樱花前线"和"梅雨前线")。秋季的日本,台风劲吹,能观赏到"惊涛拍岸"的景观。

作为岛国的日本,有三条海峡堪称"生命线":北海道和库页岛之间的扼日本海和鄂霍次克海要冲的宗谷海峡;西连日本海,东通太平洋,将本州岛和北海道岛隔开的津轻海峡;从日本通往东海、黄海和进出太平洋,被称为日本海"咽喉"的对马海峡。

按照地质学"板块构造"理论,地球由六大板块构成,即亚欧板块、太平洋板块、印度洋板块、美洲板块、非洲板块、南极洲板块。由于日本列岛处于亚欧板块和太平洋板块的接合部,所以不仅每年有感地震难以计数,而且历史上大地震也多次发生。据统计,明治以后至"二战"前,日本列岛发生了20余次里氏7级以上地震,包括"三大地震":1891年10月28日的"浓尾大地震"(8.4级,岐阜);1896年6月15日的"三陆大地震"(8.5级,宫城);1923年9月1日的"关东大地震"(8.1级,东京、神奈川)。"二战"后,日本也发生过多次大地震,如:1995年1月17日"阪神大地震"(7.1级,大阪、神户);2011年3月11日的"东日本大地震"(9.0级,宫城、福岛、岩手)。地震对日本的内政外交,对国家的历史进程和民族性的形成,具有不可忽略的重大影响。

日本被认为是"单一民族"的国家,在总共约1.26亿人口中,主体民族是大和族,仅有约2万阿伊努族人。由于与大和族通婚,纯粹的阿伊努族人已不复存在。

日本一级行政区划是"一都"(东京都)、"一道"(北海道)、"两府(大阪府、京都府)"、"43县",下设市、町、村。日本的都、道、府、县被分别归入八个地区:北海道地区、东北地区、关东地区、中部地区、近畿地区、中国地区、四国地区、九州地区。日本有三大都市圈:东京都市圈、大阪都市圈、名古屋都市圈。

日本著名史学家网野善彦在《何为日本》一书中,对日本史研究状况,有如下点评:

> 日本人的出现、日本国的成立、日本国首次登上国际舞台,这些堪称日本史出发点的重大事实几乎不为当今日本人所知的现实,的确令人惊讶。我认为,对这一现实不管如何强调都不过分。形成这一现实固然有深刻的根源,但是其直接的背景,则是明治以后政府将《古事记》《日本书纪》以神话描绘的日本"建国"的历史,不加分析地通过国家教育作为史实全面向国民灌输。战败后,战后历史学虽然对以神话为基础的历史进行了批判,对天皇亦持有批判性观点,试图以史实为基础对历史进行学术性探讨,并通过这种探讨还原历史原貌。但是,战后历史学依然没有将与天皇具有不可分割的联系的"日本",作为研究和探讨的对象。[①]

日本的"创世记"神话 了解日本历史,首先需要了解"神话"和"事

---

① 网野善彦:《何为日本》,讲谈社2001年版,第88—89页。

实"的显著区别。有关日本肇始即日本列岛的形成,在被称为"经典中的经典"的《古事记》和《日本书纪》中均有记述。《古事记》和《日本书纪》并称"记纪"。《古事记》为日本古代官修史书,是民部卿太安万侣奉奈良时代第一位女天皇元明天皇之命,根据天皇系谱《帝纪》和神话合集《旧辞》,于和铜五年(712年)编纂而成,共3卷。现存最古老版本是南北朝时期(1336—1392年)的真福寺本。本书以皇室系谱为中心,记日本开天辟地至推古天皇(约592—628年在位)间的传说与史事,亦为日本最早的文学作品。《日本书纪》是天武天皇让皇子舍人亲王编纂的日本第一部正史,为六国史之首,原名《日本纪》,记述神代至持统天皇时代的历史,于养老四年(720年)完成。全书30卷,另有系谱1卷。系谱现已亡佚。《古事记》采用日文文体,《日本书纪》则采用汉文文体。两本经典开篇都记述了"神国日本"的由来。《日本书纪》开篇写道:

  古天地未剖,阴阳不分,浑沌如鸡子,溟涬而含牙。及其清阳者薄靡而为天,重浊者淹滞而为地,精妙之合博易,重浊之凝竭难。故天先成而地后定。然后,神圣生其中焉。①

用白话文表述:在远古时代,天地是连在一起的,阴阳不分,混沌得像个鸡蛋。天如蛋清,地如蛋黄,先有天,后有地,神圣就生在天地间。当时,天地中生出一个形状如芦苇芽的物体并衍化为神,名号为国常立尊。所以,古代日本又称"苇原中国",相对于"高天原"(天上的世界)和"黄泉国"(地下的世界)。之后,他生出了国狭槌尊,国狭槌尊又生出了丰斟渟尊。这三尊神,国常立尊是最高主宰,国狭槌尊掌管天上万物的生育,丰斟渟尊掌管冥界。他们都是"乾道独化"。乾为阳,坤为阴,"乾道独化"即男性的单性繁殖。从第四代神即"神世四代"至"神世七代",男神哥哥和女神妹妹都成双配对。"自国常立尊,迄伊奘诺尊、伊奘冉尊,是为神世七代者矣。"②

据"神代记"所述,众神均居住于高天原。一天,第七代神伊奘诺尊和伊奘冉尊站在天浮桥上说:"下面难道没有国家吗?"于是,他俩便将手中的琼茅往下一扔。这时,从矛尖上滴下来的水凝聚成了一个岛,他们称之

---

① 舍人亲王:《日本书纪》,四川人民出版社2019年版,第3页。本书除特别标明外,其余皆采用该版本。
② 《古事记》中二神的名字为伊邪那岐命和伊邪那美命。尊、命、彦,都是附在神名后的敬称。

为"磤驭虑岛"(意为"凝结成的岛")。这柄琼矛,今天就矗立在九州宫崎县和鹿儿岛县境内的高千穗峰上。

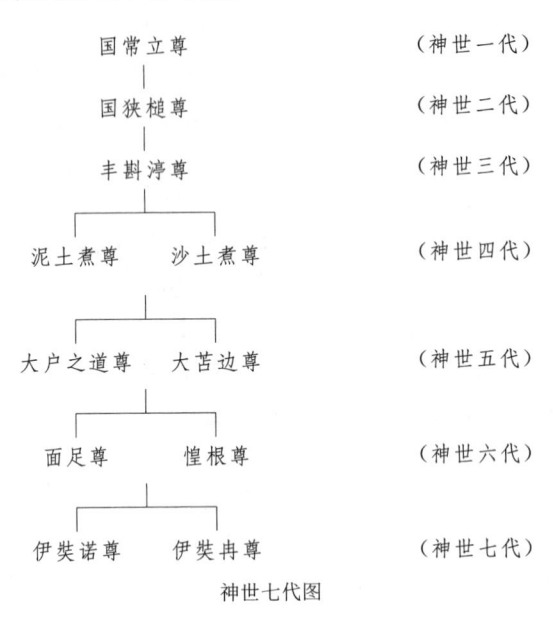

```
国常立尊                    (神世一代)
  │
国狭槌尊                    (神世二代)
  │
丰斟渟尊                    (神世三代)
  │
  ├──────┬──────┐
泥土煮尊   沙土煮尊          (神世四代)
  │
  ├──────┬──────┐
大户之道尊  大苦边尊          (神世五代)
  │
  ├──────┬──────┐
面足尊     惶根尊           (神世六代)
  │
  ├──────┬──────┐
伊奘诺尊   伊奘冉尊          (神世七代)
```

神世七代图

岛形成以后,男神和女神便降临到岛上,竖起了一根擎天柱,叫"天之玉柱"。伊奘诺尊问伊奘冉尊:"你身体发育得怎么样了?"妹妹回答说:"基本发育好了,只是有一处没有合起来。"哥哥说:"我的身体也发育好了,只是多出了一样东西。我们围绕着这根'天之玉柱'转,你从右往左,我从左往右,在相遇的地方结合,生产国土吧。"女神点头说:"好!"他们围绕着柱子行走相遇并媾合后,女神说:"哎呀!真是个英俊男儿!"男神赶紧说:"哎呀!真是个美丽女子!"忽然,男神像发现了什么,对女神说:"刚才女的先说话了,这不吉利!"或许真的是因为不吉利,他们媾合后生下了一个水蛭子(没有骨骼的怪胎)。他们把水蛭子放进一条芦苇船,让它顺水流去。男神对女神说:"我们去请教一下天神,问为什么会生出这样的孩子?"于是,他们一同回到了高天原。天神问明他们的来意后说:"刚才因为女的先说话了,不行,回去重新再来。"果然如此!于是,他俩又回到了"天之玉柱"那里,仍围绕着"天之玉柱"走。这次相遇后,男神伊奘诺尊赶紧说:"哎呀!真是个美丽女子!"女神伊奘冉尊紧接着应答道:"哎呀!真是个英俊男儿!"然后,男女二神再次媾合,生下了大八洲。所以,古代日本又称"大八洲"。大八洲包括今天的四国、九州、本州岛等14个岛。

日本著名作家井上靖在《日本人与日本文化》中写道,"如果说我们日本人和日本民族有智慧才能的话,也许是指能把外国传入的东西,以不明显的形式变成我们自己的东西"。①日本创世神话也是这种"智慧才能"的体现。按《古事记》和《日本书纪》记载,生完"大八洲"后,男女二神又生了河神、海神、火神等33尊神。在生火神时,女神伊奘冉尊被烧伤,不久去世。男神伊奘诺尊心里异常悲伤,非常思念伊奘冉尊。于是,他便前往黄泉国去探望妻子。在返回凡间的路上,伊奘诺尊心想:"我曾经去了非常丑恶而污秽的地方,得清洁一下我的身体。"随后,他用水洗脸、洗澡。洗左眼时洗出了天照大神即太阳神,洗右眼时洗出了月读命即月亮神,洗鼻孔时洗出了素盏鸣尊即海洋神。

据日本民族学家大林太良研究,"伊奘诺尊洗左眼时生出天照大神,洗右眼时生出月读命",和中国三国时代问世的吴国徐整的《五运历年纪》中,盘古死时"气成风云,声成雷霆,左眼为日,右眼为月"的记述,显然异曲同工。大林太良指出:"日本古典神话中关于日月产生于伊奘诺尊双眼的神话故事,似与中国盘古神话有某种联系。除此之外,有趣的是,在现代日本的神道祭文中,盘古常通过各种谐音名词登场,包括日月化生的主题。"②确实,不仅"记纪"中的"创世记",明显有中国"盘古开天地"神话的痕迹,而且伊奘诺尊和伊奘冉尊造人神话,也有借鉴中国伏羲和女娲造人神话之嫌:大雨不断,洪水泛滥,人类行将灭亡,仅剩下伏羲女娲兄妹二人。伏羲欲娶女娲为妻,初遭拒绝,但伏羲紧追不舍,女娲无奈,便说:"你追我跑,如果你能抓到我,我就依你。"随后,妹妹绕大树转圈,兄追赶不上,心生一计,反巡迎上,终将妹妹抓住。兄妹遂成夫妻,不久产下一个肉球。神话所述,当然不是信史。那么日本列岛究竟是如何形成的呢?这个问题是有科学结论的。

列岛形成的科学结论 地球的历史,按照地质年代被划分为始生代、原生代、古生代、中生代、新生代。今天的日本列岛在距今约60 000万年至23 000万年的古生代仍卧于海底。至古生代末期,海底开始隆起,在经历了地球在距今约23 000万年至6 500万年发生的剧烈的"造山运动"后,

---

① 井上靖:《日本人与日本文化》,周世荣译,中国社会科学出版社1991年版,第37页。
② 大林太良:《神话的系谱——探寻日本神话的源流》,青土社1986年版,第19页。

当今日本列岛的弧状骨架开始形成。

中生代后的新生代分为两部分：第三纪、第四纪。第三纪自距今约65 000万年至2万年，是高等哺乳类动物和类人猿出现的世纪。自距今约200万年至今天，按照地质年代划分属新生代第四纪。第四纪自距今约200万年至1万年的第四纪，由两个时期构成：更新世（又称"洪积世""冰川世"）和全新世（又称"冲积世"，日本称"完新世"）。更新世距今约200万年至1万年，全新世自1万年前延续至今。在数以亿年计的地球史中，堪称"现代"的新生代第四纪，也是今天我们在地表上能够以肉眼看到的各种事物，如火山、湖泊、河流、丘陵、盆地、平原开始出现的世纪。特别在更新世，地球上反复发生着对以后诞生的人类产生重大影响的变动。例如，在亚洲大陆的东部边缘，经过激烈的地壳变动，呈弧状南北走向的日本列岛的基本构架开始形成，并在更新世几经变化，而引起这种变化的一个主要原因，就是冰川的消长。1846年，英国地质学家福布斯将"更新世"称为"冰川世"。但是在长达约200万年的更新世，地球并非始终被封冻在冰床底下。事实上，在数万年乃至数十万年中，因极地和高山的冰川显著扩大导致地球寒冷化的冰冻期，同冰川消融引起大地回暖的温暖期，曾有多次交替。科学家通过分析花粉等科技手段获知，当时至少经历了两个冰冻期和两个温暖期。

更新世诞生的人类，在温暖的气候和寒冷的气候，即如非洲大陆般湿润多雨的气候，同广袤无垠的寒冷的沙漠般干燥的气候交替的严酷的自然环境的变动中，依靠自己的劳动，不断适应着不同的时代和地域的自然环境，创造出了延续至今的人类历史和文化。

在冰川时代即更新世，不仅在今天依然冰雪封冻的阿尔卑斯、喜马拉雅山脉，以及阿拉斯加，而且在其他大陆也覆盖着如南极地区那样的厚厚的大陆冰床。在冰川时代的极盛时期（距今约2万年），自包括英格兰在内的西欧、北欧和东欧整个地区、西伯利亚大部，至中国北部、五大湖附近以北的美洲大陆，以及各地区的高山地带和周边地区，在占北半球整个陆地面积约三分之一的广阔地域范围，覆盖着厚达2 000多米的冰床。

大量冰雪覆盖大陆，海水必然相应减少，海水减少的必然结果，就是导致地球上整个海面的下降。于是，在距今约13万年至12万年的间冰期，随着冰川的消融，海面开始隆起。间冰期持续达1万年至1.5万年。在极盛时期，海面下降达100米至200米。

第一章 史前时代

在日本列岛周边海面,延伸着离海面200多米的大陆架;阻隔中国和九州的对马海峡,则水深不足140米;北海道和本州之间的津轻海峡,水深约140米;横亘于日本和俄罗斯的宗谷海峡,水深约40米;连接北海道北部和库页岛的间宫海峡,水深也是40米左右。在海面下降达100多米的冰川期,日本列岛南、北两端,均由大陆架和大陆断续相连。也就是说,当时的"日本"还不是"列岛"。从日本各地更新世的地层处,通过考古,发掘出了长毛象等20多种古象的化石,以及虎、犀牛、鹿等大型动物的化石。在今天的日本列岛,还发掘出了很多兽类动物的化石。那些现已灭绝的动物,是在日本依然由大陆架和大陆相连的各个时代从亚洲大陆到达日本的。

根据古生物学的化石资料以及地质学研究的证据,科学家推断大陆架形成的年代,最近的可以追溯至距今两三万年,在此之前是五六万年前,最久远的则可以追溯至十多万年前。在距今约一万年的冰川后期,由于海底地壳隆起、海面上升,日本列岛最终形成。

日本先民的由来　列岛的原始居民来自何方?在中、日两国,长期流传着一种说法,称现代日本人的祖先,就是徐福带去的3 000名童男童女,甚至有说徐福就是神武天皇。中国西汉时期的历史学家司马迁撰写的中国第一本纪传体通史《史记》,有关于徐福东渡的最初记载。据《史记·秦始皇本纪》记载:"齐人徐市(徐福)等上书,言海中有三神山,名曰蓬莱、方丈、瀛洲,仙人居之。请得斋戒,与童男女求之。于是遣徐市发童男女数千人,入海求仙人。"先秦时期,"齐"包括今天江苏徐州等地和山东南部一些县市。至于徐福究竟是哪里人,一般认为是齐地琅琊郡(今江苏赣榆)人。这段话以白话文表述为:"齐人"徐福向秦始皇上书,称海上有蓬莱、方丈、瀛洲三座神山,生长着能延年益寿、长生不老的仙药。一心想"万寿无疆"的秦始皇听了非常高兴,便命令徐福率领3 000名童男童女,带上各类工匠和五谷种子等前去探寻。但是,徐福并没有获得仙药,为了免遭处罚,他谎称出海后碰到巨大的鲨鱼阻碍,无法继续航行,要求派射手同行,秦始皇答应了他的要求。于是,徐福再度率众出海,到了日本九州一个叫"平原广泽"的地方。他发现当地气候温暖、风光明媚、民众友善,便在那里自立为王,还教当地人农耕、捕鱼、捕鲸,再也没有返回中国。

日本史料也有关于徐福的记载,特别是《宫下富士古文书》有关徐福的记载最为详尽。这套古文书是山梨县富士吉田市一个叫宫下义孝的人的家传文书,完成于800年前。原始的古文书已经遗失,现存的古文书是宫下义孝的祖先重新抄写的,共20余万字,全部是汉字,用毛笔抄写在宣纸上。日本8家出版社曾投入巨资复印出版了300套,每套7卷,每卷540页,定价14万日元(折合人民币1万多元),还取了个很有卖点的书名:《神传富士古文献》。

这套古文书有徐福第七代孙秦福寿讲述的徐福的故事,说在日本第七代天皇孝灵天皇时,徐福到了日本列岛,先后抵达九州、四国、富士山,并将7个儿子改为日本姓氏,长子姓福冈,次子姓福岛,三子姓福山,四子姓福田,等等,然后把他们分别派往7个地方。从此,徐福的子孙遍及日本各地,逐渐繁衍。据说,日本但凡姓秦或带有福、羽田等字的姓氏和地名,都与徐福的子孙,或者与徐福一起东渡日本的秦人的子孙有关。

徐福的故事是否真实无法确证,但即便按照这个传说,在他去之前,日本已经有人居住、生活。那么,列岛上的原始居民是如何出现的?

有关日本人的起源的科学性研究,是由1823年赴日的德国人P.F.西博尔德(P.F.von Siebold, 1796—1866年)开创的,即距今已有190多年历史。在明治初期,即19世纪七八十年代,西博尔德的儿子H.希尔德(H.von Sield),以及E.S.莫斯(E.S.Morse)、E.巴尔兹(E.von Bälz)、J.米尔内(J.Milne)等外国研究者,对日本人的起源进行了深入研究,取得了令人瞩目的成果。之后,日本的研究者也开始了对日本人起源的研究。西方学者和日本学者这方面的研究成果,主要有三种理论:交替论、混血论、演变论(连续论)。①

交替论。按照这种理论,在日本列岛曾经出现过一次或两次人种交替。简而言之,即在很久以前,土著的绳文(部分文献也作"绳纹")人的祖先被现代日本人的祖先驱逐出了日本,外来民族是日本人的祖先。例如,平井正五郎即持这种观点,其依据是根据考古,发掘出土了许多当年的陶器,阿伊努人是不使用陶器的。这种理论能够比较简单地解释日本列岛上的绳文人和现代日本人,以及阿伊努人和本土人的差别。但是,仍存在许多按照这种理论难以解释的问题。例如,如何解释日本东西部在文化等方面的差异?

---

① 朝尾直宏等编:《岩波讲座·日本通史》第1卷《日本列岛和人类社会》,岩波书店1993年版,第85页。

混血论。和人种交替论相比,这种理论更具有说服力。按照这种理论,绳文时代的土著居民,在进入弥生时代以后和日本周边族群的人融合,逐渐形成了现代日本人。例如,京都大学医学部的清野谦次通过对1 000多个人体遗骨的收集、测量,指出石器时代的人不仅和现代的阿伊努人类似,而且和现代日本人也类似。因此,不是继阿伊努人之后日本人的祖先登上了列岛,而是石器时代的人是两者共同的祖先。①但是,这种理论也有缺陷,即难以解释阿伊努人、冲绳人和本土人之间的差异。换言之,难以用这种理论对作为整体的日本人的形成进行解释。

演变论(连续论)。按照这种理论,现代日本人是土著的绳文人经过长期的进化逐渐形成的。早在19世纪80年代,解剖学家小金井良精即通过将绳文时代人骨和北海道现代阿伊努人的体格进行比较,指出两者存在相似处,如头骨缝合、眉间突出、上膊骨、胫骨扁平等。②但是,这种理论也有缺陷,即难以解释日本人所存在的地域性差异,如东西部日本人的差异。

尽管在日本发现了1 000多处旧石器时代遗址,但日本更新世人类化石仅有少量发现,主要有以下几例:③

战前,1931年,直良信夫在兵库县明石市西八木海岸崩塌的土层中,发现了一块人类腰骨化石,有学者根据对其石膏模型推断,认为当属更新世猿人,但未被学术界所接受。1948年,日本人类学家长谷部言人在《人类学杂志》第六十卷第一号上发表了《论明石附近西八木前期堆积层出土人类(石膏模型)的原始性》一文,对此作了明确否定。战后,学术界对此再次进行了探讨,但在20世纪80年代,学者们对其原始性再度表示怀疑,认为"明石猿人"化石可能是绳文时代以后的人类化石。

1950年,吉泽兵卫等人在枥木县安苏郡葛生町,发现了一块"葛生人"腕骨;1957年,石川一美等人在爱知县丰桥市牛川町发现了所谓"牛川人"的左上腕骨和右大腿骨化石。经推断,这一化石当属10万年前,即更新世的猿人的化石。根据对其遗骨的复原,发现其身材很矮,较好地显示了原始特性。同年,即1957年,高桥佑吉在静冈县引佐郡三日町发现了"三日人"的大腿骨、头骨的一部分等7块遗骨。根据碳14同位素测

---

① 直木孝次郎:《日本的历史》第1册《倭国的诞生》,小学馆1973年版,第375页。
② 直木孝次郎:《日本的历史》第1册《倭国的诞生》,小学馆1973年版,第373—374页。
③ 关于更新世人类,铃木尚的著作《日本人之骨》(岩波书店1963年版)、《从猿化石到日本人》(岩波书店1971年版)有详细论述。

定、将遗骨和鹿等动物的遗骨比较,以及对含氟量检测,科学家认定其为新人阶段的人类化石。①1961年,在静冈县浜北市根坚,即"三日人"出土的附近地区,浜北市教育委员会发现了"浜北人"遗骨,在冲绳发现了"山下洞人""港川人"等遗骨。翌年,日本洞穴遗址调查委员会的八幡一郎等人在大分县南海部郡木匠村宇津圣岳石灰岩洞穴第三层,发现了成年人头盖骨片和尖锐石器。这是迄今日本人类化石和石器一并出土的唯一遗址。

根据科学家的研究,在约3万年前,居住在东南亚的原始人类开始了较大规模的迁徙。当时,东南亚地区气候宜人,资源丰富,因此人口密度较高,呈饱和状态。这次迁徙是原始人类的无奈之举。根据考古发现,迁徙人群最初至少有两支:一支沿着中国北上,并至少到达了今天的中国河北省。另一支则从东南亚沿着东海大陆架东进,登上了尚未和大陆分离的今天的日本列岛。目前发现的被认为是日本人直系祖先的最早的遗骨,是距今约18 000年的人类遗骨。这种遗骨以冲绳县那霸市近郊的具志头村港川发现的"港川人"为代表,由大山盛保发现、以东京大学铃木尚为中心的科研小组进行研究。当时发现的是一具男性遗骨,身材矮小,据推断身高约155厘米。总之,最初登上日本列岛的原始人类,来自东南亚。当时被称作绳文时代,因此这批列岛最早的原始居民,被称为"绳文人"。科学研究证明,绳文人的骨骼形态和中国同时期人的骨骼形态存在很大差异,而和港川人等则存在一些共同特点。1989年,宝来聪等研究人员将约5 800年前的绳文人的遗骨和马来西亚、印度尼西亚人的DNA进行了比对,结果显示二者基本一致,但他们和东北亚人的DNA则明显不同。这一结论使人们有理由相信,绳文人和东南亚人存在血缘关系。

自绳文时代晚期弥生时代初期,亚洲大陆开始有原始人类往日本列岛迁徙。这是最初的"渡来人",即移民。根据上田正昭的研究,一波又一波源自东北亚的移民潮持续至公元7世纪,即持续了约1 000年。金关丈夫、牛岛阳一根据山口、佐贺等地出土的人类遗骨判断,当时的移民主要来自朝鲜半岛北部。另据考古发现,来自朝鲜半岛的除了朝鲜半岛人,还有不少是中国人。《日本书纪》钦明元年(540年)对此也有记载:"八

---

① 在动植物遗体中含有放射性碳素,其含有量随时间推移有规律递减,每5 700年减少一半。碳14同位素测定就是根据对这种放射性同位素的检测,推断其所属年代。

第一章 ● 史前时代

月,高丽、百济、新罗、任那,并遣史献,并修贡职。召集秦人、汉人等诸番投化者,安置国郡,编贯户籍。秦人户数惣,总七千五十三户。"①这一发现否定了"演变论"即"连续论"。当时日本处于"弥生时代",因此来自朝鲜半岛和亚洲大陆的"渡来人"被称为"弥生人"。也就是说,日本列岛的原始居民是绳文人和弥生人并存的"二重结构"。

那么,对北海道的原住民阿伊努人该如何理解呢?在很长一段时期,阿伊努人的起源一直是个谜。但是现经考古发现,自绳文时代早期,北海道便居住着和本土的绳文人相同的人类。后来,当地和日本本土受到外来的影响不同,因此其进化过程也就必然不同。根据三泽章吾、尾本惠市等人进行的遗传学研究,阿伊努人也属亚洲裔族群,特别是尾本惠市还进一步证明了阿伊努人和菲律宾人的类似性。这一研究成果否定了阿伊努人"白人起源说"和"澳大利亚人起源说",支持了"东南亚起源说"。

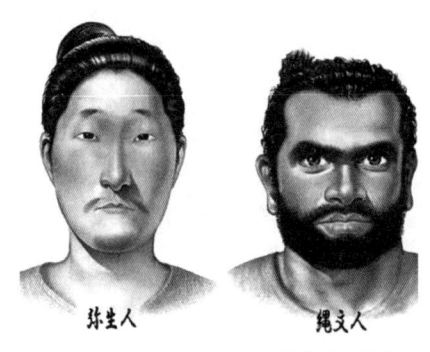

弥生人和绳文人

阿伊努人和本土人的这种关系,在冲绳人和本土人之间也同样存在。早在明治时期,西方学者贝尔茨就指出了阿伊努人和冲绳人明显的相似性,认为二者源于同样的祖先。日本学者池田次郎也通过头盖骨研究,显示了阿伊努人、冲绳人和东南亚人的相似性。安田喜宪将池田次郎的研究数据和其他许多人类集团进行了比较后,将阿伊努人、冲绳人归为"绳文人",将本土人同中国人和朝鲜半岛人归为"弥生人"。实际上,至少至 17 世纪,冲绳诸岛的居民无论在政治上还是在地理上都和日本隔绝,和日本朝廷并不存在政治联系。冲绳当时属于琉球,直至明治时代才被日本强行并入,这一点和北海道类似。二者存在诸多相似之处,与这一历史背景不无关系。也就是说,冲绳人和阿伊努人虽然承继了绳文人的很多特征,但那两个地方被划入日本版图,都是在明治时代以后。

今天,人们不难发现东西部日本人在语言、风俗习惯、食物偏好、考虑问题的方式等日常生活的各个方面,普遍存在差异。不仅如此,东西部日

① 舍人亲王:《日本书纪》,四川人民出版社 2019 年版,第 252 页。

本人的身高、头和面部形态、指纹、掌纹、血型、DNA分布频度等方面也存在差异。这种差异在考古发现中也能够找到答案：特别是在弥生时代以后，东西部的差异日趋明显。

值得关注的是，东西部的差异以中部为界，而且大多数特征自西向东呈渐进性变化。根据小山修三的研究，在绳文时代，日本列岛东部的人口远比西部的人口多，但是从弥生时代开始，西部的人口急速增加，并在弥生时代晚期，至迟在古坟时代初期超过了东部日本。所以产生这种变化，主要是因为"渡来人"传入了以水稻种植技术为主的中国文化。也就是说，今天日本人和日本文化存在的东西部差异，主要起源于弥生时代。

1951年，日本人类学家长谷部言人，对现代亚洲各民族的体质做了详尽比较和调查。他在《日本人的祖先》中提出："认为日本人的祖先来自中国南部的主张，是迄今为止最具有说服力的主张。"20世纪末，安田喜宪组织日本各大学、博物馆30名人类学者和解剖学者，对自北海道至九州13个地区的711个男性遗骨标本和537个女性遗骨标本，进行了分析研究，发现自日本西部至日本东部呈明显的渐进性变化：九州北部和本州西南部的日本人，有着东北亚系（弥生人）的遗传特征。在日本列岛其他地区，包括北海道、本州东北部、四国、九州南部，则有着东南亚系（绳文人）的遗传特征。这一研究结果和遗传学的研究结果是一致的。日本人常被称为"单一民族"，但安田喜宪认为，考虑到日本人中并存着东南亚系和东北亚系两大集团，他们之间的融合迄今仍在进行这一事实，或许将日本人称为"混合民族"更为恰当。

1996年，中日两国学者组成了"中日共同调查团"，对中国江苏省发掘出来的春秋至西汉时期的人类遗骨，以及考古发掘出的同期日本北九州及山口县绳文至弥生时代的人类遗骨进行了历时3年的对比研究。研究发现，两者DNA的排列顺序，有些部分竟然完全一致。1999年3月19日，日本媒体专门就此做了报道。

第二节　无土器时代（新石器时代）

考古学家根据人类所使用的器具的材质，将人类历史划分为石器时代、铜器时代、铁器时代。这种通过器具的进步划分历史的方式，早在古希腊、古罗马时代已经萌芽。公元前8世纪,古希腊诗人赫西奥德(Hēsiodos,生卒年月不详)将人类历史划分为黄金和不死时代、白银时代、青铜时代、英雄时代、铁和恐怖时代共五个阶段,以显示具有宿命论色彩的末世观。公元前1世纪,古罗马哲学家卢克莱修(Lucretius,约公元前99年—公元前55年)提出,人类经历了三个时代:使用木器和石器的时代、使用青铜的时代、使用铁器的时代。虽然这种考察是哲学而非自然科学的考察,但是在强调以人为本的文艺复兴时期,这种考察却成了唤起人类关注自身历史的动因,并使考古学作为一门学科,开始形成。

18世纪,被誉为"考古学之父"的德国美术史家约翰·约阿希姆·温克尔曼(Johann Joachim Winckelmann,1717—1768年)奠定了以古典古代世界研究为中心的考古学基础。在这一考古学确立期,北欧各国,特别是瑞典和丹麦的学术界,则以一种特别的方式展开研究。19世纪中叶,瑞典史学家S.尼尔森(S.Nilsson,生卒年月不详)以斯堪的纳维亚半岛的特殊资料为依据,发表了《北欧斯堪的纳维亚的土著居民》一书,并在书中首次使用了"史前史"这一概念。他提出,当地居民最初使用石器,之后使用铜器,再后使用铁器。

丹麦考古学家克里斯蒂安·杰根森·汤姆森(Christian Jürgensen Thomsen,1788—1865年)积极吸取了S.尼尔森等人的学说,在1836年发表了《关于北欧远古纪念物和古代遗物的简单展望》一文,明确提出了"三时代划分法",即根据器具的材质,将人类历史划分为石器时代、青铜器时代、铁器时代,引起极大反响。不仅如此,汤姆森还在担任丹麦皇家文物保存委员会负责人、整理各大学图书馆陈列室的资料时,将出土文物分为石器时代、青铜器时代、铁器时代。他的这一做法,被认为是"三时代划分法"最初的具体运用。汤姆森的"三时代划分法"很快在欧洲获得接受并得以普及。虽然在19世纪30年代,法国考古学家埃德瓦·拉泰(E.Lartet,1801—1871年)对将石器时代细分为属于更新世的旧石器时代,以及属于完新世的新石器时代进行了探讨,但是"三时代划分法"作为人类发展史最基本和普遍的时代划分,迄今仍保持着旺盛的生命力。

继汤姆森之后,英国考古学家罗德·埃维布雷(Lord Avebury,1834—1913年)在1865年出版了《先史时代》(*Prehistoric Times*)一书,引起极大关注。罗德·埃维布雷在书中将"石器时代"前半期称为"漂流的时代"(drift era),其时段相当于地质年代的更新世(即洪积世)。按照埃维布雷在书中的叙述,当时人类和长毛象或獾等现今已经灭绝的动物生活在一起。他将这一时代称为 palaeolithic,意为"旧石器时代"。今天人们普遍采用的"旧石器时代"这一概念,就是在他的书中首次出现的。与之相对,埃维布雷将石器时代的后半期称为"石器时代之后的磨制石器时代"(the later of polished stone)。同年,另一位英国考古学者 J.鲁博克(J.Lubbock,1834—1913 年)将石器时代的前半期命名为"旧石器时代",将石器时代的后半期命名为"新石器时代"。

然而必须明确的是,事实上这种划分也存在值得商榷的问题。因为对旧石器时代的认定,依据的是当时存在现已灭绝属于更新世的动物。这种观点属于古生物学、地质学的观点,而对新石器时代的认定,依据的是当时存在磨制石器,即依据考古学的观点。也就是说,对石器时代两分法,并非依据同一基准。因此,对石器时代的研究,还存在广阔的发展空间。

石器在日本的发现 日本是否也存在与其他地区类似的旧石器时代呢?在相当长的一段时期,这始终是一个未经证实的疑问。但是,学界曾普遍认为,日本不存在旧石器时代。例如,坂本太郎在他的《日本史》中就写道:"在日本,迄今仍未发现旧石器时代的遗物。"所以人们认为最古老的文化是从新石器时代开始的。① 但是,至 20 世纪 40 年代,这一疑问因"岩宿遗迹"的发现而开始遭到质疑。

1946 年,24 岁的年轻考古学者香泽忠洋在群马县笠悬村,发现了可能属于旧石器时代的遗迹。1949 年 9 月 11 日至 9 月 13 日,明治大学考古学研究室以杉原庄介教授为首的考古队,对这一发现进行了预备性调查。10 月 1 日至 10 月 10 日,该研究室开始了第一次正式调查,之后于翌年 4 月 11 日至 4 月 20 日,又进行了第二次正式调查。通过三次调查,取得了巨大收获:从被认为属 5 万年前即更新世第四冰川期的地层(堆积着火山灰的赤土层),发掘出了无疑由人类打造的、形状如斧子的石器,即通过考古发掘首次证明了在日本列岛也曾有旧石器时代的人类存在。这一遗迹,根据地名被命名为"岩宿遗迹"。此后,在日本全国各地陆续发现了 2 000 多处同属旧石器时代的遗迹,从这些遗迹出土的石器,全都是 2 万年以前的石器,其形状大都呈刀状或茅状,按照

---

① 坂本太郎:《日本史》,武寅等译,中国社会科学出版社 2008 年版,第 20 页。

欧洲旧石器时代的编年，属新人阶段旧石器时代的器物，或紧随旧石器时代的中石器时代器物。

"岩宿遗迹"被发现后，日本学术界指称这一普遍采用石器的原始时代的术语，随研究的进展几经变迁。

20世纪50年代，学术界将这一时代称为"先绳文时代"或"前绳文时代"。之所以采用这一术语，是因为当时的学术界对这些新发现的石器是否属于旧石器，仍持审慎态度。例如，八幡一郎1955年发表于《日本考古学年报》第三号的论文，即开宗明义地将标题定为《先绳文式文化遗迹》。

不过，在20世纪50年代，学术界更普遍采用的是"无土器时代"这一术语。采用这一术语的代表人物是芹泽长介。芹泽长介不仅早在1954年即将其发表于《骏台史学》第四号上的论文定名为《预察关东及中部地区无土器文化的终末和绳文文化发生的关系》，而且在1957年由日本评论新社出版了其代表性著作《无土器文化——考古学笔记先史时代(1)》。以芹泽长介为代表的考古学者采用这一术语的理由是：所有新发现的这些器物有一个共同特征，即均不是以土器制成，同有土器存在的绳文时代形成了对比。他们同时认为，很难断定石器一定存在于绳文时代之前。这一观点不仅在当时颇为流行，而且迄今仍有学者将相应于石器时代的这一时代称为"无土器时代"。

1960年后，又有学者将这一时代称为"先土器时代"，采用这一术语的代表人物是明治大学"岩宿遗迹"考古队的领军人物杉原庄介教授。1965年，杉原庄介教授编纂并由河出书房出版的《日本的考古学》第一卷，更使这一术语得以普及。学者们采用这一术语的理由是："无土器文化"(non-ceramic culture)这一术语，虽然是用以指称日本仍处在尚未拥有土器的特殊文化阶段，但是以"无"，即"没有"的东西作为一种文化象征指称一个时代，是不合适的。他们认为，应该将这一先于绳文、弥生两个时代，即先于陶土器制作的时代，定名为"先土器时代"(pre-ceramic)，使之作为考古学意义上的日本史的一个时代。可能和"旧石器时代"相比，"先土器时代"这一术语更能显示日本原始时期的特征，因此由几位日本历史学权威主编或撰写的论著，如井上光贞、永原庆二、儿玉幸多、大久保利谦主编，山川出版社出版的《日本历史大系》，以及林屋辰三郎撰写、岩波书店出版的论著《日本文化史》等，均采用"先土器时代"这一术语。

之后,由于日本考古研究的进一步深入,考古学家探明"先土器时代"的大部分时间属于更新世(洪积世)。按照世界史的观点,那个时代属于"旧石器时代"。因此,许多学者开始采用"旧石器时代"这一术语。而强烈主张采用这一新术语的代表人物,就是当年以"无土器文化"指称这一时代的芹泽长介。他刊载于1962年出版的《岩波讲座·日本历史》中的《日本旧石器时代的诸问题》,在标题中即显示了采用新术语的主张。在当今日本学术界,"先土器时代"和"旧石器时代"两个术语均被采用。

但是,也有一些著名学者认为,"先土器时代"的器物基本属于"新石器时代"器物。持这种观点的核心人物是日本石器时代研究代表性人物山内清男。他的理由是:第一,以放射性同位素测定年代的数值并不可信;第二,从先土器时代的遗迹中,有磨制圆凿和磨制石斧出土;第三,同日本周边特别是西伯利亚出土的新石器比较,绳文早期的夏岛遗迹的年代距今约4 000年,而先土器时代是从约7 500年前开始的,历时约5 000年,而旧石器时代距今至少约1万年;第四,地质学者的研究具有明确目的性,难以信任。不过,山内清男并没有否定日本存在旧石器时代,但他认为,"旧石器仅在大分县的丹生遗迹、群马县不二山遗迹、群马县权现山遗迹等遗迹中有极少发现"。① 山内清男的观点自然遭到反驳,特别是他认为碳14同位素测定法不可信的理由,被认为是对科学的否定。

1962年对长野县野尻湖遗址进行的发掘,出土了纳玛象和巨鹿化石,还发现了少量石器和骨器,说明与人类生活有关。那个时代当属于旧石器时代。

1965年,由杉原庄介教授主编的《日本考古》第一卷《前陶器时代》出版。该论著将年代按顺序,分列为石斧文化、石叶文化、尖状器文化、细石器文化各期,各地专家学者对不同地区、不同类型的石器,进行了详尽论述。

1970年,日本旧石器研究发生重大变化。当时,由于日本经济处于高速增长期,基础建设也呈规模性展开。在机械深挖土地时,一些石器时

---

① 直木孝次郎:《日本的历史》第1册《倭国的诞生》,小学馆1973年版,第49—50页。

代遗迹被相继发现。首先被挖掘到的两个遗迹,一个在神奈川金川沿岸,另一个在东京都武藏野市。新的发现,为日本也曾经历旧石器时代提供了实物依据。

在武藏野,由小林立夫和小田镇男领衔进行的发掘工作,为将旧石器分为10个文化层,形成文化序列,做出了重要贡献。之后几年,日本考古学者又陆续发现了一些旧石器时代遗址,而且每处遗址都存在重叠的文化层。最关键的是,考古学者发现了堆积层的第三层是大约1万年前的松软土坡沉积,而旧石器时代就是存在于1万年前。

1989年,由加藤晋平主编的《旧石器时代的东亚和日本》,作为《季刊考古学》第二十九号出版。

总之,日本列岛是否曾经历旧石器时代的争论,早已尘埃落定。但迄今,日本究竟有多少旧石器时代遗址,尚没有确切统计数据,但粗略统计达上千处。日本考古研究者不仅对旧石器时代的"断代"进行了细致分类,而且还将列岛的旧石器文化与周边地区的旧石器文化进行了比较分析,通过两者的同与异,探寻日本旧石器时代的文化源流。

日本石器时代发展阶段 日本旧石器时代考古研究有两项特征,一是研究石器制作技术,二是通过遗址出土的器物尽可能复原当时的社会结构。总之,两项研究都围绕石器进行。因为日本的土壤含酸度很高,动物化石难以留存。对石器的命名则根据石器制作方式、分布范围和存在时间,或具有代表性的遗址名称,分别称之为荒屋型雕刻器、东内野型尖状器,等等。近些年,学界通过使用高倍显微镜分析石器的使用痕迹,认识石器的使用情况,从而开发了研究旧石器时代的考古新领域。日本旧石器时代遗址一般都叠压而成几个文化层。尽管对日本旧石器时代的编年有几种观点,但毋庸置疑,日本"先土器时代"或"石器时代"的特征划分都是采用石质器物,在漫长的历史过程中,属于这一时代的石质器物的形态,经历了由易至难的演变过程,这一过程可划分为四个阶段。

第一阶段始于何时不详,结束时间距今约32 000年,以刮削器为主,是狩猎器具产生阶段。目前发现的最早的旧石器时代遗迹是宫城县高森遗迹。在这一阶段,以刃器技法作为石器制作技术之基础的剥片石器,特别是刀形石器还不发达。当时原始人类采用的,大多是砾器、握槌之类的敲打器。属于这一阶段的考古资料不多,迄今为止考古学者发现的,仅有群马县岩宿遗迹、武藏野立川底层的垆坶质土层(火山灰风化后的褐色土壤)两三处遗迹,以及尚未完全确定的群马县权现山遗迹和同样在群马县出土的不二山遗迹。这些遗迹出土的石器,均属于这一阶段。这些被统称为"敲打器"的石器,自最初作为人类工具的粗陋的砾器的出现至握槌问世,经历了漫长的约100万年时间。那些敲打器有一个短柄,可以直接用手握住,可以击打和杀死动物,可以分割猎获物,可以砍树,堪称"万能器具"。因此,按照器具发展史的观点,这种器具尚属于形态同用途不对应,即功能未分化阶段的石器。另外,那些狩猎器具在捕杀行动相对迟缓的体形高大的野兽时,主要依赖人的肉体和腕力进行攻击,只能发挥辅助性作用。这一阶段相当于中国旧石器文化的早期或中期。

第二阶段距今约32 000年至25 000年,当时出现了制作石叶技术,以及用石叶制作小刀,是刀形石器出现并用作狩猎工具阶段。日本旧石器时代遗迹出土的石器,大部分是石刀。具有尖头和利刃的石刀,不仅可以瞬时切开猎物的皮肤并拉大伤口,而且可以刺入猎物的身体,使猎物的伤口既有广度,又有深度,以便于将其捕获。如果装上长长的木柄,不仅可以在猛兽反击时有效地护卫自己,还可以追捕小动物。因此,刀形石器作为较进步的狩猎工作得以问世后,不仅被用作刺杀工具,而且催生了有锋利刀刃的石质刀具,因此可切开动物的皮肉,以及针对其他不同用途进行打造,如能便捷地用以切削木头和骨头的形态各异的刀形石器。刀形石器的问世,使旧石器时代制作狩猎工具的水平达到了顶峰。考察上述在武藏野的立川垆姆质土层下部出土的最古老时期的刀形石器,可以发现那些石器已经属于针对功能、用途的不同而具有相应形态的石器,即已经经历了石器的形态分化阶段。更重要的是,不仅刀形石器,那些用以切削、剥皮、凿孔的各种各样的石器,如雕器、削器、搔器、揉锥器等,在刀形石器出现以后亦一起亮相,构成了被称为"旧石器时代后期"的多姿多彩的石器群,进而推动了这些石器制作、加工的发展。据有关专家的考察和分析推测,刀形石器之所以唯独在日本列岛取得显著变化和进步,可能主要是因为在被称为冰川时代的更新世的自然变化中,随着古象的灭绝以及取而代之的鹿、野猪和其他中小动物不断增加,还因为旧石器时代的人类,狩猎技术手段不断得到改进。在这一阶段,旧石器时代的遗迹较以往有明显增加,而且当时石器的制作特征,在许多地方均有发现,疑似存在交流。

第一章 ● 史前时代

　　第三阶段距今约 25 000 年至 14 000 年。在这一阶段，石器的地域性特点已相当清楚。例如，九州和关东地区具有代表性的石器，是在小型石叶两侧进行加工，制成石刀。这两地的石刀被分别命名为"九州型石刀"和"茂吕型琢背小刀"。日本西部濑户内海周边地区具有代表性的石器，是对翼状石片的一侧进行加工制成琢背小刀，得名"国府型琢背小刀"。而在东北地区，则是对大而精致的石叶的底部进行加工，制成"杉久保型小刀"和"东山型琢背小刀"。

　　这一阶段矛形锐器的发展，特别是投掷锐器的出现，尤其值得关注。虽然在关东南部出土的旧石器时代的遗物中，矛形器具的发达不甚显著，但是在北海道和东北地区，在关东北部和中部地区，以及在日本西部，发现了许多矛形锐器在石器组成中占据主体地位的石器群。虽然在将矛形锐器安装在长长的木柄上作为突刺用狩猎工具这一点上，矛形锐器承袭了刀形石器的传统，但是从石器的两侧被仔细调整加工，整个横断面被尽量均匀打造的目的判断，似不能仅仅以技术改良加以评价，而是应有其他原因。首先值得关注的是，虽然都是矛形锐器，形状及大小有所不同，但总体上在重量方面均超出较薄的刀形石器。究其原因，可能不仅是为了装上长柄后能用作强力有效的突刺器，而且可以提高其作为投枪的远投力和命中率。在这一时期继续得以制造的刀形石器，则整体上朝小型化的方向发展，有的似用作箭镞。虽然这种锐器当时是否已被用作石镞目前仍难以证实，但不管怎么说，矛形锐器特别是投枪的出现，使当时人类能在相对较远的距离猎杀动物，因而在狩猎器具发展史上占有重要一席。

　　第四阶段距今约 14 000 年至 10 000 年。这一阶段有角锥状、圆锥状、角柱状等形状的石器出土，被分别命名为野岳型细石核、矢出川型细石核、休场型细石核、海老山型细石核等，被统称为"细石叶文化"。在日本东北地区，广泛分布着被称为札幌型细石核的楔形细石核。这些均属于细石叶文化范畴。这一阶段最值得关注的是细石器从周边地域流入日本，从而使日本组合型石器得以发展。那些能够藏于指间的非常细小的刃器，乍一看形如石屑，极不起眼，但是在人类工具史上，却具有划时代的意义。之所以这么认为，理由是这种细小的刃器，是组合型器具的零部件，即当时的人类将很多这种细刃器，排列在木质或骨质的主体器物上，制成一种"大型武器"。如果刃器经多次使用后不再锋利，则可以如我们今天更换剃须刀刀头一样,更换新的刃器。同时,根据出土器物判断,当时的人类似还能够改变其主体器物的形态,按照自己的意愿制作各种形状的狩猎工具。夸张一点说,这种以细石器为零部件的组合型石器的问世,是现代具有复杂结构的机械的出发点。

考古发现显示,北海道地区的细石叶文化早于日本本土。但是除北海道以外,日本各地区在这一阶段后半段都出现了陶器。第二至第四阶段相当于中国旧石器文化晚期或新石器文化早期。研究发现,日本东北部地区的细石器文化,与东西伯利亚贝加尔湖周围地区的细石器文化有密切关联。关于日本西南部细石器文化的起源问题,迄今为止意见尚不统一。有些日本学者认为,那里的细石器文化是由北面传入的。但更多学者认为,通过和中国河北、河南、山东、山西、江苏等地出土的细石器文化遗物的比较,可以发现两者存在很多共同特征,因此有理由认为,两者存在关联。

日本无土器时代的石器,东部地区主要出土于关东和长野县、山梨县,西部主要出土于濑户内海沿岸,特别是冈山县、香川县。北海道地区也有不少石器出土。总之,在石器或无土器时代的不同历史阶段,如在日本全国各地陆续发现的遗迹所显示的,列岛上的原始人类过着群居的生活。为这种观点提供证据的,有鹿儿岛县上场遗迹和北海道中本遗迹的竖穴;有长野县茶臼山遗迹、静冈县休场遗迹、北海道吉田遗迹等。①考古发现提供了一个重要事实:原始人类采用与石器时代或无土器时代各阶段相应的工具从事采集、狩猎和尚未发达的捕捞,创造出了日本列岛石器或无土器时代的原始文明。尽管由于资料的缺乏,考古学界无法了解原始人类的生活方式,但可以肯定的是,火已经被使用,而火的使用是人类最伟大的发明。

第三节 绳文时代三要素:陶器・贝冢・竖穴住宅

日本史家寺泽滋《通过探讨和考察理解日本的历史》一书,论述绳文时代一章的标题是"我国的黎明期——绳文时代"。确实,日本学者普遍

---

① 迄今发现的欧洲旧石器时代的居所遗迹,绝大多数是洞窟遗迹,而日本旧石器时代的居所遗迹,大都是建在平地上的所谓"开地遗迹"。

第一章 ● 史前时代

认为,绳文时代是真正为日本文化和日本民族奠定基础的时代。因此,就不难理解,了解"绳文时代"对了解日本的意义。

绳文文化的跨度 "绳文时代"得名于 19 世纪 70 年代出土的陶器。1877 年,美国动物学家摩斯对东京大森的贝冢进行考察时发现,该处出土的陶器口部大都有像用绳索勒出的一道道纹路,便称之为 cord marked pottery。谷田部良吉将该词组译为"索纹陶器",后白井光太郎改译为"绳纹(当时是"纹"字)陶器",之后,这种陶器被称为"绳文陶器",而"绳文时代"一词,是在"二战"后出现的。

绳文文化南起冲绳,北至北海道,基本覆盖整个日本列岛。因此,对绳文文化的空间跨度,学界基本没有争议。但是,对绳文时代的时间跨度,特别是起始时间,学界尚未达成共识,并存在截然不同的意见。

一种意见认为,土器就是绳文文化的标志,土器的问世即标志绳文文化的来临。持这种意见的学者将日本列岛出现得最早的土器直接称为"绳文土器"。早在 1937 年,山内清男就在《先史考古学》第

绳文陶器

一卷第一号上,发表了题为《绳文土器形式的细别和大别》的论文,将绳文时代分为五个时期,并以此开创了绳文时代的编年体式划分。1969 年,山内清男根据考古新发现的更早的土器,撰写了《绳文草创期的诸问题》一文,为绳文时代设了一个"草创期",将绳文时代分为六个时期。[1]1975 年,冈本勇发表了《原始时代的生产和咒术》,将绳文时代分为形成、发展、成熟、终末四个时期。[2]1982 年,小林达雄等考古学者的论著,则对山内清男的"六时期说"表示赞同。

另一种意见认为,土器的出现并不直接意味着绳文文化的形成,理由是二者并非完全一致。持这种意见的学者以考古材料为依据,认为在先土器时代和绳文时代之间,还存在一个"过渡时期"。属于这一"过渡时期"的文物的特征,既有别于以前"先土器时代"的石器,也有别于之后"绳

---

[1] 山内清男:《绳文草创期的诸问题》,《博物馆》杂志 224 号,1969 年,第 79 页。
[2] 冈本勇:《原始时代的生产和咒术》,载《岩波讲座·日本历史》第 1 卷,岩波书店 1975 年版,第 136 页。

文时代"的土器。最先系统提出这种观点的,是考古学家镰木义昌。1966年,镰木义昌在《冈山理科大学纪要》第二号上,发表了题为《关于绳文式土器·绳文文化的起源》一文,系统阐述了他的这一新颖观点。之后,不少日本考古学家对这一"过渡时期"做了不同的命名。1967年,芹泽长介在《信浓》第十九卷第四号上发表的论文《旧石器时代的终末和土器的产生》,将这一时期称为"旧石器时代晚期"。同样发表于《信浓》第十九卷第四号上的杉原庄介的论文《试论日本先土器时代的新编年体》,则将这一时期称为"原土器时代"。1980年,宫下健司在《信浓》第三十二卷第四号上发表的论文《土器的出现和绳文文化的起源(试论)》,则将这一时期称为"土器出现期",等等。

值得注意的是,上述两种意见虽然截然不同,但暗含着一个共同逻辑:均认为土器在日本经历了漫长的发展和演变过程。因此,尽管笔者在本章中采纳"原土器时代"说,即注重考察自然环境的变化对动植物生态及原始人类的影响,但这并不意味着笔者明确赞同那种观点。事实上,判断两方面意见孰是孰非,也是笔者力所不逮的。

现在,许多学者认为日本绳文时代的时间跨度应为1万年前至公元前3世纪。这一时代属于更新世。自然环境的变动,使原始人类所处的生态环境产生了连锁反应。从而改变了原始人类的生活,催生了绳文文化。

晚冰期是更新世最后一个冰期,时间跨度约为2万年前至15 000年前。在晚冰期最寒冷时期,日本列岛年平均气温比现在低七八度。但是,从大约15 000年前开始,覆盖于地球广袤地域上的冰川和冰床开始慢慢朝极地的高山方向退缩,气候开始显示变暖的征兆。在日本列岛,这一变化大约始于13 000年前。由于气候变化,植物生态也发生了相应变化,特别是耐寒的针叶树林逐渐为喜暖的落叶树林取代。植物生态的变化,又引起了动物生态的相应变化,导致一些依赖原先的植物为生的大型动物相继灭绝,并进而对原先主要以猎杀大型兽类动物为生的人类生活产生极大影响,使人类的生活方式发生重大变化。通过对地层下花粉的分析,考古学家取得了相关依据。[①]这一因自然环境的变化而引起"多米诺骨牌"式连锁变化的时期,就是日本的石器时代向以陶器为标志的绳文时

---

① 冢田松雄:《花粉的叙述》,岩波书店1974年版,第135页。

代转变的过渡时代——原土器时代。

石器时代的主要石器是刀形石器。继刀形石器之后流行于日本列岛的石器,是细石器。制作细石器的技术(细刃器技术),最先从中国和包括西伯利亚在内的亚细亚北方某地区同时传入北海道和九州地区,然后沿着各自的路线迅速传入本州中部。从西伯利亚方向传入的细石器以舟底状细石核为特征,而从中国方向传入的细石器则以圆锥状、角柱状的细石核为代表。两地传入的细石器在长野县附近汇合,即以长野县为界,两种细石器形态各异,如泾水和渭水般分明。在经历了一段时间的变迁后,九州的细石器依然流行,但在日本其他地区,这些石器均相继消失。取而代之的是大型矛形尖头器和有茎尖头器。至爪形纹土器时期,贯穿以后整个绳文时代的以三角形为基本形态的精巧石镞在考古中多有发现。这一发现说明,当时的狩猎器具已从先前依靠人投掷的阶段,进入了依靠弓发射的阶段。除此之外,从东北亚大陆传入的石器,赋予原土器时代的石器重要特征。这些石器因山内清男的首倡而被称为"渡来石器"。虽然前述细石器也是"渡来石器",但是那些细石器在传入日本后很快"土著化",成为"日本细石器文化"的主要代表。然而,在日本东部地区发现的许多单刃石斧等大型磨制或打制石斧、枪头,以及分布在日本海沿岸地区的植刃、断面三角形锥等,几乎在亚洲大陆北部各地区都有发现,而在日本列岛却迄今尚未发现这类石器的变迁痕迹。日本考古学家因此推测,这些石器可能属"渡来石器"。不难看出,在晚冰期或"原土器时代",即自然环境剧烈变动的时代,日本列岛上的原始人类吸纳了新的获取食物资源的技术和生活用品,同时通过自己的创造,为下一个新的时代——绳文时代,奠定了基础。

绳文文化的特征　绳文时代的文化以陶器、贝冢、竖穴住宅为特征。要了解作为日本"黎明期"的绳文时代,不解释这些概念,无疑将是重大缺憾。笔者不希望留下这种缺憾。

约15 000年前,在这种细石器继续存在的同时,日本列岛上也出现了土器。那些土器被称为"豆粒纹土器""隆起线土器""爪形纹土器",据称是迄今世界上发现的年代最久远的土器,最初发现于爱媛县上黑岩阴遗址。近年来,在日本除北海道和冲绳以外的其他地区,相继发现了早期陶器。在长野县下茂内和鹿儿岛县筒仙山,相继出土了经测定约为距今15 000年的陶片,其中鹿儿岛的陶片烧成温度只有400—500摄氏度,质地疏松，还没有完全陶化，堪称名副其实的土器。其中隆起线土器问世后迅速向四国、东北地区中部和本州全部传播。继隆起线土器出现的爪形纹土器则进一步向北延伸，到达东北地区北部。这些土器在各地均具有统一特征，没有地方特色。这一现象在日本列岛以后漫长的土器变迁史上，未再见出现。因为，继爪形纹土器后出现的土器，在日本东西部地区呈现出不同的特征。出土文物显示，日本西部一些地区的土器属"无纹土器"，比较厚实，而日本东部地区，特别是沿日本海地区的土器，则在器物表面制有绳文图案，这些作为生产工具的土器，制有这种图案不是为了美观，而是为了绳子不在器物表面打滑。一些研究绳文土器的专家认为，这种土器是以后绳文土器的母体。事实上，"绳文土器"就是因具有绳文状图案而得名。①

1998年，日本举行了最大的"绳文遗迹发掘"并因此颠覆了"先史文化"常识：在青森市郊外的"三内丸山遗址"中，考古学者发现，在约6 000年以前，当地已有了果树栽培技术，并已形成数百人规模的"定住集落"。这一重大发现，将此前的"考古学上的常识"彻底打破。

1999年，日本青森县大平山元一号遗址出土了无纹饰陶器，其陶片附着碳化物的碳测校正年代为16 520年前至14 920年前，在国际考古界引起轰动。

但是，当时的土器和严格意义上的绳文土器并不相同。因为许多遗

绳文时代的土器。自左至右：马高式（新潟县）、井户尻式（长野县）、胜坂式（东京都）

---

① 1979年由日本先史考古学会出版的山内清男的论著《日本先史土器的绳文》，对此有系统研究和论述。

址的考古发现显示,虽然根据隆起线土器是从下层出土,而爪形纹土器是从上层出土这一现象判断,两者似乎存在相续性,但是却难以发现两者在土器形态学上的相续性。这一看法同样适用于爪形纹土器和日本东部出土的押压绳文土器和日本西部出土的无纹土器,即难以发现它们具有同一传统特征的发展、演变过程。这说明,当时原始人类的生活具有较大的流动性。考古学的其他发现也证实了这一点。与之形成对比的是,在以关东平原为中心的一些地区发现的距今约1万年的撚线纹系统土器群,以及在日本西南部出土的大致同一时代的押型纹系统土器群,则如名称所示,在图案、形状、制作方法等方面均不相同。尤其值得关注的是,这三个土器群在各自所处的地区至少经历了数百年的历经几个阶段的具有相关性的变化,具有土器形态学上的相续性和关联性。也就是说,在这个时期,日本列岛已经产生具有一定地域性、自身形态具有一定关联性的土器群。这一考古发现表明,当时的原始人类已经从相对不安定的生活方式,向相对安定的生活方式演变,并顺应当地的地域特色休养生息。正是这种变化宣告了绳文文化的确立。

需要指出的是,山内清男等学者对绳文文化的编年体式划分,揭示了土器的发展演变过程。但是编年体式划分,未必能准确反映当时日本列岛上的原始人类的生产方式和生活方式的变化,而绳文时代作为日本的"黎明期",其主要意义或价值就是和以往相比,人类的生产方式和生活方式发生了重要变化。基于这一理由,笔者试以绳文土器的编年研究成果为基础,以关东地区为中心,根据土器形式群的动向,分阶段地阐述绳文时代的"贝冢"这一新生事物,以求窥斑见豹地把握当时生活在列岛上的日本先民生产方式和生活方式的演变。需要说明的是,之所以以关东地区为中心,是因为在整个日本,关东地区南部是发现贝冢最多的地区。日本现今出土的约1 200个贝冢中,约半数集中于关东的东京、千叶、茨城、神奈川、埼玉。绳文时代中期至末期即"贝冢文化"的极盛期,有约70%的贝冢存在于关东地区。

"贝冢"是位于海、湖泊和河流沿岸古代人类居住的遗址。这些遗址因大量古人类食剩抛弃的贝壳而得名。贝壳含有钙质不易腐烂。贝壳种类的变化可以反映古代海岸线和海水温差的变迁,从而反映古人类的自然条件和生活环境,使考古学家等能够据以了解当时的文化变迁。绳文时代以"贝冢"为特征的文化,通称"贝冢文化"。

目前发现的属于"贝冢文化"确立期的遗址,主要有两个:一个是流域长度仅次于信浓川、流域面积最大的河流利根川沿岸的西城遗址,在这一遗址中发掘出了留有绳文时代早期土器的贝冢;另一个是神奈川县夏岛遗址,在这一遗址含有夏岛式土器的贝壳层中,发掘出了精巧的、以鹿角磨制的钓钩,以及鲷鱼、鲈鱼等鱼类的鱼骨。这些出土文物显示,当时那里的捕鱼技术已相当发达。同时,通过对属于这一时期的茨城县花轮台遗址、东京都多摩新城第五十二遗址、横滨市荏田第七遗址等处居住群的考察发现,当时日本列岛的人类不仅已开始了定居生活,而且已经出现集落的萌芽,尽管这种集落规模尚小。20世纪80年代,日本考古学界对大致属同一时期的静冈县若宫遗址进行考察时,发现了45处竖穴居所、59个炉穴、67个土圹。这些文物显示了较大规模集落的存在。

"贝冢文化"在经历了上述确立期后,开始进入上升期,其主要标志是贝壳条痕纹型土器的问世。这种土器是纤维土器,烧制时在胎土(制作土器的黏土)里掺入纤维,并在表面刻有贝壳条痕纹。值得关注的是,以往土器大都是尖底和圆底,而贝壳条痕纹型土器大都是平底。虽然产生这种变化的原因尚未被完全探明,但冈本勇等考古学者认为,这种变化显示,当时的人类已更注重于土器的功能和用途,而非外观,这是一种质的变化。同时,在关东地区发展起来的贝壳条痕纹型土器,又传入中部和东北部地区,推动了日本列岛其他地区绳文文化的发展。除了土器外,当时狩猎和渔捞工具性能的改良和数量的增加,也非常显著。例如,在贝壳条痕纹型土器的代表性遗址之一神奈川县吉井贝冢,发现了用于获取体形大小不同的鱼的鹿角制钓钩20多根,其意义毋庸赘言。

出现上述变化,似与自然环境的变化密切相关。在约6 520年前,气温的上升,导致极地和冰川的冰雪消融并进而导致海面上升,海域沿利根川和荒川沿岸的低地向关东平原扩展,形成了广阔的古东京湾。被称为"海进"的自然环境变化——海面上升,为"贝冢文化"的发展提供了更广阔的舞台,使"贝冢文化"进入发展期。考古发现,不仅这一时期的遗迹数量较之以前明显增多,而且在千叶县幸田遗址、神奈川县南堀遗址、长野县阿久遗址,发现了许多定型的大规模集落群。值得关注的是,在所有绳文土器中,这一时期的土器最富有装饰性:以羽状绳文为代表,土器表面显示出技术复杂、种类繁多的绳文图案。关东地区绳文系统土器群出现的一个重要原因，就是"贝冢文化"随着"海进"向关东北部挺进。另外，考古学者根据这些绳文的特征判断，当地可能吸取了日本东北地区的土器制作手法。

在"贝冢文化"进入极盛期前夕，土器群分布圈的差异更加鲜明。"贝冢文化"的极盛期是土器制作充满原始活力的时期。当时的土器主要有以关东、中部地区为中心的胜坂式形态各异的土器，器面全部有装饰性的隆线纹，不少还有充满立体跃动感的装饰把手。值得关注的是，关东东部地区主要是阿玉台式土器，仅在连接中部地区的关东西部地区，有胜坂式诸形态的土器出土。这一现象说明当时中部地区比东部地区发达。虽然上述土器群已经显示了当时土器制作的工艺水平，但真正迎来"贝冢文化"极盛期的，是在阿玉台式土器和胜坂式土器的"混血儿"出现以后。这种土器在东北南部地区独自发展的大木系土器群的影响下，形成泛关东型土器，它不仅体现了当时土器的制作水平，更重要的是反映了当时人类的生活和交流状态。这些土器群不仅在形态方面明确显示了继承关系，而且传入了近畿地区和东北地区，使产生于关东的绳文土器得以扩散。

在"贝冢文化"极盛期后，分布范围以关东南部为中心，属绳文时代土器群的部分土器，最具有关东地方特色，有着堪称绚丽的形态和图纹。然而，这种绚丽已如"夕阳残照"或"回光返照"。绳文土器问世后，曾作为"贝冢文化"繁荣之象征的马蹄形贝冢，开始销声匿迹。之后，甚至贝冢本身也所剩无几。之所以产生这种变化，也可能和自然环境的变化有关：曾在绳文时代前期达到顶峰的"海进"，此时转为"海退"。曾享受海水抚摸、作为通往资源丰富的渔场入水口的高地，此时变成了绳文人只能望而兴叹的沼泽。至"贝冢文化"开始明显衰退的绳文时代晚期，曾是关东"土著"的绳文系统土器，明显受到了在东北地区达到极盛的龟冈式土器的影响。也是在同一时期，承袭"贝冢文化"衣钵的绳文土器群寿终正寝，尽管"关东化的龟冈式土器"，依然微弱地延续着它的香火。与此同时，属于这一时代的遗迹不仅数量愈益减少，而且规模也呈零星化状态，令考古学界怀疑当时固定的集落是否依然存在。

绳文文化的分布　在上述以"贝冢文化"为中心，对绳文时代的文化进行纵向论述的同时，似有必要对绳文时代的文化在日本各地的发展，再作一番横向扫描。因为日本列岛是自北向南长约2 000公里的弧状列岛,地形的复杂、气候的差异以及与之密切相关的生态环境,对绳文时代各地文化特征的形成和演变,具有重要影响。必须说明的是,考古学界划定的陶器分布圈的大致演变,只是概要反映了绳文时代的文化动态。事实上,绳文时代的人类生活区域,远比考古学界划分的区域范围小,而且各地的生产活动也存在明显差异。我们不能因此认为在考古学范畴内的古人类的生活是一样的。

在长野县八岳山麓遗址出土的遗物中,有锹、锄、草耙、镰刀等用于农耕的打制石器;用于谷物、果实加工的石皿、石磨;疑是用于储藏和酿造的土器;以及作为农耕信仰、祈祷丰收用的土器和表现妇女妊娠和生产的土偶。藤森荣一等考古学者在对这些遗物进行研究后指出,当地在绳文时代,即在水稻栽培最终确定的弥生时代之前,已经存在原始农耕栽培。① 另外,贺川光夫等考古学者也指出,在绳文时代晚期,受中国或朝鲜半岛新石器文化影响,以九州为中心的日本西部,已经产生相当进步的农耕,甚至有水稻种植已经开始的可能。② 在"绳文农耕论"提出后,作为直接证据的十多种栽培植物的遗存,如荞麦、绿豆、桃子、紫苏等也陆续被发现,除此之外还有较难栽培的薯类等根茎植物,以及甘栗、胡桃等半栽培植物,种类相当丰富。虽然作为当今日本人主食的谷物不包含在内,但是各种迹象显示(如九州西北部出土的山寺式土器的表面,特别是底部,留有谷物的压痕),当时日本列岛的人类极有可能已经开始栽培谷物。1966年,在对佐贺县宇木汲田遗址的发掘中,发现了已处于炭化状态的稻谷颗粒,经分析属绳文时代晚期的前半期。更具有信服力的证明是,1978年,考古学家在福冈县板付遗址的下层,发现了属于绳文时代晚期的水田遗迹。③1981年,考古学家在佐贺县菜畑遗址也发现了被推定为绳文时代晚期后半叶、比板付遗址早约100年的水田遗迹。④ 这些经过规整的耕作场所的发现,排除了稻谷有可能是从其他地方运入、偶尔撒落在那里的可能,为绳文晚期水稻耕种已经存在的观点,提供了有力证据。另外,科学

---

① 藤森荣一:《绳纹农耕》,学生社1966年版,第85页。
② 贺川光夫:《农耕的起源》,讲谈社1972年版,第76页。
③ 山崎纯男:《板付遗址调查报告》,福冈市教育委员会1979年发表。
④ 中岛直幸:《菜畑遗址》,载《末庐国》,六兴出版1982年版,第96页。

家对出土花粉的分析,也为此提供了证据。上述一系列证据,使日本考古学界现已无人全面否定"绳文农耕"的存在。尽管农耕在绳文时代究竟占有什么地位,还是个有待进一步研究的课题。

在日本列岛最大的平原——东西和南北均约150公里的关东平原,由于西北为险峻山脉,东南面临太平洋,平原内部由冲积低地和洪积高地两大部分构成。同时,关东平原又处在日本中央,不论是地理位置、自然气候还是生态环境,都属日本列岛东北和西南的缓冲地带,而且可以"左右逢源",吸收两边的新文化。正是这些优越条件,培育了璀璨的"贝冢文化"。同时,处在这样的位置,绳文时代的人类生产和生活方式也自然呈现另外一种景致。考古发现,在直径为数十米至二百多米的贝冢里,留有厚达数十厘米至两米不等的贝壳。通过对这些日积月累堆积起来的贝壳的判断,是否能确定贝类是当时支撑人类饮食生活的主要支柱呢?根据铃木公雄等学者对东京都伊皿子贝冢的抽样资料分析,当地的人类每天从贝类中获取的卡路里,相当于成人所需卡路里的6.7%至8.9%。而且贝类的采集主要集中在春季。因此,当地的人类不可能主要靠采集贝类谋生。①他们的食品,主要是覆盖于广阔的洪积高地的暖温带落叶树林和照叶树林中的坚果类、薯类等植物性食品,其中包括经栽培的植物。同时,由于靠近海边,贝类、鱼类等海鲜,也得以大量采集、食用。这些食品为当地人类生活的安定,提供了保证。

在绳文时代相当长一个时期,东北地方一直是培育独特文化的场所。绳文时代前期,在东北地区全部和北海道局部得以繁荣的,是具有东北地区土器显著特征的、硕大的筒形深钵形圆筒系下层式土器群;绳文时代中期,土器群虽然开始产生分化——东北北部是圆筒系上层式土器群,南部则是大木系土器群,但是二者仍具有共通的"东北"特征。至绳文时代晚期,虽然列岛其他地区的绳文文化显著衰退,但在东北,堪称"绳文文化最后的高扬期"的龟冈文化,却绽放出绚丽夺目的色彩。特别是壶和皿,土坛和一种带腿的食案或高足漆盘,不仅实用,而且以其华丽、洗练、精致,在美学意义上将原始土器推向新的高峰。其中,著名的似戴着墨镜的"遮光器土偶"可谓龟冈文化的代表。同时,这种土偶的存在,说明龟冈文化

---

① 铃木公雄等:《伊皿子贝冢遗址》,东京都港区伊皿子贝冢遗址调查会1981年发表。

兼具有咒术性。不过需要说明的是,绳文时代的咒术不是为了非生产性的祈祷,而是以生产力发展为背景的具有活力的表现。因为在其他地区,土偶也是地域文化高扬期的象征。

早在1964年,山内清男就提出,为东北地区绳文文化的代表龟冈文化提供给养的,是鲑鱼和鳟鱼。①这一观点被称为"龟冈文化＝鲑和鳟文化论"。虽则在石器时代或未开化时代的民族中,以鲑的捕捞和保存为生产中心的例子很多,但龟冈文化时代的人类,是其中最典型的例子。日本居民素有食鱼的传统,当今日本的食鱼量在世界上首屈一指。这一传统的基础是在绳文时代奠定的,而最明确显示绳文时代渔捞技术之发达的,就是在东北地区,特别是在龟冈文化时期。在绳文时代早期,已经出现了精巧的用鹿角和鹿骨制成的钓钩。随着捕捞技术的进步,证明当时已经存在铦(鱼叉),甚至编织渔网用的土梭、石梭也得以发现,并且可能用于共同捕捞的木船,在各地也陆续出土。而各种当时最先进的捕捞工具,均是在龟冈文化时期产生的,并以太平洋沿岸为中心。当然,当时的人们并非仅仅依靠渔业为生。正如其他地区一样,植物采集和狩猎,也是龟冈文化时期的人类获取食物的主要途径。不仅如此,对青森县田子町龟石遗址的花粉分析显示,荞麦等植物的栽培,在当时也可能得到某种程度的发展。②

综上所述,绳文时代的人类在同自然保持和谐的同时,最大限度地利用当地资源,创造出了各具特色的地域文化。

除生产活动外,在社会生活方面,当时的人类则在各地域内部形成了各种集团或共同体。现在,这方面的研究正不断深入。长崎元广1980年发表的《绳纹集落研究的系谱和展望》,对绳文时代集落研究的学术史作了很好的概括。③在这些研究中,以具体把握共同体概貌为目标的研究,主要集中于对绳文时代集落生活和殡葬的研究。事实上,生和死对人类来说也是最基本的问题。考古发现和一系列研究成果显示,绳文时代的人类一开始就居住在半地下式的,具有圆、方、多角等不同形状的竖穴里。这些竖穴的直径或边长一般为四至六米。一个竖穴一般住四五人;根据

---

① 山内清男:《日本原始美术》,载《日本先史时代概说》,讲谈社1964年版,第137页。
② 渡边诚编:《青森县田子町龟石遗址第二、第三次发掘调查概报》,平安博物馆,1975年。
③ 长崎元广:《绳纹集落研究的系谱和展望》,《骏台史学》50号,1980年。

其居住者不同年龄和性别判断,当属类似于今天核心家族的最小社会单位。而作为集落,20世纪80年代发掘出的、属绳文时代早期押型纹系统土器群遗迹的静冈县若宫遗址,在长和宽各为100米和50米的范围内,有45个竖穴遗迹。至绳文时代中后期,一个集落群往往有100个以上竖穴,不少遗址发现的竖穴超过200个。

绳文时代的人,男女平均寿命均仅30岁左右,且自前期至晚期基本没有变化。①死去的绳文人只要非特殊情况,均由其亲友安葬。目前绳文时代初期埋葬死者的墓穴已有发现,形式随时代变迁,但是均比较简朴,一般都是大小刚好够容纳一个成人的浅穴。所处位置一般在集落附近,但也有不少就在作为居所的竖穴的角落里。墓穴内遗体的姿势最初呈曲肢状,后呈伸肢状,并时有生前饰品和用品作为陪葬品。目前发现的绳文时代的墓穴不多,有长野县枥原岩阴遗址、爱媛县上黑岩岩阴遗址等。在绳文文化迎来发展高峰的时期,各地均出现了作为墓标的石块。在绳文时代终期,以日本东部为中心,出现了大规模的墓群。墓群的出现表明,最初祈望死者入土为安的埋葬,经对祖先灵魂的崇拜,发展为对自然的信仰。宗教因素在墓穴中有大量体现。墓穴在绳文时代终期的显著改变,颇具象征性地宣告了绳文时代寿终正寝。

第四节 "弥生"四要素:陶器·铜器·铁器·水稻

在日本国立东京大学工学部10号馆附近,有原水户藩驹达邸遗址。遗址前有一块高1.5米、宽1米的纪念碑。这块名为"向冈纪"的纪念碑,是水户藩第九代藩主德川齐昭题写的名碑,碑文歌颂了日本秀丽的山川和德川氏的功绩。碑文刻有落款日期"文政十一年弥生十日"。"弥生"意为"新生",是日本民间对农历三月的别称。"文政十一年弥生十日"即公元1828年农历三月十日。"弥生"也是地名。东京大学所在地是东京都文京区本乡弥生町。象征弥生时代来临的弥生式陶器,因发现于今天的东京大学工学部10号馆附近而得名。

陶器·铜器·铁器的发现 与"绳文时代"因绳文陶器而得名类似,"弥生时代"也因"弥生陶器"而得名。但"绳文"是陶器的形状,而

---

① 小林和正:《通过出土人骨推断绳文时代人的寿命》,《人口问题研究》102号,1967年。

日本通史（修订本）

"弥生"则是地名，而且"弥生时代"留下的文化遗产，也并不仅仅是陶器。作为"弥生时代"象征的弥生式陶器的发现，纯属偶然。1884年初，考古学者有坂鉊藏踏访了本乡弥生町的向冈，发现了贝冢，在贝冢的贝壳层里发现了一个壶形陶器。有坂鉊藏对当时的情况作了如下记述：

"在现今弥生町的一部分、原来被称为向冈的地方，有一个陆军的手枪射击场……我多次踏访此地"。那射击场的后面有一山丘，"明治十七年初，我就是在那山丘靠近根津市街头的山崖上，发现了贝冢"。"我正在这个遗迹转来转去时，在埋有贝壳层的土堆里，发现一个瓶口探头探脑……由于周边没有任何可用以挖掘的工具，于是我就用手将它刨了出来。当时我心里又惊又喜，将这个瓶子小心翼翼包好后带回了家中，在一段时间里独自赏玩。""明治十七年三月，如前面谈到的，由于坪井君和白井君都是我的挚友，我便对他们说想和他俩一起进行共同研究，并将这一土器交给了坪井君"。①

东京大学工学部旁弥生式陶器发现处

文中提到的"坪井君"，即日本考古学的创始者坪井正五郎。他以壶形土器的"出生地"为其冠名，称之为"弥生式陶（土）器"。弥生式陶器的问世，为弥生时代提供了出生证明，为考古学提供了打开弥生时代之门的钥匙。1975年，在东京大学校园里的原浅野邸地区进行的考古调查，不仅发现了伴有贝冢的弥生时代的沟，还从中发现了和1884年在有坂遗址发现的同一类型的陶器。这一发现为研究弥生时代提供了新的实物资料。

弥生时代始于公元前3世纪，终于公元3世纪，空间跨度南起萨南诸岛，北至东北地区，时空舞台远不及历时数千年、覆盖整个日本列岛的绳文文化。之所以出现这种情况，主要是因为"弥生时代是日本开始以粮食生产为基础进行生活的时代"，即日本列岛自弥生时代正式进入

---

① 有坂鉊藏：《对弥生式土器发现时的回忆》，《古石墓》（『ドルメン』）四卷六号，1935年。

第一章 ● 史前时代

水稻耕作时代,而水稻耕作,对自然环境有基本要求。因此在日本列岛上述地区进入弥生时代后,屋久岛以南包括冲绳诸岛在内的南方各岛,依然处在与弥生文化并行的、以采集经济为基础的固有的"南岛文化"阶段。不过,当时九州和南方诸岛之间,存在着恒常的交流。九州的弥生土器当时已传入南方各岛,而南方诸岛海域盛产的贝类海产品,也被运往九州。在北面,北海道当时亦未享有属于弥生文化一分子的荣光,当地的岛民仍主要依赖采集经济为生。山内清男称当时当地的文化为"续绳文文化"。

虽然和对绳文时代的研究相比,水稻的栽培,铜器、铁器的使用,取代陶器等方面的研究成为学术界的新宠,但陶器作为这一时代的钥匙和象征,不应遭受冷遇。因此,本节的论述仍从陶器开始,何况"弥生时代"原本就是因为陶器的发现而发轫。另外,弥生时代历时五六百年,一般被分为前期、中期、后期。始于公元前3世纪,以板付遗址1式陶器的出土,以及与之同时出土的朝鲜磨制石镞、磨制石剑为标志。终于公元3世纪,即已经定型的前方后圆坟——古坟,登上历史舞台,日本进入"古坟时代"。因此,首先考察陶器,也是历史学的要求。

1896年,蒔田沧次郎发表于《东京人类学会杂志》的论文《关于弥生式土器(与贝冢土器类似的较薄的土器)的发现》一文,使"弥生式土器"一词在学术杂志上首次亮相,并促使日本学术界对弥生式土器进行更深入研究。19世纪末,虽然考古学界对弥生式土器进行了不少研究,并为它取了很多别名,如"中间土器""马拉雅式土器""埴瓮土器"等,但是真正集弥生式陶器研究之大成并为这一研究构建了基本框架的,是森本六尔和小林行雄编集、东京考古学会1938年出版的《弥生式陶器聚成图录》。这一划时代的成果为今日弥生式陶器的研究奠定了基础。

按照形态及相应的年代进行划分,是比较通行的对弥生式陶器的断代划分。这种划分方法,首先在弥生式陶器研究比较领先的两个地区被提出:对弥生式陶器进行编年体研究的

弥生式陶器

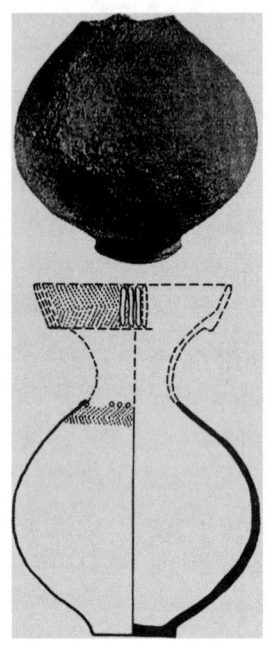

近畿地区,以及将弥生式陶器与亚洲大陆文物和陶器进行比较研究的北九州地区。最初,当地的学者都将弥生式陶器分为三种类型。近畿地区分为远贺川式、栉积式、穗积式,九州地区则分为远贺川式、须玖式、高三潴式。三种类型分别对应于弥生前期、中期、晚期三个发展阶段。之后,随着各地对弥生式陶器发展阶段同各地陶器并行关系的研究的深入,有更多式样的弥生式陶器被认定。目前学者普遍认为,一个地区当有约十种式样。

弥生式陶器研究的基础得以奠定的大正末年至昭和初年,即20世纪二三十年代,日本学者通过多方面研究,从而确定弥生时代同时也是水稻栽培开始的年代。1926年,山内清男根据宫城县桝形(器皿状)贝冢出土的陶器上附着稻谷痕考古发现,于当年在《人类学杂志》第四十卷第五号上,发表了《石器时代亦有稻》一文,引起了学术界对水稻栽培起源的关注。之后,森本六尔于1933年、1934年,先后在《考古学评论》上发表了《日本原始农业》和《日本原始农业新论》,对这一问题进行了概括,将"弥生文化"定义为"产生于原始农业社会的文化",开辟了视弥生时代为初期水稻栽培农业时代的道路。和绳文时代从产生至衰落历经数千年相比,仅历时五六百年的弥生时代的历史,可谓相当短暂。但是,弥生时代在日本列岛进入铁器时代迄今两千数百年的历史中,却占据了约四分之一。依此观之,弥生时代的历史又可谓相当漫长。不管认为弥生时代的历史短暂还是漫长,对以稻米为主食的日本人来说,弥生时代在日本历史上所占有的地位,显然意义极其重大。

继弥生式陶器之后被发现的是铜器。1917年,福冈医科大学教授中山平次郎,在福冈县板付遗址田端地区的弥生陶器的坛子里,发现了一些铜剑、铜矛。根据这一重要发现,他在当年的《考古学杂志》第8卷,发表了一篇论文,题目是《论九州北部先史时代和原始时代两个时代中间期的遗物》。他在这篇论文中不仅明确提出了铜剑、铜矛在弥生时代已经出现的观点,而不是如以前人们所认为的那样,铜剑、铜矛最早产生于古坟时代的观点,而且认为弥生时代是石器时代向金属时代过渡的"中间时代"。

弥生式陶器复原图

第一章 ● 史前时代

和中山平次郎的研究同时受到关注的,是富冈谦藏的汉镜研究。早在江户时代,青柳种信发表了《柳园古器略考》一书,论述了福冈县须玖、三云、井原出土的遗物。富冈谦藏对这些遗物进行研究后得出结论:须玖、三云出土的铜镜,"是(中国)前汉时代,至少是王莽时代以前的遗物","井原村的遗物也是王莽时代前后的物品"。①这一研究提醒人们注意:弥生时代正值中国汉王朝时代。之后,在京都府熊野郡函石浜、福冈县御床松原遗址等七处遗址,发现了八枚王莽执政时期的铜币"货泉"。这一发现使人们进一步注意到弥生时代的日本和汉代中国的交流。②之后,日本有关青铜器的研究日趋活跃,在1935年前后,完成了青铜制武器、铜铎的分类和编年,并大致明确了两者的关联性。总之,根据考古学家和历史学家的研究,作为弥生文化四大要素之一的青铜器的产生,和日本同中国、朝鲜半岛的交流密切相关。森本六尔更是不仅将弥生时代定义为"青铜时代",而且明确主张这一时代的产生,不是日本自石器时代后独立发展的结果,而是在中国文明的强烈影响下逐渐形成的。

青铜镜

与石器(包括陶器即土器)时代、铜器时代、铁器时代相继登上日本列岛历史舞台的顺序相对应,铁器的发现和有关铁器的研究,也是在对陶器和青铜器的研究已经取得丰硕成果之后才开始的。尽管铁器的发现和弥生陶器、青铜器的发现一样,也非常偶然:

1941年,京都帝国大学考古学教研室通过对奈良先唐古遗址的发掘,发现了各种弥生式陶器和木制农具、容器。由于那些木器不仅留有刃器加工的痕迹,而且在推断为弥生前期的鹿角刀的刀柄上,还附有铁锈痕迹,因此开始引起学术界对当时是否存在铁器的疑问。这一疑问在1955年得到解答:这一年,在熊本县斋藤山贝冢属于弥生前期的贝层中,出土

---

① 富冈谦藏:《九州北部的铜剑铜鉾及随弥生陶器出土的古镜的年代》,《考古学杂志》第8卷第9号。
② "货泉"是王莽执政时铸造的钱币。

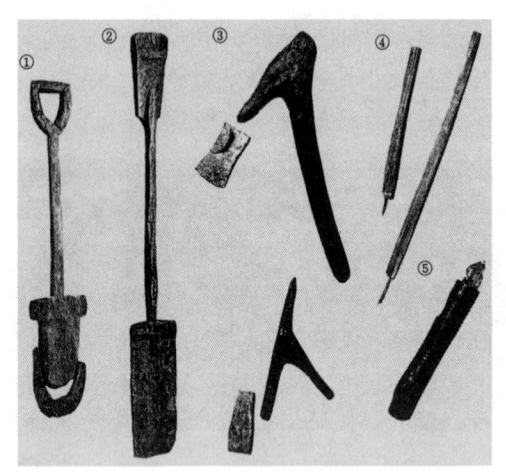

铁制农具

铁器(剑)

了一把铁斧。之后不久,又在长崎县原辻唐原两个遗址,发现了大量属于弥生时代的铁器。这些考古发现使弥生时代基本上已经出现铁器的观点得以确认。[1]

1943年太平洋战争时期,日本人在静冈县静冈市骏河区建设兵工厂时,发现了著名的"登吕遗迹"。1947年,考古学家、人类学家、地质学家等各领域专家,在日本历史上首次进行了综合性发掘,在当地出土了超过8 000平方米的水田遗迹和井、竖穴式居所、高床式仓库的遗迹。此外还发现了农耕、狩猎和捕鱼的木制工具及引火工具、占卜用的骨头,等等。这一遗迹经复原后,现已建成登吕公园,供参观游览。"登吕遗迹"和"弥生遗迹"被认为是弥生文化的两大发现。

日本学术界普遍认为,弥生时代是农耕文化在日本列岛正式确立的时代。水稻的栽培和青铜器、铁器一起作为"三根支柱",支撑起了日本列岛弥生时代这幢古老的文化高楼。因此,我们必须对水稻耕作的起源、发展、普及,作一番扼要的回顾。

水稻的传入 如前文所述,1978年,考古学者在福冈县板付遗址的下层,发现了属于绳文时代晚期的水田遗迹。1981年,考古学者在佐贺县菜畑遗址,发现了被推定为绳文时代晚期后半叶,但比板付遗址早约100年的水田遗迹。也就是说,在九州"上岸"的中国的稻耕农业,在弥生前期即已迅速向日本西部各地普及,使主要以水稻耕种为中心的生活方式,在日本西部落户。之后,掌握了"稻和铁"的人们,陆续向东部推进并改变了当地的生活。进入弥生时代中期后,落户于日本西部平原和盆地的稻耕农业发

---

[1] 冈崎敬:《日本初期铁制品的问题》,《考古学杂志》第42卷第1号。

展迅速。考古显示,这一时期不仅平原和盆地的稻耕农业遗址大量增加,而且这类遗址在内海岛屿和山区也为数甚多。弥生前期呈点状分布的农耕遗址,在弥生时代早期、中期交替时已呈面状扩大。在围绕大阪湾的摄津、河内、和泉等平原地带,属弥生时代前期的稻耕遗址仅有10个。但是进入中期后,其数量增加了七八倍。在奈良盆地,迄今发现的属弥生时代初期的稻耕遗址仅有几个,但是进入弥生时代中期后,已发现的遗址就有约40个。最先开始水稻栽培的北九州地区,情况也一样。在玄界滩沿岸得以确认的数量庞大的瓮棺,显示了当时人口的急剧增加。在属于中间地带的山阴、山阳地区,弥生中期以后的遗址的增加也很显著。如在山阳一侧的吉井川中流的山间地区、冈山县栅原町,属于弥生前期的遗址迄今没有被发现,但是属于弥生中后期的遗址则达到50处。考古学界认为,遗址数的增多和分布范围的扩大,很可能是因为当时出现了分村现象,即随着低湿地的开发、水稻耕作技术的普及,人们集中于一个地区显然难以维持生计,必须迁徙、分散。这是导致从母集落衍生出许多子集落的基本原因。目前经考古发现的淀川北岸大阪安满遗址,以及福冈县下稗田遗址的发现,为这种判断提供了佐证。

在九州北部成型的稻耕农业技术,经过濑户内海、近畿中部到达伊势湾沿岸,向日本东部普及,是弥生文化前期中叶的一大亮点。因为在东海西部的三河地区,至绳文时代末期仍形成了大规模的贝冢。这说明当时以狩猎、捕捞、采集为基础的绳文文化传统仍根深蒂固。但之后随着稻耕农业的传入,当地开始向农耕社会演进,并在弥生时代中期中叶,正式形成了以水稻栽培为主要生产方式的农耕社会。其影响进而达到东北地区北部。青森县垂柳遗址中的水田遗迹,明确显示了这一阶段稻耕文化的波及状况。①

稻耕农业向日本列岛各地扩展和渗透的一个重要结果,就是促使各地方产生了富有特色的地方文化。概观而言,各地的特色主要是:在北九州,以凸带纹为唯一饰纹的陶器(须玖式陶器)得以普及,瓮棺盛行,以及从中国传入列岛的青铜武器、汉式铜镜等成为随葬品;在以近畿为中心的各地区,被称为栉描纹的回转台和陶器表面饰有以栉齿状施文具制作的流丽的饰纹,方形、周边有沟的墓和土圹墓(无区划坑的墓)得以营造;在

---

① 村越洁等:《垂柳遗址发掘调查报告》,青森县教育委员会1982年发表。

晚于日本西部各地进入农耕社会的日本东部地区,绳文时代的风俗仍有留存,如不仅陶器上仍留有传统的绳文,而且遗体白骨化后被放入一个大壶埋葬的再葬法依然流行。当然,在上述各地区内部,传统也各有不同。尤其在近畿各地最为明显。近畿地区在古坟时代后成为日本列岛中枢的基础,就是在弥生时代开始奠定的。①

然而,必须进一步探究的是,上述基础的奠定,依靠的是内因还是外因?即依靠的是列岛居民自身的力量,还是依靠外力的推动?根据考古发现和历史文献记载,笔者可以明确地指出,是内在和外在力量的合力,奠定了这一基础。具体而言,就是传承于绳文时代的文化传统、产生于弥生时代的创新因素,生发于中国和朝鲜的文化因素,合力奠定了这一基础,并不断推动弥生文化发展。

提及对绳文文化要素的传承,首屈一指的当属打制石器。其中在日本列岛各地普遍得以发现的,是石镞。仅在部分地区发现的有石匙(近畿、濑户内海)、石锥(近畿、北九州)、土掘具(山阴、北陆、南信)等。考古学家通过对石质、制作技术、形态等各种因素的分析,肯定了弥生时代的石器和绳文时代的石器的一致性。至于弥生文化自身的创新,则实际上是绳文文化和中国文化联姻后产下的"混血儿",是中国要素和绳文要素"合体"后重新产生的文化。其中既有主要受中国文化影响的产物,如矛、戈、剑等兵器形祭器铜铎;又有在绳文文化的土壤上生长出的弥生文化自身的果实,如似用作盾的装饰器的巴形铜器;也有绳文文化和中国文化联姻产下的"混血儿",如铜制手镯。需要强调的是,在代表最古老的弥生文化——板付式石器文物中,有朝鲜式磨制石镞,石制庖丁、三种磨制石斧、穴枪、打制石镞、打制刃器、打制石枪。

弥生文化能取代绳文文化并不断发展,列岛本身的文化力量作为一种惯性,其作用不可否认,但来自中国的外来文化力量的推动所起的作用同样不可否认,而在各种外来的文化力量中,首屈一指的,当属水稻耕作。

关于亚洲水稻栽培源于何处,有多种观点,但较有说服力的是源自印度阿萨姆邦、中国云南高地,然后传至东南亚北部的观点。这一观点得到

---

① 田边昭三、佐原真:《弥生文化的发展和地域性(近畿)》,载《日本的考古学》第 3 卷,考古学研究会 1967 年版。

第一章 ● 史前时代

了长年研究水稻耕作史的渡部忠世和探讨水稻遗传和变异多样性的中川原捷洋两位专家的有力支持。

关于日本列岛水稻耕作从何时何处传入,一般认为在公元前1 000年左右,由三条路径传入:一是从华南、华中经海路传入;二是经西南海路传入;三是从陆路(今河北、辽宁)或海路(今山东)经朝鲜半岛南部传入。即有从长江下游分别直接传入朝鲜半岛南部和日本列岛的所谓"东进直接传入说";以及从长江下游经华中、山东半岛一带传入朝鲜半岛西南部并在那里发展成熟后,进一步传入日本列岛的所谓"东进间接传入说"两种观点。现经考古发现,日本水稻耕作技术传自朝鲜半岛的可能性最大。因为在绳文时代末期,朝鲜半岛的稻耕社会和九州北部的绳文晚期社会之间,已经有了直接的接触。这种接触对长期以来一直靠获取自然野生植物为生的日本列岛居民的生活方式,产生了革命性影响。也就是说,灌溉技术和水田耕作,以及大量磨制石器的传入,帮助日本列岛的居民开始建立起一种新的经济体系。根据对北九州出土的、属弥生初期的文物判断,可以认为朝鲜半岛南部对当地从原始自然经济向农耕社会转型,产生了决定性影响。而在这一转型过程中扮演了主导性角色的,是来自朝鲜半岛南部的"渡来人"。一些学者,如春成秀尔认为,直接导致弥生文化形成的契机,就是当时朝鲜南部的居民大批移居北九州,特别是移居玄海滩沿岸。他的观点不无考古学依据:福冈县板付遗址和有田遗址上的大规模集落,以及在玄海滩丘陵地带的福冈县金川遗址上的集落,均是弥生时代初期形成的集落。这些集落上的住所的形态,以及在这些集落中发现的铜镞、铜凿、磨制石凿、勾玉等,几乎是朝鲜半岛南部同类集落和物品的翻版,这些集落很可能是"渡来人"的生产和生活场所。[①]西谷正也在1982年和1983年多次撰文指出,这些"渡来人"的故乡很可能是朝鲜半岛洛东江下游的金海平原。和这种多少具有推测性的观点相比,体质人类学家金关丈夫的研究显然更有说服力。他以当时显然不同的亚洲大陆、朝鲜半岛、日本列岛的居民身高为基准,以出土的人的遗骨为依据,通过对分别属于不同时代的人的身高的判断,

---

① 春成秀尔:《弥生时代是如何形成的?》,《考古学研究》第77号,1973年;福冈县宗像郡津屋崎町教育委员会:《今川遗址——福冈县宗像郡津屋崎町今川所在遗址的调查》,同町教育委员会,1982年。

证实了大批来自朝鲜的"高身材种族"移民的存在,以及"混血儿"的存在。①永井昌文、内藤芳笃、铃木尚也通过类似研究,分别发表了《探寻日本人的祖先》《弥生时代人骨》《日本人的祖先》等论文,为金关丈夫的观点提供了支持。事实上,弥生时代朝鲜半岛和日本列岛许多物品的相近,许多技术的相通,许多思想和习俗的相似,足以显示当时日本列岛和朝鲜半岛存在着密切的文化交流。尤其值得关注的是,考古发现,当时日本列岛和朝鲜半岛在诸多方面相当一致,如多纽细纹镜、凸面镜、细形铜戈、铜矛、铁剑、铁制工具、铜镟(一种锅)、铜纽扣、有柄式磨制石剑、磨制石镞、陶器等物品和制作技术;以及各种农耕礼仪、骨占卜术、支石墓(以石块作为墓标)、厚葬、用矢随葬等众多文化习俗。由于所有这些物品、制作技术和习俗在不断受中国影响的朝鲜半岛的形成,均早于日本列岛,因此谁受谁影响,当不言自明。

中国对弥生文化的影响,显然更无可否认。事实上,上述关于日本列岛水稻耕作起源的观点,均认为源于中国的水稻耕作技术直接或间接地影响了日本。不仅如此,经考古发现,构筑弥生文化支柱的铜器和铁器,也显然受到中国的影响。如汉代的铜制腕轮、汉代的环头铁刀。东京大学考古学权威江上波夫指出,从绳文时代到弥生时代的转变,是突发性的、质的飞跃。创造弥生文化的并不是日本列岛上的原住民,而是当时已经掌握高度发达的水稻耕作技术的外来民族。这个带来先进技术的外来民族,从根本上来说,就是中国人。因此,"弥生文化来自中国",是日本学界的共识。

金属器物的产生,是使弥生时代有别于以往时代的真正开端。以水稻栽培为基础的农耕经济的发达,以及由此产生的剩余成果和剩余劳动,则是使弥生时代真正走向末路的关键。因为这一关键为人剥削人的劳动及其成果提供了物质基础。弥生时代因此开始产生阶级社会的萌芽。和绳文时代末期一样,这一萌芽首先反映于墓葬和祭祀。因为一个社会的结构、传统、习惯,往往首先反映于人的埋葬方式,即墓和墓地的结构。随着稻耕农业的发达而形成的农耕共同体的首长与亲属的坟墓,以及作为地域整合体的大首长之墓的突出、显赫,明确显示了当时已经产生阶级社

---

① 金关丈夫:《人种的问题》,载杉原庄介编《日本考古学讲座》第4卷,河出书房1955年版;金关丈夫:《日本民族的起源》,法政大学出版局1976年版,第93页。

会的萌芽。虽然在受中国文化影响最大的北九州、奠定了稻耕农业坚实基础的近畿中心地区、受中国影响较少的关东地区,墓和墓地的结构存在显然的差异,但其传递的社会文化信息却是同一的,即日本行将进入下一个时代。

作者点评:

本章通过对诸多日本考古学家和史学家考古发现和研究成果的汇总,将"日本"和"日本人"的形成,在地球史和人类史的历史坐标中定位。本章侧重于对日本列岛的形成、日本人形成的"神话"和"史实"的对比分析,侧重于对日本史前时代人类的生产和生活等问题的论述,侧重于对"研究史"或"学术史"的梳理和介绍。毋庸置疑,通过各种科学手段在没有确切文字记载的史前时代"寻找自己的祖先",人类还处在跋涉途中,还无法得出最终结论。人类如此,作为人类一员的日本人同样如此。然而,这项功课必须要做。"问渠那得清如许?为有源头活水来。"只有探明"源头",日本人才能借鉴镌刻在希腊德尔斐神庙中的那句话:"认识你自己。"

第二章 大和时代

第一节 倭·邪马台·古坟

学界主流意见认为,大和时代指大和政权定都大和地区的公元250年至538年。这一时代存在很多独具特征的古坟,因此也称古坟时代。之后是以奈良县的飞鸟(奈良县高市郡的藤原京)①为都城至710年迁都平城京的飞鸟时代。但也有学者认为,应将大和时代下延至710年,即公元250—710年均属于大和时代。本书采纳后一种观点。因为"大和"是地名,当时的统治者虽屡次迁都,但其范围始终没有脱离"大和"地区,而且如此划分和后面分别以都城命名的"奈良时代""平安时代"能更好衔接。但必须说明的是,大和时代的象征是古坟,因此大和时代也称古坟时代,而飞鸟时代的象征是"佛教三宝"即佛、法、僧,两者有显著的区别。

  史籍中的"倭"和"日本" "倭"是日本的旧称。汉代刘歆整理并呈献汉哀帝的《山海经》中的《海内北经》,已有关于"倭"的记载:"盖国在钜南,倭北。倭属燕。"这是关于"倭"最初的文字记载。《论语》称,倭是"九夷之一"。中国官修的"前四史"即《史记》《汉书》《后汉书》《三国志》,均有关于"倭"的记载。司马迁的《史记》关于"倭"的记述,在"徐福东渡"中就有涉及。班固的《汉书·地理志》有"乐浪海中有倭人,分为百余国,以岁时来献见云"的记载。由于公元前108年,汉武帝在朝鲜

---

① 括号内为今大致位置,并不与古址完全重合。

第二章 大和时代

设立了四个郡：乐浪、临屯、玄菟、真番，因此，中国对倭和倭人的情况有了进一步了解。

"乐浪海中有倭人，分为百余国。"这句话说明，当时列岛上并没有叫"日本"的国家。那么，"日本"这一国号是什么时候开始出现的呢？《日本书纪》大化元年（645年）条有"日本天皇诏旨"一句。有学者认为，这是"日本"的首次出现。但《日本书纪》的有些内容实在离谱，根本无法确信。例如，称神武天皇活了127岁，怎么可能？也有学者认为，大和政权681年编纂的《飞鸟净御原（律）令》，才正式开始以"日本"为国号。"日本"作为国号正式对外使用，则是在702年日本使者向唐朝武则天递交的国书。2004年在中国西安发现的遣唐使井真成的墓志铭，刻于唐玄宗开元二十二年（734年）。墓志铭称井真成的祖国"国号日本"。这说明"日本"这个国号，至迟在8世纪初已经被大唐王朝正式接受。唐贞元二十年（804年）九月十二日，唐朝颁发给日本入唐求法僧、后成为日本天台宗创建者最澄的"过书"（通行证），证明他是"日本国求法僧最澄"。这说明"日本"国号肯定出现在这以前。但是，"日本"国号究竟何时出现，迄今仍无定论。

分为百余国的"倭人"，究竟什么时候开始称他们的国家为"日本"？唐朝的张守节在723年撰写的《史记正义》里写道："倭国，武皇后改称日本。"据《日本书纪私记》记载，承平六年（936年）某日，参议纪淑光和一个博士有一段关于"日本"国名由来的对话："参议（纪淑光）问云：'倭国在大唐东，虽见日出之方，今在此国见之，日不出于城中，而犹云日出国欤？'博士答云：'然则唐朝以在日出之方，号云日本国，东夷之极，因得此号欤。'"①

因认为"日本"国号系由中国命名，在江户时代后期，日本出现了一些对"日本"这一国号"非常厌恶"的国家神道家。例如，会津藩国家神道的狂热鼓吹者佐藤忠满提出："心安理得地接受'日本'这一唐人称呼吾等国家的国号并用以和唐朝交往，实在令人非常厌恶。"②

1943年，日本建设社出版了井乃香术撰写的《日本国号论》。在皇国史观盛行的历史背景下，《日本国号论》的出版受到极大关注。战后，这一

---

① 黑板胜美主编：《日本书纪私记·释日本纪·日本逸史》，吉川弘文馆1965年版，第75页。
② 网野善彦：《何为日本》，讲谈社2001年版，第92页。

问题仍得到日本学者持续关注。1993年出版的坂田隆《日本的国号》一书,列举了13种关于"日本"国号由来的观点。1997年吉田孝的《日本的诞生》一书提出,所以定国号为"日本",是以太阳神信仰,以及明确意识到日本西面亚洲大陆存在帝国为背景的。按照他的观点,认为"日本"国号由中国所起,与史实不符。日本著名史学家网野善彦也持同样观点。他在《何为日本》一书中写道:"毫无疑问,日本的国号按照字面理解,既非特定的地名,也非王朝创始者的人名,而是指这个国家在东方,并且将观察的视点置于中国。我们可以从日本这一国名中看到,大和统治者一方面强烈意识到中华大帝国的存在,另一方面则试图作为一个小帝国与它抗衡。"①著名古代史家林屋辰三郎也持同样观点,他这样写道:"由飞鸟的圣德太子提出的日出之国的构想,堪称'日本'诞生的前提。因为这一构想使人们认为'日本'这一国号诞生于受普遍且理性的佛法,以及统一且规范的律令支撑的'法'的感觉。"②

但是,按照中国史籍记载,不是中国改"倭"为"日本",而是日本自己嫌弃"倭"这个名称不好听而改为"日本"。例如,《旧唐书》(《隋书》)是这样记载的:"日本国者,倭国之别种也,以其国在右边,故以日本为名;或曰倭国自恶其名不雅,改为日本。"在《旧唐书》中,"倭国"和"日本"两种称呼都有。《新唐书》不再称"倭国"而只称"日本"。中国自《宋史》开始,不再有《倭人传》或《倭国传》,只有《日本传》。《宋史·日本传》有关于"倭"为何改为"日本"的说明:"日本国者,本倭奴国也,自以其国近日所出,故以日本为名。或云恶其旧名,改之也。"

值得注意的是,当时在涉及异国和异国人的文书中,多称"日本"或"日本人"。例如,《今昔物语集》中的"日本",即相对于"唐""天竺"。"日本"国号也用于"彼岸世界"。《今昔物语集》第十一卷记述,某僧死后复活称,他在阴间的"阎浮提日本国"嫉妒行基(奈良时代的高僧),遭到阎罗王严词怒叱;第十六卷记述,某男因拯救了一条被捉的小蛇,被蛇带入龙宫,受到龙王赞誉,称"日本人心善良,实属难得",并将"金饼"装入一个箱子赐予该男子。《平安遗文·金石文编》收录了一些埋于土中、用以奉献佛主和流传后世的经筒。许多经筒的铭文也都刻有"日

---

① 网野善彦:《何为日本》,讲谈社2001年版,第92页。
② 林屋辰三郎:《古代的环境》,岩波书店1988年版,第216页。

本"国号。①德岛县大山寺的经筒铭文大治元年(1126年)十月十二日条,记有"南浮提日本国阿洲于大山寺"。表达意愿、祈求获得神佛护佑的"愿文",也称"日本"。例如,兵库县极乐寺落款日期为天养元年(1144年)六月二十九日的"愿文",书有"南瞻部洲大日本帝国播州极乐寺别当大法寺禅慧";文永二年(1265年)九月四日大和国西大寺光明真言会"愿文",书有"南部洲大日本国西大寺卧云沙门叡尊"。

虽然"日本"国号在大和政权问世后出现,但"和州""和国""和朝"等名号,依然与之并存和延用。例如,《吾妻镜》建久三年(1192年)十月三十日条,有武者所宗亲试图从燃烧着的家里取出风筝而烧掉胡须后称,"唐国大宗之须施赐药之仁,和朝宗亲之须显惜弦之志"一句。

邪马台的历史 邪马台是众多由倭人组成的国家之一。"大和"既是政权(250—538年)的名称(因定都于大和地区而得名),也是"大和"国的国名。但"邪马台"和"大和"是什么关系?是"同义词",还是大和兼并或消灭了邪马台而成为列岛中央政权?目前这个问题仍没有明确答案。按日本史籍《古语拾遗》所述,"上古之时,没有文字"。因此,关于"邪马台"的历史,我们只能通过中国史籍进行了解和叙述。

范晔的《后汉书·东夷列传·倭》有关于东汉光武帝刘秀赐倭奴国王金印的记载:"建武中元二年(57年),倭奴国奉贡朝贺,使人自称大夫。倭国之极南界也,光武赐以印绶。"天明四年(1784年)二月二十三日,在博多湾志贺岛上,农民甚兵卫发现了一枚金印,发现过程在三月送交那珂郡役所的"口上书"(不签字的备忘录)中有明确记载:

志贺岛叶崎农民甚兵卫在水渠修缮过程中,发现了一块需要两个人才能搬动的大石头,用金属杠棒撬起石头后,他发现了一个闪闪发亮的东西——一枚刻有"汉倭奴国王"五个字的蛇纽金印。甚兵卫随即将这枚金印交给了当时的藩校(武士子弟学校)"甘棠馆"馆长龟井南冥。龟井南冥认为,这枚金印应该就是《后汉书·东夷列传》里记载的、光武帝赐予倭女王的"印绶"。于是,金印被立即送交福冈藩的藩库收藏。另有一说是,这枚金印随后经郡宰津田原次郎而交到福冈藩主黑田手里,并成为黑田家

---

① "经筒"系用以放置经典埋入经家以流传后世用的筒,材质多为青铜、金铜、铁、陶、石,形状多为圆形、六角形、八角形,筒的周边所刻埋经的宗旨即为经筒铭。

的收藏品。①今天,这枚金印收藏于福冈市九州国立博物馆。不过,被发现的金印是真品还是有人刻意伪造的赝品,学界存在争议。

陈寿在《三国志·魏书·乌丸鲜卑东夷传·倭人条》(通称《魏志·倭人传》)中写道:"倭人在带方东南大海之中,依山岛为国邑。旧百余国,汉时有朝见者,今使译所通三十国。从郡至倭,循海岸水行,历韩国,乍南乍东,到其北岸狗邪韩国,七千余里,始度一海,千余里至对马国。"

关于"倭人"的饮食喜好、婚丧嫁娶、风俗民情、惩戒规定,《魏志·倭人传》亦有描述:

> 倭地温暖,冬夏食生菜,皆徒跣。有屋室,父母兄弟卧息异处,以朱丹涂其身体,如中国用粉也。食饮用笾豆,手食。其死,有棺无椁,封土作冢。

> 始死停丧十余日,当时不食肉,丧主哭泣,他人就歌舞饮酒。已葬,举家诣水中澡浴,以如练沐。其行来渡海诣中国,恒使一人,不梳头,不去虮虱,衣服垢污,不食肉,不近妇人,如丧人,名之为持衰。若行者吉善,共顾其生口财物。若有疾病,遭暴害,便欲杀之,谓其持衰不谨。

最初分为百余国的倭的政治状况,经历了一个发展变化的过程。早在弥生时代晚期,受中国文化影响而发展起来的伊都国,公元前后在汉王朝的扶持下,和奴国一起发展成了部落国家。2世纪初,在后汉王朝的庇佑下,伊都国登上了倭国盟主的宝座并在较长时期保持了盟主地位。1965年,在三云遗址群西北1.2公里的平原遗址的国王墓穴的随葬品中,发掘出了约40面已几呈粉状的镜子,以及玛瑙制管玉、玻璃制耳珰(耳饰)、勾玉、小玉。通过这些随葬品,考古学家有理由判断,伊都国最后一位躺在这种墓穴中的,是一位女性祭司王。之后,邪马台国崛起并成为30多个倭人国家的盟主。邪马台国对这些小国收取租赋,享有一定统治权。最初,邪马台的国王是男性,由于在公元2世纪发生了一场内乱,所以一位叫"卑弥呼"的女性被拥立,另有其兄弟襄助其治理国家:

> 其国本亦以男子为王,住七八十年,倭国乱,相攻伐历年,乃共立

---

① 武光诚:《邪马台国和大和朝廷》,平凡社2004年版,第25页。

一女子为王,名曰卑弥呼,事鬼道能惑众,年已长大,无夫婿,有男弟佐治国。自为王以来,少有见者,以婢千人自侍,唯有男子一人给饮食,传辞出入。居处宫室楼观,城栅严设,常有人持兵守卫。女王国东渡海千余里,复有国,皆倭种。

据《魏志·倭人传》记载,公元248年左右卑弥呼死后,国内一度陷入动乱:

卑弥呼以死,大作冢,径百余步,殉葬者奴婢百余人。更立男王,国中不服,更相诛杀,当时杀千余人。复立卑弥呼宗女壹与,年十三为王,国中遂定。

也就是说,卑弥呼去世后,该国又立一男性国王。但很多人不服,起而造反。无奈,只能再立卑弥呼之女壹与为王,内乱才逐渐平息。①

如何认识卑弥呼这位倭人政治首领,长期存在争议。《日本书纪》的作者舍人亲王认为,卑弥呼就是神功皇后。江户时代,本居宣长、新井白石等大儒,对此提出疑问。他们似乎难以容忍皇室的祖先居然是女性。明治、大正、昭和时期的一些知识分子也关注这一问题并进行了大量研究。他们试图通过文献记载的考证,复原古代日本的真实形象,纠正《古事记》和《日本书纪》记述中的虚妄和错误。但是值得注意的是,一方面卑弥呼仿佛"君临天下",俨然是个政治事主。另一方面卑弥呼"事鬼道,能惑众",仿佛像个萨满教女巫,而亦政亦教,政教合一,恰是"二战"前日本叙史的显著特点。

关于邪马台国和中国的关系,目前有史可查的是公元238年,卑弥呼曾派遣使者难升米谒见魏帝曹睿。魏帝曹睿赐予卑弥呼刻有"亲魏倭王"的紫绶金印一枚,还赐予包括百枚铜镜在内的礼物。"在3世纪,不仅是邪马台国,而且包括1世纪到2世纪的倭奴国和伊都国也一样,不得不和中国保持外交关系最主要的原因,不仅是武器、生产工具、象征权力物这些作为国王不可或缺的东西,本国生产不了,而且还需要不断获取新技术和材料。也就是说,对于倭内部的各国国王来说,和中国、朝鲜交往,是他

---

① 陈寿的《魏志·倭人传》写作"壹与",而唐代姚思廉编纂的《梁书·诸夷传》和唐代李延寿编纂的《北史·东夷传》均写作"台与"。由于这三本书均引用魏代鱼豢编纂的《魏略》的记载,而《魏略》已经佚失,究竟哪种说法准确,已不可考。

们在日本列岛内能否各自维持自己地位的决定性因素。就卑弥呼而言，接受魏的册封，臣属魏，接受魏的文物，对于其强化对倭各国的统治力，与南方不臣服于邪马台国的狗奴国抗衡，是有利的。各国从卑弥呼处获得镜子，不仅意味与邪马台联合及对卑弥呼的从属，而且也是维护自身的权力所必须的。"①

但是，邪马台国究竟在何处？是在畿内即奈良县中部的大和盆地，还是在九州地区？早在18世纪的江户时代，日本学者已经开始了这场争论。当时日本的著名学者新井白石和本居宣长，对《魏志·倭人传》进行了细致的研究。新井白石认为邪马台国在畿内，本居宣长则认为，邪马台国在九州。1910年，京都大学教授内藤湖南在《卑弥呼考》一文中提出了"畿内说"。同年，东京大学教授白鸟库吉在《倭女王卑弥呼考》一文中提出了"九州说"。20世纪20年代，京都大学教授喜田贞吉发表了《汉籍中所见的倭人纪事的解释》，折中了双方的意见，并使"畿内说"和"九州说"这场被称为"东大和京大之争"的学术争论，暂告结束。

坂本太郎的《日本史》支持"九州说"。日本古代史权威井上光贞也强调："根据《魏志》地理记载，邪马台国当然位于北九州，考古学也证实在弥生时代后期，北九州处在同近畿地区不同的文化圈内。因此，将邪马台联合体视为北九州政治统合体的假说，似更加合理。"②

1989年，北九州佐贺县神埼町吉野里遗址的发现，也为"九州说"提供了有力支持。当年2月23日，《朝日新闻》以《邪马台国时代的"国家"》《佐贺县吉野里、最大规模的环濠集落发掘》等醒目标题，对此做了报道。1998年1月10日，日本考古学者在奈良县天理市黑冢古坟又发现了34面镜子。奈良大学校长、考古学家水野正好在《读卖新闻》上撰文指出，"三角缘神兽镜是卑弥呼受赐于中国皇帝并搜集的镜子"。"邪马台国在什么地方，已清晰可见"。这一发现又为"畿内说"注入了活力。但是，不少专家认为，"仅仅以关于三角缘神兽镜的看法为依据展开邪马台国争论，似很难得出正确的结论"。主张"畿内说"的学者指出，据《魏志·倭人传》记载，卑弥呼从魏国获得了很多镜子，而中国三国时期的

---

① 鬼头清明：《六世纪前的日本列岛——倭国的成立》，载《岩波讲座·日本通史·古代》第1卷，岩波书店1993年版，第42页。
② 井上光贞、永原庆二、儿玉幸多、大久保利谦编：《日本历史大系》第1卷《原始·古代》，山川出版社1984年版，第199页。

第二章 ● 大和时代

镜子,仅在畿内被发掘出土。另外,卑弥呼死时筑了百余步的冢。那冢显然属于高冢式古坟,而高冢式古坟存在于畿内。但是,主张"九州说"的学者认为,镜子存在传世和移动的可能。镜子在中国制成后,未必马上输入列岛,而且未经传世和移动,即被葬入古坟。现在伴随古坟出土的三国时期的镜子,被推断为公元239年以后的物品。中国三国时期的镜子,很可能是后来被葬入冢中的。如果将镜子传世、移动的因素考虑在内并综合其他因素,则古坟的发生,当在3世纪后半叶4世纪初。换言之,在邪马台国存在的年代,日本尚未见那种古坟。因此,邪马台国究竟在何处,迄今依然没有定论。

古坟时代石棺

魏被晋灭亡后,卑弥呼的女儿壹与继续和中国保持联系并多次遣使。但是,自泰始初年(265年)后,在中国史籍中双方的交往中断了近150年。《晋书》记载:"泰始二年(266年)十一月乙卯,倭人来献方物。"之后,在《晋书》义熙九年(413年)才又见记载:"是岁,倭国及西南夷献铜头大饰及方物。"两国交往何以长期中断? 林屋辰三郎在论述了当时中国动乱的政治形势后指出:"由于中国当时存在这种政局,因此使魏晋以来一直是中国和倭交涉对象的洛阳,被完全卷入了战争旋涡。再则,前此倭使前往洛阳一直经由朝鲜半岛,而倭本身在这一期间因侵略朝鲜而堵塞了这条路。"[①]

3世纪末至4世纪中,随着中国王朝势力衰退,东亚的政治地图开始发生明显变化。在朝鲜半岛,高句丽日益向南方扩展势力范围,百济统一了马韩诸国,新罗统一了辰韩诸国。在这一时期,倭保持着和朝鲜半岛的交往,其主要证据,就是坐镇于奈良县天理市布留的石上神宫和石上的七枝刀。石上神宫系《日本书纪》中的"振神宫",原本和大神神社一样没有本殿(按:现在的本殿1911年动工、1912年建成)。神宫以瑞垣围起的禁足地信仰迄今仍有保持。经考古发掘,石上的禁足地出土了大量宝物,如

---

① 林屋辰三郎:《古代的环境》,岩波书店1988年版,第50页。

各种玉器、金铜镶、环头大刀柄头、琴柱形石制品等。据推断,该处自4世纪后半叶很可能是一个作为祭司场所的圣域。在各种宝物中,尤其珍贵的是国宝"七枝刀"。这把刀长74.9厘米(刀身65厘米),刀身两侧刻有金象嵌铭文六十余字。对此铭文中的字,明治后学者即有多种解读。1981年,学者通过高倍显微镜及X线摄影,辨认出有"泰和四年五月十六日"字样。一般认为,此"泰和四年"(369年)当为东晋年号。关于宝刀来历,有认为系百济呈献倭王的"献上说"和认为系倭王下赐给百济的"下赐说",两者可谓旗鼓相当。"但不管采用何种论说,七枝刀在考察古代日朝关系史方面,均堪称不可轻视的传世品。"①

1971年,位于奈良的橿原考古学研究所,开始着手发掘位于奈良盆地东南隅三轮山西南方一个高坡上的遗址。这里的行政区划属于奈良县樱井市。经过20多年发掘,有了许多重要发现:遗址为总面积约238平方米的高床式结构,有一壮观建筑物。考古学家、兵库县立考古博物馆馆长石野博信认为,"这应该是卑弥呼的坟墓"。根据"放射性碳14检测法"②对墓穴中物品的检测发现,该坟墓很可能建于公元前250年前后,与卑弥呼的死亡年代基本相符。高度疑似《古事记》和《日本书纪》记载的第十代天皇崇神天皇的瑞垣宫、第十一代天皇垂仁天皇的珠城宫、第十二代天皇景行天皇的日代宫遗址,均在其周围。

日本国宝
七枝刀

这一发现被主张邪马台国"畿内说"的学者,提供了依据。但这并不能说明邪马台政权就是大和政权,两者是延续而不是迭代关系。有些学者主张,邪马台国很可能在畿内,后来"神武天皇"将其击败,建立了大和政权。这种说法在逻辑上是成立的,而且似乎更接近史实。

作为时代标志的古坟 "古坟"对于判定邪马台国之所以具有重要意义,主要是因为具有特定造型的"古坟"被视为时代的标志。从3世纪末

---

① 朝尾直宏等:《要说日本史》,东京创元社2000年版,第35页。
② 碳14是碳的三同位素之一,放射性半衰期达5 730年。活着的生物因为有新陈代谢,体内的碳14含量保持不变。生物死亡后,体内碳14会按照固有的半衰期5 730年的衰变速度,逐步减少。

到4世纪末约100年间,以大和为中心、在近畿和濑户内海等地区,出现了前方后圆形坟墓。之后,这种坟墓逐渐扩展到从九州北部到东北南部的日本列岛大部分地域。最早的古坟,有京都府椿井大冢山古坟、兵库县吉岛古坟、冈山县汤迫车冢古坟、山口县竹岛古坟、福冈县石冢山古坟、大分县赤冢古坟,等等。自5世纪后半叶,除了大型的前方后圆坟以外,中小古坟也有明显增加,尤其是圆形的"群集坟"开始登上历史舞台,并在6世纪后期达到高峰,现身于列岛各地的山间岛屿。进入7世纪后,古坟生机勃勃的气势陡然衰颓,至日本开始建立律令制的7世纪,古坟的营造基本结束。象征一个时代的古坟不断向各地扩展,不仅清晰地显示了日本的生产力发展水平,而且显示豪强势力以畿内为中心,逐步建立了统一国家。即在列岛各地,整合了附近的共同体并确立起强大而稳固统治权的地方首领,均附属于以大和为中心的畿内首长联合体即大和政权,形成古代日本国家母体的过程。

所谓"古坟",原本的含义是"用土高高堆起的古墓"。但是在日本,"古坟"特指高冢坟墓。由于高冢坟墓在3世纪后半叶至7世纪,即约400年的时间里遍布全国。因此,这一时期在日本学术界被称为"古坟时代"。古坟时代大致被划分为三个时期,即前期、中期、后期。前期以镜子、碧玉制腕饰等咒术、宗教色彩较强的随葬品,以及狭长的竖穴式石室和黏土椁等为特征,跨越年代为4世纪前后,是古坟文化的形成期。中期的特征是前方后圆坟的规模达到顶端;将铁器、石制仿造品以及新增添的源自中国的马具作为随葬品;炫耀权力的古坟祭祀的礼仪化得以推进。跨越年代大致是整个5世纪,是古坟文化的发展期。后期以横穴式石室、须惠器、马具的普及、群集坟的发展等为特征,表现出对中国文化的全面吸收和咒术、宗教要素的淡化;古坟开始变质并踏上从衰退至消亡的不归路。后期的时间跨度为六七世纪。

以高冢古坟为象征的古坟之所以能代表一个时代,是因为在该时代初期,高冢古坟都建于鸟瞰平地的山丘或山尾上,显示出一种威压四方的气势。而这,显然是炫耀身份的重要手段。虽则古代的达官显贵往往通过建筑金碧辉煌的宫殿和寺院炫耀自身的权力,但对于古坟时代的豪族来说,进入那个阶段还要等待几百年。除了政治上的象征意义外,这些古坟还显示出充分反映当时生产技术水平的特征:

第一,古坟无论是坟丘的规模还是地形的选择,不仅显示出与一般坟墓不同的风格，而且显示出在营造时经过很好的规划设计。前方后圆坟自出现时，就有长达数十米至二百数十米不等的坟丘。将圆丘和方丘联结起来的大坟丘，无论平面还是立体均具有几何学轮廓，形态整然。整个坟丘的表面均堆有葺石。可以认为，当时的人们在营造这些坟丘时，都进行了很好的规划和计划，并采用了统一的尺度和测量方法。

第二，虽然遗骸以各种方式被收入棺中，但埋葬设施的结构相当复杂，即在营造时首先自坟顶处掘出一个很大的方形土圹，在土圹底部铺上砾、黏土，将宽5米长7米的硕大的木棺安放在里面，然后用石板构筑的竖穴式石室将木棺围起，用厚厚的黏土覆盖其顶部，最后将棺木埋葬。这种特殊的埋葬设施，作为同前方后圆坟的坟丘一体化的内部结构而被定型。

第三，墓葬中有大量中国制的镜子、铁制武器、生产用具、铜镞、玉等成套的随葬品。需要强调的是，分布于濑户内海地区和山阴、北陆等地，承袭了方形周沟墓和方形台状墓传统的坟丘墓，虽然在一定程度上显示出坟丘的发达，但几乎没有随葬品。与之相反，在九州北部弥生时代的瓮棺墓中，虽然有大量中国制的镜子、金属武器、玉器等随葬品，但却看不到坟丘的发达。也就是说巨大的坟丘、复杂的内部结构、定型的成套随葬品整齐划一的组合，是宣告新时代来临的新的墓葬制度的标志。

尤其值得关注的是，在古坟的随葬品中，有许多三角缘神兽镜的同范镜（按：即用相同的模子铸造的镜子）。根据镜子的分布状况判断，似由畿内的首长统一配发。通过这些墓的主人和畿内首长存在这种授受宝器的亲密关系，可以推断出他们之间的依附或从属关系。畿内，特别是大和盆地的前方后圆坟，相比其他地区更早显示出显赫规模。由此不难判断，当时以畿内豪族势力为中心的政治联合体已经形成。因为仅仅为安葬一个人而营造，并以大量贵重器物随葬的巨大的古坟，既是弥生时代最后的栖身之处，同时也是凌驾于共同体其他成员之上、握有权威的首长的摇篮，它无声地宣告一个时代的降临。

营造一个大则全长二百数十米，小则数十米，一般全长百米至四五十米的庞大的古坟，需要动员和组织大量劳动力。能做到这一点本身就是地位和权力的象征。事实上根据考古发现，很多古坟所在的区域，以后基本上就是一个郡或一个郡的二分之一或三分之一——一般均以一个水系的上、中、下游为中心，即显示了古坟的主人生前拥有的"势力范围"。这些古坟是渐次营造的，因此先后营造的座座古坟同时也显示了政治权力

第二章 ● 大和时代

的代代传承。

在前方后圆坟中,镜子、铁制利器、玉等成套的随葬品,与其说是墓主生前的财物,毋宁说是显示其权力、具有强烈咒术和宗教色彩的宝物。同时,这些宝物是我们了解墓主身份的重要线索。如铁刀、铁剑、铁镞、铜镞等各种武器,在成套的随葬品中占据中间很大位置,说明墓主生前曾是一位军事首领。在古坟时代,墓主往往既是军事统帅者,也是共同体生产的指导和组织者。因此,在随葬品中也有许多铁制农具、工具。在古坟时代前半期,铁制农具和工具始终占有重要位置,并在5世纪表现得最为明显。而掌握铁制生产用具的供应源并集中管理、动员和组织,包括治水、灌溉在内的生产活动,也是当时墓主的一大权力。除了掌握政治、军事、经济方面的世俗权力外,当时的部落首领同时也是作为该部落最高司祭的宗教权威,并在生前和身后以此姿态君临共同体。在被认为用于祭祀的、位于玄海滩孤岛冲岛上的海神宗像神的遗址,考古学者发掘出了与以镜子为中心的古坟的随葬品种类一致的大量奉献品。依此判断,当时的人们显然将去世的首领作为部落的守护神供奉。特别考虑到作为重要随葬品的大量镜子,是由作为共同体司祭的部落首领管理的神圣祭器,因此首领本身从祭祀者转变为护佑部落安宁的被祭祀者,也就成了题中应有之义。

日本古坟出土的铠甲

最后探寻一下古坟文化的传播。以畿内、濑户内海沿海区域为中心的西日本古坟分布圈,自4世纪后半叶至5世纪初,迅速向东西两个方向扩展,西至九州北部和中部,东至东北地方南部。毫无疑问,在扩展过程中,不仅古坟的外观发生了变化,特别是以圆筒埴轮为主的定型化埴轮的大量出现,以及台形、壶形、盖形、楯形的出现;而且古坟的内容——随葬品,也随之发生变化。其中最值得关注的,是中国文化因素的影响。在古坟时代初期,作为随葬品的镜子,均是中国制的所谓"舶载镜",最初日本制的所谓"国产镜",也只不过是对中国制的三角缘神兽镜的忠实模仿。

至古坟时代中期,"在随葬品中尤其值得关注的,是马具、金铜制金属制品等中国要素的出现。在随葬品中显示出的中国要素,在4世纪后半叶的古坟中,已经可以看到其先驱者,如奈良县新山古坟出土的金属制龙文透雕带马具则最初发现于誉田山古坟的陪冢丸山古坟、石津丘古坟(履中陵)的陪冢七观古坟等,在坟丘规模最大化时期的大王陵周边"①。同时毋庸置疑的是,在5世纪前半叶至中叶,在王权主导下,通过吸收中国的先进技术及人员,列岛的劳动生产率和武器生产水平得到了划时代的提高。日本列岛居民骑马的习俗不仅传自中国,而且是当时受中国文化影响的典型事例。事实上,当时确实有大批专门负责养马以及传授骑马技术的"马饲部",以及专门从事马具制作的"鞍作部"的技术人员赴日。而马具的普及,则是古坟时代后期的一大特征。

第二节 "神话时代的天皇"与大和政权

天皇的冠冕

"天皇"原是中国神话传说中的三皇之一,《史记·补三皇本纪》有:"天地初立,有天皇氏,十二头,澹泊无所施为,而俗自化。"《史记·秦始皇本纪》有"天皇、地皇、泰皇(指人皇)"。唐朝司马贞《三皇本纪》中的三皇之一,就是"天皇"。另据《唐会要》记载,唐高宗在天元元年(670年)改皇帝为"天皇",改皇后为"天后"。那么,在日本,"天皇"最初是什么时候出现的呢?中国很多著述和历史教科书写道,公元606年,推古天皇致隋炀帝的国书中"东天皇敬禀西皇帝"一句,是"天皇"一词的首次出现。但事实上,天皇何时初现日本,迄今仍存争议,并无定论。

天皇诞生的神话 虽然迄今仍未彻底弄清神武天皇的真实身份,甚至有徐福就是神武天皇的说法。但是在《古事记》和《日本书纪》中,关于"天

---

① 井上光贞、永原庆二、儿玉幸多、大久保利谦编:《日本历史大系》第1卷《原始·古代》,山川出版社1984年版,第247页。

第二章 ● 大和时代

皇"的由来,却记述得相当清晰。前文第一章第一节写道,第七代神伊奘诺尊和伊奘冉尊生出了"大八洲","洗"出了天照大神等三姐弟。同样按照"记纪"的记载,初代天皇神武天皇就是天照大神的后裔:

　　天照大神在高天原生活得很幸福,子孙满堂。一天,她把孙子琼琼杵尊叫到跟前,让他前往"大八洲",并给了他"三件神器"作为统治"大八洲"的权力象征:一柄天丛云剑、一块八坂琼勾玉、一面八咫镜。对此,《日本书纪》有如下记载:"丰苇原中国是吾子孙可王之地也。""是时天照大神手持宝镜念咒曰:'视此宝镜当犹视吾,可与同床共殿以为斋镜',添上八尺琼之曲玉和天丛云剑赐授,以作天玺。"这便是后来作为天皇权力象征的"三件神器"的由来。据说天丛云剑现存于名古屋的热田神宫,八咫镜现存于伊势神宫,八坂琼勾玉现存于皇居。三件神器是权力的象征。承继这"三件神器"就是"践祚"。"践"意为"登","祚"意为"皇位"。这一仪式迄今仍得以举行。

　　天孙琼琼杵尊从天上降到日向的高千穗峰后,在笠纱的海角遇到一位灵动娇俏、温婉美丽的女孩。天孙问她叫什么名字,回答说叫木花开耶姬。天孙对她一见钟情,便去向她的父亲大山津见神求婚。大山津见神对天孙也很中意,当即就答应了这门亲事。不久,木花开耶姬怀孕了。不知何故,天孙居然疑心那不是他的后代。木花开耶姬向天孙发誓,只有天孙之子才能够安然降临。于是,天孙让她钻进了一个没有窗的大殿。当木花开耶姬临产时,天孙在大殿里点上了火。火势正旺时,木花开耶姬生下了老大,随后又生下了老二和老三。天孙分别给他们取名火降芹命、火明命和彦火火出见尊。老大老二擅长出海捕鱼,又称海幸,彦火火出见尊擅长上山狩猎,又称山幸。一天,弟兄出去打鱼。不料,山幸将哥哥的钓钩弄丢了。哥哥很生气,命令山幸必须将钓钩找回来。弟弟不知如何是好,坐在海边哭泣。有个老翁见山幸那么伤心,给了他一条竹船,让他去海神宫找。山幸划着竹船到达海神宫。为了探寻钓钩究竟在哪里,他爬上了一棵桂花树。这时,正好有位侍女模样的姑

作为天皇权力象征的三件神器:天丛云剑、八坂琼勾玉、八咫镜(此为仿照物,原件未展示)

传说中山幸和丰玉姬结缘处(长崎龙宫神社)

娘出来提水。山幸见到姑娘,便向她要水喝。女孩便将玉壶递给了山幸。但是,山幸没有喝水,而是取下脖子上的一块玉含在口中,吐进了玉壶。女孩回到海神宫,将玉壶给了她的女主人丰玉姬,并将刚才发生的事告诉了她,说那个小伙子长得英气逼人。丰玉姬很是好奇,便外出见了山幸,而且一见倾心,便回海神宫将此事禀告了她的父亲海神。海神差属下将山幸唤入宫中,见山幸是神的后裔,便将女儿许配给了他。在海神宫住了一段时间后,山幸回国了。过了一段时间,丰玉姬前去找他,对他说:"妾已有孕,天孙之胤岂可产于海中?故当产时,必就居处。如为我造屋于海边,是所望也。"山幸当然答应,在海边建了一个产房。产房建好了,丰玉姬在进入产房生产时对山幸说,"愿勿见妾",即要求丈夫山幸不得偷窥,更不准走进产房。山幸答应了。但是,山幸实在熬不住好奇心的驱使,偷偷看了一眼。令他极为震惊的是,他发现妻子丰玉姬竟然变成了一条大鳄,情不自禁地叫了一声:"啊!"刚刚生下孩子的丰玉姬听到叫声走出了产房。她对丈夫不信守承诺,非常愤怒,但也无奈。

孩子生下来了,山幸给他取名不合尊。这时,首先要做的事就是帮不合尊挑选奶妈。因为按照习俗,母亲不能喂养自己的孩子。[①]于是,丰玉姬便让她的妹妹玉依姬哺养。后来,丰玉姬回到了海神宫,而玉依姬则留在那里。不合尊后来同他的阿姨兼奶妈、长他约15岁的玉依姬结了婚,生下了4个儿子。其中第四个儿子叫神日本盘余彦尊。盘余彦尊长大后从九州岛出发东征,统一了各个小国,建立了大和朝廷,成为日本第一代天皇:神武天皇。他即位这一天是日本旧历,换算成公历是公元前

---

① 如后面所述,甚至连大正天皇嘉仁自小也不是由他母亲养育,即与此习俗有关。

660年2月11日,这一天便成为日本纪元的开始。1873年(明治六年),明治政府废除农历改行公历,将2月11日这一天定为纪元节。1948年纪元节被废除。1966年,纪元节被改为"建国纪念日",成为日本的国定假日。但是,神武肇国真的可信吗?按照《古事记》记载,神武天皇享年137岁,按照《日本书纪》的记载,神武天皇享年127岁,这显然是不可信的。

实际上,早在20世纪30年代,著名史学家津田左右吉就对《古事记》和《日本书纪》所记述的天皇系谱提出疑问。他指出,首先,从第一代神武天皇至第十四代仲哀天皇,仅记有天皇尊号。这是因为在被用作"记纪"之材料的《帝纪》中,未记有实名即讳名。事实上,从第二代天皇绥靖天皇至第九代天皇开化天皇,"记纪"均只提其尊号,未记其事,因此被日本史学界称为"欠史八代"。那八代天皇是否真实存在,或者是子虚乌有?难免令人生疑。其次,前十四代天皇的所谓"尊号",其实仅是一些称号,同6世纪后自第二十七代天皇至第四十四代天皇各有实在的、与之对应的尊号(如第二十七代天皇的尊号是"安闲",第四十四代天皇的尊号是"元正")相比,前十四代天皇缺乏固有性。再次,自第十五代天皇应神天皇至第二十六代天皇继体天皇,均将其皇子时的名字用作天皇的名字并表记,这显然更接近于《帝纪》的原型。在6世纪中叶已经成书的《原帝纪》中的记述,仅是一种不可信的传说。最后,考察天皇系谱可见,在第十四代天皇仲哀天皇之前,王位的继承是子承父位,这和第十五代天皇应神天皇身后屡有兄终弟及的情况相比不相吻合。因为,父子相承的原则在7世纪后半叶之前尚未形成。父子直系传承王位,萌芽于继体天皇时的"大兄制",确立于天智天皇的"不改常典"即"以此为规定"。①

津田左右吉对"记纪"中与史实不符之记载的批驳,倡导了一种关于大和政权起源的理论——"应神王朝论"。按照他的考证和分析,大和政权的真正创建者是270年至310年在位的应神天皇即第十五代天皇,主要理由如下:②

第一,在历代天皇中,唯第一代神武天皇、第十代崇神天皇、第十五

---

① 津田左右吉:《神代史的研究》《〈古事记〉及〈日本书纪〉的研究》,岩波书店1924年版;白鸟库吉:《日本上代史研究》,岩波书店1930年版。
② 津田左右吉:《神代史的研究》《〈古事记〉及〈日本书纪〉的研究》,岩波书店1924年版;白鸟库吉:《日本上代史研究》,岩波书店1930年版。

应神天皇,在谥号中附有神名,体现了皇主神天照大神的神格。其中神武天皇和崇神天皇虽被视为国家的创立者,但应神天皇的事迹具有理想化和人格化色彩,以此观之,属于现实社会的大和王权当始于应神。所谓"应神",意为天照大神的"应身"。应神天皇是在世俗社会现实、具体地体现神格的最初的天皇。

第二,磐余、矶城等遗址规模庞大的前方后圆形古坟的存在,表明在应神天皇之前,大和地区也曾存在王朝,而颠覆旧王朝建立新王朝的,就是以难波(今大阪)为根据地的应神天皇。

应神天皇是不是大和政权的真正创建者?对此,有必要根据"记纪"及《大和志》等相关史籍中的记述,概述此前的历代天皇。由于自第二代绥靖天皇至第九代开化天皇,属于"欠史八代",因此我们从第十代崇神天皇开始了解。实际上,日本早就有学者提出,"欠史八代"天皇及之前"始驭天下之天皇"的神武天皇,都是虚构的,这么做主要是为了使日本的历史显得更加悠久。日本真正的初代天皇是崇神天皇。这种说法主要是依据由东京大学教授江上波夫首倡的"骑马民族征服说",即崇神天皇属于骑马民族,在北九州创建了大和政权。根据《大和志》记载,崇神天皇是开化天皇的儿子,皇居在矶城瑞篱宫,即奈良县樱井市金屋附近。崇神天皇为了讨伐北陆、东海、西海、丹波,派遣了"四道将军"。在位第七年,为了占卜,他将80万神召集到了神浅茅原,其中有第七代天皇孝灵天皇的女儿倭迹迹日百袭姬。这位皇女帮崇神天皇平定了武埴安彦的谋反。而她就是《魏志·倭人传》中的卑弥呼。这么说的理由是《日本书纪》称,这位皇女造了很多陵墓,而《魏志·倭人传》中也有卑弥呼造陵墓的记载。《古事记》称,崇神天皇168岁驾崩,《日本书纪》称崇神天皇120岁驾崩。因为当时曾疫病流行,田地荒废,天皇专心致志崇拜天神祛除疫病,所以获汉风谥号"崇神"。

崇神天皇驾崩后,翌年皇太子即位,号垂仁天皇。垂仁天皇是第十一代天皇,即位后立狭穗姬为皇后,生下了誉津别皇子,并将皇居迁往缠向珠成宫,即奈良县樱井市穴师附近。孰料,皇后狭穗姬和她的兄长——垂仁天皇的表兄狭穗彦合谋篡位。垂仁天皇在梦中获知这个阴谋后,举兵讨伐,放火将皇后兄妹烧死。之后,垂仁天皇立丹波道主的女儿日叶酢媛为皇后,生下了后被立为太子的五十琼敷入皇子。天皇在位99年驾崩后,太子即位,号景行天皇。

第二章 大和时代

　　第十二代天皇景行天皇即位后,皇居迁到了向日代宫,即奈良县樱井市穴师。景行天皇立了两位皇后,一位是播磨稻日大郎姬,生下了日本武尊;另一位是八坂入媛,生下了稚足彦即以后的成务天皇。景行天皇还娶了很多妃子,共有80个皇子皇女。景行天皇本人曾远征九州,并在各国建立了屯仓和田部。但是在"记纪"的记述中,当时最主要的角色是皇子日本武尊。武尊东征西伐,帮父皇景行天皇确立了对全国的统治。景行天皇的时代,几乎就是武尊"打天下"的时代。但是,武尊在参拜伊势神宫时哀叹,父皇让他东征西伐,无异于不想让他活。确实,武尊在征伐中多次遭遇大蛇、野猪等,命悬一线。他死后,由于怨灵作祟,多次天灾降临。景行天皇在位60年驾崩,《古事记》称享年137岁,《日本书纪》称享年106岁。

　　景行天皇驾崩后,翌年四皇子稚足彦即位,号成务天皇。这位第十三代天皇和他父皇相比,史籍中记载的政绩甚少,只说他立了苏我氏的始祖武内宿祢为大臣,设置了国造、县主(稻置),划定了国与国之间的界线,并将都城迁往志贺高穴穗宫,即滋贺县大津市坂本穴太町附近。成务天皇和他父亲一样,也是在位60年后大行。依此推算,景行天皇享年121岁。

　　成务天皇驾崩后,由于他没有儿子,他的侄子即日本武尊和垂仁天皇的女儿两道入姬的儿子足仲彦即位,号仲哀天皇。按照《日本书纪》的记载,第十四代天皇仲哀天皇的皇后长足姬,就是以后的神功皇后。再说日本武尊去世后,灵魂化为天鹅。为了悼念父亲,仲哀天皇敕令在武尊陵墓旁的池子里饲养天鹅,同时要求各国晋献天鹅。即位第二年二月,仲哀天皇在敦贺建造了笥饭宫,将皇居迁到了那里,并在淡路设置了屯仓。三月,仲哀天皇行幸南海道,除了熊袭,各国均纷纷纳贡。于是,仲哀天皇决定讨伐张狂的熊袭。他派人前往敦贺,让皇后长足姬前往穴门与自己会合。但后来天皇认为熊袭的土地荒芜,占领了也没有多大意义,遂决定攻占富庶的新罗。但是,他没有遵循神的旨意,令神愤怒,不久驾崩,享年52岁。天皇驾崩后,皇后对群臣说,讨伐新罗是神的旨意,如果违背神的旨意,国将不保。当时皇后已身怀六甲。亲征新罗前,皇后坐在一块石头上祈愿,凯旋时就在此处生产。进入朝鲜半岛后,在天神地祇的护佑下,皇后率领的军队所向披靡,新罗很快举旗投降,称臣纳贡。从新罗凯旋后,皇后在筑紫生下了誉田别皇子,即后来的应神天皇,然后带着儿子返回大和,沿途遭遇诸王叛乱,所幸武内宿祢等非常勇武,很快平定叛乱。三年后,神功皇后立誉田别皇子为太子,并在摄政69年后驾崩,享年逾百岁。

《古事记》和《日本书纪》作为历代天皇的"功劳簿",关于"神话时代的天皇"的记述,未必属实。根据考古发现和文献资料记载的互相印证,自第十五代天皇应神天皇以后的历史,相对比较可信。因此,称大和政权真正的创建者是应神天皇,似乎不无道理。

"天皇"号的由来 早在元永元年(1118年)即平安时代就已有人提出,作为君主号的"天皇"初现日本,是在推古朝。按照这种说法,则当时圣德太子取"天子"和"皇帝"字首,创制了"天皇"号。公元606年(日本推古十六年、隋大业二年)日本推古天皇致隋炀帝的国书中,就有"东天皇敬禀西皇帝"一句。也就是说,按照这种观点,至少在7世纪初,"天皇"名号已经出现。但是,在第二次世界大战后,日本学者谷川道雄的《隋唐帝国形成史论》和角林文雄的《论日本古代的君主称号》,对此说提出了疑问。他们认为,当时"日本"君主自称"天王",而别国则称之为"倭王",上述国书中的"天皇",很可能是"天王"。由于原文佚失,故史实已不可考。另外,《雄略纪》引注《百济新撰》,有一处写为"天皇",其他几处均为"天王"。因此推古朝时"天皇"号是否已经出现,并不明了。迄今为止,"天皇"号何时出现,日本学术界主要有始于推古天皇、持统天皇、天智天皇三种说法。也有学者指出,日本正式采用"天皇"称号,是天武天皇在位的公元681年颁布《飞鸟净御原(律)令》时,但未被采信。

1998年,奈良县飞鸟池工房遗址出土了一枚写有"天皇"字样的木简。同时出土的木简写有"丁丑年十二月三野国刀支评次米"。"丁丑年"是天武六年(677年);"三野国"即"美浓国"(岐阜县南部),"次"是郡国,"次米"是郡国奉献用于"新尝祭"的贡米。这是"天皇"号至迟在7世纪中叶已经出现的实物证明。总之,上述4位天皇均生卒于7世纪。无论采用哪种说法,"天皇"号在7世纪已经出现,当无疑义。

虽然"天皇"称号在7世纪的日本已经出现,但在以后的日本古籍中,"天皇""人帝""人王"的称呼经常并用。例如,《金刚峰寺杂文》记载,宽弘四年(1007年)十月十一日的金刚峰寺解案中称"当日本卅二主钦明天皇即位十七年",《石清水八幡宫文书》记载,永承元年(1046年)河内守源赖信在告文中称,"本朝大日本国人帝第十六代治武皇";宝治元年(1247

年)八月十八日,《西大寺爱染明王像胎内瑜伽瑜祇经》中的《叙尊愿文》称,"日本国人王八十九代"。

虽然"天皇"称号屡见于中国正史,但是因顾忌"天子"的存在,"天皇"这一称号不用以致东亚各国的正式外交文书。唯一的例外,是致渤海国的外交文书。按照吉田孝在《日本的诞生》中的分析,之所以如此,是因为日本天皇不愿接受大唐帝国的册封。同样,天皇之所以无姓,也是因为不愿接受册封的天皇试图超越中国"姓氏"制度,而且"赐姓"是自上而下的行为,天皇"至高无上",无人能给天皇赐姓,所以无姓。

中国的"天皇"既有作为君主的政治含义,更有作为神的宗教含义,但日本采用"天皇"号的主要理由,是后者。按照日本著名史学家津田左右吉的观点,在前近代,天皇基本上不是政治权力的实际掌握者,天皇具有"神性"的思想是通过古人的实际生活培育起来的一种"国民精神"。东京大学教授西岛定生在《皇帝支配的成立》中提出,至迟在汉代以后,中国君主名号的功能已出现分化:在祭祀天神地祇和致函南蛮北狄西戎东夷时,是"天子",在号令王侯和臣民时则是"皇帝"。在隋唐时,更有"八印玺制"。三个"皇帝"印玺用于颁发国内文书,而五个"天子"印玺则用于致蕃国的文书。但是在日本,"天子"和"皇帝"自古就是"合二为一"的"天皇"。无论何种场合,天皇均使用三寸见方的"天皇御玺"。现在关于何以称"天皇",有几种说法,较有代表性的说法是根据自然法则,认为"天皇"名号源于"天子面南"思想,即视位于天空北面恒定的北极星为"天"的"皇帝"。

大和政权的形成 有学者从社会发展,特别是生产力发展的角度对大和政权究竟何时形成做了分析。例如,井上光贞指出:"纪元前3或2世纪至纪元后3世纪的日本,阶级尚未正式分化,是初期农耕社会。按照《魏志·倭人传》的记述,在邪马台国九州论者看来,当时日本尚未出现统一国家。即使退一步采取大和论者的立场,在2世纪末倭国大乱之前,也绝不可能已经由大和朝廷建立了统一国家,而使用汉字记录更是在4世纪末即应神天皇以后。所以,'记纪'的有关记述,即在此一千多年前的公元前7世纪,第一代天皇神武天皇东征并即位建立大和,显然不可能是信史。"[1]也有学者认为,4世纪初的第十代天皇崇神天皇当是真正的大和

---

[1] 井上光贞:《古代史研究的世界》,吉川弘文馆1975年版,第138—139页。

政权的缔造者,在他之前的神武天皇和之后的八代天皇即"欠史八代",均属子虚乌有。近年更有学者认为,"记纪"中对作为大和统治者的第十代天皇崇神天皇政绩的记述,比较可信。例如,对男女分别课以不同额度的租税;向北陆、东海、西海、丹波派遣四道将军以扩充统治范围,均属信史。此外,大和朝廷先已崇奉的大神神社及大倭神社(现称大和神社)中明确表记的祭祀,也始自崇神天皇。①

除此之外,还有许多广受关注的论说,其中主要有:

一、"九州王朝东迁说"。该论说的主要倡导者水野祐在《增订日本古代王朝史论序说》中提出,应神天皇很可能是当时在九州和邪马台国对立的"狗奴国"的后代,东迁后在畿内的大和建立了新的政权。②

二、"骑马民族征服说"。由日本著名史学家江上波夫竭力主张的这一论说提出,大和政权是由亚洲北方的骑马民族南下,在征服了高句丽、百济和任那之后,以之为据点越过大海,凭借其强大的武力使倭臣服,并在日本列岛上建立的史无前例的征服王朝。也就是说,游牧民族征服农耕民族建立王朝的模式,对倭也同样适用。

三、"河内王朝入侵说"。和上述论说类似,即认为大和政权是由于河内地区豪强势力侵入畿内,建立起的大和政权。这种说法及其影响相对而言不具有代表性。

不难发现,上述论说均认为大和政权系由外来者通过征服而建立,并曾获得不少拥趸。但是自20世纪80年代,这些论说开始受到有力反驳。例如,平野邦雄指出:"首先,如果'九州王朝东迁说'能够成立的话,那么毫无疑问它当属征服王朝。然而事实上'邪马台国东迁说''狗奴国东迁说''应神九州诞生说',以及'骑马民族征服说',不仅完全没有统一性,更重要的是,通过对'记纪'的批判而一度被否定的'神武东征说'和'应神九州诞生说',在未获得任何新的证据支持的情况下得以复活。这无疑意味着学术的倒退。其次,就'河内王朝入侵说'而言,大和同河内、摄津原本是一个地方,大和政治势力如果不能抑制作为其门户的河内、摄津,那么大和政权是不可能成立的。事实上,这两个地区在以后的'大和朝廷'时期,即使在作为天皇、贵族统治根基的畿内,也是最重要的地区。因此,来

---

① 武光诚:《邪马台国和大和朝廷》,平凡社2004年版,第231页。
② 水野祐:《增订日本古代王朝史论序说》,小宫山书店1954年版,第53页。

第二章 大和时代

自河内的外来势力侵入并征服大和,似不太可能。"①

尽管有些史实仍"云遮雾障",但有一点是清晰的,即"大和政权"出现于3世纪末4世纪初的畿内即奈良,而且不再像邪马台那样,被原始部落酋长般的统治者统治,而是由掌握强大权力的王者统治。王死后,也不像邪马台国那样即刻发生内乱,而是依靠已稳固建立的体制,由新的王者执掌政权继续统治。所有这些均表明,当时畿内地区已进入阶级社会。

近年的考古发现不仅为探究大和政权形成的时间,而且为探究大和政权发祥的空间,提供了重要参考资料。一些专家根据考古发现提出,公元200年左右,大和朝廷在位于奈良盆地东南隅的缠向,新建了古代都市。那时的当朝者约在公元220年去世,葬于缠向的石冢古坟。由于缠向遗址和冈山县吉备遗址类似的遗物很多,因此大和朝廷很有可能是从吉备迁入的集团建立的。大约在公元260年至270年,大和朝廷的势力急剧扩大,箸墓古坟就是为创建这一伟业的大和朝廷领袖建造的。安葬王族成员的黑冢古坟、安葬朝廷属下物部氏的西殿冢古坟,也基本上在同时期建造。凡此事实,为大和朝廷究竟起于何时,提供了重要思路。尤其是在缠向遗址中的发现,更具有启发性。

以大王为中心建立的大和政权,最初和北九州、出云、吉备等地的政权一样,也是地方政权。在统一了全国之后,其统治区域西起九州、东至关东,成为"中央政权"。

概括而言,大和政权成为中央政府,主要经历了以下过程:

公元4世纪初,即继弥生时代以后,日本列岛开始进入"古坟时代"。"古坟时代"之所以又称大和时代,就是因为以大和地区为根据地、以大王氏为中心的豪族集团,不断扩张,最终成为凌驾于北九州势力、出云势力、濑户内海地区势力的王权势力。

4世纪中叶,与百济缔结了军事同盟的"大和国家联军"入侵朝鲜,击败了"新罗国",占领了半岛南部的"任那"。公元391年,"大和国家联军"继征服百济国、新罗国后,与高句丽进行了战争。结果,"高句丽军大胜、大和国联军败退"。约在这一世纪,日本古代国家的轮廓开始显现。这一史实被镌刻于"广开土王碑"。广开土王碑又称"好太王碑"。因为高句丽

---

① 井上光贞、永原庆二、儿玉幸多、大久保利谦编:《日本历史大系》第1卷《原始·古代》,山川出版社1984年版,第275页。

广开土王的正式谥号为"国冈上广开土地好太王"或"国冈上广开土境平安好太王"。好太王于永乐元年(392年)即位(王陵碑上永乐元年为391年)。他采取了阻止百济南下并不断扩张领土的政策。他的后任长寿王,于丁卯即公元427年迁都平壤,并自冠"永乐大王"。长寿王即位后,在甲寅即公元414年为了歌颂先王业绩,立该碑。现诸多史家经考证认为,其中不乏不实之处。井上光贞、永原庆二、儿玉幸多、大久保利谦编《日本历史大系》第1卷《原始·古代》第284—286页"广开土王陵碑"一节,有详细考证。

广开土王碑

广开土王碑碑文

广开土王碑现立于中国吉林省集安市太王乡境内,高6.34米,在角砾凝灰岩梯形四角柱石碑的四面碑文上,共刻有1 800多字(一说1 700多字)。需要强调的是,"倭寇"一词,就是在广开土王碑上首次出现的。碑文中被称为"辛丑年条"一节,记述了其与日本的关系:

百残新罗旧是属民,由来朝贡。而倭,以辛丑年来,渡海破百残□□新罗,以为臣民。以六年丙申,王躬率水军讨伐残国。

第二章 ● 大和时代

公元5世纪是实现全国性政治统治、确立倭王权的所谓"倭五王"时期。①根据"乐浪海上有倭人，分为百余国"的记载可知，在日本列岛，"国"古已有之。但是，那时候的"国"类似于部落。虽然圣德太子在7世纪初颁布的"宪法十七条"中也有"国司"，但那和律令制下的"国司"意味迥异，一如当年的"宪法"和现在的宪法有云泥之别。

第三节 "倭五王"和"部民制"

如前所述，初代天皇神武天皇到第十四代仲哀天皇，属于"神话时代的天皇"。《古事记》和《日本书纪》的相关记载，大都不能作为信史。自第十五代应神天皇起，即进入"古代的天皇"时代后，包括"记纪"在内的记载相对比较可信。本节主要介绍属于"古代的天皇"的前十五代天皇，即第十五代应神天皇到第二十九代钦明天皇的主要生平，以及在此期间形成的日本"身份世袭制"的肇始——部民制。

倭五王时代 第十五代天皇应神天皇是"古代天皇时代"的肇始。应神天皇是第十四代天皇仲哀天皇的第四个皇子，是神功皇后唯一的儿子，据称于仲哀天皇九年(200年)出生于筑紫(福冈)的蚊田。由于当年神功皇后身怀六甲亲征朝鲜半岛，因此应神天皇也被称为"胎中天皇"。神功皇后摄政三年后，当时仅3岁的"胎中天皇"被立为太子。直至神功皇后摄政69年后去世，应神天皇才于翌年登基，并将皇居迁往轻岛丰明宫(奈良县橿原市大轻町)。应神天皇在位期间，很多"渡来人"从中国来到日本，中国很多文化技术也随之进入

传说中的王仁墓

日本，极大地推动了日本社会的文明进步，特别是农地耕作技术的进步，铁制农具和兵器的普及。百济五经博士王仁携《论语》和《千字文》进入日本，也是在应神天皇在位时期，标志儒教正式传入。

---

① 关于"倭五王"，本书后面有详细论述。

应神天皇的皇后是品陀真若王的女儿仲姬。其妃子众多,因此子女也多,《古事记》说有 26 个,而《日本书纪》说有 20 个。应神天皇在位 40 年某日,将皇后生的儿子大鹪鹩皇子和妃子、皇后的姐姐高城入姬生的儿子大山守皇子叫到跟前问,是大的孩子可爱还是小的孩子可爱?大山守皇子说是大的孩子可爱。大鹪鹩皇子说是小的孩子可爱。这个回答符合天皇的心意。因为,天皇想立菟道稚郎子为太子。于是,他让大山守皇子去大山里管理林野(让他守大山也算是实至名归)。翌年,应神天皇驾崩。据《古事记》记载,享年 130 岁,这显然不足为信。也有说是 110 岁,也似乎不太可信。但应神天皇长寿,不必存疑。

应神天皇大行后,菟道稚郎子和大鹪鹩皇子互相谦让,均不肯即位,一时传为美谈。据《日本书纪》记载,大鹪鹩皇子容姿端丽,心胸豁达。菟道稚郎子认为,君主如天,万民如地。君主只有德才兼备,方能俯视万民,哥哥大鹪鹩皇子各方面都比自己强,理应即位。但大鹪鹩皇子强调,让菟道稚郎子即位是父皇的心愿,不可违背。皇位为此空缺 3 年。后因菟道稚郎子去世,大鹪鹩皇子方才登基,号仁德天皇。对此,《古事记》和《日本书纪》记载不一。《古事记》称,由于菟道稚郎子夭折,大鹪鹩只能即位。《日本书纪》则称,菟道稚郎子为了让大鹪鹩即位而自杀。接到菟道稚郎子的噩耗,大鹪鹩皇子立即从难波宫赶到菟道宫,抱着弟弟的尸体号啕大哭并大声呼喊弟弟的名字。

仁德天皇即位后,将皇居迁往难波高津宫(今大阪市中央区)。翌年,仁德天皇立磐之媛为皇后,生下了后来的履中天皇、反正天皇、允恭天皇三代天皇。据《日本书纪》记载,仁德天皇生活简朴,将难波高津宫用作皇居后没有进行任何装修,不仅墙根破旧,而且屋顶的茅草破旧不堪,能照进点点星光。这或有过誉之嫌,但仁德天皇即位后确实免去了诸国 3 年课税。仁德天皇好色,但是个"妻管严"。仁德天皇在位 22 年即 335 年某日,遇见了八田皇女,一见倾心,想纳她为妃,但皇后磐之媛坚决不同意。无奈仁德天皇对八田皇女情真意切,念念不忘,8 年后某日,趁皇后去纪伊国(和歌山县)采柏叶,将八田皇女唤入宫中。皇后知道天皇的苟且之事后大怒,迁往筒城宫,和天皇分居。仁德天皇几次派人劝说,皇后不为所动,最后死在筒城宫。皇后去世几年后,天皇立八田皇女为皇后,但惹恼了皇后的妹妹雌鸟皇女(《古事记》中为女鸟王)。于是,仁德天皇派隼别皇子去当"说客",希望能得到理解。结果,雌鸟皇女不仅没有理解,而且还和隼别皇子结了婚并写歌讽刺天皇,将"隼"(一种鹰)比作"鹪鹩"。天皇大怒,举兵讨伐,将他们夫妻俩杀死。据《古事记》记载,仁德天皇83岁驾崩,他的陵墓全长486米,是日本最大的前方后圆形坟墓。

　　不过,仁德天皇留下的主要遗产,是将郡县改称国郡。之后,国郡不断增加,一个字的国名被改为两个字。如"津"改为"摄津","纪"改为"纪伊",等等。但同样因受汉字同音字多的影响,且日文假名还没有问世,国郡的名称很不确定。大化改新时,虽然朝廷颁布诏书,要求国郡固定名称,但直至《近江令》和《大宝律令》颁布,仍有一些国郡没有固定名称。例如,"萨摩"也被写作"萨末","三河"也被写成"参河","土佐"也被写成"土左"。日本国郡均包括在"五畿七道"内。"五畿七道"又称"畿内七道"。七道原是由山脉、海滨等地理环境形成的:以京畿为中心,东至东海、东山、北陆;西至山阴、山阳、南海;另外还有"镇西"一道。第十代天皇崇神天皇的"四道将军",就是分管东海、北陆、山阴、山阳"四道"。

　　仁德天皇驾崩后,他的3个儿子即履中天皇、反正天皇、允恭天皇先后即位,成为第十七、第十八、第十九代天皇。兄终弟及的这3代天皇,前两代都短命:履中天皇在位6年驾崩;反正天皇在位5年驾崩,史籍也没有关于他们政绩的记载。允恭天皇在位时间较长(412—453年),根据中国史籍《宋书·蛮夷传·倭国》(简称《宋书·倭国传》)记载,可能是"倭五王"中的"济",曾向宋朝纳贡。公元453年,允恭天皇驾崩,葬于今大阪府藤井寺市惠我长野北陵。

　　允恭天皇驾崩后,太子木梨轻皇子和二皇子穴穗皇子为争皇位兄弟阋墙,兵戎相见。太子木梨轻皇子平日生活淫乱,如果成为天皇当不是国之幸事,因此朝野人心都向着穴穗皇子。最后,木梨轻皇子在走投无路之际自刃身亡,穴穗皇子即位,成为第二十代天皇安康天皇。安康天皇即位后将皇居迁往大和三边郡的穴穗宫(今奈良县天理市)。为了消除隐患,他将有可能威胁他皇位的叔叔大草香皇子杀死,并娶了大草香皇子的妻子中蒂姬,还将她立为皇后。大草香皇子有个儿子叫眉轮王,当年只有7岁。长大后,眉轮王为了给自己报杀父之仇,也为了给父亲报夺妻之恨,一天在安康天皇酒酣耳热,枕着皇后的膝盖休息时,发起突然袭击,将安康天皇的首级割下。安康天皇在位3年,被杀时56岁。《雄略天皇纪》开篇就是眉轮王杀安康天皇的情景。

安康天皇被杀后,忍坂大中姬所生的五皇子即刻举兵讨伐,最终将眉轮王包围在一间屋子里烧死,随后即位,成为第二十一代天皇即雄略天皇。史籍记载,雄略天皇独断专行,性格暴虐,令众臣恐惧。在位23年后,雄略天皇驾崩,临终前颁布遗诏:天下事无论大小皆由太子定夺。雄略天皇的太子是葛城氏的韩媛所生,生下来即长着白发,因此号清宁天皇,为第二十二代天皇。在《古事记》里称清宁天皇"白发大倭根子",《日本书纪》则称"白发武广国押稚日本根子天皇"。这位天皇虽冠号"清宁",但日子过得并不清宁,因为他即位后一直没有子嗣,以致焦虑病倒,5年后驾崩。

清宁天皇驾崩后,履中天皇的孙子、市边押磐皇子的儿子来目稚子,即位当了第二十三代天皇,号显宗天皇。关于显宗天皇,史籍没有留下多少记载,只说他是个体恤民众的天皇。关于其在位时间,《古事记》和《日本书纪》的记载迥然有异。《古事记》称,显宗天皇在位8年,38岁驾崩,而《日本书纪》称在位3年。

显宗天皇驾崩后,履中天皇和妃子荑媛的儿子,即意祁王即位,成为第二十四代天皇,号仁贤天皇。意祁王有大脚、大为、岛郎等别称。史料记载,仁贤天皇"年少时即才气焕发,成年后谦逊温厚",确实有仁贤之德,但究竟有哪些具体政绩显示他的仁贤,却几乎没有记载,唯一可以确定的就是仁贤天皇即位当年立雄略天皇的皇女春日大娘为皇后,在位11年。

仁贤天皇驾崩后,皇后春日大娘的儿子若雀即位。若雀7岁被立为太子,即位后号武烈天皇。武烈天皇赏罚分明,但是性格暴虐,冷酷无情,震慑朝野,令人恐惧。《日本书纪》对他的评价是:"长好刑理,法令分明,日晏坐朝,幽枉必达,断狱得情。又频造诸恶,不修一善。凡诸酷刑,无不亲览。国内居人,咸皆震怖。"武烈天皇除了"好田猎,走狗试马,出入不时",还有此处难以下笔的各种嗜好,整日"设奇伟之戏,纵靡靡之声,日夜常与宫人沉湎于酒"。① 武烈天皇即位前,有个叫平群真鸟的大臣主宰国政,颐指气使,而且以营造太子宫室的名义,为自己修建了奢华异常的府邸。更令当时还是太子的武烈天皇难以容忍的是,太子看上了物部氏的女儿影媛,邀她一起游乐。虽然影媛已经和平群真鸟的儿子鲔好上了,但

---

① 舍人亲王:《日本书纪》,四川人民出版社2019年版,第221、225页。

太子的邀约岂能拒绝？只能赴约。当他俩正亲热时,鲔突然闯了进来,令太子非常不爽。之后,太子令大伴金村带兵将鲔斩杀,并且纵火焚烧了平群真鸟的府邸,将平群真鸟活活烧死。武烈天皇甚至令人将孕妇的腹部剖开,看里面的胎儿,残暴得令人发指。在位8年后,武烈天皇终于在一个寒冷的冬天一命呜呼。

这一时期,"倭"从中国吸取了被称为"部"的新的国家组织管理生产的方式,在全国配置了屯仓。象征大王权力的前方后圆古坟,也出现于这一时期。倭五王系谱在中国史籍《宋书》《梁书》中均有记述:

中国史籍《宋书》记载有"珍""赞""济""武""兴"。

中国史籍《梁书》记载有"赞""弥""济""兴""武"。

日本史籍《古事记》和《日本书纪》中,有"倭五王"的记载,但因不用上述名讳而用天皇年号,故"倭五王"究竟和哪几位天皇对应迄今未明,主要争议点是:

"赞"对应应神天皇、仁德天皇或履中天皇;

"珍"对应仁德天皇或反正天皇;

"济"对应允恭天皇;

"兴"对应安康天皇;

"武"对应雄略天皇。[①]

诸多中国史籍,如《晋书》《梁书》《宋书》,均有关于倭五王和中国朝廷交往的记载,其中尤以《宋书·倭国传》的记载最为详尽。按其所记,421年、425年、443年、451年、462年等,历代倭王先后遣使中国：

> 倭国,在高骊东南大海中,世修贡职。高祖永初二年(421年),诏曰:"倭赞万里修贡,远诚宜甄,可赐除授。"太祖元嘉二年(425年),赞又遣司马曹达奉表献方物。赞死,弟珍立,遣使贡献。自称使持节,都督倭、百济、新罗、任那、秦韩、慕韩六国诸军事,安东大将军、倭国王,表求除正,诏除安东将军、倭国王。珍又求除正倭隋等十三人平西征虏冠军辅国将军号,诏并听。二十年(443年),倭国王济遣使奉献,复以为安东将军、倭国王。二十八年(451年),加使持节、都督倭、新罗、任那、加罗、秦韩、慕韩六国诸军事,安东将军如故。并除

---

① "赞"究竟是哪位天皇有三说,但持"应神天皇说"的学者最多。"珍"究竟是哪位天皇,有仁德天皇或反正天皇两种说法。

所上二十三人军、郡。济死,世子兴遣使贡献。世祖大明六年(462年),诏曰:"倭王世子兴,奕世载忠,作藩外海,禀化宁境,恭修贡职。新嗣边业,宜授爵号,可安东将军、倭国王。兴死,弟武立,自称使持节,都督倭、百济、新罗、任那、加罗、秦韩、慕韩七国诸军事、安东大将军、倭国王。"

对《宋书》中的上述记载,熊谷公男有一段值得关注的评论:"倭五王执拗地要求承认其在半岛南部的军政权,是希望通过获取中国王朝的官爵,显示其是这一小世界的统治者。但是,对自认为是'天下'唯一统治者的中国皇帝来说,承认倭王为'天下'中的小世界的统治者,根本没有可能。因此自倭王武开始,列岛统治者终于意识到其以往外交政策的矛盾。于是,倭王决意脱离册封体制,与中国王朝决别,开始踏上作为独自的'天下'的世界王者的道路。使之决意踏上这条道路的根本原因,是倭王已不需要借助中国王朝的权威,维持自己作为列岛统治者的地位。因此,自7世纪至9世纪,虽则列岛持续派遣遣隋使、遣唐使前往中国,但那仅是倭王、天皇派出的进行朝贡贸易的使节,并没有受到册封。在这一时期,如以后也将看到的,不接受中国王朝的册封,已成为日本外交的基本方针。"①熊谷公男的评论不无道理,对列岛的君主而言,中国王朝的册封并非不可或缺。诉诸历史,列岛和中国之间确曾多次"断交"。例如,在倭五王向宋朝派遣使臣之前,以4世纪为中心的一个半世纪,以及倭五王不再遣使至遣隋使出现的120多年间,列岛和中国不存在官方外交。因此,以"册封体制"这一概念概括东亚国际关系,显然与史实不符。

部民制的建立　武烈天皇驾崩后,即位的是应神天皇的五世孙彦主人王和垂仁天皇的七世孙女振媛的儿子男大迹,号继体天皇。继体天皇立武烈天皇的妹妹手白香为皇后。在继体天皇时代,日本和朝鲜半岛百济国贸易频繁,但也因此和统辖肥前、肥后、丰前、丰后的筑紫国造磐井矛盾尖锐,发生了"磐井之乱",最终磐井被镇压。继体天皇在位25年,《古事记》称驾崩时43岁,而《日本书纪》称驾崩时82岁。

继体天皇驾崩后,他和尾张连草香的女儿目子媛所生的长子勾大兄即位,号安闲天皇。安闲天皇即位时已经是年近七旬的老翁。他即位后将皇居迁到了勾金桥,即今天奈良县橿原市曲川町,立仁贤天皇的女儿春

---

① 熊谷公男:《从大王到天皇》,讲谈社2001年版,第82、83页。

日山田皇女为皇后,另外还纳了三房妃子,后妃都和仁贤天皇血缘很近。或许是近亲结婚的缘故,也或许是年老力衰,安闲天皇虽然有四位后妃,但她们没有为他生下一个子嗣。安闲天皇在位所做的最主要的一件事,是在九州至关东许多地方设置了屯仓,并因此和各地国造、豪强矛盾日趋尖锐。对此,《日本书纪》有明确记载。

公元536年,在位4年的安闲天皇驾崩,享年70岁。继体天皇和皇妃目子媛生的儿子桧隈高田皇子即位,号宣化天皇。《日本书纪》对其评价不错,称其清廉而为人坦荡。即位后,宣化天皇将皇居迁到了桧隈的庐入野,立仁贤天皇的女儿橘仲皇女为皇后,并任命苏我稻目为大臣。如后面所述,这一任命对日本历史有重大影响。同时,宣化天皇敕令各地将粮食运往筑紫国那津的官家,以备不时之需。同时敕令加强筑紫的防备,以减轻与新罗对峙的百济的压力。宣化天皇也比较长寿,73岁驾崩。

宣化天皇驾崩后,成为第二十九代天皇的是继体天皇和手白香皇女的儿子即钦明天皇。钦明天皇即位时年纪尚幼,因此由安闲天皇的皇后春日山田皇后作为皇太后理政。长大后,钦明天皇立了宣化天皇的女儿石姬为皇后。由于他们的长子夭折,因此立了次子为太子。这位太子,就是继钦明天皇之后成为第三十代天皇的敏达天皇。除了皇后,钦明天皇还娶了5位妃子:皇后的两位妹妹稚绫姬和日影皇女、苏我稻目的女儿坚盐媛和小姊君、春日臣的女儿糠子。坚盐媛为天皇生了七男六女,其中包括以后的用明天皇和推古天皇。小姊君的儿子,就是后来的崇峻天皇。用明天皇的皇后即圣德太子的母亲,是小姊君的女儿。由此不难设想,苏我稻目在朝廷中的地位。《钦明天皇纪》中记述较多的,是日本和朝鲜半岛的百济之间的交流和亲密关系。作为日本佛教传入标志的佛像,就是从百济迎入的。对此,本章有专节论述,在此不赘。

在"古代的天皇"在位期间,日本身份世袭制开始形成。日本大和政权的统治阶层,是由不同姓氏的权贵组成的,但日本的"姓氏"与中国的"姓氏"明显不同。中国在三皇五帝时已有姓,距今约五千年。"姓"的本意是"女人生的子女",在"只知其母、不知其父"的母系社会,子女都随母亲姓。所以,一些古老的姓如姬、姜、姚、妘、妫、嬴等,都是女字旁。到了氏族社会时期,随着同一祖先繁衍的子孙增多,一个家族往往分成若干支系并散居各地。于是,各支系的子孙便有了"氏"。《国语·周语》记载:"姓者,生也,以此为祖,令之相生,虽不及百世,而此姓不改。族者,属也,享其子孙共相连属,其旁支别属,则各自为氏。"按《通志·氏族略》的说法,即"姓,所以别婚姻;氏,所以别贵贱"。《通志·氏族略》记载:"贵者有氏,贱者有名无氏。"至周代,姓氏成为宗法制度的重要组成部分。法律规定,"礼不娶同姓"。先秦时期,男子称氏,女子称姓,但这类姓与氏都是贵族才有权使用的称号。没有名字的平民百姓,人们统一以其职业称呼,如庖丁是对姓丁的厨子的称呼、优孟是指姓孟的艺人等。秦汉时期,姓和氏的区别已经微乎其微,并渐渐合二为一。《通志·氏族略》记载:"秦灭六国,子孙或以国为姓,或以姓为氏,或以氏为氏,姓氏之失,由此始……兹姓与氏浑为一者也。"清初学者顾炎武在《日知录》中说,"姓氏之称,自太史公始混而为一",意思是西汉司马迁在写《史记》时,已将姓氏视为同一概念。

但是,日本却是姓以"别贵贱"。因为"姓"是朝廷给予的尊称(称号)。5世纪至6世纪,大和朝廷基本上完成了全国统一并建立起了全国政权——大和政权。大和政权的政治结构均如金字塔:位处塔尖的是"大王";塔尖以下中央政府的重要职位,均由合称"臣连"的臣姓和连姓豪族担任。其中臣姓地位更高,称"大臣";连姓次之,称"大连"。前面冠有"大"还意为此人有政治实绩。地方上相当于准领主的伴造、国造,以及县主、稻置,则由臣、连、君、早、直、首"六姓"豪族担任。再后,依次是部民、奴隶。公元5世纪左右,使各豪族获得新的身份、作为大和政治体制核心的氏姓制度,以及作为生产组织形式的部民制最终确定。"部"最初也有称"伴",后来统一称"部"。部民主要来源于三种人:一是被征服的部落或部落联盟,主要从事农业生产;二是来自中国和朝鲜半岛的移民,他们中相当一部分拥有技能,所以主要从事手工业生产;三是因违背统治者意志等被贬为部民的平民(自由民)。部的基本构成如下:

部的基本构成表

统治者	中央的"氏"	地方的豪族	农民和工匠	奴隶
	皇族		子代·名代	奴
大王			部民	奴
大臣	臣	伴造	部民	奴
大连	连	国造	部民	奴

名代是把大王及其一族的名字传之后世,子代是继承没有后嗣的大王的

名字。从事农业劳动的称"田部",从事手工业及其他职业的部称"品部"。各生产集团组成的"品部"有田部、园部(耕作)、服部(纺织)、赤染部(染色)、玉造部(装饰)、弓削部、鞍作部(武具)、史部(文书)、忌部、宫部(葬祭)、土师部、陶部(土器)、倭锻冶部、韩锻冶部(工具、农具)、矢作部(武器)、工部·漆部(工具)、犬养部·马饲部(饲养)、山部·海部(相关事务)。

处于上述金字塔形政治结构塔尖的,是大王。但是大王并不直接掌握"绝对权力",而是通过由官员组成的"合议制"处理和解决问题。因此,负责"合议制"的人物是"实权人物"。此实权人物一般和大王有姻亲关系,并必然出自"大臣"或"大连"。"氏"表明出生地区(如葛城氏、石川氏)、所从事职业(如忌氏、服部氏)、所在门第(如久米氏)。按照日本著名史家坂本太郎的说法,"这个时代的'氏'具有观念的和现实的两种含义,必须分别加以理解。在观念的意义上,是指有着或相信有着同一父系祖先的全体家族和人们,而在现实的意义上,则指这些家族的某些成员聚集在一起,组成部落的形式。"[①]以历代天皇为祖先的氏,有臣、君等姓。以神代史上的神为祖先的,以连为姓。祖先是"归化人"的,多姓史、村主。由于大和、河内、摄津地区是支撑"大和政权"的地区,因此任职于中央政府的官吏豪族较多,其中最有权势的是大伴氏、物部氏、和珥氏、巨势氏、平群氏、苏我氏。

获得"大臣"荣誉的,最初是自5世纪初任职70年的"葛城氏",其次是5世纪末至6世纪初的"平群氏",再次是6世纪初至7世纪中叶任职长达140年至150年的后发势力"苏我氏";而担任大连的"氏",最初是5世纪后半叶至6世纪初的"大伴氏"。从氏和姓与职务的连贯、一致性判断,可知"氏姓制"是世袭制。大和政治体制这种对权力的垄断,往往成为权力争夺的重要原因。同时,世袭制往往在政治中孕育怠惰和满足现状,因此为支撑和推动大和朝廷提供原动力的,是大和地方的中心豪族集团。这些中小豪族集团统称"伴造",即生产集团的首领,具体职能是管理、支配为朝廷提供必要的技术、劳力、物资的"部民"。

4世纪至5世纪,"大和朝廷"积极推动与中国和朝鲜半岛的交流,因此诸多从中国和朝鲜半岛来的人登陆列岛,并传入了灌溉等"农业技术"、

---

① 坂本太郎:《日本史》,武寅等译,中国社会科学出版社2008年版,第54页。

打制铁制品等"工作技术",为日本列岛的生产活动做出了重大贡献。他们进而带入了汉字和学问、宗教、思想。为了留住人才,大和朝廷给予他们"氏"的身份,并赠予土地。据9世纪的《新撰姓氏录》记载,在1 182个氏中,有373个氏是"渡来人"的氏,约占总数30%。①

"子代"系大和朝廷时代(5世纪至6世纪)的"皇室私有民"。为了使亲王(皇子)和内亲王(皇女)的花费(如养育费)由民众负担,将一部分部民划为直属皇室的"私有民"。

"名代"是相对于为"养育"亲王和内亲王而设置的生产集团"子代"的、冠以大王和皇族之名的生产集团,其性质和"子代"无甚差别。"名代"主要存在于关东。

"品部"又称"部曲",是隶属于中央和地方豪族的"私有民"、享有受庇佑的权利与提供"租税和劳力"的义务。部民的身份高于奴隶,作为下层民众从事各项生产活动。

"奴隶"又称"奴卑",处在社会底层。除了侍奉权贵外,奴隶中有一部分是隶属神社的"神奴"。此外还有从事"马饲""墓守"等职业的奴隶。

综上所述,按照林屋辰三郎的说法:"5世纪的古代王权,最初通过政治的统一而获得了最大规模,其权力结构是,拥有臣的氏姓者多半是皇亲国戚,从中产生大臣(如葛城氏、平群氏),从拥有连的氏姓、大多沿袭伴造系谱的军事、技术职业者(如大伴氏、物部氏)中产生大连,料理政务,通过天皇口头颁布的敕、宣传而贯彻统治意志。因此,支撑大臣、大连等权力阶层的豪族之间,始终围绕天皇的统治地位反复展开争斗,并多次引发内乱。"②

公元675年,部民制被废除,臣、连、伴造、国造等旧部民所有者成为国家机构中的官僚。必须强调的是,这种更替是日本律令制国家开始形成的重要标志。

第四节 汉字和儒教:日本的路标

世界历史研究有两种基本方法:一种是将历史分为如古代、近代、现

---

① 寺则滋:《通过检证和考察了解日本的历史》,近代文艺社2001年版,第48页。
② 林屋辰三郎:《古代的环境》,岩波书店1988年版,第139页。

代的"断代研究"。"历史学之父"亚里士多德成书于公元前443年的《历史》,是这类研究的先声。《历史》以希波战争为主线,叙述了西亚、北非、希腊各地的政治、经济、文化状况。全书共分9卷,每一卷都以希腊神话中的一位缪斯女神的名字作为题目。第一卷的题目是历史女神"克里奥"(Clio)。另一种是将历史分为不同文明或文化区域。俄国学者尼古拉·达尼莱夫斯基1870年发表的《俄国和欧洲》,是这类研究的先声。达尼莱夫斯基认为,将历史分为古代、近代这种研究不科学,理由是,各国发展并不同步,欧洲开始进入工业社会时,非洲还处在蒙昧社会。俄国和欧洲的文化也存在诸多相异之处。他将当时的世界划分为11个文化圈。这种研究被称为"文化形态史"或"文明形态史"。被称为"二十世纪最伟大的历史学家"的阿诺德·汤因比,是这类研究的集大成者。两者之间还有阿尔弗雷德·克虏伯、菲利普·巴格比、奥斯瓦尔德·斯宾格勒。对"汉字文化圈"的研究,本质上属于"文化形态史研究"。

旅日华人作家陈舜臣在《日本人与中国人》一书中写道:"中国人是一面向前走,一面树立路标的民族,而日本人则是依靠路标走过来的民族。"① 作为"汉字文化圈"的一员,汉字和儒教就是日本民族据以前行的最初的路标。

日语的语源 "汉字文化圈"这一概念,最初是由日本学者提出的。20世纪五六十年代,日本的出版社"大修馆"打算出一套关于东亚的书,想找一个能够涵盖东亚地区的术语。然而"东亚"是产生于近代的地域名称,怎么办?主编龟井孝是语言学家,精通德语,他提出参照 Chinesischer Kulturkreis,叫"汉字文化圈"。东京大学教授西岛定生认为,汉字文化圈包括四项要素:汉字、儒学、佛教、律令制。日本完全具备这四项要素是在8世纪。尽管地理大发现后,日本开始转向西方寻找新的路标,但作为其文化根基的四项要素均源于中国,这是不争的事实。

日本曾经只有语言,没有文字。按照日本史籍《古语拾遗》的记载,"上古之世,未有文字,贵贱老少,口口相传,前言往行,存而不忘"。那么,日语是如何产生的呢?早在江户时代,已有学者通过日语和周边民族语言的比较,调查了解日语语系,探究日语的源流。例如,新井白石和藤井贞干就曾指出,日本语和朝鲜语相类似。明治以后,语言比较进一步展

---

① 陈舜臣:《日本人与中国人》,张宪生译,花城出版社1988年版,第75页。

开,主要形成了四种观点:一是日语属乌拉尔·阿尔泰语系,特别是属于阿尔泰语;二是日语和同属于乌拉尔·阿尔泰语系的朝鲜语关系密切;三是日语和南方语系关系密切;四是日语源于阿伊努语,是从阿伊努语分离出来的。第四种论说的主要倡导者,是被称为"阿伊努之父"的J.巴切拉。但是,阿伊努语研究大家金田一京助和知里真志保均指出,上述两种语言虽然文法方面存在相似点,但也存在很多相异点,并且两种语言不存在数词和其他基本单词的对应性。因此,上述第四种论说现已被排除,而第一种和第二种论说则可以归并为"乌拉尔·阿尔泰语说"。

1908年,东京大学语言学教授藤冈胜二列出了14项阿尔泰语的特征,其中13项特征日语同样存在。他的论说,受到很多学者支持。但是,阿尔泰语和日语对应的单词非常少,因此一些学者认为,如果存在亲缘关系,日语应很早就从阿尔泰语中分离出来了。

所谓南方语系,是指从包括夏威夷和新西兰在内的南太平洋,到东南亚、印度洋诸岛的岛民使用的语言,总称波利尼西亚语。1914年到达日本的语言学家E.D.波利瓦诺夫,通过对长崎县西彼杵郡三重村的实地调查和其他各项研究后声称:"我可以证明,日语和马来·波利尼西亚语系同根同源。"他的这一着眼点为比较神话学者松本信广所承袭,语言学者泉井久之助也提出,自西南日本至朝鲜南部,可能存在使用南方语的时期。

"二战"后,有关日语起源及其所归属的语系仍继续得到探讨。

村山七郎在《日本语的诞生》《日本语的起源和语源》等论著中,运用比较语言学的方法对日语的起源进行了研究。他指出,对日语的研究必须关注其"祖形"和"祖语"。村山七郎通过对作为世俗用语的"子"和"人"的语源对比,以及作为宗教用语的"神"和"皇"的语源对比指出,日语受到来自日本南、北两方面语言的影响。他认为,这和日本人的祖先即"绳文人"和"弥生人"分别来自日本列岛的南方和北方相符。

大野晋认为,在考察日语语源时,不应拘泥于在研究印欧语系时形成和采用的比较语言学方法,不应局限于语言学本身,而应采用民族学、民俗学、考古学的研究方法和成果。他在1957年撰写的《日本语的起源》中,列举了几个颇为关键的波利尼西亚语和日语的类似点,并据此推断:波利尼西亚语为日语的形成做出了贡献。之后,他又在《日本语的起源·新版》中提出,日语和泰米尔语不仅在语法上均属黏着语,而且两种语言之间有 300 多个词语的语义和音韵对应。他在这本论著的"对应语和物的世界"一章中强调:"日语有关农耕、农产品的单词,与泰米尔语中的相关单词多有对应。"他还强调:"在考察日本的稻耕文化来自何方这一问题时,这是不可忽略的材料。"他同时还指出,上述两种语言在欢庆丰收的礼仪、婚姻丧葬、日常生活习惯和价值观等许多方面,也存在许多共同点,按照他的研究结论:"日本的基层语言曾经是南洋语言,后在绳文时代末期,泰米尔语覆盖了这种近似于波利尼西亚语音韵组织的语言。"①

安本美典采用计量方法对日本语起源进行研究,并对原先的研究提出批评:第一,在对印欧语系的研究中取得相当成功的系统论模式,未必适用于对日语的研究。因为与可以明确追根溯源的西方语言不同,日语是在周边语言"逐渐流入"的过程中形成的。他强调,在考察日语起源时,与其采用"系统论",毋宁采用"流入论"更为有效。第二,必须客观地辨别"必然的一致和偶然的一致"。他举例说,德语中的 hand 和英语中的 hand 具有同源关系,因此属于"必然的一致"。与之相比,日语中的そう和英语中的 SO 虽然意思相近,发音相似,但属于"偶然的一致"。安本美典以"流入论"模式作为前提,采取统计、量化的具体作业方式,对日语和周边各种语言的一致程度进行了比较分析,描绘了一幅"日语形成网络图",并最终得出结论:"至少有不同语系的四至五种语言的流入,对日语的形成具有重大影响。"他特别强调:"这幅日语形成网络图,可以说是一幅显示日本民族、日本文化起源的鸟瞰图。"②

虽然上述学者的观点相左,但有一个共同点,即均认为日语在其形成期已具有多元性。

"真名"和"假名" 对日本影响如此深刻的汉字即"真名",是如何传入日本并变异为"假名"的呢?在中国的三国时期,魏国使者登上日本列岛时,已将文字传入。但当时的倭人对汉字只是"观赏",并未仿效。日本现存最早的汉字,是日本和歌山县隅田八幡宫的一幅人物画像镜铭文。48 个字组成的铭文,有"癸未年八月"字样。据推算,383 年、443 年和 503 年均是癸未年,但 443 年说(倭五王"济",即允恭天皇统治时期)最有说服

---

① 大野晋:《日本语的起源·新版》,岩波书店 1994 年版,第 244 页。
② 安本美典:《日本语的形成》,讲谈社 1978 年版,第 211 页。

力。还有两份证据证明至5世纪日本人已开始使用文字：一是478年中国的史籍中，有"倭五王"中的"武"，即雄略天皇呈"上表文"的记载。当时有"归化人"为皇室撰写文书，倭王武的"上表文"，很可能由"归化人"书写。①二是在九州熊本县江田船山古坟，出土了一把大刀，刀上有银的象眼铭文，计74个字。据推断，这把刀当属反正天皇时的器物。当时的文字，皆为铸造或雕刻、镶嵌的文字，并非用笔直接书写。其结构古拙，近似于中国商周时期的青铜器铭文，只是中国的青铜器铭文是钟鼎文，而日本当时的文字是具有典型的中国六朝时代风格的魏碑体。

至推古天皇在位的7世纪初，日本才有确切的金石文字。7世纪以降的遗物，其数量急剧增加。最初书写在纸上的墨宝，可以圣德太子"自撰自书"的《法华义疏》为例。虽然藤枝晃氏对此提出疑问，认为《法华义疏》很可能是职业的写经生所作，并非圣德太子亲笔。但不管怎么说，《法华义疏》显示了典型的六朝书风，问世于当时属不争事实。之后，对文字发生兴趣的人不断增加，文字的书写很快在达官显贵中传播。正如中村元所写道："大约在一千四百年前，汉文就传入了日本但直到推谷朝（6世纪），只有一小群专家使用汉文，他们对当地的语言几乎没有什么影响。随着与中国直接交往的开始，以及隋唐文物制度的引进（6至9世纪），学汉语和懂汉文的人数才大大增加。"②

现代日语基本上属于拼音文字，其拼音字母，就是日本独有的书写方式"假名"。所谓"假名"，是相对于"真名"汉字而言的。"假"意为"借用"，"名"意为"字"。顾名思义，"假名"是在吸收和借鉴汉字读音及书写方式的基础上形成的。以不确定的汉字，如"依"或"伊"为日语的YI注音，是"日文"形成的第一阶段。也就是说，将表意的汉字"取其音而舍其义"，是创造假名的最初思路。留存至今的"推古遗文"，即推古天皇当政时的文书，就是此类用例的证明。而在对汉字进行这种改造、利用方面做出卓越贡献的，是中国魏晋南北朝时期移居日本的"归化人"。按大野晋的说法："这意味着第一批归化人在文字表记上留下的足迹，深深印入了日本文字史。"③

---

① "归化人"即移民。今天，日本将加入日本国籍者称为"归化"。
② 中村元：《东方民族的思维方法》，林太、马小鹤译，浙江人民出版社1989年版，第231页。
③ 大野晋：《日本语的形成》，中央公论社1980年版，第198页。

第二章 ● 大和时代

"万叶假名",就是在这一基础上形成的。《万叶集》是以"汉字"写成的一部具有日本民族文学体裁和风格的诗歌集,共收录诗歌约4 500首。但是,其中的汉字只是以汉字读音为日语表音,并不具有汉字原初的含义。而且与以往不同的是,当时为日语表音的汉字已相对固定。这些"汉字",就是日本独有的书写方式的发端——万叶假名。万叶假名共有88个。

但是,"万叶假名"仍存在汉字笔画烦琐的弊端。至平安时代初期,"片假名"开始形成,并在很大程度上克服了这一弊端。今天的片假名字母中,有十多个是对"归化人"为日语表音的常用汉字楷体的简化,基本方法就是仅取其偏旁,如"阿"简化为"ア","伊"简化为"イ","加"简化为"カ",等等。

进入平安时代以后,日本男权主义社会的特征日趋明显,妇女开始与汉字疏远。但是,由于贵族社会的妇女依然需要通过文字进行表达、进行交流,因此"万叶假名"逐渐被改造成一种女性专用文字——"女手"。女手是在简化汉字草书的基础上形成的,如"加"被简化成"か","奴"被简化成"ぬ",等等。

总之,从只有语言没有文字,至引进汉字、借用汉字为日语表音、创造万叶假名、片假名、平假名,经过数百年的历史演变,"日文"终于形成。

"去汉字化"历史　虽然"假名"脱胎于"真名",但是,日本"去汉字化"的动向,始终若隐若现,长盛不衰。根据日本著名史学家网野善彦所述:"如果将范围限缩在现在还存留的文书的话,夹杂着平假名和片假名的文书大约是在10世纪左右出现的。而在大约13世纪后半叶时,夹杂平假名和片假名的文书大约占全部文书的20%。南北朝时期也没有很大的改变。直到室町时代(15世纪)时,这个比例才突然上升,夹杂平假名和片假名的文书从大约50%,上升到60%至70%左右。"①

18世纪初,新井白石首先提出西方的表音文字优于中国表意文字的观点。新井白石在正德五年(1715年)发表的《西洋纪闻》一书中写道:"(西洋)字母仅廿余字,贯一切音,文省义广,其妙天下无遗音,而汉之文字万有余,非强识之人,不能背诵,且犹有有声无字者,虽云多,有不可尽

---

① 网野善彦:《重新解读日本历史》,尧嘉宁译,联经出版事业股份有限公司2014年版,第31页。

所,徒费其心力云云。"之后,他又在《东雅》一书中进一步批评日本人过分使用汉字,以致令汉、和字主客颠倒。

1840年,中英鸦片战争爆发。泱泱东方大国败于西方英伦之夷虏,并被迫签"城下之盟"。消息传至日本,令日本朝野震动。一些日本人开始质疑汉字文明已不足恃。庆应二年(1866年),前岛密向德川幕府末代将军德川庆喜递交了《汉字废止之议》,被视为首倡"废汉字"的第一人。他在该文书中写道:"值此国事多端之秋,大家都在讲求救国之策,我的议论好像有点儿迂远,其实不然。救国之本在于教育,教育应不论贵贱士庶、普及到全体国民。普及教育就需要简便易学的文字、文章。如今使用的汉字、汉文,难学难用,因而学习的人很少。有限的学生,又不得不把少年时代的宝贵光阴耗在认记汉字的音形上。少年时代应该是讲求事理学问的好时光,如今却为学习这种无用的古学而磨钝了精神感性,这实在是件可惜的事。"[①]明治二年(1869年)五月,前岛密又向明治政府递交了《关于语文教育之议》,再次提出废除汉字。这一主张不仅为很多人拥护,而且为很多人继承。1886年,语言学家小岛一腾发表了《日本新字》一文,率先提出"汉字全废论"。19世纪末,评论家木村鹰太郎和历史学家重野安绎分别提出了"日本文字改良案"和"汉字限制论"。日本"二战"失败后,"汉字废止论"被重新提出。1945年11月12日,《读卖新闻》发表社论,明确提出:"废除汉字,可以同时促进我们扫除头脑中存在的封建意识,奋起追求美国式干脆利落的效率。"但是,直到今天,日文依然无法"驱逐"汉字。据统计,日文中现包含25种语言,有四种书写方式:汉字、平假名、片假名、罗马字。"二战"前,东京各大报纸上使用的汉字有7 500至8 000个。1946年,日本文部省将"当用汉字"即常用汉字,减为1 850个,并对其中的740个汉字进行简化。之后,"当用汉字"进一步减少。1981年10月,日本政府公布的"当用汉字"为1 945个。另据统计,今天日本报刊上使用的汉字有4 000至5 000个,在各类学术专著和论文中使用的汉字有8 000至10 000个。虽然现在日文中以片假名表述的外来语日益增多,但汉字在日文中依然牢牢占据一席之地,不可或缺。

文化是一个民族最基本的特征,而语言文字则是探寻民族文化特征

[①] 何群雄:《汉字在日本》,(香港)商务印书馆2001年版,第6页。

最好的线索。根据德国哲学家、语言学家威廉·冯·洪堡的"语言世界观"理论(Language Weltanschauung):"人类对世界的认识和思维方式是由语言结构决定的。"德国裔美国学者萨丕尔和沃尔夫这对师生也在"萨丕尔·沃尔夫假说"(Sapir-Whorf-Hypothesis)中提出,"一个民族的语言结构,决定该民族的文化结构"。日本能够即时吸取外来文化,同时又较好地保留传统文化,和日语的特性显然不无关联。

儒教的传入 中国人自古重视死亡的丧葬礼仪,需要有人打理,因此在商朝逐渐产生了一种专门办理丧葬事务的专职人员。这些人精通当地的风俗文化和礼仪习惯,他们就是早期的儒,又称"术士"。东汉的许慎在《说文解字》中对"儒"有明确解释:"儒,柔也,术士之称。"以后,"儒"逐渐演变为"读书人"的代名词。东汉的郑玄在《三礼目录》中写道:"儒者,濡也。"意思是"儒"就是以道德浸润人心,以优柔安抚人心。

儒教是在什么时候传入日本的?《日本书纪》记载,大约在公元3世纪,因学者阿直岐的推荐,应神天皇邀请朝鲜半岛百济国的五经博士王仁访问日本,担任皇子菟道稚郎子的老师。王仁便带去了《论语》和《千字文》作为课本。当然,真正的《千字文》是6世纪梁朝人周兴嗣所作,3世纪问世的"千字文",充其量只是一种"课本"。这段历史被视为儒教传入日本的正式开端。值得关注的是,公元645年的大化改新以后,儒教思想构成了贯穿律令制的道德要素。当年颁布的《男女之法》,既是最原始的《婚姻法》,也是构

传说中的王仁墓和百济门

建男子中心主义的正式文告。根据该项法律,以往作为世系氏族成员的子女,一律划归父系氏族。同时废除了母子同姓,父子异姓制,在法律上体现了源于中国儒教的男尊女卑。

独步于世的日本天皇制有着浓厚的儒教色彩。自9世纪后半叶在位的第五十六代清和天皇"惟仁"开始,皇室男性大都叫"×仁"。因为,天皇至高无上,而"仁"是儒学的核心。除了"仁"字,天皇名字中另一个字也大

都取自中国儒教典籍,如昭和天皇裕仁的"裕"字,典出《尚书》"裕乃以民宁"。明仁天皇的"明"字,包含《周易》"大人以继明照于四方"之义。今上德仁天皇的"德"是儒教核心价值观。天皇的年号也大都典出儒学经典,如"明治"二字,典出《易经》"圣人南面而听天下,向明而治"。"昭和"二字,典出《尚书》"百姓昭明,协和万邦"。"平成"则出自《史记·五帝本纪》中的"父义,母慈,兄友,弟恭,子孝,内平外成",以及《尚书·虞书·大禹谟》中的"地平天成,六府三事允治,万世永赖,时乃功",寓意天下和平。由此可见,儒教思想对日本的影响,源远流长。

用明二年(587年)用明天皇驾崩后,第三十二代天皇崇峻天皇即位,在位5年。公元592年崇峻天皇驾崩后,留下3个皇子:敏达天皇的彦人大兄、敏达天皇的竹田皇子、用明天皇的厩户皇子。选哪个皇子即位都是左右为难的事,何况与其立名义上的幼主,莫如名正言顺掌权。于是,用明天皇的同胞妹妹在众卿劝进下即位,成为大和朝廷第一位女天皇——推古天皇。① 推古天皇(554—628年)登基后,在用明天皇嫡子厩户皇子19岁时,将他立为太子并请他摄政。厩户皇子出生于用明天皇别宫,当年是马官即厩户,因而得名,"圣德太子"是其谥号,是后人因厩户皇子聪慧,治政英明,身具佛德、深谙佛法而对他的尊称。"圣德太子"在《日本书纪》中的称谓是丰聪耳厩户皇子,并称他"生而能言,及壮有圣智"。因其居于上宫,故又称上宫王、上宫太子。关于圣德太子的身世,《日本书纪》卷21有以下记载:

> (用明天皇元年)春正月壬子朔,立穴穗部间人皇女为皇后,是生四男,其一曰厩户皇子,更名丰耳聪圣德,或名丰聪耳法大王,或云法主王。是皇子初居上宫,后移斑鸠,于丰御食炊屋姬天皇世,位居东宫,总摄万机,行天皇事。

推古天皇在圣德太子摄政下推行政策的基本路线,和苏我马子的路线一脉相承。许多史家指出,推古朝最初十年的政治体制,堪称圣德太子和苏我马子共治体制。但即便如此,两人之间的矛盾显然存在。推古天皇九年(601年),圣德太子移居在斑鸠之地建造的宫室,"总摄万机,行天皇事"。究其迁移斑鸠的目的,显然是为了脱离苏我马子的控制。正是在

---

① 自推古天皇始,天皇生卒年月相对可信。此前均不太可信。例如,多位天皇居然都享年百岁以上。

第二章 ● 大和时代

这一背景下,圣德太子以儒教思想为指导,进行了内政外交改革。改革最重要的举措有两项:一是制定官员等级制——"冠位十二阶",二是颁布规范社会秩序和官员行为的"宪法十七条"。

据《日本书纪》记载,推古十一年(603年)十月,推古天皇在小垦田宫设立朝廷,十二月即制定了冠位十二阶并于翌年正月实施。所谓冠位十二阶,即将官员分为大德、小德、大仁、小仁、大礼、小礼、大信、小信、大义、小义、大智、小智的一种官位制度。显而易见,冠位十二阶将作为儒教最大道德准则的德置于第一位,然后依次是儒学强调的、必须奉行的五常,即仁、义、礼、智、信,共十二阶,充分显示了推古朝对儒学的重视。同时因采用不同颜色的绢制成的"冠"作为官位等级的标志,故称"冠位十二阶"。实际上,各阶官员不仅冠不同,衣服的质地和颜色也不同。值得关注的是,虽然冠位是天皇授予朝廷和地方豪族、官员表明其身份的标志,但与当时及以后依然存在的氏姓制度相比具有明显特征:姓氏是一定范围的族员的共同标志,强调的是血统,而冠位则是授予个人的、显示个人官职的标志,强调个人的功绩。推古朝制定的冠位十二阶,是使以姓为基础的强调血缘的秩序,向强调功绩的官员秩序转变的开端。之后,随着国家组织的完善,特别是律令法的形成和进一步发展,并经过大化改新后的冠位制修改,①冠位十二阶成为以后官员身份制度的起源。

同样据《日本书纪》推古十二年(604年)条,有"夏四月丙寅朔戊辰、皇太子亲肇作宪法十七条"一句,以及宪法十七条全文:

夏四月丙寅朔戊辰、皇太子亲肇作宪法十七条。

一曰、以和为贵、无忤为宗。人皆有党,亦少达者。是以或不顺君父,乍违于邻里。然上和下睦,谐于论事,则事理自通,何事不成?

二曰、笃敬三宝。三宝者佛法僧也。则四生之终归、万国之极宗。何世何人,非贵是法?人鲜尤恶,能教从之。其不归三宝、何以直枉?

三曰、承诏必谨。君则天之,臣则地之。天覆臣载。四时顺行,万气得通。地欲覆天,则至坏耳。是以君言臣承,上行下靡。故承诏

---

① 冠位十二阶在大化三年(647年)改为十三阶,大化五年(649年)改为十九阶;天智三年(664年)改为二十六阶;天武十四年(685年)改为诸王以下十二阶、诸臣四十八阶;大宝元年(701年)改为亲王四阶、诸王十四阶、诸臣三十阶。

必慎。不谨自败。

四曰、群卿百寮，以礼为本。其治民之本，要在礼乎，上不礼而下非齐，下无礼以必有罪。是以群臣有礼、位次不乱。百姓有礼、国家自治。

五曰、绝飨弃欲，明辨诉讼。其百姓之讼，一日千事。一日尚尔，况乎累岁。须治讼者，得利为常，见贿听谳。便有财之讼、如石投水。乏者之诉、似水投石。是以贫民则不知所由，臣道亦于焉阙。

六曰、惩恶劝善、古之良典。是以无匿人善，见恶必匡。其谄诈者，则为覆二国家之利器，为绝人民之锋剑。亦佞媚者，对上则好说下过，逢下则诽谤上失。其如此人、皆无忠于君、无仁于民。是大乱之本也。

七曰、人各有任，掌宜不滥。其贤哲任官，颂音则起。奸者有官，祸乱则繁。世少生知，尅念作圣。事无大少，得人必治。时无急缓，遇贤自宽。因此国家永久，社稷勿危。故古圣王为官以求人，为人不求官。

八曰、群卿百寮，早朝晏退。公事靡监，终日难尽。是以迟朝不逮于急，早退必事不尽。

九曰、信是义本，每事有信。其善恶成败，要在于信。群臣共信，何事不成。群臣无信，万事悉败。

十曰、绝忿弃瞋，不怒人违。人皆有心，心各有执。彼是则我非，我是则彼非。我必非圣，彼必非愚，共是凡夫耳。是非之理，讵能可定？相共贤愚，如镮无端。是以彼人虽瞋，还恐我失。我独虽得，从众同举。

十一曰、明察功过，赏罚必当。日者赏不在功，罚不在罪。执事群卿，宜明赏罚。

十二曰、国司国造，勿收敛百姓。国非二君。民无两主。率土兆民，以王为主。所任官司，皆是王臣。何敢与公，赋敛百姓？

十三曰、诸任官者，同知职掌。或病或使，有阙于事。然得知之日，和如曾识。其以非与闻，勿防公务。

十四曰、群臣百寮，无有嫉妒。我既嫉人，人亦嫉我。嫉妒之患，不知其极。所以智胜于己则不悦，才优于己则嫉妒。是以五百之乃

第二章 大和时代

今遇贤,千载以难待一圣。其不得贤圣,何以治国?

十五曰、背私向公,是臣之道矣。凡夫人有私必有恨,有憾必非同。非同则以私妨公,憾起则违制害法。故初章云上下和谐,其亦是情欤。

十六曰、使民以时,古之良典。故冬月有间,以可使民。从春至秋,农桑之节,不可使民。其不农何食,不桑何服?

十七曰、夫事不可独断,必与众宜论。少事是轻,不可必众。唯逮论大事,若疑有失,故与众相辨,辞则得理。

"宪法十七条"之"宪法"当然不是现代意义的、作为国家一切法律之基础的宪法(constitution)。现代意义的宪法在日本的问世是在明治维新以后。但是就功能而言,宪法十七条在规范社会秩序和人类行为方面,有几点值得特别关注:

首先,宪法十七条强调国家由君(3次)、臣(4次)、民(6次)三大要素构成,即体现了国家的基本社会结构,尽管在宪法十七条中,"君"也时以"王"出现;广义的"臣"包括"王臣""群臣""群卿臣百僚"等中央官吏,以及"国司""国造"等地方官吏;同时"官""官司"等词语也多次出现;"民"则既有"百姓",也有"人民"。①

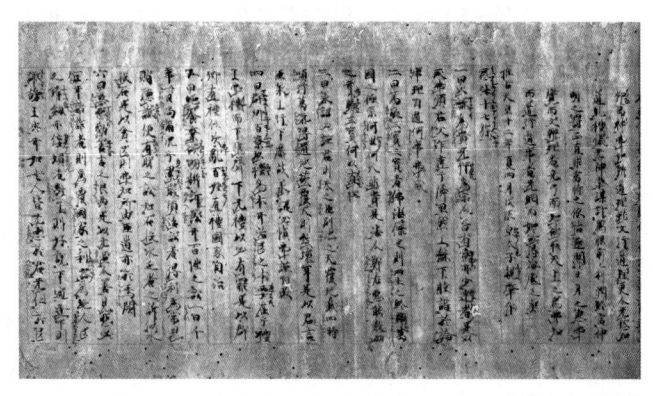

宪法十七条原件

其次,宪法十七条规定了国家臣僚应该具备的道德操守和必须服从的纪律规定。如规定官对君要"承诏必谨"(第三条);官对官"群卿百寮,以礼为本"(第四条);官对民要"绝飨弃欲,明辨诉讼"(第五条),"国司国造,勿收敛百姓"(第十二条),"背私向公,是臣之道矣"(第十五条)。"明察功过,赏罚必当"(第十一条),则体现了法家的治国原则。

最后,宪法十七条虽然具有浓厚的儒学色彩,但并不排斥其他学说。

---

① 宪法十七条中指称"君"时未见"天皇"号出现。"天皇"号在史料中的首次出现,是在推古十五年,即公元607年。

例如,"笃敬三宝"(第二条)即强调必须尊崇佛教。

总之,虽然宪法十七条是一种训诫,和被称为律令的法律属两个系统。但是,无论是在通过对官吏的训诫来阐述国家的理想方面,还是在遵循儒家和法家的世界观方面,宪法十七条同律令,特别是令的根本思想是一致的。因此,宪法十七条被视为日本法制的起源。例如,法律法令集《弘仁格式》在序言中写道:"上宫太子亲作宪法十七条,国家制法自兹始焉。"另外,宪法十七条虽无刑罚规定,但是《隋书·东夷传》关于倭国风俗所写道的"其俗杀人强盗及奸皆死,盗者计赃酬物,无财者没身为奴,自余轻重,或流或杖"则明确无误地显示了推古时代"笞、杖、徒、流、死"五刑的运用。

圣德太子另一项重要政绩是自公元 620 年开始着手编纂《天皇记》和《国记》。这是日本"国史"编纂的正式开端。在"大化改新"的争斗中,这一珍贵资料焚于战火,现已无法查考。

在外交方面,推古朝推行的基本路线是"亲隋"路线。遣隋使的派遣,就是圣德太子利用他摄政的权力做出的决定。推古天皇十五年(607年),大和朝廷派小野妹子出使隋朝。按照《隋书·东夷传》的记载:"使者曰,闻海西菩萨天子重兴佛教,故遣朝拜,兼沙门数十人来学佛法。"也就是说,学习佛法是小野妹子出使隋代中国的重要目的。这一年也是大和朝廷首次派学问僧同遣隋使一起前往中国。

第五节 内政外交的激变

中国元号制肇始于汉武帝建元元年(公元前 140 年),日本"元号制"传自中国。根据通行说法,日本"元号制"的设立始于 645 年"大化改新"。所谓大化改新即孝德天皇"改元大化"后推行的一系列改革。大化改新作为日本历史的里程碑,意义深远。因为经此"改新",日本开始建立中央集权体制,日本历史翻开了新的篇章。大化改新后,日本和唐朝围绕对朝鲜半岛的争夺,发生了白江之战。此战后,中国确立了在东亚的地位,而日本遣唐使规模和目的,发生了明显变化。

乙巳之变 据法隆寺金堂的释迦如来像光背铭文记载,圣德太子、苏我马子、推古天皇相继乘鹤西去,他们的后人山背大兄王和苏我虾夷,成了大和朝廷政治舞台的主角。①由于推古天皇在圣德太子去世后未另立太子而晏驾,接下来谁在宫廷中做"男一号",即谁继承皇位,成了一大难题。当时,最有希望继承皇位的有两个人,一个是田村皇子,另一个是山背大兄王。田村皇子是敏达天皇的孙子,山背大兄王是圣德太子和苏我马子的女儿刀自古郎女的儿子。据《日本书纪》记载,推古天皇在临终前,分别将他俩叫到病榻前。她对田村皇子说:"天下大任,本非辄言,尔田村皇子,慎以察之,不可缓。"意思是,治理天下是一项重大责任,不可轻易发表意见,但是田村皇子你要审慎观察,不可踟蹰拖延。她又对山背大兄王说:"汝独莫諠讙(此二字为原文照引,意为"争吵"),必从群言,慎以勿为。"意思是,你不要随意发表自己意见,一定要听从众臣的意见。② 推古天皇的临终遗言含义深刻。她皇权在握三十多年,在朝廷拥有极高的威信,至死未立储君,其中自有隐情,值得史学界继续深究。

  推古天皇驾崩后,在讨论皇位继承问题的众臣会议上,大臣们意见相左,主要分成两派。摩礼臣等四人拥戴田村皇子。他们以推古天皇"遗诏"为据,坚称推古天皇对田村皇子的遗命有"天下大任"一词,就是让田村皇子担当"治理天下之大任",即继承皇位。大麻吕等三人拥戴山背大兄王。他们完全不接受"遗诏"有让田村皇子即位的意思。争执半天,众臣会议仍没有选出继任天皇,苏我虾夷无法宣布。众臣商议立君的消息不知怎么被泄露出去,传到了住在斑鸠宫的山背大兄王的耳朵里。于是,他派三国王和樱井臣两人前往苏我虾夷处探问究竟。苏我虾夷表示,不是我个人,而是群臣认为推古天皇的"遗诏"是让田村皇子继位。对这种说法,山背大兄王当然不予认可,并表明了自己志在必得的坚定态度。实际上,苏我虾夷的本意是想让田村皇子即位。嗣后,苏我虾夷暗中将重臣逐一招致宅邸进行策动。然而,重臣并未全部顺从其意。于是,苏我虾夷决定孤注一掷。他首先试图说动山背大兄王一派的急先锋摩理势倒戈,但摩理势不为所动。"顺我者昌,逆我者亡",苏我虾夷随即举兵讨伐,灭了摩理势,令众臣不敢再说三道四。田村皇子因此得以即位,号舒明天皇。舒明天皇(593—642年)的祖父是敏达天皇,父亲是敏达天皇的儿子

---

① 关于圣德太子的享年,《日本书纪》等史籍记载各不相同,有46岁、48岁、49岁、50岁四种说法。
② 舍人亲王:《日本书纪》,四川人民出版社2019年版,第319页。

大兄皇子,母亲是他父亲的同父异母妹妹糠手姬皇女。舒明天皇即位后,争夺皇位的时代剧继续上演。

公元629年舒明天皇即位后,第二年立了曾经是高向王的妻子并生有汉皇子的宝皇女为皇后。舒明天皇驾崩,皇后宝皇女即位成为皇极天皇,后来重祚(再次登基)成了齐明天皇。舒明天皇本身除了派遣唐使,没有其他值得称道的功业。但他的两个儿子,却是日本历史上非常重要的两位天皇。一位是葛城皇子(通称中大兄皇子),他是大化改新的核心人物,以后登基成为天智天皇。另一位是大海人皇子,后来成为天武天皇。如后面所述,在日本建立律令制国家的过程中,天武天皇建立了彪炳千秋的伟业。

当时的国际形势对日本政局的变化具有重要影响。公元618年,李渊(唐高祖)建立了唐王朝。由于王朝初建,无暇外顾,因此未和日本建立外交关系。621年,百济、新罗开始对唐遣使朝贡。624年,唐朝廷遣使对百济、新罗、高句丽三国国王进行了册封。"之后,三国年次朝贡,重新形成了以唐王朝为中心的国际秩序。"[①]推古三十一年,即623年,作为遣隋使被派赴中国的惠日等经新罗回国,奏请朝廷早日召回在隋留学生;尽快和唐朝建立国交。推古朝时,这一奏请未被采纳。但是舒明天皇登基后,即于舒明二年(630年)派遣原遣隋使犬上君三田耜(御田锹)和惠日,任第一批遣唐使正副使,在朝鲜半岛三国向唐朝遣使朝贡十年后,与唐朝通交。唐朝也于两年后派遣高表仁为使节,取道新罗到达日本。原先派往隋朝的一个叫僧旻的学问僧随同回到日本。

舒明十二年(640年),遣唐留学生被日本朝廷相继召回。当时的唐朝文明发达,文化繁荣,并建立了以严谨的律令为基础的中央集权。这些留学生对唐朝有长期、切身的感受,他们的返回对飞鸟朝廷,特别是对青年贵族产生了不可忽略的影响。《日本书纪》和《家传》对此都有记载,如据《家传》记载,"尝群公子咸集于旻法师之堂,讲周易焉",苏我虾夷之子苏我入鹿和中臣镰足亦同席听讲。[②]

当时朝鲜半岛三国在642年后相继发生政变,彼此间争斗日趋激烈

---

① 西岛定生:《六至八世纪的东亚》,岩波书店1962年版,第37页。
② 见《家传》(上)。《家传》共上、下两卷,上卷是《藤原镰足传》,藤原仲麻吕著;下卷是《武智麻吕传》,延庆著。在上卷正文末尾处,有贞惠、不比等、贞慧传。上、下卷均著于天平宝字年间。该史料在人们了解大化改新的历史背景方面是仅次于《日本书纪》的重要史料。

且唐朝的干预不断升级,因此被称为"大化改新"的划时代变革,一部分源自对现实政治不满的朝廷贵族和熟悉唐朝政治文化的留学生联手推动改革,另一部分与试图建立集权国家以因应朝鲜半岛风云变幻的局势不无关系。考察大化改新,不可忽略这一国际背景。

舒明天皇在位13年,于舒明十三年(642年)十月在百济宫驾崩,皇后宝皇女即位,成为皇极天皇(594—661年)。之所以由皇后即位,主要是因为中大兄皇子、山背大兄王都是天皇"候选人",让谁即位都可能引发冲突。皇极天皇虽然颇有威严,母仪天下,但苏我虾夷专横跋扈,漠视皇权。据《日本书纪》记载:"皇极天皇二年十月壬子(六日),苏我大臣虾夷,缘病不起,私授紫金冠于子(苏我入鹿)。"按照《冠位十二阶》,紫冠为正一位所戴,唯天皇有授予权。苏我虾夷这么做是僭越皇权。不仅苏我虾夷专横异常,他的儿子苏我入鹿更是跋扈无忌,甚至试图通过发动政变左右朝政。《日本书纪》皇极天皇二年(643年)条记载:"戊午(十二日)苏我臣入鹿独谋,将废上宫王等,而立古人大兄为天皇。"又据《上宫太子传补阙记》,翌年苏我入鹿袭击斑鸠宫,诛杀山背大王一族,"太子子孙男女二十三王无罪被害"。①

苏我虾夷父子的仗势横行,令一些皇室成员忍无可忍,也令朝廷诸臣愈益不满。于是,反苏我氏的势力以中大兄皇子和中臣镰足为中心,迅速集结。据《日本书纪》记载,中臣镰足的先祖曾助力神武东征,其父御食子和其叔国子,在推古朝和舒明朝时的"冠位十二阶"中,均获次席"小德",主管祭祀,参与朝政,颇有势力。皇极天皇四年(645年)六月,中大兄皇子和中臣镰足商定,趁"三韩进调日",即朝鲜三国向倭王进贡举行仪式之际,诱使苏我入鹿进入板盖宫正殿,将其诛杀。中大兄皇子对仓山田麻吕说:"三韩进调之日,必将使卿读唱其表。遂陈欲斩入鹿之谋。"意思是让他读唱三韩表文,同时宣布为什么要诛杀苏我入鹿。

苏我入鹿不知是计,如约而至。"时中大兄即自执长枪隐于殿侧。中臣镰子连等持弓矢,而为助卫。"苏我入鹿入席后,仪式开始。"仓山田麻吕臣恐唱表文,将近,而子麻吕等不来,流汗沃身,乱声动手(声颤手抖)。"苏我入鹿见状起疑,问:"何故掉战(为何如此紧张?)"仓山田麻吕回答道:"恐近天皇,不觉流汗。"

---

① 见作于9世纪或10世纪的《圣德太子传历》。据传为藤原兼辅所撰。

中大兄皇子见子麻吕畏惧苏我入鹿，迟迟不动手，便大喊一声，率子麻吕等冲进殿内，"出其不意，以剑伤割入鹿肩头。入鹿惊起，子麻吕运手挥剑，伤其一脚"。入鹿转向御座，边叩头边启禀皇极天皇："臣不知罪，祈垂审察。"皇极天皇大惊，问中大兄皇子："不知所作，有何事耶？（这究竟怎么回事？）""中大兄伏地奏曰：'鞍作（苏我入鹿后改名鞍作）尽灭天宗，将倾日位'（他这是要犯上作乱）。""天皇即起，入于殿中。佐伯连子麻吕、稚犬养连网田，斩入鹿臣。是日雨下，潦水溢庭。以席、障子覆鞍作尸。"也就是说，那天下雨，上演这幕时代剧的舞台为雨水浸透。他们用草席和格子窗盖在苏我入鹿的尸体上。曾经不可一世的权贵，下场凄惨。古人大兄看到这一情景，对别人说："韩人杀鞍作臣，吾心痛矣。即入卧内，杜门不出。"中大兄皇子则进入法兴寺，准备应对苏我氏族人报复。"凡诸皇子、诸王、诸卿大夫、臣、连、伴造、国造，悉皆随侍。"同时，他派人将苏我入鹿的尸体送交苏我虾夷。苏我入鹿的心腹汉直，遂会聚眷属，磨刀擦枪，准备报复。预料必有此事的中大兄派将军势得陀前往苏我氏处，"以天地开辟始有君臣说于贼党，令知所起（告诉贼党，你们这么做是犯上作乱）"。听了将军一番言论，高向国押对为首的汉直说了一番话。这番话译成白话文是：苏我入鹿颠覆君臣之序，理当被杀。苏我虾夷被杀也是迟早的事。难道我们要为他们卖命，也被杀头？说完，放下剑和弓走了。追随者即作鸟兽散。"己酉（十三日），苏我臣虾夷等临诛，悉烧《天皇记》《国记》和珍宝，船使惠尺，即疾取所烧《国记》而奉献中大兄。是日，苏我臣虾夷及鞍作尸，许葬于墓，复许哭泣。"即最后，苏氏虾夷点燃了自家邸宅，自焚而死。权倾朝野，四代人叱咤风云的苏我氏，自此覆亡。但覆亡不是灭门。"苏我"宗家改姓"石川"，继续繁衍，苏我分家则依然保留原姓。也就是说，现在有些姓"石川"的日本人，可能是其后裔。当年干支是乙巳年，因此这场政变史称"乙巳政变"。

苏我虾夷自焚后，翌日，皇极天皇将中大兄皇子召去，向他表示了让位之意。对此，中大兄没有即刻作答，而是回去求教中臣镰足。中臣镰足认为，中大兄皇子的兄长古人大兄皇子依然健在，此时即位颇为不妥，因为这么做会使人认为中大兄系为权力欲所驱使而发动政变，不仅会失去人心，而且会授人以柄。不妨让其叔父轻皇子即位，既可避免让身体康健的古人大兄皇子即位，从而掌握实权，又可笼聚人心，使其打倒苏我氏的行为获维护"大义名分"之美名，可谓一举三得。不愧为策士中臣镰足，能出此妙策。中大兄皇子当即表示赞同并依此向皇极上奏。皇极准奏,欲将皇位让与轻皇子,但轻皇子固辞并推古人大兄皇子。古人大兄拱手谢辞,并遁入飞鸟寺剃度为僧。轻皇子无以再辞,遂受让登基,成为孝德天皇,开了日本历史上"让位"之先例。

据《日本书纪》记载:"皇子再三固辞,转让于古人大兄皇,曰:'大兄命是昔天皇所生,而又年长,以斯二理,可居天位。'于是古人大兄避座逡巡,拱手辞曰:'奉顺天皇圣旨,何劳推让于臣?臣愿出家入于吉野,勤修佛道,奉佑天皇!辞毕讫,解所配刀,投掷于地,亦命帐内皆令解刀,即自诣于法兴寺佛殿与塔间,剔除髯发,披著袈裟。由是轻皇子不得固辞,升坛即祚。……以中大兄为皇太子,以阿倍内摩吕臣为左大臣,苏我仓山田石川麻吕臣为右大臣,以大锦冠授中臣镰子连为内臣,……以沙门旻法师、高向史玄理为国博士。"孝德天皇(596—654年)登基后,立中大兄皇子为太子。"大兄"意为同母兄弟中的长子和有皇位继承资格。"中大兄"意为"第二的大兄",其本名是"葛城皇子"。孝德登基后,古人大兄和先王皇极、中大兄皇子集群臣于飞鸟寺西面的作为神树的槻树下,对众神发誓效忠新王。

乙巳政变不仅是历史上历演不衰的争夺政权的惨剧中的一幕,更是使日本自此正式形成律令制国家的政治改革的序幕。"乙巳之变"后,孝德改元"大化",迁都难波(今大阪府内),推行变法。所有这些,史称"大化改新"。①

大化改新 新政权成立后,即向不断反抗唐朝干预的高句丽派出了友好使臣,要求连年受到新罗压迫的百济不可忽略日本的特权,并向东国(现关东和本州岛中部大部分地区)以及原来的直辖领地、倭的六县派遣了使者,传达了以强化中央集权为基本内容的诏书。同时,新政权制定了所谓《男女之法》,仿效中国的"良贱"观念,在"奴婢"和"良民"之间划定明确界限,废除了原来以子女归母系的归属意识为基础的"访妻婚",规定了中国式的父系主义原则。但同时规定,奴婢之子仍归奴婢。所以如此规

---

① 据《日本书纪》记载,大化(645—650年)是日本最初的元号。因此,诸多史书皆称新政权建立后即改元"大化",内政外交全面推行新政。但现今史学家对当时是否已经使用"大化"作为年号存疑。理由是所有文书、木简、金石文均无道,正式使用元号是大宝元年(701年)以后,此前均采用干支纪年,唯一有大化元号的,是《帝王编年记》中引用的宇治桥断碑文,但此碑文很可能是后世之作。

定,皆因将奴婢视为畜牲,"不知其父"。至平安末年,在被称为《法曹至要抄》的法律文书中仍有此记载:"案之于奴婢者,律比畜产,仍所生之子皆可从母也"。

同年八月,大化朝廷还遣使各国家寺院,向佛教界阐明了新政,其中一项主要内容,就是以学自唐朝的"十师制"取代推古朝制定的、学自朝鲜的僧正、僧都,担当佛教界的指导。并规定对伴造以上的佛寺给予财政援助,由是不仅继续了前此兴隆佛教的政策,同时促使氏寺向官寺转换。

是年年末,大化朝廷在原属于大和朝廷"外港"的难波(今大阪府内)着手营造难波长柄丰碕宫(俗称难波宫),并在经历了上述改革预备阶段后,正式开始全面推行改革。①

"大化二年(646年)春正月甲子朔,贺正礼毕即宣改新之诏"。"改新之诏"全文由四项目构成,在《日本书纪》卷二十五中载有全文,在此录其要点并简释如下:②

其一曰,罢昔在天皇等所立子代之民,处处屯仓,及别臣、连、伴造、国造、村首所有部曲之民,处处田庄。仍赐食封大夫以上,各有差。降以布帛赐官人、百姓有差。又曰,大夫所使治民也,能尽其治则民赖之。故重其禄,所以为民也。

即废除原先所有"部曲之民"以及各处"田庄",给予官僚新的"俸禄",并说明此举之目的。

其二曰,初修京师,置畿内国司、郡司、关塞、斥候、防人、驿马、传马,及造铃契,定山河。凡京每坊置长一人,四坊置令一人,掌按检户口,督察奸非。其坊令,取坊内明廉强直堪时务者充。里坊长,并取里坊百姓清正强干者充。若当里坊无人,听于彼里坊简用。凡畿内,东自名垦横河以来,南自纪伊兄山以来,西自赤石栉渊以来,北自近江狭狭波合坂山以来,为畿内国。凡郡以四十里为大郡,三十里以下

---

① 根据前期难波宫遗址判断,日本史学家大都认为当建于孝德朝(7世纪中叶),但条坊井然的前期难波京建设究竟始于何时,有孝德朝和天武朝初期(7世纪后半叶)两种意见。
② 日本史学界认为,收录于《日本书纪》的"大化改新之诏"是否系当年原始文件值得怀疑。因为整个诏书作为法律文书之严谨,和半世纪后701年颁布的"大宝律令"类似,不像当年所作。另外,诏书中有几处关于郡和郡司的记载,但是,据发现于藤原宫遗址的诸多相关木简记载,郡和郡司制是由"大宝律令"制定、施行的,之前称评或评司制。因此,目前可以判定,完成于720年的《日本书纪》的编者,当参照了当时的现行律令即《大宝律令》。不过,"大化改新之诏"究竟在多大程度上对原诏书进行了润色,还无法判定。

四里以上为中郡,三里以下为小郡。其郡司,并取国造性识清廉堪时务者,为大领、少领。强干聪敏工书算者,为主政、主账……

即划定行政单位及区域范围,确定择官标准。

其三曰,初造户籍、计账、班田收授之法。凡五十户为里,每里置长一人,掌按检户口,课殖农桑,禁察非违,催驱赋役。若山谷阻险,地远人稀之处,随便量置。凡田长三十步、广十二步为段,十段为町。段租稻两束两把,町租稻二十二束。

即在上述行政区划内,对基层组织、责任人做进一步具体规定。

其四曰,罢旧赋役而行田之调。凡绢、絁、丝、绵,并随乡土所出。田一町绢一丈,四町成疋("匹"的异体字)。长四丈,广二尺半。絁二丈,二町成疋,长、广同绢。布四丈,长、广同绢、絁。一町成端。别收户别之调。一户赀布一丈二尺。凡调副物盐赘,亦随乡土所出。凡官马者,中马每一百户输一疋,若细马每二百户输一疋,其买马值者,一户布一丈二尺。凡兵者,人身输刀,甲、弓、矢、幡、鼓。凡仕丁者,改旧每三十户一人,而每五十户一人,以充诸司。以五十户充仕丁一人之粮。一户庸布一丈二尺,庸米五斗。

即废除原有之赋役,以租、庸、调取而代之,具体做法是:受田农民必须向国家交谷物(租),服劳役或纳布代役(庸),交地方土产(调)。

不难发现,"改新之诏"的基本精神就是强化中央集权,无论在政治还是经济方面。其基本做法,大抵采自隋唐律令制,曾留学中国的"博士"们的作用,由此可见一斑。

大化二年(646年),在推行政治改革的同时,新政权努力"移风易俗",提出了规定坟墓营造规格的"薄葬令",以及改革葬仪旧俗的举措。

大化三年(647年),新政权为了改革旧职、新设百官,设定了七色十三阶,大化五年(649年)又"制冠十九阶",并诏令国博士高向玄理和僧旻"置八省百官"。虽则当时仅是令其起草方案,但至迟在白雉(亦称"白凤")年间(650—655年)已得以推行。如《续日本纪》和铜元年(708年)八月条中的《高向麻吕传》,有高向麻吕的文章是"难波朝廷刑部尚书大花王上"的记载。

大化政权建立后新政频出,既获得拥护,也招致反对。特别是由于苏我氏的灭亡而无法问鼎皇位,并因此出走吉野遁入佛门的古人大兄皇子,更是利用部分人的不满和焦虑情绪,在大化初年即图谋反。但中大兄皇子早已防患于未然,迅速予以平定。大化五年(649年),左大臣阿倍内摩吕臣去世后,右大臣苏我石川麻吕试图谋反遭到密告,中大兄皇子未予细究即举兵讨伐,使苏我石川麻吕在山田寺自杀,其族人和盟友多人殉死,多人被处死刑。

白雉四年(653年),中大兄皇子突然向孝德天皇建议离开新宫重返飞鸟。孝德对此建议不予采纳,但中大兄皇子仍偕其母皇极天皇和妹妹间人皇女,迁往飞鸟河边行宫,其众多兄弟及朝中多数大臣亦跟随前往。是年,日本朝廷连续派出了两批各120人的遣唐使,其中第二批遣唐使在海上遭难,未能重归故里。白雉五年(654年),日本朝廷派出了第三批遣唐使。可以认为,在同室操戈的宫闱争斗方兴未艾之际,一再遣使唐朝主要已不是出于文化需求,而是执政者立足未稳,希望获得唐朝支持的政治需求。但是,见众叛亲离,甚至连最爱的妻子也弃他出走的孝德天皇,在这一年十月于郁郁寡欢中去世。事实上,重归飞鸟故里不是中大兄皇子本人,而是其母皇极天皇的意愿。皇极天皇让位后仍贵为"大御母"(天皇号成立后称"皇祖母尊"),长期以来曾在位于飞鸟的其夫舒明天皇冈本宫,以及自己板盖宫的政治舞台上扮演主要角色。因此飞鸟返都实际上是政治斗争的产物。654年孝德天皇驾崩后,年号中断了32年:天武天皇673年至686年在位,但至686年未使用年号,直至686年7月才定年号为"朱鸟"。但年号仅使用了三个月,天武天皇就驾崩了。之后又经历15年的"年号空白期":686年持统天皇即位后年号停用;697年文武天皇即位后,直至701年才起用"大宝"为年号。当然,这是后话。

公元655年正月,皇极上皇在飞鸟板盖宫即位,号齐明天皇,这是日本历史上天皇首次重祚。①655年因此成为"齐明元年",尽管这不是年号。然而,在齐明天皇登基不久,一场史称"有间皇子之变"的政变悄然酝酿。

有间皇子是逝于难波的孝德天皇之子,杀父之仇自古不共戴天,因此他对齐明天皇(宝皇女)当然怀有刻骨仇恨。为了使这种心理不被察觉,他平时故意装疯卖傻。齐明三年(657年)某日,有间皇子去纪伊的牟娄温泉治病,回来后禀告齐明天皇,称"仅看一下那里的景色,病就痊愈了"。齐明天皇闻之心动,于翌年十月偕中大兄皇子一起前往。

---

① 孝德天皇去世后,61岁的皇极天皇(此时为"大御母")再度登上皇位(日本史上最早的重祚),成为第三十七代天皇齐明天皇。

第二章 ● 大和时代

在两位执掌政治权柄的人物离开都城的时候,天皇巡幸期间负责值勤的苏我赤兄造访了有间皇子。苏我赤兄向有间皇子历数了齐明天皇的三大"苛政":大建仓库聚敛民财,此其一;挖掘运河劳民伤财,此其二;以船运石,以石造丘,此其三。一直为寻觅盟友而殚精竭虑的有间皇子听后大喜过望,遂决意起兵。

两天后,有间皇子到了苏我赤兄住宅,孰料在登楼谋事时不慎扭伤了脚。预感这是不祥之兆的有间皇子当即回到家里静卧。然而,正所谓"树欲静而风不止"。当天半夜苏我赤兄即派兵包围了有间皇子的住宅,将他拿获,并遣使向齐明天皇禀报。根据旨令,有间皇子及同党被带往纪伊温泉女皇处。自感来日无多的有间皇子悲愤交加,在途经盘代(今和歌山县日高郡南部町)赋诗一首抒发胸臆:"磐代岸边松,结枝祈幸免;得幸免,归来重见。"到了纪伊后,中大兄皇子问有间皇子:"为何谋反?"答曰:"此乃天和赤兄知,我一无所知",表达了被诱入圈套的悲愤和无奈。两天后,有间皇子在藤白坂(今和歌山县海南市)被处以绞刑。

白江之战 一波平未,一波又起,此时国际局势的变化,特别是唐和新罗的联手,向齐明朝提出了新的课题。于是,齐明朝在659年派出了第四批遣唐使。迄今依然留存的第四批遣唐使成员伊吉连博德当天的日记,记载了这批遣唐使的行踪。当时,与伊吉连博德同乘一条船的副使等,在觐见唐高宗时,奉上了道奥虾夷男女二人,似夸耀大和朝廷的德化已播及远方。当年年末,遣唐使一行为唐朝官员抓捕,称唐高宗有旨,因近期有"海东之政",禁止他们回国。所谓"海东之政",即唐和新罗欲联手。663年日本在与唐朝、新罗联军争战的白江之战(又叫"白村江之战")中遭遇惨败。此战大致经纬如下:

齐明天皇六年(唐显庆五年,660年),唐将苏定方、新罗武烈王率领的军队会师于高句丽的盟国百济,对百济发动猛攻,百济义慈王在首都泗沘城(扶余)被迫签城下之盟。翌年(661年)初,日本齐明天皇和中大兄皇子(天智天皇)亲赴九州,欲统兵渡海西征。不料齐明天皇或因旅途劳顿,于当年七月病死,出征计划被迫推迟至八月,中大兄皇子监国,令先遣部队及辎重渡海。九月,约5 000名日军护送百济余丰璋王子归国即位(余为百济王室的姓)。翌年(662年)正月,日本向百济赠送大批物资,并在同年五月派舟船170艘前往增援,在本土"修缮兵甲、各具船舶、储设军粮"。下一年(663年)三月,日本增兵2.7万人,唐朝也任命右威卫将军孙仁师为熊津道行军总管,统率战船7 000艘进驻熊津城(今韩国公州)。五六月间,百济君臣发生严重内讧,唐、新罗联军趁机调兵遣将,于八月十三日包围了百济王所在的周留城(今韩国扶安)。白江之战随即拉开战幕。据朝鲜史籍《三国史记》记载:"此时倭国船兵,来助百济。倭船千艘,停在白沙。百济精骑,岸上守船。新罗骁骑,为汉前锋,先破岸阵。"但是,因唐军实施"左右夹船绕战"的包抄合击之术,使日军"赴水溺死者众,舻舳不得回旋"。最终,按《旧唐书·刘仁轨传》的记载:"仁轨遇倭兵于白江之口,四战捷,焚其舟四百艘。烟焰涨天,海水皆赤。"战后,百济王余丰璋逃亡高句丽,残军尽皆投降,百济复国梦想破灭。667年,唐朝和新罗联军继续挥师征伐,翌年攻陷平壤,存在705年之久的高句丽灭亡。唐朝则确立了在东亚地区的地位。如后面所述,此战之后,日本遣唐使的规模有明显扩大,向唐朝学习的愿望,日益强烈。

667年,中大兄皇子下令迁都近江大津宫。668年,作为皇子摄政十多年的中大兄皇子正式即位,号天智天皇(626—671年)。"天智"源于中国历史典故"殷代末王纣王心爱的天智玉"。之所以迁都,和663年发生的白江之战有关。天智天皇担心万一唐朝和新罗联军进攻日本,将从濑户内海进入难波。大津宫位于琵琶湖边,有地势险要的山谷,易守难攻。而且大津是去往东国的交通要冲,危急时可以后退。日本古代都城,唯独大津地处偏远,原因就在这里。同时,白江之战的惨痛教训,使天智天皇不得不审时度势,努力修复和强盛的大唐帝国的国交,并积极选派遣唐使,全方位学习唐朝的政治、经济、文化。从那时候开始,遣唐使人数规模和目的,有极大变化。天智天皇命中臣镰足制定《近江令》。所谓《近江令》,"世人所谓近江朝廷之令也"。这部法令集有22卷,是日本最早的一部成文法典,所憾已经失传。日本学者推测《近江令》大体参考唐代《贞观令》编纂。翌年,中臣镰足病危。临终时,天智天皇赐予他大织冠冠位,并赐姓藤原。如后面所述,藤原氏后来位极人臣,是日本古代最有力的贵族。虽然藤原氏作为"国丈",权倾朝野,在历史上不乏负面评论。但是,藤原家族为律令制的建立所做出的贡献,无法否定。

第六节 佛教的传入和"三宝"的兴隆

约公元前5世纪,在今天尼泊尔境内有一个迦毗罗卫国,这个国家的王子叫乔达摩·悉达多,但以"释迦牟尼"闻名于世。"释迦"是族名,意为"能""勇","牟尼"意为"文""静",专指出家修行有成者即"圣者"。"释迦牟尼"意为"释迦族的圣者"。他的功绩众所周知:创建了佛教。因此,释迦牟尼又被尊称为"佛陀"。

在"释尊入灭"即释迦牟尼涅槃后,大约在公元前273到公元前232年,佛教开始向南、北两个方向传播。从犍陀罗国(巴基斯坦)向北传播的一支,经中国西域的塔克拉玛干沙漠周边地区传入中原地区,进而传至扬子江流域,继而传入朝鲜半岛的百济、高句丽、新罗。这一支叫"北传佛教",俗称"大乘佛教"。按照梵文发音,大乘佛教读作"摩诃衍那"。从隋唐开始,中国取代印度成为世界佛教中心,而且大乘佛教的经典主要属汉文系统,所以这一支又称"汉传佛教"。向南面传播的一支从恒河流域传入僧伽罗国(斯里兰卡),然后沿海路到达东南亚的缅甸、暹罗(泰国)、柬埔寨。南传佛教又称"上座部佛教",音译"希那衍那",常被称为"小乘佛教",以巴利文编纂经文。按照中国佛教协会前主席赵朴初居士的解释,"乘"意为交通工具。大乘着重利他,强调普度众生,小乘着重自我修行,关注自我解脱。还有一支在7世纪从东印度传入中国西藏地区,这一支叫"藏传佛教",俗称"喇嘛教",经典属藏文系统。

佛教传入 日本佛教共13宗56派,本书后面有详述,大都传自中国,但佛教何时传入中国尚无定论,最普遍的说法是东汉永平十年(67年),汉明帝派使者前往西域广求佛像及经典,并迎请高僧到洛阳,在洛阳建了第一座官方的佛教寺庙白马寺,在白马寺完成了中国最早译的佛典《四十二章经》。

关于佛教何时传入日本,《上宫圣德法王帝说》(略称《法王帝说》)和《扶桑略记》等古籍,有538年传入和552年传入两种说法。

《上宫圣德法王帝说》记载:"志癸岛天皇(即钦明天皇)御世戊午年(538年)十月十二日,百济国主圣明王始奉度佛像佛经并僧等。敕授苏我稻目宿祢大臣,令兴隆也。"

《扶桑略记》卷三及《元享释书》卷十七记载:"延历寺《僧禅岑记》云,第二十七代继体天皇即位十六年(522年)壬寅,大唐汉人(南朝梁人)案部村主司马达止,此年春二月入朝,即给草堂于大和国高市郡坂田原安置本尊,皈依礼拜,举世皆云,是大唐神之。"《日本书纪》钦明十三年(552年)十月条:"百济圣明王(更名圣王)遣西部姬氏达率怒利斯致契等,献释迦佛金像一躯,幡盖若干、经论若干卷。"

也就是说,佛教是在538年或552年钦明天皇在位期间传入日本的。不过此前亦有佛教进入列岛的记载。如《叡岳要记》中的"三津首百枝本缘起"称,显宗天皇三年丁卯(487年),百枝在志贺的草屋中用泥土塑造了一具长3尺①的比丘像,人们见之忌惮。但这不被用作佛教传入日本的凭信。初传日本的佛菩萨被称为トナリクニノカミ,一般被译为"蕃神"。但笔者认为,按该词原意译作"邻国之神"或更贴切。

之后,佛教通过种种路径从朝鲜半岛特别是百济进入日本,并对日本构成影响。据《元兴寺缘起》钦明十五年(554年)二月条记载,百济在替换五经博士的同时,又派遣僧侣昙慧等9人,替换原先派出的僧侣道深等7人;敏达六年(577年)十一月条记载,百济王向倭派去律师、禅师、比丘尼、咒禁师、造佛工、造寺工6人。这些人均被安置于难波的大别王寺(四天王寺的前身)。崇峻元年(588年)为营造法兴寺(飞鸟寺),百济向倭奉送了寺工、炉盘博士、瓦博士、画工等。根据《崇峻纪》《元兴寺露盘铭》记录的人名判断,白昧淳、阳贵文、凌贵文、白加等人不像百济人,很可能是经由百济赴日的中国人。

佛教的传入,不仅影响社会发展,而且一开始就引发不同利益集团的冲突。在"百济国主明王始奉度佛像",即在538年或552年,百济国王派使节奉佛像到达日本时,在朝廷内部,以渡来系势力代表苏我氏为一方,以土著系势力代表中臣氏和物部氏为另一方,围绕是否接收佛像佛经,展开了一场激烈争论。据《日本书纪》记载,钦明天皇面对佛像经卷,询问诸臣如何因应,苏我稻目当即回禀:"西藩诸国(按:指西邻朝鲜诸国)举国礼拜,倭国不应单独拒绝。"物部尾舆和中臣镰足则主张:"吾王若使蕃神获得礼拜,必惹怒国神。"最终,钦明天皇采纳了苏我稻目的意见,"敕授苏我稻目宿祢大臣,令兴隆也"。也就是说,钦明天皇将佛像给了苏我稻目,让他兴隆佛教。

苏我稻目从钦明天皇手中接过佛像后,将其供奉于小垦田的邸宅,并且日日礼拜。之后,他将自己在向原的邸宅用作佛寺,供奉佛像。孰料,时隔不久,当地疫病流行,死者甚众。物部尾舆等称,此番灾祸皆因崇拜

---

① 10尺约合1丈,1丈约合$1\frac{1}{3}$米。

第二章 ● 大和时代

蕃神惹怒国神所致,于是征得天皇恩准,将佛像投弃于难波的堀江,并将伽蓝付之一炬,酿成日本最初的"废佛毁释"事件。

在此之后,佛教在日本的传播受阻,直至敏达十三年(584年),鹿深臣(甲贺臣)从百济获得一尊弥勒佛石佛后,苏我稻目之后苏我马子才以此为契机使佛教再兴。据《日本书纪》记载,当时苏我马子拜高句丽僧侣惠便为师,在邸宅的东面建起佛殿,并将弥勒佛石像供奉其中举行法事。令人意想不到的是,此时佛殿惊现舍利。这一灵异,令众人感到匪夷所思。《日本书纪》对此特记,曰佛法之启蒙自此开始。翌年,即585年,苏我马子又在大野丘(今奈良县明日香村)的北面建起佛塔,举行大规模法事,并将舍利置于塔顶。此后,苏我马子在各地建造佛堂佛塔,经常举行大型法事,使崇佛在列岛不像其先人那样仅是一种个人行为。然而,佛教在日本注定命运多舛。在一次法事后,苏我马子因有恙在身,遂向弥勒佛祈祷。然而,事与愿违,日本国内再度疫病流行,死者甚众。物部尾舆的儿子物部守屋和中臣镰足的儿子中臣胜海向敏达天皇奏诉,称疫病流行,祸起佛教信仰。敏达天皇准奏,敕令禁教。于是,物部守屋亲往佛寺,推倒佛塔,烧毁佛殿,将佛像投入难波堀江。佛教僧尼也因此遭到弹压。上述事件,在《日本书纪》和《元兴寺缘起》中均有记述,经专家考证,属于信史。

敏达十四年(585年)敏达天皇驾崩后,苏我马子和物部守屋的对立更趋表面化,甚至在安置敏达天皇遗体的殡仪宫互相嘲讽。之所以如此,主要是因为将要继位的,是钦明天皇的四皇子大兄皇子(用明天皇)。由于大兄皇子的母亲是苏我稻目的女儿坚盐太后,因此物部守屋的危机感急剧加深。为了化解危机,物部守屋密谋拥立钦明的妃子小姉君的三儿子穴穗部皇子。

用明二年(587年),用明天皇在新尝祭当天以带病之躯(据说所患疾病为天花)召集重臣,表明欲皈依佛门之意,征询众臣属意见。席间,崇佛派和废佛派自然再起冲突。苏我马子表示支持,物部守屋和中臣胜海表示反对。争论正酣之际,押坂部史毛屎走进会场,悄悄告知物部守屋,他将大祸临头。物部守屋大惊,当即逃往阿都(今大阪府八尾市迹部)。

时隔不久,用明天皇驾崩。苏我马子当即集合兵力,首先将物部守屋想拥立的穴穗部皇子斩杀,随后偕泊濑部皇子(崇峻天皇)、竹田皇子等诸王子,以及纪男麻吕、巨势比良夫等,举兵讨伐物部守屋,决意斩草除根。

面对讨伐,物部守屋集合一族之众及其部民迎战,与苏我马子阵营浴血相搏。据史籍记载,物部守屋亲自登高射箭,不幸被迹见赤梼射杀。主帅阵亡,物部氏全线崩溃。

据《日本书纪》记述,当时厩户皇子即后来的圣德太子也在苏我马子阵中。在双方激战正酣时,厩户皇子正雕琢四天王木像,发誓征战胜利后定为四天王建造寺院佛塔。之后,厩户皇子在摄津国建立了四天王寺,将物部守屋半数部民和奴隶捐赠给该寺。但据史家考证,这一记述当为伪史,因为四天王寺建于7世纪初。《日本书纪》之所以出现这种讹误,主要是因为《日本书纪》的这段记载取自《四天王寺缘起》。《四天王寺缘起》的作者为了提高该寺地位,刻意与厩户皇子扯上关系。关于厩户皇子参与平乱的记述及其誓言也不足信。因为厩户皇子生于敏达三年(574年),当时年纪尚幼。尽管《日本书纪》这段记述是伪史,但佛教此后获得圣德太子弘扬,则是不争的信史。正是在圣德太子的关照下,佛教在列岛迎来了璀璨的黎明。列岛第一个寺院飞鸟寺,就是在这一背景下建造的。

崇峻元年(588年),百济遣使大和朝廷,向大和朝廷派去寺工、炉盘博士、瓦博士、画工等技术人员。获得百济的帮助后,在选址飞鸟真神原后,飞鸟寺正式开工且按部就班地建造起来:崇峻三年(590年)开采寺院建筑用材;崇峻五年(592年)开工建造金堂和回廊;推古元年(593年)将百济晋献的舍利供奉于佛塔心础(支撑佛塔中心之心柱的基石),并树立心柱正式开始建塔;推古四年(596年)佛塔建成;推古十四年(606年)由止利佛师领衔雕琢的高4.8米的金铜如来像落成并供奉于金堂。该佛像即现在飞鸟寺安居院的本尊释迦像(飞鸟大佛),伽蓝也在此时构建。推古四年(596年)飞鸟寺竣工,历时8年。需要说明的是,以百济圣明王晋献一尊佛像和数卷经纶为标志,佛教在钦明天皇时期正式传入日本,之后历经敏达天皇、用明天皇时期的"崇佛废佛之争",至崇峻天皇时期以飞鸟寺的建造为标志,趋向繁荣。这一过程看似历经几代天皇颇为"漫长",但敏达天皇、用明天皇、崇峻天皇都是钦明天皇的皇子。从538年(或552年)佛像和佛经传入,至596年飞鸟寺竣工,实则仅历时58年(或44年)。

崇峻天皇登基后,苏我马子作为国丈即天皇的岳父,更加飞扬跋扈,令崇峻天皇非常不满。某日,有人向崇峻天皇献猪。崇峻指着那头猪说:"何时如断此猪头,断朕所嫌之人!"不料,这话传到了苏我马子的耳内。

苏我马子勃然大怒,称:"天皇这是自寻死路。好吧,容我在被杀之前先把他给杀了。"592 年,苏我马子不辞"弑君之罪",诱使崇峻天皇出席仪式,指使刺客东汉直驹将天皇刺杀。同年十二月,苏我马子推举外甥女炊屋姬、敏达天皇的皇后登基。日本列岛于是出现了统御列岛的第一个女天皇——推古天皇。据《日本书纪》卷二十二"推古天皇即位前纪":"天皇为大臣马子宿祢见杀。嗣位即空,群臣请渟中仓太珠敷天皇之皇后额田部皇女,以将令践祚。皇后辞让之。百寮上表劝进,至于三乃从之。因以奉天皇之玺印。"所谓"天皇之皇后额田部皇女",是因为推古天皇既是用明天皇的同母妹妹,也是敏达天皇的皇后及同父异母妹妹。也就是说,敏达天皇娶了同父异母妹妹为妻并立其为皇后。按现代观点,敏达和推古此举纯属乱伦。但在当时的日本朝廷,不仅近亲结婚,就是至亲结婚也非绝无仅有。例如,圣德太子的父亲用明天皇和他母亲,也是同父异母兄妹。另外,在推古天皇前后出现的女统治者有两种类型:一种是萨满型即女巫型,如《魏志·倭人传》所记载的"事鬼道,能惑众"的卑弥呼。清宁天皇逝后"临朝秉政"的饭丰皇女,亦属于这种类型。另一种类型是先帝的皇后,如舒明天皇的皇后齐明天皇,天武天皇的皇后持统天皇。

　　按照久米邦武的观点,"圣德太子是日本文明的启发者。在圣德太子的启发下,日本百余年的文明停滞状态一扫而光,国家的品位也得到提高"。"圣德太子政令的精神实质就是兴隆佛法。"①据《日本书纪》卷二十二记载:"(推古天皇二年)春二月丙寅朔,诏皇太子及大臣,令兴隆三宝。是时,诸臣连等,各为君亲之恩,竞造佛舍,就是谓寺焉。"推古天皇二年是594 年,"三宝"即佛宝(已成就圆满佛道的一切诸佛)、法宝(诸佛的教法,包括三藏十二部经、八万四千法门)、僧宝(依佛教教法如实修行的僧侣)。也就是说,在天皇诏令的推动下,佛教在日本开始兴隆。当时,在皇宫所在地飞鸟(今奈良县高市郡)、大和的外港难波(今大阪府天王寺区元町)等地,以佛教为中心的飞鸟文化日趋繁荣。

　　飞鸟文化　　飞鸟文化得名于飞鸟时代。"飞鸟时代"这一概念最先由日本建筑史家关野贞和美术家冈仓天心于 20 世纪初提出。不过,关野贞认为飞鸟时代至 646 年大化改新结束,而冈仓天心则认为以 710 年迁都

---

① 久米邦武:《早稻田大学日本史》第一卷《弥生古坟时代》,米彦军译,华文出版社 2019 年版,第 490 页。

平城京终止。历史学家大多采纳冈仓天心的断代划分,而艺术史和建筑史学家则倾向于关野贞的观点,并将大化改新后的时期称为"白凤时代"。也就是说,飞鸟时代始于6世纪中叶佛教传入,学术界看法一致;但飞鸟文化止于何时,学术界主要有两种意见:一种意见将其定为7世纪的大化改新或7世纪中叶的天智朝这段历史,即重点关注律令政治的正式建立;另一种意见则认为迁都奈良标志飞鸟时代终止,即以政权的迁移作为标准。两种意见有一点是一致的,即推古朝处在飞鸟时代的中期。

飞鸟文化最典型的标志是寺院。在飞鸟时代,法兴寺(因地得名,又称飞鸟寺)、四天王寺、斑鸠寺(按:原寺被焚,后在其附近建起了法隆寺)竞相亮出身姿,不仅当之无愧成为推古朝最具有代表性的三个寺院,而且以基石、瓦葺等新的技术手法修建的寺院伽蓝建筑,鲜明地体现了中国的寺院建筑风格。寺院中的佛像雕刻,如被认为是鞍作鸟作品的法隆寺金堂释迦三尊像所示,明显受到中国北朝佛雕风格的影响。另外,如百济僧观勒向日本传播了历法,高句丽僧昙征传播了彩色、纸、墨的技法等史实所示,经百济和高句丽,飞鸟文化吸收了大量中国南北朝时期的文化。1956年,在奈良国立文化财研究所组织下,日本考古学者对法兴寺遗址进行了发掘,取得了许多新的发现。首先令人感到惊讶的,是法兴寺的伽蓝布局:以塔为中心,在塔的东西两侧和前方配置金堂。这种一塔三金堂的伽蓝布局,未见于日本列岛和百济,仅发现于平壤清岩里高句丽时代的废寺,它有以八角塔为中心的相同布局。专家据此推断,法兴寺的伽蓝配置很可能受到高句丽的影响。史料也为此推断提供了证明。当时,高句丽采取"亲倭"政策。推古天皇三年(595年),高句丽僧侣慧慈踏上日本国土,翌年与百济僧慧聪一起客居飞鸟寺。《日本书纪》记载:"推古天皇四年冬十一月,法兴寺造竟,则以大臣男善德臣拜寺司。是日,慧慈、慧聪二僧始住于法兴寺。"

同时,法兴寺出土的瓦,没有日本江户时代之前的庙宇通常用的轩平瓦,仅有轩丸瓦,上面有莲花图案,同百济古都扶余出土的瓦极为相似,为史料所载法兴寺的建造有百济瓦工参与提供了佐证。在塔离地3米处,考古学家发现了地下式心础,上面有安置舍利用的舍利孔。在心础的上方发现了一个木箱,里面是装有舍利的金铜制小容器。在心础的上面有翡翠和玛瑙的勾玉、管玉、水晶切子玉、玻璃制蜻蜓玉、小玉、金环、金银延板、各种金铜制器具、马铃,以及挂甲(骑马用的铠甲)、蛇形状铁器(马尾

第二章 大和时代

装饰物)等,总计达1 750余件。法兴寺的考古发掘,还验证了文献中又一条重要史料的真实性:据《日本书纪》记载,推古天皇元年(593年)正月,将佛舍利置于法兴寺刹柱础,使法兴寺形成了由佛堂、步廊、塔构成的布局,从而真正完成了使拜佛之地从"草堂"变成伽蓝的飞越。更重要的是,法兴寺的考古发现,再次展示了日本既吸收外来文化又保持传统文化的特征:既吸收其他文化和先进技术,又沿袭古坟时代祖灵信仰的传统。①

法兴寺不仅是日本佛教兴隆的标志,而且是日本的中国文明摄取史的一块里程碑。同时,通过对法兴寺的考古发掘进一步证实,朝鲜半岛在当时扮演着将中国的佛教传向日本的"中介"角色。林屋辰三郎在《古代的环境》一书中写道:"在推古朝廷的支持下,苏我氏显示作为其权力象征的举措,就是营造法兴寺。法兴寺于崇峻天皇元年(588年)动工、推古天皇四年(596年)竣工。作为我国(日本)最初规划整然的伽蓝,法兴寺伽蓝不仅模仿了高句丽清岩里废寺的布局,而且成为以后日本伽蓝的蓝本。苏我氏推崇高句丽—北魏路线,不久得以供奉的本尊释迦如来像(飞鸟大佛),亦典型地显示了北魏样式,并被视为苏我氏采用的沿日本海路线接受文化传播的成果。故在此之后由圣德太子建造的法隆寺及其中的佛像等,基本采用这一模式也就成了题中应有之义。"②

当时佛教文化传入日本有三条路径,并因此形成了三种不同的风格。第一条路径是位于中国北部的北魏的佛教文化,经高句丽传入日本列岛。法兴寺明显留有北魏佛教文化的痕迹。例如,仅就佛像而言,法兴寺飞鸟大佛和法隆寺药师三尊、释迦三尊等由止利佛师雕琢的佛像,均具有古拙涩硬的风格。第二条路径是位于中国中部的北齐、北周(南朝)的佛教文化,经百济、新罗传入日本列岛,以广隆寺、中宫寺的弥勒佛像等为代表,具有较为柔和的艺术风格。第三条路径是从中国的隋朝直接传入,以播磨国一乘寺的观音菩萨像、播磨国鹤林寺的圣观音像为代表,具有严肃中透出轻妙的风格。

四天王寺建于大和的外港难波(今大阪府天王寺区元町)。四天王系

---

① 考古学者发掘出了建造当初的塔心础(四方形,各面面积均约2.5平方米)。容纳舍利的容器是镰仓时代的器物,但心础上面散布着挂甲、草摺、马铃等古坟时代的随葬品,以及其他类似物品,显示了日本佛教草创期的寺院和古坟文化的关系。

② 林屋辰三郎:《古代的环境》,岩波书店1988年版,第145—146页。

《金光明经》所述之护国天神,但该寺是否自始定名四天王寺尚难推断,有学者认为,最初可能以地为名叫荒陵寺。《太子传古今目录抄》所引《古今缘起》称,阿倍仲麻吕将四大天王像供奉于塔内。《日本书纪》孝德纪大化四年(648年)二月条也称,阿倍仲麻吕在四天王寺内安置佛像四尊。根据两项记载的一致性判断,不管该寺名称最初是否叫四天王寺,可以肯定的是,日本当时已有祈愿四天王降伏恶魔的信仰。1955年后,日本文化财保护委员会对遗址进行了历时三年的考古发掘。结果显示,四天王寺的伽蓝的南大门、中门、塔、金堂、讲堂呈南北一直线状,周边设有回廊。这一格局和百济最后的都城扶余的军受里废寺、新罗古都庆州的皇龙寺的格局一致。另根据出土的大量古瓦判断,同时根据《日本书纪》等古籍所记,四天王寺于飞鸟时代早年开工,至推古朝末年竣工。

推古九年(601年)二月,圣德太子在斑鸠建造了宫室,因地名而称斑鸠宫。斑鸠位于大和盆地的西隅、矢田丘陵的南麓、小垦田宫西北方向,距小垦田宫20公里左右。1939年,浅野清等考古学者通过两年的考古发掘,发现了被推定为圣德太子建造的斑鸠宫的遗址。因为从东院的传法堂、舍利殿等处的地下,发现了与法兴寺同时期的许多掘立柱遗迹,长约21米,宽约6—7米,还有几处大小建筑物和水井的遗迹。另外,那些建筑物的地表层铺着砂砾,还有烧毁的壁土、灰、土器片等。据《日本书纪》皇极二年(643年)十一月条记载:"苏我臣入鹿遣小德巨势德太臣、大仁土师娑婆连,掩山背大兄王等于斑鸠……巨势德太臣等烧斑鸠宫。"根据遗址的考古发现和历史记载的一致性判断,该处当为斑鸠宫遗址。

斑鸠寺紧挨着斑鸠宫。被供奉于法隆寺金堂的药师如来像光背的铭文记载,丙午年(586年)用明天皇因罹患疾病祈愿痊愈,向炊屋姬(即敏达天皇的皇后推古天皇)和圣德太子下诏,立佛寺和药师像,但终因未能如愿而成不归之人。推古天皇和圣德太子谨遵遗命塑造此像,完成于丁卯年(推古十五年,607年)。铭文中称推古天皇为"小治田大宫治天下大王天皇",称圣德太子为"东宫圣王"。此光背铭在《法王帝说》中亦有记载:"右法隆寺金堂坐药师像光背铭文,即寺造始缘由也。"另外一块与斑鸠寺兴建有关的金石文,是被供奉于金堂中央的释迦三尊像的光背铭文,上面镌刻有推古三十年(622年)圣德太子亡故,翌癸未年,皇后、皇子、诸臣祈愿太子往生,命鞍作首领止利佛师造此佛像云云。

据《日本书纪》天智九年(670年)四月条记载,斑鸠寺在当时被焚毁,后得以重建,7世纪先建成金堂,之后建成五重塔,并成为今日法隆寺之伽蓝。也就是说,法隆寺是在斑鸠寺被焚毁后重建的,是斑鸠寺"转世"。但明治以后,随着实证历史学的兴起,《日本书纪》天智九年(670年)四月条中"法隆寺被焚,一屋不剩"的记载开始遭到质疑。针对黑川真赖、小杉榲邨、喜田贞吉等以文献为依据提出的"重建论",即原初的斑鸠寺已被焚毁,现在的法隆寺是之后重建的说法,平子铎岭、关野贞等以建筑为依据提出了"非重建论"。他们认为法隆寺的伽蓝建筑样式是唐代以前的样式,不可能在7世纪中期发生的大化改新以后重建,天智九年(670年)的记载或恐有误。1939年,考古学者石田茂等对法隆寺南大门东面的"若草伽蓝",即斑鸠寺遗址进行了发掘,结果证实,若草伽蓝的中心线和法隆寺的中心线有16度之差。另外,斑鸠寺遗迹出土的轩瓦的年代,远较法隆寺的轩瓦久远,无法认为法隆寺和斑鸠寺是前后相续。以此为结果,学界对法隆寺建于何时进行了探讨。最初,"重建论"者以《七大寺年表》和《伊吕波字类抄》等平安时代的文献记载为依据,认为法隆寺当建于和铜年间(708—715年)。但是之后,因修缮法隆寺金堂和五重塔而进行的调查发现,法隆寺中心舍堂在7世纪后半期已得以建造。另据天平十九年(747年)的《法隆寺伽蓝缘起并流记资财账》记载,在持统七年(693年)举行的仁王会上,法隆寺获得了经台和天盖等物品的捐赠,翌年又获得了《光明经》捐赠。在法隆寺观音像的铭文上,有"斑鸠大寺德聪法师"的名字。据此推断,当时金堂那样的中心堂宇已经存在。总之,斑鸠寺和法隆寺所建年代不同,不可能并立。所在方位不同,也不可能是在斑鸠寺的原址重建。

"三寺"建立后,氏寺建造之风在各地兴起,僧尼人数也随之增加。据《日本书纪》推古三十二年(624年)四月条记载,当时推古女帝以一僧侣斧砍自己的祖父事件为契机,欲对以后非行的僧尼科刑,但因百济僧观勒竭力反对,推古女帝遂决定仿效中国和朝鲜的做法,建立僧正、僧都制,让寺院和僧尼实行自治,并命观勒对各地寺院先进行巡察。据《日本书纪》推古三十二年(624年)九月甲戌朔丙子(三日)记载,当时"校寺及僧尼,具录其寺所造之缘,亦僧尼入道之缘,及度之年月日也。另有寺册六所,僧816人,尼569人,并1385人"。但是,1936年石田茂向圣德太子奉赞会提交的研究论文《飞鸟时代寺院址的研究》指出,若设定飞鸟时代为"自佛教传来至天智天皇以前",根据基石等遗迹、古瓦等遗物、文献记载,这一时段当有58个寺院。1970年,墨水书房出版了福山敏男的《日本建筑史研究》。福山敏男通过对文献和古瓦的研究,详细列举了佛教传入日本至天智朝,日本寺院的名称和所在地。

自6世纪末开始营造的日本寺院,无疑是佛教文化历史的象征。但遗憾的是,这些珍贵的文物,历经自然的侵蚀和人为的破坏,绝大多数已不再是耸立于地面的建筑,而是藏身于地下的古迹。之后,随着考古学的发展和考古发掘的展开,这些古迹的真相开始逐渐显现。

除了具有划时代意义的飞鸟寺遗址的发掘和发现,1958年,考古学者对天武朝时建造的位于飞鸟寺西南方的川原寺遗址的发掘,也取得了重要发现:该寺遗址的伽蓝由两栋金堂和一座塔构成,这种一塔二金堂布局亦不见于日本其他寺院伽蓝。它和飞鸟寺的一塔三金堂伽蓝布局一起,成为7世纪伽蓝布局的新例引人关注。另外,专家通过比较分析后指出,川原寺遗址出土的复瓣莲花图案轩丸瓦,是以后建造藤原宫、平成宫等宫殿的丸瓦纹图案的原型。与之具有相同图案的轩丸瓦,在畿内周边的寺院也有出土。专家认为,所有出土这些轩丸瓦的遗址,都是壬申之乱时站在天皇一方的地方豪族的地盘,可见当时寺院的建造颇受政治的影响。另外,1972年在川原寺西北面的山的斜坡上,发掘出了很多塑像断片、绿釉水波纹砖、砖佛等,还在飞鸟地方发现了属于7世纪寺院遗址的山田寺、大官大寺、和田废寺,在斑鸠地方发现了若草伽蓝、法起寺、法轮寺等遗址。除了这些中央寺院以外,考古发掘还使许多地方寺院的遗址重见阳光。令人关注的是,地方寺院多半建于7世纪后半叶,说明佛教文化急速向地方普及始于7世纪后半叶。

虽然当年的寺院都已"作古",成为名副其实的古迹,绝大多数都仅剩下需通过发掘才能发现的残垣断壁。但是,寺院内部的一些展示日本早期佛教魅力的宝物,却有不少流传至今,其中雕像有法隆寺的释迦三尊像、救世观音像、百济观音像、金堂四天王像,还有广隆寺和中宫寺的半跏思维像等;工艺品有法隆寺的玉虫厨子;绘画有中宫寺的天寿国绣帐断片。①这些艺术珍品,如由古坟时代制作马具的鞍作部的工匠塑造的飞鸟寺和法隆寺的北魏式佛像,既表现了对古坟时代的文化技术不断

---

① 绣帐即以刺绣装饰的绢。表现了太子往生的"天寿国"的情景,配置由四个文字构成的龟甲100个。《法王帝说》等文献中有其铭文记载,称此即圣德太子逝后根据妃橘大郎女之命而作。

修炼的结果,也反映了以朝鲜半岛为中介的中国魏晋南北朝和隋文化的强烈影响。

除了精湛的艺术品外,文献中记载的对飞鸟文化的一些侧面的记述也值得关注。如在《日本书纪》推古纪中,有关于高句丽僧昙征传授五经和画具、优质的纸和墨的制法和使用方法的记载;有百济僧观勒向大友村主高聪等传授历书、天文地理书和遁甲(一种占星术)、方术(一种咒术)的记载。《日本三代实录》有持统天皇四年(690年)"始用元嘉历、次用仪凤历"的记载。《政事要略》有推古十二年(604年)"始用历日"的记载。所有这些记载说明,至飞鸟时代,日本的艺术和科学,已取得显著进步。正如恩格斯所言:"统治阶级的意识在任何时代都是占统治地位的意识。"《日本书纪》关于圣德太子向高句丽僧慧慈学习佛经,向博士觉哿学习儒教,以及撰成注释《法华经》《维摩经》《胜鬘经》的《三经义疏》,都揭示了飞鸟文化何以兴隆的重要原因。

白凤文化 大化六年(650年),有人在穴户国发现了一只白雉,呈献朝廷。孝德天皇下问僧侣吉凶,答曰此乃祥瑞之兆,于是新政权改元"白雉"。白凤文化因白雉年号(650—654年)而得名。①狭义的白凤文化时期以天武朝为中心,即672年至686年及前后。广义的白凤文化时期则指自大化改新至迁都平城京,即公元645年至710年。白凤文化前期受中国六朝文化影响,后期受唐朝文化影响。在这一时期,各朝天皇实施佛教国教化,建造了大官大寺、药师寺等多所官寺,各寺多次举行法会讲解护国经典。同时,各地贵族也纷纷建立自己的氏寺。《扶桑略记》记载,据持统六年(692年)调查,当时日本全国共建有寺院545所。近年考古发掘发现了大量有白凤样式古瓦的寺院遗迹,其数和《扶桑略记》记载数大致相符,说明其无甚夸张。以《日本国现报善恶灵异记》的传说为线索,可知佛教向全国各地急速传播的重要原因之一,是救援百济的地方豪族直接见闻了百济佛教,或从百济偕僧尼请佛像回国。不管采取哪一说,均说明系受百济佛教影响。白凤文化的代表性佛教建筑有药师寺东塔、山田寺回廊等,雕刻有药师寺金堂药师三尊像等,绘画有法隆寺金堂壁画、高松塚古坟壁画等。这些珍贵文物均留存至今。

---

① 白雉即白色羽毛的野鸡。古时以为瑞鸟。白雉和白凤是否为同一年号,抑或是否存在这一年号,日本学界存在争议,尚无定论。

白凤文化之所以充满佛光,得力于朝廷的弘扬。推古天皇在推古二年(594年)颁布了《隆兴三宝》诏书。大化元年(645年),刚登基的孝德天皇即颁发《正教崇启》之诏,阐述了自佛教传入至苏我稻目、苏我马子显扬佛教、恭敬僧尼的事迹,以及朝廷设置十师教导众僧、捐助氏寺任命寺司寺主的宗旨,最后以"朕更复思崇正教,光启大猷"结尾。①之后,佛教因素不断渗入朝廷,成为国家政治的组成部分。例如,迁都难波的孝德天皇首先在宫廷礼仪中吸收了佛教因素,规定在一些重大法事中着大化三年(647年)制定的七色十三阶冠位。白雉二年(651年)年末,朝廷不仅白天在味经宫邀集2 000多名僧尼一起诵经,而且夜晚在庭内点燃2 700多盏灯,诵读《安宅神咒经》和《侧土经》。齐明六年(660年)五月,官僚奉敕造上百高座和制上百袈裟,并举行仁王般若会,诵读祈祷驱除灾害护佑国土的《仁王般若经》,等等。

然而,天武朝之前佛教并没有超越宫廷范围。作为佛教跨出宫廷迈向更广阔领域标志的,是根据天皇的意愿建造大寺。虽则佛教传来后,历代天皇都致力兴隆佛法,但真正由天皇发愿建造的大寺,始于舒明朝。舒明十一年(639年),天皇将圣德太子的熊凝寺移到百济河边,称为百济大寺,但据称因招惹了大寺附近的子部社引起一场大火,使大寺堂塔化为灰烬。天武二年(674年),该寺奉旨从百济川畔移至高市郡夜部村,因而获名高市大寺并在天武六年(678年)改名大官大寺,意为培养僧尼的"国家的寺院"或"天皇的寺院"。

天智天皇敕令建造的川原寺,是日本最古老的抄经寺院。据《日本书纪》天武二年(674年)二月条记载,是年,天武天皇敕令有学问的僧侣聚集该寺,抄写数千卷《大藏经》。1960年,考古学家经发掘发现,文献记载的川原寺遗址下层系川原宫,因而推断川原寺建于飞鸟川原宫,是天智天皇为纪念舒明天皇而建造的。2005年2月20日,奈良国立文化财研究所发表调查报告,称在川原寺遗迹找到了7世纪末的6座巨大基石,由采自当地的花岗岩制成,最大的基石横截面为1.4米×1.6米。它们以"一"字形间隔2.1米排列,从而证实了上述推断。川原寺伽蓝配置呈"塔与佛殿东西并立",具有当时中国佛寺伽蓝的明显特征,因而再次印证了日本佛教的发展演变,是中国佛教发展演变的投影。

---

① 舍人亲王:《日本书纪》,四川人民出版社2019年版,第348页。

与川原寺具有同样伽蓝配置的崇福寺,据昭和十六年(1941年)发表的第十号考古发掘报告《滋贺县史籍调查报告》,同《扶桑略记》天智六年(668年)二月三日条、翌年正月十七日条所载情况基本吻合,亦当为天智天皇所建。

与川原寺形成"双璧"、位于模仿中国都城规划建造的"新益之京"藤原京的药师寺,亦是白凤文化的时代杰作。据《宁乐遗文》收录的"药师寺东塔塔柱铭文"记载,天武八年(680年)皇后病笃,为了祈愿皇后(以后的持统天皇)病体早愈,天武天皇于当年十一月发愿造一寺供奉药师如来,始建药师寺。然未等竣工,天武即驾鹤西行。皇后登基成为持统天皇后,即秉承夫君遗志,创建堂宇,并于持统二年(688年)在寺内举行无遮大会(佛教举行的一种广结善缘,无论贵贱、僧俗、智愚、善恶都一律平等对待的大斋会)。文武二年(698年)十月,寺宇建成,诏众僧入住。如果说大官大寺实质上是天武天皇的"大寺",则药师寺堪称持统天皇的"大寺"。大官大寺、药师寺、法兴寺、川原寺,并称藤原京"四大寺"。此外,各地贵族亦竞相造寺,以致天武九年(681年)四月朝廷不得不颁布敕令,确立分层管理的"官寺制度",并另设立"造寺司"。

在汲取中国佛教的营养方面,遣唐留学僧的地位不可忽略。以白雉(凤)四年(653年)入唐、齐明天皇七年(661年)回国的道昭为例,据《续日本纪》记载:"文武天皇四年三月已未,道昭和尚物化。天皇甚悼惜之。"① 与寺院建设并立的,是佛事法会亦不仅在宫廷举行,而且在都城和地方诸寺举行。如天武五年(677年)十一月,朝廷遣使各国要求诵读《金光明经》和《仁王经》;天武九年(681年)五月,敕令宫中和诸寺诵读《金光明经》,等等。《金光明经》的诵读和大忌祭、风神祭、新尝祭等祭祀一起,作为国家祭祀而恒例化。

"大寺制度"和"护国法会"作为新生的律令制国家宗教意识形态的支柱,占有"国家佛教"的地位。同时,大化的佛教界的最高权威"十师"不久即被废除,天智朝末年,"僧正""僧都"的名称得以复活,天武十二年(684年)朝廷任命了僧正、僧都、律师,敕令"统领僧尼"。

白凤文化的代表性建筑,当首推药师寺东塔。虽药师寺内有东西两塔,但唯东塔在日本建筑史和美术史上均占有突出地位,被誉为"国宝中

---

① 皇学馆大学史料编纂所编:《续日本纪史料》第1卷,皇学馆大学出版部1987年版,第142页。

的国宝"。东塔实为三层，但因每层都附有"裳层"（飞檐），因此看似六层，塔顶耸立的相轮有天女起舞的透雕水烟，给人以明快的感觉，它和柱子的铭文一起称誉于世。

　　雕塑领域的代表性作品，明确标识年代的有今大阪野中寺的弥勒像（黄铜造半跏思维像），该像铭文不仅明确记有天智天皇五年（666年），而且记有其缘起：栢寺的智识等118人为了使天皇的病体早日康复，发愿而建。此像衣襟边缘雕着的连珠花纹图案，原为隋代由西方传到中国，可见当时中国文化对日本列岛的影响。雕塑领域另一代表性作品是记有戌年（686年或698年）的长谷寺《〈法华经〉说相图》。顾名思义，该图描绘了宣讲《法华经》的情景。该寺铜版铭文还记载了寺内三重塔之缘起：依天武天皇敕愿，道明上人率众八十余人，为在飞鸟净御原大宫内日理万机治天下的天皇建千佛多宝塔（三重塔）。另外，壬辰年（692年）的岛根县鳄渊寺的金铜立像观音菩萨像，亦是该时期雕塑的逸品。据铭文记载，系由出云国的若倭部臣德太理为其父母所建。之后，显示唐朝初年佛教文化影响的作品开始出现，如药师寺东院堂的圣观音立像。该立像镀金铜，等身大，贴身衣纹的手法和清秀圣洁的表情，一洗前代生硬的皱纹和古拙的面貌。此作虽然精妙绝伦，但作为雕刻黄金时代即将来临的真正路标，则是药师寺金堂的药师三尊像。这三尊像同样镀金铜，等身大，其中药师如来坐像端庄威严，分侍左右的日、月光菩萨立像则表情悠然，姿态轻盈。三尊像目前被安置于1972年复原完工的金堂内，不仅是药师寺的镇宝，也是日本美术史屈指可数的国宝。三位尊师守在白凤美术的关口，既保住初唐雕刻的洗练，又透露盛唐样式的圆熟，作为理想完美的典型令人叹为观止。其精妙绝伦却又不见确切的历史记载，和东塔一样，创作年代目前尚无定论：一说是藤原京药师寺本尊的迁移，即随药师寺迁建而移座；一说是药师寺平城京的新铸，即药师寺迁建之后重新铸造。前者以"白凤说"者坚持的文武天皇元年（697年）开眼供养说为据；后者则因为"奈良说"者不相信前代会有如此精美的佳作。

　　绘画方面，无疑数法隆寺金堂壁画最美轮美奂：在法隆寺金堂大壁四面，绘有四个天界景象或曰四方净土的菩萨群像：北面墙壁上是弥勒佛；南面墙壁上是药师佛；东面墙壁上是释迦牟尼佛；西面墙壁上是阿弥陀佛。四个天界中央的主佛法座，绘有被俗称"四大天王"的护法天神和众菩萨围绕。上面的宝盖两边各有飞天，下面有一张祭桌、两头狮子。八角壁面上的八尊菩萨像两两相对,或坐或立。整个墙壁上部空白处是隐士们在山中修行。画面大小不一,但布局对称整齐,手法多样,风格迥异。整个壁画采用线描与晕染法画出,立体感和真实感很强,研究者认为与印度阿旃陀石窟的壁画相似,其创作手法应源自印度经中国传至日本。1949年1月26日拂晓,法隆寺金堂失火,金堂彩色壁画严重受损。然而,祸福相依,这场火虽然使旷世奇珍原貌不再,但却逼出了日本《文化财保护法案》,尽管所付代价过于高昂。所幸自第二次世界大战爆发后法隆寺大修进度缓慢,寺藏宝物都疏散各处,因此躲过了灭顶之灾,值得庆幸。①

第七节　宫闱内斗和法制滥觞

公元672年,日本政坛发生了一场政变,时值壬申年,史称"壬申之乱"。②历史未必重复,但历史往往有惊人的相似之处。在日本历史上,绥靖天皇杀了兄长手研耳命;应神天皇杀了兄长忍熊王;反正天皇即位前杀了墨江皇子;安康天皇杀了兄长轻太子。所有这些杀戮,与其说是因为有仇,莫如说为了掌权,真是问世间权为何物,直教人生死相搏!壬申之乱也是豆萁相煎。但是,如同"乙巳之变"后大和朝廷进行大化改新一样,壬申之乱后,律令制正式开始形成。纵观整个日本历史,由乱到治,乱治交替,经常是"变奏曲"。前一节提到天智天皇在位时颁布了《近江令》,为律令制的确立奠定了重要基础。之后,历经弘文、天武、持统、文武四代天皇,终使律令制确立。本节仅论述天智天皇及他之后,至持统朝,律令制的初步形成。

何为律令?"当时的法学家认为,'律以惩肃为宗,令以劝诫为本。'"③通俗地说,"律"是对作奸犯科者进行惩罚的标准,用以维护社会安全,使民众生活安定,相当于今天的刑法。"令"是命令,虽然也有禁止的含义和

---

① 《奈良六大寺大观》5册,岩波书店1971年。
② 关于"壬申之乱"的研究,战后,随着天皇制研究禁忌被解除而正式开始。龟田隆之的《壬申之乱》(至文堂,1961年)和星野良作的《研究史壬申之乱》(吉川弘文馆,1972年)对此有较详细论述。
③ 西村真次:《早稻田大学日本史》第二卷《飞鸟宁乐时代》,米彦军译,华文出版社2020年版,第130页。

处罚规定,但以教育劝导为主,有点类似于今天的民商法和民事诉讼法。必须说明的是,古代日本律令的修订,参照了唐高祖《武德律令》、唐太宗《贞观律令》、唐高宗《永征律令》、唐玄宗《开元律令》,但也根据国情适时调整。公元6世纪中叶至8世纪初是日本历史上的重要时期,也是律令制形成时期。

壬申之乱　这场日本古代最大规模的内乱,祸起萧墙。天智天皇锐意改革,引起皇族内部诸多成员不满,天智天皇同他的弟弟皇太子大海人皇子之间的矛盾,也因此日益尖锐。天智天皇本有后嗣,无奈四个儿子均不成器,不得已立大海人皇子为太子。大海人皇子是在大化改新中成长起来的政治家和军事家,享有较高的威望,被立为太子后自然"如虎添翼",和天智天皇渐生隔阂。但是,壬申之乱既有权力之争的要素,也与兄弟情仇有关。据史料记载,天智天皇七年(668年)五月五日,大海人皇子、中臣镰足等结伴前往琵琶湖南面的蒲生野(今滋贺县东近江市)狩猎。选在五月五日前往当地狩猎,只是找个名头,实际上是因为这一天当地有男割花鹿嫩角,女采山野草药的习俗。这一习俗传自中国。当时最著名的万叶女歌人额田王,也与大海人皇子同行。此时额田王已是天智天皇的皇妃。

到了狩猎场,额田王和大海人皇子作诗对吟,频频唱和。额田王:"往来紫野围禁场,守吏岂不见,君又举袖扬。"皇太子:"妹妍如紫茜,焉能憎厌;况知已是人妻,犹使我生恋。"一唱一和,宛如恋爱中的男女,情投意合。他俩宛如情歌的诗作,本当被收录于《万叶集》中的《相闻》,但却被收录于《杂歌》,而《杂歌》是狩猎结束后宴席上的即席余兴之作。之所以如此,自有原因:额田王和大海人皇子原本两情相悦,但天智天皇却横刀夺爱娶了额田王为妃,兄弟情仇因此萌生。据《家传》记载,天智天皇践祚时,在琵琶湖畔的楼阁宴请群臣,"酒酣极欢"时,大海人不仅在御前操枪起舞,不成体统,而且突然"以长枪贯敷板(地板)"。天智天皇见状大怒,欲将大海人皇子问斩,幸得中臣镰足勉力劝阻,方没有酿成豆萁相煎的血案。

为了遏制大海人皇子的专横跋扈,671年,天智天皇任命自己的宠儿大友皇子(后为弘文天皇)为太政大臣,欲使大海人皇子受到掣肘。大友皇子自幼聪明好学,犹擅汉诗。日本最古的汉诗集《怀风藻》收录了弘文天皇的两首汉诗。其中《侍宴》用词得体,气势恢宏:"帝德天地载,皇明日月光。万国臣义表,三才并泰昌。"当然,20岁的大友皇子被任命为行政

第二章 大和时代

首辅太政大臣,除了才能出众,天智天皇的真实目的是什么,精明如大海人皇子能不明就里?但皇子真正担心的不是权力受到牵制,而是自己太子的地位可能不保,甚至有生命之虞。

671年阴历十月初,天智天皇病危。他让苏我氏的后人苏我安麿召来大海人皇子交代后事。毕竟,使江山社稷代代传承是帝王的头等大事。苏我安麿和大海人皇子素有交情,他示意大海人皇子:隔墙有耳,说话注意。大海人皇子来到天皇病榻前,天皇对他说:"朕有意将后事托付给你。"大海人皇子拜伏在地,婉言谢绝,"臣多病,无力担此重任。望陛下将后事托付给皇后,请她帮助大友皇子处理政务。臣今日出家,为陛下敬修功德",固辞不受。他这么说,消除了天皇的担忧,当即应允。于是,大海人皇子在大内的佛殿剃度出家。十月十九日,大海人皇子在宫中剃度后,披上天智天皇送去的袈裟,骑上骏马,披星戴月连夜离开京城驰往吉野宫隐居。十二月二日,46岁的天智天皇溘然长逝,留下遗诏让大友皇子继位。

大友皇子出生于大化四年(648年),但是否可算作一代天皇曾存在争议。据《水镜》《扶桑略记》等记载,在天智天皇山陵崩两天后,大友皇子即位,成为弘文天皇(648—672年)。德川光圀的《大日本史》也有同样记载。但《日本书纪》却没有相关记载。按照伴信友在《长等的山风》中提供的考证,《日本书纪》原本也有关于弘文天皇的记载,后因编纂者舍人亲王有意抹去天武天皇篡位之嫌,所以将弘文天皇"略"去。舍人亲王之所以要篡改历史,原因很简单:天武天皇就是他的父亲。至明治三年(1870年),弘文天皇才"实至名归",被列为第三十九代天皇。

672年五月,隐居吉野的大海人皇子获得了两个重要情报:一是近江朝廷以兴建天智天皇的皇陵为口实,命令美浓、尾张国司征用人夫(劳役)并授以武器;二是朝廷在近江至倭京(香具山以南、推古朝后诸宫所在地)各要塞布置关卡,阻挡运粮。获此信息,大海人认为不能坐以待毙,决定前往东国(关东)建立根据地,举兵推翻近江朝廷。他迅速离开吉野,经伊贺、伊势(三重县一带)到达美浓(岐阜县南部),并联络东国各地武装。东国的国司、郡司积极支持大海人皇子的"义举",纷纷投入麾下。获此支持,大海人皇子率领各路人马挥师挺进,首先占领和爱发关并称"三关"的不破关、铃鹿关,截断近江朝廷与东国的联系。七月初,大海人的两路大军分别向近江、大和进发。七月二十二日,大海人皇子的武装与朝廷的武装在濑田川展开决战,虽然损失不小,但最终取得了决定性胜利。《日本书纪》卷二十八天武天皇元年条,对濑田川决战有如下描述:"旗帜蔽野,埃尘连天,钲鼓之声,闻数十里。列弩乱发,矢下如雨。""于是弘文天皇走无所人,乃还隐山前,以自缢焉。时左右大臣及群臣皆散亡,唯物部连麻吕且一二舍人从之。"①弘文天皇最后众叛亲离,自缢而死的凄惨,和此前皇家狩猎时吟诗作对的欢乐,形成鲜明对比。随后,大海人皇子大开杀戒,将近江朝廷八名大臣处以极刑,其余弘文天皇的追随者大都被流放。同时,大海人皇子将弘文天皇的妃子即额田王的女儿十市皇女带回宫中,想为她另行婚配。但是出阁前夕,芳龄十八的十市皇女自杀殉夫。节烈至此,令后世唏嘘不已。

天武天皇的统治　672年,大海人皇子大兴土木,建造了飞鸟净御原宫(现奈良县樫原市境内)。按《日本书纪》记述:"是岁,营宫室于冈本宫南。即冬,迁以居焉,是谓飞鸟净御原宫。"翌年,大海人皇子在飞鸟净御原宫即位,成为日本第四十代天皇天武天皇(?—686年)。天武天皇的父亲是舒明天皇,母亲是舒明天皇驾崩后继位的皇极天皇,皇极天皇重祚后成为齐明天皇。也就是说,他的父母都是天皇,而且母亲还两任天皇。集父母三任天皇威权于一身的天武天皇,异常强势。

天武朝之前,不仅有皇太子辅佐天皇,而且有畿内豪强任大臣、大连、大夫参理朝政。但是在天武朝,虽然随着律令制的初建,理论上有太政大臣和左右大臣、大纳言等作为议政官参理朝政,但实际上几乎不见天皇臣属共议朝政的记载。当然,天武天皇治国理政并非孤家寡人。鸬野赞良皇女(以后的持统天皇)不仅是天皇的侄女,还是13岁时就嫁给他的皇后,此时不仅是侄女兼皇后,还是"高参"。天武天皇的皇后和7个皇妃生的皇子,都是天武天皇的参谋和顾问。因此,天武朝的政治又被称为"皇亲政治"。这种政治之所以能够推行,无疑与"壬申之乱"后畿内传统势力即豪强势力的衰退有关。因为在弘文天皇当政时期,豪强已趋分裂,而追随近江朝廷的豪强,又在"壬申之乱"后相继失势。天武天皇正是利用皇权和族权的均衡被打破之际,独揽大权,推行威权统治。天皇神格化的观

---

① 1907年,伴信友《长等的山风》提出,大友皇子自缢的地点"山前",是长等山(滋贺县大津市三井寺)"山前"。1913年,大西源在《壬申之乱地理考》中提出,此"山前"当为京都府乙训郡大山崎的山崎。后学认为,从近江逃往河内的弘文天皇遭遇北上吹负军的别动队后,因进退失据而自缢,其地点当在山崎。

念之所以确立于这一时期,主要原因也在于此。

天武天皇在位期间,日本律令制国家开始形成。当时编纂的法典在日本历史上有划时代意义。如前面所述,圣德太子制定了宪法十七条,但那并不是真正意义上的法律。天智天皇敕令编纂的《近江令》可以算作日本法制史的一块里程碑,所憾未能留存下来,内容不详。天武天皇在位第十年(682年)开始编纂的,使天皇对日本国的统治体系化的《飞鸟净御原(律)令》是又一块里程碑。"《飞鸟净御原(律)令》是《大宝律令》问世之前据以规制国家十三年的法典,是日本最早的一部综合性法典。"①

法律和政治本质上是一体两面,相辅相成的。在政治方面,天武天皇进一步加强皇权,在中央官僚机构中废除太政大臣、左右大臣和御史大夫,改设直接听命于天皇的太政官和大辨官。大辨官统辖法官、理官、大藏官、兵政官、刑官、民官等六官。大辨官和六官构成的官僚机构,几乎是隋唐三省六部的"翻版",也是以后左右弁官和八省的原型。作为地方官僚机构,在全国派驻权力有所消减的新国宰(天智朝时已有国宰)。新国宰亦由大辨官统辖。但和以往的太政大臣和左右大臣相比,太政官和大辨官实际上类似于天皇和群臣的联络官,并不掌握实权。同时,天武朝廷不拘一格起用人才。在位第五年(677年),天武天皇下诏:"外国人欲进士者,臣连伴造之子,及国造子听之。唯虽以下庶人,其才能长亦听之。"天武天皇在位第六年(678年)下诏:"凡任国司者,除畿内及陆奥、长门国以外,皆任大山位以下人",并在翌年诏令奖勤罚懒:"诏曰,凡内外文武官,每年史以上其属官人等,公平而恪勤者,议其优劣,则定应进阶。正月上旬以前,具记送法官,则法官校定,申送大辨官,然缘公事以出使之日,其非真病及重服,辄缘小故而辞者,不在进阶之例。"②

另一方面,虽然天智天皇制定的冠位二十六阶是"冠位十二阶"的改良版,但好歹仍得以保持,而天武天皇即位初年就另外设立了诸王位阶,使诸王亦成为授予冠位的对象。同时,为了提拔出生于畿外,但却是平定

---

① 关于《飞鸟净御原(律)令》,史学界有三种观点:一、"净御原(律)令非存在说",持此说者以天武十年(682年)二月诏"朕,今更定律令,修改法式"为据,认为此律令仅是近江律令的修改,而非新律令的编纂;二、"净御原律令存在说",即同样以上述诏书为据,认为此律令是继《近江令》后新编纂的律令;三、"净御原令存在·净御原律非存在说",即认为此诏书虽显示了新律令的编纂,但当时仅编纂令,未编纂律。日本史学界大都赞同第三种说法。

② 舍人亲王:《日本书纪》,四川人民出版社2019年版,第427页。

"壬申之乱"的功臣,天武天皇又创立了外位制。尤其值得关注的是,天武天皇在位第十四年(686年)正月,朝廷开始施行爵位四十八阶,使皇子、诸王的爵位和群臣的爵位有别,并将授爵位对象扩大至皇子皇女。此举意义昭然——纵然贵为皇子(皇女),也同样是天皇的臣子。在统辖氏族方面,天武朝主要有两项政策措施:第一,废除天智三年(664年)设立的作为豪族私有民的部曲,将朝廷先前赐予亲王、诸王、诸臣及各寺院的山林池泽岛浦,全部收归国有,以支配封地上的劳役和收获物的制度"食封制"取代。第二,调整等级秩序,制定"八色之姓"。在位第十一年(683年),天武天皇诏令,将族姓序列作为考选文武官的重要条件:"凡诸应考选者,能检其族姓及景迹,方后考之。若虽景迹行能灼然,其族姓不定者,不在考选之色。""八色之姓"又称"八色姓",依据与大和王权的关系表示其身份等级。以往的"姓"有臣、连、伴造、国造、县主等。经"壬申之乱"冲击,各氏族实力地位有极大变化。为了顺应这种变化,天武天皇在位第十二年(684年)颁布诏书,宣布:"更改诸氏之族姓,作八色之姓,以混天下万姓。一曰真人,二曰朝臣,三曰宿祢,四曰忌寸,五曰道师,六曰臣,七曰连,八曰稻置。"姓放在氏和名之间。如大伴宿祢家持。① 目的就是仍以"八色之姓"对原有的官僚秩序进行调整,以建立新的官僚秩序。②

在对官僚加强控制的同时,朝廷对民众也加强了控制。在废除部曲,使民众全部成为"公民"后,天武朝又在全国范围内建立每50户为1里的行政组织。天武天皇在位第四年(676年)下诏:"自今以后,明察百姓,先知富贫,简定三等,仍中户以下,应与贷",在鼓励生产和减轻农民的徭役负担的同时,将农民紧紧束缚在土地上。北山茂夫认为,至天武在位第五年(677年),以此为基础的户籍制度,可能已经产生。③

同时,天武天皇基于"凡政要者军事也"的认识,于676年下令:"诸王以下,初位以上,每人备兵。"天武天皇在位第五年(677年)遣王卿于京、畿内"校人别兵"。天武天皇在位第十二年(684年)诏令诸国"习阵法",要求文武官"务习用兵及乘马"。十一月下诏收缴私家兵器。

---

① 《日本书纪》(下),精兴社1987年版,第587页。
② 具体内容可参阅石田母正的《古代的身份秩序》,载《日本古代国家论》第1卷,岩波书店1973年版;竹内理三的《天皇八姓制定的意义》,载《律令制和贵族政权》第1卷,御茶之水书房1957年版。
③ 北山茂夫:《壬申之乱》,载《日本古代政治史研究》,岩波书店1959年版,第79页。

第二章 ● 大和时代

天武朝时期也是天皇制意识形态的确立期。这一产生深远影响的意识形态的确立,主要通过日本神祇思想和中国天命思想的结合,即传统思想和外来思想的结合而完成。日本神祇思想的传统,主要见于高天原天孙降临神话,古已有之。但是,在神话中找到天皇统治合法性的根源,以后被融入《古事记》和《日本书纪》成为"历史",始于天武朝。留传于民间的与高天原神话系统不一的出云系神话,因强调对天孙服属之缘由被吸收于"记纪",也是在天武朝。平定"壬申之乱"的东征途中,天武天皇在伊势国朝明郡的迹太川附近遥拜了天照大神,并在"壬申之乱"后让大来皇女作为齐王奉侍伊势神宫。日本以天照大神为皇祖神、以伊势神宫为国家祭祀对象,也是在天武朝确立的。

天武天皇吸收中国的天命思想并用作强化自己权力和权威的一根支柱,可以通过几个事例察知。如在"壬申之乱"时,天武天皇将自己比作汉高祖,以示剥夺弘文天皇的权力并取而代之是"易姓革命";在"壬申之乱"时,长于天文遁甲之术的天武天皇以自己的方式占卜的运行,预言友军必胜,并在"壬申之乱"后立刻建造占星台;在"天武纪"中每年均记有祥瑞记事,如天武十一年(683年)正月的诏书是"朕初登鸿祚以来,天瑞非一二多至之,传闻其天瑞者,行政之理。协于天道则应之。是今当于朕世。"而所谓祥瑞,按诏书所言,是天帝对天武天皇善政之褒奖。高松塚古坟出土的星宿图,则是对天武朝存在这种天命思想的实物证明。不过,必须指出的是,中国的易姓革命思想,与日本皇统万世一系的思想,原本是格格不入的。因此日本以易姓革命的观念传递天命思想的内容,仅在异常时代出现,并非常态。

天武朝在统治中进一步增添了神道要素,特别是吸收民间的尝祭传统,创设了每年新谷收获后,天皇和皇祖神一起品尝新谷的"新尝祭",并使之成为具有劝农和统制全国神社两大功能的国家祭祀。与之同时,天武朝还创设了为"新尝祭"添加作为服属礼仪之要素的"大尝祭",并在治世中几度举行祭祀礼仪。正是在每年举行的"新尝祭"以及与之几无区别的"月次祭""大尝祭"中,天皇通过与神的结合而强化了神格,成为"人间之神"。

同时,天武朝一如既往"兴隆三宝",提倡造寺、写经、诵经。据《日本书纪》卷二十九记载,"(天武二年)三月,是月,聚书生,始写一切经于川原寺"。"十二月戊戌(十七日),以小紫美浓王、小锦下纪臣诃多麻吕,拜造高市大寺司(今大官大寺)。""(天武五年)十一月甲申(二十日),遣使于四方国,说金光明经、仁王经。""(天武八年)十月,是月,敕曰,凡诸僧尼,常住寺内,以护三宝。"(天武十四年)三月壬申(二十七日)诏,"诸国每家,作佛舍也,乃置佛像及经,以礼拜供养"。

必须说明的是,"五畿七道"这一概念是在大宝年间出现的,但作为律令国家的行政区划,则产生于天武年间。日本著名史学家久米邦武在《奈良时代》一书中提出,"天武天皇末年,朝廷遣史六道。这是日本七道的起源。在文武天皇让巡察使检查国家治理情况时,臣、连、造、国造已经被废除了,国郡制度取得进步。因为这是新令颁行的时期,所以七道之称从这时开始。"①

天武天皇的一切政策,似可以用两个字概括:集权。但是集权统治从来不可能根除异端,灭绝反叛。因此,对其后任而言,巩固政权仍是一项长期的任务。朱鸟元年(686年)九月天武天皇驾崩后,在其尸骨未寒的翌年十月发生的平定大津皇子"谋反",就是完成这项任务的一项举措。

持统天皇治国理政　天武天皇膝下虽有10个皇子,但在决定皇嗣问题上,一贯处事果断的天武天皇却踟蹰不决。因为他的妻子鸬野皇女曾偕子跟随丈夫在吉野山中流浪,而且曾随丈夫出征,夫妇同甘共苦。天武天皇对结发妻子鸬野皇女非常宠爱,即位后封她为皇后。皇后的亲生儿草壁皇子虽能力平平,体弱多病,但子以母贵,天皇自然不能不宠。令天武天皇在立太子问题上踟蹰不决的是,与资质平庸的草壁皇子相比,鸬野皇女的胞姐大田皇女的儿子大津皇子,才貌双全。按《日本书纪》朱鸟元年记载:"皇子大津,天渟中原瀛真人天皇第三子也,容止墙岸,音辞俊郎,深得天皇喜爱,及长,辨有才学,尤爱文笔,诗赋之兴,自大津始也。"但是,枕风强劲,最终草壁皇子在天武十年(682年)二月获封太子并"摄万机"。然而,天武毕竟爱才,他在封草壁皇子为东宫(即太子)两年后,又允许大津皇子"听朝政"。"摄万机"和"听朝政",具体有何差别? 如此"叠床架屋",无疑又制作了一个大海人皇子和大友皇子的翻版。事实上,如"一山不容二虎",两位皇子之间的矛盾日益加深。

朱鸟元年(686年)九月,天武天皇大行。为了铲除异己,翌年十月,皇后便以"谋反"罪逮捕了自己的外甥大津皇子及其同党30多人,并令

---

① 久米邦武:《早稻田大学日本史》第三卷《奈良时代》,米彦军译,华文出版社2020年版,第81页。

24岁的大津皇子自行了断。大津皇子辞世前赋诗一首,韵律悲哀:"金乌临西舍,鼓声催短命,泉路无宾主,此夕离家行。"他的妃子山边皇女为皇子殉情。当时场景见载于《日本书纪》朱鸟元年(686年):"妃皇女山边,被发徒跣,奔赴殉焉,见者皆唏嘘。"不过,皇后对大津皇子手下人的处罚比较宽容,有的直接予以赦免。

天武天皇大行后,表面上草壁皇太子理政,实际上朝政由他的母亲主宰。持统三年(689年),自幼身体孱弱的草壁皇太子去世,翌年皇后正式即位,号持统天皇(645—702年)。和天武天皇不同,持统天皇为皇亲贵族等提供了参政机会。尤其是持统天皇作为女性,在使妇女"参政议政"方面很有一番作为。持统五年(691年)正月初一,"天皇赐予亲王、诸臣、内亲王、女王、内命妇等爵位……爵位在五位以上的妇女称'内命妇'。外五位以上的男子的妻子称'外命妇'。《后宫职员令》规定,内亲王、女王及内命妇在上朝时,按照爵位排定行列次序。外命妇则按照丈夫的位次上朝"。[①]持统三年(689年)六月,《飞鸟净御原(律)令》正式施行。《飞鸟净御原(律)令》虽然全文佚失,难解其详,但其中户令、考仕令等篇目,在别的史籍中仍有留存。从中可知持统四年(690年)七月任命太政大臣、右大臣,以及迁任"八省百僚""国司大宰";在衣服令中有同年四月和七月关于施行朝服的记事。当年,朝廷命令诸国国司根据《飞鸟净御原(律)令》的"户令",编制户籍。翌年即庚寅年,户籍编制完成。因此,编定的户籍被称为"庚寅年籍"。以后所谓"六年一造",即六年审订一次的律令户籍,即始于"庚寅年籍"。持统六年(692年)朝廷又任命了畿内班田大夫,施行班田。持统天皇懂得江山社稷能否稳固,关键在于"人心"。因此,持统天皇主持实施了一项重要举措:将百姓的租、庸、杂徭减半,同时规定正月不得行往来拜贺之礼,违者按《飞鸟净御原(律)令》处罚。

持统八年(694年)十二月,天皇迁都藤原京。新都藤原京虽然在天武十三年(684年)已经规划,但是正式建造完成则是在持统朝。据史料记载,持统天皇在即位当年(690年)曾派遣高市皇子前往藤原宫工地视察。藤原京和难波京是日本以中国的都城为蓝本建造的正式都城。原先人们认为,藤原京系模仿中国长安建造,但是20世纪70年代中期,岸俊

[①] 久米邦武:《早稻田大学日本史》第三卷《奈良时代》,米彦军译,华文出版社2020年版,第3页。

男经过考证后指出,藤原京不仅和北魏洛阳城及东魏邺都南城有颇多相似之处,甚至近于《周礼》所记中国理想的都城形态。①

同时,天皇的"神格"被继续强化。如前面所述,为使君主享有神的尊严,天武朝创设了大尝祭,在天武治世期间,曾几度举行。但是,当时的"大尝祭"还不具有后世天皇将此作为即位的必经程序的性质,不是一再举行,而是"一世一祭"。天武将净御原宫的正殿命名为"大极殿",在传达天皇重要诏敕和天皇举行圣宴时,臣下可以进入"大极殿"。也就是说,当时的"大极殿"还不是臣属不可踏入的天皇独占的空间。"大尝祭"和"大极殿"作为升华天皇神圣权威的载体,均形成于持统天皇时期。

持统天皇的即位仪式,具有划时代的意义。在称制3年后,持统天皇于持统四年(690年)元旦正式即位。在即位仪式上,首先由中臣大岛诵读"神寿辞"(诸神对天皇的祝福辞),然后由忌部色夫知奉上镜和剑,持统天皇升坛即位,再后由群臣列队绕坛徐行并拍手礼拜,诵读"福寿辞"并晋献镜和剑。这是史无前例的,其意已不是仅限于群臣对新主的拥戴,而是具有新天皇承袭了"太阳之子"的血脉、禀承先帝的遗愿的含义。而"拍手"就是"柏手",《广辞苑》对"柏手"的解释是,"拜神之时,双手掌互击发出声音"。总之,将原来"天皇"即位的各项仪式改为"神"即位的各项仪式,发轫于持统天皇时期。

持统十一年(697年)二月,天皇在藤原不比等的辅佐下力排众议,立其孙即草壁皇子次子轻皇子(珂瑠皇子)为太子,并于八月将皇位让与15岁弱冠之年的太子轻皇子,成为太上天皇。轻皇子登基后成为文武天皇(683—707年)。大宝二年(702年),持统天皇在完成了几项使命性工作后驾崩,与天武天皇合葬于桧隈大内陵。文武天皇在位期间,日本律令制得以确立。

第八节 律令制的确立与"万叶时代"的开启

如前面所述,天智天皇敕令编纂的《近江令》堪称日本法制史上的一块里程碑,所憾未能留存。天武天皇在位时编纂的《飞鸟净御原(律)令》是又

---

① 岸俊男:《都城和律令制国家》,载《岩波讲座·日本历史》(新版)第2卷,岩波书店1975年版;《日本的宫都和中国的都城》,载《都城》,社会思想社1976年版。

一块里程碑,是"日本最早的一部综合性法典"。《飞鸟净御原(律)令》这部法典在持统三年(689年)六月正式施行。但是,作为日本律令制完成的标志,是文武天皇在位时颁布的《大宝律令》。《大宝律令》"横向"吸收了诸多《唐律》的要素,"纵向"承前启后。"承前"是根据日本国情保留和修改了以往的条文,"启后"是十年后即迁都奈良后,为《养老律令》提供了范本。

在日本律令制逐渐形成时,文化特别是和歌有了明显进步,其中尤以被称为"日本的《诗经》"的《万叶集》为代表。《万叶集》代表了一个时代。不过,《万叶集》收录的和歌,分别完成于大和时代和奈良时代,而《万叶集》反映的时代被称为"万叶的时代",并以其赖以存在的文化背景和都城所在地,分为白凤(藤原京)和天平(平城京)两个时期,本节将先论述前期即"白凤的万叶时代"。

《大宝律令》和社会管理　《日本书纪》安闲天皇元年(534年)闰十二月条有如下记载。"大伴大连奉敕宣曰:'率土之下,莫非王封。普天之上,莫非王域。'"这一记述说明,中国"普天之下,莫非王土。率土之滨,莫非王臣"的主张,也为日本朝廷所用,但那是6世纪以后的事。在此之前,大和政权是皇族和地方豪族的联合体,部民制和屯仓制(也称屯田制),是这种联合体的两根支柱。部民制的部民职业世袭,是统治者通过"部"或"伴"的形式实现人身统治和依附。屯仓制是宅、仓、田三位一体的大王政权直辖农业经营地,是大王政权通过对土地的支配,实现对人的支配。屯仓制的基础是直属天皇的御田,主要集中于大和国及周边。4世纪末5世纪初,大批朝鲜半岛人通过各种方式进入日本列岛,他们和原住民在摄津、河内、和泉等畿内地区进行了大规模开垦,形成屯田。6世纪以后,屯田制被推向全国。由土地、管理者、农民三个要素构成的屯仓制,实际上是中央政府在原先国造支配的领域,打入王权支配的屯田这个楔子。《日本书纪》记载,仅安闲天皇二年(532年),中央政府就在全国设置了26个屯仓。同时,中央政府还严厉治罪或罗织罪名,对地方豪强巧取豪夺。据《日本书纪》同条记载,河内县主被大伴大连问罪,"恐畏求悔,伏地汗流",称自己"愚蒙百姓,罪当万死"。但河内县主表示,愿意为大和政权提供劳役作为赎罪,以求不死。他说:"伏愿每郡以钁丁(耕地的农民),春时五百丁,秋时五百丁,奉献天皇,子孙不绝。藉此祈生,永为鉴戒。"河内县主还贿赂大伴大连这位"钦差大臣":"别以狭井田六町,赂大伴大连"。

6世纪中叶以前,大和政权是由畿内有力氏族的首领构成的大夫合议体制,大夫议定和执行重要政务。"乙巳之变"后的大化改新,由天皇及其以下的太政大臣、左右大臣、内臣、国博士等构成中央政权。但当时还没有形成制度化体系化的官制。例如,内臣实际就是中臣镰足的辅弼。国博士也只是一些从唐朝归来、向新政权提供新知识以供参考的"参谋",并不是固定职位。僧旻、高向玄理之后,没有再设国博士。

如前面所述,虽然"天皇"号何时开始使用,日本学界有几种观点,莫衷一是,但产生于7世纪当无疑问。7世纪中叶,随着"大王"向"天皇"从名称到实质的转变,675年部民制被废除,臣、连、伴造、国造等旧部民所有者,随之成为国家机构中的官僚。名实相符的古代"天皇制"正式形成。如果没有这些前提条件,《大宝律令》当不太可能在文武天皇在位时问世。

公元697年,文武天皇登基。文武天皇出生于天武十二年(684年),是草壁皇子的次子即天武天皇的孙子,7岁时失去了父亲,自幼受到祖母持统天皇宠爱,在持统十一年(697年)被立为太子,同年即位。由于15岁就当了皇帝,所以在持统天皇的"监护"下治国理政。也就是说,持统天皇依然作为"后见"(辅佐官)"垂帘听政",与文武天皇"并坐治天下"。成年后,文武天皇娶了藤原不比等的女儿宫子,他们的长子首王子,后来登基成为日本第四十五代天皇、奈良时代第三代天皇圣武天皇。

为了进一步"依法治国",文武天皇敕令藤原不比等等官员对《近江令》进行修改,最终形成了由六卷律和十一卷令构成的《大宝律令》,其中《大宝令》的编纂者由上层官僚、对唐文化有造诣的中下层官僚共19人组成,《续日本纪》对此有明确记载,"(大宝元年)八月癸卯(三日),遣三品刑部亲王、正三位藤原朝臣不比等、从四位下下毛野朝臣古麻吕、从五位下伊吉连博德、伊余部连马养等撰定律令,于是始成",文武四年(700年),《大宝令》完成。《大宝律》则在《大宝令》完成后开始编纂,于大宝元年(701年)完成:"大宝元年,律令初定";"昔我文武天皇大宝元年甫制律令,施行天下";"律令之兴,盖始于大宝"。①总之,史籍对《大宝律令》的划时代意义,多有赞誉。

"大宝元年"(701年)也是可以确定的日本采用年号的起点。在此之

---

① 《宁乐遗文》(下),咸奈真人大村墓志铭;《类聚国史》卷一四七,天长七年(830年)七月丁未条;《类聚三代格》卷一七,承和七年(840年)四月二十三日太政官符。

前年号多次中断。如前文所述,白雉(凤)五年(654年)孝德天皇驾崩后,年号中断了整整32年。天武天皇673年至686年在位,但直至天武十四年(686年)七月才定年号为"朱鸟"。该年号仅使用了3个月天武天皇就驾崩了,之后大和朝廷又经历15年"年号空白期",至大宝元年(701年)才续上。而且在日本古代,何时"改元"很不确定。新天皇登基后,经常沿用先天皇的年号,从而出现两个天皇共有同样年号。例如,光仁天皇驾崩后,他的年号"天应"为继位的桓武天皇沿用。后来,桓武天皇改年号"大同","大同"年号又为继位的平城天皇沿用。公元810年是日本的"弘仁"年,但"弘仁"既是嵯峨天皇的年号,也是淳和天皇的年号。与之相反,天皇在位时多次改元,也屡见不鲜。例如,1233年至1239年在位的四条天皇,在位仅7年,但却有贞永、天福、文历、嘉祯、历仁、延应、仁治共7个年号。改年号最频繁的是江户时代末期的孝明天皇,即明治天皇的父亲。孝明天皇1844年至1867年在位,有弘化、嘉永、安政、万延、文久、元治、庆应共7个年号。直至明治睦仁天皇定下规矩:"一世一元,永为定制",即一个天皇只能使用一个年号,这种情况才根本扭转。

《大宝律令》继续贯彻大化改新确立的"班田收授法",规定户籍每六年修订一次,每户六岁以上男女均可获口分田,男子二段(180步),女子为男子的三分之二(120步),只有使用权,没有所有权,死后收归国有。此外,各户可分得园田和宅基地,可以买卖。农民必须负担租庸调和杂徭。租是地租,每段为二束二把稻,大致相当于收获量的3%。庸是劳役,正丁每年到都城服劳役十天,可以用庸布二丈六尺代替。调是按正丁、次丁、少丁交纳一定数量的地方土特产品。杂徭是国司每年役使的劳力,按规定正丁60天以内,次丁30天以内,少丁15天以内。

按官僚贵族位阶、官职、功劳授予相应的位田、职田、功田。位田赐予阶位在五位以上的贵族,不得世袭和自行处理。职田只能在职期间拥有,卸任或死亡须交还国家。功田分大、上、中、下四等,大功田可世袭,上功田传曾孙,中功田传孙,下功田传子。位田、功田是"输租田",即必须向国家缴纳租税,又称"私田"。位田、功田一般出租给农民耕种。职田除郡司的是输租田,大部分为不输租田。神田、寺田属不输租田。也就是说,《大宝律令》允许存在部分私有土地,如园田宅地、神田、寺田、大功田等。

《大宝律令》包括户田篇、继承篇、杂篇、官职篇、行政篇、军事防务篇、刑法和刑罚篇,在日本法制史上具有"承先启后"的作用。详见下表。

日本通史(修订本)

律令名	天皇	编纂者	制定年	实施年	天皇	卷数
《近江令》	天智	中臣镰足	天智七年(668年)	天智十年(671年)	天智	22卷
《飞鸟净御原(律)令》①	天武	栗田真人 伊吉博德	天武十年(682年)	持统三年(689年)	持统	律(不明) 令22卷
《大宝律令》	文武	刑部亲王 藤原不比等	大宝元年(701年)	大宝二年(702年)	文武	律6卷 令11卷
《养老律令》	元正	藤原不比等	养老二年(718年)	天平宝字元年(757年)	孝谦	律10卷 令10卷

必须强调的是,"将残留的法律条文和《唐律》比较可以发现,两者大部分内容一致。也就是说,《大宝律令》几乎原封不动地照搬了《唐律》,然后对不符合时代和国情的内容进行了取舍"。②

文武天皇在位时期,朝廷通过中央集权体制下进行的各项改革,包括官僚制改革,为日本律令制国家的确立奠定了坚实基础。作为中央集权国家的律令制之枢纽的政治机构,是官僚制和支撑官僚制的各个机构。在文武天皇在位时期,日本的政府机构趋于完善,中央设立二官八省一台五卫府。具体结构如下:

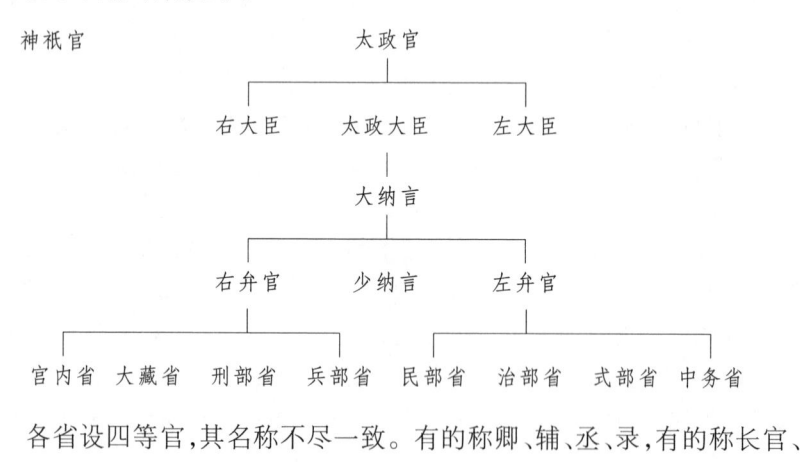

```
神祇官                       太政官
                ┌─────────────┼─────────────┐
              右大臣        太政大臣         左大臣
                            │
                           大纳言
                ┌─────────────┼─────────────┐
              右弁官         少纳言         左弁官
           ┌────┼────┐              ┌────┼────┬────┐
        宫内省 大藏省 刑部省 兵部省  民部省 治部省 式部省 中务省
```

各省设四等官,其名称不尽一致。有的称卿、辅、丞、录,有的称长官、

---

① 日本学界主流意见认为,律并未完成。因此,《飞鸟净御原(律)令》常被称为《飞鸟净御原令》。
② 西村真次:《早稻田大学日本史》第二卷《飞鸟宁乐时代》,米彦军译,华文出版社2020年版,第131页。

次官、判官、主典等。

```
                    五卫府                              弹正台
      ┌──────┬──────┼──────┬──────┐
   右兵卫府  左兵卫府  右卫士府  左卫士府  卫门府
```

中央政府各机构的具体职责：二官是太政官和神祇官。神祇官主掌祭祀，大都由亲王或名门贵族担任，下由大副辅佐。太政官是最高行政机构，由"三公"即太政大臣、左大臣、右大臣主理政务。"三公"之下是大纳言，大纳言之下是少纳言，左右弁官是少纳言的副手。大纳言负责宣旨、侍从、献策。少纳言负责禀奏、用玺等。右弁官分管宫内、大藏、刑部、兵部四省；左弁官分管中务、式部、治部、民部四省。需要说明的是，中务省负责朝廷的各项事务，包括图书寮、缝殿寮、内药司、画工司等，不理民政。式部省类似于中国古代的吏部。民部省类似于中国古代的户部。大藏省类似于财务省。此外有独立机构弹正台，负责风纪，类似于纪律监察机构。五卫府负责京城各处警卫。奈良时代的天平年间，还设置了内大臣、中纳言、参议，称"令外官"。日本的律令制虽然仿效唐制，但并没有像唐朝那样建立中书省、门下省、尚书省三省鼎立的官制。另外，自奈良时代，大和朝廷开始正式设立"令制国"（又称"律令国"），68个令制国，分别归属"五畿七道"。每国设数个军团，由国司指挥监督。九州设由大宰府管辖的防人司，以防"外国"入侵。陆奥设镇守府，防备虾夷。

官职和位阶大致对应如下：太政大臣为正、从一位，左、右大臣为正或从二位，大纳言为正三位，大宰帅为从三位，中务卿为正四位上，卿为正四位下，弹正尹为从四位上，左、右中弁为正五位上，左右小弁为正五位下，弹正弼为从五位上，小纳言为从五位下，等等。

地方政府隶属中央政府。地方政府有"特殊官府"，包括分管京师行政的左京职和右京职，分管旧京同时也是战略要地难波（今大阪府一带）的摄津职，负责列岛西大门、外交的大宰府，还有"一般官府"，分国衙和郡衙。随着国力充实和皇权扩展，政府组织也相应发生变化，但没有根本变化。不过随着律令制的形成，朝廷对全国的管理发生了明显变化，主要有以下几方面。

（一）施行"条理制"，将全国土地进行区划整理，即形成由 N 个小方块组成的中方块，由 N 个中方块组成的大方块的格局。

（二）如前所述，《大宝律令》按官僚贵族位阶、官职、功劳授予相应的位田、职田、功田。

（三）《大宝律令》继续贯彻大化改新确立的"班田收授法"。规定户籍每六年修订一次，每户六岁以上男女均可获口分田。口分田只有使用权，没有所有权，死后收归国有。此外，各户可分得园田和宅基地，可以买卖。农民须负担租庸调和杂徭。还有仕丁，即每50户出两人在都城劳动三年。出举，即向国家借稻米，归还时须另加50%作为"利息"。兵役实行"兵农合一"。正丁的三分之一为士兵，平时从事农业生产，一定时期到军团服役。其中部分人作为卫士到京城守卫宫廷一年；部分人作为"防人"，到大宰府防卫九州边陲三年，即当兵三年。

（四）重新规定日本的等级制。《大宝律令》颁布前，皇族男子皆称"皇子"。《大宝律令》规定，"皇子"以外的皇族男子称"亲王"，二代以后皆称"王"。位阶五位以上者为贵族，享有荫位制的特权，即位阶三位以上者的子与孙和四位、五位者的儿子年满21岁时，可以获得一定位阶。贵族还享有减刑和子女受教育的特权。皇族、贵族等大小统治阶级和广大公民（大化改新前的自由民和绝大部分部民）为自由民。奴隶、"陵守"（守皇陵者）、公私奴婢为"贱民"。"贱民"和"良民"不得通婚。

《大宝律令》仍实施司法与行政一体化，即各级行政机关同时也是审判机关。刑罚的种类有笞、杖、徒、流、死五等。谋反、谋大逆、谋叛、恶逆、不道、大不敬、不孝、不义等"八虐"均属重罪。

必须强调，如下一章所述，奈良时代的养老二年（718年）颁布的《养老律令》，无异于《大宝律令》的拷贝。9世纪至10世纪，随着按日本国情编纂的法律法令集"三代格式"，即《弘仁格式》《贞观格式》《延喜格式》编纂完成，日本律令更趋完善。所谓"格以衡量时间为制，式为补充拾遗之需"。"格"就是根据日本国情对律令适时进行修改，"式"则是"格"的实施细则。"三代格式"问世后，律令成了一纸空文。但必须强调，"律令"是"格式"的基础或"前期准备"，没有律令，格式无从产生。可以认为，至大和时代的文武朝，日本律令制已经确立。

"万叶时代"前期　在建设律令制国家的过程中，日本不仅法律政治制度日趋完备，文化也欣欣向荣，出现了著名的白凤文化。除了本章前面论及的佛教的繁荣，由于文字的普及，和歌也开始发生飞跃性变化。和歌究竟源于何时，目前尚无定论，有学者认为当源于天智朝。但是，和歌创

第二章 ● 大和时代

作手法的明确变化，以及正式用汉字表记和歌，始自天武朝。"万叶假名"赖以"孵化"的《万叶集》，即产生于这一时期。由于《万叶集》在日本文化史上享有崇高的地位，以致人们将以《万叶集》为代表的时代称为"万叶的世纪"或"万叶的时代"。这一时代又因文化背景和都城不同，被分为白凤（藤原京）文化和天平（平城京）文化两个时期，每个时期又分两个阶段。与之相应，《万叶集》里的和歌也相应于这四个阶段被分别考察。本节考察前一个时期的两个阶段。①

自舒明朝（629—641年）至壬申之乱（672年），为第一阶段，即"初期万叶"阶段。毫无疑问，"初期万叶"阶段的出现，和大化改新、壬申之乱和近江朝灭亡等内政剧变的国内政治背景，以及受中国文化强烈影响的国际政治背景密切相关。就与文字记录的关系而言，这一阶段创作的和歌基本上是口诵作品，作者有舒明、齐明、天智、天武四位天皇，以及倭太后、额田王、镜女王、藤原镰足、大伴安麻吕等皇族和贵族。不过，其中有些显然是托名之作，因此究竟作者是谁颇有争议。这一阶段的特点概括而言，是集团性、意欲性、咒术性、与自然的交融，以及同歌谣、民谣的血脉相通。所谓集团性，不难发现"初期万叶"的许多和歌所描述的，是"年中行事"即每年按惯例举行的庆典活动或其他礼仪活动时的作品，如舒明朝的"国见歌"、宇智野狩猎歌、天智天皇千秋后的殡宫的歌，等等。即便一代才女额田王《下近江国时作歌》的"三轮山，岂可被遮掩；云但能体谅，怎再频遮掩？"也是在迁都奈良时，抒发别离作为大和之国魂的三轮山时的心情，使读者仿佛看到一种礼仪场景。所谓意欲性，如《额田王歌》的"乘舟熟田津，待月把帆扬；潮水涌，操棹桨"，描述了齐明七年（661年）驶向九州的船队，在印南野附近的海上或从伊予的熟田津西行时，向海神的祈祷，具有在以后的和歌中难以寻觅的充实的意欲感。所谓咒术性，则是古代灵魂观和自然观的反映，如有间皇子《自伤结松枝歌》的"磐代岸边松，结枝祈幸免；得幸免，归来重见"。再如倭太后的作品《天皇圣躬不豫之时，太后奉御歌》："仰首高天凝眸，吾皇御寿，定然，天长地久。"上述作品，均具有和自然交融的特征。同歌谣、民谣的结合亦为"初期万叶"的特征，即便如在蒲生野的药猎时，额田王和大海人皇子的唱和，也不同于个人的恋歌。额田王："往来紫野围禁场，守吏岂不见，君又举袖扬。"皇太子："妹妍

---

① 本书所引《万叶集》诗歌皆参照译林出版社2002年根据岩波书店版译出的中文版。

如紫茜,焉能憎厌;况知已是人妻,犹使我生恋。"

《万叶集》最初阶段的和歌所反映的各种特征,有一点同"记纪"中的歌谣颇为相似,即由艺术的自觉和个性的贫乏构成表里。但是由于中国文化的浸润,该阶段后期的和歌开始告别过于浓厚的主观表现而向客观即事的方向发展,以简洁的语言,表现事物存在核心的初期万叶和歌固有的诗情美,开始从歌谣向抒情诗转变。

第二阶段是壬申之乱以后至迁都平城京(710年)。文化的繁荣,往往与统治者的意识形态取向和对文化事业的推动密切相关。这一观点为天武天皇统治时期的日本所印证。这一时期和歌的繁荣与朝廷的政策密切相关。

顺应当时社会对语言文字一体化的强烈关心,天武天皇当政时颁布了许多推进日本语文事业发展的诏敕,这些诏敕在《日本书纪》中多有记载。例如,天武四年(676年)二月"敕令大倭、河内、摄津……美浓、尾张等国,挑选能歌男女及侏儒、伎人贡上"。天武十一年(683年)三月"命境部连石积等造《新字》一部44卷"。《新字》是日本最初的辞典。

正是在这样的历史背景下,涌现出了日本和歌史上的一代宗师柿本人麻吕。在日本和歌史上,柿本人麻吕堪称"三朝元老",因为他的活跃期跨天武、持统、文武三朝。这一阶段正是律令制国家确立时期和口诵文学向记载文学转换时期。与第一阶段艺术的自觉和个性的贫乏构成和歌的表里类似,转型时期的社会政治和文化背景同柿本人麻吕的作品构成表里。换言之,时代规定了柿本人麻吕作品的特征,时代也通过他的作品反映自身。这种表里构成是该时代创作的和歌的一大特征,其中尤以柿本人麻吕的作品为最。

柿本人麻吕的作品以"枕词"①和"对仗"的精美著称,写作手法和前代相比迥异其趣。枕词虽是以往口诵词章的一种形式,起源于咒术,但柿本人麻吕作品中的比喻性枕词,不是口诵的惯用句,而具有通过文字记录取得自立的倾向,其多样性及从中透示出的柿本人麻吕把握事物的敏感,通过这一媒体表现得淋漓尽致,宛如古希腊叙事诗中定型句(formulae)的变质。而一般被称为"对仗"的写作技巧,则从"记纪"歌谣和初期万叶和歌具有的反复性,向对偶地描写事物的方向转型,留有明显的受中国诗

---

① 枕词是古时日本诗歌的修辞法,冠于特定词语前用于修饰或调整语句。

第二章 ● 大和时代

作影响的痕迹。虽然在天武朝之前,如额田王的和歌所显示的,已经有了"对仗"的萌芽,但是从严格意义上说,"对仗"与其说是在近江朝时期引入,不如说是柿本人麻吕以后。柿本人麻吕留下的很多与"初期万叶"明显有别的长歌,以及他在天武朝时创作的七夕歌,均显示出清晰的中国文化影响的痕迹。更重要的是,不仅是形式和素材,而且文学意识和诗的灵魂,均受到来自大海彼岸的文学浪潮的推动和冲刷。尝试将长歌、短歌、旋头歌等不同的体裁作为装盛新的情怀的容器,也主要完成于这一时期。特别是由柿本人麻吕定型的长歌"五七"形,既有天皇赞歌、皇族挽歌、悲叹都城荒废的哀歌如"志贺海湾,水纵回环,昔日之人,岂能再见",又有感伤离别的情歌、悼念妻子的悲歌。这些和歌在经过雕琢的文字背后,栖息着朴实无华的精神思想。短歌数首一组的连作形式,也始于这一时期。旋头歌虽然发源于歌垣①中的片歌问答,但是柿本人麻吕将其作为六句体歌活用,开辟了和歌的一个新的领域。之所以视柿本人麻吕为和歌史上最初具有作诗意识的自觉者,主要就是基于上述原因。

和柿本人麻吕基本同时代的歌人,还有持统天皇的皇子皇女,天智天皇和天武天皇的皇子皇女,以及石川郎女、志斐妪、高市黑人、长意吉麻吕等。他们的作品,如感叹大津皇子谋反事件的悲歌、称颂穗积皇子和但马皇女恋情的欢歌,均和新的抒情时代互相吻合,而高市黑人吟诵"恋物"旅情的佳作,与柿本人麻吕将古代和开化的自然观融为一体相比,则通过与歌咏对象保持一定距离,并以触景生情的感伤,开拓了和歌一块新的境地。总之,第二阶段的和歌比第一阶段的和歌更增添了技巧性和华丽感,且有时给人以做文字游戏的感觉。但是,这个时期的歌仍不耽形式之浮薄,仍不失线条之明快,仍不陷律令制之矛盾,仍反映充满建设活力之时代。同时,这一时期的作品还显示,前代氏族制的精神,仍作为支撑这种歌风的一根重要支柱,保存于个人和集团之间。

大宝二年(702年)持统上皇"山陵崩"后,大宝四年(704年)五月,因天现祥瑞之庆云,文武天皇诏令将大宝四年改为庆云元年。庆云三年(706年),文武朝廷颁布了七条改革诏令,开始推行以三项内容为核心的改革:减轻民众负担;提高贵族官员阶层待遇;调整官员设置、晋升和处罚

---

① "歌垣"始于中国三国时期,当时曹魏每年三月三日举行歌会。日本引进了这一习俗,男女以和歌表达情谊,若情投意合,则结为伉俪。对吟和歌的场所就叫"歌垣"。

条件。这场改革,史称"庆云改革"。庆云四年(707年)正月,文武天皇曾让文臣五位以上之高官议"迁都之事"。当年六月,25岁的文武天皇晏驾。他的母亲、天智天皇的女儿阿闭皇大妃根据儿子的遗诏登基,成为由"女人掌权"的奈良时代的第一位女天皇元明天皇。翌年,元明天皇颁迁都诏书,于和铜三年(710年)正式迁都平城京(奈良)。日本历史自此进入全方位学习唐朝的奈良时代。

作者点评:

本章与前章的衔接之处就是继续为日本和日本人"寻根",故开宗明义地指出,"日本"不是地名,而是包含特定时间和地点、由特定的人类集团组成的国家。在"日本"成立之前,"日本"和"日本人"都是不存在的。因此,为了澄清"日本"从何而来,本章引证诸多史籍记载和学者观点,对原初的"日本"如何发展壮大,进行了考察。

同时,本章还对日本语言文字、宗教和世俗文化在古代的形成进行了阐述,在阐述中尤其注重揭示了一项史实:不仅日本语言文字、宗教和世俗文化的形成和发展归因于统治阶级的推动,而且在"二战"前占统治地位、作为"日本是神国"之意识基础的"记纪"史观,虽然早在20世纪30年代已经遭到批判,但在战前始终是占统治地位的意识。这验证了马克思和恩格斯在《德意志意识形态》中提出的观点:"统治阶级的意识在任何时候都是占统治地位的意识。"

和诸多日本史专家对"大化改新"偏重于论述其意义、对"律令制"偏重于阐释其对古代中国政治体制之仿效不同,笔者绝不敢"怠慢"日本在政治变革中"刀光剑影""同室操戈""血雨腥风"的史实。之所以如此,不仅为了尽可能客观地展现日本历史的风云激荡,更为了揭示一个普遍真理:在近代以前,任何革命和改革,都是权力和利益的重新分配,都会发生你死我活的斗争。人类只有确立"规则"并按规则行事,才能避免流血冲突的发生。

第三章 奈良时代

第一节 律令国家的象征

日本史学家吉田孝认为:"'和同开珎'和'平城京'是律令国家的象征。"①这句话直接涉及古代国家改朝换代两个重要因素:铸币和迁都。而铸币和迁都经常是中国改朝换代的"例行公事"。同时,铸币和迁都,也是经济政治发展水平的缩影。律令和经济政治历来互相影响,相辅相成。同时在外交方面,奈良时代恰是日本全方位向唐朝学习的"唐化"时代。

都城奈良的建成 奈良时代始于迁都,终于迁都。认识奈良时代,必须从认识奈良开始。近江朝廷在豆其相煎的壬申之乱中灭亡后,大海人皇子(天武天皇)将都城从近江再次迁返飞鸟,并将其命名为"飞鸟净御原宫"。近年考古发掘证明,该宫殿是在齐明天皇"后飞鸟冈本宫"的遗址上兴建的。天武天皇这么做的主要目的,是强调他"法统"的来源。此后,天武天皇虽然没有迁都,但他有建立新都城的构想,并将其命名为"新城",安排阴阳师观测风水,令劳工平整土地。然而未及计划实现,在位10年,天武天皇于朱鸟元年(686年)晏驾,工程随之中断。他的妻子持统天皇建成了藤原京,完成了他的夙愿。藤原京位于奈良县橿原市。考古发掘显示,藤原京是个条坊制都城,而且遗迹下层有天武天皇试图建设的"新城"的工程遗址。规划布局显示,藤原京是日本"固定的都城"之滥觞。不过,从飞鸟净御原迁都藤原京到元明天皇迁都平城京,藤原京作为都城仅

---

① 吉田孝:《八世纪的日本》,载《岩波讲座·日本通史》第4卷《古代史·3》,岩波书店1994年版,第36页。

存在了16年。很多人认为,平城京就是今天的奈良,实际上平城京在今天奈良市与大和郡山市附近,两者并不等同。另外,因读音相同,奈良(なら)有时也写作"宁乐"(なら)。如《万叶集》卷三第三二八首"宁乐京师地,盛开满眼花"中的"宁乐",就是奈良。因此,"奈良时代"有时也称"宁乐时代"。《早稻田大学日本史》第二卷,书名就是《飞鸟宁乐时代》。

为什么要将都城从藤原京迁到平城京?这得从奈良时代的第一位女天皇元明天皇继位说起。

庆云三年(706年)十一月,文武天皇在病榻上向母亲阿闭皇女提出,要将皇位让给她,遭皇女婉拒。庆云四年(707年)六月,文武天皇驾崩。阿闭皇女无奈,于当月二十四日在东楼面对百官,表明了将奉先帝遗诏即位的意向。值得关注的是,翌年七月十七日元明天皇即位时颁布的宣命。宣命涉及皇位继承的正统性。宣命首先提及持统天皇在藤原京治天下。之后将皇位让给孙子文武天皇,与其"并坐治天下"。然后指出,在近江大津宫统治天下的天智天皇规定,皇位须由男性继承,"此当为与天地同久,与日月同辉之不可更改的常典"(即"不改常典")。文武天皇在弥留之际下了托付后事之诏。当时她称自己难当此任,然固辞不获。未免天地诸神劳心,故奉遗诏。宣命虽没有明确表达,但其意很清楚,即以后皇位当由先帝遗孤首皇子继承,自己仅是过渡性的中天皇。①

由此可见,虽则奈良朝共有8位天皇,女天皇占了半数,但她们其实都是因为皇子年幼,无法理政而即位的"过渡性的中天皇"。例如,文武天皇驾崩时,首皇子只有七岁,所以他要求自己的母亲即位。

庆云四年(707年)十一月文武天皇葬礼结束。草壁皇子的妃子、47岁的阿闭皇女即位,号元明天皇(661—721年)。翌年(708年)正月,武藏国秩父郡晋献了当地发现的"和铜"。所谓"和铜"即未经提炼的纯铜。为示庆祝,元明天皇改元"和铜"。除了皇统更迭,天皇换代,一般改元无非出于两个目的:或因祥瑞而庆贺,或因灾祸而驱邪。改元"和铜"自然属于前者。问题是,为何秩父郡献上铜块?为何朝廷因此改元?须知日本自古没有矿产,作为制币原料的金银铜,都靠进口,主要从朝鲜半岛进口。因为感到银太贵重,天武十二年(684年)时曾经下诏,"自今以后,必用铜

---

① 笠原英彦:《历代天皇纵览——皇位如何继承》,中央公论新社2018年版,第113—114页。

钱,莫用银钱"。由此不难理解发现"和铜"的意义。

改元之后,朝廷即决定迁都。和铜元年(708年)二月十五日,元明天皇颁布了迁都诏书。笔者将这份诏书和隋文帝杨坚的《营建新都诏》进行比对后发现,元明天皇的迁都诏书仅改动了《营建新都诏》几个字,"翻版"的痕迹明显。仅以两份诏书的开始部分为例。隋文帝的诏书开始部分:"朕祗奉上玄,君临万国,属生人之敝,处前代之宫。常以为作之者劳,居之者逸,改创之事,志未遑也。"《续日本纪》刊载的元明天皇迁都之诏的开始部分:"(和铜元年)二月戊寅诏曰,朕祗奉上玄,君临宇内,以菲薄之德,处紫宫之尊,常以为作之者劳,居之者逸,迁都之事,未必遑也。"这说明当时日本对中国仿效的程度。

建设平城京的构想在文武朝已经提出。"庆云四年(707年)二月十九日,文武天皇召集贵族议论迁都事。"[1]但因为4个月后文武天皇驾崩,所以,他的母亲元明天皇实现了他未竟的迁都遗愿。至和铜八年(715年)大极殿落成,建筑过程至少耗时5年。古代的人们大都出于水源、生产、生活等自然形成集落,最后发展为城市。但是,平城京和藤原京一样,也是按照天皇和豪强的政治意图,有计划地创造出来的人工都市。和铜元年(708年)九月底,朝廷新设"造平城京司"。该司有长官2名,次官3名,是一个具有"特异性"的庞大组织,显示了当朝统治者使平城京成为"百官之府,四海所归"的集权机构的强烈欲望。十二月初,平城宫建筑用地举行了镇祭仪式,正式开工建造。"和铜三年(710年)三月辛酉(十日),始迁都于平城,以左大臣正二位石上朝臣麿为留守。"太极殿等建筑均被拆除瓦片和其他建筑材料被运往平城京。文武百官也跟随天皇移居平城京,他们原先的居所也被拆除,"化整为零",材料被运往平城京用以建造"新居"。

平城京地处奈良盆地的北端,翻越奈良山就是木津川和淀川,经大坂湾的难波通日本西部,顺着宇治川可以到日本东部。南有池、北有山、东有川、西有道,地理位置得天独厚。奈良时代,日本与唐朝的交往极为密切频繁,朝廷曾四次派出遣唐使"西行取经",其中733年和752年派出的遣唐使分别达594人和500人之多。当时的朝野以"仿唐"为时尚,平城京的营造也模仿长安城的格局建设,是长安城的微型版:平城京东西宽

---

[1] 橿原考古学研究所编:《平城京的100个疑问》,学生社2010年版,第18页。

平城京朱雀门复原图

复原的平城京(奈良)朱雀门

32町(4.2公里),南北长36町(4.8公里),总计约2 400万平方米。[1]平城宫处于平城京最北端的中央,朱雀门(南门)外有朱雀大道,大道的西侧为右京,东侧为左京。朱雀大道的南端是平城京的入口罗城门。平城京的东侧有个被称为"外京"的区域。

平城京基本上呈正方形,大小为长安的四分之一。所以选择这块土地营造都城,据称是因为这块土地受四神保护,处在朱雀(南)、青龙(东)、白虎(西)、玄武(北)四神当中。因此,平城京的四座城门,也分别以四神的名字命名。平城宫内大极殿的正面是一个广场,正面是"鸟",左边是画有太阳、青龙、朱雀的幡,右边是画有月亮、玄武、白虎的幡。这些原初都是中国文化的元素,显露出日本受中国影响的印记。在平城宫里有"阴阳寮"。该政府机构除了负责天体观测、日历编制、风水占卜,还负责管理被称为"漏刻"的水钟,由两名博士和二十名工作人员,二十四小时轮番管理。以"漏刻"观测时间,以钟鼓告知人们作息,为奈良所不可或缺。因为东市和西市的营业都有规定时间。据推断,日本最早的"漏刻"是在齐明天皇六年(660年)问世的。因为人们按时作息是从那时候开始的。根据考古发现,奈良的明日香村有使用过"漏刻"的遗迹。

---

[1] 橿原考古学研究所编:《平城京的100个疑问》,学生社2010年版,第126页。

第三章 ● 奈良时代

另外,留存至今的法律显示,原则上居住在平城京的人们晚上是禁止外出的。平城京沿街有类似于岗亭的小屋,晚上有士兵在火堆旁值守。那种小屋有考古发现。之所以如此,一是防止刑事犯罪,一是防止"民工"逃跑。

平城京的规划是模仿而不是照抄中国的长安城。中国的都城为防止外敌入侵,在城的四周一般都建有城墙,但日本因是岛国无此担忧,故没有高大坚实的城墙,仅以"盛土"将城内城外隔开。在城内,中央的朱雀大街将城市分为东、西两部分。各宽约24米的两条南北大道和9条东西大道把城市切割成72个正方形街坊,每一坊分十六等分,十六分之一即一坪。一坪的面积相当于15 000至16 000平方米。表达坪的范围的词语就是"町"。居民在其中拥有六十四分之一至三十二分之一不等的宅基地。平城京内的平城宫拥有五坊面积,甚为宽广。坊和坪基本上都有矮墙和周边隔开,形成一个独立的空间。平城京有兴福寺、元兴寺、纪寺、大安寺、药师寺、唐招提寺、西大寺、法华寺、西隆寺九大寺院,宛如一个佛教都市。城外,群山环抱,四周翠绿,衬托着城里的红顶寺院,使平城京获得了"朱红翠绿之都"的美称。《续日本纪》里有"平城京"和"平城宫""平城之大宫"。据推测,由于天皇起居生活的宫殿只有一个,所以两者是同义语,和今天的"皇居"类似。《万叶集》也将平城京写作"奈良"或"楢",天皇起居的平城宫则被写作"宁乐(奈良)之京师"。和铜元年(708年)九月十四日,元明天皇曾经巡幸菅原,向被动迁的农民发放稻米和布匹等作为补偿。现在奈良西大寺的南面,依然保留着"菅原"这一地名。

考古发现,建平城京的这块地原先是农村和稻田,没有人口聚居区。后来生活在那里的居民,主要来自被称为"畿内五国"的大和、河内、摄津、山城(山背)、和泉。担任警卫的卫士则来自全国各地。根据留存下来的记录,当年从列岛东北前往九州,须有被称为"译语"的翻译随行。参与平城京建设的有来自日本全国各地的人,都讲不同方言。出于沟通需要,一种共通的"日本语"开始形成。

虽然奈良时代已有户籍,但由于资料未能留存,所以究竟平城京有多少人,迄今不明。以前日本学者泽田吾一通过对平城京和金泽市比较,同时根据宝龟四年(773年)政府文件记录的平城京老人的数量推断,约为20万人。但是,近年有些学者通过对平城京和藤原京的比较,结合平城京宅地面积,认为在62 000至74 000人之间。多数意见认为,随着人口增加,约10万人,其中40%是僧侣和政府工作人员。男女比例约为六比四。根据保存下来的部分户籍记录,其他地方人均寿命仅约20岁。京城居民生活条件相对好一些,但人均寿命也不会比20岁高出多少。

平城京遗迹的考古发掘出土了不少筷子,在平城宫遗迹甚至发现了金属做的筷子,而对藤原京遗迹的发掘完全没有发现筷子。这说明以往平城京的居民,已经开始使用筷子。据推断,使用筷子的习惯很可能是从朝鲜传入的。另外,在东大寺藏宝库正仓院,保存有从中国、朝鲜、波斯、印度等传入的乐器,包括打击乐器、弦乐器、吹奏乐器。其中起源于印度的"螺钿紫檀五弦琵琶",是世界上唯一留存的实物,非常珍贵。

近年有学者提出,文武天皇之所以要将都城从藤原京迁往平城京,是因为大宝元年(701年)遣唐使栗田真人发现,藤原京的结构和长安城有很大差异。长安城皇宫位于最北端,皇帝坐北朝南,即"圣人南面而听天下"。但是藤原宫则是在藤原京的中央。这或许是迁都的原因之一,但最根本的原因仍是为了实施以天皇为唯一和绝对权威的律令制。京城必须威严和有气势。

和同开珎的铸造 在决定迁都的同一年即和铜元年(708年),朝廷还作出了另一项对日本社会经济发展产生深远影响的决定:铸造"本朝十二钱之嚆矢"——和同开珎。[①]

"和同"的原意是人们能彼此信赖地行为处世,将此二字命名货币,是祈望人们能够公平交易,通过货币使商品交易更趋活跃,同时又由于"和同"与当时的年号"和铜"谐音,故采用此名。值得注意的是,荣原永远等指出,和同开珎的"珎"和"珍"是同一字,是以唐的开元通宝为蓝本铸造的四字"正统"货币。《续日本纪》中有如下一段记载,对于了解日本的货币发展史非常重要:"和铜元年二月甲戌(十一日),始置铸钱司";"和铜元年五月壬寅(十一日),始行银钱";"和铜元年八月乙巳(十日),始行铜钱"。

---

① "本朝十二钱"按首次发行年份依次为:(1)和铜元年(708年)的和同开珎;(2)天平宝字四年(760年)的万年通宝;(3)天平神护元年(765年)的神功通宝;(4)延历十五年(796年)的隆平永宝;(5)弘仁九年(818年)的富寿神宝;(6)承和二年(835年)的承和昌宝;(7)嘉祥元年(848年)的长年大宝;(8)贞观元年(859年)的饶益神宝;(9)贞观十二年(870年)的贞观永宝;(10)宽平二年(890年)的宽平大宝;(11)延喜七年(907年)的延喜通宝;(12)天德二年(958年)的乾元大宝。

第三章 ● 奈良时代

和铜二年(709年)八月乙酉(二日),"废银钱,一行铜钱"。和铜二年(709年)三月,朝廷规定交给官府的赋税,四文以上用银钱,三文以下用铜钱。和铜二年(709年)八月,朝廷废除银钱,全部使用铜钱。

这段记载说明,7世纪末市场上仍流通银钱。因此政府分阶段、分步骤推行以铜代银货币政策。同时,朝廷还颁布了一系列配套政策和措施,尤其对私铸钱币进行严厉打击。由朝廷统一发行铸造货币,结束了普遍采用以稻和布为实物货币,以货易货的货币史前史,翻开了日本以"本朝十二钱"为主要内容的古代货币史的第一页。

铸造"和同开珎"的源流当在天武、持统朝寻找。据《日本书纪》记载,天武十二年(683年)四月,朝廷颁布了全面禁止使用银钱,改用铜钱,但允许在铸造钱币时使用生银的诏令。通过考古发掘,有一百多枚当时的银钱出土。这些银钱被称为"无纹银钱",即圆形没有花纹图案的平板银币。当时日本是否已使用铜钱?在一个意想不到的地方发现了天武朝已经开始使用铜钱的"证明":1991年初夏,在位于飞鸟寺东南方一个丘陵北侧的"飞鸟池"遗址的底部,发现了7世纪后半叶至8世纪初的工场遗址。1997—1999年,奈良县为在当地建设"万叶博物馆"而进行了考古发掘,从而揭示了该遗址的全貌:飞鸟池遗址南侧是工场区,有约200个冶炼金属用的炼炉,地层堆积有以金属废渣为主的渣土层;北侧有一些方形池子,据分析,当是用来进行水处理的,即沉淀、净化从南侧工场排水沟流过来的水,再排泄出去。另有一些井、房屋、土坑。在南侧的工场区,有一个个按金、银、铜、铁等不同金属,以及玻璃、琥珀、水晶、漆等非金属进行分类的工房,如同一个"综合工业园区"。在这一"工业园区"里,有铸造被称为"富本钱"的铜钱的工房。所谓"富本钱",亦是"孔方兄"家族成员,即一种外圆内方形铜钱,方孔的上下有"富本"二字,左右有"七曜文",即七个点。在飞鸟池有近三百枚"富本钱"出土,而且多数铜钱周边一圈留有脱离于铸模的边痕,并有铸模出土。根据历史记载和实物证明,飞鸟池工房曾铸造铜钱的判断得到印证,并且专家一致认为,"富本钱"当为日本最早的铜钱。

虽然史料记载和考古发掘的一致,为前此悬而未决的铜钱起源于何

和同开珎

时的问题,提供了有力证据,但当时银、铜货币的流通极为有限,并没有在社会上真正发挥货币的职能。正是在这一意义上,和同开珎才得以在"本朝十二钱"中位居首席,成为由各种金属演奏的"日本货币交响曲"的第一乐章,而以前的货币,包括金属货币在内,均仅是"序章"。

按照珀兰尼首倡的货币理论,近代以后的货币具有"四种职能",即交换手段、支付手段、储藏手段、价值尺度。虽然和同开珎还只是前近代的货币,但其功能似已不止"四种职能"。通过以下史实,我们可了解其不仅具有"四种职能",还有"另类""奇特"的职能。

在和铜元年(708年)发行和同开珎,同时采取一系列政策促进铜钱流通后,朝廷于和铜四年(711年)十月甲子(二十三日)颁布了"蓄钱叙同时位令":"诏曰,夫钱之为用,所以通财贸,易有无也。当今百姓,尚迷习俗未解其理。仅虽卖买,犹为蓄钱者。随其多少,节级授位。其从六位以下,蓄钱有一十贯以上者,进位一价叙。"①也就是说,如果钱蓄积到一定的量,可以换取"位阶"。据《续日本纪》神护景云二年(768年)闰六月庚戌(八日)条,雄万根据"献物叙位",由外正七位下,叙位至外从六位下。

有学者认为,"蓄积叙位法"的功能类似于现代政府采取的发行"国债"政策,只是与国债发行相比有一点重大区别或曰好处,即政府通过"蓄钱叙位令"吸收到的货币无须偿还,因此可以作为国家的财源重新投放市场。至万年通宝发行,和同开珎完成了其持续52年的历史使命,实现了日本货币自富本钱发行以后的质的飞跃。和同开珎发行后,不断发挥作为流通手段、价值尺度、储藏手段等货币特有功能,有力地推动了朝廷所在地平城京的发展、繁荣。

法律是市场经济的基础,古今亦然。因为,市场经济注重竞争,竞争须有规则。律令就是规则。严格地说,平城京与和同开珎只是律令制国家的表象,法律才是其内核。元正天皇在位的养老二年(718年),《大宝律令》又被修订,作为《养老律令》颁布。

《养老律令》的"律"由10卷12篇构成,现仅存3篇,主要显现以下特点:(一)没有神道色彩;(二)注重犯罪动机;(三)不乏伦理要素;(四)对官吏有免职等特殊处罚;(五)没有残酷刑罚。《养老律令》的"令"由10卷30篇构成,"夫养老令,则多半收于《令义解》中,遂得以流存至今"。《令义解》是

---

① 皇学馆大学史料编纂所编:《续日本纪史料》第3卷,皇学馆大学出版部2001年版,第101页。

清原夏野、小野篁等编纂的《养老律令》官撰注释书,完成于天长十年(833年)。"令"涉及阶级、位阶、社寺制度、土地制度、民法、诉讼法等各方面。相对于"律"而言,"令"有较多具有日本特质的要素。例如,日本也有阶级,主要分良民和贱民。良民包括皇族、贵族和自由民。皇族分亲王和诸王。亲王为天皇的皇子、兄弟、姐妹;诸王为亲王二世以下至四世。位阶五位以上者为贵族。贱民又分"私奴婢"和"官奴婢"等。原则上只允许同阶级之间通婚,良民和贱民通婚将被贬为贱民。必须强调的是,《养老律令》在元正天皇时期已经制定,诸多原因至孝谦天皇时才正式实施。但是,其中很多法律精神,在此前早已开始贯彻。川崎庸之等总监修的《日本史》写道:"《养老律令》只是对大宝律令作了修订,如将'官员令'改为'职员令'等,未作根本性变更,而且722年朝廷行赏撰定《养老律令》的功臣时,因藤原不比等已逝,中心人物丧失而中绝,所以施行并不充分。直至757年,即《养老律令》被束之高阁约40年后,才由藤原仲麻吕施行。"①

平城京设有东、西两市,由市司衙门、店铺、市人住所三部分构成,面积各为四坪,合计八坪的空间是约十万人的平城京的"厨房"。作为官方设立的市场,是否有监管市场的公职人员呢?《养老律令》有"职员令""关市令",对市场经济的管理者、经营者、消费者,分别做出了具体规定。例如,根据"职员令"对东市司条官员职责的规定:"东市司(西市司参照执行)正一人,职掌财货之交易、器物之真伪、度量之轻重、买卖之估价,非违之禁察;佑一人;令史一人;价长五人;物部二十人;使部十人;直丁一人。"也就是说,市司之职权,就是管理市场,杜绝暴力和偷盗("非违之禁察")的发生。又,《续日本纪》和铜五年(712年)十二月己酉条记载:"东西二市初置史生各二员。""史生"是该年新设的下级书记官之类的官吏,负责公文处理,类似于今天的秘书。除此之外,还有作为民间代表的"市领",类似于今天"民间企业家协会"会长。

《养老律令》的"关市令"是以法治规范市场经济,其中有几条特别值得关注。"关市令"第十一条规定"凡市均于午时开集,日落前击鼓三下闭集",即规定了交易时间。第十二条规定"每肆均须树立标志题写行名",明示店铺经营类别或内容;"市司应核准商品时价,将商品分列三等;十日成一簿册案记市况,季别申告各本司"。之所以有此规定,是因为当时商

---

① 川崎庸之等总监修:《日本史》,自由国民社1992年版,第131页。

品交易不仅按照"时价",而且还要按照"估价"。商品估价主要用以公私交易。按《令义解》的"职员令·大藏省铜钱事条"解释:"货物之价格因时而异……临时与官方交易时,交易商品由市司估价,以中估价进行交易。"《令义解》还对"中估价"举例进行说明:如上等布有300钱、350钱、400钱一匹共3种价格,350钱一匹即为中估价。"核准商品时价"并分等、造册,主要用于这一目的。此举措意在保证交易之公平,不随意定价,并使官府尊重市场,尊重市场经济规律。第十四条规定:"凡官私之权衡度量,每年二月送交大藏省平校。不在京城者,则送交所在国司平校。"这里的"权衡"相当于秤,"度"相当于尺,"量"相当于升,即规定"度量衡"类量器,必须每年送交官府校(查)验。其目的是防止商家以短斤缺两、短尺少寸的方式蒙骗消费者。第十七条规定:"凡出售者,不得行滥;属横刀、枪、鞍、漆器等物,均需刻上制造者姓名。""不得行滥"即不得粗制滥造,旨在防止假冒伪劣产品流通市场。"关市令"第二十条规定:"除官司购入外,均须在市场交易,不得私下招揽物主以背离市场的价格进行交易。无论官私,均不得悬违。"前者意为不得进行"传销"(私下交易),后者"悬违"按照《令集解》的解释,"悬"即仅付订金或押金,获取货物后不支付全部资金,"违"即获取货物后根本不支付应付金额。需要强调的是,这一规定不仅反映了对商人利益的保护,同时也反映支付"订金"的商品交易方式,在奈良时代已经出现并已经产生弊害。"关市令"的各项规定显示,当时有关市场运作的法令和机制,已相当完备。市场的规范和繁荣很大程度上得力于"关市令"对商业和交易行为的规范。

当时的"市"不仅是商业场所,而且是男女谈恋爱,甚至是酿造、荡漾男女情色的场所。《万叶集》卷十二第2 951首有如此描绘:"椿市立歌垣,踏平街衢;斯时结衣纽,解来堪惜。"所谓"歌垣"始于中国三国时期,当时曹魏每年三月三日举行歌会,日本引进了这一习俗,男女以和歌表达情谊,若情投意合,则结为伉俪。对吟和歌的场所就叫"歌垣"。"据《摄津风土记》记载,'此国西有歌垣山,昔者男女皆集登此山,常为歌垣'。""大倭的海柘榴市,是当时进行物品交易的大市场。在这里又设立歌场,男女相会,比赛和歌,称作歌垣。"①

---

① 久米邦武:《早稻田大学日本史》第一卷《弥生古坟时代》,米彦军译,华文出版社2019年版,第420页。

第三章 ● 奈良时代

平城京的"市人"(商人)在京城建成之前多半独自开展商业活动,后应朝廷邀请而赴东西两市行商。商人不仅商业行为得到朝廷保护,而且其政治权利亦得到尊重。8世纪及以后,朝廷曾四次迁都:从藤原京至平城京,从平城京到恭仁京、从恭仁京到难波京,从难波京重返平城京。不仅每次迁都天皇均征询百官意见,如"(天平十六年)闰正月乙丑朔,诏唤会百官于朝堂,问曰,恭仁难波二京何定为都,各言其志"(《续日本纪》),而且当局还征询掌控着都城经济命脉的市人的意见,显示了朝廷对市人,或更准确地说,对商业的重视。天平十三年(741年)八月丙午(二十八日)迁都恭仁京的诏令,明确宣告"平城二市迁恭仁京";再迁京都时,于延历五年(786年)五月辛卯(二日)发布的告示,亦明确显示了对"市"的重视:"赐左右京和东西市人物各有差。"朝廷之所以如此"厚待"东西市,主要是因为对律令国家来说,东西市已不可或缺。其不仅是达官显贵等获取日用生活品和奢侈品的场所,也是出售全国朝贡物和获取必需物资的交易场所。而朝廷既敛财又推动商品经济发展,同时赢取人心的一石三鸟之招,令人拍案叫绝。

《续日本纪》和铜六年(713年)三月壬午条:"诸国之地,江山遐阻,负担之辈,久苦行役。……国郡司等,募豪富家,置米路侧,任其买卖。一年之内,卖米一百斛以上者,以名奏闻。"[①]即适用"蓄钱叙位令"。采取这项政策看似鼓励人们认识钱的重要,但事实上朝廷此举绝不是,或绝不仅仅是体恤民情,也不是为了使人们认识钱的重要,而主要有如下目的:第一,由于沿途即可获得稻米,脚夫可携带钱币作为旅费而不必再带干粮,轻装上阵,有利于各地上缴的货物顺利运抵京城;第二,可以加速货币流通,促进商品经济发展;第三,地方豪强虽因此获得大量货币,但地方货币用途有限,因此通过颁布"蓄钱叙位令",将这些钱币回收。

那么,当时从事商业活动的都是什么样的人呢?值得注意的是,在史料中此等人除了"市人"外,还被唤作商贾之辈、市廛人、商旅之徒,等等。根据"杂令"第二十四皇亲条:"凡皇亲即五位以上者,不得遣帐内、资人,以及家人、奴婢在市内立肆兴贩。但在市内沽卖、出举及差人在别处贸易、往来,不适用此例。"显而易见,这条规定不是不允许皇亲相关者经商,而是不允许其在市内开店设铺经商。

[①] 皇学馆大学史料编纂所编:《续日本纪史料》第3卷,皇学馆大学出版部2001年版,第205页。

东西市"市人"的作用当然不可忽略。但是,仅仅依靠他们,尚不足以推动整个日本商品经济的发展,因此各地商人即市人的作用亦不可忽略。不仅如此,当时日本诸多民众均已有明确的商品货币意识。《日本灵异记》中卷第二十四章记载了一个故事:有个人叫楢磐岛,活动时间为圣武天皇时代,活动空间为大安寺西边一个集落。一天,楢磐岛从大安寺讲大般若经的费用中借了30贯钱,前往越前国敦厚地方做生意。他在回家途中碰到了阎魔王宫的差役,花钱请差役施展法术使其能延年益寿。这个故事本身显然是不真实的,但却反映了当时身处佛教净土的人也懂得贷款获利,"以钱生钱",以及"有钱能使鬼推磨"的思想。

另一方面,在远离平城京的地区,虽则有田园牧歌般的氛围,但同样存在人们聚集于集市进行商品交易的图景。《出云国风土记》岛根郡朝酌促户渡条,有如下一段描述:"市人从四处汇聚于此,自然形成集市,收购从浜里捕捞到的大鱼小鱼,人声嘈杂,熙熙攘攘。"虽然似此类偏远之地的市只是在捕获或收获季节自然形成,不同于固定且朝开暮闭的京城的市,但是却从一个侧面反映了奈良时代人们的经济生活和商业活动的繁荣:哪里有商品,哪里就有商人。

第二节 女皇掌权的时代

元明天皇根据儿子文武天皇遗诏即位时,在即位的"宣命"中特别强调了天智天皇所定的规矩即所谓"不改常典",意思是年仅7岁的嫡孙首皇子以后终将继承皇位。"不改常典"因此作为"皇位继承法"首次登场。然而耐人寻味的是,从神武天皇到德仁天皇,日本共历126任天皇,其中8位10任是女皇:推古天皇、皇极天皇(重祚为齐明天皇)、持统天皇、元明天皇、元正天皇、孝谦天皇(重祚为称德天皇)、明正天皇、后樱町天皇。奈良时代始于和铜三年(710年)迁都平城京(奈良),止于延历十三年(794年)迁都平安京(京都),历时84年,不到一个世纪,历经8代天皇,其中4代是女天皇:元明(女)、元正(女)、圣武、孝谦(女)、淳仁、称德(女)、光仁、桓武。圣武天皇虽然是男性,但在位25年真正掌权的是光明皇后。淳仁天皇在位6年,也是受母后孝谦太上天皇操控。因此,奈良时代被称为"女皇掌权的时代"。

女皇当朝和权臣主政 论述"女皇掌权的时代",必须从这个时代第一位女皇元明天皇说起。元明天皇登基后除了迁都和铸币两大举措外，还采取了一些非常关键且对以后日本历史产生重要影响的举措。元明天皇登基4天后，便在中央官制的武装机构武卫府之外，新设作为天皇和皇太子"亲卫军"的"授刀舍人寮"。同时，对上至左右大臣、下至地方官僚的人事，进行了大幅度调整，其中几个重要职位的人选尤其值得关注：穗积亲王(天武天皇和皇妃苏我常陆娘的儿子)任知太政官事(太政大臣)，总揽政务；69岁的右大臣石上麻吕晋升左大臣；50岁的大纳言藤原不比等(也有文献记为藤原史)晋升右大臣。由于石上麻吕兼任藤原京留守司，因此藤原不比等无异于太政官的"第二把手"。

藤原不比等是日本历史上非常重要的人物。藤原不比等出生于齐明天皇五年(659年)，是645年"乙巳之变"和大化改新的功臣中臣镰足(藤原镰足)的次子，因兄长定惠遁入佛门而成为中臣镰足的政治后嗣。669年中臣镰足(藤原镰足)去世时，藤原不比等年仅11岁，壬申之乱时年仅14岁。但是，长年在严酷的宫廷政治中栉风沐雨，使藤原不比等增长了见识，也增强了他的政治抱负，在持统朝时他就进入政界。大宝建元之日，藤原不比等成为律令制国家的大纳言，即42岁时他就成为中央上层官僚。《大宝律令》的编纂显示了他的才干，并因此获得天皇信任和众臣青睐。

不可否认，藤原不比等能成为一代名卿，并非仅仅因为父亲中臣镰足(后获天智天皇赐姓改名为藤原镰足)的荫庇，而是确有才干。藤原不比等仕途顺遂，也和他的夫人有关。藤原不比等的夫人是县犬养三千代，和铜元年(708年)十一月，元明天皇下诏赐她"橘"姓。诏书曰："橘乃果之长上，人所好也。凌霜雪而繁茂，叶经寒暑而不凋，和珠玉竞光，和金银相交愈美。一词为汝之姓。"在16世纪末"羽柴秀吉"改名"丰臣秀吉"，晋升"五大姓"之前，日本有平、源、藤、橘四大姓。平姓和源姓原先都是皇族，藤原姓是中臣改姓的藤原，橘姓始祖就是橘三千代。橘三千代和藤原不比等的女儿藤原宫子，就是元明天皇的孙子、文武天皇的儿子首皇子(圣武天皇)的生母。藤原和橘在奈良时代是最有力的两大姓，在朝廷根深叶茂。藤原氏在平安时代长期作为"摄(政)关(白)政治"核心人物左右朝政，实际从此时发端。

在日本史书中，元明天皇被描述为体恤民情、从严治吏的天皇。和铜五年(712年)正月，元明天皇颁布诏书，语气暖心，用白话文表达就是：诸国服劳役的百姓返回乡里时,因粮食匮乏而忍饥挨饿,有不少倒在沟谷饿死。各国国司对百姓须慈悲为怀,发给适宜物品。同年五月,元明天皇颁布诏书,批评官员:"律令制定以来已有时日,然有些官员不谙律令,屡有过失。"为此,弹正台检察和巡察使的督察日趋严厉。同时,元明天皇还指示式部省加强干部考察,明察功过和才能。太安万吕编纂的《古事记》,也是在这一年完成的。

和铜六年(713年)十一月乙丑(五日),元明天皇颁诏,"贬石川、纪二嫔号,不得称嫔",就是剥夺广世、广成两个皇子的母亲即石川刀子的女儿以及纪龟门的女儿"嫔"的名号。元明天皇颁发此诏,似与藤原不比等夫妇有关。因为藤原不比等夫妇欲使其外孙首皇子被立为太子,所以希望元明天皇剥夺那两个皇子的皇嗣继承权。当时,橘三千代已位居内侍司最高长官尚侍之位,经常伴随元明女帝左右,有挑拨离间的机会。

和铜七年(714年),朝廷要员相继离世。五月,壬申之变的功臣、大纳言大伴安麻吕去世,以他的声望和资历,足以同藤原不比等分庭抗礼。六月,朝廷中的两位实权人物长亲王和知太政官事(太政大臣)穗积亲王,亦相继去世。虽然左大臣石上麻吕位高权重,但已年届76岁,在精力上明显不比57岁的藤原不比等。藤原不比等在政治上更少制衡,日趋强势。当年(714年)六月下旬,14岁的首皇子被立为太子,一遂藤原不比等的心愿。

和铜八年(715年)九月,元明天皇以自己年老力衰为由,提出退位。由于上年六月首皇子已被立为太子,顺位接班本是题中之意,何况元明天皇即位时发布的宣命,即暗示她只是个"过渡性的天皇",皇位将传给当时7岁的首皇子。但是,她退位成为上皇时,即位的却是她的女儿、36岁的冰高皇女。在让位诏书中,元明天皇阐明了理由:"此神器欲让皇太子,然皇太子年齿幼稚,未离深宫,庶务多端,一日万机。"而冰高皇女(元正天皇)"早适祥符,夙彰德音"。(早有君王气质,更有良好口碑)。当时首皇子15岁,日本历史上比他年幼的儿皇帝比比皆是,为什么元明天皇说他"年齿幼稚"呢?须知幼儿登基是在平安时代,奈良时代有太上天皇,但没有帮天皇治国理政的摄政和关白。

当年,冰高皇女即位,号元正天皇(680—748年)。元明天皇任太上天皇。据《续日本纪》记载,元正天皇颁布的即位诏书称:"朕谨奉先帝之命,承让天皇之位,不敢推诿固辞,惟即天子之位,祈国家安宁。"为图祥瑞,改元灵龟。元正即位后,为了使律令国家获得稳固基础,非常重视农耕,要求改善农业。灵龟三年(717年)九月,元正天皇在美浓国(岐阜县南部)的行宫住了几天,在多度山泡了温泉,感到神清气爽,于同年十一月再次改元养老。据说,这是受中国汉光武帝泡了礼泉后改元的影响。

养老二年(718年),元正天皇敕令藤原不比等负责编纂《养老律令》。由律和令各10卷构成的《养老律令》在养老年间(717—724年)完成。但是诸多原因,直到孝谦天皇的天平宝字一年(757年)才开始实施,至明治维新后被废止,有效期达千年以上,是日本历史上实施时间最长的明文法律。元正天皇在位期间,进一步加强了对官员,特别是地方官员的监察。养老三年(719年)七月,日本首次设置了监察国司行政的按察使。同时,为了回顾自天智天皇至文武天皇日本律令制趋于完备的历程,以历史"教育"百姓,元正天皇敕令舍人亲王和新田部亲王编纂"国史"。

养老四年(720年),作为日本"六国史"之首的《日本书纪》编纂完成。同年,朝廷实权人物藤原不比等去世,宫廷内因此发生动荡。了解藤原不比等去世后为何宫廷内会发生动荡,须先了解此前藤原不比等的所作所为。概括而言,藤原不比等在世时采取了以下几项重要措施:

第一,雷厉风行地贯彻律令条文统制思想,努力实现"舆论一律"。

当时有个和尚,法号行基,15岁至药师寺学唯识、瑜伽,37岁建家元寺。平城京开工营建时,朝廷从各地征用役民脚夫群集当地。行基见之,既行善事关心他们生活,又向他们宣扬观想法门与净土之说等佛理教学,一时"道俗募化追从者至少千人"。养老元年(717年)四月,行基及其弟子违反大宝僧尼令的数条禁令,并在民间煽动民众规避课役。行基所行虽得民心,但影响社会稳定,无法见容于朝廷。藤原不比等通过天皇,以颁布敕令的方式进行了坚决镇压。养老元年(717年),天皇下诏,历数行基三大罪状,称:"方今小僧行基并弟子等,零叠街市,妄说罪福,合构朋党,焚剥指臂,历门假说,强乞余物,诈称圣道,妖惑百姓,道俗扰乱,四民弃业,进违释教,推法犯令。"

第二,韬光养晦,免遭猜忌。

养老四年(720年)穗积亲王去世后,整整五年"知太政官事"的高位空缺。据《公卿补任》养老二年(718年)记载,当时天皇有意任命50多岁年富力强且有政治才干的藤原不比等出任该职,但藤原不比等固辞,可见他很有政治头脑和政治谋略。灵龟二年(716年),藤原不比等和妻子橘三千代的女儿藤原安宿媛又被选为皇妃。安宿媛和皇太子同庚,都正值16岁的豆蔻年华,将来前途不难预料。翌年正月七日,橘三千代晋升从三位,与丈夫藤原不比等一起身居高位。夫妇同朝,权倾举朝。同年三月三日,78岁的左大臣石上麻吕去世。因"知太政官事"缺位,本来属于太政官三号人物的右大臣藤原不比等,成了位居律令官制顶峰的人物,而其他议政官身影,在朝廷里相继消失,独剩藤原不比等一人,因此于名于实,当时的政权均无异于"藤氏政权"。

第三,先行铺路,培养传人。

藤原不比等有四个儿子。长子藤原武智麻吕,年少时就因才华出众而获穗积皇子赏识,成年后官运亨通,升迁迅速,养老二年(718年)成为式部卿,掌握了决定官员政治前途的实权。翌年正月,藤原武智麻吕被任命为东宫傅,主要承担首皇子的教育工作。养老五年(721年)晋升为从三位中纳言兼造宫卿。神龟元年(724年)首皇子成为圣武天皇后,藤原武智麻吕升至正三位,在天平年间再升为从二位右大臣。天有不测风云,人有旦夕祸福。天平九年(737年),藤原武智麻吕患上了当时流行的"赤豆疮"(天花)。临终时,他在床上接受了正一位左大臣的任命,时年57岁,逝后被追封为"知太政官事"。

藤原不比等次子藤原房前在和铜二年(709年)出任东海道、东山道检察。养老五年(721年)十月,病危的元明上皇对藤原房前托付后事,使房前任遣唐使副使,得以发布相当于敕旨的命令。神龟五年(728年),藤原房前任新设的中卫府即禁卫军大将。获授位阶是正三位。藤原房前和兄长藤原武智麻吕同年死于天花,享年56岁,时任参议民部卿,逝后被追赠为正一位左大臣。之后,淳仁天皇准其儿子惠美押胜的奏请,再追赠藤原房前为太政大臣。藤原房前也颇有文才,与当时著名歌人大伴旅人等时有对吟。

藤原不比等的第三个儿子藤原宇合,灵龟二年(716年)任第八批遣唐使副使,后历任常陆国守兼安房、上总、下总按察使。养老五年(721年),藤原房前接替兄长藤原武智麻吕职务,出任式部卿,获授位阶是正三位。藤原宇合不仅和两位兄长死于同一年,而且死于同一种病:天花。

藤原不比等的第四个儿子藤原麻吕是藤原不比等和同父异母妹妹五百重娘所生。灵龟三年(717年)元正天皇行幸美浓国时,藤原麻吕任美浓介,侍奉君前,颇受好评。当年改元养老后,升任参议、兵部卿,获授位阶是从三位。藤原麻吕自诩"圣代之狂生",好诗书琴酒,《万叶集》中收录有他的三首作品。可惜,这个"狂生"也没有逃过劫难。天平九年(738年),藤原麻吕也死于天花,时年42岁。由此可见,当年疫情多么严重。

四个儿子中,藤原不比等最赏识的是次子藤原房前。养老元年(717年),藤原不比等为了藤原氏在朝廷中的政治地位代代相传,趁议政官激减的难得时机,让他37岁的次子藤原房前"参议朝政",藤原不比等的这一安排,实际上是将为首皇太子和藤原光明子(又名安宿媛)保驾护航的重担,交给了藤原房前。藤原不比等还有一个非常重要的、对日本历史产生重要影响的女婿长屋王。长屋王是天武天皇的孙子、高市皇子的嫡长子。长屋王的母亲是元明天皇的姐姐御名部皇女,其正室吉备内亲王是元正天皇的女儿,侧室藤原长娥子就是藤原不比等的女儿。纵观日本历史,有两大特征相当明显:一是皇族和士族(包括武士)的矛盾冲突贯穿始终;二是婚姻大都是政治联姻,尽管亲家既可能是政治盟友,也可能反目成仇。公众较熟悉的如德川家康和织田信长、德川家康和丰臣秀吉,都既是儿女亲家,也是政治对手甚至不共戴天的仇敌。藤原家和长屋王家也属于这种关系。一根根强有力的皇统血脉注入年富力强的身体,不仅使长屋王极有可能成为皇位的继承者,而且使他激情澎湃,踌躇满志。另一方面,当年41岁的藤原房前担任"参议"时,比他长一岁的哥哥藤原武智麻吕已成为中纳言。但是,同年十月二十四日,元正女帝当面对藤原房前颁诏:"汝卿房前,当作内臣,计会内外,准敕施行,辅翼帝业,永宁国家。"也就是说,藤原房前作为名实相符的"内臣",将直接领受天皇"御令",通过与议政官合议体不同的"捷径",直接参与国家机要,同时,作为有资历的议政官"参议",藤原房前出任"授刀头",即掌控天皇和首皇子安全的亲卫军。于是,在权力角逐中,一个分别以知太政官事舍人亲王和右大臣长屋王为代表的皇亲势力,和以"内臣"藤原房前为代表的藤原氏势力的二极权力机构,开始形成。

养老四年(720年)八月三日,62岁的藤原不比等再也无法从病榻上起身,终于驾鹤西行。为了表彰藤原不比等的功业,天皇追封他为太政大臣,叙从一位。四天后,舍人亲王成为"知太政官事"、新田部亲王入主"授刀舍人寮"。同时,政权机构被大幅调整:和铜年间的议政官几乎全部被撤换,取而代之的是养老年间上位的官僚。长屋王由大纳言晋升为右大臣。养老五年(721年)十二月七日,61岁的元明太上天皇登遐。登遐前留下遗言:"朕闻,万物之生。靡不有死。此则天地之理,奚可悲哀?厚葬破业,重服伤生,朕甚不取焉。朕崩之后,宜于大和国添上郡藏宝山雍良岑造甍火葬,莫改他处。"

失去掌控实权的母亲,元正天皇为使首皇子顺利继承皇位而殚精竭虑。恰在此时,又一"祥瑞"之兆降临:养老七年(723年)十月,有人呈献长着一对赤目的小白龟。据中国古籍记载,此乃"能流传王者之德的征兆"。元正天皇顺从天意,让位于24岁的首皇子。首皇子在大极殿即位,号"圣武天皇"(701—756年)。圣武天皇即位后改元"神龟"。同年,长屋王晋升为正二位左大臣,成为太政官中仅次于舍人亲王的实权人物。其后,藤原不比等的长子和次子藤原武智麻吕和藤原房前,均晋升正三位。

圣武天皇即位后为尽孝心,颁布敕令,封母亲藤原宫子为"太夫人"。但是,这一敕令遭到长屋王激烈反对。他反对的理由很清楚,也很有依据:根据律令,只有"皇太夫人",没有"太夫人"。那么,为什么圣武天皇的敕令会少一个"皇"字呢?因为藤原宫子并非皇族。无奈,圣武天皇只能收回敕令进行修改,决定文字称"皇太夫人",口头称"大御祖"。双方的矛盾此后不断公开化。圣武天皇即位三年后,于神龟四年(727年)和爱妃藤原光明子(安宿媛)生下了皇子基亲王。当时道喜者盈门,唯独不见长屋王身影。一个月后,圣武天皇即立基亲王为太子。如此迅速确立后继天皇人选,空前绝后。翌年,为了加强对皇太子的警卫,圣武天皇新设了扮演禁卫军角色的中卫府,将授刀舍人寮并入其中,由皇太子的舅舅藤原房前担任长官。然而,皇太子命薄如纸,不久夭折。圣武天皇悲痛异常。恰在此时,圣武天皇的夫人县犬养广刀自又生了一个皇子即安积亲王。藤原氏和亲家县犬养氏,围绕着是否立安积亲王为太子的问题展开了激烈争论。为了避免权力旁落,藤原武智麻吕和藤原房前兄弟决定孤注一掷,力促藤原光明子晋封皇后。因为按照皇朝惯例,如果天皇驾崩后产生皇位之争或皇子年幼不堪大任,当由皇后作为"过渡天皇"即位。推古、齐明(皇极)、持统女皇,都是"过渡天皇"。按照藤原氏的如意算盘,如果藤原光明子获封皇后,那么身体羸弱的圣武一旦千秋,光明子可迅速即位。然而,藤原氏兄弟的提议遭到长屋王明确反对。反对的理由是立藤原光明子为后,违背"不得立非皇族血统出身的人为皇后"的惯例。皇后必须是皇族女性,确实是古已有之的惯例。如果强行立光明子为后,必然会遭到强烈反对。这个最大的障碍必须清除。于是,藤原氏兄弟便先翦除长屋王羽翼,令长屋王的死党大伴旅人调任大宰府长官,把他"发配"到九州。

第三章 奈良时代

政变频发的时局 神龟六年(729年)二月,圣武天皇接到密报,称左大臣长屋王"私学左道,欲倾国家"。作为皇帝,最忌惮和警觉的就是这种试图颠覆政权的图谋不轨,他当即令藤原宇合率六卫府军队包围长屋王官邸。但长屋王毕竟是皇族,且位高权重,圣武天皇并没有敕令他们将长屋王拿下。十一日,知太政官事舍人亲王、新田部亲王、大纳言多治比真人池守、中纳言藤原武智麻吕等前往长屋王府进行审问。翌日令长屋王自行了断。长屋王没有抗命。同时自杀的还有他的正妻吉备内亲王和儿子膳夫王、桑田王及葛木王、钩取王。一族中留下的,只有长屋王的侧室藤原长娥子和三个儿子,即安宿王、黄文王、山背王。"长屋王之变"始末,《续日本纪》卷十有详细记载:

> (天平元年)二月辛未(十日),左京人从七位下漆部造君足、无位中臣宫处连东人等告密,称左大臣正二位长屋王私学左道,欲倾国家。其夜,遣使固守三关(按:三关为伊势国铃鹿关、美浓国不破关、京城越前国爱发关),因遣式部卿从三位藤原朝臣宇合、卫门佐从五位下佐味朝臣虫麻吕、左卫士佐外从五位下津岛朝臣家道、右卫士佐外从五位下纪朝佐比物等,将六卫兵围长屋王宅(按:"六卫"指令制五卫府加神龟五年七月合并授刀舍人寮创设的中卫府)。十一日上午十时左右,知太政官事舍人亲王、新田部亲王、中纳言藤原武智麻吕等究问使赴位于都城左京三条二坊的王宅审问。癸酉(十二日),令王自尽。其室二品吉备内亲王、男从四位下膳夫王、无位桑田王、葛木王、钩取王等,同亦自经("自经"意为"自缢")。乃悉捉家内人等,禁着于左右卫士兵卫等府。

"长屋王之变"半年后,藤原麻吕向天皇晋献了一只背上刻有"天王贵平知百年"的"神龟",按《续日本纪》记载"六月己卯(十日),左京职献龟长五寸三分,阔四寸五分,其背有文云:天王贵平知百年"。顺应此"祥瑞"之兆,朝廷取其中"天平"二字,于八月癸亥(五日)改元天平,同月戊辰(十日)宣告天下:"诏立正三位藤原夫人(即藤原光明子)为皇后。"时隔400年,圣武天皇的皇后成为继仁德皇后(出身葛城氏)又一非皇女出身的皇后。因平定"长屋王之变"藤原氏居功至伟,"论功行赏",藤原不比等的四"家"儿子,即藤原武智麻吕(南家)、藤原房前(北家)、藤原宇合(式家)、藤原麻吕(京家),均获重用,形成了所谓"藤原四子体制"。这为平安时代的"摄关政治"奠定了坚实基础。

天平时代是以正仓院宝物为代表的唐风文化繁荣昌盛的时代,同时也是经历了天平十二年(740年)九月的"藤原广嗣之乱"、天平宝字元年(757年)七月的"橘奈良麻吕之变"、天平宝字八年(764年)九月的"藤原仲麻吕之乱"等一次次政治动乱的时代。

天平九年(737年),藤原四兄弟因染天花相继去世后,藤原氏势力锐减。藤原氏的政治对手橘氏势力迅速扩张,将大养德守兼式部少辅藤原广嗣贬为大宰少二,等于将其发配边陲。之后,僧侣玄昉垂涎留在京城的藤原广嗣美貌的妻子,图谋不轨。藤原广嗣从妻子处获知消息后大怒,上表请求处分花和尚玄昉。但左大臣橘诸兄却称藤原广嗣图谋造反。于是,藤原广嗣和弟弟藤原纲手在大宰府举兵以"清君侧"名义造反,最终兵败板柜河之战,兄弟俩均死于刀下。"藤原广嗣之乱"后,天平十二年(740年)十二月十五日,圣武天皇从平城京迁都山背国恭仁京(京都府木津川市)。近年考古发现,恭仁京是一个东西宽约560米、南北长约750米的长方形区域。

"橘奈良麻吕之变"是一起谋反事件。天平二十一年(749年),圣武天皇让位于阿倍内亲王(孝谦天皇),藤原仲麻吕获得重用,势力急速崛起。(天平宝字元年)橘诸兄之子橘奈良麻吕联合大伴氏、佐伯氏等旧贵族,企图废除藤原仲麻吕推举的皇太子大炊王,结果事情败露,橘奈良麻吕被捕入狱,亡于狱中。

"藤原仲麻吕之乱"的影响尤为深远。因为这次动乱再次改变了政权格局。天平二十年(748年)四月,69岁的元正太上天皇驾崩。天平二十一年(749年)七月二日,圣武天皇自称"三宝之奴"遁入佛门,让位于其长女、32岁的阿倍内亲王。阿倍内亲王登基后号孝谦天皇(718—770年),同年改元"天平胜宝"。阿倍内亲王于天平十年(738年)被立为皇太子,是日本历史上第一位女性皇太子。圣武天皇则是第一个有史可考出家当和尚的天皇,尽管他同时也是太上天皇。

孝谦天皇登基后,即进行重大人事调整。藤原武智之子,即藤原不比等之孙藤原仲麻吕(惠美押胜)升任从二位大纳言。之后,几经"政荡",因成功防止"政变"并将反对势力彻底清除出中央政界的藤原仲麻吕,巩固了其作为事实上的"政界第一人"地位。

天平胜宝九年(757年)八月朔,41岁的孝谦女皇让位于大炊皇太子,她自己当了太上天皇。26岁的皇太子即位后号"淳仁天皇"。天平宝字四年(760年)正月,藤原仲麻吕从右大臣跃升至正一位太师(太政大臣),在淳仁朝位极人臣,其三个儿子也陆续成为参议,权势之大,被认为旷古少有。但恰如"浪峰之后必是浪谷"所形容,是年藤原仲麻吕的"后盾"及"支柱"相继丧失:其叔母光明皇太后、担任高级女官为其把守"后宫"的正室藤原宇比良谷(藤原房前之女)、御史大夫(大纳言)石川年足先后辞世。同样,恰如"屋漏偏逢连夜雨"所形容,自天平宝字三年(759年)开始,狂风、地震、淫雨、亢旱等"天变地异"接踵不断,造成全国范围的饥馑和疫病流行,并且恰在此时,因道镜而引起的天皇和太上天皇不和,更增加了朝廷的乱局。道镜出身于河内国若江郡(今大阪府八尾市)的弓削氏,并修行佛道、学法相宗之义渊,并有咒术附身。后作为治病禅师近侍孝谦女帝,因使用秘法治好孝谦太上天皇的疾病而得宠。当然,孝谦宠爱道镜可能不独与"治病"有关。据史料记载,道镜长相颇为俊朗,孝谦太上皇如此厚待,恐另有私情。淳仁天皇对道镜极不待见,多次进谏劝太上皇"自重",出身草壁皇子直系的孝谦太上皇因自尊受损,或因深陷情网,根本无法纳谏,两者的矛盾日益加深。《续日本纪》天平宝字六年(762年)五月辛丑(二十三日)条对此有详细记载。

奈良时代朝廷女官(按照历史资料造型)

在上述背景下,早已对藤原仲麻吕的专横不满的藤原宇合之子藤原良继,开始密谋"除奸"。由于事机不密,藤原良继因"大不敬"而被捕并被夺去官位和姓。来自血亲的谋杀对藤原仲麻吕的打击自然沉重,并更加深了其孤独感。而这一孤独感更因其"臂膀"的丧失而进一步加深:天平宝字八年(764年)六月乙亥(九日),藤原仲麻吕的女婿、参议授刀头兼伊贺近江按察使藤原御楯死去。自此,授刀卫不再为藤原仲麻吕所掌控,三个月后,就是当年九月,发生了藤原仲麻吕(惠美押胜)之乱。关于藤原仲麻吕(惠美押胜)之乱,《续日本纪》天平宝字八年(764年)九月有详细记载。

因"举兵谋反",藤原仲麻吕被捕后即被问斩,淳仁天皇也于这年十月壬申(十日)被逼退位,和其生母当麻山背一起被软禁于淡路国。孝谦天皇重祚,号"称德天皇",成为继7世纪的齐明天皇后又一个重祚的天皇,而且也是女天皇,道镜因此飞黄腾达,于太平神护元年(765年)成为"太政大臣禅师"，进入政治中枢，以翌年十月壬寅(二十日)在隅寺(海龙王寺)佛像中发现舍利为契机，获封"法王"，并被待若皇亲。神护三年(767年)正月壬申，道镜在西宫正殿受大臣以下拜贺之礼。因此，尽管此后谋反、叛乱事件依然不断，但"这一时期的政治特征堪称佛教政治，名副其实的政治荡然无存"。

神护景云三年(769年)八月，称德天皇晏驾。称德天皇的离去，使早已犯下众怒的道镜也没了气数，被左迁至下野药师寺，翌年八月去世，享年53岁。根据遗诏，天智天皇系的皇子白壁王即位，号光仁天皇。光仁天皇的即位，使皇统自天武天皇系转向天智天皇系。同时，随着道镜势力的垮台，藤原氏的藤原永手和藤原百川作为光仁天皇的臂膀，重新进入政治舞台中央。

白壁王曾经担任中纳言、大纳言，有实际政治经历。成为光仁天皇后，肥后国献上了一只白色的乌龟。因有此祥瑞之兆，神护景云四年成为宝龟元年(770年)。白壁王的妃子是圣武天皇的皇女，白壁王成为光仁天皇后，妃子升为皇后。她和天皇生有他户亲王。宝龟二年(771年)，他户亲王12岁，被立为皇太子。光仁天皇推行稳健政治。即位当年即释放了因"藤原仲麻吕之乱"而被流放者。同时在藤原氏的支持下，强化对佛教寺社的管控，推行官制改革，整顿律令制国家政治体制。藤原不比等的子孙也纷纷被封官叙位。太政大臣藤原永手去世后，光仁天皇对他表达了最大限度的敬意。

第三节 统治的强化和版图的拓展

如前面所述，以"道"为行政单位，在大和时代已经存在，而"五畿七道"这个概念，则是在8世纪初的大宝年间出现的。奈良时代，朝廷为了维护和巩固统治基础，对五畿七道进行了重新规划。如果说这种规划仅仅属于"内部调整"，那么平定列岛西南部的熊袭和东北部的虾夷，则无疑属于"开疆拓土"。

强化统治的举措 奈良时代的和铜年间，朝廷对国郡进行了整顿。和铜六年(713年)，朝廷规定诸国须有吉祥名称，同时命令诸国将当地的矿藏、禽兽、虫鱼、山川原野、旧闻传说等编纂成《风土记》呈上。因此，《扶桑略记》中有"朝廷令作风土记"一句。《风土记》是千余年前的古籍，记有

第三章 ● 奈良时代

很多人名、地名和古老传闻，对了解当时社会和民情风俗颇有参考价值。所憾历经战乱和灾害，留存至今的《风土记》不多，仅有出云、常陆、丰后等国的风土记。但多方印证，可知此后日本国郡的名称趋于固定，其痕迹留存至今。

在奈良时代，日本律令国家大致的行政区划，由"五畿七道"和属于"道"统辖的"国"、属于"国"统辖的"郡"组成。"五畿"指京畿区域内的五国，又称"畿内"。即大和（奈良）、和泉（大阪）、河内（大阪）、山城（京都）和摄津（兵库）。①京畿之外的日本全土则仿中国唐制，称为"道"，全国共分"七道"。七道中皆建有同名的官道，构成古代日本的交通路网。以"畿内"为基点，东面自南向北依次是东海道、东山道、北陆道；西面是山阴道、山阳道、南海道，以及九州的西海道。"五畿七道"制不仅是将国土进行了大范围划分的行政区域划分制度，而且是通过贯通各道的"道"路，对"日本国"进行规划建设。这一规划影响长远，其痕迹在今天的日本依然清晰可辨。木下良以近年丰富的考古发掘资料为基础，对"七道"进行了考证。1998年，木下良在《道和站》一书中提出，规划建设的"七道"是宽十多米的直线道路并不时得到铺设，有测沟，类似于今天的高速公路。明治二年（1869年），日本政府在虾夷地设立了"北海道"，"五畿七道"成了"五畿八道"。

作为行政管辖区域的"道"由"国"组成。这里的"国"是指"令制国"或"律令国"，正式发端于7世纪天智天皇颁布的《近江令》。令制国就是律令制下的封建国家。七道共有66个令制国。当然，个别令制国有分化组合，并非一成不变。例如，加贺国（石川县）是从越前国（福井县）分离的。大隅国（鹿儿岛县）是从日向国（宫崎县）分离的。但总体格局没有大变。"国"由若干个"郡"组成。各国因大小有异，郡的数量不等。例如，伊豆国是3个郡，山城国是8个郡，大和国是16个郡。相对于道和国，各个郡的框架虽然长期得以维持，但是流动性较大，11世纪末至12世纪初，曾发生上中下、东西南北的变动。同时，郡的名称和境界亦有变化。因为郡和乡一样，同社会生活的变化具有更密切的联系。但必须强调的是，是时日本朝廷以律令制为基础，努力实现对整个国家的控制。尽管当时建立的各项制度和推行的各项举措并未得到完全贯彻，特别是在10世纪以后发

---

① 括号内的现地名仅指大致区域方位。日本古今行政区划无法精确、逐一对应。以下同。

生了本质性变化,很多制度和举措几乎停止运作,但是国郡制和道制对统治机构依然产生了重要影响。每个郡有若干个乡。最基层组织是每50户组成的里。

　　国的长官一般称国司。大化改新时,地方官员分臣、连、国造、伴造等。至天武天皇末期即7世纪80年代,经"八姓改革",臣、连、伴造的称呼消失。和铜年间,国造的称呼也消失了,诸国长官改称国司。国司是朝廷命官,是由朝廷派往各国的京官。国司有一定任期,如果任期届满依然在该国任职,则改称"任国司"。国司的下级是目,负责管理乡郡。如果目的人数不足,则由国司任命目代或代官进行管理。目代或代官不属于京官。有些国的长官称国宰。公元697年,文武天皇在藤原宫继位时颁布的诏书称:"国宰等遵守天皇的敕命和国法。"大宝元年(701年)六月颁发的文武天皇的诏书也称:"国宰、郡司必须依法处理税务。"那么,国宰是怎么回事呢?追溯历史,据称,国宰最初是第十五代天皇应神天皇在任那府设立的,主要管理屯仓。之后,诸国分为国造的领地和国宰的领地。自6世纪上半叶宣化天皇以后,诸国普遍设立屯仓,国宰支配的区域不断扩大。"宰"字有"拓荒""屯垦"的含义,因此都在偏远地区。由此产生的旧有的国造、伴造和新来的国宰的矛盾不断加剧,这也是大化改新的原因之一。

　　如前面所述,大化改新始于"乙巳之变",是在同室操戈、刀光剑影后展开的。奈良时代律令制的建立,同样不是朝廷径情直遂,在"风平浪静"中推进的,而是充满了持续不断的权力争斗。另一方面,奈良时代日本疆域的扩大,也是以金戈铁马南征北战进行的,并因此使"日本"的版图迅速扩大。

　　被誉为"古代伟大学者"、逝后被尊为"学问神"的菅原道真(845—903年),曾撰有一部按项目类别对"六国史"的记述进行分类的巨著,题名《类聚国史》。该巨著原由200卷构成,遗憾的是大部已经佚失,现仅存62卷。在遗存的"风俗部",作者记述了当时居住在日本列岛的一些具有独特生活习惯的异民

菅原道真出生时用的井

族,如东北地方的虾夷、俘囚;南九州至西南诸岛的隼人、多祢人、南岛人、掖玖人、阿麻弥人。最初这些地区都属于未能沐浴皇恩的"化外之地"。天平十年(738年)左右问世的《大宝令》注释书有如下定义:"夷人、杂类者,毛人、肥人、阿麻弥人之所谓也。"由此可知,在日本西南部,曾生活着一些与律令制统治下的民众生活习惯迥异的原住民。

在奈良时代之前,吉备国(冈山县)和伊豫国(爱媛县)以西,也属于"化外之地"。但至晚7世纪70年代左右即天武天皇时期,朝廷已在吉备设大宰。①大宝年代即8世纪初以后,大和朝廷只在西南设大宰府,未在东北奥羽设大宰府,说明西南地区的民风更加彪悍,难以控制。灵龟二年(716年)元正天皇时期,大宰府在丰后(大分县)和伊豫国(爱媛县)边界设置了关卡,禁止人员自由往来,理由是尊卑有别,说明仍将九州西南部的民众视为"化外之民"。

软硬兼施收纳熊袭 九州西南部,古代称"熊袭",一再爆发反抗朝廷的暴乱,直到8世纪20年代才被平息。之后,朝廷在"熊袭"进行了人口调查并编造户籍,派官员在当地进行治理,同时将整个九州岛划分为九个令制国,之所以叫"九州",是因为日本的"国"有时也称"州",也是仿效中国的叫法。明治四年(1871年),明治政府实施废藩置县,废除了以前的行政区划,改设县,并将有的藩(国)合并,所以今天的九州是七个县。

据熊本县江田船山古坟出土的铁刀上,有大和政权的大王名这一史实判断,6世纪左右,大和政权的势力范围已向九州中部和南部扩张。《宋书》所谓的"众夷",就是指九州南部的原住民。现在,九州南部的熊本仍有时被称为"球磨川"(按:在日语中,熊和球磨的读音完全相同)。据《古事记》和《日本书纪》景行天皇部分记载,古代称这一地域为"熊袭"。关于缘何称该地域为熊袭,众说纷纭。一般认为,熊袭应是"熊"地方(熊本县球磨郡)和"袭"地方(鹿儿岛县曾于郡)的合称。关于熊袭何时被纳入大和政权的势力范围,《日本书纪》齐明天皇元年(655年)和天武天皇十一年(683年)等,均有隼人服属向朝廷呈献供品的记载。"隼人"是较晚出现的称谓,以前称"熊袭",隼人原先属于部落民,有五个部落。《日本

---

① "大宰"原是中国周代的官职,原意为"百官之首",类似于后来的宰相。据《广辞苑》释义,用以指官名时写作"大宰",用以指地方时写作"太宰"。因此,九州福冈的"大宰府"同时也是"太宰府"。

书纪》有些条目还提到多祢人、掖玖人向大和朝廷朝贡的记载。"多祢国"是律令制国之一,属西海道,区域范围相当于鹿儿岛县的大隅群岛,即种子岛和屋久岛。多祢国和多祢人显然不无关系。"掖玖"有时也写作"夜久",《日本书纪》舒明天皇元年(629年)夏四月条,有"遣田部连于掖久"的记载。"田部"是部民制的构成单位,"连"是官员。此句说明当时大和政权同该地已有交往。综合这些记载,可知自南九州至西南诸岛地区受大和朝廷统治,应为7世纪后半叶,即日本列岛开始进入建设律令制国家阶段。

然而耐人寻味的是,自和铜七年(714年)奄美(奄美大岛)、信觉(石垣岛)、球美(久米岛)等朝贡以后,除了多祢岛以外,《续日本纪》中不再有具体岛名的出现,当地居民的生活实态亦完全无法察知,而关于南九州的隼人的记载则比较完整。因此,笔者只能通过对日本列岛西南部"异人"的代表隼人的考察,进一步探究当时当地土著和大和政权的关系。

首先值得关注的是,文武四年(700年)六月庚辰(三日),隼人曾大规模"造反"。之后,《续日本纪》大宝二年(702年)、和铜六年(713年)均有"隼人"对大和朝廷以武力强使其臣服进行顽强抵抗的记载。这说明律令制当时尚未将这一地区完全纳入掌控之中。《续日本纪》和铜四年(711年)三月壬寅(十五日)条记载:"隼人昏荒野心,不习宪法,故移居丰前(今福冈县南、分县北)国民二百户,相导劝。"这段记载说明,当时大和政权也采取通过将大和民族居民迁往当地,对隼人进行同化的手法,并非一味强力镇压。按照律令制管理方式,一个里由50户构成,一下子迁移相当于4个里的人去同化当地人,力度可见一斑。

8世纪初,大和朝廷在南九州设置了萨摩、大隅两国,并在当地推行了国郡制。10世纪的文人源顺曾编纂《和名类聚抄》一书,记载了当时日本全国的国郡乡的名称,其中大隅国桑原郡有大分、丰国两个与丰前、丰后相关的乡名。萨摩国高城郡亦有合志、饱多、宇土、託万等与肥后国的郡名相关的乡名。结合上述诏令可以推测,大和朝廷曾令丰前、丰后国的居民移民大隅国,令肥后国居民移民萨摩国。

另一方面,亦有隼人入居京城。大和政权在征伐隼人部落时,也将隼人迁往畿内,让他们充当守护,或从事艺能、相扑、竹细工等职业。在以前的京都府南部邻近奈良的京田边市,即以前的山城国,曾有一个大隅隼人聚居区,名为"大住"。1964年,日本考古机构对平城京遗址一角属于奈良时代的一口古井进行了发掘,发现在用作井的"桦板"的木板表面,刻有

S形的螺旋状和锯齿状花纹,经确认,此件系所谓"隼人之楯"。理由是10世纪初编纂的《延喜式》中有相关记载:在都城,隼人在举行仪式时持楯以显示威仪,楯长五尺、宽一点八尺、厚一寸,楯的上面附有马鬃,并有土红、灰白、墨黑三种颜色的钩形图案。考古发现的这个楯没有马鬃,但其他部分和《延喜式》的记载吻合。

据《续日本纪》和铜二年(709年)十月戊申(二十六日)条记载:"萨摩隼人郡司已下一百八十八人入朝。征诸国骑兵五百人,以备威仪也。"同史籍灵龟二年(716年)五月辛卯(十六日)条则记载,大宰府上奏"萨摩、大隅二国贡隼人,已经八岁,道路邈隔,去来不便,或父母老疾,或妻子单贫,请限六年相替"。①之后,京城的隼人每六年轮换。养老二年(718年),大和朝廷编纂了《养老令》,在其中的"职员令"部分,记有名为"隼人司"的政府机构,该机构隶属负责警卫皇居诸门的卫门府,对在京隼人的日常工作进行管理,即让其习歌舞,编竹笠等。朝廷何以让隼人入京城列仪仗、习歌舞、编竹笠?答案只有一个,即通过歌舞升平显示朝廷和隼人关系的融洽,以及隼人的臣服。

但是,南九州的状况显示,朝廷和隼人的关系并不彼此融洽,更无"歌舞升平"。至养老四年(720年),大和朝廷似仍未平息当地叛乱。《续日本纪》同年二月壬子(二十九日)条记:"隼人反,煞大隅国守阳候史麻吕。"但是,隼人的反抗似自此发生变化。《续日本纪》同年六月壬辰(十一日)天皇致征隼人军将军的慰劳诏书,传递了这一信息:"今西隅小贼,怙乱逆化,屡害良民,因遣持节将军正四位下中纳言兼中务卿大伴宿祢旅人诛罚其罪,尽彼巢居,治兵乐忠,剪扫凶徒,酋师面缚。请命下吏。寇党叩头,争靡敦风。然将军暴露原野,久延旬月。时属盛热,岂无艰苦?使使慰问,宜念忠勤。"②以后虽有零星骚扰,但大规模造反不再见有记载,可知南九州的大规模战乱,在养老年间(717—724年)基本平息。不仅如此,有24名隼人还奉诏协助圣武天皇平定了天平十二年(740年)因上表"指时政之得失,陈天地之灾疫"而获罪的藤原广嗣之乱,并因此获得褒奖,获授位阶,成为大和朝廷的官吏。律令政府在招安隼人后,在当地进行了人口调查并编造户籍,派驻官员,使当地居民完全成为朝廷的臣民。

---

① 皇学馆大学史料编纂所编:《续日本纪史料》第4卷,皇学馆大学出版部2001年版,第49页。
② 皇学馆大学史料编纂所编:《续日本纪史料》第4卷,皇学馆大学出版部2001年版,第448页。

另外，鉴于当地多为火山灰形成的土地，不适宜水田耕作的实际情况，天平二年(730年)三月，大宰府还专门上奏天皇，请求对前一年在当地全面实施的班田授受规定进行调整，允许百姓仍耕作旱田，以免引发新的冲突，并获得批准。由此可见，至8世纪30年代，律令制的基本内容在南九州亦得以贯彻。

大军压境平定虾夷 在"南征"的同时，大和朝廷亦积极"北战"，南北呼应，使日本疆域迅速扩大。在当今的日本东北地区，曾居住着一些不属大和政权或曰律令制国家管辖的居民，包括最权威的"六国史"等史籍均称这些居民为"蝦夷"(日语发音为"えみし"，中文写作"虾夷")。"えみし"原是个美称，意为"勇者"，之后该词有了"强暴"的色彩，从而变成了一个兼有褒义和贬义的词。为何将当地居民称作"虾夷"，有两种说法：一说"虾"这个词是形容当地人长有长长的胡须，弓着腰，和"虾"颇有几分相似，而"夷"则是借鉴了中国人南蛮、北狄、西戎、东夷的称呼，意为"东方的蛮人"，故称之为"虾夷"；另一说是因为当地人自称"かい"(音"ka yi")，"虾夷"二字的发音与之吻合。不管怎么说，均是基于大和政权立场对当地人的蔑称，不是当地人对自己本称。也有学者认为，"虾夷"在日语中也读ezo，"沃沮"在日语中读ozo，"虾夷"很可能是对"沃沮"的讹误。沃沮是古国名，今天朝鲜半岛咸镜道和中国东北地区的南部，都属于当时的沃沮国。

在明治时代以前，日本东北包括北海道，至少一半地区属于虾夷地。关于虾夷人究竟是什么人，迄今仍有两种观点：阿伊努人或边民(边境的日本人)。"二战"前，虾夷人即阿伊努人的观点占据优势。战后，一些学者基于体质人类学的立场，对这种观点进行了反驳，同时结合对平泉留存下来的奥州藤原氏四代"木乃伊"的调查，以及考古学发掘，确证当时水稻耕作一直扩大到东北北部的事实，由是均支持"边民说"，因此"边民说"开始占据优势。但是近年，由于通过调查确认了东北各地的许多地名源于阿伊努语，从而在语言方面认定虾夷人和阿伊努人存在联系，"阿伊努说"又重新得宠。不管采用哪种学说，"虾夷人"不同于当时的"日本人"毋庸置疑。在日本的"六国史"中，虾夷人均被视为异族、蛮族。如《日本书纪》景行天皇四十年(110年)七月戊戌(十六日)条对虾夷人是如此描述的："冬则宿穴，夏则住巢，茹毛饮血。"另从《续日本纪》等书中可以获知，被降伏、被强制移居东北外地域的虾夷(当时被称为"俘囚")难以顺应农耕生活，因此在东北寒冷气候之下，他们在当地的生活主要靠狩猎和渔捞，而

第三章 奈良时代

不是靠农耕维持。

当时,日本在当地派驻有所谓"征夷大将军""镇守将军"。最初担任这些职务的是临时性的军事指挥官,说明虾夷和大和朝廷的关系最初是通过战争建立的。在"六国史"中,自《日本书纪》开始,虾夷似已成为征讨对象。如《日本书纪》舒明天皇九年(637年)三月乙丑条记载,当时大和朝廷派遣了上毛野形名为将军,对虾夷进行征讨,为虾夷所败后逃入城栅,即"还为虾夷见败,而走入垒,遂为贼所围"。上毛野形名的妻子一面让他饮酒壮胆,一面拿着丈夫的剑,戴上十张弓,率领数十女人鸣弦威吓虾夷。虾夷以为城栅中兵士众多,落荒而逃。"亲佩夫之剑,张十弓,令女人数十俾鸣弦。虾夷以为军众犹多,而稍引退之。"岩波书店出版的"日本古典文学大系"之《日本书纪》下卷注释中称,青木和夫曾说:"这一记载与其称之为历史记载,毋宁称之为历史传说。"[①]上述记载或有美化政府之嫌,但政府对虾夷进行了武力征讨毋庸置疑。

在进入《续日本纪》时代即8世纪初以后,大和朝廷即挥师北陆北部的越后(新潟县)、东北南部的陆奥(福岛宫城岩手青森县),正式开始了对列岛东北的进攻,在沿太平洋一侧和沿日本海一侧,分别建立了陆奥和出羽两个国家。同时,朝廷还向当地殖民并建立"栅户"。无法继续按原有方式生活的虾夷人,当然奋起反抗。对此,《续日本纪》和铜二年(709年)三月条对此有较详细记载:当时,大和朝廷以中国"讨伐"东夷、北狄的"异族"为蓝本,分别向陆奥和出羽派遣了征夷将军和镇狄将军。养老三年(719年)七月,大和朝廷进行行政改革,分别将几个小"国"并为一个大"国",由正五位级高官出任新建立的行政区域最高长官——按察使。养老五年(721年)八月,出羽被划归陆奥按察使管辖,且陆奥按察使的地位较其他按察使显赫,位居从四位上。

神龟元年(724年),朝廷建多贺城作为陆奥国首府,将两国并入陆奥,同时在各地设立"栅户",强化对当地的统治。过去学界认为,所谓"栅户"是军事设施,但是近年据考古发掘证实,"栅户"的结构和其他"国"的"郡家"基本一致,因此可以判定"栅户"是朝廷在尚未建立郡国制的地区进行行政管理的设施,即向这些"城""栅"(二者的规模无大差别,名称也经常混用)移民,使之从事农耕,为在当地设郡奠定基础,并获取兵源。平

---

① 青木和夫:《白凤·天平时代》,吉川弘文馆2003年版,第176页。

安时代后,其他地区的按察使逐渐不复存在,而陆奥按察使依然得到历代天皇任命,成为全国唯一的按察使,足见朝廷对东北地区之"另眼相看"。

　　天平宝字年间,中断达三十余年的"栅户"再度得以兴建,同时以浮浪人、奴婢、逃亡军士甚至罪犯为殖民对象,从而极大地改变了当地居民结构。不仅如此,此后除了少数例外,正史不再有向栅户殖民的记载。按照熊谷公男的解释,原因是政府自此不再新建栅户,而是鼓励自愿移民。对虾夷人,则一方面不断进行"压迫",将国境线不断向北推移;另一方面将在征夷过程中俘获的虾夷俘虏一批又一批发配东国以西地区。有关内容在《日本后纪》宝龟五年(774年)七月条中,有较详细记载。

　　对上述举措极其不满的虾夷人,于宝龟五年(774年)向桃生、胆泽城发动攻击,并由此拉开了与朝廷长达38年的抗争——"38年战争"的序幕。《续日本纪》七月壬戌条对此有如下记载:"海道之虾夷,忽发徒众,焚桥塞道,断绝往来,侵桃生城,败城之西郭。"

　　大和朝廷对虾夷进攻胆泽城、烧多贺城极为震怒。8世纪末,桓武天皇在诏令大兵压境进行讨伐却吃了败仗后,进一步投入十万大军进行围剿,并建造了志波城,将国境进一步往北推移。但是,东北人韧劲十足的抵抗使大和朝廷未能将东北最北部纳入统治范围,最终只能向东北人妥协。由此可见,"日本"的发展和开疆拓土的对外扩张具有密切关系。国郡制度的最终定型,就是在加贺从越前国分离出来成为加贺国的弘仁十四年(823年)。自此,日本"各国"的名称和范围基本定型,只是稍有变动。明治时代府县制施行后"实存名亡",直至今天。

　　政府为何大兵压境征讨虾夷?律令国家以大唐王朝为楷模,以教化"蛮夷"并将其纳入自己的管辖范围,无疑是一个重要原因。而日本之所以很早就放弃了对南方各岛施行同样政策的想法,是因为南方各岛分布各处,难以统治,同时当地缺乏如东北的马匹、黄金、老鹰那样对政府具有诱惑力的产物。东北虽有上述宝物,但征伐东北所付出的代价也非常高昂。与投入大量人力和物力相比,政府仅仅获得虾夷以"朝贡"的形式晋献的实物和劳役、兵役。以陆奥地区为例,正是通过长期征伐,自7世纪中至7世纪末,该地区被纳入政府管辖的面积约增加了两倍,为通向"今日日本",铺设了一条更宽广的道路。

　　明治二年(1869年)以后,明治政府仿效北欧各国和北美加拿大,开发高纬度的"虾夷地"。例如,建造结实而抗风保暖的房屋。所以,北海道很多地方具有北欧风情,和日本其他地方明显不同。同时,明治政府决定给"虾夷地"取个新的地名。探险家松浦武四郎建议,用北方的"北"、阿依努人对当地的称呼"加伊",以及作为行政区划的"道",取名"北加伊道"。因为日本行政区划是"五畿七道",有东海、南海、西海道,所以最终定名为"北海道","五畿七道"成了"五畿八道"。

日本列岛中部西北边日本海沿岸地区,包括新潟、富山、石川、福井四县的北陆地方,至奈良时代也是蛮夷之地。甚至越前(福井县)、美浓(岐阜县)、伊势(三重县)三关国守,也几乎无异于大宰。和铜元年(708年),朝廷赐予三关国守手杖,就是意味着他们的地位等同大宰。当时天皇驾崩都要固守三关,就因为关外是蛮夷聚居之地,防止他们借机生乱。正因为此,朝廷设置五畿七道并在各国设置国郡、颁布律令,实施中央集权,使列岛实现了统一。这是律令制的一项重大历史贡献。

第四节　遣唐使的"荣光"和"屈辱"

中国隋朝结束了南北朝纷争割据的局面,为中、日两国交往创造了重要前提条件。推古天皇十五年(隋大业三年,607年)七月,大和朝廷任命小野妹子为遣隋使、鞍作福利为通事(翻译)。《隋书》对此也有记载:"大业三年,倭王遣使朝贡。使者曰:'闻海西菩萨天子重兴佛法,故遣朝拜,兼沙门数十人来学佛法。'"也就是说,遣隋使相当于礼佛使者,所以有学问僧同行。同年,隋炀帝杨广派文林郎、鸿胪卿掌客裴世清率十三人回访,小野妹子伴随他们回国,受到热烈欢迎。翌年九月,裴世清等启程回国,倭王又派遣小野妹子为大使,留学生和学问僧各四人偕同前往。小野妹子在中国一直待到第二年九月。但是,相比遣隋使,遣唐使,尤其是白江之战后派遣的遣唐使,无论规模还是目的,均发生了明显变化。同时必须强调,遣唐使在唐朝既受到欢迎,也不时遭受冷遇。

遣唐史的历史　奈良时代的日本不仅以干戈在列岛获得了版图的扩大,而且以玉帛在海外汲取了文化的营养。例如,日本列岛西南部的大宰府怡土城既是征伐隼人的大本营,也是与唐朝和朝鲜半岛进行各方面交流的门户。遣唐使,就是承载后一项功能、在迄今中日关系史上具有无可替代位置的典型象征。具有"以强者为师"民族性格的日本的奈良时代,堪称全面"唐化"的时代。

所谓"遣唐使",本来并不专指日本遣唐使节。西自丝绸之路沿途、南自印度尼西亚半岛的热带雨林、北自蒙古大草原和西伯利亚森林,凡前往大唐的各国使节均可称为"遣唐使"。据《新唐书》记载,当时和唐朝通交的国家达五十余国——尽管其中有些即便在古代亦未必能称之为国。不仅如此,可以从陆路前往唐代中国的各国使节,其往返之频繁,远胜于必须漂洋过海的日本使节。但曾几何时,"遣唐使"已然成了受日本朝廷派遣,前往大唐中国使者的专有名词。之所以如此,原因众多,但最重要的原因有两个,一是遣唐使的活动在日本的历史旅程上留下了无数深深的脚印,而同时代唐周边各国因长年战火绵延,其使节的脚印大多为历史的尘土所覆盖,很多甚至已踪影全无;二是在日本政治和文化历史上,遣唐使树立的灯塔和路标,为日本社会的发展指明了方向。按照研究奈良时代的著名学者青木和夫的说法:"七八世纪日本急速发展的基础,是由这些无名人氏奠定的。即我们必须对'遣隋、遣唐使的波及效应'给予充分认识。"[①]

有关遣唐使的论著汗牛充栋,但事实上即便对遣唐使的活动及其内容记载最详细的《续日本纪》,其记载也经常是片断性的。迄今为止,没有一部原始资料全面而系统地记载遣唐使的遭遇。好在通过那些片断性的记载以及其他相关"链接",我们仍可基本勾勒出遣唐使的大致历史。

严格地说,遣唐使人员规模超出百人,应该称"遣唐使节团"。不过,这种称呼已约定俗成,本书亦从俗。日本总共向中国派出18批遣唐使,成行15批。第一批至第七批遣唐使规模有限,多的也仅由百余人组成,分乘两艘船。有的不到百人,乘坐一艘船。但是,第八批至第十批(702—752年)遣唐使的规模比之前和之后的都大得多。据历史记载,这几批遣唐使人数众多,分乘四艘船。其中第

遣唐使船复原模型

[①] 青木和夫:《白凤·天平时代》,吉川弘文馆2003年版,第154页。

第三章 ● 奈良时代

八批557人,第九批594人,第十批500人。之所以出现这种情况,和"白江之战""安史之乱"有关。白江之战前已述及,即日本被唐朝和新罗联军打败。日本经此一战认识到了唐朝的强大,因此不仅努力恢复和唐朝的关系,而且时隔30多年后再次派出第八批遣唐使,规模空前,人数为以前的三倍,主要目的就是向唐朝学习。第十批之后遣唐使之所以规模缩小,是因为唐朝经过开元盛世,盛极而衰,犹如浪峰之后必是浪谷。经历了安禄山、史思明发动的"安史之乱"后,曾经不可一世的唐朝,藩镇割据、朋党争斗、宦官擅权,结束了"盛唐时期"而走向衰落,故而日本的遣唐使规模也缩小。所以白江之战以后至安史之乱以前这段时期,中日间文化和经济交流相当活跃,出现了许多彪炳史册的人物。

公元742年(唐天宝元年,日天平十四年),鉴真和尚应日本僧人邀请先后六次东渡,历经曲折和艰险,终于在754年(唐天宝十三年,日天平胜宝六年)到达日本,旅居日本十年,日本天平宝字八年(764年)在唐招提寺圆寂,终年七十六岁,遗体被火化后葬于寺后松林。也就是说,"鉴真东渡"就发生在这一时期。

不同时代,疫情对人的影响不同。在以狩猎和采集为谋生手段的史前时代,原始人类居住在稀疏分散的定居点,细菌或病毒难以扩散,疫情即便发生,影响范围也非常有限。在主要以种植和养殖为谋生手段的农业时代,病毒开始通过宿主在聚居的人群中蔓延。1973年,"对历史进行世界性解释的巨人"威廉·麦克尼尔(William McNeill, 1917—2016年),发表了《瘟疫与人》一书。他在书中写道,"疫情约每隔一代发生一次,反复重创日本人口总量,极大地阻碍日本列岛经济和文化的发展"。据日本史籍《类聚符宣抄》记载,至平安时代的康平四年(1061年),日本平均每30年暴发一次天花。在奈良时代的天平七年(735年)至天平九年(737年)暴发的天花疫情,蔓延整个日本。《续日本纪》天平七年(735年)条目记载:"从夏至冬,全境豌豆疮(天花)肆虐。"疫情是如何发生的?据《本朝世纪》记载,源于一名渔夫和一名染病的"蛮夷"的冲突。有学者经过详尽考证指出,所谓"蛮夷",是指朝鲜半岛的新罗人。当时,一名日本九州的渔夫在海上迷失了方向,渔船在朝鲜半岛搁浅。他在逗留期间与当地人发生冲突,不幸染上天花。疫情发生后的天平九年(737年)三月,圣武天皇即令诸国建释迦三尊像,书写大般若经,敕令神官和佛僧作法诵经,祈求超自然力量降服疫病。天平十四年(742年)日本僧人荣睿、普照被派赴中国,并请鉴真和尚东渡日本传戒,就是在这一历史背景下发生的。前面提到权倾朝野的藤原家族四个儿子同年死于天花,也发生在这个时候。

疫情发生后,大宰府奏请朝廷称,"疫情大面积蔓延,民众均卧床不起。本府恳请朝廷免征本年地方税调"。圣武天皇遂颁布诏书,令九州各国的国司开仓放粮,"赈恤灾民"。太政官还向各国国司发出了护理染病者的七条指导意见。这七条指导意见载于《类聚符宣抄》,概要如下:(一)本传染病为"赤斑疮",最主要的并发症是腹泻。(二)取麻布和丝绵缠于患者腹部和臀部,务必绑实。(三)须置草垫于地,令病人躺歇。(四)须强迫患者进食。宜饮用米粥,勿食生鱼片或新鲜果蔬。(五)将海藻或食盐置入患者口中。(六)勿饮水、沐浴、行房事。在20天饮食禁忌期后,鱼可熟食,不可生食。但不可食鲭鱼和竹夹鱼。(七)勿服用药丸或药粉。若体温升高,可服少量人参汤。太政官的文件不仅明确提及中国两位名医,称"若病症复发,纵然俞附或扁鹊亦无力回天",而且对疾病的确定和护理意见,都采纳了典药寮专家的意见,而当时日本典药寮专家,都是汉方医。毋庸置疑,疫情的发生,也增强了日本朝廷派遣唐使向中国学习的决心。

遣唐使虽是日本朝廷派遣的国使,但其不仅在政治上扮演了发展日本与唐朝关系的角色,在经济上交换宫廷贵族需求的珍贵物产,而且在文化上积极吸取唐代丰富的律令典章制度,推动日本社会进入了一个新的发展阶段。

文武天皇五年(唐长安元年,701年)正月(同年三月二十一日大宝建元),在时隔30多年之后,日本朝廷任命了第七批遣唐使,并于翌年即大宝二年(702年)六月,首次以"日本"使节的名义入唐。

追溯历史,在唐朝重新统一中国后不久,大和朝廷即于舒明二年(唐贞观四年,630年)派出了第一批遣唐使。至宽平六年(唐乾宁元年,894年),共任命了18批遣唐使。但是,因第十八批遣唐使的正使菅原道真上奏《请令诸公卿议定遣唐使停止状》获准,该批遣唐使没有派遣,所以承和五年(唐开成三年,838年)派遣的第十七批遣唐使,实际上是最后一批。另外,第十二批遣唐使中止派遣、第十三批遣唐使没有出发,所以共计成行的遣唐使为十五批。其中第十一批是为了迎接上次没有归国的前大使、第十五批是为了送唐朝赴日使节回国。

遣唐使由使节、船员、随员三部分构成。使节按级别依次为正使(大使、押使、执节使、遣唐使长官)、副使(次官)、判官、录事(主典)、史生(书记官)、杂使(总务)、傔人(随从)。自第十批遣唐使(752年派出),一名正使、两名副使成为"标配"。船员包括知乘船事(船长)、船师(航海长,类似大副)、柂师(舵手)、水手长、水手、主神、卜部、医师、阴阳师、画师、射手、音声长(主管通信联络)、音声生(通信员)、船匠(木工)、玉生、锻生、铸生、细工生(均为技工)、译语(翻译),随员包括学问僧、留学生、傔从(随员)、请益生(短期留学生)、还学生(归国者)。遣唐使所乘坐的船只长约二十四米,宽约八米,排水量约三十吨,承载人数一百至一百六十人。十五批遣唐使总计发出船只三十三艘,人数五千二百至六千余人(因《扶桑略记》等相关史料记载不同,统计方式也不尽相同,所以数据有差异)。纵览《续日本纪》等原始资料关于遣唐使经纬之记录,不难发现过去中国相关论著为强调唐朝文化对日本的影响,对有关遣唐使的论述过于偏重"学习""友好",较多描述日本统治者对唐朝的感佩,因此对遣唐使整个活动经纬和遭遇的考察难免有疏漏和偏颇之嫌。事实上,遣唐使的遭际不仅有"荣光",也有"屈辱"。

遣唐风险和遭遇炎凉 和从内陆可直达大唐的国家相比,岛国日本遣使赴唐本身就承载较大风险。在奈良时代,由于周边国际局势的变化,这种风险进一步扩大。事实上,史料不乏遣唐使乘坐的船只遇难的记载。例如,《续日本书纪》天平宝字六年(唐宝应元年,762年)六月丙寅(十七日)条记载,"遣唐使驾船一只,自安艺国至难波江口时,触滩"。再例如,宝龟八年(唐大历十二年,777年)四月,因遣唐使正使佐伯今毛人染病,光仁天皇令副使小野石根率第十四批遣唐使乘四艘船出发。翌年九月九日,遣唐使乘顺风回国,途中遭遇风浪,结果一艘船漂到日本肥前国(佐贺)松浦郡;一艘船漂到朝鲜济州岛后遭遇抢劫,最后船员和随员逃到了萨摩;一条船漂到萨摩(鹿儿岛)的出水郡;一艘船在风浪中受损,众人九死一生,最后使船漂到肥后国(熊本)天草郡。

值得关注的是,在时间上,所有的风险均发生于白江之战以后;在航线上,所有海难均发生在南线。这主要因为在7世纪以前,日本遣唐使均走"北路"航线,即从筑紫的大津浦(九州的福冈)经对马海峡贴着朝鲜半岛的西侧航行。但是白江之战后,与日本敌对的新罗统一了朝鲜半岛,迫使日本的遣唐使必须绕开朝鲜半岛、直接穿越大海走"南路",因而大大增加了航行风险。从"遣唐使年表"可以获知,凡遭遇海难的船只全部在南路,没有一艘(次)是在北路遇难,而且遇难的多为返回日本的时候。船只在日本列岛靠岸,比在拥有漫长海岸线的中国靠岸更加困难。

遣唐使年表

批次	出发年	返回年	船只数量（艘）	人数	航线	备 注
1	630	632			北路	
2	653	654	1	121	北路	
	653		1	120	南路	遇难
3	654	655	2		北路	
4	659	661	2		北路	
5	665	667			北路	
6	669	(670)	?		北路	送唐朝使节
7	702	704			南路	山上忆良等随行
8	717	718	4	557	南路	吉备真备、玄昉等 阿倍仲麻吕等
9	733	734	4	594	南路	1艘船遇难,1艘船触礁
10	752	753—754	4	逾500	南路	吉备真备等同行 鉴真和尚赴日
11	759	761	1	99	渤海路	(出)与唐使从南路返回
12	761					因船只损害中止
13	762					风向原因中止
14	777	778	4		南路	归途1艘船触礁
15	779	781	2		南路	送唐朝使节
16	804	806	4		南路	最澄、空海同行
17	838	839—840	4	511		3艘船遇难,1艘船触礁
18	894					采纳菅原道真的建议没有成行

资料来源:笔者自制。本书未标出处的图、表均为笔者制作。

遣唐使不仅会遭遇自然灾害,而且会遭遇唐朝冷眼。据《续日本纪》庆云元年(704年)七月朔记载,唐人对遣唐使颇有好评。之所以获此好评,主要是因为日本朝廷在挑选遣唐使时有严格和明智的要求。例如,在人员的选择上,日本朝廷重视"世袭"。"当时的读写由家属或亲属进行启蒙,且日文汉字完全按照中文读音,和今日不同。所以在选择新的遣唐使

第三章 ● 奈良时代

时,自然优先考虑以前曾经有过遣唐使和留学生、学问僧的家族。"① 另外,宝龟八年(777年)七月三日抵达中国的第十四批遣唐使随员中,有一个名为羽栗臣翼的中日混血儿。据菅原道真的《类聚国史》卷187记载,羽栗臣翼是灵龟二年(716年)遣唐使吉麻吕和一唐朝女性的儿子,天平六年(735年)16岁时和父亲一起回国。羽栗臣翼之所以入选遣唐使随员,不仅因为他符合日本朝廷挑选遣唐使的基本标准——兼具长相、气质、学识,而且会讲中文且熟悉唐朝习俗。让他这样的人担任遣唐使随员,自当赢得唐朝好感。但事实上这只是一厢情愿。遣唐使在中国亦并非始终受到欢迎和善待。以下所述就是这批遣唐使的遭遇。

第十四批遣唐使出航八天后,到达了靠近中国东海岸的扬州。唐朝为了显示中华帝国的姿态,倒是显得比较慷慨,免收遣唐使的食宿等费用,并设宴为他们接风洗尘。时隔不久,有一个叫陈少游的"观察使兼长使"来到他们下榻处,让他们十月十五日赴京城长安,并称由于"安史之乱",赴京人数只能限定在六十人。客人当然得听从主人安排。可是,六十人行了约五十五公里后,唐朝为了节约经费,又要求遣唐使节团将人数减少至二十人。最终经过交涉,遣唐使实际获准赴长安的人数为四十三人。正月初三,即时隔两个半月后,一行四十三人历经颠簸抵达长安并递上了日本朝廷的国书和朝贡物品。但是,直至三月二十二日,他们才得以谒见唐代宗。

第十四批遣唐使总共多少人,史籍没有明确记载。但是,依照四艘船的规模推算,当有五百人左右。换言之,赴京人数不足十分之一,而且其余人的活动受到严格限制。依据是,9世纪赴唐的圆仁在《入唐求法巡礼行记》中写道,当时一个遣唐使节团成员只是想在市场购物,却当即被衙役捕获。遣唐使成员的活动如此缺乏自由,由此可见一斑。窥斑见豹,第十四批遣唐使成员当不会例外。

遣唐使既"自谦"也"自傲"的双重性,使双方必然产生矛盾。按中村修也的说法,"所谓遣唐使,其本质与其说是被派往唐朝,毋宁说是代表天皇要求唐朝皇帝谒见"。"在出航准备完了后,遣唐使节团最高负责人会

---

① 青木和夫:《天平文化论》,载朝尾直宏等编《岩波讲座·日本通史》第4卷(古代3),岩波书店1994年版,第280页。

被授予意为天皇向其转让部分大权的节刀。"① 对此,《续日本纪》天平胜宝四年(752年)闰三月丙辰(九日)条有明确记载。同时,天皇授予的节刀,犹如中国皇帝授予臣属的"尚方宝剑"。如果遣唐使成员发生诲淫诲盗等恶行,遣唐使正使可以先斩后奏。遣唐使回国后,正使须将出使经历上奏朝廷并奉还节刀。遣唐使"代表天皇要求唐朝皇帝谒见",这种"小帝国"使节自居的意识,以及"小帝国"或曰"小中华"意识和唐朝"华夷秩序"及"宗藩关系"的意识,必然产生矛盾。《续日本纪》记载:"天平胜宝六年(754年)正月丙寅(三十日),副使大伴古麻吕自唐国至。古麻吕奏曰,大唐天宝十二载,岁在癸巳正月朔癸卯,百官诸藩朝贺,天子于蓬莱宫含元殿受朝。是日,以我次西畔第二吐蕃下,以新罗使次东畔第一大食国上。古麻吕论曰,自古至今,新罗之朝贡日本国久矣,而今列东畔上,我反在其下,义不合得,时将军吴怀实见知古麻吕不肯色,即引新罗使,次西畔第二吐蕃下,以日本使次东畔第一大食上。"

"天宝十二载"即公元753年,是唐玄宗李隆基的年号。从上述记述中我们可以获知,在朝贺时,吐蕃使位居日本之前,列西畔第一。新罗使居大食使之前,居东畔首席。如此安排座次,显示出唐朝对日本的重视程度,明显不如其"藩属国"。正因为此,日本使节对自己居然位列向日本朝贡的新罗使节之后,表示强烈不满和抗议。事实上,8世纪中叶,日本已为征伐新罗积极扩军备战,此类动向屡现记载。如《续日本纪》记载:"(天平宝字三年)六月壬子(十八日),令大宰府造行军式,以将伐新罗也。""(天平宝字三年)九月壬午,造船五百艘,北陆道诸国八十九艘,山阴道诸国一百卅五艘,山阳道诸国一百六十一艘,南海道诸国一百零五艘,并逐闲月营造,三年之内成功,为征新罗也。""天平宝字六年(十一月)庚寅(十六日),遣参议从三位武部卿藤原朝臣巨势麻吕,散位外从五位下土师宿祢犬养,奏弊于香椎庙,以为征新罗调习军旅也。"

大臣·朝衡·鉴真 作为遣唐使成员的留学生和留学僧,既有返回日本者,亦有"自愿"留在大唐者,有的成为日本与大唐之间的桥梁。《续日本纪》第33卷宝龟六年(775年)十月壬戌(二日)条"吉备真备薨传",有这么一段话:"我朝学生名字播撒唐国者,唯大臣和朝衡二人。"

"大臣"即吉备真备。吉备真备(695—775年)出生于备中国下道郡

---

① 中村修也:《续日本纪的世界》,思文阁1999年版,第214、215页。

第三章 ● 奈良时代

(冈山县仓敷市真备町),原姓下道,是吉备地区地方豪族吉备氏一族。吉备真备的父亲是右卫士少尉下道国胜,世居吉备国,23岁时随多治比县守为首的第九批遣唐使入唐交流,同行的还有阿倍仲麻吕、大和长冈,以及学问僧玄昉等。入唐后在长安鸿胪寺就学于赵玄默。吉备真备在唐近19年,研究唐代的天文、历法、音乐、法律、兵法、建筑等知识,均有较深造诣。天平七年(735年),吉备真备携带大量典籍回到日本。他带回的《唐礼》130卷,天文历书《大衍历经》《大衍历立成》,音乐书《乐书要录》《东观汉记》,还带回了弓、箭、乐器等器物。《唐礼》对日本朝廷礼仪的完善和改进有很大影响,《大衍历经》《大衍历立成》则使唐代历法得以在日本推广和使用;《乐书要录》在日本仍得以保存,而在中国则早已失传。吉备真备回国后被任命为大学助,指导400多名学生学习中国的先进文化。后又任东宫学士、春宫大夫等职,很受圣武天皇、光明皇后恩宠,叙从五位。曾为阿倍内亲王(后来的孝谦天皇)讲授《礼记》《汉书》等中国典籍。但是孝谦天皇即位后,藤原氏擅权,吉备真备被贬为筑前守、肥前守。天平胜宝四年(752年),吉备真备以副使身份随藤原清河正使第二次赴唐,唐玄宗接见了他,并赠他银青光禄大夫称号,离唐时玄宗还赠诗相送。他因平定藤原仲麻吕之乱有功,得到晋升,后官至右大臣。以学者的身份位至大臣者,在日本近代以前屈指可数。吉备真备任右大臣期间,参照《唐律》等中国法律组织编纂了《养老律令》。光仁天皇即位后,吉备真备以年老为由请求辞去所担任的职务,光仁天皇准许他辞去中卫大将一职,但仍让他担任右大臣。传说吉备真备用汉字楷体偏旁创立了片假名。也有说他根据汉字草书创制了平假名。

阿倍仲麻吕(698—770年)出生于奈良,父亲阿倍船守是中务大辅,自幼天资聪敏,勤奋好学,被视为才子。公元716年(日本灵龟二年,唐开元四年),大和朝廷决定派遣以粟田真人为遣唐执节使、高桥笠间为大使以及共由557人组成的庞大队伍赴唐。红颜美少年阿倍仲麻吕被选为留学生。唐玄宗对阿倍仲麻吕颇为赏识,让他在唐朝做官,授左补阙。阿倍仲麻吕留在中国数年后改名"晁衡"(又作朝衡)。关于阿倍仲麻吕在唐代中国的生活情况,如是否有妻室等,目前尚未发现有史籍记载。天平十一年(739年)十一月辛卯(三日),遣唐使平群广成回国后给上奏朝廷的报告中提到,阿倍仲麻吕曾上奏唐玄宗请求回国并获准,然而他最终未归。中国史籍《新唐书·东夷传》中,有阿倍仲麻吕官至左散骑常侍、安南都护的记载。所谓安南都护,即唐朝在越南河内官方机构的长官,颇似"中国驻越南大使",可见他很受大唐朝廷信任和重用。天平胜宝五年(唐天宝十二年,753年),遣唐使藤原清河要回日本时,阿倍仲麻吕向他吐露了想回日本的念头。于是,唐玄宗便让阿倍仲麻吕作为唐朝使节前往日本。此时的阿倍仲麻吕已在唐37年,两鬓染霜,早已过了容易热血沸腾的年龄,但听说能够返回故乡时,欣喜异常,当即赋诗一首:"衔命将辞国,非才忝侍臣;天中恋明主,海外忆慈亲。伏奏达金阙,骈骖去玉津。蓬莱乡路远,若木故园临。西望怀恩日,东归感义辰;平生一宝剑,留赠结交人。"离唐之际,诗人王维赋诗送行,依依惜别,阿倍仲麻吕又用母语作了一首诗。他将这首诗译成汉语示于中国友人,他们无不热泪沾襟。阿倍仲麻吕这样写道:"举头望夜空,月如金瓯;眼前如镜月,也悬三笠山头。"这首诗充分表露了他望月思乡的游子情怀。然而,阿倍仲麻吕乘坐的船因为遭遇狂风,漂流到了安南(越南),他只得从安南返回长安。或许是海上风浪让阿倍仲麻吕感到了危险,他决定继续留在长安。其后官至光禄大夫兼御史中丞,直至70多岁时去世。

　　被井上靖教授誉为"天平之甍"的鉴真东渡,在中日关系史上影响更为深远。鉴真(688—763年)俗姓淳于,出生于广陵江阳(江苏扬州),14岁在广陵江阳大云寺出家,师从智满禅师,当了沙弥。①唐景龙二年(日和铜元年,708年)到长安随弘景禅师受具足戒。后广采各宗之长,成为律宗高人。唐天宝二年(743年)至天宝七年(748年)鉴真曾五次东渡日本,但"天灾人祸"等诸多原因均未成功,直至第六次才到达东瀛。关于鉴真东渡扶桑经纬、鉴真在日享有的礼遇及其对日本佛教的贡献,《续日本纪》的记载言简意赅且容易读懂,兹摘录于下,再作扼要论述:

　　　　天平宝字七年(唐广德元年,763年)五月戊申(六日),大和上(按:日文和尚写作和上)鉴真物化。和上者,扬州隆兴寺之大德也,博涉经纶,尤精戒律,江淮之间独为化主。天保二载(唐天宝九年,750年),留学僧荣睿、业行、等白和上曰,佛法东流至于本国,虽有其教,无人传授,幸愿和上东游兴化。辞旨恳至,谘请不息,乃于扬州买船入海,而中途风凛,船被打破。和上一心念佛,人皆赖之免死。至于七载更复渡海,亦遭风浪漂着日南(越南中部)。时荣睿物故(去世),和上悲切

---
① 沙弥是梵语,意为刚出家当勤,受比丘策励的"勤策男",俗称"小和尚"。

失明。胜宝四年,本国使适聘于唐,业行乃说以宿心,遂与弟子廿四人,寄乘副使大伴宿祢古麻吕船归朝,于东大寺安置供养。于时有敕,校正一切经纶。往往误字诸本皆同,莫之能正,和上暗诵多下雌黄,又以诸药物令名真伪,和上一一以鼻别之,一无错失。圣武皇帝师之受戒焉。及皇太后不悆,所进医药有验,授位大僧正,俄以纲务繁杂,改授大和尚之号,施以备前国水田一百町,又施新田部亲王之旧宅以为戒院,今招提寺是也。和上预记终日,至期端坐,怡然迁化,时年七十有七。

荣睿等坚持邀请鉴真赴日,最终感动鉴真。鉴真不仅答应远赴东瀛,而且动员其他僧人和他同行。他说:"虽山川异域,但风月同天。寄诸佛子,共结来缘。仔细思量,日本佛法兴隆,与唐朝有缘。"经历了一番曲折,天平十五年(唐天宝二年,743年)十二月,鉴真等花八十贯钱买了岭南采访使的船并顺利启航。但是,他们在海上遭遇风浪,漂流到明州(宁波),当地阿育王寺盛情邀请鉴真和尚前往讲戒法。越州(绍兴)的和尚听说鉴真要跟随日本人去日本传经讲法,便向州官告密称,"日本和尚荣睿蛊惑鉴真东渡"。接到密报,州官即刻派兵将荣睿捕获。所幸荣睿装死逃脱后,又来到鉴真处盛邀。精诚所至,感动鉴真。他们前往福州准备东渡船只和旅途食物。然而,一波未平,一波又起。扬州检校僧尼有无犯戒、失职的僧纲,也向官府举报,想借官府之力阻止鉴真东渡。官府得到举报后加强了防范,使鉴真等因难以遂愿而空耗数年。唐天宝七年(日本天平二十年,748年),鉴真终于获得机会,从扬州出海,但偏又遭遇强风而漂到越州(绍兴)。稍事休整后再次出海,结果又被风浪带到雷州(湛江)。再行出发后,荣睿在端州(高要)去世,鉴真又加上炎热而患眼疾而失明,最终只能返回扬州。这一年是唐天宝八年(日天平胜宝元年,749年)。最终,鉴真历经曲折和艰险于天平胜宝六年(唐天宝十三年,754年)正月,随遣唐副使大伴古麻吕到达日本九州,受到高规格接待。鉴真到平城京后,朝廷令安宿王为敕使到最南端的罗城门外迎候。之后迎请鉴真进入东大寺讲经。

每次遣唐使入唐均向大唐皇帝晋献物品,大多是纺织品如各种丝、绵、布、帛等,以及地下资源如玛瑙、银、出火铁等。在所赠物品中,有两项特别值得注意:

一是珍贵物品,如黄金。《续日本纪》宝龟七年(776年)四月壬申(十五日)条记载,前入唐正使藤原清河赠"絁一百匹,细布一百端,砂金大一百两"。日本首次发现黄金是在天平感宝元年(749年),宝龟八年(777年)晋献大唐皇帝是迄今为止发现的黄金被带往国外的最初记载。翌年,奈良朝廷又以黄金赠渤海王。有学者认为,正是这一原因,在9世纪后半叶波斯人的记述中才出现了日本"遍地是黄金"的记载,并将此信息传至西方。

二是急需物品,如牛角。提起唐朝,往往同样给人以"天朝物产丰盈,无所不缺,原不借异邦货物以通有无"的印象,即接受"馈赠",仅仅是满足自诩"天子"的中国皇帝的虚荣,其政治意义远胜于经济意义。但即便繁荣如大唐王朝,事实也并不尽然。《续日本纪》天平宝字五年(761年)十月辛酉(十日)条有此记载。之所以如此,是因为唐朝发生"安史之乱",需要以此制作兵器并向日本提出这一要求。

同样,遣唐使回到日本,亦带回大量大唐朝廷"赐予"的珍贵物品,特别是绚丽璀璨的大唐文化的象征物。除了吉备真备所携法宝,玄昉僧也带回了"经纶五千余卷"。这些汉籍和经纶,对日本政治、经济、文化发展史的影响,远超佛教和佛学领域。

第五节 "天平文化"和"南都六宗"

《广辞苑》对"天平文化"有凝练而通俗的释义:"奈良时代白凤年代以后,弘仁、贞观年代以前,以天平年代为中心的文化。举国吸收中国盛唐时期的文化,在建筑、雕刻、绘画、工艺等领域,形成以高超的技术手法显示的古典样式。具有中国的和佛教的特色。""南都六宗"则是指在奈良时代由中国传入的六个佛教宗派:法相宗、华严宗、律宗、俱舍宗、三论宗、成实宗。

佛教兴隆的天平 奈良时代不仅有天平年号,还有天平胜宝、天平宝字、天平神护等有"天平"二字的年号,时间跨度为729—766年。总之,"天平"是关键词。这给我们一种启示:虽然奈良时代日本举国吸收盛唐时期的文化,奈良文化具有中国文化的特色,但是在奈良时代的文化天平上,本土文化和外来文化得到了有效平衡。否则,我们将无法理解为何在8世纪末迁都平安后,日本文化会显示出"唐风文化和国风文化"并存的局面。

同飞鸟文化类似,天平文化也具有浓厚的佛教色彩。但是,与通过百济、高句丽间接输入中国文化,进而形成的飞鸟文化不同,天平文化是在中国文化的直接影响和推动下形成的。天平文化的辉煌成果对日本历史发展产生的影响更大。日本很多珍贵文化遗产,都成就于奈良时代。以

第三章 奈良时代

下表格中所列项目,或能为此佐证:

天平文化主要成就概览

		概 述
	时 期	以圣武天皇天平年间(729—749年)为中心
	空 间	以都城平城京为中心
	特 征	受唐代中国文化的强烈影响(遣唐使传播了大量唐代中国文化),通过唐代中国接触了"地中海世界",即希腊-罗马、波斯、中亚、印度的文化影响,使日本文化具有"丰富的国际色彩"
	品 类	成 就
宗教	国家佛教	建成东大寺(大佛)、国分寺、国分尼寺 形成南都七大寺:东大寺、西大寺、兴福寺、法隆寺、元兴寺、药师寺、大安寺
工艺美术	建筑	东大寺"法华堂"(三月堂) 东大寺"正仓院"(校仓造) 唐招提寺"金堂、讲堂"
工艺美术	雕刻	东大寺法华堂 — 不空羂索观音菩萨像 / 日光、月光菩萨像 / 执金刚神像
工艺美术	雕刻	东大寺戒坛院 — 四天王像
工艺美术	雕刻	兴福寺 — 阿修罗像
工艺美术	雕刻	唐招提寺 — 鉴真和尚像
工艺美术	绘画工艺	正仓院 — 鸟毛立女屏风 / 御物(螺钿紫檀五弦琵琶、碧琉璃杯等)
工艺美术	绘画工艺	药师寺 — 吉祥天画像
文献	史籍	《古事记》《日本书纪》
文献	经典	《陀罗尼经》
文献	方志	《常陆风土记》《出云风土记》《播磨风土记》《肥前风土记》《丰后风土记》
文献	和歌	《万叶集》
文献	汉诗	《怀风藻》

天平留存的文献 值得注意的是,在留存至今的文献中,7世纪以前无论是经过编纂的,还是因一时之需作成的公文、信函、证明都为数不多。但是进入8世纪以后,有大宝二年(702年)编制的美浓国和西海道诸国的户籍,有约12 000件古文献作为《正仓院文书》被保存。①大量日本当时的古文献留存至今,连拥有敦煌和吐鲁番等地区出土文献的中国,亦难以与之匹敌。尤其值得一提的是,称德天皇天平宝字八年(764年)至宝龟元年(770年),法隆寺等10个寺院各捐出10万个三重木制小塔,共计百万个小塔,其中存入了《无垢净光大陀罗尼经》。现法隆寺尚有部分保存。经卷高50毫米,长170—500毫米,据称是世界现存最古老的印刷品。出现这种情况的原因是什么?按照青木和夫的观点,"文字的普及和个性的诞生,是奈良时代文化全面繁荣的基本前提和关键因素"。②这一观点对我们认识作为奈良文化代名词的天平文化,颇有启发。

据《古语拾遗》记载,"上古之世,未有文字,贵贱老少,口口相传,前言往行,存而不忘"。在日本产生文字以及纸张尚未被使用的日本古代,能够通过文字窥视当年政情、世情、人情的,主要是木简、竹简、漆纸文书、墨书土器,而其中扮演主要角色的是木简。1961年,考古学家在平城宫遗址首次发现了木简。之后通过40多年的考古发掘,在藤原宫遗址(奈良),在西自九州福冈大宰府遗址,东至仙台附近的多贺城遗址,日本出土的木简达20多万件。因此,奈良时代也被称为"木简的世纪"。③这些木简有的仅一两个字,有的以干支纪年,有的以"坪"标记国以下的行政单位,说明是7世纪以前的木简。因为8世纪以后,随着《大宝律令》的推行,同样是木简,但不再以"坪",而是以"郡"标记行政单位。同时,以往的"治天下"天皇为"御宇"天皇取代,"皇子、皇女"等称谓也为"亲王、内亲王"取代。这些木简在日本古代史研究领域具有很高的史料价值,发挥着极为重要的作用。通过对考古新发现的史料和原先已有史料的对照判读,史学界对日本古代史的观察和研究不断深入。例如,昭和平成之交的1988年和1989年,考古学者在长屋王府邸遗址及近旁发现的木简,多达11万件,这些木简为研究"长屋王之变"提供了新的视角和资料,使史学

---

① 《正仓院文书》被收录并发行于1901年以后编纂的耗时40年完成的《大日本古文书》编年部25册。
② 青木和夫:《白凤·天平时代》,吉川弘文馆2003年版,第163页。
③ 有关木简的详情,可参阅渡边晃宏所著的《平城京和木简的世纪》(讲谈社2001年出版)。

家对当年长屋王究竟是真的"谋反",还是在权力斗争中成了牺牲品,得以展开争论。

从古代留存至今的日本历史、文学、法律等领域的经典文献,最早始于 8 世纪,其中很多经典,都是在基本贯穿整个 8 世纪的奈良时代完成的。换言之,8 世纪是日本文献史上一块几乎无与伦比的伟大里程碑:《古事记》3 卷是迁都平城京后的第三年即和铜五年(712 年)完成的。《日本书纪》30 卷是在《古事记》问世 8 年后完成的。播磨、常陆、出云、肥前、丰后五国《风土记》,均是根据和铜六年(713 年)的敕命,在不到 20 年的时间里陆续完成的。《万叶集》20 卷的完成年代虽然诸说不一,但认为大伴家持为此做出重大贡献,众人没有异议,因此应当也是在 8 世纪后半叶完成的。汉诗集《怀风藻》一卷撰者不详,但序言显示成书年代为天平胜宝三年(751 年)。另外,作为藤原家族在日本历史上留下的两个足迹,即藤原镰足的传记《大织冠传》和他孙子的传记《藤原武智麻吕传》。描述鉴真东渡之艰辛,具有西方"使徒行传"般催人泪下之震撼力的《唐大和尚东征传》,也都是在 8 世纪后半叶完成的。探讨歌的创作理论的所谓"歌论书"《歌经标式》,以及顾名思义即可理解的故事集《日本国现报善恶灵异记》(简称《灵异记》),亦形成于这一时代。另外,无论《大宝律令》还是《养老律令》,无论是《养老律令》官撰注释书《令义解》还是私撰注释书《令集解》,都是在 8 世纪奈良时代完成的。因此,"若问日本的古典何时诞生,答案无疑是 8 世纪奈良时代"。

为什么 7 世纪的文献如此之少,而进入 8 世纪以后,文献急剧增加?除了文字的普及以外,还有一个重要原因,即随着律令制国家的形成,"文书主义"得以贯彻。不难发现,留存至今的文字资料主要是文书、记录,全部与国家行政相关。即便与东大寺等寺院相关的文书,也主要记录从政府那里获得的国家经费的使用,全无抒发个人感想和意见的日记、信函。文字为什么迅速普及?因为在处理哪怕借贷等日常事务时,和有读写能力相比,无读写能力不仅甚为不便,而且明显处于劣势。因此,人们的识字欲望急剧增强。当年的"习书",即类似当今供摹写用的汉字楷书"习字本"的大量存在,就是最好的证明。同时,"习书"中存在不少《论语》和《千字文》,则向后人传达了中国文化对日本的影响。识字率的迅速提高,使政府更有利于通过律令文书行政的方式进行治理,二者相辅相成。当年的平城京右京的账册、笔记,在《正仓院文书》中有大量保存。根据这一文献和人口规模推测,京城中每户人家至少有一人具备汉字读写能力。

不仅如此,这种社会风潮还推动了寺院中书写和诵读佛教典籍人数比以往有成倍增加,并因此形成历史学、文学的全面繁荣。其中尤其值得重视的,是《古事记》《日本书纪》的问世。毋庸赘言,这两本经典的问世和"文字的普及",互为因果。

《古事记》由序言和上、中、下三卷构成,是日本人自己撰写的关于古代日本历史、思想、宗教、文学、神话……的"经典中之经典"。《古事记》在序言中,以天武天皇语气强调编纂目的:"余闻诸家所传帝纪、本辞,有诡于事实者,或多加虚伪。若今不修其谬,唯恐数年之后,旨趣亡散佚矣。帝纪、本辞,乃我国组织之理,天皇政治之基,故欲撰帝纪、检旧辞,去伪、定真,使传后世。"是否真的为了达到"去伪、定真"的目的,使后世对日本的起源有正确的认识和理解,学界各有观点。现在的问题是,为什么要在序言中以天皇语气强调编纂目的? 笔者认为,这是律令制国家进一步强化皇权的需要。事实上,《古事记》之所以被视为"经典中之经典",其根本原因是使"皇国史观"文本化。

关于《古事记》是否达到"去伪、定真",存在两种截然不同的意见。江户时代,著名国学家本居宣长强调,《古事记》中所说的一切都是真实的,并予以详尽论证。本居宣长之所以如此强调,是因为当时日本存在通过考据"完全摆脱中国思想"的"古道学"思潮。御用文人需要通过强化"皇国"思想,实现所谓重建民族精神的目的,这种重建对日本走向军国主义,难辞其咎。另一方面,现代著名史学家津田左右吉认为,《古事记》的内容大多是虚构的。他在日本军国主义猖狂时期,以极大的勇气否定了本居宣长的观点,起到了解放思想的作用。

如前面所述,《日本书纪》是留传至今日本最早之正史,为"六国史"之首,记述了神代至持统天皇时代的历史。全书三十卷,系谱一卷。系谱一卷现已亡佚。《日本书纪》以编年体编纂,不仅采用汉字,而且采用曾流行中国的四六骈俪体表现文体之华美。尽管《日本书纪》的个别记述亦存在出于政治或其他目的的歪曲或杜撰,并亦有人对其中有些记述"证伪",但其史料价值毋庸置疑。本书撰写过程中就有多处参考并引述《日本书纪》。

虽然目前皇国史观的奠基之作《古事记》问世于712年,《日本书纪》

完成于720年,似已成为定论,但是我们应该了解,对这两本均完成于8世纪奈良时代的经典孰先孰后问世,日本学术界有"记前纪后说"和"记后纪前说"两种观点,目前认识仍未完全统一。关于《古事记》何时开始编纂,根据序文记载,系起意于天武天皇本人,由太安万侣编纂,稗田阿礼担任助手,"阿礼时年廿八"。经青木和夫考证,当为公元681年。何时完成,根据序言记载为"和铜五年(712年)正月二十八日"。以往对《古事记》成文年代颇有怀疑,但现在经过诸多考证,包括通过出土文物的印证,一般认为序言中的记载可以凭信,即成书于712年。《日本书纪》开始编纂的时间比较明确,即根据天武诏令,始于681年3月。何时完成在《续日本纪》养老四年(720年)癸酉五月条有记载:"一品舍人亲王奏敕,修日本纪,至是功成奏上,纪卅卷、系图一卷。"不过,不少学者认为,《日本书纪》原本的书名当为《日本纪》,称"书纪"不伦不类。理由如下:第一,中国谓之"书"即纪传体史书,谓之"纪"即编年体史书。《日本书纪》是编年体史书,理应称《日本纪》。第二,紧随其后的史书《续日本纪》,之"续",显然意味续写《日本纪》。第三,表明《日本书纪》完成年代的养老四年(720年)《续日本纪》癸酉五月条,亦称"修'日本纪'"而不称修"日本书纪"。这一说法似乎不无理由,但因目前尚无确切证据,且在留存至今的平安时代的写本的"内题"(写于卷首的书名)和"奥题"(写于卷尾的书名),均为《日本书纪》,故只能存疑。

"万叶时代"后期 《万叶集》在日本文化史上享有崇高的地位,以致人们将以《万叶集》为代表的时代称为"万叶的世纪"或"万叶的时代",即自大化改新至奈良中期(645—759年)。"万叶的时代"又以不同文化背景和都城分为白凤(藤原京)和天平(平城京)两个时期,前文已考察前一个时期的两个阶段,这里继续考察后一个时期的两个阶段。

第三阶段从迁都平城京起至天平五年(733年)。和铜三年(710年)迁都平城京后,都市的壮丽美景即刻在和歌中得到反映:"奈良京城,如同花开香满溢,而今正盛。"(《万叶集》卷三·328)。以来自大海彼岸的《王勃集》《文选》等中国诗文不断向日本各个层面渗透为背景,和歌的创作在奈良时代日趋兴旺。柿本人麻吕的赞歌传统为该时代个人所承袭,尤在"赤人派"歌手笠金村、车持千年、山部赤人的作品中印记明显。不过,和以往的赞歌相比,这一时期的赞歌以讴歌自然为特征,天武、持统朝那种赞颂天皇神圣权威的色彩已极为疏淡,显示出和以往赞歌迥然有异的质的变化。渗入私人恋情的千年之歌,即堪称体现此种质变的典范。如《万叶集》卷六(913)有此几句:"黎明雾起,夕暮蛙喧,衣纽未解,独宿孤单。"卷六(915)还有此几句:"千鸟鸣,吉野河水声;我思君,无时或停。"

顾名思义,"赤人派"以山部赤人为代表。他的短歌显示出一种力量,并且因受咏物诗的影响特别擅长于客观叙景,即景抒情,工整对仗,洗练而充满美感。如《万叶集》卷八(1431)他的作品:"百济野,胡枝子;旧枝上,待春黄莺,已然啼鸣。"与山部赤人相比,山上忆良的作品和大伴旅人的作品,又显示另一番景致。山上忆良无位无姓,但却曾被选为遣唐少录,足见其汉学造诣之深。相对于以歌遣闷、超凡脱俗的大伴旅人,山上忆良直面律令制矛盾日益深化的现实,积极探寻人生价值。山上忆良的这一特质集中体现于他的代表作《贫穷问答歌》,尽管他的这一特质后继乏人。大伴旅人的作品无论风格还是思想,均和山上忆良形成对蹠。被中央政界边缘化后赴任九州产生的乡恋,爱妻的病逝触动的忧伤情怀,充溢着他的作品,使他的作品具有催人泪下的震撼力量。

除了上述歌手,高桥虫麻吕的作品亦独树一帜。他的作品具有取材于地方传说并以长歌叙事的方式予以表现的特点,而在这一特点的背后,则是隐藏在作者内心深处的孤独和对古代的憧憬。

第四阶段的代表席,显然不能没有汤原王、大伴坂上郎女的位置。汤原王是天智天皇的后代,她的作品以纤细优美、观照自然见长。如《万叶集》卷八(1552)就是她的作品:"月明夜,心意正冷;庭院白露降,蟋蟀鸣。"大伴坂上郎女则是万叶和歌的"集大成"者即《万叶集》编者大伴家持的姑母,在《万叶集》的女性作者中,她留下的作品无有出其右者。大伴坂上郎女的作品以写景即物栩栩如生见长,从她的作品中,读者实不难领略这位为万叶后期的和歌增光添彩的才女独具的魅力:"一似青山白云绕,分明是,对我笑——莫使人知道。"(《万叶集》卷四·688)当然,论万叶末期的代表,更不可遗漏大伴家持。生活在一个天平文化已经非常成熟的年代、承袭其父亲大伴旅人以情入歌的传统、亲受姑母大伴坂上郎女的指点,大伴家持的条件可谓得天独厚,集众家之所长。同时,大伴家持又经历了罹病、弟卒、藤原仲麻吕势力的抬头和大伴族势力衰退等人生辛酸,丰富的履历和阅历使他不断进入和歌更深的境地,使他的作品在万叶和歌中大放异彩。作为《万叶集》20卷的编纂者,大伴家持更是造福后人,功悬天际。不能不提的是,大伴家持之所以能有此成就,同他周围女歌人对他精神和心境的启迪,显然不无关系。如留下"恋君苦难又难,奈良山上小松下,只自伫立叹"(《万叶集》卷四·593)这种脍炙人口佳作的笠女郎,便是其中代表。《万叶集》能够问世,她们可谓功不可没。柿本人麻吕在溺死的出云女子火葬吉野村时写的:"出云少女,莫非化为雾,竟在吉野山头,飘拂。"(《万叶集》卷十九·429)这首挽歌被誉为表现忧伤哀愁的绝唱。另外,诸多留下佳作的佚名歌人亦不应被忘却。不可否认,正是那些著名和佚名作者的佳作,荟萃成了《万叶集》这一不朽名著。

"南都六宗" 天平文化与此前的飞鸟文化、白凤文化一样,也具有浓郁的佛教文化色彩。但与以往不同的是,随着统一国家的形成及其基础的巩固,对佛教扮演"镇护国家"的角色的期待,愈益强烈。自以大官寺(大安寺)为代表的官方寺院建造以后,历代天皇均采取了保护佛教的方针。之所以如此,和前文提到的天花疫情有关。天花疫情发生后,日本朝廷推行了一些影响深远的改革措施,对日本政治、经济、文化产生了深远影响。政治方面,疫情成为权力中枢变革的主要动因。藤原氏四个儿子均死于疫情,对朝政的影响可想而知。经济方面,疫情的发生使日本朝廷深感粮食的重要,而拥有更多粮食最有效的办法就是开垦荒地。天平十五年(743年),日本朝廷颁布法令,宣布凡自行开垦的荒地,开垦者可三代不缴租税。这项法令调动了农民开垦荒地的积极性,使可耕地面积不断扩大。但是,在天平神户元年(765年)三月,称德天皇颁诏取消了原先的规定,称"天平十五年规定垦田属于私财,三代不缴租税。因此,天下人等竞相垦田。有权有势者驱使百姓垦田。贫穷百姓无法生存。今后,朝廷禁止私自垦田"。① 文化方面,释迦三尊像即建成于疫情发生后的天平九年(737年)三月。这是因为圣武天皇祈求超自然力量降服疫病。疫情缓解后,圣武天皇更笃信佛教,决意弘扬佛法。因此,日本当政者对佛教的政策从严格管控,转变为慷慨资助。和以往相比,作为天平文化重要象征的东大寺和国分寺的建造,更如实地反映了"国家佛教"的性格。同时,中央和地方贵族豪强也建造了诸多寺院。在所有官私寺院里进行的雕像、写经,呈现的建筑、绘画、工艺美术等,都显示了佛教的繁荣。尤其是唐招提寺金堂、东大寺法华堂的雕像,更是代表天平文化的遗产,而佛教

---

① 久米邦武:《早稻田大学日本史》第三卷《奈良时代》,米彦军译,华文出版社2020年版,第272页。

的礼仪、建筑,亦给予神社的神祇祭祀和神社建筑不可忽略的影响。

天平文化具有浓郁的"国际化"色彩。通过魏晋时代和初唐时代的中国以及朝鲜的传递,在飞鸟文化和白凤文化的佛教艺术中,已经具有了希腊、西亚文化的明显留痕。之后,由于中国盛唐时代是比前此历朝历代更热衷于汲取异国文化的时代,天平文化也因此更具有"国际化"的色彩,显示出印度、波斯、东南亚等各国家和地域文化的明显影响。搜集天平工艺美术之精华的东大寺正仓院宝物,就洋溢着西域文化的浓郁气息。

"贵族化"也是飞鸟、白凤、天平文化共通的特色。以国家统一为背景,天皇和构成大和政权的贵族豪强集中了诸多财富。以此隔绝于庶民的财富为基础,贵族积极汲取外来文化,创造出璀璨的"日本文化"结晶。7世纪末正值国家统一的完成期。以中国律令制为楷模、以巩固政权为目的的律令制度的形成,唐风殿堂和寺院在都城的建立,具有异国情调的工艺美术品的雕琢等文化"贵族化"的显现,均始于这一时期。只是和以往不同,就"贵族化"而言,飞鸟和白凤文化时代,均属于向真正显示"古代贵族文化"框架的天平文化的过渡时期。

虽然佛教早已传入日本并在奈良时代形成六宗,但很多人当时并不了解佛教真谛,不知释迦牟尼体悟的作为人生真理的"四谛",即苦谛(人生皆苦)、集谛(苦从何来)、灭谛(如何不苦)、道谛(如何解脱);不知道贪(贪婪)、嗔(易怒)、痴(迷惑于表象)是人的劣根性,要以戒(戒持心)、定(定力)、慧(智慧)克服劣根性,方能在天、人、阿修罗、恶鬼、畜生、地狱的六道轮回中达到好的境界。他们只是将佛作为外来的神即蕃神膜拜,求佛帮助人排忧解难,所以佛和神道并不矛盾。只是为了区别外来的神和本土的神的区别,他们为原先一直就有的万物有灵的信仰,取了个名字:神道。"神道"一词最早出现于《日本书纪》:"天皇信佛法,尊神道。"

从天平时代开始,日本佛教开始有明显个性,"个性的诞生"最鲜明的象征,就是产生了"南都六宗"。南都指建成于和铜三年(710年)的奈良。"南都六宗"也称"奈良六宗"。在日语中,"南都"和"710"谐音,是"挂词"即双关语。"六宗"是法相宗、俱舍宗、三论宗、成实宗、华严宗、律宗。不过,日本佛教十三宗——奈良系佛教的三宗法相宗、华严宗、律宗;平安系佛教的天台宗、真言宗,以及属于法华系的融通念佛宗;镰仓系佛教的净土宗、净土真宗、时宗、日莲宗,以及属于禅系的临济宗、曹洞宗;江户(近世)佛教的黄檗宗——没有俱舍宗、三论宗、成实宗。事实上,这三宗影响非常有限。

法相宗由道昭、玄昉将在唐朝所学传入日本,并分别在元兴寺、兴福寺弘法。不过,法相宗的法系后来传播于法隆寺。俱舍宗是法相宗的附属宗,严格地说并未在日本形成一宗。三论宗由师从唐僧吉藏的高丽僧慧灌传入日本。成实宗属于三论宗支脉,也难以被视为一宗。华严宗先由道璇传入,后由新罗僧审祥从唐僧法藏学华严后传入日本。律宗也由道璇初传日本,鉴真东渡后,律宗得以发扬光大,令日本律宗奉鉴真为始祖。因此,所谓"南都六宗",主要因为研究的佛法教义不同而区分,是僧侣们在大寺院内进行研究的书斋学问,没有日本自身的始祖,与现实生活中的信仰几乎无关,名称各异的宗并不是因信仰不同的宗门之别。有时不同宗的僧侣共同研习佛理,也有一个人同时信几个宗。当时主修三论兼习成实的集中于大安寺和元兴寺,主修法相兼修俱舍的集中于药师寺、法隆寺,主修华严的在东大寺,主修律的在东大寺、大安寺。所以,"南都七大寺"无异于"佛教大学"各校区。而僧侣受政府管辖,并受世俗法律约束,不能自由传经布道。

《怀风藻》是汉诗集,是深深嵌入日本文化的中国文化的里程碑。"怀风"意为"缅怀先哲遗风","藻"典出陆机《文赋》:"藻,水草之有文者,故以喻文焉"。《怀风藻》何人所编不详,有各种不同说法:"怀风撰述,未详其人,或有淡海三船,石上宅嗣,葛井广成之说。书成于皇纪一千四百一十一年,纳近江朝以至奈良朝间汉诗,起大友皇子以下,迄葛井广成以上六十四名之作,共一百二十首录之。"①《怀风藻》是最早的日本汉诗集。所收录的诗以五言八句为主,既有宴游即席之作,咏物述怀之作,也有借儒道老庄典故含蓄表达之作,文风浮华,讲求对仗,受中国诗集影响非常明显。《怀风藻》中有18位汉诗作者同时也是《万叶集》中和歌作者,这种一身二任是平安时代"唐风和风"并吹的展现。

值得关注的是,从《怀风藻》的序宣称当时"宪章法则,规模宏远,自复古以来,未之有也"开始,这本汉诗集的作品大都是侍宴应诏歌功颂德之作,将天皇比作唐尧、虞舜、殷汤、周文,阿谀奉承,肉麻吹捧。例如,纪麻吕的《春日应诏》写道"天德十尧舜,皇恩沾万民";比良夫的《春日侍宴应诏》写道"论道与唐齐,语德共虞邻"。总之,在奈良时代,随着律令制的建

---

① 小岛宪之校注:《怀风藻》,岩波书店1980年版,第1页。

立,百官肃然,趋奉朝纲,中央集权体制得到进一步完善。但是,在"帝德被千古,皇恩洽万民"的喧嚣声中,是"国库空虚,民不聊生"的经济和"人疑彼此,罪废者多"的政治。天平文化之瑰丽绚烂毋庸置疑。但是,在瑰丽绚烂的天平文化背后,也不乏黑暗。在光明与黑暗的交叠中,以延历十二年(793年)迁都平安京(京都)为标志,"大和丸"驶入了下一个港口——平安时代。

作者点评：

"汉字文化圈"由四大要素构成:汉字、儒教、佛教、律令制。本章强调"和同开珎和平城京是律令国家的象征",是试图以此显示,中国政治中心——皇城的建设,以及商品经济的"催化剂"货币,在政治、经济两个重要方面,对日本社会的发展产生了重要影响。也就是说,唐朝对奈良时代的日本的影响,是全方位的,并非仅仅是文化方面的四大要素。即,中国古代对日本的影响,涵盖了人类社会的三大领域:政治、经济、文化。

如本章所述,奈良时代同时也是日本货币经济真正开始形成的重要时期。位居日本"本朝十二钱"之首的"和同开珎",即在奈良朝铸就。或可以认为,当时铸就的不仅是钱币,更是战后奉行"贸易立国主义"的日本之商品货币经济的基础。奈良时代不仅是货币经济开始形成,也是日本开疆拓土、势力不断扩张的重要时期。从"乐浪海中有倭人,分为百余国"中的一国,到在其后一个个世纪中不断扩展领域,最终在"二战"试图建立几乎占半个地球的"大东亚共荣圈",日本自古就有对外扩张的"基因"。因为日本是个岛国,资源贫乏,土地特别是可耕地匮乏。生存的本能使日本自古"尚武"。

第四章 平安时代

第一节 光仁·桓武之治和《弘仁格式》

景云四年(770年)八月,53岁的称德天皇驾崩,接班人是天智天皇的孙子、施基皇子的儿子白壁王,号光仁天皇。光仁天皇(709—781年),年长称德天皇8岁,曾经当过中纳言、大纳言,成为第四十九代天皇时已经61岁。即位后因肥后国献上了一只白龟,以为祥瑞,于是在景云四年改元宝龟元年。十一月,光仁天皇赦免了因参与橘奈良麻吕之乱和藤原仲麻吕之乱而被流放的人员,并着手推行寺社、官制改革。第五十代天皇桓武天皇是光仁天皇的皇子,即位后平定叛乱,先后迁都长冈京和平安京。经过光仁、桓武两代天皇的整顿治理,中央集权制度日趋稳固,社会相对比较安定,史称"光仁·桓武之治"。桓武天皇的皇太子即位成为第五十一代天皇平城天皇,但因精神状况欠佳,没有什么作为,之后即位的桓武天皇二皇子第五十二代天皇嵯峨天皇敕令编纂了《弘仁格式》。《弘仁格式》和此前的《贞观格式》《延喜格式》并称"三代格式",在日本法制史上具有无可替代的位置。

迁都平安京 据《续日本纪》宝龟元年(770年)八月四日癸巳条记载,"高野天皇崩,群臣受遗,即日立讳为皇太子"。"高野天皇"即称德女皇,"群臣"即左大臣藤原永手等。"讳"是避免直呼尊者其名,即避免直呼"近江大津宫御宇天命开别天皇之孙、田原天皇第六之皇子"(天智天皇的皇孙)白壁王的名讳。也就是说,称德天皇"山陵崩"后,皇太子白壁王即位,号光仁天皇。称德天皇的驾崩,意味着天武系皇统转向了天智系皇统。称德天皇治下,"道镜擅权,轻兴力役,务缮伽蓝,公私凋丧,国用不足",律令国家的政

治和经济基础受到严重动摇。因此光仁天皇登基后即进行体制性改革,并推出一系列新政,其中主要有两个方面:

第一,对各官司及人员进行清理整肃。天平时代"繁荣兴旺"的造寺造佛事业,造就了诸多传世流芳的精品杰作,同时也创造了给一批贪官污吏恣意用权的"天赐良机"。尤其在称德女帝当政时几乎"政教不分"的年代,以权谋私的官员几乎充溢官场。"己身不正,焉以正人?"为官为吏,如要行政有方,首先必须清廉正直。光仁天皇深知这个道理,因此当政后首先整肃官场。

第二,减轻民众徭役负担。在整个奈良时代,兵役特别是九州的防人、向中央运送调庸的脚夫、每年根据国司命令从事的杂徭,以及迁都、建造离宫等,使民众不堪重负。有鉴于此,光仁当政后大幅减少非边境地区的兵员,同时主要从"殷富百姓"通晓武术者中征募兵士。

同时,光仁天皇在藤原氏的藤原百川等助力下,整肃皇室,先后废黜了圣武天皇的皇女即他的皇后井上内亲王,以及井上内亲王之子即皇太子他户亲王,于宝龟四年(773年)立曾历任大学头、中务卿的山部亲王为皇太子。山部亲王时年35岁,年富力强,能力出众。但山部亲王的母亲高野新笠是来自朝鲜半岛百济的"渡来人",因此反对声音不小。最终在以藤原百川为首的藤原势力的拥戴下,山部亲王成为储君。

"宝龟十一年(780年)三月丁亥,陆奥国上治郡大领外从五位下伊治公呰麻吕反,率徒众杀按察使参议从四位下纪朝臣广纯于伊治城。"官军迟迟未能平息。深感疲惫的光仁亲王于天应元年(781年)让位于44岁的皇太子山部亲王,希望他能解决内政外交难题。

山部亲王即位,号桓武天皇(737—806年),改元延历,立同母兄弟早良亲王为皇太子。孰料,第二年闰正月,因幡国(鸟取县)国守冰上川继谋反,掀起了一场波澜。冰上川继的曾祖父是天武天皇,祖父是新田部亲王,父亲是盐烧王,母亲是圣武天皇的皇女不破内亲王,皇统血脉一脉相承,本很有希望继承皇位,眼见希望落空,顿时心生怨恨。光仁天皇对犯上作乱,自然不予姑息,立即发出全国通缉令。不久,冰上川继在大和国葛上郡被抓获。对他的处置,《续日本纪》卷三十七桓武纪二有如下记载:"诏曰:'冰上川继潜谋逆乱,事既发觉,据法处断,罪合极刑。其母不破内亲王,反逆近亲,亦合重罪。但以谅闇之始,山陵未干,哀戚之情,未忍论刑。其川继者,宜免其刑,处之远流。不破内亲王,并川继姊妹者,移配淡路国(兵库县)。'"以白话文表述,即谋反重罪,依法本当处以极刑。冰上川继的母亲,也应处以重刑。但因她已开始为先帝服丧(谅闇之始,山陵未干),念及他们亲人亡故的悲情(哀戚之情),"未忍论刑"。对冰上川继也免其刑责,流放至偏远之地,不破内亲王和冰上川继的姊妹,则被发配至淡路岛。对冰上川继谋反事件的影响,东京大学教授保立道久有以下论述:"桓武即位后的第二年,圣武天皇之女不破内亲王及其子冰上川继因谋反之罪被处以流刑,而与这次谋反有关联的大批贵族也失去了地位。由此,在奈良时代的天皇家占据主流的天武天皇一系的子孙几乎根绝,而奈良时代的贵族对天武天皇王统抱有的'天皇即神'的宗教式崇敬,也随之土崩瓦解。"①确实,纵观日本古今,"皇历"始终从属"权力"。

延历三年(784年),因政情不稳,农业歉收,疫病流行,桓武天皇决定在山背国乙训郡(京都府长冈京市)建新的都城,任命藤原百川的侄子藤原种继为"造长冈宫使"。但是,翌年九月的一个夜晚,藤原种继在视察建设工地时,突然被暗箭射中身亡。天皇震怒,立即下令将嫌犯大伴继人、大伴竹良等数十人捕获。嫌犯对所犯罪行供认不讳,遂被悉数流放。皇太子早良亲王也因涉嫌参与而被废,先被软禁于乙训寺,后被流放至淡路岛,在流放的船上绝食而死。著名的万叶歌人大伴家持也涉嫌参与,不久去世,其官位也被剥夺。长冈京建设历经10年,动用民夫31.4万人,但未能最终建成。之后,安殿亲王被立为皇太子。随之,天皇身边的人——天皇的母亲高野新笠、皇后藤原乙牟漏即藤原良继的女儿、天皇的夫人即藤原百川的女儿藤原旅子,接连去世。为了驱邪避灾,延历十二年(793年),迁都之事被再次提起。最后根据民部卿和气清麻吕的建议,在山背国葛野郡宇太村建设新都"平安京"(京都),任命藤原小黑麻吕为"造宫大夫",负责建都。史书记载,桓武天皇于"(延历十二年)正月申午(十五日),遣大纳言藤原小黑麻吕、左大弁纪古佐簀等,相山背国葛野郡宇太村之地,为迁都也"。山背国即现在京都一带,因曾是圣德太子之子、山背大兄皇子的领地而得名。延历十三年(794年)十月,桓武天皇诏令迁都。同年十一月八日再次颁诏,"改山背国为山城国,又子来之民,讴歌之辈,异口同辞,号曰平安京"。日本自此进入了平安时代。尽管平安时代的历史自延历十三年(794年)迁都,至建久三年(1192年)镰仓幕府建立而终止。但是,直到明治元年(1868年)明治天皇睦仁迁都东京,平安京(京都)始终是日本的都城。

平安京地处京都盆地北端,居桂川(葛野川)和鸭川之间,南北5.3公

---

① 保立道久:《岩波日本史》第3卷《平安时代》,章剑译,新星出版社2020年版,第11页。

里，东西4.6公里，基本结构和平安京类似，即以朱雀大道为中心将整个京城分为左京和右京，两京各设东市和西市，另有为外国使臣而建的左、右鸿胪馆和官立东寺、西寺。条坊的分割以40丈见方的一町为一单位（条坊的1/16）；公卿的宅基地为一町，并基本集中在左京北部的一条至四条之间；庶民的宅基地为公卿宅基地的1/32。

迁都平安京，意义不同以往。首先，迁都长冈京后难波依然是陪都，而且说是迁都长冈京，但长冈京历时十年没有建成，所以实际只是"纸上的都城"，但迁都平安京情况完全不同。其次，在此之前飞鸟、藤原京、平城京等主都，均因受制于古道而北进；而难波京和长冈京等陪都则均沿着淀川水系而建。迁都平安京则未受古道、水系的限制，而是为了使京城免遭洪水灾害，将南流的鸭河移向东面，和京城西面的桂川形成两大运河。最后，由于历史上都城均在大和，所以畿内五国，大和始终列第一位。但是自迁都平安京后，从延历十五年（796年）开始，山城国开始名列第一。

平安京的北部中央有南北约1.4公里、东西约1.2公里的"大内里"。在大内里的南面，中间是朱雀门，从朱雀门至京城南端的罗城门，有宽约75米的朱雀大道。从朱雀门进入"大内里"再过应天门，就是朝堂院。朝堂院东侧是民部省、宫内省的官司，西侧是丰乐院，主要用于宴请蕃客，以及大尝祭时举行丰明节会。需要说明的是，包括大极殿、朝堂、朝集殿在内的"朝堂院"这一名称，于延历十一年（792年）始见于史籍。

京都御苑

京都御苑内景

第四章 平安时代

光仁・桓武之治 京城外观显示的威严和整齐仅仅是皇权的表象,迁都平安京后朝廷本质的改变更值得关注。在平安京,桓武天皇执政后通过对贵族豪强势力的抑制,在国家政治中占据了主导地位,使日本天皇制进入了一个新阶段,使皇权得以重建。因此,桓武天皇被称为日本古代史中最强悍的天皇。经过光仁、桓武两代天皇的整顿治理,中央集权制度日趋稳固,史称"光仁・桓武之治"。

皇权强化最明显的标志,一是延历四年(785年)桓武天皇在长冈京南面的郊野,举行了日本历史上首次郊祀。所谓郊祀,原是中国皇帝祭祀赋予其皇权正统性依据的"昊天上帝"的仪式。桓武此举,含义不言自明。二是以往天皇登基时有一个很重要的仪式,即由中臣氏吟诵"神寿辞",由忌部氏奉上玺、剑、镜"三件神器"。但是,桓武天皇登基以后,不再有这一仪式。与之构成表里的是,在大纳言以上的政府官员中,皇族明显占优,无一人出身藤原家族。但是另一方面,桓武天皇善待渡来系氏族的外戚,即和氏及百济王一族,并赐予侧近宠臣、贵族广大的田地原野,形成以天皇为中心的新的特权集团。

桓武天皇强化和巩固皇权最根本的措施,就是继续推进光仁天皇时期开始的改革。上台伊始,桓武天皇即精简官司机构;查处惩治腐败;派遣"问民苦使",严禁鱼肉百姓;积极开源节流,整肃违规乱纪,杜绝偷漏调庸。查阅史籍,桓武天皇严明政治的记载几乎比比皆是。如《续日本纪》记载:

> 敕曰:夫正税者,国家之资,水旱之备也。而比年,国司苟贪利润,费用者众,官物减耗,仓廪不实。职此之由,宜自今以后,严加禁止。其国司如有一人犯用,余官同坐,并解见任,永不叙用。赃物令共填纳,不在免死逢赦之限。递相检察,勿为违犯,其郡司和许,亦同国司。[①]

同时严词抨击官员在班田中的鱼肉百姓行径及不正当交易现象,责令纠正:

> 诸国司等,校收常荒不用之田,以班百姓口分,徒受其名,不堪输租。又王臣家、国郡司及殷富百姓等,或以下田相易上田,或以便相换不便,如此之类,触处而在。于是仰下所司,却据天平十四年胜宝

[①] 藤原继绳等编纂:《续日本纪》延历四年(785年)七月丁巳(二十四日)条,岩波书店1980年版。本书《续日本纪》引文均出自该版本。

七岁等图籍,咸皆改正,为来年班田也。①

延历十六年(797年)八月三日,太政官秉承旨意,下令禁止偷漏缴纳调庸,违者严惩:

> 浮宕之徒集于诸庄,假势其主,全免调庸,郡国宽纵曾无催征,黎元积习常有规避。宜令国宰郡司堪计见口,每年附账、全征调庸,其庄长等听国检校。若有庄长拒捍,及偷漏一口者,禁身言上,科违敕罪。国郡阿容亦与同罪者。②

同时,因佛教势力之强盛甚至有凌驾朝廷之上的可能,桓武天皇遂果断采取抑制佛教继续发展的政策,限制修建新的寺院,限制捐助或出卖土地给佛教寺院。

在巩固中央皇权的同时,律令制向西南和东北两端边远地区渗透。

在日本列岛西南方的萨摩(鹿儿岛)、大隅(鹿儿岛)两国,有以从肥后(熊本)、丰前(福冈)等国迁入当地的居民即隼人的"栅户"为主组建的郡。这些郡是律令国家支配隼人的"前哨阵地",在奈良朝及以前,当地居民似仍未完全进入律令制体系。天平元年(729年)实行大规模班田时,萨摩、大隅两国未施行班田收授。换言之,即"隼人"尚未被课以"调庸"义务,还不是严格意义上的朝廷臣民。但是延历十九年(800年),萨摩、大隅两国的既垦田被收归公有,然后作为口分田班给,即也必须承担调庸义务。恰好在大宝律令施行百年之际,隼人亦享有了班田收授和课役制规定的权利和义务,正式成为平安朝的臣民。

在东北地区,律令制波及的区域和程度更为广泛。在当地虾夷人居住的地域内建有"城栅","城栅"内居住着由本州迁入的移民"栅户"组成的"郡"。在城栅里常举行"飨给"以促成虾夷归顺,而归顺的虾夷、俘囚(个别服属的虾夷)要承担"调"和"役"。虽然栅户的民众亦适用作为律令制重要内容的班田制和课役制,但在虾夷人中间仅施行供纳制。虽当地建有以栅户(移民)为主体的"边郡"(近夷郡)和以虾夷为主体的"虾夷郡",但是除此之外还有广大的未服属朝廷的虾夷人地域。奈良时代大和朝廷的权力范围,已达到陆奥的栗原郡(宫城县栗原市),但是在8世纪后半叶,朝廷在当地强制推行律令制曾遭到反抗,引发双方长达38年抗争

---

① 藤原继绳等编纂:《续日本纪》延历十年(791年)五月戊子(二十九日)条,岩波书店1980年版。
② 《类聚三代格》卷8,八木书店2005年版。作者不详。本书《类聚三代格》引文均出自该版本。

的所谓"三十八年战争"。光仁天皇治下,当地曾发生大规模暴乱且迟迟未能平息。为了在当地实施有效统治,桓武天皇于延历八年(789年)、延历十三年(794年)、延历二十年(801年)三次派遣征东军平乱,最终取得成功,并在当地建起了城。之后,又从那里向北推进了近80公里。延历二十二年(803年),桓武天皇诏令田村麻吕在胆泽城北方构筑志波城(岩手县盛冈市),翌年任命田村麻吕为征夷大将军,再次准备大张挞伐并进行了积极准备。延历二十四年(805年),桓武天皇令藤原绪嗣(功臣藤原百川的长子)和菅原道真(官史"六国史"之一《续日本纪》的编者)议论"天下之德政"。年轻的藤原绪嗣表示:"方今天下所苦,唯军事征讨和宫殿建造。若能终止,则百姓当能休养生息。"长老菅原道真则表示反对,主张继续推进虾夷征讨和新都营造两大政策。最终桓武天皇采纳了藤原绪嗣的谏言,决定不在平安宫继续大兴土木,废除造宫职,将其并入木工寮。同时停止了计划中的第四次大规模征夷。结果,陆奥六郡和山北三郡被纳入律令制体系。尽管这些地区仍是东北人的自治区——俘囚地区,而且当时自东北最北部,即现在的岩手县、秋田县的北部,至下北、津轻,国郡制度未能得以推行,但是这项举措无疑意味着日本作为律令国家的政策性转变,即从试图建立以支配"蕃夷"的帝国为目标,向弱化"夷"与"民"的差异的方向转变,意义非常重大。因为形成统一"国民"是建立律令制的前提条件。在十一二世纪,上述地区成为"日本国领土",国郡制在当地得以推广。但如大石直正在《东国、东北的自立和"日本国"》中所言,那绝不是由于"日本国"自身的力量,而是由于安倍氏、藤原氏等当地具有很强自立性的政治势力开始形成。总之,迁都和"征夷"是桓武天皇的两大功绩。

12世纪,在国郡制度终于广及整个本州、四国、九州时,尽管北海道、渡岛已有许多被称为"和人"的日本人定居,但这些地区仍不属于"日本"领土。17世纪初,松前殿对偷偷潜入北海道要求传教的基督教传教士安杰利斯表示了如下态度:"日本"是禁止传教的,但"此地非日本",传教亦无妨。①也就是说,迟至17世纪,国郡制仍未在北海道南部推行。松前氏虽受幕府支配,但不享有"石高制",即身份和其他幕府下属地区的行政长

---

① 圣心天主教文化研究所编:《北方探险记——元和年间外国人的虾夷报告书》,吉川弘文馆1962年版,第153页。

官,仍有区别。①北海道成为"日本领土"还有待时日,跻身原先的"七道"成为"八道"中之一道,则是在进入明治时代后的明治二年(1869年)。当然,这是后话。

"三代格式"的完成　延历二十四年(805年),平安京完全建成。翌年三月,70岁的桓武天皇在请藤原绪嗣和菅原道真论述"天下之德政"后驾崩。皇太子安殿亲王即位,号平城天皇(774—824年),改元大同,日本自此开始了平城天皇当政的时代。安殿亲王的胞弟神野亲王被立为皇太子(以后的嵯峨天皇)。

平城天皇患有焦虑症,这一病症难以断根。据史料记载,在父皇驾崩后,他号啕痛哭,几近失神。具有焦虑性格的平城天皇登基后,立即展开具有理想主义色彩的急进的改革。其中特别值得一提的有两项:

第一,仿效中国唐朝乾元元年(758年)往各地派驻"观察处置使"的做法,将作为太政官之议政官的"参议",作为"观察使"派往各道:"(大同元年)五月丁亥(二十四日),始置六道观察使。"②所谓六道,即东海、东山、北陆、山阴、山阳、南海,不包括西海道。之后扩大至整个畿内七道。大同二年(807年)四月,八名参议均成为观察使,参议之号被废止。观察使以桓武天皇当政时的延历五年(786年)制定的"十六条条例",考察国司郡司政绩。和以往作为地方政治监察官的巡察使、按察使相比,观察使不仅恒定,而且作为朝廷耳目,和天皇具有直接和紧密的联系,是强化中央集权体制的重要一环。值得注意的是,正是以观察使的报告为基础,平城天皇推出了一系列地方行政改革。

第二,大规模裁撤合并中央官司机构,裁减冗员。在光仁朝、桓武朝改革中,员外官、令外官被裁撤。而平城朝的改革不仅裁减冗员,而且在大同三年(808年)正月,将令内31个司中的兵马、锻冶、漆部、缝部、内礼、丧仪、隼人等13个司并入其他官司。与之相应,一些下级官员的待遇得以改善。

然而,正推行急进改革的平城天皇,因朝廷发生的一大事变而旧病复

---

① "石"为计量单位,一日本石相当于1.8中国石;"高",为数量。"石高制"是不按面积而按法定标准收获量来表示(或逆算)封地或份地面积的制度。对大名和武士而言,"石高"是授受封地(或禄米)以及承担军役的基准。

② 藤原冬嗣等:《日本后纪》卷十四同日条,吉川弘文馆2000年版。本书《日本后纪》引文均出自该版本。

发,并使政权顿生变故——其异母兄弟伊予亲王及其母藤原吉子涉嫌谋反并被幽禁,嗣后两人均服毒自杀。据《日本纪略》前篇十三记载:"(大同四年)四月丙子朔,天皇自去春寝膳不安,遂禅位于皇太弟(嵯峨)。"退位的平城天皇成了平城上皇,并因在平安京难以静养而迁居平城旧京。同时,在平城上皇的侧近藤原药子及其兄藤原仲成的策划下,部分公卿和太政官外记局亦迁移平城宫。由于按照律令,让位后的上皇和天皇享有同样权力。因而产生了"两个朝廷",彼此对立。特别在弘仁元年(810年)嵯峨天皇患病期间,平城上皇俨然成为朝政中心,双方矛盾日趋尖锐。为此,嵯峨天皇一方面严防机密向上皇方面泄露,另一方面任命藤原冬嗣为"藏人头",使之成为自己和太政官之间的通信管道。而上皇则在是年六月颁发诏令,撤销观察使,恢复参议号,上皇和天皇各颁诏令,引起朝政一片混乱。

大同五年(810年,也是弘仁元年)九月,上皇诏令迁都平城京,并派藤原仲成前往嵯峨天皇处传达诏令。嵯峨天皇不仅以"先帝(桓武)赐定平安京为万代之宫"为由予以拒绝,而且为了断上皇"右臂",趁机将藤原仲成拘禁并射杀。上皇闻讯举兵问罪,却遭到嵯峨天皇的军队阻截。无奈返回平成宫的上皇随后剃度出家,药子自杀。这一血腥一幕史称"平城上皇之变",又称"藤原药子之乱"。其结局有史为证:"(弘仁元年)九月己酉(十二日),太上天皇至大和国添上郡越田村,即闻甲兵遮前,不知所行。(太上)天皇遂知势蹙,乃旋宫,剃发入道,藤原朝臣药子自杀。"①8世纪在奈良朝曾反复上演的同室操戈血亲仇杀在平安朝再现。所幸的是,在藤原仲成被射至"保元之乱"约350年时间里,都城未见执行死刑。"在这一宽松的时代形成的国制,成为以后日本国制之基础。"②

弘仁元年(810年),嵯峨天皇还进行了两项加强皇权的机构改革。一是专门设立"藏人所"。藏人所属于"令外官"即律令制官制之外的官署,负责掌管天皇机密文书、宫中仪式等各项事务,传达旨令。这些原属于中务省掌管。二是撤销原属于后宫十二司之一的闱司,代之以隶属中务省的内舍人,定员90人。闱司的职责只是管理宫城各城门的钥匙,而

---

① 《日本纪略》前篇十四,吉川弘文馆2000年版。作者不详。以下同。
② 吉田孝、大隅清阳、佐佐木惠介:《9至10世纪的日本——平安京》,载朝尾直宏等编《岩波讲座·日本通史》第5卷(古代4),岩波书店1994年版,第18页。

内舍人则还负责宫中的警卫和天皇出行的护卫。

在奠定"以后日本的国制"之基础方面,嵯峨天皇显然功不可没。弘仁十一年(820年),嵯峨天皇根据桓武天皇遗愿,诏令编纂《弘仁格式》并最终完成。所谓"格式","格"是根据现时需要而颁发的补充法令,"式"是"格"的实施细则。随时间推移,"格式"不断增多,为了检索方便,需要将其归纳整理。这对于建设律令制国家有着非常重要的意义。《弘仁格式》系统整理了自大宝元年(701年),即《大宝律令》颁布之年至弘仁十年(819年)的法令,并将其归入格10卷、式40卷。该法典仿效中国的"格、式"按官司分类。另外,弘仁十二年(821年)又编定了有关宫廷礼仪的《内里式》3卷。同时,嵯峨天皇对官司机构也做了充实、调整。特别新设了"藏人所"作为传达诏令敕命以及监控律令制诸官司的机构。此后,在9世纪至10世纪初,清和天皇时期的《贞观格式》和醍醐天皇的《延喜格式》为《弘仁格式》编撰了序篇,形成了著名的"三代格式"。三代格式对了解当时的法律、政治制度和社会治理,是非常珍贵的资料。

"三代格式"之形成

格式名	卷数	主编纂者	编成时间	在位天皇
弘仁格	10	藤原冬嗣	820	嵯峨天皇
弘仁式	40	藤原冬嗣	820	嵯峨天皇
贞观格	12	藤原氏宗	869	清和天皇
贞观式	20	藤原氏宗	871	清和天皇
延喜格	12	藤原时平	907	醍醐天皇
延喜式	50	藤原时平	927	醍醐天皇

嵯峨天皇在朝廷礼仪乃至服饰冠冕方面,刻意学习唐朝,将朝仪、官服和颁发给诸大臣的位章,均改为"唐式"。并将宫殿各个门的名称也改为仿唐雅名并挂上匾额。不难发现,奈良时代是举国学习中国唐朝的时代,而进入平安时代以后,这种风潮依然得以延续。

弘仁十四年(823年),具有雄才伟略且年仅38岁的嵯峨天皇在执政14年后表示,"万机之务,传贤嗣,八柄之权,不再问",将皇位禅让于和他同龄的异母兄弟、皇太子大伴亲王。大伴亲王登基后号淳和天皇(786—840年)。但是,与平城上皇截然不同,嵯峨天皇退位后不仅主动入"人臣之列",从"内里"迁往"后院"居住,而且不直接干预朝政。尽管如此,淳和天皇仍宣诏奉号嵯峨为"太上天皇"。之后,新天皇奉号让位的天皇为"太上天皇"成为一项制度。太上天皇从此不再拥有和天皇同等的权力,尽管历史悠久的皇权统治方式,不会就此彻底退出历史舞台。淳和天皇即位后,于天长十年(833年)诏令编纂了《令义解》。所以要编《令义解》是因为有些"令"较为原则,执行时容易因人而异的理解而发生偏差,需要有官撰的解释。《令义解》就是对"令"的"含义"的"解释",类似于今天权威的法律实施细则。凡此说明,至平安时代,律令制已完全成熟。

同"皇权归一"相关,平安以后女皇即位不再。至8世纪,同天皇生前禅让的制度性存在互为表里,皇位争夺经常围绕立、废太子展开。在两代天皇交替之际如果出现政治乱局,一般推拥过渡性女皇,如推古、皇极、持统、元明女皇,均属这种性质。但是自此之后,除了江户时代的两个例外,女皇不复存在。

除了一时性迁都福原之外,平安京自此成为首都,历时一千一百多年,直至明治维新迁都江户。究其原因,平城上皇颁布迁都平城京的诏令后,嵯峨天皇强调"先帝(桓武)赐定平安京为万代之宫",是重要因素。

继淳和天皇之后,天长十年(833年),嵯峨天皇之子仁明天皇即位。在嵯峨、淳和、仁明三代天皇治世的约半个世纪,即弘仁(811—822年)、天长(823—833年)、承和年代(834—847年),以中央集权为背景,政治比较安定。但是,"承和之变"发生后,随着王权的弱化和外戚专权、豪强贵族势力抬头,政治局势发生了显著变化。

第二节 "摄关政治"的形成和演变

"摄关"是"摄政"和"关白"的略称。按《神皇正统记》诠释,"所谓摄政,始于唐土。唐尧之时,启用虞舜代行政务,谓之'摄政'"。按山川出版社出版的《日本史广辞典》的释义:"摄政"是指奉敕命替天皇代行国政,或代行国政者。"关白",天皇成年后,摄政一般被任命为"关白"。"关白"本义是"陈述、禀告",出自《汉书·霍光金日䃅传》"诸事皆先关白光,然后奏天子"。日本仿效中国,也有"关白",是"辅佐天皇统理大政的职掌、地位"。职掌的核心是"内览",即"政务公文在奏上、宣下之前首先经关白审阅"。关白还代拟诏书、代批论奏,参与叙位(赐予冠位)和为官吏任命提出建议,权力极大。日本摄关政治始于平安时代,藤原良房是首位摄政。之后,藤原氏作为天皇外戚,在天皇幼时为摄政、成人后任关白成为通例。

"弱帝和幼帝接连登基"　日本在平安时代出现摄关政治,有几方面原因:第一,"安史之乱"后唐朝日趋衰亡,最终裂变为五代十国,东亚国际局势因此发生显著变化。"以强者为师"的日本仿效中国建立的律令制,日渐变异。第二,"9世纪,王权确立了同其他贵族和王族隔绝的绝对权力。但另一方面也形成了王权固有的特征,即弱帝和幼帝接连登基"。①第三,外戚藤原氏日益强大并牢牢占据权力中枢,成为摄关政治的主角。

弘仁十四年(823年),桓武天皇的二皇子嵯峨天皇让位于他的弟弟、桓武天皇的三皇子淳和天皇。淳和天皇在位十年后,于天长十年(833年)又将皇位让给了嵯峨上皇的皇子即他的侄子正良亲王。正良亲王即位后号仁明天皇(810—850年),并"投桃报李",立淳和天皇的皇子恒贞亲王为皇太子。承和七年(840年)五月,淳和上皇沉疴日重,遂落发出家并留下遗诏,后事从简,火化后撒骨灰于青山。同年五月八日,淳和上皇驾崩,享年55岁,火化于山城国乙训郡物集村。《续日本后纪》对此有明确记载:"御骨碎,奉散大原野西山岭土。"翌年,嵯峨先上皇也重病不起。承和九年(842年),嵯峨先上皇留下遗诏,同样要求后事从简。《续日本后纪》同年七月条记载甚详,其中有:"夫存亡天地之定数,物化之自然也。凡人所爱者,生也;所伤者,死也。虽爱,不得延期。虽伤,谁能遂免。人之死也,精亡形消,魂无不之。故气属于天,体归于地。今生不能有尧舜之德,死而何用重国家之费。丰财厚葬者,古贤之所讳。汉魏二文,是吾之师也。"当年七月十五日,嵯峨先上皇驾崩,享年57岁,翌日葬于嵯峨院北山。仁明天皇根据先上皇下葬地,尊其谥号"嵯峨天皇"。

由于此前藤原良房深获嵯峨先上皇赏识,权力日渐扩大。藤原良房的妹妹藤原顺子是仁明天皇的中宫,并且生下了皇子道康亲王。藤原良房一心想让道康亲王成为皇太子。恒贞亲王生性平和,不愿卷入权斗旋涡,多次向父亲淳和上皇提出离开东宫即辞去太子之位的意向,但均被嵯峨先上皇拒绝。淳和上皇、嵯峨先上皇驾崩后,引起权力结构重大变动的"承和之变"随之发生。事变大致经纬是,侍奉皇太子的春宫坊带刀舍人伴健岑和但马权守橘逸势,欲拥立恒贞亲王篡位夺权。他们将此计划告

---

① 朝尾直宏等编:《要说日本史》,东京创文社2000年版,第85页。

诉了平城天皇的皇子阿保亲王。阿保亲王对这一谋反计划感到震惊,即刻将此事告知橘逸势的堂姐、嵯峨天皇的皇后橘嘉智子。皇后立即将此情况密呈仁明天皇。仁明天皇得到消息后,立即颁布平叛敕令。《续日本后纪》对此有如下记载:

> 是日,春宫坊带刀伴健岑、但马权守从五位下橘朝臣逸势谋反。事发觉,令六卫府固守官门并内里,遣右近卫少将藤原朝臣富士麿、右马助佐伯宿祢宫成率勇敢近卫等,各围健岑逸势私庐,捕获其身令杻禁。①

之后,仁明天皇对他们做出如下处置:"罪人橘逸势,除本姓,赐非人姓,流于伊豆国。伴健岑流于隐岐国。"②仁明天皇的女御(嫔妃)藤原顺子的兄长、中纳言藤原良房升任大纳言。"承和九年(842年)七月丙辰,二十四日,废皇太子(恒贞亲王)。"翌年八月,道康亲王被立为皇太子。不过,所谓"谋反",似有冤枉,因此他们获罪后"掠拷不服"。实际上,所谓"谋反"很可能是藤原良房等为了将道康亲王(文德天皇)立为皇太子而策划的阴谋。只因恒贞亲王聪敏沉稳,按《续日本纪》中的评论:"于时皇太子(恒贞亲王)春秋九龄矣,而其容仪礼数,如老成人。"有如此皇太子,"废旧立新",谈何容易?于是藤原良房等便让皇太子莫名卷入谋反事件。"谋反"属大逆之罪,即便查无实据,但也事出有因,自然不适宜继续当皇太子。

嘉祥三年(850年)二月五日,"御(仁明天皇)病殊剧,召皇太子及诸大臣于床下,令受遗志"。《续日本后纪》这条记载,说明仁明天皇已后日无多。三月二十一日,仁明天皇驾崩,享年41岁。根据遗诏,葬于深草皇陵,丧事从简,鼓吹、方相等仪式也被取消。皇子常康亲王、宠臣良岑宗贞(以后成为僧正遍照)均剃度遁入空门。仁明天皇的女御(嫔妃),"风姿瑰丽,言必典礼,宫掖之内,仰其德行"的藤原贞子,落饰出家。同年五月四日,嵯峨太皇太后——橘家唯一被立为皇后的橘嘉智子大行。日本"六国史"之一的《日本文德天皇实录》对她的美貌淑德,多有赞誉。称其"为人宽和,风容绝异"。因其"笃信佛理,建一仁祠,名檀林寺"。所以,嵯峨皇后世称"檀林皇后"。

---

① 《日本纪略》前篇十五承和九年(842年)七月己酉条。
② 《续日本后纪》卷十二承和九年(842年)七月庚申条。

嘉祥三年(850年)四月十七日,文德天皇(827—858年)在大极殿登基,时左大臣为嵯峨天皇的八皇子源常,右大臣为天皇的舅父藤原良房。一个月前,藤原良房的女儿明子已生下惟仁亲王(以后的清和天皇)。文德天皇登基后,同年十一月,未满周岁的惟仁亲王即被立为皇太子。天安元年(857年)二月十九日,文德天皇将右大臣藤原良房越级直接晋升为太政大臣。太政大臣此前均由皇族成员担任,以人臣出身晋升太政大臣,藤原良房是日本历史上第一人。源常去世后产生的左大臣"空位",由大纳言源信递补。

天安二年(858年),文德天皇因病32岁崩,葬山城国葛野郡田邑乡真原冈。当年十一月七日,惟仁亲王以9岁之龄践祚,号清和天皇(850—880年),开启了平安时代摄关政治的先河。按《职原抄》记载:"清和天皇幼而即位,外祖忠仁公(藤原良房)奉文德天皇遗诏而为摄政,是本朝以人臣为摄政之初也。"

"摄关政治"正式登场 日本贞观八年(866年)闰三月十日,位于内里朝堂院南部的应天门发生火灾,大纳言伴善男告纵火者为左大臣源信,为太政大臣藤原良房否定。八月三日,纵火者被捕获,供出首谋者为伴善男及其子中庸。尽管两人拒不认罪,但仍被流放远乡。以"应天门之变"为契机,当年八月十九日清和天皇颁诏:"敕太政大臣摄行天下之政。"①自此"摄关政治"开始正式推行。

藤原良房能够在朝中独揽大权,巧妙利用嵯峨先上皇治下的王室芽檗初生的矛盾,是他一大手段。在"承和之变"以前,王室表面安稳,实质上各种对立、矛盾已经产生。仅仅由于威严的父家长嵯峨先上皇的存在,这些对立和矛盾才没有爆发。但是,嵯峨先上皇大行后,权力产生"真空"。为弥补这种真空,政治格局必然发生变化。"承和之变"后,这种变化首先发生于朝廷努力在权力掌握上构建"均势"以相互制约。承和十一年(844年),嵯峨源氏的源常晋升为左大臣。源常逝后,源信于天安元年(857年)晋升为左大臣。源常、源信与藤原良房、藤原良相在太政官厅内"并驾齐驱"。没有了强权专断的均势,本应成为维护政治安定的法宝。但是,终究"一山难容二虎",更无奈源氏家族虽为皇亲,但是缺乏政治方

---

① 黑板胜美主编:《新订增补国史大系》第4卷。《日本三代实录》卷十三贞观八年(866年)八月十九日辛卯条,吉川弘文馆2007年版。以下同。

第四章 ● 平安时代

面的远见卓识和掌管政务的经验、能力,因此他们占据要职,必然导致官僚机构因贵族化而徒具形骸,而官僚机构向贵族化方向迁移,必然为外戚藤原家族逐渐问鼎政权中枢并建立霸权鸣锣开道。权力制衡的构想,几乎成为"多米诺骨牌"。与中央太政官厅要部的贵族化倾向相应,地方脱离中央统治的倾向亦日趋明显。这种倾向在10世纪迈出了使律令制全面变质的关键一步。

"承和之变"后,自仁明天皇当政末年至文德天皇当政期间,风灾水害、饥馑流行、疫病频发、盗贼猖獗,更是为律令制支配全面溃退之势推波助澜。例如,以疫病流行为背景,贞观五年(863年)朝廷在神泉苑举行了御灵会,祭祀"六所灵"。①这一祭祀反映了当时人们的怨灵神信仰。当年也是藤原良房岁满甲子。《日本三代实录》对此有以下记载:"贞观五年(863年)十月二十一日,庚辰。(清和)天皇赐宴太政大臣(藤原良房)于内殿,以贺满六十之龄。"由此可见,藤原良房所受之优渥。这是其在朝廷中地位的显示。

清和天皇在位期间希冀节俭政费,休养民力。由于政治宽松,吏治不严,百姓不仅纳贡懈怠,甚或调庸也疏懒。按《日本三代实录》中的记载,"诸国贡绢布等,总是粗恶,专无精丽。或如绢非绢,尤同蜘蛛之秋网。或如布非布,不异连锁之疏文。加以尺寸多缺,短狭无数,徒有输贡之劳,还阙支给之备"。成此状况,官吏固然有责,但"法不责众",世风不淳也是原因。清和天皇时期禁止饮酒行乐并曾几次下诏。朝廷还要求佛寺僧侣在修灌顶日和贡舍利会时恪尽职守,同时"禁止寺里养马""禁止山僧着美服"。但是,后世佛家子弟堕落,当时已经滥觞。

藤原良房为了保持与皇室的联姻,将其养子藤原基经的妹妹、比清和天皇大八岁的藤原高子嫁给清和天皇,生下了贞明亲王。贞观十一年(869年),仅出生3个月的贞明亲王被立为皇太子。贞观十四年(872年),69岁的太政大臣藤原良房谢世。贞观十八年(876年),清和天皇将皇位让与年幼的贞明亲王。翌年,贞明亲王登基,号阳成天皇(868—949年),并改元元庆。清和上皇让位后倾心佛教,元庆三年(879年)落饰入道并遍历各地削身苦行,所惜翌年即英年晏驾,年仅31岁。

---

① 据《日本三代实录》贞观五年(863年)五月二十六日条。所谓"六所灵"即崇道天皇(早良亲王)、伊予亲王、伊予亲王的母亲藤原夫人、藤原仲成、橘逸势、文室宫田麻吕。

年仅九龄登基的阳成天皇和清和天皇一样,也是名实相符的"儿皇帝"。元庆元年(877年)正月,藤原基经上表想辞去兼任的左近卫大将之职。幼帝阳成不知是否应该批准,让大纳言南渊年名去征询清和上皇意见,清和上皇表示:"右大臣担当国家重任,摄行万机,不可烦之以一职,准其所请。但君子武备,腰底忽空,特赐带剑,严其仪容。"①清和上皇随即交给南渊年名一柄金银装饰的宝剑,让他带回复命。阳成天皇收到宝剑后,当天就赐给了藤原基经,特许他带剑上朝。

元庆四年(880年)十二月四日,清和上皇驾崩。当天,藤原基经官拜太政大臣。实际上,藤原基经是受清和上皇赏识才受重用,阳成天皇并不喜欢他。藤原基经对此心知肚明,因此"太政大臣(藤原经基)拜职之后,四上让表"。②也就是说,他曾四次请辞,但未获批准。

阳成天皇喜欢养马,在宫中养了三十匹马,号称"中厩院",并常在宫中骑马。他还有两个善于御马和马术的小伙伴,一个叫小野清如,一个叫纪正直。俩人得蒙圣恩,为所欲为,频惹众怒。阳成天皇还殴打乳母,虐待和杀戮小动物,实在不成体统。元庆七年(883年),藤原基经认为阳成天皇举动"出格",迫其称病让位成为上皇。臣下废黜君主,在日本前所未有,这是首例。阳成天皇之所以如此全无圣上威严,他的生母、皇太后藤原高子(二条皇后)的宠溺,难辞其咎。藤原高子在入宫前和前述阿保亲王的儿子在原业平有过恋情。入宫后仍暗通款曲,成为当时流传的一则丑闻。宽平八年(896年),藤原高子与东光寺座主善祐私通,事情败露后被废。《日本纪略》对此有如下记载:"皇太后藤原高子,与东光寺善祐法师窃交通云云。仍废御位。至善祐法师者,配流于伊豆国讲师。"阳成天皇退位后,于天历三年(949年)九月出家,当年驾崩,葬于山城国神乐冈东陵。

藤原基经因此权势更甚,摄政的藤原氏也自此进入全盛时期。

翌年二月,藤原基经拥立仁明天皇三皇子,当时已55岁的时康亲王登基,号光孝天皇(830—887年)。藤原基经因拥立之功,极受光孝天皇恩宠,程度历朝历代鲜有。光孝天皇曾经表示:"我曾久居藩府,因太政大臣(藤原基经)扶持,有幸得登皇极。枯木再荣,是谁之德?""元庆八年

---

① 所谓"腰底忽空"是因为辞去左近卫大将后,按规定不能佩剑。
② 《日本三代实录》元庆五年(881年)二月二十一日条。

(884年)六月四日,光孝天皇下诏,藤原基经自今日起坐太政官厅,领行万政。入则辅佐朕躬,出则总领百官。臣下应奏之事,君王应下之令,必先咨禀。朕将垂拱而治。"但是,藤原基经为避免自己专权遭到非议,也屡次请辞。光孝天皇的态度是:"一日不见如三秋,故望其日日入朝。一事不询如蒙面,故命其事事咨问。"所以,屡辞不获。

光孝天皇在位仅4年。仁和三年(887年)八月,光孝天皇突然病倒。根据藤原基经等请求,让已降为臣籍的光孝天皇三皇子源定省复归为亲王,于八月二十六日立为皇太子。当天,光孝天皇在仁寿殿登遐,享年58岁。

醍醐新政 仁和三年(887年)十一月十七日,皇太子在大极殿登基,号宇多天皇(867—931年)。十一月二十一日,宇多天皇颁诏:"万机巨细,百官总己,皆关白于太政大臣,然后奏下。"①宇多天皇颁布此诏,主要为藤原基经执政提供"合法依据"。因为藤原良房是外戚,而藤原基经没有这种身份,参与政务缺乏身份地位保障。或许以"尾大不掉""养虎成患"来形容清和天皇、宇多天皇等的诏令所产生的结果非常恰当。因为他们既开了使藤原良房代替天皇总揽政务之例,又创了藤原基经能废立天皇之先。尽管当时仍是通过诏敕强化太政大臣藤原氏的权力,但作为摄政的"关白"既不是职位,也不是官位,和10世纪以后的摄关政治尚有区别,因此被称为"前期摄(政)关(白)政治"。但毋庸置疑,这一时期奠定了"摄关政治"的基础。

宽平三年(891年),55岁但历清和、阳成、光孝、宇多四代天皇的四朝元老藤原基经去世。左大臣源融、右大臣藤原良世垂垂老矣,处理国政力不从心。源氏的大纳言源能有,成了太政官事实上的首班。同时,宇多天皇起用了颇有政绩的藤原保则和菅原道真等人才,特别是充实藏人所,任命菅原道真为藏人头;整顿朝纲,杜绝京官谋私;严格庸调,抑制地方官吏擅权中饱私囊;建立检非违使制度稳定社会治安;努力重建天皇"亲政"的政治体制且成效显著。

宽平五年(893年),宇多天皇立他和藤原高藤的女儿藤原胤子所生的皇子敦仁亲王为皇太子。宽平九年(897年),即在宇多天皇年富力强

---

① 《类聚三代格》卷十七,八本书店2005年版,元庆八年(884年)四月十三日敕。《日本三代实录》同日条。

的31岁时,他令年仅13岁的皇太子元服①并于即日让位。敦仁亲王登基后,号醍醐天皇。

醍醐天皇(885—930年)登基后即任命藤原基经的儿子藤原时平为大纳言、菅原道真为权②大纳言。两年后,即昌泰二年(899年),醍醐天皇又晋升藤原时平为左大臣、菅原道真为右大臣。虽上皇让位之时,令新帝幼少时由藤原时平、菅原道真宣行万机,但作为文章生破格晋升为右大臣的菅原道真,终不免招诸派势力反对。因此,醍醐天皇借机"清君侧",翦除身边的上皇宠臣,于延喜元年(901年)正月廿五日戊申诏将菅原道真左迁。《日本纪略·后篇一》论述了当时的情景:"诸阵警固,帝御南殿,以右大臣从二位菅原朝臣任大宰权帅,以大纳言源朝臣光任右大臣,又权帅子息等各以左降。"菅原道真左迁后,醍醐天皇重用左大臣藤原时平,并于延喜二年(902年)三月十三日以改革政治为目标,采取了一系列新政措施,向诸国司颁发了一系列措词严厉的太政官符,以图重建律令体制,史称"延喜新制"或"延喜之治"。其主要内容共有九条:敕旨开田,禁止诸院诸宫及五位以上收买百姓田地舍宅,停止占用闲地荒田;重新班田;严格调庸缴纳;禁止诸院诸宫王臣家占用荒地、山川;修造破损的官舍、驿站、池堰、国分二寺及神社;等等。③不难发现,规定"诸院诸宫王臣家"及"五位以上"官僚的权力和义务,是这次改革的重点,而其历史背景是藤原良房为护佑其皇太子外孙,于仁寿二年(852年)在山城国(京都)深草建造嘉祥寺西院,贞观四年(862年)获贞观寺寺号并获庄园、土地。在镰仓时代具有重要意义的庄园,由此发端并愈益膨胀,侵吞公田。

需要说明的是,了解"诸院诸宫王臣家",不独是了解"延喜新制",也是了解9至10世纪的日本的几个关键词:"院",指居于其中的太上天皇及其官邸。如"嵯峨院""淳和院"即属此类。天皇亦有仿效太上天皇建立院的,此为后院,但是否包括在"院"内,尚不明了。"宫",指春宫坊和中宫职,即皇太子和"三后"(皇后、皇太后、太皇太后)参与政治和社会生活的机构。七八世纪亦称亲王、诸王的官邸为宫。"王臣家"是亲王一品至四品,诸王、诸臣正一位至从三位的官邸。四位、五位官邸称"宅"。

---

① 元服,即行成人礼。
② "权"在官职中有"补充"之意。
③ 见《聚类三代格》;椎宗允亮、黑板胜美编:《政事要略》,吉川弘文馆2000年版。

"延喜新制"得到了有效贯彻实施。但是,好景不长,因为律令制显然已成"明日黄花"。延喜九年(909年)藤原时平去世后,天不遂人愿,尽管醍醐天皇仍踌躇满志,但此后各种疫病流行、旱涝灾害引起的饥馑、盗贼频发导致社会治安混乱,不仅使继续推行原先的政策成为不可能,而且使律令制呈加速度崩溃。延喜十四年(914年)二月十五日,醍醐天皇向公卿下诏令官员就国政提出意见。四月二十八日,前文章博士三善清行奉上了著名的"谏书"《意见封事十二条》,从维护律令制权威的立场出发,严厉谴责了各项政事的混乱:"风化渐薄,法令滋彰,赋敛年增,徭役代倍,户口月减,田亩日荒",并提出了相应对策:"消水旱求丰穰""禁奢侈""敕诸国随现口数授口分田""依旧制增置判官"等。这封"谏书"既体现对时局的担忧,更是一面时局的镜子。①虽然三善清行的意见得到了醍醐天皇的高度重视,但是律令制的权威皇权都无法维护,一纸文书,如何撑得起律令制将倾的大厦?在日本被称为"时代剧"的历史剧总是一幕幕上演,何况以律令制为剧本的"王土王民"时代剧,剧终曲尽,"摄关政治"的时代剧已经开演。藤原时平逝后,不仅他的弟弟藤原忠平作为右大臣继续执权,而且推行维护"诸院诸宫王臣家"私人利益的政策。在开场锣鼓已经敲响的时候,皇权的衰弱和藤原氏权威的强化,已经决定了谁是以后的"摄关政治"时代剧的主角。

不可否认,醍醐天皇堪称一代明君。他在位期间始终亲理朝政,一生未设置摄政、关白。在他统治的年代,鉴往知来的《日本三代实录》和制定规矩的《延喜格式》的相继编纂,分别为"六国史"和"三代格式"画上了圆满的句号。在他统治的时代,作为文化"风向标"的《古今和歌集》问世,预示了唐风汉诗的地位终将被"和风"诗歌取代。顺提一笔,当今日本国歌,即国歌的 3.0 版《君之代》,就出自这本歌集。

延长八年(930年),醍醐天皇因病让位,时隔不久大行,享年 46 岁。醍醐天皇大行后,年仅 8 岁的皇太子宽明亲王即位,号朱雀天皇(923—952 年),左大臣藤原忠平摄政。天皇元服即成年后,藤原忠平从摄政变成关白。天庆四年(941年)十一月二十日,天皇颁诏,令诸臣仿效仁和旧制,一切听命关白:"万机巨细,百官总己,皆关白于太政大臣,然后奏下如

---

① 《日本史料集成》,平凡社 1990 年版,第 124—125 页。

仁和故事。"①

　　天庆九年(946年),继朱雀天皇之后登基的村上天皇(926—967年),在天历三年(949年)70岁的关白藤原忠平仙逝后,和醍醐天皇一样始终未立摄政关白,并因亲理国政且治国有方,和醍醐天皇治世作为明君治世的圣代,被后人并誉为"延喜·天历之治"。确实,在藤原氏领衔主演的"摄关政治时代剧"已经开演后,这两位天皇理应赢得后世的掌声与喝彩。因为他们允许臣下犯颜直谏并和他们互相协调;他们高瞻远瞩的政策推动了文坛兴旺,文运隆昌。但是,正如"高潮"往往在戏剧谢幕之前出现,作为"延喜·天历之治"重要象征的国史、格式的编纂,钱币的铸造,堪称律令时代剧的最后一个高潮。自此以后,它们相继退出律令国家搭建的历史舞台。奴婢身份的逐渐废除虽然值得称赞,但却因此毁掉了固守律令制身份秩序的最后一道防线。此后,摄政关白重新作为时代剧主角粉墨登场。

　　自冷泉天皇开始,被两代天皇视如"空气"的摄政关白,被设定为固定的职位。康保四年(967年),村上天皇驾崩,皇太子宪平亲王登基,号冷泉天皇(950—1011年)。摄政关白从此不再遭受"冷遇"。冷泉天皇即位时已是18岁的成年人,按理能够亲理朝政,无奈当年的宪平亲王在备位东宫(皇太子)时就精神有疾,举止怪诞。他甚至在给父亲的信件中画上一具男根。按现代科学的看法,这无疑与近亲繁殖有关,无奈那时的日本朝廷认为是灵异作祟,百般求神拜佛,然东宫的病却终不见好。这样的东宫摇身一变成为天皇,当然难以成为名副其实的人君。

　　承平·天庆之乱　　醍醐天皇和村上天皇的"延喜·天历之治"显现了律令制"王土王民"最后的荣光,但这种荣光无异于律令制寿终正寝前的"回光返照"。如果说当时律令制仍然还是"一栋楼",那么也已经"山雨欲来风满楼"。10世纪承平、天庆年代,即三四十年代爆发的"承平·天庆之乱",无疑是摧毁律令制这栋楼的狂风骤雨。律令制的衰亡不独是宫廷权力的转移,更是社会结构的变革。

　　9世纪末至10世纪前半叶,各地反对国政改革的动乱频发。中央政府为了平乱,任命、派遣了一批作为军事指挥官的押领史和追捕使。但始料不及的是,由此埋下了"承平·天庆之乱"的种子:延喜初年任命平氏先祖高望王和足利氏祖先藤原秀乡为押领史,平定关东地区的动乱。而下

---

① 《日本纪略》后篇二同日条。

第四章 ● 平安时代

文将会论及,平氏和足利氏均是"乱世之枭雄"。

严格地说,"承平·天庆之乱"应被区分。因为发生在承平年代和天庆年代的动乱具有截然不同的性质。承平五年(935年),同为平氏家族一员的平将门和平良兼之间的"同氏操戈",拉开了"承平·天庆之乱"的序幕。据记载这场争斗的原始资料《将门记》所述,平氏伯侄就是高望王的后裔,平将门是"桓武天皇第五代之苗裔高望王之孙""陆奥镇守府将军平朝臣良持"之子;平良兼则是"将门之伯父"。9世纪末,高望王被降为臣籍,并获赐平姓,后作为"上总介"被派往关东平乱,平乱后仍留驻上总国。朝廷让高望王留驻当地,原本希望依赖其名声和武力维护地方治安,孰料"尾大不掉",其一族在关东北部的势力日益壮大,最终催生了武士并成为使天皇沦为傀儡的武家政治的温床。这场内斗,有说起因于势力范围的争夺,亦有说起因于"冲冠一怒为红颜"的争风吃醋。不管哪一说,均不认为具有"犯上作乱"的意图。尤其能支持这种认识的是,平将门在包围平良兼后,故意放了他一条生路。因为平良兼是朝廷命官"下总介",不可随意处死;另外,朝廷获报两人"火并"后传唤平将门,平将门即赶赴京城为自己做了辩解,未被处置。

但是,承平之乱后发生的"天庆之乱",无疑是一场反抗朝廷的"叛乱"。这场叛乱始于常陆国土豪藤原玄明向平将门申诉国司之无道,请求平将门为他做主。早已想"占山为王"的平将门欣然接受请求。天庆二年(939年)十一月,平将门率兵袭击了常陆国府,夺取了象征权力的印鉴和钥匙,并因此难辞"叛乱"的罪名。[①]之后,平将门逐一驱逐"关东八国"国司。在进入上野国后,平将门根据一个号称"八幡大菩萨使节"的女巫的"神讬",登上了"新皇"宝座。之后即仿效中央朝廷政体任命文武百官,并在下总国规划建设都城。朝廷接报后,先是向神佛祈祷,祈求平安,然后令关东周边各国采取平乱行动,任命东海道、东山道追捕使;最后任命藤原忠文为征东大将军发兵制止叛乱。最终,平将门被诛,包括其兄弟在内的同党被一网打尽。藤原秀乡、平贞盛、源经基等此后均加官晋级。

"东西呼应",当时西海岸地区也发生了以藤原纯友为首、以伊予国

---

① 律令制奉行"文书主义",公文上均须盖章以证明其权威性;钥匙用于开启储藏谷物的仓库。按照律令制,非贮藏非常用谷物的"不动仓"的钥匙由中央政府的中务省掌控,国司亦无权自由开启。

(爱媛县)为根据地的"海贼叛乱"。藤原纯友原本不是海贼,其曾祖父是9世纪末的权中纳言藤原长良,父亲是筑前守、太宰少二藤原良范。10世纪30年代,藤原纯友被任命为平定伊予国海盗的军事首领"伊予掾"。①但是,自古"官匪一家",藤原纯友借此纠集了濑户内海的诸多海盗自立为王,成为地方霸主。据原始资料《扶桑略记》天庆三年(940年)十一月廿一日条转述《纯友追讨记》记载:"纯友追讨记云,伊予掾藤原纯友居住彼国,为海贼首。唯所受性狼戾为宗,不拘礼法。多率人众,常行南海山阳等国,滥吹为事。暴恶之类闻彼威猛,追从稍多。押取官物,烧亡官舍以之为其朝暮之勤。"②天庆二年(939年),即平将门率兵袭击常陆国府的同一年,京中发生火灾,"备前介"(地方副职)藤原子高欲告发此乃藤原纯友所为,但被藤原纯友先发制人,在路上将其捕获。甚而翌年与"赞岐介"藤原国风率领的国衙军发生冲突,并放火焚烧国衙、抢夺财物。至此,藤原纯友脑后的"反骨"形态毕露。同年三月四日,朝廷任命小野好古为长官,任命"平将门之乱"的告密者源经基为次官,率二百余艘兵船前往藤原纯友的根据地伊予国平乱。本来和拥有千余船只比起来,官军寡不敌众,但藤原纯友手下最大的海贼首领藤原恒利却竖起了"反旗"。孰料内外夹击没有立刻摧垮藤原纯友,天庆四年(941年),他还率兵占领了太宰府。对此深感震惊的朝廷,即命令曾任征东大将军讨伐平将门的藤原忠文为征西大将军。官军和叛军在筑前博多对藤原纯友进行了水陆两路夹击,一举收缴了他统辖的八百余艘船,并将逃往伊予的藤原纯友诛杀。一场大乱终告平息。

上述两个叛乱之所以同时发生,无疑与当时的国际、国内政治彼此相关的一系列变化有关:首先,自9世纪至10世纪,随着唐朝衰亡,东亚国际局势发生了显著变化,于是日本朝廷对军事体制进行了调整,军备开始减弱;其次,与中央军事力量减弱呈相反走势的,是随着律令制社会结构的逐渐解体,官员、贵族、地方豪强、寺院等各种势力,形成了错综复杂的利害关系,并逐渐形成了各种地方武装;最后,为了应付日益抬头的地方豪强势力,中央在增强国衙权限的同时,也增强了触发矛盾冲突的可能。总之,导致叛乱发生的根本原因,当在地方势力的强化和朝廷势力弱化的

---

① 当时国司分四个等级:守、介、掾、目。伊予掾即伊予国的"第三把手"。
② 皇圆:《扶桑略记》第二十五同条,吉川弘文馆2007年版。

趋势中寻找。

上述叛乱是以地方霸权反抗中央强权的方式展开的,这种叛乱几乎前所未有。因此,虽然难言上述动乱,是中世纪封建制开始取代古代中央集权制的报春鸟,但却无疑是以地方领主制为特征的中世纪社会萌芽的绽放。按照义江彰夫的观点,这两次大乱"是象征从古代社会向中世纪社会转换的大动乱"。①

平定"承平·天庆之乱"的功臣之一的藤原实赖,就此登上了关白宝座。据《日本纪略》记载:"(康保四年)六月廿二日己卯,诏令左大臣(实赖)关白万机。"安和二年(969年),藤原实赖发动"安和之变",使政敌、左大臣源高明被左迁为大宰权师且失去了政治生命,从此独掌朝纲。"安和之变"五个月后,冷泉天皇退位,其弟圆融天皇(959—991年)即位。藤原家之后、师贞亲王(以后的花山天皇)以2岁之身被立为皇太子入主东宫。圆融天皇时年仅11岁,当然需人"监护",于是藤原实赖便以太政大臣的身份摄政。翌年,即天禄元年(970年),71岁的藤原实赖谢世。时年12岁的圆融天皇依然在政治上无法"断奶"。于是便由天皇的舅父、右大臣藤原伊尹担任摄政。冷泉、圆融两代天皇后,摄政关白基本上成了常设职位,由藤原实赖的子孙或他的弟弟藤原师辅的子孙担任。天皇幼小时由摄政"监护"、元服后由关白"辅佐",成为惯例。永观二年(984年),圆融天皇让位,花山天皇(968—1008年)即位。藤原兼家之女诠子所生的皇子怀仁亲王(以后的一条天皇)被立为皇太子。宽和元年(985年)七月,即位仅一年多的花山天皇因痛失怀有身孕的宠爱女御,决意出家,让位于怀仁亲王。于是,朝廷又由一个年仅7岁的幼帝、第六十六代天皇一条天皇登基(980—1011年)。一条天皇的外祖父藤原兼家作为"监护人"摄政时,"高瞻远瞩"地立他的女儿超子所生的居贞亲王为皇太子。

巅峰期的藤原氏　外戚藤原家族作为摄政关白真正开始伸张势力,始于冷泉天皇时代的藤原实赖。经过代代努力,至藤原道长时,藤原家族在朝中的权力达到顶点,几乎将天皇玩弄于股掌之间。摄关政治因他而奠定了最坚实的基础。天皇虽仍安坐紫宸殿,但早已风光不再。大津透一语指出关键:"(藤原)道长的时代,是摄关政治的典型。"②藤原道长能

---

① 儿玉幸多等主编:《日本历史大系》第1卷《原始·古代》,山川出版社1984年版,第789页。
② 大津透:《道长和宫廷社会》,讲谈社2001年版,第22页。

够为摄关政治奠定坚实基础,"长寿"和"多女"是两个重要条件。藤原道长能够成为四代天皇的岳父,关键就是具备这两个重要条件:他的女儿妍子是三条天皇的中宫、彰子是一条天皇的中宫、威子是后一条天皇的中宫、嬉子是后朱雀女御(仅次于中宫的妃子)。之后,彰子生下了后一条天皇和后朱雀天皇,嬉子则生下了后冷泉天皇。

  长保元年(999年),藤原道长使其长女彰子进入了一条天皇的后宫,并于翌年迫使一条天皇将其立为中宫。由于当时藤原道长的侄女藤原定子已经成为中宫,而"中宫"本是皇后的别称,所以藤原定子改称"皇后"。从此以后,"中宫"成了与皇后地位同等但独立于皇后的正式封号,形成"一帝二后"的格局。

  宽弘五年(1008年),藤原彰子不负父望,生下了皇子敦成亲王。宽弘八年(1011年)六月,32岁的一条天皇登遐,东宫居贞亲王登基,成为三条天皇。三条天皇的中宫是藤原道长的女儿妍子。几乎与三条天皇登基同时,敦成亲王被立为皇太子。嗣后,藤原道长急于让外孙登基,多次以三条天皇患有眼疾应该休息为由,多次劝其让位。最初三条天皇未轻易顺从,无奈内里在长和三年(1014年)二月九日和翌年十一月七日两次发生大火,三条天皇疑为天意警告,只得顺从,但提出一个交换条件:退位后立他和皇后诚子所生的敦明亲王为皇太子,藤原道长表示赞同。三条天皇退位后,即位的是一条天皇的二皇子敦成亲王,号后一条天皇(1008—1036年),母亲是藤原道长的女儿藤原彰子。践祚后,后一条天皇即把禅让皇位的三条天皇的皇子敦明亲王立为皇太子。当年后一条天皇9岁,敦明亲王23岁。"长和五年(1016年)正月廿九日甲茂,未剋,三条院天皇退位,让皇太子。皇太子春秋9岁,于时御坐上东门院,令新帝外祖左大臣藤原道长朝臣摄行政事。"①文中提到的皇太子即敦成亲王(后一条天皇)。后一条天皇登基后,曾任一条、三条天皇时期的"内览"的左大臣藤原道长,自此作为9岁幼帝的外祖父正式摄政,并确立了其在朝中的绝对权威。宽仁元年(1017年)五月,42岁的三条天皇驾崩。自知早晚被废的东宫敦明亲王向藤原道长提出"辞呈",藤原道长当然求之不得,并再立自己的外孙、后一条天皇的同母弟弟敦良亲王为皇太子(以后的后朱雀天皇),并在三年后的治安元年(1021年),将自己的女儿嬉子许配给敦良亲

---

① 《日本纪略》后篇十三,后一条天皇践祚前抄记。

王。之后,嬉子生下的皇子成了后冷泉天皇。如此,藤原道长不仅完全掌控了天皇的后宫,而且掌控了天皇的"任免权"。他的两个儿子藤原赖通和藤原教通,也沿袭了摄政的权位。

当时三条天皇于长和五年(1016年)退位,获太上天皇尊号。三条天皇在位5年。据《大镜》记载,三条天皇患有神经性眼疾,异常痛苦,退位时已经失明。为了治好眼疾,他尝试了各种办法,包括根据御医建议,数九寒天用冰水浇头,冻得脸色青紫。翌年,上皇落饰出家后即于当年五月九日驾崩。三条天皇是个才子,《百人一首》收录他的一首和歌:"不能如所愿,若致苟活忧世间,莫得脱苦海。今顾此事可恋者,唯有夜半清月哉。"由此可以窥见他的心境。

后一条天皇在位时,外祖父藤原道长担任摄政。之后,藤原道长辞去摄政,由他儿子藤原赖通继任。

长元九年(1036年)七月十日,因后一条天皇"禅让",敦良亲王在大极殿即位,时年28岁,号后朱雀天皇(1009—1045年)。同年,后一条天皇驾崩。后朱雀天皇登基后,立长子亲仁亲王为皇太子,仍拜藤原赖通为关白。藤原赖通希望后世永为摄政关白,可后朱雀天皇还是皇太子时,就已娶三条天皇的女儿祯子内亲王为妻。祯子自然不姓藤原,藤原赖通自己膝下无女,未能将女儿送入宫中为皇后或女御(嫔妃)。于是,藤原赖通便将一条天皇的孙女嫄子内亲王收为养女,改名藤原嫄子并送入宫中。他的两个弟弟藤原教通和藤原赖宗也相继将女儿送入宫中。后来,嫄子成为中宫皇后。然而,藤原嫄子在生下两个女儿后病逝。

长久五年(1044年),因皇宫连年发生火灾,后朱雀天皇改年号为"宽德"。在位九年后,天皇因御体违和,于宽德二年(1045年)正月十六日退位,被尊为太上天皇。正月十八日,太上天皇落饰出家,同日驾崩,享年37岁。四月八日,21岁的亲仁亲王即位,号后冷泉天皇(1025—1068年),立先帝后朱雀天皇的二皇子,即他的同父异母兄弟尊仁亲王为皇太子(后冷泉天皇的母亲是藤原道长的女儿藤原嬉子,尊仁亲王的母亲是三条天皇的女儿祯子内亲王)。按照惯例,天皇在退位之前当颁布立太子诏书。后朱雀天皇当时想立尊仁亲王为太子,但关白藤原赖通称立太子之事以后再说,所以此事在后冷泉天皇即位后完成。藤原赖通之所以拖延,主要是因为尊仁亲王不是藤原家女子所生。他的如意算盘是等藤原家女儿为后冷泉天皇生下皇子后,再立太子。那样藤原家可继续作为外戚主理朝政。所以，后来尊仁亲王入主东宫后，藤原赖通违反定规，没有将家传宝剑"壶切"献上，作为东宫护佑。直到尊仁亲王即位，这把宝剑才由藤原赖通的弟弟藤原教通献上。

后冷泉天皇即位当天，即诏令藤原赖通依旧担任关白。康平四年（1061年），藤原赖通出任太政大臣，藤原教通升任左大臣，藤原赖宗升任右大臣。朝廷中的国事，仿佛成为藤原家的家事。

关白虽然权倾举朝，但以往都不是终身担任，而是在年老力衰时请辞。藤原赖通打破了这一惯例，不仅没有请辞，而且在京都宇治新建了平等院，命令官吏将公文送到那里供他批阅。藤原赖通如此"恋栈"，令他的兄弟藤原教通颇为不满。后冷泉天皇对此洞若观火，于是便"以其人之道，还治其人之身"，将以往藤原氏用于朝廷的谋略，诸如挑拨离间，用于他们兄弟，以便将权力收归朝廷。下文所说的"院政"在此时已埋下种子。后冷泉院巧妙的政治策略，终于取得成效。治历三年（1067年）十二月，任关白长达51年的藤原赖通上表辞去关白，由藤原教通继任。然而此时改变的还只是表象，不变的是实质，关白依然姓藤原。

第三节　院政：太上天皇治国理政

"由上皇或法皇（皈依佛门后称法皇）在院厅主理国政"，略称"院政"。"院厅"是附属于上皇处理政务的机构。院厅主要由下述人员和机构组成：由别当（主管院厅行政事务的官员）、判官代（比别当级别低的官员，由五位、六位的官员担任）、主典代（"主典"音同"佐官"即辅佐官员，主要负责公文处理）等组成的行政事务处理机构；由殿上人（获准进殿的官员，指四位、五位官员和六位的藏人）、藏人（负责诏敕传宣的官员）等组成的太上天皇的侧近；有别纳所（收纳贡品等库房）、文殿（放置文件、档案的地方）、御厩（马厩）等处；还有御随身所、武者所、北面等上皇和院厅等警卫机构。院政在嵯峨上皇时期初步形成，在宇多太上天皇时期扩大，在平安中期圆融太上天皇时期近乎成型，在白河太上天皇时期进一步扩充并最终形成。

从摄关政治向院政转型　作为一种政治形态，"院政"的特征是太上天皇掌握天皇的"任免权"，而在摄关政治时期，这些权力事实上为外戚藤原氏掌握。最初，后三条天皇试图从外戚手中夺回这一权力，最终未能取得成功。白河天皇即位后,成功指定了堀河天皇—鸟羽天皇—崇德天皇继承皇位,即指定了直至曾孙的直系子孙继承皇位。院政时期的另一项变革是太上天皇拥有对廷臣公卿的人事任免权。廷臣公卿的加官进爵,须通过叙位、除目仪式。所谓"叙位"即授予位阶。平安中期以后,每年正月五日或六日,在宫廷中举行敕授五位以上公卿廷臣位阶的仪式。所谓"除目",就是将获得晋升的官僚名字记录在册。在平安时代,任命诸司、诸国的主典以上官吏,均在宫廷中举行仪式,由主事官员根据诏敕逐一记下获任官员的姓名。在天皇幼小时,这些仪式在内里的摄政官邸举行。天皇成人后,这些仪式则在御前举行。这一原则至摄关时期始终得到遵循。但在院政时期,朝廷的官吏任免权实际上已为院所掌握。因此,无论在内里还是御前,都只是徒有其表。

尽管"院政"出现于平安时代末期,但迟至江户时代末期,赖山阳撰写的《日本外史》才首次出现"院政"一词。至明治时代,"院政"作为历史学术语被广泛采用。按照《广辞苑》的释义,所谓院政,即"白河上皇专政的权势下确立、以上皇或法皇在院厅主理国政为常态的政治形态。院政名义上持续至江户末期的光格天皇时期,但实际上院政至镰仓末期后宇多天皇时期已经结束,历时250多年"。也就是说,院政是日本平安时代末期由太上天皇掌握实权的一种政治形态。虽然院政历时长久,但实际上只有应德三年(1086年)院厅建立至建久三年(1192年)镰仓幕府建立的百余年间,才是真正的"院政时代"。镰仓幕府建立后,历史向"武家之世"迁移,"院政"名存实亡,即实质全变,面目全非。

一般认为,院政始于应德三年(1086年)十一月,白河天皇让位于年仅8岁的堀河天皇而成为太上天皇,在居处建立院厅掌握国政大权。但院政并非瞬间出现,而是经历了一段过程,并由多方面因素铸成。治历四年(1068年)四月十六日,后冷泉天皇禅让,尊仁亲王即位,号后三条天皇(1034—1073年)。五月七日,后冷泉天皇晏驾,享年44岁。《今镜》不无惋惜地写道:"对后冷泉院在位二十三年,没有留下一位皇子或皇女,实在令人惋惜。"后三条天皇12岁被立为太子,35岁即位,在东宫生活了20年。《续古事谈》对他的评价是:"后三条院,居太子位二十年,潜心学问。不仅才通和汉,而且有掌天下政治之能。即位后,即进行各种政治改革。"对关白藤原教通称应允许捐功(即买官卖官),后三条天皇曾怒斥道:"摄政关白要职,本只有天皇外祖父才能担当。朕毫不犹豫任命你担任这个职位,你却如此忤逆朕的法令,朕十分生气!请你马上退出!"虽然三条天皇随后感到此举过于偏激,将藤原教通召还,但当堂如此横扫关白威仪,史无前例。

后冷泉天皇在位时,已有意抑制摄政和关白的权力。后三条天皇即位后,继续以亲政的方式强化皇权。后三条天皇积极大力推行新政,其中最著名的新政,就是于登基翌年即延久元年(1069年)二月二十二日,设立了记录所,负责征集各国庄园的券契,检验真伪。这一举措直击利益集团要害,令朝野震惊。据天台宗僧侣慈圆撰写、论述摄关和皇权斗争的史论《愚管抄》记载:"延久年间,朝廷始设记录所。此因后三条院意识到,日本各地庄园主未获天皇或官府颁发的合法文书,即把国家土地圈为私有,成国家一大弊害。"虽然后来对藤原家法外开恩,但双方矛盾已昭然若揭。

后三条天皇在位期间禁止奢靡的作为。有一次,后三条天皇行幸石清水八幡宫,看到自己及随行人员乘坐的车舆雕金饰银,当即下令停车,将金银雕饰全部撤下。此事一直传为美谈。同时,后三条天皇还注重选贤任能。参议中将源隆纲,专司断案。当时有人射杀了斋官寮的狐狸,源隆纲对此做出的判断是"虽闻引羽之由,未知首丘之实(虽然射箭属实,但是否射杀了狐狸不详)"。后三条天皇觉得这一判决相当睿智,遂提拔他为近臣。

延久四年(1072年)十二月八日,39岁的后三条天皇在位四年后,让位于20岁的皇太子贞仁亲王,被尊为太上天皇并依然执掌朝政,但在让位五个月后晏驾。后三条天皇及其主政时期,是从摄关政治向院政转型的转折点。但是,由于缺乏明确记载后三条天皇何以让位的史料,因此踌躇满志并已展开"新政"的后三条天皇为何突然让位,并在让位后五个月晏驾,是想尽早推行院政,还是因为身体有恙,一直是个谜团。几个世纪以来,研究日本史的专家一直费心破解这个谜团。首先试图破解这个谜团的是慈圆。慈圆,谥号慈镇,关白藤原忠通之子,11岁在延历寺受戒,称道快,后改名慈圆。九条兼实担任关白期间,慈圆作为后鸟羽天皇的护持僧,任天台座主,后升任大僧正。慈圆在写于镰仓时代初期的《愚管抄》中,提出了对后三条天皇何以让位的看法。他指出,后三条天皇对长期延续的摄关政治极为不满,欲亲自主理朝政,并在退位后亦制订了亲自理政的计划。但是,因突然驾崩,壮志未酬。此后白河上皇掌握了政治实权,院内近臣势力急剧膨胀,摄政和关白地位大幅下陷,一种新的政治形态因此诞生,后三条天皇的政治理想也随之完成。慈圆的见解为南北朝时代后醍醐天皇的近侍北畠亲房所承袭和强化。北畠亲房在他被并称为"中世纪两大史书"之一的《神皇正统记》中，不仅坚持了慈圆的见解，还进而提出白河上皇主掌政权，完全改变了以往的政治形态的观点。按照他的观点，摄关政治时期，政令是通过天皇的宣旨（天皇宣布的旨令、诏书）、太政官的官符发布的。但是自白河天皇以后，院的宣令、院厅下发的公文比前者更受重视。至近世江户时代，新井白石在他的名著《读史余论》中也对上述见解表示赞同。按照新井白石的见解，"天下之大势有九变"，其中第四变是"后三条院抑制摄家之权"；第五变为"上皇御政务之事"。明治以后，黑板胜美《国史的研究》和三浦周行《有关院政的一项考察》，均支持上述看法。现代河野房雄的《论后三条天皇的让位》也认为，实施"院政"是后三条天皇让位的主要目的。有关解读在至文堂1958年出版的吉村茂树所撰《院政》中有详尽论述。

但是，自20世纪60年代，诸多学者的实证性研究证明，上述见解并不准确。因为史料显示，当时日常政务仍由以太政官为首的各官厅处理，重要事项仍由"阵定"即太政官最高官员议决，以往的朝政运作方式并没有因院政的出现而发生根本改变。上皇和院厅发出的公文，即院宣和院厅文件，并不具有天皇的宣旨和太政官的官符那样的效力。例如，铃木茂男指出，在白河、鸟羽两院政时期，院厅下达的文件和院厅牒等有别当、判官代、主典代署名的文件，均仅和院厅有直接关系，与一般国政无关。院宣虽然是向各方传达上皇圣意的文书并受到高度重视，但并不是正式的官方文件，并没有取代太政官的官符等官方文件，更不具有那种效力。关键是，在这种政治运作方式的背后，上皇下达的敕旨和诏令往往对重大问题的裁断有重大影响。换言之，即作为天皇的父亲乃至祖父的上皇，继续利用以往的政治机构和执政形式左右国政，包括立选东宫以及厚待宠臣，并因此奠定了经济基础，而不是以院政取代国政，这才是院政的实态。因此，"院厅政治"并非如以往各家所言，是以"院政"取代"国政"的一种政治状态。事实上，院政是一种政治形态，更是一种新的政治机构和政治形式，但院政没有取代国政。院政存在，但国政照样存在。田中文英在他的论著中有一段对认识院政颇有启发性的评述："所谓院政这一政治形态，即使在中央政界贵族阶级范围内，也并非是国家政体所需求的不可或缺的存在。特别是以摄关家为首的反院政派政治势力，更执拗地展开否定上皇干预国政的思想和政治行动。那么在这种政治状况中，院以怎样的理论逻辑和实际方法使其干预国政正统化,使院政这一政治形态在国家权力机构中取得正式合法的地位呢?不难发现,院就是基于其和摄关政治不同的、院独特的立场出发,强调与帝王的关系。"①

现代史学家大多认为,后三条天皇让位后即设置院厅,任命包括五名公卿在内的七名别当、主典代、文殿主管等院司,并设立院藏人所等组织,说明他试图以此遥控朝政。但不管何种原因,有一点似可肯定,即"后三条奠立了自己决定皇位继承者的立场。虽则他的构想因翌年五月去世而未能实现,但因此提供了由院掌握皇位继承决定权的关键,并形成由院'监护'天皇这一导向院政政治形态的可能性。就这个意义而言,似可以认为后三条天皇的'禅让',就是院政的开始"。②

上皇成为权力核心 有些学者认为,院政作为一种新的政治形态的出现,是对发端于9世纪的摄关政治的否定,是日本社会行将进入中世纪即武家时代的里程碑。也有些学者认为,天皇亲政、摄关政治、院政等概念,其指向是实权所在,而非指政治结构。院政的成立仅意味着权力重心发生了变化,而不是一种新的政治制度的创生。因此,在考察从古代向中世纪转变时,就权力关系的变化而言,与其说中世纪的基础是由摄关政治向院政转变奠定的,毋宁说是由藤原道长规划、由"院政"方式体现的政治结构的变化奠定的。同样使天皇形同木偶的摄关政治和院政,究竟有什么明显区别呢?就本质而言,摄关政治是天皇的父系和母系共同执政,而院政则努力排除母系,试图由父系独掌大权。

"院政"之所以正式酝酿于后三条天皇时期,主要有两方面原因:一是花山天皇后的一条、三条、后一条、后朱鸟、后冷泉天皇,除三条天皇外,或驾崩于在位之际,或登遐于让位不久,均无当太上天皇的经历,从而使外戚藤原氏长期成为摄政和关白。二是藤原道长之子、主掌朝政达51年的藤原赖通与后三条天皇没有姻亲关系。因此,后三条天皇是宇多天皇驾崩170多年后,首位不以藤原氏为外戚的天皇。

延久四年(1072年)十二月二十九日,后三条天皇的长子、20岁的贞仁亲王即位,号白河天皇(1053—1129年),他的弟弟实仁亲王被立为皇

---

① 田中文英:《院政及其时代》,思文阁2003年版,第35—36页。
② 加藤友康:《日本的时代史》第6卷《摄关政治和王朝文化》,吉川弘文馆2002年版,第93、94页。

太子。藤原教通、藤原师实、源师房、藤原信长,仍分别担任关白、左右大臣和内大臣,一切如旧。三年后,藤原教通去世,32 岁的藤原师实继任关白。虽然他也将养女藤原贤子送至中宫之位,但关白此时已成空衔,藤原师实无法独揽朝政。而白河天皇按照《今镜》的评论,则是"承担天下的勇气及关爱百姓的仁心,均与后三条天皇如出一辙"。白河天皇天资聪颖,知人善任,文武兼通,政务清明,在国家治理方面颇有建树。但是,他的家庭却厄运连连。应德元年(1084 年)九月二十三日,皇后藤原贤子病逝。在他还没有从悲伤中自拔时,翌年皇太子实仁亲王因罹患天花去世。应德三年(1086 年)十一月,白河天皇再立藤原贤子所生善仁亲王为皇太子,同时将皇位让给了当时年仅 8 岁的善仁亲王即堀河天皇(1079—1107 年)。白河天皇在位 14 年,退位后并没有退出政治舞台,而是当了太上天皇。白河上皇问世,是院政正式鸣锣上市的标志。

善仁亲王因太子病逝而递补进入东宫,立足未稳即旋踵进入紫宸殿,而且年仅 8 岁,所以仍由摄关家嫡系藤原师实摄政。藤原师实因既无与上皇分庭抗礼的野心,也无凌驾于天皇之上的权术,所以实权由上皇掌握。嘉保元年(1094 年),对白河上皇大权独揽极度不满的藤原师实提出辞呈并获敕许,关白一职遂由藤原师实的儿子藤原师通担任。33 岁成为关白的藤原师通好学有能,得志后自想大展宏图,而 16 岁的堀河天皇亦不甘再当傀儡,也想有番作为。于是,两人一拍即合,联手分割上皇权力,形成了天皇、摄政(关白)与白河上皇各为一方,"世间事,两方相分"的对立格局。①这种格局使上皇权力受到很大限制。

永长元年(1096 年)八月七日,白河上皇最宠爱的皇女媞子内亲王病逝。此前在应德元年(1084 年)九月,因痛失最宠爱的中宫贤子曾想退位的白河上皇,经受不住感情和精神上的一再沉重打击,于两天后落饰出家。然而,剃度遁入空门,并不意味着看破红尘与世无争。在位 14 年的白河天皇,34 岁退位后对权力依然心有向往,且仿佛愈爱愈深。至 77 岁去世,白河上皇历堀河、鸟羽、崇德三代天皇,始终把持朝政。院政因此扎下根基。

康和元年(1099 年),藤原师通猝死。嘉承二年(1107 年)七月堀河天皇驾崩,堀河天皇 5 岁的长子宗仁亲王即位,号鸟羽天皇(1103—1156

---

① 东京大学史料编纂所编纂:中御门右大臣藤原宗忠日记《中右记》嘉承二年(1107 年)七月十九日条,岩波书店 2014 年版。

年)。本来,天皇、太上天皇、天皇外祖父等协力处理政事,是摄关政治的特征。特别是在决定东宫皇太子或天皇继嗣等重大问题时,均由天皇、上皇、国母、外戚等协商决定。但是鸟羽天皇即位,是完全由白河上皇决定的,没有上述程序。而上皇独揽大权,是院政形成的主要标志。

鸟羽天皇当政后,由藤原师通的儿子藤原忠实摄政。当时,天皇的舅舅、上皇的宠臣藤原公实作为外戚亦觊觎摄政之位,为此,藤原忠实特别要求在任命其为摄政的"宣命"中明记,此任命乃奉上皇之旨意。①这一任命过程昭示了摄政一位由上皇决定的实情,使院政迈出了关键一步。

在通往院政的道路上进一步的跨越,发生于保安元年(1120年)。当年发生的一件事,使藤原忠实的关白一职实质上被罢免。事情经纬如下:

保安元年(1120年),白河上皇诏令藤原忠实的女儿泰子入其后宫,藤原忠实不仅推诿犹疑,而且策划使泰子入鸟羽天皇的后宫。上皇获悉,极为震怒,当即剥夺了藤原忠实的实权——内览②,后诏令藤原忠实之子藤原忠通担任关白。藤原忠通提出,若对父亲的处罚不解除,实难从命。于是,上皇解除了对藤原忠实的处分,让其自己提出辞呈。此事件实际上诏告天下,对摄政、关白,上皇有绝对处置权。既然连作为最高廷臣的摄政、关白的任免权都由太上天皇操控,那么朝廷的一切权力最终都握于太上天皇手掌之中,当然是题中应有之义。对此,权大纳言藤原宗忠在白河上皇驾崩当天的日记中这样写道:

> 自后三条院驾崩,禅定法皇(白河上皇)掌控天下之政 57 年(在位 14 年,退位后 43 年),任意而不拘法,行除目、叙位(官员、阶位的任命和诏赐),古今未有……威满四海,天下归服,掌幼主三代之政,成齐王六人之亲,桓武以来,绝无此例,堪称圣明之君,长久之主。然理非决断、赏罚分明;爱恶揭焉,贫富显然。因男女之宠殊甚多,至天下之品秩破坏。③

藤原为隆也在他同一天的日记中,对白河上皇有如此评价:"百王之

---

① 三善为康撰:《朝野群载》卷嘉承二年(1107年)七月十九日任摄政宣命,吉川弘文馆 1999 年版。另据藤原忠实的日记《殿历》同日记载,宣命中明记任命他为摄政乃奉上皇旨意,是他特别要求的结果。

② "内览"原意为批阅重要公文,后亦成为摄政、关白的同义语。上奏天皇的折子和天皇宣下的诏书敕令,都要经摄政、关白内览。

③ 藤原宗忠:《中右记》大治四年(1129年)七月七日条,临川书店 2001 年版,第 375 页。

间,未闻此例,威满四海,权震一天。"①从此以后,退位后的太上天皇虽身在院内而不在紫宸殿,但却可以对朝政独断专行的政治形态开始出现。这种被后世称为"院政"的政治形态以后历久不衰,成为日本的一种政治特色。

白河天皇延久四年(1072年)登基,应德三年(1086年)退位任上皇,让他的二皇子善仁继位,号堀河天皇。嘉承二年(1107年)堀河天皇驾崩,他的长子宗仁登基,号鸟羽天皇。保安四年(1123年),根据白河上皇的旨意,鸟羽天皇退位,任上皇,其长子即5岁的显仁亲王继位,号崇德天皇(1119—1164年)。不难发现,白河上皇是名实相符的"太上皇"。大治四年(1129年),77岁的白河上皇驾崩后,鸟羽上皇承袭白河院传统,在"院"里行"天下之政"。但是,和白河上皇时期相比,鸟羽上皇时期的院政呈现出几点应予以关注的变化:

第一,所谓"一朝天子一朝臣",政权中枢随专制君主的更替而发生变化。原先得宠于白河上皇的藤原显盛等被冷落一边,以藤原忠实为代表的新的权势人物开始出现。如前面所述,藤原忠实并非政界新秀,在白河上皇时即任关白。因不情愿将女儿泰子"许配"上皇而触动逆鳞,无奈递交"辞呈"离开关白宝座。天承元年(1131年),藤原忠实在"笼居"宇治12年后复归朝廷,并在翌年即长承元年(1132年),按照上皇的敕令"内览"。不久,藤原忠实的女儿泰子成为上皇的女御(嫔妃),并很快史无前例地被立为上皇的皇后。藤原忠实曾因此迁怒白河上皇,白河上皇特立遗言严禁泰子"入内"。鸟羽上皇此举,极具象征意义地宣告了一个时代的终结。此外,事务官僚出身的藤原显赖、藤原实行,以及武士代表伊势平氏家族的平忠盛等,成了决策层的中心人物。武家专权,自此已开始发酵酝酿。

第二,白河院政时期比较活跃的"受领"即地方权势人物,地位日趋下降。之所以出现这种趋向,究其原因一方面是"受领"本身在当地的势力增强,整个社会开始向"封建化"转化;另一方面是院领庄园的扩大使院政本身经济基础得以加强。

第三,颁布"新制",放宽对庄园的限制。鸟羽院政时期曾分别在长承元年(1132年)和久安元年(1145年)颁发了"新制十四条"和"新制九条",

---

① 藤原为隆:《永昌记》(又名《为隆亲记》)大治四年(1129年)七月七日条,临川书店1975年版。

以纠正"天下之过差",但具体内容目前尚不明了。目前比较明了的,是鸟羽院政时期对庄园的政策。据现存文件分析,虽鸟羽院政期亦颁布了庄园整理令,但当时院厅下发的公文,多是对庄园的成立给予认可,而白河院政时期此类公文则绝无仅有,两相对照,差别一目了然。以能登国为例,在鸟羽院政时期的1136年至1145年批准建立的庄园土地面积,达到全国土地总面积的44%,若狭和伊贺等国也与能登情况类似。同时,鸟羽院政时期是所谓"庄园公领制"确立时期,即许多庄园向上皇"周边"集中,成为上皇建立的神社寺院的领地,或由上皇宠爱的女性、子女分割、传承。总之,庄园作为社会重要的土地制度的确立,是在鸟羽院政时期。而摄关家藤原氏的庄园,在藤原赖通任关白时属领有所增加,在藤原忠实任关白时被归并为一个大庄园。被称为"富家殿"的藤原忠实此举的目的,是在长期掌握的实权被院政夺去之后,作为庄园主维持摄关家的权威。

　　鸟羽院政时期的一些皇朝年号颇耐人寻味:大治、长承、永治……久安元年(1145年)四月五日,因东方出现彗星且"尾长一丈";二十三日西方又出现彗星。此乃祥瑞,必须庆贺。为谢天酬,这一年改元久安。然而,无论大治、长承、永治还是久安,均只能表明祝愿而不能反映现实。鸟羽院政时期,在统治阶层相对祥和的表象背后,各种矛盾错综复杂,特别是围绕皇位的斗争,更是剑拔弩张,流血事件不断发生,朝廷内外弥漫着驱之不散的血腥。其实,都姓"藤原",都是藤原不比等的子孙,但分为四个家族:始于藤原武智麻吕的南家、始于藤原房前的北家、始于藤原宇合的式家、始于藤原麻吕的京家。奈良时代,藤原四家共同繁荣兴旺,但在平安时代,仅北家在各种意义上"人丁兴旺"。

　　以摄关藤原家族争权夺利为背景,保安元年(1120年)十一月,已经从鸟羽殿(位于京都南郊的上皇离宫)入住京中三条殿的鸟羽法皇,颁布了终止藤原忠实内览的宣命,即剥夺了他作为关白的主要权力。翌年即保安二年(1121年)三月,如前所述,藤原忠实之子藤原忠通被任命为关白,并作为四代天皇的关白,掌握内览权长达38年。尽管鸟羽上皇以后的崇德上皇、近卫上皇均没有先帝的雄才伟略,但是摄关政治的黄金时代却随鸟羽上皇驾鹤西行,未能复返。

　　保元·平治之乱　崇德天皇说是鸟羽天皇的长子,但他的母亲、藤原公实的女儿藤原璋子在入内前,和白河天皇已经明铺暗盖,所以辈分上虽然他是白河天皇的曾孙,实际上是白河天皇的落胤(私生子)。①大治四年(1129年)七月,白河法皇驾崩后,鸟羽上皇的院政开始取代白河法皇的院政,而崇德天皇则因失去了白河法皇这座靠山而缺乏了存在感。永治元年(1141年)十二月,崇德天皇被迫让位于鸟羽上皇宠爱的八皇子体仁亲王。于是,3岁的体仁亲王即位,号近卫天皇(1139—1155年)。久寿二年(1155年)七月,17岁的近卫天皇早逝。鸟羽天皇和藤原公实的女儿藤原璋子所生四皇子雅仁亲王登基,号后白河天皇(1127—1192年)。时隔整1年,54岁的鸟羽上皇在鸟羽殿登遐。长期以来铁腕"治世之君"的辞世,如火种点燃了权力之争这堆干柴:想让自己的皇子重仁亲王当天皇而未果的崇德上皇和后白河天皇的矛盾,摄关家的藤原忠实和次子藤原赖长、藤原忠实的长子藤原忠通之间的矛盾最终爆发:是月十一日,"保元之乱"发生。

  这一天与往日明显异常:破晓的不是鸡叫声,而是迅疾的马蹄声。在接下来上演的"时代剧"的序幕中演对手戏的平清盛、源义朝、源义康,分别率领数百铁骑,分几路向崇德上皇的居所白河殿发起攻击。据史籍记载:"十一日庚戌鸡鸣,清盛朝臣、义朝、义康等军兵都六百余骑向白河。清盛三百余骑自二条,义朝二百余骑自大炊御门方,义康百余骑自近卫方。"②面对奇兵,崇德上皇招架不住,逃入仁和寺;左大臣藤原赖长身中流箭,身负重伤,在逃往奈良三天后死于般若寺。"保元之乱"很快被画上休止符。当月二十三日,已逃入仁和寺的崇德上皇被流放至赞岐国(香川县)。支持崇德上皇的藤原忠实被软禁于知足院,源为义被斩首。其余的官员或被问斩,或被流放。绵延持久的皇权之争,最终通过武力在短短数小时内即告解决。

  美川圭的《院政》一书,在论及"保元之乱的历史意义"时这样写道:"院政期的政治结构经白河、鸟羽院政期产生了皇家和摄关家两大权门。但是,围绕鸟羽法皇的身后安排,皇家至少分裂为崇德、近卫、后白河三个皇统的派系,摄关家也分裂为藤原忠实、藤原赖长与藤原忠通两大派系。正统的皇位继承者近卫天皇夭折,翌年鸟羽法皇驾崩后,由于两大权门的分裂,政界急剧变动。保元之乱将摄关家主流藤原忠实和藤原赖长逼上

---

① 笠原英彦:《历代天皇总览》,中央公论新社2018年版,第185页。
② 平信范:《兵范记》,临川书店1975年版,第75页。日本国会图书馆藏。

绝路,最后走向灭亡。'保元之乱'的背景,就是父系和母系支撑的皇权、父院、母后、外戚等共同执政的摄关体制即'近亲政治',仍是一种旧制,对奉行专制主义的父院显然是一种束缚。于是,父院通过院政独断专行地决定了皇位后继者。"[1]

保元元年(1156年)闰九月二十三日,即乱后仅三个月,朝廷以太政官符的形式,颁布了史称"保元新制"的七条规定,主要内容:(一)非宣旨许可,不得擅建庄园;(二)已建庄园不得擅自扩大;(三)禁止伊势、贺茂、春日等神社神人滥行,不得新增神人;(四)禁止兴福寺、延历寺等诸寺院恶僧之滥行;(五)传令诸国国司,禁止国中私设滥行;(六)伊势、贺茂、春日等神社近年建立"神社领地"夺占公田,需缴纳神社领地和神事费用;(七)东大寺、兴福寺、延历寺等诸寺,亦须缴纳与上述神社同样费用。保元二年(1157年)十月,朝廷又以宣旨形式颁发了三十五条"新制",基调仍是抑制神佛势力,天皇亲政,其中有四条涉及京都街市的管理、检察。

上述两次"新制"的策划者,是后白河天皇的侧近——以"信西入道"的僧名为人所知的藤原通宪。藤原通宪学识渊博,仅现今残存的《通宪入道藏书目录》就达97箱,涉及各个领域,并曾受上皇之命,独力续写了官撰国史书以后约270年历史的浩瀚史书《本朝世纪》(现存47卷)。另有搜集诉讼案件和法律问答的大著《法曹类林》(原230卷,现仅存4卷)。久寿二年(1155年),近卫天皇猝然驾崩。信西入道再婚的妻子哺育的后白河天皇即位。信西入道以其学识和与天皇的关系当然成为"首席智囊"。特别是在"保元之乱"后,按照慈圆在《愚管抄》中的评价,当时纯然是"信西入道之世"。

"保元之乱"虽仅历时几个小时,但却使平安后期的政治局势因新制的颁行、皇权的再度崛起而打破了皇权和摄关两大权门的平衡。本来,摄关家藤原氏长者地位,是由摄关家独自决定,然后接受朝廷宣命。但是事发当天,后白河天皇即无视这一惯例,宣旨称若能粉碎上皇方的军势,则不管藤原氏长者藤原赖长生死如何,均封藤原忠通为氏族长者。这当然埋下了仇恨的种子。

保元三年(1158年)八月,后白河天皇让位于东宫守仁亲王,自为上皇。守仁亲王即位,号二条天皇(1143—1165年)。历史开始进入后白河

---

[1] 美川圭:《院政》,中央公论新社2006年版,第111页。

院时代。原本就极易产生矛盾的院政这种皇权二元化的政治形态的发展,使信西入道成为众矢之的。平治元年(1159年)十二月九日,左兵卫督藤原信赖、左马头源义朝等趁上皇护卫——曾因平定"保元之乱"而得宠于后白河上皇的平清盛赴熊野神社参诣,离开京都,发动军事政变,矛头直指信西入道,"平治之乱"爆发。"叛军"将上皇和二条天皇禁闭于皇居内里,一举夺得政权。信西入道虽闻讯逃脱,但他自知在劫难逃,在山城国令人将自己"活埋",辉煌一生就此了断。叛军不依不饶,将其尸体挖出斩首并将其首级送往京都。之后,平清盛假装顺从叛军,设法救出了后白河院及二条天皇并获得宣旨,依靠各方势力一举平定了叛乱。源义朝逃到尾张国(名古屋)被下属杀死。源义朝的儿子源赖朝被平清盛流放至伊豆国蛭岛。平清盛居功至伟。"平治之乱"后,上皇和天皇之间为掌握政治主导权关系微妙,廷臣和武士亦貌合神离。但是,通过"保元之乱"和"平治之乱",通过军事手段决定政权归属的政治构图已经画就。按照慈圆在《愚管抄》中的说法,时代开始进入"武者之世"。

二条天皇是后白河天皇的长子,他的母亲是大纳言藤原经实的女儿藤原懿子。二条天皇的母亲在他小时候就去世了,而鸟羽天皇的皇后藤原得子因亲生儿子近卫天皇夭折,所以对他照护有加。保元三年(1158年)八月,16岁的二条天皇即位,立藤原实能的女儿藤原育子为中宫。因平清盛对他有救命之恩,所以平氏的势力日趋壮大。同时,二条天皇不仅重用藤原经宗、藤原惟方,而且对关白藤原基实颇为信赖,很想亲政有所作为。但在当时,这显然是有政治野心的标志。在上皇压力下,永历元年(1160年)二月,藤原经宗、藤原惟方均被流放。同时,近卫天皇的皇后藤原多子被再次立为皇后。这在日本史上极为罕见。永万元年(1165年)六月二十五日,二条天皇将皇位"禅让"于二皇子顺仁亲王,获封太上天皇。同年七月二十八日,年仅23岁的二条上皇驾崩,在位7年。

顺仁亲王即位后,号六条天皇(1164—1176年)。这位日本第七十九代天皇是年仅2岁的幼帝,执掌实权的依然是得到平清盛等武士支持的后白河上皇,尽管名义上由藤原基实摄政。翌年,后白河上皇的七皇子、宪仁亲王被立为皇太子。宪仁亲王当年6岁,比六条天皇年长3岁,但论辈分是六条天皇的皇叔。关白藤原基实的正妻平盛子因在御所对六条天皇有抚养之恩,是天皇的义母,获封准三宫。藤原基实自然成为六条天皇的"义父"。尽管藤原氏历代从未获此殊荣,但以后真正发迹的不是藤原氏,而是平氏。六条天皇即位后,平盛子的父亲平清盛升任内大臣,翌年即仁安二年(1167年)升任太政大臣。此时,藤原氏和平氏的矛盾开始突显,后白河上皇为了抑制藤原家势力,于仁安三年(1168年)二月二十八日让六条天皇退位。年仅5岁的六条天皇史无前例地成了太上天皇。翌日,8岁的宪仁亲王受禅登基,号高仓天皇(1161—1181年)。两年前年仅24岁的藤原基实已经去世,当时的摄政是22岁的藤原基房。安元二年(1176年)七月十六日,尚未元服的六条上皇驾崩,年仅13岁。

幼帝接连登基、退位,后白河上皇始终主掌朝政,一切似乎没有改变。但是,代代以天皇外戚身份享有荣光的藤原氏,却因后白河上皇对平氏圣宠有加而风光不再。以往中宫基本出自藤原氏,但是高仓天皇却根据后白河上皇的旨意,立了平清盛的三女儿平德子。自此以后,平氏开始取代藤原氏被视为第一显贵。旧爱新宠的矛盾已无法避免。然而,养虎成患。随着平氏势力壮大,院政也受到掣肘。治承三年(1179年),平清盛发动"治承政变",将后白河上皇软禁于鸟羽殿,院政因此中止。治承四年(1180年)二月,在平氏的主导下,高仓天皇被迫退位给他和平德子生的长子言仁亲王,改称"新院"。言仁亲王登基后,号安德天皇(1178—1185年)。安德天皇当年只有2岁,因此掌控朝政的是他的外祖父平清盛。寿永二年(1183年),武将源义仲(又名木曾义仲)举起了讨伐平氏的旗帜。日本历史开始逐渐进入武家时代,而且序幕非常精彩和著名,那就是源赖朝和平清盛互争雄长的"源平争乱"。

第四节 "唐风文化"与"国风文化"

吉川真司主编的《日本的时代史》第5卷《平安京》,以"唐风文化和国风文化"为题,论述了平安时代的文化。他指出:"唐风不是'和'与'汉'的互相排斥,而是在天皇统治的理念中,使'唐'范畴化并占有一定地位。似只有如此理解'唐风'才有意义。"[①]"国风"一词源于中国,意为"国之风气"。由"风雅颂"构成的中国儒家经典《诗经》中的"风",即"国风"。"国风"汇集了都城之外的周代民谣。但是,日本借用这一词汇,则主要表示日本的"独特性",一如江户时代日本将脱胎于汉服的民族服装称为"和

---

① 吉川真司主编:《日本的时代史》第5卷《平安京》,吉川弘文馆2002年版,第270页、294页。

服",以别于西方的"洋服";将本国的学术称为"国学",以别于来自西方的"洋学",尽管日本所谓的"国学"也源于中国。中国《诗经》的"国风"之"国",意为"乡土",而日本形成于平安时代的"国风"之"国",则是指代"日本国"。所谓的"国风"文化,即具有日本自身特点的文化。必须强调,相对于奈良时代的"日本文化"无异于"日本的中国文化",在平安时代,具有日本个性和特征的文化艺术开始形成,尽管那时候所谓的"日本文化",仍具有明显的中国文化的胎记。

唐风文化 平安时代文化日渐兴隆,并首先体现于"唐风文化"的兴隆。唐风文化的兴隆期因嵯峨天皇和清和天皇的年号得名——"弘仁、贞观文化",并以承和九年(842年)嵯峨上皇驾崩为界,分为前、后两个时期。

自桓武朝至嵯峨朝,皇权显著伸张。为显现和论证皇权之神圣和威严,中国式的礼仪、学问获得朝廷重视。是尤其在嵯峨天皇时代,"文章为经国之大业"(《凌云集》序)成为一种指导思想,文学艺术被赋予了促进国家繁荣的政治使命,尊重文艺的气氛充溢朝野。在嵯峨天皇的宫廷里,每逢游览、宴会,赋诗助兴堪称一种时髦和"常规",天皇亦热衷此道,诗人辈出,如小野岑守、滋野贞主、空海等。与之相应,《凌云集》《文华秀丽集》《经国集》等汉诗文集相继得以编纂。桓武朝以后,作为上述风潮的反映,原先明经道的地位,即为支撑律令国家政治理念而以学习儒教经典为中心,被"纪传道"的地位所取代。"三史"即《史记》《汉书》《后汉书》和《文选》的学习,成为大学主要科目。"文章博士"的地位也获得提升。弘仁十二年(821年),文章博士的官位由从七位下跃升至从五位下。[①]中央的有力氏族也顺此风潮,在大学附近创建了所谓"大学别曹"的教育设施。和气氏的弘文院、藤原氏的劝学院、橘氏的学馆院、王氏的奖学院等,即属此类设施。[②]同时亦有学者在私邸授课,特别是连续三代承袭"文章博士"地位的菅原清公、菅原是善、菅原道真,更是门生众多。

为了维护国家的权威并为治世提供借鉴,国史编纂继续进行,《续日本纪》《日本后纪》《续日本后纪》《日本文德天皇实录》《日本三代实录》相继问世,与《日本书纪》一起合称"六国史"。相关信息参见下表:

---

① 藤原冬嗣等撰,熊谷公男校注:《类聚三代格》卷五,弘仁十二年(821年)二月十七日太政官府,八木书店2005年版。
② 所谓"大学别曹"是学生寄宿处,本身并不授课,学生均须去大学参加考试和听讲。

名　称	卷数	取载历代	取载年代	完成年	主编纂者	备　注
《日本书纪》	30	神代—持统	？—697	720	舍人亲王	缺系图1卷
《续日本纪》	40	文武—桓武	697—791	797	菅原道真 藤原继绳	
《日本后纪》	40	桓武—淳和	792—833	840	藤原绪嗣	仅存10卷
《续日本后纪》	20	仁明	833—850	869	藤原良方 春澄善绳	
《日本文德天皇实录》	10	文德	850—858	879	藤原基经 菅原是善 岛田良臣	
《日本三代实录》	50	清和—光孝	858—887	901	藤原时平 大藏善行	

嵯峨天皇统治的弘仁年代，文化活动丰富多彩。各种文献相继问世。除了上述文献，还有《弘仁格》《弘仁式》《内里式》等法律法令，以及解释律令的《令义解》，还有作为敕撰氏族志的《新撰姓氏录》。

至9世纪后半叶的贞观年代，以藤原氏为中心的贵族化动向日益抬头，以宫廷为中心的政治局势发生变化，文艺与政治的关系逐渐松弛，敕撰汉诗集不再编纂，取而代之的是菅原道真编纂的《菅家文草》《菅家后集》，纪长谷雄编纂的《纪家集》等私家诗文集。汉文学方面，继仁明天皇时期的小野篁之后，载9世纪后半叶的有春澄善绳、都良香、菅原道真、纪长谷雄等，他们均是可圈可点的大家。更重要的是，在这一时期，作为汉文学繁荣的标志不仅仅是人物和作品，汉诗传统表现形式本身也不断发生变化，即日本汉文学的特征正式形成。

早在奈良时代《万叶集》问世的时候，汉诗与和歌已经开始结缘。如天平宝字二年(758年)正月，大伴池主赠大伴家持的"歌"又记为"倭诗"，可见当时已有"倭诗"与"汉诗"对应的意识。9世纪初，空海撰写了《文镜秘府论》，论述了诗歌创作的基本理论。该论著引用了中国《毛诗序》中的观点，对诗做了如下定义："诗者，志之所之也。在心为志，发言为诗，情动于中而形于言。"这一思想构建了"诗"与"歌"的桥梁，对和歌的创作具有不可忽略的影响。

9世纪中叶后，"倭歌"即"和歌"一词开始流行。宽平八年(894年)，大江千里奉宇多天皇之命,在《白氏文集》等文集中搜寻诗句撰成的《句题和歌》,就是诗歌联姻的铁证。

嘉祥二年(849年),为祝贺仁明天皇"宝算四十"即40岁寿辰,兴福寺法师等撰文讴歌天皇的仁政。《续日本后纪》对那些颂圣的文章有这么一番评论:"夫倭歌之体,比兴为先……故采录刊载。""比兴"原为汉诗表现手法,如此评述,足见"汉诗"与"和歌",在当时已形成日本"诗歌"双璧。

和歌·日记·随笔　和歌、日记、随笔,是10世纪至11世纪形成的"国风文化"的主要表现形式。在所有和歌集中,《古今和歌集》无疑是平安时代"国风文化"的首席代表。曾经盛极一时的和歌,在弘仁·贞观年代唐风劲吹、汉诗汉文似锦繁花中,不仅显得很不起眼,而且曾一度几乎身姿难觅。但是进入9世纪三四十年代的仁明天皇时期之后,和歌创作又趋活跃,贺宴和法会吟诵和歌重新获宠,被称为"六歌仙"的遍照(良辰宗贞)、在原业平、小野小町等在文学舞台上占据了"C位"。当时,如今天红白歌会般分左、右两队赛歌的形式,受到人们热烈欢迎。和歌在一度几乎被打入冷宫之后,终于再次跻身朝廷,与汉诗争宠。延喜五年(905年),纪友则、纪贯之、凡河内躬恒、壬生忠岑等奉醍醐天皇诏令,完成了20卷本《古今和歌集》的编纂,为以后和歌的发展奠定了坚实的基础。更重要的是,以醍醐天皇为中心的朝廷,强烈希望赋予和歌同汉诗一样的文化价值。天皇的恩宠对和歌发展的意义,毋庸赘言。

《古今和歌集》在序言中开宗明义地阐明了和歌的真谛:"夫和歌者,托其根于心地,发其华于词林者也。"整部《古今和歌集》由春、夏、秋、冬、贺、离别、羁旅、物名、恋、哀伤等部构成。在各部,例如春,又分立春、雪、莺等主题,相当缜密。和歌的作者运用了枕词、序词、挂词、缘语、拟人等各种创作技巧,以优美的五七调韵律,展示了贵族文人纤细的情感。这种歌风给予后世和歌创作极大的影响。此后,和歌在宫廷社会扮演了社交的角色,而其作为表现思想的载体,则逐渐让位于不断崛起的日记、随笔和物语。

在日记文学中,纪贯之的《土佐日记》,以及出自女性手笔的《蜻蛉日记》《和泉式部日记》《紫式部日记》《更级日记》,是平安时代日记文学重峦叠嶂的山脉。

《土佐日记》是平安时代和歌"超人"纪贯之的日记体作品,发表于承平五年(935年),是第一部使用纯粹日文"假名"写成的作品。因此,纪贯之也被视为"平假名日记文学"的开拓者。当时，男性一般都以汉字记日记，女性没有记日记的习惯，纪贯之却假借女性身份，以平假名写下了这本日记体游记。《土佐日记》开篇写道："男人会写日记这种文章，女子我也来写写看吧。"纪贯之将老国守(即作者本人)作为客观对象加以描写，并假托一个妇女之口，叙述一个任职于土佐地方的老"国守"任期届满乘船返京，追怀在任上失去女儿的感情，以及长途旅行中种种苦乐悲欢。作品的语言平易洒脱，诙谐幽默，既有思想性，也有可读性。

10世纪70年代问世的藤原道纲母亲的《蜻蛉日记》，亦是日记中的杰作。作者之所以名为"道纲母亲"，是因为当时妇女社会地位低下，故借用其子藤原道纲以传其名。也就是说，作者是摄关政治要人、外戚藤原兼家众多妻子之一，是有名的女歌人。"蜻蛉"则意为"浮生"。这部作品共3卷，记录了作者与藤原兼家结婚后20年间的生活，倾诉作为一名贵族妇女在一夫多妻的制度下所承受的精神痛苦。既揭示了平安时期男性贵族荒淫无耻的生活，也反映了贵族妇女对自身地位的反省。作品反映的是作者的切身体验，文笔细腻，真挚动人。

11世纪初登上日记文学舞台的《和泉式部日记》，是一部介于"日记"和"物语"之间的作品，也称《和泉式部物语》。作者和泉式部(987—1048年)与清少纳言、紫式部并称平安时代"王朝文学三才媛"。和泉式部同时也是一位风华绝代的佳人和杰出的女诗人，创作了约1 500首和歌，收在《敕撰集》中的和歌就有246首，被列入"中古三十六歌仙"。她的诗歌直抒胸臆且构思奇特，充满了新颖别致的魅力，读了令人荡气回肠。所谓"红颜薄命"，和泉式部一生命运多舛。20岁时和泉式部同长她17岁的橘道贞结婚，生下独生女小式部后夫妻感情破裂。之后，和泉式部又同冷泉天皇第三皇子为尊亲王相恋，但为尊亲王26岁夭折。翌年，和泉式部和为尊亲王的弟弟敦道亲王相恋，并被迎入宫中。但敦道亲王也在26岁时撒手人寰。之后，由于和泉式部才华出众，藤原道长邀她为自己的女儿藤原彰子(一条天皇皇后)担任家庭教师。她的《和泉式部日记》用第三人称撰写，叙述作者(就是她本人)与冷泉天皇的皇子敦道亲王的爱情生活。作者以110首爱情赠答歌为中心，淋漓尽致地展示了其奔放的感情和无所顾忌的恋爱心理，从一个侧面反映了平安贵族妇女的精神面貌和情感世界。

《紫式部日记》于宽宏七年(1010年)秋，即与《和泉式部日记》几乎同时登上文坛。紫式部出生于承平七年(937年)前后,卒于宽仁三年(1019年)至万寿二年(1025年)之间。紫式部本姓藤原,名不详,之所以署名"紫式部",是因为"紫"取自她的不朽名著《源氏物语》的主角紫之上,"式部"取自她父兄的官职"式部丞"。紫式部丧夫寡居后,应召入宫侍奉一条天皇的中宫藤原彰子。《紫式部日记》记录了作者担任一条天皇的皇后藤原道长的女儿彰子的侍从女官时的宫中生活。作者在作品中描述了藤原道长一族的豪华生活,并对这种生活感到怀疑,表现出作者对贵族生活的批判态度。《紫式部日记》虽然不如《源氏物语》广为人知,但也在日本文学史上占有一席之地。

《更级日记》的作者是日本"学问神"菅原道真的玄孙菅原孝标的女儿,她的姨妈就是《蜻蛉日记》的作者藤原道纲母亲。《更级日记》问世于11世纪中叶,是作者对自己10岁那年随父亲到上总国(千叶县中部)赴任,至51岁丈夫去世的41年生活的回忆。作者既没有和泉式部的美貌,也没有清少纳言的机灵。33岁那年,迫于父亲政治联姻的需求,她同橘氏家族其貌不扬的橘俊通结了婚。她从小受《源氏物语》的影响,但现实却令作者感叹:"既没有光源氏那种男人,也没有薰大将在宇治金屋藏娇那种恋情。"但是,婚后生活使她逐渐认识到,男人的魅力在于是否勤奋工作和体贴妻子,不在于容貌和门第。她将这些感受写入了作品。因此,《更级日记》就是一本平凡主妇描述平凡生活的作品。但是,平凡不是平庸。《更级日记》最大的特点是,作者年轻时期的种种幻想和年老时的宗教生活,既有一定反差,也有明显的宗教色彩。作品不完全连贯,但其心路历程一以贯之。《更级日记》结束于她丈夫的离世,以这么一句话结尾:"各自离散,旧居唯我一人。悲戚不安,耽于思虑,夜不能寐。"

随笔文学也是在平安时代繁荣起来的。日本的随笔文学和日记文学有相似之处,内容广泛,但不受日记那种系日系年形式的拘束。随笔既有纪行和日记式的文章,也有对自然、人生、社会各方面的观察、记录、评论以及记载考证、研究的成果,是日本文学中足以同诗歌、说话、戏剧等媲美的一种文学形式。随笔文学最初的代表作,是一条天皇的皇后藤原定子的女官清少纳言的《枕草子》。清少纳言(966—1025年)姓清原,名不详。《枕草子》由互不连属的杂文或散文组成,记录了作者任女官时的生活、见闻,以及对人事、自然的感想与评论,显示了作者对事物敏锐的观察力和超凡脱俗的纤细感觉,以及驾驭文字的天赋。作者在最后写道:"这本随笔本来只是在家闲居无聊的时候,把自己眼里看到、心里想到的事情记录下来,并没有打算给什么人去看。"所谓"有心栽花花不开,无心插柳柳成荫",正是这种"不经意",将作品的真实性、随意性表现得淋漓尽致。《枕草子》分为类聚、日记、随想三部分。"类聚"罗列生活中不同性质与类别的事物,标题简洁明快,如"山""海""扫兴的事""高雅的东西"等,涉及地理风貌、草木花鸟、内心情感、生活情趣。从作者的描述中,读者可以明显感受到中国唐朝李义山《杂纂》对她的影响。"日记"则记录作者在宫中所见所闻所感,其中既有作者与皇后藤原定子的感情交流,也有她在宫中生活的点点滴滴,显示出作者作为女性特有的细腻观察和审美情趣,同时也从一个侧面映现平安时代皇室贵族的生活方式和品位素养。"随想"则是作者面对自然的遐想和对人生的感悟。《枕草子》是日本随笔文学的先声,与镰仓时代鸭长明的《方丈记》、室町时代吉田兼好的《徒然草》,并称"日本三大随笔"。清少纳言被誉为"日本散文的鼻祖"。同时,《枕草子》也是日本文学重要体裁"草子"文学的"报春鸟"。①

物语和艺术 物语的形成受中国六朝和隋唐传奇文学的影响,但却是"国风文化"的重要内容。物语文学在产生之初就分为两大类:一类为虚构物语,即将民间流传的故事经过有意识的虚构和润色形成完整的故事,具有传奇色彩。《竹取物语》是这类物语的代表。创作于10世纪初的《竹取物语》是日本最早的一部物语。故事写一位伐竹翁在竹心中取到一个美貌的小女孩,经三个月就长大成人,取名"细竹赫映姬"。五个贵族子弟向她求婚,她答应嫁给能寻得她喜爱的宝物的人,可是这些求婚者都遭到失败。皇帝想凭借权势来强娶她也遭到拒绝。赫映姬在这些凡夫俗子茫然失措之中突然升天。另一类为歌物语,作品使和歌与散文完全融为一体,成为整部小说的有机组成部分。与《竹取物语》差不多同一时期写成的《伊势物语》即属这一类型。《伊势物语》由125个短篇汇集而成,各篇均为独立完整的故事,但全篇由一个叫在原业平的中心人物在宫廷和外地的种种恋爱经历贯穿。在原业平是平安时代歌人,六歌仙、三十六歌仙之一,是有名的风流美男子和"情种",据称与3 733个女子有肌肤之

---

① "草子"又称"草纸",是日本中世和近世文学中的一种群众读物,形式为带插图的小说,多为短篇。

亲。《伊势物语》采用虚实相间的写作手法,以在原业平的30多首和歌为叙事基础,通过"张冠李戴"即将别人的作品加在他身上的手法,丰富他的魅力。整个作品通过不同的场景设置和故事安排,叙述了在原业平热恋、失恋、苦恋、悲恋的感情经历,并在父子之情、主仆之信、朋友之义中展示他的人格和人品,将历史中确有其人的在原业平,描写得令人既似曾相识,又非常陌生。

物语文学的巅峰之作是11世纪问世的《源氏物语》。《源氏物语》将虚构物语与歌物语结合在一起,既在创作方法上继承了物语的现实主义传统,又摒弃了物语只重史实、缺少心理描写的缺陷,不仅促进了物语的发展,而且对日本散文发展产生了巨大影响。日本著名作家川端康成在获得诺贝尔文学奖发表获奖感言时表示,《源氏物语》是日本小说创作的巅峰之作,他本人的作品无法与之媲美。虽然这是谦虚的表述,但《源氏物语》在文学史上享有崇高地位,却是不争事实。《源氏物语》共54回,历时70余年,所涉人物400多位。全书以源氏家族为中心,上半部写了源氏公子与众妃、侍女的大量风流韵事,后半部则以源氏公子之子薰君为主人公,铺陈了复杂纷繁、缠绵悱恻的男女爱情故事。作者紫式部对"男女相悦之事"毫不惜墨,将其描述为人间至极之乐,然后又演绎乐极生悲,让其凄然破灭,以显繁华落尽的悲哀,将日本文化的"物哀"特征演绎得淋漓尽致。"物哀"最初是江户时代国学家本居宣长提出的一个概念。所谓"物哀",就是人在接触外界事物时,情不自禁地产生的一种感触。按照《广辞苑》的解释,即"难以名状的一种感触"。《源氏物语》的结局相当感人:薰君爱上了八亲王的大女儿公子,不料遭到拒绝。公子病逝后,他寻回外貌酷肖公子的八亲王的私生女浮舟,以慰藉对公子的思恋,弥补心灵的孤寂。可是一天深夜,匂皇子潜入浮舟卧房,假冒薰君的声音占有了浮舟。尽管薰君仍对她一往情深,多次捎信以求一见,但均遭拒绝,终未如愿。浮舟处在薰君精神的、静谧的爱情和匂皇子感官性的、激越的爱情之间进退两难,最后毅然削发为尼。浮舟的困惑和痛苦,演绎了一幕精神和肉体分离的悲剧。作为日本文学登峰造极之作的《源氏物语》,通过精神失去肉体、肉体失去精神的犀利刻画,在日本爱的历史上宣告了明快健康的恋爱的式微和民族青春期的不再。《源氏物语》最初在京都的公家中流传,到江户时代开始普及庶民之中。这部长篇爱情小说作为对"物哀"的细腻描述而成为不朽名著。

在平安时代,随着游宴的盛行,宫廷舞乐也逐渐成为一项制度。7世纪以后海外传入的舞乐,自9世纪以后被编为唐乐(左方)和高丽乐(右方)二部。经乐所的乐人世代传承,特别是在配器、曲目、上演形式等方面,构成了当今日本雅乐之基础。当时皇族、贵族中会演奏琵琶、笛子等乐器者比比皆是。同时,举行神事时演奏的神乐、扎根于民众的劳动歌催马乐,也获得不少贵族喜爱,其形式日渐完备。

迁都平安后,受唐朝文化影响,建筑、雕刻、绘画、书法、工艺等也发生了显著变化,尤其体现在外来文化和本土文化的并存上。平城京的朝堂院显示了唐风的威仪,而内里的紫宸殿、清凉殿等则保留着和风的简朴;贺茂神社、日吉大社在简朴中显示出华丽;京都石清水八幡宫和八坂神社,则体现了一种新的建筑风格。虽然东寺和西寺的伽蓝沿袭了奈良时代的格局,但密教和真言宗的寺院却体现出该时代寺院建筑的特色,尤其是出现了前所未有的佛堂和佛塔,以及正堂前面供礼拜用的礼堂。遗憾的是,比叡山延历寺、高野山金刚峰寺、东寺(教王护国寺)、神护寺、室生寺等原始风格已经逝去,唯室生寺的金堂和五重塔还稍微能让人们想象其本来面目。在雕刻、绘画、工艺方面,密教的作品弥足珍贵,并体现出唐朝风格。例如,高野山金刚峰寺的七尊像颇能反映密教风格,可惜的是被1926年的一场大火烧毁,人们只能通过照片窥其"遗容"。空海在东寺供奉的、以密教教主大日如来为中心的二十一尊造立,或是木雕像,或是木心漆雕像,个个栩栩如生。天台宗雕像亦令人瞩目,且留存较多。相对于真言宗空海系统主要吸收中唐末期的风格,天台宗最澄的高足圆仁、圆珍等传递的则是中国晚唐文化的信息。滋贺渡安寺十一面观音立像,是圆仁模仿唐朝新密宗图像的遗作,而圆珍系的京都仁和寺阿弥陀三尊像,则作为日后和风雕刻的先驱而在日本雕刻史上占有重要地位。另外,体现神佛习合的雕像和祖师肖像雕像也不容忽略。前者有东寺的僧形八幡神等,后者有神奈川箱根神社的万卷上人(723—816年)座像。

绘画方面,平安时代以最澄和空海为代表,通过"唐八家"的传入,唐代中国密教绘画在日本画风一变。①例如,京都神护寺的紫绫金银泥两界

---

① "唐八家"指入唐求法的八位僧人,即天台宗的最澄、圆仁、圆珍;真言宗的空海、常晓、圆行、惠运、宗叡。

第四章 ● 平安时代

曼荼罗图（高雄曼荼罗），佛尊端庄的容貌，不难引发人们对唐代绘画的联想。堪与曼荼罗媲美的还有作为密教绘画特色的忿怒尊，如作为金刚界五佛的化身（教令轮身）而得到尊奉的五大尊（五大明王）。除了佛画以外，具有"唐绘"风格的山水画和人物画迄今已遗品全无，令人扼腕叹息。但是观赏现存东寺的一些与之相关的"大和绘"水墨画，我们能够感觉唐绘的浓烈气息。书法方面，王羲之的拥趸甚众。被称为"三笔"的空海、嵯峨天皇、橘逸势的作品以及最澄的真迹，均有"王牌"印记。而仿效颜真卿书法的作品，则首推现存于神护寺的《灌顶历名》。

工艺方面，密教法具是平安时期颇有特色的遗品。空海请自大唐的五钴铃、五钴杵金铜盘现存于东寺，可以作为见证。此后制作的铜镜、铜像、金铜钵如意，则留存更多。另外，贞观十七年（875年）制作的神护寺铜钟，扮演了承先启后的角色。漆工工艺既承袭前代，又受唐风影响，可列举的作品有当麻寺的当麻曼荼罗厨柜、京都仁和寺的宝相华迦陵频迦莳绘塞册子箱和东寺的海赋莳绘袈裟箱。总之，弘仁·贞观时代的美术既承袭前代传统，又受唐风影响，最终引导日本美术界"国风"日盛，具有明显的过渡时期的特色。

"曼荼罗"（Mandala）

平安时代，日本文坛并非只是劲吹来自列岛西面的"唐风"。"国风"劲吹，也是这一时代文坛的特征。"国风"即"和风"，但需要说明的是，这一词汇是在20世纪30年代，即日本民族主义高扬的背景下才频繁出现的。当时，以"国风"一词表示和歌的兴隆、假名散文的发展等文坛新的气象。至20世纪50年代，在"民族文化论"日益高涨的时代潮流中，"国风文化"再次得到颂扬。正如川崎庸之在1951年指出的："国风文化是平安时代具有特征的动向。当时，社会各阶层均朝这一方向努力。"事实上，认为"国风"等于"和风"并不确切。但是，近年日本有一种倾向，即不仅将"假名"写成的作品完全归入"国风文化"，而且努力在汉文的文体中，挖掘日本文化的"特征",进而将其视为"国风文化"的表现。例如,山川出版社出版的教科书强调:"贵族在公开的场合都只使用以前流传下来的通用汉字写文章,这种文章与纯粹的汉文大不相同,所以是和风的写法。"①这么做的目的是什么,毋庸赘言。平安时代还留下了"三代集"和增补后形成的"八代集"。

三代集

编纂者	名　称	成书时间
纪贯之	《古今集》	905 年
清原元辅	《后撰集》	951 年
藤原公任?	《拾遗集》	996 年?

八代集(增加下列五集)

编纂者	名　称	成书时间
藤原通俊	《后拾遗集》	1086 年
源俊赖	《金叶集》	1126 年
藤原显辅	《词花集》	1141 年
藤原俊成	《千载集》	1187 年
藤原定家	《新古今集》	1205 年

第五节　平安佛教:天台·真言·融通念佛

佛教在奈良时代已得到显著发展,形成了"南都六宗"。但当时各宗均是唐朝佛教的传入,没有自己的创立者。在平安时代,这种状况有了根本改变。9 世纪,最澄和空海两位高僧分别创建了天台宗和真言宗。天台宗和真言宗同南都佛教各宗一起,构建了日本国家佛教体制。但显然不同的是,天台、真言两宗都选择深山福地构建寺院作为潜修扬道场所,而南都六宗的寺院基本都在城市。佛教各宗既独立形成了各自教学体系,又彼此影响渗透,相得益彰。10 世纪至 11 世纪,天台宗、真言宗、融

---

① 小岛毅:《东大爸爸写给我的日本史》,王筱玲译,北京联合出版公司 2015 年版,第 166 页。

通念佛宗作为独立的"平安佛教",登上了日本的历史舞台。

天台宗的创立 日本天台宗的创建者是最澄。最澄(767—822年)俗姓三津首,幼名广野,出生于近江国滋贺郡,据《睿山大师传》和《最澄传略》记载,最澄是汉献帝的苗裔。最澄少时出家,延历四年(785年)在鉴真生前弘法的东大寺受具足戒,学习鉴真和思托带来的天台宗经籍。延历七年(788年),最澄入比叡山修行,并自刻药师如来佛供奉。他还撰写了《愿文》,透视出他深深的无常观和强烈的求道心。入比叡山修行期间,最澄还在当地建立了日枝山寺。此寺为日本天台宗的根本中堂,又称一乘止观院,后成为日本天台宗的总本山延历寺。修行期间,最澄阅读了天台"三大部"即《法华玄义》《法华文句》《摩诃止观》,以及《维摩经疏》《四教义》等天台教籍,自此深深皈依天台妙旨。

天台宗系由中国隋代的智𫖮集其思想大成。智𫖮按佛教"五时八教"之说,将佛教之诸教说分为不同体系。①提出释迦通过种种因缘、譬喻、言辞对众生说法;而《法华经》宣扬的达到佛之真理的道路的"三乘"(声闻、缘觉、菩萨),是作为宇宙统一之真理的一乘之妙法,显示了佛教之根本目的和大纲,主张应基于这种理解进行修行实践。正是这种思想,给予了最澄极大启示。在入山修行12年后,延历十七年(798年),最澄开始了布教活动。延历二十一年(802年),最澄应邀在和气广世主持的高雄山寺(神护寺)"法华经"宣讲会上传授天台教义,受到桓武天皇嘉奖。以此为契机,最澄向桓武天皇提出了作为"还学生"(短期留学生)入唐求法的要求并获敕许。延历二十三年(804年)四月,即唐贞元二十一年,最澄奉诏率弟子义真等,随藤原葛野麻吕率领的第十六批遣唐使团入唐求法。最澄在中国总共逗留了8个月。其间先在天台山修禅寺随道邃大师学《摩诃止观》等,道邃还于龙兴寺西厢"极乐净土院"亲手向最澄授圆教菩萨戒。之后,最澄在国清寺受行满天台的付法和大乘戒,最后返回他登陆的临海龙兴寺,继续研习天台教观。他还抄写了大量天台宗典籍。最澄回国时,带回了以天台宗教说为主的典籍230部460卷。②同时还带回了茶

---

① "五时八教"系天台宗智𫖮大师判解一大藏佛教,即以"五时"定释迦一代圣教说法之次第,以"八教"分别其说法之仪式即"化仪之四教"以及教法之浅深的"化法之四教"。"五时"为华严时、阿含时、方等时、般若时、法华时(附涅槃时);化仪四教为顿教、渐教、秘密教、不定教;化法四教为藏教、通教、别教、圆教。

② 见《僧最澄将来目录》,收录于《延历寺文书》,《平安遗文》4310—4312号。

籽、茶叶,是史上中国茶叶传播海外的最早记载。最澄带回日本的茶籽种植于日吉神社的旁边,为日本最早茶园(今池上茶园)。在日本京都比叡山的东麓,迄今仍立有"日吉茶园之碑",碑文记有最澄大师种茶、辟园、植茶的情况。与此同时,最澄还将茶文化传入日本,并曾煮茶晋献嵯峨天皇,嵯峨天皇撰写了《答澄公奉献诗》作为答谢:"羽客讲席亲,山精供茶杯。"不过,由于最澄带回的茶叶数量很少,并没有向社会普及。饮茶之风仅限于寺院和皇室。

圣福寺内日本最早的一棵茶树

根据求法所得,最澄在比叡山大兴天台教义,并于大同元年(806年)正式开立与南都六宗并立的日本佛教天台宗。是年,最澄的最大保护者桓武天皇驾崩。最澄遂开始了与南都其他宗派的论争。特别是在弘仁八年(817年),最澄为和法相宗的德一论争,撰写了《照权实镜》《守护国界章》《决权实论》《法华秀句》等大量论著。

弘仁九年(818年),最澄舍弃了在东大寺接受的二百五十戒,主张天台宗的僧侣应该接受大乘戒,并请求嵯峨天皇恩准其在比叡山设立戒坛,提出真正镇护只能借助大乘菩萨僧之力。按照他的看法,南都戒坛授受的具足戒(请三师七证,授二百五十戒)是小乘佛教之戒,真正的大乘佛教不应接受这种戒律,而应根据《梵网经》的论说,在佛菩萨前起誓,接受由十善戒、四十八轻戒构成的菩萨戒。天台的学生应不入僧籍,用自己的衣食;受戒之后在比叡山修行12年,然后根据自己的能力承担护国之任务。对于最澄的上表,嵯峨天皇咨询僧纲。弘仁十年(819年),僧正护命代表僧纲上表予以反对。对此,最澄于翌年撰写了《显戒论》上呈朝廷,对僧纲的主张进行反驳,并再次要求恩准设立戒坛。弘仁十三年(822年),最澄圆寂。其弟子光定等奔走吁求,在最澄圆寂七天后获得嵯峨天皇设立戒坛的敕许。翌年以后,每年三月桓武天皇忌日,天台宗均在比叡山迎接敕使举行得度、受戒仪式。弘仁十四年(823年),比叡山寺获赐延历寺之号。天长元年(824年),义真被任命为初代天台座主,且不由僧纲统摄。天台教团终于获得了独立。贞观八年(866年),最澄获传教大师谥号。中国临海龙兴寺则作为日本天台宗祖庭,为历代日本天台宗僧人和信徒所景仰。

天台宗在日本的创立具有非常重要的意义。最澄主张"一切皆成佛"、重视菩萨道之实践,并同奈良的教团进行了激烈斗争。这场斗争使国家实际上失去了通过僧纲统制教团,使佛教自身的权威得以树立,形成了新的镇护国家的佛教。而比叡山自此成为日本佛教教学的中心,在镰仓时代孕育出法然、亲鸾、道元、日莲等一代宗师的新佛教思想。[①]

真言宗的创立 日本真言宗的开山祖是空海,谥号弘法大师。空海是足以与最澄媲美的又一高僧。空海(774—835年)俗姓佐伯,幼名真鱼。赞岐国(香川县)人。15岁学《论语》《孝经》等,后随伯父阿刀大足赴京都,入明经科学习中国古典文学。这一经历奠定了以后他学问、思想、文艺之基础。在读了《虚空藏求闻持法》后,他逐渐倾心于佛教,先信佛而做居士,后于延历十四年(795年)在奈良东大寺受具足戒,并入山林修行。延历十六年(797年),空海撰写了《三教指归》(《聋瞽指归》),书中描述了登场的龟毛先生、虚亡隐士、假名乞儿等人物,论述了儒、道、佛三道之优劣,阐明了他选择佛教的理由。

当时,畿内及其周边各地亦有一些山林修行者,他们实践着一种密教的修行法。空海受此启发,决心在密教中探索出一条自己的道路,以解决经典中的疑义。密教是印度佛教发展末期的一个宗派,在教理上以大乘中观学派和瑜伽行派的思想为理论前提。大乘中观学派由活跃于150年至250年之间的龙树所创。龙树本姓阿周陀那,别名龙树或龙猛、龙胜,释尊入寂后七百年出生于南天竺即南印度的碑达巴,在印度佛教史上被誉为"第二代释迦"和密宗祖师。他的学说由鸠摩罗什翻译、介绍到中国,引起强烈震动。当时盛行的佛教流派如般若宗、涅槃宗,都直接以龙树的学说为基础理论,随后发展起来的三论宗、天台宗、禅宗、密宗的主张,也都源于龙树的学说。龙树主张,世界上万事万物,包括佛法和人们的认知,都是一种相对的、彼此依存的关系。概念本身没有不变的实体。他提出了著名的"八不"学说,即不生不灭(从实体方面看)、不常不断(从运动

---

① 法然、亲鸾、道元、日莲,分别为日本净土宗、净土真宗、曹洞宗、日莲宗创始人。

方面看),不一不异(从空间方面看)、不来不去(从时间方面看)。按照龙树的理论,"八不"是一切存在的基本范畴,也是人们认识之所以成立的根据。密宗在实践上以高度组织化了的咒术、礼仪、本尊信仰崇拜等为特征,宣传口诵真言咒语(语密)、手结契印(身密)和心作观想(意密),三密相应可以即身成佛,并在修法之际建筑坛场(曼荼罗,意为"轮圆具足"),配置诸佛菩萨。这种行法和华严经的哲学相结合而发展成为一个佛教宗派,以《大日经》《金刚顶经》为经典。龙树的思想对中国佛教影响很深很广,中国大乘八宗一致尊奉龙树菩萨为共同的祖师。

瑜伽行派约产生于4世纪的印度,据传创建者为弥勒,但弥勒是否实有其人,学术界一直存有争论。现代学者认为,瑜伽行派实际奠基人是无著和世亲。"瑜伽行"一名出自弥勒或无著的《瑜伽师地论》,意为瑜伽禅定的修习者。瑜伽行派是对以龙树为代表的中观学派的批判和发展。与中观学派一样,瑜伽行派也承认世间诸法为空,但瑜伽行者在承认世界本质空性的同时,也肯定其有呈现纷繁差别相的一面。瑜伽行派认为,世界上一切现象均由"识"所转变显现,并将识分为三类八识:第一类是六识,分别是眼识、耳识、鼻识、舌识、身识、意识;第二类是末那识,起思维度量作用;第三类是藏识,是前七识的共同依据和宇宙万有的根源。修习瑜伽的过程就是实现转染成净,转识为智的过程。

密教以大日如来为法主,体现其法的是法身佛,其他佛、菩萨、明王等,皆是大日如来的分身或化身,各具特殊的个性和功能,而直观地表示诸佛、菩萨等地位和功能的,就是胎藏界(《大日经》)、金刚界(《金刚顶经》)的曼荼罗。一切众生、自然界的一草一木,在宇宙的法世界都是平等、无差别、由大日抚育成长的,通过大日的加持和感应而归一于佛性。①

密教曾经中亚传入中国,但在唐代,特别是善无畏(637—735年)、金刚智(？—741年)、不空金刚(705—774年)相继入唐后,密教得以系统地传入中国,并历唐玄宗、唐肃宗、唐代宗三朝得以传播。唐玄宗曾入坛受不空金刚灌顶。②代宗曾在宫廷内设立道场,请仏僧宣讲真言密法。中国

---

① "加持"意为互相加入,彼此摄持。密教认为,大日如来以大智大悲顺随众生,佑助众生,此为"加";众生受大日如来大慈悲,此为"持"。
② 密教的仪式,用圣水浇灌头部。有传授密教秘法的"坛法灌顶"和以结佛缘的"结缘灌顶"。

密教的兴旺使空海萌生了入唐求法的思想。延历二十三年(804年)空海随遣唐使入唐,先到长安并于翌年在青龙寺拜惠果为师学习大日系(胎藏界)、金刚顶系(金刚界),被授予"阿阇梨"(密教秘法的传授者)的地位。同年惠果圆寂,空海奉唐宪宗命撰写碑文。翌年即大同元年(806年),空海携诸多经典经疏和法物,如密典、佛画、法具等回到日本。

　　回国后,空海初住京都高雄山寺,从事传法灌顶。在此期间,他撰写了《请来目录》。大同四年(809年)嵯峨天皇即位,翌年发生了"平城上皇之变"。空海应嵯峨天皇要求行密教之修法,并因此开始接近天皇。他曾兼任东大寺别当,统辖一寺僧职,补大僧正位。弘仁三年(812年)空海在高雄山举行了金刚、胎藏两界的结缘灌顶,最澄和诸多南都僧侣亦前往参加。空海作为密教"阿阇梨"的声誉日益显隆,但也因此和最澄的矛盾逐渐加深。

　　大同四年(809年)以后,空海和最澄常有书信往来。①但由于空海声名远播,学僧多聚于其门下,他俩日渐疏离。特别是最澄的弟子泰范拒绝师父的恳请挽留,投奔高雄山寺空海门下,对最澄的打击相当沉重。弘仁四年(813年),最澄向空海借阅《理趣释经》,空海以密教之兴废在人,其奥义非由文书传授为由,拒绝出借,最澄和空海就此决裂。另外,空海重视师弟传承、秘密主义,最澄重视经典学习。这种学识掌握和弘扬路径的分歧,也是两人芥蒂渐生的原因。弘仁十四年(823年),嵯峨天皇诏令,将京都东寺赐予空海。随后,空海仿效唐青龙寺之例,将其作为密教根本道场,并将从中国带回的所有佛像、佛画、经卷、法具悉数移入该寺。"东密"名称由此而来。同年,真言宗徒五十人获准常住东寺。空海为使密教理论体系化,笔耕不辍,撰写了大量论著。天长七年(830年),空海奉淳和天皇敕令,

弘法大师讲经图

---

① 空海和最澄之间的信函往来被收录在《传教大师消息》《高野杂笔集》《性灵集补阙抄》等典籍。

撰写了记述真言宗之宗旨的《十住心论》(《秘密曼荼罗十住心论》)十卷,以及阐述其概要的《秘藏保钥》三卷。他在论著中将人类精神的发展分为十个阶段,并据此为诸宗教、思想、佛教宗派定位,强调人类精神的现象形态,均是大日如来绝对智的显现。在完成作为密教教判论的《十住心论》之后,空海又撰写了为之提供实践论基础的《即身成佛义》一卷,阐明了至真至朴的人类肉身,完成绝对宗教人格的密教理想,从而成功地将从印度经中国传入的密教,归纳为兼有教义和实践论的日本的真言宗。

除了灌顶、修法、著述外,空海还广泛开展社会事业、文化事业活动。天长五年(828年)空海在东寺旁边开设了综艺种智院,仿效唐代长安的做法,向庶民传授儒教、佛教、道教以及各种学艺理论、知识和技能,并撰有著名文学作品《文镜秘府论》。空海还学习和掌握了农耕不可或缺的灌溉知识,并受国司的委托,担任乡里赞岐国(香川县)满浓池改建工程的监理,使之顺利竣工。

弘仁七年(816年),空海获朝廷恩赐,取得了作为宗教冥想实践场所的高野山并努力经营。承和元年(834年),天皇敕许在宫中设立真言,并以唐的内道场为标准建立曼荼罗坛。翌年,真言宗年分僧三人获得认可。以此为标志,作为宗派的真言宗正式确立。同年,空海圆寂。延喜二十一年(921年)醍醐天皇诏令赐空海弘法大师谥号。

日本真言宗始祖弘法大师(空海)墓前

日本国宝释尊入寂图

和最澄的复古主义不同,空海通过在佛教历史和理论的发展方向中寻找克服奈良佛教的道路,并因此走向密教。空海努力恢复将人们从苦海中解救出来的佛教原本的使命。他所宣扬的人类平等、即身成佛思想,以其巨大的魅力吸引了众多信徒。①

融通念佛宗 创立于平安时代的融通念佛宗,全称"融通大念佛宗",简称"大念佛宗",由圣应大师良忍(1073—1132年)所创。良忍是尾张(名古屋市)人,早年在三味堂修行,22岁隐遁大原(京都市左京区)苦修并建立了来迎院。虽然融通念佛宗由良忍所创,但在寿永年间(1182—1184年)法统中断,渐趋式微,至元亨年间(1321—1323年)因第七代传人法明良尊戮力传教,中兴宗门,而其理论的最终完成是江户时代的第四十六代传人大通融观。大通融观定制规,设学寮,促进宗学的研究,并撰《融通圆门章》及《融通念佛信解章》,从而使融通念佛宗得以最终成立。因此,他们三位被融通念佛宗奉为"融通三祖",即元祖、中兴祖、再兴祖。融通念佛宗汲取了天台、华严、真言宗的教理,所依据的经典有《华严经》《法华经》和"净土三经"即《无量寿经》《观无量寿经》《阿弥陀经》,以及《梵网经》。虽然融通念佛宗是强调"他力"的"他力宗",非"自力宗"。但却具有和净土宗、净土真宗等"他力宗"不同特点,因此被视为"他力宗"和"自力宗"、由圣教门向净土门过渡的桥梁,具有自身特点。其一,他力宗无不尊奉"净土三经";而融通念佛宗却以《华严经》和《法华经》为根本,视"净土三经"为"傍依"。其二,以杜顺、至相、贤首强调的法则判解释尊的说教,不是依照龙树的难、易二道或道绰的圣、净二门判教。其三,他力宗都说教称名念佛的功德,但都不认为甲的念佛与乙的念佛是融通的。但融通念佛宗强调一人念佛与众人融通,众人念佛也与一人融通,事事融通,犹如灯灯相照,镜镜相映。其四,"他力教"无不以弥陀的愿行作为他力,而融通念佛宗认为,一人称名念佛与他人称名念佛是融通的,如此相互融通能达到圆满的念佛功德。其五,他力教谈安心、起行,无不由弥陀的愿行决定,融通念佛宗认为,自、他誓愿与修行必有成就并以此作为安心,合掌唱念弥陀所传融通,念佛十声就是"起行"。

在佛教日益发展的9世纪,特别是最澄、空海创建的天台宗和真言宗

---

① "即身成佛"意为不须改变现在的肉体就能成为正知正觉的佛。

不断弘扬之际，佛教正式向各地渗透，各地的造寺、造佛趋向兴隆。特别是在当时作为"边境"的关东、东北地区，因朝廷推行通过佛教镇护王土的佛教政策，这一趋向更为明显。尤其值得关注的是，佛教传播者认识到，为使佛教向封闭的乡村渗透，有必要使佛教同传统的神道融合，同时由于"护法善神"思想得到官府宣传，因此"神佛融合"的趋向在这一时期日渐显著，人们的神祇观念也随之发生变化。最明显的反映，就是诸神日趋人格化，神开始具有××命、××姬、彦等人名，历史上的人物作为祖先神得到祭祀。自8世纪后半期，政府将通过授予在各地得到祭祀的神以神阶，将神社纳入国家统治体制。贞观元年（859年），政府举行了同时授予各国267个神社神阶的仪式。①《延喜式》中记载的从太政官或国家衙门获得祈年祭等奉币的神社，分别达到3 132个和2 861个。同时，所谓"社会越黑暗，宗教越光明"，10世纪以后平安京治安不稳，盗贼、火灾频发，疫病流行，也推动了佛教信仰的普及。

　　9世纪至10世纪，随着平安京都市生活的成熟，作为贵族等都市居民信仰对象的社寺也获得了显著发展。迁都平安后，原先在平安京周围的贺茂、松尾、稻荷神社等，均成了皇族和贵族参拜的场所。特别是贺茂神社，更是被奉为皇城的守护神社。后石清水神社也获得劝请。天皇也经常行幸这两个神社。但是，由于寺院最初未获准从平城京迁入，于是在延历十五年（796年），平安京罗城门左、右两侧分别建了东寺（教王护国寺）和西寺。迁都后一个时期，最澄创建的比叡山寺（延历寺）、和气氏的高雄山寺（神护寺）、乙训寺等平安京周边的寺院，成了京城布教活动的中心。此后，自9世纪至10世纪，仁和寺、醍醐寺等天皇的御愿寺，以及藤原忠平的法性寺等贵族寺院，在京城周边陆续出现。10世纪以后，由于俗信流行和国家统治的弛缓，在平安京内，六角堂、革堂、因幡堂等产生于庶民信仰的佛堂也一个个显现身姿，佛教因此日趋繁荣。特别值得一书的是，天长七年（830年），淳和天皇诏令佛教各宗编纂其宗义大要。"天长敕撰六部宗书"因此问世，它们分别是：普几撰《华严宗一乘开心论》（6卷），延历寺义真撰《天台法华宗义集》（1卷），大安寺玄睿撰《大乘三论大义钞》（4卷），元兴寺护命撰《大乘法相研神章》（5卷），丰安撰《戒律传来宗旨问答》（3卷，一般又称《戒律传来记》），空海撰《秘密曼荼罗十住心

---

① 《日本三代实录》贞观元年（859年）正月二十七日条。

论》(10卷,略称《十住心论》)①。另外,滋野贞主以中国的类书(百科辞典)为蓝本编纂的《秘府略》、景戒的佛教故事集《日本灵异记》,也是平安时代问世的杰作。

平安佛教的特征及神佛融合　10世纪和11世纪,佛教在日本开始作为独立的"平安佛教"发展,同时呈现贵族化、世俗化倾向。在这一时期,净土信仰和法华信仰同密教相结合,并作为祈愿个人现实利益和来世往生的拯救佛教而兴隆,女性信徒亦在这一时期显著增加。事实上,佛教自传入日本以后,本已包含贵族化和世俗化可能。因为作为外来宗教的佛教,其经典、经论均以梵文或汉文写成,为了学习了解其深奥的教义、复杂的礼仪,没有深厚的文化底蕴是不可能的,而当时具有这种文化底蕴的,主要是贵族。另外,欲真正修得佛教真谛,修成正果,必须少时出家,刻苦修行。因此在摄关政治时期,在出家者中有不少皇族和贵族子弟,而皇族和贵族亦为出家人提供政治和经济支持。佛教因此受到俗界的强烈影响。

在这一时期,贵族汲取佛教文化的方式是主要通过以下途径学习佛教之神髓:通过对唐朝道世所撰《法苑珠林》《诸经要集》等经典,按照其内容的分类整理学习,或通过萃取经典主要内容编纂而成的要文集学习;或通过将经典中的佛教掌故通俗易懂地予以重现的故事集学习。另外,他们还通过僧侣的传记、寺院的缘起,了解佛教在日本传播的历史;通过参加各种佛事礼仪和法会、僧侣的说经和绘解,以及通过在日常生活中汲取密教、净土信仰、法华信仰体验佛教,进入佛学世界。尤其是作为"年中行事"(每年定期举行的风俗化的宗教庆典)的佛教法会,浸润了贵族的感情生活,使他们对佛教产生诉求、思索和精神寄托,并在他们中间产生了表现这种诉求、思索和精神的物语和日记,即用"和文"表现对教义的理解和对宗教的感慨的"释经歌",以及用汉文撰写的"赞佛诗",甚或自愿皈依佛门乃至临终时剃度出家。

了解平安时代,特别是摄关政治时期贵族皈依佛门情况的最佳读本,是佛教"说话集"(类似于故事)《三宝绘》。《三宝绘》是著名文人贵族源为

---

① "六部宗书"中《天台法华宗义集》《大乘三论大义钞》二书,今仍存完本;《华严宗一乘开心论》今仅存卷下(本)一卷;《戒律传来宗旨问答》仅存上卷(即《戒律传来记》一卷);《大乘法相研神章》缺卷五之初丁;《秘密曼荼罗十住心论》卷末有阙文。

宪为圆融天皇的妃子尊子内亲王撰写的佛法入门书。当时尊子为求佛法，年纪轻轻即遁入空门。源为宪为助其修行，特撰此书。该启蒙书共三册，佛、法、僧"三宝"各一册。《三宝绘》通过故事、传记、缘起、法会，通俗易懂地阐述了佛教基础知识，并收录了《法华经》和其他经典的部分内容，以及《摩诃止观》等天台宗的论疏，《大品般若经》的注释书《大智度论》。《三宝绘》对《法苑珠林》及其他要文集引述颇多。作为启蒙读物，该书还配有插图，故题名《三宝绘》。上卷（佛宝）主要由以日本最早的佛教"说话集"《释迦本生谭》为中心的 13 个故事构成，通过切自己身上的肉喂鹰以救鸽子的尸毗王等故事，宣扬檀（布施）、持戒、忍辱、精进、禅定、般若 6 个"波罗蜜"。中卷（法宝）由圣德太子、行基、役行者的传记，9 世纪初问世的《日本灵异记》中的无名氏的故事，法华八讲的起源故事，《华严经》《方等经》《般若经》信仰故事等 18 个故事构成。收录有摄关时期最流行的《法华经》信仰故事是该卷的特征。同时，该卷的内容似有意宣扬佛法在天竺（印度）、震旦（中国）已呈衰退之状，而日本则圣、君辈出，佛法隆盛。下卷（僧宝）相对于上卷的"往昔"、中卷的"晚近"，显示了"现在"即摄关时期存在于贵族社会的佛教传播状况，并宣扬了各法会创始者、将来者的故事。即所谓的"现在"以作者源为宪和读者尊子内亲王皈依的天台宗的建立为起点。特别为了显示"现在"的僧尼行为，该卷对作为"年中行事"而举行的法会佛事做了重点阐述，凝练地展现了大量贵族皈依佛门的时代特征。

在平安时代，佛教还渗入了贵族的日常生活。如摄关政治时期的朝廷重臣藤原师辅，为子孙撰写了日常生活须遵守的行为规范，题名《九条殿遗训》。其中写道，"起床后须首先轻声称颂七遍自己所属之相星之名号"，如卯年生者须称颂"文曲星、文曲星……"。而星宿崇拜，既是阴阳道信仰，亦是密教宿曜道信仰。而作为日常功课的念佛，虽初见于 9 世纪中叶藤原良相，但是念佛风俗化则是在 10 世纪。例如，《日本往生极乐记》作者、文人贵族庆滋保胤在该书的序言中称其自幼念弥陀佛，40 岁后向佛之心愈烈。《源氏物语》作者紫式部也在《紫式部日记》里写道，她在 38 岁时面向阿弥陀佛习经。而作为日常功课称名念佛，不仅同真言宗通过陀罗尼念诵神秘以灭罪、延寿、除厄一脉相承，而且在密教的土壤上日益壮大。

摄关时期高僧和皇族、贵族的结合，可以尊意和良源为代表。尊意曾为天台宗座主，亦曾受醍醐天皇和朱鸟天皇皈依，同时是为天皇身心安稳祈祷的护持僧；平定"承平・天庆之乱"的功臣藤原忠平亦通过尊意皈依

第四章 ● 平安时代

佛门,并依尊意取法号"法性房",建立了法兴寺,尊他为寺主。良源则受戒于尊意,因承平七年(937年)的维摩会番论义而闻名,使藤原忠文请其主持家族法会及后世的吊唁。皇族、贵族不仅因此保护僧侣,而且为了祈祖先追善、后生安稳而建造了诸多私人寺院,如光孝、宇多天皇的仁和寺,醍醐天皇的醍醐寺等就是其中的代表。由贵族建造的私家寺院最具有代表性的,则是由藤原家族建造的摄关家"六所氏寺",即兴福寺、极乐寺、法兴寺、法成寺、法兴院、平等院。得此保护,佛教自然想不兴隆都难。

平安时代的佛教呈现出"神佛融合"的倾向,其中最典型的例子是为了祭祀菅原道真而建的天满宫。菅原道真家族原姓土师,自他祖父菅原清公开始改姓菅原。《更级日记》的作者就是菅原道真的玄孙菅原孝标的女儿。菅原道真的父亲菅原是善和祖父菅原清公都是文章博士,他本人于仁和二年(886年)出任赞岐守(香川县)和文章博士。菅原道真深受宇多天皇信任,曾担任多种要职,宽平六年(894年)被任命为第十八批遣唐使正使。但因为他的建议,日本停止了遣唐使派遣,没有成行。宽平九年(897年),菅原道真和宇多天皇成为亲家:他的女儿和宇多天皇的三皇子齐世亲王成秦晋之好。同年,宇多天皇让位于醍醐天皇成为上皇。菅原道真仍获醍醐天皇重用,并授予他"官奏执奏"(内览)的权力。另外享有此项权力的是藤原时平。昌泰二年(899年),菅原道真官拜右大臣并兼任右大将,成为日本历史上唯一因才学而官至重臣者。但是,菅原道真的得宠引起了以藤原氏为首的一些公卿的嫉妒和警觉。901年,菅原道真被指意图帮助他的女婿齐世亲王篡夺皇位。为此,菅原道真被贬为大宰权帅,流放至九州大宰府,四名子女皆被处以流刑。这一变故,史称"昌泰之变"。因为被罗织莫须有罪名而左迁,菅原道真心情郁闷,延喜三年(903年)在大宰府病逝。

菅原道真去世20多年后,朝廷中发生了几起灵异事件,先是醍醐天皇的皇子先后病死,后是清凉殿遭遇雷击,多人死伤。有人认为,这是屈死的菅原道真怨灵作祟。因为害怕雷神是菅原道真的怨灵,朝廷敕令在京都北野建造了北野天满宫,947年落成,用以祭拜火雷天神。另外,朝廷还为菅原道真"平反"并多次追赠官位,直至封正一位太政大臣。他的儿子也从流放地被召唤回京。祭奠他的福冈、京都天满宫都是神宫,但怨灵作祟则是佛教的观念。所以,天满宫是神佛融合的标志。两地天满宫都有一头牛。为什么放置牛有三种说法:一说菅原道真属牛;二说菅原道真的政敌命令护送菅原道真的人在半道上将他杀死,牛见状将凶手顶翻;三说菅原道真病重时立下遗嘱,将他遗体放在牛车上让牛行走,在牛停下的地方将他安葬。菅原道真的书法极佳,他写的"离家三四月,落泪百千行;万事皆如梦,时时仰彼苍",每一句都是一只小鸟,构思之精妙,令人叹为观止。菅原道真是杰出的学者和诗人,被奉为学问神,编纂有日本六国史的第二部《续日本纪》。直到今天,很多日本学生为了考上心仪的学校还前往天满宫祈祷、祭拜。《万叶集》中诗人最爱的花是梅花,菅原道真也以"梅花诗人"闻名。2019 年 4 月 1 日,日本公布了新的年号:令和。令和即出自《万叶集·梅花歌卅二首·并序》的"于时初春令月,气淑风和,梅披镜前之粉,兰熏珮后之香"。这是日本首次从非中国古籍中萃取年号。这首诗的作者是政治家兼诗人大伴旅人。神龟五年(728 年),大伴旅人作为朝廷权力斗争的失败者,被贬至九州大宰府任九州都督。当时,他睹物抒情写了这首诗。那棵梅花树今天依然在福冈天满宫院内,它比福冈天满宫来到这块土地上早 100 多年。日本广播协会(NHK)在新年号启用当日,专门对这棵梅树做了介绍。

菅原道真墨宝"离家三四月,落泪百千行;万事皆如梦,时时仰彼苍"

佛教宣扬"诸行无常",就这个意义而言平安时代佛教的荣光并没有长久。11 世纪初,一种"末法时代"到来的氛围笼罩社会。①但是"末法时

---

① 按照佛教史观,释迦涅槃后,其说教得以正确传布,僧侣正确修行,修行者能成正果,此为"正法时代";说教、行动虽正确,但未有修得正果者,此为"像法时代";仅有说教,既无行动,更无修得正果者,此为"末法时代"。

代"究竟何年来临众说纷纭。源信采纳了与他有过交流的中国高僧行迩的说法,认为宽仁元年(1017年)为末法到来之年。于是,在宽弘四年(1007年)七月作成了《灵山院式》,在华台院南的灵山院开讲释迦。皇族、贵族亦一阵忙活,想方设法避免"末法时代"来临。"末法时代"最终没有来临,但佛教却以一种新的姿态进入了下一个新的时代,即诞生了作为佛教革新运动重要阶段的镰仓新佛教时代。不过,平安时代的佛教艺术瑰宝,却得以留存,主要有:室生寺金堂和五重塔,室生寺弥勒堂释迦如来像,元兴寺药师如来佛像,观心寺如意轮观音像,药师寺僧形八幡神像,(应神天皇)神功皇后像,神护寺两界曼荼罗。

作者点评:

笔者在日本京都大学求学时,居住在"平安神宫"旁边的冈崎法胜寺80番地。初到京都时,平安神宫是使笔者能够"平安"回家的"路标"——在以"鳗鱼巷"纵横交错著称的京都,笔者经常"傻得连家都不认识"。每次回"家"找不到家门时,笔者都向路人探问:"平安神宫在哪里?"因为到了平安神宫,等于到了笔者"家门口"。其实,如同笔者在日本会"迷路"一样,在文化方面,绝大多数中国人和日本人,都会迷路。因为,在平安时代,"唐风文化"和"国风文化"的"共存共荣",使日本正式进入了不同文化并行不悖的时代。正如日本著名的文化人类学家中根千枝所指出的,"日本文化不存在完全独自的框子、形体和骨架","日本接近于没有骨骼的类似于海参那样的生物,原则上不表现出一个明显的形体,经常变化形体"。自平安以后,日本文化的这一特性开始日趋明显。但也因此使人们难以辨明哪些才真正是"日本的"。其实,追根溯源,很多成为日本象征的文化符号,如相扑,也是"舶来品"。

纵观整个日本政治史,平安时代无疑是跌宕起伏的时代,和"平安时代"完全名实不符。例如,在政治方面,先后经历了天皇亲政、摄关专权、太上皇统治三种迥然不同的政治形态。在权力结构的嬗变中,充满了不平安的因素和残酷的争斗。这种争斗也奠定了以后武家社会的重要基础。"象征天皇制"出现于第二次世界大战以后,但究其实质,却是古已有之。

中世篇

第五章 镰仓时代

第一节 "源平争乱":时代的序幕

了解作为武家时代序幕的"源平争乱",首先必须了解何谓"武士"。"武士"最早产生于中国春秋时代,原先是指宫廷卫士。据《新唐史》记载:"天宝十一载(752年)改诸卫士为武士。"从唐代开始,日本全方位学习中国,"武士"一词传入日本。"武士"一词初见于《续日本纪》宝龟二年(771年)条:"赐亲王以下五位以上丝,各有差。其明经、文章、音博士、明法、算术、阴阳、天文、历术、货殖、恪勤、工巧、武士,总十五人赐丝十绚。"与"武士"同样含义的词语还有"兵""侍""武者"等,尽管这几个词语稍有差异:"兵"指以战争为职业者;"侍"指贵族的警卫;"武者"指政权中的武将。按照日本学者的观点,这三个词语反映同一实体的不同侧面,直至12世纪,三个语义稍有差异的词才"三位一体",被统称为"武士",尽管"侍"作为武士的同义语仍长期得以使用。

迄今为止,日本学者对武士的释义主要侧重三个方面:一是侧重历史。如《广辞苑》的释义是"一般泛指习武、以军事为职业者。如果将武士作为以武艺为生的职业人理解,那么武士当指自平安时代后期登上历史舞台一直延续至江户时代的一个社会阶层"。二是侧重职能。如《万有百科》的释义是"以武艺为专业者";《世界大百科》的释义是"以武技、战斗为业者"。三是侧重阶级属性。如《现代百科》的释义是"拥有武力并在农村居住的本地领主";《小学馆百科》的定义是"凭依武力统治地方而又任职于政府者"。之所以产生不同释义,有一个重要原因,即没有明确区分不同时代武士社会地位的差异。具体而言,战国时代之前和之后的武士有共同点,也有不同点。共同点是他们自始至终都是行伍的战士,不同点是战国时代及以后,特别是在江户时代,他们不仅是武士,更是社会统治阶级或社会管理者。

武士与平氏政权的形成　8世纪末至9世纪初,即平安时代早期,是武士开始形成阶段。当时,第五十代天皇桓武天皇,为将大和朝廷的势力范围扩张至本州岛东北部,派遣军队对当地的虾夷人进行讨伐。但是,讨伐军缺乏士气和纪律,难以战胜当地骁勇的土著虾夷人,于是朝廷便向地方豪族求助。弓马娴熟者因此成为天皇扩张势力范围的御用工具。这些人就是武士的雏形。至9世纪中叶,一些地方领主开始建立保卫自己的私人武装,并利用其扩张势力。这种以宗族和主从关系为基础的私人武装,逐渐发展成一种制度化的专业军事组织,其首领是朝廷赐封的"征夷大将军",简称"将军"。尽管当时的"征夷大将军"和幕府"征夷大将军"性质迥异。至10世纪,朝廷无力镇压地方势力的叛乱,不得不借助各地的这股军事力量,从而使之得到了中央政府的承认,成为日本的特权统治阶级。按佐佐木润之介等日本史学名家的说法:"武士由此诞生。"①

平清盛(1118—1181年)和源赖朝(1147—1199年)互争雄长的"源平争乱",是日本从平安时代进入镰仓时代的历史转折点,也是武家时代的序幕。"源平争乱"中的平氏本是天皇后裔。延历二十四年(805年)桓武天皇将皇孙高栋亲王降为臣籍,并赐予平姓。之后,仁明、文德、光孝天皇的有些皇孙也被降至臣籍,并被赐予平姓。9世纪末,朝廷将平高栋的侄子平高望派赴上总国(千叶县中南部)任"上总介"。当时的国司分四个等级:守、介、掾、目,"上总介"即上总国的"二把手"。上总国地处坂东(关东),邻近虾夷(东北地区),那里"凶徒结党,群盗满山",平高望的主要任务就是剿匪。四年任期届满后,平高望被留驻当地维持治安。"源平争乱"中的主角之一平清盛,就是平高望的后裔。平清盛的父亲平忠盛在鸟羽上皇实行院政时,历任备前国(冈山县)和播磨国(兵库县)的国守。

"源平争乱"中的源氏也是皇族后裔。源姓始于第五十二代天皇嵯峨天皇。当年,嵯峨天皇子嗣众多,有皇子皇女多达五十余人。因为国库无力供养,嵯峨天皇于弘仁五年(814年)将四位皇子和四位皇女降为臣籍,

---

① 佐佐木润之介等:《概论日本历史》,吉川弘文馆2006年版,第42页。

赐予源姓,临死前留下遗诏:"母氏若有过,其子不得为源氏。"《日本三代实录》对此有明确记载。之后,清和、阳成、光孝、宇多、醍醐、村上天皇,也分别将自己的部分皇子皇女降为臣籍,并赐源姓,其中村上天皇的皇子昭平是最后获赐源姓者。因为从那以后除了后白河天皇三皇子以仁王因为叛逆被降为臣籍,改名源以光,再也不见皇子皇女获赐源姓。

镰仓幕府的创建者源赖朝,是第五十六代天皇清和天皇的皇孙源经基的后裔,史称"清和源氏"。清和源氏势力十分强大,有很多地方守护大名是源氏后人,尽管作为苗裔他们有自己的"苗字"(姓)。①2004年,历史作家八切正夫提出:"被称为桓武平氏一族,当时是尊贵的舶来民族。迄今为止与之并称的'清和源氏',其实和清和天皇毫无关系,即使和皇室有关,也是后来被藤原氏驱赶到山里的木地师元祖山民的祖先。"②不过,这种说法似有博眼球之嫌,并不为学界采信。

平治元年(1159年)十二月九日,藤原信赖、源义朝等发动叛乱,将后白河上皇和二条天皇禁闭于皇居内里,一举夺得政权。但平清盛救出了后白河上皇及二条天皇。因有救驾之功且掌握强大的武士团,平清盛的势力不断扩张。"平治之乱"后,后白河上皇和二条天皇父子明争暗斗。"鹬蚌相争,渔翁得利",平清盛成了双方都想拉拢的人物。同时,政局的变化和平清盛在上皇天皇复杂的政争旋涡中能谨慎行事,左右逢源,也是他权倾举朝的关键因素。永万元年(1165年)六月,23岁的二条天皇因病退位后,时隔一个多月便大行不归。年仅2岁的皇太子即位当上了六条天皇,朝廷权力重心即刻倾斜,旷日持久的法皇和天皇之争结束,日本历史正式翻开了"后白河院政"一页。对握有军权的平清盛,后白河法皇自然不敢懈怠,不断对其加官进爵:仁安元年(1166年),平清盛升为正二位内大臣。同年十月,平清盛的小姨子小弁局平滋子所生的宪仁亲王(以后的高仓天皇)被立为皇太子,平清盛受命担任春宫大夫(负责皇太子饮食起居等事务的"春宫坊"最高长官);十一月,平清盛升任内大臣。翌年,即仁安二年(1167年)二月,50岁的平清盛升任朝廷"第一行政长官"太政大臣,叙从一位,成为非藤原一族并且出身武门的首任太政大臣。虽然同年

---

① 公元9至10世纪即平安时代,一些氏族分成若干苗裔(分支),并根据职业、居住地、官职名、地名,形成新的姓氏。这种新的姓氏统称"苗字"。
② 八切正夫:《新说·源平盛衰记》,作品社2004年版,第201页。

五月平清盛即称病辞退了这一职位,但足以看出平清盛在短短几年时间里"平"步青云,坐上王朝贵族头把交椅的显赫。

"一人得道,鸡犬升天。"平氏一族亦因平清盛而一荣俱荣:在平清盛任太政大臣时,平清盛的嫡子、右兵卫督平重盛任权大纳言,从二位;他的另一个儿子平宗盛和他妻弟平时忠均任参议,正四位下;他的弟弟平赖盛任皇太后宫权大夫、大宰大二,从三位,几乎堪称"满朝朱紫贵,都是平家人"。平氏家族还有十多名家族成员任一方诸侯——国守,五人领有"知行国"。①"知行国"亦称"沙汰国""给国"。领有"知行国"使贵族、寺社、武家获得特定分国的知行权(即国务权,亦可称吏务权),可获得相应利益。获得知行国者称"知行国主"可任命该国的国司,获得该国官物。平清盛私宅位于京都六波罗,因此平氏一族被称为"六波罗政权"。毋庸赘言,平氏一族不仅享有较高的政治地位,而且拥有雄厚的经济基础。

强势的平氏政权 得上皇厚爱的平清盛病愈后,虽身为高仓天皇外戚,本可名正言顺摄政,但他却辞去了太政大臣的官职剃度出家,仿效"法皇"遥控朝政,权力不减反增。同年七月,平清盛的妻弟平时忠被任命为负责京城治安的"检非违使别当"(监察使)。但他作为"恶别当"臭名远扬。据《平家物语》记载,平时忠曾狂言,"非平氏者皆非人(贱民)",可见其何等目空一切,骄横不可一世。

"平氏政权"有三大经济支柱:知行国、庄园、对外贸易。除了上述属于"六波罗政权"的知行国和庄园外,平清盛还为夯实对外贸易这根支柱殚精竭虑。出家后,平清盛常住摄津国福原(兵库县神户市),并在当地建起港湾,欲使之成为自濑户内海至九州的中转站。而平清盛与当地的关系,此前曾经写道,可追溯到其祖父平正盛和其父亲平忠盛时代。当时平氏祖先奉命追捕海贼进驻濑户内海,之后留驻当地,势力不断扩张。据史料记载,长承二年(1133年),作为鸟羽上皇院司的平忠盛,在兼管院领大庄园肥前国神崎庄时,擅自将下达的公文称为"院宣",并反对大宰府的正当介入,同停泊在港内的宋船进行秘密交易。由此可见,"走私"之道在平清盛祖上时已经开通。平清盛亦在久安二年(1146年)至保元元年(1156年)任安艺国(广岛)国守时,扩张了自己的势力。保元三年(1158年)和仁安元年(1166年),平清盛和他弟弟平赖盛,相继担任大宰大二。大宰

---

① 日本古代中世纪皇族公卿和神社寺院等获得的特定的分国。

第五章 镰仓时代

大二为次官,但因长官多为亲王兼任,所以是实权掌握者。有此实权,兄弟俩在促进日宋贸易、扩张九州地方势力方面下了很大功夫。当时,大宰大二不赴当地就任是惯例,但平赖盛却亲赴当地经营,使平氏在九州的庄园面积和追随者人数迅速增加。

承安元年(1171年),平清盛的女儿平德子进入后宫,成为高仓天皇的女御(嫔妃),翌年成为中宫。此时,平氏一族仅在朝廷内担任公卿者就有八人,势力更今非昔比。随着平氏家族势力的不断增强,其与摄关家族藤原氏和朝中其他重臣的对立也日趋尖锐,最终和后白河上皇的关系也日趋恶化。治承元年(1177年),以权大纳言藤原成亲为首的反平氏官僚,在位于京都东山北麓鹿谷的俊宽僧都山庄(《愚管抄》称是信西的儿子静宪的山庄)几次密议,计划翦除平清盛,后白河上皇也参与谋划。但是,由于参与谋划的武士多田行纲告密,一干人被逮捕并或被处死,或被流放。经此次事变,上皇的势力趋于衰落,拥立高仓天皇的平氏势力进一步扩张。

当时的宫廷充满"清(亲)平气息",无人敢不顺从。然而,"如日中天"即可形容威震遐迩,不可一世,也可暗喻已离日薄西山不远。天行有常,大自然的规律始终如此。风水轮转,政治力学的规律也无例外,"六波罗政权"也无法摆脱这一规律。平清盛如果懂得收敛,可能不至于四面树敌,陷入"四面楚歌"的境地,最终灭亡。无奈他被权力刺激得太疯狂了,他要将所有人都置于自己的股掌之中。当时,平清盛授意颁布了"新制十七条",除重复保元年间颁布的政策外,特别强调追捕"不法神人"和"邪恶僧人",显示出更严厉的宗教政策,令神官僧侣极度不满。

治承二年(1178年)十一月,平清盛期盼已久的外孙终于降临人世:他入宫7年的女儿德子产下了言仁亲王,并很快被立为皇太子。平清盛与皇族的关系益愈紧密,"六波罗"更加"风景这边独好"。然而,有的皇族成员偏最讨厌这种风景,甚或有人举起反旗。平清盛的态度是"顺我者昌,逆我者亡",他不仅铁腕处置反对势力,而且于治承三年(1179年)发动"治承政变",将后白河上皇软禁于鸟羽殿,院政事实上已苟延残喘,尽管名分依然存在。治承四年(1180年),年仅3岁的言仁亲王接受父亲高仓天皇的"禅让",即位成为第八十一代天皇安德天皇(1178—1185年)。四月二十二日,安德天皇在紫宸殿举行了即位仪式。让位后,高仓天皇成了高仓太上天皇,平清盛成了天皇的外祖父。

但是,平清盛并非能够为所欲为。后白河法皇的三皇子以仁王(因以仁王兄长守觉出家,故有些史料称他为二皇子)登高一呼,向以源氏为中心的各国武士和大寺社发出了围剿平氏的令旨:

> 最胜王(按:即以仁王)敕称,清盛法师并宗盛等以威势,起凶徒亡国家,恼乱百官万民,掳掠五畿七道,幽闭皇院,流罪公臣,断命流身,深渊迖楼,盗财领国,夺官授职,无功许赏,非罪配过……仍吾为一院第二皇子,寻天武天皇旧仪,追讨王位推举之辈,访上宫太子古迹,打亡佛法破灭之类矣……若于有胜功者,先预诸国之使节,御即位之后,必随乞可赐劝赏也。诸国承之宜承知依宣行之。①

源氏家族被以仁王寄予厚望,但平清盛对源氏根本没有警觉,何况他首先要面对的是敢于公开向他挑衅的以仁王。五月十五日,平清盛宣布剥夺以仁王皇族身份,将其改名源以光,流放土佐国(高知县),并命令他的内弟平时忠统领的检非违使缉拿"反贼",以正法令。同时命令平赖盛率三百余骑疾驶以仁王府。但是,检非违使将前来缉捕的消息,以仁王事先已从源赖政的嫡子源仲纲处获知,因此先已巧扮女装从王府溜走并跋山涉水、历经艰难地逃入其势力比较雄厚的近江国(滋贺县)圆城寺。平赖盛见事机不密,反贼逃逸,遂按照"依法连坐"的规矩,将以仁王6岁的儿子逮捕。翌日,平时忠、平赖盛从圆城寺长吏圆惠法亲王处获悉,以仁王逃入该寺,立即率兵将圆城寺包围,要求交出"反贼"。但是寺内僧侣众志成城,不仅不从,而且将圆惠法亲王的房屋烧毁,并在十八日向"南都北岭",即兴福寺和延历寺发"牒"(地位对等的机构之间互发的公文),要求发兵支援,联手对抗平氏专制。这一呼吁得到兴福寺僧众的积极响应,但是延历寺不仅没有像兴福寺一样起兵,反而告密。尽管如此,"以仁王令旨"依然使散布诸国的源氏末裔武士纷纷举兵。眼见地方势力不断强大,平氏遂动员各方力量,在二十三日向"反贼"发起全面攻击。值得关注的是,当时源赖政也在被动员之列,说明源氏即将发动的叛乱,平氏仍未觉

---

① 皇太子和"三后"即太皇太后、皇太后、皇后发布的命令称"令旨"。此史料见《吾妻镜》,但是否真有"以仁王令旨"学术界有质疑,理由是其文言文和《吾妻镜》等史料中的文言文不同。但据当时公家日记和许多可凭信的史料,以仁王讨伐平氏的旨令确曾传达至武士和寺社,成为源平二氏争斗的导火索。《玉叶》中的"以仁王令旨"为"一院(后白河法皇)第三亲王宣",源仲纲则奉"最胜亲王敕"即以仁(亲)王敕。以仁王信佛,常自称"最胜王",故又称"最胜亲王"。

察。二十三日,源赖政见天赐良机,计划趁夜色掩护,对"六波罗"平氏官邸进行火攻。但由于当时他这方势力均在圆城寺参与围剿平氏,而他参加的马拉松会议一直开到拂晓,因此错失千载难逢的良机。历史的发展虽然有规律可循,但历史的转变却往往在转瞬之间发生。上杉和彦指出:"考虑到以后的会战,不能不说错失这次良机具有非常重大的意义。"①历史往往因偶然因素而变化,过分强调必然有时有宿命论之嫌。

本来,以仁王对拥有众多僧兵的延历寺特别抱有厚望。但是,由于平氏的策反以及圆城寺等佛教内部势力的分裂,以仁王的厚望落空。与其束手就擒,不如破釜沉舟。二十五日半夜,以仁王率众突围。五月二十六日,已经竖起反旗的源赖政护卫以仁王向奈良突围。但是,在京都宇治的平等院附近,遭到平知盛、平重衡率领的大军截击。源赖政、以仁王等虽殊死抵抗,无奈寡不敌众。最后,77岁的源赖政切腹自杀。临死前,精于弓箭与和歌的源赖政吟诵了一首绝唱:"叹我如草木,土中终年埋。今生长已矣,花苞尚未开。"他的嫡子源仲纲战死,以仁王则被乱箭穿胸。与源赖政气脉相通的圆城寺和兴福寺,也在高压下挂起了白旗。一场事变,遂告平息。

"以仁王之变"虽然被平定,但却令平清盛感到京都处处暗藏杀机,于是"奏请"迁都并不出意外地获准。六月二日,在平清盛"护驾"下,安德天皇、高仓上皇、后白河法皇等全部离开平安京迁居福原京(神户市),史称"福原迁都"。迁都后,同年八月,平清盛遭受了又一场打击:他的嫡子、平氏一族的实际掌门人平重盛去世。后白河法皇趁此机会联手关白藤原基房打压平氏势力,试图将其消灭。②平清盛当然不会坐以待毙。十一月十四日,平清盛和平宗盛率数千铁骑从福原杀入京城。翌日早朝,在大兵压境的背景下,后白河上皇的院政被命令停止;关白藤原基房被解任,由藤原基通取代;太政大臣藤原师长、权大纳言源资贤等39名后白河法皇近臣和支持者被解职,其中多人被流放,有的甚至自杀。十七日,平氏一族及其同党或叙位封官于朝中掌权,或赴任国守于地方称霸,平氏主导的朝廷得以建立。二十日,后白河法皇被送至鸟羽殿软禁。③

---

① 上杉和彦:《源平争乱》,吉川弘文馆2007年版,第35页。
② 田口卯吉编、黑板胜美校订:《国史大系》第14卷,《百炼抄》治承三年(1179年)十一月十七日条,日本经济杂志社1901年版。本书《百炼抄》引文均出自该版本。
③ 田口卯吉编、黑板胜美校订:《国史大系》第14卷,《百炼抄》治承三年(1179年)十一月二十日条,日本经济杂志社1901年版。

源赖朝举兵 源赖政虽然举兵失败,但"一石激起千层浪",自此平氏政权不再太平,各国武士纷纷高举"反旗",源氏一族更是奋勇争先。治承四年(1180年)八月十七日,中秋刚过,平治之乱后跟随父亲被流放至伊豆国蛭岛、在当地生活了二十多年的源赖朝,趁这天是伊豆三岛大社祭礼,官衙放松戒备之际,率领其岳丈北条时政聚集的队伍,向平氏庶流和泉守平信兼之子、伊豆目代(国司代理人)山木兼隆住所发动袭击。山木兼隆兵马大部分不在身边,因此很快身首异处,这次袭击史称"山木馆袭击"。之后,源赖朝在千叶介常胤、上总介广常等房总半岛豪族的支援下不断扩张势力,于十月十六日经武藏进入镰仓,并以镰仓为根据地构建与平氏对抗的态势。

源赖朝是源义朝嫡系第三个儿子,他崭露头角是在元服翌年,即13岁那年。当年发生"平治之乱",源赖朝身披甲胄,腰挎利刃,冲锋陷阵,弯弓搭箭,取得了射死敌骑两人、射伤敌骑一人的骄人战绩。在石桥山(今小田原市)的战役中,源赖朝再次显示了百步穿杨的箭术。平治之乱后,源赖朝原本难逃死罪,因为平清盛的继母池禅尼求情,最终被流放至伊豆国蛭岛。由于依然受到其乳母、亲友、父亲旧部的荫庇,生活并不算十分艰难,但终究无法摆脱源义朝嫡子的身份,危险时时存在。这次举兵,既是为父亲和自己报仇,也是为转变命运。

获悉源赖朝举兵后,九月五日,平清盛任命他孙子平维盛为"总大将军",命令平忠度、平知度为将军,率军讨伐源赖朝,后白河法皇也颁旨,令东海、东山两道的武士协力。但是,讨伐军发兵迟缓,九月二十九日才从京都出征。等到十月中旬平氏军队到达骏河国(静冈县)时,驻扎在甲斐国(山梨县)的源氏部属武田信义,已将平氏麾下的猛将骏河目代橘远茂击败,并在十月十八日与源赖朝的军队会师,形成源平两军在富士川隔岸对峙的阵势。随后发生的富士川会战,是源赖朝举兵后的关键一战。当时,源赖朝战术巧妙,表面摆出阵势似欲与敌决战,暗里却令武田信义率军迂回偷袭。偷袭原指偷偷袭击,孰料歪打正着成"大鸣大放":武田信义率军经过沼泽地时,惊动了栖息于沼泽地的野鸭,野鸭受惊,鸣叫纷飞。"羽音编成军势之状",平氏军队见敌军声势壮大,慌忙撤退。源氏军队不战而胜,渡过富士川占得先机。明治时代的史学家三浦周行在他的《镰仓时代》一书中,开篇第一句话就写道:"治承四年(1180年)冬,受到富士川的水鸟惊吓,平氏军队全线败退。"① 由此可见此战和由源赖朝开创的镰仓时代的关系。

之后,京都流言四起,称平氏军队四万人中因大量士兵临阵脱逃或不战而降,仅剩不足两千骑兵。右大臣九条兼实遂根据平忠清的主张,命令军队撤回,尽管讨伐军主将平维盛不愿撤离,但最终只能从命。眼见平氏军队溃退,源赖朝欲乘胜追击,一举攻克京都。但是千叶介常胤、上总介广常等源赖朝的主要支持者认为,常陆的佐竹义政等尚未归顺,应先攻克东国,然后进攻京都。源赖朝尊重他们的意见,即刻发兵常陆,并在诱杀佐竹义政后,于十一月五日攻克了金砂城。同一天,平维盛率领的讨伐军悄悄撤回了京都。十一月十七日,源赖朝率军班师凯旋,回到了镰仓。十二月十二日,源赖朝率三百余名武士迁入大仓乡新邸。自此,东国的武士"推源赖朝为镰仓之主",关东南部源赖朝的敌对势力不复存在。乘战胜之威,源赖朝成为关东北部的实际统治者,命令免除武藏国寺领的课役、各地领主照旧履行职责,并拒绝承认平氏拥立的安德天皇。

另一方面,平清盛虽然在治承三年(1179年)迫使后白河法皇停止了院政,并将其幽禁于鸟羽殿,但面对众叛亲离,无奈放弃了政权,翌年十二月十八日再次恳请后白河法皇重开院政,并献赞岐(香川县)、美浓(岐阜县)两国作为法皇的分国。同时为了荡平反平氏据点,于十二月二十日将平重衡的部队派往南都,烧毁了兴福寺、东大寺以下的寺院,但也因此使原先不少支持平氏的寺院势力和贵族与他为敌。

当时,一直蛰伏于信浓国(长野县)的源赖朝堂弟源义仲(木曾义仲),也响应"以仁亲王令旨",在治承四年(1180年)九月七日打出了反对平氏的大旗,在信浓的千曲川击败了平氏势力,并于翌年三月将嫡子木曾义高作为人质送往镰仓与源赖朝讲和后,发兵京都,五月十一日在砺波山大败平氏军队,将平氏逐出京都,并于七月二十八日入京。后白河法皇即刻令其讨伐平氏,同时遣使镰仓,催促源赖朝上洛(进京)。

进入养和元年(1181年)后,各地反平氏叛乱此伏彼起,平氏内忧外患。平清盛身心俱疲,终于病倒。《平家物语》称,当时平清盛高烧不退,浑身滚烫。他的亲属汲取比叡山千手井水倒入石制浴槽将他身体浸入,

---

① 三浦周行:《早稻田大学日本史》第5卷《镰仓时代》,栾佳译,华文出版社2020年版,第3页。

凉水顿时变成了开水。将井水浇在他身上,如同浇在烧得发红的石头上,发出"嗞"的一声,激起一阵热雾。按佛语,这是入了"焦热地狱"。在此之前平清盛的妻子时子做了一个梦,梦见平清盛因犯有焚烧东大寺大佛之罪,被阎魔厅判入地狱底层即无间地狱。但是平清盛不愧为一代枭雄。他留下遗言:"保元、平治以来,荣华的生涯别无遗憾,唯未能见到源赖朝的首级耿耿于怀。死后若能将源赖朝的首级置于墓前,当是最好的贡献。"治承五年(1181年)闰二月四日,九条兼实在其日记《玉叶》中如是写道:"入夜传闻,禅门薨去云云,但是否难知,可寻闻也。"翌日,他又在《玉叶》中写道"禅门薨逝,一定也"云云。按《平家物语》的说法,是年闰二月五日,平清盛"入道死去"。①

平清盛去世的第二天,他的儿子平宗盛向后白河法皇表示,以后诸事均听命于院宣。源赖朝见朝中局势发生变化,认为是接近院政的良好时机,于八月一日秘密奏告后白河法皇,称原先行动皆为清除反后白河法皇的乱党,绝无叛意。法皇若能既往不咎,愿与平氏共同奉侍朝廷。后白河法皇当然希望这种局面出现,便向平宗盛传达了源赖朝的这一意向。但是,平宗盛决意遵循父亲遗训,和源氏抗争到底,拒绝了这一建议。

寿永二年(1183年)七月三十日,后白河法皇令源义仲负责京城守护。以此为界,原先的官军平氏军队成了叛军,而原来的叛军源氏军队则成了官军。八月初,后白河法皇削除了平氏一族两百余人的官职,但源义仲也不让他省心。因为源义仲的部队为筹措粮草,在京城内恣意劫掠,令民众非常不满,盼望源赖朝进京。后白河法皇顺应民意,叙源赖朝为正四位下;并令源义仲即刻率领军队离开京城,继续西下追讨平氏。这令源义仲倍感不悦,迟迟不执行院宣,直到法皇催促再三,才不得已于九月二十日率兵离开京都,但其战斗意志消沉,一个多月后即为平氏军队打败。平氏势力有重新抬头迹象,京都纷纷传言源义仲与平氏暗中勾结,此传言无以证实,但源义仲确实于十一月十九日袭击了后白河法皇的居所法住寺殿,将法皇迁往摄政藤原基通所在的五条,并将藤原光长以下百余人暴尸于五条河原。二十八日,源义仲又将藤原朝方等后白河法皇近臣四十余人的官职全部削除并没收领地,使后白河院政几乎陷于瘫痪。法皇无奈被迫妥协。源义仲遂要求后白河法皇宣旨讨伐源赖朝,同时宣旨陆奥的

---

① 上横手雅敬:《源平的盛衰》,讲谈社1997年版,第171页。

藤原秀衡从源赖朝背后发起攻击。寿永三年(1184年)正月十日,源义仲被拜为征夷大将军,但是未等出师,源赖朝已先发制人进入近江,二十日突破京都最后的防线宇治川。惊闻噩耗的源义仲不得不放弃挟持法皇前往北陆的计划,在近江的粟津迎击由源范赖、源义经统领的源氏军队,最后兵败身亡。源义仲的灭亡同时也宣告了"源平之争"开始进入新阶段。必须强调,正如上杉和彦所言,"发生在治承、寿永年代被通称为'源平争乱'的内乱,并非始终是源氏的武士与平氏的武士之间的争斗"。①

第二节 "镰仓幕府":二元政治的滥觞

"幕府"一词也传自中国,原意为"将帅的营帐"。日本存在三个幕府,根据所在地分别被称为镰仓幕府、室町幕府、江户幕府。三个幕府时代合称"武家时代"。"幕府"是权力中心,但必须明确的是,迄今无从发现"镰仓幕府"一词在当时已经出现。事实上,称之为"镰仓幕府"是在江户时代,是"江户幕府"建立后,对其武家前辈的"追认"。江户时代之前日本也有"幕府",但那是指"近卫府",即"近卫大将"的"官府",和"征夷大将军"无关。但是,为了叙述的便利,我们对镰仓时代建立的武家政权,仍称"镰仓幕府"。镰仓时代武家政权的建立以何为标志,有几种说法。一是"治承四年说",即1180年源赖朝在关东地区建立统治政权;二是"寿永二年说",即1183年源赖朝取得东海道、东山道的行政权;三是"寿永三年说",即1184年源赖朝在镰仓建立侍所、公文所、问注所等军事、行政、司法机关;四是"文治元年说",即1185年源赖朝在全国各地设守护、地头,掌握地方军政权;五是"建久三年说",即源赖朝于1192年就任征夷大将军。虽然镰仓幕府至元弘三年(1333年)垮台,但源氏三代绝嗣,后来六代将军,两代是藤原氏,四代是皇族,真正掌握实权的是"执权"北条氏。

镰仓幕府的建立,标志着近七百年"至尊的天皇和至强的将军并立"的"二元政治",开始形成。按照福泽谕吉的观点,这是日本的"幸运"。因为,这种政治格局避免了极权专制的形成。

镰仓幕府问世 镰仓位于神奈川县境内三浦半岛近海处,南面朝着相模湾白砂堆积的海滩,北面群山环绕,邻接东海道,自古是兵家必争的

---

① 上杉和彦:《源平争乱》,吉川弘文馆2007年版,第104页。

战略要地。在 8 世纪中叶奈良时代的文书中，"镰仓郡""镰仓乡"的地名已经出现；在正仓院宝物中亦有标明"此布出自镰仓"的标记；在《万叶集》的"东歌"中更有多首咏叹镰仓的和歌。不过，源赖朝选择在镰仓建立武家政权，并不是因为它有秀丽的风景，而是因为那里有险要的地形。源赖朝的祖先源赖义，早年就在那里经营。为了防止外敌入侵，源赖义开凿了一条起伏不平、蜿蜒曲折且宽仅一米的"穿山道"，还在各处设立了关隘，可谓"一夫当关，万夫莫开"。同时，源赖义还将环绕镰仓的群山易于攀爬的山岩削平，形成一条长约百米、高约十米的人工峭壁，号称"大绝壁"。要进入镰仓，必须经过这人造的"天然要冲"。因为地势偏僻，所以人迹罕至。根据《吾妻镜》的描述，当地只有少量渔民和农民。根据考古发掘，镰仓时代以前的底层，几乎没有后来的武器和餐具。

镰仓时代武士（按照历史资料还原）

　　源赖朝选择在镰仓建立自己的政权，就是因为镰仓具有险峻的地势。当时，平清盛虽已去世，但他的儿子依然继承家业，平氏政权并未消亡，而且趁源赖朝和源义仲争斗之际，势力稍有恢复，寿永三年（1183 年）正月，平维盛护拥平德子的儿子，即他的外甥安德天皇，回到了福原京，并派数万骑兵扼守位于摄津与播磨之间的一谷（神户市须磨区），试图将源赖朝的军队阻挡于关西门外。但源赖朝并没有止步不前。正月四日，源平两军在一谷山隔山对阵。镰仓幕府正史《吾妻镜》对当地的地形以及战事的展开如此写道：当地山势险峻，"石崖高耸二驹蹄难通，涧谷深幽而人迹已绝"，山与山之间"相隔三里行程"。源赖朝挑选了七十余名勇士，命令他们攀越山崖奇袭平氏军队指挥中枢。"中军帐"遭到突袭，平氏军队顿时群龙无首，溃不成军，"或策马出一谷之馆，或划船赴四国之地"。①

---

① 田口卯吉编、黑板胜美校订：《续国史大系》第 32 卷。《吾妻镜》卷二，元历元年（1184 年）二月七日条，吉川弘文馆 1904 年版。本书《吾妻镜》引文均出自该版本。《吾妻镜》又名《东鉴》，作者不详。"吾妻"指镰仓幕府和本州岛东部即武家势力范围。

第五章 ● 镰仓时代

一谷战役大获全胜后，源赖朝返回镰仓，建立了统领御家人、指挥作战并负责治安的"侍所"。侍所是源赖朝和东国武士形成主从关系的最初机构。元历元年（1184年），源赖朝任命大江广元设立了中央行政机关"公文所"，之后又建立了负责诉讼审理的司法机关"问注所"。至此，源赖朝拥有了军事、行政、司法机构的独立政权，称霸关东一方。他的同父异母弟弟源义经则留在京都，负责维持京都的治安和治理西部地区。源义经是源义朝的第九个儿子，幼名牛若，《源平盛衰记》对他的评价是"躯干短小，白皙反齿，神采秀发，矫捷轶人"。法皇对源赖朝权势不断膨胀深感担忧，于是采用"离间计"，任命源义经为检非违使、左卫门少尉，意图激化源赖朝和源义经之间的矛盾，让兄弟俩豆萁相煎。这一招果然奏效。源赖朝对源义经未经他允许，擅自接受后白河法皇的任命非常不满，尽管源义经再三申辩，"朝廷所赐，不可以辞"。但是，源赖朝仍怀疑是源义经自己要官。按《源平盛衰记》的记载，"赖朝疑其自请，益不悦"。作为惩罚，源赖朝解除了源义经的追讨使头衔，令源范赖接任。因为源赖朝不允许武士和其他人建立主从关系，认为那将破坏对他的忠诚。据《吾妻镜》记载，源赖朝属下佐藤忠信犯此"戒条"，被朝廷任命为兵卫尉时，他曾破口大骂："你这家伙连黄鼠狼都不如！"亲弟弟犯戒如果姑息，如何服众？然而，后白河法皇却是"趁热打铁"，同年八月又任命源义经为伊予（爱媛）守。源赖朝和源义经之间的矛盾，因此愈演愈烈。

另一方面，后白河法皇急欲使安德天皇重回京都，索回落入平氏手中的三件神器，即镜、剑、玉。法皇通过在一谷战役中被捕的平重衡斡旋，同平宗盛进行交涉，但遭到拒绝。"文化不成，然后加诛"。后白河法皇随后试图通过武力讨伐，达到目的。八月二十九日，他对源范赖下达了追讨"逆贼"的旨令。源范赖沿山阳道推进并历经艰险到达了丰后，但由于平氏强大的水军控制着濑户内海，无法攻占平氏的大本营屋岛，而且由于粮草不足，士气低落。面对这种情况，试图"挟天子以令诸侯"的源赖朝，决定再度起用精通武略的源义经。文治元年（1185年）二月，源义经从背后向屋岛发起突袭，将平氏武装赶到了海上。平氏从海路赶赴长门的彦岛，以此为据点展开反攻。于是，双方在长门坛浦展开了决战。根据《吾妻镜》同年条的描述："平家五百余艘分三手，以山峨兵藤次秀远并松浦党等，为大将军挑战于源氏之将帅。及午刻，平氏终败倾。二品禅尼持宝剑，按察局（平清盛正室时子）奉抱先帝（春秋八岁）共以没海底。"也就是说,双方在坛浦激战时,平德子拿着宝剑,平清盛的正室时子抱着安德天皇跳海。三件神器,镜留在船上,玉和剑在平德子跳海时没入水中。后来玉被捞起,剑是否就此失去,迄今存疑。

　　这一仗,平家末代首领、平清盛的三儿子平宗盛被捉。源赖朝因追讨有功,升至从二位。但是,当源义经押解平宗盛回镰仓时,源赖朝却禁止源义经入城。按《东鉴》记载,"义经先遣使报明日将入镰仓。赖朝使北条时政至酒勾驿受俘获。义经不得入府,留腰越驿"。源义经写信说明情况并要求对他此前的不妥之处予以宽恕,请求进入镰仓,但仍遭源赖朝拒绝。

　　源赖朝是个杀伐决断,眼里容不得沙子的人。他决定大义灭亲,问属下谁愿意进京刺杀源义经。大和国兴福寺金刚堂僧人土佐房昌俊表示愿意。土佐房昌俊曾因为年贡和代官(地方首领)发生矛盾,愤而投奔源赖朝,他想报知遇之恩。他要求源赖朝照顾自己的老母和幼子,因为他可能一去不返。源赖朝当然一口答应。于是,土佐房昌俊即刻率领83人从镰仓启程,于十月十七日对居住在京都六条宅邸内的源义经发动袭击。源义经遭到突袭,措手不及,但仍亲自与一众刺客进行搏杀。驻扎在附近的他的叔叔源行家,闻讯率军队赶来为源义经解围,将土佐房昌俊等击退。土佐房昌俊在撤退途中被源义经的属下生擒,一周后被斩首。见源赖朝如此绝情,源义经和源行家要求后白河法皇宣旨,讨伐源赖朝。右大臣九条兼实和权中纳言吉田经房对此表示反对,但后白河法皇下达了讨伐源赖朝的旨令。由于源义经居功自傲,有时作风霸道,近边武士对他大都不满,而畿内的武士能参与讨伐的力量不多,在京都与源赖朝对阵不利,因此源义经和源行家决定离开京都。公卿贵族为京都免于成为战场而庆幸,连反对下旨让源义经出征的九条兼实,也在其日记《玉叶》中对源义经离开京都的行为表示赞叹,曰:"实堪称义士。"

　　源义经等离开京都后,源赖朝马上遣使赶赴京都,就宣旨讨伐事询问

源赖朝雕像

第五章 ● 镰仓时代

后白河法皇。法皇百般解释,并应源赖朝要求,于十一月十二日转而向各国宣旨讨伐源义经和源行家。见后白河法皇如此翻云覆雨,朝令夕改,源赖朝不断得寸进尺,奏请由亲幕派右大臣九条兼实为庙堂首班和内览。虽然九条兼实认为内览已有摄政藤原基通,权力两分容易引起祸乱,但后白河天皇尊重源赖朝的提议,九条兼实固辞不获,只能答应。另外,源赖朝还奏请让以九条兼实为首的十名公卿为议奏公卿,合议理政,并赐予他们知行国。同时,源赖朝还奏请法皇将与讨伐他的旨令有关的官员,以及源义经和源行家的同党,全部解职,将其中为首的大藏卿高阶泰经、刑部卿藤原赖经等流放边地。后白河法皇一一准奏。后白河法皇对源赖朝有求必应,说明院政已徒剩躯壳。不过,源赖朝也作了妥协,没有对宣旨"问罪",而且因此被罢免的官员很少,尤其没有罢免与此必然有关的摄政藤原基通。但是,藤原基通却主动远离政务。文治二年(1186年)三月,后白河法皇宣旨由九条兼实取代藤原基通担任摄政。不过,对源赖朝提出将高阳院、冷泉宫、堀河院等领地让与九条兼实的要求,后白河法皇仍寻找各种理由予以拒绝,使源赖朝最终不得不放弃分割皇室私家领地的计划。这说明源赖朝当时还不能为所欲为。

之后,源赖朝致函摄政九条兼实,要求明确朝廷和幕府各自的职责,联手执政,并提出由幕府负责维持治安、武士的升迁,但不干预其他国政。随着幕府向各地派出"守护""地头",一种双重政治结构开始形成。[①]

"守护"一职始为追捕源义经而临时设置的九州"惣追捕使",后推广至其他各国,发展成为各国持久设置的职位。守护负责一国治安的稳定,原则上由幕府的有力御家人担任。最初,守护的权限是对"大犯三条"者进行惩戒和取缔,即负责追捕领内的谋反者、杀人犯,指挥领内御家人轮流承担京都御所的"大番役"即警卫任务,战时则率领国内御家人出阵。如后文所述,这些守护后来成为"守护大名",进而成为"领国大名",在应仁元年(1467年)"应仁之乱"后成为"战国大名"即"一方诸侯"。也就是说,日本"战国时代"的帷幕,此时已悄然开启。

"地头"在平安时代是庄园的领主为了管理土地而设置的,并不是一

---

① 自明治时代以来,日本学者对"地头"进行了深入研究。他们的研究大致可分为从政治制度的角度或从社会经济的角度进行考察。构成武家社会之基础的"守护"的研究亦汗牛充栋,主要从政治制度史、法制史角度进行考察。

个职位。但文治元年(1185年)以后,原先只是"职责"的地头成了"职位"。那一年,源赖朝得到法皇敕许,以追捕源义经、源行家为名,在各国设立了地头。很多史书称,地头的基本形态是以国为单位,一国设一地头。但是以追捕源义经等紧急任务为目的设立的国地头,在源义经等去世后即被废止。真正对武家社会产生重要影响的,是源赖朝在国以下行政单位设立的"地头"。那些地头都由他的御家人(家臣)担任,包括各郡、乡、庄、保的地头。后白河法皇虽然敕许源赖朝设地头,但有时间、范围、权限的明确规定。而源赖朝在各地设立地头的范围达到除关东以外的六十六国,权限更是被不断突破,以致地头在庄园内拥有了刑事判决权,后慢慢发展为在地领主。具体而言,镰仓幕府设置的"地头"大致分为三种类型:

一是"本补地头",又称"本领安堵地头"。领地自祖先继承并获得幕府"安堵"(承认领主权),即原先就是该地领主,后获得"地头"头衔追封,使之在领地内继续获取原先所得。源氏曾除了拥有本家、领家等地位的"关东御领者"外,保留领主和领家之间以往的关系;而镰仓殿则使领主和领家之间建立起新的主从关系,使一个根本领主对一块土地有双重支配权,因而引起了庄园机构质的变化。

二是"新恩地头"或"新补地头"。源赖朝对御家人论功行赏赐予的地头头衔。所谓"御家人",当今史书一般解释为"家臣"。按照《沙汰未练书》定义:"所谓御家人,即往昔以来为开发领主、赐武家御下文人事也。所谓开发领主,乃根本私领也,又称本领。非御家人即其身虽为侍,不知行当役勤仕之地人事也。"此项举措始于平家的"没官领",即将官方领地赏赐给御家人。承久之乱和其他内乱时期没收的土地亦多有作为"奖品"赏赐御家人的情况。虽对御家人的赏赐形式内容多样,但一般均以赐地头头衔的形式进行赏赐,使之获得相应权益。

三是处理警察事务的临时地头,所领土地等不具有长时性,头衔不固定。

地头大致拥有以下权限:土地管理,包括荒地开发权,为当地领家、国衙以及自己征收年贡和其他物品权,警察权和司法审判权。

通过守护、地头职位的设置,镰仓幕府掌握了全国的警察权,最终发展为全国性的武家政权。没有进入源赖朝权势范围的,只有在平安末期由藤原氏构建了坚实基础的奥州地区。因此,遭到讨伐的源义经远遁奥州,得到了当地首领藤原秀衡的庇护。不久,藤原秀衡健康状况恶化,他

第五章 镰仓时代

在弥留之际要求儿子藤原泰衡继续关照源义经。文治三年(1187年)十月,藤原秀衡去世,藤原泰衡继位。源赖朝强烈要求他交出源义经。藤原泰衡慑于源赖朝武威,没有遵从父亲遗嘱,于文治五年(1189年)闰四月,率兵将源义经居住的衣川馆包围。31岁的源义经自知在劫难逃,和妻女以及色艺双绝、性格温柔的爱妾静一起自焚而死。他的门人武藏坊弁庆、鹫尾经春等人则拼死相搏,直至气绝——源义经虽死,但是他和爱妾静的爱情悲剧却成为日本文艺历演不衰的主题,堪称日本版的"霸王别姬"——源义经死后,源赖朝并没有就此罢手。六月,源赖朝要求后白河法皇宣旨讨伐藏匿谋反者源义经的藤原氏,且未待宣旨便指挥东海道、中路、北陆道三路大军,向藤原氏的大本营平泉发起攻击。藤原泰衡此时方意识到唇亡齿寒,袭击源义经无异于"自掘坟墓",但为时晚矣。九月,源氏和藤原氏的军队进行了会战,包括藤原泰衡在内,藤原一族几乎遭遇灭门之灾。

建久元年(1190年)二月,源赖朝又平定了出羽的大河兼任的叛乱。三月,源赖朝任命伊泽家景为陆奥国留守。至此,源赖朝建立起了覆盖全国的政权,同时也开始了幕府对朝廷的政治折冲时期。当年十月三日,源赖朝率御家人离开镰仓第一次前往京都,会见了后白河法皇和摄政九条兼实。他此行主要目的是"求官"——希望获封征夷大将军。但是后白河法皇只任命源赖朝为权大纳言和右近卫大将。翌年十二月,未达目的的源赖朝辞去两项官职回到镰仓,将"公文所"改为"政所",长官改为"别当",显示了另立中央的意图。这使后白河法皇明显感到源赖朝的威压,也感到九条兼实的威胁。于是,他着力构筑对抗体制,削夺摄政权力。院政和摄政之间原先的暗隙因此逐渐裂痕明显。九条兼实在日记《玉叶》中,表露了他对后白河法皇削弱他权力的感受,"无权之执政,孤随之摄政,如履薄冰,如踩虎尾"。[①]确实,随着后白河法皇势力的增强,九条兼实举步维艰。建久元年(1190年)源赖朝的长女大姬即将进入内宫成为后鸟羽天皇妃子的消息,更令九条兼实坐卧不安。因为,九条兼实的女儿任子当时是后鸟羽天皇的中宫,如此一来,任子的地位必然受到威胁。但是,"人算不如天算"。建久三年(1192年)三月十三日,后白河法皇在六

---

① 《玉叶》建久二年(1191年)十一月五日条。《玉叶》又名《玉海》或《月轮兼实公记》,东京大学史料编纂所藏,国书刊行会1906年版。本书《玉叶》引文均出自该版本。

条殿驾崩。后白河法皇在政坛独领风骚四十余年,同平清盛、源义仲、源赖朝周旋博弈,几度扶院政大厦于既倒,被称为"治天之君"。但他也因此遭政敌忌恨。信西称他为:"和汉之间,难与伦比之暗主。"源赖朝骂他是:"日本国之第一大天狗。"他的死,也标志着以他为中心的朝廷势力急剧衰落。

后白河法皇驾崩后,九条兼实出任关白。后白河法皇的宠臣丹后局、源通亲(土御门通亲)开始讨好源赖朝,虽然他们曾一直认为幕府是朝廷的敌人。但是源赖朝非常清楚,随着后白河法皇的驾崩,他们已经失去了抗衡幕府的实力,只能仰仗源赖朝的力量约束九条兼实。这正符合源赖朝的需求,因此他对先前政敌的投诚表示欢迎。九条兼实当然知道和源赖朝为敌的后果。于是,他积极斡旋,使源赖朝被拜为征夷大将军。建久三年(1192年)七月十二日,天皇宣旨,源赖朝被任命为"征夷大将军"。后白河天皇在世时,源赖朝的这一意愿始终未能实现。后白河法皇驾崩,源赖朝才得遂其愿。按照《吾妻镜》的记载:"源赖朝欲任征夷大将军一职,然许久未能如愿。至后白河法皇驾崩,朝政更新,诸事须倚仗源赖朝,故派御史前往通知。"同时,朝廷废除了执掌陆奥北方防卫的镇守府将军。当地防务划归"征夷大将军"管辖。事实上,源赖朝已经占有了陆奥和出羽国。至此,源赖朝掌控了相模国、武藏国、伊豆国、骏河国、上总国、下总国、信浓国、越后国、丰后国九国即"关东分国"。如前面所述,征夷大将军早已存在,但并不是武家首领的头衔。所以此时的征夷大将军,性质迥异。

源氏将军三代而绝 建久三年(1192年)八月五日,幕府举行了象征政所开始主理政务的仪式。之后,下发公文开始有了源赖朝的花押(类似于艺术签名)。建久六年(1195年)三月四日,源赖朝偕夫人北条政子和嫡子源赖家进入京都,入住六波罗宅邸。

建久六年(1195年)三月四日,源赖朝偕夫人北条政子、女儿大姬,出席东大寺大佛殿的再建供养仪式。丹后为源赖朝的大姬入宫积极活动。当时,九条兼实的女儿任子产下一皇女,而源通亲的养女源在子,却生下了皇子。第二年,由于源通亲的进谏,九条兼实的关白职位被罢免,任子也被赶出宫中。史书有载,谓之"建久七年中宫政变"。但是,令源赖朝沮丧的是,天不遂人愿,翌年大姬病故,源赖朝想让大姬成为皇妃,然后他也可以成为幼天皇外公的计划化为泡影。后鸟羽天皇毕竟已经成年,但碍于幕府势力无法亲政,而且行动处处遭到掣肘,很是不悦。建久八年

(1197年),后鸟羽天皇向幕府表达了退位意向,并获得了源赖朝的赞同。

建久九年(1198年)正月十一日,后鸟羽天皇退位,当天立源在子的儿子为仁亲王为皇太子,而且马上即位,号土御门天皇(1195—1231年)。如此一来,源通亲成了天皇的外祖父,掌握了朝廷的实权。源赖朝当然不甘心,于是想将二女儿三幡送入宫中。但是,时间不等人。建久九年(1198年)冬,源赖朝罹患重病,尽管他当即皈依佛门,但未获佛陀眷顾。正治元年(1199年)正月十三日,源赖朝一命归西,享年53岁。不过,关于源赖朝的死因,史籍记载不一。《猪隈关白记》称他死于"饮水重病"(糖尿病),而《吾妻镜》则写道,建久九年(1198年)十二月二十七日,源赖朝在相模川参加大桥落成典礼,返程途中不慎落马而重伤不治,遗体葬于幕府后面的大仓山。供奉源赖朝牌位的佛堂,后更名法华堂。源赖朝生前用过的佩剑等遗物均存放于堂内。《方丈记》作者、文学泰斗鸭长明曾前往法华堂探访,并在法华堂廊柱上留下和歌一首,表达他对源赖朝的缅怀之情,其中有这么一句:"秋霜消逝草木枯,山风瑟瑟青苔抚。"

源赖朝的去世,对日本历史有着不可忽略的影响。按《明月记》记载:"朝中从未发生如此大事,形势非常紧张。"源赖朝是日本近七百年的"二元政治"即"至尊的天皇和至强的将军"并存的始作俑者。然而,日本学者普遍认为,源赖朝并没有取代朝廷的野心。例如,下向井龙彦写道:"赖朝在设置守护、地头的同时,要求朝廷果断进行政治改革,并借此宣布'天下草创'。于是,王朝国家完成了自己的使命,新的国家在朝廷和幕府构成的庄园公领制的基础上得以成立。"① 从文治元年(1185年)设置守护、地头,以及从源赖朝给九条兼实的公函中可以发现,他要求的是明确

镰仓幕府将军源赖朝墓

---

① 下向井龙彦:《武士的成长和院政》,讲谈社2001年版,第331页。

区分朝廷和幕府的职责。也就是说,源赖朝孜孜以求的,是强化同朝廷的关系而不是与朝廷对立。他既竭力维护御家人的权益,但也对朝廷采取妥协政策。终其一生,幕府和朝廷的矛盾并未显现。

源赖朝去世后,他和北条政子所生的嫡长子源赖家(1182—1204年),于正治元年(1199年)正月被任命为左近卫中将,并奉旨继承家业。诸国守护作为源氏家臣,仍行使原有责任。源赖朝去世后,新当主源赖家18岁,正当年,但是幕府经十三名重臣合议,停止了源赖家的诉讼亲裁权,释放出削弱将军绝对权威的意愿。随着将军权威的削弱,有实力的御家人围绕幕府主导权的斗争,愈演愈烈,而三浦义澄、千叶常胤等幕府草创时期的元老则相继病故。面对幕府乱局,朝廷开始反击。正治二年(1200年)九月,朝廷要求幕府追究淡路、阿波、土佐三国守护骚乱之罪,幕府竭力庇护未果,三守护分别受罚。由此可见,朝幕关系已开始发生变化。

建仁二年(1202年),源赖家就任征夷大将军,成为镰仓幕府的第二代将军。但是,幕府的基础是御家人制度。铁腕人物源赖朝在世时,维系幕府将军和御家人关系的纽带与其说是制度,毋宁说是源赖朝的个人魅力。源赖朝辞世后,源赖家无论资历、声望和能力,均不足以成为那种纽带。于是,源赖家便采取强硬手段进行抑制,他和幕府重臣的矛盾也因此日益尖锐。另外,源赖家即位后耽迷宴游,冷落幕府重臣,导致民心渐失,边患频发。正治二年(1200年)八月,源赖家召见陆奥国芝田三郎,遭到抗命。幕府遂派宫城四郎率军讨伐,攻占陆奥,杀了芝田三郎。建仁三年(1203年)五月,源赖朝的弟弟阿野全成谋反,事情败露后被流放至常陆国,最后被杀。①由于源赖家不擅理政,也无以服众,幕府的实权逐渐落入源赖朝的岳丈北条时政手中。源赖朝的岳父北条时政和他的女儿北条政子合谋,决定让源赖家交权并抑制源赖家的岳父比企能员的势力。北条政子运筹帷幄,堪称"巾帼不让须眉"。无奈源赖家刚愎自用,偏偏宠信一味溜须拍马的梶原景时。不过梶原景时后来却被流放。关于梶原景时的下场,史料上有两种完全不同的记载。一说是梶原景时向将军源赖家进言,陷害重臣结城朝光,结城朝光获知此事后,和65人联名上奏,请求将

---

① 阿野全成幼名今若,平治之乱后入醍醐寺出家,改名全成。源赖朝举兵时,全成占据远江国阿野庄响应,故称"阿野全成"。

第五章 ● 镰仓时代

梶原景时流放;另一说是梶原景时察觉到御家人中有推翻将军源赖家,拥立源赖朝次子源千幡(1192—1219年)的动向,立即向源赖家发出警告,但因查无实据反遭流放。两种说法不管听信哪种,其"清君侧"的结局并无区别。

建仁三年(1203年)七月,源赖家罹患急病。八月二十七日,源赖家在弥留之际,任命他年仅6岁的嫡长子一幡继承家业并担任总守护,同时担任畿内、东海、东山等关东二十八国的地头。源赖家同时任命他的兄弟、源赖朝和北条政子所生的千幡(后被赐名源实朝),担任北陆、山阴、山阳、南海、西海等关西三十八国的地头。千幡当年也只有12岁。源赖家的这一任命略显矛盾。因为,总守护本该统辖全国的守护,但源赖家却将关东和关西分别交由叔侄二人统辖。他之所以这么做,主要为兼顾一幡和千幡背后两大家族的势力:比企能员是一幡的外祖父,北条时政是千幡的外祖父。但是,这一分配不仅没有缓和两大家族的矛盾,反而激化了双方的矛盾。之后,北条时政设计诱杀比企能员。比企家族自然不会善罢甘休、坐以待毙,百余号人立即占据了一幡的住所固守。北条时政早已运筹帷幄且绝不手软,下令包围一幡住所并进行火攻,将一幡活活烧死。比企家族成员及其追随者或被杀死,或被流放,几乎灭门。获悉这一噩耗,源赖家认为北条氏手段太狠,命令和田义盛及新田忠常等老将讨伐北条时政。但是,两位老将认为如此同室操戈,非常不妥,并未实施讨伐。北条家族则步步近逼。北条政子以源赖家病重无法理政为由,逼其出家。九月七日,幕府向朝廷上奏,称源赖家病逝。此时源赖家的儿子一幡及其外祖父比企能员等均已赴死,东国无主,幕府请求朝廷宣旨,由源赖朝和北条政子的儿子千幡继任征夷大将军。后鸟羽上皇准奏,并赐千幡讳名源实朝。源实朝遂成为镰仓幕府第三代将军。十月,幕府为源实朝举行了元服仪式。事实上,源赖家当时并没有死,而是出家后被北条政子幽禁在伊豆国(静冈县)修禅寺,元久元年(1204年)七月十八日死于该寺,时年23岁。关于源赖家的死因,《吾妻镜》没有相关记载,而《愚管抄》《增镜》《梅松论》等相关史籍则称,源赖家系北条时政派人暗杀。

在让源实朝成为征夷大将军后,北条时政自任幕府的政所"别当"(首长),成为镰仓幕府代将军掌管幕府实权的"执权"。元久元年(1204年)八月,北条时政受后妻牧之方等怂恿,意图杀害源实朝,另立女婿平贺朝雅为征夷大将军,但他的女儿北条政子和儿子北条义时均强烈反对。遭此挫折，北条时政剃度出家，取法号明盛，于建保三年（1215年）病逝，享年78岁。平贺朝雅则在此前被北条义时派人暗杀。北条义时遂成为第二代执权。

第二代执权北条义时仍将幕府权柄掌握在自己手中，第三代将军源实朝在北条氏的权势面前，显得相当无力。按照《吾妻镜》中的描述，"征夷大将军源实朝多才多艺，尤喜和歌与蹴鞠"。源实朝不是纨绔子弟，对待属下也非常严厉，铁面无私。但是，他既没有栉风沐雨、金戈铁马的经历，也没有老谋深算、笼络人心的能力，更遭北条义时和北条政子的掣肘，在治国理政方面近乎一筹莫展，于是便逐渐疏离政治，逃避现实。他还曾听从宋人陈和卿的建议建造大船，准备投靠宋朝，尽管终未如愿。为拉拢源实朝，朝廷不断对其加官进爵，将其一升再升。建保元年（1213年），源实朝获赐正二位。北条义时虽表面上奉源实朝为将军，实际上不断将他架空并压制其他御家人。北条义时还试图将守护终身制改为交替制，以便利诱幕府众臣。但是，这一图谋不仅因遭到强烈反对而未果，而且使反北条氏的人逐渐成为一股势力。当年二月，和田胤长及他的两个儿子和田义直及和田义重反北条义时的计划暴露。虽然和田胤长因他的兄长、幕府老将和田义盛的多方奔走而仅被没收领地，流放至陆奥岩濑郡。他的两个儿子也因父亲功勋显赫而得以赦免，但冤仇就此结下。五月二日，和田义盛率兵袭击了北条义时的官邸。孰料，他原先约定共讨"逆贼"的表弟三浦义村突然反水，向北条义时告发了和田义盛的行动，使和田义盛最终兵败战死，其属下也分别受到惩罚。北条义时平定梶原氏、比企氏、和田氏叛乱后，进一步强化了执权的权限，开了使执权由北条氏世袭的先河。

另一方面，在朝廷幕府二元政治形成之际，朝廷也出现了"二元政治"。因为，在安德天皇夭折于坛浦战役前，寿永二年（1183年）八月，后白河法皇已经颁诏，让高仓天皇的四皇子尊成亲王即位，号后鸟羽天皇。当时，三件神器在平氏手里，所以后鸟羽天皇践祚时没有剑玺，这在日本史上属于特例。同样与以往不同的是，当时日本出现了两个天皇"并立"。安德天皇去世后，建久元年（1190年）后鸟羽天皇元服，立摄政九条兼实的女儿任子为中宫。三年后，后白河法皇驾崩，后鸟羽天皇开始亲政，宫中反九条兼实的势力随后发动政变，剥夺了九条兼实的摄政权。他的女儿任子也被逐出内宫。建久九年（1198年），后鸟羽天皇将皇位让给了4岁的长子为仁亲王。为仁亲王即位后，号土御门天皇。后鸟羽天皇则以太上天皇身份复活了院政。这一院政持续了23年,经土御门、顺德、仲恭三代天皇,直到承久三年(1221年)才结束。

承元四年(1210年)十一月,后鸟羽上皇废了土御门天皇,让他的三皇子守成亲王即位,号顺德天皇(1197—1242年),为第八十四代天皇。此次换天皇,朝廷事先没有告知幕府。让顺德天皇即位,完成公家(皇室)内部整合的后鸟羽上皇的下一步行动,是扫除幕府这个"政权归一"的障碍。为此,后鸟羽上皇除了直属院的武士"北面武士"外,又设立了"西面武士",同时着力加强僧兵势力。

就在朝廷和幕府矛盾日益激烈时,第三代将军源实朝被刺身亡。

承久元年(1219年)一月二十七日,镰仓大雪纷飞。在一片银色世界中的鹤冈八幡宫内篝火通明,分外耀眼。朝廷拜幕府将军源实朝为朝廷右大臣的仪式正在八幡宫本殿举行。待烦琐的仪式结束后,源实朝带着满意的微笑一步步走下殿堂的台阶。为防滑倒,他非常小心。突然间,只听有人大喊一声:"杀父之仇,不能不报。"声音未落,一个银装素裹的人出现在源实朝面前,挥刀直刺他的颈部,鲜血如喷泉从源实朝的颈部涌出,他当即一命归西。这时,只听刺客大声宣告:"我乃八幡宫别当阿阇梨公晓是也。我已报父仇!"原来,刺客是源赖家的儿子源公晓。只见他割下源实朝的首级提在手里疾步离开,消逝于茫茫夜色之中。源公晓回到备中阿阇梨宅,告知其乳母的丈夫三浦义村,他是"东国的大将军"。三浦义村表面上表示认同和归顺,私底下却将此事密告北条义时。结果,20岁的源公晓在前往三浦义村府邸时,被长尾定景所杀。①源实朝被刺杀后,幕府将军不再姓"源"。源氏将军,三代而绝。

第三节 执权:无冕的"将军"

镰仓幕府自源赖朝建立,共有九代将军。源氏将军三代绝嗣,尽管在

---

① 源公晓是幕府二代将军源赖家之子。父亲横死后,他在祖母北条政子的抚养下长大,先后在鹤冈八幡宫和圆城寺修行,担任别当的职务,公晓就是他的法号。因为深信父亲源赖家之死是三代将军源实朝的阴谋,所以他在源实朝参拜八幡宫的时候予以刺杀。源公晓被捕处死以后,镰仓源氏血脉断绝。以往认为,北条义时是刺杀源实朝的幕后黑手。但现在有些学者根据诸多疑点,提出幕府重臣三浦义村可能是真正的幕后黑手。也有说是后鸟羽天皇下的黑手。目前尚无定论。

辈分上只有两代。因为第二代将军源赖家和第三代将军源实朝是同胞兄弟。后六代将军都不属源氏宗族。但是，幕府的实际掌门人"执权"，却由北条氏一族世袭了十六任。北条氏不仅长期掌控幕府，而且左右朝政。因此，镰仓时代有时也被称为"执权治世的时代"。本节将扼要论述和镰仓幕府共存亡的执权世系。

承久之乱　源实朝被刺身亡后，谁出任第四代征夷大将军，成为一大难题。因为，源实朝没有子嗣；源赖家的长子一幡被北条氏所杀，次子公晓因刺杀将军被处死，三子荣实死于暴乱，只有遗孤即他的第四个儿子禅晓活着，常年住在京都。如果按照血统，由他继任征夷大将军是最合理的。但是，幕府对常年居京的禅晓不放心，决定推选顺德天皇的同胞兄弟雅成亲王或同父异母兄弟赖仁亲王担任征夷大将军。承久元年（1219年）二月十三日，北条义时命令政所执事二阶堂行光携带御家人联署的奏折进京，希望后鸟羽上皇同意幕府请求。后鸟羽上皇认为，若顺德天皇的弟弟东下任征夷大将军，有导致国家分裂之虞，因此不予批准。但他也没有硬扛，而是说一定会择贤能之士继任征夷大将军。二阶堂行光虽然碰了个软钉子，但京都之行并非一无所获。他将禅晓带回镰仓并将他软禁。这是北条政子的安排。她担心禅晓很可能继任征夷大将军，所以将他软禁。承久二年（1220年）四月，禅晓在东山被杀，源赖家彻底绝后。虽然凶手是谁始终没有查明，抑或始终没有认真追查，因为谁的嫌疑最大，显而易见。当年六月，北条义时和北条政子立源赖朝妹妹的曾孙、当时年仅2岁的三寅为源实朝接班人，同时奏告后鸟羽上皇。三寅是藤原北家嫡系九条氏的后人，之所以叫三寅是因为出生于寅年寅日寅刻。

几乎与此同时，承久三年（1221年）四月二十日，顺德天皇突然让位，由中宫九条立子生的皇太子怀成亲王登基，号仲恭天皇（1218—1234年）。此等大事，幕府事先却没有被告知。不到3岁的天皇连自己吃饭都不会，遑论治国理政。顺德天皇退位后也成为上皇，称新院，土御门上皇称中院，后鸟羽上皇称本院。三位太上天皇并存，也是日本历史上的特例。关于顺德天皇为何让位，北畠亲房于延元四年（1339年）完成的六卷本《神皇正统记》这样写道："倒幕之事近在眼前，为了能以更加自由的身份专心筹备倒幕大计，顺德天皇决定让位。"

除了院政，当时负责教导皇太子怀成亲王的"东宫傅"九条道家成为摄政，朝廷赐予九条道家随身佩剑的权利。后鸟羽上皇一方面筹划倒幕大计,另一方面也致力于清除异己。承久元年(1219年)七月,后鸟羽上皇令"西面武士"袭杀了察知朝廷动向和机密的大内守护源赖茂,同时决定对付佛教势力。当时,延历寺、清水寺、清闲寺、兴福寺不仅频起争端,而且违反朝廷不得动用兵器的禁令。于是,后鸟羽上皇敕令幕府加以管制。他很清楚,两虎相争,必有一伤。后鸟羽上皇还让多位皇子在各寺院出家。承久三年(1221年)四月,后鸟羽上皇授意权僧正承圆,将天台座主之位让给18岁的尊快入道亲王。后鸟羽上皇的这一安排是想在倒幕时方便借助僧兵。

承久三年(1221年)五月十五日,朝廷宣布罢免北条义时的官职。按察使叶室光亲随后向五畿七道武士颁布了讨伐北条义时的旨意。因时值承久三年(1221年),此次朝廷和幕府的冲突,史称"承久之乱"。但是,参与倒幕的"京都派"和"武家派"两股势力却并没有齐心协力。京都派包括僧人神官,获朝廷恩宠,倒幕相当积极。"武家派"包括隶属朝廷的"北面武士""西面武士",以及护卫上皇御所的"武者所"。当时武家已成气候,各国武士大都聚集于北条氏旗下,奉院宣为圭臬的武士很少。更重要的是,当时幕府内除了执权北条义时外,三浦义村最有权势。朝廷试图通过他的弟弟三浦胤义利诱三浦义村。但是,三浦义村在收到三浦胤义的亲笔信后,即刻驱逐信使,将信交给了北条义时,以示忠诚。五月十九日,北条义时、北条泰时和其他一些主要御家人汇聚北条政子的住所,聆听她的训诫。安达盛景代表北条政子向众人阐述了她的想法:

  请诸君团结一心,这是我最后的恳求。已故右近卫大将(源赖朝)征伐逆敌,为朝廷立下丰功伟绩。然后鸟羽上皇听信逆臣谗言,下此追讨幕府的纶旨。诸位均蒙受大将军恩宠,何以回报?三代将军之墓,岂容马蹄践踏?我现申明,如欲听从宣旨,请先将我杀了并烧毁镰仓,然后赴京请赏。①

北条政子的这番话,被誉为"一世一代之名演说",极大地鼓舞了御家人的斗志。众将士含泪起誓,决意舍命报效幕府。于是,幕府决定分三路出击,进兵京都。北条时房和北条泰时率十万余人从东海道出发,武田信光、结城朝光等率五万余人从东山道出发,北条朝时等率四万余人从北陆道出发。消息传到朝廷,公卿们张皇失措。他们原以为院宣发出,定会有

---

① 《吾妻镜》承久三年(1221年)五月十九日条。

人献上北条义时的首级,没料想会有如此反应。对此,《增镜》有明确记载:"先前,诸公卿大有信心,他们却完全没有料到会有如此结果,均惊慌失色。"①朝廷官军原定于承久三年(1221年)六月二日出发迎战,后推迟了一天。朝中公卿无人参战,军中士气萎靡不振。六月十五日,北条时房和北条泰时率五千骑兵进入京都。获知这一战况,后鸟羽上皇决定让土御门上皇和顺德上皇、雅成亲王和赖仁亲王前往贵船等地避难,自己独守宫中。当天,北条时房和北条泰时抵达六波罗,很多朝廷官兵放火焚烧自己宅邸后逃遁,也有一些被幕府军队抓获。最终,近两万名官兵被近二十万幕府军横扫。六月十八日,后鸟羽上皇正式撤回讨伐北条义时的院宣。七月七日,幕府遣史进京。八日,幕府罢免了九条道家的摄政之职,由近卫家实代理摄政。同时"建议"朝廷拥立新天皇。幕府这么做的目的,是防止后鸟羽上皇的皇子皇孙即位。后鸟羽上皇不敢不接受幕府方面的建议。九日,10岁的茂仁亲王登基,成为第八十六代天皇,号后堀河天皇(1212—1234年)。当天,仲恭天皇放弃神器,迁入九条宅邸,被称为"九条废帝"。仲恭天皇没有举行过天皇登基大典,没有举行过一代天皇只能举行一次的重要仪式大尝祭,更因为年幼,没有举行过元服礼。北畠亲房在《神皇正统记》中写道:"仲恭天皇即位不过七十七日便无奈放弃神器和皇位,如同古时的饭丰天皇。"所谓"饭丰天皇"也是女天皇,据称在清宁天皇驾崩后曾短暂执政,但没有被列入天皇之列。不过,也因为年幼,仲恭天皇没有被流放。

　　承久三年(1221年)七月八日,后鸟羽上皇投入佛门,成为法皇。七月十三日,幕府要求后鸟羽法皇迁居隐岐国(岛根县)刈田别宫。七月二十日,幕府要求顺德上皇迁居佐渡岛(新潟)。二十四日,雅成亲王迁居但马国(兵库县)。翌日,赖仁亲王迁居备前国(冈山县)儿岛。同年闰十月十日,与倒幕没有任何瓜葛的土御门上皇主动迁居土佐国(高知县)。之后,幕府处置朝臣,掌握了政治实权。幕府所为有以下犯上和僭越之嫌,但是对这种情况的出现,朝廷有没有责任呢?对此,《神皇正统记》提出这么一句反问,值得关注:"如果没有后鸟羽上皇的追讨旨意,幕府是否会大动干戈,发动兵变?"文历元年(1234年)五月二十日,仲恭天皇驾崩,年仅17岁,直到明治三年(1870年)七月才被追加谥号仲恭天皇。也就是说,

---

① 三浦周行:《早稻田大学日本史》第5卷《镰仓时代》,栾佳译,华文出版社2020年版,第176页。

第五章 镰仓时代

"仲恭天皇"这一谥号并不是驾崩后就获封的。

承久之乱是日本历史的一块里程碑,意义极为深远:国家政权自此被幕府实际掌握。一句话,经承久之乱,朝幕关系逆转,朝廷大事均需报请幕府同意才能定夺、实施。同时,承久之乱的发生,使幕府感到必须加强对京都朝廷的监视,决定让北条义时的嫡子北条泰时和弟弟北条时房留守六波罗府。北条泰时住北亭,北条时房住南亭。因此世人称他俩为北殿和南殿,并称为六波罗探题(长官),地位仅次于执权。按《吾妻镜》记载:"(承久三年)六月十六日己巳,相州武州两刺史移住六波罗馆。如右京兆爪牙耳目,迥治国之要计,求武家之安全。"①此后,六波罗探题一直由北条氏的人担任。六波罗府的机构宛如缩小版的幕府,也设有合议政事的评定众、辅佐评定众处理诉讼和其他事务的引付众,等等。六波罗府除了监视朝廷,还负责畿内和西国的行政及司法事务,府内任职的大都是北条氏近亲。不过,幕府规定,如果西国的守护、地头、御家人违法犯禁,必须上报幕府,由幕府处置。

朝幕关系转变最明显和典型的标志,是自此武家开始左右"治天之君"的命运,即皇位的继承由幕府的意志决定。以下史实可以为证。如前面所述,根据幕府的"建议",后堀河天皇登基。天皇如此年幼,自然谈不上政绩。贞永元年(1232年),一直病恹恹的后堀河天皇让位给了长子秀仁亲王,可是成为太上天皇才一年多便驾崩了。秀仁亲王出生于宽喜三年(1231年),母亲是"五摄家之一"九条道家的女儿藤原𬱟子,还在吃奶便践祚成了第八十七代天皇,仁治二年(1241年)元服,随后娶了九条教实的女儿彦子,翌年因事故夭折,谥号四条天皇(1231—1242年)。四条天皇既无兄弟,更无子嗣,由谁继承皇位?九条道家为了保持"外戚"的地位,打算让顺德上皇的皇子忠成王即位,但遭到当时的幕府执权的强烈反对。无奈,朝廷只能尊重幕府的意见,由土御门上皇的二皇子、源通宗的女儿通子的儿子邦仁亲王即位。以邦仁亲王即位为起点,皇位继承者的选定权落到了幕府手里。

成为第八十八代天皇的邦仁亲王即位时已23岁,但匪夷所思的是,他居然还没有元服,于是赶紧元服,然后践祚,成为后嵯峨天皇(1220—1272年)。后嵯峨天皇娶了太政大臣西园寺实氏的女儿姞子,生下了二

---

① 《吾妻镜》承久三年(1221年)六月十六日条。

皇子久仁亲王。在位四年后,后嵯峨天皇将皇位让给了年仅3岁的久仁亲王,作为上皇施行院政。久仁亲王即位,成为第八十九代天皇,号后深草天皇(1243—1304年)。后深草天皇在位13年,正元元年(1259年)根据后嵯峨天皇的旨意,将皇位让给了10岁的同胞弟弟、后嵯峨天皇的三皇子恒仁亲王。恒仁亲王即位后成为第九十代天皇,号龟山天皇(1249—1305年)。后嵯峨天皇驾崩后,后深草天皇和龟山天皇究竟谁是"治天之君"?最后,根据幕府意见,龟山天皇获得了这项"荣誉"。文永五年(1268年),二皇子世仁亲王被立为太子。5年后,龟山天皇将皇位让给了太子。世仁亲王即位,成为后宇多天皇,并立了后深草上皇的女儿妗子为皇后。乱伦?当时日本朝廷不仅没有这个概念,而且认为这样可以保持皇统的纯粹。

北条泰时改革 承久之乱后,由执权掌控的幕府是以"辅佐"朝廷之名,行"监视"朝廷之实。在幕府扶持下,后堀河天皇的父亲即从未当过天皇的守贞亲王,史无前例地成为后高仓法皇并执掌院政。时过不久,贞应二年(1223年)五月,45岁的后高仓法皇就大行不归。后堀河天皇年幼,北条义时必须更加致力于治国理政。但是,元仁元年(1224年)五月,北条义时罹患重病,于六月十三日出家,当天去世。据《吾妻镜》记载,北条义时死于"脚气冲心"(由脚气引起的急性心脏病),临终状态为"心神违乱"。因此,后人认为北条义时有可能被毒死,确切与否迄今尚无结论。北条义时死后,他的妻子伊贺氏与在政所担任执事的兄长伊贺光宗合谋,欲将其女婿藤原实雅立为将军,让伊贺氏的儿子北条政村任执权,由伊贺光宗执掌幕府实权。但是,处事果断的北条政子见北条义时去世,未及安排执权的继任者,鉴于围绕权力的冲突随时可能爆发,为了防患于未然,六月二十八日便命令京都六波罗府的北条泰时和北条时房返回镰仓出任执权,执掌幕府政务,同时派北条泰时之子北条时氏和北条时房之子北条时盛赴京都接任六波罗探题。此后,幕府实际并存两位执权,其中北条泰时叫执权,北条时房叫联署,地位略低于执权。伊贺光宗的图谋不仅未能得逞,而且被流放信浓,藤原实雅则被流放越前,伊贺氏被迁移至伊豆。

北条泰时就任执权当年,幕府元勋相继去世。嘉禄元年(1225年)六月,大江广元去世,享年78岁。大江广元深受源赖朝和北条政子信任,是唯一始终参与幕府重要机密的老臣,深受同僚敬重,为镰仓幕府的建立立下显赫功劳。大江广元深谋远虑,他提出的建议,如设立守护和地头制度均被采纳,守护和地头的设立,对维护幕府统治具有重要意义。七月十一日,"尼将军"北条政子因患"不食之病"去世,享年69岁。骨灰被葬在高野山。政所执事二阶堂行盛等一众男女为她落饰出家。《吾妻镜》对北条政子有如此评价:"如汉高祖吕后统领天下,又如神宫皇后转世庇佑日本皇室。"不管这种评价是否有过誉之嫌,称北条政子是旷世女杰,应不为过。

北条政子去世后,幕府开始进入由北条泰时治理政事时期。但是,执权毕竟不是将军,加之北条氏出身伊豆下等豪族,既无将军之"权",又无名门之"威",难以服众。因此,北条泰时决定进行改革,制定可据以遵守的各项规则。这是唯一可以立威的途径。基于这一考虑,北条泰时就任执权后,实施了三项重要改革:

第一,建立"执权联署制",避免个人专断。北条泰时将此制度化,即除了他本人担任执权外,由他叔父北条时房担任联署,有重大决定或有重大事项颁布时,必须由联署签名。虽然仅两人,但体现了"合议"的原则。

第二,任命三浦义村等11人为"评定众",和执权一起就重要政务进行评议。以后,评定众会议成为具有最高行政、审判、立法机关属性的机构,位居主管财政的政所和主管审判的问注所之上。评定众成员由北条及大江、清原、中原、三善、二阶堂等家族世袭。建长元年(1249年)十二月"引付众"设立后,由评定众成员兼任执掌诉讼审理及其他政事的"引付头人"。评定众人数亦逐渐增加,自文永三年(1266年)三月,评定众被分为三组,轮流当班。

第三,贞永元年(1232年)由北条泰时主导,由太田狂练、太田康练和斋藤长定等起草,制定了《御成败式目》。"成败"意为"处分","式目"意为"法规或法律条文"。《御成败式目》因制定于贞永元年(1232年),后世也称之为《贞永式目》,共51条。北条泰时制定该法规的目的,在他给当时任六波罗探题的弟弟北条重时的信函中,表述得很清楚,即以此使审判基准法规成文化,统一判案尺度,"断滥诉之所起"。幕府强调,"今日以后诉论是非,固守此法";"使文盲之辈亦了解法令之规定,以免不知不觉中陷入犯罪"。这封信主要内容如下:

骏河守殿下(北条重时):

这项法令记载了审判相关的各项规定,也可称作目录。里面也涉及了神社和寺院的相关事宜。执笔之人非常贤明,在名称之后添加了式条二字,但由于略显夸张,最终改为式目。不知你是否知晓此事。肯定会有人对这项法令的制定依据提出疑问。其实并没有什么了不起的规则,只是依据道理而制定。在此之前,因为没有这种法令,幕府可能会依据是非、强弱、天皇的旨意裁决。既然如此,不如提前制定审判的规则并对此做出详细的解释。这样,无论人们的身份高低,幕府都可以公平裁决。这项法令可能与朝廷的律令有不同之处。例如,律令的主要受众是阅读汉字的群体,不适合只会阅读假名的人。但是,世间有很多只能阅读假名的民众,此项法令适合更加广泛的人群,是为武家之人而专门制定的,绝不会改变京都的裁判规定或律令内容……

武藏守(北条泰时)
贞永元年九月十一日①

如信中所述,制定《御成败式目》是以平凡的"道理"为基础,即依据当时在武士社会公认的"道理"为基础制定的行为规范。"式目"(武家法)并不取代律令(公家法)。按照北条泰时的说法:"彼者海内龟镜,此者关东鸿宝。"也就是说,《御成败式目》是武士所必须遵守的行为准则,是确认或部分修正原先已经习惯性存在的基本原则,使之对应现实并具体化。所以,《御成败式目》也被称为"关东武士式目"。《御成败式目》规定了守护和地头的职责及违反规定的裁判标准,确认了知行年纪法等保护御家人领地的原则,确认了御家人领地的转让、继承、买卖原则并使之成文化,是"最初的武家法典",其基本内容可分类如下:

第一条和第二条强调,必须崇敬幕府支配下的各国和庄园内的神社、佛寺,如有损坏应予修理。第三条至第六条规定了诸国守护、地头的职权,规定了幕府和朝廷及庄园本所的关系,即守护的职权主要是禁绝"大犯三条"。如第三条规定:守护的职责是追捕"大番催促之谋叛杀人犯和强盗、山贼、海贼等事"。禁绝"非国司而妨国务,非地头而贪地利"等现象发生。同时规定"大番役并谋叛杀害之外,可令停止守护之职,若背此式目相交自余事者,或依国司领家之诉讼,或依地头土民之愁郁,非法之至为显然者,可以撤职并设代官一人代行职务"。第五条警诫地头不得滞纳年贡,不得干预国司、庄园本所的裁判,并强调:"犹背此旨令难涉者,可撤换其职。"以上六条实质上限定了《御成败式目》的适用范围,即相对于律

---

① 三浦周行:《早稻田大学日本史》第5卷《镰仓时代》,栾佳译,华文出版社2020年版,第251页。

令制下的"公家法",《御成败式目》是在幕府势力范围内贯彻执行的"本所法",或者说是"武士的家法"。第七条和第八条规定了幕府判案的大原则。第七条规定:"右大将军以后,历代将军并二位殿御时所充给所领者,依本主诉讼,不得更改。"即强调由源赖朝及以后的将军和北条政子赐予的领地,即便旧主提出诉讼,亦不得变更。第八条则进一步明文规定,即便不拥有领地的权属证明,但只要实际拥有该土地支配权并连续二十年从该土地上获得年贡,即承认其对该土地支配权。当时被称为"年纪法"的这一规定,得到了武士的热烈欢迎。总之,强调"实际拥有"而非"书面拥有"的原则,是整个《御成败式目》的支柱。第九条以下主要对谋反、杀人、盗窃、放火、伪造文书、诽谤、强奸和通奸等犯罪行为,以及执法不当、滥用职权,作了处罚规定。例如,《御成败式目》规定,"若路上强抢或强奸民女,御家人禁闭百日,下级武士剃去半边发须","与他人之妻秘怀罪科之事,无论强奸和奸(勾搭成奸),与他人妻子有染者,俸禄减半或流放"。

《御成败式目》的适用范围,最初仅限于幕府权限所及地域,但以后适用范围逐渐扩大,成为整个中世纪,即从镰仓时代经室町时代至战国时代的武家基本法典。和8世纪贵族仿效中国的律令蓝本制定的艰涩难解的法规相比,《御成败式目》显然朴实易懂,容易普及。后来,随着历史的发展,《御成败式目》不断得到补充修改。修改补充的单行法被称为"式目追加"。《御成败式目》不仅是后世武士政权制定法律法规时效法的范本,而且对"公家法"和"本所法"("本所"为名义上的最高庄园主)产生很大影响。

镰仓幕府机构及相关职务名称

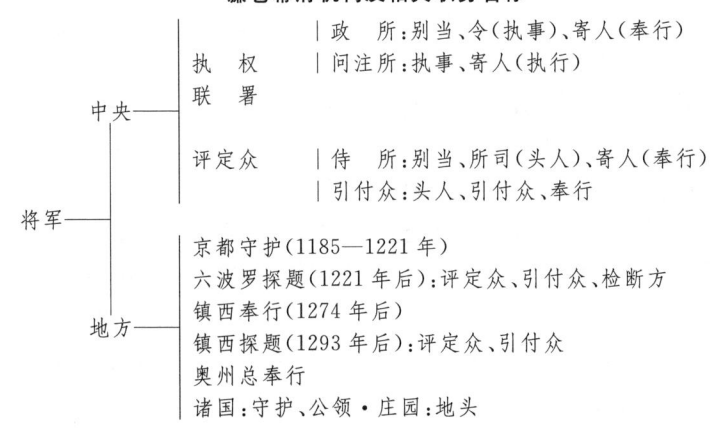

```
                    ┌ 政  所:别当、令(执事)、寄人(奉行)
          执 权     │ 问注所:执事、寄人(执行)
          联 署     │
  中央             │
          评定众    │ 侍  所:别当、所司(头人)、寄人(奉行)
                    └ 引付众:头人、引付众、奉行
将军
                    ┌ 京都守护(1185—1221年)
                    │ 六波罗探题(1221年后):评定众、引付众、检断方
                    │ 镇西奉行(1274年后)
  地方             │ 镇西探题(1293年后):评定众、引付众
                    │ 奥州总奉行
                    └ 诸国:守护、公领·庄园:地头
```

镰仓幕府灭亡 嘉禄元年(1225年)十二月二十九日,年仅8岁的三寅元服,改名九条赖经。九条赖经是五摄家之一九条道家的儿子,因为出生于寅年寅日寅刻,所以幼名叫"三寅"。源实朝被暗杀后,源家绝嗣。镰仓幕府执权北条义时和源赖朝的正室北条政子决定,让九条赖经继任第四代将军。因为九条赖经的母亲西园寺伦子是源赖朝的同胞妹妹坊门姬的外孙女,相对而言血缘较近。因是作为源家人继位,所以改姓源,名赖经。嘉禄二年(1226年)一月二十七日,源赖经成为摄政将军,因为源赖经是摄政九条道家的儿子。宽喜二年(1230年),源赖经娶了源赖家的女儿源鞠子为妻,进一步密切了和源氏的关系。当时,源赖经13岁,又称"竹御所"的源鞠子28岁。天福二年(1234年)七月,源鞠子难产,生下一死胎后去世,享年33岁。著名歌人藤原定家写道:"源赖朝再无子孙。他曾灭绝了平氏家族,物皆有报。"

仁治三年(1242年)五月九日,苦于痢疾的北条泰时在征得将军九条赖经的许可后,剃度出家,法号观阿。但是,北条泰时的病情并未因此缓和,而是高烧不退,食欲不振,同年六月十五日夜晚永眠,享年60岁。《神皇正统记》对北条泰时不吝溢美之词:"北条泰时为人正直,治世严谨。他生活节俭,善于培养人才。他非常重视公家的事务,努力处理本所的各种诉讼。兵不血刃却得以平定天下。多年来,北条泰时一直励精图治。作为陪臣(家臣的家臣)却能长久执政,无论在日本还是汉朝均史无前例……北条泰时继承执权的职位,开始施行仁政,制定了严格的法规。"由于北条泰时的嫡子北条时氏在27岁时已经去世,因此由他19岁的嫡孙北条经时继任执权。北条经时虽然年轻,但谨记祖父的遗训,并且仿效祖父晚年的做法,没有任命联署。

如前所述,同年,年仅12岁的四条天皇突然驾崩。九条道家为了维护自己的外戚地位,想让顺德上皇的皇子忠成王即位。这一想法得到了不少朝廷公卿的支持。但是,由北条氏掌权的幕府认为,顺德上皇因参与后鸟羽上皇的倒幕行动而被流放到佐渡岛,让其后嗣继承皇位甚为不妥。最终,幕府派安达义景上洛,表示拥戴土御门上皇的皇子邦仁亲王。幕府的意见最终"一锤定音"。邦仁亲王当时已23岁,但还没有元服。于是,朝廷赶紧在土御门上皇为他举行元服礼,在冷泉万里小路殿践祚,随后即位,号后嵯峨天皇。由此,幕府可左右朝廷甚至决定皇位的承袭。

宽元二年(1244年)四月二十八日,北条经时让朝廷废黜了将军源赖经,让年仅6岁的赖经之子九条赖嗣(1239—1256年)元服,并就任右近卫少将和第五代征夷大将军。翌年七月,28岁的九条赖经采取隐忍之策剃度出家,法名行贺。表面上看,北条经时和九条赖经的胜负已经判然,但实际上九条赖经可谓"虎倒不失威"。宽元四年(1246年)三月,北条经时病危。由于两个儿子年幼,北条经时希望由他的弟弟北条时赖继任执权。同年闰四月,刚刚出家,法号安乐的北条经时永享安乐,年仅23岁。见执权变更,九条赖经伺机东山再起。在北条义时的孙子越后守北条光时(又名"名越光时")的谋划下,一个推翻北条时赖的计划悄然进行。然而,事机不密,谋反的动向很快被北条时赖察知。北条时赖先发制人,将政变者一网打尽。北条光时被发配伊豆,他的同党也被处以流刑。同时,北条时赖将九条赖经送往京都,以斩断威胁执权的祸根,九条赖嗣被废。这一事变史称"宫骚动"。

一波刚平,一波又起。执权北条氏与幕府最有实力的御家人三浦氏又起争斗。三浦氏和北条氏是几代姻亲,并曾努力和北条氏协调关系。但是对热衷政治的权贵而言,姻亲终不如权亲。正如当年三浦泰村所言:"本人官位已至正五位下,一族中多人任官并兼任多国守护,掌管的庄园达数万町,堪称兴隆之至。因此,遭他人谗言并不足怪。"如此权势,当然对北条时赖是个威胁。北条氏和三浦氏对立的直接原因,是作为评定众成员的三浦光村、三浦泰村是策划谋反的九条光时的同党。可惜三浦氏意欲推翻北条时赖最初却以挑拨、谋略为武器。手段差于梶原、比企、和田氏,结果自然更惨。宝治元年(1247年),双方剑拔弩张展开格斗,结果三浦氏一门总领三浦泰村率近亲五百余人逃入源赖朝的墓所法华堂,并在那里悉数自杀。这场血腥格斗史称"宝治合战"。三浦氏灭亡后,幕府内部再无堪与北条氏对抗的豪族。因此,北条氏大权独揽的道路,进一步拓宽。

建长元年(1249年),北条时赖设置了作为"评定众"附属机构的"引付众",协助处理公文、诉讼。建长四年(1252年),北条时赖改变了藤原赖经、藤原赖嗣均出自摄关家的"摄家将军"的惯例,迎请后嵯峨天皇皇子宗尊亲王任第六代征夷大将军。其实,迎请皇族将军并非新的构想,在源实朝死于非命后,北条义时就曾提出由皇族出任将军的建议。但他的提议被后鸟羽上皇否决,无奈选了出身藤原北家九条氏的"摄政将军"。但是,此一时彼一时,这次朝廷顺从了幕府的要求。自此以后,由亲王出任将军成为惯例:第七代将军是宗尊亲王儿子惟康亲王,第八代将军是后深草天皇皇子久明亲王,第九代将军是久明亲王的儿子守邦亲王。这么做的目的,除了使幕府和朝廷建立亲睦关系,更因为被送至京都的藤原赖经和藤原赖嗣,和佛僧了行等密谋对执权实施报复。

康元元年(1256年)八月,39岁的九条赖经病逝。同年十一月,30岁的北条时赖罹患疟疾。他辞去执权职务,在最明寺出家,法号觉了房道崇。北条时赖的儿子北条时宗年齿尚幼,因此由北条重时之子北条长时出任第六任执权。但是,《吾妻镜》《镰仓大日记》《镰仓吴江执权记》均称:"北条时宗年幼之时,由代官负责幕府政务。"显而易见,北条长时只是个"临时工"。文应元年(1260年)后,北条长时也被病魔缠绕,于弘长三年(1263年)出家,法号专阿,他的叔父北条政村成为第七任(代理)执权,15岁的北条时宗出任联署。八月二十一日,35岁的第六任执权北条长时在秒光寺长眠。十一月二十二日,第五任执权北条时赖身着袈裟,在最明寺去世,时年37岁,死前留下辞世歌:"业镜高悬卅七年,一锤击碎,大道坦然。"他的儿子北条时宗由联署改任第八任执权。

文永三年(1266年)七月,北条时宗遣史赴京,禀告后嵯峨上皇,称宗尊亲王存有异心。上皇即遣史赴镰仓调查。七月二十一日,幕府派二阶堂行忠和城时盛上洛,要求朝廷同意更换征夷大将军。七月二十四日,3岁的惟康亲王就任征夷大将军,宗尊亲王被废。北条时宗废立将军的原因,也有说是因为宗尊亲王妃近卫宰子和松殿良基私通。由于史籍记载不一,未知究竟,但3岁的孩子容易把控是显而易见的事情。北条时宗在位期间面临的最大挑战是"忽必烈征伐"。对此本章另有专论,在此不赘。

弘安七年(1284年)三月,34岁的北条时宗罹患重病,于当年四月四日出家,法名道泉。出家当天去世,号法光寺。北条时宗生平敬奉无学祖元,无学祖元对他评价甚高,并被认为比较恰当:"人称人生七十古来稀,法光寺殿不满四十,但成就的功业却在七十岁人之上。他治国平天下,不见有喜怒之色,不见有矜夸炫耀之风,此乃天下之人杰。"[①]北条时宗任执权时期,幕府进入鼎盛时期。但持续用武导致国库空虚,使众多武士和百姓的生活陷入困境。其后继者采取了诸多补救措施,但均告无效。

---

① 无学祖元:《佛光国师语录》(《大正藏》第80卷)北条时宗三周忌法语,东京大藏出版株式会社1988年版。

第五章 ● 镰仓时代

换言之，北条时宗任执权时代虽则呈现向荣气象，但镰仓幕府的衰落也自此开始。

弘安七年(1284年)四月，北条时宗14岁的儿子北条贞时继任执权。正应二年(1289年)九月十四日，幕府将惟康亲王送回京都，其同年出家。十月，根据幕府的奏请，朝廷任命久明亲王赴镰仓任征夷大将军。正安二年(1300年)八月，北条时宗的养子北条师时取代北条贞时出任第十任执权。他也是北条时赖的孙子。不久，北条贞时出家，法号崇晓，但仍掌控幕府。延庆元年(1308年)七月，幕府再次请求将久明亲王送回京都，由久明亲王的儿子守邦亲王出任其职务，获得朝廷赐准。于是，8岁的守邦亲王成为镰仓幕府第九代也是末代将军。幕府更换征夷大将军的动机无人得知，唯一可知的是，一切都服从执权的意志。

应长元年(1311年)九月，北条师时去世。十月，北条贞时去世，北条宗宣由联署改任执权，为第十一任执权。正和元年(1312年)五月，北条宗宣出家，北条熙时出任执权。正和四年(1315年)七月，北条熙时出家，几天后即去世，享年54岁。当月，北条基实成为第十三任执权。翌年七月，北条基实辞去执权一职，北条贞时之子北条高时就任第十四任执权，同时也是北条氏最后一位担任执权的嫡系子孙。当时，幕府已不断走向衰落。嘉历元年(1326年)三月，北条高时出家，号崇鉴。金泽贞显成为第十五任执权，改姓北条，不久亦出家，由后来也改姓北条的赤桥守时出任第十六任，也是最后一任执权。

执权之所以仅延续到第十六任，最重要的原因是幕府的衰落给了朝廷崛起的机会。当时，后醍醐天皇想将自己的皇子立为皇太子。但是，只要幕府存在，此等大事必须听从幕府安排。后醍醐天皇盘算再三，决定推翻幕府统治并得到了一些臣属的支持。不料，事机不密，倒幕计划败露，日野资朝、日野俊基等参与者均被六波罗府捕获并被流放。尽管"打狗欺主"，但幕府没有追究后醍醐天皇的责任，而后醍醐天皇却仍不甘心，再次筹划"倒幕"。嘉历二年(1327年)，后醍醐天皇任命三皇子尊云法(还俗后称"护良亲王")为天台座主，让四皇子尊澄(还俗后称"宗良亲王")进入妙法院，试图动员延历寺的佛教势力。元德三年(1331年)八月，后醍醐天皇改元元弘，并召集诸国武士和延历寺僧侣，敕令他们进攻六波罗府。但是，事先已获得原权大纳言吉田定房密报的幕府，早已做好准备，采取了进攻皇居的"围魏救赵"策略。八月二十四日夜，后醍醐天皇逃往奈良。

元弘二年(1332年)三月,幕府仿效"承久之乱"后的做法,将后醍醐天皇流放到隐岐国(岛根县),将护良亲王流放到土佐国(高知县),将宗良亲王流放到赞岐国(香川县),将静尊法亲王流放到但马国(兵库县)。幕府希望后醍醐天皇在出发前能剃度出家,后醍醐天皇不仅断然拒绝,而且发出勤王令旨并获得诸国官兵积极响应。元弘三年(1333年)五月,新田义贞在上野国新田郡起兵"勤王",势如破竹,迅速逼近镰仓。眼见大势已去,北条高时放火烧毁了镰仓幕府宫邸后自杀。家臣数百人在东胜寺集体自杀。第九代将军守邦亲王出家,镰仓幕府经历九代将军后宣告灭亡。但是,北条家并未绝后。北条高时次子北条时行趁乱逃离镰仓,发动了后文所说的"中先代之乱"。

第四节　镰仓幕府的支柱:御家人制和庄园制

镰仓时代明显有别于平安时代的社会制度和社会结构,主要有两项:一是具有封建性人身依附关系的"御家人制";二是具有封建性特征的"庄园制"。御家人是直属将军的武士,为对将军及武士本人表示尊敬,所以称"御"家人。从武士成为御家人,大致经历了四个阶段:第一阶段是从天庆二年(939年)爆发的"平将门之乱"到长元元年(1028年)发生的"平忠常之乱"。这一阶段的特征是武士阶层与朝廷公开对抗。第二阶段是从"平忠常之乱"到保元元年(1156年)至平治元年(1159年)发生的"保元·平治之乱"。这一阶段特征是武士内部冲突激烈。第三阶段是从"保元·平治之乱"到文治元年(1185年)平氏灭亡。这一阶段的特征是武士成为新贵族。第四阶段为平氏灭亡至建久三年(1192年)源赖朝成为征夷大将军。这一阶段的特征是镰仓幕府最终建立。庄园制是幕府的经济来源。通俗地说,将军和御家人必须尽自己的义务,同时享有相应的权利:御家人必须为将军出生入死,这是义务;同时享有将军给予他们的生活保障,这是权利。将军必须为御家人提供生活保障,这是义务;同时享有御家人对他的忠诚,这是权利。

御家人制的结构　以镰仓幕府的建立为标志的武家政权,具有几项特征:

第一,以武力征服全国,建立政权。在镰仓幕府建立过程中,源赖朝以军事实力和实际领地为基础,迫使朝廷承认他对东国的实际统治权;迫使朝廷允许他向全国派遣守护地头;迫使朝廷任命他为征夷大将军,授予他军事指挥权。

第二,幕府所在地即武士政权的首都,不仅设在远离京都的镰仓,而且有独立于朝廷的行政司法体系,不仅有独立的包括行政和司法机构在内的中央机构,而且有自成系统的地方机构。

第三,制定以武士社会的道德、习惯和惯例为基础的武士社会第一部成文法典——《御成败式目》,即《贞永式目》。

第四,在内战过程中,逐步建立了主从原理与家族原理相结合的统率武士的制度,即以惣领制为基础的御家人制度,形成以将军为顶点的金字塔式的武家政权。"所谓御家人,即往昔以来为开发领主,赐武家御下文人事也。所谓开发领主乃根本私领也,又称本领。非御家人即其身虽为侍,不知行当役勤仕之地人事也。"[①]所谓"惣领制","惣领"即族长,惣领制就是以惣领为中心,由惣领统率全族,强调氏族认同的制度。惣领制的基础是领地和财产的分割、继承。嫡子在领地和财产分割时所获的"惣领分"最多,剩余的分给庶子。分得惣领的庶子往往以地名为"苗字"(姓)分家自立,奉本家为宗家,接受本家"家督"(惣领)的统领,以血缘为纽带,与本家保持紧密联系。由"本家""分家"构成的血缘集团称为一门、一族、一家,从而形成镰仓殿—惣领—庶子的主从连锁关系。惣领制虽为有血缘关系的家族的结合,但并不排斥无血缘关系的小领主作为"家子"加入,结成拟似的血缘关系。惣领的职责是对内统帅庶子(家子),祭祀族神,分配领地和赋役;对外代表全族"奉公"即为幕府服役,战时率领一族出征。家督(惣领)原则上由本家的嫡长子继承。但如果嫡长子不具备担任家督的品质和能力,则由长者从其他子嗣中选拔,此谓"选拔的嫡子"。总之,"举族一致"是武士社会的基本原则。

御家人最初为东国武士。但是,随着源赖朝的势力向西伸展,西国的武士也逐渐被纳入。将军与御家人之间的关系是主从关系,结成主从关系必须履行一定的手续:御家人谒见将军并宣誓,此谓"见参式"(亦有从者呈上表示忠诚的"起请文"),将军则颁发认可他是原有领地主人的证明书,此谓"本领安堵(对原有领地给予确认,保障支配权)下文"。身份和领地的继承也要履行同样的手续。不过,西国的程序没有东国烦琐严格,仅

---

① 《沙汰未练书》,日本国会图书馆藏。

有源赖朝派赴当地的武将作为代表,向源氏呈上将成为御家人的武士"交名"(列有名字的文件),然后由源赖朝下发公文给予认可。随着御家人的人数渐多,程序也逐渐简化,仅由源赖朝的代表向新的"御家人"发放"奉书"(奉将军之命而发的文书),将军不再下文。

将军和御家人结成主从关系的基础是"御恩"即恩赐,主要有四项内容:"本领安堵","新恩给予"(分给新的领地),发生领地纠纷时将军为御家人提供保护,向朝廷推荐御家人以获取官职。

奉公的主要内容:一是率领一族参战。二是由六波罗探题统辖承担"京都大番役"(又称内里大番)即皇宫警卫任务,三至六个月轮替;由西国御家人承担"篝屋役","篝屋"意为驻留京城的营房,即西国武士进京承担警卫任务;由东国御家人承担"镰仓番役",即镰仓的警卫,一至两个月轮替;准战时须承担"异国警固番役"即戍边警卫,抗击异国入侵;战时承担临时性军役。三是作为经济性奉公的"关东御公事",即承担固定和临时的课役,包括承担皇宫、幕府、佛寺神社以及驿站等的修建费用等。奉公义务由侍所通过守护,按各人的领地分配。奉公必须认真,不得懈怠,否则将受到削减领地,剥夺身份,没收领地乃至处死的惩罚。御家人制原本是私人间的主从关系,但从源赖朝获得任命守护和地头的权力以后,逐渐成为一项正式制度,并且与幕府的中央和地方官制相结合,形成了将军—侍所—守护—地头的统辖系统。这种主从(纵向)关系和家族(横向)关系相结合的武士制度的建立,保证了武家政权的长久性和稳固性。

作为武家政权的镰仓幕府,主要由以下几类人构成:一是被称为"侍"的武士,包括作为将军直属武士的"御家人"。二是被称为"郎党"的上级武士的追随者。在武士团中,与主君有血缘关系者称庶子或家子,与主君没有血缘关系者称"郎党"。三是作为一般庶民的"凡下""平民""甲乙人"四是作为贱民的奴婢、杂人。

源赖朝举兵后,无论源氏历代家臣还是后来归顺他的平氏家臣,只要宣誓效忠,皆可在其麾下成为御家人,即"将军的家臣"。成为御家人是一种荣耀,也能获取相应的利益。为了使"御家人"保持对他的忠臣,避免他们离心离德,源赖朝也为御家人定下了明确的规矩,主要有:御家人如果想担任朝廷官职,必须由他亲自推荐,但"成功"(通过捐钱为朝廷营造寺院等买得官位)除外。禁止御家人担任幕府指定不得担任的朝中要职,但"受领"(担任国司等地方长官)除外。如果违反上述规定,均将遭受处分,包括要求朝廷撤销其官职。所以做出这一规定,主要因为以前朝廷是唯一的政权,而且武家政权的建立并不否定公家政权(朝廷)的合法性,理论上源赖朝本人就是朝廷命官,无论他作为右近卫少将还是征夷大将军,都是由朝廷宣旨任命的。但是,如果武士未经允许接受朝廷的任命,将影响乃至破坏武士特别是御家人对将军的忠诚,有损幕府的权威。另外,之所以定这些规矩,还因为当时武士和主君的从属关系,相对比较松散,不存在"一仆不事二主"的观念。一个武士往往"兼参",即同时为几个主人"奉公"。例如,伊势国(三重县)武士加藤光员,从源赖朝举兵时就一直追随他,是源赖朝的御家人。但加藤光员同时还身兼数职:是"西面武士",即担任后鸟羽上皇御院西面的警卫任务;是幕府整肃武士风纪的"检非违使";是管理伊势神宫的大中臣氏的家司(管家)。源赖朝很清楚,如果不定规矩,不改变这种状况,那么将很难使包括御家人在内的武士对将军绝对忠诚,为幕府不惜牺牲生命。

源赖朝惜才爱才,即便是罪犯,如果武艺高超,精于骑射,也可以获得宽释并成为御家人。源赖朝禁止奢靡,力倡节俭。有一次,他看到筑后国(福冈县)权守(定员以外的国守)藤原俊兼衣着奢华,当即用随身佩刀割破其衣衫。另外,源赖朝也相当尊重恪守孝道的人。日本历史上三大复仇事件之一的"曾我兄弟复仇事件",就体现了源赖朝的这种品格。建久四年(1193年),幕府初立,源赖朝在富士裾野举办狩猎比赛,曾我十郎佑成和曾我五郎时致也混入其中,令杀父仇人工藤佑经一命呜呼。未经允许而在将军面前复仇,原本罪不可赦,但源赖朝为兄弟俩的长期隐忍和孝心感动,原想赦免二人死罪,无奈工藤佑经的儿子苦苦哀求,才不得已下令将曾我兄弟处死。之后,源赖朝下令免除曾我庄园的租税,并将他们的遗书珍藏于文库。源赖朝的这种做派,对以后作为武士价值规范的武士道,特别是武士的"名誉观"和"复仇观",具有重要影响。

庄园制的"名"与"实"　御家人的主要生存资源是庄园。中世纪庄园制的上层,由庄园领主、庄官、名主构成。但是,仅此尚不足以理解他们的确切身份。因为庄园领主、庄官、名主,既有属于旧律令制系统的身份,也有属于新庄园制系统的身份;既有在律令制"官权"中兼有官职者,又有在庄园制"私权"中占有一席之地者,他们是一个重合、层叠的群体。当然,他们本身不是劳动者,真正使庄园能够正常运营的,是从事农耕的作人(农民)以及从事手工艺品等生产的手工业者。他们构成了庄园制的基础。虽然农业经营的主体存在地域差别，但一般都是以名主为父家长制的家族共同体。不过，从属于名主的所谓"亲类""缘者""胁者""所从""下人"等农民，随着时间的推移，个别经营分离化倾向不断加剧，自立化现象日趋普遍。庄园制的经济生活虽然以自给自足为主，但自平安末期以后，由于宋朝钱币的不断流入，商品货币经济也不断发展。13世纪以后，由于庄园内定期集市的广泛形成，庄园经济不断成为整个国内经济循环系统中的一环。农民个别经营分离化倾向和自立化现象日趋普遍，与这一历史背景密切相关。

　　镰仓时代即中世纪的庄园，无论就形成的契机还是就规模、内部结构、支配收取形态而言，均各不相同，但是作为一种体制，中世纪的庄园无疑存在某种共性，而这种共性主要体现于在社会发展变化中相对不变的主从关系。简而言之，这种主从关系主要由三个要素构成，即庄园领主（他们有的并不生活在庄园），庄官（即在地领主），农民。但是，土地不是将三者维系在一起的唯一"黏合剂"，除了土地，既有一些旧的因素，如古代律令制的官职和职业等身份意识，也有新的因素，如"所职"（即相应于职务的权力）、"得分"（即相应的收益），更有在社会职业分化的进程中逐渐产生的非农业因素。因此，虽然社会不断发生变化，但主从关系本身，没有发生质的改变。如果将庄园制比作一个"金字塔"，那么居于塔尖的无疑是庄园领主。就身份而言，庄园领主分属皇室、公家、幕府、寺院；就权限而言，有所谓"本家"、"领家"（领主）、"预所"（代领主管理各项事务的人员，又称"中司"）。

　　介于庄园领主和农民之间的庄园实际支配者，即"金字塔"的中间阶层，是庄官。庄官有各种名称：下司、公文、庄司、别当、专当，以及从庄园内有势力的名主中挑选出的沙汰人、番头。不同的名称与以往身份、职务、庄内的地位密切相关，但他们的职责其实是一样的，就是负责收取年贡，通俗地说就是收税。各种名称的庄官主要来自：在厅官人、郡司、乡司等律令制下的地方官员；刀祢（地方官员）、大名田堵（"田堵"原为"田头"，即现场的意思；"大名田堵"即耕作庄田缴纳年贡的农民）、系统的村官和有实力的农民；武家政权系统、兼有将军御家人和庄官二重身份者。

　　"金字塔"的底层是农民。农民的阶层、身份比领主和庄官更复杂。如果按照其村落的居住分类，可分成两大类：一是被称为"根本住人""村住人"的名主层；二是从其他地方迁入的"间人"（非名主层的下层农民，较缺乏稳定性)。按照以承包、耕作为媒介的庄园制身份系列分类,可分为四大类:一是名主即"根本住人"阶层;二是借耕、承包名主所有土地、相当于名主亲友的"胁者""胁在家";三是从其他地方迁入、定居并承包前两者土地的"间人";四是作为在地领主和名主家奴的下人、所从。

另外,还有畿内的"非人""乞食";地方的"散所民";各国在行商时定居的商人和手工业者;原本处于庄园制身份系列之外,但为获得某些特权而作为神人、寄人、供御人从属于庄园领主的新阶层。镰仓时代的庄园制还通过所谓名体制、工匠"给免田"①支给体制等,将非农业劳动者吸收、编入庄园体制。

中世纪庄园制和古代非庄园制,在农业生产和经营方面,存在显著差异。相对于古代以律令制国家权力集中投放劳动力,或运用土木技术进行大规模开发,中世纪主要由田堵、名主以及零散的百姓进行小规模经营开发。虽然居住于庄园之外的领主阶层,对庄园的农业经营并非漠不关心,但是农业经营的主体是在地领主和农民。这种倾向在进入中世纪以后日趋明显。同时,中世纪以后,农业的集约化倾向也日趋明显,主要表现为间耕的普及,即同一年在同一块土地上同时种两类作物,如同时种豆类植物和麦子。

庄园制虽然以自给自足的农业经济为基础,但是商业经济也不断得到发展。自平安末期,日、宋贸易的发展已极大刺激商品经济。进入镰仓时代后,由于社会政治经济结构的转变,日本各阶层对交换的依赖性急速增强。以公卿贵族、大寺社为主体的庄园领主阶层、武家的交换,主要依赖京都、奈良、镰仓等都市市场,而在地领主阶层、名主以下的农民阶层、手工业者等非农民阶层,则主要依赖在庄园、公家领地内的行商,以及每月两三次的定期集市。特别是镰仓时代在全国形成的定期集市,不仅满足地方各阶层的经济欲求,而且满足庄园、公家领地收纳的年贡及各种物品的调剂需求,因此同庄园领主经济的运营及商品货币经济关系密切,扮演着维系相互孤立、缺乏有机结合的中央、都市同地方、农村不可或缺的"中介"角色。

经济结构的转型 据史料记载,庄园和公家领地内定期的集市,形成于平安末期的12世纪,13世纪中叶至14世纪在全国普及。定期集市的

---

① "给免田"是庄园领主或国司作为俸禄支付给担任地头、各种庄官、问丸、梶取、职人等职务的土地。这些土地无须向领主缴纳年贡,故称"给免田"。

开市频率因各地经济发达程度而不同,但大致以每月三次为基准。场所一般设在:寺院前,如摄津国广田社市、备前国西大寺市等;庄园政所附近,如筑前国粥田庄堺乡市、越前国坪江庄金津八日市等;守护、地头等在地领主府邸前,如纪伊国大野庄市、萨摩国入来院借屋崎市等;各国国衙前,如尾张国中岛郡国衙下津市、周防国府中宫市等;主要街道边的宿场、驿站,如骏河国藤枝·前岛宿市,尾张国萱津宿市等;年贡物始发港,如伊势国安浓津御厨市、安艺国佐东八日市等;水陆交通要道,如山城国淀鱼市、近江国大津市等。在这些集市里经商的,既有行商,也有坐贾;既有周边庄园的名主、农民等商业兼营者,也有"山村住人"(山民)、渔民和既无耕地也无居所的"贱民"。交易的商品从"锅釜以下打铁锄鏊",到"布绢类米谷以下大豆小麦",非常广泛。①

庄园领主经济的基本成分主要由三大要素构成:以庄园名主制为基础征收的年贡,各种租、庸、调、课役、劳役;②各种手工业劳动者制造的商品;以神人、寄人、供御人、座人等身份从属于庄园领主的商人,在交易活动中获取的各种物资。

不仅庄园领主经济,实际上整个镰仓时代的社会经济也是由三大要素构成的:以庄园、公领内的名体制为基础的农业生产;被称为"道道细工""道道辈"的各种工匠从事的手工业生产;分属各种系统、持有不同身份的商人从事的商品交易活动。如果说中世纪社会是一个有机体,那么三大要素所具有的不同功能就是满足这个有机体的各种需求,使它的生命得以延续。

特别是以工商业为代表的非农业经济的发展,即社会分工的划时代的进步,是中世纪社会经济的一大历史特征。很多手工业者和商人在获得经营特权、拥有供御人、寄人、神人等身份的同时,必须缴纳贡纳、提供服务。以此为背景,以保护自身权益为主要目的的工商业同业者组织——"座",在中世纪不断增加。手工业者和商人以同庄园领主的侍奉、从属关系为杠杆,形成排他性的"座",并利用免服国役、免缴通行税的特权和其他各种经营特权,不断强化其经济自立性。而居住在京都和奈良、

---

① 《真继文书》建历三年(1213年)十一月藏人所牒写。
② 所谓"名田制"的含义是:一个庄园由数个"名田"组成,名田主即"名主"从庄园领主处获得名田并以租借给农民等方式进行自主经营。名主向庄园领主缴纳租税,农民向名主缴纳"加地子"。

第五章 ● 镰仓时代

视货币为必需品的庄园领主阶层,虽然通过收取市场钱、座役钱、关钱等满足了部分对钱币的需求,但这种满足仅仅是"部分"而非"全部"。因此,他们最终只能动用其手中所掌握的获取钱币的有力手段——以上缴的年贡物换取钱币。这种交换的必然结果,就是使以各地集市和港口地区的年贡物换钱币为基础的"代钱纳"(以钱缴纳租税等)历久不衰。13 世纪以后,"代钱纳"在都市和乡村均成为普遍趋势,而这种趋势的形成无疑以从事远途年贡物交易,即从事"隔地"交易的商人不断登上商品经济舞台这种历史趋势作为前提。

在 12—13 世纪,庄园领主阶层基本延续着依靠庄园的"名体制"和"给免田体制"这两大支柱,维持着以自给自足经济为基础的庄园经济。然而,随着商品交换的活跃和货币经济的发展,特别是在镰仓时代中后期,商品流通日益广泛、复杂,中央的庄园领主对钱币的需求亦日趋强烈。以此为背景,庄园领主开始征收市场钱、关钱与座役钱,开始对商业高利贷者课税,并不断扩大以钱代替实物年贡和"公事"即租庸调税的范围。这种领主经济自发性的转变,成为对以后社会经济整体产生重大影响的基本因素。

在镰仓时代,商品经济的发展和商品经济结构的形成,也经历了并非那么短暂的演变过程。给予包括庄园领主在内各阶级、各阶层的经济行为深刻影响的钱币,主要是通过宋、日贸易输入的宋、唐钱。但是至 12 世纪末,使用钱币买卖遭朝廷和公家严禁,其罪孽如私铸钱币,罪同"八虐"①("八虐"即依律认定的谋反、谋大逆、谋叛、恶逆、不道、大不敬、不孝、不义等八种重罪)。据文献记载:"近日,天下上下,皆为钱病所烦恼。"②"万物之估价,差距悬殊,有违成法。"③之所以如此,皆因为当时钱币的使用,被朝廷视为引起社会经济混乱的渊薮。建久三年(1192 年)十二月,朝廷命令停止使用铜钱,并将该命令传达至镰仓幕府。④对于朝廷命令,幕府表面立即显示服从姿态,实际对是否执行犹豫不决。因为幕府

---

① 九条兼实:《玉叶》治承三年(1179 年)七月二十七日条,日本国书刊行会 1982 年复刻版(原书藏宫内厅)。
② 田口卯吉编、黑板胜美校订:《国史大系》第 14 卷,《百炼抄》治承三年(1179 年)六月条,日本经济杂志社 1901 年版。
③ 《玉叶》治承三年(1179 年)七月二十五日条。
④ 《吾妻镜》建久四年(1193 年)正月二十六条。

内部对朝廷命令的意见很不一致,结果未能取得"合意"。因为与顽固沿袭旧制的京都不同,东国的钱币使用与商品货币经济发展水平,已浸透于各阶层的日常生活之中,幕府无法对抗这一现实。

面对朝廷的旨意和社会现实,幕府只能采取折中立场。历仁二年(1239年)正月二十二日,致陆奥国郡乡的"将军家御教书",非常明确地显示了当时的货币流通现实及幕府对这种现实的无奈。这份御教书写道:"自今以后,白河关以东,当禁止钱的流通,而下向之辈所持钱币,商人以下确应禁断,但上洛之族所持则不应禁断。"①这份御教书训诫了当时陆奥国"沙汰人"、百姓等在缴纳年贡时,不喜欢用绢布现物,喜欢用钱币代纳的倾向,并下令禁止相关人等持钱币出白河关以北。白河关与勿来关、念珠关并称"奥州三关",奈良时代为防范虾夷南下而设,位于今福岛县白河市旗宿附近。但同时允许奥州上洛者将当时在奥州流通的钱币带出白河关以南。由此可见,13世纪前半期,钱币流通早已扩展至遥远的郡国、町镇。货币经济已发达如此,想要严厉禁止显然不可能轻而易举。事实上,即便在仍以自然经济为主的镰仓时代,钱币也已从一部分中央统治阶级的特需品,演进为边境地区代官、百姓缴纳年贡的替代品,可见钱币在当时社会使用之广泛。因此,不仅发出上述命令的朝廷抵制商品经济,而且幕府也抵制商品经济,尽管二者的目的不同。

永仁五年(1297年)幕府颁布的《永仁德政令》,也包括对当时盛行的买卖私领、恩领的现象加以严格限制。这其实是对已普遍化的社会商品经济状况无力的阻止,以避免武家统治的基础被摧毁。②朝廷禁止寺领与神领买卖、典当,也是同样目的。但是,"青山遮不住,毕竟东流去",随着土地买卖、抵押的剧增,作为支付手段的钱币的使用,必然相应增加,并逐渐波及社会各个阶层。有关研究显示,在镰仓时代前期,即12世纪初至13世纪上半叶,大部分以稻米支付,而中期的13世纪后叶,约百分之五十以钱币支付,至末期的14世纪上半叶,这一比例上升至近百分百。③

---

① 佐藤进一等编:《中世法制史料集》第1卷第2部99条,岩波书店1955年版。
② 《永仁德政令》是永仁五年(1297年)镰仓幕府以救济御家人的目的而发布的法令。该法令规定:御家人不得将领地出卖或典当给非御家人,非御家人已经取得的御家人领地必须无偿返还,幕府不再受理与御家人借贷相关的诉讼纠纷。
③ 小叶田:《改订增补日本货币流通史》,刀江书院1943年版;铃木锐彦:《镰仓时代畿内土地所有的研究》,吉川弘文馆1978年版。

第五章 ● 镰仓时代

综上所述,可以得出以下结论:第一,13 世纪以后,货币流通范围非常广泛,达到全国规模。第二,货币经济的参与者分属社会各阶层,成员非常广泛。这种成员的广泛性,反映了当时社会各阶层对货币的共同需求。第三,理论上,将军和御家人彼此承担对等的权利义务:御家人必须对幕府尽忠,为幕府"奉公",幕府则必须维持"御家人"及其家属的生计。然而,"御家人"是世袭的,他们的人数必然呈几何级数增长。如果没有因为战功而获得新恩赐地,他们的领地随着代代繁衍,必然不断细分,从而导致"御家人"趋于贫困。这是当时社会一个非常突出、危及幕府统治基础的问题。为了稳定作为幕府统治基础的"御家人"队伍,使之免于失去土地这一基本的生存资源,幕府在颁布了《御家人所领移转禁止令》,禁止御家人买卖土地以后,永仁五年(1297 年)又颁布了《永仁德政令》,对"御家人"以土地作抵押贷款,或将土地出售,接受抵押者或土地收购者,必须将土地无偿归还原主。之所以进行这种法律规定,是因为"御家人等贫败之基已成"。他们如果垮了,幕府将缺乏最主要的支柱,难以为继。必须强调的是,货币的流通对武家社会形成了强烈冲击,甚至成为庄园村落内名主制解体、以名主为中心的农民的分解和重整的重要因素。第四,货币经济的发展使"山僧"(山门延历寺的部分僧侣从平安末期开始,借助山门的权威从事商业、高利贷等经营)、"借上"(主要指镰仓、南北朝时期的高利贷者)开始成为一个独立的阶层,从而促进了社会构成和行业的进一步分化。

在商品经济冲击下的镰仓时代,京都官营的东西市,演变成了以条坊制下主要大路交叉点为中心的繁华的町座商业市场。通过日宋贸易输入的绫、锦、缎制成的高级服装,其他各种珍贵"唐物",以负责宫中宿卫、行幸侍奉等杂务的大舍人和大宫(对皇宫、神宫、神社的敬称)任职人员为顾客的高级绢织物,在市场上摆放得琳琅满目。《庭训往来》①等史籍,对各种市场情景有栩栩如生的描述。被这些商贩视为"顾客"的人,也难以抗拒那种诱惑。因此,运用各种手段想方设法获取钱币,成了很多人满足欲求的重要途径。所谓"众人拾柴火焰高",商品经济的发展,很快成燎原之

---

① 《庭训往来》由 25 封书信构成,是室町初期问世的一种类似于教科书般的读物,以武士和庶民的日常生活、社会活动为题材,教授日常交际和应酬用语。据称作者是僧玄惠。《庭训往来》对后世教科书的编写有不可忽略的影响。

势,最终使具有自然和自给特征的自然经济结构,发生本质转变,对各阶级的生活方式产生深刻影响。这种影响进而成为价值观、伦理观转换的基础和金钱万能思想萌发的主要根源。

第五节 "忽必烈征伐"

按照"长时段"观察历史的理论,可以发现镰仓、室町、江户三个"幕末"时代的对外政策迥然有异。镰仓时代末期,因遭遇"忽必烈征伐",日本断绝了和中国的外交往来。室町时代末期,日本当局试图采取禁教政策,阻止基督教传播,但因西班牙、葡萄牙采取"商教一致"政策,日本当局因无法放弃对外贸易,陷入"投鼠忌器"的困境,直至江户幕府与不奉行"商教一致"的荷兰接触后,才摆脱这种困境。江户时代末期,因"培理叩关",日本采取了开国政策,进而通过明治维新,迅速实现近代化。外交既是内政的延续,也是影响内政的重要因素。镰仓时代末期,忽必烈征伐不仅使中日"断交",而且使镰仓幕府不断走向专制,使作为御家人支配体制之基础的"惣领制"遭到严重动摇,最终导致幕府崩溃。诚如新田英治所言:"对元防卫战极大地影响了以后的日本政治和社会。"①

"忽必烈征伐"的历史原因 元世祖忽必烈是成吉思汗的孙子,元朝开国皇帝。忽必烈对日本的讨伐即"忽必烈征伐"共有两次,发生于元至元十一年(日文永十一年,1274年)和元至元十八年(日弘安四年,1281年)。日本分别称之为"文永之役"和"弘安之役"。忽必烈为什么要派遣军队"征伐"日本?这个问题不仅对了解镰仓时代的日本具有特别的意义,而且对了解当时的国际秩序有不可忽略的价值。

有一种说法称,忽必烈征伐日本是为了获取黄金。因为公元1254年,一个叫马可·波罗的旅行者到了亚洲,写了一本非常有名的游记。在这本游记里,日本被描述为到处都是黄金的土地。他写道,曾经到过日本的人告诉他,日本君主的宫殿富丽堂皇,屋内的天顶到处贴着金箔,屋顶全部用金箔覆盖。许多房间里都摆放着纯金打造的桌子,窗户也用各种黄金雕饰装点。尽管《马可·波罗游记》的真实性饱受质疑。例如,中国被马可·波罗描述得惟妙惟肖,可很多学者怀疑书中很多内容都是他道

---

① 井上光贞、永原庆二等编:《日本历史大系》第2卷《中世》,山川出版社1985年版,第293页。

听途说,并非亲历。但是,有一点史实还是可信的,即忽必烈曾经将年轻的马可·波罗请进自己的营帐,给他讲述从威尼斯到大蒙古国沿途的见闻。元至元二十九年(日正应五年,1292年),忽必烈交给马可·波罗一项任务:让他当"护花使者",送阔阔真公主前往中东和伊利汗国的阿鲁浑大汗成婚。马可·波罗也因此回到了阔别24年的故乡。另外,马可·波罗曾经在中国扬州待过三年,而扬州曾经是与日本有贸易往来的"国际码头"。所以他听到些添枝加叶的描述,并非完全不可能。

其实,"忽必烈征伐"的主要原因是重建东亚秩序。追溯历史,中国同日本、朝鲜及其他一些亚洲国家同属"汉字文化圈"。汉字文化圈包含以汉字为核心的四大要素,即汉字和以汉字为媒介的儒教、佛教、律令制。这些对东亚地区有着深刻影响的文化和政治要素,虽然在各国有不同变异,但却或起源于中国,或受中国影响。与之相应,汉字文化圈在政治上的典型特征有两个方面:一是作为宗属关系象征的"册封体制",一是以等级差别的政治关系为本质、以经济贸易关系为形式的"朝贡贸易"。"册封体制"和"朝贡贸易"是"东亚秩序"的两大支柱。"东亚秩序"以中国为轴心,因此中国国势的强弱必然影响"东亚秩序"的命运。由是观之,我们不难发现中国盛唐时期发生的"安史之乱",不仅是中国历史的转折点,也是东亚秩序发生重大变化的转折点。因为自此以后,东亚各国的政治联系趋于松弛。最明显的例证,就是唐乾宁元年(日宽平六年,894年),菅原道真提出的《请令诸公卿议定遣唐使停止状》为日本朝廷所采纳,不再外派遣唐使。

唐朝衰亡后,经过五代十国的分裂,中国在宋朝又复归统一。虽然宋朝的国势和在东亚秩序中的地位,同盛唐时代不可同日而语,但是宋朝商品经济的发展,却胜过唐朝并因此极大促进了与周边国家的贸易。平安时代末期,日本政府为避免宋朝商船来航过频,规定"每三年一航"。同时规定,除了获得许可的赴宋巡礼僧,其他人一律不得出海。但是至11世纪,这一规定已名存实亡。至平安时代末期平清盛实际掌握政权,日本对开展与宋朝的贸易态度积极。镰仓时代初期,镰仓幕府沿袭了平清盛时期的方针,允许民间和宋朝开展自由贸易,日本赴宋朝的贸易商船日益增多。至镰仓时代中期,幕府也开始派自己的商船参与和中国的贸易。《宋史·日本传》中"倭人冒鲸波之险舳舻相衔,以其物来售",就是真实的历史记录。尤其值得关注的是,当时日宋贸易的结构发生了两大显著变化:

第一,宋代以前的对外贸易,主要是以朝贡和回赐的形式进行的官方贸易,民间贸易在几乎被官方垄断的中日贸易中寻隙展开,在夹缝中求生。到了宋朝,尽管官方贸易依旧存在,但民间贸易往来,开始逐渐占据重要地位。如佐伯次弘所言:"担任日宋贸易主角的,是前往日本的宋商,以及被称为'博多纲首'的宋商(居住在九州博多的宋朝商人)。当时在日本九州博多湾等海岸,有许多以庄园为依托的秘密贸易港,幕府指定的贸易港鸿胪馆前面的海港,逐渐被荒弃。赴日宋商亦多有长期居留当地者。11世纪后半叶的宋代陶瓷在日本博多被大量发掘出土,就是当时活跃展开的日宋贸易的考古学依据。"①

第二,随着贸易往来的活跃展开,在中国、日本、朝鲜之间开始形成开放型的环流贸易圈:从日本的博多经对马海峡进入朝鲜;从王京经开城、义州进入中国的沈阳,从山海关进入北京。环流贸易圈同样以中国为轴心。因此,随着作为国际政治关系的东亚秩序的日趋解体,以及作为经济贸易关系的东亚秩序的逐渐形成,虽然中国的轴心地位并未改变,但一个不可否认的变化却随着这一环流贸易圈的形成而出现,即中国不再具有确保这一秩序安定持久的政治权威。

在蒙古族入主中原建立元朝以后,忽必烈即试图重建中国以往的政治权威。窝阔台即位后,于南宋绍定四年(日宽喜三年,1231年)派遣大将撒礼塔率大蒙古铁骑踏上朝鲜半岛。以权臣崔氏家族为首的高丽王朝进行了不屈的抵抗,甚至在半岛全境沦陷的境遇下,依然迁都江华岛做最后抗争。然而,毕竟实力悬殊,而且大蒙古军队获得了"韩奸"洪福源的帮助,接连攻城略地,直逼高丽王朝首府开城,高丽王朝高宗王皞只得遣使求和,俯首称臣。随后,高丽王朝实际采取的是隐忍之策,一直忽软忽硬,虚与委蛇,直到窝阔台去世,高宗王皞也没有按窝阔台的要求,前往开城觐见窝阔台,当面称臣。

南宋开庆元年(日正元元年,1259年),王皞派世子(太子)王倎前往蒙古,见到了忽必烈。第二年,王倎即位,改名王禃,推行亲元政策。同年,忽必烈即位成为可汗,对高丽王朝采取怀柔政策。双方打打停停约30年,双边关系还算正常。但是,由于受到权臣金俊掣肘,王禃总感到治国不顺。于是,他密令武将林衍杀了金俊。根据《高丽史》记载,这个林衍

---

① 朝尾直弘等编:《日本通史》第10卷,岩波书店1994年版,第287页。

"蜂目豺声",长相凶狠,手段更凶残。杀了金俊一党后,他将与他一起诛杀金俊的宦官金镜和他的弟弟金琪,也弄到大街上砍了头。为啥?因为他得到密报,说王禃密令金镜兄弟要杀他。翌年,林衍废黜了王禃,另立新主安庆公王淐。但王禃随后即倚仗大蒙古国的扶持,推翻武臣政权,恢复了权力。最后,林衍因背上长一毒疮而一命呜呼。

在高丽归顺后,元至元三年(日文永三年,1266年)八月,大蒙古国可汗忽必烈遣兵部侍郎黑的、礼部侍郎殷弘、计议官伯德孝先一行,携两份国书到达时称"江都"的"临时首都"江华岛。两份国书,一份是致王禃的,主要内容是希望他协助自己晓谕日本,使之臣服。另一份国书是致日本天皇的,要求日本遣使,以求通好。其传檄而定,诏谕臣服之意,昭然若揭。面对要么卷入对日战争,要么遭到大蒙古可汗迁怒的两难选择,高丽宰相李藏用最终以"风涛险阻"为借口,力劝所来使者黑的放弃诏谕日本的使命,折返大都。高丽此举遭忽必烈严词训斥:"卿先后食言多矣,宜直身焉",并一怒之下令高丽单独与日本交涉。日本文永五年(高丽元宗九年,1268年)闰正月,高丽被迫派遣使者潘阜携带两份国书到达对马。当年闰四月,筑前守护武藤资能将国书送交幕府。国书内容如下:

> 上天眷命,大蒙古国皇帝奉书日本国王:朕惟自古小国之君,境土相接,尚务讲信修睦。况我祖宗,受天明命,奄有区夏,遐方异域,畏威怀德者,不可悉数。朕即位之初,以高丽无辜之民,久瘝锋镝,即令罢兵,还其疆域,反其旄倪。高丽君臣感戴来朝,义虽君臣,欢若父子。计王之君臣,亦已知之。高丽,朕之东藩也。日本密迩高丽,开国以来,亦时通中国。至于朕躬,而无一介之使以通和好。尚恐王国知之未审,故遣使持书,布告朕志。冀自今以往,通问结好,以相亲睦。且圣人以四海为家,不相通好,岂一家之理哉。以至用兵,夫孰所好?王其图之。不宣。①

大蒙古君主的信函内容是主张修好罢兵,并以中原王朝继承者自居,用了《周书·泰誓》中的"畏威怀德"典故,即"大国畏其力,小国怀其德",这是日本长期的主张。最后的"不宣",意为"不一一细述",是书信常用落款。幕府接到国书后,让公卿西园寺实氏启禀后嵯峨上皇。后嵯峨上皇

---

① 日本东大寺尊胜院的《蒙古国牒状》副本《伏敌篇》卷一,转引自神宫司厅《故事类苑·外交部》,吉川弘文馆1983年影印版,第17页。

当即让几位公卿进行评议。如何既不得罪大蒙古国,又不按要求办理?这可是个难题。经过旷日持久的研究讨论,最后众臣大都认为"书辞无理"。日本朝廷最终决定对大蒙古国的要求置之不理。不过,朝廷很清楚大蒙古国这一要求遭拒,不会善罢甘休,于是便在伊势神宫祈祷国家安全,并在其他神社寺院举行降伏异国的祈祷。担任戍边任务的幕府,则为防止蒙古军队的袭击,积极加强军备。幕府一方面令各地守护加强警戒,另一方面任命北条氏刚刚成人的得宗(嫡系继承人)北条时宗为执权,由64岁元老北条政村任联署,辅佐年轻的家督。

在国书遭拒后,忽必烈又四次遣使赴日本递送国书,均被置之不理。特别是元至元六年(日文永六年,1269年)三月,大蒙古国使节和高丽使节到达对马,要求返还牒状未果而带走两个岛民的事件发生后,双方关系日趋紧张。元至元九年(日文永八年,1271年)八月,高丽使节携牒状递交大宰府、九月大蒙古国使节赵良弼抵达筑前今津(福冈县),发出"十一月前必须答复"的最后通牒,但仍被置之不理。

"文永·弘安之役" 幕府对大蒙古国书视如白纸,并没有抱着"你奈我何"的心态,而是积极构筑战时体制,开始设立"异国警固番",任命少式资能和大友赖泰,担任负责北九州防卫的"镇西西方奉行"和"镇西东方奉行"。1271年大蒙古国改国号为元,忽必烈称元世祖。元至元十年(日文永十年,1273年)三月,派往日本的赵良弼再次无功而返。翌年八月,忽必烈任命忻都为征东都元帅、洪茶丘为右副帅、刘复亨为左副帅,统帅蒙汉军两万人,加上金方庆统领的高丽军一万两千余人共三万两千余人东征日本,开始发动"文永之役"(中国史称"甲戌之役")。十月三日,元、高丽联军分乘九百余艘战船,从高丽合浦(今镇海湾马山浦附近)出发,三天后登陆对马岛。在元军东征船队出现在博多湾的时候,日本九州地区由于连降暴雨,不仅很多桥梁被洪水冲垮,难以渡河,甚至军队也没有完成最后集结。因此,原先打算在元军发动攻击前进入各自阵地的日军,只有镇西奉行少式资能的儿子少式经资率领的九州联军和萨摩守护岛津久经率领的萨摩军,以及临时武装起来的当地神官和僧兵。

十六日和十七日两天,元军东征船队沿着海岸线发动了几次进攻。元军上岸焚烧一些房屋后撤回船上。但是在松浦(长崎),双方的战斗相当激烈。松浦水军头领佐治房率领他的三个儿子佐治直、佐治留、佐治勇及数百官兵,与元军展开殊死搏斗,最后全部阵亡。不过,主战场不在松浦,而是在筑前国(福冈县)。因为,那里是九州政治中心大宰府所在地,也是国际经贸中心博多港所在地。日军认为,元军必然主攻筑前国,事实也没有出乎他们预料。二十日,元军登陆后,双方在赤坂山展开了攻防战。如果元军攻占赤坂山,可以将其作为立脚点,控制博多湾登陆点,不断补充援军。日军如果守住赤坂山,则可以袭击停泊在海上的元军船队,阻断元军后路。胜败对双方都关系重大。最先对赤坂山发起攻击的,是金方庆指挥的高丽军。据《高丽史》记载,金方庆身先士卒,忽而弯弓射箭,忽而挥刀劈砍,极大地鼓舞了士气。人数处于劣势的日军曾想通过自杀式攻击迫使高丽军退却,但没有奏效,最终"伏尸如麻",被迫放弃赤坂山后撤。元军由各民族构成,语言不同,因此指挥官用鼓和钟号令官兵:击鼓冲锋,敲钟后退。这种"通信"方式却收到意想不到的效果——令敌军胆寒。同时,另一支元军在箱崎登陆,击退了那里的萨摩军,放火烧毁了箱崎八幡神宫。

二十日晚上,征东军举行军事会议,商讨下一步行动。摆在他们面前的是两种选择:一是持续进攻或固守海滩。这么做有极大风险,因为他们必须在难以获得后勤支援的情况下,击退日军必将展开的疯狂反扑。二是乘着当时的东风,撤回高丽,养精蓄锐后再战。62岁的老将金方庆主张"背水一战",绝不后撤。但是,东征大军总司令忽敦表达了他的担忧:"我们以疲惫之师深入敌境,如果选择进攻,将是以卵击石。"最终部队执行了他的意见。所以,至二十一日清晨,日军惊讶地发现,元、高丽联军的船只全部消失了。"文永之役"至此结束。

很多史书称,元、高丽联军的消失是因为遭遇狂风。此种说法的主要依据是萨摩国的天满宫和国分寺呈朝廷的奏状。这两份奏状是在战事结束一年多以后的元至元十二年(日建治元年,1275年)五月呈上的。其中天满宫的奏状称:"蒙古凶贼等来犯镇西,虽经合战,但遭神风狂吹,异贼丧命,乘船或沉海底,或搁浅江浦。此岂非灵神之征伐,观音之加护?"①朝鲜方面史料《东国通鉴》也持这种说法,曰:"恰巧夜有大风雨,战舰多有触上岩崖而败。"中国学者也多承袭此说。如由日本史泰斗吴廷璆教授主编的《日本史》就此写道:"激战至暮,日本武士被迫退到大宰府附近,组成

---

① 建治二年(1276年)正月日大宰府下文案,载竹内理三编:《镰仓遗文》12212号,东京堂1996年版。

新的防线。元军可能为了防备日本武士夜袭,回到船上。就在当天夜里,一场意外的台风刮沉了元兵船200艘,剩下的船只不得不返航。"①

当时海上确实风急浪高,有些船破损,有些士兵掉落海中。近年水下考古发现,东征军沉船的船板上有些钉孔。专家推测,很可能是因为造船工期紧迫,使用了一些报废的旧船船板,在遭到风浪袭击时容易散架。但称元军在"文永之役"还遭遇"神风"(台风),则是值得商榷的。对文永之役记载最详细的《八幡愚童训》写道:"文永之役与弘安之役不同,没有遭受任何风雨。"中国官修史书《元史·日本传》的记载则是:"(至元十一年)冬十月,入其国,败之。而官军不整,又矢尽,惟掳掠四境而归。"也就是说,《元史·日本传》也称退兵原因是官兵疲惫,箭射完了。气象学家荒川秀俊撰文指出,阴历十月二十日即阳历11月26日,早已过台风季节,认为北九州海面当时因为台风而掀起大浪的情况,简直无法想象。这一说法得到了气象统计数据的支持。他认为,文永之役元、高丽联军的撤退,不是因为台风而遭受损害,而是自发的预定的行动。②

不管元、高丽联军为何撤退,日本毕竟在文永之役中未遭败绩。因此,战后幕府犒赏了参战武士。同时,在京都朝廷,龟山上皇举行了感谢神佛降伏异国的仪式,并祈求神佛继续保佑。幕府也举行了类似的祈愿仪式,但同时采取了一系列措施强化战备体制,以防元朝再度攻袭。事实证明,这绝非多虑。元朝在"甲戌之役"后征服了南宋,将整个中国置于其统治之下,于是招安日本的欲望更加强烈。元至元十二年(日建治元年,1275年)二月,忽必烈再次任命礼部侍郎杜世忠与何文著为宣谕日本使远赴东瀛。四月,杜世忠与何文著一行五人在长门室津(山口县丰浦町)上岸后,即被日军官兵送至大宰府,大宰府随之急报镰仓殿。③三个月后,杜世忠与何文著被押送至镰仓。中国素有"两军交战,不斩来使"的规矩,日本深受中国影响,不可能不懂这一规矩。但是,幕府居然将五人悉数斩首于龙口刑场,还将他们的首级暴晒刑场。幕府执权北条时宗试图以此显示日本对元朝的强硬态度。赴日宣谕使音讯杳然,令忽必烈感到纳闷。根据南宋降将范文虎的建议,忽必烈决定再派南宋人周福、栾忠等出使日

---

① 吴廷璆主编:《日本史》,南开大学出版社1994年版,第142页。
② 荒川秀俊:《宣告文永之役结束的不是台风》,《日本历史》120号,1958年。
③ 镰仓殿是源赖朝去世以后,武士等对幕府首长的尊称。

本。但是周福等命运更惨。他们未被押解到镰仓就在博多被"就地正法"。周福等被斩首两个月后的八月,送杜世忠去日本的水手回到高丽,才告知当地人使者被杀的消息。消息传到大都(北京),忽必烈震怒,下令"立即攻打日本"。当年下半年,元朝征调了大量军队(包括南宋降兵),成立了"征东等处行中书省"(简称"征东行中书省"或"征东行省""征日本行省"),准备再度发兵讨伐日本。

元至元十八年(日弘安四年,1281年)正月,忽必烈命令兵分两路征伐日本。由蒙、汉、高丽军四万和战船约九百艘组成的东路军,由征东行省右丞忻都、洪茶丘统领,从高丽合浦起锚;从江南征发的十万士兵和约三千五百艘战船组成的江南军,由元朝老将阿塔海任主帅,南宋降将范文虎任副帅,从庆元(宁波)、定海出发。但是,发兵之际阿塔海突患重病,不能出征,江南军的指挥权遂落到了范文虎手里。五月三日从合浦出发的东路军在穿越对马岛、壹岐岛后,于六月六日登上了博多湾口的志贺岛。日军在海上以小舟围攻元军兵船,又从陆上对登陆元军进行袭击,并在博多沿岸以石块构筑工事,顽强阻击元军登陆。最后,东路军只得退至肥前(佐贺县)鹰岛,打算与江南军会合后再发起反攻。七月二十七日,江南军在肥前鹰岛与东路军会合,日军仍以小舟抗击,但元军重整阵容后计划分兵数路进击博多湾,攻占大宰府。由于元军内部成分复杂,将帅不和,两路大军行动不协调,而日军则吸取前次教训,调集六万五千兵力严防死守,并在海岸线上建造了石垒,防止元军登陆,故而双方相持不下,战事呈胶着状态。七月二十九日夜晚,狂风暴雨,由于元朝军队的战船系仓促建造,质量很差,而且蒙古官兵大都是"旱鸭子",不擅水战,结果大部分船只沉没,军士溺死无数。按日本《八幡愚童训》记载,当时海里死者尸体相叠似岛屿一般,可在上面行走。《高丽史》则记载,是役军官阵亡十之七八,士兵阵亡十之八九,约十四万大军生还者不足两万,损失极其惨重。尤其是江南军因范文虎在初五"独帆走高丽"即自顾逃窜,十多万江南军群龙无首,使数万士兵被俘,伤亡难以计数,只有三个士兵弄了条小船才得以逃生。忽必烈从生还的三个士兵处知道真相后,大发雷霆,命令将范文虎斩首。[①]范文虎原本就是南宋奸相贾似道的心腹大将,忽必烈重用这种人,只能说咎由自取。此役日本史称"弘安之役",中国史称"辛巳之役"。日本人认为,使元

---

① 方回:《桐江续集》卷32《孔端卿东征集序》,北京图书馆藏。

朝军队大败的狂风,是日本应神天皇护佑日本而刮起的"神风"。不管有多少人对此信以为真,当时日本人对神佛非常崇拜,是不争事实。

"忽必烈征伐"的败因　元至元十九年(1282年),元朝恢复了一度解散的征东行省,下设两个招讨使,由类似于殖民地总督的"达鲁花赤"兼任。因为征东行省主司征伐日本,所以还有一个名字:征日本行省。不过,征东行省不是常设机构,以后曾几度废立。

至元二十年(1283年),忽必烈要求高丽筹备20万石军粮,任命阿塔海为征东行省宰相,并发两万兵员在朝鲜半岛待命。但是,由于"民间骚动,盗贼窃发",不得不暂缓东征。东征行省也被解散。至元二十二年(1285年),元朝重新起用老将阿塔海,但是,由于交趾骚乱,忽必烈表示,交趾犯边,征东之事暂缓。此言一出,征东行省又被解散。至元二十四年(1287年),元朝政府平定了蒙古诸侯王乃颜的叛乱后,重新设立了征东行省,但终没有真正东征。至元二十八年(1291年),忽必烈又意图东征,但最终仍是"只打雷,不下雨"。三年后,元世祖忽必烈驾崩,铁穆耳执政,征伐日本的计划终没有实施。

关于忽必烈征伐日本的目的及失败的原因,东京大学教授西岛定生的见解值得关注。他写道,"第一,忽必烈对日本实施征伐,并不是为了满足自己的征服欲,而是因为自宋代以后,东亚地区虽然已经形成了所谓东亚贸易圈的经济世界,但是维护这一经济世界之秩序的政治机构却没有相应建立。于是,已经在东亚确立了霸权的蒙古皇帝以确定那种秩序为己任,发动了对日征伐。第二,征伐日本最终未能成功,并非仅仅因为暴风雨导致远征军的覆灭这一偶然因素,还因为中国国内对元王朝统治的反抗,以及元帝室的内讧。换言之,在东亚贸易圈确立一种秩序,首先必须有在中国国内能确立以强有力的统一王权为依托的社会秩序这一基本前提,没有这一前提,想在东亚贸易圈确立新秩序是不可能的。也就是说,所谓的东亚秩序,不仅是国际关系问题,而且也关联着各国的国内问题。"①

确实,忽必烈征伐对中日关系产生了很大的破坏性影响。但这种影响的产生,也和镰仓幕府内部权力结构的变化直接相关。如前面所述,北条氏的嫡流北条时政—北条义时—北条泰时—北条经时—北条时赖,一直担任执权。至北条时赖担任执权消灭有"功高震主"之嫌的三浦氏,同

---

① 西岛定生:《中国古代国家和东亚世界》,东京大学出版会1983年版,第626页。

时抑制了幕府内部的对抗势力后，北条氏家督即"得宗"的权力急剧膨胀，即便不再担任执权，得宗也仍然遥控幕府。甚至幕府政治事项，也经常在得宗私宅讨论决定，从而使以合议制为基础的执权政治徒具形骸。所谓"得宗专制"就是指这种情况。至文永五年(1268年)北条时宗任执权后，执权政治已名存实亡。随着执权体制向得宗体制转变，出现了类似"宰相家人七品官"的现象，原先仅掌管得宗家政的"御内人"(又称"御内方"，即得宗的家臣)不仅参与幕政，而且其"内管领"还担任掌握检察和刑事审判大权的侍所的"头人"(所司，即次官)。由于侍所长官"别当"由执权兼任，所以头人即实际统领。御内人独揽大权的治政格局，自然引起原先即参与幕政的御家人的不满。御家人虽为将军直系臣属，此时却被称为"外样"，心里颇为不平，于是聚集于曾为创建执权政治立下汗马功劳的安达氏门下。两股彼此对峙的势力由此形成，矛盾和对立日趋激化。弘安七年(1284年)四月，第八代执权北条时宗去世，14岁的北条贞时继任执权。翌年十一月，以北条贞时的外祖父安达泰盛为首的"御家人"势力，和以得宗内管领平赖纲为首的"御内人"势力，发生了武力争斗。因为十一月亦称霜月，所以这场争斗史称"霜月骚动"或"弘安合战"。经过一番激战，除安达泰盛的弟弟安达显盛幸免于难外，安达氏一族几乎灭绝。平赖纲等御内人势力不断扩张。但是，由于平赖纲一族专横跋扈，最后终于使日渐长大的北条贞时忍无可忍。永仁元年(1293年)四月，北条贞时将平赖纲一族九十余人分别处刑，史称"平禅门之乱"①。不过，此后仅仅是御内人换了主角，御内人势力并没有就此退出幕政舞台，御家人势力也没有趁势卷土重来。恰恰相反，御内人势力自此进一步扩大，得宗专制更加强化。

继元世祖之后登基的元成宗铁穆耳，于元大德三年(日永仁七年，1299年)派遣僧一山一宁为诏谕使到达日本，试图通过外交途径招安日本，但遭到日本断然拒绝。至此，元彻底放弃了诏谕日本的念头。日本虽然成功抗击了元军的入侵，但是文永之役和弘安之役对日本政治和社会，产生了极大影响。特别是公家和武家的权力对比发生了明显变化，主要反映在幕府关于修建寺社的命令，开始适用于全国；"一国平均役"的赋课征收权归幕府所有；武家权力大步踏进公家管辖范围，由守护掌控国衙机构这一室町幕府体制的萌芽，虽然仅是局部，但却是在文永之役和弘安之

---

① 平赖纲出家后法号为杲圆，故称此乱为"平禅门之乱"。

役后出现的。尤其值得关注的是,北条氏的嫡系(得宗)以此为契机,进一步强化了专制统治。

第六节　镰仓时代的社会文化和文学

汉语原初的特点是"一字一义","文"和"化"原初各有其义。"文"的本义是各色交错的纹理。如《易·系辞下》称"物相杂,故曰文"。按《说文解字》的释义:"文,错画也,象交叉。""化"的本义是事物形态或性质的生成或改变。如《易·系辞下》的"男女构精,万物化生"。《庄子·逍遥游》的"化而为鸟,其名曰鹏"。"文化"成为词语,最早见于西汉刘向的《说苑·指武》:"圣人之治天下也,先文德而后武力。凡武之兴,为不服也。文化不改,然后加诛。"显而易见,"文化"的本义是"以文教化",是"武力"的反义词。镰仓时代的文化有着鲜明个性,最突出的个性,就是原本作为反义词的"文"和"武"实现了有机统一,即武家的"文"化。与之相应,镰仓时代的文学艺术也呈现新的景观。

武家文化的形成和演变　日本的武士最初是没有文化的。人们在影视剧中看到的不苟言笑、正襟危坐的武士,是长期和平年代江户时代的武士。武士最初的特征是野蛮残暴。因为,那时候的武士是离不开暴力的战士,是职业杀手。镰仓时代有一幅《男衾三郎绘词》。"绘词"是图文并茂的艺术。画面是武士追一对男女,文字是:"莫让马场栅栏上新砍的人头用完了,要不停地砍。此门外,常有经过的乞丐、修行者,以鸣镝箭,追而射之。"然而,武士建立了自己的政权,成为统治阶级以后,再像以前那样打打杀杀,显然是不行的。于是,他们一面向统治国家的"公家"学习,另一面将"公家"视为反面教材,形成了自己独特的文化和价值规范。德国学者伊利亚斯在《文明的进程》一书中提出,文化体现的是"差异",文明追求的是"趋同"。虽然伊利亚斯指的是民族之间的关系,但我们似也可以据此认识武士文化所具有的特质。

按照这一观点,最能表明武士身份的是刀。刀在日本远古石器时代就已出现。随着锻冶技术的发展,日本刀的制作工艺不断提高,经反复锻打而制成的日本刀,既有值得观赏的柔美,又有实战需要的锋利,被称为"百炼的名刀"。刀和武士的生命密切相关,是忠诚和自我牺牲的象征。武士的刀有两重任务:一是破坏,即斩除一切和刀的主人意志相悖的势力;二是保护,即保护一切正义和进步的力量,这种保护同样通过破坏来实现。因为,只有惩恶,才能扬善。这时候,刀是"生"的体现。武士死的时候,刀被放在床边;生孩子的时候,刀被放在孩子的屋里。工匠在铸刀的时候,会在周边拉上一个"神圈"以防止恶魔进入,然后举行被禊仪式,以祈求神灵的帮助。如此制作的刀因为有神灵的参与,也就能使武士与神灵进行交流。所以,当说"刀是武士的灵魂"时,不仅意味着刀是忠诚和自我牺牲的象征,而且被注入了神的庇护和宗教的情感。刀,不仅是兵器,而且是艺术品。如同一幅画,描绘形态只需要技艺,但描绘神韵则需要思想。毋庸置疑,"刀是武士的灵魂"。

另一项作为武士身份象征的是家纹。家纹的全称是"家族纹章",也称"家徽",出现于平安时代,最初是宫廷贵族的专属品。特别是被称为"五摄家"的,即有资格担任摄政的近卫家、九条家、二条家、一条家、鹰司家,以家纹为荣。后来武士家族为了便于在战场上区分敌我,也予以采用。在"源平合战",即源赖朝和平清盛决战时期,势力划分相对单纯,在野的源氏使用白旗,将白旗确定为本族嫡系的专用旗帜,以象征纯洁,据说神灵将会附着其上。在朝的平氏使用赤旗,以象征热烈。"军记物语"的代表作《平家物语》有这么一句话:"平家所用皆为赤旗,红光映日闪耀;源家则大旗俱白,风吹作响,蔚为壮观,甚鼓其士气。"

"源平争乱"后,家纹迅速传布,其起点似有偶然。一次,源赖朝在金戈铁马南征北伐时,路过下野国宇都宫,佐竹隆义赶来会合。佐竹隆义是河内源氏的后裔,也使用白旗,但曾一度投靠平家阵营。源赖朝虽然有点瞧不起他,但既然为效忠远道而来,终不能申饬。经反复考虑,源赖朝将一把绘有一轮明月的"军配"①赐给佐竹隆义,让他将上面的图案绘在军旗上,这就是武士家纹的起源。有了佐竹隆义这一先例,源氏一门纷纷在白旗上绘以纹样,以区别于别家,并因此使旗纹成为家纹。最早将旗纹转为家纹的有佐竹氏的"五本骨扇和月丸"、武藏七党之儿玉氏的"团扇",等等。之后,"分纹"也逐渐出现。所谓分纹,是指分家各自使用不同的家纹,或者略作修改以和宗家的家纹区别。此外,还有部分"幔幕纹"也逐渐转变为武士的家纹。幔幕是指战斗和宿营时,主将指挥所外张开的幕布,多为圆形,如新

---

① "军配"的形状类似于团扇,原初指挥作战用,后被用到其他方面。相扑比赛时,穿狩衣戴乌帽的裁判员就是拿"军配"引导比赛和进行评判。

田氏的"大中黑"、足利氏的"二引两"、三浦氏的"三引两",等等。至镰仓时代中期,家纹被武士阶层广泛采用。不过,家纹和家门并非纯然一一对应。毕竟,全日本成千上万个武士家的家纹难免重合。此外还有"赐纹",即上级武士将自己的家纹赏赐给有功之臣,允许其在一定场合下使用。

  镰仓时代,武家文化作为日本"传统文化"中的重要元素,对后世有深远影响。日本当权者虽颁布过"带刀禁止令",但从未颁布过"家纹禁止令",所以后来家纹逐渐为一般商人、手工业者、农民所拥有。江户时代以后,随着商品经济的发展,家纹作为"商标"迅速增加。据统计,日本家纹有约一万两千种。

  虽然武家政权在镰仓时代占据统治地位,但最初武家并不具有自己独有的武家文化。所谓的"武家文化"是在吸收、借鉴"公家文化"的基础上,逐渐形成的。在镰仓幕府建立之初,为了"对外"和公家交涉、"对内"统驭御家人,幕府管理者必须具备相应知识。因此,源赖朝录用了一些或没落于战乱,或衰败于生活的原京都"公家"的下级文人。这些原朝廷文人不仅对草创期的幕府对外交往和制度创设做出了重要贡献,而且在强化幕府政治的礼仪方面也扮演了重要角色。他们使源赖朝在前往镰仓宗教中心鹤冈八幡宫参拜时,以及为其他目的"出御"时更显威武。① 源赖朝被拜为右近卫大将的建久二年(1191年)正月以后,幕府礼仪更具有了宫廷礼仪般的庄严。尤其值得关注的是,虽然东国武士长期生活在农村,但是幕府在举行"年中行事"即每年定期举行的各种祭祀或庆典活动时,如《吾妻镜》所描述的,几乎没有沿袭任何农耕礼仪和乡情民俗传统,而是以宫廷礼仪为蓝本。因为,镰仓幕府的"年中行事"并不是在包容所有武士的基础上形成的,而是在新建成的幕府政治中心镰仓,由聚集在幕府侧近的武士形成的。以上层武士为中心的武家社会,试图通过摄取公家礼仪,对下级武士显示威严,从而维护其威望。另外,相对于源赖朝录用的前朝廷文人主要以文笔为他服务,源赖家和源实朝所采用的文人则传播了阴阳道知识、诗歌、管弦、蹴鞠等公家文化。在那以后,越来越多具备各种公家文化特长的朝中文人移居镰仓,使武家文化的内容不断丰富。

  但是,随着幕府和朝廷对抗的逐渐产生,形成不受公家藐视的独自的礼仪和技能,日益显得迫切而重要。由于武士的特征主要体现在武勇和武艺,因此作为武士特技的弓马之技,首先得到重视。于是,镰仓幕府每

---

① 天皇、三后和将军正式出行称"出御",反之为"入御"。

第五章 镰仓时代

年在鹤冈八幡宫举行大大小小的"行事"时,均让武士显示弓马之技,其中最大的"行事",就是八月"放生会"时的"马场之仪"。不过,必须强调的是,在律令制下的宫廷,也有很多和文官举行的礼仪并行的武将举行的礼仪,只是随着文官化的发展,朝廷中武将扮演的角色日益式微,武将举行的礼仪逐渐边缘化。因此,镰仓幕府举行的弓箭马术、相扑等,原初也是公家文化的要素。例如,在镰仓时代中期论述整体性公家文化的《古今著闻集》中,编者橘成季用30个篇章论述了公家文化,其中武勇、弓箭、马术、相扑角力,占了4个篇章。编者橘成季本人也以擅长赛马著称。武家社会强调"弓马之艺"并将其纳入武家"年中行事",说明幕府并没有脱离公家文化的主观意愿。何况从原本文化贫瘠的东国的广阔生活中,汲取文化果实进行洗练,构建与公家文化相抗衡的武家文化,绝非易事。综观整个镰仓时代,接受公家文化并突出其"武化"要素,是该时代武家文化发展的基本方向。真正具有明确的形式和特征,与政治礼仪和日常生活密切结合并在"年中行事"中得以体现的武家文化,直至进入下一个武家时代即室町时代,才开始真正形成。当然,对于镰仓时代在武家文化发展过程中的"承先启后"地位,必须给予充分评价。

镰仓幕府较具自身特点的"行事",是幕府将军参拜作为其守护神的鹤冈八幡宫。鹤冈八幡宫也是前朝平安时代的神社"遗址":平安时代的康平六年(1063年),源赖义将石清水八幡宫请至鹤冈作为源氏神社。治承四年(1180年),源赖朝又将该社殿移至镰仓,改称鹤冈八幡宫。建久二年(1191年)社殿遭遇火灾,幕府在其后山上营造了新的社殿,将上下二社均视为本社。之后,鹤冈八幡宫中的八幡神作为源氏神社的主神,在镰仓幕府祭祀的诸神中位列首席。幕府将军每年正月初一均前往参拜。其他时候凡有重要事项,将军也前往参拜,特别是八月十五日的"放生会",仪式最为隆重。但是,作为显示"神佛习合"的祭祀,"放生会"首次在宇佐八幡宫举行,是奈良时代末期,后来在平安时代转至石清水八幡宫。石清水八幡宫的"石清水祭",和京都贺茂神社的"葵祭"(贺茂祭)、春日大社的"春日祭",成为得到贵族社会重视的三大敕祭之一。它在镰仓首次举行是文治三年(1187年)。放生会最盛大的仪式是流镝马和笠悬。①

---

① 流镝马是一种祭神仪式,又名矢驰马。仪式上,身穿武士服饰的盛装射手们骑在飞奔的马上,一边高声呼喊,一边将利箭射向靶子。笠悬是一种射箭技艺。武士一边骑马一边箭射二三十米外悬挂着的斗笠。

军记物语的兴起 镰仓时代是尚武的时代,军记物语的兴起和繁荣是题中应有之义。军记物语展示了从古代向中世转型的特色。换言之,军记物语既承袭了平安时代的遗风,又融入了武家时代的特色。以物语为例,有《今昔物语》《宇治拾遗物语》《古今著闻集》三部通过口头传诵记录下来的"说话集"。"说话集"初现于平安末期,成形于镰仓时代,在江户时代被发扬光大。这三部说话集被并称"日本三大说话集"。

《今昔物语》成书于 12 世纪下半叶,作者是正二位权大纳言源隆国。不过,这是一本未全部完成的作品,总共 31 卷,缺了 3 卷。主要原因是作者因病去世,未能将原本想写的内容补上。全书共收录了 1 040 个故事,佛教故事占了很大篇幅。有"圣德太子始于本朝传播佛法""行基菩萨学习佛法劝化世人""圣武天皇始建元兴寺""鉴真和尚由中国来朝传戒律""弘法大师赴宋传来真言教"。书中也有大量世俗故事,涵盖忠孝、节烈、爱情、鬼怪、神仙、盗贼等各种题材和僧侣、贵族、武士、农民、游女(妓女)等各阶层人物,林林总总。每个故事都蕴含着为人处世应该遵循的道德说教,是了解镰仓时代武士与庶民生活及其思想的重要史料。不过,需要补充说明的是,这部作品直至 16 世纪中期即室町时代,才得以公开问世,在江户时代才成书上市。《今昔物语》被视为文学素材之宝库。和森鸥外、夏目漱石并列称为"近代日本三大文豪"的芥川龙之介的作品,大都取材于《今昔物语》。

《宇治拾遗物语》成书于建宝元年(1213 年)至承久三年(1221 年)间,共 15 卷,作者不详。《宇治拾遗物语》共收录各种故事 196 篇,涵盖"天竺"(印度)、"震旦"(中国)和"本朝"(日本)。这本物语集和《今昔物语》的类似之处是也分为"佛教说话"和"世俗说话"两类,并且也具有"教训色彩",最大的特点是收录了一些不见于其他典籍的民间"说话",如《摘掉瘤子的老翁》《割舌雀》等。特别是一些"世俗说话"生动地反映了当时的庶民生活和人情世态,为以后的文学创作提供了丰富素材,是研究民俗学的重要资料,对日本的"狂言"有较大影响。[①]

《古今著闻集》(简称《著闻集》)成书于建长六年(1254 年),作者是伊贺守橘成季。全书由 20 卷 30 篇共 726 个故事构成。和前两篇"说话集"不同的是,《古今著闻集》更突出神明灵验,其第一卷是"神祇第一",共讲

---

① 狂言,即兴简短的笑剧,和能乐、歌舞伎、人形净琉璃并称"日本古典四大戏剧"。

述了33个关于神灵的故事,第一个故事就是"天地开辟事并神祇祭祀事"。第二卷是"释教第二",第一个故事是"钦明天皇十三年,佛教自百济国传来事"。之后是"政道忠臣第三""公事第四""文学第五""和歌第六""管弦歌舞第七",还有"孝行恩爱""好色""武勇"等。《古今著闻集》的序,第一句话就是"夫著闻集者,宇系亚相巧语之遗类,江家都督清谈之余波也","名曰《古今著闻集》,颇虽为狂简,聊又兼实录。不敢窥汉家经史之中,有世风人俗之制矣"。也就是说,"说话集"题材非常广泛,甚至"鱼虫禽兽"也专列1卷即第20卷。

随着武士阶级的成长壮大,以及对此前文学精华的萃取,镰仓时代出现了很多表现武家社会的文学作品,并逐渐成为镰仓文学的主流,其中最引人注目的是军记物语的兴起。军记物语是以武士为主题的小说,发轫于平安时代后期的《将门记》和《陆奥话记》等"合战记录",之后出现了以"保元之乱"和"平治之乱"为题材的军记物语《保元物语》和《平治物语》。这两部物语和"合战记录"相比,更具有文学色彩。在此基础上,《平家物语》得以问世。

《保元物语》又名《保元合战物语》或《保久记》,是军记物语的滥觞,成书于承久年间(1219—1221年),全书共3卷,究竟是由叶室时长或中原师梁,还是由源喻僧正所作,学界存在争议。《保元物语》描述了镰仓时代的保元之乱,特别是浓墨重彩地描述了保元元年(1156年)七月十一日源义朝的奋战情形。不过,作品的价值不是将血腥厮杀描述得栩栩如生,而是揭示了在利益面前,兄弟叔侄同室操戈,豆萁相煎这种人性的丑恶。《平治物语》又名《平治记》,也是3卷,被视为《保元物语》的姊妹篇,成书年代不详,究竟作者是谁,和《保元物语》一样,也有"三说"。全文和汉混淆,但作者通过行云流水般的文笔,使读者能够清晰看到新兴武士的喜怒哀乐,在脑海里闪现六波罗合战、源义朝败北、平清盛出家、源赖朝举兵的历史场景。

关于《平家物语》的由来,说法颇多,难以辨识。一般认为脱胎于"四大军记物语",即《保元物语》《平治物语》《治承物语》《源平盛衰记》,最初仅3卷,主要描述"治承·寿永之乱",在承久之乱以前,《平家物语》已经形成,之后被不断增补,卷数最多的有48卷。13世纪后出现的《平家物语》,达100多种版本,传至今日的有12卷本。关于《平家物语》的作者,仅《醍醐杂抄》《卧云日件录》《徒然草》等史籍中提到就超过10人,其中对此记述最详尽的,是《徒然草》226段。该段写道,据一个叫生佛的东国盲僧所述,信浓前司行长在后鸟羽时代以学识丰富著名,后遁世并接受慈圆的扶持。就是他撰写了《平家物语》。

《平家物语》以史书和公家日记、平家一门的各种记录、合战片段等为素材,叙述了平氏一门的盛衰。《平家物语》序言中的一首诗,文武相济,脍炙人口,意味隽永,充满哲理:"祇园精舍之钟声,奏诸行无常之响;娑罗双树之花色,表盛者必衰之像。骄奢之人不长久,如同春夜梦一场;强梁霸道终殄灭,恰似风前之尘沙。"毋庸赘言,这首诗开宗明义地阐述了诸行无常、盛极必衰的佛理。

《平家物语》不仅是日本具有代表性的古典文学作品,和《源氏物语》一起构成日本文学的双塔,而且在世界文学史上也占有一席之地。《平家物语》按内容可分为两大部分。前6卷主要描写平氏家族的荣华鼎盛和骄奢霸道;后6卷着重描述源平两大武士集团大战经过,渲染了平氏家族终被消灭的悲惨结局。《平家物语》围绕平氏集团由盛至衰这一中心线索,艺术地再现了平安王朝末期,旧的贵族阶级日趋没落,逐渐为新兴武士阶层所取代。新兴武士阶层占据政治舞台中央后,又在很大程度上被贵族同化的历史画卷。尽管作者有意把平氏的消亡归咎于他们为所欲为的恶行,但在客观上却道出了"贵族化"才是平氏走向衰败的症结。《平家物语》最大的艺术成就,是塑造了王朝文学所不曾有过的披坚执锐、跃马横枪的英雄人物。这些形象的出现,标志着日本古典文学开创了新的、与王朝文学迥然有异的传统,对后世文学产生了极为深远的影响。

近年有学者对《平家物语》是"军记物语"的说法提出疑问。理由是所谓"军记"即描述战争的小说,本应以叙事为主,但是《平家物语》却富于抒情;除了描述战争,亦包含诸多爱情故事,女性在《平家物语》中身影频现。尤其令人动容的是,不仅清纯可爱的女子如小鸟依人,而且勇武刚毅的武士亦儿女情长。整部作品,缠绵悱恻的爱情故事如泣如诉,贯穿始终。总之,日本文学的悲情传统,在《平家物语》中也得到淋漓尽致的描述。

以往诸多学者认为,作为军记物语的《平家物语》属于文学作品,没有多少史料价值,但这种观点近年遭到质疑。首先,以12卷的《平家物语》为例,从体裁上看,除了首尾两卷,第2卷至第11卷均以年月日开篇,承袭了日本传统的历史记叙体裁,相当写实。例如,第2卷开篇是"治承元年五月五日",第3卷是"治承二年正月一日",第4卷是"治承四年正月一日"。而且10卷中有5卷均始于正月。其次,《平家物语》以文学的笔墨记述了诸多史实。如收录了九条兼实日记《玉叶》寿永三年(1184年)二月八日条关于"一谷合战"的记述,其中有基于源义经、源范赖战况报告的藤原定能的谈话,对合战的大要作了简洁的概括。尤其需要强调的是,"其他史料对一谷战况虽有记述,但通过这些史料我们无法了解战役细节,而《平家物语》则对该战役的惨烈和悲壮作了细致而栩栩如生的刻划"。①

《保元物语》《平治物语》《平家物语》被合编于日本岩波书店昭和六年(1931年)出版的《日本文学大系》第十四卷,足见军记物语在日本文学史中的地位。

镰仓时代重要史料

作 者	作 品	作 者	作 品
作者不详	《今 镜》	卜部怀贤	《释日本记》
中山忠亲	《水 镜》	仙 觉	《万叶集抄》
慈 圆	《愚管抄》	顺德天皇	《禁秘抄》
作者不详	《吾妻镜》	后鸟羽天皇	《世俗浅深秘抄》
源光行·亲行	《水原抄》	—	—

佛教文化和传统艺能的进步 新旧的并存、公武的合体,在和歌创作中亦得到很好体现。如果说被视为武士特征或武家文化重要内容的武勇和武艺,实质上是公家文化的构成部分,那么为镰仓幕府所推崇的和歌,当更难以割断其与公家文化的血脉。如前面所述,和歌是平安时代宫廷文化的重要象征。由于大批原朝廷文人移居镰仓,和歌在镰仓时代必然得以移植和传播,使武家亦出现不少和歌作者。如藤原定家的《敕撰集》和宗良亲王的《新叶集》,均是优秀的和歌作品。尤其是师从藤原定家的幕府第三代将军源实朝的《金槐和歌集》,以忧伤的笔调抒发了作者受制于北条氏的郁闷和孤独,同当时贵族歌人的作品相比毫不逊色。特别是其中万叶调的歌极富个性,获得高度评价。除了镰仓以外,宇都宫亦聚集了诸多歌手,出现了不少脍炙人口的作品,源实朝的近臣盐谷朝业的《信

---

① 上横手雅敬:《源平争乱和平家物语》,角川书店2001年版,第151页。

生法师集》就是其中的一个范例。

和歌在宫廷更得到发展。以后鸟羽院的宫廷歌坛为中心形成的《新古今和歌集》，是日本三大和歌集之一，共收录和歌20卷近2 000首。除了前代和歌，《新古今和歌集》还收录了大量镰仓当代的名家之作，既保持着古典和歌洗练、幽美的境界，又融入了日本文学哀婉幽寂的历史传统，堪称日本文学的典型。

镰仓时代的佛教文学主要是佛教说话集和随笔集。

佛教说话集的代表作有无住一元的《沙石集》。《沙石集》共12卷149个故事，据称作者弘安二年(1279年)动笔，历时4年完稿。书名"沙石"寓意沙里淘金、集石磨玉。作者博览群书，尤其受禅宗思想影响。他从先行文献中采撷故事题材，荟萃佛教奇闻轶事，世俗杂谈戏说，采用平实易懂的语言叙述功德往生，援引名言警句，传播佛教金玉。《沙石集》尤其受人关注的是其中的"裁判说话"。"裁判说话"不仅记述了地方官吏与庄园主的矛盾冲突，而且辑录了庶民的遗产纠葛和离婚诉讼，对了解当时的财产规定和社会法治状况，是难得的参考资料和考证依据。

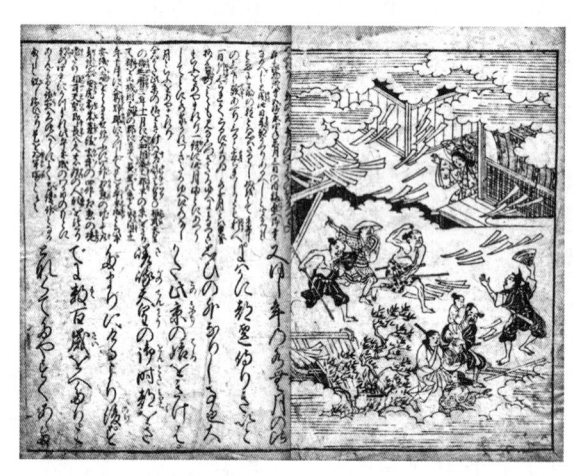

随笔集最杰出的作品是《方丈记》。《方丈记》问世于建历二年(1212年)，作者鸭长明原是知名歌人，50岁时出家。作者创作这本随笔集的年代，正值镰仓时代初期的战乱年代。平氏的灭亡、朝廷的衰败，令作者深感世事无常，并将这一基调融入作品。在内容上，《方丈记》主要分两部分。前半部分主要记述了天灾，如安元年间的地震和火灾，养和年间的饥馑；后半部分主要记述了人事，包括作者出身神官家族的系谱，出家隐居生活的

取自鸭长明《方丈记》

清贫。整个作品以和汉交融的文体写成，具有传世随笔的共性：文笔优美。

无论是佛教说话集还是随笔集，大多用佛教观念对贵族生活进行尖锐的批判，给传统守旧的文坛带来一股清新的感觉。这些作品带有强烈

的宿命观,也含有一些消极的思想,表现出日本中世纪隐者文学的特点。

在艺术领域,镰仓建筑仍以佛教建筑为主。由于时代转换期纷争不止,诸多佛教寺院严重受损,因此大规模的修葺成为当时佛寺的一大景观。同时由于日宋交流频繁,形成了中国建筑风格的第二次传日高潮,因此宋代的建筑风格极大地影响了日本建筑界。镰仓时代的建筑主要有三种形式:一是"大佛样"(又称"天竺样"),主要模仿中国南方寺院的建筑风格;二是"禅宗样",其典型建筑是镰仓的圆觉寺舍利殿,精美细致,与豪放大气的"大佛样"有着显著的不同;三是"和样",即传统的日本样式,它也曾一度复兴。

镰仓时代的雕刻艺术一如前朝,主要是佛像的雕刻。初期采用"玉眼"的雕刻技法,即用水晶嵌入佛像的眼睛,这成为以后镰仓雕刻的基本特点之一。代表作是仁平元年(1151年)建造的奈良长岳寺阿弥陀三尊像。镰仓初期最著名的佛像雕刻师是康庆,现存的作品有兴福寺南圆堂的不空绢索观音、四天王、法像六祖等,体现了镰仓雕刻生动写实的特色。建仁三年(1203年)建造的东大寺南大门的金刚力士像,是康庆之子运庆和康庆的徒弟快庆共同建造的。他们的作品以写实为基调,结合了前代的唯美主义和镰仓的武士风格,体现出强烈的日本民族精神。当时,镰仓时代迎来了雕刻艺术的巅峰期。这一时期的雕刻深受宋朝美术的影响,融入了很多宋朝工艺手段。其中高德院金铜阿弥陀如来坐像(即镰仓大佛)是当时规模最大、工艺最精的雕像,也是镰仓时代雕刻水平的最高体现。

镰仓绘画主要以佛教绘画与水墨画为主,特别随着净土宗的广泛弘扬,表现净土宗内容的佛画日渐流行,尤以阿弥陀来迎图为最,与净土宗教义一致。尤其值得关注的是,镰仓佛画在题材、人物、布景等方面都与平安时代的佛画有很大不同。至镰仓后期,佛画不仅是绘画,而且成为有社会背景、故事情节、流行于民间的"绘卷物",大都具有很明显的净土思想,如《地狱草纸》《饿鬼草纸》等。宋朝禅林流行的"顶像画"也传到了日本,始于荣西把其中国师父虚庵怀敞的顶像画带回日本。顶像画即禅宗祖师的肖像,主要显示像主的真实精神风貌,以写实为主。顶像画的整体画面虽不如前代佛画美观,但着色和线条却足可与之媲美。

除了佛教绘画外,还有表现市井百态的世俗绘画,以水墨画居多。相对于平安时代具有浓厚唐朝风格的日本画"唐绘",镰仓时代的日本画被称为"大和绘",更具日本独特风格。镰仓时代艺术与宗教的融合还反映于流行的朗诵艺术"和赞"。"和赞"是以和歌形式创作的顺口溜,明白浅薄,通俗易懂,在民间流传很广,多被镰仓时代的新兴佛教用来传播教义。

曲艺在镰仓时代亦取得承先启后的显著发展。例如,曾流行于院政时期的新式歌谣"今样"为镰仓的贵族和武士们所喜爱,在镰仓时代极为流行,被称为"郢曲""郢律舞曲"。《梁尘秘抄》是收集"今样"最多的一本集子,可惜大部分失传。现存最多的是记录在《古今目录抄》纸背文书上的"今样",共64首。在民间曲艺的传承方面,被称为"琵琶法师"的艺人功不可没。《平家物语》《保元物语》《平治物语》等军记物语大都由于他们而得以流传。琵琶法师多是以琵琶伴奏进行弹唱的盲人,演奏的曲子称为"平曲",一般用于神社祭祀。《平家物语》是最早的"平曲",后来经过发展创新,在镰仓中期流行一时。镰仓时代在曲艺的承先启后方面最值得强调的,是由"猿乐"发展而成的"猿乐能"。猿乐是各种曲艺形式的融合体,在平安时代已经出现。藤原明衡作于11世纪后半叶的《新猿乐记》,有咒能、侏儒能、田乐、猿乐、木偶戏、魔术、哑剧等28个种类,分属杂艺和写实滑稽短剧两大类,是论述猿乐特质的最初著作。书中写道:表演者"尽猿乐之态,用滑稽之词,令人捧腹大笑"。镰仓初期,猿乐得以显著发展,并逐渐从寺社的佛、神仪式中获得独立。至镰仓中期,猿乐融入了更多滑稽短剧或歌剧的要素,形成了"猿乐能"的雏形。据史料记载,猿乐能的最初登场是在正平四年(1349年),由巫女在奈良春日若宫一次临时节目上表演。"猿乐能"的发展又为室町时代的古典戏剧"能乐"和"狂言"的形成和发达,奠定了基础。

第七节 镰仓新佛教:佛教的日本化

镰仓时代的文化和文学艺术不仅多姿多彩,而且承先启后的特征非常明显。但是,在思想方面凝练地反映这种新动向的,当属镰仓新佛教。正如山本幸司所指出的:"镰仓新佛教确实存在前所未有的革新性。"不少日本学者甚至认为,日本佛教在镰仓时代获得了空前绝后的发展。理由是,作为一种外来文化体系进入日本的佛教,经历了约七百年的发展后,在镰仓时代终于开始真正直面各种现实问题,真正开始被理解为一种救人济世的宗教。在平安时代,既成宗教中所谓"异端教义"的产生及其同中国佛教的交流,为以新宗派产生为标志的佛教的变革,提供了重要前提,而整个社会从平安时代向镰仓时代转换所引发的动荡不安,则为由正法、像法、末法三个时代构成的所谓"三世思想",获得验证。以此为背景,如何评判以往宗教济世思想,是否应全盘否定和放弃既成佛教教义,成为新旧教派的分水岭。正是在这个意义上,镰仓佛教才被称为"镰仓新佛教"。

本土的始祖及其宗派 如前章所述,平安时代的佛教以天台宗和真言宗(密宗)为主体,虽然当时创立的还有融通念佛宗,但影响有限。这三个宗派都有明显的承先启后的特征,但在日本佛教史上,它们的贡献主要是"承先"。更具有"启后"意义并广泛嵌入日本社会文化各领域的,当数镰仓新佛教。"镰仓新佛教"的缘起来自两个方面:一是脱胎于日本佛教的旧宗派,具有鲜明的民族特色;二是传播自中国佛教的新宗派,具有浓郁的异国风格。前者均与旧佛教(尤其是天台宗)维系或强或弱的渊源关系,而且其创始人如法然、亲鸾、一遍、日莲等,均未曾赴中国求法,与奈良、平安佛教的开山祖师不同,这更使镰仓新佛教具有日本民族特色。后者则主要受中国佛教宗派影响,具有中国宗教文化的明显烙印。具体而言,前者以净土真宗、日莲宗为代表;后者则以同属禅宗的临济宗和曹洞宗为代表。对幕府而言,镰仓时代兴起的民族佛教的效能尚属未知,因此幕府对其疑信参半,踟蹰观望,从而使镰仓新佛教获得了广阔的发展空间。

综观世界宗教历史,贫、病、争是诱导人们皈依宗教的主要原因。12世纪前后,日本经历了从古代向中世转换的巨大社会变革,铁骑践踏山涧林泉,累累白骨堆积荒野;干旱、水灾、瘟疫、饥馑则如一只只无形的手将人们推向贫病的深渊。世态万象,犹如"佛法、王法俱灭"的末世来临。然而,作为既得利益者的佛教诸宗,对此却视而不见,遂使部分关心民间疾苦的僧侣走出师门。新兴宗派遂应运而生。不过,必须强调的是,镰仓时代新兴的民族佛教,几乎都源出天台宗,即发轫于天台的净土信仰。法然使之脱胎而为净土宗,从净土宗中派生出亲鸾的净土真宗和一遍的时宗;至于日莲创设的日莲宗,更自始至终以天台正传自居。

镰仓时代有一流行语:"天台属于官家,真言属于公卿,禅宗属于武士,净土属于平民。"此流行语虽有偏颇,但大致概括了镰仓时代各佛教宗派的信徒分布情况,显示各宗所面向的信众。

镰仓新佛教首先登场的，是净土宗。净土宗始祖法然，出生于长承二年(1133年)美作国(冈山县)久米郡南条稻冈庄，幼名势至丸，父亲漆间食国是久米郡负责治安的押领使，因为与稻冈庄预所(类似公安派出所)的明石定明结仇，于永治元年(1141年)被杀。当年法然只有8岁。父亲临终前留下遗言，让他不要怨恨、复仇，而要出家寻求往生极乐。根据父亲遗愿，法然被托付给了他的舅舅天台宗菩提寺的僧侣观觉，走上了皈依佛教的道路。天养二年(1145年)，法然前往比叡山修行，先后师从源光、皇圆、叡空，得讳名源空。久安六年(1150年)，源空离开比叡山，入黑谷拜叡空为师，得房号法然。之后，他又赴南都，广学法相、三论、华严各宗，最后发展了"称名念佛"的阿弥陀净土信仰，成为日本净土宗始祖。

阿弥陀净土信仰大约在奈良末期传入日本，平安时期以天台宗为中心传承。源信撰著的《往生要集》，对地狱与极乐世界(净土)进行了生动的对照描述，其中提出的通过念佛达到极乐往生的理论，给予法然极大影响。但是，法然认为，源信所倡导的，仍属"观想念佛"，虽然长期修行的僧侣和贵族或许能够做到，但一般民众难以做到。因此，他进一步弘扬了中国僧侣善导提出的"称名念佛"理论，即通过称诵"南无阿弥陀佛"，将阿弥陀迎往极乐净土。安元元年(1175年)，法然读了善导的《观经疏》后，受到极大启发，撰写了《选择本愿念佛集》，宣布将舍弃天台宗，选择专修念佛，并以东山吉水为据点开始布教。净土宗由此开宗。法然主张"专修念佛"，直接向武士、庶民甚至女子传播教义。他倡导的"称名念佛"的理论核心，主要有两方面：一是强调即便不能够通过觉悟获得菩提心，也能够通过念佛获得拯救；二是强调"称名念佛"是获得拯救的唯一途径。他倡导的简易的修行方式，虽然获得了广大庶民的热烈拥护，却从根本上对佛教僧侣的地位构成了威胁，因而遭到旧佛教僧侣的猛烈抨击。这种抨击获得朝廷支持。承元元年(1207年)，法然被流放至赞岐国(香川县，一说土佐即高知县)，改俗名源元彦，他的两个弟子住莲和安乐则被处死。这一事件史称"承元法难"。后法然幸逢大赦得以重返京都。法然的主要著作是《选择本愿念佛集》，但论影响，他在建历元年(1211年)病逝前一段时日，应弟子源智请求而写的不满300字的《一枚起请文》，似更著名。在《一枚起请文》里，法然以通俗易懂的和文，凝练地概括了他的理论，为镰仓时代净土宗的发展指明了方向。法然逝后，他的弟子弘扬了他的理论。《法然上人行状绘图》对此有详细描述。建历二年(1212年)正月二十五日,法然上人安详西逝,享年80岁。

稍后于净土宗形成的新宗派,是净土真宗,又称真宗、一向宗,是日本特有的宗派,由亲鸾开创。亲鸾出生于承安三年(1173年),其父日野有范是一个下层贵族,但他4岁丧父,8岁丧母,从小是个孤儿。治承五年(1181年),9岁的亲鸾剃度出家,入比叡山。建仁元年(1201年),29岁的亲鸾造访了东山吉水法然,听信说教,决定皈依专修念佛而投净土宗,师从法然上人(源空),学他力念佛教义。

亲鸾的佛学主张主要有两项:一是"僧俗一如",即僧和俗不必泾渭分明。据传,亲鸾在京都六角堂参笼时获观音菩萨启示,称如果他根据前世因缘娶女性为妻,则观音本身将成为如花似玉之女性与之成婚,他将一生富足,临终往生极乐净土。获菩萨"恩准"居家修行的亲鸾为了获得确信,遵此教诲,并始终亲奉法然为不二之师。亲鸾的终生伴侣惠信尼先入法然门下,后追随亲鸾。惠信尼的父亲三善为则也是下层贵族。

亲鸾的第二项佛学主张是"恶人正机",按照亲鸾的理论,所有人皆为凡人,终其一生无法抑制欲望、愤怒、嫉妒。在充满各种人类烦恼的世界,凡夫俗子虽无法依靠自力获得觉悟,但如果笃信拯救众生的阿弥陀佛的誓愿,来世可以往生阿弥陀佛的净土。按照亲鸾的观点,念佛与其说是获得拯救的手段,毋宁说是因为深信必然获得拯救而感到欣喜并予以感谢。亲鸾常自叹"悲哉愚秃鸾,沉没于爱欲广海,迷惑于名利太山"(《教行信证》),并结合自身经历提出"恶人正机",称"善人尚能往生,何况恶人哉"(《叹异抄》),公然与传统佛教的"善人超度"说大唱反调。

承元元年(1207年),35岁的亲鸾遭遇了一场灾难。这场灾难也是日本净土宗史上遭遇到的最严厉弹压,即"承元法难"。亲鸾最初被判死罪,后改为流放越后国(新潟县)并被迫还俗,改俗名藤井善信。之后,亲鸾自称"愚秃",开始了非僧非俗生涯。建历元年(1211年)亲鸾获赦,后仍留在越后国。建保二年(1214年),亲鸾和惠信尼偕两个孩子迁居常陆国(茨城县)笠间。之后至贞永元年(1232年)重返京都,亲鸾一直在当地布教,门徒甚众,包括《叹异抄》的作者唯圆。

亲鸾创设的净土真宗(亦简称"真宗"),系法然净土宗的支派,时人将其与净土宗混淆,或俗称之为"一向宗"。针对这种情况,他的后学莲如明确宣布:"祖师圣人(亲鸾)定本宗之名为净土真宗,盖因本宗比其他净土宗优秀,故祖师特意加上'真'字,称本宗为一向宗非所愿。"净土真宗以亲鸾提出的"教"(奉《无量寿经》为根本教典)、"行"(主张"称名念佛")、"信"(坚信"他力本愿")、"证"(不论贵贱善恶,只要坚定"往相信心之愿",往生即可成佛)四字为教理体系,从社会各个阶层获得众多信徒,很快脱胎为影响巨大的独立教派。亲鸾著有《教行信证文类》六卷,其理论赢得了众多信徒,对后世影响很大,特别是在战国时代有很大的发展,产生了"真宗十派"。弘长二年(1262年),90岁的亲鸾在烦恼中驾鹤西行。

日莲宗虽然本质上属于法华宗,但也属于日本独创的宗派,由日莲所创。日莲祖籍远江国(静冈县),贞应元年(1222年)出生于安房国(静冈县)小凑,俗姓贯名,幼名善日。日莲自称"日本国东夷安房国海边旃陀罗(贱民)之子",但确切与否不详。天福元年(1233年)入天台山清澄寺随寺主道善房修行,16岁时正式剃度出家,法号莲长,后改名日莲。延历元年(1239年),怀着学佛学之神髓、究真正之佛说的理想,日莲前往镰仓游学,广涉诸宗佛理;后又赴比叡山跟俊范法师学天台学,并历访圆城、高野山、四天王寺和京中各寺。在广泛涉猎各宗学问后,日莲更加深了久有的疑问:既然佛法隆盛,为何发生安德天皇溺水、三上皇被流放的承久之乱?既然独崇释尊,何以宗派林立而不归于一统?经过比较考究,日莲认为法华经的说教才是真理,并于建长五年(1253年)自立山门传布法华信仰,并约在此时改号"日莲"。恰逢此时,天灾不断,疫病流行,日莲称人们皈依净土,是灾害根源,若不皈依法华信仰,必有"自界叛逆难"(国内战乱)和"他国侵逼难"(外敌入侵),并于正元元年(1259年)和翌年先后撰写了《守护国家论》和《立正安国论》呈执权北条时赖,鼓吹佛教镇护国家的思想观念。

日莲强调,佛教的正途应是国家如何引导现世的人们,而不是人如何在来世获得拯救。他的四句格言,即"念佛无间,禅天魔,真言亡国,律国贼",是他对其他宗派的抨击,也是他思想的显示。"念佛"就是指净土宗,因为净土宗强调"称名念佛"是获得拯救的唯一途径。"无间"是佛教"六道轮回"中的地狱道第十八层"无间道"。"禅天魔"意为禅宗是魔鬼。"真言亡国"是呼吁遏制真言宗的传播,否则将会亡国。"律国贼"即律宗是"国贼"。日莲在行动上的"折伏"(驳斥对立思想,教育、引导人们的方法)亦为日本佛教所仅见。日莲强调通过"唱题"(念诵《南无妙法莲华经》和《法华经》的题目),使释迦、《法华经》和众生融为一体,众生将就此成佛,世界将成为"常寂光土"(信仰《法华经》的人们理想的净土、绝对常住的世界)。日莲认为,日本是释尊之御领,日本古来之神将助力于法华信仰之实现,是佛的守护神。他的这一思想否定了既成的权威,试图构建一个纯粹宗教的世界。日莲撰写的《曼荼罗》,体现了他对佛、菩萨、诸神的思想。

但是,日莲谴责幕府袒护净土宗等"邪教"并呼吁即刻取缔的主张,不仅未获支持,而且险些招来杀身之祸。文应二年(1261年)五月,已经在最明寺出家但仍掌握幕府实权的北条时赖以诳惑罪将日莲流放伊豆半岛。日莲两年后获赦,复往各地布教。其后不久,蒙古军队来袭,日莲的预言似得到验证,皈依者甚众,而日莲则撰《撰时抄》,宣扬蒙古军队是因幕府妨碍正确信仰之弘通而前来讨伐,呼吁幕府弘扬正法,结果再次遭到幕府压制,又险被斩首,后改为流放至佐渡。其留在镰仓的弟子亦遭到种种迫害,日莲教团受到重创。日莲在佐渡仍矢志法华信仰,撰写了《开目抄》和《观心本尊抄》。之后,日莲虽为执权北条时宗赦免并受地头波木井实长援助,在甲斐身延山建立了据点,但寒冷的身延山气候损害了他的健康。弘安五年(1282年)十月十三日,日莲在武藏池上疗养时病逝,享年60岁。日莲的六个门生将其遗骸葬于身延山,并建立久远寺,即今日日莲宗的总本山。

日本时宗的创立者是一遍房智,通称一遍。一遍于延应元年(1239年)出身于伊予国一个武士家庭,本姓河野,幼名松寿丸,10岁在天台宗继教寺出家,法名随缘。时宗与净土真宗相似,也是从净土宗独立出来的新兴教派,不仅最彻底地贯彻了镰仓新佛教"易行"的特质,而且以各种形式容纳吸收了传统的神祇信仰,因而比净土真宗更接近民众,也更容易为民众所接受。一遍最初修学天台宗,其后"竟舍台宗,归净土门",入法然系圣达之门修习净土宗,之后遍历各地传道。文永十一年(1274年),一遍入熊野参笼时接受神托,确信无论信不信、净不净,只要获得"念佛牌",一心不乱唱颂念佛,并为了信仰之纯粹而"舍圣",即舍弃一切,就可借外在不可思议之力达到往生,于是率同信弟子巡教各地,游行街头巷里,口诵"南无阿弥陀佛"六字名号,手舞足蹈,向所遇之人广泛散发"念佛牌",并因此创立了"舞蹈念佛"。一遍的足迹北至奥州,西至四国、九州,巡游六年间,得信徒二百五十余万人。一遍将自己所悟写成偈颂:"十劫正觉众生界,一念往生弥陀国;十一不二证无生,国界平等坐大会。"正应二年(1289年),一遍在摄津(兵库县)津之观音堂圆寂,享年51岁。临终前,他将所持的圣教等付之一炬。

禅宗与日本文化 虽然法然、亲鸾、日莲、一遍为佛教的革新做出了重大贡献,但佛教革新的另一条道路,则是通过学习中国佛教对日本佛教进行反思。在这方面,禅宗及其传播者扮演了主要角色。禅宗对日本文化的影响,更是其他宗派难以比拟的。

"禅"是梵语"禅那"(dhyana)的缩略语,意思是"静坐冥思",由佛教始祖释迦牟尼创立。据传,释迦牟尼在菩提树下静坐冥思四十九日,终于达到大彻大悟的境界,这个静坐冥思的过程,就是"禅"。6世纪前半叶,菩提达摩将禅传入中国,因而他被奉为中国禅宗始祖。菩提达摩认为,佛教在发展过程中被层层叠叠附加了很多东西,应该将这些东西剥去,使人们直接见到佛陀原有的根本精神——"般若"(智慧)和"慈悲"。这是他创建禅宗的目的。不过,印度的"禅"只是强调"静心",没有知的层面的展开,让人很难产生共鸣,更不包含体验,而在中国和日本发展起来的禅宗,与其有明显差别。

日本最初禅(窟)寺安国山圣福寺

禅宗的宗旨是十六字诀:"不立文字,教外别传,直指人心,见性成佛"。"不立文字,教外别传"的"教外别传",是因为释迦牟尼用言语文字授法,叫"教内之法"。不用语言文字,直接以佛心印于他者之心,叫"教外之法"。对教内讲求"以声传心",对"教外"讲求"以心传心"。"不立文字,教外别传",意思是不靠佛经和语言文字,而是靠习禅者自身的感悟去体会,就是强调自己领悟,自己体验,急中生智。即使需要语言文字,也只是将语言文字视为买卖东西时使用的货币。人不能为了防寒而穿货币,为了充饥而吃货币。货币要获得实际价值,必须换成实用的物品。"直指人心,见性成佛"有三个关键词:心、性、佛。这里的"心"不是心脏的心,而是指"性"。性就是心,心就是佛。也就是说,心、性、佛是同一的,是思想和感觉的最深层。按照禅学理论,佛法不是仅仅通过学习就能了解的,不是讨论的对象,即便熟读百部经书也未必能真正了解,也不能成佛。因为佛法是深不可测的。"佛就是你自己的心,不假外求。"即便大字不识几个,但只要真正见到自己的本性,就能成佛。禅不是哲学,不是建立在逻辑基础上的,而是建立在心理基础上的。

7世纪中叶,禅宗自中国唐代传入日本。孝德天皇白雉年间(650—654年),遣唐僧道昭在唐朝学习法相宗的同时,又师从扬州慧满禅师学习了禅宗。弘仁年间(810—823年),唐朝僧侣义空赴日讲禅,后来嵯峨天皇的皇后橘氏(檀林皇后)建檀林寺供其居住,并积极倡导禅宗,成为禅宗在日本正式弘扬的始点,所憾应者寥寥。日本最初关注禅宗思想和修行并以禅为中心展开宗教活动的,是摄津三宝寺的大日能忍。1186年,大日能忍因仰慕德光禅师的名声,特派心腹弟子练中、胜辩两人,怀藏自己悟道后所写的诗偈,远涉鲸浪往中国明州阿育王寺参见德光,以求印证。德光对远渡重洋前来求法的能忍门人,至诚接化,欣然应允并授嗣书、自赞顶相,应大日能忍之请在震旦初祖的《朱衣半身达磨(摩)像》上亲笔题字交给练中、胜辩,令其带回以为传法信凭。德光的题赞颇有意境,兹转录如下:

直指人心见性成,佛太华擘开沧溟;倾竭虽然接得神,光争奈当门齿缺。日□□□法□远遣小,师练中胜弁来求;达磨(摩)祖师道像,大宋国住明州阿育王山。

法孙德光稽首敬,己酉淳熙十六年,六月初三日书

德光题赞的前两句,开宗明义地道出了禅宗"直指人心,见性成佛"的宗旨和达摩禅劈山倒海的峻烈家风。第三句和第四句则幽默地点示达摩道像的败缺之处,即达摩虽然得到了神光这样的逸才,但却脱落了一颗大门牙。在落款处写明了题字的缘起和题写的地点与时间。

大日能忍派遣弟子代替求法,遭到佛教界旧势力激烈抨击。至能忍弟子觉晏为首时,达摩宗遭奈良兴福寺等徒众袭击,殿堂、塔院、僧舍俱被摧毁和烧尽。《朱衣达摩像》虽免遭劫难,但不难发现画赞的第五行中有四个字留有明显被刮削过的痕迹,按上下文字可推测,将所缺四字补上,当为"日本能忍法师"六字无疑。至觉晏去世,门下怀奘、怀鉴、怀照、义介、义演、义尹等人四散各地。

禅宗在日本真正兴隆是在12世纪末,即中国宋代。禅宗在日本形成了三支,有两支形成于镰仓时代。第一支是临济宗。文治三年(1187

年),日本僧侣荣西回国后,融合了禅宗、真言宗、天台宗,创建了临济宗。临济宗关注诸如"万物归一,一归何处"之类进退两难的问题。这种问题叫"公案",所以临济宗又称"公案禅"。第二支是曹洞宗,由荣西的弟子道元于贞应二年(1223年)创建。曹洞宗强调"一言不发,只管打坐",即潜心修行,所以又称"默照禅"。第三支是黄檗宗,由隐元和尚在承应三年(1654年)左右创建。隐元本是临济宗的僧侣,因受临济宗僧侣排挤而在京都黄檗山另立山门,修建了万福寺并挂出"黄檗宗"的招牌,逐渐和临济宗分道扬镳。此乃后话。黄檗宗和临济宗两者最显著的差别是,黄檗宗吸纳了净土宗的思想,主张坐禅时心中默念"南无阿弥陀佛"。

　　临济宗始祖是明庵荣西。荣西出身于一神官家庭,14岁入比叡山,南宋孝宗乾道四年(日本仁安三年,1168年)四月入宋,师从重源,同年九月回国,将天台的新章疏三十余部六十卷带回日本,献给了天台座主明云。在短短五个月留学期间,荣西虽然来不及学习禅宗,但是宋朝禅宗的盛行情形,无疑深深地打动了这位年轻的求法僧。当时,处于平安晚期的日本,以天台、真言以及南都六宗为代表的旧佛教宗派仍执日本佛教之牛耳,禅宗作为中国新兴的宗教文化,无法见容于这些宗派。1187年(宋淳熙十四年、日本文治三年),荣西在时隔十九年后从九州博多港登船,再度入宋留学。最初他立志仿效唐三藏法师玄奘往印度求法,但当时通往西域之路已经阻绝,荣西无奈遂往浙江天台山万年寺,向虚庵怀敞禅师参禅问道。后怀敞迁居明州天童寺,荣西随师同往,得师获准传法之印,于1191年(宋绍熙二年、日本建久二年)学成归国。虚庵的禅属临济宗,荣西依据法脉为其第八世法孙。荣西回国三年后开始在京都讲禅,但不久即因比叡山僧众状告而遭朝廷禁止,并和大日能忍一起遭到弹压。为了回应佛教既成宗派对禅的责难,荣西撰写了《兴禅护国论》一书,力说禅宗兴隆对国家的种种益处。正治元年(1199年)荣西移居镰仓后,获得了北条政子、源赖家等幕府高层的支持。荣西先在北条政子援助下建了寿福寺,后受源赖家援助,于建仁二年(1202年)在京都东山建起了建仁寺,使之成为京都禅宗的据点。建永元年(1206年),荣西继重源之后出任东大寺大劝进职,建保元年(1213年)被任命为权僧正。荣西所宣扬的禅,实以禅为中心融合了佛教各种宗派的思想,其宗教活动亦明显留有密教僧和戒律僧特征。荣西献呈源实朝的《吃茶养生记》和他从宋朝带回的茶种的种植,赢得日本社会的欢迎和接受,开了日本茶道之先河。

曹洞宗的始祖是道元。道元于正治二年(1200年)出生于山城木幡，其父为内大臣源通亲，其母为摄政太政大臣藤原基房之女，可谓名门之后，但其父母在其幼年相继去世。建历二年(1212年)，道元受其叔父良显法眼之引导，入比叡山般若谷的千光房，翌年剃度，法号道元。之后，因不满足于比叡山天台教学，于贞应二年(1223年)和建仁寺明全一起渡宋，先在天童寺学临济各派教学，后在历访径山、天台山、大梅山后重返天童寺，安贞元年(1227年)回国。回国后道元以建仁寺为据点讲禅，强调坐禅乃佛法之真髓，并著《普劝坐禅仪》。但是和荣西一样，其说教亦受到比叡山压迫，并因越前门人的吁请，于宽元元年(1243年)移居越前，曾应北条时赖邀请赴镰仓，后复归越前。

与荣西不同，道元追求纯粹的禅的立场。在越前期间，除了应北条时赖之邀赴镰仓外，道元始终未离开寺院，贯彻出家至上主义，和弟子们一起严格修行，并撰写了《正法眼藏》一书，致力于在禅宗发现佛教理想和宣扬佛教本来的精神，对世俗化形骸化的日本佛教提出了尖锐批评，在佛教革新运动中留下了深深的足迹。

禅宗虽然也属佛教，但不主张俯首帖耳于佛教经典。禅宗还认为，佛、菩萨等偶像，只不过是木材、石料、金属的合成，那些虔诚的祭拜行为，都是多余的。禅是一种人间精神，相信本来的清静，本来的善，因而努力使人的心灵自由无碍，排斥任何使人想起外部权威的事情。

禅宗之所以得到幕府的重视和庇护，主要有以下几方面原因：一是禅宗把先进的宋代文化带入了日本；二是禅宗与朝廷及旧佛教之间很少瓜葛，可借以压制南都北岭势力；三是禅宗倡导"道在日用""不立文字"等简洁明快的修行方式，迎合了武士的需要；四是禅宗宣扬"兴禅护国"思想，符合统治者利益；五是"禅宗属于武士"，禅宗之所以受武士欢迎，还在于禅宗主张"生死一如"，主张"生也无所从来，犹如着衿。死也无所从去，犹如脱衿"。这种向死而生的价值观，容易获得出生入死的武士的青睐。

镰仓新佛教确实存在前所未有的革新。若对镰仓新佛教的革新作一大胆概括，似可以列举以下几个共通点：第一，其不是国家乃至共同体的祭祀，而是为了拯救个人的宗教，其信徒多半属社会下层且多集中于地方而非京畿；第二，看似具有来世志向，但从其具有通过提供来世保证而使徒众专念于现实活动的效果来看，似可认为其具有现世志向；第三，强调只要称颂"阿弥陀佛"之名，或称颂"南无妙法莲华经"的题目即可,修行方法非常简略,同时免去了信徒建寺院、开法会、捐善款、抄经典等负担,故一般庶民均可入信;第四,除了临济宗等个别宗派,不依存政治权威,故不像旧宗教那样因拥有庄园而经营寺院、过富足的僧侣生活,仅仅依赖信徒的施舍维持职业宗教人员的生活。①

不过必须强调的是,上述各宗并不占有镰仓时代佛教界的中心地位。镰仓时代佛教界的中心,依然是在平安时代即与朝廷和贵族联系紧密,并因此得以繁荣的比叡山延历寺和兴福寺,即在"南都北岭"的京都、奈良旧佛教大寺院。被总称为镰仓新佛教的各个宗派始终遭到旧佛教的压制和迫害,被排挤于畿内佛教界之外。但是,镰仓新佛教在革新日本佛教方面不仅具有里程碑意义,而且必然使以"南都北岭"为代表的既成教团做出回应,从而推动了整个宗教界的变革。

既成教团对镰仓新宗教做出显著回应的,是"南都"各派僧侣。例如,虽然贞庆(解脱)被视为中世法相教学的集大成者,但其弟子良遍却对念佛和禅兴趣浓厚,并在吸收念佛和禅的基础上构筑法相教学。另一位为了驳斥法然的《选择本愿念佛集》而撰写了《摧邪论》的明惠(高弁),则是深受禅和念佛影响的华严宗高僧。尤其值得关注的是,镰仓新佛教对既成佛教的革新运动产生了不可忽略的影响。例如,贞庆和明惠对作为宗教实践的戒律颇为重视,贞庆曾积极倡导戒律复兴,而明惠则尊重戒律本身,并曾入宋学习戒律。对于他们来说,"戒"有两重含义:一是通过戒实践宗教,一是向寻求宗教拯救的人们授戒。不难发现,前者维系宗教革新运动,后者成为既成宗教接近民众的踏板。相对于真言律宗的叡尊致力于前者,和他同宗的忍性(良观)则致力于后者。忍性还努力寻求幕府等权力,以开展架桥筑路、救死扶伤等社会事业。

以新佛教的兴起为契机,以南都为中心的诸大寺也顺应时代,开始整理积累了几个世纪的教学知识,涌现出了法相宗的贞庆、良遍,三论宗的明遍,华严宗的明惠、宗性、凝然等优秀的学问僧,使南都教学得以复兴。很多学问僧为了传达日本佛教的具体姿态,致力于教学和仪式的集成,觉禅的《觉禅抄》和承澄的《阿娑缚抄》即分别是东密和台密实践知识的集大成之作。这些对后世佛教以极大影响。他们还将其发展为对整个佛教发

---

① 山本幸司:《赖朝的天下草创》,讲谈社 2001 年版,第 339 页。

展史的关心。作为这种关心的成果,宗性的《日本高僧传要闻抄》是由学问僧撰写的第一本僧传;宗性的弟子凝然则不仅撰写了《三国佛法传通缘起》等多部佛教史论著,而且撰写了概括日本佛教教学的《八宗纲要》。至镰仓时代末,禅僧虎关师炼继承了这一整体关注日本佛教发展史的传统,撰写了综合性佛教史论著《元亨释书》。总之,不仅镰仓新宗教,既成教团也同样出现了一些"前所未有的革新"。

"统治阶级的意识在任何时代都是占统治地位的意识",因此禅宗在佛教界并不占据中心地位。但是,禅宗深刻影响了日本人的意识,影响了日本的文化和社会生活。

禅宗强调"一在万之中,万在一之中"。例如,大海的波浪就具有这种特点。海水是"一",波浪是"万"。之所以有两种名称,只是因为它们的形式不同。海水在波浪中,波浪也在海水中。海水就是波浪,波浪就是海水。同样道理,参禅的境界,就是人与自然的融合。著名禅师清原惟信说:"未参禅时,见山是山,见水是水;刚参禅时,见山不是山,见水不是水;参悟之后,见山还是山,见水还是水。"意思是说,未参禅时,见山是山,见水是水,是按照常识去认识山水。刚参禅时,见山不是山,见水不是水,是因为山水融入了自然,与万物合一。参悟之后,见山还是山,见水还是水,是因为人与自然融为一体。辛弃疾的《贺新郎》中有这么一句,"我见青山多妩媚,料青山见我应如是",就是这种境界的写照。当达到这种境界的时候,主观和客观、主体和客体的差异就消失了。因为两者合二为一了:主观就是客观,主体就是客体,反之亦然。

日本艺术有两个关键词:一是"侘",二是"寂"。"侘"字的会意是"人在宅中",即陋室与俗世隔离所带来的孤独而又自在的美感,即本义是"贫困"和"孤独",最早是指山林隐士的生活。16世纪,千利休汲取了禅宗里的空寂、无我之意,将其引入茶道。禅宗主张在生活中安贫守拙,不追求华丽,满足于从后院菜地里采摘的一叠蔬菜,满足于聆听潇潇春雨的寂静。禅宗不欣赏生活表面存在的复杂,注重于在"自然"中安顿心灵。受禅宗影响,日本艺术有一个显著特征,即对"一"的重视。例如,通过一叶小舟在海上漂游,让人感到海的浩渺和广阔。借助荒凉原野上一片在积雪中微微探头的小草,显示生命的律动和春天的来临。通过一棵歪斜的竹子表现风的强劲,或者一只瑟缩在枯枝上的小鸟表现肃杀的秋色。

"寂"的本义是纯朴自然,本色本貌。"寂"并不代表原始,而是要求对自然有真切的感受。只有这样,才能感悟艺术家笔下的云朵、小溪、树木、波涛,才会有现实感,才能面对显示淳朴自然之美的"枯山水庭院",产生如临陡峭山崖,如闻惊涛拍岸的大自然美感。日本流传着一个关于千利休的轶事。一天,千利休走进庭院,见整个庭院被打扫得非常干净,于是他故意摇下了一片树叶。虽然只是一片树叶,但却使整个庭院回归自然,不再有被清扫过的人工痕迹。因此,日本的传统建筑物,尤其是禅宗的寺院,大都保留着木材的本色。

日本艺术的另一个显著特征是非对称性。日本佛教寺院的设计就明确显示了这一特征。日本的寺院,虽然山门、法堂、佛殿等主要建筑物是在一条直线上建立的,但其他建筑物不是作为主线的两翼排列的,而是顺应地势,分散建成的。非对称性也是日本建筑的特色,不仅是寺院。

颇具日本文学艺术特征的俳句,也深受禅宗影响。俳句是日本的一种古典短诗,源于中国古代汉诗的绝句,由"五—七—五"共十七字音组成。被称为"俳圣"的松尾芭蕉有一首《古池塘》,被称为俳句中的经典:"闲寂古池旁,青蛙跃入水中央,悄然一声响。"古池塘是静的,青蛙是动的。青蛙越入水中的声音,使人意识到整个环境的静谧。动与静,瞬间和永恒,被巧妙地结合在一起。俳句就是这样,以很少的语言和笔触表达内容和情感。铃木大拙认为,"俳句是日本的天才宣泄自己艺术冲动的出口,是最妥当、最有趣,最有活力的诗歌形式"。"俳句是用日本人的心灵和语言才能完成的诗歌形式,而禅在俳句的发展过程中,尽了自己卓越的天职。"

禅宗和茶道的结合,即"禅茶一味",更显示日本文化的特征。"茶道"一词早见于785年(唐贞元元年)诗人皎然的诗《饮茶歌诮崔石使君》。该诗最后一句"孰知茶道全尔真,唯有丹丘得如此"。题名"诮"字有诙谐之意。该诗主要是倡导以茶代酒,探讨茗饮艺术境界。茶道起于中国,但真正使之发扬光大却在东瀛。日本茶道大体分为三个发展时期:一是从受中国唐朝饼茶煮饮法影响,至平安时代,为"仿唐"期。二是受中国宋朝末茶冲饮法影响的时代。始于镰仓时期。日本独特的茶道也始于这一时期。三是受中国明朝叶茶泡饮法影响的时代,以江户时代为盛。

禅宗和茶道为什么有这种缘分?因为两者几乎同时进入日本。临济宗的创建者荣西在将禅宗传回日本的同时,还带回了茶种,写了一本《吃茶养生记》,并且将自己制作的茶和这本书送给了镰仓幕府将军源实朝。

不过，虽然荣西在中国的禅宗寺院里看到过茶道的演示，但他本人从来没有教授过茶道。半个世纪以后，是另一位谥号为"大应国师"的禅僧南浦绍明，将茶道的具体做法带到了日本。但日本茶道的初创者，是一休的弟子村田珠光。再后来，被称为日本"茶圣"的禅师千利休对茶道进行了改良，使日本茶道最终形成。

日本的茶道有一整套系统的礼仪，需要安排在特定的时间、特定的场所，遵循特定的程序，但概括而言，主要包括两个方面：一是"茶数奇"，即人和物的关系；二是"茶寄合"，即人和人的关系。在茶道的茶会中，对器皿的欣赏是其重要组成部分。茶道需要各种器皿，这些器皿有各种各样的形状，它们可以形成各种排列组合以"配合"季节、时间、参加茶会者的身份。茶道之美不仅是物与物的配合，而且是物与人的配合。日本人以"奇"而非"偶"为美。奇数之美是不对称、不完美、未完成之美。因此和不强调对仗、工整的"歌数奇"同理，"茶数奇"显示的也是"缺憾的美"。

因为受中国的影响，日本茶道最初对中国的器物情有独钟。从15世纪开始，质朴无华、显示自然美的器物日益受到青睐，最终形成了崇尚幽雅恬静的日本茶道风格。迄今为止，崇尚自然美仍是日本美学最核心的要素，构成日本独特的艺术哲学。

人和人的关系则突出强调"和、敬、清、寂"四个字。这四个要素是推崇情同手足、秩序井然的生活，这种生活不仅是禅寺的生活，也是日本人推崇的价值规范，是日本人的意识中最初的训令。当然，人和人的关系也离不开物。

大"和"民族非常注重"和"。7世纪初圣德太子制定的宪法十七条，第一条起首就是"以和为贵"。美国的日本研究专家本格指出，表意文字"和"是和谐的意思，这是日本民族最高价值规范。茶道强调的"和"，不仅指内在的感情，而且指外在的显示，如茶室的布置、光线、音响、香气，都以柔和为标准。

"敬"，原本是宗教精神。因为在神圣面前，人应感到自己的渺小卑微。但是，禅宗倡导的"敬"极具特征。禅僧为了在寒夜中取暖，可以将佛像烧毁，可以毁掉贵重的遗产。因为，抛弃一切对视觉具有诱惑力的虚饰的东西，是禅宗的真理。但是，禅宗对在暴风雨中沾满了泥土的小草却充满敬意，并将未经修饰的野花奉献给佛陀。

"清"就是清洁。清洁是茶道的精神构成，也是日本神道所强调的要素。与茶道有关的一切,包括场所和器物,都注重清洁。在茶室外,潺潺流动的清水,可用以洗手。如果没有,那么在茶室内,必定有为客人准备的清水钵用以洗手。在武士道的经典《叶隐》中也这样写道:茶道之本意,清六根之为也。被视为茶道经典之一的《南方录》写道,茶道的目的,是在尘俗的世界建立一方清洁无垢的净土,一时汇聚在一起喝茶的人,要在这里创造理想的社会。因此,茶道强调"一座建立,一期一会"。"一座建立",就是人们相聚一起喝茶,形成"一座";所谓"一期一会",意思是相聚一起喝茶的人们,即便是彼此非常熟悉的亲朋好友,也要将此次聚会视为人生只此一次的机缘。人生无常,如同茶的泡沫,转瞬即逝。因此要格外珍惜。

"寂"在梵语中不仅意味"寂静""平和",而且经常用来指"死亡"和"涅槃"。在茶道中则表示"单纯""贫乏""孤独"。一休的弟子珠光在讲授茶道精神的时候,经常讲中国唐代诗人郑谷为齐己改诗的故事。齐己写了两句诗:"前村深雪里,昨夜数枝开。"郑谷建议将"数枝"改为"一枝"。在皑皑白雪的山村里,一枝梅花傲霜斗雪,凌寒开放,这就是茶道要表现的意境和美感:一种静谧孤独的美,一种原始单纯的美。

概而言之,主宾"一座建立"对饮是为"和",举止恬淡悠闲是为"敬",保持自我的觉知是为"清",在默默饮茶中让时间流逝是为"寂"。今天,日本有三十多个茶道流派,但最主要的流派,是千利休的子孙创立并承袭的"三千家":表千家流、里千家流、武者小路千家流。

作者点评:

韩国著名"知日家"韩准石在他《文的文化和武的文化》一书中强调:"我在这里所指的日本的传统文化,主要是指经过长期的武家时代而形成的一种文化。""武家文化"即"武"和"文"的对立统一,如同"外来文化"和"本土文化"的并行不悖,在日本似乎从来不是问题。

镰仓时代作为第一个武家掌权的政权,其所栽培养育的文化在日本传统文化中的地位,是我们难以低估的。因为,儒教、佛教、西学,但凡属于日本意识形态核心要素的内容,无不和武家文化互为因果。例如,中国的"四民"即士、农、工、商中的"士",是文士,而日本士、农、工、商中的"士",则是武士;中国儒教强调仁、义、礼、智、信,而日本儒教强调仁、义、礼、勇、诚。诚和信可通解,但"智"和"勇"却鲜明地反映了中、日两国不同的价值观。日本对"忠"的崇尚,使他们虔诚地在涩谷车站为一条名叫"八公"的狗竖立了雕像,并将它的事迹写入教科书,以至鲁思·本尼迪克特在《菊和刀》中也对其专门论述。因为,那是一条忠诚的狗。而"忠"作为日本武士道的"拱心石",确立于镰仓时代。其精神内核传承至今。按照日本著名学者神岛二郎在《近代日本的精神结构》一书中的说法,"日本人将以往对天皇的忠诚,转向了对企业的忠诚"。可以说,正是"忠诚"铸就了引导日本走向成功的"日本式经营""三大神器":终身雇用、年功序列、企业工会。尽管在不同的时代,日本人忠诚的对象不同,但其本质不变。"松下信条"写道:"只有我们公司的每个人都同心协力,互相配合,才能取得进步和发展。因此,当我们投身到继续不断地改善我们公司的工作中去的时候,我们必须把这一最终目的牢牢地记在心中。"这,是要求对企业忠诚。

"花为樱花,人为武士。"这句曾经反映日本人人生追求的话,在日本已经历历史巨变的今天,似乎依然有着顽强的生命力。

第六章 室町时代

第一节 "建武中兴"和武家叛乱

室町时代的划分,学界有不同意见。室町时代的起点多说是延元元年(1336年)十一月二十六日室町幕府建立,但学界也有异议。其终点亦是如此,一说是天正元年(1573年)足利义昭被织田信长逐出京都;一说是应仁元年(1467年)"应仁之乱"爆发,并不统一。拙著为了结构平衡,起点采用延元元年(1336年),终点采取后一种说法。

从元弘三年(1333年)五月镰仓幕府崩塌,到延元元年(1336年)十一月室町幕府建立,间隔了三年。这三年是后醍醐天皇"建武中兴"、武家豆萁相煎、公家同室操戈的三年。武家相煎的豆萁,是指推翻镰仓幕府的新田义贞和他的对手、室町幕府的创建者足利尊氏。他俩不仅都是源氏后裔,而且他们的祖父都是源义国,是血缘很近的堂兄弟。新田义贞的父亲是源义国的长子新田义重,因居住在上野国新田郡而以"新田"为苗字。足利尊氏的父亲是源义国的次子足利义康。足利义康继承了父亲在下野国(栃木县)的足利庄,因而以"足利"为苗字,成为足利氏宗祖。

公家同室操戈,是指后醍醐天皇和光明天皇互争雄长,使日本在室町幕府建立的同时,出现了两个朝廷,之后经历了约半个世纪"一天两帝南北京"的南北朝时期(1336—1392年)。

皇朝复辟和"元弘之乱" 仁治三年(1242年),年仅12岁的四条天皇突然驾崩。23岁的邦仁亲王践祚,号后嵯峨天皇(1220—1272年)。四年后,后嵯峨天皇的二皇子久仁亲王接受父亲的"禅让",成了后深草天皇

(1243—1304年)。正元元年(1259年),后嵯峨上皇又敦促后深草天皇将皇位让给他喜欢的三皇子,即后深草天皇的弟弟恒仁亲王。恒仁亲王登基,号龟山天皇(1249—1305年)。因此形成了兄弟俩的两大皇统:后深草天皇的"持明院统"和龟山天皇的"大觉寺统"。虽然他俩是同胞兄弟,都是西园寺实氏的女儿姞子所生。但"生意场上无父子",权力场上又怎么会有兄弟?他俩是兄弟,年龄相差无几,因此,两大皇统围绕皇位继承问题分庭抗礼,展开了激烈角逐。面对这种情况,对皇位继承拥有决定权的镰仓幕府欲"坐山观虎斗",于文保元年(1317年)四月提出了两大皇统以十年轮番即位的所谓"两统迭立"方案,史称"文保和谈"。照此方案,文保二年(1318年),大觉寺统的后醍醐天皇(1288—1339年)即位,同时开始了后宇多法皇的院政。后宇多法皇选贤任能,听言纳谏,兴行政道,励精图治,使朝廷政治出现了勃勃生机。元亨元年(1321年),法皇决定将政务让给天皇处置,遣院的"评定众"吉田定房为使节前往镰仓,要求幕府赞同法皇这一意愿。幕府认为,这是大觉寺统内部的问题,无悖幕府提出的"两统叠立"原则,当即表示赞同。后醍醐天皇自此开始亲政。

通晓宋明理学、以大义名分为行动支点的后醍醐天皇登基后,以再现延喜、天历之治为目标,以"朕之新仪乃后代之仪范"为标榜,打破门第,不拘"皇统"起用人才,不仅续用其父后宇多法皇的良臣吉田定房和万里小路宣房等贤能之才,而且任命属持明院统的文章博士日野资朝、"大内记"日野俊基等少壮廷臣为参议和藏人头,其朝纲政绩深受朝野赞誉。百姓谓之"公家善政之复活",甚至持明院统的花园上皇也在日记中写道:"近日政道复归淳素。"①

随着朝廷势力的壮大,一个倒幕计划在后醍醐天皇的侧近中逐渐酝酿。与朝廷的政治领袖"青出于蓝而胜于蓝"相比,作为幕府政治中枢的得宗专制,则是"日薄西山"。应长元年(1311年)十月,41岁的北条贞时去世。正和五年(1316年)北条贞时之子北条高时即位时,得宗政治已今非昔比。按《保历间记》记载,北条高时"以病弱之躯,难以胜任将军家执权之职"。虽然北条高时即位时年仅14岁,但内外交困的得宗政治却已似步入风烛残年。嘉历元年(1326年),北条高时因病出家,法号"崇鉴"。

---

① 《花园院宸记》元亨二年(1322年)十二月二十五日条,临川书店1975年版。

因御内人"内管领"长崎高资的专断,联署金泽贞显就任执权。但因北条高时的弟弟北条泰家对此强烈不满,甚至意欲将其诛灭,金泽贞显仅任职一个多月便辞官出家,法号"崇显",由镰仓幕府最后一个执权赤桥守时就任执权。赤桥守时年长北条高时8岁,是北条一门的重镇,颇有声望,但并无实权。当时真正执掌幕政的是御内人"内管领"长崎高资。幕府如此政情,为后醍醐天皇实施倒幕计划提供了绝佳的机会。

倒幕计划的积极推进者是日野资朝、日野俊基。按照他们的谋划,鉴于朝廷本身武力不足,须争取畿内、近国的武士和僧兵入伍,并策动对北条氏不满的御家人倒戈。于是,两人分别赴各地游说。之后,为了掩人耳目,两人通过举行"无礼讲"进行密谋。花园天皇日记对"无礼讲"(又称"破礼讲")有如下释义:"凡近日人云,资朝、俊基等聚众乱游,不着衣冠,几乎裸体之饮茶会。此或学达士之风。(中略)世人谓之无礼讲之众。"① 按照密谋,他们决定将美浓国(岐阜县)武士调入京都,趁九月二十三日北野祭,六波罗武士前往维持治安之际,袭击六波罗府捕捉探题,扫除京都的幕府势力,并借"南都北岭",即奈良兴福寺(南都)和京都比叡山延历寺(北岭)的僧兵把守交通要冲,集合近国武士发兵倒幕。虽然计划周密,但事机不密。据《太平记》记载,由于参与密谋的船木赖春在枕边泄露天机,将这一计划告诉了他的妻子,而他的妻子是六波罗奉行的女儿。结果,六波罗探题先发制人,在京都四条的旅店里将日野资朝、日野俊基等捕获。眼见事情败露,后醍醐天皇即派遣自龟山天皇起的七朝元老、67岁的万里小路宣房前往幕府递交"誓纸",称他与这一事件无关。出于多方考虑,幕府于翌年,即正中二年(1325年)八月,将自愿承担全部责任而成为"首谋"的日野资朝流放佐渡,将日野俊基释放,没有对后醍醐天皇是否涉案进行深究,但是强化了六波罗府的实力,对朝廷严密监控。这一倒幕事件,史称"正中之变"。

事变虽然平息,但是朝廷和幕府的矛盾却愈发尖锐。嘉历元年(1326年)三月,皇太子邦良亲王因病猝死,持明院统、后醍醐天皇、邦良亲王遗族,围绕立嗣问题展开角逐。幕府按照"文保和谈"定下的规矩,决定立邦良亲王之子康仁王为皇太子。后醍醐天皇希望最终落空,对北条氏更加不满。

---

① 《花园院宸记》正中元年(1324年)十一月一日条,临川书店1975年版。

第六章 ● 室町时代

除了"皇朝复辟"的威胁,在野势力也令幕府难以对付。至镰仓末期,被称为"恶党"的各地山贼、海贼、神人、僧人群起,严重威胁着幕府统治,成幕府最棘手的问题。而这些"恶党"均成为后醍醐天皇的"盟友"。因为,作用力和反作用力这一物理学原理,也符合政治学原理。幕府对寺院的强力统制引起了寺社的强烈抵触和反抗,并将其自然推向后醍醐天皇一边。

幕府内部反北条氏的气氛也日趋浓烈。特别是在"宝治合战"和"霜月骚动"败北的御家人对北条氏的反感,更是随得宗专制政治的强化而与日俱增。另外,源氏嫡流自源实朝断绝后,残存的源氏中亦可称源氏嫡流的足利氏,在幕府中亦是可与北条氏抗衡的有势力的御家人,且其家族因与北条氏通婚而时时觊觎取而代之。

总之,至镰仓时代末期,反北条氏的氛围已笼罩朝野,镰仓幕府已摇摇欲坠,只要稍有"震动",以北条氏为梁柱的镰仓幕府必然梁倾柱折。而使镰仓幕府最终倒塌的,就是后醍醐天皇。元弘元年(1331年)四月,为了实现倒幕夙愿,后醍醐天皇再次将日野俊基等招致麾下。鉴于以往的教训和面临的时机,后醍醐天皇决定不再致力于聚集幕府统制下的武士,而是致力于动员南都北岭的僧兵,使他们成为倒幕主力。但是,后醍醐天皇百密一疏:曾经是后宇多法皇良臣的吉田定房,将所有计划密告六波罗府。收到密告的六波罗府,即刻将日野俊基等逮捕并押送镰仓。后醍醐天皇事先得到急报匆忙脱身,于八月二十四日带着三件神器迁入南都东大寺。因未能得到庇护,又赶往大和国(奈良县)的笠置山招兵买马。见后醍醐天皇屡屡密谋倒幕,幕府决定废黜后醍醐天皇。幕府向后伏见上皇提出,让皇太子量仁亲王践祚。九月二十日,根据后伏见上皇的院宣,量仁亲王和后鸟羽天皇一样没有神器而登基,成为光严天皇(1313—1364年)。同时,幕府发兵西进攻陷笠置山,在宇治平等院将逃亡途中的后醍醐天皇抓获。根据幕府要求,后醍醐天皇将神器转交光严天皇,随即被流放至隐岐国(岛根县),一如"承久之乱"时的后鸟羽上皇。此次事变,史称"元弘之乱"。

事变后,后醍醐天皇的皇子、天台座主尊云法亲王为替父报仇,愤而还俗,自称护良亲王,并呼吁武士和寺社加入倒幕运动,得到广泛响应。元弘二年(1332年)年末,护良亲王和橘氏后裔楠木正成在河内国(大阪)举兵倒幕。面对倒幕大军,幕府组成了均由北条氏族人担任大将的河内道、大和道、纪伊道三路大军。此时,被流放隐岐国(岛根县离岛)的后醍醐天皇也离开流放地在出云国(岛根县本岛)登陆,并前往各国募兵。所有反北条氏势力均聚集其麾下。面临四面楚歌的幕府势力,最终遭到了新田义贞致命一击。元弘三年(1333年)五月二十二日,新田义贞突破化妆坂和山内两道防线,直逼镰仓宫邸。得宗北条高时在放火烧毁宫邸后自杀,北条一族及其被官均在东胜寺自杀。镰仓幕府残余势力被摧枯拉朽的倒幕军队横扫。镰仓幕府正式谢幕。

建武中兴 元弘三年(1333年)五月二十二日,赤松则村等将领联名奏请后醍醐天皇回京主持政务,天皇准奏。五月二十五日,后醍醐天皇启程返京,途中下诏废黜光严天皇和"正庆"年号,罢免以关白鹰司东教为首的诸多官员。六月二日,楠木正成率部下七千人接驾。见到楠木正成,后醍醐天皇感慨万千地说:"今日之成功,全赖卿家之忠诚善战!"

东京皇居前广场楠木正成雕像

原本是源赖朝后裔的足利高氏因为鼓动各国源氏起义,功绩显赫,后醍醐天皇入京后特赐他"尊"字,让他改名为"足利尊氏"。足利高氏名字中原本由"亲家"北条高时赐予的"高"字,即被废弃。所谓"亲家"是因为足利氏和北条氏世代联姻。此外,后醍醐天皇还叙其正三位参议,任武藏、常陆、下总三国守护,并且担任镇守府将军;任命自己的三皇子护良亲王为征夷大将军。各有功之臣也各获封赏:新田义贞叙从四位上职,任越后(新潟)、上野(群马)、播磨(兵库)三国守护;楠木正成叙从五位下职,任摄津、河内二国守护;名和长年、千种忠显以下诸人亦根据功劳各有封赏。需要强调的是,护良亲王任历来由镰仓幕府首长世袭的征夷大将军,其实徒有其名。因为这个征夷大将军,只是朝廷命官,和镰仓幕府的征夷大将军,不可同日而语。足利尊氏担任作为关东武士之栋梁的镇守府将军,则确有其实。这两项任命显示了后醍醐天皇难以真正实现"公家一统",不得不对武家做出妥协,施行"公武合体"。这种以妥协为特

第六章 ● 室町时代

征的"公武合体",在后醍醐天皇以"亲政"为原则进行的政府机构改革中,同样明显。但是,后醍醐天皇没有任命足利尊氏担任曾由源氏祖先担任的征夷大将军,更没有重开幕府,令后者相当失望。

建武元年(1334年)十二月,后醍醐天皇对政府机构进行了整顿。虽然他仍保留了太政官和八省设置,但其意并不在复归律令制原理,而是为了否定以往作为上层贵族合议机构的太政官的议政职能,由天皇直接掌控八部。同时,后醍醐天皇无视传统的、作为朝廷人事准则的家格序列,否定了以往由特定氏族对下级官衙运作的世袭垄断。除太政官和八省外,后醍醐天皇还重启和新设了其他一些机构,主要有:

记录所。记录所初建于后三条天皇当政时,后醍醐天皇亦在元亨元年(1321年)时已经设置,故属于重启。该机构主要职能是处理一般政务和诉讼,由楠木正成和后醍醐天皇复辟时追随他的伯耆国(鸟取县)守护名和长年负责。

恩赏方。恩赏方是后醍醐天皇为将北条氏旧领地赏赐足利尊氏和他的胞弟足利直义,以及岩松经家等武士,于元弘三年(1333年)八月新设的。

杂诉决断所。该所设立于元弘三年(1333年)九月上旬,是以纶旨的绝对权威为标榜、具有独立裁判权的裁决机关,分成"四番"(四个部门),分别审理五畿七道某一地域的土地领有纠纷。根据人员构成和职能均不难判断,杂诉决断所实际上是镰仓幕府"引付所"的翻版。

足利尊氏像

另外,后醍醐天皇还设立了武者所、侍所(又称"窨所")。两者均属军事机构,但分工不同。前者由六十四名豪族组成,分六番轮流执事。后者据称大致相当于天皇卫队,但确切与否迄今未详。

后醍醐天皇还对地方政权进行了改革。元弘三年(1333年),后醍醐天皇设立了奥州将军府和镰仓将军府。这两个将军府不仅机构和人员均类似于"小幕府",而且是中央的政治斗争在奥羽、镰仓的投影,是当时京都"二头政治"在奥州的反映。设立镰仓将军府,就是为了显示和镰仓时代的延续性。

后醍醐天皇还在诸国并置国司和守护。之所以"并置",主要是因为守护制是镰仓幕府的一大特产。虽然理论上诸国整个指挥命令权由国司掌握,但守护是军事指挥官,经常干预国政,而且诸国在很大程度上被"世袭家产化",因此后醍醐天皇虽试图从守护(武士首领)手中夺回政权,但面对旧势力的抵触,最终只能妥协。换言之,后醍醐天皇很想废除旧地方行政体制,但这种废除因不得不顾忌既得利益集团而很不彻底。

元弘三年(1333年)七月二十三日,后醍醐天皇向全国发出旨意,以士卒民庶为对象——实际以大小领主为对象,颁布领有确认法,主要内容是:一、除北条氏及其同党、明显与朝廷为敌者外,承认既有领地;二、由国司裁定领地纠纷,确定领地归属;三、在此旨意发布前,不管是否与朝廷为敌,其领地均根据纶旨逐一确认,今后则以"所领安堵"即承认既成事实为原则。不难发现,承认土地领有的"既成事实",不搞"打土豪,分田地",也是对地方势力的妥协,避免引起社会震荡。

总之,就中央和地方的机构设置和改革而言,虽然中央机构仍保留了幕府旧制的重要因素,但至少反映了"天皇亲政"的特点,而地方机构的改革则显示武家势力依然强韧,后醍醐天皇尚难以驾驭。

元弘三年(1333年)之后本应是元弘四年,但这一年的一月二十九日,后醍醐天皇改年号为"建武"。"建武"是中国东汉光武帝使用过的年号。后醍醐天皇以"建武"为年号,寓意师法"光武中兴",实现"建武中兴"。"后醍醐天皇"是谥号,该谥号由天皇生前选定。后醍醐天皇选此谥号,显然是为了以10世纪醍醐天皇、村上天皇为楷模,重现"延喜·天历之治"的盛世。他的皇太子谥号"后村上天皇",明显显示了这一意图。然而,由于"建武"含有"武"字,诸多公卿表示强烈反对。大藏卿平惟继更是犯颜直谏,称此年号"或起兵乱"。但是,后醍醐天皇没有纳谏。因此,后醍醐天皇的新政史称"建武新政",又称"建武中兴"。

后醍醐天皇极为推崇朱子学,曾特召禅僧玄惠入宫讲解《新注》。按照朱子学理论,掌握王权的"王者"击败有实力的"霸者"乃是正义之举。按照"大义名分",天皇是日本真正的统治者,公卿百官是其辅弼,武士地位更在其下。然而时过境迁,后醍醐天皇想让历史回归武家掌权以前的

第六章 ● 室町时代

平安时代,显然已没有可能。"新政"实质不仅决定了"建武新政"的宿命。更重要的是,原本被幕府和各地守护、地头们压榨得喘不过气来的黎民百姓,不仅没有从"新政"中获益,反而因后醍醐天皇加重税收而负担更重。他们会否支持"皇朝振兴"? 答案显然。因此,以后的历史并未使皇朝振兴,而是使平惟继的谏言一语成谶。

"中先代之乱" 平惟继的谏言之所以一语成谶,主要是因为任何改革都是政治或经济利益的重新调整和分配,"建武中兴"的改革措施引起了一些失意者的不满。首先发难的是公家中的西园寺家。追根溯源,西园寺也是藤原氏后裔。藤原氏后来分成"本流"和"四流"。本流有始于藤原房前的北家本流;北家的藤原忠通的子孙又分出近卫、九条、松殿三家,后来,近卫家分为近卫、鹰司两家,松殿家没落;九条家分为一条、二条、九条三家。近卫、鹰司、一条、二条、九条五家合称"五摄家",五摄家均属于"本流"。四流有始于藤原良门的"利基流"、始于藤原实赖的"小野宫流"、始于藤原赖宗的"中御门流"、始于藤原公季的"闲院流"。闲院流是北家的旁支,所以一般称"藤原四家"。西园寺公经属闲院流。曾不可一世的后白河法皇是他家女婿,因为娶了闲院流藤原季成的女儿成子,生了个"逆子"以仁王。"西园寺"这一苗字源于京都金阁寺旁的西园寺,始于藤原公季。①西园寺家的祖上西园寺公经娶了源赖朝的妹夫、中御门流的一条能保,和幕府关系密切,世袭负责朝幕沟通的"关东申次"。传到西园寺公宗恰逢镰仓幕府倒台,后醍醐天皇的"建武中兴"根本无意重兴幕府,"关东申次"自然没有存在的必要。因此,西园寺公宗感到非常失落和不满。他有一个莫逆之交叫北条泰时。北条泰时在幕府灭亡后一直藏匿在西园寺公宗的家里。他俩策划了一个异常大胆的计划:在西园寺家山庄

---

① 日本朝廷官员(公家)的官阶和家格直接相关。公家的家格依次是:(1)由藤原氏嫡系衍生出的"五摄家",即近卫家、鹰司家、一条家、二条家、九条家。至江户时代,除丰臣秀吉、秀次,摄政关白均出自"五摄家"。(2)"九清华"。久我家、三条家、西园寺家、德大寺家、花山院家、大炊御门家、今出川家(菊亭家)、醍醐家、广幡家。能够升任太政大臣、右大臣等高官。(3)大臣家。正亲町三条家(源于藤原北家的嵯峨家)、三条西家(正亲町三条家的分流)、中院家(源于村上天皇后裔源师房)。能够升任内大臣等次高官。(4)羽林家。包括花山院流、中御门流、村上源氏等源氏和藤原氏的支流。羽林是近卫府的别称,近卫将官基本上由羽林家担任。(5)名家。日野家、广桥家、乌丸家、柳原家、竹屋家等"十三名家",主要担任文笔,兼任侍从、弁官、藏人头,最高官至中纳言。(6)半家。源平藤橘四大家以外的家族,多依靠技术在朝为官。

（今天的京都金阁寺）宴请后醍醐天皇，席间将他杀死，然后拥戴持明院统的后伏见上皇主政。但是，西园寺公宗的同父异母兄弟西园寺公重知道这一消息后，立即密告后醍醐天皇。这是大逆之罪，罪不容赦。后醍醐天皇下令将西园寺公宗流放，并令名和长年在流放途中将其杀死。北条泰时仓皇出逃，幸免于难。

除了西园寺公宗，北条家对后醍醐天皇更是深恶痛绝。前文曾言，北条高时的次子北条时行在镰仓幕府灭亡时逃离。他逃到了信浓国（长野县），得到了当地诹访氏的保护。在源氏举兵时，诹访氏就紧紧追随，曾参加"源平争乱"，深得源赖朝信赖。源氏三代绝嗣后执权掌权，"得宗专制"，诹访氏又从"御家人"变成了"御内人"。建武二年（1335年）七月，获悉西园寺公宗被害后，诹访赖重和诹访时继父子拥立未满10岁的北条高时遗孤北条时行，举兵攻入镰仓，势如破竹。镰仓将军府内的足利尊氏胞弟足利直义眼见镰仓难以守住，偕镰仓府将军成良亲王和足利尊氏的儿子足利义诠逃跑，临行前命令亲信渊边义博杀了护良亲王，并将其首级弃于乱草丛中，然后在诹访军的追击下一路狂奔，逃往三河国矢作（爱知县冈崎市），将成良亲王送回京都。

足利尊氏发现，此时的乱局是实现自己夙愿的机会，便向后醍醐天皇建议，任命他为征夷大将军，率领军队平定诹访氏的叛乱。孰料，后醍醐天皇只接受了他"半个建议"，同意他去平叛，却任命自己的儿子成良亲王为征夷大将军。足利尊氏对此异常失望，但并未绝望。建武二年（1335年）八月二日，他未获敕令即发兵关东，试图在关东形成他是武士首领的既成事实，迫使后醍醐天皇实现他的夙愿。眼看有大批武士追随的足利尊氏将成"断线的风筝"，后醍醐天皇只得任命他为"征东将军"。然而，足利尊氏没有急于征东，而是先赶往三河国（爱知县）与足利直义汇合后进攻镰仓，逼使北条时行逃离，而后连挫诹访军。诹访赖重父子及门人退入镰仓胜长寿院后，集体自戕。八月十九日，足利尊氏占领了镰仓。这场动乱史称"中先代之乱"。"中"是指第二个武家政权创建者足利尊氏，"先"是指镰仓幕府的执权北条氏。由于从北条时行将足利直义逐出镰仓，到足利尊氏夺回镰仓历时二十天，因此这一动乱又称"二十日先代之乱"。

足利尊氏谋反　足利氏不仅和源氏同宗共祖，而且在镰仓时代初期就是源氏最有力的御家人,具有颁发"袖判下文"的资格。①14世纪初,足利氏的"本领"(直辖领地)"足利庄",从陆奥至筑前有三十五所,"庶领"难以计数。上总(千叶县)、三河(爱知县)两国守护和奥州总大将,均出自足利一门。足利尊氏举兵后,响应者甚众,其势如日中天。进入镰仓后,足利尊氏即设立了"侍所",同时奖赏有功将士,稳固了他作为武家栋梁的地位。

足利尊氏"谋反"的消息传到京都,后醍醐天皇大怒,当即向全国下达"足利尊氏追讨诏",并任命尊良亲王为上将军,新田义贞为大将军,分别从东山道和东海道两路进攻镰仓。同时传檄奥州,命令北畠亲房从足利尊氏背后发动攻击。建武二年(1335年)十一月二十五日,新田义贞在三河的矢引川大破足利尊氏部将高师直的先遣部队。十二月五日,新田义贞又在骏河的手越河原大破足利直义的部队,并突破箱根天险,挥师直逼镰仓。但是,由于豪族在各处群起支援足利尊氏,新田义贞寡不敌众,关键时刻从幕府方投降过来的佐佐木道誉等军又突然倒戈,使新田义贞腹背受敌,最终战败退回京都。足利尊氏挟战胜之威,率领全部兵力西上,打算趁后醍醐朝廷出师不利、兵马调度不及时,一举攻下京都。一路上,对"建武新政"不满的武士竞相加入,使足利尊氏总兵力一时号称有数十万之众。尽管人多势众,但足利尊氏知道楠木正成作战骁勇且善于用兵,加上他熟悉地形,是个劲敌。于是他写信封官许愿,利诱楠木正成。楠木正成不仅丝毫不为所动,一口拒绝,而且构筑三角形防御体系迎击足利尊氏,使足利尊氏的部队陷入艰苦的攻坚战。

就在足利尊氏率部久攻不下,一筹莫展时,播磨国(兵库县)的赤松则村、赞岐国(香川县)的细川定禅派去联络使者,表示愿意协助他夹击京都,令足利尊氏大喜过望。楠木正成的三角形防御体系面对几路大军,终因寡不敌众而崩塌。见战事不利,新田义贞率残兵连夜进宫护送后醍醐天皇逃往比叡山。楠木正成、名和长年等则率领残部奋力突围。建武二年(1335年)十二月十一日,京都沦陷,足利尊氏率部进京。由于楠木正成早已未雨绸缪,实行坚壁清野,足利尊氏的大军进京后,很快陷入粮草

---

① 日本的信纸右为袖,左为奥,上为天,下为地,背面为里。"袖判下文"即不署名于奥(左边),而在袖(右边)签署花押(花式署名)。署名位置和等级对应。源赖朝与足利尊氏、足利直义最初采用"奥上署判",即在信纸偏上方的奥处署名,后改为"袖判下文",向武士颁发所领安堵、恩赏给付等。应永九年(1402年)后基本绝迹。

断绝的困境。更令足利尊氏恐惧的是,当时琵琶湖中突现大批战船,船上树立着陆奥守北畠家的旗印。原来北畠亲房、北畠显家父子在接到后醍醐天皇追讨足利尊氏的诏书后,立即举兵勤王。

建武三年(1336年)正月十六日,楠木正成、新田义贞、北畠显家的部队开始反攻,于正月三十日收复京都。足利尊氏及残兵数万人逃进曾经是足利氏发迹地的丹波国(兵库县)篠村,后又往西逃到摄津国(大阪市)。当足利尊氏乘船逃到备后国(广岛县)时,仅剩下两千余人。当年二月,成良亲王的征夷大将军号被废止,但依旧被称为"将军宫"。

眼看足利尊氏败局已定,建武朝君臣开宴庆功。席间,楠木正成进谏后醍醐天皇:"新政失却民心,遂使武士倒向尊氏。此时当用怀柔政策,赦免尊氏一切罪责,主动诏其还朝,"同时提出忠告,"如持明院统再起,则国家危矣。"但此时的后醍醐天皇哪里听得进此等谏言?他此时正做着恢复天皇往日荣光,权柄在手,号令天下,受公卿恭候,享武士拜谒的美梦呢。然而,事实验证了楠木正成的判断。躲避在备后国(广岛)的足利尊氏,突然接到持明院统废帝光严院的"院宣",令其聚集兵马,讨伐"伪帝"后醍醐,重扶光严院复位。这一院宣正中足利尊氏下怀,他立即竖起光严院御旗,宣布讨伐逆贼,并手持院宣在各国征兵,应者甚众。二月十五日,应九州豪族的敦请,飘扬着光严院御旗的足利尊氏军队浩荡西下,在九州转了约一个月,就拉起了号称五十万大军的庞大部队。当年二月二十九日,后醍醐天皇改元"延元"。但是,拥戴光严院的足利尊氏,为否定后醍醐天皇的正统地位,宣布改元无效,仍维持这一年为"建武三年"。尽管如此,1336年仍被视为南北朝的元年。此前已携带神器逃到吉野山(奈良县境内)的后醍醐天皇进入吉野城。四月三日,足利尊氏分水陆两路大军,浩浩荡荡发兵东征。

面对如潮汹涌的敌军,京都朝廷君臣顿感手足无措。但是,楠木正成却胸有成竹地向后醍醐天皇奉上了早已拟就的《楠木奏折》,其中写道:"足利尊氏率筑紫九国之众进犯京都,其势如洪水猛兽。若以我疲兵对之,以惯常之法战之,必败无疑。应召回新田义贞。君王当退避山门,正成退守河内,引贼入京,以兵封锁淀川河口,切断京城联络,绝其粮道,派兵骚扰,敌必疲惫不堪。届时,义贞从比叡山、正成从河内,对敌展开两翼攻击,可一举歼灭朝敌。"然而,公卿们却竭力反对这一战法,后醍醐天皇也不予支持。楠木正成无奈,只得留下主力部队以保存反攻的实力,仅率领他的胞弟楠木正季和五百名亲信武士前往迎敌。

当年五月二十五日,楠木亲兵和足利氏军队在今天的兵库县神户市展开了"凑川合战"。战前,楠木正成在樱井驿将11岁的儿子正行遣返回乡,并嘱咐了后事。父子两人诀别的悲痛情景令人心酸并以"樱井驿诀别"流传后世。江户时代著名史学家赖山阳为缅怀楠木正成,特赋诗一首,题为《过樱井驿址》,起首两句是:"山崎西去樱井驿,传是楠公诀子处。林际东指金刚山,堤树依稀河内路。""最后的武士"西乡隆盛也曾为此赋诗:"殷勤遗训泪盈颜,千载芳名在此间。花谢花开樱井驿,幽香犹逗旧南山。"随后,楠木正成率军杀向敌阵。面对如潮水般涌来的敌军,楠木正成的五百余人有被敌军吞没的危险。但是,楠木正成的亲信武士早已舍弃求生之念,个个奋勇争先,一面面绘有楠木家纹"水上菊花"的旌旗插入敌阵,将足利氏军队一块块劈开,造成大量伤亡,足利直义也被流箭射中马足,几乎死在乱军之中。足利尊氏远远望见这般情景,立即派遣高师直率领约六千兵马前往增援,并代替足利直义指挥作战。楠木正成在率军进行了十六次冲锋后,也终成强弩之末。在进行了约六个时辰的鏖战后,楠木正成环顾四周,发现身边仅剩下七十三骑,不由长叹一声,与楠木正季一同走入凑川神社旁的一间民房。楠木正成问胞弟楠木正季:"善恶一生是由临终的一念解脱的。九界当中你想往生哪一界?"楠木正季说:"我的唯一愿望是七生(轮回七次)都生于人间,消灭朝廷的敌人。"楠木正成又说:"罪孽深重的你我都这样想呀!那就让我们一起更生,达到这个夙愿吧!"①随后,兄弟俩互刺,伏刃而死。桥本八郎、宇佐美正安等也一并切腹。这一天是五月二十九日。楠木正季生年不详,楠木正成43岁,以后被树为"忠君爱国"的楷模,楠木正季的"七生报国"成绝世名言。以至于"二战"时日本法西斯发动与美军同归于尽的自杀性攻击"菊水特攻",以及神风特攻队员的誓词起首一句"我们七生报国,效忠天皇",即出自楠木家的家纹以及楠木兄弟的对话。

---

① 按照佛教学说,十界除了佛界,还有九界,即菩萨、缘觉、声闻、天上、人间、修罗、畜生、饿鬼、地狱。最后六界即"六道"。

第二节 "一天两帝"和幕府奠基

日本历史上也曾出现过两个朝廷并立的南北朝时代。所谓"一天两帝",语出《大乘院日记目录》的"一天两帝南北京"。当年,人们称京都朝廷及其拥护者为"北方""武家方";称吉野朝廷及其拥护者为"南方""公家方"。双方各自为政,因此从公元1336年到1392年,日本有两个年号。至明治时代,作为北朝后代的明治天皇宣布南朝为正统,北朝历代天皇不列入天皇代数,但天皇地位不变。这是后话。当时以这种纷乱的局势为背景,足利尊氏在京都附近的室町,建立了日本历史上的第二个幕府,史称室町幕府。

一国两"号"和《建武式目》 延元元年(北朝建武三年,即1336年)五月底,足利尊氏取得凑川合战的胜利后,六月进入京都,入住东寺。获悉后醍醐天皇再次逃入比叡山延历寺后,足利尊氏下令围攻延历寺。新田义贞率军固守,倚仗居高临下的优势,将足利军击退。新田义贞乘胜追击攻入京都,结果中了足利尊氏设下的埋伏。七月,新田义贞再战,依然铩羽而归。这时,后醍醐天皇想出了一招:断足利尊氏的粮草。他让"北岭"延历寺给"南都"兴福寺写了一封信,痛斥足利尊氏"以臣犯君,大逆不道",呼吁兴福寺和他们一起"忠君报国"。虽然兴福寺和延历寺素来不和,但此事关乎"大义名分",而且兴福寺是公家藤原氏创建,因此返牒表示赞同。两寺在畿内很有威望,他们对足利氏"断供",引起连锁反应,使饥饿的足利军官兵被迫打家劫舍,造成民怨沸腾。新田义贞获此信息,即刻对足利尊氏发起攻击,并和朝廷中纳言藤原隆资率领的军队夹击足利军,包围了足利尊氏的大本营东寺。但是,足利尊氏此时显现出大将风范,临危不乱,顽强抵抗。足利尊氏的亲信高师直率军赶来,对新田义贞率领的军队进行反包围。激战中,新田义贞脸部中箭,拼死突围。后醍醐天皇麾下"三木一草"[①]仅存的名和长年,也在此役中阵亡。

胜负分明,皇朝复辟似乎已无可能。六月十五日,足利尊氏进行了

---

① "三木一草"指楠木正成、结城亲光、名和长年、千种忠显四名后醍醐天皇麾下的忠臣和骁将。楠木和结城的发音都以キ开头,日语里"木"一般读キ;名和长年是伯耆守,伯耆日语中读ホウキ。此为"三木"。千种忠显的苗字"千种"日语读チグサ,グサ和草同音,此为"一草"。

第六章　室町时代

两项"政治改革"。第一,后醍醐天皇改"建武"年号为"延元"无效,重新改回。以此否定后醍醐天皇的正统地位。第二,八月十五日,足利尊氏拥立光严上皇的弟弟丰仁亲王践祚,号光明天皇。光明天皇(1321—1380年)成为北朝的第二代天皇。足利尊氏同时拥戴光严上皇为"治天之君"①。然而,当时三件神器在后醍醐天皇手里,朝廷遂以光严上皇颁布"传国诏书"的形式,完成了后醍醐天皇让位于光明天皇的"禅让"仪式。后醍醐天皇对此当然不予承认。

虽然光明天皇在足利尊氏的拥戴下登基,但没有象征皇权的三件神器仍是个致命缺陷。于是,足利尊氏给陷入困境的后醍醐天皇写了一封"情真意切"的信,称"新田义贞凭借天威,谋泄私怨,臣无奈起兵",目的是使"天下庶政归于朝廷"。新田义贞得知此事,让同族堀口满贞前往拜见后醍醐天皇,力陈这是足利尊氏的反间之计。是否纳谏?后醍醐天皇想出了一个办法:让新田义贞护卫恒良、尊良两位亲王前往北陆,以留后路,自己前往京都。十月十日,后醍醐天皇回到暌违半年的京都后,即被足利尊氏幽禁于花山院。十一月二日,后醍醐天皇被迫交出三件神器,同时接受了太上天皇的尊号。此时的"后醍醐上皇"显然徒有其名,事实上已沦为足利尊氏的"囚徒"。

当年十一月七日,足利尊氏颁布了《建武式目》。《建武式目》的制定也被视为室町幕府正式建立的标志,但这并非共识。《建武式目》为问答体,内容是镰仓幕府遗臣二阶堂道昭和他的弟弟真惠等八人回答足利尊氏的答辩,共两项十七条。第一项强调幕府应建于镰仓,但不排除建于京都的可能(实际建于京都)。第二项主要有

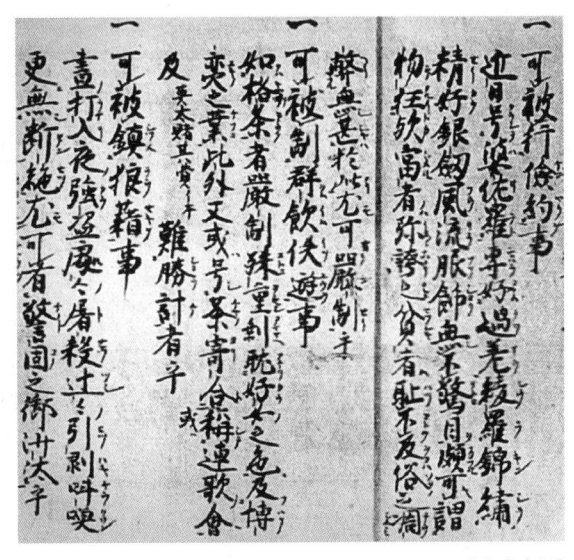

《建武式目》

---

① 日本古代和中世纪即江户时代之前,称不在位但掌握实权的天皇家族的家督为"治天之君"。

343

三个方面:一是强调继承镰仓以来公家和武家的优良传统和道德,弘扬德政理念,强调厉行节俭。第一条写道:"近有'婆娑罗'者,专喜奢靡之物,绫罗锦绣,精致银剑,华美服饰,皆令人触目惊心,颇有'物癖'之嫌。富者以之炫耀于世,贫者以力不能及为耻。俗生凋敝,莫此为甚,必须严厉制约。"第二条写道:"今有耽迷女色以及博弈陋习者,或号为'茶寄合'(比较茶和茶具精美),或号为'连歌会',其实皆为赌博,所费不可胜计。"二是确定具体的政治目标,如强调公正任用守护等。特别强调,守护当以"上古之吏务"为基准,即以国司为楷模,承担"国中之治否"的责任,并提出"上有所好,下必效焉",要求为政者有清廉之德,并以概括的形式提出,"远访延喜天历两圣之德化,近以(北条)义时泰时父子之形状为近代之师,施万人归仰之政道",是"四海安全之基"。如第七条规定,诸国守护必须由谙熟政务者担任,第八条规定不可任由僧人和女人干政,第十条规定禁止贿赂。三是着力解决紧迫的社会问题,如恢复京都治安,强调"镇压狼藉之事",防范"昼打人"(打家劫舍)和"夜强盗"。①

必须强调,和《贞永式目》不同,《建武式目》虽名为"式目",但并非法律或法令,而是足利氏的施政纲领,而且是否正式颁布施行,学术界存在争议。②十一月二十六日,足利尊氏成为源赖朝曾担任过的权大纳言,并以"镰仓殿"传人自诩,踌躇满志地开始治国理政。但是,幽禁在花山院的"正牌君主"后醍醐天皇,并不想就此将政权拱手相让。十二月二十一日,后醍醐天皇从花山院出逃,二十八日在奈良吉野吉水院设立行宫,并称交出的"三件神器"是"赝品",真的三件神器仍在他手上,他才是正统的天皇,同时呼吁各国武士起兵勤王。于是,日本一时"天有二日,民有二主"。京都的光明天皇方面被称为北朝,吉野的后醍醐天皇方面被称为南朝,这种"一天两帝南北京""君和君争天下"格局的出现,使日本进入了约半个世纪的南北朝内乱时期,更引起长达数世纪的孰为"正统"的激烈争论。

坂本太郎在他的《日本史》一书中写道:"吉野朝廷的五十七年历史是一篇衰史。它好比日渐衰亡的病人,意识越发清楚,精神毫不衰退,但肉体却逐渐失去恢复的希望。"③这个比喻相当贴切。确实,后醍醐天皇面

---

① 新田一郎:《太平记的时代》,讲谈社 2001 年版,第 124 页。
② 关于《建武式目》主要存在两大争议:一是当时是否公布,二是《建武式目》中问答者究竟是哪些人。
③ 坂本太郎:《日本史》,武寅等译,中国社会科学出版社 2008 年版,第 235 页。

第六章 室町时代

临的最大问题是,他的政治理想很清楚,意志和抱负很昂扬,但在失去"三木一草"后,官军在各地作战缺乏有力的武将统领。他只能依赖新田义贞和北畠显家。

后醍醐天皇到了吉野后,即刻颁发诏令,要求护卫恒良、尊良两位亲王前往北陆的新田义贞和奥州的北畠显家,起兵勤王。此时,还在前往北陆路上的新田义贞,在越前国(福井县)的盐津遭到越前守护、足利氏支流斯波高经的阻击。延元元年(北朝建武三年,即1336年)越前国下了一场早雪,令毫无越冬准备的新田军官兵冻得瑟瑟发抖,战斗力大受影响。十月十三日,新田义贞终于护送恒良亲王和尊良亲王进入金崎城。斯波高经立即聚集大军进行围攻。这时,新田义贞接到后醍醐天皇要他勤王的敕令,但遭到足利军重兵围困,只能先"笼城"固守。

延元二年(北朝建武四年,即1337年)斯波高经为了使新田义贞就范,采取了断其粮草的手段,使城内很快陷入饥荒,新田军将士饿到无力举枪,不得不奋力突围。尊良亲王死于熊熊火光,恒良亲王被抓获后囚禁于花山院,翌年去世,据称是被足利尊氏毒杀。那么,新田义贞下落如何?死了没有?这是足利尊氏最关心的问题。被抓获的恒良亲王交代,"新田义贞和他的弟弟胁屋义助均已自杀,尸体已被火化。"然而,事实上新田义贞并没有死,而是潜入了杣山城。他在那里利用半年时间招兵买马,拉起了一支约三千人的队伍。得到这一消息,足利尊氏命令斯波高经和他的弟弟斯波家兼率六千多兵马围攻杣山城。激战中,新田义贞纵马冲锋,身中数箭,面部也中了一箭,自知性命不保,挥剑自行了断。因为在新田义贞的行囊中发现了后醍醐天皇的手谕,斯波高经相信,"这次新田义贞真的死了!"他立即将新田义贞的首级送往京都向足利尊氏邀功。同时也使自己因为误信恒良亲王而铸成的大错得以修正。

当时后醍醐天皇麾下另一员骁将、奥州的北畠显家,也接到了勤王敕令。八月十九日,年方20的北畠显家率领大军剑指关东镰仓,欲与足利军一决雌雄。当时领军镇守镰仓的是足利尊氏的儿子足利义诠。不过,足利义诠只是名义上的统帅,因为他还未满8岁。真正领兵打仗的,一个是足利氏的亲家上杉宪显,另一个是被视为"室町幕府第一功臣"的细川和氏。①延元

---

① 上杉氏是藤原氏支流,苗字"上杉"取自京都上杉,第一代是上杉重房。细川氏是足利氏支流,第一代是足利氏第一代足利义康的孙子足利义季,苗字"细川"源于其住所三河国额郡细川乡。

三年(1338年)年初,新田义贞的次子新田义兴、发动"中先代之乱"的北条高时之子北条时行因获赦免,也加入南朝军队进逼镰仓,使北畠军士气大振。然而,年轻气盛的北畠显家以疲兵一味冒进,犯了兵家大忌,在北朝军队的顽强阻击下。经过几个月的鏖战,五月二十二日,在高师直统领的北朝军队的猛烈冲击下,北畠显家最终战死。

  北朝虽然由足利尊氏拥戴建立,在南北朝对峙中足利尊氏居功至伟,但他并没有废弃皇朝传统,也有院政、院的评定制和文殿。朝廷的记录所和检非违所依然发挥其功能。因此,以足利尊氏为首的室町幕府的存在,至少在形式上需要北朝的授权。如果说镰仓幕府的成立以侍所和源赖朝获封征夷大将军为开端,那么自诩"镰仓殿"继承者的足利尊氏室町幕府,同样以侍所的建立及足利尊氏受拜征夷大将军为正式开端。延元三年(北朝建武五年,即1338年)八月二十八日,光明天皇立新年号为历应,从而使北朝开始拥有自己的年号。"历应"取义于《帝王世纪》的"尧时有草,夹阶而生,王者以是占历,应和而生"。当月,足利尊氏得偿夙愿,被光明天皇任命为征夷大将军。室町幕府是以镰仓幕府为蓝本的,因此其中央机构的设立均仿效镰仓幕府,如同样建立了政所、问注所、侍所。政所为将军家直辖领的年贡征收机构,侍所为统辖御家人和负责刑事裁判机构。此外室町幕府还有处理领地归属的安堵方、负责奖励的恩赏方、负责寺院诉讼的禅律方、负责对误判和冤假错案进行救济的庭中方、仁政方、内奏方等机构。

  延元四年(北朝历应二年,即1339年)八月,南朝的后醍醐天皇将皇位传给他的七皇子义良皇太子。第九十七代天皇后村上天皇(1328—1368年)由此诞生。八月十六日,罹患重病的后醍醐天皇留下遗诏:"讨灭朝敌,夺回京都",在吉野金轮王寺驾崩,享年52岁。然而,光复天下对后村上天皇而言,近乎奢望。因为,朝中骁将均已成为"战场上的草露"。无奈,他只能寄希望于胁屋义助和楠木正成的儿子楠木正行。他俩为了替父兄报仇也和后村上天皇勠力同心。

  延元四年(1339年)秋,经过一年秣马厉兵的胁屋义助开始组织反击,向斯波高经发起攻击。斯波高经采取了避实击虚的策略,率军撤往加贺国(石川县),然后出兵收复越前国(福井县),将胁屋义助率领的军队赶出了北陆地区。胁屋义助一路辗转,不断遭到北朝军队的袭击,人马越打越少,只得回到吉野。兴国三年(北朝康永元年,即1342年),后村上天皇赐封胁屋义助担任四国和中国地区统帅。但是,他在伊予国(爱媛县)打算进攻北朝时,突然发病去世。

楠木正行虽然年少,但却将父亲的"野武士"战法发挥得淋漓尽致。他返回故居河内国(大阪府东部),联络乡土势力特别是"恶党",屡屡对北朝方进行袭扰,令对方不得安宁。正平二年(北朝贞和三年,即1347年),楠木正行的军队进入纪伊国(和歌山县),被细川显氏的军队包围。楠木正行采取了《孙子兵法》中"以正合,以奇胜"的战法,令七百余人放火呐喊进行佯攻,自己率大部队从细川显氏后面发起攻击,大获全胜。此时,北朝的山名时氏率六千兵马赶来增援,楠木正行继续虚张声势,并根据敌军扬起的尘土判断,敌军来势凶猛,于是不再分兵,进行全力突破,再获全胜。连遭败绩,足利尊氏命令高师直率领六千兵马进行围剿,决意将其歼灭。楠木正行想如法炮制,诱敌深入。但高师直没有上当。最终,楠木正行在身中数箭后大呼一声,"事毕矣,莫为贼所获",和弟弟楠木正时互刺而亡,恰如凑川合战楠木正成和楠木正季兄弟悲壮一幕的再现。随后,高师直率军攻克吉野,南朝君臣后村上天皇和诸公卿逃到了大和国贺名生(奈良县五条市)。南朝看似气数已尽,但"剧情"却又有反转,使南朝迎来"柳暗花明又一村"。因为室町幕府发生了内乱。

"观应扰乱" 贞和四年(南朝正平三年,即1348年),光严天皇的长子即十年前被立为皇太子的意仁亲王即位,成为北朝第三代天皇,时年15岁,号崇光天皇(1334—1398年)。就在这一年八月,幕府发生了历时两年多的内乱,至正平七年(北朝文和元年,即1352年)二月结束。这场内乱因主要发生在北朝观应年间,史称"观应扰乱"。"观应扰乱"大致分三个阶段:第一阶段,从高师直和足利直义的矛盾激化至足利直义出家;第二阶段,从足利直义反扑至高师直、高师泰兄弟兵败被杀;第三阶段,从足利尊氏和足利直义兄弟阋墙至足利直义去世。以下概述这一对日本历史具有深远影响的"观应扰乱"大致经纬。

室町幕府的初代将军是足利尊氏,但室町幕府当时的政治运作方式,却是足利尊氏和他的弟弟足利直义共同掌权的所谓"两头政治"。他们分别下达的文件,显得他们似乎存在分工:足利尊氏下发的文件主要关于守护的补充和恩赏的颁给。足利直义下发的文件主要关于裁判、安堵、禁止等。由此可见,足利尊氏掌控政所、侍所、恩赏方,即握有人事任免权、军事指挥权和行赏权;足利直义则掌控问注所、引付方、禅律方等,即掌控审判权。作为左兵卫督,足利直义掌控行政司法本是题中应有之义,武士发生土地纠纷等矛盾时,也都由他进行裁决。但这么做却存在一个矛盾,即武士自然而然有了两个主君。因此,他们的臣属经常并称兄弟俩为"两将军"。正是这种制度性的权限分割而非制衡、两立而非隶属的"二元政治",给室町幕府的内部对立冲突留下了隐患,并最终导致内乱。

矛盾因河内源氏嫡系源义家庶子高师直而起。高师直功绩显赫,骄横狂妄,目中无人,根本不买足利直义的账。高师直在"建武新政"时即任职杂诉决断所。室町幕府成立后担任了作为将军家"总管"的执事,能问津"恩赏"和"所务沙汰"①。也就是说,他和足利直义在掌控行政司法权方面,存在"谁说了算"的矛盾。更关键的是,他俩分别代表着不同的利益集团。从对各种案子的裁决不难发现,足利直义代表维护既得利益的旧势力,重视维持传统和既有秩序,包括对光严上皇皇权的支持。按照足利直义的看法,足利尊氏是由朝廷封为征夷大将军的,他作为武士栋梁的身份,是以获得朝廷认可为前提的。否定朝廷即否定幕府本身。高师直则代表试图打破旧秩序和剥夺既得利益的新势力。例如,高师直的弟弟高师泰曾纵容手下士兵大肆掳掠,"凡和泉、河内所在浮屠,莫不毁坏"。

足利直义和高师直的矛盾,不仅因为代表着不同的利益集团,而且因为两人在幕府中的地位难以平衡。高师直南征北伐,有勇有谋,战功赫赫,消灭楠木正行,攻占吉野朝廷,令众武士感佩而心服。但这对足利直义,不啻是"功高震主"的明确信号。为了防止不测事态发生,足利直义想出了两招:一是向足利尊氏提出,任命足利直冬出任长门探题。②足利直冬是足利直义的养子,是足利尊氏的亲儿子,是足利尊氏过继给足利直义的。足利尊氏岂会不乐意?二是唆使僧人妙吉和武士上杉重能、畠山直宗向足利尊氏举报高师直,说他骄横跋扈。于是,足利尊氏罢免了高师直的职务,由他弟弟高师世接任。足利直义并不满意这一处理结果。随后,他设下鸿门宴邀请高师直,想在席间让他归西。孰料,在座的粟饭原清胤向高师直发出暗号,告知他即将大祸临头。机敏的高师直当即夺门而出。

高师直自然不会选择善罢甘休,定要复仇,何况复仇是武士必须具有的品格。很多地方守护也认为高师直遭遇不公,纷纷对他表示支持。高

---

① "所务沙汰"是日本中世纪专业名词,意为与年贡和领地相关的诉讼。
② 长门探题又称长门周防探题,兼任长门周防(均在山口县)两国国守,建治二年(1276年)为防止蒙古军进攻而设。

第六章 室町时代

师直的弟弟高师泰此时正在前线和南朝军队对垒,闻讯即刻率军回京。贞和五年(南朝正平四年,即1349年)八月十二日,高师直率五万大军进入京都,足利直义进入足利尊氏的府邸。高师直率大军包围足利尊氏的府邸,要求足利尊氏为他"主持公道"。面对这一无异于"逼宫"的举措,足利尊氏不得不"断尾求生",将"诬告"高师直的上杉重能和畠山直宗流放,免去足利直义的职务。足利直义被迫落饰出家,法号慧源。足利兄弟也因此结下了梁子。同时,足利尊氏召回镇守镰仓的嫡长子足利义诠,让他接替足利直义在幕府的职务。让足利义诠的弟弟足利基氏前往镰仓,出任关东管领,后管领改称"公方",足利基氏成为初代"镰仓公方"。①"观应扰乱"第一回合较量,高师直胜出。但我们更应该关注的不是谁胜谁负,而是为什么征夷大将军足利尊氏会遭遇"逼宫",为什么无法保护自己的弟弟。这个问题和日本室町末期为何进入战国时代,直接相关。

与获得御家人拥戴和忠诚的源赖朝不同,足利尊氏虽然也有源氏血脉,但他寻根究底也是"御家人"出身,和其他大名没有真正建立起"主从关系"。镰仓幕府是"定于一尊"的极权幕府,将军和御家人是通过彼此权利义务对等的"御恩"和"奉公"维系的,而室町幕府则是"守护大名联合体",将军无异于这个联合体的"召集人"。有一个案例颇能说明问题。康永元年(南朝兴国三年,1342年)九月三日,喝得酩酊大醉的美浓国(岐阜县)守护土岐赖源,路遇北朝光严上皇的神舆(轿子)。按规矩,守护路遇上皇,必须下马匍匐迎驾。但是,土岐赖源没有下马。这让上皇的护卫非常震怒,大喝道:"哪儿来的乡巴佬,不知道这是院的神舆?"孰料,土岐赖源居然口出狂言:"到底是院还是狗?如果是狗,我要射一箭。"言毕,当真弯弓搭箭。上皇身边的侍从,从未见过如此胆大妄为的武士,纷纷逃离。结果,上皇神舆被土岐赖源毁坏。

土岐氏也是清和源氏后裔,先祖是源赖光。平安末期,源赖光的五世孙源光衡,定居美浓国土岐郡,改苗字为土岐,成为土岐氏的第一代。但是,即便有源氏血统,冒犯上皇属于大逆。主管幕府司法的足利直义当即下令抓捕土岐赖源。土岐赖源也算是个人物,主动投案。高僧梦窗疎石为他求情,但足利直义仍将土岐赖源处以极刑,由他的侄子土岐赖康接任

---

① "公"原本指公家即朝廷。武士为了提高将军的地位,也称将军为"公方"。"镰仓公方"意为镰仓将军。

美浓国守护一职,同意保留土岐氏苗字。足利直义秉公执法,无可厚非。何况北朝的皇统维系室町幕府的法统,如此处置不无道理。但他如此处置,与其说是杀一儆百,不如说是触犯众怒。因为土岐赖源虽然因酒醉而犯上,但那却是潜意识的表露。简而言之,土岐赖源不仅仅性格桀骜不驯,而且是个任意侵占贵族和佛寺神社土地,不将公卿放在眼里的爆发型"婆沙罗大名"。他代表一个群体,而这个群体也是高师直能够"逼宫"成功的关键。为了驾驭他们,足利尊氏后来采取了让国人(地方小领主)形成"一揆"的方式,即以"下克上"对付"下克上"的手段。但这无异于饮鸩止渴,不仅对室町时代"一揆"频发成为乱世,具有不可忽略的影响,而且具有更为久远的历史影响。关于一揆,本章后文有详细论述,在此略过。

那么,足利直义和高师直、高师泰兄弟的矛盾是如何爆发的呢?前面提到,足利直义让足利尊氏任命他养子足利直冬任长门探题前往中国,就是为了应对不测。需要补充说明的是,日本社会特有的"养子制度",使日本社会特别强调"忠"而不是"孝"。比如,京都大学有三位杰出的教授,被称为"京大三杰":研究中国古代史的贝冢茂树、研究中国文学的小川环树、研究物理并在1949年获得诺贝尔物理学奖的汤川秀树。他们仨是亲兄弟,但彼此极少来往。因为他们代表三个不同家族,必须忠诚各自的家族。当代儒学家、美国哈佛大学教授杜维明在他《体知儒学》一书中,专门以此为例,说明中日儒学的差异。因此,足利直冬得知养父的遭遇后,决意报仇,于正平四年(北朝贞和五年,即1349年)八月起兵。高师直得知这一消息后,让播磨国(兵库县)守护赤松丹心进行拦截,并说动将军足利尊氏下达了讨伐令。这时,九州大宰府的少式赖尚出手帮了足利直冬。少式赖尚身兼筑前(福冈西部)、丰前(福冈东部)、肥后(熊本县)、对马(长崎县对马岛)四国守护,实力强大。关键是他的女儿嫁给了足利直冬。女婿有难,岳父相助是情理中的事。

眼见足利直冬在九州的势力越来越强大,甚至有取代室町幕府的势头,高师直遂奏请足利尊氏亲自西征,消除隐患。对这名难以驾驭的权臣的合理建议,足利尊氏难以拒绝。观应元年(南朝正平五年,即1350年)冬天,足利尊氏率军向九州进发。趁足利尊氏离开京都,足利直义当即逃离并投奔了南朝。由于高师直借"撵走"足利直义余威作威作福,引起很多守护不满。因此,足利直义登高一呼,应者甚众,有河内(大阪)守护畠山国清、伊势和志摩(均在三重县)守护石塔赖房、和泉(大阪)守护细川显氏、越前(福井县)守护斯波高经等。观应二年(南朝正平六年,即1351年),关东管领上杉宪显的儿子上杉能宪,在常陆国(茨城县)响应足利直义的"讨贼"呼吁。上杉宪显以讨伐"逆贼"为名举兵,实则为被高师直"逼宫"死于非命的叔伯兄弟上杉重能复仇。高师直的叔伯兄弟高师冬发兵拦截,但根本不是上杉父子的对手。最终,高师冬孤身逃入甲斐国(山梨县)。孰料,此举无异于自投罗网,因为甲斐国的一霸诹访氏原本就对高师兄弟不爽,他们将高师冬所在的须泽城团团包围,高师冬被迫自杀。

在关东鏖战正酣的时候,足智多谋的足利直义趁足利尊氏西征,京都空虚,出兵占领了京都,驱逐了足利义诠。获知大本营失守的消息,足利尊氏即刻拨马赶回京都,将足利直义的军队逐出。然而,就在当晚,足利尊氏手下诸多武士纷纷向足利直义"投诚",使足利尊氏被迫退出京都,足利直义则乘胜追击。观应二年(南朝正平六年,即1351年)二月十七日,兄弟俩在打出浜(滋贺县大津市打出浜)展开决战。足利尊氏损兵折将,一败涂地,不得不向弟弟求和。足利直义同意收手,但有一个条件:高师直、高师泰兄弟必须出家为僧。这个条件对急欲求生且不重道义的足利尊氏而言,实在谈不上条件。结果,高师直兄弟未及落饰出家,就被上杉能宪杀死。下诛杀令的是足利直义。

外患消除后,曾经被并称为"两将军"的足利尊氏和足利直义的矛盾再次激化。足利尊氏的支持者主要是关西的新兴武士团,足利直义的支持者主要是关东豪族武士团。不同利益集团发生冲突,本是历史常态,而足利直义回到幕府后重新执掌政务,由足利尊氏的嫡子足利义诠辅佐,也增添了新的矛盾。因为足利义诠是最有可能的将军继任者,他将权力威望明显高过自己的叔叔视为威胁,而足利尊氏毋庸置疑更偏爱自己的嫡子。于是,都有权力欲和勃勃野心的足利尊氏和足利直义,在幕府内各有拥趸并逐渐形成两大阵营。争斗中,足利直义听从越中国(富山县)守护桃井直常的建议,离开京都前往越前国,希望依托他在加贺国(石川县)、信浓国(长野县)、甲斐国(山梨县)的势力,进行备战。这种试图"另立中央"的举动自然为足利尊氏所不容。于是,他当即率播磨国(兵库县)守护赤松则祐、近江国(滋贺县)守护佐佐木道誉等,起兵讨伐。足利直义初战不利,手下的细川显氏和畠山国清劝足利直义同足利尊氏讲和,但遭到桃井直常的坚决反对。两人见胜利无望,和解难成,遂叛逃到足利尊氏一方。足利直义恐寡不敌众,率军放弃越前,撤往镰仓。这时,足利尊氏陷入了两难选择。如果进军镰仓,将导致京都空虚,南朝势力将趁虚而入。如果不进军镰仓,则将坐视足利直义在关东日益壮大,日后更难对付。怎么办?此时,足利尊氏做出了一个几乎令所有人备感意外的决定:归顺南朝。为了试探南朝方面是否愿意受降,足利尊氏先让赤松则祐和佐佐木道誉归顺南朝,并带去他给南朝后村上天皇的归顺信函,表示可以逼北朝的崇光天皇退位。南朝方面提出,光让崇光天皇退位不行,还得交出三件神器;废除北朝"观应"年号,一律采用"正平"年号;北朝任命的朝臣全部无效。这些条件足利尊氏全部予以满足。当年十月,南朝派北畠显能进京废黜了崇光天皇和皇太子直仁亲王,逼他们交出了三件神器,同时改观应二年(1351年)为正平六年。这一变化史称"正平一统"。尽管如我们后来看到的,北朝并没有正式退出历史舞台,一统仍有待时日。

南朝同意足利尊氏归顺,除了上述条件,还有一个重要原因是足利直义虽然归顺,但桀骜不驯,独树一帜,而且不用南朝年号。此番正好可以借刀杀人,何乐而不为?当然,不管南朝怎么想,对足利尊氏而言,除掉足利直义以绝后患,是必须采取的行动。正平六年(观应二年,即1351年)十一月,双方展开会战。结果,足利直义兵败投降,被幽禁于京都延福寺。二月二十六日,足利直义突然去世,当时官方说法是"病死",但《太平记》称,足利直义是被毒死的。

第三节 两朝统一和幕府盛衰

"天下大势,合久必分,分久必合。"经历了约半个世纪的分"廷"抗礼后,"君和君争天下"的格局逐渐被改变,南北朝如同一艘航船,在鲜血与泪水汇成的历史河流中,伴随着如同汽笛声的无数冤魂的呐喊,渐行渐远。在此期间,室町幕府也在经历了各种风雨后,验证了《平家物语》开篇的名言:"祇园精舍之钟声,奏诸行无常之响;娑罗双树之花色,表盛者必衰之像。"

幕府的特性和"内讧" 室町时代和镰仓时代一样,何时肇始也有不同观点。一说是延元元年(1336年),以《建武式目》的颁布为标志;一说是延元三年(1338年),以足利尊氏被敕封为征夷大将军为标志;一说是永和四年(1378年),以第三代将军足利义满在室町营造"幕府"新府邸为标志;一说是以元中九年(1392年)武家政权获得朝廷承认为标志。了解室町时代何时肇始固然重要,但更重要的是,室町幕府存在和镰仓幕府明

第六章 ● 室町时代

显不同的几项特征。

第一,镰仓幕府在承认朝廷和公家律令及先行体制的同时,建立了独立的政权结构,颁布了武士行为守则《御成败式目》。但以源氏武家政权传人自诩的足利尊氏,所以将政权建在室町,主要因为他是以背叛"建武中兴"为前提发家的,吉野朝廷的存在,使他为防不测,无法将政权建在远离京都的镰仓,尽管他原先有此打算。室町幕府同北朝和南朝的关系,使之同较为纯粹的"武家政权"镰仓幕府相比,有不可无视的"公武合体"色彩。武家要员担任朝廷命官,公家成员也占据幕府要职。

第二,镰仓幕府的将军和御家人、执权和御内人,均具有明确的主从关系。但室町幕府的创建者足利尊氏,本人就是"御家人"。他打江山需要动员和依靠各国守护和其他武士团。有些守护桀骜不驯,不听号令。足利尊氏为了笼络他们,只能利诱即尽可能满足他们的经济欲求。而幕府的兵粮又必须保证,开垦新地所获有限,根本无法填平各国守护的欲壑,所以只能侵掠和蚕食公家和寺社土地,采用"分割"的办法达到"公私兼顾"的目的。文和元年(南朝正平七年,即1352年),足利尊氏将近江(滋贺县)、美浓(岐阜县)、尾张(名古屋)三国领主的领地,划出一半作为兵粮用地。这三个领国因此被称为"兵粮料所"。这种"两分法"被称为"半济法"。后来,"半济法"推广至河内(大阪府)、伊势(三重县)等北朝控制的五国。这种武家侵蚀公家利益的做法,不仅使中世纪的经济基础逐渐崩溃,而且使"守护请制度"("请"即"包干")的性质发生了显著变化。简而言之,各国守护从镰仓时代的军事长官,变成同时掌控行政、司法、财政的一方"诸侯"。建立在强大地方势力之上的室町幕府,不可能拥有镰仓幕府那种令行禁止的权威。

第三,如前所述,室町幕府是以镰仓幕府为母本构建权力机构的,而且起用了一些镰仓幕府的旧臣。幕府的最高长官都是将军,镰仓幕府辅佐将军的是执权和联署。在源氏三代绝嗣后,由北条氏世袭的执权,日渐成为"无冕的将军"。室町幕府辅佐将军的先是执事,如高师直就曾经担任执事,在第三代将军足利义满时改称管领,由足利氏同族的斯波、细川、畠山三家"轮流坐庄",并称"三管领"。具体职能机构有政所、问注所、侍所。政所主管财政和民事诉讼,长官称执事;问注所原先是司法机构,后司法移交侍所,只负责幕府文书保管和真伪辨识、裁决,长官也称执事;侍所主要负责京都内外警卫、诉讼裁决、武士升降,长官称所司。所司由山名、赤松、一色、京极四氏担任,称"四职"。将军之下的"三管领四职",是以将军为首的幕府权力机构的核心。但和镰仓幕府不同,室町幕府实行的是寡头政治而不是极权统治。

第四,两个幕府的地方政权各有不同。镰仓幕府有设在京都的六波罗府,主要统领关西武士和监视朝廷。室町幕府因为本身设在关西,因此最初在关东设置了关东管领,主管关东八国和伊豆(静冈县)、甲斐(山梨县)两国的政务,先由足利尊氏的嫡子足利义诠担任管领,后由足利基氏接替。之后,关东管领改称"镰仓公方",足利基氏成为初代公方,此后,这一职务由足利基氏的子孙世袭。另外还设了关东管领。由于九州有朝廷的征西大将军怀良亲王,为了平衡势力,室町幕府特设了由今川氏主掌的九州探题。九州探题是镰仓时代镇西探题的翻版。这一职位后来由涩川氏世袭。在东北的奥羽地方,室町幕府分别设了奥州探题、羽州探题,先由斯波氏主掌,后由斯波氏的苗裔大崎氏、最上氏世袭。地方各国,有的因被室町幕府分拆,原先只有一个守护,变成有两个守护。不过,另一方面也有一人身兼数国守护,如山名氏任十一国守护;大内氏任六国守护,斯波氏任三国守护。室町幕府还在庄园设了地头。但是,这么做事实上也为守护强化对当地的管理,提供了组织保障,使地头日渐成为守护的家臣。这种容易造成"尾大不掉"的设置,最终成为室町幕府崩塌的重要原因。

室町幕府机构及相关职务

评定众
引付众
中央　管领(斯波·畠山·细川):政所:执事
侍所:所司
问注所:执事

将军　评定众
镰仓府(关东管领)—|问注所
九州探题|政所
中国探题|侍所
地方　奥州探题
羽州探题
守护·地头

第六章 室町时代

室町幕府的权力构架是逐渐形成的,了解幕府如何逐渐强盛,必须从头说起。

所谓的"正平一统"只是一种表象,甚至连表象都很快破灭。事实上,紧随"一统"的是"螳螂捕蝉,黄雀在后"。等到足利尊氏将足利直义灭掉,南朝这只"黄雀"开始对足利尊氏这只"螳螂"下手了。正平七年(1352年)二月,后村上天皇宣旨,撤掉足利尊氏"征夷大将军"职务,任命后醍醐天皇之子宗良亲王为征夷大将军,并赋予宗良亲王一项重要任务:夺回镰仓。除了宗良亲王,还有几位将门虎子也随宗良亲王参与对足利尊氏的讨伐:新田义贞的两个儿子新田义兴和新田一宗兄弟、胁屋义助的儿子胁屋义治。双方交战后,一度相持不下呈胶着状态,后足利尊氏渐渐力不能支,开始退却,新田义兴率军"直捣黄龙",占领了镰仓。对方见镰仓失守,奋力反击重新夺回了镰仓。然而,顾此失彼:京都失守。攻占京都杀退细川显氏的,也是将门虎子、楠木正成的次子楠木正仪。这时,足利义诠只得退往近江国(滋贺县),随后宣布"正平一统"无效,重新改年号为观应三年(1352年),并重新聚集起三万大军,最终夺回了京都。

然而,京都曾经的失守,已造成难以挽回的严重后果:北朝的三位上皇,即光严上皇、光明上皇、崇光上皇,全部被南朝军队带走,幽禁于南朝行宫贺名生(奈良县五条市)。当时,足利尊氏已选定由光严上皇的二皇子,也就是崇光天皇的弟弟弥仁亲王继承皇位。按规定,立新天皇必须交接作为权力象征的三件神器,而且由"治天之君"主持即位仪式。如今"三件神器"落入南朝,三位"治天之君"被尽数掳走,如何即位?最终,根据关白二条良基的建议,由弥仁亲王的祖母、后伏见天皇的皇妃广义门院代表"治天之君",宣读传位诏书,用神镜的容器小唐柜代替神镜,举行了践祚仪式。北朝公卿为了强调传位的合法性,宣称,"足利尊氏将军就是剑,二条良基关白就是玉"。于是,14岁的弥仁亲王成了北朝第四代天皇,号后光严天皇(1338—1374年)。

其实,对于足利尊氏而言,重要的不是有没有他可以操控的新天皇,而是有没有难以战胜的劲敌?而这个问题的答案是:有!他们是山名时氏、桃井直常、斯波高经、大内弘世。他们都是足利直义的"余党"。他们奉流落长门国(山口县)的足利直冬为主公,在文和二年(南朝正平八年,即1353年)夏,兵分几路进逼京都。由于京都地势平坦,无险可守,足利义诠只得护卫后光严天皇逃往近江国(滋贺县)。然而,对足利直冬麾下的军队而言,京都同样无险可守,而足利尊氏根据以往的经验,切断了通往京都的粮道,使足利直冬只得退至石见国(岛根县),后不知所终。据说他隐居在那里直至寿终。京都再次易手。随后,双方进入相持阶段。正平十三年(北朝延文三年,即1358年)四月三十日,虽"忽南忽北",但终究戎马倥偬创建了室町幕府的足利尊氏,在京都寿终正寝,享年53岁。或许是"血浓于水",或许是良心发现,临死前足利尊氏请求后光严天皇追叙足利直义从二位官阶。

十月,后光严天皇任命28岁的足利义诠为室町幕府第二代征夷大将军。足利义诠就任后,稳固了在武家政权发祥地镰仓乃至整个关东的阵脚。当时,负责镇守关东的是镰仓公方、足利义诠的弟弟足利基氏。足利基氏的下属、关东管领竹泽良衡善用诡计,他给和足利义诠年龄相仿的新田义兴写了一封信,称他愿意帮助新田义兴夺取镰仓,但要密谈。立功心切的足利义兴不知是计,带了十多个人上了竹泽良衡安排的一艘船。船行至多摩川中央,船夫突然拔去船底的活动板块,弃船逃走。两岸伏兵立即朝新田义兴等射去排箭。新田义兴悔恨交加,和属下自刎而死。新田义兴死后,诹访氏等投降了北朝。关东被足利氏牢牢掌控。然而,九州的形势却对室町幕府颇为不利。正平十四年(北朝延文四年,即1359年)六月,足利义诠任命细川显氏之子细川繁氏为九州探题,但他尚未到任就猝死。七月,南朝怀良亲王发四万大军进行讨伐。最初,室町幕府守将少弐赖尚按兵不动,双方一度僵持。九月,南朝军队发起主动进攻,双方展开鏖战,死伤严重。怀良亲王也身负重伤。但是,少弐赖尚最终多次战败,足利义诠遂派斯波高经的次子斯波氏经为九州探题,希望能挽回败局。但斯波氏经多次战败,最后落饰出家。之后,足利义诠派涉川一行出任九州探题,但他居然从未进入九州,成为有名无实的九州探题。如此,九州终成南朝的地盘,南北朝对峙局面更加明显。

贞治元年(南朝正平十七年,即1362年),足利义诠任命越前(福井县)守护斯波高经四儿子即12岁的斯波义将担任幕府执事,斯波高经担任"后见"(顾问)。但是,政所执事兼六国守护的佐佐木道誉想让他的女婿、斯波高经二儿子斯波氏赖担任执事,对此任命颇为不满,但也无法发作。斯波义将,一个12岁的小孩懂什么治国理政?实际掌权的当然是他的父亲斯波高经,而斯波高经偏在容易引发矛盾的时候,出了引发众怒的政策:将所有领国上缴幕府的租税,从五十抽一提高到二十抽一;强行规定将军室町新御所的营造,采取"天下普请"即各国守护分头承包的方式。播磨(兵库县)守护赤松则祐因为没有按期完工,被没收了部分领地,因而使矛盾爆发。因为,赤松则祐也是佐佐木道誉的女婿。两人就此结下了梁子。贞治五年(南朝正平二十一年,即1366年)某日,斯波高经大宴宾客,也邀请了佐佐木道誉,但佐佐木道誉没有到场。原来,这一天佐佐木道誉也在大宴宾客,而且办在野外,音弦歌舞,美味佳肴,场面宏大。两个宴会的不同场面,成为市井谈资。斯波高经意识到,这是佐佐木道誉故意让他难堪,发誓报复。作为执事的父亲,他立刻想起了一个办法:查账。这一查,果然查出了问题:佐佐木道誉居然两年没有缴纳军赋。他即刻"秉公执法",没收了佐佐木道誉在摄津国(大阪府)的领地多田庄,以示惩戒。佐佐木道誉认为这是挟私报复,当然不会善罢甘休。他立刻叫上斯波氏赖和赤松则祐两个女婿,联袂向将军足利义诠告状,称其图谋不轨。足利义诠信以为真,下令讨伐斯波高经。斯波高经带着斯波义将逃往自己的领国越前,但幕府军队并没有因此放过他,包围了他所在的杣山城。最终斯波高经被困死山中。斯波义将被削官赦免,执事一职由细川赖之接任,由此,斯波氏和细川氏埋下了矛盾的种子。此次事变,史称"贞治政变"。

贞治六年(南朝正平二十二年,即1367年)十二月七日,身心俱疲的足利义诠在京都去世,年仅38岁。临死前"托孤"给细川赖之,让他辅佐他幼名春王的儿子。应安元年(南朝正平二十三年,即1368年)四月,10岁的春王举行元服礼,春王改名足利义满。"义满"由后光明天皇所赐。细川赖之为他加冠。翌年,足力义满被任命为征夷大将军。此举明确显示了细川赖之和幕府第三代将军的关系。此后,细川一族不仅占据幕府要职,而且细川赖之还兼任了相当于今天东京横滨埼玉县全境的武藏国的守护,这一职位以前由足利义诠将军兼任。细川赖之权势,如日中天。

从动荡走向安宁 足利政权在前两代将军足立尊氏、足立义诠时期,始终处在动荡之中。不仅大和吉野山中的南朝始终是室町幕府的心腹大患,而且内部也潜伏着危机。足利政权的基础——守护大名诸氏各自心怀鬼胎。

足利义满花押

今天他们或许还与足利将军行君臣之礼,明天就可能起兵叛乱。11岁的足利义满成为室町幕府第三代将军时,面对的就是祖父和父亲留下的这样一个复杂混乱的局面。足利义满虽然在襁褓中便处于乱世,南朝军攻陷京都时,他被抱着送往播磨国(兵库县)的白旗城。作为一个孩子,他在成为将军前从来没有过金戈铁马、战场厮杀的经历。他的属下会对他心服口服吗?更重要的是,足利义满虽然是将军,但"守护任命状"、"所领安堵状"(承认既有领地)、"充行状"(给家臣领地时交付的文件)、"裁许状"等,仍由细川赖之"署判"(签发)。然而,足利义满表现出了相当成熟的政治素养,成人后更是励精图治。在位三十年,他击败了南朝势力,平定了守护大名的多次叛乱,为室町二百三十多年的统治打下了坚实基础。

　　应安元年(南朝正平二十三年,即1368年),细川赖之以幕府名义颁布了一个法律,叫《应安半济法》,并经北朝后光严天皇敕许,强调皇室、公卿、寺社的领地不得"半济";另外规定,其他领地守护有"半济"权力。也就是说,所有土地都由守护和原先的领主对半分。但事实上,各国守护倚仗掌握武力,往往占据超出一半的土地,从而使原先的庄园制彻底崩溃,并使各国逐渐成为守护的"独立王国"。这一法律规定,是使室町时代晚期从"守护领国制"转变为"战国大名领国制"的关键一步。应安二年(南朝正平二十四年,即1369年)正月,由于细川赖之的策动,南朝骁将楠木正仪归顺北朝。四月他赴京谒见了执事细川赖之和将军足利义满,并被封为和泉、河内守护。此消彼长,细川赖之随后派遣今川贞世出任九州探题,将势力范围扩展到九州,从而进一步增强了在幕府乃至北朝的话语权。翌年八月,后光严上皇想让他的儿子绪仁亲王继承皇位,而他的哥哥崇光上皇则想让自己的儿子荣仁亲王即位。最后,由于细川赖之的支持,绪仁亲王即位,成为北朝第五代天皇,号后圆融天皇(1358—1393年)。荣仁亲王争位失败移居伏见宫,成为皇族四大宫家"伏见宫"第一代。后来,"伏见宫"由他子孙世袭,并主要在海军中发展。太平洋战争开战前的日本海军军令部总长伏见宫博恭王,就是荣仁亲王后裔。①

　　应安五年(南朝文中元年,即1372年),15岁的足立义满开始亲理政务。北朝永和四年(南朝天授四年,即1378年),足利义满将幕府政所迁移至京都室町新建的豪华邸宅。该邸宅因满是鲜花而被称为"花御所"。

---

① 日本皇室"四大宫家"是桂宫、伏见宫、有栖川宫、闲院宫。

"室町幕府"之名由此产生。从足利义满开始，人们也仿效镰仓时代旧俗，称足利义满为"室町殿"。之后，细川赖之和佛教势力发生矛盾。对此事的处理，显示了足利义满的稳定局势的政治智慧。事情起于龟山天皇开创的南禅寺要修山门，请幕府拨款。幕府同意了。延历寺对此本就忌恨，这时候南禅寺的定山祖禅，写文章抨击天台宗。这可最终惹毛了延历寺，要知道，延历寺曾经是日本天台宗始祖最澄大师修道业的地方。于是，延历寺僧侣跑到幕府"强诉"，要求流放南禅寺僧侣定山祖禅，拆除南禅寺新建山门。细川赖之同意流放定山祖禅，但是拒绝拆除山门。延历寺僧侣仍不依不饶。最终，细川赖之不得不妥协，同意拆除山门。这回南禅寺方面不干了。问题不仅是僧侣干不干，而且是细川赖之在幕府内部得罪的人太多，这当口又得罪了佐佐木道誉的儿子京极高秀。因为，在争夺近江国（滋贺县）守护一职时，细川赖之帮了六角满高。京极高秀认为细川赖之忘恩负义，在康立元年（南朝天寿五年，即1379年）发动兵谏，要求将军足利义满罢免细川赖之，得到美浓（岐阜）守护土岐赖康等多位守护的支持，斯波义将也站在他们一边。最终，足利义满不得不同意罢免细川赖之。细川赖之返回领国，出家为僧。这场政变史称"康立之变"。经此政变，足利义满和斯波义将掌握了幕府实权。斯波义将把"执事"改为"管领"。康应元年（南朝元中六年，即1389年），足利义满赦免了细川赖之。两年后，他的弟弟细川赖元继斯波义将出任管领。从此，管领一职由斯波、细川、畠山氏轮流担任。接着，足利义满运用政治智谋取得了三方面的成功：一是不断削夺北朝朝廷权力，二是与南朝"媾和"实现南北统一，三是消除拥兵自重的守护势力。

幕府虽"挟天子以令诸侯"，但公家和佛寺神社领地的"充行"（分配）和"安堵"（确认），仍需要上皇的院宣确定；发生的权益纠纷，也需由文殿和记录所根据公家制定的《历应杂诉法》裁决。京都的市场支配权也为北朝朝廷所操控。繁荣的商业产生的"座役"等商业税，为北朝朝廷提供了雄厚的财政基础。北朝朝廷还通过检非违使厅，掌握着市场的行政权和监察权。对有着建立全国性统治野心的足利义满而言，如何削夺北朝朝廷的上述权力，无疑是重大课题。然而，天下事难不倒掌控武力的人。幕府通过建立自己的机构和颁布相关的法令，很快获取了京都市内的维持治安权、民事裁判权、市场课税权等政治、经济、司法大权，使北朝失去了原先掌握的国家权力的实体部分，仅"徒拥虚器"。永德二年(南朝弘和二年,即1382年),北朝第五代天皇后圆融天皇,将皇位让给了年仅6岁的长子干仁亲王,开始实施院政。干仁亲王即位后号后小松天皇。

明德二年(1391年)三月,斯波义将因为不满于足利义满的"压制政策",辞去管领一职并离开京都去了领国越前国(福井县)。细川赖之的弟弟细川赖元出任管领。蛰伏于四国的细川赖之被赦免上洛。当时,幕府有一股非常强大的地方势力:山名氏。山名氏也是清和源氏后裔,其先祖就是前文所说的新田义贞,是推翻镰仓幕府的头号功臣。以山名为苗字,是因为领国在上野国多胡郡山名乡。山名时氏是跟随足利尊氏打江山的武将,任五国守护。山名时氏去世后,领国由几个儿子继承,并继续扩大。日本六十六国,山名氏独占十一国,被世人称为"六分之一殿"。儿孙多,利益分配复杂,容易产生纠纷,这是古今中外的"铁律"。山名氏也难以为这"铁律"证伪。足利义满听从细川赖之的建议巧施连环计,让其兄弟阋墙,豆萁相煎。然后以平叛名义出兵。最终,幕府方以损失不到二百七十人的代价,消灭山名军八九百人,取得完胜。经此明德二年的"明德之乱",山名氏遭受重创,十一个领国仅余但马(兵库县)、因幡(鸟取县)、伯耆(鸟取县)三国。

关东地区是武家政权发祥地,也是各种势力盘根错节的地方。如前面所述,足利尊氏曾先后派他的长子足利义诠和足利义诠的弟弟足利基氏镇守镰仓。之后,初代"镰仓公方"足利基氏的职位,由其子孙世袭。镰仓府的统治机构和室町幕府相仿,也有管领、评定众、政所、问注所、侍所,犹如缩小版的室町幕府。由于奥羽即东北地方和九州一样,有成为"独立王国"的趋势,足利义满也加强了对这一地区的控制。明德二年(1391年),陆奥、出羽两国成为镰仓府的辖区。

同时,足利义满积极推动统一。由于北畠显能和征西将军怀良亲王当时已先后去世。继后村上天皇即位的长庆天皇(1343—1394年),将皇位让给了他弟弟熙成亲王。熙成亲王即位后号后龟山天皇(?—1424年)。后龟山天皇性格比较温和。在至德二年(南朝元中二年,即1385年),由担任多国守护的大内义弘斡旋,元中九年(北朝明德三年,即1392年),双方达成三项协议:第一,举行转让仪式,由后龟山天皇将三件神器交给后小松天皇。第二,皇位由南朝、北朝两大皇统轮番继承。继镰仓时代中期"持明院统"(后深草天皇系)、"大觉寺统"(龟山天皇系)之后,重现

"两统迭立"(轮流继承皇位)。第三,各国国衙领地归南朝统治,长讲堂①领地归北朝统治。至此,南北朝时代宣告结束,后圆融天皇成为北朝第五代,也是最后一代天皇。后小松天皇(1377—1433年)成为日本第一百代天皇。

  足利义满逐渐夺取了朝廷的权力,主要举措是关闭朝廷的审判机关记录所和文殿,将由检非违使厅掌握的权力转移至侍所,甚至实际掌控了叙位任官的权力。应永元年(1394年),足利义满被"任命"为最高廷臣——太政大臣,成为继平清盛之后第二个担任太政大臣的武家首领。同年,足利义满把将军职位让给了9岁的养子足利义持,因为他当时没有亲生儿子。翌年,足利义满辞去了太政大臣职位,剃度出家,法名鹿苑院天山道义。出家后,他的服装和仪式与法皇无异。按臼井信义的说法,足利义满出家的目的,就是脱离世俗的束缚,君临公武之上。②也就是说,他看似离开了历史的舞台,实是退到了历史的后台。辞去将军职后,足利义满搬离"花御所",另在京都北部新建了以庄严华丽的寝殿"舍利殿"为中心的北山府邸,在那里掌控政务。事实上,重要决策均出于北山府邸。足利义满的嗣子足立义持徒拥将军虚衔。以"花御所"为中心的室町幕府,成了决策中心北山府邸的执行机构。因此,这一阶段幕府政治形态具有"二元特征",将军的地位相对低下。

  由于室町幕府设在京都,因此对奥羽即东北地区和九州,难免"鞭长莫及"。在将奥羽纳入镰仓府管辖范围后,应永二年(1395年)八月,足利义满让九州探题今川了俊进京述职,然后突然将他解职。因为,今川了俊除了"所领安堵"(确认原有领地)、"恩赏"(赏赐新的土地)、"充行"(分配新的土地),还颁发"感状"(战功嘉奖令),而且在和明朝的"堪合贸易"中获利甚丰,实力不断增强,使九州俨然成为独立王国,令足利义满感到威胁。今川了俊去职后,大内义弘希望能接任,遭到足利义满拒绝。实际上,足利义满待他不薄,原先领有周防和长门(山口县)、丰前(福冈县)三国的大内义弘,因平定"明德之乱"有功,被任命为和泉(大阪府)、石见(岛根县)、纪伊(和歌山县)三国守护。但大内义弘欲壑难填,心怀不满。应

---

① 长讲堂是平安时代后白河法皇设于京都六条殿内的持佛堂(供奉佛像的场所)。长讲堂领地由后白河法皇所赐。
② 臼井信义:《足利义满》,吉川弘文馆1960年版,第101页。

永六年(1399年),大内义弘宣布"讨伐"室町幕府。足利义满亲任总大将发兵平叛。十二月二十一日大内义弘战死。至此,足利义满完成了对全国的统治,清除了有可能威胁幕府的地方势力。

走向"战国时代" 镰仓幕府至第三代将军后绝嗣,而室町幕府第三代将军足利义满,却使室町幕府进入鼎盛期。以幕府集权为前提,足利义满执政时期定下了一个规矩,叫"守护在京原则",即由将军直辖的四十五国守护大名,需要常住京都。因为有七个大名身兼数国守护,实际常住京都的是二十一个大名。早在贞治年间,即14世纪60年代,"守护在京"已开始推行。当时,山名时氏、大内弘世、赤松则祐、土岐赖美、斯波义将、细川赖之等重要守护大名先后入京。最初守护愿意在京,因为可以增强在幕府的话语权,但在14世纪末南北朝统一后,"守护在京"成为将军监管守护,避免"尾大不掉"的手段。同时,镰仓公方也要求他管辖的关东十国守护常住镰仓。九州探题没有镰仓公方那么强势,其治下的十一国,守护有半数听命于幕府,如岛津久元、大友亲氏等。他们虽并不被要求常住京都,但也都在京都建立馆舍,经常"出差"。在京守护大名大都任命守护代等被官,对领国进行管理,这对战国时代的形成,具有不可忽略的影响。另外,"守护在京原则"也是江户时代"参觐交代"制的雏形。

足利义满辞官出家后,所作所为仿效上皇或法皇,俨然如皇族一员。如其在南都北岭和京都营造大寺,供养法会仿效御斋会即朝廷礼仪,并仿效历代法皇先例莅临法会;关白致足利义满文件之规格和遣词如上奏法皇;应永十三年(1406年)足利义满让他的妻子日野康子成了天皇的"干妈";应永十五年(1408年),足利义满的亲儿子足利义嗣按照亲王标准元服,称"若宫"。总之,足利义满作为"日本国王",在武家居将军之上,在公家居上皇之上,在寺社则俨然形同法皇。但是,足利义满并不否定天皇制。他的行动之所以竭力与皇室一体化,是因为他只能诉诸天皇制,寻求使自身绝对权力正当化的依据。天皇作为一国之君的地位虽是名义上的,但其作为观念和宗教方面的权威极其强韧,而其在国政方面的作用则以礼仪为中心。这是日本天皇制的特点,也是能够世代不绝的根本原因。

应永十五年(1408年)四月二十五日,足利义满在为儿子足利义嗣举行元服礼后猝死,享年51岁。足利义满曾想让足利义嗣成为将军继承人。但因猝死,此事未成。之后,足利义持在元老斯波义将等人支持下,开始主理幕政,并表现出和足利义满明显不同的政治和外交路线,概括而

言,主要表现在四个方面:

第一,足利义满逝后,朝廷欲追赠足利义满"鹿苑院太上法皇"谥号,但足利义持接受斯波义将的建议,以没有先例为由谢绝。此举显示了足利义持对朝廷的态度,明显与足利义满不同。第二,恢复因触犯足利义满而被罢免的相国寺住持大周周奝的职位。①第三,返还隐居嵯峨的伏见宫荣仁亲王被足利义满没收的领地。第四,重用武家,将幕府政治从足利义满的公家化政治,转变为武家中心政治。第五,中止足利义满开始的与明朝交往及对明贸易。应永十八年(1411年),足利义持拒绝明朝使节入京,实际上断绝了与明朝的国交和勘合贸易。第六,重用管领,依次任命斯波义将、足利义重、足利义淳、畠山满家、细川满元、畠山满家为管领,作为将军辅佐。由斯波、畠山、细川三氏世袭管领的所谓"三管领"制,正式始于这一时期。

足利义持正式执政,也面临了原南朝势力和镰仓幕府残余势力试图颠覆室町幕府政权而挑发的事件,足利义满的亲子足利义嗣也与豪强勾结,试图将他罢免。应永十七年(1410年)年末,原南朝后龟山法皇秘密巡幸吉野,拉拢各国守护图谋起事。应永十九年(1412年),后小松天皇让他的皇子躬仁亲王即位,号称光天皇(1401—1428年)。此举违反了作为"南北统一"条件的"两统迭立",即两大皇统的天皇轮流登基的约定,因此后龟山法皇借此机会号召起兵,应者不少。应永二十三年(1416年)十月,镰仓府前管领上杉禅秀,也聚合一些东国豪族举起反旗发动动乱,史称"禅秀之乱"。这场动乱最终发展为东国之乱的导火索。与此同时,足利义嗣也和一些幕府官僚、地方守护等密谋,发动推翻足利义持的政变。虽然政变最终流产,动乱也被平定,但是动摇了幕府的统治基础。原先为幕府所有的关东各国守护补任权和五山住持补任权,成为室町幕府和镰仓府争夺的对象。镰仓府俨然成了"东国幕府"。

应永三十年(1423年),足利义持让位于16岁的儿子足利义量,自称大御所。但是,第五代将军足利义量身体羸弱,两年后即去世。足利义量死后,足利义持以大御所的身份继续管理政务,没有立将军。正长元年(1428年),足利义持在未及指定将军时去世,只在病重时留下遗言,一切

---

① 相国寺是足利义满修建的壮观的寺院。"相国"是唐代中国的官职,足利义满时任左大臣,与之相当。

交由管领、宿老协商决定。管领和宿老决定在石清水八幡宫神前抽签，遵从"神意"。因此，由足利义持的四个弟弟梶井义承、大觉寺义昭、虎山永隆和足利义圆在石清水八幡宫抽签。"神意"让足利义圆担任将军。义圆当时出家在青莲院。因为，按照室町幕府的惯例，不是将军继嗣，均须落饰出家，以免兵连祸结。据史料记载：当时"各烧香后退出，管领以下诸大名聚一所，打开昨日于神前所取御阄，复由管领验看，定由青莲院殿担任并为诸人所珍重"。①"青莲院殿"就是足利义圆。既然成了将军继嗣，那就不能再当和尚了。于是，义圆便在三月十二日还俗，改名足利义宣。正长二年（1429年）三月十五日，足利义宣又改名足利义教，封征夷大将军。之所以改名，是因为"义宣"与"世忍"谐音，是为不吉。最初公家商议改名"义敏"，但摄政二条持基认为"教"字吉利，最终改名"义教"。

　　成为第六代将军的足利义教竭力恢复幕府权威和将军极权统治，手段非常强硬乃至铁血，被时人称为"万人恐怖的将军"。他以"御前沙汰"代替了"评定众""引付众"。出席"御前沙汰"的官员由他任命。足利义教同时规定，守护可不通过管领，直接向将军禀报政务等，并限制管领在幕府中的用兵权。同时恢复了和明朝的勘合贸易，并将贸易权掌握在自己手中。足利义教还平定了两次"永享之乱"。一次是永享五年（1433年），足利义教想让弟弟足利义承继任比叡山延历寺的天台座主，以便控制天台势力，引起僧众造反，遭到足利义教严厉镇压。一次是永享十年（1438年），因没有争到将军位的足利持氏聚众谋反，被他满门抄斩。但是，足利义教的铁血手腕必然引发仇恨。嘉吉元年（1441年）六月二十四日，播磨、备前、美作三国守护赤松满祐为了给自己被没收领地的兄弟赤松义雅报仇，在自己的府邸"宴请"足利义教，席间将他杀死。这场政变，史称"嘉吉之乱"。其实，说是为兄弟复仇，其实也是为自己泄愤。据史书描述，赤松满祐五短身材，相貌猥琐，出家入道以后有人戏称他是"三尺入道"。别人说倒也罢了，问题是足利义教也时常羞辱他。有一次，足利义教甚至在府上放出自己饲养的猴子去骚扰他，没曾想赤松满祐也不好惹，直接拔刀把猴子给宰了。猴子宰完，梁子也结上了。当然，足利义教羞辱赤松满祐，并非真的因为他的长相，而是想将赤松满祐名下的播磨、备前、美作三

---

① 《满济准后日记》应永三十五年（1428年）一月十八日条。《满济准后日记》原件藏于醍醐寺三宝院，此文引自日本国会图书馆缩微胶卷。

国守护职役,转给自己的亲信赤松贞村。因为,赤松贞村对他更忠心。至于说到赤松贞村和足利义教有"断袖之交"即同性恋,从年龄上即可判断,纯属无稽之谈。

足利义教死后,幼名千也茶丸的他的长子继嗣家督,时年7岁。嘉吉二年(1442年)十二月十七日,8岁的千也茶丸元服,取名足利义胜并就任第七代征夷大将军。由于将军年幼,幕府政治均由管领执掌。在任仅一年,足利义胜即患赤痢而死(也有说从马上坠落身亡)。足利义胜夭折后,将军一职实际空缺了六年,直到文安六年(1449年),他的同胞兄弟足利义政元服后,才正式就任第八代将军。足利义政在位期间的应仁元年(1467年),日本发生了应仁之乱。以应仁之乱的发生为界碑,日本进入了战国时代。

第四节 "一揆"频发 "恶党"四起

欧洲中世纪教会是一切社会规范的制定者,科学遭到无情打压,人们长期处在迷信宗教的蒙昧状态,因而被称为"黑暗的中世纪"。尽管欧洲中世纪是否果真"黑暗",世人有不同观点。而包括镰仓、室町两个武家时代的日本中世纪,则是纷乱不断,内斗不息。镰仓幕府以"源平争乱"为序幕,历经"承久之乱"、"宫骚动"、"宝治合战"、"中先代之乱"、"霜月骚动"(又称"弘安合战")、"平禅门之乱"等一系列动乱。室町幕府也是以皇室内讧的"元弘之乱"、武家内斗的"中先代之乱"作为序幕的,并且经历了"禅秀之乱""应永之变""永享之乱""嘉吉之乱"等一系列动乱,最后因"应仁之乱"而谢幕。但是,室町时代的乱以"一揆"频发为特征,这和镰仓时代存在明显差异。日本史学权威井上光贞、永原庆二等编的《日本历史大系》写道:"中世纪是'一揆'的时代。"[①]而日本中世纪的"一揆",主要发生在室町时代。

"一揆"起因 "一揆"原本是汉语词汇,语出《孟子》的"先圣后圣,其揆一也。"按照朱熹《集注》的诠释,"其揆一者,言度之而其道无不同也",意思是先圣舜和后圣文王的所言所行,是完全相同的。因此,"一揆"被用以指道理或模样相同。如《书序》中有"雅诰奥义,其归一揆"一句。范晔

---

① 井上光贞、永原庆二等编:《日本历史大系》第2卷《中世》,山川出版社1985年版,第550页。

在《后汉书·荀爽传》中也写道:"天地《六经》,其旨一揆。"用现代汉语解释,就是"团结一致"。查《广辞苑》可知,日语中的"一揆"原本也是这个意思,即"众人合力为一,集中力量解决问题"。日语"一揆"的另一种表述是"一味同心"。"一味"就是"同伙"。但是后来,"一揆"在日语中衍化成了"集体抗争"或"群体暴动"的同义语。

作为名词的"一揆",为什么会在室町时代纷纷形成?作为动词的"一揆",为什么在室町时代频发?主要是因为作为镰仓时代社会基础的"惣领制"趋于解体。按照《广辞苑》的释义:"惣是室町时代庄园解体时期出现的村民结成的共同体。以全体村民的名义表达村的意愿以及采取行动。又称惣村、惣庄。"在镰仓时代,一门、一族的"大家"是主要社会基础,也是武士团基础。"惣"和"总"通解,"惣领"即"总领"。尽管"惣领制"规模大小不等,但以"惣领"即土地的"总领者"(族长)为中心、以血缘为纽带的结合,是其基本和共通特征。"惣领"的主要职责,就是负责处理同族年贡租税缴纳事宜,组织同族人承担"大番役"即护卫任务。非常时期,"惣领"还要组织执行幕府的军事任务。但是在镰仓时代末期,由于"嫡长子继承制"尚未实行,庶子独立化倾向日趋明显。于是,幕府将土地继承由"分割继承"改为"单独继承"。随着幕府赐予独立的庶子"新恩地"的分散化,"地缘结合"或"职业结合"逐渐取代"血缘结合",因而使以血缘为纽带的"惣领制"逐渐趋于解体。农民、国人(小领主)、商人、僧侣等,开始形成超越血缘关系的新的结合即"一揆"。

"惣领制"从"分割继承"向"单独继承"的变化,为日语词库增添了一个新名词:"惣领职"。虽然"惣领职"这一名词之前已经出现,如弘长元年(1261年),鹿岛神社大祢宜中臣氏就担任了"惣领职"。元亨元年(1321年)信浓市河氏也领受了"惣领职"。但是,当时"惣领"具有明显的地域性,"惣领职"就是领有该处的土地。进入南北朝时代以后的"惣领职",则是与领地无关的"家督"(家长)的代名词。历应三年(1340年)武藏的安保氏、康永三年(1344年)信浓的小笠原氏、永德三年(1383年)石见的益田氏等,均获得了"让状""契状""置文",被称为"惣领职",即"家督"或"族长"。

之所以出现这种趋势,主要与社会两方面的变化密切相关:

第一,在镰仓时代,幕府的御家人一方面获得祖先传下并获得幕府"安堵"(认可)的"本(处)领(地)",同时继续进行"荒地开发"。另一方面还因功勋,获得幕府"恩赏"新的土地。因此,御家人的领地不断扩大,而

第六章 室町时代

领地的扩大进一步增强了使庶子"分割继承"的可能,并使"惣领"成为负责主持祭祀、集结一族而存在的核心人物,不再是作为"总领"土地、负责缴税、承担"大番役"乃至服兵役的"族长"。

第二,随着幕府辖地的扩大,东国的御家人经常获得西国和其他地方的土地作为恩赏,其子嗣在远离"本领"的各个地方繁衍。这一现实使"惣领"不断趋于分裂,即庶子脱离宗家独立和自立,并最终也成为"惣领",成为与原来的宗家地位对等的御家人。幕府在认定领地和御家人身份时,不得不承认这一现实并下发"让状""置文"予以承认。应永八年(1401年),佐佐木京极氏和出云、隐歧、飞驒三国的守护,除了获得"惣领职"的"职称",还被赐予太刀。也就是说,"惣领职"不仅是一族的宗家,而且是幕府的"编外官僚",其任命也需要获得幕府批准。

不过,幕府对惣领的"繁衍"是有限制的,既一方面承认从"惣领"中分离出来的"庶子"享有与"宗家"对等、独立的地位和权利,另一方面不允许"庶子"再分出新家成为新的"宗家",即不允许无限繁衍而产生"乘数效应"。正是受到限制,因此从宗家分离出来的"庶子"只能通过不断强化自身,成为包括村落在内的地域支配者。至15世纪,这种"新兴宗家"日益做大做强的情况已成普遍现象,最明显的特征就是惣领"家督"(族长)化、庶子"被官"(家臣)化。这种变化的重要后果,就是侵蚀和瓦解了原有的行政体系,使原先从本家、领家至地头、下司、公文的原行政体系不断遭到冲击,逐渐趋于崩溃。

原有的行政体系之所以在14世纪以后面临这种困境,主要是因为权力与权威的分离,它是中世武家政权的主要特点。权力是权威的重要基础。权力的大小、规模决定了权威的高低。然而,尽管起于内乱的室町幕府在南北朝统一后确立了一元化的统治权,成为国家政权实际掌握者,但其作为"大名联合体"的性质,决定了虽然幕府享有权威,但守护大名拥有很大权力。尤其是在嘉吉元年(1441年)第六代将军足利义教去世后,守护大名的权力和势力不断扩张,持续引发社会矛盾。因此,室町时代的"一揆"有的限于一郡,有的波及数郡;有的要求推行"德政"(良政),如播磨国的"国一揆",有的抗议守护家臣进入采邑,如山城国的"国一揆"。但是,对守护进行"群体抗争",是其"主旋律"。

"一揆"的形成不仅冲击和破坏原有的行政体系,而且推动了两种形式的新的联合:一是以血缘为纽带的所谓"一族一揆",即以原先的惣领家

(宗家)为中心的同族一门的集结;二是以地域为纽带的"国人一揆",即同一地域不同宗族的人的集结。这两种新的"一揆"具有统一目的和特征:对上,特别是对守护,保持其相对独立和自立;对下,特别是对农民,维持、巩固其支配地位。这种集结也是作为"群体抗争"的"一揆"的重要基础。

作为"集体抗争"的"一揆"在发起前有规定的仪式,这种仪式相比"惣领制"因宗族关系而存在长幼之序,由"惣领"一人说了算的等级制,显得比较平等。在发起"一揆"时,全体成员会就行动方案、宗旨、目标进行协商,然后撰写"起请文"。当然,"起请文"在日本江户时代之前相当普遍,不止于"一揆"。"起请文"一般都写在寺院发行的印有"牛王宝印"的护符上,具体格式有三项:一是"前书",即起誓内容;二是"神文",即违约惩罚;三是署名。署名往往采取所有人围绕一个圆圈签名的所谓"伞连判"方式。往往由番头(类似村长)拿出一柄白纸伞,村民在伞上签字,不会写字的则由协助处理村公众事务的"沙汰人"代签,然后本人划破手指按上血指印("血判")。之所以采取"伞连判",更重要的目的是万一遭到报复,很难被发现是谁领头的。在"伞连判"之前采取的是"孔子次第"签名方式。这个名称听起来很雅,实则方法很俗。除了番头、沙汰人等理所当然的"村领导",其他人抓阄或抽签决定顺序。日后如果被当作"首领"抓了现行,那也是"神意"。署名后将起请文点火焚烧,使灰烬溶于神前供水。最后的仪式是"一味神水",即"一揆"同人共饮溶入"起请文"的水。①

"一揆"跨越室町时代、战国时代、安土·桃山时代和江户时代,至明治维新后依然存在,但室町时代是"一揆"频发的时代。反映室町时代社会变动的重要文献《太平记》,有不少关于"一揆"的记载,如"平一揆""土一揆"和"国人一揆"(又叫"国一揆")等。虽然一揆组织形式和参与成员各异,诉求内容不同,但本质上都是在社会转型和变化中,不同利益集团的矛盾冲突的反映。

"一揆"频发 室町时代最早的"土一揆",发生于贞和三年(南朝正平二年,即1347年)。当时的"一揆",仍具有以血缘为纽带的特征。以"平一揆"为例,贞治六年(南朝正平二十二年,即1367年),镰仓公方足利基氏因病去世,他年仅9岁的儿子足利氏满成为新任镰仓公方。年幼的足

---

① 峰岸纯夫:《中世社会的一揆与宗教》,东京大学出版社2008年版,第54页。

利氏满自然不可能亲自理政和处理公务,因此这一年由初代关东管领,同时也是足利尊氏表弟的上杉宪显代他进京述职。早就对利益分配感到不满的一些武士趁机发动暴乱。因为暴乱者中有不少平氏家族成员,所以被称为"平一揆"。

"土一揆"的"土"主要指农民,但不等于农民,不能将其等同于"农民一揆"。正如网野善彦在《重新解读日本历史》中所指出的:"在日本经济史的用语中,有富农、中农、贫农、豪农、小农、农奴、隶农、小作农等,也就是'农'字的词汇占压倒性的多数,但是海民、山民等则完全不受重视,几乎没有针对这类人的学术用语。"①室町时代的"土一揆"根据其诉求,可以分为两类:一类是"庄家一揆",一类是"德政一揆"。

"庄家一揆"的发生,首先因为13—14世纪社会分工的细化和商品流通的发展,对庄园、公领的经济结构产生了极大影响。长期支撑庄园体制的以名主、名田为基础的名体制,在商品货币经济的影响下迅速变质、解体。镰仓时代后期,在地侍即村落小领主和百姓名主等主导下,以近畿地方商业发达的地区为先导,一种被称为"惣村""惣庄"的村落共同体开始显现雏形,在南北朝动乱时期具有了明确型态,并逐渐扩展至各地,至15世纪,跨村甚至跨郡的"惣"的联合体也纷纷出现。"惣"是具有自立和自治机构的组织。其最高权力机构为全体百姓(下人等除外)参加的"寄合"(村民大会),通过对"惣掟"(村规)的审议分配和管理共同的权益。"惣掟"主要确保山林原野等"入会地"(公用地)不受侵害、灌溉用水管理、维护治安、祭祀,以及管理其他各项公共事务。由"长"(大人或乙名)、"年寄""沙汰人""刀祢"等组成的执行部,行使"地下检断权"即检察监督执行权。"惣村"通过神社祭祀和集团性耕作,强化成员的团结;通过"村请"和"地下请"(承包),征收年贡课役,然后集中缴付给领主。徭役折算为实物或金钱缴纳,因此劳役地租被完全废止。

以强烈的连带意识结合在一起的"惣村"农民,经常为罢免不法的代官,或是因遭受洪涝灾害要求减免年贡,结合成"一揆",甚至群体至领主处"强诉"(强烈要求)。当"强诉"不被认可时,往往采取"散逃",即集体不事耕作,遁入其他领地或山林。此外,农民也跨越庄园界线与周边村落进

---

① 网野善彦:《重新解读日本历史》,尧嘉宁译,联经出版事业股份有限公司2014年版,第24页。

行联合,甚至"惣村"的指导者直接与守护大名缔结主从关系,从而导致庄园领主对农民的支配日益困难。在非常时期,"惣村"也是拥有武装的战斗组织,令守护经常畏避退缩,更令庄园的代官无计可施。作为庄园制保护者的室町幕府,一方面以各种方式加强对庄园的"搜刮",另一方面试图采取如"代官请""守护请"等形式,即通过协议规定每年上缴的年贡量,竭力维持庄园制。但是,"历史潮流,浩浩荡荡",庄园制在进入15世纪后终于急速解体。

"德政一揆"以要求颁布"德政令"为目的,影响最大的"德政一揆",始于室町正长元年(1428年),即爆发于动乱之秋。这一年正月,幕府将军足利义持去世。通过在八幡宫的神前抽签,决定了后继者。这种异例的做法本身即反映了幕府内部难以调和的权力之争。四月,一种被称为"三日病"的瘟疫性疾病在日本暴发流行,造成骸骨累累的惨状,甚至京都很多王公贵族亦未能幸免。为了祛灾避祸,朝廷将应永三十五年改为正长元年(1428年)。因此,这一年的"德政一揆"也被称为"正长一揆"。"正长一揆"起于近江国"地下人"①的"德政"要求。爆发的直接原因是高利贷借贷双方的矛盾,"一揆"的诉求是取消债务关系,参与者主要是农民和武士。史料记载,当时"天下土民蜂起,号德政,破却捣毁酒屋、土仓、寺院等,恣取杂物,悉破借据文书"。除此之外,山门徒众也对幕府强烈不满,于七月底"闭笼"(关闭寺院),并向幕府提交了共有21条的"事书"(寺院徒众向地位比其高的人呈递的决议)。北野神社的神人也因不满幕府设立"加征职",剥夺原寺社通过土仓(金融机构)和酒屋掌控的特权而"闭笼"抗议。总之,"日本开白(建国)以来"规模最大的"正长一揆",正是各种矛盾长期淤积的产物。奈良春日神社的《社头之诸日记》对"正长一揆"有如下描述:"伊贺、伊势、宇田(陀)、吉野、纪国、泉国、河内、堺,整个日本无有遗漏地均行德政。本国(大和)亦根据各地实际情况施行德政。"②总之,正长元年(1428年)的"德政一揆",构成了贯穿整个室町时代的农民反权势阶层的一种重要历史形态,对日本中世纪社会产生了极大影响。

除了"正长一揆",当年的文献有不少关于"德政一揆"的记载。例如,嘉吉元年(1441年)九月七日,"德政一揆"民众拥入京都净莲华院,逼迫

---

① "地下人"原指不能上殿的下层官员,在室町时代泛指包括农民在内的庶人。
② 中村吉治:《土一揆研究》,板仓书房1974年版,第64页。

高利贷经营者尊悟房交出借贷文书,否则放火烧寺。面对这种阵势,尊悟房不得不妥协。"一揆"参与者的债务因此"一笔勾销"。①由于幕府是高利贷者的"保护伞",幕府对此后频发的"德政一揆"进行了镇压,致使"德政一揆"演进为反对幕府统治的政治斗争。毋庸赘言,室町时代"土一揆"频发,不仅冲击和破坏社会经济秩序及权力机构,而且对室町幕府的解体产生了不可忽略的影响。

"国人一揆"的"国人",原先是指居住在某"国"、受国衙统治的势力阶层,在室町时代成为"地方小领主"的代名词。"国人一揆"专指主要以地缘为基础(当然也包括以血缘为基础)的一个郡或几个郡的联合体。"国人一揆"就是这种联合体的"集体抗争"。它源于"一族一揆",即脱胎于血缘集团。室町时代多次发生"国人一揆",其抗争内容各有不同,但和"土一揆"不同,大都不是因为债务等纠纷,而往往是反对公权对私权的侵犯。例如,应永十一年(1404年),安艺国的"国人一揆",就是由反对守护山名满氏调查和对没收国人领地的不满而引起的"群体抗争"。

"国人一揆"作为一种共和体,其成员享有平等发言权,机构具有检察权和审判权,主要调解和审理内部成员的争执和利益纠纷,以避免武装冲突的发生。"国人一揆"的纷起,与其同守护的矛盾密切相关。守护是支撑室町幕府将军权力的一大支柱,室町幕府对守护极为重视,视之与律令制下的国守,即与中央政府派遣的地方行政长官等同。《建武式目》强调:"守护职乃上古之吏务。盖一国治理之兴废取决于守护。"室町时代的守护原先继承了镰仓时代的检察审判和统辖御家人两大权限,但是通过南北朝内乱,守护的权力迅速扩张,其扩张的权力主要有:一是军事指挥权。二是"半济给予权",即根据观应扰乱以后的"半济令",寺社本所领的一半年贡须作为兵粮所交由武士掌控,而掌控兵粮所的分配权等于直接控制了国人。三是对"刈田狼藉"即强行割取他人土地上的稻谷的处置权。四是"使节遵行权",即根据幕府的命令在当地裁断土地纠纷等问题。五是"催免权",即征收"役夫工米"和"大尝会米"等课役。

"国人领主"实现领地一元化(相对集中)、近邻土豪地侍阶层的被官化(家臣化)、收取年贡的"贯高"化(权益化),发展到最终甚至掌握领内的"段钱赋课权"。这种转型必然引发新的社会矛盾,并和农民阶层产生尖

---

① 东京大学史料编纂所编:《大日本古记录 建内录》第4卷,岩波书店1987年版,第69页。

锐对立。因此,国人处于社会和政治矛盾的焦点:国人相互之间围绕土地权属问题的纷争、国人与守护等上层势力的矛盾、国人与农民的矛盾。处于矛盾旋涡中的"国人领主"为了克服和对抗各种矛盾和势力,结成了跨地域联合体"国人一揆"。

守护在"国人一揆"面前完全失去了往日的威风。例如,正平六年(北朝观应二年,即1351年)至正平十六年(北朝康安元年,即1361年),若狭国因"国人一揆"的反抗,"走马灯"似地换了15个守护,直到南朝正平二十一年(北朝贞治五年,即1366年),一色范国当上若狭守护,国人的反抗才告平息。

"恶党"四起 自镰仓末期至南北朝内乱期,地头和御家人开始重新组合。与之并行的,是处于御家人体制之外的所谓"遍历武士"。"遍历"原意为游走江湖,居无定所。所谓"遍历武士"常被称为"恶党"。他们大都掌握使用"撮棒"(铁棒)、"飞砾"(弹弓弹小石子)、"忍术"(隐身术)等武艺,装束具有特性,人们往往一眼即能辨认。据《峰相记》记述,正安、乾元年间(1299—1302年)时的恶党"异类异形,鲜有人伦,着柿色单衣,戴六角斗笠,乌帽乌袴"。不过,当时的恶党势力有限,且遭人诟病:"十人、二十人结党,合战时容易叛逆,不守誓约。喜博弈,好偷盗。"但是至正中、嘉历年间(1324—1328年),恶党却是势头一变:"常骑马列队,五十骑、一百骑为阵,引马(马鞍上的装饰物)、唐柜(铠甲的柜子)、弓箭、兵器等类物品均镶嵌金银,全身铠甲闪闪发亮。"① 令人生畏的是,那些恶党多来自但马、丹波、因幡、伯耆等地,刈田刈地,打家劫舍,连负责各地警卫的守护和追踪讨伐他们的武士都恐其威势,退避唯恐不及。因此,尽管幕府多次下令讨伐,然收效甚微,恶党势力因此与日俱增。在《太平记》中,对恶党的描述耗去了作者极多笔墨,其中对恶党野伏山林、落草为寇的描述,更是占了很大篇幅。

然而必须强调,他们虽被称为"恶党",但未必都是宵小之辈,也并非只干些打家劫舍的营生。事实上,内乱发生后,恶党不乏有自愿参与勤王倒幕者。如当时备中国之住人田中盛兼等奉书朝廷,即表示了这一愿望:"我等父子兄弟,自少年时已有敕堪武敌之身,以山贼海贼为业,尝思乐此

---

① 《峰相记》为贞和四年(1348年)十月赴播磨国鸡足寺参诣的作者(姓名不详)和寺内老僧问答录。

第六章 室町时代

一生。然今发生动乱,余等欲助万乘之君一己之力。"①在千早城攻防战中,"野伏集团"(恶党)发挥了重要作用:"吉野、户津河、宇多、内郡之野伏之众(恶党)奉大塔宫(护良亲王)之命相集七千余人,隐身于此峰彼谷,配合官军阻塞通路,骚扰敌军。"②至于镰仓末期,以楠木正成、赤松圆心、名和长年为首,以非御家人为中心,包括"山立、强盗、溢者(无业游民)"、山门恶僧等在内形成的"恶党势力",更是构成了反镰仓幕府阵线中一支无可替代的重要力量。

同样必须强调,"恶党"也并非全是"山林草寇、无赖游民",其中也包括御家人、地头、庄官、商人、农民。但是占中心地位的,却是被排斥在御家人制度之外的"遍历武士"。而"遍历武士"在南北朝内乱时期,随着社会政治、经济、文化等各方面的转型,其"身份"发生了明显转变,从"匪"转变为"官"。所谓"有枪就是草头王",发生这种变异的主要原因,就是随着庄园制发生变异,原有的"职务支配体制"不断解体,"领域支配体制"取而代之,而地方守护不仅不惩恶扬善、维护治安,相反助纣为虐,袒护恶党以权谋私。很多原本游走江湖的"遍历武士"逐渐转变为"定居武士"并日益被融入官方体制,从"山林草寇、游民无赖"转变为在南北朝内乱时权限急剧扩大的守护的"被官"(家臣)。用现代语言表述,即官匪勾结,"官匪一家"。不过,内乱时期各心怀鬼胎组成的"一家",不存在强韧的主从关系。例如,庄园领主若因国人抢夺庄园土地或不交年贡而向幕府申诉,如幕府认为其理由成立,一般判令守护进行干预。虽然守护拥有"使节遵行权",应该履行职责执行判令,但若其"被官"(家臣)和当事者互相勾结,他便无法行使该项权力。这一史实说明,守护若没有自己的被官和国人的配合,将无法行使职权。这一史实更说明,镰仓时代的"惣领制"已趋向解体,守护的权威已经不再。

"恶党"和不少"国人一揆"同义。如伊贺国黑田庄通过血缘关系、婚姻关系等结成的服部党和同类集团拓殖党、河合党等一起结成"国人一揆",掌握了伊贺国的主导权,就是典型一例。尤其耐人寻味的是,自南北朝中期,"恶党"这一术语在史籍中迅速消失,而"国人"这一术语却频繁出现。

---

① 后藤丹治等校注:《太平记》卷7《4月3日合战事付妻鹿孙三郎勇力事》,岩波书店1960年版,第89页。
② 后藤丹治等校注:《太平记》卷8《千韧破城军事》,岩波书店1960年版,第97页。

这似并不说明"国人"使"恶党"绝迹,而是说明"恶党"被贴上了新的标签。事实上,在南北朝内乱时期,武士和"恶党"之间很难划清界限。不仅很多"武士"成为"恶党",而且很多"恶党"变成了武士。据《峰相记》所述,恶党"容易叛逆,不守誓约",恶党一族有时分别加入对阵双方开战,且几乎不懂什么叫"一仆不事二主",鲜有服从意识和忠诚观念。而这,恰是动乱时期特有的产物。据史籍分析,南北朝内乱时期的主从关系大致可分为两种:一种是代代相传的谱代的侍从("根本被官"),另一种是"家来"即合战时参战的家臣和降服归顺成为家臣者("外样被官")。前者被严格要求尽主从义务,而后者则来去自由。有一个史实或许颇能帮助我们理解二者的差异:

据《太平记》记载,由于足利高(尊)氏反戈一击进攻六波罗,遭到突袭的六波罗探题军寡不敌众,只得逃往关东。在近江番场宿的莲华寺,以探题北条仲时为首,"432名将士一齐切腹,鲜血喷涌如黄河激流。尸体堆积庭院与屠宰场无异"。①其中最年长的64岁,最年少的仅14岁。最后自刃的主要是两探题的谱代家人,安东、长崎、江马、足立等地的得宗被官,关东御家人仅占少数。也有如安艺国沼田庄地头小早川贞平那样,虽然到了番场宿的自刃场,但最终从那里逃脱者。也就是说,最后和探题共赴黄泉的只是北条氏历代家臣,说明仅谱代家人需要尽忠。不仅如此,当时降服和叛逆并不是很不名誉的行为,镰仓时代以后,对降服者仅没收其一半或三分之一领地即予以宽恕,是一种惯例。总之,南北朝内乱时期的武士密切关注南北朝两军的优劣,投身优势一方即"弃弱投强"不仅相当普遍,而且被认为是一种理所当然的权利。据记述"明德之乱"的《明德记》记载,幕府军队和因担任六分之一国的守护而被称为"六分之一殿"的山名氏军队,在京都西北展开激战。作为主帅的山名满幸在兵败后,也"弃弱投强"。

由于权力的扩张,守护在各领国内的地位迅速提升,逐渐将"国衙领"即原本属于朝廷和幕府的公田,变成了"守护领"。特别是在动乱过后,很多守护向领国内的武士、寺社颁发了"安堵状"(对既有领地的确认)和"充行状"(分配新的领地),以权益进行拉拢,俨然如幕府"小"将军,因而强化了对领国的支配。之所以如此,主要是因为守护为了强化其对领国的支配,必须面对一个不可回避的问题:如何使武士、国人组织化并与自己建立主从关系。由于国人对守护的领国支配具有重要影响,因此守护在尽可能

---

① 后藤丹治等校注:《太平记》卷9《越后守仲时已下自害事》,岩波书店1960年版,第53页。

第六章 室町时代

有效扩大职权的同时，推进国人的"被官化"(家臣化)，并通过守护和"被官化"的国人之间存在的军役收缴关系，建立守护和国人的命运共同体。

同时必须明确的是，室町时代的守护分为"在京守护"和"非在京守护"。在京守护必须在京都和领国内分别安置家臣团。守护在京家臣团被称为"御内众"或"内众"，其成员，如细川氏的"内众"，从领国内的家臣和幕府奉行人(幕府派往当地的官员)的子弟中选拔培养，然后作为"守护代"驻扎在领国，而领国内的家臣则称"国众"。非在京守护，如大友氏的"内众"，则是其主要辅佐者、被称为"年寄"的家臣团。在畿内和近畿地区，郡作为行政区划对守护支配领国具有重大意义。而"郡代(理)"则是守护支配领国的主要帮手。

但是，守护和国人之间的关系并不稳定。国人对"被官化"也经常予以强烈抵抗。因此在整个室町时代，守护和国人之间并未结成稳固的主从关系，国人的相对独立性始终得以保持。一些有实力的国人"越级"直接和将军发生联系，作为奉侍将军的群体而享有守护难以管辖的独立权。在征收段钱①时享有守护的代表不得进入其领内的所谓"守护使不入权"。运用这种"段钱京济"即将"段钱"(赋税)直接上缴幕府的特权，和守护分庭抗礼。即使成为守护的被官，也可以马上解除关系。综观"明德之乱""应永之乱"和"嘉吉之乱"不难发现，跟随守护平乱的国人，人数非常有限。

如上所述，室町时代的守护试图通过运用较镰仓时代大为扩张的守护权、段钱、军役的赋课，通过对国衙机构和国衙领的掌控，以及使领国内的国人阶层"被官化"(家臣化)，强化对领国的统治，从而稳固其作为当地领主的地位，但是总体上并未取得成功。之所以如此，是因为无法完全掌握领国情况，是守护在支配领国方面的一大弱点。因为按照室町幕府规定，守护原则上必须居留京城，不得擅自居留领国。多数守护为避"谋反"之嫌，只能遵守这项规定，并将领国管理委托当地家臣，从而造成整个权力的下移，使"守护代"阶层成为真正的实权阶层。"守护被官的'一揆'掌握守护家的主导权，是出现战国大名的第一步。"②

所谓"强龙难压地头蛇"。在领国内，被称为"国人""国众"的当地领主和土豪阶层势力强大，往往能"架空"守护。作为"本国人"的"国人"或

---

① 所谓"段钱"是朝廷和幕府为了修缮"内里"和道路等，以国为单位临时课收的税金。
② 樱井英治：《室町人的精神》，讲谈社2001年版，第299页。

"国众",往往反对作为"外国人"的守护对领国的支配,并直接听命于幕府。他们多数是延续自镰仓时代的地头,以及在南北朝内乱过程中领主化了的土豪。这些国人领主对农民的支配形态被称为"国人领主制",是室町时代基本的领主制形态。不过,"国人领主"与镰仓时代的"地头"的明显不同之处,是领地的分布地区。镰仓时代,很多地头领主的领地分布全国各处,他们的管理和年贡收取,通过庄园制体系进行。领主以"惣领制"这一支配形态,通过行使"劝农权"等权力,支配各地农民。但是自镰仓末期至南北朝,庄园制的职务体系趋向解体,以往"惣领"(宗家)和庶子的强韧依附关系,随着"庶子独立"倾向的增强而趋于崩溃。同时,流通经济的发展和村落结合的强化,也使"国人领主"难以通过职务体系和"惣领制",继续支配分布在全国各地的领地。因此,一些有力的庶子因为领地相对集中,得以使近边的中小领主阶层和土豪阶层成为其家臣团,从而形成主从关系。这也是出现战国时代的原因之一。

第五节　日明复交与"勘合贸易"

14至15世纪是亚洲新旧势力激烈对抗和交替,形成新的国际秩序的时代:元朝灭亡,明朝建立;朝鲜半岛王氏高丽王朝灭亡,李氏朝鲜王朝出现;西南诸岛琉球王朝的勃兴,日本镰仓幕府的崩溃和南北朝争乱及室町幕府的建立。室町幕府建立后,和中国明朝恢复了因"忽必烈征伐"而中断的两国关系,并且恢复了史称"堪合贸易"的官方贸易。

倭寇猖獗　14世纪中叶以后,被称为"倭寇"的集团在朝鲜半岛至中国沿海一带活动猖獗,给日本对外关系造成很大影响。"倭寇"是朝鲜和中国对有"寇贼"行为的日本人的称呼,最初见于高句丽好太王碑(又名广开土王碑)的碑文。这块碑现作为历史文物,立于吉林省集安市禹山墓区太王乡大碑街,是5世纪初高丽王朝第二十代王长寿王为他父亲、高丽第十九代王好太王谈德(374—413年)立的功德碑。

"倭寇"活动趋于猖獗成为一种祸害,始于元至正十年(1350年)。据《高丽史》《高丽史节要》等文献记载,这一年倭寇袭击了朝鲜半岛的固城:"倭寇之侵,始此。""倭寇之兴,始此。"由于1350年是以干支纪年的庚寅年,故又称"庚寅倭扰"。之后,倭寇每年出没于朝鲜半岛沿岸掠夺财物,侵扰民生。在高丽恭愍王当政时期(1352—1374年),倭寇更是大肆掠夺

第六章 室町时代

稻谷及生活用品,规模有时甚至达到三千人、四百余艘船之多,对朝鲜首都开京(开城)也构成威胁。高丽王朝辛禑王当政时期(1375—1388年),倭寇活动最为猖獗。

按照田中健夫的分析,倭寇之所以产生,主要有以下几点原因。第一,日本和高丽之间没有建立正式外交关系;第二,倭寇最需求的稻米和奴隶,在朝鲜半岛沿海很容易获得;第三,日本人已酿成了赴海外的风气;第四,蒙古的进攻使高丽疲惫不堪,军备松弛,田制紊乱,无法防御倭寇的侵扰;第五,"观应扰乱"等南北朝内乱时期风潮的影响。[①]

高丽王朝政府曾采取各种办法清除倭寇。据《高丽史》记载,辛禑王执政初年,日本人藤经光率领党羽向高丽政府索要粮食。高丽王朝备下酒席欲将其诱杀。但是,由于计划事先泄露,藤经光逃往海上,结果朝鲜政府只诱杀了三名藤经光党羽,而这次"诱杀"却激怒了倭寇。之后,倭寇更加残暴。此前,倭寇虽然越货但不杀人,此后,倭寇不仅越货而且杀人,并不分男女老幼,使全罗、庆尚沿海频遭倭患,民众苦不堪言。

见武力无法抑制倭寇,高丽王朝试图通过外交途径平定倭寇。《太平记》中有一些关于"高丽人来朝事"的叙述。高丽王朝通过外交手段平定倭寇侵扰的政策,为李氏王朝所承袭。李氏朝鲜太祖李成桂在即位当年(1392年)即派遣觉锤前往室町幕府,要求抑制倭寇。足利义满令绝海中津书写复函,告知其已令镇西守臣禁止贼船并送还被俘获的朝鲜人之旨意。之后,朝鲜多次提出同样要求,并获得日本方面响应。与此同时,李氏朝鲜王朝加强了半岛的沿海军备,对防范倭寇亦产生了有效作用。

除了外交斡旋和充实军备外,朝鲜王朝还对倭寇采取了怀柔政策。首先,规劝倭寇首领降服归顺,对顺应者赐以田地家财,并让其娶妻安顿。有些归顺者甚至成为李氏朝鲜王朝的高官和专业技术人员,成为朝鲜王朝的中坚力量。其次,准许通商。随着朝鲜史籍关于倭寇记事的消失,其与西日本豪族频繁通交的记事开始出现。很多被称为"投化倭人""使送倭人""兴利倭人""贩卖倭人""商倭"的以往的倭寇,成了日方的使者,主要从事贸易。不过,并非所有倭寇都弃恶从善成了"倭人",仍有倭寇继续从事海盗营生。但倭寇的活动区域逐渐从朝鲜半岛转向中国沿海。据

[①] 井上光贞、永原庆二等编:《日本历史大系》第2卷《中世》,山川出版社1985年版,第492—493页。

《元史》卷46至正二十三年(1363年)八月丁酉条记载:"倭人寇蓬州,守将刘暹击败之。自十八年以来,倭人连寇濒海郡县。"

　　1368年,朱元璋在应天府(南京)建立了明朝,年号洪武。1368年即洪武元年。明朝的建国原理在其北伐檄文中表述得相当明确:"驱除鞑虏,恢复中华",即以儒教主义再建中华帝国,确立明辨华夷、使四海诸国向中华帝国朝贡的国际秩序。登基甫定,明太祖朱元璋即遣使日本。但是,赴日使者在五岛附近即为盗贼杀害,宣告明朝建立、中国已"改朝换代"的国书,也沉入水中。第二年,明太祖又派遣杨载出使日本,并让他携带了《赐日本国王玺书》,该玺书语气非常强硬:一是宣告明朝立国,要求日本朝贡;二是告知倭寇之害及于中国,要求日本严厉取缔倭寇;三是如不抑制倭寇之害,则明朝将举兵讨伐日本。①这一史实在《明史·列传第二百十·外国三·日本》中有明确记载:"洪武二年三月,帝遣行人杨载诏谕其国,且诘以入寇之故,谓:'宜朝则来廷,不则修兵自固。倘必为寇盗,即命将徂征耳,王其图之。'日本王良怀(原文如此,实际应为怀良亲王)不奉命,复寇山东,转掠温、台、明州旁民,遂寇福建沿海郡。""日本王良怀"为何"不奉命"?因为他是后醍醐天皇的皇子,多次建功,为人狂妄,见明朝玺书如此傲慢,不但不奉命,而且命令将杨载一行七人中的五人问斩,将杨载和吴文华监禁三个月后遣返回国。

　　洪武三年(1370年),经怀良亲王同意,明太祖朱元璋又派遣元朝著名文人赵子昂的孙子、莱州府同知(副知府)赵秩为第三批赴日使臣,并随携国书。赵秩一行乘船到析木崖,进入日本境内。但是,驻守在析木崖的日本兵拒绝让赵秩等入关。赵秩只得托他们将书信转交给怀良。几天后,接到书信的怀良亲王见是明朝皇帝派来的使者,下令准许他们入关。按照《明史》记载:"三年三月又遣莱州府同知赵秩责让之,泛海至析木崖,入其境,守关者拒弗纳。秩以书抵良怀,良怀延秩入。"见到赵秩后,按《明史》记载,"良怀曰:吾国虽处扶桑东,未尝不慕中国。惟蒙古与我等夷,乃欲臣妾我。我先王不服,乃使其臣赵姓者诪我以好语。语未既,水军十万列海岸矣。以天之灵,雷霆波涛,一时军尽覆。今新天子而后帝中夏,天使亦赵姓,岂蒙古裔耶?亦将诪我以好语而袭我也"。怀良亲王对他说,

---

① 杨士奇:《明太祖实录》卷39,洪武二年(1369年)二月辛未条,中华典藏网,https://gs.rhxs.net/guwen/mingtaizushilu。

第六章 ● 室町时代

我们仰慕中国,但中国视我为夷狄,待我如臣妾。我王不服,于是你们派了个姓赵的使臣来诓我。话没说完,即派十万大军前来征伐。幸得应神天皇护佑,元军毁于"神风"。现在新朝天子称帝,而你姓赵,是否也是蒙古裔?是否想故伎重演?而后,示意将赵秩拿下。赵秩面不改色缓缓地说道:"我大明天子神圣文武,非蒙古比,我亦非蒙古使者后。能兵,兵我。"怀良亲王被赵秩的气势所感佩,"下堂延秩,礼遇甚优"。第二年,怀良亲王"遣其僧祖来奉表称臣,贡马及方物,且送还明、台二郡被掠人口七十余,以四年十月至京"。"表"又称表笺或表文,是各国国王致中国皇帝的外交文书。见怀良亲王如此谦恭,"太祖嘉之,宴赉其使者,念其俗佞佛,可以西方教诱之也,乃命僧祖阐、克勤等八人送使者还国,赐良怀《大统历》及文绮、纱罗"。大统历是明历,接受明历即意味着使用明的年号,表示臣属。为表善意,明太祖朱元璋还将日本僧侣等十五人送还。两国关系趋于缓解。据《明史·食货志》记载,当年,明朝在宁波、广州等地分别设置市舶司,规定通日本各港、占城、暹罗以及西洋诸国等地。

但是,倭寇侵扰依然没有止息,"是年掠温州。五年寇海盐、澉浦,又寇福建海上诸郡。六年以于显为总兵官,出海巡倭,倭寇莱、登"。室町幕府将军足利义满也以"日本国王臣源义满"的名义,试图与明朝建立正式关系,并多次遣史。据《明史》记载:"十二年来贡。十三年复贡,无表,但持其征夷将军源义满奉丞相书,书辞又倨。乃却其贡,遣使赍诏谯让。十四年复来贡,帝再却之,命礼官移书责其王,并责其征夷将军,示以欲征之意。"明朝显然相当傲慢。据《明实录》记载,自洪武四年(1371年)至洪武十九年(1386年),日本遣明史有十批次之多,但至洪武三十一年(1398年)闰五月十日明太祖驾崩,明朝和日本仍没有正式建立外交关系。

册封与堪合 73岁的明太祖朱元璋驾崩后,22岁的皇孙朱允炆继位,为明惠帝,次年改元建文。明惠帝宽刑省狱,约束宦官,改革弊政,史称"建文新政"。同时,室町幕府也已确立,日本南北朝已经统一。虽然足利义满的长子足利义持担任第四代将军已四年,但是执掌实权的依然是他父亲足利义满。明建文三年(日应永八年,即1401年),足利义满又以"日本国准三后源道义"的名义派遣"同朋众"①僧人祖阿为正使,商人肥

---

① "源道义"是足利义满的别名。"准三后"即准太皇太后、皇太后、皇后。"同朋众"是以艺能、茶礼等侍奉将军和大名的僧侣。

富为副使,出使明朝,试图与明朝建立外交关系。然而,当时明朝正发生重大变故:建文帝朱允炆推行的削藩政策引起燕王朱棣强烈不满,并起兵对抗明朝中央政府,史称"靖难之役"(又称"靖难之变")。"靖"意为"平定","难"意为"灾难"。平定什么"灾难"?朱元璋去世后,明惠帝朱允炆为了消除藩王对皇位的威胁,在齐泰、黄子澄鼓动下,采取了"削藩"政策,引起势力最大的藩王燕王朱棣的强烈不满。朱棣以谨遵祖训为由,指齐泰、黄子澄为奸臣,提出"清君侧,靖国难",于建文元年(1399年)举兵讨伐。何为祖训?原来朱元璋规定,若奸臣篡权,藩王有举兵清君侧的权利。在《皇明祖训》中这样写道:"朝无正臣,内有奸逆,必举兵诛讨,以清君侧。"当然,遵祖训仅是借口,其本质是权益之争。

足利义满派祖阿和肥富为遣明史时,"靖难之役"已经发生,但足利义满想和明朝交好心切,只是不知究竟是惠帝将继续在位,还是燕王朱棣将会登基。于是足利义满准备了两份表,一份给在位皇帝惠帝,一份给"后任皇帝"朱棣,让遣明使坚中圭密递交。随行的还有道彝(字天伦)和一庵两位僧人。据清嘉庆年间《重修扬州府志》卷五十四人物释老卷记载:"道彝,字天伦,扬州天宁寺僧,戒行精专,博通内典,与少师姚广孝友善。永乐中,奉使日本,卒于其国。临终作偈曰:来不为多,去不为少;六十六年,一了便了。"也就是说,道彝(生卒年不详)奉旨出使日本没有返回,客死东瀛,享年66岁。尽管这是后话,但至少说明在中日关系史上,作为使节客死他乡的不是只有日本的阿倍仲麻吕,也有如道彝这样的中国人。

明建文四年(1402年),燕王攻入金陵,靖难之役结束,朱允炆下落不明。明成祖朱棣即位后,改元永乐。明永乐元年(日应永十年,即1403年),朱棣正欲派使节告知日本,没想到此时日本使节已经到了浙江宁波。朝堂上,礼官李至刚奏告明成祖:根据惯例,外国使节来中国,不得私自携带武器侵害民众。应请有关机构检查他们乘坐的船舶。如果犯禁则押送京师。明成祖认为不必那么做,还是讲点人情,表示"外夷修贡,履险蹈危,来远,所费实多",下令给予款待,并复函告知,将令赵居任为使臣随坚中圭密前往日本,并赐予足利义满阳刻的龟钮金印"日本国王之印"。《明史》的记载是:"十月,使者至,上王源道义(足利义满)表及贡物。帝厚礼之,遣官偕其使还,赍道义冠服、龟钮金章及锦绮、纱罗。"明成祖还给了日本一百道"堪合符"。日本因此被纳入"册封体制"和"朝贡贸易"。

明朝建立后实行严格的海禁政策,自由贸易和对外交往被严格限制。

第六章 室町时代

外交被严格限定在"华夷秩序"内,主要通过作为东亚秩序两大支柱的册封体制和朝贡贸易展开。所谓"册封体制"就是接受明朝册封。1392年李成桂建立朝鲜王朝后,即接受了明太祖朱元璋的册封。"堪合贸易"是外国持明朝颁发的"堪合符"进行贸易。换言之,堪合符是合法贸易的许可证。堪合符一般由明朝礼部代表皇帝颁发。日本和明朝之间的堪合由"日"和"本"两字组成,顺次编号,明朝持"日"字号堪合,日本持"本"字号堪合。另有用以印证堪合的"日"字号底册和"本"字号底册各两本,分别存于明朝礼部专管外贸的市舶司上级机构布政司和日本幕府。日本遣明船到达中国后,出示"本"字号堪合,经验证无误后方能进行贸易。贸易完成后,堪合由明朝收回。明船到达日本的情况应该正好相反,但目前无实例记载。堪合符明记人员、货物等有关内容。明朝分别在永乐、宣德、景泰、成化、弘治、正德年间六次向日本颁发堪合符。

自应永十一年(明永乐二年,即1404年)至天文十六年(明嘉靖二十六年,即1547年),在约一百五十年时间里,日本共派遣了十七批遣明史船,同时进行堪合贸易。进行堪合贸易的"堪合船"的正使,多由京都五山的禅僧担任,持有"日本国王"(室町幕府将军)致明朝皇帝的表文和别幅(表文以外的附件,故称"别幅")。堪合贸易既然称"贸易",自然有经商目的,所以有商人同行。日本堪合船启航地最初为属于关西地区的兵库,后因风向关系,春天从九州长崎五岛列岛的奈留岛,秋天从佐贺的小豆浦启航,靠岸地点均为中国浙江宁波,再由浙江市舶司招待入住,经许可后进京。

足利义满当政时期,日本外交从公家外交向武家外交转换。这一转换是日本、明朝的国内和国际多种要素共同作用的结果,在日本外交史上具有非常重要的意义。首先,吸收中国文化的态势在日本早已形成;其次,室町幕府和明朝都是新建立的政权,可以抛弃元朝和镰仓幕府的外交桎梏,革故鼎新;再次,和明朝的交往无论就政治还是经济意义而言,均有助于室町幕府维持和巩固政权,而明朝则可以借机将日本纳入册封体制和朝贡贸易;最后,中国和日本国内局势的变化,以中国为中心的东亚秩序的重建等,也是促成这种转换的重要因素。

遣明史共有19批,其中堪合贸易船始于应永十一年(明永乐二年,即1404年),共17批,84艘船,大致可以划分为前期、中期、后期。前期是足利义满当政至足利义持接班,即日明外交从建立到中断。中期是足利义教当政后，明朝和日本复交，堪合贸易日趋活跃。这一时期对明贸易的主角，是有势力的大寺社和守护大名。后期是由大内氏垄断的对明贸易。各次堪合贸易的相隔时间、船只人数并无定数，交易的物品，日本从中国进口的主要是钱币（永乐通宝）、书籍、丝绸和其他织品等。中国从日本进口的，主要是硫黄、铜等矿产品，以及扇子、刀剑、漆器和屏风等交易商品。第一批堪合船出发前，明朝即做出了明确规定，《明史》对此有如下记载："永乐初，诏日本十年一贡，人止二百，船止二艘，不得携军器，违者以寇论。"不过，规定是规定，实际情况并非如此。按《明史》中的说法，倭人贪利，贡物外所携私物增十倍。"宣德间所贡硫黄、苏木、刀扇、漆器之属，估时直给钱钞，或折支布帛，为数无多，然已大获利。"因此，对当时贸易数量的考察，不能拘泥于官方文书。

明朝皇帝赐足利义满"日本国国王"圣旨

明朝皇帝赐足利义满"日本国国王"用印

外交波折 足利义满去世后，他的儿子、第四代将军足利义持以"日本国世子源义持"的名义，派遣使节向明朝发去讣告。明成祖专门派周全渝前往日本吊唁，并赐足利义满"恭献王"谥号（因此前已"册封"足利义满为"日本国国王"），赠锦绮、纱罗。应永十六年（明永乐七年，即1409年）七月五日，足利义持在北山府邸接见了明使并以舞乐款待，后派遣坚中圭密等随周全渝赴中国，向明朝皇帝谢恩。①但是，室町幕府将军向

① 《明太祖实录》卷86永乐六年（1408年）十二月戊子、庚子条；卷103、永乐八年（1410年）四月甲辰、己酉条。

明朝称臣,日益引起斯波义将等人的强烈不满。应永十八年(明永乐九年,即 1411 年),明朝和日本的关系突然中断。足利义持给明朝的解释是,"本国开辟以来,百事皆听诸神","灵神托人谓曰:我国自古不向外国称臣"。同时告知其臣属,"今后无受外国使命,因垂戒子孙,固守勿坠"。足利义持"突然变脸",使明成祖朱棣极为震怒。不仅如此,明朝使节王进到达日本时,甚至未被允许前往京都,只能无奈地从兵库回国。①之后,朱棣表示要举兵征讨,尽管并未付诸实施。

应永二十四年(明永乐十五年,即 1417 年),明成祖派遣刑部员外郎吕渊赴日送还数十名倭寇,要求恢复交往,但未获响应。翌年,吕渊再次赴日,足利义持派元容西堂见到吕渊后"老调重弹",称不再与明继续交往系根据"神意"。②之后,按《明实录》记载,"其国王遣日、隅、萨三州刺史岛津藤存忠等,奉表随来谢罪"。③但足利义持在世时,两国外交未能重新恢复。

正长元年(1428 年)二月十八日,足利义持去世。翌日,他的弟弟足利义圆改名足利义教,继任为第六代将军。足利义教试图通过朝鲜和明朝重修旧好。足利义教为什么希望恢复和明朝的外交?主要因为他的健康状况不佳,恢复册封关系,有助于强化其作为将军的权威。但是,由于朝鲜王朝不愿扮演中介角色而未果。而派郑和第七次下西洋的明宣宗皇帝,则为了使日本前来朝贡,显示明王朝在华夷秩序中的至尊地位,以及为了平息再次抬头的倭寇骚扰,正欲恢复两国外交。因为,足利义持在结束和明朝的交往后,对骚扰中国浙江福建沿海区域的倭寇,持纵容态度。对明朝要求取缔倭寇的要求,更是置之不理。

永享三年(明宣德六年,即 1431 年),足利义教开始着手遣明船的派遣。翌年,足利义教派遣以僧侣龙室道渊为正使,率领由五艘船组成的使节团从兵库出发驾往明代中国。龙室道渊一行到达北京后,向明朝第五代皇帝宣宗朱瞻基呈上了表文。表文署名"日本国臣源义教",未采用"日本国王"的称号,并采用明朝年号"宣德"。在使节团回国时,明宣宗皇帝令雷春同行,并赐足利义教敕谕和宣德堪合符一百道。在接待第九批遣

---

① 《明史》卷 322《外国》卷 3《日本》,中华书局 1974 年版。
② 瑞溪周凤:《善邻国宝记》之《五山文编》,集英社 1995 年版。
③ 《明太宗实录》卷 199 永乐十六年(1418 年)四月乙巳条。

明使节团时,明宣德皇帝朱瞻基又做出了新的规定。据《明史》记载,"宣德初,申定要约,人毋过三百,舟毋过三艘"。

明宣德九年(日永享六年,1434年)九月,明使一行在访问日本后从兵库启程回国,足利义教令恕中中誓为正使,率领由六艘船组成的庞大使团相随,是为第十批遣明使团。嘉吉元年(1441年),足利义教被赤松满祐杀害,足利义胜继任将军,但仅历时一年。足利义胜去世后,足利义政在管领畠山持国等人支持下,成为第八代将军。第八代将军足利义政主政室町幕府时期,延续了这一势头。

第十批堪合贸易船以信浓开善寺的天与清启为正使,始发于宽正六年(明成化元年,1465年),船上竖有"日本国进贡船"字样的旗帜,携有瑞溪周凤精心拟就的表文。但是,因途中遭遇风浪而被迫折回,于应仁二年(明成化四年,1468年)重新派出,翌年夏从宁波返回。在此前一年,作为战国时代序幕的"应仁之乱"已经爆发,因此有两点与以往不同之处值得关注:第一,因濑户内海的制海权为大内氏掌控,因此三艘遣明船中除了大内氏的船,公方(幕府)和细川的两艘船均从九州南部经土佐在大坂的堺靠岸。第二,明朝成化年间新颁发的堪合符被大内氏所夺取,后返还幕府。也就是说,细川氏和大内氏两大势力的抗争,已扩展到对堪合符的争夺。另外,第十一批堪合贸易船有不少与细川氏联手的商人加入。第十二批和第十三批遣明船完全由堺的商人所垄断。第十四批和第十五批遣明船派遣之际,细川氏和大内氏围绕堪合符展开了激烈争夺。永正十三年(明正德十一年,1516年),幕府承认了大内氏对堪合符的独占权,但细川氏对此不服,独自派遣了遣明船,即第十五批遣明船。大永三年(嘉靖二年,1523年),大内氏和细川氏的遣明船成员,在宁波港发生大规模冲突,史称"宁波之乱"。为此,明朝于嘉靖八年(日享禄二年,1529年)废了浙江市舶太监。之后,遣明船改称勘合贸易船。第十六批堪合贸易船和第十七批堪合贸易船为大内氏所独占。天文二十年(明嘉靖三十年,1551年),大内义隆被以叛将之名著称于世的陶隆房刺死,第十七批堪合贸易船遂成为最后一批。

堪合贸易的中断加之明朝海禁政策的松弛、走私贸易的盛行,同时日本银产量的增加和葡萄牙商人的东进,使倭寇的骚扰日趋猖獗。由于16世纪初葡萄牙商人的贸易活动未获明政府批准,他们遂和走私分子联手。东亚海域因此形成了两个走私贸易中心:一是浙江舟山群岛的双屿,二是福建漳州月港。中国人亦称走私分子为"倭寇"。不过,需要强调的是,在这一时期的"倭寇"中,被称为"真倭"的日本人仅占一至三成,其余是被称为"伪倭""假倭""装倭"的中国人。在倭寇的魁首中,与日本关系最密切的是王直。王直出生于安徽,最初为盐商,因经商失败而转向海上贸易。他以日本的五岛、平户为据点,号称"徽王"。嘉靖三十年(1551年)至嘉靖四十年(1561年),倭寇活动最为猖獗。特别在明嘉靖三十四年(弘治元年,1555年),倭寇深入中国腹地,在八十多天时间里在浙江、安徽两省大肆侵扰,之后攻入江苏,杀死了四千余人。明朝政府为应付倭寇苦心积虑,先后委任王忬、张经、周珫、杨宜、胡宗宪为海防责任者,并将王直诱捕杀死。之后,倭寇的活动依然持续。但自16世纪后半,因俞大猷、戚继光等诸将的积极讨伐,特别是由于海禁令的缓和,明朝商船只要在福建省的海澄纳税,即可开展海外贸易,倭寇势力显著衰落。

另一方面,受倭寇刺激,中国人对日本包括好奇心在内的关心急剧增强,有关日本的知识相应扩大。薛俊的《日本考略》、郑若曾的《筹海图编》、郑舜功的《日本一鉴》、侯继高的《日本风土记》等,极大满足了中国人的这方面需求。

在这一时期,朝鲜对日政策的基准是防止倭寇再兴,在和日本保持外交关系的同时,主要以对马为中心,双方开展着有限制的贸易。日本的热望和朝鲜的相对冷漠必然产生矛盾,日永正七年(朝鲜中宗五年,即1510年),日本商人和朝鲜官吏发生冲突,史称"三浦之乱",双方交往一度中断。之后双方贸易虽然重开,但是两者关系始终一张一弛。琉球则趁明朝施行海禁政策之际,在整个东亚地区积极开展包括对日贸易在内的对外贸易。

第六节　文学与文化的繁荣和"神佛融合"

日本佛教的形成和发展,始终带有中国佛教的胎记。室町时代,日本佛教的"五山制"也学自中国南宋。"五山文学"就是指山中禅僧所创作的汉诗文。"五山文学"若顾名思义,当然属于佛教文学的一部分。但是,看似疏离于红尘而存在并发展的五山文学,实际上与室町时代世俗社会的演变密不可分。五山文学既是佛教文学,也是佛教文学和贵族、庶民文学融合的产物。正因为具有这种特性,因此五山文学对日本文化,特别是对其整个民族的人生观、世界观、价值观,产生了不可忽略的影响。五山文学的产生和佛教神道的嬗变,既互为表里,又各不相同,映现出"一揆"频仍的室町时代在文化方面的多姿多彩。

五山文学的兴起和繁荣 作为"镰仓新佛教"重要组成部分的禅宗,被日本社会和文化广泛吸收。"禅宗属于武士",在镰仓时代得到镰仓幕府的护佑。镰仓幕府的灭亡使禅宗失去了最强有力的保护者。于是,强调"自力"而非"他力"的禅宗,迅疾兴起了自强运动。在这场运动中,尤其值得特别一书的,是开拓了临济宗兴隆之道的梦窗疎石,尽管他开拓禅宗兴隆之道时,依然倚靠统治者的加持。梦窗疎石是伊势(三重)人,俗姓源于皇室后裔的姓氏源姓,是宇多天皇的九世孙,正应五年(1292年)出家,时年17岁,初学真言密宗,后转修禅宗,学于镰仓诸寺,曾拜一山一宁、高峰显日、无隐圆范等禅僧为师,获后醍醐天皇等七代天皇赐予的国师称号。北条氏灭亡后,为避战乱移居京都,受足利尊氏、足利直义尊重。梦窗疎石虽为禅僧,但因入门时学的是真言密宗,因此他的说教具有密教的浓厚色彩,属于日本化的禅宗说教。梦窗疎石向足利尊氏和足利直义进言,为了拯救陷于战乱的人们的灵魂,应在每个国设立安国寺,后又建议营造了利生塔。在后醍醐天皇驾崩后,为了祈祷天皇冥福,他劝说足利尊氏建造了天龙寺。梦窗疎石一生淡泊名利,饱读诗书,精研佛法,著作有《梦中问答集》(三卷)、《临川寺家训》、《梦窗语录》(三卷)。梦窗疎石不仅是一代名僧,有五十多名弟子,更是修建庭园的巨匠,被誉为"枯山水的开拓者",为日本诸多名寺名园的建造做出了卓越贡献。总之,梦窗疎石借助当政者的权势,为禅宗奠定了稳固基础,他的门下聚集了为数众多的转宗者、改宗者,形成了诸宗融合的禅风。因此,梦窗疎石被视为室町时代禅宗寺院等级制"五山制"的奠基者,这种等级制决定了以后日本禅宗的发展方向,对日本文化产生了深刻而久远的影响。

"五山制"又称"五山十刹",学自中国南宋。镰仓和京都各有"五山",合称"十刹"。至德三年(1386年),京都确定了禅宗各寺的等级顺序。京都南禅寺之下是五个山门,即天龙寺、相国寺、建仁寺、东福寺、万寿寺。镰仓五山是建长寺、圆觉寺、寿福寺、净智寺、净妙寺。中国官寺的住持,按规定由各宗派推选,而日本以五山为代表的官寺的住持,均由幕府任免。

五山禅寺属临济宗。9世纪临济义玄在中国河北滹沱河畔的正定创

第六章 室町时代

建了临济院,宣扬禅宗新法,后世称之为"临济宗",正定临济寺也因之成为临济宗祖庭。日本临济宗始祖为入宋僧明庵荣西。至镰仓末年,日本临济宗集中了一批优秀人才,他们以文会友,以诗喻禅,在僧侣中形成了"重文轻道"的趋势,这种趋势不断发展,积习成风,从"五山十刹"扩展至"林下末寺",进而影响世俗社会,形成当时日本文学的主流——五山文学。五山文学保留着唐诗宋词的韵味,但却是日本汉诗嬗变、蝉蜕时期的产物。以僧侣为主体的五山文学传播者,也是将禅宗与日本文学融合的使者。他们的作品意味隽永,影响深远。

五山文学发轫于正安元年(1299年)一山一宁远赴东瀛时期。一山一宁俗姓胡,号一山,法名一宁,浙江临海人,自幼出家天台山为僧,后居普陀山修临济宗,精研佛典,兼通儒、道、百家,善书法,有《语录》传世。元大德三年(日正安元年,即1299年)赴日,客居日本二十年。正和二年(元皇庆二年,即1313年),后宇多法皇邀请一宁入京主持南禅寺,亲询法要,日本自此禅法大行。文保元年(元延祐四年,即1317年),一宁圆寂前给后宇多法皇留下遗书,其中有"横行一世,佛祖钦气,箭既离弦,虚空落地"的偈语,随后泊然而化,享年71岁。一宁圆寂后,后宇多法皇赐谥号"一山国师妙慈弘济大师"(简称"一山国师"),并亲笔题词"宋地万人杰,本朝一国师"。日本著名史学家木宫泰彦在《日中文化交流史》一书中评论道:"弘安以来,几乎断绝之中国留学,所以能再盛者,全由一宁刺戟而成。"

"五山文学"初期代表人物除了梦窗疎石,还有一山一宁门下的虎关师炼、雪村友梅、中严圆月。虎关师炼俗姓藤原,世称海藏和尚,敕号虎关国师、本觉国师,著有《元亨释书》三十卷,《济北集》二十卷,《佛语心论》十八卷,《虎关十禅支和尚录》三卷,《禅余或问》两卷,《禅戒规》一卷等。虎关师炼亦擅长诗文,他的五言诗《晓》,白描而写意:"霜钟响五更,曙色未全明;屋后桑榆上,起鸟两三声。"雪村友梅18岁时入元代中国,是入元僧的代表人物,生平被录为《雪村大和尚行道记》。日本学者今谷明撰写的《元朝·中国渡航记:留学僧雪村友梅的坎坷命运》一书,也介绍了他的经历。雪村友梅是第一个到达四川的日本人,精通佛法和汉学,留下了诸多脍炙人口的诗文。他的文集《岷峨集》,"岷"即岷山,"峨"即峨眉山。他的七言诗《偶作》相当脍炙人口:"函谷关外放逐僧,同行唯有一枝藤;终南翠色连嵩华,庆快平生此一登。"元泰定五年(日嘉历三年,即1328年),雪村友梅被元文宗皇帝任命为翠微寺住持,并赐号"宝觉真空禅师"。中岩圆月俗姓土屋,法号中岩,留下的作品则透出广博的学识和理想主义相结合的个性。中岩圆月曾私撰日本纪,说吴太伯是日本皇室始祖,六世孙移往筑紫成为神武天皇,引起朝廷大怒,将其书焚毁并禁止留传。

五山文学在南北朝时期的代表人物有春屋妙葩、龙湫周泽、绝海中津、义堂周信、古剑妙快。春屋妙葩又名妙葩和尚,初学法华,17岁上洛,师从梦窗疎石,曾获后圆融天皇咨问法门,并获天皇赐"智觉普明国师"。春屋高寿,享年78岁,留下一首充满禅意的偈:"幻生七十有余年,了却先师未了缘;一国黄金收拾去,古帆高挂合同船。"活了七十多岁,可以安心地去找先师梦窗疎石了,带着一国的"黄金",乘着从生死的此岸到涅槃的彼岸的大船,悠然而洒脱。龙湫周泽也是该时期的代表人物,他的诗作"钟声夜夜落谁边,客梦黄粱四十年;起坐松棂我忘我,云生岭上月行天",将自然景观和佛学观念融为一体,令人叫绝。

被并称为"五山文学中义堂"的绝海中津、义堂周信,被誉为"两大诗僧",他们的作品备受瞩目。绝海中津统合了五山文学的潮流,撰写了被认为五山文学巅峰之作的诗文集《空华集》和《空华日工集》。他并没有去过中国塞外,但写出了颇有中国边塞诗韵味的《出塞图》:"驰马弯弓箭,军行无少留;只须身许国,不敢计封侯。寒雨黄沙暮,西风白草愁;何人画图里,一一写边愁。"义堂周信曾作为最初的入明僧远渡中国,回国后在传达新的禅风的同时,撰写了具有浓郁中国贵族风味的诗文集《蕉坚藁》。他的《竹雀》一诗,写得颇有情趣:"不啄太仓粟,不穿主人屋;山林有生涯,暮宿一枝竹。"古剑妙快,号古剑,别号了幻,俗家姓氏不详,日本临济宗僧,师从梦窗疎石,擅诗文,著有《语录》和诗集《了幻集》两卷。

室町时代晚期的五山文学代表是惟肖得岩、江西龙派、心田清播、太白真玄。他们四人各有特点。惟肖得岩的诗文语言平实但气势豪放,与中国宋朝文人苏轼的文风颇为相似,被东瀛名僧茂叔誉为"东坡再诞"。他的诗文与太白真玄的四六骈体、江西龙派的诗、心田清播的演说并称"禅林四绝"。日本著名五山文学研究者玉村竹二称赞惟肖得岩:"以博识鸣天下,对中国古典不仅理解精准,而且信手拈来,在文中自由驱使。"应永二十九年(1422年)秋,惟肖得岩被足利义持任命为"五山之上"的南禅寺住持,获封"紫衣大和尚"。江西龙派,别号豺庵、续翠,早岁即入建仁寺,师事绝海中津。江西龙派著述很多,有诗文合辑《豺庵集》《续翠集》,另有《天马玉津沫》和《江湖集抄》。心田清播不仅口才好,诗也写得很好。

他的《春江夜泛》是这样写的:"京国风尘情不堪,一竿春涨绿于蓝;摧篷喜见梅花面,月淡烟深野水南。"有风情,有春色,有梅花,有月影,很有诗情画意。太白真玄的作品在文献中难以寻觅,无法描述、评论。

五山文学之所以兴盛,还因为承袭于公家的学问已无法满足广泛的政治需求,所以武士积极向僧侣寻求帮助,听取其政治见解。凭借寺院宗教和文化权威这一律令制度建立以来的传统,在室町时代日趋崩溃。五山禅僧既是禅的修行者,也是武家的政治顾问。另一方面,守护等地方领主竞相在自己的领地内建立属于官寺系列的寺院,使临济宗寺院从京都、镰仓扩展到全国。除了建立新寺外,原先很多寺院纷纷改宗投入临济宗五山派,使幕府的五山制度在这种潮流中得以完成。五山派寺院室町时代后期在全国达三百多处,构成其主流的是圣一派和佛光派。属于这两派的寺院占了整个五山派寺院的半数。在佛光派中,梦窗疎石法系又占主流。随着禅僧官僚化的加深,禅与密教日益习合,吸收民间信仰、注重祈祷的僧和专念于诗文的僧日益分化。至室町时代末期,更出现了向净土宗和隐遁思想倾斜的倾向,五山的寺院亦转变为日本化的禅和中国学艺的中心。

与临济宗的"五山派"对立的是曹洞宗。之所以称"曹洞宗"有两种说法:一说洞指洞山良价的住所江西宜丰洞山,曹指他的徒弟本寂的住所江西吉水曹山。本来应该称洞曹宗,但习惯称曹洞宗。一说取禅宗六祖曹溪惠能的曹和洞山良价的洞,合称曹洞宗。室町时代曹洞宗的代表人物,是与永平寺同为曹洞宗主庙总持寺的奠基人莹山绍瑾。莹山绍瑾自镰仓时代末期以永平寺为中心展开布教活动。当时,北陆地区既成佛教势力的急剧崩溃,为曹洞宗势力的急速发展提供了重要前提。探寻曹洞宗的传播轨迹不难发现,在室町时代,曹洞宗的传播方针是依托守护大名和地方豪族的保护,构筑活动据点,深入五山派势力未及的地区。曹洞宗吸收了密教的祈祷方式,将其与以修验道为代表、在民间根深蒂固的信仰协调,以庶民为教化对象进行传道。这一特质是曹洞宗能够在室町时代迅速普及于全国的重要原因之一。这种传播方式也是对强调坚持坐禅修行、断绝与世俗交往的道元路线的改革。

佛教神道的嬗变 "镰仓新佛教"在历史演进中,逐渐与民间神祇信仰汇合,朝着探索新的宗教权威的方向迈进。进入南北朝以后,原先标榜不拜神祇的净土真宗,也开始声称不反对神祇信仰。净土真宗始祖亲鸾的玄孙存觉,撰写了《诸神本怀集》,以"本地垂迹"的理论统合神佛。所谓"本地垂迹",即佛教将佛的"法身"(真身)称为"本地",将佛的"化身"称为"垂迹"。主张"佛主神从",意为佛和菩萨是"本地",神道诸神是"垂迹"。天台宗称比叡山的"山王"是释迦牟尼的"垂迹",真言宗称天照大神是大日如来的"垂迹"。自14世纪,伊势神道主张"神主佛从",即日本诸神为"本地",佛菩萨为"垂迹"。江户时代兴起的复古神道则主张神佛决裂。当然,那是三个世纪以后的事。日本独创的日莲宗也大幅吸收了神祇信仰。总之,既成佛教再次确认了神佛关系,对神佛关系进行重构。

世界遗产严岛神社及其海上鸟居

神主佛从的反传统本地垂迹思想,以及镰仓时代末期"忽必烈征伐"激发的民族意识,使原先在僧侣中有很大影响力的"天竺(印度)、震旦(中国)、本朝(日本)"这一序列开始解体。虎关师炼在《元亨释书》中提出,日本使大乘佛教得以完成,日本的佛法之所以优秀是因为日本的国土壮美,并以此强调天皇的权威。这种"日本中心论"思想,消灭了自平安时代末期具有很大市场的末法思想。"镰仓新佛教"否定现世的浓厚色彩,也在室町时代世俗色彩日浓的社会潮流中消褪。亲鸾的曾孙觉如强调,在现世应遵循仁义礼智信,着力掩埋来世和现世之间的鸿沟。出家意识、遁世意识的解体,构成了室町时代意识形态的一大潮流。

未被列入"五山"而被称为"林下"的诸派,大多属于曹洞宗系统,但也有例外:镰仓中期由南浦绍明开山的大应派,属于临济宗。"大应"是南浦绍明的谥号。南浦绍明先后住持京都万寿寺、嘉元寺,后得到北条贞时的护持而入建长寺。大应派有两大寺院:大德寺和妙心寺。大德寺由宗峰妙超所建并接受了花园上皇和赤松则村皈依。属于该门派的一休宗纯对当时形骸化的禅宗进行了彻底批判,矛头直指与皇室、公家关系密切的贵族化的禅宗。一休宗纯的《狂云集》《自戒集》,否定了一切虚伪,显示了始

第六章 ● 室町时代

终不渝追求禅之真髓的精神,在室町时代的文学中占有独特地位。妙心寺由花园上皇所建,关山慧玄为首任住持。妙心寺是大德寺的末寺,曾因卷入政争旋涡而为足利义满所废,后由日峰宗舜在细川赖之和细川胜元的保护下再兴,最终超越大德寺成为大应派的中心,两寺也因此失和,在整个室町时代不相往来。虽然妙心寺与战国大名关系密切,甚至在京都获得了活动场所,但大应派的多数寺院与政争无甚瓜葛,在战国时代至近世极少受政权交替的影响,因此得以维持较大势力。大应派是现代日本临济宗诸派法系的源流。

在室町时代,前代兴起的"镰仓新佛教"各宗派在都城和地方渗入民间、形成了教团组织,如同武家,生机勃勃。而古已有之的大寺院及传承旧佛教系谱的佛教教学,则如同公家,虽然风光不再,但仍保持着社会和文化权威之余威,焕发出生命的力量。净土宗依然致力于向民间传教,关东净土宗白旗派的圣聪,在武藏建立的增上寺和传通院,成为东国净土宗的据点。京都的镇西派则以百万遍知恩寺为中心展开活动。该派的庆秀接受了后柏原天皇的皈依,从而得到知恩寺为净土宗第一寺、知恩院为别院的敕许。不久,知恩院又被敕许为净土宗总本山。长期被朝廷制度置于天台宗青莲院之下的净土宗,开始朝着独立的方向发展。而深入京都公家社会的西山派,则以三钴寺、二尊院为中心开展活动,该派的临空法师,成为后花园天皇的戒师,临空法师的弟子接受了后土御门天皇的皈依,与公家社会具有深厚联系。

京都净土宗知恩寺

净土真宗在东国建立了很多小教团,其中下野的专修寺和京都佛光寺的势力日益增强。室町时代前半期,供奉着亲鸾陵墓的本愿寺未能获得特殊权利,依然是个小寺。但是至莲如成为第八代法主后急速发展,成为净土真宗教团的中心,并因此遭受以比叡山为中心的既成佛教势力的打压和损毁,使莲如被迫迁移近江。之后,莲如在越前吉崎设立了道场并以此为中心,将传教路线向北陆地区延伸。另一方面,本愿寺门徒则采取了批判其他宗派和否定既成社会秩序的行动,在因此受到旧势力的打压后形成"门徒一揆"进行抗争。

时宗也在室町时代改变了原先仅重视巡游的立场,开始致力于教义的整理。被尊为活佛的游行上人巡行四方传教,晚年定居于相模藤泽的清净光寺,之后被尊为藤泽上人,清净光寺也因此成为时宗的中心寺院。

法华宗自日莲去世后分立为许多小教团,为争"正统"彼此冲突不断,对教义的解释亦多有分歧,但在镰仓时代末期仍为关东地区的一大佛教势力。进入室町时代后,法华宗教团开始向京都挺进,并以京都的职人、商人为传教对象,还创建了妙显寺和本圀寺。同时,法华宗还热衷于在关西地区传教。法华宗的代表人物日朝上人德学兼备,被誉为"日莲转世";另一代表人物日亲上人则颇有报国之心。他向将军足利义教呈献了《立正治国论》。然而,日亲上人的主张和他对其他宗派的批判使他树敌太多,引起憎恶,因此频遭迫害。但是,日亲不屈不挠,在京都建立了本法寺,继续传教。法华宗势力的增长,必然引起和"北岭"即比叡山派系的矛盾。天文五年(1536年),以延历寺为中心的诸大寺对京都的法华宗展开攻击。法华宗诸寺在冲突中被焚毁,被迫将据点移向大坂的堺。天文十一年(1542年),幕府放松了不准法华宗再兴的禁令,使法华宗枯木逢春。

镰仓时代前期镇压新佛教的主力,以比叡山天台宗为主。进入室町时代以后,天台宗在思想和教学方面未能展开创造性的活动,而且失去了公家社会的支持,因为公家社会本身已经没落,因此主导佛教界的权威不再。但是,天台宗与室町幕府保持着复杂的政治关系。天台宗的亮守、真舜、真盛等更是为复兴天台宗而不懈努力。

真言宗在室町时代积极向关东地区发展,并积极在乡村建造寺院,形成了大寺院和各地寺院具有本末关系的网络结构。在真言宗的中心高野山,本存在三种势力:一是潜心教学研究和密教修行的学侣,二是掌管世俗事务的行者,三是会聚于高野山的高僧。进入室町时代以后,学侣的主导地位开始动摇,行者的话语权渐次增强,二者的对立日趋明显。另一方面,高僧则因经商而具有了经济实力,他们不断巡游全国进行说教,使对真言宗始祖弘法大师空海和高野山的信仰,在庶民间扩展。以口传法门为中心的天台宗教学更以关东为据点,逐渐向奥州、信浓方向扩展。天台

第六章 室町时代

宗设立的许多"谈义所"被称为"关东天台""田舍天台",以区别于以比叡山为中心的天台宗。当时真言宗的僧侣,在教学方面作出重要贡献的,首推宥快法师和长觉法师。宥快法师综合了镰仓时代的真言宗教学,撰写了大量著作。长觉法师则周游各地传播教学。他俩均给天台宗后世宗学以极大影响。与幕府关系深厚,在足利义持当政时期被称为"黑衣宰相"的满济,则从另一个侧面推动了真言宗的发展。

和天台、真言两宗的大寺院并立的南都各大寺院,在进入室町时代后,由于庄园的变质而失去了经济基础,传统法令、礼仪、教学研究日渐式微。在镰仓时代高扬的复兴运动也陷于停滞。作为南都各大寺魁首的东大寺和兴福寺则互争雄长,时而动用武力,使主张"不杀生"的佛门,频现刀光剑影。尽管如此,南都各大寺依然致力于吸引参诣者,并因此而使各大寺的法会、佛像、伽蓝,成为庶民的信仰对象。南都各大寺还大兴土木,重建在南北朝内乱时屡遭破坏的建筑。兴福寺的五重塔和金堂,因此作为室町时代的代表性建筑,享誉于世。

神道在室町时代的变化当然不可忽略。试图将一切归入大日如来的"两部神道",将山王神奉为"释迦垂迹",即释迦本尊在本地分身的"山王神道",虽然在思想观念上并无新颖之处,但却是在杂多的神祇信仰的世界中构筑宗教权威的努力。其他诸多神道说教,也都在室町时代的离乱之世,形成了各自的说教。

伊势神道在这一时期由度会常昌、度会家行集其大成。元应二年(1320年),度会家行撰写了《类聚神祇本源》,以密教的思想为基础,引用儒教、老庄思想、阴阳五行说、易等,着力构建与佛教分庭抗礼的神祇说教。度会家行的说教很好地显示了内乱时期的思想动向。按照他的主张,万有之根源不是通过理论和逻辑认识的,而是通过心的"清净"获取的。试图构建宗教权威的伊势神道,对政治思想的形成也给予了很大影响。慈遍撰写的《旧事本纪玄义》等神道论著,提出天皇是承袭宇宙原始神之正统的唯一存在,着力将天皇神格化。他同时主张,天皇通过采取实现儒教之德目的政治,能够保持其作为神之子孙的尊严。

慈遍的上述政治思想,为北畠亲房在《神皇正统记》中继承和发展。北畠亲房作为内乱时期的政治家,为了主张南朝的正统性,援用了伊势神道的说教。他撰写的名著《神皇正统记》,足以与中世纪代表性史学论著《愚管抄》媲美。在《神皇正统记》中,北畠亲房虽然也和慈遍一样,主张天皇是神的子孙,但他认为现实的天皇不能就此神格化。为了满足现实政治的要求,他主张"南朝正统论"。北畠亲房对象征天皇地位的三件神器也提出了新的解释。他提出,镜意味"正直",玉象征"慈悲",剑代表"智慧",天皇若具有这三种品德,方能名副其实。在完成《神皇正统记》的第二年,即兴国元年(北朝历应三年,1340年),北畠亲房又撰写了《职原抄》,通过叙述官职制度的应有作用,阐述治国理政思想。

日本固有的山岳信仰和佛教的山林修行,自古就有深厚的关联。在中世纪随着佛教向庶民阶层渗透,佛教和土著信仰的融合急速发展,使"修验道"更加兴隆。修验道主张将山涧林泉视为佛的世界乃至佛本身,通过入山修行达到和佛融为一体的境地。修验道形成于奈良时代,始祖是役小角,属于日本传统禁欲主义的一支,同时结合了汉传佛教和日本神道的特点。修验道自平安时代以后开始盛行,在镰仓时代后期至室町时代初期确立了独自的信仰,并逐渐分为两大门派:以真言系吉野的金峰山为中心展开活动的"当山派";以天台系圣护院为核心的"本山派"。因为修验道和佛教渊源很深,所以也被归入佛教,尽管按照现代宗教学的分类,修验道应算作独立宗教。修验道的信徒被称为"修验者"或"山伏",即"隐居在山里的人",信徒在各座灵山实践苦行。

室町时代村落的变化,也逐渐改变了传统的诸神信仰。生活日益富足的农民除了向村落的神祈祷,也远足去异地神社佛寺求神佛保佑。他们往往是巡游诸国被称为"御师"的神官的施主,或者是布教僧的施主。他们通过各种方式祈求异地的神佛显灵,甚至在"御师"或布教僧的劝诱下,远赴他乡,如赴伊势神宫或熊野神社参拜。

在各宗教的积极活动中,神道有一种动向值得关注。历史上,有两大神官曾长期分庭抗礼:一是世袭京都平野神社宫司的平野家,一是世袭京都吉田神社祠官的吉田家。至室町时代末期,吉田家的吉田兼俱试图统一神道。吉田兼俱原名吉田兼敏,文正元年(1466年)改名兼俱,第二年被允许升殿,晋升为侍从·神祇权大副。吉田兼俱汲取密教、儒教、道教、阴阳五行说的教说,撰写了《唯一神道名法要集》《神道大意》,提出了崇拜以神为主、佛教和儒教为从的"元本宗源神道"的主张。按照他的主张,神道是万法的根本与定义,佛教、儒教是神道分化出的枝叶花实,并据此提出了所谓"三教枝叶花实说"。吉田兼俱创立了吉田神道,因为得到第八代将军足立义政的正室日野室子的援助,发展顺遂。吉田神道的说教具有泛神教性格,视世间万象为唯一神的显现,因此被称为"唯一神道"。"唯一神道"对日本神道地位的提升和神社的组织化,也具有重要影响。

第七节 "传承至今的日本独特的文化"

日本文化主要由两大部分构成:一是自古逐渐传入、以中国文化为主的"东方文化",一是自16世纪中叶逐渐传入的"西方文化"。日本文化就是在东西方文化的对立冲突和融会贯通中,形成和发展的。中世纪作为承先启后的历史阶段,在文化发展史上具有重要意义。因为,"中世纪文化是以贵族文化、武家文化、民众文化等各阶层文化为中心的文化,同中国传入的文化不断融合,在南北朝动乱期以后逐渐形成和确立的,并最终成为传承至今的日本独特的文化"。①

公家武家"文化换位" 历时半个世纪的南北朝内乱,在日本文化史上是从镰仓时代向室町时代的过渡时期。在这一时期,随着公家社会基础的崩溃,平安时代以来始终保持权威的传统文化形态日趋解体,新文化形态的探索日益醒目。这种新文化形态在首都和地方各阶层的交流中,在包容武士、庶民的过程中逐渐成型。在这一时期,神祇信仰作为构成思想、宗教领域的基础而得到重视。作为社会统治阶层的武士阶层,练武习文,在文化领域也发挥了重要作用。武家的领导者更是在创建"五山十刹",在形成"五山文学",在神道和佛教各宗派和流派的变革中,扮演着重要角色。另一方面,累积了几个世纪的公家文化的各种要素,得到重新审视和重视,并被重新排列组合,既焕发出与前代不同的新的生机,又不得不将文化舞台的中心位置,让给武家文化。

在南北朝内乱时期,贵族的没落极为明显。在镰仓时代,贵族在文化各领域扮演了指导者和维护者的角色,并进行了出色的文化创造活动。但是在内乱时期,贵族失去了创造文化的安定场所。于是,贵族努力将自己的角色限定为文化的解说者,努力维护王朝文化的传统。开始于内乱时期的古典研究,是以王朝文化为对象的贵族的主要工作。四辻善成的《河海抄》这部诠释和解读《源氏物语》的论著,就是其中的代表。《河海抄》共二十卷,贞治年间(1362—1368年)问世,是作者为了奉献给室町幕

---

① 村井章介编:《日本的时代史》第10卷《南北朝的动乱》,吉川弘文馆2003年版,第92页。

府第二代将军足利义诠而编纂的。《源氏物语》也是将中国文化"和化"的杰作,书中人物经常吟诵汉诗,尤其是白居易的诗。《河海抄》的注释方法,就是从《源氏物语》中抽取有中国文化的内容,分析已经"和化"的语句的出典。作者本人则主要通过阅读北宋的《太平御览》,寻找出典。作者指出,《源氏物语》的"和汉踪迹不可胜计"。这句话画龙点睛地指出了《源氏物语》的源流,指出了中国文化在日本文化形成史上的地位。①

洞院公定主编、长期生活于宫廷的藤原氏和源氏写成的《尊卑分脉》,则栩栩如生地展现了贵族的没落。《尊卑分脉》是日本初期的谱系图、家谱集,正式名称是《新编纂图本朝尊卑分脉系谱杂类要集》,因此也被称为《诸家大系图》或《大系图》,完成于14世纪末,在谱系图中留下名字的官员除了实名外,还记录了生母、履历、殁日和享年,非常珍贵。这套书原先还有帝皇系图、神祇道系图、宿曜道系图,可惜均已散失。

南北朝时期最杰出的文学代表作,是《徒然草》和《太平记》。《徒然草》在日语中意为"百无聊赖",作者是和顿阿、庆运、净弁并称"二条派和歌四天王"的吉田兼好。②吉田兼好原先在光严上皇施行院政的光严院任职,30岁前后在比叡山剃度出家,称兼好法师,精通儒、佛、老庄之学。代表作《徒然草》共分243段,涉及当时社会各阶层诸多人和事,包括公卿、贵族、武士、僧侣、樵夫、赌徒,由互不关联、长短不一的杂感、评论、小故事构成,也有一些属于记录或考证性作品。《徒然草》的思想内容丰富而具有启发,语言简洁洗练而不失深邃,描写生动准确而流露真情实感。在吉田兼好的笔下,贵族社会的没落被认为"顺乎变化之理"。《徒然草》在日本文学史上享有很高地位,与清少纳言的《枕草子》并称日本随笔文学中的"双璧",和镰仓时代鸭长明的《方丈记》并誉为"中世纪文学之双璧"。

《太平记》的"太平"有祈愿和平及镇灵安魂的意义,作者不详,但《洞院公定日记》中有《太平记》作者小岛法师去世的记载。另据其他相关文献记载,玄慧、圆观等参与编纂《太平记》。因此,诸多学者认为,《太平记》可能由多人共同完成。《太平记》由三部分四十卷构成,以儒教的政道思想为背景,借鉴以《史记》为代表的中国史籍的叙事手法,细致地勾画了错综复杂的时事变迁。《太平记》第一部自后醍醐天皇登基记至建武中兴;

---

① 《河海抄》第八卷《薄云》,玉上琢弥编《紫明抄·河海抄》,角川书店1968年版,第359页。
② 二条派是镰仓时代末至室町时代日本歌道主流派,以二条为氏为始祖。

第二部自建武中兴的挫折记至室町幕府的建立;第三部自室町幕府的分裂记至细川赖之任将军辅佐。《太平记》具有军记物语的特色,也具有儒教大义名分论和佛教因果报应论的色彩。受《太平记》影响,中世纪诞生了许多军记物语。江户时代初期的"元禄四十七士复仇事件"发生后,竹田出云等人仿效《太平记》,撰写了《假名手本忠臣藏》。《太平记》里有关兵法的论述,影响了战国武将和江户武士。

《梅松论》也是军记物语的代表作,与《太平记》齐名。《梅松论》约成书于正平四年(1349年),分上、下卷,上卷叙述镰仓时代末期的政治情势和镰仓幕府的灭亡、建武新政、新田义贞和足利尊氏的对立,下卷叙述凑川合战特别是楠木正成的忠勇和天下的平定、足利氏的荣华。作者的立场明显偏向足利尊氏。

与《太平记》承袭军记物语传统相比,作为日本历史物语"四镜"之一的《增镜》,则沿袭了"镜物系谱"的特点。①《增镜》作者据说是二条良基,成书于14世纪中叶,叙述了自后鸟羽院的诞生至后醍醐天皇自隐岐还幸,时间跨度约一百五十年。整部作品文笔优美,充满了对王朝美好世界的憧憬,犹如镰仓时代的宫廷画卷,与具有政治批判色彩的《太平记》形成鲜明对照。

在经历长期战乱进入室町时代后,新兴的武家取代公家,在文化舞台上扮演了主角。在武家文化中首先值得特书一笔的,是北山文化。在战乱逐渐平息后,幕府将军足利义满获得了位于京都北郊北山的西园寺公经的山庄。应永元年(1394年),足利义满让位于他的儿子足利义持,翌年出家。应永四年(1397年)着手建造私人离宫北山邸,在那里发号施令,使武士统领足利将军的北山邸,成了室町初期政治文化的中心,成为"北山文化"的中心,其所跨越的年代被称为"北山文化时代"。足利义满去世后,北山邸改名鹿苑寺舍利殿(又称鹿苑寺金阁),后以金阁寺闻名于世。北山文化最大的特色,就是融合传统的公家文化和新兴的武家文化,并受到禅宗的影响。

在北山文化时代,禅宗的影响广及各个领域。例如,东福寺画僧明

---

① "四镜"是平安末年至室町初年问世的四本历史读物,均采用高龄老人跟作者对话方式展开,由老人叙述"曾经发生的事"。成书的时间顺序是《大镜》《今镜》《水镜》《增镜》,但历史顺序是《水镜》《大镜》《今镜》《增镜》。

兆、相国寺画僧如拙和周文,他们为了引导禅宗的修行生活而作的绘画,以独特的精神内涵把握对象的本质,并以独特的技法予以表现,开拓了一个独特的绘画世界,不仅对其他派系的绘画产生了不可忽略的影响,而且对其他文化领域也产生了强烈刺激。现收藏于东福寺的《五百罗汉图》,就是明兆画僧的杰作,而如拙画僧则确立了室町时代水墨山水画的样式。妙心寺退藏院收藏的《瓢鲇图》,就是他的代表作。相国寺画僧周文则将如拙画僧开创的画风继续推进,使之更具日本特色,留下了《水色峦光图》等作品。禅宗寺院的庭院是按照禅宗的自然观建造的。作庭艺术的繁荣,使被称为"立石僧"的作庭僧辈出。如前面所写道的梦窗疎石也被视为"枯山水"的开拓者,西芳寺以枯山水和池为中心的回游式庭园,就是他的作品。

在室町时代,日本人显示出了对明代中国的强烈关心,"唐物"成为憧憬对象,并在室町时代中期产生了以能阿弥、艺阿弥、相阿弥"三代三阿弥"为代表的"唐物"管理和鉴定专家。随着禅宗文化在日本和明朝的交往中不断流入,饮茶之风亦随之普及,使茶道趋于成熟,所谓"茶禅一味"。被精心装点于禅宗道场的插花艺术,也被用于饮茶场所,使茶和花互相为媒,构建出一种新的生活文化。

室町时代初期,以足利义满的北山邸为中心的文化被称为"北山文化",而室町时代中期的文化则被称为"东山文化",因足利义政文明五年(1473年)让位于其9岁的长子足利义尚,自己迁入京都东山山庄而得名。不过,两个山庄具有不同的含义:"北山山庄"是室町幕府确立期的政治中心,"东山山庄"是足利义政从政治舞台隐退后的私人生活场所。这一时期"一揆"频起,群雄角逐,幕府权力渐被削弱,在政治史上属于黑暗时期。但是,在这一时期产生的武家文化则日显成熟并向民间普及,对后世文化的发展产生了极大影响。

北山文化的推动者是新的统治阶层,同时也是受其保护的新文化的创造者和传承者。这一文化扎根于武家日常生活,以武家文化为基干,同时整合了公家文化和吸收了明朝中国的新文化,具有前所未有的特色。东山文化也因为禅宗寺院是吸收中国文化的据点,不仅具有浓厚的禅宗色彩,而且具有中国色彩。不过,正如足利义政在东求堂安置的阿弥陀三尊所显示的,他对构成公家文化底流的净土宗具有强烈的关心,因此对作为东山文化背景的净土教思想,绝不可忽略。简而言之,东山文化不仅显现禅宗因素,也内涵净土宗因素。

东山文化搜集了室町时代中期的文化精粹。围绕于足利义政周围的"同朋众",建起了一个以茶和连歌为主的游兴世界,并因此带动了茶器、文具、书画、插花创作的繁荣。由将军家唐物藏品管理者能阿弥和他的孙子相阿弥编的《君台观左右帐记》,记载了以宋、元为中心的150余名中国画家的名字及画题、作品种类和观赏方式,对后世具有很大影响。东山山庄常御所隔扇上的一些画作,出自狩野派鼻祖狩野正信的手笔,狩野派后成为江户时代美术界最主要的流派。大德寺珍珠庵收藏的《竹石白鹤图屏风》《周茂叔图》《崖下布袋图》等,都是狩野正信的作品。狩野元信子承父业,同样成为御用画师。他着力摆脱禅宗画风,采纳大和绘的技法,在日本绘画史上首次完成了汉画的日本化。他的画风融水墨画的精神性及大和绘的色彩感为一体,写实而质朴,成为近世绘画之先驱。东京国立博物馆藏《鞍马寺缘起绘卷》三卷、旧妙心寺灵云院隔扇画《四季花鸟图》,就是狩野元信留存至今的代表作。

东山时代画家辈出,其中最著名的画家是雪舟等杨。雪舟等杨初入相国寺修行,随周文学画,后于应仁元年(1467年)赴明朝中国,最终摆脱宋元画的传统手法,开拓了独特的画境。藏于毛利家的《山水长卷》是雪舟等杨的代表作。东京国立博物馆收藏的《天桥立图》,更是雪舟等杨使水墨画日本化的杰作。雪舟等杨的《慧可断臂图》则作为禅画的大作而声名卓著。

自镰仓时代,"年中行事"即日本传统节日,是武家社会汲取公家文化的重要渠道。"年中行事"不仅是公家文化之集粹,而且是幕府政治运营之手段。以文笔能力参与武家实务的公家,因此获得了又一个施展才能的舞台。他们投其所好,积极传递"年中行事"要领,以此作为巩固自己地位的手段。室町幕府式微后,各地大名在领内移植了中央的礼仪,形成一个个"小京都",同时也使作为礼仪文化的"年中行事"在各地普及。

传统艺能承先启后 "五山文学"是日本文化史上的丰碑,但是因"曲高"而"和寡",难以为一般民众所接受。真正走出贵族社会樊篱向民间扩展的,是艺能。在古代,艺能的传载者是贱民。[①]进入中世纪后,艺人组织

---

① 日本的"贱民"包括"秽多"和"非人"。"秽多"主要是屠宰和皮革行业的工匠,"非人"主要是乞丐。贱民身份在1889年《大日本帝国宪法》颁布后被取消。

了"座"并奉侍于寺社和权门。镰仓时代末期至室町时代初期,田乐趋于繁荣。足利义满对新文化的保护也旁及艺能,使田乐、能乐等得以发展。田乐起源于田间祈求丰收的舞蹈,因镰仓时代是武家时代,因此田乐又称"武家舞蹈"。田乐表演者头戴花笠,脚蹬高腿木屐,边歌边舞,类似于中国秧歌。猿乐也在各地繁荣,形成了新的座。

观阿弥整合猿乐和田乐,创造了能乐。能乐意为"有情节的艺能",是最具有代表性的日本传统艺术形式之一。关于能乐的起源,日本学界存在争议,但能乐是"古代日本本土艺能与外来艺能之集大成",是日本学界共识。这一新的文艺形式在室町时代由世阿弥集大成。世阿弥是观阿弥的儿子,本名元清,很受足利义满赏识。因为将军欣赏,将军的属下也竞相阿谀谄媚。内大臣押小路公忠在日记《后愚昧记》中不无感慨地写道,"大名等竞而赏之,费及巨万云云"。经济获得保障,使世阿弥得以"埋头作曲,专念斯道"。能乐因此在室町时代趋于成熟。被誉为能乐"大和四座"之一的结崎座,因为有观阿弥、世阿弥的表演,很受民众欢迎。① 与传统祭祀仪式相结合的能乐,由世阿弥改变为受武家欢迎的艺术,成为在以足利义满为中心的达官贵人面前表演的艺术,其题材、构成、曲节、演技,均显现出幽玄洗练之美,所憾原来观阿弥的表演所具有的庶民性和土著性,因此日益丧失。

世阿弥不仅是表演艺术家,同时也是一名作曲家,一生创作和改编了50多首曲子。他的作品很多取材于《伊势物语》和《平家物语》。他在承袭其父亲观阿弥以模仿见长的艺风的同时,探索出了以歌舞为中心的幽玄之美。世阿弥还具有卓越的理论才能,撰写了《风姿花传》《花传书》《花镜》《申乐谈仪》等21种能乐理论作品。

另外,近江猿乐比叡山的犬王,以及田乐新座的喜阿弥、增阿弥也曾获得当权者足利义满和足利义持青睐,风光一时。狂言作为室町时代正式登台的一种艺能形式,也在南北朝内乱时期开始形成。能乐与狂言经常同时登台并形成强烈反差:能乐是具有宗教色彩的假面悲剧,而狂言以日常语言表演,是世俗的滑稽逗白。由于狂言一般就地取材,注重描述庶

---

① 大和四座是活跃于大和地区的四大剧团,最初分别称为"结崎座""外山座""坂户座""圆满井座",后改称"观世座""宝生座""金刚座""金春座",并以观世座为中心,发展成能乐主要流派。

第六章 ● 室町时代

民生活,因此很受普通民众欢迎。

室町时代陆续问世的短篇小说,则显示了从中世向近世过渡的社会性格。自平安时代末期以后,大量叙事画卷在进入室町时代以后,顺应大量增加的读者的需要,不仅衍生出被称为"奈良绘"的稚拙短篇,而且衍生出连环画。室町时代的短篇小说则有承袭中世纪的说话文学和缘起物、古物语,以及合战记等诸多内容的作品,反映了以町人为中心的读者群的广泛性和室町时代文化的多种性。

这种文化氛围亦赋予了各种艺能以活力,为四处漂泊的杂艺者提供了各展身手的舞台,更使俳谐、连歌、能乐、狂言等中世纪的各种艺能彼此借鉴,互相融合,成为近世即江户时代町人文化的源流。一般室町时代的小说被总称为"御伽草子"。如名称所示,其与江户时代的"假名草子"的血缘关系,一目了然。

进入室町时代以后,庶民生活显著改善,许多传承至今、构成日本传统文化之基础的因素,就是在室町时代形成的。特别是在应仁之乱以后,作为重建京都的主力登上历史舞台的町人,建立了自治组织,吸收传统公家文化并将其融入町人文化。在室町时代,律令制建立后支配京都的条坊制开始崩溃,居住在城里的商人、职人开始按地域分布,形成各种自治组织。町人在文化方面最醒目的动向,就是为在应仁之乱中成为废墟的京都的复兴,做出重要贡献,如复兴了在平安时代前期建成的祇园社(八坂神社)的祭——祇园祭。祇园祭是一种以通过"鉾",即以山车巡行为中心的祛除灾厄的咒术性仪式。这种仪式在室町时代成为京都民众的"年中行事"。在祇园祭的复兴中,民众掌握了主导权,从而显示出其自治力量。与祇园祭并行的,还有"风流踊"。①风流踊是一种源于念佛舞的仪式性舞蹈,盂兰盆节时在京都举行。是时,町人张灯结彩,假面盛装,在街区狂热起舞,风流踊因此成为民众的文化盛事。居住在城里的公家也参加以町人为中心举行的各种祭,在其中扮演一个角色。如果说室町时代初期文化的形成主要归功于武家和贵族,那么在室町时代中期以后的文化承载者中,町众和公家的作用绝不可被忽略。除了京都,在室町时代末期,堺(今大阪府第二大城市)和博多(福冈),也出现了町人,他们在和海外的交流中也创造出了新文化。公家的文化由町人融入庶民文化,创造

---

① 日语汉字"踊"意为日本传统民族舞蹈。

出了世俗的町人文化即都市文化。集当时流行于京都街头小调的《闲吟集》《狂言小调集》，即很好地反映了脱离中世纪的歌谣世界，开始向近世转变的新动向。

室町时代是庶民地位不断提高的时代，也是传承至今的生活文化的形成时代。一些从公家扩展到武家的年中行事也为市民所接受，并与正月的胡鬼板(羽子板)、三月的桃花酒和草饼、五月的菖蒲汤、七月的盂兰盆等民间信仰相结合，并融入诸多艺能，为庶民生活增添了丰富色彩。观音灵场，地藏、药师等信仰作为回应庶民各种心愿的对象得以扩大。七福神，特别是其中的大黑天、夷、弁财天等诸善神，被当作为庶民带来现世利益的神而祭祀。

由公家社会传承、为武家社会吸收的传统文化亦在同庶民生活的结合中发生了多姿多彩的变化。在服装方面，随着武家服装的简略化，一些简化的服装开始成为庶民的日常穿着。在饮食方面，以稻米为主食的庶民不断增加。当时有蒸的所谓"强饭"和炊的所谓"姬饭"。至室町时代末期，人们已普遍食用"姬饭"。粥也成为日常食品，并出现了小豆粥、五味粥。在丰富饮食文化方面，禅宗寺院的食物和烹调方法的普及，是一大要因。羹、饼、馒头、面等食物，生、汤、煮、烤、蒸、煎、腌等烹调方法，不仅极大地丰富了庶民的日常生活，奠定了日本料理的基础，而且催生了料理的各种流派和礼仪规定。餐间食用的点心、喝茶时食用的茶点也在这一时代开始产生。一日三餐的习惯也在室町时代普及于庶民生活。糕饼、粽子等和年中行事结合，也是室町时代的一大变化。在住所方面，京都居民的房屋多呈"口"字形，中间有井和公用厕所，甚至还有工作和儿童游乐场所。庶民还开始用起了油灯，并因此得以将工作延伸至黑夜。

虽然庶民的生活在室町时代得到很大改善，但无法避免的饥馑的侵袭，有时仍导致饿殍遍野的惨状。在发生于1459—1460年的"宽正大饥馑"中，仅京都的死者就达八万余众，使鸭川为尸体堵塞。以此为背景，寺院成了祭奠死者的场所。民间"塔婆"式墓标的制作，也始于室町时代。①从年中行事、衣食住行至死者葬礼，生活各领域的变化和各种

---

① 梵文 Stupa 和巴利文 Thupo 传入中国时，曾被音译为"塔婆""佛图""浮图""浮屠"等。由于 Stupa 在古印度用于珍藏佛家舍利子和供奉佛像、佛经，后被意译为"方坟""圆冢"。至隋唐时代被统一译为"塔"并沿用至今。

相应技术的专门化,构成了室町时代生活文化的一种趋势,艺能和游艺也在一流一派的主张中从根本上改变着古代文化,开始探索并形成新的方向。

和式教科书与连歌 形成于室町时代初期、作为武士子弟初等教科书的《庭训往来》,不仅是独具特色的和式教科书,而且在日本教育史上具有划时代意义。"庭训"二字,典出《论语·季子》,意为孔子教训儿子孔鲤。"往来"在平安时代末期已经出现,如藤原明衡编辑的《明衡往来》,就是将书信中常用单词和断句辑录成文作为范例,功能类似于启蒙教科书。但是,其影响和《庭训往来》为大幅提高日本庶民识字率所作出的贡献,不可同日而语。日本"往来"研究专家石川谦曾经提出,《庭训往来》当成书于室町时代初期。①这和认为玄惠法师(?—1350年)是《庭训往来》作者的传统认识吻合。然而近年学者通过考证发现,《庭训往来》描述的有些内容是15世纪左右才出现的。虽然作者是谁迄今仍不可考,但不可能是玄惠法师。《庭训往来》共二十五篇、每两篇对应一个月(八月为三篇)。各月份均有相应主题,如一月是庆典并以贺年祝词开篇,二月是赏花、连歌、和歌,三月是领地经营和劝农要义,四月是领内政治和市町的经营和监督,五月是社交礼仪,六月是军事知识,七月是游艺,八月是司法制度,九月和十月是佛教知识解说,十一月是疾病和治疗,十二月是地方行政制度及实务。《庭训往来》中的词汇涉及各领域,出现最多的是和衣食住行相关的词汇,据统计有370个;和职业相关的词汇有217个;和佛教相关的词汇有179个;和文学相关的词汇仅16个。这说明,《庭训往来》有很强的实用性。江户时代,《庭训往来》成为庶民教育机构"寺子屋"的教科书,依然扮演"启蒙"角色。

镰仓时代因武家自身文化缺失,公家文化的权威性未被动摇。但是进入室町时代以后,公家文化日渐衰弱,并发生质变。自《古今和歌集》以来具有五百余年历史、作为公家文化象征的和歌敕撰传统,在室町时代中期宣告中止。这是室町时代日本文化转型的一个重要象征。

郁达夫认为,和歌"把乾坤今古的一切情感都包括得纤屑不遗"。完成于贞和二年(1346年)的《风雅和歌集》及弘和元年(1381年)的《新叶和

---

① 石川谦:《关于〈庭训往来〉的研究》,东京教育大学教育学会纪要,金子书房1950年版,第87页。

歌集》，体现了这种特点。这两本和歌集是南北朝内乱时期的代表性歌集。《风雅和歌集》被誉为"日本的《诗经》"，是由京极为教开创的和歌"京极派流"的集大成之作。《新叶和歌集》由宗良亲王编，是吉野朝廷侍奉者作品的搜集，共 20 卷，完成于弘和元年(1381 年)，收录了后醍醐、后村上、长庆 3 位天皇以及南朝歌人的 1 420 首和歌，韵律大都凄楚悲凉，颇具日本文化"物哀"特色。

从镰仓时代向室町时代转变的内乱时期，传统的宫廷文学的世界急剧缩小。虽然宫廷的御用歌人和一些女流作家的日记、随笔、拟古物语，依然时有问世，但广泛把握社会，以多维的目光洞察世事的遁世者，是当时文学作品的主要作者。当时盛行的连歌也显示出宫廷歌人为隐者取代的倾向。最明确显示这一动向的，就是前已述及的五山文学的兴盛。五山禅僧的诗文以中国古典和禅宗思想为基础，开拓了和传统文学性格迥异的新的思想和学问的领域。

自南北朝时代至室町时代初，属于二条派的遁世者和僧侣的歌人，依然相当活跃，清岩正彻就是其中的一位代表人物。清岩正彻是一位禅僧，曾随冷泉为尹学习和歌创作，他的《草根集》收录了一万一千首和歌，为个人歌集数量之最。他的《正彻物语》和《清岩茶话》，则是站在唯美的立场上讴歌草庵生活和心情的论集，作为歌论，在群芳荟萃的日本文论领域大放异彩。

清岩正彻之后日本似乎缺乏值得瞩目的歌人，唯有明显的对《古今和歌集》的崇拜，并努力墨守其歌风的倾向。诠释《古今和歌集》难解部分和秘传其语法知识的所谓"古今传授"，则日趋形式化，尤以东常缘和他的歌集《东野州家集》、歌论《东野州消息》《东野州闻书》，显示得最为充分。

作为一种新的和歌形式兴起的连歌，成为当时文人的一大爱好。连歌是前此歌人的游戏，在南北朝时代为武士和僧侣所热衷。经一度沉寂后，自室町时代中期得以复兴，优秀连歌师辈出。宗砌的《连歌新式今案》欲重现敕撰歌集的传统。心敬的《心敬纪行》强调和歌、连歌、佛道殊途同归，聚焦连歌和人生的关系，是中世纪诗论的巅峰之作。和平安时代的西行、江户时代的芭蕉并称为"漂泊诗人"的宗祇的《新撰菟玖波集》垂范后世。宗祇、肖柏、宗长的《水无濑三吟百韵》，被视为连歌史上的巅峰之作。其前八句即显示了连歌的情趣和特色：

第六章 室町时代

　　残雪犹未消，山麓罩暮霭；(宗祇)
　　山村河水远，梅花发芳香；(肖柏)
　　河风吹柳丛，春色在眼前；(宗长)
　　橹声遥可闻，春潮泛白色；(宗祇)
　　云雾罩夜空，犹留一轮月；(肖柏)
　　晨霜遍原野，秋色业已深；(宗长)
　　虫虽愿长鸣，秋草却已枯；(宗祇)
　　来到篱笆前，显出一条路。(肖柏)

　　残雪未消的山麓，梅花吐艳的山乡，柳叶低垂的春色，寂寥肃杀的秋景。这种描述颇似电影"蒙太奇"。但连歌最主要的价值不在于技巧，而在于对自然和人生共同变幻的揭示，在于观察自然时对人生的感悟。连歌的集大成者是饭尾宗祇(即宗祇)和二条良基。宗祇认为，"见飞花落叶，谁者思常留此世，置定理之外？"二连良基强调："连歌，非前念后念之相系，亦非同浮世之状，依盛衰忧喜之境而移。思昨而今，思春而秋，思花而至红叶，飞花落叶之念也。"①至室町时代后期，连歌在各地得以广泛普及，同时其文学性渐弱，游戏性渐强。以此为背景，私淑一休的宗祇的弟子宗长，在创作连歌的同时亦关心俳谐和狂歌，着力开拓新的领域，并撰写了《宗长手记》《宗长日记》。至室町时代后期，连歌的地位为俳谐连歌所取代。

　　除了连歌，曾经盛行于贵族社会的物语创作传统，虽然没有被抛弃，但体裁也有变化。在政治上趋于没落的公家，力图在文学上寻找存在感，他们撰写了一些短篇读物，其中流传至今的有五百余篇，题材极为广泛，反映了室町时代的一种文化倾向。尤其是《明德记》《嘉吉记》《应仁记》《结城战场物语》等物语，不仅是当时社会动荡的镜子，而且是后世文学的镜子。另外，描述吉野朝廷轶事的《吉野拾遗》，也值得一提。

　　作为一种文化动向特别值得关注的是，在室町时代，公家在政治方面的急剧后退，使之对实用性学问的关心日益疏淡，注意力开始转向古典注释研究，"有职故实"(关于古代朝廷和武家的礼仪、典故、官职、法令等的规定)，作为公家考据性解说的性质，得到进一步强化。室町时代该领域的代表人物，是曾任摄政和关白、位居室町时代中期公家高位的一条兼

---

① 南博：《日本人的心理》，刘延州译，文汇出版社1991年版，第47、48页。

良。一条兼良自小耳濡目染"有职"的知识,著有《公事根源》《日本书纪·神代卷》的注释书《日本书纪纂疏》六卷,以及《源氏物语》的注释书《花鸟余情》。应仁之乱后,一条兼良为将军足利义尚撰写了《文明一统记》《樵谈治要》,论述了为政心得和政治本义。他的一生堪称当时公家文化的一个缩影。

稍后于一条兼良的"和学"在室町时代后期的代表人物,是曾位居正二位内大臣的三条西实隆。三条西实隆专心致志于对古典的书写、校勘、注释。他的《弄花抄》《细流抄》《伊势物语直解》《万叶一叶抄》,成为以后"和学"之基础。在"有职故实"领域,三条西实隆答大内义隆问的《多多良问答》,也堪称杰作。他历六十三年撰写的一百五十八卷日记《实隆公记》,更是一部如实记述当时上层公家生活的珍贵史料。由一条兼良、三条西实隆开创的室町时代的古典研究,后为中御门宣胤等人所承袭,为近世即江户时代的"和学"发展,奠定了基础。同时,各地一些有权势的大名为之动心,邀请学者进行古典讲解,使公家文化通过古典研究和"有职故实"的学问在各地传播。所有这些,都极具日本文化特色。

作者点评:

西方有所谓"黑暗的中世纪",日本亦有"黑暗的中世纪"。因为"有序"的专制是一种黑暗,无序的乱世也是一种黑暗。中世纪的西欧属于前者,中世纪的日本属于后者。室町时代是"一揆"频发的时代,之所以如此,显然和权力中枢不稳定有关。室町时代曾出现"一天两帝南北京",出现"君与君争天下"的南北朝,甚至出现东西两个幕府,都与此有关。但是,正如军事是科技的"发动机"一样,"乱世"往往是文化的"推进剂"。中国"百家争鸣"是在战国时代,而"传承至今的日本独特的文化"成形于室町时代,"五山文学"等形成于室町时代,均不是历史的偶然。

在作为观念形态的文化产物中,禅宗,尤其值得一提。这一独具日本文化特色的佛教宗派,在室町武家社会的扶持下得以迅速发展。按鲁思·本尼迪克特在《菊与刀》中的说法:"正是日本武士,把禅宗变成了他们自己的宗教。"武士之所以对禅宗情有独钟,主要是因为在将其哲学根基置于"他力"和"自力"的各宗教门派中,禅宗是后者最突出的典型。禅宗强调,一个人的潜力仅存在于自身,只有依靠自己的努力才能发现并发掘。

第六章 ● 室町时代

日本的禅宗,在许多方面是日本文化之光的折射。在日本的禅宗体系中,既有宗教基础,又有生活哲学;既有与社会息息相关的习俗、情感,也有面对静谧空寂的自然抒发内心恬淡情思,使人与自然交融,理念与物像合一的思想留痕。日本著名学者铃木大拙以禅的眼光观照日本文化,撰写了《禅与日本文化》这本杰出论著,颇具说服力地指出了禅对日本人广泛而深刻的影响。

第七章 战国时代

第一节 战国序幕:"应仁之乱"

学界对日本战国时代始于应仁元年(1467年)的"应仁之乱",意见一致,但止于何时,看法不一。一种意见认为,应仁之乱终于文明九年(1477年),因此也叫"应仁·文明之乱";一种意见认为,战国时代终于永禄十一年(1568年)织田信长上洛;一种意见认为,战国时代终于德川家康被赐封征夷大将军的庆长八年(1603年);一种意见认为,战国时代终于元和元年(1615年)即"元和偃武"。不管采纳哪种意见,了解战国时代都首先要了解应仁之乱,探寻战国时代的源头。

"应仁之乱"的"伏笔" 日本著名史学家、"京都学派"主要创立者内藤湖南提出:"应仁之乱以后的100年,是使日本发生巨变的100年,那是一个使日本发生全新蜕变的时代。要了解今天的日本、研究日本的历史,只要研究应仁之乱以后的历史就够了,几乎没有必要研究日本古代史。应仁之乱以前的历史对我们来说如同外国的历史,而应仁之乱以后的历史,才令我们有触及身体骨肉的切实感受。如果认识到这一点,那么对日本历史就会有真正了解。"① 这种说法或有偏颇之嫌,但却指明了应仁之乱不仅对了解日本战国历史,而且对了解整个日本历史的重要意义。

应仁之乱究竟使日本发生了什么变化?概括而言,主要表现为三个方面。

---

① 朝尾直弘等编:《日本通史》第10卷《中世》第4卷,岩波书店1994年版,第3页。

第七章 战国时代

第一,以"应仁之乱"为开端的战国时代,是日本民众作为推动历史的主体势力,在日本历史上首次明确显示自己姿态的时代。这种民众的力量不是作为单个的个人发挥的力量,而是开始形成作为家族共同体的"家"的力量。这种"家"和13世纪左右形成的贵族、武士等的"家"一样,将祭祀祖先、使家族延续持久和繁荣,作为最基本的价值规范。民众自己为了维护永续的"家"而建立的非常强固的共同体,在农村是被称为惣村和乡村的村,在城市是町。

第二,从原始社会以后,日本处在受自然支配的所谓"野生的时代",从战国时代开始,日本逐步走向文明时代。应仁之乱则是使日本人真正朝着文明时代的方向跨出的第一步。在战国时代,以律令、佛教等为代表的一种普遍的价值观和具有体系性的高度的中国文明,进一步渗入尚未开化的强韧的土著文化,两者不断混合,真正成为日本文化的重要组成部分。今天被视为日本传统文化的各种艺能,大都是在这一时代最终形成的。同时,由于技术的革新、货币经济的发达以及文字向村和町的普及,一种近代合理主义观念开始在日本社会确立。

第三,居住在日本列岛的民族开始成为国民,具有国民国家性格的日本开始形成,而且在这一时代形成的日本疆域,基本相当于现代日本的疆域,后来增加的疆域只有北海道。同时,战国时代也是日本从华夷秩序中脱离出来,开始作为一个独立国家登上东亚舞台的时代。

那么,作为战国时代序幕的应仁之乱为何发生?如前面所述,室町时代是个乱世,经历了多次"乱"和"一揆"。特别在前已述及的嘉吉元年(1441年)第六代将军足利义教被刺,即"嘉吉之乱"后,幕府的权力结构发生了很大变化。嘉吉之乱前,足利义教的政治是将军亲裁的极权政治。嘉吉之乱后,没有足利义教铁腕治世,政治运作岂能循规蹈矩?事实上,足利义教被刺身亡后,管领细川持之立即召集诸大名开会,确定了将军缺位后的政治运作方式:一、由足利义持7岁的嫡长子千也茶丸继嗣家督,元服后继任将军。二、请求天皇宣旨讨伐刺杀将军的赤松满祐及其家族势力。三、在足利义胜亲政之前,由管领细川持之代为主理幕政。四、赦免被足利义教贬斥的家臣。前面三项顺理成章,但第四项引起了一番争议。因为如果要赦免被足利义教处罚的大名,是否要赦免畠山持国?畠山氏是桓武天皇的后裔桓武平氏即平清盛的后裔,有很高的家格。室町初期,畠山家当主畠山重忠的妻子改嫁足利义纯,足利义纯为继承畠山家领地而改姓畠山。当初足利义教在讨伐关东时，让畠山持国出兵，但畠山持国居然置若罔闻，令足利义教大怒，让他弟弟畠山持永继任家督，将畠山持国打发回了他自己的领国河内国(大阪)。在大赦时如果不赦免畠山持国，还保存着潜在势力的畠山持国起兵怎么办？如果他起兵，幕府必须派兵征伐，那样京都就有危险。如果赦免他，那么畠山持国受到处罚后，继任家督的畠山持永如何与他相处？诸大名权衡再三，决定赦免畠山持国。他们自然不会料到，因嘉吉之乱引发的这一决定，是引发应仁之乱的导火索。如前所述，足利义教死于嘉吉之乱后，他的长子、年仅8岁的足利义胜继任第七代将军，而实际主管幕政的是管领。一年后，足利义胜夭折。将军宝座虚位以待长达六年之久。幕府不再"定于一尊"，管领和管领便互争雄长，分庭抗礼，应仁之乱即因此爆发。可以毫不夸张地说，没有嘉吉之乱，应仁之乱或许不会发生，至少不会以那样的规模发生。

赦免畠山持国，首先让畠山持永的母亲担心。于是，她和游佐勘解由左卫门尉和斋藤因幡入道两个名字古怪的家臣合谋后决定，派刺客去刺杀畠山持国。不料刺杀没有成功。畠山持国对畠山持永下黑手刺杀他，有点不太相信，于是当面询问畠山持永，情况是否属实？畠山持永自然矢口否认，坚称："断无反对幕府之心，亦无杀害兄弟之意。"结果，那两个参与密谋的家臣被命令切腹谢罪。两个倒霉蛋发现自己就要成替罪羊，于嘉吉元年(1441年)七月四日带着畠山持永逃出京都。于是，畠山持国被赦免后当上了家督。这段史实见于公卿万里小路时房的日记《建圣院内府记》(简称《建内记》)。《建内记》是了解15世纪上半叶的重要史料，是比较可靠的信史。

嘉吉二年(1442年)十二月十七日，第六代将军足利义教8岁的长子千也茶丸元服，取名足利义胜，随后就任第七代征夷大将军。可叹这8岁的孩子在位不到一年即患赤痢夭折，辅佐足利义胜的管领细川持之和他同年去世。随后，足利义胜的同胞弟弟、6岁的三春丸(足利义政)在新管领畠山持国拥立下，成为第八代将军。必须强调的是，第三代将军足利义满即位后，由正当壮年的管领细川赖之辅佐，第七代将军足利义胜升帐后，42岁的细川持之却突然离世，13岁的细川胜元成为新任家督。

文安二年(1445年)四月，第八代将军足利义政9岁出头，担任管领的是16岁的细川胜元。两个连毛头小伙都算不上的小孩，怎能担得起治理国家的重任？这似乎不成问题。但正是这个不成问题的问题，成了与

第七章 战国时代

应仁之乱直接相关的大问题。室町幕府的核心领导者除了将军,还有斯波氏、畠山氏、细川氏"轮流坐庄"的管领,为什么不能从斯波氏或畠山氏中,挑选辅佐幼主足利义政的管领呢?原因很简单,就是上面已经写到的,畠山氏兄弟即畠山持国和畠山持永兄弟阋墙,让谁当管领都不合适。斯波氏在室町幕府中,家格仅次于宗家足利氏,其家督和足利氏宗家一样,代代以"义"为通字就是证明。但是,斯波氏家督斯波义淳因为没有后嗣,也是让弟弟斯波义乡还俗接班,而斯波义乡的威望根本难以服众。更重要的是,斯波氏内部三家重臣甲斐氏、朝仓氏、织田氏,彼此矛盾很深,本身内部就不安定。相比之下,还是细川氏情况较好,家督虽然年幼,但作为家族核心,还是受到拥戴的。

文安六年(1449年),足利义政年满15岁元服并开始亲政。在此之前的六年时间里,幕府没有一份以将军名义下发的公文,有的只是管领下发的公文。也就是说,和镰仓幕府的执权类似,管领是室町幕府的实权人物。足利义教死于非命后,依靠有力守护支持的管领政治重新复活,成为幕府政治乃至日本政治的核心。认识这一点对于认识应仁之乱的发生,至关重要。

足利义政就任将军并亲政后,将军的"御判教书"取代管领的"下知状",成为幕府最高命令。毋庸赘言,足利义政亲裁幕政的核心,就是抑制管领和有力守护。概括而言,主要有以下几方面:

第一,责令归还侵吞寺院的土地。多数侵吞者是守护和守护代(守护的代理人),因此这项政策极大削弱了守护的经济实力。第二,命令"所领直务",即必须直接经营领地。第三,各领国庄官的任命权归属将军。第四,强化服从体制。无论守护还是武士,均必须服从将军的命令。第五,实行保护"奉公众"政策,奉公众若犯重罪,必须等候将军命令,严禁守护擅自处分。第六,守护及其臣属均须如御家人般对将军忠诚。

但是,足利义政欲树立幕府将军权威的政策,必然遭受极大阻力。因为,足利义满以后,朝廷的权力几乎尽为幕府所收,宣旨、院宣、纶旨等均已形同虚设,天皇或上皇仅成为观念性的权威。[①]但是嘉吉之乱后,此消

---

① 宣旨:天皇宣布的旨令、诏书。院宣:上皇颁发的诏书。纶旨:传达天皇旨意的简便文书,由天皇近侍的藏人草拟,直接送达接收者。

彼长,天皇的权力逐渐恢复。嘉吉之乱时幕府在发兵讨伐赤松氏时获得天皇纶旨以正名分,就是例证。另外关于公家诸庄园的安堵、裁判也由天皇裁定,甚至镰仓公方和关东管领,也由天皇以纶旨任命。究其原因,主要是将军权力失坠、幕府权力减弱,面临统治危机,需要重新借助天皇的权威。管领政治虽然获得守护支持,但是"名不正则言不顺",管领毕竟不是将军,何况守护之间争权夺势,矛盾重重,而守护之间的内讧,则是引发应仁之乱的重要原因。

将军继嗣难题 如前面所述,在镰仓时代,镇守各国的守护是直属幕府将军的御家人。幕府将军由源氏宗家世袭。虽然继承将军职位的源氏宗家三代绝嗣,但此后一直有作为宗家代理人的北条氏依靠"御内人",以执权的身份执掌幕府政务,守护作为幕府御家人的身份并未转变,并依然奉幕府为权威。镰仓幕府解体后,足利尊氏建立了室町幕府。足利氏虽然也是源氏后裔并世袭将军职位,但仅是源氏的一支,与各国守护大名的家系并无贵贱之分。在注重"大义名分"的日本,这无疑是一个致命的"弱点"。换言之,大名对将军的臣属意识不强,是室町幕府和镰仓幕府的最大区别。

嘉吉之乱后,山名氏得以复兴。山名氏也是清和源氏后裔,其先祖新田义贞是推翻镰仓幕府的主要功臣。之后,山名氏和一色氏、京极氏、赤松氏成为担任侍所所司的"四职家"。在山名氏清任家督时,山名氏实力最为强大。日本六十六国,山名氏独占出云、伯耆、隐岐、备后、美作、因幡、但马、丹后、丹波、和泉、纪伊共十一国,被称为"六分之一殿"。但因明德二年(1391年)山名氏清和山名满幸发动反叛幕府的政变即"明德之乱",结果山名氏清战死,十一个领国仅余但马(兵库县)、因幡(鸟取县)、伯耆(鸟取县)三个领国。永享九年(1437年),幼名小次郎、元服后更名的山名持丰继任家督。嘉吉元年(1441年),山名氏又成为十国守护,几乎重新成为"六分之一殿"。宝德二年(1450年),山名持丰出家退出政坛,改名山名宗全,由山名教丰继任家督,但山名氏复兴大业已经完成。如后面所述,山名氏的复兴,是应仁之乱爆发的重要原因之一。

了解了山名持丰(宗全),我们还要了解一下细川胜元,因为他也和应仁之乱的爆发直接相关。嘉吉之乱后的第二年即嘉吉二年(1442年)八月四日,细川持之去世,年仅13岁的细川胜元担任家督。山名持丰有两个养女,其中一个嫁给了细川胜元。文安二年(1445年),畠山持国因未

第七章 ● 战国时代

能平定近畿地区的动乱而被迫辞职,细川胜元接任管领。文安六年(1449年),细川胜元为足利义政主持了元服礼。第三代将军足利义满元服时,主持元服礼的是细川赖之。如此遵循"旧例",说明细川氏在幕府的地位。最初,作为翁婿关系,山名持丰和细川胜元的关系还算和睦,至少没有翻脸。但后来却成了不共戴天的仇敌。在历史上,翁婿成为仇敌不值得论述。因为,一部日本史,几乎半部是血亲乱斗史。值得论述的是这两个有儿女亲家关系的管领,为了左右幕府而围绕将军继嗣问题的翻脸,成了应仁之乱的导火索。

永享之乱后,足利成氏成为镰仓公方。由于他擅自杀了关东管领上杉宪忠,幕府派今川范忠进行讨伐。康正元年(1455年),足利成氏逃到了下总国古河(千叶县),从此他及其后嗣被称为"古河公方"。长禄元年(1457年),第八代将军足利义政的弟弟足利政知被任命为镰仓公方。但他没有足够实力进入镰仓,只得滞留于伊豆田的崛越,因而他及其子嗣被称为"崛越公方"。镰仓两个公方的存在,说明当时权力的多元。这也是当时乱局的一个缩影。

应仁之乱发生前可谓流年不利。宽正二年(1461年),日本发生了"宽正大饥馑",全国饿殍遍野,哀鸿一片。虽然是将军,但足利义政没有他父亲足利义教那样处理问题的果敢和决绝。因此,不仅他的属下阳奉阴违,连天皇也借机讽刺他。"宽正大饥馑"发生后,大觉寺统的后花园天皇赠送了一首诗给足利义政,劝诫他不要热衷于在东山建造山庄,不要耽迷于游乐,应该关心民众疾苦,诗这样写道:"残民争采首阳薇,处处闭炉锁竹扉;诗兴吟酸,满城红绿为谁肥?"透过这首讽刺诗不难窥见,和后圆融天皇同足利义满的对立相比,此时将军在天皇面前已不再有往日的威风。[①]第一百零二代天皇后花园天皇正长元年(1428年)9岁时即位,在位三十余年。当时也是正值壮年,但如此调侃足利义政,关键显然不在于年龄,而是朝幕关系的天平已不似以往。宽正五年(1464年),后花园天皇将皇位让给皇子成仁亲王(后土御门天皇),自己作为上皇在东洞院实行院政,应仁之乱爆发后出家,文明二年(1470年)驾崩,在乱世中度过一生。

那么,让后花园天皇出家当和尚的应仁之乱,是什么因素直接引发

---

① 小和田雅治编:《一揆的时代》,吉川弘文馆2003年版,第198页。

的，或者说应仁之乱的直接导火索是什么呢？宽正五年（1464年）十二月，年仅28岁的足利义政萌生了隐退的念头。虽然他想铁腕治吏，但谈何容易？何况他原本并不热衷于政治，更厌倦勾心斗角。足利义政喜欢茶道、作庭、猿乐。由于他没有男嗣，因此想让他的弟弟净土寺门迹义寻还俗。①不料，习惯于青灯古佛的义寻，也不是有政治野心的人。义寻以足利义政还很年轻，仍有生儿子的可能为说辞，婉言拒绝。但是，足利义政力劝并立下书面承诺："今后即便生儿子也让其入僧门不继承家督"，义寻才最终被说动而还俗，改名足利义视。孰料，此后却出现了一个"奇迹"。足利义政和正室日野富子结婚十年无男嗣，可义寻刚还俗，日野富子就怀孕了。足利义视元服不久，足利义政的儿子出生了。如此一来，将军继嗣问题，成了必须"二选一"的难题。

　　过去日本学界普遍认为，将军继嗣问题是引发应仁之乱的导火索。但是，近年很多日本学者指出，应仁之乱爆发的真正原因，是室町幕府内部矛盾的激化，具体而言是足利义政对有力大名的家督继承问题处置不当。将军继嗣当然也是问题，但并非难题。作为藤原北家后裔的日野富子有了自己的亲儿子，当然希望儿子继任将军，可足利义视的妻子是她的妹妹。也就是说，足利义政和足利义视不仅是兄弟，还是"连襟"，而且日野富子姐妹关系不错。因此，足利义政想采取"先来后到"的办法解决将军继嗣问题：弟弟足利义视任第九代将军，儿子足利义尚任第十代将军。也就是说，足利义政不想废掉足利义视的继承人的位置，而且让已经成年的足利义视先继承将军职位，有助于维护室町幕府的稳定，使足利义尚顺利接班。日野富子也表示同意，称如果足利义视只是"过渡将军"，不反对这样的安排。然而，这时候的将军还能一言九鼎吗？不能。因为当时幕府存在的三股政治势力，对将军继嗣问题各有不同立场，他们的立场至关重要。

　　第一股势力是以伊势贞亲为首的足利义政将军的亲信。伊势氏是桓武平氏后裔，是京都望族。嘉吉三年（1443年），伊势贞亲成为三春丸（足利义政）的乳父（养护人）。享德三年（1454年），伊势贞亲成为一门总领家督。宽正元年（1460年），伊势贞亲出任幕府政所执事，通过确立"分一钱"制度，即规定守护大名和寺庙在发布"德政令"时，必须向幕府缴纳免

---

① 门迹原指寺院之主僧，后也指皇家或公家和武家要人出家后所住之特定寺院。

债额的10%，使幕府财政获得很大改善，令足利义政对伊势贞亲更加言听计从，而与足利义政有养父子关系的伊势贞亲，当然希望足利义尚马上继承将军职位。

第二股势力是以山名宗全为首的地方有力大名。山名宗全和足利义政的亲信集团矛盾很深，因为足利义政的亲信集团是和他有血仇的赤松氏的支持者。山名宗全希望足利义政早日隐退，由他弟弟足利义视担任将军。如果足利义视上台，他的女婿斯波义廉很有可能成为管领。

第三股势力是以细川胜元为首的中间势力。细川胜元不认为足利义政有引退的必要。他既不反对足利义视继位，也不反对足利义尚接班。细川胜元真正的立场是按照足利义政、足利义视、足利义尚的将军传接顺序，避免政局动荡。这也是细川历来主张的稳健中道路线。这种稳健中道路线，令他必然支持足利义视成为第九代将军。

但是，三足鼎立的结构不久就被打破，而打破平衡的就是家督继位问题。前面写道，斯波氏有三家重臣：甲斐氏、朝仓氏、织田氏，其中甲斐氏最受幕府将军信赖，享有可以不通过主家斯波氏而直接觐见将军的特权。这当然令主家斯波氏很不高兴。长禄年间（1457—1459年），斯波氏第八代当主斯波义敏与甲斐派矛盾激化。斯波义敏不顾足利义政的命令，起兵征伐甲斐氏，结果却铩羽而归。斯波义敏目无将军，令足利义政大怒，于宽正元年（1460年）迫其隐居，由斯波义敏的儿子松王丸（斯波义良）继任家督。然而不到一年，年幼的松王丸即被斯波义廉取代。文正元年（1466年）七月，足利义政根据伊势贞亲的建议，废掉了斯波义廉的家督之位，让斯波义敏重新担任家督，同时命令斯波义廉移交所有权力，并将府邸让给斯波义敏。八月三日，足利义政命令山名宗全的女儿和斯波义廉解除婚姻关系。就在女婿斯波义廉大难临头之际，岳丈山名宗全拔刀相助，派军队进入斯波义廉的住所进行保护。八月二十五日，足利义政命令细川胜元、畠山政长的军队开赴京都。几万军队在京都对峙，战事一触即发。

"应仁之乱"爆发　九月五日，伊势贞亲提出的一个建议化解了危机。他对足利义政说，足利义视有暗中怂恿斯波义廉和山名宗全搞事的嫌疑。足利义政当即被激怒，决定诛杀足利义视。性命难保的足利义视当即赶往室町御所喊冤。因为没有确切证据加之幕府众臣的反对，足利义视最终有惊无险。但是，伊势贞亲的这一做法，遭到了细川胜元当面严厉谴责。山名宗全在这件事上，不管是基于亲缘还是利益，都站在细川胜元一边。伊势贞亲害怕两家联手找他算账，于六日逃出京都。失去靠山的斯波义敏也随同出逃。这一事变史称"文正政变"。在这次政变中，细川胜元获利不少，但山名宗全却没什么收获，两人的矛盾逐渐加深。山名宗全转而与细川胜元的政敌、另一个管领世家的畠山义就联盟，欲夺取幕府大权。

事实上，尽管任命家督的权力属于将军，但明智的将军都不会"越俎代庖"。如果管领或有力大名干预家督问题，在动乱年代更属于添乱。小和田哲男、本乡和人提出，"应仁之乱的起因是细川胜元等实力强大的守护大名参与畠山家发生的家督斗争。"①这是怎么回事？原来如前所述，"嘉吉之乱"后畠山持国获得赦免，当年复归家督之位。之后发生的事，如同幕府将军继嗣问题的翻版。

畠山持国一直没有男嗣，因此将弟弟畠山持富的儿子畠山政长（畠山弥三郎）收为养子，并立他为接班人。然而，畠山持国的爱妾后来生下了儿子畠山义就。畠山持国反悔了，决定废了畠山政长，让儿子畠山义就继承家督之位。令他始料未及的是，这一想法成了点燃应仁之乱这把大火的火苗。

文正政变刚刚平息后的十二月二十五日，得到山名宗全和斯波义廉支持的畠山义就率军上洛，在京都北部的千本释迦堂（大报恩寺）布阵。畠山政长当即命令在宅邸四周构筑箭楼，加强戒备。畠山政长获得的主要支持来自细川胜元，文正二年（1467年）正月初一，畠山政长前往将军官邸花御所晋献埦饭。②这是效忠明白无误的表示。正月二日，按照惯例是"御成始"的日子。但是，足利义政没有"御成"赴畠山政长府邸，而是在将军御所接见了畠山义就。③足利义政这种"不守规矩"的举动，对畠山政长不啻是沉重打击。正月五日，按惯例是将军造访畠山府邸的日子。足

---

① 小和田哲男、本乡和人：《倒叙日本史》第3卷《战国·室町·镰仓》，韦平和译，商务印书馆2018年版，第92页。
② 平安时代末期，日本形成了一种皇家和贵族料理，叫大飨料理。大飨料理以鱼为主，烹饪技法简单，主要是展示刀功技巧即"庖丁式"。厨师不调味，只是提供四种蘸料。武家提倡节俭，不推崇大飨料理。埦饭就是从大飨料理演变而来但比较简约的饭食。之后，武家的埦饭被本膳料理取代。本膳料理的烹调注重色、香、味的调和，并会做成一定图形以示吉利。本膳料理延续至今。
③ "御成"原意是"贵人外出"，在室町时代特指将军外出。管领在府邸招待将军叫"御成始"。

利义政也没有去畠山府邸造访畠山政长,而是去山名宗全的府邸见了畠山义就。足利义视和各路大名也追随将军去了山名府邸,只有细川胜元没有去。这让畠山政长产生了一种不祥的预感。翌日,畠山政长的预感成为事实:足利义政罢免了他的管领职位,并命令他将畠山府邸让给畠山义就。八日,斯波义廉被任命为管领。

　　足利义政原先是支持畠山政长的,突然转向显然是因为畠山义就"兵临城下",而支持他的是实力强大的山名宗全。确实,在畠山氏的内讧中,"与强者为伍",随时调整自己的立场,是足利义政一贯的做派。但这么做,引起了细川胜元等人的强烈不满。十五日,细川胜元、畠山政长、赤松政则赶往将军御所"御所卷",即强烈要求足利义政下令讨伐畠山义就。但是,细川胜元的妻子即山名宗全的养女,将"御所卷"秘密告诉了山名宗全。于是,山名宗全、斯波义廉、畠山义就迅疾以加强警卫为由,派兵包围了将军御所。这无异于发动军事政变。随后,细川胜元谋划拥立足利义视,这一意图也即刻被山名宗全知晓。十六日,山名宗全将足利义视转移到将军御所,等于将他软禁。随后,山名宗全的军队包围了畠山政长的府邸,要求他离开京都。

　　按照山名宗全的判断,此时的畠山政长必然会逃离京都回到自己的领国。因为,如我们前面看到的,失势的大名都这么做。没想到畠山政长也不是按常理出牌的人。他采取了一种"玉石俱焚"的方式。十八日拂晓,天寒地冻,满天飞雪。畠山政长放了"冬天里的一把火",烧毁了畠山宅邸,然后率军北上,进入京都御所的上御灵神社(现在的御灵神社),在那里布下阵势,迎击畠山义就的军队。下午四时,畠山义就的军队赶到并开始进攻上御灵神社。但是,一直厮杀到第二天凌晨四点,双方的胜负依然未见分晓。而在前一天,足利义政见战事一触即发,为防止事态扩大,已经下令细川胜元和山名宗全不得干涉畠山氏的家事,但是,"战国时代之所以出现,就是因为室町幕府的足利将军家族未能成功地驾驭诸大名"。① 细川胜元服从足利义政的命令,没有出兵为畠山政长助阵。但是,山名宗全、斯波义廉却发兵增援畠山义就。如此一来,胜负的天平立刻倾斜。十九日拂晓,畠山政长眼见大势已去,立即逃入细川胜元府邸。山名宗全等未能掌握他的行踪。这场冲突,史称"上御灵之战"。战后,山

---

① 井泽元彦:《日本史集中讲义》,祥传社2004年版,第122—123页。

名宗全控制了政局,但也和细川胜元结下了难解的怨结。因为,山名宗全力挺畠山义就,而细川胜元不救畠山政长,在世人眼里,他无异于背信弃义之徒,这对作为一方领袖的细川胜元,堪称奇耻大辱,他必须洗刷污名。就在细川胜元开始秣马厉兵时,志得意满的山名宗全却依然饮酒作乐,完全没想到危险已经逼近。

由于发生上御灵之战,文正二年(1467年)三月五日,朝廷觉得这个年号似乎不吉利,改元应仁。四月十日,后花园天皇、足利义政、足利义视均被邀请到足利义政的大舅哥日野胜光(日野富子的兄长)府邸,参加歌会,庆祝改元。公家武家相聚一堂,其乐融融。朝廷和幕府的各种礼仪活动也按期举行,显示出一派祥和的气象。然而,进入五月后,风云突变,细川胜元一方开始向山名宗全一方发起进攻:赤松政则率军进入旧领即在嘉吉之乱后被划归山名宗全的播磨(兵库县);斯波义敏率军进入斯波义廉的领国越前(福井县);土岐政康率军进入一色义直的领国伊势(三重县)。一时间,"东西南北,没有一个安宁之处"。然而,这些都还是"前哨战"。细川胜元真正的目标是京都。五月二十六日上午,按照细川胜元的布署,细川成之和武田信贤放火焚烧了一色义直府邸,逼使一色义直逃进山名宗全的府邸。"项庄舞剑,意在沛公",细川胜元这么做,目的就是要控制一色义直府邸对面的将军御所。以此为开端,细川一方和山名一方的冲突全面爆发。此后,京都各处均发生激烈战斗,处处见火光,町町闻杀声。"下至二条,上至御灵社的十字路口,西至大舍人,东至室町御所,约百余町公家武家大小三万余栋房屋,皆化为灰烬。"①

当天,足利义政向畠山义就送去了"御内书",内容是:"细川胜元此次起兵,实属无理,断不能允许。请暂且前往河内,回避争端。"足利义政认为,事变起于畠山义就,如果他离开京都,事变将会平息。然而,足利义政显然将此次冲突看得过于简单。六月一日,细川胜元造访将军御所,请求授予"将军旗",并请天皇颁发纶旨征讨山名宗全。这一要求,遭到足利义政的大舅哥日野胜光的反对。日野胜光表示:"将军旗是讨伐逆贼用的,此次冲突只是细川与山名的私斗。"但是,反对无效。六月三日,足利义政仍将将军旗交给了细川胜元。这回,细川胜元根据"大义名分",师出有名

---

① 续群书类丛完成会编:《群书类丛》第20辑《应仁记·应仁略记·应仁别记》,八木书店2013年版,《应仁记》部分。

了，而足利义政不再中立，也使双方的冲突因为没有了"调停者"而愈演愈烈，形成了主要以细川胜元、畠山政长、斯波义敏、京极持清、赤松政则、武田信贤为一方的东军，以山名宗全、畠山义就、斯波义廉、一色义直、土岐成赖、大内政弘为一方的西军两大阵势。根据《应仁记》记载，双方兵力对比是东军 16 万骑，西军 11 万骑。但是，战事基本呈胶着状态。战乱中，足利义政、后土御门天皇和后花园上皇被东军掌控，足利义视和南朝的后龟山天皇的重孙被西军掌控。虽然东军有将军旗和纶旨，而且应足利义政的要求，十月三日，刚出家 13 天的后花园法皇下达了处罚山名宗全的院宣，但是，西军也自恃"正统"，称东军是"贼军"。

十一月十三日，足利义视化装成平民逃出京都进入比叡山；二十三日，足利义视从比叡山返回京都，不知不觉走进了西军斯波义廉的地盘。翌日，西军尊足利义视为"将军"，也设立了政所、问注所、四所、引付众等机构。一时间出现了两个将军和东西两个幕府。足利义政为之大怒，上奏朝廷。十二月五日，朝廷剥夺了足利义视的官位，下发了讨伐足利义视的院宣，视足利义视为"朝敌"。如此一来，和平更没指望。

之后，双方虽然都出现议和的动向，但因均有大名反对而无果。然而，世界上终没有无尽的战乱。"天花乱坠"，使双方不得不敛戈收兵。据日本史籍《类聚宣抄》记载，日本平均每 30 年暴发一次天花疫情。前面写道，平安时代权倾朝野的藤原氏，其 4 个儿子均死于天花。文明三年（1471 年）七月，天花再次肆虐日本，连后土御天皇、足利义尚也未能幸免，日野胜光的儿子更是因天花而丧命。这次"天花乱坠"的重要原因之一，是旱灾和战乱特别是军役增加引发饥馑，导致人们抵抗力明显下降。疫情严重影响士气，从而使东西军都不得不考虑如何结束战事。翌年正月，细川胜元和山名宗全都表示愿意和谈。二月十六日，山名宗全派使者至各路西军将领处，告知与东军议和。事实上，当时西军已呈颓势，最终失败只是时间问题。文明五年（1473 年）三月十八日，70 岁的山名宗全去世，山名政丰接班。五月十一日，44 岁的细川胜元也莫名死去，他未满 8 岁的儿子聪明丸继任家督（元服后的名字是细川政元），由细川政国辅佐。也就是说，东西军总大将均"旧貌换新颜"。十二月十九日，足利义政让位于未满 9 岁的足利义尚，足利义尚成了第九代将军，将军继嗣问题也有了结果。尽管幕府实际权力仍由足利义政掌控。翌年四月三日，细川政元和山名政丰达成和平协议。但是，直到文明九年（1477 年），大内政弘和畠山义就的武力冲突才真正宣告结束,西幕府宣告解散。持续十一年的大乱,使京都几乎成为一片废墟。《应仁记》对京都当时的凄景有如下描述:"汝知京都艳,今朝遍荒野;黄昏云雀飞,悲凉泪满颜。"

应仁之乱的亲历者、太政大臣一条兼良的儿子寻尊,在日记《大乘院寺社杂事记》中这样写道:"虽说应仁之乱结束了,但值得庆幸的事情一件也没有。如今,还听从将军的地方,日本是再也没有了。"①应仁之乱使室町幕府的政治体制即"大名联合体"崩溃;使"守护在京原则"瓦解,使"守护领国制"演变为"战国大名领国制",使日本自此正式进入群雄角逐的战国时代。

第二节 "一揆"频起 体制巨变

"一揆"在日本历史上曾多次出现。但是,应仁之乱以后的"一揆",如发生于15世纪末的"国一揆"和"一向一揆",对原有的政治和社会体制构成有力冲击,不仅和原有统治者分庭抗礼,甚至取而代之成为"独立王国"。出现这种情况的重要原因,是室町幕府内部矛盾重重,统治不力。第六代将军足利义教在嘉吉之乱被刺身亡后,幕府内部争权夺利,矛盾重重。因此发生的"明应政变",更是使幕府分裂,再现"两个将军",最终导致"守护在京"原则被抛弃,"战国大名领国制"形成。

"国一揆" 应仁之乱以后,足利义政也推行了一些恢复国家社会秩序的政策,其中最主要的就是"本领返还",即返还武家势力夺取的公家、寺社的领地。足利义政采取这项政策,是想"一石二鸟":一方面交还原有领土属于"德政"即善政,可以借此塑造自己的正面形象;二是削弱守护势力,恢复幕府将军的权威。

足利义政采取了一种"赎买"政策:首先和原西军的大名谈判,以赦免他们的"叛逆"罪为条件,让他们交还寺社的"本领"。然而,让手持"刀把子"的守护将已经吃下去的"肉"再吐出来,他们会心甘情愿?何况,原本浴血征战不就是为了夺取土地?所以,这项政策遭到了强烈抵制。文明十一年(1479年),即实施这项政策的第二年,播磨(兵库县)、备前(冈山县)、美作(冈山县)三国守护赤松政则因拖延归还寺社本领,遭到处罚。

---

① 吴座勇一:《应仁之乱》,康昊译,西川文艺出版社2020年版,第173页。

赤松氏是"刺头",足利义政试图以此"杀鸡儆猴"。然而,以后的历史证明,守护大名们毕竟不是猴子。

文明十一年(1479年)十一月二十二日,16岁的足利义尚举行了"判始",即在文书上画自己花押的仪式。在此之前,足利义尚虽然已经元服并且是将军,但因为没有花押,无法以将军的名义发布文件。然而,由于父亲足利义政依然掌握着幕府权力,所以举行"判始"后,足利义尚仍然没有那种机会。这令他非常不满,并不时发泄心中的愤懑,有时甚至举着刀四处砍人。文明十二年(1480年)五月某日,足利义尚突然剪掉发髻,跑出将军御所,决意出家,令足利义政不得不妥协。翌年正月,足利义政表示隐退并迁入京都圣护院。文明十四年(1482年)七月,足利义政宣布移交政权。但口惠而实不至,足立义尚仍是"挂名将军"。

足利义尚原本缺乏政治能力和手腕,接手的又是棘手的难题。因此幕府的潜在危机始终没有消除。应仁之乱结束后,畠山政长成为山城国(京都南部)守护。但是,畠山政长无法满足幕府对山城国的财税要求。因为,凶悍异常的畠山义就正想围剿畠山政长,他需要"备战备荒"。足利义政知道他有难处,便想任命赤松政则出任山城国守护。赤松政则当时是侍所的所司,兼任山城国守护原本是惯例。孰料,赤松政则婉言拒绝,称:"虽倍感荣耀,但我现在已身负重任,还请见谅。"文明十五年(1483年)正月,足利义政又想让若狭国(福井县)守护武田国信出任山城国守护,也被婉拒。因为他们都不想得罪畠山义就。足利义政想,既然无人替换,只能扶持畠山政长,压制畠山义就。为了达到这个目的,足利义政要求后土御门天皇下发纶旨,指畠山义就为"朝敌"。纶旨发了,但情况并没有转变。足利义政只能解除畠山政长山城国守护的职务,将山城国改为幕府直辖的"御料国"。

畠山政长虽然被撤了山城国守护的职务,但畠山义就并没有因此放过他。两人"不共戴天",两军长期对峙,给山城国的庄园领主和国人造成很大困扰,特别是加重了他们的税赋负担,最终触发山城国的"国一揆"。文明十七年(1485年)十二月十一日,山城国南部相乐、缀喜二郡的土豪、地侍、农民聚集于宇治的平等院,通过了《国中掟法》,主要内容:一是禁止畠山义就和畠山政长的军队再次侵掠山城国;二是归还寺社本领;三是禁止设立新关卡。需要指出的是,"归还寺社本领",确切含义是不得任命"他国人"担任庄园代官,是为了强化自治权。自此,山城国具有了被称为

"惣国"的自治体,其显著特征,就是"惣国"管理者提出的政策和策略,仅限于处理国人、土豪、农民、工商业者利害一致的各种问题。京都西南部的山城国乙训郡一带也结成了"国一揆",并聚集于西冈的向日宫,通过了和南山城类似的决议。在国人的抗争下,文明十八年(1486年)三月,畠山义就的军队撤出了山城国。随后足利义政和足利义尚也见好就收,发文赦免了畠山义就。必须强调的是,山城国的"国一揆"既不是最初的,也不是唯一的。文明五年(1473年),在和泉国(大阪)就已发生"国一揆"。文明十一年(1479年)的摄津国(大阪)也发生了"国一揆"。延德元年(1489年)九月至明应二年(1493年)三月,由于细川氏在丹波国(兵库县)的直属被官"内众"同国人发生矛盾冲突,丹波国(兵库县)船井郡、何鹿郡、冰上郡等,爆发了大规模的"国一揆",同守护军进行了长达四年的武装冲突。

但是,所有的"国一揆"均未能长久持续。以山城国为例,"国一揆"的国人与国人、国人与农民的矛盾日益明显,使"惣国"体制出现崩溃的征兆。明应二年(1493年)三月初,幕府放弃了山城国这个"御料国",任命伊势贞亲的孙子伊势贞陆出任山城国守护,并令庄园主和地头听命于新守护。八月十八日,"山城国一揆"认可了新守护伊势贞陆,伊势贞陆因此获得了进入"惣国"的机会,这标志着"守护不入"的"惣国"体制的崩溃。之后,"国一揆"内部的反幕府势力进行了反抗,但以惨败告终。"山城国一揆"八年的历史宣告结束。

"一向一揆" "山城国一揆"持续了八年,而"一向一揆"则持续了百年。"一向"是指"一向宗"。日本佛教有十三宗五十六派,"一向宗"是净土真宗的分支(不列入十三宗),以本愿寺为总本山。净土真宗开山者亲鸾圆寂后,净土真宗分成本愿寺、专修寺、佛光寺等几个派系,势力最强的是拥有亲鸾祖庙的本愿寺派。本愿寺派恪守亲鸾强调的宗旨,坚持"一念发起"信仰,即深信一心不二念诵阿弥陀佛即可往生(死后去往彼岸世界)。本愿寺派强调,阿弥陀佛的拯救广及社会各阶层,无有歧视,因此皈依者甚众。本愿寺派还向各地宗徒征收"志纳钱",名为报答"佛恩",实为充盈财政。从南北朝后期至室町后期,一向宗的传播范围遍及近畿、北陆、东海(三河、尾张、美浓),以及中国(安芸、播磨、备前、备中)等地。长禄元年(1457年),亲鸾十世孙、43岁的莲如成为本愿寺八世法主,经常传道,特别是前往北陆地区传教,皈依者众多,本愿寺派的规模很快远超一向宗其他各派。坚信佛的伟力且又有组织的农民信徒,对守护、地头等"横征暴敛",采取了抵制态度。他们拒纳年贡,拒服徭役。最初,守护、地头、国人等企图以武力进行镇压,但是,面对已经组织起来并有着宗教狂热的对手时,他们不得不转变立场,有的国人甚至加入了本愿寺教团。

　　本愿寺派基础传教组织为"讲"。由于需要对共有的山地、森林、水源进行开发,许多相邻的自然村也组织在一起,因此"讲"的规模不一,有几个村一个"讲"或一个村数个"讲",大多是一村一讲。一讲的人数从数十人到几百人不等。前面提到,农民的自治组织是"惣"。传教对象主要是"惣"的农民,但也包括商人、手工业者、国人、下级武士。为了在战乱时自卫,"惣"往往拥有自己的武装。一向宗在传播过程中也宣扬"王法为本"的思想,提出尊重世俗权力即守护和地头,以避免遭到镇压。因此,"年寄"(德高望重者)和"番头"(类似于村长)等,往往成为"惣"的核心人物。通过宗教传播,一向宗的基层组织"讲"逐渐取代"惣",成为社会基层组织。

　　莲如组织"讲",主要是为了满足信徒的宗教生活,加强信徒对"弥陀本愿"的信仰,即阿弥陀佛救助一切众生的誓愿的信仰。但是,以"惣"为基础的"讲",到后来逐渐失去了原有的性质,演变成信徒为争取世俗和现世幸福而反抗有司的战斗组织。进入应仁之后的文明年代,本愿寺派的信徒以各村的道场为中心,以"弥陀本愿"为纽带,建立了联合体。联合体的核心是道场主。各道场主彼此联系,形成道场主联盟。虽然道场主联盟理论上是宗教组织,但实际上更类似于世俗组织。汇聚了诸多门徒的道场为"本愿末寺",就是与本愿寺存在"本末关系"。必须明确,一向宗各种规模的组织,表面是"宗教组织",实质就是"世俗团体"。"如果脱掉'一向一揆'的宗教外衣,即显示出与'山城国一揆'和甲贺郡的'惣'同样的性格特征。因此,也可以将'一向一揆'视为'国一揆'。如果从组织层面对'一向一揆'进行考察,可以说它既是以道场主为核心的门徒组织,也是郡中被称为'惣'和'组'的世俗联合体。但是,这种可以被视为'惣''惣国一揆'的广泛且强有力的组织,是以一向宗的意识形态为核心构成的,并因此同国人、守护、战国大名等世俗权力发生冲突。"[1]

　　文明六年(1474年),加贺国(石川县)守护、藤原氏支脉富樫氏发生

---

[1] 井上光贞、永原庆二等编:《日本历史大系》第2卷《中世》,山川出版社1985年版,第731页。

内讧:加贺国守护富樫政亲和富樫幸千代为了争夺家督之位展开冲突。结果,富樫政亲被富樫幸千代打败,正欲退走越前(福井县)时,一向宗本愿寺门徒试图利用其同族矛盾,趁势实现自己的目标。当时正在北陆地方传教的莲如为此连续发出戒条,打出"王法为本"的旗号,要求信徒谨遵佛家信仰,不得违抗守护、地头,不得拒纳年贡,不得轻蔑神佛。然而信徒们不听,他们无视守护的权威,到处"蜂起",拒纳年贡,占领庄园,甚至"驱走国务之重职","诽正法,毁佛像经卷,捣神社佛阁",使加贺国成为"无佛世界"和"无主之国"。幕府惊呼加贺国,"日月坠入泥土",称一向宗本愿寺门徒的所作所为是"前代未闻之无法无天"。莲如见呼吁无效,于文明七年(1475年)返回近畿,在京都山科地区建造了本愿寺,以此为本山统领全国信徒。

长享二年(1488年),一向宗本愿寺派门徒一面向能登(石川县)、越中(富山县)、越前(福井县)信徒发出檄文,一面包围高尾城。他们的援军则堵住了越前、越中通往加贺的通路,使幕府军和越前、越中守护的军队无法驰援。六月九日,门徒攻克加贺城,守护大名富樫政亲自杀。门徒随即拥立富樫政亲的堂兄弟富樫泰高为守护,接管了加贺国,尽管富樫泰高仅是一个傀儡。信徒还夺取了原守护和国人的土地,使加贺国最终成为由"一向一揆"支配的"惣国一揆",成为独立于幕府的"佛教王国"。《总见记》里有段话反映了当时当地的情景:"武家作地头事情难办,一向住持当领主可随心所欲度日。"此后,国人信徒代表和寺院住持代表对加贺国实施"联合执政",国人代表依靠的是"组",寺院住持代表依靠的是"讲"。此后九十多年时间,加贺国俨然成为"百姓所有之国"。

加贺国的"一向一揆"取得的胜利,令能登、越中、越前等国的信徒群起仿效。文明十七年(1485年),那里也发生了一向宗中心寺院照莲寺反对有力武士内岛氏的"一揆",迫使内岛氏不得不对一向宗采取妥协态度。进入16世纪后,一向宗的"一揆"更扩展至河内、和泉、摄津、畿内、三河诸国(均在关西地区)。天文元年(1532年),莲如建于京都的山科本愿寺被烧毁,净土真宗本愿寺第十代法主证如,将总本山移至石山本愿寺(大阪)并不断扩大寺区,吸引町人移居寺内町,积极发展工商业,强化防卫措施,使本愿寺教团发展成强大的宗教王国,成为日本重新统一的严重障碍。如后文将写道的,元龟元年(1570年),"天下布武"的织田信长欲清除这个"独立王国",引发双方激烈冲突。第十一代法主显如光佐一改以往法主反对"武斗"的立场,动员门徒为保卫寺院而战。在经历了十年抗争后,天正八年(1580年),石山本愿寺门徒被织田信长击败。随后,包括加贺国在内的"一揆"被逐个镇压。局势趋于平静。

"明应政变"和幕府分裂 文明十七年(1485年)六月十五日,足利义政出家,法名喜山道庆,但并没有真正放弃权力。足利义尚要求守护返京,但很少有人响应。长享三年(1489年)三月,嗜酒如命的足利义尚罹患重病,不久去世,享年25岁。由于足利义政仅他一个儿子,足利义尚没有子嗣,由谁继任将军再次成为难题。当时有两个继任人选,一个是足利义视的儿子23岁的足利义材,另一个是足利义政同父异母兄弟足利政知的儿子,即已经出家在天龙寺香严院的清晃(还俗后名足利义遐,后改名足利义高、足利义澄)。幕府内部再次因将军继嗣问题分成两派。细川政元拥戴清晃继任将军。因为,如果足利义材上位,辅佐他的将是曾被西军拥立为"将军"的足利义视,而细川政元曾经担任"东军"主帅。清晃当时只有9岁,是尚未元服的小孩,容易掌控,而且他的父亲足利政知是统治关东的崛越公方,无法进京。日野富子主张足利义材继任将军,因为他是日野良子的儿子,是自己的亲外甥,足利义政和她意见一致。但是,由于日野富子觊觎小川御所而未得到,和足利义视父子发生矛盾,转而支持清晃。翌年,即延德二年(1490年)正月七日,足利义政因病去世,享年56岁。足利义视掌握了部分幕府实权,由足利义材接班,因此成为定局。七月五日,天皇宣旨,任命足利义材为第十代将军。"将军判始"需要管领细川政元主持,细川政元虽然没有推辞,但仪式结束就辞去了管领职务。伊势贞陆也因为自己父亲伊势贞亲和足利义视势不两立,辞去了家督和政所执事的职务,由他的弟弟伊势贞宗继任。毋庸赘言,这是他们不愿辅佐足利义材的明确表示。

明应二年(1493年)正月,因近江国(滋贺县)守护六角高赖的家臣拒绝归还兴福寺本领,并且侵占"奉公众"(将军直属家臣)的领地,足利义材下令讨伐。西军旧将山名、大内、土岐、一色等积极配合。因为,足利义视之子足利义材原本属于西军阵营。为了获得"奉公众"的拥戴,足利义材决定亲征,彻底解决近江国的问题,然后根据畠山政长的要求发兵河内国(大阪府),终止畠山氏持续四十年的内讧,巩固顺从幕府的畠山政长的地盘。此时解决这个问题完全可能,因为在足利义政去世当年,54岁的畠山义就也去世了,继任家督的是他的嫡子畠山基家。

正月十五日,第十代将军足利义材率军从京都出发,经石清水八幡宫进入河内国(大阪府),在正觉寺安营扎寨。就在足利义材亲征不久,后院失火。四月二十四日晚,留守京都的细川政元联合日野富子、伊势贞宗发动政变,拥立清晃担任将军。清晃还俗后改名足利义遐,复改名足利义高,最后改名足立义澄,是为室町幕府第十一代将军。这次政变,史称"明应政变"。

　　京都发生政变完全出乎足利义材的预料。因为,在足利义材亲征前,细川胜元曾专门举行宴会为他饯行。寻尊和尚在日记中写道,三月二十一日他就听到了将有人拥立新将军的传言。不管足利义材是否听闻此事,都说明他完全没有意识到会发生政变。获悉细川胜元等占领了京都,守护大名和"奉公众"纷纷倒戈,足利义材身边仅留下四十余名幕臣。实际上,出现这种情况应该不令人意外,至少应该不令足利义材感到意外。因为,足利义政去世后,他的正室日野富子成了幕府实际掌门人,她支持清晃出任将军,大名和"奉公众"选边站,合乎常理。所以,"明应政变"发生后,原本占据明显优势的幕府军,瞬时转优为劣。足利义材、畠山政长和畠山尚庆父子被困在正觉寺。不久,正觉寺被攻陷,畠山政长自裁,畠山尚庆逃往纪伊国(和歌山县),足利义材被俘并被押送京都,幽禁于细川政元的家宰上原元秀的府邸。

　　六月底,足利义材成功逃出上原宅邸前往越中(富山县),永正五年(1508年)七月,足利义材宣布自己是正统的将军,成为室町幕府第十二任将军和唯一复任的将军。之后,一些"奉公众"离开京都前往越中国(富山县),也有一些大名支持足利义材。因此,"(明应)政变后,在畿内出现了前将军足立义材、现将军足利义澄均号称'室町殿'的状况。并使幕府始终存在两个'室町将军'体系,一个体系是足利义澄—义晴(义澄之子)—义辉(义晴之子)—义昭(义辉之弟);另一个体系是足利义材(足利义稙)①—义维(义材养子)—义荣(义维之子)。以室町将军为唯一最高权力者的室町幕府体制基本解体"。②这种"两个'室町将军'体系",也是"足利义政系"和"足利义视系"的对峙。虽然朝廷视"京都的将军"即足利义澄为正统,天皇宣旨任命的是那里的一代代将军。但是,那实际上只是任命"控制京都的人"。就权力范围而言,此后朝廷"两将军"并立成为"常

---

① 足利义材明应七年(1498年)改名足利义尹,永正十年(1513年)改名足利义稙。
② 榎本雅治编:《一揆的时代》,吉川弘文馆2003年版,第97页。

态"。战国时代的畿内政治史,无异于"两个幕府对抗史",其起点就是"明应政变"。因此,近年有学者否认应仁之乱是战国时代的起点,提出明应政变才是战国时代的起点。

必须强调,尽管室町幕府已经出现过"两个将军"并立的情况,但明应政变是臣属废立将军,是前所未有的"下克上"(日语写作"下剋上")。"下克上"初现于中国隋代萧吉所撰《五行大义》,曰:"凡上克下为顺,下克上为剥。喻如君有刑臣之法,臣无犯君之义。父有训子之道,子无教父之方也。所以上之克下,顺理而行。下之克上,乖理而克。"按照《广辞苑》的释义,下克上就是"地位低的人侵犯地位高的人的权力,乃至篡夺其地位。这是室町时代产生的社会风潮,并盛行于战国时代"。15世纪90年代,"下克上"愈演愈烈,室町幕府的"守护领国制"逐渐演变为"战国大名领国制"。

"大名领国制"的质变 如前面所述,"守护"设立于镰仓时代,原先的职责是追捕谋反者、逃犯,维持治安。在室町时代,守护还负责判决盗贼、征收"段钱"(税赋)。另外,室町幕府还给予守护使节遵行权(派遣使者执行各项命令的权力)、刈田狼藉取缔权(禁止盗取他人田地里的庄稼的权力)、阙所地处分权(没收科罪的领主土地重新分配的权力),等等。于是,守护利用职权,逐渐和农民形成了主仆关系,从而成为拥有统治权力的领主。守护也称"大名",所管辖的国家称"分国"。"分国"不同于"分邦建国",而且"分国"的区域范围,基本上等同始于奈良时代的"令制国"。分国的治理权是幕府委让的职权,若守护的作为有悖于幕府规定,幕府可以给予严厉处分,直至收回分国。幕府根据统治需要配置守护和决定其权限,守护无法脱离幕府自立。守护仅是地域的"管领者"而非"所有者"。因此,有些学者提出,20世纪60年代前使用的"守护领国制"的概念不准确,应当使用"幕府—守护体制"。[①]

室町幕府第三代将军足利义满确定的"守护在京原则",使守护大都住在京都,委派代理人"守护代"管理领国。有些守护仿效幕府的"奉公众",建立了"奉行人"组织以执行审判结果和课税。守护代和奉行人居住的场所叫"守护所"。"守护所"的周边往往形成小规模的城下町。这种治理方式为"架空"守护提供了充分可能。这也是战国时代"下克上"极为普

---

① 榎本雅治编:《一揆的时代》,吉川弘文馆2003年版,第42页。

遍的根本原因。

　　概括而言,室町幕府对全国的统治和支配,是以"主从的支配权"和"统治的支配权"为基础的。各领国存在两大系统。第一个系统:幕府—守护—国人领主(守护被官)—土豪—农民;第二个系统:幕府—国人领主(奉公众)—土豪—农民。两大系统的稳定及两大系统的有机联系,是室町幕府得以存在的基础。但是随着动乱的发生,室町幕府的这一统治基础不断发生变异,"守护领国制"或"幕府—守护体制",使守护最终"自立为王",最终演变为"战国大名领国制"。所以普遍认为应仁之乱是战国时代发端,关键就是原先在京的守护,纷纷返回领国。至文明十五年(1483年),依然留在京都的,只有细川政元一族和一色义直一族。明应二年(1493年),骏河国(静冈县)守护今川氏麾下的伊势长氏急袭伊豆的崛越御所。初代崛越公方足利政知的长子、二代崛越公方足利茶茶丸战败出走。这是关东地区"下克上"典型事件。同时,守护的地位也往往岌岌可危,因为他们也随时可能被"守护代"取代。文明十八年(1486年),出云的守护代尼子经久驱逐了守护京极氏,夺取了富田城。此后,各国此类事件频繁发生。室町幕府将军权力的弱化,关东崛越公方的灭亡,各国守护被守护代驱逐,标志幕府守护体制趋于灭亡。同时,在朝幕关系方面,足利义满以后,公家对武家的从属也基本不复存在,天皇的权威开始回升。

　　"战国大名领国制"的重要标志,是大名而不是幕府将军,居于主从恩给制的顶点。与幕府将军的"恩给"和"奉公"这一主从关系的解体,也是战国大名产生的必要前提。战国大名的领国具有地域国家的性质,不仅各自为政,而且在领国内形成了自成一体的经济运营方式和法律——领国法。大名领国法的篇幅不等,短的如《今川假名目录》,由本编33条、"追加"21条共54条构成。长的如《尘芥集》,由171条构成。领国法的内容也各不相同,但大致可分为两大系列:一是以家臣为对象的所谓"家中法";一是以一般民众即整个领国的臣民为对象的名副其实的领国法。不过,有些条文两者兼有,并无明确界限。通过大名领国法,可以考察当时的社会状况。例如,《今川假名目录》第一条规定:"禁止地头无端没收谱代之名田",表明保护农民负担年贡的土地,对大名有重要意义;第五条规定:"斗殴者,不论何方有理,均可对双方处以死罪",既反映了当时家臣间斗殴的存在,也反映了大名对内讧的恐惧。尤其值得关注的是,《今川

第七章 战国时代

假名目录》的追加 20 条强调，"守护不入"这一旧制已经脱离时代。不过，由于朝廷和幕府的存在，领国大名尚不至于有恃无恐地自诩代表"公的权力"即"公仪"。事实上，获得朝廷天皇或幕府将军的任命，是很多大名的目标，即使那仅仅是一种名义或程序。

战国时代的显著特征是群雄割据，互争雄长。当时的日本，北有美浓国守护斋藤义龙；东有骏河国守护今川义元；东北有被誉为"战国第一兵法家"的"甲斐之虎"武田晴信（信玄）；西部有被称为"北陆守护神"的上杉辉虎（上杉谦信）；濑户内海有"濑户内智将"毛利元就；畿内有"宇多源氏"即宇多天皇之子敦实亲王系谱的六角承祯（本名六角义贤），他尽管领地不多，仅领有近江南部六郡，所以苗字是六角氏，但相当凶悍。畿内以北，则由文武双全的越前国守护朝仓孝景。他们或为一代名将，或为一代枭雄。但这些无论为后人景仰还是为后人诟病的人物，均只不过在乱世中称霸一方，且旋起旋灭。他们确实也留下了许多著名战役，如桂川原合战、国府台合战、严岛合战、上田原合战、川中岛合战、小豆坂合战、姊川合战、长篠合战……但是，在四处狼烟蜂起的战国时代难以尽数的战役中，值得特书一笔的，是永禄三年（1560 年）爆发的"桶狭间合战"。因为，正是这场战役使尾张国（名古屋）根基浅薄的织田信长脱颖而出，并通过"天下布武"几乎重新统一了日本。

皇室也深受战乱影响。宽正五年（1464 年），后花园天皇退位，成仁亲王即位，号后土御门天皇。即位后由于战乱，皇室财源枯竭，各种行事、节会、朝仪也被迫取消。后土御门天皇甚至迁入将军御所躲避战乱近十年，至文明十一年（1479 年）才返回内里。明应九年（1500 年）九月，因为战乱而无所作为的土御门天皇抑郁而终。因"囊中羞涩"，葬礼在驾崩 43 天后才举行，而且非常简单。土御门天皇驾崩后，第一皇子胜仁亲王即位，靠着幕府的捐助，勉强举行了聊胜于无的践祚之礼，号后柏原天皇，而

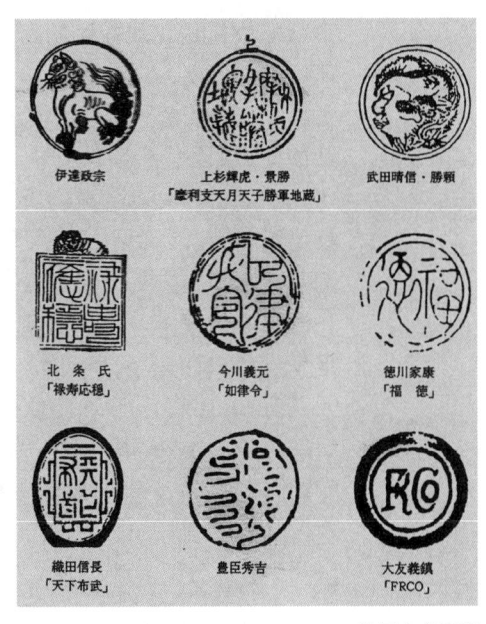

战国大名印章

举行即位礼是在践祚后的第 21 年,即大永元年(1521 年),可谓创造了一项历史。①大永六年(1526 年)四月,后柏原天皇驾崩,同年二皇子知仁亲王践祚,但时隔十年至天文五年(1536 年)才即位,号后奈良天皇。之所以如此,原因也是财政拮据。为了筹措即位经费,朝廷曾向各国派出敕使,虽然获得北条氏、大内氏、今川氏等地方豪强的捐助,但历时十年才筹够经费,"穷酸"可见一斑。即位后,因为贫穷,后奈良天皇甚至通过出售御笔亲书的墨宝筹措皇室经费。弘治三年(1557 年)九月,后奈良天皇在"贫穷"中结束了一生。后奈良天皇驾崩后,当年二皇子方仁亲王践祚,但也是直到永禄三年(1560 年)即三年后才得到雄踞中国地区的大名毛利元就资助,才得以举行即位典礼,号正亲町天皇,即第一百零六代天皇。织田信长为了"天下布武",为了与室町幕府对抗,着力重塑天皇权威,皇室的财政状况方得以改善。继织田信长成为"天下人"的丰臣秀吉,也采取了和织田信长一样尊重天皇以显示"大义名分"的方针。天正十四年(1586 年),与织丰政权建立了良好关系的正亲町天皇,因为皇子诚仁亲王早逝而让位于孙子周仁亲王。周仁亲王即位后,号后阳成天皇,成为日本从战国时代走向江户时代的第一百零七代天皇。庆长五年(1600 年),德川家康取得了确立霸权的"关原之战"的胜利。庆长八年(1603 年),后阳成天皇宣旨,任命德川家康为征夷大将军。元和三年(1617 年)即德川家康去世的第二年,后阳成天皇驾崩。

第三节 织田信长"天下布武"

概而言之,在日本战国时代,结束群雄角逐局面,使列岛重新复归统一的大业,主要是由织田信长、丰臣秀吉、德川家康完成的。日本一首狂歌对他们的功业做了如下评价:"织田捣米,羽柴和面,做成天下糕,德川一口吃掉。"②这种评价或许既有过誉之嫌,也有浅陋之弊,但有一点毋庸赘言,即让列岛分久而合的基础,是由织田信长奠定的。织田信长以"天下布武"的胆魄和力量,金戈铁马,南征北伐,使日本呈现

---

① "践祚"语出《礼记》。古代庙堂前有两阶,主阶在东,称祚阶。根据孔颖达的解释:"践,履也;阼,主人阶也。天子祭祀升阼阶,故云践阼也。"以前践祚(宗教含义)和即位(世俗含义)分开,后来合二为一。
② 狂歌是一种诙谐的短歌,源于《万叶集》的戏咲歌和《古今和歌集》的俳谐歌。

出"近世的曙光"。

"近世的曙光" 织田信长是"三河武士"织田信秀的嫡长子,幼名吉法师,天文三年(1534年)六月二十三日出生于尾张国那古野城(名古屋)。关于其家系有三种说法。一是"藤原氏说"。在信长崛起前,织田氏代代自称是藤原氏的后裔。二是"平氏说"。按照"织田系图"和"织田家谱",织田氏始祖是平清盛的嫡长子平重盛之子织田亲实。三是"忌部氏说"。根据考证,织田氏奉为先祖的藤原信昌非藤原氏之后,而是自称藤原氏的忌部氏子孙。苗字"织田",取自越前国织田庄(福井县丹生郡越前町)。尾张国的守护由斯波氏世袭,自16世纪以后,尾张国实际统治者是织田氏。织田信长的祖父织田信定是尾张守护代织田信友的家老(重臣),父亲织田信秀是织田信友的"三奉行"之一,被称为"尾张之虎"。后来织田信秀力压其他两位奉行,获取了主家织田一族的主导权。

著名纪实历史作家山冈庄八(本名山冈庄藏)在《织田信长》一书中,开篇第一句话是:"豪放不羁的少年吉法师(织田信长),我行我素,不拘小节,心中却高悬一匡天下的野心。然而燕雀不知鸿鹄之志,周围的人都视之如阿斗,父亲与家族里的其他人忧心如焚。"①不过,这句话似乎不太确切。因为,尽管织田信长颇受非议,但他的父亲织田信秀一直看好织田信长,所以立他为继承人。

天文十五年(1546年),12岁的织田信长在古渡城行了元服礼。按照传统,武士之子行过元服礼即表明成年,当冲锋陷阵。因此第二年织田信秀就派年仅13岁的织田信长为总大将,进攻三河国的吉良大滨(爱知县西部)。织田信长原本就是美少年,戴上红色头巾、身披铠甲和阵羽织,更显英武。家臣们目睹织田信长冲入敌阵左冲右突,最后放了几把火安然撤回,激动得热泪盈眶。天文十八年(1549年),织田信长和斋藤道三的女儿浓姬成婚。这是当时流行的政略婚姻,原本对立的织田家与斋藤家因此和睦相处。但是,织田氏和今川氏的矛盾却日趋尖锐。天文二十年(1551年)三月三日,疫病流行,织田信秀染病不治,撒手尘寰,享年42岁。刚满18岁的织田信长继任家督,成为尾张国新的实际统治者。

---

① 山冈庄八:《织田信长》(上),杨世英译,重庆出版社2007年版,目录页。

永禄三年(1560年)五月十二日,被称为"东海之雄"的骏河国(静冈县)守护今川义元,率领约两万七千大军向尾张国挺进,矛头直指织田信长所在的清州城。十八日晚上,消息传来,织田信长立即召集群臣商议破敌之策,群臣众说纷纭。根据《桶狭间合战记》,当时重臣林通胜语气沉重地说:"敌为大军,我为小势,若正面迎击,几无胜算。"因此当先居城固守,再寻找战机。林通胜的意见并非没有道理。面对敌方大军进攻,"笼城"(即关起城门固守)在当时是军事常识,因此林通胜的话得到了广泛赞同。但是,织田信长提出了反对意见。他说:"先父信秀教导我,敌大兵压境时,应当离开所居住的城,率领军队奔赴国境抗敌。我当谨遵先父教诲,出兵迎敌,迅决胜负。"他的话极大地鼓舞了将士斗志。但是根据《信长公记》记载,织田信长当晚和将士们议论良久,并未达成共识。《信长公记》是这样记载的:"家老们一边叹息'运数终时,智慧之镜也蒙尘垢',一边各自回家。"事实究竟如何,现在难以查考。

当天子夜,织田信长在热田神社聚集军队并进入神社祈祷,同时宣读了讨伐今川义元的檄文,随后发兵迎敌。然而,出师不利,织田信长的前锋指挥隼人正等五十余名武士战死。得到这个噩耗,织田信长军中士气不降反升,更加同仇敌忾。据《信长公记》记载,隼人正战死后,织田信长闻讯挥师南下,有个家老拉住他坐骑的缰绳,苦苦劝阻,织田信长大声喝道:"今川的军队昨晚运粮前往大高,如今又已作战半日,定然十分疲惫,我军以逸待劳,定可获胜!"今川义元则因为初战告捷而更加轻敌,笑称:"即便是天魔鬼神前来,又能如何?!"

当时,织田信长获得了今川义元在桶狭间扎营布防的重要情报,决定抓住战机,挥师东进,冲向桶狭间。战神自此开始惠顾织田信长这位睿智的战将。"桶狭间",如地名所示,地势狭窄,今川义元在此安营扎寨,难以采取常用的阵势使"中军帐"居中受众军士保护,只能呈"一"字展开,几乎与道路平行。这种阵势为织田信长攻破"中军帐"创造了良机。于是,织田信长对今川义元的"中军帐"发动了决死突击。正在此时,风雨大作。这场暴风雨似乎是天意,不仅突如其来,而且持续时间仅十分钟左右。织田信长率领军队乘风冒雨突进,今川义元的阵仗顷刻被攻陷。中军帐被攻占,今川义元军队的士气急剧低落。今川义元逃出营帐后,在旗本的保护下骑马后撤。由于下雨,道路泥泞,行动缓慢,加上今川军呈"一"字排开,无法集结有生力量阻遏织田信长军队的突进,最终,今川义元被织田信长的近臣服部春安、毛利良胜追上。服部春安用长枪刺入今川义元右腿，今川义元殊死反抗，砍断了服部春安的右腿。同时在近身肉搏中咬断了毛利良胜的两根手指，但毛利良胜忍痛将今川义元斩首。织田信长军中见状大喊："今川义元死了！"

主公战死，按当时规矩可以停止战斗。但是，今川方山田新右卫门、松井五八郎等勇士却自杀性突入敌阵，令织田军震慑。然而，众寡悬殊，他们终无法扭转战局。之后，这些勇士全都战死。其余今川方势力闻讯匆忙退去。桶狭间之战，织田军共杀死今川义元军队士卒约三千人。织田信长检验过今川义元的首级后，命令将今川义元的首级、太刀、胁差以及随行的十名僧人一起，交今川义元的侧近送还今川义元的领国骏府（今天的静冈）。今川义元的名刀"左文字"，则被织田信长收藏。之后，织田信长为今川义元的首级立了墓碑，供奉千部佛经祭祀。织田信长之所以能取得桶狭间合战的胜利，主要有三方面原因。

第一是情报准确。织田信长的军队远道而来，为什么能立即在连绵数里的军营中准确袭击今川义元的"中军帐"？最合理的解释是，今川义元军中有内奸。根据史料《松平记》记载，合战开始时，今川义元的侧近佐佐枭人正、一宫左卫门等人失踪，他们很可能是归降了织田信长的内奸。另外根据史料《甲阳军鉴》记载，今川义元曾派遣一个叫户部新左卫门的间谍前往搜集织田信长方面的情报。织田信长将计就计，命令他的书记官模仿户部新左卫门的笔迹，伪造户部新左卫门暗通织田信长的信件，辗转送到今川义元的手中。今川义元信以为真，砍掉了户部新左卫门的首级。按照《孙子兵法》第十三篇即最后一篇"用间篇"的说法，就是"无所不用间"——使用反间计、离间计。织田信长使用的就是这两个计。

第二是那场及时的大雨，不仅掩盖了马蹄声和喊杀声，使今川义元的营帐遭到袭击时，驻扎在不远处的军队也不知道中军帐遭到袭击，未能及时增援，而且因为大雨，镇守今川义元中军帐的队伍不能发射火枪，无法进行有效的阻击。按照《孙子兵法》的思想，这是织田信长善于利用天时、地利。

第三是织田信长没有遵循常规战法，而是出奇制胜。当时在日本，如果两军对阵，以正攻法为主，即两军在约定地点集结，双方士卒的背部都插有绘着家徽的战旗，呼喊口号，当面锣对面鼓进行交战。今川义元是在这种传统战法熏陶下成长起来的大将。而织田信长自小放纵不羁，信奉

桶狭间古战场公园

近世之曙：织田信长和今川义元雕像

"兵不厌诈"。在今川军到来的时候，他卸下战旗等累赘，以布包住马蹄，翻山越岭抄小路偷袭。这种战法，在日本以往的合战中绝无仅有，与光明正大、英勇无畏的武士道精神背道而驰。织田信长也因此战开创了后来被称为"野武士"的战法，即为了取胜不择手段。但是，桶狭间合战的意义不容否定。今天，在桶狭间合战的古战场遗址，有今川义元和织田信长的两尊雕像，中间是一块镌刻着"近世之曙"的石碑。也就是说，桶狭间合战是迎接近世(江户时代)的曙光。

织田废立将军　取得桶狭间合战的胜利后，织田信长立即挥师美浓国(岐阜县)。美浓国南部连接尾张国的浓尾平原，北部则多高山丘陵，逐渐向北延伸，形成飞弹高地。美浓国的守护是斋藤氏，主城井口城在长良川中游南岸的稻叶山。桶狭间合战的翌年五月，斋藤义龙去世，他的儿子斋藤龙兴接班。此时，原本遭受压制的美浓各地豪族纷起异心，开始骚动。作为斋藤义龙的妹夫，织田信长认定这是机会，先于永禄七年(1564年)三月和领有近江北三郡的浅井长政和甲斐的武田信玄成为姻亲，十一月和上杉辉虎(谦信)交换了誓书，随后着手拉拢斋藤龙兴的重臣。永禄十年(1567年)八月，织田信长将斋藤龙兴属下三员武将即被称为"美浓三人众"的伊予守稻叶良通、伊贺守安藤守就、常陆介氏家直元拉拢至麾下。获得内应后，织田信长当即进军稻叶山，急袭井口城，将该城包围。见"美浓三人众"也归顺了织田信长，斋藤属下纷纷倒戈。四面楚歌的斋藤龙兴在居城被围一个月后，终于坚持不住，以放自己一条生路为条件，开城投降，随后乘船顺长良川逃亡伊势长岛。织田信长进入井口城后,恢复其旧名"岐阜",并将自己的据点从小牧山迁往该城。入城后,织田信长即着力于经济振兴,颁布了一系列新政策。十月,废除了原有的市座特权,颁布了使商人能自由经营的"乐市乐座令"。"市"即市场,"座"是日本式封建行会,源于以公家、寺社为本所的同业特权团体。"乐市乐座令"的主要内容是否定座的特权,鼓励自由贸易,免除土木工程的徭役负担,消除对"德政"的不安,保障治安、免除房屋税。这一法令使商业繁荣,人口增加,从而增加了财税收入。

织田信长的"乐市乐座令"曾被视为改革政策,但迄今为止的研究表明,这一政策的本质并不是为了废除特权,而是为了壮大发展自身领国,但终究值得称赞。十一月,织田信长听从妙心寺禅宗僧侣泽彦宗恩的意见,选择了以"天下布武"四个字为印文的马蹄形印章,显示了他决心用武力统一日本的意志。

之后,织田信长发动了对伊势国的大规模进攻。织田信长麾下的泷川一益率领军队猛攻伊势城。永禄十二年(1569年)十月二十七日,和土佐国司一条兼定、飞弹国司姊小路赖纲并称"战国三国司"的伊势国司北畠具教开城投降,并让位给儿子北畠具房,出家为僧。继尾张、美浓国后,织田信长又占有了伊势国。另一方面,织田信长也着力平定室町幕府所在地近畿地区。在织田信长"天下布武"前,第十三代将军、被细川政元拥立的足立义澄(清晃)的儿子足利义晴,和掌握幕府实权的管领细川晴元长期失和,多次发生军事冲突。天文十年(1541年),足利义晴战败后,偕嫡子菊童丸逃往近江国(滋贺县)。五年后,足利义晴把将军之位让给11岁的菊童丸,但作为"大御所"(退位将军)继续掌权。室町幕府的第十四任将军,又是个小孩。

菊童丸元服后改名足利义藤。但是,足利义藤名为将军,实为"相伴众"三好长庆以及四国守护和细川家臣松永久秀的傀儡。为什么是"相伴众"三好长庆而不是管领细川晴元的傀儡?原来,三好长庆和细川晴元曾发生激烈武装冲突,天文二十二年(1553年),细川晴元遣使求和。三好长庆同意议和,条件是细川晴元落饰出家,让他儿子细川信良继任幕府管领。和议达成后,因败于三好长庆而出逃的足利义藤改名足利义辉并回到京都。三好长庆成为幕府"相伴众"并掌握了实权。足利义辉对三好长庆的颐指气使忍无可忍,多次派人暗杀,但均未得手。更过分的是,三好长庆曾试图废了足利义辉,改立他的堂弟足利义荣为将军,史称"永禄之变"。永禄五年(1562年),三好长庆去世,其权力均被"天下至恶"松永久秀掌握。足利义辉暗中联络各地有力大名杀上京都,欲击败三好氏,恢复幕府昔日荣光。但是,松永久秀唆使"三好三人众"(三好政康、三好长逸和岩成友通)攻入室町御所。足利义辉虽精通剑术并奋战多时,终因寡不敌众,最后退归内室自焚。足利义晴的侄子,即他弟弟足利义维的儿子足利义荣,于永禄十一年(1568)二月成为第十五代将军。

足利义辉有个出家的同父异母兄弟,法名觉庆。足利义辉归天后,觉庆被足立义辉家臣细川藤孝、一色藤长等人救出兴福寺一乘院,隐匿于琵琶湖畔的矢岛。翌年,觉庆还俗,取名足利义秋,并向朝廷上书说,自己才是室町幕府的合法继承人。但这一要求不仅未获同意,而且差点引来杀身之祸。永禄十一年(1568年)夏,足利义秋元服,改名足利义昭。之后,他致信尾张请求织田信长帮助。织田信长为"挟天子以令诸侯",欣然应允,并许诺定讨伐恶贼松永久秀和"三好三人众",让他住入室町御所。同年七月二十五日,足利义昭到达岐阜与织田信长会面。织田信长献上钱千贯、太刀、铠甲、马匹等物,以表达对足利义昭的敬意。

翌年九月,织田信长拥足利义昭赴京,把第十五代将军足利义荣驱逐出畿内。足利义荣试图报复,但在双方开战前病死。十月,得到织田信长拥立的足利义昭成为室町幕府第十六代将军。但他实际上只是织田信长手中的一个傀儡。织田信长向足利义昭提出了五个条件:一是凡将军颁发的重要文件,必须有织田信长副属才能生效;二是废除以前室町幕府将军颁发的全部诏令;三是将军对属下的恩赏,均委托织田信长处理;四是天下政务,织田信长可以不经过将军自行处理;五是天下平定后,一切礼仪规章均由将军施行。也就是说,织田信长夺取了室町幕府将军的执政权、军事指挥权、恩赏权等最重要的权力。

室町幕府将军足利义昭的权力虽然遭到织田信长的掣肘,但人在屋檐下,怎能不低头?足利义昭为了笼络织田信长,便让织田信长出任室町幕府的副将军或管领,但当即遭到织田信长拒绝。燕雀焉知鸿鹄之志?织田信长"天下布武"的目的是取代室町幕府将军而不是帮助室町幕府复兴,这点小恩小惠岂能满足他的野心?

织田信长一面拉拢足利义昭的亲信明智光秀等站到自己一边,一面任命羽柴秀吉(丰臣秀吉)等足利义昭的家臣留在京都,监视室町幕府特别是幕府将军足利义昭的动向。织田信长和足利义昭互相利用的"蜜月"

就此结束,双方关系日益恶化。

元龟三年(1572年)九月,织田信长向足利义昭提出了"异见十七条",谴责足利义昭贪婪卑鄙,对皇室不敬,对家臣不公;"元龟"年号不祥,灾厄颇多,但由于足利义昭不奉献朝廷改元的费用,使朝廷无法改元。为了对付织田信长,足利义昭对武田信玄、上杉谦信、毛利元就三股势力寄予厚望,因为这三个人兵员人数众多,将领骁勇善战,政治经济实力也和织田家相差不大。足利义昭还和佛教本愿寺等保持联络,显示出同织田信长决斗的动向。

织田信长向足利义昭提出"异见十七条",本意就是要凌驾于室町幕府之上。这三股势力无疑是织田信长天下布武的重要障碍。另外,石山本愿寺佛教一向宗,也是织田信长不得不对付的劲敌。那么,织田信长如何扫除这几股他在天下布武重新统一日本的过程中的敌对势力呢?

将军借刀杀人 对织田信长的野心,足利义昭当然清楚,因此织田信长拒绝他的任命后,他大为惶恐。一计不成,又生一计。他一方面给织田信长写信,称织田信长是"御父织田弹正忠殿",显得相当谦卑。"御父"就是父亲,"弹正忠"是朝廷赐封织田信长的官职,主要负责监察左大臣以下官员的违法乱纪。同时,足利义昭以将军的身份大量分封他的旧臣或降伏的大名、豪族为畿内守护,扩张自己的势力,另一方面以将军的名义命令甲信的武田信玄、北陆的上杉谦信、中国的毛利元就,"讨伐织田信长"。三位悍将当然不会听足利义昭的调遣,更不会被足利义昭摆布,但织田信长同时也是他们的敌人,因此这三股势力先后向织田信长发难。

元龟三年(1572年)十月,"甲斐之虎"武田信玄(武田晴信)首先发难,率三万大军杀奔京都。武田晴信是甲斐(山梨县)守护武田信虎的嫡长子,幼名胜千代,通称太郎,天文五年(1536年)元服后,幕府将军足利义晴赐予他"晴"字,因此取名武田晴信。武田信玄的"信玄"二字取自他出家后的法号"德荣轩信玄"。武田信玄是清和源氏源义光的后代,也就是说武田家和武家政权的创建者、镰仓幕府初代将军源赖朝沾亲带故。

武田信玄是个浪荡公子,成天吃喝嫖赌,不管政事,于是家臣们就暗中策划,想尽快让武田信玄上台,那样他们就可以掌握实权,使武田信玄徒有主君虚名。武田信玄的父亲武田信虎看出了家臣们的用意,便打算将作为他的继承人的嫡长子武田信玄废掉。武田信玄虽然是个浪荡公子,但也许是"大智若愚",他其实不仅不傻,而且很有智谋。天文十年

(1541年),21岁的武田信玄将想要废掉他的父亲赶到骏河(静冈县),自己担任了武田家的家督(家长)。也就是说,他先下手炒了父亲的鱿鱼。

武田信玄被誉为"战国第一兵法家",擅长以智谋挫敌于未战,也就是"上兵伐谋",以智取胜。他的用兵思想取自《孙子兵法》,概括起来就是四个字——"风林火山":"疾如风,徐如林,侵掠如火,不动如山。"疾如风,就是在急行军包括紧急撤退时,队伍像飙风一样迅疾。徐如林,就是军队行军时,像树林一样排列齐整,井然有序。侵掠如火,就是军队冲锋交战时,像燎原烈火,势不可当。不动如山,就是部队安营扎寨时,像山岳一样不可撼动。

永禄十一年(1568年)二月,武田信玄与德川家康缔结密约,约定平分今川义元的领土。此刻,武田信玄响应足利义昭的号召,撕毁了之前与德川家康缔结的盟约,向织田信长、德川家康联军叫板。元龟三年(1572年)十二月二十二日黄昏,双方军队在远江(静冈)三方原展开了一场会战,史称"三方原合战"。武田信玄首先派三百名投掷石块的"投石兵"冲锋,打乱敌阵,然后派出著名的甲州骑兵如巨浪拍岸,风卷残云,眨眼间将联军吞没。联军阵脚大乱,德川家康遁走今天浜松城(静冈县),遭遇了平生最大的一次败迹。武田信玄的儿子武田胜赖紧追不舍。这一仗,武田军死伤仅数十人,而德川织田联军却阵亡上千。德川家康逃回浜松城后,头脑突然清醒,他打开四门,玩了一招"空城计"。武田军生怕有埋伏,不敢冒进,在武田信玄的指挥下继续汹涌向西,使德川家康躲过一劫。

第二年四月,壮志未酬的武田信玄因为旧病复发并不断加重,在打算回老家甲斐计划重新发兵的途中,病殁于信浓国驹场(长野县下伊那郡阿智村),享年53岁。临终前,武田信玄将虎子武田胜赖叫至枕边,留下遗嘱:"我从三户小国奋起,令邻国他郡臣服,所获自当满足,唯未能使旌旗在帝都上空飘扬,心有不甘,因为此乃我最大心愿。如果信玄之死讯显露,宿敌必伺机蜂起,故宜三四年内秘不发丧,备战分国,赡养义兵,然后完成为父遗志攻入京城。"《御宿监物书状》称武田信玄死于肺结核,《甲阳军鉴》称武田信玄死于胃癌或食道癌。武田信玄的死使反织田信长势力蒙受重大损失。武田胜赖遵照父亲遗嘱,三年后才在甲斐的惠林寺为父亲举行葬礼。

元龟四年(1573年)四月三日,织田信长进京包围了二条城,足利义昭慌忙请朝廷出面斡旋。在足利义昭作出绝不再违背织田信长意志的保证后,双方交换誓约言和,织田信长退兵。但第二年七月,足利义昭又在京都附近的宇治举兵,结果反被织田信长活捉。战后,织田信长将足利义昭年仅2岁的儿子押作人质,将足利义昭流放到今天大阪东部的河内国若江城,并派爱将羽柴秀吉(丰臣秀吉)严密看管。室町幕府在开幕两个多世纪后,正式谢幕。

之后,织田信长又灭朝仓氏、平浅井氏,使他在近畿地区的最大敌手被逐一扫平。确实,元龟四年(1573年)是不寻常的年份,无论对织田信长还是对整个日本,都是一个标示着重大转折的年份。这一年,武田信玄去世、足利幕府垮台,浅井、朝仓覆灭。当年七月二十八日,朝廷就改元一事征求织田信长的意见。织田信长在众多候选名称中,选择了"天正"一词。"天正",典出《老子》"清净为天下正"。织田信长的这一选择,蕴含着他期盼天下风清气正、和平安定的愿望。

然而,对当时的织田信长而言,这只能是一种愿望。因为,他仍处于强敌环伺之中。武田信玄虽然去世,但他的儿子武田胜赖立志实现父亲的遗愿,使旌旗在帝都上空飘扬。天正二年(1574年)三月二十日,武田胜赖收到了被织田信长驱逐流亡在外的前将军足利义昭给他的"御内书",要求他为室町幕府复兴助一臂之力。第二年四月,武田胜赖率一万五千将士从信浓(长野县)突入三河(大阪),五月八日包围了从信浓通往东海道的战略要塞,即此前被德川家康占领的长篠城。接到来自长篠的急报,德川家康立即向织田信长求救。于是,双方再次组成了由三万八千人组成的联军前往增援。二十一日拂晓,著名的"长篠合战"开打。这场合战以织田信长和德川家康联军对武田胜赖军队的奇袭开始,一直持续到第二天二时左右。最终,联军方面大获全胜,武田胜赖率五名骑马武士遁走甲斐,其余几乎全军覆灭。

联军为什么能够获胜,主要原因是织田信长的军队拥有一支由三千人组成的火枪队,从而极大地提高了织田信长军队的战斗力。在长篠合战中,织田信长的火枪队给予武田胜赖的骑兵队毁灭性打击,显示了热兵器对冷兵器的压倒性优势。"这一战役也成为一个经典战例,在以后屡屡被提起。因为,这场战役使装备火枪的织田信长军队的先进性和其他大名军队的落后性,形成了鲜明对比。""战国大名的火枪装备,无论在数量、实战中的机动性编制、动员方式方面,均和织田信长的军队形成很大差异。从此以后,无论哪个大名均将增强军事力量的重点,放在添置火枪,以及增加直属火枪队人数方面。"

应仁之乱后,战国大名纷纷将小领主阶层和农民收编为"家臣",这一倾向在进入永禄年代以后,即1558—1570年以后,更为显著。战国大名同时通过免除或减轻赋役、赏赐土地、征服军役方式等动员民众,增强其军事力量。除了增加以步兵为主的家臣外,大名们还着力于火枪的配置。自天文十二年(1543年)火绳枪由葡萄牙人传入日本后,第二年即为将军足利义晴和纪州佛教寺院根来寺所拥有,并很快传向日本全国。装配火枪以代替军役,或直接组织火枪队,成为当时战国大名共有的主要措施。

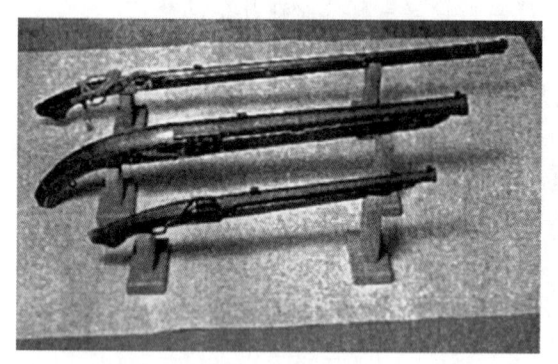

"南蛮"(葡萄牙)传入的火绳枪

落日余晖 长篠合战后,织田信长乘胜进击,将他的主要对手毛利氏、上杉氏、武田氏相继剿灭。毛利氏原来是今天大阪东部安艺国的小诸侯。16世纪初,毛利家出了一位被称为"濑户内智将"的英主毛利元就,他奋斗毕生,基本统一了日本中国地区西部,并将势力伸入四国岛和九州岛。毛利元就之所以能使势力迅速扩张,主要因为拥有一支强大的、威震四方的水军。在奠定基业后,毛利元就本来想传位给长子毛利隆元,但毛利隆元不幸早逝,于是毛利元就立了孙子幸鹤丸为接班人。在元服仪式上,幸鹤丸更名毛利辉元。"辉"字是拜领了室町幕府征夷大将军足利义辉的"辉"字。元龟二年(1571年)七月六日,毛利元就去世,毛利辉元正式成为庞大的毛利家族的家督,统辖地域从九州岛的丰前一直延伸到播磨和备前的边境,并得到两位才能非凡的叔父小早川隆景和吉川元春的辅佐。毛利氏上下团结,官兵敢战,是织田信长绝对不敢轻视的强敌。

当时,反对织田信长的毛利氏和佛教的石山本愿寺一向宗势力,属于同一条战壕里的"战友"。在石山本愿寺一向宗势力被织田信长包围时,毛利辉元不仅派船为石山本愿寺运送粮草物资,而且派遣水军前往增援,并同织田信长的军队进行了著名的木津川口海战。毛利水军果然名不虚传,一战就将织田水军打得几乎全军覆没。而本愿寺的一向宗势力,在得到毛利军支援后,立刻发起猛烈反攻。织田军内外受困,纷纷后退,包围圈被撕裂。

第七章 ● 战国时代

　　为了重新组织对本愿寺的包围,织田信长决定先扫清外围,荡灭其他敌对势力。恰在此时,被称为"北陆的守护神"的上杉谦信,开始向他发起挑战。上杉谦信是越后守护代长尾为景的幼子,乳名"虎千代"。18岁时,虎千代离开春日山城,在林泉寺出家,受教于名僧天室光育禅师,法号谦信,后来继承了关东管领上杉的姓氏,因此叫上杉谦信。

　　上杉谦信有很高的军事统率能力,不仅被誉为"越后之龙"和"军神",在战国时代与武田信玄齐名,而且有人格魅力。日本史学家坂本太郎对上杉谦信的评价是,"在诸多战国武将中,上杉谦信无疑是最突出的一个。他的魅力不仅在于有天才的军事指挥才能,而且更多的来自他的人格。在杀戮无常的乱世,上杉谦信始终保持个人本色,重人伦、尚气节,实属难能可贵"。

　　经过和织田军你来我往的几番拉锯战后,上杉谦信占据了优势。但是,天正六年(1578年)四月的一天,上杉谦信想再次发兵东进时,突然昏倒于厕所并失去知觉。原来,上杉谦信非常好酒,甚至骑在马上也不忘饮酒。因为他有这个需要,当年还出现了一种专用的"马上杯"。上杉谦信是因为饮酒过量而造成脑溢血,暴亡于春日山城中的,享年49岁。临终这年,他曾吟诗一首:"一期荣华一杯酒,四十九年一睡间;生不知死亦不知,岁月仿佛如梦幻。"上杉谦信死后,他的两个养子上杉景胜和上杉景虎为争夺继承人地位,豆萁相煎,爆发了"御馆之乱"。这场内乱使上杉氏的实力遭到严重削弱,织田势力则趁机进击,使北线暂时稳定。

　　北线暂时稳定后,织田信长遂着手西征。为了重组对石山本愿寺的包围网和击败毛利水军,控制濑户内海,在木津川口海战败退后,织田信长下令建造了六艘巨大的新式战船,并在当年十一月初的第二次木津川口海战中战胜了毛利水军,算是血洗了前仇。之后,织田信长通过合纵连横,动摇了毛利辉元在中国地区的统治,彻底扭转了战局。

　　天正十年(1582年),织田信长挥师讨伐武田胜赖,武田胜赖带着妻子儿女逃到天目山,在山中去世。留下一首辞世歌:"朦胧之月云遮蔽,云渐散,月终落西山。"他的妻子小田原氏的辞世句则是:"在晚春中渐次凋零,忧恨驻足树梢花端。"关于武田胜赖和他妻子的死因,各种史籍记载不尽相同。《改正三河后风土记》有他杀、自杀和死于饥饿困乏等多种说法。总之,"这一天,三月十一日,武田胜赖、其子武田信胜、夫人,以及对武田胜赖忠贞不渝的家臣,全部去世。始于长篠合战的武田灭亡剧,这一天在天目山麓的田野,悲壮谢幕"。四月二日,织田信长进入甲府,放火烧毁了供奉武田胜赖遗体的菩提寺惠林寺。寺中长老快川绍喜自投火中寂灭，留下遗言："灭却心头火自凉。"

前面曾经提到，在和毛利氏抗衡时，织田信长还面临以石山本愿寺为中心的一向宗敌对势力。元龟元年（1570年），以石山本愿寺为中心的一向宗势力竖起反旗，向织田信长发起了挑战。一向宗是超越社会身份秩序，以宗教意识聚集在一起的势力，信徒中既有在地领主，也有农民和商人等，具有宗教狂热和献身精神。为了平定叛乱，织田信长对一向宗在伊势长岛的势力和在北陆的势力，进行了大肆杀戮，这场杀戮堪称惨绝人寰。长岛势力是木曾川下游流域以农民为主的门徒，在以愿证寺为中心的本愿寺教团的率领下进行造反。一向宗信徒等投降后乘船退出要塞的时候，包围他们的织田信长的军队无视原先的约定开炮轰击，将男女老幼全部杀害。福井县武生市出土的文字瓦上，有用黏土记录的关于这场杀戮的文字描述，说织田信长的将领前田利家在捕获了一千多名造反的门徒后，将他们有的绑在十字架上刺死，有的扔进锅里煮死，手段非常残忍。

织田信长之所以采用这种残忍手段，主要是因为以石山本愿寺为中心的一向宗反叛势力，拥有比任何一个战国大名都强大的在地领主权力。织田信长想通过残酷镇压以儆效尤。以加贺为例，当地有以讲、道场为中心结成的农民，在他们的上面，有作为在地领主联合的郡，以及作为一门寺院的财政和军事组织的组，以此组织和发动门徒等，可使本愿寺的宗权支配得以实现。本愿寺针对门徒结成的组织，有军事指挥权和司法审判权。

天正四年（1576年），织田信长倾其所有兵力对石山本愿寺发动了攻击，本愿寺向各地门徒发出檄文，呼吁奋起应战，并和战国大名联手构建了彻底抗战的阵营。拥有濑户内海水军的毛利氏从海路支援石山本愿寺，与北陆一向宗势力相呼应的上杉氏则从陆上剑指京都，对织田信长形成反包围态势。但是，以上杉谦信的突然死亡为转机，战局发生了变化。织田信长派遣羽柴秀吉（丰臣秀吉）率领的大军从陆路、九鬼嘉隆率领的水军从海路，向本愿寺发动攻击。最终，双方在天正八年（1580年）以接受正亲町天皇敕命的形式媾和，本愿寺一向宗门徒有组织的抵抗宣告终止。

在攻击石山本愿寺的时候，织田信长就已意识到，如天文年间"法华之乱"所显示的，法华宗这股敌对势力也是一股潜在的威胁。天正七年（1579年），法华宗和净土宗进行了一场著名的辩论，史称"安土宗论"。

第七章 战国时代

这场辩论在净土宗寺院进行。织田信长在场地四周布置了士兵,同时刻意安排人员为净土宗助阵。在辩论时,法华宗的代表不仅经文被撕毁,而且还遭到袈裟被剥和被殴打等羞辱。法华宗参与辩论的主要代表,还被指控制造骚乱并被斩首。之后,法华宗在立下誓言不再诽谤其他宗派后,总算获准继续存在,而净土宗则得到奖励,并获赠织田信长的朱印状。织田信长这一举措,主要是为了使具有广泛民众基础的净土宗成为自己的统治基础。然而,他的统治基础真的牢固吗?答案是否定的。正如织田信长在辞世歌中写道的:"一度得生者,岂有不灭乎?"

第四节　安土桃山时代

日本战国时代最后 30 年,史称"安土桃山时代"。在这 30 年里,织田信长和丰臣秀吉先后成为"天下人",因此"安土桃山时代"又称"织丰时代"。安土时代以织田信长建造的安土城而得名。丰臣秀吉建造的城是大坂城。之所以称桃山时代,是因为"秀吉晚年的居城伏见城,后被称为桃山"。安土时代最重大的事件是织田信长被部下明智光秀所杀。这一事件,史称"本能寺之变"。明智光秀为什么要杀织田信长则被称为"日本史上最大的谜团"。织田信长遇难后,丰臣秀吉在"山崎合战"中战胜了明智光秀,使之最后命赴黄泉。随即丰臣秀吉以织田信长"接班人"的身份,继续完成织田信长未竟的事业,取得了一系列胜利。

本能寺之变　织田信长一面平息反乱、对外扩张,一面着力经营领国,建造新城。天正四年(1576 年)元月,织田信长封丹羽长秀为"普请奉行"。"请"意为"承包",即由丹羽长秀负责在近江国安土山上,修筑一座城,费用作为"国役"向各地课税,并广泛征用各地劳役。安土有"平安乐土"之意,位置的选定

安土城复原图

也显然经过深思熟虑,不仅扼东山道和北国路之水陆要冲,而且是邻近京都的战略要冲。安土城的自然环境也非常优美,处于琵琶湖东岸,东西与丘陵相连,西北倚靠安土山;城郭建在突出于琵琶湖面的小半岛上,三面有湖水环绕,湖水因奥岛、伊崎岛而与琵琶湖分开,成为方圆二里许的内湖。安土城的本丸、二丸均建于中央丘陵之上,后面则是安土城的制高点"天主台"。日本的城,制高点都叫天守阁,为何安土城的制高点叫"天主阁"?①

天文十八年(1549年)八月十五日,天主教耶稣会士沙勿略等已进入日本传教,织田信长对他们比较友好。然而,取名天主台与其说是织田信长青睐天主教,毋宁说是他自命为日本的"天主",在安土城君临天下。翌年六月,织田信长在安土城颁布了"十三条掟书",根据永禄十年(1567年)十月颁布的"乐市乐座令",将安土定为"乐市"。被定为"乐市"的仅尾张、美浓、近江等织田信长的少数领国。另外,"十三条掟书"还规定免除当地各种徭役和公事,若房屋被放火焚烧不追究家主责任,但若失火则究明责任并予驱逐,若不知情将房屋租给罪犯或购买赃物等,对责任不予追究,等等。逐项规定和战国法都有不同。早在镰仓时代的永仁五年(1297年)镰仓幕府曾颁布法令,规定御家人不得将领地典当或出售给非御家人。如果非御家人已经获取御家人领地,必须无偿归还。这项法令叫"德政令",目的是维护御家人利益。织田信长沿用了"德政令",但规定"德政令"在安土城不适用。织田信长还对专事查处违法违纪的"谴责使"进入安土城作了严格规定。总之,安土城享有多项特权。

安土城建造了三年,至天正七年(1579年)正月完工。南化和尚奉织田信长的要求,撰写了《江州安土山记》,赞颂了安土城的宏伟壮观。文后附诗一首:"六十扶桑第一山,老松积翠白云间。宫高大似阿房殿,城险困于函谷关。若不唐虞治天下,必应梵释出人间。蓬莱三万里仙境,留与宽仁永保颜。"安土城是织田信长新的居城,也是新时代的标志。织田信长纵横驰骋的时代,被称为"安土时代"。天正九年(1581年)二月二十八日,织田信长为了庆贺平定"一向一揆"暴动,在京都举行了一次盛大的"御马前"(阅兵式)。《信长公记》对这次"御马前"的盛况如此描述:"美物

---

① 日本的"城"和中国的"城"不同,一般由三部分构成,一是"二丸",二是"本丸",三是"天守阁"。城外有居住区和商业街,叫"城下町"。武士、工匠、商人都住在城下町。

成群集,贵贱惊耳目。"在场观礼的公卿吉田兼见则在日记里写道:"规模极尽华丽雄伟,实非笔墨可以形容。"当年八月,织田信长意犹未尽,又在安土城外搞了一次御马前,盛况毫不逊色于年初在京都的。然而,历史再次证明"盛极必衰"这个真理。翌年二月十四日夜,安土城东面天空突然呈现一片血色。耶稣会士路易斯·弗洛伊斯在他的《日本史》中,对当时的情景这样写道:"自东方开始,天空忽然变得非常亮。信长最高的塔(指安土天主台)的上方被映成了恐怖的红色。这一景况一直延续到清晨。红光的高度很低,离开二十里外就看不到了……"织田信长认为这是吉兆。果然,一个月后属下即向他奉上了武田胜赖的首级。但他没有料到,那也意味着他的人生已是"落日余晖"。

织田信长麾下有六大军团:泷川一益率领的东山道军团,柴田胜家率领的北陆道军团,神户信孝(织田信孝)率领的南海道军团,①羽柴秀吉(丰臣秀吉)率领的山阳道军团,明智光秀率领的山阴道军团,德川家康率领的东海道军团。使织田信长死于非命的"本能寺之变",就是明智光秀发动的。天正十年(1582年)春,羽柴秀吉率领大军杀入备中国(冈山县),包围了毛利辉元麾下的名将清水宗治守备的高松城,并掘开足守川水,隔绝高松与外界的联系。世间有"饿杀三木,渴杀鸟取,不用一兵,水淹高松"的民谣流传。为了给高松城解围,毛利辉元亲率五万大军前往高松城。他的两位叔父吉川元春和小早川隆景也随行。羽柴秀吉接到报告后,当即写信向织田信长求援,称:"毛利辉元亲率数万骑与我对阵,欲救高松,两阵距离约十町。"他还表示,织田信长此时如能亲率军队"合力"与之决战,则"将西国悉数归于幕下,如探囊取物"。织田信长接报后,命令明智光秀前往备中国,自己则同长子织田信忠前往京都,打算在觐见天皇后亲自率军出征。行至京都,织田信长下榻本能寺,织田信忠下榻相距不远的妙觉寺。他当然不知道,危险正在逼近。

明智光秀没有执行织田信长让他驰援备中国,帮羽柴秀吉解围的命令。六月一日明智光秀率大军出征后不久,即返回了驻地丹波国的龟山城(京都府龟冈市)。他召集麾下最亲信的五名部将,说明了自己打算围

---

① 神户信孝也是织田信长的儿子,后因成为投降织田信长的神户城(三重县铃鹿市)城主神户具盛的养子,改姓神户。信孝实际比织田信长的二儿子织田信雄早出生20天,因为母亲是侧室且身份较低,直到织田信雄出生后才向织田信长报告,所以排行成了老三。

攻织田信长的计划,并表示:"诸君如果不同意,可以现在就将光秀斩首。"五名部将一致表示服从决定,并当场递交了誓约,将自己的亲属当作人质交给明智光秀,以表忠诚。当天下午四时左右,明智光秀召集军队宣布,织田信长要检阅军队,即刻整队出发。据传,明智光秀向军队发布攻击织田信长的命令是"敌在本能寺"。然而,"敌在本能寺"初见于江户时代的史料《织田信长谱》和《续本朝通鉴》,学者普遍认为,很可能是编造的。

六月二日清晨,明智光秀的叛军将本能寺围得水泄不通。织田信长身边只有"小姓"(勤务兵)24人。明智光秀为防止织田信长夺路逃走,首先控制了马厩。织田信长身边的24名"小姓"全部战死。闻讯赶来救援的织田信长下属,未及突入本能寺便全部战死。织田信长因寡不敌众,最后负伤退入熊熊火光中的本能寺内室,切腹自杀,享年49岁。当时在本能寺附近的京都所司代村井贞胜听到喊杀声,最初以为是哗变,当得知是织田信长遇袭后,立即赶往织田信忠下榻的妙觉寺。织田信忠闻讯,打算赶往本能寺,与明智光秀玉石俱焚,被村井贞胜劝阻。村井贞胜建议他前往原关白二条良基的府邸二条新御所,先求保存实力,再图为父报仇。于是,他俩率军一起前往二条新御所准备迎击明智光秀。当时,正亲町天皇的皇子诚仁亲王一家正在二条新御所,接到明智光秀谋反的消息后惊得目瞪口呆,不知如何是好。他立刻差人前往明智光秀处询问:"打算如何处置我?是否要我切腹?"明智光秀的回答是:"末将不会为难亲王,但为了不惊动织田信忠,希望亲王不要骑马或坐轿,立刻徒步退出府邸。"对此,劝修寺晴丰在日记《晴丰记》中写道:"在如此情况下,一般不可能安全离开,亲王一家真是得到了上天的护佑。"不久,明智光秀大军赶到,包围了新二条御所。相比明智光秀军队的坚兵锐甲,织田信忠只率领了约六百人的"马回众"(警卫部队),而且没有铠甲,因此采取了"笼城"(坚守不出)策略进行抵抗。但是,明智光秀军攀上与二条新御所相邻的太政大臣近卫前久府邸的屋顶,居高临下向织田军发射弓箭和火炮,织田军伤亡惨重,织田信忠也多处负伤,最终切腹自杀,年仅26岁。切腹前,他让担任"介错"(补刀人)的镰田新介将他的遗体藏在御殿地板下。但也有一说称,织田父子俩的遗体,都由京都阿弥陀寺的开基清玉法师殓葬。

明智光秀为何反叛?概括《总见记》《明智军记》《信长公记》《义残后觉》《祖父物语》《甲阳军鉴》等史籍的记载,主要有以下几种论说。

一是"求生说"。此说主要理由是明智光秀担心织田信长将收回他的领地丹波和近江,他让儿子继承家业的希望将彻底破灭。按照山冈庄八在《德川家康》第四部《兵变本能寺》里的描述,明智光秀感到,"若还想活下去,恐怕只有一条险道了……"经过再三踌躇,"到了二十日夜,光秀才再次把大家召集来,说:'现在,明智家已危在旦夕。与其坐以待毙,不如先发制人'"。二是"保皇说"。此说是历史文学作家桐野作人提出的。按照他的观点,明治光秀发动本能寺之变的主要动机,是阻止织田信长试图篡夺皇位的野心。因此,和朝廷内的"反信长同盟"订立密约的明智光秀,是真正的"保皇派"。三是"野心说"。日本东京大学教授、战国史研究权威高柳光寿持这种观点。按照此说,在织田信长通过"天下布武"即将重新统一日本之际,明智光秀欲"摘桃子"坐享其成。四是"复兴幕府说"。2017年9月,日本三重大学藤田达生教授在岐阜县美浓加茂市民博物馆内,发现了明智光秀写给反织田信长派首领土桥重治的信。明智光秀在信中表示,希望和他联手帮助足利义昭复位。经鉴定,书信上明智光秀的花押是真迹。但这封信的抄本早已存在,此次只是发现了原件,并不能证明所述之事是否属于历史真相。五是"四国政策说",又称"救援长宗我部说"。据江户时代成书的军记物语《元亲记》记载,织田信长曾向土佐(高知县)大名长宗我部元亲颁发朱印状,表示若他能打下四国,可将此地封赏给他。后由于多人忠告织田信长,让他提防长宗我部元亲据以做大,尾大不掉,因此织田信长心生悔意,要求元亲交出伊予(爱媛县)和赞岐(香川县)两国,只让他获得土佐国和阿波国南部。长宗我部元亲认为领有四国是凭借自己的实力,并非织田信长的恩赏,何况织田信长出尔反尔,感到自己被忽悠,怒不可遏。明智光秀和长宗我部元亲关系不错,派人劝元亲能忍则忍。织田信长为防元亲谋反,派第三个儿子神户信孝为大将去"收拾"元亲。就在神户信孝起兵时,明智光秀发动了本能寺之变。六是"宿怨说"。曾多次亲见织田信长的耶稣会传教士路易斯·弗洛伊斯,在写于16世纪60年代的《日本史》中记载,织田信长的亲家德川家康前往造访时,织田信长让明智光秀担任宴会筹备负责人。觥筹交错之际,琵琶湖的鲤鱼端上了宴席。日本鱼类很多,但淡水鱼很少,鲤鱼不仅珍稀,而且有"跳龙门"的寓意。但是,织田信长突然怒目圆睁,大喝道:"怎么把臭鱼端上来?!"明智光秀连忙申辩说鱼没臭。"没臭?难道是我的鼻子有问题?"织田信长不由分说,一边大骂"秃子(明智光秀是秃子),还嘴硬?!"一边对明智光秀拳打脚踢,将明智光秀的假发也打掉,令他颜面尽失。这个故事在

《稻叶家谱》和《明智军记》中也均有记载,不是孤证,而且明智光秀被暴打,非此一次。织田信长暴躁的性格是否令明智光秀久已怀恨在心,起意诛杀？上述诸说各有疑点,因此,"本能寺之变"成为"日本史上最大谜团"。

本能寺之变发生时,羽柴秀吉正与毛利军对垒。六月三日闻讯后,他显然感觉到自己的机会来了,于是隐瞒了织田信长的死讯,与毛利氏达成和解,彻夜赶往京都,一路与织田旧部合流,总兵力达四万余。明智光秀则在五日进入安土城,之后攻城拔寨,平定了近江。可是明智光秀以后的行动却接连受挫,主要是他的谋逆造成离心离德,使自己迅速势单力孤。十日,明智光秀惊悉羽柴秀吉正向京都进军,尽起京都之兵,在山崎八幡山以东的洞峠布阵。翌日,率军一万六千余人赶到京都附近的山崎以北。十三日黄昏,羽柴秀吉大军赶到,双方在城外展开激战,史称"山崎合战"(又称"天王山合战")。战端刚开,明智光秀的军队便士气涣散,节节败退。明智光秀想趁夜色逃往近江坂本城即他的领地,但在小栗栖(京都市伏见区)被当地专门猎杀落魄武士的村民刺伤,因无法继续行走,便让家臣沟尾庄兵卫担任"介错",切腹自杀。由于活不见人死不见尸,因此明智光秀是否真的死了,也有疑点。坊间有说法称明智光秀从此出家隐居,化名南光坊天海。此时距织田信长在本能寺之变仅短短十天,因此后世讥称明智光秀是"十日天下"。

"山崎合战"后,羽柴秀吉进入了安土城。六月二十七日,根据柴田胜家提议,织田信长之子信雄、信孝兄弟和织田信长的四位重臣,即柴田胜家、丹羽长秀、池田恒兴、羽柴秀吉,在清州举行会议。会议首先商讨织田信长的继嗣问题。柴田胜家力推信孝继嗣,而羽柴秀吉力荐织田信长年仅3岁的孙子三法师(即织田信忠之子织田信秀)继任家督。经过一番激论,最后羽柴秀吉的意见占了上风。柴田胜家对此极为不满,并因此和羽柴秀吉的矛盾更加深刻。会议还商讨了领国分配。这次会议史称"清州会议"。会后,与会者和德川家康签署了"血判起请文"(歃血为誓),以志信守。清州会议以其结果昭告天下:织田政权正式解体。

织田信长殉难后,朝廷追封织田信长为从一位太政大臣。十月十五日,羽柴秀吉在京都大德寺为织田信长举行了隆重的葬礼。织田信长的棺上刻有木像,号"总见院殿赠大相国一品泰岩大居士"。羽柴秀吉还在大德寺建立了总见院作为织田信长的牌位所,捐钱一万贯。羽柴秀吉欲以此昭告天下,他羽柴秀吉(即以后的丰臣秀吉),是织田信长的接班人。

重建"日本之治" 在强调家格和等级的日本社会,作为织田信长接班人的丰臣秀吉却是"起于微末"。根据"御伽众"[1]土屋知贞在《太阁素生记》中的记载:"尾州爱智郡有中村里,里分上中下,为三村。日吉者,其中中村之人也。天文五年正月朔,日出时生,故名日吉。"[2]今译此段史料,可知丰臣秀吉天文五年(1536年)出生于尾张国爱智郡中村,即今天名古屋市中村公园附近。这个地方源于木曾川扇状地的庄内川河口三角洲一带。丰臣秀吉幼名叫日吉丸,由于以出生时干支命名是当时一种风俗,日吉丸出生申年,所以小名叫猴子。也有说是因为他长相像个猴子而得此绰号。秀吉本姓木下,父亲叫木下弥右兵卫,是织田信长的父亲织田信秀属下的一名"足轻"(步兵),后因负伤残疾,回乡当了农民,不久因伤去世。生活无着的母亲阿仲(大政所)带着7岁的日吉丸和他姐姐阿友(朝日姬),改嫁给了同村的竹阿弥,生下了丰臣秀长和阿旭。日吉丸的弟弟小一郎和阿旭。小一郎成年后改名羽柴秀长。后来丰臣秀吉要求姓丰臣的奏请获准后,改名丰臣秀长。他们的继父竹阿弥性格暴躁,动辄对日吉丸拳脚相加,使他自小就有离家念头。永禄元年(1558年),"猴子"成为织田信长从仆,取名木下藤吉郎,天正元年(1573年)又改名羽柴秀吉。羽柴秀吉跟随织田信长南征北伐,屡建战功,成为织田信长六大军团之一的山阳道军团统领。

为了继承织田信长未竟的天下布武、统一日本的大业,秀吉首先采取的措施,是翦除他的两个主要竞争对手:柴田胜家和神户信孝。天正十年(1582年)十二月某日,漫天飞雪,羽柴秀吉料柴田胜家在这种天气不会出动,率领军队向近江长浜城发起攻击,迫使柴田胜家的养子柴田胜丰降服。之后,秀吉又率领军队顶着风雪进军岐阜,将神户信孝所在的岐阜城包围。柴田胜家获知战况后,率军前往解围,于三月十七日占领了贱岳一带的高地并在贱岳筑垒,扼守各山路关隘。二十三日,秀吉率军包围了柴田胜家所在的北庄城。翌日凌晨,柴田胜家登上天守阁,将自愿求死的妻子即被誉为"天下第一美人"的织田信长的妹妹杀死后,先放火焚烧天守阁,尔后拔刀自刃。贱岳合战中,秀吉麾下的加藤清正等七名武士骁勇异常,被誉为"贱岳七本枪"。

---

① 御伽众又名御咄众、相伴众、谈判众,是主君的政治和军事顾问。
② 若林力:《近古史谈全注释》,大修馆书店2001年版,第79页。

随后,秀吉挥师向岐阜城发起攻击。神户信孝笼城固守,秀吉让织田信雄劝告神户信孝出城。信孝认为,同胞手足当不会赶尽杀绝,于是私下对信雄的使者中川勘左卫门说:"麻烦使者大人转告中将(织田信雄也是朝廷命官近卫中将),就说信孝求他网开一面,我毕竟不是普通人。"但是,当信孝赶到知多郡内海打算和信雄见面时,出现在他面前的依然是中川勘左卫门。中川向信孝传达了信雄的命令。命令称,信孝违背清州会议决定,和柴田胜家沆瀣一气,作为"兄长"实难宽恕,特赐信孝切腹。信孝悲愤至极,对中川说:"你去告诉中将,就说中将被秀吉耍了,是在用自己的手砍自己的身子。"说完,信孝换上白衣,在吟诵辞世歌后切腹自尽。他的辞世歌令在场的人动容:"往昔功高堪盖主,如今伟业似曜星;先主遗孤今何在,岂料筑前断恩情。"

随后,秀吉发兵制服与柴田胜家、丹羽长秀、明智光秀并称"织田四天王"的泷川一益。因为在此之前,为了对抗丰臣秀吉,泷川一益与柴田胜家、神户信孝建立了联盟。然而,获悉柴田胜家、神户信孝均已兵败自裁后,泷川一益对丰臣秀吉表示降伏。他将家督之位让给次子泷川一时后剃发出家,法号入山庵。至此,织田信长继承者之争,正式宣告结束。除了旧武田领以外,原织田信长的版图全部成为秀吉的势力范围。之后,秀吉致函毛利辉元,告知他柴田胜家和神户信孝已死,泷川一益已降,劝他跟随自己,共襄盛举。秀吉在信中只字未提织田信长,而是提出要重建源赖朝以后的"日本之治",言下之意,就是他作为武家政权创立者源赖朝的继承人,将建成独立于织田信长的自己的政权,重现武家政权的辉煌。①但是,毛利辉元没有答应。

为了重建"日本之治",丰臣秀吉做的第一件事,就是在大坂建新城作为自己的大本营。②羽柴秀吉为何要将"大本营"建在大坂?奉命为丰臣秀吉立传的大村由己,在《天正记》里有如下记述:"秀吉选定摄津国大坂建城。大坂处五畿内之中央,东面是大和,西面是摄津,南面是和泉,北面是山城。四方广阔,中间山岳巍然,绕山麓之大河为淀川之末,与大和川流汇合并即注入大海。"③确实,大坂位于畿内中心,紧邻京都和国际贸易

---

① 池上裕子:《织丰政权和江户幕府》,第137页。
② 大阪当时叫大坂,在代表武士时代结束的明治维新时,忌于"坂"字可拆为"士反",有"武士造反"之讳,于明治三年(1870年)更名为"大阪"。
③ 胁田修:《大阪时代和秀吉》,小学馆1999年版,第70页。

港堺,海陆交通极为便利。淀川流域广阔的平原地区土地肥沃,农业生产先进,周边小城之间的商业和手工业相当发达。但是,"秀吉所构想的,不仅是建立一个巨大的城,而是想使之取代'日本之治'的中枢即京都,成为日本新的都城"。①

五月二十五日,秀吉对个别领地进行了"转封":将原神户信孝领有的美浓国,封给了织田氏的宿老池田恒兴,因为这是清州会议的决定。秀吉同时命令池田恒兴父子迁居美浓国。六月一日,秀吉进入京都,翌日出席了织田信长的一周忌法会,然后进入大坂。九月一日,大坂城开始建设,天正十三年(1585年)竣工。

安土城不仅是织田信长的新大本营,而且是新时代的标志。织田信长纵横驰骋的时代,被称为"安土时代"。那么,秀吉大坂建城后,虽然也有学者主张将他作为"天下人"的时代称为"大坂时代",但是这些主张并没有被采纳。和安土时代相对应的,不是"大坂时代",而是"桃山时代"。这是为什么？回答这个问题,必须了解秀吉居所的迁移。大坂城落成后,最初三年秀吉主要寓居在大坂城。就任关白后,秀吉又在京都内里(皇居)附近,建造了一所豪华府邸,取名"聚乐第"。天正十五年(1587年)聚乐第建成后,秀吉常住聚乐第。聚乐第南至春日神社,西及朱雀门,北有一条氏府邸,四周围有石垣,里面有铁柱铜扉和数百间居室,很多房间之间的移门(日本叫"襖")绘有天才画家狩野永德的四季花草,富丽堂皇,美轮美奂。当然,秀吉常住聚乐第,主要不是因为聚乐第令人心旷神怡,而是因为他需要常住京都。文禄三年(1594年)伏见城建成后,秀吉又迁入了伏见。"秀吉晚年的居城伏见城,后被称为桃山"。至于何以称之为桃山,中山再次郎在《桃山城址》一文中有如下诠释:"大约在德川以后,城被摧毁后种上了很多桃树,桃花盛开,硕果累累。……今天那里有很多梅树,当时那里有很多桃树,故名桃山。秀吉因此被称为桃山御殿,美术里也有"桃山式"这一名词。总之,从那以后,桃山一词开始流传于世。"②也就是说,"桃山时代"是秀吉作为"天下人"的"桃山殿的时代"。

---

① 藤木久志:《天下统一和朝鲜侵略——织田·丰臣政权的实像》,讲谈社2005年版,第198页。
② 胁田修:《大阪时代和秀吉》,小学馆1999年版,第13、28页。

大坂建城,仅仅是秀吉实现"日本之治"的一个象征,他的最终目标是平定天下,首先是平定东国。如前面所述,织田信雄曾一直追随秀吉,但在家督继嗣问题上对秀吉深怀不满。德川家康看到了这一点,采用离间计激化了他们之间的矛盾。织田信雄和德川家康开始联手对付丰臣秀吉。天正十二年(1584年)三月,织田信雄得到密告:他的家臣冈田重孝、津川义冬、浅井长时和秀吉暗通款曲,织田信雄遂下令将三人处死。这个导火索立即点燃了原本就堆积在双方心头的怒火。估计秀吉必然报复的德川家康,立即从浜松城出发赶往清州城。秀吉得到"内线"被杀的消息后,果然大怒,令先头部队立即前往讨伐,后聚集了近十三万兵马,浩浩荡荡向清州城进发。织田信雄当时兵力不足四万。以三河国冈崎城(爱知县冈崎市)为据点的德川家康,虽被认为是除了秀吉,"当时日本最具有战争经验、最有实力的人物",但也只有六万余兵马,双方实力悬殊。可是,德川家康和织田信雄没有避战,而是在小牧山布下阵势迎敌。秀吉得到情报后认为,此时冈崎城一定是座空城,如果奇袭冈崎城,德川军闻讯必然溃散。于是派遣三好秀次、池田恒兴等率两万兵马前往。然后让他们从小牧山后面包抄德川军,使之两面遭到夹击。令秀吉始料未及的是,德川家康对此早已成竹在胸,决定欲擒故纵。因为,偷袭冈崎城必须经过长久手谷地,正好在那里打一场伏击战,结果德川军大胜。随后,双方陷入胶着,最终于十一月十五日议和。德川家康基于战略考虑,让次子于义丸(结城秀康)当了丰臣秀吉的养子,并表示臣服秀吉。此战秀吉消除了最大对手,巩固了桃山政权。

　　秀吉在以武力征服对手的同时,其在公家社会的地位也不断提高:天正十年(1582年)十月是从五位下、左近卫权少将,天正十三年(1585年)七月是从一位、关白。翌年十二月,出身武家寒门的秀吉升任率文武百官侍奉天皇的公家社会顶点——太政大臣。秀吉以后自称平姓,在担任关白前又当了近卫前久的养子,改姓藤原。因为,非藤原而担任摄政关白者没有先例。之后,他奏请改姓"丰臣"获得敕许,丰臣与源、平、藤、橘四姓平起平坐。以秀长、秀次为主的一族,以及宇喜多秀家等有力家臣从此也改姓丰臣。此后,丰臣秀吉除了圆形朱印外,又启用了印文为"丰臣"的四方朱印,尺寸超过天皇印,主要用以外交文书,而且在伊势神宫祈拜,出征时前往伊势神宫领受纶旨,并且作为关白致函奥州、九州、四国等地,称奉天皇敕命统治六十六国,要求停止纷争,服从朝廷命令,归顺朝廷,否则将

第七章 战国时代

根据敕命进行讨伐。由于当地诸侯不肯轻易就范,丰臣秀吉遂挥动干戈逐一予以荡平。

丰臣秀吉首先向纪伊(和歌山县)发起进攻,胜利后剑指纪伊国背后的四国。四国的长宗我部元亲为避免战事四处奔走,但最终仍被武力征服。之后,长宗我部元亲获封土佐国(高知),成为丰臣秀吉麾下的大名。长宗我部氏从此效命于丰臣政权,在以后平定九州、侵略朝鲜时均率先出阵。

天正十五年(1587年)三月一日,丰臣秀吉亲率二万五千大军离开大坂城,前往九州讨伐违背"分国令"、侵入大友氏领地的岛津义久,并在四月十七日大败岛津义久。五月八日,岛津义久改名"龙伯",并剃光头着黑衣,在太平寺(今鹿儿岛县川内市内)向丰臣秀吉表示臣服。丰臣秀吉不仅赦免了他,而且赐其萨摩一国,嘱其今后尊奉"叡虑"(天皇的话)、勉力忠功。所谓的"叡虑"其实就是丰臣秀吉的命令,可见丰臣秀吉此时已俨然以天皇代言人自居。六月七日,丰臣秀吉在筑前国(福冈县)筥崎八幡宫,将九州分封给各路诸侯,并命令复兴因战乱而荒废的博多。

四国、九州平定后,尚未归顺的还有关东和奥羽(东北地区)。当时关东地区的北条氏和奥羽地区的伊达氏最有势力。丰臣秀吉认为,只要使两雄归顺,使关东和奥羽其他大名归顺将如同探囊取物。于是,他向北条氏和伊达氏发出了"惣无事令",要求停止大名间的"私战"。藤木久志在《丰臣和平令和战国社会》一文中写道:"提出'惣无事令'之意义,是丰臣秀吉完成全国统一、君临诸方大名后,试图通过禁止大名们擅自行使暴力,达到一手掌控军事实权,实现将国家'暴力'归于一统之目的。"①

十一月十五日,丰臣秀吉通过德川家康向北条氏当主北条氏直及其父亲北条氏政,转达了"关东惣无事令",要求他们归顺。随后,丰臣秀吉又派遣富田知信,向北条氏直提出三点要求:一是停战,同意由他分封领国;二是上洛(进京);三是出仕。最初北条氏直曾表示服从,双方达成协议,但北条氏旋即背约。于是,丰臣秀吉于十一月二十四日向北条氏直发出了"五条朱印状",称:"氏直悖天道之理,对帝都施奸谋,必遭天罚";"对

---

① 藤木久志:《丰臣和平令和战国社会》,斋藤慎一《战国时代的终焉——"北条之梦"和秀吉的天下统一》,中央公论新社2005年版,第169页。

丰臣秀吉签发的朱印状

逆敕命之辈,当尽早诛伐。来年必携节旗进发,取氏直首级于旋踵之间"。①北条氏直并不示弱,积极备战。天正十八年(1590年)三月一日,丰臣秀吉统领大军离开京都向小田原进发,而其先锋德川家康二月已形成作战态势。三月二十九日,丰臣秀吉对北条氏展开攻击,"小田原合战"爆发。北条氏在遭到上杉谦信、武田信玄攻击时曾依靠"笼城"退敌,这次依然构筑深沟高垒准备固守,但今夕何夕,最后在姻亲德川家康劝告下,不得不放弃抵抗,于七月五日开城投降。丰臣秀吉念北条氏直是德川家康的女婿,没有杀他,而是将他流放高野山;同时命令他父亲北条氏政、叔叔北条氏照、重臣松田宪秀等切腹自杀,并将他们的首级送往京都,示众于一条戾桥。百年五代的后北条氏一族,就此退出历史舞台。之后,丰臣秀吉将北条六个领国封与德川家康,进入江户时代后,又将德川家康的旧领五国转封给亲近部属。自此,丰臣政权的势力范围延伸至东海道一线,织田政权的发祥地被纳入丰臣氏的版图。

丰臣秀吉花押

与之同时,丰臣秀吉也在平定奥羽。天正十八年(1590年)六月五日,原室町幕府的陆奥守护伊达政宗赶到小田原,以一身黑衣拜见丰臣秀吉,为违反"惣无事令"谢罪,并表示归顺服属。丰臣秀吉令伊达政宗治理奥羽,并对顺从和违抗者进行赏罚,在一年内陆续平定了各地的反抗。丰臣秀吉同时对虾夷社会也进行整合。翌年正月,蛎崎庆广作为"虾夷之岛主"谒见了丰臣秀吉。丰臣秀吉甚喜,命令他

---

① 桑田忠亲:《新编日本合战全集》第五卷《天下平定》,秋田书店1990年版,第98页。

继续维持松前(北海道)的阿伊努人与和人的贸易秩序,并向他颁发了享有船役征收权的朱印状,承认了他对虾夷的支配权。自此,虾夷地也被纳入丰臣秀吉的统治范围。丰臣秀吉实现"日本之治"的宏愿,基本实现。

第五节 检地、刀狩令和侵略朝鲜

丰臣秀吉的一生,除了继续织田信长未竟的事业,实现日本的重新统一,还为江户时代"幕藩体制三大支柱"奠定了重要基础:丰臣秀吉的"太阁检地",为江户幕府按照土地产量作为衡量俸禄标准的"石高制",创造了前提条件;收缴民间武器的《刀狩令》,使"兵农分离制"的施行几乎"轻而易举";《驱逐传教士令》,明白无误地宣告,基督教及其传教士是日本的危害,只是因为耶稣会的"商教一致"政策,使丰臣秀吉"投鼠忌器",没有真正施行。另一方面,日本"二战"以前,导致行政首脑下台的,往往是外交因素。外交,往往使日本行政首脑懂得何为"挫败"。这方面,丰臣秀吉更是典型:侵略朝鲜的失败,使他最终郁闷而死。

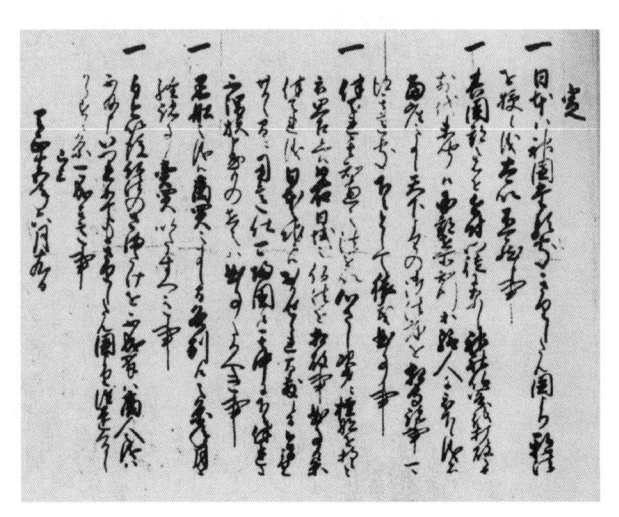

丰臣秀吉驱逐传教士令

"太阁检地"和《刀狩令》 天正十七年(1589年)七月十一日,丰臣秀吉的侧室即备前守浅井长政的女儿浅井茶茶生了个儿子,令丰臣秀吉欣喜若狂,将浅井茶茶生下儿子的淀城送给她,因此浅井茶茶以"淀殿"闻名。丰臣秀吉之所以如此欣喜,不仅因为浅井茶茶是他最宠爱的侧室,和织田信长的正妻斋藤归蝶、前田利家的正妻阿松,并称"战国三夫人";不仅因为丰臣秀吉当时已53岁,更因为丰臣秀吉虽然一生娶了一房正室、十四房侧室,正室宁宁(北政所)终身未育,其他几房侧室除了元龟元年(1570年)丰臣秀吉当长滨城主时,第一房侧室南殿生了个儿子叫石松丸,3岁时不幸夭折后,其他侧室都没有生儿育女。如今老来得子,自然欣喜若狂。丰臣秀吉随即给儿子取名鹤松，寓意"松鹤延年"，另外还给他取了个小名叫"舍"。因为，民间有种说法，小名"不吉利"的孩子容易抚养。丰臣秀吉因为一直没有子嗣，曾想把关白一职传给养子即宁宁的亲侄子小早川秀秋。有了鹤松后打消了这个念头。孰料，3岁对丰臣秀吉的孩子来说可能是个劫数。天正十九年（1591年）八月，3岁的鹤松也夭折了。这对丰臣秀吉几乎是"灭门之灾"。悲痛之余，丰臣秀吉将关白一职让给了养子暨外甥丰臣秀次（丰臣秀吉姐姐的儿子），自己当了"太阁"（退位的关白尊称太阁），仍作为"天下人"掌握着统领全体武士的最高权力。后来，浅井茶茶生了丰臣秀赖，丰臣秀吉自然想把关白之位传给亲儿子，于是不断压制丰臣秀次，而丰臣秀次也为人残忍，被称为"杀生关白"，少有忠实的追随者。文禄四年（1595年），丰臣秀次被流放至高野山，在绝望中自裁。同年，丰臣秀次的三十八个妻女被丰臣秀吉下令斩杀于京都三条河原。小早川秀秋也因为丰臣秀吉出尔反尔，最终背叛丰臣家族。他后来在德川家康成为"天下人"的关键之战即关原之战，为德川家康的胜利立下战功，被称为"关原战神"。假设两人的反目是"未曾发生的历史"，而不是真实发生的历史，日本历史或许会改写。当然，历史从来不尊重"未曾发生的事"，而是始终尊重"已经发生的事"。

  在天下基本平定后，丰臣秀吉为推行"日本之治"，推行了两项重要政策：一是"检地"，二是颁布《刀狩令》。检地发生于丰臣秀吉"禅让"关白担任太阁的同一年，因此史称"太阁检地"。"检地"就是通过检测土地，建立统一的全国土地制度，具体措施是测量土地、统一计量单位，将土地分为不同等级并规定相应的标准产量，以此作为缴纳年贡的基准。具体内容是：将过去不统一的"一间"的长度定为3.3尺，将原来"一反"960步改为300步，将田地分为上、中、下、下下四个等级，分别规定标准产量——石数，上田为1.5石，中田为1.3石，下田为1.1石，下下田另行规定，以标准升"京升"统一各地区不相同的旧升，按标准产量（石数）的2/3收取年贡，贯彻"一地一作人"原则，每块耕地规定一个作人，作人是纳贡义务承担者。检地非常严格，实施检地的"朱印状"明文规定，不管城主还是土豪、农民，凡有反抗检地者，格杀勿论。据史料记载，奥羽地方一些抗拒检地的武士和百姓被悉数问斩。

  丰臣秀吉并非最早在日本施行检地者。此前其他战国武将为了重建土地制度，也曾进行过检地。天正十年（1582年）六月丰臣秀吉剿灭明智光秀后，即开始施行检地。但是，完成日本统一大业时进行的太阁检地，与以往的检地不同。太阁检地不仅是为了纳税公平，更是为了否定本领（世袭私领）制，进而将土地所有权集中到自己手中。同时也为了提高农民生产积极性，巩固作为其统治基础的小农经济。太阁检地为江户时代实施"兵农分离制"，奠定了重要基础。

颁布《刀狩令》解除农民武装，是丰臣秀吉的又一重要措施。在镰仓时代和室町时代，法律并不禁止农民持有武器。但是在战国时代，此前"一揆"频发的历史教训，使农民、僧侣拥有武器的危险逐渐为统治者所认识。在平定"一向一揆"后的越前（福井县），柴田胜家即采取了收缴农民武器的措施。天正十三年（1585年），丰臣秀吉在讨伐纪伊（和歌山县）的"一揆"时，谴责高野山的僧侣怠惰于学问，热衷于刀枪、火枪，并命令"一揆"的最后据点田村的农民，必须用心于锄、锹，专念于耕作。这实际上已经开始禁止僧侣和农民持有武器。天正十六年（1588年）七月八日，丰臣秀吉向各国的国主大名颁布了《刀狩令》，令其必须遵照执行。《刀狩令》共由三条构成：第一条，不准诸国百姓持有长刀、腰刀、弓箭、长枪、步枪及其他武器。持有这些武器不仅妨碍年贡缴纳，而且可能形成"一揆"反抗领主，必须予以禁止。因此，各国主、给人（领主）、代官应将上述武器收缴。第二条，收缴的长刀、腰刀、弓箭等不会浪费，而将用作制造建方广寺大佛所需的钉子、插销。将有助于百姓在来世获得拯救。第三条，中国在尧的时代为镇定天下，宝剑利刀用以制造农具，而日本尚无此先例，若百姓专念于农业，则可奠国土安全、万民快乐、子孙长久安康之基础。是故，百姓当勉力农桑。毋庸赘言，上述三条，第一条是"本音"，即真意；第二和第三条则是"建前"，即冠冕堂皇的理由。国主大名对此心领神会，仅向百姓传达了第二和第三条，隐匿了第一条。《刀狩令》实施一个月，仅在加贺国（石川县）江沼郡，就收缴了长刀1 013把、腰刀1 540把、枪矛160支。所收缴的武器确实有些用于寺院建设，但收缴武器的主要目的显然不是"用以制造农具"，使"百姓专念于农业"。正如多闻院英俊所指出的，"实施《刀狩令》根本目的，是防止'一揆'的发生"。

在颁布《刀狩令》的同一天，濑户内海地区发生了盗船事件。以此为契机，丰臣秀吉向每个领国的大名、给人（领主）、代官颁布了《海上贼船禁令》，责成他们让船头、渔民签署誓约，绝不从事海盗活动，由大名将誓约集中呈上。《海上贼船禁令》和《刀狩令》虽然内容不同，但是目的却是一致的,就是使大名、领主等强化对农民和渔民的统治,避免使他们成为统一政权的敌对势力。

天正十九年(1591年)八月,丰臣政权为了规范奉公人和百姓身份,颁布了也是由三条内容构成的《身份统制令》:第一条,禁止作为奉公人的"侍""中间""小者""荒子"(侍奉武士的不同等级的仆人)转为町人和农民。第二条,禁止农民放弃耕作从事商贩和租赁等业。既不奉公又不耕作者,须逐出村庄。若有懈怠则唯"给人"是问。町人若收留、隐匿农民,则罚其一乡、一町所有人。第三条,禁止收容未经主人许可而出走之"侍""小者"等。若逃遁者以前的主人提出请求,当将其捕获、引渡。若纵其逃遁,则须砍下三人首级交给前主人。若不执行此令,则对主人问罪。总之,禁止被统治阶层的空间流动,是丰臣维护和巩固政权的重要手段。

上述法令不仅巩固了丰臣秀吉新生的政权,而且强化了肇始于安土时代的"兵农分离"趋势。一般认为,日本中世到近世最重要的社会变化之一,就是"兵农分离"。在日本武士出现并建立武家政权的中世及以前,武士与农业经营者(中小地主、自耕农、农奴)并不存在截然的区分。在镰仓时代,被称为"地侍"的武士一般定居在村落,直接从事农业生产和经营。随着武士阶层势力的强化和武士支配体制的巩固,兵农杂居的状态逐渐崩溃,武士开始向城下町集中,从而开始了"兵农分离"的进程。织田信长是"兵农分离"的真正先驱,同时又是这一政策的第一受益者。正是通过"兵农分离",织田信长和其他战国大名形成了鲜明对比。因为织田信长建立了专门的战争组织——军队,从而使他的"天下布武"如风卷残云,摧枯拉朽。这方面,丰臣秀吉也是织田信长的继承者。

"兵农分离"作为历史的产物,作为近世概念和近世社会重要特征,与身份制密不可分。兵者,武士;农者,农民。前者支配后者。这就是"兵农分离"的本质。择要而言,兵农分离有以下三个要点:一是武士与农民身份的明确化;二是武士脱离农业生产和经营;三是武士在城下町集中居住。通过"兵农分离",以武士为统治阶层,以农、工、商为被统治阶层的"四民"等级制得以形成,以此为基础的近世社会得以建立。虽然诸多学者将元和元年(1615年)的"元和偃武",作为中世和近世的界碑,但是这一界碑的阶级基础是由丰臣秀吉奠立的。也就是说,"兵农分离"肇始于织田信长时期,形成于丰臣秀吉时期。德川家康确定了"兵农分离制"并使之和"锁国制""石高制"一起,成为"江户幕藩体制的三根支柱"。

丰臣秀吉还延续了织田信长的其他一些举措,主要有以下三项:

第一,整顿乐市乐座。天正十三年(1585年),丰臣秀吉下令京都诸座废止座头职等中间盘剥。天正十五年(1587年),丰臣秀吉下令废止奈良、大和部座的特权。当然,和织田信长的"乐市乐座"仅限于尾张、美浓、近江等旧领,维护和扩大自身权益一样,丰臣秀吉的"乐市乐座令",也不是鼓励自由竞争和自由交易,为商人提供宽松的经营环境,而是为了使工商业者处于他的控制下,确保他获得商业利益,维持和巩固统治基础。

第二,减少关所。织田信长曾于永禄十一年(1568年)撤销了其势力范围内的"关所",禁征"关钱"。织田信长采取这一举措的目的,是打击关所的设立者寺社和庄园领主,营造"轻关易道"的经济环境,便于商人自由往来,发展工商业。丰臣秀吉继承了这一政策,他在天正十年(1582年)六月底的"清州会议"上获得山城国(京都)后,于当年十月即撤销了当地的关所。天正十三年(1585年)七月丰臣秀吉担任关白后,更是采取了禁止向商人和商品征收"役钱"(税)的政策,并对违令者严惩不贷。九月十八日,丰臣秀吉致函毛利氏、小早川氏、吉川氏,对公家薄诸光违反禁令的所作所为进行了严厉谴责,命令他们进行拘捕:"公家薄氏向诸国的牛征收役钱,恣意妄为,实不能容忍。凡征收役钱者,无论是公家还是世族,皆应予以拘捕。"被通缉的薄诸光因此被捕,死于非命。民众对此拍手称快。同年十月,丰臣秀吉的御用文人大村由己写道:"公家、武家、地下商人诸役被废止、座被取缔,悦者众,悲者寡。"

第三,稳定通货。永禄十二年(1569年),织田信长曾颁布《择钱令》,规定了"善钱"(良币)与"恶钱"(劣币)的交换比率。丰臣秀吉则通过对货币的改铸进行统一,同时开发石见、佐野、生野等金银矿,使货币的改铸获取足够资源和有足够含量。

秀吉侵朝原因 在基本稳定国内政治和经济秩序后,野心日益膨胀的丰臣秀吉开始将目光移向海外。他的第一个目标是朝鲜。为什么要侵略朝鲜?几个世纪以来,日本学界存在不同观点。史籍《加藤清正记》《太阁记》等均称,丰臣秀吉之所以征伐朝鲜,是因为痛失爱子鹤松后需要发泄。这种说法从时间上看似乎不无道理。因为,鹤松夭折的第二天,丰臣秀吉即派遣相国寺、南禅寺等的高僧西笑承兑、惟杏永哲、玄圃灵三为入明僧,与明朝进行交涉,因为他们三人自室町时代末期始终参与对明外交。丰臣秀吉同时将聚乐第和周边的直辖领让给了丰臣秀次,并通告诸大名,第二年三月一日出兵,责令他们做好出阵准备。也有学者认为,"丰臣秀吉出兵朝鲜是为了转移因天下平定而'失业'的武士们的愤懑",将武士们的不满引向国外,通过对外征服解决国内矛盾;同时也为了和明朝重开堪合贸易。还有观点认为,丰臣秀吉缺乏望族血脉,欲当"日本国王"、布威天下,需要借助武力征服。然而,早在1909年,日本国权主义史学家山路爱山就在《丰太阁》一书的"征韩论"一节中,对丰臣秀吉因痛失爱子而发动侵略战争,即视之为因"感慨人生之无常而采取的狂热行为"的观点提出了批评,并对丰臣秀吉为何"征韩",提出了两个原因。山路爱山这样写道:

> 如秀吉那样细心的人是不可能轻易采取不可思议的行动完成英雄事业的。采取这一行动必另有原因。依我愚见,当时我国对世界的认知有了明显进步,对邻国的状态亦愈益明了,这是史家首先应该注意的……日本最初引进手枪仅视之为珍奇物,但不久日本即成为东洋能够制造手枪及其使用方法的一个特殊国家。城郭之制、矿山的开凿法骤然改变,棉花、烟草得以种植并成为国民日常所用,衣食方面亦发生极大改变。勿庸赘言,想到这些变化,可以认为当时日本人对海外情况并非无知。虽然这些似乎和征伐朝鲜没有直接关联,但是却开启了日本人的心智,使他们认识到自己乃世界一员,并不久成为使他们欲用武于世界之动机。①

也就是说,按照山路爱山的观点,"睁眼看世界"是丰臣秀吉征伐朝鲜的第一个原因。"使日本国民之壮志雄心转向中国的第二个原因是对和(倭)寇的追怀。"山路爱山在列举了倭寇屡犯朝鲜的史实后指出:"见仅隔对马海峡的朝鲜文弱可欺,以及作为其宗主国的邻国明国的神气活现,日本当然难耐垂涎之欲。当时明国国势逐渐衰微,甚至对强国之威力常疏于防备,逐渐丧失独立之实力,于是已经统一的日本倚仗武力,将挥舞的铁拳挥向中国,毋宁说乃题中应有之义。"确实,丰臣秀吉发动文禄·庆长之役最根本的原因,是丰臣秀吉想"假道入明",通过征服朝鲜进而占领中国,成为亚洲的霸主。

可以认为,丰臣秀吉举兵侵略朝鲜也包括历史和地理因素。追溯历

---

① 山路爱山:《丰臣秀吉》(下),岩波书店1996年版,第180—185页。该书原作为1909年出版的《丰太阁》后编。

史,早在公元 4 世纪,大和政权就在朝鲜半岛的"任那"地区建立了殖民地。日本在朝鲜的势力时进时退,最盛时曾一度打到平壤附近。天智二年(663 年)八月二十八日,为了帮助被唐朝、新罗联军灭亡的百济复兴,当时的倭国与唐朝进行了白江之战。此战的惨败,使得日本在九百多年不敢再入侵朝鲜半岛;此时见明朝国势如江河日下,丰臣秀吉举兵征伐朝鲜,有其内在的历史元素。就地理位置而言,日本孤悬海外,"朝鲜半岛如一把匕首指向日本列岛",向中国发展,唯经朝鲜一途。

诸多史料可以佐证上述观点。在担任关白后不久,丰臣秀吉即透露了征服明朝的野心。他在给家臣一柳末安的朱印状中宣称,他不仅要统一日本,而且要征服唐国(明朝)。朱印状只署有日期"九月三日",未署年号。经岩泽愿彦考证,当为天正十三年(1585 年)九月三日。朱印状是官方文件而非私人信函。也就是说,在日本尚未完全统一时,丰臣秀吉已明确呈现了入侵明朝中国的野心。翌年,丰臣秀吉在着手收揽九州时,对黑田孝高等亲信大名表示,九州征服后的下一个目标是唐国(明朝)。同年四月,丰臣秀吉给毛利辉元远征九州的朱印状共十四条,其中有一条明确提出,"为渡海征服高丽做好准备"。八月五日,丰臣秀吉向诸大名发出讨伐违抗《惣无事令》者的"九州动员令"时明确表示:"征服唐国的计划已在考虑之中。当下应充分利用敲打逆贼岛津氏之良机,构建讨伐唐国态势。"

丰臣秀吉很清楚,欲征服明朝,必先征服朝鲜。因此在征服九州、使岛津氏归顺的天正十五年(1587 年)五月,丰臣秀吉对北政所表示:"壹岐和对马均已提交人质臣服秀吉。应尽早遣使朝鲜,令其出仕日本内里。朝鲜若不服从,则来年给予惩戒。"丰臣秀吉首次公开侵略明朝的计划,是在平定九州的前一年,即天正十四年(1586 年)三月十六日。当日,丰臣秀吉在大坂城内会见了耶稣会副管区长加斯帕·科艾洛(Gaspar Coelho)。丰臣秀吉声称,他在基本完成全国制霸大业后,将出兵明和朝鲜,以"使威名传至后世",并委托加斯帕·科艾洛帮助购买两艘兵船。征服九州后,丰臣秀吉即通过对马领主宗义智要求朝鲜入贡。长期与朝鲜交往的宗义智很清楚,如果如实转达,朝鲜必不会同意,但抗命对马将被剥夺知行权。于是他要了个计谋,让家臣柚谷康广充任"日本国王"使节前往朝鲜,告知朝鲜丰臣秀吉已成为"日本国王",要求朝鲜派遣通信使前往祝贺。但朝鲜认为丰臣秀吉是篡位,予以拒绝,并称"化外之国不可则以礼仪"。天正十七年（1589年），丰臣秀吉命令宗义智亲自前往朝鲜交涉。宗义智遂让博多圣福寺住持景辙玄苏为正使、自己为副使，并偕博多豪商岛井宗室等前往朝鲜。宗义智一行到达朝鲜后，向日方代表小西行长提出了丰臣政权的要求。最终，朝鲜同意交涉，于天正十八年（1590年）七月派遣黄允吉为正使、金诚一为副使，由宗义智陪同到达京都，景辙玄苏随行。

黄允吉一行到达京都后，丰臣秀吉视他们为臣属而非使节，相当傲慢，直到十一月才在聚乐第接见他们。黄允吉呈上了表示祝贺的国书，丰臣秀吉赏其"入朝"，并让使节转交他给朝鲜国王的复函。复函语气傲慢，不仅不称"国王殿下"而称"国王阁下"，而且称"贵国先驱入朝"（对来访的属国使节才称"入朝"），俨然将朝鲜视为属国。同时，复函还提出了三点：一是统一天下和异域是上天赋予丰臣秀吉的使命；二是要求朝鲜与日本共同征伐明朝并担任"征明向导"；三是要求朝鲜归顺日本并纳贡。复函还露骨地表示"予入大明之日，将士卒临军营，则弥可修邻盟也，予无愿也，只显佳名于三国"。对这一俨然以对待臣属国的语气拟就的复函和无理要求，朝鲜使节当即表示抗议，并拒绝接受复函。于是，根据宗义智授意，景辙玄苏对复函进行了"解释"，称复函中提出的要求只是"假道入明"。之后，宗义智和小西行长一方面为使丰臣秀吉收回让朝鲜担任"征明向导"的成命而奔走，另一方面继续要求朝鲜同意让日军"假道入明"。天正十九年（1591年）六月，奉大明为宗主国的朝鲜在明朝支持下，正式拒绝日本"假道入明"的要求。于是，日本开始加速备战，发动侵朝战争。这场战争，日本称"文禄之役"，中国称"万历朝鲜战争"，朝鲜以前称"壬辰倭乱"，现在称"壬辰卫国战争"。

"文禄之役" 丰臣秀吉侵略朝鲜的战争，主要在朝鲜半岛南部的整个地区和北部的东部沿海地区展开。天正二十年（1592年）正月，丰臣秀吉令诸大名的兵力在肥前（佐贺）名护屋城集结，在三月十三日组成了第一批约十六万人的远征军，共编成九个军，由宗义智、小西行长率第一军；加藤清正、岛锅直茂率第二军；黑田长政、大友义统率第三军；毛利吉成、岛津义弘率第四军。这四个军均由九州部队组成，另外几个军则分别由四国、九州、广岛、冈山、近畿和中国军队组成。另由藤堂高虎、早川长政、毛利高政、九鬼嘉隆、加藤嘉明、胁坂安治、服部春安等担任舟奉行（水军统领），负责运输和海上警卫。各军依次向壹岐和对马移动，准备渡海作战。三月上旬,第一、第二、第三军按预定计划从名护港启航至壹岐、对马,做好了出航准备:一旦小西行长一个月前派出的、再次向朝鲜提出的"假道入明"的要求遭拒,立即发动进攻。丰臣秀吉也离开畿内亲往肥前名护屋指挥。四月七日,不出所料,交涉以失败告终。

日文禄元年(朝宣祖二十五年,明万历二十年,1592年)四月十二日,宗义智和小西行长率领的第一军约一万八千七百人,分乘七百余艘战船从大浦启航,顺风满帆,当天下午五点左右在釜山登陆,晚上在绝影岛安营。翌日凌晨,日军向釜山城发起猛攻,八点左右将釜山攻陷。釜山守将郑拨中弹身亡,一千二百余名守城士兵阵亡,日本军队也伤亡惨重。郑拨的阵亡碑上有这么一句话:"一天内,有三个地方贼的死尸堆积如山。"翌日,日军向釜山以北约八公里的东莱城发起猛攻,府使宋象贤自知难以抵挡,在铠甲外面穿上官服,坐待日军士兵斩杀。此战朝鲜军死伤三千余人,被俘五百余人。

加藤清正率领的第二军和第三军在四月十七日和十八日分别在釜山和安骨浦登陆。第四军至第九军也在四月中旬至五月初依次在釜山登陆,随前面各军向京城首尔(当时叫汉城府)挺进,沿途遭到朝鲜将士奋力阻击。无奈日军来势凶猛,朝鲜面积狭窄,日军很快逼进京城首尔。接战报,首尔城内一片恐慌。朝鲜国王宣祖于二十九日拂晓匆匆往开城避难。国王离京,朝鲜众将全无斗志,奉命防卫京城的留都大将军李阳原、都元帅金命元未及"一战"即弃城逃走。接到攻陷朝鲜京城首尔的战报,丰臣秀吉于五月八日致函关白丰臣秀次,提出待征服明朝后的二十五条分国方针,其中第十八条称:"叡虑(后阳成天皇)可为后年(文禄三年,即1594年)行幸大唐都城(北京)。"都回之国(北京周边)十国可为天皇领地。众公家可从中获取知行权。第十九条称:"秀次任大唐关白,获北京周边一百国。日本关白由羽柴秀保或宇喜多秀家担任。"第二十条称:"由皇太子周仁亲王或皇弟智仁亲王任日本天皇。"丰臣秀吉养子宇喜多秀家随后到达首尔,担任首尔守备。五月二十七日,日军渡过临津江,兵不血刃进入开城。此前,宣祖已逃离开城前往平壤。日军旋即向平壤进发,宣祖再次弃城往北逃难,守城军队亦随之逃亡,日军再次兵不血刃占领平壤。不到两个月时间,朝鲜三都首尔、开城、平壤全部陷落。陷入亡国危机的朝鲜国王急忙遣使向明朝求援。明朝政府认识到"关白之图朝鲜,其意实在中国",当即决定发兵援朝。明万历二十年(1592年)六月下旬,明朝派辽东副总兵祖承训率领五千明军开赴朝鲜。祖承训建功领赏心切,于七月十六日黎明轻敌冒进突入平壤,与守城的七百余名日军展开巷战。由于明军全是骑兵,不利于巷战,伤亡惨重。

日军陆路虽然频传"捷报",水路却遭重创。开战当年的五月四日,全罗道左水使(一说朝鲜庆尚道水军统制使)李舜臣,率八十余艘战船组成的船队从丽水启航,五月七日在玉浦和藤堂高虎率领的日军水师展开激战。日军船队由五十余艘战船组成,被焚毁二十六艘,击沉五艘。翌日再战,朝鲜水军又击沉了日军大中小战船十三艘。五月二十九日,李舜臣在泗川海战中动用秘密武器"龟甲舰",将十三艘日船全部击沉。六月二日,李舜臣在唐浦海战中击毙九州大名龟井真矩;六月五日横扫加藤清正手下的三十三艘战船;六月六日全歼来岛通久率领的船队,并将来岛通久击毙。七月八日在闲山岛海战中击败胁坂安治率领的水军,击毁敌船三十九艘;七月十日击沉九鬼嘉隆的"旗舰",并焚毁日船四十二艘,完全掌握了制海权。朝鲜国王为了嘉奖李舜臣,特设"三道水军统制使",让李舜臣统率朝鲜三道水军。八月二十九日,李舜臣对日军侵朝根据地釜山发起攻击,切断了日军和本土的联络。朝鲜水军的胜利,极大地鼓舞了朝鲜民众组成的义军的士气,他们阻止了日军在全罗道登陆,切断了日军运输线,使日军在战略上遭守严重挫折。日军侵朝令大明王朝震惊。据《两朝平攘录》记载,"中外汹汹,兵部题悬赏有能恢复朝鲜者,赏银万两,封伯爵世袭,无应募者"。然而,"重赏之下必有勇夫",精通日语的浙江嘉兴商人沈惟敬应募,即刻被兵部尚书石星委任为明朝使臣。八月二十九日,沈惟敬向占领平壤的小西行长提出和谈建议,小西行长提出贸易开港要求,沈惟敬回复称五十天后答复。事实上,这是明朝的缓兵之计。在议和同时,明朝于十月在沈阳集结了近五万步兵和骑兵。十一月下旬,沈惟敬前往小西行长营帐传言,称:"明朝使节即将到达。"这是麻痹日军的计谋。十二月二十三日,前往日军营帐的不是明和谈使节,而是李如松率领的明军主力:明军踏过冰封的鸭绿江和八千余朝鲜军会合,总数号称十万大军。

文禄二年(明万历二十一年,1593年)正月初五,明朝联军包围了驻屯平壤的日军,于初七发起总攻。明军凭借新式火炮优势击败小西行长,连克平壤、开城。据史籍记载,日军鸟铳射程不达两百米,而明军火炮的射程最远可达三千米,令增援小西行长的大友义统不敢靠前。二十四日,李如松在开城召集各路将领研究下一步作战计划。由于各路将领意见不一,作战计划未能制订。于是,李如松派辽东副总兵查大受率三千明军往京城方向侦察。二十七日,查大受的军队与日军小早川隆景部下加藤光泰部遭遇,双方交手后,日军败退。日军主将小早川隆景接报后,率两万日军在碧蹄馆将明军查大受部包围。当时李如松正好率一千轻骑出来查看地形,得知查大受被围,即刻杀入重围营救查大受。由于双方兵力悬殊,明军又未带火器,难敌日军火枪,情况十分危急。所幸杨元率领一千明军星夜驰援,而小早川隆景高估了援军数量,率军撤回京城。在碧蹄馆战役尝到败绩的李如松遂撤回平壤,渐失战意。于是,双方停战并会谈媾和事宜。

"庆长之役" 双方休战和谈,似乎一开始就缺乏诚意。日方提出的媾和条件是:明朝向日本派遣媾和使节,明朝军队撤回辽东。明朝方面提出的条件是:送还被加藤清正俘虏的朝鲜两位王子;日军从京城汉城府撤出。在双方会谈时,明军奇袭了日军粮仓,将日军军粮烧毁。沈惟敬威胁日军称,四十万明朝大军即将到达,要求日军立即撤出朝鲜京城。日军为之震慑,要求明朝遣使进行会谈。明朝军队派遣谢用梓、徐一贯假作明万历皇帝使节前往日营。明朝计谋奏效,四月十七日,日军撤出京城。四月二十八日,曾担任侵朝先锋的九州各部队开赴尚州,其他部队至五月中旬撤至釜山。石田三成等偕明使于同年五月十五日回到名护屋。见明使到来,丰臣政权中有些将领对和平表示乐观。伊达政宗称:"若太阁致辞表示欢迎,和议当即可成立。"德川家康欣喜地认为:"大明使节前来致歉。"丰臣秀吉本人也在给北政所的书信中写道:"明已派来敕使,若我方提出几项条件获得明朝接受,即可凯旋。"丰臣秀吉接见明使,提出了七项媾和条件:一是日本天皇迎娶明朝公主为皇妃;二是重开日明官商贸易;三是两国签通好誓约;四是向日本割让朝鲜八道中的南部四道(庆尚、全罗、忠清、京畿);五是将朝鲜一名王子和十二名大臣作为人质送往日本;六是将加藤清正捕获的两名朝鲜王子送还;七是朝鲜签署永不与日本为敌誓约。小西行长和沈惟敬均估计,明朝绝不会同意这些条件。困惑之余,小西行长派家臣小西如安(内藤如安)作为和谈使节随明使一同前往北京。由于明朝政府内部对日方的条件意见相左,小西如安无奈,只能滞留辽东。最后,明朝政府在文禄二年(明万历二十一年,1593年)十二月三十日达成一致意见:册封丰臣秀吉。小西如安得以进京。

在小西行长赴京时,为了使明朝能够接受这些要求,小西行长和沈惟敬已经为其准备好了一个必备文件——丰臣秀吉的"上表"(作为臣属向皇帝递交的文件)。因为早在前一年九月,明朝已要求丰臣秀吉必须向明皇帝呈递上表,表示臣从朝贡,否则免谈任何条件,并着令沈惟敬赴日,向丰臣秀吉提出此项要求。沈惟敬深知丰臣秀吉根本不可能呈这样的上表,便和小西行长商议。最后,两人做出了一个大胆的决定:伪造上表,且在表文中称"深望获得册封藩王之称号。"因为携带了这一"上表",小西如安才得以赴京。针对日方的要求,明朝也提出了三个议和条件:一是日军全部撤出朝鲜,不留一兵一卒;二是册封丰臣秀吉为"日本国王",但无须向明朝纳贡;三是日本和朝鲜修好,同为明朝属国,日本不得再犯朝鲜。小西如安"向天地神明起誓,尊奉此三条要求"后回国。

明万历二十三年(日文禄四年,即1595年)正月十三日,明册封正使离开北京前往日本,于七月七日到达堺(今属大阪府)。九月一日,明使在大坂城谒见了丰臣秀吉。第二天,丰臣秀吉设宴款待明使,并令西笑承兑诵读明皇帝国书。对前此小西行长和沈惟敬的弄虚作假一无所知的丰臣秀吉,听到国书称"特封尔为日本国王",只字未提他提出的七项要求,勃然大怒,称:"吾掌握日本,欲王则王,何待髯虏之封哉!"夺过国书摔在地上,决意再次出兵征伐。第二次侵朝战争因此爆发。这场战争全部在朝鲜半岛南部展开,日本称"庆长之役",中国依然称"万历朝鲜战争",朝鲜原称"丁酉再乱",现称"壬辰卫国战争"。

战争之所以没有扩大至半岛北部,主要是因为上次丰臣秀吉发动"文禄之役"的主要目的是占领朝鲜,然后进攻明朝;而此次丰臣秀吉发动侵朝战争的主要目的则是通过武力,实现之前提出的割让朝鲜南部四道的要求。日庆长二年(明万历二十五年,即1597年)二月,丰臣秀吉集结了约十二万兵马,命令诸大名出兵朝鲜。重新登陆朝鲜的日军在朝鲜南部分两路侵入庆尚、全罗、忠清三道,并和明朝联军主要进行了如下战役:七月庆尚道巨济岛海战、八月全罗道南原城之战、九月忠清道稷山之战、十一月庆尚道蔚山之战;翌年十月庆尚道泗川之战、十一月庆尚道露梁海战。七月的巨济岛海战,朝鲜水师遭藤堂高虎所率日本水师重创。随后,丰臣秀吉于七月末下令日军发动总攻。日军以小早川秀秋为主帅,陆上分两路进攻:右路军主将毛利辉元,先锋加藤清正;左路军主将宇喜多秀家,先锋小西行长,攻取南原。海军由藤堂高虎率领,配合左军全力进攻

第七章 ● 战国时代

南原。八月初,日军向全罗道发起攻击。八月十三日,左路军小西行长进攻南原,明军副总兵杨元率军三千守城,终因寡不敌众身负重伤,南原失陷。八月中旬,日右路军先驱在加藤清正率领下攻陷黄石山,直逼朝鲜京城。九月七日,黑田长政率军进攻稷山,明军的后续部队前往增援,与守城将士击退了日军进攻。

见战局呈胶着状态,朝鲜宣祖李昖不得不再次起用李舜臣。再次起用是因为他之前听信谗言,将李舜臣革职。然而,此时朝鲜水军仅存残余战舰约十二艘,实力大不如前。李舜臣边以剩勇迎击日本水军,不断以少胜多;一边扩大水军。九月十六日,李舜臣在鸣梁海峡击败了十倍于朝鲜水师的日本水师舰船,并将日军主将来岛通总击毙。稷山和鸣梁海战阻遏了日军的攻势,使明朝联军转入战略反攻。十一月,明朝联军分三路向南推进,日军后撤,由加藤清正守蔚山、小西行长守顺天、岛津义弘守泗川。十二月二十二日,明军猛攻蔚山,加藤清正"笼城"固守,明军屡攻不下,被迫撤退。庆长三年(明万历二十三年,1598年)八月十八日,丰臣秀吉在伏见城内病殁,终年63岁(一说62岁),临终留下辞世歌:"我如朝露降人间,今作珠痕逝草前,大坂巍峨如梦幻,醒来万事化飞烟。"

根据丰臣秀吉遗命,"五大老"秘不发丧,并以丰臣秀吉名义指示在朝各军撤退。尽管如此,此情报仍为明朝联军获知,决定阻击撤退的日军。九月后,明朝联军的水军不断截击撤退的日军船队,使之遭受巨大损失。十一月十九日,双方在庆尚道露梁附近海面展开了开战以来规模最大的海战——露梁海战。此战日军被击沉、焚毁战船约四百艘,伤亡数万人。联军水师亦损失惨重,李舜臣与明水师将领邓子龙双双战死。年底,日军全部撤回,庆长之役(丁酉再乱)结束。必须一提的是,战争爆发当年七月,日本丰后臼杵大名太田一吉属下医僧,即臼杵安养寺庆念和尚在以歌的形式留给后世的《朝鲜日日记》中,对亲眼看到的日军残虐暴行,作了如实记载:"日军士兵恣意砍杀,被绑在竹竿上的尸首腐烂发臭。父母哭儿子,儿子寻父母,其惨状前所未见。"对全罗道南原城朝鲜人遭到大肆杀戮的惨状,庆念这样写道:"城内无分男女皆被残杀抛尸。"另外,此次侵朝丰臣秀吉命令不问男女

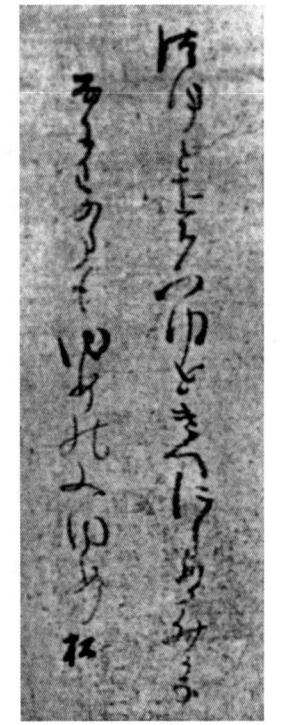

丰臣秀吉辞世歌

僧俗，皆以鼻子取代首级邀功，由"军目付"（监军）清点并出具"鼻请取状"。之后，日本在京都方广寺前建造了"鼻冢"。据记载，吉川氏统计有 18 350 个，锅岛氏统计有 19 001 个，可见日军残忍，古已有之。

第六节　西商东进　西教东传

方济各·沙勿略登上鹿儿岛纪念雕像

天文十八年（1549年）八月十五日，基督教耶稣会传教士沙勿略一行七人，登上了日本九州的鹿儿岛。这一天是基督教传入日本的标志。随着西方宗教的传入，西方文化也传入日本。在此之后约八十年时间，在日本历史上被称为"南蛮学时代"，以西班牙文化和葡萄牙文化为主要内容。当时的西方文化主要由传教士传播，因此在日本历史上"南蛮学时代"又被称为"吉利支丹时代"。①秉承这种遗风，18世纪后半叶传入的以荷兰文化为主的西方文化，被称为"兰学时代"，幕末和明治初期传入的英国、法国、德国文化，也分别被称为英学、法学、德学。可以说，明治维新"求知识于世界"的序幕，在16世纪后半叶已被悄然拉开。作为日本西学初创时代"南蛮学时代"的来临，和东西方世界同时发生深刻变化直接相关。

东西方变动的共时性　15至16世纪，西方世界发生了深刻变化。由于通往东方的陆上通道为奥斯曼土耳其所扼，而且随着1453年君士坦丁堡的陷落和东罗马帝国的灭亡，从希腊到东地中海的海上通道也成为奥斯曼土耳其的势力范围。因此，如何从东地中海直达东方，成为当时工商业日趋繁荣、亟须寻找广大市场的西班牙和葡萄牙的一大课题。东方几乎遍地黄金的传说，也对他们产生极大诱惑。这也是 B.迪亚士（B. Diaz）发现好望角；瓦斯科·达·伽马（Vasco da Gama）绕过好望角，克里斯托弗·哥伦布（Cristoforo Colombo）发现"新大陆"的历史背景。另一

---

① "吉利支丹"即 Christian（基督教徒）音译。

第七章 ● 战国时代

方面,马丁·路德(Martin Luther)领导的宗教改革以及第二次基督教大分裂,强化了其危机意识并兴起了"天主教改革运动"(The Catholic Reformation)。这场运动几乎使所有天主教教派在复兴精神的影响和激励下重建和新生。例如,从西班牙的蒙塞拉特到德国的比勒费尔德,最早经历复兴的本尼狄克派修道院不仅恢复了古时的习俗,而且努力恢复原先的礼仪和风纪。在意大利,这种复兴精神因格雷戈里奥·科尔特斯(Gregorio Cortese)的引导而在摩德纳、佩鲁贾、威尼斯有明确显示。曾由于创立者圣·方济各(Saint Francis)主张极端的纯洁和安贫乐道而使它的成员将奉守严格的戒律视为畏途,并导致教派分裂的方济各会,则在以马泰奥·达·巴西(Matteo da Bascio)为首的嘉布遣会(Capuchin)的呼吁下,恢复了纯朴和严谨的生活。天主教改革运动催生了许多新的修道会。据统计,从1524年到1541年,至少有十五个新的修道会宣告成立。其中最早建立的,是奥拉托利会(Oratory of Divine Love)。它的成员同情伊拉斯谟(Erasmus)的基督教人文主义,强调文化与信仰及文艺复兴知识与神学的和谐,强调通过虔诚的品性磨炼、祈祷、经常性的忏悔和善举改革天主教。他们认为,一种示范性的生活远胜过一百次说教。但是新的修道会最有影响的,是耶稣会。耶稣会充当了西学东渐的先驱。

东方世界在这一时期也发生了深刻变化。如前面所述,由中国、日本、朝鲜等国构成的东亚秩序,主要由文化、政治、经济三方面要素构成。文化关系是以汉字为核心的四大要素:汉字,以汉字为媒介的儒教、佛教、律令制。政治和经济关系是册封体制和朝贡贸易"两大支柱"。东亚秩序历来以中国为核心,而中国国势的强弱决定"东亚秩序"的命运。中国由盛转衰,必然使东亚秩序的"两大支柱"遭受破坏。文禄·庆长之役的爆发就是很好的证明。

西学东渐和中国国势由盛转衰,为日本"南蛮学"的形成提供了基本和必要前提。正如牛津大学教授彼得·克莱因所指出的:"16世纪和17世纪,欧洲人之所以能够在中国相邻海域渗透,完全是由于该地区内部和地区间权力关系本身发生了特殊变化。"[①]由于中日朝贡贸易关系——堪

---

① Peter W. Klein, "The China Sea and the World Economy Between the Sixteen and Nineteenth Centuries: The Changing Structures of World Trade", In *Interaction in the World Economy*: *Perspectives from International Economic History*, edited by Carl-Ludwig, London, 1989, p.86.

合贸易遭到破坏,"葡萄牙人才得以充当以中国的丝绸换取日本的白银这一有利可图的买卖的中间商"。①

1510年,葡萄牙人在印度果阿设立了总督府,之后不断深入亚洲。天文十二年(1543年)八月二十五日,一艘开往宁波的葡萄牙商船因遭遇暴雨,漂流到了日本九州的种子岛(鹿儿岛境内),船上的三个葡萄牙人携带的火绳枪,"用眼瞄准,火便从一穴孔中放出,莫有不击中者。其发也,如掣电光,其鸣也,如惊电之轰,闻者莫不掩耳"。这一著名的"铁炮传来记"(日语中的"炮"是枪)是日本人与西方人的最初接触。之后,葡萄牙商人不断进入日本。但是,正如川崎庸之和笠原一男所指出的:"东进的葡萄牙商人的活动,如果仅仅是一种经济现象的话,那还不能说它具有很大意义。附随于那些冒险商人的活动,甚至可以说制约那些活动的基督教教团的动向,才使那些活动变得复杂而多彩。"②

根据西班牙和葡萄牙于1494年6月7日在西班牙托尔德西里亚斯签订的《托尔德西里亚斯条约》,东方本应属于葡萄牙的势力范围,之所以由西班牙人罗耀拉创立、核心成员主要是西班牙人的耶稣会首先进入东亚,主要有两方面原因:第一,"耶稣会在葡萄牙建立了神学院,从而在西班牙传教士和葡萄牙商人之间建立了精神联系";第二,"前往东亚传教,实际上是在以恢复因宗教改革而丧失的地盘为目标的罗马教皇的名义下,依靠西班牙、葡萄牙的王室对传教的保护而推进的"。③正因为此,耶稣会士和葡萄牙商人如影随形地进入了日本。

日本南蛮学研究权威海老泽有道指出:"为考察不仅是世界布教的先驱者,而且在世界文化交流史上扮演了重要角色的耶稣会在东亚的活动及其影响,必须充分把握耶稣会本身的特性。"④耶稣会由依纳爵·德·罗耀拉(Ignacio de Loyola)创立。他在曼利萨附近的一个山洞隐居期间,撰写了《精神磨炼》(*Spiritual Exercise*)一书,提出了一些修道准则:否定自我;注重结果;强调实际和可能;坚忍不拔;服从纪律;应时、应地、应人作适当妥协。这些修道准则构成了耶稣会的基本特征。正是这些基本

---

① L. L. Ahmed, *A Comprehensive History of the Far East*, New Delhi, 1981, p.261.
② 川崎庸之、笠原一男:《体系日本史丛书》第18卷《宗教史》,山川出版社1979年版,第267页。
③ 箭内健次编:《锁国日本和国际交流》(下),吉川弘文馆1988年版,第80页。
④ 海老泽有道:《南蛮学统的研究》,创文社1978年版,第3页。

第七章 战国时代

特征,使以"为了天主更大的荣光"为宗旨、以"向全世界的被造物传播福音"为誓言的耶稣会能够成为西学东渐的先驱。但是,最初罗耀拉曾被宗教裁判所认定为路德派异端分子而三次被捕。最终,罗马教皇保罗三世发现,耶稣会是维护教会权威,扩张天主教传播范围的极好工具,于是在1540年9月颁布教谕,承认了耶稣会,命令耶稣会赴东方传教。罗耀拉的弟子、耶稣会的最初成员方济各·沙勿略接受了教皇的派遣。

方济各·沙勿略(Francis Xavier)出生于西班牙北部拿瓦拉王国,他的父亲是一个封建领主,曾任王国的宫廷顾问。在沙勿略出生十四年前,由于"新大陆"的发现,世界进入了大航海时代。沙勿略自幼聆听父兄关于哥伦布、达·伽马等人的故事,对那种具有冒险和献身精神的生活十分向往。1525年,沙勿略进入巴黎大学学习,之后追随罗耀拉,成为耶稣会最早的成员。1541年4月7日,沙勿略一行搭乘葡萄牙的"圣地亚哥号"船从葡萄牙首都里斯本启航,经过多月的航行到达了印度果阿。在印度的传教业绩使沙勿略被誉为"印度的使徒"。

最早到日本传教的耶稣会士沙勿略

葡萄牙商人和耶稣会士使日本人真正开始"睁眼看世界"。在西方人进入日本之前,日本人所了解的"世界"极为狭窄。"自古以来,日本人通过论述因果法则、开显苦集灭道四谛真理的《俱舍论》,将有关古代印度人非日常生活空间的地图,将显示佛教观念的世界,视为现实的世界。"①

耶稣会赴东方传教无疑具有明确目的。至16世纪上半叶,基督教的传布已经在属于葡萄牙势力范围的东方取得了一些进展,特别是在印度建立起了它的前哨阵地——1534年在果阿设立了一个主教教区。但是,西方人在进入日本之前,对日本所知甚少。在世界地图上,日本不是被当

---

① 朝尾直弘等:《日本的社会史》第7卷《社会观和世界像》,岩波书店1987年版,第308页。

作美洲加利福尼亚近海的一个大岛,就是被当作阿留申正南面的一个小群岛。"对他们来说,所谓的'Zipangu'(日本)仿佛是一个海市蜃楼般的国家。"①因此,耶稣会进入日本传教,具有一定的偶然性。天文十六年(1547年)十二月底,沙勿略正在为一对新人举行婚礼,葡萄牙商船船长乔奇·阿尔瓦雷斯(Jorge Aluarez)向沙勿略介绍了一个"黄皮肤,眼角略向上挑的异邦人",告诉他此人是五年前葡萄牙人刚刚发现的"Zipangu"人,名叫弥次郎,35岁,原来是一名武士,因杀了人受到追捕而遁入寺院。弥次郎向沙勿略介绍了日本的一些情况,使沙勿略极为兴奋。他将弥次郎送往果阿的圣菲神学院学习,并由果阿大司教为他行洗礼和赐他"圣信保罗"教名。弥次郎因此成为日本第一个基督教徒。第二年,沙勿略决意赴当地传教,他给耶稣会葡萄牙地方管区长梅斯特莱·西曼尼的信中,明确表达了这一想法:"去年和我一起从摩鹿加前来果阿,现在在圣菲神学院学习并已成为基督教徒的几个日本人,以及从其他地方前来果阿的葡萄牙人告诉我,距中国约二百多西里(约1 100公里)的日本国国民比较有判断力,他们希望了解上帝和科学。"②

西学东渐的序幕 天文十八年(1549年)四月,沙勿略和西班牙籍神父科斯密·托尔勒斯(Cosme de Torres)、西班牙籍修道士若昂·费尔南迪斯(Joao Fernandes),在教名圣信保罗(弥次郎)和他弟弟约翰及仆人安东尼奥、一名中国人、两名印度人的随同下,从印度果阿搭乘一艘中国商船踏上了赴日传教的旅途。天文十八年七月二十二日(1549年8月15日),即圣母升天节那天,沙勿略一行到达了萨摩(鹿儿岛),翻开了日本"南蛮学"史册的第一页。

九月二十九日,沙勿略和弥次郎带着礼物拜访了萨摩领主岛津贵久。岛津贵久热情地接待了他们,给他们一间屋子作为传教士居所,允许他们传教。沙勿略请求派一条船让他能前往"日本国王"处获得传教钦许,岛津贵久劝他待六个月后风向有利于航行,再作打算。在萨摩逗留期间,沙勿略在弥次郎陪同下,多次前往寺院拜访僧侣,因为他知道佛教在日本的势力和影响。虽然沙勿略既不信佛教,也不懂日语,交谈相当困难;但是,传教士为了向日本人传播基督教而远涉重洋这一事实本身,使许多僧侣,

---

① 松田毅一:《南蛮史料的发现》,中央公论社1983年版,第25页。
② 村上直次郎译、渡边世祐注:《耶稣会士日本通信》,聚芳阁1927年版,第5—10页。

特别是老年僧侣深感敬佩。为了传教,沙勿略等认真学习日语,并在弥次郎的帮助下用罗马字写了一本书,宣扬从创世到末日审判的基督教教理。佛僧发现基督教和佛教教理迥异后,开始对他们采取攻击态度。由于佛教势力强大,岛津贵久不得不改变先前的友好态度,要求沙勿略等离开。于是,在萨摩逗留了十个月后,沙勿略等前往平户(长崎县)传教。

到达平户后,沙勿略等受到了领主松浦隆信的欢迎,并获准传教。由于领主的宽容,短短数日便有约百人受洗入教。在平户逗留近两个月后,沙勿略一行又乘船前往博多(福冈县),并从那里徒步前往山口。当地领主大内义隆对沙勿略等态度冷漠,传教鲜有成效。于是,他们决定前往京都。他们先雇用一条小船到达堺,然后在向导带领下,于天文二十年(1551年)一月到了京都。由于京都正值应仁之乱时期,沙勿略认识到获得"日本国王"允许,并在京都奠定全国传教基地,根本不可能,于是,沙勿略便不得不放弃原先计划,于同年四月底回到了山口。回到山口后,沙勿略以印度总督使者的身份,再次要求大内义隆接见并获得允许。沙勿略向大内义隆呈上了耶稣会印度果阿教区主教阿布奎基的多姆·简(Dom Juan de Albuquerque)和总督加西亚·德萨(Garcia de Sa)写在羊皮纸上的信,并向大内义隆赠送了十三件礼物,包括精巧的音乐钟、眼镜、火绳枪、水晶、缎子、葡萄牙酒、书籍、绘画、碗。大内义隆回赠了大量金银和贵重物品,但是均被沙勿略婉言谢绝。沙勿略表示,他唯一的请求是允许基督教传播。大内义隆即刻满足了他的这一请求,命令属下在街上张贴允许传教及不得伤害传教士的告示。大内义隆的告示,改变了人们对传教士的态度。从早到晚,造访传教士的人络绎不绝,有贵族、商人,也有普通民众,还有各派僧尼。他们向传教士提出了各种问题,有基督教的教理、地球的形状、太阳的运行、月的盈亏、日食和月食、彗星、雷鸣、电光、雨、雪、霜,包括了几乎所有自然现象。沙勿略等的博学令他们惊叹。虽然佛僧依然对沙勿略等的说教进行攻击,但皈依基督教的人与日俱增,仅仅两个月就有约五百人受洗入教,其中一半以上是大名的臣属重臣,也有不少是佛教信徒改宗。

在山口逗留了四个月并取得显著成绩后,沙勿略等又赴丰后(大分县)传教。他们在当地受到了年轻大名大友义镇的隆重欢迎,受洗入教者同样不少。天文二十一年(1552年)十一月,沙勿略在印度短暂逗留后,到了中国广东沿海的上川岛,他想从那里进入中国开展新的传教事业。

然而,当时中国明朝正实施海禁,沙勿略无法入境。那段日子,沙勿略每天坐在礁岩上面向中国发问:"岩石,你什么时候才能裂开?"十二月三日,沙勿略在上川岛因突发高烧而去世。

继沙勿略之后主管在日传教工作达二十一年的托尔雷斯,使基督教在日本的传播不断取得新进展。据统计,耶稣会初入日本当年,信徒人数约一百五十人,至元龟二年(1571年)达到约三万人。"随着信徒人数的增加,信徒的阶层、职业和地域分布也日益广泛,以至其影响几乎无所不在。"① 天正八年(1580年),大村纯忠将长崎作为耶稣会传教基地。总之,大名的保护,耶稣会采取的"商教一致"和"自上而下"的传教策略,西方先进文明的吸引,以及日本原有的神佛信仰,是耶稣会在日本迅速传播的政治、经济、文化等诸方面的基本动因。具体而言,主要可概括为以下几方面:

第一,九州大名的支持。大名对耶稣会士的欢迎,主要是出于功利目的。根据日本和葡萄牙、西班牙方面的记录,九州大名注意到了商人对传教士的尊重。他们希望借此将商船吸引到自己领地的港口。因此,传教士采取了"商教一致"的传教策略。据《耶稣会士日本通信》记载:"托尔雷斯觉察,领主的意向对耶稣会传教具有重大影响,于是劝说葡萄牙船长在永禄五年(1562年)商船进入横濑浦之际,先派修道士路易斯·达尔梅达前往,随后又亲自带领修道士费尔南德斯到达这一港口,就开港与领主订立协定,规定了一些对传教有利的条件,提出新建教堂和住所,使传教士能够留驻当地。"② 葡萄牙商人"经常以当地的大名是否宽容或欢迎基督教,作为选择港口的基础"。③

第二,"铁炮"的冲击,使大名和武士从原先对弓箭之神的信仰,转变为对异国神的信仰。他们跪拜十字架,祈愿武运长久,默诵对"迪乌斯"的祈念开枪,将玛利亚像附着于武器和身上祈求保护。但是,很难认为他们的信仰已经渗入他们的精神。在施行禁教政策后,殉教的大名和武将绝无仅有,大部分大名不仅摈弃基督教恢复原先信仰,甚至有些大名对信奉基督教的农民进行了积极镇压。

---

① 藤井甚太郎:《明治文化史》第1卷《概说》,原书房1980年版,第7页。
② 村上直次郎译、渡边世祐注:《耶稣会士日本通信》,聚芳阁1927年版,第26页。
③ F. M. Bunge, *Japan: A Country Study*, Washington D.C., 1983, p.415.

第三,日本传统的神佛信仰,为日本人皈依基督教提供了意识形态基础。"在基督教传入日本时,它最初是被当作佛教的一个宗派而理解和接受的。"大内义长在允许创建大道寺时即写道:"西域来朝之僧,为佛法绍隆,可创建彼寺家。"①记载沙勿略等行踪的《大内义隆记》,居然将向大名赠送自鸣钟、西洋琴、望远镜等"宝物"的沙勿略,当作"天竺人"。

第四,耶稣会"折中调和"的策略。耶稣会进入日本后很快注意到,日本人对大名领主的"忠"以及敬神崇祖的观念,是传教的障碍。按照基督教观念,绝对服从的最高主宰是上帝。"摩西十诫"第一诫即对此有明确规定。于是耶稣会采取了折中基督教教义和日本传统价值观的策略。1576年,耶稣会日本准管区长 P.卡布拉尔(P. Cabral)宣布:"已入基督教的家臣,只要不违背上帝,应该服从领主,应该为领主不惜牺牲生命。""耶稣会传教目的,主要是拯救灵魂,使民众和臣下对主君、子女对父母、奴隶对主人保持爱和服从。"②

第五,正如16世纪西方宗教改革的风起云涌,首先不是由于改革的魅力,而是由于西方基督教会本身的腐败一样,耶稣会士能够以他们的说教打动人心,同佛教的腐败不无关系。弘治二年(1556年)到达日本的葡萄牙籍耶稣会士嘉斯帕·维莱拉根据自己的经历,在给同人的信中这样写道:"在京都附近的山岭里,过去曾经有七千座寺院,现在只剩下大约五百座,其中有一处非常壮丽,颇受崇敬,前来捐赠的人很多。""我所到之处皆属寺院所有,那些自愿前来听我说教者虽对基督教不无好感,但却没有人受洗入教。究其缘故,均是担忧财产被教会剥夺并被驱逐。""当地的僧侣拒绝真理的主要原因,是担忧其收入受损。如我以前所述,该国人多为死者举办丧事,为死者尽力,庶民均视之为理所当然。如若不然,将被视为粗野和无知,僧侣因此而大有收益。"③

除了上述原因,对比江户时代"禁教政策"实施后传教极具衰落,当不难理解:织田信长"天下布武"取得成效,使耶稣会的传教获得整个武家社会的保护,是更重要的原因。

永禄十一年(1568年)九月织田信长上洛后,耶稣会士弗洛伊斯

---

① 宫崎道生:《近世近代的思想和文化》,鹈鹕出版社1985年版,第26、29、30页。
② 海老泽有道:《吉利支丹史的研究》,亩旁书房1942年版,第17、19页。
③ 村上直次郎译、渡边世祐注:《耶稣会士日本通信》,聚芳阁1927年版,第102页。

(Luis Frois)开始积极同他接近,试图获得中央政府的保护,而织田信长本人对传教士也似乎颇有好感,多次同意传教士去他寓所作私人拜访。据历史资料记载,织田信长和耶稣会士的最初接触是永禄十二年(1569年)三月十三日。①这一天,织田信长会见了弗洛伊斯一行,并备膳招待。当时织田信长未多言语,且仅在弗洛伊斯赠送的诸多礼物中接受了一顶帽子。四月初,弗洛伊斯在二条城建设现场再次谒见了织田信长,并告知织田信长,传教士赴日目的是向人们传布"上帝的福音",随之提出了两项愿望:一是允许传教士居住京都,二是允许耶稣会士同佛教学问僧进行"宗论"(辩论)。

第一项要求得以实现。因为耶稣会分别从织田信长和足利义昭处获得了"朱印状"和"下知状"。织田信长的朱印状颁发于当年四月八日,主要内容是允许耶稣教在京都居住、免予承担赋役,为他们在织田信长领国内的活动提供保证,对妨碍者给予惩罚等。足利义昭的"下知状"颁发于四月五日,没有免除赋役一项,但增加了免予耶稣会士的住所承担士兵宿营义务。"朱印状"和"下知状"被制成木牌挂于教会门口。②

第二项愿望因佛教僧侣朝山日乘同意和弗洛伊斯进行"宗论"而得以实现。朝山日乘初出家天台宗,曾被敕封为"上人"活跃于政界,同朝廷、织田信长政权均有密切关系,是协助织田信长创业的著名政僧。四月二十日黄昏,弗洛伊斯和朝山日乘在织田信长及其家臣面前进行了"宗论"。双方首先就基督教的"三位一体"展开争论,之后依次就善恶赏罚的现世和来世论、人类灵魂是否存在等问题展开激辩。此次"宗论"极为激烈,朝山日乘否定耶稣会士强调的"人类存在不灭的灵魂",甚至最后对耶稣会士拔刀相向,要求弗洛伊斯"证明",被织田信长制止。③"宗论"前朝山日乘向织田信长提出,耶稣会士在居留地发生骚乱,应予平定,但织田信长不予理睬。"宗论"后,朝山日乘积极策动正亲町天皇驱逐耶稣会传教士,

---

① 松田毅一、川崎桃太译注:《弗洛伊斯日本史》第4卷,中央公论社1978年版,第143页。弗洛伊斯出生于葡萄牙首都里斯本,永禄六年(1563年)到达日本,后一直居留日本没有回国,直至庆长二年(1597年)在长崎的修道院去世。在日期间,弗洛伊斯为耶稣会撰写了大量有关日本的报告,并撰有《日欧文化比较》等多本著作。他的论著是研究耶稣会日本传播史的珍贵资料。

② 东光博英译:《16、17世纪耶稣会日本报告集》第3期第3卷,第303页。

③ 东光博英译:《16、17世纪耶稣会日本报告集》第3期第3卷,第307—311页;松田毅一、川崎桃太译注:《弗洛伊斯日本史》第4卷,第159页。

天皇最终发布了驱逐传教士的纶旨。①朝山日乘将纶旨精神奉告织田信长,织田信长的态度是:"一切由日本之君处置。"但耶稣会士依然故我,未遭受任何惩罚。

禁教投鼠忌器　不难发现,织田信长的朱印状、足利义昭的下知状、正亲町天皇的纶旨,对耶稣会的立场明显相悖。但是,由于织田信长掌握至强武力,因此在"容耶"还是"排耶"的问题上更具有发言权。例如,其亲耶稣会的下属和田惟政,也同朝山日乘以朱印状和纶旨为依据,就"容耶"和"排耶"进行了激烈争论,并请织田信长裁定。"最终根据织田信长的裁定,耶稣会未被驱逐。之后,传教士在京都的传教活动仍得以继续。"②

织田信长为什么对耶稣会采取宽容政策?两位日本南蛮学研究权威做出了不同解释。海老泽有道认为,织田信长善待耶稣会是出于利用基督教牵制传统宗教,特别是牵制佛教的政治目的。松田毅一认为,在本能寺之变发生前的十四年间,织田信长在京都十五次会见耶稣会士,在安土城十二次会见耶稣会士,在其他地方四次会见耶稣会士,共会见耶稣会士三十一次。织田信长听取了他们的诉求和世界各种情况的介绍。赴日的传教士均是在欧洲受过高等教育的文化人,他们的介绍对好学的织田信长颇有吸引力。③

以织田信长为代表的武家对耶稣会采取保护政策,以正亲町天皇为代表的公家对耶稣会采取驱逐政策。这种最高统治阶层对耶稣会互反的立场,至丰臣秀吉成为"天下人"后结束。

天正十四年(1586年)三月十六日,丰臣秀吉在大坂城会见了耶稣会日本副管区长加斯帕尔一行,并让他们参观了大坂城天守阁。五月四日,丰臣秀吉颁发了《关白殿许可状》,对耶稣会的传教给予保护。该文件现已佚失,但是在弗洛伊斯的《日本史》中留有记录:"余准许传教士在日本居住。他们的住所无须用作士兵宿泊,也无须缴纳佛僧寺院等必须缴纳的课税。彼等在宣讲基督教教义时不得妨害。"④为此,耶稣会巡察使范

---

①　《续群书类丛》补遗三,《续群书类丛》完成会1975年版,第514页。
②　清水弘一:《织丰政权和基督教——日欧交涉的起源和展开》,岩田书院2001年版,第147页。
③　海老泽有道:《日本基督教史》,塙书房1966年版,第264页;松田毅一:《近世初期日本关系南蛮史料的研究》,风间书房1981年版,第415页。
④　松田毅一、川崎桃太译注:《弗洛伊斯日本史》第1卷,中央公论社1978年版,第222页。

礼安专门致函丰臣秀吉表示感谢:"当地传教士告知我,承蒙殿下恩泽,他们得以在此广布福音。彼等传教士是值得尊敬之人,若遵循其宗法规约,使之弘扬于世界,则可开拓真正的拯救之坦途。我闻殿下惠赐恩泽,甚喜。彼等要求我致函殿下并派遣大使向殿下表示感谢,我欣然遵照执行。"①

但是,翌年,即天正十五年(1587年)六月中旬,仅时隔一年有余,丰臣秀吉对耶稣会的态度发生了根本变化。这个月,丰臣秀吉颁发了两份文件。一份是签署日期为六月十八日的"觉书"(备忘录),共十一条,主要内容如下:②一是信仰基督教乃本人之自由,"给人"不得强使领内百姓皈依基督教。领有地200町或贯文2 000至3 000以上之"给人"需得秀吉许可,方可入信基督(第一至第五条、第九条)。二是基督教一向宗为一丘之貉。一向宗不仅不建寺内町和向领主缴纳年贡,在加贺国一向宗甚至驱逐守护、自诩领主,成"天下之害"。基督教同样如此。若上层之"给人"强使仆人和百姓入教,亦将成"天下之害"。三是禁止将日本人卖与明、南蛮、朝鲜人;禁止食用牛马肉(第十条、十一条)。

另一份是签署日期为六月十九日的"定",通称《驱逐传教士令》,主要内容如下:③一是日本是神国,不能接受从西方传来之基督教邪法;二是传教士将庶民收为信徒并破坏神社佛阁,其所作所为,前所未闻,各地领主须予以羁束,不可任其为所欲为;三是在日本宣扬天主,破坏传统佛法的西方传教士,必须自即日起在二十天之内离开日本;四是黑船之仪(南蛮贸易)乃贸易之事,应予区别;五是不妨碍佛法之商人,纵然来自基督教国,亦允准许。

海老泽有道认为,时隔一年,丰臣秀吉对传教的立场之所以发生根本性转变,主要是因为丰臣秀吉意识到,外来势力已经卷入日本内部事务,耶稣会传教士的说教,已成为重新统一日本的重大障碍,成为破坏新秩序的潜在威胁。他写道:"基督教在向武断的专制统治者、封建政治家,以及儒士佛僧显示其世界性的同时,也显示了使他们不能容忍的危险思想。西欧的思想、学问、文化在日本社会成熟以前,已为统治者提供了断然禁

---

① 村上直次郎译:《异国往复书翰集》改定复刻版,雄松堂书店1970年版,第23页。
② 《御朱印职古格》,藏于伊势神宫文库。
③ 《松浦家文书》,见清水弘一《织丰政权和基督教——日欧交涉的起源和展开》,第286页。

教的理由。"①但是松田毅一认为,在发出禁教令九天前,传教士还受到丰臣秀吉的盛情款待。丰臣秀吉还赠送给他们大量财宝和食物。丰臣秀吉还开玩笑地说:"我当成为传教士的弟子。""秀吉如此盛情款待,使传教士认为他对基督教怀有好意。但是,就在丰臣秀吉登上他们船只九天以后,传教士就接到了将他们逐出日本的充满怒气的命令。国际上诸多史学家对以'天正传教士驱逐令'闻名的这一事件进行了大量研究,但迄今为止事件的真相并没有被彻底探明。"②

然而,对于丰臣秀吉来说,由于统一时日尚短,从矿山和其他产业中所获得的财政收入有限,对外贸易是重要财源。因此,当葡萄牙商馆以中断生丝供应相威胁时,丰臣秀吉不得不作出妥协,同意传教士可留居长崎,但人数不得超过十人,同时答应日本和葡萄牙的贸易照常进行。投鼠忌器,使"觉书"和"定"均无异于一纸空文。

虽然丰臣秀吉极不情愿地实际撤回了"驱逐传教士"的命令。但是,他对西方的器物颇感兴趣。也就是说,他在行为上显示出对"东洋道德,西洋艺术"的认可。天正七年(1579年)罗马教廷派亚历山德罗·瓦利格纳诺前往日本巡察。他在日本两年半,对传教情况进行了详尽考察。为了向兼任西班牙、葡萄牙国王的腓力二世和教皇格列高利十三世炫耀传教成果,他通过"吉利支丹大名"大村纯忠、有马晴信、大友宗麟,在天正十年(1582年)一月二十八日回国时,从有马神学校挑选四名少年组成"天正遣欧使节团"带往欧洲。天正十六年(1588年)六月二十五日,已经长成小伙的四位"遣欧少年"乘坐的航船,缓缓驶入了长崎港。回国后,他们晋见了丰臣秀吉,演奏了羽管键琴、竖琴、鲁特琴,得到了丰臣秀吉兴致勃勃的欣赏。演奏完以后,丰臣秀吉还拿着那些乐器反复询问。一个耶稣会士在信里这样写道:"丰臣秀吉对葡萄牙的服装极为迷恋,他和他的随从经常穿这种服装。其他日本贵族也是如此,甚至包括在胸前挂有浮木念珠的异教徒(佛教僧侣)。他们的身边或腰间挂着十字架,有时手里还拿着手绢。"③

总之,经济的动因将西方和日本联系在一起,但是文化的对立,使日

---

① 海老泽有道:《南蛮学统的研究》,创文社1978年版,第11页。
② 松田毅一:《松田毅一著作选集》第6卷《丰臣秀吉和南蛮人》,朝文社2001年版,第49页。
③ Paul. Varley, *Japanese Culture*, University of Hawaii Press, 1988, pp.134-135.

本统治者的禁教陷入"投鼠忌器"的困境。直至1600年主张"商教分离"的荷兰进入日本，日本统治者才走出这种困境。

第七节 "安土桃山文化"和"南蛮文化"

文化形态史学的代表人物斯宾格勒指出："观察历史有双重任务，一是比较研究各文化的进程，一是探讨各文化间一些偶发和不规则的相互关系并钻研其意义。"[①]按照这一观点考察日本战国时代，不难发现在"文化的进程"方面，无论是织田信长"天下布武"并成为"天下人"的安土时代，还是丰臣秀吉成为"天下人"并发动"文禄·庆长之役"的"桃山时代"，均因武士掌权而充溢"武"的霸气。但是在这种"武"的霸气中，也侧漏出不乏温馨恬淡的"文"的雅馨。实际上，这种"武"和"文"的交融交错，也是日本文化的特征，贯穿于日本文化从孕育到成熟的整个历史。美国文化人类学家鲁思·本尼迪克特将分析和论述日本文化的论著定名为《菊与刀》，即缘于此。在"各文化之间一些偶发和不规则的相互关系方面"，东西方文化并行不悖，则是日本文化的又一特征。在文化产品争奇斗艳的安土桃山文化时期，西方文化也不断传入日本，使日本迎来了内涵丰富的日本西学的初创时代——南蛮学时代。

"安土桃山文化" 织田信长和丰臣秀吉作为"天下人"的战国时代最后三四十年，史称安土桃山时代。但是，作为文化史的安土桃山时代和作为政治史的安土桃山时代，在时间上并不一致。因为，学界对安土桃山时代始于永禄十一年(1568年)夏，织田信长上洛，基本没有异议。但是止于何时学界主要有两种意见：一种意见认为，止于丰臣氏灭亡的庆长二十年(元和元年，即1615年)；另一种意见认为，止于宽永年间(1624—1644年)。

作为文化史的安土桃山时代，主要指"安土桃山文化"，即美术史领域在这一时代呈现的特征。按照尾藤正英的观点，安土桃山文化主要有三个特征：第一，原本以具有实用性、功能性为目的的文化产物，在这一时期产生了很多颇具观赏性的美的元素。例如，原本作为军事防御设施而构建的城，如安土城、大坂城，成为日本独特的建筑美学的代表。第二，原本

---

① 顾晓鸣等编：《多维视野中的文化理论》，浙江人民出版社1987年版，第178页。

静谧的物体,需要通过行动去感受。例如,姬路城迷宫般的房屋配置;桂离宫和修学院离宫的回游式庭园结构,必须通过行动才能真正感悟。第三,社交性和独立性。例如,当时建于城廓中的书院式御殿,有被称为"对面所"的客房,房内以板壁和隔扇分开(隔扇是一种移门,前文已提及,日语写作"襖")。房屋的板壁和隔扇上,绘有金碧辉煌或浓墨重彩的绘画。这种布局,明显具有用作团体活动场所的特征。前代"会所"的传统也在这种建筑中得以继承。[1]

安土桃山文化得名于两座城。以此命名确实不无道理,因为这两座城很好地体现了当时的时代精神和价值取向,更何况建筑本身可以被纳入美术范畴。通过对历史的掠影,我们可以基本看清这一时期的文化变迁。

室町幕府时代,根据"守护在京原则",以"驻京"为义务的守护大名在京都的邸宅,处在公家府邸、寺院、庶民居所的包围中,其构建布局以不利于战斗为前提。即便在应仁之乱爆发、武装冲突频仍的年份,战场也大都在寺院和神社等非战斗空间。直属幕府的军队或大名的军队移动和集散的规模、方式,均受制于作为居室的建筑空间,无法大范围展开。他们在各地的居城虽然有护城河,有一定的备战态势,但一般都是规模较小且没有石垣的山城。领内除了母城,另有几个零散子城。若发生战事可设定临时前线。一般认为,这种布局是基于有序地摆开阵势的战斗观念和武家伦理,以及起居劳作的考虑。

但是,随着历史的演进,军事、经济、政治各个领域,均对改变原有城的结构、布局提出了新的要求。首先,大量火枪的采用极大地改变了原有的战争观,尤其使以城为中心的进攻和防守发生了根本变化。领主日益认识到,城郭必须具有能经受枪炮和大部队攻击的坚牢。其次,领国经营的规模和经济,特别是商业的发展变化,使建设"城下町"显得尤为必要。最后,战国时代地方势力的急剧膨胀和"守护在京原则"的废弃,使地方的城所具有的政治意义发生了巨大变化。城郭作为统治者权威象征的权重急剧增加,通过城体现领国统治者的威严,成为领主的普遍认识。于是,坚牢、威严、繁荣,成为筑城的三大基本要求。安土城和大坂城,不仅是上述新的筑城理念的集中体现,也是一种新的价值观和时代精神的体现。

---

[1] 尾藤正英:《日本文化的历史》,岩波书店2000年版,第150—151页。

在体现时代精神和价值观的建筑物中，首先无声地叙述城的上述性格的，是安土城。如果说安土城雄伟高大的外观体现了时代精神，那么其内部的障壁画则不仅流露出律动和华美，更体现价值取向。城内画作由象征繁荣的金碧辉煌和彩色的协奏构成。以往的"书院"不可能拥有如此广阔的画面。障壁画题材广泛，花鸟、山水、道释、风俗，无所不包。除了古典的主题外，还有松、竹、梅等祥瑞图，龙、虎、凤凰等超越通常鸟兽、显示超自然威容的动物。各种画作或以黄金粉饰空间，或以朱赤昭显祥瑞，多姿多彩，堪称集主题、色彩、技法之大成。虽然安土城竣工仅三年就因明智光秀的谋叛而被焚毁，但是其内部景观在《安土日记》和《信长公记》中均有详细记述：

安土城的室内装饰画障壁画，由日本画坛一代宗师狩野永德率狩野一族和门人创作。第一层是土藏，包括土藏一共七层(重)。除了第五层，第二层至第七层各有不同主题，依次是：第二层是墨梅、远寺钟声、鸽子、鹅、雉、唐朝儒士；第三层是韩湘子、吕洞宾等"八仙"和西王母等；第四层是龙虎斗、山崖和树木、竹、梧桐和凤凰等；第五层无画作；第六层是释迦牟尼成道说法历程、释尊的十大弟子，旁边有饿鬼等妖魔鬼怪和飞龙；第七层内柱上绘着上盘龙和下盘龙，天顶上有天人、三皇五帝、孔门十贤、商山四皓、竹林七贤等。①

特别值得留意的是，各层的画作主题经过深思熟虑和精心选择，体现了当时的价值观："七重天"中最高的第七层以儒教世界为主题，居第六层佛教世界之上，说明当时统治阶层对儒教给予了比佛教更高的评价，说明佛教相对式微。绘画的技法是在金箔上采用汉画技法绘制，雄浑和细腻交融。外部空间以黄金装饰。如第六层外柱是朱红色，内柱是金黄色，体现佛教的观念；第七层则全部是金色，表现以"黄"为尊的儒教观念。

以"黄"为尊的价值观，也得到了大坂城的主人丰臣秀吉的传承。丰臣秀吉对黄金极为嗜好。据莳绘师的《幸阿弥家传书》所记，东福寺画僧吉山明兆的名作《凤凰砚箱》，原本外面饰金箔，里面涂黑漆。丰臣秀吉得知这一构思后，命令将砚箱里面也饰以黄金。他的这一命令不仅是审美趣味使然，"更是为了表明他作为'天下人'的自负，他要用新的价值观取

---

① 今泉淑夫：《安土桃山文化》，教育社1979年版，第90页；宫上茂隆：《安土城天主的复原及其史料》(上)，《国华》988号，1977年。

代旧的价值观,并以此形成新的世风"。①天正十六年(1588年),弗洛伊斯在大坂城拜会了丰臣秀吉。他在为此写的报告里写道:"日本人无睡床习惯,但那里却有欧洲使用的非常昂贵的床,在漂亮的织物上镶有黄金。"寝室作为私人空间,一般不示人,丰臣秀吉这么做是作为一个权力者的炫耀和示威。天正十三年(1585年)十月,丰臣秀吉在北野天满宫举行"北野大茶会"前,令"茶头"千利休建造可以拆卸移动的"黄金茶室",并在出兵朝鲜时将其运至前线指挥部所在地——肥前的名护屋。今天,在热海MOA美术馆里,有金碧辉煌的"黄金茶室"复制品。

在安土桃山时代,绘画艺术的发展最值得关注的变化,是创作主题的迁移:风俗画开始真正崭露头角。为了明确认识这种变化,有必要对此前风俗画的嬗变,做一扼要扫描。

追溯历史,风俗画崭露头角经历了漫长的成长过程。

平安时代,在贵族邸宅的屏风和窗户上也画有四季风物、祭祀和庆典风物、著名场所,等等。这些画描述了自然和人类融为一体,以及季节的推移,并进而陆续衍生出四季绘、月次绘、明所绘,等等。在平安时代,绘卷物创作非常繁荣,诞生了《源氏物语绘卷》《信贵山缘起绘卷》《伴大纳言绘词》等多幅杰作。那些作品描绘的虽然是贵族和庶民生活,但主题却是描绘各种神话传说的缘起、物语、说话,不是描绘生活本身。

镰仓时代,《一遍上人绘传》因生动表现当时庶民生活和地方生活,获得高度评价。但那是为了图解一遍经历,不是以描写生活为主题和基本目的。另外,《鸟兽人物戏画》和《扇面写经》,虽然在表现风俗方面堪称杰作,但那些杰作仍非当时绘画的主流。

室町时代,由于宋元画的影响,障壁画和屏风画的意蕴,出现了新的动向,即从物语、说话、缘起等主题连续的作品中,将风俗、花鸟、景色等分离出来单独描绘,从而使以前仅仅是整幅画中的一个陪衬,即为了表现连环主题的一个景色、一朵花、一棵树的配角,成为整个画面的中心。特别是绘于金屏风的花鸟画,和安土桃山时代的金碧花鸟障壁画和屏风画相当接近,值得关注。正是在这种背景下,在安土桃山时代,"风俗画"开始真正崭露头角,成为后一个时代即江户时代"浮世绘"的先驱。

安土桃山时代风俗画创作的代表人物及代表作,是早期狩野派的代

---

① 今泉淑夫:《安土桃山文化》,教育社1979年版,第100页。

表人物狩野永德和他的《洛中洛外图屏风》。狩野永德从小聪慧好学,是一名天才画家。长大后,他和父亲狩野松荣、祖父狩野元信一样,也成为幕府将军的御用画师,并先后得到织田信长的青睐和丰臣秀吉的赏识。他在安土城同一房屋中描绘的《三上山图》和描绘安土附近景色的屏风,被正亲町天皇称为"天下无双"。《洛中洛外图屏风》是狩野永德工笔画的代表作,与佛教名所聚光院的壁画风格一致。《洛中洛外图屏风》的画面以耀眼的金云为基调,生动描绘了在织田信长统治下繁荣的町人生活,共绘有1 850余人。在创作手法方面,狩野永德将中国画及大和绘的技法,同时运用于该作品的创作,使唐风与和风相得益彰。这件作品后来由织田信长赠送给了上杉谦信,使艺术品成了政治工具。

狩野永德的作品

本能寺之变后,狩野永德为丰臣秀吉所用,在大坂城、聚乐第的隔扇、障壁上,留下了不少作品,规模丝毫不亚于其为织田信长绘制的作品。天正十年(1582年)五月,丰臣秀吉猛攻备中(冈山)高松城的毛利氏时,狩野永德向丰臣秀吉赠送了他的得意之作《唐狮子屏风》。这幅作品高2.25米,力度感和装饰性俱佳,彰显了王者的威严,后作为狩野永德巅峰时期的画作,闻名遐迩。这幅作品现收存于东京皇居宫内厅。收存于东京国立博物馆的狩野永德的画作,有《桧图屏风》《许由巢父图》。尤其是他在聚乐第创作的两町余长的《桧图屏风》,以写实的风格配色彩的装饰,雄辩地通过画面叙述了当时美的意识。2007年6月4日,《东京新闻》刊登了两幅最新由日本同志社大学教授狩野博幸发现的狩野永德的作品。

狩野永德和土佐光永是姻亲,他的儿子迎娶了土佐家女儿,而土佐是世袭的朝廷御用画师。但是,不仅武家,连正亲町天皇御所的画,也邀请狩野派创作。同时,天瑞寺、东福寺法堂等处,也有他的作品。现京都南禅寺的本坊大方帐殿内移门,就是狩野永德的遗作。

天正十八年(1590年)狩野永德殁后,狩野派由狩野永德长子狩野光信掌门,狩野派在画坛的地位开始下降。"关原之战"丰臣政权为德川家康所灭后,狩野派开始分裂并各事其主:狩野光信为江户幕府服务;狩野永德的弟子山乐为丰臣家作画;狩野永德的次子为朝廷御用。但是,狩野派风格却因此得以扩散、保留,并逐渐改变战国时代强调的威严,体现大和绘所具有的优美。

在安土桃山时代,日本画坛当然并非由狩野派垄断,其他一些画家,如与狩野永德同时代的长谷川等伯建立了"长谷川画派",创作了诸多佳作。他年轻时的屏风画《十二天图》《涅槃图》,继承了平安时代佛教画作的鲜明特色,这种特色成为他的作品的基本要素。长谷川等伯深受水墨画一代宗师雪舟等扬影响,自诩"雪舟五世",擅长工笔画,他的《日尧上人像》《名和长年像》《武田信玄像》等,均被誉为桃山肖像画的代表作。现存东京国立博物馆的山水画《松林图屏风》也是他的作品。这幅佳作墨色使用巧妙,构图简洁明快,用笔生动活泼,画面水雾浓郁飘缈,气魄豪壮爽朗,既得中国水墨画之精要,又不失大和绘之独特性,在日本绘画史上有无可替代的地位。他的障壁画也独见功夫。天正十九年(1591年),丰臣秀吉为夭折的儿子松鹤追荐亡魂,建立祥云寺。长谷川等伯率其门徒担纲障壁画创作,现京都智积院障壁画,就是其中保留下来的一部分。另外,邻华院、禅林寺的障壁画,也有他的遗作。长谷川等伯的障壁画构图,受狩野派画风影响,但同时也师法自然写生,并导入大和绘技法,确立了一种壮丽的大画面和细致的装饰趣味相结合的画风。通过他的《枫图》《樱图》,人们可一窥这种画风的魅力。在一定时期,长谷川派曾打破狩野派垄断达官贵人家庭障壁画制作的地位,形成与狩野派分庭抗礼的局面。他的画论《等伯画说》,在日本美术史上独树一帜。庆长十四年(1609年),长谷川等伯应德川家康邀请前往江户,途中染疾,于翌年二月不幸去世,享年71岁。

安土桃山时代,日本传统文化的其他领域也取得显著发展,如与绘画关系密切的工艺,特别是与建筑关系密切的建筑装饰物,以及作为武家必备的装剑器物,以及日常用的陶器、瓷器、漆器、染织,均富有创意,难以一一尽数。另一方面,随着与西方世界的接触,西方文化开始在日本疏根蔓枝,给予日本历史的发展不可估量的影响。

内涵丰富的"南蛮"文化 日本大量吸收了中国文化,但是自16世纪中叶开始也不断吸收西方文化。按照 A. M. 克雷格的观点:"日本在逐渐转向西方寻求新的文化模式方面,提供了从早先的文化权威中解放出来的真正的证明。"①可以认为,"南蛮学时代"是日本文化形成"东西合璧"的转型时期,从那以后,日本吸收西方文化的历史从未中断,包括在江户时代施行"锁国政策"时期。明治天皇向神明起誓的"五条御誓文"之"求知识于世界",是以此为先导和基础的,尽管"逐渐转向西方寻求新的文化模式"最初并不是自觉进行的,而是因为战国时代引起的权力关系变化为其提供了温床,并且经历了复杂的演进过程。

耶稣会在日本传播了很多西方的科学知识和思想文化,不仅仅是天主教的教理教义,尽管他们经常为教理教义的肉身,穿上科学知识和思想文化的外衣。他们在日本社会留下了深深的印记。概括而言,当时被日本人称作"南蛮学"的西方科学文化及其传播方式,主要包括以下几方面。

第一,教育。日本的西方式教育和耶稣会的在日传播几乎同时发端。天文十七年(1548年)十一月二十九日,在果阿圣保罗神学院学习的弥次郎,写信给耶稣会总长,希望在日本建立神学院。《耶稣会士日本通信》的第一封信,就是弥次郎写给罗耀拉的信。弥次郎在信里这样写道:"我已略通葡萄牙语,能进行一些会话,所以方济各·沙勿略神父让我和前面谈到的乔治·阿尔巴雷斯一起到了果阿,进入圣保罗神学院学习……在神学院的学习,使我更坚定了信仰。我在圣灵降临日接受了大主教的洗礼。我希望在日本也开办神学院。"②弥次郎的这个愿望很快得以实现。第二年,托尔雷斯首先在山口设立了以教理教育为主的教会学校。之后,丰后府内(大分)也开办了神学院。自永禄四年(1561年),除了教理教育,传

---

① A. M. Craig: *Japan*: *A Comparative View*, Princeton University Press, 1979, p.39.
② 村上直次郎译、渡边世祐注:《耶稣会士日本通信》,聚芳阁1927年版,第5—10页。

授语言学、数学、各种艺能的学校也逐渐得以开办。据《日本遣欧使节对话录》记载,在这些学校里,各种学艺分为两大类:第一类是文法学、修辞学、辩证学、语言学;第二类分为三个部分,第一部分是自然科学,第二部分是伦理学,第三部分是超自然学。"在这些学校中系统传授的西欧学艺,是日本近世文化诞生的标志。"①20年后,日本全国的教会学校达到了二百多所,为16世纪末"南蛮文化"的兴隆奠定了基础。尤其值得关注的是,除了教理教育,传教士还经常指出日本传统思想,特别是宗教思想和价值观、世界观的谬误,使不少日本人因感服于西欧科学的合理性而承认了神学教理的正确性,进而皈依基督教(天主教)。

第二,医学。耶稣会最早从事的科学活动是创办医学事业。医学,是实现"(宗)教学(术)一体"的重要手段。毕业于医科大学并有外科医师执业证书的耶稣会士路易斯·德·阿尔梅达(Luis de Almeida),是这项事业的开创者。弘治三年(1557年),阿尔梅达在丰后府内将耶稣会的两幢住宅改为施疗院,一幢收治一般疾病患者,分内科、外科和小儿科,另一幢专门收治麻风病患者。翌年,阿尔梅达根据日本人的需求,开始临床教授"南蛮"外科,帮助日本医师掌握西方医疗技术。为传播"南蛮医学"做出最大贡献的,是在日本西学史上多有建树的"改宗神父"泽野忠庵。他编译的《南蛮流外科秘传书》,介绍了希腊名医希波克拉底的液体病理说即"四原液"说(血液、黏液、黄胆汁、黑胆汁),具有划时代的意义。②在日本施行锁国政策以后,这本书又以《阿兰陀外科指南》为题出版,被称为"伪装的红毛流"(按:红毛流即南蛮流)。南蛮医学作为日本近代医学的源头,在日本医学史上的地位和意义毋庸赘言。

第三,天文历法。沙勿略曾经指出:"日本人不知地球是圆的,也不知何为太阳轨道。他们对流星、闪电、雨雪等自然现象提出种种疑问。我们做出令他们满意的说明,得到他们的信任,因此我们的宗教也能使他们深受鼓舞。"③耶稣会传播天文历法知识的目的,主要是为了传教。然而,正是通过他们"教学一体"的传教方式,西方的天文知识得以传入日本,为日

---

① 海老泽有道:《南蛮学统的研究》,创文社1978年版,第16、17页。
② 希波克拉底的液体病理说是西方医学最重要的学说之一。按照这一学说,人体内的血液、黏液、黑胆汁、黄胆汁这四种液体,是生命的要素。这四种液体处于正常状态时,人就健康,反之就患病。
③ 村上阳一郎:《日本近代科学的步伐》,三省堂1977年版,第51页。

本人了解和接受。更重要的是,这不仅丰富了日本人的天文学知识,而且使他们对原先作为朝廷秘学的天文历法产生怀疑,并采取批判立场。而怀疑和批判精神,正是近代理性主义的精髓。其意义,远超过传教士传播的天文历法知识本身。

在传播西方天文历法方面功绩卓著的,是丰后地区的耶稣会传教长佩德罗·戈麦斯(Pedro Gomez)。戈麦斯编集的神学院教科书《哲学神学纲要》,向日本人系统介绍了亚里士多德和托马斯·阿奎纳的自然和神学思想。据尾原悟考证,在"锁国时代",小林谦贞的《二仪略说》几乎原封不动地拷贝了《哲学神学纲要》的第一部分《天球论》。"小林谦贞的学说不仅为小笠原岛探险和水户藩虾夷探险提供了理论依据,而且在锁国时代唤起了开拓精神。"①之后,泽野忠庵的《乾坤辩说》参照了《二义略说》。再后,西川如见根据《乾坤辩说》和《二仪略说》的理论,在《天文义论》中将自然法则和道德规范分离,从而使"形而下学"独立于"形而上学"开始萌芽,进而为日本摆脱传统道德束缚、接受西方自然科学,创造了前提条件,同时也为兰学在"锁国时代"的形成提供了重要基础。

第四,语言文学。耶稣会士非常清楚,典雅而有情趣的日本语文,将是传教的最好媒介。因此,他们为改造和美化日本语言不遗余力。至永禄七年(1564年),耶稣会传教士已编辑了一系列篇幅较小、简洁便利的词典和文法书。天正七年(1579年)以后,随着中高等教育机构的不断建立,耶稣会士又组织编辑了篇幅庞大、内容精确的词典和文法书,从而使日语体系化、规范化。在这些典籍中,具有代表性的是《罗葡日词典》(1595年)、汉和词典《落叶集》(1598年)、《日葡词典》(1603年)、《日本大文典》(1604—1608年)。这些词典,迄今仍是研究中世和近世日本语言

《罗葡日词典》

---

① 尾原悟:《对我国近世吸收欧洲科学的一项考察——佩德罗·戈麦斯的"天球论"和小林谦贞的"二仪略说"》,《基督教文化研究会会报》(日本)第10卷第1号,1967年9月。

文字的珍贵资料,是相关研究者的必备书。

耶稣会对日本文学的贡献,主要分为世俗文学和教会文学两大类。世俗文学的代表作有《伊曾保物语》(即《伊索寓言》的日译本),它在进入江户时代以后进一步日本化并出现了七种版本,对日本文学的发展产生了不可忽略的影响。另外还有罗马文版的日本文学军记物语的代表作《平家物语》。教会文学的代表作有《桑托斯的修业内省书》。为了更好地达到传教目的,这些书不仅大都采用平假名和对话形式,如《教理问答书》《妙贞问答》,而且仿效日本原有的文体格式,如永禄十一年(1568年)出版的《贵理师端往来》,即模仿了日本《庭训往来》的格式。"这些书如实地显示了耶稣会的人文主义主张,即强调只有在古典时代和基督教时代之源泉的汇合处,精神才能汲取到真实的营养。"①

第五,美术。天文十八年(1549年)八月十五日,沙勿略一行登上了鹿儿岛。他们携带的圣母玛利亚油画,使日本人首次领略了西洋美术的风采。之后,西洋艺术品陆续传入日本。耶稣会传教中心长崎,更是受到西方美术的明显影响。受西洋美术影响最主要的遗产,是狩野派、土佐派、住吉派画师画的"南蛮流"屏风。这种屏风今天仍是日本艺术的瑰宝。另外,受西洋艺术影响,长崎出现了许多模仿"南蛮方式"制作器物的铸工、冶工、雕刻匠,以及铜版画家。"长崎美术工艺品的制作者们以教会为中心,灵活地运用娴熟的技巧,顺应当时在市民社会如春风催开的梨花般对异国情调的追求,制作各种器物。"②另外,被称为"南蛮漆艺"、具有浓郁西洋风味的漆画,也在当时出现。现收藏于东京国立美术馆的《洋人泥金画马鞍》、收藏于东庆寺的《葡萄泥金画圣饼罐》,以及收藏于瑞光寺的《洋人泥金画椅子》,就是当年的杰作。京都妙心寺春光院藏的闹钟,刻有"1577"和"HIS"(耶稣会徽章),就是当年"南蛮艺术"的杰作。

第六,音乐。耶稣会传教士根据以往的经验发现,音乐在教化人心方面具有独特作用,因此非常重视。他们最初传入日本的西方音乐主要是声乐。神学校教授的西方音乐也主要是声乐,特别是圣歌,包括被称为"西洋音乐之起源"的《戈里高利圣咏》。耶稣会在教堂组织了唱诗班,在

---

① 儿玉幸多、大石慎三郎编:《日本历史的视点》第3卷《近世》,日本书籍株式会社1973年版,第70页。
② 箭内健次编:《锁国日本和国际交流》(上),吉川弘文馆1988年版,第245页。

做弥撒或举行其他宗教仪式时用拉丁语和日语演唱赞美诗;在宗教节日,特别是平安夜和圣诞节排演各种宗教音乐剧。同时,耶稣会还教授日本人演奏和制作风琴、小提琴、竖琴、鲁特琴等乐器,并且出版了远东最初的基督教典礼乐理书《教会的秘绩执行提要》。不仅如此,耶稣会传教士还将西方艺术元素融入狂言、能乐等日本传统戏曲艺术,为东西合璧的日本文化的形成,为日本独特文化艺术品"传承至今",做出了无可否认的重要贡献。

第七,社会生活。由于"南蛮学"的渗入,日本人的生活开始被涂抹上许多西方色彩,这种色彩绵延持久地留存于日本人的精神和他们的生活表象。时至今日,这种色彩仍处处可见:"宣扬信奉唯一、绝对神的基督教,使前此只知多神教或泛神教的日本人感到惊异。基督教宣扬的一夫一妻制的道德观念,对日本人更是一个极大的冲击。"[1]出于遵守宗教礼仪的必要,日本的基督教信徒采用了太阳历,并使之逐渐成为社会习俗。在日常生活方面,"只要看一下我国(日本)现仍在使用的许多当时的服装用语就可以知道,南蛮式服装在当时多么流行。在饮食方面,可以说同样如此"[2]。例如,和"刺身"同为"日本料理"代表的"天妇罗",就是当年由"南蛮人"传入的葡萄牙食品 Tempura。另外还必须一提的是,在"南蛮人"到来之前,日本人是不喝牛奶的。但是,弘治元年(1555年),丰后府内(大分县)育婴堂饲养了三头奶牛供婴儿食用后,饮牛奶的习惯和教会主张的育儿义务和拯救弃儿的观念相结合,很快推广到民间。在"南蛮人"到来之前,日本人因受佛教影响不杀牛,也不食牛肉。随着"南蛮人"的到来,食牛肉的习惯也开始在日本形成。弗洛伊斯在他的《日本史》中这样写道:"我们的食物深合他们的胃口。过去日本人很讨厌鸡蛋和牛肉,现在都成了食品。"[3]

除了上述这些领域,"南蛮文化"还涉及航海、军事、数学、测量学、地理学、建筑学等领域。总之,"南蛮文化"为日本人打开了一扇观赏西方世界的窗户,"使日本人在历史上第一次感觉到他们并非身处闭塞的孤岛",构成了日本西学的初创时代——"南蛮学时代"。

---

[1] 家永三郎:《日本文化史》,岩波书店1978年版,第176页。
[2] 箭内健次编:《锁国日本和国际交流》(上),吉川弘文馆1988年版,第245页。
[3] 冈田章雄:《天主教信仰与风俗》,思文阁1987年版,第177页。

第七章 战国时代

作者点评：

旅日华裔作家陈舜臣在《日本人和中国人》一书中写道："中国是竖立路标的民族，而日本则是循着路标前进的民族。"然而，这种状况在16世纪中叶开始出现重大转折。用美国的日本史专家克雷格的话表述，即"日本在逐渐转向西方寻求新的文化模式方面，提供了从早先的文化权威中解放出来的真正的证明"。产生于战国时代的"吉利支丹时代"或"南蛮学时代"，是标志这种转变的第一块里程碑。

西方基督教为什么在战国时代得以迅速传播？史学大家范文澜曾写道："社会越黑暗，宗教越光明。"战国乱世酿造了人们皈依宗教的三大要素：贫、病、争。同时，佛教外在受到的打击和内在产生的腐败，也是人们皈依基督教的一大原因。日本文化具有所谓"中空均衡结构"，即始终存有内在的"空间"，任何文化都可以进入并不会破坏其始终均衡的结构；日本原始的宗教、神话意识与基督教不乏共通之处。但是，对照当时一些日本学人"贬低华夏科技"，称颂"西方科技"的论述，中国的落伍难道不是促使日本"逐渐转向西方寻求新的文化模式"的重要动因？实际上，战国时代本身遵循的就是"胜者为王"的丛林原则，所谓的"大和魂"，本质上就是"以强者为师""服从强者"。从古至今，这一原则从未被日本人放弃，战国时代岂会例外？

近世篇

第八章 江户时代

第一节 "元和偃武":走向和平①

日本有位歌师创作了一首狂歌,通过"战国三杰"织田信长、丰臣秀吉、德川家康对杜鹃的态度,形象地揭示了他们的性格。织田信长:杜鹃若不啼,杀之不足惜。丰臣秀吉:杜鹃若不啼,诱之自然啼。德川家康:杜鹃若不啼,待之切莫急。结束战国时代使日本复归统一,并开启日本历时最长的和平年代,就是由三位性格迥异的"天下人"完成的。如果仅仅关注历史表象,这首狂歌似乎不无道理。但是,如果对历史的内在逻辑进行分析,我们当不难发现德川家康成为"天下人",绝非那么简单,更非坐享其成。德川家康能够成就霸业成为"天下人",使日本结束此前常年不断的战乱,迎来日本历史上长达253年的和平时期,和他的性格有关,更和历史发展的内在逻辑有关。

关原之战 庆长三年(1598年)八月十八日,在"庆长之役"即侵朝战争受挫时,丰臣秀吉在伏见城去世。根据丰臣秀吉的遗言,由"五奉行"即长束正家、石田三成、增田长盛、浅野长政、前田玄以,担任6岁遗孤丰臣秀赖的"付家老";②"御法度"等涉及国家治理的问题,由"五大老"即德川家康、前田利家、毛利辉元、上杉景胜、宇喜多秀家"合议";"太阁藏入地"即丰臣氏的直辖领地和其他"算用"经济开支,由德川家康、前田利家总

---

① "偃武"意为停止武力冲突,语出《尚书·武成》:"王来自商,至于丰,乃偃武修文。"
② "付家老"也称"御附家老",原来是本家派往分家进行监督、指导的家臣,可以从本家和分家两头领取俸禄。这里的"付家老"是有监护人含义的辅佐。

揽。让德川家康的孙女、德川秀忠(第二代将军)长女千姬,与他和淀殿生的第二个儿子丰臣秀赖成婚。"后丰臣秀吉体制"由此建立。丰臣秀吉的目的,是想通过德川家康和前田利家的相互制衡,通过合议机制,避免任何一方做大,确保丰臣政权代代相传。但是,翌年正月,"后丰臣秀吉体制"的矛盾即开始显露,德川家康势力逐渐扩大,几乎独揽政权,引起其他"大老"和"奉行"特别是"五大老"次席前田利家的极度不满,矛盾日益激化。

前田利家也非等闲之辈。前田利家相貌英俊,身高182厘米,而当时日本男性平均身高不足160厘米。据《信长公记》记载,稻生之战,织田信长的孙子织田信行的"小姓"宫井勘兵卫恒忠,发箭射中前田利家右眼下方,前田利家仍纵马持枪刺倒勘兵卫并取其首级,然后拔出脸上的箭矢。弗洛伊斯在《弗洛伊斯的日本觉书》中写道,他见到利家后感叹:"欧洲人的体格实在是比不上日本人。前田利家面部中箭,居然还能若无其事地驰骋杀敌。"[①]

前田利家15岁追随织田信长,作战骁勇,桀骜不驯。永禄二年(1559年),织田信长的异母兄弟爱智十阿弥,经常取笑前田利家。一次,十阿弥偷前田利家妻子的发簪,被前田利家人赃俱获。可爱智十阿弥不是求饶而是取笑前田利家。利家忍了一时之气,请织田信长处罚。孰料,织田信长没有处罚爱智十阿弥。于是,怒不可遏的利家当场将爱智十阿弥斩杀。这无疑是对织田信长权威的挑衅。织田信长立即判处前田利家切腹。幸得柴田胜家等重臣请求,改为撤职并逐出家门。以前田利家"枪之又左"(其全名是前田又左卫门利家)的身手和威名,改换门庭投靠其他领主是很容易的事,但前田利家依然希望重回织田家。据太田牛一的《信长公记》所述,前田利家在城外徘徊,但织田信长始终不为所动。永禄三年(1560年)桶狭间之战,前田利家擅自参战,斩敌三个首级,位列立功者榜首,他的父亲前田利昌在这场战役中阵亡,但前田利家仍未能复归。翌年,前田利家再次不请自战,在与斋藤义龙的"森部合战"中把对方猛将足立六兵卫挑落马下杀死,终于得偿所愿回归织田信长麾下。在织田信长"天下布武"的征程中,前田利家屡立战功。

"本能寺之变"后,丰臣秀吉"一匡天下",柴田胜家、织田信孝、泷川一

---

① 弗洛伊斯:《弗洛伊斯的日本觉书》,松田毅一译,中央公论社1983年版,第45页。

益组成了反丰臣秀吉联盟。丰臣秀吉是前田利家两个女儿的养父,而柴田胜家与前田利家是主从关系且情同父子。天正十一年(1583年)三月,柴田胜家在近江与秀吉的军队对峙。前田利家随柴田胜家出征,出征前将三女摩阿姬交给柴田胜家作为人质(摩阿姬后成为丰臣秀吉的侧室)。据《越登贺三州志》记载,在战事不利时,前田利家对柴田胜家说:"胜败乃兵家常事,您可速回北庄聚集余勇,我在府中阻击敌军。"柴田胜家说:"我武运已尽,再战已无益处。此番回到北庄,我将自刃。你对我已竭尽忠义,我无以回报,若你降服秀吉,我于地下亦无寸怨。"①前田利家果然照他的话做了。当丰臣秀吉的军队到达前田利家所在的府中城下时,前田利家原准备笼城固守,但丰臣秀吉单枪匹马在城下劝其"归顺",令前田利家最终开城投降。之后,前田利家作为丰臣秀吉军的先锋,包围柴田胜家的居城北庄城(福井县),迫使柴田胜家和他的妻子自杀。战后,前田利家获得丰厚赏赐。总之,前田利家的正确站队,使自己得以进入丰臣政权核心,建立起独霸北陆的伟业。

然而,德川家康和前田利家的矛盾尚未爆发就熄火了。庆长四年(1599年)四月,前田利家突然去世,德川家康得以独揽大权,引起其他"大老"和"奉行"的极度不满。除此之外,其他"大老"和"奉行"之间也有矛盾。前田利家死后,与"五奉行"首席石田三成有宿怨的加藤清正、福岛正则,想在伏见城(京都伏见区)暗杀石田三成。德川家康获悉后予以制止,但责令石田三成引退,返回佐和山城(滋贺县彦根市)。令德川家康始料未及的是,他的这一决定为石田三成日后举兵留下了伏笔,同时也为自己独霸天下提供了契机。

庆长四年(1599年)十一月,越后国(新潟县)守护堀秀治向德川家康密报,"上杉景胜(五大老之一)有谋叛之意"。德川家康遂向上杉景胜发出警告。但上杉景胜置若罔闻,令其家臣直江兼续写了《直江状》,对德川家康严辞谴责。德川家康看过后大怒,决定讨伐上杉景胜。"五奉行"中的前田玄以、长束正家、增田长盛竭力劝阻,但德川家康不为所动。翌年五月,德川家康以首席大老的名义号令各方大名发兵会津(福岛县),讨伐上杉景胜。

石田三成获得这一消息后,即与其他奉行和"五大老"中的毛利辉元、

---

① 福田景周:《越登贺三州志》,石川县图书馆协会1933年复刻版,第89页。

宇喜多秀家密谋,决定借机干掉独揽大权的德川家康,随后组成了名义上以毛利辉元为首领的西军,在畿内起兵并占据大坂城。七月十七日,石田三成、毛利辉元等在大坂城向德川家康宣战,并发表讨伐檄文,指控德川家康十三条罪状,随后发兵进攻伏见城。伏见城只有两千人固守,但数万兵马却久攻不下。萨摩(鹿儿岛县)岛津氏也站位石田三成为主将的"西军",城中将士也有不少人叛变。最终守城主将鸟居元忠战死,伏见城陷落。

德川家康得到急报,立刻统率主力返回江户城,并召集诸大名,称若有意返回大坂加入石田三成一方,尽可离去,绝不为难。福岛正则等原先丰臣秀吉手下的大名与石田三成早有嫌隙,表示愿随德川家康讨伐逆贼石田三成,并纷纷献城。献城和将亲属交出作为人质,都是表示忠诚。另外,很多原丰臣秀吉手下痛恨石田三成的大名,也纷纷表示支持德川家康,率部西进,由此形成了以德川家康为统领、由十余万大军组成的"东军"。为了牵制会津的上杉景胜,防止他趁机异动,德川家康派次子结城秀康为总大将镇守宇都宫城,指挥各路人马对上杉景胜形成包围圈。

西军方面,石田三成说服岐阜城主织田秀信(织田信忠嫡长子、织田信长嫡长孙)站到自己一边,拉开和东军决战的架势。东军方面兵分两路,一路由福岛正则领军,德川家康策应;另一路由德川家康的继承人德川秀忠领军。开始的时候,西军占据优势,但由于年轻气盛的织田秀信否决了属下"笼城"即固守的建议,亲自率军出战,结果众寡悬殊,激战数小时后被迫撤入岐阜城。福岛正则不失时机地将岐阜城包围得如铁桶一般,随后发起总攻,不到一天的时间,曾经是织田信长本城的岐阜城陷落,织田秀信逃遁后过起了隐居生活,五年后去世。织田信长嫡系从此绝嗣。其实,当时石田三成率领的军队就在二十多公里以外,本拟与织田秀信会合,无奈织田秀信过于性急,酿成灭顶之灾。之后,东西军对峙了约半个月。

这时的德川家康一直在江户城按兵不动,同时到处写信,试图从内部分化瓦解西军。一直等到胜利喜讯传到江户城,德川家康才挥师西进并树起了代表源氏的白旗。看到德川家康率军驰援,东军士气高涨,而西军阵营却发生动摇。不过,东军一方也并非所向披靡。原本德川家康想等儿子德川秀忠的军队赶到后,合力进攻,但德川秀忠遭到阻击,部队无法推进。德川家康遂放弃等候,挥师前进,同时放出假消息,称将攻打佐和山城。佐和山城是石田三成的本城,石田三成恐大本营失守,率主力进入战略要冲关原,希望通过决战赢得人心,扭转战局。因为,石田三成发现一些手下将领与德川家康暗通款曲,若陆续投向东军阵营他将无力回天。本来,石田三成想让淀姬(淀殿)带着丰臣秀赖前往佐和山城,以便在军中竖起丰臣氏的黄金马标。此举意义重大,因为对阵双方皆以丰臣氏政权的维护者自居,有黄金马标加持,绝对是大义名分的证明。无奈德川家康的孙女即秀赖的妻子千姬和秀赖的母亲淀姬以秀赖年龄太小,又是一门总领,不能擅离大坂为由,拒绝了石田三成的请求。

庆长五年(1600年)九月十五日上午,双方在美浓国的关原(岐阜县不破郡关原町)展开决战。最初形势对东军不利。到了中午,西军小早川秀秋(丰臣秀吉的养子)倒戈,战事逆转。下午战事结束,东军获胜。率领一万五千人军队的小早川秀秋的临阵倒戈,对此战胜负具有决定性影响。他为何倒戈,迄今有种种仅属于猜测的观点。一般认为,如果西军获胜,小早川秀秋感到自己作为丰臣秀吉的养子,可能被认为是丰臣秀赖的威胁,最终可能落得丰臣秀次那样的下场。但这也仅是猜测,并无史料支撑。此战史称"关原合战"。①几天后,石田三成在伊吹山中被捕,德川家康下令将石田三成斩首于京都六条河原,并将其首级在京都示众。石田三成享年40岁。小西行长、安国寺惠琼也同时被问斩。

德川家康壮年时雕像

关原合战后,除了对敌军阵营一些人进行惩罚,德川家康还对制服和降伏的西军阵营的大名,进行了"除封"(剥夺领地和俸禄),对原"大老"毛利辉元、上杉景胜等进行了"减封"(减少俸禄),并将此所得对麾下的大名和部属进行了"加封"和"转封",从而开始形成德川氏亲信和"藏入地"(德川家康直属领地)集中于近畿经东海道、中山道至关东地区,关原之战后

---

① "关原之战"(日本叫"关原合战")有广义和狭义之分。广义的"关原之战"指双方冲突三个多月的大规模内战。狭义的"关原之战"仅指在关原进行的决战。

"归顺"的大名封地分布于东北、北陆、中国、四国、九州等周边地区,从而形成了贯穿整个江户时代的各藩布局。

在空间上,关原是日本关东和关西的分界。今天,日本的行政区划是一都(东京都)、一道(北海道)、二府(大阪府和京都府)、四十三县。关东有一都六县,即东京都和群马、栃木、神奈川、茨城、琦玉、千叶县;关西有二府五县,即大阪、京都府和滋贺、兵库、三重、奈良、和歌山县。在时间上,关原是历史的分水岭。因为关原之战奠定了德川家康成为"天下人"的基础,成为日本进入江户时代长达两百多年和平年代的起点。

家康生平和家世　史籍关于关原之战有一段记载,有助于我们了解德川家康的性格,以及他的家臣对他的评价:

照公(德川家康谥号为"东照宫")之西征也,本多正信(德川家臣)留在江户。独自忧曰:"此役也西师之众,加倍于我。而诸将师又多更事者。假令主公当之,吾未见其全捷也。"遂招内藤正成(德川家臣)问之。正成笑曰:"勿用过虑。吾保其必胜矣。仆自幼侍公,知公之为人,每怯于耳,而勇于目,故闻变忧苦,不啻处女也。而一出门,勇气百倍,以至见大敌,殆成夜叉之猛矣。况此行可冲突陷阵者有三焉,井伊兵部(井伊兵部直政,德川重臣,著名武将)、福岛左卫门(福岛正则,著名武将),并主公为三也。有此三瑞锋而纵横冲敌,无坚不破。虽有西师百万之众,何足忧乎。"既而关原之报至矣,果如正成之言。①

我们对德川家康的生平和家世,有必要深入了解。因为,江户时代又称"德川(幕府)时代",这一名称本身说明,德川家族的盛衰存亡就是江户时代的历史缩影。同时,日本社会对德川家康的荣辱毁誉,也折射出日本人的价值观。

德川家康(1543—1616年)出生于三河国(爱知县)冈崎城,是城主松平广忠嫡长子,母亲是松平广忠的正室於大之方(传通院)。德川家康祖上是三河国的国人松平氏,源于安祥城(安城市),二代当主松平亲忠使之逐渐发展,但在后来几代当主手中逐渐衰落。至德川家康祖父、七代当主松平清康时得以振兴。后松平清康被家臣所杀,其长子松平广忠逃亡伊势,松平家族再度衰退。再后松平广忠得到骏河国(静冈县)守护今川义元提携,成为松平氏第八代家督。天文十年(1541年)初,松平广忠娶三河刈

---

① 若林力:《近古史谈全注释》,大修馆书店2001年版,第226—227页。

屋城主水野忠政的女儿於大为妻。当时松平广忠16岁,於大14岁。

天文十一年十二月二十六日(1543年1月31日),松平广忠的妻子於大在冈崎城生下了一个儿子,松平广忠给儿子取幼名竹千代(即德川家康)。翌年七月十二日,水野忠政病逝。他的儿子水野信元背弃今川义元,投织田信长之父织田信秀。今川义元为了与织田氏对抗,要求松平广忠与水野氏断绝关系。夫妻感情甚笃的松平广忠只得和於大离婚,竹千代因此与母亲分离。天文十七年(1548年),根据今川义元的要求,松平广忠将竹千代作为人质送往骏府城(静冈县静冈市葵区)。

然而,松平广忠新娶的妻子的父亲即田原城主户田康光为了获取奖励,将竹千代去骏府城的行走路线密告织田信秀。织田信秀派人中途将竹千代劫持。竹千代的亲生母亲於大得知这一消息后,再三恳求,竹千代才免于一死并作为人质留在尾张国。当时的於大已成为尾张国知多郡坂部城城主久松俊胜的妻子。天文十八年(1549年)三月,松平广忠被家臣岩松八弥杀死。几乎同时,今川义元派人将织田信秀的儿子织田信广抓获。今川义元向织田家提出以织田信广交换竹千代的条件。8岁的竹千代因此被送到了骏府城(当时称今川馆)。不久,竹千代进入临济寺。得到了雪斋禅师的悉心关照和教育。弘治二年(1556年)正月,在今川义元主持下,竹千代行了元服礼,有了正式的姓名,叫松平元信。两年后,松平元信出于对祖父清康的崇敬,将名字中的"信"改为"康"。之后不久,松平元康娶了今川义元的外甥女、刑部少辅关口亲永家的关口濑名。由于濑名姬后来一直住在总持尼寺的筑山领地内,所以被称为筑山殿。当年,松平元康回到了冈崎城。永禄三年(1560年),今川义元战死桶狭间,原先很多追随今川义元的武士,陆续聚集到松平元康麾下。于是,织田信长便派遣使节向松平元康提出停战结盟的建议。在仔细权衡利弊后,松平元康接受了织田信长的建议。永禄五年(1562年),织田信长和松平元康在清州签署盟约,史称"清州会盟"。

同年,松平元康改名松平家康。放弃"元"字是表示与今川义元的决裂。改用"家"字是出于对源义家的崇敬。当然,这也是他自诩"源氏后裔"的需要。之后,松平家康开始"接收"今川氏领地,势力范围迅速扩大。永禄九年(1566年),松平家康统一了三河国。永禄十年(1567年)二月十八日,松平家康要求将苗字改为"德川"的要求获得天皇敕许。所以改"德川"是因为松平家康自诩祖先居住在德川乡,他是清和源氏分支新田氏支流德川氏的后裔。但据学者考证,这纯属牵强附会。同年,德川家康的长子德川信康娶了织田信长的长女德姬。永禄十一年(1568年),德川家康被任命为左京大夫。左京大夫是授予历代管领的有力守护大名盟友的官职,当时德川家康是三河国守护。元龟三年(1573年)十二月二十二日,德川和织田联军在远江国(静冈县)敷智郡三方原和武田信玄的军队进行会战。初战不利,德川家康一度想切腹,但被家臣劝阻。后在家臣倾力护卫下突围至浜松城。当时,武田胜赖在不断西征后突然折返,因为武田信玄病重且病逝,武田胜赖奉命撤退。之后,朝仓义景、浅井久政和浅井长政父子均被消灭。天正三年(1575年)五月二十一日,织田和德川联军取得长篠之战的胜利,重创武田军。

天正七年(1579年),有传言称筑山殿勾结武田胜赖,密谋杀死织田信长和德川家康。原本与筑山殿关系不睦的德姬,将此事告知了父亲织田信长,并列了婆婆筑山殿和丈夫德川信康的十二条"恶状"。织田信长遂命令德川家康处死筑山殿和德川信康。奉行"忍"字哲学的德川家康,命令家臣在流放途中将筑山殿刺杀,德川信康则"奉命"切腹自尽。

天正十年(1582年),织田和德川联军开始"甲州征伐"即讨伐武田胜赖,最终逼使武田胜赖和妻子切腹自尽。当年本能寺之变发生后,德川家康拥立织田信雄,但与丰臣秀吉在小牧·长久手合战后讲和,并协助丰臣秀吉剿灭北条氏,领有了关东八国,成为"关东之雄"和丰臣政权"五大老"之"笔头"即首班。文禄·庆长之役,丰臣秀吉损兵折将,元气大伤,但战争期间德川家康坐镇名护屋城,负责守备和后勤并借机积攒了实力。这是德川家康后来赢得关原之战胜利的重要因素。

关原之战后的第三年,即庆长八年(1603年),德川家康在伏见城领受后阳成天皇宣旨,成为征夷大将军、右大臣(从一位),在江户建立了幕府。同年,德川家康将孙女千姬(德川秀忠之女)嫁给了丰臣秀赖,两家建立了政治联姻。从庆长八年(1603年)至庆应四年(1868年)"大政奉还",日本史称

天皇敕封德川家康为"征夷大将军"的宣旨

"江户时代"。

然而,当时丰臣秀赖仍居于大坂,"后丰臣秀吉体制"并未彻底解体。庆长十年(1605年)四月,德川家康把将军一职让给了侧室阿爱(西乡局)生的他第三个儿子德川秀忠,自己当了"大御所"(前将军)。德川家康的长子德川信康死了,他不是还有个二儿子结城秀康吗?为什么不让秀康接班?回答这个问题,首先必须概述秀康的身世。秀康的母亲叫阿万,原本是家康正室濑名姬(筑山殿)的侍女,因被家康宠幸而怀孕,生下了秀康。筑山殿为此非常忌恨阿万,经常刁难和凌辱她,家康也没有正式承认这个儿子。于是,阿万便抱着儿子离开了浜松城(静冈县浜松市)。三年后,长子信康促了他们父子重聚。据《秀康年谱》记载,当时信康邀家康到他屋里。家康入座后,听见有童声呼唤"爸爸"。诧异间,信康牵住他的手说:"弟弟今年已经3岁了,请父亲无论如何看他一眼。"毕竟是父子,家康将3岁儿子抱在膝上,听儿子亲热地唤他"爸爸",无法不感动,当即把身上有葵纹的胁差(短刀)和甲胄赐给了幼儿,意味正式承认他是德川家族一员,并为幼儿取名"於义丸"。长子信康去世后,次子於义丸成了德川家的世子。然而,同年七月家康和侧室阿爱(西乡局)生下了三子长松丸(二代将军德川秀忠)。天正十二年(1584年)小牧·长久手之战,德川家康与丰臣秀吉议和。之后,於义丸被送往丰臣秀吉处作为人质。膝下无子的丰臣秀吉很喜欢於义丸,将他收为养子。於义丸成了丰臣秀吉的养子,当然不再可能成为德川家继嗣。一转眼,於义丸11岁了,丰臣秀吉为他举行了元服礼,并取自己名字中的"秀"字和於义丸生父的名字中的"康",给他取名"羽柴秀康",任命他为三河守。天正十七年(1589年),秀吉宠爱的侧室淀殿继生下石松丸之后,时隔十九年又生下了鹤松。四个月后,丰臣秀吉便指名鹤松为丰臣家继嗣。因此,羽柴秀康不再可能成为秀吉的接班人。天正十八年(1590年),秀康与下总国结城氏当主结城晴朝的养女鹤姬成婚,改名为结城秀康。从德川家康的世子到丰臣秀吉的养子,最后成为一个小大名女婿,秀康的命运可谓步步沦落。但是,他本人的势力范围则不断扩大。关原之战后,结城秀康获得了整个越前国(福井县)的知行权。不幸的是,他的健康状况日益糟糕。庆长十二年(1607年)四月九日,年仅34岁的结城秀康病情急剧恶化,在北庄城(福井县)去世,留下七个正室和侧室及九个儿女。据司马辽太郎所述,结城秀康死于梅毒。

"大坂之阵" 庆长十年(1605年)德川秀忠成为江户幕府第二代将军。两年后,德川家康移居骏府城。此举旨在昭告天下,将军一职由德川氏世袭。此后,德川家康作为"大御所"统治全国。再后来,德川家康迫使丰臣秀吉拥立的后阳成天皇退位,由后水尾天皇即位,并让诸大名向德川氏宣誓表示忠诚,使自己成为"无冕之王"。尽管如此,朝贺时丰臣秀赖仍处"雁行"的大臣之首,年始旧丰臣系的大名贺岁,也先去大坂城。丰臣秀赖虽然年少,但仍作为丰臣秀吉体制的象征而存在。这无疑成为德川家康心头之患,必欲除之而后快。为此,德川家康运用了值得一书的政治计谋。

首先,为了消耗诸大名经济实力,避免其成为幕府的威胁,德川家康下令新筑和增筑多个城池,规定由诸大名组织人力并承担相应费用,特别让蒙恩泽于丰臣氏的二十家大名参加。当时新筑的城有近江国(滋贺县)的彦根城、山城国(京都)的二条城和伏见城、越后国(新潟县)的筱山城、尾张国(名古屋)的名古屋城。增筑的城是江户城和骏府城。

江户最初是个杂草丛生的海边乡村。12世纪初,一个叫秩父重继的富豪在那里建了个馆。由于馆建在今天东京千代田区麴町台地即东京湾的入江(海)口,故得名"江户"。康正二年(1456年),武士兼歌人太田道灌在江户馆的遗址上建了个城,规模很小。天正十八年(1590年),丰臣秀吉将德川家康的领地从三河(爱知县)、远江(静冈县)一带移封到关东地区,使他获得了关东八州即八个领国,享有二百五十多万石俸禄。丰臣秀吉为什么这么做?其实,丰臣秀吉对德川家康是不信任的。将他安排在关东,是为了减少对自己的威胁。这和德川家康在关原之战后对不信任的大名的加封和转封,原因是一样的。在获得江户城的同年,德川家康着手筑城并进行"町割"——将江户城划分为武家地、寺社地、町人地等不同区域。庆长六年(1601年)底,一场大火将江户城焚毁。两年后,德川家康在后阳成天皇"将军宣下"成为"征夷大将军"后,以"天下普请",即命令各路诸侯分别承担建设江户城的方式,

江户城复原模型

第八章 江户时代

对江户城进行大规模改建,使江户和京都、大坂一起被并称为"三都",明治三年(1870年),大坂更名为大阪。

庆长十六年(1611年),德川家康让丰臣秀赖和他的母亲淀殿前往新落成的幕府官邸——二条城贺拜。名为贺拜,实是对德川行从属之礼。德川家康心想,对此要求丰臣秀赖肯定不会答应,那样正好获得口实,翦除丰臣秀赖。但是,丰臣秀赖此次并没有违背德川家康的要求,德川家康此计没有得逞。

一计不成,又生一计。德川家康随后"鼓励"丰臣秀赖广建寺社,试图以此消耗其财产。丰臣秀赖同样接受德川家康的"建议",修建了山城国(京都)的东寺、南禅寺、石清水八幡宫;河内国(大坂)的叡福寺、近江国(滋贺县)的石山堂、尾张国(爱知县)的热田神社等寺社。但是,丰臣秀赖不知道"欲加之罪,何患无辞"的道理。令他始料不及的是,与佛结缘、修建寺社的善事,却不经意修建了自己的"坟墓",最后遭灭顶之灾。

灾祸起于"方广寺钟铭事件"。天正十四年(1586年),丰臣秀吉为了祈愿子孙繁荣,仿照奈良东大寺,在京都东山建造了方广寺。文禄五年(1596年)闰七月大地震,寺内高十六丈的木质大佛倒塌。庆长七年(1602年)德川家康建议丰臣秀赖重建。后因遭遇火灾,工事中断,直至庆长十四年(1609年)工事再开,并于庆长十九年(1614年)年中竣工,只待八月三日举行落成典礼。孰料,事端由此发生。据《骏附记》记载:

> 八月二日,大佛殿钟铭到来。中井大和守(正清)奉之。钟铭由东福寺韩长所书(按:经后人考证,韩长为清韩之误),其中国家安康之语令御(德川家康)不快。此外,文中多处有令御不快之仪。

文中"令御(德川家康)不快"的"国家安康之语"和"不快之仪",是指钟铭有这么两句:"所庶几者,国家安康;四海施化,万岁传芳。君臣丰乐,子孙殷昌,佛门柱础,法社金汤。"其中"国家安康"和"君臣丰乐",被认为是诅咒德川家康分崩离析(将"家康"的名字分拆),祈求丰臣家万世繁荣(当中两字"臣丰"意为"使臣丰乐")。"不快之仪"还指文中不经意地用了"家康"的名讳。此"恶意"先由南禅寺住持金地院崇传发现,并由德川家康的幕府儒官林道春(林罗山)在学问上进行"注解"。林罗山所为完全受意于德川家康。

此事对丰臣秀赖而言显然纯属"莫须有"。丰臣秀赖再三解释,辩称绝无此意。但是德川家康坚称丰臣秀赖用意险恶,绝不能姑息,不仅要求处置铭文作者清韩,而且提出了三个苛刻的条件,让丰臣秀赖选择其中一个:一是淀殿作为人质留居江户;二是丰臣秀赖从大坂城迁往大和国(奈良县)的郡山城;三是淀殿和丰臣秀赖迁居安房国或上总国(均在千叶县),由幕府给予俸禄。另有一说称,德川家康给出的三个条件是:丰臣秀赖迁出大坂城接受转封;丰臣秀赖移居江户;浅野幸长留居江户。浅野家是丰臣家老臣,当年千姬嫁往丰臣家时,在大坂接舆(接轿)的就是浅野幸长。总之,那些条件都很苛刻,接受其中任何一个条件,均无异于向德川家康俯首称臣。因此,淀殿拒绝接受。深知德川家康不可能善罢甘休的淀殿和丰臣秀赖,在应对德川家康"文攻"的同时,也积极准备"武卫",开始广招浪人。双方矛盾迅速升级并呈白热化状态,最终展开了一系列武力交锋,史称"大坂之阵"。

庆长十九年(1614年)十一月十五日,德川家康离开二条城,直逼大坂。同一天德川秀忠也从伏见城出发剑指大坂。十九日,决战终于爆发。史称"大阪冬之阵"。之后,历经木津川之战、今福之战、真田攻防战,直至翌年"大坂夏之阵"等多次战役,双方展开拉锯,战事绵延持久,在天王寺、冈山之战时,德川家康甚至曾命悬一线。另一方面,德川家康深知大坂城是当年丰臣秀吉倾全力建造的,极为坚固,而且丰臣秀赖方实力不俗,若他居城固守,顽强抵抗,战事结局很难预料。于是在准备开战的同时,也展开了和平攻势。在战争进行中的十二月十七日,朝廷派敕使前往调停,双方曾一度"议和"并互换誓约。但是自古"一山不容二虎",议和显然是假象,加之德川家康非常清楚,如果朝廷调停成功,不仅丰臣秀赖将继续存在,而且公家威信将骤然上升,他的一切如意算盘定将落空,因此根本不可能接受调停,而是继续猛攻。在大坂城即将陷落之际,丰臣氏重臣大野治长让丰臣秀赖的妻子、德川家康的孙女千姬出城,要求她的祖父放丰臣秀赖及其母亲淀殿一条生路。千姬出城后被送至冈山其父亲德川秀忠营帐。德川秀忠不敢做主,将此事禀告德川家康。但是,德川家康对这一要求断然拒绝。因为,德川家康兴兵讨伐的根本目的,就是消灭丰臣秀赖,岂能斩草不除根留下后患?于是,德川秀忠属下井伊直孝奉命转告大野治长,令丰臣秀赖母子自刃。庆长二十年(1615年)五月七日,大坂城天守阁突然发生大火,丰臣秀赖母子及大野治长等重臣均葬身火海。

大坂城陷落后,丰臣秀赖8岁的儿子国松躲藏在伏见一座桥下,旋即也被逮捕并在京都六条河原被斩首,丰臣秀赖 7 岁的女儿在镰仓动庆寺出家为尼,法号"天秀"。丰臣一族,几乎灭门。战后,德川家康下令点验首级,合计约 14 530 个(另有一说称共计 18 864 个)。①五月十四日,丰臣秀赖的属下或被处死或被追捕,更有 600 多人的首级被暴晒于京都街头。丰臣秀吉的墓以及在京都供奉丰臣秀吉的丰国神社,也被幕府下令捣毁。"大坂之阵"后虽有零星武力冲突偶尔发生,但是持续的、大规模的战役再没有发生,史称"元和偃武"。

第二节 "法度"的颁布和"锁国"的序幕

江户时代能够实现长期和平,与幕府的"法制"建设和对外政策密切相关。幕府建立后,即陆续颁布了一系列"法度",为武士和宫卿定下各项"规矩"。认识这一点非常重要。按照新渡户稻造在《武士道》一书中的划分,日本武士道可划分为三个阶段:一是镰仓时代的"封建武士道",着重强调主从关系;二是江户时代的"儒家武士道",强调既要练武,也要习文;三是明治时代及以后的"新武士道",将效忠的对象一元化为对天皇的忠诚。江户时代的武士道虽称"儒学武士道",但并不宣扬原始儒教的"忠君"即忠于皇帝。江户时代的"君"是"大君"即幕府将军。直至幕末,江户时代的天皇始终是虚君。在对外政策方面,江户时代长期施行以"禁教"和"贸易统制"为核心内容及主要目的的"锁国"政策,在意识形态和物质基础两方面,对社会各阶层实施严格管控。虽然"锁国政策"正式实施始于 17 世纪 30 年代。但是,其序幕在江户时代初期已经开启。

"法度"的颁布 关原之战后,德川家康沿袭丰臣秀吉"太阁检地"的做法,也实施了检地。但两者的目的似有差别。庆长七年(1602 年),为了将关原之战后"归顺"德川家康的常陆国(茨城县)大名佐竹氏,转封到东北地区的出羽国(秋田),为德川家康的第五个儿子德川信吉入主常陆做准备,德川家康的亲信、武藏国(东京埼玉横滨川崎全境)小室藩的初代藩主伊奈忠次在常陆实施了检地,神社寺院山林也必须受检,非常严格。顺提一笔,佐竹氏到了出羽国后,将猎兽犬和当地土犬进行交配,从而使

---

① 川崎庸之等总监修:《可读的年表·日本史》,有斐阁 1981 年版,第 571 页。

最具有代表性的日本犬种秋田犬问世。常陆检地之后,全国各地也纷纷开始检地。例如,幕府"天领"(直辖领)的相模国(神奈川县),原是津久井氏的领地,检地后二十二个村被分成二十八个村,年贡有所增加。"检地"为"石高制"奠定了重要基础。"石高制"是幕藩体制"三根支柱"之一。

庆长八年(1603年)三月,德川幕府建立后颁布的第一个法令是《诸国乡村规定》。规定强调,无论幕府直辖领还是大名的领地,都必须注意保护农民,不得滥杀农民。农民的合法诉求如果得不到受理,可以越级申告。当然,出于自身利益考虑,此前有些领主、代官等,也注意维护农民利益,但由幕府面向全国发出的这一规定,其意义和强制性显然不同以往。庆长十五年(1610年),和泉国(大坂府)寺内町的百姓,联名向幕府状告领主兼住持石见,就是一例。

庆长二十年(1615年)七月"大坂之阵"结束后,"大御所"德川家康返回二条城,幕府将军德川秀忠返回伏见城。当月,天皇根据朝臣菅原为经的建议,改年号为"元和"。"元和"曾经是中国唐宪宗李纯的年号。唐宪宗在位期间励精图治、改革弊政、举贤纳谏,极权削藩,史称"元和中兴"。日本改年号"元和",显然意在"中兴"。中兴的前提是和平。因此,"大坂之阵"结束又称"元和偃武"。饱经战乱的日本从此进入了长达253年的和平时期。

"元和偃武"后,德川家康倾力重建政治秩序,颁布了一系列法律和政策。特别以武家、公家、寺院和神社为对象,制定和颁布了一系列"法度"(法令)。这些"法度"的颁布不仅远远超出了征夷大将军的权限,超越了律令制度框定的范畴,凌驾于公家、武家、寺家之上,而且集中体现了德川家康的治国理念。

当年闰六月十三日,幕府以将军和大老共同署名的文件即"联署奉书"形式,向各大名颁布了《一国一城令》,即便大名是两国或多国守护,拥有多个城,也只能保留一个城用以居住和办公,其余的城必须全部拆除,家臣集中至大名的城。居城之外若仍留有城的残垣断壁,当予清除,不得重建。法令颁布后,当初大都出于军事目的而建的三千多座城池被拆除,只保留一百七十座,成功削弱了大名的军事力量。当然,具体执行中也有例外,如领有长门国、周防国(均在山口县)的毛利家,经幕府同意,同时保留了长门国的萩城和周防国的岩国城。同时,因为大名及其亲属、家臣生活的需要,商人和工匠等均向城的周围聚集,从而形成了各城的城下町。七月七日,幕府颁布了《武家诸法度》(又称《元和令》),《一国一城令》成为该法度的第六条。

《武家诸法度》传承了足利尊氏的《建武式目》和文禄四年(1595年)丰臣秀吉"五大老"制定的《御掟》,其中第三条和第四条则照搬了庆长十六年(1611年)四月,德川家康为庆贺后水尾天皇即位,集合西国大名,令其起誓的"三条誓约"中的后两条(翌年要求东国大名同样起誓)。这两条是要求大名发誓,一定遵守幕府命令;不窝藏违反幕府命令者。《武家诸法度》的文句,有不少引自《十七条宪法》《续日本纪》《建武式目》《长宗我部元亲百条》,以及《左传》《诗经》等中国典籍。《武家诸法度》由被称为"黑衣宰相"的金地院崇传起草,汉文体,共十三条,译文如下:

(一)专心修炼文武弓马之道,文左武右,古之法也,需兼备之。(二)不可聚集豪饮游逸。(三)各国不可隐匿违背法度之人。(四)诸国大名小名及诸侍从、士卒,发现叛逆或杀人者,应尽速追捕法办。(五)自今以后,在本国之外不得与他国人交往。(六)诸国居城即使修缮也必须呈报,严禁建设新城。(七)邻国若有生事或结党聚众,应速呈报。(八)不可擅自缔结婚姻。(九)有关诸大名参觐江户的规定(觐见将军时在人数、乘骑等方面须遵守等级规定)。(十)衣裳品级,不可混杂,君臣上下,须有区别。(十一)杂役者不可坐轿。(十二)诸国侍从等应厉行节俭。(十三)国主当选适任政务之良才。①

该"法度"有三个特点值得留意:第一,该"法度"虽然继承了镰仓幕府以来的法的精神,进一步显示了武家政治的本质和理想,但是其第一条即明确规定"文"与"武"并行不悖,使习文也成为武士的行为准则,由此奠定了既是政治统治者,又是行政管理者的近世武士的出发点。第二,该"法度"不仅明确规定了"忠诚"的基本要求,而且明确规定遵法者的行为等不得超越自身等级。第三,为防止"下剋上"风潮再起,对可能存在的隐患提出预警。

七月十七日,即《武家诸法度》颁布十天后,德川家康和德川秀忠将关白二条昭实、前右大臣和公卿中最年长的菊亭晴季(77岁)作为公卿的代

---

① 日本历史学研究会编:《日本史史料》第3卷《近世》,岩波书店2006年版,第68—70页。

表,邀请至二条城,让"武家传奏"广桥兼胜对他俩宣读了《禁中并公家诸法度》。二条昭实和菊亭晴季都称:"该法度至为神妙,无有遗漏。"于是先由二条昭实署名,然后由将军德川秀忠和"大御所"德川家康署名[原本藏于"禁里"(内宫),万治四年即1661年因"禁里"失火而被焚。宽文四年即1664年,由第四代将军德川家纲和摄政二条光平在副本上重新连署保存]。七月三十日,德川家康和德川秀忠将全体"门迹"(出家的皇族和贵族)以及公卿,招至"禁中"清凉殿,由"武家传奏"广桥兼胜对他们宣读了《禁中并公家诸法度》。

《禁中并公家诸法度》由金地院崇传起草,共十七条。根据该"法度",天皇的权力仅限于改元、叙位、任官等,这些也只是形式上的权力。天皇的义务是学问第一。另外还规定公家、高级僧侣的席次、职分、任免等。

该"法度"不仅参照了织田信长以后对公家所定之"规矩",如庆长十年(1605年)"禁中作法"八条规定、庆长十八年(1613年)《公家众御条目》五条规定,以及《敕许紫衣法度》,而且如以"禁中"(御所、皇宫)二字开头的名称所示,该"法度"将天皇和公卿贵族一并作为对象,在历史上第一次对天皇的行为以法律进行约束。主要内容如下:

(一)"天子诸艺能之事,第一御学问也。"(二)公卿贵族座次。(三)亲王、重臣座次。(四)摄家若无才能,不可任三公和摄(政)关白。(五)三公摄关辞官及再任。(六)养子等可用同姓,唯女性不可。(七)武家之官位,可为公家当官之外。(八)改元参照汉朝和本朝之要求。(九)天子及各冠位者的礼服色彩、样式要求。(十)诸家升迁之次第和要求。(十一)违背关白传奏和职责履行者,可处流放罪。(十二)根据有关例律量刑。(十三)摄家门迹、亲王门迹等座次规定。(十四)僧正(僧官中最高级别)、门迹、院家之任用规定。(十五)门迹、僧都(地位仅次于僧正)、法印任官叙位要求。(十六)着敕许紫衣(袈裟)及位次之规定。(十七)使用"上人"号之要求。①

《禁中及公家诸法度》各条,尤其值得辨析的是第一条:

天下诸艺能之事,第一御学问也。不学则不明古道而能致太平者,未有之也,《贞观政要》明文也。《宽平遗诫》,虽不穷经史,可诵习

---

① 日本历史学研究会编:《日本史史料》第3卷《近世》,岩波书店2006年版,第82—83页。

第八章 江户时代

《群书治要》云云。和歌自光孝天皇未绝,虽为绮语,我国习俗也,不可弃之云云。所载《禁秘抄》,御习学专要之事。

《禁秘抄》是有关朝廷的礼仪和政务的指南或教科书,是镰仓时代顺德天皇为训诫后世即后代天皇所撰。《贞观政要》阐述的是唐太宗的治世之道。《宽平遗诫》是平安时代宇多天皇给皇子醍醐天皇的告诫。《群书治要》则是中国唐代从群书中搜集关于统治的内容所编。因此,该"法度"所谓的"学问",是关于朝廷礼仪和政务知识,不是在书斋里潜心钻研的所谓"学科问题"。毋庸赘言,文字的含义因时代而异,我们不能以今义释古义,何况自源赖朝创立幕府以后,历四百年,天皇、公家不干预政治作为一种传统早已确立。以万世一系的天皇为核心的公家作为以武家为中心的政治体制的"配角",有其存在的价值。颁布《禁中并公家诸法度》是限制和削弱天皇及公卿贵族的权力,不是彻底剥夺他们的参政权,尽管这种"参政权"仅是一种形式,是规定他们仿效先人,不得试图扮演政治"主角",而不是将他们彻底赶下政治舞台。

七天后,德川家康通过南禅寺住持金地院崇传,向真言宗、高野山众徒、五山十刹、大德寺、妙心寺、永平寺、总持寺、净土宗、净土西山派发布了《诸宗诸本山法度》。该"法度"是庆长十三年(1608年)后陆续提出的各"法度"的强化。这些"法度"强调僧侣应努力承担"护国利民"之职责,并以本末关系为基础对寺院内部体制加强整顿,即以维持各宗派传统势力为前提而提出的。内容大致包括寺内升进的基准和官职的选出、修行的义务,等等。值得留意的是,就内容而言,《诸宗诸本山法度》当属寺法,但是在"法度"上对佛教僧侣等提出种种要求的,却是作为寺院外的权力者德川家康。德川家康制定此"法度"的目的,是以尊重各宗的现有体制为借口,通过各宗本山确立幕府对寺院的统制,并借以取代天皇对佛教各宗派的影响。

综上所述,各"法度"的共通点是表面上让朝廷、寺院、大名各司其职,即各自扮演"法度"所规定的角色,幕府对其内部事务的解决不进行干预。实质上幕府是从外部实施"监控",如认为必要,即进行干预。例如,对各大名领国内的"仕置"(政治),德川家康似顾及中世纪的传统,几乎没有发表意见,但行动却远非如此。事实上,"法度"本身早已为德川家康的干预奠定了基础。如《武家诸法度》规定的"国王应选政务之器用",系参照《建武式目》第七条"大名当以抚民为义务"一句。以后,幕府屡屡以这一条为根据介入大名领国的政治。对朝廷和寺社,德川家康亦经常采取同样手段。最终,江户幕府具有了镰仓、室町两个幕府所未能掌握的权力。

  元和二年(1616年)元月二十一日,德川家康在骏府城外打猎,突然感觉腹部剧痛,此后一病不起。四月二日,自感来日无多的德川家康将南光坊天海和金地院崇传两位僧侣、家臣本多正纯唤到病榻前立下遗嘱:遗骸收纳于久能山(在今静冈县);葬礼在江户增上寺举行;牌位立于冈崎德川宗族菩提寺大树寺,一年后在日光山建寺堂迎接神灵(德川家康的

德川宗族菩提寺大树寺

德川宗族菩提寺大树寺拜殿

久能山东照宫德川家康手形

久能山东照宫

灵魂)。为什么要如此安排？因为连接久能山和大树寺的这条线形成一条东西直线,叫"太阳之道"。从东(久能山)的埋葬地到西(大树寺)的诞生地,具有死而复活的意义。尾关章解释说:"就像在死和再生的模式中反复无常的太阳,总是从东方升起一样,家康自喻神,为了再生,就必须在东面的世界里被埋葬。"①为什么墓地朝向西方？因为德川家康曾经对近侍说:"关东皆是世代家臣,不必担心。最让我放心不下的是关西大名。我死后,将我的墓地朝西安置以镇护西国。"②为什么一年后迁移至日光山？因为,久能山和日光山之间有富士山。"富士"在日语中与"不死"谐音相近,久能山—富士山—日光山这条线叫"不死之道"。德川家康还留下了八条遗训:第一条,人之一生如负重远行,不可急于求成。第二条,以受约束为常事,则不会心生不满。第三条,常思贫困,方无贪欲之念。第四条,忍耐乃长久无事之基石。第五条,愤怒是敌。第六条,只知胜而不知败,必害其身。第七条,常思己过,莫论人非。第八条,不及尚能补,过之无以救。这八条遗训作为祖训,对后世有重要影响。

德川家康遗言

　　三月十七日,藏人头藤原兼贤捧旨、大纳言日野资胜宣读了后阳成天皇旨意:"从一品源朝臣家康,宜任太政大臣。"此前武者任太政大臣的,仅平清盛、足利义满、丰臣秀吉。德川家康显然颇为激动和感慨,当着众人吟诵了辞世歌:"盛世大和花竞放,千秋万代颂春风。"四月十七日巳时,侍医宣布"大御所往生了"。关于德川家康的死因,有两种说法。一种说法是豪商茶屋四郎次郎对德川家康说,鲷鱼天妇罗异常鲜美,德川家康吃了鲷鱼天妇罗后中毒。另一种说法是德川家康死于胃癌。翌年,后阳成天皇追谥德川家康正一位,并御笔为德川家康题赠"东照大权现"神号。德

---

① 尾关章:《浓飞古代史之谜——水、狗、铁》,三一书房1988年版,第97页。
② 北岛正元:《江户时代》,米彦军译,新星出版社2019年版,第29页。

川家康的遗嘱均得以实现。

"锁国"的序幕　16世纪后半叶,由于堪合贸易的中断,日本对外贸易几乎被葡萄牙垄断。德川家康曾通过一个西班牙籍方济各会传教士的斡旋,向菲律宾的西班牙总督提出建议:在东京附近的浦贺建立贸易港,使之成为西班牙商船往返于墨西哥的停泊点。但他的建议没有被接受。由于基督教(天主教)仍推行"商教一致"的传教策略,当时顾忌禁教影响贸易的德川家康,因为"投鼠忌器",没有采取严厉的禁教措施。

葡萄牙商人和西班牙传教士的耶稣会士实施"商教一致",因此丰臣秀吉的"禁教"政策流产。17世纪初。荷兰、英国等奉行"商教分离"的新殖民主义国家崛起并进入东亚。庆长五年(1600年)三月,荷兰商船"博爱号"(Liefde)漂流到了丰后(大分县)沿海。在此之前,英国人只是在《马可·波罗游记》中知道"日本"这个国家。"博爱号"上的英国籍大副威廉·亚当斯(William Adams)和荷兰籍二副耶扬子(Jan Joosten van Lodensteijn)上了岸,长崎奉行、志摩守寺泽广高对他们进行了审问,然后将情况报告德川家康。当时在大坂"辅佐"丰臣秀赖的内大臣德川家康,立即命令将他俩押送至大坂。审问中,当德川家康了解到威廉·亚当斯通晓造船术,对他很客气。之后,德川家康给"博爱号"其他人发了笔钱,让他们自谋生路,但将威廉·亚当斯和其他几个人留了下来。德川家康还封威廉·亚当斯为"武士",并给他取了个日本名字,叫"三浦按针"。三浦按针后来和武士的女儿阿雪结了婚,生了儿子约瑟夫(Joseph)和女儿苏珊娜(Susanna),尽管他在英国已有妻女。"统一政权希望传教和贸易分离,与此相应的欧洲势力,在日本出现了。"①德川幕府开始走出"投鼠忌器"的困境。

庆长六年(1601年),德川家康开通了持有"异国渡海朱印状"的朱印船贸易,主要展开和东南亚国家的贸易。庆长九年(1604年),幕府实施了为统一管制海外贸易而制定的"丝割符制"。"丝割符制"最初是针对从中国采购生丝到日本交易的葡萄牙商船,后来也针对中国商船和荷兰商船。生丝的购买者最初限于长崎、堺(大坂南部)、京都商人,后来江户、大坂两个新兴城市也先后加入。"五地商人"组成丝割符行会,会长叫"年寄"。商船到长崎港后,丝割符行会的十四名代表在长崎奉行(行政长官)

---

① 高桥幸八郎等编:《日本近现代史纲要》,谭秉顺译,吉林教育出版社1988年版,第52页。

第八章 ● 江户时代

的监督下,与葡萄牙商人就生丝价格进行谈判,一次性统购生丝,然后批发给各地丝割符商人,通过购入价与批发价之间的差价,垄断性地获取高额利润。之后,德川家康允许荷兰、英国赴日开展贸易,而日本与荷兰贸易的契机就是"博爱号"漂流至日本九州。当荷兰人得知"博爱号"在日本获救的消息后,庆长十六年(1611年),荷兰东印度公司第七任总督雅戈斯·斯皮克(Jacques Specx)来到日本,希望和日本展开贸易,得到德川家康的首肯。同年,三浦按针获悉英国商人在万达姆(Bantam)建立了据点,便写信给他们,建议英国和日本开展贸易。英国国王詹姆斯一世(James I)对这一建议非常重视。庆长十八年(1613年),英国东印度公司"丁香号"(Clove)驶入长崎,船长约翰·萨利斯(John Saris)带来了英国国王詹姆斯一世给德川家康的亲笔信。詹姆斯一世在信中称赞德川家康"威名扬世界",并表达了两国长期互市的愿望。德川家康欣然答应了英国人的请求,允许英国商人在公平交易的原则下在日本各地自由经商,还承诺幕府和各大名会保护英国商人的人身和财产安全。萨利斯还前往江户会见了幕府将军德川秀忠。德川秀忠请萨利斯将一袭盔甲和一柄宝刀转赠英国国王。德川家康则让他转交回信给英国国王,回信对双方开展贸易感到"极为喜悦",称贸易将使两国"虽隔万里海天却成为近邻"。十一月,萨利斯和"丁香号"返回英国,只留下七个人经营商馆,由理查德·考克斯任商馆馆长。

葡萄牙、西班牙商人与荷兰、英国商人的经商对象及出售的商品,有两方面明显差异。一是荷兰与英国商人的销售对象,主要不是民间商人,而是幕府和大名。二是他们销售的商品包括火枪、火药、铅等军需用品。这使德川家康强烈意识到统制贸易,即统一管制贸易的必要。否则,地方大名各自展开对外贸易,或"因私心而逞野心",形成尾大不掉的局面,对幕府统治构成严重威胁。

德川家康成为"天下人"后,南蛮学开始唱起"挽歌"。如刚才所述,最初德川家康并没有禁止传教,更没有驱逐传教士。因为,据教会方面的统计,至庆长十年(1605年),日本国内已有逾七十万名基督徒,其中包括很多浪人。如果强力禁教,很可能促成丰臣氏余党和"吉利支丹大名"及"天主教浪人"的联合,形成反幕府的强大势力。当然他也顾忌贸易受到影响。庆长十四年(1609年),日本与荷兰建立了外交关系,幕府批准荷兰在平户设立商馆,开展双边贸易。与荷兰修好,不仅使德川家康获得了大量军需品和其他商品,更重要的是获得了分割贸易和传教这个"连体儿"的"手术刀"。在此之后,江户幕府对基督教的态度日趋强硬。庆长十七年(1612年)三月,幕府向直辖领颁布了禁教令,重申"日本是神国,不允许基督教邪法传入",并下令关闭教堂和驱逐传教士。翌年十二月,幕府向全国颁布了同样由金地院崇传拟定的禁教令,宣称"日本,神国、佛国也。基督教徒党传邪法,谋政变以夺国,违法令,谤神佛,礼拜罪人(耶稣),崇拜有加,应予严禁",之后发动了全国性镇压。庆长十九年(1614年)九月,因明石(滋贺县明石市)"吉利支丹大名"高山右近等一百四十八名教徒拒绝改宗,被流放至吕宋(菲律宾)。据帕·杰斯的《日本天主教史》记述,京都、大坂等地教徒拒绝改宗,被捆缚在草席和蒲包里游街示众。有的妇女被裸体示众。尽管如此,一些教徒甚至以舍身殉教表示抗争。

元和二年(1616年)四月德川家康去世后,德川秀忠正式掌握幕府大权。德川秀忠(1597—1632)天正七年(1579年)五月二日出生于远江浜松城(静冈县浜松市),幼名长松丸。出生后半年,他的兄长德川信康就切腹自杀。天正十五年(1587年)八月八日,长松丸举行了元服礼,叙从五位下。翌年正月,德川秀忠在京都初次谒见丰臣秀吉,并作为人质留在丰臣秀吉处。因为丰臣秀吉当时正要举兵讨伐北条时政、北条氏直父子,德川家与北条家是姻亲,德川家康此举是为了表示对丰臣秀吉的忠诚。德川秀忠也因此拜领丰臣秀吉的"秀"字,正式取名德川秀忠。文禄四年(1595年),德川秀忠按照丰臣秀吉的安排,娶了丰臣秀吉的养女、大名浅井长政的女儿浅井江,立为正室。浅井江又叫阿江、达子,大姐是丰臣秀吉的侧室淀殿(茶茶),二姐是若狭国小滨藩主京极高次的正室。三姐妹被合称"浅井三姐妹",各有传奇人生。

庆长三年(1598年)八月,丰臣秀吉死后,德川家康立即指示德川秀忠赶回江户,为夺取天下稳定后方。庆长五年(1600年)关原之战,德川秀忠被任命为讨伐会津(福岛县)的前军大将。

德川秀忠虽然在庆长十年(1605年)已成为幕府将军,但由于主导幕政的是"大御所"德川家康,因此内政外交极少获得点评,但其为人品格,却时有见载于史籍。在此择录《明良洪范》中的一段:

公(德川秀忠)平素未尝履日影。夕阳入座,必避而过之。旁好插花枝。每有茶仪,自安之床。或有献冬日牡丹,公一览称善。左右启曰:"盍插之瓶。"公曰:"此花虽美,非节序之正,所不欲赏玩也。"伏枕数旬,未尝一朝废梳头,曰:"虽然病矣,天下之政,不可不敬听。岂可以蓬头垢面接之乎。"尝语左右曰:"'人有恒言云,浮生如梦,寸步外皆暗夜矣,须及时行乐耳。'此言大谬,当云:'浮生既短矣,不可不加敬。敬之时亦不长,岂不能勉强乎。'"[1]

后世对德川秀忠的评价大都比较负面,如《常山纪谈》称德川秀忠是"礼仪端正的泥人"。这种评价有失偏颇。论军事才能,德川秀忠确实差强人意,在关原之战时因为贻误战机,令德川家康大怒。论执政手腕,他也无法和"老狐狸"德川家康相提并论。但必须强调,真正使日本平稳地从"战国时代"过渡到"元和偃武"时代的是德川秀忠。虽然德川秀忠遵循德川家康定下的制度,但并非因循守旧,亦步亦趋,而是不无修改。他为奠定幕藩体制所做出的贡献不应被忽略。德川秀忠看似外表温和,他跟随德川家康有职无权,但却积累了经验。德川家康去世后,德川秀忠主政十六年,是江户幕府初创年代的核心人物。按日本著名史学家池田晃渊的评价:"德川秀忠的忍耐性很强,做事果断,处理事情的方法不亚于德川家康。表面上德川秀忠温厚老实,但实际上内心阴险刻薄,在这一点上酷似父亲德川家康。德川家康的臣下、侍臣、府里的仆人都有切身感受。"[2]德川秀忠对基督教及其传教士的处置比德川家康更狠。德川家康虽然禁教,但是对欧洲的科学技术颇感兴趣。他不允许大名信教,但尚不至于赶尽杀绝。德川家康善待三浦按针。但德川秀忠几乎对所有的欧洲人都不信任,对传教、传教士及教徒更是严加取缔、格杀勿论。

元和二年(公元1616年)四月,德川家康去世后,八月,德川秀忠命令幕府重臣起草了一份"奉书",史称《庆长禁教令》:"严正通告。严格禁止传教士布教之旨,先年家康公已有令出。由此,今后宜更加领会其趣旨,包括普通百姓在内,要努力灭绝这类宗门。黑船或英国船,因与传教士属同一宗门,故一旦在尔等领内着岸,一律让其转泊长崎或平户,不得让其

---

[1] 若林力:《近古史谈全注释》,大修馆书店2001年版,第320页。
[2] 池田晃渊:《早稻田大学日本史》第9卷《德川幕府时代》(上),华文出版社2020年版,第108页。

在领内从事商贾活动。此事由上意决定,现通告在此。另:唐船无论在哪里着岸,均可遂船主之意从事商贾。以上。"①"奉书"发布后,幕府和各地大名驱逐了所有在日本的传教士,包括八十九名耶稣会士、四名方济各会修道士、两名多明我会修道士、两名奥古斯丁会修道士。大名的家臣、武士、农民,也分别向直接主人递交"不背(判)主义"誓言,以及曾经是基督教信徒的部下及其亲属的改宗证明。幕府还采取了"踏绘",即通过踩踏圣母玛利亚像和耶稣像,以判断是不是天主教传教士和信徒的措施。在严厉取缔下,基督教的公开传播急速衰退。

　　值得注意的是,该"奉书"将"禁教"和"贸易统一管制"相结合,而这两项正是第三代将军德川家光正式实施的"锁国"的核心。根据禁令,凡窝藏传教士者以火刑处死并没收家产。九州地方不少教徒因暗中帮助传教士而陆续被捕杀。元和六年(1620年),幕府根据密报,获悉一艘从马尼拉回日本的朱印船载有两名西班牙籍教士。船长日人平山因此遭严刑拷打,两年后被处以火刑,十二名船员被斩首。之后不到一个月,幕府又在长崎集体屠杀了外国教士和教徒,其中包括五十五个中国人。元和八年(1622年)八月,幕府在长崎西坂制造了处死五十五名传教士和信徒的惨案,使日本出现了被称为"丸血留"的殉教徒(按:"丸血留"为葡萄牙语 Martir 的音译,意为"真理的见证者")。这一惨案史称"元和大殉教"。

　　另一方面,德川秀忠根据德川家康"与皇室联姻"的遗愿,在元和五年(1619年)亲自上洛,奏请后水尾天皇娶他的女儿和子为妃。翌年六月,和子正式入宫(东门院)。元和九年(1623年)七月二十七日,德川秀忠根据父亲德川家康的"遗命",把将军职位让给了长男德川家光,自任"大御所",翌年迁到江户城西之丸。不过,由于德川家光刚刚建立幕府,政权机构尚不成熟,幕政主要由作为"大御所"的德川秀忠独断专行。德川秀忠的"大御所"的组织结构已相对比较完备,重要决议都由德川秀忠临席的重臣会议议决。同时,这种运作机制也为德川家光确立幕藩体制奠定了稳固基础。同年十二月,德川和子生下了兴子内亲王。兴子内亲王即后来5岁登基、19岁退位的日本第七位女天皇明正天皇,是一位终身未嫁,靠樱花、琴弦、和歌陪伴,孤独终老的悲剧性人物。翌年即宽永元年(1624

---

① 朝尾直弘:《朝尾直弘著作集》第5卷《锁国》,岩波书店2004年版,第11页。

年)十一月,和子晋升为中宫,并由德川秀忠授意和支持,制定了《中宫御所条目》,加强了幕府对朝廷的控制。同时,德川秀忠也加强了对寺院的控制。包括对僧侣晋级的干预,以及不经朝廷允许流放僧侣,使幕府的命令成为神社寺院必须服从的最高权威。

为了使德川家的统治千秋万代,德川秀忠还根据德川家康的遗命,确定了"德川御三家制度"。该制度是伺服德川祖孙三代将军、有"黑衣宰相"之称的天台宗天海僧正首创的。天海俗姓三浦,11岁出家,初名随风,后改称天海。最初的"御三家"是德川宗家、尾张藩主(名古屋市)德川家康的第九个儿子德川义直的后裔,以及纪州藩主(也称纪伊,和歌山县)德川家康的第十个儿子德川赖宣的后裔。水户藩(茨城县)德川家康的第十一个儿子德川赖房作为别格,作为世袭的副将军,负责弹劾将军的不正行为以及武家和公家的联络沟通,以及在将军家绝嗣时决定由哪家继任。但作为"别格",不可迎入养子继任将军。之所以将水户藩定为副将军,是因为水户藩位于江户东北方的"鬼门",镇守"鬼门"可以稳固幕府根基。如果德川宗家无嗣,则从"御三家"中选拔合适对象,过继给将军作为养子以继承将军职位。在以后的演变中,"御三家"变成了尾张藩、纪州藩、水户藩三家。最后一任将军德川庆喜就出自水户德川家,9岁时过继给"御三卿"的一桥家。"御三卿"是由第八代将军德川吉宗开创的。德川吉宗规定,他的次子宗武和四子宗伊及其后裔也有继任将军的资格。后来,第九代将军德川家重规定,他的次子德川重好及其后裔也有继嗣资格,从而形成了"御三卿"。"御三卿"分别以离他们邸宅最近的江户城门命名,叫田安家、一桥家、清水家。末代将军德川庆喜原先就是过继到一桥家的,叫一桥庆喜,继任将军时才改名德川庆喜。之所以叫"御三卿",是因为三家当主都是从三位,官阶相当于"卿"即部长级。"御三卿"家格低于"御三家"。"御三家"可以使用德川姓氏及家徽三叶葵纹,尽管其标识各有不同。宗家是"三叶葵纹",尾张家是"双叶表葵",纪伊家是"一叶表葵",水户家是"三叶背面葵"。

宽永八年(1631年)十二月,德川秀忠罹患重病,卧床不起。翌年一月,德川秀忠将德川家光托付给伊达政宗等幕府重臣后,于二十四日病逝,终年53岁。法名"台德院兴莲社德誉入西",葬于江户增上寺。朝廷追封德川秀忠从一位太政大臣。

第三节 "幕藩体制三大支柱"的确立

"幕藩体制"的"幕"是指幕府,"藩"是江户时代由一些大名统治的"小国",又称"藩国"。但必须明确,在江户时代初期,"藩"这一名词在幕府官方文件和人们日常生活中,均不存在。最初使用"藩"这一名词的,是江户时代中期的一些儒者,如新井白石的《藩翰谱》。他们根据汉字"藩"的释义"屏障",将大名和将军的关系比作中国封建制下诸侯和皇帝的关系,即视大名为将军的"藩屏"。明治时代,维新政府正式采用了"藩"这一名称作为地方制度,但期限很短。随着"废藩置县"政策的实施,"藩"即退出历史舞台。

同时必须明确的是,"幕藩体制"这一概念,是在 1953 年由东京大学农学部教授古岛敏雄首次提出的。不过,迄今学界对"幕藩体制"并无统一定义,比较一致的看法是,幕藩体制有四个特点。第一,土地各有"领主",但他们领得的仅是土地上的稻米,土地所有权属于将军;第二,集权与分权相结合;第三,严格且不可逾越的身份等级制;第四,在外交上施行严格控制的"锁国制"。幕藩体制在丰臣秀吉作为"天下人"时期已经萌芽,至德川幕府第三代将军德川家光时期最终确立。幕藩体制对整个国家和社会的相对和平稳定,具有毋庸置疑的影响。"幕藩体制三大支柱"是由京都大学教授朝尾直弘提出的,后被学界普遍接受。三大支柱是指:石高制、兵农分离制、锁国制。

石高制和兵农分离制 宽永九年(1632年)正月二十四日德川秀忠去世,第三代将军德川家光成为名实相符的将军。德川家光庆长九年(1604年)出生于江户城,是德川秀忠和正室浅井江的儿子,也是江户幕府除初代将军德川家康和末代将军德川庆喜,唯一由正室(御台所)生的将军。这并非偶然,而是有重要原因。日本自古盛行政治联姻,幕府将军"御台所"即正室,大都从"五摄家"和皇室中挑选。如果"御台所"生下儿子,当然最有可能成为将军继嗣,如此幕府便有被操控之虞。同时,"御台所"自小受到严格教养,言行谨慎,与年轻漂亮的侧室和准侧室"御中臈"相比,难以获取将军喜欢。因此,"御台所"30 岁便以各种理由要求"お床御免"即不再侍寝。不过,浅井江是织田信长的外甥女,而德川家康和织田信长成秦晋之好时,德川家康是织田信长的部下,情况自然不同。德川家光的幼名和他祖父德川家康一样,叫竹千代。德川家康给他取这个幼名,就是希望他也成为将军。竹千代出生后就离开父母,由乳母抚养长大。元和六年(1620年),竹千代元服,取正式名字德川家光。

德川家光执掌政权后,在内政外交方面采取了一系列措施,进一步巩固了德川政权。德川家光首先通过颁布"军役令",使以幕府为顶点的领主阶层的集结和编制得以强化。在江户时代,所谓"军役"就是获得领主恩宠的家臣为报答领主而为之提供的军事"奉公"(服务)。"军役令"就是对军事奉公的动员人数和武器数量做出具体规定。这种规定早在丰臣秀吉时代就已存在,即以"石高"为基准为中央政府提供相应军役。江户幕府沿用了和丰臣秀吉同样的做法,于元和二年(1616年)以德川氏直接臣属为对象,制定了最初的军役令。宽永十年(1633年),幕府制定了包括大名在内的系统的军役令,对石高(俸禄)和动员人数、武器数作了如下规定:"石高"为一万石的大名提供十个骑兵、枪二十支、弓十张、鑓十支、旌旗两面,依次类推。各大名领国也参照幕府的军役令,对家臣向作为主君的大名提供军役做出具体规定。

宽永十二年(1635年),德川家光让儒官林罗山主持,对《武家诸法度》即《元和令》进行修改,颁布了《宽永令》,从原先的十三条增加至十九条。经过对两个"法度"原文的比较,可以发现《别本诸法度》新增和修改的条文,有几点尤其值得关注:

(一)对"参觐交代"及相关要求作出法律规定。新法第二条:"大名小名在江户交替,所相定,每岁夏四月中可致参勤,从者之员数近来甚多,且国郡之费且人民之劳也,向后以其相应可减少之。"即"参觐"原则上一年轮换,四月为轮换期。

(二)对将军和大名的上下级关系作出规定。新法第十九条:"万事如江户之法度于国国所所可遵行之事",即规定各国各地必须遵循幕府颁布的法令。

(三)具体规定不得"私婚"的对象。新法第八条:"国主城主一万石以上者,私不可缔结婚姻。"

(四)不仅仍规定不得结党结盟定新制,而且规定不得挑发争端。新法第七条:"诸国主并领主等不可致私诤论、平日须加谨慎。"

(五)必须保证交通顺畅。新法第十五条:"道路驿马舟梁等无断绝,不可令致往返停滞事。"

（六）禁止私设关所。新法第十六条:"私之关所、新法之津留,制禁事。"

（七）不得建造大型船只。新法第十七条:"五百石以上之船停止事。"①

综上比较,可见此次修订遵循了一个最基本的精神和原则,即在法律上确定上下原则,避免地方势力扩张至尾大不掉,维护"安定"局面,防止动乱发生。

德川家光对日语称"庄屋仕立"（"仕立"意为管理）的幕府统治机构,也进行了改革。原先江户幕府统治全国的机构,是以追随德川氏的三河国"家老""年寄"为基础逐渐扩大而形成的。在德川家康、德川秀忠时代,幕政主要由受到两任"大御所"信赖和恩宠的"出头人"即亲信执行,如大久保忠邻、土井利胜、酒井忠世等家臣。在德川家康时期,还包括天海、崇传、林罗山等僧侣、学者,以及三浦按针等豪商,具有"三河政治"的明显色彩。"出头人"参政是一柄双刃剑:一面是效率较高,另一面是容易恣意妄为。德川家光亲政后为了纠正这种偏向,形成职责和权限明确的政治体制,对幕府机构进行了改革。

宽永十一年（1634年）,德川家光颁布了"老中""年寄""六人众""町奉行"各司其职的法令,并对他们的职权做了规定:"老中"主要参与协调朝廷和幕府关系、统率大名、外交、财政、大规模工程建设等涉及幕府全国性统治的"公仪",定员四至五人,由"首座"统领。"首座"类似于镰仓时代的执权和室町时代的管领。"六人众"主要参与直属家臣团（旗本、御家人）的统领、江户城的防卫和城附近的行政等德川氏侧近的工作。"町奉行"主管江户政务。翌年,德川家光又从"年寄""六人众"的职务中,分离出"寺社奉行"（主掌神社寺院）、"勘定奉行"（主掌财政）、"留守居"（将军离开江户城时负责警卫）等职,均由其直接支配。另外还根据需要设"大老"一名。"大老"地位最高,但属于非常设官职。②

宽永十五年（1638年）后,由于健康等,德川家光放松了对臣属的直

---

① 日本历史学研究会编:《日本史史料》第3卷,《近世》,岩波书店2006年版,第76—77页。
② 在日语中,"老中"的"老"意为"长者","中"同"众",有尊敬之意。"老中"是江户时代权势最大的幕僚。"若"意为"年轻","年寄"意为"长者"。"若年寄"的地位仅次于"老中"。

接控制,形成了统领留守居、寺社奉行、町奉行、勘定奉行、大目付的"老中制"。"六人众"改称"若年寄",职权不变。"老中""若年寄""三奉行"(勘定奉行、町奉行、寺社奉行)组成"评定所",负责裁决行政和重要诉讼。江户幕府统治机构基本框架由此形成。另外,庆长年代制定的《武家诸法度》指代"大名"的用词暧昧而不统一,时而称之为"国主",时而称之为"诸国大名""诸给人",而《武家诸法度》的修订版《宽永令》,对"大名"做了明确定义,即国主、城主、一万石及以上者。"法度"同时限制了旗本对封地即"知行所"内农民的权力。至此,幕府的实力已经达到四十个大名联手才能与之抗衡的程度。

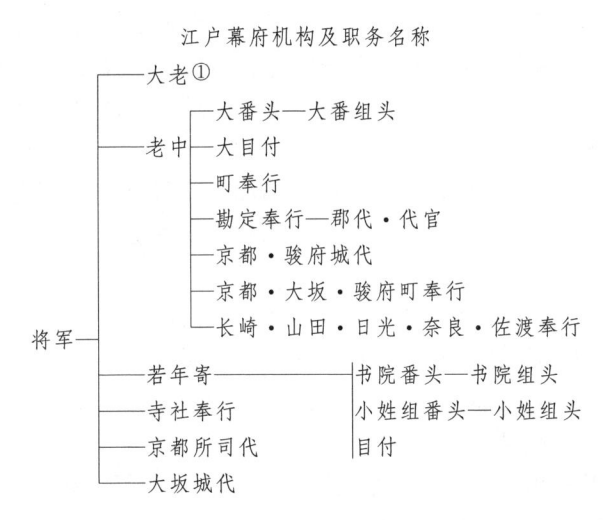

江户幕府机构及职务名称

```
         ┌─大老①
         │          ┌─大番头──大番组头
         │  老中──┤─大目付
         │          │─町奉行
         │          │─勘定奉行──郡代·代官
         │          │─京都·骏府城代
         │          │─京都·大坂·骏府町奉行
         │          └─长崎·山田·日光·奈良·佐渡奉行
  将军──┤
         │─若年寄──┬─书院番头──书院组头
         │          ├─小姓组番头──小姓组组头
         │          └─目付
         │─寺社奉行
         │─京都所司代
         └─大坂城代
```

德川家光主政幕府最主要的措施,就是确立"幕藩体制三大支柱",即石高制、兵农分离制、锁国制。幕藩体制由幕府和276个藩构成,各藩大名根据与幕府的亲疏关系,分为三类:第一类是与德川家族有血缘关系的亲藩大名,包括"御三家"和"御三卿";第二类是"关原之战"前追随德川家族的谱代大名;第三类是关原之战后归顺德川家族的外样大名。大名的俸禄是"石高"。"石高制"又叫"石高知行制"。②"石"是容器,"高"指数量,1石约合稻米30公斤。"石高"是俸禄及承担军役的基准(每百石出军役5人)。实行"石高制"的基础就是此前进行的"检地"。通过"检地",

---

① 在江户幕府官职序列中,"大老"是非常设职位,定员一人。
② "知行"原指履行职责,这里指由上位者恩赏的土地支配权。

每村根据"一地一农"建立土地账册,登录被称为"名请人"(承包者)或"本百姓"(承包土地的农民,类似于地主)的名字,由此确立了领主制下的家庭耕作制。领主按照"二公一民"或"三公二民"的比例,直接向"名请人"或"本百姓"征收年贡,排除中世纪"庄园制"时代的层层盘剥,完善由地方官吏管辖的村落制度。而土地所有权属于幕府,领主只是名义上的所有者故称"名主"。"石高制"也有以村为单位承包的,叫"村请(承包)制"。

据统计,幕藩体制内石高50万石以上共有7个大名,20万—50万石共有15个大名,10万—20万石有32个大名,5万—10万石有46个大名,5万石以下有166个大名。大名和将军一样,除留下一部分外,也将土地的"知行权"封给自己的陪臣。以下是将军及石高居前几位的亲藩、谱代、外样大名:将军家398万石、尾张德川家(亲藩)61.95万石、纪州德川家(亲藩)55.5万石、水户德川家(亲藩)35万石;彦根井伊家(谱代)23万石、出羽酒井家(谱代)16.7万石、大和柳泽家(谱代)15.12石;加贺前田家(外样)120万石、萨摩岛津家(外样)72.8万石、陆奥伊达家(外样)62万石、长州毛利家(外样)36万石。另外,皇室御用为3万石、公卿贵族7万石、寺社40万石。

不难发现,亲藩大名、谱代大名、外样大名的政治和经济地位并不成正比。外样大名虽然政治地位最低,不可参与幕府政治,但是有些外样大名的石高不仅不低,而且远高于谱代和亲藩大名。这种政治权力和经济实力的"倒挂",给幕府的最终灭亡埋下了隐患。倒幕主力、建立"萨(摩)长(州)联盟"的岛津家和毛利家,就是外样大名。倒幕能够取得成功,和他们的经济实力有着必然联系。

各藩大名具有不同系谱:既有自中世纪后一直世袭的萨摩的岛津氏、陆奥的伊达氏、羽后的佐竹氏等,也有发迹于织丰政权的加贺的前田氏、阿波的蜂须贺氏,还有作为德川家臣起家的彦根的井伊氏、小浜的酒井氏。另外,他们的领地规模迥异,既有石高超出百万石的加贺前田家,也有俸禄仅一万石的众多"小"大名。尽管作为领主的大名出身不同、领地规模迥异,但他们面临的课题却是共同的:将权力集中于自己手中,建立强大而稳固的家臣团,对藩民实施有效统治。因此,在幕府巩固中央政权的同时,各藩也在确立"藩政"建构方面取得显著成效。17世纪中叶加贺藩实施的"改作法",就是这方面的典型例子。所谓"改作法"就是废除赐给家臣领地的"地方知行制",改行支给稻米的"俸禄制",同时进行"检地",将领地作为藩直接经营的事业,推行能确保年贡收入的"定免法"。所谓"定免法"即以过去五到十年间的收获量作为基准,年贡征收税率与当年农作物收获情况无关。

"兵农分离"在武士出现的平安时代已经萌芽。因为,按照现代战争理论,"战争"与"武斗"的主要差别,一是产生了专门用于作战的兵器,二是出现了专门进行武力冲突的组织即军队。在织田信长"天下布武"时期,群雄纷争,战役频仍,以往"兵农合一"的情况迅速改变,武士脱离农村和农业编成专门的作战部队,集中居住在大名的城下,形成"兵农分离"。江户时代的"兵农分离制",实际上是施行"阶级固化",并将整个社会分成职业世袭的"士、农、工、商"四个等级。

"锁国"目的和真相 作为"锁国政策"核心内容的"禁教"和"贸易统制",在德川家康和德川秀忠当政时,已拉开序幕,但真正实施"锁国政策"是在德川家光执政时期。宽永十年(1633年)和宽永十一年(1634年),幕府先后发布两个法令,严格施行关原之战后已开始实施的"奉书船"制度,规定没有"朱印状"(特许证)的船只严禁出海。外国船只进入日本,必须接受监视,限期交易,到期离境。交易的商品以长崎的丝价为基准并禁止官吏直接购买,只准角仓、末吉等七家经营。严禁传教并奖励举报者。

宽永十二年(1635年),幕府再次颁布法令,禁止一切船只出海,包括"朱印船"。在外日本人归国,一律处死。宽永十三年(1636年)发布的第四次法令,增加了西班牙、葡萄牙人在日本所生子女和收留他们的日本人,一律处死的规定。同时要求加强对传教士的搜捕。但是,"哪里有压迫,哪里就有反抗"。翌年,九州肥前(长崎)岛原地区,就爆发了以基督教徒为中心的"岛原天草起义"。岛原半岛曾经是"吉利支丹大名"有马晴信的领地。因此,当地有很多基督徒,包括很多从别处逃到那里的信教的浪人。江户幕府建立后,由于藩主有马直纯疏于禁教,岛原被转封给了因"大坂之阵"立功的松仓重政。松仓重政到任后重新检地,使可耕地面积比原来"增加"了60%,要求多征收相应的年贡,令农民疲于奔命。松仓重政死后,他儿子松仓胜家更横征暴敛,甚至丧葬、生子也要纳税,如不缴纳则施以酷刑,积怨颇深。岛原南面的天草岛是基督教在日本的发祥地,原先的领主是教名为"约翰"的小西行长。关原之战后小西行长被斩首,天草被转封给了唐津(佐贺县)藩主寺泽。寺泽领得天草后,丈量出比原先多出两倍的耕地,增征相应的年贡,实行残暴的恐怖统治。于是,岛原和天草的教徒秘密结成组、讲、会,有组织地进行反抗。

宽永十四年(1637年)十月,岛原南端津村的农民与三右卫门请求缓付一部分稻谷,松仓的家臣田中宗夫不仅不允许,还将与三右卫门怀孕的妻子囚入水牢六昼夜,使婴儿刚出生就夭折。与三右卫门和亲友忍无可忍,会合了七八百人包围并放火焚烧田中宅邸,并推举16岁青年天草时贞(四郎)作为首领发动起义。起义遭到镇压。有马村代官林兵右卫门获悉该村农民佐志木左卫门礼拜天主像,带领兵丁脱掉他女儿衣服,用火把炙烤。在场的四五个农民用农具将林兵右卫门杀死。浪人善右卫门号召"立刻杀掉各村代官",得到各乡响应。大批暴动民众用特产的"有马步枪"射击前往镇压的幕府军队,令镇压者付出了死一千七百人、伤万余人的代价。但是,起义终因力量悬殊而失败,天草时贞等主要人员全部战死,被俘义军全部被残酷杀害。

岛原起义使幕府更加认识到有信仰、有组织的民众对幕府的威胁。宽永十六年(1639年),幕府发布了第五次也是最后一次法令,全面禁止外国船只入港,举报揭发外国船只走私入境者,给予高额奖金,同时禁绝外国教会和日本教民的一切联系。五次法令,史称"锁国令"。宽永十八年(1641年),幕府将荷兰人全部迁入长崎的人工岛——出岛,同时限制外文书籍进口。长崎港只允许中国、荷兰船舶进出,开展贸易。按照朝尾直弘的说法:"归根结底,所谓的锁国令是以禁止基督教传播和统一管制贸易为内容的。"①

必须强调的是,实施"锁国"的17世纪,并没有"锁国"一词,也没有证据证明,当时的人们意识到国家已被封锁起来。②"锁国"一词的产生,与恩格尔伯特·坎培尔(Engelbert Kaempfer,1651—1716年)的《日本志》有关。1690年9月24日,坎培尔作为荷兰商馆的医生到了长崎出岛。在日期间,他曾在1691年和1692年两次随荷兰商馆长亨德里克·冯·巴伊廷纳姆前往江户参见幕府将军。1693年坎培尔回到瑞典后,开始着手整理在亚洲游历时所获得的资料和日记,撰写了两本有关日本的书籍。一本题为《异国奇观》(*Amoenitatum Wxoticarum*),另一本题为《日本志》

---

① 朝尾直弘:《日本的历史》卷17《锁国》,小学馆1975年版,第25页。
② 高桥幸八郎等编:《日本近现代史纲要》,谭秉顺译,吉林教育出版社1988年版,第46页。

(Geschichte und Beschreibung von Japan aus dem Originalschriften des Verfassers)。1727年,两卷本的《日本志》由德裔瑞士医生约翰·卡斯帕尔译成英文并发表。之后,《日本志》的拉丁语版(1728年)、荷兰语版(1729年)也相继问世,而德语原版却迟至1777年至1779年才出版。1793年坎培尔去世后,英国医生兼博物学家汉斯·斯隆从坎培尔的外甥约翰·海尔曼·坎培尔处购得了《日本志》的遗稿。现该遗稿收藏于大英博物馆。

1801年,日本长崎的荷兰语"通词"(翻译)及兰学家志筑忠雄阅读了荷兰版《日本史》后,将该书的第六章翻译成了日文,题名《锁国论》。不过,原著第六章对江户幕府采取的贸易统制和禁教政策,虽然也有批判,但基本予以肯定。这在其标题中即显示得非常明确:《关于日本帝国禁止本国人出海、禁止外国人入国,禁止海外世界同日本交流的规定是出自非常恰当的理由》。然而,当该书被翻译成荷兰文以后,却有了探讨这一政策是否正确的韵味:《探讨当今日本封锁自己的国家,不允许国民同国内外的外国人通商,是否对本国有利?》。志筑忠雄读了具有"探讨"韵味的《日本志》第六章以后,以"锁国论"为标题将其译出。"如果志筑忠雄阅读的是德文原版的话,他可能不愿意翻译此书。"①

《锁国论》最初仅以手抄本的形式流传,并未公开发表。"锁国"概念的一般化、大众化,是在明治维新以后。1883年,日本《东京日日新闻》主笔福地源一郎发表了《幕府衰亡论》一书,对"锁国"政策提出了尖锐批评。福地源一郎的观点代表了明治维新以后,日本社会各界对"锁国"的基本看法,迎合了寻求扩张的日本统治者的心理和具有狭隘民族主义情绪的人们的偏见,从而使"锁国"一词广为人知。并引起了人们对锁国之是非的长期争论。

20世纪80年代末,立教大学教授荒野泰典在《近世日本和东亚》中提出应重新认识"锁国",并提出了重新评价"锁国"的两点理由:第一,当时所有的日本人,均没有将当时的体制称为"锁国体制"。"锁国"一词只是在志筑忠雄翻译了坎培尔《日本志》中的一章,并冠以《锁国论》的标题后,才流传于世的。该词因将日本近世社会和自给自足的社会相对应,从而脱离了历史实态。第二,由于坎培尔不了解日本和东亚各国的关系,而志筑忠雄翻译此书时,又处于如何处理日本同一些欧洲国家关系的燃眉之急时,因此,事实上,"锁国"一词是将日本传统的同东亚各国的关系置

---

① 朝尾直弘:《日本的历史》卷17《锁国》,小学馆1975年版,第17页。

于视野之外。总之,按照荒野泰典的观点,"锁国"作为一个历史学概念是缺乏科学性的。①

必须强调,推行"锁国政策"的目的,并不是为了将日本完全隔离于世界,因为当时幕府特意建造了一个同海外接触的窗口——长崎南部的人工岛"出岛",其目的是控制贸易而非禁止贸易。东京大学教授岩生成一指出:"提起锁国,人们往往容易将它想象为关上国门断绝彼此间的交往。但是如我们所看到的,实际上在经济方面,日本同世界市场始终存在着联系。在各国商品进入日本满足国民生活需要的同时,许多日本商品也进入了欧亚市场。毫无疑问,同海外的接触不仅仅局限于经济,它还包括文化,特别是实用性的学问和技术等的输入。"②更重要的是,众多资料显示,施行"锁国政策"以后,日本的对外贸易额不减反增。

虽然德川政权采取了极其严厉的手段禁教,但是仍有日本人偷偷举行共同礼拜。他们有的用佛教的菩萨——观音,代表圣母玛利亚,并口耳相传赞美诗和教义,使之得以保存。③"两个半世纪以后,当日本重新开展和各国的贸易时,世界因长崎存在许多基督徒而感到吃惊。在明治政府统治下,当宗教信仰自由得到承认后,秘密基督徒重新同到达日本的传教士建立了联系,重新加入了公开的教会。"④即便基督教在日本表面上的销声匿迹,也不完全是禁教的结果。庆长五年(1600年),罗马教皇克莱芒八世使所有修道会均获得了赴日传教权。随着各修道会传教士相继进入日本,耶稣会和方济各会、多明我会、奥古斯丁会的矛盾日趋尖锐,最终演化为激烈斗争。正如箭内健次所指出的:"传教组织的急速崩溃,其原因不仅仅在于江户幕府实施了严厉的禁教政策。日本耶稣会首领的成见,传教活动被卷入西班牙、葡萄牙世俗的扩张势力的斗争旋涡以及由此产生的修道会之间的对立,也是导致传教组织急速崩溃的一个重要原因。"⑤

家纲和纲吉的"反差" 在岛原天草起义爆发的同一年即宽永十四年(1637年),德川家光健康状况开始恶化,幕政主要通过"老中"管理。庆

---

① 荒野泰典:《近世日本和东亚》,东京大学出版会1989年版,第1—3页。
② 岩生成一:《日本的历史》第14卷《锁国》,中央公论社1976年版,第451页。
③ 片冈弥吉:《日本基督教殉教史》,时事通信社1979年版,第536—537页。
④ L.L.Ahemed, *A Comprehensive History of the Far East*, New Delhi, 1981, p.261.
⑤ 箭内健次:《锁国日本和国际交流》(下),吉川弘文馆1988年版,第94页。

第八章 江户时代

安四年(1651年)四月二十日,德川家光去世,享年48岁,葬于日光,谥号大猷院。他和侧室阿乐之方(宝树院)宽永十八年(1641年)八月三日所生、乳名也叫竹千代的次子,成为第四代将军,即德川家纲。由于德川家光的长子出生后即不幸夭折,所以次子自幼被当世子教养。德川家光去世后,10岁的德川家纲在江户接受"将军宣下",担任了第四代将军。以后,在江户接受"将军宣下"成为惯例。

德川家纲(1641—1680年)在位28年间使幕府机构更加完善,并且改武治为文治,因此,他治世让人感觉似有"温情"。德川家纲颁布了对《武家诸法度》进行修改的《宽文令》。《宽文令》共二十一条,主要内容是缓和禁止临终前收养子的《末期养子禁令》,使土地能够在死后仍得以保留;禁止大名去世家臣殉死的风俗,而此前若大名去世,家臣受到优待而不殉死往往被视为"忘恩负义";禁止基督教和对不孝子科以处罚;废除令大名与重臣的人质居住江户,等等。在他统治时期,江户发生了很大变化。由于德川家纲幼年执政,嗜好绘画和茶道,因此由大老酒井忠清主导幕政。德川家纲的正室是伏见宫贞清亲王的女儿浅宫显子。家纲从小身体欠佳,婚后和浅宫显子没有儿女。后家纲又接连纳了阿振(养春院)和阿满(元明院)为侧室,均没有一儿半女。德川家纲在位的宽文年间,亲藩大名、谱代大名、外样大名的门第最终固定,部分谱代大名基本垄断幕府中的重要职位。

延宝八年(1680年)五月八日,德川家纲去世,享年40岁。由于无嗣,大老酒井忠清曾建议德川家纲效仿镰仓时代源实朝死后,亲王继任将军的做法,请和他祖父德川秀忠有血缘关系的有栖川宫亲王做将军,但老中堀田正俊坚决反对,所以德川家纲选定他的同父异母弟弟、上野国馆林藩的藩主德川纲吉为后继者。最初德川家纲想让他的大兄弟德川纲重即位,但德川纲重此前已逝,因此在德川家纲殁后,德川纲吉成为第五代将军。

德川纲吉(1646—1709年)就任将军后,在政治、经济、文化各个领域,改变了德川家纲较有"温情"的政策,着力打造极权体制。虽然他在江户十五代将军中身材最矮,仅124厘米,但最喜欢读书。因为,他的父亲德川家光年轻时即成为将军,无暇读书。为了弥补这一缺憾,德川家光便让天资聪颖的德川纲吉多读书,习圣贤之道。德川纲吉成为将军后,每年正月讲解《大学》成为惯例。幕府官员也根据德川纲吉的要求学习"四书五经",因此"四书五经"在德川纲吉任内普及全国。德川纲吉敬奉孔子,多次参拜孔庙。因此,各级官员也崇敬这位中国的至圣先师。德川纲吉还命令修建了武士的官校"圣堂学问所"。当时,做学问也成为社会时尚。德川纲吉还喜欢和歌、美术。他请北村季吟、北村湖春父子讲解和歌,请狩野洞云当他的美术老师。护国寺现存有德川纲吉的绘画作品,很显功力。在德川纲吉在位时期,文学艺术呈现繁荣气象。

另一方面,德川纲吉的治世手段非常强悍。在政治方面,德川纲吉党同伐异,任人唯亲。即位伊始,德川纲吉即解除了被称为"下马将军"的幕府"大老"酒井忠清的职务,重用堀田正俊;起用一些他任馆林藩主时的家臣充当幕僚;压制在其兄德川家纲时代掌控幕政的谱代大名;对一些不良大名、旗本进行改易、减封处分,如根据巡见使的报告,亲自审理了越后高田藩的骚动,对藩主实行"改易"(降为平民并剥夺领地、住房),以彰显将军的权威。天和三年(1683年)七月二十五日,德川纲吉再次改订《武家诸法度》,称《天和令》。《天和令》共十五条,最值得关注的,是将原先的第一条"专心修炼文武弓马之道,文左武右,古之法也,需兼备之",改为"文武忠孝,可正礼仪之事"。这一修改恰好体现了17世纪末江户时代的两大变化:第一,建立以意识形态为武器的专制统治。在法制和政体基础相对稳固后,从"武力统治"经"文治统治"向"精神控制"转变。德川纲吉任命林信笃为大学头,在汤岛建立"圣堂"就是集中体现。同时,通过"法度"这一武士的行为准则,构建精神统治的重要元素。"法度"第一条不仅要求"文武兼备",而且要求"忠孝两全",借以维护尊卑秩序。第二,从强调"弓马是武家之要枢",转变为强调"文武忠孝,可正礼仪",不再告诫"治不忘乱",成为社会和平的写照。

在经济方面,德川纲吉为改变其前任德川家纲奢侈和吏治不善等原因造成的窘迫的经济状况,着手制定了一系列新的经济和财政政策。第一,从整顿人事入手治理经济,采取了几项重要举措:任命堀田正俊为专管农政的老中;撤换原寺社、勘定、町三奉行;对权力进行制衡,专门设立"勘定吟味役",对勘定所官员进行监控;对年贡滞纳,勤务不良,用心于培植地方势力的代官进行整肃、撤换。第二,整顿全国金融秩序。江户幕府建立以后的通货体制,是西国的银币和东国的金币并立的"双重体系",即西国实施银本位制,东国实施金本位制。这种"双重体系"至元禄时代(1688—1704年)出现了两个问题:一是随着社会的繁荣,通货数量日显

第八章 江户时代

不足;二是江户的急速发展,使金银比例失衡。为了解决这一问题,根据"勘定奉行"获原重秀的建议,德川纲吉重铸货币,减少货币金银成色。这一举措不仅使幕府获得极大收益,而且促进了商业繁荣和与之密切相关的货币流通量的增大。

东京"汤岛圣堂"内的孔子雕像

东京的孔庙——汤岛圣堂

在文化方面,加强儒学对人心的教化。德川纲吉喜欢读书和"圣贤之道",其目的就是维护和巩固统治基础。德川纲吉统治年代,也是以儒教推行人心教化政策的年代。德川纲吉不仅在《武家诸法度》的修订中体现了其对儒学的重视,而且标榜"民为邦本",建立孔庙和为诸多儒教先哲造像,并因孔子出生于鲁国昌平乡而将原"相生坂"改名为"昌平坂",在当地建立了"昌平坂学问所",宣讲儒学。德

汤岛圣堂大成殿

川纲吉对神佛也很重视,为伊势神宫、石清水八幡宫、兴福寺等神社佛阁的修建划拨了大量费用。

天和三年(1683年),德川纲吉5岁的世子德松夭折,在焦心苦虑求嗣不得时,僧侣隆光称,他无嗣是因为前世杀生太多,提出德川纲吉出生戌年,尤应对犬类进行保护。于是,德川纲吉颁布了《生类怜悯令》,严禁屠杀一切生灵,对犬类更是甚于对人的保护。《生类怜悯令》贯彻二十多年,直至德川纲吉去世。据新井白石记述,为一牲畜而遭极刑乃至满门抄斩,或被流放、妻离子散者达数十万众。宝永六年(1709年),德川纲吉罹患天花,病情日益危重。二月十二日,德川纲吉临死前嘱咐,"一切都要按照我以前说过的做",说完气绝而亡,享年64岁,葬于上野宽永寺,谥号常宪院,追封正一位太政大臣。德川纲吉讣告发出后,左大臣近卫基熙有如下评价:"抑此将军政务三十年间,岁岁无吉事,诸民忧愁日日增益。于近年者,待其让而已。于西丸(德川家宣)者大早云霓而。诸国人闻其凶事,内心含悦者欤,勿谓勿谓。"①因此,虽然德川纲吉在政治、经济、文化各领域全面推行的政策,被称为"天和之治",但是长期以来日本学界对他政策的评价却褒贬不一。史籍记载,德川纲吉死后,百姓大都额手称庆。

由于世子德川纲丰夭折,德川纲吉于宝永元年(1704年)十二月立德川家光的孙子即他的侄子德川家宣(1662—1712年)为嗣。德川家宣宽文二年(1662年)出生,乳名虎松丸,母亲是侧室于保良(长昌院),正室是近卫基熙的女儿近卫熙子。德川家宣成长于推崇治学的年代,因此也自幼好学,尤其喜欢读经学、经史。他的"侍读"是著名学者新井白石。在新井白石启发教育下,德川家宣对历史上治乱兴亡的教训,相当关注。德川家宣即位时已42岁。成为第六代将军后,德川家宣大赦天下,被赦免的人超过一万五千人。德川家宣还立即废除了《生类怜悯令》等前代不受好评的政策,并由曾任他"侍读"的新井白石主导"刷新"政治。主要措施是由儒学者新井白石主导制定的《正德令》,即改订《武家诸法度》。此前大名到江户参觐交代,都要给将军和老中等送上大礼,而共由十七条构成的《正德令》,增加了严禁官员收受贿赂的条文,并规定幕府成员不得穿华丽服装,违者严办。德川家宣还施行堪定所和评定所改革;铸造"正德金银",提高其成色;进行长崎贸易改革,等等。正德二年(1712年)秋,德川

---

① 井上光贞、永原庆二等编:《日本历史大系》第3卷《近世》,山川出版社1988年版,第504页。

家宣感觉自己将不久于人世,遂根据新井白石的建议立儿子锅松丸(德川家继,1709—1716年)为嗣。十月十四日,在位仅四年的德川家宣撒手西行,享年51岁,谥号文昭院,根据他的遗嘱葬于江户增上寺。

德川家宣逝后,他和侧室阿喜世之方(月光院)生的第四个儿子锅松丸成为家督。锅松丸宝永六年(1709年)七月三日出生,被立为嗣子时才4岁。自江户幕府建立,这是首次立幼主。正德二年(1712年)十二月二十三日,灵元法皇赐名"家继",翌年三月二十六日元服。元服之际,上皇赐予其冠袍。德川十五代将军,唯德川家继获此恩典。四月二日,天皇"将军宣下",德川家继成为德川幕府第七代将军。如此年幼的将军自然不可能亲政,因此实权被"侧用人"间部诠房掌握;正德四年(1714年),根据新井白石的建议铸造正德金银,翌年颁布"长崎新例",限制长崎贸易,总体上延续德川家宣的政治。因此,德川家宣和德川家继在位时期被并称"正德之治"。享保元年(1716年)四月,年仅8岁的德川家继夭折,五月七日葬于增上寺,谥号有章院。至此,德川秀忠一脉中断。由于这一天恰好是大坂城被攻陷的日子,因此世间传言说,这是丰臣氏怨灵作祟。

第四节 "江户时代三大改革"

江户幕府共有十五代将军,德川吉宗是第八位将军,正好处在中间位置,而德川吉宗也因为励精图治,自18世纪初领导了时间跨度近三十年的"江户时代三大改革"的第一场改革——享保改革,被誉为"家康之再来"和"幕府中兴的一代英主"。18世纪80年代初,田沼意次推行的"田沼政治"饱受诟病,因此其职位被松平定信取代。新上任的老中首座、德川吉宗的次子松平定信领导了江户时代的第二场改革即"宽政改革"。19世纪40年代,由于天灾人祸,民不聊生,老中首座水野忠邦又领导了第三场改革即"天保改革"。尽管这三场改革都未能解决江户幕府"内忧外患"的根本难题,但毕竟延缓了其衰亡。

享保改革和"弛禁令" 了解享保改革,首先必须了解德川吉宗。德川吉宗生于贞享元年(1684年)十月二十一日,是"御三家"纪伊藩第一代藩主德川赖宣的孙子、第二代藩主德川光贞的第四个儿子,乳名源六,母亲净圆院出身贫寒。在强调等级秩序的江户时代,出身贫寒的净圆院如何攀上位高权重的纪伊藩主德川光贞,并在他年过花甲时生下源六,史籍没有明确记载。源六10岁时改名新之助,12岁时跟随父亲德川光贞赴江户觐见第五代将军德川纲吉,深得将军喜爱。同年新之助在江户赤坂的纪州公馆元服后,因为不是长子,只能姓松平,由德川纲吉赐名松平赖方。由于兄长先后病逝,21岁的松平赖方于宝永二年(1705年)十一月十二日,成为纪伊藩德川家的家督,获第五代将军德川纲吉恩赐"吉"字,改名德川吉宗。翌年一月,德川吉宗正式成为领有55.5万石俸禄的纪伊藩第五代藩主。然而,俸禄虽不菲,藩的财政状况却窘困。早在德川赖宣担任第一代藩主时,纪伊藩就向国库借债,至德川吉宗上任时已负债累累。宝永四年(1707年),当地南部海岸连续发生海啸,大量村庄被淹没,损失惨重。如何处理旧债新灾,对年轻的藩主德川吉宗的执政能力无疑是严峻考验。但是,德川吉宗经受住了考验。他通过藩政改革扭转了困难局面。藩政改革的经验成为"享保改革"的重要财富。

　　享保元年(1716年)四月,年仅8岁的德川家继去世后,因宗家绝嗣,32岁的德川吉宗在众谱代大名的拥立下登上将军宝座。在此之前,由谁即位德川家意见分裂。以德川家继生母月光院为首的一派,主张由尾张藩藩主德川继友接班。他们的理由很充分:尾张藩是御三家"笔头"。以第六代将军德川家宣正室天英院为首的一派,则推举纪州藩藩主德川吉宗接班。最终,与第四代将军德川家纲、第五代将军德川纲吉同为德川家康曾孙的德川吉宗,成为第八代将军。因为,在御三家中,纪伊藩的德川吉宗和德川秀忠血脉最近。而且得到多数谱代大名的支持。据称德川家宣曾留下遗命:"万一德川家继夭折,由德川吉宗继任征夷大将军。"德川吉宗在位期间主导了江户时代三大改革的第一次改革——"享保改革"。

　　高官厚禄的德川吉宗不讲排场,不摆阔气,一直过着俭朴的生活。他时常走访百姓,夫妻吵架或农民施肥,德川吉宗都可能冷不丁从旁边冒出来,高兴时还断一断别人的家务事,帮着干点活,因此被百姓称为"平民藩主"。平日里,作为藩主的德川吉宗只穿普通的棉布衣服,一天只吃两餐,且以糙米和青菜为主,并坚持每餐三菜一汤,直至成为将军也是如此。相反,当时"御三家"子弟,虽还算不上纨绔子弟,但作为贵族公子养尊处优,少有家国情怀。谱代大名和旗本乃至其他各级大名,也欠缺当年跟着德川氏平定天下的"三河武士"那种尚武精神。相反,贿赂潜流涌动,奢靡渐成风气,不断腐蚀着统治根基。德川吉宗正式入主江户城那天,在幕臣们的迎接仪式上,他朴素的衣着令衣衫华丽的官员们汗颜。实际上,崇尚节俭本就是武家的传统作风,德川吉宗只是返璞归真。执政后,德川吉宗所做的第一件事,就是一改以往的"侧用人政治",废除旗本的官位和俸禄的世袭制,裁减御家人,不拘一格提拔一批谱代大名、旗本和在纪伊时就跟随他的家臣,但是并不给予特殊照顾。德川吉宗在用人方面既"任人唯亲",又"任人唯贤",是享保改革取得成功的关键因素。

17世纪末,由于商品经济的发展,城市生活费用增大。德川纲吉时期为了降低成色重铸货币,导致通货膨胀,物价上涨,靠禄米为生的武士日益贫困。德川吉宗就任将军时,幕府居然连旗本、御家人的俸禄米也无力发放。为加强幕府统治,解决财政危机,德川吉宗决意推行新政,这场新政因开始于享保年间,史称"享保改革"。享保改革涉及政治、经济、文化各个领域,主要内容是:

第一,鼓励开垦新田(地)。"田"和"地",原初的含义不同。"田"指已经开垦的土地,"地"指未经开垦的土地。江户时代最初五十年是进行大规模土地开发的"大开发时代"。但是到17世纪中叶,劳动力不足、自然灾害对新开发土地的破坏导致得不偿失等多种原因,以前奉行"开发至上主义"的幕府和领主,开始转向致力于已拥有土地经营的"精农主义"。贞享四年(1687年)幕府颁布命令,禁止町人承包新田开发。这种抑制经济的做法很快产生恶果。为了改变这种状况,享保七年(1722年)七月二十六日,幕府在江户日本桥竖立了"新田开发高札"(告示),鼓励豪商和官僚出资开发新田并予以优惠。例如,致力于开发新田的"代官",可以从新田开发中获得年贡的十分之一,因而使需要投入大量资本、劳力和获得政权支撑的湖沼等地区,获得大规模开发。当时开垦的新田有饭沼新田、见沼新田、紫云寺沼泽新田,等等。同时,幕府还鼓励发展经济作物,奖励种植油菜籽、芝麻等新品种农作物,试种甘蔗、朝鲜人参。

第二,允许土地自由买卖。宽永二十年(1643年)三月,幕府曾颁布著名的"土地永久买卖禁制令",即只允许"一时性"买卖。随着社会发展,这一法令日益难以贯彻,享保三年(1718年),幕府事实上终止了这一法令,从而为土地兼并开辟了道路。

第三,推行年贡增征政策。享保七年至享保十五年(1722—1730年),幕府连续发布"上米令",要求大名年贡米收入万石者,必须上缴幕府百石,同时在农村将估产定租制改为定租制,改变分配比率,将贡租率由过去的"四公六民"提高为"五公五民"。此举增加了幕府收入,有效改善了幕府的财政状况。

第四,加强城市建设和管理。明历三年(1657年)一月,江户遭遇了史称"明历大火"的劫难。一天,江户本乡元町麴屋吉兵卫正值豆蔻年华的女儿因病去世,在江户本妙寺做法事。这位16岁少女得到超度后,身着紫色振袖和服就地火化。突然,一阵大风将和服一只已经点燃的衣袖吹走。燃烧的衣袖随风飘逸,点燃了建筑物,引起一场大火,大火烧了两天,将江户城三分之二的房屋烧毁,包括五百多家大名宅邸、七百多家旗本宅邸、不计其数的武士宅邸、三百多座寺庙,死者近十一万人,几乎占江户全部人口的三分之一。江户城五层高的本丸天守阁,也因这场大火而不复存在。①鉴于这一历史教训,享保五年(1720年),德川吉宗下令建立了由(江户)町奉行大冈忠相负责的47人"江户町火消组",开了建立直属于政府的专业消防队之先河。德川吉宗还全面实施了都市改造计划。之所以进行改造,主要是因为当时幕府设置了"目安箱"(投诉箱),供民众投诉和提出建议。有个叫伊贺八次郎的浪人向德川吉宗建议,江户火灾频发的重要原因是采用稻草和木板铺设房顶,若改用瓦片,一能减少火灾发生,二能减少成片房屋着火。这一建议当即得到采纳。在此之后,江户的火灾明显减少。

第五,改革物价政策,完善物价机制。江户时代的物价机制,是"诸色"随米价变动,即有颜色的酒、酱油、薪柴等日常生活用品价格以米价为基准的浮动机制。这一机制也是以米谷为基准决定俸禄并支配幕藩体制的重要基础——"石高制"的前提。德川吉宗就任将军后,为了解决"稻米贱而诸色贵"的反常状况,根据江户町奉行大冈忠相等连署的《关于降低物价的建议》,采取措施梳理自批发至零售的流通领域,抑制不当得利,因而很快稳定了米价,德川吉宗因此被百姓称为"米将军"。

第六,建立稳定的流通体系。享保六年(1721年),幕府命令各行业商人、工匠成立"株仲间"(同业公会),形成行业彼此互助和互相监督机制。同时,这一举措也推动了流通体制的改革,形成了由"问屋"(批发商)—仲买(经纪人)—小卖(零售)构成的日本独特的流通体制。

第七,改铸通货,整顿金融秩序,加强财政管理,增加幕府收入。在此之前,德川纲吉根据荻原重秀的建议,在元禄时代五次改铸货币并取得了

---

① "明历大火"又称"振袖大火"。"振"在日语中有"甩动"的意思,"振袖"就是长袖,与之相对的叫"留袖"即短袖。

第八章　江户时代

一定成效。德川吉宗时期,町奉行大冈忠相将荻原重秀的政策视为解决"稻米贱而诸色贵"的重要手段,建议予以继承。元文元年(1736年),德川吉宗命令改铸通货,改变了金融秩序的混乱状况。

第八,管制商业资本,打击非法盈利。享保改革初期曾对商业资本实行抑制政策,但不久即实行利用、控制并举的政策。享保四年(1719年),幕府为救济负债武士,宣布将不再受理有关金钱借债的诉讼,相关纠纷由当事者双方自行了结。然而,这项政策无异于纵容武士赖债不还,因此不仅打击了商业资本,而且堵住了武士借贷的门路,不久即被废止。

第九,整顿社会纲纪,改革政府机构,健全法律制度。德川吉宗提倡勤俭尚武,恢复武士训练;命令大儒室鸠巢翻译《六谕衍义》,强化道德教化。①为防止民事纠纷的审理影响正常的行政事务,享保六年(1721年),幕府将勘定所分为专事财政诉讼的"胜手方"和专事民事诉讼的"公事方"两个机构。为选贤任能,"不拘一格降人材",幕府还实行了职俸补贴制,规定俸禄低而任高官者,在职期间享受差额补贴。宽保二年(1742年),德川吉宗下令编纂了江户幕府的第一部法典《公事方御定书》。德川吉宗虽强调文武之道的张弛,但从未参拜过孔庙,也不允许出现有伤社会风化的文艺生活。当时,一些戏剧表现殉情,致使殉情男女不断增加。于是,幕府不仅对此类题材作品严加取缔,而且将未遂的殉情男女绑在江户日本桥示众三日,并将其逐出"四民"之列,降为"非人"。

第十,缓和排外政策,吸收西方科技。享保五年(1720年),德川吉宗颁布了史称"弛禁令"的"享保新令",提出了新的取缔基督教的方针。根据新方针,被列为禁书的《园容较义》《混盖通宪图说》等十九种书得以解禁。②另外,许多因含有基督教教义而被禁的自然科学书籍,有些也获准输入。例如,清朝著名天文学家和数学家梅文鼎所撰《历算全书》,不仅获准输入,而且幕府认为该书有益于天文历法和数学的改进,特命数学家建部贤弘为此书作序,数学家中根元圭加训点,收藏于红叶山文库。③

---

① 《六谕衍义》是范铉编纂的儒家著作,问世于18世纪初。《六谕》是明太祖颁布的教导民众的教育书籍,包括"孝顺父母、尊敬长上、和睦乡里、教训子孙、各安生理和毋作非为"六个方面。而"衍义"则是"解说"的意思。
② 见中山茂:《幕末的洋学》,密涅瓦书房1984年版,第7页。
③ 田沼次郎:《洋学传来的历史》,至文堂1960年版,第152页。"红叶山文库"是日本江户幕府书库,明治时代以后和昌平簧、江户医学所旧藏合并为内阁文库,现隶属于日本国立公文书馆。

德川吉宗还在享保九年(1724年)颁布了《俭约令》(又称《禁奢令》)。该法令最初仅针对幕臣,后来扩大到各大名,其内容也日趋具体,甚至对婚礼上用几顶轿子等,也做了明确规定。但另一方面,德川吉宗认为,各地大名的祖先是江户幕府的奠基者,因此厚待大名。例如,此前幕府规定,大名若夭折或身后没有嗣子,领地将被"充公"。如德川秀忠执政时,被没收和被削俸的土地,产量五百多万石,受到处分的大名有四十人。德川纲吉执政时,被没收和被削俸的土地,产量约二百四十万石。德川吉宗任将军后规定,大名的领地也可以由养子继承,而且没有没收一个大名的领地。

享保改革还包括"出版规制",设立小石川养生所收治贫穷者和孤独者,禁止私娼、赌博,等等。总之,享保改革使江户时代的政治、经济、文化获得了全面发展,推动日本进入"近世社会的转换"时期。①

延享二年(1745年),德川吉宗辞去征夷大将军职,由34岁的长子德川家重继任,并搬到江户的西之丸居住,作为"大御所"在幕后操控和指导。无奈因健康问题力不从心,不得不逐渐远离政治。宽延四年(1751年)六月二十日,德川吉宗在江户西之丸寓所内去世,享寿68岁。遵其遗命,幕府将德川吉宗和第五代将军德川纲吉合祀于江户上野宽永寺,没有另建灵庙。朝廷赠谥号"有德院",追封正一位太政大臣。德川吉宗一生清贫度日,死后也践行亲自制定的《俭约令》。

田沼政治和宽政改革　第九代将军德川家重正德元年(1711年)十二月二十一日出生于江户赤坂的纪州藩邸,幼名长福丸。享保十年(1725年)元服,改名家重。据《德川实纪》记载,"御多病,说话口齿不清,即使近侍亦难以听懂"。②《一条兼香日记》则称德川家重"热衷酒食游艺,喜欢狩猎"。德川家重还有个绰号叫"小便公方"(也有称"尿床公方")。一次,德川家重去上野宽永寺参诣,途中几次如厕。让这样的将军执掌幕府大权,当然令人担忧。因此,老中松平乘邑曾经向德川吉宗谏言,让他的次子德川宗武继位。但是,德川吉宗不敢打破长子相续原则,不仅没有纳谏,而且立即将松平乘邑罢免。德川吉宗当然清楚松平乘邑的良苦用意,但他更清楚,如果那么做可能引起政局动荡。

德川家重初任将军时,完全依靠"大御所"德川吉宗权威的荫庇,德川

---

① 朝尾直弘等编:《要说日本史》,东京创文社2000年版,第227页。
② 黑板胜美:《德川实纪》,吉川弘文馆1929年版,第179年。

第八章 ● 江户时代

吉宗去世后则整天在"大奥"厮混,幕政由老中松平武元主理,由近侍大冈忠光负责联络,大冈忠光是唯一能基本听懂他说话的人。因此,德川家重时期,"侧用人政治"复出。大冈忠光身体欠佳,经常缺勤,幕府官员无法和德川家重保持沟通。这样的将军执政,能否有效治理国家毋庸赘言,于是"一揆"重起。宝历五年(1755年),郡上藩农民反对藩主金森赖锦增税、检地,掀起了"郡上一揆"。宝历十年(1760年),德川家重把将军之位让给了长子德川家治(1737—1786年),自己当了"大御所",翌年即去世,享年49岁。死后葬于增上寺,谥号"淳信院殿仙莲社高誉泰云大居士",略写"淳信院"。

德川家治于元文二年(1737年)五月二十二日出生,母亲是中纳言梅溪通条的女儿幸子。德川家治幼名竹千代,三年后改名德川家治。他自幼受祖父德川吉宗宠爱,得名师教诲,还勤练骑射,箭术精湛。继任第十代将军后,经常和近臣讨论弓马之道和古代圣贤治世。但是,和德川吉宗不同,德川家治喜欢华美排场。"上有所好,下必甚焉。"社会风气因此趋向奢华。德川家治还重用"侧用人",最受宠信的,一个是大冈忠光的儿子大冈忠喜,一个是"御侧御用人"田沼意次。大冈忠喜辞职后,田沼意次步步高升直至老中首座,几乎"乾纲独断",日本因此进入了"田沼时代"。整个江户时代,唯一被冠以个人姓氏的"小时代",只有"田沼时代",尽管田沼意次甚至还不是将军。之所以如此,主要有两个原因:一是田沼意次的身世具有传奇色彩。田沼意次原本是将军家"小姓",后依靠自身努力,成为远江国(静冈县)相良藩领俸禄5.7万石的藩主,之后又跃升至幕府首席老中。二是田沼意次推行扩大对外贸易、发展商业资本主义的重商主义政策,为"锁国时代"墨守农本主义的日本,引入了新的活力。所谓"田沼时代"最基本的政策有两项:

第一,着眼于各地日益增加的特产,鼓励设置垄断流通的"株仲间"(同业行会)和实行专卖制的各种"座",同时收取"冥加金"(商业税),即不是通过增征年贡,而是通过摄取专卖业和特权行会商品货币经济利益,增加幕府财政收入。随着这一政策的实施,长崎的对外贸易也相应扩大,使幕府获得新财源。

第二,随着对外贸易的扩大,金、银大量流入,使发行统一通货成为可能。明和二年(1765年),幕府发行了江户时代最初的定量计数银币"明和五匁银"(一匁=3.759克)。这种银币正面为"文字银五匁",反面为

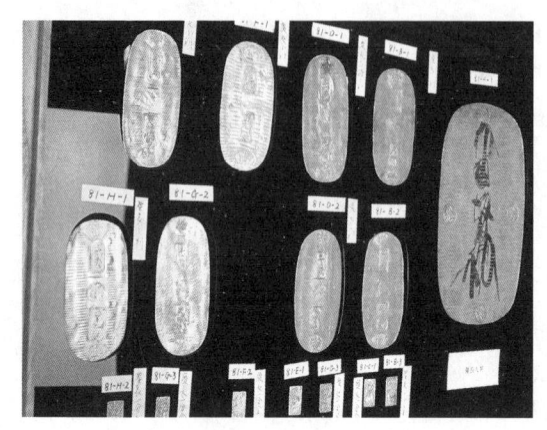

江户时代的大判和小判(大小金币)

"常是"字样。同时官定金银之间的汇兑比例为1∶60,即12枚银币等于1两黄金。安永元年(1772年),幕府又发行了"南镣二朱判",即不是在银币上刻"二朱"字样,而是刻"以南镣八片换小判一两"字样,"小判"即黄金,8个"南镣二朱判"兑换1两黄金。这两种货币的发行从根本上改变了以往金、银、铜各成系统的通货体制,形成了统一的通货体制,为近代统一的货币体制的建立奠定了重要基础。

田沼意次的政策有适应现实的特点,也取得了不可忽略的成效,但其对社会资源实行再分配的本质,必然引发社会矛盾,尤其是加剧贫富分化,导致大量贫困农民流入江户,引发社会不安。发生于天明三年至天明四年(1783—1784年)、史称"天明大饥馑"的自然灾害,更使社会矛盾进一步激化。田沼意次父子的专横和大量收受贿赂的"贿赂政治",则引起统治阶层内部一些反对者的强烈不满。于是,以"御三家"为中心的反田沼派逐渐形成。天明四年(1784年)三月二日,田沼意次长子、"若年寄"田沼意知在江户城被佐野政信刺死。此后,田沼意次势力日趋衰落。天明六年(1786年)五月,全国各地发生动乱,延续四天的动乱尤以江户为甚。农民在江户捣毁米铺九百八十多家,酒店、当铺八千多家,被称为"江户建城以来未曾有之事变"。反田沼派认为,"此动乱(江户动乱)皆因主殿头(田沼意次)执政不当所致",强烈要求罢免田沼意次,由松平定信担任老中首座。当年八月二十五日,第十代将军德川家治病逝。德川家治的去世使两派冲突更趋激化。八月二十七日,德川家治殁后仅两天,"御三卿"一桥治齐向"御三家"提议,由白河藩主松平定信担任老中首座,获得普遍赞同。老中首座田沼意次即被松平定信取代。尽管松平定信出身名门并由"御三家"强力推荐,但按"兰学"代表人物杉田玄白的说法:"若无江户骚动,松平定信当难以当政并改革政事。"[①]

"田沼时代"结束了。但是,它对以后日本社会发展的影响却极为深

---

① 杉田玄白:《后见草》,载《燕石十种》第一,日本国会图书馆藏。

远。村上直对此有如下评论:"田沼政治对现实的社会变动,确实采取了积极对策。但是,商业资本的发展,使作为生产者的农民失去了生活的安定性。连续的灾害又不断推高米价,各地因此发生有组织、大规模的农民暴动和城市同行暴乱,由此引起的饥馑的慢性化使社会更加动荡不安,使田沼政治成为众矢之的。因此,田沼的下野和幕府的崩溃直接相关。'宽政改革'也在财政收入方面未能摆脱灾害的影响。可以认为,向明治维新方向涌动的潜流,其源头存在于田沼时代的天灾地变之中。"[1]

德川家治去世后,由于他的长子已于17岁时突然去世,另一个儿子贞次郎也早已夭折,当时没有接班人,所以在安永十年(1781年)立一桥治济的长男丰千代为养嗣子。丰千代因此成为第十一代将军德川家齐(1773—1841年)。德川家齐继任将军时年仅14岁,而天皇的"将军宣下"则在翌年四月十五日,这不仅说明天皇的权威几乎完全被漠视,而且说明将军在幕府已不是真正的政治主导者,真正的政治主导者是老中首座松平定信。松平定信是德川吉宗的次子即位居"御三卿""笔头"(首位)的田安宗武的第七个儿子,因为被白河藩主松平定邦收为养子,所以姓松平。在将军和首席老中同时更迭后,幕府的政策随之发生调整,这一调整史称"宽政改革",即江户时代的第二场改革。

松平定信担任老中首座后当即公开表示:"今后施政将以享保之政治为基准。"表明了对"田沼政治"的否定和向"享保路线"的回归。为了防止旧势力复辟,松平定信将田沼意次的居城和封地全部没收,并勒令其永远"蛰居"。由于将军年少,松平定信又担任了"将军辅佐",更加权倾一时。为了重建幕藩财政,稳定社会秩序,发展社会经济,松平定信主导了以下改革:

第一,实行劝农政策。由于大量农民流入城市,导致耕地荒芜。宽政二年(1790年),幕府三次颁布"旧里归农令"(重新回乡务农令),规定:从各领地到江户者,应尽早返乡,如有困难可提出申请,由政府为其发放旅费及购买农具等资金;如果想去他乡务农,可要求政府提供旅费、农具费,甚至可提供土地;或从大名领地到江户的农民,如有归农意向可提出申请,由幕府将其交还领主。奖励"耕地起返"(恢复耕地面积)。奖励备荒储谷,要求村村建立"乡藏"(又称粮藏即谷仓)。设置"江户町会所",负责

---

[1] 村上直:《江户幕府的政治和人物》,同成社1997年版,第249页。

将备荒的米谷存入"义仓"。减轻农民负担。在此之前的宽政元年(1789年),幕府废除了"三都"即江户、大坂、京都的"纳宿",①改由村直接缴纳并规定送粮人数。为农民购买种子、农具等提供优惠贷款,并颁布相关法令。派遣"代官"前往各地检查监督备荒储粮和荒地开垦。禁止擅自堕胎、溺婴,鼓励生育并发给幼儿抚育费等。

第二,整顿金融秩序,管控商品流通。松平定信明确地将"金谷之柄归上"作为宽政改革的重要施政方针。②为此,松平定信采取了和田沼意次扶植特权商人、发展垄断工商业行会等完全相反的政策。他在这方面采取的政策主要有:开展全国性生产、流通结构调查,推行米谷流通特别是米价调解政策,改变"谷贱伤农"趋势。天明八年(1788年),幕府任命了三谷三九郎等十名豪商组成"勘定所御用达",依靠他们庞大的资金调节米价,通过大量买入卖出影响米谷流通量,控制米价。同时对"问屋"进行整顿,撤销田沼时代为实行专卖制而设立的"人参座""铁座""黄铜座"及"株仲间"对油菜籽、棉籽油的垄断,由幕府直接掌控商品流通。宽政元年(1789年)九月,幕府颁布了《札差弃捐令》,规定旗本、御家人五年前的债务一笔勾销,五年内的借债以年利6%偿还,以后贷借年利不得高于12%。另一方面,设立"猿屋町会所",让受损的"札差"(中介)通过为旗本、御家人提供金融服务获取利润,同时也使幕府便于进行监控。

同时,幕府停铸了货币"明和五匁银"和"南镣二朱判",但依然允许其流通。为了改变"二朱判"过度向都市集中的趋势,幕府采取各种措施使之向西部和中部农村分散,并在宽政三年和宽政四年明确提出"使二朱判在西国、中国通用",为当地提供2万多两"二朱判"的低息借贷,规定利息所得30%作为代官等的奖金,70%纳入幕府金库,使金1两=银60匁的汇兑标准得以确定,使名为金币、实为银币的"二朱判"在银本位的西日本也得以流通,为东西部地区通货市场的一元化提供了一个重要阶梯。需要强调的是,致力于实现东西部经济发展的均衡,是宽政改革的重要特征。

第三,加强社会管控。幕府在江户设立了"石川岛入足寄场"(劳动收

---

① "纳宿"又称"藏宿",是为交贡米的农民提供的旅店。纳宿经营者在收取农民住宿费时常巧取豪夺,令农民憎恨而无奈。
② 松平定信日记《宇下人言》复刻版,日本国会图书馆藏。

容所"),收容"浮浪之徒"和流入城市的农民、城市贫民、刑满释放无家可归者,强制他们劳动和学习技艺,同时由"石门心学"教师中泽道一每月三次讲授心学,对这些人进行教化,三至六年后使其就业或归农。同时控制出版。当时"黄表纸"(针砭时政的绘画小说,封面为黄色),以及淫秽写实的"洒落本"(色情文学作品)充斥市场,如直接讽刺宽政改革的朋诚堂喜三二的《文武二道万石通》、恋川春町的《鹦鹉学舌文武二道》,以及唐来三和的色情读物《天下一面镜梅钵》、山东京传的《富士人穴观赏》,等等。松平定信认为,性放纵和流浪、偷盗一样,是造成社会秩序混乱的重要根源,针砭时政则更不能听之任之,因此施行了出版统制,禁止针砭时政和诲淫诲盗读物的出版。宽政二年(1790年)五月颁布的"出版统制令",禁止擅自出版新书,凡出版新书必须由"奉行所"批准;禁止借古讽今的绘本小说"黄表纸";禁止出版、销售针砭时弊和揭露"黑幕"的读物;禁止贩卖作者不明的书籍。为此,朋诚堂喜三二因写《文武二道万石通》讽刺改革,受到"谨慎"(自我禁闭)处分;恋川春町因作《鹦鹉学吞文武两道》受罚病死(一说自杀)。宽政三年(1791年),山东京传因违反"洒落本"禁令而遭受"手锁"五十天处分,他的作品《仕悬文库》《锦之里》《娼妓绢籭》被禁止出版。出版商茑屋重三郎因此一半财产被充公。之后,幕府又频频颁发命令和文件,禁止和规制赌博、卖淫、偷盗、流浪、男女混浴等。同时禁止女教师教男性如何为女性盘发,以及教歌曲、净琉璃、三味线等。另外也颁布了"禁奢令""俭约令"等政令,严禁武士、民众服饰华美及制作、贩卖奢侈品。

第四,加强思想统制。田沼意次主政时期鄙视学问,所以社会有"反智"倾向。松平定信则奉朱子学为"正学",恢复了圣堂学问所的讲学活动,请著名儒学者在那里讲学。同时,松平定信贬斥其他学派为"异学",禁止在幕府的昌平坂学问所讲授"异学",并任命"宽政三博士"即古贺精里、柴野粟山、尾藤二洲为儒官。宽政四年(1792年),洋学者林子平因著《三国通览图说》《海国兵谈》,强调应注重海防而被指责为"谈论外夷无稽之谈,动摇人心",并以"处士横议"罪勒令其"蛰居"。另外还有一些洋学者遭受处罚。总之,按照幕府规定,除朱子学之外,儒家其他学派,包括阳明学、古学等均属"异学",遑论洋学。这种思想统治,史称"宽政异学之禁"。另外,松平定信重视"实学",因此"实学"如测绘学,取得进步。

在对外政策方面，松平定信厉行"锁国政策"，宣扬"国家长久之基，在无外船出入"。对长崎贸易，则认为"运来无用之玩具，换走有用之铜，非成长远之计"，试图将贸易减半，并令外贸港口长崎的市民归农，后终因遭到强烈反对未果。宽政五年（1793年）七月二十三日，因松平定信多次主动请辞，幕府免去了他老中和将军辅佐职务，并对其功绩进行奖励，不仅将松平定信本人从侍从晋升为左近卫少将，而且规定以后松平家代代升格。松平定信之所以请辞，有几方面原因：一是德川家齐欲将他生父一桥治济迎入江户城西丸，尊为"大御所"。由于以往"大御所"称谓只赠给退位将军，遭到松平定信反对。两者因此产生矛盾。二是松平定信和其他老中，特别是本多忠筹因政见不和，矛盾日深，作为松平定信政权之特色的幕阁会议制趋于解体。至执政末期，松平定信在阁僚中已完全孤立。松平定信专断独裁也令德川家齐日益不满。三是对"大奥"的"风仪肃正"和预算的大幅度削减，引起将军和大奥的强烈不满。四是正如当时著名的"落首"（匿名打油诗）写道的："白河水清鱼难生，思恋混浊田沼臣。"（按："白河"指陆奥国白河藩藩主松平定信），松平定信严厉的紧缩、高压政策也引起士庶的普遍不满。"武家、町人均仇视怨恨越中（松平定信的父亲是越中守田安宗武）。"①竹内诚对宽政改革，有句直击本质的评语："如果说集中经济、信息、学问、技术的权力是宽政改革的一个特色，那么可以认为，这场改革决意将日本引向绝对主义。"②确实，从以分权为特征的江户时代，向以集权为特征的明治时代转向过程中，宽政改革是一块路标。

天保改革和"大盐之乱" 松平定信离任后，三河国（爱知县）吉田藩的藩主松平信明出任老中首座，本多忠筹等老中继续留任。宽政改革方针在被稍作调整后，基本上仍得以贯彻。文政元年（1818年）松平信明去世后，沼津藩主水野忠成升任老中首座，同年，水野忠成采取了一项重要政策：改铸货币。所谓"改铸"，就是将市场上流通了九十年的金币"元文小判"逐渐回收，重铸新的金币"真文二分判"。③翌年，幕府又对银币采取了相同政策。采取这项政策的目的就是减少货币成色。以金币为例，"真

---

① 佚名：《随便百花苑》第9卷，日本国会图书馆藏，第89页。
② 井上光贞、永原庆二等编：《日本历史大系》第3卷《近世》，山川出版社1985年版，第868页。
③ 高柳真三、石井良助编：《御触书天保集成》金银铜钱部，5962号，1958年岩波书店复刻。

文二分判"和"元文小判"虽然重量相等,但是成色差异不小,二者比率为56.41%、65.71%。自文政元年(1818年)至文政九年(1826年),幕府财政因改铸货币而获得的黄金收益达184万两。①水野忠成良好的"政绩"得到将军的赞许,其权势更加扩大。水野忠成也出身于旗本家庭,也曾担任将军德川家齐的"小姓",因此被称为"当今的田沼"。两者还有一点更像,那就是热衷于金权政治,沉迷于权钱交易。关于水野忠成索贿受贿的事例,史籍中多有记载。如当时经常出入官府的儒士松崎慊堂在日记中写道,曾目睹当想"若年寄"的某大名差人,往箱子里装了一千两银子送往水野忠成的府邸。去的时候箱子是满的,回来时箱子是空的。②这种"情实"(徇私舞弊)和"赠贿"在史料中并不鲜见。例如,古河藩主土井氏在江户的家老,也在日记中写下了他向幕府权臣中野石翁行贿的事。③

官员贪腐和将军疏于政治直接相关。据历史记载,德川家齐在江户幕府历代将军中有两个"最":一是在职时间最长,达五十年;二是拥有侧室最多,达四十人。御家人高尾彦四郎以笔名"柳亭种彦"描述的德川家齐奢侈糜烂的"大奥生活",就是例证。将军既然如此不堪,官员纲纪松弛,贿赂公行自然难以避免。

与官商沆瀣一气和骄奢淫逸形成鲜明对比的是民不聊生,而民不聊生既是天灾也是人祸造成的。纵观日本历史,江户时代自然灾害的发生最为频繁,受灾程度也极为深刻,如享保、天明、天保三大饥馑,宝永、安政的震灾,明历、明和的火灾,享保、安政的疫情。正因如此,江户时代因自然灾害而改元达十三次之多。以命名江户时代"三大改革"的年号为例,享保元年(1716年)始于六月二十二日,取义《后汉书》"享兹大命,保有万国"改元"享保",因为当时发生了"大饥馑"和"天变地异";宽政元年(1789年)一月二十五日取义《左传》"施之以宽,宽以济猛,猛以济宽,政是以和",改元宽政,是因为当时发生了"天明大饥馑";天宝元年(1830年)始于十二月十日,取义《孟子》"乐天者,保天下,畏天者,保其国"改元天保,是因为当年七月京都发生了强烈地震。必须强调的是,自然灾害不仅是"改元"的背景,同时也是"改革"的背景。江户时代第三场改革"天保改

---

① 《日本财政经济史料》第6卷,山川出版社1985年版,第456页。
② 《慊堂日记》文政八年(1825年)九月十二日条,平凡社1970年版,第149页。
③ 《鹰见泉石日记》,见伊东多三郎《日本近世史》,有斐阁1952年版,第98页。

革",也是在这种背景下发生的。

天保四年(1833年),以奥羽地方为中心,气候异常,水稻歉收。"民以食为天"。天保八年(1837年),暴动和骚乱在日本全国各地爆发。而且与以往不同:"以往一个村或充其量数个村的请愿,扩大为藩和代官所支配的整个区域,即几个村的联合。这种大范围的'强烈要求'被称为'全藩一揆'。"①在当时波及日本全国的动乱中,最著名的是爆发于大坂的"大盐之乱"(又称"大盐平八郎起义")。

大盐平八郎名后素,字子起,通称平八郎,是阳明学派儒者,14岁承袭父职担任了大坂"町奉行"(市政长官)的"与力"(助理)。天保元年(1830年)辞去公职开设私塾"洗心洞",专事教育与著述。"凶作"(歉收)后,被称为"天下厨房"的大坂米价急涨,引起原为"与力"、自诩"良吏"的大盐平八郎不满。他向町奉行迹部良弼提出了"穷民救济策"。但是,迹部良弼不仅不予采纳,还威胁他说,你已离职隐居,若干预政事将受处罚。原本就对町政极为不满的大盐平八郎遂决定起事,他筹措武器,急召门徒教习枪炮使用方法,翌年又将所藏书籍一千两百余册出售,将获得的六百六十两黄金全部赈济灾民,获得了民众支持。

大盐平八郎计划趁迹部良弼视察市场时进行袭击,并发出讨伐檄文。二月十九日上午,大盐平八郎率二十余门徒冲出洗心洞,以写有"救民"两字的旗帜为先导,向官吏私邸进发,沿途不时有民众加入,使人数迅速扩大至三百余人。起事者放火焚烧衙门豪宅,但终因势单力薄,仅半天便被镇压。大盐平八郎潜伏于市内一商人家,三月二十七日被发现,与他儿子一起自杀。町奉行虽然镇压了起事者,但自己曾掉落马下,出尽洋相。当时有民谣:"大坂天满正当中,翻身落马倒栽葱;此等武士谁曾见?实在让人看不懂。"②"大盐之乱"本身并非波澜壮阔,但是其影响波及各地,引起连锁反应。大盐平八郎则被誉为"名实相符的阳明学者",因为他实践了阳明学的基本理念:知行合一。他的讨伐檄文以汉文写成,慷慨激昂。在此择其一段,从中可见其起事之诉求:"我等兴师问罪,不同于乱民之骚扰;既欲减轻各处年贡诸役,并欲中兴神武天皇之政道。待民当以宽仁为本,应该重建道德纪纲。须一扫年来骄奢淫逸之风,令四海共沐天恩。今

---

① 佐佐木润之介:《江户时代论》,吉川弘文馆2005年版,第372页。
② 川崎庸之等总监修:《可读的年表·日本史》,有斐阁1981年版,第742页。

生得养父母妻子,脱离当前苦难,来生去安乐世界得见于今日。尧、舜、天照大神之盛世,虽或难于重现;而中兴气象,当可光复。"①

"大盐之乱"同年,德川家齐把职位让给了次子德川家庆,自己当了"大御所"。德川家齐虽然有11个儿子、16个女儿,但长大成人的只有德川家庆。德川家庆幼名敏次郎,继任将军时已45岁,但因西丸"大御所"的存在,并不掌握幕政实权。天保五年(1834年)闰正月,水野忠成病逝,三河国谱代大名出身的水野忠邦出任幕府首席老中。天保十二年(1841年)正月三十日,69岁的德川家齐寿终正寝,谥号文恭院,葬于东叡山宽永寺。于是,水野忠邦不失时机地领导并推进了江户时代"三大改革"中的最后一场改革——天保改革。这场改革得到了将军德川家庆的信任和支持。天保十二年(1841年)五月十五日,幕府官员聚会于江户城,为德川家庆贺寿。德川家庆当众宣布:"所谓政事,自当代代考虑,然享保、宽政之路线不应违背,望诸位勉力遵行。"②

水野忠邦的改革首先从整肃幕府纲纪入手。德川家齐在世时,一些他身边的人索贿受贿。由于这些人得到宠信,无人敢检举揭发。德川家齐死后,那些人甚至趁幕府举行葬礼,管理松懈,偷盗公家财物和艺伎寻欢作乐。儒官成岛司直将这些情况都告诉了水野忠邦,水野忠邦大怒,对作奸犯科者严加惩罚。之后,水野忠邦定下几条规矩:第一,向长官汇报不能只报喜不报忧;第二,对上峰不当作为提出批评,绝非对幕府不敬;第三,如果对政事有自己看法,即便超出职权范围,也应大胆提出。③同时,幕府对各官衙的经常收支进行了调查,以惩治贪腐,精简开支。

在围绕如何开展改革方面,幕府内部意见并不一致,但是在水户藩主德川齐昭等强力支持下,水野忠邦仍推行了改革并陆续颁布了一系列法令和政策:

一是颁布《株仲间解散令》和《降低物价令》。水野忠邦认为,"株仲间"(行会)的垄断性经营,是导致物价居高不下的重要原因,因此下令解散江户"问屋仲间"等所有"问屋",免除"冥加金"(幕府征收的商业税),同

---

① 周一良、吴于廑主编:《世界通史资料选辑·近代部分》(下),商务印书馆1964年版,第153页。
② 《日本财政经济史料》第4卷,山川出版社1985年版,第49页。
③ 《水野家书》第5卷,第237页,日本国会图书馆藏。

时废除一切商业特权,规定商品销售"由民间直接自由买卖"。①幕府任命了一批市场监察官员,加强幕府对市场物价的监控。同时多次颁布《降低物价令》,特别是命令降低土地、店铺的租金,以降低商品成本。

二是农政改革。天保十二年(1841年)十一月,幕府向全国代官提出了农政改革方针,基本内容是:在收受年贡时采取正确的方法、手段;禁止农民奢侈;鼓励开垦荒地;促进"见取场"(刚开垦的生地)的高收入化;奖励储粮备荒;节俭村行政开支;精简代官所的开支。为了使上述方针得到贯彻,幕府又发出了一系列指令,主要精神是强调"民为邦本"的儒教仁政思想;重视稻米生产;厉行节俭,严禁奢侈。

三是参拜"日光"和颁布没收寺社土地的《上知令》。水野忠邦重新实施了参拜日光东照宫、祭祀神祖德川家康的计划。参拜日光东照宫始于第二代将军德川秀忠,由将军率领谱代大名和旗本等大队人马从江户出发,沿日光街道行进。②德川吉宗和德川家治为了厉行节俭,力戒仪仗华美,不过行列总人数仍达十四万至十五万人。但是自安永五年(1776年)第十代将军德川家治参拜后,一直没有施行。重新参拜东照宫,其用意就是确立外样大名、旗本等服从将军的态势,显示幕府的威严。

日光东照宫

水野忠邦还实施了几项"开源"措施:一是采纳"堪定吟味役"根本善左卫门提出的建议:征收"御料金",即向豪商等课征用于政府财政开支的税金。二是开发"印旛沼"(位于千叶县北部的湖沼)。"印旛沼"开发始于田沼时代,后因资金不足多次停顿。天保十三年(1842年),幕府起用代官篠田藤四郎为负责人,重新开工。三是颁布《上知令》。"上知"又写作"上地",即要求各大名将部分领地交还幕府。天保十三年(1842年)六月

---

① 《日本财政经济史料》第3卷,山川出版社1985年版,第7页。
② 日本江户时代有五个"街道"。街道既是军事通道,同时也是商业动脉。

第八章 江户时代

初,幕府向江户周边拥有领地的大名、旗本发出了《上知令》。四月中旬又向大坂周边的摄津、河内、和泉、山城、大和国发出了《上知令》。最终,江户、大坂近郊五十万石大名、旗本的"知行地"被一举纳入幕府领地。幕府另封以其他地方的土地作为补偿。这项举措在很大程度上改变了自江户幕府成立以来的领地分配原则。

水野忠邦推行的天保改革的三大举措,除征收"御料金"相对比较顺利,另两项让大名、旗本"割肉"的举措引起极大不满。为此,水野忠邦和德川家庆的矛盾也日益加深。天保十四年(1843年)闰九月七日,德川家庆命令撤回《上知令》。十三日,德川家庆又以水野忠邦"独断专行"为由,罢免了他的老中职务,并令其"谨慎"(自我禁闭)。水野忠邦主要支持者的职务也相继被罢免。对于将军的这项命令,不仅水野忠邦的政敌和豪商弹冠相庆,而且因征收"御料金"和《上知令》而须多交年贡的农民,也欢呼雀跃。在水野被勒令"谨慎"的当天黄昏,大批民众将其府邸包围,往里投掷石块。天宝改革以失败告终,水野忠邦下野了。十年后,江户幕府在内忧外患中,在波涛汹涌的"倒幕"浪潮中覆灭。

宽永寺德川庆喜"谨慎"的屋子

第五节 "开国":江户时代的挽歌

"一般地理上孤立的国家,或社会经济发展落后的国家,在走向近代化的时候,与其说是由于该国自身内部的酝酿,倒毋宁说是外来文化的刺激乃至外来压力,发挥了更大的作用……日本近代化的序曲,奏响于十八世纪下半叶俄国的南下。"[1]随后叩关的是英国人,再后才是美国马修·培理的"培理叩关"。在一次次的外来压力下,日本统治者被迫"开国"。开国既是江户时代的挽歌,也是近代化的序曲。

---

[1] 石田一良:《体系日本史丛书》第23卷《思想史》,山川出版社1964年版,第203页。

培理叩关和"日美亲善"　　江户幕府长期采取了以"禁教"和"贸易统制"为核心的"锁国"政策,主要目的是避免基督教"妖言惑众",防止"大名得以自由海外交通,或有假外心以逞野心"。但是,早在18世纪末,仙台藩的医士工藤平助就提出了改变锁国体制的建议。天明三年(1783年),他向老中首座田沼意次提交了《赤虾夷风说考》,提出应该在虾夷地(北海道)与俄国开展贸易。他的建议得到幕府重视,幕府为此专门进行了讨论。但是,田沼意次下台后,继任老中首座的松平定信,最终否定了这一计划。松平定信认为,那有违"祖制"。松平定信主导的是"改革",不是"开放",具体而言就是强化控制,维护锁国体制。松平定信还亲自担任主管海防的"海边御备御用挂",重点强化北边防御。

宽政四年(1792年),俄国的亚当·拉克斯曼(Adam Laxman)以送还六名日本漂流民为由,携带俄国皇帝叶卡捷琳娜二世的国书,在虾夷的根室登陆,要求通商。幕府告知他,须从长崎进入日本。拉克斯曼在获得幕府颁发的长崎入港许可证后起锚回国,没有后续。文化元年(1804年),俄国人雷扎诺夫(Rezanov)到达长崎,要求通商,遭到日本方面拒绝。俄国人随后开始耍横,在以后的两年时间里不断骚扰日本北方诸岛。

文化五年(1808年),英国军舰"费顿号"(Phaeton)悬挂着荷兰国旗骗过日本海防人员,驶入了长崎。荷兰商馆也误以为是荷兰船,派出两名馆员接待,结果被扣为人质。英国"费顿号"成员要求长崎奉行供给燃料、淡水、食物。事后,长崎奉行松平康英引咎切腹自杀。文化十年(1813年),英国船只又一次驶入日本并闯进长崎出岛,称这次来是为了接管出岛的荷兰商馆,但这一要求被荷兰人拒绝。但是,英国并未就此善罢甘休。文政七年(1824年)五月,英国捕鲸船船员在常陆(茨城县)大津浜上岸,要求日本方面供给淡水,被水户藩逮捕。同月,英国捕鲸船员在萨摩岛上岸捕牛,被日本驱逐。鉴于日本多次受到外来船只及人员的骚扰,翌年二月,日本幕府对沿海诸大名发布了《异国船驱逐令》,命令凡有外国船只接近,须毫不犹豫给予轰击,将其驱逐。天保八年(1837年)六月,即发生"大盐之乱"的同一年,一艘异国船只出现在江户湾浦贺海面。浦贺奉行当即开炮将其驱逐。翌年六月,一艘荷兰商船驶入长崎,船员告知幕府机构,那是英国船"莫利逊号"(实为美国船),是为了送还七名日本遇难船员,并且想和日本谈判通商事宜。为此,如何对待载有遇难船员的异国船只,成为幕府必须妥善处理的问题。围绕这一问题,幕府内部意见发生分

第八章 江户时代

歧。经反复争论,最后达成共识:请荷兰每月通过其经商船只,将难民送回。

天保十年(1839年)中英鸦片战争爆发,泱泱东方大国败于西方夷虏,对日本构成很大冲击。幕府首席老中水野忠邦一方面命令加强海防,一方面要求避免和外国船只发生冲突。因为,他通过对情报的分析认识到,日本难以和英国抗衡随之撤销了《异国船驱逐令》。恰在此时,长崎的兵学家高岛秋帆将西洋炮术传入了日本。水野忠邦闻讯将高岛秋帆邀请到江户,要求他传授西洋炮术。这表明,水野忠邦已有意学习西方军事技术,进而实施军制改革。然而,由于水野忠邦不久后下台,刚起步的改革戛然而止。他的政敌则污蔑高岛秋帆"阴蓄私兵,图谋不轨",将他逮捕监禁。

天保十五年(1844年)五月,江户城发生大火,本丸在大火中化为灰烬。为了驱邪,朝廷根据式部大辅菅原为定推荐的《书经》"二公弘化,寅亮田地"一句,改元"弘化"。弘化元年(1844年),日本幕府依然顽固坚持"锁国"政策。当年七月二十日,荷兰海军大校考普斯作为荷兰国王特使,携带荷兰国王威廉二世"劝告"日本"开国"的国书,乘军舰"帕来恩班号"驶入长崎。面对这种情况,长崎奉行深感困惑。因为,荷兰是日本的通商国而非通信国,①日本仅允许荷兰通过东印度公司与日本开展贸易,荷兰也同意了日本方面提出的条件,以接受严格监控为前提,在长崎出岛设立了荷兰商馆。日本与荷兰并没有建立外交关系。这次荷兰"国使"携国书

长崎出岛荷兰商馆　　　　长崎出岛荷兰商馆内景

---

① 通信国是指和日本有正式外交关系的政权。

而来，当不能用惯常方式对待，荷兰商馆成员也告知日方，这次来的荷兰人不是商人，和他们不同。怎么办？于是，长崎奉行一边派人前往幕府请示，一边让兵船进港。按惯例，荷兰船只驶入长崎，先要接受"身份调查"，若有枪支弹药则予以收缴。但是这次日本士兵按规矩办事，欲收缴荷兰人枪支时，却被断然拒绝。日本无奈只能破例。之后，幕府的指令传到：接受国书，但不接受赠礼。由于等待多时一直没有复函，考普斯已经回国，他留下了携带的礼品，其中有一幅和荷兰国王等身大的画像。翌年八月十三日，幕府向荷兰商馆馆长提交了由老中首座阿部正弘署名的复函，请他转交。复函拒绝了荷兰国王的开国"劝告"，并希望荷兰以后不要再递交类似文件。①

公元1848年本应是弘化五年，但是当年二月二十八日，孝明天皇根据《宋书》"皇享多祐，嘉乐永无"一句，将年号改为"嘉永"。在嘉永年代，日本结束了"锁国"时代。

嘉永六年(1853年)六月三日，美国东印度舰队司令、海军准将马修·C.培理（Matthew C.Perry）作为美国赴日特使，率两艘蒸汽船、两艘帆船驶入江户湾浦贺海面。这一事件史称"培理叩关"，由于美国兵船船体皆呈黑色，又称"黑船来航"。浦贺奉行户田氏荣根据"祖法"，要求美军舰船驶往长崎，但培理以持有美国总统的国书为由，要求直接面见幕府高官。兹事体大，幕府老中首座阿部正弘接报后，命令以"不失国体"的方式慎重接待，并于翌日召集幕府重要官员商讨对策。若接受美国"通信"，违反"锁国"祖法，且浦贺港不是外国船只可以驶入的港口；若予以拒绝则激怒洋人，可能引发战端。怎么办？面对这一进退维谷的难题，幕府众高官一筹莫展。六月六日，幕府招"布衣"（没有位阶的官僚）再议，结果仍众说纷纭，令幕府莫衷一是。当天黄昏，幕府接到

1853年5月7日《伦敦日报》刊载培理叩关的报道

---

① 森冈美子：《关于弘化年间日兰国书的往复》，《日本历史》301号，1973年。

第八章 江户时代

急报,称美国兵船已深入浦贺并进行测量。为了避免发生武装冲突,无奈幕府只得决定让浦贺奉行户田氏荣、井户弘道于九日在浦贺附近的久里浜临时设立"应接所",接受培理递交国书。因为,当时日本已从荷兰获悉培理此行的目的和军力配置,更目睹了中英鸦片战争的结局。

培理登陆日本

由美国总统亲笔署名的国书称,此番派遣培理赴日,只为表示友好和要求通商,绝无其他目的,并宣称美国法律规定,对友好国家的宗教、政治一律不予干涉,故绝不干涉日本的禁教方针。国书在炫耀了培理的赴日目的和美国的强大国力后,提出了三项要求:友好通商;为美国捕鲸船只和其他遇难船只提供保护;为了给美国船只补充燃料和淡水、粮食,在日本南部开设一个港口。十二日,美国舰船离开江户湾驶往琉球,并称来年将再访日本听取答复。培理走后,对是否与美国通商,幕府统治者成员有的反对,有的赞同,双方各执一辞,争论非常激烈。

翌年一月十六日,培理没有爽约,又率九艘兵船驶入江户湾,停泊于小柴附近海面(武藏久良岐)。最初,幕府提出双方在镰仓的光明寺进行会谈,遭到培理拒绝。日本又提出在浦贺会谈,仍遭培理拒绝。培理坚称,必须在"首都"江户会谈。谈判中,培理的态度咄咄逼人,以进为退。对此,培理在《日本远征记》中这样写道:"若吾稍有让步,日本人定会认为获胜。……既然如此，不顾一切展现毅然的态度，不如说采取顽固倔强的态度方为贤明之举。与这般聪明且多虚伪的人民交涉之际，必须排除各种虚式，或是采取虚傲，虚饰的态度以对。"①最终，双方达成妥协，在浦贺和江户之间的神奈川首府横滨进行会谈。二月十日，会谈在横滨正式举行，共进行了四轮。美方全权代表是培理，日方全权代表是大学头林韑。最初，日本提出长崎作为开港地，但是培理坚持要求日本开放浦贺、松前等三港。最后，日本提出开放下田、箱馆，获得美方认可。双方随后就外国人自由活动区的设定、领事馆驻地和领事裁判权问题达成一致。三月三十日，日本和美国签署了《日本国美利坚合众国和亲条约》（Treaty of Peace and Amity between The United States of America and the Empire of Japan）。因签约地横滨是神奈川首府，故又称《神奈川条约》，中国则称《日美亲善条约》。

《日美亲善条约》复制品

条约敕许和将军继嗣 翌年二月，双方在下田交换批准手续后，条约正式生效，共十二条，要点如下：一是日美两国及人民世代友好，互不歧视；二是日本对美国船只开放下田及箱馆两港并提供必需品，美国船只非意外不得驶往其他港口；三是美国如有船员遇难，日方须予以救助并不加以行动限制（中国人和荷兰人在长崎的活动均受到限制），美方遇难人员须遵守日本法律；四是美方船员可在下田及箱馆两个港口交易，但须遵守日方规定；五是日本若给予其他国家此条约未设之优惠，美国可同样享有；六是两国间若遇到难以解决之问题，由双方代表酌情解决；七是条约须经两国元首批准方能生效。

特别需要提及的是，条约第十一条日文和英文的语义相差甚大。按照日文语义，该条当理解为"两国政府间如遇难以解决之问题，可以酌情由美国派遣官吏驻留下田港，以便商议。但在本条约签订后未满18个月时，对于派遣官吏一事不予讨论"。但是该条的英文语义却是："如签约的

---

① 半藤一利：《幕末史》，黄琳雅译，远足文化事业股份有限公司2017年版，第52页。

第八章 江户时代

任何一方政府认为必要,则条约签署 18 个月以后,由美国政府派遣官吏驻留下田港。"日方是"未满 18 个月,对于派遣官吏一事不予讨论",而美方则是"18 个月以后,由美国政府派遣官吏"。鉴于这一问题之重要,笔者对原文进行了仔细比对,发现史籍中认为争端起于双方对条文不同理解的记载属实。附日文和英文原文:①

日文:

第十一ケ条　両国政府に於いて無拠儀有之候模様ニより、合衆国官吏之もの下田に差置候儀も可有之、尤約定調印より十八ケ月後ニ無之候ては不及其儀候事。

英文:

11. There shall be appointed by the government of the United States consuls or agents to reside in Shimoda at any time after the expiration of eighteen months from the date of the signing of this treaty; provided that either of the two governments deem such arrangements necessary.

这一问题当时双方均未察觉,因此美方根据他们对《日美亲善条约》第十一条的理解,任命哈里斯出任美国驻日公使。安政三年(1856 年)七月二十一日,哈里斯到达日本。他此行主要目的,是修订《日美亲善条约》并和日本就签署通商条约进行交涉。但是,哈里斯的到来日本方面完全没有预料,双方因此发生冲突,美国方面甚至以武力相威胁,使日本被迫妥协。经过几番争议,安政四年(1857 年)五月二十七日,双方继《日美亲善条约》后又签署了《日美约定》,这份"约定"共九个条款,主要内容是通商和对赴日美国人提供帮助。同年十二月十一日,双方全权代表开始就通商条约正式进行谈判。

安政五年(1858 年)六月十九日,经过十二个回合的交涉,双方签署了《日美友好通商条约》和实施细则《贸易章程》。该条约共十四个条款,主要内容:一是开放横滨、长崎、神户、新潟、函馆五港;在江户、大坂二地进行通商;二是承认美国人在开港地享有居住权并设美国公使、领事馆;三是承认美国享有领事裁判权;四是通商自由;五是由两国协定关

---

① 日文见日本历史学研究会编:《日本史史料》第 4 卷《近代》,岩波书店 2006 年版,第 19 页;英文见田宝桥洁:《近代日本外国关系史》,刀江书院 1944 年版,第 524 页。

税。之后,幕府又先后同荷、俄、英、法签署了同样条约,史称"安政五国条约"。

有一个问题曾引起学术界长期探讨,迄今依然没有达成共识:为什么日本开国后没有沦为殖民地或半殖民地?通过纵向和横向考察当时的历史,以及汲取先学的研究成果,笔者认为主要有四方面原因:

第一,20世纪80年代,美国社会学家柏格森和舍思贝尔提出了一个关于殖民主义的新理论:殖民主义扩张与收缩长波理论(Long Waves of Colonial Expansion and Contraction)。受这种理论启发,笔者注意到19世纪50年代中叶,"日不落帝国"英国已开始盛极而衰。因此,叩开日本国门的是美国而不是英国。"美利坚合众国自建立以后,国内一直拥有广大未开发的土地,没有向他国殖民的必要。""如此考虑,我们不能不认为在英国这个距日本最遥远的国家开始产业革命,对于日本来说实在是莫大的幸运。"[1]而且按照英国驻清朝公使阿礼国在回忆录《大君之都》中写道的,"吾人在支那已有痛苦的经历"[2]。

第二,对于英国而言,日本市场可有可无。阿礼国在回忆录《大君之都》中还这样写道:"西洋列强,特别是我国在东洋拥有很大权益,日本是其前哨地点。我们有应该保持的威信和帝国,以及巨额的通商贸易。但是在增加通商贸易额方面,日本能够做出贡献的程度,恐怕是不值得多加考虑的……和日本开展贸易对我们来说或许并不十分必要。因为,日本供给的茶和绢,我们在其他地方也能得到。日本的煤炭虽然有用,但是日本可能为了维护国家的体面将价格定得过高。日本的金属虽然品种丰富,但其死死抱住不愿自由出售,况且我们也可以从其他地方或离我国更近的地方搞到。最后,如果和日本开展某方面的贸易,那么它将取代英国在别处开展同一项贸易,从而使英国和别国的贸易额无法增加。更重要的是,我国制造业因此所获得的利益,将不足以弥补为保护贸易而派遣小舰队所需要的经费。"[3]

第三,当时美国西进运动方兴未艾,并没有获取"土地"和进行"殖民"要求。值得关注的是,无论《日美亲善条约》还是《日美友好通商条约》均

---

[1] 友野茂:《"无敌"的日本史——岛国日本为何没有被侵略》,日本文艺社1989年版,第64页。
[2] 羽仁五郎:《幕末的思想动向》,载《日本资本主义发达史讲座》,岩波书店1933年版,第33页。"支那"是近代日本侵略者对中国的蔑称。
[3] 友野茂:《"无敌"的日本史——岛国日本为何没有被侵略》,日本文艺社1989年版,第66页。

明确显示,美国主要目的是将日本作为"中转站"。而培理叩关发生于中英战争十一年后,日本看到了西方坚船利炮的威力和"抱残守缺"的恶果;也看到了西方人"叩关"主要是为了开展贸易,获取经济利益。因此,《日美亲善条约》签订前,日本早已做出与美国"亲善"的决定。

第四,列强之间的矛盾使日本客观上坐收"渔人之利"。培理叩关时,英、法、俄等欧洲列强正卷入克里米亚战争,无暇东顾。同时,列强为了维护本国利益,对日本采取了不同政策。法国积极支持幕府,为幕府打气。英国则积极培育日本封建统治阶层内部的开明派和亲英势力。正如远山茂树所指出的:"阻止殖民地化加深的因素,一是列强间的相互牵制;二是列强,特别是英国支持反幕府的开明派即改革派所崇尚的民族主义,支持他们推行自上而下的渐进的改革路线,努力加强同他们的协调。"①

《日美友好通商条约》须经天皇敕许,否则属于"擅自签约"。为了获得"敕许",签约后幕府即派大学头林煌和"目付"(监察官)津田半三郎前往京都,结果徒劳往返。随后,幕府又派遣负责外交的老中堀田正睦和"勘定奉行"川路圣谟、"目付"岩濑忠震等高官再度赴京觐见孝明天皇,请求敕许,但孝明天皇不仅不予敕许,而且称签署通商条约乃国家大事,要求幕府对签约一事"再议"。曾经仰幕府鼻息的天皇,之所以在此时给幕府出难题,主要有两方面原因:一是幕藩围绕"将军继嗣",产生了尖锐对立的两派;二是此时皇权已呈增长趋势。

嘉永六年(1853年)六月二十二日,幕府第十二代将军德川家庆去世,他的第四个儿子德川家定继位,成为第十三代将军。德川家定继位时虽然只是而立之年,但身体羸弱且没有子嗣,因此幕府决定早日指定将军继承人。按照祖制,如果宗家无后,将军只能在"御三家"和"御三卿"中产生。当时有两个候选人:一是"御三家"的纪州藩藩主、8岁的德川庆福。德川庆福幼名菊千代,4岁成为藩主,6岁元服,受将军家庆偏讳"庆"字,改名庆福。一是"御三卿"一桥家的一桥庆喜,时年17岁。论血统,德川庆福是第十一代将军德川家齐的孙子。论能力,年长的一桥庆喜更强。支持德川庆福继位的被称为"南纪派",支持一桥庆喜继位的被称为"一桥派"。两派展开了激烈冲突。事实上,这场冲突的本质并非重"血统"还是重"能力",而是幕府内部的权力之争。

---

① 永井道雄、M.乌鲁蒂阿编:《明治维新》,国际联合大学出版社1986年版,第42页。

翌年原本是嘉永七年(1854年)，因禁里御门发生火灾。为去除内忧外患，祈祷国泰民安，十一月二十七日，朝廷根据《群书治要》卷38中的"庶民安政，然后君子安位矣"，将年号改为"安政"。安政五年(1858年)四月二十三日，近江国(滋贺县)彦根藩藩主井伊直弼担任了非常设的幕府政事总裁"大老"。六月十九日，井伊直弼授意幕府代表井上清直、岩濑忠震，与停泊于江户湾的"波瓦坦号"上的美方代表顿赛德·哈里斯(Townsend Harris)签署了《日美友好通商条约》。由于签约未获天皇敕许，属于"擅自签约"，因此遭到"御三卿"方面的强烈不满和谴责。但是，由井伊直弼主导的幕府不仅毫不示弱，而且于六月二十日正式发布了定德川庆福为将军继嗣的文告。

六月二十三日，"一桥派"的一桥庆喜、德川广赖登上江户城，谴责井伊直弼"擅自签约"。翌日，德川齐昭、德川庆恕(尾张)、德川庆笃(水户)采取了同样行动，史称"不时登城"。①松平庆永则直驱井伊直弼私邸，对他提出了严厉质问。但是，井伊直弼依然我行我素。六月二十五日，幕府正式发表了定庆福为将军世子的决定。

六月二十七日，幕府"擅自签约"的消息由"宿继奉书"(驿站和驿站间马不停蹄传送)急报朝廷。孝明天皇接报后极为震怒，通过"武家传奏"，令"御三家"和大老等即刻进京，同时让关白传旨："通商条约之缔结有损日本国体，但拒绝缔约则将引发战端，使日本面临'绝体绝命之期'。朕因收拾难局为微力所不逮，决定让帝位与英明者。"②天皇此举明是自责，实是以退为进，以退位要挟，然而，此时的井伊直弼正忙于清除异己。七月五日，井伊直弼对大名们的违法行为给予了制裁：分别判令松平庆永、德川家恕、德川齐昭"隐居""极度慎"等，剥夺一桥庆喜登城权。翌日，德川家定去世，享年35岁，葬东叡山宽永寺，谥号温恭院。将军逝后，庆福继位，改名德川家茂，由"御三卿"之一田安家的德川庆赖担任"后见"(辅佐)。井伊直弼更加专横。八月五日，孝明天皇敕令关白九条尚忠对幕府之"横道"组织"评议"，并就评议内容拟定敕谕发至幕府。③八月七日，朝廷重臣按照天皇旨意，对幕府所为进行了"评议"，关白九条尚忠借故没有

---

① 幕府对何时登城有明确规定，擅自登城属于违法行为。
② 日本史籍协会编：《九条尚忠文书》第4卷《尚忠公记》，东京大学出版会1971年复刻版，第29页。
③ 宫内省编：《孝明天皇纪》第3卷，安政五年(1858年)八月五日条，1906年，宫内公文书馆藏。

出席。天皇对评议结果满意,收回了"退位"旨意。

八月八日清晨,孝明天皇将水户藩的鹈饲吉左卫门召至"武家传奏"万里小路正房里亭,向他下达了敕谕,要求在十六日前送达小石川水户藩邸。鹈饲吉左卫门令他儿子鹈饲吉幸吉送交水户藩"家老"安岛带刀,最后由安岛带刀交给藩主德川庆笃的父亲、掌握藩政实权的德川齐昭。孝明天皇之所以将这道密敕发给水户藩,主要因为水户藩是老牌尊皇藩,值得信赖和依靠,而且水户藩是"一桥派"主力。密敕要求水户藩及"御三家"联合各藩同幕府"合作",同时促成朝廷和幕府联合,敦促幕府加速"攘夷"进程。密敕还有一项内容仅对水户藩下达,不向各藩公布:除掉井伊直弼。孝明天皇采取这种极端做法,主要因为幕府的内部矛盾,使他看到了强化皇权的良机。

"幕末的京都时代" 回溯历史,在整个江户时代,天皇为强化自身的存在做出了诸多努力。庆长八年(1603年)江户"开幕"时的天皇是后阳成天皇,也是后阳成天皇宣旨,任命德川家康为征夷大将军。庆长十六年(1611年),后阳成天皇将皇位让给了三皇子正仁亲王。正仁亲王即位后号后水尾天皇。后水尾天皇非常"多产",他的几个皇子先后当上了天皇:明正天皇、后光明天皇、后西院天皇、灵元天皇。根据德川家康的安排,后水尾天皇即位翌年就和第二代将军德川秀忠的女儿和子订了婚,尽管天皇很不情愿,但最终被"说服"。当时,天皇17岁,和子只有6岁。元和六年(1620年),后水尾天皇与和子成婚。四年后和子被立为中宫。在此之前,天皇为了解决朝廷财政的困难,敕许京都大德寺和妙心寺数十名禅僧穿紫衣,以换取财政援助。宽永四年(1627年)七月,幕府颁布了五条禁令,收缴了元和元年(1615年)以后大德寺住持等十五名僧侣的圣旨和紫衣,史称"紫衣事件"。这一事件显示了天皇只是幕府将军的牵线木偶,令天皇颜面扫地。为此,后水尾天皇将皇位让给了二皇女兴子内亲王,专念于佛道修行。

兴子内亲王(1623—1696年)即位后号明正天皇,成为日本历史上第六位女天皇,也是奈良时代称德天皇以后的第一位女天皇。在位十五年后,宽永二十年(1643年),明正天皇将皇位让给了后水尾天皇的四皇子即她11岁的弟弟绍仁亲王(1633—1654年)。绍仁亲王即位后号后光明天皇,在位时热心儒学,而当时正值第三代将军德川家光执政,他没有也不可能有任何作为。承应三年(1654年),22岁的后光明天皇因罹患天花而驾崩，由他弟弟即后水尾天皇的八皇子良仁亲王(1637—1685年)即位。良仁亲王即位后号后西院天皇。后西院天皇在位期间专念于学问，撰写了《水日集》等优秀著作。由于他在位期间发生了江户的"明历大火"、大坂城和伊势神宫发生火灾，还遭遇了地震和洪水，坊间传言这些灾难皆因天皇无德酿成。于是，后西院天皇于宽文三年(1663年)让位给了后光明天皇的养子识仁亲王(1654—1672年)。9岁的识仁亲王登基后，号灵元天皇。灵元天皇复兴了作为皇权象征的典礼大尝祭，还恢复了其他一些朝廷礼仪，使朝廷面貌有明显改变。贞享四年(1687年)，灵元天皇将皇位让给皇太子朝仁亲王(1675—1709年)，自己作为上皇欲推行院政，但因幕府的干预而被迫停止。灵元天皇也热衷于"有职故实"。所谓"有职故实"即尊重先人经验，言行必问先祖遗训。为此，灵元天皇致力于以往朝廷各方面记录的整理，编撰了《法皇八十御贺记》等著作。

灵元天皇的皇太子朝仁亲王是四皇子，即位后号东山天皇。不同于父亲灵元天皇生性耿直，和关白时有矛盾，东山天皇性格温厚而隐忍，在位期间朝幕关系也得以改善，幕府给予的御料也因此有所增加。宝永六年(1709年)，东山天皇将皇位让给了8岁的五皇子庆仁亲王(1701—1737年)，并在当年十二月因罹患天花晏驾。庆仁天皇即位后号中御门天皇。中御门天皇在正德元年(1711年)，举行了天皇久违的元服仪式。他在位期间正值第六代将军德川加宣至第八代将军德川吉宗执政，朝幕关系比较和睦，直仁亲王创设闲院宫就是例证。正德五年(1715年)，中御门天皇筹划让灵元上皇第十三皇女吉子，下嫁第七代将军德川家继，因德川家继翌年突然病逝而未果。享保二十年(1735年)，中御门天皇让位给15岁的首皇子昭仁亲王(1720—1750年)，自己作为上皇专念于复兴朝廷礼仪，编纂了《公事部类》等著作。昭仁亲王即位后，号樱町天皇。延享四年(1747年)，即在位十二年后，樱町天皇让位于6岁的首皇子遐仁亲王(1741—1762年)，并于宽延三年(1750年)四月病逝，年仅31岁。在位期间，因获第八代将军德川吉宗的关照，樱町天皇复兴了一度再兴后又中断的大尝祭，并且和历代天皇一样，樱町天皇也精于歌道，留下了脍炙人口的"御制"(天皇创作的和歌)。

遐仁亲王即位后，号桃源天皇。桃源天皇在位时发生了幕府第一次处罚"尊王论"的"宝历事件"。当时，越后的国学家和神道家竹内式部对一些朝廷公卿宣讲"大义名分"引起共鸣。公卿进而向天皇传播竹内式部

第八章 江户时代

的学说。关白一条道香担心如此将影响朝幕关系,于宝历八年(1758年)向京都所司代告发了竹内式部。幕府随之进行弹压,将有反幕府倾向的公卿分别处以罢官、"谨慎"等处分,竹内式部则被远地流放。

宝历十二年(1762年)七月,在位十六年但年仅22岁的桃园天皇驾崩。由于储君英仁亲王年龄太小,作为过渡,由他姐姐、樱町天皇的第二个皇女智子内亲王(1740—1813年)即位。智子内亲王即位后,号后樱町天皇。后樱町天皇是日本历史上第八位也是最后一位女天皇,同时也是第一百一十七代天皇。明和五年(1768年),后樱町天皇将皇位让给了10岁的英仁亲王(1758—1779年)。英仁亲王即位后,号后桃园天皇。新天皇自小身体羸弱,安永八年(1779年)驾崩时年仅22岁。由于后桃园天皇只有欣子内亲王一个女儿,因此病危时即刻将闲院宫典仁亲王第六个儿子祐宫(1771—1840年)收为养子。祐宫出生后不久即被送入圣护院宫忠誉入道亲王处,原本将成为圣护院门迹,结果成了第一百一十九代天皇——光格天皇。光格天皇在位时发生了"尊号事件",即光格天皇想赠予亲生父亲典仁亲王"太上天皇"尊号,因遭到幕府老中首座松平定信强烈反对而未果。不过,幕府给典仁亲王增加了1 000石稻米的俸禄。幕府的这一处置说明已不再漠视天皇的存在。因为,当时"尊王论"已开始兴起。文化十四年(1817年),光格天皇将皇位让给了六皇子惠仁亲王(1800—1846年),当起了上皇。第一百十九代天皇光格天皇是日本最后一位生前退位的天皇。顺提一笔,此后日本重新出现上皇,是在200年后的2019年,即平成年代的明仁天皇生前退位成为上皇,由德仁皇太子即位,成为"令和天皇"。

18岁的惠仁亲王即位后,号仁孝天皇。仁孝天皇在位长达三十年,主要做成了一件事:恢复了已中断近千年的为驾崩的天皇追赠汉风谥号的传统,追赠其父皇为"光格天皇"。前一位有汉风谥号的天皇,是第五十八代天皇光孝天皇(884—887年在位)。仁孝天皇勉励臣下专研学问,在开明门院御殿创建了学习院大学的前身学习所,讲授和学和汉学,陆续聚集了一批尊王论者,此处后成为"尊王攘夷"运动的据点。这也因为当时正值多事之秋,江户幕府已进入暮年。天保八年(1837年)"大盐之乱"和"夷船"频繁靠近日本沿海,就发生在仁孝天皇在位时期。弘化三年(1846年)一月二十六日,仁孝天皇晏驾,翌年四皇子统仁亲王(1831—1866年)熙宫即位,号孝明天皇。

综上所述,在幕末动乱期"尊王论"逐渐高扬和天皇权力逐渐强化的历史背景下,孝明天皇试图恢复皇权,也就成了题中应有之义。"擅自签约"的消息传至朝廷后,八月十日,孝明天皇也给幕府下了道敕谕,交驻京都御所的武家大久保忠宽转达。敕谕称,幕府擅自签约,违背了三月"敕答"旨意,是"轻率之举"。将军贤明,但对幕僚有失察责任。在面临前所未有的外患之际,应以国内安定团结为重,不应引发内忧。该敕谕最后提出:"国内治平公武合体乃长久之策。德川当扶助御家整内并攘外夷之侮。"该敕谕中"公武合体"一词的出现,表明了朝廷对参与政治和改革幕藩体制的要求。另一方面,孝明天皇出手打击朝廷内的"亲幕"势力。天皇在下达"戊午密敕"时,曾将其"抽去骨架"即抽掉刺杀井伊直弼的内容,交给关白九条尚忠过目。九条尚忠不知是计,将此消息暗中透露给幕府。九月二日,因事情败露,九条尚忠被迫辞去关白一职。必须强调,以安政五年(1858年)为界,京都开始取代江户成为国家政治中心,迎来了所谓"幕末的京都时代"。

面对孝明天皇咄咄逼人的态势,幕府并不示弱。九月八日,九条尚忠辞职以及京都上空"风云险恶"的消息传至幕府。井伊直弼认为,如果予以默认则无疑是对朝廷表示屈服,必须予以回击。因为,根据幕府律法,水户藩主属于幕府的臣属,越过幕府私自接受天皇的诏书,属于藐视幕府权威,当予以严惩。井伊直弼同时认为,朝廷之所以敢如此目无幕府,皆因德川齐昭在幕后作祟,决定"釜底抽薪",将反幕府势力,特别是水户藩主要人物及其同党一网打尽。井伊直弼命令间部诠胜执行这项任务。

九月十七日,间部诠胜和他的老师长野主膳亲自率领军队进京,将参与传递密敕的万里小路、鹈饲父子等人逮捕。经过连夜突击审问和严刑拷打,"案犯"承认了所犯"罪行"并供出了同党。于是,井伊直弼立即展开严厉镇压,将近百名涉案者抓捕。大批朝廷公卿和幕府武士或左迁,或致仕"隐居谨慎",如右大臣鹰司辅熙、左大臣近卫忠熙、青莲院宫(朝彦亲王)、内大臣一条忠香、二条齐敬、近卫忠房、久我建通、中山忠能,大名德川齐昭、德川庆恕、松平庆永,幕吏大目付土岐赖旨、勘定奉行川路圣谟、目付鹈殿长锐、京都町奉行浅野长祚。还有很多朝幕官员或被流放他乡,抛至荒岛,如青莲院宫家来伊丹藏人;或被勒令切腹,自行了断,如水户藩家老安岛带刀;或被枭首示众,死无全尸,如水户藩士鹈饲幸吉;或被斩首

第八章 ● 江户时代

问罪,魂归故里,如涉嫌企图刺杀老中间部诠胜的长州藩士吉田松阴。萨摩藩士西乡隆盛投水自杀未成,也被流放。名士桥本左内、梅田云浜、赖三树三郎均被逮捕处死。还有许多藩士和草莽武士锒铛入狱,身陷囹圄。《九条尚忠文书》第四卷"解题"的附件"安政大狱处罚者一览",有受害者及所受处罚的明确记载,计75人。①吉田松阴临死前留下的绝笔,既是尊王论的代表作,也是他们的共同心声:"吾今为国死,死不负亲君,悠悠天地事,鉴照在明神。"②这场持续了半年多的恐怖镇压,史称"安政大狱"。

井伊直弼为何对涉案者痛下杀手?事后,他和第十三代将军德川家定的夫人天璋院(笃姬)的一通对话,耐人寻味。一天,天璋院邀请井伊直弼到大奥喝茶。席间,她问井伊直弼为何如此凶狠,语气中不乏责备。井伊直弼反问道:"夫人,如今'攘夷',将外国人全部赶出日本,您认为真的可行吗?"天璋院语塞:"这个……不可行吧?"井伊直弼继续说道:"您说得很对。日本如今唯有和世界充分接触并融入这个世界,才有出路,否则只有死路一条。可那些想杀掉在下的人,打着'攘夷'的旗号,对和外国签署条约进行抨击。可是,他们真正的目的是什么,夫人您了解吗?"天璋院摇了摇头。"他们迎合圣上的想法,最终目的无非是为了自己的前途和名声。我之所以使出如此手段,是为了守护国家。夫人,您以为我不想和大家和睦相处?可现如今我同他们能和睦相处吗?为了保护这个国家,我必须要采取一些非常手段,即便因此招人怨恨,我也别无选择。因为,这是我井伊直弼作为大老的职责。"这段NHK 2008年播出的五十集电视剧《笃姬》中的对白,道出了历史真相。

安政六年(1859年)正月,井伊直弼要求天皇颁旨"返敕"(收回"戊午密敕")。面对幕府的强硬态度,孝明天皇只得收回成命。随后,井伊直弼严令水户藩主德川庆笃三天内将"戊午密敕"交给幕府。十月二十四日,间部诠胜向关白九条尚忠递交了六份"辩疏状"。第一份"辩疏状"强调,签约是根据敕旨征求诸大名的意见后所作的决定,如果拒绝必引发战端,日本没有胜算。第二至第四份"辩疏状"对水户藩特别是德川齐昭,进行了激

---

① 日本史籍协会编:《九条尚忠文书》"尚忠公记"第4卷"解题",东京大学出版会1971年复刻版,第58页。
② 《吉田松阴全集》第1卷,山口县教育会1934年版,第191页。

烈抨击,指出朝幕纠纷皆因德川齐昭挑唆引起,其目的是篡夺幕政,将军德川家定很可能被他毒死。第五份"辩疏状"提出多数大名希望平稳处置美方要求,幕府也为避免战争而签约。第六份辩疏状为开港进行辩解。

面对幕府杀气腾腾的围剿,水户藩决意反击,但如何反击,藩中武士分裂为两派,一派被称为"天狗党",由武田耕云斋创建,主张尊王倒幕并利用藩兵政变,但此种言论为藩主所不容,武田耕云斋后被藩主下令处死。另一派被称为"诸生党",创建者是水户藩藩主的家臣市川三左卫门,主张佐幕,戊辰战争后被处决。当时,"天狗党"以关铁之介、金子坚孙二郎为代表,属于勇武派,主张诉诸武力,支持德川齐昭和德川庆笃父子进行藩政改革,赞同"尊王攘夷",反对将密敕交给幕府。"诸生党"属于保守派,大多出身门阀。"尊王攘夷"论代表人物同时也是"诸生党"代表人物的会泽安写道,"若朝廷和幕府发生争战,当竭力劝谏幕府。如果幕府不纳劝谏,则无论哪一方均不应诉诸武力"。但是,井伊直弼的独断横行,令"天狗党"感到"是可忍孰不可忍?"他们认为,危机正不断临近,不能坐以待毙。于是,"天狗党"的金子孙二郎、关铁之介等经过周密谋划,发动了下一节写到的刺杀井伊直弼的行动——"樱田门外之变"。

第六节 文久二年:"历史里程碑"

中国维新变法志士谭嗣同说:"各国变法,无不从流血而成。"日本的维新变法确系"流血而成",日本幕末充满血雨腥风,尤以安政七年(1860年)的"樱田门外之变"作为象征。日本史学界认为,"樱田门外之变是明治维新的导火索"。事变后的文久二年(1862年),日本发生了幕府统治者试图维护统治的"公武合体"、发生了围绕"攘夷"的朝幕冲突,以及因"生麦事件"引发的萨英战争,通过这场战场,萨摩藩认识到了西方"坚船利炮"的威力。这一年还发生了幕府派西周、津田真道前往荷兰留学,从而迈出了"明治新文化建设的第一步"。总之,文久二年,日本无论在"武"的方面还是在"文"的方面,都经历了划时代的转变。这些转变不仅对明治维新具有重大意义,而且是通往近代化的一块里程碑。

樱田门外之变 安政七年(1860年)三月二日晚上,二十多个武士汇聚江户品川一家叫"相模屋"的酒楼,举行秘密会议。待众人坐定,会议主持者、水户藩尊王攘夷派领袖金子孙二郎开口了:"诸位,明天是上巳节

(驱邪避恶的节日),各藩大名都将登上江户城,井伊直弼必然参加。他的行列离开府邸后会经过樱田门,再沿护城河行进,我们就在那里动手。不过,由于各藩都加强了控制,原先计划五十人参加这次行动,现在能够参加这次行动的,只有水户藩十七人和萨摩藩的有村次左卫门一人,而井伊直弼有六十名侍卫。但是,如果明天不动手,天机恐怕会泄露。所以,成败就在明天!"随后,金子孙二郎宣布,由水户藩士关铁之介指挥整个刺杀行动。关铁之介当即进行了部署。历史证明,整个事变进程完全没有超出关铁之介预料。双方"配合"如此"默契",仿佛事先进行过认真"演练"。

三月三日凌晨,漫天飞雪。在六十名侍卫前后护卫下,井伊直弼的行列出了府邸。行至樱田门外,奉命行事的森五六郎佯装拦轿告状,冲上前去大叫:"报!报!"见此情状,井伊直弼手下专门处理此类事务的"供头"日下部三郎右卫门跑到森五六郎跟前。但是,未待他问明究竟,已被森五六郎挥刀砍翻。见有刺客,侍卫一拥而上。果然不出所料!原来,关铁之介早有部署:当森五六郎拦轿告状、砍倒前边的侍卫后,所有侍卫必然注意并拥向前方,井伊直弼轿旁的警卫将会松弛。此时,同样奉命行事的黑泽忠三郎,举起手枪向井伊直弼的坐轿射击。子弹洞穿轿子,击中井伊直弼的大腿。枪声是向全体人员发出的信号:"动手!"顷刻,埋伏在两侧的武士一拥而上,挥刀向井伊直弼的侍卫砍去。侍卫们有的未及拔刀出鞘便成新鬼。鲜血溅洒雪地,雪白血红。激战中,稻田重藏将刀刺入轿内,有村次左卫门随即将井伊直弼从轿中拖出,挥刀砍下他的首级。眼见大功告成,有村提着首级欢呼:"取到首级了!"主公首级被取,侍卫们纷纷停止了搏杀。

此次刺杀行动,"樱田十八士"或阵亡,或自刃,或自首后被杀,或死于狱中,只有增子金八诚和海后磋矶之介两人隐姓埋名,活到明治年代。井伊直弼的六十名侍卫死亡八人、负伤十三人。死亡者获准保留武士名分,重伤者被减俸和流放,轻伤者切腹,未受伤者和轿夫全部被斩首并剥夺武士名分。

安政七年(1860年)三月十八日,即"樱田门外之变"发生后半个月,日本朝廷再度改元:取义《后汉书·马融传》"丰千亿之子孙,历万岁而永年",改元万延。但在内忧层出不穷,外患步步逼进的历史背景下,"万延"年号仅存在不到一年。翌年二月十九日,天皇采纳菅原为定提出、取义

《后汉书·谢该传》"文武并用,成长文久计"一句,改元文久。但文久年代最基本的特征不是"文",而是"武"。在风云激荡的政治舞台上,经过一次次流血冲突,日本自镰仓幕府成立后形成的政治结构,开始发生根本性转变。

井伊直弼被刺后,接掌幕政的老中首座安藤信正忌惮草莽武士的恐怖,不得不改变此前和朝廷抗衡的强硬方针,转而鼓吹公家(朝廷)和武家(幕府)亲睦的"公武合体"论,即实行公家(朝廷)和武家(幕府)的政治联姻,试图借助天皇的传统权威,化解幕藩体制的深刻危机。

文久元年(1861年)三月,长州藩藩士长井雅乐向藩主毛利敬亲递交了《航海远略策》,建议实现"公(朝廷)武(幕府)合体、积极开国通商"。毛利敬亲采纳了这一建议,并令长井雅乐觐见孝明天皇呈上《航海远略策》。为了不让幕府借助朝廷苟延残喘,倒幕派武士再次采取恐怖行动,上演了刺杀安藤信正的"坂下门外之变"。

文久二年(1862年)一月十五日下午五时,安藤信正的行列走出位于江户西丸的府邸。在到达坂下门外时,一名刺客佯装"上访"走近安藤信正的轿子,突然用短枪向内射击。随后,六名刺客与安藤信正的侍卫展开激战,因寡不敌众,被全部斩杀。安藤信正仅被刺客平山兵介砍伤背部和一只手,没有生命危险。

安藤信正没有放弃公武合体的构想。他根据岩仓具视的建议,奏请孝明天皇,让天皇同父异母妹妹和宫亲子内亲王下嫁将军德川家茂。这一建议正合孝明天皇心意,因为他也想以此强化朝廷的声望,并不打算以激进的方式推翻幕府。和宫是仁孝天皇的八皇女,也是"遗腹子",因为在她出生几个月前,仁孝天皇已经驾崩。和宫6岁时与有栖川宫炽仁亲王订婚。然而,订婚第二年即发生了"黑船来航"事件,日本陷入内忧外患的危机。根据公武合体的构想,16岁的和宫与长她十一岁的有栖川宫炽仁亲王解除了婚约。文久二年(1862年)二月十一日,和宫成为和她同年的第十四代将军德川家茂的"御台所"(正室),同时也成为最后一位乘舆进入大奥的"御台所"。因为,末代将军德川庆喜的"御台所"一条美贺子,从未进入大奥。和宫与德川家茂感情融洽,死后合葬于东京增上寺。但是,悔婚却令有栖川宫炽仁亲王非常不爽,此后成为"倒幕"的坚定支持者。

后来成为"倒幕"主力的长州藩和萨摩藩,对"公武合体"立场并不一致。长州藩的木户孝允(当时叫桂小五郎)等"尊王攘夷"派武士认为,"公武合体论"是"毁谤朝廷",迫使长井雅乐切腹自杀,并使藩主毛利敬亲将反对幕府、要求废弃已签署的《日美友好通商条约》和"攘夷",定为"藩是"即藩的基本方针。萨摩藩执政者主张"公武合体"。当年三月十六日,萨摩藩主岛津忠义(又名岛津茂久)的父亲、执掌藩政实权的岛津久光亲率藩兵一千余人抵京,建议孝明天皇施行"公武合体"。孝明天皇表示同意,但提出了三项主张,史称"三事策":一是将军率诸大名进京,在京都商议国政;二是依丰臣秀吉先例,由沿海五大藩主作为"五大老"议决国政;三是任命刑部卿一桥庆喜出任将军"后见"(辅佐官)、越前藩主松平庆永出任非常设的幕府政务总裁——"大老"。显而易见,"三事策"是架空而非摧毁幕府。但是,这种直接干预幕府最高人事安排的要求,幕府当然不会接受。最后,朝廷代表大原重德和德川庆喜进行了会晤,提出了包括人事更迭在内的幕政改革十一项要求,基本为德川庆喜所接受。四月二十五日,幕府解除了对一桥庆喜、松平庆永、德川庆恕的处分(德川齐昭已在年前去世),让他们重新参与幕政。事实上,以后的幕政主要就是由他们主导。一桥庆喜作为将军德川家茂的"后见",成为幕府的核心人物。在一桥庆喜的主导下,幕府进行了机构改革,建立了"三役":一是将军"后见",由一桥庆喜担任。元治元年即1864年一桥庆喜改任禁里御守卫总督,"后见"被废止。二是政事总裁,由福井藩主松平春岳担任,翌年由川越藩主松平直克接任,后在元治元年(1864年)废止。三是京都守护,由会津藩主松平容保担任,取代京都所司代负责京都警卫。另外设立主管陆海军的陆军总裁和海军总裁,设立学问所奉行,负责监督昌平坂学问所和蕃书调所,元治元年(1864年)废止。当时,群集京都的萨摩藩激进派要求岛津久光领导"倒幕"运动,但岛津久光予以拒绝,并严禁其随从与主张"倒幕"的激进分子接触。

同样是在文久二年(1862年)的七八月间,朝廷向外样大名发出敕令,要求各藩参与国事的制定。这不仅改变了外样大名不参议国事的规定,而且改变了朝廷不能与各藩直接交往、由幕府统辖各藩的规定。

萨英战争 文久二年(1862年)九月十四日,日本还发生了一起重要事件,史称"生麦事件"。这一事件不仅对触发萨摩藩向英国学习具有重要意义,而且对改变日本政府"攘夷"政策具有重要影响。那天,查理斯·理查逊(Charles Richardson)、他的店员克拉克(Clark)、英国商人马歇尔(Marshall)及其太太布罗代尔(Braudel),从横滨前往川崎,途经东海道沿线的生麦村(今横滨市鹤见区内),正好遇见萨摩藩主岛津忠义的父亲岛津久光及其由七百人组成的浩大仪仗队经过。按照"规矩",平民遇见大名仪仗队必须下跪并退让。这几个英国人曾经在中国生活,骄横惯了,不知道日本武士和中国官僚的差别,没有遵守"规矩"。洋人"目中无人",令岛津久光一行极度不满。偏巧马歇尔的太太布罗代尔的坐骑因为受惊,冲入了仪仗队。岛津久光手下一个叫奈良原喜左卫门的卫士见状勃然大怒,当即挥刀砍伤了理查逊,其他卫士随后将理查逊砍死。马歇尔和克拉克也被砍伤,马歇尔的太太布罗代尔则被削去头发,失魂落魄,落荒而逃。

光天化日之下对英国非武装人员施暴,令英国侨民群情激愤。英国官方为此向日方提出了强烈抗议,要求将凶手交由英方处置。但是,萨摩藩对此不仅置若罔闻,而且捏造事实。在给幕府的报告中,萨摩藩称砍死砍伤英国人的,是一名叫冈野新助的"足轻"(下级武士)。但这纯属杜撰,因为岛津久光的卫队中根本没有"冈野新助"这个人。见萨摩藩一味推诿扯皮,英国政府给英国驻日公使发出训令,要求他转交英国政府致日本幕府的最后通牒。四月九日,英国公使将这份通牒交给了幕府老中松平信义,要求在二十天内答复。这份最后通牒长达二十多页,主要内容是:要求日本政府就此次事件向英国政府郑重道歉,承诺以后将尽到保护英国侨民生命财产的职责;交付十万英镑作为受害赔偿;命令岛津久光严惩凶手,并命令岛津久光交付两万五千英镑作为遗族抚恤金和伤者抚慰金。

为了迫使日本幕府接受上述要求,英国将由十二艘军舰组成的一支舰队停泊于横滨进行威慑。但是,英国很快发现,幕府势力正急剧衰落,将军德川家茂"留"在京都,几乎被扣为"人质";幕府遵从京都朝廷的旨意让一桥庆喜担任了将军的"后见"(辅佐),日本各地攘夷之火愈发炽烈。在这种局势下,让幕府接受那些要求根本没有可能,于是决定对萨摩藩进行炮击,直接惩戒当事者。

萨摩藩方面也并不示弱,当事人奈良原喜左卫门等人还分别伪装成国书答复使者、卖西瓜的商人等,试图登上英国军舰进行袭击。伪装成使者的成员成功登舰,但其他人则因为英方戒备森严,未能登船,因而这一计划最终以流产告终。

文久三年(1863年)六月二十七日,以旗舰"尤尔雅勒斯号"(HMS Euryalus)为首的七艘英国军舰,在海军中将奥古斯特·库帕指挥下驶入鹿儿岛湾,要求萨摩藩当局处罚凶手和向死伤者家属支付抚恤金和抚慰

第八章 江户时代

金两万五千英镑,并限定在二十四小时内答复。第二天,萨摩藩作出答复:一旦发现凶手立即处罚;支付抚恤金和抚慰金,须待判明是非曲直后再行决定。面对萨摩藩的这一态度,英国方面决定使用武力。双方随即展开了一场激战,日本史称"萨英战争",也称"鹿儿岛炮击事件"。激战中,由于萨摩藩炮台的火炮样式老旧,射程较近,而英军的火炮,特别是1855年服役、以设计者名字命名的"阿姆斯特朗炮"射程远、威力大,将萨摩藩很多炮台摧毁。

不过,由于英方对萨摩藩的抵抗力估计不足,所以双方基本上打了个平手,均损失惨重:停泊在湾内的萨摩藩船三艘被英军捕获,后成为日本外务卿的松木弘安(寺岛宗则)等被俘,大量炮台被毁,鹿儿岛约十分之一的市区被毁。值得一提的是,开炮击中英国军舰的炮手大山岩,后来成为日东北军司令官、日军最早的元帅。为大山岩搬运炮弹的炮手,是被称为"日本海军之父"并且担任过首相的山本权兵卫和后来被称为"军神"的东乡平八郎。

英军旗舰"尤尔雅勒斯号"的舰长和副舰长在激战中阵亡,损失也不小。之后,通过土佐藩斡旋,双方进行了反复交涉,最终达成协议:萨摩藩如抓获生麦事件的犯人,立即在英国士官的面前进行处罚;英国为萨摩藩购买军舰进行斡旋。以上述两个条件为基础,萨摩藩承诺支付赔偿金五千英镑。英国方面对萨摩藩的善战给予了积极评价,而萨摩藩方面也认识到了英国的实力,特别是他们发现英军不仅火炮颇有威力,而且炮弹也不同——英军的炮弹是锥形的,有引信引爆,于是便开始学习建造反射炉,制造西洋式火炮、炮弹。更重要的是,萨摩藩意识到"攘夷"不是明智的选择,转而采取了和英国接近的方针,并派遣十九人赴英留学。这批留学生包括后来的日本明治政府外务卿寺岛宗则、海军兵学校校长松村淳藏、东京开成学校(属东京大学前身)校长富山义成、首任文部大臣森有礼。今天日本鹿儿岛车站前广场,有当年这批留学生的群雕。也就是说,在"鹿儿岛炮击事件"中领教了西洋近代化军事力量的萨摩藩,转而推进开国方针,在幕末的政局中开始拓展新的道路。按照日本外交史研究先驱者清泽洌的观点:"生麦事件不仅是攘夷热潮的一种表现,而且是日本历史的一个重要转折点。因为,这一事件使攘夷雄藩取得了与列国交涉的机会。决定武士态度的是实力,这一事件为武士提供了与列国海军'角力'的机会。当他们能够正确认识和评价对方的实力时,问题也就得以解决了。"

文久二年(1862年),长州藩也开始学习西方进行军制改革,并且秘密派出五名留学生远赴英伦,史称"长州五杰",其中包括被誉为"明治宪法之父"的第一任首相伊藤博文(当时他的名字叫伊藤俊辅),还包括以后历任明治政府外务、内务、财政、农商大臣的井上馨(当时叫井上闻多)。当然,他们学习西方的目的,是"师夷之长技以制夷"。

土佐藩是幕末各藩中实力仅次于长、萨的雄藩。当时土佐藩存在"尊王攘夷派""佐幕攘夷派""开港派"三股势力。最终,集结了"草莽武士"的"尊王攘夷派"将"开港派"首领吉田东洋暗杀并立压"佐幕攘夷派",成为主流。因此,文久二年(1862年)被称为土佐藩的"勤王年"。尊攘派首领武市瑞山起草了"时务策",提出了土佐藩的政策主张:一是以防备外寇为急务;二是改革参觐交代制;三是一切政令由朝廷颁布,各藩须参觐朝廷。不难发现,"时务策"已具有浓厚的"王政复古"色彩。

当年幕府进行了军制改革。十二月,幕府发布《兵赋令》,打破以往军人由武士世袭的限制,规定名主按照领俸禄500石出1人、1 000石出3人、3 000石出10人的份额,提供兵役,而且服役者的年龄必须是17岁至45岁身强体壮者。这支主要由农民组建的队伍除了老式滑膛炮,还拥有新式火炮线膛炮。

西学嬗变 1862年也是日本"西学"的关键一年。虽然自16世纪中叶,"南蛮学"已进入日本。但是,以下三方面因素阻遏了日本对西方人文社会科学的吸收:第一,"锁国政策"对西方人文社会科学存在种种限制;第二,在国际上相对孤立的状态使日本缺乏了解西方人文社会科学理论知识的冲动;第三,新井白石等对"形而上"和"形而下"的学问界定,使西方人文和社会科学受到冷遇。文化八年(1811年),江户幕府设立了专门从事兰学翻译研究的机构——"蕃书和解御用挂"。这一机构的设立,意味着原先仅作为自身爱好而产生的私学——兰学,开始作为服务于权力的知识而得到承认。但是,在整个"锁国时代",兰学基本上是西方自然科学的同义语。

开国以后,这种情况开始发生改变。正如日本西学研究的著名学者沼田次郎所指出的:"特别是世界地理学知识的发达,逐渐变成了对西欧各国历史的介绍,而历史学习不仅是对各国、各民族兴亡史的了解,它同时也刺激了对西欧国家社会文化的关心,并进而寻求这方面的知识。"

第八章 江户时代

万延元年(1860年),幕府派遣村垣范正和新见正兴前往美国交换《日美友好通商条约》文本。根据在美国逗留的感受,村垣范正回国后向幕府提议:"若使有志者留学,则将多有收益。"他的这一提议当即获得幕府采纳。但由于美国爆发了南北战争,于是幕府便在1862年派遣西周、津田真道赴荷兰的莱顿大学留学。京都大学教授山室信一在《法制官僚的时代——日本近代国家设计和知的历程》中指出:"日本的文化和制度,并不是自古以来创造的,而是由归化人(移民)和留学生总结归纳越海传播的知识和技术形成的。这种文化,是将同时代最新的东西用船载入日本,在日本加以改编的文化。"[1]遣唐使和遣唐僧学习中国文化如此,西周和津田真道学习西方文化同样如此。

西周又名西周助,文政十二年(1829年)出生于岛根县。津田真道又名津田真一郎,和西周同年出生,出生于冈山县。在赴荷兰的船上,西周给为他们留学进行斡旋的荷兰东洋学学者霍夫曼去了一封信,陈述了当时日本政府西学观的转变,以及他们此次留学的目的:

> 自七年前(1855年,即安政二年)同欧洲若干国家缔结修好条约后,随着外交和通商的日益增加,日本政府亦认识到吸收欧洲学术之必要并在江户设立了学校(按:即蕃书调所),从各藩选贤任能,使之充当该校教师,教授各种学问。但是,该校的设备和教学方法,仍有许多不备欠缺之处,学问也仅包括物理学、数学、化学、植物学、地理学、历史学,以及读解荷、英、德、法四国语言。有关同欧洲的交际,以及进行内政和体制改良所必需的学问,则全然未被问津。我们此次留学的目的,就是学习上述相关学问……此外,我们还想掌握哲学领域内的学问。由于为我国国法所禁止的西洋宗教思想,同笛卡尔、黑格尔、康德等倡导的思想不同,因此我们对后者也想进行了解。尽管这样做或许较为困难,但是依我所见,研究这些学问,将有助于我国文化建设。如果在短时期内完全掌握相关知识比较困难,那么即使掌握一部分也好。[2]

西周和津田真道经过长途跋涉,到达了荷兰鹿特丹市,然后进入莱顿大学,师从该校教授、自由主义经济学权威西蒙·毕洒林(Simon Vis-

---

[1] 山室信一:《法制官僚的时代——日本近代国家设计和知的历程》,木铎社1988年版,第42页。
[2] 大久保利谦编:《西周全集》第2卷,宗高书房1970年版,第70页。

sering)。西周叙述了他们的学习情况:①

> 自是,除休学日外,每周二夕侍于案下,笔记口授,二阅年,庆应元年(1865年)十月卒五科之业。所谓"五科","一曰性法学,二曰万国公法学,三曰国法学,四曰经济学,五曰政表学"。讲授此学之次序如下:第一论性法,是为凡百法律之根源也;次论万国公法并国法,是推广性法,外以律万国之交际,内以律纪国家之治理也;而后论经济学,是富国安民之术,而论其道如何也;而终之以政表学,是察一国之情状如何,而致其详密之术也。

"性法学"即法哲学,是以自然法思想为基础的近代法律基本思想。在《性法略》中,毕洒林将"性法"定义为"以人的本性为基础的法",将权利分为"原有权"和"享有权"。所谓原有权即"天赋人权"。毕洒林指出:"各人言行可充分自由,但不可因自己的个人自由而妨害他人自由。"即非常简约地阐明了近代法律原则。这一思想不仅对西方近代法学移植日本具有重大意义,而且对西方自由主义思想移植日本也起了极大的促进作用。按照大久保利谦的观点:"明治初期自由主义思想的移植,同毕洒林的名字是分不开的。"②根据毕洒林的讲义译述的《万国公法》和《泰西国法论》,前者对日本了解国际法准则和进行国际交往颇有裨益。现收录在《明治文化全集·法律篇》的,就是该书当年流行的版本;后者则不仅论及宪法、行政法、刑法、税法等,而且涉及私法。尤其重要的是,《泰西国法论》阐述了同以往儒教的法思想和民本主义思想不同的理念,迎合了处于历史转型期的日本的需求。津田真道在该书中创造的许多概念,如"民法""公法""私法""主权""人权""物权"等历久不衰,至今仍保持着活力。经济学学习有毕洒林口授他的主要著作《经济学提要》及有关著作内容,没有专门讲义,但是他的思想显然为西周和津田真道所吸收、传播。例如,西周在他的代表作《百学连环》中提出的观点即表明了这一点:"对当时的日本知识阶层来说,正统学派的经济学入门知识和以人类本性为基础的人权论,是最容易接受的合理主义。"③《表纪纲要》所论述的统计学,

---

① 松本三之介、山室信一编:《日本近代思想大系》第10卷《学问和知识人》,岩波书店1989年版,第18、19页。
② 大久保利谦:《关于津田真道的著作》(二),《帝国学士院纪事》第4卷,第1号。
③ 矢岛佑利、野村兼太郎编:《明治文化史》第5卷《学术》,原书房1980年版,第501页。

第八章 江户时代

是日本依靠正确的统计数字观察形势的近代统计学的先驱,在当时被视为治国安民之学问和社会科学之根本。

"五科"概念自此在日本出现,是他们学习"五科"的重要成果——Natuurregt,译为性法之学(自然法);Volkenregt,译为万国公法之学(国际公法);Staatsregt,译为国法之学(国法学);Staatshuishoudregt,译为制产之学(经济学);Statistiek,译为政表之学(统计学)。

西周和津田真道学习"五科"的第二项成果是译述并出版了毕洒林的讲义,如:

《性法说约》一册(西周译,1880年出版);《性法略》一册(按:本来此书亦由西周译,但因在戊辰骚乱中译稿遗失,故由西周的友人神田孝平重译,1870年出版);

《万国公法》四册(西周译,1868年出版);

《泰西国法论》四册(津田真道译,1868年出版);

《表纪纲要》(津田真道译,1874年出版)。

不过,经济学无讲义,无译著。著名翻译家和评论家、小说家森鸥外,曾经指出西周和津田真道赴荷兰留学的缺陷:"周(西周)和行彦(津田真道)所学政事学五科,几乎全部得以译介,唯缺经济学。此科最初约定由津田真道翻译,最终未遂。"①但是,这绝不意味他俩在经济学的传播方面缺乏建树。按照木村毅在《经济学事始——文久二年遣兰留学生记事》中的记述,西周很早就开始了对经济学的关心。明治七年(1874年),西周发表了著名的《人世三宝说》。在这篇长文中,西周将"最大福祉"或"普遍福祉"视为"人类第一最大目标",并提出了实现这一"目标"的三个必备条件:"第一健康,第二知识,第三富有。"西周称这三个条件为"人世三宝",并强调指出了"富有"的重要性:"若粗蕃陋俗,矮屋褴褛,饮食粗恶,如此别无其他可言,谈何重视健康?既无结绳之制,更无文字之术,何以重视知识?既无积蓄,更不能以货币行积蓄分散聚合之法,又遑论重视富有?由此可知,唯有重视三宝,方能开社会进步之道。"②西周在私塾育英社的讲义《百学连环》中的经济学部分,也显示出他对西方经济学的认知相当系统,其基础就是在留学荷兰莱顿大学时奠定的。

---

① 《鸥外全集》第三卷,岩波书店1972年版,第111页。
② 西周:《人世三宝说》,载《西周全集》,日本评论社1945年版,第239—247页。

津田真道没有撰写过经济学专著,而且论述经济学问题缺乏西周的那种系统性。但是,津田真道的经济学说有独到的视野和鲜明的个性,体现出时代特征。在《天外独语》中,津田真道提出:"富国强兵有三大急务和一个重要秘诀。三大急务,一是改革兵制,二是兴办学校,三是制造舟船以便运输。一个重要秘诀是不妨害事物自然之运。"①津田真道经济思想具有自由主义色彩,他在《论保护税之非》和《贸易权衡论》中,将这种色彩描述得淋漓尽致。针对一些日本人主张效仿美国,采取贸易保护主义的关税政策,津田真道在《以保护税为非之说》一文中提出了尖锐批评。他指出:"以保护税保护贸易必生弊端,实属贻害国民之恶法。对此,西洋各国经济学家已经辨明且几无异论。"按照他的观点,保护税非但不能保护一般国民,而且将导致物价上涨,对国民生活产生负面影响。"依我国今日之形势,若一味效仿美国,是智慧还是愚蠢之举,是否难以判定?"②

除了上述"五科"外,西周和津田真道还学习了西方哲学。特别是被誉为"日本近代哲学之父"的西周,对作为近代哲学之发端的孔德的实证主义颇为倾倒。孔德以"人类智力发展三阶段规律"比喻社会发展的著名理论和他的道德思想,在西周的论著中得到明确阐述。西周和津田真道后来都成为明治六年(1873年)创建的启蒙团体"明六社"成员,在"文明开化"过程中发挥了重要作用。

"维新三杰"之一大久保利通的后代、日本著名史学家大久保利谦,有如下评述:"西周、津田真道留学荷兰,是幕末洋学史上真正具有划时代意义的壮举。因为,在作为日本人首次正式学习西洋近代人文社会科学方面,他们的业绩迈出了明治新文化建设的第一步。"③因为继他们之后,西方的人文社会科学理论和思想从各种途径流入日本,使日本西学完全突破被限定于"形而下"的范畴。明治维新之前,在法学方面,继西周的《万国公法》之后,又有福地源一郎的《万国交际公法》(1869年)等译著问世。在经济学方面,由于"人类万般之需要皆因交易而得以充实"已成为一种普遍观念,因此西方经济学的传播非常迅速。也正因为此,虽然"在经济学领域受到需要供给之理支配方面,诸学士没有异议",但是在如何进行

---

① 津田真道:《天外独语》,载《津田真道全集》(上),美菱书房2001年版,第79页。
② 津田真道:《论保护税之非》,载《津田真道全集》(上),美菱书房2001年版,第308页。
③ 大久保利谦:《幕末·维新的洋学》,吉川弘文馆1986年版,第90页。

交易方面,则主要形成了均受西方经济学思想影响的两种不同的主张。一种是以津田真道为代表的自由贸易论,另一种是以西村茂树为代表的贸易保护论。以后又有田垣谦三和今井延传播的德国历史学派经济学。在哲学方面,最初占主导地位的是英国和法国的功利主义和实证主义思想,尤其是边沁和穆勒的思想。当时,"无论是私塾还是学校,穆勒的著作必有一二在其教科书中得以采用"。①中村敬宇的《自由之理》(1859年)就是这方面的代表作。

西周和津田真道留学荷兰迈出"明治新文化建设的第一步"。之后,幕府又于庆应元年(1865年)和庆应二年(1866年),分别向俄国和英国派遣了留学生。从老中水野忠精要求派遣留学生赴英国的文书中,我们不难发现同以往相比,幕府派遣留学生有了更明确和宏大的目标:"三兵技术之传习,仅是军政之细目和枝叶末节,不能达到从根本上重建军政和治国之目的。为迅速培养近代士官,拟在此选拔人才派赴英国留学,从根本上研究摄取涉及隆盛的英国政事、兵制的各种学术。"②与此同时,萨摩、长州等雄藩也向海外派遣了留学生。1866年,幕府公开允许日本国民渡海出国。这一变化,不仅使开国后实际已失去效力的禁止日本人擅自出海的规定,正式画上了句号,而且顺应和反映了在明治维新后正式提出的"求知识于世界"的时代潮流。

第七节　江户幕府"谢幕"

按照日本学界泰斗丸山真男的观点,"民族意识只要是自觉的,早晚要凝聚成政治上的一体意识。所谓近代民族国家,无疑就是这种意义上的民族意识。如果把以这种民族意识为背景而产生的民族统一和国家独立的主张,称之为广义的民族主义(nationalism, principle of nationality),那么民族主义恰恰就是近代国家之所以成为近代国家而存在不可或缺的精神推动力。而且,因各民族在世界史上所处的地位不同,所以民族国家的形成乃至发展方式也各有独自的形态"。按照他的分类,日本民族主义的

---

① 宫川透:《近代日本吸收西欧思想过程的考察——回顾问题史》,《东洋文化研究所纪要》第14册,1958年3月。
② 见渡边实:《近代日本海外留学生史》(上),讲谈社1977年版,第176页。

形成是在"外患"压力下,经历了海防论、富国强兵论、尊王攘夷论三个阶段完成的。①美国文化人类学家鲁思·本尼迪克特在"现代日本学开山之作"《菊与刀——日本文化诸模式》中写道:"宣告近代日本到来的战斗口号是'尊王攘夷'"。

按照"民族主义研究之父"汉斯·科恩(Hans Kohn)的观点,民族主义分成两类:一类是"内聚性"的传统民族主义,以"民族和国家认同"为特征;另一类是"扩张性"的极端民族主义,以强调"国家和民族利益高于一切"为标榜。值得注意的是,日本的民族主义从一开始就是兼具传统民族主义的"内聚性"和极端民族主义的"扩张性",是"二位一体"的民族主义。这是日本为什么在告别"锁国时代"后不久,在明治时代即对外扩张的重要原因。

民族主义的形成　　"海防论"的提出,标志日本民族主义开始形成。海防论的首倡者是擅长兵学、地理学的思想家林子平。林子平(1738—1793年)受领俸禄六百二十石,从小在担任江户幕府"御书物奉行"的父亲教育和影响下,喜读历史、地理、兵学、经济等书,虽不喜功名,但却慷慨有志,胸怀天下,自青年时代起即四处游历。当时,野心勃勃的沙皇俄国不断沿西伯利亚和堪察加半岛扩张,试图把日本作为供应西伯利亚所需物资的基地。在"北溟黠虏,窥觎神州,常有图南之志"的历史背景下,林子平到达了以北海道为中心的虾夷,见当地已处于俄国锋镝之下,忧心忡忡。为唤起日本的危机意识,他撰写了论述朝鲜、琉球、虾夷、小笠原群岛等地理情况的《三国通览图书》。该书对以后幕府开发"虾夷",使之成为日本行政区划的第八个道——北海道,具有重要影响。之后,林子平又撰写了《海国兵谈》。林子平在该书中强调,"江户日本桥下水,直通中国与荷兰",即日本是四周为海洋环绕的"海国"。他的"海国"定位,是日本人第一次对自身国家的明确定位。因此,林子平被誉为"日本近代国家意识的启蒙者"。同时,《海国兵谈》所强调的"海国之武备在海边""防外寇之术为海战""海战之要在大炮",不仅构成了"海防论"的核心思想,而且他在书中明确阐述的"一统五洲"的霸权主义思想,为日本对外侵略扩张战略,奠定了重要思想理论基础。

---

① 丸山真男:《日本政治思想史研究》,王中江译,生活·读书·新知三联书店2000年版,第269页。

"富国强兵论"的代表人物是本多利明和佐藤信渊。

本多利明(1743—1821年)是数学家和经世家,他提出的"富国强兵"之策的核心,就是实行殖民"开拓制度"。在宽政十年(1798年)撰写的《经世秘策》中,本多利明提出了赤裸裸的侵略扩张理论。他写道,"欧洲各强盛国家其本国虽小,但多有属国,亦堪称大国"。因此,"即使侵犯他国,也应由此而增强本国,是乃国务"。他还具体指出,日本应"主攻"堪察加、"满洲"①、"山丹"(俄罗斯滨海疆区)、"西唐太岛"(库页岛),并在享和元年(1801年)发表的《贸易论》中宣称:"发动战争,谋取国家利益乃是为君之道的秘密",将"贸易之道"概括为"战争之道",鼓吹伺机"进攻外国并占领之"。

佐藤信渊(1769—1850年)是经世家、兵学家、农学家,一生著述颇丰,达三百部八千卷之多,从农学至经邦济世论,涵盖极广,但其中最明确体现"富国强兵论"的,是《宇内混同秘策》。在该书中,佐藤信渊开宗明义地写道:"日本是大地最初生成之国,乃世界万国之根本。若要体现此根本,当使全世界悉为皇国(日本)之郡县,使万国君主皆为日本之臣仆",并将出兵海外的侵略行为美化为"奉天意,正万国之无道"。佐藤信渊还具体规划了日本对外扩张的蓝图:首先侵占中国东北,继而入关全面侵华,然后征服亚洲。

"尊王攘夷"一词,最初见于中国古籍《春秋公羊传》的"尊勤君王,攘斥外夷",是指公元前6世纪齐国宰相管仲推行的政策。《论语·宪问篇》中对此有专门论述。南宋程朱理学集大成者朱熹,将"尊王攘夷"诠释为"尊周室,攘夷狄"。日本的"尊王攘夷"论虽然源于中国,但却具有自身的思想特质。按照尾崎正英的观点:"日本尊王攘夷的思想特征,在于广义的国家本位主张,以及支持这种主张的意识。"②后期水户学派的代表人物藤田幽谷,明确提出了"尊王攘夷"的社会政治意义。他在《正名论》中写道:"幕府尊皇室,则诸侯尊幕府,诸侯崇幕府,则卿、大夫敬诸侯。夫然后上下相保,万邦协和。大矣哉! 名分岂可不正且严乎?"③他的儿子藤田东湖进一步弘扬了"尊王攘夷"思想,提出"以明大义于天下,则王室可

---

① 所谓"满""满洲""满洲国"是日本为侵华战争所准备和使用的伪概念,实际就是中国的东北地区。
② 尾藤正英:《日本历史》第13卷《尊王攘夷思想》,岩波书店1977年版,第50页。
③ 赖祺一编:《日本的近世》第13卷《儒学·国学·洋学》,中央公论社1993年版,第354页。

尊，蛮夷可攘，幕府并昌，异端自衰，而皇道之隆，可翘首而望也"。①"尊王攘夷"作为四字词语在日本文献中的首次出现，是水户藩藩主德川齐昭为颂扬水户藩校弘道馆建学精神而写的《弘道馆记》。

日本"尊王攘夷论"的集大成者是水户藩士会泽安。会泽安，号正志斋，著名儒学家。文政八年（1825年），会泽安将儒家的秩序说、名分论、忠孝观，同神道和国学者信奉的神国观综合在一起，撰写了《新论》。会泽安在该书中提出，面对内忧外患，日本必须"民志划一"，而"尊王攘夷"是实现"民志划一"的有效途径。因为，"尊王"可以使民众之心"敬畏顺服于天威"，"攘夷"可以使民众勠力同心排外夷。"尊王攘夷者，实志士仁人尽忠报国之大义也。"会泽安的《新论》，使"尊王攘夷论"成为一种系统的政治理论，因此被称为"尊王攘夷论的圣典"。"尊王攘夷论"将武士对领主的忠诚，统一为对天皇的忠诚，对明治维新后形成以天皇为中心的集权体制，具有重要意义。

需要强调的是，会泽安所主张的"尊王攘夷论"，并非盲目排外。他在《新论》中提出："欲抵御从海上威逼而来之夷狄，船舰之制，不能不精，水操之法，不能不讲。"②按照日本史学家依田熹家的观点："幕末的攘夷包含着封建性的排外要素和萌芽中的民族主义要素。不管怎么说，在具有通过摄取外国文化发展本国文化之历史传统的日本，即便是'攘夷'，也是在吸取欧美文化，特别是科学技术这一前提下的'攘夷'。"③

萨长联盟　庆长五年（1600年）关原之战后，萨摩藩被迫向德川家康俯首称臣。由于幕府对"归顺者"始终存有戒心，所以一开始就采取削弱其经济实力的做法："减封"，即减少封地。因此，萨摩藩曾长年财政拮据，入不敷出，甚至一度连藩主去江户"参觐交代"的旅费都难以筹措。但是，由于地处西南边陲，在地理位置上有独特"优势"。所谓"天高将军远，地远心自偏"，萨摩藩通过抽税的方式，操控对马与琉球等地的贸易，甚至违反幕府锁国两大内容之一的"贸易统制"进行"走私"，聚敛了大量财富，实力迅速增加。后来因为这些做法被幕府知晓，嘉永四年（1851年）在幕府的威压下，岛津齐兴被迫引咎辞职。他儿子岛津齐彬继任藩主后，采取

---

① 藤田东湖：《弘道馆记述义》，载《藤田东湖集》，日本书院1933年版，第119页。
② 今井宇三郎校注：《新论》，载《日本思想大系》第53卷，岩波书店1978年版，第120页。
③ 依田熹家：《日中近代化比较研究》，卞立强译，上海三联书店1986年版，第93页。

第八章 江户时代

"韬光养晦"策略,借"开国"之利,从万延元年(1860年)到庆应三年(1867年),购入外国船只十七艘,并建立"集成馆"制造枪炮。也就是说,萨摩藩"支持"幕府仅是表象,这种"支持"被后世称为"面从腹非"即阳奉阴违。长州藩的情况和萨摩藩类似。虽然藩主所领石高(俸禄)不少,但也因为遭受幕府种种盘剥而实际是个穷藩,并且穷了上百年。直到天宝元年(1830年)以后,通过实践"人无横财不富"的"至理名言",才"脱贫致富"。所获"横财",也是通过违反"贸易统制"大量"走私"。也就是说,萨摩藩和长州藩"攘夷"的立场是一致的。因为,如果不"攘夷",不再有"贸易统制",他们通过"走私"发财致富的"优势"也将荡然无存。然而,萨摩藩和长州藩的藩政当局,最初"尊王"的立场并不一致。长州藩当局主张"尊王倒幕"。萨摩藩当局主张"尊王佐幕",而萨摩藩激进的"草莽武士"则主张"尊王倒幕"。他们甚至将"佐幕派"要员逐一暗杀,号称"天诛"。后来"四奸二嫔"因此相继遇刺。①在这种恐怖气氛中,幕府不得不将主张"开国"的要员逐一处罚:将安藤信正软禁,将已死于"樱田门外之变"的井伊直弼"削封"十万石。岩仓具视虽躲过一劫,但随后被勒令"辞官落饰"。"辞官落饰"是对朝廷臣属中的政治犯的处罚,即勒令其辞官皈依佛门。

面对气势汹涌的"倒幕"势力,幕府当局自然不甘坐以待毙。幕府重臣一致认为,政局混乱缘于"政出二门"。经反复商议,幕府最终决定,要求孝明天皇明确"大政委任"幕府,并决定由将军德川家茂亲自"上洛"(赴京)向朝廷提出这一要求。文久三年(1863年)三月四日,德川家茂和一桥庆喜、松平庆永等赶赴京都,向孝明天皇提出,为了改变"政出二门"的局面,朝廷应明确将"国政"委托幕府执掌。对此要求,孝明天皇直截了当地表示:"对征夷将军的委托,仍一如既往。"所谓"一如既往",就是强调"征夷大将军"的主要责任是"征夷"即"攘夷"。同时强调:"重大国事当酌情由朝廷直接与诸藩商议。"②幕府"重拾山河"的企图,在日渐强势的天皇面前严重受挫。更令德川家茂尴尬的是,孝明天皇让他留驻京都,并要求他尽早确定"攘夷"日期。德川家茂无奈,奏告朝廷:五月十日发兵攘夷,并向诸藩发出命令:"各防卫本国海岸,严阵以待,若夷袭来,坚决扫攘。"

---

① "四奸"是久我建通、岩仓具视、千种有文、富小路敬直;"二嫔"是今里重子、堀川纪子。
② 日本史籍协会编:《续再梦纪事》第1卷,吉川弘文馆1961年版,第407页;维新史料编纂会编:《维新史》第3卷,吉川弘文馆1983年版,第92页。

这一号令，得到了长州藩积极响应。实际上，"王政复古"这幕历史剧的帷幕，此时已慢慢拉开。

当年五月十日，即天皇敕令攘夷的日子，长州藩向停泊在下关附近海岸的美国商船"贝姆布洛克号"发炮轰击。五月二十三日和二十六日，长州藩炮台又先后向法国军舰"凯夏恩号"和荷兰军舰"梅迪萨号"发炮轰击。美法两国随即还以颜色，派军舰进入长州藩海面，炮击日方兵船和炮台，长州藩则封锁了下关海峡。这场冲突，日本史称"下关战争"。八月十四日，孝明天皇颁布了将亲征即亲自"攘夷"的诏书——"大和行幸诏书"。眼见长州藩势力逐渐控制政局，萨摩藩备感不爽，而老中松平庆永等为了压制试图倒幕的长州藩势力，也想借助萨摩藩势力，遂命岛津久光父子前往幕府议事。所谓"议事"，就是在文久三年（1863年）八月十八日会同萨摩藩和会津藩发动政变：当天午夜十二时，中川宫等公武合体派公家要员向天皇"逼宫"：要求天皇亲自攘夷延期。同时，幕府禁止长州藩主毛利敬亲父子进京，并将朝廷大臣中的尊王攘夷派激进分子驱逐出京，一举夺取了朝廷大权。三条实美、泽宣嘉、三条西季知、锦小路赖德、东久世道禧、壬生基修、四条隆謌等七名公卿被停职"禁足"，即不得外出。不过，七名尊王攘夷派公卿并没有听令"禁足"，而是即刻逃往长州藩，史称"七卿落荒而逃"，其他尊王攘夷派藩主也相继离京，"京都形势因此一变"。根据发生时间，这场政变史称"八一八政变"。

"八一八政变"后，长州藩藩主毛利敬亲和养子毛利元德被逐出京都，丧失了政治主导权。长州藩对此自然不会甘心，一直试图反击。元治元年（1864年）三月，水户藩的激进派因不满幕府攘夷迟缓，在筑波山举兵叛乱，史称"天狗党之乱"。叛乱虽被平息，但各地期望长州藩重返京都掌控政局的呼声高涨，让长州藩看到了深受其鼓舞的"攘夷"势力，长州藩军队遂向京都挺近。此时，朝廷中的绥靖派有栖川宫炽仁亲王、孝明天皇的岳父中山忠能等紧急参谒天皇，请求重新让长州藩主进京。但是，担任禁里御守卫总督的一桥庆喜等强硬派，坚持主张击退长州藩军队。孝明天皇支持强硬派主张，下令征讨长州藩。

元治元年（1864年）六月五日，京都发生了一起震惊全国的袭击事件，史称"池田屋事件"。池田屋是京都的一家旅馆。当天，京都守护职松平容保属下以近藤勇为首的浪人团体"新选组"，根据密报袭击了池田屋。正在那里开会的七名尊攘派重要人物遇难。木户孝允（当时叫桂小五郎）

因为迟到没在现场,躲过一劫。这次事件对明治维新产生重要影响。按照司马辽太郎(本名福田定一)的看法,这次袭击使萨长联盟挥师京都,使明治维新提前开始。也有些学者认为,"池田屋事件"推迟了明治维新的发生。不管提前还是推迟,均不可否认该事件对明治维新的影响。

七月十九日,长州藩军挺近京都,和幕府军、萨摩藩军、会津藩军组成的联军在御苑西侧蛤御门发生激战。长州藩军队一度攻入京都御所,但当萨摩藩军队作为援军赶到后,形势发生逆转,长州藩军队败走。这场激战由于在皇宫九个禁门之一的蛤御门附近的战斗最为激烈,因此史称"禁门之变"或"蛤御门之变"。战斗虽然在一日之内结束,但由于动用了大炮,战火蔓延至京都大街小巷,约三万户民宅和很多神社、佛寺化为灰烬。长州藩与萨摩藩、会津藩因此结下不共戴天之仇。长州藩的武士将萨摩藩和会津藩的武士并称"萨贼会奸",并把这四个字写在鞋底上天天踩踏。

既然不共戴天,为什么萨摩藩和长州藩后来建立"萨长联盟",联手倒幕?概括而言有内外两方面因素。就外部因素而言,是因为"下关战争"后的元治元年(1864年)七月,因长州藩封锁海峡而商业通道断绝、经济备受损失的英、美、法、荷四国决意报复,组成了有十七艘舰船的联合舰队,在八月五日至七日炮击下关,使长州面对强敌,感到必须转换政策。就内部因素而言,作为在"锁国时代"靠"暗度陈仓"即违规进行对外贸易而积攒实力的萨摩和长州,为了维护自身利益,实际上都主张攘夷,反对开国。因为,一旦开国,江户变成通商口岸,贸易势必东移,他们的财路将被阻断。这也是天皇敕令攘夷,长州藩非常积极地在规定日子发炮"攘夷"的主要原因。也就是说,在"尊王攘夷"的风潮中,长州试图以"尊王"之名,迫使幕府继续施行"锁国"政策,并为此不惜与幕府兵戎相见。萨摩藩的"佐幕"和长州藩的"倒幕",看似趣旨迥异,实则异曲同工。因为,孝明天皇主张"公武合体"而不是"倒幕"。但是,列强的坚船利炮使长州藩当政者认识到,"攘夷"是无法完成的任务。因此,转变政策就成为必然选项。这符合武士的逻辑。因为,日本武士历来奉行"实力主义"原则。正如日本著名学者永井秀夫所指出的:"我国(日本)的华夷观,具有从道德的优越向'力'的优越倾斜的倾向。"[①]

---

① 永井秀夫:《明治国家形成期的外交和内政》,北海道大学图书刊行会1990年版,第399页。

促成萨摩和长州两藩建立联盟的关键人物,是萨摩藩的西乡隆盛(当时叫西乡吉之助)和土佐藩(高知县)的坂本龙马。西乡隆盛(1828—1877年)被誉为"最后的武士",但他这个武士,年轻时在斗殴中右手被砍伤神经,不仅打斗有困难,而且连生活都差点不能自理。西乡隆盛曾担任萨摩藩主岛津齐彬的亲信扈从,受开明的岛津齐彬富国强兵思想影响,立志改革幕府政治。后来,因痛感幕府已是"马尾巴串豆腐——提不起来",而且因涉"安政大狱"两次被幕府流放,所以转而积极投身以尊王攘夷为旗号的倒幕运动。他很清楚,"瘦死的骆驼比马大",虽则幕府气数已尽,但仅靠萨摩藩一己之力难以扳倒幕府。此前萨摩藩和长州藩交手,使西乡隆盛看到了长州藩不俗的实力。"敌人的敌人可以成为朋友",古今亦然。于是,西乡隆盛便萌生了与长州藩联手倒幕的念头。恰在这时,美国结束南北战争,不少武器流入萨摩藩。西乡隆盛从一个叫格罗夫的美国商人那里购得了一些枪炮,并转让给在与幕府的对立中急需武器的长州藩,这种"雪中送炭"的举措,迅速拉近了萨摩藩和长州藩的关系。

最终将萨长两藩拉到一起的,是坂本龙马。坂本龙马(1836—1867年)是土佐藩(高知县)低级武士——乡士。[①]坂本龙马出身虽然"低级",但家里世代经营做清酒生意的"才谷屋酒店",占有土佐藩清酒市场过半市场份额,非常有钱。在强调身份等级的江户时代,乡士可以花钱买,城下士却不行。乡士虽然也能持姓佩刀,但不能住在城下町,不能像城下町的武士那样穿木屐。就因为穿的是草鞋并时而被城下町的武士嘲笑,坂本龙马一直忿忿不平。僵化的社会等级制度容易滋生怀才不遇者的不满情绪,进而转化为社会不安定因素,古今中外亦然。不过,坂本龙马能够扮演这一角色,主要有两方面原因。

第一,他和萨长二藩的倒幕首领熟识。19岁的坂本龙马从老家土佐藩(高知县)到达江户后,进了北辰一刀派千叶定吉的剑术馆学习剑术,认识了倒幕派活跃人物桂小五郎(即木户孝允)。而西乡隆盛则是坂本龙马的偶像。坂本龙马化名"西乡伊三郎",就是表达对西乡隆盛的崇拜。西乡隆盛对坂本龙马的"随机应变"的处世风格很不理解,曾经问坂本龙马:"你总是变来变去,如何取信于我?"坂本龙马用《论语》

---

① 日本武士主要分两种,住在城下町的叫城下士,住在乡村的叫乡士。

里的话回答道:"'子在川上曰:逝者如斯夫,不舍昼夜'。世界是不断变化的,君子当顺应潮流。您一旦做出决定就贯彻始终而不审时度势,会落后于时代。"坂本龙马的"多变",实际上是"与时俱进",是"始终走在时代前列"。今天的日本仍流传着这样一个故事——

某日,土佐藩的"勤王党"成员桧垣直治挎着长刀去见坂本龙马。坂本龙马对他说:"你还打算用那样的刀打仗吗?今后的战争用的是枪。"说着,当即从怀里掏出了一把手枪。过了几个月,桧垣直治又带着一把枪来见坂本龙马,得意洋洋地说:"今后的战争是靠这个吧?"孰料,坂本龙马说:"枪虽然可以杀敌,但这本书可以振兴日本。"说着,拿出了一本《万国公法》。必须强调,对当时的日本人而言,所谓的"国"是指"藩国",不是指"日本国"。日本只是"太阳升起的地方"。坂本龙马是第一个真正具有"日本国"是世界上的一个国家的意识并使用"日本国"这一国家名称的人。

第二,坂本龙马既非立场坚定主张攘夷,也非旗帜鲜明拥护开国。在他看来,摆脱民族危机的根本途径是"富国强兵"。为了实现这个目标,坂本龙马在长崎创办了一个商社,叫"龟山社中",专门从事军火贸易以及萨摩藩和长州藩之间的交通运输。在他看来,倒幕与其说是政治斗争,不如说是经济斗争。只有首先打破幕府的贸易统制,才能进而瓦解幕藩体制,最后组织新政府。

庆应二年(1866年)一月二十一日,经坂本龙马斡旋,萨摩藩的西乡隆盛和长州藩的木户孝允(当时叫桂小五郎)在京都秘密会晤,缔结了六条盟约,要点是:举兵上京坂;取胜后上奏朝廷;万一战事不利,仍当全力以赴;上奏朝廷,求免冤罪;拥奉朝廷,尽力周旋;获免冤罪后,振皇威,兴皇国,万死不辞。①因为有这份盟约,在江户幕府认为长州藩"犯上作乱"且私自与海外通商,奏请朝廷征伐长州,即"第二次征伐长州"并获天皇批准后,萨摩藩不仅拒绝出兵,而且还帮助长州藩向英国采购了七千支新式步枪。

大政奉还 庆应二年(1866年)七月,年仅 21 岁的幕府第十四代将军德川家茂病殁。因宗家无嗣,以第十三代将军的未亡人天璋院为首的大奥势力主张按照规矩,由"御三卿"之一田安家的田安龟之助继嗣。但

---

① 维新史料编纂会编:《维新史》第 4 卷,吉川弘文馆 1983 年版,第 15 编第 2 章第 3 节。

是,田安龟之助当时年仅4岁,根本没有临危受命的能力,①因此各老中力推一桥庆喜接班。一桥庆喜最初尚有犹豫,但最终决定相续宗家。八月二十日,幕府发出了德川家茂的讣告和一桥庆喜成为德川家督的公告。随后天皇颁发"委任状"即"将军宣下",一桥庆喜易名德川庆喜,就任幕府第十五代将军。"德川庆喜是幕末政治史上最值得关注的人物之一。"②上任后,他励精图治,聘请法国公使罗歇尔为顾问,对幕政进行了大刀阔斧的改革,主要内容是:第一,军事改革。改变军人由武士世袭的传统,创建近代常备军,征募农民和町人组建新式步兵,由法国军事教官进行训练。以虾夷地(北海道)的矿山作为资产担保,向法国借款购买包括军舰在内的武器。第二,政治改革。设立"将军后见""政事总裁""京都守护"三个职位即"三役",由政事总裁统辖全国政务,实施中央集权,同时将幕府分为五个局,分管国内、国际、财政、陆军、海军各项事务。首领由老中担任,改称总裁。第三,经济改革。建造铁道,开发矿山,征收新税。第四,立法改革。建立与内阁制相似的两院制议会。木户孝允曾如此评价德川庆喜:"德川庆喜的胆略实在不容小觑,他简直是德川家康再世。"(尽管很多改革内容由于不久"大政奉还"而未实施,但获得明治政府继承。)但是,倒幕派并未改变初衷。庆应二年(1866年)九月八日,大久保利通(当时叫大久保一藏)给西乡隆盛的信中写道:"余以为当乘此不可失之机,施共和之大策,破征夷府之权,尽吾等之力,立兴张皇威之大纲。"③十月,大久保利通还和公卿岩仓具视沟通,形成朝野联手倒幕态势。④

德川庆喜继任将军十天之后,庆应二年十二月二十五日(1867年1月30日),主张公武合体、反对武装倒幕的孝明天皇统仁突然大行。由于《孝明天皇纪》没有记载至关重要的死因,所以有不同说法。学术界的主流看法是"毒死说"。孝明天皇驾崩后,睦仁亲王即位。睦仁出生于嘉永五年(1852年)一月九日,是孝明天皇的二皇子,幼名祐宫,生母是时任权

---

① 明治后田安龟之助相续宗家成为德川家当主并改姓德川,后改名"家达"。1940年去世,享年78岁。
② 竹内诚编:《德川幕府事典》,东京堂出版2003年版,第24页。
③ 庆应二年(1866年)九月八日大久保利通致西乡吉之助信函,载《大久保利通传》(中),清风阁1907年版,第64页。
④ 大久保利谦:《岩仓具视》,中央公论社1973年版,第171—174页。

大纳言的中山忠能的女儿中山庆子。万延元年(1860年),祐宫被定为储君,获名睦仁。庆应三年(1867年)一月九日,15岁的睦仁正式即位,朝廷中以岩仓具视为首的倒幕派和萨摩藩以大久保利通、西乡隆盛为首,长州藩以桂小五郎(木户孝允)为首的倒幕派积极联系,并让年少的天皇下了讨幕密敕。日本列岛上空战云密布。就在此时,日本发生了一件当时波澜不惊的事。这件事当时鲜为人知,以后却显示出无与伦比的意义。做这件事的人就是促成"萨长联盟"的坂本龙马。

坂本龙马生前几乎寂寂无闻,不熟悉日本史的读者,或许连坂本龙马的名字都没听过。但是,在他去世几十年后,坂本龙马在日本突然闻名遐迩,受到各阶层人士拥戴,被称为"平民英雄""日本近代商业始祖""民主先驱""尊王楷模""帝国海军保护神",等等,不仅受尊重程度超越他的老师即先后担任江户幕府海军和陆军统领,明治维新后任海军卿的胜海舟,甚至超越"明治维新三杰"。21世纪初,《朝日新闻》曾就"日本1000年政治人物排行榜""希望其重生拯救今日"进行民意调查,坂本龙马均名列榜首。坂本龙马获得如此高的评价,主要因为他避免了内战的发生和拟定了明治维新的"草案"。

庆应三年(1867年)六月九日,坂本龙马和土佐藩参政后藤象二郎一起乘藩船"夕颜号"赴京。途中,坂本龙马提出了八条建议,史称"船中八策":

> 第一,天下政权奉还朝廷,政令悉由朝廷发布;第二,设上下议政局,置议员参赞万机,万机决于公议;第三,以有才公卿诸侯及天下人才为顾问,赐予官爵,除以往有名无实之官吏;第四,广泛开展对外交往,签订新约;第五,折衷古来之律令,重新撰定无穷之大典;第六,扩充海军;第七,置亲兵守卫帝都;第八,定金银货币与外国平均之法。①

"船中八策"深得后藤象二郎欣赏,他增添了一些自己的想法,主要是仿效西方的政体,建议将军把"大政"名义上奉还天皇,同时设立一个由将军主持的"大名会议"掌控实权。另外组建一个由各藩选拔的有识之士的机构。前者为"上院",后者为"下院"。后藤象二郎与在京的西乡隆盛、大久保利通等会晤后,签署了以大政奉还、实行议会政治、推行新政为主要

---

① 宫地佐一郎编:《坂本龙马全集》第2卷,光风社书店1978年版,第89页。

内容的盟约，于十月三日拟就了《大政奉还建议书》，呈给了土佐藩第十四代藩主山内丰信。山内丰信对此非常赞同，认为这样既可实现"大政奉还"，又可使德川庆喜无殒命之虞，实属恩义两全。山内丰信将建议书面呈幕府老中板仓胜静。建议书强调："鉴于宇内之形势，古今之得失，夫惟欲建皇国振兴之基业，当一定国体，一新制度，王政复古。"必须强调的是，"船中八策"的第一策就是"大政奉还"。第二策"万机决于公议"被直接体现于"五条御誓文"。其余各策，后来都成为明治维新各项法律的条文。但是，倒幕派对此并不知情，即便知情也不会认同。特别是萨摩藩和长州藩，还签署了联手倒幕盟约。十月十四日清晨，两藩收到了由岩仓具视送达的天皇讨幕密敕："殄戮贼臣庆喜。"但是，德川庆喜接到建议书后，鉴于萨摩和长州两大雄藩虎视眈眈的"倒幕"态势，内战一触爆发，而且朝幕的两元政体一元化后，自己仍居两院首席，控制大权，认为可以接受。实际上，在此之前德川庆喜就曾向谋臣原市之进透露过"王政复古"的想法，但被原市之进劝阻。①经与众幕僚商议，德川庆喜十月十四日当天，向朝廷提出了奉还政权的上表，十月二十四日又呈上了将军辞表。倒幕派得知这一消息后颇为恼火。因为如此一来，他们失去了"大义名分"即倒幕的理由。

王政复古 倒幕派的决心并没有因德川庆喜"大政奉还"而动摇。十一月四日，岩仓具视向天皇睦仁秘密呈上《王政复古议》，请求天皇敕令讨幕。萨摩藩和长州藩以及加入讨幕阵营的艺州藩（广岛）军队，也摆开了和幕府一决雌雄的阵势。十二月九日，岩仓具视晋见明治天皇，奏请实行"王政复古大策"。西乡隆盛则指挥军队包围御所。当天下午，倒幕方召开了由皇族、公卿、大名、武士参加的御前会议，发布了《王政复古大号令》，正式宣布接受德川庆喜奉还大政、辞退将军的请求，废止了原来以摄政、关白为首的朝廷组织，建立了由有栖川宫炽仁亲王任"总裁"，中山前大纳言等多名公卿和德川庆胜、岛津茂久等前任或现任藩主任"议定"，由岩仓具视、后藤象二郎、公卿和"五藩"各三名藩士任"参与"的总裁、议定、参与"三职"政体，并颁布了《王政复古大号令》，宣布"德川内府奉还以前委任之大政并辞退将军职位二事，已即刻获准。我国原自癸丑以来，遭受前所未有之国难，先帝频年为之所苦，扰虑之情众庶周知。因此，圣意已

---

① 涩泽荣一编：《昔梦会笔记》，东洋文库1966年版，第63—64页。

决,实行王政复古,奠定挽回国危之基。自此废除摄政、关白、幕府等,先暂设总裁、议定、参与三职,使之处理万机"。

《王政复古大号令》颁布后,总裁、议定、参与,以及萨摩、长州、土佐、尾张、越前"五藩"的头面人物,在宫中小御所举行了一次会议,史称"小御所会议"。会议就向德川庆喜递交《大政奉还建议书》进行了讨论。山内丰信强烈主张召开大名会议,并请德川庆喜本人参加。但大久保利通对此表示坚决反对。他强调,德川庆喜应该"辞官纳地",即不仅辞去"征夷大将军"职位,还应交出土地。如果德川庆喜不同意这么做,就"免官削地","将德川庆喜的罪状昭示天下"。会上分成两派。要求德川庆喜"辞官纳地"的意见占据上风。会后,松平春岳赶赴德川庆喜所在的二条城,向他传达了小御所会议的决定,遭到拒绝。当天晚上,长州藩的先遣部队开进京都,德川庆喜见此阵势离开京都退居大坂,并按照法国顾问的授意,向英法等国宣布遵守所签条约,同时还上书朝廷,强调自己是获天皇宣旨的征夷大将军,倒幕派是"奸贼",希望天皇"清君侧"。山内丰信等公武合体派也逼岩仓具视让步。

十二月二十二日,"三职会议"再次讨论,最终达成妥协,将让德川庆喜"辞官"改为"辞去前内大臣职务",进京担任"议定"。"纳地"改为对德川庆喜的领地进行调查后,"由天下公论确定"。根据"三职会议"决定,倒幕派再次同德川庆喜进行交涉。但是,取得不少藩主和旧属支持的德川庆喜仍表示拒绝,交涉以破裂告终。大久保利通事后认为,就"辞官纳地"问题同德川庆喜交涉,以及"三职会议"最终达成妥协是"两大失策"。

见德川庆喜冥顽不化,睦仁天皇再次向萨摩和长州两藩发去密诏,要求出兵倒幕。密诏写道:"源庆喜,借累世之威,恃阖族之强,妄贼害之忠良,数弃绝王命,遂矫先帝之诏而不惧,跻万民于沟壑而不顾,罪恶所至,神州将倾覆焉。朕今为民父母,是贼而不讨,何以上对先帝之灵,下报万民之深仇哉。此朕之忧愤之所在,谅阇而不顾者,万不可以也。汝宜体朕之意,殄戮贼臣庆喜,以速奏回天之伟勋,而措生灵于山岳之安。此朕之愿,无敢或懈。"

但是,倒幕派并非真正实现了精诚团结,他们有些人认为,诉诸武力是一柄"双刃剑"。按照长州藩的木户孝允的说法,如使用不当,则"不仅不能赢得公论,而且可能给敌手千载难逢之机会"。因此,长州藩对是否诉诸武力,犹疑不决。面对长州藩的犹豫,萨摩藩的大久保利通深感忧虑。他在给岩仓具视的信中表露了这一心境。他写道:"以萨摩藩一个藩的实力,恐怕难以应对众多之朝敌。"

与倒幕派的犹豫和消极形成对比的是,幕府方面已开始采取积极行动。明治元年(1868年)一月一日,德川庆喜携带着讨伐萨摩藩的《讨萨表》,以"清君侧"为名,以会津、桑名两个藩的藩兵为先锋,举兵进京。见幕府方面的军队来势凶猛,萨摩藩和长州藩即刻联手反击,内战迅疾爆发。这场内战因发生于农历戊辰年,史称"戊辰战争"。在战争开始前,长州藩已由熟悉西方近代军事的大村益次郎主持进行了军事改革,废除了以往藩兵的编制,建立了以奇兵队、集义队、膺惩队为主力的新式陆军。尤其是高杉晋作建立的奇兵队,以"聚集有志者,不论藩士、陪臣和轻卒,都同等对待"为原则,是由平民组成的军队,而且装备有从英国购买的法国造米涅步枪四千三百支、荷兰造盖贝尔步枪三千支,相当有战斗力。萨摩藩也仿效英国军队编制进行了改革,组建了以城下队和外城队为主力的新式陆军,也装备了从西方进口的新式枪炮。

如前面所述,德川庆喜上台以后,在文久二年(1862年)底,进行了军制改革,还聘请法国教官进行法式陆军训练。但是,幕府军的军官始终由世袭的武士担任,仍未摆脱封建制度的束缚,这和萨长联军存在明显区别。

在幕府军发兵京都后,萨摩藩和长州藩的军队分别在京都的鸟羽和伏见布阵阻止,与幕府势力展开激战。同时,岩仓具视和西乡隆盛等动员各藩举兵倒幕。但是,山内丰信声称,这是德川家和长州、萨摩两个藩的"私斗",反对征讨。支持"王政复古"的越前、尾张、土佐、安艺等藩也"坐山观虎斗"。但朝廷的亲王公卿等认识到,如果萨长联军战败,幕府势必东山再起,因此坚决主张讨伐。一月三日,朝廷宣布德川幕府是"朝敌",号召诸藩勠力讨伐。四日,朝廷任命仁和寺宫嘉璋亲王为征讨大将军。当天,嘉璋亲王捧着天皇御赐锦旗和节刀到达东寺的官军大营,令倒幕军士气大振。倒幕军的实际指挥西乡隆盛针对当时的战况写道:"三日到六日,没有后退一步,没有一点失败,如此能克敌制胜的军队,前所未有。"

一月六日,德川庆喜放弃大坂城由海路逃往江户,动摇了幕府军的军心。三十一日,朝廷再次发出讨伐德川庆喜的命令,并在二月三日剥夺了德川庆喜的官职。九日,由西乡隆盛担任指挥的东征军以萨摩、长州藩军队为主力从京都出发,几天后抵达江户城外。西乡隆盛决定三月十五日发起总攻。面对强敌,旧幕府势力的主战派要求决一死战。但是,幕府军虽然装备洋枪洋炮,下属各藩的藩兵使用的仍是刀剑甲胄等冷兵器,实力显然不敌萨长联军。

在战局危难之际,德川庆喜主动引退,将幕府大权交给陆军总裁胜海舟,命令他与官军议和,自己则在江户的宽永寺闭门反省。胜海舟认识到幕府日暮途穷,民心向背明显,于是向西乡隆盛求和。经过谈判,朝廷同意免德川庆喜一死,德川家业由"御三卿"的田安龟之助继承,让他改名德川家达,给予骏府城(静冈县)70万石作为俸禄,妥善安置德川幕府的家臣。随后,胜海舟打开城门,将江户城移交新政府军。这一幕,史称"江户无血开城"。之后,东北地方仍有战事,直至当年五月才最终平息。至此,历经15代将军、存续了265年的江户幕府时代宣告。遗憾的是,坂本龙马未能看到这一幕。他在庆应三年(1867年)十一月十五日33岁生日当天晚上,在京都经营酱油的近江屋被刺身亡。

德川历代将军年谱

为了祭奠戊辰战争阵亡官兵,天皇睦仁敕令建造一个神社。明治二年六月二十九日(1869年8月6日),神社建成,取名东京招魂社。之后,佐贺之乱(1874年,明治七年)、西南战争(1877年,明治十年)等在内战中阵亡的官兵,也作为"护国英灵"被"合祀"在东京招魂社。

第八节 "儒学四大学派"的共性和个性

前美国驻华大使埃德温·奥·赖肖尔在《日本人》一书中写道:"今天,几乎没有一个日本人认为自己是儒教徒,但在某种意义上说,几乎所有的日本人都是儒教徒。"①作为一个娶了日本妻子的"日本通",这句话反映了他对日本人的观察和判断,即日本人的言行举止颇有经儒学熏陶而呈现出的特点。但是,按照日本学者梅棹忠夫的观点,"在理解日本的儒教时,至少应该严肃地说明两个问题:第一,江户幕府实际采用的儒教思想,究竟是什么思想?第二,日本人今天所理解的儒家思想的本质是什么?必须明确,日本儒教和原来的儒家学说,实有天壤之别"。②确实,正如任何思想文化进入日本,都会遭遇本土化改造一样,源于中国的儒学进入日本后,并不享有"豁免权"。

一般认为,儒学是在公元5世纪前后传入日本的。但是,在日本相当长的历史阶段,儒学作为一种教学体系,仅仅作为从属于佛教,特别是佛教禅宗的工具。直到江户时代,这种状况才得以改变。正如已故南开大学王家骅教授所言:"进入江户时代后,儒学摆脱对于佛教禅宗的从属,开始独立发展,进入它在日本的全盛时期。"③

作为"官学"的朱子学　　江户时代日本的儒学有四大派别:朱子学派、阳明学派、古学派、国学派,其中朱子学派因被奉为官学,影响最大。朱子学有狭义和广义之分,狭义的朱子学是指朱子即朱熹本人的思想理论,广义的朱子学包含对朱子思想理论的探索和研究。早在镰仓时代中期,朱子学已经传入日本,最初由京都禅林五山僧侣用以诵习中国古文。正因为此,当时不仅原属于儒教学说的朱子学和日本的禅宗存在内在关联,而且不存在真正意义的朱子学者。直到进入江户时代以后,即17世纪以后,经过藤原惺窝和他的学生林罗山等人的努力,日本才形成了不仅独立于佛教,而且独立于中国朱子学、具有独特风格的日本朱子学。

日本朱子学的开山祖师是藤原惺窝(1561—1619年)。藤原惺窝脱离禅门转向儒学,被认为是日本儒学走向独立的标志。藤原惺窝5岁剃度入寺,18岁师法禅宗,在兼修禅学和儒学的生涯中,逐渐确立了"人伦皆真"的思想。藤原惺窝和中国的朱子学者一样,对佛教的出世主义思想持批判态度,并逐渐弃佛学而向朱子学。他这样写道:"我久从事释氏然有疑于心。读圣贤书,信而不疑。道果在兹,岂人伦之外哉!释氏既绝仁

---

① 埃德温·奥·赖肖尔:《日本人》,孟德胜、刘文涛译,上海译文出版社1980年版,第233页。
② 梅棹忠夫:《77把钥匙:开启日本文化的奥秘》,彭前旭、李名宏译,上海文化出版社1990年版,第91页。
③ 王家骅:《儒家思想和日本文化》,浙江人民出版社1990年版,第77页。

种,又灭义理,是所以为异端也。"①藤原惺窝将"理"视为先于物质存在并产生万物的客观精神本体,持"理本体论"观点。藤原惺窝吸收了原始朱子学以"理"为思想理论核心,强调理的至纯至善和理气一元论,认为天理是最高道德要求。但是,他不排斥陆(九渊)、王(阳明)学,也不忽视旧儒学汉唐训解的作用。藤原惺窝顺应日本传统意识对朱子学进行"改造"和诠释,形成了独具日本文化特色的朱子学。换言之,藤原惺窝推崇的朱子学,是将中国朱子学的思想主张和日本神道的精神伦理相融合。他强调的是排佛,目的就是使儒教能够脱离佛教取得自立。藤原惺窝的学说,使日本儒学摆脱佛教束缚,成为建筑于人类理性之上的独立学说,为朱子学在日本的独立发展,奠定了重要基础。不过,正如有些专家所指出的,藤原惺窝"并非纯粹的朱子学者"。藤原惺窝虽然"排佛",但他的思想主张却有儒释道合流的色彩。作为日本朱子学的"鼻祖",藤原惺窝的贡献主要在于建议德川家康奉朱子学为"官学"并获得采纳。以后历代幕府将军因此扶掖朱子学,使日本朱子学者得以产生。

林罗山(1583—1657年)是江户时代朱子学的另一位代表性人物。他11岁入京都建仁寺学习佛教,后倾心于朱子学,将藤原惺窝带有宗教色彩并且专注于修身、齐家的宋学(理学),提到治国、平天下的高度。他认为理既是先天和内在的本性,同时又是君臣、父子、兄弟、夫妇、朋友五种人伦关系即"五伦"的准则,强调以忠、孝、悌、忍、善作为"五伦"的规范。林罗山不仅排斥佛教,而且排斥陆王心学。他积极提倡儒学和日本本土宗教神道的结合,提出了"神儒一体论"。林罗山的另一项不可忽略的贡献是,作为"大学头",他在庆长十年(1605年)被幕府聘用后,一生侍奉四代将军,参与起草《武家诸法度》等法律文书。自林罗山后,"大学头"由林家世袭,对朱子学作为"官学"持续发挥影响具有重要意义。

除了藤原惺窝和林罗山以外,日本朱子学的代表人物还有山崎闇斋、贝原益轩和室鸠巢,他们均从不同侧面为儒学在日本的发展做出了贡献。日本儒学得以独立和朱子学作为官学地位的确立,除了藤原惺窝和林罗山等人的思辨与努力外,更因为朱子学所具有的内在魅力,以及江户时代社会发展的需求。同汉唐的儒学相比,宋朝勃兴的朱子学具有以下特色:第一,排斥纠缠于经书的语言学研究,提倡所谓的道统之传和通过"四书"

---

① 王家骅:《儒家思想和日本文化》,浙江人民出版社1990年版,第79页。

而不是"五经"来把握孔孟的根本精神,并力图弥补以往的儒教思想理论性的弱点,树立贯通宇宙和人类的形而上学,将儒教的伦理原则哲学化,从哲学的高度论证封建伦理道德的合理性。第二,强调"格物穷理"和"万物之理需你逐一去看"的实证主义精神。这种精神,同江户时代以手工业和农业的发展为背景的自然研究的精神,以及"从元禄、享保时代起,实证的学风逐渐风靡于学术世界"的氛围,是一致的。① 第三,朱子学强调:"读书无疑者须教有疑,有疑者却要无疑,到这里方是长进。"即提供了一种怀疑和批判的精神。这种精神,同样是日本近世思想界的一个特色。按照日本著名哲学家高坂正显的观点,日本新型的读书人具有三方面的性格特征:批判的精神,实用的精神,变革的精神。依此观之,朱子学为这种性格特征的形成,提供了必要的支持。

  以往学术界一直认为,作为官学的朱子学在日本意识形态中占据主流地位。最初提出这种观点的是井上哲次郎。井上哲次郎明治三十六年(1903年)出版的"汉学三部曲"之《日本朱子学派之哲学》,是这种观点的开篇之作。日本学术大家丸山真男也持这种观点。但是,自20世纪90年代"后丸山"时代的来临,很多学者对这种观点提出疑问。他们认为,神道和佛教而不是朱子学,才是真正的主流意识形态,并有强烈渗透力。无论朱子学还是儒学,在日本江户时代只是一种知识教化体系,在社会治理方面发挥的作用有限。笔者认为,这种质疑不无道理,但程朱理学思想对日本江户时代意识形态的重要影响,似不可忽略。概括而言,至少表现在以下三方面。一是朱子学关于"忠"的思想,为武士道精神的培养提供了重要营养。二是由于江户幕府奉朱子学为官学,为了使武士和民众子弟受到朱子学的熏陶,不仅创办了很多武士子弟学校"藩校",而且创办了大量平民子弟学校"寺子屋",从而使受众迅速扩展,使江户时代的日本教育成为日本教育史承先启后的重要纽带。三是武家政权原先缺乏强调其政权合法性并用以教化人心、赢得民意支持的意识形态。朱子学的兴起满足了江户幕府这方面的需求。这也是幕府奉朱子学为官学的根本原因。

  日本阳明学 在日本儒学中,阳明学派是与朱子学派分庭抗礼的学派。"阳明"是中国明代思想家王守仁(1472—1529年)的号,因筑室阳明

---

① 伊东多三郎:《近世史的研究》第1册,吉川弘文馆1981年版,第247页。

第八章 江户时代

洞讲学而自号"阳明先生"。然而,"阳明学"是"和制汉语",在此之前,日本对王阳明的学问沿袭中国的学问传统,称"姚江学"或"王学"。"阳明学"一词的发明者是吉田松阴:"大盐(平八郎)亦阳明派。取观为可。然吾非专修阳明学。但其学真。往往与吾真会耳。"19世纪末,日本出现了一场意欲创造日本"国民道德"的运动,并为这场运动取名"阳明学"运动。1896年7月5日,吉本襄的铁华书院在东京创办了半月刊《阳明学》。因此,必须明确,"阳明学"一词产生于日本人借用王守仁的号"阳明"而发动的社会运动。这场运动被简称为"阳明学"。实际上,它和王阳明哲学思想研究在名称上有类似性,但和作为书斋"学问"的"阳明学"存在明显差别。特别需要强调的是,日本近世阳明学系谱形成于近代,经过井上哲次郎等人的构建而基本定型。实际上,江户时代的所谓"阳明学者"并没有明确的学派意识,也没有形成连贯的学脉,甚至没有相对集中的思想主张。

日本阳明学的元祖是"近江圣人"中江藤树(1608—1648年)。中江藤树原先也是朱子学信徒,在读了《王阳明全书》后,对阳明学一见倾心。中江藤树也认为"心"是本体,是天地万物和万理的本源,但他并没有重复王阳明"心即理"的命题。虽然在他的著述中不时出现"明德""良知""心""中""孝德"等名词,他的见解也是围绕"大学之道,在明明德,在亲民,在止于至善"的思想而阐发的。[①]但是,在他看来,这些名词实际上都是同义词,都意味着将宇宙和人类贯穿起来的某种精神实体。中江藤树和王阳明一样,也被认为是主观唯心主义者,不同的是,王阳明是借助"心之本体""良知"这一抽象的先验的道德意识,将儒学进一步道德哲学化的,而中江藤树则直接将"孝"这一道德规范作为本体,从而使他的道德哲学更富于感情与自然的色调。

日本阳明学的另一位代表人物是曾师从中江藤树的熊泽蕃山(1619—1691年),尽管他并不以阳明学的信奉者自居,甚至批判中江藤树"学未成熟,尚有异学之弊",但他将"太虚"作为世界的根源,将人类的"性""心"和"太虚"等同的主观唯心主义观点,以及将"明德"同"孝德"等

---

① "大学之道,在明明德,在亲民,在止于至善",是《大学》第一章开宗明义的一句话,译成白话文是:《大学》的宗旨,在于阐明和弘扬高尚的道德,在于体察民情关爱民众,在于达到最高境界的善。以"致良知"为哲学命题和以"知行合一"为方法论的王阳明,对这句话非常推崇。

量齐观,使儒学成为人类普遍之道,主张"孝乃太虚之神道,造化之含德"的道德哲学倾向,并没有超出阳明学的范畴。所不同的,只是他努力从根本上将阳明学的"心法"理论同见于古典的各种范畴结合起来,以及他详尽阐发的宗教论和政治论。

日本的阳明学在熊泽蕃山之后一度陷于沉寂,近百年未出现具有重大影响的阳明学者,直至18世纪末19世纪初,才因为佐藤一斋和大盐中斋而呈复兴趋势,尽管当时并没有"阳明学"一词。生活于幕末维新期的山田方谷,则在实践方面最具代表性。与始祖中江藤树及先师佐藤一斋不同,他是一位"活用王学于实际"的实践者,尤其在财政经济领域,山田方谷作为"经济实用"型的阳明学者著称。但是,日本的阳明学从未上升至官学地位,从未获得中国的阳明学所获得的荣耀。不过,自江户时代后期,阳明学不仅进入了藩校的教学体系,而且成为诸藩大名推进藩政改革的重要指导思想。无论谱代大名还是外样大名,无论佐幕派还是倒幕派,均有阳明学的信奉者,包括萨摩藩的西乡隆盛、大久保利通、东乡平八郎,以及长州藩的木户孝允、伊藤博文、高山晋作、吉田松阴。身份、立场迥异的大名和武士均青睐阳明学,可见其魅力非比寻常。究其原因,主要是阳明学主张革新。

独具特色的古学 朱子学派和阳明学派的对立,导致了人们对后世儒学的怀疑,促使他们试图在孔孟,或孔孟以前的先王之教那里探求儒学的真谛,并因此而形成了古学派。在日本儒学各派中,古学派最具有日本特色,最充分地表现出了日本文化和日本民族心理的特征。古学派学者原多为朱子学追随者,后怀疑朱子学,认为朱子学与孔孟之道不同;认为战国的诸子、汉唐的儒家、宋元的理学,并非继承周公、孔、孟之道。因此,他们主张应直接读先秦古籍,恢复孔孟圣贤之道,以探求古代儒学之真义。他们呼吁不应依赖后人的注疏,而应从孔孟的原著中直接探索儒学的真意。也就是说,他们虽然打着复古的旗帜,但他们所重视的,并不是考证性的经学,而是以古典信仰为依据的世界观,或"经世之学"。他们虽然被归入同一学派,治学目的也基本相同,在以古典信仰为依据这一点上也异曲同工,并有着共同特点,但事实上他们的思想体系和思想内容有明显差别。

古学派有三个代表人物:山鹿素行、伊藤仁斋和荻生徂徕。山鹿素行的特点在于其武士道理论,主要作为兵法家影响后世。伊藤仁斋以研究古义学为业，尤重视探讨道德的古义。荻生徂徕则标榜根据"六经"阐明"先王之道"，认为要解读"六经"，就须研究古语——古文辞学。

山鹿素行(1622—1685年)是古学派的先驱。山鹿素行早年信仰朱子学，后又学习神道，并曾修佛学，习老庄。虽然他接触了各种思想体系，但都终觉不满，于是便"直览周公、孔子之书，以为规范"，在1662年，即41岁那年走上了所谓古学的道路，并在认识论、道德论方面发表了不同于朱子学和阳明学的见解。在认识论方面，山鹿素行提出天地"无始无终"，"气"(阴阳)是万物的终极因素，"理"是"万物之间"的"条理"，排斥朱子学的"理"的形而上学。但是，他同时又将"太极"说成是万物的开端，表现出一种矛盾性。在道德论方面，山鹿素行将"仁"视为道德的源泉，并在"仁"与"礼"的相互联系中理解"仁"，提出"仁者，克己复礼也"，在"礼"这个社会的、客观的规范中寻求形成道德的根据。另外他还提出："人皆有好利恶害之二心"，"果无此利害之心，乃死灰槁木，非人也"。这种认为"利"和"义"不两立的观点，是山鹿素行道德论的一大特色。

伊藤仁斋(1627—1705年)最初也师法朱子学，后来和山鹿素行几乎同时倾向于古学。古学分为古语义学派和古文辞学派，伊藤仁斋是语义学派创立者。如果说山鹿素行是古学的先驱，那么伊藤仁斋则促成了古学的兴起与繁荣。他的学说和朱子学主要存在两方面差异。一是朱子学强调"以理为本"，伊藤仁斋以"气"为本，认为"盖天地之间，一元气而已"。二是朱子学认为宇宙是寂静不动的，伊藤仁斋以"一元之气"的活动说明一切现象，认为"天地乃一大活物"。他明确否定朱子学也主张的"开天辟地说"，认为天地无始终，无开辟，天地万物就像走马灯似的生生变化。在道德论方面，两者几无差别。孔子最推崇的是"仁"，"仁"的本质就是爱。伊藤仁斋的道德观也以"仁"为核心，认为"圣学"就是王道，王道就是仁义。伊藤仁斋认为"仁义礼智四者，皆道德之名，而非性之名"。不过，伊藤仁斋反对朱子学把人性分为本然之性和气质之性，强调道德和性不同，是客观的东西，是一种"不待有人与无人"的本来自有之物。但他同时又在人类的"心"，在孟子所谓的"四端之心"(恻隐、羞恶、辞让、是非)中，寻找仁义礼智的"端本"，从而陷入了一种矛盾境地。

荻生徂徕(1666—1728年)初时信奉朱子学，50岁后受中国明朝文人李攀龙和王世贞的古文辞学影响，开始批判宋学，并在日本开拓推广古文辞学，他也因此成为古学的古文辞学派创立者。享保二年(1717年)，他撰写了《辩道》一书,论述了他独特的古学思想。荻生徂徕视中国自尧至周公治理下的社会为理想社会,主张复古。他认为,孔子所谓的"道"就是以"仁"为核心的"先王之道",不是朱子学讨论的抽象的"天道与性"。"先王"就是尧、舜、禹、汤、文、武、周公七位圣人,"道"就是安天下之道。体现"先王之道"的是"物"即"礼""乐""刑""政"。经孔子整理而传授的"六经"即《诗》《书》《礼》《易》《乐》《春秋》,记载了"先王之道",所以学习"先王之道"须直接研读六经;而准确理解六经要义,必须通晓汉语古文辞。荻生徂徕的学说被称为"徂徕学",徂徕学使古学达到顶峰。其最大的特点是不仅像古学派的其他代表如伊藤仁斋那样以区别天道与人道的形式,割断宇宙观与伦理观的连续性,而且进一步将儒学界定为治国安民的政治学。按照北海道大学初任校长佐藤昌介的观点,徂徕学"使不属于政治领域的自然研究的自由,获得了意识形态的保障"。[①] 这一保证为西方科学文化的导入提供了必要的理论前提,至关重要。

日本的国学 和朱子学一样,日本国学也有广义和狭义之分。狭义的国学是以《古事记》《万叶集》《律令》《延喜式》《和名抄》等古代文献为基础,研究日本古代文化和文学的学问,以契冲、荷田春满、贺茂真渊、本居宣长、平田笃胤为代表。广义的国学包括神道、历史、有职故实、官职、文学等全部学问。通常所说的国学指的是狭义的国学。日本的国学试图最大限度地摆脱中国文化的影响,其研究具有明显的"日本中心主义"倾向。

国学也是时代变动的产物。"应仁之乱"后,日本社会结构发生了深刻变化,出现了"下克上"风潮。和日本社会政治势力的消长类似,日本文化也出现了大规模的新陈代谢,歌学得到了很大发展。至江户时代,歌学更是深入市井,成为町人文化的重要方面。在17世纪末的元禄年间,曾经写出传世名歌"圣朝有古道,荒芜甚少人迹。我来试登攀,悠悠忆往昔"的户田茂睡,对强调形式主义的公卿歌学进行了尖锐抨击,提倡歌学应遵循"古道",阐发《万叶集》《古今集》的意义。几乎同时,僧人契冲写出了释解《万叶集》的著作《万叶代匠记》,真正开始了对古典语言学的研究。契冲曾作为真言宗的僧人在高野山修行,一度担任曼陀罗院住持。他涉猎广泛,精通佛典及和汉古书,借助丰富而扎实的学识研究古典,留下了诠

[①] 佐藤昌介:《洋学史研究序说》,岩波书店1976年版,第44页。

释《伊势物语》的《势语臆断》以及诠释《古今集》的《古今余材抄》。他的《万叶代匠记》更是实证严密,论述独特,成为国学的开篇之作。契冲也因此被视为复古国学的先驱。按照本居宣长的评论:"我国古学早经契冲开始。"①石田一良也认为:"跟仁斋大约同时,通过对《万叶集》的训诂、注释,在和学领域创造了复古气势的,就是大坂的僧人契冲。"②

契冲为国学的产生做了开拓性工作,但他没有从古典研究中引出独特的思想体系。日本国学是在西学东渐的历史背景下,日本本土文化自觉产生的标志之一。之所以称"国学",就是为了同"洋学"相区别,一如当时将传统服装称为"和服",是为了同"洋服"相区别。国学的代表人物是后来被称为"国学四大家"的荷田春满、贺茂真渊、本居宣长、平田笃胤。

荷田春满(1669—1736年)自幼学神典和歌学,是一位职业神官。他通过对古歌和浩瀚古书的大量研究,对自伊势神道至垂加神道的一些观点,提出了批评。按照贺茂真渊的评价,荷田春满"广涉大和之古道,详加探索,不仅对古歌,而且对浩瀚古书也进行耕耘,多有辛劳"。但是,荷田春满的观点既同儒教思想具有折中的倾向,也不对佛教观点一概排斥。例如,他认为,"天尊地卑,君为天,臣为地,父子夫妇之别,亦同理也"的观点,原本是传统的儒教思想。他提出的学术命题和主张"神儒融和"的林罗山的思想主张,多有异曲同工或如出一辙之处。例如,荷田春满提出,"万神悉皆集中其德于此一神也",而林罗山则主张"此一神分身而成诸神之总体,犹如天上之月一轮,而万水皆映其影"。荷田春满并不盲目地信奉古典。他认为,古典的记载是为了讲道而编的寓言类故事,未必就是事实。因此,他的思想并没有完全汇入作为独特思潮的国学,他的思想体系不同于复古国学的思想体系,也没有真正摆脱佛儒世界观体系的影响。

贺茂真渊(1697—1769年)是国学的确立者。他的学生本居宣长在《玉胜间》第一卷中写道:"廓清唐心,专攻古词心之学,始于吾县居大人(贺茂真渊)。"在徂徕学的治学方法和态度的影响下,贺茂真渊致力于古

---

① 永田广志:《日本哲学思想史》,陈应年等译,商务印书馆1992年版,第125页。
② 石田一良:《日本文化——历史的展开》,许极燉译,上海外语教育出版社1989年版,第261页。

文辞学和语言学的研究,在《万叶集》的研究中提出了独特的世界观,从而作为国学确立者登上了历史舞台。贺茂真渊早年拜对老庄哲学颇有修养的儒者渡边蒙庵为师,后入荷田春满门下。作为国学者,贺茂真渊致力于《古事记》《日本书纪》《万叶集》《三代集》《伊势物语》等典籍的研究。贺茂真渊曾仕于第八代将军德川吉宗的次子田安宗武,64 岁辞官后居室号"县居",并因此被尊称为"县居大人"。或因为曾是渡边蒙庵的学生之故,"顺乎天地自然"为贺茂真渊津津乐道,并构成他世界观之基础核心,而这显然和老子强调的"道法天地自然"有着直系血脉。以此为基础,贺茂真渊反对"超人为性",尽管这是一切国学家的共同特征,但是贺茂真渊更强调"顺乎天地自然"。

贺茂真渊对平安文化持否定态度,他认为代表平安时代的和歌《古今集》是"弱女风格",而代表奈良时代的《万叶集》的和歌则是"丈夫风格",并从这种立场出发歌颂上古社会,将质朴的奈良时代,特别是佛教兴盛以前日本为统一国家而采取的军事统治理想化。另一方面,他认为佛教和儒教这些外来的学说所倡导的礼和制度,使人们丧失了作为人类天性的"直心",使儒教的观"神祖之道"衰微。虽然这种批判封建制意识形态——儒教的观点,隐藏着反封建的因素,但他那"智慧出,有大伪"的老子式愚民主义见解,却不属于反封建的意识形态。

本居宣长(1730—1801 年)早年学习儒学、医学,后一边以行医为业,一边研究国学,将国学发展到最高峰。本居宣长通过他的《古事记传》,阐释了他的国学思想,概括而言有以下两方面核心内容。

第一,强调"真心"的意义。本居宣长将文学的本质同伦理学的本质相区别,提倡文学抒发"事物之幽情"。在他看来,文学既不是"为了教人",也不是以"雄壮"与否为价值尺度。他承认艺术的独立价值,排斥道学对艺术的评价。本居宣长认为,"无论善恶,都是与生俱来的心"。这种不虚伪的真心构成道德,以这种真心待人接物,自然会泛起一种自然而深切的感情。他将这种感情称为"物哀",强调那是人性的自然流露,是人的灵魂的根源和纯粹的姿态。文学的最高价值,就是即时和准确把握这种表现,培养坦率地感知事物的真心,而不是进行儒教或佛教的道德说教。他认为,古代之所以没有"说教",就是因为具有基于"真心"的道德。和贺茂真渊不同,他推崇平安时代的"弱女风格"而不是奈良时代的"丈夫风格",但他对人类"真心"的肯定和对儒佛"慧黠"的批判,仍不外是对国学前辈的思想的继承和发展。

第二，明确显示"尊皇论"和"种族优越论"。本居宣长认为，历来被神道家视为经典的《日本书纪》，是受"汉意"影响的产物，唯有《古事记》值得推崇，应照《古事记》所传说的那样相信神业，听任神意，绝对服从天照大神的子孙——天皇。按照他的说法，"皇国从神代起就定下了君臣的名分，君本来就是尊贵的，这种身份的尊贵并不是由德决定的，而是由种决定的。在下位的无论如何有德，也不会改变他的身份，即使历万万年，君臣之位也不会动摇"。本居宣长将日本民族固有的精神称为"大和心"，将传自中国的学问称为"汉意"，是拘泥于形式的歪理。他主张抛却"汉意"，追求以真情直感接触事物的"物哀"即"大和心"。他认为，儒教和佛教的道义是阻止神的裁决，是对人性的压抑。应将其抛却，遵循"唯神之道"，即从神代流传下来的日本固有之道。本居宣长的"尊皇论"和"种族优越论"，是德川封建制走向衰落时，日本国权主义社会思潮的反映。另外值得注意的是，如水户的儒者会泽安所批评的，在本居宣长的观点中，带有基督教的神学观的影子。虽然本居宣长对以往国学中一些合理成分的歪曲，使之在一定程度上趋于荒诞，但是他把对封建意识形态特别是对儒教道学的批判向前推进了一步，显然为国学的研究开辟了新的局面。

平田笃胤(1776—1843年)出身于秋田藩士之家，先独自求学，后阅读本居宣长的著作并被吸引，文化二年(1805年)成为本居宣长的儿子本居春廷的弟子，遂以本居宣长的后继者自诩，自称"宣长殁后的门人"。但是，平田笃胤没有继承宣长的文献实证学，而是形成了自己独有的思想。

平田笃胤和本居宣长对日本国学的发展，有着不容低估的作用和影响。甚至有些学者认为，平田笃胤才是日本国学的集大成者。他俩的思想观点既有共同点，也有不同点。他俩都认为日本是"万国之本"，天皇是天照大神的后裔；他俩都主张以日本古典为依据。但是本居宣长强调依据《古事记》，平田笃胤主要依据《日本书纪》；本居宣长以排儒为主，排佛为辅；平田笃胤以排佛为主，排儒为辅。平田笃胤在《灵能真柱》一书中，阐述了以宇宙开辟和幽冥信仰为基础的幽灵供奉方法。他的学问具有"宗教国学"的色彩，强调神道是所有宗教世界观和道学世界观望尘莫及的绝对真理，被称作"平田新道"。其实，所谓"平田新道"就是复古神道。

他还发表了《古史成文》《古史徵》和研究冥界的《仙境异闻》等。晚年,他被幕府禁止著述并被逐出江户,回到故乡秋田。然而,他的国粹主义思想,后来成为明治政府国家神道的思想支柱。

必须强调的是,国学本是与日本古典相关的学问,是对日本人生存方式和日本社会应有方式的思考。如其将神话作为历史进行适度夸张,也存在于很多民族,但是,日本国学日益浓厚的"种族优越论",却违背了"民族平等"这一国际关系的基本原则,其最后为侵略扩张分子所利用具有逻辑的必然性。

第九节 神道的成熟和武士道的确立

作为"日本文化三根支柱"的儒释(神)道,唯独神道是日本土生土长的宗教。被称为"中国知日第一人"的戴季陶,在《日本论》一书中写道:"表面上,日本最盛的宗教是佛教,而骨子里日本人普遍信仰的是神道。"但是,神道也是在与外来思想文化和宗教的影响下形成和发展的。神道既发源于日本民族的原始信仰、自然崇拜,也受到外来文化、宗教的催化和滋养。毋庸置疑,神道是在吸收外来文化的过程中充实、完善的。因此,神道既是日本人原始朴实理念的体现,也是日本本土文化与外来文化冲撞、排斥、融合的投影。《唯一神道名法要集》中这样写道:"神是天地万物之灵宗也。所以,阴阳不测谓之神。道是一切万行之起源也。所以,非常道谓之道。总的器界、生界、有心无心、有气无气,都是我们的神道。""阴阳不测谓之神",即出自中国的《周易》,由此可见中国文化对神道的影响。

神道的释义和演进 神道是在佛教和儒教的影响下嬗变和成熟的。《日本书纪》中的"天皇信佛法,尊神道",是"神道"二字在日本典籍中的首次出现。而且《日本书纪》本身就是以传自中国的汉字写成的。

何谓神道?按照《广辞苑》的定义:"神道是我国固有的民俗信仰,以祖先神的崇拜为中心,是古来的民间信仰在外来思想——佛教、儒教的影响下逐渐理论化的宗教。"按照《国史大辞典》"神道"项中的释义:"所谓神道,是指基于日本民族的神观念而发生于日本,主要在日本人中间展开的传统宗教实践,以及支撑它的生活态度和理念。除了个别的两三个教派以外,神道属于没有教主的自然发生的宗教,是主要在日本人中间传播的民族宗教。"菌田稔在《日本民俗大辞典》"神道"项中写道:"将伴随古代的民族形成,在稻作文化基础上成立的神观念中产生的神话和祭祀为典据,在历史上与强有力的外来诸宗教共存,一边发生各种变化而存续至现代的日本土著宗教的系谱,总称为神道。除了近代成立的若干教派以外,神道是历史上没有开山祖师的自然发生的宗教,是扎根于日本的风土、只传播于日本人之间的民族宗教。"二者大同小异。现代日本对神道的理解,基本按照他俩的定义。

那么,历史上,神道是如何嬗变和演进的呢?日本学者石田一良认为,时代如同季节,神道如同经常换穿衣裳的木偶:"一旦时代变化,木偶就会灵巧地脱掉前一个时代旧思想的衣裳,改穿下一个时代新思想的衣裳。奈良时代之初,木偶穿着的是为大和朝廷统一制作的国家意识形态的衣裳,诸氏族皆穿着这种衣裳。在《古事记》中可以发现这种表现。进入平安时代,从中国传来的佛教浸透于国民,于是木偶又脱掉以前思想的衣裳,换上佛教的衣裳,成为神佛习合神道……江户时代,中国南方的儒教开始流行,木偶又丢弃佛教的衣裳,改穿宋明儒学尤其是朱子学的衣裳,变成儒家神道。至国学兴起,木偶又迅即脱掉儒教的衣裳,换上国学的衣裳,形成神国(学)习合的古学神道。到明治时代后半期,家族制国家意识形态抬头,木偶又换上家族制国家主义思想的衣裳,成为国家神道。"[①]

神道的构成要素,可分为五大领域:神社神道、皇室神道(宫中祭祀)、学派神道(理论神道)、教派神道、民间神道(民俗神道)。神道在这五大领域的表现,其实也是随时代的变迁和主流意识形态的变奏,在不同历史时代呈现出的不同特点。

绳文时代,日本民间就存在祖先崇拜和万物有灵的泛神信仰,巫术和咒术也已经存在。弥生时代,日本邪马台国的女王卑弥呼"事鬼道,能惑众",就是巫术和咒术的证明。同时,当时已出现敬神祭祀,如氏神和地域神崇拜。已出现祈求丰收的祈年祭。至大和时代,对天神地祇的崇拜开始形成系列,祭祀场所也相对固定,神社因而出现,"神社神道"芽蘖初生。所谓"神社神道"以族缘或地缘为基础,以神社为中心,祭祀族神、氏神、地域神,缺乏宗教理论和教派基础。神社都有"社号"。

[①] 石田一良:《日本文化史》,东海大学出版会1994年版,第258—259页。

社号分三类：一是神社，占绝大多数；二是神宫，供奉皇室祖先，如主要供奉天照大神的伊势神宫、供奉第五十代天皇桓武天皇和第一百二十一代天皇孝明天皇的平安神宫、供奉第一百二十二代天皇明治天皇的明治神宫；三是大社，日本原先只有供奉"国中第一灵神"大国主神的出云大社，战后其他一些神社也开始称大社，如作为藤原家族守护神而建造的春日大社。追根溯源，神社神道的历史非常悠久，今天所谓神道，主要指神社神道。神社祭祀有不同的神，保佑人们某方面诉求。例如，稻荷神社祭祀农业和商业神，出云大社祭祀"姻缘神"，天满宫祭祀"学问神"菅原道真。

所有神社都有像牌坊一样的标志，那个标志叫"鸟居"。鸟居是神界和俗界的分界线，进入鸟居就是进入了神的世界，所以必须先脱帽、整理衣冠、鞠躬，然后进入，并且要走在两边，不可以走在中间，因为中间是神明通行的。穿过鸟居后，要用水屋的水洗手，先洗左手，再洗右手，然后用长柄的勺子舀点水放在手心漱口。这么做的寓意是清除污浊。敬神，当然要干干净净才行。去神社拜神也有捐钱的习俗，日本人称"赛钱"。这种风俗源于向神明敬献大米，后来变成了敬献现钱。在神社拜神必须"先付后拜"，即先捐钱，再许愿。许愿者要先把钱放进赛钱箱，摇一下铃，然后"二礼二拍手一礼"，即双手合十二鞠躬，拍两下手，再一鞠躬，在这过程中许愿。

飞鸟时代，虽然朝廷"大兴三宝"，但以皇室为中心的神祇系列即"皇室神道"也登上了历史舞台。8世纪初先后颁布的《大宝律令》和《养老律令》，规定朝廷中设置"神祇官"，以主祭天照大神的伊势神宫信仰为中心的"皇室神道"，开始孕育成熟。如每年十一月二十三日新谷成熟时举行的神尝祭与新尝祭，就是由天皇亲自向神明贡献新谷。皇室神道原本是天皇家系的宗教，但随着律令国家的建立，逐渐演变为国家和公共性质的宫廷祭祀。

奈良时代，"南都六宗"形成，佛教传播繁荣，没有经籍的神道遭受强烈冲击。但是，神道通过吸收佛教学说强化自身的理论色彩，将神道和佛教融为一体的"神佛习合"公开亮相。"理论神道"因此产生。

平安时代，神道和佛教并行不悖，一如"唐风"与"国风"均有自己吹拂的空间。但是孰主孰从，在历来强调等级的日本却难免发生争执。有人提出"佛主神从"的"本地垂迹说"。所谓"本地"即佛的法身或真身，所谓

第八章 江户时代

"垂迹"即佛的化身。这种以佛教为尊的论说,强调神道的神祇是佛的化身,甚至认为日本诸神是佛的护法神。

进入武家执政的镰仓时代后,理论神道发展更加迅速。由于强调"神主佛从"的"反本地垂迹说"日益强势,主张神佛同体的"两部神道"和"山王神道",先后问世。"两部神道"为真言宗倡导,以大日如来的金刚界、胎藏界两部理论,解释和论证伊势神宫内宫外宫的统一关系,故名"两部神道"。"山王神道"为天台宗倡导,又称"天台神道""日吉神道"。因日本天台宗效法中国天台山国清寺奉"周灵王太子乔"为"山王",将比叡山延历寺的镇守神日吉明神奉为"山王",认为山王明神就是释迦法身佛,是日本最高神,故称"山王神道"。这两个宗派都创立于平安时代,此时鼓吹"神佛同体",为了自身的生存和发展,应是重要动因。

进入室町时代以后,佛教界逐渐形成"儒佛不二"的思潮。为了顺应这一思潮,神道也迎头而上,将此前已经出现的"神佛习合"融入"儒佛不二"思潮,形成了主张儒释(神)道三教一致的"伊势神道"和"吉田神道"。伊势神道由伊势神宫外宫的祠官度会行忠、度会家行、度会常昌等创立,亦称"外宫神道"和"度会神道",以"神道五部书"为经典。①伊势神道宣扬"日本神国,天孙国主"思想,强调国常立尊是宇宙本原神,反对佛本神从的本地垂迹说,主张以神道为主体,吸收佛、儒、老庄、易、阴阳五行等思想,注重清净正直。清净分"内清净"和"外清净"。心中无杂念为内清净,六根清净为外清净。不难发现,其学说明显受到佛教影响。吉田神道由京都吉田神社的祠官吉田兼俱创立。吉田兼俱原姓卜部,所以吉田神道也称"卜部神道"。吉田神道主张日本自古唯有神道一法,无其他杂法,神代不混外教,纯粹相续,所以也称"唯一神道"。和本地垂迹说相反,吉田神道主张神道是根本,儒教是枝叶,佛法是花实,反对使神道依附于佛教,主张宇宙的根本神即万物的本体是国常立尊,强调佛是神的化身而不是相反。吉田神道受密教和道教影响,比较注重神秘的宗教仪式。进入江户时代后,吉田神道势力不断壮大,约有一半神职人员属吉田神道。

神道的体系 村上重良在《国家神道》一书中指出,神道是作为共同

---

① "神道五部书"即《天照坐伊势二所皇太深宫御镇座次第记》《伊势二所皇太神御镇座传记》《丰受皇太神御镇座本纪》《造伊势二所太神宫宝基本记》《倭姬命世纪》。

体的祭祀而产生的民族宗教,没有可称作教义的思想体系。但是,经历了长时期与佛教、儒教的交流融合、对立冲突后,神道在江户时代成了以儒学神道和复古神道为代表的具有完整理论教义的民族宗教。江户时代,儒学从佛教中独立出来并得到迅速发展,成为占统治地位的主流意识形态,神道也受到儒学的强烈"辐射"。"儒学神道"随之产生。一些神道学者吸收儒学的理论,特别是其中的朱熹理学,创立了神儒习合的神道学派,主要有吉川神道、垂加神道。吉川神道又称理学神道,由吉川惟足创立。吉川惟足出身于江户商人家庭,曾任幕府官吏,他先师从伊势神宫外宫的祠官度会延佳学习度会神道,又师从吉田兼从学习吉田神道,然后吸收朱熹理学创立了吉川神道。吉川惟足认为,朱熹理学中的太极即日本的国常立尊,一切神都是太极的外在表现。吉川神道推崇儒家伦理,强调君臣之道,主张人伦之道以君臣之道为最,"君臣之道,万古不易",而后将"忠君思想"同样贯彻于夫妇、父子、兄弟、朋友。强调敬义一体是人伦道德的根本。认为五行中土是万物之母,金是五行核心。吉川神道主要文献有《神代大意讲谈》《神道大意注》《日本神道学则》《神代卷惟足抄》。垂加神道由山崎闇斋创立。山崎闇斋幼时曾出家为僧,后习朱子学,还俗为儒。山崎闇斋晚年师从度会延佳和吉川习惟足学习神道,后将朱熹理学与神道学说相结合,创立了垂加神道。"垂加"两字取自度会神道最重要的经典《倭姬命世纪》:"神垂以祈祷为先。冥加以正直为本。"山崎闇斋以"神垂祈祷,冥加正直"为座右铭,主张"道即大日孁贵之道,教则猿田彦神之教"。他以朱熹的理气说和五行说释神代记述,以阴阳五行配天神七代,强调尊皇忠君和大义名分,鼓吹以日本为世界中心的神国思想。主要文献有《神代卷风叶集》《中臣祓风水草》《垂加草》。

江户中期,作为古学、和学研究的结果,国学者特别是前述"国学四大家"同时着力宣扬复古神道。他们对依赖儒教和佛教解释神道的做法表示质疑,试图把握存在于古典的神道的真义。复古神道认为,宇宙万物的创造神是天御中主神即国常立尊,世界分为显(现世)幽(冥界)两界,显界由天照大神的后裔天皇统治,冥界由大国主命统治。因此忠君是复古神道学说的逻辑结论,而人死后要在幽界接受审判。复古神道还强调伦理纲常中孝道最重要。这显然受到儒教影响。因为,"孝"在日文中的原义是"善"和"高",并没有"孝顺"的含义。

第八章 江户时代

虽然复古神道家在古典中发现的"真义"和强调的侧重点各有不同，如贺茂真渊注重于国民性，本居宣长注重于民族性和真心，平田笃胤从幽冥信仰出发确立了大和魂。但是，在赋予神道以古典的基础、国民的信念、宗教的情操这一点上，他们的观点和以往的神道学说相比，确实是崭新的。不过，复古神道为了将儒教的因素逐出神道，虽然对儒教神道进行批判，但它在许多方面仍和旧神道存在内在联系。尤其需要指出的是，复古神道鼓吹日本民族是天照大神的后裔，当统治世界，其国体皇位尊严无上，对明治维新王政复古有很大影响，也是近代神社神道的主要理论依据。复古神道的主要文献有本居宣长的《直毗灵》《古事记传》，平田笃胤的《古道大意》《俗神道大意》等。总体而言，学派神道属于具有共同思想的理论共同体，在各个时代分别给予思想影响，但各流派很少形成独自的教团。

儒学神道和复古神道得以产生的一个重要背景，是佛教遭到江户幕府的严格管控，因而理论和思想的活力遭到限制。江户幕府成立后，为了加强对佛教的控制，建立了两项重要制度：本末制度和檀家制度。本末制度，即确定各宗派本寺、中本寺、直末寺、孙末寺等上下统属关系。檀家制度是随着幕府禁止基督教传播的政策而对以前类似制度的强化。"檀家"，意为"施主"。自宽永十七年（1640年），幕府先后在中央和各藩设立了"宗门改役"，规定民众在婚姻、旅行、迁移、担任公职时，必须具有寺院开具的证明其是佛寺"施主"而不是基督教徒的文书，编制户籍账册，使各家各户同寺院建立特定的联系。

需要指出的是，幕府的控制虽然在一定程度上压制佛教的教理性发展，但却使佛教具有世俗色彩的学说取得很大发展。江户时代作为佛教一大特色的各宗派学术机构的设立，以及各宗学说的勃兴，在很大程度上归因于幕府为统制佛教而制定的各项政策。在统制的同时，幕府要求各宗派开展教学研究。正是在幕府的鼓励下，各宗派相继建立了学寮、劝学寮、劝学院等教学机构。不过，既然奖励教学同幕府维持封建统治的政策互为表里，那么"扶正驱邪"也就成了一种定例。这种定例在日莲宗、净土真宗、天台宗、真言宗等宗派中俯拾皆是。同时，这种"扶正驱邪"虽然很容易导致教学的定型化，使各宗派难以开展学术交流，但却使宗学内容得以整理并体系化。例如，宽政六年（1794年），净土宗西本愿寺文如宗主命学林的宗学者编纂了《二十二种邪义问答》。文政十年（1827年），净土宗东本愿寺派妙音院了祥,也编纂了《异义集》。这种宗学的整理和体系化,为明治以后近代佛教的形成奠定了基础。同时,在这一时期,佛教各宗派出现了一个新的共同的倾向,即宗教学说和世俗伦理的紧密结合。这种结合,同战国时代后成长起来的现世人文主义倾向,以及作为维护幕藩体制理论根据的五伦五常朱子学伦理,是相对应的。并且,这种结合也意味着对儒学者以佛教的非伦理性、非经济性的指责为核心的排佛论的反击。

各宗各学的这种结合,大多采取了将佛教的"四恩""五戒""十善戒"①等说教同五伦五常的伦理观相结合的形式。为了求得同儒教伦理的妥协,它和维持、拥护幕藩体制的生活规范是相始终的,并因此而出现了作为自身整肃的"戒律复兴运动"以及护法思想的发达。

檀家制度的实施,虽然使民众同佛教有了密切联系,但这并不意味民众理解并信仰各个宗派的说教。准确地说,大多数民众是通过将佛教的各项礼仪溶解在日常生活习俗中的方式来接受佛教,并使之多样化、普遍化、生活化的。这是江户时代佛教的一大特色。

江户时代后期,教派神道先后登场。教派神道是日本江户时代末期新兴宗教的总称,又名"教派神道十三派",包括天理教、黑住教、金光教、实行教、扶桑教、御岳教、禊教、神理教、神道修成派、大成教、神习教、大社教、神宫教。其中以天理教最有势力。教派神道均以神道信仰为基础,同时吸收了复古神道的神学理论。这些教派虽然主要信奉神道教义,但各有教祖、独立的教义和自己的组织,且一般不以某一神社为活动中心。教派神道的登场,在神道史上有两个重要意义:一是改变了以往神道以神社为依托的存在模式,开拓了神道教团化的新路;二是改革了神道以祭祀为主的宗教活动形态,促进了神道从礼仪宗教向教义宗教的发展,使神道进一步民众化。

神道信仰的普及,也是江户时代的一大特色和神道的一大特色。之所以出现这种局面,主要有两方面原因:一是藩主的鼓励和学者的宣传。当时,会津藩(福岛县)的保科正之、备前藩(冈山县)的池田光政、尾张藩

---

① "四恩"即四种恩德。有两种说法:一说是父母恩、众生恩、国主恩和三宝恩;另一说是父母恩、师长恩、国主恩和施主恩。"五戒"即不杀生、不偷盗、不淫邪、不妄语、不饮酒。"十善"即不杀、不盗、不淫、不两舌、不恶口、不妄言、不绮语、不贪、不嗔、不痴。"五戒"侧重于止恶,"十善"侧重于修善。

(名古屋)的德川义直、松江藩(岛根县)的松平直政,均是热心的敬神家。二是垂加和复古神道诸家学者,全都编撰了各种通俗的神道说,致力于对民众进行神道知识的启蒙,为宣传以鹿(春日大社)、太阳(伊势神宫)、鸽子(八幡宫)为象征的《三社讬宣抄》,就是这方面的代表作。所谓"通俗神道家"辈出,即此所谓。

民间神道或民俗神道,是室町时代末期、江户时代初期产生和流行的神道各种仪式和风俗的统称。主要包括各种崇神祭祖的仪式和活动,与神社神道难以严格区分。日本是典型的集团社会,和神道相关的各种"祭"是培养集团意识的重要活动。同时,在日本人的神道世界中,祭是他们信仰世界最直观的反映。祭包含了五项本质要素:第一,祭日,即举行祭的时日;第二,神地,即举行祭的场所;第三,祭司,即祭的主持者如宫司、神官;第四,神事,即祭的参与者和神的互动,如神乐、神舞等;第五,神供,即奉献给神的供品。

今天,日本人在出生30天以后到100天之内,都由父母抱着去参拜神社。日本每年11月15日是一个民俗节日,叫"七五三节"。这一天,3岁、5岁、7岁的孩子都会穿上和服,由父母带着到神社参拜,祈求健康成长。"七五三节"的由来和江户幕府第三代将军德川家光有关。德川家光37岁时有了第一个儿子,41岁时有了第二个儿子。由于第一个儿子体弱多病,德川家光便想让第二个儿子继任将军,于是在儿子5岁时选了个吉日设宴庆贺,祈祷他顺利长大成人。这个吉日是11月15日,也是"七五三节"的由来。总之,虽然很多"祭"古已有之,但真正定型扎根,大都在江户时代。

武士道的历史和源泉 "武士道,如同它的象征——樱花,是日本土生土长的花朵。"这句话可以说提纲挈领。日本有一句名言:"花为樱花,人为武士",并将武士的死称为"樱花凋谢"。为什么如此比喻?因为,樱花的特性是,绚丽而迅疾地盛开,静寂而倏然地凋谢。武士的人生,就应该像樱花那样,"开也绚丽,谢也倏然"。这种追求,历久弥新,是武士始终不变的追求。但是,根据日本思想家、教育学家新渡户稻造在《武士道》一书中的论述,武士道的核心价值观,产生于日本文化三大支柱儒释道。这是笔者将"武士道"和神道一样,也归入"东方的道"而不是"日本的道"的理由。《武士道》初为英文版,1900年在纽约问世,后被译成日文和其他十多种文字。在此之前,"武士道"这个概念并不存在。例如,明治时期英国著名日本研究专家张伯伦表示,他在日本生活了那么久,从来没有听说过"武士道"这个词。因此,可以认为,《武士道》这本书对武士的价值规范,进行了第一次系统概括和总结。明治政府第一任首相伊藤博文读了《武士道》后,给予了高度评价,并将这本书敬献给天皇睦仁。美国总统西奥多·罗斯福表示,这本书使他对日本人有了真正的了解。

新渡户稻造认为,"如果严格从伦理教义讨论,孔子思想是武士道最丰富的来源"。儒教最核心的思想是强调"仁"。在《论语》这本书里,"仁"字一共出现了109次。但儒教传到日本以后,突出强调的是"忠"而不是"仁"。儒教的"忠君爱国"思想,对武士道具有深刻影响。

佛教对武士道的影响,就是佛教的"无常观",即强调世间万事万物始终是变化的,不存在恒常不变的事物。尤其是美好的事物,往往是不长久的。按照佛教的观念,生命是无穷无尽,绵延不绝的,如同奔腾不息的江河。死亡并不是生命的消失,而只是走出此生的一扇门,进入新生的另一扇门。佛教的生死观,对武士道有很大影响。武士道的核心问题就是生死问题。享保元年(1716年),归隐山林的武士山本常朝,给另一个叫田代阵基的年轻武士讲述了1 300个关于武士的故事。这些故事结集出了一本书,叫《叶隐闻书》。"叶隐"一词寓意"武士如花,隐于叶下。花儿苟延不败,终遇知音,欣然花落有期"。"闻书"就是"听写"。《叶隐闻书》不仅是武士道的经典,而且对日本国民的思想有深远影响。因为,《叶隐闻书》不仅探讨了武士的战术问题,更重要的是将武士道提升到一种人生境界,提升到如何对待生和死的哲学高度。《叶隐闻书》开宗明义地宣称:"武士道者,死之谓也。"强调慷慨赴死、忠义两全,是武士道的终极追求。武士应抛弃对生命的执著,要向死而生,每天都必须认真思考如何去死。只要死得其所,死得壮烈,即便因战败横死,也绝非耻辱。山本常朝认为,要做到这一点,首先必须努力做到"无私"。只有无私才有可能无畏,无所牵挂,在面临生死考验时无所畏惧地履行使命。他强调,若贪恋人生,苟延残喘,则不配被称为"武士"。这种说教,对武士道影响极深。

神道强调自然崇拜和祖先崇拜。按照新渡户稻造的观点,神道补充了佛教所缺失的元素,使武士道得到极大的丰富。新渡户稻造写道:"神道的教义包含了日本人民族情感生活的两个主要特点——爱国与忠君。"因为神道对自然的崇拜,使人们对自己生存的土地,产生了深深的热爱。

由于神道宣扬天皇是神的后裔,日本人都是神的子民。因此,日本人相信敬祖就是敬奉天皇。

武士道的发展主要分三个阶段:

第一阶段,作为12世纪封建社会产物的镰仓时代封建武士道,最初是幕府将军源赖朝和他的家臣形成的一种具有从属关系的生活形式和生活准则。武士要对维持他们生计的主君履行"奉公"义务,要始终不忘为主君效力。平时要练技习武,研习战法。在战时要克敌制胜,不惜生命为主君而战。"人为一代,名存永世",从那个时候开始成为武士追求的最高境界。

第二阶段,江户时代的儒学武士道,强调"文武不歧"。元和元年(1615年)七月,德川幕府在江户幕府建立不久,就颁布了《武家诸法度》。这个"法度"由十三条构成,第一条就明文规定,左文右武,古之法也,不可不兼备。就是强调不仅要练武,而且要习文。因为在江户时代,武士阶级也是行政管理者和社会道德楷模。

第三阶段,明治时代形成的新武士道。明治十五年(1882年)颁布的《军人敕谕》,是明治新武士道形成的标志。和以往的武士道相比,新武士道主要有四方面变化:一是效忠对象从镰仓时代和江户时代分别效忠自己的主君,转变为效忠天皇。二是道德教化和经济利益、经济活动开始密切结合,打破了重义轻利,藐视经济活动的传统观点,开始形成"士魂商才"思想。三是成为对外侵略扩张的军国主义精神支柱。四是由武士的道德规范和行为准则,发展为全体日本国民的道德规范和行为准则。

综上所述,江户时代的"儒学武士道"承上启下,使武士道最终成熟定型。在武士道的观念中,国家是先于个人的,个人天生是国家的一分子,因此他必须为国家,或为国家的合法统治者赴汤蹈火在所不辞。"忠诚"是武士道三个阶段始终一贯的"拱心石"。除了忠诚,武士道核心价值观还可以用几个关键词概括:"名誉""勇气""忍耐""诚信""义理"。按照新渡户稻造的说法,"在武士眼中,与荣誉相比,生命本身是没有价值的"。①鲁思·本尼迪克特的《菊与刀——日本文化诸模式》,专门列出一章论述日本人的名誉观。她写道:"以各种方式回应他人的攻击,清洗掉泼过来的脏水,都谈不上犯侵害他人之罪。只要名誉遭受到的侮辱、毁谤没有被

---

① 新渡户稻造:《武士道》,载《日本四书》,线装书局2006年版,第232页。

清洗,在遭遇失败后没有报'一箭之仇',就属于是非被混淆,就是'世界被颠覆'。"妇女分娩时不能大声喊叫,男人身处险境必须镇定自若,遭遇自然灾害不能乱喊乱跑,张皇失措。因为此时的个人行为直接关系到名誉。明治初期的海军卿即海军大臣胜海舟说,他小时候睾丸曾被狗咬伤。医生给他做手术时,他的父亲用刀指着他鼻子说:"你要是哭,我就让你像一个武士那样死去。那至少不会使你蒙羞。"

江户时代,"切腹"成为刑罚的一种。对于一些罪不容赦的武士,让其自行了断,就是允许罪犯维护武士的名誉。武士切腹自杀,要用一把比身佩的"胁差"更短的短刀刺入自己左腹部,横着往右拉,然后再拔出来切入上腹部,从上向下拉,形成一个"十"字。这种残忍的自杀方式,需要怎样的勇气? 因此,"勇气"也是武士道特别推崇的精神,是武士道的第三个关键词。显示勇气的同时,还需要忍耐,忍受常人难以忍受的痛苦。因此,"忍耐"是武士道的第四个关键词。武士道的第五个关键词是"诚信"。武士道一向把诚信当作重要的道德信条,人如果不讲诚信,就不能算人。所谓"人道不立,武道难行"。履行武士职责的前提是做一个堂堂正正的人。武士道的第六个关键词是"义理"。"义理"和"义"不同,"义"是发自内心的责任感。被称为"义士"是崇高的荣誉。"义理"是不管是否心甘情愿,都必须履行的责任。日本人将公公婆婆、岳父岳母称为"义理的父亲""义理的母亲",就是强调与好恶无关的责任。

"武士道者,死之谓也" 戴季陶在《日本论》中说:"他们举国所赞美的武士道的精华,就事实上说明起来可以举出两件事,一件是复仇,一件是'切腹'。复仇是杀人,'切腹'就是自杀。"著名法国社会学家涂尔干在《论自杀》一书中写道:"每个民族都有其独特的自杀方式。"提起"武士",人们总会联想起神色凝重,将日本刀刺入腹部的"武士"。尽管切腹自杀并不是日本独有,在西方也有切腹自杀。例如,莎士比亚的作品就有这么一句:"让你凯撒的魂魄显现出来,将我的剑反过来刺进我的腹部。"在意大利热那亚的罗萨宫,古尔基诺的画《伽图之死》,描述的就是一柄剑深深刺进伽图的腹部。但是,武士最具有象征性的自杀方式,就是切腹。按照武士的观念,唯其如此,方能显示勇敢和刚毅。武士之所以选择腹部作为自杀部位,与古代解剖学的观念有关。按照那种观念,腹部是爱情和灵魂栖息地。切腹自杀,就是"打开灵魂之窗请君看,是红还是黑,请君做判断"。因此,切腹自杀是武士用以抵罪、悔过、雪耻、赎友、明志的方式,也

第八章 江户时代

是维护自尊和名誉最极端的方式。

在日本，切腹最初发生于平安时代的永祚元年(989年)。那一年，权倾朝野的藤原家族出了一个大盗，叫藤原义。这家伙烧杀掳掠，恶贯满盈。一天，官军包围了藤原义的住所，要将他缉拿归案。冲进屋内，只见藤原义袒胸露腹，盘腿而坐，悠然地吹着箫，膝上放着一柄雪亮的刀。一曲吹罢，拿起了那把刀。官军以为他要反抗，不料藤原义却将刀尖对准自己腹部划了一下，挑出内脏扔在官军面前，气绝而亡。谁都没想到这一划，后来却成了武士的自杀方式。

不过，真正标准的切腹，出现于战国时代末期。天正十年(1582年)，丰臣秀吉围困四国岛上的高松城，提出城主如果切腹，可以免其他将士一死。高松城主清水宗治答应了这一要求。只见他驾着一只小船缓缓驶向水面，抽出折扇边舞边唱，然后用短刀刺向腹部。在他身后的"介错人"高市之允手起刀落，迅速结束了他的生命。从此，切腹从残忍的自杀方式，逐渐演变成庄重严肃的仪式。

切腹作为一种死刑，产生于17世纪进入江户时代以后。自此以后，切腹自杀在刑法和礼法上形成了一套完整的规程，是武士的专享权利。武士从小就学会切腹的规则。切腹有严格的等级规定。按照规定，俸禄五百石以上的武士切腹，在大名的宅院里执行。俸禄五百石以下的武士，只能在牢狱或其他地方进行。切腹自杀的"刑"式相当庄重、肃穆，尤其是在大名的宅院里执行的切腹自杀，要先在地上铺上沙子和崭新的"塌塌米"(草席)，然后盖上白布、红毡。行刑时，官吏、众武士、验尸官等均在指定的席位就座。

切腹人在切腹时要沐浴，整理发髻，将原先的银杏髻向下弯折，换上叫"白色小袖"的切腹礼装，穿上没有家徽的青色或白色麻制肩衣袴。切腹的刑场有南北两扇门，南面的是"修行门"，北面的是"涅槃门"。切腹人由北面涅槃门进入刑场，而后坐在铺着白绢的榻榻米上，面向北方。随后正副"介错人"由南面的修行门进入。"介错人"相当于"断头人"。实际上"切腹自杀"往往是由"断头人"执行的"斩首"。之所以称"切腹自杀"，主要是为了维护切腹者作为武士的名誉。

这时，切腹人将会用完人生的最后一餐饭，能喝酒。用完餐后，会有人在切腹人面前摆上纸和短刀，由切腹人亲自将纸缠绕在短刀的刀身上。这种短刀是不是武士随身携带的"胁差"？因为日本武士随身带一长一短两把刀,长的叫"太刀",短的叫"胁差"。很多人说"胁差"是用来切腹的,这种说法是错的。因为最短的"胁差"也超过一尺,一般都在一尺半左右,是不适用于切腹的。切腹用的是短刀。切腹人将纸绕在刀身上以后,便从右臂处褪去上衣,保持腹部裸露,右手持刀刺向腹部。切腹有三种方式。江户早期往往采用"十"字切。但这种操作过于残忍,切腹者死后面部表情显得非常痛苦,所以江户时代中期以后,大多采用"三"字形或"一"字形切法。之所以采取这种残忍的死法,主要有两方面原因:一是"忍耐"是武士道的核心价值观,而"切腹"体现了极强的忍耐力;二是日本人认为"腹部"隐含着不少秘密,因此,日语中有很多成语都有"腹"字,而切腹即显示"坦荡"和"忠诚"。不管哪种切法,在完成了规定程序后,"介错人"便手持长刀,砍向切腹人颈部以结束他的生命,也减少他的痛苦。在整个切腹过程中,切腹者都不可以闭上眼睛,以显示自己英勇无畏。

武士道强调复仇,是因为复仇是对不能按照普通法律进行审判的案件的补充。语言学家冈仓由三郎在《日本的生活与思想》中写道:"许多日本人的所谓心理特质,缘于他们对洁净的酷爱,以及作为其反面的对污秽的厌恶,否则无法解释这种现象。实际上,我们所受的教育,就是使我们倾向于将对家庭名誉或国家荣誉的羞辱和损害,视为污秽和创伤。如不进行清洗,就无法获得清洁,无法使创伤愈合。可以将日本公众和私人生活中屡见不鲜的复仇案例,视为一个有洁癖的民族每天早晨必不可少的沐浴。"

日本最著名的复仇是"元禄赤穗四十七义士"为主人复仇的故事。这个真实的故事发生在江户元禄年间的赤穗(今天兵库县境内的一个小城)。当时,各藩大名都要定期前往江户觐见幕府将军。一次,幕府任命两位大名主持觐见仪式,赤穗藩的藩主浅野长矩是其中的一位。他不熟悉幕府相关礼仪,不得不向在幕府中身居要职的吉良义央请教。由于他没有向吉良义央送礼,吉良义央便故意让他在主持仪式时当众出丑。发现自己遭到戏弄,浅野怒不可遏,拔刀刺伤了吉良的额头。为了维护自己的名誉而复仇是正当行为,但未经允许,在将军的大堂上挥刀伤人,则违反了武家法度。他必须切腹自杀,向将军谢罪。

浅野回到家里换好衣服。他做好了切腹准备,但没有马上动手。因为,他还要和最亲信的家臣大石良雄见最后一面。大石来了。两人相对

第八章 江户时代

无言,长久地、默默地凝视对方。随后,浅野将短刀刺入腹部,结束了自己的生命。他的家臣成了没有主君的浪人。

大石良雄决心干掉吉良义央,为主人复仇。他召集了原先是浅野家臣的三百多名浪人。为了分辨其中哪些浪人是真正的勇士,哪些不是,大石提出了如何分配主君遗产的问题。他的真正目的,是测试浪人们对主人的忠诚度。果然,浪人们的意见明显分歧。以大管家为首的一些人主张按以前的俸禄高低分配。以大石为首的一派则主张平分。通过这种方式,大石达到了测试的目的。他转而赞同按俸禄高低分配。大部分人离开了,最后留下了四十七个浪人。大石认定,他们可以和自己一起实施这项危险的复仇计划。他们割破手指,歃血为盟。

四十七个浪人采取的第一个步骤就是迷惑吉良,使他丧失警觉。他们四散开来,佯装已置名誉于不顾。大石频频光顾妓院,不顾体面地与人争吵,沉湎于放荡生活,并且与妻子离了婚。实际上,他是为了使妻子免受牵连。而大石的儿子则加入了复仇的行列。

一天,大石的一个好友凑巧遇见大石。只见喝得醉醺醺的大石正与几个女人调情。大石的好友问他,难道不想为主君复仇?大石惊讶地问道:"复仇?我才不干这种傻事。"他的好友将大石的刀从刀鞘中拔出,想验证大石是否在说谎。因为,刀如果经常磨砺,自然闪闪发光。那就证明刀的主人大石在撒谎。然而,出鞘的刀锈迹斑斑。他非常失望,狠狠踹了大石一脚。有个浪人为了筹集复仇所需要的资金,将妻子卖给了妓院。还有个浪人将自己的妹妹送进了吉良的府邸,让她去当卧底,从内部了解吉良的行踪。

元禄十六年(1703年)十二月十四日夜晚,漫天飞雪。吉良在府邸内举行宴会。四十七名浪人冲进吉良的府邸,直扑吉良的卧室。卧室空无一人。他们用手摸了一下被子后发现,被子尚有余温,立刻断定吉良不会走远,很可能就躲在附近,便开始搜索。忽然,他们发现好像有人蜷缩在屋外存放木炭的储藏室里。一个浪人用手中的长矛戳了进去。拔出长矛后发现矛头并没有血迹。实际上,长矛刺中了吉良,但狡猾的吉良在浪人抽回长矛时,用身上的和服袖子擦掉了血迹。但是,浪人们最终还是发现了吉良,将他从储藏室内揪出。最初,吉良声称他是吉良的大管家,试图蒙混过关。这时,有个浪人忽然想到,吉良曾被刺伤额头,应该留有伤疤。这个人的额头上就有疤痕。浪人们要求吉良切腹谢罪,但怕死的吉良坚决不干。于是,浪人们便用他们的主君浅野切腹时用的刀,割下了吉良的首级,并按照礼仪清洗了吉良的首级,随后带着两次染血的刀和吉良的首级,列队前往主君浅野的墓地。到达墓地后,他们奉上了刀和吉良的首级。随后向幕府自首。以前的日本小学五年级国语课本有这一复仇事件的结局:"他们为主君报了仇。他们坚忍不拔尽义理之精神,堪称永世楷模。幕府经过反复研究,决定让他们切腹自裁。"

第十节 兰学:"如滴油入水而布满全池"

在"锁国时代",西方文化流入日本的途径并没有被完全堵塞。正如山室信一所指出的:"在考察德川时代吸收西洋学术的情况时,有必要留意通过荷兰文译本从欧洲直接导入,以及通过汉文译本从中国传入这两条渠道。"① 正是这两条渠道的存在,使日本西学自"南蛮学时代",即主要由传教士传播、以葡萄牙和西班牙文化为主的西学初创时代,进入了主要以荷兰文为载体的"兰学时代"。

兰学的形成 锁国时代,荷兰是日本唯一直接交往的西方国家,因此早在17世纪前半期,日本就出现了以传译荷兰文和日文为职业的"阿兰陀通词",即翻译。他们在吸收荷兰文化方面,做了一些初创性的工作。为兰学的草创做出贡献的主要是新井白石(1657—1725年)、青木昆阳(1698—1769年)、野吕元丈(1693—1761年)。

新井白石名君美,号白石,是著名诗人、儒学者,更是兰学的先驱。宝永五年(1708年),作为将军侍讲的新井白石在审问了擅自进入日本的意大利人西多蒂后,了解了西方文化的一些基本情况,撰写了被称为"洋学(兰学)史上古典中的古典"的《西洋纪闻》和《采览异言》。这两本书对西方文化作了一个凝练的概括:"由此可知,彼方之学唯精于其形和器,即仅知所谓形而下者,至于形而上者,未有耳闻。"② 这一概括在作为"形而上学"的儒学和作为"形而下学"的西学之间,划了一条明确的界线,从而为吸收西方自然科学提供了理论前提。青木昆阳和野吕元丈的功绩,则主

---

① 松本三之介、山室信一合编:《日本近代思想大系》第10卷《学问和知识人》,岩波书店1989年版,第475页。
② 新井白石著、村冈典嗣校订:《西洋纪闻》,岩波文库1979年版,第24页。

第八章 江户时代

要是开了"阿兰陀通词"以外的日本人学习荷兰文化的先河,并且为兰学的正式形成提供了基础知识。正是在这一基础上,前野良泽、杉田玄白等才作为正式的兰学家被载入史册。

前野良泽(1723—1803年)是丰前藩(福冈县)驻江户藩医,早年曾学习山胁东洋的古医方,后来随青木昆阳学习荷兰语,熟读《和兰文字略考》等著作,并且经常同一些"阿兰陀通词"(荷兰语翻译)接触。同藩的隐士坂江鸥给了他一本荷兰医学书籍。尽管这本医书残缺不全,但却令他爱不释手,矢志学习荷兰医学。他在藩主的支持下,于明和七年(1770年)游学长崎,师从吉雄耕牛、楢林重右卫门学习荷兰语,并购买了一些荷兰文书籍,其中包括《解剖图谱》。他发现这本书和自己所了解的人体结构不尽相同,由此产生疑问。杉田玄白(1733—1817年)是小浜藩(福井县)驻江户藩医,曾目睹荷兰医生的医术,折服于他们精湛的医术,遂广泛浏览荷兰文版外科书籍,包括荷兰医学的人体解剖图谱。他还经常和同藩的中川淳庵(1739—1776年)一起访问荷兰人和"阿兰陀通词",并从他们那里购得了《解剖图谱》和《新解剖学》二书。在翻看了"脏腑""骨节"等解剖图以后,他发现其中的描绘"同以往的见闻大有不同,因而产生了通过实验,验证图谱所绘正确与否的强烈愿望"。①明和八年(1771年)三月三日晚上,杉田玄白获悉,翌日幕府医疗机构将在江户千住小塚原对一具女囚犯尸体进行解剖。始终希望将《解剖图谱》和人体实物进行对照的杉田玄白,为这一"非常幸运之时刻的来临"而兴奋不已,立即将这一消息告诉了前野良泽和中川淳庵。在目睹了女死囚犯尸体解剖后,他们发现死囚犯的脏腑和《解剖图谱》所绘完全一致,遂决心将这本书译出,以向世间宣布"吾人形态之真形"。随后,他们仨和桂川甫周、石川玄常、岭村泰、桐山正哲等官医和藩医翻译了《解剖图谱》,题名《解体新书》,于安永三年(1774年)出版。他们的工作成为兰学正

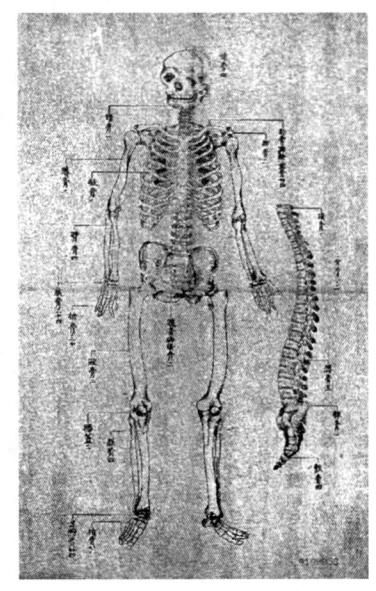

解剖图谱

---

① 江上波夫编:《民族的世界史》第2卷《日本民族和日本文化》,山川出版社1988年版,第465页。

式产生的标志。"兰学"一词就是他们在翻译《解剖图谱》过程中首次使用的。

《解体新书》的划时代意义,主要体现在两方面:第一,江户时代的第一场改革,是由第八代将军德川吉宗主导的享保改革。这项改革的内容之一,就是允许吸收西方自然科学的理论知识。《解体新书》的问世,是"在(德川)吉宗时代播撒的种子,即由青木昆阳、野吕元丈播撒的种子的吐芽开花"。①自此以后,日本人改变了以往通过零散知识的译述和见闻,学习西方医学的状态,开始了对欧洲医学理论知识的系统吸收。第二,在江户时代,日本正统的解剖学不仅是对人类生命活动和人类器官的注解,而且是对人类外部世界的浓缩性诠释。按照当时的理论,人类每个器官的功能,在外部世界都有一个确切的对应。也就是说,解剖学在当时不仅是一门以实证为基础的经验科学,而且是一门关于人在宇宙中的地位的思辨哲学。按照让·皮埃尔·莱蒙的观点,"《解体新书》的问世,是对传统观念的挑战,是一场思辨哲学的革命"。②

《解体新书》问世以后,按照杉田玄白在《兰学事始》中的说法,"如滴油入水而布满全池,遍及海内,流布四方"。③兰学从医学发展到各个学科,从长崎、江户(东京)扩展到京都、大坂、长崎以及各个大名领国。"至18世纪末,(日本人)对西洋的关心已不仅仅是表面的对异国情趣的追求,以及珍重松平定信等人戏称的西洋玩意儿,而是努力认真地追求并转化他们认为比以往从中国的文献中学得的知识优秀的西洋科学知识"。④

继前野良泽、杉田玄白之后为兰学的发展做出重要贡献的兰学家,首推大槻玄泽。大槻玄泽是仙台藩的支藩一关藩人,13岁时随本藩外科医师建部清庵学医,后拜杉田玄白为师学习兰学,翌年又因杉田玄白的介绍而入前野良泽门下。大槻玄泽原名大槻茂质,后从恩师"玄白"和"良泽"的名字中各取一字缀成"玄泽"。大槻玄泽被认为是"天生具有荷兰穷理学之才的人",他为兰学的发展做出的业绩,一是修订《解体新书》,二是开办兰学塾"芝兰堂",三是撰写了兰学导论性著作《兰学阶梯》。

---

① 沼田次郎:《洋学传来的历史》,至文堂1960年版,第61页。
② 让·皮埃尔·莱蒙:《现代日本之根》,麦克米兰出版公司(香港)1982年版,第126页。
③ 杉田玄白著、绪方富雄校注:《兰学事始》,岩波书店1982年版,第182页。
④ R.P.多尔:《江户时代的教育》,松居弘道译,岩波书店1978年版,第147页。

第八章 ● 江户时代

《解体新书》是在较短的时间内和有限的认知条件下完成的,因此存在不少讹误。杉田玄白将修订该书的大任委以高足大槻玄泽。大槻玄泽以他涉猎各种书籍所获得的知识为依托,潜心修订,详加注解,"宽政初年起二稿,文政九年付梓",终于完成了作为他"生涯之骨髓"的《重订解体新书》。天明六年(1786年),大槻玄泽从长崎返回江户,同年在位于京桥的寓所内创办了兰学塾"芝兰堂",培养出了桥本宗吉、宇田川玄真等兰学大家。《兰学阶梯》是芝兰堂的教材,刊行于天明八年(1788年),分上、下两卷,上卷论述日荷交往的起源,兰学的缘由、沿革、效用,学习兰学必须注意的问题;下卷着重说明荷兰语的发音、缀字和翻译要领。《兰学阶梯》的问世,具有十分重大的意义:第一,《兰学阶梯》使遵循一定的规则学习荷兰语成为可能,尽管这种规则和语法并不等同。第二,随着"阿兰陀通词"语言水平的提高,"在他们中间自然产生了仿效《兰学阶梯》编著日荷辞典的人"。①例如,作为日荷辞典之嚆矢的《江户哈尔曼》,就是大槻玄泽的门人稻村三伯等编著的。第三,《兰学阶梯》不仅为自学兰学提供了切实有效的帮助,而且使不同专业但有意从兰学中获取所需知识和理论的学者,能够自我启蒙。"《兰学阶梯》虽然只是著于天明年间的区区一小册子,然海内因此书而有志于兰学者甚多。"除《兰学阶梯》外,大槻玄泽"著述宏富,凡三百余卷",其中包括《兰说辩惑》(1799年)、《六物新志》(1780年)、《兰畹摘芳》(1817年)等。丰富多彩的撰译和在芝兰堂的教育活动,使大槻玄泽获得了极高的声誉。1811年以后,他奉幕府的命令主管翻译事务,获得了推动兰学发展更有利的条件。

大槻玄泽活跃的时代,是所谓"兰癖"盛行的时代。在这一时代,除了大槻玄泽以外,还有与他和杉田玄白一起被并称为"江户兰学四大家"的桂川甫周和宇田川玄随,以及司马江汉、平贺源内、森岛中良、山片蟠桃等。他们或积极吸收和普及西方科学思想,或积极传播西洋文化艺术,使兰学向各个领域延伸。

兰学外延和内涵 进入19世纪的文化文政时期(史称"化政"时期)以后,日本兰学开始进入以吉田长淑、足立长隽、宇田川玄真、坪井信道等人为中心的时代。在这一时代,除了荷兰语学习开始以文法知识为基础,并陆续有辞典、文法书问世外,还呈现出令人瞩目的进步和变化,主要表

---

① 沼田次郎:《洋学传来的历史》,至文堂1960年版,第71页。

现为兰学开始从个别记述性,向规律法则性和实验性演进,以往"八宗兼学"即百科全书式的治学方式,开始转向专业化学习。在医学领域,宇田川玄随将当时著名的西方医学家约翰内斯·德·高特的著作译成了日文,于文化七年(1810年)出版,题名《西说内科撰要》,开了翻译西医内科学著作之先河。以《西说内科撰要》的出版为标志,不仅内外科开始分立,而且医学各分支学科的撰译也纷纷问世,如文化十二年(1815年)宇田川榛斋发表的《眼科新书》。

随着学科的分衍,兰学在各学科领域不断得到发展。在天文学领域,除了本木良永、志筑忠雄等对西洋天文学理论的钻研和译介外,还有将天文观测和西洋天文学理论和知识相结合编制历法的。如日本著名天文学家麻田刚立的高足间重豪和高桥作左卫门编制的"丁巳历"(宽政九年即1797年),就是一例。在地理学领域,代表性作品有本木良永的《阿兰陀地图略说》(明和八年,1771年)、阿兰陀海镜书(天明元年,1781年)、前野良泽的《舆地图编小解》(天明二年,1782年)、桂川甫周的《新制地球万国图说》(天明六年,1786年)。此外,朽木昌纲参考数十本荷兰文书籍,编纂而成篇幅达十七卷之多、被视为当时地理学权威之作的《泰西舆地图说》(宽政元年,1789年)。山村才助的名作《订正增译采览异言》(享和三年,1803年)篇幅达十二卷,"可以视为新井白石以来至幕末开国之前,集我国(日本)世界地理知识之大成"。①

至江户时代晚期,物理学和化学开始成为独立学科。虽然志筑忠雄的《历象新书》已经具有近代物理学的萌芽,但是将物理学作为一门独立的学科加以研究的标志,则是青地林宗的《气海观澜》。该书以固体、气体、光、热、声、电、磁场等为研究对象,基本涵盖了近代物理学的内容。化学最初是基于医学制药需求的辅助学科,自天保年代以后开始以"舍密学"的名称独立。宇田川榕庵的《舍密开宗》(弘化四年,1847年),就是日本早期的化学著作,长达二十一册。虽然《舍密开宗》是以英国化学家威廉·亨利著作的荷兰文译本(名称不详)为蓝本的译著,但宇田川榕庵在翻译时参考了二十多种化学书,并亲自做实验,因此不能完全算作译著。植物学也在这一时期产生。宇田川榕庵的《植学启原》《菩多尼诃经》(文政五年,1822年;菩多尼诃是 botanical,即植物学的音译),伊藤圭介的

---

① 藤间生大:《近代亚洲世界的形成》,春秋社1977年版,第43页。

《泰西本草名疏》(文政十二年,1829年),就是植物学专著。尤其是《菩多尼诃经》,系统介绍了瑞典著名植物学家林奈的理论学说。宇田川榕庵"作为西洋植物学和化学输入者的功绩,也随着他的《植学启原》《菩多尼诃经》《舍密开宗》等名著而在日本历史上留下了永远清晰的足迹"。①

  兰学的发展是立体的,不仅涉及各学科领域,而且京都、大坂和长崎的兰学也欣欣向荣,与江户交相辉映。京都兰学的核心人物是辻兰堂和小石元俊。辻兰堂(1755—1835年)早年行医,后转入仕途。他先是凭借《兰学阶梯》自修兰学,后跟随"阿兰陀通词"崛门十郎学习荷兰语,着手编写了《兰语八笺》,虽然这本书始终没有出版(原稿现保存于京都大学文学部图书馆),但他的荷兰语水平却因此大有提高,使他能够在兰学研究领域广泛涉猎,对医学、天文学、博物学等进行研究且声誉卓著。据史书记载:"临君晚年,京师兰医渐多,众推君为京摄兰学巨魁,其苦学,及龄八十,犹写蚊脚字(荷兰文)数十卷。"②小石元俊(1743—1808年)也是行医出身,曾先后师从古医方泰斗山胁东洋的高足淡轮元潜和永富独啸庵,也曾向杉田玄白和大槻玄泽求教。宽政八年(1796年),小石元俊在京都开办了"究理堂"弘布兰学,教育弟子。另外,他还参与囚犯的尸体解剖和主持山胁东洋门徒的解剖实习,撰写了《元衍》《平次郎脏图》《施药院解男体脏图》。他不仅精医术,而且通造船术,懂武艺。小石元俊去世后,他的儿子小石元瑞作为究理堂的掌门,继续培养兰学人才。

  稻村三伯(1758—1811年)也是京都的著名兰学家。他不仅主持编撰了作为日荷辞典之嚆矢的《江户哈尔曼》,而且还在文化二年(1805年)至文化三年(1806年)前往京都讲授兰学,培养出了藤林普山、小森桃坞、中天游等二十二名兰学者。

  大坂是与京都遥相呼应并与之保持交流的兰学又一个中心。大坂兰学的核心人物是桥本宗吉(1763—1836年),日本有"大坂兰学始自宗吉"之说。桥本宗吉原是大坂一家制伞店的画伞工人,后对电器实验发生兴趣并显示出非凡才华。天明八年(1788年),桥本宗吉由小石元俊推荐,入大槻玄泽门下,在芝兰堂学习兰学。回到大坂后,桥本宗吉不仅开设了丝汉塾传授兰学,而且进行电学和医学等研究,撰写了《荷兰始制电器究

---

① 大久保利谦:《幕末维新的洋学》,吉川弘文馆1986年版,第80页。
② 郑彭年:《日本西方文化摄取史》,杭州大学出版社1996年版,第107—108页。

理原》《电学译说》,另外还编纂了《西洋医事集成宝典》《三法宝典》《荷兰新译地球全图》等。绪方洪庵(1810—1863年)在日本兰学发展史上,是一个不可不提的人物,不仅因为他本身是著名兰学家,而且开设了适塾,培养出了许多对日本历史有影响的人物,其中首屈一指的是被誉为"国民教师"的著名启蒙思想家福泽谕吉。

大槻玄泽在《兰学阶梯》中曾对兰学下过如此定义:"所谓兰学,就是指荷兰的学问,即做关于荷兰的学问……具体而言,它是由以下几部分构成的:第一,为医疗服务的医学和本草学,以及从中分化出的药学和化学;第二,为编历服务的天文学,以及从中分化出的物理学;第三,为海防服务的地理学,以及从中分化出的历史学。"[1]然而,就严格的意义来说,大槻玄泽的这一定义并不科学。正如大久保利谦所指出的:"兰学未必就是荷兰的学问,实质上,它是经由荷兰输送的西洋的文化和学问。"[2]或者可以说,兰学是以荷兰文为媒介的西方的学问,至少涵盖英、法、德三个国家的学术文化。

就通过兰学而吸收的德国学术科技而言,最显明而具有说服力的例证,莫过于作为兰学正式诞生之标志的《解体新书》。因为,作为该书蓝本的《解剖图谱》,是德国医学家约翰·亚当·库尔姆斯(Johan Adam Kulmus,1689—1745年)的著作,于1743年被译成荷兰语。前野良泽和杉田玄白等人翻译的,是该书的荷兰文译本。当时流传于日本医学界的外科实技解说书《外科治术》,也是1755年被译成荷兰文的德国外科学、生理学教授诺伦茨·海因斯坦(Norantz Heinsten,1683—1758年)的著作。根据杉田玄白在《兰学事始》中的描述:"对其中的内容虽不能逐字逐行地阅读,但是仅看一下插图,便知它同和文及汉文书迥异其趣。"毋庸置疑,至少在医学领域,存在于兰学中的德国科技文化还不止于此,以致沼田次郎在《洋学》一书中写道:"所谓荷兰医学,实际上几乎就是德国医学。"[3]

和德国学术科技借助兰学进入日本一样,"优秀的法国科学也经荷兰语译作而为日本人所了解,为当时落后的日本学术界做出了很

---

[1] 赤木昭夫:《兰学的时代》,中央公论社1980年版,第182页。
[2] 大久保利谦:《明治的思想和文化》,吉川弘文馆1988年版,第3页。
[3] 沼田次郎:《洋学》,吉川弘文馆1996年版,第227页。

大贡献"。①医学方面,法国医学家安布鲁瓦兹·帕雷(Ambroise Pare,1510—1590年)著作的荷兰文译本,于贞享四年(1687年)流入长崎,为"阿兰陀通词"兼医学家楢林荣休和他的弟子提供了很大帮助,并经由他们使相关知识得以普及。"以前日本外科学界所不了解的穿颅术、下肢截肢术、血管结扎术等,此时都从帕雷的著作中学到了。"②在天文学方面,法国天文学家德·拉朗德(de Lalande,1732—1807)的著作的荷兰文译本,也在文化四年即1807年传入了日本。日本天文学家高桥作左卫门将其译出,题名《德拉朗德历学管见》。这位法国近代天文学泰斗的天文学理论和思想,对日本历法编制追求精确化,产生了重要影响。另外,法国僧侣阿贝·诺埃·肖梅尔(Abbe Noe Chomel,生卒年月不详)的《家庭实用百科辞典》的荷兰文版,也作为荷兰商馆长提沁赠送给兰学家楢林重兵卫的礼物,于天明七年即1787年传入了日本。认识到此书价值的高桥作左卫门,主动向幕府请求承担此书的翻译并获得批准。他和大槻玄泽和马场佐十郎等兰学家孜孜不倦,历时三十余载完成了该书的翻译,题名《厚生新编》。这部长达六十九卷的鸿篇巨制,将涉及范围极其广泛的西方实用科学引进日本,对推动日本科学技术的发展和社会进步,产生了不可磨灭的贡献,其影响从以下事例可见一斑:桥本云斋的《肖梅尔奇方拾异》(享和三年,1803年)、宇田川榕庵的《昆虫通论》(文政十一年,1828年),就是从中截取的片段;涉江长伯奉献给幕府将军德川家奇的玻璃——这一当时日本的珍品——也是根据该书介绍的"玻璃制造法"制成的。总之,《厚生新编》的问世,在当时"具有非常重大的意义"。

和德国及法国的科技文化传入日本的情况相比,英国科技文化的输入略有不同。按照重久笃太郎的说法:"日本的英学是由庆长五年(1600年)来日的威廉·亚当斯开创的。"③虽然在"锁国"以后,日本和英国的直接交往中断,但是"在日本,人们同样认识到,构成荷兰文化之内容的,包括英法德文明"。④正是这一认识,使日本一些有识之士感到有必要学习、掌握和普及英国科技文化的载体——英语,并进行了有益的探索。本木正

---

① 高桥邦太郎、富田仁、西堀昭编著:《法语事始——法学始祖村上英俊其人及其思想》,校仓书房1975年版,第13页。
② 泷田负治:《法语事始——法学始祖村上英俊》,岩松堂1934年版,第15页。
③ 重久笃太郎:《明治文化和西洋人》,思文阁1987年版,第21页。
④ 福原麟太郎:《日本的英学史》,新潮社1959年版,第6页。

荣就是其中的一位。他不仅随荷兰商馆成员布郎霍夫认真学习英语,而且在文化八年(1811年)和其他几位同人编撰了《谙厄利亚兴学小诠》(又名《谙厄利亚国语和解》);三年后,他们又编撰了《谙厄利亚语林大成》。在开国以后,英学能够迅速兴起,和他们的开拓性工作显然不无关联。

兰学之所以能够在"锁国时代"形成和发展,有不可忽略的内因。

第一,正如日本著名学者江上波夫所指出的:"西洋同时代科学书流入的渠道,大致在18世纪60年代已经出现。""至《兰学事始》的年代,即18世纪60年代,日本已经出现了迅速接受那种文化波浪,并进而主动地寻求那种波浪的认知的对应力。"[①]正是这种能动的内因,使传入日本的西方科技文化被迅速吸收。以海因斯坦的《外科治术》为例,这本由德国医学家撰写的著作的荷兰文译本1755年出版,但至少在该世纪的60年代已经传入日本。从西方的阿姆斯特丹经开普敦、印度洋、中国南海到日本,相距万里,但是所耗费的时间,比以往"一衣带水"的中国佛教禅宗、朱子学、李杜诗和宋词南画传入日本,耗时还少。这一西学迅速东渐的现象说明,"至十八世纪后半叶,日本列岛已经不知不觉地、逐渐地进入了东西文化共时性的世界,或者说被引进了这个世界"[②]。

第二,随着兰学的普及、发展和成果的不断涌现,原来以"厚生利用"为目的容忍兰学发展的江户幕府,转变为试图进一步发挥兰学的实学效用,使之成为"官学",从而使兰学的性质产生了重大变化。这一重大变化的标志,就是文化八年(1811年),幕府在天文方(主管天文的机构)设置了"蕃书和解御用挂"(按:"挂"为机构名称,类似于处或局),专门从事兰学的翻译和研究。"这一机构的设立,意味着原先仅作为自身爱好而产生的私学,开始作为服务于权力的知识而得到承认。"[③]也就是说,兰学开始成为幕府的御用学问。之后,"蕃书和解御用挂"又变为"蕃书调所""洋书调所""开成所",成为"幕府移植西方文化的中心"。开成所以后又历经大学南校、第一大学区、开成学校,最终成为帝国大学的重要组成部分。[④]

[①] 江上波夫编:《民族的世界史》第2卷《日本民族和日本文化》,山川出版社1988年版,第456页。
[②] 江上波夫编:《民族的世界史》第2卷《日本民族和日本文化》,山川出版社1988年版,第454页。
[③] 田村圆澄等:《日本思想史的基础知识——从古代到明治维新》,有斐阁1974年版,第421页。
[④] 1886年,根据《帝国大学令》,日本建立了第一所帝国大学。1897年京都帝国大学创立后,帝国大学改名东京帝国大学,1947年9月改名东京大学。

兰学虽然以自然科学为主要内容,但也包含地理学和历史学。"世界地理学知识的发达,逐渐变成了对西欧各国历史的介绍,而历史学习不仅是对各国、各民族兴亡史的了解,同时也刺激了对西欧国家社会文化的关心,并进而寻求这方面的知识。"[1]在享和年间即19世纪初,日本已出现不少西方通史性译述,译者以山村才助、宇田川榕庵、箕作阮甫最为著名。以"兰学界最后的大立者"箕作阮甫为例,由于他"抛弃医业,闭门书斋,长年为'史'而埋首于荷兰文书籍的翻译",译著颇丰。据吴秀三在《箕作阮甫》中所列举的目录,其历史学、地理学著译达三十种以上。[2]日本幕府当时也开始关注西方的政治、经济和法律。天保十二年(1841年),幕府老中水野忠邦命令杉田玄白的孙子、天文台补译员杉田成卿翻译《和兰政书》(荷兰宪法),该书于天保十四年(1843年)完成。宇田川玄随代替受命于幕府的父亲宇田川榕庵,翻译了《和兰律书》(荷兰刑法和刑事诉讼法),于嘉永元年(1848年)完成。

兰学遭遇的磨难　兰学在传播发展过程中也遭遇了一些挫折和磨难,特别是遭遇了"西博尔德事件"和"蛮社之狱"。菲利普·弗朗兹·冯·西博尔德(Philipp Franz von Siebold,1796—1866年)出生于德国南部拜恩州维尔茨堡,在大学专修医学,1820年毕业后成为荷兰东印度陆军的军医,1822年获少校军衔,1823年以荷兰商馆医生的身份为掩护,随荷兰商馆长约翰·威廉·斯杜勒到达日本。西博尔德对日本社会制度、产物、国民精神进行了综合研究,关于日本人种起源的研究,最初就由西博尔德开创。同时,西博尔德还在长崎郊外开办了鸣泷塾,不仅培养出了高野长英、小关三英、伊东玄朴等一代兰学名流,而且将大批西方的科学文化著作传入日本,这些书"内容涉及对外关系、航海、语言学、政治、经济、商业、农业等各个领域,相当系统。许多今天颇令人感到意外的书籍,当时均传到了日本"。[3]他的讲课不仅涉及医学、药学、动植物学、矿物学、地理学,而且涉及历史、经济等社会科学和人文学科领域。尤其是在医学方面,他不仅指导临床实验,而且传授近代科学的理论和方法。

在日本居住五年后,西博尔德于文政十一年(1828年)九月回国。孰

---

[1] 沼田次郎:《洋学》,吉川弘文馆1996年版,第227页。
[2] 吴秀三:《箕作阮甫》,大日本图书1914年版,第85页。
[3] 箭内健次编:《锁国日本和国际交流》(上),吉川弘文馆1988年版,第285页。

料,他所搭乘的"科尔纳利斯·霍特曼号"船因遭遇台风而在稻佐海岸搁浅,此前已对他的作为产生怀疑的长崎奉行所,对他的行李进行了搜查,发现他的行李中有《大日本沿海舆地全图》缩小版。由于日本明确规定,禁止将日本测量家伊能忠敬的这一作品携带出国,因此西博尔德被立即逮捕。虽然事后查明,这幅地图是1826年,西博尔德随荷兰商馆长赴江户参府(觐见将军)时,和幕府天文方兼书物奉行高桥景保交换的资料——当时,西博尔德以A.J.克鲁森斯登(A.J. Krusenstern)的《世界环航记》《荷兰王国海外领土全图》,以及英国人丘凯的《地理书》,和高桥景保交换了这幅图和《虾夷图》,主要目的是将日本的科学成果介绍给西方学术界——但是,幕府仍以间谍罪将他逮捕,并在一年后将他驱逐出境,史称"西博尔德事件"。这一事件使高桥景保被捕并死于狱中,他的两个儿子被流放孤岛,另外有五十多名西博尔德和高桥景保的弟子受到处罚。但十分显然,西博尔德不是因为传播西学而获罪,而是因为在日本对西方势力的渗透显示出高度敏感的时代,他的行为涉及日本国家安全。尽管如此,"西博尔德事件"对兰学仍构成相当大的负面影响。一方面,"蛮学者流一时大畏缩,蛮学濒于衰落"[①];另一方面,"西博尔德到达日本以后,使兰学研究发生明显变化。过去'明哲保身'的江户兰学家甘愿兰学从属于政权,把兰学局限于科学技术的范围内。现在西博尔德的门徒在老师指导下高举新兰学研究的火炬,敢于触及过去兰学家所极力回避的社会和政治问题,对儒学展开猛烈的批判,兰学开始向否定封建体制的近代学问的萌芽状态发展。这种倾向以高野长英、渡边华山等为核心的'蛮社'同仁最为显著。因此,当初为加强幕藩体制而作为'技术学'解禁的兰学,此时却发展成了否定幕藩体制的'批判学'"。[②]1884年藤田茂吉的《文明东渐史》出版后,日本学术界一直将渡边华山和高野长英视为思想理论的同盟者。通过比较不难发现,他俩的思想理论和价值观,确实具有共同取向。

渡边华山(1793—1841年)13岁时师从鹰见星皋学儒学,16岁跟金子金陵学画。后因受画坛重镇谷文晁的赏识,赴书山楼学画并因此成名。天保四年(1833年),渡边华山和高野长英、小关三英一起创建了"蛮社",

---

① 《高野长英全集》第4卷,第一书房1978年版,第33页。
② 郑彭年:《日本西方文化摄取史》,杭州大学出版社1996年版,第123页。

得到老中首座水野忠邦的支持。"蛮社"注重研究解决饥荒的对策和西方形势,特别着力于研究事关国家安危的海防问题,由此产生的危机意识,使渡边华山放弃了"矢志作画,他事不顾"的初衷,专注于地理学、兵学、炮术等与海防有关的学科的研究。他还在藩内提携村上定平、铃木春山等青年,使他们日后成了兰学史上的重要人物。渡边华山在传播兰学方面的功绩,使他获得了"兰学大施主"的美誉。①

他的兰学研究虽然涉及各个领域,但是构成其治学特征的,是对世界局势的正确认识。他指出:"大凡人的安与不安,在于其知与不知。以往治世者,井蛙管见,本不足为论,而高明尚古之徒,则如蟹眼向空。一叶障目,不见泰山,可谓盲人不惧蛇,聋人不避雷。"他呼吁:"风腥知虎在,雉鸣悟震来。搜索西洋诸藩之事情,实为今时之急务。"②

如何"搜索西洋诸藩之事情"?渡边华山指出,人类文明的发生和进步,是以"教学"(宗教)和"物理学"为基础的。"教学"首先导致了亚洲古代文明的发生。"圣人皆降生于亚细亚"。他们创立了作为人类文明之母胎的"五教",即犹太教、佛教、基督教、伊斯兰教、儒教。在"五教"影响下,古代文明首先在亚洲北纬40度以南地区繁荣,这些地区包括日本、中国、印度、波斯、阿拉伯、犹太。③渡边华山所谓的"圣人"是复数,他们所创立的宗教具有同等价值。他的这一理论不仅使儒教的权威相对化,使传统的华夷思想被抛弃,而且对"锁国政策"是一种否定。因为,"锁国政策"是以禁教和贸易统制为核心的。"五教平等论"抽去了禁教的理论基石。"物理学"引导了西方国家的进步。欧洲诸国由于"物理学"的进步,成了称霸大半个世界的富强国家。他所谓的"物理学",不仅是科学技术本身,而且是推动科学技术发展的精神。他指出:"西洋人之可怖,在于其将闻雷塞耳、忌雷蒙目视为第一恶习";在于"万事议论,皆以穷理为专务"。他认为,西洋人之所以能对各种情况的变化迅速采取对策,就是因为具有面对现实的态度和洞察万物的穷理精神。

除了对西方物理学的赞赏,渡边华山还特别注意使穷理精神得以培养的社会条件。他指出,在西洋诸国,构成政治基础的是"养才造士",即

---

① 渡边华山:《渡边华山全集》,华山丛书出版会1941年版,第556页;井口木犀编著:《华山扫苔录》,丰川堂1943年版,第290页。
② 佐藤昌介等编:《日本思想大系》第55卷,岩波书店1971年版,第44页。
③ 佐藤昌介等编:《日本思想大系》第55卷,岩波书店1971年版,第18、19、45页。

教育。他认为,西方的教育注重专与博的统一。一方面,"品其人之天赋,定其人之志向,使其不至学业杂疏",因此"其艺术精博,成鼓舞教政之羽翼,为唐山(中国)所不及"。另一方面,"无尊自卑外,闭目塞听,井蛙管见之陋习。学者的规模广大,能容,能辩,几无不知之事"。①

高野长英(1804—1850年)本姓后藤,因幼年丧父而过继给高野玄斋,改姓高野。高野长英从17岁开始矢志兰学,先在江户师从杉田伯元和吉田长淑,后入西博尔德创办的鸣泷塾。1828年"西博尔德事件"发生后,高野长英曾一度游历九州各地,待事件平息后返回江户,从事生理学研究和兰学译述,并开办兰学塾传播兰学知识。他编纂和翻译的作品共约四十部,其中同医学有关的二十七部,包括《西说医原枢要》《内科书》《居家备用》,另外属于人文学科的有收录《闻见漫录篇》的《西洋学师之说》《梦物语》《和兰史略》《西洋杂志》,还有以《和兰世纪》为题的札记。在他的著作中,最有影响的是《西说医原枢要》和《西洋学师之说》。②《西说医原枢要》是日本第一部生理学编译作品,有内篇七册、外篇五册。这部书所反映的生理学说,是18世纪末19世纪初风靡法国和德国的生气论系统学说,以体质人类学的创始者布鲁曼·巴哈的人类学知识为主,涵盖生物学、物理学、化学,处于当时同类学科的前沿。《西洋学师之说》是编译作品,内容主要涉及自然学史和自然哲学史。在这本书里,高野长英叙述了自泰勒斯至莱布尼茨、波尔夫的自然观的发展,批判了古代和中世纪在西方占统治地位的亚里士多德主义的自然观,热情赞颂了近代实证和实用科学的进步。他强调,自16世纪哥白尼提出日心说、伽利略通过观测加以证实、笛卡尔对其加以补充后,新的自然观日益深入人心。高野长英高度评价笛卡尔和培根的贡献,称"世人弃千古之学风,入实学之真理,盖因笛卡尔之力"。"培根之后,旧说之非始现,新说之真始明。"③

渡边华山和高野长英遭受厄运的"蛮社之狱",是"笔祸事件":天保八年(1837年),美国"摩里逊号"商船为送还7个在海上遇难的日本船民,驶入了江户湾。但是,日本守军根据幕府的《异国船驱逐令》,开炮将其逐

---

① 佐藤昌介等编:《日本思想大系》第55卷,岩波书店1971年版,第21、24、62、69、83页。
② 山田洸:《幕末维新的思想家们》,青木书店1984年版,第20页。
③ 佐藤昌介等编:《日本思想大系》第55卷,岩波书店1971年版,第207、208页。

出。对于幕府的这种做法,渡边华山写了《慎机论》,提出应警惕英国的威胁;高野长英写了《梦物语》,提出应取消《异国船驱逐令》。江川英龙和川路圣谟,也上书表示反对。早已对"蛮社"不满的"目付"(监察)鸟居忠耀向幕府诬告,称渡边华山等试图偷渡海外,并称他们有沟通大盐平八郎的嫌疑。天保十年(1839年)五月十四日,渡边华山被捕,十八日,高野长英自首。小关三英在获悉两人入狱的消息后自杀。渡边华山因恩师松崎慊堂奔走营救,被判"永蛰居",免除了牢狱之苦。高野长英被判终身囚禁,趁同狱囚犯放火而逃脱并四处躲藏,继续兰学研究和译述;其额上有作为囚徒用硝石精烙的印记,因此不久被察觉并遭到围捕,自杀身亡。

　　学术界曾认为,"蛮社之狱"是有司对兰学的压制,因而兰学受到沉重打击。但是山田洸指出:"传说该事件涉及二百多人,但实际上被逮捕的仅渡边华山和高野长英两人(小关三英在被捕前自杀)。兰学和大批兰学人士并未受到沉重打击。"所谓"蛮社之狱",是福泽谕吉的门人藤田茂吉在自由民权运动的高潮期,为了探寻这场运动的历史渊源,在《文明东渐史》中以高野长英的狱中手记《异物》(又名《鸟鸣》或《蛮社遭厄小记》)为依据,恣意诠释而写成。"现在看来,不能不说其内容完全属于杜撰。"①原田伴彦指出:"所谓蛮社之狱,虽然是镇压洋学者事件,但这并不意味幕府试图压制对海外事情的关心及研究,而是意味其试图在物质和精神两方面,垄断海外情报的搜集和洋学研究的成果。"②

　　嘉永五年(1852年)穗亭主人编辑的《西洋学家译述目录》,列举了"自延享时至今(1744—1852年)名家每年翻译出版的著述。"据统计,"名家为170人,译述为500部,天文、地理、算术、医学之书,悉记载之"。③开国后,幕府派遣西周和津田真道赴荷兰留学,更是迈出了"明治新文化建设的第一步"。必须强调,在锁国时代,日本已奠定了明治维新"求知识于世界"的深厚基础。

---

① 关于"蛮社之狱"的论述参阅佐藤昌介等编:《日本思想大系》第55卷,岩波书店1971年版,第608页;佐藤昌介:《洋学史研究序说》,岩波书店1972年版,第158页;沼田次郎:《洋学》,吉川弘文馆1996年版,第240、241页。
② 原田伴彦:《江户时代的历史》,三一书房1983年版,第293页。
③ 穗亭主人编:《西洋学家译述目录》,《文明源流丛书》第3卷,国书刊行会1917年版,第465—481页。

第十一节 "争奇斗艳"的文化艺术

在安土·桃山时代,最能表现当时文化特征的,首推日本的城。因为,城显示出一种不拘泥于清规戒律、豁达豪放的霸气。这种武家的霸气,在高雅纤弱的古代贵族文化和少有气魄的町人文化中,是难以寻觅的。在城的中心部位,建有炫耀封建统治者威严的天守阁。规模最大的天守阁是织田信长安土城的"天主台",有七层高。丰臣秀吉的大坂城和伏见城(后更名为桃山城)的天守阁也很壮观。丰臣秀吉"辞世歌"中的"大坂巍峨如梦幻",就是指天守阁的巍峨。值得注意的是,天守阁取代佛教寺院的高塔成为建筑物象征,反映了世俗权力的强大和佛教势力的式微。在当年的那些城里面,还建有独具一格的日本书院式宅邸,宅邸的四壁和隔扇上,往往绘有各种金碧辉煌的图画。同时,"传承至今的日本文化",也基本形成。但是,独步于世的日本文化的成熟期,是江户时代。因为,江户时代长达253年的和平环境,为日本文化的成熟提供了丰厚土壤。

多元素融合的"大和绘" 进入江户时代后,以城为中心的城下町急速发展,建筑的发展推动了美术的繁荣。特别由于营造江户殿舍的需求,幕府将以狩野宗族为核心的狩野派画师,如狩野光信、狩野孝信等召集到江户,使江户成为美术发展的源头,而狩野派画师也成了幕府的御用画师。狩野派始于室町时代,自元祖狩野正信之后,始终担任江户幕府的御用画师,历七代而不衰,以"大和化"中国画风,雄踞日本画坛三百余年,而在江户时代最具有代表性的,是并称狩野派"三大画家"的狩野元信、狩野永德,狩野探幽。狩野派最典型的风格,是将中国水墨画的挺拔笔势同大和绘的绚丽装饰相结合,具有气势磅礴的构图和浓墨重彩的色调。不过,他们的水墨画作品轮廓线条清晰,具有明显的日本工笔画特征。各地大名也效仿幕府,以狩野派画师为"御用"画师,使狩野派逐渐发展成为全国性的画派。然而,江户初期的狩野派由于必须遵循官画样式的规矩,因此其画风中原先那种豪放的气势已逐渐消退。另一方面,在狩野派的作品中,也不乏对当时市态民情的反映,如狩野长信表现市民生活感情的屏风《花下游乐图》,就是一幅力作。这种对市态民情的积极描绘,构成了浮世绘不可或缺的动因。自室町时代世袭宫廷画师地位的土佐派,也是代代传承的世袭画派,并将这一地位保持到江户时代末期,似可与狩野派分庭抗礼。自始祖土佐行广开始,土佐派在保持题材的固定性和大和绘的样式方面,始终维持自己的风格,有刚健的线条、写实的色彩和构图。土佐派创作最旺盛的是土佐光信,代表作有《星光寺缘起》《清水寺缘起》。但是,土佐派也积极吸取了狩野派的笔法,创造出了具有武家装饰感的画法和样式。两派画师曾合作绘制了《当麻曼荼罗狩野山乐等缘起》画卷。从土佐派分离出来的重要画派住吉派,是土佐广通另立门户创立的。土佐广通法号如庆,他和儿子土佐广澄(法号具庆)合作绘制的《东照宫缘起》画卷,显示出将土佐派和狩野派的风格进行折中的特色。

至江户时代后期,田中纳言、渡边清、浮田一蕙、冈田为恭等四人,力图摆脱土佐派程式化的大和绘样式,以自由的立场表现大和绘原有的情趣和内容,创作了一系列优秀作品,其中最著名的有田中纳言的《金地着色草花图》《十二个月庆典图》,浮田一蕙的《子日游图》等。他们颇具特色的风格,赢得了"复古大和绘派"的美誉。此外,致力于古典复兴的,还有岩佐胜以、宫本武藏、本阿弥光悦等。这种绘画风格的产生,有一个不可忽略的背景,即当时国学和复古神道思潮,正方兴未艾。

由于长崎是幕府对外开放的一个窗口,因此,在长崎形成了具有中国明清画风格的鉴画派和西洋画派。鉴画派作为长崎的官画,曾长期占据长崎画坛的主体地位。德川幕府建立以后,采取了以儒学为基础的文治政策,因此在社会上出现了汉学热和对明清画的推崇。以此为背景,各藩不少儒者、医师和僧人耽迷于明清文人诗画,模仿明清文人的教养和生活,出现了一批文人画家,其中最重要的代表人物,有祇园南海、服部南郭和彭城百川。尤其是彭城百川,不仅创作了优秀绘画作品,而且编纂了《元明画人考》《元明清书画人名录》,成为名副其实的文人画家。

祇园南海和彭城百川,主要是通过画本中获得的知识和技法,以及通过赴日的中国人的指导学习明清文人画。虽然他们主要依赖于自学,但由于他们具有类似于中国文人的生活环境和汉学教养,所以绘制的作品无论形式还是内容,均颇具中国明清文人画的韵味。

在西洋画领域,耶稣会士沙勿略初访日本时,带去了圣母玛利亚的油画像,开了西洋绘画传入日本之先河。之后,西洋美术不断传入日本。长崎是耶稣会势力最盛的地方,自然成为吸收西方美术的中心。在西方美术的影响下,当地出现了"经常按蛮流制作的铸工、冶工、雕刻匠,以及在铜版画的制作方面掌握优秀技术的人"。① 多才多艺的兰学家平贺源内,当属突出代表。安永二年(1773年),平贺源内应秋田藩藩主佐竹曙山的邀请,前往秋田向藩士小田野直武传授西洋画法。后来,小田野直武又将所学传于佐竹义躬和佐竹曙山,形成了画坛上的"秋田派"。秋田派虽然在题材和内容上保持了日本画的骨骼,但在技法上明显吸取了西洋画的透视法和光与色彩的阴影法,在日本绘画史上独树一帜。事实上,以"和洋折中"的方式进行绘画创作的,还有日本铜版画创始者司马江汉,将狩野派的画法同明清画、西洋画进行调和的渡边秀石。

狩野派、土佐派、住吉派、秋田派等在维护"大和绘"风格的同时,吸收中国画和西洋画风格技法,透视出时代潮流和社会变迁。但更具有历史投影的绘画表现形式、有资格担任"日本画形象代表"的,无疑是浮世绘。

浮世绘:日本的"国画" 如果问哪种美术表现形式最具有日本特色?答案肯定是浮世绘。就这个意义而言,浮世绘而不是大和绘,可以被视为日本的"国画"。何谓"浮世绘"?按照《广辞苑》的解释:"浮世绘,源于佛教忧世的生活情感和汉语逍遥浮世的混淆语。"也就是说,"浮世"一词有悲观厌世的色彩。但是在江户时代,"浮世"却被涂上了"及时行乐"色彩。宽文元年(1661年)问世、用日语假名写成的通俗故事集《浮世物语》宣称,人生当如葫芦漂浮于水上,随波逐流,并称"这就是浮世"。同时期的《漫步物语》也称,"沉迷于梦之浮世"。"浮世"语义之所以出现这种变化,主要是因为江户时代商品经济的发达和"町人"即市民特别是商人的兴起。论政治地位,他们属于"下等人"。但是按经济实力,"町人"中又不乏"上等人"。他们在"游里"(花街柳巷)可以尽情欢乐,享受浮生若梦的生活。当时很多物品也被冠以"浮世",如"浮世袋""浮世帽""浮世伞",连"秃"(后备妓女)的钱包也叫"浮世莫蓙"。不过,"浮世绘"一词的首次出现,是元和二年(1682年)问世的井原西鹤的名作《好色一代男》。

浮世绘的表现形式有两种:一是"肉笔画",即不经木版雕刻的画,可以独立创作;二是木版画,须集体创作:首先由画师画出"板下绘",然后由雕刻师将其贴在版木上雕刻出轮廓,再由画师涂上颜色,最后由摺师印出。庆长十三年(1608年),木阿弥光悦和角仓素庵等为《伊势物语》绘制了插图。此后,绘有所谓"墨摺",即黑白插图的通俗读物木刻本不断增

---

① 片冈千鹤子:《八良尾的神学校》,基督教文化研究会1970年版,第24页。

第八章 江户时代

加。之后,被称为"丹绿本",即绘有彩色插图的读物,也开始出现。不久,随着江户町人游乐生活的定型,以他们的生活习惯为主题的小说纷纷问世,而配有插图的这类小说,更是十分畅销。

浮世绘和活跃于江户时代的狩野派、住吉派等一样,是一种绘画流派的统称,被誉为"浮世绘开创者"的是菱川师宣。元和四年(1618年),菱川师宣出身于房州(千叶县)一个织锦艺人家庭,40岁到江户谋生。江户是个消费性城市,很多有钱人频频出入花街柳巷。他们究竟在那里干啥?庶民对此非常好奇,有关这类题材的绘本相当抢手。菱川师宣见这是个来钱的差事,于是为这种绘本画插图,不仅描绘吉原的风情,游女(妓女)的容姿,而且描绘男女的翻云覆雨。除了插图,他也画"一枚绘"即单张作品,并因此开拓了浮世绘发展的路径。他的作品如《小伙与姑娘》《美人回首图》,既以可视的形式叙述故事,又以夸张的形式把握习俗,将游廓中女性的美,描绘得栩栩如生。当然,"浮世绘"不等于"春画"。"浮世"有时也泛指社会的风俗民情、世间百态。另外,浮世绘是以日本风俗为题材的日本画的代表。但是,按照日本学者谷信一的说法,"浮世绘版画也同中国版画具有密切关系"。例如,菱川师宣的《绘本风流绝畅图》就是中国《风流绝畅图》的"山寨版"。

江户时代茶室的游女

贞享元年(1684年),菱川师宣在《绘本浮世读会尽》序言中,对浮世绘的关注对象有一番简明扼要的说明,"走笔描绘大和浮世绘,表现世态民情"。浮世绘最初是作为"草子"即通俗小说的插图亮相的。①随着民众喜闻乐见的"草子"的走红,浮世绘也不断在社会上"蹿红"。菱川师宣所描绘的世态民俗,既以可视的形式叙述故事,又以夸张的形式把握习俗,

---

① "草子"是兴起于17世纪初的一种通俗文学作品,类似于小说。因这类小说全用假名写成,所以又叫"假名草子"。

通俗易懂，使人一目了然。他的作品如《小伙与姑娘》《美人回首图》，象征性地表现出了游乐场景中的女性美，颇受人们青睐。随着木版插图的魅力不断增强，不仅没有文字叙述而仅有连环图画的所谓画本得以出版，而且单张的版画也得以问世。换言之，在17世纪末，木版画已从作为"物语"插图的地位中独立出来，本身成了鉴赏对象。这是菱川师宣被誉为"浮世绘开创者"最主要的原因。

虽然浮世绘被认为是江户时代的产物，但追根溯源，浮世绘的历史相当悠久。奈良时代，根据称德天皇敕令创作的《百万塔陀罗尼》，是现存最早的木版画，也是浮世绘的萌芽。进入江户时代以后，"风俗画"的场景从室外移到室内，从"大众"变成"小众"。例如，大和文华馆收藏的《松浦屏风》中的美女，几乎等身大。热海美术馆镇馆之宝《汤女图》，描绘了为客人洗澡的"汤女"（女服务员）的"野性美"。正是这类画作，显示了"风俗画"的倾向性转变，"性工作者"之类"小人物"成了"浮世绘"风俗画的主角。由于这类画作大都产生于宽文年间（1661—1673年），所以被统称为"宽文美人"。

作品主题的转变，为浮世绘注入了"妖艳"的色彩。随着歌舞伎和游廊在江户时代的繁荣，叙述吉原（"红灯区"）的《吉原物语》，描绘"东海道四宿"即四个花街柳巷的《东海道名所记》等作品，纷纷问世。"浮世绘"作为插图也因此有了广阔的"栖身之所"。虽然日本的"春画"在10世纪已经出现，但真正使"春光无限"的浮世绘独树一帜成为日本画代表的，是菱川师宣。不过，菱川师宣绘制的木版画，几乎都是黑白的，而他的后继者，如鸟井清信、奥村政信、石川丰信、鸟居清满、鸟居清长、铃木春信、喜多川歌麿，则绘制了许多彩色木版画，使画上的美人更栩栩如生，并使单张的版画完全作为一种世俗鉴赏画，在町人社会扎了根。

浮世绘领域虽然群星璀璨，但日本有"东师宣，西祐信"之说，即关东

吉原入口

有菱川师宣,关西有西川祐信。尽管西川祐信比菱川师宣晚出生五十三年,两人的风格和题材存在明显差异。按著名画家白仓敬彦的说法,"菱川师宣描绘的色恋世界以武家为背景,而西川祐信描绘的则属于町家社会的色恋样貌"。西川祐信创作生命长达五十年,画作达好几百册,笔耕甚勤,成果颇丰。西川祐信最擅长画的是美人风俗图,虽然他的画作大都是墨印,但却以细致柔软的曲线,将女性的柔美展示得惟妙惟肖,为美人画融入新的意境,对后世特别是铃木春信写实的美人画样式,产生了重要影响。

铃木春信的出现,同样具有里程碑意义。因为,18世纪中叶,浮世绘显示出露骨地表现人体美的作品,如描绘游女和女艺人的裸体画充斥市场。为什么会出现这种情况?按照东京国立博物馆名誉馆员菊地贞夫的说法,"实力不足的画师们,通过画裸体版画保持人气。因为,画这种画省时省力"。但是,一味靠在画上脱女人衣服攒人气,实在是一种颓废和沉沦。因此,铃木春信通过"锦绘",打破了这种僵局。浮世绘有多种创作技法,包括"墨绘""蓝绘""丹绘""漆绘""浮绘""锦绘"。"锦绘"是日语,中文译作"彩色版画"。18世纪中叶,一幅画已能铺陈约十种颜色,铃木春信将这种多彩画法应用于浮世绘,创作的作品如同美丽的织锦,所以被称为"锦绘"。按照菊地贞夫的评价,"明和二年(1765年)锦绘的创始和铃木春信的出现,不仅为陷入困境的浮世绘开辟了一条前进通道,而且发挥了浮世绘的特性,使之成为独步于世的艺术"。[①] 铃木春信对浮世绘之所以能有此贡献,还因为他吸收了中国擅长画美女的明代大画家仇英的艺术风格。铃木春信总共创作了六百多套版画,很多是游女和艺伎,代表作有《夜雨美人图》和《吉原美人集》。他用或调和或反差的色调,描绘细腰纤手、体态苗条的美女,使作品具有抒情韵味和诗歌意境。

铃木春信去世后,浮世绘的画风从浪漫走向写实,而描绘具有"实感"的美人首屈一指的代表人物,是鸟居清长(1752—1815年)。鸟居清长笔下的美女不仅风情万种,而且衣着是当时女性服饰的真实展现。在他的影响下,日本画坛涌现了一批浮世绘大师,其中包括被誉为"美人画第一人"的喜多川歌麿。

---

① 菊地贞夫:《浮世绘》,保育社1991年版,第24页。

喜多川歌麿(1753—1806年)和许多浮世绘画师一样,也是从模仿鸟居清长开始的,但如《青楼仁和嘉女艺者》所显示,喜多川歌麿在20多岁时就已开始形成自己的风格,并在宽政三年(1791年)发表了新的美人画样式,成为浮世绘界新宠。与前人相比,喜多川歌麿展示的新的"美人画样式",一是不再注重线条,而是注重色彩。而且他注重色彩并不是使画作显得色彩斑斓,而是以有限的色彩获取最佳的效果。二是以往浮世绘画师注重美女的形态美和衣裳美,而喜多川歌麿则主要表现美女的容貌美,注重通过面部表情揭示女性内心情感。喜多川歌麿的代表作有《妇女人相十品》《妇人相学十体》等。当时有名的美女,几乎都当过喜多川歌麿的模特儿。他笔下的美女几乎"千人一面"。这当然不是因为他不擅长把握特征,而是因为他想借用那些美女的名字,描绘自己心目中理想的美女。当时,"大多数流行艺术家,包括大名鼎鼎的喜多川歌麿,作了很多春画,并且有不少作家描写色情。许多色情画像10世纪讥笑佛教那样,讽刺古板保守的儒教经典"。①但是,儒教朱子学是统治者尊奉的官学,岂能随意讽刺?文化元年(1804年),喜多川歌麿因创作《太阁五妻洛东游观图》,涉嫌诽谤,被判关入牢中戴了五十天手铐。受此打击,喜多川歌麿两年后就驾鹤西行。

浮世绘在江户时代中后期的代表人物还有葛饰北斋和安藤广重。葛饰北斋(1760—1849年)本名中岛时太郎,46岁时改名葛饰北斋。他家境贫寒,少年时入借书铺和印刷所当学徒,耳濡目染学了一点雕刻技法。19岁时,他师从胜川春章学习绘画,表现出了很高的艺术天赋,深得胜川春章赏识。不过,在胜川画室十五年时间里,他主要为以市井民众为对象的通俗读物绘制插图,风格也只是对胜川春章风格的模仿,寂寂无闻。然而,这段"学徒"经历为他日后成为蜚声浮世绘画坛、留名日本美术史的大师奠定了基础。胜川春章去世后,葛饰北斋离开了胜川画室,开始独立创作,最初以画美人为主。他描绘的美人无论贵族夫人还是山野村姑,都是瓜子脸、樱桃口,由于他笔法精致,画面别致,所以总给人以妙趣横生的感觉。美人画使他一举成名。在文化文正时代即19世纪前三十年,由于广泛的市场需求和技法的日趋成熟,浮世绘进入了黄金时代。葛饰北斋也

---

① 伊恩·布鲁玛:《日本文化中的性角色》,张晓凌、季南译,光明日报出版社1989年版,第11页。

迎来了创作高峰期,他的代表作《富岳三十六景》,就是在这一时期完成的。当时,他已70岁。《富岳三十六景》由四十六幅画构成,除了少数几幅,富士山只是一个远远的背景,画面主题大多是民众生产和生活场景,充满了浓郁的乡土气息。嘉永二年(1849年)元月,北斋抱病创作了《富士越龙》。三个月后,90岁的葛饰北斋在寓所内仙逝。葛饰北斋的作品风格甚至影响了欧洲画坛,德加、马奈、梵高、高更等印象派大师都临摹过他的作品。

安藤广重(1797—1858年)出身于江户一个低级武士家庭,14岁跟随浮世绘画师歌川丰广学画。出于对老师的感恩,安藤广重在32岁时改名歌川广重。安藤广重非常高产,一生创作了五千多幅画。但是,使他名垂日本美术史的,是在19世纪30年代前半期创作的系列作品《东海道五十三次》。这个系列作品由描绘东海道五十三个驿站的五十五幅画构成。由此表现出的艺术天赋得到了西方印象派画家的赞赏。这或也因为他吸收了西方画家的技法。

无论是表现形态还是内涵,葛饰北斋和安藤广重的作品均为浮世绘注入了新的生命活力。这不仅因为他们在美术自然观的基础上,对构图和色彩做了很好的调和,更因为他们开拓了风景版面这一浮世绘新的领域。

传统文艺的繁荣 江户时代,由于町人(市民)经济实力的增长,出现了真正产生于市民并讴歌其生活的独特的文学。首先代表市民生活意识登上文学艺术舞台的,是俳句、浮世草子、偶人净琉璃。

俳句是中国汉诗绝句日本化的一种短诗,由五、七、五共十七个音节组成。俳句名家松永贞德在俳论《御伞》的序言中,曾这样描述当时俳句流行的情景:"无论京城乡村,不分老幼贵贱,只要听到俳句,无不侧耳倾听,显得颇感兴趣。"[1]在俳句的世界里,松尾芭蕉(1644—1694年)是无与伦比的一代宗师,被誉为"俳圣"。松尾芭蕉出身于伊贺(三重县)上野一个低级武士家庭,本名松尾藤七郎。延宝九年(1681年),他的弟子李下送了一棵芭蕉树给他。他将这棵芭蕉树种在隐居的庭园,从此以"芭蕉"为俳号,寓意芭蕉在寒冷的气候中无法结果,借以嘲讽批评"俳句无用论"。芭蕉的成名作是"明月之夜旅宿焉,绯樱绽放思暮年"。这首俳句被

---

[1] 冯玮:《日本的智慧》,浙江人民出版社1994年版,第101页。

收录在宽文四年(1664年)出版的《佐夜山中集》。经过苦心钻研,芭蕉将俳句从俳谐即诙谐的俳句导向真诚,开辟了一个独特的、被称为"芭蕉风格"的艺术境界。他的俳句别具一格,既带有"闲静""幽雅"的特点,又往往在孤寂的情调中表现出对现实的不满和消极逃避的态度,有较深的意蕴。如前面已写到的,他的名作"闲寂古池旁,青蛙跃入水中央,悄然一声响",既表现了自然的美感,又巧妙地将恒定的存在与瞬间的动作结合起来,从而暗示了无止境的事物与此时此刻的事物并存这一人生的哲理。松尾芭蕉的作品对当时和后世包括俳句在内的诗歌,产生了深远影响。元禄七年(1694年)夏,松尾芭蕉因腹疾死于大坂,享年51岁,临终前留下了最后一首俳句:"旅途罹病,荒原驰骋梦魂萦。"

"浮世草子"意为"风俗故事",是由御伽草子以及与其一脉相承的假名草子演变而成。"浮世草子"的代表人物首推井原西鹤(1642—1693年)。井原西鹤本是俳人,后转写小说,他的作品,如《好色一代男》《好色一代女》,体察生活细致入微,状物写情引人入胜,遣词造句幽默诙谐,既肯定了市民的享乐生活和营利行为,也反映了社会底层的人们窘迫的生活和绝望的心理,使日本现实主义文学达到顶峰。

《好色一代男》(1682年)共五十四回,是井原西鹤"好色物"的处女作,也是在日本文学史上开创"浮世草子"的划时代作品("浮世"意为"世间百态","草子"即"故事集")。《好色一代男》是在"灯火熄则恋情生"的情境中开始的:主人公世之介7岁时的一个夏夜,女侍熄灭灯火后,他让女侍靠近他,说:"你不知道恋爱是在黑暗中进行的吗?"此后,世之介历经风流,从妓院花魁到风流寡妇,从女佣到女巫,同各种女人都有过"亲密接触";他也历经坎坷,甚至曾被投入监狱。但无论遭遇什么磨难,他好色本性始终不渝。在《好色一代男》中,作者设计了这样一个结尾:年过花甲的世之介怀揣一生积蓄,带着几位好友乘装满催情用品的"好色丸",前往寻访天下好色之徒的理想国"女护岛"。该作品以世之介的好色一生为经,以地方风俗为纬,编织了一幅江户时代町人风俗的缩略图。《好色一代女》(1686年)共五卷,是《好色一代男》的"对偶"。作者通过老尼阿春的回忆,对"好色一代女"的心理和情感生活进行了细致入微的描述。阿春天生丽质,最初是个宫女。在宫闱充满色欲的环境中,过早地"知恋爱",与年轻的宫廷武士爱得如醉如痴,并因此而被逐出宫廷,沦落青楼,成为花魁。阿春一生好色,直至中年依然性情激越,经历丰富:她曾与有妇之

第八章 江户时代

夫偷情,与主家老爷同欢,与破戒僧人为妻,与花甲老人做爱。然而可悲的是,她一世都未能遇见可厮守终身的男人,最终投河自尽,在被救起后削发为尼。她在书中感叹道:"我没有丈夫,没有子女,是个孤苦伶仃的女人,所以往事无须隐瞒。我从豆蔻年华就初尝做爱的滋味,后来经历了跌宕起伏的百转千回,被情欲之路上的泥垢玷污了全身。"

"偶人净琉璃"意为"木偶剧",始于室町时代末期,最初形式是盲人和着节拍说唱净琉璃故事,后来加上三弦和木偶,是民众喜爱的艺术形式,并形成了许多流派——节。17世纪末,竹本义太夫在大坂创设了竹本座,以近松门左卫门为剧作家,开创了独特的义太夫节。不久,演员与剧作家交相辉映,迎来了净琉璃的全盛时期。剧作家近松门左卫门也因此和松尾芭蕉、井原西鹤一起,成为创建日本近世文学黄金时代的代表人物。

近松门左卫门是武士家的次子,在"嫡长子继承制"的江户时代,他无法继承家业,只能以写作为生。他描述的殉情故事的主人公,男的大都是店铺伙计或小商贩,女的大都是妓女,生时很平凡,死时很悲凄。他们与其说为情所困,毋宁说为钱所困。近松门左卫门在他的名作《长町女切腹》中,通过甚五郎的妻子表示:"世间很多殉情,因金钱和不幸而留名后世。真正为爱而死的,一个都没有。"这话未免夸张,但至少在他的作品中不缺真实。日本社会有一句谚语"地獄の沙汰も金次第",译成中文是"有钱能使鬼推磨"。

近松门左卫门被誉为"日本的莎士多比亚",一生创作了一百多部剧本。他写的偶人净琉璃剧本题材广泛,其中成就最大的,是以市民生活为题材的"殉情剧",代表作有《曾根崎殉情》《冥途飞脚》。他创作的殉情剧以义理和人情的冲突为主题,深刻反映了生活在封建社会的人们的悲欢离合。

《曾根崎殉情》根据真实事件撰写,说的是大坂"平野屋"酱油铺老板要店员德兵卫娶他侄女。德兵卫已和妓女阿初相恋,不愿答应。但德兵卫贪财的继母却收取了老板的订金。老板几次劝说无效,非常震怒,要德兵卫归还订金,并要将他赶出大坂。无奈,德兵卫从继母处要到订金,打算归还,不料他的朋友九平次央求将这笔钱借给他急用,三日内归还。德兵卫相信了他。孰料,九平次不仅没有及时还钱,还矢口否认借过钱。德兵卫陷于矛盾和痛苦无法自拔,最后和阿初在连理松下殉情。

《冥途飞脚》根据当时轰动日本社会的真人真事"梅川·忠兵卫殉情事件"改编。忠兵卫是神户淡路町"飞脚问屋"（相当于快递公司）龟屋家的"飞脚"。他深深迷恋大坂新町"井筒屋"的妓女梅川，想为梅川赎身。忠兵卫的朋友八右卫门也迷上了梅川，也想为梅川赎身，两人成了情敌。一天，俩人在"井筒屋"相见，八右卫门嘲讽忠兵卫没钱给梅川赎身。被激怒的忠兵卫当即从怀中拿出公家汇兑钱，打开封印，交了赎金。但是，擅自挪用公款在当时是死罪。忠兵卫难逃一死，他的真情令梅川深受感动。最后，他俩相约于忠兵卫的家乡新口村，在那里殉情。

和偶人净琉璃并称为民众娱乐双璧的歌舞伎，也形成于江户时代初年。歌舞伎起源于江户时代岛根县出云大社巫女与名护屋山三郎合作创始的一种念佛舞蹈，后发展成具有剧本结构的戏剧。原先这种表演形式被称为"かぶき"，意为"倾奇"，后有人用汉字取代了三个假名：歌（か）、舞（ぶ）、妓（き）。在江户时代，"歌舞伎"和"歌舞妓"是混用的，至明治时代才定为"歌舞伎"。

之所以称"歌舞妓"，并非没有缘由。江户初年，日本"三都"即江户、京都、大坂的游女，见这种表演很受欢迎，于是也以表演歌舞为幌子，做起皮肉生意。她们表演的"歌舞妓"被称为"游女歌舞妓"。但是，这种"挂羊头卖狗肉"的营生累及歌舞伎本身，宽永六年（1629年）幕府颁布法律，禁止女性登台表演歌舞伎。随后，年轻貌美的男子成为歌舞伎的主角。这种男扮女装的歌舞伎被称为"若众歌舞伎"。"若众"原是佛教用语，"若"在日语中意为"年轻"，"众"意为"众多门徒"。后来，"若众"开始分化，他们有的表面上表演歌舞，暗地里却为女性提供"特殊服务"。正宗歌舞伎的"女形"（男扮女装演员）都浓墨重彩，以致"面目全非"，但"若众"是不化妆的，充其量略施粉黛。因为他们的相貌非常重要，涂一脸油彩，如何分辨美丑？由于"若众歌舞伎"败坏社会风气，不久也被幕府取缔。但是，"道高一尺，魔高一丈"。江户等地随即出现了一种叫"狂言尽之名"的表演形式，实则是"若众歌舞伎"的翻版。"若众歌舞伎"的"若众"之所以吸引人，主要是因为他们长得美，于是幕府在庆安元年（1648年）颁布法令，对"若众"的穿着打扮定下规矩：必须衣着"朴素"。同时命令"若众"必须将额头的头发剃掉，弄成一个被称为"野郎头"的发型。此后，"若众歌舞伎"便被戏称为"野郎歌舞伎"。为了遮丑，"若众"想出了各种办法，最主要的办法是将染色布放在脑门上作为头巾，登台表演时头巾飘逸，很是

"风流偶傥"。

歌舞伎的主题大致分两类：一是展示公卿武士的生活，一是表现平民生活。其内涵或借古喻今，或渲染爱情，或宣扬忠孝，或说教道德，并且有文戏，也有武戏。尽管出现过"若众""野郎"那样的另类，但从江户时代迄今，歌舞伎演员全部都是男性。作为日本国粹，歌舞伎在2005年被联合国教科文组织列为非物质文化遗产。

第十二节　市井"风俗"和"四民"风情

除了日本，世界上没有其他民族使用日语，尽管日语的"假名"就是借用"真名"即汉字而形成的。日本人的民族服装是"和服"。"和服"这一名称是江户时代的日本人为了区别于"洋服"而"创造"的，尽管脱胎于汉服的"和服"，作为服装样式早已出现。很多人喜欢吃"日本料理"，生鱼片、寿司、寿喜锅、天妇罗等，几乎成了日本食品代名词，尽管"天妇罗"无论名称 temporras 还是烹饪方法，日本都没资格获取专利，那是16世纪葡萄牙人传入的。日本人的住很有特点。1910年，日本举行了一个"应怎样确定我国将来的建筑样式"的研讨会，专家们在会上提出了很多真知灼见。但是，"他们所有的观点，本质上就是在'洋化'和'国粹'的波浪中，应该造一艘什么样的'船'的问题"。① 日本人的行与"宿场"相关，而日本的"风俗店"就是伴随"宿场"而发展繁荣的。日本没有吸收中国的宦官制，但日本却有仿效中国古代后宫制度的"大奥"。日本人的"沐浴文化"更是独步于世。想了解这一切，不能不了解江户时代的市井"风俗"和"四民"风情，因为所有这些"日本符号"都是在江户时代被传承和定型的。

"风俗店"

---

① 若山滋：《生存于风土的建筑》，鹿岛出版会1983年版，第174页。

江户时代的衣食住 显示日本民族特征的"和服",最初是受到中国三国时代江南服装的影响而形成的,当时叫"着物"。日语"吴服"一词,按照《广辞苑》的释义,原先不是服装,而是做服装的绸缎面料。"和服"一词是在江户时代以后,与"洋服"相对而产生的。和服几乎全部由直线构成,没有什么曲线,如将和服展开,基本就是个长方形。和服有几个优点:一是因为需要系带,所以不必像西服那样严格地"量体裁衣"。二是"通气",因为和服有八个"透气孔"。三是显示"出身"。日本曾上演过一部叫《长七郎》的系列片,其中一集概要是:有个恶棍想将一个开梳子店谋生的女人杀死,以便霸占她的店铺。长七郎前往收拾那个恶棍。当他出现在恶棍面前时,恶棍便求饶命。原来,长七郎和服上的家徽显示,他是幕府将军家的人。按照原东京国立博物馆馆长樋口清之的说法,"在将家徽附于和服的瞬间,和服已不再仅仅是衣服,而是成为显示血统即家族的名誉和炫耀这种名誉的标志"。一些妇女出嫁后,虽然"入籍"改为夫家姓,但和服上依然缀着娘家的家徽。"这是为了留存男子曾入赘女家的痕迹"。①

穿和服都要系带子。最初,和服的腰带宽度仅1.5至2.0吋。16世纪中叶,耶稣会传教士将基督教传入日本。日本人见耶稣会传教士教袍上的腰带挺别致,于是竞相仿效,形成了所谓"名护屋带"(名护屋即九州佐贺名护屋市)。再后,"名护屋带"花样迭出,形成了宽达一尺的"博多带"。"博多带"的结先是要系在身前的。腰带结"后移"发生于18世纪30年代。当时,恰逢日本传统戏剧"芝居"开始独立于歌舞伎自成一体。"芝居"演员为了"拗造型",将腰带结弄得越来越宽。特别是著名的"芝居"演员吉弥、文七,将结打成"蝴蝶"等造型并系在身后,跟着演员翩翩起舞,增强了观赏性。人们竞相效仿"芝居"演员的服饰,遂成"时髦"。据统计,今天和服腰带的系法有278种之多。

日本人的主食在进入江户时代后,也发生了明显变化。江户时代以前,日本人的主食是糙米,日文写作玄米。天文十八年(1549年)八月,耶稣会传教士进入日本,在他们发回耶稣会总部的《耶稣会士日本通信》中,有很多关于日本风土人情的叙述。其中写道,日本武士之所以能挥刀舞剑驰骋战场,农民之所以能辛苦劳作不知疲倦,主要因为他们吃的是糙米。吃糙米主要是因为农民和下层武士生活贫困,食物不足,甚至因为天

---

① 樋口清之:《不消亡的日本人——其文化和历史的秘密》,泰流社1980年版,第132页。

第八章 江户时代

灾而遭受饥荒,不敢精碾细轧造成浪费。进入江户时代后,由于社会的安定和生产技术的进步,特别是稻米耕作技术不断改良,人们的生活条件得到改善。于是,特别是武士和商人等都开始改吃精米。孰料,时隔未久,出现了一种此前没有的疾患。人们不知道这种病的病因是什么,所以笼统称之为"江户患"。所谓"江户患"就是今天的"脚气病"。"脚气病"的病因与维生素 B_1 的缺乏直接相关。以前之所以没有出现"江户患",就是因为"糙米"附有稻谷的谷壳,而谷壳不仅含有丰富的维生素 B_1,而且含有多种维生素和微量元素,为人体所必需。经过"精轧",维生素和很多微量元素被大量清除。精米比糙米口感好很多,但却造成日本人体质变弱。今天的科学研究证实,维生素 B_1 的缺失会造成神经麻痹,特别是末梢神经麻痹,导致阴茎感觉迟钝和性欲减退,甚至阳痿。因此,当时出现了一个新名词:"大米中毒"。如何借助饮食增强性能力,成了必须解决的问题。日本一些药铺开始出售"井守の黒焼き",那是将雌性和雄性的蝾螈烤干后研磨成粉的药。蝾螈属于蜥蜴科,俗称"四脚蛇"。日本学者寺田广彦经过分析研究后证实,蝾螈粉确实有壮阳作用。今天,鹿角能够壮阳已成为常识,日本获取这个常识,也是在江户时代。最先将鹿茸作为壮阳药引进日本的,就是前文写到的"西博尔德事件"中的主角西博尔德。鹿茸居然能壮阳,令日本人喜出望外。因为,日本人也养鹿,可以就地取材。咖啡也是在江户时代由西博尔德最先带入日本的,并且最初也被日本人视为壮阳饮料。有关咖啡壮阳的记述,见载于很多日本书籍。

日本的酒文化非常发达,在日本的"演歌"中,"酒"是关键词。日本酿酒的历史非常悠久。古时候,日本酿酒工都是女性,特别是处女。室町时代即14世纪以后改为男性。江户时代,幕府强调男尊女卑,女性酿酒一度属于非法行为。不仅对酿酒者有严格的性别规定,而且酿出的酒也有"性别"。用硬水酿出的酒经过发酵,有淳朴自然的味道,被称为"男酒"。用软水酿制的酒,味道柔润,清香可口,被称为"女酒"。这种思路是"男为阳刚,女为阴柔"传统观念在酒文化中的延伸,并使酒文化和社会文化融为一体。

江户时代,日本人的"住"也颇有特色,并且和中国的"住"形似神不似,或者说"貌合神离"。例如,"闺房"在中文里是指未婚女子的房间。但同样这两个汉字,按照《广辞苑》的释义是:"1.卧室;2.女人的房间。"也就是说,日本的"闺房"也指夫妻"经营婚姻"的重要场所。在江户时代,日本关东关西地区的"闺房"风俗不同。京都大坂地区即关西地区,夫妻睡同一被窝,而关东地区则是各睡各的被窝。这种风俗的产生和武士兴起于关东地区有关。很多武士的妻子在为丈夫铺好被子并服侍丈夫就寝后,回自己房间,或者在丈夫旁边就寝。

江户时代,一些大户人家的女儿出嫁时,嫁妆中会被放进几本书,其中有一本叫《女闺训》。这是一本性教育书,主要内容有"闺房谨慎之事"和"朝夕心得"。"闺房谨慎之事"主要强调情色不浓则感情淡,感情淡则夫妻不睦,最终导致家庭解体,故情色须充分浓烈。同时也不可失礼。要尽情,但不可举止失当。闺中也要尊重贤良淑德,不可有猥亵之举。女人出嫁后,初时得到宠爱,之后遭遇冷漠,皆因闺中失去淑德。做爱终了必须离开寝床。否则夫君必然日渐冷淡。入闺房之后,即便时过几年,也要尽量像初嫁时那样显得害羞。否则会无异于妾,讨夫君之嫌。即便身份卑微的婢女,若守闺房之淑德,也能宛如正妻。"朝夕心得"主要强调不可让夫君看到寝姿,因此须早早起床化妆,让夫君看到一张漂亮的脸。夫君看到妻子莞尔动人之脸,可免一日之灾。在江户时代,日本女人裸露身体不以为意,例如女人可以在院子里洗澡而不避讳。但是若睡姿不雅被人看到,则如中国的女人裸睡被人看到一样,相当丢脸。尤其对上流社会的女性,要求当然更加严格。因此,女人的睡姿必须是双腿并拢,曲侧身体,这样方显得身姿优雅。杉本悦子谈及她所出身的武士家庭的教养时这样写道:"自记事时起,我晚上总是头枕在小小的木枕上,注意不发出声音……武士的女儿从小接受的教育是,即使在睡觉时也要控制好自己的意识和身体。男孩子可以四仰八叉,睡得像个'大'字,而女孩子的睡姿则必须优雅地弯曲身体,睡得像个'き'字,这意味'控制意识'"。①对女孩子来说,基本原则是不可显得成熟老练,要使对方认为"你是我唯一的男人"。闺房中是一对一,做的是"房事",因此要尽量使对方看到平日看不到的自己,要有作为闺房风俗的"娇声痴语",要显示出自然本能。

中国古代有专门为王公贵族服务,传授"不老回春术"的房术家,他们撰写了一些论著,如《素女经》《洞玄子》等。这些论著有的在中国已难觅踪迹,但有些传到日本却得以保留。日本人独创的"性学教科书"也很多,

---

① 杉本(稻桓)悦子:《武士的女儿》,双日页和康帕尼出版社1926年版,第15、24页。

第八章 ● 江户时代

如《黄素妙论》《色道大镜》《枕文库》等。尤其值得一提的是18世纪50年代或60年代问世的《女大乐宝开》。该书论述了女性的体型、相貌、肢体以及五官,并分为上品、中品、下品。奈良时代,日本各方面都受到唐风影响,审美标准也概莫能外。当时的美人都是丰满型的。平安时代依然欣赏"丰润美",无论是《源氏物语》《荣花物语》还是《紫式部日记》,对此有具体详尽描述。但是,进入江户时代中期以后,逐渐以瓜子脸、细长眼、柳叶眉、纤瘦腰为美。铃木春信、喜多川歌麿等人描绘的美女,都是这种类型。江户时代对各种职业、身份的人的住宅规模和样式有明确规定,但是对闺房没有特别规定。"婚前检查"、"试婚"、介绍人夫妇对准新娘新郎"言传身教",都在"闺房"进行。身份卑微的男女也有面积不大的"闺房",一般都在房屋的尽头,只是过夫妻生活用,平时就在起居室的榻榻米上"打地铺"。

"行"与"宿" 在衣食住行中,日本人的"行"更显示独特"风俗"。江户时代有个不成文的规矩,就是朋友出远门,要将朋友送到最近的宿场,理由是江湖险恶,担心朋友路上遭遇不测。如果朋友前来做客,也要去最近的宿场迎接,以表示自己热情好客。然而,这些都是借口,真正送客接客的目的,是自己想去宿场狎妓。江户时代有四个著名的"宿场":品川、新宿、千住、板桥。"江户四宿"和江户时代同年出生。庆长八年(1603年),江户幕府建立后即以江户的日本桥为起点,着手建设五条交通主干道,分别是通往关西的东海道、通往中部的中山道、通往茨城的日光街道、通往东北的奥州(岩手县)街道、通往甲府(山梨县)的甲州街道。为了给旅客提供食宿的便利,街道建起了一些"宿场"。

最先建立和繁荣的"宿场",是东海道的品川宿,而后依次是中山道的板桥宿、奥州街道和日光街道的千住宿、甲州街道的内藤新宿。这些宿场很快发展成"宿场町"。"四宿"里有为客人盛饭的"饭盛女"。人们称她们"宿场女郎"。幕府对所谓饭盛女的主营业务,当然心知肚明。万治二年(1659年),幕府发布了《游女禁止令》,但允许宿场町每个宿场有两个饭盛女。随着江户城的繁荣和交通流

江户时代站在"扬屋"前的游女

量的增加,"宿场"也日益繁荣。根据"参觐交代制",大名们隔年要去江户住一年。明治维新"废藩置县"时,日本全国有276个藩,其中有146个藩的大名往返江户和藩领时要下榻品川宿。因此品川迅速繁荣"娼盛",只能有两个饭盛女的禁令,很快形同一纸空文。最初品川宿之所以独占鳌头和地理位置有关。品川原先是个小渔村,文治三年(1187年),镰仓幕府的创建者源赖朝为祈祷交通安全,在当地建了品川神社,之后便不时有人前往参拜,使之逐渐成为南来北往的交通要冲。品川共有不同规模的"宿场"93家。江户时代中期,幕府允许品川宿场町的饭盛女总人数不得超过500人,也就是说,平均每个宿场有5个饭盛女。后来,这个限额被不断突破。因为,品川宿町的人流量在"四宿"中最大,而且背靠江户湾,海产品新鲜美味。占据如此天时地利人和优势,自然在"四宿"中赢得最高人气。

位于中山道的板桥宿分为平尾、中宿、上宿。因上宿和中宿间的石神井川上架有"板桥"而得名。板桥宿有饭盛女的是邻近江户的平尾和中宿。板桥宿周边是稻田和灌木丛,一派田园风光,有着诱人的自然景观。但板桥宿有诸多对经营宿场町相当不利的因素。例如,板桥宿的东面是加贺藩前田家的"下屋敷"(大名在江户近郊的别邸)。前田家的祖先前田利家是德川家康的重臣,领俸禄逾百万石。虽然前田家参觐交代时经常下榻板桥宿,而且北陆道(新潟县和富山县一带)、近畿地区(京都奈良周边)的大名,也不乏有人利用板桥宿。但是,作为宿场町,板桥宿的人气无法和另外三个宿场町媲美。因为板桥宿虽然和千住宿、新宿一样,也获准可以有150名饭盛女。但是,那里的饭盛女主要服务对象是当地农民,相貌、气质、才学都难以令大名满意。

千住宿地处江户通往东北的奥州(岩手县)的交通要道,平安时代叫千寿村。文禄三年(1594年),德川家康建起了横跨隅田川的千住大桥,使千住作为交通要道的地位更加突出。宽永二年(1625年),千住被正式指定为奥州街道的宿场町。同时根据德川家康的遗嘱,江户幕府第二代将军德川秀忠于元和三年(1617年)在日光建了东照宫,将德川家康的遗骨安葬在那里。之后,前往日光东照宫参拜的人日益增多,千住宿的生意因此日趋红火,逐渐形成了地形狭长的"宿场町"。不过,由于千住离江户较远,周边没有大名府邸,而且途中经过官许的最大"游廓"(花街柳巷)吉原,因此只能当"小三"。

第八章 ●江户时代

内藤新宿在"四宿"中最"年轻",它的设立首先是因为有较大需求。最初,甲州街道离江户城最近的下榻处是高井户。随着江户城向东面不断扩大,大名们日益感到去那里投宿非常不便。因此在元禄十一年(1698年),幕府在日本桥和高井户的中间又设立了一个宿场,这个宿场就是内藤新宿。内藤是德川家康曾经的"小姓"(侍从)内藤清成的姓。由于内藤清成机灵且识文断字,德川家康便让他担任三儿子德川秀忠的"傅役"(老师)。内藤清成跟随德川家康鞍前马后忠心耿耿,辅导德川秀忠尽心尽力,深得德川家康赏识。进入江户城时,德川家康许诺赏给他一块位于甲州街道两侧的土地。德川家康兑现了承诺。于是,南到千驮谷、北到大久保、西到代代木、东到四谷的大片土地成了内藤清成的"下屋敷"。内藤新宿原先是内藤清成"下屋敷"的一部分,所以称"内藤新宿",后来简称"新宿"。新宿的"宿场女郎"有一个很不雅的绰号,叫"马粪女郎"。因为,新宿位于甲州街道,是江户城往西的一条交通要道。一旦江户城遭到攻击,将军可以从这里直接前往"天领"即将军的直辖领地甲府(山梨县)。那里住着大量武士,幕府每天要靠大队马车将蔬菜和副食品运进城去,马在路上撒了很多马粪,新宿的"宿场女郎"因此被称为"马粪女郎"。

享保三年(1718年),随着享保改革的展开,幕府以"有伤风化,败坏风纪"为由,下令取缔新宿。因为,新宿周边有很多"旗本"的府邸。但是,新宿依然"暗度陈仓"。安永二年(1773年),无奈的幕府只得允许新宿町也可以有饭盛女,但和千住宿、板桥宿一样,不得超过150人。之后,新宿日益成为有钱人的乐园。作为日本"国粹"的歌舞伎也和"宿场"在新宿相辅相成,使新宿最终成为东亚首屈一指的"欢乐街"和日本情色最浓的"风俗一条街"。

不过,严格地说,"四宿"都不是真正合法经营的"游廓",所以被称为"冈场所"。为什么叫"冈场所"?迄今为止有几种说法。一说是"冈场所"的"冈",源于"冈目八目"(也写作"傍目八目"),原义是下棋时"旁观者清",进而引申为"冈场所"的妓女,属于非主流的"旁系",而幕府认定的吉原的妓女才是"主干"。二说是"冈场所"的"冈"源于"冈惚れ"。"冈"意为"旁边";"惚れ"原形为"惚る",意为"爱慕、迷恋"。意为迷恋不太了解或没有深交的异性。三说是"冈场所"的"冈"和"陆"同音。因为受身心束缚的吉原游女,如身陷"苦海";而"冈场所"的妓女则是在"陆地"。还有一说是"冈场所"的"冈"和"外"发音近似,原义是"外场所",后来走了音,被读成了"冈场所"。

江户时代最早获得官许的游廓,是位于京都二条的"柳町的游里"(又名"柳町之廓")。后"柳町的游里"迁往"六条三筋町",从此被称为"六条柳町"。元和三年(1617年)三月,幕府颁布了通称"元和五条"的《游女町管理令》:一是除"倾城町"(即六条柳町),其他地方均不得从事"倾城"业,亦不可将游女派往"倾城町"之外;二是"倾城町"只能白天营业,客人在倾城屋滞留不得超过一昼夜;三是游女只能穿着蓝布衣服,不得穿金戴银;四是"倾城町"内建筑物不得装饰奢华,游女町管理者必须严肃认真工作;五是"倾城町"若发现形迹可疑者,必须向官衙举报。宽永十七年(1640年)七月,幕府以游廓不能存在于居民密集的区域为由,将六条柳町的游廓强制迁往京都西郊朱雀野,但给予了一项优惠政策:免除"永代租税"(固定资产税)。之后,朱雀野被称为"岛原"并日趋繁荣。之所以称"岛原",是因为两年前九州长崎的岛原半岛爆发了"岛原之乱"。被突然强制迁到荒芜的朱雀野的游廓,为了尽快营业,只能搭起临时房屋甚至帐篷,如同"岛原之乱"的营帐。之后,据《京都府下游廓由绪》记载,"宽政二年(1790年)十二月,幕府允许祇园町八坂新地、二条新地、七条新地、北野上七轩四个区域,可以各经营二十间游女屋,每间可拥有十五名游女"。也就是说,除了"岛原"之外,这"四大游里"也得到了官方的正式承认。当今京都最大的"风俗街"祇园町,就是从那时候日趋繁荣的。

京都有岛原,江户有吉原。虽然岛原的历史比吉原悠久,但论在日本"风俗业"的地位和代表性,吉原显然更胜一筹。吉原分"旧吉原"和"新吉原"。旧吉原在东京中央区日本桥堀留一丁目一带,新吉原在东京台东区千束四丁目附近,即浅草的北边。旧吉原仅存在了四十年,而新吉原直至1958年4月《卖春防止法》正式实施,才退出历史舞台,延续了三百多年。因此,吉原一般指新吉原。

庆长十年(1605年),为了对江户城进行改建,幕府命令将柳町的游女屋全部迁移到日本桥银町。命令下达后,一个叫庄司甚右卫门的商人向幕府提议,除了柳町,还应将分散于麴町、神田镰仓河岸等处约五十家游女屋,全部集中到一处,在江户建一个京都岛原那样的游廓。庄司甚右卫门的意见获得了大多数业主支持。于是,业界总会便向幕府递交了一份"陈情书",提出了三条建游廓的理由:一是耽迷于游女屋者为了获取游资,可能贪污挪用公款,若将游女屋集中于一处设立游廊,规定游乐时间不得超过一天一夜,可以避免这种情况的产生。二是诱拐游女卖入游女屋的案子多有发生,建立游廊集中管理,有利于确认身份,防止人口贩卖。三是恶党势力隐匿于各处游女屋,如果将游女屋集中一处,便于搜查、逮捕,同时也便于管束浪人,避免犯罪。幕府最终接受了"陈情"。

元和三年(1617年),幕府将日本桥茸屋町北边(东京人形町)一块长宽各约二百米的四方形湿地,出售给了庄司甚右卫门作为建游廊用地。这块地芦苇丛生,因此被称为"葭原"。芦苇,日本关东称"苇",关西称"葭"。之所以称"葭原",是因为该游廊的建立以关西的岛原为范本。宽永三年(1626年),"葭原"改称"吉原"。为什么改称"吉原",说法不一。有说因为庄司甚右卫门出生于东海道吉原(静冈县吉原市),有说因"葭"和"吉"同音,叫"吉原"吉利。

随着大批人口进入幕府所在地江户,吉原很快成为被商业区包围的"市中心区域"。于是,幕府决定将吉原迁移至郊外的"浅草田圃"。同时,幕府也给予了一些优惠条件:一是使吉原用地面积增加一半;二是允许昼夜营业;三是将江户两百家"钱汤"和"风吕屋"的上千名"汤女"和"下级女郎",全部归入吉原;四是拨付一万零五百两银子作为"动迁费"。同时规定,除了吉原,其他地方都不得经营"风俗场所"。于是,吉原成了江户唯一的"官许游廊"。

新吉原在建设过程中,正好遭遇"明历大火"。这场大火使旧吉原化为灰烬而新吉原尚未建成。于是,幕府允许"游女屋"业主在旧吉原的废墟上搭建"临时房屋"。这种做法后来成为惯例。从元和四年(1618年)建成到1958年因《卖春防止法》实施而关闭,吉原一共遭遇了十八次火灾,其中两次毁于纵火,十六次毁于失火。每次都"浴火重生",在长达三百四十年的时间里持续"繁荣"。

将军后宫:大奥 镰仓幕府和室町幕府的将军是没有大奥("奥"在日语中意为"里边")的。大奥设立于江户时代,是中国皇帝后宫制度的"山寨版",尽管两者有诸多明显差异。为什么只有将军有后宫,天皇没有后宫?只要说一个数字就不难理解:根据江户时代的石高制,将军是四百万石(不同年间有变动),天皇只有三万石,远低于很多大名。"贫困"如此,怎么有财力维持开支庞大的"后宫"?

江户时代的城根据领主级别而规模不等,大多由二丸、本丸、天守阁构成,将军居住的江户城则由本丸、二丸、三丸、西丸等构成。本丸包括御殿和天守阁。御殿分为"表向"(又称"表")、"中奥"、"大奥"三个区域。表向有"大广间""白书院""黑书院"等举行庆典或颁布重要决定的场所,还有大名的等候室和官员的办公场所。中奥有将军休息场所"御小座敷"等,还有老中等幕府官员觐见将军的"御座间"。中奥的官员有"御侧众""小姓""小纳户"等将军身边的侍从。中奥和大奥之间有一条叫"御铃廊"的走廊。陪伴将军的"小姓"在通往大奥的"御广敷御锭口"止步,由迎候将军的"御坊主"(年长且剃了头发的侍女)把将军迎入。当将军走过"御铃廊"时,"御坊主"会摇响"御铃廊"中的铜制"御铃",宣告将军驾到。负责管理这条走廊的叫"御锭口",由于身负重任,因此日后往往被提拔为"御年寄"即大奥的"老大"。大奥是"女儿国",除了将军、将军未满7岁的儿子、和大奥女官有血缘关系且未满7岁的男孩、进行监察的老中等官员,其他任何男性不得入内。大奥分御殿、广敷、长局三个区域,共有两百多个房间。

　　御殿中有将军的卧室"御寝所"和将军正妻"御台所"的卧室"新御殿"。将军留宿大奥即在"御殿"过夜称"奥泊"。蒙召侍寝的无论是"御台所"(正室)、侧室、"御中臈",均被事先告知。"御中臈"分成两类:一类是将军身边的,一类是御台所身边的。"御中臈"的首领叫"御客会释",地位仅次于"御年寄",相当于大奥的"老二"。如果将军要"御台所"身边的"御中臈"侍寝,须先向"御台所"提出。"御中臈"类似侧室,但不等于侧室。"御中臈"如果怀上了将军的孩子便被提拔为"御腹样",地位相当于"御年寄"。如果"御台所"侍寝,她会在"御小座敷"恭候将军,身边的女官在旁伺候,陪她聊天,有时也陪她喝酒。待将军驾到后则服侍将军夫妇更衣,而后退出并到隔壁房间,随时听候差遣。不过,侍寝的多是侧室,很少是正室。如本章第三节所述,出于政治联姻的需要,"御台所"大都从"五摄家"或皇室的女性中挑选。以下是历代将军正室的身份:

　　初代将军德川家康的正室是今川义元的养女、刑部少辅关口家的女儿濑名姬,后人称筑山殿。德川家康在今川义元家当人质时和她成婚。第二代将军德川秀忠的正室是有力大名浅井长政和织田信长的妹妹织田市的女儿。第三代将军德川家光的正室是关白鹰司信房的女儿鹰司孝子。第四代将军德川家纲的正室是伏见宫真清亲王的女儿浅宫显子。第五代将军德川纲吉的正室是关白鹰司教平的女儿信子。第六代将军德川家宣的正室是关白近卫基熙的女儿熙子。第七代将军德川家继的正室是灵元天皇的女儿八十宫吉子。第八代将军德川吉宗的正室是伏见宫贞致亲王的女儿真宫理子。第九代将军德川家重的正室是伏见宫邦永亲王的女儿比宫培子。第十代将军德川家治的正室是闲院宫直仁亲王的女儿五十宫伦子。第十一代将军德川家齐的正室是茂姬（原先叫笃姬，婚后改名）。她是萨摩藩（鹿儿岛）第八代藩主岛津重豪的女儿。第十二代将军德川家庆的正室是有栖川宫织仁亲王的女儿乐宫乔子。第十三代将军德川家定的正室，最初是关白鹰司政熙的女儿任子。任子25岁罹患天花去世后，他娶了"五摄家"的左大臣一条忠良的女儿秀子为正室，可惜秀子在婚后第二年便去世了。随后，德川家定又娶了近卫忠熙的养女为正室，她也叫笃姬。笃姬的生父是萨摩藩岛津氏分家和泉家的当主岛津忠刚，原名於一，后改名敬子。因为门第关系，作为岛津氏分家的和泉家不能直接将女儿嫁给将军，所以到"五摄家笔头"的近卫家"镀一下金"并改名笃姬。第十四代将军德川家福（后改名德川家茂）的正室是仁孝天皇的六皇女和宫亲子内亲王，即幕末时期的"和宫下降"和"公武合体"的主角。第十五代将军德川庆喜的正室是关白一条忠香的养女一条美贺子。一条忠香的生女千代君与一桥庆喜（后来成为将军德川庆喜）有婚约，但千代君婚前不幸罹患天花去世。一条家为了延续婚约，便将今出川公久的女儿延君收为养女，改名省子，嫁给了一桥庆喜，改名美贺子。后来一桥庆喜成了将军，但美贺子虽然是"御台所"，却从来没有在大奥中生活。总之，"御台所"都是"皇亲国戚"。

如果正室即"御台所"生下儿子，当然最有可能成为将军继嗣者，幕府有被皇室公卿操控之虞。因此，"御台所"到30岁会以各种理由要求"お床御免"即不再侍寝并成为惯例。江户幕府十五代将军，除了第二代将军德川秀忠和正室阿江生有两子五女，其他"御台所"都没有生孩子。不过，"御台所"有一项特权，即将军去世后能继续留在大奥，而其他侧室和"御中臈"，除了继任将军的亲生母亲，均必须落饰出家，终生为逝去的将军祈祷冥福。阿江之所以例外，是因为她的父亲是近江国（滋贺县）大名浅井长政，母亲是织田信长的妹妹织田市。德川秀忠自然不敢怠慢她。第三代将军德川家光就是他俩的儿子。将军的侧室人数不等，最多的如第十一代将军德川家齐有妻妾十六人，生了五十六个子女。

无论将军在"御寝所"宠幸正室还是侧室,都有两个女官侍奉左右。这两个女官一个叫"御清",又叫"御添寝役",也是被将军宠幸过或将被将军宠幸的,她背对将军躺卧。另一个是年过50的女人,叫"御袈坊主",背向侍寝的正室或侧室躺卧。"御添寝役"彻夜负责观察将军的情况,然后无有遗漏地做好记录,第二天早晨向她的上司"老女方"(侍女长)汇报。"御袈坊主"则检查记录是否正确。这些记录都作为档案保存,目的是如果日后受宠幸者怀孕,可以根据记录判断是否确系将军的"种"。侍寝的未必是将军的正室或侧室。将军如果看中了哪个侍女,会问"老女方":"那个女孩叫什么名字?""老女方"自然心领神会,会即刻告知那个侍女。如果将军看中的是"御台所"身边的侍女,则由将军身边的"老女方"和"御台所"身边的"老女方"沟通。之后,该侍女无论居室还是其他待遇,即按照侧室的待遇升格。

"广敷"是大奥"台所役人"即男性工作人员的工作区域,为首的叫"御广敷番之头"。那里的男性工作人员主要负责置办和摆设家具等。负责大奥警卫工作的叫"伊贺者",当然是男性,如果大奥里有女官失踪,也由他们搜查。

"长局"是"奥女中"(侍女)的生活场所,由四排两层的屋子构成,和"御殿"相连。就广义而言,大奥中所有女人都是将军的"侍女"。就狭义而言"奥女中"分为三类或三个等级,第一类叫"御目见以上"(有资格参见将军和御台所),第二类叫"御目见以下"(没有资格参见将军和御台所),第三类是奥女中私人雇用的侍女,叫"部屋方",只能在长局内行走。

作为将军的生活空间,大奥自然有严格"法度"。元和四年(1618年)正月,第二代将军德川秀忠发布了第一个有六项禁令的《大奥法度》,主要是没有通行证者、男性、酉时即下午六点以后,禁止出入;若有逃亡来的女子一律赶走;大奥进行修缮或大扫除时,必须有三名男总管在场监督。宽文十年(1670年),第四代将军德川家纲发布了有八项禁令的新《大奥法度》,新增规定即所有女性进入大奥前都需提交"血誓",即按有血指印的誓书,发誓不泄露在大奥中的任何见闻。享保元年(1716年)第八代将军德川吉宗又颁布了新的《大奥法度》,有十九项之多。新增的禁令包括"不得在大奥做任何好色之事""不得说同事坏话""不得破坏同事间情谊",禁止出入的时间也提早到申刻即下午四点。

第八章 ● 江户时代

风吕和钱汤 日本人喜欢泡澡。今天日本人的住所大都有"风吕"——浴缸。按照《广辞苑》释义:"风吕:1.入浴设施和场所,如汤殿、浴室。古代有棚户式的蒸风吕。自江户时代,开始有了浴槽,蒸风吕逐渐被抛弃。2.风吕屋,即钱汤。"确实,"风吕"原指"蒸汽浴"。根据日本"民俗学之父"柳田国男考证,"风吕"原先是指"室"(muro),到后来读走音,才成了"风吕"(furo)。早在上古时代,日本的山民就有以"风吕"即"蒸汽浴"洁身的习俗。他们用石头和泥土等封堵山里的洞窟,然后将水浇在烧得滚烫的岩石上产生蒸汽,让蒸汽弥漫整个洞窟。后来,日本人用泥土涂在房屋的墙壁上使之不透气,然后将冷水浇在滚烫的岩石上产生蒸汽。这种沐浴方式也叫"石风吕"。再后来,他们又采用"釜风吕",即用锅将水煮沸,使蒸汽弥漫整个房间的方式。安政元年(1854年)日本"开国"后,日本混浴风俗令叩关的培理将军大感惊讶:全家男女在一起入浴;夫妇在桶内洗"鸳鸯浴"时佣人吹火加热以维持桶中水温;公公婆婆、儿子儿媳、孙子孙女一起"混浴"。他在《日本远征记》中对日本人的习性大加鞭笞,他认为这些行为正使日本整个民族堕落。

风吕屋女(西川祐信1723年绘)

如果家里没有洗浴场所,庶民便外出洗浴。于是,付钱洗澡的公共澡堂"钱汤",日渐发达。"汤"原先指"热水浴",有别于用"蒸汽"的"风吕"。久松祐之在《近世事物考》中写道:"天正十九年辛卯(1591年)夏,在今钱瓶桥尚有商家时,有人设浴堂,纳永乐钱一文许人浴,是为江户汤屋之始。"江户时代初期,"风吕

《培理远征记》中日本人混浴场景

屋"和"钱汤"有明显差别。江户时代中期,"汤屋"和"风吕屋"仍明显有别。例如,承应三年(1654年)幕府的法令称"町中汤屋、风吕屋"。之后,"风吕屋"日渐式微,"汤屋"日趋繁荣,两者的区别逐渐消弭,"钱汤"和"风吕屋"成了同义语。

"钱汤"出现后,不仅很快成为平民日常生活的一部分,而且成为平民的一种娱乐,如清代诗人和外交家黄遵宪(黄公度)写道:"盖此时入浴已成为民间日常生活之一部分,亦差不多是平民的一种娱乐,而浴堂即是大家的俱乐部。"式亭三马的《浮世风吕》也写道:"一般而言,钱汤对于町里的年轻人而言,扮演着俱乐部的角色。反映当时的庶民生活。"①尽管"钱汤"和"风吕屋"成了同义语,但最初是区分"男汤"和"女汤"的,不是混浴。"混堂或谓汤屋,或呼风吕屋。堂之广狭盖无常格,分画一堂作两浴场,以别男女。"由于男浴客多,女浴客少,唯利是图的老板遂改成男女混浴,称"男女入达汤"。不过,原先"混浴"男女都是遮羞的,并非一丝不挂。按照《备前老人物语》的记述,"无人不着下带"。下带也称"汤具",女性的"下带"叫"汤文字"或"汤卷"(类似围裙),男性的"下带"叫"褌"(类似丁字裤)。井原西鹤的《好色一代男》中叙述兵库"风吕屋"的插画显示,男女浴客都着"下带"。据《钱汤来历》记述:"庆安年间(1648—1651年),男女同去沐浴,分别用一块遮蔽羞体的布入汤池。女的那块遮羞布叫汤文字。"《嬉笑游览》也写道:"男女赤身裸体进入汤池的情况是不存在的,他们必然缠着'下带'进入汤池。"由于混浴导致猥亵事件频发和社会风气败坏,幕府遂下令禁止混浴。据《守贞漫稿》记述,江户最初男女混浴,汤池不分男女,幕府老中首座松平定信下令区分浴池,禁止混浴,可有些汤屋仍阳奉阴违,不遵守法令。幕府再次下令,严禁男女混浴,无奈屡禁不止。黄公度也写道:"近有禁令,然积习难除。男女相去仅咫尺,司空见惯,浑无惭色。"

日本人独特的洗浴风俗和佛教以热水清洁佛像的"浴佛"有关。浴佛是为了提醒人们要时刻保有清净心。日本的"温室教",就是僧在礼佛前洗浴。先由住持入浴,后由众僧入浴。日本一些寺院的本堂旁边建有"浴堂院",其住持称"汤维那"。与之几乎谐音的"汤女"一词,即由此而来。"汤女",最初产生于今天兵库县神户市的有马温泉。有马温泉是8世纪

---

① 《性风俗》(II)生活编,雄山阁出版株式会社1989年版,第359页。

第八章 江户时代

由佛教僧人建造的疗养设施,和下吕温泉、草津温泉并列日本"三大名泉"。建久二年(1191年),任西上人建了十二个僧房,供过往的客人下榻。为了不使下榻的高官显贵感到无聊,每个僧房还配置两个"汤女"。这些"汤女"就是江户时代"汤女"的始祖。"汤女"公开的服务是为浴客沐浴梳头。

明历三年(1657年)三月二日发生"明历大火"后,幕府的防火措施日趋严格,规定"钱汤"下午酉时即六点必须关门。于是,"钱汤"老板便从晚上七点开始,在浴场更衣区拉上屏风,摆上小桌,端上茶点糕饼,变"钱汤"为演出场所。之前还在给浴客搓背的"汤女"则梳妆打扮,或弹三弦,或唱歌谣,为浴客"演变"的观众表演。现代"娱乐温泉""浴场酒场"等"风俗场所",就是由此起源的。

作者点评:

在德国柏林市凯旋路尽头,有座几十丈高的凯旋塔,塔上是金光灿灿的"日耳曼尼亚"女神像,那是德意志国家的代表和象征;在英国,也有座类似的神像"不列颠尼亚";在法国,国家的象征是"高卢利亚"。这些作为国家民族象征的神(像),扮演着凝聚人心的角色。但是在日本,这个角色是由天皇扮演的。按日本著名学者中村元的说法:"不管把天皇和国家视为同一概念,还是把天皇解释为国民团结的象征,总之,天皇制是日本特有的制度。"在日本,天皇曾经是神圣的存在。不然,盟军总部何需迫使天皇裕仁在战后发表《人间宣言》?西方有所谓"君权神授"概念,但是日本却没有这种概念。因为,日本天皇本身就是"神"。对日本人来说,天皇是有特殊意义的。

在江户时代,天皇似乎纯粹是一种象征性的存在,似乎是被幕府将军玩弄于股掌之间的。但是,江户幕藩体制的性质决定了"天皇""幕府"和"藩国"构成了一种"三角"关系。换言之,幕藩体制不仅是靠石高制、兵农分离制、锁国制"三根支柱"支撑的。江户幕府的稳定性,还取决于幕府、朝廷、藩国"三根支柱"力量的相对均衡。江户时代之所以是日本历史上一个长期和平的时代,这是重要原因。反之,这三根支柱任何一根发生变化,政治力学就会发挥作用,江户幕府就会倒塌。江户幕府的覆亡,归根结底是因为在幕末时期,幕府、朝廷、藩国"三角关系"由于外力的作用而变形。

万国通史

THE HISTORY OF JAPAN

日本通史
【修订本】

下 册

冯 玮／著

上海社会科学院出版社
SHANGHAI ACADEMY OF SOCIAL SCIENCES PRESS

目录（上）

1   前言

史前和古代篇

3   **第一章　史前时代**

3   第一节　列岛、祖先的神话和考古

           日本的"创世记"神话/列岛形成的科学结论/日本先民的由来

14   第二节　无土器时代（新石器时代）

           石器在日本的发现/日本石器时代发展阶段

22   第三节　绳文时代三要素：陶器·贝冢·竖穴住宅

           绳文文化的跨度/绳文文化的特征/绳文文化的分布

33   第四节　"弥生"四要素：陶器·铜器·铁器·水稻

           陶器·铜器·铁器的发现/水稻的传入

44   **第二章　大和时代**

44   第一节　倭·邪马台·古坟

           史籍中的"倭"和"日本"/邪马台的历史/作为时代标志的古坟

56   第二节　"神话时代的天皇"与大和政权

           天皇诞生的神话/"天皇"号的由来/大和政权的形成

67   第三节　"倭五王"和"部民制"

           倭五王时代/部民制的建立

76   第四节　汉字和儒教：日本的路标

           日语的语源/"真名"和"假名"/"去汉字化"历史/儒教的传入

88   第五节　内政外交的激变

           乙巳之变/大化改新/白江之战

98   第六节　佛教的传入和"三宝"的兴隆

           佛教传入/飞鸟文化/白凤文化

| 113 | 第七节 宫闱内斗和法制滥觞
壬申之乱/天武天皇的统治/持统天皇治国理政
| 122 | 第八节 律令制的确立与"万叶时代"的开启
《大宝律令》和社会管理/"万叶时代"前期

| 133 | **第三章 奈良时代**
| 133 | 第一节 律令国家的象征
都城奈良的建成/和同开珎的铸造
| 144 | 第二节 女皇掌权的时代
女皇当朝和权臣主政/政变频发的时局
| 154 | 第三节 统治的强化和版图的拓展
强化统治的举措/软硬兼施收纳熊袭/大军压境平定虾夷
| 163 | 第四节 遣唐使的"荣光"和"屈辱"
遣唐史的历史/遣唐风险和遭遇炎凉/大臣·朝衡·鉴真
| 174 | 第五节 "天平文化"和"南都六宗"
佛教兴隆的天平/天平留存的文献/"万叶时代"后期/"南都六宗"

| 185 | **第四章 平安时代**
| 185 | 第一节 光仁·桓武之治和《弘仁格式》
迁都平安京/光仁·桓武之治/"三代格式"的完成
| 195 | 第二节 "摄关政治"的形成和演变
"弱帝和幼帝接连登基"/"摄关政治"正式登场/醍醐新政/承平·天庆之乱/巅峰期的藤原氏
| 210 | 第三节 院政:太上天皇治国理政
从摄关政治向院政转型/上皇成为权力核心/保元·平治之乱
| 222 | 第四节 "唐风文化"与"国风文化"
唐风文化/和歌·日记·随笔/物语和艺术

232　第五节　平安佛教:天台·真言·融通念佛

天台宗的创立/真言宗的创立/融通念佛宗/平安佛教的特征及神佛融合

中 世 篇

249　**第五章　镰仓时代**

249　第一节　"源平争乱":时代的序幕

武士与平氏政权的形成/强势的平氏政权/源赖朝举兵

259　第二节　"镰仓幕府":二元政治的滥觞

镰仓幕府问世/源氏将军三代而绝

271　第三节　执权:无冕的"将军"

承久之乱/北条泰时改革/镰仓幕府灭亡

284　第四节　镰仓幕府的支柱:御家人制和庄园制

御家人制的结构/庄园制的"名"与"实"/经济结构的转型

294　第五节　"忽必烈征伐"

"忽必烈征伐"的历史原因/"文永·弘安之役"/"忽必烈征伐"的败因

304　第六节　镰仓时代的社会文化和文学

武家文化的形成和演变/军记物语的兴起/佛教文化和传统艺能的进步

314　第七节　镰仓新佛教:佛教的日本化

本土的始祖及其宗派/禅宗与日本文化

330　**第六章　室町时代**

330　第一节　"建武中兴"和武家叛乱

皇朝复辟和"元弘之乱"/建武中兴/"中先代之乱"/足利尊氏谋反

| 342 | 第二节 "一天两帝"和幕府奠基

一国两"号"和《建武式目》/"观应扰乱"

| 352 | 第三节 两朝统一和幕府盛衰

幕府的特性和"内讧"/从动荡走向安宁/走向"战国时代"

| 365 | 第四节 "一揆"频发 "恶党"四起

"一揆"起因/"一揆"频发/"恶党"四起

| 376 | 第五节 日明复交与"勘合贸易"

倭寇猖獗/册封与堪合/外交波折

| 385 | 第六节 文学与文化的繁荣和"神佛融合"

五山文学的兴起和繁荣/佛教神道的嬗变

| 395 | 第七节 "传承至今的日本独特的文化"

公家武家"文化换位"/传统艺能承先启后/和式教科书与连歌

| 408 | 第七章 战国时代

| 408 | 第一节 战国序幕:"应仁之乱"

"应仁之乱"的"伏笔"/将军继嗣难题/"应仁之乱"爆发

| 420 | 第二节 "一揆"频起 体制巨变

"国一揆"/"一向一揆"/"明应政变"和幕府分裂/"大名领国制"的质变

| 430 | 第三节 织田信长"天下布武"

"近世的曙光"/织田废立将军/将军借刀杀人/落日余晖

| 443 | 第四节 安土桃山时代

本能寺之变/重建"日本之治"

| 455 | 第五节 检地、刀狩令和侵略朝鲜

"太阁检地"和《刀狩令》/秀吉侵朝原因/"文禄之役"/"庆长之役"

| 468 | 第六节 西商东进 西教东传

东西方变动的共时性/西学东渐的序幕/禁教投鼠忌器

| 480 | 第七节 "安土桃山文化"和"南蛮文化"

"安土桃山文化"/内涵丰富的"南蛮"文化

近世篇

495	**第八章　江户时代**
495	第一节　"元和偃武"：走向和平
	关原之战/家康生平和家世/"大坂之阵"
507	第二节　"法度"的颁布和"锁国"的序幕
	"法度"的颁布/"锁国"的序幕
520	第三节　"幕藩体制三大支柱"的确立
	石高制和兵农分离制/"锁国"目的和真相/家纲和纲吉的"反差"
533	第四节　"江户时代三大改革"
	享保改革和"弛禁令"/田沼政治和宽政改革/天保改革和"大盐之乱"
549	第五节　"开国"：江户时代的挽歌
	培理叩关和"日美亲善"/条约敕许和将军继嗣/"幕末的京都时代"
564	第六节　文久二年："历史里程碑"
	樱田门外之变/萨英战争/西学嬗变
575	第七节　江户幕府"谢幕"
	民族主义的形成/萨长联盟/大政奉还/王政复古
589	第八节　"儒学四大学派"的共性和个性
	作为"官学"的朱子学/日本阳明学/独具特色的古学/日本的国学
600	第九节　神道的成熟和武士道的确立
	神道的释义和演进/神道的体系/武士道的历史和源泉/"武士道者，死之谓也"
614	第十节　兰学："如滴油入水而布满全池"
	兰学的形成/兰学外延和内涵/兰学遭遇的磨难
628	第十一节　"争奇斗艳"的文化艺术
	多元素融合的"大和绘"/浮世绘：日本的"国画"/传统文艺的繁荣
639	第十二节　市井"风俗"和"四民"风情
	江户时代的衣食住/"行"与"宿"/将军后宫：大奥/风吕和钱汤

近代篇

第九章 明治时代

657 第一节 "圣人南面而听天下,向明而治"
定制·迁都·改元/废藩置县:建立中央集权制/重建经济秩序

671 第二节 明治维新"三大方针"
殖产兴业/文明开化/富国强兵

685 第三节 1871年:分别派出两个使节团
赴欧美使节团的任务/《中日修好条规》的签署

696 第四节 明治前期的"维权"和扩张
"修约"的曲折历程/阿伊努和北海道/占有东北和西南岛屿/吞并朝鲜第一步

709 第五节 "明治六年政变"的前因后果
"征韩论"的动因/"明治六年政变"/西南战争

721 第六节 自由民权运动和明治宪法体制
自由民权运动/立宪思想的分歧/《明治宪法》与《皇室典范》《教育敕语》

735 第七节 "超然主义"·政党内阁·桂园体制
超然主义表象和实质/政党内阁的"胎动"/政党内阁的"出生"/"1900年体制"

751 第八节 甲午战争和甲午战后经营
甲午战争的起因/甲午战争过程/《马关条约》的签署/甲午战后经营

763 第九节 日英同盟和日俄战争
日俄矛盾加剧/日英结盟和"满韩交换"论/日俄战争"三功臣"/从开战至媾和

778 第十节 文明开化后的社会风俗
祭祀·混浴·裸体/关于通奸和卖淫/形形色色的"风俗店"

791　第十章　大正时代

791　第一节　"大亨以正,天之道也。"

天皇制的"阿喀琉斯之踵"/大正天皇的象征性/"天皇机关说"/大正政变

807　第二节　元老、藩阀、政党"三足鼎立"

山本权兵卫的改革/大隈重信再度组阁/寺内内阁的兴亡

818　第三节　"真正的政党内阁"的建立

"平民首相"原敬/"铁腕首相"原敬/"四大政纲"和选举制改革/原敬被刺身亡

831　第四节　"普选"和"宪政之常道"的开启

"关东大地震"及其影响/《普选法》的颁布/步入"宪政之常道"

842　第五节　加入"华盛顿体系"的前因后果

日本"趁火打劫"/各有算计的华盛顿会议/华盛顿体系的建立

856　第六节　"裁军"和"兵营国家"的形成

偷梁换柱的"山梨裁军"/暗度陈仓的"宇垣裁军"/"兵营国家"的建立/"币原外交"的登场

868　第七节　日本经济体制"四大特征"的确立

"日本株式会社"/日本式经营"三大神器"/间接金融体制/企业的"二重结构"和"互相控股"

881　第八节　大正社会文化与大正民主运动

大正时代的衣食住行/大正时代"新风"和"旧俗"/维护天皇制的思潮/民本主义和共产主义思潮/理想主义和无政府主义思潮

898　第十一章　昭和时代(战前)

898　第一节　"百姓昭明,协和万邦"

裕仁登基和若槻下台/"宪政之常道"的实施/"田中外交"出笼/皇姑屯事件及其影响

912　第二节　实施"黄金解禁"和签署"裁军协议"

"金解禁"/围绕"裁军"的各方博弈/"干犯统帅权"之争

926	第三节　十四年抗战的开端：九一八事变

"明治大帝的遗业"/九一八事变真相/日本当局对事变的"善后"处理/伪满洲国的建立

943	第四节　"青年军官运动"与"协和外交"

"青年军官运动"的兴起/"五一五兵变"/军人专横跋扈/对华扩张的强化/"二二六兵变"

960	第五节　从试图分裂中国到全面侵略中国

全面侵华前的中日政局/卢沟桥事变真相/蓄谋已久的侵华战争

974	第六节　外交困境和体制嬗变

对"日德结盟"的纠结/外交困境和政局动荡/构筑"大东亚共荣圈"/政治经济体制的嬗变

990	第七节　太平洋战争前夕的日苏、日美关系

签署《日苏中立条约》/日美谈判的"预演"/日美和谈的开始

1004	第八节　"帝国决定对美英荷开战"

东条内阁的组成/日美谈判的破裂/偷袭珍珠港

1020	第九节　从"旭日东升"到"夕阳西下"

日军军旗如"落日残阳"/孤注一掷的"特攻作战"/接连战败和最后挣扎

1037	第十节　蘑菇烟云中开启的"终战"帷幕

"天皇地位未定"/"曼哈顿计划"/核攻击：对日本的最后一击/天皇的"两次圣断"

现 代 篇

1059	**第十二章　昭和时代（战后）**
1059	第一节　战败投降和战后初期的政治变革

盟军占领政策的形成/受降仪式和"间接管理"/天皇"走下神坛"

1074 第二节 战后改革：两个"三根支柱"的树立

围绕修宪的舆论和动向/《日本国宪法》的颁布实施/战后经济民主化改革

1088 第三节 "东京审判"的真相及影响

东京审判的法律依据/认定甲级战犯的内幕/对甲级战犯的抓捕和审判/东京审判的"回音"

1105 第四节 经济的恢复和"旧金山体制"的建立

战后严峻的经济状况/"贸易立国"和美国对日政策逆转/朝鲜战争对日本的影响/"旧金山体制"的形成

1122 第五节 1955年：政治经济外交的"界石"

"1952年体制"的形成/多党联合政权的建立/"逆反路线"的推行/"1955年体制"的形成/日苏邦交正常化

1138 第六节 1960年："新安保条约"和"国民收入倍增计划"

岸信介登台执政/《新日美安保条约》的签署/从"政治季节"转向"经济季节"/《国民收入倍增计划构想》

1155 第七节 "昭和熟透期"的外交

《日韩基本条约》的签署/MT贸易取代LT贸易/《冲绳归还协定》的签署

1165 第八节 "昭和熟透期"的日本经济政治社会

经济和政治变化/环境污染和公害问题/"三岛事件"和"赤军事件"

1177 第九节 毁誉参半的"今太阁"与"诚实和廉洁"的三木

中日邦交正常化的实现/因绯闻而下台的田中/"椎名裁定"三木执政

1190 第十节 从福田到竹下：昭和最后十七年

强化对华对美关系的"福田"/"悲情首相"大平正芳/"原社会党议员的变种"铃木善幸/政坛"不倒翁"中曾根康弘/善于笼络人心的竹下登

1207 第十一节 战后"传统文化"的复兴和繁荣

未被知晓的"国家卖春命令"/"赤线地带"和"蓝线地带"/"风俗营业"日趋繁荣/"粕取文化"

第十三章　平成时代 —— 1220

第一节　"平成时代"开幕和"1955年体制"闭幕 —— 1220

昭和天皇裕仁驾崩/民众心目中的天皇和天皇制/明仁天皇二三事/"十年九相"的"首"相/"清廉"和"鸽派"的海部俊树/"1955年体制"的谢幕

第二节　日本"泡沫经济"的形成和崩溃 —— 1239

"泡沫经济"的形成/房地产热得"冒泡"/"泡沫"被刺破及其影响

第三节　"联合政权"的兴亡 —— 1252

社会党的"转向"/"七党一派联合政权"的兴亡/"自社"联手的"村山内阁"

第四节　"改革年代":桥本和小渊执政时期 —— 1266

桥本内阁的"六大改革"/桥本内阁的外交/小渊的"行政改革"和"法制建设"

第五节　"十年九相"的终结和小泉"长期执政" —— 1279

森喜朗的内政外交/"怪人"小泉/"小泉改革"/"小泉外交"

第六节　"政权更替"前三任首相的内政外交 —— 1295

安倍首度问鼎相位/安倍面临的难题/"子承父业"的福田康夫/"大嘴"麻生

第七节　民主党"三世而终"和自民党"东山再起" —— 1309

"理工男"鸠山执政/"蓝领政治家"菅直人的抱负/从"奉行"到"将军"的野田/安倍重返相府

第八节　平成文化的"光影"和"一亿中流"的分流 —— 1325

"国家文化"和科技创新/AV产业光影重叠/"平成废柴"和"下流社会"

附录　历代天皇、首相、幕府将军在位时间 —— 1338

后语 —— 1346

近代篇

第九章 明治时代

第一节 "圣人南面而听天下,向明而治"

明治是日本第二百四十四个年号。明治天皇(1852—1912年)改元后宣布,"自今以后,一世一元,永为定制"。一个天皇在位时改元、一代天皇有多个年号,自此成为历史。提起明治,令人首先想到的是"维新"。但必须强调的是,"如果把明治维新的定义限制在1867年和1868年的那些事件上,那么,它所构成的就仅仅是一场政变,是统治权力从统治阶级中的一些人向另一些人手中的转换。但是,如果从一个更长的过程来考虑,那么就应该把明治维新看作开始于19世纪中叶以前,以19世纪末现代国家的诞生为顶点的一场运动,可以说它给日本社会带来了革命性的变化"。①确实,在江户时代末期,无论"尊王倒幕"还是"小御所会议",究其本质,就是政变,遑论"樱田门外之变"和"禁门之变"等,本身就是政变。这些政变对日本所造成的最主要和最明显的变化,就是长州(山口县)和萨摩(鹿儿岛县)等藩的"草莽武士",取代了以往依照血统、家格、门第而承袭权力的统治者,站到了政治舞台的中央,并且"执政府之牛耳"。但"明治维新"并不仅仅是权力的转移,而且是"给日本社会带来了革命性的变化",尽管这种变化一开始近乎采取了中国"改朝换代"的举措,即定制、迁都、改元,但其内涵和仿效中国建立的律令制趣旨迥异。

定制·迁都·改元 江户幕府"谢幕"后,以"王政复古"为名,行"挟

---

① 詹森主编:《剑桥日本史》第5卷,王翔译,浙江大学出版社2014年版,第336页。

天子以令诸侯"之实的新政府核心成员,为了实现权力转换,即刻致力于重建政治和经济秩序。就日本当时的国情而言,虽然至晚在奈良时代就仿效中国律令制,建立了政治体制和治理秩序,但和中国"秦皇扫六合",建立起以皇帝为权力顶端的中央集权制,以郡县制取代"封(邦)建(国)"的封建制不同,日本在明治时代以前历经摄关政治、院政和武家时代,天皇始终是象征性的存在。江户时代虽然结束战乱,重新实现了统一,但以石高制、兵农分离制、锁国制为"三根支柱"的幕藩体制,是否属于中央集权体制,日本学界存在长期争论。概括而言,主要有四种观点:

第一,幕藩体制是中央集权制。笠谷和比谷在《近世武家社会的政治结构》一书中提出,在江户幕府时代,"将军不但是大名的主君,而且是对全国统治负责的权威和权力的拥有者"。水林彪的《近世の法律与国体研究序说》、费正清的《东亚文明:传统与变革》,也基本持这种观点。

第二,幕藩体制是集权与分权相结合的体制。朝尾直弘在《日本近世史的自立》一书中提出,在德川幕府的政治体制中,主君与家臣间存在相互制约的关系。认为幕府有无限的权力强力推行专制与集权,是一种误解。胁田修也在《近世封建制成立史论》中提出,近世幕藩体制是国家统一政治支配下的多层分割委任制。

第三,幕藩体制的特征是分权和非专制性。美国学者贝拉在《德川宗教:现代日本的文化渊源》中提出,德川权力的一般性格受到了两方面制约,一是封建诸侯,尤其是外样大名依旧保有一定的自由范围;二是幕府不能赋予自身权力合法性。因为在现实上,幕府是全日本的权力中心,但是在理论上,天皇掌握着最高权力,将军仅是一个官吏。美国学者华尔也在《德川时代与近代化》中提出,在整个江户时代,有力大名在政治、军事等方面均拥有一定的独立性,因而幕藩体制并不是中央集权制,至少不是完全的中央集权制。

第四,江户时代以及整个武家时代,日本的政治体制均属于"二元分权体制"。高根正昭在《日本的政治精英》一书提出,拥有政治权力的将军和赋予政治权力合法性的天皇的并存,并因此形成作为宗教中心的京都和作为政治中心的江户的分裂,是江户时代日本政治的重要特征。福泽谕吉也指出,"至尊的天皇"和"至强的将军"的并存,是日本的幸运。因为这种相互制衡,对避免产生独裁专制是有益的。

无论江户时代的政治体制是集权制还是分权制,对于新政府而言,既

第九章 明治时代

然是"复古",就必须使天皇成为"天子"(宗教含义)和"皇帝"(政治含义)"二位一体"的权力象征。因此,庆应四年(1868年)一月十七日,新政府即推行"祭政一致"运动,并恢复了古代的神祇官。四月六日,睦仁天皇(后来的明治天皇)仿效大化改新时,孝德天皇率群臣在大榉树下向天神地祇盟誓政道的先例,率公卿诸侯在紫宸殿以向神明宣誓的形式,颁布了福井藩士由利公正起草、土佐藩士福冈孝弟修改、总裁局顾问木户孝允定稿的施政纲领《五条御誓文》:

1.广兴会议,万机决于公论;2.上下一心,盛行经纶;3.官武一途以至庶民,各遂其志,勿使人心倦怠;4.破旧有之陋习,秉天地之公道;5.求知识于世界,大振皇基。①

需要说明的是,由利公正起草的《五条御誓文》第一条,借鉴了坂本龙马提出的"船中八策"的第二策:"设上下议政局,置议员参赞万机,万机决于公议"。福冈孝弟改为"兴列侯会议,万机决于公论"。木户孝允认为,"列侯会议"即"藩主会议",由"藩主会议"掌控议政权,与"破旧立新"原则不符,所以去除了"列侯"二字,改为没有明确主体的"广兴会议",由此可见和西乡隆盛、大久保利通一起被列为"维新三杰"的木户孝允,在权力转移方面的深思熟虑。

庆应四年(1868年)闰四月二十一日,新政府公布了《政体书》。②《政体书》分"政体"和"官职"两部分。"政体"共十一条,第一条即"五条御誓文",强调:"与上述御誓文之条件不相违悖,为确定政体之宗旨。"第二条提出了三权分立原则:"天下权力总归于太政官,以除政令分歧之弊。太政官之权力,分为立法、行政、司法等三权,以免政权偏重之患。"其余各条是任官规定和为官原则。尤其值得关注的是第九条:"所有官员,以公议票选之法每隔四年更换之。""官职"则规定废除原来的"三职八局"制,建立"七官制"。"三职",即《王政复古大号令》颁布后设立的总裁、议定、参与;"八局"即总裁局、神祇局、国内局、外国局、陆海军局、会计局、刑法局、制度局,由总裁局统领其余七局。"七官制"则是太政官以下设七个官:议政官、行政官、神祇官、会计官、军务官、外国官、刑法官。其具

---

① 日本历史学研究会编:《日本史史料》第4卷《近代》,岩波书店2006年版,第82页。
② 英语 constitution 一词现译为"宪法",当时在华美国传教士布瑞曼编著、箕作阮甫训点的《联邦志略》中,constitution 被译为"政体"。但此《政体书》的内容是政治制度及相关规定,并非作为"国家大法"的宪法。

体架构见下表。这种以"四民平等"为标榜的组织原则,使庶人也能和皇族公卿同席议政,剥夺了后者以往享有的特权,具有影响深远的政治和社会意义。

太政官以下"七官制"一览①

权限	机构名称	类似	官员职衔
立法	议政官	众议院	(上局)议定、参与、史官、笔生
		参议院	(下局)议长、贡士
行政	行政官	内政部	辅相、弁事、权弁事、史官
	神祇官	宗教部	知官事、副官事、判官事、权判官事
	会计官	财政部	知官事、副官事、判官事、权判官事
	军务官	国防部	知官事、副官事、判官事、权判官事
	外国官	外交部	知官事、副官事、判官事、权判官事
司法	刑法官	司法机构	知官事、副官事、判官事、权判官事

庆应四年(1868年)七月十七日,睦仁天皇颁布了《称江户为东京之诏书》。该诏书全文达四页,第一页开宗明义宣布:"江户乃东国第一大镇,四方辐辏之地,宜亲临视政故自今称江户为东京,是朕视海内一同,东西一家,望众庶体察朕意。"②虽然迁都东京是新政府的共识,但是民众却不仅发出反对的声音,而且展开了各种反对活动。京都"大年寄"(地方官员)熊谷直孝在日记中记载:"七月二十四日,上京区第一至第五组群情沸腾,于御所外巡游。"③翌年三月,新政府正式迁都东京。"迁都"建议,最先由大久保利通提出迁都大坂,但最终新政府接受了肥前藩(佐贺县)藩士大木乔任和江腾新平等人迁都江户的建议。不过,最初为了避免遭到反对而称"东幸",不称迁都。

八月二十六日,新政府颁发公告,宣布天皇诞辰日即"天长节"为国定假日。"天长节"这一名称早在宝龟六年(775年)就已问世,但成为国定节始于明治元年(1868年)。八月二十七日,已经践祚,即已经获得作为

---

① 《法令全书·庆应三年明治元年》第331号"定政体",第137—139号。
② 《称江户为东京之诏书》,公文书馆藏,太00001100,第1页。
③ 小林文广:《明治维新与京都》,临川书店1998年版,第89页。

权力象征的镜、剑、玉三件神器的睦仁天皇,在京都皇宫紫宸殿举行了隆重的即位大典。除了诏书中"遵照天智天皇之不朽大典为政"这种亘古未变的表述外,新增了"根据神武天皇的创业以行大政"。睦仁天皇的即位仪式更值得关注的是两方面明显改变:一是没有采用唐制服饰和礼仪,而是采用日本式历法;二是在庭前神案上放置了一个直径约 3.6 尺的地球仪。

"改元"是"改朝换代"不可或缺的标志。经过反复推敲,最后选定式部大辅菅原在光提出的"明治"。"明治"典出中国《易经·说卦传》中"圣人南面而听天下,向明而治"一句,以及《孔子家语·帝德》"长聪明,治五气"。"明治"曾经十次候选,此次终于成为日本第二百四十四个年号。九月八日,睦仁天皇宣布改年号为"明治",并称"自今以后,一世一元,永为定制"。回溯历史,在日本古代,何时"改元"很不确定。查阅历史即可发现,一是新天皇登基后,经常沿用先天皇的年号,从而出现两个天皇共有同样年号。也就是说,经常出现一任天皇只有"半个年代"。例如,光仁天皇驾崩后,他的年号"天应"为继位的桓武天皇沿用。后来,桓武天皇改年号"大同",这个年号又为继位的平城天皇沿用。公元 810 年是日本的"弘仁"年,该年号既是嵯峨天皇的年号,也是淳和天皇的年号。二是天皇在位时多次改元,形成一任天皇有几个年号。例如,1233—1239 年在位的四条天皇,有天福、文历、嘉祯、历仁、延应共五个年号。改年号最频繁的是江户时代末期在位的孝明天皇统仁,即明治天皇的父亲。孝明天皇 1844—1867 年在位,有弘化、嘉永、安政、万延、文久、元治、庆应共七个年号。总之,过去因祥瑞或者因灾祸而频繁更换年号的情况,从此成为历史。

废藩置县:建立中央集权制　明治二年(1869 年)七月八日,新政府颁布《职员令》,对权力架构再次进行改革:神祇官从太政官中独立,太政官主管民部、兵部、刑部、外务、大藏、宫内六省。总之,经过改革形成的新的权力架构,具有几方面特点:一是"祭政分离";二是变幕藩体制为朝藩体制,变"公议"为"集权";三是藩主权力被削弱,执掌实权的"参议"全部由藩士担任,显示出"统治权力从统治阶级中的一些人向另一些人手中的转换";四是立法权归集议院,司法权归弹正台,在形式上构成"三权分立"。

在进行中央政治体制改革的同时,新政府也进行了地方政治体制改革。首先采取的一项举措,是将以往江户幕府设立"奉行所"的"天领"(直

作为武士的伊藤博文

辖领)改为"府",其他的"天领"改为"县"。自庆应四年(1868年)闰四月二十四日设立第一个府——箱馆府(北海道),闰四月二十五日设立第一个县大津县(滋贺县),新政府共设立了江户、京都、大坂、长崎、越后府(新潟县)、度会府(三重县)等9府;笠松县(岐阜县)、日田县(大分县)、富冈县(熊本县)、富高县(宫崎县)、奈良县、兵库县等21县,加上其余273藩,形成了"府藩县三治"。府县的主官是知府事、知县事。知县事主要由倒幕派藩士担任,如伊藤博文(长州藩士)担任了兵库县知事。十月二十八日,新政府颁布了《藩治职制》,规定府县藩平级。因此,出任知县事的藩士异地任官,不仅脱离了和藩主的从属关系,而且和藩主"平起平坐"。

随后,大久保利通、木户孝允、伊藤博文等倒幕派领袖,又积极策划更令原先的藩和藩主"伤筋动骨"的改革:版籍奉还和废藩置县。"版"即土地,"籍"即户籍(臣民)。至于废藩置县的"藩",前文曾经写道,最初使用"藩"这一名词的,是江户时代中期的一些儒者,意为"藩屏",不属于幕府官方语言。直到庆应四年(1868年)二月十一日,朝廷才根据各藩石高,将藩分为四十万石以上的"大藩"、十万石以上的中藩、一万石以上的小藩。这时候"藩"才正式成为官方语言。

庆应三年(1867年)十一月二日,即德川庆喜"大政奉还"后,萨摩藩士寺岛宗则向藩主岛津忠义建议,将部分版籍奉还天皇:"应总而废封建之诸侯,立真之王道。原本倡导勤王而尽无上之忠节者,理应奉还其封地和其国人于朝廷,自成庶人而期于选举。"①此建议获得岛津忠义认可。翌年一月,长州藩主毛利敬亲根据木户孝允的建议,表示愿意奉还周防、长门两国"版籍"。二月十一日,岛津忠义向朝廷提出,愿将十万石"版籍"奉还朝廷充作军费。可以认为,这是"版籍奉还"之滥觞。不过,奉还后的版籍如何处置,萨长二藩意见并不一致。萨摩藩认为,当让藩主继续统治。不过和以往不同的是,江户时代将军更迭,是由新将军给各藩藩主下

---

① 胜田孙弥:《大久保利通传》(中),同文馆1911年版,第606页。

达"朱印状",实行"本领安堵"即对其领地重新进行确认;大政奉还后的"版籍奉还",则由天皇下诏予以确认。长州藩的意见则是要根据"天子之意"确立规则。藩主能否继续享有"本领",必须服从天皇的旨意。显而易见,如何实行版籍奉还,长州藩的意见更具有颠覆性。

明治二年(1869年)一月,伊藤博文提出了《国是纲目》,该纲目最关键的是第一条和第二条。第一条称:"日本乃天皇之万世一系的国家。"第二条称:"全国政治兵马之权集于朝廷,诸藩交还人民与兵力,藩主享贵族待遇,朝廷代替藩主享全国统一发布律令之权力。"①不难发现,在版籍奉还问题上,与寺岛宗则意见的"保守"和木户孝允意见的"暧昧"不同,伊藤博文的意见非常明确:版籍奉还必须达到的目的,就是削弱藩主权力,强化中央集权。但是,在保守势力依然强大的明治初年,这一激进的意见必然遭到保守派藩士的反对。他们中的一些人称伊藤博文的意见是"污蔑忠义之道"。一些长州藩上层人士甚至试图将伊藤博文逐出明治政府。

作为政客的伊藤博文

大久保利通采取的是另一种做法。大久保利通宣布,"(各藩主)原领地皆朝敌(幕府)所授,并无天子之印玺",要求各强藩带头"奉还版籍"。在上述版籍奉还已被提上日程的背景下,长州藩的广泽真臣、土佐藩的板垣退助、萨摩藩的大久保利通会聚京都,在京都一条拟定了"交还土地人民一条合议"。②之后,萨摩藩主岛津忠义、长州藩主毛利敬亲、土佐藩主山内丰范、肥前藩主锅岛直大,于明治二年(1869年)一月二十日联名向朝廷提出了《版籍奉还表》:

> 所谓幕府者起而擅私有土地人民,以扶植其权势,朝廷徒拥虚器,遂仰其视息而成感激之情,横流至极且滔天难回者,兹四百有年。方今正求丕新之治,大体所在、大权所系,不应有丝毫宽假。臣等所

---

① 马场恒吾:《伊藤博文》,潮文阁1942年版,第105—106页。
② 日本史籍协会编:《大久保利通文书》第3卷,东京大学出版会2014年版,第16、25、27、28页。

居即天子之土,臣等所牧即天子之民,岂能安享私有乎？今谨收集版籍奉上,愿朝廷处置。其应予者予之,其应夺者夺之。凡列藩之封土,更宜下诏改定。而后,自制度典刑军旅之政,乃至戎服器械之制,皆应出自朝廷,天下之事不分大小,皆应使其归于一途,然而名实相得,始可与海外各国并立。此为朝廷今日之急务,又为臣下之责也。故臣某等不顾不肖谫劣,敢献鄙衷。天日之明幸赐照临！臣某等诚惶诚恐、顿首再拜上表。①

值得关注的是,上表一方面称"臣等所居即天子之土,臣等所牧即天子之民,安能私有乎？"一方面又称,"其应予者予之,其应夺者夺之"。弦外之音,不难听出,与其说是主动提出"奉还",毋宁说希望得到"确认",希望天皇能够像过去幕府将军以朱印章进行"本领安堵"那样,对他们已有的领地予以确认。按伊藤博文的说法,即"要求朝廷发布本领安堵的指令"。在四藩的藩主上表之后,明治二年(1869年)一月底,鸟取等六藩上表附议,至四月共有231个藩主呈交了此类上表。天皇在嘉纳上表后,决定行幸东京,经公议后再予以定夺。四月二十二日,天皇将亲王、公卿、大名召集来,要求他们在五月四日前就确立"国是"表明自己的态度。然而,他们对"国是"依然态度不一,甚至改革派内部也意见不一,要求"再议"。但是,新政府显然没有那份耐心。六月二十四日,新政府开始"强制执行"：天皇向前此请求奉还版籍的261个藩的藩主,表示了接受他们"请求"的旨意,并当即任命各藩主为"知藩事"——新设立的职位,事实上剥夺了他们对土地和居民的领有权,同时废除"公卿诸侯"的称谓,使142家公卿和285家藩主成为日本历史上最早的一批"华族"。"版籍奉还"终于得以实现。必须强调的是,这项改革并不是一些名称上的改变,而是使政治体制有了实质性的改变：一是使原先的藩主从一方诸侯变成了新政府的地方官,建立了中央集权。知藩事的俸禄为藩收入的十分之一,不再是石高；二是藩士俸禄由中央财政直接拨付,从而使藩士和藩主不存在人身依附关系；三是知藩事不是世袭职位,从而否定了以往血统、家格对职位的垄断。

正如宫地正人在《废藩置县的政治过程》中写道的,尽管新政府如此改革仍保障了旧藩主等的地位和收入,但并没有避免出现反对的声浪。明治二年(1869年)六月十八日,百名各藩代表联合签署了一份建议书,

---

① 宫内省临时帝室编修局编：《明治天皇纪》第2卷,吉川弘文馆1968年版,第20—21页。

第九章 明治时代

提出"藩主改知藩事后,藩士宜依然作为旧陪臣隶属于知藩事,如此可少祸害、振皇威",显示了对中央政府"剥离"封建主从关系的不满。六月二十五日,他们又向太政官提交了质议书,明确警告新政府,称强制施行"政令归一",将导致"天下纷扰,开错乱之端"。①

但是,改革派并没有对此妥协。明治三年(1870年)十月三日,木户孝允和大久保利通举行会谈,达成了通过萨长联合断然施行废藩置县的共识。翌年六月十一日,木户孝允向岩仓具视提出:"版籍奉还是第一阶段目标,现在当尽力达到第二阶段目标。"但是,由于木户孝允、大久保利通、岩仓具视之间围绕中央政府改造方案意见不统一,因此关于进一步实现中央集权的废藩置县,迟迟未能获得实质性进展。最终,由于西乡隆盛及井上馨、山县有朋、大隈重信等各省中坚官僚,以及伊藤博文的推动,僵局得以打破。其中大隈重信更是坚决主张,如果不废藩置县,则明治国家将难以保持对外主权。经过一番策划,木户孝允等以明治天皇的名义,将在京的56名知藩事招至宫中,由太政大臣三条实美宣读了《废藩置县诏书》:"朕惟值此更新之际,如欲内以保安亿兆,外以与列国对峙,宜使名实相符,政令归一。朕前听纳诸藩奉还版籍之议,新命各知藩事,使之各奉其职。然数百年因袭之久,或有其名而不举其实,将何以得保安亿兆而与各国对峙哉?朕深为之慨叹!故今更废藩为县,务除冗就简,去有名无实之弊,无政令多歧之忧。汝等群臣须体察朕意!"这一突如其来的敕令,犹如"雷霆下击",使在场的藩主"上下惊愕","相顾无言",只能俯首就范。之后,明治新政府将全国重新划分为3府72县,府县知事由中央重新任命。继版籍奉还之后实施的废藩置县这项改革,最终削弱了封建割据势力,完成了中央集权的任务。

明治四年(1871年),明治政府颁布《户籍法》,依法建立新的行政区,打破以往的村落共同体。该法规定将一府一郡分为数百或数十个区,每个区管辖四五个镇或七八个村。每区设区长、副区长,主要负责宣传贯彻中央政府法令和地方治理。明治新政府通过这种方式,使权力渗透到社会各个角落。

版籍奉还和废藩置县,使税赋、身份等必然发生相应变化,因此新政府强调"四民平等",废除了包括秽多、非人的贱民名称,②以华族、士族、

---

① 浅井清:《明治维新和郡县思想》,岩松堂1939年版,第205页。
② 江户时代从事屠宰、硝皮等所谓贱业者被辱称"秽多",乞丐游民被辱称"非人"。二者被视为"贱民"。

平民三种身份取代以往复杂的身份制度。大名(诸侯)和公卿(宫廷贵族)为华族;幕府直属家臣、各藩藩士、一般武士、宫廷内下层人员为"士族"。农民、工匠、商人、僧侣、神官为"平民"。允许平民自由选择职业和迁徙;允许平民有姓。明治三年(1870年)九月,明治天皇颁布了《平民苗字容许令》,敕令平民也可以有苗字,这也是为了征兵、征税、制作户籍的需要。但因为是"允许"而非强制,没有多少平民照此执行。于是,明治天皇又在明治八年(1875年)颁布了《苗字必称令》,规定所有日本人必须有苗字。①

明治四年(1871年)七月,即废藩置县完成后,明治政府对所有府县进行了重新划分,将全国分为3府72县,3府即东京府、京都府、大坂府。同时再次改革官制。改革后太政官下辖三院,具体构成见下表:

太政官下辖"三院"及基本构成

左院	正院			右院
议长　　　副议长 后藤象二郎　江藤新平	左大臣 暂缺	太政大臣 三条实美	右大臣 岩仓具视	各省长官、次官 岩仓具视(兼外务卿) 大久保利通(大藏卿)
立法咨询机构	参议 西乡隆盛　木户孝允 大隈重信　板垣退助			行政机构
	总揽行政、立法、司法权			

经过再次改革的官制,除了进一步强化了中央集权,有几点需要说明:第一,左院取代了之前的集议院,原先作为集议院成员的各藩代表,被正院任免的官选议员取代。第二,神祇官归入神祇省,尊重神祇的做法被弱化。第三,由于新政权已基本稳固,因此以前担任官职的公卿、诸侯、藩主,非萨摩、长州、土佐、肥前藩的藩士,大都被清除。新建立的政府,三条实美任太政大臣,左大臣空缺,岩仓具视任右大臣。参议由四个藩的旧藩士担任:萨摩藩的西乡隆盛、长州藩的木户孝允、土佐藩的大隈重信、肥前藩的板垣退助。大久保利通任大藏卿,岩仓具视兼外务卿,其他各省长

---

① 明治以前,日本人的"姓"分氏、苗字,"名"分通称、讳、雅号。例如,幕府老中松平庆永,"氏"是源,他最正式的称呼是源庆永;苗字是松平,讳是庆永,故称松平庆永;雅号是春岳;尊称春岳公。

官,除宫内省,均由萨摩、长州、土佐、肥前的旧藩士担任。

明治五年(1872年),江藤新平被任命为司法卿。他起草了《司法职务定制》并获得支持。根据该定制,司法脱离行政被归并于太政官的刑部省。同时,司法省、审判官、检察官、法院的职能得以明确规定,同时规定司法省法院(最高法院)长官由司法卿兼任,使司法卿独揽司法行政和司法裁判权。

明治六年(1873年)五月二日,新政府在太政官中设立了内阁取代右院,参议任内阁议官并兼任省卿,主掌政务。明治八年(1875年),左院改为元老院。经这次官制改革,除太政大臣三条实美、右大臣岩仓具视外,旧公卿诸侯全部离职,政府要职均由萨摩、长州、土佐、肥前四大强藩出身的藩士担任。

定"日之丸"《君之代》为日本国旗和国歌,作为树立天皇权威的一项举措,也是重建政治秩序的重要内容。"日之丸"自公元8世纪开始使用,原先称"天皇旗"。12世纪初,武家政权的创建者源赖朝和平清盛互争雄长,双方的武士常常在军扇上画一个太阳图案以示自己是"正统"。日本现存最早的"日之丸"收藏于山梨县盐山市的云峰寺,是11世纪初即平安时代在位的后冷泉天皇赐予武将源义光的。16世纪末17世纪初,丰臣秀吉和德川家康的对外贸易船也曾挂过"日之丸"。嘉永六年(1853年)年底,萨摩藩藩主岛津齐彬建造了日本第一艘西洋式三桅蒸汽船"昇平丸"。第二年,岛津齐彬将这艘船呈献给幕府。"昇平丸"改名"昌平丸"。幕府规定,所有日本商船都必须悬挂"日之丸"。安政六年(1859年),幕府将"日之丸"定为日本"御国总标"。明治三年(1870年)二月二十七日,明治政府颁布最高法令"太政官布告",定"日之丸"为国旗。同年,"太政官布告"将中间一个太阳,周边有16道血红光芒线宛如旭日东升的旭日旗,定为"陆军御国旗"。因为,皇室族徽是16花瓣八重表菊纹。"旭日旗"同样历史悠久,曾被武士用作家徽,特别是在

将"天皇旗"用作日本船标志的"昇平丸"模型(1∶6复原)

九州一带的武士中流行,但一般是 8 道或 12 道光芒。不是 16 道光芒。1874 年 1 月 23 日,明治天皇亲自将军旗授予近卫师团第一、第二步兵联队。从那以后,凡日军新编成的步兵和骑兵联队,都由天皇亲授军旗。由于旭日旗仅为建制步兵联队和骑兵联队拥有,所以也称"联队旗"。1889 年,日本政府颁布了《海军旗章条例》,规定军舰旗即海军旗也是旭日旗,但和陆军旗不同的是,海军旗的旭日靠近旗杆,而陆军旗的旭日居于正中。

日本"国歌"的问世,始于明治二年(1869 年)。这一年,英国人约翰·芬顿向他的日本同行介绍了英国国歌 God Save the Queen(《天佑女王》),并强调拥有国歌的必要性。他表示,如果有歌词,他愿意谱曲。于是,萨摩藩步兵队的队长大山岩从《蓬莱山》中选了一首俳句,约翰·芬顿为这个俳句谱了曲。但是日本政府认为,旋律缺乏庄严感,不适合作为国歌。因此,国歌"1.0 版"在几年后的 1876 年被弃用。明治 1880 年,日本政府决定选取延喜五年(905 年)"诗圣"纪贯之编纂的《古今和歌集》中的《君之代》,作为国歌歌词,并且组织了一个四人班子为《君之代》谱曲,这四个人是:陆军乐团指挥、海军乐团指挥、宫廷雅乐指挥林广守、日本乐团辅导德国人弗朗兹·埃克特。因此,《君之代》的旋律有中国雅乐、日本的《壹越调》和西洋韵律的元素,是和、汉、洋"三位一体"。

重建经济秩序 通过政治体制和机构改革以及版籍奉还、废藩置县,明治政府建立了中央集权的政治秩序。同时,明治政府通过金融体制、机构和货币体系的改革,建立了新的经济秩序。

江户时代是金、银、铜并立的"复本位制",俗称"三货(币)制"。银币有定量银币,采取 10 进位制,但主要是以匁、文、分、厘为单位的称量银币。铜币分 4 文钱、1 文钱。三种货币的比价长期维持着"变动汇率制"。例如,庆长十四年(1609 年)为金 1 两＝银 50 匁＝钱 4 000 文;元禄十三年(1700 年)为金 1 两＝银 60 匁＝钱 4 000 文。金币一般仅用于晋献、赏赐、馈赠,银币主要用于大宗交易,日常生活使用铜币。关东地区实行"金建"或"金遣",即金本位制。关西地区实行"银建"或"银遣"即银本位制。除了"三货",各藩还发行俗称"藩札"的纸币。因此,当时有很多"两替所"(兑换货币的店铺)。过去人们普遍认为,宽文元年(1661 年)越前(福井县)发行的"银札"是最早的藩札,但近年据学者考证,福山藩(广岛县)在宽永七年(1630 年)已发行"银札"。藩札的发行必须经幕府认可。宝永

第九章 ● 明治时代

四年(1707年),幕府曾一度颁布发行"藩札"的禁令,享保十五年(1730年)为缓和硬通货不足而解除禁令。不过,幕府根据"石高"确定藩札通用许可年限:20万石以上的藩为25年,20万石以下的藩为15年。至江户时代末期,为了缓和经济危机,幕府也开始发行纸币。

明治元年(1868年)六月,明治新政府在最高行政机关太政官之下,设置了财政主管机构"会计官"(翌年八月改称"大藏省")。在新生的明治政府面临的一系列难题中,应对严峻的金融形势,获取殖产兴业的资金,无疑是重中之重。当时,由于幕藩政府自17世纪末滥发货币,导致货币质量差、种类多,金融状况极度混乱。据大藏省调查,明治初年,包括藩札在内的通货总量达1.8656亿两,在总流通量中,11种金币占47%;7种银币占37%;6种钱(铜)币占3%;1313种藩札占13%。为了改变这一状况,明治政府采取了三大措施:一是发行纸币,二是统一货币,三是创办现代银行。

在发行纸币方面,明治元年(1868年)七月四日,政府发行了4800万两"太政官札"、750万两"民部省札"。翌年通货的单位由"两"改为"元",政府又发行了680万元"大藏省兑换证券"、250万元"北海道开拓使证券"等纸币。但是,由于新政府并不拥有能够将纸币兑换成"正货"(黄金)的储量,因此孕育了通货膨胀的极大危险。正是在通货膨胀的危险日盛一日的背景下,新政府开始了建立现代银行的基础性作业。

在统一硬币方面,明治元年(1868年)二月,明治政府沿袭江户幕府惯例,在开港地区将墨西哥银币作为正式结算货币。明治三年(1870年)秋,前往美国考察银行制度的大藏少辅(次官)伊藤博文从当地致函大藏省,建议仿效美国银行制度,同时采取金本位制。此前,明治政府已决定采用银本位制,收到伊藤博文的建议后,大藏省决定采用金本位制。明治四年(1871年)四月,"大坂造币寮"举行了落成仪式,硬货统一正式揭幕。同年六月,大藏省制定了《新货币条例》,规定日本通货采用金本位制,以元、钱、厘10进位法换算,但由于黄金不足,实际实行的是金银双本位制。自19世纪80年代初,日本采取了名义上是金本位、实际上是银本位的"金名银实制"。

在创办现代银行方面,明治二年(1869年)四月,明治政府在东京设立了"通商司",同时设立了由其统辖的"通商会社"和"为替(兑换)会社",有大隈重信主导。但明治五年(1872年)十二月,"为替会社"就被撤销。

"第一次银行创设计划"未获成功。但是,紧接着在参议大隈重信主导和大藏大丞涩泽荣一具体负责下,明治政府开始了第二次银行创设计划,就在"为替会社"被撤销的当月,颁布了史上第一个《国立银行条例》。该条例由 28 条 161 款构成,规定各国立银行由 5 名以上股东组成,并选出包括"头取"(行长)在内的 5 名以上董事。该条例不乏对英国银行的模仿,但也呈现出自身特色。这种特色对以后日本银行业的发展产生了深远影响。概括而言,主要有以下两方面:第一,规定严格。"国立银行"的资本金与总行所在地人口需成正比,如人口 10 万人以上的城市最低资本金需 50 万日元以上。同时对准备金率、借贷担保等也作了严格规定。第二,发行比率明确。按照规定,股东所出资金的 60% 以太政官札、民部省札、新纸币抵充。这一数额的纸币首先兑换成大藏省的公债,然后将这些公债交大藏省押存,作为其所属银行发行等额纸币的担保金,纸币均标明发行银行的名称。余下的 40% 资本金以金币支付。也就是说,所发银行的纸币的黄金兑换准备金率为 40%。条例同时规定,必须留存储蓄总额的 25% 以备储户支取。

该条例公布半年后,第一国立银行在东京宣告成立,由三井选派"头取",涩泽荣一出任总监。两年后,涩泽荣一出任"头取"。至 1874 年(明治七年)8 月(按:日本自 1873 年开始采用公历纪年,故本书自 1873 年以后的年、月、日也采用公历纪年),第二、第四、第五国立银行先后在横滨、新潟、大阪成立。第三国立银行原也计划在大阪成立,但因发起人意见对立,最终流产。

1876 年(明治九年)8 月,明治政府颁布了《国立银行改正条例》,不仅规定银行名称可自由使用,而且对原先的规定进行了重大调整:国立银行可发行"不换纸币"。受此鼓动,各种国立银行相继成立。至 1878 年(明治十一年)11 月京都第一百五十三国立银行宣告成立,在短短三年时间里,国立银行总数达到了 153 家,其中 21 家总部设在东京,14 家总部设在大阪。东京取代大阪成为全国金融中心。

以三井从第一国立银行分离自立门户为开端,私立银行大批涌现,仅 1879 年(明治十二年)即有 9 家私立银行成立。在以后的两年,又有 80 家私立银行成立。在日本 47 个道府县中,私立银行遍布 25 个府县。以后被称为"普通银行"的私立银行即商业银行,在 19 世纪 80 年代初已经问世。按数量判断,被称为银行类似会社即"准银行"的金融机构的发展,更为迅猛,据日本内阁统计院《日本帝国统计年鉴》提供的数据,在19世纪最初两年,金融机构从120家增加到369家,遍及30个道、府、县。至19世纪80年代初,国立银行、私立银行、"银行类似会社"三者合计超过了600家,仅次于美国居世界第二位。

以此为背景,一种新的银行开始在日本酝酿。1879年12月,大藏大臣大隈重信向太政大臣三条实美递交了"正金银行案"并获得采纳。1880年(明治十三年)2月28日,"正金银行"正式成立,总部设在横滨,故名"横滨正金银行"。横滨正金银行是外汇专业银行,在伦敦、纽约、旧金山、里昂设立了四个支行(其中里昂名为"出张所");后又在夏威夷、上海、孟买、香港开设了四个支行,为日本外贸提供了强力资金支持。1882年(明治十五年),日本中央银行"日本银行"宣告成立,日本金融由此形成"正金银行"和"日本银行"并立的所谓"双头体制"。

第二节 明治维新"三大方针"

以萨摩藩和长州藩为主的倒幕派气势逼人,迫使幕府将军德川庆喜不得不审时度势,"大政奉还",明治天皇进而颁布《王政复古大号令》,并且定制、改元、迁都。这些都是源于中国的"改朝换代"基本程序,了无新意。但是,明治新政府以殖产兴业、文明开化、富国强兵为三大方针的"变法",却使日本发生了本质性的变化,并迅速实现近代化。

殖产兴业 浅田毅卫认为:"殖产兴业政策的源头可以在为了避免幕藩体制产生危机的历次改革中找到。那些改革是日本'绝对主义史前史即初期绝对主义'。可以说,那些改革也对应于殖产兴业政策史前史阶段。"[1]确实,殖产兴业至少可追溯到"五条御誓文"的草拟者由利公正在安政年间主持的越前藩财政改革。当时,由利公正深刻认识到:"扩大藩内的物产,是使民富之术,而民富国亦富"。因此他把"士民一心,盛行经纶",即政府和民间共同推动经济发展的主张,写入了"五条御誓文"。

作为日本实现产业近代化政策的殖产兴业,大致分三个阶段推进:第一阶段自明治元年(1868年)明治新政府成立至1873年"明治六年政变",指导中心是大藏省和工部省,政策主要制定者是"会计官"的"知官

---

[1] 浅田毅卫编著:《殖产兴业政策的轨迹》,白桃书房1997年版,第10页。

事"由利公正。第二阶段自1873年"明治六年政变"至1881年"明治十四年政变",指导中心转向内务省,政策主要制定者是内务卿大久保利通和大藏卿大隈重信。第三阶段自1881年"明治十四年政变"至1889年(明治二十二年)《大日本帝国宪法》颁布,指导中心是农商务省,政策主要制定者是大藏卿松方正义。

在殖产兴业的第一阶段,明治政府所面临的首要问题是资金问题。为了解决这一问题,政府最初的财政主管由利公正根据他在越前藩(福井县)进行改革的经验,采取了构成"由利财政"核心的两项重大举措:

一是设置财政主管机构"金谷出纳所",筹集大量资金。庆应三年(1867年)十二月,在由利公正主导下,明治政府设立了金谷出纳所,由该机构任命三井、小野、岛田"三大商家"担任"为替方"(负责货币兑换官员),令其各捐献"御用金"1 000万两。翌年一月又设立了"会计基金"(具有公债性质的基金),要求御用商人鸿池家族等出资,并任命他们担任"会计事务裁判所御用挂"。之后,由利公正"如法炮制",要求兵库、堺、伊丹等京阪周边地区的商人应募。根据中井信彦研究,在总计285.5万两银的"会计基金"应募额中,"三都"原御用商人出资占74.3%,地方城市的商人出资占9.2%,居住农村的商人出资占3.9%,包括村官在内的农民出资占10.4%,其他寺社等出资约占2.3%。①

二是发行"太政官札"和设立"商法司""商法会所"。庆应四年(1868年)四月十九日,维新政府颁布"太政官布告",宣布将在全国发行"太政官札",并于七月四日正式发行,总额为4 800万两。根据规定,"太政官札"为仅用于流通、不可兑换金银币的"不换纸币"(又译"代金纸币"),流通期限为13年。在总量为4 800万两的"太政官札"中,2 533万两即约53%用于新政府一般财政开支;1 273万两即约27%借贷给派兵参与倒幕战事的各藩,剩余993万两即约20%用于发展工商业,其中一部分用作实施"银行计划"的资本。

由利公正推行以"会计基金"和"太政官札"为核心的"由利财政",基于以下构想:通过劳动力创造物产,然后通过繁荣通商贸易蓄积货币,使物产增值,即形成商品生产的良性循环 G—W—G′(商品—流通—增值),

---

① 中井信彦:《商人地主的诸问题》,载日本历史学研究会编《明治维新和地主制》,岩波书店1943年版,第238—240页。

第九章 明治时代

从而奠定国富之基础。也就是说,由利公正经济理论的核心,第一是"劳动力论",第二是"纸币论"。关于劳动力论,由利公正在《经济论》中写道:"经济之要当求诸劳力。大兴国家之希望,在于奖励使用劳力之事,然后予以运作,实现国家繁盛。"他在《农工银行法案理由书》中也强调:"国家之盛衰在于是否能利用劳力。"关于"纸币论",由利公正在《爱国卑言》中提出:"夫纸币者,凡为使物产增值所用者,则将有最紧要之活动力……以纸币直接使物产增值,以增值的物产输入金币,实为最善之富国良策,可谓在田地里构筑金山。"①

庆应四年(1868年)一月二十一日,由利公正在太政官会议上提出了募集"会计基金"300万两和发行"太政官札"两项建议。他强调:"我国以往难兴大事业,原因之一是缺乏金银。以往锁国之制拒绝对外贸易,使之更甚。维新若以寻常手段难成大业,故当利用此革新之机会,按照一万石一万两的比例,发行三万两金札并贷给诸藩,使各藩主翼赞勤王。同时据以广开融通之途,使三千万国民之精神和劳力趋向一致。以此振兴产业,发达贸易,既求得财源之涵养,又达仁政之目的。"②

但是,"由利财政"的实施并未如愿,其主要原因:一是大量"太政官札"没有被用于"殖产兴业",而被用作财政资金;二是明治新政府刚刚建立,为纸币提供担保的信用度不足,"太政官札"13年方可兑换真金白银的期限过长,在用作没有关税自主权的对外贸易时,更不被认可。明治二年(1869年)二月,由利公正退任。

1874年(明治七年)5月,大久保利通向政府提出了《关于殖产兴业的建议书》。大久保利通写道:"大凡国之强弱系于人民之贫富,人民之贫富系于财产之多寡。物产之多寡,虽依赖于人民致力于工业与否,但寻其根源,又无不依赖于政府官员诱导奖励之力……顺应国之风土习俗、民之性情智识,制定方法并以此作为方今行政之机轴,并以英国为楷模,保持开成之物,培植未成之物。"③

"明治六年政变"后,明治政府核心人物、参议大久保利通主持设立了内务省,自己兼任内务卿,形成了内务省、大藏省、工部省三位一体的领导

---

① 由利正通:《子爵由利公正传》,由利正通私家1940年版,第48页。
② 三冈丈夫:《由利公正传》,光融馆1916年版,第141页。
③ 日本史籍协会编:《大久保利通文书》第5卷,东京大学出版会2014年版,第561页。

体制,大久保利通、伊藤博文、大隈重信分别担任三个省的首脑。大藏省主要负责殖产兴业资金的筹措和调配。工部省继续主管铁路、矿山和机械制造。内务省经营劝农、畜牧和农产品加工这三大事业部门。在中央各省经费支持中,这三个省的经费支持占到了41%,人员占到整个中央政府的53%。同时,殖产兴业的指导中心从工部省和大藏省转至内务省,大久保利通成为殖产兴业的中心人物。在他的主导下,明治政府对以往的政策方针进行了全面修正。大久保利通认为,明治政府首先必须完成的课题,是迅速实现富国强兵、维护民族独立。按照他的看法,虽然完成这项课题必须殖产兴业,以充实经济实力,必须培育资本主义,但仅仅依靠移植机械工业和西方先进的金融制度等,并不能达到预期目标。他强调,必须努力实现原有产业的现代化,努力扶植民营企业。因此,他提出的殖产兴业政策思想和理论,是首先实现已有产业近代化,由"民富"达到"国强"。

按照大久保利通的思想,若"人民殷富充实",则"国亦随之呈必然富强之势。若果真如此,则不难与诸强并驾齐驱"。也就是说,在大久保利通看来,"强兵"必先"富国","富国"必先"富民"。只有先劝奖民业,方能"富国强兵",进而实现与"万国对峙"的目标。他在《关于国本培养之建议书》里,进一步阐述了这一思想:"务必在开发劝奖民业,奖励引导贸易之事务方面,精心培植滋养理财之根本,广泛通达贩卖利益之灵活妙用。若不以此为政府之务,听之任之使人民任意长进,则不待荏苒数岁,将达衰弱之底,达穷极之境。"①然而,未待大久保利通将自己的思想逐一贯彻落实,1878年(明治十一年)5月14日,大久保利通在乘马车上朝途经纪尾井町时,因遭石川县士族岛田一郎等六名刺客袭击而身亡。岛田一郎等在法庭上以《斩奸状》作了自我辩护。这份《斩奸状》他们在事发后即投给了《朝野新闻》和《近时评论》。翌日《朝野新闻》因刊出《斩奸状》部分内容,遭到停刊七天处分。

大久保利通死后,大藏卿大隈重信作为殖产兴业的主导者,提出了新的经济政策构想和举措。大隈重信认为,日本的通货膨胀主要源于贸易入超而导致"正币"流出,从而使纸币的信用降低。纸币信用的降低又导致流通受阻、金融闭塞,进而阻碍生产。他指出,虽然在消除贸易赤字方

---

① 大久保利通:《关于国本培养之建议书》,载《大久保利通文书》第7卷,东京大学出版会2014年版,第71页。

面,提高关税是有效手段。但是,由于日本没有关税自主权,因此只能由政府出资,通过殖产兴业扩大出口,保持进出口和国际收支平衡,最终减少贸易赤字。他提出:"欲以强力繁殖我物产,须振兴工商业,以此抑制外货杂至之势,防止外币滥出之害,使我国家人民富实,使产业得以维持,税入随之增多,从而确立理财之根本,贯彻经济之宗旨。"①为此,大隈重信提出:"增加通货(银币)供给";"推进积极政策",培育国内产业,振兴输出。为此,大隈重信发表了《公债及纸币偿还概算书》,计划在28年内回收公债和"不换纸币";另一方面"努力修筑道路海港等,以便利运输,振兴工农商业,增加物产,以图输出"。②

1880年(明治十三年)9月,大隈重信提出了《关于经济政策之变更》的议案,具体提出了所谓"三议一件"构想:"第一,《出让为劝业而设置的工厂之议》;第二,诸学校统辖于文部省,废除普通小学补助金之议;第三,定御领之议;第四,改革各省局课的分合所属之议。"③其中《出让为劝业而设置的工厂之议》即出售官营企业,改变了原来明治政府的"劝业政策"构想。这一构想,是受福泽谕吉思想影响的产物。福泽谕吉在《除工商立国之外别无他途》一文中写道:"在今日之世界欲求国家之富强进步,不管如何千思万考,处心积虑,我辈均可断言,毋庸置疑,除了工商立国之外,别无他途。"为了实现"工商立国",政府必须减少对经济活动的干预。因为,"以政府之资本行寻常之商业工业,正所谓杀鸡用牛刀,在其压力之下私人之运作必然无法逞其所能"。他强调,"政府若为了富国,就认为可以做任何事情,与人民从事相同的寻常事业,甚至与人民竞争工商之成败,其弊极矣"。大隈重信这一使政府不再"与民争利",而是推动民族民营资本发展的政策实践,影响极为深远。

1881年(明治十四年)4月,根据参议大隈重信和参议伊藤博文的建议,明治政府设立了农商务省。内务省的劝业部门、工部省的劝工部门、大藏省的劝商部门,均划归农商务省管辖。同年10月,"明治十四年政变"发生,大隈重信去职,松方正义被任命为参议兼大藏卿。自此,殖产兴业进入第三阶段,最根本的内容有两项:一是以"松方财政"著称的整理通

---

① 早稻田大学社会科学研究所编纂:《大隈文书》第3卷,雄松堂1960年版,第115页。
② 早稻田大学社会科学研究所编纂:《大隈文书》第3卷,雄松堂1960年版,第345页。
③ 日本史籍协会编纂:《大隈重信关系文书》第4卷,东京大学出版会1970年版,第112—125页。

货、抽紧银根，完善信用体制；二是贯彻"官营并举"方针，廉价出让国营企业，大力扶植私人资本主义成长。

就第一项内容而言，"在大隈重信因明治十四年政变而退任后，为了遏止通货膨胀，大藏卿松方正义继承大隈重信的方针，正式开始对纸币进行整理。其措施，就是通过设立日本银行确立近代信用制度，以及强行开展纸币整理"。①1881年（明治十四年）9月，松方正义提出了《财政议》，建议设立中央银行，"制定货币运用之基轴"。按照松方正义的思想，在采取各项措施蓄积兑换纸币的准备金后设立中央银行，发行兑换银行券（货币），形成通货信用体系，是摆脱财政困境的有效途径。②翌年3月1日，松方正义正式向太政大臣三条实美递交了《创立日本银行之议》《创立趣旨之说明》，以及《日本银行条例案》《日本银行定款案》。根据松方正义的建议，明治政府于同年6月制定了《日本银行条例》，规定以发行股票的方式筹措日本银行资本金，政府和民间各占一半。10月10日，日本中央银行"日本银行"在东京日本桥创立。1883年（明治十六年）3月，明治政府修订《国立银行条例》，规定各国立银行将不再拥有银行券（即货币）发行权，并必须转为私立银行。1884年（明治十七年）5月，大藏省颁布《兑换银行券条例》，规定发行"日本银行券"作为银兑换券。日元由此诞生。③随后，另外两项权力由日本银行接掌：一是运营和储存国库资金，二是发行国债。至此，日本银行成为真正的中央银行。室山义正在《松方财政研究》一书中，对松方正义有很高评价："松方正义大藏卿的存在，是纸币整理的'象征'，是使国民相信政策的确实性和实效性，从而使政策目标得以实现的非常重要的条件。"④

就第二项内容而言，以1884年（明治十七年）7月国营矿山转为民营作为正式开端，经营不善的纺织、造船、水泥、玻璃制造等官营企业相继被出售转为民营。原先未计划出售的三池、佐渡、生野矿山等，也在1888年后被出售，而且政府渐次修改条件，努力减轻民营资本负担。例如，政府投资超113万日元建造的长崎造船所，以45.9万日元的价格转让给三

---

① 日本史研究会编纂：《讲座日本史》第5卷《明治维新》，东京大学出版会1970年版，第211页。
② 大藏省编、大内兵卫、土屋乔雄校：《明治前期财政经济史料集成》第1卷，《松方伯财政论策集》，改造社1931年版，第433—437页。
③ 今天的日元即印有"日本银行券"字样。当时日元共有1元至200元共7种面值。
④ 室山义正：《松方财政研究》，密涅瓦书房2004年版，第304页。

第九章 ● 明治时代

菱,原初决定50年分期付款,最终三菱以一次付清9.1万日元的方式购得,将企业更名为"三菱造船"。政府投资81.6万日元建造的兵库造船厂,川崎以5.9万日元一次付清的方式购得,将其更名为"川崎造船所"。当然,政府的转让并非全部都是廉价的。例如,三井购得的三池煤矿,收购价格大致相当于原先政府投资额的3.5倍即455.5万日元。收购后,三井还投入了巨额资金,仅仅为了建设运煤所需的三池港,就投入了400万日元。

文明开化 "文明"一词,在《尚书·舜典》"睿哲文明"中的意思是"圣明和明智"。"开化"一词出自南朝(宋)顾愿《定命论》的"夫建极开化,树声贻则",意为"开展教化、感化"。作为明治维新三大方针之一的"文明开化",有四重含义:一是作为明治初期的历史阶段即"文明开化期";二是思想启蒙运动;三是以政府教育政策为中心展开的教育近代化;四是政府对世态风俗的变革。

学界对作为一个历史阶段的文明开化期始于明治初年,看法基本一致(亦有学者认为从幕末已经开始),但对文明开化期终于何时,意见不一,大致有三种观点:终于1875年(明治八年)即自由民权运动兴起;终于1877年(明治十年)即西南战争结束;终于1881年(明治十四年)即《开设国会敕谕》颁布。

作为思想启蒙运动的文明开化,首先由被誉为"国民教师"的福泽谕吉倡导。福泽谕吉(1835—1901年)出生于大坂,父亲福泽百助是丰前中津(大分县)奥平藩驻大坂"藏屋敷"(销售本藩粮谷杂物)的会计,颇有汉学素养,爱好收藏中国古籍。福泽谕吉的母亲是同藩武士桥本滨右卫门的长女,叫阿顺。福泽谕吉有一个哥哥和三个姐姐。福泽谕吉出生那天,他父亲白天购得了中国清代上谕条例60余册,晚上逢麟儿出世,甚感吉祥,于是给初生儿取名"谕吉"。不幸,在福泽谕吉18个月时,年仅45岁的福泽百助便因病去世。福泽谕吉痛感父亲怀才不遇,因此对血统等级制深恶痛绝。

福泽谕吉自小受有汉学造诣的父亲影响,熟读了很多中国古籍经典,后师从著名兰学家绪方洪庵

福泽谕吉

677

学习兰学。他著述宏富,自万延元年(1860年)发表处女作《华英通语》后笔耕不辍,著作逾60部100册,涉及各个领域,尤其是属于人文社会科学范畴的各类问题,几乎均被他纳入视野。文久元年(1861年)底,福泽谕吉作为"通词"(翻译)随日本代表团访问欧洲。在一年旅欧期间,福泽谕吉细心观察欧洲社会,于庆应二年(1866年)完成了《西洋事情》初编。在系统介绍西方社会的这本书中,福泽谕吉首次将 civilization 译为"文明"。之后,他将自己对"文明"的认识和思考进行凝练,撰写了专著《文明论概略》,于1875年(明治八年)出版。按照福泽谕吉的定义:"所谓文明,就是指人的安乐和品行的进步。因能获得这种安乐和品行的是人的智慧和道德,故所谓文明,归根结底就是人的智慧和道德的进步。"

《文明论概略》共10章,前9章主要分析和论述了文明的含义、日本和西方文明的差异及原因,智与德及其区别,最后一章是"论我国之独立"。福泽谕吉将文明发展阶层即"人的智慧和道德的进步",划分为三个阶段:非洲人处于野蛮阶段;日本、中国属于半开化阶段;欧美属于文明阶段。由此得出逻辑结论:"若要使日本文明进步,必须以欧洲文明为目标,确定它为一切议论的标准,以这个标准来衡量事物的利害得失"。他认为,人类所有善的东西均因为有智,所有恶的东西均因为反智,因此必须加强学习。1872年至1876年,福泽谕吉陆续发表了17篇文章,他将这些文章结集出版,题名《劝学篇》。福泽谕吉强调,学而为贤为智,不学而为愚。福泽谕吉还在《劝学篇》中论述了人权平等之精义,西方学问之真谛,国民应尽之职责。他开宗明义写道:"天未造人上之人,亦未造人下之人。"这种主张"人人平等"的思想在受封建桎梏束缚、重尊卑等级的日本,犹如空谷足音,引起强烈反响。

1882年(明治十五年),福泽谕吉创办了自诩"不偏不党"的《时事新报》,并经常亲自撰写社论以启迪民智,引导舆论。1885年(明治十八年)3月16日,《时事新报》刊载了《脱亚论》。《脱亚论》开篇即宣称:"世界交通日益便捷,西洋文明之风东渐,一草一木,皆被披靡。""与其坐等邻国开明而共兴亚洲,毋宁不与他们为伍,而与西洋文明共进退"。作者声称,"我们要从内心里谢绝亚细亚东方的恶友",并强调"吾所奉行之主义,惟在脱亚二字"。虽然这篇文章是否出自福泽谕吉手笔难以定论,但完全表达了福泽谕吉的思想主张则毋庸置疑。不难发现,"脱亚论"是"文明论"的逻辑结论,两者的内在联系显而易见:既然欧美已进入文明国家,那么日本要成为文明国家,除了与欧美为伍,别无他途。这篇文章译成中文不足两千字,但是对日本的国家政策影响深远。概括而言,明治维新以后,日本知识分子是依照两个方向思考亚洲问题的:一个是以福泽谕吉为代表的所谓"脱亚入欧论",另一个是以冈仓天心为代表的"亚洲一体论"。前者主张摆脱亚洲的"恶友"以迅速进入欧美列强的行列,后者则认为亚洲为世界提供了欧洲文明所无法提供的"爱"和"美"的文明。

福泽谕吉另一项不得不提的贡献,是庆应四年(1868年)将开设于中津藩的塾舍迁往江户芝新钱座(东京港区三田),取名"庆应义塾"。庆应义塾即今天的"庆应义塾大学"(通称"庆应大学"),是日本第一所近代化大学。

在作为思想启蒙运动的文明开化运动中,1873年(明治六年),日本一些具有"怀疑和批判精神"的新型知识分子,创立了一个对民众进行启蒙的思想团体,根据创立的年份取名"明六社",由外务大丞森有礼任社长,成员包括福泽谕吉、西村茂树、中村正直、加藤弘之、西周、津田真道等学贯东西的知识分子。《明六社制规》宣布:"设立本社之宗旨,是聚合有志同仁,为推进我国教育发展共谋良策。"该社翌年发行的机关刊物《明六杂志》,共发表论文百余篇,涉及政治、法律、经济、社会、伦理、外交、历史等领域,产生了极大的社会影响。1875年(明治八年)11月,《明六杂志》被日本政府查封。

在政府文明开化方针指导下,报纸、杂志等近代媒体纷纷出版。明治三年(1870年),日本最早的日报《横滨每日新闻》《海外新闻》创刊。随后,《东京日日新闻》《邮便报知新闻》《日新真事志》等相继发行。以1874年(明治七年)《成立民选议院建议书》为转机,报纸开始出现社论。《读卖新闻》(1874年,明治七年)和《朝日新闻》(1879年,明治十二年)发行后,报纸开始从以政论为重点,转向以新闻报道为重点,并加强了娱乐性。之后,《西洋杂志》作为日本最早的杂志发行,所刊文章多为柳河春山等"洋学"家投稿。此外,著名杂志除了《明六杂志》,还有田口卯吉创办的《东京经济杂志》(1879年,明治十二年)。自然科学类则有杉浦重刚、井上哲次郎等创办的《东洋学艺杂志》(1881年,明治十四年)。另有主要以女性为对象的《女学杂志》(1885年,明治十八年),等等。

作为教育近代化的文明开化,主要有以下内容:

明治二年(1869年)八月,明治政府接办幕府的昌平学问所、开成所、医学校,将其合并,总称大学校(兼管高等教育行政,为文部省前身)并继续各校原有特点,即昌平学校讲授汉学(儒学)、国学,开成所讲授洋学,医学校讲授西方医学。开成所为南校,医学校为东校。之后,大学校改称"大学"。翌年,明治政府颁布了《海外留学生规则》,奖励留学。明治四年(1871年)七月,明治政府改"大学"为"文部省"。翌年九月十五日,文部省颁布了教育改革法令——《学制》,普及四年制义务教育和加强科学教育;同年在东京设立了男女师范学校。1874年,师范学校先后在大阪、宫城、爱知、广岛、长崎、新潟等地设立,有些地方还设立了讲习所、养成所等,以期迅速造就师资。1877年1月,工部省改工学寮为工部大学校。同年4月,日本政府合并大学南校和东校,建立了东京大学,设法学、理学、文学、医学四个学部和一所大学预备学校。①1879年,整齐划一的具有强制性的《学制》被废止,取而代之的是注重各地实际情况的《教育令》。

作为变革世态风俗的文明开化,政府首先通过各项法令推进。明治四年(1871年),政府发布《断发脱刀令》,要求武士剪去武士"丁留"(丁字头),改为剪发,解除佩刀。翌年十二月,明治政府颁布第三七三号太政官布告,废止幕府时期常礼服(狩衣、直垂袜),定西式礼服为官员礼服。禁止作为处罚的"切腹"和"混浴"。使用太阳历即公元纪年,也始于明治六年即公元1873年。

另一方面,作为世态百相的文明开化,实际上是一种将西方舶来品均视为"文明"的社会风潮。随着文明开化的推进,日本社会开始出现新气象,人们的生活习惯开始发生显著改变。住

日本首次西洋式婚礼

---

① 1886年,东京大学更名为"帝国大学"。1897年(明治三十年)又随着"京都帝国大学"的创立,改名"东京帝国大学"。

洋房、点煤油灯、吃西餐的人日益增多,以前被贱视的猪牛肉、牛奶成为上品。但是,民众对何谓"文明开化",其实不甚了了。加藤祐一发表于1873年的《论文明开化的意义》一文,对民众所理解的"文明开化",有形象生动的描述:

> 盖文明开化之事,如人们的口头禅经常提起。然真正理解文明开化之含义的人并不多见,若问何以如此评论,曰在世间经常可以听到,吃猪肉被视为文明,打着蝙蝠伞在路上行走更是了不起的文明;穿着皮鞋直接踏上榻榻米,是给人带来点麻烦的文明,更不用说牵着的狗也踏上榻榻米;毁坏佛坛是了不起的文明,模仿西洋人的、耳之所闻眼之所见的新的事物,只要与他人不同,全都成了文明开化。①

文部省编书课长、明六社社员西村茂树于1875年在明六社大会发表的《西语十二讲》演说时,则对文明开化作了如下诠释:

> 所谓文明开化,是英语 civilization 的译语,支那人将此解释为增进礼仪,而按照我国的通俗理解,则意为人品之完善。所谓 civilization 源于拉丁语 civis……当今认真考究 civilization 一词的意思,余辈绝不能将其理解为增强人民之威势、力量、富贵,唯视之为人民之人品和人类相互交往。②

富国强兵　在"三大方针"引导下的改革,涉及利害关系最多、阻力最大的,当属"富国强兵"。因为"富国强兵"不仅是动武士阶级的奶酪,而且是砸他们饭碗,使他们从此不再是世袭的"坐食俸禄之士"。富国强兵主要是建立近代军队和进行军制改革,而建立近代军队的想法首先来自开国后的外来刺激。可以认为,日本近代陆军肇始于高杉晋作组织的"奇兵队"。文久三年(1863年)六月二十五日,长州藩根据天皇攘夷敕令,炮击美国和法国军舰,遭到报复,约250名法军陆战队员登陆,占领了前田、坛浦等处炮台。长州藩军顽强抵抗,无奈法军攻击火力猛烈,损失惨重。

文久三年(1863年)七月十八日,长州藩起用自号东行、剃发隐居于萩市的攘夷志士高杉晋作,令其防守下关。高杉晋作认为,已有的藩兵是世袭的坐食俸禄之士,缺乏战斗力,当即着手组建新的抗夷军队,无论身份,并将这支队伍命名为"奇兵队",意为非正规军的"奇兵队"。奇兵队逾

---

① 加藤祐一:《论文明开化的意义》,《明六杂志》第8号,1873年。
② 加藤祐一:《论文明开化的意义》,《明六杂志》第36号,1875年。

48%是下级武士,另外逾48%是农民,其余是商人和僧侣各占一半。奇兵队从服装到训练方式均仿效西欧军队。翌年,奇兵队人数已有约4 000人。之后,少则数十人多则数百人的"农民队""力士队""先锋队""八幡队""集义队""义勇队"等士庶一体的民众武装,泛称"诸队",成为日本新式军队的雏形,由高杉晋作统一指挥。之后,高杉晋作罹患肺结核。他有两个副手,一个是山县有朋,一个是大村益次郎。最终他建议长州藩任命大村益次郎指挥这些军队。大村益次郎让他的士兵卖掉铠甲头盔,用所获资金购买来复枪。在新政府和幕府支持者之间发生的戊辰战争中,这支军队发挥了重要作用,"并在天皇和日本现代陆军之间铸就了一条经久不衰的纽带"。①

明治元年(1868年),新政府在京都原法军训练场建立了一所兵学校。翌年,新政府在原横滨外国语学校的校址上建立了一所法式陆军军官学校,并在同年七月将政府机构中的"军务官"改为"兵部省",由仁和寺宫嘉彰亲王任兵部卿,大村益次郎任兵部大辅,实际负责军队的组织和训练等工作。大村首先将兵学校划归兵部省管辖,并将学校从京都迁往大阪,且提出了五年计划,内容包括改进征兵系统;改良武器装备;广设陆军学校培养基层军官;调整陆军军力结构。但是,未待计划完成,大村益次郎便命丧黄泉。明治二年(1869年)十一月初,大村益次郎在赴京都视察新建军校时,被刺杀身亡。前源一诚短暂接替了这一职位,但不久辞职。翌年八月,在兵部大辅一职空缺八个多月后,太政官任命山县有朋继任。山县有朋在任期间,着力培养扶植长州藩势力,为长州藩长期主导陆军奠定了重要基础。山县有朋被称为"现代日本陆军之父"。其实,这一称呼应该属于大村益次郎。称山县有朋"现代日本陆军长州藩化之父",或许更准确。

山县有朋

---

① 爱德华·德瑞:《日本陆军兴亡史》,顾全译,新华出版社2015年版,第11页。

第九章 ● 明治时代

　　作为富国强兵一项重要内容的近代海军建设，起步于江户时代结束"锁国"后，幕府起用天保改革失败后被软禁的炮术家高岛秋帆，让他为加强海防出力，另外接受佐久间象山的"海防八策"，解除了《大船制造禁止令》。安政元年（1854年）八月，荷兰东洋舰队的军舰"斯姆宾格号"被派往长崎。舰长法比乌斯中校应幕府的邀约，在泊港三个月期间，对幕府选拔的武士子弟进行了初步培训。"这是我国建设近代海军迈出的第一步。"[①] 翌年，荷兰不仅接受了幕府两艘军舰订单，而且以荷兰国王的名义将"斯姆宾格"号赠送给了幕府。这首军舰被改名"观光丸"，成为日本近代海军的第一艘军舰。当年，幕府在长崎开办了海军传习所，以观光丸作为训练舰，任命永井尚志任"传习取缔"（所长）、胜麟太郎等任辅佐官，选拔七十名幕臣和各藩武士共一百数十人接受培训，由荷兰海军大尉贝尔斯·凯恩等二十一人担任教官。安政四年（1857年）九月，幕府向荷兰订购的第一艘军舰到港，取名"咸临丸"。翌年订购的第二艘军舰到港，取名"朝阳丸"。"朝阳丸"排水量三千吨，是当时日本海军的旗舰。除了向荷兰订购，幕府也向其他西方国家订购。例如，"富士山丸"是向美国订购的，"回天丸"是向普鲁士订购的，"东丸"是向法国订购的。除了订购，幕藩当局也着手建造军舰。例如，萨摩藩建造了三桅蒸汽船"昌平丸"。安政六年（1859年），荷兰停止了教官的派遣，长崎海军传习所关闭。

　　王政复古新政府成立后设立了"三职八局"，其中一个局是陆海军局。不久，"三职八局"改为太政官下的"七官制"，陆海军局改为"军务官"，由嘉彰亲王任军务官知事，大村益次郎任军务官判事，下设二局四司：陆军局和海军局（陆海军种首次被明确区分）；铸造司、兵船司、兵器司、马制司。明治二年（1869年）七月八日，军务官改为兵部省，由嘉彰亲王任兵部卿，并在军内设立了大、中、少将军衔，翌年九月又设立了大、中、少佐和大、中、少尉军衔。明治五年（1872年）二月二十八日，兵部省被陆军省和海军省取代，山县有朋成为首任陆军卿、胜海舟成为首任海军卿。

　　讨伐幕府的戊辰战争爆发后，担任海军总督的嘉彰亲王命令大原俊美担任先锋，要求他负责将萨摩、佐贺、久留米的藩兵从海上运往关东。大原俊美任命萨摩藩士中原犹介、佐贺藩士浜野源六为参谋。后者指挥"丰瑞丸"（萨摩藩）、"孟春丸"（佐贺藩）、"雄飞丸"（久留米藩）离开大阪驶

[①] 外山三郎：《日本海军史》，吉川弘文馆2013年版，第12页。

入横滨,完成了任务。这次行动也成为明治海军编队出航之嚆矢。之后,新政府又通过各种方式获得了一些军舰。废藩置县后,各藩所有军舰都划归政府。

之后,明治政府开始采用征兵制。这是将伊藤博文相关建议付诸实施。明治元年(1868年)十月十七日,伊藤博文就提出了《统一兵权之建议》:

> 若普天之下皆为王土,率土之滨皆为王臣,则诸侯之兵,皆为天子之兵。若天子能予号令,则当能动员百万之众。然方今朝廷名义上拥有兵权,实际上兵权为诸侯掌控,故朝廷力弱无以驭下,今若能立此制,则将终中古以来之制,朝廷能乘机使北进之兵成朝廷之常备部队,总督、军督、参谋以下者,若赐以爵位,授以兵权,使其能号令部队,则兵士各得其所。若能博采欧洲各国兵制所长改革我兵制,由朝廷亲自统御军队并加以训练,则兵士将更加骁勇,愈益刚强,内制不逞,外对万国而不耻,巍然伫立。诸将士当感戴君子亲临之恩,乐于服从,方今一新之际,文武二权复归天子,然后张扬皇威国威,成复古之势,一则处理征讨之兵,二则帮助当今朝廷,三则四海炫耀国威,此乃当今之急务,望经朝野之公议察其裨益。①

正是在伊藤博文等人的推动下,明治五年(1872年)十二月二十八日,天皇颁布了《全国征兵之诏》,特别强调:

> 我朝上古之制,海内皆兵。有事之日,天子为帅,征募堪服兵役之丁壮,以征不服。解役归里,或医或工,或为商贾,本无后世佩带双刀称作武士,以至坐食抗颜尤甚,杀人而官府不问其罪者。然大政维新、列藩奉还版籍,至辛未之岁(1871年),远复郡县之古,许世袭坐食之士减其禄,脱刀剑,四民渐得自由之权,是乃上下平均,人权齐一之道,使兵农合一之基地。至是,士非从前之士,民非从前之民,均系皇国一般之民,故报国之道也当本尤其别。乡长、里正当厚奉此意,依照征兵之令谕说庶民,使知保护国家之大本也。②

翌年1月10日,明治政府颁布了《征兵令》,仿效法国建立近代陆军,仿效英国建立近代海军,同时建立军校培养军事人才。另外一项重要举

---

① 伊藤博文关系文书研究会编:《伊藤博文关系文书》第1卷,塙书房1980年版,第94页。
② 外山三郎:《日本海军史》,吉川弘文馆2013年版,第24页。

措,就是对接手的幕府军工企业进行改造和新建军工企业。例如:将幕府文久元年(1861年)创办的"长崎制铁所"移往大阪,建立"大阪炮兵工厂"。将幕府文久二年(1862年)创办的"关口大炮制作所"改为"东京炮兵工厂"。1879年,日本政府公布了《兵工厂条例》,对这两个工厂进一步予以整顿、充实。翌年,东京兵工厂制成了第一支"村田枪"。后又经过数次改造和整顿,建立了手枪自给体制。承接大炮生产任务的大阪兵工厂在以后的年代里使日本实现了大炮自给。明治政府还用幕府购入的机械在江户的板桥、目黑等地建造了"火药制造所";将幕府庆应元年(1865年)创办的"横须贺制铁所",改建为"海军工厂";将水户藩嘉永六年(1853年)创办的"石川岛造船所",改建为"海军造兵厂"。明治政府"继承"的江户幕府或各藩的造船所,最初仅用以修理军舰。自19世纪80年代后半期,明治政府开始建立军舰自给体制。1886年,日本政府颁布了《海军条例》,确立了"军地联合",即军队指挥机构"镇守府"和军舰生产机构联合运营的方针。根据这一方针,横须贺造船所成为横须贺镇守府的附属工厂。另外,明治政府还新建了附属于吴镇守府和佐世保镇守府的海军工厂。1905年,排水量1.375万吨、达到当时世界先进水平的巡洋舰"筑波号",在吴海军工厂下水;1.935万吨的战列舰"萨摩号",在佐世保海军工厂下水。

第三节 1871年:分别派出两个使节团

明治四年(1871年),日本政府派出了两个使节团,分别出使欧美和中国,旨在获取和列国一样的"平等地位"以及建立睦邻关系。出使欧美的使节团由岩仓具视担任正使,以"修约"为目的,主要是取消"领事裁判权"和获取"关税自主权"。出使中国的使节团由大藏卿伊达宗城担任正使,以"缔约"为目的。这两个使节团在欧美和中国的遭遇,对于我们认识当时日本的国际地位和外交方针,具有重要意义。

赴欧美使节团的任务 明治新政府成立后,在收回原幕府出让给欧美国家的权益方面,做出了一些努力并取得了引世人关注的成效。例如,明治二年(1869年),利用英美之间的矛盾,收回了幕府出让给美国公使馆秘书波特曼的江户—横滨间铁路的权益;明治三年(1870年),不惜赔以重金,收回了幕府租让给普鲁士人为期99年的北海道七重村土地。但是,新政府面临的首要外交课题,无疑是修订原来的不平等条约。早在明治元年(1868年)十二月二十三日,明治政府便将修约意向非正式地对各国代表作了通报。明治二年(1869年)二月二十八日,岩仓具视在提交给政府的《外交、会计、虾夷地开拓意见书》中,明确提出了修约意见。岩仓具视这样写道:"不可不修订与英法普美列国所签之通信贸易条约,以保皇国之独立。方今外国军队登陆我国港口之内,外国侨民触犯我国律法却由其本国官员处置,国之耻辱,莫此为甚。故当尽早改订以往所缔结之约,以立我皇国之权。"①同年九月,大藏卿大久保利通和大藏大辅井上馨对此颇有同感,他们联名提出了建议书,建议与列国修订条约,恢复关税自主权,并强调"妨碍自主权利,且因循反复,将来如何是好?当即予匡正,以保国家固有之权力,奠定富强之基础"。②根据各方意见,太政官令外务官员就修改条约问题进行调查,并于明治三年(1870年)向美国提出,将就修订安政五年(1858年)签署的《日美友好通商条约》进行交涉。明治四年(1871年)二月,明治政府外务省录用津田真道、神田孝平、渡边洪基等为"条约改正挂",从事修约的调查研究,并由他们拟定了修约草案《拟新定条约草本》。该草本共23条,总的基调比较暧昧。

　　明治四年(1871年)九月,明治政府决定派使节团出访欧美。十月八日,使节团正式组成,由参议兼外务卿岩仓具视任全权大使;参议木户孝允、大藏卿大久保利通、工部大辅伊藤博文、外务少辅山口尚芳任全权副使;司法大辅佐佐木高行、陆军少将兼兵部大辅山田显义等任理事官。使节团正式成员共计48名,另有华族和士族留学生等54名。使节团此行主要有两项任务:一是向缔约国致"聘问之礼",并就修约事宜与各国交涉。不过,明治政府认识到,日本各项法律的制定还未取得明显的进展。如果届时提出交涉,很可能处于被动局面。因此这次派使节团前往欧美,主要就是否可延期修约进行试探。③二是进行考察,了解西方先进的制度文化,并以此为参照,进一步推进改革。出行前,外务卿岩仓具视向太政官中权力最大的机构正院,递交了一份"意见书",提出考察重点"当以法

---

① 芝原拓自等编:《日本近代思想大系》第12卷《对外观》,岩波书店1988年版,第8页。
② 大久保利谦:《岩仓使节研究》,宗高书房1976年版,第196页。
③ 井上光贞、永原庆二等编:《日本历史大系》第4卷《近代》第1册,山川出版社1985年版,第294页。

律、理财、交际三科为急务"。①日本政府对使节团寄予厚望。太政大臣三条实美在欢送辞中称:"外交内治前途之大业,成与否,实在此举。"②

明治四年(1871年)十一月十二日,使节团一行乘坐"美国号"客轮离开横滨,于明治五年(1872年)一月十四日抵达美国西部城市旧金山。使节团副使伊藤博文曾经留洋,通晓英语,森有礼曾任日本驻美使节,熟悉美国国情。岩仓具视名为"特命全权大使",实则形同傀儡。他在二月九日写给太政大臣三条实美的信中抱怨道:"小生在此如受人摆布之傀儡,心有余而力不足,实难当此大任。百般后悔,万般无奈。"③由伊藤博文拟就的致美国国务卿的文件,主要有两点内容:一是"特命全权使节赋有同欧美各国政府缔结新的条约,抑或废止、更正现今定约之全权",并且强调:"凡此使节与各国政府商议之条款,我政府均予接受,并确定在日后施行于内政外务之实际,或他日将其添加入条约。至条约改订时,纵有异同之处,亦可作大纲要领进行充分辩疏,另今后使节有权变更目前与各国政府协议之条款。"二是明确表示,"天皇陛下之期望要点"为领事裁判权之撤除(第三项)、内地杂居之许可(第八项)和关税自主权之恢复(第十项)。④

三条实美

明治五年(1872年)一月二十一日,使节团一行到达美国首都华盛顿。二月三日同美国国务卿哈密尔顿·费希(Hamilton Fish)举行了会

---

① 外务省编:《日本外交文书》第4卷,日本国际联合协会1957年版,第73页。
② 大久保利谦:《岩仓使节团研究》,宗高书房1976年版,第184页。
③ 《明治五年(1872年)二月九日岩仓具视致三条实美信函》,载春畹公追颂会编《伊藤博文传》(上),统正社1940年版,第648页。
④ 春畹公追颂会编:《伊藤博文传》(上),统正社1940年版,第643页。很多论著将领事裁判权(consular jurisdiction)混同于治外法权(extraterritoriality)。必须明确,治外法权是指若本国人在所在国犯罪不受该统治权支配的特权,一般只限驻外使节和军队享有,而领事裁判权是指侨民触犯所在国法律,由本国驻该国领事裁决。

谈。日方使节首先宣读了伊藤博文起草的一系列文件。但是费希当即询问:"使节是否具有签署草案之权力?贵国皇帝是否在国书中写明赋予使节团这些权力?如果国书中没有明记赋予使节团拟订条约的权力,那必须首先议论这一问题。"费希还表示,一年后美国要举行总统大选和参议院三分之一议员的改选,"如果仅仅是交涉而非签约,将无法保证交涉内容以后能获得执行"。①明治政府诸多要员远涉重洋来到美国,以致留在东京的日本政府被称为"留守政府",居然被质疑是不是享有全权,令使节团成员好不窝火。但是,除了怨自己不懂外交规定,还能怨谁?会晤结束后,使节团当晚举行会议,最初决定为了获取全权证书暂先回国。但是,外务少辅山口尚芳认为不必全员返回。最后,使节团决定派大久保利通和伊藤博文回国取证,其他人先进行考察。对此,木户孝允在日记里有明确记载:"雨。终日内居。条约一条也未议定,只能派大久保、伊藤归朝求取条约改正之敕许。对方想要的我们都悉数给予,而我方想要的却一无所获。痛苦遗憾无奈,唯有眼泪下咽。"②

明治五年(1872年)三月二十四日,伊藤博文和大久保利通回到国内后,向政府提出了颁发特命全权证书的要求。但是这一要求即刻遭到外务卿副岛种臣和外务大辅寺岛宗则的反对。他们认为,仅仅和美国单独签约没有意义,应当按预定计划赴欧洲,在那里聚集各国代表交涉、签署相关条约。③最后,两人好不容易获得了全权证书,于五月十七日从横滨出发赴美。

在大久保利通和伊藤博文回国期间,使节团继续和美方进行了交涉。但是,双方存在根本分歧:美国不仅不同意修订不平等条款,而且要求进一步扩大权益。特别是关于最惠国条款,美国坚持不肯让步。据木户孝允日记中的记载,当时在华盛顿的德国驻日公使马科斯·冯·布兰特(Max von. Brandt)和木户孝允等举行会晤,就最惠国待遇问题对他进行了说明。使节团即刻意识到,如果在这一问题上对美国让步,那么各国也将"利益均沾"。于是,不待大久保利通和伊藤博文两个副使返回美国,使节团已经决定终止和美国的交涉先赴英国。

---

① 外务省编:《日本外交文书》第5卷,日本国际联合协会1939年版,第139、147页。
② 《木户孝允日记》第2卷,东京大学出版会1979年版,第148—150页。
③ 外务省编:《日本外交文书》第5卷,日本国际联合协会1939年版,第207—208页。

第九章 ● 明治时代

六月二十三日,使节团离开华盛顿前往英国。美国的态度令使节团发现,修改"税权"涉及真金白银,难度太大,决定先从修改"法权"即"领事裁判权"入手。英国果然没有拒绝就领事裁判权问题进行交涉,而是建议"裁判权"问题可采取埃及的"混合审判"方式,即由双方审判官共同参与案件审理。天皇在使节团出发前颁布的敕旨中,有"任用外国审判官"事项,因此使节团成员均认为这一建议似可研讨,便派福地源一郎前往土耳其、埃及调查审判制度,然后回国禀报。使节团其他成员则在英国进行参观考察。英国称霸世界的工业令他们赞叹不已。大久保利通表示,日本应将殖产兴业作为当务之急。国家富强了,改订条约方有希望。岩仓具视则表示,法律制度是一国之基轴,不仅要考察殖产兴业内容,同时也要认真考察列国之宪法政治。

在法国巴黎逗留期间,使节团一行对国际条约逐一进行了认真仔细研究后认识到,列强和日本签订的条约,是欧洲各国强加给亚洲国家的。如果向各国表明修约意向,各国必然会对日本迫害基督教进行谴责,并要求西方人在日本内地享有旅行自由。

在德国,铁血宰相俾斯麦设宴款待了代表团。席间,俾斯麦的一番说教,给使节团成员留下了深刻印象:"方今世界各国,虽以亲睦礼仪相交,但皆是表面名义。于其阴私之处,则是强弱相凌,大小相欺。何谓公理?强权就是公理!虽说有公法,但是各国都是与己有利就搬出公法,与己不利则将公法束之高阁。一国若欲国际上获得发言权,首先必须壮大自己。普鲁士原来也软弱受欺,但我们励精图治,壮大军事力量,以至当今论国力丝毫不逊色于英国和法国。"这番说教和普鲁士由弱转强的史实,让使节团认识到比之在法国所获更具有历史意义的认识:"强权即公理。""尚力"的大和魂及武士道精神原本就是"以强者为师",因此很容易接受这种具有强烈社会达尔文主义色彩的说教。

使节团在欧洲各国考察尚未结束时,接到了太政大臣三条实美发自东京的急电:"着大久保、木户副使急速回国。"接电报后,大久保利通当即动身。但是,木户孝允和大久保利通不睦,不愿跟他一起回国,而是选择继续随岩仓具视访问。一天清晨,在去俄国途经波兰某站时,木户孝允在一阵幽怨悲怆的笛声中醒来,他抬眼望去,只见一位衣衫褴褛的老人在风中吹笛,笛声如泣如诉,脚边放着一个铁罐。车站上另外还有一些蓬头垢面的小孩在乞讨钱物。这番情景让木户孝允一阵感慨:波兰也曾有过辉煌的历史。但是后来国土被一次次瓜分，国势如江河日下。木户孝允更加认识到，无论东方还是西方，无论大国还是小国，只有国家昌盛，才能免受欺凌。只有国力强大，才能扬威四方。木户孝允的这一感触，不仅是其日记中的记载，同时也是使节团所有成员此行共同的感触。

使节团总共访问欧美12个国家，历时22个月。修约交涉虽然未取得实质性成果，但是考察各国制度文化，却收获颇丰。通过考察，使节们深刻认识到，整顿内政，使国家强大，当成为修改条约不可或缺的前提。

《中日修好条规》的签署 在岩仓使节团派出之前，日本已开始就签约事宜对中国进行试探。明治三年（清同治九年，1870年）六月，明治政府派遣外务权大丞柳原前光、权少丞花房义质、文书权正郑永宁为使节团成员前往中国，向负责对日交涉的北洋大臣李鸿章递交了公函，内称："方今文明之化大开，交际之道日盛……况邻近如贵国，宜最先通情好，结和亲，而唯有商舶往来，未偿修交际之礼，不亦一大阙典也乎。"公函还表示，此番日本政府派他前来"预先商议通信事宜，以为他日我公使与贵国订立亲善条约之地"。① 最初，李鸿章以"大信不约"为由加以拒绝，柳原前光再次致函，称："英法美诸国，强逼我国通商，我心不甘而力难独抗……唯念我国与中国最为近邻，宜先通好，以冀同心协力。"见如此相求，李鸿章同意了他的要求。

当年八月，柳原前光一行到达上海，九月赴天津与清朝署理三口（天津、芝罘、营口）通商大臣成林，进行签约预备性会谈。之后，日方代表又会见了两江总督曾国藩、直隶总督李鸿章等，陈述了签约之必要，并递交了日方草拟的条约内容。清廷要员成林、曾国藩、李鸿章均认为，日本与朝鲜、安南等国不同，不是中国的朝贡国，而且在江户"锁国时代"，日本也一直和中国保持着通商关系。既然日本已与美国缔结"亲善条约"，与欧美诸国缔结通商条约，要求与中国缔约合情合理，若予以拒绝，必损及两国关系。尤其是主掌"洋务"的李鸿章更是主张"联日"，称日本"安心向化"，"究之距中国近而西国远，笼络之或为我用，拒绝之则必为我仇"。最终，清廷对日本提出，若派遣全权大臣，可以就缔约事宜进行谈判。

明治四年（清同治九年，1871年）六月，日本政府派遣由伊达宗城为正使，外务大丞柳原前光、外务权大丞津田真道为副使的使节团，出使中

---

① 宝鋆等编：《筹办夷务始末·同治朝》卷七十七，中华书局2008年版，第54页。

第九章 明治时代

国进行缔约谈判。伊达宗城一行到达中国天津后,即和清朝特命全权大使、直隶总督兼北洋通商大臣李鸿章、天津海关道陈钦、江苏按察使应宝时等进行谈判。谈判一开始,柳原前光便拿出了大致"拷贝"中国和欧美列强签署的不平等条约的草案。李鸿章细阅草案后当即表示:"去年送来的约章均以两国立论。此次章约全改为一面之辞,而且综合西方各个条约择优采用,这岂非自相矛盾?莫非将前稿作为废纸不成?"李鸿章的话直接明了,尤其是"择优采用"四个字可谓一针见血:想将中国和西方列强签署的不平等条约中的条款"为我所用",日本这个算盘打得也太精了。在否定了日方草案后,李鸿章随即拿出中方拟就的草案并表示:"中日两国有来有往,与有来无往的西方不同,故立约绝不可与西方完全相同。"

见中方条约规定,日本货物不得运入中国内地销售,日本人不得入中国内地购买土产,伊达宗城即以这些规定不同于西约为由,提出异议,但当即遭到李鸿章驳斥:"中国人前往西方国家,随处通行,并没有遭受限制,而日本现在是以八个口岸与中国通商。既然中国人不能去日本内地进行贸易,日本人到中国内地进行贸易,难道不应该也受到限制?这方面两国的规定一致,很公允,怎么能引中国和西方订立的条约为例?"伊达宗城无言以对。

最终,日方迫于无奈,只得同意以中方的草案为缔约基础进行谈判。明治四年(清同治九年,1871年)九月十三日,两国特命全权大使李鸿章和伊达宗城在天津山西会馆签署了《中日修好条规》(18条款)、《通商章程》(33条款)以及海关税则。之所以称"条规"而不称"条约",系根据中方要求。这主要表明对中国而言,西方和日本的不同。在缔结"条规"时,有一个不可忽略的"插曲":最初日方不同意清政府以"中国"为国号,理由是"中国系对本国边疆荒服而言"。清廷代表据理力争,称"我中华之称中国,自上古迄今由来已久,从无改写国号之例"。双方各执己见,谈判一度陷入僵局。最后,由李鸿章拍板:"汉文文本书中国日本,日文文本书大日本、大清国。"必须指出的是,日方的"咬文嚼字",实则暴露了对清政府"我居中,四海为夷"这种"天朝上国"意识的不屑,而《中日修好条规》之所以称"条规"而非"条约",则是李鸿章意在显示其与先前中国和西方诸国签订的"条约"不同,是对"蕞尔小国"日本的不屑。

细读《中日修好条规》各条款,似乎给人以这是个"平等条约"的印象,如嗣后日本要求修订的3个条款,文字表述均显示双方的权利义务是对等的:第二条规定,"两国既经通好,自必互相关切。若他国偶有不公及轻藐之事,一经知照,必须彼此相助,或从中善为调处,以敦友谊"。第八条规定,"两国指定各口,彼此均可设理事官,约束己国商民。凡交涉财产词讼案件,皆归审理,各按己国律例核办",即彼此享有对等的"领事裁判权"。第十一条,"两国商民在指定各口,彼此往来,各宜友爱,不得携带刀械,违者议罚,刀械入官"。

《通商章程》的规定也显得并没有"不平等"规定。特别在显示关税主权问题上,明确规定:"中国商船货物进日本通商各口,应照日本海关税则完纳。日本商船货物进中国通商各口,应照中国海关税则完纳……中国商货进日本国通商各口,在海关完清税项后,中国人不准运入日本国内地。日本国商货进中国通商各口,在海关完清税项后,任凭中国人转运内地各处售卖,逢关纳税,遇卡抽厘,日本人不准运入中国内地。违者,货均入官,并将该商交理事官惩办。"①

明治五年(清同治十年,1872年)二月二日,日本政府派遣外务大丞柳原前光、外务少纪郑永宁、外务大录颍川重宽出使中国,要求"修约"。既然双方权利义务对等,在条约正式换文前为何突然提出要"修约"?因为,《中日修好条规》第二条、第八条、第十一条,引起了日本国内外强烈反响。就来自国外的反响而言,西方列强认为,《中日修好条规》第二条无异于宣示中日两国结成"同盟"。这种"同盟"将使中日双方实力大增而有采取排外政策之虞,亟欲拆解。日本提出,"修好条规第二条调处之约须议裁撤",就是忌惮于西方的强烈反对。日本政府明白,若对西方的反对置若罔闻,必影响日本和西方各国关系。日本的忌惮并非没有缘由。当年十二月三十日,美国国务卿费希向驻日公使德·朗格发出训令:"希望你在和日本政府会谈时,尽可能劝告日本政府远离中国的排外政策,并采取和列国自由通商及交往的进步政策。"就来自国内的反响而言,主要涉及领事裁判权。因为,日本当时已派出"岩仓使节团"赴欧美进行"修约谈判",其中最主要内容之一,就是要求取消"领事裁判权"。若《中日修好条规》规定,双方彼此享有"领事裁判权",显然和日本要求西方废除"领事裁判权"的修约要求相悖。因此,日本认为,"若将此约批准互换,恐日后生

---

① 王芸生:《六十年来中国与日本》第1卷,大公报社1932年版,第45—49页。

第九章 ● 明治时代

出许多障碍",所以提出在岩仓使节团回国复命之前,暂停《中日修好条规》的批准互换。而要求修改《中日修好条规》第十一条,则是因为当时日本虽已废除武士制度,但武士依然可以佩刀。禁止武士在中国佩刀的规定,被认为是对武士莫大的侮辱。因此日本提出,"修好条规第十一条刀械之禁,须议削除"。

但是,日本的修约要求,遭到李鸿章断然拒绝。李鸿章令天津海关道陈钦回复日本使节,"交邻所重,信耳。失信为万国公法所最忌"。面对清廷代表的"强势"回应,日本只得妥协,派遣外务卿副岛种臣亲自担任全权大使,携国书出使中国,交换《中日修好条规》文本。而伊达宗城则因为几乎"照单全收"了中方拟就的《中日修好条规》,使日本的要求无一得以满足而被罢免。不难发现,在整个修约过程中,日本使节只有"恭",没有"倨"。日本学者永井秀夫认为,中方对于此次缔约交涉的准备相当周到,意志也相当坚决,中方坚持的各项条件均得到满足。《中日修好条规》的签署是清朝外交的胜利。

副岛种臣一行赴华声势甚为壮观:副岛种臣自乘龙骧舰,由筑波舰护卫,两艘军舰共计六百余人。到达天津后,副岛种臣首先让随员向直隶总督李鸿章通报,他是作为日本天皇的特命全权大使来访,要求相应礼遇。1873年4月30日,副岛种臣和李鸿章交换了条规文本。

换文后,李鸿章和副岛种臣"畅谈半晌",貌似相当知己。副岛种臣当着李鸿章的面大骂西方列强,特别强调日本和西方签署的条约中的"单边领事裁判权",有损日本国家主权,称日本已就此和西洋交涉,不达目的,誓不罢休。听他这么说,李鸿章"极力怂恿"。他对副岛种臣说:"好!希望日本交涉成功。如果成功,请抄写一份给我,我大清也要效法日本,与列强修改不平等条约。"1910年,日本经过艰苦的外交努力,终于废除了不平等条约。是时,李鸿章已作古九年,中国在半殖民地半封建社会的泥潭里越陷越深。当然,这是后话。

《中日修好条规》正式换文后,副岛种臣等

1910年的皇帝

693

前往北京谒见中国皇帝。根据中国"祖制"规定,外夷使节入朝谒见清朝皇帝,须行"三跪九叩"之礼。乾隆五十八年(1793年),英国派出以马戛尔尼为正使、乔治·斯当东为副使的使节团前来中国庆贺乾隆皇帝80寿辰。使节团财务总管巴罗在《我看乾隆盛世》写道,名为盛世,然而"触目所及都是贫困落后的景象"。《英使谒见乾隆纪实》则记载,清朝政府对使节团甚为慷慨,"大批免费供应的物资源源不断运抵",以致他们的船只根本装不下,只能收下一部分。然而,马戛尔尼对清朝政府要求他行"跪拜礼"深感屈辱,坚决不从。尽管最终清廷做出让步,称马戛尔尼作为独立国家英国使节,可以只行单膝下跪礼,不必叩头,可马戛尔尼对中国"待客之道"的敬意和好感,因此荡然无存。

  鸦片战争后,中国的"祖制"为拥有坚船利炮的西方列强使节所破。同治十一年(1872年),清穆宗举行亲政仪式时,外国使节均以"五鞠躬礼"代替跪拜礼。副岛种臣赴京后宣称,他是大日本天皇的特命全权大使,地位高于列国公使,因先于列国使节谒见致礼,而且在谒见时只行"三揖礼",绝不跪拜。最终,他的要求获得清廷"恩准"。在紫禁城外的紫光阁,副岛种臣作为第一批谒见使节,向清帝行了"三揖礼",然后呈上国书,而第二批谒见清帝的俄、美、英、法、荷使节,均行了"五鞠躬礼"。副岛种臣的这一要求,实则显示了对"大清皇帝"的藐视和日本并不低于西方列强的国际地位,但清廷却浑然不知这一要求暗藏的"玄机"。日本对清廷的藐视,成为以后力超中国的动力。

  明治四年(1871年)十一月八日,两艘琉球赴清朝"进贡"船只在途中遭遇风暴,其中一艘船漂至台湾西南海岸。上岸的66名船员中有54名被当地高山族土著居民杀死。虽然"台湾岛属中国政府管辖"是英美等列强的共识,但日本外务省编《日本外交文书》第七卷第50页仍明确记载:英国驻日公使帕克斯曾对日本外务卿寺岛宗则反复强调,琉球听命于清政府。但是,庆长十四年(1609年)德川幕府纵容萨摩藩(鹿儿岛县)入侵琉球俘获琉球尚宁王、迫使琉球国向萨摩藩称臣后,早有吞并琉球野心的日本,想借机向清政府提出交涉,以显示琉球"宗主国"姿态。不过,日本政府也清楚,如要采取这种做法,"确定生番是否属于清国版图,实为先决条件"。①副岛种臣来华换约时,天皇特别指示:"朕闻台湾岛生番数次屠

---

① 东亚同文会编:《对华回忆录》(上),胡锡年译,商务印书馆1959年版,第38页。

第九章 明治时代

杀我国人民。若弃之不问,后患何极。今委尔种臣全权……前往伸理,以副朕之保民之意。"之后又下敕谕:"清国政府若以政权之不及,不以其为所属之地,不接受这一谈判时,当任从朕作处置。"但是,日本的交涉遭到清政府嘲讽:"尝闻有琉球岛民在台湾被杀,但从未闻有日本人在台湾被杀。"①对此嘲讽,日本政府无言以对。因为,承应三年(1654年)琉球王主动派遣使臣出访中国,要求清朝顺治皇帝册封并获准。清政府根本不认为对于琉球民被台湾岛民所杀之事,日本有提出交涉的资格。

一年半后,日本政府又找了个新的理由照会清政府,称:"1873年3月,日本小田县下备中浅江郡居民佐藤利八等四人漂至台湾,其衣服和渔具等被掠夺。"但清朝政府对日方的交涉同样置之不理。此事或有,但能否上升为外交事件?难道为此开启战端?

清朝无视日本政府交涉的态度,惹恼了日本一帮好战分子,他们强烈主张出兵征伐。1874年1月,明治政府太政大臣三条实美和右大臣岩仓具视认为,"对台湾生番兴问罪之师,实为必要"。②于是,他俩责成内务卿大久保利通和大藏卿大隈重信负责调查研究。当年2月,后者完成了《台湾番地处理要略》,第一条即狂妄宣称:"报复我藩属琉球人民被杀,乃日本帝国政府之义务。"第二条则声称:"当找准去年出使之辞,言明琉球自古为我帝国所属,且现今累沐皇恩之实。"第三条则将所谓的"理"弃置一边,称:"无论如何,由我帝国完全控制琉球之实权,且使之中止遣史纳贡之非礼,乃是台湾处分后之目的,不可与清政府空为辩论。"③4月4日,日本政府组织了"台湾生番探险队",任命西乡隆盛的胞弟、陆军中将西乡从道担任"台湾番地事务总督"。翌日,三条实美向西乡从道颁发了委任状,并转达了天皇诏谕:"今予膺惩,意在化彼野蛮,安我良民。""若是清国政府提出异议,不必理会。"④5月初,西乡从道率领2 600名士兵侵略台湾,杀戮当地居民。此事实说明,《中日修好条规》并没有得到日本遵守。5月11日和7月1日,清政府分别照会西乡从道和日本驻华公使柳原前光,要求日本政府撤兵。但是,西乡从道态度坚决,称:"政府可将我作为

---

① 下村富士男编:《明治文化资料丛书》第4卷《外交篇》,开明堂1962年版,第24—25页。
② 东亚同文会编:《对华回忆录》(上),胡锡年译,商务印书馆1959年版,第38页。
③ 日本外务省编:《日本外交年表及主要文书》(上),原书房1966年版,第54—55页。
④ 日本外务省编:《日本外交文书》第7卷,日本国际联合协会1939年版,第19—20页。

脱国不逞之徒。"对"不逞之徒"的恣意妄行,清朝政府当即提出严正抗议。日本政府意识到,如果拒不撤兵,必然引发战事,但就此撤兵,未免灰头土脸。进退两难,很是尴尬。7月8日,明治政府就是否同中国开战举行御前会议,征询诸将意见。陆军卿山县有朋表示:"若现在对清国动用干戈,以陆军诸般供给之准备,有朋不敢断言必胜,唯仰仗庙谟(御前会议)议决。"虽然言辞婉转,但傻子都能听明白,这是反对。除野津镇雄、种田政明两名少将,其余五名将官均以军备准备不足为由,反对开战。最后,政府和军队中坚持"对清决战论"者,不得不接受"庙谟议决",与清朝政府议和。

1874年(清同治十三年,日明治七年)7月24日,柳原前光与李鸿章开始谈判。日本政府给柳原前光的训令强调,"谈判之要领,在于获得偿金及让与攻取之地";"当以此次机会,断绝琉球两属之渊源,开启朝鲜自新之门户"。显而易见,日本根本无意与中国"修好",《中日修好条规》刚换文,日本就动起了侵犯中国领土台湾的念头。

第四节 明治前期的"维权"和扩张

江户时代的日本属于封建制,幕藩体制下的"藩"就是"国"。在人们的意识中,所谓的"国"就是"藩"。"对幕藩体制下的武士和庶民而言,'国'就是领主所支配的地域,即本藩。"①

最先使用"日本国"这一称谓的是明治维新蓝图的主要描绘者坂本龙马。明治维新"废藩置县"后,日本开始成为中央集权的国家,以"国土"为核心要素的"国家意识"开始形成并急剧膨胀。明治初期,新政府一方面继续努力实现岩仓使节团未完成的法权和税权自主,另一方面以不同方式"四面出击",扩大"国土范围":将北面虾夷的一部分确定为"北海道";将东南面小笠原群岛划入日本主权范围;将西南面的琉球王国强行霸占,使之成为日本的冲绳县;东北面通过和俄国的妥协,以千岛群岛和库页岛进行交换,将千岛群岛最终划入日本版图;西面则觊觎台湾和朝鲜半岛。明治维新既是日本实现近代化的过程,也是其对外扩张的过程。

---

① 远山茂树:《明治维新》,岩波书店1967年版,第74页。

第九章 明治时代

"修约"的曲折历程 1873年10月,外务卿副岛种臣下野,寺岛宗则继任外务卿。寺岛宗则经过一番研究后,在1875年11月向政府提议,和列国进行修改条约的交涉,因首先就关税自主权进行交涉,然后再谈领事裁判权。这一提议获得太政大臣支持。1876年2月,寺岛宗则命令日本驻美国和欧洲各国公使,就税权问题和所在国政府进行交涉。1877年6月,日本驻美大使吉田清成根据外务卿寺岛宗则指令,向美国国务卿爱瓦兹递交了《日美条约私案》,并于1877年7月25日和爱瓦兹签署了日本恢复税权的条约。之后,英、法、德等国也同意在东京进行修改条约的交涉。但是,随后发生的两个事件,使日本政府改变了寺岛宗则提出并贯彻的方针,即税约交涉先于领事裁判权交涉。

当年12月,横滨的英国侨民哈尔雷特秘密输入未经炼制的鸦片,被日本海关查获,但是在进行英国领事裁判时,维尔金松推事将生鸦片作为药用品处理,宣判其无罪。1878年2月,哈尔雷特又因吸食鸦片被查获。由于吸用的鸦片属于违禁品,所以维尔金松只能处罚,但是仅罚以少量金额。日本外务卿寺岛宗则对轻判提出抗议,但英国方面根本不予理会。1879年7月,因霍乱流行,日本方面加强了检疫。但是,德国汽船"墨斯培利号"不服从日本检疫规定,仅做了所谓"自查"就驶入横滨港。寺岛宗则为此向德国公使提出抗议,正访问日本的美国总统格兰特也批评了德国的做法,并认为日本即便击沉该艘德国船只也属正当行为,但德国方面没有表示任何歉意。

上述两个事件使日本国民要求废除领事裁判权的呼声日益高涨,寺岛宗则先就税权进行交涉再就领事裁判权进行交涉的方针受到质疑。同时,恢复税权的交涉也没有进展。1879年9月,明治政府让寺岛宗则转任文部卿,由井上馨继任外务卿。1882年1月至7月,井上馨在东京同相关各国举行了修约预备会议。他一方面宣布,在遵守日本法律的前提下,允许外国人在日本全国享有旅行、通商、拥有不动产的权利;另一方面承诺,审判的法律适用,将由日本政府特别采用的外国法官分担。[①]也就是说,第一,允许外国人居留日本内地,但作为交换条件将逐渐废除领事

[①] 日本学术振兴会编:《条约改正关系日本外交文书》第2卷(上),日本外交文书颁布会1959年版,第238、257页。

裁判权。第二,仅要求修改进口税率以增加关税收入,而不是日本恢复关税自主权;6月23日,井上馨致函各国驻日公使,提出了增加400万日元进口税的原则要求,同时表示,具体数目可再行商定。①

1884年5月,英国驻日公使表示,第一,如果日本政府果真能践行承诺,英国政府可以考虑使日本拥有"关税独裁权";第二,如果日本能健全法律体系,制定民法、商法、民事诉讼法,英国无意保留领事裁判权。②见英国率先做出如此表态,井上馨决定修约交涉分两步进行:1884年5月至1886年5月,主要以增加税率为中心进行条约的部分修改。在此期间允许领事裁判权继续存在,但是日本方面当拥有逮捕权和禁锢十天以内的刑事案件处置权,以及新设港口的民事诉讼审判权。在此之后,以内地通商的全面开放作为交换条件,就废除领事裁判权、全面恢复关税自主权同各国交涉,全面修改条约。

之后,井上馨和英、德两国公使进行了交涉。两国公使同意提交一份《裁判管辖条约案》作为各国谈判基础。1888年4月,交涉各方以该条约案为蓝本,达成了协议,主要内容是:第一,日本政府在协议批准文书交换后两年内,使全国向外国人开放;第二,日本政府根据西方规范编纂法典、建立司法组织;第三,上述法律在内地全面开放8个月之前公布,并将英文文本送交各国政府;第四,本协议批准两年后,东京、横滨、神户、大阪、长崎、函馆等旧居留地内的领事裁判权仍可持续三年;第五,外国人涉案的民事、刑事诉讼,在外国审判官占半数的法庭进行,担任一审的地方审判机关除东京外,另设立于京都、山口、名古屋等8个城市,审判时使用日语或英语;第六,条约有效期为批准后17年。

《裁判管辖条约案》的形成对于日本来说既是划时代的成果,也是新出现的难题:第一,条约批准后的14个月内即公布民法、商法、民事诉讼法并全部译成英文,几乎不太可能;第二,外国审判官和领事裁判权在日本的存在,将延续至1904年,这对日本的主权无疑是一种侵犯。因此,条约案形成后即遭到各方批评,引起了明治政府内部的对立,并

---

① 日本学术振兴会编:《条约改正关系日本外交文书》第2卷(上),日本外交文书颁布会1959年版,第244页。
② 日本学术振兴会编:《条约改正关系日本外交文书》第2卷(上),日本外交文书颁布会1959年版,第324—325页。

为民权派的集结提供了绝好的机会。民权派随之兴起了"大同团结运动"。

为了缓解来自各方的压力,同年即1888年11月,新任外相大隈重信在以《外交告知文》的形式提出的修约文本中,削除了任用外国审判官和法典编纂两项内容。同时,大隈重信采取了和井上馨不同的交涉方式。他的方式是和英、德、法、美、俄、意六国单独交涉并修改条约,首先选择比较容易谈妥的美、德、俄,然后再和英、法交涉。但是,这么做存在一个致命的缺陷:如果英国坚持不作妥协,那么其他各国即便和日本签署了新约,也可以援引最惠国条款要求"利益均沾",从而使签约谈判前功尽弃。井上馨之所以重视英国的立场,大隈重信以后的历任外相青木周藏、榎本武扬、陆奥宗光之所以专念于对英交涉,就是因为有这个顾忌。

因此,大隈重信虽然在1889年2月、6月、8月先后同美国、德国、俄国签署了新约,但实际上并没有解决井上馨领衔和列国签署的草案所存在的问题。事实上,正是由于日本政府在编纂法典时遭遇挫折,因此当年12月10日,内阁会议就修约问题对日本的立场做出了3点重要修正:(一)回避"大审院"(最高法院)任用外国审判官问题;(二)避免在条约中明记日本国内法典的公布、实施;(三)在领事裁判权存在期间,不允许外国人在日本拥有不动产。这3点修正,事实上完全撤回了大隈重信的上述"外交告知文",因此日本政府预料,对大隈重信方案尚且犹豫踟蹰的英国当不可能接受。①

然而,英国政府却出乎预料地给予配合,因此青木周藏外相于翌年,即1890年9月,拟就了《日英航海通商条约修改案(草案)》送内阁审议,由20条"航海通商条约"和5条议定书构成的这一草案的要点是:将领事裁判权这一难题从条约正文中剔除,放入议定书,而议定书则规定:领事裁判权在条约实施5年后完全废除;条约实施6年后由日本享有关税自主权。同时为了获得平等权利,日本方面做出让步,规定外国人可在日本拥有不动产和企业股权;在领事裁判权废除一年半前实施民法、商法等法典;领事裁判权废除后,外国人在日本享有充分自由的通商、旅行、

---

① 日本学术振兴会编:《条约改正关系日本外交文书》第3卷上,日本外交文书颁布会1959年版,第235—236页。

居住权。这一方案于翌年3月在内阁会议上终获通过。但是,由于山县有朋内阁解散、青木周藏辞任,因此和英国的交涉由继青木周藏担任外相的榎本武扬承担。虽然榎本武扬对青木周藏的方案高度评价,他拟定的方案也基本上以青木周藏的方案为蓝本,但因松方正义内阁对修改条约不甚积极,最初几乎未采取实质性步骤,直至1892年4月12日才成立委员会开始运营。同时,由于天皇颁敕,要求在修约问题上"充分慎重考虑利害得失,等待时机成熟",①委员会内部如寺岛宗泽等对榎本武扬方案表示反对,修约交涉再次搁浅。直至1911年,日本才恢复关税自主权。

阿伊努和北海道 日本东北地区和北海道,明治以前均属于"虾夷地",当地人则被称为"虾夷人"。不少论著写道,之所以称他们"虾夷人",因为当地人有长胡须,弓着腰,和虾有几分相似。"夷"是"野蛮人"。实际上"虾夷"原始释义是"勇敢者",并没有贬义。约从14世纪中叶起,"虾夷"改称"阿伊努"。"阿伊努"就是"人"的意思。另外,古代"虾夷地"不仅包括这两个地区,而且包括千岛群岛和库页岛。最早关于虾夷地的记载见于《日本书纪》景行天皇二十七年(97年)春二月:"武内宿祢自东国还之,奏言:'东夷之中,有日高见国。其国人,男女并椎结文身,为人勇悍,是总曰虾夷。亦土地沃壤而旷之,击可取也。'"②日本早期没有明确的国土疆域意识。奈良时代律令制建立后,大和朝廷在列岛上的行政区划是"六十六国二岛",即66个令制国和壹岐岛、对马岛。虾夷地未被列入。奈良时代末期和平安时代早期,特别在桓武天皇在位时期(782—805年),朝廷对虾夷进行了强力征伐。延历十三年(794年)第一个征夷大将军大伴弟麻吕和被尊为"武神"的坂上田村麻吕,都是讨伐虾夷的干将。12世纪,镰仓幕府在虾夷地设立了管领,称管领管辖的地区为"和人地",其他地区则称"虾夷地"。至镰仓时代末期即13世纪末,虾夷地被压缩至津轻海峡以北即今天的北海道。丰臣秀吉平定关东后,占据北海道南端福山的豪族安东氏的代官蛎崎庆广,乘机摆脱安东氏控制,向丰臣秀吉上表效忠,获得了今天整个北海道的统治权,成为"虾夷岛主"。江户幕府建

---

① 日本学术振兴会编:《条约改正关系日本外交文书》第3卷上,日本外交文书颁布会1959年版,第806页。
② 舍人亲王:《日本书纪》,四川人民出版社2019年版,第103页。

立翌年即庆长九年(1604年),松前藩藩主获得了德川家康授予的松前虾夷地的交易委任书,主要规定出入其管辖地与夷人交易,必须申告,否则视为违法,将被严处,由此开始了江户幕府对虾夷地的间接统治。但是至江户时代中期,当时的地图显示,虾夷仍被视为幕藩体制支配秩序外的"化外之地"。①

18世纪末19世纪初,英法将触角伸进了东北亚海域。天明八年(1788年),法国航海家拉普鲁斯(Lapérouse)赴库页岛附近水域考察,以他自己的名字,命名库页岛与北海道之间的海峡为"拉普鲁斯海峡"。该海峡日本称"宗谷海峡"。"宗谷"是阿伊努语,意为"有岩石的镇"。之后,俄国人也开始活跃于这一地区。在此背景下,宽政十一年(1799年),幕府将虾夷地纳为直接管辖地,形成了所谓"第一次幕领虾夷地时期",尽管当时幕府直接管辖的只是东虾夷地区。同时,日本一些文人也积极建言幕府重视虾夷地。例如,林子平在《三国通览图说》中强调,虾夷资源丰富,应主动将虾夷地纳入控制范围,他写道:"若今我之不取,则后世必为莫斯科所取。"②本多利明对虾夷地更是在"调查研究"的基础上,向幕府积极建言献策。享和元年(1801年),本多利明奉幕府的命令调查江户至虾夷间的航路,在此期间撰写了《经世秘策》,其中表达了他对开发虾夷地可以富国的系统论述。他还强调,"若其岛土人尚居深穴,则授以家宅建造之法,或为其君长兴土木之事,或补其器物之缺,万事万端,皆随土人所欲"。但是,和本多利明主张开发虾夷地当侧重于教化当地居民不同,佐藤信渊提出,开发虾夷地"进而攻取堪察加,擒鲁西亚置于此处之镇兵,吾方成兵遣之,构以城郭,纳为日本之领地"。③相比林子平、工藤平助、佐藤信渊基于安全和资源考虑的虾夷地开发论,吉田松阴则不仅顾及外在威胁,特别是"鲁西亚起穷北之地,开西伯利亚,至堪察加,构都府,备军舰,取海岛而迫我奥地虾夷",④而且强调日本只有在军备充分的前提下才能"开垦虾夷"。而他认为日本应占有虾夷地的重要依据,是虾夷地属于不受各国政府管辖的地区,按照国际法的"无主地先占原则","我得亦利,彼

---

① 名嘉宪夫:《从领土问题到"国境划定问题"》,明石书店2013年版,第67—69页。
② 林子平:《三国通览图说》,载《北方未公开文书集成》第3卷,丛文社1978年版,第74页。
③ 佐藤信渊:《佐藤信渊家学大要》,碑文协会1906年版,第531页。
④ 《吉田松阴全集》第1卷,岩波书店1934年版,第530页。

得亦利,为争地尔"。①这些文人的建言献策在一定程度上影响了政府的决策。

宽政十一年(1799年)和文化四年(1807年),日本幕府将今天北海道太平洋侧和千岛群岛的东虾夷地,以及北海道日本海侧的西虾夷地,归为幕府辖地。文化六年(1809年),日本将本属于中国的库页岛南部称为"北虾夷地",并开始在当地经营。安政二年(1855年),江户幕府从松前藩收回了虾夷地的管理权,将其转交幕府直辖的箱馆奉行,并在库页岛设置了管理机构。清咸丰十年(1860年)十一月十四日,《中俄北京条约》签署,清政府割让了包括库页岛在内的乌苏里江以东大片领土。当年,俄国出兵占领了库页岛南端。之后,日俄围绕该岛主权的矛盾日趋尖锐。

明治元年(1868年)四月,江户"无血开城",但是,江户幕府海军副总裁榎本武扬拒绝交出幕府舰队,带领八艘军舰北上虾夷函馆,占据虾夷地西洋式城堡"五棱廓",其属下有原幕府秘密警察组织"新选组"、鸟羽伏见战役后成立的彰义队、幕府军事教导队陆军传习队、幕府军冲锋队约两千人,以及陆续加入的仙台藩和会津藩残部,共四千余人。原幕府法国军事顾问团副团长儒勒·布吕奈(Jules Brunet)还带去了十几名法国教官。这些幕府势力在箱馆(北海道函馆市)通过记名制选举,由士官级以上干部投票选出包括总裁、副总裁、海军奉行、陆军奉行的内阁人选。榎本武扬以最高票当选总裁。不少相关论著称,该政权号称"虾夷共和国"并获得英、法等国承认。但根据北海道函馆市史记载,该政权自称是德川脱藩家臣建立的"虾夷政权",并且是"服从天皇陛下的德川宗族成员到来前的临时组织"。该政权递交箱馆外交使团的文件,正式署名也是"虾夷政权"而不是"虾夷共和国"。所谓英法"承认虾夷共和国",是榎本武扬和英法舰队舰长会谈时,英国书记官弗朗西斯·亚当斯(Francis Adams)擅自将会议记录定为《承认虾夷共和国的备忘录》,并在1874年出版的《日本史》(*History of Japan*)一书中,将"虾夷政权"称为"虾夷共和国"(Republic of Ezo)。明治二年(1869年)春,新政府发起"箱馆战争",由于双方实力对比悬殊,当年五月十八日,榎本武扬宣布投降,五棱廓也于同日移交给明治政府代表黑田清隆。至此,仅存在了125天的"虾夷政权",告别了历史舞台。

---

① 《吉田松阴全集》第6卷,岩波书店1936年版,第402页。

第九章 明治时代

明治二年(1869年)，新政府仿效高纬度的北欧和北美加拿大开发"虾夷地"，决定给东虾夷地和西虾夷地取个新的地名。探险家松浦武四郎建议，用北方的"北"、阿伊努人对当地的称呼"加伊"，以及作为行政区划的"道"，取名"北加伊道"。由于日本行政区划原先是"五畿七道"，有东海、南海、西海道，最终将隔着津轻海峡的本州岛以北地区，定名为"北海道"(今日北海道)，将"北虾夷地"改名为"桦太"(库页岛)。

占有东北和西南岛屿 小笠原群岛位于日本本州岛东南部800公里处，主要由父岛列岛、母岛列岛、婿岛列岛3个大岛群近30个火山岛构成，陆地面积72.5平方公里，据说因1593年被信浓人小笠原贞赖发现而获名，长期是无人岛。1827年，英国军舰"布洛萨姆号"进入小笠原群岛海域，舰长比奇在岛上树立了英国国旗。1854年，美国海军提督培理"叩关"，结束了日本"锁国"时代，并在小笠原群岛树立了美国国旗。1861年，德川幕府开始在当地设置官吏和向当地移民。史料记载，当时有27名美国人、17名英国人、4名法国人在岛上居住。德川幕府的做法遭到英、美两国政府抗议。英、美均声称是本国人首先登上了这片无主岛屿，理应对该岛拥有主权。因此小笠原群岛的归属一度成为"悬案"。

进入明治时代后，日本新政府划定边境的愿望相当强烈，而美国政府认为，这一远离本土的"领土"难以管理，与其固执己见，不如作出让步以便和日本政府搞好关系，换取其他利益。1873年后，美国不再声索小笠原群岛的主权，转而支持日本。英国最初仍坚持原先主张，但后来基于整个亚洲政策的长远目标考虑，认为与其为了太平洋上的小岛与日本弄僵关系，不如索性将其让给日本，使日本与英国修好，成为英国在东亚的前哨阵地。因此，英国也在1875年默认了日本对小笠原群岛的主权主张。翌年10月，明治政府通告世界各国，日本拥有对小笠原诸岛的主权。日本东南部"边界"因此建立。

日本占有琉球，不似占有小笠原群岛那样几乎"一蹴而就"，因为那自古就不是无主地。中国史籍有关琉球的记载，最早见于《隋书·琉求传》。根据琉球第一部国史《中山世鉴》记载，朱宽奉隋炀帝令出海考察邻近异国时，发现了琉球群岛，并因其宛如一条浮在海上的龙而将其命名为"琉虬"("有角曰龙，无角曰虬")。后来，"琉虬"也被写作"瑠求"或"留仇""琉求"等。

12世纪，琉球群岛的南部、中部、北部分别建立了南山、中山、北山三国。明洪武五年(1372年),明太祖朱元璋派杨载出使琉球,册封中山王察度为琉球王,琉球遂成为中国藩属国。明永乐十四年(1416年),中山王尚巴志征服北山,又于明宣德四年(1429年)征服南山,建立了统一的琉球王国。之后琉球每代国王均受明朝皇帝册封。

日本觊觎琉球有很长的历史。据传,镰仓幕府创建者源赖朝的叔父源为朝兵败皇室内讧"保元之乱",后白河上皇欣赏其刚勇与精湛的箭术,免其一死,挑断其臂筋,于保元元年(1156年)八月二十六日将其流放至伊豆大岛。永万元年(1165年),源为朝从伊豆逃往琉球,生了舜天王。

庆长十四年(1609年),江户幕府创建者德川家康命邻近琉球的萨摩藩(鹿儿岛县)藩主岛津义久率三千兵马进攻琉球,将琉球国王尚宁等百余人俘至萨摩藩达三年五个月,逼迫尚宁王承认向其"进贡",并强行割占琉球北部五岛。但是,琉球并没有臣服日本。顺治十一年(1654年),琉球王遣使臣到中国请求册封。清朝顺治帝封琉球王为尚质王,琉球遂成为清朝的藩属国。

明治五年(1872年),明治政府宣布琉球属于日本"内藩","撤销"琉球国,改设琉球藩,封琉球国王尚泰为藩王,同时通告各国政府,以往琉球与各国签署的条约所涉问题,均由日本政府处理。清朝政府对此不予认可。琉球由此形成所谓"日清两属"。1875年,明治政府派遣内务大丞(副部长)松田道之前往琉球,迫使琉球国王停止向清王朝朝贡和接受大清皇帝册封,废除清朝年号,改称明治年号。1879年3月11日,明治政府宣布撤销琉球藩,改设冲绳县。3月30日,日本命琉球藩王尚泰移居东京,位列"华族"。尚泰不愿受封,派使臣前往北京,恳求大清朝廷保护属国琉球。在此背景下,中日就琉球问题开始进行谈判。中方提出,将琉球群岛分成三部分:邻近日本的奄美大岛为日本领土,琉球本岛及其附近岛屿为独立的琉球王国,南部的先岛群岛为中国领土。日本方面则建议"瓜分琉球":琉球本岛及其北方岛屿为日本领土,南部先岛群岛为中国领土。由于清廷一部分大臣的坚持和琉球人的请求,清廷未与日本签约,即不承认日本享有琉球任何一部分主权。但是,清朝的这一态度未坚持至最后。1880年(清光绪六年、日明治十三年)9月,清朝在谈判中作出妥协,与日本签署了《琉球专约拟稿》,根据日本提出的方案,将琉球分成两部分。但是,因清朝光绪皇帝拒绝批准该条约,并指示清廷代表与日本继续协商,而日本方面未予回应,协商最终破裂。1882年(清光绪八年、日明治十五年),清廷代表李鸿章与日本驻天津领事竹添进一郎,就琉球问题再次进行谈判,仍没有达成协议。琉球问题因此成为"悬案"。三年后,中国在甲午战争中战败,与日本签署《马关条约》,被迫割让台湾、澎湖。琉球群岛继续为日本占有。

文久二年(1862年),江户幕府派遣下野守竹内、石见守松平、能登守京极,作为日本使节前往俄国,提出以北纬50度为界,划分库页岛日俄领域,并强调,"这一境界为万国地理学者所公认"。但是,俄方不同意如此划界,表示:"地理学者的学说和地图的颜色,不足以作为政治依据。若遵从地理学者说法,萨哈林这一名字是满语,日本所谓的桦太,意为唐人岛,该归谁所有?"[①]最终,俄方提出日本使节远道而来,可以做些让步:以北纬48度划分双方边界。对俄方提案,日方使节团内部产生了激烈争执。竹内、松平主张应该作出让步,而京极则反对让步,双方各执己见,互不相让。使节团成员、后成为《每日新闻》社长的《东京日日新闻》社长福地源一郎,在《怀往事谈》中对此有详细记载:"两使节(竹内、松平)慨然表示,今日之机会一旦失去,将不可复得,称我俩为了日本未来,不顾阁老之内训,以将军公开赋予之全权,决定以北纬48度为界,划定双方边境。归朝后,若因此遭受谴责,将切腹辩解,以显坦荡。为了国家,我们原本就有不惜生命之觉悟。京极亦愤然表示,若论为了国家而舍弃生命,我绝不会比二公胆怯。但倘若如此划界,纵然将我等瘠腹切几百遍,也无法挽回日本之国辱国耻,故我将始终不渝恪守内训之宗旨,绝不赞同划定超出全权委任的经界。若你们要强行签约,则我将以目付(监察)之职权予以制止,亦不会出席按北纬48度划界的谈判,不会在协议上签字。"[②]由于京极坚决反对,最终双方没有签约。庆应二年(1866年)九月,幕府再次派遣箱馆奉行小出秀实、目付石川谦三前往俄国谈判,但同样无功而返。

明治政府成立后,美国前国务卿威廉·H.施华德(William H. Seward)建议采纳美国处理阿拉斯加的办法,出钱购买库页岛,为日方采纳。值得关注的是,与"琉球处分"相比,日本之所以对解决"桦太(库页岛)问题"小心谨慎,主要怕与俄国发生冲突。明治二年(1869年)八月十三日,参议广泽真臣就此提出的意见反映了日方的考量:"对桦太当以论

[①] 清泽洌:《日本外交史》,东洋经济新报社出版部1941年版,第182页。
[②] 清泽洌:《日本外交史》,东洋经济新报社出版部1941年版,第183页。

理为主,能忍则忍。彼专横跋扈,态度傲慢骄横,若至皇国人民闻之切齿扼腕,愤懑不堪之时,方可开启战端。"但日本的方案遭俄国拒绝。

　　1873年5月,日本北海道当局以俄军不断寻衅滋事,战端一触即发为由,要求政府派遣军队。但是,明治政府北海道开拓次官、后成为明治政府第二任首相的黑田清隆明确表示反对。他进言明治天皇,建议谈判解决"桦太问题",并获采纳。1874年正月,根据黑田清隆的推荐,明治政府任命榎本武扬海军中将为特命全权大使,就"桦太问题"前往俄国进行谈判。俄国政府指派外交部亚洲局长斯托莱姆霍夫为全权代表。

　　1875年5月7日,俄国最终接受了日本提出的方案:日本以实际占有的库页岛北部换取俄国实际占有的千岛群岛南部。双方就此签署了《桦太(萨哈林)千岛群岛交换条约》。根据该条约,整个库页岛为沙俄所占,整个千岛群岛成为日本领土。

　　吞并朝鲜第一步　"朝鲜半岛像一把匕首指向日本列岛"。如之前所述,16世纪末,丰臣秀吉发动"文禄·庆长之役",意欲吞并朝鲜,以失败告终。宽永十三年(1636年),江户幕府致函朝鲜,要求朝鲜"自今而通用书可记我元",即改用日本年号以示朝鲜对日本的臣属,但作为中国藩属国的朝鲜未予理会。明亡清兴后,江户幕府对马藩致朝鲜的外交文书再次提出这一要求,仍遭到朝鲜拒绝。日本开国后,"征韩论"甚嚣尘上。例如,吉田松阴建议:"责令朝鲜纳质奉贡",即让朝鲜皇室成员留驻日本作为人质、向日本纳贡。元治元年(1864年)五月二十日和七月八日,日本对马藩士大岛友之允两次拜见幕府老中首座水野忠邦,建议尽快"征韩",并递交了由七项措施构成的《朝鲜事务建议书》。

　　明治三年(1870年)四月,日本外务省向太政官提交了"对朝外交三案":一是"日朝绝交旁观案";二是"武力迫朝开国案";三是"日中交涉先行案"。翌年签署的《中日修好条规》就是"日中交涉先行案"的实施,即切割中朝藩属关系。按照日本的如意算盘,如果中日"对等关系"确立,日本即可在朝鲜重演"琉球处分"之故伎,逐渐吞并朝鲜。在《清季外交史料》中,有日本外务少辅(次官)森有礼和清朝北洋大臣李鸿章关于朝鲜究竟是否属于清朝属国的激烈辩论。森有礼称:"高丽与印度同在亚细亚,不是清国属国。"李鸿章反驳道:"朝鲜为中国属国,中外共知。"

　　1873年,日本统治阶层围绕是否侵占朝鲜发生"征韩论争",随之引发"明治六年政变"(下节将有详述)。"征韩论争"使朝鲜感到日本的威胁急速而迫切,但力图避免和日本发生正面冲突的清朝政府则告诫朝鲜,妥善处理和日本的关系,避免引起战端。清廷指示朝鲜王朝:"今若与日失和,本非长策。"于是,江户幕府倒台、天皇亲政后,始终拒绝和明治政府建立外交关系的朝鲜政府的态度,发生了明显变化,并就签署"日朝修好条规"进行谈判。无奈因分歧严重,谈判一开始即陷入僵局。

眼见谈判陷入僵局,日本"征韩论"再次甚嚣尘上。尽管大藏卿松方正义警告,财政拮据,不宜举兵,称:"今复起征韩议论,不知行军一日需花费几万现货。现国库之现货已几乎用尽,唯存纸币。"但日本好战分子仍一意孤行,决意挑起事端。1875年9月的"'云扬号'事件"(又称"江华岛事件"),就是在此背景下发生的。

关于事件缘由,"云扬号"舰长井上良馨10月8日提交的报告称,他奉命率"云扬号"探查朝鲜西南海岸至中国牛庄的航路,于9月20日在江华岛附近抛锚。井上良馨亲自乘坐一艘小船在江华岛炮台附近上岸寻找淡水。舰长为何亲自上岸寻找淡水?他的说辞是:"此近海为未航未开之地,若让士官去找水或要水心自不安。"朝鲜守军见井上良馨上岸,开枪射击,并向悬挂日本国旗的"云扬号"发炮攻击。井上良馨迅疾发射信号弹通知本舰应战,"云扬号"遂向江华岛朝军炮台发炮反击。之后,井上良馨返回"云扬号",指挥22名水兵分乘两艘小船登陆并占领了朝鲜炮台。但是,根据晚近解密的日本防卫研究所图书馆藏资料,9月29日"云扬号"舰长井上良馨递交的报告,却没有他上岸"寻找淡水"和"云扬号""悬挂日本国旗"之说,而且事后查明,"云扬号"是在事件爆发第二天才"悬挂日本国旗"。也就是说,9月29日的报告基本反映了事件的真相,而10月8日的报告则是为了掩盖真相的杜撰。

翌年2月4日,由黑田清隆为全权代表、井上馨为副全权代表的日本代表团一行28人,率六艘军舰驶抵江华岛,要求和朝鲜签署"修好条规"。日本政府训令黑田清隆:"若朝鲜政府提出须征询清国意见后方能答复,则在其使节往复期间,令我部队驻屯京城,要求朝鲜提供饷给,并占领江华城,采用公法之所谓强行要求赔偿之方法,给彼制造难题。"同时,日本派遣"日进""猛春""函馆""矫龙"四艘军舰在朝鲜釜山附近进行军事演习,以震耳欲聋的炮声施压。

面对日本武力威慑,且清廷不希望朝鲜和日本"失和",经过"谈判",

双方于1876年(清光绪二年、日明治九年)2月27日,签署了《日朝修好条规》(又称《江华条约》),第一条规定,"朝鲜国乃自主之邦,保有与日本国平等之权"。这条规定意味日本拆解中朝宗藩关系的图谋初步取得成功。《日朝修好条规》是以"修好"之名行"侵略"之实,是日本吞并朝鲜的第一步。

《日朝修好条规》签署后,日本一方面加强对朝鲜的控制,要求朝鲜政府改编政府机构和军队,聘请日本教官;一方面对朝鲜巧取豪夺,使朝鲜民众困穷、国库空虚,军饷难以发放,引起士兵极端不满,同时,他们对由日本人训练的新式军队"别技军"极度不满。1882年7月23日,在柳万春、金长孙的带领下,汉城驻军数千军人发生哗变,夺取武器,释放囚徒,捣毁政要住宅,史称"壬午兵变"。兵变者还焚烧日本公使馆,杀死日本官员,日本公使花房义质连夜狼狈出逃仁川。兵变者拥立朝鲜国王高宗李熙的生父即摄政的大院君李昰应执政。但是,反华亲日的李昰应的执政为清朝政府所不容。8月下旬,清政府派遣丁汝昌和袁世凯率官兵三千人进入汉城,逮捕大院君并将其押回中国审讯。

日本和朝鲜亲日势力当然不会善罢甘休。1884年8月,中法开战后清军节节败退。日本驻韩公使竹添进一郎认为,如果清朝败北,日本在朝鲜扩张的障碍将减弱乃至消除,向明治政府提出当不失时机在朝鲜扶植亲日政权。朝鲜的亲日势力则伺机而动。12月4日,朝鲜政府举行京城邮政局大厦落成宴会。朝鲜亲日势力首领朴泳孝、洪英植、金玉均、徐光范等趁此机会刺杀了议政闵泳翊并冲进王宫,胁迫朝鲜政府向日本公使馆提出,派遣日军"护卫"朝鲜国王,而早已整装待发的日军则未待接到要求即"不请自来",迅疾赶赴朝鲜国王避难的离宫,以"护卫"的名义监控了朝鲜国王。之后,朝鲜亲日势力杀死了六名朝鲜王朝大臣,建立了以李载元为首的"新内阁",并迫使由日本兵"护卫"的国王颁布"大政一新"敕令。12月6日,应朝鲜朝廷要求,袁世凯率领清军攻入朝鲜王宫,在朝鲜军队的策应下向日军发起攻击。竹添进一郎自焚使馆后逃离汉城赴仁川日本领馆避难。朝鲜的亲日势力被一举剿灭。这场政变史称"甲申政变"。袁世凯在处理政变时表现出的机智果敢,深得李鸿章赏识。一年后,袁世凯被正式任命为驻朝总理交涉通商大臣,受二品顶戴。朝鲜王朝为袁世凯立了生祠供人瞻拜,并拜袁世凯为上将,请他帮助朝鲜编练新军。

1885年4月,第四次出任首相的伊藤博文亲任全权大使,赴中国和清朝全权大使李鸿章进行交涉,要求中国惩罚"甲申政变"的"肇事官兵"。按照日本外务卿井上馨的判断,"清国承诺日本要求的可能,极大地存在于中法战事"。由于当时中法和谈正顺利进行,中国已无日法结盟的担忧,因此李鸿章断然拒绝了伊藤博文的要求。但是,李鸿章也顾忌与日本交恶。4月18日,双方签署了《天津会议专条》(又称《中日天津条约》或《朝鲜撤兵条约》),就双方同时从朝鲜撤兵,以后如须出兵当"行文知照"即通知对方,达成一致。《天津会议专条》是为解决上年朝鲜甲申政变引发的中日冲突的遗留问题而缔结的,但却为甲午战争留下了隐患。

第五节 "明治六年政变"的前因后果

日本历史上有几个划时代的年份,其中包括1873年。这一年,日本统治阶层围绕是否侵占朝鲜,发生了"征韩论争",随之引发导致日本政府分裂的"明治六年政变"。这场政变和日本最后一次内战"西南战争"直接关联。必须明确,"征韩论争",不是"应否"征伐(侵略)朝鲜的是非之争,而是"如何"征伐朝鲜的策略之争。与之直接相关的"明治六年政变"和西南战争,很好地诠释了何谓"外交是内政的延续"。这段历史也是日本对外扩张史的一个缩影:从明治初年到"二战"结束,日本政府和军队在"应否"对外扩张方面,即在战略层面,基本存在共识。但是在策略层面,即"如何"对外扩张,始终存在矛盾和分歧。

"征韩论"的动因 侵略朝鲜,颠覆以中国为盟主的东亚秩序,是日本久有的图谋。江户时代的宽政四年(1792年),佐藤信渊在《宇内混同秘策》中就提出了"征韩"主张:"我皇大御国乃大地最初形成之国,系世界万国之根本。故能经纬其根本之时,全世界均为其郡县,万国之君长皆为其臣仆。"为了实现这一目标,他提出应"首取鞑靼,次图朝鲜、支那"。[1]安政二年(1855年),吉田松阴在给杉梅太郎的信中称:"割易取之朝鲜、满洲、支那。"[2]文久二年(1862年),对马藩士大岛友之允向幕府提出了"征韩"

---

[1] 姜在彦:《朝鲜的攘夷和开化》,平凡社1977年版,第117页。
[2] 吉田长吉等编:《吉田松阴》,岩波书店1978年版,第193页。

建议:"以诚信原则派使交涉,在交涉陷入决裂局面之际,再派兵以武力打开交涉局面。"①此后,大岛友之允先后两次拜见幕府老中首座水野忠邦,建议尽快"征韩",并汇集此前他的"征韩"建议,编辑了《朝鲜事务建议书》,提出恩、威、利三管齐下的"征韩"方略,特别强调当出动军舰举行军事演习,向朝鲜人"显示神州之武威勇气"等七条措施。

明治时期,首先力主征韩的是"最后的武士"西乡隆盛。文政十年(1827年)十二月七日,西乡隆盛出身在萨摩藩(鹿儿岛县)加治屋町一个"小姓"家庭,领俸禄47石。武士分十级,小姓属于第八级,仅高于"予力"和"足轻"。他的父亲西乡吉兵卫是萨摩藩税收部门的一个小头目,母亲是当地武士椎原国政的女儿。夫妻俩育有四男三女,西乡隆盛是长子,老三西乡从道是日本第一位海军元帅、甲午战争时任海军大臣。在明治以前,日本人的名字随年龄、地位、住所而更改,而且几个名字混用。西乡隆盛幼时叫西乡小吉和西乡十六,7岁时改名吉之介,成年时又改名西乡隆盛。嘉永六年(1853年)父亲死后,作为长子的西乡隆盛递交官方的材料中,将自己名字改为"善兵卫"。安政五年(1858年)萨摩藩主岛津齐彬去世后,他又改名"三助"。西乡隆盛的笔名是"西乡南洲",这一笔名也常被用作人们对他的尊称。

西乡隆盛身高176厘米,站在当时平均身高不到160厘米的日本男人中,宛如"鹤立鸡群"。12岁那年,好勇斗狠的西乡隆盛与人拼搏,被割断右手腕神经,从此武艺无法精进,只能潜心学术,因此深受江户时代"儒家武士道"强调忠孝仁义的思想熏陶。17岁那年,西乡隆盛当了地方衙门的小办事员。作为家境窘迫的下级武士长子的出身和这段工作经历,使西乡隆盛了解和同情社会底层的生存状况,痛恶幕府末期的政治腐朽和注重血缘的等级制。

安政元年(1854年),27岁的西乡隆盛被选为藩主岛津齐彬参觐交代时的扈从,担任园艺师。作为园艺师,他可以在江户自由行动获取各种信息又不引起将军怀疑。因此,他日渐成为岛津齐彬的心腹。安政三年(1856年)春,西乡隆盛成为岛津齐彬的核心家臣。这份知遇之恩令他终身感怀。安政五年(1858年)八月二十四日,岛津齐彬病逝。西乡隆盛非

---

① 王明星:《韩国近代外交与中国(1861—1910)》,中国社会科学出版社1998年版,第35页。

第九章 ● 明治时代

常悲痛,"当时感觉像遭遇了大地震一样"。他欲为主公殉葬,但受他尊敬的月照和尚对他说,对主公最大的忠,就是继承主公未竟的遗志。西乡隆盛感到他说的有道理,并和月照和尚一起加入了尊王攘夷运动。

当时的日本内忧外患,幕府各方面的管控日趋严厉。西乡隆盛遭到幕府通缉。身处险境的西乡隆盛和月照和尚从大阪逃回鹿儿岛。萨摩藩当局顾及西乡隆盛的忠诚和名望,同意为他提供庇护,但不同意为月照和尚提供庇护,并将月照和尚驱逐。西乡不愿和挚友如此分离,两人最后乘坐小舟,相拥蹈海。附近船上的人听到两人的落水声,立即展开营救。最后,被打捞起来的月照和尚已经殒命,而西乡隆盛一息尚存,被救生还。然而,萨摩藩的掌权者岛津久光却将西乡隆盛流放。不过,当时的日本已进入此前提到的"文久二年:历史里程碑"。风起云涌的倒幕运动使西乡隆盛有了用武之地。他当时的一项重要功绩,就是在坂本龙马的斡旋下,和木户孝允积极促成"萨长联盟"。在戊辰战争中,西乡隆盛是倒幕军的实际总指挥,并在新政府成立后成为"参议"。

由于朝鲜倚仗有清朝撑腰,不对日本俯首帖耳,甚至试图和日本结束"通信关系"(断交),令日本异常恼火。1873 年 8 月 17 日,竭力主张"征韩"的西乡隆盛主动要求"出使"朝鲜,以便为"征韩"寻找理由。而他急欲"征韩",同时也是为了转移国内民众注意力,缓和明治维新后日益尖锐的社会矛盾,特别是武士"散发、脱刀",被剥夺特权后,对明治政府的强烈不满。西乡隆盛当时写给板垣退助的信中,对此目的表露无遗:"将试图挑起内乱之心外引,以图国家振兴之远略。"但是,对西乡隆盛的这一目的,此前一直主张"征韩"的木户孝允却表示反对。木户孝允认为,作为"富国强兵"主要内容的军制改革已经实施,若为"征韩"而征兵,不仅武士会因此要挟或拒绝,农民的"蜂起"也将更为激烈。他写道:"今万民困苦,新令屡传至民众日益不满。去年至今已蜂起数次,政府已不以为奇。若论今日之方略,则无有比内治更为紧急者。"①

必须强调,旧藩士等幕府旧势力对强调"国民皆兵、四民平等"的改革,普遍不满。因为,这使他们无法继续作为"世袭坐食之士"。正因为此,明治二年(1869 年)九月四日晚,在日本军制近代化过程中做了很多具体工作、被称为"军制之父"的兵部大辅大村益次郎,被旧藩士刺杀身

---

① 日本史编纂会编:《木户孝允日记》第 2 卷,东京大学出版会 1967 年复刻版,第 420 页。

亡。另一方面，实行义务兵制也引起了农民的普遍不满。当时，《征兵告谕》将实施义务兵制称为缴纳"血税"。"血税"一词源于法语 impôt du sang，《征兵告谕》直译这个充满血腥的词，目的是激发青年的血性，使他们能踊跃报名参军："凡天地间一事一物，均有其税，充以国用，为民者皆应尽其心力，西人称之为'血税'，谓之以生血报国。"①但是，"血税"一词使得流言四起："《征兵告谕》中有'血税'一说。近有流言，将'血税'说成'榨血'，榨取日本青年的鲜血酿制成葡萄酒，供东京、横滨的外国人饮用。"②"血税一揆"则起于一个偶发事件。1873 年 6 月，鸟取县会见郡一对在田里劳作的农民夫妇，遇上根据《学制》赴当地任教的两名教员。农民认为他们是赴当地"榨血"，双方遂发生冲突。闻讯赶到的村民将两名教师暴打一顿，由此引发动乱。"人民沸腾，波及甚广，谓《征兵告谕》中之血税二字，意为榨取壮年生血……村民惊恐，狼狈相互，骚乱大起，波及邻村。"③之后，动乱更是波及全国各地，史称"血税一揆"。

"血税一揆"虽然看似事发偶然，但具有必然因素。按照平野义太郎的观点，"血税一揆是明治初期最能代表各类农民运动本质的运动"。④政府由于力量不足，为了镇压来势汹涌的"血税一揆"，无奈只能动员旧藩士，从而使"脱离刀剑"的"世袭坐食之士"获得了复辟机会。以"血税一揆"为背景，同年 6 月，原萨摩藩实力人物岛津久光，向太政大臣三条实美递交了一份共 20 条的"质问书"，对采用太阳历、武士散发脱刀、洋风盛行，以及新政府的兵制、学制、财政政策，提出了全面而尖锐的批评。这种批评反映了全国藩阀旧势力相当普遍的声音。在"征韩"问题上，西乡隆盛和木户孝允的观点迥异，但他们有一个共同点，即都聚焦于如何平息国内矛盾。俩人的差异，并非是否要"征韩"，而是立即"征韩"究竟会缓和还是激化国内矛盾。

必须明确，1873 年 6 月至 10 月发生的"征韩论争"，实际上最初主要讨论台湾问题而非朝鲜问题，而且最初舆论倾向于出兵台湾而非朝鲜。因为，当时赴清朝签署《中日修好条规》的外务卿副岛种臣，默认了清朝对

---

① 内阁记录局：《法规分类大全》，内阁记录局 1891 年版，第 57 页。
② 松下芳男：《征兵令制定史》，内外书房 1943 年版，第 199 页。
③ 《伯耆国会见郡土民沸腾之议及平定》，公文书馆藏，杂 00014100，第 1 册。
④ 平野义太郎：《日本资本主义社会的结构》，岩波书店 1948 年版，第 197 页。

琉球岛民被高山族人虐杀事件的处理。①对此,日本朝野舆论哗然。军内和士族中不少人主张出兵台湾,并希望参议兼近卫都督西乡隆盛采取军事行动。8月3日,西乡隆盛写给太政大臣三条实美的建议书中这样写道:"近来副岛氏回国后,因谈判结果已经明了,就是否当即刻处分台湾,世上有诸多纷纭之议论,卑职我也多有耳闻。"②

"明治六年政变" 围绕"征韩"问题,明治政府严重"撕裂"并因此引发政变,史称"明治六年政变"。1873年8月17日,太政官中的权力中枢正院做出决定,派遣"毛遂自荐"的西乡隆盛出使朝鲜。当年5月31日,驻朝鲜"大日本公馆"的外务省七等出仕广津弘信称,朝鲜东莱使发布了谴责日本商人走私的告示,污蔑日本是"无法之国"。从表面上看,西乡隆盛出使朝鲜是去处理这件事。另外,6月13日外务卿代理上野景范致信太政大臣三条实美,称朝鲜政府妨害通商,事关"内外民情之向背",为了保持良好通商关系,应就税率问题同朝鲜方面商讨。这也是西乡隆盛出使朝鲜的使命。但西乡隆盛主动要求赴朝的真实目的,如他给太政大臣三条实美的建议书中写到的,是为了"出使台湾、出兵朝鲜",平息由于副岛种臣回国后急剧高涨的"出兵台湾论"。更明确地说,是为"征韩"寻找借口。按他8月17日给板垣退助的信中的表述,"将试图挑起内乱之心外引,以图国家振兴之远略"。③

但是,立即"征韩"还是暂缓"征韩"?对此,日本统治阶层出现了主张"急征"和主张"缓征"两种不同立场的冲突。前者以"五参议"西乡隆盛、板垣退助、副岛种臣、江藤新平、后藤象二郎为主;后者以岩仓具视、木户孝允、大久保利通、大隈重信为主。两派的正面冲突愈演愈烈,使明治政府趋于分裂。无所适从的太政大臣三条实美甚至因此陷入"精神错乱"。10月20日,天皇敕令右大臣岩仓具视摄行太政大臣事务。面对局势朝"反征韩派"方向发展,"征韩派""四参议"(除后藤象二郎)进行了最后努力。他们于10月22日拜访岩仓具视,要求就遣使朝鲜的具体日程等尽快做出决定,但遭到岩仓具视拒绝。翌日,岩仓具视向天皇禀呈了"意见书",陈述了不可派遣使节赴韩的理由,要求天皇"圣断"。天皇赞同"缓

---

① 外务省编:《日本外交文书》第7卷,日本国际联合协会1955年版,第19页。
② 板垣退助监修:《自由党史》(上),岩波书店1957年版,第65页。
③ 板垣退助监修:《自由党史》(上),岩波书店1957年版,第68页。

征"。眼见大势已去，主张"急征"的西乡隆盛等"五参议"随即递交了辞呈。24日，天皇向岩仓具视下达了"嘉纳汝具视之奏状，汝宜奉承朕意"的敕书。①之后，明治政府进行了机构改革，司法卿大木乔任、大藏卿大隈重信、工部卿伊藤博文等兼任"参议"，反"征韩"势力全面扩张。此次事变，史称"明治六年政变"。

"征韩派"的文官势力被压制后，"反征韩派"进而着手清除作为其对手的武官势力。近卫总督西乡隆盛提交辞呈后，近卫局萨摩、土佐出身的军官纷纷提交辞呈。为了抚慰近卫军官以免发生哗变，10月25日，天皇将近卫局长官以下、10名校官和1名尉官招至宫中小御所，对他们进行亲切慰问，称西乡隆盛虽然辞去了参议和近卫都督两职，但依然是陆军大将，"仍为朕需要依赖之国家柱石"。"诸君切勿怀有疑念，仍当继续勉力职守。"②29日，天皇又召集了140名近卫校官，对他们说："值此北地局势不稳，国事多难之时"，"当更勉力恪尽职守"。天皇不仅极不寻常地亲谕校官，而且明确指令："关于前涉事宜，陆军官员将由内地向远地开拔"，即暗示将发兵桦太(库页岛)或台湾。③天皇的敕谕、亲谕，是翌年即1874年2月，由"征韩"反对派主掌的政府决定出兵台湾的一个重要原因。

"明治六年政变"后，日本政局并没有因为"征韩派"被逐退而趋向安定。1874年1月14日发生的"赤坂喰违之变"，使"反征韩派"受到震慑。当天，天皇在赤坂离宫赐宴重臣。晚7点半左右，右大臣岩仓具视手持天皇赏赐的葡萄牙产葡萄酒走出离宫，在赤坂喰违遭到高知(原土佐)士族武市熊吉等人突袭，狼狈逃窜，丑态百出。两天后黑田清隆写给五代友厚的信中，对当时岩仓具视的狼狈相，有栩栩如生的描述：

> 前天(14日)晚七点半左右，岩仓公退出离宫至赤坂喰违外，即官城前，遭六七人袭击。岩仓公臀部和肩膀被弄伤，并被"扑通"一声抛入护城河。所幸河里蔓草丛生，岩仓公没有沉入河底。此后，岩仓公一直趴在河边观察动静。约30分钟后，有警察及士兵巡逻经过，

---

① 宫内省临时帝室编修局编：《明治天皇纪》第3卷，吉川弘文馆1968年版，第150页。
② 宫内省临时帝室编修局编：《明治天皇纪》第3卷，吉川弘文馆1968年版，第151页。
③ 宫内省临时帝室编修局编：《明治天皇纪》第3卷，吉川弘文馆1968年版，第153—154页。

第九章 ● 明治时代

贼徒四散而去。岩仓公伏待良久,见贼徒远去,方以手为足,匍匐爬行了约30个门面的距离进入离宫。今夜吾闻其身体未有大碍,颇感安心。①

据《大久保利通文书》记载,位居右大臣的岩仓具视之所以在宫城前遭到袭击侥幸保住性命,与对西乡隆盛的处置有关。亲西乡隆盛的警保寮(负责高官警卫)"政变"后被归属于"反征韩派"的大久保利通任内务卿的内务省,对护卫包括岩仓具视在内的高官态度消极。同时,西乡隆盛离职,使大约两百名萨摩和土佐出身的警官相继提出辞呈,造成警力不足,使余下的人能轻易找到懈怠的借口。

"赤坂喰违之变"后第二天,"佐贺之乱"又开始酝酿。1874年1月16日,七十多名"征韩派"人士在佐贺成立了以"征韩论争"中下野的江藤新平为首的"征韩党",并购入大量武器弹药,决定发动"征韩先锋请愿"武装示威行动。"征韩党"致函政府,要求"尽快庙谟议决征韩之事,任命臣等为先锋"。②佐贺的保守派组织"忧国党"也与之呼应,迎请获得朝廷信赖的岛义勇担任侍卫,试图进一步强化征韩势力。对此种擅自组织武装的做法,明治政府当然无法容忍,于2月14日命令熊本镇台出兵弹压。③但是熊本镇台主张征韩的部队却因此发生哗变。镇台司令官谷干城也对上峰命令明确表示不满,称:不去控制桦太(库页岛)、朝鲜、台湾"三大患事",却"兄弟相阋"。④更重要的是,政府若不对熊本镇台的军队哗变迅速采取措施,则很可能在整个九州地区引起"连锁反应"。为了避免局势失控,大久保利通立即请求政府委以全权,亲赴九州。到达九州后,大久保利通首先将鹿儿岛出身的野津镇雄派往熊本镇台,将山口出身的岛尾小弥太派往大阪镇台,同时令"东号""云扬号"两艘军舰返回九州,迅速构建了平暴态势。面对政府军的镇压,总计三千余人的佐贺士族的保守派"忧国党"和"征韩党"决定联手进行抵抗,于2月16日向佐贺城发起攻击,18

---

① 日本经营史研究所编:《五代友厚传记资料》第1卷,东洋经济新报社1971年版,第212—213页。
② 黑龙会编:《西南记传》(上)第2卷,原书房1990年版,第407—409页。
③ 明治五年(1872年)日本政府颁布了《镇台条例》,于翌年1月设立了东京、仙台、名古屋、大阪、广岛、熊本共六个镇台。1888年,镇台改称师团:东京镇台为第一师团,仙台镇台为第二师团,名古屋镇台为第三师团,大阪镇台为第四师团,广岛镇台为第五师团,熊本镇台为第六师团。这六个师团是日本陆军资历最老的部队。
④ 岛内登志卫编:《谷干城遗稿》(下),靖献社1912年版,第57页。

日击退镇台兵攻入佐贺城。但是,政府军为了防止鹿儿岛西乡隆盛军队的呼应,要求内阁顾问岛津久光前往当地处置。2月22日,岛津久光会见了西乡隆盛,要求其"自重",勿卷入兵变,同时从大阪镇台抽调步兵2个大队和炮兵队奔赴佐贺,与熊本镇台兵会合,当天就向佐贺城发起反攻。之后,江藤新平从佐贺逃往鹿儿岛。失去指挥的反政府势力虽然进行了顽强反击,但大势已去。27日"佐贺之乱"被平息后,政府对叛乱分子进行了处罚:2人被枭首,1人被斩杀,151人被判刑,239名被"除族"(剥夺武士资格),11 237人被免罪。

西南战争 "明治六年政变"后,当年10月底,西乡隆盛和他的亲信即陆军少将桐野利秋一起回到了鹿儿岛。之后,原近卫局长筱原国干少将等数十人也追随西乡隆盛返回故里。陆军卿山县有朋为此上奏天皇,要求处分西乡隆盛,但天皇念西乡隆盛曾在倒幕中建立殊勋,没有准奏。① 西乡隆盛依然保留了陆军大将的军衔。

翌年即1874年6月,西乡隆盛等在当地建立了由筱原国干任校长的"枪队学校"和村田新八任校长的"炮队学校",两校合称"私学校"。另外还设立了由村田新八兼任校长的幼年学校(章典学校)。这3所学校在各地设有136处分校,以日中、日韩关系如果破裂,可以让学生即刻投入战争为由,传习武艺,经费全部由鹿儿岛县政府负担。学校成立后规模不断扩大,1年后,学生人数就达到3万左右。

西乡隆盛手书"私学校纲领"

另外他们还在野外建立了专门吸收原陆军教导团学生的吉野开垦社,由桐野利秋亲自担任指导。

西乡隆盛等返乡后,鹿儿岛县各区长、户长等官吏很快由私学校干部担任,警察官吏职位也大部分由私学校成员担任。这种动向令明治政府警觉,他们认为鹿儿岛县无异于"独立王国"。事实上,这种担心并非多

---

① 宫内省临时帝室编修局编:《明治天皇纪》第3卷,吉川弘文馆1968年版,第154页。

余。在中、日两国围绕台湾问题关系紧张、战事一触即发之际,县令大山纲良写信给筱原国干,认为这是天赐良机,当趁两国开战之际夺取政权。①桐野利秋在1875年写的《时势论》中也强调:"今之政府乃今日国家之大仇敌,今之苍生怨望之所在。是故,可谓欲协助当今之政府者,实为对今之国家不忠,使今之苍生陷于涂炭之苦之左袒者。"

引发西南战争的导火索,是1877年1月初,政府欲将鹿儿岛的武器弹药迁往大阪炮兵分厂,引起鹿儿岛县政府和私学校师生强烈不满。他们认为,那些武器弹药原属于萨摩藩的武器弹药制造所,虽然废藩置县后归陆军炮兵附属兵工厂所有,但本该属于他们。曾在岛津久光手下从事藩主岛津家历史编纂的市来四郎,在当年1月2日的日记中对此事经纬有详细叙述。他写道:"私学校一帮家伙闻之此事,甚为不满。"②一些激进分子要求西乡隆盛"蹶起",但遭到西乡隆盛拒绝。2月10日,岩仓具视根据所获情报向明治政府报告:"1月23日、24日,私学校壮年辈即刻汇集西乡处,称切不可错失良机,当即刻大举。西乡表示异议,堂堂主张正理,百般进行劝说,壮士辈终表不服,称即令背负贼名也当举兵。西乡见劝阻无效,遂抽身离去且难寻踪影。村田(新八)、筱原(国干)与西乡隆盛意见一致,故此事多半由桐野(利秋)主谋。"③

1月23日深夜,私学校的急进派首先开始采取行动。据市来四郎在日记中记载,以松永高美为首的二十来人冲进弹药库抢夺弹药。至2月2日,武器弹药被运至各分校和学生家中藏匿。前来装运武器弹药的蒸汽船和帆船见无货可装,只得返航。见事已至此,原先犹豫不决的筱原国干也转变态度,同意举兵。④眼见私学校师生已经开始行动,2月5日西乡隆盛急速返回当地,并和桐野利秋、筱原国干、村田新八等彻夜开会研究。西乡隆盛当时对他们的轻率举动表示愤怒。但是,翌日发生的一件事使西乡隆盛完全改变了态度。

这天,私学校学生、县"警部"(职称)中岛健彦奉大山县令的命令率数百名私学校学生,将回到县里的东京警视厅"少警部"中原尚雄等19人逮

---

① 1874年8月5日筱原国干致大山纲良书信,载德富苏峰编《公爵山县有朋传》(中),山县有朋公纪念事业会1933年版,第482页。
② 黑龙会编:《西南记传》(中)第1卷,原书房1990年版,第217页。
③ 日本史籍协会编:《大久保利通文书》第7卷,东京大学出版会2014年版,第506页。
④ 《鹿儿岛县史料·西南战争》第1卷,黎明馆1971年版,第890页。

捕,经过严厉审讯,中原尚雄等招供,此次返乡系奉川路利良大警视之名,前来刺杀西乡隆盛等私学校干部。于是,西乡隆盛决意起事,并于2月8日在私学校建立了司令部。

2月14日,大山纲良以县令的名义向各府县发出正式通告:西乡将"率兵入京",请各地予以通行。当天,萨摩藩的军队(史称"萨军"或"叛军")完成了部队编制,由桐野利秋任总司令。随后,西乡隆盛、筱原国干、桐野利秋分别率军离开鹿儿岛前往熊本。西乡隆盛等尽力说服岛津久光共同举事,但岛津久光对旧藩士明确表示:"这次西乡等之举动,与我等两家(岛津久光、岛津忠义)不仅毫不相干,

独具特色的熊本城地道

且其所欲何为,我等亦毫不明了。"①

明治政府最初在是否要出兵镇压私学校师生的"叛乱"上存在分歧,但最终达成共识。2月19日,天皇颁布了征讨鹿儿岛县暴乱的诏书,任命有栖川宫炽仁亲王为征讨总督,陆军中将山县有朋、海军中将川村纯义为征讨参军,并于2月25日发布了《征讨逆徒布告》。

萨军首先向熊本进发,因此战事最初围绕熊本城攻防激烈展开。萨军之所以挺进熊本是因为熊本地处九州中心。他们打算攻占熊本后再行扩张,割占日本西南部,进而号令各县起事,推翻明治政府。然而,萨军出师不利,未能攻占熊本。2月24日晚,萨军进攻势头已成强弩之末,由山县有朋等指挥的官军却不断扩充兵力,从原先2个旅团扩至8个旅团近6万人。4月17日,征讨总督有栖川宫入城,熊本攻防战结束。

出师不利,萨军转而北进,官军则从九州北部的福冈南下,双方展开遭遇战。由于双方实力悬殊,萨军损失惨重,西乡隆盛的四弟即比他小近20岁的西乡小兵卫战死。8月15日,西乡隆盛、桐野利秋命令松冈岩次

---

① 《鹿儿岛县史料·西南战争》第1卷,黎明馆1971年版,第900—902页。

第九章 ● 明治时代

郎等率领的私学校精锐突入敌阵,主力部队伺机撤至鹿儿岛的城山,以进行最后决战。但是,所谓的决战显然如犹斗的困兽,连他们自己也清楚,根本没有取胜的可能。9月12日,山县有朋下令日夜炮击城山。9月23日,官军宣布翌日下午4时将发动总攻击,劝萨军投降,遭西乡等拒绝。在官军的猛攻下,萨军伤亡惨重,筱原国干也战死阵中。之后,官军一支部队从萨军背后出击,使萨军陷入腹背受敌的境地。

1877年9月24日下午4点,官军发炮三响,如期发动总攻。西乡隆盛率众奋力突围,但官军枪弹如密集细雨。在弹雨中,萨军官兵一排排倒下。眼见突围无望,小仓壮九郎(东乡平八郎的胞弟)愤然站起,切腹自杀。西乡隆盛被枪弹击中肩膀及右膝。史书记载,此时只见西乡"徐徐跪坐,俨然正襟,向东遥拜",按照事先的约定,让身边的将军别府晋介担任"介错":"晋介,快动手!"别府晋介噙泪高呼:"宽恕我!"在西乡隆盛大致完成切腹程序后,将他的首级砍下。西乡隆盛49年"波澜万丈"的人生戛然而止。见西乡隆盛命殒,众将士有的举刀自戕,有的中弹身亡,有的投降归顺,西南战争以官军胜利结束。西南战争是日本最后的内战,历时7个多月,萨军阵亡6 400余人,官军阵亡6 840余

西南战争时西乡隆盛藏身的洞窟　　　　西南战争官军战殁者慰灵塔

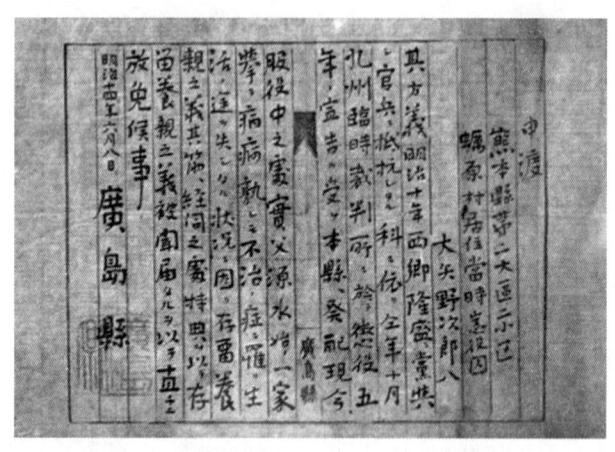

对西南战争叛军者的判决书

人。长崎一位僧人的一首诗,似表达了萨军官兵的心境:"孤军奋斗破围还,一百里程垒壁间;我剑已折我马毙,秋风埋骨故乡山。"

别府晋介将西乡隆盛的首级砍下后,折田正助为避免西乡隆盛的首级被官军获取,即刻将首级掩埋。但是,官军最后还是找到了西乡隆盛的首级。马克·莱维纳在《最后的武士——西乡隆盛的人生王道》中,叙述了一个出生在美国波士顿叫赫布-巴德(Hub-bard)的船长,见证了西乡隆盛最后被认出的情景,并在给他妻子的信中描述了当时的情景:"正当我们看着这些尸体时,西乡的脑袋送到并且同他的尸体放在一起。这个脑袋的相貌令人印象深刻,任何看到他脑袋的人都会马上说,他肯定是这个军队的首领。"马克·莱维纳随后写道:"山县(有朋)用清水洗净了西乡的头颅,并且用双手捧住。然后,他转向集合到一起的政府军指挥官,向他们讲述西乡辉煌的死去。他让他们注意西乡脸部镇定的表情,即使在死去的一刹那也没有改变。随后,捧着西乡的头颅,山县为这位逝去的同志哭泣。这种死去的方式才与一位最后的武士相称。"①

最后需要补充一点后事。1889 年,天皇诏令赦免西乡隆盛,撤销西乡隆盛制造"叛乱"的罪名,为西乡隆盛恢复名誉,并追赠正三位。1899 年,日本政府在东京上野公园为西乡隆盛建立了一座铜像,供后人瞻仰。1977 年西南战争百年纪念之际,鹿儿岛县专门建立了"西乡南洲显彰馆"。

---

① 马克·莱维纳:《最后的武士——西乡隆盛的人生王道》,廖奕译,东方出版社 2010 年版,第 207 页。

第九章 ● 明治时代

第六节 自由民权运动和明治宪法体制

日本历史上发生过两次大规模的思想运动,第一次是19世纪70年代中期肇始的自由民权运动,第二次是20世纪10年代中期兴起的大正民主运动。自由民权运动和政党政治互为因果,并对催生《大日本帝国宪法》(通称《明治宪法》),形成"明治宪法体制",具有至关重要的影响。虽然"自由民权运动"的关键词是"自由"和"民权",但日本并没有因此成为尊重"自由"和"民权"的国家。《大日本帝国宪法》强调的是"主权在君"而不是"主权在民"。但是,日本学术界对自由民权运动基本予以肯定。因为自由民权运动对日本成为一个拥有宪法和近代政党的国家,对日本政治近代化,具有非常重要的催化作用。

自由民权运动 明治六年(1873年)政变后,翌年即1874年1月,下野的板垣退助和江藤新平、后藤象二郎等人,组建了日本最早的政党"爱国公党"。该党宣扬"天赋人权",主张"人民尽皆平等,无贵贱尊卑之别",呼吁建立"民选议会和制定宪法以保障人民的权利"。爱国公党的活动拉开了自由民权运动的序幕。然而,"自由民权运动"并不否定"君权",也不仅仅关心"民权",而是有以下三个特点:

第一,自由民权运动之所以在此时兴起,是以明治六年政变为标志,以权力阶层产生分裂为背景的。因为,这场运动首先就是由失势的板垣退助等人发起的。同时,随着"求知识于世界"和"文明开化"的展开,福泽谕吉在《劝学篇》中提出的"天不造人上人,也不造人下人"的平等观,引起久已对等级制不满的工商业者和知识分子的强烈共鸣。明治政府的改革使中下层武士失去了以往的特权。被称为"血税"的征兵则引起农民的普遍不满。因此,自由民权运动拥有非常广泛的社会基础,参与者的诉求也各有侧重甚至明显不同。

第二,自由民权运动主要以上书建议、陈情请愿、宣传演说、组织政党团体、制定和发表宪法草案等方式展开,基本诉求除了开设国会、制定宪法,还有减轻地税、修改不平等条约。虽然开设国会、制定宪法、创建立宪政体是自由民权派的主要诉求,也是运动的基本纲领,但是,所有自由民权派人士均不反对天皇制,均没有提出"主权在民"主张,而天皇也并不反对立宪。需要强调的是,早在1875年,睦仁天皇就以颁布诏书的形式,承诺开设国会和制定宪法。

第三，自由民权派人士了解西方诸国"以文物之丰、学术之精、兵马之强"称霸于世界的现状，也了解他们强盛的基础在于立宪政体。正如山室信一所写道的，"以鸦片战争为契机，日本人对英国的关心日趋强烈。和日本一样，同样是岛国，且面积和人口亦无大的区别，为何能以占压倒优势的海军力量和经济实力称霸世界？这一问题，自此被正式提出。认为英国富强之根本在于君民同治的立宪制的见解，开始出现"。①因此，有志于民族独立和国家富强的志士仁人，决心以西方国家为师，"讲卢梭诸子之业，穷泰西制度之源"。②

"以强者为师"原本就是大和魂的基本要素。但是，日本认识到"泰西制度"的优越，则经历了一个过程。幕末时期，"和魂洋才"的首倡者、松代藩（长野县）藩士佐久间象山写道，"泰西之学为艺术，孔子之教为道德，如作一比喻，则道德如同粮食，艺术如同菜肉"。③正是怀着"以汉土圣贤的道德仁义之教为经，以西洋艺术诸学为纬，盛皇国之威望"的目的，佐久间象山在安政元年（1854年）写成的《省侃录》中，将谷重远在《秦山集》中提出的"和魂汉才"，改为"东洋道德，西洋艺术"。后来，这一观点被浓缩为四个字："和魂洋才。"④熊本藩士横井小楠则以借古喻今的方式，肯定了欧美政治制度的优越性。他在阐述"士道、富国、强兵"的代表作《国是三论》中写道："在美国，自华盛顿以来立三大规矩，一曰因天地间惨毒莫过于杀戮，故顺天意以息宇内战争为务；二曰取知识于世界万国，以神益治教为务；三曰全国大总统之权柄，让贤不传子，废君臣之义，尽以公共和平为务。从政治治术至万般技艺、器械等，凡在地球上可称善美者，悉取为己有。大扬好生之仁风。在英吉利，政体一本民情，官吏之所行，无论事之大小，必议之于民，随其所便，不强其不悦。"但是横井小楠强调，这些均符合中国尧舜"三代治教"。⑤换言之，他赞美尧舜，

---

① 山室信一：《法制官僚的时代——日本近代国家的设计和知的历程》，木铎社 1984 年版，第 180 页。
② 吉野作造等：《明治文化全集》第 3 卷（政治篇），日本评论社 1927 年版，第 183 页。
③ 《佐久间象山全集》第 4 卷，第 532 页，《增订象山全集》第 4 卷，第 532 页，日本国会图书馆藏微缩胶卷。
④ 秋山角弥：《关于和魂洋才》，《国学院杂志》第 34 卷 8 号，1963 年。
⑤ 佐藤昌介等编：《日本思想大系》第 55 卷，岩波书店 1970 年版，第 448 页。

第九章 ● 明治时代

呼吁"重返三代",是为了"深达三代之理,明通今日之事"。日本著名学者宇野重昭指出:"小楠对照被儒教理想化的尧舜三代政治方式,以民本主义和天下为公的理念为基础,评价理解以美国为代表的近代西洋各国的民主主义和自由主义制度、习惯。这种评价和理解的过程,实际上就是将儒教式的民本主义和天下为公的理念,按照近代民主主义的方向进行再解释,就是吸收西洋民主制度的思想过程。"①庆应二年(1866年),幕府向英国派遣了留学生。老中水野忠精在派留学生赴英国的文件中强调:"三兵技术之传习,仅是军政之细目和枝叶末节,不能达到从根本上重建军政和治国之目的。为迅速培养近代士官,拟选拔人才派赴英国留学,从根本上研究摄取涉及隆盛的英国政事、兵制的各种学术。"②

进入明治时代后,以西洋为师建立民主宪政体制的氛围日趋浓厚,自由民权运动就是在这样的氛围下兴起的。1874年4月,板垣退助、片冈健吉等人在高知县创立了"立志社"。随后,全国迅疾兴起结社运动,各种政治团体纷纷宣告成立,包括杉田定一创立的自乡社、石阳社、三师社等以豪农为中心的政治社团。翌年2月,各政治团体的代表会聚大阪,成立了全国性政治组织——爱国社。爱国社成立后即明确提出了政治主张:"各伸张其自主之权利,尽人类本分之义务,小则保全一身一家,大则维持天下国家",并"增进天皇陛下之尊荣福祉,使我日本帝国和欧美各国对峙屹立"。③1877年6月,立志社代表片冈健吉,向政府提交了《设立民选议院建议书》,明确阐述了设立议院的理由:

> 察今日政权之所归,上不在帝室,下不在人民,而独归有司。所谓有司,对上不能说其不尊帝室,但帝室渐失尊荣。对下不能说其不保人民,但政令百端朝出夕改,政刑基于感情,赏罚出于爱憎,民众言路壅闭困苦无告。夫如是而欲天下之治安,虽三尺童子犹知其不可,因循不改,恐致国家土崩瓦解。臣等爱国之情不能自已,乃讲求振救之道,知唯在张天下之公议。张天下之公议,唯立民撰议院耳。如此,则有司之权有所限,而上下相安,同受其幸福也。请逐次陈之。

---

① 宇野重昭:《日本的社会文化史》第5卷《近代的展开》,讲谈社1974年版,第43页。
② 渡边实:《近代日本海外留学生史》(上),讲谈社1977年版,第176页。
③ 《爱国社合议书》,载历史学研究会编《日本史史料》第4卷《近代》,岩波书店1997年版,第130页。

夫人民对政府有纳税义务者,则对其政府之事有与知可否之权,是天下之通论,实不待臣等喋喋赘言。故臣等窃愿,有司亦不抗拒此大理。今拒立民选议院之议者曰,我民不学无识,未进开明之域,故今日立民选议院应属尚早。臣等以为,果真如其所言,则使民学且智,而速进于开明之域之道,即在立民选议院。何则,今欲使我人民学且智,而进于开明之域,即应先保有其通议之权,使之自尊自重,而起天下忧乐与共之气象,使之参与天下之事。①

但是,该建议书被明治政府断然拒绝。自由民权运动指导者遂诉诸民意,将建议书广为散发和宣传,得到积极反响,自由民权运动的社会基础因此不断扩大。1878年9月,自由民权运动的推动者在大阪召开了"爱国社大会",日本全国有13个县的代表参加。1880年3月,自由民权派在大阪成立了"国会期成同盟",选举片冈健吉及河野广中为代表,再次向政府递交开设国会申请。此后,全国要求开设国会的运动如风起云涌,致元老院要求开设国会的建议书、请愿书达85份,请愿签名人数达246 000余人。这些建议书和请愿书有一个共同点:以"五条御誓文"和1875年天皇建立立宪政体的诏书为依据,要求开设国会,同时积极宣扬传自西方的"天赋人权论"。②1880年11月,"国会期成同盟"在东京召开第二次大会,呼吁各政治团体提供宪法草案。这一呼吁获得了广泛响应,全国二百多个民权团体以及个人提交了数十个宪法草案。在私拟宪法中,最激进的宪法草案,是立志社成员、自由民权运动思想家植木枝盛起草的《日本国宪法》和《日本国国宪案》。这两个私拟宪法草案不仅强调人民拥有国家"主权",而且主张人民应拥有"革命权",即"政府如果肆意违背宪法,肆意剥夺人民的自由权利,妨害建国宗旨,人民有权推翻这种专制政府,建立新政府"。③除此之外,还有一些私拟宪法也值得一提。以下是根据相关资料整理的"私拟宪法草案"一览表:

---

① 平野义太郎:《民权运动之发展》,雄鸡社1948年版,第10页。
② 升味准之辅:《日本政党史论》第1卷,东京大学出版会1965年版,第294—297页;色川大吉:《自由民权》,岩波书店1981年版,第28—60页。
③ 植木枝盛:《日本国国宪案》,载江村荣一编《日本近代思想大系·9·宪法构想》,岩波书店1989年版,第187页。

第九章 明治时代

宪法草案名称	起草者（个人或团体）	发布（提交）时间
《私拟宪法意见》	嘤鸣社	1880 年初
《大日本国会法草案》	樱井静	1880 年 1 月
《大日本国宪法大略预见书》	筑前共爱会	1880 年 2 月
《大日本帝国宪法概略预见书》	筑前共爱会	1880 年 2 月
《大日本国宪法草案》	中立政党政谈记者	1880 年 10 月
《国宪意见》	福地樱痴	1881 年 4 月
《私拟宪法案》	交询社	1881 年 4 月
《日本宪法预见案》	立志社	1881 年 5 月
《私考宪法草案》	交询社	1881 年 6 月
《日本宪法预见案》	内藤鲁一	1881 年 8 月
《日本国宪法》	植木枝盛	1881 年 8 月
《日本国国宪案》	植木枝盛	1881 年 8 月
《日本帝国宪法》	千叶卓三郎	1881 年 9 月
《私草宪法》	永田一二	1881 年 9 月
《日本国宪法草案》	村松爱藏	1881 年 9 月
《各国对照私考国宪案》	土居光华、山川善太郎	1881 年 10 月
《大日本帝国宪法》	菊池虎太郎等	1881 年 10 月
《宪法试草》	井上毅	1882 年 5 月
《宪法草案》	山田显义	1882 年 9 月
《宪法草案》	西周	1882 年 10 月

资料来源：大久保利谦编：《近代史史料》，吉川弘文馆 1965 年版，第 159—160 页；江村荣一编：《日本近代思想大系·9·宪法构想》，岩波书店 1989 年版，第 438—441 页。

立宪思想的分歧 明治政府并不反对制宪，但对由此可能引发的动乱，始终保持高度警觉。为了避免发生"动乱"，明治政府颁布了《集会条例》，规定未经警方批准不得擅自举行集会；警察有权限制集会和禁止政治性广告、文件的发表。1878 年 8 月，"竹桥兵变"发生。[①]经审讯，参与兵变的军人深受自由民权思想影响。当月，"陆军之父"山县有朋指令起草

---

① 1878 年 8 月 23 日子夜，原江户城竹桥门附近的近卫炮兵队因政府削减俸给发生暴动，发炮轰击大隈重信府邸，试图冲击天皇在赤坂的行宫，由于事先计划泄露，被守伏的军队镇压。

了《军人训诫》并下发全军,强调"忠实、勇敢、服从"是军人必须拥有的三大精神要素。为了推进训诫的实施,桂太郎主张军政军令分离的"参谋本部独立论"终于"修成正果"。12月5日,明治政府颁布了《参谋本部条例》,撤销陆军省参谋局,设立参谋本部,由西乡从道任陆军卿,原陆军卿山县有朋改任参谋本部长,由伊藤博文担任协调两者关系的参议。陆军省还增设了一个新兵种:宪兵,专门监视军人动向,防止自由民权思想向军队渗透,加强对军队的控制。明治政府担忧,自由民权运动若和军队乃至叛乱相结合,将对政局构成极大威胁。1880年,东京、大阪两个镇台有下级军官鼓动当地民众开设议会,并在皇宫前"死谏"。为了强调军队必须效忠天皇,1882年1月4日,山县有朋组织撰写了以天皇名义颁布的《军人敕谕》,第一句即强调:"我国之军队世世由天皇统帅。"

与自由民权运动并行,以天皇的"侍讲"(帝师)元田永孚,以及和板垣退助、后藤象二郎并称"土佐三伯"的佐佐木高行,也主导了一场"天皇亲政运动"。他们将岛田一郎等刺杀大久保利通时发布的"斩奸状"正当化,认为"有司专制"应该遭到批判,强调"政务之实际,唯框翼君德,贯彻大有可为之御志,举亲政之时,固国家之本"。①1878年5月16日,元田永孚和佐佐木高行等明确提出,他们应该有资格"代行"天皇的权力。但是,明治政府当权者采取了强化密切内阁和天皇关系的方针,否定了他们的要求,并构建了以内务卿伊藤博文(长州)、大藏卿大隈重信(肥前)、工部卿井上馨(长州)"三驾马车"为核心的"后大久保体制"。元田永孚、佐佐木高行等以"天皇亲政运动"为幌子扩张自身权力的图谋,未能得逞。

在自由民权运动中,也出现了并不主张自由民权的组织。1881年2月,因参与"动乱"而被捕入狱的福冈县士族头山满积极活动,将在自由民权运动中建立的"向阳社"改名"玄洋社",由平冈浩太郎任社长,并提出了"宪则三章":敬戴皇室、爱重本国、固守民权。同时鼓吹"破中国,胜俄国,并朝鲜",成为日本军国主义对外侵略扩张的急先锋。

明治政府内部人士对制定宪法和开设国会,也有不同的时间表。信

---

① 伊藤博文关系文书研究会编:《伊藤博文关系文书》第7卷,塙书房1980年版,第207页。

第九章 ● 明治时代

奉"急进派"的大隈重信建议,"实行政党内阁,本年内制定英美式宪法,两年后开设国会"。但是,伊藤博文主张推行"渐进主义"路线,两者因此发生矛盾。掌握实权的伊藤博文和岩仓具视随即谋划将大隈重信逐出内阁。1881年10月11日,天皇巡幸返回东京。当天夜晚,内阁即举行御前会议,决定罢免参议大隈重信,同时决定10年后开设国会。会议结束后,伊藤博文和西乡从道当即前往大隈重信邸宅,要求他递交辞呈。翌日,天皇颁布诏敕,承诺"将于1890年召集议员,开设国会,以遂朕之初愿"。同时强调,"如仍有故意逞躁急煽事变并为害治安者,将绳之以国法"。[①]10月13日,尾崎行雄、犬养毅、小野梓、中上川彦次郎相继提交了辞呈。14日,农商务卿河野敏镰也提交了辞呈,大隈重信的班底从政府内被一扫而空。这场人士更迭,史称"明治十四年政变"。

1881年10月,下野的板垣退助组建了自由党并发表了"自由党盟约·规则",后藤象二郎、片冈健吉、河野广中为自由党主要干部。从其组织建构即不难发现,自由党的政治基础是"国会期成同盟",其建党纲领也显示了和自由民权运动的关联:争取自由、保障权利,改造社会,建立立宪政体。自由党的阶级基础相当广泛,包括中小地主、自耕农、中小工商业者、原下层士族、激进知识分子。翌年3月,在伊藤博文的谋划和操纵下,以评论家福地源一郎为首的立宪帝政党宣告成立,其成员主要是神官、僧侣、国学者、儒学者、市町村官员等。由于该党拥护天皇中心主义,主张主权在君、钦定宪法,因此被称为"御用政党"。4月,大隈重信倡导建立了立宪改进党,主张渐进的政治改良和建立立宪君主制,拥有一定财产方可取得选举权。和自由党相比,立宪改进党的政治主张比较温和,其阶级基础

伊藤博文全家照

[①]《关于开设国会的诏敕》,载日本历史学研究会编《日本史史料》第4卷《近代》,岩波书店2006年版,第145页。

是大地主和大资本家、城市工商业主。自由党、立宪帝政党、立宪改进党是日本最早的三个政党。它们的政治主张和阶级基础各不相同。自由民权运动使日本的政党政治芽蘖初生。

以西洋为师创建立宪政体,几乎是日本朝野的共识。但是,应该以西方哪个国家的政治体制为蓝本,热衷于此的人认识并不一致。受约翰·穆勒等英国自由主义思想家影响的"英学"家,主张仿效英国实行"君民同治";受卢梭等法国启蒙思想家影响的"法学"家,主张学习法国实行"万民共治";受布伦齐利等德国国权主义思想家影响的"德学"家,主张模仿德国实行"主权归一"。通过对"英学"家小野梓、"法学"家中江笃介、"德学"家井上毅政治主张的了解,我们可以清晰地看到由"英学"家提出,由"法学"家推动,由"德学"家定音的明治宪法体制形成的基本历程。

小野梓(1852—1886年),号东洋,是著名的自由主义、民族主义、国家主义者和明治时期的著名团体"共存同众"的主要创建者,"是在承认西洋文明的进步性、优越性的同时,拥护传统文化或者说探索如何革新传统文化以寻求二者调和的典范"。①首先,小野梓指出,在日本,"谋王室之尊荣和民众之幸福"是统一而非对立的,而"世界万邦有帝王之国,如须一并保全其帝室之尊荣和民众之幸福,则应仿效英国,维护两者利益"。②其次,他将日本明治维新后的一系列重大政治改革,视为"建立立宪君主制的一种肥料"以及对日本传统政治的复归。按照他的观点,"君民同治"是日本历史悠久的政治传统。版籍奉还、废藩置县等"废除和杜绝长期以来分裂我国力之封建恶制"的政治改革,既是君主立宪的实现过程,也是日本传统政治的复归过程。但是,正如大久保利通在出访欧美后的断言,日本"虽天下渐恢复郡县,政令出自一途,然民众已习惯于封建压制,偏僻之陋习成性……应根据我国之土地风俗人情时势,确立我政体"。③"英学"派的"君民同治"论未能获宠于明治政府。

继"君民同治"论登场的,是受法国启蒙主义思想家,特别是受卢梭思想影响的"万民共治"论。被称为"自由民权运动的参谋长""东洋的卢梭"

---

① 早稻田大学大学史编集所编:《小野梓研究》,早稻田大学出版部1986年版,第160页。
② 早稻田大学大学史编集所编:《小野梓全集》第3卷,早稻田大学出版部1986年版,第183—184页。
③ 日本史籍协会编:《大久保利通文书》第5卷,大久保家典藏1928年版,第182页。

的中江笃介,是这派观点的典型代表。中江笃介(1847—1901年),号兆民,曾留学法国。1874年回国后,中江兆民创办了法学塾,讲授法国启蒙主义者特别是卢梭的政治思想和理论。《民约论》(即《社会契约论》),就是他的主要讲义。1882年,中江兆民在法学塾自办的刊物《政理丛谈》上连载了《民约论》的汉文译本,题名《民约译解》并做了大量诠释,在日本社会特别是知识界引起了很大反响。按照他的观点,"英国的政体虽美,但察其内政外交之情状,可见贵族跋扈,财产不均,压制多数,中央集权,吞食弱国等弊政,实乃背天理,反自由之政体"。[①]中江兆民积极鼓吹共和。他在《民约译解》中就"共和"的含义写道:"卢梭以前,论及共和皆指民本身为国家的主人而不设别的至尊者,如美利坚、瑞士,以及今日的法兰西。其余的均称帝制之国,或王制之国,以示区别。今按卢梭的说法,'民若自己制定律例而不受其他羁束,则无论有无帝王,皆可称为自治之国。'乍闻此言,甚感奇异,然细加考虑,则感到十分明白。因为,民已自操制定律例之权柄,即成了所谓的帝,所谓的王。"[②]按照中江兆民的观点,在保留天皇制的前提下同样可以实行"万民共治",建立共和制政体。

被称为"影子首相"的"德意志学协会"创建者井上毅,则主张建立"主权归一"的政治体制。井上毅(1843—1895年),号梧荫,明治四年(1871年)十二月被司法省聘用,从此开始仕途生涯。他对英国的立宪君主制和法国的共和制均持否定态度,认为法国共和制是"制度化的无秩序",而英国的立宪君主制则是"其名王政,其实不外乎共和政,宰相之进退由议院左右,国王徒拥虚器耳,主权在民而冠履易所矣"。[③] 他所青睐的是"主权归一"论:"在日耳曼,50年来布伦齐利、舒尔茨等大儒辈出,其学说不仅和卢梭、孟德斯鸠全然相反,而且在现行于法国、意大利、比利时、英国等国的王政党之说以外,更倡导一种正义。如一般政学家主张主权由君民共掌,而日耳曼学者主张主权专存于君王。晚近的政学家将三权分立一变而为立法行政二权分立,而日耳曼学者则进一步

[①] 中江兆民:《中江兆民全集》第1卷,岩波书店1985年版,第139页。
[②] 中江兆民:《中江兆民全集》第1卷,岩波书店1985年版,第197页。
[③] 井上毅传记编纂委员会编:《井上毅传》第1卷《史料篇》,国学院大学图书馆1966年版,第247页。

主张主权归一。"①为了"主权归一"，井上毅在关于制定《明治宪法》的意见中明确提出：第一，采用"钦定宪法主义"，即天皇掌握宪法的最终审批权；第二，大臣及以下的文武官的任命权属于天皇，国务大臣对天皇负责；第三，如果预算在国会无法获得通过，则施行上年度预算。之所以提出这项主张，主要因为预算审批权是议会最主要的权力。如果能"施行上年度预算"，无异于剥夺议会这项权力，使之被"架空"。井上毅的主张最符合日本"国情"，符合萨长藩阀"挟天子以令诸侯"的需求，因此最终被采纳。

《明治宪法》与《皇室典范》《教育敕语》 1882年3月，伊藤博文率太政官大书记官山崎直胤、参事院议官伊东巳代治和西园寺公望等一行，从横滨启程前往欧洲考察，主要是通过实地考察了解宪法的实际运作。当年8月，伊藤博文给岩仓具视的信中写道："英法德三国虽均为议政体，然其精神迥异其趣。在英国，由议会中所占席位最多的党派首领组织政府施政（指行政）；在法国，政府是国会众议之臣仆；在德国，政府虽然听取众议，但拥有采取独立行动之权力。"②伊藤博文一行在历访了欧洲各主要国家后，于翌年8月3日回国。

1884年3月，日本政府在宫中设立了"制度调查局"，由伊藤博文任长官，井上毅、伊东巳代治、牧野伸显等任调查局干部。制度局设立后的第一项工作是颁布《华族令》。此项措施之所以必要，是因为明治二年(1869年)版籍奉还后制定的华族制度，唯旧藩主和公家等为华族，如果形成立宪政体，按级别这批人将进入贵族院，上院和下院将成为明治版的"公武合体"，不甚妥当。于是，制度局一方面在旧藩主内部理顺等级，另一方面将士族中为国家建立功勋者晋升为华族。七月，原公家中"五摄家"的当主为公爵，"九清华"为侯爵，"五摄政九清华"以下为伯爵；旧武家唯德川宗家为公爵；旧藩主中俸禄15万石以上者为侯爵，5万石至不足15万石者为伯爵，5万石以下者为子爵，1万石以上旧大藩家老为男爵。三条实美、岛津久光、毛利元德、岛津忠义四人因"功勋卓著"而获封公爵；大久保利通之子大久保利和、木户孝允之子木户正二郎蒙荫父辈功勋，获

---

① 井上毅传记编纂委员会编：《井上毅传》第1卷《史料篇》，国学院大学图书馆1966年版，第233页。

② 稻田正次：《明治宪法成立史》上，有斐阁1960年版，第583页。

封侯爵。士族中的功臣黑田清隆、大木乔任、寺岛宗则、山县有朋、伊藤博文、井上馨、西乡从道、山田显义、松方正义、佐佐木高行等获封伯爵。值得关注的是，其中几乎鲜有非萨摩藩和长州藩派系者。板垣退助和大隈重信因为当时是政党总裁，未获爵位，以后获封伯爵。

此后，伊藤博文等着手建立内阁制度。1885年10月17日，长州系代表井上馨和萨摩系代表西乡从道进行了会谈，就三个问题进行了磋商。第一个问题，由谁担任首相？井上馨推荐黑田清隆，西乡从道认为伊藤博文适任，未能达成共识。需要说明的是，始于持统天皇时代的太政大臣一职，除了丰臣秀吉是个例外，均由皇族或藤原氏成员出任。因而天皇和很多官员都认为，总理大臣应由藤原一系的三条实美担任。但是，内阁不仅是新的国家政权形式，而且面临制定宪法、开设国会等重大任务，不是名义上的官职。因此民众普遍认为，伊藤博文适合当首相。第二个问题，阁僚的任命。双方就形成"萨长系"的平衡达成共识。第三个问题，军费和军队首长的任命。井上馨提出，将陆军军费预算削减四百万石左右，用以增加海军预算；由萨摩系的西乡从道出任陆军大臣，长州系的山田显义或井上馨出任海军大臣。此次会谈虽然没有形成定案，但确定了彼此"协调"的基础。①之后，经几次反复和彼此妥协，同年12月22日，太政官第六十九号令宣布，废除太政官制，建立内阁制，并在同一天规定了共由七条构成的内阁职权，对内阁总理大臣的权限做了规定，但没有对内阁本身权限加以规定。经天皇敕准，伊藤博文出任第一任首相。伊藤博文(1841—1909年)出身于长州藩农家，文久三年(1863年)获得"伊藤"姓，此前叫"利助"，有名无姓。同年和井上馨等一起赴英留学，出任首相前历任参议兼工部卿、内务卿。作为日本第一代首相组成的内阁，阁僚如后：伊藤博文(首相兼宫内相)、井上馨(外务相)、山县有朋(内务相)、松方正义(大藏相)、大山岩(陆军相)、西乡从道(海军相)、山田显义(法务相)、森有礼(文部相)、谷干城(农商务相)、榎本武扬(递信相)。不难发现，这个由长州系人员任首相、外务相、内务相；萨摩系人员任藏相、陆相、海相、文相的内阁，是典型的平衡萨摩藩和长州藩势力的内阁。

---

① 明治十八年(1886年)十月十九日井上馨致伊藤博文信函，见伊藤博文关系文书研究会编：《伊藤博文关系文书》第1卷，塙书房1980年版，第195页。

但是，一些自由民权运动的推进者认为，自己并未获得应有权利。1886年10月24日，星亨、中江兆民等掀起了"大同团结运动"，试图通过"民定宪法"而不是"钦定宪法"，获取自由民主权利。但这种激进主张为明治政府所不容。结果这场运动被镇压，约570名自由民权人士被驱逐出东京。

1886年（明治十九年）秋，明治政府开始正式着手制定宪法，由井上毅负责起草。翌年4月和5月，井上毅先后提交了甲、乙两个方案。同时，明治政府顾问、德国人赫尔曼·洛艾斯勒（Hermann Roesler）也起草了一个宪法草案，并经伊藤博文首肯而提出。6月至8月，伊东巳代治、金子坚太郎等根据伊藤博文的命令，对两个草案继续进行了研究和修改。由于第二阶段起草工作在伊藤博文位于金泽附近的无人岛"夏岛"的别墅里进行，故史称"夏岛草案"。在接受各种意见后，宪法草案的起草工作于同年10月进入了第三阶段，故又称"10月草案"。在"10月草案"的基础上，伊藤博文等四人又于翌年2月完成了"2月草案"。1888年4月，《大日本帝国宪法》（草案）最终制定。伊藤博文作为最主要的制宪功臣，在颁布宪法当日被授予旭日桐花大绶章。同年4月30日，明治政府颁布了枢密院官制，由伊藤博文和寺岛宗则任正副议长，副岛种臣、元田永孚、佐佐木高行、大木乔任等12人任顾问（规定年龄为40岁以上），另有敕任书记官长1名。枢密院的权限，主要是在立法和解释法律时，"上奏意见请求敕裁"。

1889年2月11日，即"纪元节"当天，明治政府举行了《大日本帝国宪法》颁布典礼。就在仪式举行前一刻，文部相森有礼在官邸玄关被刺客西野文太郎用刀刺中胸部，翌日死亡。森有礼遇刺没有影响《明治宪法》颁布日程。当天上午10点半，《大日本帝国宪法》（通称《明治宪法》）颁布典礼在宫中正殿举行。仪式上，明治天皇首先朗读"上谕"，然后亲手将宪法文本交给明治政府第二任首相黑田清隆。值得留意的是，这一仪式本身即确定了《明治宪法》为"钦定宪法"的性质。

《大日本帝国宪法》由7章76条组成，不仅赋予

明治天皇

第九章 ● 明治时代

天皇至高无上的地位,而且规定天皇拥有政治、军事、法律、外交大权。由井上毅拟定的《大日本帝国宪法》第一条宣布:"大日本帝国由万世一系之天皇统治。"第十一条规定:"天皇统帅陆海军。"权力的无限和精力的有限,因此天皇对军队的统帅权,实际由军部辅佐并不受内阁干涉,即所谓"统帅权独立"。这是以后军人擅权、军国主义高扬的祸根。《大日本帝国宪法》还显示出内阁权力过大,众议院权限过小的特点,无法形成制衡机制。根据《众议院议员选举法》的规定,只有极少数人享有选举和被选举权,普通民众实际上只有纳税和服兵役的义务。按照代表日本学界主流意见的日本历史学研究会的评价:"该宪法共76条,基本原则是天皇主权。万世一系的天皇神圣不可侵犯,天皇既是国家元首,也是统治权的总揽者。与天皇集极大权限于一身形成对比的是,国民的基本人权仅得到有限承认。但是,对于承认议会和政党的帝国宪法,包括民权派在内的许多国民,依然讴歌宪法的颁布,举国为之兴奋,为之庆贺。"①总之,《大日本帝国宪法》作为东方第一部具有近现代意义的宪法,其进步意义应该得到肯定。

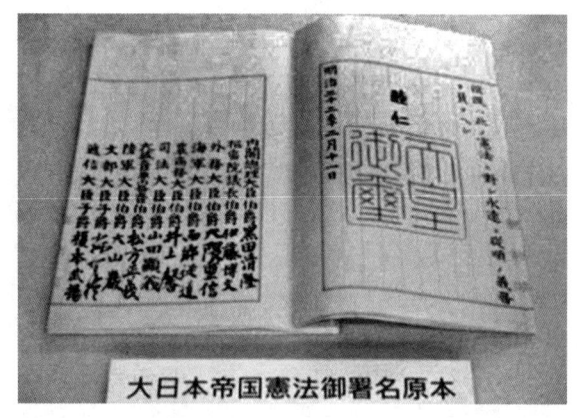

《大日本帝国宪法》原件

1889年2月9日,即《大日本帝国宪法》颁布前两天,伊藤博文向明治天皇提交了《皇室制度改革案》,共由10条构成的这一改革案,前5条希望天皇、皇族的行动遵循一定的基准,并和民间社会保持一定距离,以稳定皇室和国民的关系;第六条、第七条强调尊重君主的叙爵权,但希望不再由宫内省专管,而将其纳入政府的奏请权,即对华族制度进行修订;第八条建议修改握有外交大权的"皇室外交"惯例,强调重要外交不仅由外务省和宫内省充分讨论,而且必须由总理大臣参与审议;第九条建议为即将成年(20岁)的皇太子设立辅导职,由大山岩元帅担任;第十条强调,鉴于宫内省和内阁各省因权限、事务不明而屡起争端(如第

---

① 日本历史学研究会编:《日本史史料》第4卷《近代》,岩波书店2006年版,第209—210页。

二届松方内阁和土方久原宫相的争议),提出当制定一部法典予以确定。①伊藤博文的建议,催生了一部重要法典:《皇室典范》。《皇室典范》的主要内容是:一、继嗣皇位者必须嫡出,不可庶出;二、皇太子妃必须在皇族或三大贵族家庭中遴选;三、继嗣者必须是男性。《大日本帝国宪法》第二条也有相应规定:"皇位依《皇室典范》之规定,由皇族男系子孙继承之。"《皇室典范》第六十二条规定:"《皇室典范》的修订与增补,经由皇族会议及枢密顾问的咨询,并由天皇裁定。"《大日本帝国宪法》第七十四条规定:"《皇室典范》之修改,无须经帝国议会之议决。不得以《皇室典范》更改本宪法之条款。"也就是说,"宪法"和"典范"均为"根本大法",有同等地位。《皇室典范》制定后,经历过1907年2月11日和1918年11月28日两次增补。

《皇室典范》书影

在《大日本帝国宪法》颁布后,《众议院议员选举法》和《贵族院令》也相继颁布。前者规定:选举人资格为25岁以上男子、缴纳直接国税15日元以上者(当时大部分是地租,约相当于1%所得税),依此计算,当时日本的选民人数约占国民总人数的1.1%;被选举人资格为30岁以上的男子,纳税规定和选举人相同。后者规定:贵族院议员由五种人组成:一是成年皇族成员;二是25岁以上公爵、侯爵;三是由伯爵、子爵、男爵之间互相选举产生25岁以上男子若干名(各拥有爵位者总数中选出1/5,任期7年);四是由各府县15名最高直接国税缴纳者互选产生(府县各1名,任期7年);五是从国家有功勋者、学识者、纳税较多的工农商业者敕选产生(其人数不得超过有爵位议员总数)。简而言之,"明治宪法体制"的整个构建过程,表明了明治政府对西方法律政治制度的尊崇和"求知识于世界(西方)"的决心,但这绝不意味着其同样尊崇西方思想道德文化。"和魂洋才"的原则即使在按照西方蓝本制定了国家根本大法以后,依然得以遵守。

---

① 久米正雄:《伊藤博文传》(下),春畝公追颂会1940年版,第335—352页。

第九章 ● 明治时代

《明治宪法》颁布翌年，即1889年10月1日，在"以法律取代道德"的社会风潮中，为了强调道德的不可替代性，天皇颁布了由内阁法制局官长井上毅起草的《关于教育的敕语》（简称《教育敕语》），开宗明义地宣布：

> 朕惟念我皇祖宗肇国而宏达，树德而深厚，我臣民克忠克孝，亿兆一心，世世厥美，此乃我国体之精华。教育之渊源亦实存于此。尔臣民孝父母，友兄弟，夫妇相和，朋友相信，恭俭持己，博爱及众，修业，以启智能，以成德器，进而广公益、开世务，重国宪，明国法，一旦缓急，必义勇奉公，扶翼天壤无穷之皇运。如是则不啻为朕忠良之臣民，也足以显彰祖先之遗风。斯道也，实我皇祖皇宗之遗训，子孙臣民俱应遵守之。用之古今而不谬，施之中外而不悖。朕尔臣民庶几共拳拳服膺，咸其德一。

《明治宪法》颁布50周年纪念明信片

不难发现，《教育敕语》意在培养忠君爱国的国家主义道德观。这种具有浓厚极端民族主义色彩的道德观，是日本推行对外扩张的精神动力。总之，"明治宪法体制"规定了日本各阶级的权利和义务，体现了日本作为"等级社会"的鲜明特色。

第七节 "超然主义"·政党内阁·桂园体制

1889年2月11日即纪元节，《大日本帝国宪法》和《皇室典范》同时颁布。翌日，刚当选首相的黑田清隆在鹿鸣馆招待地方长官的午餐会上发表演说时表示："宪法不得不包容所有臣民的意见。但对于如何施政，人们主张各异，有相同主张的人结成政党也是社会现状不能避免的。然而，政府必须常取一定之方向，超然于政党之外，居于至公至正之道。各位阁员应按照此意，坚持努力。"①黑田清隆这番被称为"超然主义"的讲

---

① 指原安三：《明治政史》（下篇），日本评论新社1956年版，第37页。

话,主要有两方面含义:第一,即使在开设议会以后,仍将坚持明治维新推行的"富国强兵"的"国是"。第二,不使内阁倾向于某个政党,不和特定的政党形成紧密关系,做到"至公至正","不偏不党"。此后日本政治运作的核心问题,主要体现在两个方面:一方面是"富国强兵"扩充军力和"休养民力"改善民生的争论。历次议会的冲突和争论,主要围绕两条路线展开。另一方面是强调"超然主义"拒绝"结党营私",和反对藩阀揽权强调"党要参政"的对立。

超然主义表象和实质 黑田清隆(1840—1900年)是明治宪法体制形成后的第一任首相(伊藤博文当时已担任枢密院议长),也是超然主义的公开倡导者,他出身于萨摩藩(鹿儿岛)一个只有四石俸禄的底层武士家庭,在幕末鸟羽伏见之战中担任手枪队长,在戊辰战争中担任北越征讨军参谋,并因征讨溃逃至虾夷的幕府军有功,成为主任参谋。1873年,黑田清隆提出建立屯田兵制度的建议被采纳,翌年被授予中将军衔,并被任命为北海道开拓使。1881年,黑田清隆因涉入官商勾结嫌疑案而辞职,后来又重出江湖担任伊藤博文内阁的农商务相。在大久保利通和西乡隆盛去世后,黑田清隆成为萨摩藩领袖。他之所以被选为首相,主要由于作为明治政府主干的"萨长联盟"之间,有不成文规矩,即维持"势力均衡"。长州藩的伊藤博文转任枢密院议长后,当然应该由萨摩藩的人出任首相。于是,黑田清隆成了继伊藤博文之后的日本第二任首相。

4月3日,黑田清隆完成组阁。黑田内阁几乎是伊藤内阁的原班人马,但有一个例外:由反政府运动"大同团结运动"的斗士、高知县(土佐藩)的后藤象二郎担任递信大臣。黑田清隆的演说和内阁成员中的一个"例外",使他的内阁被称为"超然内阁"。但是,"超然内阁"并不可能超越日本社会久已存在的利益冲突和尖锐矛盾。当年10月18日黄昏,外相大隈重信在乘马车返回官邸时,一个叫来岛恒喜的政党成员在道旁向他扔出了手榴弹。大隈重信被炸断右腿。刺客来岛恒喜当场自刃。10月21日,黑田清隆为此引咎辞职。

第三代首相是山县有朋(1838—1922年)。值得注意的是,早在1882年3月27日,山县有朋就在题为《政府及官吏对政党之关系》的意见书中,表明了他对"超然主义"的立场:"在国会尚未开设之前,纷争之余酿成意外之变,亦属难料。因此,政府宜立于政党之外,以全统治之道,对一般人民当公开明示政府之主张,对相同主义之政党,应指导其方向,限于间接保护资助。"①那么,在国会开设之后,他是否依然持"超然主义"立场呢?这是了解作为首相的山县有朋政治立场的关键。

山县有朋出身于长门国(山口县)萩城一个没有姓的寒门家庭,从小被称为"小助",20岁进入松下村塾。25岁那年,山县有朋作为高杉晋作"奇兵队"的"军监"参与倒幕。戊辰战争中,山县有朋率领奇兵队在关东和东北地区同幕府军队进行激战,因战功卓著,1872年成为陆军中将,翌年升任陆军卿并创建了日本近代陆军,被称为"近代陆军之父"。山县有朋的建军原则,是使军队成为皇权的忠实而坚定的捍卫者,令政府无法左右。1878年,山县有朋主持制定了以"忠诚、服从、勇敢"为核心的《军人敕谕》,并设立了独立于政府的军令机关——参谋本部,亲自担任参谋总长。如前所述,参谋本部直接听命于天皇,不受首相和陆相指挥,此即所谓"统帅权独立"。

山县有朋曾在第一届伊藤博文内阁中担任内务大臣。出任首相后,同样奉行内阁不能为政党左右的"超然主义"。但他的超然主义的实质,是排斥政党、以藩阀为中心的绝对主义。按照中江兆民的评价,是个"多头一身的怪物",和明治宪法制定前没什么两样。山县有朋先后两次组阁,执政时间为1 210天。在任期间,山县有朋着力削弱帝国议会众议院的权限,强化贵族院的权限,同时加强枢密院和军部的权限,阻遏民党势力的挑战。具体而言,山县有朋主要采取了以下几项措施。一是确立文官制度。在此之前,官员由政党举荐,因此往往仰政党鼻息。山县有朋建立的文官制度,是通过考试选拔官僚。二是规定了军部大臣现役武官制,即陆军和海军大臣必须由现役中将或大将担任,并由军队推派而不是首相任命,以确保"统帅权独立"即不受制于政府。这是阻止政党内阁产生的一道屏障。三是制定了《治安警察法》。这主要因为民众的维权意识日益觉醒,这种意识将引发社会运动,不仅会危及天皇制,甚至还会危及议会,必须防患于未然。

作为政治家的山县有朋最大的政绩,是使日本在1890年7月1日成功举行了首次大选,并在当年11月25日召开了第一届日本帝国议会。会上,山县有朋强调了"强兵"的必要,并指出不仅要维护"主权线",而且

---

① 大山梓编:《山县有朋意见书》,原书房1966年版,第129页。

要强化"利益线",要求各党派协助通过具有浓厚扩军色彩的翌年预算。围绕这一事关"国是"的问题,政党之间和政党内部、各政党和藩阀政府,出现了多重矛盾冲突,甚至理应是藩阀政府忠实支持者的贵族院内部,也出现了对山县有朋内阁的不满。对此,山县有朋政府采取了妥协路线。翌年5月,第一届山县友朋内阁宣布总辞职。

继山县有朋出任首相的是松方正义。松方正义(1835—1924年)曾经是萨摩藩(鹿儿岛县)实权人物岛津久光的臣属。明治政府成立后,松方正义历任民部大丞、大藏大辅、内务省劝农局长。松方正义的功绩主要在财政方面:第一,建立了日本近代财政制度。1878年,松方正义担任了巴黎万国博览会事务局副总裁兼事务局长,通过各方面接触,对欧美的财政运作情况有了切实了解,树立了新的财政观。1881年,松方正义出任参议兼大藏卿。1885年内阁制建立后,历任几届内阁的大藏大臣,在建立第二届松方正义内阁后亲自兼任大藏大臣,主导日本财政近三十年之久,建立了日本近代财政制度,被视为"财政金融界之神"。第二,确立了日本金本位制。1870年秋,前往美国视察银行制度的大藏省少辅(次官)伊藤博文,从当地致函大藏省,建议仿效美国银行制度,实行金本制。翌年春天,伊藤博文的信抵达大藏省。此前,政府已决定采用银本位制,收到伊藤博文的建议后决定采用金本位制。同时,"大阪造币寮"举行了落成仪式。6月,大藏省制定了《新货币条例》。根据这一条例,日本通货采用金本位制,通货的称呼以元、钱、厘的十进位法换算。然而,由于黄金匮乏,因此直到甲午战争,日本一直是"金名银实"制,即名义上是金本位制,实际上是银本位制。日本金本位制的迟迟不能建立,反映了日本资本主义在"后发国家"中的后发性。当时,德国以获取普法战争的赔偿为基础,在1873年建立了金本位制;在19世纪60年代已经采取金本位制的美国,在1879年进一步强化了金本位制。1883年意大利也采取了金本位制。日本之所以坚持"后发",主要因为日本轻工业发展迅速,银价的持续走低,使采取银本位制的日本货币贬值,有利于出口。

松方正义主持财政金融工作成绩显著,但在两次主政期间,其政治手腕却乏善可陈,主要因为松方正义缺乏一个成熟的政治家应该具有的禀赋。尽管松方正义吸取了前任山县有朋内阁的教训,一开始便在政策方面摆开了不与民党妥协的姿态。然而,既然《明治宪法》已经为政党活动提供了活动舞台,使之伸张了势力,与党派对立显然不那么容易。因此,松方内阁和国会之间的矛盾日趋激化。按照当年《时事新报》的评论,"(松方正义)一方面如此光明正大,一方面又为操纵议会使尽一切卑劣手段"。

1892年2月,日本举行第二次大选。民党要求削减军舰建设费和制钢所设置费,但是松方正义不仅不予认同,而且提前解散国会进行大选。选举前,内相品川弥二郎向地方长官发出训令:"反政府的议员别再回议院"。所谓"反政府的议员"是指相对于"吏党"的在野"民党"议员。选举结果,民党获得了过半数议席。结果在全国各地,民党和吏党发生冲突。警察站在政府一边,对民党及其支持者进行镇压,引起大规模骚动,造成双方共计25人死、388人伤的流血事件。枢密院议长伊藤博文提出,引发流血事件的责任者当受到处分。3月,品川弥二郎引咎辞职。但是,事件并未因此了结。缠着绷带的民党议员在议会相当显眼,许多人认为,仅处理大臣不解决问题。5月,《内阁和阁僚应深刻反思并引咎辞职》的议案,在众议院以157∶11的压倒性多数获得通过。这个议案也是日本历史上最早的对政府不信任案。6月22日,松方正义内阁的海相西乡从道和内相品川弥二郎"下野"。随后,他俩共同组建了"吏党"国民协会,分别担任正副"会头",意欲和"民党"抗衡,并因此在议会中形成了"吏党"和"民党"两大政党势力。7月,松方正义任命河野敏镰为内务相。河野敏镰上任后,辞退了向福冈县发出训令的次官,福冈县知事也引咎辞职。但是,大选后遗症并未因此消除,甚至陆相也发出了强烈的"倒阁"信号——提交辞呈。无奈,1892年7月30日,第一届松方正义内阁总辞职。

1892年8月8日,伊藤博文再次出马,建立了第二届伊藤博文内阁。当时,藩阀和民党之间的政治对立开始发生极大变化,主要表现在:一是作为民党中心的自由党开始接近内阁,获得了"准执政党"的地位。二是自由党和内阁接近后,伊藤内阁和其他政党争论的核心问题,从作为国内问题的"富国强兵"和"休养民力",即"积极财政"和"紧缩财政"的对立,转向修改条约等对外问题。

政党内阁的"胎动" 1893年年中,伊藤博文内阁再度着手修约交涉,具体工作由外相陆奥宗光承担。当年7月8日,陆奥宗光向内阁提交了修约草案,当天即获得通过。草案内容同1880年井上馨提出的方案至榎本武扬方案,"只不过是程度上的差异",除了五年内旧条约的一些条文仍得以遵守外,堪称是完全平等条约。① 之后,日本国内出现了"现行条约励行论",日英修约也遭遇障碍。由于朝鲜发生"东学党之乱",中日之间爆发冲突已势在必然。为了避免英国支持清朝政府,陆奥宗光向日本驻朝鲜公使大鸟圭介发出训令:"日中两国之冲突终于难以避免的时刻已经来临。"② 7月12日,陆奥宗光致电正在和英国进行修约谈判的日本全权代表青木周藏,电报原文是:"Complication with China has become very critical. Make possible haste to sign treaty. You may yield all the points in my telegram of July 10th."③ (译文:"与中国的纠纷已难以缓解。尽快签署条约。你可根据我7月10日电报在各方面做出让步。")7月16日,青木周藏按照陆奥宗光的指令,全面做出让步,和英国全权代表K.G.金伯雷(K.G. Kimberley)签署了《日英通商航海条约》及附属议定书,在以下几方面做出了让步:一是新条约至少在五年后施行,日本政府在新约施行一年前颁布实施各项法典。二是核定关税,但由附属议定书予以详细规定。也就是说,日本未确立关税自主权。三是外国人在居留地的所有不动产,由日本政府发给永久借地券作为保证。不过,需要强调的是,就总体而言,这一条约的签署意味着日本终于可以脱离不平等条约的束缚。同时需要强调的是,这一条约是日本明治政府"对欧美协调,对亚洲扩张"之外交路线的缩影。换言之,日本对清朝,是另外一种姿态。

1894年,日本同其他国家的修约谈判,也显示成功的希望。同时,藩阀政府"根据国际条约"出兵朝鲜半岛,和中国发生甲午战争(日本称"日清战争")。虽然日本以明治维新后约三十年的发展为基础,以军事实力迫使清朝政府签署了"城下之盟"即《马关条约》,但是其间俄、德、法三国横加干预,联袂演出"三国干涉还辽",迫使日本将吃进嘴里的"肉"——辽东半岛,重新吐了出来,令日本朝野深受"刺激"。

1895年5月15日,天皇颁布诏谕,宣布归还辽东半岛。各党各派重要人物:中央政社的志贺重昂、立宪改进党的尾崎行雄、立宪革新党的田

---

① 日本外务省编:《日本外交文书》第27卷第1册,日本国际联合协会1939年版,第10页。
② 日本外务省编:《日本外交文书》第27卷第1册,日本国际联合协会1939年版,第558页。
③ 日本外务省编:《日本外交文书》第27卷第1册,日本国际联合协会1939年版,第87页。

第九章　明治时代

野伊左卫门、国民协会的柏田盛文、自由党的重野谦次郎……经会谈后一致决定举行抗议活动。6月15日，以"政友有志会"为名的非常设组织，举行了"反对归还辽东半岛"集会，通过了以"三项纲领"为内容的决议："为复兴帝国的光荣，应迅速扩张军备、刷新军政"；"敦促内阁查明归还辽东半岛的责任"；"扶植朝鲜独立，维持我帝国在该国的地位、势力"。①之后，他们开始在全国各地游说，否定内阁试图仅让天皇承担责任的"超然主义"，提出内阁应对议会负责的所谓"责任内阁论"。对此，政府采取了"封口"措施，停止报纸发行，禁止演说、集会，并通过由内阁书记官长伊东巳代治任社长的《东京日日新闻》，展开反击。对此，《日本》主笔、在对外政策方面鼓吹"北守南进论"和"东亚盟主论"的陆羯南愤怒地指出："在掌握压制舆论凶器的政府底下，不可能有真正的舆论。"②陆羯南认为，使日本在亚洲的威信失坠、使西方列强侵入远东的元凶，是政府封锁信息、控制舆论。他的言论，实际表达了各党各派对政府控制舆论共同的不满。大藏相松方正义也强调"北守南进"，反对"割让"辽东，主张缓和舆论，开展多方协作。松方正义要求伊藤博文召开临时议会，马上就如何应对局势展开讨论。但是伊藤博文强调，国务大臣当"对君主直接负责和对人民间接负责"，仍坚持"超然主义"，在天皇的信任和支持下同"责任内阁论"对抗。虽然民党均赞成扩充军备和召开临时议会审议相关问题，但军部（特别是陆军）强调无法在临时议会召开前制订好预算计划，因此召开临时议会的要求遭到拒绝，松方正义遂以辞职表示不满。

在主张"责任内阁论"的民党联合构想，以及强调汇聚藩阀元勋建立"举国一致"体制的构想双双败退时，自由党东北派领袖河野广中认为："使藩阀同化于政党，将元勋引入政党，开启两大政党对立之端，无有比今日更好之时机"，积极致力于同"元勋中最具有进步思想，最得到陛下信赖，具有出类拔萃之政治才干的伊藤博文首相"沟通，使伊藤博文做出了如下承诺：预算案在正式付诸讨论前，先征求自由党意见；向议会提交的其他重要法律文件，也照此程序办理；制定新的政策时，事先与自由党协调以征求其同意；政府充分倾听民意并以此作为施政依据；互相发表声

---

① 伊佐秀雄：《尾崎行雄传》，纪念尾崎行雄刊行会1951年版，第532页。
② 西田长寿、植手通有编：《陆羯南全集》第5卷，美菱书房1971年版，第159—170页。

明,明确表示各自态度。①

随后,河野广中进一步要求伊藤博文让自由党总裁板垣退助入阁并经伊藤博文"奏请"天皇批准。这在突破超然主义、建立政党内阁的道路上前进了一大步。但是,伊藤博文允许政党领袖进入政治枢纽、为政党内阁制的建立开辟道路的举措,引起了超然主义者的反对,因而使在藩阀势力包围中的伊藤博文,处境日益孤立。1895年11月10日他决定辞职。天皇获悉后,当即要求萨摩派首领、枢密院议长黑田清隆和长州派首领山县有朋协助伊藤博文,使伊藤博文能继续执政。自由党也在伊藤博文同意留任的11月22日,发表了"合作声明"。

针对自由党、国民协会表示与伊藤内阁合作,其他民党包括立宪革新党(武富时敏等)、中国进步党(犬养毅等)、帝国财政革新会(田口卯吉等)、大手俱乐部(大竹贯一等)等,于1896年3月1日,组成了以大隈重信为实际党首的进步党,提出了以改革弊政、建立责任内阁、刷新外交、扩张国权、整理财政、发展民业等为目标的政纲。以"休养民力"为标榜的民党,和主张扩充军力、贯彻超然主义的藩阀政府的对立,因事关政党是否可参与政策决定,冲突相当激烈。最终,伊藤博文借助山县有朋势力的支持,使预算案在众院获得通过,并趁势压制扩军反对论者,确定了战后的政治运营方针。但当他趁势推荐松方正义和大隈重信分别出任藏相和外相,尝试建立"举国一致"体制时,却遭遇挫折:由他推荐就任内相而脱离自由党的板垣退助认为,让反对党代表大隈重信入阁,"违反立宪内阁之通义",表示坚决反对。松方正义入阁也未能如伊藤博文所愿。于是,伊藤博文于1896年8月28日提出辞呈,时隔四年再次离开首相宝座。伊藤博文的离职,说明尽管他依靠的自由党和国民协会在议会中占有103席和32席,属于多数派,但是有萨(摩)长(州)藩阀势力的阻遏,建立政党内阁仍困难重重。

伊藤博文辞职后,除农商相榎本武扬,其他阁僚相继辞职。为避免政局混乱,天皇令黑田清隆兼任临时总理,并令黑田清隆尽快选定正式继任人选。值得关注的是,当时日本政坛出现了被称为"萨摩武断派"的军人集团和"对外强硬派"的政党成员的联合趋向,而使二者走到一起的直接动因,是拥立坚持"北守南进论"的松方正义出任首相,尽管二者各怀"小

---

① 河野盘州传编纂会编:《河野盘州传》,岩波书店1926年版,第387—395页。

心思":军人希望借此占领台湾,政客则试图借此获取政权。而促使二者携手的最根本动因,是试图以此同长州藩阀和自由党的联合势力对抗。通过三菱财阀岩崎弥之助的斡旋,双方达成了支持建立"松方内阁"、进行财政外交"一新"的"合意"。最终形成了由松方正义为首相、大隈重信为外相的"松隈内阁"。1896年10月12日,松方正义发表内阁政纲和施政方针,其中有三点特别值得关注:一是显示了"责任内阁论"和"超然主义"的折中;二是吸取了此前直接导致他下台的教训,放缓了对言论、集会、出版的控制;三是推行金本位制。但是,他改革政治经济运营并不成功,拼凑而成的内阁内部也政见各异,最终在对内阁不信任案被提上议事日程后,松方正义提出辞职。

眼见萨长藩阀主导的政权倒台,长州藩阀决定拥立一贯主张"举国一致"的伊藤博文重新登台,建立第三届伊藤内阁。于是,伊藤博文首先和进步党首领大隈重信进行会谈,邀其入阁,未果。之后,伊藤博文又同自由党商议。与势力迅速增长的进步党形成鲜明对比的是,当时自由党正陷入分裂状态,伊藤博文伸出的橄榄枝对他们很有诱惑。但是,大隈重信提出的条件,即让自由党首领担任内务大臣,要价太高。伊藤博文担忧一党势力过大将使内阁失衡,未予满足。眼见"举国一致"构想刚欲付诸实施即连连受挫,似又要重回"超然主义"的老路,伊藤博文召集山县有朋、黑田清隆、西乡从道、大山岩、井上馨五个元老举行了御前会议。当时,德国刚刚占领中国胶州湾,俄、德、法、英在中国的争夺加剧,远东局势紧张;日本国内财政、军备状况堪忧。以此为背景,伊藤博文提出了局外中立,致力于解决国内问题的方针。伊藤博文认识到,政党官僚争名于朝,对政治利益蝇营狗苟,而产业发展须向国外求取必要资本,缺乏底气。总之,政治经济运营面临很多困难。为了摆脱这种困局,伊藤博文强调,除了大胆起用人才,别无良策,要求担任君主委以裁量全权的首相:"伏请陛下许与臣下为社稷划策及奏请权,并使臣下在施行划策时不遇障碍。值此危急之秋,为保社稷除此别无良策。祈望圣断。"[①]直面内外紧迫课题的御前会议,同意了伊藤博文的请求。

政党内阁的"出生" 1898年1月12日,第三届伊藤博文内阁组成。除了海相西乡从道和外相西德二郎留任,其他新的内阁成员是:芳川显正

---

① 久米正雄:《伊藤博文传》(下),原书房1960年复刻版,第327—331页。

(内相)、桂太郎(陆相)、曾祢荒助(法相)、西园寺公望(文相)、伊东巳代治(农商相)、末松谦澄(递相)、井上馨(藏相,最先欲任用渡边国武,但因藏相面对地租增征和财政整理等诸多难题,渡边国武婉拒)。这些继元老之后执掌政权的新生代人才,多是精于实务的专家型官僚,和前一届内阁起用政党人士形成了鲜明对照。在阁僚中尤其值得一提的是桂太郎,虽然其为山县直系,但却自诩为改革藩阀统治的指导者,竭力倡导"消灭萨长观念""破除旧习""提拔后生"。"后生内阁"在伊藤博文的统领下首先采取的重要举措,是改革重大事项均在"御前会议"议决这一明治维新政府成立以来的惯例,着力制约天皇亲政和脱离宫廷政治。1月19日,以分离统帅大权的辅弼者和国务大权的辅弼者为目的,伊藤内阁设立了作为天皇最高军事顾问机构的元帅府,翌日授予四位大将元帅军衔。这四位大将是:山县有朋(陆)、大山岩(陆)、西乡从道(海)、小松宫彰仁(陆),即通过任命支持伊藤博文的大山岩和西乡从道为元帅,抑制山县有朋的独断专行。

1898年3月1日,日本举行第五次大选即众议院议员选举,民党大获全胜:自由党获得98席,进步党获得91席,国民协会获得26席。6月7日,以大隈重信为首的自由党和以板垣退助为首的进步党,确定了共同

大隈重信   板垣退助

方针,否决了政府提出的地租增税案。伊藤博文随即宣布解散众议院,重新举行大选。在翌年3月15日举行的第五次临时大选中,自由党在众议院的议席增加到100席,拥有雄厚政治资本的自由党,提出以板垣退助入阁和起用该党党员担任行政高级职务为条件,在重建财政方面给予配合,但遭到拒绝。愤怒的自由党于5月5日召开党代会,通过了断绝与现内阁合作的决议并公开发表宣言,提出了引进外资推行"积极财政"的方针,领导开展了反对增税和铁道国有化运动,与政府公开对抗。

在应对国际局势方面,由于西方列强划分在华势力范围的企图日益露骨,对外强硬运动再次兴起。进步党和同志俱乐部联合各界人士建立了"对外同志会",对政府的外交政策提出批评。以此为背景,在1898年5月14日召开的第十二次特别议会上,有议员提出了追究招致"三国干涉还辽"的决策者伊藤内阁的责任。但是,由于当时在朝的自由党和国民协会不予赞同,该议案以116:171票的表决结果未获通过。在议会这个"战场",围绕内政问题,奉行超然主义的伊藤博文和民党的冲突也相当激烈。为了扩大统治基础,伊藤内阁提出了《众议院议员改正法案》,设定了诸多选举条件,试图通过多种利益的调整推行"超然主义"的政治运作。另外,由于当时的选举制对地主阶层有利,选出的议员多为地主阶层,作为财政整理重点的《地租增税法案》难以获得通过。但是,由于自由、进步等党派的强烈反对,《众议院议员改正法案》未获通过。内阁因此决定解散议会,重新举行大选。

议会的多次解散使自由党和进步党深刻认识到,必须联手才能和超然主义势力对抗,获取政权。6月22日,两党携手建立的新党宪政党成立大会,在京桥新富座举行。大会通过了《宪政党宣言》、党纲、党则。之所以取名"宪政党",如宣言中阐述的:"宪法颁布、议会开设以来近二十年,其间议会被解散已多达五次,全然未见宪政之实,政党之力亦未有大的伸张。是故,藩阀余弊尚固结,朝野之和谐被打破,使国势因此迟滞,使举国忠爱之士感慨万千。今吾人鉴于内外之形势,断然解散自由、进步两党,广泛团结同志组建一大政党,以一新姿态期待宪政之完成,兹宣告本党之成立。"①同时颁布的党纲显示了两党主张的折中,在人事安排方面则突出了两党的均衡。

---

① 《宪政党宣言》,《党报(宪政党)》第一号,1898年8月5日。

但是,"人事均衡"随着政权的获得而被打破。6月24日伊藤博文提交辞呈后,宪政党提出大隈重信和板垣退助,即原先的进步党和自由党的党首,作为继任首相候选人。第三届伊藤内阁仅维持了不到半年。6月27日,天皇敕令大隈重信组阁。新内阁被称为"隈板内阁"。日本第一个政党内阁宪政党内阁宣告诞生。

大隈重信(1838—1922年)出生于肥前佐贺城,父亲是佐贺炮术长,享有400石俸禄。明治元年(1868年),大隈重信任外国官副知事,明治三年(1870年)任大藏大辅,并在32岁时成为甚至连伊藤博文都没有担任过的参议,后因"明治十四年政变"而被免职。当年3月发生的这场政变,起因于大隈重信向左大臣有栖川宫递交了立宪意见书。两年前,伊藤博文、山县有朋、山田显义、井上馨都提出了以"渐进论"为基调的立宪意见书,只有黑田清隆的意见书认为立宪尚早。与他们不同的是,大隈重信认为,应在颁布钦定宪法的基础上,于1883年开设国会。他这一属于"急进论"的立宪意见,遭到其他参议反对,因此辞职。翌年,下野的大隈重信创立了"立宪改进党"并自任总裁,之后又创办了东京专门学校(早稻田大学的前身)。1888年2月1日,大隈重信受邀出任第一届伊藤博文内阁的外务大臣。翌年黑田清隆组阁后,大隈重信留任外相,继续致力于条约修订。1889年10月18日,如前面所述,大隈重信遇刺,被炸断右腿。修约因此陷入停顿。

"隈板内阁"的阁僚除了陆海军大臣,都是原进步党和自由党党员。一年后,原进步党以修订对外条约的需要为由,建议由大隈重信兼任外相,但原自由党以"势力均衡"为由表示反对。最终这场争议以大隈重信兼任外相、人事重新调整收场。旧自由党要员中,板垣退助出任相当于副首相的内相、松田正久出任藏相、林有造出任递相;原进步党则由大石正己任农商相、大东义彻任法相、尾崎行雄任文相。至于军部大臣人选,则只能从陆相桂太郎和海相西乡从道中挑选。最终,桂太郎以政府同意撤回原进步党提出的"缩军论"和实施扩军计划为条件,同意入阁。西乡从道再次担任海相。在完成组阁后,大隈重信和板垣退助觐见天皇,呈上了阁僚名单,天皇经过对阁僚的逐一仔细审核后,予以裁可。第一届大隈内阁或"隈板内阁"诞生。

但是,第一个政党内阁所推行的方针很快遭遇抵制:为了重建财政方针,松田正久藏相在全面削减事业费的同时,也减少了陆海军军备费用,从而引起桂太郎和西乡从道的不满。虽然二者最终接受了削减军费的预算案,但是尾崎行雄却因发表"共和演说"而遭到强烈抨击,被迫辞职。以尾崎行雄的后任人选为导火索,原自由党和进步党再起纷争,这次原进步党胃口增加,欲单独组阁。但是,这一意图为天皇所阻止。10月29日,星亨等原自由党关东派以党本部的名义召开临时协议会,通过了重新组建宪政党的决议。两天后,大隈重信和原进步党阁僚同时提出辞呈,原进步党则于11月3日组成了宪政本党。宪政党因此分裂。"隈板内阁"一届议会未开,只存在四个多月即宣告解体。

"1900年体制" 政党内阁解体后,视政党政治为洪水猛兽的军部和官僚开始联合,其标志就是1898年11月8日,第二届山县有朋内阁的建立。由于当时宪政本党(原进步党派)在议会中占123席,为议会第一大党,只有超越"萨长对立"才能与之对垒。眼见政党势力在议会中已渐成气候,山县有朋只能通过让天皇颁布"敕令"与之抗衡:1899年3月25日,山县有朋要求以黑田清隆为议长的枢密院就"敕令三案"进行讨论。"三案"是《修改文官任用令案》《文官分限令案》《文官惩戒令案》。在获得枢密院多数顾问认同后,山县有朋不经议会立法手续直接奏请天皇敕许,于3月28日公布。关于颁布这些敕令的目的,山县有朋在其"发案"理由书中有明确解释:行政官制理当仿效以年功序列即资历为基础的武官任用制,同时如在欧洲诸国所见,作为一种惯例,司法官的终身制也适用于行政官。山县有朋强调,"为了保护官吏本人,巩固行政,为臣民谋福利,必须这么做"。①但是,明眼人很清楚,这些法案的核心,是防止政党"猎官",由官僚独揽行政权并排除政党对议会的干涉。对山县有朋的独断专行,以陆羯南为主笔的宪政本党机关刊物《日本》连日发表评论,抨击山县内阁的真实目的,是在断绝政党仕途的同时"阻止政党内阁的成立,即便无法阻止,政党内阁也难以持续"。②

在这种形势下,国民协会解散并重新建立了帝国党,打出了"拥护万世一系的国体"的旗号,完全蜕变为拥戴君主主义的国家主义政党。政党政治因此进入低迷时期,代议制日趋式微。另外,山县有朋内阁在修改府县会制的同时,提出了修改众议院议员选举法案。经过激烈冲突,该法案

---

① 德富苏峰:《公爵山县有朋传》(下),山县有朋纪年事业会1965年版,第369—373页。
② 西田长寿、植手通有编:《陆羯南全集》第6卷,美菱书房1968年版,第245—246页。

最终获得议会通过,并于1900年3月29日公布。在使这一法案获得通过的第十四届帝国议会上,在废止《集会结社法》的同时,也对山县有朋内阁提出的《治安警察法案》进行了审理。结果,众议院未经一次大会审议即无条件使之获得通过。

第二届山县有朋内阁时期最终建立的日本文武官僚制度,在稳定藩阀统治的同时,也产生了制度和人事固定化的结果。于是,试图改变陆军优先的国防制度的海军帷幄上奏运动,以及不属于山县派系的官僚,遂集结于伊藤博文的麾下,创设了新的政党:1900年8月25日,以"立宪政友会"命名的新党创设委员会,在东京芝的红叶馆召开。该委员会通过了以建党宣言和政治纲领为内容的《立宪政友会趣旨书》,对已有政党进行了尖锐批评,称其"罹患与宪法既定原则相悖之病,或通过执掌国务徇党派之私,或面对宇内大势显露与维新宏谟不容之弊",在政权和政党之间划了一条明确的界线,并全面肯定了禁止"猎官"的修订版文官任用令。①尽管如此,议会议员加入立宪政友会者络绎不绝,达152名,过了议员半数。以尾崎行雄为首的宪政本党和其他政党"改换门庭"加入立宪政友会者,亦为数不少。9月13日,宪政本党举行临时党员大会,发表了解散宣言,随后举党加入立宪政友会。9月15日,立宪政友会在帝国宾馆正式宣告成立,由伊藤博文任总裁。10月7日,伊藤博文受命第四次组阁,于10月19日建立了"立宪政友会内阁"。

立宪政友会内阁的建立,在日本政治史上是一块里程碑。因为,此前主导日本政坛的主要有藩阀和民党两大势力。藩阀势力以山县有朋、伊藤博文、松方正义"三元老"为首。民党势力则是先有自由党和进步党两大党派,后有自由党和进步党"合流"成立的宪政党,再后又有宪政党分裂的以原自由党为主的"宪政党"和以原进步党为主的"宪政本党"。但是,"万变不离其宗",藩阀和政党基本泾渭分明。但是,立宪政友会的成立,使日本政坛出现了藩阀元老(伊藤博文)组织政党、藩阀官僚出身的贵族议员希望成为政党党员这一划时代的变化,从而形成了官僚和政党关系固定、权力和利益分离的政治结构。这种政治结构,史称"1900年体制"。

"1900年体制"之所以能够形成,就政坛内部关系而言,主要取决于各阶层、各利益集团对"权势"认识和行为的变化:首先,明治时代的元老

---

① 《立宪政友会趣旨书》,载《政友》第一号,1900年10月15日。

第九章 ● 明治时代

在创建了明治宪法体制后,不断对官僚制和代议制进行改良,并逐渐"淡出"政治第一线。少壮官僚和政党领袖获得了广阔的活动舞台。其次,藩阀官僚曾强调君主主义以期独占权力,并为此压抑政党势力。但是在政治运营中,利害关系使其不得不同曾被他们鄙视为"追求私利私益"的政党党员妥协。再次,曾高呼自由民权、攻击"有司专制"的政党党员,放弃了使自己成为官僚承担行政责任的道路,选择了追求党派利益、与官僚共存共荣的道路。最后,始终坚持超然主义的山县有朋和鼓吹议会利益政治化的伊藤博文,从相反的方向奠定了1900年体制的基础:山县有朋通过修改文官任用令,使权力交到了官僚的手中;伊藤博文则通过采用政党内阁制,将利益送到政党的手中。但是,正如社会主义者幸德秋水所言,政友会内阁建立之日,也是"猎官热"和"腐败风"暴露之时。执政后,立宪政友会对公权力的滥用和对私利私益的贪婪,很快引起朝野各界对政党政治的明确不满和不信,成为原先支持和反对势力的"众矢之的"。立宪政友会内阁于1901年6月2日被桂太郎内阁取代。

桂太郎(1847—1913年)出生于长州藩(山口县)的萩城(萩市),明治元年(1868年)戊辰战争中作为政府军奥州镇抚总督麾下的一个队长崭露头角,不久升任参谋添役(参谋次长)。明治三年(1870年)八月,24岁的桂太郎被派赴德国留学。在德国,桂太郎切身感受到德国陆军治军的严谨。回国后,桂太郎在山县有朋领导下从事日本军事近代化改革工作,积极引进德国陆军训练方式,被山县有朋视为自己的得意门徒和接班人。根据桂太郎的建议,日本建立了向驻外使馆派遣武官的制度,主要目的就是收集情报。他本人也担任了驻德使馆武官。在德国期间,桂太郎接触了铁血宰相俾斯麦,并在柏林大学学习了法学和经济学。桂太郎还根据德军的做法,提出了军令机关独立的建议。根据他的建议,1874年2月,日本陆军设立了参谋本部的前身参谋局。在此之前,日军的军事行动由太政大臣负责,即由文官指挥。

桂太郎

桂太郎阁僚中，始终与政党势力敌对的山县有朋系成员占了大多数，民党势力全面衰退。在其强硬路线面前，立宪政友会一次次屈服，"民党联合"在经历了一次次"磨难"后趋于崩溃。1905年12月21日，即日俄战争结束后，第一届桂太郎内阁宣布总辞职。元老西园寺公望作为立宪政友会首领，于翌年1月7日组阁，成员如下：西园寺公望（首相）、加藤高明（外相）、原敬（内相）、阪谷芳郎（藏相）、寺内正毅（陆相，留任）、斋藤实（海相）、松田正久（法相）、牧野伸显（文相）、松冈康毅（农商相）、山县伊三郎（递相）、石渡敏一（内阁书记官长）、冈野敬次郎（法制局长官）。从阁僚构成可以判断，第一届西园寺内阁是以政友会为执政党建立的内阁，但西园寺内阁不是政友会内阁。因为，除了首相西园寺公望外，仅有两名政友会成员入阁：原敬和松田正久。

西园寺公望（1849—1940年）是"元老"中唯一的"公家"，是"九清华"之一的京都德大寺公纯的次子。所谓"元老"，发端于1889年11月1日。当天，伊藤博文和黑田清隆被赐予"元勋优遇"特权，并奉诏"匡辅大政"。元老共有九人：伊藤博文、黑田清隆、山县有朋、松方正义、井上馨、西乡从道、大山岩、桂太郎、西园寺公望。除西园寺公望出身公家，其余均出自萨摩或长州藩，是藩阀势力的代表。元老政治是日本近代化过程中的独特政治现象。西园寺公望的履历也很耀眼：文久元年（1861年）三月成为右近卫权中将，在戊辰战争中担任明治新政府方面的东山道第二军总督。明治四年（1871年）留学巴黎，和"自由民权运动的参谋长""东洋的卢梭"中江兆民多有交往。1874年（明治七年）取得法学士学位后回国。

西园寺公望

西园寺内阁建立后，日本政治的动向有几点值得关注：一是日俄战争结束后取代官僚系成立的政友会系内阁，确实跨出了"政治民主化"的第一步。但是第一届西园寺内阁的成立，同时也宣告了前此虽不明了但始终持续的"民党联合"的最终崩溃。与宪政本党的提携彻底决裂的立宪政友会，利用战后一时的景气，推行了该党一直主张的积极政策，在1908年（明治四十一年）的第十次众议院大选中取得了压倒性优势。在这一过程中,作为在野党第一大党的宪政本党的方针一变再变,最终导致党势衰退。二是"自此以后至明治时代结束,桂太郎和西园寺公望轮流执政,形成了日本政治史上的所谓'桂园时代'。"①第一届西园寺公望内阁至1908年结束;之后是第二届桂太郎内阁,至1911年8月30日结束;然后西园寺公望再度组阁,至1912年(明治四十五年)12月21日;再后又是桂太郎执政至翌年2月20日。也就是说,这一阶段日本内阁首班是桂太郎和西园寺公望"二人转"。日本在"二人转"中,进入了大正时代。

第八节　甲午战争和甲午战后经营

　　甲午战争,日本称"日清战争"。这场战争颠覆了自公元663年白江之战后,中国成为东亚"盟主"的国际秩序,成为中国的国殇。这场战争也使日本发生了深刻变化,主要表现在"三国干涉还辽",使日本朝野认识到"强敌"的存在,因而结束了"强化军力"还是"改善民生"的争论,而《马关条约》及作为"还辽"补偿的2.3亿两库平银,则使强化军力拥有了雄厚财力。此后展开的甲午战后经营(日本称"日清战后经营")以"强化军力"为重要目标,而强化军力必然要求拥有重工业基础,日本产业结构因此发生重大变化。此前因"囊中羞涩"而有名无实的"金本位制",自此名实相符。甲午战争后,朝鲜脱离了和清朝的宗藩关系,取得了"独立"。但是,随后俄国势力在朝鲜半岛与日本展开的争夺,引发了日俄战争。毋庸置疑,甲午战争对日本和远东乃至世界格局,产生了重大而深远的影响。

　　甲午战争的起因　　如前面所述,1885年(清光绪十一年、日明治十八年)4月18日,李鸿章和伊藤博文签署了《天津会议专条》,就同时从朝鲜撤兵、以后如须出兵当"行文知照"即通知对方,达成一致。但是,这一条约不仅没有为朝鲜带来和平,而且埋下了中日甲午战争的隐患。以朝鲜问题为导火索的甲午战争,不仅使东亚秩序发生了根本性变化,而且对以后日本的历史乃至整个世界的历史,产生了重大而深远的影响。

---

① 井上光贞、永原庆二等编:《日本历史大系》第4卷《近代》,山川出版社1985年版,第1041—1045页。

日本通史(修订本)

1894年(清光绪二十年、日明治二十七年)朝鲜"东学党之乱",是甲午战争的"导火索"。东学党是朝鲜士人崔济愚在19世纪60年代初创立的。崔济愚之所以创立"东学",是因为对政府对民众的巧取豪夺剥削压迫深感不满,对基督教不断扩张侵蚀朝鲜传统文化深感不安。所谓"东学",就是集儒释道精髓于一体。但是,朝鲜政府认为崔济愚妖言惑众,于同治二年(1863年)将其逮捕,翌年将他处死。[①]东学党随后转入地下。1892年,东学党人要求开禁,但被政府拒绝,东学党奉令解散。两年后,"东学党"在全琫准领导下发动起义并迅即席卷朝鲜南部诸道。东学党为什么起义?俄国驻华公使喀西尼在给沙皇的报告中这样写道:"整个朝鲜陷于沉重而日益增长的激愤情绪已有相当时日,这种激愤情绪极易转变为公开的暴乱。"《春香传》中当时流传的朝鲜民谣,是很好的答案:"金樽美酒千人血,玉盘佳肴万姓膏;烛泪落时民泪落,歌声高处怨声高。"

为了"平乱",朝鲜宫廷执权势力闵氏一族,向清朝驻朝鲜钦差总办袁世凯求援,要求清朝出兵。但是在此之前,日本政府已从日本驻朝鲜代理公使杉村濬处获悉,清朝将出兵朝鲜,于是决定以保护侨民为由,令当时回国述职的日本驻清朝兼驻朝鲜公使大鸟圭介搭乘军舰"八重山号",率领数艘军舰和陆战队三百余名士兵赶赴朝鲜。

1894年6月5日,日本根据前一年5月19日颁布的《战时大本营条例》设立了大本营。大本营成员逐渐增加,后囊括了内阁总理、枢密院议长、参谋总长、陆海军大臣、天皇侍从长等军政要员。也就是说,当时的大本营是军政一体的。6月6日,清朝出兵朝鲜的通告到达日本。日本对其中"我朝保护属邦旧例"之语句提出抗议,并当即通过日本驻清朝临时代理公使小村寿太郎,向清朝政府传达了日本也将出兵朝鲜的决定。清朝对日本出兵表示拒绝。但是,日本外相陆奥宗光提出,

小村寿太郎

[①] 当时朝鲜作为清朝藩属国,使用清朝年号。

第九章 明治时代

《天津会议专条》并不具有"行文知照"以外的约束力,而且根据《日朝修好条规》,日本承认"朝鲜国是自主之邦",否定朝鲜和清朝是宗属关系。日本同时强调,日本出兵朝鲜是遵循《济物浦条约》之规定,符合国际法。①6月9日,大鸟圭介率军到达仁川,清军一千余人已在牙山摆开阵势,而大岛义昌少将率领的日军混成旅团也开始陆续登陆。中日双方对峙,剑拔弩张,战事一触即发。6月16日,自"甲申政变"后在朝鲜势力几乎被逐出的日本,向清朝提出了两国共同出兵朝鲜、共同改革朝鲜内政的方案。在提出方案时,按照日本外相陆奥宗光的预判:"清国十之八九不会同意我方提案。"②换言之,所谓提案仅仅是为开战制造借口。果然,6月21日,清朝政府对此方案断然拒绝,理由是:第一,"朝鲜之内乱已经平定,已无日清两国相互协力进行平定之必要"。第二,"朝鲜的改革当由朝鲜自己进行,连中国都对其内政不予干涉,日本原本即承认朝鲜是自主国,理当没有干涉其内政之权利"。第三,"根据《天津会议专条》之规定,事态平息后当各自撤回军队,故此番毋庸置疑,双方理当相互撤兵"。③对此,日本方面表示,日本军队在朝鲜驻留,"不仅是依照《天津会议专条》之精神,而且是朝鲜国善后之策"。为此,清朝方面向日本下了第一份"绝交书"。同时,在京城的大鸟圭介以强大的兵力为后盾,向朝鲜国王提交了内政改革案。

就在双方剑拔弩张、战争一触即发之际,出现了使双方无法即开战端的动向:一是正同日本进行修约交涉的英国外交大臣 K.G. 金伯雷(K. G. Kimberley)出面调停;二是列强有介入事端之危险。但日本决心已下,遂以承诺不在上海周边采取军事行动为条件,婉拒了英方要求。在与英国签署新约后,7月17日,大本营从参谋本部移往宫中,构建了战争指导体制。7月20日,大鸟圭介向朝鲜政府提出了解除与清朝的宗属关系、要求清军撤离等要求,并要求三天内做出答复。在答复的最后期限7月22日,由伊东祐亨为司令长官的联合舰队驶出佐世保军港,大岛义昌指挥的混成旅团则进入京城(汉城)并武装占领了朝鲜王宫,随后战胜清

---

① 陆奥宗光:《蹇蹇录》,载陆奥广告编《伯爵陆奥宗光遗稿》,岩波书店1929年版,第24—26页。
② 陆奥宗光:《蹇蹇录》,载陆奥广告编《伯爵陆奥宗光遗稿》,岩波书店1929年版,第37页。
③ 陆奥宗光:《蹇蹇录》,载陆奥广告编《伯爵陆奥宗光遗稿》,岩波书店1929年版,第39—40页。

军,占领了牙山。中日甲午战争因此全面爆发。

甲午战争过程 甲午战争大致分三阶段。第一阶段是1894年(清光绪二十年、日明治二十七年)7月25日至9月17日,主要是黄海海战和平壤战役。7月25日,东乡平八郎任舰长的日本联合舰队"浪速号",遭遇运送士兵前往朝鲜的英国商船"高升号"。东乡平八郎曾经留学英国,懂得一些国际法知识,认为中日已经发生实质性冲突时,清朝用民用船只运兵违反国际法,要求"高升号"立即停航。但是"高升号"上的清朝官兵禁止英国籍船长停航。于是,东乡平八郎下令开炮,将"高升号"击沉,随后将船长等英籍人士救起,驶离现场。船上一千多名清军官兵遇难。此事件引起国际舆论哗然。英国当时最权威的国际法权威也在《泰晤士报》上撰文指出,日本实是不宣而战,因为宣战前日本已经向清朝开战。① 但是,英国政府却认为,日本此举符合国际法立场。8月1日,光绪皇帝颁布了宣战上谕:"朝鲜为我大清藩属二百余年,岁修职贡,为中外所共知……著李鸿章严饬派出各军,迅速进剿,厚集雄师,陆续进发,以拯韩民于涂炭;并著沿江、沿海各将军督抚及统兵大臣,整饬戎行,遇有倭人轮船驶入各口,即行迎头痛击,悉数歼除,毋得稍有退缩,致于罪戾。"同一天,日本明治天皇发布了明治时代第一份《宣战诏书》:"朕兹对清国宣战,百僚有司,宜体朕意,海陆对清交战,努力以达国家之目的……朝鲜乃帝国首先启发使就与列国为伍之独立国,而清国每称朝鲜为属邦,干涉其内政。于其内乱,借口于拯救属邦,而出兵于朝鲜。"

不难发现,光绪皇帝宣战理由,是清朝和朝鲜属宗藩关系,所以出兵护朝,而明治天皇的宣战理由,却是指责清朝"干涉朝鲜内政"。日本欺世盗名,狼披羊皮,避免了国际舆论的谴责。双方互相宣战后,列强纷纷发表中立宣言。

明治天皇宣战诏书颁布后,日本国内充满了对战争的悲观气氛,东京、大阪的股票和债券暴跌。8月5日,参谋总长炽仁亲王和参谋次长川上操六上奏天皇由甲、乙、丙三个方案构成的作战计划,也显示出谨慎态度。② 初时,日军海上作战遭遇丁汝昌指挥的北洋水师的阻击,进展不顺。但是在陆路,9月1日编制的日本第一军司令官山县有朋,不顾大本营命

---

① 宫内省临时帝室编修局编:《明治天皇纪》第8卷,吉川弘文馆1968年版,第469页。
② 宫内省临时帝室编修局编:《明治天皇纪》第8卷,吉川弘文馆1968年版,第476—477页。

令,采纳了第五师团长野津道贯的意见,于15日向平壤发起总攻,翌日攻占平壤,迫使清军后退。17日,日本联合舰队11艘军舰在黄海大孤山附近海面和清朝北洋舰队12艘军舰相遇。此役,日舰平均航速达19.4节,快于北洋水师军舰。另据英国海军年鉴统计,日舰速射炮的发射速度是原后装炮的6倍,即日本联合舰队的火力,实际上相当于北洋舰队的3倍。开战不久,北洋舰队旗舰"定远号"主炮炮塔被击中起火,提督丁汝昌受伤,信旗被毁。丁汝昌拒绝随从把自己抬入内舱,坚持坐在甲板上督战。混战中,北洋舰队一直冲杀在前的"致远号"受到"吉野号""高千穗号"等集中轰击,多处中弹,船身倾斜。管带(舰长)邓世昌见"吉野号"恃其船捷炮利,横行无忌,愤而说道:"倭舰专恃吉野,苟沉是船,则我军可以集事",命令全速撞向"吉野号"。不幸未及撞上,而且"致远号"右侧鱼雷发射管被击中而引起爆炸。全舰官兵除7人遇救,邓世昌等全部壮烈殉国。"经远号"继续迎战"吉野号"。激战中,管带林永升不幸"突中炮弹,脑裂阵亡"。帮带大副陈荣和二副陈京莹也先后中弹牺牲。最终"经远号"全舰官兵200余人,除16人遇救,其余全部阵亡。黄海海战(又称"大东沟海战"),北洋水师"致远号""经远号""超勇号""扬威号""广甲号"5艘军舰沉没,"来远号"受损严重,官兵伤亡约850人。日本联合舰队旗舰"松岛号""吉野号""比睿号""赤城号""西京丸号"5艘军舰受损,伤亡约240人。黄海海战后,日本夺得了制海权。

平壤之战是双方陆军首次大规模作战,日军分4路围攻平壤。由于李鸿章"先定守局,再图进取"的作战方针,以及清将叶志超指挥失误,左宝贵率领的清军遭到阻击,日军顺利完成对平壤的包围。9月15日,战斗在3个战场同时展开:大同江南岸(船桥里)战场,玄武门外战场,城西南战场。平壤之战以清军大败告终。日军占领朝鲜全境。

第二阶段从1894年(清光绪二十年、日明治二十七年)9月17日至11月22日,主要在辽东半岛进行,另有鸭绿江江防之战和金旅之战。黄海海战后,日本大本营确定了翌年进行平原作战,占领辽东半岛的作战方针,于10月3日编制了由陆军大将大山岩任司令官的第二军,建立了举国一致体制和施行战时财政。

鸭绿江江防之战开始于10月24日。鸭绿江北岸清军共约28 000人。清朝任命宋庆为诸军总统,统帅各军。日军有山县有朋大将统率的第一军,包括桂太郎中将的第三师团和野津道贯中将的第五师团,共约

30 000人。日军先于九连城上游的安平河口泅水过江,并在虎山附近的鸭绿江中流架起浮桥,清军未觉察。日军越过浮桥,向虎山清军阵地发起进攻。清军守将马金叙、聂士成率部抵抗,因势单力孤,伤亡重大,被迫撤出阵地。日军占领虎山。清军各部闻虎山失陷,不战而逃。两天后,日军占领九连城和安东(今丹东)。清朝重兵驻守的鸭绿江防线全线崩溃。

金旅之战和鸭绿江江防之战于11月5日同日开打。当天,大山岩大将指挥的第二军约25 000人在日舰掩护下,开始在花园口登陆,历时12天,清军竟视若无睹。11月6日,日军击溃清军连顺、徐邦道等部,进占金州。7日,日军分3路向大连湾进攻。清军大连守将赵怀业闻风溃逃,日军不战而得大连湾,随后向旅顺进逼。清军首领龚照玙乘鱼雷艇逃往烟台。19日,黄仕林、赵怀业、卫汝成三统领也先后临阵脱逃。22日,日军占领旅顺,制造了旅顺大屠杀,中国死难者约20 000人。旅顺口失陷后,日本海军在渤海湾获得立足点,北洋门户洞开。

第三阶段正式开始于1895年(清光绪二十一年、日明治二十八年)1月20日,结束于2月17日。1月20日,大山岩指挥的日军第二军约25 000人,在日舰掩护下开始在荣成龙须岛登陆,23日登陆完毕。1月26日,日军第二军第二师团和第六师团分别从荣成出发,分南北两路进击,于2月3日占领威海卫。日本联合舰队司令伊东佑亨致书丁汝昌劝降,遭丁汝昌拒绝,日军随后发起攻击。5日凌晨,北洋舰队旗舰"定远号"中雷搁浅,

日本用定远舰的甲板等建造的定远馆大门

但仍作为"水上炮台"发炮抵抗。10日,"定远号"弹药告罄,管带刘步蟾自杀。翌日,丁汝昌拒降自杀。12日,美籍洋员浩威伪托丁汝昌名义起草投降书,派"广丙号"管带程壁光送至日本旗舰"松岛号"。14日,牛昶昞与伊东佑亨签订《威海降约》,规定将威海卫港内舰只、刘公岛炮台及岛上所有军械物资,悉数交给日军。2月17日,日军在刘公岛登陆,北洋舰队全军覆没。

第九章 ● 明治时代

刘公岛海战后,日本海军占领澎湖列岛,进逼台湾,摆开了南进架势;陆路日本陆军占领了辽东半岛并在当地设立了总督府,扬言直取天津、北京,令清政府惶恐。必须提及的是,早在平壤、黄海海战均告败北后,清政府已要求列强介入调停。1895年(清光绪二十一年、日明治二十八年)1月底,清政府派张荫桓、邵友濂作为媾和使节前往日本。日本政府以两大臣未持全权委任状,不符合国际法为由,拒绝与他俩交涉。实际上,日本政府拒绝交涉的真实原因,是想继续扩大战果,在交涉时占据更有利地位。不过,此时日本虽已稳操胜券,但开战后一直在窥探列强动静,担心列强干预。于是,双方开始进行停战媾和谈判。

《马关条约》的签署 1895年(清光绪二十一年、日明治二十八年)3月20日,日本全权办理大臣、首相伊藤博文、外相陆奥宗光,和钦差头等全权大臣、清朝直隶总督、北洋大臣李鸿章,在下关(马关)春帆楼正式进行和谈。根据李鸿章提议,双方首先进行休战协议谈判。日本方面提出了四项休战条件:一是日本占领大沽、天津、山海关等要塞;二是占领地区清军的武器、军需物资交付日本;三是日本支配天津、山海关铁路;四是休战期间日军的费用由清朝负担。①这些条件过于苛刻,李鸿章无法接受,因此他于三天后提出,直接进行议和谈判。但是,在当天会谈结束后,发生了一件意外的事:李鸿章在回饭店途中,遭到反对议和的日本浪人小山六之助(本名丰太郎)阻击。交战国国民试图杀害对方使者的不法行为,令世界震惊,日本"昨天以前还沉浸在战胜的极度狂喜中的社会,仿佛骤然陷入发丧的悲哀境地"。日本全国各阶层人士纷纷向负伤的李鸿章大使表示同情。②面对这种突然的变化,伊藤博文和陆奥宗光担心,如果李鸿章愤而回国,则由此引起的国际舆论必然对日本极为不利,于是一方面要求天皇颁布"朕对此深表遗憾"的诏敕,向中国政府和李鸿章本人表示歉意,一面派军医前往为李鸿章疗伤,同时决定立即宣布无条件休战。他们还努力说服反对休战的萨摩派主要人物藏相松方正义、海相西乡从道、农商相榎本武扬、海军军令部长桦山资纪、参谋本部次长川上操六。同时努力说服新任陆相山县有朋将休战时间定为三周;并力避不属休战范围

---

① 陆奥宗光:《蹇蹇录》,载陆奥广告编《伯爵陆奥宗光遗稿》,岩波书店1929年版,第213页。
② 陆奥宗光:《蹇蹇录》,载陆奥广告编《伯爵陆奥宗光遗稿》,岩波书店1929年版,第219页。

的台湾、澎湖列岛发生战事。①3月30日,双方签署了休战条约。

4月1日,双方开始进行媾和谈判,清朝方面新增了全权大使李经芳(李鸿章之子)。伊藤博文和陆奥宗光要求清朝政府事先不要就条约内容咨询列强,但是日本方面提出的条约内容很快被列强知晓,因此日本政府怀疑此系清朝政府故意透露,以促列强干涉。②

如最终结果显示,日方一开始即欲对清朝提出割地要求。但对如何要求清政府"割地",日本大本营内部和国内舆论,意见并不统一,焦点是陆军觊觎帝都北京之咽喉辽东半岛,而海军则青睐台湾。意见相左既出于战略地位考虑,也出于可能招致列强干预的顾忌。在第八次议会会议上,在野党对外强硬派"狮子大开口",主张要求清朝政府割让盛京(辽宁)、台湾,至少赔款三亿库平银;执政党自由党则主张要求割让吉林、盛京(辽宁)、黑龙江、台湾,扩大通商条约中的特权。在一片漫天要价声中,贵族院恳谈会代表、前农商大臣谷干城向首相伊藤博文提交了意见书,表达了不同看法:"得陇望蜀乃人之常情,但若使之急剧膨胀,则可能招致外人嫉妒,并使清国成穷途末路之鼠,激发其孤注一掷之决心,从而使来之不易之胜利最终美中不足。"在"三国干涉还辽"后,谷干城随即主张放弃辽东半岛,而对台湾则做了如下评价:"台湾土地肥沃,未开发土地颇多,在经济上颇有潜力。"③经过约半个月六次会谈,双方于4月17日签署了媾和和约,史称《马关条约》(又称《春帆楼条约》)。条约共十一款,并附有"另约"和"议订专条"。主要内容有:(1)中国承认朝鲜独立自主,废绝中朝宗藩关系。(2)中国将辽东半岛、台湾及澎湖列岛割让给日本。(3)赔偿日本军费两亿库平银。(4)开放重庆、沙市、苏州、杭州为商埠。(5)日本可以在中国通商口岸开设工厂。签约后仅六天,4月23日,俄、德、法三国驻日公使相继造访日本外务省,提出:"辽东半岛为日本所有,不仅有直接危及清国首府之虞,且将使朝鲜之独立有名无实,成将来远东永久和平之障碍。"④

在"三国干涉还辽"翌日,伊藤博文在广岛召开的御前会议上提出了

---

① 德富苏峰:《公爵山县有朋传》(下),山县有朋公纪年事业会1965年版,第210—215页。
② 陆奥宗光:《蹇蹇录》,载陆奥广告编《伯爵陆奥宗光遗稿》,岩波书店1929年版,第185—186页。
③ 伊藤博文关系文书研究会编:《伊藤博文关系文书》第6卷,塙书房1968年版,第168—172页。
④ 陆奥宗光:《蹇蹇录》,载陆奥广告编《伯爵陆奥宗光遗稿》,岩波书店1929年版,第250页。

如何应对的三项选择:第一,"纵然遭遇新增敌国之不幸亦在所不顾,拒绝俄、德、法之劝告。"第二,"招请举行列国会议,在会议上处理辽东半岛问题。"第三,"完全听从三国之劝告,即刻将辽东半岛交还中国,以示恩惠"。①在议论中,陆海军对第一策的意见是:"内国海陆军备不仅几近空虚,而且经长年累月征战,我舰队自不待言,人员军需均告匮乏,今日罔论应对三国联合海军,仅同俄国海军抗战亦难有胜算。"对第三策则认为:"几无议论必要,令人讨嫌"。最终决定采纳第二策,希望在诸列强会议上求取美、英、意协力。②之所以采纳第二策,主要理由如下:

> 方今之际,帝国所作决定如果失策,则有可能树立清国以外之新敌。因此,对俄德法政府之干涉,若我要求其多少作些修正而其不予听从,亦当尽量听从彼等之劝告,尽早解开时局之葛藤,尽力使清国在预定之日批准条约。如此,万一清国政府对批准、交换条约表示踌躇,则我军队即可获得惩责之自由。若没有这一自由,则恐清国政府或拒绝批准、交换条约,或虽不公然拒绝,但寻找种种口实搪塞拖延,其结果无异于拒绝。因此,帝国即便完全采纳三国政府之劝告,最终仍可拥有彻底实现对清国最初目的之自由。总之,即便对三国全面让步,亦不可对清国退让一步。必须努力使三国政府之干涉事件和清国条约批准事件互不牵连,当将两者分割,采取各单独处置的方针。③

随后,日本发表了关于对华交涉方针的声明,基本内容:一是要求清朝政府支付5 000万两银子作为交还辽东半岛的"补偿金"(后减为3 000万两)。二是在中国第一批补偿金和军事赔偿金支付后,日军撤至金州半岛,第二批支付和通商航海条约缔结和批准后,实施完全撤军;三是承认台湾海峡的自由航行,日本不向他国让渡台湾和澎湖列岛。④

"干涉还辽"成功后,俄、德、法三国进而"劝告"清朝政府中止批准条约。但美国特使、原国务卿约翰·福斯特(John Foster)劝阻了清朝政府的动摇。在双方交换条约批准文本的5月8日,三国派遣了十多艘军舰前往条约批准文本交换地芝罘沿海示威。虽然清朝政府代表伍廷芳和日本政府代表伊东巳代治(内阁书记官长),均接到了本国政府延期交换文

---

① 陆奥宗光:《蹇蹇录》,载陆奥广告编《伯爵陆奥宗光遗稿》,岩波书店1929年版,第253页。
② 陆奥宗光:《蹇蹇录》,载陆奥广告编《伯爵陆奥宗光遗稿》,岩波书店1929年版,第254页。
③ 日本历史研究会编《日本史资料》第4卷《近代》,岩波书店1997年版,第225页。
④ 宫内省临时帝室编修局编:《明治天皇纪》第8卷,吉川弘文馆1968年版,第862页。

本的训令,但再次由于美国特使福斯特敦促两国政府收回训令,双方代表在最后期限5月8日深夜交换了文本,《马关条约》正式成立。5月15日,天皇颁布了交还辽东半岛的诏敕。

受"三国干涉还辽"刺激,日本各党各派的重要人物——中央政社的志贺重昂、立宪改进党的尾崎行雄、立宪革新党的田野伊左卫门、国民协会的柏田盛文、自由党的重野谦次郎……经会谈后一致决定举行抗议活动,并在6月15日以"政友有志会"的名义组织了"反对归还辽东集会",在集会上通过了"三项纲领":一是"为复兴帝国的光荣,应迅速扩充军备、刷新军政";二是"敦促内阁查明归还辽东半岛的责任";三是"扶植朝鲜独立,维持我帝国在该国的地位、势力"。①"抗议"没有奏效。

甲午战后经营 "三国干涉还辽"极大地增强了日本扩充军备的紧迫感。战后,日本统治阶层以军部提出的"坚忍不拔,卧薪尝胆,图军备之充实和国力之培养,以期东山再起"为方针,利用和煽动受到"三国干涉还辽"刺激的民族主义情绪,将以往"维持主权线"的政策,向"扩大利益线"转变。因《马关条约》的签署而获得的相当于日本当时年度财政收入3.87倍的2.315亿库平银(约合3.5598亿日元)的赔款②为日本实施国家战略转变,提供了重要条件。随后,日本进行了以扩充军事实力为目的的产业结构调整。这一调整,史称"甲午战后经营"(日本称"日清战后经营")。"所谓'日清战后经营',是指日本在强烈意识到'三国干涉还辽'后的国际形势的前提下所展开的整体性政策运营。这一运营对日本以后的发展,产生了重大影响。"③

1895年8月15日,藏相松方正义向内阁递交了《关于财政前途之计划的提议》。这份"战后经营的纲领性文件",在经内阁议决后即送交国会讨论。最终,根据松方正义的"提议","岁计约两亿元的划时代的大预算",在帝国议会获得通过。对此结果,当时的《战后财政始末报告》有如下论述:"这一预算与以往八千万元左右的年度预算相比,有空前之增加,完全闯入了一个维度不同的新的世界。""政府制定了所谓'战后经营'计划,以军备扩张为主,求'劝业、教育、金融机关之发达,交通运输之进步',同时以公共投资为中心大幅增加财政支出。"④

---

① 伊佐秀雄:《尾崎行雄传》,纪念尾崎行雄刊行会1951年版,第532页。
② "库平银"又称"库平两",是中国旧制重量单位:1两=37.301克=10钱,16两=1斤。
③ 杉山伸也主编:《帝国日本的经济学》,岩波书店2006年版,第5页。
④ 中村隆英:《明治大正时期的经济》,东京大学出版会1985年版,第85页。

第九章 明治时代

《关于财政前途之计划的提议》的起草者,是大藏省主记官阪谷芳郎。阪谷芳郎是"军事经济并行发达论者"。他认为,"战争一旦结束,即进入所谓武装的和平——必须是 armed peace(武装的和平)时期。在日清(甲午)战争之前是安稳的和平,而在日清(甲午)战争以后,东洋的政局促使我们必须推行武装的和平"。"日清(甲午)战争使我国突然变成了强国之一,并因此增强了宇内各国之猜忌。为此,必须扩充能与强国对应之兵力;充实用于新领地之防务的兵力;防范清朝复仇之兵力等。此等兵备,必须在三五年内完成"。"欧洲列强已改变对我国之外交面目,订立了三国盟约,并开始着手建造能游弋于东洋之坚固船舶。西伯利亚大铁道在五年内当可竣工。我国军备之扩张已刻不容缓"。[①]

以《关于财政前途之计划的提议》的贯彻实施为标志,日本展开了"日清(甲午)战后经营",各项经济指标,随之发生显著变化。

第一,"以军备之大扩充为中心"。在总计5亿元年度财政支出中,20%为陆军扩张费,使日本陆军从6个师团增加至12个师团;42%为海军扩张费,使日本海军舰艇吨位数从5万吨增加至25万吨。

甲午战争前后军费开支变化　　　　　单位:%

项　　目	战前(1890—1893年)	战后(1897—1900年)
中央·地方财政纯支出	9.8	17.3
狭义军费开支	2.1	5.3
广义军费开支	3.2	6.4

注:狭义军费开支是陆军省、海军省经费。广义军费开支是常备国防经费+战争开支+军事扶助费+各类津贴+国债利息。
数据来源:东洋经济新报社《明治大正财政详览》,东洋经济新报社1927年版。

第二,实现兵器、军舰自给,加强与之密切相关的钢铁自给,加强铁道建设。日本政府为此制定了《官营制铁所创办计划》。积极推进1896年颁布的《航海奖励法》和《造船奖励法》,翌年开工建造"八幡制铁所"。制定《国有铁道扩张计划》。进行电信改良。

[①] 故阪谷子爵纪念事业会:《阪谷芳郎传》,同会1951年版,第160页。

甲午战后经营基础设施建设费用　　　　单位:千日元

年　　度	土木事业	海运·造船	铁道建设	电信改良	制铁设施	产业奖励
1896—1897	9 934	3 155	12 843	4 151	1 289	139
1898—1899	12 460	10 268	16 108	3 678	4 758	227
1900—1901	8 151	19 529	34 979	4 158	13 302	886
1902—1903	10 028	48 414	32 536	3 232	1 481	1 481
合计	40 573	81 366	96 406	15 219	20 830	254 394

数据来源:明治财政史编纂会:《明治财政史》,吉川弘文馆1971年版。

第三,加强殖民地经营。

殖民地经营、扩张费用变化表　　　　单位:千日元

年　　度	陆军扩张	海军扩张	殖民地经营	合　　计
1896—1897	46 810	69 278	5 959	122 047
1898—1899	33 270	92 363	10 185	135 818
1900—1901	33 980	56 993	15 350	106 323
合计	114 060	218 634	31 494	364 188

数据来源:明治财政史编纂会:《明治财政史》,吉川弘文馆1971年版。

第四,调整国税和地方税的税收比率,刺激对外贸易特别是进口贸易的发展。

甲午战争前后财税、军费、贸易变化　　　　比率:%

项　　目	战前(1890—1893年)	战后(1897—1900年)
中央国家税收	5.9	3.0
中央地方税收	8.7	8.3
进口	8.1	14.0
经常收支差额	0.0	3.7

数据来源:东洋经济新报社:《明治大正财政详览》,东洋经济新报社1927年版。

第五,1895 年 6 月,日本银行公布了《充分融通生产必要之资本的方针》。以此为契机,日本迎来了继 19 世纪 80 年代之后的"第二次企业勃兴期"。会社数和资本金额逐年增加。

甲午战争前后日本会社数、资本金对照表

年 份	会社数(家)	资本金(亿日元)
1894	2 104	1 384
1895	2 458	1 740
1896	4 595	3 975
1897	6 113	6 113
1898	7 004	6 217

数据来源:日本银行统计局:《明治以后本邦主要经济统计》,日本银行统计局,1966 年版。

随着"甲午战后经营"的推行,日本产业结构发生了显著变化。战前,日本产业以纤维和铁道(非财阀系民间资本),以及矿山(财阀系资本)为中心。战后,"机械、造船、金属、化学、海运、矿山等产业部门(国家资本、财阀资本)开始占据中心地位,这些产业部门和被称为'日清(甲午)战后经营'的国家政策紧密结合,取得了显著发展"。①

第九节　日英同盟和日俄战争

前英国首相亨利·帕麦斯顿(Henry Palmerston)有一句名言:"没有永恒的朋友,也没有永恒的敌人,只有永恒的利益。"他之所以说这番话,是对一些人批评当年英国奉行"光荣孤立政策"的回应。所谓"孤立",实际是"不结盟"。因为这样一可以避免英国被绑上别国的战车,为他国"火中取栗";二可以保持行动的自由,在有国家试图通过并吞其他国家做大做强自己时,进行干预,将英国这个"砝码"放在失衡的天平上,维护英国作为"老大"的世界格局的稳定。但是,随着德国等国家的崛起,英国的"两强标准"即同时对付两个强国的国力,难以为继。同时为了加强在远

---

① 山本义彦:《近代日本经济史——国家和经济》,密涅瓦书房 1992 年版,第 45 页。

东的地位,维护既得利益,想假日本之手遏制俄国在远东的扩张,英国遂决定放弃"光荣孤立政策",与日本结盟。日本当局则认为,德国不可能真的为日本得罪俄国,赞同联英抗俄。面对日益紧张的日俄关系,万一开战,和英国结盟有助于对德国或法国形成威慑,避免其参战。这是认识日英同盟和日俄战争关联性的主要视角。

日俄矛盾加剧　甲午战后,日本通过《马关条约》割占了中国台湾。按照日本著名历史学家竹越与三郎在《台湾统治志》中的说法,台湾是使日本成为"太平洋女王"的"上马石"。日本下一个目标,就是"像匕首一样指向日本列岛"的朝鲜。《马关条约》使朝鲜脱离了和清朝政府的宗藩关系,取得了名义上的"独立"。朝鲜的亲华派失去"靠山"后,转而投靠俄国,令与俄国渐次交恶的日本极为不爽,必欲除之而后快,遂一手制造了"乙未事变"。

　　1895年10月7日夜,朝鲜的日文报纸《朝鲜日报》创办者安达谦藏,带领三十余名日本浪人持武器直扑大院君官邸,将大院君从床上拉起,强迫他宣读日本人拟定的解释这次起事原因的"告谕文",随后强迫他同日本人一同上路。①8日拂晓,这批日本浪人同其他日本武装队伍会合后,分五路直扑朝鲜皇宫景福宫,冲进高宗居住的坤宁殿和闵妃居住的玉壶楼。②在玉壶楼搜寻闵妃时,日本浪人中村楯雄看到一女子慌忙逃避,遂追上去揪住头发挥手一刀,另一个赶来的暴徒藤胜显顺手又砍了两刀,该女子呻吟倒地。日本浪人逢人便杀,但因他们谁也没见过闵妃,无法知晓闵妃是否已经被杀,便用刀架在一个宫女脖子上,令其指认。该女子浑身战栗着告之,闵妃太阳穴处有出天花后留下的痕迹。暴徒遂复查地上各具女尸,发现中村楯雄和藤胜显砍倒的"宫女"的太阳穴处有一痕迹,经多名宫女辨认确定是闵妃后,残忍地对奄奄一息的闵妃进行轮奸。之后,暴徒用棉被把尚未断气的闵妃包起,搬至景福宫东侧鹿园的松林里泼上汽油焚烧,随后将闵妃的遗体残骸抛进水池。因这一事件发生于公元1895年10月8日,干支纪年岁次乙未,史称"乙未事变"。诸多证据证实,策划此次事件的是日本驻清兼驻朝公使三浦梧楼。闵妃死后,高宗李熙成为

---

① 大院君是朝鲜国王给自己没当过国王的生父的名号。朝鲜史所说的大院君,通常指高宗的父亲兴宣大院君李昰应。
② 闵妃本名闵兹映,因为大清属国朝鲜君主的正妻只能称"妃",故称闵妃。后称"明成皇后"。

第九章 ● 明治时代

日本人手中玩偶,朝鲜独立和主权被步步侵夺。

杀死闵妃后,日本在朝鲜匆匆组建了亲日内阁,并精心编造谎言,称闵妃死于内部哗变,竭力摆脱干系。但是,闵妃遇害全过程被朝鲜宫中的美国军事教官戴伊和俄罗斯技师士巴津所目睹。他们揭露了事变真相,引起朝鲜民众极大愤慨。大批朝鲜民众高呼"报仇",发起了史称"乙未义兵"的抗日运动。日本政府为了掩饰罪责,向包括三浦梧楼在内的56名涉事人员下达"退韩令",即利用日本在朝鲜拥有的"领事裁判权",将他们遣送回国受审,后全部释放。之后,日本政府任命小村寿太郎接替三浦梧楼职务。翌年2月11日,高宗李熙乘女性坐轿逃离被日本人控制的宫廷,进入俄国驻朝鲜公使馆躲难,并号召诛杀亲日内阁大臣。这一号召很快得到响应,金弘集、郑秉夏、鱼允中等多名亲日大臣先后被刺杀。

1896年5月14日,小村寿太郎和俄国驻朝公使韦伯签署了一份共有四项内容的备忘录,主要内容为:双方保障朝鲜国王安全、严厉管束日本浪人;劝告朝鲜政府由"宽大温和之人物"组成内阁;由日本宪兵保护京城至釜山的电信线路,至秩序恢复后撤回;俄国同意日本在京城、釜山、元山等地驻军以保护侨民安全。① 5月26日,俄国借沙皇尼古拉二世加冕典礼之际,邀请朝政府派员参加庆典。李鸿章奉旨前往。其间,李鸿章与俄方代表签署了《御敌互相援助条约》,史称《卡西尼中俄密约》,主要内容是清政府同意俄国出于军事目的,铺设最短距离连接彼得堡至符拉迪沃斯托克的铁道"东清铁道"。同时应邀参加尼古拉二世加冕典礼的日本代表山县有朋,则根据日本政府的训令,向俄国外务大臣罗巴洛夫提出建议:日、俄两国以北纬38度线为界,划分在朝鲜半岛的势力范围,南部属日本势力范围,北部属俄国势力范围。日本提出这一建议的目的是避免朝鲜沦为俄国保护国。日本的这点"小心思",俄国自然不可能识不破,当即予以拒绝。但俄国也不想因此和日本撕破脸皮。经过一番讨价还价的磋商,最终双方于6月9日签署了一份强调双方在朝鲜"权利平等"的秘密议定书,主要内容:一是出兵朝鲜须以日俄两国达成一致意见为前提,并在两国军队间设立中间地带避免冲突发生;二是两国享有在朝鲜驻扎同等数量的军队之权利。俄国同朝鲜也签署了试图控制朝鲜的秘密协议:一是由俄国军队保护朝鲜国王;二是俄国向朝鲜派遣军事教官和财政顾

---

① 日本外务省编:《小村外交史》,原书房1980年版,第74—89页。

问;三是俄国向朝鲜提供三百万卢布贷款帮助其偿还欠日本的债务;四是架设俄朝两国间电讯线路。俄国在向朝鲜扩张势力的同时,也持续向朝鲜背后的中国东北扩张。

1896年9月8日,俄国和清政府正式签署了建设东清铁道的协议。12月,东清铁道公司宣告成立。1898年3月27日,双方又签署了"旅(顺)大(连)租借条约"。俄国终于获得了梦寐以求的不冻港,有了"大西伯利亚铁路"最南端出口。之后,俄国全力建设以哈尔滨为中心向四处延伸的铁道网。

1900年,中国发生义和团事件,列强趁机掀起瓜分中国狂潮,组成八国联军入侵中国。翌年,根据《辛丑条约》(日本称《关于华北事变最终议定书》),列强取得了在华驻军权。日本得以在北京、天津、山海关、秦皇岛等地驻军2 600名。俄国不仅也因此协议得以在华驻军,而且以保护建设中的东清铁道为名,在中国东北各地驻军,并和当地官员签署秘密协议,几乎实际掌控了当地的军政大权。

俄国欲从中国东北进入京畿,令清政府不满和担忧。但是,清政府不敢公然与俄国对抗。翌年1月下旬,李鸿章向俄国方面建议,在两国政府层面协商中国东北地区天然资源的利用权益。俄国外相拉姆兹道尔夫称,俄国所为并非想合并中国东北领土,而是将东清铁道置于"国家直接"监理之下。俄正规军在铁道竣工和运行后分三阶段撤出,但治安管理必须由俄方铁道守备队负责。拉姆兹道尔夫提出,俄国的势力范围须划定为长城以北、帕米尔高原以西与俄国接壤地区,要求清政府不得将其势力范围内的权益让与他国,同时要求清政府与其签约,承诺放弃在其势力范围内的铁道铺设权和关税自主权。清政府对俄方要求提出异议,并要求列强对俄国的要求予以干预。

列强对俄国意欲单独控制中国的行径当然不满。美、英、德、日相继对清朝政府发出警告:不得和任何一国签署协议,也不得给予任何一国"有关领土的特别权益"。列强此举显然是"项庄舞剑,意在沛公",真正的警告对象是俄国。但当时美国仍恪守"中立主义"传统,英国陷于布尔战争泥淖无暇东顾,因此真正态度积极的是德国。因为,德国忙于将山东纳入其势力范围、在长江流域建立深入中国内陆的门户,若日本因合并朝鲜而同俄国开战,德国可坐收渔人之利。因此,德国再三向日本保证,尽管德国和俄法两国曾联手要求日本归还辽东半岛,此番若日俄交战,德国一定严守中立。

日英结盟和"满韩交换"论 为了遏制俄国在华扩张,是否应不惜一战?对此,日本统治阶层意见不一。山县有朋内阁的外相青木周藏单独上奏天皇,力主开战,而首相山县有朋则认为,日本国力尚弱,军事和外交准备不足,反对开战。为此,内阁发生分裂,山县有朋不得不宣布内阁总辞职,曾担任日本第一任首相的伊藤博文再度出山,建立了第四届伊藤内阁,并请三菱财阀创始人岩崎弥太郎的女婿即曾任日本驻英国大使的加藤高明出任外相。当时,加藤高明年仅41岁。由少壮派加藤高明主导的日本外交,在对俄关系方面采取了比青木周藏更强硬的立场。1901年3月12日,加藤高明在内阁会议上提出了几项选择,要求首相伊藤博文做出决断:一是对俄采取单独直接的抗议行动,不惜诉诸武力;二是合并韩国,同时阻止俄国分割中国东北;三是一如既往和英美协调,仅对俄停留于形式上的抗议。经过一个多星期的反复探讨,最后伊藤内阁以加藤高明提出的第一个选项为基础,于3月24日向俄国发出最后通牒。当天,英国公开表示,英德协商确定的"领土保全主义",也适用于中国东北诸省,对日本的行动表示支持。①英国的支持增强了日本的"信心"。随后,小村寿太郎公使向清政府承诺:"日本国将为了和平及保全清国而竭尽全力。"受到日本方面承诺后,清政府决定不与俄国签署上述划定俄国在华势力范围的协约,并令清政府驻俄公使珍田捨巳将此决定口头告知俄方。②清政府忽然变得"强硬",令俄国外相拉姆兹道尔夫非常恼怒,他当即要求珍田捨巳转告清政府,协约签署是中、俄两国之间的事,不能听任他国说三道四。当年9月,美国新任总统西奥多·罗斯福也表示俄国的行为有损"门户开放"原则,令日本"抗俄"的底气更足。11月7日,李鸿章去世。庆亲王奕

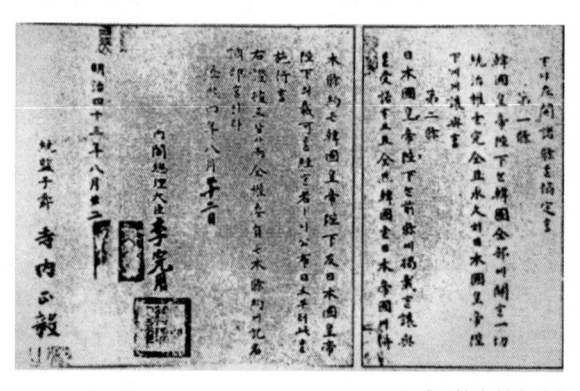

《日韩合并条约》

---

① 日本外务省编:《日本外交文书》第29卷,日本国际联合协会1939年版,第287页。
② 日本外务省编:《日本外交文书》第34卷,日本国际联合协会1939年版,第284—285页。

劻出任清朝全权大使。12月,庆亲王奕劻向俄方提出了协约修正案。面对背后有几个列强支持的清政府,俄国不得不改变在中国东北持续扩张的方针,同意另拟协约内容。

英国长期奉行光荣孤立政策,但是此时的英国为了加强在远东的地位,维护既得利益,想假日本之手遏制俄国在远东的扩张,决定放弃光荣孤立政策,与日本结盟。日本统治阶层的大多数认为,德国不可能真的为日本得罪俄国,万一日俄开战,和英国结盟有助于对德国或法国形成威慑,主张联英抗俄。在说服了认为日英结盟必然开启日俄战争道路的首相伊藤博文后,1902年(明治三十五年)1月30日,日本驻英国公使林董和英国外相兰斯道温,分别代表本国政府,签署了《日英同盟协约》及附属"秘密公文",当即生效。2月11日,双方同时公布了这一协约。协约声明,"两缔约国相互承认清国及韩国之独立",同时表示"英国承认日本在韩国拥有政治上及商业和工业上的特殊利益"。

面对获得西方列强支持的日本咄咄逼人的态势,4月8日,俄国不得不和清政府签署了"交还满洲"的协约,规定俄国军队撤出东三省。但是1903年5月中旬,俄国发生宫廷政变,鼓吹"合并中国东北"的贝索布拉索夫被任命为宫廷秘书(沙皇的常年顾问),俄国外交路线开始向"武断外交"转变。为了做好战争准备,"主战论"者、陆军大臣阿列克谢·库罗帕特金,提出了暂时承认韩国属于日本势力范围的"满韩交换论",并和名为财务大臣实则握有首相权柄的维特达成共识。之后,俄国一方面推进对日协商、禁止在中国东北开港的计划,另一方面采取巩固旅顺口要塞工事等措施。1903年6月,库罗帕特金访问日本,对日本外相小村寿太郎提出,以不分割中国东北为前提,双方再行协商。随后,在旅顺召开的会议上,库罗帕特金和关东都督叶夫根尼·阿列克西耶夫一起,建议贝索布拉索夫"缩小鸭绿江事业"。但是,贝索布拉索夫不予认同,并说服沙皇于8月12日设立了"远东总督府",由阿列克西耶夫担任总督,统辖包括中国东北地区在内的远东地区行政、军事、外交全权,剥夺了库罗帕特金的发言权,意欲加速对中国东北的吞并。

俄国动向所欲何为,日本当然清楚。6月23日,在日本最高当局御前会议上,一些阁僚指出,日本面临两种选择:要么让主张对俄"协商"的桂太郎内阁"退阵",要么采纳参谋本部的意见,在俄国完成战备之前对俄开战,获取"小胜"。7月1日,桂太郎提出了内阁总辞职的请求。天皇听

第九章 明治时代

取了山县有朋和松方正义的意见后,决定留任桂太郎;同时削弱议会权力、建立"举国一致"体制,并大肆开展"举国一致"舆论宣传。但是,当时日本并非"举国一致"赞同对俄开战。日本军内也存在"主战论"和"非战论"两种声音。主战论者的理由是:"将俄国人逐出满洲(中国东北),解放满洲使之成为各国互市场所,使满洲牵涉各国利害关系,成为任何一国都无法染指的中立地带",同时提出:"切实占领韩国,阻止俄国南下;要求俄国返还其租借的旅顺、大连;占领浦盐港堵塞俄国人进出太平洋之门户"。非战论者则认为,"日俄开战应是使国家免遭危机,使国力国权得以切实维护"的"最后的战争"。速战速决缺乏根据,因为日本的兵力和战备状况均不容乐观。经过一番辩论,非战论者以双方战斗力存在差异为依据,提出了"满韩交换论"。按参谋本部次长田村怡与造的说法:"满洲之经营委予俄国,我取韩国。"为了能使"满韩交换论"付诸实施,参谋本部制订了以此为目标进行一场有限战争的计划,由参谋总长大山岩禀报天皇。

9月,外相小村寿太郎拟定了《万一和俄国的和平谈判破裂,我国对清韩两国应采取的方针》,提出了"北守南进"的政策:"北面拥护韩国的独立以保帝国之安全,南面以福建为立足点,将清国南部纳入我势力范围。"10月1日,田村怡与造突然病逝,小村寿太郎继续推行"满韩交换论"。10月3日,俄国回复了日本此前提出的协商案,不仅拒绝日本进入中国东北,而且要求尊重韩国的独立、领土完整;禁止将韩国的内陆、沿岸用于军事目的;设定北纬39度以北(包括平壤、元山)为中间地带。以朝野日益喧嚣的"对俄开战论"为背景,小村寿太郎正式向俄国驻日公使罗森提出了"满韩交换论",要求日俄相互承认:"满洲不属于日本特殊利益范围,韩国不属于俄国特殊利益范围。"同时,小村也显示了一定程度的妥协:保障朝鲜海峡的航行自由、在中韩边境两侧设立50公里中间地带。罗森对小村构想颇感兴趣。10月30日,小村和罗森签署了改定修正案。眼看以"满"易"韩"交易即将成交,12月11日,俄国政府对改定修正案却不予认可。12月16日,日本元老会议做出了在加紧陆海军动员的同时,拖延与俄国交涉的决定,同时积极备战。1903年5月,日本设立了海军军令部,同时修改了十年前制定的《战时大本营条例》,规定战时陆军参谋总长和海军军令部长均是大统帅(天皇)幕僚长,地位对等。这是为海战进行准备的重要信号。

1904年2月4日,日本御前会议做出了开战决定。会后,伊藤博文

日本通史（修订本）

要求美国哈佛大学法学科出身的贵族院议员金子坚太郎，前往美国开展宣传工作，诱导美国舆论反俄亲日。对战争前景持悲观态度的伊藤博文对金子坚太郎说："本次战争陆海军均无胜利可能。这是日本赌国运之战，因此我眼中没有胜败。"伊藤博文对战争前景的看法和陆海军首脑基本一致。也就是说，对战争前景持悲观认识的日本首脑，大多不是避战求和的"懦夫"，而是孤注一掷的赌徒。参谋本部次长儿玉源太郎在金子坚太郎临行前对他说的一番话，就是赌徒心理的反映："由于本次战争胜利的可能性不大，因此如果俄军出兵一万，我军必须以三万之众迎击。总之，一开始就要以三倍之兵力挫敌士气，寒其心胆。"同时，这种悲观也颇有"哀兵必胜"的色彩。山本权兵卫海相在回答对战争前景的估计时放言："我首先有日本军舰可能沉掉一半的思想准备，即便如此，我军仍将获胜。"①

被击沉在旅顺港内的俄国军舰

1904年2月6日，日本向俄国发出最后通牒，当天关闭日本驻俄大使馆，断绝与沙皇俄国的外交关系。断交其实是日本发出的即将开战的信号，但这一信号并没有引起俄国人足够的警惕。2月8日，一艘日本轮船驶入旅顺港。当时，多艘俄国战列舰停泊在港湾里，日本人在几千名俄国水兵的眼皮底下，将居住在旅顺的日本公民带走，包括混迹其中的一名日本秘密特工，而这名特工早已将俄国十三艘巡洋舰和战列舰、四艘驱逐舰的确切停泊位置在地图上一一标出。2月9日夜晚，担任瞭望的俄国水兵发现了三艘战舰，俄军最初以为这些战舰是返回基地的自己的驱逐舰，孰料这是三艘日本军舰。这三艘日本军舰用鱼雷击沉了"太子号"战列舰、"列特维赞号"战列舰和"帕拉达号"巡洋舰。俄国海军随即匆忙展开猛烈

---

① 谷寿夫：《机密日俄战史》，原书房1983年版，第46、47页。

回击,但天色黑暗,日本军舰全部逃逸,仅轻微受损。黎明时分,日本联合舰队在近海出现,并向俄军开火。同时,一支日本分舰队进攻并击沉了俄国停泊在朝鲜仁川港的两艘巡洋舰。

2月10日,在战端事实已开之后,日本天皇颁布了宣战诏书,俄国也于同一天对日宣战。日俄战争正式爆发。翌日,日本在宫中设立了大本营,由山县有朋和大山岩负责军事问题;伊藤博文负责朝鲜统治问题;松方正义和井上馨负责解决财政问题并分别募集内债和外债。①6月20日,甲午战争后建立的东北军总司令部从大本营独立出来,由参谋总长大山岩任东北军总司令,参谋本部次长儿玉源太郎任东北军参谋长,山县有朋转任大本营参谋总长。自此,由东北军总司令部负责前线指挥,大本营负责兵站补给,山县有朋兼任兵站总监。

日俄战争"三功臣"　拿破仑说:"战争的要素有三,第一是钱,第二是钱,第三还是钱。"这句话的含义非常明确,打仗表面上是拼军事实力,实则是拼财政金融实力。然而,当时日本财政状况非常拮据:银行库存资金只有1.17亿日元,支付进口货款后仅剩0.52亿日元。日俄战争至少需要4.5亿日元军费。②因此,无论元老、政府首脑,还是陆海军首脑,首先考虑的问题是如何筹措军费。2月24日,日本银行副总裁高桥是清被派往美国,名义上是去美国进行市场调查,实际是探求发行战时国债的路径。指标是1亿日元。在送别高桥时,井上馨含着眼泪对高桥是清说:"你如果不能顺利募集到外债,军费问题将无法解决,日本将遭受灭顶之灾。"但是,高桥到了纽约后发现,他所承担的任务比预想的更艰巨。因为,当时的美国正处于产业振兴高涨期,正竭力引进外资,让美国人购买日本国债,怎么可能? 于是,高桥便去了伦敦,想通过日英同盟这层关系,获得英国方面的支持。但是,伦敦资本市场,日本在日俄战前发行的利息4%和5%的公债一再暴跌。英国舆论认为,这场战争日本必败无疑。如果贷款

---

① 1894年6月5日,即甲午战争前夕,日本根据前一年明治天皇颁布的《战时大本营条例》,设立了大本营。1896年4月1日,大本营奉诏解散。1904年2月11日,日本再次设立了大本营,1905年12月20日奉诏解散。1937年7月7日卢沟桥事变爆发后,天皇颁布了第658号敕令,废止了大本营只能在战时设置的规定。当年11月20日,日本再次设立大本营,1945年9月13日撤销。

② 日本在日俄战争中实际耗费军费,陆军是12.2亿日元,海军是2.4亿日元,加上各省厅的费用等,总计达19.5亿日元。

给俄国,俄国有土地和矿山可以作为抵押,但日本啥都没有。但高桥并不气馁,最终使英国同意由银行购买500万英镑(合0.5亿日元)日本战时国债,年利率6％、偿还期7年,以日本关税收入作为抵押。英国之所以愿意贷款,是认为万一得不到关税,还可让日本以"六六舰队"作为抵押。

筹集1亿日元的任务完成了一半,另外0.5亿日元如何筹措?就在高桥是清一筹莫展时,全美犹太人协会会长、著名金融家雅各布·希夫(Jacob Schiff)向高桥伸出援手。当时,雅各布·希夫正好在伦敦,得知高桥此行任务后,第二天即派属下前往拜访高桥,表示愿意为日本提供帮助,条件是余下0.5亿日元战时国债必须全部在纽约发行——这几乎谈不上是条件。雅各布·希夫之所以愿意帮助高桥,是因为俄国有500万长期遭受压迫的犹太人。日俄战争爆发后,俄国各地即发生了大规模屠杀犹太人事件。另一方面,当时俄国正处于1905年革命前夜,俄国罗曼诺夫王朝已处于风雨飘摇之中。希夫和很多犹太人一样,希望日本能够战胜俄国,从而使犹太人获得拯救。之后,雅各布·希夫还呼吁世界各地的犹太人和纽约所有银行购买日本战时国债,使高桥在美国和欧洲陆续发行了2亿美元,而且条件也日渐优惠。开战初期,资本市场的公债利息是2％,但日本战时国债的利息是6％,偿还期7年。在日本取得旅顺战役、奉天战役、日本海海战的胜利后,利息降到4.5％,偿还期20年。在为日俄战争筹集的所有款项中,高桥是清一人筹得的军费占42％。日本战时在海外发行的国债,约半数是犹太金融资本家,特别是受洛克菲勒石油财团支持的"洛克菲勒普通教育委员会"出资购买的。按《日俄战争秘史》中的说法:"雅各布·希夫在日本进行一赌国运之战的日俄战争中,发挥了重大作用。"

1904年2月24日和高桥是清同时被派往美国的,还有贵族院议员金子坚太郎。但他所承担的任务和高桥截然不同:不是去筹钱,而是去请他的校友、美国总统西奥多·罗斯福出面斡旋,调停日俄战争。因为,明治政府的元老们很清楚,由于日、俄两国综合国力相差悬殊,如果开战,必须速战速决并见好就收,即时媾和。由谁出面斡旋促成两国媾和呢?经过反复研究,他们一致认为请美国总统西奥多·罗斯福出面调停最合适。于是决定将这项任务交给金子坚太郎。

明治四年(1871年),金子坚太郎跟随岩仓使节团赴美留学,后毕业于哈佛大学,是《大日本帝国宪法》四名主要起草者之一(另外三名是伊藤博文、井上毅、伊东巳代治），曾担任明治政府农商务大臣，既有知识学养，也有为官经历。更重要的是，金子坚太郎不仅在美国生活了八年，是个"美国通"，而且和美国总统西奥多·罗斯福同为哈佛大学毕业，尽管当时金子坚太郎和老罗斯福并不认识。最初，金子坚太郎表示"我完全没有自信"，不愿承接这项任务。因为，金子坚太郎知道，美国南北战争时英国支持南方，俄国支持北方。美国当政者为此一直对俄国心存感激。美国不少大人物和俄国贵族有包括姻亲关系在内的各种关系。俄国的军需品也主要向美国购买。美国政府怎么可能偏向日本？但是，伊藤博文对他说："你现在不应该考虑成败，而应该为了国家挺身而出。尽自己最大努力。"金子坚太郎被伊藤博文说服了。在哈佛大学留学时，和金子坚太郎住同屋的外务大臣小村寿太郎对金子坚太郎说：第一，要让美国方面了解，日本为了达成妥协用尽了各种手段；第二，要让美国明白，俄国宣扬"黄祸论"是为了抹黑日本。经过努力，5月底罗斯福首次对金子坚太郎表示："我认为，俄国也已经到了不得不考虑如何结束战争的时刻。我愿意尽力为双方的和谈进行斡旋。"当然，罗斯福之所以愿意为日俄媾和斡旋，更主要是因为美国奉行"门户开放、机会均等"政策。日本政府表示，"将在满洲维持门户开放主义"。俄国试图独占东北的野心，也损害了美国的利益。另外，俄国花钱在纽约的报纸上大做文章，使用"黄色的小猴子"等侮辱性语言，渲染"日俄之战是黄种人对白种人的挑战"。但美国是个多元的移民国家，金子坚太郎积极组织反击，特别是大打"悲情牌"、施放"催泪弹"，使俄国的那种宣传产生了明显的反作用。伊藤博文曾对金子坚太郎说，"唤起美国人民的同情，使他们成为战争后援"。金子坚太郎没有辜负这一期望。

日本驻俄国公使馆武官明石元二郎，也是日俄战争的主要功臣。日俄开战之际，参谋本部次长儿玉源太郎即指示明石元二郎，"在俄国建立谍报网"。根据这一指示，明石元二郎在彼得堡、莫斯科、敖德萨等俄国主要城市，各安排了两名间谍。明石元二郎还命令东欧的七名间谍秘密潜入俄国，并通过芬兰革命党领袖西利亚柯夫，在瑞典陆军中建立了情报网。在鏖战正酣的9月6日，芬兰沿海有一艘船触礁，船上藏有大量手枪和子弹，引起骚动。欧洲各大媒体以"怪船"为关键词进行了报道。实际上，那是明石元二郎购买的2.5万支手枪和400万发子弹，用以支持俄国的反政府人士从事颠覆活动。继儿玉源太郎担任参谋次长的长冈外史少将,曾给明石元二郎汇款100万日元(相当于现在的80亿日元)。根据原关东军副参谋长今村均大将的证言,日俄战争时关东军的情报费用达600万日元,可见日本对情报工作的重视。

从开战至媾和 日俄战争由一系列战役构成,但最关键的是三场战役:旅顺战役、奉天会战、日本海海战。

日本为攻占旅顺要塞,专门编制了第三军,由乃木希典任司令官,同驻守旅顺、以斯特塞尔为要塞司令的俄军较量。旅顺一役,日军共发动了四次总攻,战况极为惨烈。1904年7月26日至7月30日,日军第三军以伤亡约4 000名官兵的代价,迫使俄军撤回要塞内。但是在8月19日至8月22日,日军发动第一次总攻时便损失了约1.6万名官兵。9月19日至9月22日,日军依靠大本营为攻占城市制高点二零三高地而专门提供的口径28厘米重炮,发起第二次强攻。但直至倒下约900名官兵,仍仅占领3个工事。大本营随后派出了国内仅存的唯一野战师团第七师团,前往增援。11月26日,日军发起了第三次强攻,但仅攻占了几个次要工事。翌日,不仅突击部队全军覆没,前往增援的第七师团也仅存1 000余名官兵。12月1日,东北军总司令部总参谋长儿玉源太郎视察前线,呈现在他眼前的是"自山坡斜面至山麓,到处是烧成一团漆黑的我忠勇将士之尸体,场景极为惨烈"。① 但是,大本营发出指令:日本海军将同俄国波罗的海舰队进行决战,必须在12月10日吸引住封锁旅顺的俄海军军舰。为此,东北军总司令部采取了由儿玉源太郎取代乃木希典担任指挥的非常措施,并命令采用重炮轰击的战法。12月5日,日军在儿玉源太郎指挥下,发起了第四次总攻,主要攻击方向就是二零三高地,最终以伤亡约8 000人的代价攻占了二零三高地。日军为攻占这一高地,共伤亡约1.7万人。随后,日军在高地上通过以电话纠正偏差的方式,用28厘米口径的重炮对俄军进行轰击,不仅将停泊在船坞的俄国舰艇全部击沉,而且摧毁了市内的造船厂。12月15日,俄军

乃木希典

---

① 日军参谋本部编:《明治三十七、三十八年秘密日俄战史》,博文馆1965年版,第30—31页。

指挥官孔德拉坚科同其最密切的助手一起阵亡。1905年1月2日,俄军旅顺要塞司令官斯特塞尔宣布投降。回国后,斯特塞尔因"在敌人面前懦弱"而被监禁十年。

2月23日,约25万日军和约37万俄军进行了奉天会战,双方伤亡人数总计超过13万人。3月15日半夜,日军占领了铁岭,将俄军驱赶至四平,取得了奉天会战的胜利。

在陆上鏖战正酣时,俄军统帅部将波罗的海舰队(第二、第三太平洋舰队)陆续派往远东,双方展开了日本海海战(又称"对马海战")。

1905年5月14日,由50艘战舰组成的波罗的海舰队驶出法国领安南金兰湾,向对马海峡驶去。双方于27日下午在对马海峡遭遇。当时,日本联合舰队侦察舰"信浓号",向旗舰"三笠号"发去电文:"天气晴朗,风浪很高。"这是暗语:前面发现敌情。收到电文,联合舰队司令东乡平八郎当即命令"三笠号"打出"Z"信号旗。这是向全舰队发出的指令:"皇国兴废在此一战,期盼诸君奋勇努力!"原来,东乡平八郎曾留学英国,非常敬佩特拉法尔加海战中大败法西联合海军的霍雷肖·纳尔逊将军。他的这个旗语即改编自纳尔逊在特拉法尔加海战决战前打出的旗语:"英格兰期盼每个男儿恪尽职守!"(England expects that every man will do his duty!)

随后,东乡平八郎采用日本海军士官学校教官秋山真之首创的"丁"字战法,命令联合舰队各舰"敌前大转弯",形成"一"字排开的队形,集中各舰炮火,逐一轰击呈"|"字纵向队形驶来的敌舰,将其逐一击沉。翌日,战事基本结束。罗泽德斯特凡斯基海军上将指挥的俄国第二太平洋舰队38艘战舰被摧毁或捕获,而日本联合舰队仅损失3艘鱼雷艇,成

日俄战争日陆海军指挥人员(前排左四为东乡平八郎,左五为乃木希典)

为世界海战史上战损比最悬殊的一场海战。东乡平八郎因此被尊为"军神"。

早在1904年(明治三十七年)4月8日,即开战仅两个月,日本内阁会议即决定尽早实现令日本满意的和平。因为,日本当局很清楚,以日本的综合国力,难以进行持久战。4月21日,内阁会议决定了三个媾和必要条件:朝鲜半岛由日本自由处置;在一定期限内日俄同时从东北撤军;辽东半岛租借权和哈尔滨至旅顺间的东清铁道让渡给日本。另外还决定了努力争取的条件:战争赔款和让渡库页岛(日本称桦太、俄国称萨哈林。为叙述方便,以下统一称库页岛)。

确实,日本虽然取得了三场战役的胜利。但是战争动员已达极限。在此之前,3月23日,参谋总长山县有朋呈首相桂太郎的《政战两略概论》意见书,陈述了日军战斗力的严重不足。意见书写道,日本13个师团全部上了前线,国内已没有正规的预备役兵力。山县有朋强调:"不能期望在军事上取得更大胜利,应趁有利时机尽快展开媾和交涉。"这一意见获得内阁一致赞同。于是,外相小村寿太郎向日本驻美国公使高平小五郎发出指令:争取以罗斯福总统"主动"而非受日本"请求"的方式,开展媾和工作。

罗斯福同意斡旋,但如何让始终态度强硬的俄国沙皇同意媾和?经过一番深思熟虑,罗斯福指示美国驻俄国大使乔治·梅耶,让他转告俄方:"如果俄国同意媾和,美国一定保密,并让日本也同意媾和。"此时,俄国各地工人罢工此伏彼起,敖德萨军港的"波将金号"军舰士兵发生哗变,俄国政局不稳。德国和法国担心内忧外患的俄国政权一旦倒台,贷款将付诸东流,也一再"劝告"沙皇尽快结束战争。面对各种压力,沙皇强硬的立场开始软化。6月2日,《大阪每日新闻》以《罗斯福总统调停,日俄将举行和平谈判》为题,进行了报道。

6月30日,日本通过了关于媾和方针的内阁决议,指示全权代表小村寿太郎:除了上述"三个媾和必要条件",其余事项由小村根据情况自行裁量。小村是个心思缜密的家伙。奉天战役结束后,参谋本部次长长冈外史主张占领库页岛,陆军首脑们认为那样将分散兵力,表示反对。但小村认为,如果占领库页岛,将为媾和提供非常重要的砝码。7月7日,日军在库页岛南部登陆,至月底占领了整个库页岛。事后证明,这一行动成为日本和谈的"王牌"。

第九章 ● 明治时代

8月10日,日本全权代表小村寿太郎外相和俄国全权代表、前财务大臣谢尔盖·维特伯爵,在美国新罕不什尔州港口小城朴茨茅斯,开始举行媾和会谈。在库页岛问题上,双方发生了冲突。面对日本要求割让库页岛的要求,维特表示:"只有战败投降才割让领土。俄国并没有投降。"眼见和谈陷入僵局,阴险狡诈的小村提议,库页岛问题放一放,先谈其他问题,随即提出了前文所说的三个媾和条件。经过一周交锋,俄国同意了前两个条件,并对第三个条件提出修正:将让渡给日本的东清铁路,从"哈尔滨至旅顺"缩短为"长春至旅顺"。几天后,经过一番"拉锯战",维特提出日本让出库页岛北部,但小村得寸进尺:"如果让出库页岛北部,俄国须给予12亿日元资金作为补偿。"维特询问小村:"如果俄国同意割让整个库页岛,日本是否放弃赔款要求?"小村回答道:"要求日本放弃赔款和要求日本放弃整个库页岛一样困难。"

日俄战争后,日俄军人举行东清铁道南段(南"满"铁道)交接

8月26日,维特预订了9月5日德国客轮的船票,释放出"谈不成就走人"的信号。小村也向日本政府发报:"和谈即将破裂。倘若在赔款和库页岛问题上让步,则意味日本向俄国屈服。因此,当决意继续进行战争,待以后再伺机和谈。"但是,现实已不容日本"继续进行战争"。根据参谋总长山县有朋的报告,俄国正从欧洲不断增派部队前往对日前线,

人数已达日军三倍。而且如果战争继续进行,至少还需要17亿日元至18亿日元军费,否则日军将弹尽粮绝,全军覆没。面临这种困局,内阁成员一致同意做出让步。首相桂太郎在经天皇宸裁后,于20点37分给小村发去急电:"内阁决议,放弃割让库页岛和赔款两个条件,尽快缔结和约。"同时命令小村:"首先放弃赔款,再根据情况决定是否放弃土地割让要求。"孰料,由于俄国正处于1905年革命前夜,国内局势紧张。沙皇比日本政府更急于媾和,他向美国驻俄大使乔治·梅耶表示:"赔款的要求断不可接受。虽然俄国拥有库页岛已30年,但可以考虑将南半部划给日本。"美国即刻将沙皇的这一态度告知日本的同盟国英国。英国驻日大使麦克唐纳迅疾告知日本外务省通商局长石井菊次郎,石井立即向外务次官珍田捨巳汇报。未等日本政府做出决定,获知这一消息的外务省电信课主任币原喜重郎(后成为日本首相)见时机急迫,立即给小村寿太郎发去急电:"此前电告的政府训令暂缓执行。待后续指令。"

　　随后,首相桂太郎给小村发去了最终训令:"告知俄方,日本政府根据独自立场决定放弃赔款和库页岛北部。"当时维特准备,如果小村在赔款问题上咬住不放,即刻命令随员:"去将俄国的香烟拿来。"这是暗语,意思是"立刻发报,告知谈判破裂"。随后,中国东北边境的俄国军队将向日军发起攻击。维特事后回忆道,当小村提出日方要求时,"我不由得瞬间愣住了。随后,我走出会议室宣布,诸位:和平实现了。日本做出了全面让步"。

　　和约签署后,东京即刻发生了"反对屈辱的媾和"的骚乱。愤怒的"爱国群众"袭击了内务大臣官邸、国民新闻社等,捣毁和焚烧了364个警察派出所和13个教堂。"爱国群众"哪里知道,如果继续打下去,已濒临弹尽粮绝境地的日军,根本没有取胜的可能。

第十节　文明开化后的社会风俗

　　作为明治维新三大方针之一的"文明开化",包括"移风易俗"。但是,与性有关的"风俗"几乎"依然故我",并没有被"移"走。这是为什么?日本文化人类学家祖父江孝男指出:"在日本人的性意识中,具有讴歌性的自然主义享乐,以及覆盖在这种基础上的儒教的严格主义。即日本人的性意识具有两者共存的二元性特征。"①所谓"儒教的严格主义"是指程朱理学。程朱理学集大成者朱熹强调,"存天理,灭人欲"。"饮食,天理也。山珍海味,人欲也。夫妻,天理也。三妻四妾,人欲也。"在朱子学影响日本之前,日本风俗已然形成,这种风俗就是"讴歌性的自然主义享乐",朱子学只是一种表面的"涂层"。明治维新以后,特别是在"脱亚入欧"的社会风潮影响下,包括朱子学在内的儒学在日本的地位全面下降。在这种社会背景下,附着于"自然主义享乐"的"涂层",能不脱落?

祭祀·混浴·裸体 一个民族对于性的态度,与这个民族的宗教具有密切关系。基督教和佛教都要求抑制人类的本能——性。在西方的创世神话中,上帝创造的亚当和夏娃"偷食禁果"是一种罪孽,因此基督教认为,人生而带有原罪。因此,基督教有禁止婚姻以外任何性行为的清规。天主教主教、神父、修女更是终身不婚。佛教有包括"戒色"在内的五戒,僧侣不能婚娶。但日本土著宗教神道没有这些清规戒律。被誉为"神道的圣经"的《古事记》,有35处直接提到性。作为日本"创世神话"的神代记,更是对男女媾合热情讴歌。日本独创的净土真宗主张"僧俗一如",僧能娶妻。

日本从古至今,性器官作为生产的象征受到崇拜,性爱被视为神圣和精力旺盛的标志。日本有抬着神的性器官象征物游行的习俗,一方面为了驱邪,一方面表示对神的崇敬,使神快乐,俗称"神乐"。神道是以祭祀、祈祷为特征的宗教,显示出"万物有灵"的特征。和神道相关的各种"祭",即日本的民俗礼仪或庆典,往往通过生殖崇拜显示对生命力的崇拜。很多"祭"如同放纵和宣扬性开放的"狂欢节"。日本很多"祭"是日本民俗文化的重要组成部分。按照日本著名作家三岛由纪夫的评价,"祭是一种人类与永恒世界的庸俗交配。这种交配只有通过如'祭'这种以敬神为名的淫荡活动才能进行"。

"祭是延续祖先的血脉"。将性交作为"祭"并进行公开宣扬,就是因为"祭"和"性"有密切关联。据学者考证,早在两千年前弥生时代的农耕部落,日本的先民就常常在田间小路上性交,这种风俗行为后来演变为一种宗教仪式,变成一种神道节日,叫"御田祭"。文明开化并没有将其革除,该节日沿袭至今。另外,日本横滨市鹤见区的鹤见神社,每年5月的

---

① 石川弘义、野口武德:《性》,弘文堂1974年版,第85页。

第一个星期日都举行"水田祭"。"水田祭"有个仪式是一男一女戴着面具登场,男的叫"放鹤",腹前吊着一个长约二尺、用稻草结成的棒状物。女的叫"龟藏",腹部隆起。"水田祭"生殖崇拜的象征意义,非常明显。爱知县冈崎市珑山寺,每年1月7日要举行"田乐",先是由"福太郎"和"壶女"表演插秧,然后在一张铺开的草席上枕着农具睡觉。在似睡非睡时,"壶女"会大声喊叫:"啊,我怀孕啦!"这显然将女子怀孕和水稻灌浆联系在一起。"田乐"也没有因为文明开化而被"化"掉。日本冈山县西大寺市有"裸祭节"。"裸祭节"又称"会阳节",是日本三个最古老的民俗节日之一,发端于江户时代末期,在每年2月的第三个星期举行。举行"裸祭节"时,上千名男子裹着类似于"丁字裤"的缠腰布裸奔,争抢"宝木"。"裸祭节"也经历了明治时代传承至今。

文明开化以后,许多日本年轻人结婚时仍前往神社。他们的姻缘需要服从神的旨意。希望能够找到意中人的年轻人,要向神祈祷。直至今天,日本依然有"结缘神"信仰,遑论明治时代。由于最初的"结缘神"是天照大神的弟弟素盏鸣尊和稻田姬,而敬奉二神的是出云的八重垣神社,因此,奈良县素盏鸣神社和相邻的稻田姬社,每年1月10日都要举行"挂网祭"。仪式中,"女方"抬着长达一丈五尺的稻草制女阴模型,前往素盏鸣神社,到达神社后将女阴模型挂在神社左侧的大树上。然后"男方"则将长达一丈的稻草制男根模型挂在神社右侧的大树上,最后在众人的欢呼声中,阴阳进行媾合。

日本"性的自然主义享乐",很多是在大自然中尽情享乐。明治时代,爱知县的一些地方每年春季仍举行叫"御山"的集会。那时,很多男女都穿着整洁,背着割草的篓子,唱着乡间民谣,到山里去寻欢作乐。如果青年男女相约相守终身,他或她的父亲必须同意。如果无法缔结婚约,特别是女孩,会遭到乡邻嗤笑。因此,在此之前,她父亲会因为担心而提前做好准备,具体做法就是在去山里之前,或私下和某个小伙约定,或从邻村借个小伙,让他向自己女儿求爱。如果男女双方约定,就在山野里"野合",然后在当年秋天的"氏神祭"举行结婚仪式。茨城县一些地方也有类似习俗。那一带的夫妻一多半都是通过这种方式结合的。

安政元年(1854年),日本结束了"锁国时代"。叩开日本国门的美国东印度舰队司令培理准将在《日本远征记》中写道:"日本人对于赤身裸体根本不当回事,女人赤条着身子与男人出入一池。看着他们乱七八糟的

第九章 ● 明治时代

混浴场景,谁能相信这里还有道德廉耻? 比起东亚其他民族,日本真是个非常放荡的民族。"老美如此看日本人,那可是大事。因为,按照三岛由纪夫的说法,"西洋人看来无聊的东西统统废止,西洋人看来蒙昧的、怪诞的、不好看的、不道德的全部要废止,这就是文明开化主义"。既然混浴遭到洋人鄙视,那必须禁止。于是,明治政府在明治二年(1869 年)、明治三年(1870 年)连发禁令,禁止混浴。但依然是有令不行,有禁不止。1872年 4 月,根据中央政府部署,各府县张贴布告,禁止男女混浴。同年 11月,明治政府再次发布公告,宣布对违反规定者处以罚金,随后又发布了《汤屋管理规则》,禁止男女混浴。1900 年 5 月 24 日,内务省发布《营业汤场的风纪管理》,规定"12 岁以上男女不得混浴。违反此规定营业者,处 25 日元以下罚金。如发现 12 岁以上男女混浴,对经营者处 25 日元以下罚款"。由各地警察机构参照执行。25 日元相当于当时 2 500 人的浴资,处罚之重可见一斑,但是"上有政策,下有对策"。有些经营者依然巧立名目,暗中提供男女混浴服务。摄津、宝冢等地的"家族温泉""特别汤",就是此类场所。文明开化的目的是移风易俗,但旧俗之顽固,岂是一纸文告能够禁绝的? 时至今日,混浴经历了文明开化的的荡涤,仍以各种方式顽强存在。

提到混浴的赤身裸体,有必要谈一下服装。明治维新文明开化以后,虽然"洋服"迅速普及,但内裤在女性中并没有普及,因为她们都感到穿着不舒服。孰料,一次与穿不穿内裤生死攸关的事件,改变了这一旧俗。1932 年 12 月 16 日上午 9 点左右,建成仅一年多的百货店"白木屋"发生火灾。起火原因是当时正值圣诞前夕,店内一棵圣诞树上的灯泡发生故障,一名电工发现后立即进行修理。由于操作不慎发生短路,火星引燃易燃物品,酿成火灾。店员和顾客慌不择路,有的逃到大楼顶层。消防人员让他们拉住安全带慢慢往下滑。由于很多女性和服里面是不穿内裤的,风一吹,和服翻卷,"春光外泄"。她们慌得只能一只手拼命按住裙摆,仅靠一只手拉安全带。最后统计,这场大火共造成 14 人死亡,500 多人受伤,其中 40 人重伤。死者中男性 6 人,包括那名电工。女性 8 人都是从高处跌落致死。日本报纸报道称:"穿不穿内裤,决定日本女性的生死。"昭和时代都还没穿内裤,那明治时代呢?

那么,日本女性是直接裸体套和服吗? 也不是,她们也有内衣,叫"下带"。《武道传来记》称女人的"下带"为"隐耻",意思就是遮蔽耻部也就是阴部。后来,女性的"下带"统一称"腰卷"。不过,根据《嬉游笑揽》记载,"腰卷"一词直到进入明治时代的19世纪初才出现,原先是侍女服侍主君沐浴时,为了不弄湿衣服而将下摆束在腰间的一根带子。但是,作为女性"下带"的"腰卷",和男性的"下带"明显不同。"腰卷",原是比较长的一块布,顾名思义,是卷在腰间的,脱掉时也是解开,而不是像裙子那样往下褪。最初,"腰卷"是上流社会女性的衣着,后来逐渐向民间普及。那些死于白木屋火灾的女性,也都穿着"腰卷"。"腰卷"外面穿的是"和服"。为前一章所述,"和服"样式最初是受到三国时代中国江南服装的影响。日语中有"吴服"一词。其实,"吴服"原先不是服装,而是做服装的绸缎面料。"和服"一词也是在江户时代以后产生的,以区别于"洋服"。明治时代"洋服"开始流行,但重要节庆日日本人依然喜欢穿"和服"。

明治五年(1872年),明治政府颁布了《违式诖违条令》(《违反规定处罚条令》)。法令第一条即规定,"犯违式之罪者,处以150钱以下75钱以上罚款"。第22条规定,"不可裸体、袒胸露腹"。明治五年(1872年)初夏,《报知新闻》报道了一件事。那天,东京数寄屋町一家妓院有个妓女,在参加了"祭"后回到屋里。因为天气炎热,她脱掉外出穿的衣服,换上了"腰卷"。这时,一个警察大喝一声"违反违式条令",猛然闯进了屋子。为什么说她违法?因为,她穿着"腰卷"的身姿,窗外能够窥见。警察随后将她带走。但具有讽刺意味的是,或许为了强调"证据确凿",警察不许她换装,也不许她穿上外衣。1889年1月,日本《国民之友》杂志刊载了山田美妙斋的历史小说《蝴蝶》。小说以"源平争乱"后平家的没落为背景,叙述一个官家女儿的爱情故事。小说中有一幅渡边省亭画的裸女插图。这是明治维新后,裸体画首次登上日本的杂志。这说明时代气候变了,原先的《违式诖违条令》虽未被废止,但已形同虚设。

1892年,世界著名的人体美学专家C.H.休特拉兹(C.H.Shetlaz)到了日本。一位高官请他到自己府邸观赏日本式脱衣舞:四个日本年轻女性在三弦的伴奏下,一边跳舞一边褪去和服,最后将胴体展现无遗。主人告知这位外国专家,为什么要请他看日本式的脱衣舞:"日本女性由于平时穿着将身体遮盖得严严实实的和服,无法窥见她们体态的美和肉体的运动。"专家听了这番话,表示了真诚的感谢,说主人实在太了解自己的需求了。回国后,C.H.休特拉兹将这段经历以栩栩如生的笔调,写进了他的名著《妇女服装论》。1912年(明治四十五年),日本兴起了被称为"冒险摄影"的"裸体摄影"热。同时,艺术家努力使自己的画作贴近"写真"(日语"写真"即"照片")。例如,安井曾太郎的《孔雀和裸女》,被称为"不朽的名作"。

关于通奸和卖淫 明治初年,日本依然没有实行一夫一妻制,而且妻和妾的法律地位有所下降。根据明治三年(1870年)颁布的《新律纲领》,父母和子女属于"一等亲",妻妾属于"二等亲","如果通奸,妻妾无别"。同时规定,如果正妻没有儿子,妾的儿子享有继承权。之后,随着主张一夫一妻制的基督教传播的解禁,以及随着自由民权运动的展开,1882年,政府规定对妾付出的劳务,必须支付报酬,即丈夫和妾的关系被降格为"劳务雇佣关系"。

明治五年(1872年)至明治九年(1876年),被誉为"国民教师"的福泽谕吉发表了由17篇文章构成的《劝学篇》,其中第八篇竭力主张"男女同权论"和"一夫一妻主义"。福泽谕吉指出,妻妾同居的家不是人类的家,而是畜类的栏。1876年,民权主义者土居光华发表了《文明论女大学》,对主张三从四德的贝原益轩的《女大学》进行了激烈批判;强调自由恋爱和婚姻当以爱情作为基础,父母也不得干涉;主张实行"一夫一妻制"。明治时代著名的启蒙组织,即以森有礼为首结成的进步思想家团体"明六社",创办了机关杂志《明六杂志》。该杂志的主要论题之一,就是宣传"一夫一妻主义"。经过长期争论和较量,1898年公布的"明治民法",终于立法规定一夫一妻。另一方面,江户时代的刑法被废除。根据"明治刑法"第一百八十三条,若通奸中女方的丈夫提起诉讼,通奸的男女双方均处以两年以下有期徒刑,但是通奸中男方的妻子不享有这项权利。

曾轰动日本社会的著名诗人北原白秋的"通奸事件",是明治刑法颁布后处置"通奸"的极好案例。1912年,年仅26岁、被著名作家石川啄木誉为"当今唯一的诗人"的北原白秋,因为与《中央新闻》社会部摄影记者松下长平23岁的妻子松下俊子"通奸"而被捕入狱。北原白秋和松下家是邻居。由于松下长平不仅经常将情人带回家里,而且对妻子松下俊子日趋冷淡。俊子非常苦恼,经常向北原白秋倾诉内心的苦闷,北原白秋对她深表同情。一来二去,两人发生了不该发生的恋情。不久,他们的"恋情"被松下长平察觉,他向法院起诉,使北原白秋因犯"通奸罪"而被立即逮捕。按照当时日本刑法规定,已婚男子如果和有夫之妇发生恋情,即构成"通奸"罪;而已婚女子发生婚外恋情,不管男方婚否,只要女方丈夫提出起诉,男女双方均以"通奸罪"论处。北原白秋当时未婚,属于后一种情况。被捕后,北原白秋在当年《朱栾》杂志撰文,叙述了自己的遭遇:"敬爱的人们,我将一切毫不隐瞒地如实相告……作为奇耻大辱的通奸事件的被告一方,我在上个月6日接受了第一次审讯。之后,我和松下俊子同其他犯有盗窃、杀人、伪造印鉴罪的犯人一起,被押上囚车送往市谷拘留所。在拘留所里,我是'387'号囚犯,被关在第八监房第十三室。在接受了第二次审讯后,我被戴上手铐,和其他犯人一起押走。"北原白秋最终在朋友们的帮助下,交了罚金后被免于刑事处分。但是,"通奸"在他的诗人生涯中投下了浓重阴影,同时给社会留下了一个问号:"通奸"究竟应否入刑?这一问号直到战后才获得解答:1947年10月颁布的新刑法废除了通奸罪。当年12月颁布的新民法第七百七十条规定,"男女双方彼此承担忠贞义务"。也就是说,"不伦"是道德问题,充其量属于民事法律问题,不是刑事犯罪。

明治元年(1868年)十一月,在以"世风一新"为标榜的时代背景下,明治新政府颁布了《卖淫女取缔令》,禁止私自卖淫,但公娼制依然存在。这引起了很多人的不满,废娼运动随之兴起。最先提出"废娼"的,是明治政府的刑法官权判事津田真道。明治二年(1869年)三月,津田真道发表了《废娼建议书》,认为允许娼妓存在是对女性人权的无视,呼吁废除"公娼"。"废娼"二字,最初即见诸该建议书。最初兴起废娼运动的是群马县。运动的兴起得力于新岛襄的组织动员。新岛襄是日本第一个获得"洋学位"的留学生,也是日本名牌私立大学同志社大学的创建者。新岛襄在群马县以三种方式推动废娼运动:唤起舆论;不断请愿,要求国会和府县议会通过废娼决议;劝告娼妓自愿歇业。

明治五年(1872年)十月二日,根据司法卿江腾新平的提案,明治政府颁布了具有划时代意义的法令——"太政官布告第二百九十五号"。该法令宣布:"人身买卖,在规定年限内主人可任意处置,有悖人伦,古时就被禁止。然今日仍有以奉公之名,行贩卖人口之实者。是故,自今往后,对此一律严禁。"所以民间称"太政官布告第二百九十五号"为"解放'牛马'令"。该法令第四条即最后一条规定称,"娼妓艺人奉公者,均予以解放。有相关借贷诉讼,一概不予受理"。因此,该法令又被称为"娼妓解放令"。

"娼妓解放令"颁布后,"游女"纷纷离开游廓奔向"自由"。但是,有不少"游女"身无一技,更无长物,有的成为私娼,有的甚至自杀。《京都先斗町游廓记录》对当时的情况,有如下一番记录:"十月二日'娼妓解放令'颁布后,人身买卖之恶弊被禁止,娼妓获得了独立自由,但也随之产生了大恐慌。有情夫的娼妓,或受雇主苛刻压抑的娼妓,如鸟儿离开笼子飞向蓝天,相当幸运。但也有很多娼妓重归故里后,给原本贫寒的家庭增加了一张吃饭的嘴。"无奈,政府只能再次规定,"若本人自愿,可以继续成为娼妓。只要纳税,可再给予鉴札(执照),准许经营"。当年秋,为了解决被"解放"后的娼妓的生计问题,政府引导各地筹建名为"妇女职工引立(扶持)会社"的娼妓教育机构并给予补贴,让昔日的娼妓学习烹饪、裁缝、养蚕、纺织、制茶等技能。1874年4月,"妇女职工引立会社"被"女红场"取代。"女红场"即"女工场",分为两种:一种以"风尘女子"为对象,另一种以"良家女子"为对象。前者被称为"游所女红场",后者逐渐发展为高等女子学校。例如,京都府立高等女子学校,前身就是"女红场"。

明治三年(1870年)四月,京都府命令各游廓成立商社,定税率为每天营业收入的二十分之一。茶屋、游女屋等纷纷遵从政府要求,成立"商社"。不过,这些"商社"类似于今天的同业公会,和今天的"商社"不同。当时他们成立的主要是"茶屋""游女屋""艺妓屋"三种"商社"。政府同时规定,"商社"的"鉴札"(执照),和从事角力、演艺等40种职业一样,均由官府发放,并公布了岛原祇园新地、二条新地、七条新地等20处准许经营的"茶屋""游女屋",未取得"鉴札"的一律不得经营。最后得到"公认"的这些"风俗场所",均取了"商社"的名号,并按照规定挂出灯笼,灯笼上有统一的圈有圆圈的"游"字。在此之前,祇园的字号是"荣",二条新地的字号是"东",七条新地的字号是"泉",上七轩的字号是"寿",各不相同。

《大日本帝国宪法》颁布当年,即1889年,在"依法治国"的社会背景下,名古屋地方法院的一个判例,对废娼运动产生了重要影响。当时,一名娼妓逃离游女屋,被雇主诉诸法院。但是,法院对雇主的申诉不予支持。这一案例既成为废娼运动的推动力,也使"贷座敷"的业主感到威胁。[①]他们组织成立了名为"全国贷座敷联合会"的反废娼组织,并提出了反对废娼的理由:如果禁止性产业存在,将难以对卖淫者进行卫生管理,导致性病蔓延。公娼作为使良家妇女免遭性暴力蹂躏的"防波堤",有存

[①] 贷座敷,原意为"出租(贷)座位(座敷)",江户时代后期为男女幽会场所。明治维新"娼妓解放令"颁布后,成为"游女屋"的正式名称。

在的必要性；娼妓不是被买卖的奴隶，而是按照自己的意愿提供性服务的劳动者。

1901年，在京都七条新地的一条小路上，《京都日出新闻》的配送员被三个素不相识的人打了一顿。据警方调查，打配送员的三个人都是新地的"游客"。之所以打他是误以为配送员是每天劝游女"歇业"的"救娼军"成员。这件事虽然后果并不严重，但却具有鲜明的社会意义。不过，废娼者并未因此而被吓退。1912年，以岛田三郎为会长的废娼组织"廓清会"积极展开运动，并创办了《廓清》杂志。对此，京都帝国大学教授驹井卓指出，"当今展开废娼运动的人，大都根据宗教家、社会教育家的说教，强调废娼的道义，而其他的废娼理由则没有得到强调。虽然道义是废娼的主要理由，但是从运动的立场看，没有让议员认真倾听废娼者的声音，显然是种遗憾。而且一些国家和府县的执政者、实业家、医生，也出于经济、卫生等方面考虑，反对废娼"。

形形色色的"风俗店" 卖淫不仅在整个明治时代从未被禁绝，而且以各种形式出现。自明治初年以后，东京都台东区的浅草公园，出现了一个游客休憩区域。那里不仅有湖，有树，还有乞丐。乞丐大都是男性，但其中也有女性。这些女性有的曾经是武士的妻子或女儿。为什么会沦落至此？因为，明治政府第一任首相伊藤博文，在明治初年提出了《统一兵权之建议》。根据这一建议，明治五年（1872年）十二月二十八日，明治政府颁布了《征兵告谕》，仿效西方施行征兵制，打破了武士的"铁饭碗"，使武士不再是"坐食俸禄之士"。如此一来，有的武士的妻子、女儿因为没有了稳定的生活来源而沦为乞丐。渐渐地，她们中的有些人便干起了卖淫的勾当。在浅草公园，她们往往"因地制宜"，将公园里的椅子当"床"。如果对方愿意出个好价钱，她们也会和由游客变身嫖客的男人一起，去附近的旅馆开房。由于她们属于非法的私自卖淫，警察发现是要抓的，因此催生了一种新的职业——"望风者"，日语叫"见张役"。这种男人大都是黑社会中混得不好的落魄者，有时甚至还是女人的情夫。不管什么关系，通常都是"二八分成"，即所获收入，卖淫女拿80%，"见张役"拿20%。

1887年前后，这些靠出卖肉体为生的人中间，出现了一个叫"宿无御胜"的美女。她原本是日本最著名的"游廓"吉原的"游女"，因为感染了梅毒而遭人嫌弃，无法再接客，被迫加入"乞食卖淫女"的行列，最后死在浅草公园。1897年前后，那里还有一个叫"土手御金"的"乞食卖淫女"，也长得令人惊艳。她是德川家康一个家臣的女儿,原本过着锦衣玉食的生活,还有婢女伺候。随着武士阶级的解体,她家道沦落,16 岁时被卖给了一家"酒屋"当"酌妇"即陪酒女郎。后来,她自暴自弃,辗转各家酒屋卖淫,在 30 岁以后回到了东京,依然干着以往的营生,因为长相诱人,迷倒很多男人,也因为过于张扬,曾出入警署七十多次。尽管如此,她仍坚持不懈,直到 50 岁出头依然风韵犹存,并以此为生。63 岁,她终因年老色衰,无法以此为生,在一个观音堂旁边没有人的地方咽下了最后一口气。

明治时代还有一种叫"铭酒屋"的酒馆,按照《广辞苑》的释义,铭酒屋是"表面上供应酒,暗地里藏有私娼的酒店"。"铭酒屋"一般都相当狭小,只有四平方米到六平方米,屋里摆放着桌椅,桌上放着四五个瓶子,瓶子上贴着"葡萄酒""麦酒""威士忌""白兰地"等标签,但那仅仅是摆设,因为那都是些空瓶子。里面时而坐着客人,给人的感觉都是些"土包子",根本不像喝"威士忌""白兰地"的主。他们手里握着酒杯,但对他们来说杯中是什么酒不重要,因为,他们到这里来本来就不是真正为了喝酒。即便醉了也是"醉翁之意不在酒",而是在意陪他们喝酒的女人。说到底,"铭酒屋"只是个幌子,真正的生意不是卖酒,真正的生意场也不在一楼,而在二楼或附近的某个小屋。这种"酒屋"都雇有陪酒女,收益分成一般是店主七成,陪酒女三成,也有五五分成。

除了料理店和"铭酒屋",还有一些食品杂货店也是"暧昧屋"。这种店的店头摆放着点心面包、香烟糖果等,大都由女性经营,因为她们的丈夫在工厂干活。如果有客人来,老板娘会将客人带往二楼,并先高声喊叫:"大妈在吗?"这是暗号,意思是"有客人来了"。听到喊声,大妈如果应答:"在,请上来!"意思是这边房间空着。如果反问"您是哪一位?"说明"这里已经有客人了"。女老板要么让客人等候,要么带客人去其他房间,并重述一样的"台词"。夜阑人静的时候,在这些小店里有时会传出"您辛苦了!"这是有专门贩卖被褥等床上用品的商贩送货来了。第二天一早,左邻右舍就会窃窃私语,说谁家看来生意不错,又换被褥了云云。但凡有这种营生的小店,即便店面破烂简陋,老板和老板娘也能过上比一些做正经生意的大店铺的老板更体面的生活。有的旅馆也被称为"暧昧屋"。这种"旅馆"不是以住宿为主,而是以经营"钟点房"为主,并设有"会谈室""休息室"。

当时,在文明开化方针指导下,报纸、杂志等近代媒体纷纷问世。但是，在日本传统"风俗"面前，这些"新生事物"同样难免"旧俗"。虽然今天的各大报纸在明治时代已先后问世，但当时并没有普及民众家庭。因此，顺应民众需求，横滨首先出现了免费为民众阅览报刊提供便利的"新闻杂志纵览所"，其他城市也很快出现了这种"新生事物"。"新闻杂志纵览所"里有女服务员提供服务，而且都浓妆艳抹。原来，光顾"新闻杂志纵览所"的除了知识分子，还有很多文盲和半文盲。他们不是去看报的，而是去看女服务员的。再后来，那里成了"拈花惹草"的男人的集合场所。他们先和女服务员谈妥价码，然后将她带到附近的"暧昧屋"。由于"新闻杂志纵览所"兼有了这种"拉皮条"的功能，因此很快在都市特别是在东京普及。在一些繁华热闹的街区，必有这种"新闻杂志纵览所"。走进这种"纵览所"，通常看到的光景是，有的读者虽然手里拿着报纸或杂志，可眼睛却在东张西望。有的读者在和女服务员搭讪。总之，没有一个人在认真阅读。而且，"纵览所"里要那么些女服务员干啥？都有啥事儿需要她们忙活？答案其实很简单，一旦有读者象征性地拿起报纸杂志，她们嘴里就发出像老鼠叫一样的"吱吱"声。这是为了吸引"读者"的注意力。到了晚上，她们更是直接站在门口招揽"生意"。后来，也有女性光顾"纵览所"，她们也不是去阅览报纸杂志的，而是去"招蜂引蝶"。也就是说，"纵览所"成了她们"拉客"的场所。这种暗娼一般都有雇主，赚取的钱要向雇主缴纳名为"手续费"的保护费。直到昭和年代，"新闻杂志纵览所"才正式关张。

　　明治时代，日本还出现了"射击屋"。说是"屋"，实际上是在神社寺庙举行法事时，沿街临时搭起的帐篷。游客用气枪射击偶人、香烟等奖品。经营"射击屋"的大都是较年轻的女人。有些退伍或身着便装的现役军人，偶尔会在那里凑热闹，露上一手。由于日本资源匮乏，为了减少损耗，军人用的是单发步枪，对射击要求甚高，经过专门军事训练的他们，枪法自然非同一般。到后来，他们的目标不再是那里的奖品，而是摆放奖品的女人。他们在这方面的"命中率"也不低。一旦成功，他们能够将女主人带去附近的"暧昧屋"。这种"交友"方式很快得到仿效。于是，和女主人一起去"暧昧屋"的不再主要是现役或退役军人，而是普通百姓。因为这方面的收益远胜于"射击屋"，于是女主人便"雇用"其他女性一起经营。"射击屋"也因此成为一些男人的"猎艳场所"。按照日本文献资料中的说法，成为"卖淫交易所"。

第九章 ● 明治时代

明治以后成为"卖淫交易所"的，还有原本比较高雅的场所——围棋会所。江户幕府寿终正寝后，沿袭二百多年的"石高制"也被彻底废除。明治政府转而对武士进行了所谓"秩禄处分"。"秩禄"即俸禄，"处分"即处理，主要措施是根据武士的不同级别，发给相应的公债。公债分5年至14年偿还，利息为5％至7％。下层武士靠公债利息很难维持生计——这也是当年很多武士"造反"的原因。有些善于经营的武士便将自己房屋的一部分辟为"围棋会所"，揽客做生意。这种"生财之道"很快得到普及。因为，"围棋会所"和"铭酒屋""宿场"等不同，不属于"风俗场所"，不仅不需要缴纳月税和年税，而且不需要在警察局报备并接受警察"临检"，而对卖淫的取缔必须抓"现行"。由于"围棋会所"不会遭到罚款三次必须停止营业的处分，而且即便有"女棋手"在"暧昧屋"被抓，"围棋会所"也可以称那是来弈棋的女客人，将责任推得一干二净。于是，一些围棋会所纷纷配备"女棋手"。有些"女棋手"几乎不会下棋。她们在"下棋"时对客人秋波暗送，语言挑逗，甚至故意显露"女性特征"，使客人心旌摇曳，无心对弈，继而主动提出额外"服务要求"。这本来就是"女棋手"的欲求，于是附近的"暧昧屋"生意日渐兴隆。真正到"围棋会所"来下围棋的反而被称为"朴念仁"（日语，意为"榆木脑袋"）。到明治末年，这种"围棋会所"更如雨后春笋。

咖啡原产于埃塞俄比亚西南部的Kaffa。江户时代由冒充荷兰人的德国人西博尔德传入日本。1888年，东京上野出现了日本第一家咖啡馆"可否茶馆"，并迅速普及，成为人们休憩和社交场所。① 漂亮的"女给"（女招待）不仅成为咖啡馆的"标配"，而且和电话接线员、公交车售票员一起，构成女性的专属职业。在日本，"酒和女人"历来是多数男人的最爱。自然而然，"女给"成了"给"男人快乐的"女"人，并成为"贱业妇"中的一员。贫寒家庭出身的"女给"为了多挣钱，也时常跟随客人外出，和"铭酒屋"的"酌女"一样成为"夜场工作者"。咖啡馆和酒吧之间的界限也逐渐模糊。到大正时代，酒"喧宾夺主"成为咖啡馆的主要饮料。在咖啡馆点咖啡喝，被视为"乡巴佬"。另外值得一提的是，据统计，明治时代赴海外卖淫的日本女性超过两万人，其中有不少前往南洋地区。日本女作家山崎朋子以"南洋姐"为题材的纪实文学作品《山打根八号娼馆》中的"南洋姐"，就是

---

① "可否"在日语中和"咖啡"谐音。

这类女性。她们被称为"日本第一代海外妓女"。《山打根八号娼馆》后被改编成热映的电影《望乡》。

作者点评：

约翰·K.菲尔班克(John K. Fairbank)在《东亚：近代的变化》中指出："要了解东亚近代的历史，不仅需要整体把握东亚的文明，同时还应把握东亚各国的差异。只有这样，我们才能解释为什么日本比它的近邻更快并成功地对西方的挑战做出回应；为什么中国曾一度被分割并一度陷入动荡；为什么朝鲜曾一度被日本整个吞并。没有这种历史的眼光，我们将难以解释以后这一地区所发生的变化。"这一有汤因比式"挑战与应战"理论"影子"的观点，为我们提供了一点启示，即"把握东亚各国的差异"。

必须强调，日本天皇不同于中国皇帝。明治时代是在政变而不是在维新中开始的。维新只是维护和巩固政权的手段。明治初年，天皇之所以能获得至高无上的地位，只不过是大部分出身低微的"维新志士"想"挟天子以令诸侯"。这应该是我们认识"明治宪法体制"最基本的视角。从这个视角，我们可以发现明治时代所有变化的根源。

很多论著将中国的"中体西用"与日本的"和魂洋才"相提并论，认为这些方针或口号的提出，都是面对"西势东渐"的一种自我保护，其实大谬。因为，"中体"强调的是"体"不能变。但是，"和魂"则没有必须坚持的"体"。鸦片战争后，日本要求变革政治体制思潮的兴起，及其得到明治政府的呼应，就是例证。福泽谕吉呼吁"脱亚入欧"，就是因为欧美是"强者"。另外，日本在应对西方冲击时，冈仓天心等也提出了"东亚联合"的口号。然而，如升味准之辅一针见血指出的："排除西洋列强，使日本可以独自掠夺的招牌，就是亚洲联合……从这里可以看到以后在中国进行的长达半个世纪以上的谋略的滥觞。"

第十章 大正时代

第一节 "大亨以正,天之道也。"

美国学者约翰·惠特尼·霍尔在《日本——从史前到现代》一书中提出,明治宪法体制的建立,仅仅建起了民主的外表,并没有形成民主的内核。那么,大正时期是否形成了这种内核呢?按照日本学界的主流观点,日本在大正时代获得进展的民主化倾向,在昭和时代遭到挫折。昭和时代以超国家主义为意识形态支柱的强权体制,强制性地将国民引上了战时动员的轨道。日本战败后的民主化改革,使日本的历史重新复归"大正民主"路线。如三谷太一郎在《新版大正民主论》一书中提出:"在大正时期形成的自由主义,构成了与战后民主主义直接相关的政治传统。"松尾尊兊在《大正民主》一书中提出:"应将大正民主视为日本社会在战后走向民主主义的前提。"

大正时代仅仅存在十五年。日本近代思想史研究会主编的《近代日本思想史》,将大正时代称为"一朵美丽而虚幻的花"。日本民众也将大正时代视为一个"历史过渡期"。由于近年诸多文献资料的公开,我们可以通过重新认识真实的大正时代,判断这种评价是否准确。

天皇制的"阿喀琉斯之踵" 1912年7月20日,日本宫内省发表了天皇健康状况公告:明治天皇睦仁因患尿毒症,生命垂危。公告发表后,股市大跌,希望天皇病体康复的市民连日会聚宫城前祈祷。但是,虔敬的国民毕竟不是死神的敌手。7月30日,明治天皇驾崩,享年59岁。明治天皇的驾崩,宣告了一个时代的终结。夏目漱石在他的小说《心》中,借助主人公"先生"的语言,极具代表性地表达了人们因明治天皇的驾崩而感觉到的时代转换:"明治天皇驾崩了。我感到明治的精神始于天皇,也终于天皇。"①《心》中的"先生"的自杀,从一个侧面体现了"不合时宜"的民权论的明治精神的终结。讣告发出的第二天,日本著名散文家德富芦花以悲怆的笔调,描述了周边的气氛和他内心的震颤:

  七月三十一日

  天昏地暗,万物悲泣的日子。

  报纸套上了黑框。在没有图片的一版,"睦仁"二字映入眼帘,下面有"先帝手迹"几个字。刚以为是孝明天皇的御笔,但马上发现,陛下已成先帝。新帝陛下已经践祚,明治年号昨天告辞,从今天起已改元"大正"。陛下驾崩当更改年号,对此我当然清楚。但我以前似乎始终感到明治这一年号将万世长存,永不更替。我生于明治元年(1868 年)十月,即明治天皇陛下举行即位仪式那年。在陛下第一次从京都至东京行幸的那个月,在距东京西南约 300 里、萨摩附近的肥后苇北一个叫水俣的村子,我来到了人世间。我已习惯于将明治之年龄视为我的年龄。与明治同龄,既使我感到自豪,又使我感到羞愧。陛下之驾崩掩上了明治之史册。明治变为大正,我感到仿佛是自己生涯的中断,感到明治天皇携着我的半生驾鹤西行。万物悲怆的一天。田圃对面的糖果店飘来的笛声,如一声声哀叹,令人肝肠寸断。②

明治天皇驾崩报道

  明治天皇的驾崩不仅对许多日本国民的心理和感情是一大冲击,更对以明治天皇为中心的明治宪法体制构成了一大冲击。因为在明治时代,明治天皇颇有主见,许多重大政治决定均由明治天皇"亲裁",明治天皇本人也努力维护自己的政治权威。明治天皇千秋后,皇太子嘉仁践祚。8 月 13 日,新天皇向元老们颁布了将继承先帝遗业的敕谕。当天,前首

---

① 夏目漱石:《心》,新潮社 1952 年版,第 265 页。
② 德富芦花:《蚯蚓的梦呓》(下),岩波书店 1977 年版,第 83—84 页。

第十章 大正时代

明治天皇出殡图

相桂太郎被任命为内大臣兼侍从长。9月13日,隆重的明治天皇大丧在东京青山举行。当天,被奉为"军神""圣将""武圣"的乃木希典大将和他的妻子乃木静子双双切腹自杀,为天皇殉死,以示忠诚。日本第一百二十三代天皇嘉仁登基后,改元大正。原初备选的年号有好几个,最终在"大正""天兴""兴化"中选定由内阁书记官室的国府种德提出的"大正"。"大正"年号典出《易经》第十九卦中的"大亨以正,天之道也"。根据唐朝经

为明治天皇殉死的乃木希典和静子夫妇

学家、孔子第三十一世孙孔颖达注解:"使物大得亨通而利正。"寓意君王亲民而行中道以治,继承和发扬明治辉煌。这一年号过去曾四次被选为候补,此次改元终被采用。日本自此进入嘉仁作为天皇的大正时代。

　　嘉仁(1879—1926年)是明治天皇的第三个儿子,生母是权典侍柳原爱子。明治天皇的皇后一直未能生育,其他的妃子生有五子十女。在嘉

仁出生前,明治天皇作为近代天皇已君临日本十一年,而且之前明治天皇有两个儿子,但都不到1岁便夭折。嘉仁的诞生不仅使明治天皇没有了中断香火之虞,而且给近代天皇制的存续带来了希望。嘉仁7岁前在明治天皇的亲生母亲权典侍中山庆子的父亲中山忠能府邸生活,由"御养育御用挂"后正亲町实德负责教育。1887年,8岁的嘉仁被定为储君并被皇后认作"亲儿子",成年后天皇赐予他"明宫"宫号。①

1927年《大正天皇御治史》问世后,人们对大正天皇有了较多了解,但是均相当负面。嘉仁幼时患过脑膜炎,后又罹患百日咳和肠炎,健康状况一直不佳,令宫(皇室)和府(政府)担忧。1921年皇室会议决定由太子裕仁摄政。此后嘉仁实际和政治脱钩,过起了疗养生活。嘉仁之所以在京都紫宸殿践祚登上皇位,实在是日本一种无奈的选择。日本著名政治学者升味准之辅称之为世袭君主制的"阿喀琉斯之踵"。②史实足以证明,嘉仁精神不甚健全,40岁那年又患上脑血栓和继发性精神病。病情发作时,贵为天皇却在大庭广众面前时有令人啼笑皆非的举动。如在观看军事演习时,嘉仁天皇会突然跑下检阅台,打开士兵的背包翻看究竟。有一次在国会议事堂突然心血来潮,一边傻笑一边把诏书卷成圆筒当"望远镜"到处"眺望",造成贻为笑柄的"望远镜事件"。尽管日本有学者提出,大正天皇虽然年幼时确曾患过脑膜炎,但是青年时代已恢复健康,精神健全,所谓的"望远镜事件"纯属谣言。但这种说法被史实证明是苍白无力的。大正天皇还自幼骄横傲慢,性格暴躁,容易激动,一不高兴就用马鞭抽打他的侍从。同时,大正天皇还是西方崇拜者,尤其崇拜日耳曼。大正天皇留有德皇威廉二世式的牛角胡子,平时还在胡子上涂满凡士林,日常穿戴也宛如德国骑士。

获得英国最高荣誉勋章"嘉德至高骑士团勋章"的嘉仁

---

① 日本皇子在成年或成婚后,由天皇赐下宫号,表示自皇族中独立但保持皇族身份,如同皇室的分家。
② 阿喀琉斯是《荷马史诗》中的凡人英雄珀琉斯和海洋女神忒提斯的爱子。忒提斯在他出生后就将他倒提着浸进冥河,希望他刀剑不入。但阿喀琉斯被母亲捏住的脚后跟却是"死穴"。后来,阿喀琉斯被帕里斯一箭射中脚踝而死去。"阿喀琉斯之踵"意为"致命的弱点"。

第十章 ● 大正时代

从古至今,日本天皇本质上都是象征性的存在,作为近代以后立宪君主制国家的天皇所扮演的主要角色,更是国家和民族的象征。被立为太子后,1889年11月3日天长节,即明治天皇生日那天,嘉仁成为陆军少尉,被配属于近卫师团步兵第一联队。甲午战争爆发后,日本大本营移往广岛。11月16日,嘉仁在东宫侍从长中山孝麿、东宫大夫黑川通轨随同下前往广岛。陆军大将小松宫彰仁亲王、伏见宫博恭亲王、陆军省次官儿玉源太郎等均前往送行。当天,新桥车站一早就聚集了很多人,嘉仁到达那里后,周围一片欢呼。这无疑提高了嘉仁在国内的影响。1897年,嘉仁成为贵族院议员。日俄战争爆发后,嘉仁也例行参加大本营会议并被报道。例如,1904年10月16日报道,"圣上亲临大本营会议,东宫也一起参加"。嘉仁的军衔最终升至陆军少将、海军少将。总之,在当时世人的眼里,嘉仁天皇并不是一个"病人",而是一个象征性的存在。外事活动,也是皇太子和天皇的重要国事活动。1907年,应日本驻朝鲜统监伊藤博文邀请,嘉仁访问了韩国。嘉仁也是三年后日本迫使韩国签署《日韩合并条约》即侵吞韩国的推动者。

陆军军官嘉仁

嘉仁(前右二)和朝鲜王储(前右一)合影(朝鲜京城昌德宫1907年摄)

大正天皇的象征性 日本天皇从古至今基本上都是一尊"偶像"。作为所谓"云上之人",天皇始终是一种"象征性的存在"。但是在不同历史阶段,天皇的象征性存在明显差异。和明治天皇睦仁相比,大正天皇嘉仁

795

有着前所未有的独特的象征性。概括而言,以往被忽略的大正天皇的象征性,主要体现在以下几方面。

第一,大正天皇作为国家象征意义的含义与以前的天皇不同。1879年嘉仁出生后,《东京日日新闻》在9月3日刊发了一篇报道,其中写道:"皇子诞生,不仅对天皇,而且对天下也是值得隆重庆贺之事。"这是日本首次将皇子的诞生不仅和皇室,而且和"天下"即国家命运联系在一起。

第二,嘉仁天皇是由近代教育理念培养成长的第一位皇太子。嘉仁最初接受"帝师"佐佐木高行等人的教育,后进入学习院学习。学习院最初是所私塾,根据仁孝天皇遗愿,于弘化四年(1847年)设立于京都御所建春门外,当时取义《论语》的"学而时习之",取名"学习所",明治元年(1868年)作为近代日本最初的教育设施,改名为学习院,1884年成为由宫内省管辖的官立学校,和普通学校一样使用国定教科书,每月进行考试。当年嘉仁被编入预备课第五学级,和其他十一位同学一起学习修身、读书、作文、实物、习字、体育共六个科目;1893年嘉仁初等学科毕业后,升入中等学科,继续学习国学、汉学、法语、历史地理、理学数学、艺术共五个科目。

嘉仁用法语写的信

虽然嘉仁由于健康问题,初等学科留了一级,中等学科只学了一年,但毕竟和他父亲及以前的天皇不同,嘉仁是在现代教育理念培养下成长起来的第一位皇太子。1912年9月1日,《纽约时报》发表了一篇题为《日本人寻求道德提升》的文章,其中写道:"新天皇(嘉仁)接受的是与日本传统教育方式性质迥异的西方教育。他学习了外语,和其他人的子弟一起在学校上学。"[1]

---

[1] "Japanese Search for Moral Uplift", *New York Times*, 1912.9.1. 转引自弗雷德里克·R.迪金森:《大正天皇——一跃雄飞五大洲》,密涅瓦书房2009年版,第15页。

第十章 ● 大正时代

第三,嘉仁被立为太子的仪式与以往不同。睦仁被立为太子时,依然是按照古代礼仪,以非公开的方式在京都御所内举行,事后才对外宣布。嘉仁被立为太子时,则是即时公开举行,首先由明治天皇将立皇太子诏书交给宫内大臣土方久元。嘉仁聆听诏敕,接受明治天皇授予的大勋位菊花大绶章。聚集在宫城正门前的三千名学生一边挥舞帽子和手绢,一边高呼:"皇太子万岁!"在横滨,包括新的"高雄"舰在内的九艘军舰鸣放二十一响礼炮。在东京都市中心,各种装扮的横滨商业学校的学生边挥舞国旗,边高呼:"陛下万岁!东宫万岁!"1883 年创刊的《官报》,以及民间各大报纸也专门发了号外。

第四,嘉仁是日本历史上第一位实行一夫一妻制的天皇。1900 年 5 月 10 日,嘉仁和九条道孝的女儿九条节子(以后的贞明皇后)举行了婚礼。和立太子礼一样,嘉仁的婚礼也是公开的。当时从日本全国各地乘火车前往东京观摩皇太子婚礼的人数,有约十万之众。寄送贺词的人数超过十五万。邮政部门发行了三千五百万枚纪念邮票。除了东京,地方上也举行了各种庆祝活动。例如,青森县的一些小学校园和公园内,在 5 月 10 日举行了植树活动,种植松树和樱树。现在成为著名赏樱场所的弘前公园的樱花,就是当年种植的。在冈山第三高等学校医学部,从当天早晨七点半开始举行了庆祝活动,然后在乐队先导下,一百五十余名学生将高 2.6 米、雕刻着"东宫殿下御婚礼纪念"的石碑抬出雕刻场所,移送至学校正门右侧。这场婚礼成为现代皇位继承者婚礼

大正天皇和贞明皇后　　　　　　大正天皇和贞明皇后银婚纪念照

的范例。嘉仁和贞明皇后(九条节子)生有四个皇子：皇太子裕仁(昭和天皇)、秩父宫雍仁亲王、高松宫宣仁亲王、三笠宫崇仁亲王。

第五，嘉仁的即位大礼虽然遵循祖制，但和此前天皇的即位大礼不同，嘉仁的即位大礼是全国性公开庆典。1915年11月10日举行即位礼，11日举行贤所御神乐之仪，14日黄昏至15日早晨为大尝祭，等等。即位礼分上午举行的"贤所大前之仪"和下午举行的"紫宸殿之仪"。有皇族、高官、两院议员、外国使节等共两千余人出席。上午，天皇从皇宫正门进入，带着剑和玺，并携一名侍从长，其他侍从则驱车紧随其后。"即位礼当日贤所大前之仪"上午9点正式开始。天皇身穿纯白帛御袍，前往供奉着日本皇族祖先天照大神的贤所，奉告"即位典礼"相关仪典事宜。侍从手持皇位传承圣物剑和玺(勾玉)紧随其后。皇后身穿白色"十二单衣"，在殿上行参拜大礼。纯白色服饰象征着至纯至洁。下午3点开始举行"紫宸殿之仪"。首先由军乐队吹奏《君之代》，然后由天皇朗读大礼敕语。3点半开始全国寄赠祝贺语。《大阪每日新闻》翌日报道："在京都，师团和第二舰队鸣放礼炮101响，全市的电灯同时点亮。工厂、轮船一起拉响汽笛，所有电车同时停驶，各校学生和政府机关工作人员、银行会社等职业场所的工作人员全体肃立，三呼万岁。""全国一起呼喊万岁。这是有史以来呼喊万岁的最高纪录。""嘉仁的大礼，是在宪法颁布当年即1889年

迪宫裕仁和他的三个弟弟(自左至右)三笠宫、高松宫、秩父宫
(1921年9月5日摄于光御用邸)

印有嘉仁夫妇及裕仁照片的明信片

第十章 ● 大正时代

无法想象的举国庆典。"①毋庸赘言,大礼增强了天皇和国民的一体感,强化了"一君万民"的民族国家意识。

一个月前,京都市政府在京都冈崎公园举行了京都博览会,作为庆祝嘉仁即位的组成部分。京都博览会不仅介绍与产业相关的展品,而且介绍了与即位大礼相关的知识。京都市内则有十辆装扮得"花枝招展"的电车巡游,强化喜庆气氛。11月6日新天皇嘉仁从东京出发以及28日返回东京时,市民都列队欢迎和欢送。据翌日《时事新报》报道,迎接嘉仁还幸的民众约达三百万。11月1日至翌年3月31日,紫宸殿前庭、大尝宫、二条离宫均向公众开放,接受参观。前往参观的人数约五百十八万人。②

第六,葬仪的"法制化"与以往不同。自1921年由皇太子裕仁摄政后,大正天皇在日本似乎缺乏存在感。因此,有些学者认为大正天皇的驾崩没有什么历史意义。原武史在他的《大正天皇》一书中写道,"东京市内的光景和明治天皇时全然不同"。③但是,即便在其驾崩前后,嘉仁作为天皇也具有毋庸置疑的象征性。嘉仁天皇最后一次公开露面,是1919年5月参加东京奠都50周年庆祝活动,此后健康状况不断恶化。1926年12月初,嘉仁罹患肺炎。在陷入病笃状态时,宫内省详细而频繁地发布天皇的体温、脉搏、呼吸状况。娱乐场所和饮食

嘉仁和傅育官玩相扑

疑为由裕仁代嘉仁署名的授勋状

---

① 弗雷德里克·R.迪金森:《大正天皇——一跃雄飞五大洲》,密涅瓦书房2009年版,第107页。
② 古川隆久:《大正天皇》,吉川弘文馆2007年版,第161页。
③ 原武史:《大正天皇》,朝日新闻社2000年版,第264页。

店一片肃穆气氛,皇族和重臣纷纷前往天皇居住的叶山御用庄。25日凌晨,天皇因心力衰竭而驾崩。据《东京朝日新闻》报道,"悉驾崩讣告,民众聚集于宫城前,低头垂泪。"追悼持续了数日。银行26日休业。全国股票、生丝停止交易。递信省下令取消贺年片寄送。翌年2月7日出殡那天,全国各地举行了告别式和遥拜式,尤其值得一提的是,沿街送葬人数约一百五十万人,队列长近六公里,超过明治天皇大行。当天晚上出殡的队伍长近七公里,其中约两万名悼念者跟随着一群公牛和一辆装有皇家棺木的牛车。葬礼上的灯光照亮了铁灯笼的木火,天皇的灵柩被运往东京西郊八王子市长房町的多摩御陵。除此之外,最关键的还是嘉仁天皇葬仪的立法化。和明治天皇不同的是,在大正天皇病笃时,《皇室葬仪令》《皇室陵墓令》《宫内省令》相继颁布。也就是说,嘉仁天皇的葬仪,首次由国家以法令的形式予以规定。

大正天皇多摩陵

"天皇机关说" "天皇机关说"是东京帝国大学法学部教授美浓部达吉在1912年(大正元年)提出的。按照美浓部达吉的观点,日本的主权属于国家,天皇只是作为国家的最高行政机关行使权力。"天皇机关说"是对主权属于天皇即"主权在君"的"天皇主权说"的否定。大正天皇嘉仁缺乏治国理政的事实,使"天皇机关说"有了更实际的政治含义。

关于"天皇机关说"的提出经纬,时年38岁的东京帝国大学法学科教授美浓部达吉在发表于《太阳》杂志1912年7月号上的《国体及政体论》一文中有明确叙述:"去年7月,我受文部省委托,在他们召开的中等教员讲习会上,讲述了帝国宪法之大要。后对笔记进行修正增补,作为我的个人论著发表,题为《宪法讲话》。出乎预料的是,我关于此等根本问题之见解,遭到某些人的严词抨击,他们称之为'关于国体之异端邪说',数种新闻杂志亦刊载这种说法并大声疾呼,当'尽力排斥此种思想'。"

上述引文中所称"某些人的严词抨击",系指同为东京帝国大学教授的上杉慎吉。他根据《明治宪法》中关于"天皇亲裁"的有关条文规定,在《太阳》杂志同年6月号撰文,对美浓部达吉提出批判。上杉慎吉也是东京帝国大学的"少壮派"教授,仅33岁,比美浓部达吉还年轻5岁。他之所以撰文提出批评,不仅是为了维护天皇的尊严,同时也是为了维护其恩师穗积八束的权威。穗积八束当年虽仅51岁,但因患肋膜炎而辞去了法科大学长(相当于法学部学部长)一职,并让其弟子上杉慎吉执掌"宪法学"教鞭。当时,穗积八束因其长年主张的"国体论"即"天皇主权说"已渐次不合时代风潮,沦为"学术支流",时有"孤城落日之叹"。尽管穗积八束的主张已渐成"明日黄花",但恩师受到"抨击",上杉慎吉仍义不容辞地在同年《太阳》杂志6月号上撰文捍卫老师的权威。阅读了弟子的论文后,穗积八束从疗养地镰仓发信称赞上杉慎吉,并呼吁文部省禁止美浓部达吉的学说流传。但当时的执政党首领、内阁首相西园寺公望正欲限制天皇权力,并为扩大内阁权力寻找法律依据,所以穗积八束的呼吁没有取得令他满意的回应。

美浓部达吉论著1 　　　美浓部达吉论著2 　　　美浓部达吉论著3

美浓部达吉和上杉慎吉的论战持续了近一年,引起广泛关注,政界和学界人士认为美浓部达吉言之有理者居多,甚至包括由司法次官升任检事总长(总检察长)的国粹主义者平沼骐一郎。此后,"天皇机关说"成为《明治宪法》的主流解释,直至1935年被统治当局彻底否定。2007年12月,保存在美国国会图书馆的战前日本文部省思想局的一份文件解密,揭开了与日本法西斯势力抬头相关的1935年"天皇机关说事件"的内幕。该文件显示,由于当年日本社会攻击"天皇机关说"的声浪高涨,日本文部省思想局开始正式就此学说展开调查,并将十九名支持这一学说的学者分为"必须紧急处置""必须严重警告""必须加以提醒"三类。此后,思想局要求这些学者修改其著作或停止相关著作出版。该文件的解密,使战前日本政府向学者施加压力、强迫其更改学说,对国民进行彻底的思想统治的事实首次得到确认。"二战"结束时,美国占领日本后将该文件保存在美国国会图书馆。

如前面所述,大正时代在日本历史上仅仅存续了十五年。如果这十五年仅仅是"一朵美丽而虚幻的花",仅仅是一个"过渡时代"。那么如何评价继明治时代以后,大正时代对欧美政体模式的模仿,进一步推进议会民主?为什么日本在昭和时代迅速走上军国主义道路?实际上,无论是大正时代还是以后的昭和时代,由于"统帅权独立""军部大臣现役武官制""帷幄上奏权"的规定,"军人干政"是常态。仅此而言,"民主"或无从谈起。"大正政变"就是军人干政的一个实例。

大正政变　日俄战争后,日本通过《乙巳保护条约》使朝鲜成为日本的保护国,同时获得原先清朝政府租给俄国的包括东清铁道南段在内的南满"经营权"。此后,日本军备需求急速膨胀。如何调和军部推行的"强军"战略同严重的财政困难的矛盾,是当时日本当局面临的棘手问题。1912年11月22日,陆军大臣上原勇作,向内阁提出了增设两个师团的方案。首相西园寺公望和政友会阁僚、司法相(1952年司法省改称法务省)松田正久商议后,以财政无法满足这一要求为由予以拒绝,态度异常强硬,称即便内阁倒台亦在所不惜。12月初,上原勇作将扩军要求直接上奏天皇,认为对国防如此无视,使自己无法留在内阁并提出辞呈。上原勇作此举得到陆军军阀首领山县有朋的支持。西园寺公望为了让陆军推荐陆相后任人选,随即拜访了山县有朋,但遭到拒绝。没有陆相的内阁无法存在。12月5日,西园寺公望决定内阁总辞职。随后,以西园寺公望为首的立宪政友会,将内阁总辞职的经纬,通过电报向全国支部做了通报。而山县有朋虽然扳倒了西园寺公望内阁,但是随后也面临同样棘手

第十章 ● 大正时代

的问题:难以寻觅到后任首相人选。在12月7日举行的元老会议上,多名元老推荐松方正义继任,但遭松方正义固辞;再推荐山本权兵卫、平田东助等,亦被婉言谢绝。17日,内大臣主持召开第十次元老会议。会上,山县有朋提出,如此局势只能由他本人或桂太郎出任首相,并让元老"二选一"。诸元老认为,山县有朋已75岁高龄,当首相恐心力不济,决定请桂太郎再度出山担任首相。

由桂太郎继任首相,显然也符合西园寺公望的期望。他在挂冠而去之际对山县有朋说:"我认为不推荐后任便抽身而去,是不负责任的做法,因此向陛下推荐桂公(桂太郎)。三天前在日椿山庄,众人也曾议论称,桂公可作为我的后任。刚刚总辞职的内阁成员也大都表示赞同。"受到推荐的桂太郎最初比较犹豫,认为自己已经担任内相,服务于皇宫,如果再出任首相,恐混淆(皇)宫(相)府之别,引起非议。按西园寺公望的记述:"桂公对从宫中转入内阁踌躇不决,但我仍然劝其不必担心,告知不必心挂两头,可以时而入(皇)宫中,时而入(首相)府中。这种情况别处不少,并对他举了一些例子。"

松方正义

然而,长州出身的陆军大将山县有朋属意的不是桂太郎,而是寺内正毅。实际上,桂太郎出任内大臣,也是因为山县有朋不希望他三任首相。为什么山县有朋不赞同自己的"掌门弟子"桂太郎出任首相,而本是桂太郎对手的西园寺公望却支持他呢?因为,元老自明治维新后一直是政府的中枢。即便在1900年元老退出第一线以后,依然作为政府的最高顾问,对政府有着强大的影响力,而桂太郎对包括山县有朋在内的"元老"有失恭敬,令山县有朋不满。社会舆论对"元老干政"也不时提出尖锐批评。1912年12月10日,《东京朝日新闻》刊载了题为《喜剧还是悲剧》的文章,其中写道:"如果元老不隐退,日本的政界就不会有光明之时。"翌日又发表了题为《新内阁组织》的文章,指出"元老的目的与政局大势背道而驰"。12月18日,《东京朝日新闻》更是刊登了题为《元老的跋扈》的文章,言辞尖锐地强调:"元老们联合起来,轻视宪法,愚弄民众,在政府之上建立特殊政府,遮蔽圣上之光辉,这样的举动史无前例。"因为对舆论的顾忌,山县有朋没有反对桂太郎上台。

桂太郎上台后将以往军事优先的政治,转变为经济和军事均衡的政治。基于"均衡发展"的考虑,桂太郎不仅延期审理陆军增加两个师团的提案,而且试图将海军扩充方案也一并延期。这种"均衡发展"的政策首先引起了海军的不满。但是,桂太郎"拉大旗做虎皮",通过让天皇颁布敕令使斋藤实同意留任。12月21日,第三届桂太郎内阁正式组成:总理兼外相为桂太郎(后外相由加藤高明担任),内相为大浦兼武,藏相为若槻礼次郎,陆相为木越安纲,海相为斋藤实(留任),法相为松室致,文相为柴田家门,农商相为仲小路廉,递信相为后藤新平。至1913年2月20日第三届桂太郎内阁解散,桂太郎共计任职2886天,近8年,是安倍晋三之前日本历史上任职最长的首相。

桂太郎对元老的"不敬",在第一次内阁会议上即表露无遗。他在会议上的言论,被认为是色彩明显的"元老排斥论":"立宪之要义在于让元老辅弼内阁大臣,此要义了然如火,毋庸置疑。以往的习惯做法是政事与阁外元勋私议,以显示后进对先辈之礼让观。这一方面有嫁累于元勋之嫌,另一方面似忽略了阁臣自身之责任……对此弊害,太郎早有所察,并欲将此些微之想法奉告元勋诸公,求诸公谅解。将来本内阁将进一步废除此弊害,并使元勋也乐于对政治采取回避态度。"然而,桂太郎对元老不甚恭敬的态度,使第三届桂太郎内阁的基础不稳,客观上为自己的下台准备好了梯子。"第一次护宪运动"就是因此而展开的。

以反对第三届桂太郎内阁为起因的第一次护宪运动,主导者究竟是哪股势力,迄今有各种解释。以三菱为代表的财阀、国民主义的对外强硬派、政党等,均涉嫌"幕后操纵"。但诉诸史实不难发现,立宪政友会在这次运动中扮演了主要角色。因为第一次护宪运动本身,并没有使明治宪法体制解体的能量和目的,就本质而言,这场运动仍属"体制内运动",而对运动趋势的走向具有最大影响力的,是被迫对支持还是反对桂太郎内阁进行选择的立宪政友会。

对第一次护宪运动,无论依据史实还是依据逻辑,均应首先关注主导这场运动的资产阶级政党,尤其是居于其中心地位的立宪政友会。如前面所述,日本政党政治的历史可以上溯至19世纪70年代,即明治维新刚刚展开的年代。当时日本出现了两个政党:以板垣退助为首的自由党和以大隈重信为首的立宪改进党。两个政党以议会为舞台,和藩阀势力展开角逐。1896年,面对两大政治势力不断发展的态势,一向反对政党政治的伊藤博文,在内阁改造中和自由党携手,并让自由党党首出任内阁内务相。1898年,自由党和立宪改进党合并为宪政党,建立了日本历史上第一届政党内阁。虽然当时日本政治仍受藩阀势力控制,这届内阁仅存在了五个月,但使政党政治初现曙光。1900年,伊藤博文组建了立宪政友会,和宪政党对垒。

不过,在第一次护宪运动中首先提出"夺权"的,是交询社而非立宪政友会。这个以庆应义塾大学出身的实业家为中心的"俱乐部",也有不少政治家和媒体人员加盟。1912年底,在一次同人聚集的会议上,福泽桃介提出:"在走向明治维新的过程中,'尊王攘夷'的口号具有巨大的鼓舞作用,令全国很多仁人志士不惜流血牺牲。这次我们也应提出一个响亮的口号。"他的倡议很快得到认同。政友会的菊池武德提出了一个口号:"拥护宪政。"国民党的古道一雄认为四个字不够响亮,提出最好采用八个字:"打倒阀族,拥护宪政。"这一口号当即为与会者接受,成为定案。12月19日,各界人士在东京歌舞伎座,举行了第一次拥护宪政大会。立宪政友会的尾崎行雄、国民党的犬养毅等政界要人,以及一些知名实业家,参加了这次集会。

另一方面,军阀官僚掀起的"非立宪行动",激起了民众的极大愤怒。在"打倒阀族,拥护宪政"口号的推动下,各地掀起了第一次护宪运动。据史料记载,运动参加者表示:"阀族的飞扬跋扈已达极点,宪政危机迫在眉睫,我们断然排除妥协,以根绝阀族政治,拥护宪政。"1913年1月17日,有约四百人参加的全国记者大会在东京筑地的精养轩召开。与会者表示要"拥护宪政,扫荡阀族。"

第一次护宪运动兴起后不久,国民党发生分裂。试图通过在野党地位成为打倒阀族运动中心的犬养毅等"非改革派",希望和政友会联手,成为多党联合内阁中的执政党。但是,"改革派"希望进行更激进的变革。二者发生对立。当年1月19日,国民党举行全体大会,通过了以"打倒阀族,拥护宪政"为目的内阁不信任案,并在党员干部选举中也占得优势。鉴于党内"非改革派"占据主流,"改革派"人士大石正己、河野广中等宣布脱离国民党。"改革派"的退出使国民党的人数减少,但并没有改变他们成为"第一次护宪运动"主力的基本态势。

国民党分裂的第二天,即1月20日,桂太郎召开新闻发布会,宣布建立新政党"立宪同志会"的计划。虽然两者时间"严丝合缝",但桂太郎建立新政党并非一日之念。桂太郎在1月12日写给山县有朋的信中,已经披露了想通过建立新党与立宪政友会等对决,以打破政治僵局的考虑。1月24日,各界人士在东京新富座召开大会。在这次大会上,以推翻藩阀桂太郎内阁为共同目标的政友会和国民党,实现了联合。1月31日,桂太郎成立"立宪同志会"的计划正式付诸实施。当天,在东京的帝国饭店,46名国民党的脱党者即原党内"改革派"人士、中央俱乐部成员34人,加上其他人士,共83人,发表了"立宪同志会成立宣言"。如此阵势表明,桂太郎想通过构建新党同政友会对抗的意图,几乎没有实现的可能。因为桂太郎非常清楚,如果将国民党提出的"内阁不信任案"付诸议会表决,必然对自己不利。于是,他在1月21日发出通知:议会休会15天。在休会期限将至的2月5日,他又通知再休会5天,试图以"拖延战术"耗尽反对者热情,渡过难关。

然而,令桂太郎失望的是,反对者不仅热情不减,而且更加高涨。1月24日,第二次拥护宪政大会在东京新富座举行。会议正式举行前两个小时,整个会场已经爆满。在这次会议上,立宪政友会通过了和国民党全面合作的方针。

声势浩大的群众集会,给了"第一次护宪运动"的主导者有力支持。2月1日,相关政治团体在大阪中之岛公园举行宪政拥护大会,有3万多人参加。2月5日,数万市民将位于东京霞关的国会议事堂包围,高呼"护宪"口号,激励政友会和国民党议员。得到激励的政友会和国民党议员"自信满满",他们抬头挺胸地走进了国会议事堂。会议内容和结果为他们的自信提供最好的诠释。在"内阁不信任案"付诸大会表决时,投赞成票的人数远远超过半数。尾崎行雄在申明提交"内阁不信任案"的理由时,对桂太郎进行了猛烈抨击:"当年,你难道不是以玉座为挡箭牌,以诏敕为子弹,对付作为政敌的首相吗?"面临倒台危险的桂太郎于2月8日会晤了政友会总裁西园寺公望,要求撤回不信任案,但遭到西园寺公望拒绝。桂太郎遂依然不得不祭起惯用"法宝":"以玉座为挡箭牌,以诏敕为子弹",让天皇颁布敕令,使政敌撤回不信任案。

2月9日,天皇敕令西园寺公望解决众议院的纠纷,传递的信息非常清楚:让西园寺公望撤回"内阁不信任案"。敕令使政友会内部产生意见分歧。不少干部主张撤回议案。但是尾崎行雄表示坚决反对。他严厉批评道:"如果这么做,诸君怎么有脸去见国民党的犬养毅?"进退维谷的西园寺公望无奈,只能辞去政友会总裁一职。原敬取代西园寺公望成为政友会首领。最后,政友会议员全体会议,通过了不撤回内阁不信任案的决议。犬养毅表示:西园寺公望出身公家,和皇室有着特别关系,他不得不遵从敕令。但是作为天下之公党的立宪政友会,不应使敕令凌驾于党议之上。他的这一说法得到了党内支持。同一天,即2月9日,众多党派团体举行了第三次护宪大会。翌日,数万愤怒的民众围住国会议事堂并和警察发生冲突。面对这种形势,桂太郎不得不宣布内阁总辞职。从上原勇作递交辞呈至桂太郎内阁倒台,日本政坛的这一变化,史称"大正政变"。

第二节 元老、藩阀、政党"三足鼎立"

和明治天皇睦仁相比,大正天皇嘉仁由于健康和精神问题,几乎不直接参与治国理政,其象征性更加明显。同时由于明治时代的元老依然活跃,以长州藩和萨摩藩为主的藩阀依然"居于权力中枢,执政府之牛耳"。自20世纪初,政党开始形成。作为各方利益的代表,政党也频繁以各种方式提出自身的政治诉求。因此,在整个大正年代,各种势力的博弈相当激烈。不过,由于明治宪法体制已经形成,议会已经建立,这种博弈不再是以往那种兵戎相向的拼杀,是"文斗"。

山本权兵卫的改革 1913年2月11日,元老会议推荐山本权兵卫继任首相。最初,桂太郎推荐西园寺公望再任首相,但西园寺公望称自己辜负了天皇"阻止通过桂太郎内阁不信任案"的敕令,不适合出任首班。作为立宪政友会总裁,他推荐本党的原敬或松田正久。经过议论,考虑到元老不可能同意政党政治家出任首相,最终决定让山本权兵卫接桂太郎的班。山本权兵卫本人无意成为因"鹬蚌相争"而得利的"渔翁"。此前,他一方面劝说桂太郎放弃政权,宣布内阁总辞职;另一方面劝说西园寺公望重新出山继任首相。原敬在当年2月17日的日记中,对山本权兵卫的活动有清晰叙述。①由于西园寺公望在元老会议上力推山本权兵卫组阁,

---

① 原奎一郎编:《原敬日记》第3卷,福村出版1965年版,第137页。

他的意见最终获得尊重。

山本权兵卫能够登上相位,主要有以下几方面原因。

第一,山本权兵卫(1852—1933年)出生于和长州藩(山口县)构成"双雄"的萨摩藩(鹿儿岛),父亲是藩士,11岁就参加了萨英战争,在弁天炮台帮着输送炮弹,和他一起搬炮弹的是东乡平八郎,炮手是日本第一位元帅大山岩。明治元年(1868年)山本权兵卫参加了戊辰战争,战后西乡隆盛将他介绍给了胜海舟,山本权兵卫从此成为海军一员。明治三年(1870年),山本权兵卫进入海军寮(海军兵学校前身)学习,是第二期"顽劣学生"的"头目"。虽然顽劣,但他是个重情重义的人。一次,当时军衔是少尉的山本权兵卫和狐朋狗友去江户"东海道四宿"之一的品川喝花酒,看上了一个雏妓,便晚上找了几个帮手,在娼馆后墙搭上梯子,将这个雏妓"偷"了出来。后来娼馆的人找上门,山本权兵卫便让哥们帮忙凑份子,为那个雏妓赎了身。这个雏妓叫津泽登喜子,后来成了山本权兵卫的夫人。

1874年山本权兵卫留学德国,成为日本海军中屈指可数的炮术专家。毕业后,他一直在海军中央工作,得到同乡前辈西乡从道的大力提携,最终成为日本海军唯一没有当过舰队司令的海军大将。甲午战争前后,山本权兵卫作为海军省官房主事(办公厅主任),在1893年行政改革中,主导成立了相对于"军政"机构的"军令"机构海军军令部,并且选贤任能,完成了日本海军史上第一次"裁军"。后来成为海军大将和首相的冈田启介、斋藤实等,最初都是由他提拔的。在他还只是局长的时候,就被戏称为"权兵卫大臣"。日俄战争期间,山本权兵卫作为海军大臣,强调一切必须听令于联合舰队司令长官东乡平八郎,使东乡平八郎"赌国运"并大获成功。

第二,山本权兵卫比黑田清隆和西乡从道年轻十多岁,属于"萨摩派"第二代掌门人,从1898年11月至1906年1月,连续担任山县有朋、伊藤博文、桂太郎三届内阁的海军大臣,并被称为"日本海军之父",在海军内拥有厚实的基础,一直被认为是首相的恰当人选。在山本权兵卫担任首相前,萨摩藩出身的首相只有黑田清隆和松方正义两人。出身于海军的只有没有军衔的文官松方正义。山本权兵卫出任首相顺理成章。

第三,虽然山本权兵卫出身海军,但他并不仅仅关注海军的发展,而

第十章 大正时代

是更关注军事和经济的平衡。他在这方面的主张和西园寺公望、桂太郎等是一致的,因此能获得包括元老在内的较广泛的支持。

第四,原先所谓的"桂园体制",即分别以桂太郎和西园寺公望为首的体制,基本构架是以山县有朋为首、包括桂太郎在内的"长州"派主要控制陆军,西园寺公望周围则聚集着一批"萨摩"派文官。在山本权兵卫有望成为首相的1911年,以财部彪、床次竹二郎等"少壮派"为中心,原本分散的萨摩派势力开始会聚其麾下,使他成为新的政治势力的核心人物。

山本权兵卫在获知将出任下届首相后,立即着手拉拢立宪政友会,许诺让政友会派员入阁,使立宪政友会迅疾改变立场。1913年2月19日,政友会议员举行大会,确定了与山本权兵卫内阁协作的方针。2月20日,第一届山本权兵卫内阁宣告成立。除了新入阁的外相牧野伸显、留任的陆相木越安纲、海相斋藤实之外,其他内阁成员均是立宪政友会成员:立宪政友会总裁原敬任内务相、松田正久任法务相、元田肇任递信相。刚加入立宪政友会的高桥是清、山本达雄、奥田义人,分别担任藏相、农商相、文相。2月23日,尾崎行雄等二十多名立宪政友会成员对政友会的"变节"行为感到愤怒,脱离立宪政友会另外成立了政友俱乐部,使作为执政党的政友会在议会的席位,跌到半数以下。立宪国民党也宣布终止与立宪政友会合作。由于统治基础不甚稳固,新内阁面临的形势相当严峻。在第一次议会上,新内阁提出了与桂太郎内阁完全相同的预算案,最终仅以五票之差侥幸得以通过。

山本权兵卫虽然注重协调和各种政治势力的关系,但他绝不是受各方势力摆布的傀儡。相反,山本权兵卫在执政后即排除重重阻力,着手进行一系列重大改革。这些改革涉及多个领域,例如:由内相原敬主导的行政改革。这项改革的重点是减少不必要开支,裁撤冗员,淘汰昏庸,精兵简政,整顿机构。仅大藏省和农商省就削减了1万多名官吏和雇员,削减了6 600万日元年度行政经费。另外,对枢密院的改革,使枢密顾问官的定员从38人减至24名,弱化了枢密院的力量。但是,最关键的改革,一是"武官"改革,二是"文官"改革。这两项改革对打破藩阀主宰,结束元老治国,建立政党政治,产生了深远影响。

废除军部大臣现役武官制是一项阻力极大的改革。如此前所述,军部大臣现役武官制是第二次山县有朋内阁制定的。按照这项规定,只有现役陆、海军的大将或中将才有资格担任陆、海军大臣。这个规定直接导致了第二届西园寺公望内阁的倒台,史称"军阀毒杀内阁"。山本权兵卫推行这项改革,就是为了摆脱"军人干政"。1913年3月11日,山本权兵卫在国会就改革军部大臣现役武官制的必要性做了答辩,随后即开始推行改革。山本权兵卫的"基地"是"海军基地",因此这项改革在海军中未遭遇重大阻力,但是在陆军遭到强烈反对。除了内阁成员、陆军相本越安纲以外,这项改革在陆军中几乎没有支持者。之所以出现这种状况,田中义一给寺内正毅的信有明确显示:"军制问题(军部大臣现役武官制)之解决,将最终使增师(增加两个师团)计划难以实施。"①但是,山本权兵卫态度非常强硬。4月17日,参谋总长长谷川好道对山本权兵卫明确表示,反对这一改革。山本权兵卫强调,即便参谋总长不同意也将强力推行。最终,山本权兵卫抑制了陆军方面的种种策谋,使改革最终得以完成。6月13日,内阁对陆、海军省官制进行了重大修改,撤销了陆、海军大臣和次官只能由现役军人担任的限制,规定陆、海军大臣可以从退役或预备役的陆海军大将或中将中选任。毋庸赘言,这对军阀官僚专制体制是一个有力冲击。

文官制改革同样开始于1913年3月11日。当天,山本权兵卫在国会就修正文官任用令的必要性进行了答辩。8月1日,文官任用制正式得以修订,原则规定通过文官考试,职业官僚以外的人即民间人士,也可以成为官僚;除陆军省和海军省以外,各省次官,法制局长官,内务省警保局长、警视总监,贵族院、众议院书记长官,各省敕任参事官等官吏均可经考试任用。这项改革同样遭到既得利益者的强烈反对。但是,经过以山县有朋为议长的枢密院的斡旋,最后终于得以推行。文官制的改革增强了社会流动性,为无任何官历的民间人士、政党成员进入官僚上层打开了通路。通过这场改革,资产阶级政党在政权机构中的势力不断增强,为政党政治的最终确立开辟了道路。

但是,执政基础不稳的山本权兵卫内阁,终因大正时代最大的丑闻"西门子丑闻"引发的弹劾,以及预算在议会无法通过而仅维持了14个月。1914年1月23日,各大报纸刊载了一篇报道,题目是《日本海军高

---

① 寺内正毅关系文书研究会编:《寺内正毅关系文书》1913年(大正二年)5月15日田中义一至寺内正义信函,东京大学出版会2019年版。

官接受德国西门子公司贿赂》。原来,德国西门子公司有名员工偷了公司的文件逃到英国,其中有一份电报,内容是西门子公司为了取得日本海军的订单,同意给岩崎达人少将25%回扣。因为岩崎达人是负责海军省武器采购的舰政本部第一部部长。德国西门子公司东京支店长维克多·赫尔曼和德国大使馆成员亚历山大·希尔,将此事告诉了日本海军省。海军省立即组织了由出羽重远大将负责的专案组进行调查。结果查明除了岩崎达人,原舰政本部本部长、时任吴镇守府司令长官的松本和中将,也从英国拿了40万日元。因为这笔生意主要是日本从英国定购巡洋战列舰"金刚号",德国西门子只是负责军舰内电路等设备。事情见报后引起强烈反响。立宪同志会议员岛田三郎在众议院预算委员会严词质问,愤怒的群众拥向国会和海军省,当局出动4000名警察也无法维持秩序,只能增派陆军第三联队的一个大队。在议会内,国民党、立宪同志会、中正会联合提交了内阁弹劾决议案,但被否决。同一天,民众在东京日比谷举行了声势很大的弹劾内阁国民大会。民众高呼"废绝萨摩藩""整肃海军"。2月12日,众议院通过表决,在预算中削减海军扩军费3000万日元。3月13日,东京贵族院将众议院修正案决定的拨款又减少了4000万日元,意在削弱山本权兵卫的基本盘即"海军基地"。3月23日,贵族院否决了两院协议法案,导致预算案不成立。翌日,山本内阁宣布总辞职。

西门子事件对海军冲击极大。继任海军大臣八代六郎为了挽救海军名誉,建议将山本权兵卫编入预备役,并向海军老帅井上良馨和东乡平八郎陈述了三点理由:第一,海军建八八舰队需要钱,不处置山本权兵卫,相关预算无法在议会获得通过。第二,松本和中将是山本权兵卫的心腹,山本权兵卫必须承担用人失察的责任。第三,贵族院攻击山本权兵卫和海军时他没有反击,有损海军形象。井上良馨和东乡平八郎无奈地同意了八代六郎的提议。山本权兵卫被编入预备役,使日本海军因此失去了能统领全军的人物,日趋分裂。

虽然山本内阁历时仅14个月即告解散,但山本内阁对日本政治的影响却是长远的。在这段时期有大批官僚加入政党,其中不少人日后成为日本政坛的风云人物,如加藤高明、若槻礼次郎、滨口雄幸、高桥是清。他们在使政党日益走向权力中心的同时,还着力构建地方政治基础,使作为"真正的政党内阁"原敬内阁的产生获得了必要前提。

大隈重信再度组阁 3月24日山本权兵卫内阁总辞职后,直至4月

6日,新内阁才宣告成立。之所以"难产",主要是因为各方提出了三个内阁首班人选:贵族院提出的"德川家达内阁论";长州派阀、贵族院、立宪政友会提出的"清浦奎吾内阁论";立宪同志会、长州派阀提出的"大隈重信内阁论"。虽然各方所推荐的人选不同,但有两个共同点:第一,长州派阀或萨摩派阀中的一派,和立宪政友会或立宪同志会中的一派进行组合;第二,根据军人和非军人交替出任首相的惯例,山本权兵卫的继任者应该是文官。这种众说纷纭、莫衷一是的局面,激发了权威性呈下降趋势的"元老"的活力,其中山县有朋和井上馨表现尤其积极。3月28日,元老会议推荐贵族院议长、德川家后裔德川家达继任首相,但是德川家达以缺乏行政经验为由婉言拒绝。3月31日,根据山县有朋的意见,元老院推荐枢密院顾问清浦奎吾组阁,天皇嘉仁也向清浦奎吾下达了组阁令。但是,构成贵族院中心的立宪政友会对此不予支持;由海军推选出任海相的加藤友三郎也提出苛刻条件:建造军舰的预算不得低于950万日元,否则拒绝入阁。清浦奎吾无奈只得在4月7日拜辞天皇大命。这一过程被讥讽为"鳗香内阁事件",即鳗鱼香味闻到了(天皇下了敕令),但却吃不到鳗鱼(无法组阁)。如此,大隈重信成了唯一人选。4月13日,大隈重信被推荐为第三个首相候选人。4月16日,大隈重信"梅开二度",奉命组阁,建立了第二届大隈内阁。首相兼内相为大隈重信(后内相由大浦兼武、一木喜德郎担任),外相为加藤高明(后由大隈重信、石井菊次郎担任),藏相为若槻礼次郎(后由武富时敏担任),陆相为冈市之助(后由大岛健一担任),海相为八代六郎(后由加藤友三郎担任),法相为尾崎行雄,文相为一木喜德郎(后由高田早苗担任),农商相为大浦兼武(后由河野广中担任),递信相为武富时敏(后由箕浦胜人担任)。

　　大隈重信曾于1898年6月30日组建"日本政治史上第一个政党内阁",同时由于媒体的广泛宣传,知名度甚高,加之富有政治经验并曾经组阁,确实是合适的首相人选。但是,使大隈重信重新上位的关键因素,是元老井上馨的大力推荐。当时,一直由于健康问题不出席元老会议的井上馨,获悉清浦奎吾组阁案流产后,即刻进京参加确认首相人选的元老会议,大力推荐大隈重信,并获得了诸多元老的赞同,使大隈重信重返政坛。立宪同志会和中正会遂成为执政党,立宪政友会则成为最大的在野党。

　　大隈重信内阁虽然给人以革新内阁的形象,但是首相主要忙于协调

第十章 大正时代

元老和阁僚的关系,各项工作主要由阁僚处理。之所以如此,和大隈重信内阁的基本结构或特征直接相关。大隈重信内阁的构成是政党派系、官僚派系、元老"三位一体"。政党派系主要是执政党的一些领导者,如中正会首领尾崎行雄等。官僚派系主要是帝国大学毕业后进入官场的。特别是文官制改革后逐渐升至次官一级的高级官僚。他们的领袖人物是外相加藤高明、藏相若槻礼次郎、农商务相大浦兼武。他们仨虽在第三届桂太郎内阁中也是内阁成员,但当时没什么交往,自加入立宪同志会后逐渐接近。元老则是对政治决策甚至包括"选相"亦具有重要影响的传统势力。

大隈重信内阁政党派系和官僚派系的关系,相对比较协调,但新兴的官僚派系和元老间却时有摩擦。特别是在第一次世界大战参战、对华关系等重大问题上,官僚派系的外相加藤高明和元老明显存在意见分歧。加藤高明主张以日英同盟为基轴积极展开日本的世界战略,而元老则主张在尽量避免和俄国、法国、中国对立的前提下,进行对外扩张。于是,政党派系中的一些人便利用这一矛盾,努力扩大自己在内政外交问题上的发言权。例如,立宪同志会的大石正己、中正会的尾崎行雄等,就是这方面的代表。他们借抨击政府的外交政策接近元老,以求获得内阁主导权。在加藤高明根据"日英同盟"强行决定参加"一战"后,大石正己对加藤高明进行了猛烈抨击,并公开对元老的意见表示支持。他表示:"应该施行免去加藤职务,由大隈兼任外相这一元老们一致的意见。"[①]在执政的立宪同志会、宪政会、立宪民政党内,对政策表示不满的声音之所以时有所闻,与政治动机不无关系。大隈内阁三个派系之间虽然存在不同程度的矛盾,但是三足鼎立格局仍得以维持。因为在矛盾的同时,维持三足鼎立格局的因素也在发挥作用。这个因素就是除了怀有政治目的相互利用外,需要共同对付最大的在野党立宪政友会。这是他们的共同目标。正是这一目标,使以多党合作为特征的现代政党政治的轮廓日渐清晰。

不过,对付立宪政友会的目标虽然一致,但是动因和想法却各有不同。对元老而言,惩罚摆脱元老控制的立宪政友会是主要目的,他们只是将立宪同志会、中正会等执政党视为工具。执政的政党派系的主要目标,

---

[①] 山本四郎编:《第二次大隈内阁关系史料》,京都女子大学1979年版,第93页。

是联合非立宪政友会的议员,共同驱逐立宪政友会在国会中的势力,使本党从配角成为主角,建立以本党为中心的内阁。官僚派系当时居于两者之间,例如,农商相大浦兼武虽然同与元老对立的加藤高明一样,也是官僚派系的领袖,但他的想法和元老山县有朋更为接近。因此,1915年7月,"内阁改组"前的大隈内阁,在外交方面的立场和元老接近,在内政方面则与元老、官僚的立场接近。

当时的"内阁改组",起因是曾是"大正政变"导火索的增加陆军两个师团问题。围绕这一问题,各派意见严重对立。1914年12月19日,山县有朋和在野党领袖、立宪政友会首领原敬举行了会谈,双方最终达成一致意见:一年后立宪政友会将支持"增师"方案,从而使议会避免了解散危机。但是。内阁似无视元老山县有朋的想法,仍着力于解散议会。12月25日,议会宣告解散,并于翌年3月25日重新进行大选。结果,执政党取得了超乎预料的大胜:立宪同志会的议席从原来的95席增加至151席;中正会维持了36席;大隈伯后援会和执政党无所属成员,分别获得31席和26席。另一方面,在野立宪政友会议席,则从184席减为104席;立宪国民党从32席减为27席;无党派从33席减为6席。值得关注的是,与执政党立宪同志党势力显著增强形成鲜明对比的是,立宪政友会势力大为减弱,自建党以来首次沦为第二大党。这一结果使立宪政友会不得不面对一个事实:只有实行多党联合才能获取政权。同样,虽然执政党议席相加,明显超过全部议席的半数,但是立宪同志会一党则远不到半数。因此,执政党内出现了联合趋势。着力推进这项工作的是大隈伯后援会的高田早苗。他首先做尾崎行雄工作,并建议由大隈重信和加藤高明分别担任新政党正副总裁,获得了尾崎行雄的赞同。然而,他随后和加藤高明商谈时,却遭到加藤高明的拒绝。因为,"元老、贵族院忌惮庞大的政友会。如果他们忌惮的原因是不喜欢有大的政党,那么立宪同志会对此是不能不注意的"。①大隈重信对多党联合建立新党也态度消极。

但是,随之发生的"大浦收买事件",为多党联合提供了契机。所谓"大浦收买事件"是据立宪政友会揭发,1914年底,有几个人收买内相大浦兼武,想让他同意"增师案"。案发后,政党派系的尾崎行雄等主张大浦

---

① 市岛青城:《双龟堂日载》(市岛谦吉日记),早稻田大学特别资料室藏。

兼武单独辞职,大隈重信也原则同意他们的意见,但外相加藤高明、藏相若槻礼次郎、海相八代六郎却以"连带责任"为由,主张内阁总辞职。阁议曾一度决定内阁总辞职,但由于天皇对大隈重信的信任,元老希望大隈重信留任,因此大隈内阁仍然得以维持,而大浦兼武不得不辞职,官僚派系成员加藤高明等也相继递交了辞呈,迫使大隈重信进行内阁改组。改组后的内阁是大隈派系和山县派系的并存,官僚派系不再构成内阁的中心。这种构成产生的最大变化是外交政策的变化。按照尾崎行雄的说法:"总算形成了能够多少听取我意见的内阁。"换言之,这次改组不仅使大隈内阁的结构产生很大变化,而且使日本的对外政策,特别是对华政策产生重大变化。

1915年12月,第三十七届国会围绕减债基金(国债整理基金)发生争论。所谓减债基金,即国债返还基金。具体做法是为了返还国债,每年从国家预算中拨出5 000万日元纳入减债基金。但大隈内阁向众议院提交的1916年度预算,减债基金却只有3 000万日元。原定的5 000万日元减债基金被拨出2 000万日元作为铁道建设预算。最终,在承诺仍将返还5 000万日元的前提下,众议院通过了内阁的预算案并送交贵族院审议。由于送审的预算案中减债基金仍是3 000万日元,因此遭到一些早已对内阁不满的贵族院议员责难。最后在山县有朋斡旋下,双方达成协议:通过预算案,但是大隈重信在本届议会结束后辞职。

以往不少学者认为,大隈重信虽然是趋向进步和有活力的政治人物,其实他是个政治傀儡。近年一些学者提出,事实上大隈重信是个能巧妙利用支持内阁的各独立、对立派系的老练政治家。不过,再老练的政治家也往往难以依自己的意志左右政治。1916年8月21日,大隈内阁文相尾崎行雄在帝国教育会发表演说时称,"日本不能实现共和政治。假设日本实行共和政治,恐怕三井、三菱的老板都会成为总统候选人"。[①]这番话引起轩然大波,原本就不喜欢政党政治的山县有朋等元老和藩阀,伺机火上浇油,引起舆论哗然。何况如前面所述,当时贵族院正在进行"倒阁"。尾崎行雄不得不辞职,但由谁继任,原自由党和原进步党发生对立,导致内阁发生分裂。10月8日,执政仅6个月的第二届大隈重信内阁宣布总

---

① 小林弘忠:《历代首相》,实业之日本社2008年版,第40页。

辞职。

寺内内阁的兴亡　　大隈重信的"接班人"是寺内正毅。寺内正毅(1852—1919年)出身于长州藩(山口县)一个藩士家庭,明治二年(1869年)二月在京都加入第一教导队,四年后升为步兵少尉,右手腕在西南战争中负过伤。大隈重信辞职后,不少人主张让加藤高明接班,但元老特别是山县有朋认为,应该建立一个超越藩阀、党派的"举国一致内阁"。他推荐寺内正毅。不过,为了避免其权力扩张,希望建立各派势力基本均衡的"举国一致"内阁。他通过参谋次长田中义一,将自己的意向对寺内正毅作了传达:"为了避免危险,最有利的做法是在举国一致的良好名声下组织内阁。"①实际上,山县有朋推荐寺内正毅的根本目的,是便于自己操控政权。

大隈重信则主张建立寺内正毅和加藤高明"联合内阁"。他的"小心思"是,虽然由寺内组阁,但是执政党仍可由自己控制。寺内正毅本人则希望建立以寺内正毅为首的立宪同志会、立宪政友会享有同等地位的"举国一致"内阁。他当时曾明确表示对建立山县有朋所希望的"举国一致"内阁的支持:"唯以此团结忧国之士,抑制纷扰,维持国体,推进国务,除此之外,别无良策。"显示了以山县政治事业继承者的身份开展国务的意向。②

以上述动向为背景,在大选中惨败的最大在野党立宪政友会也标榜"举国一致",并提出了形成寺内正毅、贵族院、立宪政友会联合的设想。立宪政友会首领原敬还专门拜访了山县有朋,提出了上述构想,同时鼓动寺内正毅实践他们的这一构想。立宪政友会提出这一设想的主要用意可谓"司马昭之心,路人皆知":第一次护宪运动后,立宪政友会和以山县有朋为首的长州藩阀关系持续紧张。原敬试图通过"联合"修复这种关系,最终使本党处于比立宪同志会有利的位置。

最终定音的依然是元老。1916年5月25日,在三浦梧楼斡旋下,执政党立宪同志会党首加藤高明、立宪国民党党首犬养毅和最大在野党党首原敬举行了会谈。三浦梧楼促成这次会谈的目的,是应对"一战"爆发

---

① 《田中义一意见书》,收录于《寺内正毅关系文书》第5卷,第137页,见日本国会图书馆原件缩微胶卷。
② 1916年5月4日寺内正毅致后藤新平信函,见后藤新平关系文书处理委员会编:《后藤新平关系文书》,雄松堂1980年版。

第十章 大正时代

后世界局势的变化,通过排除元老政治和实现超党派联合,确立新的外交、军事政策。同时,三浦梧楼力劝寺内正毅与山县有朋绝缘,与三个政治党携手。但是,最终山县有朋的意见得到采纳。时任朝鲜总督的寺内正毅被召回国内。10月4日,大隈重信内阁宣布总辞职后,元老即推荐寺内正毅继任首相。寺内正毅成为继任首相,说明元老在政坛上依然掌握着重要话语权。

10月9日,寺内正毅内阁正式组成。由于后藤新平在寺内正毅组阁前后发挥了重要作用,新内阁又被认为是"寺内·后藤内阁"。具体成员是:首相寺内正毅、内相后藤新平(后由水野炼太郎担任)、外相本野一郎(后由后藤新平担任)、藏相胜田主计、陆相大岛健一(留任)、海相加藤友三郎(留任)、法相松室致、文相冈田良平、农商相仲小路廉、邮政相田健治郎。10月10日,立宪同志会、中正会、公友俱乐部,联合成立了由加藤高明任总裁的宪政会,成为众议院内过半数的第一大党。

虽然寺内正毅本人的构想是"以自己为中心,通过集结藩阀势力,获取政党协助,实现举国一致",①但是,寺内内阁被称为"山县傀儡政权",那么,是否真能实现举国一致?山县有朋是否能在政坛呼风唤雨?答案是否定的。

首先,山县有朋计划落空。内阁组成后,以山县有朋为首的势力,提出了"三党鼎立"论,希望寺内内阁和宪政会联合。但另一方面,也有势力希望"切断内阁和宪政会的联系,将其'钉'于在野党的位置上并沦为小党"。原敬、后藤新平、犬养毅均为此各施策略。原敬的策略是继续"追讨"旧债,即继续揪住"减债基金"不放。按照原敬的说法,"向国会提出如减债基金那种上院、政友会、山县立场一致的提案,立宪同志会即便想躲避也躲避不了,最后只能或分裂、或解散、或实行"。②而立宪国民党的犬养毅的策略则是"调虎离山",引诱立宪政友会对寺内内阁投不信任票。

其次,立宪政友会拆台。在组阁时,山县有朋希望寺内正毅同立宪政友会携手,但寺内正毅根据后藤新平的建议,对各党"一视同仁",因而不仅引起山县有朋的不满,而且引起立宪政友会的强烈不满。按照立宪政

---

① 吴文星、广濑顺皓等编纂:《田健治郎日记》,台湾"中央研究院"台湾史研究所筹备处2001年版,第103页。
② 原奎一郎编:《原敬日记》1916年10月6日条,福村出版1981年复刻版。

友会的如意算盘,通过"合作",尽可能让寺内内阁对政友会有较高的依存度,但是寺内内阁的做法恰好相反,即对山县有朋的"三党鼎立"论"取其精华,去其糟粕"。基于这一认识,寺内内阁重点培植非党代议士,如先建立维新会,后维新会又吸收其他无党派人士成立了"新政会"。立宪政友会热面孔贴上冷屁股,感觉当然不爽。

最后,立宪国民党力图"谋反"。自1913年立宪国民党分裂沦落为小党后,如何提高政治影响力无疑是其首要课题。立宪国民党曾尝试和立宪政友会合作,但自原敬任立宪政友会总裁,强化党的体制后,立宪国民党认识到,再强调合作,充其量只能是帮政友会做成政治大餐后,自己分口汤喝。最后,立宪国民党经过一番摸索,决定确立自己的策略:一是确立自己的结构,即建立犬养毅、后藤新平、伊东巳代治"三角同盟";二是反对现有政策并提出自己的"国策";三是提携青年,从长计议。

1917年1月21日,宪政会和立宪国民党开始采取"倒阁"行动,分别在党员代表大会上通过了反对寺内正毅内阁的决议。政友会表示严守中立。1月25日,众议院就宪政会和立宪国民党共同提出的内阁不信任案进行辩论。颇具有戏剧性的一幕,恰好出现在立宪国民党的犬养毅就提案发表演说时。当有"毒舌"之称的犬养毅滔滔不绝地发表演说时,天皇的诏敕传到议会大厅:解散议会,进行大选。最终,在4月20日的大选中,立宪政友会获得160票,重回众议院"老大"宝座;宪政会获119票;立宪国民党获35票;中立者获53票。但是,"按倒葫芦瓢又起",政局刚趋于稳定,米价却日益腾贵。1918年8月初,以富山县"抢米"为起点,史称"米骚动"的风潮迅速蔓延全国。民众公开喊出"打倒寺内内阁"的口号。"米骚动"加速了寺内内阁的倒台。

9月2日,弹劾寺内内阁记者大会在东京举行。要求寺内正毅下台的声音飘荡在空中。9月21日,寺内正毅正式提出辞呈。当天,西园寺公望接到了组阁命令,但他婉言谢绝。9月27日,立宪政友会总裁原敬受命组阁,原敬欣然从命,日本宪政史上"第一个真正的政党内阁"宣告成立。

第三节 "真正的政党内阁"的建立

1918年9月建立的原敬内阁,被公认为日本宪政史"第一个真正的政党内阁"。因为,在原敬出任首相以前,从伊藤博文到寺内正毅共有十八任九位首相,他们都有藩阀背景,都为明治政府的建立做出过贡献,都是元勋、元老、军人,而且大都出自长州藩(山口县)或萨摩藩(鹿儿岛县),而原敬则出生于当年作为"朝敌"的陆中(岩手县)盛冈南部藩。作为众议院第一大党领袖出任首相,原敬是第一人,而且除了海相、陆相、外相,原敬内阁所有阁僚都是政友会成员。这也是日本责任内阁制的嚆矢。

"平民首相"原敬 原敬被认为是日本历史上最杰出的首相之一。原敬的才智和政治手腕,几乎无人刻意贬低,他始终贯彻现实主义的政治姿态也很受日本民众欢迎。特别当民众听说原敬一再拒绝被授予爵位时,更是对这位"平民首相"致以很高的敬意。原敬为什么能够创建在日本历史上值得特书一笔的"第一"?我们有必要了解一下原敬相比他几位前任不同的履历。

原敬(1856—1921年)的祖父原直记是南部藩藩主的家老,父亲原直治是南部藩的藩士。明治四年(1871年),原敬只身前往东京,在一家神学校当学仆。1873年受洗入教,教名"大卫"。1875年6月,原敬分家独立,户籍成为平民。1876年9月,他进入司法省法学校学习。1879年进入《邮政报知新闻》社,成为一名政治记者。1882年成为《大东日报》主笔,同年11月进入外务省公信局。之后,原敬在官场拾级而上,先后担任日本驻天津领事、日本驻巴黎公使馆书记官、农商务省参事官、外务省通商局长、外务次官、日本驻朝鲜特命全权公使。

1897年,攀升至官僚阶梯顶层即次官的原敬,忽然离开政坛,应邀担任了《大阪每日新闻》的总编,翌年9月成为社长。1900年,原敬离开新闻界重新返回政界,跟随伊藤博文创建了立宪政友会,并成为第一任干事长。12月22日,原敬进入第四届伊藤博文内阁,担任递信大臣。1902年8月被选为众议院议员,之后连续八次当选众议员。1906年1月,原敬出任第一届西园寺公望内阁的内务大臣。1911年8月,原敬再次出任第二届西园寺公望内阁的内务大臣。1913年2月,原敬进入了第一届山本权兵卫内阁,也担任内务大臣。1914年,原敬接替西园寺公望成为立宪政友会总裁,四年后成为首相。原敬的履历显示,和以往首相相比,他在官场里历练更久,得到多位首相赏识,长期担任相当于副首相的内相,可见他的能力不同凡响。原敬内阁得以产生,一方面是在长年政治风雨的冲击下,元老、政党、藩阀"三足鼎立"的权力博弈中,政治重心逐渐向政党倾斜的结果;另一方面也是原敬运用出色的政治智慧博弈成功的收获。

  1918年,寺内正毅病情日趋恶化,世界大战即将结束的国际局势,呈现新的变化。当年7月中旬至9月中旬的"米骚动",使国内局势明显动荡。"后寺内内阁"问题,不得不提上日程。按照当时的政治态势,众议院第一大党立宪政友会总裁原敬出任首相是最合理的。但是,以藩阀为基础的官僚对政党组阁是敌视和反对的。元老对政党内阁更不可能青睐。元老山县有朋更是毫不掩饰他对政党内阁的厌恶,将政党内阁视为眼中钉。他认为,如果政党掌握了权力,将从根本上动摇以天皇为顶点的金字塔形政权结构。但是,原敬运用卓越而娴熟的手腕进行周密运作,最终催生了日本历史上第一个"真正的政党内阁"。

  原敬出任首相,并非众望所归。1918年初春,寺内正毅罹患重病。寺内内阁的阁僚和后藤新平、伊东巳代治等,均希望内阁的更迭只是更换首相,实际权力依然由他们掌握。4月24日,伊东巳代治致递信相田健治郎的信函,透露了他对"后寺内内阁"的想法:"若寺内首相病体康复仍担重任并收拾时局,当为天下之至幸,也是现内阁成立后所承担的大使命。万一病情渐重不得不辞此大任,则不得不请君慎重考虑。余非反对政党的内阁阁僚,然难担此大任。若寺内伯不幸退任,现阁僚团结一心,或推举后藤(新平),或推举同志亦无不可。总之,当鼎力襄助后藤以遂其志,竟未竟之大使命。"①

  但是,在政坛跺地有声的山县有朋对阁僚试图排斥元老的所作所为,早有不满,尤其是对以后藤新平、伊东巳代治为中心建立"外交调查会",意图剥夺元老在对外政策方面的发言权的举动。因此,山县有朋希望由西园寺公望接替寺内出任首相。除了因为西园寺公望两任首相,富有经验外,更重要的是他不像原敬那样持"政党本位"立场。但是,这一建议遭到西园寺公望婉言谢绝。西园寺公望除了权衡利弊,不想"蹚浑水"外,原敬当时给予西园寺公望的"忠告",也是不可忽略的一个因素。原敬对西园寺公望是这么说的:"欲保留现有之节望,无有比仍作为元老更善之策。

---

① 田健治郎传记编纂会编:《田健治郎传记》,田健治郎传记编纂会1932年版,第347页。

第十章 大正时代

若投入政争之漩涡,遗留失败之记录,实属下策。"①原敬忠告西园寺公望勿采取"投入政争之漩涡"之"下策",是为了他自己能够实施"上策"。原敬的"上策"就是"软硬兼施",让山县有朋相信自己是他的拥趸,同时让山县有朋明白他将不达目的,誓不罢休。因为山县有朋的态度,是原敬能否上位组建"原内阁"的关键。

深知山县有朋对"政党本位"的顾忌,原敬首先通过属下、立宪政友会中与长州藩阀关系密切的野田卯太郎对山县有朋表示,如果立宪政友会掌握政权,不仅不排斥元老和军部,而且将在元老的帮助下进行政治运营。同时,原敬还在思想上和山县有朋"靠拢",主动提出了"战后经营论",称:"我非常清楚,此战争一结束,汹涌之波涛将涌向东洋。"②比照一下,不难发现这一说辞和山县有朋在提交内阁的意见书中的表述,异曲同工:"本次大乱归于终息,欧洲大陆之政治经济、社会秩序重新有序,此后各国或再度注目东洋之利权,白人和有色人种之竞争将趋向激烈。不可不知的是,白人相互提携,与我有色人种为敌之情景,不日将至。"③无怪乎山县有朋对原敬说:"我之看法与君之论旨,无有相左之处。"④

另一方面,在西园寺公望拒绝"重新出山"后,虽然原敬没有"毛遂自荐",但是他对西园寺公望说的一番话却意味深长:"若此次超然内阁再起,则我将与加藤高明联手将它推翻。"原敬这么说的目的,是让西园寺公望这位元老当他的"传声筒"。果然,几天后西园寺公望便告诫山县有朋:"宪政会和大隈重信一起建立政府失败了。如果此次原敬率立宪政友会建立政府失败的话,那么今后尚有再次建立超然内阁之可能。若此次令政党失望,则彼等(立宪政友会、宪政会)联手搅扰政局,则超然内阁再无重起之希望。何况原敬之后有加藤高明,加藤高明之后有某某。若果真如此,今后必成政党之天下。"⑤这番话在对政党内阁始终怀有敌意的山县有朋那里产生何种影响,似毋庸赘言。

1918年9月29日,原敬内阁正式宣告成立,成员为:首相兼法相原

---

① 原奎一郎编:《原敬日记》第5卷1918年9月20日条,福村出版1981年复刻版。
② 原敬:《关于内阁更迭》,《政友》1916年11月。
③ 大山梓编:《山县有朋意见书》,原书房1966年版,第342页。
④ 原奎一郎编:《原敬日记》第5卷1918年11月11日条,福村出版1981年复刻版。
⑤ 原奎一郎编:《原敬日记》第5卷1918年9月29日条,福村出版1981年复刻版。

敬(后法相由大木远吉担任)、内相床次竹二郎、外相内田康哉、藏相高桥是清、陆相田中义一(后由山梨半造担任)、海相加藤友三郎(留任)、文相中桥德五郎、农商相山本达雄、递信相野田卯太郎。虽然原内阁按照惯例没有任用政党党员担任外相、陆相、海相,但是包括他本人在内,其余阁僚都是立宪政友会成员,因此成为日本宪政史上"第一个真正的政党内阁"。这种政权结构占据了比藩阀和官僚更具优势的地位。但是另一方面,后者在陆军、贵族院、枢密院拥有很大势力,因此他为了协调关系,起用了山县派系的田中义一出任陆相。

"铁腕首相"原敬　原敬尽管在出任首相前遭遇了一些阻力。但是,他出任首相时的社会环境,对他是非常有利的。由于欧洲各国忙于战事,无暇东顾,历时四年的第一次世界大战,使日本获得了前所未有的发展机遇。日本经济因此出现了几方面显著变化。

一是贸易额显著增长。由于进口压力显著减弱而出口大幅增长,战前始终入超的日本对外贸易自1915年,也就是"一战"第二年转变为巨额出超。据统计,1914年至1919年,日本外贸黑字合计达13亿日元。同时由于世界船舶运力不足,日本海运业也获得显著增长,使作为贸易外的运费收入等在这六年间达到15亿日元,甚至超过贸易黑字。以巨额贸易出超和海运收入为前提,日本外汇储备显著增加,进而刺激了海外投资。大战爆发前,日本是负债15.1560亿日元的债务国,但是在1918年,日本变为2.8937亿日元的债权国。[①]与此同时,外汇储备急剧增长,至1919年(大正八年)达到20亿日元。

二是金融特殊银行取得大发展。随着出口的增长,横滨正金银行的外汇业务极为繁忙,台湾银行、朝鲜银行的亚洲贸易业务也不断增长;战前的住友、三井、三菱、第一等银行也纷纷开展外汇业务。在寺内内阁时期,日本政府已对对外金融机构进行了整顿,1916年底,除了横滨正金银行承担的相关业务外,承担对华经济借款的特殊银行由日本兴业银行、台湾银行、朝鲜银行三行加以组织。在战后贸易、收支转为入超后,原敬内阁的藏相高桥是清和日本银行总裁井上准之助积极倡导扩充经济、应对战后国际经济变化的"积极整理"金融政策,压抑利息增长,使国内的存贷

---

① 日本银行统计局:《明治以后本邦主要经济统计》大正部分,日本银行统计局1966年版,第371页。

款额达到可以和国外存贷款额匹敌的程度,刺激了经济繁荣。同时,都市大银行也出现协调态势。随着输出的跃进,普通银行的存贷款业务急速增长,并向东京、大阪集中。为了缓和在争取储户方面的竞争,1918年后,以财阀系统的第一、三井、住友、三菱居前四位的大银行为中心,各主要银行均缔结了利息协议。各银行形成的信用银行团彼此协调,不断扩充业务,尤其是积极开展对外投资。

三是物价、利润、投资额同时增长。1918年,日本平均物价超过战前的两倍,1920年超过战前的三倍。另一方面,企业利润也大幅度增长。1916年下半期,海运业利润超过100％。1917年后半年,与海运业密切相关的造船业利润超过100％。依靠大量出口的纺织业和无法从德国获得进口的化工业,也取得极高利润。高利润导致高收入和采取积极金融政策施行低利息,使股票市场趋向活跃。企业的新建和扩大呈现盛况。1915年至1919年,企业新建和扩建投资增加了2.9倍。①不过,材料、设备的进口受到欧美处于战时状况影响,形成"供不应求"局面,因而物价不断上扬。另一方面,农产品价格和工资则增长相对缓慢,民众生活未得到相应改善。

四是军备扩张和官办企业不断扩充。在长期维持紧缩财政的情况下,大隈重信内阁仍实现了陆海军扩充。紧随其后的寺内正毅内阁,以战后财税状况趋向好转为背景,开始转向"积极方针",提出了"充实国防""经济立国主义""日中经济亲善主义"等方针,展开了以扩军和资本输出为中心的积极财政。同时由于日本参与了第一次世界大战,大规模的军备扩张几乎没有遭遇任何阻力。

五是购买外国公债和"西原借款"。以大量外汇储备为前提,寺内内阁积极推进资本输出。1916年(大正五年)至1918年(大正七年),日本由政府和银行团认购了英、法、俄政府为了向日本购买军需物品和套取外汇等,发行的一批公债(债权、股票),并用政府资金开展对外投资。寺内正毅内阁尤其为实施对华投资政策,在对华借款方面构建了一个作业体制,使各经济机构各司其职:政治借款由横滨正金银行承接,经济借款由特殊银行团即日本兴业银行、台湾银行、朝鲜银行负责。经济借款的窗口为1918年1月中日合资设立的中华汇业银行负责。武器借款的窗口为

---

① 内阁统计局:《日本帝国统计年鉴》第29卷,东洋书林(出版)1920年版,第326页。

三井物产、大仓组、高田商会构成的泰来组合。寺内正毅内阁通过西原龟三具体推进的所谓"西原借款",就是通过这一体制运作的。①除了官方资本外,日本民间资本也大量投向中国。特别在"一战"时日本从德国人手里接管的青岛,日本居留民人数显著增加,超过了上海。据统计,1914年日本的对华投资为4.39亿日元,1919年为9.50亿日元,增长超过一倍。②

六是除了丝绸、纺织、海运、造船等传统行业继续获得发展外,重工业和化学工业获得了显著增长,日本重工业和化学工业的自给率急速提高,蒸汽船、合成染料达到100%;民间的钢铁生产能力达到了和官营制铁所的同等水平,日本的重工业和化学工业,自此进入了正式发展期。

七是财阀康采恩开始形成。在同族资本的支配下开展多种经营的财阀,在"大战景气"中不断扩张。财阀一方面推进旗下各行业公司实施股份化,另一方面通过对旗下公司控股实施统辖,从而形成了控股公司即"康采恩形态"的企业。在这方面,三井和三菱是最具代表性的两个集团。这两家财阀在大战时期的主要利润来源:三井的利润来源于商事、矿山、银行;三菱的利润来源于造船、矿山、银行。即各有"三根支柱"。日俄战争至"一战",三井和三菱的事业范围进一步扩大,特别是在发展重工业和化学工业方面,动向十分明显:三菱主要发展包括内燃机、电机在内的造船业,三井也在这方面进行了发展,但是三井更注重发展化学,态势明显。至大战末期,三井和三菱财阀旗下的企业资本占全国总资本的12%。除此之外,很多"二流财阀"也不断开展多种经营,取得了显著发展。

正是以上述因"一战"引起的深刻变化为背景,大选获胜后,原敬采取了强有力的措施,兑现和推进组阁前已经确定的政策。

"四大政纲"和选举制改革 原敬组成的日本宪政史上"第一个真正的政党内阁",在经济、政治、文化等各方面均推行了"积极政策"。"积极政策"最初是自由党在19世纪80年代至90年代提出的,其宗旨是:

---

① 1918年3月,北洋段祺瑞政府交通总长曹汝霖邀请寺内正毅心腹西原龟三来华,商讨中国向日本借款事宜。最后经西原龟三斡旋,中国总计向日本借款1.45亿日元。这些借款史称"西原借款"。

② 内阁统计局:《日本帝国统计年鉴》第29卷,东洋书林(出版)1920年版,第371页。

第十章　大正时代

"国是问题即国民的生活、国民的教育、外交、国防",或者说"以积极的手段""铺设铁道、发展工业、改良农业、奖励蚕业","养成民力,充实国力"。① 这一政策在时隔约二十五年后为原敬内阁所继承,显示出立宪政友会此前一贯的立场和方针,也显示出伊藤博文倡导的"开国进取之精神"和努力吸收西方文明的态度。当然,这一方针所潜在的极端民族主义内容,具有转化为侵略扩张的可能。这是我们必须明确认识的。

1918年10月11日,即组阁后约两个星期,原敬在东京商业会议所举行的午餐会上,首次公开发表了他的施政演说,显示了他施政方针的大致框架,并在第四十一届议会上获得通过。原敬的施政方针被称为"四大政纲":②

一是改善充实教育设施,特别是充实高等教育和实业教育。明治以后,初等和中等教育获得了很大发展,但是高等教育相对滞后。例如,1917年文部省直属学校的入学率仅为18%,即100名适龄青少年只有18人能够入学。原敬内阁建立后,在立法、行政等多方面采取措施,包括制定鼓励私立学校发展的法规,使高等教育入学率不断上升。为此,原敬提出了1919年至1924年充实官立高等教育机构的六年计划,具体内容是:创设五所医科大学(新潟、冈山、千叶、金泽、长崎医科大学),建立一所商科大学(东京商科大学,即一桥大学的前身),创设帝国大学四个学部、扩充六个学部;另一方面,将庆应义塾及早稻田、明治、法政、中央、日本、同志社等专门学校升格为大学。这些政策措施奠定了日本高等教育的基础。同时创设十所高级中学(弘前、松江、东京、大阪等),创办十七所实业专门学校(横滨高等工业、金泽高等工业专门学校等),创办两所专门学校(富山药专、大阪外语),扩充两所实业专门学校。

二是发展和改善铁道交通事业。在此之前,铁道建设根据1892年制定的《铁道铺设法》,以"兵商二途"为目的。之后,根据1906年的《铁道国有法》,大量收购"私铁",使铁道事业得以发展。原敬内阁时期,铁道发展面临两种选择:将部分主干线改成"宽轨"以增强运力,或维持"窄轨"原

---

① 坂野润治:《明治宪法体制的确立》,东京大学出版会1971年版,第68—69页。
② 大藏省编:《明治大正财政史》第1卷,经济往来社1955年复刻版,第358—397页。

状,主要构建全国铁路网络。也就是说,面临"抓重点"还是"抓普及"的选择。经过争议,日本政府决定首先致力于构建全国铁道网。1919年5月15日,原敬内阁将铁道院升格为铁道省,元田肇出任第一任铁道大臣,领导铁道建设,主要任务是:除了抓紧建设12处主干线和轻轨外,新增总长为917公里的主干线和533公里轻轨线。为此,日本政府决定将1923年以后6年的铁道建设支出,提前用于1919年以后的4年,加快铁道建设。

三是振兴开发产业及通商贸易。自明治末年,日本政府持续施行紧缩财政。"一战"时,由于欧洲列强忙于战事无暇东顾,日本对外经济活跃,居留海外的日本人自1913年至1920年的7年间增加了7倍。以此为背景,原敬内阁着力于振兴开发产业和通商贸易,对战后日本进入重工业和化学工业现代化时期,产生了重要影响,同时也对日本对外经济扩张产生了重要影响。

四是充实国防。原敬内阁顺从元老山县有朋和陆、海军官僚的意向,对军队及装备进行了扩充和改善,将陆军增至25个师团(原先是19个师团)、建立"八八舰队"(以巡洋舰八艘、炮舰八艘为基干的舰队)。

原敬各项政策对"大战景气"的持续,产生了重要推动作用,但因此也引发社会问题,特别是对部分民众的生活造成了明显负面影响。以下数字,或许可以作为例证:1921年,日本全国的自杀人数激增,1月至8月,仅东京就有677人自杀,其中占最大比重的原因是生活困难。

原敬内阁的另一项政绩是实行普选。原敬最初反对立即实行普选,认为那将导致社会秩序的混乱;但最终在民众的强大压力下,不得不顺从民意实行普选。在实施普选的整个过程中,立宪政友会大获全胜。之所以如此,主要是因为原敬在实施普选中出色运用了政治智慧。

1919年2月9日,河野广中等在东京举行了要求立即实行普选的大会。在纪念宪法颁布30周年纪念日的2月11日,也就是"纪元节"当天,约三千名学生在日比谷公园集会,要求实行普选并进行请愿游行。之后,大阪、京都、名古屋等各个地区均掀起了要求实行普选的浪潮。始发于东京的要求实施普选的运动,很快波及全国。以此为背景,在第四十一届例行国会上,宪政会、立宪国民党等分别提出了《选举法改革法案》。

第十章 大正时代

原敬坚持对《选举法改革法案》做两点修改:第一,将法案提出的将选民资格定为纳税5日元以上降为3日元;第二,将原先大选举区改为小选举区。3月8日,新的选举法获得通过,3月23日公布。原敬之所以坚持做这两点修改,实际上是"明修栈道,暗度陈仓"。因为,选民资格降为3日元后,众多农民可以成为支持立宪政友会的选民。须知"布尔乔亚"的民主观念尚未深入农村,农民对何谓"民主",不甚了了,他们只是希望立宪政友会能够保护他们的利益。实行小选举区制,可以避免下层民众利益的代表利用人数优势胜出。最后,选举法案主要做了三点修改:第一,将纳税资格从原先的10日元降低至3日元而不是5日元以上。这一修改使选民人数从130万人增加至260万人,即增加了足足1倍。第二,将原来的大选举区制(除了都市的独立选举区外,全县为一个选区)改为小选举区制(两三个郡为一个选区,选出1至2名议员)。第三,议员人数从381名增加至466名。第三点修改,实际上是使前两点修改获得切实保障。

如此一改,原敬自感已稳操胜券,于是紧接着采取了下一个步骤:解散议会,实行大选,并将这一天定于1920年2月26日,即在野的国民党和宪政会分别向众议院提交普选法案的日子。之所以这么做,是因为原敬明白,按照在众议院中掌握的过半数的议席,他领导的立宪政友会完全可以将法案否决。但是这将刺激舆论,造成对自己不利的局面,而让这些法案获得通过,则显然是为在野党颁发功勋奖章。选择在表决前解散议会,可以按照他预料肯定可以获胜的新选举法进行选举。这一天,原敬发表演说,称普选法案将打破阶级制度。演说结束后,天皇颁布的解散议会的诏书被送达议长手中。这一招,在野党根本没有料到,因为按照常识,完全有实力否决法案的原敬,根本没有必要解散议会。然而,这正是原敬的政治智慧所在。选举的结果为此做了最好的证明:立宪政友会获得了278个议席,超出半数约50席,几乎是第二大党宪政会的3倍。这一结果也证明了一个基本的政治原理:施行普选,未必等于推行民主。"民主"和"普选"未必等同。

原敬被刺身亡 除了操控选举扩大执政基础,原敬还有一个很重要的动向,即"原首相作为以众议院第一大党为背景的首相,试图取代君主,掌握国政,推行政治,在日本推行英国式的立宪君主制"。[①]当年轰动一时

---

① 朝尾直宏等编:《要说日本史》,东京创元社2000年版,第367页。

的所谓"宫中某大事件"的发生,显示了原敬的野心。1921年2月10日,宫内省宣布,皇太子妃已经选定,不予变更。事先对此一无所知的民众突然听到这个"声明",甚感不解,更感惊讶。事实上,选妃一事此前有关当局为了保密,仅有几个人操作,民众毫不知情。然而,由于事机不密,消息最终泄露出去并遭到干涉。宫内省只能奉命匆忙发表声明。

内定的皇太子妃是久迩宫良子。但是,她的母亲岛津家族有色盲遗传史,因此根据医学判断,良子可能生下也有色盲的儿子。这一消息传到了山县有朋耳朵里。对于山县有朋来说,岛津家即萨摩藩势力进入宫中,原本就是他所忌惮的事,当然要抓住这个机会不放,于是他即刻采取行动,首先迫使宫内大臣波多野敬直辞职,并让长州藩阀的中村雄次郎继任这一职务,然后让中村雄次郎去说服久迩宫家解除婚约。

解除婚约非同小可,影响极坏,自然令久迩宫家族非常恼火,之所以恼火不仅因为原先想隐瞒的"色盲家族史"暴露,而且因为山县有朋到处伸手,居然对皇室和岛津家的婚约也横加干预。都已经订婚了,长州藩阀的"老板"居然以"色盲"为理由要求"务请"解除婚约,实在是过于霸道。于是,久迩宫家便求助于负责皇太子教育的杉浦重刚。深受儒学思想浸润的杉浦重刚,遂以取消婚约事关人伦为武器,同对方展开交锋。头山满、内田良平等右翼分子也因为对山县有朋早有不满而站在杉浦重刚一边。另外,犬养毅的心腹寺岛和雄也站在他一边。右翼分子经过一番谋划,制订了一项计划:2月11日纪元节,他们在明治神宫前举行祈愿和民众大会,挑起大骚动。宫内省获知这一消息,匆忙宣布"皇妃已定,不予变更"。

"宫中某大事件"发生后,中村雄次郎引咎辞职。大久保利通的儿子牧野伸显被选为宫内大臣。这意味着宫内大臣一职从长州藩阀转而由萨摩藩阀的人担任。这一事件对山县有朋为首的长州藩阀势力,无疑是一大打击。3月21日,山县有朋提交辞呈,辞去枢密院议长职务。但是5月18日,他的辞呈被天皇退回。虽然天皇以权威平息了"宫中某大事件"产生的风波,但是这对天皇权威必然造成负面影响,何况这一事件本来就因大正天皇嘉仁身体和精神羸弱,无法决定事关皇室命运的大事而起。按照宫内省的公告,大正天皇在事件发生前一年,已是"精神倦息,行动乏力,言语障碍,说话不清"。

与这一事件几乎同时发生的一些变化,也说明大正天皇嘉仁权力有限,真正的权力操控者是首相原敬。例如,当时酝酿皇太子摄政及出访欧洲各国,原敬主张皇太子出访回国后再担任摄政,但是皇后反对这么做,并通过下田歌子等进行活动,甚至被称为"日本的拉斯普钦"①的饭野吉三郎也登场为皇后说话。但是,最终出访和摄政还是遵循了原敬定下的先后顺序。3月3日,皇太子裕仁赴英国、法国、比利时、荷兰、意大利等国进行了访问,回国后才被委以"摄政"重任。在此期间,原敬又逐一掌握了授勋和授爵等授予恩典的主导权;并且提出了陆相田中义一后任人选的推荐意见,以及安排文官兼任海相临时代理,等等,使首相名副其实地成为主理国家政务的核心人物。

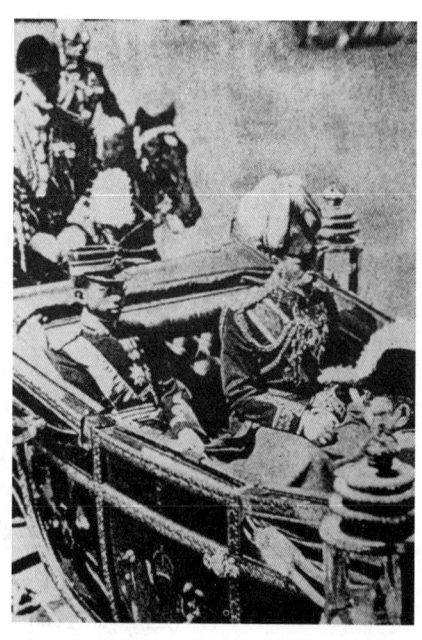

1921年,访英的皇太子裕仁由英国乔治五世陪同前往白金汉宫

原敬"铁腕"施政以及强化政党地位的一系列改革举措,难免引发仇恨。因此,原敬既是日本历史上"第一个真正的政党内阁的首相",同时也是日本历史上第一个遇刺身亡的在任首相。

1921年11月4日晚上7点,原敬离开位于东京芝公园的邸宅,于晚上7点20分走进了东京车站站长室。原敬与先已到达的铁道相原田肇、文部相中桥德五郎、内阁书记官长高桥光威会合后,打算乘车前往京都。因为翌日那里将召开立宪政友会近畿大会。在离开车还有6分钟时,他们在东京站站长高桥向导下往检票口走去。突然,一个手持短刀、个子矮小的光头男子从斜里杀出,举刀朝原敬右胸猛刺一刀。猝不及防的原敬被刺倒地,脸色苍白。原敬身边的人见状急忙将他抬入站长室,放在桌子上紧急施救。无奈因失血过多,原敬几分钟后就停止了呼吸,享年65岁。

被当场扭获的凶手叫中冈良一,是大冢车站的扳道工,18岁。因为

---

① 拉斯普钦是俄国的东正教领袖。

对立宪政友会的一系列作为强烈不满,并受国粹主义者朝日平吾9月28日刺杀安田财阀创始人安田善次郎事件的刺激,中冈良一产生了刺杀原敬的想法。原敬虽然事先根本没有料到会在这天晚上遇刺身亡,但是,作为身处险恶环境中的政治家,原敬早在当年2月20日便已写好了四份遗书。而使他留下遗书的直接动因,是当时原敬获悉,由于干预久迩宫良子的婚姻和皇太子出访欧洲事宜,他已成一项暗杀计划的目标。四份遗书,一份关于葬礼安排,另外三份关于遗产分配。其中第三份遗书写道,在前一次大选时,原敬获取了一些政治捐款,其中有82.5万日元剩余(约合现在41亿日元)。这些钱被秘密存放于古河家和三井家。原敬嘱咐,将这笔资金转交下任立宪政友会总裁。他另外还写道,实业家原田二郎曾担心原敬没有财产,捐赠给他15万日元(约合现在7.5亿日元)。原敬在遗书中嘱咐将这笔钱返还给原田二郎。如果原田二郎不肯接受,则捐赠给原敬参与设立的慈善团体。原敬的遗嘱显示了他对金钱的态度。

  葬礼遵照原敬的遗嘱,安排在盛冈市原家的菩提寺大慈寺举行。由于原敬遗嘱不要在东京举行任何仪式,立宪政友会于11月7日仅举行了迎接原敬灵柩仪式,作为党葬,并举行了告别仪式。中午11点25分,灵柩从原敬私邸到达立宪政友会总部时,许多民众自发前往吊唁这位"平民首相"。葬仪由葬仪委员长、原敬内阁藏相高桥是清主持。向原敬遗体敬香告别的行列长达二百多米。仪式后,当天晚上10点,原敬的灵柩由从东京上野发出的急行列车拖挂的灵柩车,送往他的故乡盛冈。据当地报纸《岩手日报》报道,灵柩车到达充满悲哀气氛的盛冈车站时,从盛冈车站到原敬的别墅谷川端,迎接原敬遗体的群众约有四万人。9日下午1点,原敬灵柩离开谷川端前往大慈寺下葬,参加葬礼的有约三万人。按照遗嘱,原敬的墓碑上仅书写"原敬之墓"四个字,由原敬一手提拔的立宪政友会总裁秘书、贵族院敕选议员小池靖书写,没有标上任何位、阶、勋。和1922年2月1日去世的享年83岁的山县有朋的"国葬",以及和1922年1月10日病逝的同样享年83岁的大隈重信的"国民葬"相比,原敬的"盛冈市民葬"的规模和规格显得异常简朴,但这完全是遵从"平民首相"的遗愿。

  尽管原敬在遗书中写道,"死后,绝对不要给我升位阶、颁勋等"。但这条遗愿未能实现。原敬逝世后,他的位阶从正三位升至正二位,并被授予一等勋章"菊花大授章"。其他获此殊荣的均是元老和军人,并且均在生前获得。他们是:松方正义、井上馨、桂太郎、西乡从道、东乡平八郎、野津道贯。原敬是获此殊荣的第一位政党政治家。当然,伊藤博文、山县有朋、大山岩获得的是比一等勋章"菊花大授章"更高一级即最高级的"颈饰菊花大授章"。

"平民首相"原敬之墓

原敬被刺身亡后,他领导的内阁于翌日宣布总辞职。"第一个真正的政党内阁"就此结束了历史使命。

第四节 "普选"和"宪政之常道"的开启

原敬遇刺后,内阁总辞职。当时72岁的西园寺公望患病在床,因此由87岁高龄的松方正义、摄政裕仁推荐,原敬内阁的藏相高桥是清继任首相。1921年11月13日,高桥是清受命组阁,留任了全部阁僚,藏相仍由他兼任。同时,由于原敬逝世,高桥是清还担任了立宪政友会总裁。原敬通过降低选举人"门槛",使享有选举资格的人数增加了一倍。在他去世后,虽然"关东大地震"对日本政治经济产生重大影响,但日本的选举制度因《普选法》的颁布而再次经历重大改革,开始步入立宪政友会和立宪民政党轮流执政的所谓"宪政之常道"。

"关东大地震"及其影响 原敬去世后继任首相的高桥是清是"理财专家",为此后日本经济发展做出了贡献。高桥是清(1854—1936年)的父亲是幕府御用画师村庄右卫门守房,母亲是"奉公人"(佣人)北原金。出生后不久,他被仙台藩的"足轻"(低级武士)高桥是忠收作养子,在江户(东京)的仙台藩屋敷(公馆),由高桥是忠的养母高桥喜代子抚养长大。11岁那年,高桥是清进了横滨的一所英语塾学习;13岁时在供外国人居住的"异人馆"当服务生,同时练习英语;14岁时,高桥是清得到藩里资助,赴美国留学;明治元年(1868年)回国后,翌年一月进入"开成学校";①三月,年仅16岁的高桥是清成为学校的英语教师;之后因经不起引诱,生活放荡,遭到严厉批评,不得不识趣地离开学校。他先后担任过唐津藩英语教员、东京英语学校教员、文部省干事。1881年5月,高桥是清进入了农商务省,帮助制定专利制度,后晋升为专利局局长。1890年1月,高桥是清辞去工作,前往秘鲁投资矿产开发,结果血本无归。1892年6月,高桥是清得到日本银行总裁川田小一郎青睐,进入日本银行,翌年9月成为日本银行西部支店的支店长。1899年晋升为日本银行副总裁。如前面所述,日俄战争爆发后,高桥是清奉命赴美国筹集战时公债并出色完成任务,为战争胜利立下汗马功劳。1913年2月,高桥是清进入山本权兵卫内阁,任藏相。原敬内阁建立后,高桥是清再次出任藏相。

"一战"后,日本经历了"战后景气"。但是1920年3月以后,由于对欧美输出减少,日本经济开始呈衰退征兆。翌年4月,立宪政友会内出现了一种新的动向:主张修正以积极财政为中心的各项政策,强化与以山县有朋为首的派系的携手。曾任日本银行总裁的藏相高桥是清,就是这一动向的主要推动者。因此在担任首相后,高桥是清立即开始实践他的改革构想。这一构想主要包括四个方面:第一,行政、财政整理;第二,裁减军备;第三,与中国合作;第四,实施普选。第一项是1920年大选时,立宪政友会的公开承诺,具体内容是削减或推迟公共事业。第二项改革的具体内容是海军和陆军均进行裁军。日本根据华盛顿会议签署的《五国海军协定》,废弃十四艘旧式战舰,将建造中的巡洋舰和驱逐舰改建为航空母舰,另外六艘建造中的战舰则或中止,或解约。陆军裁军由陆相山梨半造领导,史称"山梨裁军",主要内容是精简军官,减少四个师团;延期实施陆军军备扩充计划。第三项改革主要是实践高桥是清在担任藏相时提倡的"中日经济联携论"。高桥是清此举目的,一是考虑随着中国民族主义的高扬,中国的统一已指日可待;二是可据此奠定与英美展开经济竞争的基础。第四项改革是实施普选,是因为普选更有助于奠定立宪政友会的政治基础。

---

① 开成学校的前身是江户幕府的蕃书调所,后改为南校。1877年,开成学校与东京医学校、昌平学校合并为东京大学。

第十章 ● 大正时代

但是,内务官僚出身的内务相床次竹二郎等保守派,反对积极财政和立即施行普选。为此,高桥是清于1922年5月2日对内阁进行了改组,试图清除障碍,强行推进改革。孰料,此举引起保守派激烈反抗,导致内阁分裂。高桥是清无奈地于6月6日宣布内阁总辞职。至此,高桥是清内阁仅存在了七个月。作为首相,高桥是清的表现乏善可陈,但作为藏相的高桥是清,获得高度评价。

继高桥是清之后出任首相的,是日俄战争的日本海海战英雄加藤友三郎大将。

加藤友三郎(1861—1923年)出生于广岛藩,父亲是一名儒学者。加藤友三郎少时赴京,进入海军兵学寮(海军兵学校前身)学习,1880年以第二名的成绩毕业,之后进入海军大学校,成为"海大"第一届毕业生。毕业后担任过炮术长、分队长。1891年被派赴英国留学三年。加藤友三郎参加了甲午战争和日俄战争。特别是在日俄战争中,加藤友三郎作为联合舰队参谋长,在日本海海战中发挥了重要作用。之后,加藤友三郎逐级上升,从海军省军务局长到海军省次官,到吴镇守府司令长官,再到第一舰队司令长官,1915年(大正四年)8月晋升为海军大将,成为大隈重信内阁的海军大臣。

加藤友三郎组阁后,以"早晚实行论"驳斥"普选尚早论",设定了施行普选的日期,并比高桥是清内阁更坚决地推行了财政紧缩政策,将各项费用缩减了15%至25%。立宪政友会作为"准执政党",给予了积极配合。但是,正当改革排除阻力不断展开时,1923年8月24日,已罹患胃癌的加藤友三郎去世,享年62岁。加藤友三郎的去世,不仅使正在推进的改革受到影响,更重要的是,使海军在山本权兵卫之后,不再有能够团结海军避免分裂的统帅。

8月27日,山本权兵卫再次"出山",组建了第二届山本权兵卫内阁,使日本政坛格局再次发生变化。首先,遭遇1877年西南战争西乡隆盛遇难、翌年大久保利通被刺、"明治十四年(1881年)政变"大隈重信"下野"等一系列打击后,萨摩藩阀势力大为衰退,和长州藩阀势力的均衡被打破。当时,人们甚至称长州为"阀",萨摩为"派"。山本权兵卫重新出山执掌相印,使萨摩藩阀势力重新复苏。其次,长州藩之所以势力强大,主要是因为有元老和陆军长老山县有朋坐镇。但是在1922年2月1日山县有朋去世后,其麾下官僚发生内讧,长州藩势力开始衰落。最后,以高桥是清为党首的众议院第一大党立宪政友会,以加藤高明为党首的第二大党宪政会,均有单独组阁的希望。以英国政党政治为楷模的元老西园寺公望,希望萨摩系的山本权兵卫能够在加藤友三郎之后,继续推进紧缩财政、协调外交、实行普选的内政外交路线,并通过普选让国民决定究竟由立宪政友会还是由宪政会执掌政权。但是,举世震惊的关东大地震改变了这一历史进程。

1923年9月1日11点59分,日本关东地区发生了以相模滩深部为震源的里氏8.1级大地震,震中区距离东京约80公里,范围广及东京、神奈川、静冈、千叶、埼玉、山梨、茨城一府六县,即整个关东地区。由于地震发生在中午做饭时间,明火引起大面积火灾,东京大部以及横滨、横须贺两市全部被烧毁。地震发生于(东)京(横)滨工业区,造成巨大损失。一府六县受灾家庭达592 264户,死亡99 474人,受伤102 961人,失踪38 782人,财产损失难以精确计算,累计50亿日元至200亿日元,为前一年度政府财政支出14.296 9亿日元的3.5倍至14倍。

地震不仅使民众遭受巨大的经济损失,同时也动摇了山本权兵卫内阁的政治基础。震灾发生后,山本内阁一边致力于灾后复兴,一边以实施普选为标榜,致力于解体宪政会和1922年11月成立、以犬养毅为首的革新俱乐部,以便组建新的政党,与众议院第一大党立宪政友会抗衡。当时,政友会在普选方面尚未达成共识,如果这时候建立新党,形势似乎比较有利。但是,由于宪政会总裁加藤高明强烈反对加入新党,桦山资英内阁书记官长等萨摩藩势力的中坚,也反对立即施行普选。因此,结成新党的构想未能付诸实施。由此陷入困境的山本权兵卫内阁摇摇欲坠,而"虎之门事件"则使之遭受最后一击。

关东大地震发生后,为了防止动乱,政府当局迅速发布了戒严令,任命陆军大将横田雅太郎为戒严司令。尽管如此,动乱依然不断发生,很多地区几乎处于无政府状态。许多平时受到欺压的底层民众借机发泄,自行武装抢劫杀人,成为暴民。据统计,至1923年9月7日,约6 000名朝鲜人、200名中国人、59名日本人被暴民残忍杀害。[①]不仅暴民滥杀无辜,甚至执法者也滥施淫威。9月3日,龟户警察署逮捕并杀害了平泽计七

---

① 伊藤之雄:《政党政治和天皇》,讲谈社2002年版,第210页。

等 10 名工人运动积极分子,制造了"龟户事件"。9 月 16 日,宪兵大尉甘粕正彦等在东京宪兵队本部,杀死了著名无政府主义者大杉荣和他的夫人伊藤野枝,制造了引起极大社会反响的"甘粕事件"。9 月 20 日,横田雅太郎被迫引咎辞职,由陆军大将山梨半造接任戒严司令。11 月 15 日,戒严令被取消。

在狂乱的社会环境中,22 岁的摄政裕仁也成为攻击目标:12 月 7 日,裕仁在赴议会途径虎之门外时,一名狂徒以自制土枪向他连发两弹,但均未命中,而刺客却被当场擒获。裕仁仍按照日程参加了议会活动后返回赤坂皇居。刺客难波大助是山口县熊毛郡周防村人。他的父亲是山口县选出的议员难波作之进,两个兄长一个以第一名的成绩毕业于东京帝国大学法科,一个毕业于京都帝国大学法科,而他却因学业欠佳,从早稻田高等学校退学。父亲的鄙视和在兄长面前的自卑,使自暴自弃的难波大助最终成为无政府主义的知音,进而成为试图刺杀君主的"虎之门事件"主角。弑君之罪当然罪不容赦。1924 年 11 月 13 日,难波大助被判绞刑,15 日执行。由于他的家属拒领尸体,难波大助作为"无名无姓者"被埋于小菅刑务所犯人墓地。

1923 年 12 月 29 日,第二届山本权兵卫内阁因"虎之门事件"提出辞呈。为了使预定翌年举行的大选能够"不偏不党"、公正举行,西园寺公望征求了松方正义的意见后,向摄政裕仁推荐与特定政党没有直接关联的原山县有朋系官僚清浦奎吾组阁,获得裕仁首肯。1924 年 1 月 7 日,清浦奎吾成为第二十三任,也是第十三位有首相履历的政治人物。

清浦奎吾(1850—1942 年)出身于肥后(熊本县)山鹿郡一个武士家庭,少年时在丰后(大分县)学习汉学。因为他是第五个儿子,没法继承家业,于是在家乡开了个私塾。明治五年(1872 年)清浦奎吾赴东京担任了小学校长,之后出仕于埼玉县厅(县政府),1876 年进入司法省,参与制定控制舆论的新闻条例,因获得山县有朋赏识,1884 年进入山县有朋任内务相的内务省,担任了七年内务省警保局长。1891 年成为贵族院敕选议员,随后被派赴欧洲考察警察、监狱制度。一年后回国任司法省次官,成为司法相山县有朋的得力助手。1896 年 9 月 16 日,青浦奎吾作为司法大臣进入第二届松方正义内阁,两年后成为第二届山县有朋内阁的司法大臣,之后又先后担任桂太郎内阁的司法大臣和内务大臣。长期从事司法、内务工作的清浦奎吾和白根专一、平田东助、大浦兼武一起,被并称为山县有朋麾下的"四大天王"。1922年2月山县有朋去世后,清浦奎吾继任天皇最高咨询机构枢密院的议长,成为没有首相经历的第一位枢密院议长。清浦奎吾同时也成为山县派首领,地位几乎和元老松方正义、西园寺公望比肩。

《普选法》的颁布 清浦奎吾奉命组阁后,邀请众议院第一大党立宪政友会入阁。面对如此诱惑,立宪政友会内部出现了意见分歧。以高桥是清总裁和横田千之助总务为首的政友会主流派干部,主张走立宪政友会、宪政会、革新俱乐部三派联合"夺权"的道路。之所以做此选择,主要是想以"拥护宪政"为旗帜,改变国民对立宪政友会的不信任状态,获取大多数国民对政党的支持。他们认为,立宪政友会作为众议院第一大党,理所当然应掌握政治主动权。但是,床次竹二郎等保守派主张加入清浦奎吾内阁,反对"三党联合"。这一主张获得了财政界"大腕"、历任日本银行总裁和四届内阁农商相的山本达雄的支持。由于分歧难以弥合,床次竹二郎、山本达雄等宣布脱离立宪政友会,另外组建了"政友本党",追随者甚众。令高桥是清、横田千之助等始料不及的是,这次分裂导致留在立宪政友会的议员仅129名,而加入政友本党的议员则多达149名。"政友本党"因此成为拥戴清浦奎吾内阁的唯一政党。

尽管如此,高桥是清等改革派依然坚持走"三党联合"道路,并因此拉开了"第二次护宪运动"的帷幕。他们认为,除了陆海相和外相,阁僚全部是贵族院议员的清浦奎吾内阁是"特权内阁",不是立宪内阁,公开显示了"倒阁"姿态。1924年1月18日,由政界长老、原东京镇台司令官、朝鲜公使三浦梧楼斡旋,立宪政友会总裁高桥是清、宪政会总裁加藤高明、革新俱乐部首领犬养毅举行会谈,就建立政党内阁达成了协议。1月30日,三党领袖在参加了大阪举行的拥护宪政关西大会后返回东京,途经爱知县一宫车站附近时,列车险些倾覆。翌日,有暴民闯入追究事故责任大会。面对乱局,清浦奎吾不得不宣布解散众议院,重新举行大选。大选前,各党相继提出了竞选方针并展开了"合纵连横"。2月12日,高桥是清、横田千之助、加藤高明、若槻礼次郎等立宪政友会、宪政会、革新俱乐部高层干部,举行了秘密会谈,就大选获胜后的组阁问题达成了协议:由第一大党党首出任首相,邀请友党高级干部入阁,成立联合内阁。众议院解散时各党拥有的席位数:政友本党149席、政友会129席、宪政会103席、革新俱乐部43席。不难发现,此时对"护宪三派"而言,是否能在大选中获胜已无悬念,不确定的只是获胜后能够成为第一大党的,究竟是立宪政友会还是宪政会。

1924年5月10日,大选如期举行,各党在众议院的得票情况如下:宪政会151席、立宪政友会105席、革新俱乐部30席,作为清浦奎吾内阁执政党的政友本党仅获109席,"护宪三派"取得了压倒性优势。大选结果揭晓后,6月7日,成立仅5个月的清浦奎吾内阁宣布总辞职。"二战"前日本内阁的"平均寿命"是17个月,清浦奎吾内阁远低于"平均寿命"。由于元老松方正义当时罹患重病神志不清,根据元老西园寺公望推荐,6月9日,摄政裕仁命众议院第一大党宪政会总裁加藤高明组阁。加藤高明根据此前的约定,邀请立宪政友会和革新俱乐部高级干部入阁。6月11日,"护宪三派内阁"正式成立。延续了三届的"超然内阁",即加藤友三郎内阁、山本权兵卫内阁、清浦奎吾内阁,宣告结束。

加藤高明(1860—1926年)出生于尾张藩海东郡(爱知县海部郡),父亲是藩士服部重文,幼名总结,14岁时过继给加藤家,遂得名加藤高明,少年时入东京开成学校。1881年,加藤高明作为东京帝国大学法学部首届毕业生,以第一名的成绩毕业并进入三菱会社,得到三菱掌门人岩崎弥太郎赏识,将他送往英国留学,在利物浦港学习航运等业务,1886年回国,翌年和岩崎弥太郎的长女春治结婚,同年进入外务省任外务省参事官,参与由大隈重信领导的对外条约修订工作。1890年加藤高明转入大藏省,先后担任银行局长、主税局长。1894年,陆奥宗光外相邀他重返外务省出任日本驻英国公使。1900年加藤高明成为第四届伊藤博文内阁外相。1904年加藤高明离开政界,出任《东京日日新闻》(《每日新闻》前身)社长至1907年。1908年加藤高明重返外务省,先后担任第一届西园寺公望内阁、第三届桂太郎内阁、第二届大隈重信内阁外相,为《日英通商条约》和《日英同盟条约》的修订立下"汗马功劳",而《日英同盟条约》的修订对日本外交和对外扩张,特别是对华侵略和臭名昭著的"二十一条"的签署,具有重要影响。1915年10月,加藤高明出任宪政会总裁。1924年作为"护宪三派"的核心人物,当选

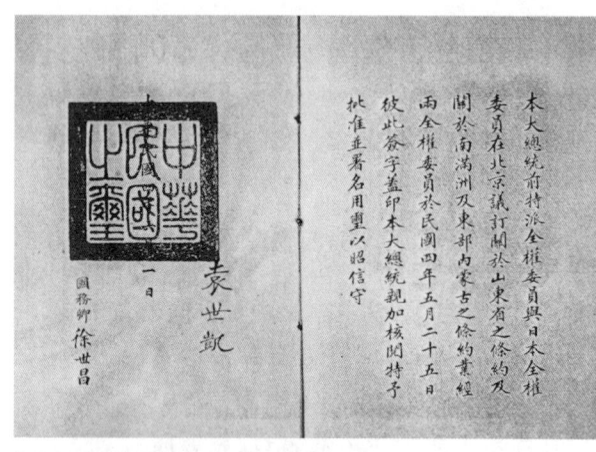

袁世凯批准签署的"二十一条"("民四条约")

币原喜重郎

为首相。

然而,"护宪三派内阁"成立之日,也是政党之间激烈的权力斗争开始之时。虽然名为"三派内阁",但宪政会在内阁中有"五相",且主要阁僚均为宪政会成员:首相加藤高明、内相若槻礼次郎、藏相滨口雄幸、铁相仙石贡。外相币原喜重郎虽然不是宪政会成员,但他的妻子是加藤高明妻子的妹妹,即他和加藤高明是"连襟"。立宪政友会占两席:高桥是清任农商相、横田千之助任法相。革新俱乐部仅占一席:犬养毅任递信相。值得一提的是,加藤高明内阁有四名阁僚以后也成为首相:滨口雄幸、若槻礼次郎、犬养毅、币原喜重郎。由于宪政会、立宪政友会、革新俱乐部的议席比例为5∶3∶1,纵然立宪政友会和革新俱乐部联合,所占议席也不敌宪政会,而且媒体舆论甚至希望宪政会单独组阁,因此两党"敢怒而不敢言"。护宪三派内阁成立后,立即着手拟定《普选法案》以回应国民的期望。6月30日,护宪三派通过协商,建立了由15名成员组成的普选调查会,宪政会总务安达谦藏任会长。9月4日和8日,有关各方对内务、司法两省拟定的《普选法案(草案)》和三派调查会的会案进行了归并。12月12日,《普选法》获内阁会议通过,经枢密院部分修正后,于1925年3月29日在众参两院获得通过。

《普选法》的主要内容是:一、废除男子纳税资格限制;25岁以上享有选举权,30岁以上享有被选举权;二、将小选举区(都市选区1至2人当选,其他选区1人当选)改为中选举区(1个选区3至5人当选)。这一选举制度沿用了69年,至1994年才被修改。虽然《普选法》依然没有使妇女获得参政权,但是其进步意义依然值得肯定。因为日本不仅是整个亚洲最早实现普选的国家,而且即便和宪政发源地英国相比,也仅稍显落后:早在200年前就已经建立议会制度的英国,实现男子普选是在1918年。男女享有同等选举权则是在1928年。由于《普选法》的实施,日本享有选举权的人数急剧增加:1924年大选时享有选举权的人数为328.8万人,四年后的1928年大选时,享有选举权的人数为1 240.9万人,增长到约4倍,约占包括儿童在内的全国总人口的20%。

步入"宪政之常道" 《普选法》的颁布使日本社会主义和工人运动出现了新的变化。1923年10月,第二届山本权兵卫内阁宣布将实施普选后,11月,"日本劳动总同盟"中央委员会即确立了普选实施后利用选举权和议会开展活动的方针。但是,日本劳动总同盟内的左派(共产主义派),重视以革命为目标的政治斗争,偏重于走理想主义路线。右派则重视改善劳动条件,偏重于走现实主义路线。不同的诉求,使内部两条路线的斗争日趋尖锐激烈,最终导致日本劳动总同盟第一次分裂:1925年3月,即《普选法》实施不到一年,由右派主导的日本劳动总同盟执行部将左派除名。左派遂于当年5月建立了"日本劳动组合评议会"。这次分裂虽然使日本工人运动的势力大为衰退,但却使日本共产党获得了新生:工人运动左派活动家、社会主义者福本和夫提出了"福本主义",强调在以建设社会主义为目标形成同志团结之前,应该通过理论斗争分离异己分子,团结纯粹分子组建"前卫党"。福本和夫的理论在左派中引起强烈共鸣。12月4日,1922年成立、1924年解散的日本共产党以这一理论为指导,召开了重建大会并很快再次登上历史舞台。

1925年12月,一些无产者组织联合建立了农民劳动党。但是,加藤高明内阁当即宣布该党为非法组织,理由是该党以实现共产主义为目标。无奈,农民劳动党在1926年3月5日将日本劳动组合评议会排除在外才得以建党。对此,信奉福本主义的左派为了使农民劳动党成为由其支配的政党,对右派领导者进行了全面抨击,迫使其离党,并于12月12日重新建立了以左派的"评议会"为基础的"劳动农民党"(简称"劳农党"),使共产党得以合法化。另一方面,日本劳动总同盟的右派则于1926年12月5日创设了"社会民众党"(简称"社民党")。中间派则于12月4日脱离日本劳动总同盟,于当月9日建立了"日本劳农党"(简称"日劳党")。综上所述,在《普选法》实施之前,无产阶级政党已一分为三,工人的"劳动组合"(工会)和农民组合(农会)也发生了相应分裂。

以往学术界对第一次护宪运动的评价,高于对十一年后发生的第二次护宪运动的评价,理由是当时政党和藩阀进行了对抗,并积极联合民众进行政治改革。但应该指出的是,第一次护宪运动是一场主要以都市为舞台的政治运动。这场运动虽然极大冲击了元老和藩阀及官僚,但几乎没有波及农村,也没有改变地方政治。第二次护宪运动则深入农村偏远地区,波及范围广大,不仅使清浦奎吾内阁因此倒台,而且建立了"护宪三派内阁",续写了政党内阁的历史。尤其值得特书一笔的是,第二次护宪运动不仅实现了男子普选,而且使运动的核心即社会中层以下青年,在以后几年中相继进入县、町、村等地方政权,使日本政治基础发生了革命性变革。

必须指出的是,第二次护宪运动的主导者有明显的反民众倾向。1925年3月19日,议会在通过《普适选举法》(通称《普选法》)的同时,还通过了一项法律:《治安维持法》。该法律的要点,就是禁止以变革"国体"和否定私有财产制度为目的,建立组织和开展运动。同时,它的取缔对象定义暧昧,因此存在被滥用的可能。之所以制定这一法律,主要是因为加藤高明内阁估计在任内有可能和苏联建交,社会主义思想将随之流入日本并激发工人运动和农民运动的高涨,需要以法律形式予以阻遏,而1900年3月制定的《治安警察法》对集会、结社、言论自由的限制不够充分。对这一包括限制集会在内的法律,民众当即以集会的形式表示抗议。

在护宪三派协力获取政权后,由宪政会主导的内阁也着手解决一系列政治、经济问题。以滨口雄幸藏相为中心,护宪三派内阁按照整理和紧缩行政、财政的方针编制了预算,在满足陆相宇垣一成军备近代

民众集会反对《治安维持法》

化的同时,大幅削减了立宪政友会特别重视的铁道建设和水利事业等公共事业经费,因此引起了立宪政友会的强烈不满。于是,立宪政友会和政友本党内出现了重新合并以获取众议院多数,取代加藤高明内阁夺取政权的明显动向。为了达到这一目的,横田千之助等立宪政友会骨干成员希望高桥是清总裁引退,由旧山县系官僚、陆军大将田中义一继任总裁。他们认为,高桥是清缺乏作为大党领袖的包容力、忍耐力和资金募集能力,并和政友本党党首床次竹二郎和山本达雄关系不睦。而田中义一曾任原敬内阁陆相,在推行国际协调政策和财政政策方面富有经验,是继续推进高桥是清改革路线的理想人选。1924年底,高桥是清同意了这一安排。虽然横田千之助积劳成疾,于翌年2月猝死,但立宪政友会仍按原计划于4月13日推选田中义一出任政友会第五任总裁。同年5月14日,革新俱乐部与政友会合并;4月28日,犬养毅宣布退出政界。同时,为了实现立宪政友会和政友本党合并以夺取政权,7月底,以税制整理问题为理由,立宪政友会宣布阁僚中他们的三名成员退出内阁,第一届加藤高明内阁解体。但是同一天,加藤高明在补充了宪政会三名成员、其他阁僚照旧的情况下,组成了清一色由宪政会成员构成的第二届加藤高明内阁。1926年1月28日,正值第五十一届国会开会期间,原本患有慢性肾炎和心脏病的首相加藤高明,因罹患感冒并发肺炎而猝死,享年66岁。

　　加藤高明是有强烈政治欲望的内阁首相,同时也是在困难的环境中进行政治运营的内阁首相。宪政会虽是众议院中的第一大党,但所占163个议席仅占全部议席的35%。政友会和政友本党的合并动向及企图,他并非全无觉察,但也无可奈何。事实上,立宪政友会三名阁僚退出内阁时,加藤高明补充三名宪政会阁僚重新组阁,得到了唯一的元老西园寺公望(松方正义于1924年7月去世)和内大臣牧野伸显的支持。他俩认为,立宪政友会和政友本党的合并,是试图以"歪门邪道"夺取政权,认为将获得国民支持。然而,这一目的并未达成,立宪政友会颇感失望。在这样的权力场上与"足智多谋"的对手进行政治角力,加藤高明自然不敢懈怠,带病上阵,心力交瘁,贻误病情,终告不治。

　　加藤高明自己选定的雅号"刚堂",是对他政治生涯及最后的日子的写照。加藤高明厌恶元老,曾与山县有朋公开对峙。他和原敬虽然是政治对手,同山县有朋"角力"的方式亦迥然有别,但他们对政党政治的执着和对两党内阁制的崇尚却如出一辙。同样如出一辙的,是他俩均具有"严以律己"的人格。加藤高明去世后被追赠正二位大勋位伯爵,葬于东京青山,墓碑铭文是"伯爵加藤高明墓",比原敬多了"伯爵"二字,但那仅是为了避免仿效原敬之嫌,和同样担任过首相的大隈重信的十三字墓碑铭文"从一位大勋位侯爵大隈重信墓",以及山县有朋二十八字墓碑铭文"枢密院议长元帅陆军大将从一位大勋位功一级公爵山县有朋之墓"相比,足够简洁。还值得一提的是,加藤高明毕生主张实施宪政,在任期间裁减军队,削弱军部势力,减少贵族院权力,主张温和的社会立法。原敬死于非命和加藤高明寿终正寝,是导致日本政党政治趋向中断和法西斯政权最终建立的重要原因。

1926年1月28日,加藤高明去世后,元老西园寺公望和内大臣牧野伸显商议后,向摄政裕仁推荐内务大臣若槻礼次郎组阁。作为第二届加藤高明内阁延续的第一届若槻礼次郎内阁,因此成立。同年12月25日,大正天皇嘉仁驾崩,享年47岁。5年前已经摄政的25岁的皇太子裕仁登基,日本进入了动荡的昭和时代。加藤高明的两届内阁虽然时日不长,但在历史上留下的印记却是深刻的。1927年,宪政会吸收部分立宪友会的脱党者,成立了立宪民政党。日本开始真正步入两党轮流执政的所谓"宪政之常道"。

第五节 加入"华盛顿体系"的前因后果

2014年即"一战"爆发百年之际,日本学界推出了关于"一战"的最新研究成果,主要有:山室信一主编的四卷本《现代的起点·第一次世界大战》(岩波书店2014年出版)、池田嘉郎编《第一次世界大战与帝国的遗产》(山川出版社2014年出版)、井上寿一著《第一次世界大战与日本》(讲谈社2014年出版),这些论著基本反映了日本学界"一战"研究的最新趋势和最高水平。值得肯定的是,这些研究打破了"一战"研究的"欧洲中心主义",开始关注"一战"的全球影响和意义,并表达了对"战争与和平"的反思。但是,均没有深入研究"一战"后"华盛顿体系"和日本作为"二战""远东战争策源地"的内在关联。中国学界有关"华盛顿体系"的研究的主要观点是:第一,凡尔赛—华盛顿体系构成了欧洲英法主宰世界,远东美日争夺霸权的格局。第二,华盛顿体系抑制了日本的扩张,使日本在"协调外交"失败后,不断突破华盛顿体系束缚。

不能不指出的是,华盛顿会议的全称是"关于限制海军军备和远东及太平洋区域问题的华盛顿会议"。也就是说,华盛顿会议的核心内容是裁军,和以签署"和约"为主的凡尔赛会议,存在根本差别。上述研究对与华盛顿会议直接相关的日本四次裁军,经过"裁军"日本形成"兵营国家"之间的关系,几乎没有涉及。而且日本是战胜国,德国是战败国。和"凡尔赛体系"不同,"华盛顿体系"的形成,是美、英、日三国博弈后形成的"相对平衡",不能单纯理解为是一方对另一方的抑制。

日本"趁火打劫" 1911年10月24日,日本内阁通过了题为《关于对中国的政策》的决议。决议声明:"为满洲问题的根本解决,帝国政府必须不懈地进行策划,倘遇可乘之机,自应采取果断措施加以利用。""可乘之机"终于来临。1914年6月28日,以塞尔维亚"黑手社"成员加弗利洛·普林西普刺杀奥匈帝国王储斐迪南大公为导火索,第一次世界大战爆发。8月4日,战火燃遍欧洲,以德国和奥匈帝国为中心的同盟国,和以英、法、俄为中心的协约国正式开战。

8月7日,英国请求日本协助攻击以中国胶州湾为根据地的德国舰队。大隈重信内阁接到请求后,当天彻夜开会研究,决定对德开战,理由是:"因战乱余波涉及东亚,日英同盟之目的濒临危险。"翌日,应大隈内阁要求,山县有朋、松方正义、大山岩等元老同意内阁的决定。山县有朋强调:"必须在今日之局势中,创造亚细亚之未来和对华政策之基础。"井上馨因病未参加元老会议,但他认为这场战争是"日本之天佑",主张和英、法、俄密切携手,确立"日本在东洋的利权",并让秘书将他的建议书送交内阁。8月9日,英国政府收到了日本政府同意参战的备忘录,见其中写道,"一旦成为交战国,则日本之行动即不能仅限于击沉敌国之伪装巡洋舰",英国外相格雷马上意识到日本同意参战的真实意图,当天下午即向日本政府表示,希望日本暂停军事行动。但日本外相加藤高明表示,日本内阁已做出决定,若推翻内阁决议,"将招致重大政治危机,并对日英同盟产生恶劣影响"。英国政府无奈答应,但要求日本声明不攻击德占区以外的中国地区,不在中国南海及太平洋采取战斗行动。但加藤高明拒绝发表此类声明。

8月15日,日本军政要员举行御前会议,正式决定参战,并向德国发出最后通牒,限8月23日正午对以下要求予以答复:一是德国舰队必须立即撤离日本及"中国海"方面,否则将被立即解除武装;二是在9月15日之前将胶州湾租借地无代价、无条件移交给日本,由日本归还中国。在发出最后通牒的当天,加藤高明还向驻日美、法、俄、荷大使或公使,通报了最后通牒的内容,并强调日本"绝无领土野心"。然而,当时中国的《京津时报》和美国的《纽约时报》等报刊,均指出了日本参战的真正动机。24日,日本陆军次官大岛健一中将向日本政府和军部建议,以归还胶州湾为交换条件,吞并中国东北地区。黑龙会、东亚同志会、对华联合会等民间团体和个人,也纷纷向外相加藤高明提出对华要求和意见,主要是:第一,中国人没有能力统一国家,必须由日本"支援";第二,应利用这次大战,确立日本在中国的优势;第三,以日本的优势为基础的日中携手,有助于维持亚洲和平。

8月23日正午,见德国未给予答复,日本即派出刚组建的第十八师团(久留米师团)51700人,在2800名英军配合下,对德国在中国胶东半岛的租借地发起攻击。租借地并非领土转让,主权仍属中国,租借地的处理属中德两国之间的事,日本虽与德国交战,但无权处理中国领土问题。同时,日军进入非租界地莱州半岛,更是无视中国主权。但是,日本对中国的交涉置若罔闻。8月20日,日本驻华公使日置益会见了中国外交总长孙宝琦,无理要求将山东省黄河以南划为日本对德"作战区域",要求中国军队自胶济路撤退,并在20日、26日、29日,三次催促中国政府接受日方要求。但是,中国政府对此不予认可,另划"由胶济路潍县以东至青岛"的战线,并提出"可由日本任便布置","希日政府明我好意,勿采取过分之举"。但日本却自行由龙口登陆,于9月12日占领即墨,25日占领潍县车站,10月6日占领济南车站,将胶济路全线控制,并称这是日军执行军事计划。10月31日,日军向由近5000人驻守的青岛要塞发起攻击,11月7日攻占青岛,俘获德军及德国侨民2300余人。侵占青岛后,日本东京一片欢腾。据《时事新闻》报道,翌日,狂热的市民提着写有"祝贺攻克青岛""帝国万岁"的灯笼,汇集于神社和寺院。占领青岛及控制胶济线后,日本内阁决定,在欧洲战争未结束前,对青岛及山东战区实行军事管制,在青岛守备司令下设立军民各级官吏,山东省路矿均由青岛守备司令监督,海关也派日人管理。中国舆论和各界人士强烈谴责日本的侵略行为,并谴责中国政府在维护主权方面的软弱立场。

第十章 大正时代

11月11日,日本首相大隈重信召集临时内阁会议讨论对华方针,形成了试图全面控制中国的"二十一条"。"二十一条"共由五号文件构成,基本内容是:第一号共四条,要求承认日本继承德国在山东享有的一切权益并予以扩大。第二号共七条,要求租借旅顺、大连,并将"南满"、安奉两铁路的交还期由25年延长至99年;承认日本人所谓"南满"和"东蒙"的居住权、工商经营权、土地租借或所有权、筑路及开矿权。第三号共两条,要求中日合办汉冶萍公司。第四号共一条,中国沿岸港湾及岛屿不得割让或租借给他国。第五号共七条,标题是对中国全境之要求。要求中国中央政府必须聘用日本人为政治、财政、军事顾问,必要地方之警察也为中日合办,由日本采办一定数量军械,或在中国设立中日合办军械厂,等等。不过,当时日本还没有正式向中国提交"二十一条",中国政府尚不知情。12月7日,中国政府照会日本政府表示,中国境内战事已告结束,请日军立即将胶济路沿线的日军撤出。日军置之不理。

1915年(民国四年、大正四年)1月7日,中国政府声明取消山东战区,但日本称此事未经协商,仍强占中国领土,暴露出"协助"英军在中国领土上打击德军的真实意图。之后,日本驻华公使日置益多次与袁世凯秘密会晤,就中日关系问题进行详细谈判,有时会谈长达数小时。日置益了解中国当时局势,知道中国不愿也无力与日本交战,因此力陈搞好中日关系之"利",软硬兼施,并建议成立"日中军事同盟",袁世凯一直未置可否。1月18日晚,日置益径直跑到中南海怀仁堂面见袁世凯,将"二十一条"放在桌上让袁世凯考虑,并让袁世凯保守秘密。但没隔几天,《华盛顿邮报》等就对此事进行了报道。西方人是怎么知道的?当时担任袁世凯英文秘书的顾维钧,在回忆录中有如下记述:

> 此时,北京急需从国际上获得外交方面的支持。尽管中国许诺将此事保守秘密,不让其他国家知道,但我向总统和外交总长说明,这种许诺是在威胁之下作出的,中国没有义务遵守。根据世界的形势,唯一能给中国以外交和道义上的支持的是美国。
>
> 这时,关于"二十一条"的消息少量而不断地出现在外国的报纸上,引起了各国,特别是华盛顿和伦敦的关注。
>
> 我征得总统和外交总长的完全同意,和英美公使馆保持接触。我每次在外交部开完会后,如不是当天下午,至晚在第二天便去见美国公使芮恩施和英国公使朱尔典。当日本驻华盛顿大使电询政府

"二十一条"的详情,尤其是第五号时,东京开始焦急不安,显然东京并未将"二十一条"的性质及谈判进展等详情通报其驻外使馆。据报,日本驻华盛顿大使完全不知道所谓的第五号。但(美国)国务院出示了"二十一条"的全文副本,使日本大使非常难堪。此后,日本政府也开始感到难堪,当然不是为了在北京的谈判中,而是在和华盛顿和伦敦的关系上确实是这样。秘密泄露后,至少是日本外相感到,如果继续否认"二十一条"特别是第五号的存在,殊非明智之举。①

　　原来,日本政府在提出"二十一条"时,仅将一至四号知会英、美、法、俄四国,故意隐瞒了最重要的第五号各条。"二十一条"全文公开后,英、美、法、俄极为不满。英国驻日大使葛林赴日本外务省声明,英国政府对日本"漏告"第五号,"深表遗憾"。日本政府见此事遭到英、美、俄、法反对,不得不宣布第五号为"希望条件",属劝告性质。之后,日本于4月26日提出新案,对原先内容进行了一些修正,至于第五号,则称"以后再行商议"。中日之间的谈判,从1915年(民国四年、大正四年)2月2日正式开始,至5月7日日本发出限48小时答复的最后通牒,历时105天,谈判20余次,至5月9日期限最后一刻,中国政府被迫屈服。5月20日,中国外交总长陆征祥和日本驻华公使日置益,分别代表本国政府签署了《日华条约》。由于该条约签署于民国四年(1915年),故又称"民四条约"。由于第五号和其他有些条款作为"悬案"留待日后交涉,因此所谓"二十一条",实际只有十二条。双方还签署了《关于胶州湾租借地的换文》和《关于福建省的换文》。

　　日本统治阶层对向中国提出"二十一条"要求,看法并不一致。例如,立宪政友会总裁原敬在当年6月10日表示,"二十一条"将恶化中日关系,引起列强对日本的猜疑,很可能得不偿失。确实,日本因为"二十一条"的欺瞒失去列强信任,需要修复关系。对日本咄咄逼人的扩张势头,美国难以坐视,也需要和日本"协调关系"。1917年夏,日本派出了由刚卸任的前外相石井菊次郎率领的代表团访问美国,同美国国务卿兰辛举行谈判,并于11月2日以换文的形式,签署了《兰辛-石井协定》,达成了两点共识:美国承认日本在中国拥有"特殊利益";日本同意美国有权保持中国领土完整,以及门户开放、机会均等原则。

---

① 顾维钧:《顾维钧回忆录》第2册,中华书局1985年版,第287页。

第十章 ● 大正时代

日本出兵西伯利亚也和列强产生了矛盾。"一战"爆发后,奥匈帝国派遣了20万捷克斯洛伐克军队前往俄国,同俄军交战。但是,同为斯拉夫人的捷克军队却趁机在当地建立了一个"独立国家"。"十月革命"爆发后,俄国苏维埃政府和德国签署了《布列斯特·立托夫斯克和约》,退出了战争。协约国方面需要将20万捷克军队撤出。因为,协约国方面认为,德国和俄国签署"和约"后,"东部战线"已经安全,必须全力应付西部战线。为了加强西线兵力,需要将这支军队撤出。英国和法国通过美国向日本提出了这一要求。但是,德国政府当然不会答应这支部队离开俄国去对付他们,刚与德国签署"和约"的俄国苏维埃政府为此左右为难,而日本则决定和美国、英国、意大利共同出兵,帮助捷克军队撤退。1918年8月2日,日本发表了出兵宣言,派出了新组建的陆军第十二师团(久留米师团)出兵西伯利亚,此后不断增兵,占领了东西伯利亚等地区。

1920年1月,由于出兵目的已基本达到,美国照会日本,要求日本撤兵。英国、法国也和美国持同一立场。但是日本不仅不撤兵,而且不断增兵,单独在西伯利亚驻军。按照日本的解释,这样做是因为西伯利亚已经"赤化",而且很可能向朝鲜蔓延,日本必须防患于未然。翌年,日本驻扎在西伯利亚的兵力达到约七万三千人。日本政府这一做法在国内遭到激烈批评。立宪政友会总裁加藤高明在贵族院表示,驻军西伯利亚,内至劳民伤财,外遭列强不满,是历史上少有的外交败笔。著名思想家、"大正民主"代表人物吉野作造在《中央公论》上撰文,对此进行强烈批评。

各有算计的华盛顿会议 "一战"结束后,日本作为战胜国,委派前首相即66岁的元老西园寺公望和前外相即57岁的牧野伸显作为全权代表,出席巴黎和会,并提出了两项基本要求:一是接收德国在中国山东省的权益;二是获取赤道以北原属德国领的南洋诸岛。日本认为提出这两项要求"理由充分"。就第一项要求而言,日本为将德国势力逐出中国山东省立下"汗马功劳"。就第二项要求而言,日本应英国请求向地中海派遣了由一艘巡洋舰和八艘驱逐舰组成的第二特务舰队,后又增派了四艘驱逐舰,以马耳他岛为基地,攻击德国潜水艇。日本第一舰队南遣支队,在太平洋不断驱赶德国东洋舰队主力,占领了赤道以北的德属南洋诸岛。日本的要求遭到中国和美国的反对。但是,西园寺公望显示了强硬立场,称如果日本要求得不到满足,将拒绝在和约上签字。美国最终只得让步。英、法全权代表最终也认可了日本的要求。随后,日本发表了接收原属于德国权益的声明。

以凡尔赛会议一系列条约、协议的签署为标志的"凡尔赛体系"建立后,如何建立战后远东国际秩序,被提上了议事日程。如何抑制日本在中国和远东的扩张,将日本纳入列强协调的体系,确保美国在中国的"经济自由",日益成为美国外交的一项紧迫课题。另外,日英同盟的存在,对日益激化的日美矛盾显然是一个潜在威胁,而为期十年的第三次日英同盟将于1921年7月12日到期,英国对是否续约正举棋不定,美国认为不能错过时机。更重要的是,美国参议院虽然否决了《凡尔赛和约》,但是却通过保留条款的形式公开声明,不承认由日本接收德国在中国山东权益的相关条款,称美国对中日间的问题,"有完全自由之行动权"。

西方将华盛顿会议比作一驾马车,称"英国人是赶车的车夫,美国人是拉车的马"。意思是最希望召开华盛顿会议的是英国,美国受英国的"驱使"。因为,英国虽然是战胜国,但经济遭到重创,曾经纵横驰骋于世界各大洋的大英帝国皇家海军"世界第一"的地位,也被美国海军取代。英国希望皇家海军军旗"圣乔治十字旗"能继续飘扬在各大洋。无奈经济捉襟见肘,连军舰也因为缺乏维修保养的经费,在1920年废弃了三艘,1921年废弃了五艘。怎么办?英国首相劳合·乔治想利用"一战"后人们普遍希望和平的心理,呼吁裁减海军军备。但是,如果由英国呼吁"裁军",未免被认为"英国没钱造军舰,也不让别国造军舰",曾经坚持"两强标准"(同时应对两大海军强国)的大英帝国,面子上实在挂不住。同时,对是否续签日英同盟,英国政府存在两种不同意见。一种意见认为,俄国和德国在远东地区对英国的威胁已经消除,而日本在中国的扩张却值得英国警觉,何况1920年建立的国际联盟的盟约第二十条规定,加入"国联"的国家彼此之间承担的义务应予废除,因此英日同盟到期后应不再续签。另一种意见则认为,英国在远东的通商和权益,需要依靠日本海军保护,有必要续签。不过,有必要对日英同盟的相关条约进行修订,以免和"国联"盟约相抵牾。最终,英国政府决定咨询大英帝国各自治领的意见。在随后召开的大英帝国会议上,加拿大总理阿瑟·米恩坚决反对续签日英同盟条约。他强调,"如果续签同盟,将刺激美国扩充军备,对加拿大安

第十章 ● 大正时代

全构成威胁。为了实现英美亲善,应该弱化英日关系"。澳大利亚总理比利·休斯则认为,基于太平洋地区安全保障考虑,英国应该和日本维持同盟关系。最终,英国政府决定,请美国出面呼吁召开国际会议,首先邀请日本参加,根据日本态度再作最后决定。

美国愿意当东道主组织召开华盛顿会议,主要有三方面考虑:一是日本在远东特别是中国不断扩张势力范围,必将损害美国利益;二是日英同盟即将期满,当设法拆散;三是战后经济亟待恢复,有必要裁减军备。1916年2月,美国总统威尔逊在密苏里州圣路易斯发表演说时宣称,"美国要建立世界上最强大的海军",表示将投入5.8亿美元,在三年内建造156艘军舰,包括战列舰10艘、巡洋舰6艘。美国非常清楚,想在世界上拥有强大的话语权,必须拥有强大的海军。但是,这也可能刺激日本和美国展开"造舰竞赛"。而且富如美国也会"囊中羞涩"。面对街上流浪汉日益增加,民众不断发出疑问:"战争已经结束了,为什么还要建造那么多军舰?能不能设法改善我们的生活?"1921年初哈定当选美国总统后,为了解决失业和经济复兴问题,不得不考虑削减建设海军的预算。他在众议院演说时表示,"为了促进世界和平,有必要就裁军问题和各国进行协调"。1921年5月25日,美国参议院一致通过了《召开国际裁军会议决议案》。

对美国的呼吁,日本媒体的报道显得颇为反感。《朝日新闻》以《远东问题总决算日——困境下的日本》为题写道:"可以毫不夸张地说,华盛顿会议将使日本在日俄战争后首次陷入困境。"由于华盛顿会议除了裁军问题,还将讨论"远东和太平洋的各项问题",即涉及日本试图独占中国而遭到国际舆论谴责的"民四条约"和"山东问题","使日本站上被告席"。但是,日本首相原敬最终决定响应美国的呼吁,参加裁军会议。原敬之所以做此决定,也有三方面考虑:一是在外交方面走与美英协调路线;二是通过裁军会议收回外交主导权,增强内阁的话语权;三是通过裁军缓解财政困难。日俄战争胜利后,根据1907年制定的《帝国国防方针》,日本倾力打造战列舰八艘、巡洋舰八艘的"八八舰队"。但是,因为日俄战争而负债累累的日本,国库匮乏,有心无力。而且1906年底,英国造出了有12吋①主炮10门、时速22节的高速战列舰,而日本1905年12月才下水的第一艘国产巡洋舰"筑波号",以及随后建造的"萨摩号""安艺号"等5艘

---

① 英寸旧也作吋,1英寸合2.54厘米。

战列舰,都只有4门12吋火炮、时速18节。建造后才没几天就成了"落后的军舰"。于是,日本对原来的计划进行了修改,1908年开始建造排水量2.8万吨,时速28节,搭载8门13.3吋大炮的"河内号""摄津号"。但如此军备竞赛,必然影响日本经济和其他各项事业建设,和"平民首相"原敬的治国理念不符。

1921年(大正十年)8月23日,原敬内阁正式答复美国政府,将参加华盛顿会议,由加藤友三郎任首席全权代表,驻美大使币原喜重郎和贵族院议长德川家达任全权代表(币原喜重郎在会议期间患病,由外务次官埴原正直接替)。原敬让加藤友三郎担任首席全权代表,一是信任加藤友三郎的能力。在原敬看来,虽然加藤友三郎在内阁会议上沉默寡言,对各种问题不轻易发表意见,可一旦开口,总能够认清问题的实质并一针见血地发表意见。二是加藤友三郎的立场和他一致,由他出任首席全权代表,能较好地贯彻与欧美协调的路线,特别是能处理好日美关系,使日本获得有利于经济发展、提升综合国力的国际环境。这一点,在原敬政府给以加藤友三郎为首的全权代表团的训令即表露无遗:建立国际协调机制,"最重要的是保持和美国亲善圆满的关系"。对海军军备没有规定具体比例,只是原则性地提出,"以八八舰队为基本,根据情况可以降低标准"。也就是说,由代表团酌情掌握。加藤友三郎显然很清楚如何把握尺度。他向首相原敬表示:"我会努力坚持八八舰队的原则。但是,和美英交涉也应考虑其他条件。如果美军撤去关岛的防备,那么日本可以考虑撤去小笠原群岛的防备;如果美军撤去马尼拉的防备,日本也可以考虑撤去澎湖列岛的防备。"加藤友三郎之所以向原敬做此表述,是因为按照他的看法,"与日本有可能发生战争的国家唯独美国。纵然日本的军备能够达到与美国抗衡的水平,亦不可能如日俄战争时那样,仅以少量军费发动战争,必须筹集大量军费。然而,除了美国以外,没有别的国家会向日本提供贷款。因此,若与美国为敌,自然绝了这条'财路'。……由此可以得出结论,日美战争是不可能发生的"。[①]让币原喜重郎担任全权代表是应加藤友三郎的要求。加藤想借力于币原外交手腕和英语技能,而且币原历来主张与英美协调,请币原担任全权代表可以显示日本的姿态。德川家达是德川家康第十六代宗孙,在欧美各国颇有人脉,而且请德川家达任全权大使,

---

① 稻叶正夫等编:《走向太平洋战争的道路》别卷《资料编》,朝日新闻社1963年版,第35页。

也有利于"平民首相"原敬和贵族院协调关系。

日本参加华盛顿会议的名单公布后,有"日本议会政治之父"之称的尾崎行雄即冷嘲热讽。他说:"让本身就是军人的海军大臣加藤友三郎参加裁军会议,如同一个人穿着结婚礼服去参加葬礼。让将军的后代德川家达参加这个会议是想告诉世人,封建思想在日本依然得到尊重?真是荒唐可笑!"执政党立宪政友会有些成员也质疑:"由海军大臣任首席全权大使,是不是显示强硬姿态,使会议无法顺利进行?"但是原敬反驳道:"不让海军军人担任首席全权代表,如果遭到海军方面反对怎么办?与其那样,岂不是让海军的代表参加会议更加合适?"

华盛顿体系的建立 1921年10月15日,日本代表团一行乘坐"鹿岛号"客轮离开横滨驶向美国。原敬在和加藤友三郎握别时对他说:"国内的事交给我,华盛顿谈判的事就拜托你了。你根据自己的判断做决定吧。"海军军令部长山下源太郎大将也对加藤友三郎表示了坚定支持。[①]他对加藤友三郎说:"日美海军军力的比例,由作为首席全权代表的海军大臣你来决定。请你根据自己的意志和判断作出决定。不管日本和美国的海军军力是7∶10还是6∶10,构建好防卫态势,随时做好战争准备,是我们军令部的任务。"

加藤友三郎没有想到的是,他们刚到达美国,日本国内就发生了一件大事:主张走与美英协调路线的原敬首相遇刺身亡。但是,这一刺杀事件并没有改变原敬政府与欧美协调的外交路线。大藏大臣高桥是清在继任首相后即明确表示,"外交方针保持不变"。

华盛顿会议于1921年11月12日正式开幕。与会的有中、美、英、日、法、意、荷、比、葡九个国家。美国众参两院议员等两千多人列席旁听。加藤友三郎进入会场后,喜欢调侃的美国记者马上给他起了个外号叫"日本海军部的扑克脸"。因为,加藤友三郎不仅身材瘦弱矮小,因患有严重胃病面无血色,而且表情冷峻,不苟言笑。但时隔不久,美国媒体记者即对言语不多但每句都很有分量的加藤友三郎刮目相看。《朝日新闻》特派记者、后来担任该报主编的绪方竹虎在报道中写道:"加藤友三郎很受我

[①] 日本海军军令部最初是1884年建立的"海军省军事部",1893年《军令部令》制定后,从海军省独立,称"军令部"。海军原拟叫海军参谋本部,但陆军首领认为,只有陆军指挥机关才能称参谋本部,海军是专业部队,最高指挥机关只能称军令部。军令部长官1933年前称部长,之后称总长。

的外国同行好评,认为他是位政治家。"确实,加藤友三郎在参加华盛顿会议后不久即成了"政治家"——担任了日本首相,并且在战前二十一位军人首相中,被认为最有政治头脑。

华盛顿会议的第一项议程是"基调演讲"。担任会议主席的美国国务卿休斯在基调演讲中直奔主题。休斯在演讲中建议,各国在十年内停止建造主力舰,将正在建造中的主力舰全部废弃。同时规定美、英、日的主力舰总吨位数的比例为10:10:6,超出这一比率的军舰均予以废弃。巡洋舰、驱逐舰的辅助舰艇,也根据同样比率进行削减。他表示,"根据这一原则,美国将废弃正在建造中的15艘主力舰和15艘舰龄较长的主力舰"。话音一落,与会者纷纷起立热烈鼓掌。随后,休斯要求英国废弃23艘主力舰、日本废弃17艘主力舰。协议达成10年后,美、英和日本主力舰总吨位将限制为50万吨和30万吨。后来成为《朝日新闻》总编的绪方竹虎,当时是随访记者。他在报道中写道:"当时全场肃静。有关各国将作何回应? 这时,仅允许拥有美英35%主力舰吨位的法国全权代表站起身大声表示'赞同'。全场顿时响起如雷般的喝彩声——'好! 没有战争了! 和平了!'"美国的报纸对这一发言的评论是:"休斯的一次演说所击沉的军舰,比世界上任何一个海军舰队的司令都多。"因此,休斯的发言被称为"休斯炸弹"。

休斯的发言令日本全权代表团始料未及。更令他们感到措手不及的是,休斯的提议获得了与会各国全权代表的大声赞同。休会时,加藤友三郎对币原喜重郎说:"如果我们表示反对,那么日本将处在与列国对立的尴尬地位。"于是,加藤友三郎立即让代表团成员、海军大佐野村吉三郎同外相内田康哉、海军省次官井出谦治联系,让他汇报日本政府,"对美方的提案,代表团原则上表示赞同"。随后,加藤友三郎召开记者会,对休斯的提议大加赞赏,明确表示日本没有异议。

大会第二天的议程是各国全权代表发表演说。首先发言的英国全权代表贝尔福表示,"英国无条件接受"。"囊中羞涩"的英国能够保持和美国平起平坐的"一等海军强国"地位,如此表态完全不出人们预料。人们关注的是第二个发言的日本全权代表加藤友三郎如何表态。在肃静的气氛中,只见加藤走上讲坛,用低沉的声音表示:"日本原则上表示接受,并决定根据协议大幅削减海军军备。"当加藤的话被译成英语,会场上传出"We agree in principle"的声音后,与会者全体起立热烈鼓掌。

第十章 大正时代

实际上,加藤进行上述表态时,高桥是清内阁尚未对他"原则上表示赞同"的意见给予回复。在加藤友三郎赴华盛顿会议前,日本对限制海军军备的基本意见是,日本和美国海军须保持7∶10的比例。因为,根据"海军战略家"佐藤铁太郎等的推演,如果美国海军穿越太平洋向日本发起攻击,远涉重洋的航行必有损耗。那样日本海军和美国海军的军力对比的7∶10,实际上等于1∶1,那样日本可以不败。如果日美海军的吨位数是6∶10,那么美军将占据优势。日俄战争时任日本联合舰队司令的"军神"东乡平八郎也坚持认为,双方的军力比必须是7∶10。但作为海军大臣,加藤友三郎对这种推演出的结论却并不认同。他质问道:"这么推演的依据可靠吗?为什么必须是7∶10而不能是6∶10?"他得到的回答是:"虽然三寸半的短刀也能切腹,但保险起见,应该用九寸半的刀。同样道理,如果日本海军有美国海军70%的军力,即便无法取得胜利,至少也不会战败。"加藤又反问道:"海军内部对推演的结论或许能理解,但政治家和外交官能理解吗?他们会赞同吗?何况我们要说服的是外国人。"

但是,加藤友三郎的见识,并不是参加华盛顿会议日本代表团成员的共识。在第三天举行的海军裁军问题专门委员会会议上,海军裁军问题专门委员会日方委员加藤宽治中将一开始即表示,如果美日海军主力舰总吨位数不是10∶7,"日本代表团将退出会议,马上回国"。加藤宽治这么说是想给美国施加压力,使之接受日本的要求。但首席全权代表加藤友三郎和专门委员加藤宽治不同的表态,令媒体大感不解。他们纷纷拥向日本驻美国大使馆,向在那里的加藤友三郎求证。加藤友三郎当即表示,"那是加藤宽治个人的想法,日本代表团从来没有考虑过要退出会议回国。"

晚上,加藤友三郎将加藤宽治叫到自己房间,对他大声训斥:"你知道我们到这里来的任务是什么?如果日本代表团退出会议,不仅必须承担破坏会议的责任,而且将被认为是破坏和平的军国主义者。你是专门委员,我是首席全权代表。没有经过我的允许,你有什么资格擅自发表那样的言论?你已经是海军中将了,怎么连这么简单的道理都不懂?今后如果再有这样的事情发生,我将命令你立即回国。"在加藤友三郎整个训话过程中,加藤宽治一直默默低着头,没有任何申辩。这不仅因为加藤友三郎是首席全权代表,更因为加藤宽治在海军兵学校和海军炮术学校学习时,加藤友三郎当时是大尉教官,他不敢"顶撞"老师。

加藤友三郎坚持走"对美协调路线",是经过深思熟虑的。他在给日本政府发去的电报中表示:"如果日本坚持日美海军主力舰的吨位数必须是 7∶10,那么不仅已趋于沉寂的美国民众的反日情绪又会高扬,而且裁军会议失败的责任将由日本承担,日本将在国际上陷于孤立。"接到加藤友三郎的电报,高桥是清内阁表示:"可以有条件接收海军主力舰总吨位数 6∶10 的比例。"12 月 23 日,华盛顿会议就美、英、日、法、意五国海军主力舰总吨位数,达成了 10∶10∶6∶3.5∶3.5 的比例。消息公布后,日本海军和陆军中的对外强硬派和很多民众表示了强烈不满。他们认为,日本在日俄战争中取得了日本海海战胜利,向全世界展现了日本海军的强大实力,已经跻身"世界一流海军强国"行列,为什么甘愿使自己处在"二流海军强国"的地位?他们认为,《限制海军军备条约》是屈从美、英的"丧权辱国条约",是对日本民族自尊心的伤害。日本报纸的评论也大都认为,这项协定是日本屈从美、英压力的无奈选择。但是,《读卖新闻》的评论则认为:"协议的达成阻止了关岛、马尼拉的要塞化。这个成果比规定日美主力舰总吨位之比为 7∶10 更加重要。"

为了取得日本政府特别是海军同僚的理解,加藤友三郎口述了一份《加藤全权要说的话》,让堀悌吉中佐笔录并让他赶回日本,交给海军次官井出谦治。这份《加藤全权要说的话》清晰地表达了加藤友三郎的想法,其中特别强调,国防不能仅仅依靠军人,不是仅仅依靠军人就能进行的。如果要进行战争,必须进行国家总动员,必须通过提高工业水平和对外贸易充实国力。因为,战争的要素是钱。即便日本的军力能够和美国抗衡,可一旦发生战争,除了美国,哪个国家会购买日本的外债?如果与美国为敌,那么获取资金的渠道就会堵塞,还能从哪里能借到钱?国防必须与国力相适应,增强国力是巩固国防最核心的要素。为了增强国力,必须通过外交避免战争的发生,营造增强国力的环境。即便没有军备限制,日本也不能一味扩充军备,和美国展开军备竞赛。因为美国的综合国力远远超过日本,若和美国展开军备竞赛,双方的差距不会缩小,只会扩大。因此,以 6∶10 的比例限制日美双方的军备增长,是明智和必要的。东乡平八郎最终也对加藤友三郎的决定表示赞同。他表示,"军备虽然有限制,但训练是没有限制的",强调通过加强训练,提升日本海军的战斗力。

但是,加藤宽治对协定的签署始终不满。按照他的观点,日本和美国围绕中国利益的争夺所产生的矛盾很难缓解,必须做好战争准备。美国

第十章 大正时代

资源丰富,工业生产能力远胜日本,和平时期可以不维持庞大的海军数量,因为一旦开战,美国可以迅速制造出大量军舰。但日本资源贫乏,工业生产能力明显处于劣势,如果没有强大的海军军力,一旦开战将难以获得迅速补充。因此,维持 7∶10 的比例绝对必要。回国后,作为海军大学校长的加藤宽治立即召集学员训话。他几度哽咽地表达了心中的愤懑,激起了充满"热血"的青年学员的强烈反响。他们认为,"因为美国,日本在国际上遭受了不公正待遇"。更关键的是,由于裁军,很多学员被转入预备役,从而在海军内部形成了"条约派"和"舰艇派"。在加藤宽治麾下集结起来、主张对美英采取强硬路线的"舰艇派",逐渐成为海军的主流,从而给日本走上军国主义道路,埋下了隐患。

根据裁军协议,日本只被允许拥有 10 艘主力舰,这样,除有特殊意义或被改建的 3 艘,还必须处理掉 14 艘军舰。因此"萨摩号"和"安艺号",被"长门号"和"陆奥号"16 时大炮击沉于相模湾。日本海海战时的日本联合舰队旗舰"三笠号",因为有"历史的荣光",经美英允许得以留存作为纪念。建造中的巡洋舰"赤城号"和战列舰"加贺号",被改造成航空母舰。"土佐号""尾张号"等 6 艘军舰被停建。与之相应,海军人员被大幅削减。大批造船厂工人被解雇,仅吴海军工厂就解雇了 1.4 万人。

日本外交史家信夫清三郎指出:"在华盛顿会议上,美国对日本取得胜利。由 1922 年 2 月 3 日签订的裁军条约、九国公约等条约构成的华盛顿体系,否定了大战期间日本以武力威胁为背景在中国所获得的特权地位。"[1]但值得关注的是,和作为战败国参加凡尔赛和会的德国代表团不同,日本作为战胜国参加和会并接受"华盛顿体系",特别是签署将日本列为"二等海军强国"的《限制海军军备条约》,是经过利弊权衡的。华盛顿会议的全称是"关于限制海军军备和远东及太平洋区域问题的华盛顿会议"。也就是说,限制海军军备是会议的主要内容。通过对《限制海军军备条约》形成经纬的考察,我们不难发现,和当年德国代表团团长勃洛克道夫·伦卓在凡尔赛会议上只能接受条约,不得"讨价还价"不同,日本代表团是可以"讨价还价"的。经过"讨价还价",除了海军裁军协议外,华盛顿会议所形成的"体系",还包括以下内容。

第一,"给英日同盟安排了一个盛大的葬礼"。英国是美国在远东太

---

[1] 信夫清三郎编:《日本外交史》(下),商务印书馆 1980 年版,第 479 页。

平洋地区争霸的另一个主要对手,因此,美国处心积虑地想拆散英日同盟,而日本则竭力想续签英日盟约,1921年5月,日本皇太子甚至为此访问英国。最终,英日两国无奈地接受了美国的修改意见:以"四国协定"取代英日同盟。12月13日,美、英、日、法四国签署了《关于太平洋区域岛屿属地和领地的条约》(史称"四国协定")。该协定的签署是美国外交的一项重大胜利。美国代表团为此专呈总统哈定的报告中写道:"英日同盟的适时解体及签署新条约,是美国代表团最欢欣鼓舞之事。"

第二,日本独霸中国的梦想破灭。1922年2月6日,美、英、法、日、意、荷、比、葡、中九国签署了《九国关于中国事件应适用各原则及政策之条约》(通称"九国公约"),共九项条款,主要内容是:维持中国主权、独立和领土完整;为中国自身建立和维持稳固的政府提供充分机会;维持各国在中国获取商业、工业权益的机会均等;反对寻求有损于"友好国家"国民权利的特权,以及采取利用中国情势损害"友好国家"的行动。"九国公约"再次确定了美国提出的"门户开放,机会均等"的原则,是美国外交的胜利。

第三,迫使日本"将《凡尔赛和约》中吞下的赃物重新吐了出来"。1922年2月4日,中日两国代表签署了《中日解决山东悬案条约》及《附约》,共28条内容,规定:日本将胶州租借地归还中国,具体涉及撤退日军,移交公产、矿山、盐场、海关等。

第六节 "裁军"和"兵营国家"的形成

《限制海军军备条约》本身并没有使日本的安全陷入困境,但因此酿成了海军内部"条约派"和"舰艇派"的矛盾。同时,华盛顿体系对日本扩张的限制,必然使日本和美英的矛盾不断激化,从而为太平洋战争的爆发埋下火种。在华盛顿会议上,日本接受美国提出的方案,对海军主力舰吨位进行了大规模裁减。日本陆军随后也进行了两次裁军,分别由陆军大臣山梨半造和宇垣一成主导,史称"山梨裁军"和"宇垣裁军"。裁军,主要是为了创造和平环境,避免战争发生。但是,这两次裁军,特别是"宇垣裁军",却使日本近乎"全民皆兵",使整个国家成为一个"兵营",进而为昭和时代的对外侵略扩张奠定了重要基础。必须指出的

第十章 大正时代

是,大正时代日本这一深刻的变化,却几乎被包括日本在内的各国学界所轻视乃至忽视。

偷梁换柱的"山梨裁军" "关于限制海军军备和远东及太平洋区域问题的华盛顿会议",即华盛顿会议召开之后,日本陆军即予以高度关注。当日本同意大幅裁减海军,特别是大幅减少主力舰吨位,"长门号""陆奥号"战舰用16时大炮将"萨摩号""安艺号"击沉于相模湾时,不难想象这对陆军的冲击。何况,如果要裁减陆军,那比裁减海军理由更充分:首先,一旦战争爆发,军舰不可能立即建成,但陆军兵力可以通过战时动员而迅速扩大。其次,陆军士兵可以经过短期集训立即扛枪上战场,但农民不可能马上驾驶军舰驶入太平洋。最后,俄国罗曼诺夫王朝已经在1917年被俄历"二月革命"推翻,陆军维持大量兵员的主要理由"俄国威胁"已不复存在。很多人认为,没有必要耗用大量国帑供养一支庞大的陆军。

陆军的担心很快成为现实。1922年2月7日,即华盛顿会议结束的第二天,在野党国民党就向众议院递交了《关于缩小军备的决议案》。国民党总裁、后成为日本首相的犬养毅还提出了"新军备改革论",称为了做好比拼综合实力的"总体战"的准备,应奉行"产业立国主义",增强国家工业生产能力,减少军费开支。执政党政友会也不仅不对在野党的裁军论提出反驳,而且向第45次帝国会议提交了《陆军裁军建议案》,并获得通过。早已预料各方会在裁军问题上"发难"的陆军保守势力,迅速予以回击。"日军工兵之父"即时任参谋总长的上原勇作元帅强调,"在国家有事之际,陆军无论如何都必须发挥作为翼赞天皇中枢的作用,这是我数年来的深切体会。因此,领导天皇七千万子民,使他们无论在平时还是在战时都同意合作的责任,早已注定由陆军承担"。陆军诸多将官也公开表示,"不减一兵一卒"。但是,令陆军倍感"不幸"的是,当年2月1日,"现代日本陆军之父"山县有朋去世,陆军的话语权明显减弱。3月25日,众议院以压倒多数通过了要求陆军裁减经费的议案。陆军大臣山梨半造不得不当即表示,将对裁军进行研究。

8月15日,陆军的裁军计划付诸实施。这次裁军因由陆军大臣山梨半造负责,史称"山梨裁军"。具体内容是:保留21个师团的建制,但将1个联队3个大队、1个大队4个中队,缩减为1个大队3个中队,由此减少了220个中队(减少59 000人,包括2 100名军官)。山梨半造采取这种裁军方式的基本考虑是,作为主要作战建制的师团数没有减少,兵营也依然存在。一旦战争爆发,可以立即组织动员、充实兵力。他向议会解释道:"这次裁军,师团数虽然没有减少,但兵员数相当于减少了5个师团。"但是,议会仍不满意,认为这样的裁军"不彻底",因为军费开支的减少额度,距离议会的要求有很大差距。议会要求减少4 000万日元军费开支,但实际只减少了2 300万日元。而且海军裁减了22.7%,而陆军却仅仅裁减了6.5%,比率相差悬殊。这也就为以后由宇垣一成负责的第二次裁军留下了机会。

无论对于陆军还是海军,裁军的"损失"关键不在于人数的减少,而在于军人地位的降低。因为,裁军使日本进入了"军人失意的年代"。在电车中,青年工人会对军人说:"喂,能不能把披风脱了?"走在街上,民众甚至骂军人是"偷税者"。真是"此一时,彼一时"!日俄战争时期,军人都认为自己是国家的骄傲,穿着军装走在街上,民众会行"注目礼"。裁军后,退役军人为了求职谋生,甚至不得不低声下气。二十年不到,恍如隔世!一个师团长在给上原勇作的信中这样写道:"裁军计划实施后,军队的士气大幅下降。眼下青年军官配偶的家境,和以前青年军官配偶的家境相比,简直有云泥之别。之所以如此,主要因为日本进入'谢绝军人'的时代。这难道是对日俄战争后军人过于张扬的社会状态的纠正?现在东洋已经没有战争了,没有了战争意味着难以建功立业,意味着失去了出人头地的机会。"确实,当时民众注视"军装一族"的目光,从青眼变成白眼。日本的"秀才们"也都不愿意报考陆军士官学校或海军兵学校。当时,《日本经济新闻》的前身《中外商业新闻》刊登报道称,女性的择偶标准居然是"从事什么职业的男人都行,除了军人"。

恰在此时,日本遭遇了对发展军力非常不利的自然灾害关东大地震。地震和由地震引发的火灾,使东京和横滨到处都是瓦砾。为了赈灾和复兴经济,必须紧缩财政。于是"裁军"的呼声再次日益高涨。面对这种舆情,到加藤高明内阁时期,陆军大臣宇垣一成提出了将21个师团裁撤4个师团的计划。日本朝野对宇垣一成的裁军计划大加赞赏,纷纷表示,"宇垣能行"。"裁军如果由宇垣主导,将能够抑制陆军的不满"。然而,作为陆军大臣的宇垣一成,真的要"自残"吗?答案当然是否定的。

陆军裁减幅度不仅远小于海军,军费的缩减距议会要求相差甚远,而且使日本进入了军人不受民众待见的"军人失意的时代",加之"关东大地

第十章 大正时代

震"导致经济拮据,日本社会"裁军"的呼声再次高涨。在"军制改革派"成为陆军主流后,为了既顺应社会呼声,又不削弱日本的国防力量,陆相宇垣一成主导实施了"宇垣裁军"。

暗度陈仓的"宇垣裁军" 宇垣一成出身于日本冈山县一个农民家庭,天赋异禀,14岁即通过教员资格考试成为小学正式教员,16岁当上了小学校长,之后投笔从戎,成为陆军士官学校步兵科学员。1890年毕业后,宇垣一成考入陆军大学,并以"探花"的成绩毕业,成为"军刀组"(前六名毕业生由天皇御赐军刀)一员,还被派赴德国留学。1924年元月,清浦奎吾取代山本权兵卫组阁,上原勇作推荐福田雅太郎出任陆相,田中义一推荐宇垣一成出任陆相。最终,田中义一的意见获得支持。宇垣一成出任陆军大臣的当天,在日记中傲慢地写道:"帝国的命运,帝国的盛衰,系于吾一身。"对裁军,他自信满满地写道:"除了我以外,无人能完成这一伟大事业。"

宇垣一成之所以赞同裁军,主要因为第一次世界大战告诉人们,战争已不仅比军事实力,更比综合国力。他对"一战"所呈现的变化,做了以下概括:第一,"出现了大量被证明适用的武器"。第二,"从武装动员向精神动员迁移。在未来的战争中,无形的涵养将成为赢得荣誉的要素。因此,必须实现两者的结合,将军队带入两全其美的境界"。宇垣一成的这种认识,也是"军制改革派"的共识。他们均认为,日本资源贫乏,工业比西方列强明显落后。为了做好总体战准备,与其保留大批常备军,不如将财力用于军事现代化改革,强化综合国力特别是工业生产能力,强化国民的军事基础化训练。用今天的话说,就是在不能够既做大又做强的情况下,"瘦身健体",在"强"字上下功夫。"山梨裁军"为什么各方面均不满意,问题究竟出在哪里?宇垣一成在日记中这样写道:"开始裁军的大正十一年(1922年)8月15日,在我的军人生涯中是最悲伤沉痛的日子,是最令我遗憾的日子。"为什么?因为只是减少了军队人数,完全没有吸取"一战"的经验,加强军队的现代化建设。他认为,"操舵手过于拙劣"。

1923年,陆军省成立了军制改革调查委员会,委员会成员几乎都有派驻欧美的经历,都曾目睹欧美国家在"一战"后如何构建军备现代化和总体战体制,由宇垣一成出任调查委员会的委员长。这一构建,使改革派实现以"强军"为目的的"裁军",获得了组织保证。当年8月,宇垣一成提交了《陆军裁军私案》,开宗明义地写道:"1.做好能够经得起长期战争的准备。2.不仅对正规部队做好长期战争设备准备,而且还要对整个国民参与战争做好相应的设备准备。3.以武力决战为主,但也要有能够应对经济战的准备。"宇垣一成认为:"日俄战争后,帝国陆军为准备和俄国的再一次作战,制定了平时保持25个师团,战时形成50个师团的计划。之后又增设了2个师团和计划增设4个师团。'一战'后,受俄国'十月革命'影响,来自北方的威胁减少,因此首先放弃了4个师团增设计划,1923年和1924年,考虑舆论的倾向和邻邦的形势,认为有必要减少相当于5至6个师团的兵力。"

同年9月1日发生的"关东大震灾"的灾后重建,使日本政府本已拮据的财政资金更加捉襟见肘。宇垣一成认识到,军制改革不可能获得有力的财政支持。改革所需要的经费,必须通过内部节流获取。基于这一考虑,宇垣一成提出了裁撤4个师团的计划。宇垣一成在军制改革调查委员会上强调:"鉴于我国严峻的财政状况,军备改革不能要求过高的财政支出。因此,改革所需要的费用必须全部从军部内部筹措。"委员会经过研究,最终决定赞同宇垣一成的计划,撤销4个师团,将由此所省下的经费用于军队的重新编制和教育。陆军内的改革派均对此表示支持。例如,后来成为"大日本帝国"最后一任陆军大臣的下村定当时表示,如果将陆军减少一半人数,军队不仅更加精悍,而且可以将节余的经费用于发展产业,获得世界上最先进的装备。

1924年7月13日,陆军军制调查委员会以宇垣一成的《陆军裁军私案》为基础,制定了以宇垣一成的后任委员长津野一辅的名字命名的调查报告,之后,该报告作为《陆军军备整理计划》,交付陆军最高审议机关"军事参议官会议"审议。但是,这一计划遭到上原勇作的强烈反对。上原勇作称,该计划是为了迎合政党和舆论的要求而对陆军进行破坏。赞否双方各执一词,互不相下,表决结果是4∶4。但是,由于议长奥保巩元帅投了赞成票,因此计划获得通过并提交第五十次帝国会议,最终顺利获得通过。以实现军队现代化和建立"兵营国家"为目的的"宇垣裁军",开始实施。

"宇垣裁军"被戏称为"挂羊头卖狗肉"。所谓"羊头",就是裁减日俄战争后组建的4个师团——高田的第十三师团、丰桥的第十五师团、冈山的第十七师团、久留米的第十八师团;裁减了16个联队司令部、2个幼年学校、1个台湾守备队司令部、5个卫戍医院,总体减少兵员38 894人,在

1925年度预算中，经常费和临时会计费总共节俭了1 295万日元。所谓"狗肉"，是"宇垣裁军"同时制订了总额高达14 125万日元、在8年内完成的军队改造计划，主要内容是新设1个装甲中队、筹建新兵种——由2个飞行联队组成的陆军航空兵，组建1个高射炮联队，创办通信学校、工兵学校、陆军科学研究所，为步兵装备轻机枪，等等。和没有裁撤师团的"山梨裁军"裁减了59 000人相比，裁减了4个师团的"宇垣裁军"只裁减了33 900人，而且1926年陆军年度预算为1.97亿日元，比前一年减少了1.8万日元，但在翌年却增加至2.18万日元。

更重要的是，"宇垣裁军"的根本目的不是削减兵力，节省军费开支，而是"为了改善国防，实现军民一致和融合，建立举国国防"。裁军后，退役军官被派往中学和高等专科学校担任军事教官，对学生进行军事训练，增强学生的国防意识和军事素养，为战时建立国家总动员体制奠定基础。这是因为，宇垣一成清楚地认识到"一战"对各国国防的影响。他在日记中写道："以往将国防的重点置于平时能接受军事训练的现役和预备役军人，以及平时准备好武器和军需物资。但是，世界大战的经历，使欧美各国开始将国防重点转向举全国之人力以及全部之资财进行战备。"

但是，由《军人敕谕》培育成长的大部分军官都信奉"兵力之消长维系国力之盛衰"，何况裁撤4个师团必然导致官职减少，使很多军官的"晋级梦"破碎。因此，这一裁军方案遭到激烈反对，反对理由是，第一，"飞机决胜论"仅仅是从"一战"中获得的结论，并不必然适用于未来战争。第二，为了迎合舆论和民众意愿而裁减作为主战力量的师团、缩短兵役年限，不仅将对民众国防思想产生负面影响，而且将造成国防的重大缺陷。第三，增强机械、裁减人员的做法是本末倒置，因为决定战争胜负的是人。第四，应该就军费问题和政府进行交涉，裁撤师团应作为最后的举措。然而，保守派未能使改革派主导的"宇垣裁军"夭折。相反"宇垣裁军"通过"改革"，将一些因循守旧、思想保守的军人如野尾实信大将、町田经宇大将、福田雅太郎大将，编入了预备役，限制他们的发言权。之后，军制改革派转化为陆军中心势力——统制派，为以后影响日本历史走向的"统制派"和"皇道派"的激烈冲突埋下了火种。

"兵营国家"的建立　　"宇垣裁军"对使日本整个国家成为"兵营"具有重要意义。因为，"宇垣裁军"的根本目的，就是以"裁军"为标榜建立

"兵营国家",为"总动员体制"的建立奠定基础。1922年7月"山梨裁军"开始时,宇垣一成就在日记里写道:"必须使国民不断弘扬国防精神,使国防实力不断增强,即努力塑造国民的协同一致精神,全民皆兵精神,国家总动员精神。正是因为减少了军队人数,因此更需要弘扬这些精神。"

宇垣一成是建立国家"总动员体制"的倡导者。"宇垣裁军"既有应对舆论的一面,也有进行军队革新的一面,但其最终目的,则是为构建总动员体制做准备。1926年12月,宇垣一成在题为《整顿军备的真正意义》的演讲中表示:"由于战争呈现大规模化和长期化趋向,国家要加强战争总动员的准备,要对国民的知识和能力进行统制,使之能运用于战争。"

"宇垣裁军"试图建立"兵营国家",而要达到这一目标,首先必须改变此前兵役制形成的弊端。作为明治维新三大方针之一的"富国强兵",就是破除武士的世袭即对军人地位的垄断,实行征兵制。明治元年(1868年)一月十七日,伊藤博文提出了《统一兵权之建议》,强调"若普天之下皆为王土,率土之滨皆为王臣,则诸侯之兵,皆为天子之兵。若天子能予号令,则当能动员百万之众。然方今朝廷名义上拥有兵权,实际上兵权为诸侯掌控,故朝廷力弱无以驭下,今若能立此制,则将终中古以来之制,朝廷能乘机使北进之兵成朝廷之常备部队……若能博采欧洲各国兵制所长改革我兵制,由朝廷亲自统御军队并加以训练,则兵士将更加骁勇,愈益刚强,内制不逞,外对万国而不耻,巍然伫立"。1872年(明治五年)十二月二十八日,明治政府颁布了《征兵告谕》,宣布取消武士垄断军人身份的特权,实行仿效西方的义务兵役制。告谕称:"我朝上古之制,海内皆兵。有事之日,天子为帅,征募堪服兵役之丁壮,以征不服。解役归里,或衣或工,或为商贾,本无后世佩带双刀称作武士,以至坐食抗颜尤甚,杀人而官府不问其罪者。"翌年,明治政府又颁布《征兵令》,规定"不分身份","凡年满20岁之国民",皆可应征。然而,废除武士世袭,改行"征兵",绝非以实现士农工商"四民平等"为目的。根据当时的《常备兵免役概则》,在省府县供职者、缴纳替代金270日元者,即或有权,或有钱可以免服兵役,当兵打仗便成了穷人的义务,所谓"上下平等,人权齐一",也就成了傻子都能识破的谎言。因此,躲避兵役而不是踊跃入伍,成为社会主流氛围。这一难题,长期困扰明治政府。

第十章 大正时代

1889年2月11日颁布《大日本帝国宪法》第二十条，显然是为了解决这一难题。该条明确规定："日本臣民依法律规定有服兵役之义务。"随后颁布的刑法规定，如果拒绝服兵役，处三年以下徒刑。也就是说，"可以应征"变成了"必须应征"。

按照当时的法律规定，男子满20岁均须接受体格检查，合格者分为甲种、第一乙种、第二乙种，然后通过抽签，选取其中30%的人服役。除甲、乙种外，还有丙种和丁种。丙种是近视眼或其他身体原因，暂时不服役者，但如果战事发生，也必须应征入伍。丁种为不合格。当时现役期为2年，退伍后转入预备役，预备役是5年4个月。担任后方警备任务的预备役军人，服役期是10年。预备役期间，隔年须接受35天训练，由此开始形成"全民皆兵"的军备体制。在即便身体合格，是否服兵役还要通过抽签碰运气的年代，虽然舆论宣传"一人服役，全家光荣"，但20岁的"强劳动力"应征入伍，对一般家庭而言则意味着经济来源减少。因此，有的适龄青年以各种手法甚至自伤身体，使体检不合格，以逃避兵役。

"宇垣裁军"首先就是从革除弊端入手，尤其是通过相关政策，使青年"踊跃参军"。1925年4月，即在裁军正式推行前夕，宇垣一成先行制定了《陆军现役军官配属令》，向各中学派遣了2 000名现役军官。这么做，不仅是为安置裁军后的退役军官做准备，保留了一旦战争发生，即可上阵指挥的少佐、大尉，即大队长、中队长一级的基层军官。对陆军省而言，这么做还有一个好处，就是作为学校的军事教官，他们的工资由文部省开支，无须列入军费开支。翌年4月，宇垣一成又在市、町、村，以及大型工厂、矿山、商店等企业，建立了"青年训练所"，以16岁至20岁、只有小学文化程度的青年员工为对象，进行长达4年、共计800个学时的军事化训练，其中400个学时培训职业技能和学习文化知识，400个学时培训军事技能。合格者如果应征入伍，可以减少半年服役期。十月，陆军省设立了整备局。翌年十一月，整备局制定了《常年筹措作战财政和物资计划纲要》，进一步使日本步入国家总动员轨道。"兵营国家"开始初具规模。

1927年(昭和二年)4月，日本以《昭和二年(1927年)兵役法》取代了1873年(明治六年)颁布的《征兵令》。该兵役法将日军兵役分为现役、预备役、后备役、补充役、国民兵役五个役种；将应征服现役的年龄延长至27岁，即所有19岁至27岁男性，均须接受服兵役体检。当时，日本平均每年有六十万左右的适龄男性,征兵检查将这些适龄男性分为五种:甲种合格者为身体素质良好,服现役;乙种合格者身体素质尚可,服补充役;丙种合格者身体素质较差,服国民兵役;丁、戊种为不合格,无须服役。顺提一笔,甲种合格的标准是身高超过150厘米,身体各项指标优良,可见进入昭和时代以后,日本人的身高和江户时代相比,几乎没有增加。

《昭和二年(1927年)兵役法》还对日本"兵营国家"的形成,在法律上进行诱惑,规定军训合格者如正式服役,服役期由两年减为一年半。服役后若自己承担费用,可申请成为服役期一年的后备军官。有高等专门学校以上学历,则只需服役十个月,且退役后成为有预备役少尉军衔的军官。师范学校的学生只需服役七个月,军训合格者只需服役五个月。"优惠待遇"对青年学生具有相当大的诱惑,使他们主动积极接受军训。同时,服过兵役的教师被陆续派往小学,使军事教育一直向小学延伸。"宇垣裁军"的相关举措,尤其是在校学生和青年训练所军训制度,不仅使日本青少年被不断灌输以"加强国防"为幌子的军国主义思想,而且在军队和民众之间建立了包括利益关系在内的纽带,为日本储备了大量后备兵源,培养了大批预备役军官。

在军国主义狂潮中,民众送子弟参军入伍

"宇垣裁军"的相关举措,还包括对退役军人进行组织化管理,为退役军人组织"在乡军人会"提供补助金,请"在乡军人会"成员担任"青年训练所"教官。当时,"在乡军人会"有三百多万成员,是普及军国主义思想的骨干力量。报纸杂志等媒体如果对军队进行批评,他们会立即展开抵制抗议活动,因而使军队因为不受舆论监督而更加恣意妄为。

"宇垣裁军"很快使日本整个国家成为一个准军事化的"兵营"。必须强调,此前体检合格者中只有大约30%的人应征入伍,即只有30%的人接受军事训练,而"宇垣裁军"使大批日本青年少年自小学开始就接受军事训练。比率接近100%的青少年,因此成为事实上的"预备役",一旦战争发生能够迅速应征入伍。一句话,"宇垣裁军"对日本"总动员体制"的建立,具有非常重要的影响和作用,使国家的战争动员效率得到了划时代的提高。1920年,"总动员体制"的积极推动者、"统制派"代表人物永田铁山少将,在《关于国家总动员的意见》中,对"国家总动员"有如下定义:"临时地或永久地对国家权限所及范围内的一切资源、功能进行统一管理和配置,使之能最有效地用于战争。"他强调,应该采取的动员包括国民动员、产业动员、交通动员、财政动员、精神动员。1926年,永田铁山又在《国家总动员准备设施和青少年训练》一文中强调,"虽然日俄战争时高唱举国一致,但这只是形而上的,在形而下的即物质及兵源的总动员方面,终不能和不久前的世界大战相比"。如果说永田铁山只是从理论上指出了建立"兵营国家"的重要,那么"宇垣裁军"则是将这种理论付诸实施,并因此为日本20世纪30年代以后的侵略扩张,奠定了重要基础。

"币原外交"的登场　华盛顿体系建立后,日本开始推行因外相币原喜重郎的名字而得名的"币原外交"。币原喜重郎出生于大阪府门真村,父亲币原新治郎是"上门女婿",有两子两女。日本有"家有三升米,不当上门婿"的说法,为了体现自身价值,币原新治郎倾力培养儿子,他的两个儿子也颇为争气,没有辜负父亲的期望。老大币原坦毕业于东京帝国大学国史科,积极参与创办"台湾帝国大学"(台湾大学前身),并在1928年成为"台湾帝国大学"首任校长。老二出生后取名"喜重郎",寓意"欣喜再次添丁"。币原喜重郎考入了东京帝国大学法科,并在毕业后进入外务省,任职业外交官长达三十年之久,包括担任驻美国和英国大使八年。据同学和同事回忆,币原喜重郎学习认真刻苦,精通英语和国际法,而且不喜欢依附派系,给人以"冷漠"的印象。确实,币原喜重郎具有独立人格,对凡是自己认为正确的事情,都执着顽强地推行。虽然币原外交无论在当时还是以后,都被日本强硬派视为"过于软弱",但元老西园寺公望认为,"实际上,那才是真正的强硬外交"。

1924年6月,主张与英美"协调"的宪政会总裁加藤高明出任首相,币原喜重郎入阁担任外相,并在内阁中被赋予外交全权。加藤高明为何对他如此信赖?除了币原和加藤的政策理念相近,还因为他俩是连襟,都是"日本第一财阀"三菱财团创始人岩崎弥太郎的女婿。7月1日,币原在就任外务大臣的记者会上发表讲话称:"权谋策略以及侵略政策的时代已成为历史。外交在于踏着正义和平之大道前进。我们决不牺牲他国以满足自己非理的欲望,也不为所谓侵略主义、扩张领土政策事实上不可能的迷梦所动摇。总之,日本将遵循并扩充巴黎和约及华盛顿会议诸条约、诸决议等所明示或暗示的崇高精神,努力完成帝国的使命。"①

　　加藤高明去世后,1926年1月28日,若槻礼次郎组阁。若槻礼次郎(1866—1949年)出身于出云(岛根县)松江藩一个足轻(下级武士)家庭;1884年考取司法省法学校后进京,两年后成为若槻家的养子;1892年以东京帝国大学法科的法兰西法第一名的成绩毕业,进入大藏省。1905年(明治三十八年)若槻礼次郎成为大藏省次官,后担任桂太郎和大隈重信内阁藏相。加藤高明组成宪政会、政友会、革新俱乐部"护宪三派内阁"时,若槻礼次郎被委以内务大臣重任。加藤高明逝世后,若槻礼次郎作为宪政会总裁出任首相,留任原内阁所有成员。币原喜重郎留任外相后,继续推行"币原外交"。

　　币原之所以奉行对英美和对华"协调外交",主要是他认为中国有4.5亿人,能够为日本商品提供庞大市场。而且在运费等各方面,日本远比欧美各国有竞争力。为了对中国进行经济扩张和渗透,币原主要采取了两项举措:一是首次向日本驻华大使馆派驻负责商务、金融、运输的官员;二是鼓励日本企业扩大对华贸易和投资,并标榜这是"正义和平之大道"。币原外交的两项举措取得了显著成效。数据显示,1914年第一次世界大战爆发时,列强对华投资排名,英国第一、俄国第二、德国第三、日本第四、法国第五、美国第六。至1925年,日本包括借款在内的对华投资年均增长率高达20.49%,占各国对华投资总额的比重上升至23.12%,位次从原来的第五跃居第二。至1930年,日本投资总额占在华外资总额的41.83%,居遥遥领先的第一位。②

　　币原以"不干涉中国内政""维护中国主权、独立和领土完整"为标榜,但这显然是给英、美吃"定心丸",自欺欺人。1924年9月,直系军阀吴佩孚和奉系军阀张作霖,为争夺北京政权发生武力冲突,第二次"直奉战争"爆发。当时,张作霖向日本求援,日本驻奉天总领事也向政府发报:"如果

---

① 币原和平财团编:《币原喜重郎》,币原和平财团1955年版,第259页。
② 许涤新、吴承明主编:《中国资本主义发展史》第2卷,人民出版社1990年版,第727—728页。

第十章 大正时代

奉系张作霖败北,直系吴佩孚军队进入满洲,日本的权益将遭受威胁。因此,当以实力阻止。"多名日本贵族院议员也力促日本内阁出兵,称"币原不干涉内政的政策,是追随美英的政策"。实际上,币原喜重郎当时立即指令日本驻北京公使芳泽谦吉和驻奉天领事船津辰一郎通知直奉双方,必须对日本的权益"予以充分尊重保全",并公开表示,如果日本在中国的"合法权益"遭到损害,作为"无奈之举",日本将出动军队。按照他的说法,"有些人将对中国内乱不干涉方针,用作谴责政府当局无为无策的工具,认为如果拘泥于不干涉方针,必然不能维护我国权益。这种议论将不干涉内乱与维护权益方针,误解为是性质相反的方针,并得出如果贯彻其中之一项方针,则不得不在某种程度上放弃另一种方针的结论。然而这两种方针其实并不是相互抵触的,而是可以并行的"。①那么,为什么后来没有出兵干涉呢?因为,就在当时,一封急电阻止了日本出兵:"直隶派将军冯玉祥发动政变,并已占领北京。"冯玉祥的倒戈,使吴佩孚在第二次直奉战争中惨败。但是,这也为对日本和中日关系具有重大影响的"皇姑屯事件"埋下了伏笔。

1925年10月,列强和中国政府在北京举行关税特别会议。会议一开始,中国政府即提出了关税自主的要求。但各国强调,关税自主当以废除中国国内的关卡税"厘金税"为前提。在各方交涉之际,11月22日,张作霖部下郭松龄发动兵变。遭受突然袭击的张作霖一时情况危殆。加藤高明内阁当即指示关东军司令白川义则发出不得侵害日本在东北权益的警告,派日军进入"满铁"沿线重要地区,并从日本和朝鲜派遣日军3 500人前往增援。"从币原外相(加藤内阁)对郭松龄事件的反应可以看到,币原外交虽然采取了尽量不干涉中国内政的措施,但如果日本按条约规定的权益受到侵害,则并不排斥进行最小限度的武装干涉。"②但是,日本在华势力的增长,使之和英国的矛盾恶化,两国围绕中国市场和原料产地展开的争夺日趋激烈,直至最后兵戎相见。这也是标榜恪守"华盛顿体系"各项规定的"币原外交",在进入昭和年代后被奉行赤裸裸的侵略扩张政策的"田中外交"所取代的重要原因。

---

① 币原和平财团编:《币原喜重郎》,币原和平财团1955年版,第275—276页。
② 伊藤之雄:《政党政治和天皇》,讲谈社2010年版,第273页。

第七节　日本经济体制"四大特征"的确立

日本经济体制具有四大特征:第一,"政府和企业的关系"是双方相互依存,构成一种封闭的格局。自1971年美国经营学家詹姆斯·阿贝格伦提出"日本株式会社"论,即日本政、官、财一体化,如同一个"株式会社"(股份公司)。"日本株式会社"自此成为形容日本政企关系的代名词。第二,"企业内部关系"存在"日本式经营"的"三大神器",即长期雇用、年功序列(工资随工龄递增)、企业工会(工会按企业而不是行业组成)。1996年,日本政府《经济白皮书》将"终身雇用"称为"长期雇用"。第三,"企业和金融业关系",日本金融体制属于"间接金融体制",即相对于"直接金融体制"通过资本市场发行股票或公司债券融资,日本企业主要通过银行信贷筹措资金,因此更注重维护从业人员而不是股东利益。第四,"企业和企业的关系",存在大企业和中小企业通过"承包""转包"互相依存,即大企业和小微企业并存的"二重结构"。"二重结构"这一概念,最初由经济学家有泽广巳在1957年发表的《日本雇用问题的基本认识》一文中提出。日本经济企划厅发表的《昭和三十二年度(1957年)经济白皮书》也指出,日本经济存在着企业规模、雇用方式、工资待遇等迥然有异的"二重结构"。一方面,大企业和中小企业通过"承包"互相依存;另一方面,系列企业、企业和金融机构相互持股。"一战"及战后引起的日本经济状态的变化,使大正时代成为日本经济体制"四大特征"形成并延续的关键时期。

"日本株式会社"　"一战"时期及战后初期,日本经济一度出现"特需景气"。但是,时隔不久,"景气"便出现停滞现象,尤其是与"特需"关系密切的海洋运输业、造船工业、钢铁工业,最早受到影响。同时,随着输入的急剧增加,日本对外贸易收支从出超转为入超。据统计,1918年日本输出额为2.032亿日元,输入额为1.745亿日元,翌年输出额为2.222亿日元,输入额为2.336亿日元。1920年输出额为2.078亿日元,输入额为2.503亿日元。但是,以被称为"反动恐慌"的"1920年恐慌"为界,贸易形势急转直下。1921年输出额为1.297亿日元,输入额为1.731亿日元。[①]
与之相应,1920年(大正九年)3月15日,以东京股票市场的横滨生丝股

[①] 山泽逸平、山本有三:《长期经济统计》第14卷《贸易和国际收支》,东洋经济新报社1979年版,第234页。

第十章 ● 大正时代

暴跌为契机,棉线价格从每股686日元急剧下滑至345日元。稻米价格也急剧下挫,潜藏于"股市热"中的经济泡沫破裂。为了救市,日本政府通过日本银行发放了2.6亿日元救济融资,使原本应被市场经济淘汰的企业苟延残喘。但是这终非良策。1922年11月,西日本中小银行陷入"恐慌",翌年名古屋银行陷入"恐慌",日本经济再次笼罩于"慢性不景气"的烟雾氛围。

"一战"时和"一战"后初期的"景气"如过眼云烟,但"一战"对日本经济体制"四大特征"的形成,却具有恒久的影响。

日本所谓"政、官、财一体"的机制,因"一战"而正式领到"身份证",并开始步入日本社会。所谓"政"即政党。政党在日本真正显示身手,是在"一战"前后。所谓"官"即官僚。日本现代意义的官僚制,形成于"一战"以后。以文官任用令的颁布为契机,以帝国大学作为官僚培养机构为象征,日本的官僚机构不断得到充实,官僚制日趋完善。"一战"后形成的天皇制下的官僚,发挥了维护财阀利益的重要功能。所谓"财"即财界或经济界。具有特定含义的"财界"一词的流行,也是在"一战"以后。继1880年银行业界团体"东京银行集会所"成立、1892年"全国商业会议所联合会"("日本商工会议所"的前身)成立,1917年,以重工业企业为主的经济团体"日本工业俱乐部"宣告成立。因为,经历了"一战",日本产业结构的重心开始从以纤维为中心的轻工业,向以钢铁工业等重工业为中心转化,使重工业企业因此具有了与其地位相应的影响力。按菊池信辉的说法:"在该工业俱乐部建立阶段,'经济团体'有三种类型,即中小工商业者团体、金融业界团体、工业经营者团体。这一三足鼎立的格局使经济界难以顺利协调。……于是在大正十一年(1922年),为了统一和强化经济界的意志,有关各方建立了'日本经济联盟会'。该会的设立趣意书宣称,如此,'可以随着我国各种经济团体和重要法人企业的联合,使我国有力的实业家参与经济政策规划',显示出超越个别企业和业界的利害关系,追求整个经济界利益的意图。实际上,在'日本经济联盟会'设立以后,'财界'一词开始趋于流行。"[1]这类组织日益成为连接"政界"和"财界"密切关系的"纽带"。

山之内靖、成田龙一等编的《总体战和现代化》,在分析日本战前的政

---

[1] 菊池信辉:《何谓财界》,平凡社2005年版,第92—93页。

企关系时指出,在第二次世界大战前,日本政府和企业的关系主要通过各种"审议会"协调。审议会是体现当时日本政府和企业关系的一大特征。他们还详细论证了审议会的基本历史:最早的审议会是1896年成立的"农工商高等会议"。"一战"结束后,为了顺应日本经济规模和结构的巨大变化,各种审议会均相继成立,几乎涉及所有产业。"审议会扮演着为资本市场提供信息,引导资本对需要投资的产业和企业进行选择的角色。战前日本政府的产业政策,主要通过资本市场实现。也就是说,各种审议会是政府和企业之间的纽带。"①

但是,在"一战"结束后,三井、三菱、住友、安田等旧财阀一统天下的局面逐渐被打破,主要表现为不得不将部分原先独占的股票上市交易。很多"二流财阀"及"新兴企业"在"一战"后得益于政府"政策"的扶持,开始崭露头角,构成"一战"后产业发展的一个显著特色。新兴财阀最具有代表性的,是鲇川义介创立的"日本产业株式会社"(简称"日产")。现在以"日立制作所"为中心的企业,就是该企业的延续。同样得益于政府"金融政策"扶持的,有很多新兴企业。在航空工业领域,原陆军大尉中岛知久平在退役后创办的"中岛飞行机株式会社",是代表性企业。在化学工业领域,野口遵创办了"日本窒素"(简称"日窒")。②随后,野口遵不仅在延冈的"旭化成"进行人造绢生产,而且着手开发各种新的工业技术。大河内正敏的理化研究所(简称"理研"),也在当时异军突起,尤其表现在实用性发明试验成功后,立即将新技术转化为产品,实现产业化。实际上,除了"中岛飞行机"等与军需密切相关的企业,向各领域扩张,开展多种经营,是这些企业的共同特点。同时,这些企业均蒙惠于政府的"金融政策"。因为资金不足是新兴企业普遍短板。

另有一些企业得益于政府产业政策的引导。受到立法扶持的,首先是石油产业。在"一战"前进入日本的外国资本企业,通过向日本输出石油制品和原油,确立了在日本石油市场的支配地位。同时,自大正年代中期,日本石油产业因国产原油"油罐见底",在太平洋沿岸建立了石油精炼所,将进口的原油精炼成汽油、煤油、重油等。其中有的系引进外国资本

---

① 山之内靖、J.维克特・考希曼、成田龙一编:《总体战和现代化》,柏书房2000年版,第268页。
② "窒素"是日文汉字,中文意译为"氮"。

建立的合资企业。当时,日本主要从美国、苏门答腊等地输入石油。与石油的情况类似,当时日本使用的汽车,主要进口美国通用汽车公司和福特汽车公司的产品,或对全部进口的零配件进行组装后再出口的方式生产汽车,几乎没有真正的国产汽车和独立的汽车工业。当时,虽然日本的重工业和化学工业已比较发达,但是汽车工业还很落后,特别是由于国产汽车的零部件不过关,若用以制造军用汽车在未经铺设的道路上疾速行驶,经常发生机轴断裂等故障。于是,在大战结束的1918年,日本政府为了鼓励生产军用汽车,颁布了《军用汽车助成法》,对生产1.5吨以上卡车的企业进行补助,并赋予这类汽车的制造者和企业所有者法人资格。东京瓦斯电器工业、东京石川岛造船所"、快进社等,就是根据这一法律成为"资格会社",并在陆军的指导下开始汽车生产的。钢铁工业领域同样得到政府的扶持和统制,因为"一战"结束后,由于需求减少,钢铁工业一度不景气。总之,正如宫岛英昭所指出的:"在20世纪20年代前半期,原先基本上对产业发展采取放任态度的政府,自1924年前后开始重新探讨产业保护政策,并形成了关税和提供补助金配套的明确的政策。提供补助金强化了政府对企业的监督和产业发展的战略性,而在重视贸易利益的同时,制定能取得产业保护之实效的'最适当'关税的方针,则与第一次世界大战以前的产业政策形成了对比。这是20世纪20年代中期开始施行的产业政策之特征。"[1]

日本式经营"三大神器" "日本式经营"作为一个词语,出现于第二次世界大战以后。但是"日本式经营"作为"现代日本经济独特的资本积累体制的实现形态",则出现于"一战"以后。如高桥卫所指出的:"可以认为,日本式经营基本上就是以第一次世界大战为契机形成的。正如许多人已经指出的,它绝非太平洋战争后的民主化的产物。"[2]嵯峨一郎也指出:"在以20世纪20年代形成的劳资关系的基础上,日本式经营体制的轮廓已基本显现。"[3]

在第一次世界大战期间及战后初期,"由于经济景气的持续,劳动力不断从农业流向第二、第三产业,从农村流入城市。因大战所产生的变

---

[1] 宫岛英昭:《产业政策和企业统治的经济史——日本经济发展的微观分析》,有斐阁2004年版,第42—43页。
[2] 高桥卫:《从明治到昭和——选择的曲折》,御茶之水书房2005年版,第88页。
[3] 嵯峨一郎:《日本型经营的拥护》,石风社2002年版,第138页。

化,无论在政治还是在社会层面均相当急激"。①随着工业的迅速发展,大批农民涌向矿山、土木建筑、商业等非农业部门。"一战"时期也是重工业领域的大企业劳动力管理方式的转换时期,这种转换使从业劳动者趋向稳定。因此,需要强调的是,导致"日本式经营"在"一战"以后产生,主要不是因为工人人数的增多,而在于工业结构的变化。"一战"前,由于纺织业、缫丝业等是日本的主要产业,女性,特别是短期雇用的婚前年轻女性,是主要劳动力。在整个明治时代,即使技术工人也几乎在各地或各企业流动,很少固定一处。大正时代,这种情况仍得以继续。大正年间大阪市的《劳动调查报告》曾这样写道:"不管怎么说,我国劳动用工制的最大缺点,就是在同一个企业里工作的时间太短。这种状况无疑使我国工业不断蒙受极大损失。"②

"一战"后,日本财阀系统的重工业企业和军队系统的陆海军工厂,资本累积迅速增加,近代设备、技术不断被引进,分工和重视技术趋向普遍化,原先经营者对劳动力的间接管理方式逐渐为直接管理方式取代。另一方面,随着工人的组织化,以要求增加工资为主要内容的工人罢工,在重工业大企业频繁发生,并且向纤维工业企业蔓延。以此为背景,不少企业开始着力于使职工稳定化,并制定了一系列制度,包括录用员工时从业员工子弟优先、企业内教育、骨干职工培养、年终奖励、长期工作奖励、年功工资、退职津贴、退休养老等方面。总之,以财阀系重工企业为中心,不少大企业建立了新的劳务管理制度。大企业特有的用工制度和工资体系也随之建立。

"一战"后,由于重工业和化学工业取得了显著发展,一方面男性开始迅速、正式地成为工业主要劳动力,另一方面对男性劳动力的争夺也日趋激烈。以吴海军工厂为例,当时报纸曾这样报道:"由于吴海军工厂最近大量招募职工,因此大部分人均被卷入招工漩涡。……现在,连电车售票员、驾驶员、电工等,每次在工厂招募职工时都接二连三辞职,以致最后迫使吴的电车不得不减少班次。"③为了应付和避免陷入类似困境,企业开

---

① 中村隆英:《明治大正期的经济》,东京大学出版会1985年版,第116页。
② 中马宏之:《对"日本型"雇用习惯之经济合理性的再探讨》,《经济研究》第38卷第4号,1987年10月,第79页。
③ 《艺备日日新闻》1920年8月20日。

始采取各种对策避免员工"跳槽"。正如中村隆英所指出的:"日本企业雇用员工趋向长期化的雇用方式的调整始于20世纪20年代,已成为日本学术界的一种常识。"①

"终身雇用"趋向之所以随着"大企业时代"出现,首先由于生产规模的扩大使日本企业对劳动力的需求日益呈现两种基本走势:一方面,由于大量的简单劳动被机械取代,因此企业对简单劳动的需求日趋弱化。而且这方面劳动力的优劣较容易判定,也较容易从外部劳动市场获得,因此没有长期雇用的必要。另一方面,随着生产规模的扩大、生产力水平的提高和技术复杂程度的加深,企业对涉及自身生产体系的维持、产品研究和开发等方面的专门技术工人的需求日趋强化。"终身雇用"趋向的强化,还由于刚进入"大企业时代"的日本,相对于欧美国家而言工业技术水平不高,许多工业技术需要从国外引进。员工学习和掌握这些"舶来技术"不仅需假以时日,还必须根据日本企业的具体情况进行改良、调整。这种改良和调整,有的需要在现场的实际操作中才能逐渐熟悉、掌握或完成,有的则需要接受专门培训。

"年功序列"的形成和"终身雇用"密切相关。"作为决定劳动报酬原则的年功(工作年限),并不是那么新鲜的事物。根据统计资料判断,名牌公司被称为'正社员'即正式员工的工资,至迟在大正时期已经导入年功原理。事实上,在这些人中间有不少人意识到自己将来能进入管理层,因此他们和至大正末期依然流动频繁的生产第一线工人之间存在明显区别。他们进入公司后的稳定性比后者高得多。"②年功序列制的形成,无疑与企业培养员工的成本密切相关。随着包括重工业和化学工业在内的工业化的进展,技术工人供不应求的矛盾日益突出。因此,一些大企业特别以家境经济拮据、受教育程度不高但比较机敏的员工为对象,进行重点培养,逐渐形成技术员工培养机制。相对于"技师"而言,这些一般被称为"技手",即被视为企业内部"精英"的技术工人,构成了对企业最忠实的核心阶层。"一战"以后,许多企业不仅对技术人员,而且对一般工人也开始施行年功序列制。一些企业在考核员工业绩并依此作为给付员工工资的凭据时,除了能力、工作业绩等因素外,也考虑工作年限,乃至将工资和工

---

① 中村隆英:《日本经济:其成长和结构》,东京大学出版会1993年版,第119页。
② 冈崎哲二、奥野正宽编:《现代日本经济体制的源流》,日本经济新闻社1995年版,第156页。

作年限挂钩。例如,1919年"三菱造船"确定职员工资时,已经明确地使按工龄加薪制度化。

和"终身雇用、年功序列"一样,企业工会同样正式形成于"一战"时期。"一战"前,虽然企业工会已经出现,如"大进会"(博文馆印刷所)、"芝浦技友会"(芝浦制作所)、向上会(大阪炮兵工厂)、"东京瓦斯工组合"(东京瓦斯会社)、新进会(住友伸铜所)、"电业员组合"(大阪电灯会社)、"职工同志会"(八幡制铁所)等。但是,正如小松隆二所指出的:"第二次世界大战前,企业工会作为一种潮流的形成,是在大正十年(1921年)以后。"①之所以如此,和工人运动密切相关。纵观历史,日本的工人运动曾经出现过三次高潮。第一次是1918年至1921年,第二次是1945年到1946年,第三次是1959年到1973年。第一次世界大战后,如何确定急剧增加的、作为一个社会集团的雇用劳动者的地位,成了一个必须解决的问题。明确地说,即是否应该承认工会的社会乃至法律地位这一相当普遍的问题,在日本也开始出现。

企业工会之所以在当时迅速增加,除了主要出于协调劳资纠纷的需求外,还有三个不可忽略的因素:

第一,虽然战前的工会在组织形态上超越了企业范畴,但是其基层组织却是立足于特定企业的支部和分会。"一战"后,随着工业化的进展和垄断资本的形成、确立,随着机械化和大批量生产方式的引进,作为生产机构的企业为资方掌握,劳动者必须通过与资方交涉方能维持或改善劳动条件。因此,工会日益成为协调劳资关系的组织,工人日益认识到以企业、事业所为单位的支部活动之必要。

第二,日本的行业工会不像欧美的工会(trade union)那样,以师徒制度和共济制度为杠杆,独占劳动力供给,自主地调节劳动市场。日本的行业工会具有包容性,具有可称为以后建立企业工会先行形态的特征。

第三,工会的组织和功能的一体化,即采取企业工会的形式协调企业内部的劳资纠纷,与日本的工业化进程,以及当时日本国内外政治背景相关。正如小松隆二所指出的:"我国的劳动团体从主要具有自我陶冶性,或者说共济团体性特征的组织,成长为堪称工会的组织,是在第一次世界

---

① 小松隆二:《企业工会的形成——日本工会运动史》,御茶之水书房1971年版,第13—14页。

大战时期男性劳动者增加的基础上,经历了米骚动和俄国革命的大正八年(1919年)前后。"①

间接金融体制 由于第一次世界大战,日本的金融体制发生了明显变化。战时,以贸易出超为基础,日本银行券(纸币)急剧增大。1916年至1918年,英、法、俄向日本银行借贷的公债总额达到约5.28亿日元。毋庸赘言,日本银行作为中央银行,在金融界仍扮演中心角色。

以日本国内为据点的两类特殊银行,在战时取得极大增长。一类是在战时资金贷出和债券发行、资金储入均增长了近3倍的劝业银行、通过"一县一行"的设立等作为劝业银行之"手足"的农工银行、北海道拓殖银行。1914年至1919年,这三家以产业金融业务为主要经营内容的银行的储蓄及债券,以及贷出资金,均增长了1.5倍以上,各达到6亿日元。在银行运营资金中,储蓄所占的比率从19%增至30%。另一类银行为兴业银行。在同一时期,兴业银行的储蓄和债券合计金额约增长四倍,达2.8亿日元左右。贷出资金增长了3倍,达到1.7亿日元。兴业银行的另一项"使命"是充当对华经济侵略的"急先锋"。1917年至1918年,在政府担保下,兴业银行发行了1亿日元"兴银债券"。试图强化对中国进行经济侵略的寺内正毅内阁,指使西原龟三加强对华投资。于是,兴业银行同台湾银行和朝鲜银行一起组成了所谓"借款团",实施了著名的"西原借款",向中国的银行、铁道、电信、采矿投资。同属"特殊银行",但台湾银行和朝鲜银行发展更为迅猛。因为"大战景气",台湾银行的资本金增长了4倍,达到3 750万日元;储入资金增长了5倍,达到2.865亿日元;贷出资金增长了7倍,达到3.8亿日元。朝鲜银行的资本金在这一时期增长了4倍,达到4 000万日元,储入资金增长了11倍,达到1.89亿日元,贷出资金增长了10倍,达到3.23亿日元。

普通银行和储蓄银行的情形稍有不同。20世纪最初10年,这两类银行共有683家"蒸发"。其中因合并而消失的为12%,其余均为破产或自行停业。"一战"爆发后,情况开始发生变化。1915年,大藏省修订了《储蓄银行条例》,严格划定了储蓄银行和普通银行的业务范围,并扩大了这一条例的适用对象。翌年,大藏省修订了以普通银行为对象的"银行条例",并于同年在大藏省内重新恢复了1891年撤销的银行

---

① 小松隆二:《企业工会的形成——日本工会运动史》,御茶之水书房1971年版,第115页。

局,强化对普通银行的监管,同时推进普通银行合并运动。至1919年,普通银行和储蓄银行共有531家消失,其中约占25%的128家因合并而不复存在,其中最后3年由于合并而消失的占96家。另一方面,普通银行和储蓄银行的金融业务,在这一时期却有显著发展,两者的资本金共增加了3倍,达到9.28亿日元。普通银行的储入资金和贷出资金分别增长了5倍和4倍,为57.44亿日元和56.66亿日元;而储蓄银行的储入资金和贷出资金,则分别增长了6倍和7倍,达到17.78亿日元和14.67亿日元。

  普通银行中的"五巨头",即三井、三菱、住友、第一、安田,因"大战景气"、主要产业的大企业资金需求旺盛而增长显著。20世纪10年代,在普通银行资本金总额中,这五家银行所占比率年均7%。至战争结束后第一年即1919年,这一比率增长至占普通银行资本金总额的16%。按资本金排位,在"五巨头"中,位居第一的是资本金从2 000万日元增加至6 000万日元的三井银行;第二是从100万日元猛增至3 000万日元的三菱银行;第三是从100万日元猛增至2 620万日元的住友,第四是从1 000万日元增加至2 270万日元的第一银行,第五是从500万日元增加至1 750万日元的安田银行。经过"一战",和前10年相比,普通银行的整体增长幅度为2.2倍,而"五巨头"的增长幅度则为4.2倍,其储入资金和贷出资金在整个普通银行中所占的比率,更是分别达到24%和21%,即在总共1 340家普通银行中,这5家银行的储入资金和贷出资金,分别占25%和20%。1916年,住友银行在美国旧金山设立了支行,开了普通银行设立海外分行之先河。其他几家即刻紧跟,从而引来了日本普通银行经营国际业务的时代。

  "大战景气"也刺激了邮政储蓄、保险、证券三大非银行金融领域的发展。在世纪之交,邮政储蓄相当于全部银行储蓄额的10%。1919年,存于大藏省"存款部"的邮政储蓄金额为7.31亿日元,相当于全部普通银行储蓄额的13%。"大战景气"中急速增长的对外贸易物流的损害保险,使保险业作为金融业的一员,真正开始崭露头角。至1919年,保险会社从大正初年的23家增加至83家,保险费收入增加了4倍,达1.564亿日元。保险会社资产总额也增加了4倍,达到5.567亿日元,相当于全国银行资本金、储蓄、债券发行总额的5%。由日本银行的特别融资支撑的证券市场,也在大战景气中急速扩张。和大正初年相比,至1919年,东京证

第十章 ● 大正时代

券交易所的上市品种从241种增加到684种,上市证券面值总额为20亿日元,其中股票占54%,国债占31%。企业股票从179家(种)增加至498家(种),面值从7560万日元增加至30.53亿日元。

但是,始于战时的"出口热",自1919年开始趋向沉寂,并从出超转为入超。另一方面,为了抽紧银根,防止经济过热,当年11月,日本银行将此前在一年多时间里已经两次调升的准备金率,又调升至8.03%。准备金率的调升和金融市场对资金的需求的合力,必然抬升银行利率。翌年3月15日,银行短期存款利率升至12.5%,使股市的资金开始迅速流向银行,导致股价暴跌。年底,日本出现了经常收支4260万日元的贸易赤字。

1920年8月,大藏省修订了银行条例。翌年8月,日本政府又以新制定的《储蓄银行法》取代了30年前制定的《储蓄银行条例》,意图淡化普通银行和储蓄银行的业务差异,推进银行合并,而且取得了效果。1921年至1923年,共有389家普通银行、储蓄银行参与"合并运动",其中218家"销声匿迹"。财阀系银行也展开了"兼并运动",其中业绩最显著的是安田银行。该行在副行长结城丰太郎领导下,通过给予新设立的银行"援助",或给予陷入困境的银行"救助",与一些银行建立了密切关系,使之成为安田银行的"关联银行",使安田银行的"关联银行"达到22家。

特殊银行在这一时期陷入了困境。由于大幅贸易入超导致经常收支持续赤字,1919年至1923年,横滨正金银行总资产从14.66亿元缩减为12.94亿日元。1921年4月,大藏省颁布了劝业银行和农工银行合并法,将两个银行合并。

同一时段,兴业银行贷出资金从1.69亿日元增加至3.08亿日元;债券发行额从2.33亿日元增至3.08亿日元。兴业银行从产业发展的"发动机"变成了专门"救火"的"消防队"。1920年3月,因股价暴跌,东京、大阪证券交易所陷入困境,大藏省要求兴业银行救市。为此,兴业银行和其他14家银行筹措了4000万日元股票交易所救济资金,使停业一个月的证券市场重新开张。此外,兴业银行还向不景气的绢、铜业、船舶、造船业,以及各中小企业融资。"救济融资"缠身,影响了兴业银行自身的发展。台湾银行和朝鲜银行也深受那场金融危机的打击。从1919年到1923年,台湾银行储入金额从2.87亿日元,缩减为2.02亿日元,朝鲜银行的储入金额则从1.89亿日元缩减为1.63亿日元。

1923年9月1日的关东大地震,使金融业遭受沉重打击。地震发生时,东京168家银行总行、374家支行共计542家店铺正在营业,其中53%即285家遭到破坏。加盟东京银行集会所的84家银行中,仅劝业、兴业、三菱等五家银行总行,以及"正金""台银""住友"等8家东京支行幸存。横滨的42家银行除了横滨正金银行总行,几乎悉数被毁。

企业的"二重结构"和"互相控股" "一战"催生了许多新的企业,并因此在"企业与企业的关系"方面正式开始构建日本特色,即承包制。因为,"第一次世界大战时期也是中小企业问题发生时期。由于'一战',进入亚洲地区的欧美制品减少,日本中小企业的制品遂取而代之,输出急剧增加。大正三年(1914年)至大正七年(1918年),日本棉制品的输出增加了8倍,绢织品增加了4.8倍。为维持和支撑这一扩增的输出量,在棉制业和绢织业,手动机械为力动机械取代,机械减少,但中心企业的比重增加。与这些传统产业并行,日本的自行车、电灯泡等也向亚洲和非洲地区出口。在机械、造船、电器等产业领域,将产品让中小企业承包的承包制开始显露端倪"。①

承包制构成了日本经济二重结构的重要侧面。栗原源太在《日本资本主义的二重结构》一书中,对此有如下论述:

(一)日本中小企业虽然数量众多,但多数是大企业的承包企业,从属于大企业,并存在以大企业为顶点的层层转包现象。(二)大企业一般每周劳动时间是40小时,而30人至99人规模的中小企业每周劳动时间约45小时。之所以如此,一是接受承包的中小企业赖以存在的主要条件,就是其员工与大企业员工存在工资差和时间差;二是大企业的工会是企业工会,在协调劳资关系方面发挥了重要作用。日本的工人运动基本没有提出缩短劳动时间的要求,根本原因就是"二重结构"的存在。(三)日本企业员工的工资差额不仅因企业规模而异,而且在大企业内部,除了公司正式员工"正社员"外,还有社外

---

① 藤井光南、丸山惠也编著:《现代日本经营史——日本式经营和企业社会》,东京大学出版社1982年版,第98页。

工、临时工、派遣工等,他们的工资和正社员也不相同,即在企业内部也存在复杂的用工结构。许多劳动者是不稳定的就业者。(四)大企业劳务管理方式的特征,是日本式经营的"三大神器",即终身雇用、年功序列、企业工会,而"三大神器"就是以承包式生产结构为基石的。没有承包结构,"日本型经营"将无以立足。(五)在日本的小农中,同时从事非农业劳动的占压倒多数。产生这种现象的主要原因,就是存在以大企业为顶点的承包制生产结构。同样,这种生产结构也是使庞大的小农除农业之外兼营其他行当的主要条件。①

承包制的形成是以大量中小企业的存在为前提的。1920年,日本举行了首次"国势调查"(人口普查)。以东京为例,相关情况如以下两个表所示。

东京新建15人以上工厂数　　　　　　　　　　　　　单位:家

年次	1900年	1910年	1920年	1930年	合计
机械	50	69	212	202	533
金属	20	34	111	100	265

资料来源:《东京府工场统计》(1930年,昭和五年)。

东京小企业增加趋势显示表　　　　　　　　　　　　单位:人

企业规模	1920年(百分率)	1930年(百分率)
从业者总人数	562 034(100%)	621 769(100%)
不满30人企业	419 148(74%)	490 161(78.8%)
不满50人企业	364 425(64.8%)	404 883(65.1%)

资料来源:《东京府工场统计》(1930年,昭和五年)。

"一战"后日趋兴起的实现"生产合理化"的方式,主要就是使机械工业的作业尽可能分解、单纯,形成"分工制"。因此产生了不少农村承包工厂。这方面,"柏崎工厂"的做法最为典型。当时,在连接东京和新潟县柏

---

① 栗原源太:《日本资本主义的二重结构》,御茶之水书房1989年版,第5—6页。

崎"母工厂"的铁道沿线(上越线)农村,建立了许多类似"流水线"上一道道工序、承接母企业发包业务的"子工厂",如群马县小野山的螺帽工厂、长野县浦里的钢钻工厂、测量表工厂,等等。这些工厂均只有10名到30名员工,且多半是女工。柏崎工厂往往将农村工厂的经营,委托"产业组合"或"农事实行组合"等团体。在柏崎"母工厂"周围,还建有许多"家庭作业所"或"共同作业所"等规模很小的承接下包业务的作坊。按照栗原源太的观点:"可以认为,这种以柏崎工厂为母工厂,在周边及铁道沿线的各个村落建立诸多承接下包业务的农村工厂、共同作业所、家庭作业所的生产组织形式,就是'二战'后渗透至农村各个角落的多重承包结构的先驱。"①

"一战"后,"承包制"的扩展除了外部因素的推动外,也与一些"母企业"员工因多种原因"另立门户",建立作为母企业的"子企业"承包业务,有重要关联。1919年福冈县的一项调查显示,在县内的机械工业领域,中小企业主原先是曾经所在企业职工的,占压倒性多数。因此,当地有很多小企业。以下表格就是相关数据。

福冈县业主原为工人的工厂数(1919年)　　　　单位:家

规　　模	不满15人	15—50人	50人以上	合计
染织工厂	110	6	—	116
机械工厂	342	21	—	363
化学工厂	195	3	—	198
食品工厂	112	34	—	146
杂物工厂	77	1	—	78
合　　计	836	65	—	901

资料来源:《日本劳动年鉴》第1卷,第914页。

日本"企业与企业关系"的另一项特征,是"企业互相控股"。但是这一特征在"一战"后的大正时代,还未正式出现,因为当时虽然也存在企业间相互控股的情况,但其性质、目的、特征,均与"二战"后不同。"二战"以

---

① 栗原源太:《日本资本主义的二重结构》,御茶之水书房1989年版,第102—103页。

前的日本企业,股东的权限很强。投资计划或由股东自行制定,或必须获得股东的认可方能实施。也就是说,企业的有效支配权属于股东,是"二战"前企业的一个显著特征。这和"二战"后重视员工利益胜于股东利益,存在明显差异。

第八节　大正社会文化与大正民主运动

汉语"文化"一词的本义是"以文教化",表示对人的性情的陶冶,品德的教养,属于精神范畴。最早使用"文化"一词的是西汉刘向。他在《说苑·指武》写道:"圣人之治天下也,先文德而后武力。凡武之兴,为不服也。文化不改,然后加诛。"日本人将 culture 译为"文化"。尽管"文化"一词是人类社会相对于经济、政治而言的精神活动及其产物,但对大正时代的人们而言,文化不是抽象的思潮、宗教或艺术,而是在社会经济基础上产生的精神。新闻、杂志、电影是文化,以无线技术高度发展为媒介所产生的广播,也属于文化。而在大正时代,文化的含义非常宽泛。大正时代的"文"和昭和时代的"武",存在内在关联。

美国的道格拉斯·麦格瑞(Douglas McGray)仿效 GNP[国民生产总值(Gross National Product)]的说法,称日本的"文化力"为 GNC(Gross National Cool),以赞赏日本"文化力"的强大。确实,动漫、电竞、设计、音乐、日料……日本文化产业不断开拓着新的边疆,以至于当今世界没有被日本文化渗透的"处女地",几乎绝无仅有。但应该看到,当今日本文化的许多方面是大正文化的延伸。同时,在所谓"大正民主运动"中我们不难发现,昭和时代极端民族主义高扬和大肆侵略扩张的意识形态基础。

大正时代的衣食住行　大正时代研究专家竹村民郎认为,"现在的民主与大众文化的关系,就像是铜板的两面"。"为了再评价今日的民主与大众文化,有必要对其根源的所谓大正民主与'大众文化'的性格,拥有整体的概念。"[①]日本学者所谓的"大正民主运动",主要就是关注大正民主

---

① 竹村民郎:《大正文化——帝国日本的乌托邦时代》,林邦由译,(台北)玉山社 2010 年版,第 17 页。

运动和战后民主化改革的连续性,而大正民主和大正文化与现代民主和现代大众文化,关系密切,两者如同两个"同心圆"。

经济是文化的基础。受"一战"影响,1913年至1922年,日本急速朝真正的工业化国家发展,经济增长率达到5.21%。①在大正时代,始于明治时代末期的全国的城市化发展非常显著。就历史而言,日本有三种城市:一种是由城下町发展起来的城市;一种是奈良、京都等传统都市;一种是明治以后以工业为基础发展起来的大城市,如东京、大阪。从1898年到1920年的22年间,东京人口从144万增至335万,大阪从82万增至176万,京都从35万增至70万,神户从21万增至64万,名古屋从24万增至61万,横滨从19万增至57万。在这一时段,日本从原先只有广岛、长崎人口超过10万,扩展为函馆、仙台、札幌、鹿儿岛等8个城市人口均超过10万。②大正时代,日本进入了"大众社会"。所谓"大众社会"的重要指标之一,是指作为社会一员,无论何种身份,都可以自由平等地享受社会发展所提供的文化成果。在衣食住行方面,大正时代的日本所具有的"大众社会"特征尤其明显。

虽然以明治时代的"文明开化"期为肇始,日本人的服饰已经开始发生变化,但是,作为人们日常着装的和服逐渐被洋服取代,是在大正时代。大正时代初期,穿着洋服仍是身份地位和特权的显示。虽然当时男性,特别是军人、警察、铁道员工是穿洋服的,但女性除了女优(女演员)等特定职业的从业者,鲜有穿洋服者。仕女洋裁学院院长木崎多代子的一段叙述,反映了当时女性着装情况:

> 大正四年(1915年),我带着孩子回到久违的日本,引起不小骚动。我和孩子都穿着洋服,因而引起人们的好奇,有人甚至口出恶言,称我为"女优",甚至称我为"罗沙绵"。那是一个"森律子是议员的女儿。怎么会跑去当女优"的时代。孩子抱怨说,没有人愿跟他交朋友。我们在银座的路上成为注目的焦点。在去百货店购物时,有许多人围观。③

但是,随着"上班族"社会的形成和女性的广泛就业,西装成为男性

---

① 大川一司、高松信清、山本有造:《国民所得》,东洋经济新报社1974年版,第97页。
② 矢崎武夫:《日本城市的发展过程》,弘文堂1962年版,第79—93页。
③ 《时装周刊》1956年2月号。"罗莎绵"意为"外国人的小妾",是当时的一种蔑称。

"上班族"的符号,洋服成为职业女性的职业装。大约从1919年开始,社会各领域对女性劳动者产生很大需求。女性事务员、打字员、接线生、教师、护士、帮佣、理发师、工厂劳动者、公交车售票员等大量涌现。"职业妇女"这个新名词也因此出现。职业妇女穿制服也随之成为时尚。1921年,三越百货公司开始接受职业装的定制。

洋服在女性中的迅速普及,也和1923年9月1日发生的关东大地震相关。在地震引发的大火中,穿着和服的女性因为行动不便而被烧死的悲惨事件,使和服与洋服的比较这类平日几乎无人关注的话题,在震灾后的新闻杂志中成为话题,并被热烈讨论,引起人们反省。家庭主妇在震灾复兴的过程中将和服改造成便于工作的服装,通称"简易服",并以夏季为中心开始在全国大流行。简易服是日本女性以后"和洋折中"的女性着装习惯的滥觞。

虽然面包早在16世纪中叶已由葡萄牙商人传入日本,日语的面包"パン"一词,就源于葡萄牙语Pāo。但是直到大正时代初期,对日本人来说面包还处于尝鲜范畴。1911年,铃木梅太郎博士成功抽取出B族维生素,并证实日本人容易患脚气病的原因就是缺乏维生素B_1(硫胺素),而面包和米糠是维生素B_1的很好来源,于是日本人开始尝试以面包部分取代米饭。特别是在1918年米骚动之后,原敬内阁着力推广面包的食用。据《读卖新闻》1920年6月20日报道,当时日本陆军企图发动干预俄国革命的战争,出兵西伯利亚。由于当地没有米,为了使士兵习惯吃面包,在陆军伙食中实行面包配给制。全国各地还出现了联队专用的面包店。被派往西伯利亚的军队也实施一天吃一餐面包的规定。虽然日本以米饭为主食的习惯根深蒂固,但此时面包作为主食却开始发轫。

但是,在一般家庭中洋式料理普及存在价格障碍,主要是洋式料理中不可或缺的肉类价格较高。好在日本人总有变通的办法。正如绝大多数舶来品进入日本都被"和式化"一样,洋式料理也很快被"和式化"。当时,在家庭中扮演了重要角色的"大正三大洋食"是咖喱饭(カレーライス)、可乐饼(コロッケ)、炸猪排(トンカツ)。"咖喱饭"(curry rice)一词最初是泰米尔语,意为"许多香料放在一起煮",据说源于印度,基本制作方法是将牛肉、猪肉、鸡肉(任选一种)配以辅料土豆、胡萝卜、洋葱等放在一起煮,但是肉放多少没有规定,因此得以普及。可乐饼源于法语 croquette，因日语发音コロッケ(korokke)与汉语"可乐"发音相近，故被中国人称为"可乐饼"，尽管和"可口可乐"完全无关。可乐饼的制作方法也不复杂，就是将土豆泥和蔬菜一起勾芡，做成饼状，然后裹上面包粉放入锅里油炸。但是，日本人对这种洋式料理进行了改良。他们用土豆泥和炒好的洋葱、肉末，替代原先的食材，然后做成饼状，抹上小麦粉、鸡蛋和面包粉煎炸。炸猪排则是先用木棒或刀背将猪排拍打得很薄，然后裹上厚厚的面包粉，使原本一块小小的猪排看上去又大又厚。对大正时代的普通日本人来说，"三大洋食"就是美味佳肴的代名词。1922年对东京某步兵联队的食品嗜好调查显示，士兵的嗜好依次是炸虾、炸猪排、可乐饼、烤肉、烤鱼、蛋包饭，显示出偏爱洋式料理的倾向。

以大众经济收入的提高为基础，洋溢都市情调的摩登咖啡厅也在大正时代应运而生。在里见弴刊载于《时事新报》的小说《多情佛心》中，有非常写实的一番对话："去哪好呢？欧洲的咖啡很好喝……""好主意！那里倒是蛮适合谈话的。"在位于小巷里的一家外国人经营的咖啡厅，两人相对而坐，点了三明治和咖啡。铃江把面包上配有火腿肉和肉肠的德式三明治拉过来，用叉子叉起。这是当时常见的城市情景。

大正年间，由于欧洲爆发"一战"，很多海外输入品中断，从而一方面使很多日本制造的产品因为主要"竞争对手"的消失而获得发展空间，另一方面使"革新"(innovation)受到很大激励。大正文化还有一个明显特征就是商品化。在革新和商品化方面，今天深受很多日本人喜爱的乳酸菌饮料可尔必思(calpis)，是这方面的一个典型。1932年出版的《趣味的饮食史料》，有如下一段记载："大正的饮食史最大的事件，是从一开始便抬头的营养学研究日趋繁荣。大正九年(1920年)营养研究所建立后，随着生活改善，对食品营养的需求日趋强烈，导致研究者日益重视饮食必须有营养价值。到大正末期，对饮食的营养价值的重视，延伸到营养价值不一定只通过化学分析量化，而且需要重视心理作用。在留意色香味的同时，个人的本能嗜好，也成为营养标准。可尔必思的创始人三岛海云就是这样一个有着与众不同经历的事业家，25岁时就怀抱着明治青年的憧憬。据他说，可尔必思是基于他在蒙古的生活体验而产生的结果。"游牧民族蒙古人在他们居住的蒙古包的入口放着大瓮储藏乳汁。乳汁中的乳酸菌自然繁殖，成为天然的乳酸饮料。

这就是他研制"可尔必思"所获得的灵感。1919年七夕节,一款被称为"可尔必思"的乳酸菌饮料上市。这款饮料刚上市,就使用了一句撩人的广告语:"初恋的滋味。"这句广告语和战后初期人们的心境相符,和大众对饮食的认知变化相关,它瞬间使"可尔必思"成为饮料中的新宠,历久不衰。

关于住,1922年2月,在东京上野举办的和平纪念博览会,展示了14张文化住宅的照片。这些文化住宅被称为"文化村",深受好评,好评不仅来自都市居民,而且来自包括乡村在内的全国各地。前往询问和索要文化村住宅平面图和说明书的人非常多,反映出人们对建筑美学的理解发生了新的变化。之后,以红色屋顶为象征的郊外文化住宅,以博览会的展示为起点,在全国大都市郊外一栋一栋地建立起来。生活在恬静的、树林环绕的郊外文化村里充满现代气息的文化住宅里,成为大正时代文化人的梦想。重要的是,在日本历史上,没有一个时代像大正时代那样,文化涵盖方方面面。文化锅、文化瓦斯炉、文化学院、文化服装等,数不胜数。"文化村"是当时"文化"洋溢于社会各方面的一个缩影。

关于"行",东京和日本其他大都市地铁的便利,令人印象深刻。"想到地铁就想到早川,想到早川就想到地铁"。在东京乘客流量极大的地铁银座站二街广场的一角,立有一尊早川次郎胸像。早川次郎是"日本地铁之父"。如同新田润在1979年发表的《上野发车浅草行》所叙述的,早川次郎为了研究铁道事业而寻访欧洲,他在伦敦地铁感悟到,地铁必将成为都市交通的主角。他决心回国后建设地铁。1916年回到日本后,早川次郎首先对东京都内的交通流量进行调查。他每天站在东京闹市区的马路上,上衣口袋里装着白豆与黑豆,一一细数电车、汽车、马车、行人的来往,按次数将一个口袋里的豆放到另一个口袋。整个6个月,每天晚上他都与妻子计算豆子的数量,作为东京主要道路的交通流量记录。经过调查,他发现如果开通浅草—上野—银座间的地铁线,将获得非常可观的收益。就是这样,一个无名青年在东京建设地铁的梦想,在早川次郎的努力下诞生了。

大正时代"新风"和"旧俗" 1914年3月,大正博览会在东京上野开幕。举办博览会的目的是奖励产业、祝福大正新政以及纪念天皇即位大

1914年的东京一瞥

典。对开幕第一天的盛况,东京《朝日新闻》有如下报道:"因为参观的人潮非常踊跃,在预定时刻前15分钟,第一会场的正门五个入口开始入场。在外等待的数万群众完全不理会景观守卫的制止,如雪崩巨浪般拥入。"博览会有各种展馆,包括工业馆、矿山馆、林业馆、美术馆、水产馆、教育馆,等等。无论什么人,只要在这里逛一圈,就会对大正时代初期的日本经济与文化,有一个初步的整体印象。大正博览会最大的看点,是电扶梯在日本的首次亮相。在当年的《风俗画报》第457号,刊载了一位试乘记者的报道。他写道:"我花了十钱搭乘电扶梯,只见一个个阶梯轮番抬升,使人不用抬腿就拾级而上,确实令人称奇。我稍微观察一下搭乘者,只见他们半是兴奋,半是性急。"

当然,大正时代的新生事物还不止于人们的衣食住行领域。东京湾填海计划,是在1912年正式开工的。东京的整体规划即发展方向,是按照1920年的《都市计划法》实施的。以火力发电为主改为以水力发电为主,大大降低了成本,是在大正时代初期完成的;钨丝灯泡取代煤气灯和油灯,使东京成为"不夜城",也是在大正最初几年。日本第一次"国势调查"(人口普查),是从1920年10月1日0点开始的。甚至日本两个著名球场——关西的甲子园和关东的明治神宫外苑竞技场,也是在1924年建成的。

大正时代,在新生事物不断涌现的另一方面,传统"风俗"也得以保留。

1924年,日本流行着一首添田知道作词谱曲的歌,叫《Sutoton节》。歌曲唱道:"今天公司发薪,钱包迅速膨胀。买艺?还是买春?和老婆商量却听到狮吼。Sutoton, Sutoton……"这首歌唱出了男人"温饱思淫欲"的愉悦,反映了人们物质生活的改善。当然,在这种愉悦的背后,是卖春女性的辛酸。虽然在 1873 年(明治五年)和 1900 年(明治三十三年),政府已经颁布了《娼妓解放令》和《娼妓取缔规则》,禁止人身买卖。但是在大正时代,卖淫仍以"贷座敷"业的形式合法存在。所谓"贷"就是出借,"座敷"就是场地。名义上游女只是"自由"地借用"场地",实质上她们或因为贫穷,或为了还债,以 1 000 日元到 1 500 日元的价格卖身,如同奴隶般从属于"贷座敷业者",行动受到严密监控。根据对道家齐一郎《卖春妇考论》一书中相关数据的汇总,1924 年底统计,日本全国共有"贷座敷"11 229 个,娼妓 52 256 人,其中位居前十的分别是:东京府有"贷座敷"734 个,娼妓 4 989 人;京都府有"贷座敷"2 234 个,娼妓 4 232 人;大阪府有"贷座敷"1 430 个,娼妓 6 606 人;广岛县有"贷座敷"488 个,娼妓 2 620 人;北海道有"贷座敷"443 个,娼妓 2 022 人;爱知县有"贷座敷"267 个,娼妓 2 254 人;兵库县有"贷座敷"225 个,娼妓 2 394 人;福冈县有"贷座敷"188 个,娼妓 2 379 人;长崎县有"贷座敷"288 个,娼妓 2 134 人;神奈川县有"贷座敷"218 个,1 575 人。需要说明的是,"贷座敷"只能在指定区域开设。当时全国允许开设"贷座敷"的区域:第一是北海道,有 49 处;第二是静冈县,有 35 处;第三是山口县,有 31 处。①

当时,被称为"保存着江户风情的游廓"吉原,有 3 000 多个娼妓。那里所谓"轮流房间""分隔房间",就是在一个不到 5 平米的房间里轮流接客,或是将一个不到 6 平方米的房间隔成两间,共用一盏灯,同时接客,环境非常恶劣。嫖客仅支出 3 日元/小时左右的费用。1914 年"娼妓健康诊断表"显示,娼妓患上梅毒、淋病等性病的比例很高,达 18.13%。②因此,以岛田三郎为会长的"廓清会",积极展开了"废娼"运动,并创办了《廓清》杂志。但是,由于国家和府县的执政者,以及警察等司法人员,基于经济等理由,庇护"贷座敷"业主,反对废娼,使之"长盛不衰"。

日本传统的"风俗"也繁衍出了一些靓丽的新的"景观"。1912 年,日本兴起了被称为"冒险摄影"的"裸体摄影"热。艺术家努力使自己的画作贴

---

① 道家齐一郎:《卖春妇考论》,史志出版社 1928 年版,第 97 页。东京府 1943 年改称东京都。
② 竹村民郎:《大正文化——帝国日本的乌托邦时代》,林邦由译,(台北)玉山社 2010 年版,第 170 页。

近"写真"。例如,安井曾太郎的《孔雀和裸女》,被称为"不朽的名作"。

  日本学者普遍认为,就断代史研究而言,将大正天皇嘉仁在位的十五年划为大正时代的做法,并没有什么意义。正是为了取代"大正时代"这一说法,学界普遍采用"大正民主时代"这种称呼。但是,大正民主是很容易招致误解的命名。就当时政治生态而言,大正时代实在难以被称为"民主时代"。因为在大正民主运动中。毋庸置疑包含着强调极权专制、反对民主的政治思潮。为了避免造成误解,很多日本学者采取音译的做法,称之为"大正德谟克拉西"。

  大正时代,一方面,日本民族精神在西方思想文化的冲击下,出现"吸收中的演化";另一方面,日本民族精神出于自我防护,迅速向传统意识形态回归。对于这一日本现代精神史的耀眼亮点,究竟该做何评价?毋庸置疑,这不仅是学术问题,而且是涉及日本民族文化复兴、民族精神再生、社会发展方向的重大问题:日本"回归传统"所带来的民族利益究竟有多少?所造成的国家危害究竟有多大?民众被"感染"究竟有多深?大正时代的政治思潮渊源于明治时代,延续至昭和时代,承先启后。认识那些承先启后的政治思潮的流变和性质,无疑有助于回答上述问题,特别是回答日本为什么在经历了"民主时代"后会掀起法西斯主义狂潮,成为第二次世界大战的又一个战争策源地这一重大问题。

  "大正德谟克拉西"主要由六大政治思潮构成,体现了国粹主义和欧化主义的对峙。这些思潮可以划分为三种类型。第一种类型:作为国家权力辩护者或卫道士的"国家主义、皇室中心主义思潮"和"超国家主义思潮";第二种类型:对政权持理性批判态度的"民本主义思潮"和"共产主义即马克思主义思潮";第三种类型:非理性的、具有空想色彩的"理想主义思潮"和"无政府主义思潮"。以下分三部分扼要论述"六大政治思潮"。

  维护天皇制的思潮 需要强调的是,大正时代的国家主义、皇室中心主义思潮,是19世纪末出现的反对"欧化"思潮几经波折的延续。对明治国家的设计者而言,所谓国家就是以天皇为核心的,由国民道德支撑的超个人机构。培养忠君爱国思想,是国民道德教育的基本使命。大正时代的国家主义、皇室中心主义思潮,就是明治时代国家主义、皇室中心主义思潮的延续。大正时代宣扬国家主义、皇室中心主义的中心人物是著名思想家、评论家德富苏峰。德富苏峰于文久三年(1863年)一

第十章 ● 大正时代

月出身于肥后国上益城郡益城町(熊本市秋津町)一个豪农家庭,自幼熟读"四书五经"和其他中国经典,具有深厚的汉学功底。他一生历经明治、大正、昭和时代前期,始终处于理论界核心地位,并在每个时代均经历巨大转折和演进:明治时代,德富苏峰从主张全面欧化、"平民主义"转为"国家主义""皇室中心主义";大正时代着力将"皇室中心主义"和"国家认同"结合,竭力追求"举国一致";昭和时代则完全为法西斯侵略扩张主义张目。

德富苏峰在明治时代已非常活跃,于1886年发表了被誉为"试图网罗当时一切思想、一切知识、一切学问"的成名作《将来之日本》。翌年,德富苏峰又发表了与《将来之日本》构成对偶的《新日本之青年》,他提出:"明治的世界是批评的世界、怀疑的世界、无信仰的世界",开始构建信仰价值规范。①大正时代,德富苏峰痛感"国家无根本之经纶,国民无中枢之志趣"的现实,着力弥补这两方面缺陷。首先,为了确立"根本之经纶",德富苏峰竭力鼓吹"大和民族的海外发展"。提出"以大和民族为中心,绝非排斥其他民族。既然大和民族乃混合人种,则与其他人种混合当然无碍,但关键是我同化彼,还是彼同化我。若欲以我大和民族为中枢民族,则必须以大和民族同化其他民族。"②为了构建"中枢之志趣",德富苏峰着力于两方面思想建设。一是将"皇室中心主义"作为构建国民价值规范的基石,鼓吹"皇室是大和民族的根干,我大和民族是其枝叶。日本国是皇室家族的繁衍。天皇既是日本国民的元首,又是大和民族的家长。支那以君为父的思想,在我国是普通的事实。因此,皇室中心主义不是由逻辑演绎出的事实,而是从事实中归纳出的逻辑"。③"我国民的举国一致唯在于以皇室为中心的举国一致。"④二是强调"我大和民族,作为落后的民族,得以与白种人抗衡的条件之一,唯在拥有较其更多的朴实刚健",即提倡尚武之精神。德富苏峰认为,日本人不可缺乏"尚武之精神",不可染有"文弱之恶习"。培养尚武之精神宜成为"青年精神修养之关键"。1922年,德富苏峰在《国民新闻》元旦号上刊载短文《卧薪尝胆》作为新年寄语,煽动民族主

---

① 植手通有编:《明治文学全集》第34集,筑摩书房2013年版,第117页。
② 德富苏峰:《时务一家言》,载植手通有编《德富苏峰集》,筑摩书房1974年版,第335页。
③ 神岛二郎编:《近代日本思想大系》第8卷《德富苏峰集》,筑摩书房1978年版,第581页。
④ 德富苏峰:《时务一家言》,载植手通有编《德富苏峰集》,筑摩书房1974年版,第329页。

义情绪。1924年美国制定被称为"排日移民法"的《1924年移民法》,[①]德富苏峰再次载文于《国民新闻》,称美国《1924年移民法》是"对我大日本帝国的侮辱";"不在于利害,而在于我国的脸面"。必须指出,昭和时期天皇制超国家主义、法西斯主义,实际上是德富苏峰的皇室中心主义和北一辉的超国家主义的混血儿,是将日本引向歧途非常重要的精神力量。

超国家主义也是天皇之国家在意识形态方面的维护者。"超国家主义"一词初现于"一战"后日本面临经济危机和世界出现巨大变革时期。这一政治思潮主要承袭于明治维新后宣扬天皇权威、力主对外侵略的狭隘民族主义思潮,但又不仅限于民族主义。超国家主义思潮的突出特点,是提出对国家进行"改造与革新",其主力是主张"革新"的右翼团体,如1919年8月1日,大川周明、满川龟太郎等创建的日本最早的"革新"右翼团体"犹存社",其核心人物是被称为"日本法西斯主义鼻祖"的北一辉。北一辉(1883—1937年)出生于新潟县佐渡郡凑町(新潟县两津市凑町),父亲经营酿酒业和海产品批发。北一辉自小随其父好友、儒学家若林玄益学习汉语,为以后研究中国问题和参与中国革命奠定了基础。北一辉自小思想活跃,1900年升学考试不合格后即开始在《明星》杂志和《佐渡新闻》上发表一系列反传统"国体论"文章,后对社会主义产生浓厚兴趣并参与了各项活动,由此奠定了他"纯正社会主义"的思想基础。北一辉共撰写了三部重要著作:《国体论及纯正社会主义》(1906年)、《中国革命外史》(1916年)、《日本改造法案大纲》(1922年)。这三本著作使北一辉被称为"大正时代提出了最完备、最系统的'国家改造'方案的思想家"。北一辉主张通过武装政变夺取政权,继而完成国家改造,然后由改造后的日本帮助亚洲其他国家,以战争手段摆脱西方帝国主义的控制,因此他的思想既有侵略扩张性,又有"超国家主义"色彩。特别是北一辉的《日本改造法案大纲》,更是被一些法西斯主义者奉为"圣经"。

北一辉提出"国体论"及"纯正社会主义"理论,经历了逐步的发展和成

---

① 《1924年移民法》(Immigration Act 1924)要求基于美国1890年人口普查限制年度的移民人数,即每年来自任何国家的移民,只能占1890年时已经生活在美国的该国人口的2%,低于1921年移民限制法案的3%的上限设定。提出该法案的目的是确立清晰的"美国身份同一性","保持国民中基本类别的种族优势,稳定美国民族构成"。见 Vemon M. Griggs, J. R., *Immigration on Policy and the American Labor Force*, The Johns Hopkins University Press, 1984, p.44。

熟。北一辉的"国体论",在1901年11月发表的《人道之大义》,以及1903年6月发表的《国民对皇室历史的考察》,已现雏形:目睹弱肉强食的残酷竞争,北一辉呼吁建立具有合理的"社会制裁"体制的"世界性的大政府",基于"人道之大义"引导"世界万邦"。而要建立这样的大政府,"首先要增强本国国力,确立文明之基础,上下一致,君臣联合。而后,将其志向推广至全世界"。这一"大政府"当由"君子之国"日本建立。由于日本的"天皇"与"国体"之间可以画一等号,因此北一辉的"国体论",核心是"君民一体"。①用他本人的话说:"天皇是民之父母,民是天皇之子女。此乃我立国之根本,万世不变之原则。"②而所谓的"纯正社会主义",即对内实行生产资料和手段的公有、公营、公平分配。对外以消灭国际间竞争为目标。不过,在现阶段由于竞争不可避免,故应赞同以战争手段解决国际争端。这也是北一辉主张建立"世界大政府"的手段。

《中国革命外史》是北一辉经历了中国革命实践后的理论结晶,主要表露了一个思想:以"革命的中国"为认识基础、提出理想的日本对外政策即所谓"革命的对外政策",作为构建超国家社会秩序的有益补充。他强调:"革命的中国与革命的对外政策是不可分割的两个议题。"③作为对"革命的中国"的认识,第一,北一辉对中国革命指导者孙中山、黄兴、宋教仁等逐一做了评述,给予宋教仁的立国方案高度评价,称之为"东洋的共和政体";第二,认为"窝阔台汗"即元太宗精神是革命的中国发展的精神力量;第三,"武力"对一个民族的自卫和发展至关重要,因此"儒教"对"革命中国"毒害至深,是"亡国教"。按他的说法:"中国因文弱而带来的亡国命运在于儒教。"④鉴于中国的教训,北一辉认为中国"革命的对外政策"应采取的步骤是:第一,武力统一、摆脱西方束缚、向"中亚"扩张。第二,主张支持中国对俄开战。但是,这种支持的目的是获取日本的权益。按照他的说法:"中国应该得到内外蒙古,日本应该得到南满洲和北满洲。"⑤第三,

---

① 按日本政治学家石田雄介绍,国体在近代日本人的意识中至少有两层含义:一是公元前660年神武天皇的建国传说;二是日本国土本身的独立性和神圣性。两层含义在天皇身上被具象化。
② 北一辉:《国体论及纯正社会主义》,载《北一辉著作集》第3卷,美菱书房1976年版,第5页。
③ 北一辉:《中国革命外史》,载《北一辉著作集》第2卷,美菱书房2000年版,第2页。
④ 北一辉:《中国革命外史》,载《北一辉著作集》第2卷,美菱书房2000年版,第164页。
⑤ 北一辉:《中国革命外史》,载《北一辉著作集》第2卷,美菱书房2000年版,第185页。

建立"日中同盟",依托美国经援,"击退英德的元寇来袭","让日出之处的太阳旗照亮全世界的黑暗",完成"亚洲门罗主义的天赋使命"。第四,北一辉明确提出,他的这本书可以和当年日莲为警醒统治者而写的《立正安国论》相媲美,可以将此书改名为《大正安国论》。因为,他撰写此书的目的就是"成就正义,指明立国安邦之道"。①

北一辉的超国家主义理论以《日本改造法案大纲》最为著名。《日本改造法案大纲》最初叫《日本改造案原理大纲》。1918年8月,耳濡俄国"十月革命"和目染中国革命状况的北一辉,在上海动笔撰写《日本改造案原理大纲》。翌年8月1日,大川周明、满川龟太郎等成立犹存社,奉北一辉的思想为指导思想。8月23日,大川周明赴上海迎请北一辉回国加入犹存社,同月将他的《日本改造案原理大纲》用钢板秘密刻印并印制47部。1922年2月,北一辉和大川周明产生分歧,犹存社解散。同年5月,日本出版机构将《日本改造案原理大纲》稍作删节后出版,改名《日本改造法案大纲》。

《日本改造法案大纲》由序言、结语和本文八卷构成,主要内容如下。第一,国家改造的内容:(1)政治结构的全面改造,即废除宪法、明确国体、废除华族制度、实行普选、建立"国家改造议会"、将皇室财产收归国有;(2)经济结构的全面改造,即限制私有财产、推行新的土地政策、完成"大资本的国家统一";(3)社会保障体系的改造,即保障劳动者的权利、保护国民的教育权、拥护国民的人权。第二,国家改造的手段是"武装政变"。不过,北一辉对"武装政变"有独特解释:"武装政变是直接发动国家权力即社会意志。"第三,施行"国家改造"方案的指导思想是"超国家主义"或曰"极端国家主义",其特征是攻击和排斥外来思想和体制,采取恐怖活动;强调民族至上主义和世界政府主义。

总之,北一辉将"君民一体""家族国家化""民族至上""世界联盟"等观念融合起来。他的思想和德富苏峰的"皇室中心主义",在推动日本向法西斯主义道路迈进的历史过程中,成为国民精神的整合力量。这种右翼思潮影响深远。昭和初年日本发生的一系列政变和暗杀活动,都和北一辉的思想有关。因此,北一辉的思想在当年未能见容于日本政府。1932年"二二六兵变"后,北一辉被逮捕并于翌年被当局枪毙。

---

① 北一辉:《中国革命外史》,载《北一辉著作集》第2卷,美菱书房2000年版,第4页。

第十章 大正时代

民本主义和共产主义思潮 以实现资本主义民主政治为目的的民本主义思潮,是"大正德谟克拉西"的合理主义、改良主义思潮。"民本主义"一词在明治末期开始流传。大正初期,民本主义成了茅原华山、井上哲次郎、上杉慎吉等人的论著中具有专指性的政治术语。1912 年 5 月 27 日,茅原华山在《万朝报》上发表了《民本主义的解释》一文,提出"民本主义"是与"贵族主义、官僚主义、军人政治"等对立的政治思想,茅原华山因此被视为民本主义的首倡者。由于茅原华山提出的"民本主义"涉及日本政治体制最敏感的部分,因此引起很大争论。翌年,井上哲次郎在《东亚之光》杂志上发表了《国民思想的矛盾》一文,为民本主义辩解。井上哲次郎指出,日本自古以来就有"民为邦本,本固邦宁"的思想。因此,民本主义不仅无害于日本现实政体,而且可以调和君主主义和民主主义的矛盾。上杉慎吉在 1915 年 5 月发表的论文《民本主义和民主主义》中提出,民本主义是"君主道德的根本意义",日本历代天皇都注重"民本主义"。不过,在诸多民本主义思想理论中,赋予民本主义以体现时代精神解释,并对"民本主义"系统地进行理论阐述的,是东京帝国大学教授、著名的政治学者和思想家吉野作造。

吉野作造(1878—1933 年)出身于宫城县志田郡古川町一个工商业者家庭,曾在仙台的浸礼教会受洗入教,受基督教思想影响。1900 年 9 月,吉野作造进入东京帝国大学政治学科学习,但他对法学兴趣浓厚,并受社会主义影响。毕业后,吉野作造任教于母校并赴欧美考察。所有这些经历,对他民本主义思想的产生具有不可忽略的影响。吉野作造还深受他的老师小野塚喜平次影响。小野塚喜平次反对将政治视为"为政者之术",主张将政治理解为"国民生活的一个侧面",并将 Democracy 译为"众民政治"。以此为基础,吉野作造将 Democracy 译为"民本主义"。1915 年,吉野作造在《欧美宪政的发达及其现状》一文中,首次使用了"民

吉野作造和他的著述

本主义"概念。翌年,吉野作造发表了《论宪政主义和对宪政主义的彻底贯彻》一文,对民本主义做了如下解释:民本实际上是"德谟克拉西"(民主)的译语,之所以采用这一译语,主要是避免同"主权在民"混同,从而与"主权在君"的日本国体发生抵触。吉野作造强调,民本主义不涉及主权的"拥有",只涉及主权的"运用",即在运用和行使国家主权时必须重视民众的利益,主张"政治必须依据一般民众的意志而实施"。为实现这一宗旨,必须反对军阀官僚专制,实现普选,建立政党内阁,确立资产阶级议会制,使议会成为政治的中心势力。因此,他倡导的民本主义思想,很快成为"大正德谟克拉西"的指导思想,并为"二战"后的民主改革奠定了理论基础。

吉野作造的"民本主义"理论体系主要涉及宪政以及与之密切相关的宪政的精神基础及议会政治等问题。吉野作造的民本主义思想中的"民主"含义,包括两个层面:一是"国家在法理上属于人民";二是"国家主权活动的基本目标在政治上属于人民"。吉野作造将前一层含义命名为"民主主义",将后一层含义命名为"民本主义"。民本主义需要民众直接参政,但是,民众智德的不成熟,要求代议政治成熟,以获取民众监督议会、议会监督政府的政治效果。他提出:"宪政能否正常运用,一与制度及其运用相关,一与一般国民智德发达程度密切相关。如果国民智德发达程度很低,则唯由少数贤达英雄施行专制政治或贵族政治。"但是为了避免少数人专权,宪政的内容必须包括"保障人民权利,实行三权分立,开设民选议院"。①

共产主义和马克思主义思潮在大正时代也相当活跃。在明治三十年代初,即19世纪末,共产主义传到了日本,并逐渐成为一股反现实政治思潮,主要代表人物有幸德秋水、堺利彦、山川均、片山潜等。1908年6月22日,为欢迎社会主义者山口义三出狱,堺利彦、山川均、大杉荣等打着红旗上街游行,被政府逮捕。这一"赤旗事件"使社会主义在日本遭受打击。1910年5月,幸德秋水等数百名社会主义者和无政府主义者因涉嫌"谋刺"天皇被捕。翌年1月,幸德秋水等12人被判死刑,另12人被判无期徒刑,史称"大逆事件"。自此,日本共产主义运动进入了"严冬时期"。

---

① 吉野作造:《论宪政主义及达到至善至美的途径》,载三谷太一郎等编《吉野作造选集》第2卷《德谟克拉西与政治改革》,岩波书店1996年版,第5、14页。

无政府主义代表人物大杉荣曾赋诗描述当时的情景:"阳春三月服绞刑,残花飘零。"

因"赤旗事件"被捕入狱的堺利彦在1910年获释,于1916年创办了"卖文社"、主办了杂志《丝瓜之花》(后改名《新社会》),坚持研究和宣传社会主义,使社会主义运动在大正时代重新趋于活跃。在俄国"十月革命"影响下,1919年堺利彦、山川均等创办了《社会主义研究》杂志,连载了《共产党宣言》全文。同年,河上肇创办了《社会问题研究》。作为经济学家、京都大学教授,河上肇在传播马克思主义政治经济学方面有杰出贡献。1920年,堺利彦、山川均、片山潜等创建了"日本社会主义同盟",并于翌年组成日本共产党筹委会,制定了党章和宣言,设立了临时中央执行委员会。1922年7月,日本共产党宣告成立,多数左翼社会运动领导者均加入该党,堺利彦当选为日共第一任中央委员会委员长。同年,片山潜代表日本共产党出席共产国际第三次代表大会,任共产国际执行委员会委员,此后一直在共产国际工作。1923年,日共中央理论刊物《赤旗》创刊。同年6月,日本共产党遭到"集体起诉",几乎溃灭。随后不久发生的关东大地震,以及与之相关的军、警、暴民等的迫害,也使社会主义遭到沉重打击。1924年2月,日本共产党宣布解散。在这种氛围中,被称为日本"社会主义、马克思主义"知识分子典型代表的山川均和堺利彦,均改变了原有立场。

理想主义和无政府主义思潮 所谓"理想主义思潮",是以"理想"为目标、与现实主义相对的思想倾向。"理想"一词是1877年出现的翻译词语,但是"理想主义"是大正时代的产物。作为一种思潮,理想主义以《白桦》杂志为思想舆论阵地,领军大正时代文坛,代表了"大正的文化概念",形成了一个非常有影响的文学派别——白桦派。白桦派宣扬以个性自由为基础的人道主义思想,宣扬"超阶级的人类的爱",力图以此来改良社会,建设理想主义社会。理想主义思潮的代表人物是武者小路实笃。

武者小路实笃是剧作家、小说家,也是画家,出生于东京麦町区元园町(千代田区麦町),父亲武者小路实世是子爵。1891年,武者小路实笃进华族学校学习院接受初等教育,1910年和同窗木下利玄等二十余人共同创办了《白桦》杂志。武者小路实笃的心路历程经历了两个阶段,第一阶段具有"自我中心主义"的特点。他的作品,如中篇小说《天真的人》

(1910年)、随笔《罗丹与人生》(1910年)、现代剧本《某日的一休》(1913年)的主题,或尊重个性,肯定个人主义,或通过历史人物阐发作者自身的人生哲学。第二阶段具有反战的"托尔斯泰人道主义"特色,幻想以"人类之爱"阻止战争,维护人类和平。他这一阶段发表的作品,如现代剧本《他的妹妹》(1915年)、《一个青年的梦》(1916年)等,均具有这种特色。

作为理想主义思潮的代表人物,武者小路实笃的一项重要工作,是倡导"新村"运动。1918年5月、6月、7月,武者小路实笃在《白桦》杂志上连载了《新生活之路》;7月创办了《新村》月刊。概括而言,他所倡导的新生活主要包括以下思想内容:有一技之长,共同劳动和贮蓄资金,充分施展人类个性,消灭阶级差别。同年11月,武者小路实笃在九州宫崎县日向地区购置土地,创建乌托邦式的理想国"新村"作为实践"新生活"的场所,在国内外引起强烈反响,使之被同为白桦派作家的有岛五郎称为"应该到来的新时代的奠基人"。

无政府主义在世界范围内属于不切实际的空想。无政府主义是一种否定一切国家政权的主张,19世纪上半叶产生于欧洲,主要代表人物有蒲鲁东、巴枯宁、库罗帕特金。这种思潮在产生后不久即传入日本,成为反体制社会运动的一股重要思潮。大正时代无政府主义的代表人物是大杉荣。

大杉荣(1885—1923年)出生于香川县丸龟市,自小学习优秀,但品行不端。1901年4月,大杉荣因"男色事件"(同性恋事件)受到就读的名古屋陆军学校处分,同年11月又因与同学斗殴而被学校除名。1902年,大杉荣母亲去世,悲伤和孤独使他受洗皈依基督教,翌年入东京外国语学校(东京外国语大学的前身)法语系学习,同年11月翻译发表了库罗帕特金的《告新兵诸君》,自此开始青睐无政府主义,并多次被捕入狱。1912年,大杉荣创办了《近代思想》,并发表了论文集《生的斗争》和《社会的个人主义》。大杉荣宣扬的无政府主义可概括为两个精神内核:第一,强调基于人道主义的"自我",指出"自我"是"生"这一人类本能的本义。他宣扬无政府主义的最终目的,是呼吁人们"自己主宰自己的命运",打破"锁链"——统治阶级的束缚。第二,恢复人的本能包括生物学意义的本能,并将个人和社会联系起来,提出"社会的个人主义"是个人主义的真谛,强调追求人在社会中的根本属性及人类的生活途径,是"个人主义"的目标。换言之,他既强调人的生物属性,也强调人的社会属性,而这两种属性的

第十章 ● 大正时代

共同要求,就是实现自我,反对束缚。因此,他的私生活非常放荡。大杉荣的无政府主义观念在他著名的"白纸主义"中有精辟论述:"人生绝不是事先固定下来、书写整齐而存放在那里的一本书,而是需要每个人逐字逐句填写的一本空白的书。"①

"一战"后,共产主义者、无政府主义者和社会改良主义者成立了"社会主义同盟"。但是,大杉荣攻击俄国"十月革命"和无产阶级专政,主张充分伸张自我,彻底贯彻不要政府的无政府主义,对社会主义运动的分裂具有不可推卸的责任。1923年9月16日,大杉荣死于前述"甘粕事件"。之后,无政府主义、工团主义在工人运动中的影响也逐渐消失。

作者点评:

大正时代是承明治时代之先,启昭和时代之后的一个时代,也是最少受到中国日本史研究者关注的一个时代。为什么"天皇机关说"提出于大正时代,并没有因被视为"异端邪说"而遭到封杀,直至昭和时代才遭到封杀?这个问题和下面一则史实显然不无关系:

"2002年3月29日,记录大正天皇活动情况的《大正天皇实录》(本文共85册),在时隔65年后被部分公开。所公开的部分为在位年代即1912年7月30日至1925年6月。其中86天共141处经过涂抹,同详细记录明治天皇活动并全部公开的《明治天皇录》(宫内听书陵部藏),形成了鲜明对比。"

"天皇机关说"直接涉及一个学术界长期争论的问题:如何认识在明治宪法体制下的皇权?实际上,正因为大正天皇嘉仁更是"象征性的存在",大正时代才无论在正面,如产业结构、高等教育、铁道建设等,还是在反面特别是法西斯主义的甚嚣尘上,以及"兵营国家"的形成,都对日本以后的社会变化产生重要影响。事实上,大正时代内政外交的很多真相,都足以颠覆读者的传统认知。一句话,大正时代并不是一朵"虚幻的花",不是一个"乌托邦时代"。

---

① 大杉荣:《社会的理想论》,载《大杉荣全集》第2卷,世界文库1973年版,第627页。

第十一章 昭和时代（战前）

第一节 "百姓昭明，协和万邦"

2014年9月9日，日本宫内厅公开了历时25年编纂的《昭和天皇实录》。该实录共61册，逾12 000页，平均每年有26人参与作业，耗资2.3亿日元(不包括人工费)，使用资料3 152件(某个人的所有书信为1件)。所谓"实录"，是日本天皇去世后，官方对其生涯、业绩、言行的敕撰。自藤原时平、菅原道真等敕撰的《日本三代实录》延喜元年(901年)问世，至1906年《孝明天皇纪》问世，中断了上千年。《明治天皇纪》是1933年完成、1968年明治维新百年纪念时公开的。《大正天皇实录》是1936年完成、2002年公开的，而且大正天皇的病历和学业成绩均被涂黑。《昭和天皇实录》不存在这一问题，因而使我们对裕仁天皇能有更全面的了解。

裕仁登基和若槻下台 1926年12月25日，西方圣诞节，日本"神"大行：自幼身体羸弱的大正天皇嘉仁驾崩，享年47岁。早已摄政的25岁皇太子裕仁践祚。裕仁(1901—1989年)的"裕"取自中国《尚书·康诰》"远乃猷裕，乃以民宁"，意为以远大谋略施行德政，使民众生活安宁，"仁"是第五十六代清和天皇"惟仁"以后，男性天皇和亲王名字中崇

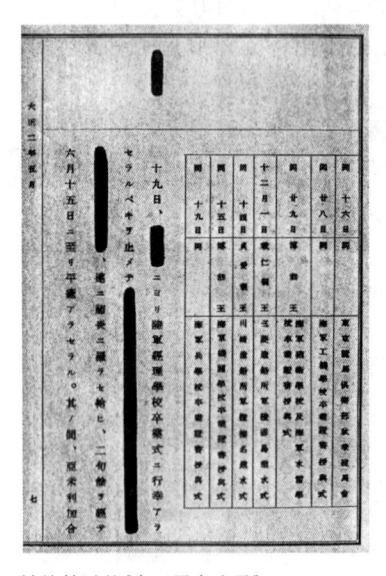

被涂抹过的《大正天皇实录》

第十一章 昭和时代（战前）

尚儒教的符号。1912年明治天皇驾崩后，裕仁被立为太子。由于父亲嘉仁身体违和，1921年裕仁成为摄政。1926年12月25日，疗养中的大正天皇嘉仁在叶山御用邸驾崩。元老西园寺公望、首相若槻礼次郎匆匆赶到叶山御用邸。之后，政府相关机构立即着手裕仁亲王的即位准备。新天皇登基需要改元。最后备选的年号有9个，后来缩小为"昭和""元化""同和"三个，最终选定宫内厅图书寮编修官吉田增藏提出的"昭和"。"昭和"取自《书经·尧典》的"克明俊德，以亲九族。九族既睦，平章百姓。百姓昭明，协和万邦"。1928年秋，裕仁正式举行了即位礼和大尝祭。"昭和"是世界上使用时间最长的年号，超过中国的"康熙"。

裕仁是嘉仁亲王(大正天皇)的长子，母亲是九条节子(贞明皇后)，幼时称迪宫。最关心迪宫成长的是他的祖父明治天皇睦仁。迪宫4月29日出生，7月7日睦仁就根据宫中惯例，将迪宫托付给海军中将川村纯义伯爵教育培养。《昭和天皇实录》中有川村纯义接受《国民新闻》记者采访的回答。他表示："既然日本已经融入世界，成为世界一员，子女教育必须具有国际视野。对以后将君临一国的皇孙的教育，这方面我尤其关心。考虑到皇孙以后将日益频繁地参与国际交流，我将特别注重让他学习英语、法语以及其他重要的外国语。"《昭和天皇实录》还披露了一些之前鲜为人知的情况。例如，作为皇孙，迪宫从小是如何接受"帝王教育"的。1907年3月18日，5岁的迪宫正巧看到他父母坐着马车在面前通过。他激动得声嘶力竭地大呼："爸爸！爸爸！"听到呼叫，明宫嘉仁亲王夫妇想下车抱抱儿子，但被身边的人劝阻。

迪宫年幼时也进了学习院初级科学习，当时的院长是后来被奉为军神的乃木希典陆军大将。初等学科修完后，裕仁亲王进入了东宫御学问所正式学习帝王学。在各科学习中，裕仁对生物学兴趣浓厚，尤其热衷于钻研海洋生物。"二战"后，裕仁在皇居内建了生物研究所，曾先后出版了《相模湾产后鳃类图谱》《相模湾产海鞘类图谱》《那须植物志》等多部专著，是个很有造诣的海洋生物学家。当然，这是后话。

昭和天皇登基不久，若槻礼次郎内阁因"朴烈事件"和"松岛游廓事件"遭受攻击。朴烈本名朴准植，1902年2月出身于朝鲜庆尚北道一个农民家庭，翌年朝鲜"三一"独立运动后到日本组织反日团体，并和日本人金子文子结婚。1923年9月1日关东大地震后，朴烈夫妇因涉嫌谋杀天皇和皇太子而被捕,1926年3月15日被判处死刑。庭审时,法庭给予了一项特别待遇:默许夫妻俩当庭拥抱。之后,当局以昭和天皇的名义改判夫妻俩无期徒刑,朴烈拒绝减刑,而金子文子则于7月23日在监狱内自杀身亡。7月29日,刊载有两人当庭拥抱照片的传单在市井流传。政友会和政友本党认为此举有失国体,对若槻礼次郎内阁进行猛烈抨击。松岛游廓事件是"松岛游廓"(花街柳巷)迁移时,土地公司用巨额资金贿赂政界要人以使游廓迁入符合自己意愿的地区。事发后,宪政会总务、著名的政界长老箕浦胜人(72岁)被逮捕起诉,若槻礼次郎也受到牵连而被调查。

除此之外,当时还发生了以京都帝国大学学生为主的学潮即"京都学联事件",并首次实施了《治安维持法》;田中义一成为政友会总裁后,将总裁资金用作陆军机密费而遭到国会追究的"陆军机密费事件";日本乐器制造公司等企业的员工和警察发生冲突的骚动。

1927年1月20日,政友会和政友本党向议会提交了"内阁不信任案",众议院为此休会三天。但是三天后,若槻礼次郎(宪政会)、床次竹二郎(政友本党)、田中义一(政友会)三党党首,居然戏剧性地达成了妥协,使若槻礼次郎内阁克服了危机。令当时很多议员感到不可思议的是,只要政友会和政友本党通力合作,"内阁不信任案"必然获得通过,两党可以进而获得政权,为什么达成妥协?原来,三党党首达成了一笔政治交易。按若槻礼次郎的说法,当时他们在首相办公室进行会谈,田中义一要求若槻礼次郎写个会谈备忘录,若槻礼次郎便在纸上写下了会谈内容,示于田中义一和床次竹二郎。田中义一表示:"还应该加上一条。"若槻礼次郎说:"那你写吧。"于是,田中义一加上了一条:"这是政府认真的考虑。"但据《田中义一传》所述,当时被称为"备忘录"的那张纸上写着的是"议会再开后,在两天内进行质询和第三天向议会提交不信任案";"政府在6月前后无条件总辞职"。另据宪政会"谋士"松本刚吉的《松本刚吉政治日志》记载,若槻礼次郎当时对青木信光说:"一定在五六月份干干净净地辞职。"真相究竟如何?目前不少学者研究的结论认为,若槻礼次郎(宪政会)、床次竹二郎(政友本党)、田中义一(政友会)三党党首之所以能达成妥协,主要是为了不让昭和天皇借机亲政。"如松尾尊兊所言,政党为了夺取政权而自己提出'国体问题',值得关注。因为这一动向同努力强化首相权限、尽可能缩小天皇作用、在日本确立英国式立宪君主制这一目标,完全背道而驰。"①

但是,第一届若槻礼次郎内阁还是很快结束了其政治使命。导致内阁辞职的导火索,是1927年3月14日藏相片冈直温在议会上的发言。当时,片冈直温在回答议员的质询时表示:"东京渡边银行刚发生经营破绽。"之后,各银行发生储户挤兑,昭和金融恐慌由此发端。原来关东大地震后,作为赈灾对策,第二届山本权兵卫内阁发行了许多债券,之后两度延期偿付,

民众挤兑银行

引起国民不安。东京渡边银行的破产更增强了恐慌心理,引起挤兑风潮。而台湾银行贷给铃木商店的巨额资金(3.5亿日元,约相当于现在的1.5兆日元)大多成为坏账,使台湾银行的经营发生动摇。根据《明治宪法》第八条、第七十条规定,政府为了维护公共安全,在面临紧急情况无法召集议会时,可奏请天皇要求枢密院对紧急敕令进行审查,如果获准,能够以敕令取代法律进行财政处理。若槻内阁为了救济台湾银行、缓解金融恐慌,决定按照这一宪法规定颁布紧急敕令,将台湾银行的2亿日元债权划归政府。4月14日,若槻内阁奏请天皇要求枢密院对政府要求进行审议。但是,若槻内阁的这一要求首先遭到枢密院议长、审查委员会委员长平沼骐一郎的反对。平沼骐一郎认为,这一议案违宪。4月17日,在枢密院全体会议上,该议案被全票否决。据后来也任枢密院议长的仓富勇三郎在当天日记中的记载,导致议案被否决的根本原因,是枢密院对若槻内阁内外政策不满。②请求裕仁天皇发布紧急敕令案被否决后,若槻内阁于当天宣布总辞职。

今天,通过一些当事人的记录,当时的内幕已经明了:若槻礼次郎试图通过"敕令"解决台湾银行坏账的方案遭到枢密院否决后,政

---

① 伊藤之雄:《政党政治和天皇》,讲谈社2002年版,第257—258页。
② 《仓富勇三郎日记》1927年4月17日条,国立国会图书馆宪政资料室藏。1990年《牧野伸显日记》公开后,《仓富勇三郎日记》获得了重要佐证。

友会的铃木喜三郎、与铃木喜三郎关系密切的贵族院马场瑛一、枢密院的伊东巳代治等遂开始策划倒阁。用日后伊东巳代治的话说,那是"毒杀"内阁。若槻礼治郎失策的是,当时枢密院议长仓富勇三郎建议他撤回"紧急处理案",代之以"暂缓支付"紧急敕令案,但是若槻礼次郎对此建议不予接受,从而导致他和伊东巳代治等发生正面冲突。

4月17日,即若槻内阁宣布总辞职的当天,内大臣牧野伸显和宫内大臣一木喜德郎、侍从长珍田捨巳、侍从次长河井弥八议定了首相后继人选。当天皇裕仁召见内大臣牧野伸显,向他咨询继任内阁首班时,牧野伸显即推荐政友会总裁田中义一。翌日,天皇派河井侍从次长担任敕使,前往京都征求元老西园寺公望的意见。西园寺公望当即表示赞同牧野伸显等人的推荐。19日,作为对天皇咨询的奉答,元老西园寺公望正式推荐田中义一组阁,天皇当即降下大命,令63岁的田中义一组阁。20日,田中义一内阁正式成立。田中义一因此成为"长州藩阀第二代宰相"和"长州藩阀最后一人"。

"宪政之常道"的实施 田中义一(1864—1929年)出生于长州藩(山口县),在家里男孩中排行老三,父亲田中信祐是在藩主出行时负责打伞抬轿子的低级武士"足轻"。田中信祐很注重培养田中义一从小就具有武士道精神。作为俸禄微薄的"足轻"的后代,田中义一自小生活贫困,11岁就在村公所当专门跑腿的"给仕"。后来还当过小学教师、长崎法院的法官。受父亲影响,田中自小就有"尚武"精神,但由于未受过正规教育,20岁时只能进入培养下士的陆军教导团炮兵科,在那里接受了一番训练后,才进入士官学校。1889年田中义一进入陆军大学,29岁时从陆军大学毕业,佩上了中尉军衔,同年和陆军中将大筑尚结志的女儿绮子成婚。之后参加了中日甲午战争,开始崭露头角。日俄战争后,田中义一被派赴俄国四年,对包括军队在内的俄国各方面情况进行详尽研究和考察。这一经历使他成为日本陆军首屈一指的"俄国通",并出任参谋本部二部(情报部)俄国课课长。田中义一很受长州藩阀长老山县有朋赏识。在山县有朋的提携下,田中义一不断得到晋升。另一方面,因为田中出身草根,所以很容易和军队和社会的下层投缘,彼此关系相当融洽。1918年原敬内阁成立后,山县有朋推荐54岁的田中义一出任陆相。同年田中义一和小他30多岁的文子同居。文子出身于群马县藤冈町(今藤冈市)一个河鱼批发兼加工的豪商家庭,以第一名的成绩毕业于高崎高等女校。田中义一任第二步兵旅团长(陆军少将)时,曾由町长介绍入宿文子家,与刚高中毕业的文子相识并一见钟情。当时达官显贵与非婚女子同居并不鲜见,田中义一所为构不成"绯闻"。山本权兵卫组阁后,田中义一被认为"有信念,有执行力"而留任陆相要职,因此在陆军中积淀了广泛深厚的人脉。

1925年4月,田中义一被选为立宪政友会总裁。因为原敬被刺杀后,继任总裁高桥是清虽然在财政方面颇有建树,但因在政治方面缺乏能力和魄力,政友会内斗不止,而田中义一不仅曾担任陆相,而且在1910年创建了拥有约三百万会员的"在乡军人会",同时又是长州人,具备占据日本政治舞台中心的各项条件。另外,田中义一很善于筹措资金,当时日本著名政治家和实业家内田信也在他的《风雪五十年》一书中,对此有明确记载。党内同僚深信,"田中金脉"是获取政权不可或缺的条件。

田中义一内阁是政友会内阁,重要职位均由政友会成员把持:田中义一(首相兼外相)、铃木喜三朗(内相)、高桥是清(藏相)、小川平吉(铁相)、白川义则(陆相)。田中内阁的构成至少有两点值得关注:第一,田中义一亲自兼任外相,显示非常注重外交;第二,田中内阁成员大都有较强的扩张野心,属强调革新对华政策的"鹰派人物",如曾经担任关东军司令的陆相白川义则,一贯主张扩大在中国东北的权益,转变"币原外交"的协调路线。田中义一内阁成立后,陆续提出和采取了一些新的政策措施,使日本经济、政治、外交均发生了很大变化。

经济方面,田中内阁面临的首要使命是平息"金融恐慌"。诉诸历史,当时"金融恐慌"的一个重要原因,是"一战"中急速成长的企业,在持续经济不景气的环境中经营状况不断恶化,救济性的融资造成大量呆账、坏账。按照经济评论家高桥龟吉的说法,当时的日本经济"犹如一棵大树的树干已被蛀空,只要一阵不大的风即可将其刮倒。"他特别指出:"铃木商店、川崎造船、台湾银行、十五银行等大型企业和金融机构的倒闭,使人们惶恐地感到整个国民经济已捉襟见肘,政府和日本银行前此修修补补的措施,至1927年已被证明彻底失效。"因为,当时日本的"金融恐慌"已成慢性"病症",问题积重难返。1926年10月,日本银行总裁井上准之助在银行俱乐部讲演中指出:"1920年财界发生不良状况迄今已历时六年,情况日益恶化。改变财界这种状况绝非易事。"换言之,金融恐慌的产生,并非开始于若槻礼次郎执政时期。使若槻内阁倒台,也并不仅仅是应对失策和政策失效,而是有着深刻的政治经济背景。

田中内阁成立后,即向枢密院提交了要求颁发"暂缓支付敕令"的报告,使全国各银行有三周"暂缓支付"时间,获得枢密院通过和天皇敕准。同时,田中内阁在临时议会通过了《日银特别融通及损失补偿法》,并采取其他相应措施平息"金融恐慌",收到一时性效果。在"金融恐慌"缓解后,高桥是清于6月20日辞去了藏相一职。

政治方面,田中内阁组成后,日本政治正式步入了"宪政之常道"。因为一方面,众议院第一大党党首组成的内阁解散、第二大党党首组阁取而代之的政治运作方式,开了"宪政之常道"的先河。另一方面,田中政友会内阁建立在即,宪政会和政友本党主政无望的现实,打乱了原先两党基本一致的步调。于是,在宪政会安达谦藏的策划下,"宪本提携",即宪政会和政友本党联合的趋向开始出现。1927年3月,两党以备忘录形式建立了双方议员互相提携的"宪本联盟"。田中内阁成立后,两党正式合并,一度取名"新党俱乐部",后于6月1日正式结成立宪民政党,由加藤高明内阁的藏相、宪政会的滨口雄幸出任总裁,并基本沿袭了宪政会的政治路线。立宪民政党的建立,标志日本政治正式走上了"宪政之常道",即正式进入了两大政党轮流执政时代。不过,需要说明的是,虽是两党"轮流执政",实际上战前在政党内阁制范畴内,政权在立宪政友会、立宪民政党两党间的转手只有两次:一次是田中义一政友会内阁被滨口雄幸民政党内阁取代,另一次是若槻礼次郎民政党内阁被犬养毅政友会内阁取代。就政党在众议院内的势力而言,政友会和民政党不断击退新兴势力对既成政党的多次挑战,长期在议会中占有多数。就这个意义而言,日本自此进入"两党政治时代"是名实相符的。

进入"宪政之常道"并不受田中义一欢迎。因为,由两党合并建立的立宪民政党即刻成了众议院第一大党:在1927年12月24日举行的第五十四次例行国会上,全部464个议席中,立宪民政党占221席(47.6%)、立宪政友会占189席(40.7%)。对田中义一来说,要顺利进行政治运作,贯彻各项法令和政令,使政友会成为众议院第一大党是必要条件。1928年1月21日,经过短暂休会的日本第五十四届帝国议会重新举行。但

第十一章 昭和时代（战前）

是,在议会重开的当天即"两军对垒,泾渭分明":立宪政友会190席对立宪民政党219席。由于这种议席对比使立宪政友会内阁难以顺利通过各项法案,解散议会重新举行大选已势在必然。当天,在首相兼外相田中义一发表了施政方针和外交方针演说,以及藏相三土忠造的财政演说后,随之发表的,是天皇解散议会的诏书。

2月20日,日本举行了《普选法》实施后的首次普选,立宪政友会和立宪民政党的候选人为342：340,另有革新党16名候选人、实业同志会31名候选人、无党派149名候选人,以及最引人关注的无产阶级政党劳动农民党40名候选人、社会民众党18名候选人、日本劳农党13名候选人、日本农民党4名候选人。选举的最终结果是:立宪政友会217席(增加30席)、立宪民政党216席(减少3席)、实业同志会4席、革新党3席、劳动农民党2席、日本劳农党1席、社会民众党4席、无党派17席。立宪政友会虽成为第一大党,但议席仍然未过半数。因此,实业同志会、革新党和无产阶级政党成为决定两大政党胜负的"王牌",两党争夺"中间地带"之激烈,已可以预见。同时,由于众议院议长由立宪政友会成员担任,而副议长则由在野党青濑一郎担任,内阁在众议院的政治运作似不容乐观。但是,由于对立宪民政党的内外政策主张不满,加之立宪政友会的策动,立宪民政党顾问床次竹二郎突然宣布退党,另外建立了新党俱乐部。之后,立宪民政党的田中善立等也退党另外建立了宪政一新会。立宪民政党的两次分裂,使该党议席大幅减少,而立宪政友会不仅使"离间计"策动立宪民政党议员反水,而且努力争取"中间地带"的议员,巩固了田中内阁的政治基础。

外交方面,由于支持田中义一组阁的主要就是陆军、枢密院、右翼国粹主义者,他们期望田中义一转变"币原外交"的协调路线,而西园寺公望和牧野伸显提名田中义一组阁仅是顺应这种趋势,因此日本外交政策发生变化是题中应有之义。当时中国国内政局发生的变化,为田中义一推行扩张路线提供了契机。在田中内阁上台前,国民革命军为推翻北方军阀政府,从广东省出师北伐。北伐军一路势如破竹,收回了汉口、九江的英租界。英国请求美国和日本派兵,但日本外相币原喜重郎以不干涉内政为由表示拒绝。北伐军随后进入南京,"币原外交"的不干涉方针在日本国内遭到抨击,陆相宇垣一成也强烈要求首相若槻礼次郎改变对华政策。虽然如前面所述,"币原外交"实际上对中国内政进行了干预,但其基本方针依然得到遵守。

"田中外交"出笼　1927年4月20日田中内阁组成后,"币原外交"被彻底修改。在中国国民革命军迫近山东时,5月28日,田中内阁发表声明称,将出兵保护当地日本侨民,并随即将关东军的2 200人派往青岛。7月,田中内阁以"保护"日本侨民为由,命令派往青岛的部队开赴济南,并又从东北增派2 000名日军前往济南,此即所谓"第一次出兵山东"。

6月27日至7月7日,为了统一对"对华政策"的认识。田中义一将派往各地的日本军政要员召回东京,会同内阁主要成员及陆海军方面首脑,举行了一个联络会议。这次会议史称"东方会议"。出席这次会议的有首相兼外相田中义一、外务省政务次官森恪、事务次官出渊胜次、参谋次长南次郎、陆海军次官、外务、大藏、陆海军有关部局长,以及关东军司令武藤信义、日本驻华公使芳泽谦吉、关东长官儿玉秀雄、驻奉天总领事吉田茂。会上,主张采取军事手段,武装维护和扩大日本在华权益的意见占据主流。代表人物是45岁的外务省政务次官森恪。需要强调的是,在任命森恪担任唯一的政务次官时,田中义一对他说:"我把外务省和外交的一切都交给你负责,你就当自己是外务大臣,放开手脚干吧。"所以,森恪是"田中外交"的重要贯彻和推动者。①

在各方汇报和讨论之后,田中义一作了题为《对华政策纲领》的训示。田中义一首先提出:"确保远东和平,获取日华共荣成果,是日本对华政策的轴心。"随后以"中国本土和满蒙②对我有不同含义"为前提,发表了被称为"当地保护主义"和"东三省分离主义"的讲话。关于对"中国本土"的政策,田中义一提出:"中国国内政情的安定和秩序的恢复,乃日本我当务之急","虽然这当依靠建立稳固的中央政权才能达到。但目前建立稳固的中央政权绝非易事。故须和各地方稳健政权进行适宜接洽,除此之外别无他途。因此日本政府对各政权的态度当完全一致"。并称最近"不逞分子或可能搅扰治安,挑起不幸的国际问题"。田中义一表示,虽然应寄希望于中国政权进行平息,但是,"如有危害帝国权益及当地侨民生命财

---

① 包括山浦贯一编修的《森恪》(1940年,森恪传记编纂会出版)在内,诸多史籍指出,森恪是田中内阁有实无名的外相,是"东方会议"的主角。
② 所谓与"满""蒙"并列的"华""中国本土",以及"满""蒙"是日本为侵华战争所准备和使用的伪概念。"华""中国本土"实际就是中国除中国东北和内蒙古的地区。所谓"满""蒙"是中国的东北和内蒙古地区。

产之虞,则当断然采取必要的自卫措施予以维护。舍此别无其他选择"。关于对中国东北的政策,田中义一指出:"东三省地区,维系我国防以及国民之生存,于我国利害关系重大,我国必须予以特殊考虑。不仅如此,为了维持当地和平及经济发展,使之成为内外人士安居之地,作为与其接壤的邻邦,我等必须感到肩负特殊责任。"会后,一份被称为"田中奏折"的文件开始在社会上暗中流传,并被翻译成英、法、德等多种文字。1929年12月,南京《时事月报》刊登了一则报道,题目是《惊心动魄之"帝国对满蒙的积极根本政策"——田中义一上日皇之奏章》,同时附有田中请宫内大臣一木喜德郎转呈奏章的信函。这个"奏章"约四万字,日后以"田中奏折"闻名。其中"欲征服支那,必先征服满蒙。欲征服世界,必先征服中国"更被认为是日本的基本国策。在"二战"后的东京审判时,"田中奏折"亦被提及。关于"田中奏折"的真伪,目前仍存在争议。中日学术界主流意见认为,所谓"田中奏折"是伪造的,因为,该文件病句错字很多,不可能是上呈天皇的奏折。《中日共同研究历史报告》也没有相关内容。原日本外相重光葵在他回忆录中写道:"我在外务省供职多年,从未听说有这么一份文件。但是后来东亚发生的事态,和随之日本所采取的行动,恰似以田中奏折为教科书,按其所提示的步骤进行。"①实际上,参加"东方会议"的日本军政要员对"'满蒙'政策"认识大致分为两派:森恪和关东军、参谋本部的将领属于一派。他们主张推翻随着中国民族主义浪潮的高涨而不再对日本俯首听命的张作霖政权,另外扶植傀儡政权,扩大日本在中国东北和内蒙古的权益。田中义一、政友会干事长山本条太郎等属于另一派。他们主张和张作霖携手,维持和扩大日本的权益。森恪和后出任企划院总裁的铃木贞一等,在东方会议前已制定了分离中国东北和内蒙古的方案,"田中奏折"的内容基本上取自这一方案。也就是说,即便"田中奏折"是虚的,但试图在中国侵略扩张的"田中外交"是实的,毋庸置疑。1927年8月24日,田中内阁决定从山东撤兵,9月上旬实施。12月14日,南京国民政府发布"对苏联断绝邦交令"(1932年12月12日复交)。后国民革命军重新开始北伐。50万国民革命军即北伐军与以奉军为主的35万国民政府军摆开了决战架势。4月,北伐军包围了济南。4月19日,田中内

---

① 重光葵:《日本侵华内幕》(原名《重光葵回忆录》),齐福麟等译,解放军出版社1987年版,第20页。

阁做出了第二次出兵山东的决定。除了调动驻屯天津的部队,还派遣了第六师团(熊本师团)约五千名官兵。5月1日,北伐军进入济南城内,和日军发生冲突。"城门失火,殃及池鱼",一些日本侨民亦受牵连,造成了所谓"济南事件"。5月8日至11日,日军在济南郊外和市区向北伐军发起攻击,造成北伐军大量伤亡。田中内阁遂决定第三次出兵山东,将第三师团(名古屋师团)派往山东。之后,日本不断增兵,侵入中国的军队总人数达到1.5万人,并占领了济南周边地区。此后,双方进行了外交交涉,于1928年3月达成妥协。

1928年5月16日,田中内阁决定向张作霖和国民政府发出通告,内容是:"满洲治安之维持,原本最受帝国重视,若发生引起当地治安紊乱或有可能引起紊乱之事态,帝国政府当极力予以阻止。如果战乱向京津地方蔓延并祸及满洲,帝国政府为维持满州治安,将不得不采取适当且有效措施。"5月18日,日本驻华公使芳泽谦吉向张作霖传达了上述通告。田中义一之所以要求张作霖重回东北,是认为张作霖能够在当地建立得到日本政府支持的、半独立于国民政府的政权,保护日本的权益。但是,日本关东军一些军官却反对张作霖返回。他们希望能够趁机在当地建立对关东军俯首听命的傀儡政权。随后发生的"皇姑屯事件",不仅使张作霖死于非命,而且结束了田中义一的政治生涯。

张作霖祖籍河北,祖父张发闯关东到了东北。张作霖8岁时父亲张发财就去世了。他年少时就到车马店打工,后随"草寇""落草"。虽然身材矮小,但为人仗义并有组织领导能力,22岁时即成为一众首领,势力逐渐壮大。部分日本人之所以主张扶助张作霖,主要原因是认为他符合能维护日本在中国东北地区"特殊权益"的四项要求:亲日、反对革命、有掌控力、有不愿听命中央的"草头王"情结。

但是,张作霖势力壮大后,同时也因为中国民众反日情绪强烈、抗日声浪高涨,他开始不买日本人的账,并计划在东北修建和"满铁"并行的铁道。这显然是日本人不能容忍的。因为,"满铁"不仅是一条贯穿中国东北地区的铁道主干线,而且享有开发沿线各种资源的特权。于是,田中义一决定出手阻止,在"东方会议"结束后不到两周时间,即任命亲信山本条太郎出任"满铁"总裁,让他向张作霖提出要求:日本想在东北再铺设5条铁道,理由是,一旦和苏联发生战争,可以迅速将军队运往齐齐哈尔和哈尔滨前线。孰料,张作霖一口回绝:"这岂不等于在我的身体里植入别人的神经和血管?"山本条太郎软硬兼施,最后威胁张作霖,要他径直回答"行"还是"不行"。如果说"不行",那么必须做好和日本开战的准备。看到对方态度如此强硬,张作霖只能妥协,和山本条太郎签署了由"满铁"承包,在东北铺设5条铁道的密约,所需资金通过借款解决。见张作霖最终还是听话的,山本条太郎给了张作霖500万日元。

那边做成交易,这边蒋介石正率领军队挥师北伐。田中义一想,张作霖的奉军不会是蒋介石的北伐军的对手。如果战败,那么已经获得和将要获得的权益,包括修建5条铁道的计划,将化为乌有。因此,要求张作霖返回东北。日本人说是让张作霖回去守住他自己的根据地,其实是让他回东北为日本"看家护院"。

皇姑屯事件及其影响 1928年6月4日午夜1点50分,在北京正阳门车站,张作霖乘上总共有20节车厢的特别列车,返回奉天(沈阳)。张作霖乘坐在第八节贵宾车厢,前后有机枪卫队守护,戒备森严。凌晨5点20分左右,副官对正在打麻将的张作霖说:"已经到皇姑屯,还有10多分钟就到奉天了。"话音刚落,只听"轰"的一声巨响,包括张作霖乘坐的车厢在内的3节车厢发生爆炸。一行人共受伤53人,死亡23人。张作霖的日军顾问仪我诚也少佐被炸出卫生间,侥幸捡回了一条命。张作霖喉咙被车厢的铁皮划了一道深深的口子,因失血过多,不治身亡,终年54岁。事发后,奉系方面一直秘不发丧,直到两周后,才对外公布张作霖的死讯。但5小时后,日本陆军省便接到了消息,并向各大报纸通报。这可是个大新闻!各大报纸迅疾以"陆军省来电"为题,进行报道,称"张作霖仅受了轻伤,并无大碍"。事实上,当时甚至连田中义一也不知道张作霖已经被炸死。他还写信给"满铁"总裁山本条太郎,称"张作霖是幸运儿,很快就会痊愈"。另据日本陆军省通报:"6月4日凌晨3时左右,日本卫兵在'满铁'线皇姑屯附近,发现了两具形迹可疑的中国人的尸体。从尸体上搜出两枚炸弹和蒋介石军队电讯稿残片。由此断定,此事件系蒋介石军队的便衣所为。"由于蒋军和奉军是对阵双方,说"皇姑屯事件"系蒋军所为,很容易让人相信。然而,真相是关东军高级参谋河本大作用钱疏通了工藤铁三郎和安达隆成,由他俩弄了两个鸦片烟鬼并杀死,制造中国人"内斗"的假象。

皇姑屯事件的策划者是关东军高级参谋河本大作,具体实施的是谁呢?是铁道守备队中队长东宫铁男,但他们获得了日本陆军中央的支持。

1928年7月13日,陆相白川义则写信给铁道相小川平吉,称:"今天上午,关于你打电话给我提到的那个事情,我总算筹措了3 000日元。"7月30日,工藤铁三郎和安达隆成发电报给小川平吉:"承蒙厚意,非常感谢。钱已收取。"也就是说,付给工藤铁三郎和安达隆成的酬谢金,是由陆相白川义则筹措的。凑巧的是,事件发生时,日本帝国议会民政党议员松村谦三等六人,从济南前往奉天,正好遇上爆炸事件发生。六人当即在现场做了勘查,又在当地逗留三天,查明了事件真相并收集了全部资料,回到东京后立即向立宪民政党总裁滨口雄幸汇报。这个"猛料",自然成为立宪民政党向立宪政友会田中内阁发难的绝好材料。为了避免陷于被动,田中义一命令外务省、陆军省、关东厅进行联合调查,并命令陆相派宪兵司令峰幸松前往现场勘查,要求务必查明真相。天皇裕仁对张作霖死于非命,非常重视。12月24日,在天皇的多次催促下,首相田中义一谒见天皇禀报:"张作霖横死事件,似与我帝国军人有关。目前正对此事进行严格调查,如若确系帝国军人所为,当送交军法会议严惩不贷。详细情况待调查结束后,由陆相奏上。"但是,事件查明后,所有阁僚、陆军中央和关东军高级将领均认为,真相若曝光,对日本非常不利。田中义一遂决定将这一事件定性为"责任事故"。

1929年6月26日,田中内阁发表了正式调查报告:"对满洲某重大事件进行了调查,没有证据证明此事与日本有关,但相关人员确实存在守备不严的责任。为此,将关东军司令官村冈长太郎中将转入预备役,河本大作大佐停职(后也转入预备役),给予关东军参谋长斋藤恒少将和独立守备队司令官水野竹三少将警告处分。"翌日,陆军大臣白川义则觐见天皇,禀报了陆军上述处理意见。听了他的禀报,天皇当即传唤田中义一提出质问。当时的情况,《天皇独白录》是如此记述的:"田中再次来到我这里,想将此事糊弄过去。因为他前后说法明显不同,所以我对他说,你这次和上次说的明显不同,递交辞呈吧。"内大臣牧野伸显日记,天皇侍从次长河井弥八日记,侍从武官长奈良武次日记,对此事也有同样记载。这可是没有先例的大事!

以前,史家仅依靠铁相小川平吉的《满洲问题秘录·秘》,了解天皇对皇姑屯事件的态度。但是,按照史学原则,"孤证"难以确信。在昭和天皇驾崩十多年后,内大臣牧野伸显日记、侍从次长河井弥八日记、侍从武官长奈良武次日记的公开,为人们了解相关史实提供了翔实证据。三份日记所述一致，足以证明其可靠性。

在天皇传唤田中义一之前的6月24日，田中义一通知内大臣牧野伸显，将于6月27日向天皇禀报张作霖被炸死事件的最终处理意见。6月25日，牧野伸显和侍从长铃木贯太郎、宫内大臣一木喜德郎商议后达成了一致意见：让昭和天皇对首相田中义一问责。当天，牧野伸显拜访了唯一健在的元老西园寺公望，告知他们协商的意见。孰料，西园寺公望对问责田中首相明确表示反对。他指出，天皇问责首相，自明治以来未有先例。明治天皇始终以政治协调者的姿态参与政治，从来没有进行直接关系首相进退的政治干预。如果天皇问责，很可能直接导致内阁倒台，并对年轻的天皇的权威造成伤害。但是，67岁的牧野伸显内大臣没有听取西园寺公望的忠告，铃木侍从长和一木宫相的立场也和牧野伸显一致，并且没有向天皇转告西园寺公望的意见。

1929年6月27日下午1点半，田中义一向天皇禀报了对皇姑屯事件的处理意见。田中试图对天皇裕仁隐瞒皇姑屯事件的真相，以致前后说辞不一，犯下了欺君之罪。但田中义一这么做，也是顾忌陆军方面的立场，进退两难。但他的进退两难，给天皇身边的辅弼者出了个大难题。内大臣牧野伸显在日记中写道："如果追究田中首相的责任，有可能引发政变，至少会影响天皇和军队的关系。因此，内阁引咎辞职后，如何善后，必须认真予以考虑。"如前所述，元老西园寺公望获知此事后，委婉地对天皇裕仁提出批评，说如果是明治天皇，绝不会当面指责首相，更不可能让首相递交辞呈。日后，裕仁对此也似不无后悔。他在《天皇独白录》中写道："现在看来，让田中首相递上辞呈，使田中内阁总辞职，确实是因为当年我年轻气盛。据说，如果召开军法会议进行询问，那么河本将会使日本的谋略全部暴露，所以没有那么做。"言下之意，田中义一虽然欺君，但情有可原。

谒见天皇裕仁后的翌日早晨，田中义一向陆相白川义则坦言将实行内阁总辞职。之后，在内阁会议上，田中义一表示，将按照预定计划施行内阁改造，希望内阁全体成员提出辞呈，表示可能会正式使用这些辞呈，同时概要通报了前一天在宫中遭遇的情况。由于前一天铃木贯太郎侍从长已告知白川义则，称田中首相的上奏不是陆军的问题，而是田中个人的问题，因此在内阁会议上通报了对"'满洲'某重大事件"责任人行政处分的内容，并将有关情况上奏天皇。在白川义则退出后，铃木侍从长以电话告知,天皇认可了他们的处理。天皇此举是想避免采取同时批评内阁和陆军的方式。内阁既已决议辞职,此事当可了结。

但是,铁道大臣小川平吉认为,既委以首相政治责任,又不听有关政务的说明,不是"明君之言行",应该纠正天皇之失误,弥补君德之不足。他主张田中义一收回已经做出的辞职决定。递信大臣久原房之助也劝告田中义一不要轻易辞职。于是,田中义一再次进宫,委托铃木侍从长禀告天皇,他想就前一天的上奏再作解释。但是铃木侍从长告知,天皇不想听其解释,并告知他天皇为此相当愤怒。田中义一遂决定内阁总辞职。7月1日,田中义一召集内阁会议,宣布了自己的决定。翌日,田中义一向天皇递交了全部阁僚的辞呈。同一天,昭和天皇根据西园寺公望和牧野伸显的推荐,敕令众议院在野党第一大党民政党总裁滨口雄幸组阁。9月29日,终日郁郁寡欢的田中义一死于心肌梗死。田中义一有心脏病史,此前曾两次发生心肌梗死:第一次是1921年2月任原敬内阁陆相时,并因此辞去了陆相职务;第二次是1928年11月作为首相在京都出席天皇即位大典时。但也有说田中义一死于自杀。

皇姑屯事件在日本历史上是一个里程碑事件。第一,在事件发生后不到一周,蒋介石率军进入北京,正式结束了北洋政府的统治。年底,张学良宣布效忠国民政府,"东北易帜"。当"满铁"总裁山本条太郎向张学良提出就东北修建五条铁道事宜进行谈判时,和日本有杀父之仇的张学良冷冷地回答道:"此事已移交国民政府交通部处理。"另外,毋庸赘言,皇姑屯事件和九一八事变存有内在关联。第二,皇姑屯事件发生后,天皇裕仁决定"君临而不统治"。他在《天皇独白录》中这样写道:"从那次事件以后,我决心对内阁上奏的事情,即便内心不赞同,也予以裁可。"这种统治方式的转变,进一步强化了军部在国家政治中的发言权。这是军国主义高扬的基本前提。

第二节　实施"黄金解禁"和签署"裁军协议"

金本位制是19世纪80年代至第一次世界大战爆发,支撑国际经济制度的基石。"一战"爆发后,各国相继禁止黄金输出。"一战"结束后,各国相继解除禁令。按照日本庆应大学教授、日本经济史学会会长杉山伸也的观点:"20世纪20年代国际经济秩序的重建,基本上是重新确立金本位制的同义语。"①政友会田中内阁总辞职后,随之建立的民政党滨口雄幸内阁内政的核心,是以"金解禁"(恢复金本位制)为中心的财政紧缩政策,即"井上财政"。而其外交政策的核心,则是同欧美协调的外交政策,具体举措就是根据英美的要求,签署伦敦海军裁军协议。该协定的签署加剧了日本军队内部的分裂,使好战势力膨胀。翌年发生的九一八事变,使日本在"一战"后重新走上军事扩张的道路。

"金解禁" 田中内阁总辞职后,日本经历了"宪政之常道"形成后的政权更迭,民政党滨口雄幸奉天皇敕命组阁。滨口雄幸(1870—1931年)出生于土佐藩(高知县)长冈郡,是第一位出生于明治时代的首相。他的父亲水口胤平原是土佐藩藩士,明治维新后被任命为山林官。滨口雄幸家里有三兄弟,他是老三,高中毕业后过继给了同县安艺郡的豪农滨口家当养子,之后进入了旧制"第三高等学校"(简称"三高")。②随即进入东京帝国大学政治学科,1895年(明治二十八年)毕业后进入了大藏省,历任山形县收税长、松山税务管理局长、大藏省会计课长、东京税务监督局长、专卖局长官。1912年(大正元年),应第三届桂太郎内阁递信大臣后藤新平邀请,出任递信省次官。翌年桂太郎内阁总辞职后,同样由后藤新平的推荐,滨口雄幸加入了由加藤高明组建的立宪同志会,开始走上政党政治家的道路。1924年,加藤高明组成"护宪三派内阁",滨口雄幸出任大藏大臣。在宪政会和政友本党等合并成立立宪民政党后,滨口雄幸出任总裁。

1929年7月2日,田中义一政友会内阁总辞职,由元老西园寺公望推荐,天皇大命降下,滨口雄幸成为第十七代首相。新内阁成员是:滨口雄幸(首相)、币原喜重郎(外相)、安达谦藏(内相)、井上准之助(藏相)、宇垣一成(陆相)、财部彪(海相)、渡边千冬(法相)、小桥一太(文相)、町田忠治(农相)、俵孙一(商相)、小泉又次郎(递信相)、江木翼(铁

---

① 杉山伸也编著:《"帝国"日本的学知》第2卷《"帝国"的经济学》,岩波书店2006年版,第7页。
② 日本旧制高等学校是根据1894年"高等学校令"设立的,教授大学教养课程。"一高"是东京大学、"二高"是东北大学、"三高"是京都大学、"四高"是金泽大学、"五高"是熊本大学、"六高"是冈山大学、"七高"是鹿儿岛大学、"八高"是名古屋大学。1894年后改称帝国大学预科。1918年高等学校令修改后,又设立了一批以地方命名的高等学校如大阪高等学校、广岛高等学校等。旧高等学校共有38所。"二战"前日本最激烈的升学考试不是考大学而是考高等学校。1950年旧制高校被废止。

道相)、松田源治(拓殖相)、铃木富士弥(内阁书记官长)、川崎卓吾(法制局长官)。不难发现,滨口内阁的阁僚基本上是加藤高明内阁和第一届若槻礼次郎内阁的原班人马,唯独出任藏相的原日本银行总裁井上准之助是新人。

滨口内阁建立后,当即发表了"十项政纲":推行公明政治,振兴国民精神,肃正纲纪,革新对华外交,缩小军备规模,整理紧缩财政,减少国债总额,施行金解禁,确立社会政策,推行其他政策。虽然有十项政纲,但滨口内阁内政外交的核心,是实施金解禁,以及在伦敦和英美等国签署海军裁军协议。

推行"金解禁"政策的核心人物是井上准之助。他所推行的政策,史称"井上财政"。井上准之助(1869—1932年)出生于大分县日田市。东京帝国大学法科毕业后,于1896年进入日本银行,翌年赴英国、比利时留学。回国后历任大阪支店长、营业局长等职。1911年进入横滨正金银行,历任常务"副头取"(副行长)、"头取"(行长)。1919年,井上准之助出任日本银行第九代总裁。"关东大震灾"后,井上任山本权兵卫内阁藏相,负责处理关东大地震善后工作。1927年"金融恐慌"发生后,井上复任日本银行第十一代总裁。1929年,滨口雄幸民政党内阁成立后出任藏相并加入民政党,成为该党核心人物。滨口雄幸邀请井上准之助出任藏相,无疑是为了实施"金解禁"即恢复金本位制。是否实施"金解禁",在"一战"后初期已提上日本政府议事日程,至"井上财政"正式施行"金解禁",围绕这一问题的争论经历了三个阶段。

第一阶段自1919年7月美国实施"金解禁",至1923年9月1日关东大地震发生。美国率先实施"金解禁"后,日本银行副总裁木村清四郎建议,日本也应施行"金解禁"。但藏相市来乙彦表示:"政府认为,当今不适宜解除黄金输出禁止令,应待内外经济状态比较安定,解禁不会导致经济急激变动时,再予以施行。"[1]

第二阶段自关东大震灾发生,1927年4月若槻礼次郎内阁倒台。"关东大震灾"发生后,由于商品输入激增、大量"正币"外流,日元汇率大幅下挫,"解禁论"再度登场。但是,藏相滨口雄幸表示,在日本外贸巨额

---

[1] 日本银行统计局编:《日本金融史资料·昭和编》第21卷,大藏省印刷局1970年版,第389页。

入超、国际收支恶化、汇率市场低迷、正币大量流出的情况下,施行"金解禁"不合时宜。实业家出身的片冈直温出任藏相后,对"金解禁"采取了积极姿态。随后,由片冈直温主导,日本政府采取了偿还国债、紧缩财政、拟定新银行法案等迎接"金解禁"的系列措施。但是,由于1927年"金融恐慌"的发生和若槻内阁倒台,"金解禁"未能实现。

第三阶段自1927年"金融恐慌",至翌年初"即行尚早论"得势。1928年后,各工商业团体兴起了"金解禁"促进运动,敦促政府尽快实行"金解禁"。第五十五届日本帝国议会众议院经济审议会,也在《关于实现国际收支均衡应采取的方针政策咨询案》的第一项中提出,"应在周到考虑的前提下,尽快施行金解禁"。①但是,藏相三土忠造表示,"必须慎重考虑"。

井上准之助的"金解禁"政策,就是在这种背景下问世的。1926年10月,时任日本银行行长的井上准之助,明确表示了对"金解禁"的充分肯定。他在东京银行俱乐部讲演中表示:"自大正九年(1920年)财界发生不良状况,迄今已历时6年,但情况仍日趋恶化。改善财界这种状况绝非易事,但是——细致观察可知,禁止黄金输出是改善这一状况的一大障碍。因此,必须驱除财政一切不良之物,寻求新的路径。就财政而言,必须有一个新的开始。唯有如此,方能取得金解禁之效果,方能对财政进行清理。"②担任藏相后,井上准之助力排众议,于1929年11月颁布大藏省令,宣布自翌年1月11日起施行"金解禁",为长期争议画上了休止符。时隔十二年,日本按照旧平价价格,恢复了金本位。所谓"平价",即表示一国的通货对外价值的基准值。所谓"金平价",即在金本位制条件下,按照法定汇率,各国进行交易时根据其金币的含金量进行结算的通货间兑换比率。③由于"一战"前后日元和黄金的兑换比率存在明显差异,因此日本按照战前的兑换比率,即按照"旧平价"复归金本位制,还是按照战后实际情况确定兑换比率,即按照"新平价"复归金本位制,曾争论激烈。井上准之助主张按照"旧平价"复归金本位制。他的主要理由是:第一,按照"新平价"复归金本位制的法国、意大利、比利

---

① 高桥龟吉编:《财政经济25年志》第5卷《政策篇》(下),国书刊行会1985年版,第613页。
② 井上准之助:《东京银行俱乐部晚餐会演说》,载《银行通信录》,1926年11月20日。
③ 除"金平价"外,还曾有以美元为基准的"国际货币基金组织平价"(IMF平价),1973年施行浮动汇率制后取消。

时,未能实现财政收支的均衡;第二,欧洲国家之间的汇率和价格差异较小,而日本由于远离世界中心,黄金的对外价值和对内价值不相一致。若以"新平价"恢复金本位制,即便能降低国内物价,也无法改变外贸入超状况。最终,在井上准之助的主导下,日本按照"旧平价"恢复了金本位制,实施了"金解禁"。

  "金解禁"受到股市狂热欢迎,股指全线上扬且一路飙升。但是好景不长,"空头"势力不久全线出击,股市很快下挫,1930年的实际经济增长率几乎为零。更严峻的是,"解禁"后,黄金大量的流出超乎大藏省预计。之所以出现这种情况,主要是因为很多人在"金解禁"前抛出外汇购进日元,而在"金解禁"后则应外汇市场对日元有利而逆向操作,即抛售日元换购外币。同时,由于外汇市场的稳定增加了输入,1930年上半年,日本黄金流出达2.2亿日元,超出预想的2至3倍。至前一年10月持续下降的物价指数,在黄金解禁预告发出后下降速度加快,超过任何西方发达国家。棉、丝织品等日本传统产品,以及大米、大豆等农产品价格的下跌最为显著,导致大批企业破产倒闭。但是,有些企业处于各种原因无法停产,从而加剧了物价的下跌,形成恶性循环,劳资争议案件也急剧增加,整个社会动荡不安。正是在这种背景下,日本关东军主任作战参谋石原莞尔提出了"满蒙领有论",称"领有满蒙"将有助于缓解"昭和恐慌",并策动了九一八事变。同时,由于日本军人大都是"穿军装的农民",农村的穷困状况使军内产生用武力改造国家的思潮,因而发生了"五一五兵变"。为了克服"昭和恐慌",日本几乎所有产业均建立了卡特尔,整个日本经济几乎被卡特尔所网罗,财阀资本因此进一步强化了对产业的支配力。日本政府以克服"昭和恐慌"为由,通过了《重要产业编制法》等产业统制立法,为总体战体制的建立创造了重要前提。

  围绕"裁军"的各方博弈 "缩小军备规模"是滨口雄幸"十项政纲"中的一项,也是他的主要"政绩"。华盛顿会议虽然签署了五国海军协定,但由于法国坚决反对限定巡洋舰等辅助舰的比例,所以只规定了各国主力舰的比例。之后,各国竞相建造巡洋舰等辅助舰。然而,军备扩张必然增加财政负担,影响国家其他各项建设和民生改善。1927年2月10日,美国总统柯立芝邀请五国海军协定其他签约国,即英、日、法、意派代表到瑞士日内瓦开会,商讨如何限制辅助舰比例。法、意两国只派出观察员列席会议。因此,与会者从以前的"五虎将"变成了"三剑客"。

当时,若槻礼次郎内阁的海军大臣是财部彪,但作为首席全权代表前往参加会议的,是已转入预备役的海军大将斋藤实。日本确定的方针是和美英辅助舰比例为7∶10。但会议一开始,美国和英国就发生了矛盾,原因是美国坚持"美英对等",但英国认为,作为"日不落帝国"的大英帝国,在世界各国拥有广袤的殖民地,美国只有夏威夷和菲律宾两块殖民地,不应对等。英美代表在会上激烈争论,斋藤实也成了"观察员",连阐述日本立场的机会都没有。

1929年3月,共和党赫伯特·胡佛就任总统。他在就职演说中就强调了裁减军备的必要性。同年秋天,英国工党胜选,主张裁军的詹姆斯·拉姆齐·麦克唐纳当选首相后即飞往美国,同意按照"英美对等"原则召开裁军会议,获得了原本就主张裁军的胡佛的积极回应。在日内瓦吵得不可开交的英美决定重新回到谈判桌前。10月7日,英国外相亚瑟·亨德森向美、日、法、意四国发出在伦敦召开裁军会议的邀请函。

当时的日本由于军费年年增加,甚至超过整个国家预算的40%,不堪重负,而且裁军与滨口雄幸"十项政纲"中的第五项"缩小军备规模"相符,因此,受到邀请后日本立即组成了全权代表团,由前首相若槻礼次郎任首席全权代表,海军大臣财部彪、日本驻英国大使松平恒雄、日本驻比利时大使永井松三任全权大使。松平恒雄是原会津藩(福岛县)藩主即曾任京都守护职的松平容保的第四个儿子,在英美政界有广泛人脉,永井松三则是老练的外交家。代表团成员还包括后来任联合舰队司令的山本五十六,以及后来两个"二战"时期的甲级战犯:缅甸派遣军司令木村兵太郎(战后被判绞刑)、近卫和东条内阁藏相贺屋兴宣(战后被判无期)。代表团出发前,滨口雄幸明确指示:为了减轻财政压力和国民负担,不仅要限制军备,而且要裁减军备,与各方约定"无威胁,不侵略"。代表团接受了海军方面提出的三项原则:第一,辅助舰艇日本和美国的总吨位比为7∶10;第二,装备8吋火炮万吨级巡洋舰和美国的比例也是7∶10;第三,维持日本现有78 500吨总吨位的潜水艇。

在裁军会议正式开始前,日本驻英国大使松平恒雄和驻美国大使出渊胜次,分别同英美的代表进行了"预备性会谈",得到的印象是:如果日本坚持和美英的辅助舰吨位比例是7∶10,同时坚持日本现有的潜艇总吨位,谈判很可能破裂。但是,海军军令部强调,"这是绝对不可让步的三项原则"。海军军令部如此强调,和军令部长加藤宽治的态度直接相关。如前面所述,加藤宽治作为全权代表,参加了华盛顿海军裁军会议。他当时明确表示,日本和美国主力舰之比必须是7∶10,否则就退出谈判。他这一公开表态,遭到担任首席全权代表的海军大臣同时也是他在军校老师的加藤友三郎的严厉训斥。最终日本做出妥协,接受了美英日主力舰总吨位10∶10∶6的协定。然而,此一时,彼一时,加藤友三郎已经去世,代表海军参加伦敦裁军谈判的是海军大臣财部彪。财部彪属于"少年得志":以第一名的成绩毕业于海军兵学校,比他海军兵学校学长、天皇侍从长铃木贯太郎早3年9个月成为海军大将,并且从1923年到1930年,担任了6届内阁的海军大臣。不过,财部彪是个"秀才型军人",在强调"论资排辈"的日本军队之所以能够官运亨通,主要不是因为他能力出众,而是因为他的岳父是"日本海军之父",即前首相山本权兵卫。所以,他在背地里被称为"财部亲王"。财部彪有着"秀才型军人"的通病——缺乏魄力。何况,他怎么敢当面训斥加藤宽治?正因为此,加藤宽治不仅没有把财部彪放在眼里,而且傲慢地告诉他:"辅助舰艇必须坚持7∶10。这是日本国防上必须保持的军力。"

  外务省认为,既然协商裁军,必须留有妥协的余地,因为美国不可能全盘接受日本的要求。如果"三项原则"被拒绝,是否意味日本在谈判中遭受失败?是否会激起日本青年军官和社会右翼的愤怒?见自己的要求遭到外务省反对,加藤宽治转而提出,裁军问题不应仅仅在内阁会议上讨论,而应召开御前会议研究。但是,元老西园寺公望断然否定了这一要求。西园寺公望提出,如果在御前会议上划定一条"底线",那么这条"底线"将成为不能更改的"敕令"。双方在谈判中可能因为均无法退让而重蹈三年前瑞士日内瓦裁军谈判的覆辙。西园寺公望非常期待这次谈判成功。按照他的看法,首先,"一个国家的军备不能超越国家财政许可的范畴。只有这样,才有耐力和威力"。已经面临"昭和恐慌"的日本,根本没有财力和英美进行军备竞赛。其次,虽然法国和意大利也参加伦敦裁军会议,但几乎等于"列席"会议,真正"出席"会议的,只有美、英、日三国。

第十一章 昭和时代(战前)

"现在日本和英、美一样,手里也拿着令旗。如果坚持7∶10,最终可能失去令旗,像法国和意大利那样,只能听任美英指挥。"简而言之,在伦敦海军裁军会议之前,日本政府和军队并没有达成共识。这为以后双方的冲突埋下了隐患。

1930年1月21日,伦敦裁军会议在英国上院画廊正式开始。开幕式上,英国国王乔治五世首先致辞。随后,英国首相麦克唐纳、美国国务卿史汀生、日本前首相若槻礼次郎,分别作为本国的首席全权代表发言。美国和英国事先已经商定,仿照华盛顿"五国海军协定",美、英、日辅助舰比例也定为10∶10∶6。但是,日本按照既定"三原则",坚决主张辅助舰比例为10∶10∶7。会议一开始就陷入困境。美国国务卿史汀生发出警告,如果日本不接受10∶10∶6的比例,美国不仅将继续扩充海军,而且将和英国联手应对可能出现的局面。言下之意,日本如果不服软,美英将联手施压,迫使日本服软。出师不利,若槻礼次郎赶紧给滨口雄幸发报,告知日本如果不妥协,谈判必然破裂。滨口雄幸对此次裁军谈判的态度非常明确:只许成功,不许失败。经过内阁讨论,滨口雄幸复电,要求若槻礼次郎务必谈成。既不能妥协,又不能破裂。这个要求令若槻礼次郎一筹莫展。然而,担心谈判破裂的不仅是若槻礼次郎。作为英国全权代表的首相麦克唐纳,也担心谈判破裂。因为,那将使他在国会被问责,甚至使工党无法赢得下次大选。于是,麦克唐纳建议,让日本代表松平恒雄和美国代表里德(美参议院军事委员会委员长)先进行非正式沟通。原来,麦克唐纳发现他俩是老朋友,私交甚笃。让他俩先进行非正式沟通,能够畅所欲言,了解彼此的重大关切。老唐确实老辣,很快,两人经过深入沟通,达成了一致,签署了《里德-松平协定》。虽然这是非官方文件,但使之成为官方文件,只是程序问题。

之后,美、英、日三方以《里德-松平协定》为基础,签署了为期五年的裁减海军协议。涉及日方第一项原则的辅助舰,最终达成的比例为10∶10∶6.975。虽然比日本的要求仅差了0.025,但却足以令双方均脸上有光。日本可以宣称,自己的要求实际上获得满足。美国可以宣称,日本最终作出"让步"。涉及日方第二项原则的重巡洋舰比例,最终规定美、英、日比例为10∶10∶6.02,虽然比日本的要求差了0.98,但比华盛顿裁军会议的规定多了0.02,同样也是顾及各方脸面的数字游戏。涉及日方第三项原则即潜水艇的比例,最初美国提出,这种"危险的武器"应全部废除,但由于日本的坚决反对,最后双方同意,日、美均维持 52 700 吨的总吨位数。虽然看似双方的比例 10∶10,但当时日本潜艇的总吨位数是 78 500 吨,也就是说,日本以后不仅不能建造新的潜艇,而且必须在 1936 年前将潜艇总吨位数减到 52 700 吨。

若槻礼次郎对这一结果感到相当满意,但是代表团的海军随员却非常不满,认为日本作了太多让步。全权代表、海军大臣财部彪不敢对不满的声音置若罔闻,要求若槻礼次郎给内阁发报,告知海军方面的反对意见,但若槻礼次郎傲慢地对他表示:"请自便。"为了避免海军方面的反对意见使条约的签署横生枝节,若槻礼次郎在 3 月 14 日将协议内容电告首相滨口雄幸后,又于 3 月 16 日给外相币原喜重郎发去了一份绝密电报:"除了作此妥协,别无其他良策。如若犹疑不决将难以达成协议。请政府给予最终指示。"

"一战"后日本渲染欲与列强建设"新世界"的宣传画《迎接和平第一年》(北泽乐天画)

获悉条约内容后,以海军军令部部长加藤宽治为首的强硬派,表示了强烈不满。军令部次长末次信正更是竭力阻挠。末次信正是宫内御用官,经常给天皇裕仁讲授军事学,可以直接向天皇进言。按照冈田启介的评价:"加藤宽治富有激情,性格直率单纯,容易交往。但为他出谋划策的末次信正却相当狡猾。"元老西园寺公望的秘书原田熊雄在日记中这样写道:"加藤宽治在末次信正病休期间,相当温和。但末次病好了重新上班以后,加藤宽治就变得很烦人。"除了集聚反对势力向政府施压,末次信正还起草了《海军当局的声明》,交付各大报纸刊登,其中写道:"日美妥协案破坏了日本的国防,我们表示坚决反对。作为海军,只要没有其他确定的安全保障条约,必须坚持此前提出的三项原则。"必须说明,末次信正这么做明显违反规定。因为,只有作为内阁成员的海军大臣同意,才能发表《海军当局声明》。即便海军军令部部长也没有这个资格。由此可见,末次信正根本没有把海相财部彪放在眼里。

但是,滨口雄幸坚持要签署条约。滨口雄幸从小是个沉默寡言的人,但在演说时经常如狮子般怒吼,因而被称为"雄狮宰相"。滨口雄幸还是

第十一章 昭和时代（战前）

个非常执着的人。他对海军省次官山梨胜之进说："我作为一国首相,必须对天皇陛下负责,对日本国民负责。我有为了坚持自己的信念而牺牲的思想准备。即便失去政权,失去立宪民政党,失去生命,我也不会改变签署条约的决心。你作为海军次官,要好好协助我。"滨口雄幸之所以对山梨胜之进说这番话,是因为海军省和军令部围绕裁军问题,形成了阵营鲜明的两派。反对派成员多在舰艇服役,被称为"舰艇派",以军令部长加藤宽治大将、次长末次信正少将为首。赞成派成员多在机关服役,被称为"条约派",以海军省次官山梨胜之进中将、军务局长堀悌吉中将为首。在伦敦裁军会议期间,分管军政和军令的这两个部,均使用自己的密码系统,以防自己的意图被"对方"而不是"敌方"知晓。海军大臣财部彪也被划为"条约派",但他行事喜欢"刀切豆腐两面光"。在谈判期间,一方面,他给军令部发报称："一定坚持三项原则,即使谈判决裂也在所不惜"。另一方面,他又在若槻礼次郎发给日本政府、要求同意作出妥协的电报上以全权代表的名义署名,而不是反对和抗争。裕仁在《天皇独白录》中也对财部彪的做派表示不满："财部彪如果当机立断,免除加藤宽治的职务,当不会发生后面的纠纷。他做事情太拖泥带水。"由于代表海军的全权代表财部彪也签了字,外相币原喜重郎代表政府回复的训令是："既然是全权代表们一致的意见,那就作出妥协。"

但是,海军内部意见却并不一致。为了缓和"条约派"和"舰艇派"的矛盾,山梨胜之进向滨口雄幸建议,让加藤宽治的福井县老乡,同时也是加藤宽治在海军兵学校的前辈冈田启介参与裁军工作。这个建议得到元老西园寺公望和内大臣牧野伸显的赞同。牧野伸显对冈田启介说："为了日本,不能使谈判破裂。这也是天皇陛下的意见。"冈田启介为了缓解对立双方的矛盾,确实做了不少工作。他劝说加藤宽治："海军舰艇不足的部分,可以用军机进行弥补。可以请政府增加预算。"加藤宽治被他说服。但是,末次信正态度异常坚决,表示"应该行使帷幄上奏权",即直接向天皇禀报。但是,为了避免政府和海军发生冲突,更为了避免给天皇出难题,侍从长铃木贯太郎劝阻了加藤宽治："在首相上奏之前,军令部长先行上奏,甚为不妥。"见自己的"前辈"这么说,加藤宽治无奈地表示："在政府上奏之前,我暂不上奏。"

"干犯统帅权"之争　在日本国内,条约的成立需要经过以下程序:首先形成内阁决议,其次在帝国议会获得通过,然后和有关国家签约。签约后召开海军军事参议官会议审议,然后接受枢密院审查,最后由天皇敕许。

1930年3月底,在内阁形成决议之前,"舰艇派"代表人物和在野党首领开始"合流"。在东京柳桥的一家料亭,加藤宽治、末次信正和反对党立宪政友会干事长森恪秘密聚会。他们商定,采取一切必要手段阻止伦敦裁军条约获得批准。经过一番研究,他们决定以"干犯统帅权"为由,追究滨田内阁的违宪责任。因为,根据《大日本帝国宪法》第十二条,"天皇规定陆海军之编制及常备兵额"。他们认为,军队"编制权"是"统帅权"的一部分,滨口雄幸内阁漠视军令部部长意见而做出裁军决定,就是"干犯统帅权"即侵犯天皇裕仁的权力。

3月27日,滨口雄幸觐见天皇。天皇要求他"尽快形成阁议"。获得天皇支持,滨口雄幸异常激动,4月1日召开内阁会议,通过了批准裁军条约的决议。获此信息,加藤宽治非常沮丧。他在日记中写道:"我一直日夜不安,很多时候想到了自杀,但是我必须鼓起勇气。"他向天皇的侍从长铃木贯太郎提出,要求行使"帷幄上奏权",直接向天皇表达反对意见。如前面所述,被铃木贯太郎劝阻。

内阁形成决议后,在4月21日帝国议会上,立宪政友会总裁犬养毅首先发难,指责滨口内阁"干犯统帅权"。他强调:"负责用兵和作战指挥的军令部长已明确提出,日本海军若按照裁军条约规定的吨位数,将无法守护帝国海疆。但政府独断专行,无视这一意见。"政友会主要干部、后来任日本首相的鸠山一郎随即表示,"国防计划是军令部的责任,政府行使这种责任就是干犯统帅权"。滨口雄幸反驳道:"条约的决定权是政府的权力。无论军队数量还是军舰数量,首先都需要钱,和帝国议会预算审批权直接相关。国务大臣有辅弼天皇的责任。"滨口雄幸同时强调,"我们已经充分尊重和斟酌了海军的意见。对于如何解释宪法的议论,没必要回答。"

之所以发生"干犯统帅权"之争,还有一个重要原因:明治维新后,日本海军是以英国海军为范例进行建设的。英国海军无论舰艇规模还是军队人事,都属海军大臣职权范畴。华盛顿裁军会议,日方首席全权代表加藤友三郎同时也是海军大臣,因此日本从未发生过裁军需要听取军令部长意见的先例。但这次,海军军令部表示坚决反对,而海军大臣财部彪则根本影响不了军令部。4月21日,军令部将盖着公章的文件送到了海军

第十一章 昭和时代（战前）

省,明确表示,"军令部反对签署这一条约"。原来,立宪政友会干事长森恪给加藤宽治出了个主意:拜访海军的两位"长老":"军神"东乡平八郎和皇族成员、海军大将伏见宫博恭王,得到他们的支持。属于"条约派"的山梨胜之进也建议滨口雄幸征询两位海军长老的意见,但被滨口雄幸拒绝。他表示:"我对两位元帅非常尊敬。如果两位元帅向我了解情况,我会很高兴地进行汇报。但我是首相,我对国民和议会负责。我的立场是不可改变的。如果我主动汇报,他们表示反对,我该怎么办?"

4月22日,与会五国在伦敦圣詹姆斯宫,签署了《限制和裁减海军军备的国际条约》,期限至1936年12月31日。当天晚上,若槻礼次郎举行晚宴款待代表团70名成员。席间,"条约派"和"舰艇派"上演了"全武行",大藏省代表贺屋兴宣被打得直流鼻血。4月25日,外相币原喜重郎在帝国议会发表演说,称:"要求保持7:10比例的日本方面的要求,基本得到满足。因为,现有结果和海军原先的要求,几乎没有什么差别。伦敦海军裁军谈判,并没有出现即便决裂也在所不惜的争论场面。海军对此也感到欣喜。"币原的演说激怒了"舰艇派"。加藤宽治在日记中写道:"币原外相的演说简直一派胡言。"伏见宫也对币原喜重郎非常不满。

参加伦敦裁军会议的军令部参谋草刈英治少佐的自杀,更加剧了双方的对立。会议期间,一些青年军官不断给草刈英治写信和发报,对他说:"一定要努力使日本的要求被接受。"令草刈英治感到压力很大,彻夜难眠。他曾企图刺杀财部彪,但没有成功。5月20日夜晚,草刈英治在东海道线列车的卧铺车厢内切腹自杀。他在遗书中写道:"我为忠诚神国日本而死,死得其所。古有和气清麿、楠木正成二神,草刈英治就是第三位神。"草刈英治以死明志,引起极大反响。一些青年军官和社会右翼分子纷纷表示,"草刈英治的死,是对裁军条约愤怒的抗议","不能让草刈英治白白死去"。

6月10日,加藤宽治作为海军军令部部长,行使"帷幄上奏权",觐见天皇,明确表示反对裁军条约,同时递交了辞呈和《弹劾滨口内阁上奏书》,认为滨口雄幸必须对"干犯统帅权事件"负责。按照规定,加藤宽治的辞呈应该递交给海军大臣。他这么做,显然是对财部彪的不屑和不满。但是,这么做未能奏效。加藤宽治辞去军令部长后转任军事参议官,由谷口尚真大将任军令部长。"条约派"的海军省次官山梨胜之进和"舰艇派"

的末次信正,则被按照日本传统的"喧哗两成败"(对涉事双方各打五十大板)的处罚方式,双双调离原职。山梨胜之进转任佐世保镇守府司令。末次信正则转任联合舰队第一舰队兼第二舰队司令。

7月23日,海军军事参议官会议对海军裁军条约进行审议。该会议由五人组成,东乡平八郎任议长。会上,赞同条约的是冈田启介和新任军令部长谷口尚真,反对条约的是伏见宫和新任参议官加藤宽治。由于议长东乡平八郎也是反对派,因此海军军事审议官会议给天皇的奉答文明确写道:"该条约将使日本兵力不足。"由于冈田启介的斡旋,滨口雄幸内阁表示:"将以增加(舰载)军用飞机的方式,弥补军舰的不足。"最终,海军军事参议官会议的意见没有使天皇否决条约。

海军军事参议官会议提交"奉答文"之后,枢密院进行审议。枢密院原本一直批评"币原外交"过于软弱。在8月18日第一次预备审查会上,负责审查的枢密顾问官大都反对裁军条约。但是,滨口雄幸的态度异常强硬。枢密院要求提交军事参议官会议的资料、要求前军令部长加藤宽治出席会议,都被滨口雄幸一口回绝:"枢密院的这一要求是对行政权力的干涉,我无法接受。"最终,在10月1日举行的枢密院全体会议上,裁军条约获得全票通过。因为,枢密院顾问官由内阁首相任免。滨口雄幸表示,如果条约在枢密院受阻将更换顾问官。枢密院副议长平沼骐一郎等反对派为了保住官位,只能同意。

最后,经天皇宸裁,裁军条约获得批准。海军的两位长老最后也对裁军条约表示支持。伏见宫博恭王说:"在天皇宸裁前,可以表示强烈反对。现在既然天皇已经宸裁,必须服从。像加藤宽治那样坚持强硬立场,很不妥当。"东乡平八郎也说:"既然天皇已经宸裁,只能照此执行。"

日本舆论对裁军条约的签署表示称赞。《朝日新闻》发表社论指出:"妥协并不等于卑怯的让步,何况给英美两国人民留下好印象,就是对让步很好的补偿。这种减轻国民负担的妥协让步,善莫大焉。可以说,在这次谈判中,政府的决定是明智的。"《东京日日新闻》(《每日新闻》的前身)刊文表示:"国民坚决支持裁军条约。"

裁军条约虽然成立,但却使日本海军严重分裂。在青年军官中拥趸众多的"舰艇派",很快成为主流。特别是在大角岑生担任海军大臣以后,"条约派"军官不断遭受排挤。原军令部长谷口尚真大将、军令部次长山梨胜之进大将(任海军省次官时是中将)、左近司政三中将、寺岛健中将、

第十一章 昭和时代（战前）

堀悌吉中将，相继被转入预备役。若槻礼次郎也对"大角人事"甚为不满。他对山梨说："依你的才干，可以当联合舰队司令长官，也可以当海军大臣。将你转入预备役，实在是令人不可理解。"

滨口雄幸克服阻力，使裁军条约最终获得通过，但他也为此付出了惨重代价。1930年11月14日早晨，滨口雄幸走进东京车站站台，打算乘车前往冈山出席陆军大演习。这时，早已守候在那里的右翼青年佐乡屋留雄突然向滨口雄幸开枪射击。滨口雄幸腹部中弹，血流不止，被急送附近的铁道医院。经过手术，挽回了生命，但健康状况一直不佳。1931年4月，滨口雄幸再度入院治疗。滨口雄幸内阁随后宣布总辞职，若槻礼次郎再次受命组阁。之所以继续由立宪民政党执政而没有"轮替"，让立宪政友会执政，主要是因为"滨口总理大臣虽因病辞职，但实是因为遭具有政治含义之暗杀而辞职。若进行轮替，似有奖励暗杀之嫌。考虑再三，认为今日之情况，降组阁之大命于民政党总裁若槻男爵，当最为恰当可行"。① 4月14日，第二届若槻礼次郎内阁正式成立，有九名滨口内阁成员留任。首相为若槻礼次郎，外相为币原喜重郎（留任），内相为安达谦藏（留任），藏相为井上准之助（留任），陆相为南次郎，海相为安保清种（留任），法相为渡边千冬（留任），文相为田中隆三（留任），农相为町田忠（留任），商相为樱内幸雄，递相为小泉又次郎（留任），铁相为江木翼（留任），拓相为原修次郎。

币原外相和井上藏相的留任，显示了若槻礼次郎欲继续贯彻滨口内阁时期的内外政策，即继续实施行政、财政、税制"三大整理"；继续奉行对欧美协调的外交路线。同时，立宪民政党还在党内设立了"国政改革调查会"，欲进行以"进步"为标榜的各项改革，包括减少官吏薪俸，改革贵族院。但是，任何改革都已无法弥合当时日本深刻的矛盾。正如内大臣秘书官长木户幸一在日记中写道的："对裁军问题，特别是对最近大藏省提出的缩减支出问题，陆军方面一周来的态度日趋强硬。""军部已构筑背水一战的阵势，或会采取上奏等手段，令人担忧。"舆论也认为战争已不可避免。9月4日，若槻礼次郎告知原田熊雄："刚才会见新闻记者，被问到的都是'读者问，究竟何时开战'之类的问题'。"②

---

① 木户幸一日记研究会编：《木户幸一日记》上卷，东京大学出版会1966年版，第72页。
② 原田熊雄述：《西园寺公和政局》第2卷，岩波书店1952年版，第46页。

在经历了两次手术后,滨口雄幸于翌年即 1931 年 8 月 26 日去世。21 岁的佐乡屋留雄为什么要刺杀滨口雄幸?他在"斩妖状"中陈述了理由:"除掉干犯统帅权的元凶滨口雄幸。"也就是说,他支持军队为所欲为。滨口雄幸去世不到一个月,九一八事变爆发。

第三节　十四年抗战的开端:九一八事变

1956 年,日本著名学者鹤见俊辅将日本策划九一八事变至战败投降这段时期,称为"十五年战争"并被日本学界广泛接受。在中国,则是中国军民浴血抗战的开始。通过还原史实,我们不难判断,为侵略战争辩护的"大东亚战争解放论""自卫战争论"能否成立。

1931 年 9 月 19 日凌晨 6 点 30 分,日本广播协会(NHK)根据陆军当局提供的信息,播报了"临时新闻第一号":"中国军队炸毁了南满铁道在奉天(沈阳)柳条湖附近的一段铁路,日本铁道守备队随即与中国军队展开激战。"各大报纸随后迅速跟进和持续渲染,并将"暴支膺惩"(惩罚残暴的中国)作为各大报纸醒目的标题。当天,大阪《朝日新闻·号外》还刊登了对日本奉天特务机关辅佐官花谷正少佐的访谈,题为《中国方面的挑衅是起因——花谷少佐谈话》。花谷正称:"日中之间突然开战,我感到很遗憾。事变的起因是北大营的青年士官们轻视日本军方,为牵制中村事件的处理而爆破南满铁路。"

然而,上述新闻和访谈都是彻头彻尾的谎言。1956 年 12 月,花谷正在《别册知性》第 5 册《被隐藏的昭和史》中发表了回忆文章《"满洲事变"是这样策划的》,道出了九一八事变的真相:

> 18 日夜晚,弦月当空,夜幕下的高粱地黑沉沉一片。星光点点,苍穹如盖。岛本大队川岛中队的河本末守中尉以巡查铁路线为名,带领几个部下走向柳条湖。他们在观察了北大营兵营后,在兵营南面约 800 米的地方停下。河本亲自动手,将平时骑兵用的小型炸药装置安放在铁轨下并迅疾点火。随着"轰"的一声巨响,铁轨和枕木都被炸飞。时间刚过 22 点。①

---

① 花谷正:《"满洲事变"是这样策划的》,载《别册知性》第 5 册《被隐藏的昭和史》,1956 年 12 月发行,第 44 页。

第十一章 昭和时代(战前)

九一八事变(日本称"满洲事变")是中国十四年抗战的开始。这一事变及日本以后扶持建立的伪满洲国,颠覆了"一战"后的国际秩序,是"二战"真正的起点。

"明治大帝的遗业" 占有中国东北地区,是日本"明治大帝的遗业",也是殖民扩张主义分子由来已久的梦想。早在1905年,时任日本参谋本部参谋、"二战"末期接替东条英机出任日本首相的小矶国昭,就在题为《帝国国防资源》的考察报告中专门列了"中国国产原料"一项,提出为了进行总体战,必须从中国获取原料和资源,而确保从东北获得原料和资源,是进行总体战的前提。日本1918年4月17日颁布的《军需工业动员法》提出,如不能一举将中国全境纳入日本的"自给自足经济圈",则首先"领有(吞并)'满蒙'"。

1928年10月,石原莞尔中佐被调任关东军主任作战参谋。石原莞尔(1889—1949年)出生于山形县鹤冈市,他的父亲石原启介曾任鹤冈市警察署署长。石原莞尔自幼聪颖且桀骜不驯。1918年以第二名成绩毕业于陆军大学,是"军刀组"成员。① 石原莞尔和另外两名"军刀组"成员辻政信、濑岛龙三,被并称为"昭和三参谋"。石原莞尔享受了"军刀组"成员的特权:被公派赴德国留学,重点学习军事史特别是第一次世界大战史。石原莞尔被称为"陆军大脑"。他还是日莲宗信徒。日本著名学者、京都大学教授山室信一在《怪兽客迈拉——满洲国的肖像》一书中,认为石原莞尔"将日莲宗的说教和德国军事理论结合在一起"。赴任后,石原莞尔即和河本大作大佐商讨制订了"奉天城攻略计划"。翌年5月1日,关东军情报会议决定,"做好采取全面军事行动解决满蒙问题的准备"。石原莞尔为此兴奋不已,他在日记中写道:"昭和四年(1929年)5月1日是实施满蒙占领计划纪念日。"② 几天后,河本大作因制造皇姑屯事变而被转入预备役,板垣征四郎大佐出任关东军高级参谋。"理论的石原,行动的板垣"这一关东军"最佳拍档"开始组成。随后,石原莞尔完成了《战争史大观》《回转国运的根本国策——满蒙问题解决案》《满蒙问题私见》《关东军满蒙领有计划》等数篇以"满蒙领有论"即侵占中国东北为核心论点的文章。

---

① 陆军大学每届毕业生的前六名能够获得天皇御赐的军刀,故称"军刀组",又称"御赐组"。
② 伊东六十次郎:《满洲问题的历史》,原书房1983年版,第54页。

1931年4月,日军参谋本部拟定了《昭和六年度形势判断》,计划分三个阶段解决中国东北问题:第一阶段,以外交交涉为主,建立国民政府主权的亲日政权,努力确保日本权益之扩张;第二阶段,建设独立国家;第三阶段,占领中国东北,将其并入日本版图。军队高层还为"形势判断"拟定了具体对策。5月31日,石原莞尔和板垣征四郎大佐、花谷正少佐、奉军军事顾问今田新太郎大尉商定,实施"满蒙领有计划"。石原莞尔力主吞并中国东北地区,主要有四方面理由:第一,缓和日本"昭和恐慌"即经济危机;第二,为建立自给自足的"自存圈",获取资源供应地;第三,构建一条反苏"赤色防御地带";第四,为日美必将爆发的"世界最终战"做好充分准备。按照石原莞尔的看法,日本是东方文明的代表,美国是西方文明的代表,两种文明将爆发一场统一世界的"最终战"。他认为:"中国问题,满蒙问题,不仅是对中国的问题,而且是对美国的问题。如果没有战胜美国这个敌人的意识,那么想解决满蒙问题无异于缘木求鱼。"[1]后来,他专门为此写了一本《论世界最终战》。他们对参谋本部的"渐进主义"非常不满。

关东军几个参谋,怎么擅自谋划属于国家战略的侵略扩张计划?主要因为皇姑屯事件使他们得到了教训和启示:第一,如果再次采取行动,"不能是皇姑屯事件的翻版"。也就是说,仅仅策划一次"事件",没有多大意义,必须随即引发武力冲突,然后请求增兵,占领中国东北,扩大战火,使"事件"成为"战争"。第二,即便计划失败,充其量只不过像河本大作大佐那样,被转入预备役,即只会被行政处分,不会被送上军事法庭追究刑责。当时,由"南'满'铁道守备队"发展而成的关东军,武器装备并不精良。因此,参谋本部军事课长永田铁山前往东北视察时,石原莞尔要求他为关东军增配重武器,永田铁山批给关东军两门从法国进口的24吋榴弹炮。为了掩人耳目,这两门炮特意从神户用客船运输,并将炮身装在棺材里,由关东军官兵伪装成中国搬运工在大连卸货。后来炮轰奉军北大营的就是这两门大炮。石原莞尔还考虑到,事态发生后必须获得日本国内支持。他让花谷正前往东京,会晤参谋本部俄罗斯班班长桥本欣五郎、中国班班长根本博。他俩都表示,愿意全力配合"满蒙领有计划"的实施。

---

[1] 角田顺编:《石原莞尔资料·国防论策》,原书房1967年版,第97页。

第十一章 ● 昭和时代（战前）

7月中旬，日军参谋本部中村震太郎大尉在中国吉林洮南进行"调查"时失踪。"中村大尉事件"成为关东军挑起九一八事变的借口。所谓"中村大尉事件"的大致经纬是：1931年6月25日清晨，中村震太郎伪装成"农学家"，和助手井杉延太郎，以及一名白俄人翻译和一名蒙古人向导，进入兴安屯垦区奉军第三团团长关玉衡防区，被士兵截留。因为中村等携带有军用地图、军用望远镜，还有自动手枪。中村震太郎随身携带的笔记本，详细记录了当地奉军驻屯兵力分布、营房容量、枪炮种类口径、官兵人数和军官姓名、职务。面对这些足以证明其间谍身份的铁证，中村震太郎仍负隅顽抗并试图逃跑而被处决。日军得知中村震太郎的下场后，大肆炒作。8月17日，日本陆军省发表了《关于中村大尉一行遇难的声明》称"此乃帝国陆军和日本的奇耻大辱"。翌日，《朝日新闻》刊载了对中村震太郎的岳父、预备役少将羽入三郎的专访。羽入三郎呼吁为他的女婿中村震太郎"报仇"。各大报纸也连篇累牍地以"中村大尉在蒙古被中国军人虐杀"等为标题，大肆渲染。至于中村系因在中国进行间谍活动，以及为何被中国军人处决，日本官方和媒体却只字未提。9月4日，日本陆军省宣称："如果不迅速解决'中村大尉遇害事件'，帝国陆军将采取必要和强硬手段。"9月8日，日本政府威胁中国政府，称如果中方不迅速以诚意从事调查，"日本军事当局和外交当局将共同采取报复行动"。

实际上，日军侵略中国东北地区的计划早已开始实施，即便没有"中村大尉事件"，日军也必然会挑起事端。早在6月11日，日本军方组成了由参谋本部作战部长建川美次为委员长、陆军省军事课长永田铁山、补任课长冈村宁次、参谋本部编制课长山胁正隆、欧美课长渡久雄、中国课长重藤千秋等"五课长"为委员的"满蒙问题对策委员会"，并在6月19日，拟订了对中国东北地区采取军事行动的最初文件《满蒙问题解决方策大纲》。该大纲明确写道："一、在采取军事行动时，需要多少兵力，在和关东军协商的基础上，由作战部拟定计划，寻求良策。二、为了求得国内外理解，再等待约一年时间，即等待明年春采取行动，以期实施之周密。三、使关东军首脑部充分理解中央之方针意图，在今后一年时间里隐忍自重，避免卷入因排日行动引起的纷争。万一引起纷争，应限于作局部处理，努力避免事态扩大。"①5月至6月，军部为了制造行使武力的机会，策动和拟

---

① 小林龙夫、岛田俊彦编：《现代史资料》第7卷《满洲事变》，美菱书房1964年版，第164页。

定了"蒙古独立运动"和在中国延边地区实施扩张的"间岛事件"，但均未能得逞。"中村大尉事件"发生后，8月，关东军提交了《关于形势判断的意见书》，对参谋本部上述解决中国东北问题的"三阶段论"，提出了明确批评："不能等待好机会之偶发，应自己创造机会"，"过去隐忍自重是因为帝国的武力尚不充分"，"遂行解决满蒙问题之国策以急速为要。急速解决未免显露骨之势，但以往为避免露骨而采取渐进主义却一无所获"。①九一八事变就是关东军为反对"渐进主义"所采取的行动。

九一八事变真相

"满蒙领有论"的始作俑者石原莞尔，是九一八事变的直接策划者。最初，石原莞尔打算让在东北的几个日本浪人化装成中国人制造事端，诸如袭击日本总领事馆、大和饭店等，为关东军出兵制造借口。没料想这些浪人因被"委以重任"而得意忘形，酒后失言，吹嘘说："最近这里会有大事发生。关东军给了我们经费，让我们袭击日本驻奉天总领事馆。"八字尚无一撇，"关东军想利用满洲日本浪人制造事端"的传闻已满天飞，很快传到元老西园寺公望的秘书原田熊雄的耳朵里。他赶紧向西园寺公望汇报。西园寺公望马上找了陆军大臣南次郎，直截了当地对他说："陆军若在满洲和惹是生非的日本浪人搞在一起，将有损皇军的声誉。满洲既然属于中国领土，有关事务均属于外交事务，应由外务大臣全权处理，军部不能越权。你作为天皇陛下的辅弼，作为陆军首长，必须对部下严加管束。"南次郎只能点头称是。

九一八事变前布署在奉天城头的关东军第29联队

---

① 角田顺编：《石原莞尔资料·国防论策》，原书房1978年版，第73页。

第十一章 昭和时代（战前）

这时，内大臣牧野伸显也拜访了元老西园寺公望，征询他的意见："秋天陆军大演习时，是否请天皇敦促陆军大臣抓一下军纪？"西园寺公望表示："要等到秋天吗？如果急的话，现在就请天皇召见陆海军大臣。"于是，牧野伸显即向刚从栃木县那须休养回到东京的天皇裕仁提出了这一建议，9月9日和11日，天皇裕仁先后召见了海军大臣安保清种和陆军大臣南次郎。南次郎事先已向天皇的侍从武官町尻量基打听了天皇召见他的目的，未待天皇询问便首先表态："我会严明军纪，对属下特别是一些青年军官严格管束。军部对外交上的问题将谨言慎行，不轻易发表意见。"南次郎随后跟陆军军务局长小矶国昭商量，让谁给关东军司令官本庄繁送信，命令关东军不可轻举妄动。小矶国昭表示："最适合做这件事的是参谋本部作战部长建川美次少将。"因为，在日俄战争中，时任秋山好古骑兵旅团中尉参谋的建川美次，率领挺身队深入敌后侦察敌情，为奉天会战的胜利立下赫赫战功。后来山中峰太郎的军事小说《敌中横断三百里》，就是以建川美次为原型的，关东军军官都很钦佩建川美次。南次郎将这项任务交给建川美次后，建川美次对此左右为难。因为，他既不能违抗军令，也不愿意使石原莞尔精心策划的"满蒙领有计划"流产。于是，建川美次先乘轮船到韩国釜山，在那里会晤了日本驻朝鲜军司令林铣十郎，然后换乘火车前往奉天。他想留出时间，让关东军进行准备，因为他相信关东军很快会知晓他此行目的。

果然，板垣征四郎和石原莞尔很快知晓了建川美次此行目的。据花谷正在《"满洲事变"是这样策划的》一文中的记述，"9月15日，特务机关收到了桥本（欣五郎）中佐打来的电话。桥本（欣五郎）很早以前就同我们有联系。他告知：'计划暴露，陆军中央已派建川前往满洲，请尽快行动，不要犹疑。即便建川到达满洲，只要他尚未传达中央命令，也不算违抗军令'"。接到电报后，板垣征四郎马上找到石原莞尔，商讨对策。究竟提前还是中止？他俩商量到深夜，依然拿不定主意。这时，板垣征四郎说："那就顺从上天的安排吧。"他竖起一支铅笔说，如果铅笔往右边倒，中止；往左边倒，提前。石原莞尔表示赞同。右边！"上天的指令，服从吧。"但第二天清早，石原就"反悔"了。他找到板垣说："不能中止，还是提前10天，在9月18日动手吧！"板垣犹豫了一下，点了点头。原来，"中村大尉事件"发生后，石原莞尔发现民众情绪激愤。此时如果再整点"动静"出来并嫁祸给中方，不仅关东军师出有名，而且能获得日本国内民众支持。他决定组织力量,9月28日动手。这次石原莞尔不敢再让浪人参与,而是挑选了几个他自己信得过的关东军官兵,并让他们写了"血判誓词"(按血指印的誓词),发誓严格保密。

就在桥本欣五郎向关东军方面透露消息的同一天,9月15日,日本驻奉天总领事向外务省报告了当地的紧急情况:"关东军已集合部队并准备了武器弹药。"币原喜重郎立即找到陆相南次郎,对他说:"张学良已有反省之意,采用恐吓方式似不恰当。"陆相南次郎答称:"已派员去当地,要求关东军自重。"

建川美次到达奉天后,前往迎接的花谷正对他说:"您旅途辛苦,还是先喝一杯,休息一下吧,有什么事明天再说。"建川美次没有推辞。当晚,根据石原莞尔的密令,关东军独立守备队第二大队第三中队,由川岛正大尉率领外出演习。晚上10点20分左右,中队长河本末守中尉带领4名士兵离开队伍,来到柳条湖铁桥附近。河本末守亲自点燃炸药,炸毁了一段铁路。被爆炸的铁道豁了两个口子,一个约177.8厘米,另一个约25.4厘米。事发不久,一列时速80公里的列车顺利通过了被爆炸路段,因为是下坡且速度快,没有脱轨,也没有颠覆。听到爆炸声,奉军立即赶赴现场,河本末守立即向他的上级、独立守备队第二大队大队长岛本正一报告:"铁道线被炸,我军遭突袭。"接到报告,岛本正一立即命令用石原莞尔向永田铁山要来的那两门24吋榴弹炮,向北大营轰击。驻守北大营的是奉军第七旅约10 000人,配有重武器,而岛本大队只有600多人。但是,日军在翌日下午3点40分左右将北大营全部占领,没有遭遇抵抗。原来,日军炮轰北大营时,奉军第七旅参谋长赵镇藩正在军营。遭日军炮轰后,赵镇藩立即通过电话向旅长王以哲报告,同时直接向奉军参谋长荣臻请示。荣臻命令暂时不要还击,并向正在北平协和医院就医的张学良请示。当时,张学良和赵一荻(赵四小姐)正在前门外的中和戏院,观赏梅兰芳主演的京剧《宇宙锋》,闻讯赶回协和医院并指示荣臻:"尊重国联和平宗旨,避免冲突。"荣臻奉命,要求全旅官兵不进行抵抗。9月19日凌晨,张学良在接受《大公报》记者采访时表示:"吾早已令我部士兵,对日兵挑衅不得抵抗,故北大营我军早令收缴枪械,存于库房。昨晚日军约三百人攻入我军营地,开枪相击,我军本无武装,自无抵抗。"同时,张学良电告南京,请南京国民政府向国联提出抗议,并且在接见日本记者时谈道:"昨夜接到奉天报告,知有中日冲突发生。我等无抵抗之力,且无必战之由,故我已严令部下绝对不抵抗,任日本军之所为。"①事后,张学良还表示:"我不能不承认我对日本的判断是判断错了"。"'九一八事变',我轻信了老蒋,成了万人唾骂的不抵抗将军。"②因为,蒋介石此前指示张学良不要和日军发生冲突。

九一八事变后,日本的侵略扩张行动之所以能一时较顺利地进行,还由于国际局势对日本有利。当时,英美正遭受经济危机的打击,自顾不暇。解密档案显示,美国驻沈阳领事馆此前电告美国国务院,当地中日双方很可能发生冲突,但苏联当不会坐视不管,美国可静观其变。但是苏联正实施第一个"五年计划",并没有干预。"英国政府甚至认为,由日本政府而不是中国军阀统治满洲,无论是从文明的角度还是从英国利益的角度考虑,都是适当的"。③

9月19日2点,拂晓前。奉天特务机关给陆军大臣南次郎发去急报:日本军队和中国军队在奉大发生武力冲突。但是,南次郎没有立即向首相若槻礼次郎汇报,而是等天亮才打电话给他,语气也相当慢条斯理。若槻礼次郎一听中日军队发生武力冲突,立即召集内阁会议。会上,若槻礼次郎问南次郎:"可以认为关东军采取的是自卫行动吗?"南次郎答称:"当然是自卫行动。"同时就以后日本应采取的步骤表明了态度:"为了保护在华日本侨民和维护日本在满蒙的权益,必须尽快做出决断。"但是,外相币原喜重郎此前已接到驻奉天总领事的急电:"种种迹象显示,此次事变是军部有计划的行动。"他对南次郎称关东军是"自卫行动"的说法,提出了疑问,并问他:"事态会否扩大?"南次郎答称:"估计事态不会扩大。"币原紧接着又问:"不能估计,必须切实保证不使事态扩大。"南次郎点了点头,算是对"不扩大事态"的首肯。于是,内阁形成了以"不扩大事态"为基本方针的决议。当天夜里3点,驻屯辽阳的第二师团和抚顺的关东军司令部,分别向奉天开拔,同时要求朝鲜军出兵增援。但是,驻屯朝鲜的日军第三十九旅团在到达朝鲜靠近中国边境的新义州后,接到参谋总长金谷范三的命令:"原地待命。"得到这一消息,石原莞尔气得大声喊道:

---

① 《缄默50年:张学良开口说话:日本NHK记者专访录》,管宁、张友坤译注,辽宁人民出版社1992年版,第76页。
② 臼井胜美:《昭和史的最后证言——张学良》,刘立善译,辽宁大学出版社1993年版,第72—73页。
③ 绪方贞子:《满洲事变及政策的形成过程》,原书房1966年版,第8页。

"老子不干了！老子要把主任作战参谋的职务辞了！"19日晚上7点,关东军向陆军中央请求:"我们确信,现在是解决满蒙问题之绝好机会。今日我军如果退缩,以后再想解决满蒙问题当绝无可能。……期望能以最大之决心,促成国家百年大计和整个陆军之猛进。"①

日本当局对事变的"善后"处理 为了解决关东军打乱陆军中央部署,擅自发动事变造成的局面,9月21日,日本内阁再次召开会议。会上,南次郎以保护日本侨民为由,要求将日本驻朝鲜的军队派往东北,未获赞同。据参谋本部战争指导班《机密作战日志》记载:"认为有必要派遣朝鲜军,除了陆相以外,只有首相(若槻礼次郎)赞同。其他阁僚均表示反对。问题没有解决就散会了。"但是,黄昏时分南次郎回到陆军省后,收到了一份急电:"驻朝鲜的军队自行越过边境。"原来,事变发生后,日本驻朝鲜军第三十九旅团在新义州待了40个小时。当时任第三十九旅团驻朝鲜军参谋的神田正种,心急如焚。因为,他在8月初就和石原莞尔约定,事发后率军驰援。为了不违背承诺,神田正种马上打电话给朝鲜军司令林铣十郎,要求他下命令,让第三十九旅团立即向东北进发。对神田正种的请求,林铣十郎不敢立即答应。但是,神田正种反复强调,参谋本部作战部部长建川美次少将了解情况。林铣十郎经过一番犹豫后,最终批准了他的要求。于是,神田正种立即向部队传达命令:越过边境,向中国东北挺进。

但林铣十郎此时内心忐忑不安。他命令副官:"马上报告参谋本部,就说已命令出兵。"参谋本部作战课长今村均大佐接到电报后,气愤地说:"擅自出兵,军司令官必须承担责任。现在居然发来这么混账的电报,这是想将责任推卸给陆军中央?太不像话了,不能听之任之。"今村均马上给新义州的宪兵队长发去电报:"立即阻止第三十九旅团越境。"然而,为时晚矣。第三十九旅团已经乘坐列车过了鸭绿江。得到朝鲜军的增援,关东军司令官本庄繁立即向从本土宫城县调来的第二师团发出攻击命令。第二师团全线出击,很快占领了吉林。

但是,没有敕命,没有给朝鲜军提供经费的内阁决议,违反参谋总长金谷范三的命令擅自越境,岂能听之任之?天皇侍从长铃木贯太郎表示:"林铣十郎司令官的行为是干犯统帅权。"但是,陆军方面竭力庇护林铣十郎。9月21日夜晚,陆军首脑举行会议并达成共识:林铣十郎司令官没有"干犯

---

① 小林龙夫、岛田俊彦编:《现代史资料》第11卷《满洲事变·续》,美菱书房1964年版,第312页。

第十一章 ● 昭和时代（战前）

统帅权",内阁必须同意向朝鲜军划拨经费;由首相奏请天皇发布允许朝鲜军出兵的敕令,尽管这显然是"先斩后奏"。会议还决定,"如果政府不同意,则陆军大臣南次郎宣布辞职"。22日清晨,陆相南次郎赶到首相官邸,对若槻礼次郎表示,"朝鲜军出兵也是无奈之举",要求若槻礼次郎奏请天皇批准。若槻礼次郎立即前往谒见并奏告天皇:"我为出兵至吉林长春批评了陆军大臣。外务大臣主张撤出占领区,通过外交谈判解决争端。陆军大臣则主张在占领当地的情况下进行外交谈判。"但他同时表示"既然已经出兵,政府打算划拨军费。今天将通过内阁决议"。天皇点头表示,"事到如今,也只能如此"。①获得天皇敕许后,若槻内阁立即开会并形成划拨军费的决议。若槻内阁同时决定,将此次"冲突"定性为"事变"。因为,如果是战争,必须由天皇发布作为国家意志的《宣战诏书》,而"事变"仅是偶发的军事冲突。当然,这纯属"文字游戏"。卢沟桥事变后,日本也称之为"事变"以掩盖"不宣而战"的本质,同时为不履行日本也签署的《白里安-凯洛格非战公约》开脱。

同一天即9月22日,关东军参谋长三宅光治根据本庄繁司令官的指令,将土肥原贤二、板垣征四郎、石原莞尔、片仓衷等叫到他的住所沈阳旅馆1号室举行会议,商讨"满蒙"问题善后事宜。建川美次列席了会议。会议最终形成了《满蒙问题解决方案》:"第一,方针。建立由我国支持,领土包括东北四省及蒙古,以宣统皇帝为元首的中国政权,使之成为满蒙各民族的乐土。第二,要领。(一)根据新政权的委托,国防和外交由日本帝国掌管,交通、通信的主要部分也由日本管理。关于其他内政,由新政权自行处理。(二)新政权元首及我帝国在国防和外交等方面所需要的经费,由新政权负担。"②石原莞尔对"满蒙领有计划"被放弃,异常沮丧。他在日记中写道:"9月19日占领满蒙的意见因不为中央所采纳,甚至连建川美次少将也完全不予赞同而无法施行。得到这一消息,我只能吞下万斛之泪,退而接受在满蒙建立独立国家的方案,并将其作为最后阵地,等待时机,最终实现满蒙领有论。"③

9月24日,日本政府在"事变"后首次发表声明,表示将"不扩大事态"并通过了与南京国民政府交涉解决问题的方针。但是,南京国民政府

---

① 原田熊雄述:《西园寺公和政局》第2卷,岩波书店1952年版,第70页。
② 日本国际政治学会编:《走向太平洋战争之路·别卷·资料编》,朝日新闻社1962年版,第124页。
③ 山室信一:《怪兽客迈拉——满洲国的肖像》,中央公论社1993年版,第65页。

向国际联盟提起控诉,拒绝和日本直接交涉。关东军则不顾政府声明,继续扩大事态。在10月1日的内阁会议上,币原喜重郎要求在14日国联开会之前,将军队撤至"满铁"附属地区,但南次郎不仅反对撤军,而且主张退出国联。关东军则于10月8日向张学良的据点锦州发起攻击。同一天,陆军中央还拟定了《时局处理方策》,鼓吹将中国东北分离于中国本土,在当地建立新政权的方针。

10月13日,国际联盟理事会提前举行专题会议并邀请美国代表出席,最终以13国赞成、1国(日本)反对的表决结果,通过了要求日本10月24日前撤军的决议。但是,日本对此置若罔闻。10月21日,"满铁"调查课员、关东军国际法顾问松木侠,拟定了《满蒙共和国大纲》。11月7日松木侠又拟定了《满洲自由国设立大纲》,提出了侵占中国东北的所谓"建国构想"。日本和国际社会的矛盾冲突也因此日趋明显。

九一八事变发生后,在立宪政友会的倒阁运动中,若槻礼次郎内阁发生动摇,随后又发生了"十月事变"即未遂政变。日本舆论也煽风点火,鼓吹战争。根据战后解密的日本外务省缩微胶卷《宪兵情报》,10月12日,即九一八事变爆发后不久,《朝日新闻》大阪总部召开董事会,确立了报道方针:"以往我们一直强调要缩减军备,当此国家面临重大事变之际,理当呼吁日本国民支持军部,实现国家社会舆论的统一。今后绝不允许对军部及其军事行动提出批评,不仅如此还要尽量表示支持。"10月16日,东京和大阪的《朝日新闻》总部都刊发了"募集慰问金"文告,呼吁读者捐献资金,"慰问在满洲即将迎来严寒的满洲驻屯军官兵"。《每日新闻》也紧随其后"募集慰问金",两家报社展开了竞赛。在一年时间里,日本陆军省收到了458万日元捐款。在当兵的每月只有几日元待遇的年代,那是巨款。《朝日新闻》和《每日新闻》还举全社之力宣传"皇军的功绩",多次举行战地特派记者战况报告会。面对内外交困的局面,若槻礼次郎内阁陷入穷途末路,难以为继,于1931年12月11日宣布总辞职。翌日,元老西园寺公望奏请天皇让犬养毅继任首相。天皇的大命降下,犬养毅立宪政友会内阁,取代了立宪民政党若槻礼次郎内阁。这是进入"宪政之常道"之后的第二次,也是最后一次政权易手。

1931年12月13日,犬养毅成为内阁首相。犬养毅(1855—1932年),通称仙次郎,号木堂,出生于备中国贺阳郡川入村(冈山县冈山市北区川入),父亲叫犬饲源左卫门,是当地官员,后改姓犬养。犬养毅少时在二松

第十一章 昭和时代（战前）

学舍求学,1875 年赴东京,入庆应义塾,同时不断给报社投稿。1877 年西南战争爆发后,作为《邮便报知新闻》记者从军,撰写了很多战地报道,声名鹊起。1880 年从庆应义塾肄业。肄业由犬养毅主动要求,理由是未能以"首席"的成绩毕业。同年 8 月,犬养毅受三菱财阀岩崎家资助,创办了《东海经济新报》。他以此为理论阵地,宣扬贸易保护主义,与田口卯吉主办的《东京经济杂志》宣扬贸易自由主义对垒,进行了长达一年的笔战。犬养毅认为,产业尚未发达的日本,必须通过贸易保护主义保护刚开发振兴的产业。田口卯吉则主张"贸易无国界",自由贸易将达到世界物产的均衡分配。这场论战,不仅是思想理论的交锋,而且是日本当时两种政策思想对立的缩影,对以后日本的社会发展具有不可忽略的影响,被称为日本史上最著名的"贸易自由论"和"贸易保护论"之争。肄业后,犬养毅一度由大隈重信推荐进入统计院。但"明治十四年政变"大隈重信下野,犬养毅便辞去了统计院的工作,1882 年,犬养毅协助矢野文雄、尾崎行雄等创建了立宪改进党。不过,他的经济收入主要靠撰写《邮便报知新闻》社论和担任《秋田日报》主笔,作为评论家,特别是经济评论家闻名全国,并因言辞犀利而被称为"毒舌"。同年,犬养毅成为东京府议员。1890 年日本第一次大选,犬养毅成功当选为众议员。1898 年,犬养毅担任了在日中国侨民子弟学校大同学校名誉校长,和在日本的孙文成为朋友。犬养毅还是日本两次护宪运动的核心人物,和尾崎行雄一起被并称为"宪政二神",曾历任"隈板内阁"（大隈重信板垣退助内阁）和山本权兵卫内阁的文部大臣、加藤高明内阁的递信大臣。1929 年,犬养毅当选为立宪政友会第六任总裁。至 1930 年第十七次大选,犬养毅连续当选众议员。

犬养毅内阁的阁僚中,最引人关注的是高桥是清出任的藏相和荒木贞夫出任的陆相。前者是犬养毅"钦定",意味着对井上准之助的财经政策进行全面修正。因此,在组阁完成后的第二天,日本政府即颁布了"黄金输出禁止令"。后者则在陆军中下级军官中颇受拥戴,是后文将提到的皇道派精神领袖。

九一八事变爆发后,当时一些日本好战分子认为,"列强在中国东北没有直接利害关系,但是英国和美国在上海有租界,有大量与他们直接相关的利害关系。如果在上海引发事端,必然能将列强的注意力从满洲立即转向上海"。[①]于是,时任日本陆军驻上海武官的田中隆吉少佐,立即指

---

① 半藤一利:《昭和史(1926—1945)》,平凡社 2004 年版,第 92 页。

令被称为"东洋的玛塔·哈丽"①的他的女朋友川岛芳子(本名爱新觉罗·显玗,汉名金璧辉),要她"赶快行动",并寄去了两万日元活动经费,让她收买中国人。1月18日,日莲宗两个托钵僧偕两名信徒,念着"南无妙法莲华经",在上海华界马玉山路南段(今杨浦区长阳路至控江路)行走时,突然遭到被金钱收买装成中国"抗日分子"的歹徒袭击,造成两人死亡三人重伤。日本海军陆战队以此为借口,于1月28日向上海发动攻击,史称"一·二八事变"(日本称"上海事变")。②事变发生后,日本报纸积极充当"吹鼓手"和"化妆师"。一·二八事变有三个日军工兵因为操作失误被炸死。但是,日军却欺世盗名,标榜三人为"肉蛋三勇士",谎称他们是为了给军队开路,以甘愿赴死的勇气,抱着炸药包炸开铁丝网时"殉国"的。对这一存在明显漏洞的谎言,日本各大报纸不仅没有深入调查事件真相,反而大肆鼓吹,称他们的死是"世界上无与伦比的壮烈战死"。《朝日新闻》和《每日新闻》还向社会征集"肉弹三勇士之歌",收到约二十万份应征稿。

战事展开后,日军一度颇为被动。因为,上海有法租界和公共租界,日军为了免遭列国反击,尤其是为了避免引起在"满

川岛芳子

1931年9月上海公共租界内悬挂的呼吁抗日标语

---

① 玛塔·哈丽(Mata Hari,1876—1917年),富有传奇色彩的间谍,从身世凄苦的乡下女孩变身为轰动巴黎的脱衣舞女,最终成为法德双重间谍。1917年10月15日被法国处死于巴黎郊外。
② 在东京审判中田中隆吉供认,"日莲宗僧侣被中国人杀害"是他策划的阴谋。见有马学:《帝国的昭和》,讲谈社2002年版,第125页。

洲事变"中采取"宥和"立场的英、法两国的反感,不得不采取避开两个租界的作战行动,而一千八百名日本海军陆战队官兵的交战对手,是装备精良、以抗日斗志高昂著称的中国国民革命军第十九路军约三万之众。为了摆脱困境,日本内阁决定编成以野村吉三郎海军大将为司令官的第三舰队前往上海。另外还组建了由原陆军大臣白川义则大将统领的上海派遣军,由第九、第十一、第十四师团和第二十四混成旅团组成,自2月2日赶赴上海。经过激战,日军迫使中国守军退至租界后二十公里,达到了作战目标。3月3日,双方宣布停火。4月29日是天长节,即昭和天皇裕仁的生日,日本方面在上海市虹口公园举行庆祝活动。朝鲜义士尹奉吉潜入活动现场并扔出手榴弹,多名日本军政要员被炸死或炸伤。白川义则大将被炸得血肉模糊,不久因伤重不治毙命。野村吉三郎被炸瞎一只眼睛。第九师团师团长植村谦吉和日本驻上海公使重光葵,均被炸断一条腿。之后,日本天皇裕仁颁敕追认白川义则为男爵,并亲赋悼诗一首:"少女雏祭日,止战谋和时;丰功不可灭,留取长相知。"但中国一家报纸在报道这一事件时,采用了极富讽刺意味的标题:"乘着军舰而来,躺着棺材而去。"

伪满洲国的建立 一·二八事变发生后不久,1932年3月1日,由曾任代理印度总督的英国人李顿为团长的国联调查团抵达中国。同一天,日本一手扶持的溥仪傀儡政权发表了以"五族协和、王道主义"为核心的《满洲国建国宣言》,"即日宣告与中华民国脱离关系,创立满洲国"。对欧美奉行协调路线的首相犬养毅认为,如果日本承认伪满洲国,将意味日本违反了华盛顿会议上签署的九国公约,不仅必然遭到国际社会谴责,而且涉及日本和国联的关系,导致日本在国际社会被孤立。但是,陆军大臣荒木贞夫要求承认伪满洲国,并表示加入国际联盟使日本很多方面受到束缚。如果西方国家对此进行干扰,当借机退出国联。5月15日,一些对现实不满的海军士官生、陆军士官生、农民、民间法西斯分子发动政变,刺杀了首相犬养毅等多名政府要员,史称"五一五兵变"(后文将详述)。两次担任海军大臣的斋藤实于5月26日出任首相,组成了超党派的"举国一致"内阁。原先支持"对英美协调"的外相内田康哉,成了关东军的积极支持者,并公开声称:"基于日本的立场,目前不是如何处理满洲国问题,而是必须承认满洲国。"他还即刻推进承认伪满洲国的工作。日本在伪满洲国有四个机构:关东厅、领事馆、关东军、"满铁",被称为"四头政治"。内田康哉以"便于管治"为由,将伪满洲国的管辖权由外务省划归关东军,并设置了由陆军大臣任总裁的"满洲国事务局",由关东军司令官兼任日本驻伪满洲国特命全权大使和关东厅长官,形成了关东军掌握伪满洲国军事、行政、外交实权的"三位一体"体制。外务省因此被戏称为"陆军省外务局"。

6月14日,由立宪政友会和立宪民政党共同提案的《承认"满洲国"决议案》,在众议院全体大会上全票获得通过。8月25日,内田康哉在国会答辩时表示,即使国家化为焦土也不会出让伪满洲国的权益。他所奉行的这种外交,被称为"焦土外交"。当天,日本向全世界宣布:"承认满洲国。"9月15日,关东军司令官、关东州长官兼日本驻伪满洲国全权大使武藤信义和伪满洲国总理郑孝胥,签署了《日满议定书》,正式建立了所谓"外交关系"。《朝日新闻》为此发表社论称,此举"为世界史开创了一个新纪元"。

10月2日,《国联调查团报告书》(通称《李顿调查团报告书》,以下简称《报告书》)在东京、南京和日内瓦同时发表。《报告书》共由10章构成,正文200页、附加文件700页,重点是:日本军队在事变中采取的行动不是自卫行动;伪满洲国并非自发的独立运动。同时,《报告书》也认可了日本方面关于双方发生冲突的理由,即承认中国东北当地治安秩序的混乱和法治的缺失,是诱发纷争的原因。《报告书》在承认日本权益的前提下,认为中国拥有辽宁、吉林、黑龙江即东三省主权,建议成立东三省自治政府,由列国共同管理,聘请以日本人为主的外国顾问进行指导。代表中国政府与国联进行交涉的顾维钧认为:"前八章关于事实的叙述,看来是正确地反映了满洲的形势,但最后两章(包括建议)则似乎很受既成事实的影响。"[1]

客观地说,"李顿调查团"的调查结果及其《报告书》,在一定程度上谴责了日本的侵略扩张行径,并使日本在国际上陷入被动、孤立境地,并非一味袒护日本。正因为此,日本对《报告书》不予接受,并随即以《帝国政府对国际联盟中国调查委员会报告书的意见》(简称《帝国意见书》)进行反驳。日本各界均表示应拒绝接受《报告书》。关东军更是向政府递交了由诸多军官署名的请求书,强烈主张"退出国联"。有约三百万名成员的日本在乡军人会,在全国各地纷纷召开"批判'报告书'大会"。政党、以中

---

[1] 《顾维钧回忆录》第2卷,中华书局2013年版,第55页。

小企业为主的企业组织日本商工会议所、各教育团体、宗教团体,也都纷纷组织集会。东京还成立了"国防妇人会"。日本各大报纸连篇累牍发表批判文章,对《报告书》进行口诛笔伐。《东京日日新闻》称:"这是一份痴人说梦的报告书,表现出非常明显的夸大妄想症。"外务省情报部部长、后被东京审判定为甲级战犯的白鸟敏夫,刻意歪曲、篡改《报告书》内容,煽动舆论,竭力强调《报告书》对日本的种种不利。据《(昭和)天皇独白录》记载,裕仁征询了内大臣牧野伸显和元老西园寺公望的意见。牧野伸显表示,应该接受国联的《报告书》。但西园寺公望认为,"既然内阁已经通过决议,不应表示反对"。裕仁接受了西园寺公望的意见。

在国联审查李顿调查团的《报告书》时,日本全国132家报纸和通讯社发表共同宣言,显示了誓与国联对着干的立场:"'满洲国'的独立及其健全的发达,是使满洲安定唯一最正确的选择";"危及满洲国堂堂正正存在的解决方案,是断然不可接受的。为此当不惜退出国联"。日本各大报纸发表共同宣言,此前有两次。第一次是强调应给予国民公正的选举权,第二次是主张维护议会政治和言论自由。这次是以日本陆军杜撰所谓"中国军队破坏南满铁路"为前提,称"日本的举措是维护因日俄战争而获得保障的满洲的权益,是正当防卫,是正义的战争"。并且一连数日都是在大标题下美化关东军:"我军威猛""在正义面前中国军队不堪一击"。在这种舆论引导下,不明真相的日本国民,都对军部表示支持。《文艺春秋》杂志当时进行了一次问卷调查,对"是否支持教训暴戾的中国军队?"占压倒多数的民众表示"支持"。实际上,对"中国军队挑衅日本"这种显然值得疑问的说辞进行深入调查,本应该是新闻记者的职责,何况当时他们中国的同行已经提出,南"满"铁路柳条湖段被炸,系"关东军所为"。他们欧美的同行也对中国居然敢向日军发起挑衅表示疑问。然而,日本的记者们根本没有进行调查,而是原封不动地照搬日本军方关于事变起因的说辞,狂热地为军国主义行为张目。

以朝野形成一致意见为背景,日本政府任命松冈洋右为日本代表团团长,率领代表团前往国联,在为伪满洲国问题召开的临时大会上进行申辩。到达日内瓦以后,松冈洋右即刻会见了英国和法国代表,向他们表明了日本的强硬姿态:"如果不承认'满洲国',日本将退出国联"。12月6日,国联召开大会,对李顿《报告书》进行审议。英、法等国态度暧昧,捷克、爱尔兰等国则要求全面采纳。而松冈洋右则以《帝国意见书》为基础,竭力为侵略行径辩护。12月8日，松冈洋右在国联大会上做了题为《十字架上的日本》的演说："美国和欧洲试图将日本置于十字架上，但是在不到几年的时间里，世界舆论已经发生了变化。正如拿撒勒的耶稣最终得到世界理解那样，日本也将获得世界理解。"

松冈洋右在国联发表《十字架上的日本》演说

翌年即1933年2月16日，英国向各国表示，将通过由19个国家组成的"协和委员会"，以《李顿调查团报告书》为基础，以伪满洲国主权属于中国为原则，以要求"满铁"附属地以外的日本军队撤出中国为基调，向日本提出"劝告书"。松冈洋右从日内瓦发回电报称，"事已至此，若不退出国联，将沦为笑柄"。收到这份电报后，斋藤实于2月20日召开内阁会议并通过决议：如果"劝告书"在国联大会获得通过，即宣布日本退出国联。斋藤实随即向松冈洋右发去政府训令："如果国联大会通过'劝告书'，内阁决定退出国联。请你率领代表团立即退出会场"。

"劝告书"最终以赞成42票、反对1票（日本）、弃权1票（泰国）、缺席12票的表决结果获得通过。面对这一表决结果，松冈洋右站起身子用英语表示："我国无法认为'劝告'能确保远东地区的和平。我国对国联的决议表示遗憾，决定退出国联。"随后，他带领日本代表团离开了会场，在退场时用日语说了声"再见"。"二战"期间担任日本驻苏联大使、战后担任日本参议院议长的佐藤尚武事后回忆道："满头白发、身材瘦削的比利时籍议长伊斯曼，神情沮丧地坐在议长席上，怔怔地看着我们离开会场。整个会场静寂无声。直到今天，当时的情景仍不时浮现在我眼前。"

《朝日新闻》在松冈洋右宣布日本退出国联后，迅即根据日内瓦特派员发回的急电刊登了报道，标题是《别了国联，协作之路山穷水尽。"劝告书"获国联大会通过，松冈代表堂堂正正退出会场》。其他报纸也称："独立自主的外交是我国久已期盼的，现在终于实现了"；"日本外交60年的决算"；"松冈是日本自主外交的旗手"。松冈洋右回到日本后受到热烈欢迎,被视为"民族英雄"。在横滨港码头,数万民众高呼"万岁"。从横滨乘车返回东京时,小学生挥舞"日之丸"夹道迎接。码头车站迎接松冈洋右的狂热场景,如同迎接一个在前线打了大胜仗凯旋的将军。日本陆军更是对退出国联表示高度赞赏,称"这是摆脱追随英美的外交,向独立自主外交的跃进"。日本舆论称,退出国联是"光荣孤立"。

3月22日,日本枢密院投票表决,通过了内阁退出国联的决议。同一天,日本各媒体发表了退出国联的天皇诏书和政府声明。3月27日,日本政府致函国联秘书长,正式通知他日本退出国联。日本此举不仅标志彻底脱离与欧美协调的外交路线,而且标志"一战"后的远东国际秩序"华盛顿体系"正式解体。4月,日军向中国华北发起攻击,5月占领了通州。国民政府让何应钦出面,派熊斌与关东军代表冈村宁次谈判,双方于5月底在塘沽签署了《塘沽停战协议》。该协议规定中国军队撤至昌平、延庆、顺义等以西以南地区,日本则退至长城一线。《塘沽停战协议》实际上默认了日军侵华的"合法性"。

第四节 "青年军官运动"与"协和外交"

20世纪二三十年代,日本中下级军官试图按照他们的意愿"改造国家",制造了"五一五兵变"和"二二六兵变",使多名日本政要相继被刺,使日本政坛乃至社会充满了恐怖气氛。这种被称为"青年军官运动"的"下克上",和以往使日本进入战国时代的"下克上",具有本质差别。以往的"下克上",只是使日本本土的山涧林泉遭受金戈铁马的践踏,只是日本武士阶级内部的争斗,没有向外扩张。而此时的"下克上",包括"皇道派"和"统制派"的冲突,则是日本对外侵略扩张的"催化剂",对日本乃至整个世界的历史,产生不可忽略的影响。

"青年军官运动"的兴起 1921年10月27日,日本驻瑞士公使馆武官永田铁山、在德国柏林待命出任驻俄国武官的小畑敏四郎、去德国出差的冈村宁次,在德国南部莱茵河畔的巴登巴登小镇聚会。这三名少佐是陆军士官学校第十六期同学,被称为"陆军三羽乌"。他们认为,必须进行陆军的人事变革,改变由长州藩(山口县)控制和主导陆军的现状。三人还签署了一份密约(史称"巴登巴登密约"),约定:"消除派阀,刷新人事,改革军制,建立总动员态势。""巴登巴登密约"被视为日本"青年军官运动"即日本军队法西斯运动的起点。1923年,"陆军三羽乌"在国内组织了一个研究会。研究会因经常在东京"二叶亭"法式餐厅集会而取名"二叶会"。时任拓殖大学教授的法西斯主义理论家大川周明,则对陆海军青年军官鼓吹"日本精神",宣扬"国家改造论",引起强烈反响和普遍共鸣。1927年,东条英机、石原莞尔、铃木贞一、永田铁山、冈村宁次等青年军官以"改造国家"为志向,又组建了"木曜会",中心议题也是如何解决中国东北和内蒙古问题。"木曜"是"星期四"的日语汉字,因该组织在星期四聚会而得名。同年五月,"二叶会"和"木曜会"合并为"一夕会",有会员约四十名,他们致力于实现的目标是:(一)革新陆军人事,以便使各项政策能得以推进;(二)拥立荒木贞夫、真崎甚三郎、林铣十郎三位将军出任陆军"三长官"(陆军大臣、参谋总长、教育总监),改造陆军;(三)以解决中国东北和内蒙古问题为工作重点。

陆军内部以佐官(校官)为主、致力于"改造国家"的"青年军官运动",影响了更年轻的一批军官。1930年10月1日,以陆军大尉级军官田中清等为核心的二十余名青年军官,组成了"樱会"。刚调任参谋本部任俄国班班长的原日本驻土耳其公使馆武官桥本欣五郎少佐,也加入了樱会。樱会在立会"趣意书"中宣称:"明治维新以来发达之国势,今日趋衰败。之所以如此,不仅因为当政者腐败,而且因为国民缺乏改变这种状况的勇气和决心。如今这些颓废的政党的毒刃已指向军部,并在伦敦海军裁军条约中彰显无遗。军部首脑本身缺乏与之对抗的勇气和决心,因此由吾人构成的军部之中坚者,必须紧密团结,并始终怀有这种意识向前迈进。"①据桥本欣五郎回忆,樱会的"改造案"也得到了陆军次官杉山元、参谋次长二宫治重、参谋本部第二部(情报部)部长建川美次、陆军军务局长小矶国昭的赞同。这些军官随后着手制订了具体计划:由大川周明和无产阶级联络,动员一万人在审议劳动法案当天即3月17日,包围议会,然后军队借机出动包围议会,由军队首脑进入议会现场宣布解散议会,要求天皇降下大命,让宇垣一成组阁。由于宇垣一成没有同意,"三月事变"宣告流产。

九一八事变之后,第二届若槻礼次郎内阁发生动摇。"樱会"决定以此为契机发动事变,对国内政治进行根本改造。这一事变史称"十月事

---

① 田中稔编:《田中隆吉著作集》,军学堂1979年版,第435—438页。

第十一章 昭和时代（战前）

变"。"十月事变"的主谋者,是曾任日本驻土耳其公使馆武官桥本欣五郎,以及参谋本部第二部以中国课和俄国课为主的青年军官。他们在民间右翼势力首领大川周明、西田税等人的协助下,决定于1931年10月21日起事,出动近卫师团的12个步兵中队和陆海军的16架飞机袭击首相官邸和警视厅,杀死首相若槻礼次郎、外务大臣币原喜重郎及内大臣牧野伸显,颁布戒严令,建立以荒木贞夫为首的法西斯政权,并确定了具体实施步骤:(一)袭击在首相官邸举行的内阁会议,干掉包括首相在内的阁僚;(二)占领警视厅;(三)包围陆军省和参谋本部,切断其与外界的联系并向军队发布命令;(四)请东乡平八郎元帅晋见天皇,奏请天皇降下大命,让荒木贞夫组阁并兼任陆相,由桥本欣五郎任内相,建川美次任外相。然而,事机不密,10月17日,两名参与者被宪兵队"保护拘留"。消息之所以走漏,一是有关人员不谨慎的言行引起了警视厅的警觉,二是桥本欣五郎要求陆军次官杉山元参与行动但遭到拒绝。事后,桥本欣五郎和田中清分别遭到禁闭20天和10天的处分。虽然桥本欣五郎等试图通过政变建立军事政权的目的没有达到,但是它对第二届若槻礼次郎内阁的倒台,产生了重要影响。

"五一五兵变" 一·二八事变爆发后,1932年2月9日夜晚,立宪民政党副总裁、滨口和若槻两届内阁的藏相井上准之助被小沼正枪杀;3月5日,三井合名理事长(三井集团董事长)团琢磨被菱沼三郎枪杀。井上准之助和团琢磨被杀,通常被称为"血盟团事件"。血盟团由茨城县大洗海岸的护国堂堂主、日莲宗僧侣井上日召创建。井上日召原先是东洋协会专门学校学生,中途退学后先是放浪大陆,后在茨城县大洗的草庵坐禅和讲述《法华经》,因此聚集了一批青年。"血盟团"青年受井上日召个人主义救世思想影响,计划逐一清除社会"恶之源"——政党首领和财阀首脑,并制订了"一人一刀"暗杀计划,准备暗杀20名日本政界要员。"血盟团"由井上日召麾下三部分人构成:霞浦海军飞行学校的学生,如海军青年军官运动领袖藤井齐;汇聚于护国堂的农村青年,如小沼正、菱沼五郎;以金鸡学院寮的学生为主体的大学生,包括四元义隆等四名东京大学学生和田仓利之等三名京都大学学生。"血盟团"成员相继制造恐怖事件并遭到当局通缉后,井上日召自知在劫难逃,于3月11日向警方自首,后被判无期徒刑。

井上日召锒铛入狱、藤井齐战死上海后,军队和民间的一些恐怖分子决定起事,遂引发了"五一五兵变"。大致划分,该兵变参与者由四种人组成:(一)海军青年士官,如古贺清志、中村义雄、三上卓等;(二)陆军士官候补生;(三)以茨城县爱乡塾塾头橘孝三郎为首的农民;(四)法西斯主义分子大川周明、本间宪一郎、头山秀三、长野郎等。他们决定实施分工,第一、第二种人为前卫队;第三种人为别动队;第四种人为共斗队。同时,按照之前井上日召的构想,由农民实施"一人一刀"暗杀计划作为"第一冲击波",待"上海事变"参战的海军人员回国后,建立海陆联合军发起"第二冲击波"。

5月15日星期天,"前卫队"各组按预定计划采取了行动。

第一组海军士官三上卓、黑岩勇、山岸宏、村山恪之,陆军士官生后藤映范、筱原市之助袭击首相官邸。当天下午,他们在靖国神社集合后,分乘两辆小车在下午约5点30分到达了目的地。犬养毅见到这些"不速之客",未免有些愕然。而后袭击者对犬养毅推行的政策进行了谴责(也有说指控他接受不法政治捐款),犬养毅说:"听我解释。"袭击者回答:"废什么话!开枪!"这次对话成为"存世名言"。犬养毅被他们开枪击中(被送往医院后不治身亡)。随即,袭击犬养毅官邸的官兵乘上汽车,前往东京警视厅"自首",沿途散发了由三上卓执笔、阐述他们为什么要采取这种行动的《告日本国民书》:

> 日本国民,请直视眼下的祖国日本!政治、外交、经济、教育、思想、军事,哪里还有皇国日本的雄姿?!热衷政权、党利的政党,与之沆瀣一气榨取民众膏血的财阀,支撑政党财阀压制民众的官宪,软弱的外交,堕落的教育,腐败的军部,恶化的思想,忍受涂炭之苦的农民和劳动者阶级……民众,怀着进行这种建设的愿望,首先要进行破坏!破坏一切现存的丑恶制度!伟大建设之前需要彻底的破坏。我等对日本的现状痛心疾首,痛哭流泪,赤手为世人之先,我们愿与诸君一起,将昭和维新的火炬点燃!①

第二组古贺清志等袭击了内大臣牧野伸显官邸,并投掷了手榴弹,但未造成人员伤亡;第三组中村义雄等袭击了立宪政友会本部,也投掷了手榴弹,也未造成人员伤亡;第四组以橘孝三郎为首的爱乡塾成员为主,袭

---

① 斋藤三郎:《右翼思想犯罪事件的综合性研究》,载《国家主义运动》第1卷,第103—104页。斋藤三郎是该事件主审法官。

第十一章 ● 昭和时代（战前）

击了三菱银行以及为东京输电的六个发电所，用铁锤砸了几架机器，同样未造成人员伤亡。

　　社会舆论对兵变参与者普遍表示同情，在当时的杂志上，他们的行为俨然如义士的壮举。民众看到年轻的海陆军士官和士官生在法庭上声泪俱下地控诉和为自己的行为辩解，说农民迫于生计，让自己的女儿卖淫，而财阀却为购买美元四处狂奔，政治家为获取金钱耍弄权力……均表示同情，逾百万封减刑请愿书如雪片般从全国各地寄往法院。法庭外，老人和妇女向庭长请求："先生，判这些青年无罪吧。"1933年9月19日，陆军军法会议以"判乱罪"和"叛乱预备罪"将11名军人和士官生全部判处监禁4年，将检方要求监禁8年的刑期减少了一半。海军检方要求判处"五一五兵变"主谋古贺清志、三上卓、黑岩勇死刑、中村义雄无期监禁。11月9日，法庭以"忧国之至情有可谅鉴之处"，判处古贺清志、三上卓监禁15年，黑岩勇监禁13年、中村义雄监禁10年，其余协从者全部宣判无罪。被誉为"军神"的东乡平八郎当时对海军军人说："我非常理解这些士官的志向。他们的志向也应该让国民理解。他们未能实现的志向你们应该继续完成。"海军军人回应说："明白！我们一定实现他们的志向。"海军大将加藤宽治流着眼泪说："你们真的令人同情。我没有做成的事你们做成了。实在对不起。"①西园寺公望则对前往拜访他的近卫文麿说："我年纪大了，累了。我想辞去元老的工作。"官邸遭到袭击的内大臣牧野伸显，此后一直宅居在镰仓的私邸，很少去东京处理公务。两年后的1934年2月3日，橘孝三郎在民间法庭被判决无期徒刑，后藤圀芳被判处12年劳役，大川周明也因参与事变而获刑5年。

　　犬养毅被刺杀后，内阁于翌日宣布总辞职。按照以往惯例，因政变导致政权更迭，均由执政党新党首出任首相，如原敬被刺杀之后由高桥是清接任，滨口雄幸被刺杀之后由若槻礼次郎接任。犬养毅被杀身亡后，人们认为，接替犬养毅出任立宪政友会总裁的铃木喜三郎，将受命组阁。铃木喜三郎本人似乎也这么认为，他还明确否定了建立联合内阁的意见，表示立宪政友会将单独组阁。然而，结果却完全出乎按常理思考问题的人们的预料。5月20日，西园寺公望和高桥是清、枢密院议长仓富勇三朗、内大臣牧野伸显，就首相继任人选进行了商谈。牧野伸显建议他再征询一

---

① 半藤一利：《昭和史(1926—1945)》，平凡社2004年版，第100—101页。

下前首相若槻礼次郎、清浦奎吾、山本权兵卫,以及元帅东乡平八郎、上原勇作的意见,他们推荐的人选能够为元老西园寺公望接受,并由他向天皇举荐。必须强调,西园寺公望自 1924 年成为唯一的元老后,在选定内阁首班时从不和陆海军方面商议。"五一五兵变"后军方的地位再次上升。最终,西园寺公望充分考虑了牧野伸显和军方的意见,于 5 月 22 日奏请天皇降大命于海军大将斋藤实。

斋藤实(1858—1936 年)出生于陆奥国仙台藩(岩手县),父亲斋藤高庸是水泽伊达家的家臣。1872 年(明治五年)赴东京,进入海军兵学寮(1876 年改称海军兵学校),1884 年赴美国留学,后任日本驻美国公使馆第一任武官。1888 年回国,历任海军军务局长和 5 届内阁海相,曾作为现役军人两次出任朝鲜总督。

斋藤实接到组阁大命后,当即表示"将建立拥抱政民两党的联合政权","邀请政友会高桥是清、民政党山本达雄入阁,由斋藤、高桥、山本担当政局",并随即拜访了立宪民政党和立宪政友会的总裁。1932 年 5 月 26 日,斋藤实建立了超党派的"举国一致"内阁。内阁阁僚中有三名政友会成员和两名民政党成员:山本达雄(内相,民政党)、高桥是清(藏相,政友会)、鸠山一郎(文相,政友会)永井柳太郎(拓相,民政党)、三土忠造(铁相,政友会)。后藤文夫(农相)虽属无党派人士,但亲民政党,故他的入阁有寻求平衡考虑。其他阁僚包括:内田康哉(外相,原"满铁"总裁)、[①]小山松吉(法相,原检事总长)、冈田启介(海相,海军大将)、中岛久万吉(商相,贵族院议员)、南弘(递相)。荒木贞夫(陆相)。"举国一致"内阁最值得关注之处,是高桥是清和荒木贞夫的留任,显示在克服昭和恐慌、稳定陆军军心方面,"举国一致"内阁仍将继续贯彻既定方针。8 月,斋藤实发表施政方针时强调,"众心一致,克服困难,充实伸张国力"。历时九年的"政党内阁时期",就此拉上了帷幕。

军人专横跋扈 "五一五兵变"也是日本历史的重要转折点,军人自此更加专横跋扈。20 世纪 20 年代前半叶的日本是"军人失意的年代"。《中外商业新闻》(《日本经济新闻》的前身)刊登报道称,女性的择偶标准是"从事什么职业的男人都行,除了军人"。但是,日本退出国联后,在媒体的吹捧中军人的地位迅速提升。几年前,有人会在拥挤的车上对军人

[①] 组阁时斋藤实兼任外相,7 月 6 日起由内田康哉任外相。

第十一章 ● 昭和时代（战前）

说："能不能将你的军装脱下来？"但是现在军人可以一身戎装走进银座的咖啡店和酒吧，在座的客人会对他行注目礼。1932年4月7日，著名作家永井荷风在他的日记中写道："露天的玩具店里也在销售军服、穿军装的人偶、玩具手枪。卖留声机的店，每天都在播放军歌。现在，整个日本都沉浸在战胜的喜悦中。"翌年正月某日，他又在日记中写道："最近，军人的所谓功绩被反复渲染。古时有'古来征战几人回'的诗句，现在出征的人却是一个个'满载而归'。"日本进入了一个"军服就是最强有力的声音"的时代。

1933年6月17日，日本发生了一起因交通违规引发的纠纷。这起本来连报道的价值都没有的区区小事，却在报纸上持续发酵了近半年。纠纷发生在大阪北部的繁华区域天神桥。那天是星期六，第四师团第八联队一等兵中村政一，利用周末休假去街上电影院看电影。当时东京和大阪的市中心刚刚安装了交通信号灯。这个上等兵在穿越马路时正好碰上红灯，他没有停下脚步。曾根崎警察署巡警户田忠夫正好在那里巡查，见这一状况马上用麦克风呼叫："危险，注意！"士兵瞥了他一眼，傲慢地回了一句："别那么神气活现！"巡警随即走上前去，要求他一起去附近的派出所。士兵表示拒绝："如果是宪兵对我提出要求，我愿意听。你一个巡警的话，我有必要听吗？"两人争执了几句后扭打起来。闻讯赶来的宪兵了解情况后，立即向上司汇报："街头的一个巡警侮辱帝国军人。"这句话如同在油堆里扔进了一根划着的火柴，迅速成为点燃全国舆论的大事件。

巡警侮辱帝国军人？那还了得！第四师团参谋长井关隆昌大佐接到第八联队联队长松田四郎的报告后当即表示："现役军人是服从军队统帅权的股肱，是尊奉天皇御名的存在。即便违反交通规则，告知宪兵处理即可。巡警训斥军人，这是关系到皇军威望的重大问题。"他提出，那名巡警必须道歉。但是，大阪府警察本部部长粟屋宪吉却不买账："军人是陛下的军人，警察也是陛下的警察。巡警的行为是正当的职务行为，为什么要道歉？"于是，井关隆昌便将这件事向第四师团的师团长寺内寿一汇报。寺内寿一是前日本首相、陆军元帅寺内正毅的长子，听说此事后决意要警察"低头"。陆军大臣荒木贞夫也为他撑腰。但是，警察的最高上级机关是内务省，内务相山本达雄和内务省警保局长松本学均不买账。原本是一等兵和巡警的争执不断升级，最后成了日本陆军省和内务省两个国防和内卫最高机关之间的对立。而对原本是非常清楚的交通违规,报纸却明里暗里站在军人一边。

日本政府两大核心机关的对立,令天皇裕仁无法坐视。在天皇的亲自过问下,对立双方不得不寻求妥协,并在11月形成了和解案:首先由大阪府方面的首脑拜访陆军省,就巡警行为表示道歉,然后由第四师团就士兵不注意交通规则的行为表示遗憾。"军队的威望"得到了维护。时任大阪府警务课长、战后成为防卫厅次官的今井久,在回忆起当年这一事件时说了这么一句话:"士兵无视交通信号,虽然只是百米左右的暴走,但我认为那是昭和时代军部大暴走的第一步。"

与之相应,国家主义和国家社会主义也兴起浪潮。1930年,著名活动家、社会民众党书记长赤松克麿开始和法西斯主义分子大川周明等频繁交流。翌年3月,大川周明、高畠素之等建立了"全日本爱国者共同斗争协议会"。该协议会的政治纲领是:"废绝议会政治,实现天皇政治,打倒资本主义,克服阶级对立。"6月,以内田良平领导的黑龙会为中心的"大日本生产党"宣告成立。9月,赤松克麿和大川周明、津久井隆雄等建立了"日本社会主义研究所",宣扬国家社会主义。在该研究所的机关刊物《日本社会主义》第二期,赤松克麿撰文对马克思主义和国际主义进行批判,宣称:"我们的见解是变革资本主义,通过国民社会主义走向国际社会主义。"九一八事变后,赤松克麿当即表态支持,呼吁:"废满蒙布尔乔亚之管理,确立没有剥削的国家统制经济。"1932年1月,政界官僚以内务省的后藤文夫为中心,建立了"国维会"。近卫文麿等"革新"派华族和吉田茂等内务省官僚担任理事。"国维会"在立会趣旨中宣称:"联合至公血诚之同志,不使共产主义之国际主义擅意横行,阻止排他的苏维埃之飞扬跋扈。依赖日本精神,内图政教之维新,外修善邻之友谊,并期以实行真正的国际昭和。"① 2月,大川周明等又建立了"神武会"和"拥护国体联合会",以粉碎共产主义、实行昭和维新为标榜。4月,赤松克麿、平野力三、稻富稜人、岛中雄等退出劳农大众党,和国家社会主义者今村均、山名义鹤等,建立了"日本国家社会党"并发布纲领:"1.我党期望通过国民运动废绝金权统治,实现彻底的皇道政治。2.我党期望以合法手段打破资本主义机构,通过国家统制经济之实现,保障国民生活。3.我党期望以人种

---

① 木下半治:《日本国家主义运动史》,庆应书房1939年版,第85页。

平等、资源平衡为原则,实现亚洲民族之解放。"

在国家社会主义甚嚣尘上的另一面,共产主义陷入低潮。1933 年 6 月 10 日,各报以大幅标题和篇幅,报道了狱中原共产党中央委员长佐野学和中央委员锅山贞亲的"转向声明":《告共同被告同志书》,称:"日本现外临未曾有之困难,迫切需要进行空前之变革。对这一孕育着战争和内部改革之内外情势,一切阶级和党派均忙于解决问题的准备和寻求解决问题的对策。此时,以劳动阶级的前卫为己任的日本共产党,则显露出几多缺陷。"①这封"告同志书"在狱中和狱外均引起了极大反响。7 月 2 日,同为囚徒的河上肇发表了放弃社会主义活动的《狱中独语》。②7 月 6 日,三田村四郎、高桥贞树等狱中干部也表示"转向"。据司法省调查,至 7 月底,在不到 50 天时间里,未判决的 1 370 名共产党员,有 450 名表示"转向";已判决的 393 名党员,有 133 名表示"转向",合计有 583 名原共产党员"转向"。③

对华扩张的强化 1934 年,以斋藤实任首相的"举国一致"内阁,因各种事件频繁发生而动摇。当年 1 月下旬,《现代》月刊再次刊载了商相中岛久万吉的《足利尊氏》一文。贵族院斥该文为"逆贼"歌功颂德。④2 月 8 日,中岛久万吉宣布辞职。2 月 15 日,立宪政友会议员冈本一巳发表了"5 月雨演说",揭露鸠山一郎文相收受桦太工业株式会社贿赂。3 月 3 日,鸠山一郎宣布辞职。5 月,多名前任和现任阁僚涉嫌收受"帝国人造绢丝株式会社"贿赂,包括已辞职的商相中岛久万吉、文相鸠山一郎,铁相三土忠造、大藏省次官黑田英雄、大藏省银行局长大久保侦次等。5 月下旬,16 名涉案人员均遭检方起诉。但最终均被宣判无罪。审判长宣读的判决书意味深长:"今日判决,不是因为证据不足而宣判被告无罪,而是因为十分显然,他们的犯罪事实根本不存在。"⑤这一事件被称为"帝人冤案事件"。舆论认为,那是想当首相的平沼骐一郎炮制的冤案。

---

① 《改造》1933 年 7 月号发表了这封公开信。《世界政经》1975 年 5 月号也刊载了这封公开信。
② 《河上肇全集》续 6 卷,岩波书店 1985 年版,第 175—178 页。
③ 思想的科学研究会编:《转向》(上),平凡社 1959 年版,第 164 页。
④ 《足利尊氏》一文最初发表于 1921 年。
⑤ 野本盛隆:《审判帝人》,平凡社 1938 年版,第 463 页。

但是,一系列丑闻令斋藤实无法继续执政。6月29日,斋藤实正式表明了辞意,7月3日宣布内阁总辞职。西园寺公望表示:"根据已经确定的内奏方式,将前总理和枢密院议长召至宫中。"①所谓"内奏",是通过以前首相、枢密院议长为成员,以内大臣为秘书长组成的"重臣会议"进行推荐。这是在前一年2月确定的方式。7月4日,在西园寺公望主持下,第一次重臣会议在宫中举行,由斋藤实推荐的冈田启介得到一致认同。于是,西园寺公望便奏请天皇降大命让冈田启介组阁。

冈田启介(1868—1952年)出生于福井藩(福井县),父亲是福井藩士,曾参加戊辰战争并担任指挥官。冈田启介毕业于海军大学,最高军衔为海军大将,参加过中日甲午战争和日俄战争,属于比较"稳健"的军人。7月8日,冈田启介完成组阁,基本构成如下:冈田启介为首相兼拓相,后藤文夫为内相,广田弘毅为外相,藤井真信为藏相,林铣十郎为陆相,大角岑生为海相,小原直为法相。政友会成员床次竹二郎为递相,内田信也为铁相,山崎达之辅为农相。民政党成员松田源治为文相,町田忠治为商相。值得一提的是,虽然冈田内阁中政党仍占有5个职位,且政友会和民政党的比例也是3∶2,因为政友会是当时第一大党。但是,政党失去了内相和藏相两个重要职位。

冈田启介内阁刚建立,就遭遇"倒阁"。1935年2月,东京帝国大学名誉教授、贵族院议员美浓部达吉早在大正时代就提出的"天皇机关说",引发了所谓"国体明征问题"。当年2月18日,贵族院议员菊池武夫提出,美浓部达吉的思想是"反国体"思想。美浓部达吉对此给予了有力反驳,获得了在贵族院极为罕见的热烈掌声。2月27日,众议院议员、陆军少将江藤源九郎在众议院预算委员会质问冈田启介,是否认为美浓部达吉的"国体观"存在错误。同时,民间右翼"革新"团体和在乡军人会也向美浓部达吉及冈田内阁发起攻击。政友会视之为"倒阁"良机而推波助澜。3月23日,众议院通过了《国体明征决议案》,明确天皇中心主义的国体观。冈田启介在议会明确表示反对"天皇机关说",冈田内阁也采取了一系列排斥"天皇机关说"的措施。4月9日,内务省下令,封禁美浓部达吉的《宪法撮要》等著作,文部省也向各学校下达了《国体明征训令》。8月3日和10月15日,内阁两次发表"国体明征声明",否定"天皇机关

---

① 原田熊雄述:《西园寺公和政局》第3卷,岩波书店1952年版,第346页。

第十一章 昭和时代（战前）

说"。天皇裕仁本人似比较开明，他对侍从长本庄繁表示："朕认为，美浓部绝不是不忠之人。今天，像美浓部那样的人在日本究竟有几个？葬送那样的学者实在太可惜。"①当然，这也可能是裕仁天皇故作姿态。

冈田内阁建立后，确定了废除伦敦海军裁军条约的方针，并制订了新的海军扩充计划。著名的"大和号"战舰和"武藏号"战舰就是在当时建造的。日本外交也不断奉行扩张主义，其集中体现，就是所谓的"广田外交"。广田弘毅认为，采取强硬态度大规模扩军，完全破坏与欧美各国的协调关系有损日本国利益，应当采取"和平方式"以达到增强和扩大日本在华政治、经济地位和利益。中华民国政府根据"一面抵抗，一面交涉"的方针，也对广田的"协和外交"表示欢迎，并采取了一些政策性措施：7月，中国给予了日本优惠关税；12月，中华民国政府和伪满洲国当局签署了通邮协定。日本也释放了试图进一步控制中国的"善意"。12月7日，日本陆、海、外三省有关课长共同制定了《关于对华外交政策的文件》，提出以日本为中心，通过日、"满""华""三'国'携手"实现东亚和平；采取和平方式诱使华北地区脱离南京政权控制，即实现"华北分离"；尽力排除外国对华援助。1935年1月，广田弘毅在议会发表了"日中亲善"演说。作为回应，2月蒋介石也提出了"中日亲善"方针；3月，国民党中央向全国各党部下达了停止排日行动的命令；5月，中日两国公使馆升格为大使馆。

但是，广田弘毅的"协和外交"，遭到了日本军方的反对。1935年3月30日，日本关东军制定了《关东军对华政策》，提出将以军事方式展开"华北分离运动"。5月25日，日本天津驻屯军参谋长酒井隆声称，中国孙永勤部队在停战协定规定的非武装地带采取军事行动、蓝衣社暗杀亲日"满"的报社社长等，向中国驻北平政务整理委员会代理俞鸿钧秘书长、军事委员会分会长何应钦提出要求："宪兵第三团及类似团体、军事委员会分会、政治训练所、国民党部蓝衣社有必要从华北撤出，同时希望支持这些机构的第二师、第二十五师等有害无益的中央军一律撤退，罢免与本次事件有直接、间接关系的蒋孝先、丁正、曾扩情、何一飞等，罢免无视停战协定之精神，与上述各机关通谋、与华北日军对立的于学忠。"②6月5日，日本陆军中央制定了《华北交涉问题处理要项》，要求中国将宪兵第三

---

① 本庄繁：《本庄日记》，原书房1967年版，第204页。本庄繁时任天皇侍从武官长。
② 秦郁彦：《日中战争史》，河出书房新社1961年版，第19页。

团撤出天津地区、罢免河北省主席于学忠。日方在中国领土上对中国军队提出如此无理要求,却也被南京国民政府接受。6月10日,日本若杉参事官给广田外相报告,称中国方面"全部接受我军要求"。当天下午,何应钦和梅津美治郎签署了"何-梅协定"。主要内容:一是罢免日本指定的中国军政人员;二是取消或解散日本指定的国民党政府党政机构;三是撤退驻河北的国民党中央军和东北军;四是禁止抗日活动。

之后,一方面,关东军又觊觎位于河北省西面的与伪满洲国接壤的察哈尔省,不断挑起事端,和察哈尔省主席宋哲元属下的第二十九军发生摩擦。当时正在北平的奉天特务机关长土肥原贤二要求中国军队撤出察哈尔省。6月18日,国民政府任命秦德纯为察哈尔省代主席,免去了宋哲元察哈尔省主席一职。6月27日,日本关东军特务机关成员被宋哲元的部队逮捕。日军遂以所谓"察哈尔问题"为契机,由土肥原贤二和察哈尔省代主席秦德纯签署了"秦—土协定",规定宋哲元部撤出察哈尔省东部以保障伪满洲国西南边境安全。8月1日,日本军方制定了由"方针"和"要领"两大部分构成的《对北支(华北)政策》。"方针"是:"消除华北一切反满抗日策动,实现日满两国间经济文化的通融提携,清除日满两国国防上的不安定因素"。"要领"是:"在实现上述趣旨之过程中,使华北五省政权在对日、对满关系方面采取统一步调,同时在对南京政权的关系方面也努力采取统一步调,相互团结,不为有违上述趣旨之南京政权的政令所左右,形成自治色彩浓厚的亲日、亲满地带。"①

同一天,中共中央在长征路上发表了《为抗日救亡告全国同胞书》,即著名的"八一宣言",呼吁停止内战,一致抗日。1935年11月19日,蒋介石在国民党五次全会上表示:"以不侵犯主权为限度,谋各友邦之政治协商;以互惠平等为原则,谋各友邦之经济合作;否则即当听命党国,下最后之决心";并强调:"和平有和平之限度,牺牲有牺牲之决心"。翌日,蒋介石会见日本驻华大使有吉明,明确表示:"中国对反对国家主权完整,阻碍行政统一等自治制度,无论如何不能容许。"同时,蒋介石一方面电令宋哲元等地方将领不得与日军交涉,一方面调集军队开往京沪、陇海等线,做好开战准备。

另一方面,广田弘毅仍积极推行所谓"协和外交"。1935年10月4

---

① 陆军省:《昭和十年满受大日记(密)》(九),国立公文书馆藏。

第十一章 ● 昭和时代(战前)

日,广田弘毅和日本陆海军大臣进行了磋商,与他们取得了共识,制定了"陆海外三大臣了解事项",史称"广田三原则"。1936年1月21日,广田弘毅在议会发表外交政策演说时,公布了"广田三原则",要求中国:(一)彻底取缔反日运动,摆脱对欧美的倚赖,加强对日亲善及合作;(二)正式承认伪满洲国独立,支援伪满洲国与周边区域进行经济和文化交流;(三)为应对来自外蒙等地共产势力的威胁,就日方的要求与日方合作,在与外蒙接壤地区建立设施。1936年10月7日,广田弘毅向中国驻日大使蒋作宾转达了"广田三原则"。21日,蒋作宾会晤广田弘毅,转达了中国方面的立场和态度,即中国国民政府当年9月7日提出的"三原则",要求日本:第一,停止侵略;第二,亲善友好;第三,以外交手段处理争端。中方表示同意"广田三原则"中第一、第三项原则,但是不接受第二项原则,即承认伪满洲国。同时要求华北地区恢复九一八事变前的状态,废除侵害中国华北主权的各项协定。

"二二六兵变" 日本军队内部也不是铁板一块,特别是"皇道派"和"统制派"的对立,将围绕"改造国家"的矛盾冲突推向高潮。如前面所述,1929年5月,"二叶会"改名"一夕会",会员包括陆军大学毕业的四十多名军官。陆军省和参谋本部的部长、课长大都加入了"一夕会"。随着共同缔结"巴登巴登密约"的永田铁山和小畑敏四郎分道扬镳,"一夕会"分裂为"皇道派"和"统制派"。

"皇道派"得名于荒木贞夫出任犬养毅内阁陆军大臣后,强调拥戴天皇,坚持皇道,建立真正的"皇国、皇道、皇军"。皇道派成员以来自农村、对现实不满的佐尉级军官为主。"统制派"则因强调"改造国家"必须按照军人的组织程序,在统一部署下展开。统制派核心人物是林铣十郎、永田铁山、东条英机,成员以将佐级军官为主。被东京审判判处绞刑的武藤章、曾任侵华日军总司令的冈村宁次、战争末期任日本本土防卫总司令的杉山元、九一八事变主谋石原莞尔,都是统制派成员。武藤章曾对皇道派军官强调,国家革新这种事情,应该由我们陆军中央的人进行,不用你们操心。如果谁不服从

石原莞尔

命令就脱他军装。皇道派军官反驳道,你们这些军队中的精英,真的了解农民的疾苦吗?更重要的是,陆军军官如果没有进过陆军大学深造,几乎没有成为将官的可能。日本陆军有所谓"一天、二表、三敬礼、四马鹿(笨蛋)"的说法。"一天"是胸前佩戴形状如"天宝铜钱"的陆军大学毕业生徽章;"二表"是汇报工作时,具有通过图表等进行简明扼要说明的能力;"三敬礼"是见到上司时以标准的敬礼令上司欣喜满意;"四马鹿"(笨蛋)是在长官面前显得缺乏自己的思想,只会服从长官意志。这种等级隔阂是皇道派和统制派矛盾冲突的深层次原因。

皇道派强调由"天皇主权"实现内政外交"革新",其行为有"下克上"历史演绎的痕迹。据池田纯久在回忆录中称,"皇道派"最初制定的"国家革新案"(现已佚失),"具有一种暴力革命的色彩"。皇道派主张首先对苏开战。小畑敏四郎在担任参谋本部作战课长时,制订了"1933年开春和苏联进行决战"的作战计划,但因遭到永田铁山的强烈反对而被束之高阁。永田铁山认为,在东北的地盘完全巩固之前,不能和苏联开战。相反,应该尽量缓和与苏联的紧张关系。

1934年1月,荒木贞夫罹患肺炎,高烧不退。他以无法出席国会会议为由,递交了辞呈。实际上,他辞职的真正原因,是和苏联开战的主张遭到统制派反对,外相广田弘毅和藏相高桥是清等也站在统制派一边。荒木贞夫建议,由作为"陆军三长官"之一的陆军教育总监真崎甚三郎接替他出任陆相。但是,由于参谋总长闲院宫载仁亲王的强烈主张,接替荒木贞夫出任陆相的是林铣十郎。1935年7月,林铣十郎向真崎甚三郎提出,"为了加强陆军统制,希望你辞去教育总监职务"。真崎甚三郎愤然表示:"我是直接隶属天皇陛下的教育总监。陆军大臣想依照个人意见免我的职,是干涉和侵犯统帅权。"最后,在载仁亲王干预下,真崎甚三郎被调任军事参议官,教育总监由渡边锭太郎大将接任。永田铁山被任命为陆军军务局长。真崎甚三郎被架空,引起奉他为领袖的皇道派青年军官的强烈不满。他们尤其痛恨统制派的核心人物永田铁山。8月12日上午,永田铁山正在办公室里听取东京宪兵队长的报告。这时,门突然被推开,一个军官走了进来。只见他怒目圆睁,朝着永田铁山的背部就是一刀,而后又朝永田铁山胸部刺了一刀。刺杀永田铁山的军官叫相泽三郎,是福山联队的中佐,有剑道四段段位,曾是真崎甚三郎任第八师团长时的部下,对真崎甚三郎有近乎狂热的崇拜。相泽三郎随即被宪兵逮捕,林铣十郎为此引咎辞职，由川岛义之大将继任。翌年1月，军法会议开始公开审讯相泽三郎，每次庭审都有很多皇道派军官到场。相泽三郎宣称："将真崎大将从教育总监职位驱离的永田局长是国贼，我是代天诛杀。"担任相泽三郎辩护人的，是皇道派的满井三郎中佐。满井三郎在庭审中痛斥财阀和政党的腐败，强调永田铁山助纣为虐，罪当诛杀。一些皇道派军官也纷纷表示，"相泽中佐所干的事情，也是我们想干的"。这一事件加剧了皇道派和统制派的矛盾。

为了避免"下克上"，参谋本部决定1936年3月，将皇道派青年军官聚集的第一师团调往伪满洲国。得到这一消息后，2月22日晚，村中孝次、矶部浅一等在野中四郎家秘密聚会，决定在2月26日凌晨5点发动兵变并进行了具体部署。

2月26日拂晓，陆军第一师团步兵第一和第三联队、近卫师团步兵第三联队的1 483名官兵，在矶部浅一、村中孝次、栗原安秀、野中四郎等率领下，举着"昭和维新""尊皇讨奸"的旗帜，袭击了8个目标：首相冈田启介官邸、侍从长铃木贯太郎官邸、陆相川岛义之官邸、内大臣斋藤实私邸、教育总监渡边锭太郎私邸、藏相高桥是清私邸、汤河原前内大臣牧野伸显疗养地、警视厅。起事官兵高喊"天诛！"被刺杀者的鲜血喷溅在厚厚的积雪上，雪白血红。

袭击首相府的，是由栗原安秀中尉率领的300名士兵。栗原安秀首先带领几名亲信打开武器弹药库，然后集合部队。待士兵们在积雪上集合完毕，栗原安秀向他们宣读了《蹶起趣意书》，然后率领部队向首相府进发。《蹶起趣意书》是这样写的：

> 此国体之尊严秀绝，自天祖肇国，神武建国，经明治维新愈益体制完备，今应正值面向万邦实现开显进展之秋，所谓元老、重臣、军阀、财阀、官僚、政党等，乃破坏该国体之元凶——中冈、佐乡屋、血盟团的先驱舍身，五一五事件的愤腾、相泽（三郎）中佐的闪发，皆绝非无故。然几度颈血喷溅，其仍旧毫不忏悔反省，依然为私权自欲所驱，热衷苟且偷安之事。我与俄、中、英、美之间，战事一触即发，此祖宗遗垂之神州，一掷即坠落归于破灭，已洞若观火。值此内外重大危急之时，我等决意诛戮破坏国体之不义不逞之徒，芟除遮蔽稜威阻止维新之奸贼。——为匡正大义，拥护国体，开显进展，我等纵然肝脑

涂地亦在所不辞。谨以此呈献神州赤子卑微的衷言。①

蹶起的士兵冲入首相官邸,看到冈田启介的妹夫、预备役大佐松尾川藏正欲逃跑,于是开枪将他击毙。由于松尾被击中脸部,血肉模糊,对比冈田启介挂在寝室里的照片,感觉两人长相和穿着相似,袭击者误认为冈田启介已被击毙。实际上,冈田启介听到枪声后溜进了女佣房间,躲进了壁橱。之后,冈田启介在其女婿兼秘书迫水久常的帮助下,趁许多人前去为他"吊唁",人多纷杂,乘乱逃出。迫水久常日后在回忆录《机关枪下的首相官邸》里,称冈田启介的成功脱险是"难以解释的一系列奇迹"。

内大臣斋藤实遭到机枪扫射,身中 41 发子弹。陆军教育总监渡边锭太郎棉被裹身,伏在地上用手枪进行还击,也被机枪打成筛子,随后被刺刀砍得血肉模糊。高桥是清被手枪射杀后,头和手脚均被砍下,惨状可想而知。侍从长铃木贯太郎则因为他妻子的哀求而幸免一死。当时,铃木贯太郎对士兵发问:"这是为什么?请告诉我理由。""没时间跟你啰唆,我要开枪了。""既然这样,那我也没办法,你开枪吧。"那个士兵扣动扳机,一连发射四颗子弹,击中了铃木的头部和胸部,铃木当即倒地。这时,铃木贯太郎的妻子拨开几个士兵顶着她的枪刺,大声喊道:"请住手!请住手!"听到铃木妻子的哀求声,一名军官走进了屋子。他知道铃木的妻子在天皇裕仁年幼时照看过天皇,不敢不敬,便命令道:"停下!"然后向倒在地上的铃木贯太郎行了个军礼。铃木的妻子感激地对他说:"太谢谢了!请问您是谁?""我叫安藤辉三。"说完,这位军官集合队伍离开了屋子。

蹶起的官兵占领了陆军省和参谋本部所在地三宅坂、国会议事堂和首相官邸所在地永田町,使日本政治经济中心和当地的交通均陷于瘫痪状态。事变当天下午,川岛义之陆相根据军事参议官会议决议,通过东京警备司令部颁布了《陆军大臣告示》,要点如下:

1.蹶起之趣旨已上达天听(天皇);2.诸子之行动基于显现国体之至情;3.国体之真实显现(包括弊风)恐惧不堪;4.各军事参议官一致赞同依趣旨采取行动;5.谨此禀告天皇。②

2月27日,当局颁布戒严令并成立了戒严司令部,任命东京警备司

---

① 今井清一、高桥正卫编:《现代史资料》第4卷《国家主义运动》第1册,美菱书房1963年版,第174—175页。
② 河野司编:《二二六事件——狱中手记·遗书》,河出书房新社1972年版,第443页。

令官香椎浩平中将任戒严司令官。翌日早晨,戒严司令官向占领警视厅、陆军大臣官邸、陆军省、参谋本部的蹶起军人发出奉敕命令,令其回归原有部队,但未被遵行。作为天皇侍从武官长的本庄繁,在日记中对整个事变过程有详细记载。根据《本庄日记》记载,"2月27日下午1点,内阁决定总辞职,由后藤文夫内相任临时首相收取各阁僚辞呈,早晨捧呈阙下"。①但是,内大臣秘书官长木户幸一和宫内大臣汤浅仓平已达成共识:尽快平息事变,不接受内阁辞呈,不建立新内阁。木户幸一向天皇进言,一旦为了收拾时局建立暂定内阁,则将使同情乱军的势力获得讨价还价的材料,实质上使乱军希望得逞,因此必须拒绝现内阁辞职,对乱军采取坚决镇压的方针。天皇也对几位重臣被枪杀事件极为震怒。因此,当海军军令部总长伏见宫向天皇建议,"尽快建立强有力的内阁,收拾事态"时,天皇断然予以否决。侍从武官长本庄繁向天皇表示"他们的行为原本不可原谅,但他们的精神是精忠报国,不应处置他们"。天皇斥责道,"如果不能尽快平息事态,朕将亲率近卫师团进行平息"。本庄繁在日记里对当时天皇的态度是这样记述的:"不管基于什么样的精神,对杀戮作为朕之肱骨的老臣的这些残暴的军官,岂能原谅?!"按照天皇的说法,"乱军的行动伤害了国体之精华"。要求"天皇亲政"?这岂不是要否定"立宪君主"的议会政治?

本庄繁

2月28日凌晨5点,天皇发出敕令:"戒严司令官须立即命令占领三宅坂一带的青年军官等,迅速返回所属部队。"晚上11点,戒严司令部发出最后通牒:29日上午9点将发起攻击。28日下午1点,陆军大臣川岛义之和陆军省军事调查部长山下奉文前往宫中拜见侍从武官长本庄繁,提出"将要求军官全部在陆相官邸自刃谢罪,士官及以下返回原先部队。并请派遣敕使让他们死得荣光。除此之外,没有其他解决办法"。本庄繁据此禀报天皇后,天皇表示,"想要自杀请便,想要我派敕使?休想!"

---

① 本庄繁:《本庄日记》,原书房1967年版,第274页。

29日,戒严司令部采取行动动摇蹶起军人的军心,从凌晨开始用气球悬挂动摇蹶起部队军心的标语,用飞机散发传单:"你们的父母兄弟正在因你们成为国贼而哭泣。"同时播送《告士兵书》:"天皇陛下已发出命令,现在回头还不晚。请你们立即停止抵抗回到军旗下面。"9点,以战车为先导的2万名官兵开始对蹶起官兵进行围歼。10点15分,戒严司令部再次以口语体发布消息:"参谋本部附近已有约30名下士官等士兵携带机枪归顺。各方面还有继续归顺的势头。所幸到目前为止双方尚未交火。"之后又连续发表类似消息,并散发传单进行劝说。下午1点30分,戒严司令部发表声明,称叛乱已被平定。下午4点55分,内阁发表声明,称冈田首相有幸躲过了26日凌晨发生的危机,目前十分安全。并称"28日上午,冈田首相递交了辞呈,并于当晚进宫为惊扰圣驾向天皇请罪。蒙圣情宽厚,冈田惶恐感激之至,拜谢君恩后告退"。

兵变被平息后,7月7日午夜2点,当局公布了对发动兵变的首领矶部浅一、村中孝次等17人的死刑判决,其中包括没有直接参与但被认为事实上为乱军提供理论指导的"日本法西斯主义鼻祖"北一辉和西田税。5天后,15个兵变为首分子被枪决。他们临刑时还高呼:"天皇陛下万岁!"北一辉和西田税于翌年被处决。真崎甚三郎也被起诉,因"证据不足"未被追责。但是,根据和皇道派关系密切的浪人龟川哲也的交代,事变前一天,他已将一些官兵可能蹶起的情况告诉了真崎甚三郎,真崎甚三郎没有将情况告知陆军大臣或警备司令部。实际上,没有追究真崎甚三郎刑责的原因,参与审讯的法官佐藤良辅中佐说得很清楚,"真崎是军事参议官,如果遭受处罚,军队将失去国民的信赖,军队的权威性将遭到质疑"。之后,陆军被大换血。除了寺内寿一,其余大将均被转入预备役。包括太平洋战争主要发动者东条英机在内的统制派,自此完全控制了陆军。

第五节 从试图分裂中国到全面侵略中国

日本政治评论家田原总一郎在提及卢沟桥事变时表示:"不要忘了日中战争是由一发子弹引起的。"然而,"一发子弹"只是导火索,不是根本原因。正如《中日共同历史研究报告》写道的:"7月7日晚开始的卢沟桥事变,揭开了中日全面战争的序幕。表面上,卢沟桥事变的发生是由日军演习时的'枪声'引发的,具有偶然性。但是,卢沟桥事变的发生在很大程度上与日本的侵华政策相关,并很快导致了日本的全面侵华战争。从历史的演变过程看,卢沟桥事变的发生又带有必然性。"这是对日本发动全面侵华战争之"偶然性"和"必然性"的确切总结,符合历史辩证法。毋庸置疑,只有正确认识历史事件的"偶然性"和历史进程的"必然性"之间的内在联系,我们才有可能认清历史的真相,才能透过问题的表象,认清问题的实质。

全面侵华前的中日政局 "二二六兵变"被平息后,冈田启介内阁于当年3月5日宣布总辞职。西园寺公望推荐贵族院的近卫文麿继任首相。但是,近卫文麿以健康不佳为由固辞,不愿此时接"烫手山芋"。之后,枢密院议长一木喜德郎推荐斋藤实和冈田启介内阁的外相广田弘毅。广田弘毅最初也是寻找各种理由推辞,后在西园寺公望的再三劝说下才答应。3月9日,广田弘毅奉天皇大命组阁。由于广田弘毅邀自由主义者吉田茂、下村宏、小原直入阁,引起陆军强烈不满。陆军威胁称,如果邀他们入阁,将不选派陆军大臣。海军也表示,"事关国策",含蓄地进行威胁,要求广田弘毅"慎重"。无奈,广田弘毅只能按照陆海军的要求任命阁僚:外相由广田弘毅兼任(一个月后由有田八郎接任),陆相和海相分别由寺内寿一和永野修身担任。必须强调的是,这是军人首次公开干预组阁。

广田弘毅(1878—1948年)出生于福冈县锻冶町(福冈市中央区),父亲原先叫林德平,是个石匠,后过继给广田家当养子而改姓。1898年(明治三十一年)广田弘毅从中学修猷馆毕业后,进入了后来成为东京大学教养学部的第一高等学校("一高"),三年后进入东京帝国大学法科。1906年,广田弘毅以第一名的成绩通过了高级文官外交科考试。和他同期考上高级文官外交科考试的,有战后成为日本首相的吉田茂。此后,广田弘毅一直担任职业外交官,成为"从职业外交官到首相"的先驱。之后同样走这条道路的有"二战"后的三位首相:币原喜重郎、吉田茂、芦田均。

广田弘毅上台后即对陆军进行彻底整肃。在整肃中,真崎甚三郎、林铣十郎、本庄繁、荒木贞夫等七名大将,以及对"叛乱"措置不够果断的香椎浩平被编入预备役。与"二二六兵变"没有直接关联的桥本欣五郎、建川美次也被编入预备役。另外,陆军进行了大规模改革,宗旨是"强化大臣的人事任免权,提高陆军大臣在政府内的地位"。同时以"庶政一新"为标榜,在8月25日提出了作为国策的七项任务:充实国防,革新教育,整理税制,安定国民生活,振兴产业、发展贸易,确定对伪满洲国政策,改革行政机构。其实,这七项任务都是陈词滥调,了无新意。真正有"新意"的是顺应军部要求,采取了以下几项举措:一是恢复军部大臣现役武官制。1936年5月18日,天皇颁布了《改正陆海军省官制》的敕令。根据敕令,重新恢复了已废除23年的军部大臣现役武官制。二是将美国和苏联定为主要假想敌,陆军扩充至50个师团,海军扩充至航母12艘、主力舰12艘、巡洋舰28艘。三是签署《日德防共协定》。翌年意大利加入,日、德、意三国同盟开始发端。

《日德防共协定》从双方开始接触到正式签署,经历了一年多时间。石原莞尔从驻仙台的联队长调任参谋本部作战课长后,这项工作开始启动。对苏联的威胁具有强烈危机感的石原莞尔,到任后说动参谋本部次长杉山元,让参谋本部德国班开始这项工作。日本驻德大使馆武官大岛浩和阿道夫·希特勒的外交顾问乔希姆·里宾特洛甫(Joachim von Ribbentrop)的交涉记录显示,当时大岛浩和杉山元始终通过电报保持联系。日本的协定案具有以苏联为对象、建立日德军事同盟的强烈色彩,并考虑将来让英国加入同盟。德国则坚持将协定限于意识形态范畴,不同意建立军事同盟。因为,德国外交部和国防军主流派的远东政策,坚持传统的亲华路线,反对推行亲日路线。1936年11月25日,《日德防共协定》正式签署,德国对建立军事同盟的消极态度,最终决定了该协定的性质。虽然协定的秘密附属条款规定,如果受到苏联攻击,两国应为了共同利益即刻进行磋商,但并没有使日本和德国形成攻守同盟。

同时,日本对中国的侵略扩张也步步深入。面对这种态势,中国的政局开始出现重大变化,抗日民族统一阵线开始形成。如前面所述,1935年8月1日,中共中央发表了《为抗日救亡告全国同胞书》("八一宣言")。翌年5月5日,中共中央又发表了《停战议和一致抗日通电》(通称"五五通电"),强调在亡国灭种的紧急关头,以"兄弟阋于墙,外御其侮"的精神,停止内战,一致抗日。8月,中共代表周恩来会晤张学良,约定"联蒋抗日"。但是,蒋介石仍坚持反共立场并开始发动第六次围剿,要求阎锡山的山西军和张学良的东北军担任先锋,三个月内剿灭共产党。与日本有

第十一章 ● 昭和时代（战前）

杀父之仇的张学良，对剿灭主张抗日的共产党的指令态度消极。以此为背景，12月12日早晨，张学良、杨虎城逼蒋抗日，史称"西安事变"。当天夜晚，张学良和西北军第十七路军军长杨虎城通电全国，在强调保证蒋介石生命安全的同时，提出了全面停止内战八项要求：全面停止内战，改组南京政府，释放在上海逮捕的爱国领袖，释放一切政治犯，保障民众有举行爱国运动的自由，保障人民的政治自由和权利，恪守先总理孙文遗嘱，召开救国会议。最终，在各方努力下，西安事变和平解决。1937年1月6日，南京国民政府撤除了"西安剿匪总司令部"。为了建立抗日统一战线，2月10日，中共中央致函南京国民政府，同意停止土地革革命。3月15日，国民党五届三中全会召开，建立抗日统一战线的呼声高涨，国共合作氛围日益浓厚。

在中国面对日本侵略，逐渐形成民族抗日统一战线的同时，日本加强了对国内社会和舆论的控制，先后颁布了《不稳文书临时取缔法》《思想犯保护观察法》，导致社会撕裂，同时由于统治阶层产生深刻矛盾而导致内阁倒台。促使广田内阁倒台的导火索，是史称"切腹回答"的一段对话。当时，立宪政友会的滨田国松议员指责陆相寺内寿一"军人干政"。寺内寿一说他的言论是"侮辱军人的言论"。滨田国松不依不饶，反驳道："如果国会记录中有我侮辱军人的言论，我切腹。如果没有，那就请你切腹。"寺内寿一恼羞成怒，要求解散议会。阁僚对这一要求意见相左，广田不得不宣布内阁总辞职。1937年1月29日，天皇大命降下，林铣十郎接任内阁首相。

林铣十郎（1876—1943年）出身于加贺藩（石川县）藩士家庭，是第一位出生于石川县的首相，曾入"四高"（金泽大学预科），毕业后进入步兵第七联队，再后考入陆军士官学校、陆军大学。日俄战争时参加旅顺战役并获得乃木希典嘉奖。1912年至1916年赴德国和英国留学。1927年任陆军大学校长，1929年任近卫师团长，翌年任朝鲜军司令官。出任首相前是冈田启介内阁的陆相。2月2日，林铣十郎组阁完成：首相为林铣十郎，外相为林铣十郎（兼，一个月后由佐藤尚武替代），文相为林铣十郎（兼），内相为河原田稼吉，藏相为结城丰太郎，拓相为结城丰太郎（兼），陆相为中村孝太郎（一周后由杉山元接替），海相为米内光政，法相为盐野季彦，农相为山崎达之辅，商相为伍堂卓雄，铁相为伍堂卓雄（兼），递相为山崎达之辅（兼，一周后由儿玉秀雄接替），内阁书记官长为大桥八郎，法制局长官为川越丈雄。林铣十郎内阁的一大特色是彻底排斥政党成员,阁僚中只有农相兼任递相的山崎达之辅曾经是"昭和会"成员(以脱党为条件入阁)。

1937年2月15日,林铣十郎在两院发表施政演说,强调"排除矫激,戒除因循,坚决推行与时俱进的革新"。他同时声称,新内阁施政纲领由敬神尊皇与祭政一致、发展独特的立宪政治、举国一致的对外政策、充实国防军备、综合发展事业等五个方面组成。4月11日,林铣十郎又提出了"八大新政策",要点是:(1)扩大银行功能,强化经济统制;(2)修复日英关系、推行对华经济外交。庞大的财政开支是导致通货膨胀的重要原因,所以林铣十郎试图以此作为"改革"突破口。起用兴业银行总裁结城丰太郎出任藏相,就是出于这一目的。为了节省开支,林铣十郎内阁对前内阁制定的30亿日元预算案进行了压缩,削减了2.6亿日元,主要削减了民用开支,没有削减军费开支。在议会审议政府预算时,林铣十郎态度诚恳,使预算顺利获得通过。但是两天后,林铣十郎突然宣布解散议会进行大选,理由是要"刷新议会",实际上是想排除异己。大选结果完全出乎林铣十郎预料。在众议院466个席位中,政党议员超过400人,其中民政党获得180席、政友会获得174席。5月28日,民政党和政友会共同召开大会,要求林铣十郎辞职。5月31日,只存在了不到四个月,其间还经历了国会休会、解散、大选的林铣十郎内阁宣布总辞职。

卢沟桥事变真相 林铣十郎内阁总辞职当天,元老西园寺公望即奏请天皇降下大命,让近卫文麿继任首相。这一次近卫文麿没有推辞,于6月4日组建了第一届近卫内阁,主要阁僚如下:近卫文麿(首相兼外相)、马场瑛一(内务相)、贺屋兴宣(藏相)、杉山元(陆相,留任)、米内光政(海相,留任)、盐野季彦(法相,留任)、安井英二(文相)、有马赖宁(农相)、吉野信次(商相)、永井柳太郎(递相,民政党)、中岛知久平(铁道相,政友会)、大谷尊由(拓相),风见章(内阁书记官长)。

近卫内阁时期,日本发动全面侵华战争,使前此逐渐形成的"远东战争策源地"最终确立,和作为首相的近卫文麿本人的经历、威信、思想均不无关系。

近卫文麿(1891—1945年)出身于"五摄家笔头"(首户)近卫家,父亲是近卫笃麿公爵,曾任学习院院长和贵族议长。母亲是丰臣秀吉手下的"五大老"之一即加贺藩藩主前田利家的后裔前田庆宁的女儿一衍。不幸

第十一章 昭和时代（战前）

的是，近卫文麿的母亲在他出生第八天就去世了，14岁时，他的父亲也去世了。因此，近卫文麿14岁便成为近卫家当主。1909年学习院中等科毕业后，近卫文麿进入后成为东京大学教养学部的第一高等学校（"一高"），三年后进入东京帝国大学，但他希望师从河上肇教授，因此转入京都大学法科，在毕业前一年即1916年成为贵族院议员。1931年近卫文麿成为贵族院副议长，两年后成为议长，当时年仅41岁。近卫文麿当选首相时年仅47岁，前所未有，而他既非军人也非官僚的身世，更为他蒙上了一层神秘的光环和未知的魅力，在当时算得上众望所归，上任后没有积极的反对者。西园寺公望更视近卫文麿为自己的接班人，故因此一再推荐。近卫文麿出任首相后，各报纷纷不吝溢美之词，称他是"白面青年宰相，我内阁史上划时代的首相"（《朝日新闻》），"非常时代日本的王牌，热情的人近卫，年轻并敏感于时事潮流"（《东京日日新闻》），等等。

近卫文麿是个有政治思想和野心的人物，他政治思想的基础是所谓的"国际正义"和"社会正义"。1918年大学毕业后，近卫文麿便在《日本及日本人》杂志上，发表了题为《排除英美本位的和平主义》的论文，指出在英美政治家民主主义和人道主义美妙辞言的背后，是希望维持对己有利的现状的丑恶动机，是极端的利己主义。作为领土狭窄、资源贫乏的日本，如果不想纵容这种利己主义，如果想在世界上继续生存，就必须打破现状，实现国家平等即"国际正义"。他所谓的"社会正义"，则渊源于学生时代所受的所谓的"社会主义"影响。在组阁后首次会见记者时，近卫文麿提出，必须克服国内各种势力的对立。他强调将以维护"国际正义"和"社会正义"，作为内阁的指导原理，对外确立"以国际正义为基础"的国际环境，因为"单纯维持现状不是真正的和平"；对内努力采取"以社会正义为基础的措施"，"要和全体国民携手进行革新，为国家发展竭尽全力"。[①]他表示，将建立以全体国民为基础、集结一切政治势力的"举国一致"内阁。在政治运作方面，近卫文麿强调"先手论"，即政治家应通过率先采取措施，回应包括军人在内的"革新"势力的诉求，防止混乱发生、保持政治家的优势地位。正是在近卫文麿执政期间，日本发动了全面侵华战争。

---

① 《朝日新闻》1937年6月5日朝刊。

日本通史（修订本）

1937年7月7日，日本华北驻屯军步兵旅团第一联队第三大队第八中队135名官兵，由中队长清水节郎大尉带领，在卢沟桥以北永定河东岸宛平城附近的龙王庙地区进行军事演习，晚上10点时突然听到枪声。《中日共同历史研究报告》就此写道，"卢沟桥事变的发生是由日军演习时的'枪声'引发的，具有偶然性"。那么，究竟是谁开的枪？一些日本学者认为，枪声可能来自中国第二十九军方向，因为那天由吉星文任团长的第二十九军219团也在附近进行演习，但这一说法无法确定。也有说是北京的学生朝演习双方开枪以挑起事端，但据事后赶赴当地调查的日军驻北京特务机关辅佐官寺平忠辅大尉的报告，枪弹的闪光有相当距离，似数人相互射击。但中日两国军队间隔不足千米，而且地势平坦，无法想象有人能持枪进入这一地区挑起冲突。迄今为止，枪声来源仍是个未解之谜。枪击并未造成人员伤亡，但清水节郎当即终止了演习，并让传令兵志村菊次郎前去丰台向大队长一木清直少佐请示。不料，志村菊次郎迷了路（一说是因为拉肚子而掉队，也有说是在路边小便而掉队）。接到士兵走失的报告后，联队长牟田口廉也大佐当即命令一木清直派员前往第二十九军，要求进入宛平县城搜索，尽管志村菊次郎不到二十分钟就归队了。这说明日军原本就在寻衅滋事。卢沟桥事变标志着日本全面侵华战争的开始。翌年6月30日，一木清直在接受《朝日新闻》采访时也承认了这一事实："当时接到报告士兵（志村）已经回来了。"然而，日军仍蛮横无理地强行要求入城搜查，中方对此无理要求明确予以拒绝。一木清直当即指挥部队摆开阵势。据日本内阁书记官长风见章回忆，当天夜里他接到消息后，立即向近卫首相作了汇报。近卫问："难道是日本陆军有计划的行动？"米内光政海相、山本五十六海军次官也是同样反应。①另据时任参谋本部作战部第二课课长的河边虎四郎回忆，当天夜里接到卢沟桥事变的报告后，陆军中央最初并没有预料到它会成为一场延续八年的战争的开端。他们最初的反应是"尽快收拾局面"。②值得一提的是，冲突发生时，牟田口廉也的顶头上司河边正三旅团长在通州视察部队。中国驻屯军司令官田代皖一郎中将病危（事变发生九天后去世）。但是，接到牟田口廉

---

① 风见章：《近卫内阁》，中央公论社1982年版，第31页。
② 河边虎四郎：《从市谷台到市谷台——最后的参谋次长的回想录》，时事通信社1962年版，第143页。

第十一章 昭和时代（战前）

也的报告后,河边正三不仅没有阻止事态扩大,而是对牟田口廉也的做法表示赞同。牟田口廉也事后对日本昭和史研究专家半藤一利说:"卢沟桥事变时,我的联队独自对敌发起攻击,河边(正三)旅团长对我的命令表示赞许,并以旅团的名义命令发动攻击。我当时对旅团长的决定非常感激。"①8日凌晨4点20分,牟田口廉也向当地部队发出了"开始战斗"的命令,双方军队随即展开了激战。8日上午,参谋总长闲院宫载仁亲王电令日本驻天津部队司令官田代皖一郎中将:"不扩大事态,不以武力解决问题。"于是,9日凌晨3点,双方达成临时停火协议。同一天,在日本首相、外相、陆相、海相的"四相会议"上,陆相杉山元表示,应尽快在当地解决问题。参谋本部作战部部长石原莞尔也主张采取"不扩大方针"。按照石原莞尔的考虑,面对兵力、战车、飞机数倍于日军的苏联红军,在伪满洲国得到切实巩固、日本重工业得到切实加强和军备得到充实之前,必须尽量避免和中国发生矛盾。按照他的意见,最近十年应致力于伪满洲国建设和构建对苏战略态势,尽量避免和中国及美国发生冲突。如果发生冲突,则应避免扩大战事,作为局部冲突予以解决。②但是,军部的主流意见是:乘势依靠实力一举解决华北堆积如山的"悬案"。

10日早晨,牟田口廉也命令木原义雄少佐指挥的第一大队,增援一木清直少佐指挥的第三大队,向宛平县城发起攻击。为了抗击日本侵略,南京国民政府出动了空军,并将四个师调往河南。大规模战争一触即发。11日,双方达成了停战协议,各大报纸原本打算就此发表号外,但陆军省新闻班称"还没有决定",将号外压了下来。深夜,由陆军新闻班授意,无线电广播称:"虽然签署了停战协定,但中方签署停战协定是否基于诚意,值得怀疑。必须有中方撕毁协议的思想准备。"这一由新闻班一个中佐拟就的广播稿,被认为是陆军当局的看法广泛流传。当天,内阁召开紧急会议。陆相杉山元提出:(1)为显示帝国威力,应派遣五个师团前往中国。(2)要求中国军队谢罪并对将来的行动做出保证,否则当先发制人展开攻击。当天,首相近卫文麿发表声明称:"毋庸置疑,本次事变是中国方面有计划的武装抗日。"近卫文麿对陆军的意见保持沉默,不敢公开反对。陆

---

① 半藤一利:《昭和史(1926—1945)》,平凡社2004年版,第185页。
② 日本防卫厅战史室编:战史丛书《大本营陆军部》第1册,朝云新闻社1967年版,第412—414页。

军随后决定,先派遣关东军机械化旅团、朝鲜军第二十师团。本土第五、第六、第十三师团伺机而动。为什么派五个师团?因为,狂妄的"扩大派"认为华北五省,一个省派一个师团就能"搞定"。同时决定将因卢沟桥事变引发的冲突称为华北事变(日语表述为"北支事变"),并制定了三亿元预算。①内阁会议结束后,近卫将出兵决定禀告天皇,获得了天皇认可。之后,天皇对内大臣木户幸一说:"如果我反对出兵,那么陆军大臣必须辞职,内阁也必须总辞职",似乎显得无奈,但实际上裕仁也认为,"只要决意出兵,中国方面就会屈服"。7月19日,石原莞尔向陆相杉山元提出"局势照此发展下去有爆发全面战争的危险。应请近卫首相亲自飞赴南京会晤蒋介石,解决当今日中紧迫问题"。近卫最初接受了这个建议,但是内阁书记官长风见章委婉地提醒他:如果首相和蒋介石达成协议,陆军不服从怎么办?如果不能确保陆军服从首脑会谈协议,那么近卫首相的南京之旅不仅徒劳往返,而且将自取其辱。经他提醒,近卫打了退堂鼓。

蓄谋已久的侵华战争 日本全面侵华是早有预谋的,是必然的。这种必然性可以通过以下史实得到证明。

第一,据当时任参谋本部第一部第二课课长的河边虎四郎少将回忆:"自昭和十二年(1937年)4月后,一些不祥的情报时而传入我的耳内。据华北驻屯军司令部的幕僚称,华北出现了一些可能会闹事的征兆。"②"闹事"是指当地军人寻衅滋事。为什么要"闹事"?值得一提的是,牟田口廉也是皇道派军人,"二二六兵变"后被派到中国。牟田口廉也认为,这是对他的"发落",一直心怀不满。

第二,虽然枪声从何而来迄今仍不明了,但7月8日《读卖新闻》刊发的号外,标题就是《中国军队不法射击 日本军队当即应战》。《朝日新闻》当天夕刊的标题则是《北平郊外日中两军冲突 我军对不法射击展开反击并解除了第二十九军所部武装》。所有日本媒体都根据陆军省的口径,对中国进行谴责,"暴支膺惩"(惩罚暴戾的中国)的口号甚嚣尘上。天皇裕仁的弟弟高松宫宣仁在日记中写道,舆论的过激反应,是事态不断扩大的重要原因。

---

① 日本众议院、参议院编:《议会制度七十年史帝国议会史》(下),大藏省印刷局1962年版,第153页。
② 河边虎四郎:《从市谷台到市谷台——最后的参谋次长的回想录》,时事通信社1962年版,第133页。

第三,事变发生时任美国驻中国大使馆武官的巴雷特上校,在东京审判作证时表示,"日本军人对中国军人的态度是傲慢和攻击性的。在许多场合,他们的行动是对中国主权的侮辱和直接的侵犯和亵渎。我认为,7月第一周他们在宛平县城附近的夜间演习,是挑衅性的"。①一些日本学者也认为,在卢沟桥,而且在中国军队面前进行军事演习,如同在日本京都的鸭川进行演习,必然激发起反日情绪。日本显然有错在先。

第四,日本破坏中日之间的协议,擅自扩大在华兵员人数和在丰台驻军,是事变发生的直接原因。1900 年义和团事件爆发后,列强组织八国联军进行镇压,并在翌年迫使清政府签署了《北京议定书》(通称《辛丑条约》),条约第九款同意列强为了保护本国侨民,"酌定数处留兵驻守,以保京师至海通道无断绝之处"。日本为此组建了"北清驻屯军"。辛亥革命后,清政府被中华民国政府取代,"北清驻屯军"改名"中国驻屯军",依然驻守当地。关东军以"支援中国驻屯军"为由,要求深入华北。为了避免关东军过多插手华北事务,陆军中央将在中国的驻屯军兵力从 1570 人增至 5774 人。"二战"后,石原莞尔对此也不得不承认,"如果不是采取增兵中国驻屯军,而是通过增强统治威力使关东军不过多插手,或许比较妥当"。国民政府曾经提出抗议:"日本扼住北京南大门,意欲何为?"但日军根本置若罔闻。7 月 7 日进行军事演习并引发事端的日军,就是驻屯丰台的日军。时任日本陆军参谋本部作战部长的石原莞尔也承认:"将通州驻兵的计划改为在丰台驻兵,终于构成了卢沟桥事件的直接动因。"虽然《辛丑条约》允许外国驻军可以进行军事演习,但其他国家的军事演习实际等于阅兵,唯独日本进行实弹军演。

第五,日本所谓的"华北工作",即分裂中国,意图使华北五省,即河北、山东、山西、绥远、察哈尔脱离中央政府实现"自治",还在通州建立"冀东防共自治委员会",扶持毕业于早稻田大学的亲日派即河北省蓟密区兼滦榆区行政督察专员殷汝耕出任首脑,想把华北变成第二个伪满洲国。

第六,日本被好战分子裹胁。1937 年 4 月,在首相、外相、陆相、海相的"四相会议"上,佐藤尚武提出,"推进华北自治,扰乱中国内政的政治工作应该停止。应该以公正态度对待国民政府统一中国的运动。当顾及国民政府的面子,避免其面对国民压力,不得不采取抗日立场的举措"。但

---

① 半藤一利:《昭和史(1926—1945)》,平凡社 2004 年版,第 189 页。

是，佐藤尚武的这一主张遭到陆军强硬派的激烈反对。他们称，"那家伙（佐藤尚武）是舶来的日本人。和要求归还'满洲'的中国，能亲善和携手吗？"

事变发生后，战事之所以迅速蔓延的主要原因，是日本低估了中国的抗战决心和实力，认为中国会像九一八事变时那样，不堪一击，可以速战速决，迫使中国就范并签"城下之盟"，进而实现以日本为核心的"东亚同盟"。现保存于日本陆上自卫队本部的《松井石根日记》称："要贯彻日本陆军的传统精神和作战方针，速战速决。"《河边虎四郎少将回想录》也写道："向当地派遣三到四个师团，予敌一击，旋即殓戈收兵。只要派遣大军攻击一下作为恐吓，中国马上会投降。即可防止事态扩大。"时任陆军参谋本部作战课长的武藤章，也提出了所谓"对华一击论"。"以近卫为首的日本政府认为，只要动员大军、采取强硬态度，中国方面将在短时期内屈服，因此不断增兵。"①

8月13日，日本向中国的经济中心上海发起进攻，制造了八一三事变，而中国军民则谱写了一曲"淞沪抗战"的历史诗篇。面对日军攻击，蒋介石即派遣以德械武装的部队参战。按蒋介石的看法，在中国北部，中日无论打得多么激烈，都不会引起世界太大关注。但若在国际都市上海开战，则即刻能聚集国际视线，唤起国际舆论。蒋介石在开战前一年的日记中写道："亚洲的问题必须与欧洲和世界各国协同解决，以此来处置倭寇。"8月15日，日本政府再次发表声明，称："为了敦促南京政府反省，今已不得不采取断然措施。"同一天，南京国民政府发出了全国总动员令。8月17日，日本内阁会议通过决议："抛弃以往奉行的不扩大方针，准备战时态势必要的各种对策。"8月21日，南京国民政府和苏联签署了《中苏互不侵犯条约》。8月22日，南京国民政府将中国工农红军改编为"国民革命军第八路军"。8月24日，日本内阁会议决定并颁发了《国民精神总动员实施纲要》（略称"精动"），强调颁布此纲要之宗旨是："以举国一致坚忍不拔之精神，应对当今之时局，克服今后可能持续之艰难时局，为了扶翼皇运，开展官民一体之大国民运动。"同时规定了名称、运动目标、实施机关、实施方法。在此期间，日本不断增加对华作战兵力。8月31日，在华日军已有以香月清司中将为司令官的华北方面军八个师团约十万人、

---

① 木户日记研究会编：《木户幸一关系文书》，东京大学出版会1966年版，第296—315页。

第十一章 ● 昭和时代（战前）

以松井石根大将为司令官的上海派遣军五个师团约十万人。

9月初，在中国并未屈服、战事已经扩大的情况下，日本政府开始考虑是否由天皇发布"宣战诏书"正式对中国"宣战"，使双方的武装冲突成为符合国际法定义的战争。但是，日本外务省、陆军省、海军省等经研究后，决定将"北支事变"改称"支那事变"。日本之所以不宣战，主要是顾忌美国的立场。因为，日本的石油和废钢铁等制造武器的原材料，主要从美国进口。美国1935年制定、1936年修订的《中立法》，禁止向战争当事国出口战略物资。如果日本宣战，美国完全可能动用《中立法》。9月，主张"不扩大"战事的参谋本部作战部长石原莞尔被调任关东军参谋次长。至9月底，日本共向中国派遣了相当于十五个师团的兵力。

战事的旷日持久令日本当局感到棘手。10月1日，日本"四相会议"制定了《支那事变对策处理纲要》，提出既应尽早收拾战局，同时又必须做好长期战争准备，为此须"实施总动员、制定战时法令，建立耐久的举国一致体制，为适应战时需要，开展国家各方面的运作"。①另一方面，曾强调"直接交涉"，不希望欧美国家干预的日本，决定通过欧美国家对中日双方的武装冲突进行斡旋。陆军首先提出，希望通过与日本缔结有"共同防共协定"的德国出面斡旋。10月21日，日本外相广田弘毅约见了德国驻日大使赫伯特·冯·迪尔克森 (Herbert von Dirksen)，要求他出面调停中日冲突，并提出了日方的和谈条件：(一)在内蒙建立自治政府；(二)在伪满洲国和天津、北平之间建立非军事地带；(三)扩大上海的非军事地带；(四)放弃排日政策；(五)协同反共；(六)降低日货进入中国的海关税率；(七)尊重外国人

讽刺华北分离运动的漫画

---

① 堀场一雄：《中国事变战争指导史》，原书房1973年版，第101页。

在中国的权利。①同时,日本军部将作战主力从华北移至华中。广田弘毅提出上述条件不到一周,日本扶植建立了蒙古联盟自治政府。显然,日本根本没有放弃分裂和侵略中国的企图。

受到广田弘毅委托后,迪尔克森当即同德国驻华大使陶德曼(Trautmann)进行了联系,希望他进行斡旋。蒋介石最初对此反应冷淡,但是,11月5日,由柳川平助中将率领的日军第十军在杭州湾登陆,对中国军队形成包抄之势,随后侵占了上海。此时,蒋介石的态度发生了变化。12月7日,蒋介石委托迪尔克森转达他给广田弘毅的正式答复:同意以领土主权完整为前提、以日本提出的条件为基础,进行和平谈判。②广田弘毅当天即向近卫首相和陆相杉山元、海相米内光政转达了蒋介石的答复,获得他们一致赞同。但是,翌日杉山元却向广田弘毅表示,当拒绝德国的和谈斡旋。杉山元之所以转变态度,主要是因为陆军将领在战事进展顺利的情况下,反对和谈。

在进攻上海时,日本军部为了尽早结束战事,在苏州和嘉兴之间划定了一条"制令线",禁止擅自跨越此线。攻陷上海后,松井石根在11月22日致电参谋本部,称:"将部队停留在制令线只会逸失战机。应向南京进击。"按照松井石根的考虑,只要攻陷南京,蒋介石就会屈服,因此他建议跨越"制令线",进攻南京。11月24日,松井石根所部第六师团参谋冈田重美拍摄的录像显示,前线作战部队已在嘉兴越过了"制令线",直逼南京。12月1日,日军参谋本部同意了松井石根的请求,正式发布了攻占南京的命令。12月7日,蒋介石留下十万军队守卫南京,前往陪都重庆。12月10日,日军开始发动总攻。在日军猛攻之下,南京防卫军司令唐生智逃跑,使中国军队失去指挥。12月12日,停泊在南京江面上的美国海军"班乃岛号"炮舰,被日军战机炸沉。舰上3名水兵死亡,27人受伤,其中14人重伤。美国国务卿赫尔随即向日本政府提出抗议,而日本辩称由于"能见度差",日军飞行员未能看清"班乃岛号"的国旗而"误炸"。海军省次官山本五十六造访了美国驻日大使馆,向格鲁大使表示歉意,并将1名海军少将撤职查办,同时提出了赔偿方案。罗斯福总统接受了日方道

---

① 三宅正树:《日德意三国同盟研究》第二章《特劳特曼工作的性质和史料》,南窗社1975年版。
② 日本产经新闻社编:《蒋介石秘录》第12卷,产经新闻社1988年版,第97—98页。

第十一章 昭和时代（战前）

歉和赔偿数额,没有采取激化矛盾的报复行动。3个月后,日本交付给美国一张221万美元的支票。12月13日,南京陷落,日军入城后进行了惨无人道的"南京大屠杀"。同一天,在德国大使斡旋下,设立不到一个月的日本最高决策机构"政府大本营联络会议",举行了第一次会议,决定向中国提出和谈条件:华北地区特殊化,将上海非武装地带扩展至华中日军占领地区,赔偿战争费用,在停火协定签署后缔结停战协定,向日本派遣媾和使节。会议决定,中国必须在年内答复这些条件。14日,日本华北派遣军在北平扶植建立了伪政权"中华民国临时政府"。该"临时政府"以中国北洋军阀政府时期的国旗,即红黄蓝白黑五色旗为"国旗",并发表了《政府成立宣言》,标榜"三权分立",设行政、议政、司法三个委员会,以王克敏为行政委员会委员长、汤尔和为议政委员长、董康为司法委员长。①12月18日,日本政府着手修订《中国事变对策处理纲要》。经修订的"纲要"提出,若和平不能达成,将不再像以往那样"以国民政府为对手"。②"不以国民政府为对手",就是否定南京国民政府的合法性,以后不再通过外交途径解决两国冲突。必须强调,日本自此确定了使整个中国成为伪满洲国,即一步步分裂中国的方针。12月21日,上述条件被定为日本内阁会议决议,并由德国驻华大使陶德曼转告南京国民政府。

1938年1月11日,大本营政府联络会议在天皇临席的情况下举行会议,此即所谓"御前会议"。为什么要举行"大本营政府联络会议"？因为,《大日本帝国宪法》第一条规定,"大日本帝国由万世一系的天皇统治",即所有国务大臣均是天皇辅弼。第十一条规定,"天皇统率陆海军"。但是,协助天皇统帅军队的陆军参谋总长和海军军令部总长(1933年前是军令部长),均不是辅弼天皇的大臣,陆海军大臣也不是由首相组阁时任命,而是分别由陆海军推派。日本战前强调"统帅权独立",即陆海军首长均直接对统帅(天皇)负责,内阁不得干预,能够统一指挥陆海军的只有天皇。尽管1944年8月,"大本营政府联络会议"改称"最高战争指导会议",但性质没有任何改变。能够协调军队和政府关系的仍只有天皇。从1938年1月11日确定《处理支那事变根本方

---

① 1940年3月30日,以汪精卫为主席的伪政府"中华民国国民政府"在南京成立后,该"临时政府"改称"华北政务委员会",下属各部改称总署,原各部负责人改称督办,归汪精卫政权领导。

② 日本外务省编:《日本外交年表及主要文书》(下),原书房1968年版,第381—384页。

针》,到1945年(昭和二十年)8月14日决定接受《波茨坦公告》,日本在"二战"期间共举行了15次御前会议,这是第一次。本次会议确定了《处理支那事变根本方针》。

1月13日,根据御前会议精神,日本阁僚恳谈会达成共识:如果至15日中国方面对日本的要求仍不予答复,则停止和平交涉,咄咄逼人之势,由此可见一斑。1月14日,迪尔克森向广田弘毅转达了南京国民政府对和谈条件的答复:希望明确提出具体条件。日本内阁认为,这是"缓兵之计",决定停止和谈交涉,并确定了"不以国民政府为对手"的方针。1月16日,近卫文麿公开发表了《不以国民政府为对手》的政府声明,史称"近卫声明":"帝国政府在攻陷南京后,迄今一直在为中国国民政府提供最后的反省机会。然国民政府不解帝国之真意,枉然策动抗战,内不察人民涂炭之苦,外不顾东亚全局之和平。是故帝国政府尔后将不以国民政府为对手,期待能与帝国真正提携的新兴中国政权之建立发展,并与之调整两国国交,为革除旧貌、换取新颜之新支那的建设提供协助。"①日本进而对中国的侵略日盛一日,侵华战争迅速不断扩大。

第六节　外交困境和体制嬗变

卢沟桥事变后,日本原以为三个月可以灭亡中国。但是,中国军民的顽强抵抗,令日本军国主义分子的狂妄叫嚣变成痴人说梦。日本因此陷入对华侵略战争的泥淖。但是,日本军国主义分子并没有因此收敛,而是继续推行侵略扩张计划,并公开提出要建立"大东亚共荣圈"。为了实现称霸"大东亚"野心,应否和德国建立军事同盟?日本统治阶层特别是海军当局和陆军当局,对此意见并不统一。同时,为了强化极权体制,更有效地推行扩张计划,日本各政党纷纷解散,合并组建成以近卫文麿为核心的"大政翼赞会"。在政治体制发生变化的同时,日本经济体制"四大特征",也在这一时期得以确立。

对"日德结盟"的纠结　1938年3月28日,继关东军在北平扶植建立"中华民国临时政府"之后,日本华中派遣军又在南京扶植建立了傀儡政权"中华民国维新政府"。随后,日本政府颁布了《调整华北及华中政权

---

① 日本外务省编:《日本外交年表及主要文书》(下),原书房1968年版,第386页。

关系要领》,规定"中华民国维新政府"属地方政权,设议政委员会为最高权力机关,由行政院院长梁鸿志、立法院院长温宗尧、内政部部长陈群组成。侵华日军相继扶植建立伪政权的目的十分明显,就是使整个中国成为伪满洲国。这是日本军部的基本主张,日本政府内很多人也赞同这一主张。4月,为了沟通津浦线(天津和浦口),使上述两个政权能建立密切联系,进而控制整个中国,日军发动了对徐州的攻击,并在5月20占领了徐州。

尽管日军在中国不断侵略扩张,但是天皇裕仁对战事的胶着颇为不满,日本统治阶层有不少人也因战事呈持久状态,未能迅速灭亡中国而对近卫内阁不满。以杉山元陆相为首的统制派军人对近卫文麿表示反感,各政党也对近卫的政策进行了猛烈抨击。近卫文麿本人对此前的"过激言论"似有悔意。他对挚友即西园寺公望的秘书原田熊雄说:"我和广田(弘毅)打倒蒋介石政权的话,显然讲得太过分了。我想把首相职务辞了,让宇垣一成来干,以便实现外交转换。"①

由于被多人劝阻,近卫文麿没能"撂挑子"。于是,他进行了内阁大换班,以修正"不以国民政府为对手"的对华政策。1938年5月26日,近卫文麿组成了新的内阁班底,邀宇垣一成出任外务大臣。宇垣一成提出了四个条件:统一强化内阁;外交一元化;着手推行对华和平外交;必要时撤销"不以国民政府为对手"的政府声明。这四个条件均获得应允。另外,内阁改组后由板垣征四郎任陆相、池田成彬任大藏大臣、荒木贞夫任文部大臣、木户幸一继续任当年1月成立的厚生省的厚生大臣,但不再兼任文部大臣。

宇垣一成就任外相后,即开始修正对华外交路线。一方面,他请英国为已经处于战时状态的中日关系进行斡旋。但是,此举遭到陆军省和外务省"少壮革新派"以及右翼团体的强烈反对。他们斥责宇垣一成推行"对英媚态外交"。另一方面,宇垣一成着手与国民政府进行交涉并得到参谋本部认同。因为1937年8月和翌年2月,《中苏互不侵犯条约》《中苏航空条约》相继签署,伪满洲国作为"赤色防御地带"的作用日益减弱,而日苏关系却日趋紧张。参谋本部亟欲尽快收拾"支那事变"局面以抽身对抗苏联。参谋次长多田骏对宇垣一成表示:"为了尽快收拾时局,也不

---

① 原田熊雄述:《西园寺公和政局》第7卷,岩波书店1952年版,第5页。

妨以蒋介石为对手。"于是,宇垣一成以他的老朋友、蒋介石政权的行政院副院长张群致电祝贺他出任外相为契机,让日本驻香港总理事中村丰一,和国民政府行政院长孔祥熙的秘书乔辅三,以日本早先曾通过陶德曼提出的条件为基础,进行秘密谈判。二者的谈判颇有成效。此后,宇垣一成和孔祥熙在长崎海面的军舰上进行了会晤。但是,军部对宇垣一成"外交独立"的做法非常不满,近卫首相也迫于军部压力逐渐疏远宇垣一成。失去首相和军部支持的宇垣一成,于9月27日递交了辞呈。有田八郎继任外相。日本军方于10月设置了"中央对华机关"兴亚院,以夺取对华交涉权。但是,令日本不得不面对的一个现实是,武汉会战结束后,蒋介石政权仍未呈现垮台征兆。因此,在11月上旬举行的省部(陆军省和参谋本部)首脑会议上,参谋本部说服了坚持主张"蒋介石不下野,不进行停战交涉"的陆军省,使陆军军政和军令部的意见得以统一:"以国民政府为对手,以蒋介石为停战谈判对象。"①继1938年1月11日第一次御前会议之后,11月30日的第二次御前会议同意了上述协议,并确定了《日支新关系调整方针》。12月18日,汪精卫离开重庆,于20日到达越南河内。22日,近卫文麿发表了以上述协议内容为重点的谈话。按照近卫文麿的判断,汪精卫若建立新政权,在中国将获得广泛支持,蒋介石在重庆的政权将迅速崩溃,"支那事变"将获得根本解决。②但是,出乎近卫文麿预料的是,中国社会各界对汪精卫的行为应者寥寥,重庆政权更是不为所动。试图通过扶植汪精卫政权收拾"支那事变"局面的构想受挫,进一步动摇了近卫内阁的基础。

在与德国建立军事同盟问题上,由于军政首脑意见不一也迟迟没有结论,并使近卫内阁遭受进一步动摇。当时日本同时进行着两场重要谈判:根据陆军的意向与德国建立军事同盟的谈判;根据海军的意向与意大利签署对英中立协定的谈判。另外,将两者"合二为一"缔结日、德、意三国同盟条约的倾向也已出现。1938年1月,德国候任外交部长里宾特洛甫,向前往祝贺新年的日本驻德大使馆武官大岛浩提出,希望进一步加强日德合作。为了显示德国方面的诚意,5月,德国承认了伪满洲国,同时召回了派驻中国的军事顾问团,停止了对华武器供应。7月17日,日本

---

① 堀场一雄:《中国事变战争指导史》,原书房1973年版,第217页。
② 矢部贞治:《近卫文麿》(上),弘文堂1952年版,第582页。

第十一章 昭和时代（战前）

"五相会议"决定,就强化《日德共同防共协定》进行探讨。8月5日,陆军少将笠原幸雄携带德国提出的"加强合作"草案秘密返回东京。德国方面加强合作草案的主要内容是:如果日、德一方遭受"缔约国以外的第三国"攻击,另一方当提供援助。对此,主张"第三国"不应限于苏联的陆军表示赞同,而坚持"第三国"应该限于苏联的外务省和海军表示反对,两者展开了激烈冲突。最终,双方达成妥协。8月26日,"五相会议"原则同意了德方草案,但对"第三国"做了暧昧解释,并通过大岛浩将日方决定通知了德国。10月8日,大岛浩就任驻德大使。11月1日,德国对日本的回复非正式地提出了修正案,而日本"五相会议"依然对是否限定"第三国"有意见分歧。1938年11月11日,近卫内阁最后一次"五相会议"确定方针:"应采取尽快缔结三国同盟条约的方针。"如果进展不顺,"则先缔结日德、日意平行的条约,待以后有机会将两个条约协定合并为日德意三国同盟条约"。①

由于两大外交问题始终未获解决:既未能尽快收拾"支那事变"局势,也未能与德国"加强合作",1939年1月5日,近卫文麿内阁宣布总辞职。随后,天皇大命降下,由枢密院议长平沼骐一郎组阁。虽然元老西园寺公望不赞同"国粹主义者"平沼骐一郎出任内阁首班,但在近卫文麿的再三推荐下,只好表示同意。最后,在留任近卫内阁十二名阁僚中的七名阁僚,包括外相、海相、陆相,同时聘已任枢密院议长的近卫文麿为"无任所大臣"后,平沼骐一郎组建了被称为"近卫内阁延续"的平沼内阁。

平沼骐一郎(1867—1952年)出生于美作国(冈山县)津山藩,父亲是藩士。1883年进入东京帝国大学法科学习,1888年(明治二十一年)以第一名的成绩毕业后,进入司法省;之后历任东京控诉院部长、大审院检事、民刑局长、司法次官、检事总长(总检察长)、大审院长(最高法院院长);1923年任第二届山本权兵卫内阁法相,从此步入政界;1936年任枢密院议长。

平沼内阁建立后,对华和对德政策依然是核心课题。是否"不以国民政府为对手",再次成为对华政策核心。1939年1月4日,平沼骐一郎在首次内阁会议后即明确表示,将继续近卫内阁的对华方针,同时以蒋介石和汪精卫为"对手",但两者并不等同:与汪精卫的"直接接触",就是与

---

① 角田顺解说:《日中战争》第3卷,美菱书房1963年版,第189页。

蒋介石的"间接接触"。对此,日本陆军方面表述得很明确:"我对汪精卫方面的态度,当全部反映至重庆。与汪精卫的秘密协议只是与重庆的间接谈判。"①2月,有田八郎开始同汪精卫进行接触。经过多次交涉,双方代表最终于当年11月14日签署了协议,要点是:联手反共,排除西方侵略势力,开展经济合作,共同建设"东亚新秩序";承认伪满洲国;日本人在华享有居住和营业自由;废除领事裁判权并考虑返还租界;协约规定之外的日军两年内撤离。

在强化《日德共同防共协定》、建立日德军事同盟问题上,由于德国拉日本入伙的根本目的是对付英、法、美,而日本与德国结盟的主要动机是邀德国共同对付苏联。这一难题不仅没有在平沼骐一郎任内解决,而且成为平沼内阁倒台的主要原因。

1939年初,德国向日本和意大利提出缔结三国同盟条约。平沼内阁为此一共召开了70次"五相会议"进行研究,但由于陆军和海军高层意见对立,始终达不成决议,以致民间戏称"昨天也是5升,今天也是5升,可就是凑不成1斗"。②日本陆军强烈主张结盟。参谋总长闲院宫载仁亲王呈昭和天皇的《大本营陆军部关于缔结日德意同盟条约的意见》强调,为了应对宿敌苏联的威胁,必须借助德国的力量,使苏联陷入两线作战。陆军大臣板垣征四郎甚至以辞职威胁平沼骐一郎,要求尽快缔结日、德、意同盟协定。但是,被称为"海军三羽乌"的海相米内光政、海军省次官山本五十六、海军军务局长井上成美,则主张贯彻对美英协调路线,反对结盟。米内光政强调,"日本海军不是为了和美、英作战而建立的。陆军一直强调精神论,称没有精神就没有进步和胜利。但是,海军是无法依靠大和魂,用一支枪在海里作战的。工业产量,机械质量,技术好坏,都会真实地反映于战斗力"。山本五十六在担任海军学校教官的时候就反复强调:"没有石油就没有海军。"就缔结三国同盟条约,山本五十六提出了四点疑问:第一,如果强化和德国、意大利的关系,是否有利于在中国问题上与英美交涉?也就是说,在和中国的战争向和平方向努力时,与德意结盟是否将会使与中国的和解成为不可能?第二,如果日、德、意结盟,英、美是否将在经济上制裁日本?日本是否有对抗的良策?第三,如果日本和苏联

---

① 防卫厅防卫研究所战史部编:《中国事变陆军作战》(2),朝云新闻社1976年版,第259页。
② 日语中"升"和"相"谐音。

开战,能否获得德国实质性援助?如果得不到实质性援助,缔结同盟条约有什么意义?第四,如果结盟,德、意两国是否会要求分享在中国的权益?如果结盟,德国和意大利必然会要求获取部分在华权益,对日本是否有利?① 米内光政曾对后来出任《朝日新闻》总编的绪方竹虎说:"我们反对缔结三国同盟的人,如同在尼亚加拉瀑布逆流行舟。"井上成美则表示:"说是海军反对缔结三国同盟条约,但真正反对的只是米内、山本和我。"

外交困境和政局动荡 1939年1月19日,日本政府向德、意两国提出了建立三国同盟条约的意见:一是增加"禁止单独停战媾和"条款;二是如仅以英法为对象,则不进行武力援助;三是向第三国说明,该协定是以共产主义破坏性活动为对象的防御性协定。值得注意的是,这些补充意见明确显示"第三国"不仅指苏联,也包括英国和法国。尚未获得回复,日本即获得情报:2月7日,意大利和苏联缔结了新通商条约。同时,日本驻英国大使重光葵告知外务省,英国和苏联正进行秘密谈判。如果谈判成功,英、法、苏将实现联合。鉴于形势对日本愈发不利,4月4日,德国外长里宾特洛甫通过大岛浩,对日本的意见给予了回应:无须另行签署文件对"保留出兵义务"和"第三国"进行说明。同时提出,条约所涉内容将全部作为机密,不予公开。但是,日本驻德国大使大岛浩和驻意大利大使白鸟敏夫,对德国外长里宾特洛甫和意大利外长齐亚诺表示:"德、意若和英、法发生战争,日本也将参战。"他们的表态令天皇和日本政府非常气愤。4月8日和4月23日,日本政府两次举行"五相会议",决定训令大岛浩和白鸟敏夫向德、意传达日本政府旨意:"若仅在欧洲发生战争,日本没有参战意志。"4月25日,天皇裕仁要求内阁召回大岛浩和白鸟敏夫。由于陆相板垣征四郎的强烈反对,政府未执行天皇训令。天皇裕仁获知这一情况后极为震怒,对陆相板垣表示:"驻德国的大使随意做出参战承诺,这是超越天皇大权的行为。陆军居然予以支持,令人愤慨。另外,每次内阁会议陆军大臣都要推卸责任,这非常不妥。"② 日本政府的表态明确"纠正"了大岛浩的"承诺",使日、德谈判陷入僵局。等得不耐烦的希特勒,于5月22日和意大利签署了军事同盟条约。另一方面,苏联和英国

---

① 半藤一利:《昭和史(1926—1945)》,平凡社2004年版,第242—243页。
② 角田顺解说:《日中战争》第3卷,美菱书房1963年版,第235—259页。

则因皆不愿为对方火中取栗,谈判破裂。于是,苏联和德国开始接近。两国领导人的演说也不再有攻击对方的言辞。见形势对日本愈发不利,5月24日,日本"五相会议"决定向德、意提出日本外务省和陆海军的两个方案,供其选择。外务省方案主要内容是:如果缔约国遭受苏联攻击,考虑到意大利和苏联的友好关系,可保留出兵援助义务。陆海军方案主要内容是:出兵援助问题,在三国协定签署后,另外签署具体实施细则。选择第二个方案,必须以书面形式原则规定,如果第三国不是苏联,则不予以武力援助。

5月底,莫洛托夫取代被称为亲英派的李维诺夫出任外交人民委员。6月15日,苏联驻德大使阿斯塔科夫明确表示:"英国和法国对与德国接近犹豫不决,但如果德国提出缔结苏德互不侵犯条约,苏联将会接受。"①7月26日,德国外交部经济局长谢努勒和苏联通商使节巴巴林,就签署新的通商协定开始谈判。8月20日,双方正式签署了新的《德苏通商协定》。8月21日夜晚,德国外长里宾特洛甫通知大岛浩:"对于德国缔结三国同盟条约的提案,日本沉默了半年。因此,德国只能做此选择。"德国的"选择",就是在8月23日和苏联签署《苏德互不侵犯条约》,而当时日、苏两国正在诺门坎展开激战。②签约时,里宾特洛甫建议在"条约"中写入"苏德友谊"之类的词语,但斯大林冷冷地说:"这些年,你们往我们脸上抹了那么多屎,能够互不侵犯就不错了,就别谈什么友谊了。"需要强调的是,德国同苏联的接近,并不是日本不愿意缔结以英、法为假想敌的三国同盟条约导致的结果,而是随着德国在中欧和东欧的扩张,苏联必然要加入英、法或德、意的某个阵营。对此,里宾特洛甫看得相当清楚。他曾于4月4日对大岛浩明确表示:"今天,英、法和德、意哪一方将成为苏联盟友这一问题,正愈来愈变得具有现实意义。"③《苏德互不侵犯条约》的签署,也标志着日本试图拉德国对付苏联的外交政策彻底失败。为此,平沼在表示"欧洲形势复杂奇怪"后,于8月25日宣布总辞职。

平沼内阁总辞职后,继任首相主要集中在陆军,陆军的几个"大佬"宇

---

① 义井博:《日德意三国同盟和日美关系》,南窗社1977年版,第107页。
② 诺门罕战役又称哈拉哈河战役,发生于伪满洲国与蒙古的边界诺门罕。1939年6月2日,日本关东军进攻蒙古人民共和国的塔木斯克。苏联根据《苏蒙互助条约》,出动空军和机械化部队对日军实施了毁灭性打击。翌年6月9日,双方签署了《停战协议》。
③ 土井章监修:《昭和社会经济史料集成》第7卷,东洋研究所1984年版,第292页。

第十一章 昭和时代（战前）

垣一成、荒木贞夫、南次郎、林铣十郎、阿部信行，均有人推荐。有人认为，应该请原首相广田弘毅或近卫文麿重新出山，也可以请原藏相胜田主计继任。这么多人获得提名，恰好说明没有"众望所归"的人物。连西园寺公望也无奈地表示："我没有任何意见。"最后，陆相板垣征四郎向近卫提出了两个继任人选：原首相林铣十郎和陆军预备役大将阿部信行。近卫禀告天皇裕仁后，裕仁认为，能够获得陆军的协助非常关键，同意让阿部信行组阁，同时提出了三个要求：实行和美英协调的外交路线；陆相由首相自己选定；慎重选择内务和司法大臣人选。这三点都获得遵守。不过，阿部信行委实知名度太低，民众听说新首相是阿部信行时，很多人问："阿部信行是谁？"

阿部信行(1875—1953年)是金泽藩士阿部信满的长子，曾入"第四高等学校"(后成为金泽大学教养学部)学习，中日甲午战争爆发后转入陆军士官学校炮兵科，之后进入陆军大学，是陆大"军刀组"毕业生。在享受"军刀组"毕业生的特权赴德留学后，曾任驻奥地利使馆武官助理、陆军大学教官，其间为天皇裕仁讲授过军事学课程，后历任陆军省军务局长、陆军次官、第四师团师团长、台湾军司令官，1934年晋升陆军大将，是没有参加过日俄战争、没有参加过"一战"、没有金鵄勋章的"三无"大将。[①] "二二六兵变"后阿部信行被编入预备役。阿部信行和内大臣木户幸一是姻亲。

1939年8月30日，阿部信行完成组阁。9月1日，一些德军士兵穿着波兰军服，在德波边境占领了一个德国的电台，用波兰语咒骂德国。然后德国以"波兰军队入侵德国"为借口，启动"白色方案"，以三"S"即Surprise(出其不意)、Superiority(集中优势兵力)、Speed(快速推进)为基本战术，对波兰发动了"闪电战"(Blitzkrieg)，第二次世界大战爆发。阿部信行当即发表声明，"我国将不介入"，"在国际上贯彻自主外交，致力于充实军备和培养国力"。但日本陆军要求与德、意缔结三国同盟，对这个声明非常不满。同时因为大量财力用于"充实军备"而导致生活日用品匮乏，民众怨声载道。

---

① 金鵄勋章于1890年2月11日(纪元节)制定，分为七个等级，只授予有战功的军人。之所以叫"金鵄"勋章，是因为根据《古事记》和《日本书纪》"神代记"的叙述，神武天皇东征时，天皇的弓上停了一只金色的鵄。

阿部信行的阁僚大都是近卫、平沼内阁时的旧臣,被戏称为"废品回收内阁"。不过,出任外相的预备役海军大将即学习院院长野村吉三郎是个例外。野村曾担任日本驻美国大使馆武官,很受罗斯福总统好评。舆论称他是"海军中的美国通,适合担任外相"。阿部信行选野村任外相,显示了奉行与美英协调的路线。然而,首相都主导不了外交,遑论外相。当时,日本流行着一种说法:"日本不是有陆军的国家,而是有国家的陆军。"确实,阿部信行担任首相后,处处受陆军掣肘。他无奈地对元老西园寺公望的秘书原田熊雄说:"现在我们似乎有两个国家,一个是陆军的国家,还有一个不是陆军的国家。在这种情况下,政治无法很好运作。我也是陆军出身,以前也曾想能尽可能改变陆军的异常状态,哪怕稍微改变一下也好。但现在我深感有心无力。我对自己认识的肤浅深感羞愧"。1940年1月7日,众议院提交了由276人署名的内阁不信任案。阿部信行试图解散议会重新大选,但海军大臣吉田善吾要求阿部信行辞职。1月14日,成立仅140天的阿部信行内阁宣布总辞职。陆军方面希望近卫文麿再度出山。当天,陆军省军务局局长武藤章面见近卫表示,请他再次出任首相是"陆军的一致意见"。但近卫婉言谢绝,理由是"对克服危局没有信心"。当天,《朝日新闻》发出号外,标题是《天皇令畑(俊六)大将组阁》。然而,《朝日新闻》摆了"乌龙"。当天晚上7点半,奉天皇大命组阁的是米内光政。

构筑"大东亚共荣圈" 米内光政(1880—1948年)出生于岩手县盛冈市,父亲米内受政曾经是武士,后经商破产。由于家道中落,米内光政年少时就在学习之余当报童、送牛奶,备尝辛苦。后考入海军兵学校,毕业后作为海军中尉参加了日俄日本海海战,日本出兵西伯利亚时,米内光政也是军中一员。1914年,米内光政从海军大学毕业后,又参加了"一战"。战后被派往驻波兰大使馆任职。1924年,米内光政回到日本,先任"扶桑号""陆奥号"舰长,后晋升少将并任联合舰队第二舰队参谋长,五年后晋升中将并一直在海军作战部队任职。1936年12月,米内光政晋升联合舰队司令长官,曾任林铣十郎、近卫文麿、平沼骐一郎三届内阁的海相。

米内光政本人原先不想"临危受命",无奈裕仁亲自对他说,"朕命令爱卿你组阁",并询问陆相畑俊六陆军方面有何想法。畑俊六当即表示,"陆军一定积极配合"。1940年1月16日,米内光政完成组阁:畑俊六

第十一章 ● 昭和时代（战前）

任陆相,吉田善吾任海相,有田八郎任外相,吉田茂任厚生相,小矶国昭任拓相,平沼内阁的藏相石渡庄太郎任内阁书记官长。米内光政、有田八郎、石渡庄太郎,是平沼内阁反对缔结日、德、意三国同盟的阁僚。吉田善吾、吉田茂都是"亲英美派",内阁成员的构成,发出了一个明确的外交信号。

米内光政上任后,提出了三项方针:不介入欧洲战争;尽力解决日中战争问题;安定国民生活。但是,尽管强调"不介入欧洲战争",德军实施"白色方案"攻陷波兰后,又于4月9日实施"威塞演习",进攻丹麦和挪威,很快占领了这两个北欧小国。5月10日,德军实施"黄色方案",相继占领了荷兰、比利时、卢森堡,并越过马其诺防线,攻入法国,直扑英吉利海峡,将约四十万英法联军压缩在敦克尔刻海滨,迫使英法联军实施"敦克尔刻撤退",随后占领了法国,并开始实施"海狮计划"空袭英国。被视为"自由主义者"的元老西园寺公望对他的秘书原田熊雄说:"不管希特勒有多了不起,想一下当年拿破仑一世的情况,他能否持续15年还是个问题。"①但是,持这种看法的人极少,大多数日本人认为,德国将在短时期内征服英国,建立"欧洲新秩序"。新闻媒体也渲染同样的观点。《朝日新闻》6月18日的评论认为:"由于法国被降伏,英德将爆发战争,德国将攻击英国本土,一直按兵不动的美国也可能参战。但即便如此,当今还无法认为仅依靠英美海军的优势能战胜德国。因为德国有意大利参战,而且因征服了法国,已经称霸欧洲大陆,在物资、食品等方面获得了补充。英美陆军虽然善战,但无法认为可以战胜其精锐的陆军。"以此为背景,日本陆军再次提出缔结日、德、意三国同盟条约,称霸亚洲,构建"东亚新秩序",与德国构建的"欧洲新秩序"遥相呼应。他们对米内光政的与英美协调外交极为不满,开始"倒阁"。1940年7月3日,陆军首脑会议制定了《时局处理纲要》,确定了"南进"方针。7月4日,陆军就《时局处理纲要》向海军做了说明:"在对南方行使武力的时候,将与德国和意大利建立军事同盟。"同时表示,"组成近卫内阁,由松冈洋右担任外相,东条英机或山下奉文担任陆相"。同一天,陆军参谋本部以闲院宫参谋总长的名义,向陆相畑俊六递交了一份请愿书:"组织举国一致强有力内阁时,切望妥善安排陆军大臣。"这份请愿书的内涵是劝告米内光政辞职。如果米内光

---

① 原田熊雄述:《西园寺公和政局》第8卷,岩波书店1952年版,第264页。

政不辞职,则请畑俊六递交辞呈,并且陆军不再推派陆相,使米内内阁难以为继。11日,陆军省次官阿南惟几造访内阁,"劝告"米内光政宣布内阁总辞职。阿南惟几表示:"如果拒绝,陆军大臣只能辞职。除此之外,别无选择",毫不掩饰"逼宫"姿态。米内光政拒绝了阿南惟几的要求。7月16日,曾向天皇表示米内内阁成立,"陆军一定积极配合"的畑俊六,向米内光政递交了辞呈。当天晚上,米内光政发表讲话:"因接到陆军大臣的辞呈,我宣布内阁总辞职。"将总辞职原因表述得非常清楚。媒体随后清一色地发表了"清算米内·有田外交"的报道。

  米内内阁总辞职后的第二天下午,西园寺公望提议,由枢密院议长和"有首相经验者"共同研究,推选继任首相。于是,枢密院议长原嘉道和历届首相若槻礼次郎、冈田启介、广田弘毅、林铣十郎、平沼骐一郎、近卫文麿,在宫中举行会议,最终决定推荐近卫文麿再度出任首相并获天皇敕准。7月19日,近卫文麿和内定新内阁外相松冈洋右、陆相东条英机、海相吉田善吾(留任)在东京荻窪近卫文麿的一个私邸里,举行了会谈,史称"荻窪会谈"。7月22日,第二届近卫内阁正式成立。阁僚是:安井英二(内相兼厚相)、河田烈(藏相)、风见章(法相)、桥田邦彦(文相)、石黑忠笃(农相)、小林一三(商相)、村田省藏(递相兼铁相)、星野直树(国务相、企划院总裁)、富田健之(内阁书记官长)、村濑直养(法制局长官)。7月26日,内阁会议根据"荻窪会谈"精神,制定了《基本国策纲要》,提出了作为国策基本方针的"建设东亚新秩序"构想。翌日,大本营政府联络会议提出了《顺应世界形势变化之时局处理纲要》,规定了"东亚新秩序"的区域范围,提出了"利用时局变化把握良好机遇,推进对南方行使武力"的方针。自此,日本正式将"南进"战略提上了日程。

  日本构建"东亚新秩序"大致经历了如下过程。1938年11月3日,日本即发表了《东亚新秩序》政府声明,称:"东亚新秩序的建设,以日、满、华三国携手,建立政治、经济、文化各领域的互助连环关系为根干,以期在东亚确立'国际正义'、达成'共同防共'、创造'新文化'、实现'经济联合'。"[①]1940年初,根据陆军省军务局长武藤章的建议,日本政府委托国策研究会着手制订《综合国策十年计划》。之后,该计划由企划院继续研究,在同年6月由牧达夫概括完成。该计划提出:"我国的最高国策是以

[①] 日本外务省编:《日本外交年表及主要文书》(下),原书房1968年版,第401页。

帝国为核心,以日、满、华的牢固结合为主干,建设大东亚协同经济圈,以达到国力的综合发展。""协同经济圈的范围,是东西伯利亚、'内外蒙古'、'满洲'、中国、东南亚细亚诸邦和印度及太平洋。"8月1日,日本外相松冈洋右在记者会上正式发表了《基本国策纲要》,宣布"确立以日、满、华为其一环的大东亚共荣圈"。①这是"大东亚共荣圈"这一名称首次公开亮相。8月6日,日本又制定了《南方经济施策纲要》,提出"将施策重点放在法属印度支那(即中南半岛殖民地)、泰国、缅甸、荷属东印度、菲律宾、英属马来亚、婆罗洲、葡属帝汶等内圈地带。第二阶段是占有英属印度、澳大利亚、新西兰等外圈地带"。②

另一方面,第二届近卫内阁成立后即着手强化与德国和意大利的关系。松冈洋右在提出建立"大东亚共荣圈"的同一天,约见了德国驻日大使尤根·奥特(Eugen Ott),对结盟一事进行了试探。8月23日,德国方面通知日本,将派海因里希·G.斯塔玛(Heinrich G. Stahmer)访问日本,就具体问题进行磋商。9月5日,及川古志郎取代"因病辞职"的吉田善吾出任海相。9月6日,"四相会议"开始对外务省提出的《关于军事同盟交涉方针案》和《关于强化日德意轴心的文件》进行讨论。9月7日,海因里希·斯塔玛到达日本,9月9日开始和松冈洋右进行会谈。海因里希·斯塔玛提出,德国希望借助同盟使日本牵制美国,防止美国参战。三国同盟缔结后,德国将为日本和苏联接近进行斡旋。德国还提出,如果三国中有一国遭到现在尚未卷入欧战和日中纷争的国家攻击,则将彼此给予政治、经济、军事援助。这些要求均获得松冈洋右赞同。各方遂开始拟定三国同盟条约草案。松冈洋右之所以决意缔结三国同盟,按照他在造访近卫文麿时的说法:"只要不屈从美国,不回到卢沟桥事变之前的局势,日美之间的冲突将难以避免。"

9月16日,日本大本营政府联络会议通过了《关于强化日德意轴心的文件》,明确将澳大利亚纳入"大东亚共荣圈":"在与德、意交涉时,作为建设皇国大东亚新秩序之生存圈应予以考虑的范围,是以日、满、华为主干、包括原德国委任统治诸岛、法属印度支那及太平洋岛屿,以及泰国、英

---

① 矢野畅:《"南进"的系谱》,中央公论社1975年版,第156页。
② 中村隆英、原朗编:《现代史资料》第43卷《国家总动员》第1册,美菱书房1964年版,第178页。

属马来亚、婆罗洲、荷属东印度、缅甸、澳大利亚、新西兰、印度。"①值得注意的是,该机密文件提出,"对美国尽量采取和平手段"。因此,生存圈虽然包括了亚太地区广大地域,甚至将澳大利亚、新西兰也纳入"大东亚共荣圈",但却不包括东南亚的菲律宾。因为,菲律宾属于美国势力范围。

9月19日,日本建立三国同盟的方案在御前会议获得通过、9月26日在枢密院获得通过。9月27日,日本驻德大使来栖三郎、德国外长里宾特洛甫、意大利外长奇亚诺在柏林签署了《日德意三国同盟条约》。条约第三条规定:"三缔约国中有一国遭到现在尚未卷入欧洲战争和日中纷争的国家攻击,将彼此给予政治、经济、军事援助。"②10月3日,日本内阁会议通过了《日满支经济建设纲要》,明确提出:"皇国之基本经济政策是:一、完成国民经济的重新组合;二、形成并强化自存圈;三、扩大形成东亚共荣圈。"至此,建立"大东亚共荣圈"的战略构想最终确定。11月10日,日本当局为纪念神武天皇登基2 600周年,在九州宫崎市树立了一块高236米的"八纮一宇"塔。"八纮一宇"自此成为"建设大东亚"的幌子。③

意大利、德国、日本在柏林希特勒官邸签署《日德意三国同盟条约》

松冈洋右(站立者)在庆祝《日德意三国同盟条约》签署的聚会上发言

---

① 鹿岛和平研究所编:《日本外交年表及主要文书》(下),原书房1968年版,第448页。
② 鹿岛和平研究所编:《日本外交年表及主要文书》(下),原书房1968年版,第459页。
③ "八纮"语出中国古籍《列子·汤问》,"八纮一宇"意为"天下一家"。战败后,"八纮一宇"四字被涂掉,1962年改称"和平塔"。

第十一章 ● 昭和时代（战前）

东京外相官邸举行庆祝《日德意三国同盟条约》签署酒会　　　　"八纮一宇"塔

政治经济体制的嬗变　　第二届近卫内阁在内政方面的一大举措，是组建"新党"，创建"新体制"。1940年6月，近卫文麿曾明确表态将参与创建"新体制"。近卫再度执政后，各政党为加入以近卫为中心的"新党"纷纷解散。8月8日，各解散了的政党成员建立了"新体制促进同志会"。8月23日，内阁会议通过了"设立新体制准备会"的决议。准备会由各界代表组成，有26名委员、8名干事。10月12日，"新党"即新体制的核心"大政翼赞会"成立大会在首相官邸举行。①"大政"意为"天皇的统治"，"翼赞"意为"辅助"。大政翼赞会由首相近卫文麿任总裁，农业大臣有马赖宁任事务总长，内相兼厚相安井英二、陆相东条英机、海相及川古志郎、法相风见章等任常任顾问。近卫文麿在成立大会上发表讲话："政府奉戴圣旨，顺应当今国际形势，并正为完善高度国防国家体制而竭尽全力。""本运动之纲领是尽力于大政翼赞之臣道实践。除此之外，可以说既无纲领，也无宣言。"②

"大政翼赞会"是国民总动员体制的核心组织。与之相应，第二届近卫内阁在经济体制方面也强化了国民总动员体制。1938年4月1日，第

---

① 1942年"大政翼赞会"更名为"翼赞政治会"，由阿部信行任总裁，1945年3月更名为"大日本政治会"，1945年6月13日解散。
② 下中弥三郎编：《翼赞国民运动史》，翼赞运动史刊行会1954年版，第138页。

一届近卫内阁就颁布了《国家总动员法》，赋予政府在经济活动的一切领域近乎无限的权力。第二届近卫内阁建立后，进一步强化经济和金融统制，颁布了一系列法令和政令，引起日本经济体制的显著变化。日本经济体制的四大特征，即企业内部的"三大神器"、体现企业与金融业关系的主银行制、"政府和企业紧密的相互依存关系"、企业之间的协力（承包）和互相持股，主要是在近卫执政时期完成的。

继1939年3月，"近卫内阁的延续"平沼内阁颁布《从业者雇入限制令》，翌年10月和11月，第二届近卫内阁颁布了《工资统制令》和《从业者移动防止令》。1941年3月，第二届近卫内阁又制定了《国民劳动手册法》，规定企业员工有义务保存和上交政府发给的《劳动手册》。《劳动手册》记载有持证者的身份、经历、技能和工资，使离职和转职受到限制，并且使"年功工资"通过战时立法正式得以确立。正如著名经济学家野口悠纪雄所指出的："正是经历了这一过程，年功序列工资和根据工作年限升职制度，在全国得以普及。"[1]企业工会也在近卫内阁时期正式形成。1938年7月，以企业为单位的"单位产业报国会"结成了"产业报国联盟"。1940年10月，"产业报国联盟"经过几次换名，演变为"大日本产业报国会"。按照著名经济学家中村隆英的观点："战后劳资关系的源流也可以在战时寻找。在战时，工会被解散，以企业为单位组织起了产业报国会，由劳资双方共同参与产业安全运营、生活指导、物资分配等工作。战后，占领军下达组织工会的指令时，许多工会所以能够迅速建立，就是因为存在产业报国会这一母胎。按企业组建并存续至今的企业工会，不过是战时产业报国会等组织变换了一下名称。"[2]

日本金融业富有特征的主银行制（Main Bank System），也是在近卫内阁执政时期正式形成的。"卢沟桥事变"后，为了使金融适应战争需要，第一届近卫内阁强化了金融统制，颁布了《临时资金调整法》和与之配套的《事业资金调整标准》。根据《临时资金调整法》，兴业银行债券的发行限额，从《兴业银行法》规定的五亿日元增加至十亿日元，且本金和利息的支付由政府提供保证。另外，银行自发建立的"协调融资团"流入日本银行的资金和储蓄资金，也通过兴业银行这一窗口流向军需产业。政府通

---

[1] 野口悠纪雄：《1940年体制——别了，战时经济》，东洋经济新报社2002年版，第28页。
[2] 中村隆英：《日本经济——其成长和结构》，东京大学出版会1993年版，第137页。

过兴业银行建立的融资体系,使其能够对资金的分配实施有效控制。第二届近卫内阁成立后,于1940年10月颁布了《银行等资金运用令》,强化了金融管制。正是在上述过程中,作为日本间接金融体制枢纽的"主银行制"开始形成。正如寺野重郎所言:"主银行制的源流存在于日中战争爆发后战时经济化的动向中。"①

"政府和企业紧密的相互依存关系",也因近卫内阁而得以强化。日本全面侵华后,日本当局不仅颁布了"统制三法",即《临时资金调整法》《输出入品等临时措置法》《军需工业动员法适用于支那(中国)事变之法律》外,又相继颁布了《人造石油事业法》《制铁事业法》等一系列"事业法",对各个产业,特别是与军需密切相关的产业实施统制,同时又制订了一系列战时经济计划以迎合"总体战"的需要:1938年制订了第一个战时经济计划《物资动员计划》;翌年又相继制订了《贸易统制计划》《劳务动员计划》《交通电力动员计划》《资金统制计划》等一系列计划。"在这一阶段,战后政府和业界团体双向关系或者说行政指导体制的原型,开始出现。"②

"协力(承包)体制"和"互相持股"这一日本战后企业与企业之间关系的特征,也是因为战争而在近卫内阁时期确立的。日本全面侵华后,为了使战时工业生产获得飞跃性扩展,日本当局制定、颁布了一系列法令、政策,其中许多涉及"承包"。其目的,就是一方面建立使中小工厂成为大工厂的"承包企业"的体制,由中小工厂承接大工厂的来料加工、零部件生产等,另一方面调整中小工厂和大工厂在这方面的关系。这些政策主要涉及下述三个问题:一是扩大、振兴承包制生产;二是应对和解决承包中出现的问题;三是调整、规范承包交易关系。1940年8月27日,商工省机械局拟定的《机械工业局对策案》提出:调整、清理承包制和促进中小企业合并;敦促在生产领域签署协议,力争使产品单一化。9月13日,日本政府颁布了《经济新体制纲要》,对战时动员体制中,应如何为中小工业企业定位,如何重组承包性分工协作体制,进行了明确规定。第二条"企业形态的变革"第五项规定,"应以提高生产力为目的,以使中小企业与其他企业建立合理、有效的联系的眼光,重组中小企业形态"。"尽可能使中小企

---

① 寺野重郎:《日本经济体制》,岩波书店2003年版,第218页。
② 冈崎哲二、奥野正宽编:《现代日本经济体制的源流》,日本经济新闻社1995年版,第193页。

业的生产专门化,使之整合为同一种类的生产,并以使之成为一个企业体为目的",使受包工厂(子工厂)和发包工厂(母工厂)形成有机结合,使前者被包容于后者,成为后者的下属经济团体。"9月20日,商工省发布的《关于制定确立重工业、化学工业及机械工业之方略的文件》,在"企业形态的合理化"一项中写道:"调整承包制度。"①

"企业互相持股"是日本企业与企业之间关系的另一项特征。这一特征在战后经济高速增长期进一步发展,至20世纪70年代达到顶峰。但是如下表所示,战时这一特征在财阀系统的企业中已相当明显。

各大财阀股权占有情况表　　　　　　　　　　单位:%

财阀(企业数)	财阀家族及持股会社	同一集团的其他企业	非财阀企业
三井直系(10)	63.4	11.9	24.7
三井旁系(13)	35.9	17.2	46.9
三菱直系(11)	30.3	15.3	54.4
三菱旁系(16)	18.4	40.0	41.3
住友直系(17)	27.9	16.5	55.6
住友旁系(16)	13.2	30.0	56.1
安田直系(20)	27.9	17.8	54.3
安田旁系(12)	17.0	15.3	67.7

资料来源:大藏省财政史室编:《昭和财政史——终战至媾和》第2卷附表,东洋经济新报社1981年版。

第七节　太平洋战争前夕的日苏、日美关系

政治和经济新体制的建立,提高了近卫文麿的声望,使他得以三次组阁。1941年4月13日,日本和苏联签署了《日苏中立条约》,因此免除了对"腹背受敌",不得不两线作战的担忧,同时也意味着正式放弃"北进",全力"南进"。但是,"南进"和着力构建"大东亚共荣圈",必然触及美国在

---

① 《美浓部洋次文书》Aa-3-3,东京大学图书馆藏。

亚洲的利益,使日美矛盾日益激化。由于未能缓和日美尖锐的矛盾,近卫内阁的执政基础遭到动摇。曾经通过构建"大政翼赞会"而风光无两的近卫文麿,不得不递交辞呈,黯然下台。

签署《日苏中立条约》 在缔结《日德意三同盟条约》的同时,改善与苏联的关系,缔结日苏中立条约也是日本外交的重要课题。诺门罕战役后,日本陆军开始推动日苏"和解",苏联为了"隔岸观火",继《苏德互不侵犯条约》签署后,也显示出改善日苏关系的动向。这种"郎情妾意"的机会岂能错过?松冈洋右即刻发电报给日本驻苏联大使东乡茂德,指示他积极开展工作,争取尽快签署日苏中立条约。但是,东乡茂德的工作一直没有起色。于是,松冈洋右在1940年8月29日召回东乡茂德,任命"二二六兵变"后被编入预备役的建川美次,出任日本驻苏联大使,并转而通过德国进行斡旋。

接到日方请求后,德国外长里宾特洛甫于当年10月13日给斯大林写了一封长信,并邀请莫洛托夫访德,协调德、日、意三国与苏联的关系。11月10日至12日,莫洛托夫应邀访德,与希特勒和里宾特洛甫进行了会谈。会谈期间,里宾特洛甫表示,愿意为日苏中立条约的签署尽力斡旋,同时提出了四国协商草案,包括势力范围的划分。11月26日,苏联回复德国,表示原则同意参加四国协商,但要求德国在有争议的巴尔干、东欧问题上做出让步;要求日本放弃在北库页岛开发石油、煤矿的权利。莫洛托夫表示,"苏联舆论认为,无法想象与日本签署互不侵犯条约而不收回失地"。松冈洋右则表示,无法以自身权益为代价签署中立条约。"协商"因此陷入僵局。

1941年1月6日,松冈洋右主持制定了《对德意苏交涉案要纲》。1月21日,松冈洋右在日本众议院发表演说,提出要消除日苏之间的误会,调整两国关系。2月中旬,松冈洋右又在日本众议院声称,日、苏两国关系"最近颇多改善"。日本外交动向引起中国国民政府高度关注。2月23日苏联建军节,苏联驻华大使馆在重庆举行招待会,蒋介石破例亲自前往祝贺,表明对中苏关系的高度重视。

3月8日,《大公报》援引伦敦《泰晤士报》的消息称,日、苏两国可能会签署日苏中立条约。这一消息引起世界广泛关注。两天后路透社又报道称,日本外相松冈洋右将取道西伯利亚赴德国、意大利访问。但他此行的真正目的,是前往苏联签署日苏中立条约。3月12日,松冈洋右离开东京经西伯利亚铁道到达了莫斯科。在和莫洛托夫、斯大林会谈后,松冈洋右离开莫斯科。3月22日,《大公报》发表了题为《松冈骗不了苏联》的述评,指出松冈此行的第一目的,即第一阴谋,就是"想在莫斯科挂一钩"。至于如何挂钩,述评写道"大概不外下述三点":(1)"借口南进,请苏联予以谅解及保障"。(2)"利用中国党派问题,劝诱苏联停止援华"。(3)"借调停英德战争的姿态,使苏联感觉孤立,因而就范"。述评认为,日本的这些伎俩是骗不了苏联政治家的,理由是:(1)"苏联是中国的友邦,对中国同情最深,对日本认识最透,自然不会为松冈的如簧之舌所惑,而谅解其灭华。"(2)党派问题是中国的内政,中国人有把握解决,因此这个问题不会改变苏联的对外政策。(3)调停英德战争,英国首先不会相信其诚意,要让苏联因为"感觉孤立"而就范,也没那么容易。3月26日夜,松冈洋右到达了柏林,翌日会晤了里宾特洛甫和希特勒。之后又访问了罗马,再后于4月7日重返莫斯科,翌日和莫洛托夫进行了会谈。为分析松冈此行是否负有特殊使命,舆论纷纷猜测。4月9日,《大公报》在社评中称:松冈此行的目的,是企图争取苏联在远东地区保持中立。但根据常识判断,苏联不可能满足其欲望,理由是:(1)如果苏联满足日本的要求,会使日本暂无北顾之忧,将力量用于对付中国和英、美。这不仅对德、意、日有利,也对苏联构成更大威胁。因为日、德、意三国同盟是反共同盟,苏联绝不会做损人不利己的事情。(2)中、苏两国是唇齿相依的友好邻邦,"凡足以减弱中国抵抗力量或便利日本对华进攻的任何要求。苏联一定不会允诺"。事实上,松冈洋右和莫洛托夫在4月8日的会谈中,关于签署日苏中立条约再次搁浅,原因依然是苏联要求日本放弃库页岛北部权益,日本没有答应。松冈洋右表示,如果在他4月13日离开莫斯科前,双方还不能达成一致意见,则谈判将不得不中断。之后,松冈洋右去列宁格勒访问。舆论认为,松冈洋右曾经在列宁格勒担任过外交官,这一次虽然看似"旧地重游",但实际很可能是等待苏联当局做最终选择。

舆论的判断是正确的。4月11日夜晚,松冈洋右接到苏联方面通知:翌日继续会谈。在12日的会谈中,苏联方面提出了斯大林对这一问题的修正:"将在数月内努力解决关于库页岛北部的权益问题。"松冈洋右表示接受。由于难题被"束之高阁",松冈洋右和莫洛托夫的会谈仅历时十多分钟便告结束。之后,松冈洋右拜会了斯大林。这一迹象表明会谈取得了令双方满意的结果。这一动向迅疾引起中国方面的高度关注。当天,中国驻法国大使顾维钧会见了苏联驻法国大使鲍格莫诺夫,"急欲了解松冈两次访问莫斯科有何用意"。"鲍格莫诺夫表示不会签订任何重要条约,但是很可能签订一项协议,更完整、确切地阐明两国贸易能够得以发展的条件"。"当问及他对松冈将向苏联政府提出,要求苏联停止对中国物资援助这一消息有何看法时,鲍格莫诺夫说苏联和日本的关系固然很好,但是和中国的关系更好。虽说中国正出现某些政治问题,他认为这纯属内政问题,不致影响苏联援助中国抗战的政策。"①

但是,鲍格莫诺夫话音未落,4月13日下午3点,日苏双方代表在克里姆林宫签署了期限为5年的《日苏中立条约》(截止期为1945年4月12日)。与此同时,双方发表了尊重伪满洲国和蒙古的领土完整和不可侵犯的两国政府声明。4月15日,《大公报》披露了《日苏中立条约》的内容:该条约共四个条款,其中第二条规定:"倘缔约国之一方成为一个或数个第三国敌对行动之对象时,则缔约国之他方在冲突期间,即应始终遵守中立。"同时,该报还刊登了《苏日共同宣言》的全文,其中强调:"遵照苏日于1941年4月13日缔结之中立条约的精神,苏日双方政府为保证两国和平与友好邦交起见,兹特着重宣言:苏联誓当尊重'满洲国'之领土完整与神圣不可侵犯性;日本誓当尊重'蒙古人民共和国'之领土完整与神圣不可侵犯性。"

在这场交易中蒙古和东北成了日苏双方相互馈赠的"赠品",因此《日苏中立文约》和《日苏共同宣言》签署后。国民政府外交部部长王宠惠当即发表声明,称:"查东北四省及外蒙为中华民国之领土,中国政府人民对于第三国间所为妨害中国领土与行政完整之任何约定,绝不承认。苏日两国公布之共同宣言,对于中国绝对无效。"

4月22日松冈洋右回到东京后,受到了如英雄凯旋般的欢迎。4月24日,《日苏中立条约》获得日本枢密院批准,随后获得天皇裕仁敕许,正式生效。

日美谈判的"预演" 《日苏中立条约》签署后,松冈洋右即着手处理日中关系问题。当时,"满铁"南京事务所的所长西义显通过浙江财阀钱永铭,向松冈洋右建言,与蒋介石方面缔结由以下内容构成的和平协议:

---

① 《顾维钧回忆录》第4卷,中华书局1986年版,第548页。

(1)中国国民政府的健全统一;(2)撤回"支那事变"后派遣的日本军队;(3)在互惠平等的前提下开展经济合作;(4)以签署秘密协定的方式承认伪满洲国;(5)缔结共同防共协定。10月31日,松冈洋右将这一和平协议转交给了重庆政权。11月中旬,重庆方面表示,日本方面如果能够接受下述两项条件,则同意开始和谈:第一,公开表示日本原则性同意从中国全面撤军;第二,取消对南京政府的公开承认。然而,就在松冈洋右着力推进与重庆方面的交涉时,11月13日,大本营政府联络会议举行的第四次御前会议在讨论欧洲战事日趋激烈的局势下,是否缔结日、德、意三国同盟条约的同时,拟定了《支那事变处理纲要》;决定签署承认汪精卫政权的《日华基本条约》及其他相关文件;发表《日满华共同宣言》,选择了承认汪精卫政权的既定方针。①

  松冈洋右当然不是和平主义者,更没有反对在中国扩张日本的权益和势力范围。九一八事变后,特别在伪满洲国问题上,松冈洋右在国联大会的几次发言足以为证。但是,如何使日本获益,在中国究竟"巧取"还是"豪夺",他和近卫文麿存在分歧。不过,对华政策分歧并没有导致两人公开翻脸。导致近卫文麿决意将松冈洋右清除出内阁的,是两人在对美政策方面的分歧。

  1940年9月19日,大本营政府联络会议举行了第三次御前会议,议题是日、德、意三国同盟问题,焦点是同盟的建立对日美关系将产生什么影响。与会者首先围绕不可或缺的军需物资石油展开了争论。内大臣木户幸一在他8月7日的日记中写道:"据说如果发生战争,海军的储油只够用一年半,陆军只够用一年。就结论而言,如果这一情况属实,那么将很难战胜美国。"大致分类,军令部总长伏见宫博恭王和首相近卫文麿属于"悲观派",外相松冈洋右和企划院总裁星野直树属于"乐观派"。伏见宫博恭王发问:"本同盟的建立将极大改变与英美的贸易关系,最坏的结果是我们依赖英美的物资将难以获取,而且日美战争很可能成为持久战。鉴于支那事变消耗了日本大量国力,日本国力能持续多久,维持国力有何对策?""如果对美国开战,海军处在第一线。目前海军所储存的石油无法进行长期战争。如果战争持续进行,如何补充石油?"近卫文麿表示:"可

---

① 日本国际政治学会编:《走向太平洋战争的道路》第4卷,朝日新闻社1986年版,第240—244页;丰田穰:《松冈洋右》,新潮社1984年版,第818—842页。

第十一章 昭和时代（战前）

以预料,随着新事态的发生,和英美的贸易关系将趋于恶化,甚至有可能完全无法从英美进口物资。就我国现状而言,主要军需物资都需要从英美进口。将不可避免地遭遇极大困难。"企划院总裁星野直树表示:"陆海军所需要的石油只能使用现有储备。如果进行长期战争问题也不是很大。特别是以前最欠缺的航空汽油,由于最近大量提前进口,已有相当储备,和铁和其他金属相比,情况还比较乐观。""如果进行长期战争,只能从库页岛北部和荷属印度支那获取石油。"伏见宫博恭王反驳道:"从苏联获取石油是不可能的。最终只能从荷属印度支那获取。"松冈洋右表示,"如果签署三国同盟条约导致美国禁止对日本输出石油,日本确实将面临极大痛苦。但日本可以向德国和意大利提出,让他们将石油分一半给日本。他们会努力这么做。"

面对双方争论,陆相东条英机表示,"陆军和海军一样,也重视石油。石油问题推进一步,就是荷属印度支那问题。"关于这个问题,组阁后在大本营政府联络会议上确定的《时局处理纲要》已经明确,"尽快处理支那(中国)事变,同时寻找机会解决南方问题。关于荷属印度支那问题,当先以外交手段努力确保重要资源的获取,如果不行则不惜诉诸武力"。"对这个问题,我们并不是没有行动方针。我们原本希望以和平方式获取荷属印度支那资源,但如果不行,希望政府能够决定诉诸武力"。

关于缔结日、德、意三国同盟条约,松冈洋右表示:"缔约目的是防止美国建立对日包围圈。"最终,御前会议决定缔结日、德、意三国同盟条约,尽管与会者有的态度积极,有的态度消极。军令部总长伏见宫博恭王在提出了四个希望事项后,也表示同意。四个希望事项是:采取各种措施,尽可能避免日美开战;尽可能和平地"南进",避免和第三国产生不必要的摩擦;严格取缔排英排美的言论和行动;推进海军战备及军备的强化。[①]

日军为了获取资源的"南进"和为了对付美国缔结《日德意三国同盟条约》,直接激化了和美国的矛盾。1940年9月22日,根据和法国维希政府的"协定",日军进驻了面积大致相当于越南、老挝、柬埔寨三国的"法属印度支那联邦"北部,引起美国强烈不满。10月,美国宣布停止向日本

---

① 以上近卫文麿、东条英机、松冈洋右等人在御前会议的发言,均引自大江志乃夫:《御前会议》,中央公论社1991年版,第31—36页。

输出废钢铁并实施各项经济制裁。11月27日,日本政府任命预备役海军大将野村吉三郎为日本驻美大使,因为野村吉三郎在美国有较好口碑和人脉。野村接受的训令是:"海军方面将加紧备战。但是,如能将危局平安处理,当属上策。"美国方面则根据海军作战部长斯塔克1940年11月12日提出的"先欧后亚"的战略原则,避免过早和日本发生武力冲突。美国国务卿赫尔在回忆录中写道:"我政府的立场非常明确。我们将日本视为希特勒和墨索里尼的同盟者,我敌对同盟的签约国。我们认为,日本扩张主义野心最终将对我安全构成威胁。"①

1941年初,野村吉三朗受命出任驻美大使。最初野村曾表示拒绝,理由是在当时情况下,自己难以恪尽职守。但是他被告知"今日本已疲惫之至,我们不希望因为遵守了条约而使海军付出徒劳的牺牲。"于是,野村决定将成败置之度外,接受任命,于1941年2月11日到达了华盛顿。②美国驻日大使约瑟夫·C.格鲁(Joseph C. Grew)认为,日美必然一战。他致函罗斯福称:"只要我们没有完成战备,或早或晚,均应撤回'包括南洋在内的大东亚'整个地区的财产(即便认为那不太可能)。我们和日本将必然发生冲突。"③

日本在此阶段已经得出了"英美不可分"的判断,并据此得出结论:日本推行"南进"战略,和美国难免一战,但必须有备战时间。双方各自心怀叵测,开始了长达一年的谈判。和谈首先以"民间方式"进行。1940年11月25日,美国天主教外国传道会总会长詹姆斯·E.沃尔什主教(Bishop James E. Walsh)和詹姆斯·K.德劳特神父(Father James K. Drought)造访了产业组合中央金库理事井川忠雄,提出希望采取必要措施,尽快恢复美日两国国民的友好关系。松冈洋右对美国"民间大使"的访日相当重视,于12月5日会见了两位神父,请他们向罗斯福总统转达他希望与美国保持良好关系的愿望。12月7日,井川忠雄致函近卫文麿首相,对与代表美方的两位神父会谈的内容作了详细汇报。12月11日,德劳特神父向井川忠雄递交了一份给日本政府的备忘录,提出了日美谅解方案,要点是:美日共同发表"远东门罗主义"宣言,按照美国提倡的门户开放政策

---

① Hull, Cordell, "The Memoirs of Cordell Hull", Vol.II, The Macmillian Company, New York, 1948.
② 原田熊雄述:《西园寺公和政局》第8卷,岩波书店1952年版,第377—378、388页。
③ 实松让编:《太平洋战争》第1卷,美菱书房1968年版,第131页。

解决日中战争问题,承认伪满洲国和日本在华所占领土,实现美日首脑会谈。12月28日,两位神父离开了日本。为了便于和井川忠雄联络,他们就美国政府的反应约定了如下暗号:difficult(没有交涉的可能)、good(顺利进行中)、satisfactory(总统正考虑中)、complete(已万事俱备)。

翌年1月20日,井川忠雄收到的是"good";21日收到的是"satisfactory";25日收到的是"satisfactory";28日收到的是"昨晚再次与罗斯福总统进行了交谈,很有希望"。近卫文麿对此颇感满意,并表示他可以随时访问美国。

2月13日,井川忠雄作为近卫文麿特使访问美国,与美国邮政总长、天主教徒弗兰克·沃克进行了会谈。2月底,沃克致函罗斯福总统,提出应以日本解除与德国和意大利的轴心同盟为条件,缔结日美协定。3月7日,沃克致函赫尔国务卿:"天皇、近卫、枢密院、军部首脑及平沼骐一郎正着手于日本政策的转换。但是有关信息如果泄露,他们或许会遭暗杀。"①也就是说,日本首脑认识到,《日德意三国同盟条约》的签署,导致日美矛盾激化并呈现战争危机,近卫文麿等打算调整对外政策。

之后,井川忠雄、德劳特神父在华盛顿拟订了题为《摆脱美日关系困局》的协定草案。3月17日,他俩向美国国务卿赫尔汇报了协定的原则性内容:由罗斯福出面为日中关系斡旋,以中国停止排日和共同防共等为条件,日军完全撤出中国。赫尔认为,根据"先大西洋、后太平洋"的原则,美国已经事实上开始为英国提供援助。因此,在太平洋地区哪怕只能一时避免战争,也值得欢迎,以免两线作战。罗斯福对此表示赞同。3月30日,原陆军省军务局军事课长岩畔豪雄大佐被派往美国。岩畔豪雄到达纽约后,和井川忠雄、德劳特一起对已拟订的草案做了原则性修正:不明确记入使三国同盟成"一纸空文"的内容。之后,这项工作交由驻美大使野村吉三郎进行。

日美和谈的开始 1941年4月14日,野村同赫尔在官方层面上首次就《日美谅解草案》进行谈判,会谈内容除了建议罗斯福总统和近卫首相在华盛顿举行首脑会谈,还包括美方提出的"赫尔四原则":尊重一切国家的主权和领土完整;不干涉内政;通商机会均等;不以非和平手段改变太平洋现状。4月18日,《日美谅解草案》送达近卫文麿。不知有意还是

---

① *Foreign Relations of the United States*, Washington, D.C., Vol.4, p.63.

无意,电文只字未提"赫尔四原则"。当天,近卫文麿即把该草案提交大本营政府联络会议讨论。与会者大都表示可以接受,决定待听取正在苏联访问的松冈洋右的意见后再作决定。①

孰料,《日美谅解草案》遭到松冈洋右明确反对。松冈洋右认为,该草案不符合外务省制定的外交路线,使日本前此一系列外交努力付诸东流,并且未和外务省协商,违背了外交一元化原则。5月12日,根据近卫文麿和陆军省的要求,日本方面拟定了提交美方的《日美谅解草案》日方修正案,增加了"松冈三原则":不与三国同盟相抵触;承认中国现状;奉劝蒋介石采取对日和平政策、为日本经济方面的"南进"提供协助。②

但是,美国对日本"修正案"的反应直逼日本底线,令日本感到棘手。因为,前年9月,美国情报当局用译码机成功破译了日本外务省收发的电文。为了不使日方觉察这一事实,当时只有总统、国务卿、军队首脑等极少数人能看到破译的电文。③美方首脑已探明日方谈判意图,因此对日美达成谅解根本不抱希望。美国之所以和日本谈判,主要有两个皆与时间有关的原因:第一,为了贯彻"先大西洋、后太平洋"的方针。第二,等待德苏开战,让日本签署的《日德意三国同盟条约》和《日苏中立条约》的矛盾暴露。根据美国获得的情报,希特勒欲壑难填,苏德难免一战。

6月6日,日本驻德大使大岛浩发回电文:"苏德即将开战的消息基本属实。"

这一电文令日本内阁震惊并不知所措。6月21日,预料苏德即将开战的赫尔,向野村吉三郎提出了美方对《日美谅解草案》的修正案:停止武力"南进",在美国参战时不得援引上述三国同盟条约对美宣战,从中国撤兵。6月22日,德国实施"巴巴罗萨计划"向苏联发动了突然袭击,苏德战争爆发,《日德意三国同盟条约》和《日苏中立条约》的自相矛盾即刻暴露。日本军部首脑认为,北边的威胁已经消除,应迅速南进。他们的看法在内大臣木户幸一日记中有明确记述:"在世界局势急剧变动之际,我国自然不能袖手旁观。资源贫乏的我国当为获取南方的石油、橡胶、铁,制

---

① 参谋本部编:《杉山札记》(上),原书房1967年版,第199页。
② 日本外务省编:《日本外交年表及主要文书》(下),原书房1968年版,第504—506页。
③ 实松让编:《太平洋战争》第4卷《资料解说》,美菱书房1968年版,第235页。

定相应政策。"7月2日召开的第五次御前会议,通过了《适应形势变化之帝国国策纲要》,决定"进入南方。根据形势推移解决北方问题"。松冈洋右上奏天皇提出:"在德苏已经开战的今天,日本应与德国和意大利协力攻打苏联。为此,南方应暂时缓一缓,尽管早晚也要打。否则,日本将同时与苏美英开战。"①但是,7月2日御前会议通过的《适应形势变化之帝国国策纲要》决定,不介入苏德战争,"南进"中南半岛。为了避免日美开战,须继续日美谈判。7月12日,大本营政府联络会议要求美国撤回赫尔修正案,接受包括"松冈三原则"的《日美谅解草案》。"赫尔四原则"和"松冈三原则"的互不兼容,使谈判陷入困境。

  7月15日,主张对美奉行威压政策的松冈洋右,将《日美谅解草案》的日方修正案,秘密通报德国、意大利。此举令天皇裕仁甚为不满。《(昭和)天皇独白录》中有如下记述:"这种大臣无视国际信义,令人困惑。我对近卫说,希望罢免松冈洋右。"②为罢免松冈洋右,翌日,近卫文麿即宣布内阁总辞职。近卫预料,他将再次奉命组阁。果然不出近卫预料,翌日的重臣会议依然上奏天皇推荐近卫文麿出任首相。7月18日,近卫立刻组成了第三届近卫内阁。除了田边治通取代平沼骐一郎任内相、小仓正恒取代河田烈任藏相受到关注外,根据军方要求,没有邀请一名以前的立宪政友会或立宪民政党出身者入阁也受到关注,但最受关注的是原海军大将、第二届近卫内阁商工大臣丰田贞次郎出任外相。近卫文麿在他的回忆录中写道:"推荐丰田海军大将为外相,是我希望能使日美谈判得以实现之热情的表示。""丰田贞次郎海军大将认为,必须采取措施努力避免日美冲突的发生。但是,如此明显的政治改变之意义,正在华府的野村吉三郎大使并不理解。由于野村大使本身对此并不理解,因此也就没有采取任何方式使美国方面理解,这是个明确信号,从而在新内阁成立后,使美方即刻对他产生好印象,使谈判一扫以往暧昧的气氛,以一种明快的节奏进行。这是日本政府的期望。但不能不说的是,结果令人失望。"③事实上,对日本外交电文的解读,使美国政府不敢"奢望"日本会即刻转换外交政策。美国认为,日本外交政策必然服从日本的基本国策即"南进"。

---

① 木户幸一日记研究会编:《木户幸一日记》(下),东京大学出版会1966年版,第884页。
② 半藤一利:《昭和史(1926—1945)》,平凡社2004年版,第352页。
③ 近卫文麿:《近卫文麿手记——朝着和平方向努力》,日本电报通信社1946年版,第68—69页。

1941年7月法军和登上法属中南半岛殖民地南部的日军进行交涉

美国的判断是正确的。丰田贞次郎上任后,即根据以陆海军统帅部的要求为基础的方针,电告日本驻外使节:坚持日、德、意三国同盟的国策并未改变。同时电告驻德大使大岛浩,日本将致力于"南进",这将是对英、美的打击,并可能是对德国的支援。7月22日,日军开始进驻法属中南半岛殖民地南部。7月25日,美国宣布冻结所有日本在美资产,并对日本实施全面的石油、废钢铁禁运。

8月初,近卫文麿向美国提交了一个"新版"《日美谅解草案》:(1)"南进"止步于法属印支;(2)保障菲律宾的中立;(3)帮助美国在东亚获取必要资源;(4)美国停止在西南太平洋地区的军事措施;(5)美国协助日本在荷属印支获取物资;(6)恢复日美正常通商关系;(7)美国为日本和蒋介石政权直接谈判进行斡旋。①但是,由日本驻美大使野村吉三郎转交美国国务卿赫尔的这一草案,即刻被束之高阁。赫尔答称,只要日本不放弃扩张政策就没有谈判的余地。近卫认为,只有直接会晤罗斯福弥合分歧,舍此别无他途,并就此征询陆海军大臣的意见。及川古志郎海相当即予以认同,东条英机陆相则表示,如果采取破釜沉舟的姿态、不成功即不惜一战,则对此举不持异议。天皇对近卫决意亲晤罗斯福非常高兴,催促他早日成行。②

8月8日,野村吉三郎将近卫文麿的要求转告了赫尔。赫尔表示,他无法确定罗斯福总统是否愿意邀请近卫首相访美。当时,美国总统罗斯福和英国首相丘吉尔正在停泊于大西洋纽芬兰阿金夏海湾内的美国重巡洋舰"奥古斯塔号"会晤,13日两国首脑在"威尔士亲王号"战列舰的后甲

---

① 日本外务省编:《日美交涉资料》,原书房1978年版,第145—146页。
② 近卫文麿:《近卫文麿手记——朝着和平方向努力》,日本电报通信社1946年版,第72—76页;木户幸一日记研究会编:《木户幸一日记》(下),东京大学出版会1966年版,第897—898页。

第十一章 昭和时代（战前）

板上,签署了《丘吉尔罗斯福联合宣言》(史称《大西洋宪章》),14日正式公布。之后,罗斯福约见野村吉三郎,交给他两份文件。第一份文件的要点是:如果日本为了对邻国施行军事统治而采取进一步行动,美国将采取一切必要行动。第二份文件的要点是:如果日本停止扩张行动,遵循美国提出的原则,采取致力于恢复太平洋地区和平的行动,美国有意重开7月中止的美日谈判。①8月15日,联合舰队司令长官山本五十六,用电报发出命令:"立即完成战斗准备,以应对时局急变。"②

8月26日,日本政府和大本营联络会议决定,就美方文件作如下答复:批评美国对其所谓"原则"和"信念"的自以为是,但对两国首脑进行建设性会晤表示欢迎。会议还通过了近卫首相致罗斯福总统的信,主要内容是:因时局变化,以往的原则应当进行调整。为此,首先应实现两国首脑会晤,着眼大局,就整个太平洋地区的重要问题进行磋商,就缓和紧张局势达成基本共识。具体问题可以在首脑会晤后,由事务官员进行交涉。8月28日,野村吉三郎将上述答复和文件交给了罗斯福,得到了罗斯福的认可。当天夜里,赫尔会见野村吉三郎,正式同意了日方实现首脑会谈的要求。接到野村吉三郎的报告后,近卫文麿当即让井川忠雄、他的私人秘书松本重治和牛场友彦、西园寺公望的养子西园寺公一等,制定首脑会晤方案,并让野村吉三郎将这个方案转交罗斯福总统。

《朝日新闻》1941年8月30日刊载日本对美方要求的回应

在致力于"日美谅解"的同时,日本也在着手进行战争准备。在日本进驻法属中南半岛殖民地北部、美国对日施行全面禁运和冻结日本海外资产后,"交涉无用论""对美开战论"甚嚣尘上,各种作战方案也纷纷出

---

① 日本外务省编:《日美交涉资料》,原书房1978年版,第166—180页。
② 半藤一利:《昭和史(1926—1945)》,平凡社2004年版,第353页。

笼。在8月26日的陆海军局部长会议上,海军提出了《帝国国策遂行方针》,其核心内容是:以10月下旬为限,备战和外交同时并进;至10月中旬,如果外交解决无望,采取启动实力之措置。陆军对海军提出的《帝国国策遂行方针》不满意,于当天拟定了陆军方面的方针,翌日送交会议讨论。陆军提出的方针的核心内容是:"决意不辞对美、英、荷开战,并大致在10月下旬完成战争准备。在此期间,通过别的文件努力贯彻对美英外交之要求。至9月下旬,若我要求无法贯彻,则决意立即对美、英、荷宣战。"①最后,大本营对两个方案进行微调,制定了陆海军方案《帝国国策遂行纲要》,将外交交涉的时间节点定为9月下旬。9月3日,大本营政府联络会议通过了《帝国国策遂行纲要》,但对时间节点再次作了修改:"若我要求至10月上旬仍无得到贯彻之可能,即决意对美(英)开战。"

同一天,罗斯福约见野村吉三郎,向他提出了首脑会晤的前提条件,即"赫尔四原则"。美方的立场完全出乎近卫文麿的意料,令近卫颇感失望。于是大本营政府联络会议当天又通过了向美方提出的方案。这个方案的"新意",就是暗示日本可以放弃前述三国同盟条约。但是,这一方案提交美国后,美方未再做任何答复,如石沉大海。于是,大本营政府联络会议决定9月6日举行御前会议做最后抉择。9月6日,御前会议如期举行。近卫文麿在他的手记中对会议做了翔实记载:

> 9月6日上午10点举行了御前会议。会上原(嘉道)枢密院长提出质询:"阅此案后,给人的印象是重点没有放在外交上,而是放在战争上。我想知道政府和统帅部究竟是如何考虑的。"海相及川古治郎答辩道:"帝国政府迄今为止一直在同美国交涉。若交涉不成,将不惜与美国一战。第一项战争准备和第二项外交努力,没有先后之分。第三项是和谈的时限。不过,这要由庙谟议决。我必须再次说明的是,《帝国国策遂行纲要》的趣旨和原议长的意思相同,即尽可能通过外交途径,解决和美国的矛盾。"此时,陛下突然发言:"朕以为刚才原枢密院长的质询很有道理。统帅部对此未作任何答复,令人甚感遗憾。"说着从怀里取出"御制"(明治天皇写的诗)朗读:"四海之内皆同胞,缘何世上起波涛?"随之说道:"朕经常拜读这首御诗,并努力

---

① 日本防卫厅战史研究室:《大本营陆军部大东亚战争开战经纬》第4卷,朝日新闻社1969年版,第491页、第500页。

第十一章 昭和时代（战前）

继承发扬先帝爱好和平的精神。"这时，全场肃静，鸦雀无声。一会儿，永野修身军令部总长起身发言："陛下对统帅部的指责，令我们惶恐不堪。实际上，刚才海军大臣的回答代表了政府、统帅部双方的意见，所以我们没有发言。统帅部事实上如海军大臣所回答的那样，主张以外交为主，万不得已才诉诸战争。这个基本精神从未改变。"就这样，御前会议在前所未有的紧张气氛中结束。①

按照惯例，在御前会议上，天皇只是对大本营政府联络会议形成的决议表示赞否，不具体发表见解。但在这次御前会议上，天皇裕仁却侃侃而谈。第五次御前会议最终决定：努力通过外交谈判摆脱困境。如果外交解决无望，则不惜一战。天皇在这次御前会议上的表述，常被解读为反对战争。但我认为，更准确的解读应该是担心战败。必须强调，9月5日，即御前会议前一天，天皇详细询问参谋总长和军令部总长，如果开战有几分胜算？当时在场的近卫文麿在日记中写道："陛下问杉山总长，如果日美开战，陆军确信多久能结束战争？总长回答说，打算三个月结束南洋的战争。"天皇又问道："你是支那事变爆发后的陆相。我记得你当时说一个月就能结束战事，现在已经四年过去了，不是还没有结束吗？"杉山元惶恐地表示，"支那幅员辽阔，所以未能如期结束"。"太平洋不是幅员更加辽阔？你哪来的信心认为三个月就能够结束战事？"杉山元被天皇质问得满脸尴尬，低头不语。

根据第五次御前会议"和谈优先"的决定，当天晚上，近卫秘密会晤了美国驻日本大使格鲁，希望能够实现首脑会谈，以"快刀斩乱麻"方式，一举解决错综复杂的日美矛盾。格鲁随即给他哈佛大学的同学罗斯福总统发报，提出了自己的判断："应该把握近卫执政的机会。否则或有战争危险。如果能够实现首脑会谈，日本可能做出让步。"然而，美国已经禁止了对日本的石油输出，在菲律宾和太平洋诸岛完成了战争准备。因为，美国政府已得出结论：决定日本政策走向的是军部特别是陆军首脑，不是日本政府。因此，拒绝举行日美峰会。

10月2日，赫尔在和野村谈判时要求，日军必须全部撤出中国和法属中南半岛殖民地，态度相当坚决。野村随即电告日本政府："如果日本不实行政策转向，美国对日政策不会改变。"10月4日，大本营政府联络会议决定，是否需要改变政策，先由各省进行研究。陆军表示，撤军无异

---

① 近卫文麿：《近卫文麿手记——朝着和平方向努力》，日本电报通信社1946年版，第87—88页。

于败退。陆军大臣东条英机称:"对于陆军来说,撤军,如同让日本停止心跳。何况屈从美军的要求,从中国撤军,无异于将支那事变中鏖战四年取得的成果归零;使'满洲国'陷入危险;使朝鲜不再能成为国防最前线。以撤军显示交涉取得成功,绝对无法接受。那不是外交,是投降。"10月5日,陆军首脑会议决定,"外交解决已无可能。要求迅即召开御前会议,做出开战决定"。海军首脑部意见不一。海军作战部长福留繁少将提出:"我对南方作战没有自信。根据图上演习,开战第一年将有840万吨舰船被击沉。战争第三年民用船舶也将损失殆尽。"联合舰队司令山本五十六也主张尽可能谈判解决,做出必要妥协。但是,海军军令部总长永野修身始终持"不惜对美英一战"的强硬立场。海军大臣及川古治郎则态度暧昧。他对近卫表示,"一切服从首相决定"。

在御前会议决定的和谈期限已过,但日美和谈未取得任何突破的情况下,10月16日,近卫觐见天皇,递交了内阁总辞职的辞呈。辞呈中写道:"日美交涉若假以时日,并非没有取得成效之可能。同时,对最大的难题撤兵问题,根据'弃名取实'之主旨,我相信若形式上采取对彼让步之态度,当有妥善解决争端之可能。在尚未解决支那事变的今天,进一步闯入前途未卜的大战。这种结果对于支那事变勃发以来始终痛感责任重大的臣文麿来说,实在不堪忍受。"①

第八节 "帝国决定对美英荷开战"

不少日本人在"反思"侵略战争历史的时候认为,日本是岛国,应该和海洋强国建立良好关系。这样,日本的国家安全才能获得保障。日本当年偷袭珍珠港,挑战世界头号海洋强国美国,这是日本的"国家战略"错误。但是,"外交是内政的延续"是至理名言。日本之所以犯下"国家战略"层级的错误,根本原因是"统帅权独立""军部大臣现役武官制""帷幄上奏权"等法律和制度性规定。正是这些法律和制度,使军人主导国家政治,导致军国主义甚嚣尘上,最终走上战争道路。实际上,日本和美国远隔太平洋,之所以矛盾日趋尖锐,是因为双方在别国争夺权益时"迎头相撞",而当年"日之丸"的"操舵手",就是那些狂妄而无知的军国主义分子。

---

① 矢部贞治:《近卫文麿》(下),读卖新闻社1976年版,第626页。

第十一章 ● 昭和时代(战前)

东条内阁的组成 1941年10月16日近卫辞职后,当天和东条英机等提议,由皇室成员东久尔宫稔彦继任首相。但是,"选相"中心人物、内大臣木户幸一认为,日美战争一触即发,如果东久尔宫稔彦继任首相,战争爆发,皇室将承担战争责任,有可能成为国民怨府。他通过企划院总裁铃木贞一转告东条英机:"艰难问题尚未解决,期待皇族寻找解决问题之良策,此种做法断不可行。"①由于负责推荐内阁首班的元老西园寺公望已在年前去世,日本再无元老。因此选谁后任首相,由担任过首相的几位重臣议决。在内大臣木户幸一召集下,92岁高龄的清浦奎吾,以及若槻礼次郎、冈田启介、林铣十郎、广田弘毅、阿部信行、米内光政等七位前首相和枢密院议长,出席了会议。近卫内阁给会议写了《"日美交涉经过"及总辞职始末》书面报告,没有出席会议。

木户幸一打破内大臣在这种会议上不发言的惯例,力荐东条英机:"坦率说,我认为东条英机可继任首相的理由是,众所周知,即便陆军主战,但海军如果不真正决意开战,日本仍不会闯入日美战争。可以认为,若执行御前会议决定且海军方面无明确修正意向,则必然向战争方向迈进。依此观察事态,可以说实际情况是陆海军尚未实现真正合作,而御前会议在仓促之间做出了重大决定。因此,我认为降大命于充分了解此事态之经过,对上述困难有切身感受的东条,让他组阁,同时敕令东条实现陆海军的真正协调,重新研讨御前会议决定,是最切合实际地收拾时局的方法。"②林铣十郎、阿部信行等陆军出身的重臣都表示赞同,广田弘毅也表示同意。但是,若槻礼次郎对木户幸一的意见明确表示反对:"……经再三考虑,我认为宇垣(一成)陆军大将是最合适人选。如果推荐陆军大臣出任首相,恐使美国产生日本决意开战之误解,这是当今最需要注意的。"③冈田启介则表示了让东条担任内阁首班的担忧:"从这次政治变化经纬来看,似可以认为陆军已不足依赖,降大命于代表陆军的陆相会产生什么结果,我对此持有疑问。""我见过东条,但未同他说过话。对他是怎样一个人一无所知。听了木户的话,我感到有些不安,对让东条出任首相

---

① 木户幸一日记研究会编:《木户幸一日记》(下),东京大学出版会1966年版,第916页。
② 木户幸一日记研究会编:《木户幸一日记》(下),东京大学出版会1966年版,第917页。
③ 若槻礼次郎:《明治·大正·昭和政界秘史——古风庵回忆录》,讲谈社1983年版,第370—371页。

比较担心。"①

最后，木户幸一表示："我大体明白了诸位的意向。我将详细上奏，请圣上宸裁。"会议结束后，木户觐见天皇裕仁，仍根据自己的意向推荐东条英机组阁。天皇表示："不入虎穴，焉得虎子？"意为值得冒险。木户为什么力荐主战的东条英机？1969年某日，他对东北大学教授池田清谈了他当时的考虑："继任首相必须是衷心拥戴天皇，能协调陆海军关系的铁腕人物。海军没有这种人物。我所了解的海军长老和首长都是绅士型的，没有能力抑制有野性的陆军。陆相东条是最合适的人选。"也就是说，木户幸一试图采取"以毒（陆军）攻毒"的办法，避免陆军"暴走"。

东条英机（1884—1948年）出生于东京，15岁时进入东京地方陆军幼年学校学习，三年后进入陆军中央幼年学校，再后考进陆军士官学校。东条英机的父亲东条英教是陆大第一届"首席"毕业生，为了培养长子东条英机的武士道精神，他专门请人教东条英机学习"神刀流剑舞"。从士官学校毕业后，东条英机的志向和其他士官生一样：考入日本陆军大学。陆大入学考试对报考资格有明确限定，即必须是陆军士官学校毕业的军官，仅限于少尉、中尉，而且必须获得联队长等上级军官的推荐，一次仅录取五十名。东条英机符合上述所有条件，但第一年没有考上。1912年12月底，东条考上了陆大。毕业后东条进入了陆军省，随后任日本驻德国大使馆武官。"陆军三羽乌"永田铁山、小畑敏四郎、冈村宁次签署"巴登巴登密约"时，东条英机在门外放哨。回国后，东条英机历任陆军大学教官、陆军省军务局参谋、军事调查部长。1933年3月东条英机晋升少将，两年后出任关东军宪兵司令官兼日本驻"满"行政事务局长，1936年（昭和十一年）12月1日晋升陆军中将，之后从陆军次官、陆军大臣升至首相。出任首相后，东条英机挥毫写下六个字："努力即是权威。"这六个字是他往日信条的浓缩："如果付出努力，必能得到相应的地位，并成为与地位相称的权威。"东条英机常以此激励部下，笼络了一批亲信。

根据木户上奏，1941年10月17日，天皇裕仁召见东条英机，晋升他为陆军大将，并对他说："朕命卿组织内阁，望遵守宪法条规。在时局出现重大事态之际，望特别加强陆海军的合作。"东条英机退出后，木户幸一对他说："我拜察陛下刚才谈到了陆海军协作。然就关乎国策之大本而言，

---

① 冈田贞宽编：《冈田启介回忆录》，每日新闻社1977年版，第200—201页。

第十一章 昭和时代（战前）

我认为不应拘泥于9月6日御前会议之决定,而应对内外情势进一步作广泛、深刻的检讨并作出慎重决定。"①10月18日,大命降下,东条组阁。

东条英机出任首相后仍是现役军人。东条内阁主要阁僚有:东条英机(首相兼内相和陆相)、东乡茂德(外相)、贺屋兴宣(藏相兼拓相)、岛田繁太郎(海相)、岩村通世(法相)、桥田邦彦(文相)、井野硕哉(农相)、岸信介(商相)、寺岛健(递相兼铁相)、小泉亲彦(厚相)、铃木贞一(企划院总裁)、星野直树(内阁书记官长)。和上届内阁相同,政党出身者无人入阁。和上届内阁不同的是,东条英机兼任内相和陆相,高度集权。

1941年10月18日成立的东条英机内阁

东条内阁组成后,即刻重新检讨9月6日御前会议的决定。1941年10月23日至30日,大本营政府联络会议连日召开,但是东条英机对会议结果始终不满意,于11月1日再次召开联络会议,并提出了三个备选方案:卧薪尝胆,暂不开战;决意立即开战,通过战争解决问题;在决意开战的前提下备战和外交并行(对外交是否能取得成果再进行最后尝试)。②经反复研讨和争论,会议最后决定以第三个方案为基础,制定《帝国国策遂行纲要》,要点如下:(一)帝国为摆脱当今危局,实现自存自卫,建设大东亚新秩序,决意同美、英、荷、开战并采取下列措施:(1)定发动武力之时机为12月初,此前陆海军完成作战准备;(2)对美交涉根据另行制定的方案施行;(3)努力强化与德国和意大利的提携;(4)武力发动之前,与泰国建立紧密军事关系。(二)如果在12月1日0点之前对美交涉成功,则中止武力发动。③

会议同时制定了对美交涉的甲、乙两个方案:甲案主旨为全面解决日

---

① 木户幸一日记研究会编:《木户幸一日记》(下),东京大学出版会1966年版,第917页。
② 参谋本部编:《杉山札记》(上),原书房1967年版,第362页。
③ 参谋本部编:《杉山札记》(上),原书房1967年版,第417—418页。

美间问题;乙案主旨是解决日美间眼前面临的问题,要点是以日本止步于法属中南半岛殖民地为条件,美国为日本提供石油等战略物资。会议于11月2日子夜1点30分结束。会议结果不仅没有实现9月6日御前会议的决定,而且决意开战。因为,虽然"备战和外交并行",但留给外交交涉的时间不足一个月。当天下午5时,首相东条英机和陆军参谋总长、海军军令部总长一起,将上述决定上奏天皇。11月4日,东乡茂德外相给驻美大使野村吉三郎发去了大本营政府联络会议制定的甲、乙两个方案,并就日美交涉要领发去训令:"本次交涉为最终尝试。望了解我方提案乃名实相符之最终方案。若不能以此作最后了结,则只能遗憾地表示谈判决裂,并申明其结果将是两国关系已不得不直面破裂。"[1]11月5日,大本营政府联络会议举行第七次御前会议,通过了《帝国国策遂行纲要》,使之成为日本最高当局的最终决定。随后,军令部总长永野修身向联合舰队司令长官山本五十六发出了实施战斗准备的"大海令第一号"。

日美谈判的破裂 令日本意想不到的是,在此之前,美国方面已经掌握了日方的上述动向。东乡茂德通过电报发送给野村吉三郎的训令,也全部被美国解读、知晓。因为,当时美国使用8台译码机,破译了日本外务省用97式西洋文收发报机发出的代号"紫色"的密码,但日本政府对此浑然不知。1941年7月1日至12月7日期间,日本外务省与驻美使馆之间有多达217份电报被破译,"日本驻檀香山总领事馆发出的军事情报,一份不漏地全被截听和破译了"。因此,在11月7日野村将"甲案"交给美国国务卿赫尔时,赫尔根本没有理会。11月12日,赫尔将要求东条内阁确认8月28日日方提交的备忘录的文件、有关日中交涉的文件交给了野村,但对"甲案"却只字未提。此时,日本方面已在进行最后战争准备。11月13日,山本五十六在岩国向联合舰队各舰舰长和参谋长等军官下达指令:"12月×日将对美英开战。现预定×日为12月8日。如果此前在华盛顿与美国的交涉取得成功,将在前一天的午夜1点向攻击部队发出返航命令。"对山本五十六的这番话,特遣舰队司令长官南云中一中将表示反对。他大声嚷道:"不行。面对眼前的敌人不打反而打道回府,将会影响士气。"话音刚落,几个军官当即表示赞同。有个军官甚至说:"小便小了一半,能中止吗?"面对反对声,山本五十六呵斥道:"养兵百

---

[1] 日本外务省编:《日美交涉资料》,原书房1978年版,第385—390页。

年的目的是什么？是为了保卫国家的和平。如果哪位指挥官认为不能够服从命令,我现在就禁止他出动,并要求他将辞职书交给我。"①

11月14日,野村吉三郎给东乡茂德发去电文,详细陈述了对形势的分析和对日美交涉的意见,要点是:"美国政府太平洋政策是阻止日本继续南进和北进。在试图以经济压迫之手段达到其目的的同时,也在进行切实的战争准备";"若国情允许,与其争一两个月之早晚,毋宁再稍作忍耐,待能够判明世界战全局之前途时,再行定夺"。②东乡茂德本人也同意这种看法,但由于时间节点是御前会议的决定,故再次电示野村吉三郎,必须在11月底之前终结谈判。

11月15日,大本营政府联络会议再次举行,对战争的前途进行研究。会议认为,"即便日本无敌的陆海军也无法使美国全面屈服"。必须具备以下条件:日军短期作战取得成功,能够确保军需品自给通道,能够进行长期作战;通过迅速积极的行动,使重庆蒋介石政权屈服;苏德战争以德国的胜利告终;德国在英国成功登陆,英国乞求和平。③也就是说,如果具备上述条件,美国才会失去战争意志,日本才可能真正与美国实现和平。同一天举行的日本临时国会同意追加38亿日元军费。东条英机在国会宣称:"帝国正面临决定百年大计的时局。"舆论也充满好战言论。《东京日日新闻》称,"一亿总进军的开始"。《朝日新闻》称,"现在应该增强国民之觉悟,集中力量充实国内各种体制"。也是同一天,日本政府派往美国帮助野村吉三郎进行交涉的来栖三郎到达了华盛顿。17日和18日,野村吉三郎和来栖三郎分别与罗斯福和赫尔进行了会谈。在18日的会谈中,赫尔再次强调"日美谅解"和"三国同盟"无法并存。野村吉三郎遂作为个人意见提议,日本从法属中南半岛殖民地南部撤兵、美国解除对日本的"冻结令",暂先缓和紧张局势,也就是将"乙方案"范围进一步缩小。赫尔对此持保留意见。

11月20日,野村吉三郎和来栖三郎向美方提交了"乙方案",早已通过破译日方电文了解此案的赫尔当即表示:"接受这个方案意味美国表示投降。"但是,由于美国陆军备战需要时间,因此22日至24日,双方签署了一个临时方案,主要内容是:以后3个月内,日本如果停止南进和北进,

---

① 半藤一利:《昭和史(1926—1945)》,平凡社2004年版,第371—372页。
② 日本外务省编:《日美交涉资料》,原书房1978年版,第426—428页。
③ 半藤一利:《昭和史(1926—1945)》,平凡社2004年版,第372—373页。

美国将每月向日本供应一定量的石油、棉花、粮食、药品。之后,美国将这一临时方案照会了中、英、荷、澳等国。11月22日,焦虑不安的外相东乡茂德致电野村吉三郎,要求他进一步做出努力。另一方面,由于中国和澳大利亚的反对,赫尔于11月25日放弃了上述临时方案,决定另外制定作为"最后通牒"的"赫尔照会",在经罗斯福同意后提交日本。

　　11月25日傍晚,美国总统罗斯福、国务卿赫尔、陆军部长亨利・刘易斯・史汀生(Henry Lewis Stimson)、海军部长弗兰克・诺克斯(Frank Knox)、总参谋长乔治・马歇尔(George Marshall)、海军作战部长哈罗德・斯塔克(Harold Stark)在白宫举行会议,提出警戒日本发动突袭,同时认为"不能不等日本首先发动攻击"。因为,美国当局清楚,只有那样才能突破传统的中立主义牵制,赢得国内舆论对战争的支持。11月26日,赫尔向野村吉三郎和来栖三郎递交了"赫尔照会"。"赫尔照会"共有十项,主要内容是:日、美、英、苏、中、荷、泰缔结多边互不侵犯条约;日本从中国和法属中南半岛殖民地撤出所有军队;承认重庆政权为中国唯一合法政权;否定三国同盟。随后,赫尔对陆军部长史汀生说:"我的活已经干完了,接下来该陆海军出场了。"赫尔那么说是因为他很清楚,日本方面不可能接受美国提出的条件,美国也没指望日本接受。1942年某日,罗斯福对时任美国海军作战部长的欧内斯特・约瑟夫・金说:"日本人是不同人种,是异教徒,有和我们不同的文化。他们的行为规范和我们美国人是不同的。与其和他们谈判,不如用实力教训他们。除此之外,没有其他办法。"

　　"赫尔照会"令野村吉三郎感到震惊,因为这意味着将被日本改变的状态恢复至"满洲事变"以前。而且如果是这样,那日本和美国为什么要进行长时间的和谈?同一天,日本政府收到"赫尔照会"即"最后通牒"后,用木户幸一在日记中的言辞表述,"感到无计可施"。

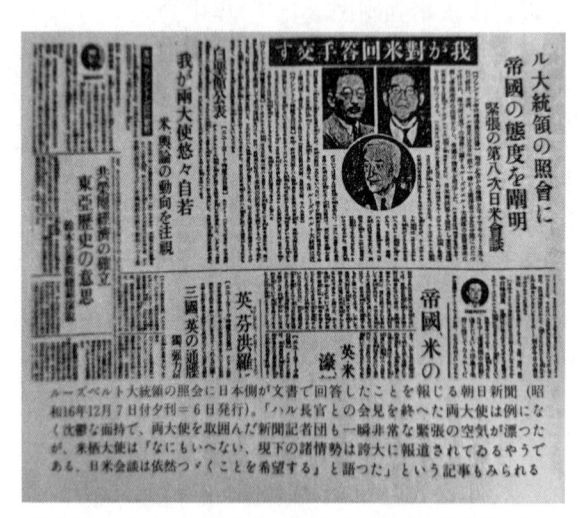

《朝日新闻》关于日本谈判代表对美国"最后通牒"阐明立场的报道

第十一章 昭和时代（战前）

在收到"赫尔照会"的同一天，11月26日，以南云忠一为司令长官的联合舰队机动部队离开集结地择捉岛单冠湾，向夏威夷的珍珠港驶去。机动部队共由30艘舰艇组成：以赤城、加贺、苍龙、飞龙、瑞鹤、翔鹤6艘航空母舰为主力，辅以轻型巡洋舰1艘（负责警戒）、重巡洋舰2艘、驱逐舰9艘、战列舰2艘（负责支援）、特务舰7艘（负责补给）、潜水艇3艘（负责观察）。

攻击夏威夷的珍珠港，曾经遭到海军军令部的强烈反对。东条内阁成立第二天，即1941年10月19日，山本五十六派黑岛龟人参谋前往东京，跑到反对攻击夏威夷珍珠港的军令部大喊："请让我们这么干。"军令部作战部长福留繁少将和作战课长富冈定俊大佐表示："绝对不行。夏威夷作战违反战争理论，太危险。""正因为超越战争理论，所以也超越敌人的想象，成功的胜算也大。""那失败的可能性也大，那是豪赌。"黑岛龟人脸涨得通红，大声说："军令部是要我们放弃夏威夷作战吗？如果那样的话，山本司令长官说他就辞职。我们幕僚也全部辞职。"实际上这是不可能的，因为山本五十六是根据敕令担任联合舰队司令长官的，哪能想辞职就辞职？但福留繁和富冈定俊听他这么说却愣住了。"好吧，那我们请示一下军令部总长永野修身。"他俩说完后走开了。永野修身是这么回答的："如果山本这么有自信，那么就让他按照他所希望的那么干吧。"夏威夷作战就是这么决定的。[1]山本五十六为什么固执地坚持进行夏威夷作战？战后，发现了他提出这种构想的一封信。信里是这么写的："即便我们坚决贯彻大本营的作战方针，南方作战我方将遭受很多损害，海军兵力恐怕难以推进，而且现实情况是，航空兵力比较欠缺，难以补充。因此，在日美战争中，我首先应遂行之要领，是在开战之初即对敌主力舰队进行毁灭性猛烈袭击，这种袭击当达到使美国海军和美国国民一蹶不振的程度，使之不仅军事实力遭受打击，而且精神意志遭受挫折。唯有如此，方能占据东亚之要障，立于不败之境地，方能建设并维持大东亚共荣圈。"[2]正是基于这一构想，1941年1月6日，山本五十六向海相及川古志郎提出了代号为"Z作战"的突袭珍珠港的构想，没有获得正式答复。后经过

---

[1] 半藤一利：《昭和史（1926—1945）》，平凡社2004年版，第362—363页。
[2] 日本防卫厅战史研究室：《战史丛书》第10卷《夏威夷作战》，朝云出版社1967年版，第84页。

反复研讨,8月,山本五十六正式向军令部提出了突袭珍珠港的作战方案。这一构想的要点是:开战之初,以第一航空舰队司令长官率领的6艘航空母舰为主力组成机动部队,对停泊在夏威夷基地的美国主力舰队进行猛烈空袭。

山本五十六之所以有这种构想,和他的经历和性格不无关系。山本五十六(1884—1943年)出生于新潟县长冈市,父亲高野贞吉曾经是武士,后担任教师,56岁生下他,所以给他取名"高野五十六",17岁那年,高野五十六以第二名的成绩考入江田岛海军学校,以第七名成绩毕业。毕业那年日俄战争爆发,高野五十六参加了日本海海战,在战斗中左手食指、中指被炸飞,留下了终身残疾,也得了个"八毛钱"的绰号。因为艺伎修剪指甲按手指收费,每个手指一毛。正常人正好一元,五十六只需要八毛。"一战"爆发那年,高野五十六上尉考入了海军大学。

1916年经牧野忠笃子爵介绍,高野五十六被过继给原长冈藩主的家臣山本带刀,遂改名山本五十六。山本五十六在"一战"结束后赴哈佛大学留学,1925年被派往美国任日本驻美国大使馆海军武官。耳闻目睹,使他对美国的实力相当了解。之后,山本五十六历任永野修身和米内光政两任海相的次官。山本是个赌徒,攻击珍珠港这种被军令部视为"豪赌"的战法,与山本五十六喜欢赌博不无关联。他甚至把赌博和碰运气的游戏,看得比饮食还重要。玩扑克、围棋,他都算得上行家里手。他与同僚赌,与部属赌,跟艺伎赌。他曾开玩笑说,如果天皇能够给他放一个月的假,他可以为日本赢一条航母。山本五十六也想通过一场大规模海战,使日美之战决出胜负。1925年,英国媒体人及海战专家拜沃特写了一本书,题为《太平洋大战:美日战争史1931至1932年》(*The Great Pacific War: The Campaign of History Between America and Japan, 1931—1932*),描述了夏威夷美军基地遭到日军袭击的情景。中日甲午战争和日俄战争,都是通过一场大规模海战决出胜负的。山本五十六应该从中获得启发。成为联合舰队司令长官以后,山本五十六将该书列为舰队军官的必读书。另外,在1928年,山本五十六的参谋草鹿龙之介少校曾向他建议,如果日美开战,当首先攻击夏威夷。总之,山本五十六攻击珍珠港的构想,受到各种因素的影响,不是突然产生奇思妙想。

第十一章 昭和时代（战前）

山本五十六曾经在美国学习和工作，对美国和日本综合国力的极大差距有清晰认知。所以，他坚决反对有可能恶化日美关系的外交政策和举措，反对缔结刺激美国的日、德、意三国同盟条约，因此遭到一些陆军好战分子的忌恨。但是，山本五十六还是坚持。山本五十六死了以后，人们在他的办公桌的抽屉里，发现了他写于1940年5月31日、题为《述志》的遗书："一死报君国乃军人志向，无论死在战场还是死在后方。在战场勇猛奋战如樱花凋零般死去，比在后方默默死于枪下容易。坚定不移秉持自己的想法，不为俗论左右并因此而倒下，并不容易。不能不感怀浩荡之皇恩，悠悠之皇国，不能不考虑君国百年之大计。一身荣辱生死，我当置之度外。丹可磨而不可夺其色。兰可燔而不可灭其香。此身可夺，此志不可灭。"①

平沼内阁总辞职后，联合舰队司令官吉田善吾出任新内阁海军大臣。经理局长武井大助中将问米内光政："为何山本没有升任海军大臣？"米内光政回答说："如果他当海军大臣，有被暗杀的危险。"其实，米内光政同样有危险。1940年7月15日，警察在东京芝浦逮捕了一个藏有炸药的码头装卸工，在他身上搜出了一张刺杀对象名单。名单上有米内光政、山本五十六、内大臣汤浅仓平。

9月15日，海军大臣及川古志郎召集海军将领开会，对他们说："如果海军坚持反对缔结日、德、意三国同盟条约，那么近卫内阁只能总辞职。海军不想承担使内阁倒台的责任。希望你们能够赞成缔结同盟条约。"翌日，山本五十六面见海军大臣及川古志郎，询问他对未来局势的看法。及川古志郎表示："也许存在为德国火中取栗的危险。但是我想，应该不会和美国开战？"随后，他又造访了海军军令部总长伏见宫博恭王。伏见宫博恭王表示："既然事已至此，我们只能尽力而为。"山本五十六感到非常失望。他对好友堀悌吉中将说："内乱不会亡国。但是战争会亡国。为了避免内乱而甘冒战争风险，显然是主次颠倒。"

山本五十六当然不是和平主义者。他之所以不想刺激美国、对美国开战，是因为他很清楚，日本的综合国力和军事实力远逊于美国。正因为此，当日美难免一战时，他提出了"孤注一掷"的战法，给予美国"毁灭性猛烈袭击"，使美国"领教"日本的厉害，向日本求和。

---

① 半藤一利：《昭和史(1926—1945)》，平凡社2004年版，第246—247页。

大本营政府联络会议第七次御前会议确定的《帝国国策遂行纲要》,之所以定"发动武力之时机为12月初",主要有五方面原因。第一,根据海军多年的研究和演习,如果日本的海军实力达到美国的七成,那么有战胜的可能。这也是华盛顿海军裁军会议和伦敦海军裁军会议,原初都将日美海军吨位比例定为7∶10的主要原因。为此,日本一直加速制造军舰,根据计算,到1941年12月初,日本和美国海军的吨位,能够达到这个比例。第二,由于日本石油储备量有限,必须尽早开战,时间拖久了将对日本不利。第三,苏联有可能借机向伪满洲国发动攻击。但是在冬季,这种攻击不可能发动。如果用三个月的时间"制服南方",那么12月开战是最合适的。第四,美英在菲律宾和马来半岛正加紧备战,必须在英美完成战备之前尽早开战。第五,马来半岛1月和2月风急浪高,不适合飞机低空飞行发动攻击。适合发动攻击的是12月初。

偷袭珍珠港 11月29日,天皇裕仁召集现任和曾经担任首相的重臣,听取他们对战争的意见。若槻礼次郎、冈田启介、米内光政反对开战。但东条英机强烈主战。12月1日,日本举行了第八次,也是太平洋战争爆发前的最后一次御前会议,会议仅进行了一个小时就结束了,并通过了没有异议的最终决定:"基于11月5日确定的《帝国国策遂行纲要》,与美国进行了交涉,但未能奏效。帝国决定对美英荷开战。"

决定对美、英、荷开战的御前会议

当天,特遣舰队刚刚驶过东经180°国际日期变更线,旗舰"赤城号"航母上的南云忠一中将,接到了山本五十六发给他的作战指令:"攀登新高山·1208。"这是事先约定的作战指令,即谈判破裂,12月8日发动攻击。为了保持隐蔽,特遣舰队当即关闭所有无线电通信设备,实施无线电静默,从当时所在位置中途岛和阿留申群岛之间的海域,加速向目的地进发,于12月7日(夏威夷当地时间12月6日)夜抵达夏威夷北部海面。

第十一章 昭和时代（战前）

当地时间1941年12月7日早晨6时和7时15分，6艘航母上的353架飞机分两批起飞，对珍珠港美国太平洋海军基地发动了突然袭击。"赤城号"航母上的飞行队队长渊田美津雄，带领97式舰上攻击机进行了第一次攻击，并向联合舰队司令部发去了著名的呼号"虎！虎！虎！"，意为突袭成功！虽然当时美军"企业号""列克星敦号"两艘航母恰好出海执行任务，躲过一劫。但美军仍遭受前所未有的损失：8艘战舰、188架飞机被击毁，死伤3 500余人，而日军仅损失29架飞机和5艘特殊潜航艇。12月26日，军衔仅为海军中佐的渊田美津雄，破格被天皇召见，当面向天皇汇报突袭珍珠港的情况。日本著名昭和史研究专家半藤一利在他的《昭和史（1926—1945）》中，将偷袭珍珠港比作日本战国时代的"桶狭间之战"。在那场战役织田信长采用偷袭的方式，消灭了今川义元势力，奠定了他成为"天下人"的基础。

日本在发起攻击前曾经纠结是否要"宣战"。如果宣战不仅无法收到"突袭"的效果，而且万一遭到阻击，机动部队可能被重创。但是日本也是1907年在海牙签署了《战争开始公约》（海牙第三公约）的44个国家之一。该公约规定："缔约国必须以附有理由的开战宣言的形式，并且必须以附有条件的包含最后通牒的形式，事先明确告知。否则不得开战。"如果不宣战，明显违反国际法。怎么办？实际上，在接到"赫尔照会"之前，根据《杉山札记》的记载，日本统治阶层已经就开战做好了准备："11月22日，我们在法制和实际操作两个层面，对是否要发布宣战诏书进行了研究。"[①]最终的结论是：开战的第二天发宣战布告。宣战布告以《宣战诏书》的方式颁布。并且不是亲手当面交付，而是以天皇颁布《宣战诏书》的方式，向国内外公布。实际上，这是"左手交最后通牒，右手已出拳痛击"。之所以这么做，东乡茂德自我安慰的理由是，日本属于为了生存的自卫。在世界上这种做法并非没有先例。东京审判前，检察团曾反复向东条英机求证，当时天皇裕仁什么态度。东条英机交代："天皇裕仁要求我必须递交最后通牒的时间，是12月1日。"根据天皇裕仁的要求，日本当局又进行了讨论。最后决定，攻击珍珠港的时间为夏威夷时间12月7日早晨8点，在夏威夷时间12月7日早晨7点（华盛顿时间12月7日下午1点），向美国国务院递交最后通牒。后来，军令部将攻击时间延后了半小

---

① 杉山元：《杉山札记》（下），原书房1968年版，第79页。

时。如果没有发生以下情况，美国方面是在日本发起攻击前半小时，接到最后通牒——

12月6日晚8时56分，外务省给野村吉三郎和来栖三郎发去电报，要求他们在华盛顿时间12月7日下午1点，将一份重要文件送到美国国务院。日本驻美国大使馆翻译兼野村吉三郎秘书的烟石学，打电话通知美方："下午1点将送交来自本国政府的文件。"为了赶时间，烟石学帮着校对一等秘书奥村胜藏打印的电讯稿，由于一再打错，只能重打，所以时间被耽误。事实究竟如何？日本著名纪实作家保阪正康采访了烟石学。据他回忆："我记得那天是星期日。最初我想，美国国务院岂不是不会有人？我怀着忐忑不安的心情往那里打了个电话。由于奥村书记官的打字实在赶不上，因此我想，从日本大使馆到美国国务院开车要10到15分钟时间，便将这个时间计算在内，打电话要求改在下午2点左右。"那份电讯稿实际就是给美国的"宣战书"。大约下午2时20分(夏威夷时间上午9时20分)，野村吉三郎和来栖三郎匆匆赶到美国国务院，递交了文件。赫尔拿到文件后冷冷地说："在50年公职生涯中，我还从未见过如此充满虚伪的文件。"因为在此之前日军已经在珍珠港展开攻击。烟石学对保阪正康表示："将历史责任推在驻美大使野村先生身上的历史解释，我死也不能同意。"保阪正康也表示："一味强调大使馆工作人员的差错，包括烟石和当时的大使馆工作人员在内，人们都觉得难以接受。我也认为无法接受。"①

以日军突袭珍珠港为起点，太平洋战争全面爆发。开战当天，美国朝野为愤怒笼罩。罗斯福总统强烈谴责日本突袭在前、通牒在后的"欺骗行为"，要求议会发布战争状态宣言。美国国民高举"记住珍珠港"的标语。日本则是一片"喜庆"气氛。12月8日早晨7点，NHK(日本放送协会)播放了大本营陆海军部的公告："帝国陆海军在本月8日拂晓前，在西太平洋同美英军进入了战斗状态。"11时40分播发了日本天皇的宣战诏书。夜晚，发表了突袭珍珠港的战报。之后又播发了"全歼英东洋舰队主力"的报道。

内大臣木户幸一在当天的日记里写道：

7时15分上班。今天天气格外晴朗。登上赤坂见附的坡道向

---

① 保阪正康：《昭和时代见证录》，冯玮、陆旭译，东方出版中心2008年版，第35页。

第十一章 昭和时代（战前）

三宅坡走去。遥望从对面楼顶上冉冉升起的红日,回想时至今日,我国终于以美英两个大国为对手开始了大战,真的感慨良多。海军航空队已在今日子夜大举空袭夏威夷。作为知情者的我,挂念此次空袭之成败,不禁向太阳鞠躬,瞑目祈祷。七时半,见到首相和两总长,获悉奇袭夏威夷大获成功,深深拜谢天佑神助。①

偷袭珍珠港取得成功后,当地时间12月8日子夜1时30分,由前首相寺内正毅的长子、南方军总司令寺内寿一大将率领,包括本间雅晴中将任军长的第14军,饭田祥二郎中将任军长的第15军,今村均中将任军长的第16军,山下奉文中将任军长的第25军,共计39.4万人(当时日军总兵力约228万人),对东南亚发起全面攻击。另外,支援"南方作战"的海军部队,有近藤信竹中将率领的联合舰队第二舰队;高桥伊望中将率领的第三舰队。两支舰队共有军舰258艘。南方作战的目标是:"消灭东亚的美国、英国、荷兰的主要根据地,确保占领南方的重要地区。"必须"确保占领"的地区包括菲律宾(美领)、马来半岛、缅甸(英领)、印度尼西亚(荷领)等地区。这些地区加上"武力进驻"的法属中南半岛殖民地、将"友好进驻"的泰国,基本覆盖了整个东南亚。1941年12月,山下奉文率领的日军第25军集中200辆坦克,在马来半岛的丛林中,发动了一场猛烈的装甲攻势。仅一个月时间,就横扫大半个马来半岛,突破了仕林河防线。然而,由于进军迅速,日军发生油料短缺,许多坦克得不到维修,日军的装甲攻势不得不被迫停顿。山下奉文苦无良策,焦急中漫步到自行车联队,见一个士兵骑着剥去车轮外胎的自行车,金属轮因压在路上发出"咯啦、咯啦"的响声。原来,马来半岛灼热的路面很容易令自行车车胎发生爆裂,日军士兵干脆剥去橡胶胎,只用钢圈骑行。山下发现,自行车铁圈压在地面的声响和坦克履带压在地面的声音很相似,顿时心生一计,命令把军中所有自行车外胎统统剥掉,让士兵骑着只有铁轱辘的车子,乘夜发动一场"装甲"攻势。入夜,随着炮火的轰鸣,英军阵前突然响起一片骇人的声响。惊慌失措的英军士兵一边大呼"坦克",一边如蜂拥般撤逃。12月26日,日本中国派遣军第23军攻陷香港;翌2月15日,新加坡陷落,英军马来半岛驻屯军司令官阿瑟·帕斯瓦尔(Arthur Percival)中将,向山下奉文投降。至1942年5月上旬日

---

① 木户幸一日记研究会编:《木户幸一关系文书》,东京大学出版会1966年版,第40页。

军第25军占领缅甸全境,共占领总面积约386万平方公里的"南方"地区。"南方作战"告一段落。

与此同时,日军向菲律宾发起攻击,攻占了首都马尼拉。美菲联军退守巴丹半岛,弹药、给养严重匮乏。1942年3月,罗斯福总统任命麦克阿瑟为西南太平洋战区盟军司令,前往澳大利亚赴任,由中将乔纳森·温莱特(Jonathan Wainwright)接替麦克阿瑟指挥美菲联军。麦克阿瑟搭乘鱼雷快艇离开时表示:"我会回来的。"4月9日,巴丹半岛7.5万名美菲联军向日军投降。5月6日,弹尽粮绝的温莱特被迫率领约1.2万名士兵向日军投降。随后,近9万名美菲联军从巴丹半岛被转移到吕宋岛中部的奥德内尔战俘营,沿途被日军肆意殴打、侮辱和屠杀,约1.5万名战俘死于半路。因此,这次转移战俘被称为"巴丹死亡行军"。后来,包括温莱特中将在内的这批战俘又几经辗转,最后被运到位于中国东北的奉天战俘营。

在海上,1942年5月4日至5月8日,美日航空母舰编队进行了"珊瑚海海战"。这场战役,双方军舰没有开炮或发射鱼雷,而是相距上百海里以外,用舰载机交战,这种作战方式在世界海战史上是首次。此次战役日本轻型航母"祥凤号"和一艘驱逐舰被击沉,另一艘航母"翔鹤号"遭重创;美国损失了大型航母"列克星敦号"和一艘驱逐舰,航母"约克郡号"受创。虽然双方损失大致相同,但是日本却被迫放弃了原定攻占新几内亚岛东南端重要港口莫尔兹比的计划。珊瑚海海战对美国赢得最后胜利具有重要意义。因为,美军成功挫败了日本南下控制珊瑚海和澳大利亚海上通道的战略计划,打破了日本海军不可战胜的神话,对日军官兵心理构成沉重打击。

对日本构成更重大打击的是"中途岛海战"。"南方作战"进行期间,1942年2月4日,东条英机在大本营政府联络会议上提议,对今后的战争指导、大东亚建设纲要以及与之关联的国内指导等问题进行探讨。2月9日,联络会议制定了《世界形势判断》。但是,日本当局对世界形势的判断过于一厢情愿。珍珠港遭到偷袭时,因在外巡航而未遭受沉重打击的美国航母,此后不时对日军占领的南洋群岛进行空袭。同时,英国首相丘吉尔对日本可能进攻印度感到担忧,要求美国牵制在印度洋上耀武扬威的日本机动部队,使之退回太平洋。于是,美国决定通过航母对日本本土进行空袭。4月18日下午1时以后,美国空军中校杜立特率领经过改造的B-25轰炸机群,对日本东京、横滨、川崎、横须贺、名古屋、神户等城

第十一章 ● 昭和时代（战前）

市进行了空袭。5月5日，日本大本营正式决定实施攻占中途岛的作战计划。该计划在此之前由山本五十六提出，目的是将美军航母诱出、击灭。最初大本营比较犹豫，但美军的空袭使之不得不实施这一计划。

5月27日，由南云忠一中将率领的机动部队（4艘航母、17艘其他战舰）、由山本五十六亲自率领的主力部队、由近藤信竹率领的攻略部队陆续出航，正式开始实施攻击中途岛的作战行动。另外，对阿留申群岛进行攻击的北方部队的舰艇也随之出航。通过破译日军密电，美军对日军此次军事行动已了如指掌。此时，由太平洋舰队司令尼米兹上将率领的包括"企业号""大黄蜂号""约克顿号"三艘航母在内的庞大舰队，正严阵以待。6月5日，机动部队开始对中途岛进行空袭。但早有准备的美军舰载飞机随即向日军航母发起攻击。日舰上的高射炮击退一波美军飞机后，紧接着又来一波美军飞机，应接不暇。更要命的是，由于日军航母的甲板上停有多架满载炸弹和鱼雷的舰载轰炸机，遭受突袭未及起飞即自行引爆。"赤城号""苍龙号""加贺号"3艘重型航母因此陷入一片火海。最初幸免于难的"飞龙号"上的舰载机对美航母"约克顿号"实施猛攻，但未及将"约克顿号"击沉，也被爆起火。日军4艘航母全部丧失了战斗力。

中途岛战役，美军被击沉1艘航母：6月7日"约克顿号"被日军潜水艇"伊168"发射的鱼雷命中，翌日沉没。另外损失了1艘驱逐舰。损失飞机150架。日军则损失4艘航母（"赤城号""加贺号""苍龙号""飞龙号"）和1艘重巡洋舰，320架飞机。然而，日本报道战况的"大本营发表"却宣称，日军取得了"辉煌战果"："（我军）猛烈袭击东太平洋敌根据地，在中途岛海战中击沉美军两艘航母，击落敌机约120架。我军损失1艘航母、损伤航母和巡洋舰各1艘，未返航战机35架。此战役奠定了我军在太平洋的胜局。"为了不让国民了解真相，残存的舰艇回到位于广岛的吴军港后，所有人员被禁止上岸。中途岛海战后，日军丧失了制海权，美军

美军轰炸东京后裕仁视察民情

开始转守为攻。太平洋战争的战局开始逆转。

第九节 从"旭日东升"到"夕阳西下"

日本国旗"日章旗"(通称"日之丸"),明治时代以前是"天皇旗"。歌词取自《古今和歌集》的日本国歌《君之代》中的"君",就是天皇。日本建国纪念日,"二战"前是"纪元节",最初源自纪念公元前660年2月11日神武天皇登基。旧日本帝国陆军和海军的军旗都是"旭日旗",有16道血红光芒,因为,日本皇族的家徽是"16瓣8重表菊纹",日军也自称"皇军"。"旭日旗"是日本军国主义的象征。因此,比尔·奥雷利(Bill O'Reilly)和马丁·杜加尔德(Martin Dugard)合著、叙述日本军国主义走向覆亡的书,书名就叫 Killing the Rising Sun(《干掉太阳旗》)。

日军军旗如"落日残阳" 1870年(明治三年)2月27日,明治政府"太政官布告"定旭日旗为"陆军御国旗",其图案是中间一个太阳,周边有16道血红光芒,如旭日东升。战时曾任东条英机秘书的陆军大佐服部卓四郎,在他的《大东亚战争全史》中写道:"1874年1月23日,明治天皇亲自将军旗授予近卫步兵第一、第二联队。从那以后,凡日军新编成的步兵和骑兵联队,都由天皇亲授军旗,将军旗作为部队团结的核心。"旭日旗仅

裕仁天皇检阅军队

为建制步兵联队和骑兵联队才拥有,所以也称"联队旗"。日本陆军战斗条令规定,当面临全军覆没危险时,必须奉烧军旗。日本陆军共有444面联队旗,除了在战场烧毁、随运兵船在海上沉没外,绝大多数联队旗是在战败后举行的"军旗奉烧"仪式中被烧毁的:1945年8月24日,日本首相东久迩宫稔彦王命令,全军在8月31日统一奉烧军旗。被奉烧的军旗燃起的火焰,如"落日残阳"。日军军旗的命运,就是日本军国主义的命运。

中途岛海战获胜后,1942年7月4日,美国陆海军参谋长联席会议决定,实施攻占太平洋诸岛的作战,海军由太平洋舰队司令切斯特·尼米兹(Chester Nimitz)上将指挥,陆军由西南太平洋军司令道格拉斯·麦克阿瑟(Douglas MacArthur)指挥。令美军感到惊愕的是,美军侦察机发现,日军登上了瓜达尔卡纳尔岛,并在岛上修建机场。如果机场建成,美军的海上补给线将遭受日军空中监视,面临极大威胁。7月2日,美军指挥部下令,必须将机场清除。8月8日,美军开始登陆作战。日军在岛上没有多少作战部队,遭受突如其来的打击,根本无法抵挡。结果,基本建成的机场,拱手让给了美军,使美军获得了部分制空权和制海权。

1942年12月21日,日本大本营政府联络会议举行了第九次御前会议,议题是"为完成大东亚战争目标之对华处理根本方针"。具体而言,主要包括两方面内容:一是为了强化傀儡政权南京政权的地位,"尽速撤销和调整西方国家在华租界及治外法权","不进行一切以重庆政权为对手的和平活动"。二是"为实现战争目标,进一步获取必要物资。主要获取占领区内的急需物资,积极获取敌方物资"。这边还为陷入中国战场的泥淖而焦虑,那边美军对日军不断给予打击。12月30日,面对瓜达尔卡纳尔岛日益不利的战局,天皇裕仁表示,"照这种形势发展下去,将既没有年三十,也没有初一"。

1943年1月14日至24日,美国总统罗斯福和英国首相丘吉尔在摩洛哥的卡萨布兰卡会晤,之后罗斯福宣布:"消灭德国、日本和意大利的战争力量,就是要德国、日本和意大利无条件投降。"[1]2月9日,日军被赶出

---

[1] 伯特·达莱科:《罗斯福与美国对外政策:1932—1945》(下),伊伟等译,商务印书馆1984年版,第537—538页。

瓜达尔卡纳尔岛,历时绵延数月的瓜达尔卡纳尔岛战役结束。这次战役,日本海军损失了24艘军舰,总吨位126 420吨,损失893驾飞机,2 362名空乘人员阵亡。陆军投入兵力约3.36万人,战死约8 200人,病死约1.1万人,大都因营养不良。美军投入兵力约6 000人,阵亡1 598人,负伤4 709人,没有病死的。但是,"大本营发表"在公布战况时,一如既往地说谎:"我军在所罗门群岛瓜达尔卡纳尔岛的作战部队,自去年8月以来,始终将登岛美军挤压在该岛一角,保持着激战敢斗和克敌制胜的战斗力。现在,我军已实现既定目标,于2月上旬撤出该岛,向其他地区转进。"①瓜达尔卡纳尔岛战役后,美军开始转入全面战略反攻,日军节节败退。

  1943年4月初,新西兰海军"基威号"驱逐舰击沉了一艘日军潜艇,获取了日本海军刚启用的密码本,从而使美军能毫不费力地获取日本海军的作战计划和绝密信息。4月14日,美军情报部门截获并破译了关于山本五十六行程的电文,了解到4月18日上午,山本五十六将由六架零式战斗机护航,从拉包尔起飞前往所罗门群岛的一个野战机场。总统富兰克林·罗斯福命令海军部长弗兰克·诺克斯:"干掉山本(Get Yamamoto)。"诺克斯让尼米兹具体执行罗斯福的命令。当时有军官提出了一个问题:"干掉山本五十六,如果继任者比山本五十六的指挥能力强,岂不自找麻烦?"于是,尼米兹上将找来情报参谋莱顿中校,问他对这种说法怎么看。莱顿的回答是:"日本海军失去山本五十六,如同美国海军失去尼米兹,将是一个非常重大的损失。"听了他的回答,尼米兹笑了笑说:"好,如果那样的话,就把山本干掉。"

  18位驾驶P-38闪电式战斗机的飞行员,奉命执行拦截任务。不过,他们仅被告知将拦截一名"日军高级军官",未被告知这名日军高级军官是谁。4月18日早晨,行动很有规律的山本五十六搭乘三菱一式快速运输机从拉包尔按时起飞,计划飞行315分钟。当地陆军指挥官今村均大将劝他不要冒被伏击的风险,但山本五十六没有接受劝告。在山本五十六起飞不久,18架P-38闪电式战斗机也从瓜达尔卡纳尔岛机场起飞,经过430英里无线电静默的超低空飞行,其中16架到达目标空域。东京时间9点43分,双方编队遭遇,6架护航的零式战斗机

---

① 半藤一利:《昭和史(1926—1945)》,平凡社2004年版,第410页。

立刻与美机缠斗。列克斯·巴伯不断攻击2架三菱一式快速运输机中舷号为T1-323的那架,将那架飞机打得左翼冒出黑烟,坠落丛林。事后证明,那正是山本五十六的座机。和山本五十六同行的军医长高田六郎少将、副官福崎升中佐、航空参谋樋端久利雄中佐、通信参谋今中薰中佐同时殒命。联合舰队参谋长宇垣缠中将、主计长北村元治少将被枪弹击中,身负重伤。直接指挥这次伏击任务的威廉·哈尔西上将闻讯非常欣喜,即刻用暗语发电祝贺:"向攻击队员表示祝贺。据说猎获的一袋野鸭中,夹杂着一只孔雀。"

　　山本座机的坠落地点位于此前澳大利亚海岸巡逻队在布因岛的据点以北,日军工兵中尉滨砂带领的一支搜救小队,找到了山本的遗体。事后媒体刊登的报道称,山本"殉国"时仍端坐在座椅之上,戴着白手套的双手拄着军刀。但解剖报告显示,一发子弹自山本身后穿透山本的左肩,另一发子弹从山本的下颌左后方射入,从他的右眼上方穿出。如此伤情,怎么可能端坐拄刀? 为了避免谎言泄露,滨砂搜救小队成员均被派往战斗最激烈的前线去当了炮灰。

　　根据日本海军《军令承行令》,山本五十六死后,由第二舰队司令代理。因此,第二舰队司令长官近藤信竹中将临时出任联合舰队司令长官。4月20日下午,军令部总长永野修身进宫上奏天皇,禀告山本五十六遭伏击去世的消息。当天,海相岛田繁太郎晋见伏见宫博恭王,商量联合舰队司令后继人选,决定对内使用"海军甲事件"的代码指称山本五十六死亡事件,由横须贺镇守府司令长官古贺峰一大将继任联合舰队司令。古贺峰一是海军大学15期以第四名毕业的优等生,可惜海军大学"军刀组"只有首席和次席,如果像"陆军大学"那样,他也能获取天皇亲赐军刀。4月21日,古贺峰一被钦补(天皇任命)联合舰队司令长官。4月25日,古贺峰一在联合舰队旗舰"武藏号"战列舰上,升起了将旗。

　　5月21日,日本当局发布山本五十六讣告,追授山本大勋位、功一级、正三位和元帅称号。6月5日,当局在东京日比谷公园内为山本五十六举行了国葬。对于长期被日本宣传机构蒙骗,以为日军自开战以来高歌猛进的日本民众来说,山本的阵亡对他们所造成的精神打击非常沉重。

尽管不断遭受沉重打击,但以东条英机为首的日本当局,没有放弃构建"大东亚共荣圈"的梦想。1943年3月,东条英机访问了中国,会晤了南京的"国民政府"首脑汪精卫。4月又访问了伪满洲国,会晤了伪满洲国康德皇帝溥仪。之后,东条英机又相继访问了菲律宾、泰国、新加坡等东南亚国家。5月31日,大本营政府联络会议举行了第十次御前会议,议题是"大东亚政略指导大纲"。会议决定了对日军占领的"大东亚共荣圈"各地区的处理方针,具体内容是:"尽快帮助菲律宾在当年10月实现独立";"根据昭和十八年(1943年)3月10日,大本营政府联络会议决定的缅甸独立指导纲要,8月1日实现缅甸独立";"将缅甸的香州和卡伦州划归泰国,同时要求缅甸同意日本在缅甸驻军";"和泰国加强相互合作";"对中国、'满洲国',继续遵循既定方针"。会议还决定召开"大东亚会议"。①

但是,战局对日本日趋不利。自日本被逐出瓜达尔卡纳尔岛以后,日军在西南太平洋的主战场移到了新几内亚北部。如果美军突破新不列颠岛和新几内亚之间的印度海峡,美军将能够顺利进入赤道以北的西北太平洋,日本防卫线将崩溃。面对这种严峻形势,1943年9月30日,日本大本营政府联络会议举行了第十一次御前会议,议题是"今后当采取的战争指导大纲"。所谓"指导大纲"就是设定"绝对国防圈",即必须确保关乎日本生死存亡的区域,该区域范围在"印度洋和太平洋方面不能丢失的重要区域是千岛群岛、小笠原群岛、内南洋(中西部)及新几内亚西部、缅甸"。

为了守护该"绝对国防圈",日本按照原定计划,于1943年11月5日至6日,在日本帝国议会议事堂召开了"大东亚会议"。出席会议的有日本首相东条英机、伪国民政府行政院长汪精卫、伪满洲国国务总理张景惠、菲律宾总统何塞·帕西亚诺·劳莱尔(Jose Paciano Laurel)、泰国代首相旺·维塔雅克恩(Wan Waithayakorn)、缅甸首相巴·莫(Bar Maw)、"自由印度"流亡政府首领苏巴斯·钱德拉·博斯(Subhas Chandra Bose)。与会者就建设"大东亚新秩序"问题进行了"商讨",达成了"共识",发表了《大东亚共同宣言》,鼓吹"完成大东亚战争的坚强决心和大东亚共荣圈的确立",鼓吹"共存共荣"。

---

① 大江志乃夫:《御前会议》,中央公论社1991年版,第111—112页。

第十一章 ● 昭和时代(战前)

签署《大东亚共同宣言》后的合影

孤注一掷的"特攻作战" 1943年11月22日至26日,美、英、中三国首脑罗斯福、丘吉尔、蒋介石在埃及开罗举行会谈,形成了包括如何处理被日本攫取之各国领土在内的共识,经征求斯大林意见并获得赞同后,于12月1日发表,史称《开罗宣言》,明确宣布:

> 三国之宗旨,在剥夺日本自从一九一四年第一次世界大战开始后在太平洋上所夺得或占领之一切岛屿;在使日本所窃取于中国之领土,例如东北四省、台湾、澎湖群岛等,归还中华民国;其他日本以武力或贪欲所攫取之土地,亦务将日本驱逐出境;我三大盟国稔知朝鲜人民所受之奴隶待遇,决定在相当时期,使朝鲜自由与独立。
>
> 根据以上所认定之各项目标,并与其他对日作战之联合国目标相一致,我三大盟国将坚忍进行其重大而长期之战争,以获得日本之无条件投降。①

日本的"绝对国防圈"不断被突破。在瓜达尔卡纳尔岛战役取得胜利后,与尼米兹率领的美国太平洋舰队相呼应,麦克阿瑟率领陆军自印度尼西亚、菲律宾以"跳岛战术"对日军展开攻击。"跳岛战术"又称"蛙跳战

---

① 世界知识出版社编:《国际条约集(1934—1944)》,世界知识出版社1961年版,第407页。

术",就是利用直升机超低空飞行性能好、对起降场地要求低的特点,以直升机运载地面部队进行分段起降、逐点突击,避开敌防空火力拦截,超越地面障碍,直抵敌方前沿或浅近纵深,实施出其不意的连续打击。为了削弱日本工业潜力,美军决定占领处于日本"绝对国防圈"的菲律宾海马里亚纳群岛,以此作为 B-29 远程轰炸机起降基地。尼米兹派中途岛战役的功臣雷蒙德·A.斯普鲁恩斯(Raymond A. Spruance)海军上将率领太平洋舰队第五舰队执行这项任务。日军大本营也意识到美军的意图。1944年5月20日,接替当年3月31日因飞行事故去世的古贺峰一出任联合舰队司令的丰田副武,制定了"あ(音"阿")号作战"计划。①该计划由小泽治三郎中将率领以9艘航母为主力的机动部队,迎击由雷蒙德·A.斯普鲁恩斯率领的以15艘航母为主力的美军第五舰队。5月27日,美军从日本"绝对国防圈"的南部攻占了巴布亚北部、位于萨勒拉湾入口处的比亚克岛。6月15日攻占了"绝对国防圈"的"命门"即马里亚纳群岛的塞班岛。6月19日,小泽治三郎中将率领的日本联合舰队机动部队和雷蒙德·斯普鲁恩斯率领的美军第五舰队在塞班岛西部展开激战,史称"马里亚纳海战"(又称"菲律宾海海战")。这次海战是世界史上规模最大的航母大战。经过两天的激战,美军以损失 123 架飞机、4 艘军舰的代价重创日军,使日军损失了 3 艘航母、430 架飞机。马里亚纳海战使美军完全获得了西太平洋的制海权,同时使得在塞班岛建立的阵地得以巩固。

　　随着战局对日本日趋不利,天皇和木户幸一对东条英机日益感到失望,政坛对"东条独裁"的批判也逐渐公开化。近卫文麿以及冈田启介、米内光政等海军长老、海军内的反东条势力、皇道派、宇垣一成派、东条英机的宿敌石原莞尔等迅速聚拢,时时捕捉倒阁机会,东条内阁开始摇摇欲坠,一些极端分子甚至密谋暗杀东条:石原派系的津野田知重少佐曾计划暗杀东条英机。

　　1944 年 7 月 17 日,内大臣木户幸一召集重臣在平沼骐一郎私邸举行会议,多数重臣表示应进行内阁更替。7 月 18 日,木户幸一以"欲摆脱此危局,必须实现人心一新"为主旨,将重臣会议的情况奏告天皇。同一

---

① 1944 年 3 月 31 日上午,古贺峰一乘坐水上飞机在菲律宾附近洋面遭遇暴风雨,因飞机坠毁而丧命。

天,识趣的东条英机递交了辞呈。宫中当即召开重臣会议,遴选内阁首班。与会者提出了各种意见,有的主张建立"文官内阁",有的主张建立"全员重臣内阁",有的主张建立"皇族内阁",等等。最后基于"强化国土防卫体系"考虑,决定后任首班"必须出自陆军",并聚焦于小矶国昭、寺内寿一、畑俊六三人。小矶国昭时任朝鲜总督,寺内寿一时任南方军总司令,畑俊六时任第二总军前线指挥官。为了避免"临阵换将"影响战局,最后决定由朝鲜总督小矶国昭组阁。7月19日,近卫文麿和平沼骐一郎向木户幸一建议:"为使此届内阁成为真正的举国一致内阁,似可成立小矶(国昭)·米内(光政)联合内阁。"木户表示赞同并上奏天皇。20日,东条内阁宣布内阁总辞职(东条英机退任后转入了预备役)。同一天,天皇召见小矶国昭和米内光政对他俩说:"望卿等组织协力内阁。"

7月22日,小矶国昭和米内光政完成组阁。主要阁僚有首相小矶国昭,副首相兼海相米内光政,内相大达茂雄,外相兼大东亚相重光葵,军需相藤原寅次郎(12月更换为吉田茂),文相二宫治重。绪方竹虎、町田忠治等六人为无任所国务大臣。

小矶国昭(1880—1950年)出生于日本东北的山形县,父亲小矶进是当地警察。小矶国昭在山形县立中学校毕业后考入陆军士官学校,毕业后参加过日俄战争,1907年考入陆军大学校第二十二期,同期生中有杉山元、畑俊六。由于小矶国昭毕业时成绩在51人中列第33名,而且不是长州藩出身,因此被分配到陆军士官学校当教官。1912年出任关东都督府参谋,获得田中义一赏识。1926年12月晋升少将。1930年8月,滨口雄幸内阁的陆相宇垣一成任命小矶国昭为军务局长——陆军省中最重要的两个职务是军务局局长和军事课课长(时任军事课课长的是冈村宁次)。小矶国昭因在翌年的"三月事件"中发挥了重要作用,8月晋升为中将。卢沟桥事变发生后,7月21日,小矶国昭晋升为大将,但翌年7月29日即转入预备役。之后历任拓殖大臣、朝鲜总督。小矶国昭的履历显示,他既没有耀眼的军功,也没有显赫的家世,因此虽然是陆军出身,但在陆军中却没有根基和威望。这一致命的弱点使小矶国昭内阁注定是一个短命内阁。

小矶国昭内阁成立后,大本营政府联络会议改组为以首相铃木贯太郎、外相东乡茂德、陆相阿南惟几、海相米内光政、参谋总长梅津美治郎、军令部总长丰田副武组成的"最高战争指导会议"。1944年8月19日，"最高战争指导会议"举行了改组后的第一次会议（包括改组前是第十二次御前会议），主题是"今后应采取的战争指导大纲"，确定了以下基本方针：绝对防卫圈失守后的防卫范围，缩小为将本土和南方资源要地联结在一起的联络线，将菲律宾方面作为决战的战场。但是，在此之后，美军取得了莱特湾海战、吕宋岛战役、冲绳战役的胜利。在印度洋方面，美军攻占了缅甸。以塞班岛和提尼安岛为基地的美军B-29远程轰炸机，不时对日本本土进行空袭。

冲绳战役被俘的日军士兵

冲绳战役中，日军俘虏在美军押解下运送伤员

冲绳战役的宣传攻势：日军的英文传单

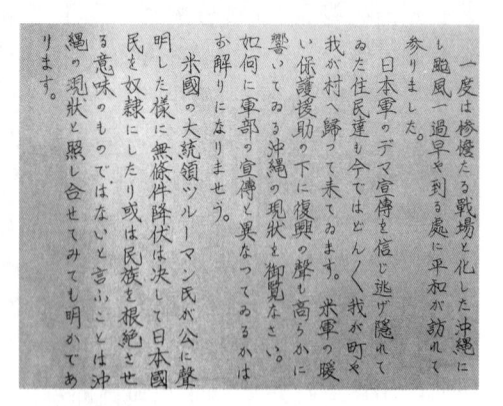

冲绳战役的宣传攻势：美军的日文传单

第十一章 昭和时代（战前）

冲绳战役中举白旗投降的日军士兵　　　　　　美军水陆两栖坦克在冲绳抢滩

　　1944年10月莱特湾海战前，日本开始有组织地实施自杀式"特攻作战"。自杀式"特攻"在此之前已经出现。偷袭珍珠港时，日本海军航空兵板田房太郎中尉驾机撞向美军机场机库，被视为"特攻"雏形。1944年5月，比阿克岛登陆战时，日本陆军航空兵第五飞行战斗队队长高田胜重少佐率四架飞机撞沉美舰，是首次集体"特攻"。但是，有组织地展开"特攻作战"，是在莱特湾海战前由被称为"特攻之父"的日本第一航空舰队司令、海军中将大西泷治郎首创。由于美军发动此战的目的是切断日本的运输线，因此日军方面认为必须挫败美军计划。鉴于当时驻菲的日本第一航空队受命支持参战海军时，仅有40架军机，根本无法完成任务。因此，司令长官大西泷治郎中将在10月19日的军事会议上，提出了实施"驾机撞艇"的"特攻作战"设想。10月21日，大西泷治郎在马尼拉附近的克拉克海军基地，将刚从航校毕业、平均年龄只有17岁的23名飞行员组成第一支"特攻队"。特攻队组建后，大西泷治郎询问海军航空兵中尉关行男，是否愿意带领这支"特攻队"。当时年仅23岁刚刚结婚四个月的关行男闭起双眼，低头沉思了十多秒后，轻轻说了一句："请让我去带领他们。"于是，关行男便成了第一支"特攻队"的队长，最终未及与新婚的妻子诀别便在自杀式的"特攻作战"中丧命。

"特攻队"组成后，大西泷治郎进行了训示："日本正濒临危机，能使日本脱离危机的，不是重臣，不是大臣，不是军令部总长，当然更不是像我这样的长官，而是像你们这样纯真并充满活力的年轻人。因此，我代表一亿国民拜托你们，为你们的成功祈祷。你们已经成神，或已无世俗欲望，若还有世俗欲望，那就是想知道自己的英勇行为是否取得成功。或许，因为你们将永世长眠，不会知道这些，我们也无法将结果告知你们。我将始终目送你们做出最后努力，并将禀报天皇。对此，你们尽可以放心。衷心拜托！"就这样，这群年轻人被送到死神面前，成为炮灰。

这支特攻队被命名为"神风特攻队"。"神风"之名，源于元世祖忽必烈东征日本，因遭遇台风，战船大多被掀翻而未果。日本认为，这是日本第十五代天皇应神天皇之魂掀起的"神风"击退了元军。大西泷治郎根据他的参谋猪口力平的建议，为"特攻队"冠名"神风特攻队"，意在再蒙"神佑"。① 神风特攻队员出征前都要宣誓："我们七生报国，效忠天皇，宁为玉碎，不为瓦全……""七生报国，效忠天皇"，语出前面论及的延元元年（南朝建武三年即1336年）凑川合战时，楠木正成和弟弟楠木正季的对

专用于"特攻"的无异于飞行炸弹的"樱花号"飞机的头部和尾部

没有起落架、专用于自杀式"特攻"的"樱花号"飞机

---

① "特攻队"不等于"神风特攻队"。当时日本进行"特攻作战"的，不仅有海军航空兵的"神风特攻队"，还有陆军航空兵的"振武队""富岳队"等。海军还有驾驶"回天鱼雷"撞击美军军舰的"特攻"。

话。这句誓词,也是将国家利益置于至高地位的极端民族主义的体现,而极端民族主义是日本走向军国主义的意识形态基础。

大西泷治郎之所以提出"特攻作战"设想,不仅是因为日军实力不济,也不仅是想"以少博多",而是因为日军发现美军在作战时,总是慎重考虑官兵的生命安全。他认为,如果实施"特攻"作战,不仅能造成美方大量伤亡,而且能更好地显示日军拼死抵抗之决心。在美国本土引起恐慌和厌战情绪,使美国国民反对攻击日本本土,从而使处于不利战局的日本有通过谈判取得"体面媾和"的可能。日本军人的这种作战方式,确实令美国当局感到棘手,并在1944年委托鲁思·本尼迪克特进行研究。鲁思·本尼迪克特据此要求撰写了一份长篇报告,题为《论日本人的行动方式》,其中第一句话就直言不讳地道出了写这篇报告的目的:"在当前这场战争中,日本采取了一种宁可自杀也不当俘虏的立场,这究竟是最近新的想法,还是深深扎根于日本历史,具有传统文化背景的想法,我们有必要进行调查。"①

日军之所以进行这种违反"保护自己,消灭敌人"的战争常规,进行自杀式攻击,主要因为在塞班岛、马里亚纳群岛等战役失利后,如果菲律宾失守,"南方"和本土的运输线将被切断。换言之,这是日本的"命脉",是8月19日最高战争指导会议确定的"今后应采取的战争指导大纲"的基本方针。

莱特湾海战从10月20日持续至10月26日,历时6天。盟军舰队总吨位133万吨,日本海军总吨位73万吨。双方共有21艘航母、21艘战列舰、170艘驱逐舰与近2 000架军机参战。最终,日本巡洋舰以上重型军舰被击沉13艘,日本在菲律宾一线海军基地与陆军基地航空力量被消灭。这场战役为美军攻占日本的"南大门"冲绳岛奠定了基础。

面对战局的持续恶化,特别是本土不断遭受空袭和菲律宾决战的败北,1945年1月20日,日本最高战争指导会议制定了新的《帝国陆海军作战计划大纲》,以"摧毁主要敌人美军的进攻为指向",开始施行以"本土决战"实现"一击媾和"的战略,并将南千岛群岛、小笠原群岛、冲绳、台湾、上海作为本土防卫的前沿阵地。

---

① 鲁思·本尼迪克特:《日本人的行动方式》,福井七子译,日本放送出版协会1997年版,第193页。

1945年2月,天皇裕仁逐个召见重臣,听取对战争前途的看法:7日见平沼骐一郎,9日见广田弘毅,14日见近卫文麿,19日见若槻礼次郎和牧野伸显,23日见冈田启介,26日见东条英机。他们基本上对战争前途都持悲观态度。近卫文麿提出,军部高呼"一亿玉碎"是为了防止因战争引起的混乱诱发革命,即便为了避免此种局面出现,也应争取早日实现和平。①

接连战败和最后挣扎 1945年2月19日,美军对日本"东大门"即小笠原群岛的第二大岛硫磺岛正式发起攻击。最初,美军指挥官斯普鲁恩斯和尼米兹都认为攻占这样一个弹丸小岛,不用费多大力气,但看了对硫磺岛的空中侦察所拍摄的航空照片后,才知道在这个岛上极可能存在不同寻常的防御系统。史密斯中将仔细研究了飞机拍摄的照片后表示,这将是最难攻占的岛屿,并预计要付出两万人的伤亡。事实证明,他的判断和估计是正确的。3月7日,美军对硫磺岛发起总攻。3月10日,美军陆战第四师师长克利夫顿·凯兹少将,向日本守军总指挥粟林忠道中将和硫磺岛日军中战斗力最强的第一四五联队联队长池田大佐发出劝降信,要求他们命令所属部队停止抵抗,承诺美军将根据《日内瓦公约》,保证投降日军受到人道待遇。但劝降信如石沉大海。3月16日,美军歼灭了硫磺岛东北部的800余名日军,宣布占领硫磺岛。但事实上粟林忠道指挥日军仍在进行顽强抵抗。于是,美军陆战第三师师长厄金斯少将找到两名日军战俘,给了他们很多干粮,还为他们配备了一部最新式的步话机,让他们给粟林忠道和池田大佐再送去劝降信。这两名战俘将劝降信设法交给了池田大佐的传令兵,但是至规定期限,日军仍未投降,而这两名战俘竟留在日军防线里,通过步话机为美军炮火指引目标,直至18日才返回美军战线。这一史实正如鲁思·本尼迪克特在《菊与刀——日本文化诸模式》中写道的:"他们比模范战俘还要好。有些老兵和多年的极端国家主义者给我们指出弹药库的位置,仔细说明日军兵力的配置,为我军写宣传品,与我军飞行员同乘轰炸机指点军事目标。"

3月26日,五天前刚被天皇晋升为陆军大将的粟林忠道负伤后切腹自杀。最终,美军以阵亡6 821人(其中陆战队阵亡5 324人)、伤21 865人的惨重代价,攻占了硫磺岛。日军阵亡22 305人,被俘1 083人。美军进驻硫磺岛后,其作战半径覆盖了日本本土,能有效掩护轰炸机对日本本

---

① 细川护贞:《细川日记》,中央公论社1978年版,第360—365页。

第十一章 ● 昭和时代（战前）

土进行战略轰炸，因此对日轰炸愈加频繁和激烈，并将轰炸效果提高了一倍以上。硫磺岛上应急备降机场至战争结束，累计共有 2.4 万架次受伤或耗尽燃料的 B-29 在此紧急降落，从而挽救了这些飞机上 2.7 万名空勤人员。更重要的是，攻占硫磺岛不仅使美军获得了轰炸日本本土的重要基地，而且打开了直接攻击日本本土的通道。

占领硫磺岛后，为掌握制海权和制空权，建立进攻日本本土的基地，美军决定攻占日本的"南大门"——冲绳。因此，美军又称冲绳登陆战为

美军包围龟甲墓　　美军射杀躲在冲绳独特的墓穴"龟甲墓"中的平民

"破门之战"。冲绳战役从 3 月 18 日美军航母编队袭击九州开始，至 6 月 23 日冲绳全岛被美军占领，共历时 96 天，其中在冲绳岛上的激烈战斗达 82 天之久。3 月 26 日美军在冲绳登陆后，位于日本本州岛最南端、距离冲绳最近的南九州市"知览陆军航空兵基地"，成为陆军特攻基地。陆军航空兵组织了"振武队""诚飞行队""义烈空挺队""芙蓉队"等特攻部队，进行自杀式攻击，但没有也不能改变必败的颓势。①美军在冲绳本岛的嘉手纳海岸登陆后，占领了两个飞机场。大本营严令冲绳守军即第 32 军司令官牛岛满中将必须夺回两个机场。牛岛满随即指挥日军实施反攻，但遭遇失败。4 月 6 日至 6 月 22 日，日军实施了代号"菊水作战"的 10 次"特攻"，投入了 2 000 架"特攻机"。在开始实施"空中特攻"的同一天即 4

---

① 2015 年 5 月日本"申遗"的特攻队员遗物，就是今天陈列于"知览和平会馆"中的遗物，包括特攻队员的家书和遗书等。

月 6 日，以"大和号"为旗舰的水上特攻部队也开始出击，但翌日下午即被美军击溃，包括"大和号"战列舰在内的 16 艘水面舰艇和 8 艘潜艇被击沉，约 4 200 架飞机被击落击毁。6 月 1 日，美军占领了冲绳首府首里。6 月 23 日，冲绳全岛被美军占领，"冲绳血战"至此告终。此役，美军伤约 6 万人、亡约 1.3 万人。日军阵亡 6.5 万人，大批日军官兵集体自杀，牛岛满也切腹自杀。另有约 10 万县民战殁。美军最高指挥官、第 10 集团军司令巴纳克被流弹击中身亡。①

在冲绳，美军惊讶地发现，日军居然用石块保护大炮

美军和困守首里教堂残骸的日军展开激烈冲突

　　在冲绳战役结束前，4 月 1 日，陆相杉山元转任东部军司令官。小矶国昭试图借此机会兼任陆相，实现军政统一，但遭到陆军三长官会议拒绝。5 日，苏联外交人民委员莫洛托夫召见日本驻苏联大使佐藤尚武，向他递交了苏联政府的声明。声明表示，鉴于日本帮助德国进行反苏战争，并同苏联的盟国美英交战，《苏日中立条约》已失去意义，苏联宣布提前一年废除该条约。内忧外患的小矶国昭当天宣布内阁总辞职，铃木贯太郎当即奉大命组阁。

　　铃木贯太郎(1867—1948 年)出生于和泉国(大阪府)，父亲铃木为之助是幕府老中久世广周的家臣，幕末曾经站在明治新政府的对立面。1884 年，铃木贯太郎考入海军兵学校。中日甲午战争威海卫海战，铃木

---

① 该数据根据桑田悦、前原透编著：《日本的战争　图解和数据》，原书房 1982 年版，第 62 页。日本宣布冲绳守军全部"玉碎"，但实际上仍有数千人生存和投降。当时冲绳人口约 50 万。

第十一章 ● 昭和时代（战前）

贯太郎大尉指挥他任艇长的鱼雷艇，冒死冲入北洋舰队阵中，用八四式鱼雷重创北洋舰队旗舰"定远号"，因此声名鹊起。两年后铃木贯太郎进入海军大学学习炮术，成为海军大学首届"首席"（第一名）毕业生。在日俄战争的日本海海战（对马海战）中，铃木贯太郎中佐作为第四驱逐战队司令，指挥"朝雾号""村雨号""白云号""朝潮号"4艘驱逐舰冲入俄国舰队，近距离发射鱼雷，击沉了"苏沃洛夫公爵号"等3艘战列舰和2艘巡洋舰，另外还击沉了1艘大型运输船，为这场战役的胜利做出了突出贡献。铃木贯太郎日俄战后历任海军水雷学校校长、第二舰队司令、海军人事局局长、海军大学校长、吴镇守府司令、联合舰队司令、海军军令部长。1929年1月，铃木贯太郎被编入预备役，历任天皇侍从长、枢密院议长。如前面所述，在"二二六兵变"中，铃木贯太郎险些被打死。通过铃木贯太郎的履历不难发现：第一，他并不是个怕死的人，第二，他深得天皇信任。

小矶国昭内阁总辞职后，内大臣木户幸一再次主持由六名历任首相以及枢密院议长铃木贯太郎参加的重臣会议，推荐继任内阁首班。东条英机认为，本土防卫的主力是陆军，主张畑俊六元帅继任首相。若槻礼次郎和近卫文麿推荐铃木贯太郎。他们认为，铃木贯太郎深得天皇信任，而且不是好战分子，能够妥善地结束战争。但是，铃木贯太郎态度很明确："我年事已高，而且以前是军人。军人不宜担任首相。"之后，昭和天皇召见铃木贯太郎对他说："如今日本面临重大时刻，只有你适合担任首相，希望你能答应。"既然天皇已经把话说到这个份上，铃木贯太郎只能从命。4月7日，铃木贯太郎组成了战时最后一届内阁，主要阁僚有：安倍源基（内相）、阿南惟几（陆相）、米内光政（海相）、东乡茂德（外相）、冈田忠彦（厚相）、太田耕造（文相）。

自5月11日，日本最高战争指导会议举行了三天会议。与会者认为，"在将来苏联和美国对抗时"，搞好日苏关系有利于保持日本国际地位、有利于将来日苏中联手对付美英，决定"不仅为了防止苏联参战，同时也为了进而获得苏联友好的中立，成为在终结战争时进行于我有利的斡旋，立即开始日苏两国间的磋商"。① 会议还就通过瑞士、瑞典等中立国家，以及通过南京政府与美英接触的可能进行了探讨。但根据前此经验

---

① 日本外务省编：《终战史录》，终战史刊行会1986年版，第322、328页。

得出结论:除了要求日本无条件投降,不太可能从美英那里获得别的答复,因此日本对苏联的斡旋更加期待。根据上述会议决定,东乡茂德外相即刻委托"苏联通"广田弘毅与苏联驻日大使雅科夫·A.马立克(Iakov A. Malik)进行接触。6月3日,广田弘毅会晤马立克,提出了根本改善日苏关系的要求。

6月8日,最高战争指导会议举行了第二次御前会议,通过了新的《今后应采取之战争指导大纲》,主题是关于"本土决战"相关事项,会议提出了战后小矶国昭在回忆录中称之为"一击媾和论"或"决战媾和论"的构想:"帝国当彻底集结现有战力以及至本年度未能够战力化之国力,通过破敌摧毁其继续作战之企图";"帝国期待依靠彻底的对外施策实现世界政局之好转"。防止苏联对日参战也是本次会议的主要议题。大纲提出:"迅即强化皇土战场态势并集中皇军主要战力";"期待对苏对华施策活跃有力之实行,以此使战争之遂行于我有利"。① 由于以立足"本土决战"为基本方针,因此日本当局随之颁布了《战时紧急措置法》和《义勇兵役法》,规定15—60岁男性和17—40岁女性有服兵役义务。6月8日,得知御前会议结果的内大臣木户幸一,于翌日上午和内大臣秘书官长松平康昌就"终战"事宜进行商量。松平康昌随后找了陆军出身的总理秘书官松谷诚大佐和外相秘书官加濑俊一,听取了他俩的意见。"宫廷主导的和平工作就此开始"。② 随后,木户幸一起草了仰赖"天皇陛下勇断"终结战争的《收拾时局之对策试行方案》,于9日下午上呈天皇,主要内容是:以苏联斡旋为媒介,以占领区独立、自主撤军、缩小军备为条件,实现"体面的媾和"。裕仁天皇同意木户幸一就"终战"问题和首相、陆相、海相、外相进行磋商。秉承天皇旨意的木户幸一,于6月13日至18日分别会晤了首相铃木贯太郎、外相东乡茂德、海相米内光政、陆相阿南惟几。阿南惟几最初主张通过本土决战实现"一击媾和",但木户幸一告知了天皇的忧虑:若本土决战败北,将难以维持国体,阿南惟几遂同意进行交涉。③

6月18日,最高战争指导会议就下述问题达成了共识:在美英要求

---

① 日本防卫厅战史室编:《战史丛书》第8卷《大本营陆军部》第10册,朝云新闻社1975年版,第315—324页。
② 大江志乃夫:《御前会议》,中央公论社1991年版,第115页。
③ 木户幸一日记研究会编:《木户幸一日记》(下),东京大学出版会1966年版,第1208—1210页。

第十一章 ● 昭和时代（战前）

日本无条件投降时将继续战斗,但在尚拥有相当兵力时由苏联的斡旋,实现以"护持国体"等为最基本条件的和平。6月22日,天皇召集最高战争指导会议六名成员,首先要求对终结战争进行研讨。东乡茂德提出:"虽然有相当的危险,但是除了通过苏联斡旋,别无他途。"他同时提出:"对必须给予苏联的代价及媾和的条件,需要有相当意识。"其他成员对他的意见基本表示赞同。①6月24日,广田弘毅根据天皇旨意再次会晤了马立克,并根据马立克的要求,于6月29日提交了包括伪满洲国中立等条件为内容的具体方案。但是此后马立克一直称病,对日方要求不再作答。

由于广田弘毅和马立克的会谈未能取得日本期待的结果,7月7日,天皇裕仁亲自对铃木贯太郎表示,派遣持天皇亲笔信的特使前往苏联,请苏联为"终战"斡旋。之所以要这么做,《(昭和)天皇独白录》是这样表述的:"之所以选择'苏联'进行斡旋,是因为其他国家皆势单力薄,即使进行调停,仍有遭到英美压制,从而导致无条件投降的虞患。若是苏联从中斡旋,则其既有实力,又与我有缔结中立条约之情谊。总之,就是出于这两个理由。"②7月10日,天皇的这一旨意成为最高战争指导会议的决定,并在7月12日内定近卫文麿为特使。同一天,日本政府向苏联表达了裕仁天皇希望以除无条件投降以外的方式结束战争的意向,要求苏联进行斡旋,并通知苏联将派遣近卫文麿作为特使前往访问。7月18日,苏联以日本派遣特使的目的不明确为理由,拒绝近卫文麿访苏。日本政府指示驻苏联大使佐藤尚武继续进行交涉,但苏联未给予任何回复。7月26日,《美英中促令日本投降之波茨坦公告》(简称《波茨坦公告》或《波茨坦宣言》)发表,交涉中断。

第十节　蘑菇烟云中开启的"终战"帷幕

日本迟至1945年才将如何实现"体面媾和"即"投降条件"问题,提上议事日程。相对而言,美国早就将这一问题提上议事日程。不过,两国的焦点是一致的:如何处理天皇制和天皇裕仁。1942年8月,美国国务院特别调查部,设立了以哥伦比亚大学胡格·博顿博士（Dr. Hugh

---

① 日本外务省编:《终战史录》,终战史刊行会1986年版,第410—419页。
② 寺崎英成编著:《(昭和)天皇独白录　寺崎英成·御用挂日记》,文艺春秋1991年版,第120页。

Borton)、克拉克大学乔治·H.布拉克斯理博士(Dr. George H. Blakeslee)等远东问题专家为中心的研究班子,着手研究战后对日政策问题。需要强调的是,当时美国考虑保留天皇制。据博顿回忆:"1942年秋,国务院首先选择的研究课题有……是否保留天皇制?如应保留,是否应限制天皇权力?如应限制,应限制到何种程度?"①不难发现,日本最高当局成员围绕《波茨坦公告》的不同态度,核心也是天皇和天皇制问题。

"天皇地位未定" 1943年5月25日,美国国务院战后外交政策咨询委员会成员科威尔,递交了一份题为《日本天皇的地位》的报告。该报告虽然提出了保留天皇制和废黜天皇制两个方案,但倾向于保留天皇制。报告不仅以约四分之三的篇幅讨论如何保留天皇制,而且明确提出,保留天皇制符合美国的利益,强调天皇制是"极为有用的财富,不但是促进国内稳定的利用对象,而且是导致盟国对日政策能取得预期变化的利用对象"。②7月30日,在美国国务院政策研究司领土问题委员会第五十三次会议上,发生了有关天皇制存废问题的首次辩论,主张保留天皇制的"稳健派"和主张废黜天皇制的"强硬派"展开了激烈交锋。按乔治·H.布拉克斯理的说法:"不坚持改变日本的立宪政体要好些。在此问题上,专家们十有八九同意,试图对天皇制作任何改变都是很不明智的。"③但是,在该委员会10月22日举行的第五十四次会议上,两派意见依然对立。"强硬派"的阿姆斯特朗坚决主张废黜天皇制,而该派另有人认为,虽然有必要在占领日本时期暂时保留天皇制,但不应长期保留天皇制。另一方面,"稳健派"主要成员、远东司司长巴兰坦强调,如果同意日本在战败后仍保留天皇制,将能够拯救成千上万人的生命。他强调:"明智的做法是至少在(日本)投降时期和建立战后体制时期不触动天皇制。"④

1944年1月,美国国务院设立了战后计划委员会。由于战争形势已经明朗,废黜天皇制的"强硬派"成为主流。但是,胡格·博顿等"稳健派"

---

① Borton, Hugh, "Preparation for the Occupation of Japan", *The Journal of Asian Studies*, Vol.25, No.2(Feb., 1966), p.203.
② 大藏省财政史室编:《昭和财政史——从终战到媾和》第20卷,东洋经济新报社1981年版,第4页。
③④ The U.S. National Archives & Records Administration, *RG59*, *General Records of the Departments of State*, *Notter File*.

坚持认为,天皇制有助于日本的和平化和民主化。按照博顿的看法:"尽管天皇似乎没有实力,但对国民而言,他仍是一种无形的力量。"①3月4日,胡格·博顿主持制定了题为《天皇制》的文件,以保留天皇制为前提,提出了三个具体方案:保留天皇的全部功能、完全不保留天皇的功能、保留天皇的部分功能。该文件提交战后计划委员会后,经过激烈辩论,于5月9日作为正式文件(PWC-116d号文件)提出。值得关注的是,这一文件虽然以保留天皇制为基调,但作为对主张废黜天皇制的"强硬派"的让步,该文件提出:"如果日本人民兴起强大的废黜天皇制的运动,军事当局不应采取反对此项运动的行动。"②当月,原美国驻日大使约瑟夫·格鲁出任远东司司长,取代博顿成为不主张废黜天皇制的主要代表人物。同年底,格鲁升任副国务卿。和博顿比较明确的主张相比,格鲁提出了"天皇地位未定论"。他强调,是否保留天皇制,要待盟军占领东京后再做决定。③他的这一暧昧主张,反映了美国高层在保留天皇制问题上的一种基本态度。按照前美国国务卿赫尔的说法:"我们不愿出来反对天皇制,因为那样有可能为日本军国主义者'玉碎'的煽动火上浇油。我们也不愿出来维护天皇制,因为那样有可能打击任何有可能废黜天皇制的日本群众运动。"④在美国政府看来,提出"天皇未定论"有三大裨益:第一,可以缓和内部"强硬派"和"稳健派"的矛盾;第二,令日本政府感到"国体"能否"护持"尚无定论,使日本左右两种政治势力同时对美国寄予期望;第三,能够使美国根据日本战后的政局,采取灵活的政策和策略。

1945年2月4日至11日,罗斯福、斯大林、丘吉尔在克里米亚的雅尔塔举行会晤,就对德战争、对苏战争、成立联合国三个问题进行了磋商。11日,"三巨头"签署了"雅尔塔秘密协定",约定苏联在对德战争结束两至三个月后对日开战,条件是将南库页岛和千岛群岛交付苏联、维持外蒙古现状、大连商港国际化并承认苏联享有优先权、恢复苏联对旅顺口的租借权、苏中合作经营原"满州"铁道,等等。日本在欧洲的情报机构获得了雅尔塔会议后苏联对日作战的情报,但未探得秘密协定的详细内容。毋

---

① 五百旗头真:《美国占领日本政策——战后日本的设计图》(上),中央公论社1985年版,第274页。
② *Foreign Relations of the United States*, Washington, D.C., Vol.5, pp.1253-1254.
③ Joseph C. Grew, *Turbulent Era*, Vol.2, Boston 1952, p.1417.
④ *The Memoirs of Cordell Hull*, Vol.2, New York, 1979, p.1593.

庸赘言,这一情报的获取对日本的"终战"方针,具有不可忽略的影响。6月,美国三院部协调委员会太平洋、远东分委员会(SFE)在远东问题专家的参与下,对日本的投降形式等问题进行了研究,并提出了以借助天皇的权威使日本的投降和对日本的占领顺利进行为轴心的方案,拟定了作为战后对日政策之基础的 SWNCC-150 号文件《战败后美国初期对日方针》(正式发布是 9 月 17 日)。该文件由"一般条款""政治""经济"三部分构成。"一般条款"是对战后日本领土、军事、政治、经济的原则性规定。"政治"将占领期分为三个阶段,即通过军事占领实施严格管理、缓和严密的监视及统制、使日本复归国际社会三个阶段。文件同时规定,设置严格及公正的军政府,清除军国主义、强化民主主义的倾向和过程,鼓励自由主义的政治要素。"经济"主要是实现日本经济的非军事化,施行军政活动必需的经济统制,使日本具有赔偿和返还能力,鼓励发展工业、农业等民主组织。① 另外,太平洋、远东分委员会还准备了受降、对日占领军的构成等文件。

1945 年 6 月 18 日,白宫最高军事会议通过了实施代号为"毁灭行动"(Operation Downfall,又被译为"没落行动")的日本本土登陆作战计划,计划投入总兵力 250 万人,由麦克阿瑟担任总指挥。之所以投入如此重兵是因为美军了解到,当时日本不断向九州岛和本州岛沿海地区增兵,6 月到 7 月,日本本土的军事力量增加了 1 倍,从 98 万人增加到 186.5 万人。也就是说,日本叫嚣"本土决战"并非虚张声势。"毁灭行动"包括前后相续的两部分:"奥林匹克行动"(Operation Olympic)和"小王冠行动"(Operation Coronet)。前者计划于 1945 年 11 月 1 日实施,占领九州岛南部约三分之一左右领土,使之与已经占领的冲绳成为下一步进攻的主要基地。后者于 1946 年 3 月 1 日实施,以进入包括东京在内的关东平原为目标。美国总统杜鲁门批准了这一计划。6 月 29 日,陆军部长史汀生组织拟定了一份对日政策草案,通称"史汀生备忘录"。该备忘录于 7 月 2 日呈交美国总统杜鲁门,其基调是"可以容纳一个现王朝统治下的君主立宪制"。这一主张获得了杜曼和格鲁的支持,他们将其更明确地表述为:"如果完全令人满意的证据使热爱和平的各国相信,这样一个政府真正决心遵循使日本不可能制定出侵略性军国主义政策,就可以包括一个

---

① *Foreign Relations of the United States*, Washington, D.C., Vol.6, pp.549 – 554.

第十一章 ● 昭和时代（战前）

现王朝统治下的君主立宪制。"①7月7日，美国驻瑞典公使致电国务卿贝尔纳斯，称日本驻瑞典使馆武官小野寺信少将向瑞典亲王伯纳多特表示，保留天皇制是日本唯一投降条件。但是，"史汀生备忘录"保留天皇制的主张，遭到国务院和军方"强硬派"的激烈反对。7月6日，助理国务卿麦克利什向刚刚就任国务卿的詹姆斯·F.贝尔纳斯（James F. Berners）提交了一份备忘录，称："无论天皇现在对我们会多么有用，他都可能是今后一代人最大的危险源。"②7月14日，参谋长联席会议联合战略评估委员会建议，删除"公告"草案中关于保留天皇制的内容。7月16日，美国在新墨西哥州成功进行了原子弹爆炸试验。原子弹爆炸成功，为"强硬派"增添了一个重要砝码。最终，关于天皇和天皇制问题的态度，就是《波茨坦公告》第十二条的内容，基调是"天皇地位未定"。

"曼哈顿计划" 美国研制原子弹最初是为了对付德国。1905年，爱因斯坦发表了《论运动物体的电动力学》，提出了"狭义相对论"及核动力公式，为原子能的发现和利用，奠定了理论基础。1938年3月，德国物理学家奥托·哈恩和弗里茨·斯特拉斯曼通过实验，发现了核裂变。第二年，纳粹头子召集了六位最出色的核物理学家举行秘密会议，讨论如何应用这一科研成果制造核武器，并成立了原子弹研制小组，代号"铀计划"，由创建了"量子力学"的诺贝尔奖获得者海森堡负责，在位于德国柏林的威廉皇家研究院研制原子弹。德国之所以未能成功研制出原子弹，主要有三个原因：一是希特勒迫害犹太人的政策造成人才流失。希特勒上台后，有20位诺贝尔奖获得者辞职离开德国，包括11位物理学家。海森堡曾经表示："很遗憾，物理可以取得重大突破的大好时机，被政治断送了。"二是重视程度不够。德国将研制导弹放在首要地位，从1937年到1940年投入了5.5亿马克，而用于"铀计划"的经费只有100多万马克，不到美国"曼哈顿计划"的千分之一。希特勒的军需部长阿尔贝特·施佩尔在纽伦堡接受审判时，非常后悔地表示，如果当时知道美国正在实施"曼哈顿计划"，那么无论如何也要赶在美国前面研制出原子弹。三是当时德国用

---

① Foreign Relations of the United States: Diplomatic Papers: The Conference of Berlin (the Potsdam Conference), 1945, Vol.1, p.894, p.898.
② Foreign Relations of the United States: Diplomatic Papers: The Conference of Berlin (the Potsdam Conference), 1945, Vol.1, p.898.

于研制原子弹的石墨纯度不够,导致负责这项工作的德国物理学家布雷格出现计算错误。1954年,"曼哈顿计划"负责人奥本海默在《纽约时报》发表文章指出:"本来德国会比美国早两年造出原子弹,只是由于布雷格教授的疏忽,才使人类免遭全面的浩劫。"

当时,为了躲避纳粹迫害而从德国移居美国的爱因斯坦获得这个消息后,写信给美国总统罗斯福,建议美国尽快研制原子弹。在信里,爱因斯坦特别强调了原子弹的巨大威力。罗斯福听从了他的建议,决定由美国政府投资22亿美元,正式启动原子弹研制计划,由陆军格罗夫斯少将总负责,物理学家奥本海默担任总设计师。

研制原子弹计划最初叫"代用材料发展实验室",1942年8月取名"曼哈顿计划",因为实施这项计划的总部设在纽约市曼哈顿区的哥伦比亚大学。整个研究团队由军队、大学和实验室三方面的科研人员构成。奥本海默给这项研究取名"三位一体"。因为,奥本海默非常喜欢印度宗教哲学。"三位一体"是指印度教的三位主神:"创造之神"梵天、"保护之神"毗湿奴、"毁灭之神"湿婆。

原子弹的理论研究在纽约曼哈顿区,但是实验室在美国新墨西哥州的洛斯阿拉莫斯一片沙漠地带,会聚在那个实验室的科学家有1000多名,其中不少是世界一流科学家。因此人们开玩笑地称,洛斯阿拉莫斯实验室是"诺贝尔奖获得者的集中营"。"曼哈顿计划"的保密措施非常严格,不仅所有进出的邮件都必须通过检查严格的"美国陆军1663号信箱",所有电话都接受监听,而且全美国只有12人知道这个计划。很多参与者只知道自己参与的研究是将"改变人类历史的伟大事业",不知道他们在研制原子弹。

奥本海默

1944年12月,研制工作取得了重大突破。根据罗斯福的命令,美军成立了负责原子弹投放任务的"第509混合大队",为这个大队配备了15驾B-29战略轰炸机。之所以选择B-29战略轰炸机,一是因为它的爬升高度达到1万米,可以躲避日本的防空火力;二是因为它的连续飞行距离

第十一章 昭和时代（战前）

达到 5 500 多公里，可以从美军占领的太平洋岛屿飞到日本本土；三是因为 B-29 轰炸机的载重量达到 9 吨。曼哈顿计划负责人格罗夫斯少将挑选了 30 岁的空军上校、B-29 轰炸机驾驶员保罗·蒂贝茨担任第 509 混合大队的大队长，让他率领这个将承担特殊使命的飞行大队进行秘密训练。

1945 年 4 月 12 日，罗斯福总统患脑溢血突然逝世。副总统杜鲁门接任总统。刚刚上任不到两个星期，杜鲁门就收到了"曼哈顿计划"负责人的绝密报告："4 个月之内，我们很可能制造出人类历史上最可怕的武器——原子弹，它可以毁灭一座城市。"杜鲁门决定用原子弹对日本进行致命打击，尽快结束战争，最大限度减少美军伤亡。之所以不用来轰炸德国，还有一个重要原因：苏联将攻克德国首都柏林，杜鲁门希望德国和苏联两败俱伤，何况德国战败已指日可待。6 月，第 509 混合大队进入了距离日本本土大约 2 000 公里的提尼安岛，一个位于太平洋上的小岛，在那里进行实战模拟训练。他们的训练内容是，驾驶 B-29 轰炸机向太平洋投放一种重 5 吨、长 3.6 米、直径 1.5 米的炸弹。因为这种炸弹形状很像南瓜，所以被称为"南瓜弹"。7 月，参与"曼哈顿计划"的科学家研制出了 3 颗原子弹。美国物理学家罗伯特·赛伯分别给 3 颗原子弹取名"胖子""瘦子""小男孩"。因为，罗伯特·赛伯是个侦探小说迷，尤其喜欢美国侦探小说家达希尔·哈密特的作品。他给 3.5 米长、形状圆鼓鼓的钚原子弹取名"胖子"，因为它很像达希尔·哈密特的《马耳他之鹰》中的男主角萨姆·斯佩德。斯佩德的绰号叫"胖子"。他给形状细长的铀原子弹取名"瘦子"，因为它像达希尔·哈密特最后一部长篇小说《瘦子》中的主人公。因为"瘦子"有 5.5 米长，没法装进飞机，所以科学家对它进行了改造，将它缩短到 3.5 米，罗伯特·赛伯给它取名"小男孩"。

原子弹研制成功后，奥本海默选定 38.6 公里长、29 公里宽的新墨西哥州阿拉莫戈多沙漠作为实验场，这个沙漠原先就叫"死亡原野"。他们在沙漠上竖起了一座高达 30 米的铁塔安放原子弹。1945 年 7 月 16 日 5 时 29 分 45 秒，那座铁塔上升起了一个蘑菇状的大圆球，铁塔在强烈的高温中瞬间蒸发。奥本海默面对眼前的景观，吟诵了一首印度古诗："如果一千个太阳在天空一起放光，人类就会灭亡。我似乎成为死神，毁灭世界万物！"奥本海默还说了这么一句话："我现在唯一的遗憾是，没有能够早点把原子弹造出来,用来对付德国人。"格罗夫斯少将则立即用暗语给在波茨坦参加会议的总统杜鲁门发去一封电报:"今天上午已经动了手术。诊断书还没有写好,但结果似乎令人满意并超出预料。"英国物理学家威廉·潘尼测量了爆炸效果,撰写了实验报告。他在报告中写道:"这次爆炸可以使一座30万到40万人的城市满目疮痍,哀鸿遍野,生灵涂炭。"

不能不提及的是,太平洋战争爆发前,日本也已开始研制原子弹。1940年,陆军航空技术研究所所长安田武雄中将获悉,核裂变具有极大军事潜力。毕业于东京帝国大学工学部电气科的安田武雄,随即向他的老师嵯峨良吉教授请教。嵯峨良吉曾到过美国,结识了一些美国的物理学家,对核物理的最新发展比较了解。在安田武雄的要求下,嵯峨良吉以书面的意见提出,核物理的最新成就在军事领域潜力巨大。安田武雄将这份意见书交给了时任陆军大臣的东条英机。东条英机阅后,指示安田武雄认真研究研发原子弹的可能性。1941年5月,安田武雄向日本物理化学研究所(简称"理化研")下达了研发任务,由核物理学家仁科芳雄教授领衔。因此,日本研制原子弹的计划取仁科芳雄姓名的第一个字,叫"仁芳案"又叫"二号研究"。1943年,由于连吃败仗,海军方面也开始进行原子弹研制,由京都大学荒胜文策教授领衔,代号"F研究"。F是Fission(裂变)的首字母。翌年6月20日塞班岛被美军攻占后,东条英机命令陆军兵器行政本部菅晴次中将,"尽早研制出能应对当前战局的奇袭兵器"。所谓"奇袭兵器",就是原子弹。菅晴次中将随后召见该部第八技术研究所(通称"八研")技术少佐山本洋一,命令他:"必须不择手段,不惜代价获得10公斤铀。此事十万火急。"但是,日本最终仍未研制出原子弹。为什么?日本著名纪实作家保阪正康曾多次采访参与陆军方面原子弹研制的山本洋一。他告诉保阪正康:"塞班失守后,如何尽快研制出原子弹成为紧迫课题。菅晴次中将命令我,无论如何必须获得铀。"然而,日本始终未能获得足够的研发原子弹的原材料——铀。由于铀矿较丰富的捷克处于纳粹德国统治下,于是,日本便向德国求助。德国曾经用U-234潜艇运送560公斤氧化铀前往日本,结果因情报外泄,潜艇被埋伏在马甲海峡的美军击沉。此后,德国在苏德战场连连失利,自身难保,无暇顾及日本。1945年3月10日,美军对东京进行了代号"会议室行动"的大规模轰炸,炸毁了日本研制原子弹的大本营——日本航空

第十一章 ● 昭和时代（战前）

技术研究所 49 号楼,炸毁了研制原子弹的实验室和铀同位素分离器,同时也炸毁了日本研制原子弹的梦想。

研制原子弹,笑到最后的是美国。原子弹研制成功后,迫于"强硬派"压力,7 月 17 日,正参加波茨坦会议的国务卿贝尔纳斯电告华盛顿,同意删除"公告"草案中保留天皇制的内容。如前所述,美、英、苏三国首脑杜鲁门、丘吉尔、斯大林在柏林近郊的波茨坦举行战时第三次会晤,史称"波茨坦会议"(又叫"柏林会议"),会议按照原定计划,商讨了对战后德国的处置和战后欧洲问题的安排,以及苏联对日作战问题。但是,原子弹试爆成功对战争进程产生了直接影响。对此,丘吉尔在回忆录中是这样阐述的:"如今,这个(日本本土登陆作战的)噩梦般的情景完全消失了。随之浮现的是经过一两次猛烈冲击便全面结束战争的光景——那实在是令人感到愉快而辉煌的情景……我们已不再需要俄国军队了。对日战争的结束,已经不用投入俄国军队去进行可能还会是旷日持久的杀戮战了。我们没有必要去乞求他们的援助了。"①

核攻击:对日本的最后一击　另一方面,7 月 18 日,美军参谋长联席会议根据杜鲁门总统的意见提出,将保留天皇制的内容改为"日本国之最终政治形态,由日本国国民自由表明之意愿决定",将实质想保留天皇制的"天皇地位未定论",修饰得冠冕堂皇,同时也缓和了"强硬派"的激烈反对。7 月 25 日,杜鲁门下达了对日本进行原子弹轰炸的指令。向日本投放原子弹,主要有三个原因。

第一个原因是减少盟军士兵的伤亡。硫磺岛战役、冲绳岛战役、贝里琉岛战役、日军"特攻作战"的自杀式攻击,使盟军"领教"了日军垂死挣扎的疯狂。加罗林群岛贝里琉岛战役,美军估计只需要 4 天就可攻占,结果攻占这个岛花了两个多月,伤亡 1.5 万多人,发射了约 1 300 万发子弹和约 15 万枚迫击炮弹,一直打到日军两名最高指挥官村井权治郎少将和中川州男大佐切腹自杀,日军全军覆没。参加这场战役的美军士兵波尔金后来回忆道:"连续的战斗,使我和我的战友们都精疲力竭,几乎崩溃。"因此,美国战略决策者不得不考虑一个问题:美军在一个小岛上尚且遭遇如此疯狂的抵抗,付出了这么大的代价。如果攻打日本本土,将要有多少美

---

① 丘吉尔:《第二次世界大战回忆录》第 24 卷,李国庆译,广东人民出版社 2019 年版,第 182—183 页。

军官兵伤亡？根据美国参谋长联席会议的估计,实施"毁灭行动"即本土登陆作战,美军伤亡人数有可能达到120万,而且在后续战斗中还将有更多伤亡。如何尽可能减少美军伤亡,成为他们必须解决的突出问题。1947年,史汀生发表了一篇题为《投放原子弹的决定》的文章。他在这篇文章中写道,投放原子弹是为了直接促使日本投降,避免在日本本土登陆作战,最大限度减少盟军士兵的伤亡。

第二个原因是"美国不愿苏联参加对日作战"。原子弹试验成功之前,美、英两国都强烈要求苏联参战。特别是在1945年2月召开的雅尔塔会议上,为了让苏联参加对日作战,罗斯福和丘吉尔满足了斯大林提出的不少条件,使斯大林最终同意,在欧洲战争结束三个月左右,苏联对日本开战。但是,原子弹试验成功后,美、英两国改变了主意。他们想用原子弹尽快结束战争,不让苏联分享对日战争的胜利成果。

第三个原因是"验证原子弹的威力"。按照美国总统参谋长威廉·莱希上将的说法,"科学家和一些其他的人们想要进行实战试验。因为这个计划耗费了总计20亿美元的经费"。为了进行"实战试验",1945年4月,美国"曼哈顿计划"负责人和陆军航空兵专家,组成了原子弹轰炸目标选定委员会,决定轰炸目标必须符合两项标准,以便评估原子弹的威力:一是目标城市区域直径以4.8至5公里为宜,并且有较高战略意义;二是目标城市没有遭到大规模战略轰炸的破坏。根据这两项标准,初步选定了17个城市,之后又进一步缩小范围,选定了三个城市,依次是:京都、横滨、广岛。选择京都主要因为京都不仅是100万人口的中型城市,而且地势平坦。当时日本大多数城市都遭到狂轰滥炸,大量人口和机器设备都迁到了京都,使京都成为战争后期最重要的军事生产中心。选择横滨,主要因为横滨有飞机制造厂、机械和电子设备制造中心、炼油厂、码头。选择广岛主要因为日军第二总军司令部在广岛。当时,日本本土一共有两个总军司令部,第一总军司令部在东京,第二总军司令部在广岛。①广岛也是日本陆军最大的集结地和海军基地,有规模很大的军需仓库,还有军火制造、船舶维修等重工业设施。

目标城市选定后,横滨首先被排除。因为,投放原子弹计划是绝密

---

① 在日军建制中,"总军"是日军最大作战单位,"关东军"就是"总军"。总军下面是军、师团、旅团、联队、大队、中队、小队等。

的,美国军方只有极个别人知道。在 4 月将横滨列为原子弹攻击目标后,5 月美国陆军航空兵出动了 500 多架 B-29 轰炸机,向横滨投了 2 500 多吨炸弹,摧毁了横滨市区 40% 以上的建筑物。因此横滨不再符合"没有经受常规轰炸的破坏"这一要求。京都最后没有遭受核攻击,则是因为陆军部长史汀生的坚决反对。史汀生表示,京都对日本人有巨大的感情价值和宗教意义,如果在京都投下第一颗原子弹,将遭遇日本举国上下殊死抵抗,给战后管理带来极大困难。而且炸毁这座已有上千年历史的日本古都,将使美国背上破坏世界文化遗产的骂名。但是当时,目标选定委员会坚持将京都列为首选目标。他们强调,京都地势平坦,街道呈方形网格状,最适合评估原子弹轰炸效果。双方争执不下,最后向在波茨坦开会的杜鲁门总统发去电报,请他最终拍板。杜鲁门支持史汀生的意见。于是,京都也被排除,广岛成了第一攻击目标。目标选定委员会最初想把长崎列为第二攻击目标,因为长崎是日本的造船基地。但长崎是座山城,不能很好地验证原子弹轰炸的效果。经过反复研究,委员会最终决定将九州东北部的小仓列为第二攻击目标,因为小仓有兵工厂和许多工业设施,将长崎列为备选目标。

在杜鲁门下达核攻击命令的第二天,7 月 26 日,中、美、英三国发布了《波茨坦公告》。苏联当时尚未对日作战,没有签字。中国政府虽未参加讨论,但事前征得中国政府的同意,因此公告以美、英、中三国共同公告的形式公布。《波茨坦公告》共 13 条,基本内容以"史汀生备忘录"为基础。"天皇地位未定"论,最后体现于《波茨坦公告》第十二条:"上述目的达到及依据日本人民自由表示之意志,成立倾向和平及负责之政府后,同盟国占领军队当撤退。"

日本外相东乡茂德在翌日的"外交手记"中,记述了日本最高统治阶层决定如何回应《波茨坦公告》的基本经纬:

东乡茂德

7 月 27 日上午拜谒天皇,裏报了与"莫斯科"交涉的经过和英国大选的结果,并对《波茨坦公告》作了详细解释。同时提出,我方对此公告的回应内外均须非常慎重,特别是若作

出有拒绝之意的表示,有引起严重后果之虞。关于终战问题,由于和苏联的交涉尚未断绝,故建议待有了结果再采取措置。在当天举行的最高战争指导会议构成员(核心成员)会议上,我陈述了上述禀告天皇的想法。席上,军令部长(丰田副武)提出,该公告已传播于世,若对公告不作任何回应,将对士气造成影响。因此,当公开发布称此公告不合适的大号令。总理和我对此表示反对。最终,与会者达成了待苏联有了明确态度后再作处理的一致意见。当天下午,内阁举行会议,我详细汇报了委托广田(弘毅)前总理与苏联交涉的情况,以及最近国际关系的基本情况,同时对《波茨坦公告》作了解释,强调至少应待苏联的态度明了后再对公告做出明确回应。对此,会上没有任何异议,诸位谨对发表该公告的方式及程度进行了一些议论。最终决定,政府对公告不表明任何意见,由情报局指导报纸等媒体尽量以不醒目的方式刊出,低调处理,并由事务当局对公告进行删节后发表。①

7月28日上午,日本各大报纸均对公告作了报道,如《读卖新闻》的标题是《可笑,对日降伏条件》,并称之为"保持对国内和日本平衡的老奸巨猾的谋略"。7月30日,铃木贯太郎首相在会见记者时公开表示:"我认为三国公告重申了开罗会议精神。政府并不认为它有什么价值,因此予以'默殺'(默杀,即置之不理)。我们将朝着继续进行这场战争的方向迈进。"日本各大报纸以醒目的标题,报道了对铃木贯太郎的表态。

既然日本内阁决议对公告"低调处理",为何铃木贯太郎首相在会见记者时态度显得如此强硬?对此,东乡茂德在他的"外交手记"中是这样解释的:"由于第二天上午的报纸有政府决定对公告予以'默殺'的报道,我立即向内阁提出,这一报道与此前的内阁决议不符,表示抗议。原来,在前一天恰好宫中举行政府和统帅部之间的信息交流会。由于这是每周一次的例会,并无特别意义,而且我正好有紧要事情处理,所以没有出席。然而,在这次会议上,因军部某人提出了拒绝接受《波茨坦公告》的意见,首相、陆海军大臣、参谋总长和军令部总长当即在别的房间进行协商。首相最终迫于强硬派意见的压力,在会见记者时表示,政府决定对《波茨坦

---

① 东乡茂德:《东乡茂德外交手记——时代的一个侧面》,原书房1968年版,第354页。

公告》置之不理,并因此而被大肆渲染。"①其实,最初铃木贯太郎想用外来语ノーコメント(no comment,无可奉告)回应《波茨坦公告》。但是,军部对此表示强烈反对,理由是在日本大量摒弃外来语,将コーヒー(咖啡)改称"洋茶",将ゴルフ(高尔夫)改称"草球"时,用外来语回应非常不妥。于是,最后决定让铃木贯太郎用日语中特有的"默殺"一词回应。"默殺"本可译为 silence(缄默),结果被译为 ignore(不予理会)。

日本首相的这一表述引起舆论哗然。美国《纽约时报》的报道,题目就是"日本正式拒绝盟国要求日本投降的最后通牒"。见日本拒绝接受《波茨坦公告》,美国决定,按照既定方针投放原子弹,彻底摧毁日本的抵抗意志。

8月3日,两架B-29轰炸机飞临广岛上空,撒下了72万张传单。传单的内容是警告日本民众迅速撤离,否则将遭受灭顶之灾。但是,由于美军在此之前已经向很多城市撒过这种传单,所以根本没有引起广岛民众特别的注意。何况,由于日本当局严密封锁消息,广岛民众并不知道在广岛遭到原子弹攻击前几个月,日本已有66座城市遭到狂轰滥炸,上百万人被炸死,上千万人流离失所。就在广岛遭到原子弹轰炸前几天,182驾B-29轰炸机投下的炸弹和燃烧弹,将日本工业城市富山市夷为平地。而民众只是从被日本军国主义分子控制的报纸、广播中得知,日军打了不少胜仗,美国在撒谎。

8月6日凌晨1点37分,3架气象观察机在太平洋上的提尼安岛滑过跑道飞向夜空,它们将首先飞往三个目标城市广岛、小仓、长崎,观察天气情况,以便在最后时刻进行调整。因为,按照要求,必须在能够用肉眼看清地面目标时,才能投弹。一个小时以后,装有原子弹"小男孩"的B-29轰炸机"艾诺拉·盖伊"号,由两驾护卫机护航,飞向第一目标广岛。"艾诺拉·盖伊"是负责执行这项任务的空军上校保罗·蒂贝茨母亲的名字。蒂贝茨原是牙医诊所的一名工作人员,后来立志成为轰炸机飞行员,遭到他父亲强烈反对。但是得到他母亲的支持。他母亲说:"去吧,孩子,你一定会没事的。"机组成员总共12人,包括原子弹专家帕森斯上校。他们每个人的兜里都装着氰化钾胶囊,以便万一被日军逮捕,可迅速自行了断,防止泄密。7点35分,机长蒂贝茨收到了广岛方向的气象侦察机发

---

① 东乡茂德:《东乡茂德外交手记——时代的一个侧面》,原书房1968年版,第355页。

广岛和平公园拱形顶建筑(原广岛物产陈列馆)

来的消息:广岛气候不错,能见度良好。在最后一次校正目标后,副驾驶员刘易斯打开投弹保险开关,蒂贝茨按动投弹按钮,4吨多重的铀原子弹"小男孩"在距离地面约10 000米处一跃而下,扑向广岛,在距地面约600米处的"岛医院"上空爆炸,释放出原子弹"光辐射、冲击波、放射性污染"三大威力。光辐射的温度达到7 000摄氏度,能灼瞎人的眼睛;冲击波的强大气流将42平方公里的广岛市70%以上的房屋摧毁;放射性污染则对当地居民造成了长时期的伤害。"小男孩"造成约14万人当场死亡(正负误差1万人)。① 当天夜晚,美国总统杜鲁门发表了"投弹声明":

16小时之前,美国一架飞机在日本陆军重要基地广岛投下了一颗炸弹。这颗炸弹具有TNT炸药2万吨以上的威力,是迄今为止在战争史上使用过的炸弹中最大型的炸弹……那是一颗原子弹,是利用存在于宇宙的基本能量制作的。我们将作为太阳之能源的这种能量,射向给远东带来战争的那些人……7月26日在波茨坦发出的最后通告,是为了拯救日本国民使之免遭全面破坏。但是,他们的领导者却断然拒绝接受这一通告。如果他们不接受我们现在提出的要求,那他们必须意识到空中将落下令他们遭受灭顶之灾的弹雨,那种

---

① 空袭编辑委员会编:《日本的空袭》第7卷(中国·四国),三省堂1980年版,第38页。

第十一章 昭和时代（战前）

弹雨将是在这个大地上前所未有的。在空中攻击之后,海军和陆军将以日本领导者未曾领教过的强大兵力和他们已经领教过的战斗技术,发起攻击。①

在广岛遭受原子弹攻击后,日本政府禁止媒体使用"原子弹"一词。陆军省认为:"美国虽声称使用了原子弹,但目前尚难以定论。此事事关国民士气,要防止敌人欺诈。"8月7日,《朝日新闻》刊发了一则寥寥数语的报道:"6日7时55分左右,两架B29轰炸机侵入广岛市,用'燃烧炸弹'进行攻击,使该市附近遭受一定程度损害。"下午15时30分,"大本营发布"正式发布了广岛遭到攻击的消息,但也没有使用"原子弹",只是称"敌对广岛进行攻击时,似使用了新型炸弹,详细情况正在进行调查"。

8月8日上午11时,苏联外交人民委员莫洛托夫召见日本驻苏联大使佐藤尚武,称由于日本拒绝接受《波茨坦公告》,通过苏联进行和平斡旋的基础已经丧失,苏联将和日本进入战争状态。当天,核物理学家仁科芳雄等人前往广岛现场考察后向政府提交报告:"确实是原子弹。"

8月9日凌晨3点50分,装载着原子弹"胖子"的"博克斯卡号"在提尼安岛滑过跑道,朝预定目标小仓飞去。根据气象侦察机之前的报告,小仓的能见度很好。但是飞到小仓上空,他们发现这座九州东北海岸的港口城市,被烟雾和阴霾笼罩,根本无法用肉眼看清目标。机长斯威尼和武器专家阿什沃斯经过紧急磋商后,决定启动紧急预案,飞往第二目标——长崎。

"博克斯卡号"飞到长崎上空后发现,当地的气候条件也不好。他们只能驾驶飞机在空中盘旋,在消耗了大量汽油以后,投弹手比汉透过云的缝隙,发现了长崎室外体育场。他兴奋得大叫:"我发现目标了!"虽然这里距离预定的投弹目标三菱的一个鱼雷厂有3公里多。但再不投,飞机的燃料将被耗尽。于是,斯威尼果断下达了命令:投弹。投弹手比汉将瞄准器的交叉线对准体育场按动了按钮,"胖子"扭动着硕大的身躯,一跃而下。"胖子"使约4万人直接丧生(正负误差1万人)。②

同一天,苏军展开代号"八月风暴"的军事行动,由华西列夫斯基元帅指挥苏联红军远东三个方面军,从三个方向对日本关东军发起攻击。翌

---

① 山际晃、立花诚一编:《资料曼哈顿计划》,大月书店1993年版,第605—607页。
② 空袭编辑委员会编:《日本的空袭》第7卷(中国·四国),三省堂1980年版,第38页。

日，日本西部军管区司令部发表公告："一、8月11日上午11时左右，敌两架大型飞机侵入长崎市，似使用了新型炸弹；二、详细情况目前正在进行调查，但损害似相对较小。"当天的头条新闻是苏联对日宣战以及大本营发表的"开始向'满洲国'进攻"的消息。8月11日，《朝日新闻》刊载了杜鲁门总统的广播演说，照搬了"原子弹"一词。这是唯一使用"原子弹"一词的报道。其他报纸均称之为"新型炸弹"。

天皇的"两次圣断" 1945年8月9日，最高战争指导会议举行第三次御前会议。"在8月9日举行的最高战争指导会议上，究竟仅以'护持国体'为条件接受《波茨坦公告》，还是应再附上自主撤兵和复员、自主处罚战犯、对占领不予保障三项条件，即1＋3项条件，接受《波茨坦公告》，形成了首相铃木贯太郎、外相东乡茂德、海相米内光政主张只提一项条件，陆相阿南惟几、参谋总长梅津美治郎、军令部总长丰田副武主张提四项条件，即3对3的局面。"①于是，铃木贯太郎向天皇裕仁提出："仰圣上根据圣虑做出决断，并以之作为会议决定。"最终，由天皇裕仁做出了"第一次圣断"。对此，当天的《木户幸一日记》有明确记载：

……一时半，铃木首相来室，称在最高战争指导会议上，决定下述各项作为接受波茨坦公告的条件：1.确认皇室；2.自主撤兵；3.在本国处罚战争责任者；4.对占领不予保障。2点，武官长来室，我听取了关于苏满国境的战况。2点45分，高松官殿下来电，表达了若附加条件或存在为盟国拒绝之虞，并阐述了他的善后意见。3点10分到3点25分，我在御书房拜谒圣上，禀告了上述担忧。……4时，重光（葵）氏来室，提出若提出4项条件则必然决裂，切望提出妥善对策。……11点50分至翌日2点10分，最高战争指导会议在御书房附属室举行了御前会议。根据圣断，决定以外务大臣案，即仅以确认皇室和天皇统治大权为条件，接受波茨坦公告。②

天皇裕仁之所以赞同仅提一项条件，在《昭和天皇独白录》中有如下记述："当时我下此决心的理由，第一是这样下去日本民族将会灭亡，我保护不了天下赤子。第二是为了护持国体。在这方面，木户（幸一）也持完全相同的意见。如果敌人从伊势湾附近登陆，那么伊势、热田两神宫将立

---

① 升味准之辅：《昭和天皇及其时代》，山川出版社1998年版，第209页。
② 木户幸一日记研究会编：《木户幸一日记》（下），东京大学出版会1966年版，第1223页。

即被置于敌人的控制之下,那样将来不及转移神器,无法指望神器得到保护。倘若果真如此,则护持国体将会更加艰难。因而此时此刻,我觉得即使牺牲我自己,也要媾和。"①

内阁书记官长迫水久常对当时的情形做了如下描述:

陛下先说道:"那么,朕说一下自己的意见吧。"接着便说:"朕的意见是赞成外务大臣的意见。"……就在这一瞬间,我仿佛听到每个人的泪水都在劈里啪啦地向文件上滴落。接下来的瞬间是凄凄的哭泣,再接下来便是号啕大哭。……建国业已两千六百余年的日本,今天迎来了第一个战败的日子。这天也是日本天皇第一次哭泣的日子。②

裕仁天皇做出"第一次圣断"后,凌晨3时,内阁举行会议,通过了接受《波茨坦公告》的决议。上午10时,外相东乡茂德向美、英、苏、中四国发出了接受《波茨坦公告》的电文:

……帝国政府注意到,昭和二十年(1945年)7月26日美、英、中三国首脑共同决定并发表、尔后苏联政府签署的对我国的公告所列举的条款中,不包含变更天皇统治国家之大权的要求。基于这一理解,帝国政府接受上述公告。帝国政府相信,上述理解正确无误。切望即刻对此表示明确意向。③

8月11日下午,美国国务卿贝尔纳斯代表美、英、苏、中四国,对日本政府上述电文做出如下答复:

对虽然接受《波茨坦公告》,但同时认为"公告所列举的条款中,不包含要求变更天皇统治国家之大权的要求"的日本国政府的通告,兹阐述吾等之立场如下:

自降伏之时起,天皇及日本国政府统治国家之权限,将受控于(subject to)为了实施降伏条款而采取必要措施的盟军最高司令官。为了实施波茨坦公告的诸项条款,天皇当授予日本国政府及帝国大本营在降伏条款上署名并要求其获得实施的权限。天皇当终止日本国陆、海、空军官宪及由上述官宪指挥的任何地区的军队的战斗行

---

① 寺崎英成等编著:《昭和天皇独白录 寺崎英成·御用挂日记》,文艺春秋1991年版,第126—127页。
② 小森阳一:《天皇的玉音放送》,陈多友译,生活·读书·新知三联书店2004年版,第32页。
③ 日本外务省编纂:《日本外交年表及主要文书1840—1945》(下),原书房1972年版,第632页。

为，并根据盟军最高司令官的要求，让他们发布交出武器，实施降伏条款的有关命令。日本国政府在降伏后即指令让俘虏及被拘押者搭乘盟国船舶，将他们送往安全地带。日本国之最终政治形态，当按照波茨坦公告，由日本国国民自由表明之意愿决定。盟军在《波茨坦公告》所提出的各项目的达成之前，将留驻日本国内。①

不难发现，为了保持"天皇地位未定"的"悬念"，贝尔纳斯不仅没有根据日本要求"表示明确意向"。而且复电中的"subject to"盟军总司令一说，引起争执。日本外务省将该词译为"制限ノ下置カルルモノトス"[受(盟军总司令)限制]，陆军省译为"隷属スベキ"（"应隶属于"盟军总司令），因此引起军部强烈不满。重要的是，日本提出的"不变更天皇统治之大权"的要求，并没有得到保障。② 8月13日上午，当局核心要员再次举行最高战争指导会议，进行抉择。但是，此次会议再次形成如8月9日会议"翻版"的"3对3"局面。于是，铃木贯太郎只得再次敬禀天皇裕仁："今日之阁议未有结果，再次仰仗圣断。"8月14日上午10时50分，日本最高当局举行了战时最后一次御前最高战争指导会议。经天皇宸裁，决定接受《波茨坦公告》，此即所谓"第二次圣断"。当天，日本政府致电美、英、苏、中四国，要点如下：（一）天皇颁布接受《波茨坦公告》的诏书；（二）重申为了实施《波茨坦公告》的各项条款，由天皇授予日本政府和大本营执行美、英、苏、中四国上述要求的权限。即几乎重复了上述四国回电的原话。值得注意的是，该电文没有涉及"日本国之最终政治形态"这一关键问题。

"第二次圣断"后，内阁书记官长迫水久常请川田瑞穗和安冈正笃两位汉学家当顾问，以"第一次圣断"的内容为基调草拟"终战诏书"。在提交阁僚会议审议并获通过后，由全体阁僚附署。当天，《大东亚战争终结之诏书》（简称《终战诏书》）在《官报》上以"号外"的形式发表。③ 8月14日晚11时，天皇在宫城内录下了《终战诏书》。这时，近卫师团以中佐井田正孝、椎崎二郎、竹中正彦和少佐畑中健二、古贺秀正（东条英机的女婿）为中心的青年军官，试图让近卫师团师团长森纠和东部军司令官田中静一发动"兵谏"。在遭到森纠拒绝后，畑中健二开枪打死了森纠。随后，他

---

① 辻清明编：《资料・战后二十年史》第1卷《政治》，日本评论社1970年版，第5页。
② 大江志乃夫：《御前会议》，中央公论社1991年版，第118页。
③ 《官报》号外，1945年8月14日。

第十一章 昭和时代（战前）

们试图夺取录有天皇宣读《终战诏书》的"玉音盘"，但未能成功。这一事件史称"宫城事件"。

日本民众收听"玉音放送"1　　　　日本民众收听"玉音放送"2

8月15日正午，由天皇亲自宣读的《终战诏书》，即"玉音放送"，通过电波传遍整个日本，乃至整个世界。当天，日本各大报纸全文刊发了《终战诏书》。

大东亚战争终结之诏书

朕深忧世界之大势及帝国之现状，欲以非常之措施收拾时局，兹告尔辈忠诚勇武之臣民如次：

朕着帝国政府通告：兹已接受美英中苏四国之共同宣言。

初始，图谋帝国臣民之安宁，偕万邦共荣共乐乃皇祖皇宗之遗范，此乃朕之拳拳所之者。所以宣战于美英二国者，实亦出于帝国之自存与东亚之安宁故。至若排他国之主权，侵彼领土等所为，本非朕之志也。然，交战业已四载，朕之陆海将士勇武善战，朕之百僚有司励精图治，朕之一亿庶众克己奉公，各尽最善。但战局并未好转，世界之大势亦于我不利，加之敌新近使用残虐之炸弹频频杀伤无辜，惨害所及之甚实不可测。若继续交战，终将招致我民族之灭亡，进而更会破坏人类之文明。果如斯，朕将何以持保朕之亿兆赤子，何以谢慰皇祖皇宗之神灵？此乃朕着帝国政府接受共同宣言之缘故。

对始终偕帝国勠力同心致力于东亚解放之各盟邦，朕只得深表遗憾之意；对死于战阵、殉于职守、毙于非命之帝国臣民及其遗族，每当虑及，常五内俱裂。至若负伤、受灾祸、失家业者之福祉，乃朕深切轸念之所。惟今后帝国所受苦难本非寻常，尔等臣民之衷情朕亦悉数知晓。然，大势所趋，朕堪难堪之事，忍难忍之物，欲以之为万世开拓太平。

朕兹寄信赖于可护持国体、忠良之尔等臣民之赤诚，且与尔等臣民永在。若夫情激之至，滥滋事端，或同胞互相排挤，扰乱时局，由此误大道，失信义于世界，如是者乃朕之最忌。宜举国一家，子子孙孙相继，信神州之不灭，念任重而道远，倾全力于将来之建设，笃信道义，坚守志操，誓发扬国体之精华，不累世界之进运。以此相期许，望尔等臣民体恤朕意。

裕仁（天皇玉玺）

作者点评：

本章最主要的内容是战争。必须强调的是，无论是作为"十四年抗战"之开端的九一八事变，还是作为全面侵华战争之开端的卢沟桥事变，都是以看似"偶然"的原因引发"必然"要产生的结果。长期以来，日本无论政界还是学界都以"下克上"或军人"暴走"，解释战争爆发原因，本质上是为当年推行扩张政策的当权者开脱。

另一方面我们也应该看到，日本不是"铁板一块"，政府和军队中并非所有人都是好战分子，历史不是"非黑即白"，否则反法西斯联盟不会对日本政府要员区别对待。只有这样认识问题，我们才能用"历史的手术刀"解剖错综复杂的历史，认清"毒瘤"是如何不断损害肌体的，才能避免在历史认识方面犯"简单化"错误。我们应该了解的，不仅仅是"日本侵略过中国"，还应该了解"日本为什么侵略中国"。究竟是哪些内在和外在因素，特别是日本的体制因素，使日本最终被军国主义分子引向战争轨道，使中国和亚洲其他国家的人民蒙受巨大灾难。这不仅涉及对侵略战争的反思和道歉，更涉及人类避免重犯同样的历史错误。

现代篇

第十二章 昭和时代(战后)

第一节 战败投降和战后初期的政治变革

以美国为中心制定的、在《波茨坦公告》中提出的占领政策,在日美战争爆发后不久即已开始得到研究并逐步确立。1942年(昭和十七年)2月,美国政府在国务院设立了战后外交政策咨询委员会。关于战后如何对日处置,委员会的一种意见认为,应该使日本的领域回复至中日甲午战争之前。另一种意见则认为,应在日本建设民主政治和培养亲美倾向。为此,必须着重研究如何使日本成为不对和平构成威胁的国家,"重返"国际社会。随着时间推移,后一种意见逐渐占据上风。因此,战后美国在日本采取了利用天皇制日本政府"间接管理"的方式。

盟军占领政策的形成 如前一章所述,早在1942年8月,美国国务院特别调查部就设立了以博顿和布拉克斯理等远东问题专家为中心的研究班子,着手研究战后对日政策问题。与此同时,美国陆军部和海军部也在制订战时和战后对占领区实施管理的行政计划,并开始培训将派赴当地、具有专业知识的管理人员。美国政府很清楚,尽管军事长官对占领区握有全权并承担相应责任,但是占领区的管理不能依赖职业军人。1944年11月,美国设立了国务院、陆军部、海军部三院部协调委员会(SWNCC)对日本的投降和占领进行研究。翌年2月,三院部协调委员会的工作正式全面展开。作为其下属的太平洋、远东分委员会(SFE)在上述远东问题专家的参与下,开始对日本的投降形式和战后占领日本等问题进行研究。如前所述,1945年6月,三院部协调委员会拟定了作为战后对日政策之基础的SWNCC-150号文件《战败后美国初期对日方针》。①另外，分委员会还准备了受降、对日占领军的构成等文件。但是日本接受《波茨坦公告》从而意味其投降的时间，先于美国最高当局的预料。换言之，在三院部协调委员会尚未完全确定对日基本政策和占领统治机构时，战争已经结束了。这一美国政府始料未及的"时间差"，对占领日本初期的政策和统治方式，产生了不可忽略的重要影响。简而言之，三院部协调委员会(SWNCC)拟定的政策，是以进攻日本本土为前提的。因此，原先的计划是建立军政府，停止日本政府的政策决定功能。上述SWNCC-150号文件《战败后美国初期对日方针》，也提出了在日本建立军政府的构想。但是，《波茨坦公告》提出的对日政策，不仅基本规定了战后日本的主权范围为本州、北海道、九州、四国，以及盟国规定的周边诸小岛(《波茨坦公告》第八条)，而且规定将排除军国主义势力，解除日本军队武装和处罚战争罪犯，剥夺其发动战争的能力；复活并强化民主主义倾向，确立并尊重基本人权；维持能进行战争实物赔偿的产业，将来加入世界贸易体系。上述目的实现后，根据日本国民的自由意志，建立具有和平倾向的、负责的日本政府，盟军撤出日本。由于两者明显存在差异，因此三院部协调委员会在日本政府通告接受《波茨坦公告》后，立即以日本政府将继续存在为前提，以如何施行"间接统治"为课题，对此前拟定的政策进行修正。这些政策是在占领过程中逐渐成形的，需要进行几方面的协调。

第一，美国和其他盟国的协调。美国任命麦克阿瑟为盟军最高司令官，得到了其他盟国的赞同。但是，如何设立占领日本的管理机构这一重大问题，在盟国间尚未达成一致意见。当时，美国向其他盟国提出了成立由少数国家参与的远东咨询委员会作为对日占领机构的设想，但由于各国均想参与对日占领，故构想未获一致赞同。为了解决对日占领机构问题，美、苏、英、中四大国外长在莫斯科进行了会晤，决定成立远东委员会和对日理事会两个机构。远东委员会设在华盛顿，由11个盟国(后为13个盟国)组成，主要任务是制定日本须遵守的政策、原则、基准。对日理事会设在东京，由盟军最高司令官(美)及中国和英联邦的代表组成。最高

---

① *Foreign Relations of the United States*, Washington, D.C., Vol.6, pp.549–554.

第十二章 昭和时代（战后）

司令官就对日政策发布命令当与管制委员会协议。美国的其他盟国还通过派遣占领军参与对日占领。例如,日本的中国、四国部分地区,即由英联邦军队占领。但是,其他盟国的军队仅为"点缀",事实上日本几乎由美军单独占领。

第二,美国内部对日政策的协调。由于美国在盟国内具有决定性影响,对日占领问题几乎是美国的内部问题,因此负责政治问题的美国国务院和负责军事问题的陆军部、参谋长联席会议,必须协调对日政策。在日本投降后,三院部协调委员会作为对日政策立案机构继续存在,其探讨的政策经参谋长联席会议认同后,报送盟军占领机构最高长官麦克阿瑟。美国对日政策的"原型"即《投降后初期致盟军最高司令官关于占领及管理日本的基本指令》（简称"初期的基本指令"）,也经由这一路径向麦克阿瑟传达。麦克阿瑟基本按照美国发布的指令实施各项政策,但有时也作为盟军最高司令官自行制定和实施占领政策。美国军政当局欲"遥控"立有赫赫战功、拥有独自占领哲学的占领当局最高长官麦克阿瑟,绝非易事。因此,对日各项政策,难以简单归结为"美国的对日政策"。

第三,占领当局内部的协调。1945年11月2日,盟国在东京设立了作为麦克阿瑟辅佐机构的"盟军最高司令官总司令部"（Supreme Commander of the Allied Powers 或 Supreme Command of Allies in the Pacific,英语缩写为 SCAP,日本一般称 GHQ,即 General Headquarters 的缩写,简称"盟总"）。盟总以麦克阿瑟指挥下的美军军事组织作为母体起步,最初由九个负责同占领相关的业务局构成,之后随业务的变化几度重组。但是,盟总作为美军军事组织的性质和作为占领机构、承担专门业务的部局,常有矛盾发生。麦克阿瑟指挥的、作为占领军的美军,最初是根据实施"军政"（军管）即进行"直接统治"的要求构建的,因此在战斗部队内设立了"军政部"。进驻日本后各军政部在各府县开展工作,而同在东京的总司令部的联络则经由盟军军事组织。

第四,总司令部和日本政府关系的协调。对战后日本的占领和管理采取了"利用而非支持"现存日本政府机构的方式,即采取"间接统治"方式,因此占领当初日本外务省设立了"终战中央联络事务局"（简称"终联"）,作为占领当局和日本政府的联络机构,主要成员是失去外交权的日本外务省工作人员。同时,各地也设立了"终联"相应机构。随着时间的推移,日本政府各省厅也自行设立了和 GHQ 相关部局进行联络的机构。占领当局给日本政府的指令,最初大都采用"觉书"(备忘录)和"内部指导"的形式。日本政府为了使占领军的指令在国内法律体系中"合法化",往往采取明治宪法体系中具有法律效力的"应急敕令"的形式。日本国宪法施行后,"敕令"作为"政令"继续有效。

1945 年 8 月 17 日,铃木贯太郎内阁宣布总辞职。当天,日本成立了历史上第一个也是唯一的皇族内阁——东久迩内阁。东久迩稔彦(1887—1990 年)是昭和天皇裕仁的叔叔,久迩宫朝彦亲王的第九个儿子。1906 年 11 月,明治天皇颁特旨,使之成为宫家。按照惯例,东久迩宫也是军人出身:1908 年毕业于陆军士官学校步兵科;成为近卫师团步兵第三联队少尉军官,1914 年(大正三年)从陆军大学校毕业后,服役于步兵第二十九联队,任中队长。翌年与明治天皇第九个女儿聪子内亲王结婚。1920 年赴法国陆军大学留学。后历任步兵第五旅团长,第二、第四师团长,航空本部长。侵华战争爆发后,他作为第二军司令官参加了徐州会战、武汉会战。1929 年和他的三位兄长久迩宫邦彦王、梨本宫守正王、朝宫鸠彦王一样,晋升为陆军大将。太平洋战争爆发前任本土防卫军总司令。铃木贯太郎内阁总辞职后,内大臣木户幸一认为,深得天皇信任并且是皇族和陆军大将的东久迩宫稔彦王,是首相最恰当的人选。东久迩内阁由近卫文麿任副首相兼内务相;重光葵任外相(当年 9 月 17 日后由吉田茂任外相),津岛寿一任藏相,米内光政任海相,东久迩宫稔彦王兼任陆相,绪方竹虎作为顾问任无任所国务大臣。

东久迩稔彦内阁首先要处理的问题,就是完成"终战"任务,使国内和海外约 700 万日本军队投降并解除武装,帮助盟军顺利进

东久迩宫稔彦王

驻日本。东久迩内阁成立后,战时的"最高战争指导会议"被"终战处理会议"取代,日本外务省内设立了日本政府和盟军总司令部进行联络的终战联络中央事务局。东久迩宫内阁根据盟军最高司令官麦克阿瑟"为了履行投降条件,派遣有权接受各项要求的代表"的指令,让参谋次长河边虎四郎和外务省调查局长冈崎胜男等前往马尼拉盟军总部,进行有关投降手续的谈判。麦克阿瑟向河边虎四郎交付了关于投降的文件,并告知他盟军先遣部队将于8月26日进驻日本,8月31日签署受降书。之后,由于气候关系推迟了两天。8月28日,美军先头部队进入日本。8月30日麦克阿瑟降落在神奈川县厚木机场。当时,机场周边仍有约30万尚未解除武装的日军,而美军只有约7 000人,麦克阿瑟此举有一定风险。但是麦克阿瑟不避风险,因为他要显示胜利者的姿态。与胜利者的趾高气扬相对应的,是失败者的痛定思痛。同一天,东久迩首相会见了内阁记者团,提出日本国民道德的低下,是日本最终战败的重要原因之一。他强调:"我认为,当今军、官、民即全体国民必须进行彻底反省。我相信,全体国民总反省是我国重建的第一步,也是我国内团结的第一步。"①在此后举行的国会会议发表演说时,东久迩再次强调了这一观点。

日本投降后,美国总统杜鲁门任命麦克阿瑟为远东盟军最高司令,并授权由他主持日本受降仪式。美国太平洋舰队司令尼米兹将军对这一安排非常不满,他表示:"太平洋舰队在整个太平洋战争中扮演了非常突出的角色。如今在凯歌高奏中却让麦克阿瑟主持受降仪式,未免让海军将士心寒。"他表示,如果政府不能以一种适当的形式在受降仪式上体现海军的战略地位和作用,他将拒绝出席受降仪式。这给杜鲁门总统出了个难题,怎么办?海军部长福雷斯特尔给杜鲁门提了个建议:受降仪式在1944年建造的依阿华级战列舰"密苏里号"上举行,因为该舰甲板宽敞,而且密苏里州是杜鲁门的故乡。由麦克阿瑟主持签字仪式并代表远东地区盟军最高长官在日本投降书上签字,由尼米兹代表美国签字。杜鲁门采纳了这个建议。

受降仪式和"间接管理" 1945年9月2日,在停泊于东京湾的"密

---

① 《朝日新闻》1945年8月30日夕刊。

美国总统杜鲁门在椭圆形办公室向记者宣布日本投降的消息

苏里号"甲板上,盟国代表和日本举行了受降文件签字仪式。军舰上并排悬挂一红一蓝两面将旗,红色将旗代表麦克阿瑟,蓝色将旗代表尼米兹。盟军最高统帅麦克阿瑟带着两位身材瘦削的盟军将领走上了甲板。这两位将军,一位是在菲律宾接替他职务,后弹尽粮绝向本间雅晴投降的美军中将乔纳森·温莱特,另一位是在马来半岛向山下奉文投降的英军中将亚瑟·帕西瓦尔。九个同日本交战的国家的代表也先后来到了受降仪式现场。日本天皇和政府的代表、外相重光葵和军方的代表陆军参谋总长梅津美治郎也进入了受降现场。为什么由重光葵和梅津美治郎作为日本军政代表,麦克阿瑟在回忆录里写道,日本外交官加濑俊一给他的报告,对此有明确解释:

  关于那天上午发生了些什么,在场的人又说了些什么,我读过多篇相关记载,其中最合我意的是一份提交天皇的官方报告。作者是日本代表团成员加濑俊一(Toshikazu Kase)先生,他是阿默斯特学院和哈佛大学校友,在外务省担任外交官长达二十年之久。这份报告已经公开发表过,但我还是将其收录在此:时值9月初,但这一天

第十二章 昭和时代（战后）

却出奇凉爽。天色灰暗，浓云低悬。清晨5时许，我们从东京出发，一行九人，由外务省、陆军省、海军省各派三人。除这九位代表之外，还有代表日本政府的外务大臣重光葵（Shigemitsu）和代表日军大本营的参谋总长梅津美治郎（Umedzu）大将。代表团由他们两位领头，在弹坑累累、崎岖不平的道路上驱车全速赶往横滨。高速公路的沿途曾是繁华的城镇和成片的兵工厂，如今已被绵延数英里的废墟残骸所取代，所见之处唯有死亡和荒芜，满目疮痍令观者心冷气结。相对即将上演的痛苦戏码，这些空旷的废墟恰似一篇应景的前奏，而我们岂不正是出殡的队伍，要为这殒落的帝国寻觅葬身之地？然而，这些残酷的景象同样在提醒我们，一个国家险些走向彻底的毁灭。难道原子弹造成的惨景还不足以令人警醒吗？战争留下的废墟和投降带来的耻辱在我心头交织出一股别样的痛楚。路上鲜有人迹，就算有也未必能认出我们来。我们的行程是绝密的，以免极端分子暴力阻挠。

首先是代表人选的问题，为此颇费了一番工夫。没有人会自愿承担这可憎的职责。鉴于首相大人东久迩宫稔彦王是天皇陛下的叔叔，他不是合适的人选。接下来考虑的是近卫文麿公爵（Prince Konoye），他是副首相，同时掌握着政府的实权，但他却选择逃避。最终任务落到了重光外相的头上。作为首席代表，他将在投降文件上签字。在接受天皇的任命前，重光葵对我坦言，这意味着天皇陛下的信任，乃是莫大光荣。

……梅津将军却是另一番心思，他十分勉强才接受了次席代表的任命。直到最后一刻，他仍然反对停止敌对活动。他是天生的军人，生来就是要发号施令，而不是受人指使。据说他在得知自己被推荐为这项任务的人选时竟气得脸色发白，斩钉截铁地说，如果硬逼他就范，他立马切腹以死抗议。在天皇陛下亲自出面劝导下，他才同意有礼有节地执行使命。①

---

① 道格拉斯·麦克阿瑟：《麦克阿瑟回忆录》，陈宇飞译，上海社会科学院出版社2000年版，第273—274页。加濑俊一时任外相重光葵的秘书，1956年12月日本加入联合国后，出任第一任日本驻联合国大使。

受降仪式开始。麦克阿瑟首先发表讲话,他的讲话通过无线电对外直播:

参战大国的代表们!我们今日齐聚于此,缔结一项令和平得以恢复的庄严协定。不同理念与意识形态的争端已在世界战场上决出了胜负,所以我们无须再来讨论和争辩。我们在此代表的是地球上最广大的人民,所以我们也不是怀着猜疑、恶意以及仇恨的精神前来相见,而是要求我们胜败双方都上升至一种更崇高的尊严,只有它才符合我们即将为之奋斗的神圣目的,使我们所有人都全心全意地信守他们在此正式承担的职责。我的殷切希望其实也是全人类的希望。那就是从这一庄严的时刻起,由过去的流血和屠杀中诞生一个更美好的世界,一个建立在信义和谅解之上的世界,一个致力于人类尊严及其最珍视之愿望的世界,一个自由、宽容和公正的世界。即将在此呈示并通过的日本帝国军投降条款都载于你们面前的投降文件中。作为驻日盟军最高司令,我宣布本人将按照自己代表的各国传统以公正和宽容的精神履行职责,同时采取一切必要的措施保证投降条件完全、迅速、忠实地得到遵守。①

演讲完毕,最高司令邀请日方代表签署投降文书。重光葵和梅津美治郎先后签字。日本投降书最重要的是这句话:"我们兹宣布日本帝国大本营及在日本控制下驻扎各地的日本武装部队,向同盟国无条件投降。"②同盟国方面,麦克阿瑟首先签字。他从口袋里掏出了五支派克金笔。他用第一支笔签下了"道格",回身将金笔送给了温赖特中将。这位在菲律宾临危受命接替麦克阿瑟指挥美菲联军的中将,既保证了麦克阿瑟的安全,也保全了麦克阿瑟的脸面。在经历了三年多受尽折磨的战俘生涯后,他被美国战俘营营救小组从位于伪满洲国的奉天战俘营中先接往重庆,然后返回美国,受到总统杜鲁门的接见。这支金笔,应该说他受之无愧。③麦克阿瑟用第二支笔写了"拉斯",然后送给了亚瑟·帕西瓦尔。后面三支笔他签完字后都收了起来。第三支写了"麦克阿瑟"。这支笔将送给美国国家档案馆。第四支笔签了他的职务"盟军最高统帅",将

---

① 道格拉斯·麦克阿瑟:《麦克阿瑟回忆录》,陈宇飞译,上海社会科学院出版社2000年版,第280页。
② 末川博编:《资料·战后二十年史》第3卷《法律》,日本评论社1971年版,第10页。
③ 翌年,温赖特晋升为上将并任美军第四集团军司令。

第十二章 昭和时代(战后)

送给他的母校美国陆军军官学院(通称"西点军校")。第五支笔签了年月日,将送给他的爱妻琼妮。随后,按照战胜国顺序,美国代表尼米兹上将、中国代表徐永昌上将、英国代表福拉塞上将、苏联代表狄里夫扬柯中将签字。在同盟国四大战胜国签字之后,澳大利亚、加拿大、法国、荷兰、新西兰的代表依次签字。

盟国和日本代表分别签署并各自留存的日本投降书装帧是不同的。盟国的文本是牛皮烫金面,日本的则是粗糙布面。签字过程中,加拿大代表科斯格罗夫可能因为"一战"时一只眼睛受伤,近乎失明,在签署给日本的文本时,没有在澳大利亚代表布莱梅名字的下面一行,

"密苏里号"上的受降仪式1

"密苏里号"上的受降仪式2

即他应该签署的位置上签字,而是隔开一行签在法国代表签名处,使最后四名代表的签字位置全错。全体代表签字完毕后,麦克阿瑟宣布:"愿世界从此恢复和平,祈祷世界永远得到上帝保佑。仪式到此结束。"说完,麦克阿瑟即匆匆离去,盟国代表也紧跟着离去。但是,日本外务省终战联络事务局长官冈崎胜男发现了这个问题,他向盟军参谋长理查德·K.萨瑟兰(Richard K.Sutherland)中将提出交涉,要求修改。萨瑟兰表示,如果想修改的话可以自行修改。冈崎胜男随即向重光葵汇报。重光葵说,这样的文本没法递交国会。于是,萨瑟兰对照代表名字,逐一修改前面的国名。这时,阳光透过云层洒向大地,天空响起一阵引擎轰鸣,400架B-29轰炸机和1 500架航母舰载机呼啸着,掠过排水量4.5万吨的"密苏里号"。

1067

在投降文件签署后举行的帝国议会上,首相东久迩发表演说时表示:"以粉身碎骨在所不惜之努力,期待在国民诸君的前面,充当进行和平的新日本之建设的铺路石。"①

当天下午4点,驻日盟军总司令麦克阿瑟的副参谋长理查德·马歇尔即告知终联委员长铃木九万:"请在明天上午10点将这三条布告交给日本政府,并准备公示手续。"这三条公告均以"告日本国民"开头,主要内容:一是对日本实施军管,盟军总司令拥有立法、行政、司法权;二是违反命令者由美军事法庭审判;三是美军军票为通用货币。日本政府为之感到震惊,因为实施军管意味着剥夺了日本政府一切权力。经过反复研究,决定派冈崎胜男赶往横滨,和盟总进行交涉。首相东久迩对冈崎胜男说:"冈崎君,你要辛苦一下,马上去趟横滨。"冈崎胜男到达横滨时,时针已指向0点。为了尽快见到驻日盟军参谋长萨瑟兰,他直接去了军官下榻的新格兰酒店,在酒店三层叫醒了一位军官。"你们日本人居然半夜把我叫醒,将你一枪打死也不过分。"这位军官显得非常愤怒。冈崎胜男耐心地将日方的要求告诉他,总算获得了这位军官的谅解,并同意帮冈崎胜男约见萨瑟兰。但是,萨瑟兰仅同意延迟发布公告。凌晨5点,冈崎胜男回到东京,向一直等着他的外相重光葵做了汇报。听完他的汇报,重光葵对冈崎胜男说:"我们俩再去趟横滨,直接面见麦克阿瑟。"

麦克阿瑟曾经表示,他只和日本天皇、首相、两院议长见面,但这次他破例会见了重光葵。当时见面的情况,重光葵在他1952年由中央公论社出版的《昭和之动乱》中,有如下记述:"《波茨坦公告》明确以日本政府存在为前提,没有让美军取代日本政府实施军管……如果阁下打算真正履行《波茨坦公告》,我认为让日本政府实施占领政策是明智选择。如果占领军实施军管,直接进行行政管理,采取《波茨坦公告》内容之外的举动,可能引发混乱。"听重光葵这么说,麦克阿瑟当即表态:"日本方面的立场我都明白了。可以取消公告中有关我的权限的内容。"麦克阿瑟之所以当即满足了重光葵的要求,主要有两方面原因。第一,《波茨坦公告》没有对日本进行"军管"的内容。重光葵代表天皇和日本政府签署的投降书规定:"日本政府为了诚实履行《波茨坦公告》,遵守盟军最高司令提出的所有要求。"也就是说,《波茨坦公告》和日本投降书均没有剥夺日本政府的

---

① 东久迩稔彦:《我的记录》,东方书房1947年版,第184页。

第十二章 昭和时代（战后）

行政权。重光葵抓住了这个"把柄"。第二，重光葵声称，"采取《波茨坦公告》内容之外的举动，可能引发混乱"，这句话击中了麦克阿瑟的软肋。因为，这恰是麦克阿瑟最担心的。于是，麦克阿瑟表示，期待日本方面忠实履行各项义务，"政府和国民的行动一致"；同意包括这三个文告在内，盟总的政策均以向日本政府发出"指令"，由日本政府将其转化为"法令"或"政令"的形式进行贯彻。

1945年9月6日，美国总统杜鲁门向驻日盟军总司令麦克阿瑟下达了关于他权限的通知，其中规定："通过日本政府来管理日本。但这只限于日本政府取得令人满意的成果的范围内。如有必要，美军可以直接采取行动，日本政府不得干涉。"毋庸赘言，贯彻这一规定的基本前提，是组成令麦克阿瑟满意和信任的日本政府。9月11日夜晚，盟总发出了逮捕包括东条内阁阁僚在内的30名战犯嫌疑犯的命令。国务大臣绪方竹虎也名列其中，而此前日本政府对此一无所知，因此不少阁僚提出，应罢免外相重光葵。9月17日，东久迩要求重光葵提交辞呈，随后任命吉田茂出任外相。同一天，麦克阿瑟将盟总从横滨迁往东京皇居旁边的"第一生命（保险）"大厦。此前的9月13日和15日，副首相近卫文麿和首相东久迩稔彦相继拜访了麦克阿瑟，就天皇裕仁和麦克阿瑟会晤事进行磋商。9月20日吉田茂造访了麦克阿瑟，同样商量这一事宜。当天日本政府制定了《关于接受〈波茨坦公告〉后发布的命令之敕令》，开始着手建立与盟军总司令部要求相对应的国内法制体系。9月22日，美国媒体报道了美国政府制定的《战败后初期美国的对日方针》。9月24日，日本媒体也做了同样的报道。但麦克阿瑟向日本政府传达的，是比之更为详尽的《投降后初期致盟军最高司令官关于占领及管理日本的基本指令》（简称"初期的基本指令"）。①9月26日，海军大将、侍从长藤田尚德作为天皇的使者拜访了麦克阿瑟，再次就天皇和麦克阿瑟会晤事宜进行磋商。毋庸赘言，日本高官频繁造访麦克阿瑟和美国政府的指令，均涉及天皇的地位问题。因为，这是重建日本的关键问题。

天皇"走下神坛" 1945年9月27日，天皇裕仁在美国驻日大使馆和麦克阿瑟进行了单独会谈，由外务省参事官奥村胜藏担任翻译。之所

---

① 《投降后初期致盟军最高司令官关于占领及管理日本的基本指令》11月3日正式传达，但其大部分内容在9月中旬已由麦克阿瑟向日本政府传达。

以安排在这个地方,是因为麦克阿瑟作为占领军最高司令官,不可能前往皇居拜访天皇,但让天皇前往驻日盟军总司令部,又未免有羞辱天皇之嫌,因此最终选择在这个相对"中立"的场所。根据麦克阿瑟在回忆录中的记述,当时天皇裕仁表示:"我在国民进行战争时,对政治、军事两方面所作出的一切决定负有全部责任。我本人是为了表示愿意接受你所代表的诸国的裁决而前来拜访的。"①但是,按照奥村胜藏的笔记《元帅(麦克阿瑟)和御(天皇)会见录》,天皇的表态是:"陛下说,关于这场战争,我本人是想极力避免的,因此最终看到战争爆发这一结果,感到非常遗憾。"不同的记述,涉及天皇的战争责任这一重大问题。由于奥村胜藏的笔记迟至1975年才由儿岛襄在《文艺春秋》1975年11号上公开,而奥村胜藏于当年9月去世,真相究竟如何,可能将永远是个谜。1945年9月29日,日本各大报纸报道了天皇会见麦克阿瑟的消息并刊载了两人的合影。内务省当即下令禁止发售所有刊载天皇和麦克阿瑟会晤消息的报纸。因为照片上麦克阿瑟穿着"休闲",高大威猛,双手叉腰,显得相当随便,而天皇裕仁瘦小拘谨,和日本人心目中"神"的形象严重不符。

10月4日傍晚,盟总通过"终战中央联络事务局",向日本政府发出了《关于政治、民事、宗教自由的指令》(通称"人权指令"),要求日本政府立即释放政治犯、废止作为拘捕政治犯之法律依据的《治安维持法》和其他相关法令、处分内务大臣及特别高等警察(简称"特高")的责任者、撤销所有这类机构,"包括对思想、宗教、集会及言论自由进行限制,以及维持这种限制的政策措施等。允许国民享有对天皇、国体及日本帝国政府进行无限制讨论的自由"。②接到这一指令,东久迩内阁立即决定内

麦克阿瑟和裕仁

---

① 道格拉斯·麦克阿瑟:《麦克阿瑟回想记》(下),朝日新闻社1964年版,第142页。
② 大藏省财政史室编:《昭和财政史——从终战到媾和》第17卷,东洋经济新报社1981年版,第23页。

阁总辞职。作为皇族,这一指令显然是他无法执行的。随后,内大臣木户幸一、枢密院议长平沼骐一郎、天皇侍从长藤田尚德紧急会晤,商定首相人选,"根据不为美方反感、无战争责任嫌疑、通晓外交事务三项标准,确定币原喜重郎为第一候选人、吉田茂为第二候选人"。以往,重臣商定首相人选后只要天皇下达敕令即可,但现在必须首先获得麦克阿瑟点头。于是,刚接替重光葵出任外相的吉田茂即刻拜会了驻日盟军参谋长萨瑟兰,在获得盟总准许后,天皇敕令币原喜重郎组阁。

1924年后,币原喜重郎(1872—1951年)历任加藤高明、若槻礼次郎、滨口雄幸等内阁的外相,职业外交生涯达30多年,还曾担任驻美国和驻英国大使8年。他也是三菱创始人岩崎弥太郎的女婿,和加藤高明是连襟。据同学和同事回忆,币原喜重郎学习认真刻苦,精通英语和国际法,不喜欢拉帮结派。这种在日本属于另类的做派给人以"为人冷漠"的印象。币原喜重郎对凡是自己认为正确的事情,都执着顽强地去做。他的职业生涯使他很清楚日本和欧美国家综合实力的差距,因此在大正时代因推行与欧美协调的"币原外交"而被强硬派视为"过于软弱",在日本和美英矛盾日益激化时,他被边缘化,这也是他被选为"战后处理内阁"首班的主要原因,尽管他当时已是73岁的耄耋老人。

币原喜重郎出任首相后,发表了以遵循"五条御誓文"精神、确立民主主义等为内容的"八项政策":确立民主主义政治;解决粮食问题;复兴经济;解决失业问题;救护战争受害者,整理军队和在外同胞;整理行政;制定财政及产业政策;确立进步的教育制度,振兴科学。同时根据"人权指令",大批释放政治犯。10月10日,日本共产党领导人德田球一、志贺义雄获释,尽管半个月前,当时的内务大臣近卫文麿在会见外国记者时还声称,无意释放共产主义分子。德田球一等在出狱当天发表的声明《对人民的呼吁》中表示:"由于为了使世界从法西斯主义和军国主义魔爪下解放出来而进驻日本的盟军,日本民主主义革命的端绪已经出现。对此,我们谨表示深挚的谢意。"

1945年10月11日,币原喜重郎造访了麦克阿瑟。麦克阿瑟向他表示,"通过逐项实现《波茨坦公告》的要求,几个世纪日本国民隶属的传统社会秩序将会得到改变",并要求币原喜重郎进行"五大改革":通过赋予选举权,使日本妇女获得解放;鼓励建立工会,使工人能保护自己免受残酷剥削,提高生活水平;推动教育自由化,使国民获得基于事实的知识和利益,并了解政府不是他们的主人,而是他们的仆人;废除秘密警察制度及其他使国民始终处于恐怖状态的制度;改变垄断性产业支配方式,实现日本经济结构民主化。①币原喜重郎对这些要求做了如下表态:"我认为这些要求非指日可待。因为,如果这仅仅意味尊重一般民众的意愿、反映这些意愿的政治上的主义,那在十多年前人们已经看到它们的萌芽,但是要使人们看到其实现,则或许将是在遥远的未来。"②

同年11月2日、9日、16日,由片山哲任书记长(委员长空缺)的日本社会党、由鸠山一郎领衔的日本自由党、由町田忠治任总裁的日本进步党,先后宣告成立并发表建党纲领。12月1日,日本共产党时隔19年召开了第四次代表大会,选举德田球一为书记长,通过了包括"打倒天皇制,建立人民共和政府"在内的《行动纲领》,机关刊物《赤旗》宣布复刊。12月18日,以山本实彦为委员长的日本协同党宣告成立。各政党最初的一致行动,就是追究战争责任。这和政府不得不采取的举措,方向一致。在11月底召开的第89次临时议会上,日本自由党、日本社会党递交了两党共同提案《关于议员战争责任决议案》。与此同时,日本进步党递交了与之内容、措辞稍有差异的《关于战争责任的决议案》。经辩论,内容温和的日本进步党的决议案作为众议院的决议案获得通过,其中谁应承担战争责任一段值得关注:"惟战争责任,以国际眼光察之,当指兴搅乱世界和平无谋之师的开战责任,以及开战后违背国际条约滥施残虐暴行之刑事犯罪。宣战以后服从国家命令合法地参与战争,在职业领域而挺身之一般国民,不应承担战争责任。"③11月24日,内务省被撤销(实际撤销是1947年12月31日)。12月1日,陆军省和海军省被撤销,取而代之的是第一、第二复员省,由币原喜重郎兼任复员相。

与此同时,盟总继9月发布第一次战犯嫌疑犯名单后,又分几次发布了战犯嫌疑犯逮捕令。11月19日有11人被逮捕;12月2日有59人被逮捕,包括皇族梨本宫、日本政治领导人、经济界首脑、媒体人。12月6日,原首相近卫文麿和内大臣木户幸一等9人也被列入逮捕名单。还有谁会成为战犯嫌疑犯?天皇是否也会成为战犯嫌疑犯?这个疑问悬在很

---

① 大藏省财政史室编:《昭和财政史——从终战到媾和》第17卷,东洋经济新闻社1981年版,第25—26页。
② 江藤淳编:《占领史录》第3卷《宪法制定过程》,讲谈社1982年版,第110页。
③ 《官报》号外,载1945年12月2日第89届帝国议会众议院议事录。

多日本人心头。重新开展活动的日本共产党强烈呼吁追究天皇的战争责任。"天皇退位论"的声音也在日本各地回旋。12月15日,盟总为了破除皇国史观和忠君爱国思想,向日本政府发出了以"神道和国家分离"为宗旨的"神道指令",每年迎新之际国民学校组织学生去护国神社和众灵塔参拜的活动也被禁止。同时,为了破除日本国民深受浸染的"神国观"和视天皇为现世"人神"的思想,让天皇自我否定"神格"。之所以发出这一指令,有一个重要背景:当年12月,日本舆论调查研究所进行了一项调查,结果显示,支持天皇制的约为91.3%:其中认为原封不动保持战前天皇制的,占15.9%;主张成为政治之外的道义中心的,占45.3%;主张仿效英国建立新的天皇制的,占28.4%。反对天皇制的,约占8.7%:其中希望建立共和制的,占5.7%;主张建立苏维埃制的,占2.9%。①接到盟总的指令后,首相币原喜重郎、内大臣木户幸一、天皇本人,均同意发表一个自我否定神格的诏敕。精通英语的币原首相当即命令下属以英文起草诏敕。他很清楚,这份诏敕必须先提交盟总审查。在审查获得通过后,12月24日币原喜重郎觐见天皇裕仁,呈上了诏敕译稿。28日诏敕最终定稿。

1946年1月1日,天皇裕仁在《官报》以号外的形式,发表了《振兴国运之诏书》,开篇就是:"兹迎新年。忆往昔,明治天皇明治之初,颁下五条御誓文以为国是。""五条誓文"是明治天皇睦仁向其"祖先"天照大神宣"誓"之"文",是确立睦仁作为"现御神"地位的文件。以此开篇,显示了欲保留天皇"神性"的良苦用心。日本《文艺春秋》月刊1962年3月号,刊载了原文部大臣前田多闻的回忆录《"人间宣言"之内外》,对此"良苦用心"有明确披露。《振兴国运之诏书》在强调了要"畅达民意,举官民贯彻和平主义","爱家""爱国""爱人类"后,申明:

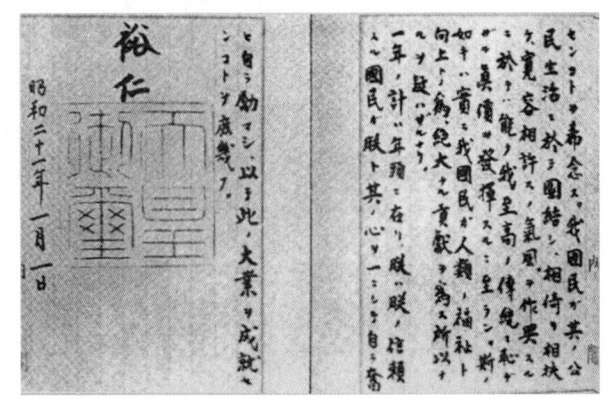

裕仁天皇《振兴国运之诏书》(《人间宣言》)

---

① 久田荣正:《日本宪法史》,法律文化社1967年版,第232页。

朕与尔等国民之纽带始终以相互信赖和敬爱而缔结,并非由单纯神话及传说而形成,亦不以天皇为现御神,本国国民是优越于他民族之民族,赋有支配世界之命运的虚构观念为基础。①

天皇明确宣布他是"人"而不是"神",因而《振兴国运之诏书》通常被称为《人间宣言》。

1946年1月4日,盟总发出了由民政局(英语缩写GS)拟定的"剥夺公职令",由此开始了一场当时报纸所谓的"无血革命"。这场"革命"对日本以后政治、经济、社会领导者的构成产生了很大影响。所谓的"剥夺公职令"由两个文件构成:一是《关于剥夺不适合从事公务者的公职的文件》,二是《关于废止政党、政治结社、协会及其他团体的文件》。前一个文件中所谓"不适合从事公务者"包括:战争罪犯;职业军人、陆海军省的宪兵和其他职员;超国家主义团体、恐怖团体、秘密爱国主义团体主要成员;大政翼赞会、翼赞政治会、大日本政治会主要成员;参与日本扩张的金融机构、开发机构的干部;占领区的行政长官;其他军国主义者和超国家主义者。至当年2月底,被剥夺公职者达1 067人,包括5名当时的阁僚和高级官吏、贵族院议员、众议院议员。翌年1月4日,盟总又发出了第二次"剥夺公职令","整肃"范围扩大至地方政府机关和战时主要财界人士、媒体干部。"黑龙会"等140多个军国主义团体被解散。

第二节 战后改革:两个"三根支柱"的树立

战后美国对日政策的基本原则是:第一,不使日本再次成为美国及世界和平的威胁;第二,建立对美国负责的政府。那么,是什么原因使日本成为远东战争策源地呢?美国经过研究后认为,主要有两方面原因:一是"一君万民"的极端民族主义甚嚣尘上,二是悬殊的贫富差距。前者如神风特攻队员出征时的誓词最初一句"我们七生报国,效忠天皇",就是"一君万民"的"极端民族主义"的表现;作为日本侵略扩张催化剂的"五一五兵变"和"二二六兵变",和贫富悬殊直接相关。因此,美国战后对日本的"改造",主要针对这两个方面:一是制定由三根支柱支撑的《日本国宪法》,即"主权在民、和平主义、尊重基本人权";二是树立"战后经济民主化

---

① 《官报》号外,1946年1月1日。

三根支柱",即解散财阀、农地改革、劳动改革、缩小贫富差距。两个"三根支柱"的树立也是战后改革的基本内容。

围绕修宪的舆论和动向　1945年9月中旬,日本内阁府法制局开始非正式地对宪法问题进行探讨。同时,日本外务省也通过对《战败初期美国对日方针》的分析认识到,《大日本帝国宪法》战后不可能原封不动继续得以奉行,"修宪"势在必行,开始听取专家对修宪的意见。10月4日,东久迩内阁相当于副首相的国务大臣近卫文麿拜会了麦克阿瑟。言谈间,近卫文麿问麦克阿瑟:"您对政府的构成有什么建议吗?"近卫文麿之所以提出这个问题,是因为战后日本政府陆海军大臣的职位被废除,他想问麦克阿瑟,日本是否应该学习美国,由文官出任国防部长。翻译将日语"構成"(构成)译为constitution。翻译并没有错,英语单词往往一词多义,constitution确实可以译为"构成"。但首字母是大写即Constitution,则只能译为"宪法"。无奈口语根本听不出大小写。麦克阿瑟误以为近卫文麿问他对"宪法"有什么建议,回答道:"需要对宪法进行修改,以充分融入自由主义要素。"近卫文麿误以为委托他筹划修宪,甚为欣喜,如奉令箭,马上行动。10月8日,近卫文麿拜访了盟总政治顾问乔治·阿吉逊(George Atcheson),征询他对修宪的意见。10月10日,近卫文麿会晤了内大臣木户幸一称,盟总既然已经提出要修改宪法,如果不执行,盟总完全可能自行提出修正案。与其如此,不如日本采取积极主动姿态。币原喜重郎赞同他的看法。10月11日,天皇裕仁召见近卫文麿,对他说:"接受《波茨坦公告》,是否意味要修改宪法?如果必须修改,那么就好好研究调查,看怎么修改。"①木户幸一遂任命近卫文麿担任"内大臣御用掛"(顾问),专门参与修宪的调查研究。

就在这时,日本内阁发生更迭,10月9日出任首相的币原喜重郎,对此颇为不满。10月11日,也就是天皇裕仁召见近卫文麿的同一天,币原喜重郎召开内阁会议,告知阁僚宫内省正考虑修宪问题,并任命近卫文麿为顾问,进行调查研究。曾任东京帝国大学法学教授和山本内阁法制局长官的国务大臣松本蒸治,得到这一消息后当即发问:"什么?宫内省在调查研究修宪?修宪是国家的头等大事,不属于宫内省和内大臣的职权范围,更不是御用挂该干的事。他们调查研究修宪,简直太离谱了。如果

---

① 日本宫内厅编撰:《昭和天皇实录》第34卷,东京书籍2014年版,第114页。

要修宪,也应该由内阁辅弼。那才是立宪。"①松本烝治的意见得到内阁成员一致赞同。于是,内阁决定设立"宪法问题调查委员会"。随后,币原喜重郎会晤了近卫文麿,告知他内阁的决定,让他不要再参与修宪事宜。但近卫文麿根本不买账,声称他是奉天皇敕命调查研究修宪问题。10月13日晚上,近卫文麿在神奈川县箱根温泉旅馆,约见了他的母校京都帝国大学法学教授佐佐木惣一,让他草拟宪法修正案。佐佐木惣一高兴地答应了。

　　1945年10月25日,"宪法问题调查委员会"(俗称"松本委员会")正式成立,由松本烝治任委员长,清水澄(原枢密院副议长)、美浓部达吉(东大名誉教授)、野村淳治(东大名誉教授)任顾问,东大教授宫泽俊义等任委员。委员会邀请佐佐木惣一加入,但遭到拒绝。值得注意的是,"宪法问题调查委员会"这一名称显示了其性质只是调查,并不表示将对《明治宪法》进行修改,遑论废止。在10月27日召开的第一次委员会全体会议上,松本烝治对此有明确阐述。另一方面,对发动战争负有直接责任的近卫文麿积极参与和修宪相关的宪法问题调查,引起舆论诸多非议。11月1日,盟总郑重声明:"近卫文麿在修宪中扮演的角色,引起很多人误解。实际情况是,近卫参与修宪与盟总无关。"近卫之所以对修宪表现得格外积极,说到底是想博得盟军好感,"将功补过",避免作为战犯接受审判。然而,他的"积极纯属徒劳"。12月6日,盟总又公布了一批战犯嫌疑犯名单。近卫文麿和木户幸一等9人均因"对决定日本战争政策方向负有责任"而被列入名单。在被勒令至巢鸭监狱"报到"的最后一天,12月16日,近卫文麿服氰化钾结束了54年生涯。他的遗书中有如下内容:"自支那事变以来,我在政治上犯了很多过错。我对此深感自责,但我无法忍受作为所谓战犯在美国的法庭上接受审判。……伴随着战争的兴奋、激情、战胜时的膨胀和战败时的过度的卑屈、故意中伤和因为误解的流言蜚语,所有这些构成舆论的东西,终将回复冷静,复归正常。等到那时候,在神的法庭上,我将得到公正裁决。"②

　　在近卫文麿不仅不知反省,反而鸣冤叫屈,最终自绝于人类前几天,12月8日,松本烝治在帝国议会众议院,提出了关于修宪的"松本四原

---

① 半藤一利:《昭和史·战后篇(1945—1989)》,平凡社2006年版,第115—116页。
② 半藤一利:《昭和史·战后篇(1945—1989)》,平凡社2006年版,第77—78页。

第十二章 ● 昭和时代(战后)

则":不改变天皇总揽统治权的原则;扩充议会权限,仅限制部分大权;国务大臣的辅弼责任涉及所有国务,并对帝国议会负责;保护臣民的自由和权利,强化国家对臣民自由和权利的保障。

修宪及有关内容公之于众后,引起了社会各界的普遍关心。实际上,在此前后,日本各政党和民间团体也纷纷提出了宪法草案。如日本共产党的《日本人民共和国宪法草案》,宪法研究会的《宪法草案要纲》,宪法恳谈会的《日本国宪法草案》,高野岩三郎的《日本共和国宪法私案要纲》,等等。同一天即 12 月 8 日,日本帝国议会通过了《众议院议员选举修正案》,主要内容是降低选民年龄资格,赋予妇女参政权。在短时期内,日本的法制取得了明显进步。

1946 年 1 月 30 日,币原内阁开始讨论宪法问题调查委员会拟定的宪法草案。2 月 1 日,《每日新闻》发表了由 7 章 77 条构成的宪法草案,有关天皇的第一章,依然规定"日本国为君主立宪国""天皇作为君主,依据宪法行使统治权","皇位根据《皇室典范》规定,由万世一系的皇子皇孙继承"。《每日新闻》就此发表社论指出,"在作为宪法核心的天皇统治权方面,该宪法草案和明治宪法完全相同"。这项工作日本方面是秘密进行的,其间和盟总没有任何联系,因此引起了美方的高度关注。盟总民政局也发表评论称,"该修改草案具有极其保守的性质,没有实质性改变天皇的地位,天皇仍掌握统治权。由此看来,恐难以获得媒体和社会舆论的积极评价"。华盛顿当即向盟总发去了题为《日本统治体制的变革》的 SWNCC-228 号文件,要求麦克阿瑟关注此事。麦克阿瑟遂向盟总民政局提出了"制修三原则":一是天皇为国家元首,皇位世袭。天皇的职能和权限由顺应民意的宪法规定。二是放弃以国权发动战争,不以战争作为解决国际纠纷的手段。不授予军队交战权。三是废除日本封建制度。除皇族外,贵族权力仅限于当今一代。华族的地位将不再伴有政治权力。预算仿效英国模式。①这三项原则就是上述 SWNCC-228 号文件,即《日本统治体制的变革》的指示精神。

1946 年 2 月 4 日,盟总民政局"越俎代庖",开始起草"日本国宪法",而且进展神速,2 月 12 日就拟就了宪法草案。翌日,盟总民政局局长惠

---

① 盐田纯:《日本国宪法的诞生——未被知晓的舞台背后》,日本广播出版协会 2008 年版,第 92—93 页。

特尼前往日本外务大臣吉田茂官邸,会见了吉田茂和松本蒸治,转达了上述"制修三原则",要求日本方面以盟总民政局拟定的宪法草案制定新宪法。①盟总民政局拟定的草案由 11 章 92 条构成,并附有说明:"我们完全难以接受日方拟定的草案,因此作成此案。"一周后,该宪法草案在日本内阁进行讨论时,遭到松本蒸治强烈反对。因为美国拟定的宪法草案和"松本四原则"相悖。2 月 21 日,币原喜重郎前往拜见麦克阿瑟,表达了日本方面的意见。但是麦克阿瑟强调,如果要保留天皇制,宪法必须体现"主权在民"和"放弃战争"条款。2 月 22 日,日本内阁再次举行会议,最终决定以盟军总部的宪法草案为基础,尽可能加入体现日本政府要求的条款。据《昭和天皇实录》卷 35 记载,内阁会议结束后,币原喜重郎前往宫中觐见天皇裕仁,向天皇详细禀报了盟总对修宪的意见,以及日本方面的考虑和应对。

1946 年 3 月 2 日,新宪法草案修订完成。3 月 4 日至 5 日,盟总民政局职员和日本法制局第一部部长佐藤达夫等最终敲定草案,完成了《宪法修正草案纲要》。3 月 6 日,日本政府正式发表了《宪法修正草案纲要》。该纲要获得了较为一致的好评。《朝日新闻》以《划时代的和平宪法》为题发表社论;《读卖报知新闻》社论的题目是《彻底的和平主义》;《每日新闻》连续四天发表社论,强调"新宪法将挽救因战败处在崩溃状态的日本,赋予国民巨大的勇气和希望"。自由党和进步党对该纲要表示"原则上赞同";社会党认为该纲要尽管一定程度上体现了民主主义政治,但天皇仍拥有过多权力;始终主张废除天皇制的日本共产党明确表示反对。民众对提升他们地位和强调和平的纲要多数表示支持。《每日新闻》的民调显示,受访者支持和反对象征天皇制的比率分别为 85% 和 13%,不置可否的为 2%;认为"有必要"和"没必要"放弃战争的比率分别为 70% 和 28%,不置可否的为 2%。②

《日本国宪法》的颁布实施　1946 年 4 月 10 日,经盟总授意,日本举行了战后第一次大选。这次大选共有候选人 2 770 人,其中有 97 人为女性,是日本历史上女性首次获得参政权。自由党在众议院 464 个议席中取得了 141 席,成为第一大党。虽然没有过半数,但按照议会政治规则,

---

① 日本宫内厅编撰:《昭和天皇实录》第 35 卷,日本书籍 2014 年版,第 39 页。
② 通口阳一、大须贺明编:《日本国宪法资料集》,三省堂 1995 年版,第 10 页。

第十二章 昭和时代（战后）

应由自由党领导人组阁。也就是说由自由党总裁鸠山一郎出任首相并组织内阁。但是，币原喜重郎表示："只要还看不到自由、进步、社会三党的联合能够产生政府安定的前景，看不到宪法的修改能够顺利进行的前景，我将无法不负责任地交出政权。"①在野党和民众见币原喜重郎如此表态，非常不满："币原想赖着不走，真够卑鄙的。""这是漠视大选结果的反民主主义行为。"诸如此类的说法充斥着日本社会。社会党认为，币原想"赖着不走"，违背宪政精神，联合自由党、协同党、共产党成立了"打倒币原内阁共同委员会"，通过了要求币原立即下台的声明和决议，还组织召开了"打倒内阁国民大会"。币原内阁的厚生相芦田均也以辞职表示抗议。面对各种"逼宫"行为，4月22日，币原喜重郎宣布内阁总辞职。辞职后，币原喜重郎加入了进步党并出任总裁。

孰料，正当天皇将降大命于鸠山一郎时，盟总发出了开除鸠山一郎公职的整肃令。因为，鸠山一郎在战时出版过一本叫《世界之面貌》的书，有吹捧希特勒和墨索里尼之嫌。于是，鸠山一郎竭力说服好友吉田茂出任自由党总裁。最终，吉田茂和鸠山一郎"约法四章"，答应了鸠山一郎的邀请：(1)不负责筹措党内政治资金；(2)可以随时辞职；(3)鸠山一郎不得干预人事安排；(4)若鸠山一郎能够重新担任公职，总裁一职将"归还"鸠山一郎。于是，日本政坛在经历了一个月"首相缺位"后，于5月22日得到弥补：天皇"大命降下"，67岁的吉田茂成为日本第32代首相，同时也是由"大命降下"登上相位的最后一位日本首相。随后，吉田茂联合进步党，建立了"战后第一届政党内阁"。吉田茂兼任外务相，大村清一任内务相，石桥湛山任大藏相，木村笃太郎任法务相，田中耕太郎任文部相，和田博雄任农林相，一松定吉任递信相，星岛二郎任商工相，河合良成任厚生相，平冢常次郎任运输相，币原喜重郎、齐藤隆夫、植原悦二郎、金森德次郎、膳桂之助均任国务大臣。除了无任所的"国务大臣"有5名，这届"政党内阁"还有一个特点，即13名阁僚中只有9名是自由党和进步党成员，5名是众议院议员，甚至吉田茂本人也不是众议院议员，而是贵族院议员。②

吉田茂(1878—1967年)出生于今天东京都涩谷区神山町，生父是自

---

① 币原和平财团编：《币原喜重郎》，同财团1951年版，第700页。
② 此后，吉田茂又四次组阁，成为历代首相中组阁数最多的首相。吉田茂在位时间为2 616日，继安倍晋三(2 887日)、桂太郎(2 886日)、佐藤荣作(2 798日)、伊藤博文(2 720日)之后，列第5位。

由民权派政党"自由党"著名志士竹内纲,但他出生才9天就过继给了吉田健三当养子。吉田健三青年时曾游学欧美,后在横滨英国怡和洋行当买办。生长在这种家庭的吉田茂,自小就受到"西洋风"的熏陶。少年时,吉田茂在神奈川县藤泽市耕余义塾学习汉学和西欧各国历史,后进入正则寻常中学、东京高等商业学校(国立一桥大学前身)、东京物理学校(东京理科大学前身)。1890年,吉田茂入读贵族子弟学校学习院。1904年9月,学习院停办大学科,吉田茂转入东京帝国大学法科。毕业后,吉田茂通过了外交官考试,被派往日本驻奉天(沈阳)总领事馆工作,从此开始了外交官生涯。1908年,吉田茂娶了大久保利通次子牧野伸显的长女雪子。牧野伸显曾任西园寺公望和山本权兵卫内阁的外相,既是宫廷政治的核心人物,也是当时日本政界"亲英美派"首领。他对吉田茂有深刻影响。"一战"后,吉田茂跟随牧野伸显参加了巴黎和会,见识了德国所遭受的"屈辱",更深刻认识了外交和实力的关系。作为外交官,吉田茂曾常驻英国、意大利、瑞典、美国,并曾出任日本驻中国天津、奉天的总领事。丰富的经历,使他对东西方社会有切身体会和认知,被公认为是能够正视本国和英美等国实力差距的日本人。

1949年2月至1954年12月,除了短暂间隔,"日之丸"一直由吉田茂操舵。这几年不仅是战后日本经济恢复时期,而且是日本外交奠基时期,而竖立"奠基石"的正是吉田茂。吉田茂推行的内政外交路线被称为"吉田茂主义"。按照原日本外务省国际情报局局长孙崎享的说法,"从某种意义上说,吉田茂在日本被占领时期采取的'对美追随路线',有其不得已而为之的一面。但1951年日美旧金山和约签署以后,他仍然坐在首相的位置上,从而导致日本追随美国的路线不仅延续到日本独立以后,而且还被美化,并在战后60多年始终贯穿"。①尼克松在他的回忆录里对吉田茂有如下评价:"他造福日本的最大业绩,是为日本制定了十分高明的对外政策,其中包括两个方面:一是反对大规模重新武装,这虽是国内问题,但却有国际影响;二是坚决谋求与美国签订和约,并结成安全同盟。"

吉田茂执政后的首要任务,就是完善《日本国宪法》。吉田茂很清楚,除了"象征天皇制",没有其他能够"护持国体"的路径。反复议论是没有意义的。因此,在国会开会讨论时,议员对天皇地位问题提出的疑问,均

---

① 孙崎享:《日美同盟真相》,郭一娜译,新华出版社2014年版,第28页。

第十二章 ● 昭和时代（战后）

由专门担当制宪的国务大臣金森德次郎回答。最终经过国会议员的激烈辩论，盟总制定的草案被略微修改，但是"主权在民""象征天皇""放弃战争"这三项基本原则，最终得到坚持。

1946年11月3日，新宪法作为《日本国宪法》正式公布，1947年5月3日正式实施。5月3日作为"宪法纪念日"，自此被日本政府定为国定假日。《日本国宪法》由序论和正文十一章构成，核心是主权在民、和平主义、尊重基本人权。这三项内容被称为《日本国宪法》的"三根支柱"。具体而言，"主权在民"体现于第一章第一条："天皇是日本国的象征，是日本国民整体的象征，其地位以主权所在的全体日本国民的意志为依据。""和平主义"体现于第二章第九条的两款。第一款："日本国民衷心谋求基于正义与秩序的国际和平，永远放弃以国权发动的战争、武力威胁或武力行使作为解决国际争端的手段"。第二款："为达到前项目的，不保持陆海空军及其他战争力量，不承认国家的交战权。""保障基本人权"体现于第三章第十一条"国民享有的一切基本人权不能受到妨碍。本宪法所保障的国民的基本人权，作为不可侵犯的永久权利，现在及将来均赋予国民"。等等。

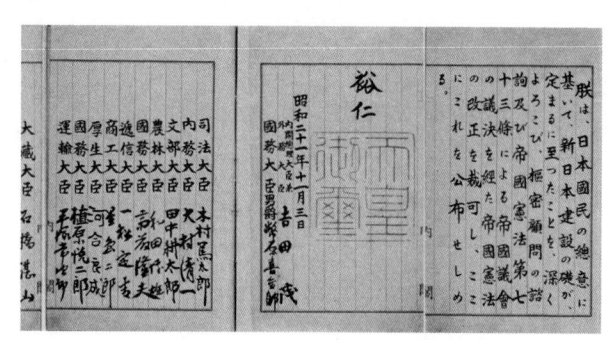

《日本国宪法》

必须强调，第九条原文是"永久废除以国权发动战争及以武力威胁，或以武力作为解决与他国发生纠纷的手段。不保持陆海空及其他战争力量，不承认国家交战权"。根据由各党派议员组成的"宪法改正特别委员会"的委员长芦田均提议，改为现在内容。为什么要这么改？芦田均的解释是："我担心第九条第二款原封不动，将会出现剥夺我国防卫力量的结果……加入'为达到前项目的'这样的前置条件，原案中无条件不保持武装力量，就变成在一定条件下不保持武装力量。"①正是这一修改，为1954年成立的自卫队是否违宪的长期争论，留下了伏笔。《日本国宪法》同时规定"政教分离"（第二十条）。《日本国宪法》第八章标题是"地方自治"。

---

① 室山义一：《日美安保体制》，有斐阁1992年版，第91页。

第九十二条是"地方自治的基本准则",第一款规定地方公共团体根据法律规定设置议会为其议事机关。第二款规定"地方公共团体的首长、议会议员以及法律规定的其他官吏,由该地方公共团体的居民直接选举"。也就是说,宪法赋予日本一都(东京都)、一道(北海道)、二府(京都府、大阪府)、四十三县自治权。在《日本国宪法》颁布同一年,日本即制定了《地方自治法》。简而言之,日本实行分权制,地方政府和中央政府的关系是对等的。地方行政长官由当地居民选举产生,不是由中央政府任命或指派,因此也不直接受中央政府领导。

根据《日本国宪法》精神,除了《地方自治法》,日本国会两院先后通过了《民法》《刑法》《参议院议员选举法》《国会法》《内阁法》《法院法》《检察院法》《教育基本法》等一系列法律。这些法律的制定不仅使《日本国宪法》精神得到落实,而且推动了新一轮政治和体制改革,包括正式撤销内务省,将商工省、贸易厅、煤炭厅,合并为通商产业省(简称"通产省")。新法的颁布实施,也推动了社会秩序和人们观念的改变。例如,新《民法》否定了嫡长子优先的户主继承制和"户主权",保障婚姻自由和男女平等。《刑法修正案》废除了对天皇"不敬罪"和已婚女性发生婚外恋的通奸罪。

《皇室典范》也随之被修订。和《日本国宪法》同时实施的《皇室典范》,除了篇幅由12章62条缩减到3章37条,还有以下几项特点:一是《皇室典范》以"昭和二十二年法律第3号"的法令编号公布,说明《皇室典范》不再有和宪法同格的地位,"二战"前"典宪二元体制"宣告终结。二是《日本国宪法》第二条"皇位的继承"规定:"皇位世袭,根据国会议决的《皇室典范》的规定继承之。"说明若要修改《皇室典范》,需要经过"国会议决",不需要诉诸"全民公决"。三是新《皇室典范》第一条规定,"只有男性皇嗣有皇统、皇位继承权"。明治时代制定的《皇室典范》的这项规定,战后依然得以延续。四是神化天皇的内容、标志皇统的祭祀、年号等,均被删除。五是皇室规模被大幅压缩。根据新《皇室典范》,非天皇直系的11个宫家的51名旧皇族成员,全部被剥夺皇籍,皇室成员只剩15人。这显然和盟总"关于废除皇族财产及其他特权的指令"相关。

战后经济民主化改革 以"主权在民、和平主义、尊重基本人权"为"三根支柱"的《日本国宪法》的制定,以"解散财阀、农地改革、劳动改革"为"三根支柱"的战后经济民主化,是战后改革的基本内容。盟总即美国

第十二章 昭和时代（战后）

主导的日本战后改革之所以关注这三个方面,根本目的是贯彻美国对日占领基本方针:"铲除日本的军国主义,使日本不再成为美国的威胁。"那么,日本为什么会成为美国的威胁?美国经过反复研究后得出结论:一是日本的财富为财阀和地主所垄断,工人和农民收入甚少。因贫富差距极大而造成的社会不安定,强化了日本对外扩张的冲动。二是对财富和经济资源的垄断,阻碍了日本能够与军国主义对抗的民主主义势力的发达。三是日本国民收入的低水准,限制了国民的购买力,造成国内市场狭窄,使日本必须通过武力获取国外市场,才能使经济得到发展。①

解散财阀的开端以1945年11月盟总发布的"株式会社(股份公司)解体指令"为标志。财阀的萌芽可以追溯到战国时代。日本最著名的"四大财阀"即三井、三菱、住友、安田,发家先后不一,主营内容、特色也不尽相同。住友是以冶炼奠定家业的。以发家史论,住友的祖先分为"家祖"住友政友和"业祖"苏我理右卫门。庆长元年(1596年),住友政友(1585—1652年)从越前(福井县)到京都闯荡,在京都创办了一个经营书籍和药品的商店"富士屋",自此开始发家。几乎同一时期,他的姐夫苏我理右卫门(1572—1636年)在京都创办了一家叫"泉屋"的企业,主要经营精炼和加工铜。三井"家祖"三井高利(1622—1694年)出生于伊势松坂(今三重县境内),先是在京都开了家经营绸缎面料的吴服店,由长子三井高平管理,同年又在江户开了家名为"越后屋"的吴服店,由次子三井高富管理,由此开始发家。三菱发家比较晚。三菱创始人岩崎弥太郎(1834—1885年)出生于土佐藩(高知县)安艺郡井口村,他的父亲岩崎弥次郎是最低级的武士——乡士,在当时注重等级制的日本社会备受歧视。为了使儿子出人头地,岩崎弥次郎不惜卖掉祖传山林,送20岁的弥太郎赴江户闯荡。弥太郎临行前在家乡星神社的门上写道:"日后若不能扬名天下,誓不再登上此山。"后来,岩崎弥太郎得到土佐藩藩士后藤象二郎(自由民权运动首领)赏识,担任了长崎商会主任。明治维新"废藩置县"后,岩崎弥太郎以代为偿还土佐藩亏欠外商四万两银子债务为条件,收购了包括两艘蒸汽船在内的"九十九商会",开始成为独立的海运业主。翌年1月,"九十九商会"更名为"三川商会",1873年3月又更名为"三菱商

---

① 三和良一:《占领日本的经济政策史研究》,日本经济评论社2002年版,第3页。

会",本店也从大阪迁移至东京,改称"三菱蒸汽船会社"。安田的创始人安田善次郎(1838—1921年)出生于越中富山藩(富山县富山市),其父亲安田善悦是半农半士的下级武士"足轻"。安政五年(1858年),安田善次郎只身赴江户闯荡,最初经营玩具店,后来开了经营海产品和砂糖、兼营"两替"即货币兑换的"安田屋"。后来"安田屋"专营货币兑换,改为"安田商店",很快成为江户屈指可数的金融业者。①"四大财阀"发家路径各有不同,但有一个共同点,即明治维新后都站在政府立场,帮助政府解决资金不足等难题,因此获得政府支持和扶持。这种和政府关系密切的商人,当时被称为"政商"。"政商"一词初见于明治时代的史学家、评论家山路爱山的《现代金权史》。山路爱山在该书中写道:"随着政府为发展民营工业、亲自进行干涉而在人民中自发产生的一个阶级,我等姑且称之为政商。'政商'一词既不载于支那(中国)辞典,亦不见于《日本节用集》(按:室町时代问世的国语辞典)。政商最初是明治初期在由时代创造的特别的时世中产生的一个特别的阶级。"②何谓财阀?根据拇井义雄的考证,"'财阀'一词是在明治二十年代末至三十年代初被创造出来的,原是指'集团'的媒体用语,不是具有科学规定的学术用语。"③按照须江国雄的论述,"二战"后作为占领政策重要内容的"解散财阀",是在盟总的指导下实施的。当时对何谓"财阀"并没有严格的定义,而是由"持股会社整理委员会"指定三井、三菱、住友、安田、日产、大仓、古河、浅野、中岛、野村计10个集团的56人为"财阀",并剥夺他们在会社的高级管理职位。之后,"持股会社整理委员会"又将上述56人定义为"财阀家族"。如此将财阀家族等同于财阀,造成概念混淆。④"二战"后,随着研究的开展,"财阀"的外延几乎被无限扩大,出现了"大正财阀""新兴财阀""军需财阀""阪神财阀""地方财阀"等诸多"新概念",以致究竟何谓"财阀",更显得模糊不清。

---

① 江户时代,日本"东部重金,西部好银",铜钱则通行全国。金币使用者主要是武士,银币使用者主要是手工业者和商人,铜币使用者主要是农民。金、银、铜并用的"三货制"和江户时代相始终。
② 山路爱山:《现代金权史》,钻石社1908年版,雄松堂1978年复刻版,第34页。
③ 拇井义雄:《何谓"财阀"》,载中川敬一郎、森川英正、由井常彦编《近代日本经营史基础知识》(增补版),有斐阁1979年版,第126页。
④ 须江国雄:《关于财阀研究的一项考察》,《佐野女子短期大学研究纪要》1991年创刊号,第80页。

第十二章 昭和时代（战后）

尽管"财阀"一词概念模糊不清，但举措是明确的。在"解散财阀"的过程中，被指令解散的"财阀"范围逐渐扩大，并大致分为四类：第一类是以通常被称为"四大财阀"的三井本社、三菱本社、住友本社、安田保善社，之后扩大至与"四大财阀"并称"十大财阀"的鲇川、浅野、古河、大仓、中岛、野村"六大财阀"。第二类是以产业部门为核心、具有持股会社功能的会社，这一类会社占了绝大部分，包括三井化学工业、三菱重工业、日立制作所、东京芝浦电气（简称"东芝"）、松下电器产业、王子造纸等。第三类是三井物产和三菱商事两大商社。第四类是被指定移交国家管理的国际电气电信和日本电信电话公司两家株式会社。①解散财阀的举措也不仅仅是解散其组织，而是发展到禁止垄断。1947年4月颁布的《禁止垄断法》、同年12月颁布的《排除经济力过度集中法》（简称"集排法"），就是"解散财阀"举措的集中体现。前者主要为了"防"垄断组织的形成，后者则是为了"治"（分割）已经形成的垄断组织。但是，以美国对日政策的改变为背景，翌年3月，美国国务院通知麦克阿瑟，撤回"FEC230号决议"，即停止支持远东委员会《排除日本经济力过度集中计划》。5月，美国集中排除审查委员会到达日本，将要分割的企业限定于日本制铁、三井矿山、三菱重工等11家企业。1949年，《禁止垄断法》被大幅度修改，一系列新法令得以实施。至1950年1月，根据"集排法"解散的仅18家公司，实际上被分割的企业仅11家。②

最初，美国对日政策制定者认为，农民贫困是日本向海外扩张的重要原因，而农民贫困的原因是农村人口过剩、与之密切相关的耕地的零星化和国内市场的狭窄。广大贫苦农民的存在是军国主义的温床。因此，"考察和研究日本的人们几乎均没有例外地谈到了改革农村各项制度的必要性"。③1945年4月7日，三院部协调委员会发出了SWNCC-100号文件，题为《关于农村土地所有制问题的政策》（Policy with Respect to Problem of Rural Land Tenure），正式指令制定有关农地改革的政策。根据这一指令，在同年6月23日举行的"部局间对日经济

---

① 三和良一：《解散财阀和禁止垄断政策》，载小林正彬等编《学习日本经营史》第3卷，有斐阁1976年版，第36页。
② 三和良一：《概说日本经济史·近现代》，东京大学出版会1993年版，第158页。
③ 日本农政调查会：《对日本的土地制度和农地改革的批判》，农政调查会1957年版，第58页。

政策委员会"(Interdivisional Committee on Economic Policy toward Japan)会议上,国务院的 R.A.费阿利等提出了农地改革草案。但是,该草案因遭到激烈反对而被束之高阁。因此,"初期的基本指令"并没有关于农地改革的内容。同年9月底,R.A.费阿利被任命为盟总政治顾问。他向麦克阿瑟建议,在盟总主导下,对日本进行彻底的农地改革,并提交了一份农地改革草案。这份草案,就是上述被否决的草案的修订稿。R.A.费阿利在这份草案中以美国传统的农政思想即杰斐逊主义为基础,主张通过有偿方式创设自耕农。这一草案成为盟总同年12月9日提出的《关于促进农地改革的备忘录》和《对日农地改革建议案》的原稿。①

实际上,在此之前的1945年11月16日,日本政府已颁布《农地调整法改革方案》,开始自行开展农地改革,史称"第一次农地改革"。但是,盟总认为"第一次农地改革"过于保守,于翌年6月发出了农地改革指令。根据指令,吉田茂内阁颁布了《修改农地调整法》《创设自耕农特别措置法》,开始进行"第二次农地改革"。其主要内容:一是国家征购不在村地主的全部出租地和在村地主超出1町步(北海道为4町步,1町步等于14.85亩)的出租地;二是国家有偿征得的土地出售给佃农;三是土地买卖须经由三名地主、两名自耕农、五名佃农组成的市町村农地委员会协议;四是土地征购和出售限两年内完成;五是残留出租地的地租为货币地租,租金在收获物中的占比,水田不得超过25%,旱田不得超过15%。②之后,冷战的形成和美国对日占领政策的转变,也对农地改革产生了直接影响,主要表现在两个方面:一是农地改革被进一步限定于已耕地所有权的移转;二是根据复兴日本、使日本成为亚洲反共基地的目标,农地改革的效果被重新评估。此前,农地改革侧重于土地所有权的广泛分散。此后,农地改革注重于粮食增产和创建保守政治基础。③

劳动改革的重要标志是工会的大量建立。1945年10月11日,麦克阿瑟指令币原喜重郎进行"五大改革",其中第二项即劳动改革,重点是鼓励建立工会。盟总的文件写道:"2.促进工会的组织化。促进工会组织化

---

① 晖峻众三:《农地改革的轨迹》(1),《联接农村和城市》第269号(1973年),第21—22页。
② 日本历史学研究会编:《日本史史料集》第5卷《现代》,岩波书店1997年版,第158页。
③ 中村隆英:《占领期日本的经济和政治》,东京大学出版会1979年版,第181—182页。

之目的,是保护工人使之免受剥削和压迫,提高生活水准,使工会具有能发表有效意见之权威。当今特别为了纠正使用童工之恶弊,应采取各项必要措施。"[1]之后,美国政府颁发了题为《关于如何对待日本工人组织问题》的文件,明确要求日本政府采取保障工会发展的措施。根据盟总意见,日本国会审议通过了《工会组织法》,于12月22日正式颁布,使该法案成为法律,翌年3月1日实施,基本内容是:保障工人的团结权和争议权;资方不得歧视工会会员和阻止工人加入工会;工人正当的争议行为不承担刑事和民事责任。《工会组织法》以法律形式承认工人享有"劳动三权",即团结权、团体交涉权、团体争议权。1946年9月,日本国会又通过了《劳资关系调整法案》,规定:劳资双方出现争议时,不能使用国家权力自上而下地实行镇压,而要实行由争议双方自主解决的原则。

获得法律保障后,日本工会迅速发展。至1945年底,企业工会数已达八百多个。翌年8月2日和8月3日,日本两大工会组织"全日本产业别劳动组合会议"(简称"产别")和"日本劳动组合总同盟"(简称"总同盟")先后宣告成立。"产别"会员有155.9万人,约占全国工会会员数的41%;"总同盟"会员总数为85.5万人,约占全国工会会员总数的22%。10月13日,日本颁布实施了《劳动关系调整法》(简称《劳调法》)。《劳调法》的实施进一步为调整劳资关系提供了法律依据。1947年4月7日,与《工会法》和《劳调法》一起被统称为"劳动三法"的《劳动基准法》颁布实施。至此,"二战"后日本劳动法规基本完善。1950年7月,"劳动组合总评议会"(简称"总评")成立后,"总同盟"并入"总评",形成"产别"和"总评"两大工人组织。

随着冷战的形成和美国对日政策的转变,劳动改革同样受到影响。1948年11月,日本内阁根据麦克阿瑟同年7月22日的指令,通过了《国家公务员修正法案》,剥夺了公务员的集体谈判权和罢工权,并严格限制公务员的政治活动;翌年5月,日本内阁又通过了《工会法修正案》和《劳动关系调整法修正案》,强调工会的基本原则是"劳资平等",规定企业的经营权与工会分离,并对工人及工会的活动加以各种限制。

---

[1] 大藏省财政史室编:《昭和财政史——终战至媾和》第17卷资料(一),东洋经济新报社1981年版,第26页。

必须强调的是,中国学术界主流对日本战后改革有较高评价。吴于廑、齐世荣主编的被教育部列为全国历史学硕士研究生备考参考书的《世界史·现代史编》称:"战后初期日本的政治经济民主化改革,是一次从思想意识到政治、经济诸制度方面较为彻底的变革。从一定意义上说,它完成了资产阶级民主革命的任务,为战后日本经济高速发展铺平了道路。"[1]但如上所述,随着美国对日政策的转变,战后经济民主化"三根支柱"早已遭受动摇,改革并不彻底。另外,如日本著名经济学家野口悠纪雄在《1940年体制——别了,战时经济》的序言中写道的:"所谓历史研究,实际上仅关注那些已经发生的事,不以'没有发生的事'作为研究对象。对战后改革的研究同样如此。关于农地改革、解散财阀等实际已进行的改革,学者们已撰写了大量论著。另一方面,对'哪些方面没有进行改革'的研究,却少得令人惊讶。但战后改革最重要的,恰恰是那些没有得到研究的方面,特别是官僚制度和金融制度的连续性。"[2]可以认为,战前政治经济体制在战后并没有被彻底改变。

第三节 "东京审判"的真相及影响

"远东国际军事法庭对甲级战犯的审判",通称"东京审判"。但是,"由在各自的领域中取得最优秀业绩的学者分别执笔撰写、显示最新研究水平"的五卷本《日本历史大系》,对"东京审判"几乎只字未提,耐人寻味。而另一方面,日本右翼势力炮制的"东京审判史观",则以似是而非的言论,否定乃至美化侵略历史。按照这种"史观",东京审判是依据"事后法",即战后制定的《远东国际军事法庭宪章》(通称"东京审判条例")进行的审判,是"成王败寇"的审判。同样耐人寻味的是,为什么没有"纽伦堡审判史观",只有"东京审判史观"?

必须强调,专业学者的"无言"和右翼分子的"胡言",都是对东京审判真相的掩盖。但是,毋庸置疑,不了解"东京审判"的真相,将无法了解日本人的"历史观",也无法真正了解战后日本。而了解东京审判,首先必须了解东京审判的法律依据,以及与之相关的历史。

---

[1] 吴于廑、齐世荣主编:《世界史·现代史编》(下),高等教育出版社2002年版,第123页。
[2] 野口悠纪雄:《1940年体制——别了,战时经济》,东洋经济新报社2002年版,第5页。

第十二章 ● 昭和时代（战后）

东京审判的法律依据 1618年，神圣罗马帝国的天主教和新教之间，因矛盾激化爆发了一场战争。欧洲各国纷纷"站队"，使这场战争迅速演变为几乎所有欧洲主要国家均被卷入的混战并延续了30年，史称"三十年战争"。1648年10月24日，参战各方在德国的威斯特伐利亚签署了一系列和约，由此建立了作为现代国际关系开端的"威斯特伐利亚体系"。该体系确立了三项影响至今的原则：(1)国家主权至上；(2)以和平方式解决国际争端；(3)可以对违约国家实行集体制裁。但是，人类终没有也不可能从此以后偃武止戈。于是，19世纪中叶到20世纪初，各国又签署了一些"战争法"，其中最重要的有两部：《巴黎会议关于海上若干原则的宣言》(1856年在巴黎签署)；《陆战法规和惯例公约》(1907年在海牙签署)。在承认战争作为解决国际纷争无法调和的最终手段的前提下，"战争法"对战争期间的相关行为做出了明确规定。前者主要规定了废除私掠船、确立海上封锁实效性、统一海上捕获规则；后者主要对交战资格、战场俘虏处置、害敌手段、特工间谍、军事使节、投降规定、占领权限等，做出具体约束。

至第一次世界大战爆发，维护国际和平主要依赖列强的"协调"。这种"旧外交"最典型的事例，就是1913年的"伦敦会议"。在这个会议上，由于英、法、俄、德、奥(匈)、意六国代表的会晤及协调，使发生在巴尔干半岛的冲突没有演化为列强间的战争。第一次世界大战的爆发宣告了"旧外交"的终结。由于战前"同盟国"和"协约国"内部签署的条约对国民"保密"、战争在国民毫不知情的情况下突然爆发。因此，以战后民族主义和民主主义潮流的高涨为背景，废除秘密外交，成为爱好和平的人们的一大诉求，并由此催生了所谓"新外交"。

"新外交"的首倡者，是美国总统伍德罗·威尔逊。威尔逊于1918年1月提出的《重建和平构想14点建议》，奠定了"新外交"的基本原则：公开外交、民族自决、国际协调。威尔逊倡议建立"国际联盟"，就是为了贯彻上述原则。由于国际联盟的努力，许多国家开始朝缩小军备、和平解决纷争、国联提供安全保障的方向努力。国联盟约限定了"合法的战争"的范畴，为和平做出了贡献。第一次世界大战给人类带来了惨痛的教训。为了努力避免战争再次发生，在法国外长阿里斯蒂德·白里安(Aristide Briand)和弗兰克·凯洛格(Frank Kellogg)的联合倡议下，1928年8月27日，美、法、英、德、日、意等15个国家在巴黎签署了《废弃战争作为国家政策工具的一般条约》(通称《非战公约》或《白里安-凯洛格公约》),《白里安-凯洛格公约》将除了自卫和制裁以外的战争定义为"侵略战争"并予以禁止,规定应以和平手段解决国际纷争,比认可将战争作为解决国际纷争最终手段的"战争法",如海牙和平会议制定的《陆战法规和惯例公约》,明显前进了一步。至1933年底,国联加盟国达到了63个国家。但是,就在这一年,作为国联四个发起国之一、同时也是签署上述国际法的日本,却因侵占中国东北地区并筹划建立伪满洲国遭到国际社会谴责。日本不思反省,宣布脱离国联,公然破坏"一战"后建立的国际秩序。日本作为《白里安-凯洛格公约》签约国,公然违背该公约以和平手段解决国际纷争的准则。因此,对日本甲级战犯的审判,并非依据"事后法"。

第二次世界大战期间,在"反法西斯主义"旗帜下集结而成的"联合国",在战后重新探讨并确立了维护国际和平的基本准则,建立了联合国,特别是设立了重要"维和"机构:由美、苏、中、英、法五大国组成的安全保障常任理事会(简称"安理会")。第二次世界大战后,由战胜国军队进驻战败国并进行"占领下的改革",是前所未有的新生事物。"占领下的改革"的目的,是防止战败国再次成为战争策源地。对发动战争者进行国际审判,虽然是"新生事物",但完全基于法律和国际正义。因为,审判甲级战犯的法律依据,并不仅仅是"东京审判条例"。否则,犯下滔天大罪的战争贩子,就将逃脱制裁。

1945年8月8日,美、苏、英、法四国,在莫斯科制定了《关于控诉和惩处欧洲轴心国主要战犯的协定》及其附件《欧洲国际军事法庭宪章》(通称"纽伦堡审判条例"),决定将审判地址设在德国的纽伦堡,因而此次审判通称"纽伦堡审判"。因为,纽伦堡是德国纳粹党人的精神大本营和纳粹运动的发源地。四国代表还对以下"战争犯罪"概念进行了审议:一是反和平罪(策划、准备、发动、进行、共同谋划侵略战争);二是违反战争法规罪;三是反人道罪(实施杀戮、虐待等非人道行为)。上述三项罪名中,第二项是以往国际法对战争犯罪的规定,而第一和第三项则是新设定的犯罪行为。因为,如何追究发动侵略战争的责任,本身就是新的问题。为了起诉战争罪犯,四国设立了检察委员会和书记局。检察官由美、苏、英、法各派一名代表组成,四名检察官地位平等。

"东京审判"和"纽伦堡审判"的检方构成并不相同。东京审判的检方基本上由美国操控,没有四名地位平等的检察官的"合议机制"。1945年

第十二章 昭和时代（战后）

12月8日,国际检察团(IPS)成立,由美国检察官约瑟夫·季南(Joseph Keenan)任"远东国际军事法庭首席检察官兼盟军总部国际检察局"局长。季南嗜酒,由他担任首席检察官,包括美国检察官在内的国际检察团成员均表示担心。麦克阿瑟不仅知道季南嗜酒,而且从季南的主治医师一名陆军军医手中获取了关于季南健康状况的详细报告,知道他心脏状态不好。然而,季南是美国国务院任命的,麦克阿瑟无权干预。

1946年1月19日,麦克阿瑟公布了国际检察局制定的《远东国际军事法庭宪章》。"东京审判条例"涉及战犯审判的各方面问题,包括根据三方面犯罪进行审判。三方面犯罪同"纽伦堡审判条例"相同。但是,"纽伦堡审判条例"第七条规定,"国家元首"不属免责对象,但"东京审判条例"没有相应条款。东京审判的甲级战犯由国际检察团确定,但最终须经麦克阿瑟认可。国际检察团书记局则全部由美国人组成。3月2日,国际检察团执行委员会设立。4月5日,执委会向检察团提交了29名甲级战犯名单。4月8日,全体检察官大会经过审议,确定将其中28人列为战犯嫌疑犯。日本天皇裕仁未被列入。东京审判的审判团由在日本投降书上签字的9个国家,即美、英、苏、中、法、荷、澳、加、新(西兰),以及英国的殖民领印度、美国的保护国菲律宾的审判官组成。澳大利亚最高法院法官威廉·韦伯爵士(Sir William Webb)任审判长,代表中国担任审判员的是梅汝璈。

东京审判的焦点是"共谋罪"(Conspiracy),即究竟有哪些人参与并策划了对外侵略？美国国务院、陆军部、海军部"三院部协调委员会",收到麦克阿瑟于1946年1月25日写的信以后,决定不追究天皇裕仁的战争责任。东京审判的首席检察官约瑟夫·季南赴日后,立即会晤了麦克阿瑟,明确告诉他将不会起诉天皇。裕仁的名字已经从战犯嫌疑犯的名单中删除。不过,这些都是美国幕后谋划,其他国家的相关人员并不知情。审判期间,苏联检察官谢盖·戈伦斯基和英国检察官柯明斯-卡尔质问道:"有关日本发动战争的重大事项,都是在御前会议上决定的,都必须征得天皇的许可。不以共谋罪起诉天皇裕仁,岂不是很荒唐？"即便国际检察局的其他美国检察官,也并不知情。他们最初认为起诉天皇、追究天皇的战争责任理所当然。两位美国检察官在接受采访时说:"参加检察团的所有美国法律专家均确信,如果有人要接受审判,那么天皇无疑是头号对象。所有检察官都认为,对天皇适合援引'共同谋划侵略战争'这项罪名。""我们都认为,不仅应该起诉天皇,而且起诉天皇在技术上也是可能的。"但他们还说了一件事:"1945年12月2日,我们正要上飞机时,一辆车从白宫方向匆匆驶来,送来了给季南的一封信。飞机起飞后,季南向我们传达了信的内容,让我们不必去找天皇。12月6日,我们到东京几天后,又被叮嘱不要谈起那封信的事,也别去找任何皇族。""具体时间记不清了,总之是到了东京以后。我们听说了不起诉天皇的消息。但是,这一消息没有公开发表。"①

认定甲级战犯的内幕 对是否追究天皇的战争责任、起诉天皇裕仁,远东委员会各成员国的意见明显对立。中国军令部1945年6月拟定的战犯名单,列在首位的就是天皇裕仁。1945年10月2日,中国国民参政会向最高国防委员会递交了一份提案,强烈要求追究天皇战争责任和废除天皇制。最高国防委员会将这份提案转交给了行政院。行政院外交部和司法行政部提出了如下共同意见:是否将天皇列为战犯,由于和麦克阿瑟的占领政策有密切关系,将在与美国进行磋商、对犯罪事实进行调查后再做决定。之后,中国国民政府表示:虽然天皇应承担主要战争责任,但是为了在日本顺利实施占领政策,防止共产主义势力的扩大,天皇的存在是有价值的。12月,中国国民政府正式决定不起诉天皇。

澳大利亚坚持主张在东京审判中起诉天皇、追究天皇裕仁的战争责任。1946年2月5日,澳大利亚检察官曼斯费尔德到达东京,提交了澳方的战犯名单。名单所附文件对将天皇裕仁列为战犯做了如下说明:"天皇裕仁作为个人,无疑具有和平的愿望和自由主义思想。但是,按照《大日本帝国宪法》的规定,宣战、媾和、缔结条约的权力属于天皇。因此,在认可发动侵略战争时,天皇负有作为战犯的个人责任。""美国国务院认为,突袭珍珠港,天皇虽表示赞同,但那是因为受军国主义者的胁迫,故应免除其责任。但是,天皇并非始终受军国主义者胁迫。如果他是真正的和平主义者,那么他应该也能够表示反对发动战争,能够以退位甚至自裁表示抗议。"②

此后,澳大利亚呼吁英国、新西兰、印度一起诉请远东委员会起诉天皇,但是,远东委员会在1946年4月3日,通过了不起诉天皇的决议。4

---

① 栗谷宪太郎等编:《走向东京审判之路》,NHK出版社1994年版,第82—87页。
② 栗谷宪太郎等编:《走向东京审判之路》,NHK出版社1994年版,第134页。

月9日,澳大利亚政府致函曼斯费尔德检察官,要求他坚持立场。但是,前一夜在东京召开的办案检察官会议(印度和苏联检察官尚未到达),已经传达了美国决定不起诉天皇的方针。在决定了28名被告之后,会议主持者表示,如果认为有未被列入名单但也应该作为被告列入名单者,可以提出异议。于是,曼斯费尔德提出应起诉天皇。但是根据会议记载:"讨论结果,考虑到检察之外的各种情况,与会者一致认为,起诉天皇是错误的,同意战犯不包括日本天皇。"

苏联对美国主导东京审判甚为不满,故意推迟派出代表团。但是,正致力于掌控东欧的苏联,为了获得美国对其势力范围的承认,最终决定采取避免和美国发生冲突的方针。1946年3月20日,苏联外交人民委员莫洛托夫指令参加东京审判的苏联检察团:"苏联检方的主要课题,是揭露日本对我国有组织的侵略行为的罪状";"我们不将被告中是否包括天皇作为问题。但是,如果其他国家的代表提出将天皇列入战犯名单的提案,当予以支持";"苏联代表当努力将与日本帝国主义分子关系密切的财阀(如三井、三菱、大仓、中岛、日本银行等)的主要首脑列入名单。如果美国方面对此表示坚决反对,不要与之产生纠纷"。1946年3月22日,苏联检察团乘火车离开莫斯科,沿西伯利亚铁路到达符拉迪沃斯托克,然后转乘美国"自由门号"军舰于4月13日到达东京。

4月17日,东京审判办案检察官举行会议,对4月8日决定起诉28名战犯的方案再次进行商讨。会上,苏联要求追加5名被告。但匪夷所思的是,审判法庭的被告席只能容纳28名被告。怎么办?最后,为了满足苏联的要求,会议决定添加重光葵和梅津美治郎,删除阿部信行和真崎甚三郎。苏联要求将另外3个财阀代表人物列入战犯名单的要求,未获得满足。如此,甲级战犯依然是28名。苏联在会上没有提出应将天皇裕仁列为甲级战犯的要求。

当时,受澳大利亚政府委托,昆士兰州最高法院的威廉·韦伯,对战时日军在南太平洋的残暴行为进行了调查,获得了471个人的证词和1000件证据,提交了《关于1941—1944年日本人的残虐行为和违反战争法规的报告》。这一报告也同时提交位于伦敦的联合国战争犯罪委员会。这份报告主张起诉天皇。1946年8月11日,澳大利亚政府以韦伯的这份报告为依据,向联合国提出:"对日本的侵略行为和战争犯罪,天皇难辞其责。"英国于8月17日向澳大利亚发去紧急电文:"我们认为,视天皇为战犯,是重大政治错误。我们希望以天皇的地位作为统制日本人的手段,以及控制人员和其他资源的手段。因此,按照我们的看法,起诉现在占据天皇地位者(昭和天皇),是很不明智的。"① 10月22日,韦伯向哈佛·艾伯特外长提交了澳大利亚准备向检方提交的战犯名单,该名单将天皇名字列在第七位。他同时提出:"根据英国的意见,我打算建议将天皇的名字从这份暂定名单中删除。"但他又表示,"确实,天皇的巨大权力在使战争迅速结束时得到了显示。但这也无疑表明天皇负有本可以运用这一权力回避战争的责任。即便无法回避战争,天皇也负有使战争以文明方式进行的监督责任"。艾伯特决定依然将天皇列入战犯名单。②

对于甲级战犯的认定,内大臣木户幸一和兵务局长田中隆吉发挥了重要作用。从1946年1月16日至3月16日,检方对木户幸一进行了30次聆讯。由于国际检察团搜查课获得了《木户幸一日记》,面对这份"铁证",木户幸一难以回避搪塞,因而使检方掌握了大量日本有关人员的犯罪线索。木户幸一本人最后被判无期徒刑。③田中隆吉策划了一·二八事变,原本难逃制裁。但他作为证人积极配合检方调查,指证了多项犯罪事实,使检方的工作得以顺利推进。作为"污点证人",田中隆吉最终被免于起诉。

麦克阿瑟坚决反对追究天皇的战争责任,是天皇裕仁最终没有被起诉的关键因素。按照麦克阿瑟的看法,利用日本国民对天皇的敬爱心理的占领政策,比之耗费大量资金,派大批军队长期驻留日本,无疑是上策。在一院二部会议上,麦克阿瑟表述了如下看法:"裕仁天皇具有道德勇气和出色教养。如果委员会欲将天皇作为战犯加以审判,必须要取得全体一致赞同,同时必须清楚,那样的决定将增加多少占领费用,需要延长多少占领时间,甚至很可能需要派百万军队无限期驻留日本。如果天皇受到审判、被宣告有罪甚至判刑,日本的天皇制或许会前所未有地变得更加牢固。"④麦克阿瑟之所以持坚决反对起诉天皇的立场,在很大程度上是

---

① 栗谷宪太郎等编:《走向东京审判之路》,NHK出版社1994年版,第54—55页。
② 栗谷宪太郎等编:《走向东京审判之路》,NHK出版社1994年版,第58页。
③ 日本立教大学教授栗屋宪太郎专门出了一本《东京审判资料 木户幸一聆讯笔录》,对此有详细记载。
④ 盐田道夫:《天皇和东条英机的苦恼——甲级战犯的遗书和终战秘录》,日本文艺社1988年版,第127页。

第十二章 ● 昭和时代(战后)

听取了他的军事秘书波纳·费拉斯准将的建议。波纳·费拉斯在对日本天皇做了详细调查后,在曾给他讲授过《武士道的精神和天皇制》的原惠泉女子大学校长河井道子、原议会议员笠井重治的帮助下拟了一份建议书。麦克阿瑟的发言,就是该建议书精神的体现。

1946年1月25日,麦克阿瑟给艾森豪威尔陆军参谋长发去了一份电报,表达了坚决反对将天皇列为战犯的意见:

> 在过去10年间,没有发现如何特定的、明确的证据可以证明,天皇在各阶段均参与作出了日本帝国的各项政治决定。已经进行的尽力调查给我的明确印象是,至终战时期,天皇与国家诸事件的关系主要在行政方面,并且只是机械地回应辅弼者的建议……如果认为应将天皇作为战犯进行审判,那么必须对占领计划作极大变更。如是,那么在开始实际行动之前必须做好一切必要准备。毫无疑问,对天皇的控告必将在日本国民中引起极大振荡,其反响之烈,不管我们如何评估都不会过分。天皇是凝聚所有日本人的象征,将他灭掉就是使日本这个国家崩溃。①

对甲级战犯的抓捕和审判 在拟定甲级战犯之前,盟总开始了对当时作为犯罪嫌疑人的抓捕行动。1945年9月11日上午10时左右,几个身着军服的美国记者来到了东条宅邸,向警卫要求采访东条英机。当被告知"大将不在家"后表示:"那我们等东条大将回来。"记者之所以此时造访东条英机,是因为据美联社报道,盟总了解到东条英机当时在东京后,已于9月10日下午2点,发出了逮捕东条英机的命令。

1945年9月11日下午3点刚过,东条宅邸外来了几辆吉普车。获悉东条英机将被逮捕的记者陆续赶来。东条英机见此情景,赶紧按照原定安排催促妻子胜子和21岁的女佣出后门去隔壁的铃木医生家避一避。4时,美国宪兵中校克劳斯率领一群宪兵分乘几辆吉普车包围了东条英机宅邸,前来执行逮捕令。他们边急促地敲门边高喊:"东条,我们来逮捕你。"听到喊声,东条英机从窗口探出头问:"你们有逮捕证吗?""没有逮捕证,但有正式的拘捕命令书。""是原件吗?"东条要求克劳斯给他确认一下。"把门打开,我进屋给你看。"东条英机关上窗户,宪兵以为他去开门了。但是过了好一阵门也没开。4时19分,从屋子里传出"呯"的一声枪

---

① 武田清子:《天皇观的相克——1945年前后》,岩波书店1978年版,第39—53页。

响。听到枪声,宪兵立即破门而入,只见穿着白衬衣的东条英机倒在一张椅子边,鲜血不断从左面胸口涌出。东条英机用美制科尔特32毫米手枪开枪自杀了。8月15日,东条的二女婿古贺秀正在"宫城事变"即近卫师团政变失败试图自杀时,东条英机曾用这支枪阻止。后来,古贺秀正切腹自杀。克劳斯等见东条自杀,赶紧叫来日本医生抢救。东条英机自杀未遂,被送往横滨美军医院。当天夜晚,盟总发布了第一批战犯嫌疑犯名单,包括东条内阁全部阁僚在内的30人在列。盟总随即发出了逮捕令。

了解到陆军大臣东条英机被捕的消息后,太平洋战争爆发时的海军大臣岛田繁太郎大将预料,紧接着该来抓他了。所以他9月12日一早已将内衣和其他一些生活用品塞进包里,坐等被捕。下午5时,盟总派出的20名美军宪兵包围了东京芝区(现港区)高轮南町47番地岛田的府邸。美国宪兵在门口出示了逮捕令后,进屋将岛田繁太郎带走。和东条英机不同,自知在劫难逃的岛田繁太郎对美国宪兵的大声命令,说了一句:"安静点,我不会自杀的。"

几乎与岛田繁太郎被捕同时,陆军元帅杉山元在位于市谷的陆军第一总军司令官室,朝自己的胸口连发四枪自杀。第一总军是负责本土防卫的,作为这支部队的最高司令官和前参谋总长,杉山元知道逮捕他是早晚的事,遂自行了断。

10月19日,盟总发布了第二批战犯嫌疑犯名单。陆军大将、九一八事变时任关东军司令的本庄繁,陆军大将、原陆相荒木贞夫等11人被列入名单。不过,和前次不同,这次盟总没有直接采取逮捕行动,而是向日本政府发出了逮捕令。20日上午,本庄繁在位于东京青山的陆军辅导会本部自杀,留下两份遗书。荒木贞夫在被指定为战犯嫌疑犯后,即刻去日赤医院齿科看牙齿,理由是:"不想被美军说三道四,称战败国的陆军大将穷得连牙医都看不起。即便战败,我也要维护陆军的荣誉。"9月22日,荒木贞夫身着正装,乘上美军吉普,被3名美军宪兵押走。

12月2日,盟总发布了第三批战犯嫌疑犯名单,共59名,其中包括后被列为甲级战犯的前陆军大臣、中国派遣军总司令畑俊六,枢密院议长平沼骐一郎,前首相广田弘毅,东条内阁书记官长星野直树,前陆军军务局长佐藤贤了中将,东京大学哲学科教授、右翼思想家大川周明。另外还有皇族、陆军元帅梨本宫守正。12月4日,各大报纸以整整一个半版面的篇幅,刊载了59人的简历和照片。12月9日,外务省终战事务联络局

第十二章 ●昭和时代（战后）

给皇族梨本宫送去了一份文件："现指定梨本宫守正王殿下为战争犯罪人，必须在12月12日9时前到巢鸭监狱报到。"根据命令，12月12日8时20分，72岁的梨本宫乘坐皇族专车到达了巢鸭监狱。皇族成员被列为战犯嫌疑犯使日本举国震惊。面对围在那里的一堆记者的提问，梨本宫做了如下回答："我怎么也弄不明白。我在战争中都没怎么行动。在皇族中，如果指定闲院宫载仁亲王（前参谋总长）和伏见宫博恭王（前军令部总长），我还能理解，可我是没有指挥权的元帅，是没有权力的皇族。作为武官，我没有采取过什么行动，尽管我在战时担任了许多名誉职务，如大日本武德会、大日本警防协会、飞行协会。但那都是宫内省要求我担任的，我只是接受而已。"①

甲级战犯坐车前往法庭

天皇裕仁没有被起诉，令若槻礼次郎、米内光政、冈田启介三位前首相和宇垣一成陆军大将喜出望外。他们假座被称为"财界大御所"的静冈县热海的别墅，专门设宴招待季南。东京审判结束后，在日本有一种说法称，东京审判对战争责任的追究如同剥洋葱：一层层剥去，最后是没有"心"的。也就是说，没有应对战争负最主要责任的人。

1946年4月29日，首席检察官季南正式向法庭递交起诉书。一天后起诉书送达前28名被告

东京审判的被告被送往法庭

---

① 盐田道夫：《天皇和东条英机的苦恼——甲级战犯的遗书和终战秘录》，日本文艺社1988年版，第58—59页。

1097

东京审判

东京审判受审的甲级战犯午餐

听候宣判的甲级战犯

手中。5月3日,东京审判在东京都市谷原先陆军省礼堂正式开庭。检方以三项罪名对罪犯提起诉讼:反和平罪(策划、准备、发动、进行、共同谋划侵略战争);违反战争法规罪;反人道罪(实施杀戮、虐待等非人道行为)。具体起诉理由最初有55项,第1至36项为"反和平罪",第32至55项为"违反战争法规罪和反人道罪",在审讯过程中被逐渐削减至10项罪名:共同谋划侵略;对中国实行侵略;对美国实行侵略;对澳大利亚等英联邦实行侵略;对荷兰实行侵略(出兵荷属中南半岛殖民地);对法国实行侵略(出兵法属中南半岛殖民地);对苏联实行侵略(张鼓峰战役);对蒙古实行侵略(诺门罕战役);命令和允许采取残虐行动;未能即时阻止残虐行为。

东京审判于1946年5月3日开庭,1948年春天至秋天因撰写判决书而休庭,同年11月12日判决,历时31个月。整个审讯期间,控辩双方提供证人1 194人,其中419人出庭做证;检方与辩方共提出证据4 336件;开庭818次;法庭记录达48 000页;判决书达1 200页。整个审判共耗资750万美元。

整个审讯过程按照被告姓名的字母顺序进行,第一个受审的是姓名首字母为"A"的荒木贞夫,最后一个是姓名首字母为"T"的东条英机。开始审讯东条英机恰逢1947年12月31日,

第十二章 ● 昭和时代（战后）

日本的大年夜。翌年 11 月 12 日下午，远东国际军事法庭正式对甲级战犯进行宣判。下午 3 时 52 分，韦伯审判长宣布开庭，然后同样按照姓名首字母顺序判决。贺屋兴宣、梅津美治郎、白鸟敏夫因病正接受治疗，由他们的辩护人站在自己的席位上接受判决。判决结果如下：

绞刑（死刑）7 名：东条英机、板垣征四郎、木村兵太郎、土肥原贤二、广田弘毅、松井石根、武藤章。

终身监禁 16 名：荒木贞夫、梅津美治郎、大岛浩、冈敬纯、贺屋兴宣、木户幸一、小矶国昭、佐藤贤了、岛田繁太郎、白鸟敏夫、铃木贞一、南次郎、桥本欣五郎、畑俊六、平沼骐一郎、星野直树。

有期徒刑 2 名：重光葵（7 年）、东乡茂德（20 年）。

判决前病死 2 名：永野修身（1947 年 1 月 5 日病死）、松冈洋右（1946 年 6 月 27 日病死）。

免予起诉 1 名：大川周明（精神异常）。

通过"译意风"听到"判处被告东条英机绞刑"后，东条英机摘下耳机，朝旁听席看了一眼——那里坐着他的妻子东条胜子和三女儿东条幸枝。几年前，作为首相的东条英机就是在这个地方（当时的陆军省大礼堂）激励全体国民参战。今天，他站在这里作为甲级战犯排在第一位的罪犯，接受正义的审判。

对天皇为何没有站上被告席，甚至没有出庭做证，审判长韦伯在宣判结束后，对记者做了如下表述：

东京审判法庭（原日本陆军省）

天皇的权威在终结战争时，已经得到了毋庸置疑的证明。同样，在发动战争时天皇所扮演的显著角色也为检方所揭明。但检方同时明确表示对天皇不予起诉。

我认为尽管天皇在开战时扮演了角色，但对天皇免予起诉这一事实，在对被告定刑时，当然不能不考虑。虽然有天皇希望和平的证据，但作为立宪君主制下的日本国元首，天皇受到政府和其他方面好战的劝告时，即便天皇可能认识到这些劝告有违其本意，但最终还是接受了劝告。

开战，必然需要天皇的权威。如果天皇不希望发动战争，那么天皇理应保留这一权威。认为天皇始终必须尊重周围人的意见行动这一意见，与证据不符。即便真是那样，也不应减轻天皇的责任。

我并不是说天皇应该被判决，因为那不是我应该考虑的问题。但使天皇免于受到审判，毫无疑问完全是基于对盟国最有利的考虑而做出的决定。①

那么，检方为何对天皇不予起诉，甚至不让天皇出庭做证？首席检察官季南在回国的时候，直言不讳地公开阐述了理由：

天皇没有和东条英机一起作为战犯受到审判。这是因为各战胜国出于政治理由，在赋予天皇免罪特权方面取得了一致意见。事实上，即便从证据方面来看，也缺乏起诉天皇的理由。但是，使天皇免受审判是盟国的政治决定。对此，苏联元首斯大林也不得不表示赞同。这一决定是政治决定，检察当局对此并不知情。不管怎么说，作为首席检察官，我认为缺乏将天皇作为战犯起诉的证据。证据显示，按照我们西方的思维方式，天皇是意志薄弱的人。但是，天皇始终希望和平这一事实，得到了显而易见的证明。

作为个人观点，我希望天皇本人能够出庭作证，即便只是为了阐明其个人立场。但是，同样拥有君主的英国难以容忍这种做法，对此表示反对。麦克阿瑟将军的看法与英国接近，我认为这可能是出于占领行政方面的考虑。麦克阿瑟将军对我说，如果让天皇作为证人出庭，天皇本人将会完全无视我们根据证据所认定的对他有利的事实，甘愿为日本政府所采取的行动承担全部责任。他会有这种决心。也就是说，根据证据，天皇作为立宪君主制国家的元首，在法律上以及在职责上必须按照侧近者的辅佐采取行动这一事实，已经得到证明，但如果被迫出庭，天皇可能完全不以此作为理由，为自己辩护。②

---

① 盐原时三郎：《东条札记》，手册社1952年版，第24—25页。
② 盐原时三郎：《东条札记》，手册社1952年版，第25—26页。

第十二章 ● 昭和时代（战后）

东京审判的"回音"　参与东京审判的 11 位法官单独提交自己的审判意见书。印度法官拉达宾诺德·帕尔(Radhabinod Pal)以 1 275 页的篇幅,提出了"全员无罪"的主张。他的主张成为以后包括学界在内的日本右翼分子否定东京审判的基本理由。概括而言,帕尔的基本主张是:一、东京审判是"戴着法庭这一假面具达到政治目的"。其潜台词是"这是美国进行复仇的审判"。二、"既然承认战争,杀人行为就是必然行为。何况在国际法中本没有发动战争是犯罪的法律。东京审判条例是'事后法'"。三、"在突袭珍珠港之前,美国政府向日本政府发出的通牒,如果发给其他国家,即便像弱小的摩纳哥和卢森堡那样的国家,也必然出于自卫而对美国诉诸武力"。四、审判原本应力求公正,但东京审判唯有战胜国的法官,没有一个战败国的法官,这种战胜国审判战败国的审判团构成,本身就不公正。如果不是"战胜国审判战败国",那么对日本实施无差别轰炸甚至投掷原子弹,杀戮数十万平民的美国这种显然的"反人道"行为,为何没有受到审判?①

东京审判结束后,帕尔写了一本 60 万言的《日本无罪论》,获得日本朝野热烈追捧。他的观点对否定战争侵略性的"东京审判史观",具有重要影响。1966 年佐藤荣作任首相期间,邀请帕尔访日,并授予帕尔一等瑞宝章,表彰其"为和平运动做出的贡献"。1967 年 1 月 10 日,帕尔去世,佐藤荣作以日本首相名义发去唁电。1975 年,日本著名旅游胜地箱根建立了帕尔纪念馆。2005 年,靖国神社举行了"帕尔博士显彰碑"落成仪式。

然而,必须强调,东京审判的正义性不容否定,其正义性至少表现在两方面:

第一,东京审判是对日本对外侵略扩张史的审判。明治维新以后,日本始终存在着"脱亚"和"入亚"之争。前者以福泽谕吉的"脱亚入欧论"为代表,后者以冈仓天心的"亚洲一体论"为代表。前者主张进入欧美列强的行列,后者则认为亚洲为世界提供了欧洲文明所无法提供的"爱"和"美"。但是,"亚洲一体论"后来被用作鼓吹建立"大东亚共荣圈"的舆论工具。从皇姑屯事件到《大东亚战争终结之诏书》的颁布,日本军国主义

---

① 盐田道夫:《天皇和东条英机的苦恼——甲级战犯的遗书和终战秘录》,日本文艺社 1988 年版,第 221—222 页。

扩张分子的罪恶,在东京获得了裁决。首席检察官季南这些话说得没错:"在本起诉状所设定的时间段,日本的对外政策被罪恶的军阀支配和引导,这些政策既是重大国际纷争和侵略战争的原因,也是给爱好和平的各国人民的利益以及日本国民自身利益造成巨大损害的原因。"

第二,东京审判是对日本民众的启蒙和教育。整个战争时期,日本当局严格控制舆论,内外宣传均由内阁情报局引导和监控,充满欺骗。① 例如,南京大屠杀、没有事先宣告偷袭珍珠港、巴丹死亡行军、缅甸仰光大屠杀……真相在当时均被蒙蔽。通过东京审判,种种骇人听闻的惨案的如山铁证被公之于众,使日本民众看到了真相,看到了军国主义分子操控舆论的真实目的,从而获得启蒙。对日本而言,这种启蒙不可或缺。正如鲁思·本尼迪克特在《菊与刀——日本文化诸模式》中写道的:"日本有取舍和选择的伦理。他们曾试图通过战争在世界上赢得'适当地位',但他们失败了。于是,他们可以抛弃那条路线。因为,他们所接受的全部培养,使他们能够改变方向。怀有比较绝对性伦理观的民族,总是自己说服自己,认为他们是在为原则而战。"②

同时毋庸讳言,东京审判也存在缺陷。由于美国基于自身理由考虑,有些罪大恶极的军国主义分子逃脱了战争审判。例如,臭名昭著的731部队的部队长石井四郎中将因为和美国达成一笔交易:将"研究成果"交给美国,换得"免于起诉"。另外,关于战犯的认定,有以东条英机"划线"的倾向。28名甲级战犯中有15名是陆军军人,而且大都是陆军省即军政负责人,参谋本部即军令方面的负责人,有些没有被追究战争责任。例如,九一八事变的主要策动者、关东军主任作战参谋石原莞尔,因为称东条英机只有"上等兵"的思维而遭到东条英机排挤。后任参谋本部作战部长的田中新一,积极鼓吹扩大对华侵略,在中国犯下了滔天罪行。只是因为田中新一在瓜达尔卡纳尔岛战役中补给断绝,当面大骂东条英机是"混蛋"而被贬到缅甸出任第十八师团的师团长。石原莞尔和田中新一这两名中将都没有被列为战犯。

---

① 1937年日本设立了内阁情报部,后改名内阁情报局,主要负责监控和管理所有媒体,组织引导欺骗性宣传,和1952年成立的首相官方调查室(1986年改为内阁情报调查室)不同。后者有"日本的美国中央情报局(CIA)"之称。"情报"在日语中可解释为"信息"。

② Ruth Benedict: The Chrysanthemum and the Sword: Patterns of Japanese Culture, Mariner Books, 2005, p.97.

第十二章 ● 昭和时代（战后）

不过，对日本民众而言，上述东京审判正义性的认知是在事后而非当时。

判决结束后，由播音员青木一雄主持的NHK（日本广播协会）《街头录音》栏目，当即在街头进行了采访。民众对判决大致表达了如下看法："战败了嘛，那有什么办法？""这次审判给人以胜者为官军，败者为贼军的印象。""感到全体日本国民都受到了审判，心情沉重。""这是羊在狼面前的哀叫，现在再谈善与恶已经毫无意义了。既然战败了就该接受处罚，没什么可说的。""对这一审判绝对应该主张无罪。因为他们是为了使我们今天能够活着，为了使我们国民活下去，才导致这样的结果。"①

对于东京审判，受审者即战犯本身是如何看待的？对这个问题，甲级战犯头号人物东条英机的观点不仅最具有代表性，而且影响至今。按照升味准之辅对他的观点的概括："1.战败责任是日本国领导者应对天皇和国民承担的责任，不存在对战胜国承担责任的问题；2.为什么战败者要接受战胜者的审判？由战胜者进行审判是不公正的。战争责任，战胜者也应承担。3.战败者因为战败，不得不无奈地接受审判。"②

1948年11月13日，日本《朝日新闻》以《和平决心之世界性体现》为题发表社论，其中有一段话值得所有日本人记取：

> 这场审判是以25名被告为直接对象进行的。但它在追究25名被告个人责任的同时，间接要求支持所谓"国策"并追随被告的普通国民，进行彻底的反省和清算，还明确规定我们国民未来要建设的日本，是一个和平的国家。而且这种要求和规定将永远制约日本国民的行动，使日本以后不再有受审之日。

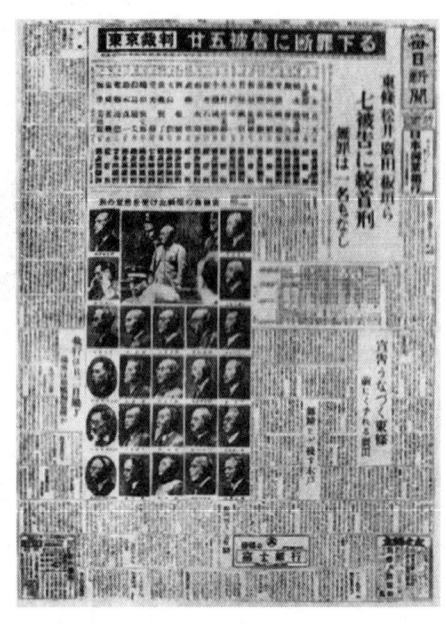

媒体报道甲级战犯判决结果

---

① 盐田道夫：《天皇和东条英机的苦恼——甲级战犯的遗书和终战秘录》，日本文艺社1988年版，第218—219页。
② 升味准之辅：《昭和天皇及其时代》，山川出版社1998年版，第239页。

东京审判25名甲级战犯最后的合影　　　25名甲级战犯绝笔

　　1948年12月23日零点,东京巢鸭监狱。按照抽签顺序,东条英机、松井石根、土肥原贤二、武藤章在接受了监禁期间已定期对他们进行"教诲"的佛僧、教诲师花山信胜博士祈祷后,首先被绞死。20分钟后,广田弘毅、板垣征四郎、木村兵太郎按同样程序被绞死。他们的尸体被装入7具棺木,运往处理美国人尸体的横滨久保山火葬场火化。为了使7个甲级战犯的骨灰能够保存,火葬场场长飞田美善串通小矶国昭的辩护律师三文字正平、火葬场边的兴禅寺住持市川伊雄,趁12月25日圣诞节夜晚美军戒备比较松弛,将已经被扔在公共弃骨场且混在一堆的7个人的骨灰偷出,先用"三文字正辅",即三文字正平在上海战场阵亡的侄子的名字安放于兴禅寺本堂,然后通知7名战犯的家属。翌年5月3日,4名甲级战犯的妻子东条胜子、松井文子、木村可缝、板垣喜久子,以及广田弘毅的二女儿广田美代子,在热海松井石根家举行了简单的慰灵仪式,然后将遗骨安放在热海市伊豆山麓的"兴亚观音像"边。之后,由首相吉田茂题写了碑文:"七志士"之碑。碑的反面是7名罪犯在上绞刑架前戴着手铐时的亲笔签名。之后,清理有关陆军省遗留问题的第一复员局(现在属厚生省)将装有7名甲级战犯"骨灰"的桐木制骨灰盒交给了7名被处以绞刑的甲级战犯的家属——那骨灰盒里显然不可能有本人的骨灰。

　　1960年8月16日,一些日本财团在爱知县蒲郡市三河湾国立公园内海拔306米的三根山的山顶,为7名甲级战犯修建了坟墓,遗骨被迁入,由甲级战犯桥本欣五郎的辩护律师林逸郎题写碑文:

　　　　由于美国使用原子弹、苏联背弃互不侵犯条约,以及物资不足等原因,日本不可能不败。英、美、中、苏、澳、加、法、荷、印、菲、新西兰

第十二章 昭和时代（战后）

共11个国家建立远东国际军事法庭,以"事后法"对战败国日本的行为进行审判。根据判决,昭和二十三年(1948年)12月23日子夜,土肥原贤二、松井石根、东条英机、武藤章、板垣征四郎、广田弘毅、木村兵太郎七士被执行绞刑。三文字正平律师等自久保山火葬场获得遗骨,先安置于热海市伊豆山,后承蒙幡豆町好意,将遗骨埋葬于三根山顶,并经遗属同意和清濑一郎、菅原裕两律师等许多有志之士的赞同,立此墓碑……

在距墓地约300米处,还建有"殉国七士庙",边上矗立着一块高约5米的石碑,碑石正面刻着"殉国七士庙"5个大字,背面刻着"第五十六、五十七届内阁总理大臣岸信介书"。

除了7名甲级战犯,还有948名乙级和丙级战犯被处死。病死93人,事故死亡19人,自杀35人,死因不明13人。1948年12月24日,即7名甲级战犯被处绞刑后的第二天,以美国对日政策的转变为背景,盟总宣布,释放囚禁在东京巢鸭监狱中的岸信介等19名甲级战犯嫌疑犯。1949年10月19日,盟军总司令部又宣布对乙级、丙级战犯结束审判,不再逮捕、搜查战犯嫌疑犯。

被判终身监禁的甲级战犯梅津美治郎、白鸟敏夫、小矶国昭、平沼骐一郎于1949年1月至1952年8月先后死于狱中;被判20年监禁的东乡茂德于1950年7月23日死于狱中。对此,盐田道夫在《天皇和东条英机的苦恼——甲级战犯的遗书和终战秘录》一书中写道:"7名甲级战犯被处死,19名未判决的被释放,重光葵被禁锢7年后出狱。其他被判终身监禁者服刑期间死于狱中,实在可惜。如果他们身体稍微好一点的话,无疑会被减刑。"①盐田道夫对战犯的同情实则道出了以后历史变化的真情:随着冷战的开始,美国对日政策发生了逆转,战犯开始陆续获得释放。日本开始公开为战犯翻案。

第四节　经济的恢复和"旧金山体制"的建立

1942年秋,日本军国主义分子通过报纸征集"鼓舞战争意志"的口

---

① 盐田道夫:《天皇和东条英机的苦恼——甲级战犯的遗书和终战秘录》,日本文艺社1988年版,第316—317页。

号,一个蛊惑人心的口号入选:"啥也不想要,只要打胜仗。"时隔3年,面对满目疮痍的国土,颠沛流离的人群,衰亡没落的帝国,支离破碎的梦想,日本人是怎么想的?著名作家永井荷风在日本军方和政府代表签署投降书两周后的9月16日,写下了这么一段话:"耳闻目睹战败后的世间万象,让我感觉人们似乎并没有悲愁忧伤。昨天还在日本军部压迫下俯首弯腰,呻吟哀叹的国民,忽然一夜转向变脸,对敌国占领者阿谀奉承。"①但是,内外诸多因素的"合力"推动,日本很快实现了经济的恢复。同时,因为《旧金山和约》的签署,日本至少在法理上恢复了主权。

战后严峻的经济状况　美国历史学家约翰·W.道尔在他日本妻子靖子帮助下,用英文撰写了一本专门描述日本战败后社会景象的书,并为本书取了个耐人寻味的书名 Embracing Defeat: Japan in the Wake of World War II(中文译名:《拥抱战败——第二次世界大战后的日本》)。他在书中有段话值得转引:

> 许多美国人,当他们到来的时候,做好了心理准备将面对狂热的天皇崇拜者所带来的不快。但当第一批全副武装的美军士兵登陆之时,欢呼的日本妇女向他们热情召唤,而男人们则鞠躬如也地殷勤询问征服者的需求。他们发现自己不仅被优雅的赠仪和娱乐所包围,也被礼貌的举止所诱惑和吸引,大大超出了他们自身所察觉的程度。尤其是他们所遇到的日本民众,厌倦战争,蔑视曾给自己带来灾难的军国主义分子,同时几乎被这片被毁的土地上的现实困境所压垮。事实证明,最重要的是,战败者既希望忘记过去又想要超越以往。②

毋庸置疑,日本发动侵略战争不仅给世界特别是亚洲人民造成了巨大灾难,而且经美军一次次用燃烧弹进行的"无差别轰炸",日本全国几乎成为一堆瓦砾,幸免于难的城市屈指可数。战争所造成的损失是难以精确统计的。日本有关机构花费了几年时间才统计出其咎由自取的战争所付出的代价。据日本厚生省援护局应国会要求汇总的资料,自以卢沟桥事变为借口,日本发动全面侵华战争至天皇颁布《终战诏书》,接受促令日

---

① 鹫田下弥太:《昭和思想史60年》,三一书房1986年版,第231页。
② 约翰·W.道尔:《拥抱战败——第二次世界大战后的日本》,胡博译,生活·读书·新知三联书店2015年版,第5页。

第十二章 昭和时代（战后）

本投降的《波茨坦公告》，日本陆海军及家属死亡人数约194万人，战败后至复员又死亡18万人，累计212万人。因空袭、原子弹轰炸而死亡的平民、在"冲绳决战"等战役中死亡或失踪的平民约90万人，两者相加逾300万人。战争结束后，450万复员士兵被认定有伤病，最终有30万人领到伤残抚恤金。战争使日本经济也遭受极大损失。据经济安定本部（经济企划厅前身）1948年公布的数据，仅在太平洋战争中，按当时的金额计算，日本即损失国家财富653亿日元（建筑物、物资等），加上舰艇、飞机损失约404亿日元，总计约1 057亿日元。①

由于日本施行"总体战"，一切均围绕战争展开，因此随着战败，日本经济不仅遭受极大冲击，而且进入恶性循环，主要表现在以下几方面：

第一，战败不仅使军需生产全面停止并导致很多工厂倒闭，而且原材料不足和战争灾害等原因，至战败当月即1945年8月，日本的生产几乎全面停止。当年10月中旬，杜鲁门总统特使小埃德温·卓克在他的报告中写道："现驻在东京的美国官员们惊奇于这样一个事实，即日本竟然能够抵抗那么久。事实上，投放原子弹只是被日本人抓住以结束战争的口实。日本大城市的整个经济结构已经被摧毁。那只是使日本提前几天投降而已。"美国派赴日本、由联邦战略轰炸调查团的专家也得出了同样结论：日本投降前，盟军对日本继续战争的实力明显高估。"即使没有投放原子弹，即使苏联没有参战，甚至即使不在日本本土登陆，日本极有可能在11月1日之前投降。"②

第二，战争期间，军需产业雇用和征用的劳动人口达616万人，战败后，随着军需产业的停止，这些人基本失业。据厚生省统计，至1945年10月上旬，因工厂停产而失业者达413万人。同时随着战争结束，本国和从原先的殖民地、占领地复员的陆海军人数达720万人至760万人，其中很多人从"皇军"转入"失业大军"。1946年6月9日，《朝日新闻》读者来信栏目《声》刊登了一封匿名信，诉说他复员返乡后遭受的冷遇："5月20日，我从南方地区复员回到日本。我的家烧毁了，我的妻子和孩子失踪了。物价太高，我仅有的一点钱很快花光了，我很可怜。但是，甚至没

---

① 桑田悦、前原透编著：《日本的战争 图解和数据》，原书房1982年版，第21页。
② U.S. Strategic Bombing Survey's Summary Report (Pacific War), Washington D.C.: Government Printing Office, July 1946, p.26.

有人愿意对我说句好话。人们甚至以敌视的目光看我。我没有工作,我受尽折磨,我被魔鬼迷住了心窍。"据统计,当时日本劳动人口约3 000万,而失业和半失业人口达600万,约占20%。

第三,深刻的粮食危机。在战争年代,日本已经陷入"粮荒",自1939年开始施行大米定量供应、1942年《粮食管理法》颁布后,小麦、杂粮等也施行定量配给,每人每天345克。1945年,气候欠佳、肥料和劳力不足等原因,收获仅达常年的三分之二。同时由于战败、国家统制力减弱,粮食管理制度本身直面危机。为此,日本政府相继颁布《粮食紧急措施令》和《确保粮食临时措施法》,在农村强制征粮、低价统购统销,但依然难以缓解"粮荒"。1946年,东京居民全年有半年无法获得足额的粮食配给。翌年,虽然粮食收成不错,但配给却更少。战后最受欢迎的广播节目之一,是《街头录音》。在东京银座,记者拿着话筒询问来往行人:"你是怎么解决吃饭问题的?"甚至东京警视厅也每月为警员提供"粮食休假"。①

第四,通货膨胀的显在化。战后初期,物价急剧上升。以1936年的批发物价为基准,1945年是其3.5倍,1946年是其16.27倍。由于物品奇缺,黑市猖獗。以1946年为例,黑市价格是公定价格的7.2倍;如果1946年价格为100,则1948年为479.2。造成通胀的一大原因是战败初期日本银行的货币投放量急剧增大。据统计,1945年日本银行货币投放量的增加为:1至3月2.778亿日元;4至6月5.655亿日元;7至9月为15.245亿日元;10至12月14.051亿日元。②另一方面,战时的大量财政资金以储蓄和证券的形式蓄积。虽然大量储蓄属"企业补偿金"和"战灾保险金"等不可即时兑现的"封锁"储蓄金,但随着战后经济循环的变化,这些储蓄金存在可投放市场成为购买力的潜在能量。据日本经济四团体之一"经济同友会"创始人之一山下静子《战后日本企业家群像》所述,1946年4月,经济同友会为庆贺成立,想搞一次聚餐,但居然找不到一家餐馆。因为曾经的餐馆不是成了"禁止日本人入内"的美国占领军娱乐场所,就是改成无家可归的职工的宿舍。大企业头面人物如此,一般平民的境遇更可想而知。

---

① 朝日新闻社编:《声》第1卷,朝日文库1984年版,第305—306页。
② 日本银行统计局:《本邦经济统计》[1946年(昭和二十一年)报],日本银行统计局1946年版。

第十二章 昭和时代（战后）

"贸易立国"和美国对日政策逆转 1945年8月16日，即《终战诏书》颁发的第二天，日本政府即组织了特别调查委员会，分析国内外形势，为重建日本经济征求专家们的意见和建议。包括一些著名经济学家在内的调查委员会连续召开了四十多次会议，为日本经济"把脉"。委员会的专家形成了两种截然对立的观点：以都留重人为代表，主张"国内开发"即拉动内需。以中山伊知郎为代表，主张"贸易立国"即振兴外贸。主张"国内开发"的专家认为，如果日本施行外向型经济，通过增加出口刺激经济发展，外销商品只能通过"降价"实现，因此外汇收入并不会增加。按照这一派的观点，复兴战后经济的有效途径应该是立足国内，大力增加粮食产量，减少进口，开源节流特别是节省原材料，增加就业机会。主张"贸易立国"的专家则强调，日本人口多，资源少，必须在世界范围解决日本的经济问题。1946年3月，大来佐五郎等撰写了题为《重建日本经济的基本问题》的报告，经修改成为战后日本第一个广义的经济计划。该报告的结论是"振兴对外经济贸易，乃是重建日本经济的方向"，并提出了实现上述目标的两点建议。第一，以融入"布雷顿森林体系"为核心的世界经济为前提；第二，改善产业结构，提高技术水平，参与世界分工。这一基本观点，为"贸易立国主义"奠定了基础。1949年12月，中山伊知郎在《评论》杂志上发表了《日本的面目》一文，强调"只有进口和确保进口的出口，才能支持日本的工业化和人口的增加"，"战后复兴的重点必须放在振兴出口上"。之后，他又发表了《贸易立国主义和国内开发主义》一文，提出："就原理而言，日本经济的生存之路必须靠发展外贸。日本依靠外贸取得经济独立不仅是依照过去和现在的情况得出的常识性结论，而且实际上有着更深刻的原因……国内经济问题，说到底是人口过剩问题。通过外贸解决这一问题，就是把国内问题作为世界问题来解决。处于资本主义时代的各个国家，一般都采取这种方式。"

在确定"贸易立国"的同时，日本政府还确定了两项产业政策，一是"倾斜生产方式"，二是"生产合理化"。战后日本经济陷入了燃料和原料短缺—生产萎缩—通货膨胀的恶性循环。为了阻遏这种循环，日本政府在战败投降后即制定了《煤炭生产紧急对策》，在劳力、资金、物资等方面优先向煤炭业倾斜。1946年5月第一届吉田茂内阁成立后，继续将煤炭生产作为政策重点。同年8月，日本政府成立了有"经济内阁"之称的经济安定总部（简称"安总"，经济企划厅前身），负责在几乎所有经济领域实施有计划的经济统一管制。"安总"成立后,第一项工作就是具体实施"倾斜生产方式"。同年11月,日本政府建立了以东京大学教授有泽广巳为委员长的由16名学者组成的"煤炭小委员会",专门研究煤炭增产对策。12月10日,有泽广巳发表了《挽救日本经济败局之路》,鉴于煤炭生产和钢铁生产互为因果的关系,提出了使"倾斜生产方式"更为明确的构想,要点是:增强煤炭生产,拉动钢铁生产,推动工业生产,将国民经济引上良性循环的轨道。这一构想获得了吉田茂内阁的采纳。12月27日,日本内阁通过了贯彻"倾斜生产方式"的决议,使"倾斜生产方式"成为日本战后最初实施的产业政策。为了贯彻"倾斜生产方式",翌年1月24日,日本政府设立了专门为基础工业部门提供资金的"复兴金融金库"(简称"复金")。"倾斜生产方式"收到了明显效果,日本经济在1948年开始复苏。统计显示,当年煤炭生产完成生产计划的96.6%,达到3 500万吨,工矿业生产指数达到战前约60%。继"倾斜生产方式"之后,1949年9月13日,吉田内阁颁布了《关于产业合理化的决议》,提出了涉及产业结构、国际价格、企业环境、技术推广四个方面的产业合理化的"四项原则",从而标志新的产业政策的基本形成。

战后日本经济得以迅速复苏,和冷战的形成密切相关。"冷战"(The Cold War)一词最早出现于1946年4月16日美国参议员伯纳德·巴鲁克(Bernard Baruch)的演说。巴鲁克称,美国正处于"冷战方酣之中"。这篇演说稿由美国政论家赫伯特·斯沃普起草。翌年9月,美国政论家沃尔特·李普曼(Walter Lippmann)出版了题为《冷战》的小册子。自此,"冷战"一词迅速流传。

按照传统观点,冷战的定义是"美苏间基于意识形态差异的非武力全面对抗"。但是自20世纪90年代,国际学术界就冷战问题提出了一些新的观点,认为冷战存在东西方两个战场:第一,东西方的冷战存在时间上的差异。西方的冷战是以第一次柏林危机为标志正式形成的,但东方的冷战以朝鲜战争为正式形成标志。第二,西方的冷战主要是美苏之间的对抗,而东方的冷战,则是美中之间的对抗。在西方,如柏林危机所显示的,美苏互不相让,彼此剑拔弩张。但是在东方,如在朝鲜划定三八线问题上和朝鲜战争中所显示的,美苏之间存在着很大程度的妥协,而美国和中国之间,却没有这种妥协。第三,西方的冷战是名副其实的冷战,而在东方,则不仅有冷战,而且有热战,如朝鲜战争、越南战争。第四,西方冷

第十二章 昭和时代（战后）

战爆发后，美国和苏联很快形成了以北大西洋公约组织和华沙条约国组织为核心的两大阵营的对抗。但是在东方，由于新成立的社会主义国家中国、朝鲜、越南等均有殖民主义或半殖民主义的经历，不轻易依附某个大国，或如日本和韩国存在历史积淀的民族宿怨，因此没有形成彼此对抗的两大阵营。

理解东西方冷战的差异，对理解美国从压制日本到扶持日本乃至重新武装日本的政策转变，以及"旧金山体制"的形成，具有重要意义。由于冷战的形成，美国的对日政策从"抑制"变为"扶持"。实际上，早在1947年初，美国对日政策已开始出现改变迹象。主要表现为从以赔偿惩戒日本，转变为减轻赔偿以重建日本，防止日本经济持续恶化。按照被称为"杜鲁门主义"的美国总统杜鲁门国情咨文的表述："极权政治的种子，是靠悲惨和匮乏滋养发育的。它们在贫穷和动乱的灾难土地上蔓延滋长。当一个民族对于较好生活的希望绝灭之后，这类种子便会长大成株。"杜鲁门的国情咨文是在1947年3月12日发表的。同年3月，美国国务院日朝经济处处长马丁提出，应对日本采取积极的经济计划，以达到下述目标：尽快削减乃至排除美国用于日本的经济开支；建立有活力的日本经济；允许日本为复兴远东经济做出较大贡献。①同年9月，实业界出身的美国新任陆军部长威廉·H.德拉帕(William H. Draper)访问日本，明确主张应将占领目的从"改革"转向"日本经济自立"。②

1948年1月6日，美国陆军部长肯尼斯·C.罗亚尔(Kenneth C. Royall)在旧金山"公共福利俱乐部"发表的演说，是美国官方最先发出的转变对日政策的公开信号。罗亚尔在演说中首先提出："占领日本和占领德国一样，造成了超乎我们预料的负担"，随即指出，世界政治、经济、军事形势发生了明显变化。"在决定我们今后道路时，必须充分考虑这些变化，并且必须清楚其趋势多是在确定最初方针以后产生的，"罗亚尔强调，"当初广泛使日本非军事化的方针和要把它建设成独立国家的新方针之间，不可避免地产生矛盾。"他最终得出结论：必须修正以往将重点置于日本的非军事化和非武装化的政策，使对日占领进入奖励工

---

① 大藏省财政史室编：《昭和财政史——从终战至媾和》第20卷，东洋经济新报社1981年版，第516页。
② 福永文丈：《战后日本的再生 1945—1964年》，丸善株式会社2004年版，第89页。

业、使日本能够自立的新阶段,以适应"新的形势"。他表示:"我们力求在日本确立稳定而强有力的自主的民主主义,使之独立,并由此而在阻止远东可能发生下一次极权主义战争中发挥作用。""要使日本在应付今后将在远东发生的新的极权主义的威胁方面,充分发挥强有力的、稳定的堡垒作用。"①

在转变对日政策方面,罗亚尔的讲话仅是"公开信号",而非"正式开端"。以冷战结构的形成和对日政策的改变为背景,美国政府开展了两方面工作:一是复兴日本经济,二是签署对日和约。两者密切相关。

1947年3月8日,远东问题专家胡格·博顿携对日和约的第一个草案抵达日本,征询麦克阿瑟的意见。5月5日,美国国务院设立了以前驻苏联大使乔治·F.凯南(George F.Kennan)为主任的政策规划设计室,负责制定对外政策。8月5日,博顿小组根据麦克阿瑟的意见拟定了第二个和约草案。但是这一草案遭到麦克阿瑟、陆军部、海军部和以乔治·凯南为首的政策规划设计室的一致反对。焦点问题,是媾和后由谁控制日本。博顿的第一个草案是美、苏、中、英四大国取代军事占领当局监督、管制日本;第二个草案将四大国改成远东委员会十一国,反对者则认为媾和后仍应保持美国在日本的优势地位。8月25日,美国国务院政策规划设计室提出了媾和后日本的安全保障方式,核心目标与"博顿草案"迥然相异:第一,外部安全由美国提供保障,但日本须设立和扩充以军事基地为主的必要设施。为实现这一构想,媾和后,日美需缔结双边条约予以确认。第二,日本在媾和后当拥有能够维持国内治安而非抵御外来入侵的保安队、海岸警备队和警察,即变相拥有一支军队。9月17日,凯南等完成了题为《美国对日媾和政策》的文件,除上述内容外,还提出对日本的工业生产只做最低限度的限制。翌年1月8日,博顿小组又完成了第三个对日媾和草案。但是仍不符美国国务院和军方要求,成为废案。

1948年2月29日,乔治·凯南和威廉·德拉帕抵达日本进行实地考察,并和麦克阿瑟进行了三次会晤,就对日政策问题进行磋商。经过一系列研究和调研,美国国务院政策规划设计室拟定了新的、全面的对日政策作为该室第28号文件。10月7日,以第28号文件为蓝本,美国国家

---

① 辻清明编:《资料·战后20年史》第1卷《政治》,日本评论社1963年版,第58—59页。

第十二章 昭和时代（战后）

安全委员会拟定了NSC13-2号文件,10月9日获得总统批准。该文件的标题是《国家安全保障会议关于美国对日政策的建议之报告》,由"媾和条约""安全保障""占领政策"3部分构成,共20项。其要点:一是美国暂不就缔结和约施加压力;二是和约本身应尽可能简洁和非惩罚性;三是占领军应留驻日本,直至和约正式签署,此前美国不应就缔约后日本军事安全问题形成最终立场;四是美国应永久保留其在冲绳的设施,长期驻军冲绳;五是加强日本警察力量。①这份绝密文件不仅以"占领后维持日本安定,并使日本自愿作为美国的友好国家而存在"为目标,而且特别注明"与这些政策有摩擦、抵牾之原有政策无效"。该文件不仅确立了美国对日媾和的基本原则,而且确立了复兴日本经济的基本原则,是美国转变对日政策的标志性文件。

为了复兴日本经济,美国缓和了《排除经济力过度集中法》和大幅修改《禁止垄断法》,同时颁布了一系列新法,使日本在以往财阀控股集团的基础上,形成了以银行为基础的企业集团。但是,美国在日本经济复兴方面最值得瞩目的积极政策,是"稳定经济九项原则"。

1948年12月10日,美国政府以远东委员会中间指令的名义,向麦克阿瑟下达了"稳定经济九项原则"。要点:节省财政经费,实现综合预算平衡;促进并强化税收,杜绝偷税漏税;将银行融资范围严格限定于有益经济复兴的事业;制订并实施稳定工资计划;强化物价统一管理;强化外贸和外汇管理,逐步将此权限委让给日本方面;努力振兴出口贸易,改善物资定额分配制度;扩大重要国产原料和工业制品;强化粮食征购体制。②12月18日,麦克阿瑟正式向日本首相吉田茂传达了"稳定经济九项原则"。"稳定经济九项原则"采用"货币优先主义"作为稳定经济的基本手段,置重点于平衡综合预算、控制通货膨胀,摈弃了具有日本"生产第一主义"传统痕迹的逐步控制(通过加强生产、增加产量抑制通胀),采用了"一举收缩"控制通胀的思路,既以自由主义经济原则为基调,又有统制经济的浓厚色彩。

为了更好地立案实施"稳定经济九项原则",1949年2月,美国总统杜鲁门委派美国底特律银行总裁即曾任驻德美军军政部财政部长的约瑟

---

① *Foreign Relations of the United States*, Washington, D.C., Vol.2, pp.691-693.
② 有泽广巳等编:《资料·战后20年史》第2卷《经济》,日本评论社1966年版,第97页。

夫·M.道奇(Joseph M. Dodge)作为美国总统特使前往日本,担任盟军最高司令官财政金融政策顾问。约瑟夫·M.道奇抵日后,经过深入细致调查,将当时日本经济形象地比喻为"高跷经济",即日本经济缺乏脚踏实地的基础,而是借助两根"高跷"支撑:美国政府的经济援助和日本政府的各种补贴。两根"高跷"抽去任何一根,日本经济即刻坍塌。按照他的结论,要改变这种状况,必须:第一,在避免通货改革的情况下抑制物价,设定1美元＝360日元的单一汇率机制,同时为维持这种机制在不牺牲输入的前提下增加输出。第二,否定日本大藏相池田勇人推行的赤字财政,平衡财政预算,大幅度废止公共事业费和失业对策费,削减政府补贴,紧缩财政和金融支出,抑制通货膨胀。按照道奇的说法,"日本经济的唯一出路就是清贫度日,减少开支"。①第三,压缩政府提供的贷款和价格补贴,逐步取消政府对物资的统一管制分配和价格控制。1950年,享受价格补贴的物资仅粮食、钢铁、肥料、烧碱四种。同年4月,实施价格统一控制的商品减少到531种,而前一年3月,这个数字是2 128种。②第四,加强对美国援日资金的管理和运用。美国提供给日本的物资折算成金额1946年为1.67亿美元,至1949年增加到4.68亿美元。道奇指令日本政府停止将美元用作贸易出口的隐性补贴。自由主义经济信奉者道奇所推行的治理方式,被称为"道奇路线"(Dodge Line)。

朝鲜战争对日本的影响 不难发现,"道奇路线"选择的是紧缩银根、强使收支平衡的"硬着陆"路线,此举的积极作用是值得肯定的,但其负面作用,即在减少财政支出的同时也必然抑制投资和开发,抑制消费,从而引起有效需求不足,造成"稳定危机",以致不仅中小企业,连代表大企业利益的"经济同友会"也发出了"抵制道奇路线"的呼吁。③就在"道奇路线"负面效应日益明显、日本尚不知接下去"路在何方"时,朝鲜战争的爆发产生了三方面对日本有利的影响:

第一,刺激了日本经济的发展,形成所谓"特需景气"。"特需"有两层含义,一是使日本成为名符其实的服务于朝鲜战争的"兵站",为之提供军需物品和其他生活必需品;二是美军和美国国际开发署(AID)的物资、劳

---

① 御厨贵、中村隆英编:《宫泽喜一回忆录(访谈记)》,姜春洁译,东方出版社2009年版,第87页。
② 经济企划厅调查局:《资料·经济白皮书25年》,日本经济新闻社1972年版,第60页。
③ 山下静一:《战后日本企业家群像》,王振锁译,天津大学出版社1994年版,第32页。

务等方面的需求极大刺激日本经济发展。由于"特需"刺激,日本对外贸易出现大逆转。朝鲜战争爆发后,随着出口急剧增加:1950年日本出口额达8.2亿美元,和前一年相比增加了50%以上。1950年日本外贸黑字达3.8亿美元,而前一年则是赤字1.92亿美元。"特需"使日本财政收入逐年递增:1950年为1.5亿美元,1951年为5.9亿美元,1952年和1953年均突破8亿美元。[①]外汇储备,1949年末仅2亿美元,1952年末增至11.4亿美元。1952年的特需收入相当于出口换汇收入的63.7%。在特需景气中,纤维业和金属工业景气最为明显,并因此产生"糸"字旁和"金"字旁景气之说。由于"特需"刺激、出口增加,日本经济进入了良性循环:有效需求不断增加—库存积压及滞货减少—刺激特定产品生产—刺激相关部门发展。至1953年朝鲜战争结束,除进出口外,日本主要经济指标均达到或超过战前水平,从而基本上完成了战后经济复兴任务。

第二,朝鲜战争使日本重整军备获得了"催化剂"。朝鲜战争爆发后,由于美国出兵朝鲜,日本国内的军事空白必须填补。为此,美国政府和盟总均希望日本重整军备。1950年7月8日,即朝鲜战争爆发两周后,麦克阿瑟致函吉田茂,要求日本立即组建一支7500人的国家警察预备队,同时要求海上保安厅增员8000人。吉田茂当时正为警力不足而担忧,因此"对总司令官的这一指示特别关心,认为这是一个极好的机会"。之后,警察预备队增加到11万人。自1951年3月,日本当局还进行了一项征募原日军士官的运动,为以后重整军备奠定了重要基础。

第三,朝鲜战争成为美国对日媾和的推动力。1945年秋天,日本刚刚战败,但日本政府已开始筹划签署和平条约,由外相重光葵牵头。据曾任日本驻美大使的下田武三回忆,"终战那年晚秋,政务局的汤川胜夫和我被重光葵、芦田均两位前辈叫到重光的'老地方'丸之内饭店。长辈们对我俩说,'现在外务省和盟军总司令部的交涉快结束了。美国不可能无限期占领日本。你们是否考虑过,完全解除武装的日本今后如何保卫自己?'以此为契机,当年11月21日,外务省内部成立了'和平条约问题研究会'"。

---

① 大藏省财政史室编:《昭和财政史——从终战到媾和》第19卷,东洋经济新报社1981年版,第117页。

1946年秋天,美国政府也开始着手对日媾和条约的签署工作。美国的基本方针是签署防止日本改变战后改革方向的、限制严格的条约。但是,由于美国坚持"远东委员会11国议决,2/3多数通过",而苏联坚持"四大国外长议决,各有否决权"。两者分歧无法统一,签署对日媾和条约没有获得任何进展。

　　1947年8月25日,美国国务院政策规划设计室,提出了日本媾和后的日本安全保障方式:第一,外部安全由美国提供保障,但日本须设立和扩充以军事基地为主的必要设施。为实现这一构想,媾和后日美需缔结双边条约予以确认。第二,日本在媾和后当拥有能够维持国内治安而非抵御外来入侵的保安队、海岸警备队和警察。9月17日,规划设计室完成了题为《美国对日媾和政策》的文件。设计室主任乔治·凯南提出:"环顾世界形势,最大的威胁和最应承担责任的,是联邦德国和日本这两个占领区。确保这两个国家在共产主义势力范围之外,并灵活利用这两个地区以实现重大目标,非常关键。"

　　1948年,随着美国对日政策的转变,美国对日媾和的立场也随之发生,基本构想是政治上逐渐将行政权移交日本政府,经济上扶持日本自立,外交上允许日本参与国际事务,进行所谓"事实上的媾和"。随着1949年9月苏联原子弹试验成功、10月中华人民共和国宣告成立,美国开始加速对日媾和进程。但当时在美国国内对如何实现对日媾和存在分歧,主要焦点有:是否和苏联及中国一起"全面媾和",还是仅美国等部分国家施行"片面媾和"?日本各党派、团体大都主张全面媾和,社会党更是明确提出了"全面媾和、坚持中立、反对提供军事基地"三项原则。1948年12月9日,东京大学校长南原繁在美国华盛顿召开的美国占领区教育会议上,发表了呼吁"全面媾和"的演说。南原繁校长的呼吁,遭到吉田茂首相的批评。吉田茂在自由党两院议员秘密大会上称:"南原繁在政治家的领域,只是个靠旁门左道迎合时尚的家伙。"但实际上,主张"全面媾和"并不是"时尚"。当时日本各大报纸进行的民调显示,支持"全面媾和"的受访者仅超过30%,大多数受访者都认为,可以同美国等国家实现"片面媾和"。①

---

① 日本历史学研究会编:《日本同时代史》第2卷《占领政策的转换与媾和》,青木书店1990年版,第172页。

第十二章 昭和时代（战后）

1950年5月3日，日本首相吉田茂派他最信任的藏相池田勇人，向美国陆军部顾问道奇转达了一个"口信"，史称"吉田口信"，主要内容是："日本政府希望尽早缔结媾和条约。即使缔结了和约，为保障缔约后日本及亚洲地区的安全，美国军队仍有必要驻扎在日本。如果美国方面不方便提出这样的要求，日本政府可以研究由日方提出。"6月下旬，美国国务院顾问杜勒斯访日，就美国对日政策和麦克阿瑟磋商。恰在此时，朝鲜战争爆发。以朝鲜战争为开端的"东方的冷战"，形成了中美对立的格局，使日本作为美国在远东"反共桥头堡"的地位更显突出，并使美国决意尽快实现对日媾和。吉田茂在《十年回忆》中写道，他当时预料到，朝鲜战争所引起的国际局势的变化，使美国不会强加给日本苛刻的媾和条件，而且在与盟国斡旋时将成为日本的代言人，成为日本权益的拥护者。[①]7月14日，吉田茂在国会施政方针演说中强调，"全面媾和或永久中立这样的论点，是完全脱离现实的言论。日本只有作为自由国家的一员，才能确保国家安全"。9月，杜勒斯提出了"对日媾和七项原则"，主要涉及七个方面：一是对日和约签约国；二是日本加入联合国；三是日本的领土范围；四是日本的安全保障；五是日本与别国的政治通商关系；六是战争赔偿请求权；七是有关战争赔偿纷争的解决。对其中的一、四、六项原则，杜勒斯表明了立场："缔约国为与日本处在战争状态，有缔约意向的国家"；"至联合国采取别的方式决定日本安全保障之前，考虑美国与日本缔结条约，解决在日本的设施及其与美国的协作责任关系"；"一切当事国放弃战灾赔偿请求权"。[②]9月14日，杜鲁门总统发表了题为《开始对日媾和预备谈判》的声明，公开阐述了"对日媾和七项原则"。对美方的上述立场，中国政府当即发表声明予以强烈反对。苏联政府也表示反对。但日本政府则显示出积极欢迎的姿态。10月11日，日本外务省条约局长西村熊雄组织拟定了《关于安全保障的日美条约案》，设想由联合国邀请美国代替它承担起保护日本安全的责任。这份"条约案"明确写道，"两国同意美军在日本国领土内常驻"。这份文件标志吉田茂政府依靠美国保护的国家安全构想，正式定型。

"旧金山体制"的形成 1951年1月15日，杜勒斯访日，就日本重

[①] 吉田茂：《十年回忆》第3卷，新潮社1957年版，第25页。
[②] 河野康子：《战后和高度成长的终焉》，讲谈社2002年版，第127页。

整军备问题和日方交涉。但是,吉田茂对重整军备并不积极。1月29日,他在三井会馆会晤杜勒斯时表示,"日本恢复独立后,愿为自由主义的稳定与和平贡献自己应该贡献的力量"。杜勒斯问他:"成为自由主义一分子的日本,是否愿意为强化自由主义做出任何贡献?"吉田茂回答道:"想必阁下是在问我,日本是否有重整军备的意愿。我认为,重整军备将导致日本经济无法实现自立。如果强行军备,将导致正在恢复中的日本经济遭受重压以致崩溃,导致民众生活长期贫穷,社会治安混乱。"杜勒斯对吉田茂的回答显得很不满意。迫于美国压力,2月3日,日本向美国递交了《关于开始重整军备》的政府计划,主要内容是:第一,新设置5万人的陆海保安队,隶属国家治安省;第二,将类似自卫企划本部这种名称的机关划归国家治安省,使之将来发展成日本军队参谋本部。①2月9日,双方就日美安全保障协定案、行政协定案等达成一致。美国实现了获取媾和后美军继续驻留日本的权利及费用分担、各项特权等基本目标。但是,日本外务省对此不满意,表示"我们容许的最后底线是《联合国宪章》第五十一条,不然将无法确立大义名分"。《联合国宪章》第五十一条的主要内容,是赋予会员国"行使单独或集体自卫之自然权利"。也就是说,日本希望与美国形成对等的安全保障关系,即互相提供保护,使日本国民更容易接受向美军提供基地一事。经吉田茂同意,3月7日,日本外务省将这一意见告知了盟总外交局。4月4日,美国驻日大使西波尔德代表美方做出答复:"美国不能接受提案所指安全保障责任。因为,当今日本没有自卫实力,还处于不能与美国形成相互安全保障关系的状态。"

4月16日,杜勒斯再次到访日本,与吉田茂举行媾和谈判。日方提交了《关于日美协定案的性质》。经过谈判,美方淡化了美军驻日是专为"防卫日本"的表述。6月中旬,美国代表阿利森前往东京,与日方进行第三次媾和谈判。6月28日,阿利森交给日方一份新的条约草案,这份草案顺应日方请求,将标题改为《美利坚合众国及日本国间的安全保障条约》(简称《美日安保条约》),而原有的标题相当冗长:《根据日本国和联合国间和平条约及联合国宪章第五十一条的规定制成的美国和日本国间集

---

① 日本外务省编纂:《旧金山媾和条约对美交涉》,外务省2007年版,第223—224页。

体自卫协定》。三轮媾和谈判终于使条约定型,日本最终未获得行使集体自卫权的权利。按照日本对宪法的解释,"日本拥有集体自卫权,但不得行使。"①6月30日,日本外务省给美国发去一份绝密文件,题为《我方有关日美安全保障条约的修订案》,希望将美国在日驻军,明确写入《日美安保条约》。但是,美国没有接受日本提议,而是要求将这一内容,写入无须经过国会审议的"行政协定"。7月3日,英、美两国向远东委员会各国提交了英美共同草案拟定的和约。7月20日,美、英两国向包括苏联在内的对日宣战国发出了出席和会的邀请。中国没有受到邀请。因为在邀请对日主要参战国中国问题上,美国和英国产生意见分歧:英国主张邀请大陆方面,而美国则主张邀请台湾方面。美国国务院顾问杜勒斯和英国外交大臣莫里逊经过谈判达成协议:既不邀请大陆方面,也不邀请台湾方面参加和会。对日本的占领结束后,由日本政府选择其中的一方缔结和约。②8月18日,距离旧金山对日媾和会议只剩10天时间,经过多次修改的《日美安全保障条约》最终版本在日本得以确定。

1951年9月4日,对日和会在美国旧金山召开,包括日本在内的55个国家受到邀请。但是南斯拉夫、缅甸、印度拒绝出席。9月8日,《与日本的和平条约》(通称《旧金山和约》)签署。苏联、捷克、波兰拒绝在和约上签字,故最终签署和约的除日本外是48个国家。《旧金山和约》共19条,基本精神体现了杜勒斯提出的"对日媾和七项原则"。其中与东京审判有关的第十一条值得关注:"日本接受远东国际军事法庭与其他赦免、在日本境内或境外之盟国战罪法庭之判决,并将执行各该法庭所科予、现被监禁日本境内之日本国民之处刑。对此等人犯赦免、减刑与假释之权,除由每一案件科刑之一个政府或数个政府之决定并由日本之建议外,不得行使。如该项人犯系由远东国际军事法庭所判决,该项权利除由参加该法庭之多数政府之决定并由日本之建议,不得行使。"③

《旧金山和约》签署几个小时后,美国和日本又签署了《日本国和美利坚合众国间的安全保障条约》(简称《日美安保条约》)。该条约由作为缔约依据和目的的引言及作为具体措施的四个条目构成,开篇就是:"和平

---

① 2014年7月,日本内阁通过决议案,解禁集体自卫权。
② 细谷千博:《走向旧金山媾和之路》,中央公论社1984年版,第245页。
③ 人民出版社辑:《对日和约问题史料》,人民出版社1951年版,第39—40页。

条约承认了日本国作为主权国家、拥有缔结集体安全保障条约之权利。同时根据联合国宪章承认一切国家拥有进行个别及集体自卫之固有权利。作为行使这些权利之体现,日本国作为暂定防卫措施,希望美利坚合众国在日本国内及附近派驻军队,以防止对日本国的武力攻击。"①《旧金山和约》是在旧金山战争纪念歌剧院签约的,《日美安保条约》则是在旧金山郊外的美国陆军第六军基地内一个下级军官俱乐部签约的。第六军是曾经在菲律宾和日军作战的部队。美国出席签约仪式的是国务卿艾奇迅、国务院顾问杜勒斯、参议院议员威利和布里奇,日方出席签约仪式的只有吉田茂。需要强调的是,该条约不是军事同盟条约,因为双方均不向对方承担防卫义务。但是,该条约为以后日美建立军事同盟铺平了道路。10月10日,《旧金山和约》及《日美安保条约》在日本国会获得批准。

1952年2月28日,日本政府代表冈崎胜男、美国政府代表迪安·腊斯克(Dean Rusk),在东京签署了主要内容为美国在日本驻军的《日美行政协定》。由"两个条约一个协定"构成的"旧金山体制"最终形成。

另一方面,在和中国签署和约问题上,吉田茂最初试图采取观望态度。1951年10月18日,吉田茂在国会表示:"现在日本虽然拥有完全的选择权,但选择时,我们必须认真考虑与各国的关系。因此,我想先观察今后的发展再作决定。"②10月29日,吉田茂在参议院"和平安保条约"特别委员会答辩时称:"如果中国要求日本在上海设立日本事务所,我认为可以考虑。"③

但是,美国显然不允许吉田茂采取"观望态度"。当年12月15日,杜勒斯再次造访日本,以《旧金山和约》在美国国会的批准相要挟,要求吉田茂尽快做出决断。12月24日,吉田茂向杜勒斯发出了一封书信,史称《吉田书简》,主要内容如下:

    日本政府愿意与日本的近邻中国在政治上和平相处并且通商。目前,我们希望能够和中华民国国民政府建立这种关系。因为,它在联合国中有席位、发言权、投票权,在一定领土上行使实际统治权,并

---

① 外务省编:《主要条约集》,大藏省印书局1980年版,第169—194页。
② 鹿岛和平研究会编:《日本外交主要文书及年表》第1卷,原书房1983年版,第453页。
③ 朝日新闻社:《资料·日本与中国(1945—1971)》,朝日新闻社1972年版,第3页。

和联合国的大多数会员国保持外交关系……日本政府准备一旦法律允许并且中华民国国民政府愿意,就与它缔结条约,以便按照多边和约中提出的原则,重建两国政府间的正常关系。……我可以向你保证,日本政府无意与中国共产党政权缔结双边条约。①

有不少学者认为,所谓《吉田书简》实际是由美方起草的。例如,三浦阳一写道:"(1951年)12月18日,杜勒斯在日本外相官邸与吉田茂会晤。他说:'这里有写好的一封信,信中包括日本当今的主张。请你立即将这封信寄给我'……吉田茂读了这封信后,究竟提出了多少不同意见,外人不得而知,但他当场答应杜勒斯同意写这封信。"吉田茂未必将杜勒斯给他的信"原文照发",但美国的压力在这一问题上发挥了决定性作用。

翌年即1952年1月16日,《吉田书简》对外公布。1月18日,台湾当局"外长"叶公超马上表示"欢迎",称随时准备与日本政府缔结"和平条约"。4月28日《旧金山和约》正式生效前七个小时,台湾当局和日本签署了所谓的《日华和平条约》(即"日台条约")。主要有三点内容:一是宣布结束战争;二是条约适用于当时由台湾当局"统治"或以后将归其"统治"的区域;三是在附加议定书中放弃赔款。在该条约签署之前的1949年12月4日,周恩来总理就代表中国政府发表声明,强调指出:对日和约必须以《开罗宣言》《雅尔塔协定》《波茨坦公告》及远东委员会批准的对日基本政策为基础。中华人民共和国政府是代表中国人民的唯一合法政府,必须参加对日和约的准备、拟定。没有中国参加起草、准备、缔结的对日和约是非法的、片面的、无效的。②

《旧金山和约》签署后,周恩来总理代表中国政府郑重声明:中国人民在击败日本帝国主义的伟大战争中经历时间最久,遭受牺牲最大,所做贡献最多。美国政府在对日和会中强行签订没有中华人民共和国参加的片面的对日和约,是非法的、无效的。再一次表明了中国政府的严正立场。③

日本吉田茂政权则试图左右逢源,不想"得罪"任何一方。吉田茂在他的回忆录中写道:"同台湾友好并促进彼此经济关系是我的夙愿。但我

---

① *Foreign Relations of the United States*, Washington, D.C., Vol. I, p.1120.
② 韩念龙主编:《当代中国外交》,中国社会科学出版社1987年版,第156—157页。
③ 韩念龙主编:《当代中国外交》,中国社会科学出版社1987年版,第195页。

不想因这种关系的加深而否认北京政府。"①

吉田茂还公开表示：希望将来签订全面的条约。此次签署的条约,并未承认台湾当局是代表全中国的政权。

必须强调,"旧金山体制"遗留了四个重大隐患。一是对领土问题的模糊处理,埋下了领土纷争的"火种"。二是由于主要对日参战国中国和苏联没有签署《旧金山和约》,因此日本的安全保障不是以多边的《旧金山和约》,而是以双边的《日美安保条约》为基础的,从而使亚太地区的和平及集体安全缺乏明确法律规定。三是如吉田茂所言,《旧金山和约》对战争责任问题是以"公正宽大"的方式处理的,因此遗留了影响日本和中国、韩国等国关系的"政治障碍"即"历史认识问题"。四是"日台条约"的签署,成为中日邦交正常化的障碍,使中日迟至1972年9月才实现邦交正常化。

第五节 1955年：政治经济外交的"界石"

1955年是日本历史上的"界石"。这一年,日本政治、经济、外交均发生了重大变化：政治上,形成了以自民党为一端并长期执政,以社会党为另一端与之长期抗衡的"保(守)革(新)对峙"。这种政治状态持续了38年。日本政治学者升味准之辅在《思想》1964年4月号的论文《1955年的政治体制》中,将这种"保革对峙"的政治体制称为"1955年体制"。经济上,结束了战后恢复期,开始进入高速增长期。1956年7月17日,日本政府的《经济白皮书》宣布："现在已不是'战后'。"也就是说,日本的"战后"至1955年结束。"现在已不是'战后'"这句话作为结束战后经济恢复阶段,开始进入经济高速增长阶段的"宣言",闻名遐迩。外交上,1956年日本和苏联实现了邦交正常化,使1955年成为两国关系"界石"。与苏联建交,消除了日本加入联合国的最主要障碍。1956年,日本加入联合国,走完了重回国际社会的最后一步。

"1952年体制"的形成 在日本政坛形成"1955年体制"之前,日本财界形成了"1952年体制"。日本在"密苏里号"战舰上签署投降书的第二天,即1945年9月3日,商工大臣中岛知久平将日本经济联盟会长井阪

---

① 吉田茂：《回想十年》第3卷,新潮社1958年版,第43页。

孝、重要产业协议会会长松本健次郎、日本商工会议所会长藤山爱一郎、商工组合中央会长武堂卓雄招至其官邸,向他们咨询如何重建日本经济。四名会长均表示,"在战后经济处理方面,民间主要经济团体应当成为能汇集经济界多数意见、动员各方人士达成共识的财界共同委员会。四团体今后将不采取单独行动"。①9月18日,以上述四个团体为成员的"经济团体联合委员会"宣告成立,由日本经济联盟会长井阪孝出任委员长。但是盟总认为,"如果允许经济联盟会继续存在,将有碍于解散财阀",翌年5月29日,"经济团体联合委员会"被迫解散。但是,财界要员认识到,为了改变财界的无序状态,必须筹划建立新的中央经济团体。于是,日本银行总裁一万田尚登、全国银行协会联合会会长万代顺四郎、三菱银行社长高木健吉、日本贸易振兴会会长小笠原三九郎、日本证券交易所总裁德田昂平等,于8月16日发起成立了"经济团体联合会"(简称"经团联")。盟总在提出四项条件后,对经团联予以认可。这四项条件是:不得成为保存财阀势力、作为财阀代言人的机构;不得成为集权性的统制组织;应根据民主的原理进行运作,特别是关注并充分反映中小工商业者的意志;在高层干部中不得混有属于剥夺公职对象的人员。经团联成立后,4月30日,一些年轻企业家组成了"经济同友会"(简称"同友会")。他们在成立宣言中豪迈地宣称:"我们将奋起成为新日本的栋梁。"同友会由"秩父水泥"会社常务诸井贯一任代表干事,重要产业协议会事务局次长乡司浩平任事务局长。同友会29名干事均为40岁左右的年轻社长或一流企业的中坚。与此同时,日本商工会议所(简称"日商")也进行了改组。日商的前身是商法会议所,1878年由"日本近代资本主义之父"涩泽荣一倡导建立,战时被纳入作为国策协力团体的"日本商工经济会协议会",战后被解散。1946年(昭和二十二年)12月7日,来自全国58个地区的商工会议所代表聚集一堂,建立了中小工商业者的经济组织"日本商工会议所",选举大日本麦酒会会长高桥龙太郎担任会长。1948年4月12日,"关东经营者协会"等地域性团体和钢铁、化学等业界维护经营权的联络组织,共同组建了"日本经营者团体联盟"(简称"日经联")。同友会首任代表干事诸井贯一被选为代表常任理事,其余参与创办日经联的主要成员均是创立同友会的中心人物。之所以建立这一组织是因为战后劳资争议频发,

---

① 松本明男:《财界司令塔的兴亡》,东洋经济新报社1995年版,第68页。

日经联意欲成为"财界的劳资纠纷对策本部"。

　　四个组织建立后,经团联和日商围绕财界主导权的争夺日趋明显、炽烈。1952年2月21日,日商会长藤山爱一郎会晤了经团联会长石川一郎,建议进行财界改革,重构日本经济团体。按照藤山爱一郎的构想,为了强化日本财界,以大企业和重工业、化学工业企业为基础的经团联,同以中小企业及地方经济为基础的日商,应该联手。对此提议,经团联当即进行研究并予以赞同。8月29日,经团联会长石川一郎和日商会长藤山爱一郎发表了《关于重建经济团体的共同声明》。这项声明以藤山爱一郎的构想为蓝本,决定经团联作为大企业的联合体,日商作为地方中小企业联合体。两者彼此独立,并驾齐驱。按照松本明男的说法,战后的日本,"在政界,实现了保守大联合,建立了'1955年体制'。在财界,经团联、日商、同友会、日经联竞争、共存的'1952年体制'延续至今。"①

　　总体而言,日本业界团体的实质性功能,就是充当政府和企业的桥梁,即在政策立案时向政府传递企业方面的信息,在政策推行时向企业传播政策和与政策相关的信息、措施,以及在政策推行方面提供必要的技术信息和经营信息。这对日本经济的发展相当重要。因为"日本模式"的特征就是政府主导和出口导向。桥梁不可或缺。

　　1955年也是日本经济史上的里程碑。翌年7月17日,日本政府发表了1955年度《经济白皮书》,开篇指出,"战后日本经济恢复之迅速,实出乎万人之预料。那是因日本国民的勤奋努力培植、因世界形势之良好而育成的"。"确实,由于日本贫乏之故,和世界其他国家相比,消费和投资的潜在需求尚在高涨,但与战后一段时期相比,其欲望之炽烈已显著减弱。现在已不是'战后'。我们正面临与以往不同的事态。"②在这份《经济白皮书》还出现了一个新的、以后被广泛采用的名词:作为innovation译语的"技术革新"。以后的历史证明,日本经济的高速增长,正是由以"技术革新"为引擎的设备投资牵引的。具有日本特色的工人运动形式"春斗",即每年春季"例行"罢工,也始于1955年。

　　多党联合政权的建立　　战后首先操舵"日之丸"的是社会党主导的

---

①　松本明男:《财界司令塔的兴亡》,东洋经济新报社1995年版,第103页。
②　经济企划厅:《昭和三十一年度年次经济报告》(通称《经济白皮书》),1956年,第42—43页。

政权。社会党成立于1945年11月2日,是战后最早成立的政党。1947年日本根据新宪法举行首次大选,社会党成为国会第一大党,随后它联合民主党、国民协同党,建立了以社会党领袖片山哲为首相的三党联合内阁。

片山哲(1887—1978年)出身于和歌山县田边市一个律师家庭,1912年(大正元年)东京帝国大学法学部毕业后,作为律师活跃于日本社会,1920年主编《中央法律新报》,积极主张废除公娼制和妇女参政。同年兼任日本劳动总同盟法律部长和农民组合顾问。1926年,片山哲和安部矶雄等组建了具有社会民主主义倾向的社会民众党,片山哲任书记长,两年后他首次当选众议院议员。1932年社会民众党和全国劳农大会党合并后,片山哲任中央执行委员,1940年脱党,第二年和芦田均、鸠山一郎组成同交会,批判以近卫文麿为首的大政翼赞会,批判东条英机独断专制和军部的冒险政策。1945年日本投降后创立日本社会党,任书记长,第二年任党内最高领导社会党委员长。

1947年4月25日,日本举行战后首次(累计第二十三次)大选。社会党在众议院466个议席中获得143席,成为第一大党,但因未过半数,意欲联合自由、民主、国民协同三党,建立四党联合政权。但是,以吉田茂为首的自由党要求联合政权排除社会党左派,遭到拒绝后退出联合政权。因此,6月1日真正启动的是三党联合政权,片山哲出任首相,阁僚中社会党和民主党各七人,协同党和绿风会各两人。当时内务省和司法省已被撤销,新设了劳动省。内阁书记官长改为内阁官房长官。麦克阿瑟发表了支持片山哲出任首相的声明。为了联合两个保守政党,社会党提出三项保证:坚持反对极左和极右立场,不泄露国家机密,不采取一切有可能引起社会不安的行动。

片山哲执政期间修改通过了《刑法》《民法》《国家公务员法》等法案,但是未能解决民众最期待的经济问题。片山内阁以"突破经济危机紧急对策"为口号,提出了确保日常供给、维护流通秩序、全面控制物价等八个项目的经济对策。片山哲强调,"目标是增加生产,保证民众生活的安定"。他首次通过广播对国民发表讲话称:"我想拜托国民诸君的是,根据自己的情况做出相应程度的忍受,节俭度日。"但是,在片山内阁治下,通货膨胀率居高不下。据统计,当时基础物价为1936年的65倍。平均工资1 800日元,为战前的25倍,日常生活入不敷出,一般至少差700日元。工会要求增加工资的斗争日益激化,支持工会的社会党左派与社会党右派的矛盾日趋明显。最终,社会党左派铃木茂三郎、加藤勘十等宣布自己是"党内在野党",社会党趋于分裂。最终,由于以铃木茂三郎为委员长的众议院预算委员会,否决了片山内阁提出的补充预算案,片山内阁宣布总辞职,执政历时292天。1948年3月10日,片山内阁外相、民主党总裁芦田均继任首相。

芦田均(1887—1959年)出身于京都一个立宪政友会众议院议员家庭。1912年,芦田均从东京帝国大学毕业后进入外务省,先后在俄国、法国、比利时、土耳其大使馆任职,曾担任外务省情报课长,是继币原喜重郎和吉田茂之后又一位外交官出身的首相。九一八事变后,芦田均辞去了外务省的工作,翌年加入立宪政友会,并在当年的大选中成功当选众议院议员,开始了职业政治家生涯。战时,芦田均反对军部独裁;1939年退出政友会后没有加入大政翼赞会,并参加了鸠山一郎重建自由党的工作。芦田均曾出任币原内阁的厚生大臣。战后首次大选,币原喜重郎"赖在相位不走"的做法引起芦田均不满。他辞去厚生相是币原内阁倒台的导火索。1947年,芦田均退出自由党,主导创建了以进步党为主要班底的民主党并出任总裁。

芦田内阁和其前任片山内阁一样,是由民主党、社会党、国民协同党组成的联合政权,内阁成员中民主党有6人,社会党有8人,协同党有2人。值得一提的是,当时众议院选举时芦田均获得216票,吉田茂获得180票。由于均未过半数,因此在参议院举行了决选投票,结果吉田茂获得2票的优势。宪法有众议院的决定优先的规定,因此最终仍由芦田均出任首相。芦田内阁组成后,民调支持率仅30%,可见其基础很不稳固。没有改变经济状况,未能满足民众生活需求,是芦田内阁只存在220天的根本原因,而芦田内阁倒台的直接原因,是日本战后"四大丑闻事件"之一的"昭和电工事件"。[①]所谓"昭和电工事件"是昭和电工社长从复兴金融金库获得了30亿日元融资,超过其资产10倍,有贿赂嫌疑。经调查,贿赂金额达数千万日元。1948年5月,事件开始发酵。除昭和电工的社长日野原以外,副首相西尾末广、国务大臣栗栖赳夫、大藏省主计局长福田赳夫均被逮捕。芦田均最初称:"此事与我

---

① 另三个丑闻事件是后文将写到的"造船丑闻事件""洛克希德事件""利库路特事件"。

无关。"但在西尾末广被捕第二天,10月7日,芦田均承认"负有道义责任",宣布辞去首相职务。辞职后芦田均也被逮捕和起诉。最终在被捕的64人中,被判决有罪的只有2人,芦田均和福田赳夫均被判无罪。

"逆反路线"的推行 芦田均辞职后,1948年10月15日至1954年12月10日,除了短暂中断,吉田茂连续四次组阁。在日本政治史上形成了所谓"吉田时代"。在吉田茂执政时期,冷战格局开始形成,美国开始推行"逆反路线",加之吉田茂本身的右倾立场,日本社会开始"向右转"。

吉田茂是天皇制国体观的拥趸,在他看来,"皇族的始祖即民族的始祖","皇室即国家"。皇室是日本"政治、宗教、文化等社会各方面精神和道德的核心"。[1]战后,吉田茂在公开的文件上经常署名"臣·茂",表明他在"象征天皇制"建立后,依然自认为是天皇的"臣"。在第一届吉田内阁时期,日本颁布了《日本国宪法》;在后四届吉田内阁即"吉田时代",日本完成了三件大事:第一,经历了"道奇路线"、产业合理化、特需景气,实现了经济复兴;第二,建立了由两个条约、一个协定构成的"旧金山体制",结束了被占历史,在法律上获得了独立;第三,从建立警察预备队到陆海空自卫队,重新武装初具规模。

1951年4月9日,吉田茂致函麦克阿瑟,要求废止、修正盟总发布的各项指令,提出盟总推行的改革,有些已不合日本国情,有的甚至妨碍了日本自立,希望予以纠正。4月11日麦克阿瑟离任后,麦克阿瑟的后任李奇微也收到了同样内容的信函。5月1日,李奇微为纪念《日本国宪法》颁布四周年发表声明,称:"日本政府赋有重新审理为了实施总司令部的指令而颁布的现行法令的权力。"[2]根据这一精神,吉田茂设立了作为首相私人咨询机构、由七人组成的"政令修改咨询委员会"。自当年5月至翌年3月,该委员会就经济法令、劳动法规、行政制度、教育制度和解除公职等问题进行了全面审查,特别是在媾和后的政治体制方面采取了一条"纠正占领时期过度之处"的路线,这条路线被媒体称为"逆反路线",主要表现为:

---

[1] 白鸟令编:《日本的内阁》第2卷,新评论1987年版,第93页。
[2] 《朝日新闻》1951年5月2日夕刊。

麦克阿瑟夫妇登机离开日本

第一，重整军备。1952年4月26日，日本建立了海上警备队，以一面三色旗暂时代替"队旗"，同时有奖募集队旗图案。最后，欧洲风格画家小川传四郎设计的图案被采用。他设计的图案为长方形，白底上有七条深蓝色横线，中间为一朵樱花，花为红瓣、白蕊。7月31日，日本国颁布了《保安厅法》，设置了保安厅，由首相吉田茂亲自出任第一任厅长，并将海上警备队改组为警备队；10月又将警察预备队改组为拥有11万人的保安队。同时着力增强日本准军事力量装备。11月，日本和美国签署了包括1 500吨级战舰"自由门号"在内的日美船舶租界协定。1954年3月2日，日本内阁会议通过了《防卫厅设置法》和《自卫队法》草案纲要，3月11日提交国会审议并获得通过，随之建立了"以防卫直接侵略和间接侵略为主要任务，必要时维持公共秩序"的陆海空自卫队。同年7月，日本政府决定重新为海上自卫队设计队旗。曾经担任海军大臣的原日本首相米内光政请他的亲属、画家米内穗丰设计草图。结果，米内穗丰交出的图案，仍是旧日本帝国海军的旭日旗。他表示："旧海军旗非常出色地应用了黄金分割率，使其形状、日章大小和位置、光线的配置都恰到好处，无论哪个图案也不能与之相比。"将原日本帝国海军旗作为海上自卫队队旗，会不会遭到非议？防卫厅长官木村笃太郎带着这个问题，向首相吉田茂作了汇报。吉田茂表示："在世界上，旧日本海军已无人不知，无人不晓，日本军舰无论驶向何处，人们一眼便可认出。况且，旧海军舰旗可以使海上自卫队继承旧海军的优良传统，誓死保卫岛国日本。"经吉田茂裁决，日本海上自卫队恢复使用了旧日本帝国海军的旗帜。①

---

① 1972年，防卫厅发布第3号训令，采用陆上自卫队队旗，图案为太阳放射8道光芒、周边镶有金边。

第十二章 昭和时代（战后）

第二，压制进步左倾势力。战后初期，日本政府根据麦克阿瑟"鼓励组织工会"的指令，颁布了《工会组织法》。随着工会的建立，日本工人运动迅速高涨，工会和官厅基层工作人员互相呼应，形成了一股强大势力，曾计划于1947年2月1日举行要求解散吉田内阁的示威游行。但是前一天，麦克阿瑟发表了禁止游行的声明："当今日本限于穷困和虚弱的状态下，不允许行使这种致命的社会性武器，故特令彼等放弃助长此种行为的考虑。"[①]自此，日本工人运动开始走向衰落。随着冷战的形成，盟总开始对日本共产党从"宽容"转为"压制"。1950年5月30日，在日本共产党组织下，约200个左翼团体15 000人，在皇居前广场举行集会，结果遭到官方干扰，有8人被宪兵逮捕。原先在幕后怂恿的麦克阿瑟也从幕后走到台前。6月6日，麦克阿瑟致函日本首相吉田茂，指令他剥夺德田球一、野坂参三、志贺义雄、伊藤律、神山茂夫、宫本显治等共产党主要干部的公职。当时德田球一正在东京杉并区方南小学发表演说，强调"革命即将到来"时，有记者说："你被开除公职了。"德田球一回答："即便被开除公职我也不会屈服。"第二天，他就不见了踪影。24人全部转入地下活动。7月14日，日本法务省称24人搞地下活动，违反《团体等规正令》，要求其中9人前往警察机构自首。但是，9人均不予理会，于是警方发出了逮捕令。7月18日，警方宣布，日本共产党中央机关刊物《赤旗》无期限停刊。7月24日，盟总指令报社进行"Red Purge"（红色清洗），将报社中的共产党员全部开除公职。之后，"红色清洗"迅速向各行业蔓延。至12月，政府机构、报社、电台、出版社、电影公司、国营铁道公司、邮政局、工业企业……被开除公职者总计有12 168人。[②]著名电影导演黑泽明因参与反抗这种野蛮行径的"东宝骚乱"而离开了东宝影业公司。

1952年3月27日，吉田内阁开始正式着手制定作为治安对策立法的《破坏活动防止法》，以限制共产党、工会民主团体及其活动。对此动向，日本新闻协会于4月22日发表声明："要求国会和政府在对该法案进行审议时慎重检讨，切勿随意限制公正的言论自由。"5月15日，由吉田

[①] 竹前荣治等编：《资料·日本占领》第2卷《劳动改革和劳动运动》，大月书店1992年版，第149页。

[②] 半藤一利：《昭和史（1945—1989）》（战后篇），平凡社2006年版，第287页。

内阁立案、作为治安对策立法的《破坏活动防止法》(简称《破防法》)在众议院获得通过,送参议院审核时,曾因民众反对而一度被否决。但是,该法案在增加了"煽动推翻政府"等内容后,于7月4日获得通过,7月21日正式实施。而促使《破防法》最终获得通过的重要原因,是当年"流血的五一事件":5月1日,政府一改惯例,禁止在皇居前广场集会,民众对此表示抗议,并因此发生约6 000名游行学生和约5 000名警察的冲突。警察开枪打死两人、打伤一千几百人,逮捕1 230人,其中261人被起诉。自此,日本民主运动开始走向低潮。

第三,使部分旧军人和官僚重返政治和军事舞台。1950年11月,旧军人中有3 250人被"解放";翌年秋天,陆军士官学校第四十期以后的军官被采用;1952年7月,第三十期以后的军官陆续归队。很多旧帝国军人成为自卫队高级军官。另一方面,在美国转变对日政策,特别是朝鲜战争爆发后,原先被开除公职者先后获得"解放"并重返政治舞台。1950年10月,经盟总认可,日本政府"解放"了10 090人。同年11月,作为甲级战犯服刑的重光葵获得假释。媾和前后,"政令修改咨询委员会"建立了"公职资格审查会",对原先被剥夺公职者进行审查。1951年6月至7月,近7万名被开除公职者获得"解放",其中包括后来担任日本首相的石桥湛三。8月6日,包括鸠山一郎在内的约14 000万人获得"解放"。在《旧金山和约》生效的同时,《剥夺公职令》被废除,包括原东条内阁商工大臣岸信介、国务大臣大麻唯男等5名阁僚在内的5 700人获得"解放"。①

在推行逆反路线的同时,新颁布和历经修订的有关法律,开始为侵略历史翻案。1952年4月30日,即和约刚生效2天,日本政府即颁布了《关于援助保护战伤病者以及战殁者家属等的办法》(简称《援护法》)。翌年8月,《援护法》在经历了几次修正后,对战犯家属和一般战殁者家属"一视同仁",即让战犯家属也享有了能领取抚恤金的待遇。当月,日本政府开始重新实施《军人恩给法》,不仅对战犯"一视同仁",甚至还将被处死或死于狱中的战犯定为"因公殉职"。战犯被拘留也算作"在职",同样能领取"恩给"。

与此同时,日本国会还通过了一系列决议,敦促政府采取措施,使

---

① 石田雄:《破局与和平》,东京大学出版会1968年版,第347页。

第十二章 ● 昭和时代（战后）

战犯早日获释，以及否定存在"战犯"的决议。1952年6月9日，日本第十三届国会参议院全体会议，通过了《有关释放在押战犯的决议》。12月9日，日本第十五届国会众议院全体会议通过《有关释放战争犯罪受刑者等的决议》。翌年8月3日，日本第十六届国会众议院全体会议，通过了《有关赦免战争犯罪受刑者的决议》。1955年7月19日，日本第二十二届国会众议院全体会议，通过了《有关请求战争受刑者迅速释放的决议》。

必须强调，《旧金山和约》第十一条明确规定，东京审判及其他审判战犯法庭的判决结果，不得翻案，即确定了被判刑者的战犯身份。但是，上述日本国内法和国会决议实际否定了这条规定。在日本及7个国家49个法庭被判刑的战犯，事实上不再被日本视为"战犯"，从而对形成包括"靖国神社问题"在内的历史认识问题，产生了重要影响。

"1955年体制"的形成 旧势力的复活也引起了保守阵营的变化。《剥夺公职令》被撤销后，鸠山一郎被"解放"并复归自由党。根据吉田茂和他的"约法四章"，"若鸠山一郎能够重新担任公职，总裁一职将归还鸠山一郎"，鸠山一郎要求自由党党首吉田茂"让位"。但是，刚刚组建第二届吉田内阁并已经有了"首相瘾"的吉田茂反悔了，拒绝让位，两人因此反目。随后，以鸠山一郎、岸信介、石桥湛三为核心，形成了一股反吉田势力。

1954年7月，自由党内反吉田派重要人物石桥湛三和新入党的岸信介，联手建立了"新党筹备会"。11月24日，新党筹备会、以被假释的重光葵为党首的改进党、日本自由党，合并建立了由鸠山一郎任总裁、重光葵任副总裁、岸信介任干事长的日本民主党。刚建立的民主党即成为仅次于自由党的第二大党，为翌年自由党和民主党合并建立"自由民主党"，进而形成"1955年体制"，提供了重要条件。另一方面，因为对《旧金山和约》及《日美安保条约》看法对立，社会党分裂为以铃木茂三郎为首的"左派社会党"、以浅沼稻次郎为首的"右派社会党"。此时，左、右两派重新统一，为"1955年体制"的形成创造了另一个条件。12月6日，左、右两派社会党以"鸠山上台后应尽快解散国会"为条件，与民主党联合提出了对吉田内阁的不信任案。12月7日，吉田茂迫于外部压力和以绪方竹虎副总裁为首的党内压力，宣布内阁总辞职并辞去自由党总裁职务，由绪方竹虎继任。"吉田时代"落幕。12月10日，鸠山一郎上台执政并连任三届内阁首相。

鸠山一郎(1883—1959年)出生于东京,他的父亲鸠山和夫是文部省第一期派赴美国耶鲁大学的留学生,曾任律师和众议院议长。他的母亲春子是东京女子师范学校英语教师、著名作家,也是共立女子职业学校(现为共立女子大学)的创始人。1907年鸠山一郎从东京帝国大学法科毕业后,进入父亲的律师事务所工作。1915年当选为众议院议员,后历任立宪政友会干事长,田中义一内阁书记官长,犬养毅内阁、斋藤实内阁文部大臣。战时对东条英机内阁持批判立场。

1954年12月10日,鸠山一郎内阁宣告成立,重光葵任副首相兼外相、石桥湛三任新设立的通产相、日银总裁一万田尚登任藏相、河野一郎任农林相、三木武夫任运输相。岸信介继续担任民主党干事长。12月27日,日本举行第二十七次大选,舆论对以鸠山一郎为首的民主党普遍表示好感,形成一股"鸠山热"。究其原因,一方面是吉田茂独断专行和"造船丑闻事件"失去民心。所谓"造船丑闻事件"始发于当年春天。当时,有议员提交议案,建议让造船业界向银行融资时能够减免利息,以便尽快复苏战后经济。为了使议案能获得通过,造船业界向吉田茂的亲信、自由党干事长佐藤荣作等人行贿2 000万日元。丑闻曝光后,吉田茂通过法务大臣犬养健指示检察总长"不得逮捕佐藤荣作"。这一公然干预司法独立的指示引起舆论哗然,令吉田茂名誉扫地、犬养健被迫辞职。另一方面,民众普遍对鸠山一郎这位72岁高龄并曾被解除公职,因脑溢血半身不遂,拄着拐杖竞选的"悲情政治家"怀有同情和期待。凭借"鸠山热"的"热能",本次大选民主党获得185个议席(原为124个议席),而自由党仅获得112个议席(原为180个议席)。民主党取代自由党成为议会第一大党,建立了第二届鸠山内阁。

第二届鸠山内阁建立后,即向国会递交了"宪法调查会法案",因遭到社会党反对而未获得通过。同时,和"共产圈"国家苏联的复交,也遭到自由党内保守派的反对。因此,当时已开始自由党、民主党两党联合的秘密接触。

面对保守势力的日益抬头,社会党加速了统一步骤。1954年9月下旬,两派社会党共同设立了"促进统一委员会"。翌年4月,双方开始着手于合并的具体工作,于9月制定了统一纲领草案。10月12日,两派社会党分别召开了解散大会,翌日召开了统一大会并发表了"宣言"

第十二章 昭和时代（战后）

和"纲领"。①

宣言：

我们在内外注目和期待中，在这里实现了日本社会党的统一大业，以实现日本的和平、独立、社会主义革命为历史使命的日本社会党，在今天发出了新生儿问世的响亮声音。

纲领：

作为以工人阶级为核心的广大劳动者阶级的联合体，社会党将获得政权并巩固政权。没有这种政治变革——没有革命，将无法实现社会主义。我们将不以暴力和武力，而是以民主主义的方式，通过在议会中获得绝对多数议席，完成这场革命。

以绪方竹虎为首的自由党和以鸠山一郎为首的民主党，经过秘密谈判，最终决定合并，建立自由民主党（简称"自民党"）。1955年11月15日，两党正式合并，组成了由首相鸠山一郎任总裁的自由民主党，同时宣布了党的纲领、性质、政纲。②

纲领：

1.我党以民主主义理念为基础，以革新和改善各项制度和机构，建立文化的民主主义国家为目标。2.我党立足于希求和平与自由的人类普遍的正义，期望改善、调整国际关系，实现自由独立。3.我党以公共福利为准绳，规划实施以个人的创意和企业的自由为基础的综合计划经济，期待民生的安定和福利国家的形成。

自由民主党成立大会

性质：

1.国民政党；2.和平主义政党；3.真正的民主主义政党；4.议会主义政党；5.进步的政党。

---

① 日本社会党政策审议会编：《日本社会党政策资料集成》，日本社会党中央本部机关报局1990年版，第79—86页。
② 自由民主党编：《自由民主党党史资料编》，本党1987年版，第8—10页。

政纲：

1.国民道义的确立和教育改革；2.政、官界的革新；3.实现经济自立；4.建设福利社会；5.积极开展和平外交；6.健全独立体制。

值得关注的是，社会党和自民党性质和目标存在明显差异。社会党："以工人阶级为核心的劳动者阶级联合体。"自民党："我党是国民政党。我党不是仅代表特定的阶级、阶层利益，招致国内分裂的阶级政党，而是立足于信义和同胞之爱，服务于全体国民的利益幸福，和国民大众一起创建民族繁荣的政党。"社会党："实现社会主义。"自民党："期待民生的安定和福利国家的形成。"

以自民党的建立为标志，雄霸日本政坛38年的"1955年政治体制"正式形成。这一体制有两项基本特征：自民党长期执政，并形成以自民党、政府、财界为核心的"政、官、财一体化"决策中枢；自民党和社会党长期并存、对峙。自民党占三分之二议席，社会党占三分之一议席，因此当时的"1955年体制"被戏称为"一又二分之一体制"。这一体制使自民党在需要国会议员三分之二以上赞同的重大事项如修宪方面，难以尽情顺遂。但是，"1955年体制"的形成，可以被认为"现在已不是'战后'"在政治上的显示。之所以形成"1955年体制"，和以下要素有重要关联：

第一，经过战后近10年的摸索，保守政党的基本路线逐渐成型。自民党的纲领就是这一路线的缩影：一是以民主主义为前提。对被占领以来的日本政治进行革新。二是实现自主外交，缓和国际紧张局势，振兴亚洲，实现世界和平。三是实现"独立自卫"。四是通过综合计划确立自主经济，遵循社会正义原则安定民生，建设福利国家。五是排除阶级斗争，加强民族团结。

第二，两派社会党的统一使保守政党面临被"夺权"的挑战。20世纪50年代前期，日本保守政党在国会中的地位占优势，但在三次大选中总得票率呈逐年递减趋势：1952年66.1%、1953年65.7%、1955年63.2%。与之相反，社会党左、右两派和劳农党得票率却逐年递增：1955年为30.2%，议席数占34.3%，构成能阻止修宪的三分

社会党统一大会会场

之一强。更重要的是,社会党统一后,明确提出以夺取政权为目标,更使保守政党危机感陡生。因此,日本自由党、民主党两党很多党员强烈要求合并。

第三,财界要求保守党合并。财界与政界关系密切,是关系保守政党存亡的政治资金来源。1952年财界"四大团体"成立后,财界对日本政治的介入不断增强。在劳资矛盾冲突日显的社会环境中,为了自身利益,财界迫切要求巩固保守政权。"劳动者阶级的联合体"社会党的统一并欲问鼎政权,使之深感担忧,强烈要求保守政党通过合并构筑合力。1955年1月,财界成立了"经济再建恳谈会"作为提供政治资金的统一筹划组织,为日后充当"政治指南"奠定了重要基础。

日苏邦交正常化 至1956年12月20日第三届鸠山内阁总辞职,鸠山一郎操舵"日之丸"历时745天。在他任内,日本政治、经济、外交,均发生了划时代的变化。政治形成了"1955年体制",经济结束战后恢复期,开始转入高速增长,外交实现了日苏复交,消除了日本加入联合国的障碍。

首次内阁会议后,鸠山一郎在会见记者时表示,将致力于实现与中国和苏联的邦交正常化。这番表态被解读为鸠山内阁的外交路线,将和"对美一边倒"的"吉田茂主义"不同,因此即刻引起美国警觉。1955年初,美国总统艾森豪威尔致函鸠山首相,称鸠山表示将促进与中国和苏联的经济交流、实现邦交正常化的路线,使美国国会和美国国民产生了日本试图与共产圈接近的印象,成为美国政府实施援日计划的障碍。[①]但是,美国的压力并没有使鸠山一郎完全改变既定外交方针。之所以如此,更重要的是因为旧金山体制建立后,美军在日本建立了军事基地,遭到相关地区民众的强烈反对。"对美一边倒"的外交方针日益不得人心。1952年12月,日本内阁会议决定在石川县内滩村修建美军射击场,遭到当地以渔业协同组合、县议会为中心的各界人士的强烈反对。1954年3月1日,美国在太平洋举行水下核试验,正在离爆炸中心200多公里的静冈县烧津港所属的"第五福龙号"渔船遭受放射性污染,23名船员遭到伤害,其中通信负责人久保山爱吉于9月23日去世。以这一事件为契机,东京都杉并区主妇发起了反对水下核试验签名运动。这一运动很快波及全国,推动日本各界于1955年8月在广岛举行了第一次禁止水下核试验世界大会。

鸠山一郎对既定方针做了一定程度的调整。鸠山一郎执政时提出了

[①] 岸信介:《岸信介回忆录》,广济堂1983年版,第165页。

修改宪法。但是,在两次大选中,作为"护宪派"的在野党和国民运动势力有了很大增长。露骨地表示修宪,显然不合时宜。于是,鸠山一郎首先致力于恢复日苏邦交并取得了成功。日苏复交能够实现,根本原因在于国际环境和日苏国内环境有了明显变化。苏联方面,1953年3月5日斯大林逝世后,继任者马林科夫对斯大林路线进行了诸多修正,提出了缓和与西方国家关系的"新方针"。8月8日,马林科夫公开表示:"朝鲜停战协定的签订,预示着远东各国,特别是苏日关系正常化时机的到来。"9月,尼基塔·赫鲁晓夫出任苏共第一书记,进一步强调缓和与西方国家的关系,提出了"和平共处"政策。1954年12月鸠山内阁成立后,苏联外长莫洛托夫发表了希望恢复苏日邦交的谈话。

  日本方面,鸠山一郎认识到,日本欲奉行独立自主外交必须加入联合国。由于1952年日本申请加入联合国时苏联投了反对票,因此欲实现这一目标,日苏复交是重要前提。1955年1月25日,原盟军总部苏联驻日代表处主任多姆尼茨基试图与日本外相重光葵会晤。由于日本在法律上不承认该代表处,没有同意。于是多姆尼茨基直接前往鸠山一郎府邸拜访,向鸠山个人转交了苏联政府希望恢复两国邦交的信函。①2月4日,日本政府做出了"与苏联进行复交谈判"的决议。经过一系列接触和挫折,翌年6月1日,日本全权代表、前驻英大使松本俊一和苏联驻英国大使马立克在伦敦开始举行复交谈判。7月31日,谈判升格为日本外相重光葵和苏联外长德米特里·谢皮洛夫(Dmitrii Shepilov)在莫斯科举行的谈判。但是谈判在"北方四岛"问题上再陷僵局。对这个历史难题是如何形成的,在此有必要做扼要梳理。

  1855年(安政二年)2月7日,日方代表川路圣谟和俄方代表普提雅廷在日本静冈县下田,签署了《日俄友好条约》(通称《下田条约》),商定千岛群岛南部归日本,北部归俄国。1860年(万延元年)11月14日,俄国迫使清政府签署《北京条约》,占有了库页岛(俄称"萨哈林",系满语"黑";日称"桦太",意为"唐人岛")。但是,由于当时库页岛南部已为日本所占有,经过多次谈判,1875年5月7日,双方全权代表榎本武扬和斯托莱姆霍夫在圣彼得堡签署了《桦太(萨哈林)千岛群岛交换条约》,即日本以库页岛南部换取千岛群岛北部。如此,俄国占有了整个库页岛(萨哈林/桦太),而日本则占有了整个千岛群岛。1905年日俄战争后,根据《朴茨茅

---

① 盟总苏联驻日代表处在《旧金山和约》签署后撤销,因此日本不予承认。

第十二章 ● 昭和时代（战后）

斯条约》，俄国将库页岛南部割让给日本。1925年日苏建交，双方承认《朴茨茅斯条约》依然有效。

1945年2月，斯大林、罗斯福、丘吉尔签署了《苏美英三国关于日本的协定》（通称《雅尔塔协定》），就苏联对日作战条件达成协议，规定库页岛南部及邻近一切岛屿须交还苏联，千岛群岛须交予苏联。同年8月10日，杜鲁门致电斯大林，建议在朝鲜半岛以北纬38度为界，划定接受日军投降的分界线。斯大林表示同意，但要求将日本的"北方四岛"即齿舞、色丹、国后、择捉，划为苏军受降区并获得杜鲁门同意。9月初，苏联出兵占领了这四个岛，并在翌年将其划入苏联版图。

1951年9月签署的《旧金山和约》第二章第二条第三款规定："日本放弃对千岛群岛、1905年9月5日获得之库页岛部分，以及邻近各岛屿之所有权利、名器与请求权。"但此后日本一再强调择捉岛、国后岛、色丹岛和齿舞岛四岛并不包括在千岛群岛内，并且是历来属于日本领土。苏联派代表团出席了旧金山对日和会，但没有签署《旧金山和约》，因此始终否认该条约对苏联有约束力，并且强调南千岛群岛属于千岛群岛，是苏联的"二战"成果并由相关国际文件规定。迄今为止，双方仍坚持这一立场。

领土问题一时无法解决，怎么办？1956年9月7日，根据日本内阁会议决议及与苏联部长会议主席布尔加宁的信函往来，双方就下列问题达成了事先谅解和共识：领土问题以后再议，两国结束战争状态，互设大使馆，即时释放被关押者，渔业条约生效，苏联支持日本加入联合国。10月7日，首相鸠山一郎作为日本国特命全权大使离开东京前往苏联访问，于10月18日完成谈判。10月19日，双方签署了《日本国和苏维埃社会主义共和国联盟的共同宣言》（简称《日苏共同宣言》）。11月27日，《日苏共同宣言》在日本众议院获得通过，12月5日在参议院获得通过，12月12日正式发表、生效。同一天，联合国安理会以全票通过的表决结果，通过了日本的加入申请。12月17日，英国、加拿大等51个国家向联大会议提出了接纳日本加入联合国的建议。18日上午，第十一届联大会议以一致通过的表决结果，接纳日本为第八十个会员国。至此，日本继1952年4月作为"第十四条会员国"，加入国际货币基金组织（英文缩写为IMF）[①]、1955

[①] 国际货币基金组织条例第14条规定：若会员国无法承担该组织第8条所规定的义务，可以采取过渡措施，即对汇率采取限制措施。因此，日本在加入该组织后，最初依然实行日元兑换美元360∶1的汇率。

年9月10日正式加入关贸总协定(英文缩写为GATT,即世界贸易组织WTO的前身)之后,加入了联合国,走完了重返国际经济、政治舞台的最后一步。

鸠山一郎在执政后表示,不仅要实现和苏联而且要实现和中国的邦交正常化。这也符合中国的意愿。实际上,在鸠山内阁建立两个月前,中、苏两国政府曾发表共同声明,表示愿意以"和平共处"的原则为基础,与日本发展互利互惠的贸易关系,最终实现邦交正常化。但是,"日台条约"的存在使这一构想终无法实现。因此,中国和日本在20世纪50年代签署了四次"民间贸易协议",保持经贸往来,实行事实上的"政经分离"。

第六节 1960年:"新安保条约"和"国民收入倍增计划"

如果说1955年是日本历史上划时代的年份,是一块"界石",那么1960年也是"界石"。外交方面,鸠山一郎执政时期的日苏复交,改善了日本的国际环境;岸信介执政时期日美"新安保条约"的签署,建立了日美同盟。经济方面,鸠山一郎执政时期,"现在已不是'战后'"作为结束战后经济恢复期的"宣言"流传于世,岸信介执政时期保持了经济的持续"景气",池田勇人的"国民收入倍增计划",则使日本经济高速增长。

岸信介登台执政 在带领日本重返国际舞台后,鸠山一郎也走上了"引退的花道"。换言之,鸠山一郎并不是被迫辞职,但也称不上"急流勇退"。鸠山一郎内阁的政绩确实赢得了国民的肯定。1956年7月参议院选举,自民党野心勃勃地提出了赢得三分之二以上议席的目标,以便为修宪奠定必要基础。①但是,最终以社会党为首的在野党,赢得了超过三分之一的议席,鸠山一郎修宪"宏图"未能展开。同时,因为年迈力衰,鸠山一郎此前已表示力不从心,将挂冠而去。在访苏实现日苏复交后,12月20日,鸠山一郎正式宣布内阁总辞职。随后,岸信介、石桥湛山、石井光

---

① 《日本国宪法》第96条规定:"本宪法的修订,必须经各议院全体议员三分之二以上的赞成,由国会创议,向国民提出,并得其承认。此种承认,必须在特别国民投票或国会规定的选举时进行的投票中,获得半数以上的赞成。"

第十二章 ● 昭和时代（战后）

次郎三人对自民党总裁一职展开角逐。首轮投票，在总共511票中，岸信介获223票，石桥湛山获151票，石井光次郎获137票。由于均未过半数，选举人又对岸信介和石桥湛山进行决选投票。结果，石桥湛山获258票，岸信介获251票，无效1票。72岁的石桥湛山以微弱优势胜出，成为自民党总裁。12月23日，石桥湛山建立了新内阁。

石桥湛山(1884—1973年)是山梨县人，出生于东京，父亲是佛教日莲宗的僧侣。石桥就读于县里的新式中学，校长大岛正健是最先一批留洋的日本知识分子。他宣扬的关于个人尊严、个人价值的思想，使石桥湛山比盲目"忠君爱国"的同龄人，多一份理性，少一份狂热。进入早稻田大学后，最早传播美国杜威实用主义的日本学者田中王堂教授，是石桥湛山的老师。田中王堂教授对自由主义和个人主义以及"功利论"的宣扬，对石桥湛山有深刻影响。1907年，石桥湛山从早稻田大学毕业后当了新闻记者，后进入《东京经济新报》。1941年，石桥湛山成为该报社社长。石桥湛山有着反对帝国主义和殖民扩张主义的政治立场。大正时代，石桥湛山曾发表《大日本主义的幻想》《大日本主义乎？小日本主义乎？》，主张放弃对外扩张与军事侵略，专心致力于本国经济发展，直面日本是"小国"的事实，积极发挥小国优势，采取和平发展政策而不是一味地为了扩张领土、称霸世界，四处树敌。九一八事变爆发后，石桥湛山在《东洋经济新报》发表了所谓的《日本，放弃满蒙吧》一文。他在文章中写道：

　　日本不喜欢被外部势力支配，中国也一样。中国民众国民意识的觉醒，以及建设统一国家的要求，是不可能因为武力而窒息的，将其窒息的做法也是不应被允许的。日本解决满蒙问题的关键，就是正视和认识中国的这一动向，接受中国方面的要求。

石桥湛山进而发问："放弃满蒙的权益，日本是否难以生存？"按照他的回答：

　　第一，有人认为，占领满蒙有助于解决日本人口问题，那么我必须指出，领土扩张并不能解决人口问题。日本占领了台湾、朝鲜、桦太（库页岛），能够支配辽东半岛、南洋诸岛、满洲，不是也没有解决人口问题吗？第二，有人提出，作为铁和煤的供应地，确保日本在满蒙的权益是绝对必须的。但实际上恰好相反。如果与中国保持和平友好的经济关系，岂不是更容易达到这一目的？第三，有人主张，必须将满蒙作为日本国防的第一线。按照这种说法，英国是否也应该以国防安全为理由,占领对面欧洲大陆的领土?毋庸赘言,日本想无偿获取满蒙是不可能的。至少,这么做会遭到中国国民的敌视,进而遭到世界各国的敌视。这样的结果对日本是有益的吗?

战争结束仅过去10天,石桥湛山便呼吁日本走"科学立国"的道路,引起广泛关注。鸠山一郎任自由党总裁时即邀请石桥湛山出任顾问。第一届吉田内阁成立后,石桥湛山被委以藏相重任,后连任三届鸠山内阁的通产大臣。成为首相后,石桥湛山兼任邮政相、北海道开发相、防卫厅长官。石桥湛山在上任后发表的施政演说,将新内阁的政策主张概括为"五项誓言":国会活动正常化;整顿政界和官场纪律;扩大就业、增加生长;建设福利国家;推动世界和平。另外,石桥湛山还提出了减税和扩大对华贸易的方针。但是,未及兑现誓言和方针,1957年1月23日,石桥湛山因出席母校早稻田大学的庆祝会而罹患急性肺炎病倒,由外相岸信介代理首相。2月25日,石桥湛山正式宣布内阁总辞职,结束了仅65天的石桥内阁的历史。根据众参两院指名选举,岸信介成为第三十七代首相。

岸信介(1896—1987年)出生于山口县,父亲岸秀助原先是政府官员,后来"下海"从事酿酒业,因入赘岛根县官员佐藤信宽家而改姓。佐藤秀助有三个儿子,老大佐藤市郎官至海军中将,老二佐藤信介(岸信介)官至首相,老三佐藤荣作也官至首相。日本史上兄弟为相,唯有他家。佐藤信介上中学时过继给了伯父岸信政,所以姓氏重新上"岸"。后来,岸信介和岸信政的女儿,也就是他的堂妹岸良子近亲结婚,生了一对儿女。儿子叫岸信和,女儿叫岸洋子。岸洋子嫁给了当时在《每日新闻》当记者、后来成为日本外相的安倍晋太郎。安倍晋太郎夫妇生了三个儿子:老大安倍宽信、老二安倍晋三、老三安倍信夫。岸信和膝下无子,于是安倍信夫过继给了舅舅岸信和,改名岸信夫。①

1920年,岸信介以优异成绩从东京帝国大学法学部毕业后,进了农商省。五年后,农商省一分为二,岸信介被分到商工省,很快爬到商工省工务局长的职位,之后被派赴伪满洲国,历任伪满洲国的实业部总务司司长、产业部次长、总务厅次长。岸信介是个欣赏"醉卧美人膝,醒掌天下权"的家伙,和关东军参谋长东条英机(甲级战犯)、总务厅长星野直树(甲

---

① 2020年9月菅义伟内阁成立后,岸信夫出任防卫大臣。

第十二章 ● 昭和时代(战后)

级战犯)、"满铁"总裁松冈洋右(甲级战犯)、"满洲"重工株式会社会长鲇川义介(财阀),并称"'满洲'五人帮"。1939年,岸信介返回日本任商工省次官。东条英机任首相后,提名岸信介出任商工省大臣。1943年商工省并入军需省,东条英机兼任军需大臣,岸信介出任军需省次官,成为日本侵略扩张事实上的"总后勤部部长"。战后,岸信介作为甲级战犯嫌疑犯被捕。他在东京审判时指证了东条英机的多项犯罪事实。因此,"岸信介与东条英机对立的立场获得承认,他虽然是战犯嫌疑犯,但被无罪释放。"①获释后,岸信介先成立了一家公司,但他毕竟有"从政情结",很快就聚集一批政商界人士,于1952年成立了"日本再建同盟"。翌年,岸信介参选日本众议院议员获得成功,重返政坛,与鸠山一郎、石桥湛山成立了日本民主党,出任掌管人事和财政的干事长。自民党建立后,岸信介成为领导人之一。

　　1957年2月25日,岸信介完成组阁,让石井光次郎任副首相兼国务大臣,自己兼任外相。其他阁僚是石桥湛山的原班人马。7月10日,岸信介对内阁进行了改组,邀日商会长藤山爱一郎出任外相,他的胞弟佐藤荣作担纲藏相。岸信介按照石桥湛山内阁的既定方针,推行"积极财政"。但是,由于投资过大导致国际收支失衡,日本经济出现下滑征兆。"神武景气"出现"断气"征兆。②作为诊疗手段,继《经济自立五年计划》之后,岸内阁制定了战后第二个经济计划《新长期经济计划》,同时辅以各项政策,取得了预想效果,催生了翌年的"岩户景气"。③"神武景气"和"岩户景气",为后任池田勇人在经济方面大展宏图,奠定了必要基础。内政方面,岸信介政权修订了1948年7月12日颁布的《警察官职务执行法》,强化了警察的强制执行权。1958年3月18日,岸内阁发布了在学校实施"道德教育"的通告,同时不顾"日本教职员组合"的强烈反对,对教师实施"勤务评定",引起强烈不满。外交方面,1957年5月20日以后,岸信介先后

---

① 盐田道夫:《天皇和东条英机的苦恼——甲级战犯的遗书和终战秘录》,日本文艺社1988年版,第248页。
② 1955年后日本出现持续31个月的第一次经济发展高潮,被称为"神武景气"。
③ 1958年起,日本大量生产汽车、电视及半导体收音机等家用电器,钢铁取代纺织品成为主要出口物资,经济出现历时42个月高潮,被称为"岩户景气"。"岩户"即岩洞,典出天照大神不满她弟弟素盏鸣尊瞎闹而躲进岩洞,使大地一片黑暗,后诸神用计将天照大神诱出岩洞,大地重新阳光普照。

访问了缅甸、印度、巴基斯坦、锡兰(斯里兰卡)、泰国等东南亚国家,为日本商品扩大东南亚市场创造了重要条件。另外,岸信介一直试图以"政经分离"的方式,制造"两个中国"。

1957年6月16日,岸信介飞往美国,会晤了艾森豪威尔总统。双方商定设立"日美安全保障委员会"。翌年5月22日,日本再次举行大选,自民党获得287个议席,社会党获得166个议席。6月12日,岸信介组成了第二届岸内阁,由佐藤荣作任大藏大臣,池田勇人任国务大臣,三木武夫任经济企划厅长官。三人后来都成为首相。随后,岸信介着力于获取外交政绩,和印度尼西亚签署了赔偿协议,和印度签署了通商协议和日元借款协议。

岸信介执政时期,中日关系明显倒退。如前面所述,朝鲜停战协定签署两天后,日本众议院即通过了"促进日中贸易决议",和中国开展了"民间贸易"。在整个20世纪50年代,中日两国共签署了四次"民间贸易协定"。但是,第四次民间贸易协定因为"长崎国旗事件"而没有履行。以下是该事件的大致经纬。

1958年3月5日,中、日两国的民间代表签署了第四次《中日民间贸易协定》,明确了以下事项:互设通商代表部,在代表部可以使用密码电报、悬挂国旗,通商代表部人员及其家属不用按指纹。岸信介亲台反共,但无法违背日本社会希望发展中日经贸关系的意愿。前一年6月岸信介访美时,专门和艾森豪威尔总统谈到了中日贸易问题,得到了美方认可。但是,台湾当局对此反应强烈。台湾当局的所谓"外交部长"及"驻日大使",当即向日方提出抗议,随后提交了蒋介石的亲笔信,强烈要求日本政府对此协定不予承认。蒋介石甚至对正在台湾访问的麦克阿瑟表示,如果日本政府允许悬挂五星红旗,台湾将不得不在东京降下"青天白日旗"。

当年4月30日,日中友好协会长崎支部在长崎百货商店"滨屋",主办"中国邮票暨剪纸展览会",会场悬挂了五星红旗。台湾所谓的"驻长崎领事馆领事"常家恺,当即要求长崎地方政府干预,撤下五星红旗。但是,日方对应消极。常家恺遂向台湾当局发电表示,"预作采取有效行动之准备"。随后,常家恺等联络日本右翼组织"菊旗同志会",获得了该会支持。该会派关东和石桥两名右翼分子前往展会,强行将五星红旗扯下。当时,有一日本警察前往,将两人及中国国旗一同带往警署。台湾方面的人均未出面,称肇事者是因为厌恶中国国旗而采取这样的做法。① 以长尾龟一为会长的日中友好协会长崎支部,当即发表声明,要求日本当局处罚责任者并查明其背后关系,按照《刑法》第九十二条"损害外国国旗罪"惩处。但是,长崎警察署却按照《刑法》第二百六十一条"器物损害罪"送检,而长崎地方法院在判罚500日元后,释放了肇事者,理由是中国不属于日本邦交国,不适用《刑法》第九十二条,令中国方面非常愤慨。中国外交部部长陈毅在会见记者时宣布:从5月11日起,中断中日之间一切经济文化交流活动。之后,岸信介内阁多次表示,希望和中国恢复经贸关系,均为中方拒绝。翌年2月16日,《人民日报》发表了评论员文章,题目是《岸信介的姿态骗不了人》。至岸信介下台,中日始终没有恢复经济文化交流活动。

《新日美安保条约》的签署 在对美关系方面,岸信介政府通过修订《日美安保条约》,完成了此前日本政府未能完成的目标。1955年8月,鸠山内阁外相重光葵访美时,要求修订"安保条约",遭到拒绝。两年后岸信介访美,美国对日本的修约要求依然态度消极,但已不明确反对。1958年9月,岸内阁外相藤山爱一郎访美再次提出修约要求,美国给予了积极回应。美国此时之所以改变态度,主要为了使日本建立起自卫体系,贯彻"以亚洲人对付亚洲人"的策略。然而,美国表示支持,日本国内反对修订安保条约的声浪却日益高涨。1959年3月28日,日本社会党、日本劳动组合总评议会(简称"总评")、日本农业协同组合(简称"农协")、日本全国学生联合会(简称"全学联")等13个政党和团体,建立了"阻止修改安保国民会议",开展了声势浩大、绵延持久的反对修改安保条约的斗争。11月27日,各团体举行了阻止安保条约修改统一行动。游行队伍冲入国会区域和警察发生了冲突。翌年2月24日,众议院通过了政府提出的禁止在国会周边举行游行的法案。这一法案如火上浇油,进一步激化了双方的矛盾。

自民党内,岸信介的对立派河野一郎、池田勇人等也反对修约,主要理由是:遵守现行条约可增强互信;国际形势尚无要求修约的变化;日本防卫能力尚不完备,难以实现自卫。但是,岸信介仍一意孤行,并且让池田勇人出任通产大臣,使之转变了立场,从而稳定了政权。1960年1月

---

① 台湾"中央研究院"近代史研究所档案馆藏,档案号:005-29-0011,第6、15—16页。

19日,岸信介再次访问美国,双方签署了《日本国和美利坚合众国相互合作及安全保障条约》(通称《新日美安保条约》)。2月中旬,众议院安保特别委员会开始审议《新日美安保条约》。社会党采取"拖延战术"予以阻遏。3月,社会党委员长浅沼稻次郎呼吁举行反对修订安保条约游行。4月15日,"全学联"游行队伍试图冲入国会区域,和警察发生了流血冲突。随后,社会党发表了"非常事态宣言",试图阻止自民党占据多数的众议院强行审议《新日美安保条约》。"阻止修改安保国民会议"也发表了"非常事态宣言"。数以十万计的游行人群将国会团团包围。5月14日,《朝日新闻》《每日新闻》等七大报纸联合发表社论,要求岸内阁总辞职。但是,岸信介政府采取了使国会处于瘫痪状态的策略。因为,只要"熬"到5月19日,《新日美安保条约》即自然成立。5月20日0点6分,《新日美安保条约》未经国会审议自然成立,天皇裕仁连夜予以认可。愤怒的国民当天举行大会,通过了"要求岸内阁总辞职和解散国会的决议",宣布:"我们将一直战斗到以这种暴行破坏民主政治的岸内阁倒台和丧失功能的国会解散。"①在日本,这场激烈的斗争史称"安保斗争"。

《新日美安保条约》和旧金山和会时签署的"安保条约"相比,有三大差异:一是删除了美军可参与平定日本"内乱"的条款;二是增强了对等性,具有军事同盟条约的性质;三是为美国提供了"国际警察岗位"。《新日美安保条约》被称为"远东条款"的第六条规定:"为维护日本国的安全以及远东的国际和平与安全,美国的陆、海、空军获准使用日本国内的设施及区域。"②

1960年6月23日,在东京港区白金台日本外相官邸,日美举行了交换"新安保条约"批准书仪式,《新日美安保条约》正式生效。当天上午,政府和执政党举行联络会议,岸信介表明了辞职意向。此后,岸内阁时期自民党内原先相对流动的派阀趋于固定,党内派阀被戏称为"8个师团"。自此,日本政治确立了执政党自民党的运作,主要通过派阀间斡旋的独特机制。另一方面,自"二战"结束,日本规模最大的一次反体制斗争"安保斗争"也成了"最后的斗争"。随着经济高速增长给国民生活带来的迅速变化,日本国民整体政治热情日渐消退。

---

① 《总评新闻》1960年5月20日。
② 《官报》号外,1960年6月23日。

第十二章 昭和时代（战后）

1960年7月14日，自民党在东京日比谷公会堂举行总裁选举大会。面对日本因"安保斗争"所产生的分裂使标榜"政治主义"的岸信介下台的教训，鉴于"神武景气"虽因经济发展过热等因素遭受挫折，但在1958年后半年超过"神武景气"规模的"岩户景气"已经来临的现实，岸内阁通产相池田勇人作为候选人，发表了由大平正芳拟稿的竞选演说，突出了两个重点。这两个重点审时度势，提出了以后日本政治和经济的发展方向。①

第一，修复议会政治，确立社会秩序。池田勇人表示："欲修复被损害的议会政治，恢复国民对政治家的信任，首先必须深刻铭记对反对党的宽容和忍耐。""人心的安定和相互的信赖，是社会秩序之根本和推行受到国民信赖的政治的先决条件。"

第二，提高国民生活水平，扩充社会保障。池田勇人宣布："首先，我将以10年后国民生产总值翻番作为政策目标。提高各阶层的收入水准，特别在国民经济成长过程中消除农业和工商业之间、一切大企业和小企业之间、各地区之间的收入差距。我将采取有力的、建设性的措施，使整个国民的生活水准及其内容，上升到不逊色于各先进国家的程度。另一方面，我将扩充社会保障，让不幸运、境遇差的人们分享社会繁荣的喜悦。"

在随即进行的投票表决中，第一轮池田勇人、石井光次郎、藤山爱一郎均未过半数，遂进行第二轮投票。结果，池田勇人在岸信介派、佐藤荣作派的支持下获得了302票，石井光次郎获得了194票，池田勇人以明显优势胜出。7月18日，经国会指名选举，池田勇人成为日本第三十八代、第五十八任首相。

从"政治季节"转向"经济季节" 池田勇人（1899—1965年）出生于广岛县丰田郡，父亲是做酿酒生意的。池田勇人从熊本的"五高"（第五高等学校）进入了京都帝国大学法学部，毕业后进入大藏省，历任各地方税务署长、东京税务局局长、大藏省财税局局长、次官，有丰富的实践工作经验，被称为"征税魔王"。1949年，刚当选众议院议员的池田勇人深受吉田茂赏识，成为第三届吉田茂内阁的藏相，后转任通产相，被称为"吉田学

---

① 大平正芳回忆录编辑委员会编：《大平正芳回忆录》，鹿岛出版会1983年版，第192—193页。

校优等生"。吉田茂下台后,池田勇人作为吉田派首领,历任石桥内阁藏相、岸内阁藏相、国务相、通产相。作为藏相,池田勇人曾建议"道奇路线"的主导者约瑟夫·道奇,将日元和美元的汇率固定为360∶1,实现了均衡财政,深受好评。作为大臣,池田勇人也因屡次"失言",遭到舆论批评。例如,1950年3月1日,藏相池田勇人在记者会上表示:"在推行一项大的政策时,付出一定牺牲也是无可奈何的事。"池田勇人所谓的"一定牺牲",是指大量中小企业倒闭。翌日,池田勇人在国会发言时表示:"在经济整理过程中,难免会有人破产,现在就是要披荆斩棘。"池田勇人无视他人生计的言论成为一些议员的把柄。3月4日,一些议员提出了"藏相不信任案",但被否决。12月7日,池田勇人在国会答辩时又称,"收入多的人吃米,收入少的人多吃面,这是经济原则"。这番"歧视性言论"再次遭到舆论批评。所幸没有再次招致"不信任"投票。但是,1952年11月27日,作为通产相的池田勇人在国会的表示又引起舆论哗然。他说:"因为破产而自杀虽然值得同情,但这是难以避免的事。"这次池田勇人没有那么幸运。翌日,"通产相不信任案"即提交众议院表决,并以208票赞同、201票反对而获得通过,池田勇人黯然下台。但是,他又转而成为和干事长、总务会长并称"三役"的自民党政策调查会长(简称"政调会长")。不过那些"失言"也表明,池田勇人是个心直口快的人,不似某些政客惯于闪烁其词,表述暧昧。而他的才干则得到肯定。

1960年7月19日,第一届池田内阁鸣锣开张。上台伊始,池田勇人即努力改变前内阁的"强权政治"形象,注意与在野党协调关系,以协商方式运营国会。组阁第二天,池田勇人在演说中提出了"宽容与忍耐",并予以实践。当年,三井矿山三池煤矿劳资双方围绕"合理化"问题,产生了激烈冲突。煤矿工会在向坂逸郎等人领导下,为反对资方停产和"指名解雇",组织工人进行了长达数月的罢工。资方则通过组织"第二工会"即亲资方的工会组织复工进行对抗,引起工人之间的流血冲突。警方出动万余名警察,开着装甲车赶赴现场,试图用施放催泪弹等手段平息事态。工会方面也从全国动员了2万多名工人前往"增援",双方剑拔弩张,互不相让。面对紧张事态,作为首相的池田勇人表示:"三井矿山三池煤矿问题虽然是目前一个社会治安问题,但是解决这种问题光靠增派警察是无济于事的,关键是要创造出使社会秩序稳定,能获得国民信赖的政治。"7月19日下午,劳动大臣石田博英根据池田勇人的指示,要求中央劳动委员

第十二章 昭和时代（战后）

会进行斡旋。根据政府指令,中央劳动委员会要求资方撤销指名解雇,避免了翌日可能爆发的警察和工人的冲突。池田勇人的政治实践,使"宽容与忍耐"成为当时的流行语。当然,他的"宽容"有时也是非常错误的,尤其是他任命战时东条英机内阁的大藏大臣贺屋兴宣(甲级战犯)出任法务大臣,就是一种违背政治原则的"宽容"。

1960年10月12日,社会党委员长浅沼稻次郎在日比谷公会堂发表演说时,被右翼青年山口二矢当场刺死。池田勇人当即责令内阁成员、国家公安委员会委员长山崎严引咎辞职,并且在国会发表了追悼演说。他在演说中引用了讴歌浅沼稻次郎的诗句:"浅沼是擅长演说的老百姓,脏脏的衣服破破的包。今天在本所的公会堂,明天在京都的辻庙堂。"池田勇人的演说声情并茂,令人动容,取得了很好的政治宣传效果。继任社会党代理委员长的江田三郎提出的推进"结构改革"的目标,与以往相比政治调门明显降低。11月1日,经济审议会提交了"国民收入倍增计划"咨询报告。这份报告由250位专家在召开152次会议审议后拟定,长达8万余字,对"计划"的方针、总目标和年度阶段目标、可能存在的问题及政府应采取的对策、产业结构的分布及调整设想、10年后国民生活的展望等问题作了全方位分析。当月,池田勇人组织了由大藏省出身的幕僚大平正芳、宫泽喜一,以及一些学者、经济评论家等组成的智囊团,向经济审议会提交了《以国民收入倍增为目标的长期计划》咨询报告,经媒体报道,引起民众热切关注。

1960年11月20日,日本举行第二十九次大选。大选前,根据社会党的倡议,日本举行了历史上首次党首电视讨论(辩论)。大选结果,社会党获145席,增加了23席。这与浅沼稻次郎遇刺获得同情显然不无关系。自民党获296席,增加了13席。这主要因为选民对国民收入倍增计划充满期待。民社党从40席降为17人。12月8日,池田勇人组成了第二届池田内阁。以"宽容与忍耐"为原则的政治方针和运作方式全面付诸实践,为日本从"政治季节"转向"经济季节",提供了重要前提和基本保障。

池田勇人的经历决定了他精通经济,不擅长外交。在初次竞选时,池田勇人的秘书问他:"如果成为首相,您打算怎么干?"池田勇人回答说:"就是发展经济,没别的,就是要使国民收入倍增。"池田勇人面临的主要任务确实也是发展经济。因为,他走向日本政治舞台中心的时候,日苏复交、加入联合国、修改《日美安保条约》等外交难题,均已由其前任鸠山内阁和岸内阁完成。不过,在外交方面,池田勇人内阁并非毫无建树。虽然实现中日邦交正常化的条件尚不成熟,但是池田内阁恢复了岸内阁时期中断的中日经贸交流。

1953年10月29日,中日签署了第二次《中日民间贸易协定》备忘录。其中第三项提出,双方将设立贸易代表机构。1962年,这一构想终于得以实现。当时,着力推动经济发展和国民生活改善、提出国民收入倍增计划的池田勇人内阁,表达了扩大对华贸易的意愿。当年5月,日本通产省、大藏省和外务省制定了在对华贸易上采取延期付款方式的新方针。9月,自民党顾问松村谦三访华,就全面恢复中日贸易关系和中方达成了协议。11月,中方代表廖承志和日方代表高碕达之助签署了《中日综合贸易备忘录》,形成了1963年至1967年中日贸易的基本框架,并在东京和北京分别设立"廖承志贸易办事处"和"高碕达之助贸易事务所"。由于廖承志姓名的首字母是"L",高碕达之助姓名的首字母是"T",因此《中日综合贸易备忘录》通称"LT贸易"。对中国签署"LT贸易"的根本动因,日本方面并非无知。"LT贸易"日方代表冈崎嘉平太表示:"周总理可能一开始就想以此为契机,推动两国邦交正常化或促进两国间的交流。"①中日邦交正常化谈判日方主要代表田川诚一在日记中写道:"战后的日中贸易开始于1950年,但在年底因朝鲜战争爆发而中断。1952年因为社会党的帆足计等在北京签署了第一次日中贸易协定而重新开始,经过迂回曲折,发展为现在的友好商社贸易。与之并行的LT贸易和备忘录贸易,是以松村谦三等第二次访华期间和周恩来总理会谈时,基于'以渐进的、累积的方式发展两国政治关系、经济关系,使之为中日邦交正常化发挥作用'的共识而实施的,其最终目标是实现日中邦交正常化。经济交流只是方式和途径,实现邦交正常化才是目的。"②也就是说,开展LT贸易的主要意义和最终目的是推动中日邦交正常化,改变"政经分离"状态。

在内政外交相对安定的环境中,池田勇人着力于发展经济,而当时

---

① 冈崎嘉平太:《寄语二十一世纪》,陈耐轩、骆为龙译,人民出版社1992年版,第78页。
② 田川诚一:《日中谈判秘录——田川日记——14年的证言》,每日新闻社1973年版,第380页。

日本的国民经济不仅"已经不是'战后'",而且在经历了"神武景气"和"岩户景气"后,已经如同一架进入跑道、只待发动引擎就能翱翔蓝天的飞机。

"国民收入倍增计划"和池田勇人的名字是紧密联系在一起的,但必须强调,虽然该计划是池田勇人在竞选演说时提出的,是"国民收入倍增"构想的"细化",不过这一概念和内容在岸信介内阁时代,已经发轫并初具雏形。可以认为,"国民收入倍增"是在岸内阁时期"开花",在池田内阁时期"结果",尽管核心人物始终是作为藏相、通产相或作为首相的池田勇人。1957年,岸信介内阁制订了"新长期经济计划"。自民党副干事长福田赳夫在听取企划厅综合计划局长大来佐五郎的说明时发问:"难道不能用倍增这种提法?"1959年1月3日,经济学家、原一桥大学校长中山伊知郎在《读卖新闻》上发表文章,提出:"未来日本经济的设想是建设福利国家。为达到这一目的,作为其具体体现,应提倡'工资倍增'。"时任岸信介内阁通产相的池田勇人,对此颇有同感。同年6月,池田勇人为支持本派候选人竞选参议员而赴各地演说时,提出了"工资倍增"的口号。但是,这一口号显然没有将农民和中小企业者包容在内。于是,根据大平正芳、宫泽喜一等人的建议,池田勇人将"工资倍增"改为"国民收入倍增",随后作为经济政策提出。

12月27日,第二届池田内阁通过了《国民收入倍增计划构想》。该"构想"就是池田勇人"竞选演说"的"实施细则"。① 因此,按照民众的评价,"池田不说谎"。《国民收入倍增计划构想》在国民中唤起了对实现目标、改善生活的美好期待。社会党当时发表了《长期政治经济计划》,提出在四年间实现国民生产总值增加1.5倍的计划,这也是社会党获取国民舆论支持的重要原因。显而易见,"国民收入倍增"是执政党和在野党的最大政治公约数。

《国民收入倍增计划构想》 其由以下几项内容构成:首先,提出了计划目的:"国民收入倍增计划必须以迅速使国民生产总值倍增、通过增加就业机会实现完全就业、大幅提高国民生活水平为目标。因此,必须特别努力纠正农业和非农业之间、大企业和中小企业之间、地区相互之间和收入阶层之间存在的生活上和收入上的差别,以期实现国民经济和国民生

---

① 经济企划厅编:《国民收入倍增计划》,1960年,第5—6页。

活的均衡发展。其次,提出了计划目标:"国民收入倍增计划以今后十年内国民生产总值达到 26 兆日元(1958 年度价格)为目标。"再次,提出了在实施计划时须特别注意的方面及相应对策:一是推进农业现代化,并指出"沿岸渔业的振兴亦采取同样措施";二是实现中小企业现代化;三是促进后进地区的开发;四是促进产业结构调整和重新审核对各地公共投资的分配;五是积极协助、配合世界经济的发展。

尽管在刚上任时的施政方针演说中,池田勇人已经表示:"充实社会保障,保护中小企业利益和实现农业现代化,以及后进地区的开发,是我们必须致力解决的问题。"但《国民收入倍增计划构想》提出后,仍遭到了一些批评,被指责"优先考虑大企业""舍弃农民""目标过高,难以实现"。于是,根据《国民收入倍增计划构想》实施方案,池田内阁进一步有针对性地采取了全方位的发展经济措施。这些措施可归纳为五项对策。

对策一,"积极协助、配合世界经济的发展"。池田内阁时期,日本实现了贸易和汇率自由化。但这一动向在岸信介内阁时期已经展开。1960 年(昭和三十五年)6 月 24 日,岸内阁通过了以三年后实现进口自由化率 80% 为目标的《贸易和汇率自由化计划大纲》。该大纲对国际经济形势和日本经济发展的需求和问题作了分析,对实施自由化的原则做了规定:

> 我国资源贫乏,人口众多。为了使我国经济在今后长期得到发展,不断顺应世界经济交流的趋势,进一步拓展与海外各国的自由贸易是不可或缺的重要条件。因此,努力推进自由化,不仅是发展世界经济的国际要求,对于我国经济自身而言,也是非常重要的课题。
>
> 迄今为止,我国由于战后复兴的需要和国际收支上的困难,对贸易和汇率进行了限制。但最近数年,随着国际收支好转、外汇储备增加,这种限制已渐趋缓和,自由化正获得推进。可以判断,虽然当今日本经济在国内物价稳定和国际收支黑字的基础上,正高速增长,但如果今后能获得政策支撑,则这种高速增长将得以持续,自由化将因此进一步得以推进。鉴于自由化发展的趋势,当今积极缓和对贸易和汇率的限制,进一步采取重视企业根据经济合理化要求的自主创意和责任的举措,将会给我国经济带来更多更好的效果……在推进自由化时将慎重考虑我国经济的特殊性,循序渐进,

有计划地实施。①

这一大纲的提出,具有以下背景:由国际货币基金组织(IMF)引导、以美元为标准的国际货币制度,虽然以建立各国货币能自由兑换的体制作为理想,但是允许处在战后复兴过程中的一些国家施行汇率限制。《国际货币基金协定》第十四条"过渡办法",对此有明文规定。因此,这些国家被称为"第十四条国家"。1952年加入国际货币基金组织的日本,即属此类国家。1958年西欧各国货币的自由兑换恢复以后,日本依然采取统一汇率机制和贸易保护主义,引起许多国家强烈不满,国际货币基金组织和西方国家的"老大"美国,要求日本早日撤销对汇率的限制。翌年秋天,国际货币基金组织和关贸总协定(GATT)年会在东京举行,各国纷纷谴责贸易已经顺差、国际收支早已大大改观但仍是"第十四条国家"的日本的"守旧"。以英国为首的西方国家态度更为强硬,声称如果日本不实行货币兑换和贸易自由化,将援引贸易限制条款,对日本商品的进口实施限制。果真如此,对奉行"贸易立国主义"的日本将是一场灾难。面对这种形势,日本"财界首相府"经团联于11月4日表示:"面对世界各国通过国际货币基金组织和关贸总协定大会提出的关于实行自由化的强烈要求,我们再次痛感有必要积极要求政府尽可能早日撤销我国对汇率和贸易的限制。"

池田内阁虽然担忧撤销汇率限制将对国内产业构成冲击,但是更担忧如果不顺应汇率自由化的潮流,将会在世界经济中限于孤立,因此在《贸易和汇率自由化计划大纲》的基础上,于1961年发布了《促进贸易和外汇自由化计划》,提出了撤销外汇分配制度、取消商品进口限制的方针。1963年2月,国际货币基金组织理事会建议日本取消外汇限制,向该组织"第八条国家"即"成员国的一般义务"过渡,"不要以国际收支为理由继续限制正常外汇往来"。②翌年3月,日本政府公布了《外汇汇率及对外贸易管理法》和《外资法》,决定自当年4月1日起正式承担作为国际货币基金组织第八条会员国的义务。

---

① 经济企划厅调整局编:《图说贸易和汇率自由化计划大纲》,至诚堂1960年版,第80页。
② 该协定第十四条是"过渡办法",规定"会员国应通知基金是否将采用本条第二款即'外汇限制'的过渡办法,或者是否将准备接受第八条第二、三、四款所规定的义务"。第八条"成员国的一般义务"第二款是"避免限制经常性支出";第三款是"避免歧视性货币做法";第四款是"兑付外国持有的本国货币"。

对策二,"推进农业现代化"。农业是池田勇人特别关心的领域。1960年11月12日,日本首次举行党首电视讨论。池田勇人表示:"虽然其他产业正趋向合理化、现代化,但是日本的农业状况和德川时代基本相同。必须将农业当作一个企业,通过扩大农业规模、开展多种经营来发展。"①需要强调的是,池田勇人之所以能提出上述构想,《农业基本法》之所以能在当时问世,除了受当时联邦德国制定《农业基本法》的启发,以及随着经济高速增长农村人口日趋减少,从而使扩大农家经营规模成为可能外,还有不可忽略的历史背景,即在战后经济高速增长开始后,战时至战后复兴期以粮食增产为至上目的的农业政策,必须得到调整。在此之前的1959年4月,岸信介内阁曾设立作为首相咨询机构的"农林渔业基本问题调查会"。翌年5月10日,调查会提出了咨询报告《农业的基本问题及其对策》。报告起始即写道:"农业的基本问题之所以被广泛议论,是因为近年农业者的生活水准乃至收入和其他产业从业者相比较低,而且这种差距趋于扩大。因此,为了阐明农业基本问题,首先有必要弄清这种现象为何产生。"报告指出了日本农业生产率低下的六个基本原因:劳动力过剩、经营规模狭小、土地制度死板、发展资金匮乏、资金使用不当、技术知识水平低下。为了解决这些问题,报告提出了三项对策:均衡工农业从业者收入、提高农业生产率、改善农业结构。②上述咨询报告为当年颁布的,由四大方面即生产政策、收入政策、价格政策、结构政策构成的《农业基本法》,提供了基本思路。

对策三,"促进后进地区的开发"。1962年5月,日本政府颁布了《新产业都市建设促进法》。10月5日,池田内阁以《国土综合开发法》为依据,提出了作为内阁决议的日本第一个正式的地域开发计划《全国综合开发计划》(通称"第一次全综")。提出这一计划的目的,是缩小沿太平洋的"四大工业地带"和其他地区在经济发展、资源分布、人口密度等方面的差异,在各地建立"据点都市"。③《全国综合开发计划》由以下内容构成。首

---

① 伊藤昌哉:《池田勇人——他的生与死》,至诚堂1974年版,第112页。
② 农林渔业基本问题研究会编:《农业的基本问题和基本对策》,农林渔业基本问题研究会1960年版,第14—25页。
③ 四大工业地带即以东京都和横滨市为核心、以关东平原为腹地的京滨工业地带;以大阪和神户为中心的阪神工业地带;以北九州市为中心的北九州工业地带;以爱知县、三重县、岐阜县为中心的中京工业地带。

先,指出现有经济布局的历史合理性。"我国经济是通过以东京和大阪为中心,集中积聚资本、劳动、技术等各项资源而发展起来的……企业适度集中,有利于企业成本核算,提高了社会资本效率,促进了整个国民经济的发展。"其次,指出历史合理性的历史局限性即随着历史的发展而产生的问题:"企业密集将使可以享用的积聚利益淡化,最终产生因密集导致的弊害。今日超大都市的问题,就是因此而产生的。"最后,提出解决上述问题的对策——以"据点开发方式"改变现有状况:"所谓据点开发方式,就是对东京、大阪、名古屋及其周边以外的地区,各根据其特性进行区分,在使之与中心区域加强联系的同时,根据各区域应该发挥的作用设定几个大规模的开发据点,并考虑各区域之间的接续关系及其与周边农林渔业的关系,或使之在工业或其他产业的生产功能、流通、文化、教育、观光等某方面特性化,或并用这些功能配置中规模、小规模的开发据点,通过发达的交通通信设施,在使这些据点形成念珠状有机联系、互相影响的同时,给予周边地区的农林渔业有益影响,形成连锁反应的开发方式。"

对策四,"促进产业结构调整和重新审核对各地公共投资的分配"。1961年4月,池田内阁设立了产业结构调查会,由"倾斜生产方式"的首倡者有泽广巳,出任产业体制部会长。随着贸易和汇率自由化,日本向开放经济过渡,许多日本人产生了继"培理叩关"之后的所谓"第二次黑船"来航的危机感。有泽广巳提出,与其让日本企业与之展开"自由竞争",不如通过产业界、金融界、政府的协调开展经济运营。1963年11月19日,产业结构调查会提出了咨询报告,有泽广巳的构想被融入其中:"特别提倡作为基于产业民主主义精神、为产业发展指明方向的新方法——'协调方式'。"报告强调了"协调方式的意义",指出"政府和产业界应该在各守本分的同时,紧密协作,为解决政策性课题而努力"。[①]

对策五,"实现中小企业现代化"。1963年,日本政府颁布了《中小企业基本法》,该法律的重点就是改善中小企业结构,并进而为实现这一目标制定了《中小企业现代化促进法》,提出了指定行业的现代化计划和政府的资金援助计划。在政府立法的同时,中小企业内部也对应经济本身的变化而发生变化。最显著的变化就是汽车制造业和其他行业"承包企

---

① 产业结构研究会编:《日本的产业结构》第1卷,通商产业研究社1964年版,第84—86页。

业"的发展。出现了一些具有较强技术能力的企业开始脱离已有生产系列框架,努力成为独立生产厂家直至被称为"中坚企业"的现象。另外一种现象就是在"流通革命"的背景下,"超级市场"等新型流通企业获得了迅速发展。

上述针对《国民收入倍增计划构想》而提出的法律、政策、计划,以及池田内阁采取的其他政策性配套措施,有效促进了经济持续高速增长。不过,在计划实行过程中也出现了一些问题,特别是倍增计划促使经济发展加速,使"景气"加热,但过热的经济也使"岩户景气"早日释放完能量而"寿终正寝"。1962年年初,延续了42个月的"岩户景气"开始出现"末期症状"。另外,根据《国民收入倍增计划构想》所采取的相应对策,有些并未取得预想效果。如"地区开发"虽然在调整工业布局、促进后进地区加速实现工业现代化方面取得了较好效果,但是在解决人口过密过疏方面,却并未奏效。《国民收入倍增计划构想》促进了设备投资,但同时引起物价上涨和大幅贸易赤字的产生。为了抑制经济"过热",池田内阁提高了央行准备金率,但随之引起股价下挫。仅时隔半年,股指便从平均 1 829 日元跌至 1 315 日元。在野党称"这是物价倍增"。自民党政调会长福田赳夫也批评道,"这是昭和元禄时代",意即和江户元禄时代类似。为了削减贸易赤字,当年 11 月,池田勇人访问了西欧七国,和法国总统戴高乐、法国总理蓬皮杜、英国首相麦克米兰、欧共体执委会主席哈尔斯坦会谈。在冷战背景下,此前日本和西方各国首脑会谈,重点都是政治和防卫问题,不是经济问题,而池田勇人和西方领导人会谈,重点却是经济问题。当时法国媒体报道称,"池田勇人首相更像是个经营半导体的商人"。池田勇人因此也被视为国家首脑"经济外交"的先驱。总体而言,倍增计划及其主导者池田勇人的历史功劳不应被否认。

1963 年 12 月 4 日,在大选后举行的特别国会上,第二届池田内阁宣布总辞职。在此前举行的自民党总裁竞选中,第一轮投票池田勇人即获 242 票,以仅过半数 4 票的结果,避免了和另两位候选人佐藤荣作、藤山爱一郎进行"决选投票",第三次当选自民党总裁。12 月 9 日,池田再次被任命为首相,随即组成了第三届池田内阁,阁僚全部留任。但是,时隔不久,池田勇人被确诊罹患喉癌,翌年 9 月 9 日入院就医。但对外仅宣称"出现癌症初期症状"。

10 月 10 日,在东京奥运会开幕典礼上,作为日本首相但正接受放射治疗的池田勇人,以嘶哑的声音宣读了贺词。10月24日东京奥运会闭幕,池田勇人没有出现在闭幕仪式现场。第二天池田勇人宣布内阁总辞职,在任时间1 575天。由于池田第三次当选时,自民党内在推举候选人时发生尖锐对立,弊害明显,因此决定采取由总裁池田勇人、副总裁川岛正次郎、干事长三木武夫协商的方式,推举自民党新总裁。最终,在吉田茂、岸信介的极力推荐下,池田勇人在佐藤荣作、藤山爱一郎、河野一郎三名候选人中,推举同为"吉田学校优等生"的佐藤荣作为其后任。日本自此开始进入佐藤荣作长期执政的年代。

第七节 "昭和熟透期"的外交

"熟透"是对日语"烂熟"一词的翻译,"昭和熟透期"主要指佐藤荣作执政时期。池田勇人因病辞职后,佐藤荣作被池田勇人推荐为内阁首席,经众参两院指名选举成为日本第三十九位首相。1964年11月9日,佐藤荣作完成组阁。池田勇人指定佐藤荣作接班时,附有三个条件:继承政策;维持党和内阁的原有人事安排;与河野一郎协调好关系。三个条件佐藤荣作不仅全部接受,而且,除了内阁官房长官和内阁法制局长官是新任命的,其余第三届池田勇人内阁的阁僚悉数留任。不过,日本政治史上有"人事的佐藤"一说,即佐藤热衷于人事更迭。第一届内阁组成后,他进行了三次改组,第二届和第三届佐藤内阁同样如此,以至于佐藤内阁每个大臣"宝座"都有三个人坐过。但是,就"继承政策"而言,佐藤荣作时期的对外政策和以往似有不同,主要表现在日韩建交、对华贸易向政治延伸,以及冲绳的归还。

《日韩基本条约》的签署 佐藤荣作(1901—1975年)的出身与其兄长岸信介相同,而且在前任总裁病退、未经选举而接班这点上,兄弟也相同。不过,兄长岸信介因为过继给了伯父岸信政,延续了祖姓,而佐藤荣作则延续了父亲入赘佐藤信宽家后的姓氏——"佐藤"。从熊本的"五高"毕业后,佐藤荣作进了东京帝国大学法学部,1924年毕业后任职于铁道省。和年长5岁、因罪恶昭彰而成为"甲级战犯嫌疑犯"的岸信介相比,佐藤荣作相对"出世"较晚,45岁才升任大阪铁道局局长,这也是他的"幸运"。战后(1947年)佐藤荣作才升任铁道总局长官。不过,佐藤荣作也是事务官员出身,其实干能力和池田勇人不相上下,在社会上享有"铁道的佐藤，大藏的池田"的称赞。1947年，佐藤荣作升任运输省次官，翌年被首相吉田茂任命为内阁官房长官。1949年1月大选，佐藤荣作成功当选众议院议员。翌年5月，作为众议院"一年级学生"的佐藤荣作成为自由党干事长，并在第三、第四届吉田内阁中先后任邮政相、建设相。1953年佐藤荣作再度出任自由党干事长。在岸信介组阁后，佐藤荣作出任藏相，并"自立门户"形成了"佐藤派"。在池田内阁时，佐藤荣作任通产相。

佐藤荣作也被称为"吉田学校优等生"。吉田茂五次组阁，佐藤荣作三次组阁。但是，吉田茂在位2616天，佐藤荣作至1972年7月7日内阁总辞职，在位2798天，超过了"老师"。佐藤荣作之所以能够长期执政，形成"佐藤长期政权"，除了池田勇人、河野一郎、大野伴睦等有力竞争者相继离世，主要是因为佐藤荣作生逢其时，成为"时代的幸运儿"：外交上，1965年和韩国实现了邦交正常化，1971年使美国归还了冲绳。经济上，在明治维新百年的1968年，日本超过德国成为西方"老二"。政治上，自"佐藤时代"开始，自民党在"1955年体制"中真正"一党独大"。

佐藤荣作任内解决的第一个"外交难题"，是与韩国实现了邦交正常化。1910年8月22日，日本迫使朝鲜签订了《日韩合并条约》，使朝鲜沦为日本的殖民地，朝鲜由此开始了36年"日据时代"即殖民主义时代的历史。1943年12月1日发表的《开罗宣言》，中、美、英三国公开宣布："我三大国轸念朝鲜人民所受之奴役待遇，决定在相当期间，使朝鲜自由独立。"1945年8月中、美、英三国发表的《波茨坦公告》第八条重申："开罗宣言之条件必将实施，而日本之主权必将限于本州、北海道、九州、四国及吾人所决定其可以领有之小岛在内。"

1945年5月，在是否同苏联商谈关于朝鲜战后安排的问题上，美国政府内形成了两种意见：一种意见以海军部长福里斯特尔、代理国务卿格鲁和美国驻苏联大使哈里曼为代表。他们主张立即召开美、苏、英三国首脑会议，促使苏联同意美国在东北亚的政治安排。另一种意见以陆军部长史汀生为代表，认为和苏联谈判为时尚早。按照史汀生的说法，美国必须处于十分有利的地位，必须拥有"同花顺子"，才能在朝鲜和中国问题上"把事情都抖出来和俄国人闹翻"。他所谓的"同花顺子"，就是原子弹。最后，杜鲁门听从了史汀生的意见。7月16日，美国成功试爆了原子弹。这时，围绕是否要和苏联谈判，美国决策层再起争论。陆军部长史汀生力主马上谈判，在波茨坦会议上同苏联逐个敲定中国和朝鲜问题。但是国

第十二章 昭和时代（战后）

务卿贝尔纳斯反对在波茨坦和苏联谈判，他的策略是严守原子弹机密，拖住苏联，不让它在日本投降前参战。最终，杜鲁门采纳了贝尔纳斯的意见。8月8日苏联对日宣战以后大军压境，水陆兼程，直插朝鲜半岛，大有迅速占领整个朝鲜之势。而这时美军却还远在日本最南部的冲绳岛。为了防止苏联独占朝鲜，美国决定在敦促日本投降的命令中，划定盟国受降区域。这条分界线如何划分？美国国务院、陆军部、海军部一院二部协调委员会让林肯准将，迅速提出一条划定受降区域分界线的建议。林肯认为横穿朝鲜的北纬38度线，是一条理想的分界线。他和博尔斯蒂尔、腊斯克两位陆军上校商量后，建议将这条线划在北纬38度。美军参谋长联席会议审核通过了这一建议。8月15日，杜鲁门给斯大林的电报中提出，他已批准作为接受日本总投降的盟军最高司令官麦克阿瑟发给日本的《总司令第一号》。《总司令第一号》规定了美、苏、中、英，以及澳大利亚等盟国接受日军投降的区域划分，包括美苏两国在朝鲜半岛接受日军投降以北纬38度为界。斯大林翌日的复电提出，将齿舞、色丹、国后、择捉四岛，作为苏军受降区域，没有对"三八线"表示异议。

划定"三八线"后，苏军和美军分别进驻了朝鲜北部和南部。12月底，美、苏、英三国外相在莫斯科举行了会谈，决定由美、苏、英、中四国对朝鲜进行为期五年的委托统治，在此期间筹备建立统一而独立的朝鲜。但是，朝鲜半岛的民众反对委托统治并展开了抗议运动。以此为背景，李承晚发表了建立南朝鲜独立政府的构想，得到了美国的支持。1948年8月15日，大韩民国宣告成立。9月9日，朝鲜民主主义人民共和国宣告成立。朝鲜半岛分裂为两个国家，并在1950年6月25日爆发战争。

朝鲜战争使美国转变了对日政策。1951年《旧金山和约》签署后，美国为了建立围堵社会主义国家的"半月形岛屿防线"，力图促成日本和韩国建交。于是，在美国的安排和敦促下，日韩代表于翌年2月正式开始进行建交谈判。但是，韩国并没有将日韩邦交正常化作为紧迫课题，日本则认为在自身经济政治条件改善后，再谈日韩邦交正常化对自己更为有利，因此谈判迟迟没有取得实质性进展。1961年5月，韩军少将朴正熙发动军事政变，推翻了以张勉为首的民主党政府上台执政。由于美援减少，而朴正熙急欲发展经济笼络人心，如果从日本获取资金、技术支持是最佳选择。而日本也急于开拓海外市场，获得高素质且廉价的劳动力，韩国是最佳选择。于是双方开始就建交问题进行谈判。

1962年,韩国中央情报部长金钟泌访问日本,和日本外相大平正芳达成了《大平·金备忘录》,主要内容:一是日本以经济合作方式,在10年内每年向韩国提供3 000万美元无偿援助。二是日本向韩国提供2亿美元长期低息贷款,分10年施行。三是日本向韩国提供至少1亿美元民间贷款。①双方确认,《旧金山和约》第四条"索赔权问题"已获得解决。这说明朴正熙政权在对日索赔问题上作出了让步。

1964年11月佐藤荣作执政后即表示:"日韩谈判已经到了最后关头,希望早日达成协议。"12月,日韩两国代表在东京举行了第七次会谈,就《日本国与大韩民国基本关系相关条约》(简称《日韩基本条约》)草案进行了谈判。翌年2月17日,日本外相椎名悦三郎应邀访问韩国,同韩国外务部长李东元就草签《日韩基本条约》进行磋商。椎名悦三郎到达韩国后,即对日本在朝鲜的殖民统治表示"遗憾"和"深刻反省"。这是日本官方首次如此表态并写进了《椎名—李联合声明》。6月22日,双方正式签署了《日韩基本条约》。该条约主要包括以下内容:一是"1910年8月22日以前,日韩之间签订的所有条约业已无效"。这是一种刻意回避《日韩合并条约》是否合法的模糊表述。二是"确认大韩民国为联合国195号决议所明示的朝鲜唯一合法政府"。三是在日韩国人法律地位问题。四是主要涉及"独岛"(日本称"竹岛")的领土领海问题,没有写入条约,只是在同一天以交换《日韩之间关于解决纠纷的交换公文》的方式,搁置了争议。另外通过《日韩渔业协定》,规定双方各自划定12海里为专管水域。值得注意的是,《日韩基本条约》虽然标志着日韩建交,但既没有明确战争赔偿问题,也没有日本对历史的"反省"和"谢罪",为以后双方的矛盾纠纷留下了伏笔。

MT贸易取代LT贸易 佐藤荣作也想改善与中国的关系。1964年初,还没有上台执政的佐藤荣作即秘密会晤了前往日本访问的中国国际贸易促进委员会主席南汉宸,提出希望以政治和经济不可分的原则推进中日关系。当年秋天,佐藤荣作又通过自民党议员久野忠治向廖承志表示,希望在缅甸首都仰光和周恩来总理会晤。廖承志对佐藤荣作"政经不可分"这一和中国一致的立场表示赞赏,他对久野忠治说:"池田先生病倒了,他的继任者应该是佐藤先生。他担任首相后想必会到仰光去。既然

---

① 石丸和人编:《战后日本外交史》第2卷,三省堂1983年版,第348页。

佐藤先生赞同政治和经济不可分的原则,那么日本今后当会在对华政策方面采取向前看的姿态。我们对此寄予很大希望并衷心欢迎佐藤政权的组成。"①但是,11月9日佐藤荣作成为日本首相后,所作所为却令中国失望。就在当时,日共中央委员会邀请中共中央派代表团前往参加日共代表大会,中共中央决定派北京市市长彭真率团前往。口是心非的佐藤政府竟然拒绝为中共代表团发放入境签证。对佐藤政权的做法,《人民日报》发表评论员文章表示,"中国人民对佐藤政权已不抱有任何幻想"。②更令中国不可容忍的是佐藤荣作鼓吹"两个中国"和"一中一台"的立场。当年,佐藤荣作在记者会上表示:"在中国有两个国家,他们一开口就说只有一个中国。在这种情况下,外国能说两个中国吗?那才是干涉内政呢。"③

然后,由于为期五年的"LT贸易"行将到期,双方必须就是否延长进行谈判。1966年春,松村谦三访华,周恩来总理对他表示,"继续延长LT贸易协定"。但是,由于佐藤荣作政权的反华姿态刺激了中国,给LT贸易协定的延长蒙上了阴影。于是,松村谦三和日方LT贸易责任人冈崎嘉平太非正式地建议中国,就"LT贸易"的延长问题进行会晤。之后他们又通过孙平化和中国驻东京贸易代表处的吴曙东提出这一建议,但中国迟迟未给予回复。11月7日,孙平化致电松村谦三,就他们的建议表明了中方态度:"虽然日本政府一而再、再而三的反华政策,给双方的贸易关系造成障碍和很大困难,但我们尊重已经建立的合作关系。同时鉴于日方多次提出进行谈判的要求,因此日方若能在10日之前派几名代表前来北京,中国政府愿意进行谈判。"④日方复电表示,决定在20日之前派古井喜实、冈崎嘉平太、田川诚一作为代表,以及大久保任晴和金光贞治作为随员访华。由于田川诚一当时担任厚生省政务次官,日本政府认为此次访华属"民间交流",没有批准田川诚一访华。田川诚一和日本政府及自民党首脑商谈后,辞去了厚生省政务次官一职。但是,日方代表访华仍不顺利,翌年12月31日,"LT贸易协定"过了5年期限,双方贸易关系

---

① 田川诚一:《日中交流和自民党的领袖们》,读卖新闻社1983年版,第32页。
② 1964年11月25日《人民日报》评论员文章《佐藤荣作的白日梦》。
③ 《朝日新闻》1964年11月11日夕刊。
④ 田川诚一:《日中谈判秘录——田川日记——14年的证言》,每日新闻社1973年版,第72页。

进入了"协定空白期"。

1968年1月17日,周恩来总理在会见前来访问的社会党议员石野久男时说:"请转告松村谦三先生,'LT贸易'并没有完全中断。如果日方能派代表前来中国,中方愿意与他们接触。"①得到石野久男转达的中方意见后,日方即致电中国政府,告知将派上述3名代表和2名随员于2月1日前往中国。日方代表在访华前分别拜会了首相佐藤荣作、外相三木武夫、通产相椎名悦三郎。三人均表示:"日中关系相当重要,希望能够使'LT贸易'顺利延续。"②

2月8日,双方举行了第一次会谈。经过几天艰苦谈判,双方终于达成协议。3月6日,双方正式签署了"贸易协议备忘录"(Memorandum Trade,又称"MT贸易")。MT贸易和LT贸易相比有三方面变化:第一,贸易协定期限从5年变为1年。最初日方提出将贸易期限仍定为5年,但中方坚持将以前的5年一签改为1年一签。这主要因为佐藤政权的对华政策尚处于调整期,仍不明朗,中方希望通过观察进行适时调整。第二,贸易机构名称从"私人"变为"官方"。这是中方首先提出的,主要理由是高碕达之助已经在1964年2月去世,而且以私人名字命名组织机构在中国没有他例,其业务内容也不易为人们了解。日方赞同中方的提议,于是双方贸易办事机构的名称改为"中国中日备忘录贸易办事处""日本日中备忘录贸易事务所"。第三,贸易机构的职能从经济为主变为政治为主。如前面所述,这主要因为根据"政经不可分"原则,双方都希望使贸易机构成为实现邦交正常化的沟通渠道。事实上,中日之间的贸易除了"LT贸易"和之后的"MT贸易",还有根据周恩来总理1960年8月27日会见日中贸易促进会专务理事铃木一雄时提出的"贸易三原则"进行的"友好贸易"。"贸易三原则"是:政府协定(中、日两国任何协定都必须由双方政府缔结)、民间合同(政府间暂不能缔结协定时,日本企业可以和中国公司谈判签订民间合同)、个别照顾(对中断贸易后依靠中国原料谋生而造成严重困难的日本中小企业,可给予照顾)。③据统计,在中日贸易中所占份额,1963年"友好贸易"占37%,"LT贸易"占63%;1969年"友

---

①② 田川诚一:《日中谈判秘录——田川日记——14年的证言》,每日新闻社1973年版,第73页。

③ 田桓主编:《战后中日关系史1945—1995》,中国社会科学出版社2002年版,第179页。

好贸易"占 90%,"MT 贸易"占 10%。①由此可见,"MT 贸易"在两国关系中主要发挥的是"政治管道"的功能。

由于"备忘录贸易"即将到期,1969 年 2 月 14 日,双方就续签问题举行谈判。双方争执最激烈的是《新日美安保条约》。中方代表李孟竞强调:"《新日美安保条约》是侵略性、攻击性的军事条约,是美帝国主义和日本反动派互相勾结试图侵略中国的政策。古井喜实先生提出,美国在日本国内建立军事基地限制了日本的主权。但我认为,这不仅是限制主权,而且是侵犯行为。《新日美安保条约》也是敌视亚洲各国人民的政策。"古井喜实表示:"《新日美安保条约》绝不是侵略性、攻击性的条约。""我们也希望《新日美安保条约》早日废除。但是,即便现在废弃,也来不及着手准备。这也是对苏联的威胁。如果即刻废除安保条约,将不得不考虑由美国重新占领。"②中方之所以坚决反对《新日美安保条约》,主要有两方面原因:一是日本正成为美国侵略越南的后方基地;二是当时日本和美国正就冲绳返还问题进行谈判。如果冲绳"有核归还",将对中国构成严重威胁。"台湾问题"也是实现邦交正常化的重要障碍。中方首席谈判代表刘希文明确指出:"中国政府和人民在台湾问题上的严正立场众所周知,即中华人民共和国政府是代表中国人民的唯一合法政府,台湾是中国神圣领土不可分割的一部分。试图制造'两个中国'的阴谋必定以可耻的失败告终。真正希望中日关系正常发展的人们,必定采取正确立场,必定反对制造'两个中国'的阴谋。"③但是,由于日本政府和自民党主流派仍视台湾当局为中国的"合法政府",而且日本国内对台湾问题之于中日关系重要性的认识还比较肤浅,双方难以达成一致。因此,在"佐藤长期政权"时期,中日邦交正常化未能实现。

《冲绳归还协定》的签署　冲绳归还被视为佐藤荣作的主要政绩。前日本首相宫泽喜一指出:"池田内阁收拾了 1960 年安保的混乱局面,并通过收入倍增计划开辟了日本成为经济大国的道路,但没有解决冲绳归还和中国问题。"④就这个意义而言,实现冲绳归还确实是佐藤荣作的主要

---

① 添谷芳秀:《日本外交与中国》,第 143 页,转引自毛里和子:《中日关系——从战后走向新时代》,徐显芬译,社会科学文献出版社 2009 年版,第 41 页。
② 田川诚一:《日中谈判秘录——田川日记——14 年的证言》,每日新闻社 1973 年版,第 159 页。
③ 古川万太郎:《日中战后关系史》,三省堂 1983 年版,第 280 页。
④ 宫泽喜一:《战后政治的证言》,读卖新闻社 1991 年版,第 132 页。

"政绩"。问题是,难道仅仅是因为佐藤荣作纵横捭阖的能力出众,或胜过池田勇人,所以能够取得这项政绩?答案应该是:一方面在"归还冲绳"问题上,佐藤荣作能够审时度势。但更重要的原因是尼克松执政后,美国调整了全球战略,开始推行"新亚洲政策"。因为美国对日政策调整而获益的佐藤荣作成了"时代的宠儿"。

1951年9月8日签署的《旧金山和约》第三条规定,日本对将冲绳等岛屿"置于联合国托管制度之下,而以美国为唯一管理当局之任何提议,将予同意"。但是在当年1月,日本和美国就签署和约进行谈判时,日本首相吉田茂就向美国国务院顾问杜勒斯提交了有关日本领土问题的备忘录,要求美国在结束托管时,将冲绳和小笠原群岛归还日本。①吉田茂在签署和约后发表演说时也明确表示:"美国全权代表和英国全权代表的发言表明,根据和平条约第三条,北纬29度以南诸岛,即奄美大岛、琉球群岛、小笠原群岛等置于联合国托管制度之下,但其主权留给日本。对此,我非常高兴地以日本国民的名义欣然予以接受。我期望世界特别是亚洲尽快确立和平与稳定,使这些岛屿尽早返回日本的行政管辖之下。"②1957年6月,日本首相岸信介访问美国时,首次正式提出归还冲绳的要求。但美国表示,"只要在远东存在威胁和紧张局势,美国就有必要维持现状"。③1961年6月,日本首相池田勇人访美,没有提出冲绳归还问题,只是提出希望改善冲绳居民的福利待遇。在双方发表的《日美联合声明》中,美国对此给予了积极回应。

1963年8月,佐藤荣作访问冲绳时,在机场即表明了要求返还冲绳行政权的态度:"我明确认识到,只要冲绳没有回归祖国,对我国来说'战后'就没有结束。"④1964年7月自民党总裁选举时,佐藤荣作提出:"日本将向美国提出归还冲绳的要求。同时将怀着诚意遵守有关冲绳的特别基地协定。"⑤显而易见,佐藤荣作是将"归还冲绳"作为获取选票的政治筹码,但这次选举佐藤荣作败给了池田勇人。

当年11月9日,自民党在大选中再次获胜,佐藤荣作在第四十七次

---

①③ 石丸和人等:《战后日本外交史》第3卷《开始启动的日本外交》,三省堂1985年版,第224页。

② 吉田茂:《十年回忆》,中央公论社1998年版,第104页。

④ 中村隆英:《昭和史》第2卷,东洋经济新报社1993年版,第544页。

⑤ 横田实编:《佐藤政权·2797天》(上),行政问题研究所1983年版,第62页。

临时国会上被任命为首相。佐藤荣作第一次施政演说没有提到要求"归还冲绳"。三天后,在回答社会党委员长成田知巳的咨询时,佐藤荣作是这样表述的:"众所周知,美国承认日本对冲绳拥有潜在主权,我们也在努力早日实现这一目标。但是,目前立即提出这个问题是否能够奏效,尚存在疑问。"①要求美国"归还冲绳",始终是佐藤荣作想扬名立万的目标。翌年1月10日,佐藤荣作出访美国,在和林登·B.约翰逊(Lyndon B. Johnson)会谈时,佐藤荣作表示,为了亚洲的安定,必须强化日美关系,为此必须解决冲绳问题。当时发表的《日美共同宣言》第11项的内容是:"总理大臣表明了希望尽快将冲绳及小笠原行政权归还日本的愿望……总统对日本政府及国民归还行政权的愿望表示理解,将在远东安全保障方面的利益允许的条件下,使之实现这一愿望。"当月,佐藤荣作在国会发表施政方针演说时称:"我将强烈主张,归还冲绳、小笠原诸岛的行政权是日本国民的强烈愿望。"8月佐藤荣作作为日本首相首次登上冲绳,引起广泛关注。

  1967年2月17日,佐藤荣作再次被众参两院任命为首相,组成了第二届佐藤内阁,"归还冲绳"依然是他的主要目标。当年11月12日至20日,佐藤荣作再度访美。在双方发表的《日美联合声明》中提到,佐藤首相希望"将琉球和小笠原两群岛的施政权尽快归还日本"。美国同意在"冲绳施政权归还日本的方针之下",继续就日方提出的希望在最近两三年内确定双方均满意的归还时间进行磋商。②在会谈中,约翰逊总统同意在一年内归还小笠原群岛,但没有提及冲绳的归还日期。在送别宴会上,美国国务卿腊斯克表示,美国"可以归还冲绳"。③但是,1968年,"归还冲绳"问题没有取得任何进展,被称为"停滞的一年"。尽管如此,当年12月11日佐藤荣作在国会发表演说时强调:"尽全力实现冲绳早日归还,同时大力推进冲绳和本土一体化政策。"翌年1月27日,佐藤荣作在国会发表施政方针演说时再次表示:"下定决心为实现冲绳回归迈出实质性的步伐。"④

---

① 浅野一弘:《日美首脑会谈和战后政治》,同文馆2009年版,第140页。
② 鹿岛和平研究所编:《日本外交主要文书及年表》第2卷,原书房1984年版,第545页。另参见新崎盛晖:《冲绳现代史》,胡冬竹译,生活·读书·新知三联书店2010年版,第179页。
③ 《佐藤荣作日记》第2卷,朝日新闻社1998年版,第223页。
④ 《第61次国会众议院会议录》第2号(二),1969年1月27日,第11—12页。

1969年,归还冲绳的谈判开始实质性启动。之所以在这一年,主要因为当年1月20日,理查德·尼克松(Richard Nixon)当选美国总统,聘请亨利·阿尔弗雷德·基辛格(Henry Alfred Kissinger)担任国家安全事务助理。1月21日,基辛格签署了"第5号国家安全研究备忘录",要求国家安全委员会结合中美关系提出对日政策建议。国安会的报告建议延长翌年到期的《新日美安保条约》,否则日本很可能试图成为拥核国。这必然引起中国强烈反应,也不符合美国利益。为了避免出现这种情况,美国应该鼓励日本在符合其自身政治、经济能力,并且邻国能够容忍的范围内,增强自身防卫能力。[①]5月,美国驻日大使阿敏·H.迈耶(Armin H. Meyer)和日方就冲绳归还问题进行了谈判,焦点是冲绳归还后,美国是否能在冲绳存储核武器。当月下旬,尼克松政府最终决定,不坚持在冲绳必须"存核"。5月31日,日本外相爱知揆一开始访美行程。他向美方表明了日本政府的基本立场:在《新日美安保条约》框架内,以不削弱冲绳美军基地实力和确保远东地区安全为基本原则,冲绳应和本土一样不存储核武器。冲绳归还后将和本土一样,适用《新日美安保条约》及有关协定。美方同意日方立场,表示至迟在1973年之前归还冲绳。

1969年7月25日,尼克松在关岛发表了后来被称为"尼克松主义"的讲话,要点是:美国将恪守条约义务,但希望各有关国家更好承担起自我防卫责任;美国不希望被再次拖入对越南那样的战争。尼克松之所以发表这番讲话,主要因为在冷战背景下,为了和苏联勃列日涅夫政府的"全面进攻战略"抗衡,尼克松根据基辛格"以欧洲为重点,以中东为侧翼,以亚洲为侧翼"的建议,开始调整对日防务政策。尼克松的这番讲话令日本不无担忧,称之为"尼克松冲击"。

11月17日,佐藤荣作再度访美,和尼克松举行了三次会谈,分别就包括冲绳问题在内的东亚安全问题、纺织品贸易摩擦问题沟通。但双方同意在联合声明中不提及贸易问题,以免产生以"线"(纺织品)换"绳"(冲绳)的印象。双方还同意就对华政策保持密切沟通。在第一次会谈后,佐藤荣作和尼克松签署了秘密协商议事录,主要内容是:"在发生重大紧急

[①] "NSSM 5 Japan", March 1969 and "Japan Policy(response to NSSM 5)" memo from Bundy to Chairman of the NSC Review Group, March 27, 1969, Doc.01053, in Japan and the United States: Diplomatic, Security and Economic Relations, 1960-1976, National Security Archive Microfiche(NSAM), Michigan: Ann Arbor, 2000.

事态时,美国政府经与日本政府协商,拥有将核武器带入或通过冲绳的权利。""日本政府理解美国政府的要求,在美国事先与日本协商时,毫不迟疑地满足其要求。"①11月21日发表的《佐藤·尼克松共同声明》第8项,宣布了双方的共识:"总理大臣详细说明了日本国民对核武器的特殊感情及以为背景的日本政府的政策。总统对此表示深刻理解,并对总理大臣明确承诺,在不损害美国政府有关《新日美安保条约》事先协议制度的立场、不背弃上述日本政府政策的前提下归还冲绳。"②也就是说,第一,为期10年的《新日美安保条约》1970年后仍然有效;第二,1972年内,"以与本土一样撤除核武器的方式",将冲绳归还日本。

12月2日,刚刚访美回国的佐藤荣作宣布解散国会,27日举行大选。自民党再次获胜。1970年1月14日,在特别国会召开同日,第三届佐藤内阁宣告成立。3月,日、美两国在冲绳首府那霸设立了"冲绳复归准备委员会"。翌年6月17日,日美签署了《日本国与美利坚合众国关于冲绳群岛和大东群岛的协定》(简称《归还冲绳协定》)及附属议定书,宣布"美国自该协定生效之日,为日本放弃基于和平条约第三条规定的一切权利和利益"。东京和华盛顿电视直播了签约情景。同年10月,日本召开了以"归还冲绳"为主题的第67次临时国会,在社会党、共产党因强烈反对而缺席的情况下,先后在众议院特别委员会和众议院全体会议上通过了《归还冲绳协定》。12月22日,参议院通过了该协定。翌年1月7日,佐藤荣作和尼克松在会谈中商定,归还日期为当年5月15日。当日,冲绳的立法、行政、司法权正式归还日本。然而,双方事先是否就"撤去核武器"达成共识,迄今依然存疑。③

第八节 "昭和熟透期"的日本经济政治社会

"昭和熟透期"即佐藤荣作执政时期,日本经济发展速度超过了池田勇人时期,在1968年超过德国,成为仅次于美国的世界第二经济大国。

---

① 藤本一美、宗像优编:《战后日本丛书》第3卷《高度成长的政治(1965—1974年)》,津南出版2006年版,第86页。
② 日本外务省编:《主要条约集》,大藏省印刷局1977年版,第79—87页。
③ 1974年12月,佐藤荣作获得了诺贝尔和平奖,获奖理由是在任期间签署了《核扩散防止条约》和提出了"非核三原则",即不制造、不拥有、不运入核武器。

民众的生活也随着"三种神器"和"3C"进入普通家庭而有很大改善。政治方面,虽然自民党"一党独大"的格局,是以"1955年体制"的形成为标志的,但最终确立是在佐藤内阁时期。但是,"祸福相依"。环境污染和公害问题,在"昭和熟透期"成为严重社会问题,迫使日本政府采取各种措施加以治理。同时,以"三岛事件"和"赤军事件"为标志,迅速发展的经济和相对稳定的政治,并没有消除日本社会潜在的隐患。

经济和政治变化 1962年10月5日,池田内阁曾提出《全国综合开发计划》(简称"旧全综"),佐藤执政后,为了纠正"旧全综"贯彻过程中产生的公害、各地人口疏密不均等问题,于1969年5月30日提出了《新·全国综合开发计划》(简称"新全综")。作为内阁决议的"新全综"开宗明义地宣称:"本计划的基本目标是调和下列四方面课题(关系),同时为人类创造富裕的环境。"四方面课题是:人和自然、各地开发的均衡、各地的特性、经济发展和国民生活环境。①实际上,"新全综"的"新",主要是在全国建立大规模工业基地,对整个日本进行开发,同时建立全国性交通通信网络。

佐藤荣作执政后,"日本经济是自由自在发展的"。但是,1965年,日本经济开始陷入许多经济学家所称的"结构型原因"的不景气。为了尽快脱离这一境地,当年7月,佐藤内阁藏相福田赳夫提出了发行公债的解困方针,并要求财政制度审议会就此进行研究。11月,财政制度审议会提出的报告认为:"未必要拘泥于均衡财政主义。发行公债使之成为公共投资财源的举措,是适当的。"该报告还就发行公债的意义、建设公债的原则、消化公债的方法等进行了论证。②翌年,日本政府发行公债,消除了"不景气"征象。之后,日本进入了长达57个月的"伊奘诺景气"时期,使日本20世纪60年代的经济发展,呈"V"形走势。

"昭和熟透期"即佐藤荣作执政后,日本一般家庭开始拥有被称为"三种神器"的黑白电视机、电冰箱和洗衣机。由安藤百福(原名吴百福)发明的"速泡面"(方便面)也开始流行。与东京奥运会召开相关,东京至大阪的东海道新干线、名古屋至神户的名神高速公路和东京至名古屋的东名高速公路,分别于1964年、1965年、1969年全线开通。1965年,日本的

---

① 经济企划厅编:《新·全国综合开发计划》,1969年,第9—11页。
② 财政制度审议会:《建议·报告集》第1卷(1965—1974年),第16—19页。

国民生产总值(GNP)为 883 亿日元,居美国、联邦德国、英国、法国之后,列第五位。1968 年,即明治维新 100 周年之际,日本的 GNP 达 1 419 亿美元,超过 1 322 亿美元的联邦德国。同年 GDP 总量,日本为 1 466.01 亿美元,占世界 GDP 总量 5.980 2%;联邦德国为 708.47 亿美元。日本 GDP 总量占世界 GDP 总量 2.89%,成为仅次于美国的经济大国。1970 年,日本在世界国民生产总值和世界贸易中的占比均为 6%左右,并在钢铁、汽车、电器、船舶等领域拥有重要地位。同时,空调、彩电、轿车开始进入日本普通家庭,日本国民生活开始进入"3C 时代"。[①]1970 年,世界博览会(简称"世博会")在大阪举行,大阪成为亚洲第一个举办世博会的亚洲城市。[②]大阪世博会由王储明仁任组委会名誉主席,铃木善幸任秘书长,75 个国家参与,参观人次累计近 6 500 万。大阪世博会无论场地、建筑还是展览活动,都显示了人类如何更好地利用自然资源,更进一步应用科学技术,更有效促进相互理解,努力工作,共同享受美好生活的主题:"人类的进步与和谐"。

按照"国民收入倍增计划"预定目标,10 年后即 1970 年,国民生产总值(GNP)应为 1960 年的两倍,即 26 兆日元(按 1958 年价格计算)。实现 GNP 年均增长率当为 7.2%。但是,实际上 1970 年的国民收入是 40.6 兆日元,GNP 年均增长率超过 11%。就经济发展速度而言,佐藤内阁执政的"昭和熟透期",超过了池田内阁时期。

佐藤荣作执政时期,日本市场日趋开放。1965 年,日本实施了乘用车整车进口自由化。1967 年和 1969 年,日本实施了第一次和第二次资本自由化,允许外国企业在日本投资。1970 年,佐藤内阁实施了第三次资本自由化,但规定外国企业在日本投资,必须和同业种的日本企业合作。主要因为来自美国的压力的"资本自由化",被日本称为"第二次黑船来航"。但是,这也迫使日本正面同外国资本展开竞争。同时,美国对外金融和贸易政策的改变,也对日本构成强烈冲击。当地时间 1971 年 8 月 15 日 21 时(日本时间 16 日上午 10 时),美国总统尼克松发表电视演说。尼克松在演说中首先阐述了"创建美国新的繁荣"三个不可或缺的因素,

---

① 彩色电视机(color television)、制冷空调(cooler)、轿车(car),英文首字母均是"C"。
② 1851 年首届世界博览会在伦敦举办。1867 年日本正式参加了巴黎世界博览会。1873 年维也纳世界博览会举办前,日本政府在太政官正院专门设立了博览会事务局进行筹备,并且在博览会上首次设立了日本馆。

然后指出:"过去七年,平均每年都遭遇通货危机。是谁从这些危机中获利?既不是劳动者,也不是投资者。获利的,是国际通货投机者。他们因为能够从中获得荣华富贵,所以更乐于对危机推波助澜。过去数周时间,投机者们对美元进行了全面博弈。"为了遏制这种做法,同时为了复兴美国经济,他宣布了两个令全世界震惊的决定:

  我已指示财政部长采取必要措施维护美元地位,打击投机家的破坏。我已命令财政部长康纳利,暂时停止美元和黄金,以及与其他通货资产的交换。

  为了改善国际收支,扩大就业,保护美元,我还决定采取一项新的举措。今天,作为暂定措施,我决定对输入美国的商品课征10%的附加税。①

尼克松宣布放弃美元和黄金挂钩,使"布雷顿森林体系"崩溃。②同时,尼克松还宣布对进口商品加征10%关税。这两项决定令全世界震惊。因为,"二战"末期建立的"布雷顿森林体系"在战后已维持了25年。按照这一体系,国际货币基金组织成员国的货币,与作为基准通货的美元建立固定的汇率关系。这种以美元为中心的国际通货体系,由两大支柱支撑:第一,美元和黄金的比例为1盎司黄金兑换35美元;第二,美元和黄金可以自由交换。不难想象,美元和黄金一旦"脱钩",将对整个世界经济造成什么影响。另一方面,当时世界贸易是以"关税和贸易总协定"(General Agreement on Tariffs and Trade,缩写GATT)为基础的,美国加征关税,从根本上动摇了这一体系。因此,尼克松声明发表后,西欧各国一起关闭了外汇市场。一周后,西欧各国除法国实行双重汇率制外,其他国家均实行浮动汇率制。外汇市场重新开放。

尼克松演说中提出的两项举措,对奉行"贸易立国主义"的日本经济,产生了极大冲击,被日本称为"尼克松冲击"。为了减缓由此引起的震荡,特别为了避免日元大幅升值对日本外贸的负面影响,日本银行随

---

① 《朝日新闻》1971年8月16日夕刊。
② 1944年7月,22个国家的代表在美国新罕布什尔州布雷顿森林举行了会议,通过了《联合国家货币金融会议最后决议书》以及《国际货币基金协定》和《国际复兴开发银行协定》。由此建立的国际金融体系被称为"布雷顿森林体系",主要内容是:美元与黄金挂钩;其他国家货币与美元挂钩;实行可调整的固定汇率。翌年12月27日,22国代表在《布雷顿森林协定》上签字,正式成立国际货币基金组织(IMF)和世界银行(WB)。

第十二章 ● 昭和时代（战后）

即通过公开市场操作，对汇市进行干预。当年8月16日至8月27日，日本银行共购入39亿美元，仅27日一天就购入11.9亿美元。8月28日，日本撤除了由"道奇路线"确定的持续了22年4个月的1美元兑360日元的汇率，改为1美元兑308日元（自1973年开始采取浮动汇率机制）。日元步入升值通道后，东京股票市场持续振荡下跌，指数下挫近20%。

1971年12月，美国等10个发达国家在华盛顿史密森博物馆举行了财长会议（G10财长会议），就美元贬值和各国货币的汇率调整达成协议。此次协议，史称"史密森协议"。根据协议，日元升值16.88%，为各国货币升值之最，1美元=308日元。同时，黄金和美元的比价也从1盎司黄金=35美元上调为1盎司黄金=38美元。"史密森协议"达成后，美国撤销了10%进口附加税。随后，日本外贸顺差持续增长。1968年至1971年，日本出口连续四年增长幅度超过20%。日本的外汇储备随之逐年增加：1968年为20亿美元，1969年为35亿美元，1970年为44亿美元，1971年为76亿美元。日本外汇储备持续增长的基本原因，是国际收支黑字持续增长。1970年，日本国际收支黑字为25亿美元，1971年猛增至63亿美元。

在"昭和时代熟透期"的20世纪六七十年代，日本和美国、法国等类似，也是学生运动、市民抗争汹涌澎湃的年代。在这个年代，不断增长的革新势力不断获取地方执政权，对自民党政权构成了潜在威胁。1964年，日本成立了以社会党系统市长为中心的"全国革新市长会"，成为这一时期革新自治体运动的核心。1967年4月，社会党和共产党共同推荐的美浓部亮吉当选为东京都知事。大阪府知事、大阪市市长、北九州市市长等职位也一度由革新政党推举的人士当选。在1971年地方统一选举中，主要由社会党和共产党组成的"革新统一阵线"推荐的候选人，在包括东京、大阪、京都等5个都市、34个其他城市、17个町村取得了胜利，对保守政权构成了有力冲击。但是，这种冲击并未能动摇佐藤荣作的执政基础，更未能动摇"1955年体制"。因为，在自民党内，佐藤荣作上任后，他显在和潜在的政治对手相继去世，党内派系相继分裂。1964年5月，大野伴睦去世。之后，大野派分裂为船田派和村上派。翌年7月，池田勇人要求佐藤荣作与之"合作"的河野一郎因腹部动脉瘤破裂而去世。之后，河野派分裂为中曾根（康弘）派和森（喜郎）派。同年

8月,池田勇人去世。之后,池田派宏池会继任会长前尾繁三郎和大平正芳,也产生了裂痕,两人最终分道扬镳。在自民党外,1962年参议院选举,佛教日莲宗系创价学会的9名候选人全部当选。1964年11月17日,三年前成立的"公明政治联盟"改称"公明党"。《公明党建党宣言》明确宣布:"(公明党)以王佛冥合,佛法民主主义为基本理念。"当年众议院选举,自民党获280席,社会党获141席,1960年1月24日成立的民主社会党(简称"民社党")获30席,公明党获25席,共产党获5席,其他人士获5席。①以"一党独大,多党参政"为特征的"战后政治体制",在佐藤内阁时代最终确立。1966年,社会党发表宣言《在日本走向社会主义道路》,继续坚持了原有路线。但是,这并未使社会党能够挑战自民党,遑论其他各党。事实上,正是在佐藤执政时期,日本政坛真正形成了自民党"一党独大"格局。

进入20世纪70年代后,"佐藤长期政权"开始出现"期末征兆"。据《朝日新闻》1971年6月的民意调查(结果公布于6月8日该报),曾拥有支持率达72%的佐藤内阁,此时降至35%。1972年6月15日,社会党、公明党、民社党三党联合向国会提交了对佐藤内阁的不信任案,被自民党占据多数的众议院否决,6月17日,即日本例行国会闭会第二天,佐藤荣作在众参两院自民党议员大会上表明了引退意向。7月5日,佐藤荣作宣布辞去自民党总裁职务。7月7日,佐藤内阁宣布总辞职。田中角荣战胜福田赳夫成为内阁首班。

环境污染和公害问题 日本经济是携着交通、地域人口疏密不均等问题前行的。1969年住宅统计显示,日本住宅困难户有47.5%,东京更是高达54.8%。②交通工具拥挤问题也日益突出,有的电车载客量甚至超过200%,被称为"上班地狱",有的工薪族每天不得不在这个"地狱"生活两三个小时。

"公害"在"昭和熟透期"成为严重社会问题。很多论著提出,在日本经济高速发展的同时,大气污染、光化学污染、水污染等环境污染问题也随之发生。特别是以熊本县水俣病、新潟县水俣病(也称新潟病)、四日市哮喘病、富山县痛痛病"四大公害病"为典型的"公害病",对人们生活构成

---

① 石川真澄:《数据战后政治史》,岩波书店1984年版,第120—125页。
② 宫本宪一:《昭和的历史》第10卷《经济大国》,小学馆1983年版,第170页。

第十二章 ● 昭和时代（战后）

严重威胁。不过，以历史的眼光分析不难发现，环境污染等公害问题确实在"昭和熟透期"显得非常突出，但并非产生于这一时期。而是在经济高速发展时期，环境污染问题开始得到重视。可以认为，环保问题得到佐藤内阁的高度重视，开始得到治理。

水俣病因最初发现于熊本县水俣市而得名。1908年，建于熊本县不知火海边水俣村（今水俣市）的日本氮肥株式会社水俣工厂，是水俣病的起点。1932年工厂开始采用有机汞（俗称有机水银）作为催化剂。1956年，当地一名少女出现手脚麻木、言语失控、进食困难的病症，被送进水俣工厂附属医院。此前已发现当地的猫行为怪异的院长细川经过反复考虑后，将情况和他的判断上报，这是水俣病的首个病例。翌年，厚生省科学班得出阶段性结论：出现这种病症最有可能是病人食用了海里被有机汞污染的鱼虾。猫出现类似症状也是因为食用污染鱼虾所致。1967年，新潟大学向政府反映，在新潟的阿贺也川流域发现有机汞中毒患者，起因是当地企业"昭和电工"向河里排放有机汞。当年，新潟水俣病患者向地方法院提起诉讼，要求昭和电工给予赔偿。这是日本首起公害受害者索赔案例，最终胜诉。翌年，日本厚生省和科技厅提出政府结论：水俣病起因于日本氮素株式会社水俣工厂排放有机汞；新潟水俣病起因于昭和电工排放有机汞。水俣病患者即便症状缓解后，也可是佝偻，头歪斜，类似于脑瘫病人。①1969年（昭和四十四年），熊本水俣病患者也以氮素株式会社为被告，向地方法院发起损害赔偿诉讼，最终胜诉。

四日市哮喘病是因空气污染而引起的"公害病"。四日市位于日本东部沿太平洋的三重县。1955年，当地建成了第一座炼油厂。短短几年，当地就成了有10多家大企业和百多家中小企业的"石油联合企业城"，整日烟雾弥漫，排出的二氧化硫浓度超出人体所能够接受的五六倍。1961年，呼吸系统疾病的发病率在当地急剧上升，其中慢性支气管炎约占25%，哮喘约占30%，肺气肿等约占15%。有不少病人因此死亡。四日市医师协会调查资料证明，发病原因和大气污染有关。这些病被统称为"四日市哮喘"。一些患者因不堪忍受那种痛苦而自杀。当时，日本各地

---

① 2011年8月，笔者曾前往当地考察，亲眼看到水俣病人行动的艰难，亲耳聆听水俣病患者诉说痛苦。

普遍燃用高硫重油,因此"四日市哮喘"在横滨、川崎、名古屋等几十个城市都有出现。

"痛痛病"最早在1931年的富山县神通川流域被发现,患者多数为婚后中年女性,病症主要表现为腰、手、脚等处的关节持续疼痛,而后发展为神经痛、晚期患者出现骨软化、四肢弯曲、脊柱变形等,行动甚至呼吸困难,难以进食。由于病因不明而病人经常叫痛而得名"痛痛病"。早在"二战"后初期,日本医学界的专业人员经过长期研究发现,"痛痛病"是由神通川边的神冈矿山排放的含镉废水引起的。含有大量镉的废水污染了周边包括水稻在内的食物,这种食物进入人体引起中毒。1961年,"富山县地方特殊病对策委员会"成立后,开始了国家调查研究。1967年研究机构的报告揭示了"痛痛病"的病因及发病机理。翌年,当地病患及家属将矿业企业告上法庭,法院判原告胜诉。[①]

在"佐藤长期政权"时期,公害问题日益得到重视。1958年,日本政府虽然颁布了《水质保护法》《工厂废物控制法》,但执行力度偏弱。1961年日本自治省调查公害对策状况,只有14个都道府县实施了公害对策,只有东京等8个城市有专门对策机构。因此,日本政府加大了防止公害的力度:1962年颁布了《关于限制煤烟排放等问题的法规》,1964年颁布了《河川法》,1967年颁布了《环境污染控制基本法》《公害对策基本法》,1968年修订了《大气污染防治法》,1969年制定了《关于救济公害健康受害者的特别措施法》。1970年,日本召开了临时国会。这次国会因专注于公害问题而被称为"公害国会"。会议修改了《公害对策基本法》,删除了"与经济相协调"的条款,同时集中审议并通过了《废弃物处理法》《公害纷争处理法》《水质污染防治法》《海洋污染防治法》等14部有关公害问题的法案。翌年又实施了《农地土壤污染防治法》《恶臭防治法》。同年日本政府设立了专司环境保护的环境厅。[②]

"三岛事件"和"赤军事件"　"昭和熟透期"的日本,有两起事件轰动全国:一是作家三岛由纪夫切腹自杀的"三岛事件",二是"赤军"的建立及其制造的恐怖事件。被称为"中国知日第一人"的戴季陶在《日本论》一书中写道:"他们举国称颂的武士道,概括而言就是两个词:一个是切腹,一

---

① 小学馆编:《日本20世纪馆》,小学馆1999年版,第767—769页。
② 2001年环境厅升格为环境省。

第十二章 昭和时代（战后）

个是复仇。切腹是自杀，复仇是杀人。"这两起事件非常典型地显示了日本"举国称颂的武士道"并未消亡。

在战后，作家兼评论家三岛由纪夫的切腹自杀，是为了振兴武士道而不惜以身示范的最极端的例子。三岛由纪夫原名平冈公威，1925年出生于东京，6岁时进入皇族就读的学校——学习院初等科。12岁时在学习院内部文学杂志《学习院辅仁会杂志》发表了散文《春草抄：初等科时代的回忆》；13岁在同一杂志上发表了短篇小说《酸模》；1940年，15岁的三岛由纪夫以"平冈青城"为笔名，发表了《山栀》等俳句和诗歌，并且发表了合集《十五岁诗集》；16岁时以三岛由纪夫的笔名在杂志上连载中篇小说《鲜花怒放的森林》，引起文坛瞩目。

三岛由纪夫

1944年，三岛由纪夫以第一名的成绩从学习院高等科毕业，天皇裕仁亲自奖赏他一块银表。同年，三岛由纪夫进入了"政治家的摇篮"东京帝国大学法学部，翌年应征入伍。由于他当时患了重感冒，检查时被误诊为有肺病，幸运地没有成为战场上的炮灰。因为，他原本要成为其一员的部队被派赴菲律宾，几乎全军覆没。

日本投降的第二年，大学毕业的三岛由纪夫进入了众多莘莘学子羡慕的大藏省银行局，但第二年就炒了银行局的鱿鱼，开始专注于文学创作，以《假面的告白》而成为著名作家。三岛由纪夫切腹自杀时年仅45岁，但已著有21部长篇小说、80余篇短篇小说、33个剧本，还写了大量的散文。他的作品有10部被改编成电影、36部被搬上舞台、7部得过各种文学奖。三岛由纪夫还是作品被翻译成外语版本最多的日本当代作家，被认为很有希望获得诺贝尔文学奖。

正如美国文化人类学家鲁思·本尼迪克特所指出的，日本文化充满矛盾，三岛由纪夫就是矛盾的复合体。他酷爱文学，但也热衷于武士道。1967年，三岛由纪夫写了一篇散文，题为《我与"叶隐"的密码》。文中写道："出鞘的日本刀在不曾砍过什么东西和什么人之前不应该入鞘。"三岛由纪夫还是一个极端的军国主义分子，他渴望看到日本军国主义化。就在写下那篇散文的同一年,他在自卫队接受了一个月的秘密训练,并在翌年组建了一个约100人的私人武装"盾之会"(又译"盾会"),投入2 000万日元赡养和管理这支小型队伍。

1970年11月25日,三岛由纪夫在为连载于《新潮》杂志的《天人五衰》写完最后一章后,前往日本陆上自卫队东部军总部的露台上发表演讲,号召军人反叛和推翻政府,使天皇和日本回到天赋的位置上。但是,他的演说不仅没有得到响应,反而遭到嘲笑。于是,已做好切腹自杀准备的三岛由纪夫袒露腹部,按照切腹自杀的方式,先沿水平方向切了一刀,但是他花了很长时间也没有死成,最后只能向他的"介错人"示意砍去他的头。由于这位"介错人"刀法不精,更没有砍人脑袋的经验,结果连砍了三次才使三岛由纪夫身首异处。

当时也是很多日本人偶像的青年高仓健(摄于1968年)

三岛由纪夫在遗嘱中提出一个要求:为他塑一尊等身雕像,竖立在能够看到富士山和大海的地方。他的家属满足了他的这一愿望。不仅如此,三岛由纪夫死后,人们还为他塑造了另一尊雕像,安放在东京蜡像馆。作者没有将他塑造成一个作家的模样,而是将他塑成一个手持长刀的裸体武士的造型。这无疑也是三岛由纪夫本人的愿望。

"赤军"起源于20世纪60年代激进的青年学生运动。当时参加学运的学生主要有三项诉求:废除《日美安保条约》;要求美国归还冲绳,反对越南战争;要求学校保障切身权益。1968年后,日本"全国学生共同斗争联合会"(简称"全共斗")成立。"全共斗"中最激进的是"赤军"派。其主要领导人森恒夫认为,当时世界"正处在对帝国主义与资产阶级公开发出战争宣言的阶段,在日本要开始直接的战斗"。以森恒夫为首的一些激进分子试图通过绑架人质和袭击军事基地来筹措金钱和武器。当时,曾发生数千名学生围攻首相官邸,投掷燃烧瓶和石块,攻击扣押学生的拘留所,袭击县警察厅和公安调查局,等等。最激进的一些青年学生认为,应该建立自己的武装组织,并且建立了自己的秘密训练基地。在他们中间,有一个叫重信房子的女青年特别值得一提。重信房子父亲叫重信末夫,是战时暗杀组织"血盟团"成员,参与过1932年"五一五兵变"。房子出生

第十二章 ● 昭和时代（战后）

那天，恰好也是日本"新生"第一天：1945年9月2日，重光葵和梅津美治郎分别代表日本天皇、政府和日本军方，在"密苏里号"上签署了向盟国投降的投降书。9月3日，血盟团盟主井上日召在"五一五兵变"后自首，被判无期徒刑，在太平洋战争前被假释。他很喜欢从小聪明漂亮、伶俐可人的房子，经常去她家玩。重信末夫战后经营一家烟酒杂货铺，收入微薄，艰难度日，对现实颇为不满，对政府充满仇恨。他曾经对房子说，变革社会不能怕流血。自幼接受父亲影响的房子的心灵，不断被灌输恐怖主义思想。重信房子在自传《吾爱吾的革命》中写道，父亲是她的精神支柱。高中毕业后，重信房子考入明治大学文学院，同时进了一家食品公司，半工半读。20岁时，重信房子加入了学生运动。最初，重信房子和她同伴的斗争方式还比较理性平和，无非是游行、喊口号，后来越来越激进。房子后来在她写的《决定将你生在苹果树下》中，曾这样概括当年参加学生运动的青年："他们有共同的回忆与怀念，共同的愤慨与激情，反对越南战争，反对王子野战医院为美帝服务，突入防卫厅，反对学费上涨。"

井上日召的孙子井上嘉浩成了奥姆真理教的首领之一，而重信房子则成了日本赤军的首领。1971年2月，重信房子和赤军骨干、京都大学毕业生奥平冈士结了婚。赤军的过激行为自然为政府所不容。在被警察围歼时，很多赤军成员被捕，残余人员纷纷逃亡海外。他们主要分成两支：田宫高麿等9人劫持日航飞机"淀号"去了朝鲜。9名劫机者最年长的田宫高麿27岁，最年少的高一学生柴田胜宏只有16岁，大都是日本名牌大学学生。9人中除1人在海外被引渡回日本外，其他8人后来都长期生活在朝鲜。柴田泰弘于1985年偷渡回日本时被捕。以重信房子为首的一支则去了中东的巴勒斯坦，在那里组建了"赤军派阿拉伯委员会"（又称"阿拉伯赤军"），后改名"日本赤军"。1971年7月，仍然留在国内的一部分人和"京滨安保共斗"合并，建立了"联合赤军"。"联合赤军"有29名成员，他们在山区建立了基地，以森恒夫、永田洋子领导的"作战本部"为核心。

1972年2月中旬，日本警方察知联合赤军行踪，进行围捕，坂田弘、吉野雅邦、坂东国男、加藤伦教、加藤元久5名联合赤军成员逃入"浅间山庄"，劫持山庄管理者的妻子作为人质，被警察拉网围歼。日本各大电视台直播了警察攻入浅间山庄的情景，收视率达89.7%，创日本有收视率调查以来之最。当时没有在浅间山庄的漏网者,有不少人出国参加了"日本赤军"。

同年5月8日,4名"解放巴勒斯坦人民阵线"(Popular Front for the Liberation of Palestine,简称"人民阵线",Popular Front)成员,劫持了比利时的世界航空公司一架从布鲁塞尔飞往特拉维夫的波音707客机,要求以色列政府释放此前在比利时世界航空公司572航班劫机事件中被捕的同伙,以色列政府拒绝了这一要求,并将2名劫机者射杀、2名劫机者逮捕。93名被劫持的人质除1名在枪战中死亡,其余全部获救。组织劫机的恐怖组织为了报复以色列政府,计划在特拉维夫的卢德机场(现称本—古里安国际机场)进行恐怖袭击。由于机场对阿拉伯人监控严密,恐怖组织行动困难,因此向"日本赤军"求助,得到满意答复。

5月30日,奥平冈士、冈本公三、安田安之从罗马搭乘法国航空公司的客机到了卢德机场。由于他们穿着简单,仅背着外形普通的小提琴盒子,没有引起注意。到达卢德机场后,他们从背着的小提琴箱里取出捷克制Vz.58突击步枪部件迅速拼装完成,向密集的人群疯狂扫射,并且投掷了两枚手榴弹,造成26人当场死亡,73人受伤。三名恐怖袭击者中,奥平冈士和安田安之当场自杀身亡,冈本公三自杀未遂,被警察抓获时高呼"我们是日本赤军",后被以色列判终身监禁。[①]这起被称为"卢德国际机场扫射事件"的恐怖袭击震惊世界,使"日本赤军"因此成为与意大利的红色旅、北爱尔兰的爱尔兰共和军齐名的国际性恐怖组织。

2000年,日本赤军"最高指导者"重信房子在大阪被捕。时隔多年,重信房子容颜已变,而且她持有的是假护照。但是,重信房子喜欢吐烟圈这个"招牌性动作",引起相关人员注意,并因此被捕。当重信房子在电视屏幕前出现时,人们很难将这么一名美貌端庄的女性和恐怖分子的首领联系在一起。翌年4月,重信房子在狱中写下了《日本赤军解散宣言》。2006年,重信房子因蓄意谋杀和策划恐怖袭击罪,被判处20年监禁。

---

① 1985年巴勒斯坦和以色列换俘时,冈本公三获释。后一直生活在黎巴嫩的贝鲁特。

第十二章 昭和时代（战后）

第九节　毁誉参半的"今太阁"与"诚实和廉洁"的三木

继佐藤荣作出任日本首相的是田中角荣。田中角荣是位非常强势的首相，也是位非政治世家出身的"庶民宰相"。因此，有人将他比作安土桃山时代的"丰太阁"即丰臣秀吉，称他为"今太阁"。田中角荣是昭和时代第二十六位首相，有着和他的前任明显不同的经历和信条，被认为是"另类首相"。日本著名纪实作家保阪正康，在他获得"菊池宽奖"的主要作品《昭和时代见证录》中，有一节是对原宫内厅长官宇佐美毅的采访实录，标题是"田中奏告天皇时的那个姿态，不可思议"。其中写道："田中角荣原首相只要在电视上一出现，天皇裕仁马上就换频道。"为什么裕仁如此不待见他？政治评论家藤原弘达曾这样评价田中："说他没有尊王心或许有点过，或许应该说他像幕府将军。"宇佐美毅告诉保阪正康："在天皇面前即使汗流浃背，啪嗒啪嗒扇扇子也是不符合礼仪的。"但是，"他曾好多次在天皇面前扇扇子。"在日本，田中角荣是毁誉参半的人物。继他出任首相的三木武夫不是由选举而是由"椎名裁定"的。三木的口号是"诚实和廉洁"。确实，他和田中角荣形成明显反差。

中日邦交正常化的实现　1972年7月5日佐藤荣作辞职后，自民党举行总裁选举，田中角荣、福田赳夫、大平正芳、三木武夫四人展开角逐。原先中曾根康弘也参选，但在选前退出竞选并表态支持田中角荣。第一轮投票，田中角荣获156票，福田赳夫获150票，大平正方获101票，三木武夫获69票，均未过半数。在决选投票中田中在大平、三木和中曾根三派支持下获282票，福田赳夫仅获190票。54岁的田中角荣以压倒优势当选。在随后的众参两院指名选举中，田中角荣成为日本第四十位、第六十四任首相。

田中角荣(1918—1993年)出生于日本北陆地区新潟县刈羽郡二田村，父亲叫田中角次，兄弟姐妹七人，他是唯一的男孩。田中角荣16岁时便只身前往东京谋生，白天在建筑公司当学徒，或在贸易商行当送货员，晚上在私立中央工学校学习土木建筑，四年后顺利毕业。1938年田中角荣应征入伍，被编入盛冈骑兵第三旅团驻扎在中国黑龙江省，两年后因患肺炎肋膜炎并发症，被送回日本国内治疗，翌年作为伤病军人复员。1942年，田中和大他十多岁的建筑业老板独生女花子结了婚，生了一对儿女。

女儿1944年出生,叫田中真纪子,后来成为小泉纯一郎内阁外相,为日本历史上首位女外相。儿子叫田中正法,5岁夭折。不过,田中角荣似乎是个"情种",不仅有个当艺伎的情人叫辻和子,和她生了2男1女,还和秘书佐藤昭子生了个女儿。结婚翌年,田中角荣创办"田中土木建筑株式会社"并亲自担任总经理。日本战败时,"田中土木建筑株式会社"已进入日本建筑业50强行列。

田中角荣是战后第十一位首相。与前十位首相相比,他有明显不同的经历。之前的十位首相均出身名校:币原喜重郎、吉田茂、片山哲、芦田均、鸠山一郎、岸信介、佐藤荣作均毕业于东京(帝国)大学,池田勇人毕业于京都(帝国)大学,东久迩宫稔彦毕业于陆军大学,石桥湛山毕业于早稻田大学,而田中角荣却只是个大专生。其他十位首相除了东久迩宫稔彦,在担任首相前都有官僚(如某省次官)经历,而田中角荣28岁那年在家乡新潟成功当选众议院议员后,连续16次当选,自39岁历任岸信介内阁邮政相,池田勇人执政时的自民党政调会长、藏相,佐藤荣作执政时的藏相、自民党干事长、通产相,即始终是自民党的干部获政府的中坚人物,不是官僚。当时,宫内厅长官宇佐美毅称他为"异类首相",政界称他"角桑"。同时,田中角荣也得媒体追捧,被称为"庶民宰相"。田中角荣还有一个绰号,叫"今太阁",即把他视为"丰(臣秀吉)再世"。田中角荣执政后一个月,《朝日新闻》民调显示,田中内阁支持率为62%,不支持率为10%,创战后内阁组成后的历史之最,说明民众对以"决断和实行"为竞选口号的田中内阁充满期待。

田中内阁组成后,社会党成田知巳委员长明确表示:"如果田中首相致力于实现日中邦交正常化,将予以支持。"事实上,在执政之前田中角荣已将中日邦交正常化作为目标。这说明田中角荣是有眼光并顺应时代潮流的政治家。正如东京大学教授田中明彦所指出的:"如果我们无视20世纪60年代后半叶明显变化的国际政治基本潮流,我们将难以理解20世纪70年代的日中关系。"[1]在国际上,1970年10月和11月,加拿大和意大利先后与中国建立了外交关系。至当年底,世界上已有57个国家承认中华人民共和国。在日本国内,1970年10月,处于"休眠状态"的超党派"日中贸易促进议员联盟"开始复活。翌年6月,公明党代表团首次访

---

[1] 田中明彦:《日中关系史》,东京大学出版会1991年版,第75页。

第十二章 ● 昭和时代（战后）

问中国,在和中方发表的联合公报中,中方明确提出了实现邦交正常化的条件:一是世界上只有一个中国,中华人民共和国政府是代表中国人民的唯一合法政府。坚决反对制造"两个中国""一个中国、一个台湾"的阴谋。二是台湾是中国的一个省,是中国领土不可分割的一部分。台湾问题是中国的内政问题。坚决反对"台湾地位未定论"。三是"日华和平条约"是非法的,必须予以废除。四是美国占领中国台湾和台湾海峡地区是侵略行为。美国必须从中国台湾和台湾海峡地区撤出所有武装力量。五是恢复中华人民共和国在联合国一切机构以及作为联合国安全理事会常任理事国的合法权利。驱逐蒋介石集团在联合国的代表。上述五项条件,第四项和第五项随着中国重返联合国而得以解决,前三项条件被称为"中日邦交正常化三原则"。

1971年7月9日至11日,美国总统尼克松的国家安全事务助理基辛格秘密访华,和中国方面最后商定了尼克松访华事宜。7月16日,中国方面发表公告称:"获悉尼克松总统曾表示希望访问中华人民共和国,周恩来总理代表中华人民共和国政府邀请尼克松总统于1972年5月以前的适当时间访问中国。尼克松总统愉快地接受了这一邀请。"美国方面也同时发布了这一信息。但是,美国国务卿罗杰斯将这一信息告知日本驻美大使牛场信彦,是在尼克松发表即将访华的电视讲话前1小时,而日本首相佐藤荣作获知这一信息,则是在前5分钟。按照尼克松的解释:"日本人提出了一个特别棘手的问题。他们对于没有事先得到通知感到很生气,但是我们没有别的办法。我们不能只通知他们而不通知别人,而如果统统通知,就有可能泄露天机,使整个行动归于失败。"①美国这一"在对华关系方面""越过日本"的行为,被日本借用足球术语称为"越顶外交",对日本构成极大冲击,使佐藤荣作遭到朝野抨击,"日本只有建立新政权,才能从根本上改变某些对华外交"。②

1972年3月17日晚,田中角荣和他的同仁在东京赤坂一家叫"长岛"的料亭聚会。田川诚一在日记里记述道:

  田中氏向我们明确表示了如果他能够取得政权,将尽快断然实现日中邦交正常化的意向。他的发言要点如下:1.我如果取得政权,

---

① 《尼克松回忆录》,天地出版社2019年版,第242页。
② 吴学文:《当代中日关系》,时事出版社1995年版,第166页。

将即刻推进日中邦交正常化的实现。我打算亲自同中国方面商谈邦交正常化的事,而不是让外务官僚去办。主要是显示诚意,对过去的战争表示谢罪并结束战争恢复邦交。在国内和党内,关于邦交正常化的方式及基本态度,存在相当不同的意见,如果进行讨论,必然难以达成一致意见。因此,我将在短时期内速战速决,发挥强有力的领导作用,断然实现邦交正常化。2.中国方面的原则是正确的,几乎都能予以承认和接受,对一些具体的细节,不必介意。3.美中关系和日中关系各有不同,对此我非常清楚。①

1972年4月21日,田中角荣和大平正芳告知了古井喜实他们对中日邦交正常化的态度。5月15日,周恩来总理委托第二次公明党访华代表团团长二宫文造给田中角荣捎口信:"如果田中先生担任首相并真心希望实现中日邦交正常化,中国人民、政府和军队,将开放机场迎接。"5月18日,古井喜实在访华时向周恩来总理透露了以下情况:一是自民党总裁选举田中角荣肯定获胜。二是田中角荣若出任首相,必定迅速致力于邦交正常化。三是大平正芳将以某种方式进行合作,日本方面将形成非常有利于恢复邦交的政治态势。四是田中和大平恢复邦交的具体考虑尚未确定,但基本考虑已经可以了解。五是即便福田赳夫获胜,日中邦交正常化的可能性也未必丧失。因为,福田赳夫也充分了解日本面临的国际局势。

1972年6月13日、14日,公明党在东京召开了第十次全国党代表大会。会议通过了促进中日邦交正常化的决议,并决定由党中央执行委员长竹入义胜率团访问中国。"实际上中方不是以日本外务省为对象进行谈判,而是以公明党为中介,进行复交前的预备性谈判,再由公明党把中方意见传达给日本首相和外相。这就充分发挥了在野党在中日复交中的桥梁作用。"②7月7日,田中内阁正式组成,由三木武夫任副首相,大平正芳任外相,爱知揆一任藏相,中曾根康弘任通产相。田中内阁提出了"以日美关系为基轴的多边自主外交"路线。大平正芳就任外相后即表示:"我们有决心实现邦交正常化……以前的外交是看美国的脸色行事,这不

---

① 田川诚一:《日中谈判秘录——田川日记——14年的证言》,每日新闻社1973年版,第337—338页。
② 田桓主编:《战后中日关系史1945—1995》,中国社会科学出版社2002年版,第246—247页。

第十二章 昭和时代(战后)

能说是错误的。今后我们要走自己的路,尽管这会比较艰难。"①7月25日竹入义胜访问中国,和周恩来总理进行了三次长谈。7月29日,周恩来总理交给竹入义胜中方的《中日联合声明》草案:

1.中华人民共和国与日本国之间的战争状态,自该声明发布之日起宣告结束。2.日本国政府充分理解中华人民共和国政府是代表中国的唯一合法政府,以此为基础,两国政府建立外交关系,互派大使。3.双方声明,中日两国恢复邦交符合两国人民的长期愿望,也符合世界各国人民的利益。4.双方同意,根据相互尊重主权和领土完整,互不侵犯,互不干涉内政,平等互利,和平共处五项原则,处理中日两国关系,并根据五项原则,通过和平磋商,解决中日两国间的纷争,不诉诸武力和以武力相威胁。5.双方均不寻求在亚洲太平洋地区建立霸权,反对任何其他国家和国家集团建立这种霸权的努力。6.双方同意两国在建立外交关系以后,以和平共处五项原则为基础,缔结和平友好条约。7.为了中日两国人民的友谊,中华人民共和国政府放弃对日本的战争赔偿请求权。8.中华人民共和国政府和日本国政府为了进一步发展两国间的经济和文化关系,扩大人员往来,在缔结和平友好条约之前,根据已经存在的处理方式,分别缔结通商、航海、气象、渔业、邮政、科学技术等合作协定。②

周恩来总理还提出了"中日邦交正常化三原则":"1.台湾是中华人民共和国的领土,解放台湾是中国的内政问题。2.在中日共同声明发表后,日本从台湾撤出大使馆和领事馆,同时采取有效措施使蒋介石集团从日本撤出大使馆和领事馆。3.中国统一后,日本团体和个人在台湾的投资将得到适当考虑。"③

竹入义胜回国后,将中方提交的联合声明草案及他和周恩来会谈时的记录(史称《竹入札记》)交给了日本首相田中角荣。由于中国对《新日美安保条约》没有提出异议,也没有要求战争赔偿,因此田中角荣决定亲自访华,希望尽早实现中日邦交正常化。1972年8月22日,日本自民党

---

① 谷川万太郎:《日中战后关系史》,辽宁人民出版社1993年版,第409页。
② 田中明彦:《日中关系史1945—1990》,东京大学出版会1991年版,第257页。
③ 田川诚一:《日中谈判秘录——田川日记——14年的证言》,每日新闻社1973年版,第80页。

总务会通过了"实现日中邦交正常化"和"田中首相访华"的党的决议。然而,事实上竹入义胜当时是擅作主张,田中角荣和自民党执行部并不赞同其发挥"中日复交中的桥梁作用。"①田川诚一在日记中这样写道:"(8月29日)黄昏,公明党的竹入委员长来访。在议员公馆和他谈了约40分钟。数年前我和竹入氏、古井、川崎二氏一起,为公明党访华团进行过斡旋,有关中国问题与他时有联系。竹入氏日前访华与周恩来总理会谈时,中方向他出示了中方关于中日邦交正常化的原则,他做了记录。这次会谈,竹入氏给我看了那份记录。这份记录几乎就是中方有关联合声明的考虑。竹入氏也给田中首相看了这份记录,希望了解政府的意见,但政府方面没有回应。"他满脸不悦,气愤地说:"自民党反对本党代表团作为田中访华的先遣队前往北京。"②

1972年9月9日,日本政府派遣古井喜实、田川诚一和前外交官松本俊一前往北京,提出了日方的三点不同意见:一是所谓的《日华和平条约》已经表示两国结束战争状态。二是"《日华和平条约》是非法的、无效的,必须立刻废除"。但是废除这一条约,必须经日本国会审议。三是所谓的《日华和平条约》已经放弃了对日本的战争赔偿请求权。如果再次如此表述,似乎中国依然拥有这项权利,希望将"权"字去掉。

9月21日,田中角荣首相亲自宣布,他将于9月25日访问中国。9月29日,《中日关于恢复邦交正常化的联合声明》发表,相关条文显示,上述双方存在分歧的三个问题均获得解决。第一条:"自本声明公布之日起,中华人民共和国和日本国之间迄今为止的不正常状态宣告结束。"即根据周恩来总理的建议,将结束"战争状态"改为结束"不正常状态"。第三条:"中华人民共和国政府重申:台湾是中华人民共和国领土不可分割的一部分。日本国政府充分理解和尊重中国的这一立场,并坚持遵循《波茨坦公告》第八条的立场。"《波茨坦公告》第八条限定了日本的主权范围,明确宣布台湾不属于日本。第五条:"中华人民共和国政府宣布:为了中日两国人民的友好,放弃对日本国的战争赔偿要求",即尊重了日方意

---

① 1997年8月27日的《朝日新闻》以《有功者一变而为请求谢罪》为题,刊载了该报为纪念中日邦交正常化25周年对竹入义胜的专访。在专访中,竹入义胜披露了他假扮"田中角荣特使"的内情。

② 田川诚一:《日中谈判秘录——田川日记——14年的证言》,每日新闻社1973年版,第79页。

见。"联合声明"没有涉及所谓的"日华和平条约"。在征得中方事先同意后,由大平正芳外相以发表声明的方式单方面宣布废除该条约。在"联合声明"发表后,大平正芳在记者会上表示,"日本政府的见解是,作为中日邦交正常化的结果,'日华和平条约'已失去了存在的意义,实际已经终止"。①

因绯闻而下台的田中 在实现中日邦交正常化之前的1972年6月,时任自民党干事长的田中角荣发表了《日本列岛改造论》一书,由工业新闻社出版,刚出版一个月即成为畅销书,销售了40万册。《日本列岛改造论》阐述了田中角荣改造日本的计划:在各地建设人口规模约为25万人的城市,在每个区域形成产业据点都市。同时改善各地居住环境,建设新干线和高速公路联结相关产业,疏散集中于沿太平洋区域的人口。进行"日本列岛改造"最主要的目的,是缩小工业地区和农业地区的地域差别,解决人口过密和过疏问题。但是,这一改造计划使土地价格急剧上涨了31%,进而引发物价上涨,引起通货膨胀。当年11月23日,藏相爱知揆一突然去世,已经成为首相的田中角荣对内阁成员进行了调整,任命他的政治对手福田赳夫出任藏相。福田赳夫上任后

田中角荣的《日本列岛改造论》书影

即表示,"首先考虑如何抑制通货膨胀,然后再考虑列岛改造",给田中角荣的"列岛改造计划"泼了盆冷水。12月10日,众议院举行大选,自民党获271席,减少了17席。日本社会党取得了117席,日本共产党取得39席,民社党取得19席。12月22日,第二届田中内阁宣告成立。

然而,"列岛改造计划"是田中角荣的政治抱负,他决意推进。1973年,以田中角荣"列岛改造论"为蓝本的《经济社会基本计划》成为内阁决议。《经济社会基本计划》,实际上是"旧全综"和"新全综"的延续,是在保持年均经济增长率9%的前提下制定的。因此,当年的财政预算比前一年增加了近25%,其中除了实践田中角荣的"列岛改造论"所需公共事业

---

① 石丸和人等:《战后日本外交史》第2卷《开始启动的日本外交》,三省堂1985年版,第235页。

费外,还有养老金的大幅度扩充。但是,此前已经出现的问题更趋严重。根据当年4月建设省公布的数据,不到一年日本5 490个地区平均地价上涨约31%,消费者价格指数(Consumer Price Index,缩写CPI)在田中角荣当选前平均年增长率为4%—6%,田中执政后,1973年上涨15.9%,翌年上涨31.3%。①与之相应,田中内阁支持率大幅下挫。当年7月即田中角荣执政一周年,《朝日新闻》民调显示,支持率为25%,不支持率为49%,而不支持的理由主要是"物价过度上涨"。②社会开始流行"物价疯涨"的流行语。尽管为了抑制这种状况,政府提出了《国土综合开发法案》,主要内容是管控土地使用计划,改革土地税制,促进住宅用地,开放特定地区,设立国土综合开发厅。

如果说佐藤荣作执政时可谓恰逢其时,因而成了"时代的幸运儿",那么田中角荣执政时却是流年不利,相当背运。因为,就在他上台翌年正欲大展宏图时,既是伊斯兰教斋日同时也是犹太教赎罪日的1973年10月6日,第四次中东战争爆发,"阿拉伯石油输出国组织"(Organization of Petroleum Exporting Countries,缩写OPEC)发动"石油战略",采取了减少石油产量、对石油输出进行限制、逐月提高原油价格的措施。阿拉伯产油国以石油为"武器"引发的世界性"石油危机",影响了很多国家的经济发展和中东政策。

第四次中东战争引发的石油危机,对日本的影响非常强烈。1973年,石油占日本能源的四分之三,石油进口量占总需求99%,其中90%来自海湾地区。通产相中曾根康弘表示:"停止石油供应会在日本引发类似于过去米骚动那样的内战。今天,石油是日本工业的血液,就这个意义而言,对日本来说石油比自卫队更加重要。"③事实上,中东战争引发的石油危机对日本构成极大冲击。中东战争爆发后的第二个月即11月,日本批发物价指数就环比上涨3.2%,同比上涨22.3%。1974年6月,日本工矿业生产出现负增长。油价暴涨使日本生产成本增加,国际收支恶化。当年,日本国际收支为赤字45.49亿美元,而"石油危机"前是黑字66.24亿美元。翌年,物价狂乱上涨势头虽然被遏止,但是工业生产的颓势并没有

---

① 石川真澄:《战后政治史》,岩波书店2004年版,第124页。
② 《朝日年鉴》,朝日新闻社1974年版,第238页。
③ Nixon/Tanaka Summit Background Paper VI: Energy, June 28, 1973, Item Number JU01748, DNSA.

第十二章 昭和时代（战后）

得到控制。最重要的是，不仅缺乏深厚根基的"列岛改造计划"，在"石油冲击"下必然倒塌，而且"经济高速增长"成明日黄花。根据日本统计局提供的数据，当年日本实际 GDP 增长率为 -1.2%，是战后经济首次出现负增长。田中角荣表示，中东战争引发的石油危机对日本造成了严重局势，日本必须认真应对石油危机和物价上涨等紧迫问题。10 月 19 日，沙特阿拉伯等 10 个阿拉伯国家大使向日本外相大平正芳递交照会，要求日本在中东阿以冲突中"选边"。对阿拉伯国家的要求，日本的表态从最初的模棱两可到暧昧，最后被迫放弃追随美国"挺以色列"的立场。日本阁僚和自民党要员纷纷访问西亚北非石油生产国，反复宣传日本的"亲中东政策"，强调与中东国家"发展亲善关系"。

  1974 年 7 月 7 日，日本举行了参议院选举。为了提升内阁支持率，以田中角荣为首的自民党推举了很多演艺界人士，同时推举了很多企业家以获取政治资金，并意图获得企业界支持，这被称为"金权选举"。尽管如此，自民党席位仍不增反减。在改选的三分之一议席中：自民党获 66 席，和获得 64 席的在野党仅差 2 席，加上未改选的议席，自民党的议席为 129 席，在野党为 122 席。《读卖新闻》以"保革伯仲"为题，进行了讽刺性报道。选举结束后，内阁成员福田赳夫和三木武夫也对田中角荣的"金权选举"提出批评，分别辞去了大藏大臣和内阁环境厅长官(国务大臣)的职务，并要求"田中下课"。

  就在此时，日本综合期刊类销量第一的《文艺春秋》1974 年 11 月号，同时刊登了两篇爆料田中角荣丑闻的文章，一篇是立花隆的《田中角荣研究——他的资金来源和人际关系》，另一篇是儿玉隆也的《寂寞的越山会女王》。立花隆两次进入东京大学，第一次学法语，毕业后进入《文艺春秋》，后复入东京大学专攻哲学。儿玉隆也幼年丧父，靠母亲贩卖自家种的蔬菜度日。当年都寂寂无闻的两人，立花隆后来成为著名作家、评论家；儿玉隆也却罹患肺癌，在 38 岁那年抛下妻子和三个未成年的孩子去世。《文艺春秋》杂志社派了十几个人配合立花隆调查，包括翻查土地和房产登记簿、政治资金收支报告、国会会议记录、媒体关于政治内幕的报道、在野党机关报的调查，等等。然后如同写博士论文，论点、论据、论证"三位一体"。儿玉隆也则通过"单兵作战"收集资料，然后以类似于"间谍小说"的风格，揭示田中角荣身后的女人如何在权力场陪伴他跳"华尔兹"。立花隆和儿玉隆也的文章,曝光了田中角荣金权政治的黑幕和男女关系问题,使田中角荣顿时成为各种媒体的追踪目标。10月22日,在东京内幸町出版中心举行的记者会上,田中角荣的"金脉"问题被各媒体记者穷追不舍。为渡过难关,田中角荣在按原计划历访澳大利亚、新西兰、缅甸三国后,于11月11日第三次改组内阁,此前第二次改组内阁是当年7月由木村俊夫出任外相,大平正芳转任藏相。但是,不仅媒体穷追不舍,各在野党也联手向国会提出了对田中内阁不信任案,甚至自民党内以福田赳夫为首的反对派,也要求田中辞职。"打倒田中内阁"一时成为民众口号。对物价高涨和金权政治深恶痛绝的工人,当年秋季还举行了大罢工。11月26日,在美国总统福特对日本的正式访问结束后,田中角荣表明了辞意:"最近政局混沌,有些皆因我个人问题引起。作为国家政治最高负责人,我痛感必须承担政治与道义责任。"①田中角荣的"辞职声明"由内阁官房长官竹下登代为宣读。

"椎名裁定"三木执政　　1974年12月1日,即田中表明将辞职后,自民党副总裁椎名悦三郎将福田赳夫、大平正芳、三木武夫、中曾根康弘召集到一起,对他们做了如下表示,"政治不可一日空白,国民期待清廉并且能够致力于改善我党体制的新总裁。目前,我们确信政界的长老三木武夫君是最适合人选"。在自民党各派阀中,三木派是只有30名成员的小派阀,由"椎名裁定"的方式推举三木武夫出任首相,不仅出人预料,甚至出乎三木武夫本人预料。他当即说了句"晴天霹雳"。12月9日,田中角荣宣布内阁总辞职。当天,三木武夫在众参两院指名选举中得票超过半数,成功当选并立即组阁。

三木武夫(1907—1988年)出身在德岛县板野郡御所村一个农业兼营肥料业家庭,是家里的独子。三木武夫从御所小学毕业后,相继在德岛商业学校、明治大学商学系学习,1929年赴美国加利福尼亚大学学习。1937年4月,刚满30岁的三木武夫参加全国大选,成为全国最年轻的众议院议员。三木武夫的妻子三木睦子是"昭和电工"创建者森矗昶的女儿,毕业于东京府立第一高等女子学校,曾经担任联合国妇女协会会长等

---

① 《日本内阁》第3卷,第117页,转引自小林弘忠:《历代首相》,实业之日本社2008年版,第211页。

职。民间流传着三木武夫的政治家业绩离不开夫人睦子的佳话。三木武夫连续20次当选众议院议员,被称为"政界的长老"。1947年3月,协同党和国民党合并,组成国民协同党,三木武夫出任该党书记长。6月,以片山哲为首相的社会党、民主党、国民协同党三党联合内阁成立后,三木武夫受邀入阁。之后,国民协同党一变为国民民主党,二变为改进党,三变为日本民主党,最后和自由党合并成为自由民主党,三木武夫一直担任要职。合并前,三木武夫任鸠山一郎内阁运输相;合并后历任自民党干事长和政调会长、岸信介内阁经济企划厅长官兼科学技术厅长官、池田勇人内阁科学技术厅长官、佐藤荣作内阁通产相和外相、田中角荣内阁副首相兼环境厅长官。三木武夫被认为是理性务实的政治家。岸内阁时,三木武夫因反对《警察职务执行法》而退出内阁;拒绝出席《新日美安保条约》的国会表决。佐藤内阁时三木武夫坚持主张归还"无核冲绳",强调"台湾是中国不可分割的领土",呼吁尽快恢复中日邦交。

三木武夫奉命组阁后,以"诚实和廉洁"为口号,强调"对话与协调"。他任命的阁僚即体现了这种精神:福田赳夫任副首相兼经济企划厅长官,大平正芳留任藏相,宫泽喜一任外相,河本敏夫任通产相,安倍晋太郎任农林相,金丸信任国土厅长官,中曾根康弘转任自民党干事长。作为"廉洁的三木",三木武夫一上任即公布了自己的财产,随后提出了改革自民党总裁选举,由10名以上议员推出候选人,再由地方党员投票复选确定前两名,最后由党内国会议员选出总裁。但是因遭党内反对而未能实施。三木武夫执政伊始即设立了由福田赳夫领衔的经济对策阁僚会议,通过《财政特例法》发行2.29万亿日元国债,停止自1960年开始的减免所得税政策。三木内阁还提出了《政治资金规正法修正案》和《公职选举法修正案》。这两项法案均试图对政治资金的数量和来源进行限制,鼓励个人捐献政治资金,淡化企业和政治的关系,对违反选举的"连坐制"进行强化,防止企业与政治"愈着"(勾结)。由于在野党反对以及自民党内部也有抵触,两法案在经过实质性修改后,在国会勉强获得通过。三木武夫试图通过《禁止垄断法修改试案大纲》,但是遭到财界和自民党主流派强烈反对,甚至福田赳夫也公开表示反对。因为,自民党的选举资金需要大企业支持。最终,该法案虽然在众议院获得通过,但在参议院因"审议未了"而成为"废案"。三木内阁还在防卫问题上立下"规矩",将防卫费控制在

GNP 的 1% 以内。

在接连受挫后,三木内阁的支持率也呈下降趋势。三木内阁刚成立时民调支持率为 45％,执政半年后,支持率下降至 34％。值得一提的是,为了获取支持率,三木武夫在 1975 年以个人身份参拜了靖国神社,成为战后在职首相参拜靖国神社的首例。

最终导致三木下台的,是战后"四大丑闻"之一的"洛克希德案件",尽管这一案件的主角是田中角荣,三木武夫扮演的是正面人物。"洛克希德案件"的源头,可以追溯到 1972 年 8 月 31 日,美国总统尼克松和日本首相田中角荣的"夏威夷会谈"。那次会谈,田中角荣允诺从美国采购一批客机。获知这一消息后,美国三大飞机制造公司波音、道格拉斯、洛克希德,即展开角逐。这三家公司和日本政界渊源最深的,是洛克希德公司。洛克希德公司通过其在日本的代理商即日本五大综合商社之一的"丸红株式会社"开始运作。

1976 年 2 月 4 日,美国参议院外交委员会跨国公司分委员会发布了一项报告,揭示洛克希德公司为推销本公司生产的民航机和军用机,自 1966 年起向各国政要等支付了大量"活动费"。翌日,该分委员会举行听证会,在严厉追问下,洛克希德公司副董事长柯谦(Kotchian)承认,在交给洛克希德公司顾问儿玉誉士夫的活动费中,有约 200 万美元是经由田中角荣首相的好友"国际兴业社"小佐野贤治中转交给有关人员的。这番证词,当即引起极大震动。①2 月 6 日,三木武夫在众议院预算委员会上表示,"即使涉及日本的名誉也要查明问题。如果触犯法律,必须严肃处理"。2 月 16 日,因在野党的强烈要求和舆论的压力,众议院预算委员会召开听证会,四家电视台全程实况转播。听证会历时十五个小时,被传唤的证人是小佐野贤治、儿玉誉士夫(因病未出席),丸红株式会社会长桧山广、社长松尾泰一郎、董事伊藤宏和专务大久保利春,"全日空"社长若狭得治和副社长渡边尚次。八人对指控均矢口否认,田中角荣也未被传唤,因此听证会并没有使此案有实质性突破。由于田中角荣虽然下野,但却被称为"幕后将军",仍依靠强大的"人脉"和"金脉"左右政治。但是,三木武夫并未示弱。2 月 20 日,三木武夫不仅在电视上明确表示将"追查到

---

① 柳田邦男:《震撼日本的 50 天》,《文艺春秋》1976 年 5 月号。

底",而且指示日本驻美国大使东乡文彦(前外相东乡茂德的上门女婿),向美方索取详细资料和日本政府受贿人员名单。2月25日,三木武夫给美国总统福特发去亲笔信,请求提供全部资料。面对日本政府的紧追不舍,美国最终同意日方派遣两名官员赴美调查取证。于是,三木政府决定:由检察厅和警察厅各派一人赴美调查;调查结果列为机密,原则上不公开。3月13日,儿玉誉士夫因违反所得税法被东京地检起诉。在聆讯中,儿玉誉士夫承认指控。4月10日,派往美国的调查人员携带美方提供的资料回国。在三千多页资料中,有日本涉嫌高官姓名。此案来龙去脉至此已基本弄清。①

1976年4月2日,田中角荣公开发表了一份题为《我的感触》的声明,强调:"夏威夷会谈"的内容均已发表于联合公报,既无理由,也无事实涉及民间飞机公司;否认和小佐野贤治在此案中有任何牵连。②虽然田中角荣自证清白的"声明"没有平息舆论的质疑,但自民党内开始出现"庇护"的声音。自民党副总裁椎名悦三郎和田中角荣、大平正芳、福田赳夫三派会谈后,决定联手倒阁。三木武夫则表示"绝不中途让出政权",国会也对此案紧追不舍。5月14日,众议院设立了"洛克希德问题调查特别委员会",之后根据调查结果相继逮捕了"全日空"社长若狭得治和副社长渡边尚次、丸红常务董事伊藤宏和专务大久保利春等。6月13日,河野洋平等六名自民党议员声明与"腐败诀别,确立新自由主义",退出自民党,于6月25日组成了"新自由俱乐部"。

田中角荣以"利用首相职位收取贿赂"的罪名被起诉,涉案金额5亿日元。田中角荣在缴纳了2亿日元保释金后被保释的第二天,除三木派和中曾根派,自民党所有派阀共277名议员组成了"确立举党体制协议会",展开了"第二次倒阁"运动,三木武夫则以内阁改造进行反击,除副首相福田赳夫和藏相大平正芳,所有阁僚全部更换。10月21日,福田赳夫和大平正芳在后任总裁问题上达成妥协,"确立举党体制协议会"推举福田出任总裁和首相。12月5日,日本举行了战后首次众议员四年任期届满的大选,最终自民党从265席减少为249席,由于总议席从491席增加

---

① 立花隆:《田中角荣研究》(下),讲谈社1983年版,第130页。
② 冈本文夫:《别了,自民党》,青树社1976年版,第209—210页。

到511席,未能过半数,最后靠选举后吸纳无党派议员加入自民党才勉强达到过半数的263席,得以单独执政。12月17日,三木武夫宣布承担败选责任。12月23日,自民党众参两院议员举行大会,选举福田赳夫为自民党总裁。福田赳夫任命大平正芳任自民党干事长,三木派河本敏夫任政调会长,田中派江崎真澄任总务会长。2月24日,福田赳夫被两院任命为日本首相。当年底,日本实际经济增长率不到1%,约有1600家企业倒闭,完全失业人数超过100万,日本经济高速增长戛然而止。

1983年10月12日,检方提供的证据几乎全部被东京地方法院采信。田中角荣的首席秘书榎本敏夫因参与共谋被判处有期徒刑一年,缓刑三年。丸红株式会社会长桧山广被判处有期徒刑三年零六个月。丸红常务董事伊藤宏被判处有期徒刑两年,专务大久保利春被判处有期徒刑两年、缓刑四年。8月17日,法院以"利用总理大臣地位收受贿赂及违反外汇法"的罪名,判处田中角荣有期徒刑四年,追缴赃款五亿日元。法院对田中角荣的判决书强调,他的行为"严重损害了国民对公共事务公正性的信赖,对社会产生的病理性影响难以估计,因此必须直接接受最高谴责"。①

第十节 从福田到竹下:昭和最后十七年

昭和时代最后十七年始于福田赳夫执政,终于竹下登内阁"遇难",历经福田赳夫、大平正芳、铃木善幸、中曾根康弘、竹下登五任首相。在此期间,日本政治、经济、外交、军事均经历了重大事件,以致很难用一个标题进行概括。《中日和平友好条约》的签署、《新历史教科书》问题、"靖国神社问题"、"广场协议"的签署、《日本可以说"不"》的出版、"利库路特案",均发生在这一时期。这些问题,反映了日本内政外交的基本特征:始终重视对华和对美关系;缺乏对侵略历史的深刻认识和反思;"金权政治"的丑闻对执政基础的侵蚀。

强化对华对美关系的"福田" 三木武夫离任后,继任者是"三角大福中"的"福"即福田赳夫。②福田赳夫(1905—1995年)出身于群马县金古

---

① 战后日本政治史研究会编:《现代日本政治史年表·解说》,法律文化社1988年版,第233页。

② "三角大福中"指三木武夫、田中角荣、大平正芳、福田赳夫、中曾根康弘。五人曾彼此角逐,先后担任首相,其中穿插"过渡性质"的铃木善幸。

町(现称群马町)一个养蚕户家庭,家里排行老二。从旧制"一高"(后成为东大教养学部)、东京帝国大学法学科毕业后,就职于大藏省,翌年被派赴英国任日本驻英国大使馆财务秘书,后被派到中国担任汪精卫财政顾问。日本战败后,福田赳夫历任大藏省银行局长、主计局长,被大藏省称为"王子"。1948年因"昭和电工案"涉嫌受贿而被捕,后被无罪释放并重新返回政坛,历任自民党政调会长、干事长,岸内阁农林相,佐藤内阁藏相、外相,田中内阁行政管理厅长官、藏相,三木内阁副首相兼经济企划厅长官。福田赳夫的履历显示,他是历时25年一步一个台阶登上首相宝座的。在此之前,他主要任职于财政领域。福田赳夫创造了很多当时的流行语,诸如"昭和元禄""昭和黄门"。相对于三木武夫的"夫唱妇随",福田赳夫和妻子三枝相敬如宾。福田三枝是原大审院判事新井善教的孙女,新井文夫的女儿,被称为福田家族的顶梁柱。福田赳夫夫妻育有三子一女,长子福田康夫(后任首相);次子福田征夫(后过继给横手家改名横手征夫,20岁时罹患食道癌);三子福田横夫。长女福田和子(嫁给曾任通产相的越智通雄后改名越智和子)。福田赳夫以"敬妻家"自诩。评论家大宅壮一倡导建立了"日本恐妻协会",首任会长是日本广播协会(NHK)会长阿部真之助。阿部真之助去世后,协会想让福田赳夫当会长,被福田赳夫婉拒。他说:"我不是恐妻家,我是敬妻家。如果是敬妻协会会长我就当。"

1976年12月24日,福田内阁正式组成:外相鸠山威一郎(翌年11月内阁改造后为园田直,下同)、藏相坊秀夫(村山达雄)、通产相田中龙夫(河本敏夫)、经济企划厅长官宫泽喜一、内阁官房长官圆田直(安倍晋太郎)、厚生相渡边美智雄、文部相海部俊树(砂田重民)、农林相铃木善幸(中川一郎)、防卫厅长官三原朝雄(金丸信)。有两位阁僚特别值得一提:科学技术厅长官宇野宗佑(熊谷太三郎)、环境厅长官石原慎太郎(山田久就)。宇野宗佑后当选为首相,但执政仅69天即因丑闻和绯闻而辞职。石原慎太郎则因和索尼总裁盛田昭夫合撰了被称为"日本新民族主义宣言"的《日本可以说"不"——新日美关系的方策》而引起全世界关注。福田内阁以"扫除内阁"相标榜。因为三木内阁在外交和经济等领域留下了一些重要问题。福田内阁将致力于"扫除"残留的问题。

福田内阁面临的当务之急是提振经济,恢复景气。三木内阁当年制定了《1976—1980年经济计划》,将年均经济增长率定为6%,但并没有提出具体的刺激经济增长的措施,何况未及实施就已离任。福田赳夫上台后在编制预算时试图达到的效果:一是实现物价稳定,二是恢复持续景气,三是财政得以健全。因此,福田内阁编制的预算比上一年增长了17.4%。同时为了满足财界、工会等减税要求,减少3 500亿日元所得税。为了填补由此产生的财源不足,发行了8.5万亿日元国债。①1977年3月、4月、9月,连续3次降低官定利率,追加2万亿日元公共事业费。成田国际机场就是在当年建成运营的。根据日本统计局公布的数据,当年日本GDP实际增长率为4.4%,比上一年增长了0.4个百分点。在当年7月参议院选举中,自民党改选和非改选席位达到124席。其他党派和无党派议员共计126席:社会党56席,公明党28席,共产党16席,民社党11席,新自由俱乐部4席,其他12席。当年11月,福田赳夫对内阁进行了改造,编制了追加3 700亿日元的第二次补充预算方案,同时编制了公共事业费为5.2万亿日元的1978年年度预算方案,为此发行了总额为10.58万亿日元的国债。②同月,福田内阁决定推行第三次全国综合开发计划(简称"三全综")。根据日本统计局的数据,1978年日本GDP名义增长率为10.1%,实际增长率为5.3%,说明这些经济举措并非没有效果。

"顺应时势"是福田赳夫执政的明显特征。20世纪70年代后半段是日本真正从"行政权优势"向"立法权优势"转变,以及与之相辅相成的从"强权政治"向"协商政治"转变的时代。福田赳夫对此洞若观火,于1977年春成立了"党改革实施本部",自任本部长,并"断然解散派阀"。虽然派阀名存实亡,后来更卷土重来,但福田赳夫毕竟为此付出了努力。

一般认为,福田赳夫强于财经弱于外交。但成为首相后,福田赳夫在外交方面也有可圈可点之处。1977年8月,福田赳夫出席了在马来西亚首都吉隆坡希尔顿酒店举行的日本—东盟五国首脑会议,与马来西亚首相胡申翁、印度尼西亚总统苏哈托、泰国首相他宁、新加坡总理李光耀、菲律宾总统马科斯进行了会谈,之后对东南亚国家进行了为期两周的访问。

---

① 山岸一平:《昭和后期10位首相:日经政治记者看到的"派阀时代"》,日本经济新闻社2008年版,第142—143页。
② 山岸一平:《昭和后期10位首相:日经政治记者看到的"派阀时代"》,日本经济新闻社2008年版,第143页。

第十二章 ● 昭和时代(战后)

8月18日,福田赳夫在菲律宾首都马尼拉发表演说,"在战后首次阐明了日本对东南亚外交政策的基本原则",主要内容是:日本要为东南亚和世界和平繁荣做出贡献;日本要与其他亚洲国家加强交流,建立不是靠资金,而是靠心心相印维系的相互信赖关系;基于"对等合作者"的立场,积极配合东南亚各国加强团结,努力促进整个东南亚地区的和平与繁荣。福田赳夫提出的三项原则被称为"福田主义"。这三项原则被认为是反省战时"大东亚共荣圈"的外交方针。

福田赳夫任内解决了延宕多年的"外交难题":和中国签署了《中日和平友好条约》,进一步改善了中日关系,为两国进入"蜜月期"创造了重要前提。关于邦交正常化,《中日联合声明》第八条宣布,双方"同意进行以缔结和平友好条约为目的的谈判。"之后,双方就此进行了交涉。但是,由于中国要求明确写入"中日两国反对霸权主义",而日本顾忌苏联的强烈反映(因为该条款明显针对苏联)、日本国内亲台势力的阻挠,以及中国台湾当局的干扰,对此表示反对,签约谈判陷入僵局。1975年9月,三木内阁外相宫泽喜一出席联合国大会时,向中国外长乔冠华提出了四点原则意见即"宫泽原则",核心是反对霸权:(1)不仅在亚太地区,而且在世界任何地方"反对霸权";(2)不针对特定的第三国;(3)不意味日中采取联合行动;(4)不违反联合国宪章原则。但由于中国正值"文化大革命",日本则正值"洛克希德事件"和"倒三木"运动正酣,因此依然未能签署《中日和平友好条约》。1976年,中国结束"文化大革命",日本福田内阁建立,两国形势因此一变,加之美国总统卡特、国务卿万斯对写入"反霸权条款"明确表示支持,双方终于在1978年8月12日签署了《中日和平友好条约》。条约第二条就是反复酝酿推敲的"反霸权条款"的"修订版":"缔约双方表明:任何一方都不应在亚洲和太平洋地区或其他任何地区谋求霸权,并反对任何其他国家或国家集团建立这种霸权的努力。"[①]

福田内阁时期,日美关系得以进一步强化。1978年11月28日,双方主要根据《新日美安保条约》第五条"对在日本施政的领土上的任何一方所发动的武装进攻,都会危及它本国的和平与安全",以及第六条"为了对日本的安全以及对维持远东的国际和平与安全做出贡献,美

[①] 田桓主编:《战后中日关系文件集(1971—1995)》,中国社会科学出版社1997年版,第228—229页。

利坚合众国的陆军、空军、海军获准使用日本的设施和地区",在第十七次日美安全保障协议委员会后,签署了《日美防卫合作指针》(简称"指针")。"指针"规定,下述情况一旦发生须如何应对,如何开展共同作战研究:

一、构建防侵略于未然的态势。

1. 作为防卫政策,日本为了自卫,在必要的范围内保持适当规模的防卫力量的同时,形成、维持能确保其防卫力量最有效运用的态势。同时,根据《驻日美军地位协定》,确保美军在日设施、区域的稳定且有效使用。美国在保持核遏制力的同时,保持能在前方展开的应急部队和能够提供支援的其他兵力。

2. 日美两国在日本遭到武力攻击后,为了能够顺利采取共同应付行动,自卫队和美军将在作战、情报、后方支援等方面努力构建协作态势。……

二、日本遭受武力攻击时的对应行动

1. 日本有遭受武力攻击之虞时,日美两国进一步加强联络,在各采取必要措施的同时,根据局势变化,采取各项能确保展开共同应对行动的措施,必要时设立自卫队和美军之间的协调机构。……

2. 日本遭到武力攻击时。(1)作为原则,日本将独力排除有限的小规模的侵略。由于侵略的规模、方式等难以独力排除时,则由美国协助予以排除。……

三、日本以外的远东地区发生事态并对日本的安全产生重要影响时,日美间的合作。

日美两国政府顺应形势变化随时协议。日本以外的远东发生事态且对日本安全构成重要影响时,日本为美军提供便利的方式,遵循《新日美安保条约》及相关文件、日美间其他有关文件和日本有关法令。日美两国政府对日本按照上述法律框架范畴为美军提供便利的方式,将重新相互开展研究。这一研究包括美日共同使用自卫队基地,以及提供其他便利的相关问题。①

"悲情首相"大平正芳　福田赳夫在执政后期同大平正芳的矛盾日趋尖锐。福田赳夫和大平正芳是大藏省的前辈和后辈,三木执政时他俩曾

---

① 日本防卫厅编:《防卫手册》,朝会新闻社2019年版,第268—272页。

多次密谈,联手"倒阁"。当时说好,"倒阁"后福田赴夫任总裁(首相),大平正芳任干事长,"福田管政务,大平管党务",由保利茂居间"担保"。然而,福田赴夫出任首相后,笼络中曾根康弘等反主流派,致力于建立举党体制,并且公开表示将继续竞选自民党总裁,"食言"意图明显,令大平正芳非常不满,双方展开激烈角逐。1978年6月1日,党内最大派阀田中派公开表示支持大平正芳。在当年11月26日投票截止、由各都道府县自民党员和党友举行的推选总裁候选人的预备选举中,大平正芳以748∶638的结果战胜福田赴夫。福田赴夫表示不再参加正式选举。12月1日,大平正芳被选为自民党第九任总裁,12月7日在国会众参两院指名选举中,当选为第六十八任日本首相。

大平正芳(1910—1980年)出身于香川县和田村(现观音寺市)一个农民家庭,家中排行老二。从高松高等商业学校(现香川大学经济学部)进入东京商科大学(现一桥大学),毕业后进入大藏省。1939年被派赴中国张家口任兴亚院"蒙疆联络部"经济课主任。1945年3月任藏相津岛寿一的秘书。日本战败后仍留在大藏省,1949年任藏相池田勇人秘书,四年后成为众议员。1960年池田内阁成立后,作为池田勇人心腹的大平出任内阁官房长官。池田勇人的"宽容与忍耐"就是由大平正芳提出的。之后,大平正芳历任池田内阁外相、佐藤内阁通产相、田中内阁外相、三木内阁藏相。福田执政时,出任握有党内人事和财政两大权力的干事长。大平正芳出身农家,不是无异于世袭的"族议员",但是他不仅娶了三木证券创始人铃木三树之助的女儿,而且因为联姻,大平正芳甚至和天皇也成了远房亲戚,因为,大平正芳的三儿子大平明的妻子是大正制药创建者上原正吉的孙女,上原正吉和日清制粉董事长正田英三郎是姻亲,而明仁天皇的皇后美智子就是正田英三郎的女儿。

大平正芳在执政时体现了"政治新秩序时代"的精神。他在发表竞选演说时即表示了对这种精神的崇奉:"我遵从民主的原则,以谦虚和灵活的姿态示人,与人坦诚相见,将眼前的困难公之于众,并站在取信于民的立场上对严峻现实采取有效对策,形成集思广益的政治局面。我认为,必须改变政治对国民生活的过分介入和国民对政治的过分期待。"[①]

---

① 《日本内阁》第3卷,转引自小林弘忠《历代首相》,实业之日本社2008年版,第227页。

大平正芳上台后在最初的施政演说中提出:"为建设富裕社会而目不斜视地向前迈进。要对以往做法进行反省。""我们要建设的新社会将克服对立和彼此不信任,不断培植相互间的理解和信任,在家庭和地区、国家和地球社会等一切层面,寻求人的真正的生存价值和生活意义。"为此,他提出了"田园都市国家构想"。大平正芳喜欢读书,家里藏书超过7 000册。虽然他语言表达能力一般,不时有"哼哈"之类的口头语,但喜欢以辩证的方式思考问题,信奉"椭圆哲学"。所谓"椭圆哲学",就是认为凡事有两个中心点,只有使两者处于紧张的平衡状态,事情才能顺利推进。按照他的观点,执政者和国民是椭圆的两个中心。要相信国民的良知,但决不可无原则取悦国民。经济需要发展,但一味追求经济发展,会影响社会稳定。他因执着的性格而获得了"钝牛"的雅号。

大平正芳执政之初,世界正经历"第二次石油危机"。为了应对这场危机和"重建财政",大平正芳打算导入"一般消费税"。他在国会演说时表示,为整顿财政,在五年内消灭赤字、公债,弥补政府财政收入不足,将不得不增加国民负担,征收一般消费税。1979年9月,以自民党在地方选举中有回升趋向为背景,大平正芳宣布解散众议院实行大选,试图增强自民党在众议院中的势力。舆论和经济界等均认为自民党将会获胜。但是,投票结果恰好相反。在全部511席中,自民党仅获248席,是有史以来的惨败。究其败因,大平内阁打算征收"一般消费税"是罪魁祸首——选民认为大平内阁是"征税内阁"。此时,福田赳夫显示出了再次问鼎首相宝座的雄心,于1979年10月7日至11月16日,和大平正芳展开了被称为"大福40天抗争"的权力斗争。三木、中曾根也认为大平正芳应对自民党大选失利负责,应引咎辞职。但大平正芳表示:"把自己的事做完,结果如何绝不后悔。"11月5日,首相选举战在众议院举行,自民党向众议院推荐大平正芳和福田赳夫作为首相候选人参加决选,同时推举两位候选人,史无先例。最终,大平正芳在以河野洋平为首的"新自由俱乐部"支持下击败福田,涉险保住了相位。但是,自民党却处于"将分裂而未分裂,未分裂却将分裂"的危险境地,并使国会出现了40天空白期。

经历了国会40天空白期后,自民党经"追认"9名无党派人士为自民党党员,勉强过了半数,大平正芳组成了第二届大平内阁。但是,大平正芳的支持率仅18%,不支持率达38%。面对这一动向,在野党公明、民社两党于当年12月就建立"中道联合政权"构想达成一致意见,1980年初社会党加入其中,三党提出了建立"社公民联合政权"的构想。同年3月,原邮政相安司涉嫌收受日本国际电讯电话公司(KDD)贿赂、众议员系山英太郎和宇野亨涉嫌贿选,"金权政治"问题再次使自民党处于风口浪尖。5月16日,社会党向国会提出了对大平内阁不信任案,理由是推行健康保险制度改革的拖沓、改变金权政治的懈怠、未能确立政治伦理,等等。由于自民党反主流派议员拒绝出席本次会议,即没有举党一致阻击内阁不信任案,致使该案以243票赞成、187票反对的表决结果获得通过。这是自第四届吉田茂内阁以来,时隔27年对内阁不信任案获得通过。大平正芳宣布解散众议院,于6月22日重新举行大选。参议院选举也在当天举行。众参两院选举同一天举行,在日本历史上没有先例。民调显示,内阁支持率21%,不支持率42%,形势对自民党相当不利。但是,5月30日,即参议院选举公示当天,大平正芳或因为各处发表竞选演说,心力俱疲,因心肌梗死而倒下,6月12日去世。大平正芳之死显然唤起了民众对自民党的同情。大选结果,自民党在众议院获284席,社会党获107席,公明党获33席,民社党获32席,共产党获29席,新自由俱乐部获12席。参议院选举自民党获48席,社会党获13席,共产党获4席,公明党获3席,民社党获2席。自民党大获全胜。大平正芳不自觉地以生命为代价换取了自民党的大胜,使"社公民联合政权"构想成为泡影。

　　大平正芳为改善和发展中日关系做了很多工作。2018年12月18日,中共中央、国务院授予大平正芳"中国改革友谊奖章",称赞大平正芳是推动中日邦交正常化和帮助中国改革开放的政治家。

　　大平正芳去世后,原先自民党打算让西村英一副总裁代理总裁,同时担任临时首相。按理,他完全有可能成为继任首相。但出人意料的是西村英一居然在大选中落选。不是众议院议员当然没资格担任首相。因此改由内阁官房长官即宏池会的伊东正义临时代理首相。①7月17日,自民党总务会长铃木善幸成为日本第四十四位、第七十任首相。

---

① 日本自民党内派阀往往称"某某会",如目前最大派阀为"清和政策研究会"(简称"清和会")。宏池会原是自民党主要派系,由吉田茂领导(故又称吉田派)。后相继由首相池田勇人、众议院议长前尾繁太郎、首相大平正芳、首相铃木善幸、宫泽喜一等担任领导。目前势力大不如前。

"原社会党议员的变种"铃木善幸　　铃木善幸在位864天,在"你方唱罢我登场""来也匆匆,去也匆匆"常态化的日本政坛,不能算"短命首相"。其特点是被视为"原社会党议员的变种"。

铃木善幸(1911—2004年)出身于岩手县下闭伊郡一个叫铃木善五郎的渔民家里,排行老大。他从农林省水产讲习所(现东京海洋大学)毕业后在渔业团体就职,曾担任全国渔业合作社联合会工会委员长。1947年(昭和二十二年)作为社会党党员成功当选,后转入民主自由党。自由民主党成立后加入自民党,历任总务会副会长、副干事长。1960年(昭和三十五年)铃木善幸首次入阁,历任邮政相、内阁官房长官、厚生相、农林水产相。1968年(昭和四十三年)后连任9届自民党总务会长,任职时间近7年,其间积极致力于实现中日邦交正常化。铃木善幸有一子三女,前日本首相、现副首相兼财相麻生太郎,就是他的女婿。

铃木内阁成立后,外交方面遭遇了一些麻烦。1981年1月6日,铃木内阁决定设立2月7日为"北方领土日",由此导致日本和苏联的关系趋于紧张。5月,原美国驻日大使埃德温·赖肖尔(Edwin Reischauer)称:"搭载核武器的军舰停靠日本港口,日本政府是知情的。"这么做明显违反日本"无核三原则",引起社会骚动。日本和欧美的贸易摩擦也呈扩大态势。同样是在5月,铃木善幸访美,和里根总统举行了会谈并发表了联合声明。在回答日本记者关于"日美同盟"是否属于"军事同盟"这一问题时,铃木善幸答称:"在自由和民主主义、自由市场的经济体制等价值观方面,日本与美国完全相同,是维护上述价值观的同盟关系,不带有军事的含义。"即给予了否定。①但是,之后外相伊东正义则表示:"既然有《新日美安保条约》,日美同盟当然属于军事同盟。"在野党为此追究首相和外相的表述何以不一,铃木善幸对伊东正义提出了批评,伊东正义愤而辞职,由圆田直接任外相。当年11月30日,铃木善幸对内阁进行了改造,由樱内义雄出任外相,安倍晋太郎任通产相,渡边美智雄任藏相,宫泽喜一任内阁官房长官,中曾根康弘任行政管理厅长官。因任命"洛克希德案""灰色官员"二阶堂进任自民党干事长,铃木善幸再次遭到非议。

1982年6月,日本文部省审定"实教出版社"的高中《新历史教科书》

---

① 藤本一美:《战后政治的决算:1971—1996》,专修大学出版局2003年版,第165—166页。

为"审定合格",该教科书将日军对中国华北的"侵略"称为"进入",称日军实施的烧光、杀光、抢光的"三光政策",是"抗日运动的展开迫使日本军队保证治安",将南京大屠杀的发生表述为由于中国军队激烈抵抗导致日军"报复"。7月20日,中、韩两国指出,该教科书明显歪曲历史,美化侵略。8月8日,铃木善幸首相决定原则上重写历史教科书。8月26日,内阁官房长官宫泽喜一表示,日本政府在《日中联合声明》中写入"痛感日本国过去由于战争给中国人民造成的重大损害与责任并表示深刻反省,这一认识迄今没有丝毫变化""《日中联合声明》的这一精神,在日本的学校教育中和审定教科书时,理应受到尊重。日本将充分倾听中国等国对我国教科书中有关此类问题的批判,并由政府负责纠正"。这番讲话,就是和"河野谈话""村山谈话"并称"三大谈话"的"宫泽谈话"。9月26日,铃木善幸首相为纪念中日邦交正常化访问中国,表示将从政治和外交上解决教科书问题。中国领导人表示,希望日本以史为鉴,注意军国主义倾向。①11月24日,根据"宫泽谈话"精神,日本教科书审定制度增加了被称为"近邻诸国条款"的内容:"在处理与亚洲近邻各国之间的近现代历史事件时,要从国际理解和国际协调的角度予以必要的考虑。"

内政方面,铃木善幸执政后一方面标榜"和的政治",另一方面致力于重建财政。继1962年至1964年的第一"临调"(临时行政调查会)后,铃木内阁于1981年3月成立了第二"临调",由经团联名誉会长、原东芝公司董事长土光敏夫任会长。第二"临调"于1982年7月向铃木内阁递交了咨询报告。咨询报告分析了财政状况恶化的原因,提出了削减直接税、增加间接税的方案,以及对国铁、电信电话、专卖"三公社"实行民营化的方针。根据这一报告,铃木内阁于当年9月制定了作为内阁决议的行政改革大纲,同时决定在五年内对三"K"赤字(稻米、国铁、健康保险)之一的国铁进行重建,对电信电话公社和专卖公社的事业形态进行改革。②但是,在当选自民党总裁后,铃木善幸自己也表示:"我对自己缺乏担任总裁的能力有充分认识,但服从选举的宗旨,接受这一职务。"虽然铃木善幸发誓要"豁出政治生命"进行改革,但阻力重重,难以为继。铃木善幸就任首相时表示,"摆脱依赖赤字国债的体制"。基于大平内阁因增加消费税的

---

① 《朝日新闻》1982年9月29日夕刊。
② 稻米、国铁、健康保险日语发音的首字母都是"K"。

惨痛教训,铃木善幸提出"不依赖增税重建财政",但 11 月不得不"食言",增发 4 兆日元国债。铃木内阁一开始就具有"过渡内阁"性质,在外交方面乏善可陈,内政方面困难重重之际,原本不恋栈的铃木善幸,在当年 10 月总裁改选前夕宣布不再参加竞选。中曾根康弘在田中派的支持下当选自民党总裁,同时成为第七十一任日本首相。

政坛"不倒翁"中曾根康弘 中曾根康弘(1918—2019 年)出身于群马县高崎市一个叫中曾根松五郎的木材商家庭,从高崎中学、静冈高中进入东京帝国大学法学部,毕业后以"行政科第八名"的考试成绩入职内务省。当年正值太平洋战争前夕,在内务省上班仅一周,中曾根康弘便报名参军,成为海军军需主计中尉,后几次调任,辗转各处。1945 年 2 月 11 日即纪元节,中曾根康弘和大东亚省任职的小林茑子结了婚,介绍人就是小林茑子的哥哥小林义治中尉。小林义治战后成了《日本工业新闻》的社长,当年是中曾根康弘的下属。日本战败时,中曾根康弘是"长门号"战列舰的主计少佐,参加过莱特湾海战。日本战败后,中曾根康弘重新回到了内务省,但成为政治家的抱负使他不甘于领一份工资的生活。1947 年,29 岁的中曾根康弘竞选众议员取得成功,从此开始了职业政治生涯,翌年成为民主党政调会副会长,追随党内实力派河野一郎(河野洋平的父亲)反对吉田茂。中曾根是民族主义者,在日本被占领时常系一根黑色领带,寓意"为日本守孝"。他公开宣称:"《明治宪法》时的日本是第一宪政时期;麦克阿瑟宪法下的日本是第二宪政时期;理应尽快到来的昭和革新下的日本是第三宪政时期,我等正处于暴风雨即将到来的第三宪政的黎明时刻。"1956 年,中曾根康弘创作了"修改宪法之歌"在剧场演唱。1970 年中曾根任佐藤内阁防卫厅长官时,首次提出了"自主防卫五原则"。1978 年,中曾根发表了《新保守理论》一书,宣扬民族主义和国家主义。

1958 年 6 月,中曾根康弘首次入阁,出任第二届岸信介内阁科学技术厅长官。之后历任吉田茂弟子佐藤荣作内阁的运输相、防卫厅长官、自民党总务会长,被称为"凤见鸡"(墙头草)。在田中角荣和福田赳夫角逐首相职位时,中曾根康弘不是站在同乡和校友福田赳夫一边,而是公开表示支持田中角荣,被群马县的民众斥为"叛徒"。不过,中曾根康弘对此并不介意,在田中角荣继佐藤荣作成为首相后,中曾根康弘出任田中内阁通产相——通产相和外相、藏相是最有可能成为首相的职位——三木内阁

第十二章 昭和时代（战后）

时任自民党干事长、福田内阁时任自民党总务会长，铃木内阁时任行政管理厅长官，被称为政坛"不倒翁"。

中曾根康弘在佐藤荣作之后的所谓"三角大福中"之争中最后登上首相宝座，也是其中任期最长的一名首相。中曾根康弘执政后，任命了七名田中派成员担任要职，包括任命原警察厅长官后藤田晴正任内阁官房长官，原警视厅总监秦野章任法务相，竹下登任藏相，二阶堂进任自民党干事长。因此，中曾根内阁被媒体戏称为"角营内阁"。①

中曾根组阁后即提出了"使日本成为政治大国"的口号，致力于改善与韩国的关系。1983年1月11日，中曾根康弘作为在任首相首次访问韩国，援助韩国40亿美元，解决了此前一直悬而未决的对韩经济援助问题。翌年9月6日，韩国总统全斗焕回访日本。在宫中欢迎宴会上，昭和天皇裕仁表示："对两国不幸的过去深表遗憾，希望这种不幸的历史不再重演。"这番讲话被解读为对历史的反省。

对作为日本外交轴心的日美关系，中曾根当然不会懈怠。1983年1月17日，中曾根康弘访问美国，在华盛顿发表演说时强调"日本和美国是盟国，是命运共同体"。在和美国总统里根会谈时表示："整个日本列岛或日本本土要像航空母舰那样，形成对抗苏联反转式轰炸机入侵的巨大防卫要塞。"②此言一出，舆论哗然，虽有录音为证，但中曾根矢口否认。此事被认为或是翻译有误。

1985年3月28日，美国参议院通过了《关于美日贸易的共同决议案》，要求美国总统敦促日本进一步开放市场。4月9日，中曾根康弘通过电视呼吁，"希望每个国民购买100美元外国商品"。这被认为是具有中曾根处理问题特征的应对方式。中曾根康弘认为，虽然日本需要依赖美国的保护，但是也应该不断发挥自身的影响力，成为政治大国。因此，中曾根康弘被认为是最具有"国际视野"的日本政治家。然而，当年9月22日，这位有"国际视野"的政治领导人却参与签署了一项对日本经济有深远负面影响的协议，这一协议通称《广场协议》(*Plaza Accord*)。

《广场协议》的正式名称是《法国、西德、英国、日本以及美国财政部长和中央银行总裁的声明》，因签署于美国纽约曼哈顿中心的广场酒店

---

① 日语中"营"和"荣"谐音，意为田中角荣经营的内阁。
② 《读卖新闻》1983年1月20日夕刊。

(The Plaza Hotel)而得名。参加这次会议的是"G5"的财长、副财长、中央银行总裁,是历史上第一次多国合作干预通货市场的会议,核心是诱导美元"有序贬值"。因为,美国希望以此增强美国商品的出口竞争力,降低贸易赤字。《广场协议》签署后,美元持续大幅贬值,日元持续升值。当时,美元兑日元为1:250左右。协议签订后不到3个月,美元兑日元贬值为1:200左右,跌幅20%。之后在不到三年时间里,美元对日元贬值了50%,即日元对美元升值了一倍,对以"贸易立国"的日本构成严重影响。日本自《广场协议》签署后,进入了所谓"日元升值时代"。

对华关系方面,中曾根康弘执政时期是战后中日关系最好的时期之一。1983年11月,中方提出了"和平友好,平等互利,长期稳定"三原则,中曾根康弘补充了"相互信赖",因而形成了"中日关系四原则"。但是,由于中曾根康弘于1985年8月15日作为在任首相,第一次以公职身份参拜靖国神社,引起中方强烈反对,中日关系出现了波折。2007年4月2日,中国中央电视台第一套节目《岩松看日本》,有节目主持人白岩松对中曾根康弘的采访。以下是该节目的解说词:

  从1947年29岁的中曾根康弘当选国会议员,到他2003年退出日本政坛,前后时间长达56年。在日本政坛,中曾根康弘作为一位资深政治家,对于中日关系30多年来的变化和发展,他是少有的几位重要见证人之一。

  在田中角荣担任日本首相之前,中曾根康弘和他的许多同僚都表示要支持田中角荣。作为支持他的交换条件之一,中曾根康弘希望田中角荣能够恢复和中国的正常外交关系。

  中曾根康弘于1982年起担任日本首相,前后5年。1984年,他来华访问时和我国达成协议,共同设立"中日友好21世纪委员会"。

  在中曾根康弘担任首相的前两年,中日关系在两国政府的推动下,平稳、健康地发展着,但是,在中曾根康弘上任的第三年,两国关系却由于他的一个错误举动而出现了波折。

中曾根康弘的"错误举动",就是以公职身份参拜靖国神社。

白岩松:"很多人知道,您在1985年的时候,去参拜过靖国神社,您当

第十二章 ● 昭和时代（战后）

时为什么要去？"

中曾根康弘："我本人也参加过战争，体验过战争，并且我的弟弟是在战争中阵亡的。所以说，当时在战争的时候，靖国神社战前是一个国家的机构，战后它才变成了一个普通的宗教的组织，这里边是有很多很多战争的时候牺牲的一些，我们叫作'英灵'的灵魂。但是到 1985 年为止，日本政府、国家，还没有一个人作为一个国家去安慰这些灵魂，对他们表示感谢，并且是让他们安心，这种行为还是从来没有过的。我当了总理大臣以后认为，应该作为总理大臣以公事的名义去安慰这些战争时候牺牲的一些人的灵魂。所以我就去了。但是去了以后，引起了周边各国很多的反应，也引起了摩擦，那个时候我就想到，我已经是作为一个总理大臣（已经）参拜了，已经尽职就足够了，以后我就没有再去参拜。"

白岩松："您后来为什么没有再去？您是如何考虑的？"

中曾根："因为参拜以后，中国政府也提出了中国政府的见解，我们也了解到了中国政府的考虑，我是出自尊重政府的考虑来采取的行动……作为总理大臣，我要考虑周边各国人民的感情。"

中曾根康弘曾多次强调应反思历史。他曾在《读卖新闻》发表文章，明确表示日本对亚洲国家发动的战争是侵略战争。如果不能正视这段历史，就无法得到邻国的信任，而日本最优先的国家利益应该是构建与亚洲邻国的信赖关系。2019 年 11 月 29 日，中国外交部举行例行记者会，有记者就日本前首相中曾根康弘逝世一事提问。中国外交部发言人表示，中曾根康弘前首相是日本有远见的资深政治家，生前热心对华友好交流与务实合作，为推动中日关系发展做出重要贡献，我们谨对他的逝世表示深切哀悼，向他的家属表达诚挚慰问。

内政方面，中曾根康弘执政伊始便提出，"对过去的基本规定和结构，应该毫无禁忌地重新认识"。这番讲话被视为中曾根康弘强调的"战后政治总决赛"的表述。经济方面，中曾根继承了前任的"重建财政"和"行政改革"路线。1983 年 3 月 15 日，中曾根解散了铃木内阁时期设立的第二"临调"，于 3 月 25 日设立了"临时行政改革审议会"，对赤字超越 1 兆日元的"国铁"强制推行改革。1985 年 10 月，中曾根内阁通过决议，"昭和六十二年(1987 年)对国铁进行分割和民营化改革"。改革得以如期实施。当年 4 月，"国铁"被分割成 7 个部分，"JR"因此产生。电信电话、专卖两个公社的民营化也得以实施,从而成功减轻了财政负担。

1983年12月大选,自民党出师不利,仅获250席,但是中曾根因在党内获得田中派的支持而再次当选,组建了第二届中曾根内阁。随后,中曾根试图通过税制改革重建财政。1985年1月,中曾根康弘发表施政演说时表示,"有必要对整个税制进行改革"。此时征收消费税已在酝酿。1986年7月22日,众参两院同时选举,自民党在众议院选举中大获全胜,得300个议席,一雪前耻,总裁任期延长一年。中曾根康弘第三次组阁。自民党之所以能获此胜绩,中曾根之所以能够连任,根本原因是日本经济再次迅速增长,纯资产储备额从1982年开始逐年增长,至1985年达到居世界首位的1200亿美元。1987年,日本贸易顺差额和外汇储备也达到世界第一,成为"三冠王"成为当时热议的话题。

善于笼络人心的竹下登 11月7日,中曾根康弘在国会答辩时表示,"征收间接税(消费税)并不违反选举承诺"。为此,社会党、公明党、民社党、社民党设置了"阻止税制改恶联合斗争本部",展开了反对征收消费税运动。自民党内也出现了不少反对的声音。最重要的是,选票显示,征收消费税明显影响选举。征收消费税的法案最终在国会审议未了,成为废案。同时,中曾根面临涉嫌受贿和绯闻的舆论压力,遂决定辞职。自民党首脑部打算在田中派推荐的竹下登、铃木派推荐的宫泽喜一、福田派推荐的安倍晋太郎三名候选人中"协商"产生总裁,但因各派系互不相让,最后由中曾根康弘指定后任总裁。1987年10月21日0时30分,自民党政务调查会长伊东正义将上述三人召集到一起,将写有结果的信函当场启封,宣读了中曾根康弘的"指令":"经过深思熟虑,我决定让竹下登作为总裁候选人。"伊东正义补充道,中曾根总裁"希望未被指定的安倍晋太郎和宫泽喜一担任干事长和副总理"。①10月31日,竹下登正式当选为自民党总裁。11月6日,竹下登内阁宣告成立,20名内阁成员中,竹下派(原田中派)5人,中曾根派、安倍派(原福田派)、宫泽派(原铃木派)各4人。宫泽喜一任副首相兼大藏大臣,宇野宗佑任外相,小渊惠三任官房长官,安倍晋太郎任自民党干事长。中曾根的意愿得到遵从。

竹下登(1924—2000年)出身于岛根县挂河村(今云南市)一个经营酿酒业的家庭,父亲竹下勇造是"倒插门"女婿,曾当选县议员。竹下登中

---

① 菊池久:《总理大臣竹下登》,皮普尔社1987年版,第24页。

学时代资质平平,学习一般。望子成龙的父母将他送入早稻田大学办的补习班,终于使他在1942年考进了早稻田大学,不久应征入伍。他的妻子在美军一次空袭中被炸死。战争结束后他返回早稻田大学第一商学部继续学业。两年后毕业返乡当了中学英语和社会学科教师,后来和大学同窗直子结了婚。竹下登的仕途发展离不开直子的帮助和鼓励。1958年,34岁的竹下登初次当选众议员,踏上了从政之路,六年后任佐藤内阁官房副长官。1971年,竹下登首次入阁,任佐藤改造内阁官房长官。之后,历任田中改造内阁官房长官、三木内阁建设相、大平内阁藏相、中曾根内阁藏相、自民党干事长。1985年7月4日,竹下登脱离田中派自立门户,创建了作为竹下派据点的"经世会",有议员113人,一举成为党内最大派阀。竹下登能够有如此势力,和他的处世原则不无关系。竹下登一直声称"责任自己承担,功劳给予别人",强调"人人皆朋友",注重和各省厅官僚搞好关系,并以"国会之子"自居,称:"总理大臣是由国会指名的。对我来说国会如同我的主人。尊重主人意愿理所当然。"竹下登还非常注重利用早稻田校友这个资源,通过早稻田校友发展与各方面的联系。总之,竹下登如同一只蜘蛛,编织了一张不断延展的人际网络。这是竹下登成功的重要"秘诀"。

竹下登执政后,继续致力于推进中曾根内阁时期的行政、财政改革。1988年12月,竹下内阁通过延长国会会期,终于使征收消费税法案获得通过。竹下登还在自民党内设立了"政治改革委员会",建立作为首相咨询机构的"政治改革有识者会议"(通称"贤人会议"),提出了政治改革五项内容:强化对政治资金的规制,改正选举的定额不均衡制,改革选举制度,制定政党法,确立政治伦理。翌年5月,政治改革委员会提出了"政制改革大纲"。①

外交方面,竹下内阁由中曾根派的宇野宗佑外相为主导,继续前任外交路线。但是,随着东欧剧变、苏联开始出现"解体"征兆。由于最主要的"假想敌"将不复存在,日美关系出现"裂痕",日本新民族主义迅速抬头。1989年,日本光文社出版了石原慎太郎和索尼创始人盛田昭夫合撰的《日本可以说"不"——新日美关系的方策》。按照日本外务省顾问栗山尚

---

① 《日本的论点'94》,文艺春秋社1993年版,第289页。

一的比喻:"失去了共同目标的日本和美国,如同在辽阔的大海上漂泊的两艘船,一方面要共同解决一些具有燃眉之急的问题,另一方面又有正面碰撞的危险。"①不过,日美同盟总体依然稳固。20世纪80年代末,日本经济"顺风满帆",教育改革蓄势待发,加之由自民党"第一门派"掌权,并且建立了"派阀均衡"体制等因素,舆论普遍认为竹下登将继中曾根康弘之后长期掌权。然而,正当竹下登踌躇满志之际,战后"四大丑闻"之一的"利库路特事件"被媒体披露,引起舆论哗然。

"利库路特"是英语"recruit"音译,意为征集、招募等,最初是1960年由东大毕业生江副浩正创办的三个人的广告代理店"大学广告公司",三年后改称"利库路特中心",再后成为经营范围广泛的企业集团,发展迅猛。之所以发展迅猛,主要得益于"金权政治"。1984年4月15日,江副浩正与时任首相中曾根康弘、文相森喜朗、内阁官房长官藤波孝生等,在神奈川县茅崎市"三百万俱乐部"打高尔夫球时认识。当年12月,利库路特旗下的"宇宙建设公司"将未上市的股票卖给了森喜朗等76人。翌年4月,该公司第二次增资,中曾根康弘、宫泽喜一等以"秘书"或"亲属"名义获得了这些内部股。1986年9月,该公司每股3 000日元,翌年10月30日涨到5 270日元。购买未上市股票是日本筹措政治资金的主要方法之一,如果仅此而已,中曾根等人并没有犯法。问题是他们购买股票的资金都是由"利库路特"旗下的金融公司"第一金融"(First Finance)提供的,这么做属于"空手套白狼",显然是违法的。②

1988年6月18日,《朝日新闻》报道了川崎市长助理小松秀熙因为帮助宇宙建设公司低价获取市有土地,在1984年收取该公司3 000股未上市股票,1986年11月股票上市后卖出,获利1.2亿日元。"利库路特案"由此爆发。1988年7月6日,《朝日新闻》又在头版报道了中曾根康弘、宫泽喜一等,也通过这种方式获利。随着案情调查深入,自民党政调会长渡边美智雄、前农林相加藤六月、前防卫厅长官加藤纮一等分别以各种名义收受"利库路特"未上市股票,转手抛出获利,也被披露。11月9日,社会党公布了收取宇宙建设公司股票的不当得利者名

---

① 栗山尚一:《日美同盟——摆脱漂流状态》,日本经济新闻社1997年版,第220页。
② 朝日新闻社编:《朝日年鉴1990》,朝日新闻社1990年版,第101页。

单,首相竹下登和副官房长官小泽一郎的家人也赫然在列。竹下内阁的支持率因此急剧下降,由成立之初的48%,降至当年12月的29%。12月9日,藏相宫泽喜一引咎辞职。为改变政府形象,12月27日竹下登对内阁进行了改造,凡与"利库路特案"有染者一概不用。但仅时隔两天,新入阁的官房长官小渊惠三和法务相长谷川峻也被迫承认收受了利库路特的政治捐款。12月30日,长谷川峻也在舆论压力下辞职,创下战后内阁成员任内辞职之"最"——仅任职四天。经济企划厅长官原田宪也因涉嫌受贿辞职。

除了"利库路特案",竹下登执政时期引入"消费税"更是举国关注的大事。1988年12月24日,征收间接税新税种3%消费税法案,在日本参议院获得通过,翌年4月1日开始实施。这是日本时隔39年的税制大变革,对民众生活构成直接影响。

1989年1月7日,正当"利库路特案"沸沸扬扬,竹下内阁穷于应付之际,在位63年的昭和天皇裕仁驾崩,享年87岁。昭和时代因此拉上了历史的帷幕,日本开始了新的时代——平成时代。竹下内阁拖着尚未了结的沉重的"利库路特案",进入了平成时代。

第十一节 战后"传统文化"的复兴和繁荣

诺伯特·埃利亚斯(Norbert Elias)被认为是德国著名社会学家。他在引起轰动的成名作《文明的进程》一书中提出,"文化"是各民族差异性的表现,显示一个民族的自我和特色。"文明"是各民族趋同性的表现,显示人类的普遍行为和成就。"文化"是耳濡目染就会获得的性格特征和精神气质,不必特意传授,而"文明"则通常需要学习才能获得,因而总是和教养、知识、规则相关。文化形态史先驱、俄国学者尼古拉·达尼莱夫斯基(Николай Данилевский)和比较文化学宗师、德国学者阿尔弗雷德·韦伯(Alfred Weber)也持类似观点。按照这种观点,显示日本民族"自我和特色"的,当属性思维和性行为。[①]日本文化人类学家祖父江孝男指

---

① 冯玮:《"文明形态史"研究补遗——影响斯宾格勒与汤因比的三位学者及其理论》,《史学理论研究》2009年第3期。

出,"在日本人的性意识中,既有讴歌性的自然主义享乐的基础,也有覆盖在这种基础上的儒教严格主义。也就是说,具有两者共存的二元性特征"。①儒教传到日本,中国古籍《增广贤文》中"万恶淫为首"的观念,也影响了日本。但是,这种观念充其量只是覆盖在"性的自然主义享乐"上的涂层,从来没有取代和影响"基础"。在"五戒"中有"不淫欲"戒条的佛教传到日本,也未能取代"讴歌性的自然主义享乐"。早在明治时代,日本法律就明文规定,佛教僧侣可以结婚。日本本土宗教神道更是对"性"纵情讴歌。日本神道"经典中的经典"《古事记》,有35处直接提到性。日本主要国土,就是由伊奘诺尊和伊奘冉尊二神交媾后产生的。神道礼仪——祭,无异于生殖崇拜。按著名作家三岛由纪夫的说法,"祭是一种人类与永恒世界的庸俗的交配。这种交配,只有通过'祭'这种以敬神为名的淫荡活动才能举行"。必须强调,很多人认为战后日本色情文化泛滥是因为受到西方文化的影响,实际上那是日本"返璞归真"。

未被知晓的"国家卖春命令" 日本有一种经营场所叫"风俗店"。司马迁在《史记》中写道:"百里不同风,千里不同俗。""风俗"原是指各地长期相沿积久而形成的风尚、习俗。风俗作为日本传统文化的显现,充满"色情"。日本所谓的"风俗店"就是"色情场所",是显示日本"自我和特色"的文化。具有日本独"色"的文化在战后迅速复兴,不断繁荣。

1945年8月21日,遭受过狂轰滥炸的东京市中心到处是瓦砾。矗立在瓦砾堆里的国会议事堂显得额外醒目。国会议事堂后面是永田町首相官邸,在官邸的一间密室里日本内阁正举行会议,听取从马尼拉盟军总部赶回东京的参谋本部次长河边虎四郎中将的汇报。河边虎四郎的皮包里鼓鼓囊囊地塞满了盟军严苛的命令和要求。每一项命令和要求均不容懈怠。在河边虎四郎逐项汇报时,副首相兼内务相近卫文麿,突然提出了一个和会议议程无关的问题:"如何使'大和抚子'(按:表面柔弱、内心坚强的日本女子),免遭处于性饥渴状态的盟军士兵的蹂躏?是否必须采取紧急对策?"河边虎四郎说:"盟军的军规相当严格。据说在冲绳,有的士兵因强奸妇女被判了10年徒刑。在欧洲大陆,盟军去向不明的军人,大约有半数是因为强奸妇女被就地处决的……"他话还没说完,就被近卫文

---

① 石川弘义、野口武德编:《性》,弘文堂1974年版,第85页。

第十二章 ●昭和时代（战后）

磨打断："不行,必须尽快做出妥善安排。"于是,与会者立即就如何做出"妥善安排",使"大和抚子"免遭蹂躏,展开了激烈讨论,并取得了基本共识:建立慰安设施。内阁决定成立专门为盟军服务的"特殊慰安设施协会"（英文名称是"Recreation and Amusement Association",缩写为RAA)。根据内阁决议,内务省警保局长马上向全国各警察署长发出了密令,"各警察署署长必须对性的慰安设施、饮食设施、娱乐场所、咖啡馆、舞厅等场所的营业进行积极指导,迅速充实必需设施,征集必需的女子,首先征集艺伎、公娼、女招待、陪酒女、私自卖淫的惯犯"。①最后,被征用和自愿报名者为1 360人。

1945年8月26日,"国际亲善协会"正式挂牌。翌日,其全体成员在皇居前广场举行就职仪式,集体宣读誓词:"信念引领我等勇往直前,以几千名'昭和的阿吉'之献身,筑起一道阻挡狂澜的防波堤,共同护持培养民族的纯洁,为维护战后社会秩序之根本,甘当地下之柱石……我等绝非向占领军献媚。我等并未有损气节或出卖灵魂。我等只是尽不可免之礼仪,履行条约规定的我方之义务,为社会之安宁做出贡献。我等敢大声直言,是为维持国体挺身而出。重申此言,以为声明。"②

第一家隶属该协会的慰安所开张时,美国大兵排成了长长的队列。由于供不应求,慰安场所不断增设,慰安妇不断增加。尽管如此,有些慰安所的慰安妇,一个人一天要接客47人。但是翌年1月21日,驻日盟军总司令麦克阿瑟发布指令:"日本公娼的存在和继续有悖于民主理想,有悖于全国国民的个人自由发展。"根据这一指令,2月20日,日本政府颁布了《娼妓管理规则》,废除了一切与娼妓相关的法规。有相当长历史的日本"公娼"不复存在,日本全国3 165家妓院约10 400名妓女因此"失业"。3月27日,盟总命令关闭"特殊慰安设施协会"。因为美军发现,该"协会"所属的慰安妇有大量性病感染者。被抽查的美国某海军部队,竟有70%的官兵染上了性病。盟总对此大为恼火,认为日本人故意采用这种方法进行"床上作战"。但日本反唇相讥,说美军是"性病进驻"。究竟谁传染给谁?双方各执一词,成了真相不明的"罗生门"。虽然是"罗生门",但是日本试图以"色情"瓦解美军战斗意志却并非没有先例。"二战"

---

① 小林大治郎、村濑明:《未被知晓的国家卖春命令》,雄山阁1992年版,第5页。
② 东京战争残迹夜市记录会编:《东京黑市兴亡史》,草风社1978年版,第201页。

期间，作为NHK"对敌谋略广播"，日本一个葡萄牙人的妻子战时以"东京玫瑰"为名，以娇滴滴的声音向美军喊话："Kiss me, again"（"再吻我一下"）；"Please come back to me now"（"请现在就回到我这里来"）。结果，"东京玫瑰"和甲级战犯嫌疑犯同时被捕。

"赤线地带"和"蓝线地带" 为了避免美军官兵染上性病，盟总命令"废娼"。但是，突然废娼使生活无着的一些娼妓，只能重操旧业。战后初期性病发病率不仅没有减少，反而急剧上升。据统计，1947年日本全国性病患者为40万人左右，比前一年24万人增加了16万人。无奈，翌年7月日本政府颁布了《风俗营业管理法》和《性病预防法》，采取了一种变相允许卖淫的措施。以东京为例，政府允许原先"游廓"和"私娼窟"集中的17个地区，开设"特殊吃茶店"，事实上默许那里的女服务员继续卖淫。警察署的地图上，这些区域都用红线画出，故称"赤线地带"。广冈敬一的《战后性风俗年表》1946年11月12日项，有对"赤线地带"的解释："警察当局在地图上将原先是游廓的'特殊吃茶'赤线地带，用赤线圈定。"新潟地方检察院的原长荣检察官，作为人身买卖的证人，在行政监察特别委员会表示，"默认赤线地带是出于无奈"。《更生新闻》社长森本正一在同年出版的《何谓赤线地带——问题实态纵横观》一书中写道："卖笑妇的存在，在道德上或许是不允许的，但出于社会情势和公共卫生考虑，同时也出于对卖笑妇自身的保护，在最安全的区域内采取集娼制，是正确的方法和对策。"

还有一种区域叫"蓝线地带"。根据警视厅编纂委员会编写的《警视厅史》记载，"蓝线地带"是在1948年圈定的。"蓝线地带"有很多以饮食店为幌子的私娼窟。前往"蓝线地带"玩耍的，不少是学生。日本社交文化协会理事镝木惠喜在《战前战后社交史》一书中，对"蓝线地带"有如下描述："三越里一角有条社交吃茶街，沿街有很多打扮得花枝招展的美女。她们不断招呼路过的男人。仅一小段路就有约50多个美女。她们嘴里说的是'不喝点茶吗'？但真喝了茶，接下来就是裸体活动。"家庭妇女喜爱的杂志《主妇之友》对热海和汤河原以"料理屋"为名提供"特殊服务"的情形，更是描述得具体而详尽。

"社交"原本是"社会性交往"的缩略语。明治维新时期的启蒙刊物《明六杂志》刊载的西周《人生三宝说》，是"社交"一词的首次亮相。当时的"社交"是指上流社会人士之间的交往。"交谊舞"在日本称"社交舞"

(社交ダンス)。日本战败后,驻日盟军总司令部下令废除公娼制后,日本各大城市的街头,出现了很多"特殊饮食店"或西洋式"茶馆"(喫茶店),并且有颇为高雅的名字,叫"社交喝茶"(社交喫茶)。那里的女服务员统称"社交系"。当地的同业协会也称"社交饮食协会"(社交料饮组合),并且发行了《社交时报》《社交专科》等行业杂志,以至于提到"社交",就让人联想到"水商売"(色情业)。霓虹灯闪烁的大街被称为"社交街",使名副其实做正经生意的"喫茶店",不得不特别标明"纯喝茶"以区别于"社交喝茶"。

与"社交"相关的"援助交际"也发端于战后。根据向井启雄《特殊女性》一书的记述,战后由于男少女多和生活艰难,带着孩子、生活穷困的战殁者遗孀很难再嫁。于是,为她们提供服务的"援助交际"等斡旋机构,纷纷开张。各种小报的广告栏,充斥着为"援助交际"进行斡旋的广告,而所谓的"援助交际",实际上就是让她们为某些男人当"打工的小妾"和"按月结算的情人"。那些遗孀利用孩子上学时间,为每月三千日元左右的收入,和男人们进行"援助交际"。根据宫台真司的研究,买卖双方进行"援助交际",很多都签有"情人交换志""夫妻交换志"等长期性交易契约。一些精明的生意人,则建立"情人银行",让年轻的战殁者遗孀充当"应招女郎"。以后作为风俗产业"新品种"问世的"援助交际俱乐部",实际上就是"情人银行"的翻版,尽管年轻遗孀迫于生计与青年学生贪慕虚荣的卖淫存在差别。

"二战"后,夜店也在一片瓦砾中重新开张。同时,街上出现了一些"卖花姑娘",并且催生了一首叫《银座的卖花姑娘》的流行歌曲。这些"卖花姑娘"也被称为"卖火柴的女孩"。因为他们会将男人带到路边的暗处,掀起裙子,让他们借助火柴的光亮窥探私处,价格是1根火柴100日元。对于月薪3 000至6 000日元的男人来说,这个价格并不便宜,但尚能承受。当时还兴起了一种叫"看看"的舞蹈。所谓"看看",就是舞女拿着一个镜框跳脱衣舞,如同一幅活的"裸体画"。同时流行的,还有在温泉和"卡巴莱"(有舞台的酒馆)里表演的脱衣舞。最具有特色的"日本式脱衣舞",是女性表演者拿着一条蛇,使观众通过"蛇"联想到男人的生殖器。另外还有所谓"模特儿俱乐部",就是让客人观赏画家对裸体模特儿进行"写生"。还有叫"黑白"和"白白"的性表演。"黑"是指男人,"白"是指女人。

1956年5月24日《卖春防止法》颁布后,"赤线地带"和"蓝线地带"的灯开始熄灭。当年6月11日,《朝日新闻》夕刊,发表了一篇题为《"赤线地带"之后》的文章。其中写道:"特殊地带,战前得到政府公认,战后根据政府的命令以占领军为对象提供'服务',一直得以承认。她们也缴纳税金。现在政府不允许从事这个行当,那么理应给予补偿。"同年,日本上映了成泽昌茂编剧、沟口健二导演的影片《赤线地带》。这部电影不啻"赤线地带"的挽歌。故事以"梦之里",一家坐落在吉原的色情沙龙为舞台,叙述了在那里工作的几个女人的故事。由里江渴望当一名普普通通的家庭主妇,但生活逼迫她必须去"梦之里"上班。花绘为了给丈夫治病和养育年幼的孩子,不得不去"梦之里"为客人送上笑脸。阿休的父亲因为贪污入狱,年轻貌美的她不得不在"梦之里"拼命挣钱以获取巨额保释金。米奇生性叛逆,为了自立,她宁愿在"梦之里"卖笑,也不想靠虚伪的父亲养活。影片的主题非常清晰,即她们都因为无奈而沦落风尘,值得同情。影片在当时的历史背景下上映,显然是想告诉人们,她们都希望能够有个男人让自己倚靠,但无奈的她们只能靠自己。"赤线地带"里的女人在某些人的眼里是低贱的,但为了自己和家庭能生存下去,她们值得同情。

不管值得同情还是应该鄙视,真正的问题是,卖淫真的可能被《卖春防止法》消灭吗?就在《卖春防止法》颁布当年,即1956年,由田中重雄导演的《赤线地带的灯不会熄灭》和石井辉男导演的《白线秘密地带》同时上映。所谓"白线地带",是指"赤线地带"和"蓝线地带"被废除后,非法的卖淫地带。1958年《卖春防止法》实施后,以"白线"为题的杂志、报道、著作纷纷问世,如《Sunday每日》的《特集·白线的女人们》、中村三郎的《白线之女》、光井雄二郎的《白线》。所有这些均揭示了一个事实:《卖春防止法》施行后,卖春并没有被禁绝。

"风俗营业"日趋繁荣　根据《卖春防止法》的定义,"所谓卖春,是指获取报酬以及与非特定的对象性交"。日本人为"卖春"找了一个替代语,叫"本番"。从事"本番"的女性就是违法存在的卖春妇。但该法主要惩罚卖淫的助长行为,而且处罚力度也不大。例如,以胁迫、施暴的方式使他人卖淫,处3年以下徒刑。对卖淫者本人,仅规定违反以下三项将受惩戒:一是"不得在公众场合引诱相对方成为卖淫对象";二是"为了使相对方成为卖淫对象而在公众场合纠缠";三是"以公众看得见的方式接客"。即便犯法,也仅处6个月以下徒刑或罚款1万日元(约合人民币600元)。

也就是说,就本质而言,《卖春防止法》是"劝诫法"而不是"惩戒法"。关键是,除了"本番",其他性行为均被视为合法。因此,日本开发出各种不是"本番"的性服务店,统称"风俗店",提供诸如"性感按摩""粉色沙龙""泡泡浴"等"特殊服务"。在"风俗店"里打工的女性称自己是"风俗女"而不是卖春妇。男性客也抱有这样的想法:我到这些店里不是来买春的,而是来体验和欣赏风俗的。为了使"风俗店"规范化经营,1984年,日本颁布了《风俗营业的规制及业务适正化等相关法》(简称"风适法"),对1948年颁布的《风俗营业管理法》进行了全面修订,明确了"风俗关联营业"的概念。之后又以"性风俗特殊营业",取代了"风俗关联营业",将"性风俗特殊营业"分为有店铺、无店铺、影像广告三类,即采取了"疏"而不是"堵"的管理方式。

在日本都市,夜晚总有别样的含义,是男人们从紧张繁忙的工作中获得解脱并纵酒忘忧的时光,也是"故事汇"产地。无论是平民阶层聚集的"居酒屋",还是上流阶层光顾的夜总会和日式料亭,每天都在上演不同的"话剧"。日本商界和政界的重大决策和人事安排,很多就是在那里制定的。具有别样风情的"牛郎店",也是日本历史悠久的"男色文化"的回归。

20世纪60年代,日本经济高速增长,不少家庭主妇手里的钱多了,她们中有些人对流行的交谊舞产生了兴趣。但是,丈夫忙着赚钱,哪有时间陪太太跳舞?一个叫爱田武的人发现,这是个很好的商机,于是成立了一个专门取悦女性或为女性舒压的牛郎俱乐部,取名"爱俱乐部"。在这以后,"牛郎俱乐部"逐渐成为时髦。之后,"牛郎店"如雨后春笋般出现。光顾"牛郎店"的大都是有钱人。日本著名占卜师细木数子披露,她曾在三年时间里成为各种"牛郎店"的客人。按照她的说法:"一般有身份的客人在牛郎俱乐部逗留时间一次不能超过30分钟,待30分钟以上的是乡下人。去了以后,挑选自己喜欢的牛郎坐台,点一瓶最贵的红酒,小酌一点,30分钟以内离开的就是最讲究的客人。偶尔带五六个人去,一个月两次,花个700到800日元狂欢三小时,然后离开。"当然,去"牛郎店"的大都不是像细木数子那样的客人。"牛郎"的工作通常是陪失意或寂寥的女性聊天,倾听她们诉说,抚慰她们的心灵。"牛郎"都经过严格训练,无论点烟、倒酒、递毛巾,都有技术含量。交谈的内容也不会无的放矢。按照规定,"牛郎"卖笑不卖身,一般客人不可以把牛郎带走。不过,私底下的约定另当别论。他们的收入主要来源于客人所点的酒的提成。"牛郎"

在街上拉客是合法的,而他们的女性同行在店门口抛头露面则不被允许,遑论拉客。"牛郎"月收入至少 200 万日元(约合人民币 12 万元)。当红"牛郎"月入千万日元并不鲜见,这些还不包括女土豪一掷千金的馈赠。由于"牛郎"收入很高,所以负债累累的男艺人下海陪酒当"牛郎"的新闻,时有见报。

  作为市场经济高度发达的国家,"牛郎店"在日本的兴旺,首先是因为有社会需求。日本女性现在不愿结婚的越来越多,她们中有些就喜欢找牛郎,那样既不用做家务照顾丈夫,也不用履行妻子必须履行的义务。一些结了婚的女人也会上"牛郎店"。特别是董事长或总经理等的阔太太,会将丈夫的钱用于自己享乐。她们"雅"一点会去学插花、茶道、书法、绘画,"俗"一点会包养情人或泡"牛郎店"。日本社会调查数据显示,对于寻欢作乐,日本人无论是家庭还是社会的宽容度,都和中国明显不同。有的牛郎店的女顾客表示:"花点钱让一个男人娱乐自己,让自己开心,这有什么错?这难道不是两性平等的体现?"

  "粕取文化" 按日本"二战"前的规定,暴露肚脐、大腿都属于"猥亵"。日本战败后开始出现"肉体解放"。陆军省和参谋本部所在地东京三宅坂"明治维新先驱"的铜像被推倒,取而代之的是三个裸女的铜像。驻日盟军还让日本女孩跳裸体舞。美国著名杂志《生活》(LIFE)刊登特辑,称"日本的女人全都是艺伎"。1946 年,性风俗研究专家高桥铁公开发表了《性典研究》,之后又公开发表了有裸体插图的《赤与黑》《人间复兴》等煽情读物,广受欢迎。而真正的"肉体解放"第一波浪潮,始于翌年 1 月东京新宿帝都座举行的"镜框展":一个穿着比基尼的女子,摆着姿势,一动不动地在一个形似"镜框"的框中,引来观众层层围观。更令高呼"战后再出发"的绅士们满眼放光的是,那个小剧场还开始有脱衣舞表演,而且那种脱衣舞还融入了一些日本文化独特的"风情",不仅仅是边舞边脱衣。例如,广濑元美表演的《脱衣舞清姬》就是一例。当时,此类表演以"轻演剧"标榜,但人们认为,称"狂演艺"或许更合适。同时,其他一些战前无法想象的所谓"女剑剧",也登上了舞台。最先上演的"女剑剧"是浅香光代主演的《女武士》。对此剧的介绍有这样的文字:"能偶尔一瞥私处,令人血脉偾张。"

  或许为了宣泄长期遭受压抑的人的本能,战后日本"粕取文化"盛行。裸体画是"粕取文化"不可或缺的内容。"粕取"原是用酒糟制成的一种劣等烧酒,用"粕取"作为"文化"的前缀,含义不难理解,即容易使人沉醉的"低俗文化"。性导向、充满性挑逗和低俗的娱乐,是"粕取文化"的基本特征。"粕取文化"包括"粕取杂志",数量极为可观,如《夜晚》《夫妻读物》《猎奇》,等等。"粕取小说"也广受欢迎。当时,日本"新浪漫派"代表、著名小说家永井荷风匿名发表的《六平米房间的隔扇裱糊纸》,在市面上秘密流传。为此,永井荷风接受了警方聆讯。

"二战"前,在媒体上刊登"接吻"的画作是违法的。战败后,美国占领当局根本不理会日本的这种法律。一次,美国大兵和"盼盼女郎"公开在街头接吻,被日本警察以"公然猥亵罪"拘捕。然而,此举激怒了驻日盟军总司令部。总司令部明确规定:"接吻不是猥亵。"1949年,改造社出版了诺曼·梅拉的畅销小说《裸者和死者》,因充满露骨的性描写,遭到警视厅没收处分。但是,驻日盟军总司令部随即撤销了这一处分。之后,日本市面上开始出现偷偷贩卖的"Y写真"。"Y写真"10枚一组,描绘新婚旅行过程:纪念摄影、新郎手忙脚乱地抚摸穿着和服的新娘,进入旅馆后,他们脱下衣服,接吻……1951年,高桥铁和久保藤吉创办了以"文化人的性风俗杂志"自诩的《热恋者》。该杂志发行后一度引起争议,但法院认为,"这是性研究杂志,不是色情杂志"。"施虐"和"受虐"的戏剧和美术也在战后一度流行。表现"情色虐"的喜多玲子的画作、伊藤晴雨的表演,博取了大量观众的眼球。

战后初期,日本电影仍恪守"含而不露"的原则,连接吻的画面都没有。日本的银幕"初吻"是1950年上映的《来日再相逢》。这部影片是水木洋子根据法国著名作家罗曼·罗兰的小说《皮埃尔与柳斯》改编的,今井正导演,主要叙述一对因为战争而天各一方的年轻恋人的爱情故事,浪漫而令人感动。影片出现了日本电影史的"初吻"镜头,但却是隔着窗玻璃冷冰冰的"初吻"。到20世纪50年代中期,影片中展示体态之美的镜头才日益增多,但比基尼泳装已是极限,遑论全裸出镜。20世纪50年代末60年代初是日本电影的"黄金时代"。1958年,日本观影人数超过11亿人次。1960年,日本共制作了547部电影。但是在此之后,日本电影业开始下滑。尽管业界不断采用新的技术手段拍摄和放映电影,但仍无法阻遏电影产业的衰退。因为,随着日本经济的迅速发展,社会进入"3C"时代,彩色电视对电影构成了强烈冲击,人们的娱乐生活开始发生明显变化。

1956年日本"映画(电影)伦理管理委员会"(简称"映伦")成立后,自20世纪60年代开始以分级制取代审查。电影业为了生存,开始以"色情"电影和"彩色"电视抗衡,影院银幕上日益"色彩斑斓"。当时,日本出现了被民众称为"罗曼情色片"(Roman porno films)的"粉红电影"(pink films),最大卖点是在60—90分钟的影片中,呈现性感女性的裸体。1962年,小林悟导演的《肉体的市场》,本木庄二郎导演的《肉体自由贸易》,关孝二导演的《情欲的谷间》是早期粉红电影的三部代表作。最早开创这一题材的,是和东宝、东映、松竹、角川并称日本五大影片公司的"日活"(日本活动写真株式会社)。1912年创建的这家电影公司,从1962年开始至1988年春停止制作"粉红电影",17年间共推出1 100部"粉红电影",在20世纪70年代全盛时期,年收入达40亿日元。在"粉红电影"兴盛之前,日本对涉及"色情"的影片限制相当严格。以下就是一个禁止电影出现色情场景的典型案例。

1965年,日本上映了由武智铁二执导的电影《黑雪》,引起很大轰动,成为一个社会事件。武智铁二原名川口铁二,1912年12月10日出身于大阪一个富有的企业家家庭。"二战"后,武智铁二用企业家父亲留给他的遗产,创立了一个剧团。在1945年到1955年期间,这个名为武智歌舞伎的剧团,通过为歌舞伎注入新的通俗表演的元素,重新点燃了日本民众对歌舞伎的兴趣,使歌舞伎在战后获得了新生。20世纪60年代,武智铁二从舞台走向荧屏,他的第一部作品是《日本之夜女·女·女物语》,聚焦夜场中的女人,包括脱衣舞女和艺伎。《黑雪》是他导演的第四部作品。故事以一家"风俗店"为主要舞台展开,主角叫崎山次郎,外表英俊。但是,他并没有因此感谢母亲给他的遗传基因,而是为有这样的母亲感到羞辱。因为,他的母亲弥须在美军横田基地经营一家"风俗店"。次郎在"风俗店"混乱的环境里,耳濡目染风尘女子的痛苦和堕落,心里对美军士兵充满了仇恨。一天晚上,次郎的朋友黑濑怂恿次郎刺杀经常出入"风俗店"的一个黑人士兵。次郎听从了黑濑的建议,将刀刺向了那个黑人士兵的胸口。这一刀彻底改变了他的命运。

《黑雪》因为有露骨的情色场景而被禁演,武智铁二也被东京地方检察院告上了法庭。但是,武智铁二不承认《黑雪》是情色片,更不承认自己有罪。他强调,《黑雪》是具有强烈民族主义色彩的影片,记述了一段日本人当牢牢记取的历史,是反对美帝国主义的政治声明("美帝国主义"是一个当年为很多日本人痛恨的名词)。法庭上,武智铁二做了如下自我辩护:"我承认,在这部影片中确实有一些裸体镜头,但那是心理上的裸体,象征日本人面对美国人的强暴无力抵抗。在美国中央情报局和美国军队的怂恿下,那些检察官们指责我的影片不道德,有伤风化,但那是重弹了几个世纪的老调。江户时代,因为有色情场景而要取缔歌舞伎,因为有人卖淫而要禁止女人演戏,因为有人搞同性恋而禁止青年演员登台时,当局也说是为了维护公共道德和公序良俗。但是,实际上那是地地道道的政治镇压。"最终,由于声援和抗议,武智铁二被无罪释放。《黑雪》将政治元素注入"情色",竖起了一块醒目的里程碑,具有划时代意义。

20世纪70年代末,电影《人证》上映,并且在中国热映。《人证》是根据日本著名推理小说家森村诚一的小说《人性的证明》改编的,由佐藤纯弥执导。影片叙述了日本女性八杉恭子的故事。八杉恭子曾经遭到美国占领军士兵蹂躏,后来和一个美军黑人士兵生下混血儿。她为了隐匿那段"不光彩"的历史,为了使自己已经取得的著名服装设计师的地位不受影响,为了使自己后来组织的家庭不受破坏,为了使后来生的儿子恭平的前途不受影响,居然将专程从美国来日本寻找她的亲生儿子杀死。然而,她并没有能保住恭平的前途。恭平因犯罪逃往美国,最后被警方击毙。两个儿子的离世,令八杉恭子万念俱灰,最后跳下断崖身亡。"妈妈,你还记得吗,你送给我的那顶旧草帽,很久以前我失落了,那草帽飘摇着坠入了雾积峡谷……妈妈,那顶旧草帽是我唯一珍爱的无价之宝,但我们已经失去,没有人再能找回来,就像是你给我的生命。"这首影片中的插曲《草帽歌》,曾传遍中国大江南北,赚取了中国无数观众的眼泪,而这部影片则以诱人的画面、精彩的对白,具有日本"物哀文化"特质的音乐旋律,揭示了"人性"这一主题。特别值得注意的是,在这部影片中也有女主角八杉恭子遭美军强暴的镜头。那也是"政治隐喻"。

昭和时代,日本有"四大情色电影大师"即四位名导演:若松孝二、神代辰巳、大岛渚、寺山修斯。若松孝二本名伊藤孝,1965年,他执导的"粉红"影片《墙中秘事》入围第十五届柏林国际电影节主竞赛单元。《墙中秘事》也具有被压抑的性本能的扭曲和变态,也具有女性"爱情至上"的主题。影片讲述了一个叫内田春琴的"浪人"(落榜高中生),为了考上大学被迫每日蜷缩斗室温习课本。但是,体内躁动的欲望使他无法静心。他偷偷翻阅情色杂志,偷窥姐姐更衣,用望远镜窥探对面居民楼的男女。居住在春琴对面的小谷是一个家庭主妇,她与丈夫的婚姻名存实亡。在邂逅了学生时代的恋人后,小谷对生活、爱情和理想的热情被重新激活,然而时过境迁,当年为和平奔走的恋人已退化成满脑子金钱的世俗商人,小谷的爱情成了游荡的幽魂。

神代辰巳导演的第一部作品,是1968年4月上映的《第一排的人生》,叙述一对母女各自的感情生活,票房惨淡。他随即转型拍情色电影,其中《湿濡的情欲》最受欢迎。影片叙述了一名剧作家为躲避都市的喧嚣而遁入森林,机缘巧合与一位青年女性相识,俩人随之演绎了一段段性爱故事。叙事手法似有"新意",但主题思想却是日本文化的"老生常谈",即性是人的第一需求。人可以躲避尘世,但躲避不了内心对性的渴望。

大岛渚执导的《感官世界》是1976年在法国上映的,获奖多项,但因为很多镜头过于暴露,迄今在日本没有公映。"生活是艺术的源泉"这句话,用在这里是恰当的。因为,这部获得几项大奖的影片,是根据真人真事改编的。影片叙述了在大户人家帮佣的阿部定,因为陷入和主人石田吉藏的不伦之恋难以自拔,最后酿成骇人听闻的悲剧。影片的情节并不复杂,就是叙述俩人私奔到一家旅馆,整天沉溺于近乎变态的肉欲之欢。但是,阿部定想到"无法令他不再与其他女人相好"时难以自制,最后在强烈占有欲的驱使下用绳索将石田勒死,并割下他的生殖器,然后用血在死者胸前写了一句话:"定吉二人永不分离。"这部影片基本还原了1931年5月18日发生的一起案件的真相,包括男女主角的姓名,那起案件轰动了整个日本。与现实不同的只是真实的阿部定18岁离家出走,干过各种女性专职工作,不是大户人家的女佣,她32岁时遇见的是一个卖鳗鱼饭的店主石田吉藏,而不是大户人家的主人。阿部定被认定为"情痴",仅被判六年有期徒刑。大岛渚表示,他执导这部电影,就是为了赞扬女性主动追求情欲。《感官世界》之所以受褒奖,不仅因为影片的内容和表象均极具震撼力,更因为影片揭示了一部分日本人的文化观:性欲的尽头是死亡。因此,无论是平成时代的电影《昼颜》还是电视剧《失乐园》,都是以主角的死亡谢幕。

寺山修斯导演的《上海异人娼馆》改编自法国小说《O的故事》,1981年上映。影片以波德莱尔诗句"被无情的刽子手鞭打是快乐的"作为主题,讲述在20世纪20年代,一个叫斯蒂芬的男人将青春美少女O带到了"魔都"上海。斯蒂芬很清楚O对他的爱恋,却将O送入一个叫"春桃楼"的妓院,而O为了得到斯蒂芬的欢心被迫堕落。影片哀怜凄美,展现了日本文化"物哀"特性,描述了日本"风俗文化"的变态,刻画了"大和抚子"为爱奋不顾身的品格。

作者点评：

可以认为,美国主导的日本战后改革,本质上是对明治维新的否定:在政治上以《日本国宪法》的"主权在民",否定了《大日本帝国宪法》的"主权在君";在经济上以"战后经济民主化的三根支柱"的"解散财阀",否定了殖产兴业期间和之后,明治政府扶持财阀的经济方针。

1962年,英国《经济学者》杂志首先报道,称日本经济的高速增长值得关注。之后,研究"日本奇迹"的论著纷至沓来:罗曼·马库雷的《惊奇的日本——日本经济调查报告》《日本上升了——日本经济的七个关键》,罗贝尔·吉朗的《第三大国·日本》,哈斯·瓦雷菲尔德的《一亿人的独特行动》,毕斯·斯顿的《日本"大跃进"》,等等。在所有西方学者探索日本成功奥秘的论著中,艾兹拉·傅高义的著作《日本名列第一——对美国的教训》,尤其引人关注。按照他的观点,日本成功的关键因素是日本先进的管理。但是,冈崎哲二、奥野正宽、野口悠纪雄等日本著名经济学家认为,战后日本经济体制是战时"总体战"体制的遗留物。野口悠纪雄更是明确指出,政府机构和金融体制并没有经历改革。日本泡沫经济的发生等,均与此不无关联。这一观点具有启发性。

1981年5月,日本首相铃木善幸访美时宣称,日本正进行"第三次远航"。所谓"第三次远航",即继"第一次远航"明治维新后实现近代化、"第二次远航"成为世界经济大国后,使日本成为政治大国。日本成为政治大国的主要目标,就是成为安理会常任理事国。日本能够实现这个目标吗?答案似乎不容日本乐观。

第十三章 平成时代

第一节 "平成时代"开幕和"1955年体制"闭幕

无论对世界历史还是对日本历史而言,1989年都是划时代的一年。这一年,世界经历了东欧剧变和冷战结构趋向解体,日本经历了昭和时代终结和平成时代开始的时代转变:1989年1月7日,在位63年的昭和天皇裕仁驾崩,享年87岁。天皇裕仁是"象征天皇制"建立后驾崩的第一位天皇,如何根据《日本国宪法》第二十条"政教分离"的原则举行葬礼,成为政府面临的重大问题。同时,各大媒体在天皇驾崩后进行的民调显示,民众对天皇和天皇制的态度虽然并不完全一致,但绝大多数受访民众都认为,应该维持"象征天皇制",说明传统意识在日本民间依然根深蒂固。继昭和天皇登基的明仁天皇被认为是"平民天皇",其经历和婚姻均有别于以前历代天皇。在"不改朝而换代"后不久,由于自民党内部分裂和在野党联合向自民党发起挑战,延续了38年的"1955年体制"宣告终结。

昭和天皇裕仁驾崩 早在1977年,日本政府就成立了"非官方"的研究会,着手研究"时代更替"问题。1979年秋,研究会提出了中间报告。1982年11月,中曾根内阁成立后,研究会成员藤森昭一担任了内阁官房副长官,研究会重新起步,成员除具有官方身份的藤森昭一之外,还有内阁官房首席参事官、内阁法制局次长和第一部长、宫内厅长官官房审议官等。1986年后,研究会每月举行一至两次会议,均安排在没有内阁会议的周三下午,并且假座东京赤坂王子饭店举行,所以通

第十三章 ● 平成时代

称"赤王会议"。

在研究中,最大的焦点是天皇驾崩后如何举行国家仪式。"二战"前,《皇室丧仪令》和《登极令》等皇室令,对有关礼仪有详细规定:作为践祚式的"即位之礼"有4项仪式;驾崩后一周年举行的"大丧之礼"有29项仪式;1年服丧后举行的"即位之礼"有28项仪式,共计61项仪式。1912年7月30日明治天皇驾崩、新天皇登基后,颁布了《改元诏书》《早朝式敕语》《致陆海军军人之诏敕》。之后,由西园寺公望首相对《早朝式敕语》致"奉答文",陆海军大臣致"奉答文",宫内省发布告示并出售"丧章"(天皇逝世纪念章)。然而,"萧瑟秋风今又是,换了人间。"昭和天皇驾崩时,象征天皇制已历时42年。虽然在高速经济增长终结后,在"1955年体制"发生动摇时,象征天皇制依然坚挺,但是昭和天皇裕仁与平成天皇明仁,作为新宪法颁布后首位驾崩和首位登基的天皇,不得不直面一个新的问题:"大丧之礼"和"即位之礼"是按照《日本国宪法》第二十条"政教分离"原则,还是恪守"皇室传统"举行?对此,时任内阁官房副长官、负责内阁和皇室联络的石原信雄,在他的《首相官邸的决断》一书中这样写道:"宫内厅的人们直言不讳地希望天皇驾崩后的各项仪式按照传统方式进行。但法制局强烈主张,这次祭祀是新宪法颁布后首次举行的天皇丧礼和即位礼,必须与新宪法精神吻合,排除具有宗教色彩的仪式。因此,如何协调恪守传统的要求和根据宪法规定、排除宗教色彩的要求,成为非常困难的问题。"[①]因为,随着《日本国宪法》的实施,皇室令随之失效,与皇室相关的仅有与新宪法同时实施的《皇室典范》,其中仅有天皇驾崩时举行"大丧之礼"(第二十五条)、继承皇位时举行"即位之礼"(第二十四条)的原则性规定,没有任何具体规定和实施细则。

1987年9月,经手术后切片化验,天皇裕仁被确诊患了胰腺癌。"赤王会议"研究不得不加速推进,并确定了几项基本原则:一是遵循新宪法基本原则,二是参考大正天皇驾崩先例,三是与作为国家和国民统合之象征的天皇的地位相称,四是具有现代特征。根据这一方针,确定原"大丧之礼"29项仪式中的2项仪式、"即位之礼"中的3项仪式为国家仪式。

---

① 石原信雄:《首相官邸的决断》,中央公论社2001年版,第40—41页。

年迈的裕仁

翌年春天，裕仁天皇病体有所康复。5月3日即"宪法纪念日"，一些党派团体在东京举行了各种规模的"护宪"或"改宪"集会。社会党"总评"系统的"拥护宪法国民联合"，在日比谷公会堂会集合千余人，举行了"宪法施行41周年纪念集会"。社会党土井多贺子委员长指出，"改宪"议论虽然沉寂，但是防卫费突破了1％GNP框架，"脱离宪法的政治正往前迈步"。另一方面，"守卫日本国民会议"则在东京九段会馆附近，举办了宪法问题学术研讨会，主题是"天皇制可以这样吗——皇室的传统和现代"。约300人参加了这次会议。会议以改宪事实上不可能为前提，探讨了如何维护象征天皇的权威。与会者向"日之丸"敬礼并齐唱"君之代"。①

8月5日，当年6月刚出任宫内厅长官的藤森昭一召集"赤王会议"，对已经确定的5项国家仪式如何实施进行最后研讨。8月15日，日本政府按惯例举行全国战殁者悼念会。在前一年秋天动过手术的裕仁天皇，首次出席了在皇居外举行的悼念活动，并且是因他本人的强烈愿望。虽然在奏国歌的3分40秒时间里，天皇裕仁一直由侍从长搀扶，但仍在悼念会上以嘶哑的声音发表了追悼亡灵、祈愿和平的讲话。

9月19日，裕仁开始大量出血，病情急剧恶化，医疗机构全力抢救，总输血量超过3万毫升，为常人原有血量的6倍。虽然媒体报道称天皇病体尚未处于危笃状态，但是自发前往问候的"记账者"（捐钱表示心意），从坂下门至皇居广场入口排成几列长队。街道马路开始弥漫为祭奠进行准备的气氛：商店的橱窗里基本上只有黑白两色，促销的"打折旗"不见了，麦当劳门前等身大的"麦当劳叔叔"也不见了。政府机构和企业、学校、医院等，也开始建立联络机制，从悬挂吊旗的方式到公司员工的礼仪培训，相当细致。

9月20日，"赤王会议"决定，根据"政教分离"原则，"大丧之礼"中的

---

① 1999年底，日本通过《国旗法》和《国歌法》，"日之丸"和"君之代"成为法律意义上的国旗、国歌。在此之前，有些日本国民反对唱"君之代"和向"日之丸"敬礼，为此发生过抗争事件。

第十三章 ● 平成时代

"殡宫拜礼"从国家仪式中分离、作为皇室祭祀单独举行。但是，作为"即位之礼"最重要程序的"剑玺交付仪式"，则使"赤王会议"颇费踌躇。最后内阁会议反复研究后决定：这一仪式可视为"作为国事行为的国家仪式"。根据皇室经济法第七条，"三种神器""寓意于和皇位一起传承"，无宗教性，并不与"政教分离"的新宪法精神相悖。

1989年1月7日上午7时55分，日本政府正式发布了"天皇驾崩"的公告。9时半，吊问的"记账"开始，皇居前人头攒动。据统计，当天的"记账者"达12.9万人。已有预

日本民众前往皇居"记账"

案但具体日子无法确定的"×日"的警备机制正式启动，警方出动了1.5万名警察。红白两色的道路标示，套上了蓝、白两色的塑料口袋。银座一带的办公大楼瞬时悬挂起了吊旗，其他旗帜全部降半旗，那里的金融机构反应尤为迅速。在伊势丹百货店食品商场，店堂里平日流淌的音乐声全部"消失"，能够听到的只有顾客的脚步声，红色食品鲷鱼、血米饭等全部"匿迹"，女店员全部穿着清一色的绿色制服。尽管这一天是周六，但新宿歌舞伎町的霓虹灯全部关闭，与平时的灯红酒绿形成强烈反差。电影院等根据同业工会对"×日"的安排，也全部关闭霓虹灯，各种小商店和饮食店也自觉地关闭了霓虹灯店招牌。路上行色匆匆的行人均表情肃穆，无人谈笑。按照电视和电台的报道，"全体国民被悲痛笼罩"。

但是，在伊势丹百货店，1月7日和往常的周六一样，客流量达到10万，营业额也没有减少。去新宿歌舞伎町的人也同往常的周六相同。时逢正月（春节），电影院门前年轻者排队购票；剧场前如往日一样簇拥着中年妇女。街上，青年情侣依然醒目。下午3时左右，在到处悬挂着吊旗、降下半旗的涩谷，约有150名20至30岁的年轻人组成的游行队伍一边行走，一边高呼口号："反对强行制造肃穆气氛！""不准逃脱

1223

战争责任、美化昭和！"据警视厅统计,当天在日本1都(东京都)、2府(大阪府、京都府)8县共24个地区,发生了反对天皇制的集会或游行。①

民众心目中的天皇和天皇制 自1月7日开始,有关机构组织人员在皇居前对"记账者"进行了调查采访。虽然出于治安秩序考虑,便衣警察在13日轰走了那些调查者,但是仍有约160人的谈话被记录,其中50岁以上的"经历战争的一代"和战后出身的15岁至30岁的"年轻一代"对天皇的认识明显不同,在此辑录几例:

我对天皇的认识是复杂的。在孩提时的战争年代,对天皇有着良好的印象,但是自遭遇空袭、家人离散至日本被占领,认识开始变得复杂。明确地说,我对天皇没有憎恶的感情,只是有一种无法割舍、无法抛弃的感情。对于天皇驾崩后要求我们自律,说心里话,我是反对的。今天在新闻里听到天皇的讣告后,我感到有一种似乎什么已经终结的感觉,一种自己和昭和一起告别历史的心情。于是,我便怀着一种缅怀自己的心情来这里记账。(59岁,男,公司职员,7日。)

去年从报道中获悉天皇病了,感到心情沉重,精神不安。过了一个月左右才习惯。今天上午听到天皇病危的消息,正在吃着的早餐怎么也咽不下去。我以前就喜欢天皇。我不认为他是个掌握权力的人。可能他被别人利用一直有一种苦涩的感觉。他将那种苦涩埋藏在心头,所以我喜欢他。我是天皇的崇拜者。(58岁,女,保险公司职员。)

关于天皇,我只在学校里学到过。我是怀着怎么也得悼念一下的心情来这里的,就像我的亲人去世了总得去一下。天皇生病的时候,我没怎么关心。我感到天皇挺可怜,为了别人不得不痛苦地延长生命。(26岁,男,学生,12日)

我今天休息,所以来了。我想,这种重大事件一生只能遇到一

---

① NHK报道局:《全纪录·昭和最后一天》,NHK出版社1989年版,第97—116页。

第十三章 ● 平成时代

次,所以就带着观光的心情到这里来了。有一种看活剧的感觉。天皇病情急变后,突然感觉天皇离我很近。……至于战争,虽然有的人认为天皇不应承担战争责任,但是我认为在旧宪法体制下,天皇是应该承担战争责任的,尽管现在的天皇只是象征、装饰。(30岁,男,公司职员,10日)①

天皇逝世一周后,有关机构对东京都立高中的400名高中生进行了记述式调查。高中生对天皇又有一种别样的情感。对天皇逝世,高中生大致有如下看法:

> 虽然天皇作为人类中的一员,对他的逝世我不免心情有点沉重,但天皇毕竟不是和我生活在一起的家人,我还不致有悲伤落泪的感觉。年纪大的人想起战争年代的往事或许会感到悲哀,但那是接受战时将天皇视为神的教育产生的结果。教育能如此改变人,我感到恐怖。

> 我同辈的一个朋友在天皇生病的时候心想,"学校可能要放假了"。"但愿天皇能过了正月再死。"天皇驾崩后,他也没表现出怎么关心。但我的父亲却说,"天皇逝世后,整个社会全都将发生变化。你们小孩子不知道,天皇拯救了日本国民。"天皇逝世后,父亲一直默默地看着电视。我本身也受父亲影响,不免有为日本的前途担忧的感觉。但是,我更有一种对新时代的憧憬和期待。

对天皇制,高中生大致有如下看法:

> 天皇也是人类中的一员,由于实施了天皇制,天皇没法和普通人一样生活,而是被天皇制所束缚,我感到他真可怜。

> 我认为天皇制是不必要的。仅仅为了特殊对待一个人和他的家族而花费那么多资金,我认为不应该。因为,大量需要资金的不幸的人们光日本就有很多。天皇逝世后,不会产生国民无法得到凝聚的困惑。

> 现在天皇虽然不像过去那样拥有权力,但我认为没有特别的理

---

① 栗原彬等编:《记录·天皇之死》,筑摩书房1992年版,第67、79、91、95页。

由，废除延续至今的天皇制是不必要的。

天皇制也罢，皇室也罢，既不能成为毒品，也不能成为药品，我想还是应该维持的。①

昭和天皇出殡

读着这些言论，对比前文明治天皇驾崩后，以夏目漱石和德富芦花为代表的国民的心声，不难发现日本民众对天皇和天皇制的认识，已经发生变化。但是，从1978年到1989年，媒体就天皇制共进行了五次同样的问卷调查，受访者认为"应该强化天皇的权威"为4%—6%，认为"天皇当如同现在这样是一种象征"为82%—84%，认为"应该废除天皇制"为7%—10%。而在天皇裕仁驾崩当月，据《朝日新闻》进行的舆论调查，受访者认为"应该强化天皇的权威"为4%；认为"天皇当如同现在这样是一种象征"为83%；认为"应该废除天皇制"为10%。做其他回答和不回答为3%。据1997年4月《朝日新闻》的调查，回答上述问题的百分率分别是6%、82%、8%、4%。也就是说，在20年时间里，国民对象征天皇制的支持率基本维持在82%—84%。相当稳定。②曾经由《大日本帝国宪法》而神圣化、集权化的天皇，被战后《日本国宪法》切断了和政治权力的联系，仅有象征意义。但是，正如《日本国宪法》第一章第一条明确规定的，"天皇是日本国的象征，是日本国民整体的象征"。天皇所具有的象征意义，天皇在日本国民心目中的地位，不容低估。

明仁天皇二三事　裕仁天皇晏驾后，皇太子明仁亲王继承皇位。明仁(1933年—　)是裕仁天皇和香淳皇后(久迩宫邦彦王的女儿良子)的第五个孩子，第一个男孩，出生后可谓举国欢庆，幼时称"满宫"。明仁2

---

① 栗原彬等编：《记录·天皇之死》，筑摩书房1992年版，第238—241页。
② 《朝日新闻》1997年4月26日朝刊。

岁后离开父母,由赤坂离宫内的东宫傅育官抚养教育,周日也只能在东宫假御所内度过,不可回"家"。1943年,明仁10岁。按照日本《皇族身份令》规定,明仁应该被授予少尉军衔,并入列近卫师团。但是,昭和天皇颁旨,没有让明仁服兵役。翌年,明仁被转移至枥木县日光市的田母泽御用邸,后又被转移至枥木县奥日光汤元的南间酒店,直至战争结束。明仁虽然没有上过战场,但经历了那场战争,知道战争给世界人民造成巨大灾难,他曾经表示,"我生在战争年代,对过去的那场大战有着极为深刻的记忆。"

战后至1950年,明仁除了在学习院初级科学习,昭和天皇还聘请了美国著名儿童文学家伊丽莎白·维宁担任他的家庭教师,"学习了解西洋思想和习惯"。1952年11月,明仁被立为皇太子。1956年,明仁完成了在日本学习院大学经济学科的学习,顺利毕业。按照皇室传统,皇太子成人后就应该筹措"选妃"事宜。宫内厅为此组成了由皇族成员参加的班子,为皇太子明仁"选妃"。虽然战后《皇室典范》被"翻新",但是对选妃并没有新规,范围依然是旧皇族和旧华族,非常狭窄。正当"众里寻她千百度"时,孰料"蓦然回首,那人却在网球比赛处"。1957年8月,在旅游胜地长野县轻井泽的一场网球比赛中,皇太子明仁和圣心女子大学英语系"系花"、日清制粉集团会长(董事长)兼社长(总经理)正田英三郎的长女正田美智子相遇。明仁对美智子一见倾心,表示非这个姑娘不娶。以后,他俩和无数普通青年男女一样,也谱写了相识、相知、相恋"三部曲"。相识后,他俩经常相约网球场,共同切磋球艺。之后,明仁邀请美智子参加舞会,在舞会上向她表达了爱意。

明仁皇太子和美国明星交谈

1958年4月,"选妃委员会"召开全体会议,正式讨论明仁的婚事。一些抱残守缺的委员表示反对。但是,昭和天皇裕仁明确表示支持,他说,"只要皇太子喜欢,平民出身也不妨"。既然天皇表态了,谁还坚持反对?有情人终成眷属。1959年4月10日下午,日本宫内厅为明仁和美智子举行了隆重的结婚庆典,电视台直播了婚礼全程,五十多万民众拥上东京街头。当明仁和美智子乘坐的车辆经过时,人们高呼"万岁"。明仁是和平民通婚的首位天皇,这本身就给人以"开明"和"亲民"的印象。而且和父亲裕仁不同,明仁年轻时就在语言表述和行动上走"平民路线",无意为自己增添"神圣色彩"。结婚第二年,长子德仁(浩宫)出生。1964年,次子文仁(礼宫)出生,四年后女儿清子(纪宫)出生。

明仁登基1

明仁登基2

　　明仁即位后,改元"平成"。值得一提的是,1947年5月3日,《日本国宪法》正式实施,《皇室典范》一并"翻新"并于1949年6月1日正式实施,但其中并没有关于年号的规定。1950年,日本学术会议向内阁总理大臣和众议院、参议院议长提出建议:"废除年号,采用西历"。理由是,年号不仅不合理,没有任何科学意义,而且没有法律依据,有悖于民主主义。当年,参议院文部委员会审议了由议员提交的《年号废除法案》,但未获通过。1975年3月18日,参议院内阁委员会围绕年号展开了一场争论。有议员提出,新《皇室法典》已没有关于年号的规定,《登极令》也被废除,年号的法律依据已不复存在。1977年,日本社会党拟议《年号废除法案》,而自民党则主张保留年号。最终,主张保留年号的意见占据主流并成为法律。1979年6月,日本国会通过了《年号法》,规定:"一、年号通过政令加以确定。二、年号仅在发生皇位继承情况时变更。"同年10月又通过了《年号选定程序要点》,即由专家研究并提议,由两个汉字组成但不应是通俗用语,便于读写,从未被用作年号和天皇的谥号,等等,同时强调,

第十三章 平成时代

年号的选定"当顺应国民的理想"。之后,日本政府委托汉学家和儒学家诸桥辙次、安冈正笃、宇野精一,以及日本古代史专家坂本太郎,撰定新的年号。但是,1983年安冈正笃去世。1987年坂本太郎和贝冢茂树相继去世,日本政府又邀请中国文学专家目加田诚、山本达郎、日本文学专家市本贞次参与该项

向明仁天皇和皇后提交的《昭和天皇实录》

"作业"。"平成"就是依据《年号法》和《年号选定程序要点》,由这几位学者撰定、内阁决定的首个年号。"平成"年号取自《史记·五帝本纪》的"内平外成"和《尚书·大禹》的"地平天成"。东京大学名誉教授宇野精一、市古贞次,京都大学名誉教授小川环树,九州大学名誉教授目加田诚等是年号撰定委员会专家。

"十年九相"的"首"相　昭和天皇裕仁驾崩一个月后,"利库路特案"的侦查取得重大突破,"拔出萝卜带出泥",前任首相中曾根康弘、现任藏相宫泽喜一、自民党干事长安倍晋太郎等亦与此案有染。根据法务省当年6月12日发布的案情调查最终报告,涉案国会议员44人,高级官僚16人,其中多为自民党党员,牵涉范围之广,涉案金额之巨,数倍于洛克希德案,前所未有。竹下登的秘书也涉案(案发当月自杀)。百余名国会议员为变革"金权政治",唤回国民对政治的信任,于3月23日组成了超党派的"政治净化联盟"。1989年4月25日,竹下登表示将引咎辞职。竹下派是自民党内能够和田中派匹敌的大派阀,曾被认为将长期执政。突然因自民党大老和内阁官员的金权交易丑闻辞职,顿时出现了由谁继任首相的难题。宫泽喜一和安倍晋太郎一度被认为是最有可能的首相继任者,但他俩均和"利库路特案"有染,属于"灰色"官员。继任首相先决条件就是必须廉洁,他俩显然是不合适的,当然被排除。于是,大平正芳突然去世后任临时代理首相的伊东正义,被自民党内各派大老认为是合适人选。伊东正义出生于1913年,当时已76岁,毕业于东大法学院,历任大平正芳内阁官房长官、铃木善幸内阁外相。当时是自民党政调会长。关键是,伊东正义的清廉众所周知。但是,当

官房长官小渊惠三代表竹下登建议伊东正义竞选自民党总裁时,被伊东正义婉拒。伊东正义表示,"自民党这本书,如果仅换书的封面而不换内页,没有意义"。①这下又没了方向,折腾了一个月,最终,竹下登建议他内阁的外相宇野宗佑出马。6月2日,自民党众参两院议员举行全体会议,选举党的总裁。会议进行期间,大多数与会者突然都站立了起来。原来,这次选总裁采取了独特的表决方式:以"起立"表示"赞同"。当天,宇野宗佑被众参两院指名选为第七十五任首相,自此开启日本政坛"十年九相"的历史。

宇野宗佑(1922—1998年)出身于日本滋贺县守山市一个经营酿酒业的家庭,为了继承家业,宇野宗佑先是入读滋贺县彦根高等商业学校,后考入神户商业大学,在学期间应征入伍,作为陆军主计少尉随部队进入朝鲜,战败后被羁押在西伯利亚两年多,为此他还写了一本书,书名是《故乡东京》,非常畅销。宇野宗佑在文艺方面颇有才气,喜欢俳句,擅长绘画,钢琴演奏接近专业水平。1960年,宇野宗佑首次当选为众议院议员,后历任防卫厅长官、科学技术厅长官、行政管理厅长官、通产相、外相,属中曾根派。宇野宗佑任行政管理厅长官时发生的一件事,颇能反映他的性格。他出任大平内阁行政管理厅长官后,决意将隶属政府省厅管辖的"特殊法人"削减一半。②这项改革牵涉的利益非常广泛,难度可想而知。于是,宇野宗佑要求各省厅负责人到他办公室商讨。有些省厅派了次官或其他官员作为代表,宇野宗佑不予接待,要求必须让"一把手"跟他谈。最终,成功削减了18个特殊法人。然而,所谓"好事不出门,坏事传千里",这种利国利民的好事鲜为人知,但是一则绯闻却被传得沸沸扬扬,以致最终葬送了他的政治生命。

竹下登内阁总辞职前,民调支持率已跌至只有个位数的9%,宇野宗佑堪称"临危受命"。不过,宇野内阁除了新任外相三冢博,其余阁僚几乎

---

① 俵孝太郎:《战后首相论》,图表社2004年版,第148页。
② 日本特殊法人主要有隶属总务省的日本国博协会(NHK)、日本电信电话株式会社、日本邮政株式会社,隶属大藏省(财务省)的日本卷烟产业株式会社,隶属通产省(经济产业省)的日本酒类产业株式会社,隶属国土交通省的成田国际空港株式会社、新关西国际空港株式会社、东京地下铁株式会社、首都高速道路株式会社,隶属文部省(文部科学省)的日本私立学校振兴 · 共济事业团,隶属厚生省的日本年金机构,等等。至2021年,共33个。

第十三章 平成时代

是竹下内阁的原班人马,确实是"仅换书的封面而不换内页",成立时民调支持率仅20%。①当年6月5日,宇野宗佑发表施政纲领时,似让人们满怀期待。他强调,日本新内阁在国际上将努力改变日本"经济上的巨人,政治上的侏儒"的形象,努力使日本成为世界政治大国。在国内将推行政治改革,铲除金权政治土壤,改变自民党在民众中的形象,恢复国民对政治的信任。要重建日本人的伦理道德。

竹下登(右)和宇野宗佑(左)

然而,就在宇野宗佑发表施政演说的当天,《每日周刊》就以醒目标题刊登了一篇揭露宇野首相绯闻的文章。文章称,原先在东京著名"花街"神乐坂当艺伎的那阿西爆料,宇野宗佑和她"交往"过五个月,共向她支付过300万日元(约合近20万元人民币)。那阿西表示:"也许有人会说我以这样一种方式谈论曾经相处的人是泄私愤。可他此刻是一国首相,如果他以对待我的那种轻率态度来处理国家政治,可以容忍吗?欺侮软弱女人的人怎么能当一国首相呢!认为女人可以用钱买来供自己寻欢作乐,就这个意义来说,宇野先生的人格不能说是高尚的吧?"(那阿西后来一度遁入佛门为尼)。6月12日,《新潮周刊》也爆出一则"猛料",称宇野宗佑和神乐坂艺伎那阿西相好之前,还和赤坂一个叫波津子的艺伎"相好"了十年,宇野宗佑每月向她提供10万日元"交际费",但在1984年将她抛弃。随后,《新潮周刊》又刊登了宇野宗佑前秘书的"揭发材料","揭发"宇野宗佑在1962年后的十年,曾向东京银座一家酒吧的"妈妈桑"支付一笔钱。该"妈妈桑"曾为宇野宗佑堕胎。对"绯闻"历来感兴趣的小报还爆料称,66岁的宇野宗佑居然和一个16岁的雏妓有不清不楚的关系。对这些"爆料",宇野宗佑始终缄默不语,不予回应,既不承认,也不否认。但是,人们却因此对宇野首相产生了"说一套,做一套"的印象。6月13日,日本七个妇女团体联名提出抗议

---

① 藤本一美:《战后政治的决算:1971—1996》,专修大学出版局2003年版,第282页。

并走上街头。东京一个女性政治评论员慷慨激昂地说:"现在已经不是过去,时代已经改变。即使日本仍然是男权社会,但这种事也不该发生。我们妇女的力量正在日益壮大,我们决不允许一个身居高位的人对待女人弃之如敝屣。"作家兼评论家盐田丸男认为:"那个艺伎的做法虽然不光明正大,令人反感,但事情既然已经曝光,宇野首相至少应该公开回应。""不准宇野欺侮妇女""宇野应该早日下台"的呼声,一时成为民众的呼声。面对舆论巨大压力,宇野宗佑扛不住了。6月27日傍晚,宇野宗佑私下表示应辞职以平息民愤,但被自民党干事长桥本龙太郎劝阻。因为,7月下旬将举行参议员部分改选。如果宇野宗佑辞职,必然对选举不利。自民党执行部也赞同这一意见,要求宇野宗佑务必"挺住"。7月24日,参议院选举揭晓。126席改选议席,自民党仅获36席,比改选前减少33席,总席位数减至109席,离过半数相差18席。社会党大获全胜,当选46席,比选前增加24席,被称为"麦当娜旋风"。34年来,参议院在野党总席位数首次超过执政的自民党。在当天的记者会上,宇野宗佑声泪俱下地表示:"参议院选举失败的责任全在我。我决定辞去首相和自民党总裁职务。"当记者问"绯闻是否对参议院选举有影响时",宇野宗佑没有回应。然而,"失败的责任全在我"实际就是回应。8月10日,宇野宗佑正式宣布辞职,执政时间69天,仅超过东久迩宫稔彦的50天,列倒数第二位。值得关注的是,进入平成年代后,日本政坛很不"太平",自宇野宗佑"十年九相",可谓"闹哄哄,你方唱罢我登场"。

虽然宇野宗佑在任时间只有69天,内政外交没有值得称道的业绩,但有些事值得一提。宇野宗佑就任首相时,以美国为首的西方国家对中国进行所谓"制裁"。但是,宇野宗佑表示,中国是日本的重要邻国,日本必须明确意识到日本对美和对华关系的差异。7月10日,宇野宗佑再次表示,日本政府不同意"制裁"中国。在7月14—16日第15次巴黎"七国峰会"上,宇野宗佑在发言中强调,不应该在国际上孤立中国。这一立场为他后任的对华政策提供了重要前提。

宇野宗佑辞职后,自民党再次为推选总裁烦恼。两任首相因丑闻和绯闻倒台,必须选一个既无丑闻也无绯闻的总裁,成为全党共识。1989年8月2日,党内决定推选河本派的海部俊树竞选总裁。①8月5日,林义

---

① 河本派形成于1956年自民党刚成立时,原先首领是三木武夫,1980年由河本敏夫领导,改称"河本派"。1995年河本敏夫引退后称"旧河本派"。2007年高村正彦出任该派首领后,改称"高村派"。

郎和石原慎太郎表示要参加竞选。8月8日,自民党众参两院议员举行全会,三选一。结果,得到主要派阀竹下派、安倍(晋太郎)派、旧中曾根派支持的海部俊树获279票、林义郎获120票、石原慎太郎获48票。得票遥遥领先的海部俊树当选。早稻田大学的校友森喜朗、三冢博、小渊惠三等,也给予了支持。

"清廉"和"鸽派"的海部俊树 海部俊树(1931—2022年)出生于日本爱知县一宫市,父亲是开照相馆的。海部的家在美军空袭时曾被烧毁。这在海部俊树幼小心灵中留下了深深的创伤。海部俊树有极佳辩才,无论在东海中学还是在中央大学史科部法科、早稻田大学法学部求学期间,他都以辩才夺冠,是早稻田大学"雄辩会"成员。1960年海部俊树首次竞选众议员,他在竞选时反复强调:"即便丢了钱包也别丢了海部。"这句竞选口号成为一时美谈。在自民党内,海部俊树、宇野宗佑、竹下登是党内"青年三杰"。但是,海部俊树在成为首相之前,仅担任过文部相,缺乏在通产相、外务相、藏相等职位上历练的经历,而且只是小派阀河本派的首领。这使海部俊树既缺乏足够的声望,也缺乏牢固的根基。"清廉"和"鸽派"是他给人的印象。

8月10日,海部内阁正式组成,最引人瞩目的是他聘用了两名女性入阁:经济评论家高原寿美子任经济企划厅长官、参议院外务委员长森山真弓任环境厅长官。内阁成立不到一个月,内阁官房长官山下德夫就因"绯闻"辞职。8月25日,森山真弓成为日本史上首位女性官房长官。

鉴于征收消费税是重建财政的必要措施,但又引起国民普遍不满这一矛盾,海部上台后即表示,"消费税必不可少,不应废除",同时强调"将尽快重新评价,该修改的要下决心修改",随后提出了修改方案,决定于1990年10月1日实施,主要内容包括:所有食品在生产和流通阶段,消费税由3%降为1.5%,零售阶段不征税,还有在分娩、丧葬、入学、老人使用福利设施等时不征收消费税。

海部俊树在对外政策方面,依然强调《新日美安保条约》是日本外交的基轴",同时致力于解决日美贸易摩擦问题;强调"日本是西方的一员",与欧美国家频繁展开"首脑外交"。在解决日苏领土争端问题上,海部俊树坚持"解决北方领土问题之后缔结日苏和平条约"的立场。1991年4月,苏联总统戈尔巴乔夫访日,与日本首相海部俊树发表了《日苏共同声明》，首次正式承认两国存在领土纠纷。随后双方进行了谈判，但由于当年底苏联解体，谈判搁浅。在对华关系方面，海部俊树早在20世纪60年代初任自民党青年局长时，就曾访问中国，并向中方表示："日中两国人民虽然语言不通，但有'血缘关系'，因而更能增进了解。"1964年，40名早稻田大学毕业的国会议员组成超党派"稻门会"，联名邀请廖承志访日，海部俊树是其中成员。执政后，海部俊树积极支持日中友好议员联盟会长伊东正义率团访华，并在1990年8月10日至13日亲自访华，成为中国遭受西方国家所谓"制裁"后首位西方国家首脑。访华期间正值中国华东地区遭受水灾。海部俊树当即决定追加对华援助款项。

　　同年8月2日，第一次海湾战争爆发。根据美国的要求，日本参与了对伊拉克的制裁，自8月5日禁止输入伊拉克石油、停止经济协作。8月25日伊拉克实施报复，扣押了在科威特的245名日本人。是否应向当地派遣自卫队进行营救？自民党干事长小泽一郎认为，"即便按照现行法律，也可以向中东派遣自卫队"。但海部俊树认为，向海外派遣自卫队必然遭到反对。围绕《协助联合国维持和平活动法案》（通称"PKO"法案），赞否双方在国会展开激烈辩论。翌年1月24日，日本政府决定向以美国为首的多国部队提供1.18兆日元（合90亿美元）援助。此举被认为是"日本出钱不出汗"。对此批评，以小泽一郎为首的自民党执行部认为，应该做出"人的贡献"。海部俊树的立场随之变化，在施政演说中，海部俊树表示，"向海外派遣自卫队并不违反宪法"。但是，由于代表民众声音的舆论强烈反对，法案在众议院未能获得通过，成为"废案"。这无疑有损海部俊树的政治威信。

　　鉴于金权政治是自民党失信于民的重要原因，海部俊树上台后即强调，"新内阁的最大课题是政治改革"，"决心以对话与改革为基本姿态"。他同时强调，政治改革的起点是"确立政治伦理"。海部内阁还以内阁决议的方式公布了三项措施：阁僚就任及辞职时，公布本人及家属资产；任职期间不进行股票及不动产交易；现有股票由信托银行管理。为此，海部内阁设立了"政治改革本部""选举制度调查会"。这股政坛新风令国民期待。日本财界首脑也称海部俊树"通晓政策，具有年轻而清新的形象，行动力出类拔萃，是推动行政改革的得力人选"，并成立了作为海部俊树后援会的"阳树会"，成员中有"四大经济团体"即经团联、日商、同友会、日经联的首领。翌年2月18日大选,自民党取得了过半数席位即稳定多数。第二届海部俊树内阁由此启航,包括竹下派6人,安倍派5人,宫泽派4人,渡边派4人,河本派2人。除外相中山太郎、藏相桥本龙太郎、官房长官坂本三十次留任外,其余阁僚全部更换。通产相由中尾荣一担任。

重组内阁后,海部俊树决意强力推进政治改革,决定提出"政治改革三法案",即《政治资金限制法修正案》《政党补助金法案》《公职选举法修正案》,"从根本上解决政治过于依赖金钱的问题"。但是,海部俊树显然低估了自民党积重难返的"金权政治"的厚度。同时,竹下登派因"政治改革三法案"未事先与他们协商而非常不满。竹下派会长金丸信对海部公开提出批评。所谓"成也萧何,败也萧何"。由于竹下派的强烈反对,"政治改革三法案"未获国会审议通过,成为"废案"。海部表示,"以强大决心进行突破"。所谓"强大决心"就是解散众议院,重新大选。但由于竹下派的强烈反对,并未兑现。10月4日,海部俊树表示将不参加自民党总裁选举,表明他将不再担任首相。日本各大报纸为此突发新闻发了"号外"。日本媒体评论称:"海部俊树试图将操纵他的线扯断,但他也因此倒下。"10月5日,宫泽喜一、渡边美智雄、三冢博决定参加自民党总裁竞选。竹下派首领小泽一郎将三人邀到自己的事务所,经过"面试"决定支持宫泽喜一。10月27日,72岁的宫泽喜一在选举中胜出,11月5日建立了宫泽内阁。

"1955年体制"的谢幕　宫泽喜一(1919—2007年)祖籍广岛县福山市金江町,出生于东京,是家中长子。父亲宫泽裕虽然出身农家,但成了国会议员。宫泽喜一的履历相当靓丽:从旧制武藏野高级中学考入了东京帝国大学法学部,1942年毕业后进入了大藏省,曾担任津岛寿一、池田勇人两任藏相的秘书。1953年后当选为国会参议员,1962年首次入阁,担任第二届池田勇人内阁经济企划厅长官,五年后转入众议院,历任通产相、外相、内阁官房长官、藏相。舆论对宫泽喜一的评价是"精通外交和经济""精明强干""是颇有英语造诣的国际通"。无论履历还是能力,宫泽喜一离首相交椅可谓近在咫尺。然而,宫泽喜一直到72岁才坐上首相交椅。究其原因不是能力,而是人缘。此前大平正芳、中曾根康弘等能坐上首相交椅,都因获得党内最大派阀田中派的支持。宫泽喜一和大平正芳

宫泽喜一和参加东京"八国峰会"的叶利钦、克林顿

均属于池田(勇人)派的宏池会，但两人始终面和心不和。① 大平正芳和田中角荣关系密切，所以宫泽喜一几乎与田中派"绝缘"。之后，1985年7月4日，竹下登脱离田中派自立门户，创建了作为竹下派据点的经世会，有议员113人，一举成为党内最大派阀。在竹下派支持下，宫泽喜一终于成为内阁"一哥"。

宫泽喜一邀请自民党各派大佬入阁，建立了"举党体制"，主要阁僚是：副首相兼外相渡边美智雄；藏相羽田孜；通产相渡部恒三；官房长官加藤纮一；自民党"三役"；干事长绵贯民辅；政调会长森喜朗；总务会长佐藤孝行。宫泽内阁继承了前内阁的内政外交两项遗产：向海外派遣自卫队问题和政治改革问题。

自民党主流派主张"海外派兵合宪论"。宫泽喜一虽然一直是"护宪派"，但毕竟"屁股决定脑袋"。为了相位的稳固，他表示"和向海外派遣自卫队是否违宪相比，维护世界和平更加重要，而联合国在这方面发挥着重要作用，日本应尽力予以协助"。1992年6月15日晚，在社会党和社民联141名议员缺席的情况下，众议院"全体会议"通过了《协助联合国维持和平活动合作法案》(或称"PKO法案")，使之成为法律。根据这一法律，"维和"目的是"在完备国际和平协作业务实施体制的同时，采取为这些活动提供物资协作的措施，依此使我国为以联合国为中心的维护国际和平的努力作出积极贡献"(第一条)。法案规定"国际和平协作业务的实施，不等于以武力进行威吓和行使武力"(第二条)。法案对"联合国维持和平行动""人道的国际救援行动""国际和平协作业务"做了定义；并特别对"以联合国大会或安全保障理事会的决议为基

---

① 宏池会是日本自民党主要派系之一，原由吉田茂领导，称吉田派。后由池田勇人、前尾繁太郎(众议院议长)、大平正芳、铃木善幸领导。1986年宫泽喜一当选会长后，改称宫泽派。经1998年、2001年两次分裂，势力大不如前。

础"参加维和活动的五项要求做了规定。一是纷争当事者一致同意停战;二是对方国家同意进入;三是在维和行动中严守中立立场;四是战斗期间活动停止后撤离;五是武器的使用仅限于自卫目的(第三条)。《协助联合国维持和平行动合作法案》使日本自卫队出兵海外合法化,在日本战后史上具有里程碑意义。值得特别关注的是,该法律"附则"规定,"第三条第三号各项任务(即实际采取维和行动)……至专门制定法律之前,不予实施"。①也就是说,日本实际参加国际维和行动时,必须获得国会批准。根据这一法律,同年9月17日,日本派遣600名自卫队员参加了联合国在柬埔寨的维和行动。

宫泽喜一治国理政规划是建设"生活大国"。1992年6月25日,宫泽喜一的咨询机构"经济审议会"制定了《生活大国与五年计划——与地球社会共存》(1992—1996年)。计划的具体目标极具诱惑力:缩短劳动时间;改善居住和环境;增加国民收入;扩大文化领域投资,发展社会福利。当然,这个"五年计划"尚未完成,宫泽已经卸任。

在政治改革方面,宫泽内阁并非一事无成。但是,要对"藏垢纳污"的自民党进行"政治大扫除",绝非易事。宫泽内阁成立不到半年,自民党内就接连曝出丑闻。1992年1月13日,东京地方检察院以涉嫌收受钢铁加工企业"共和"8 000万日元贿赂,逮捕了原北海道·冲绳开发厅长官阿部文南。2月12日,东京检方和警视厅对东京"佐川急便"(佐川快递公司)的关联设施进行了搜查,原因是该企业有大量没有入账的资金流入了政界。后查实有5亿日元进了竹下派会长、前自民党副总裁金丸信的"小金库",由金丸信分给了其派阀60多名议员。同时查实,此事与暴力团(黑社会)有牵连。10月17日,金丸信表示辞去议员和不再担任该派经世会会长(翌年3月6日因偷漏税4亿日元被逮捕)。"金权政治"丑闻的一再发生,令国民对自民党日益失望。这种失望成为"1955年体制"终结的重要原因。10月22日,在支持羽田孜任会长的代理会长小泽一郎等缺席的情况下,竹下派选举小渊惠三任会长。羽田孜和小泽一郎等44人因此愤而脱离自民党,成立"改革论坛21"。竹下派分裂为小渊派和羽田派。以"金权政治"丑闻和自民党内讧为背景,社会党等在野党强烈要求规范企业政治捐款。10月30日,第125届国会使海部内阁时期"去世"

---

① 《官报》1992年6月19日。

的《公职选举法修正案》"复活",同时"接生"了《国会议员资产公开法案》等"新生儿"。①

1993年2月,宫泽喜一在国会发表施政演说,不仅强调要"创建生活大国",而且阐述了使国民"资产倍增计划",并表示"政治改革是所有变革的出发点"。在5月底的一次电视节目上,宫泽喜一再次强调,"必须断然推行政治改革",表示将改革选举制度,将中选区制改为小选区制。宫泽喜一决心和勇气可嘉,但这甚至不是自民党执行部的共识。6月14日,自民党干事长梶山静六表示,"本届国会难以通过政治改革相关法案",随后宫泽喜一称同意这种说法。社会、公明、民社三党认为这是"违背承诺",在众议院提出了宫泽内阁不信任案。6月18日,众议院就此进行表决,结果由于小泽派和羽田派对不信任案投了赞成票,使之最终以225票赞成、220票反对获得通过。当天,日本各大报纸均在"自民党分裂"的大幅标题下,对此进行了报道,并称之为"'6·18'政变"。《朝日新闻》社论发问:"接踵而至的政治丑闻,难道不是必然导致这一结果产生的原因?"

当天,宫泽喜一即宣布解散众议院,进行大选。宫泽喜一显然没有料到,他动用这一首相"杀手锏",将自民党劈成了几块。6月21日,原滋贺县知事、自民党政治改革推进本部事务局长武村正义、鸠山由纪夫等10名自民党议员宣布退党,自行创建了"新党先驱"(新党さきがけ,中文也译为"先驱新党"或"新党魁党"),由武村正义任党代表。6月23日,羽田孜等44名宣布退党的议员,创建了"改革论坛21"2.0版的新生党,羽田孜任党代表、小泽一郎任代表干事。

当年7月17日大选,自民党获223席,增加1席,但离过半数席位差33席;社会党仅获70席,减少69席;公明党获51席,增加6席;日本共产党获15席,减少1席;民社党获15席,增加1席;社民联获4席,持平。新生党表现不俗,获55席;前一年5月刚成立、由细川护熙领衔的日本新党表现不俗,获35席;新党先驱获13席。7月22日,宫泽喜一表示将辞去自民党总裁和首相职务。随后,自民党众参两院议员举行总裁选举,河野洋平战胜渡边美智雄当选自民党总裁。但是,与以往不同的是,河野洋平未能成为首相。因为,在本次大选中,"斗"了38年的自民

---

① 藤本一美:《增补"解散"的政治学——战后日本政治史》,第三文明社2009年版,第248页。

党和社会党均是输家,以自民党一党独大、社会党长期与之抗衡为特征的"1955年体制",就此终结。如后面所述,"泡沫经济"也在宫泽喜一任内崩溃。

第二节 日本"泡沫经济"的形成和崩溃

1989年不仅是日本"时代转换"之年,也是日本经济史的"分水岭"。在被称为"大纳会"的股市休市前最后一天,即12月29日,日经平均股价走出了38 915.87日元的大阳线,这也是"二战"后日本平均股价的顶峰。但是,从翌年被称为"大发会"的开市第一天起,日本股价便开始下泄,10月1日一度跌破20 000日元大关。从1989年12月到1992年7月,日经225指数连跌两年半,市值损失56%,日均成交金额下跌89%。1992年土地价格由升转跌,当年下跌15%。1993年底,日本股票市值仅相当于1989年的59%,成为泡沫经济崩溃的导火索。①对日本产生广泛深远影响的"泡沫经济"是如何形成的?又是如何崩溃的?对此,似应该在历史的坐标上,进行横向和纵向的解读和分析。

"泡沫经济"的形成 "泡沫经济"专指因商品价格严重偏离商品价值、先暴涨后骤跌的一种宏观经济状态,起因于贪婪的投机活动。由于缺乏实体经济支持,资产犹如泡沫迅速膨胀和破灭。泡沫经济有悠久历史,可上溯至1720年英国的"南海泡沫事件"。当时,英国南海公司获政府授权,垄断了对西班牙的贸易,极力鼓吹其股票有巨大上涨空间,引起大量抢购。但由于事实与人们的期待不符,股价迅速下跌。

1929年至1933年世界经济危机,本质上就是泡沫经济崩溃引发的。自1925年,美国东南部佛罗里达的地价出现惊人的升幅,原因就是人们对房地产上涨的投机性预期。当时,该州迈阿密市仅有7.5万人,但居然有逾2 000家房地产公司,有2.5万名房地产经纪人。当时人们的口头禅是"今天不买,明天就买不到了"。于是,人们纷纷向银行贷款买房。银行原本就是靠利差的,何乐而不为?当投机房地产的收益低于银行利率时,呆账、坏账便接连发生,银行大量贷款得不到偿还,能不倒闭?实体经济得不到必要的流转和扩大再生产资金的支持,结果会怎样?这种企业的

---

① 岩田规久男:《景气?这究竟是怎么回事?》,筑摩书房2008年版,第117页。

股票是上涨还是下跌,答案不是现成的?于是,股价普遍下跌和恐慌性抛盘形成乘数效应,经济危机爆发!

日本泡沫经济崩溃也具有类似特征,但经历了至少20年的累积过程。学界普遍认为,1985年9月22日,"G5"财长和银行行长在纽约签署的"广场协议",是日本泡沫经济的祸根。但是,如果我们对日本泡沫经济的形成过程进行理性分析,不难得出结论:日本泡沫经济的产生,主要原因并非出自"广场协议"。

对日本泡沫经济的成因,要从日本金融体制说起。正如内藤纯一所指出的,日本战后金融体制,依然是"1930年代模式"。他这样写道:"日本的金融体制最初是以自由放任(laissez-faire)为基本理念起步的。但是在经历了自明治时期至大正时期的几次金融危机后,特别由于几次危机对中小金融机构产生了很大影响,因此有关法律制度被几次修订,政府对金融业的规制逐渐加强。金融体制在向抑制竞争的方向转变的同时,也朝着稳定各金融机构的经营方向转变。"①他指出:"日本的1930年代模式以昭和恐慌(1927年)最盛期在国会审议并获得通过、于翌年1月施行的银行法为基础(该银行法直至1981年没有经过大的修改)。根据该银行法规定的银行最低资本金制度和监督权限,当时的金融当局(大藏省)和各府县积极推进了银行合并。至20世纪30年代后半期,当局逐渐加强了经济统制,不仅金融稳定,而且经济扩量(所谓总体战思想)也成为新的政策目标。对这种新的政策目标的追求,成为在战后体制中得以继承的理念。"②

日本金融体制"虽然有直接金融、间接金融两种定义。但是,不管如何定义,在经济高速增长期,间接金融占支配地位。这意味着对作为资金供给者的黑字主体来说,在资金运用方面,可能动用的资产基本限定于银行储蓄。由国债、社债等债券构成的债券市场和股票市场还未充分成熟"。③在间接金融体制中,企业以"借贷"的形式筹措资金,家庭理财以"银行存款"的形式保有金融资产。然而,存款和贷款的数额是由名义价

---

① 内藤纯一:《战略性金融体制的创造——"1930年代模式"的终焉及以后的变化》,中央公论新社2004年版,第142—143页。
② 内藤纯一:《战略性金融体制的创造——"1930年代模式"的终焉及以后的变化》,中央公论新社2004年版,第133—134页。
③ 小泉进、本间正明编:《日本型市场体制的解明》,有斐阁1993年版,第30页。

值决定的。因此在通货膨胀条件下,实际价值必然下降。具体而言,即债务人(主要是企业)的实际债务价值急速减少,而债权人(主要是家庭理财资金)未能使自己的金融资产增值。大量家庭理财资金从家庭流向企业。这是战后日本经济高速增长不可忽略的重要原因。但是,企业通过增加工资而使各个家庭分享了经济增长的成果。"会社就是一切"的价值观,主要就是因此而形成的。战后日本之所以能够形成举世罕见的"平等社会",形成所谓"一亿中流"(中产阶级),间接金融是原因之一。但是,"自1980年代后,日本金融的1930年代模式,由于一系列自由化和缓和规制政策的出台,开始变质"。[1]按照经济学理论,泡沫经济的形成需要两项条件:第一,宏观经济环境宽松,有投机炒作的资金来源;第二,对资金的使用及可能引发的风险,缺乏约束机制。"自20世纪80年代后,日本金融的1930年代模式"之所以变质并引发泡沫经济,就是因为具备了这两项条件。

"二战"前,日本企业也可以通过资本市场融资。但是"二战"期间,这条通道被关闭。直到1972年,日本企业才重新获准按照市场价格发行股票,即直接金融的大门被重新打开,从而使日本企业获得了银行外的融资渠道。在日本经济增长时期,尤其对于优良企业来说,其股票的市场价格不仅普遍高于票面价格,而且能够升值,因此一面世即大受欢迎,但是,资本市场真正繁荣兴旺,是在进入20世纪80年代以后。1981年,日本金融开始出现渐进式的自由化趋向,特别是金融机构开发金融产品和金融衍生产品,开始享有较为充分的自主裁量权,"理财"这一概念开始在民间普及。在此之前,有钱存入银行获取利息,这是人们的基本观念,几乎没有普通市民进行"理财"或"金融投资",那属于"梦想不劳而获"。

当年,企业获准发行"附认股权证公司债券",即购买者拥有按照约定价格认购该公司股票的权利,只是将债券转为股票时需要支付一定资金。如果股票价格看涨,明显高于购买债券时的价格,那么即便支付一定资金,在股市出售也可以获利,甚至获利不菲。这对企业而言,能以较低利率融资,对购买者而言,能以钱生钱,一经推出便大受欢迎。另外还有一种债券叫"可转换债券",即债券可以直接转换为股票。例如,按面值购买的100元债券,可以作为面值100元股票出售。当公司股价上涨50%

---

[1] 内藤纯一:《战略性金融体制的创造——"1930年代模式"的终焉及以后的变化》,中央公论新社2004年版,第212页。

时,售价是150日元。如果公司股价下跌,可以继续持有,到期赎回,公司还本付息。对公司而言,不仅发行可转换股票的利率低于向银行贷款,能因此融资,而且获得的资金能够以大额定期存款的方式存入银行赚取利差。在当时利率已经自由化的金融市场,信用好的企业往往能获得高额利息,对于购买者而言,则稳赚不赔。双方皆大欢喜。主管日本金融的大藏省显然不可能预料到,企业资金充裕有利于经济发展,但和其他物质一样,过热容易冒泡。正是从那时候开始,日本经济开始"冒泡"了。必须强调,这些都发生在"广场协议"签署之前。

除了上述匪夷所思的资本操作方式,20世纪80年代的日本金融市场,还有一些堪称荒诞离奇的做法。在此试举两例。第一例:当时,日本政府为"特定信托基金"(简称"特金")和"信托基金"的资金推出新型金融产品,发放了许可证。企业以低利率融资后,用所获资金购买高利率的"特金"和"信托基金"的金融产品,赚取利差。"特金"和"信托基金"因此迅速膨胀。据统计,这两个基金在1985年不足9万亿日元,到1989年底扩增至43万亿日元。第二例:1987年,日本政府允许企业发放"短期融资券",用以短期融资。虽然企业也要向购买者支付利息,但利息远低于银行的大额存款利息。因此,企业只需将发放"短期融资券"获得的资金放进银行,就能"以钱生钱"。于是,很多企业不再关注如何改革技术,改善经营,扩大市场,而是处心积虑于如何"空手套白狼"。有些艺人也纷纷"下海"。当时,日本出现了很多梦想"一夜暴富"的"贷款王",尽管大都是钻了"缓和财政金融政策"的空子,不是行骗。日本电视台还专门做了题为《贷款王》的节目。例如,日本著名歌手、《北国之春》的原唱者千昌夫,就上了这个节目。千昌夫资产最多时有办公大楼50栋,在美国、澳大利亚、西班牙,以及中国香港都有酒店和度假别墅,有私人飞机和无数豪车。最后,泡沫经济崩溃,千昌夫负债逾千亿日元,从"唱歌的不动产王"变身为"负债王"。

更重要的是,从银行等金融机构贷款如此轻而易举,不仅呆账坏账的产生很难避免,而且给一些居心叵测的人行骗提供了机会。在进入平成年代后,日本接连发生了三起金融丑闻,一是"尾上缝事件",二是"伊藤万事件",三是"富士银行非法融资事件"。通过这些事件,我们能够"管中窥豹"地看到日本当时的金融乱象。

日本大阪有个"料亭"(高级酒馆)女老板叫尾上缝,她在金融机构借了很多钱炒股。1988年,她从各金融机构借到的钱总计达2 270亿日元。她有什么资产可以抵押,能借到这么多钱?一个字:骗。日本有一种区域性的、主要为中小企业服务的金融机构,叫"信用金库"。尾上缝勾结东洋信用金库的一个支店长,伪造了在这个支店的存款证明作为"担保",从包括兴业银行在内的12个金融机构诈骗了3 420亿日元。1991年,尾上缝因涉嫌诈骗被捕。她在拘留所履行破产手续时,负债总额为4 300亿日元。最后,尾上缝被判处12年有期徒刑,东洋信用金库因此破产。受此牵连,日本兴业银行最后被富士银行合并,成为今天的瑞穗实业银行。

"伊藤万事件"萌发于20世纪80年代后半期。当时,在首都圈拥有116家分行的"平和相互银行"陷入了经营危机,兴业银行、第一劝业银行、住友银行等都想并购它,最后被住友银行揽入。因为,住友银行会长矶田一郎通过集团核心贸易公司"伊藤万"社长河村良彦牵线搭桥,认识了一个叫佐藤茂的男子,获得了"平和相互银行"的大量股票,而佐藤茂与"住吉会""稻川会"等黑社会组织有深厚关系。佐藤茂因此得以深入住友银行内部,为各种非法融资提供便利,掏空约3 000亿日元。河村良彦等最后均被逮捕。

"富士银行非法融资事件"是该行职员伪造存款证明,以此作为担保从非银行金融机构获得巨额贷款,并通过黑社会投资不动产,牟取暴利,令很多金融机构蒙受巨额亏损。如果将这些账全都算在"广场协议"上,签署这一协议的五国财长和银行行长,能不"鸣冤叫屈"?

房地产热得"冒泡" 日本由本州、四国、九州、北海道四大岛以及数以千计的小岛组成,总面积约37.8万平方公里,其中山地和丘陵面积约占75%,人口密度约每平方公里337人。土地对日本人意味着什么,不言而喻。同时,由于日本政治经济文化集中于东京,大都市和其他地区人口"过密"和"过疏"问题,始终困扰日本。从古至今,日本人对"土地女神"始终非常青睐,只是由于种种约束,不得"亲近"。同时,日本每年公布"路线价"即不同区域位置的地价,东京银座中央大道始终是"地王"。① 田中

---

① 根据日本国税厅公布的数据,2020年日本全国路线价(道路沿线土地价格),东京银座中央大道地价连续35年居全国首位,每平方米达4 592万日元(约合42.6万美元),远超1992年受泡沫经济影响的每平方米3 650万日元(约合33.8万美元)。

角荣提出《日本列岛改造计划》,主要就是为了改变这种状况。20世纪80年代后,由于"规制缓和",自1983年,东京市中心的地价开始高速增"涨",引起高涨的原因,首先是日本人对土地的迷信,以及"东京将成为亚洲金融中心"的预期。东京土地价格的上涨迅速产生"溢出效应",引起周边区域土地价格上涨。火借风势,风助火威,日本房地产热得"冒泡"。

1986年前后,"房屋拆迁"和"土地转卖"这两个以往与平头百姓几乎无关的名词,开始流行。所谓"拆迁"就是将旧房"拆"除,让旧房居民"迁"往别处并提供经济补偿。之后将旧房夷为平地,再造新的高楼。由于"拆迁"是个费时费力的活,因此大型房地产企业往往将这活分包,于是很多"拆迁公司"便"应运而生"。"土地转卖"就是将买到的土地转手倒卖。通过房屋拆迁获得的土地,一是可以用土地做抵押,从银行获取贷款,然后通过"理财"牟利,如购买股票债券等赚取利差。二是可以通过土地转卖牟利。在"房产热"的时代,这是牟取暴利的捷径。三是可以开发房地产牟利。当时出现了一个新名词——"铅笔楼",即占地面积不多,楼层很高,像铅笔一样的高楼。一块地皮可以有三种用途,令很多企业纷纷投入其中,使地皮热得"冒泡"。根据1987年1月政府公布的土地标准价格,东京周边的地价同比上涨23.8%,翌年又同比上涨65.3%。然而,日本政府对已经热得"冒泡"的地皮所蕴含的危险,完全缺乏足够重视。当年日本国土厅公布的《国土利用白皮书》称,"以东京附近为中心的土地价格上涨,是由实际需求引起的"。①官方为"地皮炒作热"背书,而不是给滚热的地皮上冒起的"泡"降温,其后果可想而知。受供需关系这一"经济铁律"影响,"地产热"必然导致房屋价格上涨,进而影响人们消费和日常生活。1990年,东京市区的公寓价格已超出工薪阶层平均年薪的20倍。东京周边地区的公寓价格,也超出工薪阶层平均年薪的10倍。

房地产是"上游产业",与钢材、水泥、油漆等至少56个"下游产业"相关。"房地产热",必然引起"相关产业热"。于是,股市也跟着"热"。1983年,东京证券交易所日经股票平均价格约8 000日元,1987年涨至26 646日元。翌年底,日本著名证券公司"野村证券",在包括日本在内的世界各

---

① 野口悠纪雄:《战后日本经济史》,张玲译,民主与建设出版社2018年版,第195页。

第十三章 ● 平成时代

地的报纸和杂志刊载广告,内容如下:

> 看到东京证券交易所的股票价格不断上涨,有人说"东京股价太高了"。也有人说"股价太高会导致市场不稳定"。可以说,这些顽固不化的怀疑论者就好比在今天仍然相信托勒密所主张的地心说一样。在天文学领域,后来出现了哥白尼,(他)彻底推翻了托勒密的学说。你是哥白尼呢?还是托勒密呢?你必须拓展知识,建立起哥白尼式的思维方式。来吧,来加入我们,一起提高并丰富自己。①

1989年,东京证交所日经股票平均价格涨至38 915日元。日本电信电话株式会社(NTT)的市值总额,不仅超过世界最大的美国电信电话公司(AT&T)的市值总额,而且超过AT&T、美国国际商用机器公司(IBM)、美国通用电气公司(GE)、美国通用汽车公司(GM)、埃克美孚石油公司的市值总额之合。这简直是脱离了"地心引力"的上涨!日本企业股的市值总额,一度达到美国企业股的1.5倍,占世界企业股45%,完全为常识所难以接受。但是,对这种荒诞不经的"梦幻炼金术",日本政府居然没有及时采取措施。

在东京等大都市搞房地产开发可以获取暴利,但并不是所有房地产商都有这种幸运,何况都市的土地资源是有限的。于是,一些地产商便将目光转向乡村,在那里建高尔夫球场。当时,高尔夫球场基本都是俱乐部会员制,开发商采用预售方式出售会员卡筹得资金。即便身无分文也可以开发需100亿日元左右的项目,"空麻袋背米"的敛财术实在太诱人了,原本兢兢业业经营"百年老店"的企业主,纷纷跻身高尔夫球场的建设热潮,当时代的"弄潮儿"。

日本房地产企业还将投资目标拓展至海外,手笔之大,几乎令美国人怀疑日本企业是否想买下他们的国家。1986年,"日本第一不动产"公司买下了纽约的蒂芙尼大厦。1989年,三菱地产买下了纽约洛克菲勒14栋大厦。翌年,日本房地产企业"宇宙世界"买下了加利福尼亚避暑胜地圆石滩的高尔夫球场和豪华酒店。如此"交易"还有很多。日本在美国的不动产投资,1985年约19亿美元,时隔三年增至165亿美元。据统计,1989年底,美国土地资产总额500万亿日元,而日本同时期的这个数额是2 000万亿日元,以致"日本卖掉东京就可以买下整个

---

① 野口悠纪雄:《战后日本经济史》,张玲译,民主与建设出版社2018年版,第197页。

美国""日本皇居的土地价格相当于整个加拿大的土地价格",成为当时的笑谈。

在土地热得"冒泡"时,被称为"挂在墙上的土地"的名画,也成了炒作对象。本来名画作为稀缺物,确实能够保值增值。但若被用于炒作,也会对宏观经济环境产生破坏作用。1987年3月10日,荷兰印象派画家代表凡·高的名画《向日葵》,被安田火灾海上保险株式会社在伦敦佳士得拍卖行拍走,出价3 985万美元。1989年11月在法国巴黎的一次拍卖会上,西班牙画家毕加索《皮耶瑞特的婚礼》以5 167万美元成交,创下毕加索画作的最高价。拍走这幅名画的是日本地产商铃木康弘。至1992年,日本企业购买名画的金额达到1万亿日元。那些日本企业和企业家斥巨资购买名画,是因为热爱艺术?当时流传的一些说法就是答案:"在银座的画廊买的画,转手卖到其他画廊,几分钟就能赚几百万日元。"宏观经济中的"泡沫",就是这样在各方面的用力鼓吹下,迅速膨胀和破灭的。

1990年1月3日的《日本经济新闻》,有这么一句话:"在稳健的经济形势和良好的股票供求关系支持下,今年年底,日经股票平均价格将涨至4.4万日元左右。"但是,话音未落,第二天东京证交所的股价便转头下行。尽管泡沫经济崩溃的先兆已经出现,但日本政府仍不以为意。翌年8月,日本经济企划厅兴奋地宣称:"日本经济已持续57个月景气,并将继续景气。"真的如此吗?当年11月22日,日本经济企划厅发布的月例经济报告宣告:经济增长的速度将缓慢下降。1992年2月25日,日本政府发表的2月份月例经济报告承认,日本经济出现了衰退。这是时隔五年首次做出这一判断。经济泡沫开始破裂。当年3月16日,作为"日本经济晴雨表"的东京证券交易所的平均股价跌破2万日元,回落到五年前(1987年2月)的水平。自此,日本经济持续不景气,开始进入"失去的十年"乃至"失去的二十年"。

"泡沫"被刺破及其影响 日本经济进入"失去的十年",和日本中央银行日本银行的人事更迭也有关系。1989年12月,在日本银行副行长的位子上坐了五年的三重野康被扶正,接替澄田智出任第二十六任日本银行行长。三重野康出身于日本一个贫困农民家庭,年幼时父母参加"满洲"开拓团来到中国东北,1941年考取了伪满洲国最好的高级中学。当年,太平洋战争爆发,三重野康被征召入伍,进入陆军野战炮兵学校。战争结束后返回日本,考入东京大学法学部,毕业后进入日本银行,很快崭露头角,被誉为"央行王子"。时任日本银行行长的佐佐木直很赏识他,有意将他作为自己的接班人培养。三重野康从执掌日本银行至1994年12月五年任期届满,一直努力强化日本银行作为中央银行的独立性。日本大藏省历来视日本银行为"侍女",但当时日本政坛处在"1955年体制"向"联合政权"转换时期,历任首相"来也匆匆,去也匆匆",无心监控这个"侍女"。三重野康因此有了较大的自主权。有意思的是,三重野康被称为"平成鬼平"。"鬼平"这个名字,出自著名作家池波正太郎的长篇系列小说《鬼平犯科账》。小说中的主人公长谷川平藏有个绰号叫"鬼平"。"犯科账"则是江户时代长崎官府的判决记录。"鬼平"在历史上也实有其人,他大胆而有魄力,比较自负。称三重野康为"鬼平",可见他的性格特征和作风。三重野康认为,日本经济正悬在半空,与其等到泡沫破裂"硬着陆",不如主动刺破泡沫"软着陆"。为了抑制地价上涨,改变"工薪族努力工作一辈子也买不起住房"的状况,三重野康从上任当月开始即连续实施金融紧缩政策。翌年3月,日本银行将基准利率上调至5.25%。

刺破泡沫,当然不仅因为日本银行连续调整利率,也不单是靠三重野康一己之力,大藏省的作用也不可忽略。当时,大藏省显然也意识到了"地价"不断上涨的危险。1990年3月,大藏省以银行局长的名义,下达了题为《抑制与土地相关投资》的通知,对银行投资不动产进行"封顶",即进行"总量限制"。6月,日本银行又将基准利率上调至6%。两个月后,第一次海湾战争爆发。人们认为石油危机将再次爆发,进而导致经济全面下滑,因此纷纷抛售股票。至当年10月1日,日经平均股价下跌了33%。但是,股价下跌,房地产价格并没有跟着下跌。1991年5月,日本税制调查会土地税制分委员会,向政府提交了《关于土地税制应有状态的基本报告》,提议强化已有固定资产和特别土地保有税,强化土地转让课税,开征新的"地价税",开征旅游地征税制度,抑制房地产投机性需求。这一报告所提建议基本获得政府采纳。政府决定自翌年1月开征"地价税"。这一政策立即显现效果,从1991年7月至翌年7月,东京地价下跌幅度达到14.7%,"泡沫经济开始崩溃"。

关于泡沫经济,有一个必须深究的问题:为什么此前日本银行和政府对经济中显然存在的泡沫不及时挑破？是束手无策还是放任自流？这是探究泡沫经济起因的重要问题，必须深入分析。

日本经济企划厅发布的1993年度日本《经济白皮书——泡沫经济的教训和新发展课题》第二章第五节，有这么一段话："执行这种政策（按：缓和金融财政限制以刺激经济增长），不仅使景气长时间扩大，而且缩小了对外贸易顺差。但另一方面不可否认，这种政策也为泡沫的形成埋下了隐患。"

为什么要缓和金融财政限制以刺激经济？因为，当时美国为了改变其外贸持续赤字状况，不再强调"自由贸易"，而是强调"公正贸易"。为了实现美国所要求的"公正贸易"，如前面所说，1985年9月，在美国主导下，"G5"签署了"广场协议"。该协议第十八项释放了对国际汇率走势有强烈影响的信号："财政部长和央行总裁们同意，汇率应该在调整外贸不平衡方面发挥作用。""考虑到经济的现状和可能的变化，他们相信主要非美元通货对美元的汇率应该有秩序地上升。"从9月23日开始，美、德、英、法、日五国展开了一场史上最大规模的政府干预汇率联合行动，美元兑各主要国家通货的汇率全面下跌，而受影响最大的是日元。在抛美元购日元的市场风潮中，日元持续大幅升值。

日元持续升值对日本经济的影响，至少可以归纳为三方面。第一，本国货币升值不利于商品出口。这对以"贸易立国"的日本产生了强烈的负面影响。为了减弱这种影响，唯一有效的做法就是扩大内需。于是，日本政府采取了缓和财政金融限制以刺激经济增长的政策。各种匪夷所思的"理财"方式，就是在这种政策思想指导下出台的。第二，日元升值有利于进口，使日本进口商品的物价下跌。虽然当时日本房价一直在涨，但其他商品的价格并没有大的波动，这使日本银行一直用作决策判断基本依据的物价水平，失去了"参照系"作用。第三，日元升值有利于海外投资，因此催生了"海外投资热"。除了各种游乐设施，最主要的投资是创建工厂。"广场协议"的声明有一句话："抵抗保护主义。"利用日元升值大肆向包括美国在内的国家进行资本扩张，美国虽然极不愿意，但也有苦说不出。同时，日本大量企业生产线移至包括中国在内的亚洲特别是东南亚各国，使日本出现了"产业空洞化"现象，使大学毕业生的就业进入"超冰河时期"。

第十三章 ● 平成时代

有必要强调的是，曾经有包括经济学家在内的很多日本人，将"泡沫经济"的形成归因于"广场协议"。但是，现在持这种认识的人已经少之又少。客观地说，泡沫经济和"广场协议"并非无关。然而，形成泡沫经济的主要原因，是日本银行和大藏省的诸多政策失误。他们没有料到缓和财政金融限制，无异于打开"潘多拉的宝盒"。

必须强调，日本泡沫经济崩溃始于房地产泡沫崩溃，进而引发金融机构接连倒闭。因为，当三重野康执掌日本银行，连续提高贴现率，决意抑制房产价格上涨的信号出现后，原本几乎涨上天际的房地产价格不断下跌，导致不动产投资难以收回，出现大量呆账坏账，使一些金融机构难以为继。其中有一种相当特殊的金融机构，叫"住宅金融专门公司"（简称"住专"）。"住专"包括"住宅贷款服务公司""日本住宅金融公司"等八家公司，属于大藏省直辖金融机构，其资金一是来源于其"母体银行"，包括三菱、住友、富士等都市银行；二是来源于农林系统金融机构，包括"农林中央金库"和地方"信用农业协同组合联合会"（简称"信联"）。最初，"住专"主要经营私人住宅建设贷款业务，随着泡沫经济的出现，"住专"也大量涉足不动产投资，不动产融资额在1989年达到75.9%。如前面所述，当年大藏省以银行局长的名义下达通知，"抑制与土地相关投资"，即实行"总量限制"。但是，"住专"不属于限制对象。所以依然在"过热冒泡"。最终，土地价格暴跌，"住专"大量贷款无法收回，形成天文数字的呆账坏账，1992年达到4.65兆，占贷出总额的38%，从而产生"连锁反应"，导致很多金融机构破产，使大银行的经营"劣迹斑斑"。据统计，日本21家大银行公布的呆账坏账，20%与"住专"有关。"住专"的贪心引发的恶果，令农林系统金融机构遭殃，进而殃及"农业协同组合"（简称"农协"）。自民党在农产品进口方面长期采取"贸易保护主义"，因此有一千多万成员的"农协"是自民党的"票仓"，里面都是"铁票"。当"住专"出现问题时，大藏省发话，"'住专'的不良债权由其母体银行承担责任，不会给农协造成损失"，阻止了"农协"收回资金，最终使北海道拓殖银行、三洋证券等多家银行和金融机构陷入破产状态。

那么，日本经济是否就此进入了"失去的十年"乃至"失去的二十年"呢？"失去的十年"这一提法，初见于1999年日本经济新闻社出版的《讲习日本经济入门》一书。十年后的2009年，朝日新闻社出版了《失去的二十年》。这是"失去的二十年"这一概念首次出现在公众视野。之后,日本经济新闻社出版了一桥大学教授深尾京司的《"失去的二十年"与日本经济》,东洋经济新报社出版了收录《朝日新闻》总编船桥洋一、著名时政评论员田原总一郎等人文章的《检证日本"失去的二十年"》。于是,"失去的二十年"似乎成为定论。

  对日本经济长期停滞,日本学术界总结了三点原因:一是泡沫经济崩溃后,和外贸、消费拉动经济发展的"三驾马车"之一的企业投资不振;二是宏观经济政策缺乏前瞻性的失误;三是企业和个人大量投机性行为产生了大量不良债权,拖垮了一批金融机构。然而,"失去的十年"或"失去的二十年"这种说法是否正确,需要通过数据进行具体分析。在日本股市和地产的泡沫被相继戳破后,1994年初,日本经济一度出现企稳复苏现象,主要表现为股市反弹25%,进出口增速逾10%,固定资产投资增长接近8%,GDP增速在第三季度重回2%。为了维持这种增长势头,当年2月,细川内阁实施了"综合经济"对策,用了15.3万亿日元"政策资金"刺激经济;翌年4月和7月,村山内阁先后提出了"日元升值经济应急对策"和"经济对策",先后斥资7万亿日元和14.23万亿日元;1998年4月、11月、翌年11月,小渊惠三内阁实施了"综合经济对策"和"紧急经济对策",先后投放资金16万亿日元、24万亿日元、18万亿日元。日本政府钱从哪来?经济学常识告诉我们,政府筹措资金主要有两种途径:一是征税,如征收消费税;二是发放公债。如果滥发货币,使市场上的货币流通量急剧增加,必然引发通货膨胀。日本竹下内阁推出了3%的消费税,桥本内阁将消费税提高到5%,都是为了解决财政"窘境"。征消费税本已引起民众极大反感,如果不断加码必然危及政权。因此,日本政府主要只能靠"举债"筹措资金。但这种"寅吃卯粮"的做法必然使财政状况恶化。进入21世纪后,2001年10月和翌年12月,小泉内阁先后推出的"改革前沿项目"和"紧急对应项目",数额缩减为5.8万亿日元和4.1万亿日元。之后几届政府没有推出这种刺激经济的"对策"和"项目"。

  2008年美国"金融危机"波及日本,日本政府别无良策,只能继续靠"刺激"阻止经济下滑。当年8月,福田内阁提出了11.7万亿日元的"紧急综合对策";10月,麻生内阁推出了26.9万亿日元的"生活对策"。翌年4月,麻生内阁又推出了56.8万亿日元的"经济危机对策",使日本当年财政支出创纪录地达到 101 万亿日元。毋庸赘言,采取此类对策的必然结果就是使日本政府"债台高筑"。数据显示,泡沫经济崩溃前的 1991 年,日本政府债务余额为 171 万亿日元,为年均 GDP 的 65% 左右。但是 1995 年达到了 410 万亿日元,2005 年达到 774 万亿日元。①2014 年突破千万亿日元大关。2017 年达到 1 279 万亿日元,相当于 GDP 的 240%。由于日本政府有约 600 万亿日元资产,所以实际负债数额约 680 万亿日元。

泡沫经济崩溃后,由于经济不景气,企业整体营收状况不乐观,因此两大传统主要税种即个人"所得税"和企业"法人税"的征收,呈下降趋势。1991 年,日本所得税约 27 万亿日元,2009 年跌破 15 万亿日元(现在仍低于 20 万亿日元)。1990 年企业法人税约 18 万亿日元,2009 年约为 7 万亿日元(2018 年回升至约 13 万亿日元)。今天,消费税已成为日本"三大税种",增加了日本政府的财政收入。但是,至 2014 年也仅突破 10 万亿日元,对千万亿日元的负债来说,似可形容为"杯水车薪"。

不过,如前面所述,日元升值有利于日本海外投资。因此,虽然遭遇泡沫经济的冲击和出现了"产业空洞化",日本国民生产总值(GNP)的数据仍相当靓丽。1989 年,日本 GNP 总额和占世界 GNP 总额分别为 3.32 万亿美元和 15.767 1%;1993 年为 4.16 万亿美元和 15.824 0%,迄今为止的峰值为 2012 年的 6.369 万亿日元和 8.485 0%。值得一提的是,这一年日本 GDP 总额为 6.203 万亿日元。②也就是说,日本 GNP 数值高于 GDP,而且近几十年始终如此。这主要因为日本制造业海外生产占比超过了 25%,即约四分之一的收入来自海外。"贸易立国"的日本主要营收已不是对外贸易,而是"第一次所得收支"即海外投资收益。这部分收益 1996 年超过 5 万亿日元,2004 年超过 10 万亿日元,2015 年超过 20 万亿日元。

另外,日本是高储蓄率国家,在日本家庭的金融资产构成比率中,银行存款依然占 50% 以上,和美国家庭金融资产 50% 以上是股票和证券形成了鲜明对比。而且泡沫经济崩溃后,日本甚至并没有出现通货膨胀,大部分日本人的生活并没有遭受显著负面影响。

---

① 日本财务省:《考察日本的财政——2005 年》,财务省印刷局 2006 年版,第 7 页。
② 根据世界银行公布的数据。

日、美家庭经济资产构成(2004年3月)　　　　　　　单位:%

	现金·存款	债券	投资信托	股票·出资	保险·年金	其他
日本	55.2	2.6	2.4	8.2	27.9	3.7
美国	13.0	8.3	12.5	33.1	30.0	3.2

资料来源:日本银行:《资金循环的日美比较》,东洋经济新报社2004年版,第79页。

必须指出的是,号称"一亿中流(中产阶级)"的日本社会贫富差距在泡沫经济崩溃后呈扩大趋势。1985年,日本基尼系数为0.304,1995年升至0.323,2012年升至0.33。①日本老龄化问题日益突出。1990年,日本65岁以上人口为1 489万人,五年后突破1 800万人,2005年达到2 567万人,2018年达到3 537万人。与之相应,财政中社保基金的数额也迅速增加,近些年均占日本政府财政支出的30%以上。②

总之,"广场协议"和"泡沫经济"崩溃,确实对日本构成极大冲击,对民众生活构成影响,尽管这种影响未被明显感觉。为了处理所有破产金融机构的不良债权问题,日本政府拿出了巨额资金,而这些资金最终都以各种方式转嫁到纳税人头上,使国民负担了10.43亿日元,平均每人8万日元。这种冲击并非完全是负面的,同时也应看到这些冲击促使日本经济转型。另外,老龄化问题是社会问题,并非产生于泡沫经济崩溃。

第三节　"联合政权"的兴亡

自民党单独执政、社会党长期与之抗衡,是"1955年体制"的基本特征。就本质而言,与"保守"的自民党下野相比,"革新"的社会党的变质,对日本政治的影响更大。因为,自民党下野不到三年即"卷土重来",而社会党"自左至中",逐渐走"中间道路",则使日本原有的政治构

---

① 基尼系数(Gini index)由意大利统计学与社会学家克拉多·基尼(Corrado Gini)1912年提出,用以衡量一个国家或地区居民收入的差距。基尼系数最大为1、最小为0。0.2以下为绝对平均;0.2—0.3为比较平均;0.3—0.4为相对合理;0.4—0.5为收入差距较大,0.5以上为收入悬殊。按照国际惯例,0.4为"警戒线",0.6为"危险"。
② 日本财务省:《日本的财政关系资料(2018年)》,财务省印刷局2019年版,第11页。

图不复存在。更重要的是,政坛上各种势力、各利益集团的代言人的强和弱,都是相比较而存在的。此"消"即意味彼"长"。"1955年体制"解体后,从细川护熙任首相的七党一派联合政权,到村山富市任首相的三党"联合政权",这种"联合"是"权力"的诱惑还是因为具有共同的政治理念和目标?厘清这个问题,我们不难找到日本政坛"联合政权"旋起旋灭的答案。

社会党的"转向" 社会党"自左至中"的转向,是渐进式的转向,经历了约半个世纪的过程。1955年10月13日,社会党统一大会发表的"宣言"明确规定社会党"以实现日本的和平、独立、社会主义革命为历史使命";是"以工人阶级为核心的广大劳动者阶级的联合体"。1966年,社会党发表了题为《在日本走向社会主义道路》的宣言,继续坚持了原有路线。但是自20世纪70年代后,社会党的"使命"和"性质"逐渐开始发生变化。

1977年2月,原社会党副委员长江田三郎脱离社会党,创建了社会市民联合。同年9月,田英夫也等人也脱离了社会党,建立了社会俱乐部。翌年3月,两个脱党而建的团体合并为社会民主联合(简称"社民联"),奉行自由和民主,主张渐进式推进社会改革,建立自由、平等、博爱的新自由主义社会。社民联建立后即探索和中间势力公明、民社两党相提携的途径。但是,社会党仍通过联合左翼强化革新自治体势力。社会党在参议院选举中惨败,成田知巳委员长引咎辞职后,委员长一直"难产"。在经历几个月"一把手"席位空缺后,最终建立了由横滨市长飞鸟田一雄任委员长、多贺谷真稔为书记长的新班子。翌年,社会党内围绕1966年宣言《在日本走向社会主义道路》展开了激烈争论,显示党内对立党宗旨产生分歧。

1980年,党内以胜间田清一为所长的"社会主义理论中心",向党的领导层提出了关于重新认识立党主张的中间报告,并在12月党的大会上获得通过。为此,负责社会党理论指导的社会主义协会和大内秀明等学者,展开了持续而激烈的争论。

1983年6月,社会党在首次导入比例代表制的参议院选举中减少了4个议席,飞鸟田一雄引咎辞职。9月,石桥政嗣被选为社会党委员长,田边诚被选为书记长。石桥政嗣作为"反安保体制"的一介论客,是社会党对《新日美安保条约》采取何种政策的主导者。早在1966年5月,石桥政嗣就提出了所谓"石桥构想",阐明了社会党对《新日美安保条约》的意见,其中有关废除《新日美安保条约》和取消自卫队的具体阐述,引人关注。同时,"石桥构想"将美国定位为"战争势力",将苏联定位为"和平势力"。担任委员长后,石桥政嗣在1984年2月的社会党代表大会上提出了自卫队"违宪合法论",认为自卫队虽然"违宪",但属于"合法"存在。在日本取消《新日美安保条约》、成为中立国之前,应允许自卫队存在。这一意见被采纳为社会党的官方主张。社会党之所以做此选择,一个重要原因是自20世纪70年代后半期,社会党减少的议席难以恢复,已呈明显态势,走中间道路的各政党虽然是少数,但已取得稳定议席。因此,在进入20世纪80年代后,社会党的基本方针开始从"全部在野党一起和自民党斗",向通过社会、公明、民社三党"共斗"、建立联合政权转变。上述关于《新日美安保条约》的新方针,有利于和其他在野党进行协调,实现这种转变。

1985年,在国铁、电信电话、专卖"三公社"实行民营化之前,社会党内开始出现"新社会党"的萌芽,开始摒弃阶级斗争史观。翌年1月,社会党大会确定了走西欧型社会民主主义道路的方针,并决定对党纲进行修改。大会通过了具有划时代意义的《1986年宣言》。该宣言规定,社会党的性质不是"阶级政党",而是"代表所有国民并向所有人开放的国民政党",不排斥与自民党的联合,同时放弃了过去一贯坚持的"科学社会主义",指出"以人类解放为目标的社会主义不变的根本理念是对人的尊重"即人道主义。①《1986年宣言》取代了此前一直在党内占主导地位的1966年纲领即《在日本走向社会主义道路》,全面改变了过去的路线,终结了社会党内关于"党的性质"绵延持久的争论。但是,社会党立场的转变却导致事与愿违的结果。在当年7月众参两院同日选举中,社会党在众议院仅获86席,创建党后新低;在参议院则减少了27席。社会党大败与自民党大胜形成了鲜明对比。石桥政嗣为此引咎辞职。9月,土井多贺子出任社会党委员长。

冷战的结束使"二战"后日本"保革对立"的政治赖以存在的基础消失,因而从根本上改变了社会党的政治方向。1990年,日本社会党召开了第五十五届全国代表大会。大会再次强调,社会党"无论就其性质还是

---

① 饭塚繁太郎等:《结党40年·日本社会党》,行政问题研究所1985年版,第3页。

基础而言,都是代表所有国民并向所有人开放的国民政党",并决定从党纲中删除"和平、民主地实现社会主义"等字句,改为"选择社会主义最民主的方针——社会民主主义"。翌年,社会党认为,冷战结束后,"代替以经济效率为首的价值观,以生活和心灵的充实为最大价值的时代"已经来临,应"鲜明地提出以社会民主主义为方向的新政策",决定在《1986 年宣言》的基础上对党进行改革,设立了"《1986 年宣言》改正作业委员会",起草新的宣言。1993 年 6 月 7 日,社会党在经过党内讨论后,发表了《对政权的挑战——1993 年宣言》(简称《1993 年宣言》)。《1993 年宣言》更鲜明地规定,社会党"是以新社会民主主义为基础的国民政党",以"自由、公正、合作"为基本理念,"实现和平、人权、环境、福祉、分权的基本政策目标"。"通过公正的多样化的手段,一步一步地将理念和政策目标具体化,使日本成为生活优先的社会。这个持续的过程就是社会民主主义"。《1993 年宣言》还提出,社会党将"以市场经济为基础"。但是,"为了进行公平的分配和保护环境,公正的规制是必要的"。因此,社民党主张"以市场经济与公正的规定有机结合的混合经济体制为基础,以议会制民主主义为基本,辅以直接民主主义","取代经济效率优先的价值观,创造以生活和心灵的满足为最大价值的时代",将"强调以公正、公平为重点的政策,以此和以偏重竞争的保守党进行对抗"。《1993 年宣言》还明确提出,社会党将"与保守自由阶层共同携手,以创造性地发展宪法为基础,建立联合政权"。[①]社会党主张建立联合政权,这是面对社会党在国民心目中的地位日趋衰落,欲问鼎政权却力不从心的无奈。

"七党一派联合政权"的兴亡 1993 年 7 月 17 日大选,自民党获 223 席,在野党总计获 243 席。在野党看到了实现"政权更替"的希望。于是,新生党代表干事小泽一郎,立即与日本新党首领细川护熙和新党先驱代表武村正义举行会谈,建议组成非自民党联合政权。此时,自民党也在拉拢细川护熙。因为,如果日本新党能够和自民党联手,议席就能过半,可以继续执政。但是,小泽一郎开出的条件极具诱惑力,说动了细川护熙:请他出任联合政权首相。[②]为了避免社会党"从中作梗",小泽一郎又让

[①] 《对政权的挑战——1993 年宣言》,《社会党月刊》1993 年第 7 期。
[②] 板垣英宪:《政权更迭——小泽一郎最后的战斗》,共荣书房 2007 年版,第 140 页。

社会党委员长山花贞夫斡旋,请土井多贺子出任众议院议长。选举的惨败,使社会党大老认识到必须"面对现实"。土井多贺子提出,如果能由河野洋平派系的人担任副委员长,她乐意接受这个邀请。① 比赛尚未开始,名次已经确定。因为,政坛大老当"裁判"是日本政治特色,"名次"经常是在比赛前确定的。7月29日,日本新党首领细川护熙、社会党委员长山花贞夫、新生党党首羽田孜、公明党委员长石田幸四郎、民社党委员长大内启伍、新党先驱代表武村正义、社会民主联合代表江田五月共七个党的首领,以及参院院内会派"民主改革联合"(简称"民改联")代表举行会谈并达成共识,成立"七党一派联合政权",并商定在特别国会首相指名选举中,统一将票投给细川护熙。同时通过了涉及选举制度改革、外交方针、发展经济改善民众生活的"关于建立联合政权确认事项"。

在宫泽内阁开始"倒计时"的1993年8月4日,官房长官河野洋平对"二战"中"慰安妇问题"的调查结果表明了官方立场,史称"河野谈话"。河野洋平宣布,根据1991年12月开始的调查证实,在相当长一段时期,日本在各地设置了很多"慰安所"。日本军事当局不仅要求,而且直接参与了"慰安所"的设置,并且通过强迫和花言巧语等方式,即违背本人意愿或蒙骗的方式,征集慰安妇。慰安妇损害了很多女性的名誉和尊严。对她们经历的痛苦和遭受的伤害,日本政府表示由衷的道歉。

在"河野谈话"发表两天后,8月6日,土井多贺子当选为众议院议长,成为日本历史上首位女议长。首相指名选举中,细川护熙获得262票,自民党总裁河野洋平获224票。8月9日,被称为"8驾马车"的"七党一派联合政权"宣告成立。社会党自1947年之后,再次成为执政党,而自民党从"1955年体制"形成以来,首次"下野"。

细川护熙(1938年—)是熊本藩主细川宗家第十八代传人,祖父细川护立是明治时代的侯爵,父亲细川护贞曾任首相近卫文麿的秘书,外祖父是战时曾任日本首相的近卫文麿。从上智大学毕业后,细川护熙成为《朝日新闻》的记者。1969年细川护熙首次作为无党派所属的竞选者,参加众议院议员选举,落选。两年后作为自民党推荐的竞选者参加参议院选举,成功当选。1983年当选熊本县知事。1992年,原先属自民党田中

---

① 铃木栋一:《永田町大乱》第2卷《政治权力的崩溃》,讲谈社1995年版,第41页。

第十三章 平成时代

派的细川护熙,根据中曾根内阁智囊即学习院大学香山健一教授的建议,建立了"自由社会联合",随后经公开募集党的名称改名"日本新党",自任党首。翌年7月,细川护熙首次当选众议院议员,在此之前,细川没像其他首相那样担任过内阁重要职位,非常"另类"。

1993年8月9日,细川内阁宣告成立,羽田孜任副首相兼外相;武村正义任官房长官,因大选失败而引咎辞职的社会党委员长花山正夫出任政治改革担当相。社会党委员长由村山富市担任。在翌日举行的记者会上,细川护熙表示:"以最大限度的努力使政治改革相关法案在年内获得通过。否则我将承担责任。"同时表示,日本当年发动的战争是"侵略战争"。《日本经济新闻社》当月的民意调查显示,受访者中对细川内阁表示"支持"的为70%,创出历史新高,不支持率为10%。①这说明在冷战结构解体、"1955年体制"解体、泡沫经济崩溃的时代,民众对"日本新党"首领细川护熙带领政府创造"新日本",充满期待。

8月23日,细川护熙在众参两院全体会议上发表施政演说,表示新政权将着重展开以下几方面的工作:一是进行选举制度改革;二是制定并提出有关政治捐款的法案;三是继续以往的外交和防卫政策;四是维护自由主义经济体制;五是创建福祉文化社会。前任首相宫泽喜一未能兑现承诺,因此细川护熙的承诺能否兑现,引起广泛关注。9月17日,细川内阁达成决议:众议院议员选举实施小选区和比例代表并立制;企业或团体的政治捐款只能以政党为对象,不得捐给政治家个人;政府以每个国民335日元的额度,为政党提供总计415亿日元政治补助金。经过微调后,11月28日,众议院全体会议以270:226的表决结果,通过了细川内阁提出的有关政治改革的四个法案:《公职选举法修正案》《政治资金限制法修正案》《政党助成法案》《众议院议员选区划分审议会设置法案》。但是翌年1月21日,这四个法案在参议院以118票赞成、130票反对的表决结果被否决。细川护熙随即与自民党总裁河野洋平进行紧急磋商,对原案主要进行了两点修正:第一,将"政治捐款只能以政党为对象,不得捐给政治家个人",修改为"5年内可以捐给政治资金团体";第二,在众议院总计500个议席中,小选区议员定额由250席改为300席、比例代表由250席改为200席,全国划分为11个比例代表区。1月29日,四个法案最终

---

① 《日本经济新闻社》2007年9月27日朝刊"政权成立时的支持率(竹下内阁以后)"。

获得通过。① 始于1947年的中选区制,就此终结。

　　细川护熙在"公约"(公开承诺)得以兑现后,想推出"国民福祉税",显得有点"得意忘形"。1994年2月4日,细川护熙在记者会上表示,将在三年后的1997年废除消费税,改征7％"国民福祉税"。由于这一构想并未在政府内部进行协商和沟通,当即遭到批评。社会党表示,"这无异于提高消费税",要求撤回。新党先驱代表、官房长官武村正义,也反对细川护熙的做法。为了将内阁官房长官武村正义从内阁中清除出去,细川护熙试图进行内阁改组,但因遭到社会党、民社党、新党先驱的强烈反对而未能实施。"8驾马车"的步调不一,显露无遗。"国民福祉税"也"胎死腹中"。4月初,细川护熙在竞选熊本县知事时曾向东京"佐川急便"借款1亿日元的事遭到在野党追究。细川护熙表示已经归还,但他的秘书作证称没有归还。其后,议员质疑细川护熙以岳父名义购买了NTT(日本电信电话株式会社)4.2亿元股票,卖出后获利5 000万日元,细川回应称他对此事并不知情,但这一回答显然难以令人信服。于是,自民党成立了"细川首相疑惑调查特别委员会"。细川护熙本人是武家名门之后,母亲是公家、"五摄政笔头"近卫家之后。"公武合体"的他从小养尊处优,哪受过这个? 当即不听劝阻,4月8日即宣布辞职。

　　细川护熙虽然执政仅263天,但取得了几项令人瞩目的业绩。第一,自民党几届内阁没有实现的政治改革,在细川任内实现。第二,在执政当年年底的"乌拉圭回合"谈判中,由于细川护熙拍板同意部分开放国内大米市场,两天后,"乌拉圭回合"达成最终协议,关贸总协定被世界贸易组织取代。第三,对美关系坚持有理有利有节。细川护熙在记者会上公开表示:"日美已经是经常可以说'不'的成熟大人关系"。②他的这番话大受国民称赞,认为他"大胆敢言"。第四,反省历史,改善和亚洲邻国的关系。1993年11月6日,细川护熙访韩,在同韩国总统金泳三会谈时,为日本当年的殖民统治表示"反省和道歉"。翌年3月

---

① 根据日本相关规定,法案在众议院审议通过后送参议院审议,参议院必须在3个月内审结,否则视为通过。如果参议院否决,众议院可以重申。如果获三分之二以上议员赞同,法案依然可以成立。

② 铃木栋一:《永田町大乱》第2卷《政治权力的崩溃》,讲谈社1995年版,第170页。

第十三章 ● 平成时代

19日,细川护熙访问中国。第二天,双方签署了《环境保护合作协议》。访华期间,细川护熙表示:"过去,我国的侵略行为和殖民统治给亚洲各国国民带来了难以承受的苦难。我表示深刻反省和道歉。日本应在反省历史的基础上,为建立面向未来的日中关系而努力。"细川护熙的历史认识,博得了亚洲邻国的好感。①第五,细川护熙执政当年10月,俄罗斯总统叶利钦访日,双方发表了《东京宣言》,提出待领土问题解决后,缔结和平条约。比1991年4月戈尔巴乔夫访日,双方承认存在领土争议,又前进了一步。

细川护熙辞职后,自民党试图重新问鼎政权,但其本身不断分裂,好几个"叛党分子"脱党后自立门户,如鹿野道彦成立了"新党未来"、柿泽弘治成立了"自由党"、西岗武夫成立了"改革之会"。联合政权内日本新党、新生党、公明党和社会党、民社党、新党先驱,明显失和。但是,"同舟共济"是唯一明智的选择。于是,除了新党先驱表示退出政权,1994年4月16日"六党一派"首领决定推选羽田孜为首相候选人。4月25日,众议院指名选举,羽田孜获275票,自民党总裁河野洋平获207票,日共委员长不破哲三获15票。参议院指名选举,羽田孜获127票,河野洋平获95票,不破哲三获11票。羽田孜当选日本第80任首相。

羽田孜(1935—2017年)祖籍长野,出生于东京,属于"二世议员"。因为,他的父亲羽田武嗣郎也曾当选众议院议员。羽田孜在东京成城大学经济学部毕业后入职小田急公交公司,当过公交车售票员。1969年,34岁的羽田孜竞选成功,成为自民党竹下派众议院议员。1984年11月,羽田孜出任自民党总务会长,翌年12月首次入阁,任中曾根内阁农林水产相;1991年11月,任宫泽内阁藏相。

但是,羽田孜成为首相后,由于小泽一郎筹划将日本新党、新生党、自由党、民社党等统一为"改新"会派,未与在野第一大党社会党沟通,引起社会党极大不满。社会党委员长村山富市随即发表声明:退出联合政权。因此,羽田内阁只能以在议会只占有少数议席的新生党和公明党为主要班底,由柿泽弘治任外相,藤井裕久任藏相。其基础不稳,

---

① 1994年5月30日晚7时许,细川护熙在东京新宿京王广场饭店出席记者招待会时,遭到前暴力团成员野副正胜枪击。凶手野副正胜称,袭击细川护熙是因为他此前关于战争的发言。

被称为"玻璃政权"。

　　海部内阁时代,羽田孜曾任选举制度调查会长,以热衷于政治改革著称,被称为"政治改革先生""政治改革的羽田"。但是缺乏自民、社会两大政党作为"支柱"的联合政权,很难站稳。以龟井静香为首的一些自民党议员与社会党委员长村山富市等联手,向国会提出了羽田内阁不信任案并获得通过。按照常规,首相当解散内阁重新进行大选,但当时碰到一大难题:实施小选区制已经立法,可小选区尚未划分,怎么选?无奈,当年6月30日羽田孜宣布辞职。从上台到下台,历时64天,比宇野宗佑的69天更短。如此短的时日自然难以留下什么政绩,但羽田孜平民化的作风,却很受日本民众肯定。出任首相后,羽田孜几乎每周都在横滨或新宿车站前发表演说,主要内容就是呼吁实现真正的政治改革、防止政治腐败。同时,他还注意倾听民众的呼声,在首相官邸设立了接收电子传真的信箱,倾听民众的建议和遭遇的困难。羽田孜生活简朴,平时经常穿着旧的短袖T恤。总之,羽田孜给人的印象就是个"普通人"。

　　羽田孜宣布辞职前几天,日本社会发生了一件大事:以麻原彰晃为教祖的奥姆真理教,于1994年6月27日黄昏至翌日清晨,在长野县松本市深志区住宅区,施放"沙林毒气",致7人死亡,660人受伤。[①]日本有种说法:"平时的羽田孜,乱世的小泽一郎。"羽田孜适合在"平时"当首相,可他偏偏在政坛风急浪高、社会矛盾尖锐时当了首相,因此"短命"是他的"宿命"。

　　"自社"联手的"村山内阁"　　羽田孜之后谁任首相?在羽田孜宣布辞职之前,这个问题在"水面下"已经开始运作。当时,自民党、社会党、新党先驱就建立三党联合政权、由村山富市出任首相达成了基本共识。1994年6月29日,在众议院和参议院分别举行的首相指名选举中,村山富市分别以261∶214、148∶63的表决结果,战胜脱离自民党接受"改新"会派推荐的海部俊树,成为日本第五十二位、第八十一任首相。

　　村山富市(1924年—　　)出身于九州大分县一个贫苦渔民家庭,兄弟姐妹共十一人,村山富市排行第七,14岁时父亲去世,母亲含辛茹苦将子

[①] "沙林"学名甲氟膦酸异丙酯,是一种致命神经性毒气,可以麻痹人的中枢神经。1938年由德国人施拉德、安布罗斯、吕第格、林德研制。"沙林"即四个人姓名首字母的读音。

第十三章 平成时代

女养大。小学毕业后,村山富市便只身前往东京,边工作边在东京市立商业学校读书,毕业后考入明治大学政治经济科二部读夜校,翌年转入白天上课的一部,并当上了学生哲学研究会"骏哲会"委员长。1944年,村山富市应征加入陆军,被分在后备干部教导队。日本投降后,村山富市重返学校完成学业后,回到家乡加入了大分县渔村青年同盟,任书记长,之后加入了社会党。1972年,村山富市当选为众议院议员。当年12月13日,《大分合同新闻》专门刊载了一篇题为《祝贺你 拜托了》的文章,其中这样写道:"从市议会议员、县议会议员到国会议员,村山富市是经过这样的路线到达顶点的幸运者。以前大家亲切地称他'阿富',据村山本人说这与他是渔家的第五个男孩有关,实际上这主要是因为他有着投身大众运动的经历。如果佩戴上国会议员的徽章,'阿富'会变成'富市先生'吗?他的回答是:'不仅不可能,而且是恰恰相反。因为,我始终是与民众同呼吸共命运的政治家。如果不是这样,那我就是在自杀。'"当选众议员后,村山富市曾任国会对策委员长,始终关心与民众"生活"相关的问题,如养老金、医疗卫生、社会福利、生活环境。1993年9月,村山富市当选社会党委员长。村山富市没有进入内阁担任国务大臣的履历。

1994年6月30日,村山内阁宣告成立。由于在众议院自民党占223席,社会党占70席,新党先驱占13席,因此其13名阁僚是自民党人,五名阁僚是社会党人,两名阁僚是新党先驱人。自民党总裁河野洋平任副首相兼外相,新党先驱党首武村正义任藏相,桥本龙太郎任通产相,五十岚广三任官房长官。昔日的"死对头"自民党和社会党居然联手建立政权,令世人惊讶。小泽一郎更是因为白忙活了一阵而愤怒异常,大骂联合政权是"野合政权"。但必须强调的是,社会党和自民党之所以能够联手,关键是如前面所述,社会党的路线早已发生"自左至中"的转变。

7月8日,村山富市参加了在意大利那不勒斯举行的发达国家首脑会议,其间与美国总统克林顿举行了会谈。村山向克林顿表示支持《新日美安保条约》。7月18日,村山首相在临时国会回答质询时表示,"自卫队符合宪法精神""《新日美安保条约》是必要的""在学校应指导升'日之丸'、唱'君之代'"。7月20日,村山首相在国会回答新生党党首羽田孜质询时,明确表达了对日美安保体制、自卫队、联合国维和行动、国歌、国旗的认识和态度：

> 冷战终结后，国际社会依然包含着重要不安定因素，为了继续确保我国的安全，《新日美安保条约》是必要的。同时，日美安保体制是在国际社会中开展广泛的日美合作的政治基础。这一体制确保了美国在亚洲·太平洋地区的存在，而美国的存在是保障该地区安定的重要因素。因此，安保体制在促进该地区的和平与繁荣方面是不可或缺的……在我执政时期，日本今后仍将履行《新日美安保条约》及相关规定，同时确保日美安保体制的顺利、有效性。
>
> 我认为，贯彻专守防卫、出于必要的自卫保持最低限度的实力组织自卫队，是为宪法所允许的。
>
> 为了形成能够实现日本国宪法精神和理念的世界，顺应国际局势的变化，在努力确立国际协调体制、推进军备缩减的同时，将倾全力于（使日本）能够在国际社会中占据有名誉的地位。
>
> 另外，对寻求以联合国为中心的国际社会的和平与安全的努力，我认为当然不仅应在资金方面，而且在人员方面也作出贡献，因此今后将在宪法框架内、在国际和平协作法的基础上，积极采取国际维持和平协作行动。
>
> 关于国歌、国旗，根据长年习惯，日之丸是国旗、君之代是国歌这种认识，已经在国民中确定，我本人将尊重这一惯例。①

另外，村山富市还认可设置核电站，表示"考虑到电力的需要，不得不同意存在一定数量的核电设施"，放弃了社会党以往坚持的方针。同时，同意自1997年将消费税从3％提高到5％。须知，在1989年的参议院选举中，社会党就是因为反对征消费税而大获全胜的。

村山富市在众议院的上述表态，表明了社会党基本政策的全面转换。7月28日，村山首相的上述表态在社会党中央执行委员会得到认可，另外，当天社会党发表了《我党对当前政局的基本态度》。9月2日，社会党召开临时代表大会。经过激烈辩论，大会最后通过决议，其基本精神和内容均诉诸报端，梗概如下：②

"冷战结构和'1955年体制'已经崩溃，社会党已经变成支撑首相的

---

① 《官报》号外，1994年7月20日《众议院会议录》第二号。
② 《产经新闻》1994年9月4日。

第十三章 平成时代

负有责任的政党。根据这种观点,我党对于包括安全防卫政策在内的重要政策需加以修改。"需要加以修正"的"重要政策"是:(1)关于自卫队。决议根据裁减军备的方针,承认自卫队是为了自卫所需要的最低限度的实力组织,并认为现在的自卫队是在宪法的范围内设置的。(2)关于《新日美安保条约》。决议指出,继续坚持日美安全保障条约。(3)关于"日之丸""君之代"和"二战"结束50周年的问题。决议指出,"我们党"认为"日之丸"是国旗,"君之代"是国歌。这种认识在国民中间已扎下根来,"我们党"尊重国民的认识。(4)关于能源问题。"我们党"认为已在运转的核电站是在确立替代能源之前的一种过渡性能源。

由于社会党性质、立场、基本政策的全面转换,日本政坛以"保革对峙"为特征的"1955年体制"不复存在。另外,自民党改革本部也提出了《关于党及其机构运营等基本问题的报告》,建议解散派阀,尽管根本没法实施。在野党方面,9月,因为多次脱党建党而被称为"破坏者"的小泽一郎,筹划建立了有在野党187名议员加入的"改革",同时成立了"新党筹备会"。12月10日,新生党、日本新党、公明党、民社党、自由党、未来新党、改革之会、自由之会、高治会共9个党派,合并组建了"新进党",由前首相海部俊树任党首、小泽一郎任干事长,羽田孜、石田幸四郎、迷泽隆任副党首,共拥有众议员178名、参议员36名。新进党的党纲宣称"我们将创建向国民开放,与国民一起前行的参加型政党"。

1995年,日本连遭天灾人祸。1月17日凌晨5时46分52秒,日本发生了以关西淡路岛为震中的里氏7.3级地震,通称"阪神大地震"。这场震灾造成6 430人死亡,43 782人受伤,3人下落不明,约24.8万栋房屋被毁,44.6万个家庭遭殃。震灾发生后,虽然村山内阁采取了一些紧急措施,但仍被认为反应迟缓,受到广泛批评指责。于是,村山富市首相一方面强化危机管理体制,一方面修改《灾害对策基本法》并制定新的相关法律。①当时,村山富市已萌生退意,想将首相职务"禅让"给自民党总裁河野洋平。但是,被战后唯一没有成为首相的自民党总裁河野洋平拒绝。

当年3月20日清晨8点左右,奥姆真理教成员2人1组,在东京千

---

① 《灾害对策基本法》制定于1961年11月15日,最近一次修订是2003年3月31日。日本有以此法为核心的一系列法律,如《灾害救助法》《灾害抚恤金支付法》,等等。

代田线、丸之内线、日比谷线三条非常繁忙的一些地铁车厢内施放了沙林毒气。此次事件造成 13 人死亡,5 553 人中毒,1 036 人住院治疗。奥姆真理教之所以发动这一恐怖袭击,主要是因为前述松本沙林毒气事件后,奥姆真理教将被取缔。因此,该教信徒决定在经过国会和多所政府机构的霞关及永田町的地铁车厢及车站,施放沙林毒气进行报复。事发后,东京警视厅立即封锁了富士山脚下的奥姆真理教总部。3 月 22 日,约 2 500 名警察和自卫队防化部队包围了奥姆真理教设施,查获了大量制造沙林的原料和制剂。5 月 16 日,警察抓获了奥姆真理教教祖麻原彰晃,同时端掉了该教在全国的 130 多个据点,抓获了 40 多名头目和教徒。①

7 月,日本参议院选举,执政三党即自民党、社会党、新党先驱在改选的 126 个席位中获得 65 个席位,可谓胜选。但是,社会党的席位却被在野党新进党超越,堪称惨败。村山富市再次萌生退意。但是,村山富市随后在历史问题上代表日本政府的表态,却赢得无数人的尊重。8 月 12 日,环境厅长官樱井新称,"日本并非想发动侵略战争""南京大屠杀是编造的谎言",遭到国内外舆论强烈谴责,两天后被迫辞职。8 月 15 日,日本投降 50 周年,村山富市立场鲜明地代表政府对以往的侵略历史发表了正式谈话,史称"村山谈话"。村山表示:

> 在不太遥远的过去一个时期,由于日本国策发生错误,走上了战争的道路,使国民陷入生死存亡的危机。由于日本的殖民统治和侵略,许多国家特别是亚洲各国人民,蒙受了巨大伤害和痛苦。为了避免以后再发生这样的错误,我真诚地面对这一历史事实,并再次表示深刻的反省和由衷的歉意。

必须强调,"村山谈话"是经过社会党、自民党、新党先驱三党联合政权协商确定的。在此之前,根据村山首相的提议,三党共同建立了"50 年问题工作委员会",专门研究如何处理战后问题:除了对亚洲国家的侵略和殖民统治的反省和向受害的国家和民族致歉,还包括对原子弹爆炸受害者的救助等问题。原先,村山富市考虑以"国会决议"的方式发表一份谈话,但遭到自民党强烈反对。以奥野诚亮为会长的"战后 50 周年国会议员联盟"称,"坚决不能容忍我国单方面的认罪和反省"。奥野诚亮是极右翼分子,为日本侵略翻案早有"前科"。1990 年 5 月 5 日,时任羽田内

---

① 2004 年 2 月 27 日,麻原彰晃被一审判处死刑,2018 年 7 月 6 日被执行死刑。

第十三章 平成时代

阁法务相的奥野诚亮通过《每日新闻》公然宣称:"南京大屠杀是捏造的。英美军队也有慰安妇,慰安妇是当时的公娼,不能用今天的眼光判断,认为那是蔑视女性,歧视韩国人。"这番话遭到日本国内外强烈谴责和批判。迫于压力,翌日奥野诚亮在记者会上表示:"我以前有关历史的发言是不恰当的。我撤回这个发言。南京大屠杀是无可否认的事实。"正在欧洲访问的海部俊树当即要求他辞职,任命民社党成员接任法相。实际上,奥野诚亮的案例并不孤立。在"村山谈话"发表前,日本自民党总务会上也出现了"自民党不能失去自己的特色""反对出卖自民党灵魂的决议"的声音。在村山政权内部也有为侵略历史翻案的声音。8月9日,文相岛村宜伸称,"算不算侵略战争是想法不同的问题",引起舆论哗然,岛村宜伸被迫道歉。正如森川展男指出的:"最近,肯定(侵略)战争的发言触目皆是。"①但是,自民党总裁河野洋平等党执行部的人认为,应该尽可能和社会党协调一致。1995年6月6日,联合政权各党干事长和书记长达成一致,"村山谈话"以"内阁总理大臣"发言的名义代表政府发表。

日美关系也在这一年出现新动向。9月4日,冲绳发生三名美军士兵强奸日本小学生的恶性案件,引起日本民众强烈愤慨,冲绳居民为此举行了大规模抗议集会。日本警方要求引渡犯罪嫌疑人,但美军以《日美地位协定》为"依据"予以拒绝。②同时,由于冷战解体,是否有让美国驻军的必要引起争议。美国克林顿政府当然不愿放弃日本这艘太平洋上"不沉的航母"。11月28日,村山内阁通过了"新防卫计划大纲",明确提出将维持和强化日美安保体制。

9月,自民党举行总裁选举,河野洋平没有参选,村山内阁通产相桥本龙太郎成功当选。几乎同时,社会党此前在都道府县代表会议上提出组建"社会民主联合"的构想,在社会党临时大会获得通过,并在11月成立了新党筹备会,12月拟定了"新党的理念和政策""新党党章草案"。

1996年1月4日晚,村山富市向桥本龙太郎透露了辞去首相职位的

---

① 森川展男:《现代文明论讲义——作为幻想的和平》,三一书房1997年版,第29页。
② 《日美地位协定》于1960年日美签署《新日美安保条约》时签署,规定驻日美军及家属需尊重日本法律,同时规定他们享有特权。该条约第17条特别规定:美军军人及家属在涉嫌犯有刑事案件时,若日方要求交出嫌犯,必须"在检察当局起诉之后"。

考虑,5日,公开表示了辞意。面对记者团的提问,村山富市表情轻松、面带微笑地说:"眺望元旦晴朗的天空,我下了决心。"随后举行的执政三党党首会议决定,推举桥本龙太郎为首相候选人。历时561天的村山政权,静静谢幕。

1月19日,社会党举行第六十四届全会,将有50年历史的"日本社会党"改名为"社会民主党"(简称"社民党"),同时确定党的性质是"民主主义者共同的家园,是社会民主主义者、自由主义者等均可参加,通过共同努力实现幸福的开放型市民政党",即不再作为"工人阶级的政党",也不再以建立"社会主义社会"作为目标,党的基本理念是"创造性地发展《日本国宪法》规定的主权在民、和平主义、尊重基本人权、注重国际协调的理念",并决定了新的党章,建立了新的组织体制,开始探索一条不同于原社会党和保守党的道路。大会选举村山富市为社民党党首,久保亘为书记长,佐藤观树为干事长。社会党变身为社民党的主要目的之一,是获取选民的支持,然而事与愿违,"改宗"后的社会党在政坛上不断萎缩,在国会的势力几乎可以忽略不计。

村山辞职后,桥本龙太郎接过了"相印"。虽然多党联合政权仍得以维持,但名存实亡,政权重回自民党手中。

第四节 "改革年代":桥本和小渊执政时期

1996年1月11日村山富市辞职后,三党执政联盟一致推选桥本龙太郎担任日本第五十三代、第八十二任首相。当天,桥本完成组阁:社民党党首久保亘任副首相兼藏相,新党先驱党首田中秀征任经济企划厅长官,池田行彦任外相,梶山静六任官房长官。虽然联合政权并未解散,但按照日本媒体被普遍接受的评论,"(新内阁)具有浓厚的自民党色彩"。桥本龙太郎执政后,着力推行"六大改革",即行政改革、经济结构改革、财政结构改革、金融体制改革、社会保障制度改革、教育改革。不难想象,这些改革必然遭遇阻碍。总体而言,"六大改革"在很大程度上改变了日本。桥本及其内阁的外交,也有值得关注的重要内容。最后,由于自民党在参议院选举中遭到阻击,议席减少,执政932天的桥本龙太郎引咎辞职。继任的小渊惠三继续推进"行政改革",并且在"法制建设"方面有新的突破。

第十三章 ● 平成时代

桥本内阁的"六大改革" 桥本龙太郎(1937—2006年)祖籍冈山总社市,出生于东京,祖上世代务农,从他爷爷桥本卯太郎开始发迹。桥本卯太郎生了六男两女,五子桥本龙伍就是桥本龙太郎的父亲,他娶了朝鲜总督府政务总监大野绿一郎的女儿大野春,生下了桥本龙太郎。桥本龙伍最初是大藏省官员,后任吉田内阁官房副长官、厚生相兼行政管理厅长官。桥本龙太郎从名校东京麻布高级中学毕业后,考入庆应大学法学部,1960年毕业后,进入"吴羽纺织"株式会社(现"东洋纺织"株式会社)工作。两年后,56岁的桥本龙伍患喉癌去世,桥本龙太郎"子承父业"转入政界,当了自民党副总裁兼厚生相西村英一的秘书。一年后,年仅26岁的桥本龙太郎以"我要继承父亲的遗志,为建设福利国家竭尽全力"为竞选口号,在竹下登的扶持下,在父亲的地盘冈山县成功当选众议院议员。

桥本龙太郎曾隶属佐藤派、田中派、竹下派,一直处于自民党保守派主流的中枢,曾历任厚生相、运输相,1989年8月至1991年10月,连任三届藏相。在村山内阁任通产相,积累了丰富的行政领导经验,在自民党内确立了举足轻重的地位。桥本龙太郎任中曾根内阁运输相期间,完成了对国营铁路实行分割管理和民营化的难题;任海部内阁藏相时,时逢海湾战争,在决定出资90亿美元支援多国部队时发挥了重要作用。桥本龙太郎被称为"政策通",而且一贯强调"政策"为本,不刻意结党营私培植亲信。在自民党下野期间,桥本作为政调会长,注重研究基本政策,出版了《日本前景》和《论夺回政权》两本书,系统阐述自己的政策主张。总之,无论资历还是能力,桥本龙太郎均属于强者,他还是剑道五段。在担任首相后,桥本龙太郎更显示出强者气势。

桥本龙太郎在竞选自民党总裁时,发表了演说《恢复自信宣言》,提出分三个阶段进行改革。第一阶段的重点是税制改革和处理不良债权,重点投资信息通信、医疗福利等对刺激经济效果较好的领域;第二阶段推进经济和产业结构改革,逐步放宽对金融和信息通信等方面的限制,修改商法和禁止垄断法,支持创业,加强公正贸易委员会的职能,加强海外投资和贸易;第三阶段是奠定"21世纪型经济体系"的基础,即"能够充分发挥市场经济机能的创造性体系",实现"科学技术立国",建立"有世界水准的研究中心"。桥本龙太郎出任首相后强调,要把他执政当年作为"结构改革元年","对政治、行政、经济、社会实施彻底的结构改革,全力以赴地建立与21世纪相符的新体系"。民众对改革显然充满期待。根据日本经济新闻社在桥本内阁组成后的即时民意调查,桥本内阁支持率为54％,不支持率为22％。比较村山内阁成立后该社民调数据的30％支持、42％不支持,可见民众对桥本内阁的期待。[①]其他政党也不甘示弱。1996年4月27日,民主党、民政党、新党友爱、民主改革联合,正式合并为"新"民主党。民社党和新进党则分别由土井多贺子和小泽一郎担任领袖。

同时,桥本内阁还发表了将建设"小政府"作为目标的行政改革方向,简称"桥本行政改革"。为了重建政府,1996年9月27日,桥本龙太郎宣布解散众议院,举行大选。在10月21日举行的大选中,自民党获得239席,增加28席;新进党获156席,减少4席;由新党先驱、社民党、新进党部分成员合并组建的民主党获得52席;日本共产党获得26席,增加11席,社民党惨败,仅获15席,减少15席;新党先驱这次成了社民党的"难兄难弟",仅获2席,减少9席。民主党是在桥本龙太郎宣布解散众议院的翌日即9月28日正式宣告成立的,实行"党政分工"的"两党首制",原桥本内阁厚生相菅直人和新进党干事长鸠山由纪夫同为党首,鸠山由纪夫负责党务,菅直人负责政务。

11月7日正式建立的第二届桥本内阁由梶山静六和池田行彦仍担任内阁官房长官和外相,小泉纯一郎任厚生相,麻生太郎任经济企划厅长官。自民党"三役"人选是:加藤纮一留任干事长,山崎拓留任政调会长,森喜朗取代盐川正十郎任总务会长。

1997年1月19日,桥本龙太郎在国会发表施政演说时,提出将进行"六大改革",即行政、经济结构、财政结构、金融体制、社会保障制度、教育改革。这些改革有些是交错的,彼此并非完全隔阂与孤立的改革,虽然在新设立并直属首相的"行政改革会议"之下有各司其职的分会,分别对各自领域进行"清理"。例如,地方分权推进委员会提出了关于特殊法人的改革报告,资金运用审议会提出了财政结构改革政策建议,财政结构改革会议草拟了财政重建相关法案。

行政改革是最根本的改革,桥本龙太郎称之为"平成革命",涉及"国家职能、增加国家财富、保障国民生活、国民教育和文化"四大主题。国家

---

① 《日本经济新闻》2007年9月27日朝刊。

职能，主要涉及两项内容：一是提出了《中央省厅等改革基本法案》，将"1府21省厅"（总理府、外务省、大藏省、通产省、运输省、文部省、农林水产省、建设省、厚生省、自治省、邮政省、劳动省、国家公安委员会、经济企划厅、防卫厅、总务厅、国土厅、北海道开发厅、冲绳开发厅、科学技术厅、环境厅、宫内厅），缩编为"1府12省厅"（内阁府、国家公安委员会、外务省、大藏省、产业省、总务省、国土开发省、国土保全省、环境安全省、雇用福利省、法务省、文部科技省、防卫厅）。1998年6月12日，该法案在国会获得通过。二是对大藏省进行调整。由于大藏省对银行实施"护航船队"管理模式，拥有很大权限，而且大藏省的官员退任后，可以"空降"（天下り）到银行或相关企业任职，领取丰厚薪水，因此阻力很大。但是，桥本内阁通过修改《日本银行法》，强化了日本中央银行即日本银行的独立性，实现财政和金融的分离，极大限制了大藏省的权力。

经济结构改革主要解决结构性困境。"广场协议"签署后，由于日元不断升值，日本企业加大了海外投资的规模，使日本"产业空洞化"问题日益突出。日本经济企划厅颁布的《1984年度年次世界经济白皮书》指出，"（产业空洞化）将导致制造业丧失竞争力。因为，重要产业从（日本）国内撤出，以直接投资方式流向国外，国内仅剩服务业，将导致经济增长乏力。"1994年，日本经济企划厅的《1994年度经济白皮书》指出，产业空洞化将产生三个结果：就企业和海外市场而言，商品海外生产将取代国内生产；就企业与国内市场而言，商品进口将取代本地生产；就制造业和非制造业而言，国内制造业将不断缩减，非制造业占比将不断增加。为了克服可能出现的问题，1995年11月，日本政府提出了"科学技术创造立国"的国家战略，出台了《科学技术基本法》。该法由总则、科学技术基本计划、研究开发推进、国际交流推进、科学技术相关的振兴学习五个部分共十九条组成。1996年桥本内阁执政后，根据该法制定了《科学技术基本计划》，确定了今后五年的科技政策，包括基本方向、基本理念、经费支持。基本方向是重点发展医疗福利、环境相关产业、生物工程业、航空航天业、人工智能等十四大类，以及与海洋相关联的产业。基本理念是获得日本社会和国民对国家最新科技体制的支持，努力转化研究成果，经费支持是投入十七万亿日元，瞄准振兴科技事业的投资目标，实现产业结构转型。

财政改革就是重建财政，主要包括提高消费税率和处理不良债权。

桥本内阁建立不久，即公布了将消费税率从3％提高到5％，1997年财政年度首日，即4月1日开始实施内阁决议。增收消费税扩大了日本财源，使日本政府当年税收达到空前的53.9万亿日元。虽然增税影响企业收益，使法人税（企业税）下降1万亿日元，但因消费税增税3.2万亿日元，因此总税额比前一年即1996年多1.8万亿日元，增加3.4％，经济实际增长率也达到3.5％。之所以能取得这一效果，除实施了包括所得税、居民税在内的特别减税措施，以及因为消费税增加引起的提前消费外，还因为当年日本外贸顺差额为825亿美元，占外贸总额的10.8％，即外贸出口消化了因提高消费税对民众消费的抑制。但是1997年由于所得税和法人税分别下降2.2万亿日元和2.1万亿日元，税收总额减少，比增税前减少了1.8万亿日元，为52.1万亿日元。更重要的是国际经济环境的恶化：1997年7月发生东南亚金融危机。包括东南亚在内的亚洲是日本出口重要地区，约占40％，东南亚国家货币贬值使日本出口遭受打击，使日本制造业遭受冲击，并使日本的不良债权扩大化，出现"海外不良债权"。据日兴经济研究中心测算，东南亚金融危机使日本GDP增长减少0.7％，出现经济增长率为－1.8％，为1974年石油危机以后首次负增长。1999年税收总额又下降了2.2万亿日元。

金融体制改革又称"金融大爆炸"。"大爆炸"一词源于宇宙起源的"大爆炸"。1986年英国实施的资本市场改革被称为"大爆炸"，取得了较好效果。十年后桥本内阁以《金融体系的改革——面向2001年东京市场的新生》为标志的改革，无论广度和深度均超过英国的"大爆炸"，而金融改革之剑，首先刺向"二战"后日本金融体制的特征。

战后日本金融体制的特征，主要体现在以下几方面：一是企业筹措资金有接受银行贷款和发行债券直接筹措两种方式，前者为"间接金融"，后者为"直接金融"。战后日本"间接金融"占主要地位。二是人为的低息政策。低息政策几乎以一切金融商品为对象。这种"规制利息体系"的存在，是为了确保各相关金融机构的利润。存款利息由日本银行在《临时利息调整法》范围内以设定"指导线"的形式规定上限。短期贷款利息由业界以"自主规定"的形式设定上限。存款利息在20世纪70年代前基本保持低水准，之后和贷款利息一起，与法定贴现率联动。三是官方规定和金融机构协调行动。官方规定主要有准入规定、业务范围规定、价格竞争、非价格竞争规定。这些规定限制金融机构的相互竞争，避免金融机构破产,因此被称为"护航船队方式"(日语为"护送船团方式")。四是"主银行制"占突出地位。所谓主银行(Main Bank)原是指在企业的融资比重中占最大份额的银行(有时被译为"主力银行")。但是,日本的主银行不是单纯的债权者,而是与企业保持着长期、持续的业务关系,既向企业派遣高层管理人员,也在企业陷入经营危机时同有关方面进行斡旋,为企业提供援助。泡沫经济崩溃,一系列金融机构,特别是大银行和证券公司出现危机乃至倒闭。从1991年东洋信用金库出现问题,短短几年数十家金融机构倒闭,如北海道拓殖银行、兵库银行、日本长期信用银行、山一证券,等等。20世纪80年代中期,世界"银行业500强",前10强几乎被日本的银行垄断,但1995年美国《幸福》杂志排名,日本没有一家银行进入前20强。更令人关注的是,金融丑闻频频曝光。对日本金融体制进行根本性改革,势在必行。

1996年11月,桥本龙太郎首先提出了金融体制改革的三项原则:自由化、公正化、国际化。用五年时间,实现以下六方面具体目标:一是彻底解决不良债权问题,主要是处理"住专"和"信用组合"的不良债权。这项内容也包括在财政改革即"重建财政"中。为了推进不良债权的处理,不良债权核销制度被废止。在此之前,按照日本税收制度,债务人未破产,原则上不能将其不良债权认定为坏债,在计算应纳税金额时不能扣除,而且金融机构在处理不良债权时,必须事先获得大藏省金融检查部的许可。这么做的目的是为了防止企业以存在不良债权为由逃税,但也阻碍了对不良债权的处理。废止不良债权核销制度,可以使企业能少缴法人税,而当时日本法人税的实际税率约为40%,因而提高了金融机构处理不良债权的积极性,极大加速了这项工作。"住专"是不良债权大户。桥本内阁执政期间,日本国会通过了《关于促进特定住宅金融专门公司债权债务特别措置法案》等六个相关法案,取消八家"住专",成立"住宅金融债权处理机构"收购八家"住专"逾六万亿日元正常债权,一次性处理无法收回的逾六万亿日元不良债权。二是修改战时1942年以德国银行法为蓝本制定的《日本银行法》。三是修改《禁止垄断法》,允许组建金融控股公司,一家控股公司可以同时拥有银行、证券、保险公司和投资基金,打破此前"画地为牢"的分界,变分业经营为兼业经营,允许金融机构彼此渗透。四是修改外汇法,废除大额外汇出许可制和外汇银行制,实现日元完全自由兑换和资本流动自由。五是取消有价证券交易税和证券交易税,取消政府对证券公司股票交易委托手续费收费标准的限制,制定金融衍生产品的交易规则。六是建立直属内阁的金融检察厅,克服大藏省"既当裁判员,也当运动员"的权力过度集中的弊端,厘清"多头监管"的乱象。建立金融预警机制,引进国际通行的会计制度。

社会保障制度改革,主要因为泡沫经济崩溃后,日本经济增长低迷,结构性失业率增长,税收总额趋于下降,政府财政陷入窘境,"寅吃卯粮"。但另一方面,人口日益老龄化,社会保障金的数额逐年增长。为了改变这种"收支倒挂"现象,日本产业结构审议会经过反复研究后得出结论:"经济结构改革和财政、社会保障制度改革必须协调进行。在把'经济蛋糕'做得更大的同时,抑制国民负担率膨胀是政府不可推卸的责任。"基本构想是改革养老金制度,延迟退休等。

教育改革是桥本龙太郎最后增加的一项改革。1996年11月8日第二届桥本内阁组成时,桥本龙太郎提出的是"五大改革",翌年1月19日桥本龙太郎在国会发表施政方针演说时,增加了教育改革。他在这次演说中强调:

> 必须尽早创建一个能领先于世界潮流的经济社会体系。为此,应下决心将行政、财政、社会保障、经济、金融及教育统一起来进行改革。特别是为了使每一个国民今后都能生活充实,必须改变目前由学历左右人的一生的状况,建设一个崭新的社会,使每一个人都能根据自己的特点,扩展其能力,不断进取,毕生充满活力。在国际化、信息化不断发展的今天,培养适应国际社会的人才将愈加重要。基于这样一种认识,应把迄今重视平等、均一的学校教育,转变为重视个人能力开发,培养学生的创造性与挑战性精神,立足于终身学习的学校教育,以此推进教育改革。

教育改革的重点是形成能充分挖掘学生潜能、孕育生存能力的教育环境,强化家庭、学校、社区的协作,使之共同致力于解决学生中出现的各种不良现象(如"欺弱"问题),导入公立初中和高中一贯制教育,放宽大学入学年龄和允许跳级,重新建构教学内容,同时,努力振兴科学技术教育,充实脑科学与遗传基因研究,加强开放性大学建设、公共职业培训、自我开发,进一步充实终身学习体系。振兴体育、文化、艺术活动,扩大包括留学生交流在内的国际文化交流,努力建设一个人人都能拥有充实人生的社会。

第十三章 ● 平成时代

桥本内阁的外交 日美关系是日本外交基轴,日美同盟和日美贸易是日美关系两根支柱。桥本内阁时期的日美关系,也不乏令人关注的重要内容。1995年11月,在自民党内部的一次演说中,尚未成为首相的自民党总裁桥本龙太郎表示:"一年内解决美军基地问题是自民党的使命。"翌年1月11日担任首相后,2月23日桥本龙太郎即访问美国。这次访问既是为了解决冲绳美军普天间基地问题,也是为了给村山内阁时一度"冷淡"的日美关系"升温"。面对朝鲜半岛、中国台湾海峡的局势,日本需要和美国协调立场。作为村山内阁通产相的桥本龙太郎,在日美贸易谈判中曾因"寸步不让",给人以"对美强硬"印象。但此次访问,白宫发言人称,"是第一次不受贸易问题局限"的首脑会谈——实际上,桥本龙太郎此行也没有大藏省或通产省官员随行。克林顿承诺,将努力解决冲绳美军基地问题,在他4月份访日之前拿出方案。在贸易问题上,克林顿肯定了日本政府为减少对美贸易顺差所做的努力。在地区安全方面,双方就朝鲜和中国台湾海峡局势"深入交换了意见"。4月17日克林顿访问日本,继此前美国国防部发表新"东亚战略报告"、日本修订"防卫计划大纲"之后,双方发表了《日美安全保障共同宣言》,表示将修订1978年实施的《日美防卫合作指针》,强调两国将在"日本周边地区"发生不测事态时加强防卫合作,以此作为"指导冷战后日美关系新的基本原则"。当年9月,双方公布了新《日美防卫合作指针》。"新指针"主要由三大部分构成:平时的合作;日本遭到攻击时的合作;日本"周边有事"时的合作。为落实"新指针",1999年5月24日,日本通过了《自卫队法修正案》《周边事态法案》《日美相互提供物资劳务协定修正案》三部法案,为日本政府和自卫队配合美军,提供法律依据。

桥本担任首相后,日美贸易摩擦仍然继续。1996年1月18日,桥本内阁成立一周,外相池田行彦访美,美国表示希望在4月份克林顿总统访日之前,双方就半导体、相片胶卷、空运物资、保险领域共四个领域"加强合作",实为施加压力。最终,双方经过多轮谈判,就半导体问题达成协议,由美日欧发起成立"半导体主要国家会议",取代日美双边协议;由日美发起成立"世界半导体会议"。相片胶卷问题,日本否认存在排他性市场封闭,拒绝磋商。空运物资问题,双方达成大幅度扩大航空公司权益的协议。保险领域,双方达成的协议是:1997年1月1日起,日本保险公司有限承保美国疾病保险和伤害保险等;汽车和火灾保险的保险费1998年前实现自由化。①

　　桥本内阁在对华关系方面,总体表现比较积极。他强调"全世界正把关注的目光从日本转向中国。中国是不可忽视的存在"。作为世界上唯一遭受核攻击的国家,日本对核武问题相当敏感。1996年7月30日,中国宣布停止核试验,9月24日,钱其琛副总理兼外长代表中国政府签署了《全面禁止核试验条约》。1997年3月,日本政府恢复了此前因中国进行核试验而一度冻结的经济和技术援助。9月4日到7日,桥本龙太郎首相对中国进行了正式友好访问。访问期间,桥本首相向中国人民英雄纪念碑敬献了花圈,并在中国国家行政学院发表了题为《新时代的日中关系》的演讲。尤其值得关注的是,桥本龙太郎参观了沈阳九一八事变纪念馆。这是日本首相首次访问该纪念馆。桥本首相表示:"我之所以访问沈阳是希望正视过去,建立着眼于未来的两国关系。今天参观了九一八事变纪念馆后,这一愿望更加强烈。"他还在留言簿上留言:"以和为贵。"11月11日到16日,中国国务院总理李鹏对日本进行了回访,并与桥本首相进行了会谈、拜访了日本天皇明仁,会见了中曾根康弘等五位日本前首相、社会党委员长土井多贺子、新进党党首小泽一郎、民主党代表菅直人、众议院议长伊藤宗一郎、参议院议长斋藤十郎,参观了丰田汽车公司、日本电气公司(NEC)等企业。访问期间,双方签署了《中日渔业协定》《中日发展资金合作项目换文》。

　　但是,桥本龙太郎及其下属,也有破坏中日关系和谐稳定的言行。桥本龙太郎曾担任"日本战殁者遗族会会长"。他表示,"军人遗属无法理解政府称她战死的丈夫为侵略者"。"日本是否针对亚洲邻国发动过侵略战争,这是一个微妙的定义上的问题"。在执政当年的7月29日,桥本龙太郎参拜了靖国神社,并在签到簿署名"内阁总理大臣　桥本龙太郎"。翌年2月24日,日本驻联合国大使小和田恒致信联合国秘书长安南,称中国钓鱼岛及附属岛屿属于日本。7月,内阁官房长官梶山静六称,经过修订的《日美防卫合作指针》的"周边地区","当然包括台湾海峡"。所有这些均引起中国强烈不满和抗议。

　　1997年,桥本龙太郎提出了"对俄关系三原则",即"相互信赖、相互利益、着眼未来"。桥本提出,可以用"政经分离原则"处理双方存在争议

---

① 《朝日新闻》1996年12月15日、17日。

的"北方四岛"(俄称"南千岛群岛")问题。11月,桥本龙太郎和俄罗斯总统叶利钦在克拉斯诺亚尔斯克,举行了"不系领带"的会谈,双方就21世纪前缔结和平条约达成一致,签署了旨在强化双方经济合作的"桥本—叶利钦计划"。翌年4月叶利钦访问日本,双方就俄罗斯归还北方四岛中的齿舞和色丹岛达成初步意向。随后因叶利钦病情恶化没有继续磋商,遑论落实。

1997年9月8日,桥本龙太郎再次当选自民党总裁。在改造内阁中,小渊惠三任外相,村冈兼治任内阁官房长官,小泉纯一郎任厚生相。虽然政局相对平稳,但自翌年1月,日本政坛重组的新闻一再出现于报端:1月5日,新进党向自治省提出了解散申请,之后组建了以小泽一郎为首的自由党。新党和平、新党友爱、国民之声、黎明俱乐部、改革俱乐部计五个党宣告成立。之后,黎明俱乐部、新党和平并入了公明党。民主党作为拥有众参两院议员共131人的在野党第一大党,也进行了改组:4月选举菅直人为党代表,羽田孜为干事长。5月31日和6月1日,新党先驱代表武村正义和社民党委员长土井多贺子先后告知桥本龙太郎,他们退出联合政权。至此,自村山内阁以后维持了4年的"自社新"联合政权宣告解体,自民党成为唯一执政党。

1998年7月12日,日本举行了第十八次参议院部分议员改选。这次选举,自民党和社民党均遭惨败。自民党议席从61席减为44席,社民党从12席减为5席。①翌日,桥本龙太郎宣布引咎辞职。舆论认为,导致自民党本次选举的败因是增加消费税。7月24日,自民党举行总裁选举,外相小渊惠三、官房长官梶山静六、厚生相小泉纯一郎竞选,在总共412张选票中,三人首轮得票分别为225票、102票、84票。小渊惠三因首轮得票过半而胜出。随后,小渊惠三任命森喜朗任干事长、池田行彦任政调会长、深谷隆司任总务会长。7月30日,执政932天的桥本龙太郎在最后一次内阁会议上决定内阁总辞职。

小渊的"行政改革"和"法制建设" 在桥本内阁总辞职当天,国会众参两院首相提名选举中,小渊惠三在众议院提名选举中获过半数席位。

---

① 日本参议院共248席,参议员任期6年,每3年改选半数。和众议院类似,参议员也是小选区制和比例代表制并立。选民在小选区选出148名参议员,通过比例代表选出100名议员。小选区选的是个人,而比例代表选的是政党,然后根据各党派的得票率按比例分配议席。

在参议院提名选举中,由于自民党议席不过半,小渊惠三仅获 103 票,民主党代表菅直人获 142 票。根据日本宪法规定,众参两院提名若不一致由两院协议会议决,如果仍无法达成一致,则以众议院决议为国会决议。小渊惠三因此当选首相。值得关注的是,在参议院第二轮投票中,所有在野党议员都将票投给了菅直人,为此后"政权交替"留下了伏笔。

小渊惠三(1937—2000 年)出生于群马县吾妻郡,也是"族议员"——他的父亲小渊光平是众议院议员。为了得到"天时""地利""人和"三种恩惠,获得天地人"三才一致",父亲给他取名"惠三"。小渊惠三高中毕业后报考东京外国语大学失利,当了两年"浪人"后考上了早稻田大学文学部。在他考上大学当年,1958 年 8 月 26 日,小渊光平从国会回家途中突发脑溢血,送往医院后不治身亡。1962 年,年仅 26 岁仍在早稻田大学研究生院政治学专业读书的硕士研究生小渊惠三,决定"子承父业",在家乡即父亲的地盘上参加大选,结果一发命中。同年竞选成功的,还有和他同龄的桥本龙太郎、年长他的政坛名宿伊东正义、渡边美智雄。在自民党内,小渊惠三属于竹下派,和桥本龙太郎、羽田孜、小泽一郎等被并称为"竹下派七奉行"。1970 年后,小渊惠三历任佐藤内阁邮政省政务次官、田中内阁建设省政务次官、首相府总务副长官,九年后任大平内阁首相府总务长官兼冲绳开发厅长官,初次入阁,属"大器晚成"。1987 年 11 月,小渊惠三出任竹下内阁官房长官。在他任内,恰逢昭和天皇驾崩、日本改元。小渊惠三高举写有"平成"年号的纸张成为"时代象征",被亲切地称为"平成大叔"。"平成大叔"具有"平民"气质。田中角荣的女儿田中真纪子当年将参加总裁竞选的三人分别称为"凡人"小渊、"军人"梶山(曾经就读于陆军士官学校)、"怪人"小泉。舆论认为,这一比喻惟妙惟肖。以"谦虚、真诚、勇敢"为座右铭的小渊惠三,任职期间也始终以"亲民"形象示人。

小渊内阁引起较广泛关注的,一是他以"三顾之礼"请 78 岁的前首相宫泽喜一出任藏相。二是由著名作家堺屋太一任经济企划厅长官。堺屋太一毕业于东京大学经济学部,曾任职于通产省,退休后成为作家和经济评论家,在民间有较高"人气"。三是请年仅 37 岁的邮政省女政务次官野田圣子任邮政相。四是请参议院"一年级学生"、原东京大学校长有马朗人任文部相。其他主要阁僚,外相是高村正彦(一年后是河野洋平)、通产相是与谢野馨(一年后是深谷隆司)、内阁官房长官是野中广务(一年后是青木干雄），防卫厅长官是额贺福志郎。

但是，"平民首相"似乎不受平民待见。小渊内阁建立后，根据日本经济新闻当年 8 月公布的民调结果，支持率仅为 25%，不支持率则高达 51%。① 小渊惠三自嘲是"钢筋森林中的一家小拉面店"。但是，这家"小拉面店"还是有"经营特色"的。由于小渊惠三是自民党在参议院选举中遭遇惨败的背景下当选的，为了巩固政权基础，小渊惠三尝试与自由党联手并取得成功。1999 年 1 月 13 日，小渊惠三任命自由党干事长野田毅为自治相。"自自联合政权"开始成型。该"联合政权"先后提出了《情报公开法案》《关于儿童卖春和猥亵相关行为处罚法》《日美防卫协作关联法案》等法案，均获得国会通过。7 月 16 日，桥本内阁时期提出的《中央省厅等改革基本法案》进一步细化而成的《中央省厅改革相关法案》也获得通过。根据该法案，"1 府 21 省厅"缩编为"1 府 12 省厅"；阁僚人数上限从 20 人降为 17 人。同时通过的还有强化地方自治的《地方分权一揽子法案》。此后，小渊惠三又尝试拉公明党"入伙"，建立三党联合政权。7 月 24 日，公明党大会通过了加入"自自联合政权"的决议，从而形成了"自自公联合政权"。三党一致，使《国旗·国歌法案》《通信监听法案》《组织犯罪对策相关法案》在国会获得通过。至 8 月通常国会休会，小渊内阁时期共通过了 110 个法案，其中 87% 由政府提出，仅次于 1967 年佐藤内阁时期特别国会通过 131 个法案。毋庸赘言，一系列法案的通过，本身也是改革的体现。

刺激经济增长是日本首相的工作重点。小渊惠三虽然在经济和金融方面是"门外汉"，但强调将"竭尽全力"。在他执政当天，第一百四十三届临时国会开始审议《金融再生法案》《金融早期健全化法案》等"重建金融"的法案，最终获得通过。小渊内阁 8 月制定了《中小企业借贷对策大纲》，10 月设立了"中小企业金融稳定化特别保障制度"，旨在避免中小企业因资金链断裂而倒闭。11 月，小渊惠三宣布实施"紧急经济对策"，之后多次扩大预算编制，计划投资 24 万亿日元，为此发行 12 万亿日元公债。因此，民众嘲讽小渊惠三是"借钱首相"，他也以此自嘲。12 月，日本政府成立了直属首相的"金融再生委员会"，尽管日本金融并没有获得"再生"。

在外交方面，小渊内阁也进行了一些"法制化建设"和"制度性改革"。

---

① 《日本经济新闻》2007 年 9 月 27 日夕刊。

在日美防卫合作方面,1998年9月和11月,小渊惠三和克林顿经过互访,就日本尽快制定配合实施新版《日美防卫合作指针》相关法案,达成一致。翌年5月24日,《周边事态法案》《日美相互提供物资劳务协定修正案》《自卫队法修正案》被相继提出。日美还就加强战区导弹防御系统技术合作达成一致。在经贸关系方面,双方依然存在摩擦,但没有进一步激化。

日韩关系在小渊任内有新发展。10月8日,韩国总统金大中访问日本并与小渊惠三会晤。在双方发表的共同声明中,写入了日本对在朝鲜半岛进行的殖民统治表示"深刻反省和发自内心的道歉"的内容。小渊惠三在和金大中会晤时也表达了同样的反省和歉意。翌年3月,小渊惠三访问韩国并在高丽大学发表了题为《新世纪的日韩关系——创造新历史》的演讲。

日俄关系依然因为"四岛问题"的存在,小渊显得"心有余而力不足"。1998年11月12日,小渊惠三访问俄罗斯,在与叶利钦总统会晤后,双方发表了《日俄创造性伙伴关系共同声明》。双方探讨了在两年内签署和平条约的可能性。为了解决领土争端问题,双方决定设置"国境划定委员会",双方还探讨了在北方四岛(南千岛群岛)展开经济活动和自由访问的可能性,并决定设立"共同经济活动委员会"。当然,和以往一样,日俄之间依然"说得多,做得少",在解决影响两国关系的实质性问题方面,没有突破。

小渊惠三在任前即重视中日关系。1991年8月,小渊惠三作为自民党干事长,以名誉顾问身份随"日中关系国会议员友好访华团"到访中国。1998年1月,小渊惠三在《日本与中国》杂志发表新春贺词,表示"日中关系是我国最重要的双边关系之一,对整个亚太地区的稳定和繁荣而言,日中关系也是重要关系"。2月,小渊惠三在演说中表示,"我们支持中国尽快加入世界贸易组织(WTO),并将通过经济合作等手段继续支持中国的改革开放政策。我们还要努力解决日中之间存在的各种遗留问题,包括被遗弃的化学武器的处理问题"。因此,中日关系在小渊惠三执政期间有新的进展。1998年11月26日,中国国家主席江泽民访问日本,在与小渊惠三首相会晤后,双方发表了《中日关于建立致力于和平与发展的友好合作伙伴关系的联合宣言》。该宣言是"中日四个政治文件"之一。[①]宣言

---

① 中日之间签署的四个政治文件是:1972年《中日两国关于恢复邦交正常化的联合声明》,1978年《中日和平友好条约》,1998年《中日关于建立致力于和平与发展的友好合作伙伴关系的联合宣言》,2008年《中日关于推进战略互惠关系的联合声明》。

第十三章 ● 平成时代

强调,冷战结束后,世界经济一体化趋势加强,安全对话与合作得到加强。中日两国在维护亚洲和世界和平方面承担重要责任,应做出更大贡献。双方将以和平方式解决一切纠纷,以各种方式加强双边和多边合作。双方还签署了《中日关于进一步发展青少年交流的框架合作计划》《中日关于在科学和产业技术领域开展交流与合作的协定》,发表了《中日面向21世纪环境合作联合公报》。当天晚上,明仁天皇为江泽民主席的到访举行了盛大宴会。翌年7月8日,小渊惠三对中国进行了正式访问,在和朱镕基总理会谈时,再次强调日本坚持"一个中国"的立场。在之后发表的联合新闻公报中,日本宣布支持中国成为世界贸易组织成员。

　　1999年9月15日,民主党举行了党首选举。鸠山由纪夫取代菅直人成为代表。9月22日,自民党再次举行总裁选举,小渊惠三战胜加藤纮一和山崎拓,再次当选。10月5日建立了经过改造的"自自公联合政权"。翌年4月1日,围绕削减议员人数问题,三党党首小渊惠三、小泽一郎、神崎武法举行了会谈。小泽一郎坚持大幅削减议员人数,小渊惠三产生了将自由党逐出联合政权的想法。孰料,翌日小渊惠三便因脑梗住进了医院,由内阁官房长官青木干雄临时代理首相。就在小渊惠三入院的前一天,日本开始施行费用由政府和个人共同承担的"长期照顾护理保险制度"(中国称"长期护理保险")。5月12日,执政616天的小渊惠三在医院去世,享年62岁。"倒在新世纪门槛"上的小渊惠三逝世后被追颁大勋位菊花大绶章。①

　　小渊惠三病倒后,根据《日本国宪法》第七十条规定:"内阁总理大臣缺位,或众议院议员总选举后第一次召集国会时,内阁必须总辞职。"小渊内阁总辞职。之后,自民党两会议员大会选举森喜朗为总裁。在国会众参两院指名选举中,森喜朗当选首相。

第五节　"十年九相"的终结和小泉"长期执政"

　　"在你换一件衬衣的时候,日本已经换了一个首相。"从1989年宇野宗佑执政到森喜朗下台,日本十年间换了九任首相,被戏称"十年九相"。

---

① 仅次于大勋位菊花章颈饰,1876年制定。

日本大选即众议院议员选举每四年一次,日本政坛之所以"旋转木马"式地频繁换相,总体而言,有权力斗争、执政压力、党际对抗、钱色丑闻、社会舆论、经济形势等多方面因素;具体而言,如前面所述,有爆出丑闻无奈下台,如宇野宗佑;有法案未过不愿再干,如海部俊树;有"友军"反叛选举落败,如宫泽喜一;有涉嫌受贿撂挑不干,如细川护熙;有不受信任被逼下台,如羽田孜;有救灾不利无奈挂冠,如村山富市;有选举失败引咎辞职,如桥本龙太郎;有心力交瘁病倒离职,如小渊惠三。小渊惠三病重住院期间,按照首相不能履职,内阁必须总辞职的规定,森喜朗成为第五十五位有首相履历的日本人,同时成为"十年九相"的"副班长",即最后一位首相。

森喜朗的内政外交 森喜朗是"十年九相"最后一"相"。他因何下台?这要从他的生平说起。森喜朗(1937年—   )和小渊惠三同年出生,祖父和父亲都是当地的町长。在早稻田大学第二商学部(夜校部)读书时,也和小渊惠三一样是学校"雄辩会"成员。毕业后在《产经新闻》当了两年记者,之后成为众议院议员今松治郎的秘书。森喜朗1969年当选为众议院议员,比小渊惠三晚了六七年。森喜朗当选为众议员,有"天时地利人和"优势。"地利"是在家乡参加竞选。"天时"是投票前当地发生了一场火灾,森喜朗冒着危险从失火的房屋中抢出一尊佛像,这一"壮举"大受称赞。"人和"是岸信介亲自前往现场为森喜朗拉票。最终,森喜朗以该选区最高票数当选。森喜朗之后的经历和小渊惠三比较相似:当过总务副长官(三木内阁)和官房副长官(福田内阁)。森喜朗身材高大,福田赳夫身材瘦小。他走在福田首相身边,常被误认为"保镖"。森喜朗1983年即46岁时首次入阁,成为中曾根内阁的文部相。之后,森喜朗历任宫泽内阁通产相、村山内阁建设相。森喜朗的履历比较"靓丽"的是坐遍了党内重要"交椅":总裁、干事长、政调会长、总务会长。

森喜朗是早稻田大学"雄辩会"成员,口才不错,但以"话痨"闻名。曾经有人开玩笑说:"听森喜朗讲演,请务必准备好盒饭。"人们对森喜朗的讲话还有此嘲讽:"如江水滔滔不绝,只是经常泛滥。"(上手の手から水が漏れる)。2000年5月15日,当上首相才四十天的森喜朗,在神道政治联盟国会议员恳谈会成立30周年纪念会上发表贺辞时称:"日本是以天皇为中心的神的国家。"作为日本首相,居然公开宣扬"皇国史观",舆论哗然。日本四大报即《读卖新闻》《朝日新闻》《每日新闻》《日本经济新闻》均

第十三章 平成时代

发表社论,对森喜朗的这番言论进行了严厉批评。《朝日新闻》的社论指出:"战前的日本,天皇和神二位一体,以神圣的天皇为中心对国家和国民进行统治,使军部有了行动自由,这不仅使许多国民牺牲,也使亚洲人民蒙受巨大痛苦。"5月25日,森喜朗在媒体记者参加的说明会上表示,"如果这一发言引起误解,我表示道歉",但没有收回。8月,在冲绳举行的八国首脑会议期间,森喜朗见到美国总统克林顿后用英语打招呼。他原本想说"How are you"(你好)。结果被克林顿听成了"Who are you"(你是谁)。克林顿幽默地回答"I am Hillary's husband"(我是希拉里丈夫)。没想到,森喜朗更"幽默",笑容满面地说:"Me too."(我也是。)此类例子可以举出很多。①

经常"信口开河"的森喜朗似乎不适合当首相,他能够成为首相主要归因于日本传统的"密室政治"。小渊惠三病重入院后,自民党内五大派阀首领青木干雄、野中广务、龟井静香、村上正邦、森喜朗进行"磋商",最终决定接受野中广务的提议,由森喜朗继任自民党总裁。这么做,显然无视加藤纮一和山崎拓此前曾经和小渕惠三竞选总裁的事实,引起党内不少人的批评。加藤和山崎自不待言,而和他俩被并称为"YKK集团"的小泉纯一郎也颇为不满。②在野党和民众也普遍表示不满。森喜朗对此当然清楚,因此,他几乎保留了小渕内阁的原班人马,并在4月7日发表施政演说时强调,将继承前任的内政外交路线。但是森喜朗5月15日发表"日本神国论"后,5月25日,时事通信社进行民调,结果显示,森内阁支持率跌至18.2%,几乎"腰斩"了内阁刚成立时其36%的支持率(来自《日本经济新闻》即时民调)。③民调如此之低,必须有所表示。6月2日,森喜朗动用首相特权:解散众议院,提前进行大选。

为了赢得大选,森喜朗充分利用"为国操劳"而病逝的小渕惠三进行"催情"。在6月8日天皇夫妇和多国领导人参加的葬礼上,作为司仪,森

---

① 2021年2月3日,森喜朗在日本奥委会评议员会议发言时称,召开有诸多女性参加的理事会会议,往往要花很长时间。因为女性有强烈的竞争意识,发言很耗时,所以必须控制发言时间,否则会议很难结束。这一发言被认为是歧视女性,遭到广泛批评。2月12日,森喜朗宣布辞去东京奥组委主席职务。
② YKK是日本著名拉链生产企业,也是行业鼻祖。山崎拓、加藤纮一、小泉纯一郎的名字,日语读音的首字母也是YKK。如此称呼比喻他们跨派系的联合如同拉链时分时合。
③ 藤本一美:《增补"解散"的政治学——站航拍日本政治史》,第三文明社2009年版,第271页。《日本经济新闻》2007年9月27日朝刊。

喜朗释放了大量"催泪弹",并在6月25日即小渊惠三的生日进行投票。然而,票毕竟是投给活人的,不是投给逝者的。开票结果,在480个议席中,自民党议席跌至233席,减少37席。公明党获31席,减少11席。保守党获7席。保守党是当年4月初刚"冒"出来的,由原自由党议员发起建立,原宝塚剧团著名女演员扇千景①(参议员)任党首,野田毅任干事长,海部俊树任最高顾问。随后,保守党取代自由党加入联合政权,形成"自公保联合政权"。②三党在众议院共有271席,超过半数31席,森喜朗作为自民党总裁,得以保留相位。自由党、社民党、日本共产党分获22席、19席、20席。民主党是这次选举的大赢家,从95席增加到127席,向"政权交替"前进了一步。

2000年7月4日,第二届森内阁成立。藏相宫泽喜一、外相河野洋平、经济企划厅长官堺屋太一是"老面孔"。新阁僚值得关注的是桥本内阁的科技厅长官、"倒插门"继承岳父政治地盘的中川秀直(原姓佐藤)任官房长官,比森喜朗大四岁的扇千景任建设相,曾任日本驻美国大使馆公使、时任三得利公司常务董事的川口顺子出任环境厅长官。

第二届森内阁成立仅三个月,官房长官中川秀直就被曝出丑闻:与一女性有不正当关系,而该女性有黑社会背景。另外还有传言称,中川秀直曾提前向她透露警察将进行搜捕的消息,但未经证实。面对各方面压力,中川秀直只能辞职,由福田康夫接任。早已对森喜朗心存不满的加藤纮一,此时公开提出批评,称"由这样的政权领导,日本迟早要玩完"。11月20日,在野党向国会提出了对森内阁的不信任案,理由是:"森政权成立以来,支持率始终低迷,第二届森内阁建立后,这一现象更为突出,内阁如濒临死亡。因丑闻辞职的中川秀直官房长官、森首相关于日本人遭绑架的'第三国发现说'、接连有内阁成员因丑闻辞职,所有这些,都使国民对内阁的不信任感日益加深,使我国完全丧失外交权威。"③国会众议员大会进行投票时,尽管加藤派和山崎派有38名议员故意"缺席",但是对森

---

① 扇千景本名林宽子(婚前姓木村),2004年当选为参议院议长,为日本首位参议院女议长。她的丈夫是著名歌舞伎演员,两个儿子也是歌舞伎演员。
② 保守党后分为以野田毅为首的保守俱乐部和以二阶俊博为首的保守新党。2003年11月,保守新党并入自民党,但自成派系。
③ 北村公彦等编:《现代日本政党史录》第5卷《1955年体制以后的政党政治》,第一法规株式会社2004年版,第86页。所谓"第三国发现说",是指2000年10月20日,森喜朗对时任英国首相的布莱尔表示,日本人被朝鲜人绑架一事,朝鲜可以编造个理由,就说"那些日本人是在第三国发现的"。这番话在日本引起轩然大波。

第十三章 ● 平成时代

内阁的不信任案,最终仍以237票对190票的表决结果被否决。"YKK集团"的小泉纯一郎支持森喜朗,投了否决票。

进入2001年后,执政的自民党及其政府丑闻被接连曝光,也动摇了森喜朗的相位。当年1月25日,外务省调查结果显示,松尾克俊担任外务省内重要官员出国支援室长期间,汇入自己账户的机密费为5.6亿日元,其中首相出国访问花费了3.5亿日元,而且有3.1亿日元用途不明。尽管事件并非发生在森喜朗任内,但属于自民党政府丑闻毋庸置疑。2月,"KSD事件"被曝光。"KSD"是指"中小企业经营者福祉事业团",其向多名自民党党政要员行贿,是日本金权政治的又一个大丑闻。此事件导致KSD创建者古关忠男、劳动相、自民党参议院议员村上正邦和他的秘书小山孝雄被捕,还导致经济企划厅长官额贺福志郎辞职。青木干雄、龟井静香等自民党大佬,也与"KSD事件"有染。

森喜朗执政期间发生的一起重大事故,也大幅拉低了森内阁支持率。2001年2月10日,日本爱媛县县立宇和岛水产高级中学的实习船"爱媛号",在夏威夷海域被美国"格林维尔号"核潜艇撞沉,35名乘员中9人死亡。事发时,森喜朗正在打高尔夫球,磨磨蹭蹭三个半小时才回到首相官邸进行处理。各大媒体随即报道并配以森喜朗打高尔夫球的照片,引发众怒。舆论尤其强烈质疑森喜朗的"危机管理"。但森喜朗辩解道,"这是一起事故,和危机管理无关"。随后,几家日本媒体的民调显示,森内阁支持率降到史无前例的个位数,有的甚至低至5.7%。民主党党首鸠山由纪夫嘲讽道:"森内阁的支持率居然和消费税率(5%)差不多。"

不过,若认为森喜朗是个庸碌之辈或政治笑料,显然有浅陋之嫌。事实上,森喜朗在387天内,有些举措还是可圈可点的。在执政当年秋天举行的临时国会上,森喜朗强调将开展"IT革命国民运动",以此刺激经济景气。随后,日本IT领域的投资急剧增加,日本活力门等网络公司成功上市,进而带动日本经济逐渐恢复。虽然泡沫经济崩溃的延迟效应中,仍有不少企业破产,失业率为4.7%,企业总体负债额居高不下,产业和人们生活方式的转型,也呈现"几家欢乐几家愁"的情景,在日本乐天购物网成功上市的另一面,百货店和超市的销售额持续下降,位列十大百货公司的崇光百货和大型超市长崎屋先后倒闭,但是,经济发展总体态势令人乐观,拉动经济发展的"三驾马车"中个人消费增长1.2%,设备投资增长

8.6%,进出口总值增长18%,经济名义增长率3%。

不过,"寅吃卯粮"的现象在森内阁时期不仅没有扭转,反而更趋严重。2000年12月24日,森内阁临时内阁会议决定发行国债28.318万亿日元,使国债在新年度政府一般会计预算82.6542万亿日元中,占比达34.3%。

政府行政体制改革,即"1府22省厅"缩编为"1府12省厅",也在森内阁时期顺利完成。总理府、经济企划厅、冲绳开发厅,合并为内阁府;金融再生委员会改为金融厅;总务厅、邮政省、自治省合并为总务省;国土厅、北海道开发厅、运输省、建设省合并为国土交通省;厚生省、劳动省合并为厚生劳动省;文部省、科学技术厅合并为文部科学省;通商产业省改为经济产业省;环境厅改为环境省;大藏省改为财务省;外务省、法务省、农林水产省、国家公安委员会(警察厅)保持不变。

外交方面,2001年3月,森喜朗访问俄罗斯,在俄远东城市伊尔库茨克与普京会谈后发表了联合声明,史称"伊尔库茨克声明"。声明中,双方一致同意,以1956年10月19日签署的《日苏联合宣言》作为谈判的基础性法律文件,即重申《日苏和平条约》签署后,俄罗斯归还"北方四岛"(南千岛群岛)的齿舞岛和色丹岛。

森喜朗经常"祸从口出",似乎不是当首相的料。但他却是著名的"首相制造者"(King Maker),他将町村(信孝)派打造成了自民党内最强大的派阀。除了他本人,小泉纯一郎、安倍晋三、福田康夫均属町村派。町村派原称森(喜朗)派,森喜朗任首相后,小泉纯一郎接任会长(首相不能当会长)。森喜朗力助小泉成为首相后,自己重新当了会长。后来森喜朗"退位",町村信孝继任会长,改称町村派。和一脉相承的佐藤派—田中派—竹下派叫"经世会"—"平成研究会"一样,町村派也有一个比较学术的名称,叫"清和政策研究会"。田中真纪子曾一针见血地指出:"和其他国家一样,日本政治也是政党政治。但不同的是,在日本,政党政治的表现形式是派阀政治。"町村派当时有88名国会议员,在各派势力的平衡中,这个砝码在总裁选举中的权重毋庸赘言。

"怪人"小泉 2001年3月8日,在野党再次提出内阁不信任案。虽然最终仍以274票反对、192票赞成的表决结果被否,但是"和消费税率差不多"的支持率,令森喜朗心灰意冷,他在3月10日的自民党首脑会议上表示,决定提前举行总裁选举。随后,党内各路"领军人物"开

第十三章 平成时代

始展开争夺。结果,小泉纯一郎"一骑绝尘",获 298 票;试图东山再起的桥本龙太郎获 155 票;麻生太郎获 31 票。这次选举也是首次实行地方党组织投票计入总票数。结果,地方票小泉纯一郎获 123 票,占 87.2%;桥本龙太郎获 15 票;龟井静香获 3 票;麻生太郎没有得票。4 月 24 日,小泉纯一郎终于如愿以偿当选自民党总裁——此前他曾两度挑战。

小泉纯一郎(1941 年—)被田中真纪子称为"怪人"。其实,这个"怪人"的家世很不寻常。小泉家族的"太祖"叫小泉由兵卫,明治时代做军火生意起家。但由兵卫的儿子对政治感兴趣,竞选国会议员一举命中,从此小泉家族开始谱写"政治乐章"。日本国会迄今有 132 年历史,小泉家族成员占有一席之地的时间长达 97 年。1942 年 1 月 8 日,小泉纯一郎出生于神奈川县横须贺市,父亲小泉纯也是滨口雄幸内阁递信相小泉又次郎的女婿,当过防卫厅长官。小泉纯一郎从当地高中毕业后,考入庆应大学经济学部,毕业后赴英国留学,父亲去世后小泉纯一郎赶回国内,当了福田赳夫的秘书,没有继续求学。1972 年底,小泉纯一郎当选众议员,时年 30 岁。1988 年,小泉首次入阁,任竹下内阁厚生相,后历任宫泽内阁邮政相、桥本内阁厚生相。

被田中真纪子称为"怪人"的小泉纯一郎,对党内重要人事任命,也令人感到奇怪:任命山崎拓为干事长,麻生太郎为政调会长,堀内光雄为总务会长。他们没有一人属于自民党三大派阀,即桥本派、森派、江腾(隆美)·龟井(静香)派。三大派阀无人有缘"三役",前所未有。4 月 26 日,国会众参两院分别举行首相指名选举,小泉得票均过半数,顺利当选。当天,小泉纯一郎完成组阁,并依然保持了"自公保联合政权"的构架。至 2006 年 9 月 26 日,小泉共组成三届内阁,执政历时 1 980 天,结束了"十年九相"的状况。①第一届内阁的任命即显示小泉"不走寻常路"。这届阁僚中最令人感到意外的,一是让田中真纪子出任外相,使她成为日本历史上首任女外相,②二是请他母校庆应大学经济学部教授竹中平藏,出任经济产业相(原通产相)。其他主要任命是:福田康夫任官房长官,盐川正十郎

---

① 三届小泉内阁的时间分别是:2001 年 4 月 26 日—2003 年 11 月 19 日,2003 年 11 月 19 日—2005 年 9 月 21 日,2005 年 9 月 21 日—2006 年 9 月 26 日。

② 2002 年 1 月,田中真纪子因与小泉多个问题意见不合,被小泉解除职务,外相由环境相川口顺子接任。

任财政金融相(原大藏相),平沼纠夫任经济财政政策担当相,中谷元任防卫厅长官,柳泽伯夫任金融担当相。既然是"联合政权",另外两党当然要有座次。于是,保守党的扇千景出任国土交通相,公明党的坂口力出任厚生劳动相。同样有些出人意料的是,日本经济新闻社的即时民调显示,小泉内阁的支持率高达80％,不支持率仅为8％,和森内阁形成强烈反差。① 这种状况与其说是对小泉内阁的支持,毋宁说是对改革的期待。

小泉纯一郎竞选自民党总裁即首相的关键词是"改革"。他强调:"即便搞垮自民党也要完成改革。"他将桥本派视为"改革的阻力"和小泉政权的"抵抗势力"。但是,成为首相后,他却任命了三名桥本派成员担任政务官,被自民党总务会长堀内光雄称为"惊天动地的人事安排"。其实,小泉这么做原因很简单:这三名桥本派成员,在总裁竞选中均没有支持试图"重出江湖"的桥本龙太郎。由此可见,小泉纯一郎有着"顺我者昌,逆我者亡"的心态。值得一提的是,在人事安排方面,他没有和自民党"三役"商量,完全独断专行。小泉属森派,曾经担任代理会长。但他没有属于自己的帮派,而且喜欢独往独来,加上他风格强势,所以人送绰号"独狼"。

2001年5月7日,小泉在国会发表施政演说,再次强调结构改革。他表示:"没有哪个领域是不能进行改革的'神圣领域'。不改革就不可能恢复景气。"随后,他讲述了发生在明治时代初年的"米百俵"的故事。当年,越后国长冈藩(新潟县三岛郡)经济窘困,分家(支藩)三根山藩送去了100袋大米。藩士们都盼望着能分到大米。但是,长冈藩负责教育的官员小林虎三郎建议将米卖了,用卖得的钱购买书籍和其他教育用品。他说,现在的"米百俵"将来会得到成倍回报。他的建议得到采纳。小泉纯一郎说:"米百俵的故事告诉我们,要有长远眼光,要能够忍受一时的艰难困苦。米百俵精神,不正是我们现在所需要的精神?"小泉明确表示要进行"不畏惧、不退缩、不拘束"的改革。小泉执意改革的姿态,似乎使民众看到了希望。根据《读卖新闻》进行的民意调查,其内阁支持率再创新高,达到87.1％。②

---

① 《日本经济新闻》2007年9月27日朝刊。
② 读卖新闻社东京本社舆论调查部:《两大政党时代的曙光:平成的政治和选举》,木铎社2004年版,第124页。

第十三章 ● 平成时代

不少评论认为,"小泉改革",其实是桥本龙太郎"六大改革"的延续。小泉执政时期先后任农林水产相、自民党干事长的武部勤表示,"现在人人都说是小泉在完成结构改革,但实现省厅重组改革的其实是桥本;如今,日美关系被人们称作蜜月期,但开创日美关系新时代的也是桥本"。《日本经济新闻》也撰文指出,小泉推行的各项改革,多是桥本所提倡的改革的延续,"首相主导型"的决策体系也是桥本创造的。该报评价说,"桥本的墓碑上应该刻上'改革'的字样"。这些评论不无道理,尽管小泉纯一郎的所作所为显示,他很喜欢"标新立异",不想当"循规蹈矩""踩前任脚印"的首相。

为了推进经济财政改革,小泉决定充分发挥"经济财政咨询会议"的作用。这个咨询会议在森喜朗执政时期设立,由首相、官房长官、经济财政政策担当相、经济产业相、总务相、日本银行总裁、四名民间人士组成。小泉执政期间,经济财政咨询会议共召开了187次会议,小泉几乎有会必到。小泉执政当年6月,该咨询会议提出了题为《关于今后财政经济运营及经济社会结构改革的基本方针》的报告,强调"改革财政体制及预算编制过程,提高政策形成过程的透明度,确保中短期经济财政运营的综合性"。该报告强调,要实现特殊法人的民营化,加强地方自立,改革社会保障制度,积极处理不良债权。这些提议,均得到小泉的重视和推行。

"小泉改革" 小泉推行的特殊法人民营化改革的"高光时刻",就是强力推行邮政民营化改革。1997年,桥本内阁曾经提出过邮政事业民营化,因来自朝野各方面的阻力非常强大,因此在"行政改革会议"的最终报告中,这一内容被删除。但是,小泉亟欲将邮政民营化作为自己改革的一大政绩,仍强力推行,这是其内政方面的一个"亮点"。

小泉是经济自由主义的信奉者,强调"民间能做的事就由民间做"。邮政民营化,即邮政储蓄、邮政保险、邮政通信民营化。这是小泉的夙愿,他在当议员时就多次提出。因为,邮政"三事业"不缴纳法人税(企业税),和银行、保险公司、快递公司同台明显属于不公平竞争,而且由国家垄断的这些领域,效率也不如民营企业。不过,小泉没有以这些冠冕堂皇且具有说服力的理由,为邮政民营化辩解。在一次由NHK"生中继"(实况直播)的众议院会议上,作为首相的小泉一直闭目养神,以致众议院议长河野洋平一再提醒,"小泉君,请谦虚一点"。当有议员质问小泉为什么要进行邮政民营化改革时,小泉反问道:"日本自卫队人数不到24万,警察人数大约25万。请问,日本为什么要有27万人的邮政人员?"也就是说,按照小泉的逻辑,政府不应该用财政经费供养这么一个庞大的群体,而应该让他们自负盈亏。①

为了完成夙愿,小泉设立了作为首相私人咨询机构的"邮政三事业状态恳谈会",由日本21世纪公共政策研究所所长、经济学家田中直毅任会长。同时,日本政府还组织起草了《邮政公社法案》《书信邮政法案》。"邮政三事业状态恳谈会"提交的报告,颇具日本特色地列出了三个方案供决策者参考:一是三事业全部民营化;二是邮政储蓄和保险民营化;三是建立有经营主导权的公司。由于反对民营化的阻力很大,2002年7月24日,最终规定"有条件开放"的《邮政公社法案》《书信邮政法案》在国会获得通过。"巨型国有企业"日本邮政公社随后宣告成立。也就是说,作为"小泉改革"招牌的邮政事业民营化,是"亚光"的。

小泉内阁加强地方自立的改革,也是遵循桥本执政时期"六大改革"中行政改革的方针,即中央政府"小型化",中央政府和地方政府分权,减少中央政府对地方自治体即地方政府的干预。名义是减少干预,实际是减轻负担。因为,中央政府和地方政府的税收比是2∶1,但财政支出比是1∶2。然后,中央财政通过"补助金"的方式,向地方政府提供资金,即进行资金"再分配"。为了改变这种状况,"小泉改革"的具体措施是,减少中央财政补助金、减少地方向中央缴纳的税、中央的部分税源向地方转让。通过实施"三位一体"改革,使地方政府因为"自负盈亏"而在做出各种政策决定时更有责任感。一些在获取中央补助金方面受到优待的地方,对"三位一体"的改革当然强烈反对。但是,小泉执意推进这项改革。2003年6月,小泉在经济财政咨询会议上表示,三年后将废除四万亿日元补助金,与此同时强化分税制,即减少地方需向中央缴纳的税,使四万亿日元资金中80%的资金成为地方税源。经过各方博弈和各种"意见"的交锋,12月10日达成最终妥协,在翌年预算中削减1.3万亿日元补助金,转让4 249亿日元作为地方税源,地方需向中央缴纳的税则削减28 623亿日元。

改革社会保障制度,基本原则是降低政府公共事业费用的支出,即减

---

① 笔者当时在日本,目睹了这次国会"生中继",即实况直播。

轻政府负担。社会保障主要包括养老金保障制度和医疗保险制度。养老金在日本称"年金"。1942年,日本颁布了《劳动者年金保险法》。1961年,日本建立了国民年金(也称基础年金)制度,规定20岁以上、60岁以下的国民都有义务加入。之后,又增加了以企业工薪阶层为对象的厚生年金和以公务员为对象的共济年金。[①]1986年,日本通过将分头管理、互不相关的国民年金、厚生年金和共济年金,改为分头缴纳、集中管理,建立了"全民皆有年金"的制度。当时日本经济处于上升期,人口结构比较年轻,养老金问题几乎不存在。但是,随着泡沫经济崩溃,以及进入老龄社会后"少子化"雪上加霜,这笔开支在政府预算中占相当大比重,而且逐年攀升,使日本政府的财政赤字居高不下,"寅吃卯粮"呈积重难返之势。日本实行国民健康保险,每年根据收入按比率缴费(各地区缴费比率不同)。医疗健康方面,日本法律规定日本国民和长期滞留日本的外国人必须加入国民健康保险。如果生病,自己只需缴纳30%的诊疗费(有些企事业单位还可报销其中三分之一的金额),其余70%由国民健康保险基金支付。国民健康保险基金,由国家和地方政府财政补贴以及个人缴纳的保险金构成。随着日本进入老龄社会,需动用的金额必然增大,国家和地方财政负担相应增加。

　　小泉纯一郎执政当年即2001年,社会保障费在政府年度预算中占一般会计支出的21%,达12.6万亿日元。为了改变这种状况,小泉执政翌年即向国会提交了《医疗制度改革相关法案》,并在7月获国会通过。该法案主要内容为提高国民健康保险费占收入的缴纳比率,提高个人分担比率。在小泉执政最后一年即2006年6月,日本国会又通过了《医疗制度改革相关法案》,主要内容是逐渐减少政府医疗费支出的总体框架。2004年6月,日本国会通过了《年金改革相关法案》,主要内容是规定保险费率及支付标准并逐年进行调整,至2017年调整到位。例如,厚生年金2005年度保险金缴纳比率为薪酬的14.288%,之后每年提高0.354%,至2017年固定为18.3%。另外实施夫妇养老金分离,等等。但是,日本社会保障费增长速度如同"年轻人在跑步",而经济发展速度如同"老年人

---

① 日本年金(养老金)分三个种类:一是20岁以上60岁以下的国民都要缴纳,故称国民年金。二是5人以上企业和事务所等单位的员工都要缴纳的厚生年金。这部分年金按薪酬比例缴纳,个人和企业主各缴纳50%。三是共济年金主要是公务员和加入共济工会的私立学校教师等缴纳。厚生年金和共济年金合称雇员年金。

在走路",社会保障问题并没有因此获得根本解决。1990年,日本GDP为451万亿日元,2013年为483.1万亿日元,增幅为6.9%。同一时期日本政府支出社会保障费47.2万亿日元,2013年支出的这笔费用则是110.6万亿日元,增幅达2.34倍。

在处理不良债权方面,小泉内阁也采取了一些措施。2002年9月,小泉对内阁进行了改造。经过改造的内阁,有六名阁僚是小泉庆应大学校友。同样引人关注的是,竹中平藏取代柳泽伯夫兼任金融担当相。10月,在竹中平藏主导下,金融再生委员会"变身"的金融厅,发布了被称为"竹中计划"的"金融再生项目",核心内容就是处理不良债权。为此,日本银行和公共资金将向金融机构提供特别资金,要求银行2003年将不良债权的比率下降为8%,2005年将这一比率下降为4%。为此,小泉内阁不得不发行国债继续"举债度日",使他任内的国债发行量总额达到30万亿日元。但是,处理不良债权的预期目标基本达成。2005年决算报告显示,七家大银行的不良债权比率降至3%以下。[①]

2003年9月,自民党如期举行总裁选举,小泉纯一郎、龟井静香、藤井孝男、高村正彦参与竞选。在300张地方票中,小泉获得205票,加上194张议员票,总得票399票,超过总得票139票的第二名龟井静香260票,再次当选。小泉任命49岁的安倍晋三为自民党干事长。随后对内阁再次进行重组。新组建的内阁中的"新人"有财务相谷垣祯一,总务相麻生太郎,环境相小池百合子。10月10日,小泉宣布解散国会重新大选。11月10日的大选结果:自民党获得不到半数的237席,减少10席;公明党获34席;保守新党获4席;"自公保联合政权"的总席位数依然保持稳定多数。但是,在野的民主党也仍然保持强劲上升势头,获177席,增加40席。日本共产党和社会民主党的议席,分别减少为9席和6席。11月17日,自民党和保守新党签署合并协议,保守新党正式并入自民党。保守新党的国会议员自此成为自民党的国会议员。"自公保联合政权",自此变为"自公联合政权"。小泉纯一郎在11月19日再次当选首相并立即组建了第二届小泉内阁。原内阁成员全部留任。

2005年9月11日,日本再次举行大选。此次选举,以小泉为首的自民党派出了一些"美女刺客",即派"美女"参选,令选民纷纷投"美女"的

[①] 《日本经济新闻》2005年6月16日。

票,使"老气横秋"的参选者纷纷落马。结果,自民党获 296 席,增加 59 席;民主党获 113 席,减少 64 席;公明党获 31 席,减少 3 席;日本共产党和社会民主党分获 7 席;原众议院议长绵贯民辅和原自民党干事长龟井静香等新组建的"新党日本"获 1 席。执政的自民党和公明党获国会超三分之二的绝对稳定多数。随后众参两院进行指名选举,在众议院 479 张有效选票中,小泉获 340 张;在参议院 236 张有效选票中,小泉获 134 票。随后组成的小泉内阁,也保留了原班人马。但是,一个月后的 10 月 31 日,小泉再次改造自民党执行部和内阁。干事长武部勤和总务会长九间章生留任,中川秀直任政调会长。阁僚的主要调整是:麻生太郎转任外相,竹中平藏转任总务相。

战后历演不衰的"金权政治"戏码,在小泉执政期间当然没有"剧终"。主要丑闻有外务省官员铃木宗男受贿丑闻。据"爆料",铃木宗男曾经从北海道岛田建设公司收受贿赂 600 万日元(约合人民币 36 万元),从北海道"山林"木材公司收受贿赂 500 万日元(约合人民币 30 万元)。在 2002 年 3 月国会传唤时,铃木宗男伪造证词抵赖。6 月,铃木宗男被捕。8 月,前自民党干事长加藤纮一用政治资金支付住房租金事发,辞去众议员职务。农林水产相大岛理森因秘书参与公共事业投标时挪用政治资金,辞去大臣职务。

"小泉外交" 外交方面,小泉执政时期依然高度重视日美关系。执政当年即 2001 年 6 月 30 日,小泉飞赴美国。在美国马里兰州卡托克廷山地国家公园艾森豪威尔总统以他孙子"戴维"命名的总统休假地戴维营,会晤了美国总统布什。双方强调,"建立在伙伴关系基础上的日美关系不可动摇"。当年"9·11"事件发生后,小泉即发表声明表示,"这一恐怖事件是对民主社会的重大挑战,日本将尽最大努力应战"。9 月 25 日,小泉飞往美国,对布什承诺将在医疗救助、情报收集等多方面支援美国。10 月 5 日,小泉内阁向国会提交了《反恐特别措施法案》和《自卫队法修正案》,主要内容是自卫队在"合作支持""搜索救助""援救难民"三方面协助美军。当月 18 日和 29 日,法案在众参两院先后获得通过。12 月,《协助联合国维持和平活动法修正案》(《PKO 法修正案》)也在国会获得通过。翌年 4 月,小泉内阁又向国会提交了《武力攻击事态法案》《安全保障会议设置法修正案》,加上《自卫队法修正案》,被并称为"有事立法三法案",均获国会通过。总之,"右手和左手都紧紧攥住美国",是小泉外交的基本特点。

中日关系,小泉纯一郎始终坚持参拜靖国神社的顽固立场,对中日关系构成严重伤害。1997年8月15日,时任厚生相的小泉纯一郎就以官员身份参拜了靖国神社,并面对电视镜头大言不惭。2001年4月16日,在自民党总裁选举讨论会上,小泉公开表示:"如果担任首相,无论有什么样的批评,我也要在8月15日战殁者祭祀日参拜靖国神社。"[①]5月30日,小泉作为首相在参议院预算委员会回答质询时表示,将在8月15日参拜靖国神社。当年8月13日,小泉不顾各方强烈反对,执意参拜了靖国神社。根据日本《现代周刊》报道,由于内阁官房长官福田康夫再次劝告以及田中外相的反对,小泉提前两天参拜了靖国神社。事后,小泉还为没有遵循竞选时的"公约"表示歉意。

2001年10月8日,小泉对中国进行了一天工作访问,参观了位于北京的中国人民抗日战争纪念馆。据中国中央电视台报道,小泉在纪念馆馆长的陪同下,逐一参观了九一八事变、七七事变、全民抗战以及日军暴行等展馆,认真听取了纪念馆馆长的介绍。参观完纪念馆后,小泉在现场发表谈话说:"我对因那场侵略战争而牺牲的中国人民表示衷心的道歉和哀悼。"但是,小泉在翌年靖国神社春季大祭时,依然参拜了靖国神社,引起中国政府和人民强烈不满。为此,中方取消了中日邦交正常化30周年之际邀请小泉纯一郎对中国进行正式访问的计划。小泉至任期届满,每年一次共六次参拜靖国神社。由于中、日两国在经贸方面有难以割舍的依存关系,这种不符合双方民族利益的行为遭到日本朝野各界人士的批评。对小泉执政时期的中日关系,人们以"政冷经热"形容,但是,实际上中日经贸关系也明显呈"趋冷"态势。数据显示,1993年到2003年,日本取代美国成为中国最大贸易伙伴国。日本是中国吸收外资、引进技术,向中国提供政府贷款和无偿援助最多的国家。2004年,中国对日贸易额被中国和欧盟、美国的贸易额超过,降至第三位。日本对华投资合同金额和实际到位金额退居第四位。以2004年1月至5月为例,中美贸易额增长34.4%,中韩贸易增长48.4%,中欧贸易增长35.9%,中日贸易增长27.2%。中日贸易额在中国对外贸易额中的比重,1993年约20%,2003

---

① 内山融:《小泉政权——"性情中人的首相"究竟改变了什么》,中央公论新社2007年版,第135页。

第十三章 ● 平成时代

年降至15.7%。日本政府开发援助(ODA)不仅援助金额逐年减少,而且援助方式也从协议一揽子五年变为一年。2001年有15个项目,2002年和2003年均没有新增项目。总之,中日政治互信的缺失,使经贸互利受到严重影响。

小泉最令人有"惊世骇俗"之感的外交举措是访问朝鲜。在此之前,没有日本首相访问过朝鲜。当时,两国国际红十字会人员进行了接触,但很少有人知道这和小泉首相访问朝鲜有关。因此,当消息公布后,人们普遍感到突然。2002年9月16日下午,由75人组成的日本记者团搭乘的全日空班机,降落在位于平壤郊外的顺安国际机场。翌日,朝鲜国防委员会委员长金正日和日本首相小泉纯一郎,在平壤百花园迎宾馆首次举行会谈。双方坦率交换了意见,一致同意清算不幸的过去,解决悬而未决的问题,建立富有成效的政治、经济、文化关系。日本方面对过去在朝鲜的殖民统治给朝鲜人民带来巨大损害与痛苦的事实,表示深刻的反省和真诚的道歉。

之后,朝鲜外务省人员通知记者:"日朝首脑会谈已于15点34分结束。会谈进行了94分钟。17点30分,双方将举行《日朝平壤宣言》签字仪式。18点30分以后,小泉首相将在这个饭店(高丽饭店)二楼演播厅举行记者会。通知完毕。"17点之前,小泉首席秘书官饭岛勋到达现场,检查相关设备等。17点10分左右,日本外务省亚洲大洋洲局局长田中均到达现场,说了以下这番话:"我只谈日本人遭绑架问题。朝鲜外务省亚洲局长马哲洙局长告诉我,他们已收到关于绑架问题的报告。根据这份报告,从日本被绑架的日本人有11人。从欧洲被绑架的日本人有2人,一共13人。其中依然生存的有5人,他们是莲池薰、奥户祐木子、地村保志、浜本富贵惠、曾我瞳。已经去世的横田惠的女儿现生活在平壤。其他死亡者有本惠子、原敕晁、市川修一、增元留美子、久米丰、李恩惠,另外还有1名。""5名生存者外务省下午将举行见面会,进行身份确认。朝鲜方面根据他们本人意愿,将同意他们一时回国。""金正日委员长表示,过去数十年朝日两国存在敌对关系。关于日本人被绑架问题,我们成立了特别调查组进行调查。调查结果显示,从20世纪70年代到80年代初,个别特殊机关为英雄主义所驱使,绑架了日本人。他们绑架日本人的目的,是为了学习日语和去韩国。据我所知,这些人均受到了严厉处罚。我对此表示歉意,并承诺以后将避免此类事情再次发生。"①

双方签署的《日朝平壤宣言》主要内容有：双方同意当年10月恢复邦交正常化谈判；日本对曾经在朝鲜半岛实行的殖民统治，向朝鲜人民表示深刻反省和真诚道歉；日本向朝鲜提供经济援助，在邦交正常化谈判时商谈援助金额和项目等具体问题；相互放弃对战前存在的国家和个人财产请求权；朝鲜将采取适当措施，避免再次发生威胁日本国民生命和安全的事件，等等。

小泉执政时期正值联合国成立60周年，因此日本成为安理会常任理事国的欲望，又有新的显示。早在1994年6月，日本驻联合国代表小和田恒公开表示："日本要尽常任理事国的责任。"2001年3月，日本首相森喜朗在与美国总统布什共同发表的公报中，特别表明了"两国关于以提高效率为目的，推进联合国安理会改革的承诺，并为日本成为安理会常任理事国继续合作"。2004年9月21日，小泉纯一郎在第五十九届联大会议发表演说时称："为了对应和处理现今国际社会所面临的种种课题，以联合国为中心的国际协调是必要的。再则，联合国本身也有适应和面对处理新的现实的必要，应该进行反映21世纪之世界的改革。日本以往为了国际和平与安全所做出的贡献，是与成为安理会常任理事国相应的坚实的基础。"这番话，将日本想成为安理会常任理事国的意愿表露无遗。之后，小泉纯一郎和日本外相川口顺子拜会了联合国秘书长安南、美国总统布什和一些主要国家的首脑或外相，表明"入常"心迹，另外和德国、印度、巴西举行四国首脑会议，达成推动联合国改革和互相支持成为安理会常任理事国的协议。同年，日本《外交蓝皮书》阐述了日本政府力争成为安理会常任理事国的目标。日本欲成为安理会常任理事国的主要理由，是"财力决定权力"。日本政府认为，他们缴纳的联合国会费仅次于美国，居第二位，应该享有更多权利。但是，作为反法西斯阵营建立起来的联合国的核心安理会，不是企业的董事会。日本成为安理会常任理事国的梦想，迄今未能实现。

2005年7月5日，小泉内阁提出将日本邮政公社分为四家公司，分

---

① 以上引述均出自近藤大介：《东亚札记——小泉访朝随行记》，讲谈社2006年版，第61—62页。近藤大介时任日本《时代周刊》副主编，是小泉访问朝鲜的随行记者。

别从事邮政、储蓄、保险、邮局资产管理,于2007年4月实施彻底民营化。相关法案在众议院以233票赞成、228票反对的微弱多数获得通过,但是在参议院以125票反对、108票赞成的表决结果被否决。2005年8月8日,小泉宣布解散众议院重新举行大选,同时表示不再竞选自民党总裁。由于众议院议员中反对邮政民营化的议员为数不少,自民党执行部决定,不推荐这些议员参选。小泉"长期执政"历时1 980天后,宣告结束。

第六节 "政权更替"前三任首相的内政外交

小泉表示不参加自民党竞选后,"麻垣康三",即小泉内阁外相麻生太郎、财务相谷垣祯一、原官房长官福田康夫、官房长官安倍晋三,成为人们关注的热门继任人选。但是,福田康夫明确表示无意竞选,因此竞选在其余三人中展开。结果,在2006年9月20日的总裁选举中,安倍晋三胜出。9月26日,小泉内阁总辞职,当天下午众参两院举行首相指名选举,52岁的安倍晋三成功当选,成为自伊藤博文以后,日本第五十七位、第九十任首相。安倍也是第一位出生于"二战"后和"二战"后最年轻的首相。

但是,踌躇满志的安倍晋三上任不久,即因为日本自民党在参议院选举中失利而形成"扭曲国会"——执政党和在野党分别控制众参两院。或由于压力太大,安倍宣布因受"功能性胃肠障碍"困扰而辞职。之后,在森喜朗的幕后操纵下,福田康夫继任首相。但是,"扭曲国会"令福田康夫举步维艰。在任期结束前一年,福田突然宣布辞职。福田康夫的继任者麻生太郎虽然竭力挽救"危局",但自民党人心已失,终因在2009年8月底的大选中遭遇"滑铁卢"而再次"下野"。民主党上台执政,实现了"政权更替"。

安倍首度问鼎相位 2006年9月6日,当时还是皇太子的德仁的弟弟即秋筱宫文仁亲王的妻子纪子,产下了一个男孩,这个男孩成为继

喜得贵子的文仁夫妇

日本通史（修订本）

皇室全家福

2008年1月2日，明仁天皇偕德仁和文仁夫妇向前往皇居的民众致意

1965年出生的文仁亲王之后，日本皇室41年来的首个男孩。在"命名之仪"时，文仁将儿子命名为"悠仁"，寓意"希望孩子悠然地走过长久的人生"。

皇室增添继嗣者，当然是日本的大事，但对日本政坛乃至国家政治经济外交而言，真正具有重要影响的，是安倍首次当选自民党总裁。

安倍晋三1954年9月21日出生于东京，祖籍是明治维新的故乡山口县（原长州藩）。安倍晋三的父亲安倍晋太郎曾任外相，祖父安倍宽曾任众议员，是"反战议员"。安倍晋三的外祖父岸信介是日本第三十七位首相；岸信介的胞弟佐藤荣作是日本第三十九位首相。安倍晋三的妻子安倍昭惠（原名松崎昭惠）是森永制果株式会社创建者森永太一郎的外孙女，是总经理的女儿，小安倍晋三八岁，森永制果是日本著名食品龙头企业。安倍晋三的出身和家族，堪称"官商一体"及"左右合一"。

1977年，含着"金钥匙"出生的安倍晋三，和大多数东京大学、早稻田大学等名牌大学毕业的首相相比，学历或许不让他引以为傲，他是成蹊大学法学部政治学专业毕业的，尽管成蹊大学和学习院大学、成城大学、武藏大学并称"东京四大学"。"成蹊"校名典出司马迁的《史记》"桃李不言，下自成蹊"，相当有历史和文化的厚重感。安倍从成蹊大学毕业后，赴美国南加州大学留学，之后进入日本"神户制钢"纽约分公司。1982年，安倍辞去了这份工作，担任他父亲安倍晋太郎的秘书。他父亲这种安排，显然有让他"接班"的意图。安倍晋太郎毕业于东大法学部，曾历任内阁官

1296

房长官、通产相、外相、自民党干事长,和竹下登、宫泽喜一被并称为后中曾根时代的"政坛三领袖",是小泉纯一郎的政治恩师。正是由于安倍晋太郎的推荐,小泉纯一郎才得以在竹下内阁中任职,从此正式走上"仕途"。安倍晋太郎和竹下登曾秘密商定,先拜竹下登为相,再由安倍晋太郎继位。但是,"人算不如天算",1991年安倍晋太郎突然病逝,日本政坛否则可能"一门四相",只能寄希望于他的儿子安倍晋三。安倍晋三1993年才在家乡山口县初次当选众议员,资历不深。小泉重用安倍晋三,是"投桃报李"。

　　小泉内阁总辞职后,当天组成的安倍内阁以"新人"为主:麻生太郎留任为外相,经济产业相为甘利明,财务相为尾身幸次,内阁官房长官为盐崎恭久,政策研究大学院经济学教授大田弘子任经济财政相,菅义伟任总务兼邮政民营化担当相,支援安倍议员联盟会长山本有二任金融再挑战担当相。内阁组成后即遭到舆论批评,认为这是"论功行赏",是"友人内阁""同志俱乐部"。另外,安倍还仿效美国的做派,任命了五名"首相辅佐官(顾问)",体现出"(首相)官邸主导型政治"的浓厚色彩。

　　2006年7月,即出任首相前夕,安倍晋三发表了作为自己政治信条的《建成美丽国家——拥有自信与骄傲的日本》一书。安倍在这本书中分七章论述了"建成美丽国家"的关键:"我的立足点""自立的国家""何谓民族主义""日美同盟的构图""日本与亚洲以及中国""少子国家的未来""教育的再生"。[1]安倍晋三在书中强调,应摆脱"战后体制",对宪法以及安保、教育、行政等领域与时代不相适应的部分,进行大胆改革。他在书中表明了他的政治倾向。他写道,"我的政治DNA更多地继承了岸信介的遗传"。安倍将他领导的内阁命名为"建成美丽的国家内阁"。民众对安倍内阁似不无期待。根据日本经济新闻社当月的即时民调,安倍内阁的支持率为71%,仅次于小泉内阁的80%,不支持率为17%。超出第一届小泉内阁9个百分点。

　　安倍晋三在第一百零六十六次国会发表施政演说时,再次描述了他向往的"美丽国家",并使用了一个值得关注的概念——"国家认同"。他强调,"美丽国家"就是国民对国家理念、国家方向、民族特性有认同感。为此,必须重视文化传统和历史,必须有持续发展的能量,必须受世界尊

---

[1] 安倍晋三:《建成美丽国家——拥有自信与骄傲的日本》,文艺春秋出版社2006年版。

敬、关注、爱戴——为此，必须重视经济增长，因为，"没有经济增长就没有财政重建"，所以必须关注社会保障，完善以养老金、医疗、护理为核心内容的改革，构筑"日本型社会保障制度"。安倍特别强调必须重视教育。他援引吉田松阴教育弟子的例子，提出"松下村塾"成为维新志士摇篮对国家的意义。安倍晋三为了建成他憧憬的所谓"美丽国家"，推出了《日本教育基本法修正案》《防卫厅升格为防卫省法案》，并于2006年秋季临时国会获得通过。该修正案要求对学生加强"爱国心""公共精神"和"传统"教育。但是，这种做法被批评为将《教育敕语》精神植入现代教育。安倍晋三还强调修改宪法，认为《日本国宪法》第九条是使日本"正常化"的最大障碍。在安倍内阁的积极推动下，2007年4月13日和5月14日，日本众参两院先后通过了《日本国宪法修改手续相关法律》（通称《国民投票法》或《宪法修改程序法》），将享有投票权的年龄从20周岁降为18周岁。

　　外交方面，安倍晋三依然重视日美关系，强化"为了世界和亚洲的日美同盟"。但他同时也主张改善和近邻中国与韩国的关系。因此，安倍晋三在外交方面最举世关注的举动，就是将中国作为他执政后首先访问的国家。应该看到，安倍此举是顺应民意。根据当年3月日本外务省公布的民调结果，77.9%的受访者表示，"希望改善因小泉参拜靖国神社而恶化的日中关系"。自民党执政伙伴公明党的代表太田昭宏也表示，希望通过双方卓有成效的对话，大幅度改善日中、日韩关系。

　　安倍晋三担任首相后，首先访问的国家是中国而不是美国，并且是对中国进行正式访问。这也是日本首相时隔5年再次访问中国，被称为"破冰之旅"。2006年10月8日到9日访华，中国国家主席胡锦涛和国务院总理温家宝分别会见了安倍晋三，双方就年内双方学者开始共同研究历史达成共识。之后，双方组成了各由10名学者参加的中日共同研究历史委员会。步平为中方首席专家，北冈伸一为日方首席专家。委员会分成"古代史"和"近现代史"两个小组，计划对从古至今的中日关系史进行系统梳理和研究，以便通过对历史的客观认识，增进相互之间的理解。① 翌年4月11日，温家宝总理开始了访日旅程。此次访问距上次中国总理访问日本时隔近6年，被称为"融冰之旅"。中日双方先后启动了"文化体育

---

① 北冈伸一：《日本政治的崩坏——如何克服第三次战败》，中央公论新社2012年版，第22页。

交流年"。"文化体育交流年"以"C(China)"和"J(Japan)"作为广告图标,并以"心的期待,新的未来"作为交流年口号。

10月9日,安倍晋三访问了韩国。安倍在与韩国总统卢武铉会晤时表示,愿意改善因小泉参拜靖国神社而陷入低谷的日韩双边关系,共同发展"面向未来"的友好合作关系。之后,卢武铉对记者表示:"历史问题如果没有得到解决,将成为两国关系发展的严重绊脚石。"他还透露,安倍晋三首相在会晤时向他表示,将认真对待历史问题。

然而,中日、韩日关系的"坚冰","冰冻三尺,非一日之寒",并不那么容易打破。翌年即2007年1月11日,安倍晋三作为第一位访问欧盟总部的日本首相,在布鲁塞尔和欧盟主席巴罗佐会晤时表示,希望加强日本与北约的军事合作,包括自卫队和北约部队在国际维和方面的合作。同时表示,日本反对欧盟对华武器解禁。国际舆论认为,这明显是为了遏制中国日益增长的国际影响力。3月1日,安倍表示,没有证据表明战时日本官方曾强征慰安妇。韩国外交通商部对此发表声明,对安倍首相发表混淆历史事实的言论"深表遗憾"。尽管安倍事后对此表示"道歉",但担忧日韩关系紧张会破坏战略布局的美国却不依不饶。7月30日,美国众议院通过了要求日本政府"说清楚"的《慰安妇决议案》。

"安倍外交"值得关注的另一个举措,是在2007年3月13日,与到访的澳大利亚总理霍华德,签署了《日澳安全保障联合宣言》。这是除《日美安保条约》之外,日本与他国签署的第一份安全合作文件。

安倍面临的难题 战时令首相下台的主要是外交问题,战后使首相下台的主要是内政问题,安倍也不例外。当时日本内政出了个举国关注的问题:2007年初,媒体爆料,有5 095万件日本国民年金保险金缴纳记录,出现严重差错!不少人随即到各社会保险事务所去查自己的年金保险金缴纳记录,发现存在少则几月,多则几年甚至十年以上的空白。如前所述,65岁后能领取多少年金,是由此前缴纳年金保险金的年份决定的。日本有约70%老人靠年金生活,有60%以上老人的收入只有年金。记录缺失对很多人意味什么,毋庸赘言。造成查证困难的是,或许为了保护个人隐私,虽然缴纳者每人都有1本"年金手账",但手账上只有姓名、性别、出生日期和家庭住址,没有缴纳年金的时间和数额。对于厚生年金和共济年金缴纳者,提供缴纳证明不难。因为,他们都由单位代缴,可以由单位出具财务证明。但是,私营业者等怎么办?最终,有两万多人因为无法提供缴纳证明,被社会保险厅拒绝受理。据调查,造成大量缴纳记录缺失的主要原因:一是1987年国民年金制度确立后实施计算机统一管理,输入时出现差错;二是1997年实行年金号码统一化时出现差错;三是2002年所有年金记录移交社会保险厅归口管理时,很多之前手工处理的资料被当成废纸,使"问题记录"无法查证;四是有社会保险厅人员贪污挪用。总之,源于政府管理不到位和个别人员的渎职。2007年1月,民主党议员在国会就此向政府提出质问,但政府方面支支吾吾,顾左右而言他。5月24日,负责管理年金的日本社会保险厅承认,情况属实,并从6月开始采取对策。

"金权政治"问题在安倍执政期间也不断发生。先是规制改革和行政改革担当相佐田玄一郎虚构政治资金使用情况,将8 000万日元(约合人民币48万元)用于事务所装修,被迫辞职。农林水产相松冈利胜也被曝将事务所设在不需要支付费用的众议院议员会馆,但却在费用开支报告中虚构事务所开支2 800万日元(约合人民币170万元),另外还涉嫌多次收取干预招投标的报酬。2007年5月28日,松冈利胜在议员会馆房间内上吊自杀,留下六封遗书。6月30日,防卫相久间章生在千叶县丽泽大学演讲时称,"美国向日本投原子弹是无奈之举",引起舆论哗然,被迫辞职。另外,"小泉改革"虽然取得了一些成果,但是也使中小企业和大企业、农林水产业和都市制造业从业人员的收入,进一步拉开差距,使日本贫富差距拉大。长期作为自民党"票仓"的农村地区,对此不无怨言。《日本经济新闻》民调显示,安倍内阁支持率一个月下降了12个百分点,为41%。《每日新闻》的民调则是下降11个百分点,为32%。在这样的背景下,7月29日举行第二十一次参议院部分议员改选,自民党改选议员37人当选,加上未改选议员合计82人(改选前为110人),堪称惨败。民主党有59人当选,加上未改选议员108人(改选前81人),可谓大胜。参议院242个议席,在野党总议席占133个,超过了执政的自民党和公明党,形成了所谓"扭曲国会":众议院执政党占多数,参议院在野党占多数。这种状况使执政党提出的议案能否在参议院顺利获得通过,成为一大难题。舆论认为,自民党之所以落败,主要因为年金、金权丑闻、贫富差距扩大。

按照"惯例",众议院选举失败,首相直接下台。参议院选举失败,人

第十三章 平成时代

们认为安倍有两个选择:一是引咎辞职,二是解散众议院重新举行大选。选举后,自民党干事长中村秀直、自民党参议院总会长青木干雄当即宣布辞职。此前,宇野宗佑和桥本龙太郎,均因为参议院选举失败而引咎辞职。即时民调显示,安倍内阁支持率跌到20%。但是,安倍既没有辞职,也没有解散众议院,令人颇感意外。同样令人感到意外的是,继松冈利胜出任农林水产相的赤诚德彦又因"贪小便宜",挪用政治资金支付自己家的电费燃气费等,于8月辞职。为了改变"形象",8月24日,安倍晋三对内阁进行了改组,并让麻生太郎出任自民党干事长。孰料,赤诚德彦的后任农林水产相远藤武彦又因类似"丑闻",刚上任便于9月辞职,使安倍改造内阁的效果,刚起步就打了"折扣"。

由于本届日本临时国会预定11月10日结束,《反恐特别措施法》能否通过延长或替代法案,成为一大难题。安倍内阁决定国会延期,留待翌年审议。但是,这终不是长久之计。面对各方面压力,安倍突然因"功能性胃肠障碍"休假,国会陷入混乱。美国对《反恐特别措施法》能否延长非常关注。9月12日上午,美国驻日本大使希弗分别会见了官房长官与谢野馨和外相町村信孝,要求日本海上自卫队继续在印度洋为美国舰艇补充燃料。下午2点,安倍晋三在首相官邸举行记者会,宣布辞去自民党总裁职务。但是,民主党代表即党首小泽一郎当即表示,自民党换总裁民主党反对为美英等国海监舰艇提供燃料的立场也不会改变。这一表态令美国非常恼火。

安倍之后由谁继任总裁?舆论普遍猜测,自民党干事长麻生太郎的可能性最大。但是,自民党地方组织和国会议员选举的结果是,原内阁官房长官71岁的福田康夫获330票,67岁的麻生太郎获197票。9月25日,众参两院选举中,福田康夫在众议院获胜,但在野党占多数的参议院选举,福田康夫败给了民主党代表小泽一郎。根据"众议院决议优先"的原则,福田康夫当选为第五十八位、第九十一任首相。

"子承父业"的福田康夫 福田康夫和他父亲不仅是日本历史上唯一"子承父业"当首相的例子,而且福田非常孝顺,很听父母的话。福田康夫当选首相后,《现代周刊》即刊登了一篇报道,题为《从安倍到福田》。据这篇报道披露,在舆论一片看好麻生太郎时,森喜朗先给小泉纯一郎打了电话,提出他支持福田康夫继位。小泉纯一郎开出价码:继续推进作为他"政绩"的邮政民营化改革、帮助议会中支持他的年轻议员。森喜朗当即答应。随后,森喜朗又和其他自民党要员商议。被称为"首相制造者"的森喜朗,又制造了一个首相。报道还提到两个趣闻:一是福田康夫对外交最感兴趣。福田康夫成为众议员后,希望进入外务委员会,但因当时没有名额,所以当了一年"浪人"。后来出任小泉内阁官房长官,福田康夫感兴趣的依然是外交。由于首相小泉连续参拜靖国神社,中日关系不断恶化。这是他很不愿意看到的。于是,他一直和中国驻日大使武大伟保持联系,努力阻止两国关系持续滑坡。这说明了他对中日关系的重视和所持的立场。二是福田康夫和夫人福田贵代子是如何结缘的。贵代子本名岭贵代子,也是簪缨世家,祖父樱内幸雄20世纪40年代初任民政党内阁的藏相,伯父樱内义雄20世纪90年代初任众议院议长。樱内义雄积极致力于中日友好,多次访华。贵代子的父亲岭驹夫曾经担任每日新闻社社长。更重要的是,当年岭贵代子是庆应大学的"校花",有"和服美人"之誉。岭贵代子想成为"空姐",当时日本国际航线不多,空姐很热门。于是,她向接替她父亲任每日新闻社社长的姐夫求助。姐夫帮他联系了藏相福田赳夫。于是,她便登门求助。福田赳夫的夫人福田三枝见到端庄秀丽的岭贵代子,很是喜欢。听说了她的来意后,夫人说:"你别去航空公司就职了,就来我家'就职',当我儿媳妇吧。"贵代子知道福田家有个比她大8岁的长子,叫福田康夫,很优秀,但她当然不可能没那份大户人家小姐的矜持,一口答应。回到家里后,她姐夫的电话就来了……就这样,岭贵代子成了福田贵代子。9月26日,上午出门时还是儿子驾私家车送去上班的丈夫,晚上回家时却是乘坐着有防弹玻璃和特殊钢板的首相专车,而且前有警车开道,后有保镖压阵,而她自己也成了日本"第一夫人"。这件事说明了父母在福田康夫生活中的地位。巧的是,福田赳夫和福田康夫父子均成为日本首相,在日本历史上独一无二,而且当选首相的年龄都是71岁。

福田康夫出生于1936年,从名校麻布高中毕业后,考入早稻田大学政经学部,毕业后就职于丸善石油公司(今天的COSMO石油公司),当了17年工薪阶层。1976年,40岁的福田康夫当了父亲福田赳夫的秘书。1990年在老家群马县当选为众议院议员,根据他父亲的意愿正式步入政界。此时福田赳夫已85岁,急需"接班人"。福田康夫在担任了外务省政务次官后,于2000年首次入阁,出任森喜朗内阁官房长官。那年福田康夫已64岁。由于森喜朗口无遮拦,经常"失言",而且总是由福田康夫帮着"解释",所以当时福田康夫又被称为"解释长官"。福田康夫后来续任小泉内阁官房长官。福田康夫任官房长官共计1 289天,是日本宪政史上任职时间最长的"大内总管"。

福田执政后,对自民党"三役"进行了调整:安倍内阁文部科学相伊吹文明任干事长,谷垣祯一任政调会长,二阶俊博任总务会长。另外任命原自民党干事长古贺诚任选举对策委员长。值得一提的是,这四个自民党大老都是派阀首领。这么做的一个重要原因,是小泉竞选时提出打破自民党派阀并有一定效果。2005年众议院选举后,无派阀属性的新当选议员达83人。这些议员在小泉授意下,成立了"83会"作为学习研讨会。那次选举后,无派阀所属的自民党众议员达到92人,占全体自民党众议员的31.4%。但时隔不久,派阀又重新集结,尤其是在自民党总裁选举中的作用非常明显。至2009年初,无派阀成员仅剩42人。以下为各派阀情况表:①

时间	谷贺	谷垣	麻生	津岛	二阶	町村	伊吹	山崎	高村	无派阀	合计
2005年10月	30	11	9	33	8	53	18	26	13	92	295
2009年2月	51	—	16	46	14	61	22	38	14	42	304

福田内阁基本保留了安倍内阁的原班人马,17名阁僚留任15名,只是做了些横向调整:安倍内阁外相町村信孝转任内阁官房长官,安倍内阁防卫相高村正彦转任外相。另外,任命石破茂任防卫相。这三位自民党大老都是派阀首领。在初次记者会上,福田康夫特别强调了他所具有的危机意识:"即便只踏错一步,自民党也将粉身碎骨。"福田将他领衔的内阁命名为"背水布阵内阁"。日本经济新闻社当月民调显示,对福田内阁的支持率为59%,不支持率为27%。②

2007年10月17日,福田内阁向国会众议院提交了《新反恐特别措施法案》(全称是《关于对反恐对策海上阻止活动实施补给支援活动的特别措施法案》),对原有《反恐特别措施法》进行了部分修改。新法案规定,

---

① 日本政治经济新闻社:《国会便览》2009年2月版,第414—417页。
② 《日本经济新闻》2007年9月27日朝刊。

自卫队的活动仅限于为进行反恐活动的美国等国舰船供油和供水,删除了自卫队开展补给活动需要国会批准的条款,但规定日本政府在决定和变更"实施计划"以及自卫队补给活动结束时,有义务向国会报告。有效期1年。为了使《新反恐特别措施法案》能够延期,福田内阁提出,愿意和民主党建立"大联合政权"。10月底至11月初,福田康夫和小泽一郎举行了自民党和民主党党首会谈。小泽一郎同意建立"大联合政权",但遭到民主党其他干部强烈反对。小泽一郎以辞职要挟无果,继续留任,而"大联合政权"终因难违民主党众意,没有建立。11月13日,《新反恐特别措施法案》在众议院获得通过,但是翌年1月11日在参议院被否决。"扭曲国会"令福田康夫执政,举步维艰。

注重外交的福田康夫执政期间,强化日美关系和改善中日关系是重点。他明确表示,"以日美关系为主,首先是与美国的外交为主"。2007年11月17日,福田康夫到访美国,公开表示,"必须展开以日美同盟为基础的合理的亚洲外交",即"日美同盟和亚洲外交的共鸣"。不过,在强化日美同盟方面,福田康夫执政期间并没有进一步举措。当年11月20日,福田康夫在新加坡和中国国务院总理温家宝会晤,提出加强战略互惠关系应成为今后双方共同的中心任务。12月1日,首届中日经济高层对话在北京举行,双方就宏观经济政策、节能环保、贸易投资合作、多边及区域经济合作四方面,坦率交流,达成共识。12月27日至30日,福田康夫对中国进行了四天正式访问,明确表示日本不支持任何形式的"两个中国",表示日本期待和中国加强合作,扩大交流。在北京大学发表演讲时,福田康夫首相强调了构建中日战略互惠关系的三个核心要素:互利合作、国际贡献、相互信赖。

2008年5月6日,中国国家主席胡锦涛应邀访问日本。5月7日,胡锦涛主席和福田康夫首相共同签署了《中日关于全面推进战略互惠关系的联合声明》,即中日之间的"第四个政治文件"。5月12日,中国汶川发生特大地震,第二天日本政府宣布向中国提供5亿日元紧急救援物资。5月30日,日本政府宣布将紧急救援物资的款项从5亿日元增加到10亿日元。另外还派救援队赶赴四川地震灾区,获得了中国人民普遍好感。8月8日,福田康夫首相偕夫人出席了北京奥运会开幕式。在福田康夫执政期间,包括双方军舰互访,中、日两国开展了各领域的广泛交流。

在朝核问题和绑架问题上,福田康夫也主张以对话为主,主张通过多边合作解决双边难题。

2008年8月1日,福田康夫对内阁进行了"大换血",除官房长官町村信孝、外相高村正彦、厚生劳动相舛添要一、总务相增田宽留任外,17名阁僚中的13名阁僚被更换。尤其引人注目的是,福田康夫请麻生太郎出任自民党干事长。此举被舆论解读为他日后有意将总裁职位让给麻生太郎。总之,福田这么做是为了巩固政权和提升民意支持率。无奈福田康夫"任不逢时"。在"扭曲国会"中,以小泽一郎为首的民主党等在野党处处作梗,甚至福田政府提出日本银行副总裁武藤敏郎和国际协力银行总裁田波耕治作为日银总裁人选,也在参议院被否决,使日本银行战后首次出现总裁空缺(原日银总裁福井俊彦因五年任期届满将离任),加之汽油价和粮价上涨,使民众对福田内阁日益不满,民意支持率持续下滑,5月份跌破20%。同时,公明党在一些重要问题上与自民党发生分歧,而民主党"虎视眈眈",下届大选自民党前景堪忧。种种难题使福田康夫不堪重负。9月1日夜,福田康夫召开记者会,突然宣布辞职。他表示,"我的决定是基于未来的政治情况"。离任期还有一年的福田内阁,提前告别了日本政治舞台。

"大嘴"麻生 2008年9月22日,众参两院387名自民党议员、各有三票的47个都道府县地方党支部代表,选举自民党总裁。麻生太郎、石破茂、石原伸晃、与谢野馨、小池百合子参加竞选。最终,68岁的麻生太郎以遥遥领先的351票,当选第23代自民党总裁。9月24日下午,麻生太郎在众议院全体会议选举中获胜,但在参议院以17票之差败给民主党代表小泽一郎。随后,两院进行了协商,但以失败告终。根据"众议院决议优先"原则,68岁的麻生太郎当选第59位、第92任首相。

麻生太郎祖籍福冈县饭塚市,是继第二十一代日本首相广田弘毅之后,祖籍是福冈县的第二位首相。麻生太郎出生于1940年9月。麻生太郎的祖上麻生太吉是明治时代的"煤老板",也是贵族院议员。麻生太郎的祖父麻生太郎33岁早逝。①他的父亲麻生太贺吉是经营多家家族企业的企业家。"二战"后,麻生太贺吉在姻亲吉田茂的支持下成功当选议员,而吉田茂也因此获得了充裕的政治资金。麻生太郎的妹妹是明仁天皇的

---

① 祖孙同名同姓在日本历史上并不鲜见,如织田信长的父亲和他第六个儿子都叫织田信秀。

堂弟三笠宫宽仁亲王的妻子。妻子本名叫铃木千鹤子,是前首相铃木善幸的三女儿。麻生太郎的祖母夏子有个侄孙女,嫁给了桥本龙太郎。另外,麻生太郎和安倍晋三、宫泽喜一、鸠山一郎也都沾亲,是名副其实的"皇亲国戚"。

从小养尊处优的麻生太郎,个性张扬,厌学贪玩,被称为"筑丰的少爷"。筑丰是福冈县饭冢市的旧称。麻生太郎高中毕业后进入学习院大学政经学部,学习政治学,毕业后赴美国斯坦福大学和英国伦敦政治经济学院,只是没听说他获得什么学位。1966年麻生太郎回国后,先是在亲戚水野成夫经营的产经新闻当了半年记者,后来当了"麻生产业株式会社"的社长和"麻生水泥株式会社"的社长。麻生社长是否善于经营似乎不重要,因为有他妈妈在,真正的决策者不会是他。麻生太郎看似放荡不羁,读书并不精进,无论在中学还是在大学学习期间,名次排行榜都需要从下往上数,才能迅速看到他的名字。但是,麻生太郎经常"瞄准一个目标"。他喜欢射击,曾作为国家队队员参加1976年加拿大蒙特利尔奥运会,虽然成绩不佳,仅获飞碟项目第四十一名,但至少曾勤学苦练。两年后,麻生太郎当上了公益社团日本青年会议所(JC)的会长。麻生太郎还有个特殊爱好,即喜欢看漫画,自称一天要看20本漫画周刊。

1979年10月,年近不惑的麻生太郎首次当选众议员,1996年首次入阁,担任桥本内阁经济企划厅长官。四年后出任森内阁负责经济财政的国务大臣。小泉纯一郎执政后,麻生先后任自民党政调会长、总务相、外相,很受重用。当然,这未必是因为麻生太郎能力出类拔萃,而是因为他的立场和小泉纯一郎相似,也因为小泉纯一郎想以此巩固和扩大执政基础。

麻生太郎以"大嘴"著称,比森喜朗有过之而无不及。2006年10月9日,朝鲜进行了首次核试验,作为日本外相的麻生太郎居然忘了日本常年坚持的"无核三原则",表示可以对日本是否应进行核试验展开讨论,引起舆论哗然。在野党更是要求麻生太郎引咎辞职。但是,麻生对此根本置若罔闻,而是将"大勇会"(原河野洋平派)改名为"为公会",当起了派阀首领。11月30日,作为外相的麻生太郎在日本国际问题研究所主办的专题讲座上,发表了政策演讲,题为《建立"自由与繁荣之弧"——拓宽日本外交地平线》。麻生太郎描绘这幅外交战略愿景图的目的,是在强化日美

第十三章 ● 平成时代

同盟的前提下,增进日美欧关系。麻生太郎在演讲最后指出,不能把"自由与繁荣之弧"理解为封锁中国、孤立俄罗斯。尽管如此,有不少分析认为麻生推行"自由与繁荣之弧",显然和试图围堵中国不无关系。2007年6月,麻生太郎出版了《自由与繁荣之弧》和《无可限量的日本》两本书,更完整地阐述了他的外交战略思想。内政方面,麻生太郎没有提出独立政策主张。

9月24日麻生当选为首相后,当晚麻生内阁即宣告成立。17名阁僚中,原福田内阁的经济财政担当相与谢野馨、经济产业相二阶俊博、厚生劳动相舛添要一、消费者行政担当相野田圣子、环境相齐藤铁夫,继续留任。法相森英介、防卫相滨田靖一、国家公安委员长兼冲绳北方担当相佐藤勉、文部科学相盐谷立、少子化担当相小渊优子,均是首次入阁。中曾根康弘的长子中曾根弘文任外相,河村健夫任内阁官房长官,中川昭一任财务相兼金融担当相,鸠山由纪夫的胞弟鸠山邦夫任总务相,中山成彬任国土交通相,甘利明任行政改革担当相。其中有11名阁僚是"世袭阁僚"。菅直人曾经批评道:"包括麻生首相在内,前首相的后代有四人,简直就像江户幕府。"因此,麻生太郎又被称为"平成的德川家康"。麻生内阁最令人感到"惊艳"的是小渊惠三年仅34岁的漂亮女儿小渊优子的入阁,打破了十年前野田圣子37岁入阁的纪录。

麻生太郎当选首相后即前往美国,参加第六十三届联合国大会。9月26日,麻生太郎在联合国大会发表演讲时表示,中韩两国是日本重要伙伴,日本将与中韩两国增进"互惠与共益",同时与中韩两国及东盟各国增进多层次合作,为东亚地区和全世界的和平与繁荣做出贡献。9月29日,素来桀骜不驯的麻生太郎在国会发表施政演说时,对民主党进行了公开指责,称"民主党将政局作为第一要义,将国民生活摆在第二位、第三位"。麻生太郎表示,他领导的内阁将刺激经济,再建财政,以改革促进发展,使国民生活安定,为此将建立简约温情的政府,促进地区活力以及环境可持续发展。在外交方面,他再次表示,"和中国、韩国、俄罗斯等近邻国家共同发展,构筑地区稳定、繁荣的局面"。麻生太郎的表述,实际上是福田内阁外交路线的继续,即不再像小泉那样,"右手和左手都紧紧攥住美国",而是"右手拉住美国、左手拉住亚洲"。麻生太郎上任半年,中日领导人共举行了四次会谈,这一频率在中日关系史上极为罕见。麻生太郎也相当重视与印度的关系,执政一个月后,10月27日,即与到访的印度总理曼莫汉·辛格共同发表了《日印合作宣言》。

当然，麻生太郎不可能不重视日俄和日美关系，也做了一些"日常功课"，如2008年2月18日和俄国总统梅德韦杰夫会谈时，再次提出北方四岛（南千岛群岛）回归要求。2月24日，麻生太郎访问美国，和奥巴马就加强日美同盟达成共识。不过，具有讽刺意味的是，双方进行了一个多小时的会晤后，没有记者会，没有午餐会，没有共同声明。美国有线电视新闻网(CNN)讽刺道："为了一个多小时，麻生太郎首相飞了一万一千多公里。"

麻生太郎上任时逢美国发生"金融危机"之后，日美经济联系紧密，原本美国经济打"喷嚏"，日本经济就会"感冒"，何况美国经济真"感冒"了。深陷金融危机旋涡的日本，令麻生太郎一筹莫展。而他的阁僚像他一样"口不择言"。另外"金权政治"和"桃色丑闻"痼疾，又在他内阁成员身上频频发作。组阁才五天，国土交通相中山成彬即因发表一系列不当言论而被迫辞职；2009年2月，财务相兼金融担当相中川昭一因在西方财长会议期间醉酒献丑而辞职；5月，官房副长官鸿池祥肇因桃色丑闻被曝而辞职……

2009年7月21日，麻生太郎召开内阁会议，宣布解散众议院，举行大选。8月18日，日本政府发布选举公告，同一天，中央选举管理委员会开始受理各政党比例代表选区候选人名单，各都道府县选举管理委员会开始受理小选区候选人申请。①8月30日正式举行大选，在众议院480个席位中，民主党从115席增至308席，自民党从300席减为119席，和自民党联合执政的公明党由31席减为21席。另外，日本共产党和社民党分别维持选前的9席和7席，国民新党从4席减为3席，大家的党从4席增为5席，其他党派和无党派人士仍为8席。引人关注的是，公明党代表（党首）太田昭宏、干事长北侧一雄均落选。前首相海部俊树也落选。"人心就是最大的政治"，诚哉斯言。

选举结束后，麻生太郎和自民党干事长细田博之均表示引咎辞职。民主党代表（党首）鸠山由纪夫则发表了"胜利宣言"。他表示，这一天是

---

① 日本众议院每四年选举一次，由465名议员组成。通过并立的"小选举区制"和"比例代表制"选举产生。选民从小选举区中选出289名议员，从比例代表中选出176名议员。小选区由选民直接对候选人个人投票；比例代表选区则由选民对各政党投票，之后各政党根据得票数多少按比例分配议席。

日本宪政史上首次实现"政权更迭"的历史性的一天。

第七节　民主党"三世而终"和自民党"东山再起"

2009年8月30日,日本第四十五届大选,民主党获胜。客观分析,民主党能够取胜,主要原因:一是自民党"派阀政治"痼疾和"政、官、财"三位一体,并不时曝出"金权交易"丑闻,令民众不满。二是"世袭制"使"族议员"如"铁打的营盘",首相如"流水的兵"。据统计,自民党国会议员中有半数以上为世袭的"族议员",平成时代14位首相,9位父辈是国会议员。自民党历届内阁的政策,基本上"换汤不换药"。三是泡沫经济破灭后,虽然历届政府采取了一系列措施,但投入很多,成效不显,债台高筑,经济疲软,令民众对自民党执政能力产生疑问。民主党审时度势,以"变革"和"政权更替"为竞选口号,赢得了民心。

民主党上台虽然赢得"民心",但并不占"天时""地利""人和"优势。论"天时",麻生太郎执政时,正值始于美国的金融危机波及全球,麻生内阁虽斥资27万亿日元(约合人民币1.9万亿元),给日本经济注入"强心剂",但收效不大。当年日本不仅失业率创下5.7%的战后纪录,而且创下28年首次贸易逆差。论"地利",2011年3月11日,以宫城县为中心的日本东北地区,发生里氏9级强震并引发海啸,造成福岛核电站泄漏。民主党菅直人政权抗灾不利,引起民众普遍不满。论"人和",民主党是经历多次分化组合而建立的政党,成分复杂,党内政见不一,矛盾重重。民主党虽然没有自民党那种公开的派阀,但存在几个派系,毋庸置疑。因此,民主党上台形成的"2009年体制"如昙花一现,民主党"三世而终",并不令人意外。

"理工男"鸠山执政　民主党胜选后,即将荣登相位的鸠山由纪夫在记者会上宣布,将实现"三个交替":一是政权交替,即民主党取代长期执政的自民党;二是新旧交替,即告别旧政治,创建以国民为中心的新政治;三是权力交替,即告别官僚主导,实现政治家主导。《朝日新闻》8月31日至9月1日的即时民调显示,对"民主党获胜原因",受访者中81%认为"渴望政权更替",不这么认为的占12%;认为"支持民主党政策"仅占38%,不这么认为的占52%;"对民主党有期待"占74%,"没有期待"占17%;认为"民主党能够改变日本政治"占32%,认为"民主党不能改变日本政治"占46%。"水能载舟",鸠山由纪夫操舵的"日之丸",就是在这种水的承载下启航的。

　　鸠山由纪夫祖籍冈山,在曾经是"纪元节"的日子——1947年2月11日,出生于东京。鸠山由纪夫的家世显赫:曾祖父鸠山和夫是日本首批公派赴美留学生,毕业于哥伦比亚大学并获法学博士学位,担任过众议院议长和东京专门学校(早稻田大学前身)校长;祖父鸠山一郎是自民党创建者之一,曾担任三届首相;父亲鸠山威一郎曾担任福田赳夫内阁外相。外祖父石桥正二郎是全球著名的轮胎制造企业"普利司通"创办人。因此,鸠山家族被称为"日本的肯尼迪家族"。鸠山由纪夫从东京大学工学部应用物理专业毕业后,赴美国斯坦福大学工业工程学专业深造,获博士学位。在获得博士学位的前一年即1975年,鸠山由纪夫娶了比他大四岁的演员即他的远房表姐石桥幸为妻。回国后,鸠山由纪夫曾在东京工业大学和专修大学担任讲师和副教授。无论学历还是经历均表明,他本是纯正的"理工男"。

　　1986年,差一年就到"不惑之年"的鸠山由纪夫,充当了自己人生的"扳道工",将轨迹转向政治,参加大选并成功当选众议员。鸠山由纪夫以"友爱"为座右铭,以"忍耐"为处世准则,性情温和,人称"鸽子"("鸠"译为中文即"鸽子")。如前面所说,1993年6月,鸠山由纪夫参与组建了新党先驱,三年后参与筹建日本民主党。1998年,民主党与其他三个在野党合并,组成新的民主党,鸠山由纪夫出任党代表(党首)。2003年,民主党和以小泽一郎为首的自由党合并,同样冠名民主党。2006年后,小泽一郎被选为民主党党首。2009年5月,小泽一郎因涉嫌"西村建设巨额政治献金案"辞职,鸠山再次出任党代表。当年9月16日,鸠山由纪夫在众参两院首相指名选举中分别获得327票和124票,均过半数,成为日本第六十位、第九十三任首相,并在当天组成民主、社民、国民新党"联合政权"。菅直人任副首相兼国家战略相,冈田克也任外相,平野博文任内阁官房长官,藤井裕久任财务相,直岛正行任经济产业相,北泽俊美任防卫相,国民新党党首龟井静香任邮政相,社民党党首福岛瑞穗的头衔名称很长——消费者行政少子化对策男女平等食品安全担当相。

　　提倡"友爱"政治的鸠山由纪夫面临的首要任务,是完善社会保障制度,解决积重难返的"少子高龄"问题,重点是"恢复景气"。为此,鸠山由纪夫将切入点定位于"改善民生",以"亲民政策"拉动内需。鸠山承诺,给每户家庭2.6万日元(约合人民币1 700元)。但是,此举被认为是"笼络民心",不是"经济增长战略"。国内外的评论更是普遍认为,鸠山由纪夫的构想"过于理想,脱离现实"。虽然鸠山由纪夫内阁执政期间,无论日本GDP总量、人均GDP和国民总收入均有增长,但依然成为执政仅八个月的"短命内阁"。

之所以成为"短命内阁",主要因为外交和内政均未能得分。民主党执政后,外相冈田克也即要求对"日美密约"进行调查,而自民党始终否认存在"密约",但美国解密文件显示,存在"日美密约",相关当事人也予以承认。冈田克也表示,"必须在"阳光下弄清日美之间的一些问题,如1972年冲绳归还问题,1960年《日美安保条约》修订时,关于引进核武器的问题,朝鲜半岛"有事"时的作战行动问题,美军基地的经费问题。他要求外务省11月底之前提交调查报告。同时,鸠山内阁还提出,将就修改《日美地位协定》和美国进行交涉,主要是增加"环境条款",即美军基地内若出现环境污染和破坏,日本中央和地方政府有权进行调查,美军有义务恢复原状。在《新反恐特别措施法》一年期满后,鸠山内阁还提出,将不再继续派遣自卫队赴印度洋,为美国等国军舰提供燃油等补给。民主党政权对美关系的基本原则是寻求"平等",这使美国非常愤怒。鸠山由纪夫还提出了建立"东亚共同体"的政策构想。由于这一构想没有事先和美国沟通并取得理解,也引起美国强烈不满。在冲绳美国普天间基地搬迁问题上,鸠山由纪夫更是"得罪"了美国。2006年5月,小泉内阁和美方就普天间美军基地迁移至冲绳县名护市边野古达成协议。但在大选前,民主党在竞选纲领中提出,执政后将普天间基地迁出冲绳,得到社民党和冲绳民众的支持,但引起美国强烈不满和反对。美国国务卿希拉里为此紧急约见日本驻美大使藤崎一郎,敦促日本履行双方达成的协议。2010年5月4日,鸠山由纪夫在冲绳县宣布,不打算将普天间基地迁出冲绳。5月30日,社民党对鸠山由纪夫的做法表示强烈不满,宣布退出联合政权。在野党也指责鸠山由纪夫"违背竞选承诺"。民众(特别是冲绳民众)对鸠山由纪夫"出尔反尔"也非常失望。

在日本,"金权政治"从来没有被"政治大扫除"清除。自民党存在"腐菌",民主党也不是"真空"。就任首相一个月后,鸠山由纪夫被曝将母亲鸠山安子给予的12.6亿日元算作"政治捐款",有偷税逃税嫌疑。在检方查明属实后，鸠山由纪夫在记者会上公开予以承认并向国民道歉。国民自此称鸠山由纪夫"平成时代逃税王"。一波未平，一波又起。2010年1月15日，东京地方检察厅以涉嫌违反《政治资金规正法》，将两任小泽一郎秘书石川知裕和池田光智逮捕。1月16日，检方又将小泽一郎首席公设秘书大久保隆规逮捕，被舆论称为"政治地震"。检方逮捕小泽一郎三任秘书的具体缘由是，小泽一郎资金管理团体"陆山会"曾以该组织名义，斥资3.4亿日元购买了东京都世田谷区的土地，但在当年的政治资金收支报告中却没有记载。检方怀疑此案涉某大型建筑企业的"黑色政治捐款"。小泽一郎毫不示弱，当天表示将与检方"全面决战"。鸠山由纪夫随即表示，将维持以小泽一郎为干事长的民主党领导体制，并鼓励小泽一郎"请坚持斗争"。1月18日，自民党和公明党就3K（献金即捐款、经济、基地）追究首相鸠山由纪夫的责任，以迫使他辞职。

鸠山由纪夫"力挺"小泽一郎的主要原因，是鸠山民主党政权实质上是"双头体制"，有所谓"民主党的鸠山"和"小泽的民主党"一说。前者的意思是，鸠山由纪夫虽然是民主党总裁和首相，但他的政策主张等均必须服从民主党。后者的意思是，小泽一郎在民主党内有强大势力。民主党在大选中获胜后，小泽一郎喜极而泣。因为，虽然他无缘成为"主君"，但他无疑是胜选的最大"功臣"，上百名新当选的议员出自他的麾下。《读卖新闻》1月11日公布的民调结果显示，对小泽和鸠山"谁在执政党中最具影响力"这个问题，68%的受访者认为是小泽，仅10%认为是鸠山。鸠山由纪夫虽然出身政治世家，但并不具备操弄政治的禀赋。在鸠山内阁亟欲通过预算案、提出《公务员改革法案》等61项法案和研究16项法案之际，各种压力使鸠山心力俱疲，而民众支持率则持续走低。日本共同社4月29日、4月30日实施的民调结果显示，鸠山内阁支持率跌至20.7%。多数受访者认为，鸠山由纪夫缺乏领导能力。6月2日，在民主党众参两院议员大会上，鸠山由纪夫眼含热泪，对失去民众支持表示歉意，并宣布辞职。

"一国江山一代君，一年过后幻烟云。"日本首相不是君，而是政治领导人，但情况颇有相似，"十年九相"就是最好的诠释。因为，坐稳日本相位需要三根支柱支撑：民众、政党、美国。具体而言，即民众选政党，政党选领袖，美国选"伙伴"。但鸠山几乎缺乏其中任何一根支柱的支撑。同时，小泽一郎也宣布辞去民主党干事长职务。由谁继任党代表？如果"排序",自然应该是副首相菅直人。但日本不是美国,副首相不是作为"备胎"的副总统,何况日本政治是"大老政治",占最大权重的是"密室磋商"。于是,菅直人立即会晤了冈田克也、前原诚司、野田佳彦。前原诚司表示愿意支持菅直人,条件是在人事安排方面"反小泽",修复被鸠山由纪夫"损伤"的日美关系。菅直人当然答应。

"蓝领政治家"菅直人的抱负 2010年6月4日,副首相菅直人在民主党代表选举中战胜小泽派议员樽床伸二,成功当选。实际上,樽床伸二的参选就个人而言是"秀存在",而民主党则需要由他"秀民主"——谁都有权利竞选总裁。在当天下午众参两院首相指名选举中,菅直人均获得过半数的313票和123票,当选日本第六十一位、第九十四任首相。菅直人和鸠山由纪夫、小泽一郎,被并称为民主党"三驾马车"。另两驾"马失前蹄",菅直人成为首相并不能算作"黑马"。在获得天皇正式任命后,6月8日菅内阁宣告成立。新内阁依然维持民主党、社民新党、国民新党"联合政权"构架。17名阁僚中民主党有15名,国民新党1名,"民间人士"1名;有2名女性;9名首次入阁。主要阁僚是:内阁官房长官仙谷由人,外相冈田克也,财务相野田佳彦,经济产业相直岛正行,防卫相北泽俊美。国民新党党首龟井静香任金融与邮政改革相;民主党干事长由枝野幸男担任;而小泽派的樽床伸二,则被任命为国会对策委员长。菅直人这么做的目的,不言而喻。

菅内阁成立后,日本共同社即时民调显示,菅内阁支持率为61.5%。东京街头一些商店印有"Yes We Kan"的T恤热卖。①然而,在菅直人当选首相的前一天,美国《外交政策》杂志发表的评论却令人扫兴:"如果他(菅直人)四面楚歌的处境没有重大变化,那么日本国民就要习惯更多辞职和更多的新首相,除非有出人意料的事情发生。"结果一语成谶。

菅直人1946年10月10日出生于山口县宇部市,毕业于东京工业大学社会工学科,曾经是学生运动领袖。早稻田大学出了六位首相,而东京工业大学这么一所工科名校,仅出了菅直人一位政治家——如果国会议员也算政治家。大学毕业后,菅直人当了专利代理师。1980年,菅直人

---

① "菅"日语读音是"kan",和英语can谐音。这句话属双关语,表示"是的,我们行"和"是的,我们的菅"。

高票当选众议员。1996年,日本发生绿十字制药株式会社从美国进口的用以治疗血友病的药剂有艾滋病病毒,使数以千计的人感染艾滋病病毒的严重事件。时任桥本内阁厚生相的菅直人处理得当,深得民心,树立了良好形象,更何况菅直人原本就长相俊朗,被称为"师奶杀手"。有很多菅直人的"粉丝"连续二十多年在大选中投票支持他,风雨无阻。

就个人生活而言,和前任——出身政治世家的鸠山由纪夫不同,菅直人的祖父菅实是一名兽医,父亲菅实雄是一家玻璃厂的厂长,他本人则被称为"蓝领政治家"。而且和鸠山由纪夫"家财万贯"相比,菅直人个人资产仅2 240万日元(约合人民币176万元),在被野田佳彦"超越"前,是日本历史上最穷的首相。但和鸠山由纪夫相同的是,菅直人也娶了表姐为妻。菅直人的妻子菅伸子毕业于早稻田大学,热衷于政治,口才极佳,被称为"日本的希拉里"。菅直人曾在电视节目上说:"我们家和鸠山家不一样。我们夫妻俩每天都辩论。"

令菅直人颇为尴尬的是,6月9日,即他正式走马上任第一天,被称为"自民党中央机关报"的《读卖新闻》就爆料称,菅内阁国家战略与消费者担当相荒井聪,多年来一直免费使用朋友的公寓当办公室,但却一直领取相关开支4 222万日元(约合人民币316万元)——原来民主党的阁僚也好这口!好不容易有个下嘴的机会,自民党当然咬住不放,要求荒井聪辞职。虽然荒井聪不理睬,坚决不辞职。不过此事显然有损民主党形象。并且菅内阁有其他阁僚辞职,尽管与此事无关。6月11日,金融与邮政改革相龟井静香,因邮政改革法案无法在本届议会表决通过而辞职。所谓的"联合政权"成为名副其实的民主党政权。

菅直人在竞选民主党代表时表示,"现在是时候改革,是时候打破障碍了"。"如果我当选,将大力推动实现国民期待的经济、社会和财政改革"。菅直人主张,政府的政策应该从"重视产业"转变为"重视生活",从"外贸立国"转变为"依靠内需",从而建立以独立的个人为基础的市民社会,在独立和友爱精神的主导下,创建一个生机勃勃的日本,和世界各国建立良好的国际关系。但是,极具理想主义色彩的治国方略,对务实的日本民众似乎缺乏感召力。7月11日,也就是他当选才一个多月举行的参议院选举中,菅直人首相交了一份令他尴尬的答卷:民主党减少了10席。共同社7月12日、13日实施的紧急电话民意调查显示,菅内阁的支持率从参议院选举前7日、8日两日第三次民意调查的43.4%,跌至36.3%,不支持率升至52.2%。民主党的支持率为31.7%,比上次调查时的43.8%下滑了12.1个百分点。自民党的支持率为27.6%,同比上升7.6个百分点。

2010年9月7日上午,中国"闽晋渔5179号"渔船和日本海上保安厅巡逻船在中国钓鱼岛海域发生碰撞。日方非法拘禁了船长詹其雄,使中日关系急剧恶化。同时,日本和美国的关系也未见"修复",民调显示,7成以上民众对菅内阁的外交表示不满。9月17日,菅直人对内阁进行改组,国土交通相前原诚司转任外相,海江田万里取代直岛正行任经济产业相,野田佳彦仍任财务相。但是,民众对"改造内阁"并不看好。11月12日,日本时事通信社公布的民调结果显示,菅直人内阁的支持率跌至27.8%,民主党的支持率跌至16.2%。许多受访者表示,对菅直人本人和他领导的内阁无法期待。同一次民调结果还显示,自民党的支持率为16.5%,政权更替后首次超过民主党。自民党"东山再起",此时已现端倪。

2011年3月1日,预算案在众议院获得通过。但菅内阁的支持率继续走低,朝野"倒菅"的声音日趋强烈。就在此时,外相前原诚司被曝"献金丑闻":收受一名韩国籍烤肉店女老板20万日元政治捐款。尽管前原诚司只承认拿了5万日元,而且声称不知道那女老板是韩国籍,但按照日本《政治资金规正法》规定,任何人和团体均不得接受外籍人士和合资企业中外资股份超过50%的企业的政治捐款,违法是不争事实。3月6日,前原诚司被迫离开还没坐热的外相交椅。然而,对菅内阁来说,和接下来的"天灾"相比,这起"人祸"简直微不足道。3月11日,日本发生以宫城县为中心的里氏9级大地震并引发海啸及核泄漏,菅直人指挥不当,备受谴责,处境更加艰难。最终,在天灾(地震)、人祸(核泄漏有安全措施失当和设备老化等人为因素)、民意支持率低迷、在野党和执政党内"倒阁"势力里应外合的"四面包围"中,菅直人表示可以辞职,条件是国会通过《公债发行特例法案》《再生能源特别措施法案》。8月11日和23日,这两个法案在众议院相继获得通过。8月26日,菅直人在民主党高层干部会议上宣布辞去党首职务。菅直人能够在有"世袭政治"传统的日本"运交华盖",实属不易。但他毕竟没有游刃有余的政治资源,也缺乏在"水很深"的日本政治江湖泛舟的技能，内政外交，既无法平衡于内，也难以制衡于外，恩威尽失，相臣失和，有心谋事，无力回天，苦撑499天，已达极限。

从"奉行"到"将军"的野田 菅直人辞职当天，《每日新闻》称即将举行的民主党代表选举为"马鹿野(郎)"的角逐。"马鹿野郎"读作"巴嘎丫咯"(意为"笨蛋")，不是骂人的脏话吗？原来，此次竞选者有前国土交通相"马"渊澄夫、农林水产相"鹿"野道彦、财务相"野"田佳彦，外加刚辞职的民主党干事长小泽一"郎"。小泽一郎涉案在身，不能参加竞选，但他麾下集合着100多名党内议员，即掌握着100多张选票，那可是极有分量的砝码。果不其然，小泽一郎选前活动频繁。他表示可以支持野田，条件是让他当干事长。野田佳彦很清楚，如果让小泽当干事长，自己将成为鸠山由纪夫2.0版，一口回绝。但是，海江田万里表示能够接受这种安排。有意思的是，这些"明码标价"的交易"光明磊落"，不是"密室政治"，各大报纸都有报道。

2011年8月28日，日本民主党候选人正式公布，除了"马鹿野(郎)"，得到小泽公开支持的前经济产业相海江田万里也宣布参选，同时宣布参选的还有前外务相前原诚司。《东京新闻》对本次选举专门发表社论指出："表面上看这是一次政权更替，实际上这只是一次内阁改组。"

8月29日，民主党众参两院议员选举代表。首轮投票，得票前三位依次是海江田万里143票、野田佳彦102票、前原诚司74票。由于均未过半数，所以对得票前两名的野田和海江田进行"决胜投票"。结果，野田佳彦得215票，海江田万里得177票。野田佳彦当选民主党代表。野田佳彦为什么会骤增113票？第二天，《朝日新闻》报道了缘由：参加本次竞选的，除了上述三人，还有"马鹿"，尽管他俩是"陪太子读书"，但他俩的支持者"决胜投票"中将票投给谁，却相当重要。8月28日夜晚，鹿野道彦和支持他的50名民主党议员商议到深夜，仍莫衷一是。最终决定，投票时一切服从鹿野道彦指挥。第一轮投票结束，50名议员都收到了一条短信：如果鹿野道彦先生不脱西装，投给海江田万里；如果脱了西装只穿白衬衣，投给野田佳彦。第二轮投票即将开始，只见鹿野道彦脱掉了西装……。选相犹如"摔杯为号"，如此富有戏剧色彩，跌落了很多人的眼镜。

野田佳彦1957年5月20日出生于千叶县船桥市,父亲是日本陆上自卫队最精锐的第一空挺团(空降团)自卫官,母亲是农家女儿,野田佳彦从小在自卫队大院里长大。野田的夫人野田仁实是小企业家的女儿,大学主攻声乐,温良贤淑,有日本传统女性的品格。

1980年,刚从早稻田大学政治经济学部政治学科毕业的野田佳彦,作为首期学生进入了刚成立的松下政经塾。这个私塾由日本"经营之神"松下幸之助斥资70亿日元(约合人民币4.17亿元)创办,以培养22岁至35岁"富有成长潜能者"特别是"政治精英"为宗旨,每年只招收10名学员,筛选非常严格。松下政经塾"三年如一日"的身心磨砺,对野田佳彦的政治生涯具有重要影响。1987年,29岁的野田佳彦在没有任何政党支持的情况下,成功当选县议员。从松下政经塾毕业后,野田佳彦几乎每天都在千叶县津田沼车站前演讲,曾经连续演讲13个小时,成为车站一景;直至出任财相,才因政务繁忙而终止。松下政经塾200多名学员中,出了3位大臣、3位市长、20位国会议员,但只有一位首相,那就是野田佳彦。不过,野田佳彦并非一出松下政经塾就直达官场,他当过煤气安检员和家庭教师等。1993年,野田佳彦作为日本新党推举的候选人,首次当选国会众议员,随后"改换门庭"加入了民主党。按照《读卖新闻》评论,野田佳彦具有"老大气质",在民主党内是青年议员领袖和"一方诸侯",即"野田派首领"。一些青年议员说,野田佳彦常请他们喝酒,尽管根据官方公布的数据,野田佳彦的财产只有1 774万日元(约合人民币146万元),而且主要是他位于老家千叶县的住宅和土地,以及他和妻子野田仁实共计260万日元(约合人民币21万元)的储蓄,是中曾根内阁执政的1984年内阁成员财产申报制度实施后,"最穷的日本首相"。

在当选党首后,野田佳彦表示,"将构筑全党齐心的体制",明确显示了与菅直人的人事安排不同的"去小泽化"方针,并且付诸实践:任命民主党参议院议员会长即"小泽派"的舆石东任干事长。竞选民主党党首前几天,野田佳彦前往拜会了舆石东。舆石东给了野田佳彦一本日本诗人相田光男的诗作《泥鳅》,对他说:"日本政界满目皆是金玉其外的'金鱼',其实'泥鳅'才可贵。"这给了野田佳彦很好的启示。在竞选演说时野田佳彦表示:"我只是条'泥鳅',不会成为'金鱼'。"泥鳅虽然其貌不扬,但相当

"圆滑",野田佳彦显然欣赏这种"圆滑"。野田佳彦是"民主党七奉行",即"反小泽七君子"之一。①但成为党首以后,有柔道二段证书的野田佳彦在政治上也有"柔软"的身段。他知道,政党内部不能有藩篱,因为,内斗是执政党无法承受之重。当时,美国彭博新闻社对他提出忠告:"不要期望蜜月,不然你在政治上会被迅速击败。"确实,野田受命于民主党"危难之秋",灾后重建、财政重建、外交关系修复,一系列难题堆在他面前,而且尽管他强调"将构筑全党齐心的体制",但"影子将军"小泽一郎及其"家老",岂会对他这个"奉行"俯首称臣?

野田佳彦首先从外交切入以使执政之路顺遂。2011年9月6日,野田佳彦即分别和中国国务院总理温家宝、韩国总统李明博、俄罗斯总统梅德韦杰夫举行了电话会谈。刚就任首相就这么做,在日本史无先例,显示出野田佳彦对"邻里关系"的重视。但是,由于野田佳彦将中国钓鱼岛及相关岛屿"国有化",不仅无视这些岛屿的主权属于中国的事实,而且无视双方曾经达成的"搁置争议"协议,导致刚开始逐渐回暖的中日关系,再次降至冰点。

日韩关系,由于《日本防卫白皮书》持续声称独岛(日本称"竹岛")属于日本,引起韩方强烈不满。2012年8月10日,李明博登上"竹岛"宣示主权。日本驻韩大使向韩方递交了野田佳彦给李明博的亲笔信,提出交涉。韩方退回了这封信,日本拒收。韩方再以挂号信方式退还。一封信宛如乒乓球来回推挡,日韩关系焉能改善?

尽管和韩国闹掰,令美国很不省心,因为不符合美国"重返亚太"及"实施战略再平衡"的方针,但是对作为日本外交基轴的日美关系,野田佳彦相当重视。如前面所述,第一任民主党首相鸠山由纪夫主张建立"对等的日美关系",强调"日美同盟最重要,但不能依赖美国,有必要发展更加自主的对外政策",明确提出建立"东亚共同体"设想,未能妥善处理美军基地搬迁问题,惹得美国很不高兴。第二任民主党首相菅直人没有再提"对等的日美关系"和"东亚共同体设想",而且根据《华盛顿邮报》2010年11月14日报道,菅直人在与奥巴马会谈时表示,日本会更多承担作为盟

---

① "民主党七奉行"是野田佳彦、前原诚司、冈田克也、枝野幸男、仙谷由人、玄叶光一郎、渡部恒三。

国的义务。奥巴马对这一表态非常高兴,称"菅首相将日美关系置于很高的地位"。野田佳彦上台后,沿袭日本对美外交的一贯逻辑,即"只要日本承认接受美国核保护是必要的,那么承担更多责任也是必要的",反复强调日美同盟是日本外交唯一基础,明确否定建立东亚共同体的必要,主张日本加入由美国主导的"跨太平洋伙伴关系协定"(TPP),筹划美军基地的搬迁,并鉴于民主党前两任首相均没有正式访问美国,野田佳彦积极筹划正式访美,增进两国首脑的紧密联系。2011年9月,野田佳彦借出席联大会议的机会,同奥巴马进行了会谈,11月在APEC会议上野田佳彦和奥巴马再次举行会谈,其实无非就是"表忠心"。总之,野田对美外交,实质就是顺应美国重返亚太的战略态势,尽管没有取得实质性进展。对几乎成为日俄关系"死结"的北方四岛(南千岛群岛),野田佳彦的态度与前任不同。翌年3月8日,野田佳彦在众议院预算委员会明确反对仅归还齿舞、色丹的协议。他表示,"这两个岛的面积仅占北方四岛总面积的7%,其余93%不归还就谈不上公平"。当然,表态容易见效难,野田任内,日俄关系没有任何进展。

野田内阁外交毫无建树,内政更是一团乱麻,并因此成为民主党政权的终结者。有人戏言,"野田佳彦绝不会主张上调烟草税"。因为,野田佳彦是个"瘾君子",每天要抽两包烟。但是,野田佳彦无论选前还是选后都坚决主张增加消费税,表示要履行"面向未来的责任"。2012年1月13日,为了强化增加消费税的推进力度,野田佳彦对内阁进行了改组,请冈田克也出任副首相兼社会保障和税制一体化改革即行政改革担当相。但是,增加消费税无异于增加普通家庭的开支,有悖民意。根据《朝日新闻》调查,反对消费税的受访者达57%,而野田内阁的支持率则是29%,和内阁刚成立时的62.8%支持率相比,滑落明显。6月4日,为了向自民党和公明党妥协,野田佳彦再次改组内阁,将遭到自民党问责的阁僚换下。6月26日,众议院以363票赞成,96票反对的表决结果,通过了至2015年将消费税提高到10%的《消费税增税法案》,但以小泽一郎为首的57名民主党议员投了反对票,说明野田佳彦未能构筑起"全党齐心的体制"。根据不得违背党的决议的"家法",这些议员均被开除党籍。结果,民主党在众议院的席位从289个降到251个。小泽一郎离开民主党后"另立山头",成立了"国民生活第一党"。

在"重建财政"方面,野田佳彦还有一个难题,就是能否通过《公债特例法案》。2011年9月2日野田内阁正式成立后,翌年1月、6月、10月三次改组内阁,财务相一换再换,但"财政"重建都是重建"空中楼阁"。虽然2012年日本实际GDP增长了1.9%,但支出远超收入,没有也不可能改变"寅吃卯粮"的状况。野田内阁的两任财务相安住淳和城岛光力均表示,如果《公债特例法案》无法获得通过,即无法发放公债,日本政府将陷入"无米之炊"的窘境,进而影响国民生活。那么,民众对此是什么态度?时事通信社11月8日至11日进行的民调结果显示,野田内阁支持率为17.3%,再创新低;不支持率为62.3%,再创新高。鸠山由纪夫就是在民众支持率急挫的情况下辞职的,自民党当然亟待野田佳彦下台,民主党"下野"。万般无奈之下,野田提出使《公债特例法案》通过为条件,解散众议院。11月14日,《公债特例法案》在众参两院均获通过,野田佳彦当即宣布解散众议院,重新举行大选。

安倍重返相府 2012年12月16日,12个政党和无党派约1500名候选人,在日本第四十六届众议院大选中角逐480个席位,其中小选区300个议席,党派比例选区180个议席。翌日凌晨选举结果揭晓,自民党获294个议席,其此前执政伙伴公明党获31个议席,两党获得议席数超过三分之二,民主党仅获57个议席,较选前大幅减少。当年9月刚成立的以前大阪市长桥下彻为首的新党"维新会"获54席。当年9月战胜石破茂、石原伸晃、町村信孝、林芳正再次当选自民党总裁的安倍晋三,与公明党党首山口那津男签署了建立联合政权的协议。

12月26日,野田佳彦内阁成员在临时内阁会议上全体辞职。按照规定,野田佳彦当天交出了首相官邸钥匙,搬回位于港区赤坂的众议员宿舍。野田内阁执政482天,民主党政权在历经鸠山由纪夫、菅直人、野田佳彦三位首相总计执政1198天后,"三世而终"。之所以如此,按照日本著名纪实作家保阪正康的评论,"民主党政权时代的这三位党首,都没有强有力的领导才能,让外界对其到底能多大程度上实行符合国民期待的政策产生了怀疑,甚至对其统治能力产生了质疑"。[①]因此,民主党政权始终难以摆脱内政外交的困局,如野田佳彦公开承认并致歉的,民主党竞选时的"公约"(公开承诺),70%没有兑现。在当天下午众参两院举行的首相指名选举中,众议院478张有效选票,安倍获328票;参议院234张有

---

① 保阪正康:《平成时代(1989—2019)》,黄立俊译,东方出版中心2020年版,第157页。

效选票,安倍晋三获107票,接替野田佳彦出任民主党代表的海江田万里获96票。安倍晋三"梅开二度",重新回到阔别五年的首相府。

安倍晋三随即组建了内阁,当晚在皇宫举行内阁大臣认证仪式后,安倍内阁正式成立。阁僚中"大咖"群集:前首相麻生太郎任副首相兼财务金融担当相,前自民党代理干事长菅义伟任内阁官房长官,前自民党国会对策委员长岸田文雄任外相,前自民党政调会长茂木敏充任经济产业相,前外务副大臣小野寺五典任防卫相,前自民党总裁谷垣祯一任法务相,前公明党代表太田昭宏任国土交通相;而两位女性即众议员稻田朋美和参议员森雅子分别担任行政改革担当相和少子化担当相。之后,安倍晋三连选连任,至2020年8月24日宣布辞职,执政2 799天,创历史纪录。其间,安倍晋三多次重组内阁,但麻生太郎和菅义伟作为安倍晋三的左膀右臂,始终连任。安倍尽管被多次曝出丑闻,居然能够成为日本执政时间最长的首相,主要因为他的相位由"三根支柱"支撑。如前所述,第一根支柱是"民众选政党"。民主党政权"三世而终"后,2016年和由维新会变身的维新党合并,组成民进党。翌年,民进党一部分党员加入了以枝野幸男为首的立宪民主党、以小池百合子为首的希望之党,成立国民民主新党,但终不是自民党的竞争对手。第二根支柱是"党内选领袖"。安倍属于自民党内最大派阀、冠名"清和政策研究会"的町村派,而且在党内没有强大竞争对手。前主要竞争对手石破茂在他出任首相时一度任自民党干事长,但不久就被安倍"发配边陲",出任地方创生担当相。2017年3月5日,日本自民党第八十四届大会几乎是"量身定制"地对党章进行了修改,将总裁任期"最多两届六年",改为"最多三届九年",从而使安倍能够在2018年秋任期届满后,第三次竞选自民党总裁。第三根支柱是"美国选伙伴"。安倍多次强调,"只有强化美日同盟,日本的外交才有实力",积极配合美国打造"亚太版北约"。可以说,美国对安倍总体上是满意的。

"梅开二度"的安倍上任后,和五年前成天念叨"日本人被朝鲜人绑架问题",以致被戏称为"绑架首相"相比,内政外交动作频频,几乎判若两人,令人"刮目相看"。安倍晋三上台时,日本物价、消费、工资、投资持续低迷,呈"通货紧缩"状态。为了改变这种状况,安倍成立了"日本经济再生本部"并自认本部长,提出了三项重要举措:一是实行量化宽松的货币政策,二是实施积极和灵活的财政政策,三是促进民间企业投资的增长战略。这三项举措被称为"安倍经济学的三支箭"。

2013年4月,日本银行即日本央行决定,每月从金融市场购入7万亿日元长期国债,即射出了"第一支箭",目标是实现2%通货膨胀率。随后,央行一再大量购买国债,令一些日本商业银行喜不自胜。当年泡沫经济破灭后,迫于政府要求,金融机构无奈"为国分忧",如今央行为他们解套,何乐不为?日本三大银行,即三菱东京日联银行、三井住友银行、瑞穗银行的国债"库存",因此大幅减少。日本政府不是很缺钱吗?央行怎么那么有钱?刚通过的《公债特例法案》是干什么用的?除了开动印钞机,还能有其他"来钱"的途径?当年度日本新发行国债42.85万亿日元,税收总额46.95万亿日元,同比增长3万亿日元,其中个人所得税为15.5万亿日元,企业法人税为10.5万亿日元,日元贬值使关税也有增长。国债超过税收的"财政异常"似得到扭转。但是不能忽略的因素是,安倍宣布,翌年4月1日起消费税将从5%提高到8%,从而引起民众"超前消费"。更应该看到的是,当年度预算总额为92.61万亿日元,依然是"寅吃卯粮"。2%通胀率迄今未能达成。值得一提的是,安倍晋三为了自己的政策需要,干涉日本银行人事,迫使日银行长白川方明提前退任,让自己欣赏的黑田东彦接替,使日本银行再次像历史上那样,沦落为由大藏省变身的财务省的"下属机构"。

安倍经济学的"第二支箭"即实施积极和灵活的财政政策,实现"2015年度国债赤字减半,2020年度基础财政收支扭亏为盈",具体举措是金融支援财政。从2013年度开始连续三年,总共投入20万亿日元刺激经济。最初这种举措是有效的,日本GDP连续六个季度呈增长趋势就是证明。但为了防止国债暴跌,更为了"重建财政"改变"寅吃卯粮"状况,安倍政权只能延续之前日本政府的政策,逐步提高消费税率。但是,提高消费税率可以使政府的腰包鼓起来,却必然使百姓的腰包瘪下去,而百姓为了避免腰包瘪下去,能够采取的"最有效的办法"就是节省开支。众所周知,经济靠消费、外贸、投资"三驾马车"拉动,消费不振,对经济增长的负面影响显而易见。果不其然,2014年4月,消费税率从5%提高到8%以后,第二和第三季度,日本GDP负增长7.1%和1.6%,全年GDP为负增长0.1%。安倍本人也在记者会上承认,消费税率从5%上调至8%,成为抑制个人消费的严重负担。如果按原计划翌年10月份再上调2个百分点,可能出现即使增税,财政也无法得到改善的情况,进而影响摆脱通货紧缩的经济政策。调查显示,若将消费税增至10%,日本家庭平均每户增加16万日元开支。因此,安倍表示,原定翌年10月消费税率上调至10%的计划,推迟至2017年4月实施。如前面所述,桥本内阁将消费税从3%增加到5%,收到了"立竿见影"的良好效果。安倍内阁增税为何情况相反?关键是桥本内阁时代,拉动经济的"另一驾马车"外贸非常给力。1997年,日本外贸顺差额为825亿美元,占外贸总额的10.8%,而2013年日本贸易逆差却达到11.474 5万亿日元(约合人民币6 800亿元),同比增长65.3%,而且连续三年逆向增长。

安倍经济学的"第三支箭"是促进民间企业投资的增长战略。除了投资是拉动经济"三驾马车"之一外,安倍内阁还试图以此推动日本产业的结构性转型,建立起以新能源汽车为核心的汽车产业,以机器人技术为核心的高新制造业,以及先进的医疗产业。为此,安倍内阁采取了六项主要措施:一是将企业税从35%降至30%;二是允许养老投资基金(GPIF)持有更多股票;三是让更多女性就业,同时吸引更多高素质人才移民;四是扩大自由贸易;五是终结公用事业的垄断;六是放宽政府在东京、大阪等六个"特殊经济区"的政策。但是,产业结构的"固化",传统利益集团的"盘根错节",放"第三支箭"安倍焉能随心所欲?

安倍经济学"三支箭"由于增发了大量货币,导致日元贬值。从金融海啸爆发至安倍上台,日元兑美元升值23.62%。安倍经济学头两支箭射出后,日元兑美元汇率迅速贬值约30%,而日元贬值有益于出口。安倍经济学开始实施的2013年第一季度,日本出口增长3.8%,进口增长1.0%。此后至2019年安倍辞职,由于日本实行超级宽松的货币政策,日元大幅贬值,日本贸易逆差显著缩小。尽管人们对安倍经济学褒贬不一,但一个不争的事实是,根据日本内阁府公布的数据,从2013年到2019年,日本实际GDP仅2013年、2015年、2017年分别为2.0%、1.6%、1.7%,其余年份均在0.8%以下,而且还留下了巨额债务。

按照日本著名评论家大前研一的评价:"安倍首相的'赏味期限'已过,射出的三支箭,遗憾的是全部脱靶。日本经济失速的征候,日趋显著。"① 为了改变这种状况,日本努力通过改善外贸环境弥补内需不足。在美国退出"跨太平洋伙伴关系协议"(TPP)后,积极推动建立了"全面

---

① 大前研一:《低欲望社会——"丧失大志时代"的新·国富论》,姜建强译,上海译文出版社2018年版,第64页。

与进步的伙伴关系协定"(CPTPP),推动建立了"欧盟—日本经济合作协议"。

安倍再度执政时声称,要"俯瞰地球仪展开日本外交",因而安倍外交被戏称为"地球仪外交",但其基轴依然是日美关系。安倍执政期间,日美防卫合作关系得到进一步强化,2014年,双方再次修订了《日美防卫合作指针》,将自卫队配合美军的地域范围从"周边"改为"全球"。并且强化了合作力度:在导弹防御、情报收集、预警侦察、太空、网络等领域进行合作,进一步强化了日美同盟的一体化。同时,安倍政权还加强了和澳大利亚、印度的防卫合作,配合美国打造"日美同盟+1"和"日美同盟+1+1"模式。同时,安倍执政后,《日本防卫白皮书》即提出要"独立强军",为此日本军事预算逐年增加。

2012年9月,自民党在竞选纲领中提出了"修宪"主张。但是,主要因为民众反对,修宪程序始终难以实质性启动,安倍夙愿迟迟未能实现。于是,安倍晋三便采取了"迂回战略",通过建立"新安保体制",使作为"和平宪法"支柱的第九条名存实亡。2015年7月15日和9月19日,日本众参两院先后通过了"新安保法案"。该法案由两部分构成:新制定的《国际和平支援法案》,另由10部修订版法案汇成的《和平安全法制整备法案》。前者是为日本自卫队支援多国军队提供依据,后者规定自卫队行使集体自卫权和发起武力攻击的条件。前有述及,1952年9月《日美安保条约》制定时,日本曾试图规定日本也能行使集体自卫权,遭到美方拒绝。此刻日本总算"如愿以偿",但是也因此恶化了东亚地区的安全环境。安倍执政时期,日本对华和对韩政策总体而言乏善可陈。中日关系由于日本一再挑事,虽有起伏,但总体没有获得改善。日韩关系也矛盾重重。日本和俄罗斯的关系由于领土问题依然未解,加上日本配合西方国家制裁俄罗斯,双方关系没有进展。

2016年8月8日,明仁天皇通过电视公开表示了退位意向:"由于身体衰弱,恐怕无法像以前一样顺利完成象征天皇的任务。"翌年6月9日,日本国会通过了《天皇退位特例法》,6月16日实施。2019年4月30日,明仁天皇正式退位成为"上皇"。5月1日,德仁皇太子在承继之仪中接过草薙剑、八尺琼勾玉、国玺和御玺,正式即位。自此,日本告别了平成时代,开始进入令和时代。

第十三章 ● 平成时代

第八节 平成文化的"光影"和"一亿中流"的分流

这里的"光影"是"光亮"和"阴影"的缩略语。平成文化和包括昭和文化在内的历史文化相比,反差非常明显,有"光亮",也有"阴影"。在广义的文化领域,一方面由于重视教育和科技创新投入,日本所取得的成绩相当显著,尤其表现为不断获得诺贝尔科学奖。另一方面,学校教育和社会文化存在的问题相当突出并始终未获得解决。"一亿中流"的分流,是指曾经号称"一亿人口中流化"即中产阶层化的日本,在平成时代日渐分为"上流"和"下流",中产阶层不断缩小。和昭和时代的日本社会相比,这两方面的情况相当明显,成为平成时代日本文化和社会的"特色"。

"国家文化"和科技创新 世界上最先提出"科技立国"的是日本。1977年5月,日本官方文件《基于长期展望的综合科学技术政策》,首次提出了"科技立国"的主张。20世纪90年代,即进入平成时代后,日本政府认为,日本的科技政策必须从战后引进、吸收、利用为主,转向以基础科学推动为主,进而实现科学技术的全面进步。1995年11月15日,日本政府颁布了《科学技术基本法》,即日实施。这部法律由总则、科学技术基本计划、研究开发推进、国际交流推进、科学技术相关的振兴学习五部分十九条构成。1996年,日本又根据这个法规制定了《科学技术基本计划》。该计划确定了今后五年的科技政策,包括基本方向和经费支持。2001年,日本政府又颁布《第二次科学技术基本计划》,同样是五年计划,特别强调基础科学的重要及培养人才的迫切,并将50年内有30人获诺贝尔奖作为远景目标。至平成年代进入历史,日本共有19人获得了诺贝尔科学奖。日本为何屡获诺贝尔奖?中国媒体新华社总结了三个原因:注重基础研究,保证科研经费,传统重视教育。这个总结非常正确。以2006年为例,大学的研究经费在整个科研经费中虽然只占18.3%,但基础研究经费约占55%。科研经费的持续加大投入,是科技立国的基本保证。

近年来,日本研发经费未出现大的波动,占GDP的比重,自2000年以来,一直保持在3%左右,其中基础研究占很大比重。以2007年为例,科研经费占当年GDP的比率为3.67%,其中基础研究经费超出一半。2019年,日本科学技术振兴机构(Japan Science and Technology

Agency，JST)下属研究开发战略中心(CRDS)发布的《主要国家研究开发战略报告书》显示，2016年日本研发经费预算中"基础研究"占57%。之后依次是"能源"(12.1%)、"工业生产和技术"(7.0%)、"航空探查和运用"(6.2%)。

2011年8月，日本政府推出了同样以五年为期的《科学技术基本计划》。该计划提醒日本国民要从科学技术投资是"为未来投资"的高度，重新审视科学技术的发展，要求全体国民支持科学技术的推进，强调"要让科技创新成为一种国家文化"。

重视教育是日本的传统。据英国学者R.P.多尔在《江户时代的教育》一书中提供的数据，当时日本有约60%的人基本掌握读写和计算能力。[1]明治维新三大方针之"文明开化"，核心内容之一就是教育的普及和现代化。可以认为，至少在江户时代以后日本始终重视教育。但"重视教育"并不是笼统的思想认识和政策导向的重视，还涉及如何重视、重视哪方面教育。

进入21世纪后，日本文部科学省制定了《二十一世纪教育新生计划》，把培养顶尖高科技人才、振兴科学研究、建立世界一流研究基地，作为21世纪教育改革的主要目标，其所推出的举措包括打造世界顶级水平大学、培养新一代世界顶级人才、强化大学教育研究功能、改善大学入学选拔方法、实施21世纪国家卓越研究基地——"二十一世纪卓越中心计划"(Center of Excellence，COE)，促进具有独创性的、世界最尖端的科学研究，尽早形成具有世界顶尖水平的国家重点学科研究基地。

为把创新教育贯穿在中小学理科课程学习中，日本强调体验式学习和问题解决式学习，通过观察、实验和项目研究来学习科学；利用大学、科研机构和博物馆的资源，设计有趣的课程，培养学生对科学的兴趣；在学生的生涯规划过程中，利用顶尖科学家和工程师的魅力，吸引学生对科学建立终身志向。

日本中小学历来注重理科教育，早在1953年8月8日，日本就制定了《理科教育振兴法》，将理科教育纳入法制化轨道，在世界上非常罕见。近十年来，日本中小学校理科上课时间增加了16%，理科教材页码增幅

---

[1] R.P.多尔：《江户时代的教育》，松居弘道译，岩波书店1978年版，第83页。

达30％以上。日本中小学理科课程强调一些具有根本性的概念,在教学内容选取上尽量贴近学生生活,学生在科学课程中所学的很多知识点是在其他国家学校从不教授的。日本教师的课堂通常从呈现一个问题开始,老师在课堂不讲任何专业术语,而是创造情境让学生探究和解释现象。这一点非常关键。通过对日本多位诺贝尔奖得主的调查了解可以发现,他们除了善于自我反省和忘我工作之外,大多有着美好的童年,都喜欢亲近自然、探索自然。诺贝尔物理学奖获得者小柴昌俊在《我不是好学生》一书中写道,他上小学时班主任金子英夫送他一本书——爱因斯坦著的《物理学是怎样产生的》,使他对物理产生极大兴趣,并最终走上物理研究之路。诺贝尔化学奖获得者下村修在谈到自己为何走上科学之路时说:"我做研究不是为了应用或其他任何利益。我只是想弄明白水母为什么会发光。"对大自然和周围世界保持一颗好奇心,是引领诺贝尔奖获得者走进科研世界的直接原因。因此,日本很多中小学经常组织学生去野外"写生",除了学习美术,还为了让学生注意观察自然。

为推进中小学创新教育,培养科研后备人才,日本文部科学省要求中小学活用校外人才,充分利用研究生、大学或研究机构的退休人员,聘请他们以"大手拉小手"的形式指导中小学开展科技教育。日本文部科学省还要求各大学与研究机构为中小学学生提供体验理科观察与实验的机会。

但是,正如近代英国哲学家约翰·洛克所指出的:"和别的错误相比,最不能犯的是教育方面的错误。因为,正如配错药一样,教育方面的错误往往不能靠第二次、第三次'再教育'去补救。教育所产生的影响是难以消除的。"日本教育"光亮"的背后也有"阴影"。"重理轻文",忽略人文素养和人格的培育,使日本国民性中"恃强凌弱"的"文化基因"没有发生良性变异,因而使校园中长期存在的"欺弱问题"(いじめ問題),始终得不到解决并产生严重后果。鲁思·本尼迪克特在《菊与刀——日本文化诸模式》中写道:"日本人在缅怀往事时谈得多的不是激烈的竞争,而是中学高年级学生欺侮低年级学生的习惯。"半个世纪后,日本学生"欺弱"的习性不仅依然没有改变,而且成为一个社会问题。

何谓欺弱?按照日本文部科学省的定义:"对比自己弱者不断施以身体和心理攻击,使受攻击者深感痛苦。"根据这一定义,据调查,1995年,日本小学、初中、高中的"欺弱"事件达到 56 601 件,较前一年度增加了 2.6 倍。翌年 1 月,文部相奥田干生提出了对付"欺弱问题"的十项紧急对策。2 月,文部省设立了"欺弱问题对策本部"。尽管如此,"欺弱问题"仍不时发生,远未消除。

更令人震惊的是,"欺弱问题"导致很多学生丧失生命。1994 年 11 月 27 日,爱知县西尾市立东部中学二年级学生大河内清辉,因持续遭受欺侮凌辱而自杀。他在长达四页的遗书中,透露了自己的心境。1996 年 11 月 27 日,新潟县上越市立春日中学一年级学生伊藤准因被欺辱而自杀。他在遗书中写道,"活着真可怕,那些家伙夺走了我的人生"。2006 年 10 月 11 日,福冈筑前町立三轮中学一名初二男生,因经常遭受欺辱而感到痛苦不堪,在自家仓库上吊自杀,死前也留下了遗书。据事后调查,该学生在初一时即遭受欺辱,曾向班主任反映,结果这位男性班主任在班上谈了该学生反映的情况,导致班上一些恶少对他的欺辱"变本加厉",最终该男生悲愤自杀。同年 11 月 14 日,新潟县神林村立平林中学一名初二男生,因女生在场时被同学脱下裤子"羞辱",在当天放学时对三名一起回家的同学说"我想死",并在晚上自杀气绝,未留遗书。日本著名精神病学专家宫本正于认为,日本的"欺弱"和其他国家的"欺弱"存在两点决定性差异:第一,日本的欺弱被用作使个人融入集团规则的手段,即用于修正某人的行为,而且得到积极肯定。第二,其他国家的欺弱主要发生于儿童的世界,但日本的欺弱也频繁发生于成人的世界。因此,"欺弱问题",特别是相当多的学生因遭受欺侮而自杀这一社会现象,就本质而言也是日本文化乃至日本国民性的反映。

1996 年,日本著名作家村上春树以"欺弱问题"为题材的短篇小说《沉默》,有一段描述非常纤细地揭示了日本学生受欺辱后的心理:

放学回家后,我就一直闷在自己房里呆望天花板。什么也做不成,只是眼望天花板,这个那个思来想去。我想象了很多很多场面。想象最多的是殴打青木。趁青木只有一个人在的时候左一下右一下揍他,骂他是人渣,打他个痛快淋漓。青木大放悲声也好,哭着求饶也好,反正就是打、打、打,打到他脸上皮开肉绽为止。不料打着打着,我心情竟慢慢变得不快起来。开始时还好,认为他活该,心花怒放,但接下去就渐渐开心不起来了。尽管如此,我还是无法不想象殴

第十三章 ● 平成时代

打青木的场景。一望天花板,青木的脸就自然而然浮在那里,意识到时已动手揍他了,而一旦开揍,我就欲罢不能。在如此想象的时间里,我心情很糟,竟然呕吐了一次。我全然不知道如何是好。

虽然《沉默》是文学作品,但"文学是人学"。优秀的文学作品不仅能够深刻揭示社会问题,而且能够鞭辟入里地揭示"人性"的纹理。可以认为,村上春树的《沉默》非常写实。

"援助交际"是在女高中生中存在的引起全社会关注的问题。1993年,事实上属于高中女生"卖淫"的新名词"援助交际"开始流行。尽管如上一章所述,"援助交际"一词在"二战"后初期就已经出现。1996年8月16日,日本总务厅(现在是总务省)发表了一份题为《青少年与电话》的调查报告。调查报告显示,每37个高中女生中就有一个利用过"电话交友俱乐部",其中有7%的女生通过这个"俱乐部"结识成年男性并一起去宾馆。她们和成年特别是中年男性建立的这种关系,就是通过出卖肉体获取金钱的所谓"援助交际"。另据同年兵库县青少年辅导联合委员会的调查,有26%的女高中生利用过"电话交友俱乐部"。因此引发的案件多次在媒体曝光,日本一些地方政府规定,在距离学校500米之内,禁止开设"电话交友俱乐部"实体店。但是,在互联网时代,这种规定无异于"隔靴搔痒"。

人是社会的产物,教育是系统工程。"欺弱"和"援助交际"问题,难道仅仅是学生的责任?当然不是。正如评论家岩井忠谚所指出的,"在尽量使高中生毕业进入大学这种愿望的背后,是偏重学历甚于能力和实践技能的日本社会结构。对学历过分强调,大众传媒关于入学考试过程的渲染和报道,使既无遗产又无裙带关系的家长坚定不移地相信,学历是能够给予自己的子女通往幸福之路的唯一护照"。[1]但是,人格的健全,难道不比学历更重要?

当然,包括政治环境在内,社会环境也是造成人格不健全的重要原因。泡沫经济破裂后,日本经济长期停滞乃至倒退。他们面临的是一个生活成本高昂的社会。同时在平成时代,原本就强调"等级制"的日本,"阶级固化"丝毫没有改变,从而使他们感到,所谓的"希望"无异于"奢

---

[1] 文艺春秋社:《日本的论点'94》,文艺春秋社1993年版,第628—629页。

望"。有一个例子足以对此提供证明:绝大多数日本青年政治观念淡薄,政治兴趣缺失,所以历年大选,20岁出头的年轻人的投票率大都不足50%。

但是,这并不意味日本的年轻人不希望打破政治僵局,不希望社会环境变得美好。因此,当鸠山由纪夫喊出"友爱政治"的口号,提出要变革社会和"反对世袭"时,他们中的很多人仿佛一直被按在水里忽然能够抬头呼吸新鲜空气一样畅快。他们仿佛看到了希望,尽管日本各种社会问题积重难返,民主党政权最终并没有给他们带来希望。但那年,同样年龄段的年轻人的投票率达到69.52%,比上届众议院大选高出20%以上。

女高中生进行"援助交际"表面上是为了获取金钱和物质利益,但深层原因则是性教育的缺失。从1981年开始,东京都青少年性教育研究会每三年对少年儿童的性意识和性行为进行一次调查,调查对象是学龄前儿童至高中生。调查数据显示,1982年至1984年,高一女生的性体验比率为4.9%。1994年至1996年,高一女生的性体验比率增加了3倍,达到16.6%。在被问及"为什么这么早就愿意丧失童贞"时,许多学生的回答是"肉体不是卖了就会减少的"。"出卖肉体并没有给任何人增添麻烦。"这不仅和日本人对"性"的传统观念有关,也和日本"性教育"的缺失有关。

1955年,日本建立了"纯洁教育分科审议会",制定了《纯洁教育之进行方法(试案)》,开始将性教育引入课堂。不过,作为"生活指导课"一部分的"纯洁教育",唯一真正与"性"有关的内容,是对女生讲解月经和妊娠知识。20世纪80年代,随着艾滋病的大量出现,日本政府终于认识到性教育刻不容缓。自1985年3月,日本各地开始向初中、高中生发放性教育辅导资料,但很多是让学生"自学"而不是课堂讲授。

日本教育界人士普遍认为,日本是世界上性教育最不发达的国家之一。2003年春季,东京都立七生养护学校教师用人偶、婴儿出生录像和修改传统儿歌的方式,向学生普及性知识。但是,《产经新闻》刊发报道认为,这样做是将学校"混同于成人用品商店",是一种"猥亵行为"。此事即刻引发争论。当年7月,东京都议会民主党议员土屋敬之在议会中提出:"有一部分养护学校和普通学校进行不恰当的性教育",将矛头直指七生养护学校。自民党田代博嗣和古贺俊昭两名议员也持同样看法。根据国会议员们的意见,东京都教育委员会不仅即刻中止了七生养护学校以这

第十三章 ● 平成时代

种方式进行的性教育,而且给予校长等116名教职员处分。但是,另有一些议员和社会民众则认为,"这是最好的性教育",并获得众多支持。东京律师协会为此向东京都教委递交了"警告书"。之后,反对处分的个人和团体持续展开了撤销处分运动并诉诸东京地方法院,要求判令东京都教委撤销处分。2008年2月,东京地方法院裁定东京都教委乱用裁量权,判令其撤销原来的处分。

AV产业光影重叠　随着日本经济高速增长,"艺术作品"中的裸体和作为世界第二经济体的日本,几乎同时公开亮相。当时,新潮杂志《平凡出击》和《花花公子周刊》用麻田奈美等模特儿的"裸体"照装饰封面,使杂志热销。不过,所谓的"裸体写真"还是遮遮掩掩的。

1991年1月,即泡沫经济高涨期,摄影家筱山纪信以影视明星樋口可南子为模特儿,拍摄了裸体写真集《水果·不测事态》。由于总计54张照片中有15张"充分暴露",写真集旋即销售一空。同年,《艺术新潮》5月号刊载了摄影家荒木经惟的《三月的我写真》,也因为让女模特儿本木雅博"充分暴露",杂志供不应求。但是,按照日本刑法第一百七十五条规定,"禁止发布、销售、陈列淫秽图画",此事引起争议。在咨询了大学教授、律师、记者等各行业多位相关专业人士后,6月10日,东京警视厅保安一课对《艺术新潮》杂志社提出了口头劝告,"写真淫秽性较强,社会影响较大,希望今后不要再出版同类作品",但同时承认,"作品的整体取向具有艺术性,故不作违法处置"。于是,"全裸写真"更如雨后春笋。著名影星宫泽理惠也"奋不顾身"拍摄了全裸写真,并因此被称为"平成的维纳斯"。作家兼导演中谷彰宏就此评论道:"樋口可南子和本木雅博的写真集,与其说是现代的黎明,毋宁说是拉开了黑暗时代的帷幕。宫泽理惠的写真集才真正使裸体写真史进入了现代。"①

1993年,"全裸写真"纷纷问世,再次显示出日本民族"风俗"的独特性。这一年,以知识分子为主要读者的《现代周刊》,也每周必刊"全裸写真",发行量在半年内陡增7.5万册。《邮政周刊》因每期刊载影星的"全裸写真",仅半年发行量就增加了10万册。按《邮政周刊》总编冈成宪道的说法,"'全裸写真'这个词,已经成为时代的关键词"。②

---

① 《SPAI周刊》1991年11月13日。
② 《朝日新闻》1992年12月2日晨刊。

除了"静态"的,还有"动态"的,那就是日本的"AV"。AV 是 Adult Video 即"成人影像"的缩写,发端于欧美,但被日本"发扬光大",以致 AV 犹如富士山和樱花,俨然成了日本的"名片"。为什么正式诞生于 1981 年的日本 AV 业,经过四十多年的发展,能"称霸全球",在海外市场长期位居首位?一位日本外务省官员曾被问道:"AV 是不是也可以算作日本的'软实力'?"回答是:"AV 至少每年为日本赚取了大笔的外汇。"确实,AV 让日本赚得盆满钵满。但日本 AV 之所以能成为"市场宠儿",除了相关企业营销策略和招揽手段,也与体现于"风俗"的历史基因和政治文化有关。

1996 年,作家永泽光雄根据对 50 名 AV 女优的访谈,出版了《AV 女优》。1999 年,他又根据对 36 名女优的访谈,推出了《AV 女优 2》。永泽光雄记录了 AV 女优的生活和她们对人生的看法。编剧、风俗作家、自由撰稿人中村淳彦历时十年,采访了 700 多位 AV 女优。他试图通过访谈,通过倾听这些女优的内心独白,描绘她们的生活实景,发表了题为《没有名字的女人们》《贫困 AV 女优的独白》《性爱依存症篇》《在性爱和自杀之间》《无法"恋爱"的身体》,等等。他试图告诉观众,不应只"观赏"她们的身体,而且要关注她们的心理。2018 年 7 月 6 日,日本四家 AV 制作公司在早稻田大学举办了一场招聘会。当 AV 女优也可以是名牌大学毕业生的职业选项,是否和日本的"风俗"有关?值得一提的是,据 Record Japan 新闻网调查,100 名 AV 女优应聘者,能获得面试资格的只有 30 人,获得演出资格的只有 10 余人,最终成为"主演"的仅三四人。2012 年,中村淳彦写了一本书,书名是《作为职业的 AV 女优》。根据他的调查,日本年均诞生 6 000 名 AV 女优。另据资深 AV 导演溜池五郎 2013 年出版的《AV 女优的工作现场》一书所述,东京都内至少有百家 AV 经纪公司,有约 2 200 名签约女优。日本每年生产 AV 作品上万部,主要就靠这些女优。她们中的成功者能够名利双收,享有很高的社会声誉。但是,AV 女优走的是一条"独木桥"。少部分成名女优可以在一年中出演 100 多部作品的主角,大部分女优始终默默无闻,甚至完全没有出镜机会。在约 2 200 名现役女优中,约有 80% 的女优干了一年左右便不得不选择离开,她们大都去夜总会做小姐。由于竞争惨烈,AV 女优的收入相当羞涩。拍一部 AV 片大都只有 20 万到 30 万日元(人民币 1.2 万到 1.8 万元),而经纪公司还要从中提成。很多 AV 女优的收入不如普通工薪阶

第十三章 平成时代

层。即便是"卖座"女优,一旦"人老珠黄",充其量只能通过改当"绿叶",延长职业生涯。也就是说,AV 业也存在"光亮"和"阴影"。

不少日本人特别是年轻人,有比较强烈的民族主义情结,AV 女优也是如此。2002 年日韩共同举办世界杯之际,AV 女优黑泽爱为了表现自己的爱国热情,将自己的作品寄往静冈县日本队集训基地,希望他们在比赛之余找到"松弛神经"的方法。2006 年世界杯,面对强大的巴西,日本全国上下都在为球队支招,有些球迷认为日本队最需要看励志片,便为他们选了一个叫《加油吧! 日本代表队! AV World Cup》的"励志片"。这部片子是日本 AV 业界为了鼓舞国家队队员的士气而特别拍摄的。2008 年发端于美国的金融风暴席卷全球,日本国内很多行业都遭受重创,但 AV 不仅几乎没有受到影响,而且成为拉动日本国内经济产值的重要力量。美国一位经济学家戏称,"这是日本唯一没有受经济危机影响的行业"。

日本某机构曾进行一项名为"美眉名人"的调查,结果,AV 女优出身的著名影视明星藤原纪香,获得女生组第一名。于是,自民党便力邀藤原纪香出马竞选国会参议员,认为如果藤原纪香出马,将稳操胜券。正是日本具有如此的政治文化,当年小泉纯一郎才派出大量美女参选,且战绩不俗,令这些"政治素人"获得"美女刺客"的雅号。日本的选举有三大要素:金钱、地盘、脸面。如前面所述,菅直人的女粉丝 20 年如一日投票支持他,风雨无阻,主要不就是因为"菅桑"相貌俊朗? 至于他的政治才干如何,她们谁会关心?

"风俗店"在平成年代依旧生意兴隆。如上一章所述,1985 年 2 月 1 日,日本开始实施《风俗营业的规制及业务适正化等相关法》(简称"风适法"),对 1948 年颁布的《风俗营业管理法》,进行了全面修订,明确了"风俗关联营业"的概念。1993 年和 1998 年,该法又经过两次修订,以"性风俗特殊营业"取代了"风俗关联营业",将"性风俗特殊营业"分为有店铺、无店铺、影像广告三类。据中村淳彦撰写、新潮社 2014 年 9 月出版的《日本风俗女》所述,日本"风俗店"有 1 300 多家,若以一家店铺 25 到 30 位从业人员计算,总计达 39 万,基本相当于东京都一个区的人数。

"平成废柴"和"下流社会" 根据日本文部科学省"学校基本调查"提供的数据,日本有国立和公立大学 175 所,私立大学 604 所,两者合计 779 所。这个数字基本没有大的变化。那么,大学的教育如何? 培养出了多少社会的栋梁和优秀人才？1994年12月27日，《产经新闻》曾撰文评价道："现在80%至90%的大学生，是没有任何意欲和知性的蠢猪般的家伙。"虽然言辞尖刻，不无夸张，但提出的问题却发人深省。日本年轻人当中存在很多"尼特族"①、宅族、单身族。《日本周刊》还多次以"不工作、不结婚、不出家门"的"三不青年"为题，展开社会讨论。平成时代，日本流行着一个词，叫"平成废柴"，与这一评论堪称"异曲同工"。和他们的父辈即"昭和男儿"相比，平成时代的青少年被认为是"无法寄托希望的一代"。他们沉迷于游戏、动漫、AV，不愿交际、不愿结婚，整天宅在家里。日本著名社会学家三浦展撰写了一本销量达100万册的畅销书，题为《下流社会：一个新社会阶层的出现》。三浦展将这些人归入"下流社会"。根据他在书中提供的统计数据，他们喜欢电脑、上网的占95.8%；选择电视游戏的占43.8%；选择观看体育比赛的占41.7%；选择视听设备和音乐欣赏的，分别占22.9%和20.8%。②应该深究的是，是什么原因造就了"平成废柴"？

中国《家庭》杂志1997年第4期，曾刊登过一篇转自《上海译报》的文章，描述了日本小学生的一次活动：

> 寒冬腊月，气温降至5℃以下，而在一望无际的大海边，几十个一年级的小学生在老师的带领下脱去衣服向海边跑去。海水渐渐没过他们的腰际，老师大声喊着叫着，示意孩子们用海水拍打身体，鼓动他们在水中奔跑、蹦跳。刺骨的风和冰凉的水把孩子们冻得脸色发紫，直打哆嗦，没多大工夫一个个都禁不住嚎啕大哭。喊声、哭声、水声，和着晨雾构成一幅不忍目睹的画面，但这种情景在日本大众的眼里却是司空见惯。还有让小学生在严冬光身子做操，男女小学生穿短裤、短裙过冬等等，他们认为这是增强御寒能力的方法，同时也是意志力的锻炼。在日本人的心目中，物质再丰富，生活再优越，生存的危机始终存在，人生不能单纯追求享乐，人生更多的是忍辱负重的奋斗。所以，只有通过自幼的超能超强训练，方能铸就坚忍不拔的

---

① "尼特族"是 Not Currently Engaged in Employment, Education or Training 的缩略语 NEET 的音译，出自英国，指不升学、不就业、不进修或不参加就业辅导，终日无所事事的"啃老族"。

② 三浦展：《下流社会：一个新社会阶层的出现》，陆求实、戴铮译，上海译文出版社2018年版，第149页。

第十三章 ● 平成时代

意志和不屈的忍耐力。……这一切反映着日本人的育儿观,即从小培养自立精神,不依赖他人,不麻烦他人。它也折射出日本社会的价值观,即人人都以自我的力量和能量面对社会、人生,包括承受各种生活的磨难与痛苦。

这一事例说明什么?说明昭和时代的育儿观,已经难以适用于在平成年代长大的孩子。平成时代的孩子已经宛如"温室中的花朵"和"盆景中的植物",经不起风浪,经不起严酷环境的考验。毋庸赘言,"平成废柴",就是在"温室"和"盆景"中长大的"花朵"和"植物"。他们在成年后,很可能成为"下流社会"的一员。

"下流社会"的一员具有什么特性?三浦展提出了一个关于"下流指数"的测试:年收入不足自己年龄的 10 倍;不考虑将来的事情,只想快快活活地过好每一天;事事嫌麻烦,不修边幅,生活不规整;喜欢一个人独处,不喜欢标显、出众;觉得做饭、吃饭是一件很麻烦的事情;经常吃零食和快餐;待在家中玩一整天电脑游戏或上网而不会厌倦;未婚(男性 33 岁以上、女性 30 岁以上)。三浦展特别说明,"下流阶层"不是"贫困阶层",不是挣扎在温饱线上的"下层",而是虽然过着衣食无忧的生活,但是缺乏生活的热情。说到底,所谓"下流社会"成员,就是生活慵懒,贪图享乐,甘愿平庸,没有志向。"现在的年轻一代面临就职难的困境,好不容易有了工作,加班又成为家常便饭,真可谓苦不堪言。面对职业、婚姻等方面的竞争和压力,不少人选择不当事业和家庭的'中流砥柱',而心甘情愿地将自己归入'下流社会'的行列。"①一句话,严酷的社会和工作环境,使他们失去了"昭和男儿"曾有的对生活的热情和克服困难的锐气。正是"昭和男儿"使日本在"二战"后迅速复兴,短短几十年便成为世界第二大经济体。"昭和男儿"不仅见证了日本经济的高速发展,而且创造了所谓的"日本奇迹"。但是……俱往矣。

"人们的社会存在,决定人们的意识","下流阶层"固然不是"贫困阶层",但和经济收入绝非无关。按照年收入标准,进入平成时代后,日本"中流社会"日渐分流。在昭和时代和平成时代转换之际,即泡沫经济膨胀时期,日本个人的年收入达到 600 万日元到 1 000 万日元(合人民币 36

---

① 三浦展:《下流社会:一个新社会阶层的出现》,陆求实、戴铮译,上海译文出版社 2018 年版,第 1—3 页。

万到 60 万元)才属于"中流"。在那连续"景气"的年代,作为"泡沫经济"的时代特征,满街都是"金融家",满楼都是"股评家"。但是,进入平成时代以后,随着泡沫经济破灭,2004 年,占 78% 的日本纳税人年收入不到 600 万日元。最近十年,无论哪个阶层的日本人,年收入都减少了约 100 万日元。虽然在网络科技、信息技术以及创业投资等领域,成功的"掘金者"作为一个新兴群体,作为新时代的精英,迅速崛起,他们中不乏奢华生活享受者。但是,和他们年龄相仿的另一部分人,却成了廉价商店、肯德基、麦当劳、便利店的常客。

按照自己的"归属"意识,属于"上流社会"的男性,25% 的人储蓄额为 500 万至 1 000 万日元之间(约合人民币 30 万至 60 万元之间);33.3% 的人储蓄额在 1 000 万日元以上。自认为属于"上流社会"的女性,35.3% 存款有 50 万日元以上。相反,属于"下流社会"的男性和女性,存款不到 150 万日元(约合人民币 9 万元),分别占 56.3% 和 80.6%。出现这种情况有个不可忽略的原因,就是很多日本企业为了降低运营成本,同时为了避免解聘员工必然背负的"恶名",大量使用和"正社员"同工不同酬的"派遣制"员工和"飞特族"。①或许可以认为,"下流社会"人的生活方式,既是一种自愿选择,同时也是一种无奈选择。

根据 2012 年日本《国土交通白皮书》提供的数据,从 1983 年到 2008 年,30 岁至 39 岁的日本人房产拥有率从 53% 降至 39%;不满 30 岁的日本人,房产拥有率从 17.9% 降至 7.5%。日本个人金融资产总计约 1 700 万亿日元,相当于 GDP 的 3 倍,但如同前文已经写到的,日本人的金融资产主要是银行储蓄,不是股票等有价证券。大多数日本人宁愿将钱存在几乎没有利息的银行里,既不愿意投资配息率 3% 的股票或公司债券,也不买房。即便银行推出超低利率房贷,申请房贷的人也不见增多。有个形象的比喻,称日本人的钱都放在银行里"腌"着。或许可以认为,经历了泡沫经济破灭,很多人有"一朝被蛇咬,十年怕井绳"的心态。至于那些奉行"不婚、不育、不买房"的"下流社会"成员,既没有买房欲望,也没有买房实力。

如果不改变人们"低欲望"的心智,不尽可能消灭"下流社会",不扭转

---

① "飞特族"是日语外来语フリーアルバイター的简略语。フリー源于英语 free(自由),アルバイター源于德语 arbeiter(工人,日语意为"打工者")。平成年代初期开始流行。

第十三章 平成时代

"丧失大志时代"的种种弊端,日本文化和民族性是否会退化?"初春令月,气淑风和"。日本令和时代,能否迎来"春光明媚"的新气象?以往日本年号均出自中国古籍,而"令和"则出自日本古籍《万叶集》,其用意毋庸赘言。但是,"令和"能否真正进入令日本"万叶(业)复苏"的新时代?一切都有待历史做出评判。

作者点评:

在日本经历从昭和时代到平成时代的转变时,世界也经历了冷战结构的解体。国际局势的变化,似乎使日本看到了一种成为"政治大国"的希望。按照美国的说法,"日本想当世界副总统"。于是,按照"总统"即美国的指令行事,成为日本平成时代外交的"主旋律"。任何"不和谐音"均被视为"杂音"而遭到"清除"。以往日本外交有两条主线:一条是"以日美关系为基轴",另一条是"以经济利益为枢纽"。但是,在平成时代,日本在经济方面也愈益倾向于服从美国。这是平成时代日本外交的基本特色。

平成时代的日本政治,在经历了多党"联合政权"和由民主党主政的"政权更替"后,自民党比"1955年体制"时更加"强大"。日本学者高际弘夫在《"和"对日本人意味着什么》一书中写道:"日本社会作为尊重和谐,通过合意(意见一致)制定决策的社会,得到广泛承认。在我国,会议未必是作出决策的场合。正确地说,人们认为,'会议必须是赞美和谐的庄重仪式',因此必须'私下串联'。"确实,在日本政坛,无论自民党还是民主党,即便党首也是经过"私下串联"产生的。这对自诩拥有"民主价值观"的日本,不啻是莫大讽刺。至于"金权政治"问题,更是经历了一个个时代后"依然故我"。

平成时代的日本社会有值得肯定的"光鲜",也存在日益明显的隐忧。例如,日本迄今依然规定未满20岁以下不能饮酒。2018年3月,日本《民法修正案》将"成年"从20岁降为18岁,但仍规定未满20岁不能饮酒。然而,据青年期精神医学专家铃木健二的一项调查,日本75%的高中生、94%的大学生饮酒。询问饮酒的理由,有10%的高中生回答"紧张、神经质、困惑"。铃木健二在《孩子们饮酒危险》一书中,公布了调查结果。日本年轻人感到"困惑",日本的将来能不困惑吗?

附录 历代天皇、首相、幕府将军在位时间

历代天皇在位时间[①]

神话时代天皇

1. 神武天皇　前660—前585年
2. 绥靖天皇　前581年—前549年
3. 安宁天皇　前549—前511年
4. 懿德天皇　前510年—前477年
5. 孝昭天皇　前475—前393年
6. 孝安天皇　前392年—前291年
7. 孝灵天皇　前290—前215年
8. 孝元天皇　前214年—前158年
9. 开化天皇　前158—前98年
10. 崇神天皇　前97年—前30年
11. 垂仁天皇　前29—70年
12. 景行天皇　71—130年
13. 成务天皇　131—190年
14. 仲哀天皇　192—200年

古代天皇

15. 应神天皇　270—310年
16. 仁德天皇　313—399年
17. 履中天皇　400—405年
18. 反正天皇　406—410年
19. 允恭天皇　412—453年
20. 安康天皇　453—456年
21. 雄略天皇　456—479年
22. 清宁天皇　480—484年
23. 显宗天皇　485—487年
24. 仁贤天皇　488—498年
25. 武烈天皇　498—506年
26. 继体天皇　507—531年
27. 安闲天皇　531—535年
28. 宣化天皇　535—539年
29. 钦明天皇　539—571年
30. 敏达天皇　572—585年
31. 用明天皇　585—587年
32. 崇峻天皇　587—592年

---

① 笠原英彦:《历代天皇总览》,中央公论新社2018年版。

附录 ● 历代天皇、首相、幕府将军在位时间

33. 推古天皇 592—628 年
34. 舒明天皇 629—641 年
35. 皇极天皇 642—645 年
36. 孝德天皇 645—654 年
37. 齐明天皇 655—661 年
38. 天智天皇 668—671 年
39. 弘文天皇 671—672 年
40. 天武天皇 673—686 年
41. 持统天皇 690—697 年
42. 文武天皇 697—707 年
43. 元明天皇 707—715 年
44. 元正天皇 715—724 年
45. 圣武天皇 724—749 年
46. 孝谦天皇 749—758 年
47. 淳仁天皇 758—764 年
48. 称德天皇 764—770 年
49. 光仁天皇 770—781 年
50. 桓武天皇 781—806 年
51. 平城天皇 806—809 年
52. 嵯峨天皇 809—823 年
53. 淳和天皇 823—833 年
54. 仁明天皇 833—850 年
55. 文德天皇 850—858 年
56. 清和天皇 858—876 年
57. 阳成天皇 876—884 年
58. 光孝天皇 884—887 年
59. 宇多天皇 887—897 年
60. 醍醐天皇 897—930 年
61. 朱雀天皇 930—946 年
62. 村上天皇 946—967 年
63. 冷泉天皇 967—969 年
64. 圆融天皇 969—984 年
65. 花山天皇 984—986 年
66. 一条天皇 986—1011 年
67. 三条天皇 1011—1016 年
68. 后一条天皇 1016—1036 年
69. 后朱雀天皇 1036—1045 年
70. 后冷泉天皇 1045—1086 年
71. 后三条天皇 1086—1072 年
72. 白河天皇 1072—1086 年
73. 堀河天皇 1086—1107 年
74. 鸟羽天皇 1107—1123 年
75. 崇德天皇 1123—1141 年
76. 近卫天皇 1141—1155 年
77. 后白河天皇 1158—1158 年
78. 二条天皇 1158—1165 年
79. 六条天皇 1165—1168 年
80. 高仓天皇 1168—1180 年
81. 安德天皇 1180—1185 年

中世天皇

82. 后鸟羽天皇 1183—1198 年
83. 土御门天皇 1198—1210 年
84. 顺德天皇 1210—1221 年
85. 仲恭天皇 1221—1221 年
86. 后堀河天皇 1221—1232 年
87. 四条天皇 1232—1242 年
88. 后嵯峨天皇 1242—1246 年
89. 后深草天皇 1246—1259 年
90. 龟山天皇 1259—1274 年
91. 后宇多天皇 1274—1287 年
92. 伏见天皇 1287—1298 年

93. 后伏见天皇 1298—1301 年　　94. 后二条天皇 1301—1308 年
95. 花园天皇 1308—1318 年　　96. 后醍醐天皇 1318—1319 年
北 1. 光严天皇 1331—1333 年　　北 2. 光明天皇 1336—1348 年
北 3. 崇光天皇 1348—1351 年　　北 4. 后光严天皇 1352—1371 年
北 5. 后圆融天皇 1371—1382 年
97. 后村上天皇 1339—1368 年　　98. 长庆天皇 1368—1383 年
99. 后龟山天皇 1383—1392 年　　100. 后小松天皇 1382—1412 年
101. 称光天皇 1412—1428 年　　102. 后花园天皇 1428—1468 年
103. 后土御门天皇 1464—1500 年　　104. 后柏原天皇 1500—1526 年
105. 后奈良天皇 1526—1557 年　　106. 正亲町天皇 1557—1586 年
107. 后阳成天皇 1586—1611 年

近世天皇

108. 后水尾天皇 1611—1629 年　　109. 明正天皇 1629—1643 年
110. 后光明天皇 1643—1654 年　　111. 后西天皇 1654—1663 年
112. 灵元天皇 1663—1687 年　　113. 东山天皇 1687—1709 年
114. 中御门天皇 1709—1735 年　　115. 樱町天皇 1735—1747 年
116. 桃园天皇 1747—1762 年　　117. 后樱町天皇 1762—1770 年
118. 后桃园天皇 1770—1779 年　　119. 光格天皇 1779—1817 年
120. 仁孝天皇 1817—1846 年　　121. 孝明天皇 1846—1867 年

近现代天皇

122. 明治天皇 1867—1912 年　　123. 大正天皇 1912—1926 年
124. 昭和天皇 1926—1989 年　　125. 平成天皇 1989—2019 年
126. 令和天皇 2019—

历代首相在位时间[①]

明治时代首相

（一）伊藤博文　　（1）1885.12.22—1888.4.30
　　　　　　　　　（2）1892.8.8—1896.8.31
　　　　　　　　　（3）1898.1.12—1898.6.30

[①] 小林弘忠:《历代首相》，实业之日本社 2008 年版。

	(4) 1900.10.19—1901.5.10
（二）黑田清隆	1888.4.30—1889.10.25
（三）山县有朋	(1) 1889.12.24—1891.5.6
	(2) 1898.11.8—1900.10.19
（四）松方正义	(1) 1891.5.6—1892.8.8
	(2) 1896.9.18—1898.1.12
（五）大隈重信	(1) 1898.6.30—1898.11.8
	(2) 1914.4.16—1916.10.9
（六）桂太郎	(1) 1901.6.2—1906.1.7
	(2) 1908.7.14—1911.8.30
	(3) 1912.12.21—1913.2.20
（七）西园寺公望	(1) 1906.1.7—1908.7.14
	(2) 1911.8.30—1912.12.21

大正时代首相

（八）山本权兵卫	(1) 1913.2.20—1914.4.16
	(2) 1923.9.2—1924.1.7
（九）寺内正毅	1916.10.9—1918.9.29
（十）原敬	1918.9.29—1921.11.4
（十一）高桥是清	1921.11.13—1922.6.12
（十二）加藤友三郎	1922.6.12—1923.8.24
（十三）清浦奎吾	1924.1.7—1924.6.11
（十四）加藤高明	1924.6.11—1926.1.28

昭和时代（战前）首相

（十五）若槻礼次郎	(1) 1926.1.30—1927.4.20
	(2) 1931.4.14—1931.12.13
（十六）田中义一	1927.4.20—1929.7.2
（十七）滨口雄幸	1929.7.2—1931.4.14
（十八）犬养毅	1931.12.13—1932.5.16
（十九）斋藤实	1932.5.26—1934.7.8
（二十）冈田启介	1934.7.8—1936.3.9
（二十一）广田弘毅	1936.3.9—1937.2.2
（二十二）林铣十郎	1937.2.2—1937.6.4

(二十三) 近卫文麿	(1)	1937.6.4—1939.1.5
	(2)	1940.7.22—1941.7.18
	(3)	1941.7.18—1941.10.18
(二十四) 平沼骐一郎		1939.1.5—1939.8.30
(二十五) 阿部信行		1939.8.30—1940.1.16
(二十六) 米内光政		1940.1.16—1940.7.22
(二十七) 东条英机		1941.10.18—1944.7.22
(二十八) 小矶国昭		1944.7.22—1945.4.7
(二十九) 铃木贯太郎		1945.4.7—1945.8.17

昭和时代(战后)首相

(三十) 东久迩稔彦		1945.8.17—1945.10.9
(三十一) 币原喜重郎		1945.10.9—1946.5.22
(三十二) 吉田茂	(1)	1946.5.22—1947.5.24
	(2)	1948.10.15—1949.2.16
	(3)	1949.2.16—1952.10.30
	(4)	1952.10.30—1953.5.21
	(5)	1953.5.21—1954.12.10
(三十三) 片山哲		1947.5.24—1948.3.10
(三十四) 芦田均		1948.3.10—1948.10.15
(三十五) 鸠山一郎	(1)	1954.12.10—1955.3.19
	(2)	1955.3.19—1955.11.22
	(3)	1955.11.22—1956.12.23
(三十六) 石桥湛山		1956.12.23—1957.2.25
(三十七) 岸信介	(1)	1957.2.25—1958.6.12
	(2)	1958.6.12—1960.7.19
(三十八) 池田勇人	(1)	1960.7.19—1960.12.8
	(2)	1960.12.8—1963.12.9
	(3)	1963.12.9—1964.11.9
(三十九) 佐藤荣作	(1)	1964.11.9—1967.2.17
	(2)	1967.2.17—1970.1.14
	(3)	1970.1.14—1972.7.7
(四十) 田中角荣	(1)	1972.7.7—1972.12.22

附录 ● 历代天皇、首相、幕府将军在位时间

	(2) 1972.12.22—1974.12.9
（四十一）三木武夫	1974.12.9—1976.12.24
（四十二）福田赳夫	1976.12.24—1978.12.7
（四十三）大平正芳	(1) 1978.12.7—1979.11.9
	(2) 1979.11.9—1980.6.12
（四十四）铃木善幸	1980.7.17—1982.11.27
（四十五）中曾根康弘	(1) 1982.11.27—1983.12.27
	(2) 1983.12.27—1986.7.22
	(3) 1986.7.22—1987.11.6
（四十六）竹下登	1987.11.6—1989.6.3

平成时代首相

（四十七）宇野宗佑	1989.6.3—1989.8.10
（四十八）海部俊树	(1) 1989.8.10—1990.2.28
	(2) 1990.2.28—1991.11.5
（四十九）宫泽喜一	1991.11.5—1993.8.9
（五十）细川护熙	1993.8.9—1994.4.28
（五十一）羽田孜	1994.4.28—1994.6.30
（五十二）村山富市	1994.6.30—1996.1.11
（五十三）桥本龙太郎	(1) 1996.1.11—1996.11.7
	(2) 1996.11.7—1998.7.30
（五十四）小渊惠三	1998.7.30—2000.4.5
（五十五）森喜朗	(1) 2000.4.5—2000.7.4
	(2) 2000.7.4—2001.4.26
（五十六）小泉纯一郎	(1) 2001.4.26—2003.11.19
	(2) 2003.11.19—2005.9.21
	(3) 2005.9.21—2006.9.26
（五十七）安倍晋三	(1) 2006.9.26—2007.9.26
	(2) 2012.12.26—2014.12.24
	(3) 2014.12.24—2017.11.1
	(4) 2017.11.1—2020.9.16
（五十八）福田康夫	2007.9.26—2008.9.24
（五十九）麻生太郎	2008.9.24—2009.9.16

日本通史（修订本）

(六十) 鸠山由纪夫　　2009.9.16—2010.6.4
(六十一) 菅直人　　　2010.6.4—2011.9.2
(六十二) 野田佳彦　　2011.9.2—2012.12.26

令和时代首相

(六十三) 菅义伟　　　2020.9.16—

历代幕府将军在位时间①

镰仓幕府历代将军

历代将军	就任年龄	在位时间	在位年数
源赖朝	45 岁	1192—1199 年	6 年
源赖家	20 岁	1202—1203 年	1 年
源实朝	11 岁	1203—1218 年	15 年
九条赖经	8 岁	1226—1244 年	18 年
九条赖嗣	6 岁	1245—1251 年	7 年
宗尊亲王	10 岁	1252—1266 年	14 年
惟康亲王	2 岁	1266—1289 年	23 年
久明亲王	13 岁	1289—1308 年	18 年
守邦亲王	7 岁	1308—1333 年	24 年

室町幕府历代将军

历代将军	就任年龄	在位时间	在位年数
1. 足利尊氏	34 岁	1338—1358 年	19 年
2. 足利义诠	29 岁	1358—1367 年	9 年
3. 足利义满	11 岁	1368—1394 年	26 年
4. 足利义持	10 岁	1394—1423 年	28 年
5. 足利义量	17 岁	1423—1425 年	2 年
6. 足利义教	36 岁	1492—1441 年	12 年
7. 足利义胜	9 岁	1442—1443 年	8 个月
8. 足利义政	14 岁	1449—1473 年	24 年

① 日本史资料室：《幕府将军一览》，"日本史资料室"网站，https://history.gontawan.com/document-bakufu-syogun.html，访问日期：2024 年 3 月 10 日。

9. 足利义尚	9 岁	1473—1489 年	15 年
10. 足利义材	23 岁	1490—1493 年	3 年
11. 足利义澄	16 岁	1494—1508 年	13 年
12. 足利义稙	41 岁	1508—1521 年	13 年
13. 足利义晴	11 岁	1521—1546 年	25 年
14. 足利义辉	11 岁	1546—1565 年	18 年
15. 足利义荣	29 岁	1568—1568 年	8 个月
16. 足利义昭	32 岁	1568—1573 年	4 年

江户幕府历代将军

历代将军	就任年龄	在位时间	在位年数
1. 德川家康	62 岁	1603—1605 年	2 年
2. 德川秀忠	27 岁	1605—1623 年	18 年
3. 德川家光	20 岁	1623—1651 年	27 年
4. 德川家纲	11 岁	1651—1680 年	28 年
5. 德川纲吉	35 岁	1680—1709 年	28 年
6. 德川家宣	48 岁	1709—1712 年	3 年
7. 德川家继	5 岁	1713—1716 年	3 年
8. 德川吉宗	33 岁	1716—1745 年	29 年
9. 德川家重	35 岁	1745—1760 年	14 年
10. 德川家治	24 岁	1760—1786 年	26 年
11. 德川家齐	15 岁	1787—1837 年	50 年
12. 德川家庆	45 岁	1837—1853 年	16 年
13. 德川家定	30 岁	1853—1858 年	4 年
14. 德川家福(茂)	13 岁	1858—1866 年	7 年
15. 德川庆喜	30 岁	1866—1868 年	1 年

后语

在为本书画上最后一个句号时，东方已透出鱼肚白。我戴上耳机，开始欣赏音乐。我是"音乐迷"，每晚都戴着蓝牙耳机在旋律声中入眠。此刻，我特意挑选了电视连续剧《渴望》的片头曲《悠悠岁月》："漫漫人生路，上下求索，心中渴望……"因为这首歌唱出了对生活的渴望，对真情的眷恋，对现实的执着，对未来的期盼，更唱出了我此时此刻难以抑制的激动。"有过多少往事，仿佛就在昨天……"

2012年版《日本通史》重印后，我就一直在搜寻新的文献资料，因为那时我就有重写《日本通史》的清醒意识。屈指算来，迄今已有十载。在键盘上敲出这部书稿的第一个字，也已历时五个春秋。我虽不如曹雪芹写《红楼梦》那般，"批阅十载，增删五次"，更无法让人感到"字字看来皆是血，十年辛苦不寻常"，但扪心自问，当也算得上"呕心沥血"。借用当年臧克家先生的话，"甘苦寸心知"。"究天人之际，通古今之变，成一家之言。"这是中国史学研究者的最高境界，我无法达到这种境界，但我希望在广袤的学术领域，有属于自己的"一亩三分地"。我是一介书生，一名大学教师。作为教师，误人子弟，后患无穷。为了不留下这种后患，我知道最有效的办法就是多读书，多写书。因为读书写书最有助于理论和知识的积累，最有利于思想的升华。我是读者，也是作者。读书时，我非常希望作者能对得起我花费的时间和"银子"，那么我写的书，是否也应对得起读者的时间和"银子"？人同此心，心同此理。答案是肯定的。因此，我伏案写作，既是为自己，也是为他人。我希望读者读完这本书以后感谢我，尽管这或许是一种奢望。

说到感谢，此刻我最想感谢的是我的妻子张芸。为了能让我潜心治学,她操持了所有家务。否则,生活中原本就丢三落四的我,很可能一边做菜,一边思考,在灵感"闪现"时,把盐当糖,把陈醋当酱油,烹饪出八大菜系之外的"冯氏美味佳肴"。我还要感谢本书的各位编辑。都说编辑是"为他人做嫁衣"。但是,"人靠衣装,佛靠金装"。好的"嫁衣"是由"好裁缝"裁剪的,作者只是提供一块面料。在我眼里他们有着相当成熟的专业技能、值得称赞的敬业精神和严谨细致的工作作风。能有这样的编辑为本书"把关",我深感庆幸,并由衷感激。当然,我还要感谢已经或正在读这本书的读者。鲁迅说:"时间就是生命。无端地空耗别人的时间,其实无异于谋财害命。"我写书当然有"谋财"之意。毕竟,这本书的稿费对我来说,绝非微不足道。但是,我绝没有"害命"之心。如果您认为我空耗了您的时间,我只能祈求您的原谅。

缀文者情动而辞发,观文者披文以入情。愿本书不仅是我和读者思想和知识的交流,更是情感的交流。

冯玮　敬识

图书在版编目(CIP)数据

日本通史 / 冯玮著 .— 修订本 .— 上海：上海社会科学院出版社，2024
ISBN 978-7-5520-4141-5

Ⅰ. ①日… Ⅱ. ①冯… Ⅲ. ①日本—历史 Ⅳ. ①K313.0

中国国家版本馆 CIP 数据核字(2023)第 159610 号

日本通史(修订本)

著　者：冯　玮
出 品 人：钱运春
责任编辑：王　勤
封面设计：陆红强
出版发行：上海社会科学院出版社
　　　　　上海顺昌路 622 号　邮编 200025
　　　　　电话总机 021-63315947　销售热线 021-53063735
　　　　　https://cbs.sass.org.cn　E-mail:sassp@sassp.cn
照　　排：南京理工出版信息技术有限公司
印　　刷：上海颛辉印刷厂有限公司
开　　本：710 毫米×1010 毫米　1/16
印　　张：86.25
字　　数：1409 千
版　　次：2024 年 4 月第 1 版　2024 年 4 月第 1 次印刷

ISBN 978-7-5520-4141-5/K·701　　　　　　定价:258.00 元(全两册)

版权所有　翻印必究